4G개정판

기업인수 5G

정영철 지음

박영사

Dedication

김미령, 정헌직, 정원주에게

(For Mi-Ryoung Kim, Lloyd and Joyce)

개정판 서문

영어로 쓰여진 논문, 긴 문장들로 쓰여진 판결문, 많은 양의 행정부 자료에도 불구하고 2년 만에 초판이 소진되었으며 2010년 초판이 나온지 5년이 지난 지금 개정판을 내게 되어 기쁘다. 한국의 판례가 많이 보강되었으며 앞으로의 입법방향이나 정책도 논할 수 있게 되었다는 의미에서 책제목을 5G로 다시 붙여 보았다.

2010년 초판 출판 이후 2011. 4. 회사법이 대폭 개정되었고 2012. 12. 자본시장법이 개정되었기에 이들을 반영하였다. 많은 새로운 판결들도 추가하였다. 또한 초판에서의 많은 오타를 수정하였다. 초판에서는 판례가 많지 않기 때문에 이들을 하나의 책에 집약, 정리한다는 의미도 있을 것 같아서 되도록 모든 사례를 게재하려 하였으나, 이제는 이들을 정리하여 보다 보편 타당하며 예측가능한 원칙을 확립하여야 한다는 의미에서 노트와 질문에 보다 초점을 두었다.

제 1 편 기업인수 일반론은 보다 많은 연구와 이론적 논의가 필요한 흥미로운 분야이다. 시간이 주어지면 기업법 일반에 대한 casebook을 별도로 출판할 수 있을 것이다. 제 2 편은 특히 형사적 책임과 자금조달에 관하여 판례를 많이 추가하였다. 형사적 책임은 초판 이후 출판한 "기업+(준)법"에서의 논의도 참고하면 도움이 될 것이다. 우리의 산업구조, 기업소유구조, 대규모기업집단과 경제시스템상의 위험, 산업과 금융의 분리에 관한 논의를 같이 보면 큰 그림을 만들어 보려 하였다. 제 3 편은 학교에서 5년 생활하는 동안 실무가 많이 변하였을 것이기에 추후 더욱 보완되어야 할 것이다. 제 4 편은 금융기관의 특수성에 대한 보다 많은 자료를 추가하였다. 졸저 "기업금융: 법과 정책"이 도움이 될 것이다.

가족들의 성원이 있기에 버틸 수 있다. 김미령, 정헌직, 정원주에게 부족하나마 모든 사랑을 보낸다.

2015. 8.

정 영 철

서 문

이 책은 대학 4학년생, 대학원생 그리고 실무가로서의 경력이 1년에서 4년 정도 되는 법률가들을 대상으로 하였다. 학생들과의 수업을 위하여 각 장에 문제를 제시하였고, 실무가들이 참조할 수 있도록 실제문서사례를 게재하였다. 판례는 현재의 법을 발견하는 데, 노트와 질문, 외국의 자료는 이를 분석하고 앞으로의 정책방향을 모색하는 데 도움이 되었으면 한다.

형식은 미국의 casebook을 따랐다. 국내의 판례는 그 수에 있어서 제한적인지라 선례적 가치에 관계없이 기업인수에 관련되는 모든 것을 게재하였다. 한편 외국의 판례는 제한된 지면 때문에 논점만 번역하여 소개하였다. 자료는 논문이나 법률안, 국회전문위원의 보고서, 법무부나 금감원의 보도자료 등 다양한 내용을 포함하였다. 기존의 기업인수에 관한 책과 다른 점이 있다면 여러 관련 법분야에 관한 판례, 계약 실무례, 입법자료 등을 외국에서의 논의자료와 더불어 총체적으로 볼 수 있다는 점이다.

급하게 정리하다 보니 그 내용이나 형식에 있어 부족한 점이 많다. 이 책을 하나의 출발점으로 삼아서 앞으로 해당 주제에 관한 노트와 질문을 중점적으로 보강하고 판례나 계약서, 국내외 법률잡지의 참고논문도 추가하려 한다. 현재와 장래의 법률가들로부터 좋은 제안이나 코멘트를 기대한다.

모든 것을 참으면서 옆을 지켜준 가족들에게 감사한다. 김미령, 정헌직, 정원주 모두 변화된 주변의 환경 속에서 어렵다는 말없이 진지하게 또는 한심하게 상황을 바라보면서 조용한 지원을 보내주었다. 가족들의 사랑은 언제나 즐거운 그리고 영원한 축복이라 생각한다.

2010. 8.

정 영 철

Acknowledgment

아래 자료의 전재를 허락한 저자와 출판사에 감사한다. 특별한 요구가 없는 한 본문에서의 저작권표시는 생략하였다. 컬럼비아대학의 Schizer 대학원장과 조지워싱턴대학의 Mitchell 교수, 샌디애고대학의 Partnoy 교수의 격려에도 감사한다.

American Bar Association, Section of Business Law

The M&A Process

American Law Institute

Restatement of the Law, The Law Governing Lawyers

Chicago Law Review

Einer Elhauge, *The Triggering Function of Sale of Control Doctrine*

Columbia Law Review

Adolf A. Berle, Jr., *"Control" in Corporate Law*

E. Allan Farnsworth, *Precontractual Liability and Preliminary Agreements: Fair Dealing and Failed Negotiations*

Delaware Journal of Corporate Law

Eric L. Talley, *On Uncertainty, Ambiguity, and Contractual Conditions*

George Mason University Law Review

Henry N. Butler, *The Contractual Theory of the Corporation*

Harvard Business Review

Michael C. Jensen, *Eclipse of the Public Corporation*

Harvard Law Review

Adolf A. Berle, Jr., *Corporate Powers as Powers in Trust*

E. Merrick Dodd, *For Whom Are Corporate Managers Trustees?*

William D. Andrews, *The Stockholder's Right to Equal Opportunity in the Sale of Shares*

Louisiana University Law Review

Michael H. Rubin, *The Ethics of Negotiations: Are There Any?*

Yale Law Journal

Frank H. Easterbrook & Daniel R. Fischel, *Corporate Control Transactions*

Ronald J. Gilson, *Value Creation by Business Lawyers: Legal Skills and Asset Pricing*

권재열, 상법 제*382*조의*3* (이사의 충실의무)의 존재의의

김규진…, 구조조정개설

김태진, *M&A*계약에서의 진술 및 보증 조항 및 그 위반

김화진/송옥렬, 기업인수합병

김홍기, *M&A*계약 등에 있어서 진술보장조항의 기능과 그 위반시의 효과 …

노철우, 외환위기 이후 국제금융법이 국내 사회에 미친 영향: 금융기관 구조조정을 중심으로

노혁준, 주식의 교환공개매수에 관한 연구

송종준, 적대적 M&A의 법리

안수현, 영업양도의 동일성 요건검토

유영일, 미국 *M&A*법의 최근 동향

이상수, 법조윤리의 이론과 실제

이준승…, M&A성공을 위한 통합전략

홍대식…, 공정거래법상 기업결합심사기준에 관한 고찰 …

홍성준, 회사정리 · 회생절차와 *M&A*

2007년 가을학기부터 기업법, 기업금융법, 기업인수합병, 금융증권법, 국제금융법과 정책 교과과정을 같이 진행한 모든 학생들이 이 책의 내용에 기여하였지만, 최근에 강의안을 책으로 정리할 생각을 하면서 많은 학생들의 도움을 받았다. 최유진, 강승관, 손범정, 이해원, 양선미, 최수연 학생이 가까이서 국내외 저작권자와의 연락, 판례조사, 법원행정처에의 판례복사신청과 비용송금에서 컴퓨터의 문제해결까지 많은 잡무를 처리하여 주었다. 2010년 봄학기 대학원 세미나를 같이 진행한 박지영, 이동엽, 이주일, 조아라, 채수준, 황보라, 정기위, 김석훈, 김우재, 김진호, 이기연, 전아람, 최승호, 남희경, 이동진, 이상미, 이 진, 전재완, 조윤주, 황윤지, 나

산하, 석지희, 이지연 학생들도 주제발표와 교정작업으로 도움을 주었다. 모두 앞으로 우리나라의 장래를 짊어지고 나갈 훌륭한 법률가, 학자 또는 경영자가 될 것을 믿어 의심치 않는다.

이 책에 대하여 긍정적인 의견을 주면서 지원을 아끼지 않은 박영사의 조성호 부장님, 그리고 그림파일을 텍스트파일로 고쳐가면서 조판과 교정에 애쓰신 나경선 과장님의 노고 또한 잊을 수 없다. 학술정보관 유희경 사서님은 기존출판물들을 조사하여 주어서 고마웠다.

차 례

제 1 편 기업인수 일반론

제 2 편 기업인수에 관련된 제반 법분야

제 3 편 기업인수의 실무

제 4 편 특별법상의 기업인수

차　례

제 1 편　기업인수 일반론

제 2 편 기업인수에 관련된 제반 법분야

제 3 편 기업인수의 실무

제 4 편 특별법상의 기업인수

[실제사례목록]

일러두기

〈각주달기와 인용방법〉

- 아무런 표시 없이 위 주 번호를 인용하면 같은 장 내의 자료이며 각주의 번호 앞에 숫자가 있으면 이는 해당 인용문헌이 최초로 나오는 장을 표시한다.
- 동일한 문헌을 뒤에서 반복하는 경우 저자 뒤에 위 주 ... 게재서, 게재논문 등으로 표시한다.
- 미국문헌의 인용은 blue book에 따라서, 한글문헌의 인용은 한국법학교수회에서 2000년 발행한 "논문작성 및 문헌인용에 관한 표준안"을 기초로 하나, 미국의 blue book에 따른 변형방법을 채택한다.
- 책인 경우 출판사는 표시하지 아니하였고 판수는 재판 이상의 경우에만 표시한다.
- 잡지에 게재된 논문의 경우 blue book과 같이 몇집 몇권을 해당 잡지의 이름 앞에 아라비아숫자로만 표시하고 동일한 해에 발행된 잡지를 계속 면수를 매기지 않는 경우 집과 권 사이에 쌍점으로 집수와 권수를 구별한다. 면수는 잡지의 이름 뒤에 면수를 아라비아 숫자로만 표시한다. 논문의 제목은 blue book과 동일하게 기울임으로 표시한다.
- 판례는 통상의 인용방법 뒤에 괄호로 가능한 한 범위 내에서 당사자의 이름을 표시하고 필요하면 사건의 내용도 간략하게 추가한다. 형사사건의 경우에도 기소권을 행사한 자를 검사로 표시하고 소송당사자가 개인인 경우 가운데 자를 삭제하여 특정하며 사건의 내용에 대한 간단한 설명이 판결의 내용을 이해하는 데 도움이 되면 이를 추가한다. 당사자가 여러 명인 경우 대표적인 당사자의 이름만을 사용하였고 "등", "외"를 사용하여 당사자가 복수임을 밝히지 않는다. 회사의 경우 주식회사나 Company, Inc. 등은 가능한 한 생략한다. 병합사건의 경우 사건번호 하나만 표시한다.
- 맞춤법과 띄어쓰기, 외래어표기, 문장부호는 문교부 맞춤법에 대한 고시, 국회사무처 법률용어의 표준화기준에 관한 예규, 법원행정처의 법률문장의 관행 및 용례, 법제처의 법문의 띄어쓰기 기준을 따르되 필요한 경우 이를 수정한다.
- 기존 판례나 논문의 전제 시에 원문을 존중하지만, 일부 표현을 수정한 부분이 있고 각주는 일부만을 다시 알파벳으로 번호를 붙여서 편집하거나 전부 생략하였다. 중간에 생략된 내용이 있는 경우 ...으로 표시한다.

제 1 편

기업인수 일반론

제 1 편에서는 기업인수의 일반이론을 다룬다. 기업인수라는 경제적인 현상에 적용되는 제반 기존의 개별법적 논점 및 기업인수실무에 대비되는 의미에서 일반이론이라고 이름붙였다. 일반이론은 5개의 장으로 구성되어 있다. 제 1 장은 기업인수의 역사로서 미국경제발전단계에서 나타났던 기업인수를 시대별로 살펴보고 한국에서의 기업인수도 시대적으로 구분하여 개론한다. 제 2 장에서는 기업인수의, 특히 적대적 기업인수의 경제적 효과에 대한 평가와 이를 기초로 한 정책방향에 대한 논쟁을 정리한다. 이는 1980년대 미국에서의 논의인 만큼 2010년대 우리나라에서 미국과 전혀 다른 기업지배구조를 가지고 있는 상장기업에 대한 기업인수 정책결정의 논거로서는 한계가 있다. 제 3 장은 기업인수를 대상기업의 이사회와의 합의를 기초로 진행하는지 아니면 이들의 의사에 반하여 직접 대상기업의 주주를 상대로 진행하는지 여부에 따라서, 인수의 대상에 따라서, 또는 인수의 절차에 따라서 유형별로 분류하여 각각을 살펴본다. 제 4 장에서는 인수의 대상인 기업의 본질은 무엇인가에 대하여 전통적으로 기업의 독자적 법인격성이나 법인의 실체로서의 주주의 권리를 강조한 견해와 법경제학적 관점에서 기업을 단순한 이해관계자간 계약의 축으로 분석하는 견해를 소개하고 제 5 장에서는 이러한 기업의 본질에 대한 다른 견해가 기업가치의 평가방법과 어떻게 연계되는 것인지를 살펴본다.

제 1 장 기업인수의 역사

기업인수의 역사를 논하기 전에 기업인수가 무엇인지부터 논의하는 것이 올바른 순서일 수도 있으나 기업인수가 법적으로 정의된 것이라기보다는 경제적인 현상에 기업인수라 이름을 붙이고 이를 어떻게 규율할 것인가에 관한 논의가 시작되었다는 측면에서, 제 1 장에서는 기업인수라는 경제적 현상이 역사적으로 어떻게 전개되었는지를 먼저 살펴본다.[1] 미국의 경제발전사에서 어떤 특정시점에 어떤 특정산업분야에서 기업인수가 일어났으며 왜 그러한 경제적 현상이 사라지게 되었는지를 분석한다. 미국의 사례에 이어서, 미국이 자신만의 독자적인 경제발전의 역사를 가지고 있는 것처럼 우리도 우리의 경제상황에 독특한 기업인수의 역사를 가지고 있으므로, 우리의 기업인수를 시간적인 흐름속에서 살펴본다. 미국이 자본주의에 관한 한 오랜 역사를 가지고 있으며 국가경제가 세계화됨에 따라서 미국사회에서의 경제현상이 한국경제와 밀접한 관련을 가지지만, 미국의 인수합병역사는 미국의 독특한 법적·경제적·문화적 배경에서의 하나의 사례일 뿐, 한국의 장래에 대한 청사진이 아니며 장래를 예측하기 위한 자료는 더더욱 아니다.[2] 따라서, 제 1 장의 초점은 두 국가경제에서 기업인수가 시대의 흐름에 어떻게 변화하였는지에 대한 일반적인 관찰과 분석이다. 이러한 관찰과 분석을 기초로 장래에 대한 전망과 이에 영향을 줄 수 있는 정책방향도 생각하여 본다.

---

1) 기업인수라는 단어 자체가 법문에 사용되는 경우조차 많지는 않으며 ("자본시장과 금융투자업에 관한 법률"("자본시장법") 제 3 편 제 2 장 제목 참조) 법원의 판결은 기업인수, 기업취득, M&A를 혼용하고 있다. 대법 2008. 11. 13. 선고 2008다46906 판결; 서울중앙지법 2006. 9. 29. 선고 2006고합115 판결 등 참조.

2) 한국과 미국의 공개기업간 가장 커다란 차이는 지배주주의 존재와 대규모 기업집단내 지배구조이다. 따라서 기업법 연구의 과제도 한국의 경우 지배주주와 기업간 이익충돌과 대규모 기업집단내 지배구조로 문제로 확장되어야 할 것이다.

Ⅰ. 미국경제발전에서의 기업인수의 역사[3)]

1. 제 1 기(1887년부터 1904년까지)

1883년 세계적인 불경기가 끝나갈 시점부터 1904년 불황이 시작하는 기간에 동일한 산업에 종사하는 여러 기업 간 수평적 결합이 미국을 휩쓸었다. 주된 관련 산업은 제철, 정유, 제당, 담배 등으로서 앤드류 카네기는 1899년 미국에서 수출하는 철강의 90% 이상을 생산하고 있었으며 존 록펠러가 1870년 설립한 스탠다드 석유회사(Standard Oil Company)는 끊임없는 경쟁사들의 인수를 통하여 1890년대 미국 총정유생산량의 90% 이상을 생산하였다. 1860년대 남북전쟁이후 과다한 투자로 부실에 빠진 철도회사들도 투자가를 대리한 제이 피 모간(J. P. Morgan)의 재무구조조정과정을 통하여 대규모 인수합병의 대상이었다.[4)] 기업인수의 파도가 지나간 후 미국산업의 대부분이 수 개의 기업에 집중되었으며 이러한 경제력 집중현상이 규모의 경제를 통하여 생산의 효율성을 높이는 데 기여하였다는 의견도 있으나 소비자가 독점적 공급자의 자의적인 가격결정에 따라야만 한다면 소비자복지에 반한다는 견해가 설득력을 얻으면서[5)] 1890년 셔만법(Sherman Act)이[6)] 통과되었고 1900년대 윌리암 태프트 대통령정부가 경쟁제한적 기업결합을 강력히 규제하면서 1911년 미국 대법이 스탠다드 석유회사의 분할을 명령하게 되고[7)] 1914년에는 클레이톤법(Clayton Act)도[8)] 시행된다.

---

3) F. M. SCHERER, INDUSTRIAL MARKET STRUCTURE AND ECONOMIC PERFORMANCE 103-111 (1970); B. WASSERSTEIN, BIG DEAL 29-157 (1998); WILLIAM J. CARNEY, MERGERS AND ACQUISITIONS 2-5 (2d ed. 2007).

4) 록펠러도, 제이 피 모간도 신탁제도를 이용하여 기업집단에 대한 경영권을 행사하였으며 그런 까닭에 미국의 독점금지법은 anti-trust법이라고 불린다. B. WASSERSTEIN 위 주 3 게재서, 35 & 37.

5) LOUIS D. BRANDEIS, OTHER PEOPLE'S MONEY, CH. VIII. THE CURSE OF BIGNESS 110-152 (1933).

6) 15 U.S.C.A. §1 et seq.

7) *U.S. v Northern Securities Co.*, 120 Fed. 721 (Apr. 1903), 193 U.S. 197 (Mar. 1904)에서 미국 대법이 최초로 독점금지법에 따라 경쟁제한적 합병이 금지될 수 있음을 시사하였다. *Standard Oil Co. of New Jersey v. United States*, 221 U.S. 1 (1911)은 Standard Oil Co.라는 지주회사를 7개의 회사로 분할할 것을 명했다.

8) Pub. L. 63-212, 38 Stat. 730, enacted Oct. 14, 1914.

2. 제 2 기(1916년부터 1929년까지)

제 1 차 세계대전이 끝나면서 미국경제는 호황을 맞이하게 되었고 이미 확립된 정유, 철강, 전기산업에 이어서 자동차, 비행기, 영화, 라디오 등의 새로운 산업이 개발되었다.9) 1910년대 끊임없는 기업인수과정을 통하여 1919년 듀란트는 지엠사의 28% 지배주주지위를 확립하였으며 전기산업과 도시가스산업 등 유틸리티산업에 많은 기업인수가 집중되어 피라미드식 지주회사가 출현하기에 이르렀다.10) 제 1 기의 기업인수와 다른 점은 제 2 기의 기업인수는 하나의 산업에 하나의 시장지배적 사업자의 출현을 위한 것이라기보다는 과점적 사업자의 출현을 위한 것이라는 것이다. 1929년 대공황시 피라미드식 지주회사는 모두 파산하였으며 기업인수를 위한 지나친 부채부담이 그 원인의 하나로 지적되면서11) 1933년 글래스-스티갤법(Glass-Steagal Act), 1933년 증권법(Securities Act of 1933)과 1934년 증권거래법(Securities Exchange Act of 1934)이 시행된다.

3. 제 3 기(1960년대)

1960년대 주식시장의 호황과 함께 또 한차례 기업인수의 열풍이 불었다. 이 시대 기업인수의 특징은 사업다각화를 위하여 수직적 또는 수평적 결합이 아닌 전혀 다른 업종간 인수가 이루어졌다는 것이다. ITT, LTV, Litton Industries, Teledyne, Textrone 등 방산물자부터 방송, 렌탈카, 철강, 보험사 등 다양한 사업을 영위하는 기업집단이 출현하였다. 이러한 이종간 기업인수의 배경으로 1960년대 미국경쟁당국의 강력한 독점금지정책, 경영학의 출현으로 인한 경영능력에 대한 확신, 주가수익비율(Price Earnings Ratio)12)의 확대에 대한 집착 등을 든다. 1968년

---

9) 회사제도가 허구에 기초한 것임에도 점차 경제활동의 중심점으로 이동하면서 부가 보다 많은 이들에게 평등의 기회를 부여하기 위한 것임에도 불구하고 억압의 도구로 전락하는 것에 대한 경고로 WILLIAM Z. RIPLEY, MAIN STREET AND WALL STREET, 서문 (1927).

10) VICTOR BRUDNEY & MARVIN A. CHIRELSTEIN, CORPORATE FINANCE 331-352 (2d ed. 1979); RANALD C. MICHIE, THE GLOBAL SECURITIES MARKET — A HISTORY, 176-178 (2006).

11) 우리나라의 "독점규제 및 공정거래에 관한 법률"("공정거래법")이 지주회사를 일체 금지하였던 것도 미국의 1920년대 경험에서 얻었던 역사적 교훈을 채택한 것으로 보인다. 원칙적 금지는 점차 완화되어 지금은 공정거래법 제 8 조, 같은법 시행령 제15조에 따라 일정한 요건하에 허용된다. 금융지주회사에 대하여는 금융지주회사법상 제 2 조의 정의 참조.

12) 주가를 주당순수익으로 나눈 값.

1934년 증권거래법을 일부 수정하는 윌리암스법(Williams Act)13)이 통과되고 뉴욕 센트럴과 펜실베니아철도회사간 합병의 실패와14) 주식시장에서의 주가하락으로 1960년대 기업인수열풍은 1970년대가 되면서 사라진다.15)

4. 제 4 기(1980년대)

1980년대의 기업인수열풍은 1960년대의 주식시장의 호황에 기인한 것과는 정 반대로 주식시장의 불황에서 시작되었다. 주식이 저평가되고 있다는 인식에 기인하여 많은 기업들이 전략적 기업인수를 실행하였으며 다른 한편으로 이미 시장이 충분히 성숙한 산업의 경우 재무적 투자가들과 함께 폐쇄회사화를16) 통한 기업재무구조조정의 경향이 나타났고 또한 국제적인 경쟁이 치열하여 지면서 외국의 다국적 기업들이 미국내 기업의 인수를 시작하였다. 따라서, 1987년 주식시장의 추락은 1980년대 기업인수의 열풍을 잠재우지 못하였다. 1980년대부터 두드러진 현상 중 하나는 적대적 기업인수의 시도이다.17) 1974년 모간스탠리가 인터내셔널니켈사의 이에스비사에 대한 적대적 기업인수시도에 참여하면서 전통적 투자은행들의 적대적 기업인수시도에 대한 비판적 태도가 무너졌고18) 정크본드라는 금융시장이 확대되면서 과거의 기업인수와는 달리 기업인수의 대가로서 현금을 제공할 수 있게 되면서 많은 대기업들이 적대적 기업인수의 대상이 되었다. 또한, 1960년대 업종다각화를 위한 기업인수의 반작용으로서 재무적 투자자들에게 특정사업부문을 매각하기 위한 거래가 성행하였고 재무적 투자자들은 인수대상기업의 자산을 기초로 인수

---

13) 15 U.S.C.A. §78a et seq.

14) Staff Report of the House Committee on Banking and Currency, The Penn Central Failure and the Role of Financial Institutions (1970-1972). 막스 하벡/프리츠 코뢰거/마이클 트램 지음, 정영환/이영호/주진형/문유동 옮김, 합병, 그 이후 (2001), 49-51. PMI (Post-merger integration)의 실패가 파산의 원인으로 지적된다. *Bird v. Penn Central Co.*, 341 F. Supp. 291 (United States Distirct Court, Eastern District of Pennsylvania, 1972)은 Lloyds가 CEO를 상대로 D&O보험이 무효임을 주장하면서 제기한 소송.

15) 우리나라의 기업문화를 1980년대 이후 대규모기업집단으로서 특정업종에 전문화함이 없이 모든 업종으로 확대하여 나가다가 2000년대부터 지주회사제도로 정리가 되고 있다고 단순화하면, 미국경제의 3기에서 2기로 진행하고 있다고도 볼 수 있다.

16) going private의 번역으로 경영진이 일반주주로부터 주식을 매수하여 상장요건을 충족시키지 못하게 함으로써 상장을 폐지하는 것. 적대적 기업인수에 대한 방어책이기도 하다.

17) 적대적 기업인수는 인수대상의 경영진 의사에 반하여 인수대상기업의 지배주주가 되려는 시도 일반을 지칭하며 기존의 지배주주와 또 다른 지배주주간 회사의 경영권을 둘러싼 주주간 다툼과는 구별하기로 한다.

18) JONATHAN A. KNEE, THE ACCIDENTAL INVESTMENT BANKER: INSIDE THE DECADE THAT TRANSFORMED WALL STREET 78 (2006).

자금을 융통하여 프레미엄을 더한 인수대가를 지급하는 소위 차입인수의 방법을[19] 즐겼다. 1986년 내부자거래협의자로서 이반 보에스키를 포함한 은행가와 법률가들이 기소되었고 1988년 알제이알 나비스코를 둘러싼 경쟁적 청약이 마무리되고[20] 1989년 정크본드의 본산지 드렉셀 램베어의 파산과 함께 기업인수의 회오리는 잦아든다.

5. 제 5 기(1993년부터 2001년까지)[21]

1991-92년의 불경기와 구조조정기간을 거친 미국경제는 1993년부터 석유, 금융, 방송통신, 보건산업등에 거대기업인수가 다시 나타나기 시작하였다.[22] 제 4 기와는 달리 적대적 기업인수는 사라지고[23] 기업의 규제환경이 변화하고 새로운 기술이 출현함에 따른 전략적 위치선정필요에서 기업간 협상에 따른 합병이 주류가 되었다. 월드컴, 트레블러스, 엑손사가 동일 또는 유사한 업종의 경쟁기업과 합병하면서 인수자금의 규모가 수백억불을 초과하는 기업인수가 많아졌고 2000년 에이오엘사의 타임워너사 인수대금은 무려 1560억불에 달하였다.[24] 그러나, 이러한 소위 메가딜은 2001년 엔론, 월드컴, 아델피아 등 일련의 기업회계분식사건과 닷컴거품경제의 붕괴, 2002년 사베인스 옥슬리법(Sabanes-Oxley Act)의[25] 시행으로 사라지게 되었다.

---

19) 기업인수시 거의 언제나 자금차입이 일어나기 때문에 (주식발행을 통한 인수가 아닌 한) 적당한 번역인지는 의심스러우나 Leveraged Buy Out의 번역으로서 통상 차입인수이라는 단어를 사용한다.

20) BRYAN BURROUGHT & JOHN HELYAR, BARBARIANS AT THE GATE: THE FALL OF NABISCO (2003).

21) Bernard S. Black, *The First International Merger Wave (and The Fifth and Last U.S.Wave)*, 54 UNIV. MIAMI L. REV. 799, 800 (2000). 미국역사상 다섯번째 파도라기 보다는 국제적인 파도라는 점에서 최초의 파도라고 칭할 것을 제안.

22) Joseph H. Flom, *Mergers and Acquisitions: The Decade in Review*, 54 UNIV. MIAMI. L. REV. 753, 774 (2000). 미국의 투자은행과 변호사는 기업인수의 세계적인 전문가라고 한다.

23) 적대적 기업인수의 감소에 대하여는 여러 가지 설명이 가능할 것이나 카니교수는 독약처방의 효과, 주주이익극대화라는 이사의 충실위무에 대한 미델라웨어주법원의 판결, 기관투자자들의 이익실현목적, 공개매수제도에 대한 엄격한 규제 등을 든다. CARNEY, 위 주 3 게재서, 9.

24) Mergerstat.com에 따르면 1999년, 2000년 인수금액이 1조3874억불, 1조2686조에 달한다. 뒤의 표 1-2 참조. Houlihan Lokey, M&A & Financing Market Overview, ABA, Sect. BUS. L., Spring Meeting (April 2010) 자료에 따르면 2010 1Q 전세게 M&A 시장규모를 $0.53T.로 예측하고 있다. 이 중 미국이 0.18T, 유럽이 0.09T, 아시아가 0.11T를 차지할 것으로 예측한다. http://www.abanet.org/dch/committee.cfm?com=CL560002&edit=0 에서 열람 가능.

25) Pub. L. 107-204.

6. 제 6 기(2004년부터 2007년까지)

2000년대 중반부터 사모펀드, 헤지펀드, 바이아웃펀드[26]에 보다 많은 자본이 집중되면서 기존의 주식시장에의 투자를 통한 이익실현보다는 기업인수목적의 투자도구를 설립, 인수대금의 상당부분을 차입금으로 충당하여 투자자본에 대한 회수율을 높이고 한편 기업의 지배주식에 투자한 후 이의 재매각을 통하여 이익을 실현하려는 기업인수가 성행하기 시작한다. 과거 예외적인 차입인수는 이들 사모펀드의 경우 전형적인 투자방법이 되었고 투자대상은 특정산업에 국한되지 않고 부동산개발, 소매업, 병원등 산업전체에 걸치며 미국내 업체에 국한되지 않고 유럽과 아시아의 모든 업체에 미쳤다.[27] 2007년부터 조짐을 보이기 시작한 미국금융체제의 붕괴위험 때문에 사모펀드의 활동에 기초한 기업인수의 열풍은 일응 잠잠하여 졌으며 금융감독체제가 자리를 잡으면서 사모펀드에 대한 적절한 공개필요성이 논의되었다.[28]

7. 제 7 기(2008년 이후)

2008년 미국에서 출발한 투자은행의 붕괴와 이에 뒤따른 전세계적 대불황(great recession)은 2010년부터 닷-프랭크법(Dodd-Frank Act)에 따라 금융기관의 감독체계에 대한 재검토를 요구하였고 이에 따라서 금융기관은 아직도 신용축소단계에 있는 반면 대부분의 통화당국이 경기부양책으로서 평가절하와 이자율하락을 유지하고 있다. 따라서 의약산업이나 방송통신 분야를 제외하고는 전반적으로 기업인수합병활동이 저조하여 보이나 헤지펀드들이 기업의 지배구조개선, 사업분야나

---

26) 사모펀드, 헤지펀드, 바이아웃펀드, 창업투자자본은 조금씩 성격이 다른 것이나 기본적으로 미국의 1940년 투자회사법 (The Investment Company Act of 1940)의 적용을 받지 않는 펀드로 보면 된다. 이하 이들을 총칭하여 사모펀드라 부른다. HALS. SCOTT, INTERNATIONAL FINANCE: TRANSACTIONS, POLICY, AND REGULATION 867 이하 (16th ed. 2009). 헤지펀드를 여러가지로 분류할 수 있겠는데, 전체 규모에서 기업인수목적의 헤지펀드의 비중은 그리 크지 않다. Philip Coggan에 따르면 merger arbitrage는 2006년도에 14%이다. 2006년 전체 헤지펀드의 크기를 $1.5T으로 보고 있으므로 기업인수목적의 펀드규모는 $200B정도가 된다. PHILIP COGGAN, GUIDE TO HEDGE FUNDS: WHAT THEY ARE, WHAT THEY DO, THEIR RISKS, THEIR ADVANTAGES 133 Table A (2008). 뒤의 제 2 장 관계부처가 2014. 3. 발표한 M&A 활성화 방만 및 저자 각주 참조.

27) Andrew Ross Sorkin, HCA Buyout Highlights Era of Going Private, N. Y. Times, Jun. 25, 2006, available on nytimes.com. 2009년 금융위기 이후의 상황에 대하여는 Andrew Ross Sorkin, Shareholders Deciding a Dividend, Feb. 8, 2010, avaliable on nytimes.com.

28) EU 및 일본의 기업인수에 관한 설명은 선우 석호, M&A 59-74 (3판 2001).

보유현금의 처분, 이사회에의 참여 등을 요구하는 적극적인 투자자로 변질하면서 이에 대응하는 방안으로서의 소극적인 기업인수합병활동도 나타나고 있다.

Ⅱ. 한국경제발전에서의 기업인수의 역사[29)]

1. 정부의 지시에 따른 기업인수(1994년까지)

국민경제발전이 정부의 최우선적 목표이며 기업이란 이러한 목표를 달성하기 위하여 정부로부터의 특별한 인허가에 기초하여 부족한 자본을 할당받아 경영하는 것이라는 인식하에서 기업인수란 정부의 지시에 따라서 실패한 기업을 기존의 대기업집단이 인수하는 것에 국한된다. 대우그룹이 경남기업이나 오리온전기등을 인수하면서 몸집을 늘린 것이 그 예이다.[30)] 중화학공업, 신발산업, 버스산업, 섬유산업 등 특정산업의 국제경쟁력이 떨어지는 경우 정부는 특별법을 만들어서 이들 업종간 인수합병을 세제등의 지원을 통하여 촉진하였다.[31)] 또한, 정부의 자금지원을 받지 못하는 경우 정부의 직접적, 간접적 지시에 따라서 국제그룹이나 대우그룹같은 대기업집단도 언제든지 분해되었다.[32)] 시장이 아닌 정부의 일방적 지시에 따른 기업인수이므로 기업가치에 대한 평가나 협상을 통한 위험분배라는 절차는 필요없었다.[33)]

2. 시장에서의 비밀매집을 통한 적대적 기업인수시도(1994년에서 1997년까지)

증권거래법은 1976. 4. 1. 법률 제5254호로 전부개정되면서 상장법인의 경우

29) 장세진/MCC, M&A의 경영전략 23-24 (2004)은 4단계로 분류한다.

30) 김우일, 문어는 왜 죽었는가 (2005).

31) 1980년대부터 정부가 산업합리화라는 이름으로 비료공업, 해운산업, 자동차공업, 발전설비제조업, 석탄산업, 조선산업등 광범위한 산업내 기존기업간 투자조정정책을 시행하여 왔다. 많은 개별산업규제법이 1986년 시행된 공업발전법으로 통합되면서 업종별합리화계획의 시행이 가능하게 되었고 이는 1999년 산업발전법으로 바뀌었다. 지금도 특정산업 예를 들면 원양산업, 유통산업, 이러닝 (전자학습)산업, 온라인디지털콘텐츠산업 등의 발전을 위한 특별법이 다수 존재한다. 국가기록원 나라기록에서 산업합리화정책에 관한 기술 참조. http://contents.archives.go.kr에서 열람가능.

32) 헌재 1993. 7. 29. 선고 89헌마31 결정 (판례집 제 5 권 제 2 집, 87, 93). "1985. 2. 8.부터 같은 해 2. 11.까지 대통령은 재무부장관에게 … 인수사 선정에 대한 지시를 비밀리에 하였다."

33) 성보경, M&A와 월가의 기업사냥 15 (2001)는 관료에 의한 기업사냥 (corporate takeover by the officialdom)이라고 지칭. 성보경, M&A 전문가를 위한 기업인수·합병 전략메뉴얼 769-807 (1997)은 국내기업의 M&A전략을 통한 경영전략사례를 열거하고 있다.

등록당시 총발행주식총수의 100분의 10 이상을 소유한 주주 이외의 자는 상장기업의 주식을 10%를 초과하여 소유하는 것을 금지하였으나[34] 1994. 1. 5. 법률 제4701호로서 이를 폐지하되 1997. 1. 1.부터 시행하기로 하면서 시장에서 비밀매집을 통한 기업인수가 수차례 시도되기 시작하였다. 1993년 삼성의 기아자동차 인수시도부터 1998년 대림통상의 인수시도까지 대부분 소수주주가 시장에서의 주식매집을 통한 기업인수를 시도한 것으로 결과는 대부분 실패로 끝났다. 그러나, 이러한 절차를 통하여 기업의 인수에 대한 법원의 판례들이 나타나기 시작하였고 또한 기업의 소유자이자 경영자인 지배주주들은 기업이 사고 파는 거래의 대상이 될 수 있다는 것을 인식하기 시작하였다.[35]

3. 기업의 재무구조조정을 위한 기업인수(1997년 이후)[36]

1997년초 국내 대기업들의 일련의 부도사태로 시작된 한국경제의 환란은 1997년 12월 IMF의 구제금융합의, 1998년 1월 국제대주단과의 만기연장에도 불구하고[37] 1998년부터 대규모 금융기관파산에 따른 이들의 부실채권의 해외매각과 대기업들의 재무구조개선을 위한 계열사지분 내지 사업의 해외매각, 정부의 빅딜요구에 따른 구조조정, 금융기관의 해외매각이나 상호합병으로 이어졌다.

대상그룹의 라이신사업 한국바스프에 매각, 삼성중공업의 중장비부문 Volvo에 매각, 대우자동차의 GM에 대한 매각이나 제일은행의 New Bridge에 대한 매각, 외환은행의 Lone Star에 대한 매각, LG전자의 Hynix에 대한 LG반도체매각등이 그 대표적인 예이다. 또한, 부실은행의 강제적인 부채이전(Purchase & Assumption)이나 은행간 합병 내지 지주회사화를 통한 은행산업의 구조조정도 뒤따랐다.[38] 사업부문이나 유틸리티매각과 같은 자산거래도 있었으나 대부분 외국인에 대한 비상장기업의 입찰절차를 통한 주식매각거래로서 인수대상기업의 지배주주가 현금을 필요로 하였던 까닭에 인수기업의 협상력이 우월하였다. 그러나, 국제적인 기업인수의

34) 구 증권거래법 제200조.

35) 손재호/이태훈/나종호, 적대적 M&A 83 이하 (2006); 윤종훈/이호준, 전략과 실전사례, 624-831 (2005)도 많은 사례를 정리; 박희연, M&A전쟁과 기업혁명, 274 (2007)에도 1994년도 이후 사례 정리.

36) 제갈 성웅/최도성/곽수근, M&A 최신사례집 2 (2003)는 1997년도 이후 16개 사례를, 글로벌시대의 M&A 사례 (2004)는 17개의 사례를 정리하고 있다.

37) Ira Adelman/Song Byung Nak, The Korean Financial Crisis of 1997-98, I. The Chronology of the Crisis, are.berkeley.edu/~adelman/crisis.pdf에서 열람 가능.

38) 제갈정웅/최도성/곽수근, 글로벌 시대의 M&A사례 2, 47-49 (2005).

전형적 절차인 투자은행의 선정, 실사자료실 마련, 회사소개서배포, 실사과정, 인수대상기업의 상태에 대한 진술과 보장을 포함한 계약서협상 과정을 거침으로써 국내기업들이 이러한 절차와 용어를 배워가는 중요한 시기가 되었다.

기업의 재무구조조정을 위한 기업인수는 아니지만, 인터넷 신경제의 도래와 함께 닷컴버블 즈음한 벤처창업자본의 주식인수나 정부의 일부공기업 민영화 내지 외국증권거래소에의 상장을 통한 매각이 있었으며 이러한 과정속에서 벤처창업자본의 주식인수를 위한 전형적인 절차나 거래계약문서의 협상과정, 그리고 공기업의 지배주식이나 자산매각을 통한 민영화를 위하여 규제환경에 대한 확실한 제시의 필요성과 국제자본시장에서의 주식매각절차등을 한국경제가 배운 시기이기도 하다.[39]

4. 정부와 외국사모펀드의 투자회수를 위한 매각과 기업인수(2005년 이후)

New Bridge가 2005년 초에 제일은행주식을 Standard Chartered에 매각하는 거래가 대표적인 예로 IMF환란 이후 한국경제 기업인수의 주도적 역할을 담당한 외국의 사모펀드들이 거꾸로 투자회수를 위한 매각작업을 시작한다. UBS 사모펀드의 만도 매각, 어피너트 사모펀드의 하이마트 매각, CVD 사모펀드의 해태제과 매각, Carlyle 사모펀드의 한미은행 매각이 그 예이다. 또한, 과거 회사정리절차가 진행중이던 기업, 예를 들면 진로나 쌍용자동차들의 기업회생절차에 따른 매각절차는 거의 마무리되었다. 국민의 세금인 공적자금이 투입된 많은 기업들을 어떻게 매각할 것인가, 1997년 환란 이후 민영화의 대상으로 논의되었던 많은 공기업들을 어떻게 민영화할 것인가라는 질문에 대하여 아직도 명확한 정책적 결정이 내려지지 않은 상황에서 일부 기업, 예를 들면 대우건설이나 LG카드가 국내기업에게 매각되었다. 일부 국내기업이 외국기업으로부터 국내기업의 지배주식을 인수하는 거래에서 국내기업이 과다한 인수대가를 지급함으로써 자금사정의 악화를 초래하는 현상도 나타났고[40] 또한 외국사모펀드의 다단계 자회사구조를 통한 절세에 대하여 조세협약의 적용이 적정한 것인지에 대한 의문도 제기되었다.[41]

---

39) *See id.*, at 7. 금융업 M&A, 코스닥시장 M&A, 시너지창출 M&A, 기업분할/분리합병/컨소시엄 M&A로 나누어보기도 한다.

40) 유진의 하이마트인수가 그 대표적인 예로 금호아시아나그룹의 대한통운과 대우건설, 한화의 대우인터내셔날 인수도 이에 가깝다. 기업 M&A 봇물... 승자의 저주 막아라, 한국경제신문 2009. 9. 11. 김문성/윤선희/김호준 기자보도 www.hankyung.com에서 열람가능. Bernard S. Black, *Bidder Overpayment in Takeovers*, 41 STAN. L. R. 597 (1989); Jensen & Ruback, *The Market for Corporate Control: The Scientific Evidence*, 11 J. FIN. ECON. 5 (1983).

41) 최석환, "국세청, 만도 외국계 대주주에 300억 추징", 머니투데이, 2007. 4. 17; 현상경, "만

5. 주주의 투자가치실현을 위한 기업인수(2008년 이후)

아직도 뒤늦게 한국시장에 관심을 가지고 한국내 매물에 대하여 관심을 보이는 외국의 사모펀드가 있으나 국제금융시장의 상황이나 앞으로의 전망, 그리고 금융시장의 새로운 규제체제에 대한 논의 등으로 앞으로 국제적인 기업인수가 활발할지는 의문이다. 사실 IMF 환란 이후 단기적 이익에만 초점을 두었거나 국내산업기술의 유출만을 노렸던 외국의 투자자들에게 지나친 대가를 치렀다는 인식 때문에, 외국의 투자자들에게 매각하는 것은 고사하고 입찰참가자격이 부여될 것인지조차 의심스럽다. 따라서, 앞으로 당분간 기업인수의 주류는 IMF환란 이후 공적자금이 투입된 금융기관과 일부 대기업 계열사들의 국내기업을 대상으로 한 매각일 것으로 전망된다. 공기업의 민영화정책이 제대로 추진된다면 이들의 매각 역시 기업인수를 더욱 활성화시킬 수 있을 것이다. 거래규모가 크지는 않지만, 벤처기업을 중심으로 한 코스닥상장법인간에는 주로 지배주주의 매각을 통한 끊임없는 기업인수활동이 있었으며 앞으로도 계속될 것이다.[42)]

한편, 무리한 자금차입에 기초하여 기업인수에 나섰던 기업들이 2008년 세계적인 금융위기 이후 어려움을 겪는 것이 목격된 만큼, 앞으로 기업집단의 기존 지배주주가 차입자금에 기초하여 대규모기업집단의 세력을 확장하기 위한 것이라면 자금차입은 물론 인수후의 기업가치를 올리는 데에도 상당한 어려움이 있을 것이다. 따라서, 신주발행을 통한 기업인수가 가능하여 지기 전에는, 인수대금을 얼마나 어떤 가격에 조달할 수 있느냐에 따라서 기존의 대규모기업집단의 지배주주들이 IMF 이후 국민의 세금이 투입된 금융기관과 기업들을 인수하기 위한 노력을 할 것으로 예상된다. 인수자금의 조달비용을 줄이는 방법은 기업집단 내 재무구조를 개선하는 것이고 재무구조를 개선하는 방법은 기존의 사업을 정리하는 것이다. 또한 대규모기업집단들도 더 이상 현재와 같이 다양한 업종에 종사할 수는 없다고 판단한다면, 최고의 투자가치를 실현할 수 있는 기존의 특정산업에 집중하기 위하여 또는 새로운 산업에 진입하기 위하여, 기존의 기업을 매각할 것이다.

이와 더불어 앞으로 주목할 만한 발전방향으로 많은 국내기업들이 IMF환란 이

도 하이마트 매각차익 세금 한국에서 낼까?", 머니투데이, 2008. 1. 25. news.mt.co.kr에서 열람 가능.

42) 김동환/홍성도, 벤처기업 M&A 278-295 (2001)는 벤처기업의 평가에 관하여 자세히 설명하고 있다. 김경환, 벤처기업 M&A 현황 및 전망 (한국기술거래소 편 2004).

후 지득한 기업인수의 기술을 해외의 기업들에 대한 기업인수에도 적용하기 시작하고 있는 것이다.[43] 그러나, 국내기업은 먼저 해외기업을 인수하여 경영할 만한 능력이 있는지 자신에게 물어보아야 할 것이며 또한 해외기업의 인수자금을 반드시 국내금융기관으로부터 조달하려 하지 말고 특정프로젝트에만 위험의 노출이 제한되는 방법을 통하여 해외의 금융시장에서 인수자금을 조달할 방안을 보다 적극적으로 모색하여 보아야 할 것이다. 기업인수는 더 이상 정부가 부여하는 새로운 산업에의 진출기회가 아니며 인수가격과 인수로 인한 기업가치의 증가분을 비교하여 인수후 기업가치의 증가가 조달가격보다 클 경우에 주주와 사회의 이익을 극대화하여야 할 책임이 있는 경영인이 때로는 주주의 동의를 받아서 내려야 할 전문가로서의 중요한 의사결정사항이다.

중장기적으로 우리나라에도 국내사모펀드산업이 자리를 잡아서[44] 이들이 기업의 인수합병을 통한 기업가치, 나아가 주주들의 주식가치를 증대시키는 선례를 확립하며 기업의 인수가 기업의 동일성이 유지되는 한 조세를 부과할 사건이 아니라는 법원칙이 정립되고 기업의 소유와 경영이 분리되면서 전문적 경영인들이 기업의 인수가 주주들에게 새로운 부를 만들어내는 중요한 수단중 하나라는 인식을 하게 되면[45] 기업인수는 보다 활발하여 질 수 있다. 미국의 주식분산형 지배구조와 한국의 지배주주형 지배구조중 어느 것이 보다 바람직한지는 논란의 여지가 있지만, 경영은 경영을 가장 잘 할 수 있는 사람에게 맡겨야만 한다는 점에서, 지배주주형 지배구조는 지배주주의 지위승계에 따르는 사회적인 비용이 엄청나다는 점에서, 그리고 주식분산형 지배구조하에서 기업의 성장에 필요한 자금조달 비용이 저렴하다는 점에서 분산형이 보다 바람직하다고 가정한다면[46] 어떻게 이를 달성할 수 있을까?

43) 제갈정웅/최도성/곽수근, Cross-Border M&A 사례집 제 2 장 61-198 (2007)에서 국내기업의 해외기업인수사례를 정리. 보다 최근에는 금융업의 동남아진출에 더하여 2007년 STX의 Aker Yards 인수, 두산의 Bobcat의 사업부분인수, 2009년 한국석유공사의 Petro-Tech인수 등이 대표적인 해외기업인수의 사례이다.

44) 산업은행이 정부의 지급보증하에 값싼 자금을 조달하여 기업인수시장에 자의적인 개입을 하는 것이 한국자본주의의 발전을 위하여 바람직한 것인지 의문이다. 산업은행 민영화추진논의를 거쳐 최근에는 구조조정전문회사의 설립이 논의되는 배경에는 금융공기업의 역할, 나아가 국가와 기업간 역할분담에 관한 명확한 인식과 철학의 부재가 자리잡고 있다. 정용석, 회생절차제도의 효율적 제고방안(2015. 5. 13, 국가미래연구원보고서).

45) John C. Coffee, Jr., *The Rise of Dispersed Ownership: The Rise of Law and the State in the Separation of Ownership and Control*, 111 YALE L. J. 1 (Oct. 2001).

46) Eugene F. Fama, *Agency Problems and the Theory of the Firm*, 88 J. POL. ECON. 288 (1980).

세계의 자본시장이 보다 효율적인 자원배분을 위하여 경쟁하고 있는 마당에 지배구조가 투명하지 못하며 지배주주 내지 경영자의 충실의무에[47] 관한 명확한 법원칙이 없는 국가에는 자본이 배분되지 않을 것이고 따라서 시간이 지나면서 결국 분산형 지배구조로 수렴될 것이라는 예측이 있기는 하다.[48] 그러나, 보다 적극적인 제도적, 법적 장치를 마련한다면 이러한 수렴과정을 촉진시킬 수 있을 것이다. 그런 의미에서 IMF 이후 수차례 법개정을 통하여 주주와 투자자의 지위강화를 위하여 노력하고 있는 것은 바람직한 현상이다.[49] 앞으로 기업의 경영자는 지배주주가 아니라 모든 주주 내지 기업에게 기업가치를 최대화할 충실의무를 진다는 법적 원칙이 보다 명확하여지고, 제도적으로 특히 소송비용면에서 주주들의 대표소송절차가 개정되어야 할 것이다.[50] 또한, 지배주주가 기업을 제대로 경영하지 못하여 주주들에게 투자가치를 돌려주지 못하는 경우, 이 기업을 보다 유능하게 경영을 할 수 있는 자가 인수할 수 있어야 할 것이다. 그런 의미에서 기업지배권시장의 육성이 바

---

47) 1998년 회사법을 개정하면서 영미법상의 fiduciary duty개념을 받아들인 것으로 보아서 상법 제382조의3 충실의무를 이사가 회사에 대하여 지는 선관주의의무와 협의의 충실의무를 포괄하는 의미로 사용한다. 충실의무란 단어는 자본시장법 제79조에서, 신탁법 제33조에서도 사용되고 있다. 이에 대한 연혁적 분석에 관하여는 이철송, *선관주의의무와 충실의무에 관한 이론의 발전과 전망*, 22 비교사법 1 (2015). 우리 기업법학을 시대적으로 구분하여 보건대, 1948년 대한민국 건국이후 일본법을 그대로 사용하던 시대를 1G, 1960년대 우리 민법상의 제정 이후를 2G, 1997년 환란 이후 영미 회사법 이론을 직접 소화하는 시기를 3G, 2009년 법학전문대학원의 도입 이후를 4G로 구분할 수 있다. 일본문헌과 판례에서의 논의를 기초로 한국회사법을 설명하려던 2G적 분석의 시대는 오래전에 끝난 것 같다.

48) Kee-Hong Bae, Jae-Seung Baek & Jangkoo Kang, *Do Controlling Shareholders' Expropriation Incentives Imply a Link Between Corporate Governance and Firm Value? Evidence from the Aftermath of Korean Financial Crisis*, SSRN Working Paper (Dec. 2007); Woochan Kim, Bernard S. Black & Hasung Jang, *Does Corporate Governance Predict Firms' Market Values? Evidence from Korea*, SSRN Working Paper (last revised Dec. 2008); E. Han Kim & Woochan Kim, *Corporate Governance in Korea: A Decade after the Financial Crisis*, SSRN working paper (Dec. 2007).

49) Brian R. Cheffins, Steven A. Banks, Harwell wells, *Shareholders Protection Across time*, TEMPLE UNIV. LEGAC STUDIES RESEARCH PAPER NO. 2515-24. 미국 회사법은 연방법이 주법상의 주주의 권리를 보강하는 방향으로 발전하였음을 확인하고 있으며 이는 우리 회사법상 주주의 권리가 과거 증권거래법의 개정으로 보강되어 왔고 자본시장법이 시행되면서 증권거래법 규정 일부가 최근 상법 제 3 편 제 4 장 제13절 상장회사에 대한 특칙으로 편입된 과정과 유사하다. 마지막으로 남은 과제는 자본시장법 제 3 편 제 3 장의 2 주권상장법인에 대한 특칙이 상법으로 편입되는 것이다. 다만 상장법인에 대한 특칙과 회사일반에 대한 규정의 조화로운 해석이 중요한 과제로 남아 있다.

50) Sullivan & Cromwell, S & C Memos, *Delaware Legislatures Say No to "Loser-Pay" Fee Shifting Bylaws* …(June 12, 2015).

로 분산형 지배구조를 조속하게 실현시킬 수 있는 방안이기도 하다.51)

노트와 질문

1) 기업지배권시장에서의 수요와 공급을 결정하는 요소는 무엇일까?
2) 규제당국의 판단으로 특정산업분야에 과다한 중소기업들이 밀집하여 조만간 많은 기업들이 재정적인 어려움에 빠질 우려가 있는 경우 어떠한 정책수단을 동원하여 이들의 인수를 촉진할 수 있을까? 반대로 산업전체가 몇몇기업에 집중되어 있어서 하나의 기업이 도산하는 경우 산업전체를 붕괴시킬 우려가 있다면 어떤 정책수단을 동원하여 이를 예방할 수 있을까?

51) Henry G. Manne, *Mergers and the Market for Corporate Control*, 73 J. POL. ECON. 110-120 (1965); Fred S. McChesney, *Pioneer in Law and Economics and Innovator in Legal Education*, 50 CASE W. RES. L. REV. 245 (1999). Kenneth R. Lehn, *Some Observations on Henry Manne's Contributions to Financial Economics*, 50 CASE W. L. REV. 263-266 Table 1 (1999)에서 점점 인용회수가 줄어들고 있는 것은 학자에 대한 최고의 찬사로서 Manne의 이론이 받아들여져서 더 이상 각주로 인용할 필요가 없어 졌기 때문이라고 한다. Roberto Romano, *After the Revolution in Corporate Law*, 55 J. LEGAL EDUC. 342, 343에서 Manne의 기업지배권시장이라는 개념을 1980년대 미국회사법에 혁명을 가져온 원인 중 하나로 지적하고 있다. 졸고, *Hostile Takeovers in Korea: Turning Point or Sticking Point for Policy Direction?*, 18 ASIA PAC. L. REV. 113-132 (2010)도 참조.

[표 1-1] 공정거래위원회 기업결합신고수[52]

1-1-1. 수단별 기업결합 현황(Combination of enterprise by Means) (단위: 건)

	주식취득 stock acquisition		임원겸임 interlocking directorate		합병 merger		영업양수 business takeover		회사신설 creation of new company		합계 Total
	건수 No. of case	구성비 ratio	건수 No. of case	구성비 ratio	건수 No. of case	구성비 ratio	건수 No. of case	구성비 ratio	건수 No. of case	구성비 ratio	
'91-'95	319	33.72%	15	1.59%	263	27.80%	55	5.81%	294	31.08%	154
1996	159	40.5%	16	4.1%	66	16.0%	25	6.4%	130	33.1%	393
1997	130	31.1%	27	6.5%	75	17.9%	23	5.5%	163	39.0%	418
1998	92	18.9%	32	6.6%	151	31.1%	81	16.7%	130	26.7%	486
1999	148	26.2%	42	7.5%	145	26.0%	111	19.9%	113	20.3%	557
2000	268	38.1%	104	14.8%	68	9.7%	84	11.9%	179	25.5%	703
2001	234	36.3%	177	27.5%	73	11.3%	62	9.6%	98	15.2%	644
2002	215	35.7%	148	23.8%	65	10.8%	78	13.0%	101	16.8%	602
2003	215	36.5%	167	28.4%	67	11.4%	53	9.0%	87	14.8%	589
2004	263	35.1%	236	31.5%	103	13.8%	64	8.5%	83	11.1%	749
2005	295	44.8%	138	21.0%	110	16.7%	73	11.1%	42	6.4%	658
2006	355	47.7%	141	19.0%	114	15.3%	74	9.9%	60	8.1%	744
2007	402	46.9%	144	16.8%	135	15.8%	107	12.5%	69	8.1%	857
2008	216	39.3%	80	14.5%	93	16.9%	73	13.3%	88	16.0%	550
2009	119	28.8%	46	11.1%	120	29.1%	62	15.0%	66	16.0%	413
2010	186	37.3%	62	12.4%	115	23.0%	52	10.4%	84	16.8%	499
2011	208	38.3%	68	12.5%	107	19.7%	48	8.8%	112	20.6%	543
2012	189	29.0%	62	9.5%	178	27.3%	86	13.2%	136	20.9%	651
2013	218	37.3%	61	10.4%	157	26.8%	54	9.2%	95	16.2%	585
2014	226	39.6%	51	8.9%	143	25.0%	57	10.0%	94	16.5%	571
합계 Total	4,455		1,812		2,345		1,322		2,224		12,158
평균 Average	222.8		90.6		117.3		66.1		111.2		607.9

52) 공정위, 2014년 통계연보 53-54(2015).

1-1-2. 업종별 기업결합 현황(M&A by category of business)

	제조업 Manufac-turing	건설업 Construction	도소매업 distribution	음식숙박업 Food & Ac-commodation	운수창고업 Transporta-tion & ware-housing	기타 Etc.	합계
'91-'95	521	80	107	15	46	117	946
1996	160	37	37	6	12	141	393
1997	144	25	56	3	37	153	418
1998	257	19	61	4	17	128	486
1999	249	23	51	12	16	206	557
2000	191	14	44	6	26	422	703
2001	189	22	62	5	24	342	644
2002	213	25	49	9	36	270	602
2003	156	42	67	6	49	269	589
2004	250	53	73	5	32	336	749
2005	297	28	37	6	28	262	658
2006	307	93	52	4	29	259	744
2007	356	103	52	3	47	296	857
2008	202	56	40	4	33	215	550
2009	153	61	31	8	17	143	413
2010	211	55	38	3	14	178	499
2011	279	32	24	4	20	184	543
2012	291	20	73	15	16	236	651
2013	280	37	41	10	23	194	585
2014	222	21	53	10	21	244	571
합계 Total	4,928	846	1,048	138	543	4,655	12,158
평균 Average	246.4	42.3	52.4	6.9	27.2	232.8	607.9

[표 1-2] 집계된 기업인수시장규모[53)]

Year	Deals	Value($bil)	Year	Deals	Value($bil)
2009	8,090	$681.2	1985	3,001	$179.8
2008	8,268	$865.7	1984	2,543	$122.2
2007	10,574	$1,345.3	1983	2,533	$73.1
2006	11,750	$1484.3	1982	2,346	$53.8
2005	11,013	$1,234.7	1981	2,395	$82.6
2004	10,296	$823.2	1980	1,889	$44.3
2003	8,232	$530.2	1979	2,128	$43.5
2002	7,411	$441.6	1978	2,106	$34.2
2001	8,545	$683.0	1977	2,224	$21.9
2000	11,123	$1,268.6	1976	2,276	$20.0
1999	9,628	$1,387.4	1975	2,297	$11.8
1998	8,047	$1,283.4	1974	2,861	$12.5
1997	7,848	$674.8	1973	4,040	$16.7
1996	5,862	$469.1	1972	4,801	$16.7
1995	3,510	$356.0	1971	4,608	$12.6
1994	2,997	$226.7	1970	5,152	$16.4
1993	2,663	$176.4	1969	6,107	$23.7
1992	2,574	$96.7	1968	4,462	$43.6
1991	1,877	$71.2	1967	2,975	N/A
1990	2,074	$108.2	1966	2,377	N/A
1989	2,366	$221.1	1965	2,125	N/A
1988	2,258	$246.9	1964	1,950	N/A
1987	2,032	$163.7	1963	1,361	N/A
1986	3,336	$173.1	1962	1,260	N/A

53) http://www.mergerstat.com/newsite/free_report.asp.

[표 1-3] Europe M&A Activity54)
—Includes public and private transactions

Year to Date 2/18/2010		
Year	Deals	Value($bil)
2010	1,143	$94.5
2009	1,227	$77.0
2008	1,765	$140.9
2007	1,896	$184.3
2006	1,899	$425.0
2005	1,878	$75.7

[표 1-4] Asia M&A Activity
—Includes public and private transactions

Year to Date 2/18/2010		
Year	Deals	Value($bil)
2010	814	$50.9
2009	734	$46.7
2008	1,188	$73.5
2007	1,241	$65.5
2006	1,172	$54.3
2005	1,097	$32.3

[그림 1-1] M&A Market Overview

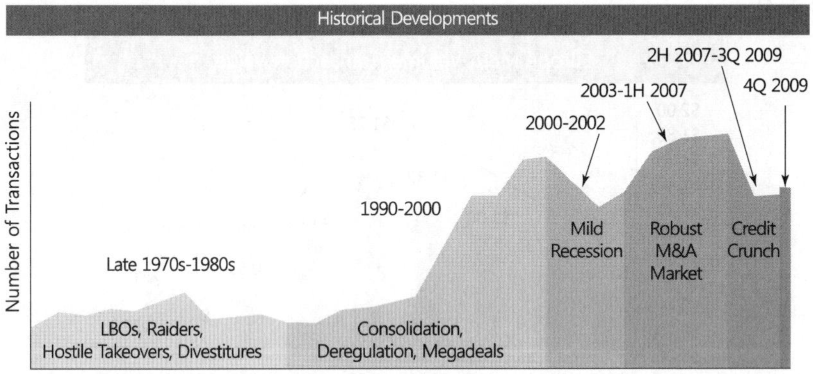

Source: FactSet Mergerstat, LLC.

[그림 1-2]

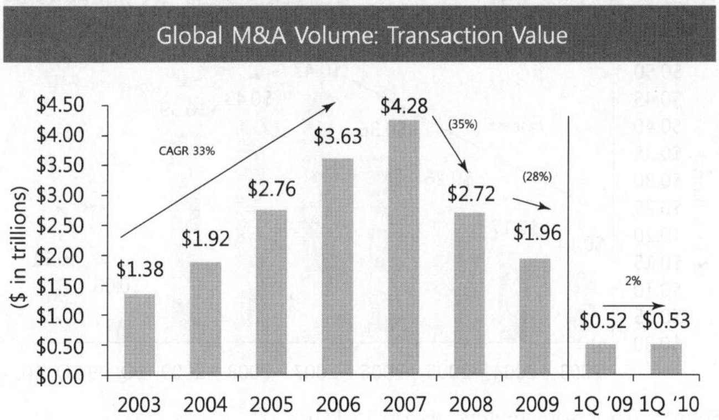

54) Houlihan Lokey, 위 주 23 게재자료.

[그림 1-3]

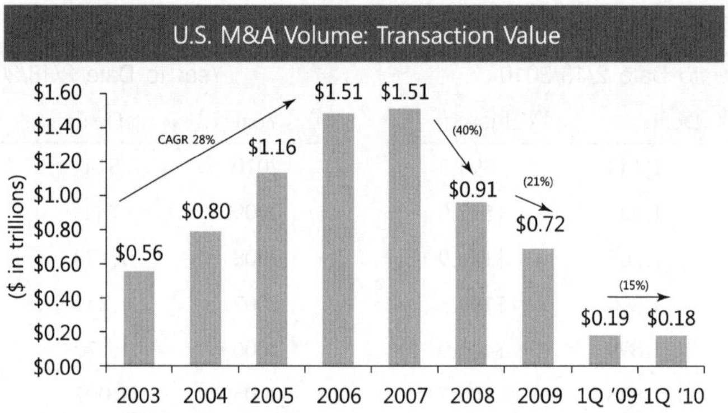

Source: Thomson Reuters, as of 3/31/10.

[그림 1-4]

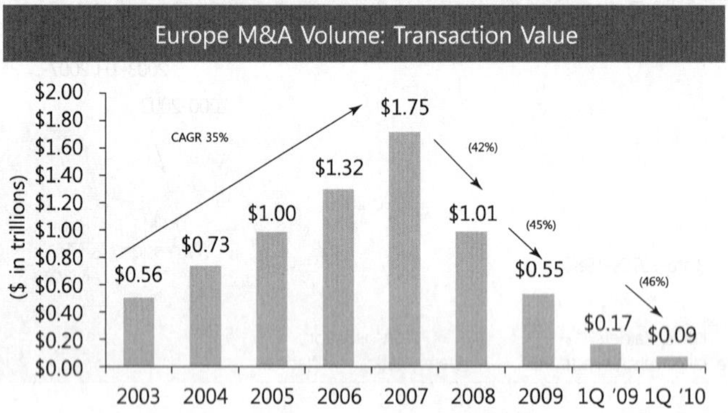

[그림 1-5]

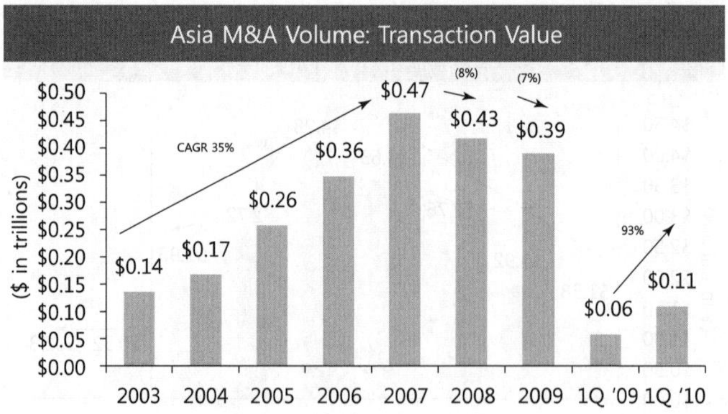

Source: Thomson Reuters, as of 3/31/10.

[그림 1-6]

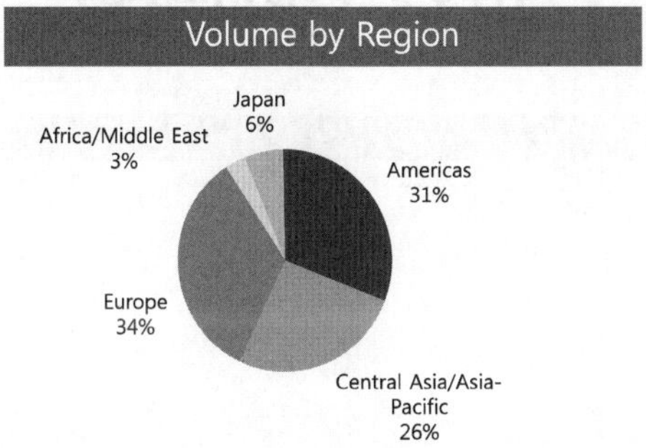

[그림 1-7]

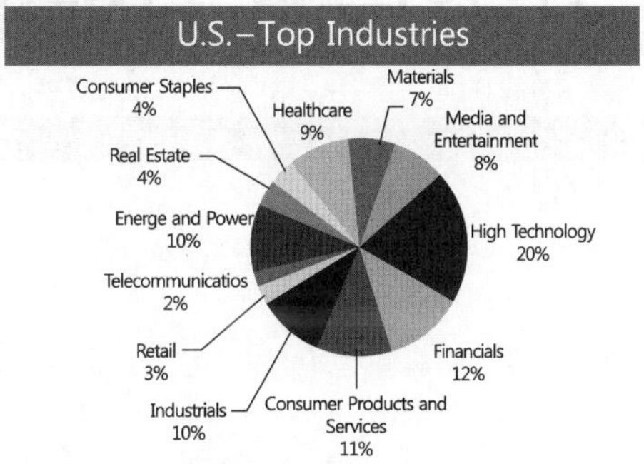

[그림 1-8]

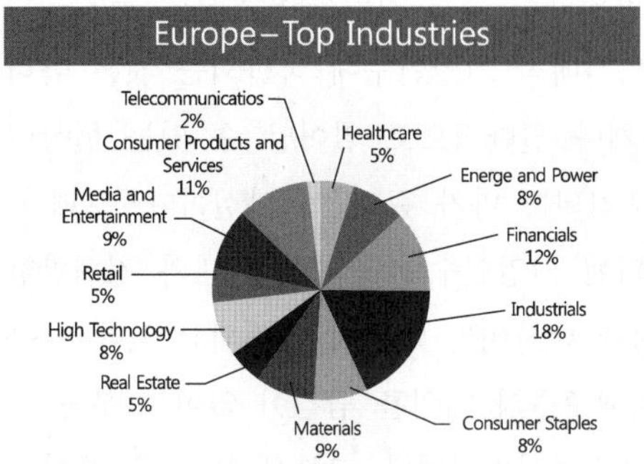

[그림 1-9]

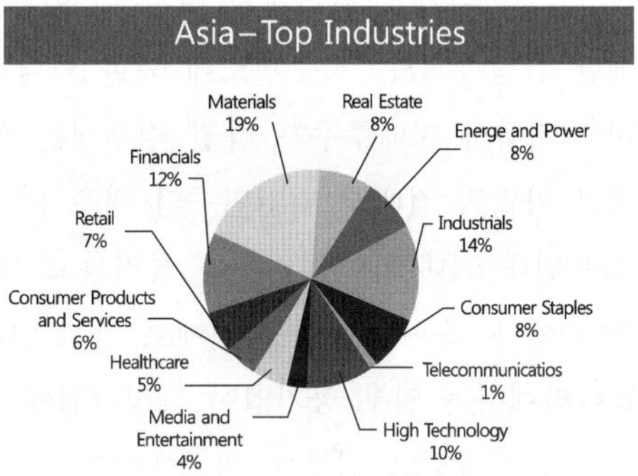

Source: Thomson Reuters, as of 3/31/10.

[그림 1-10]

Source: J. P. Morgan, Insights(2014)

제 2 장 기업인수의 경제적 효과와 정책방향

제 2 장에서는 주로 미국에서 적대적 기업인수의 찬반을 둘러싼 논의를 정리한다. 기업인수가 국민경제에 미칠 수 있는 악영향은 소위 기업사냥꾼 또는 단기수익에만 관심이 있는 사모펀드에 의한 약탈적 적대적 기업인수에 국한되는 것은 아니며[1] 기업의 지배주주가 바뀔 경우에는 언제나 일반적으로 일어날 수 있는 현상이지만 약탈적 적대적 기업인수의 경우 더 우려되는 바가 큰 것이 사실이다. 그러나, 1980년대 적대적 기업인수를 둘러싸고 논의된 기업인수의 경제적 효과와 정책방향은 언제나 실증적 입증을 전제로 한 것인지에 대하여는 의문이 제기되고 있다.[2] 우리나라에서는 일부 공기업이 특정기업에 지배주주의 지위를 넘김이 없이 일부는 거래소에 상장하고 일부는 외국에서의 주식예탁증서발행이나 교환사채발행을 통하여 민영화되면서[3] 이들을 대상으로 단기수익만을 노리는 외국의 사모펀드가 적대적 기업인수를 할지도 모른다는 가능성을 염두에 두고 투기적 기업인수, 약탈적 기업인수에 대한 우려가 논의되고 있는 것 같다.[4] 특히 적대적 기업인수를 허용하면 우리나라의 대표적 기업에 대하여 외국인이 지배주주로서의 경영권을 행사하는 결과가 초래될 것이라는 오해에서 적대적 또는 약탈적 기업인수가 독약처방을 지지하는

1) 송종준, '포이즌 필' 도입 서두르자, 서울경제신문기고 2009. 12. 22. 오피니언. 그러나, 약탈적 M&A가 통상의 M&A와 어떻게 구별되는 것인지 분명하지 않다. 아주 싼 값에 인수하였기 때문에 약탈적이라는 것인지, 아니면 인수한 가격의 적정성과는 아무 관계가 없고 인수 후에 기업을 싼 값에 재매각하였기 때문에 약탈적이라는 것인지, 누가 누구로부터 무엇을 약탈하였다는 것인지, 그래서 정부는 누구를 어떤 경우에 보호하여야 하는지 분명하지 않다.

2) B. WASSERSTEIN, 위 주 1-3 게재서 29-157; WILLIAM J. CARNEY, 위 주 1-3 게재서 140-157.

3) 기획재정부 홈페이지 mosf.go.kr에서 민영화정책관련 보도자료 참조. 특히 1998. 7. 4. 발표한 공기업민영화계획 참조.

4) 포철이나 한전, KT, KT&G가 대표적인 우려의 대상이며 2007년 KT&G가 아이칸/스틸파트너스측의 경영구조대상이 되면서 현실로 나타난 바 있다. 예를 들면 시사저널 2008. 3. 17. 이석, "정부 품 떠난 공기업은 헤지펀드 먹잇감" www.sisapress.com/news에서 열람 가능.

근거 중 하나로 지적되고 있다.[5] 그러나, 외국인에 의한 국내기업의 인수와 기존의 지배주주 내지 경영진의 의사에 반하는 적대적 기업인수는 구별되어야 할 것이며 국내기업에 대하여 외국인이 지배주주가 될 가능성과 이에 수반하는 우려사항은 국가안보차원에서의 논의로서, 또한 자본시장의 개방성에 대한 논의로서 제17장에서 논하기로 한다. 분명히 단기의 시세차익을 노리는 국제적 투기자본에 대하여 한 국가의 국민경제체제를 운용, 감독하는 금융당국이 대책을 세워두어야 하는 것은 필요한 일이지만, 이들을 바로 적대적 또는 약탈적 기업인수와 동일시하는 것은 정확한 현상인식이 아니며 따라서 유효한 정책이 나올 수 없다.

Ⅰ. 기업인수를 찬성하는 견해[6]

1. 기업운용상의 효율성 증대

두개의 기업이 하나로 합침으로써 발생하는 경제적인 기회로서 규모의 경제를 들 수 있다. 서로 중복되는 설비나 관리비용을 제거함으로써 기업의 경제적인 효율성이 증가한다. 금융기관간 합병이 중복되는 관리비용을 절약할 수 있는 대표적인 예로서 우리나라 은행간 합병도 부실금융기관의 통합과 대형화가 주요한 정책적 목표이기는 하였지만 합병을 통한 효율성증대라는 효과 역시 중요한 고려요인이었다. 소위 시너지 효과는 반드시 규모의 경제에 국한되는 것은 아니고 수직적 관계에 있는 기업간 합병의 경우 공급자 또는 수요자의 독점적 지위에 따르는 경제적 이익, 즉 렌트를 흡수함으로써 기업전체의 비용을 감소시켜서 운용상의 효율성을 증대시킬 수도 있을 것이다.[7] 통신과 방송의 융합현상에 따라서 망을 보유하고 있는 사업자와 유무선통신사업자간 합병이 그 예이며 우리나라에서는 데이콤이 한전으로부터 파워콤주식을 인수한 것도 이러한 공급자와 수요자간 운용상 효율성 증대를 위한 것이라고 할 것이다.[8]

---

5) 졸고, 위 주 1-51 게재논문 126-29.

6) 경제적 동기에 대한 이론을 시너지효과이론, 대리인문제이론, 시장지배력이론, 전략이론으로 구분하기도 한다. 노택환/김지수, 기업의 합병·매수론 135-164 (1995).

7) RONALD J. GILSON & BERNARD S. BLACK, THE LAW AND FINANCE OF CORPORATE ACQUISITIONS, 258-311 (2 ed. 1995). Coffee, 아래 주 11 게재논문에서 상승효과이론 (Synergy Hypothesis)이라고 부른다.

8) 미디어 시장의 다양성이라는 가치에 대하여는 이상기, 언론사 M&A 88-100 (2002).

2. 자본에의 접근가능성 내지 효율성 증대

자본시장에서의 자본은 언제나 희소자원으로서 모든 기업이 이의 사용을 원하지만 모든 기업이 자본에 동일하게 접근할 수는 없고 금융기관이 이를 효율적으로 할당하는 기능을 수행한다. 이론적으로 기업의 매출액이나 자본 등의 크기에 따라서 자본이 배정되지는 아니하지만, 실제 금융기관이 이들 수치에 의존하여 보다 커다란 기업의 경우 보다 많은 자본을 배정할 가능성이 있다. 이런 의미에서 기업의 인수를 통한 기업의 확장은 보다 쉬운 자본에의 접근을 의미한다.[9)]

이와는 약간 다른 의미로 수직적 결합이나 수평적 결합이 아닌 이종간 기업결합의 경우 개인이 투자업종을 다양화하여 투자수익변화의 위험을 줄이고 보다 안정적인 투자수익을 올릴 수 있는 것처럼 기업도 다양한 업종을 영위하여 자본투자회수의 안정성을 실현할 수 있다. 투자대상의 다양화는 분명 투자가치의 증대를 가져오는 것이지만, 투자결정을 기업이 할 것인지, 아니면 투자자인 주주가 할 것인지, 실제 과거의 이종간 기업결합이 기업가치의 증대를 가져왔는지에 대하여는 이견이 있을 수 있다.[10)]

3. 기업경영권시장과 기업경영자의 효율적 경영에 대한 유인[11)]

기업의 소유와 경영의 분리에 따른 우려는 일찍이 미국에서 1930년대부터 지적되어 왔다.[12)] 기업의 원형적인 지배구조는 주주가 주주총회에서 이사를 선임하고 이들로 구성된 이사회가 기업을 경영하며 이사회는 경영자가 무능하거나 주주의 이익이 아닌 자신들의 이익을 추구할 경우 이를 해임할 수 있다는 것이다. 그러나, 폐쇄회사와는 달리 상장기업의 경우 주주는 이러한 권리를 행사할 의사도 능력도 없으며 따라서 이사회 내지 경영진의 무능한 의사결정 내지 이해상충으로 인한 기업가치의 하락, 이로 인한 주주들의 투자에 대한 보호방법으로서 기업의 인수가능성이 논의된다. 기업의 인수가능성 때문에 이사회는 임원진을 교체하기도 하고 또한

---

9) 주주가 회사전체부채에 대하여 후순위에 선다는 면에서 자금조달규모가 증가하지 않는 한 순효과는 없다는 의견도 있다. 노택환/김지수, 위 주 6 전게서, 134.

10) GILSON & BLACK, 위 주 7 게재서, 312-362.

11) John C. Coffee, Jr., *Regulating the Market for Corporate Control: A Critical Assessment of the Tender Offer's Role in Corporate Governance*, 84 COL. L. REV. 1145, 1162는 징계이론(Disciplinary Hypothesis)이라 부른다.

12) ADOLF A. BERLE & GARDINER C. MEANS, THE MODERN CORPORATION & PRIVATE PROPERTY, 5-7 (7th ed. 1991).

기업가치의 증대를 위하여 필요한 경우 적대적 기업인수의 시도시 주주들에게 공개매수에 응할 것을 추천하기도 한다.[13] 따라서, 기업경영권이 하나의 시장을 이룬다면 이러한 시장에서의 경쟁을 보장함으로써 기업인수는 기업가치 즉 주주의 투자가치의 증대에 기여할 것이다.[14] 한국은 상장기업의 경우에도 대부분 지배주주가 경영권을 행사하고 있으므로 주주의 지위와는 독립된 기업경영권시장이라는 것이 있을 수가 없고 따라서 적대적 기업인수가 유능한 경영자의 육성 내지 주주가치의 실현이라는 목표의 달성에 도움이 될 것이라는 주장은 설득력이 떨어지는 것은 사실이다. 지배주주가 유능한 경영자가 아니어서 기업지배권을 효과적으로 행사하지 못하고 이에 따라 충분한 기업가치를 실현하지 못하는 경우 상장법인의 지배주주에게 지배주식의 매각을 강제할 방법은 없고 소수주주의 유일한 구제책은 시장에서의 주식매각에 불과하며 그런 의미에서 우리나라에서 적대적 기업인수가 가능한 것인지에 대한 기본적인 의문이 제기되기는 하나, 지배주주가 존재하지 않는 기업의 존재, 지배주주 내부의 분열, 지배주주의 주식보유비율의 정도, 지배주주의 지배권 행사능력이나 의사여부에 따라서 우리나라에서도 적대적 기업인수 내지 적극적 경영참여 요구가 점차 증가할 수 있고 따라서 어느 정도 관련성이 있는 논의이다.

4. 주주에 대한 부의 이전

우호적 기업인수시 지배주주에게 경영권프리미엄이, 적대적 기업인수시 공개매수에 응한 주주들에게 시장가를 초과하는 프리미엄이 지급된다. 기업이 그 기업에 자본을 투자한 주주들의 투자가치극대화를 위하여 존재하는 것이라면 기업인수는 주주들에게 시장가를 초과하는 프리미엄이 지급되는 계기를 제공하는 바람직한 제도로서, 이러한 점은 차입매수 내지 경영진에 의한 기업인수(MBO: Management Buyout)를 장려하여야 한다는 견해의 근거이기도 하다.[15] 물론 기업의 존재이유에 대하여 주주뿐만 아니라 모든 이해관계인의 이익도 고려하여야 한다는 견해도 있다.[16] 또한 프리미엄을 지급할 수 있는 이유는 인수기업이 인수자금의 대부분을 외

13) GILSON & BLACK, 위 주 7 게재서, 363-397.

14) Henry G. Manne, 위 주 1-51 게재 논문 110-120 (Apr. 1965). market for corporate control이라는 개념을 제시하고 지배권시장에서의 경쟁촉진을 위한 도구라는 측면에서 적대적 M&A를 볼 것을 제안한 최초의 글로 지적된다.

15) CARNEY, 위 주 1-3 전게서, 39-40.

16) William T. Allen, *Our Schizophrenic Conception of the Business Corporation*, 14 CARDOZO L. REV. 261 (Nov. 1992)은 기업을 소유권으로 설명하는 견해와 사회적 제도로 설명하는 견해를 비교하고 있다. Allen에 의하면 전자의 견해는 기업의 경영진이 기업에 이

부에서 차입하기 때문으로[17] 지나친 자금차입은 기업에 유동성위기를 가져올 수 있다는 비판이 있다.

5. 경제의 전반적 조정의 용이성

기업을 둘러싼 기업환경이 변화할 경우 기업은 이에 적응하기 위하여 구조조정이 필요하다. 기업인수는 이러한 구조조정을 손쉽게 하기 위한 제도적 기반으로서 경제의 기동성을 증가시킨다. 1980년대 미국 포천500 대기업 중 3분의 1 이상이 기업인수나 폐쇄회사화를 거쳤고 1990년대 불황시 역시 기업간 인수를 통하여 인건비나 일반관리비를 줄여서 경제전체가 경쟁력을 회복할 수 있었다. 이러한 과정은 프랑스의 경우 많은 국영기업들이 노동조합 때문에 아무런 개혁조치를 취하지 못하고 만성적자에 시달리고 있으며 또한 실업률이 10%를 웃도는 경제를 유지하고 있는 것과 대비된다. 미국경제의 기업인수를 통한 조정은 또한 주주들이 보유하고 있는 기업의 동일성이 변화하지 않는 이상 소득이 실현되었다고 볼 수 없고 따라서 과세할 수 없다고 하는 조세정책에도 기인한다.[18]

6. 자본시장의 육성

자본시장에 얼마나 많은 자본이 투입될 것인지는 무엇보다도 자본의 회수를 위하여 어떠한 방법이 가능한지에 달려 있다. 기업공개가 대표적인 벤처자본의 회수방법이지만 기업의 매각도 또 다른 대표적인 투자자본의 회수방법이다. 이러한 기업의 매각 내지 인수가능성은 바로 소규모 벤처기업에 자본이 투자될 수 있는 유인을 제공한다. 또한, 기업인수를 위한 기업경영권시장이 존재하고 이로 인하여 기업지배구조의 투명성이 제고될 수 있다면 이 역시 투자자들이 기업지배구조에 대하여 확신을 갖게 하는 요소가 될 수 있고 따라서 자본시장의 육성에 플러스요인이 될

해관계를 가지는 모든 이의 이해관계를 조절하는 것은 비민주적이며 공권력을 가지는 정부가 주주와 주주 이외의 이해관계인간 이해관계를 조절하게 하는 것보다 바람직하다는 판단에 기초하는 반면 후자는 기업을 효율적으로 경영하기 위하여는 전문적 경영인이 필수적이며 이들의 전문지식과 기술이 시장에서의 단기적인 판단보다 사회전체의 부를 증가시키는데 효과적이라고 판단하고 있다. 즉, 전자를 민주주의적 이념에, 후자를 경영효율이라는 이념에 기초한 것으로 구별한다. Berle과 Dodd간 의견대립에 관하여는 제 3 장에서 자세하게 논의한다.

17) GILSON & BLACK, 위의 주 7 게재서, 405-415.

18) 이런 의미에서 우리나라 법인세법도 2010년부터 미국과 상당히 유사하게 적격 분할 및 합병의 경우 조세의 이연을 인정하고 있다. 자세한 것은 제16장의 논의 참조.

것이다. 그런 의미에서 일본에서 자본시장이 발달하지 못하는 이유 중 하나로서 기업지배구조에 대한 투자자들의 확신부족과 기업지배권시장의 부재를 들고 있는 것은 우리나라의 자본시장의 장기적 발전을 위하여 귀기울일 만한 분석이다.[19]

Ⅱ. 기업인수에 반대하는 견해[20]

1. 지나친 부채부담의 폐해

기업인수후 규모의 경제, 범위의 경제, 시너지, 시장점유율 상승 등을 원인으로 한 일반적인 운용상의 효율성 증가가능성에 대하여는 별다른 반론이 없다. 기업인수에 대한 비판적인 견해는 주로 미국에서 1980년대초 정크사채의 발행을 통하여 인수자금을 마련한 후 Leveraged Buy Out("LBO") 내지 Management Buy Out("MBO")방식을 통한 적대적 기업인수에 대한 것이다.[21]

비판의 출발점은 기업이 인수자금의 마련을 위하여 정크사채를 발행, 기존의 주주들에게 프리미엄을 주고 이를 매수하게 되면 대상기업의 재무구조는 악화되고 따라서 경기가 하강국면에 들어서는 경우 이를 버티지 못할 가능성이 증가하며 또한 부채부담에 짓눌린 기업은 운영성과를 높이기 위해 인건비를 줄이기 위한 대량해고가 발생하고, 심지어는 공장이 폐쇄되기도 한다는 것이다. 실제 기업인수후 대량해고가 이루어졌는지에 관하여는 상반되는 실증적 연구결과가 나오고 있고[22] 노동도 자본과 같이 보다 생산성이 높은 산업으로 신속히 이동할 수 있는 유동성이 전체적인 경제발전에 도움이 될 것이라는 견해도 일응 타당하지만, 적어도 1990년대 많은 기업이 부채를 통한 인수자금 조달 후의 이자부담으로 파산에 이른 것은 사실이다.[23] 이에 대하여는 과연 부채비율이 증가하였는지 여부는 보다 경험적 연구가 필요하며 적어도 재무적 투자자가 아닌 전략적 투자자에 의한 기업인수에는 해당되지 않는다는 반박도 만만치 않다.

---

19) HAL S. SCOTT, 위 1-26 게재서, 345-349.

20) 김홍식, M&A개론, 8-16 (2009).

21) 차입매수에 관하여는 뒤의 제12장 참조.

22) Carol B. Swanson, *The Turn in Takeovers: A Study in Public Appeasement and Unstoppable Capitalism*, 30 GA L. REV. 943, 984 fn. 174.

23) Federated, Macy's, Revco, TWA 등이 그 예이다.

2. 단기적인 경영목표[24)]

차입자금에 기초하여 기업을 인수하게 되면 새로운 경영진은 이자지급을 위하여 비용을 절감하여야 하는 압박을 받게 되며 이러한 압박 때문에 가장 먼저 삭감되는 비용은 바로 기업의 장기적인 발전을 위한 조사연구비라는 것이다. 이러한 조치로 비용절감을 통해 단기적으로 좋은 경영성과를 낼 수 있을지는 모르겠으나, 결국 새로운 기술개발을 위한 조사연구가 부족하여 기업 내지 국가경제의 경쟁력이 떨어지게 되고 장기적으로는 기업전체의 성과가 악화될 것이다. 이러한 주장이 실제 현실과 맞는지에 대하여는 의견이 갈리고 있고 또한 기업인수가능성 때문에 벤처기업의 기술개발을 위하여 자금이 투입되는 현실을 무시하였다는 비판이 있다.[25)]

3. 부의 증가가 아닌 채권자로부터 주주로 또는 주주로부터 경영자로의 부의 이동

대상기업의 인수자금을 마련하기 위하여 특수목적회사를 설립하여 대규모 정크사채를 발행한 후 대상기업에 대한 공개매수에 들어가는 경우 대상기업의 기존재무구조에 기초하여 회사채의 위험을 평가, 투자하였던 사채권자들은 사채가치의 하락으로 인하여 커다란 손해를 볼 수 있다. 실제 1980년대후반 최대규모의 기업인수거래였던 RJR Nabisco를 둘러싼 경영진과 KKR간 다툼에서 사채권자는 회사를 상대

---

24) MICHAEL T. JACOBS, SHORT-TERM AMERICA: THE CAUSES AND CURES OF OUR BUSINESS MYOPIA (1991).

25) Martin Lipton & Steven A. Rosenblum, *A New System of Corporate Governance: The Quinquennial Election of Directors*, 58 U. CHI. L. REV. 187 (Winter 1991)이 한 예로 적대적 기업인수의 위협을 통한 경영자징계모델은 단기목표주의만을 가져올 뿐이므로 이에 대한 대안으로 경영자와 기관투자자간 협력관계를 통한 기업지배구조를 제안한다. Steven A. Rosenblum, *Proxy Reform, Takeovers, and Corporate Control: The Need for a New Orientation*, 17 J. CORP. L 185 (1991)도 short-termism과 대결구도의 문화 때문이라도 적대적 기업인수는 그만 두어야 한다고 주장. Aleta G. Estreicher, *Beyond Agency Costs: Managing the Corporation for the Long Term*, 45 RUTGERS L. REV. 513 (1993)와 Dan W. Puchniak, *The Efficienty of Friendliness: Japanese Corporate Governance Succeeds without Hostile Takeovers*, 5 BERKELEY BUS. L. J. 195 (2008)도 참조. 최근 J. Travis Laster & John Marc Zeberkiewicz, *The Rights and Duties of Blockholder Directors*, 70 BUS LAWYER 33(2014/15)는 단기적 투자회수를 목적으로 기업을 인수한 자들이 지명한 이사는 기업의 매각결정에 있어서 이해상충의 존재를 이유로 참여하지 말 것을 제안. In re Trados Fnc. Shareholder Litigation, C.A. No. 1512-VCL (Del. Ch. May. 16, 2013) 우선주주가 선임한 이사의 보통주주에 대한 충실의무에 대하여 판단.

로 사채발행계약위반을 이유로 소송을 제기한 바 있다.[26] 이 경우 인수자금으로 기존의 주주들에게 지급되는 프리미엄이란 기존사채권자들의 사채가치가 하락된 것에 기인한 것으로 전체적으로 차입매수로 인하여 새로운 가치가 창조된 것이 아니라 기존 사채권자로부터 주주에게로 가치가 이전된 것에 불과하다는 견해이다. 또한, 차입매수가 기존의 경영진에 의하여 이루어지는 미국의 MBO의 경우 주주들의 투자가치극대화를 위하여 충실의무를 지는 이사회 내지 경영진들이 자신의 이익을 위하여 기업을 인수하려는 것 역시 기존주주들 사이에서 또는 기존주주들로부터 경영진에게로 부의 이전이 이루어지는 것일 뿐 새로운 가치의 창출이 아니라는 견해이다.[27]

4. 가치의 창조가 아닌 가치의 파괴

가장 본질적인 비판은 실제 기업인수후에 기업가치가 증가하였는지 자료를 살펴 보니 그렇지 않다는 것이다.[28] 또한, 이론적으로 유효한 자본시장에서의 주식가격은 모든 정보가 반영된 가격으로서 모든 기업인수는 언제나 공정한 가격보다도 과다한 대가를 지급하면서 이루어진다는 것이다.[29] 경영자는 언제나 경영자의 이익을 추구하기 위하여 또는 자신을 과시하기 위하여 제국을 건설하는 경향이 있고 따

26) *Metropolitan Life Ins. Co. v. RJR Nabisco, Inc.*, 716 F. Supp. 1504 (S.D.N.Y. 1989). LAWRENCE E. MITCHELL, LAWRENCE A. CUNNINGHAM & JEFFREY J. HASS, CORPORATE FINANCE AND GOVERNANCE-CASES, MATERIALS AND PROBLEMS WITH AN ADVANCED COURSE IN CORPORATIONS, 422-423 (3d ed. 2006)에 최종결과에 대하여 설명. KKR은 2009년 우리나라에서 OB맥주의 주식을 인터브루로부터 18억불에 인수하였다. OB맥주, 미 사모펀드가 먹었다, 2009. 5. 8. 조선일보 News.chosun.com에서 열람 가능.

27) Louis Lowenstein, *Management Buyout*, 85 COL. L. REV. 730 (1985). 그러나 많은 경영학자들은 MBO를 극찬한다. Michael Jensen, *Eclipse of the Public Corporation*, HARV BUS. REV. 61 (Sept./Otc. 1989)는 경영자의 회사자금의 낭비를 막을 수 있다고 주장한다. J. Robert Brown, Jr., *In Defense of Management Buyouts*, 65 TUL. L. REV. 57 (Nov. 1990)도 경영자가 위험을 무릅쓰고 경영을 하게 되며 적대적 기업인수의 위험으로부터 벗어나서 보다 독자적으로 장기적인 안목을 가지고 경영을 할 수 있게 된다고 본다.

28) GILSON & BLACK, 위 주 7 전게서, 301 Table 8-6, 302 Table 8-7은 이들 경험적인 연구결과를 표로 정리하였는데, 많은 연구가 가치창조가 이루어졌음을 확인하고 있다. Michael Bradley, Anand Desai & E. Han Kim, *Synergistic Gains from Corporate Acquisitions and Their Division Between the Stockholders of Target and Acquiring Firms* 21 J. FIN. ECON. 3 (1983); Michael Jensen & Richard Ruback, 위 주 1-40 게재논문과 MARK L. SIROWER, THE SYNERGY TRAP 145-166 (2003)도 참조.

29) DALE A. OESTERLE, THE LAW OF MERGERS AND ACQUISITIONS (3rd ed. 2005) 25-29; GILSON & BLACK, 위 주 7 전게서, 185-228. Michael E. Porter, *From Competitive Advantage to Corporate Strategy*, 65:3 HARV. B. REV. 43-59 (May/Jun. 1987).

라서 기업인수에 낙관적이기 때문에 기업인수로 인한 기업가치의 증가보다도 과다한 가격을 지급한다는 것이다.[30] 그러나, 기업인수전과 기업인수후의 주식가치를 비교하여 통계적으로 유의미한 결론을 이끌어낼 수 있는지 자체에 대한 의문을 뒤로 하고라도 자본시장이 유효한 것인지에 대한 소위 행태주의경제학자들의 의문과[31] 정보의 불균형에 따른 기업가치에 대한 상이한 평가가능성이라는 측면에서도 기업인수가 언제나 가치의 파괴라는 주장의 정당성에 대하여는 많은 의문이 제기되고 있다.[32]

관계부처합동, M&A활성화 방안 (2014. 3)

Ⅰ. 추진 배경

□ '05년 이후 증가하던 국내 M&A는 '10년을 기점으로 하락세로 전환되고 '13년 들어서는 M&A시장이 크게 위축

○ 국내 M&A 거래규모는 주요 선진국에 비해 작고* 외국자본에 의한 국내 외국기업 M&A 등이 대부분('12년, 85.6%)을 차지

* M&A/시가총액('12년): (싱가폴)7.65% (영국)5.95% (미국)4.74% (한국)3.52%

국내 M&A 거래규모 추이

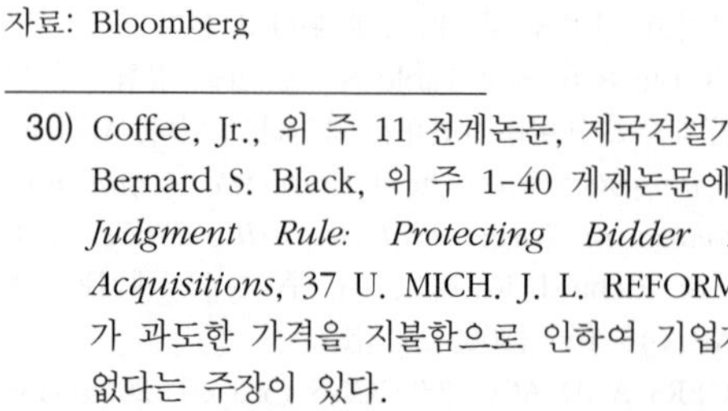

자료: Bloomberg

국가별 M&A 규모('12년)

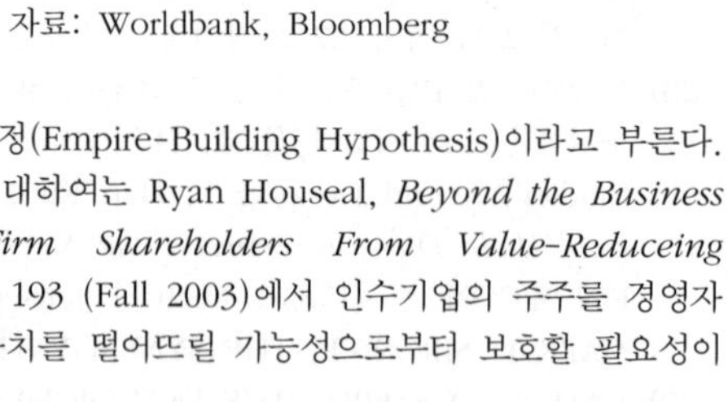

자료: Worldbank, Bloomberg

30) Coffee, Jr., 위 주 11 전게논문, 제국건설가정(Empire-Building Hypothesis)이라고 부른다. Bernard S. Black, 위 주 1-40 게재논문에 대하여는 Ryan Houseal, *Beyond the Business Judgment Rule: Protecting Bidder Firm Shareholders From Value-Reduceing Acquisitions*, 37 U. MICH. J. L. REFORM 193 (Fall 2003)에서 인수기업의 주주를 경영자가 과도한 가격을 지불함으로 인하여 기업가치를 떨어뜨릴 가능성으로부터 보호할 필요성이 없다는 주장이 있다.

31) 대표적으로 RICHARD H. THALER, THE WINNER'S CURSE (1994).

32) CARNEY, 위의 주 1-3 전게서, 42-49.

□ M&A시장 침체는 기업 자율적인 사업구조 재편을 제약할 뿐만 아니라 당면한 기업 구조조정과 중소·벤처 투자 활성화를 저해

① (사업구조 재편 제약) 핵심역량에 집중 투자하여 경쟁력을 향상시키기 위한 기업의 자율적인 사업 구조조정을 제약

② (기업구조조정 저해) 금년 중 집중될 것으로 예상되는 구조조정 추진 기업의 자산·계열사 매각 수요를 흡수하는 데 한계

* 구조조정 추진 중인 주요그룹의 자산, 계열사 매각 수요가 10조원 이상으로 추정

③ (중소·벤처 성장 제약) 중소·벤처기업 투자자금의 원활한 회수가 어렵고 M&A를 통한 제 2 의 성장 기회 제한

⬇

◇ M&A활성화를 통해 자율적인 사업 구조조정을 촉진하고 중소·벤처기업 활성화를 유도하여 우리 경제의 역동성을 제고할 필요

Ⅲ. M&A 활성화 방안

기본방향

[1] (M&A 시장 참여 확대) 단계별로 매수주체의 M&A 시장참여를 제약하는 요인을 개선하여 매수여력 확충*

○ (조성·투자 단계) PEF, 전략적 투자자, 기업구조조정 전문기구 등의 자금조성과 투자운용상 규제를 완화

○ (관리 단계) PEF 등의 M&A 후 인수기업에 대한 의결권 제한 등 사후관리상 규제를 완화하여 보다 적극적 투자를 유도

○ (회수 단계) PEF가 최대주주인 기업에 대한 상장을 허용하는 등 원활한 투자자금 회수 지원

* 저자 각주: 위 각주 1-26과 박종철, 자금조달기능으로서의 PEF제도의 현황 및 개선방안 … 27 상사판례연구 213-242(2014) 참조.

[2] (M&A 세제·금융 지원 확충) 중소·벤처기업 및 구조조정 기업에 대한 M&A유인을 제공하기 위해 세제·금융 지원 확대

○ (세제지원) 이노비즈 기업의 M&A시 세금부담을 완화하고, 구조조정 기

업에 대한 과세이연 및 사후관리요건 등을 완화

○ (금융지원) 중소·중견기업 M&A 지원펀드 확대, 신규 PEF 조성 등 금융공급을 확대하고, M&A 관련 신용공여 제한 완화

3 (M&A 제도·절차 개선) 다양한 방식의 M&A가 활성화될 수 있도록 규제 완화 및 절차 개선 등 제도 인프라 보완

○ 합병가액 규제 완화, 역삼각합병제도 도입 및 간이영업양수도 허용 등 절차상 개선을 통해 거래 효율성 제고

1. M&A시장 참여 확대

◇ M&A 매수주체의 조성·투자 → 관리 → 자금회수 단계별 제약 요인을 개선하여 투자수요 진작

조성·투자 단계

1 (PEF) PEF의 자금조성과 투자를 제한하는 규제 완화

○ PEF*가 기업의 지분이외에 사업부문도 인수할 수 있도록 허용

* (현행) PEF는 지분인수만 가능 → (개선) PEF에 대해 법인신설을 통한 영업양수 허용

○ 금융기관이 무한책임사원(GP)으로 참여해 PEF에 투자시 현행 사전승인 → 부득이한 경우*에는 사후승인으로 개선

* (예) PEF출자승인 신청시 PEF의 투자가 시급히(예: 40일) 이루어져야 하는 경우

○ 보험사에 대해 금융위 사전신고가 면제되는 PEF 출자한도를 현행 15% → 30%로 상향조정

○ PEF 설립, SPC 설립, 기업투자 등 매단계마다 기업결합을 신고하도록 하고 있는 것을 기업투자시만 신고하도록 절차 통합

2 (전략적 투자자) M&A 시장 진입에 대한 제한 완화

○ 대량화물(원유, 제철원료, 액화가스, 발전용 석탄) 화주가 구조조정 추진중인 해운사를 인수할 수 있도록 명시적으로 허용

– 다만, 3자물류 촉진이라는 물류정책방향(물류정책기본법), 선·화주 상생협력 등을 감안, 일정수준(예: 30%) 이내로 자기화물 운송 제한

【참고】 대량화물 화주의 해운사 인수관련 현황

○ 해운법*은 대량화물 화주의 자기화물 수송을 위한 해운사 등록을 제한

– 동 규정은 제 3 자 물류 활성화를 위해 도입되었으나, 기존 해운사 인수시 에도 적용되는지 여부가 불명확

* 해운법 제24조 ④ 대량화물의 화주가 소유·지배하는 법인이 그 대량화물을 운송하기 위하여 해상화물운송사업 등록 신청시 해양수산부장관은 정책자문위원회의 의견을 들어 등록여부를 결정하여야 한다

○ 일반지주회사의 금융자회사 보유를 허용하되 일정요건* 충족시 중간금융지주회사 설치

* 보험사 포함 금융·보험사 3개 이상 또는 금융·보험사 자산 20조원 이상

③ (구조조정 전문기구) 기업재무안정 PEF의 투자대상을 개별 부실기업 뿐 아니라 구조조정 추진 기업집단의 정상기업까지 확대*

* (현행) 워크아웃, 법정관리, 재무구조개선약정 체결 기업 등 → (개선) 자율협약기업, 재무구조개선약정 그룹 소속기업, 관리대상계열 소속 기업 등 추가

관리 단계

① 금융전업그룹 또는 전업계 PEF*에 대해 공정거래법상 상호출자제한 기업집단 지정에 따른 제한 완화

* PEF 운용을 전문으로 하는 무한책임사원(GP)이 투자한 PEF

○ 공정거래법상 계열사 의결권 제한, 공시 의무 및 자본시장법상 5년내 계열사 처분의무 등 규제 배제

② 대기업이 중소·벤처기업* 인수시 계열편입을 3년간 유예하는 조치('14. 2월 시행)의 성과를 보아 유예기간 확대여부 검토

* '벤처기업' 또는 '매출액 대비 R&D 투자비중 5% 이상 중소기업'

회수 단계

□ PEF의 투자자금 회수가 원활히 이루어질 수 있도록 PEF가 최대주주인 기업에 대하여 실질적으로 상장 허용

* 현재 PEF가 최대주주인 기업에 대해서는 경영안정성 확보 및 투자자 보호 등에 대해 엄격한 기준을 적용하면서 실제로 상장한 사례가 없음

○ PEF가 최대주주인 기업에 대해 원칙적으로 일반기업 상장요건과 동일한 기준을 적용하도록 개선

2. M&A 세제·금융 지원 확충

◇ **M&A방식**에 따른 **세제상 차이를 개선**하고 **구조조정 기업**에 대한 **세제지원을 확대하는 한편, M&A에 대한 자금공급을 확대**

세제 지원

1 (주식교환시 세제지원) 구조조정 기업*에 대해 기업간 주식 교환시 해당 주식을 처분할 때까지 양도차익에 대한 과세를 이연

* 경영정상화 계획 이행 약정(워크아웃 등)에 따라 주식을 교환하는 경우

** (현행)주식교환시 매도주주에 대해 양도차익 과세 → (개선)양도차익 과세 이연

2 (기술혁신형 M&A 세제지원* 확대) 기술혁신형 M&A시 법인세 공제 기업 범위를 벤처 등 중소기업에서 이노비즈 기업**까지 확대

* (현행)벤처기업, R&D매출액이 5% 이상인 중소기업 M&A시 기술가치 10%의 법인세 감면 → (개선)대상을 이노비즈 기업까지 확대('14. 2월 시행)

** 「중소기업기술혁신촉진법」에 따라 중기청이 지정하는 기술력 있는 기업

○ 법인세 감면 요건 및 사후관리 요건 등은 제도의 시행성과를 보아 지속적으로 보완·개선

3 (과세특례 요건 완화) 구조조정기업에 대하여 적격합병·분할시 법인세 등 과세이연을 받기 위한 사후관리요건*의 적용을 완화

* 합병·분할 이후 2년내 승계사업을 폐지하거나 피합병법인 지배주주가

합병법인에서 받은 주식을 50% 이상 처분하지 않을 것

○ 사후관리요건 적용 예외사유를 워크아웃 기업 등으로 확대

* (현행)법정관리상 회생절차에 따른 처분 → (개선)경영정상화계획 이행 약정(워크아웃 등)에 따른 처분 추가

4 (기업재무안정 PEF 세제지원) 과거 구조조정전문기구에 준하여 증권거래세를 한시적('16년말)으로 면제

5 (과점주주 간주취득세 면제) M&A를 통해 과점주주가 되는 경우 부과되는 간주취득세* 면제대상을 현행 코스피 → 코스닥 기업까지 확대

* 기업(코스피 상장기업 제외)인수를 통해 과점주주(50% 초과)가 된 경우 피인수기업 보유 부동산 등을 취득한 것으로 간주해 취득세 부과

금융 지원

1 (M&A 펀드 확대) 성장사다리펀드 內 중소·중견기업 M&A 지원펀드 규모를 3년내 1조원으로 확대('14년 중 4,000억원 조성 계획)

2 (기업정상화 촉진 PEF 조성) 당면한 구조조정 수요에 대응해 민간의 매수여력을 보완하기 위해 정책금융기관, 채권은행, 연기금 등이 함께 출자하는 PEF 조성(1조원 이상, 시장수요에 따라 확대)

○ 참여기관간 투자협의체를 구성하여 재원부담 비율 등에 대해 협약을 우선체결하고 실제 투자는 인수투자대상 결정시 시행

3 (신용공여 제한 완화) IB의 신용공여한도(자기자본 100%) 계산시 제외되는 M&A관련 대출 범위를 확대(현행 만기 6개월 → 1년)

○ M&A관련 신용공여에 따른 부담을 완화하는 방향으로 영업용순자본비율(NCR = 영업용순자본/총위험액) 규제도 개편*

* 예) M&A관련 신용공여를 영업용순자본 차감항목에서 제외 → 총위험액에 반영

4 (LBO 투명성 제고) 배임죄 등 관련 불확실성을 완화하고 건전한 방식의 차입매수(LBO)가 활성화되도록 절차 관련 유의사항 제시

【참고】 LBO 방식의 “배임죄” 적용 관련 판례 입장

○ (S주식회사 LBO) 인수대상 회사는 담보로 제공되는 재산을 잃는 위험을 부담하므로 위험부담에 상응하는 대가 지급 등 반대급부 제공이 없다면, “인수대상 회사”에 재산상의 손해를 끼친 결정이라고 판결

○ (H社 LBO) 합병절차가 공정하게 이루어졌다면 원칙적으로 적법하고 정당한 합병으로서 인수대상 회사에 손해를 끼친 것으로 판단할 수 없다고 판결

5 (기업인수목적회사 활성화) 비상장 중소·벤처기업이 M&A를 통해 성장동력을 확보할 수 있도록 기업인수목적회사(SPAC*) 규제 완화

* M&A목적으로 설립된 서류상 회사로서 공모(IPO)를 통해 자금조달 후 비상장법인을 합병

○ 최소금액요건 하향 조정(예: 현행 자기자본 100억원 → 30억원), SPAC 설립시 지정감사인 선임의무 면제 등

3. M&A 제도·절차 개선

◇ 경직적인 **M&A 기준을 완화**하고 **미비된 제도를 보완**하여 **다양한 방식의 M&A 활성화** 유도

1 (합병가액 규제완화) 상장법인에 대한 합병가액 산정 규제*를 완화

* 현재 상장법인의 경우 합병가액을 기준시가의 10%로 제한

○ 프리미엄 등을 감안할 수 있도록 규제를 완화하되, 필요시 객관적인 외부평가 등 보완장치 마련

2 (M&A 방식 확대) 현행 상법상 도입된 순삼각합병* 뿐 아니라 합병대상 기업을 존속시키는 역삼각합병제도* 등을 도입

* 순삼각합병제도는 합병대상 기업을 자회사에 합병하는 방식이고, 역삼각합병제도는 자회사를 합병대상 기업에 합병하는 방식

○ 역삼각합병 및 이와 유사한 삼각분할, 삼각주식교환제도 도입

3 (간이영업양수도 도입) 간이합병*에 준하여 영업양도(자회사 → 모회사)에 대해서도 자회사 주총 승인을 이사회 승인으로 갈음하는 절차특례 인정

* 자회사 발행주식총수의 90% 이상을 모회사가 보유한 경우 자회사·모회사 합병시 자회사 주총승인을 이사회 승인으로 갈음토록 하는 제도

[4] (소규모·간이합병 특례 확대) 소규모·간이합병 특례* 대상을 현행 벤처기업에서 이노비즈 기업까지 확대

* 상법상 소규모·간이합병 요건(이사회의결로 주총대체) → 특례기준

– 소규모합병(존속회사 주총대체): 합병시 존속회사 신주발행수가 전체의 10% 이하 → 20% 이하

– 간이합병(소멸회사 주총대체): 존속회사가 소멸회사 지분의 90% 이상 보유 → 80% 이상

[5] (의무공개매수 예외범위 확대) 채권단 자율협약에 따라 채권금융기관의 보유지분 매각시에도 의무공개매수*에 대한 예외인정**

* 구조조정을 위한 채권단 보유주식 매각시에도 의무공개매수(6개월내 상장주식을 10인 이상에게 5% 이상 매수시 공개매수) 제도가 적용되어 매각지연

** (현행)법정관리, 워크아웃 기업 등 매수시 예외 → (개선)자율협약 기업도 예외인정

Ⅳ. 기대 효과

◇ 금번 대책을 통해 **시장의 자율적인 M&A가 활성화**되면서 **중소·벤처기업 투자** 및 **기업의 사업구조 재편을 촉진**하여 **우리 경제의 역동성이 제고**될 수 있을 것으로 기대

[1] 국내 토종 PEF의 성장 기반 마련

○ 상호출자제한 기업집단 지정에 따른 제약 등 국내 PEF에만 적용되는 규제를 해소함으로써 국내 PEF가 자유롭게 활동·성장할 수 있는 여건 조성

○ 금융기관의 PEF 투자 관련 규제가 완화되고, PEF 투자기업 상장이 허용되어 보다 수월한 자금조달·회수 가능

[2] 기업 구조조정 촉진

○ PEF 활성화, 기업재무안정 PEF 투자대상 기업 확대, 기업정상화촉진 PEF 조성 등을 통해 현재 구조조정 추진 중인 기업의 계열사 자산 등

매각수요를 흡수

○ 구조조정 기업 M&A에 대해 세제지원 등의 인센티브를 부여하여 선제적 구조조정 유도

○ 대형화주의 해운사 인수 허용 등을 통해 금융위기 이후 어려움이 가중되고 있는 해운산업의 구조조정 촉진

○ M&A 활성화를 통해 공공기관의 정상화를 위한 주식 등 자산매각이 원활히 이루어질 수 있는 여건을 조성

3 중소·벤처기업 M&A 투자자금 회수 지원

○ 기술혁신형 M&A에 대한 세제지원 확대 및 절차개선 등으로 중소·벤처 투자자금 회수 원활화 및 창업·투자 활성화 기대

– 기술혁신형 M&A 법인세 감면, 소규모·간이합병 특례 대상을 이노비즈 기업까지 확대함으로써 중소기업 M&A 지원

– 성장사다리 펀드 내 M&A펀드 확대, SPAC 설립요건 완화 등을 통해 중소기업 자금회수 원활화

4 다양한 방식의 M&A 도입을 통해 국내 M&A 시장 선진화

○ 외국에서 활용되고 있는 역삼각합병 제도, 삼각분할, 삼각주식 교환제도 등을 도입함으로써 M&A 거래 효율성 증대

○ 합병가액 규제 완화(상장법인), 주식교환시 양도차익 과세 이연 등을 통해 현금 뿐 아니라 주식지급방식의 M&A활성화

○ PEF에 대한 영업양수 방식 인수 허용 등으로 주식 이외에 사업부문을 인수하는 방식의 M&A 활성화

5 M&A 시장 확대를 통한 우리 경제의 역동성 제고

○ 사모투자펀드(PEF), 우량기업 등 전략적 투자자의 매수여력 확충을 통해 M&A 시장 규모가 확대될 것으로 기대

○ M&A 시장확대*는 기업의 자율적인 사업구조 재편, 핵심역량 강화를 지원하여 효율적인 자원배분을 통한 경제의 역동성 제고에 기여

* 동 대책의 효과로 M&A 시장규모가 '13년도 약 40조원에서 '17년도 약 70조원으로 성장할 것으로 전망 (금융연구원 추정)

M&A 시장규모 확대 효과 추정(금융硏)

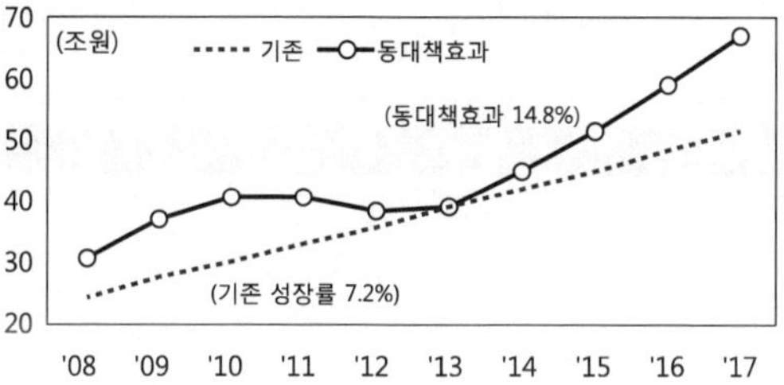

* 기존성장률: 최근 10년('03~'13년) 연평균 성장률(7.2%)

* 대책 효과: 위축되었던 M&A시장이 금융위기 이전 수준으로 복귀 전제('03~'08년 연평균 성장률 14.8%)

노트와 질문

1) 경기의 하강국면과 상승국면의 전환점에서 기업의 인수를 위한 보다 정비된 법적 체제를 가지는 것은 지배권의 이전에 따르는 거래비용을 감소시켜서 국면전환을 손쉽게 할 수 있을 것이라고 가정하고, 현재의 법제도상 개선할 만한 점이 있다면 어떤 것들이 있을까?
2) 차입비용에 대하여 거래당사자들이 제대로 평가하지 못할 가능성 내지 우리 사회의 희소한 금융자본이 과다하게 기업인수자금으로 사용될 가능성에 대하여 금융규제당국은 어떻게 상황을 판단할 수 있으며 어떤 수단을 통하여 집행할 수 있을까?
3) 관계부처 2014. 3. M&A활성화 방안은 자율적인 사업구조개편촉진, 기업구조조정 활성화, 중소벤처투자유인이라는 3가지 정책목표를 제시하고 있다. 이들은 본 장에서 논의된 기업인수의 순기능과 어떻게 어우러지는가?

제 3 장
기업의 본질

기업의 인수라는 경제적 현상이 산업의 경제적인 효율 내지 기업가치를 증가시키는 것인지 아니면 경영자의 자기만족만을 위한 것인지, 기업가치를 증가시킨다면 이는 어디서 나오는 것이며, 이러한 기업가치증가분은 누구에게 귀속되는 것인지 등에 관한 논의는 결국 기업이 무엇인지, 기업에 대한 법적 규율로서의 상법 회사편규정은 무슨 의미를 가지는지, 기업의 장래에 대하여 결정을 할 권한은 누가 가지는 것이 바람직한지, 누가 가장 바람직한 결정을 할 능력이 있는지에 대한 논의로 연결된다. 기업의 본질과 관련하여 크게 두 가지 견해가 대립되고 있다. 하나는 물권으로서의 소유권에 기초하여 기업의 본질을 설명하려는 견해이고 또 하나는 채권으로서의 계약상의 권리에 기초하여 이를 설명하려는 견해이다. 전자는 기업이 자본을 출자한 자들과 별개의 법적 내지 경제적 실체를 가지며 법이 인정한 특권으로서의 법인격 때문에 법이 계속적인 규제를 하여야 한다고 보지만, 후자는 기업은 기업의 자본을 출자한 자들과 독립된 별개의 실체가 아니라 이해관계자간 다수계약의 축에 불과하며 법은 이들 계약관계를 보완하는 것에 불과하다고 본다. 전자는 다시 기업이 자본을 출자한 자들만의 이익을 위한 것인지, 아니면 자본을 출자한 자 이외의 사회전체의 이익을 위한 것인지에 대한 시각차이에 따라서 주주와 이사의 관계에 관한 의견을 달리 한다. 제 3 장에서는 기업의 본질에 대한 여러 견해와 이들이 기업법의 제반해석에 어떻게 영향을 미치는지 살펴보고 마지막으로 우리의 판례에서 보이는 기업의 본질에 대한 견해를 검토한다.

Ⅰ. 주주의 자본에 대한 소유권으로 분석하는 견해

1. 소유권설

전통적 견해에 따르면 기업은 출자자들이 영리를 목적으로 자본을 출자하여 설립한 법인이다. 기업이 출자자들과 독립된 법인격의 주체가 되는 것은 입법자들이 법인의 유한책임이라는 수단을 제공하면 많은 개인들이 보다 적극적으로 자본을 출자할 것이라는 기대에 따라서 정책적으로 내린 판단이다. 그렇다고 기업의 실체인 자본에 대한 소유권의 성격이 바뀐 것은 아니며 기업의 경영자는 기업의 소유자인 출자자들의 이익을 위하여 기업의 자산을 운용할 책임이 있다.[1] 만약, 경영자가 출자자들의 이익에 어긋나게 기업의 자산을 운용할 경우 이는 기업자산의 운용책임을 맡은 자로서의 충실의무위반이 된다. 회사법은 바로 자산을 운용하는 경영자의 이익을 자산을 출자한 주주들의 이익과 일치시키기 위하여 필요한 경영자의 권한에 대한 제한이다.

Adolf A. Berle, Jr., *Corporate Powers as Powers in Trust*, 44 HARV. L. REV. 1049, 1063-1066, 1069-1073 (1931)*

IT is the thesis of this essay that all powers granted to a corporation or to the management of a corporation, or to any group within the corporation, whether derived from statute or charter or both, are necessarily and at all times exercisable only for the ratable benefit of all the shareholders as their interest appears. That, in consequence, the use of the power is subject to equitable limitation when the power has been exercised to the detriment of such interest, however absolute the grant of power may be in terms, and however correct the technical exercise of it may have been. That many of the rules nominally regulating certain specific uses of corporate powers are only outgrowths of this fundamental equitable limitation, and are consequently subject to be modified, discarded, or strengthened, when necessary in order to achieve such benefit and protect such interest; and

1) 기업의 자산은 자본과 부채로 구성되며 기업에 대한 채권자의 이익은 기본적으로 채권자와 기업간 계약으로 규율된다. 회사법에 기업과 채권자간 관계에 관한 규정이 있지만, 충실의무는 적용되지 않는다.

* 원문의 각주 중 일부 생략하고 새로이 번호매김. 이하 모든 발췌논문도 마찬가지이다.

that entirely new remedies may be worked out in substitution for or supplemental to existing remedies. And that, in every case, corporate action must be twice tested: first, by the technical rules having to do with the existence and proper exercise of the power; second, by equitable rules somewhat analogous to those which apply in favor of a cestui que trust to the trustee's exercise of wide powers granted to him in the instrument making him a fiduciary …

C. *The power to acquire stock in other corporations must be so used as to tend to the benefit of the corporation as a whole and may not be used to forward the enterprises of the managers as individuals or to subserve special interests within or without the corporation.*

The rule above stated is probably honored more in breach than in present practice, but there seems to be no reason to doubt its existence as a matter of law. The rule has a history which may be briefly sketched here. Leaving aside special restrictive statutes of which there are many, and assuming a full kit of statutory and charter powers to purchase stock, courts have, nevertheless, limited the use of this power almost from the beginning of corporate history.[ⓐ] Thus it has been insisted that where one corporation purchases stock in another, such purchase must tend to forward the "primary" purpose of the corporation; as one court said, "whether the purchase of stock in one corporation by another is *ultra vires* or not, must depend upon the purpose for which the purchase was made, and whether such purchase was, under all the circumstances, a necessary or reasonable means of carrying out the object for which the corporation was created, or one which under the statute it might accomplish."[ⓑ] This would mean little if the "object" of the corporation could be ascertained by merely reading the "object clauses" in its charter. It seems plain, however, that in ordinary

ⓐ The first line of limitation was that the mere existence of a corporation implied that its powers should be exercised and its capital extended through its own officers and employees and not indirectly through another corporation operated under its control. *Anglo-American Land Co. v. Lombard*, 132 Fed. 721, 736 (C. C. A. 8th, 1904); see also *People v. Chicago Gas Trust Co.*, 130 Ill. 268, 22 N. E. 798 (1889); *Elkins v. Camden & Atlantic* R. R., 36 N. J. Eq. 5 (1882).

ⓑ *Hill v. Nisbet*, 100 Ind. 341, 349 (1884).

circumstances the situation is more complicated than that. For instance, although the ... Insurance Company certainly had power to purchase stock, where it proposed to buy a majority of the stock of the Fidelity Trust Company which already owned a majority of stock in the ... Insurance Company, and the result of the scheme was to create a situation in which the management could maintain itself perpetually in office, the court observed that the purchase was not for the purpose of making an investment (which the insurance company could do) but for the purpose of carrying out a scheme of corporate control of advantage to the management individually. Accordingly, the transaction was enjoined. One may suggest that a so-called investment trust which used its funds for the purchase of shares not primarily for investment but for the purpose of obtaining control of a corporation to the advantage of the managers of the investment trust, would come under the same condemnation.ⓒ

Purchases of stock by one corporation in another commonly fall into two categories. In the one case the purchase does not involve control of the corporation whose stock is being purchased. In this situation normally the only problem is whether the purchase can fairly be treated as an investment by the purchasing corporation. The second category involves situations in which the purchasing corporation acquires control over a second corporation by buying a controlling block of its stock. Here the naked power to purchase is an insufficient justification. Transactions have been steadily enjoined unless the corporation can justify its purchase on the ground that the controlled corporation may furnish facilities or materials in carrying out its objects, or is engaged in substantially the same enterprise, or that the purchase aids a corporation usefully to the buyer's business. Failing such

ⓒ This is a problem which should be a matter of general concern. Some billions of dollars have been acquired by so-called "investment trusts." The theory is that the investment trust managers or officers can supplant the individuals in the management of funds, with advantage to the latter by reason of the peculiar experience and information which the managers have. These rapidly turn up as devices by which the investment trust managers claim actual or partial control of a series of unrelated corporations. Dillon, Read & Co. are said by this means to have obtained representation on the board of the Rock Island Railroad. It was charged that by this means Cyrus Eton sought to control the Youngstown Sheet and Tube Co. These are two of many instances.

justification, the purchase is frequently enjoined.

The ground of prohibition is commonly called "*ultra vires.*" At first blush this seems to be a long way from equitable limitation. Yet on closer analysis it develops that the words, "*ultra vires*" are here used in a sense quite different from that usually applied to the familiar phrase. The courts do not deny the "power" to make the purchase. What they say is that by reason of the object, the power is not well exercised. The only conclusion which can be drawn is that the courts have weighed the power in the light of the circumstances and have in certain cases declined to sanction its use — a position quite different from asserting that the power does not exist. The criteria adopted in cases where the purchasing corporation is buying control of another, concern management issues in practically every case — a comparison of the purposes of the two corporations, an examination of the relation between them, an assessment of the motive with which the purchase is made. Unless a reasonable connection can be found between the purposes, and an advantage to the corporation arises from linking the two concerns, and the motive has been to benefit the corporation as a whole, the purchase stands a good chance of being thrown out, although the paper authority is on its face unlimited.

Manifestly, we are only on the eve of a development of law in this respect. Of recent years aggregations of capital have been collected from the public sale of stock in corporations with paper powers which are broad enough to permit them to rove the world at will. These are nominally supposed to be "investment" or "trading" corporations. Presently, however, it develops that their funds have been so invested as to give control of one or more enterprises to the bankers managing the so-called investment or trading companies. In other words, the purpose of the corporation is. investment; but the power to purchase stock has been used, not for investment purposes, but to forward the control of the managing group in extraneous fields. The "investment trust" has suddenly become a holding and management company. *Quaere* if this was the "object" of the corporation.

E. *The power to transfer the corporate enterprise to another enterprise by merger, exchange of stock, sale of assets or otherwise, may be exercised only in such a manner that the respective interests of the shareholders of all classes are respectively recognized and substantially protected.*

Substantially all corporate statutes today grant to corporations created under them the power to unite with other enterprises or to transfer their activities to other corporations. Various mechanisms are provided to this end. The old power to merge and consolidate is historic; the power to lease all of the assets followed; today, the result is more often obtained by a sale of the assets to the acquiring entity in return for an assumption of all liabilities and for a block of stock, which stock is in turn distributed to the stockholders of the transferring corporation. Another method is the individual transfer by shareholders of their stock in exchange for stock of the acquiring corporation, or in exchange for stock of a holding company, the process becoming complete when a controlling majority of the shares of stock has been so exchanged. Financial jargon lumps all these processes, as well as other more recondite methods, under the loose word "merger."

This power was not inherent in a corporation; historically, it could be exercised only by unanimous consent. Under an early decision, the power to sell the assets, for example, did not include the power to take stock of another corporation in compensation and to force this stock down the throats of the old shareholders; but the ground of the decision was lack of power, not misuse of power. The modern statute, however, contains such authority, and the modern corporate charter carries forward the authority by inserting an appropriate provision suggesting corporate action by which the authority may be exercised.

In its earlier phases, it was thought that the validity of a merger was tested by power only — a decision flatly contrary to the thesis of this essay. A federal court once remarked that where a sale of assets had taken place and the proceedings conformed to the organic law, it did not matter "that the majority were actuated by dishonorable or even corrupt motives, so long as their acts were legitimate. In equity, as at law, a fraudulent intent is not the subject of judicial cognizance unless accompanied by a wrongful act."ⓓ

ⓓ *Ervin v. Oregon Ry. & Nav. Co.*, 20 Fed. 577, 580 (C. C. S. D. N. Y. 1884), aff'd, 27 Fed. 625 (C. C. S. D. N. Y. 1886). The quotation belies the actual decision; the court ultimately held the transaction inequitable, and charged the new corporation's assets, with a lien in favor of complainants.

Subsequent decisions, however, have obliterated this doctrine. Thus in *Windhurst v. Central Leather Co.*,ⓔ the court remarked: "Every case must to some extent stand on its own facts as they are affected by the principles and doctrines of equity," a decision which sets out substantially the doctrine of the modern cases; So, where a corporation owned properties leased to a public service corporation,ⓕ the corporate income being the lease rental, and the lessee corporation acquired a majority of the stock of the lessor and then attempted to force a sale of the assets in consideration of preferred stock of the lessee corporation, the transaction was enjoined since in equity the rights of the stockholders of the lessor were being reduced from a first charge on the property of the lessee by way of rental, to a junior charge in the form of preferred dividends. The court made an added point of the fact that the preferred stock was redeemable in three years, so that the transaction amounted to an option by the lessee corporation to buy out its lessor. In that case, the court did not even require a showing of actual fraud; and, after, conceding that the merger agreement was "in legal form," remarked, "The agreement calls for careful judicial scrutiny, and the burden is on the majority to show that the consideration is fair and equitable, and judgment, as to fairness, is not to be influenced by the heavy vote of approval, as it otherwise would be if the vote were independent."ⓖ The last remark was, of course, occasioned by the fact that the majority stock voting in favor of the transaction was owned by the lessee corporation which benefited from it. An earlier case, *Jones v. Missouri-Edison Elec. Co.*,ⓗ dealt with a merger, likewise carried out in scrupulous accord with the legal requirements, in which the equities of the shareholders of one of the merging corporations were tremendously diluted. Here, the merger was an accomplished fact and the eggs could not be unscrambled. The appellate court remanded the case to the court below with instructions to work out appropriate relief, and pointed out that the directors were in substance trustees for shareholders, that a majority having control was in much the same position, and that a dilution of the equity of the minority was a

ⓔ 101 N. J. Eq. 543, 138 Atl. 772 (1927).
ⓕ *Outwater v. Public Serv. Corp. of New Jersey*, 103 N. J. Eq. 461, 143 Atl. 729 (1928).
ⓖ Id. at 464, 143 Atl. at 730.
ⓗ 135 Fed. 153 (E. D. Mo. 1905), aff'd, 144 Fed. 765 (C. C. A. 8th, 1906).

breach of trust. The court took occasion to say: "The fraud or breach of trust of one who occupies a fiduciary relation while in the exercise of a lawful power is as fatal in equity to the resultant act or contract as the absence of the power."ⓘ

In a New York case, *Colby v. Equitable Trust Co.*,ⓙ the court faced a situation in which there was a dilution of the stock in one of the merging corporations. On examination, however, the business situation indicated that that corporation had been running a losing race and was facing an uninviting future. The court, taking these facts into consideration, came to the conclusion that the merger was not "so unfair and unconscionable … that a court of equity should interfere and prevent its consummation." There are many similar cases. Though an equitable limitation was applied in favor of *pro rata* control when additional stock was issued, the fact that proportionate control is diluted by a process of merger seems not to be persuasive. Whether this is because courts today take a more realistic view and recognize *pro rata* control as not being worth very much, or because its loss is not a sufficient consideration to over-balance the business interests involved, does not appear; but few students of corporate problems will quarrel with the conclusion.

Though by no means complete, the foregoing substantially summarizes the position of courts in regard to the power to consummate a merger. Save in Pennsylvania, where an archaic rule requires that no merger be consummated unless the shareholder is given an option to be paid out in cash,ⓚ the equitable limitation seems undisputed; and even under the Pennsylvania rule it would appear that the courts involved were struggling for an automatic right compensating the shareholder for his loss of position, much as the Massachusetts court in *Gray v. Portland Bank* struggled for such a right.

It is singular that no generalization has been attempted covering equitable control over situations where statute and charter have granted apparently clear powers to act. Yet such a generalization is not difficult to

ⓘ 144 Fed. at 771.

ⓙ 124 App. DIV. 262, 108 N. Y. Supp. 978 (1908).

ⓚ *Laumann v. Lebanon Valley R. R.*, 30 Pa. St. 42 (1858); *Petry v. Harwood Elec. Co.*, 280 Pa. 142, 124 Atl. 302 (1924).

find. By contract shareholders may distribute rights and participations *inter sese*. They may grant to one of their number a senior preferred position and to another a junior position; they may divide or limit rights in assets, or the immediate participations in earnings as they agree. These are individual agreements among themselves. But where powers are conceded to the management or to any group to act for the corporation as a whole, the obvious, if tacit, assumption is that these powers are intended to be used only on behalf of all. They are distinctly not intended to be granted for the purpose of benefiting one set of participants as against another. To do so would be to violate every intendment of the whole corporate situation. While incidental variations in individual participations, or in class participations may take place as the powers are used, the powers themselves are designed to forward the ends of all, not to forward the ends of some and defeat the ends of others.

In this respect, corporation law is substantially at the stage in which equity was when it faced the situation of a trustee who had been granted apparently absolute powers in his deed of trust. So far as the law and the language went, the power was absolute; the trustee could do as he pleased; could perhaps trade with himself irrespective of his adverse interests; could, perhaps, sell the trust assets at an unfairly low price. Yet to permit untrammeled exercise of these powers would be to violate the whole underlying concept of the trust institution. It was possible to argue under the old and rigid corporation laws that the statute had carefully laid down the lines of corporate action, and that wherever a power was not to be exercised, the statute had itself declined to grant the ability to act. Modern statutes and charters admit no such interpretation. The statute is in substance a permission to the trustees to claim any powers they choose, within very few limits. This very liberty negatives the assumption that the state through its statute has undertaken to say that all powers, however exercised, must be considered to be properly exercised. Courts, accordingly, have been substantially forced to the conclusion here expressed: namely, that no power, however absolute in terms, is absolute in fact; that every power is subject to the essential equitable limitations.

In this concept, corporation law becomes in substance a branch of the law of trusts. The rules of application are less rigorous, since the business situation demands greater flexibility than the trust situation. Probably the requirements as to motive and clean-mindedness on the part of the persons exercising the powers are substantially similar. The requirements of exactitude in apportioning or assessing ratable differences must yield to the necessary approximations which business entails. But the fundamental requirements follow similar lines.

2. 사회적 제도로서의 소유권설

기업을 출자자들의 자본에 대한 소유권으로 분석하는 것은 앞서 살펴본 견해와 같으나 기업의 유한책임은 단순히 출자자들의 이익을 최대화하기 위한 것 이상의 사회적인 기능을 수행하는 제도로서 이러한 기능은 출자자들이 수행하기 보다는 기업의 전문적인 경영자들이 수행하여야 한다는 견해이다. 이에 따르면 전문적인 경영인의 사회전체의 이익을 위하여 기업을 경영하여야 할 의무가 출자자들의 이익을 최대화하기 위한 의무와 언제나 상반되는 것이 아니며 경영인의 결정이 사회전체에 영향을 미치는 만큼 그에 상응하는 의무를 부여하는 것은 당연하다고 본다.[2)]

E. Merrick Dodd, Jr., *For Whom Are Corporate Managers Trustees?* 45 HARV. L. REV. 1145, 1153-54, 1155-64 (1932)[3)]

AN individual who carries on business for himself necessarily enters into business relations with a large number of persons who become either his customers or his creditors. Under a legal system based on private ownership and freedom of contract, he has no duty to conduct his business to any extent for the benefit of such persons; he conducts it solely for his own

---

2) Berle와 Dodd의 논쟁에 관하여는 David Millon, *Theories of the Corporation*, 1990 DUKE L. J. 201 (Apr. 1990); William W. Bratton/Michael L. Wachter, *Shareholder Primacy's Corporatist Origins: Adolf Berle and the Modern Corporation*, 34 J. CORP. L. 99 (Fall 2008); Joseph L. Weiner, *The Berle-Dodd Dialogue on the Concept of the Corporation*, 64 COLUM. L. REV. 1458 (Dec. 1964).

3) Dodd의 이 글에 대한 반박으로 A. A. Berle, Jr., *For Whom Corporate Managers are Trustees: A Note*, 45 HARV. L. R. REV. 1365 (1932)는 이사의 주주이익 최대화를 위한 의무를 강조하면서 Dodd와 같이 막연하게 경영자에게 사회의 제반이익을 고려할 의무를 부여하는 경우 경영자들이 이러한 권한을 남용할 위험이 있다고 한다. Berle은 노동이 노동의 결과와 분리되는 현상이 자본에도 반복되어 자본이 자본의 결과와 분리되는, 즉 주주가 경영진의 전횡으로 기업경영에서 소외되는 것에 대하여 우려한다. 위의 주 2-12 전게서 참조.

private gain and owes to those with whom he deals only the duty of carrying out such bargains as he may make with them.

If the owner employs an agent or agents to assist him in carrying on business, the situation is only slightly changed. The enterprise is still conducted for the sole benefit of the owner; the customers and creditors have contract rights against him and not normally against the agent even when the agent is the person who actually transacts business with them. The agent himself shares in the receipts of the enterprise only to the extent provided by his agreement. He, however, on his part owes something more than a contract duty toward his principal. He is a fiduciary who must loyally serve his principal's interests.

Substitute several owners for one and the picture is scarcely altered, except that insofar as the owners take part in the conduct of the enterprise, there is a fiduciary relation between owner and owner, as well as between employee and owner. Incorporate the enterprise, making the owners stockholders and some of them or persons selected by them directors, and — if we adopt the widely prevalent theory that the corporate entity is a fiction — our picture is substantially unchanged. The business is still a private enterprise existing for the profit of its owners, who are now the stockholders. Its customers and creditors have contract rights, nominally against the corporation but in reality against the stockholders, whose liability is limited to the assets used in the business. The directors and other agents are fiduciaries carrying on the business in the sole interest of the stockholders ⋯.

If, however, as much recent writing suggests, we are undergoing a substantial change in our public opinion with regard to the obligations of business to the community, it is natural to expect that this change of opinion will have some effect upon the attitude of those who manage business. If, therefore, the managers of modern businesses were also its owners, the development of a public opinion to the effect that business has responsibilities to its employees and its customers would, quite apart from any legal compulsion, tend to affect the conduct of the better type of business man. The principal object of legal compulsion might then be to keep those who failed to catch the new spirit up to the standards which their more enlightened competitors would desire to adopt voluntarily.

Business might then become a profession of public service, not primarily because the law had made it such but because a public opinion shared in by business men themselves had brought about a professional attitude.[ⓐ]

If we may believe what some of our business leaders and students of business tell us, there is in fact a growing feeling not only that business has responsibilities to the community but that our corporate managers who control business should voluntarily and without waiting for legal compulsion manage it in such a way as to fulfill those responsibilities. Thus, even before the present depression had set many business men thinking about the place of business in society, one of our leading business executives, Mr. Owen D. Young, had expressed himself as follows as to his conception of what a business executive's attitude should be:

> "If there is one thing a lawyer is taught, it is knowledge of trusteeship and the sacredness of that position. Very soon he saw rising a notion that managers were no longer attorneys for stockholders; they were becoming trustees of an institution. If you will pardon me for being personal, it makes a great difference in my attitude toward my job as an executive officer of the General Electric Company whether I am a trustee of the institution or an attorney for the investor. If I am a trustee, who are the beneficiaries of the trust? To whom do I owe my obligations?
>
> My conception of it is this: That there are three groups of people who have an interest in that institution. One is the group of fifty-odd thousand people who have put their capital in the company, namely, its stockholders. Another is a group of well toward one hundred thousand people who are putting their labor and their lives into the business of the company. The third group is of customers and the general public.
>
> Customers have a right to demand that a concern so large shall not only do its business honestly and properly, but, further, that it shall meet its public obligations and perform its public duties — in a word, vast as it is, that it should be a good citizen. Now, I

ⓐ BRANDEIS, BUSINESS — A PROFESSION (1925).

conceive my trust first to be to see to it that the capital which is put into this concern is safe, honestly and wisely used, and paid a fair rate of return. Otherwise we cannot get capital. The worker will have no tools. Second, that the people who put their labor and lives into this concern get fair wages, continuity of employment, and a recognition of their right to their jobs where they have educated themselves to highly skilled and specialized work. Third, that the customers get a product which is as represented and that the price is such as is consistent with the obligations to the people who put their capital and labor in. Last, that the public has a concern functioning in the public interest and performing its duties as a great and good citizen should. I think what is right in business is influenced very largely by the growing sense of trusteeship which I have described. One no longer feels the obligation to take from labor for the benefit of capital, nor to take from the public for the benefit of both, but rather to administer wisely and fairly in the interest of all."ⓑ

… In his recent study of the situation which confronts American business today, Dean Donham of the Harvard Graduate School of Business Administration has stated the problem as follows: "How can we as business men, within the areas for which we are responsible, best meet the needs of the American people, most nearly approximate supplying their wants, maintain profits, handle problems of unemployment, face the Russian challenge, and at the same time aid Europe and contribute most to or disturb least the cause of international peace?"ⓒ

Answering this question he says, "The only way to defend capitalism is through leadership which accepts social responsibility and meets the sound needs of the great majority of our people. Such leadership will seek to form constructive plans framed not in the interest of capital or capitalism but in the interest of the American people as a whole … The responsibility of

ⓑ Address of Owen D. Young, January, 1929, quoted in SEARS, THE NEW PLACE OF THE STOCKHOLDER (1929) 209. Cf. WORMSER, FRANKENSTEIN, INCORPORATED (1931) c. 8.

ⓒ DONHAM, BUSINESS ADRIFT 38 (1931).

capital for leadership is overwhelming …"ⓓ

No doubt it is to a large extent true that an attempt by business managers to take into consideration the welfare of employees and consumers (and under modern industrial conditions the two classes are largely the same) will in the long run increase the profits of stockholders. As Dean Donham and others have demonstrated, it is the lack of a feeling of security on the part of those who are dependent on employment for their livelihood which is largely responsible for the present under-consumption which has so disastrous an effect upon business profits. If the social responsibility of business means merely a more enlightened view as to the ultimate advantage of the stockholder-owners, then obviously corporate managers may accept such social responsibility without any departure from the traditional view that their function is to seek to obtain the maximum amount of profits for their stockholders.

Any clash between this point of view and the orthodox theory that the managers are elected by stockholder−owners to serve their interests exclusively has thus far been chiefly potential rather than actual. Judicial willingness — which has increased of late —to allow corporate directors a wide range of discretion as to what policies will best promote the interests of the stockholders, together with managerial disinclination to indulge a sense of social responsibility to a point where it is likely to injure the stockholders, has thus far prevented the issue from being frequently raised in clear−cut fashion in litigation.ⓔ

ⓓ *Id.* at 105-06.

ⓔ It was raised in the case of *Dodge v. Ford Motor Co.*, supra note …, in which Mr. Ford's expressions of an intention to share profits with the public through a reduction in prices were relied upon as justifying a decree compelling the declaration of a dividend out of the large surplus of the company. Neither the language of the opinion nor the relief granted necessarily involves an unqualified acceptance of the maximum−profit-for-stockholders formula. The opinion states that "a business corporation is organized and carried on primarily for the profit of the stockholders" and that directors cannot lawfully "conduct the affairs of a corporation for the merely incidental benefit of shareholders and for the primary purpose of benefiting others." 204 Mich. at 507, 170 N. W. at 684. Despite testimony of Mr. Ford that he planned to expand the enterprise in the interest of consumers rather than of stockholders, the court was careful so to limit its decree as not to interfere seriously with the expansion program. Its avowed reason for so doing was that expansion

Nevertheless there are indications that even today corporation managers not infrequently use corporate funds in ways which suggest a social responsibility rather than an exclusively profit-making viewpoint. Take, for example, the matter of gifts by business corporations to local charities. The orthodox legal attitude toward such gifts is well stated in the following language of Lord Bowen: "Charity has no business to sit at boards of directors qua charity. There is, however, a kind of charitable dealing which is for the interest of those who practise it, and to that extent and in that garb (I admit not a very philanthropic garb) charity may sit at the board, but for no other purpose."[f] … Conceivably, a stockholder advantage may result thereby through the creation of good will, but the suggestion that charitable gifts increase the good will of a corporation as a business enterprise assumes that the public no longer whole-heartedly believes in the principle that corporations have no right to be charitable. The view that directors may within limits properly use corporate funds to support charities which are important to the welfare of the community in which the corporation does business probably comes much nearer representing the attitude of public opinion and the present corporate practice than does the traditional language of courts and lawyers …

Such a view is difficult to justify if we insist on thinking of the business corporation as merely an aggregate of stockholders with directors and officers chosen by them as their trustees or agents. It is not for a trustee to be public-spirited with his beneficiary's property. But we are not bound to treat the corporation as a mere aggregate of stockholders. The traditional view of our law is that a corporation is a distinct legal entity. Unfortunately, its entity character has been thought of as something conferred upon it by the state which, by a mysterious rite called incorporation, magically produces "*e pluribus unum.*" The present vogue of legal realism breeds dissatisfaction with such legal mysteries and leads to insistence on viewing the corporation

---

might be made profitable despite Mr. Ford's expressed indifference to profit. One may suspect that it was also motivated, consciously or unconsciously, by a reluctance to prevent the growth of a socially important enterprise.

ⓕ *Hutton v. West Cork Ry.*, 23 Ch. D. 654, 673 (1883). "The law does not say that there are to be no cakes and ale, but there are to be no cakes and ale except such as are required for the benefit of the company." *Ibid.*

as it really is. So viewing it we may, as many do, insist that it is a mere aggregate of stockholders; but there is another way of regarding it which has distinguished adherents. According to this concept any organized group, particularly if its organization is of a permanent character, is a factual unit, "a body which from no fiction of law but from the very nature of things differs from the individuals of whom it is constituted."⑨

If the unity of the corporate body is real, then there is reality and not simply legal fiction in the proposition that the managers of the unit are fiduciaries for it and not merely for its individual members, that they are, in Mr. Young's phrase, trustees for an institution rather than attorneys for the stockholders. As previously stated, this entity approach will not substantially affect our results if we insist that the sole function for the entity is to seek maximum stockholder profit. But need we so assume?

… If we think of it as an institution which differs in the nature of things from the individuals who compose it, we may then readily conceive of it as a person, which, like other persons engaged in business, is affected not only by the laws which regulate business but by the attitude of public and business opinion as to the social obligations of business. If business is tending to become a profession, then a corporate person engaged in business is a professional even though its stockholders, who take no active part in the conduct of the business, may not be. Those through whom it acts may therefore employ its funds in a manner appropriate to a person practising a profession and imbued with a sense of social responsibility without thereby being guilty of a breach of trust ….

The legal recognition that there are other interests than those of the stockholders to be protected does not, as we have seen, necessarily give corporate managers the right to consider those interests, as it is possible to regard the managers as representatives of the stockholding interest only. Such a view means in practice that there are no human beings who are in a position where they can lawfully accept for incorporated business those social responsibilities which public opinion is coming to expect, and that

⑨ DICEY, LAW AND PUBLIC OPINION IN ENGLAND (3d ed. 1920) 165. Cf. Laski, *The Personality of Associations* (1916) 29 HARV. L. REV. 404. See also *United Mine Workers v. Coronado Coal Co.*, 259 U. S. 344 (1922); *Taff Vale Ry. v. Amalgamated Soc. of Ry. Servants*, [1901] A. C. 426.

these responsibilities must be imposed on corporations by legal compulsion. This makes the situation of incorporated business so anomalous that we are justified in demanding clear proof that it is a correct statement of the legal situation.

Clear proof is not forthcoming. Despite many attempts to dissolve the corporation into an aggregate of stockholders, our legal tradition is rather in favor of treating it as an institution directed by persons who are primarily fiduciaries for the institution rather than for its members. That lawyers have commonly assumed that the managers must conduct the institution with single-minded devotion to stockholder profit is true; but the assumption is based upon a particular view of the nature of the institution which we call a business corporation, which concept is in turn based upon a particular view of the nature of business as a purely private enterprise. If we recognize that the attitude of law and public opinion toward business is changing, we may then properly modify our ideas as to the nature of such a business institution as the corporation and hence as to the considerations which may properly influence the conduct of those who direct its activities.

Ⅱ. 다수의 이해당사자간 계약관계로 분석하는 견해

전자가 출자자의 기업에 대한 소유권과 소유권의 대상으로서의 기업의 실체에 근거를 둔 분석이라면 최근 많은 경제학자들은 기업은 실체가 없으며 다수의 계약을 묶는 축(nexus of contracts)일 뿐이라고 한다. 즉 기업은 기업의 생산활동에 필요한 제반 생산요소들의 공급계약을 묶기 위한 개념적 장치이며 경영자란 바로 이러한 생산요소의 공급계약들을 체결, 관리 및 조정하는 기능을 수행하여야 한다고 한다.[4] 자본을 출자한 자와 금전을 대여한 자들간의 차이는 후자는 채권자로서 약정된 주기적인 이자와 기간만료후 원금만을 받을 뿐이지만, 자본을 출자한 자는 지급순위에서 채권자에 뒤지나 나머지를 모두 지급받을 수 있고 따라서 그 투자회수

4) firm theory는 R.H. Coase의 *The Nature of the Firm*, 4 ECONOMICA 386 (Nov. 1937)에서 시작되었다고 한다. R.H. COASE, THE FIRM, THE MARKET AND THE LAW 38 (1988). 생산요소를 결합하여 생산을 함에 있어서 시장을 통한 생산요소의 결합은 정보를 수집하는 비용, 단기공급계약에 국한되는 점 등의 거래비용이 발생하고 따라서 기업 (firm)을 통하여 생산요소를 결합함으로써 거래비용을 줄일 수 있다는 점에서 그의 firm theory는 출발한다.

의 순위와 금액에 있어서의 차이에 불과하며 소유권개념이 필요없다고 본다.5) 또한, 경영자와 출자자간 이해관계의 상충은 적대적 기업인수 가능성을 포함한 경영자시장 내지 기업지배권시장을 통하여 출자자들이 경영자를 충분히 통제할 수 있다고 본다. 따라서, 실정법규에서 회사에 관한 규정을 두고 있는 것은 이러한 계약을 체결함에 있어서 하나의 표준계약서를 제공한데 불과하며 출자자 내지 이해관계인들은 그들간의 계약으로서 실정법규상의 회사법규정과 달리 합의할 수 있다고 본다.6) 이 견해에 따르면 회사법은 관계당사자들간 계약의 집행가능성을 확보하면 그만이며 합의의 내용에 대하여, 심지어는 이사와 주주간 충실의무의 내용에 대하여 간섭할 필요가 없다.

Henry N. Butler, *The Contractual Theory of the Corporation*, 11:4 GEO. MASON U. L. REV. 99-102, 108-109 (1989)

Introduction

The modern corporation is one of the most successful inventions in history, as evidenced by its widespread adoption and survival as a primary vehicle of capitalism over the past century. Economists, however, have only recently begun to understand the economic nature of the corporation. In the last fifteen years, the economic theory of the firm has advanced from a struggle with the identification of the economic conditions that lead to the formation of firms to a disclosure on sophisticated issues concerning intra-firm relationships. As a consequence of these developments, economists have come to view the firm as a "nexus of contracts" among participants in the organization.ⓐ When applied to the corporate form of organization, the

5) 우리 판례 중 주주의 권리를 잔여청구권자(residual claimant)로 분석한 것이 있기는 하다. 대전지법 1999. 8. 12. 선고 99가합3147 판결 참조. 그렇다고 법원이 회사법을 표준계약의 하나로 보는 지는 불분명하며 대부분 입법자의 의도, 판단의 결과가 사회에 미치는 영향, 회사법을 기존의 법조문과 조화되게 해석하려는 체계적인 시각 등에 근거하여 기존 법조문의 규범적 의미를 발견하려고 노력하는 것으로 보인다. 제10장에서 논하는 자사주처분의 한계에 관한 상반되는 판결을 검토하면서 보다 자세히 살펴보기로 한다.

6) Butler & Ribstein, *Opting Out of Fiduciary Duties: A Response to the Anti-Contractarians*, 65 WASH. L. REV. 1 (1990).

ⓐ The literature is far too extensive to list, but several of the major contributions to this literature include: O. Williamson, THE ECONOMIC INSTITUTIONS OF CAPITALISM (1985); Alchian & Demsetz, *Production, Information Costs, and Economic* theory of the firm is often referred to as the contractual theory of the corporation.ⓑ

The contractual theory of the corporation is in stark contrast to the legal concept of the corporation as an entity created by the state. The entity theory of the corporation supports state intervention — in the form of either direct regulation or the facilitation of shareholder litigation — in the corporation on the ground that the state created the corporation by granting it a charter. The contractual theory views the corporation as founded in private contract, where the role of the state is limited to enforcing contracts. In this regard, a state charter merely recognizes the existence of a "nexus of contracts" called a corporation. Each contract in the "nexus of contracts" warrants the same legal and constitutional protections as other legally enforceable contracts. Moreover, freedom of contract requires that parties to the "nexus of contracts" must be allowed to structure their relations as they desire ….

Ⅰ. BACKGROND: THE BERLE-AND-MEANS APPROACH TO CORPORATE GOVERNANCE

A major intellectual theme in the study of the modern corporation is the

---

Organization, 62 AM. ECON. REV. 777 (1972); Baysinger & Butler, *The Role of Corporate Law in the Theory of the Firm*, 28 J. LAW & ECON. 179 (1985); Cheung, *The Contractual Nature of the Firm*, 26 J. LAW AND ECON. 1 (1983); Coase, *The Nature of the Firm*, 4 ECONOMICA 386 (1937); Fama & Jensen, *Separation of Ownership and Control*, 26 J. LAW & ECON. 233 (1983); Jensen & Meckling, *Theory of the Firm: Managerial Behavior, Agency Costs, and Ownership Structure*, 3 J. FIN. ECON. 205 (1976); Klein, Crawford & Alchian, *Vertical Integration, Appropriable Rents and the Market for Corporate Control*, 73 J. POL. ECON. 110 (1965).

ⓑ Legal commentaries reflecting this contractual theory include N. WOLFSON, THE MODERN CORPORATION: FREE MARKETS VERSUS REGULATION (1984); Baysinger & Butler, *Anti-takeover Amendments, Managerial Entrenchment, and the Contractual Theory of the Corporation*, 71 VA. L REV. 1257 (1985); Butler & Ribstein, *State Antitakeover Statutes and the Contract Clause*, 57 U. CIN. L. REV. 611 (1988); Fischel, *The Corporate Governance Movement*, 35 VAND. L. REV. 1259 (1982); Fischel, *Organized Exchanges and the Regulation of Dual Class Common Stock*, U. CHI. L. REV. 119 (1987); Haddock Macey & McChesney, *Property Rights in Assets and Resistance to Tender Offers*, 73 VA. L. REV. 701 (1987); Ribstein, *An Applied Theory of Limited Partnership*, 37 EMORY L. J. 835 (1988).

"separation of ownership and control" thesis, which was first popularized by Adolf A. Berle and Gardiner C. Means, in 1932 in their famous book *The Modern Corporation and Private Property*. The basic notion is that dispersed owners of the modern corporation do not have the incentive to effectively control corporate management — directors and officers — and that managers often act in their own interests rather than in the stockholders' interest.

Over the years, the Berle and Means thesis has provided the basis for many calls for more stringent legal controls on managerial behavior. This area of corporate policy is called "corporate governance," which refers to the manner in which the relationships between the parties to the corporate contract are restrained by government regulation or private ordering. In this section, the relevance of the contractual theory of the corporation to the corporate governance debate is analyzed.

Much of the Berle and Means analysis is based on their belief that shareholders should, but do not, play a major role in monitoring corporate managers. At first glance this seems reasonable because, after all, the voting rules of corporations suggest that corporations are democratic institutions: Shareholders elect directors and have the right to offer recommendations to be voted upton by fellow shareholders through the corporate proxy machinery. Despite these legal rights, however, the reality of the large corporation is far from democratic because shareholders rarely have the incentive to exercise their legal rights. For many individual shareholders, dissatisfaction with the management of the corporation results in the sale of the stock. The so-called "Wall Street Rules" is that "rationally ignorant" shareholders sell their shares rather than become involved in the internal affairs of the corporation. Because of the seeming indifference of shareholders, Berle and Means and their progeny have assumed that directors and managers are free to operate the corporation in a manner that is not necessarily in the shareholders' best interest.

The Berle and Means perspective on the corporation has fostered the view among some legal commentators that corporation law is the only meaningful constraint on managerial behavior. This has led to public policy arguments that place great emphasis on the role of laws in governing the relationship between shareholders and managers. In essence, some commentators has assumed that managers, freed from legal constraints, can abuse shareholders' interests without cost. Corporation law, according to this view, plays a pre-eminent role in maintaining balance in the large corporation characterized by a separation of ownership and control. These critics of corporation law often assume that the law is not fulfilling that role and that states or even the federal government must take a more active role in regulating the internal affairs of the corporations they create ….

Ⅱ. THE THEORY OF THE FIRM AND THE NATURE OF THE CORPORATION

D. *Agency Theory and the Corporation*

The theory of the firm has helped economists and economic oriented lawyers develop a perspective on the corporation which, although recognizing the potential conflict between shareholders and managers, argues that most of those conflicts are solved by competitive forces that align managers' interests with shareholders' interests. This theoretical approach, which is called agency theory or transaction costs economics, provides the theoretical bases for the contractual theory of the corporation.

In general, agency theory suggests that unity of ownership and control is not a necessary condition of efficient performance of a firm. This perspective stresses the voluntary, contractual nature of the corporation. A first step in understanding this market-oriented approach is to recognize that it is based in part on the assumption that the shareholders' primary interest is in the maximization of the value of their investments and that the contractual relations among participants in the firm must convince shareholders that managers will not abuse the shareholders' interests. A corporation's mangers, which are defined to include its officers and directors, are agents of the shareholders. In this view, the so-called separation of ownership and control in the large corporation is an agency relationship, which exists because the benefits of the relationship exceed the agency costs associated with it. That is, the agency relationship exists because both the principal and the agent share in the benefits of the relationship.

Ⅲ. 한국판례

서울고법 1974. 5. 8. 선고 72나2582 판결(차×일 v. 김×길)[7)]

원래 사회생활관계에 있어서 개인외에 무수한 단체가 존재하여 그것이 독립된 주체로서 독자적인 사회적 작용을 하므로 법률이 이에 일정한 요건하에 법인격을 부여하고 권리주체로 인정하는바, 주식회사도 이러한 단체 즉 영리를 목적으로 하는 사단법인의 일종으로서 법률이 권리의 주체로 즉 법인격을 구유함에 적합한 법률상의 조직체로 실재하는 것으로 파악하고, 일단 그 회사가 설립되면 이에 법인격이 부여되어 그 구성원인 사원과 법률상 별개의 인격을 향유하여 그 설립자와 독립하여 사회적 경제적 작용을 담당하게 되고, 그러므로 한 회사가 설립되면 혹 그 회사가 개인과 밀접한 경제적 관계에 서 있다 할지라도 법률상으로는 회사는 회사, 개인은 개인으로서 각 별개의 인격자로 활동하여야 하고 회사의 사업은 회사적 기반에서 운영되며, 회사기업의 분리 독립된 실재가 항상 유지되어야 하며 회사기업이 그 자체의 재정적 기반위에서 유지되어야 하고 이것이 개인의 그것과 혼동되어서는 안된다.

그러나 현행법이 주식회사의 설립에 관하여 준칙주의를 채택하고 그 설립이 비교적 용이한 틈을 이용하여 피고가 앞에 인정되는 바와 같이 스스로 대표이사가 되고 가족 친지를 형식상의 주주회사 기관으로 정하여 실질에 있어서 피고 마음대로 운영할 수 있는 태원주식회사를 설립하고 그 회사를 한 법률적 형식, 환영 또는 장막으로 사용하면서 그 배후에 서서 회사의 실질 운영을 피고 자신의 자의로 하고 태원주식회사 즉 피고 개인, 피고 개인 즉 태원주식회사의 상태에서 회사의 기업작용을 전혀 피고 개인기업과 같이 하고 피고 자신만의 유리한 형편에 따라 거래상대방의 이해관계나 회사운영상의 법률절차는 무시 묵살하고 원고에 대한 본건 채권채무관계에 있어서와 같이 채무는 극소 자본의 유한책임을 가진 형해에 불과한 태원주식회사가 부담하고, 실리는 기업주인 대표이사 형식의 피고 개인이 추구하고

7) 대법 1977. 9. 13. 선고 74다954 판결은 하급심의 법인이 형해에 불과하다는 사실판단의 오류를 이유로 파기환송. 법인격부인에 관한 우리 판결에 관하여는 졸고, 판례를 통하여 본 법인격부인론, 22:2 상사판례연구 33-75 (2009) 참고. 법인격부인론은 통상 주주의 법인의 채무에 대한 책임여부로만 다루어지나, 보다 광범위한 기업집단의 문제로 볼 수도 있다. 예를 들면, 모회사의 주주는 자회사에 대하여 어떤 권리를 어떤 경우에 가지는 것인지도 흥미로운 논점이다. 대법 2001. 10. 26. 선고 99다58051 판결 (장부열람청구권)이나 대법 2004. 9. 23. 선고 2003다49221 판결 (이중대표소송제기권) 등.

시급할 때에는 하등의 법절차 없이 스스로의 개인 재산으로써 회사 채무변제에 제공 미봉하다가 이유를 붙여 다시 이것을 환원하고 기업이 부진하여 회사에 대한 청구 또는 강제집행을 당할 우려가 있을 때에는 역시 하등의 회사운영상의 법절차없이 회사 자산에 피고 개인명의의 가등기를 경료하고 나아가서 그 재산을 임의로 처분하여 버려 회사라는 외형을 신뢰한 거래 상대방, 즉 본건 원고와 같은 채권자에게 불측의 손해를 입히면서 피고 스스로는 이 채무에서 초연히 이탈하여 부당한 이득을 취하고저 하는바, 그렇다면 법이 회사라는 단체의 독립된 사회적 경제적 작용에 착안하여 부여한 법인격은 그 본래의 목적을 상실하고 무의미하게 될 뿐 아니라 오히려 사회적 혼란을 야기하게 되고, 그러한 회사의 법형식의 남용은 법이 추구하는 구체적 실질적 정의에 반하고 신의성실의 원칙에 위배되는 것이므로 이러한 경우에 그러한 명목상의 회사를 상대로 거래하여 불측의 손해로 입은 상대방 즉 본건 원고(채권자)에게 본건과 같이 형식에 불과한 태원주식회사 명의로 거래된 특정된 채권채무관계에 관하여 소외 태원주식회사의 법인격을 부인하고 그 회사의 원고에 대한 채무는 그 회사라는 법률형태의 배후에 실존하는 기업주인 피고의 채무로 간주하여 부담케 하거나 적어도 그 회사의 대표이사로서 본건 채권채무관계를 체결하고 채무를 부담한 피고 개인과 태원주식회사를 동일 인격으로 간주하여 그 채무를 양자가 공동 부담하는 것으로 인정함이 지극히 타당하다고 인정된다.

대법 1982. 4. 13. 선고 80도537 판결(검사 v. 신×호)[8)]

원심은 피고인이 원심판결 별첨 별지 2~1 내지 2~5 각 횡령금액란 기재의 돈을 횡령하였다는 공소사실에 관하여 율산실업주식회사는 1975. 6. 17.에 설립되어 1978. 1. 18. 그 주식이 공개될 때까지 피고인 혼자서 주금을 납입한 피고인의 1인주주회사이고 그외 율산건설주식회사, 율산알미늄주식회사, 율산해운주식회사, 서울종합터미널주식회사 등도 율산실업주식회사가 공개될 때까지는 사실상 피고인의 1인주주회사이었는데 일인회사에 있어서는 회사의 모든 재산은 주식이라는 형식으로 모두 그 일인주주에 귀속되고 회사의 재산감소는 결국 일인주주 자신의 재산감소와 같게 된다고 볼 수 있는 점에 비추어 그 일인주주가 실질적으로 자신의 소유와 같

8) 대법 1982. 6. 22. 선고 82도1017 판결; 1983. 5. 10. 선고 83도693 판결, 1983. 12. 13. 선고 83도2330 전원합의체 판결; 1985. 10. 22. 선고 85도1503 판결; 1987. 2. 24. 선고 86도999 판결; 1995. 3. 14. 선고 95도58 판결; 1996. 8. 23. 선고 96도1525 판결; 1999. 7. 9. 선고 99도1040 판결 등 다수.

이 취급하는 회사재산을 회사용이 아닌 개인적 용도를 위하여 사용하는 경우라 하더라도 그에게 타인의 재물을 불법적으로 영득한다는 의사 즉 횡령의 범의가 있다 할 수 없으니 본건에 있어서 피고인이 일인주주로서 회사재산을 소비한 것임이 분명한 공소사실 부분에 대하여는 그 범의에 대한 입증이 없다고 판시하여 무죄를 선고하고 있다.

그러나 일반적으로 횡령죄의 횡령행위는 자기가 점유하는 타인의 물건을 위탁의 취지에 반하여 처분하는 행위로서 횡령죄에 있어서의 불법영득의 의사는 타인의 물건을 점유하는 자가 위탁의 임무에 반하여 그 물건에 관하여 권한 없이 소유권자만이 할 수 있는 처분행위를 하는 의사를 말하고 이 경우 점유자가 자기의 이득을 취할 의사를 갖는 것을 필요로 하지 않으며 또 점유자가 행위당시 불법으로 처분한 물건을 후일 보전할 의사가 있었다고 하더라도 이는 횡령죄의 성립에 아무런 소장이 없고 권한 없이 처분행위를 하는 것이므로 소위 불법영득의 의사가 확정적으로 외부에 표현되었을때 횡령죄는 성립하는 것이고, 다시 바꾸어 말하면 횡령죄의 범의는 타인의 물건을 점유하는 자가 그 위탁의 취지에 반하여 자기의 소유물과 같이 이를 지배하고 처분한다는 인식이 있으면 충분하고 경제적 이득을 취할 의사를 필요로 하는 것이 아니므로 횡령죄에 있어서 소위 불법영득의 의사에는 원심판시와 같이 타인의 재물을 불법적으로 영득한다는 의사 따위는 이를 필요로 하는 것이 아니고 따라서 횡령죄에 있어서는 손해의 발생이나 그 귀속 또는 이를 보전할 의사의 유무 등은 도시 이를 따질 필요조차 없는 것이다. 뿐만 아니라 원심판시는 법률상 권리의무의 주체로서의 법인격을 갖추고 있는 영리법인을 이윤귀속주체로서의 주주와 동일시하여 자칫 영리법인의 법인격을 부인하는 결과를 초래할 위험이 있을뿐더러 기업경영의 자치적 집단의 무규율성과 기업의 사유화 문제가 거론되고 기업 내지 기업인의 사회적 책임이 제고되는 점에서 원심판시는 수긍하기 어려운 것이라고 하지 않을 수 없다.

노트와 질문

1) 주주 개인의 회사채무에 대한 책임여부를 따지고자 할 때 일정한 요건이 충족되면 개인과 회사를 동일인격으로 간주하는 것과 같이, 주주의 형사적 책임 여부를 따지고자 할 때에도 주주와 회사를 동일인격으로 간주할 수 있을까? 예를 들어서 기업이 환경법규를 위반하여 형사적인 또는 행정적인 책임을 지는 경우 양벌규정상 종업원이나 대표자 이외에 주주도 책임을 질

수 있는가?
2) 서울고법 72나2582 판결에서 법이 법인격을 부여한 이유로서의 "회사라는 단체의 독립된 경제적 사회적 작용"이란 무엇인가?
3) 대법 80도537 판결에서 법률상 권리의무의 주체로서의 법인격을 갖추고 있는 영리법인은 왜 이윤귀속주체로서의 주주와 동일시되어서는 안 되는 것인가?

대법 2002. 3.15. 선고 2000다9086 판결(제일은행 v. 이×수)

금융기관인 은행은 주식회사로 운영되기는 하지만, 이윤추구만을 목표로 하는 영리법인인 일반의 주식회사와는 달리 예금자의 재산을 보호하고 신용질서 유지와 자금중개 기능의 효율성 유지를 통하여 금융시장의 안정 및 국민경제의 발전에 이바지해야 하는 공공적 역할을 담당하는 위치에 있는 것이기에, 은행의 그러한 업무의 집행에 임하는 이사는 일반의 주식회사 이사의 선관의무에서 더 나아가 은행의 그 공공적 성격에 걸맞는 내용의 선관의무까지 다할 것이 요구된다 할 것이다. 따라서 금융기관의 이사가 위와 같은 선량한 관리자의 주의의무에 위반하여 자신의 임무를 해태하였는지의 여부는 그 대출결정에 통상의 대출담당임원으로서 간과해서는 안될 잘못이 있는지의 여부를 금융기관으로서의 공공적 역할의 관점에서 대출의 조건과 내용, 규모, 변제계획, 담보의 유무와 내용, 채무자의 재산 및 경영상황, 성장가능성 등 여러 가지 사항에 비추어 종합적으로 판정해야 할 것이다.

수원지법 여주지원 2003. 12. 12.자 2003카합369 결정(금강고려화학 v. 현대엘리베이터)

… 대상회사의 이사회가 특정한 적대적 기업취득행위에 대항하여 취하는 경영권 방어행위에 대하여 직접 관련 법령이나 대상회사의 정관에 규정된 바가 있으면 우선적으로 그 법령과 정관 규정이 허용하는 범위 내인지 여부가 따라야 할 것이다. 그러한 직접적인 법령 또는 정관의 규제 규정이 없는 경우에는 구체적인 경우에 해당 경영권 방어행위의 동기나 목적, 방어 수단의 합리성 등을 종합하여 그 허용 여부가 결정되어야 하고, 그러한 결정에는 그 방어행위로 추구하는 회사 또는 주주의 이익의 내용, 방어행위 실행의 결정과정이 적정한 절차를 거쳐 상당한 근거를 가지고 이루어졌는지 여부가 중요한 요소로 고려되어야 할 것이다. 그리고 이러

한 법리는 구체적인 방어행위를 규제하는 법령 또는 정관의 규정을 해석하는 데도 참작되어야 한다.

… 이러한 논의를 기초로 보면, … 특별한 사정이 없는 한, 기업취득이 시도되는 상황에서 대상회사의 이사회가 경영권 방어행위로서 하는 주주의 신주인수권을 배제하는 대규모 신주 발행행위는 회사의 경영상 필요한 자금조달을 위한 경우에 해당한다고 볼 수 없으므로 비록 그 발행근거가 증권거래법 제 189조의3이라 하더라도 허용될 수 없다고 봄이 옳을 것이다. 다만, 그러한 신주발행의 주요목적이 기존 지배주주의 대상회사에 대한 지배권 및 현 이사회의 경영권 방어에 있고, 회사의 경영을 위한 기동성 있는 자금조달의 필요성 및 이를 위한 적합성을 인정하기 어려운 경우라도 적대적으로 기업취득을 시도하는 자본의 성격과 기업취득 의도, 기존 지배주주 및 현 경영진의 경영전략, 대상회사의 기업문화 및 종래의 대상회사의 사업내용이 사회경제적으로 차지하는 중요성과 기업취득으로 인한 종래의 사업의 지속 전망 등에 비추어 기존 지배주주의 지배권 또는 현 경영진의 경영권이 유지되는 것이 대상회사와 일반 주주에게 이익이 되거나 특별한 사회적 필요가 있다고 인정되고, 한편, 이러한 신주발행행위가 그 결의 당시의 객관적 사정에 의하여 뒷받침되고, 그 결의에 이르기까지의 과정에 대상회사의 경영권 분쟁 당사자인 기존 지배주주가 아닌 일반 주주의 의견과 중립적인 전문가의 조언을 듣는 절차를 거치는 등 합리성이 있는 경우라면 상법 제418조 제 2 항 및 이와 동일한 내용의 규정을 둔 대상회사의 정관규정이 정하는 회사의 경영상 목적을 달성하기 위하여 필요한 경우에 해당한다고 보아 허용되어야 할 것이다 …

노트와 질문

1) 제일은행판결에서 대법은 주주의 이윤추구 이외에 공공적 역할을 수행하는 은행과는 달리 일반회사는 주주의 이윤추구만을 목표로 하여야 하고 따라서 일반회사의 이사는 주주의 이익만을 고려하여야 한다고 한다. 금강고려화학판결에서 여주지원은 현대엘리베이터주식회사의 이사는 회사와 일반 주주의 이익 이외에 특별한 사회적 필요까지도 고려할 수 있다고 한다. 두 개의 판결은 서로 상반되는 것인가? 주주의 이익과 공공의 이익은 time horizon의 문제인가? 상황의 문제인가? 철학의 문제인가? 소유의 문제인가? *Trustee of Dartmouth College v. Woodward*, 17 U.S.(Wheat) 671-672 (1819)에서 Story 판사는 은행이 다른 모든 사기업과 마찬가지로 일부

공적인 기능을 수행한다고 하여 국가권력이 이에 개입할 수 있는 것은 아니며 국가권력의 개입가능성 여부는 그 소유가 누구인가에 따라야 결정되어야 한다는 주장하고 있다.

2) 기업존립의 사회적 필요로서 주주의 이익 이외에 무엇이 있을 수 있을까? 고용창출의 효과나 세금을 납부하여 국가재정의 기초를 마련하는 것, 국민총생산의 증대에 따른 국가의 국제사회에서의 지위상승 등이 기업존립의 사회적 필요라면 대부분의 기업에서 지배적주주가 경영권을 행사하는 우리의 현실에서 대주주 내지 경영진에게 이러한 사회적 필요를 고려할 권한 내지 의무를 떠맡기는 것이 바람직한 것일까? 아니면 국가나 법원이 기업의 사회적 필요에 대한 판단을 내릴 수 있는 보다 적절한 기관인가?

3) 은행의 이사가 은행의 공공적 성격에 맞는 선관의무를 진다면 이는 비영리단체로서의 학교법인이나 의료법인의 이사의 선관의무와는 어떻게 구별되는 것일까? "공공기관의 운영에 관한 법률"("공운법")에 따른 공공기관의 이사의 의무는 무엇인가?

문제 1[9]

X는 국내유수의 자동차제어장치제조업체인 주식회사 A의 사외이사이다. 자동차제어장치를 만드는 데 사용되는 화학물질 C는 최근의 외국화학연구소 연구결과에 따르면 인체에 유해한 독성을 지니는 것으로 판명되었다. A사의 사내연구소연구결과에도 유의미한 유해효과가 있는 것으로 나타났다. 산업안전보건법을 집행하는 보건복지가족부는 유해화학물질관리법을 집행하는 환경부와 화학물질 C의 수입, 사용을 일체 금지하는 고시를 협의하기 시작하였고 수송기기산업정책을 총괄하는 지식경제부에서는 아직 연구결과가 확인되지 않은 상황에서 화학물질 C에 대한 규제를 논하는 것은 시기상조라는 주장을 내놓고 있다.

A사의 임원진은 화학물질 C의 대체물질 R은 가격면에서 너무 비싸다는 시장상황을 고려하여 3년 이내에 공장을 중국으로 이동할 가능성에 대하여 내부적으로 수차례 논의하고 있다. 현재는 물론 앞으로도 당분간 중국은 유해화학물질에 대하여 전

9) JEFFREY D. BAUMAN, ALAN R. PALMITER & FRANK PARTNOY, CORPORATIONS LAW AND POLICY 80-129 (6th Ed. 2007)의 문제를 변형한 것으로 Partnoy 교수와 협의하여 게재.

혀 규제가 없을 것이며 자국의 급속한 외형적 경제발전에 최우선정책순위를 둘 것으로 전망되기 때문이다. 따라서, A사의 임원진은 보건복지가족부의 고시제정절차를 가능한 한 지연시켜서 화학물질 C의 효과를 점검하고 대체물질 R의 시장가격을 하락시키기 위한 시간을 벌고자 행정입법절차에서 연구결과의 신뢰성에 대하여 공식적으로 의문을 제기하고 화학물질 C의 사용이나 수입이 규제되는 경우 이러한 고시가 한국의 수출과 국제수지에 미치는 영향을 강조하며 고시가 공고되면 즉시 고시의 집행정지가처분과 고시취소를 위한 행정소송을 제기하고 대법원에 상고까지 할 계획이다. A사의 임원진은 또한 보건복지가족부 보건산업정책국장의 장인이 화학물질 C의 대체물질 R의 국내제조업체를 경영하는 것을 발견하고 이러한 사실을 근거로 정책결정과정에서의 이해상충문제를 어느 시점에서 어떻게 제기할 것인지에 대하여도 검토하고 있다.

X는 중국에서의 공장건설을 포함한 중장기 화학물질 C를 사용하는 자동차제어장치생산계획을 논의하기 위한 9. 17.자 이사회통지를 받았다.

문제 2[10)]

현행 정치자금법 제31조는 국내외의 법인 또는 단체는 정치자금을 기부할 수 없다고 정하고 있다. 한편 헌법 제21조는 모든 국민의 언론, 출판의 자유를 보장하고 있다.

A는 헌법 제21조상의 국민은 법인을 포괄하는 개념으로 회사도 헌법상의 언론의 자유를 보장받고 있으며 따라서 기업이 자신의 이익을 보호하기 위하여 기업의 자금을 사용하여 정치적인 견해를 발표하고 기업의 입장을 지지하는 정치가들에게 정치자금을 제공하는 것은 헌법적 권리라고 주장한다. 또한, A는 기업이 사실상 기업의 자금을 사용하여 정치인들로부터 일반적인 호의를 사거나 특정입법의 제정을 위한 접대행위나 지원행위를 하고 있으며 심지어는 기업의 임직원 명의로 정치자금을

10) *First National Bank of Boston v. Bellotti*, 435 U.S. 765, 98 S. Ct. 1407, 55 L. Ed. 2d 707 (1978); *Austin v. Michigan Chamber of Commerce*, 494 U.S. 652, 110 S. Ct. 1391, 108 L. Ed.2d 652 (1990); *Citizens United v. Federal Election Commission*, __ U.S.__ (Jan. 21, 2010)로 Austin판결을 변경.
Thomas W. Joo, *The Modern Corporation and Campaign Finance*, 79 WASH. U. L. Q. 1 (Spring 2001). 헌재 2006. 2. 23. 선고 2004헌마208 전원재판부 결정도 참고.

제공하는 사례도 지적하면서 이러한 위법 내지 부적절한 행위를 법의 테두리로 불러 들여서 보다 명확한 규제를 할 필요가 있다고 본다. 또한, 최근 상장기업이나 공공기관의 대표이사임명을 둘러싼 정치화현상을 지적하면서 이들의 정당이나 정치가에 대한 정치자금의 기부는 금지하고 있지만 이러한 기업 내지 공공기관이 여타의 정치적 지지를 위하여 자금을 사용하는 것에 대하여 아무런 규제가 없다는 것은 정치자금법이 유명무실하며 실제 법이 목적하는 바 효과를 거둘 수 없다고 주장한다.

이에 반하여 B는 기업은 법이 인정한 특권에 기초하여 창조된 것으로 법으로 그 특권의 범위를 제한할 수 있다고 주장한다. 기업은 사업상의 이익을 위한 언론의 자유만을 가지며 정치과정에의 참여는 사업상의 이익을 위한 것이 아니고 또한 막강한 자금력을 가진 기업이 정치과정에 참여할 경우 정치과정의 부패를 초래할 것이 명약관화하다고 본다. 또한, 주주는 기업과 다른 의견을 가질 수 있으므로 주주 개인의 이익을 보호하기 위하여도 기업의 정치헌금은 금지되어야 한다고 주장한다.

문제 3[11)]

A항공사는 연간 매출액 3조 5천억원의 국내최대의 항공운송업체이나 과거 3년간 매출이 계속 연 10% 이상 감소하고 있으며 순이익 역시 작년 적자를 기록한 데 이어 올해 누적적자가 500억원을 돌파하고 있다. A항공사의 법무실장 L은 대표이사 X로부터 전화를 받았다. 전화내용인즉, X는 A항공사 이름으로 국내최고의 실력임에도 불구하고 국내무용애호가들의 무지와 무관심으로 계속 적자를 보고 있는 T현대발레단에 100억원을 증여하고자 하니 이의 적법성을 뒷받침하는 메모를 준비하라고 한다. X는 필요하다면 다음해 정기주주총회에 이를 보고하거나 결의를 받을 것이며 의결권대리행사권유를 위한 참고서류에 기재할 수도 있음을 밝혔다. 증여가 적법하다면 왜 적법한 것이고 위법하다면 왜 위법한 것일까? 만약 X가 T현대발레단의 이사로서 매년 이사는 일정금액 이상의 헌금이 사실상의 의무인데도 불구하고 수년간 이를 불이행하다가 이사의 지위가 위태로워지자 이를 지시한 것이라면? 만약 X의 부인이 T현대발레단의 수석무용수로서 활약하다가 나이가 들면서 그 지위를 계속

11) *Theodora Holding Corp. v. Henderson*, 257 A.2d 398 (Del. Ch. 1969); *Kahn v. Sullivan*, 594 A.2d 48 (Del. Ch. 1991). Einer Elhauge, *Sacrificing Corporate Profits in the Public Interest*, 80 N.Y.U. L. REV. 733 (2005); Victor Brudney & Allan G. Ferrell, *Corporate Charitable Giving*, 69 U. CHI. L. REV. 1191 (2002).

유지하기가 어려워진 상황이었다면? 만약 X가 T현대발레단의 이사가 되기 위하여 수년간 선의를 쌓았음에도 불구하고 별 성과가 없음에 실망한 상황이었다면? 만약 A항공사의 경쟁사인 K항공사가 최근 100억원을 기증할 뜻을 밝힌 상황이었다면? T현대발레단은 매년 6개월 이상 외국의 순회공연을 다니며 따라서 10년전 창단 이래 매년 항공요금으로 100억원 이상 지출하고 있었다면? 100억원이 아니라 1억원이었다면? 1억원이 아니라 1000만원이었다면?

어떤 범위내에서 기업의 기부행위가 허용되어야 할까?

기업의 기부행위로부터 주주의 이익은 어떻게 보호되어야 할까?

경영진의 책임을 추궁할 수 있기 위하여는 어떤 시스템의 확립이 필요할까?

문제 4

1. Choices in Corporate Takeover

Assume that James Trains is a publicly-traded Delaware corporation that manufactures children's toys. It started as a family-owned business and went public some 25 years ago. James has plants in four different communities in the midwestern United States. Over the years, James has been generally profitable for its stockholders. At times, however, it has experienced some significant financial challenges. In order to help it through, each of the states in which James operates plants has provided the company with incentive financing packages and tax breaks that have enabled the company to survive tough times. The states have done so because they want to keep the plants open in their communities and because James' management is known for caring for its workers.

Importantly, by the beginning of the twenty-first century, the toy manufacturing business was consolidating. James was under increasing pressure to generate profits and to maintain the fair wage structure and strong environmental record that had earned it respect in the communities where it had operations. The company also faced some difficulty in manufacturing and marketing its toys efficiently, since it was smaller than many other industry players that could capitalize on economies of scale and other opportunities unavailable to James. Equally important, the company needed to invest in its plants and reduce its cost of capital, which was greater than that of larger concerns in the industry.

Looking to the future, the James board reluctantly concluded that it could not remain independent and hope for its operations to continue to thrive on a long-term basis. Rather, it decided that the company needed to combine with some other larger entity to secure its future. The board was hopeful that a favorable sale or merger could be realised, because the company's replica trains, trucks, and cars were well-regarded American staples of high quality. Its brand names alone were valuable.

> FYI
>
> The hypothetical comes from Vice Chancellor Leo F, Strine. It. one of the most prolific judges in the storied history of Delaware corporate law. Since 1998 when he was appointed to the Court of Chancery (the trial court for Delaware corporate law cases), he has written numerous important decisions in corporate law, many of which are included in this book, as well as more than 20 law review articles. He is also an influential and frequent participant in corporate law conferences and has been an adjunct professor in four different law schools.

The James board hired a high-quality investment bank to shop the company and came up with three financially attractive, all-cash bids. The first-an all-cash offer reflecting a 35% premium over the highest price for James stock in the last three years-was from All American Toys, a publicly traded corporation four times the size of James. Descendants of its founders, the Washington family, controlled 75% of its voting stock through a family trust. Like James, All American Toys manufactured high-quality toys in American plants. Its workforce was well-paid and the company had a good reputation for keeping its folks employed even during tough times. Like James, All American Toys was respected in the communities in which it operated and had a good record of environmental compliance.

All American Toys indicated that its intention was to keep all of James' plants operational and to make the necessary capital investments to maintain their viability. Moreover, its pay structure was such that the James employees could make a transition to its payroll without personal pain. Some of James' higher-level administrative executives would lose their jobs, but its plant-level employees would be retained.

James received two other all-cash, fully financed bids-both for a 40% premium to market. Toys Of The World was one of the world's leading toy manufacturers. Although it had distribution facilities in the United States, most of its manufacturing operations were conducted abroad, in nations with weak environmental and labor protection laws. Sadly, Toys Of The World sometimes employed children of the developing world to manufacture toys for export to Western Europe and the United States. The principal value that Toys Of The World saw in James was in its name-brand toys, and it refused to make any promises that it would continue manufacturing in the United States.

The final bid was from Piggy Banks, Inc., which represented a group of financial investors. Piggy Banks proposed a leveraged buy-out ("LBO") that would result in James taking on a very heavy debt burden. Piggy Banks wanted to keep James' top management, but was committed to stringent cost reductions (read: job cuts) to ensure that it could repay the debt it had incurred to fund its highly leveraged tender offer.

The James board is comprised of ten persons. Only two are full-time managers. Two are members of the James family, which still owned 18% of the company's stock, 'The other six were independent directors, each of whom lived in a community in which James operated

The investment bankers told the James board they had extracted the best bids they could get, at least until the board selected its favorite, in which case an additional round of (perhaps egoistic) bidding might ensue. The board deliberated long and hard on which bid to select. The directors knew that the bidders were offering cash, not stock, and that the Piggy Bank and Toys Of The World offers were the highest and that both could pay. But it bothered them that a sale to either of the two would end the legacy of James on a sour note.

Moreover, the board had looked at the James shareholder profile carefully. Aside from the James family holdings and the stock owned by employees, institutions that had bought the stock in the past three years primarily held the rest of the company's stock. For them, the All American bid was a premium to any price that James' stock had traded at during that period

In addition, All American shared the same values that made James such a respected company Indeed, All American was even going to keep the James name for use in connection with certain of its most established toys, something All American had successfully done in the past. Most importantly, All American had a solid business plan for building high-quality toys at a profit at domestic manufacturing plants with well-paid workers. Its catalogs and retailing efforts dovetailed nicely with sales of its products through more traditional retailers. Thus, a sale to All American seemed to be the fairest to the employees and communities whose efforts had contributed to the company's prosperity. It also seemed to be a good long-term economic move.

By contrast, the board feared that Piggy Bank's business model was a mess. The debt that Piggy Bank had taken on to finance its offer seemed untenably high. The board feared that Piggy Bank either would run the company into bankruptcy or would be forced to bust it up. Nothing about Piggy Bank seemed to bode well for the company's workforce. And of course, Toys Of The World's goal seemed to be clear: buy the value of the company's name brands, keep making them for a time in the current plants without any plan for refurbishment of those facilities, and eventually make them offshore at low cost in nations with bad reputations for labor protection. The directors found this distasteful.

The board counseled with its legal advisors, who told them they were in a straitjacket: they had to accept the highest bid. The two James family representatives on the board got hacked off. "Damn it, we have the biggest stake in this company and we're willing to take less to do the right thing. By God, the rest of you ought to be able to stand up and do the right thing, too." The James board noted that privately held businesses are sold to less-than-the-highest bidders all the time, precisely because their owners feel that the lower bidders will treat employees better and maintain their companies' legacies. Thought the board: "Who hasn't

> "heard of the owner of a local restaurant, drugstore, or car dealership selling out to his long-time manager rather than to a higher bid from an interloper? Or picking a particular chain to sell to because it treated its workers better than others? Why shouldn't our stockholders have the opportunity to make the same choice?"

제 4 장
기업가치

기업가치를 측정하는 전형적인 방법은 없다.[1] 우선 무슨 목적으로 기업가치를 평가하느냐에 따라서 그 방법은 달라질 수 있다. 예를 들어, 과세목적상이라면 세무행정의 편의를 고려하여 비교적 다툼의 여지가 적고 계산하기 쉬운 공식을 채택할 수 있다. 기업인수의 목적으로 기업가치를 측정하고자 하는 경우에도 특정한 방법이 있는 것은 아니며 기본적으로는 인수기업과 대상기업간의 협상과 시장상황에 따른 합의의 문제라고 볼 수도 있다.[2] 그러나 기업을 자본을 출자한 출자자와는 독립된 별개의 실체를 가지는 것이라고 개념지우는 견해에 따르면 기업은 내재적 가치가 있으며 기업가치의 측정이란 바로 재무제표상 숫자를 이용하여 이를 발견하는 작업이다. 반대로, 기업은 여러 계약의 축에 불과하다는 견해는 경영자시장, 기업지배권시장, 자본시장이 작동하여 모든 것의 가격이 정하여 지는 만큼 기업가치 역시 시장에서 정하여지는 자본의 가치 이상의 것이 아니라고 한다.[3] 제 4 장은 기업가치를 기업의 내재적 가치에서 발견하려는 견해와 시장에서의 평가를 통하여 설명하려는 견해로 나누어서 설명한 뒤에 우리 판례상 기업가치에 대한 판단을 소개한다.

1) PARTNOY, 위 주 3-8 게재서 200-209에서 기업가치에 대한 논의의 결론은 기업가치측정이 과학이 아니라 예술이라는 것이다.
2) 기업의 본질을 다수당사자간 계약의 축으로 파악하는 견해의 기초는 시장의 완전성으로서 기업가치를 평가함에 있어서도 시장가격에 전적으로 의존한다.
3) MITCHELL, 위 주 2-26 전게서 107-108는 전자는 FIRM FOUNDATION THEORY, 후자는 CASTLES-IN-THE-AIR THEORY로 명명한다.

Ⅰ. 기업의 내재적 가치를 발견하려는 접근방법[4)]

1. 대차대조표를 기초로 한 평가방법

가. 장부가격

대차대조표는 주식회사가 기업회계기준에[5)] 따라서 작성하여야 할 재무제표중 하나는 아니지만[6)] 외부감사대상인 경우 한국회계기준원이 작성한 기업회계기준에 따라서 재무상태표로 작성, 공표하여야 한다.[7)] 대차대조표는 일정 시점에 기업이 보유하고 있는 경제적 자원인 자산과 경제적 의무인 부채, 그리고 자본에 대한 정보를 제공하는 재무보고서로서, 자산은 유형자산, 부동산 자산과 무형자산 등으로, 부채는 유동부채와 비유동부채로, 자본은 자본금, 이익잉여금, 이익잉여금처분에 의한 적립금, 자본유지조정을 나타내는 적립금 등으로 구분한다.[8)] 장부가격은 대차대조표상 자산에서 부채를 공제한 잔액을 의미한다. 이를 이미 발행한 주식의 총수로 나누면 주당 장부가격을 산출할 수도 있다. 장부가격의 가장 커다란 문제점은 대차대조표상의 자산이나 부채는 과거의 취득가액이나 이보다 낮은 시가로 평가되어야 하므로[9)] 고정자산의 시가가 취득가액보다 높은 경우 장부가격은 기업의 정확한 가

4) *See id.*, 132-150 참조. 평가방법을 분류하는 방법도 다양하고 각각의 이름도 조금씩 다를 수 있으며 또한 각각의 방법을 혼합하여 사용할 수도 있기 때문에 그 종류는 무궁무진하다. 강진홍, 기업가치평가실무 26-29 (개정판 2008)는 자산, 수익, 시장으로 분류한다.

5) 기업회계기준이 어떻게 구성되어 있는지에 관하여는 기업회계기준 문단 16 참조. "기업회계기준은 '한국채택국제회계기준'을 도입하기 전에는 '현행의 기업회계기준'으로 구성되고, '한국채택국제회계기준'을 도입한 후부터는 '한국채택국제회계기준', '일반기업회계기준', '특수분야회계기준' 등으로 구성된다. 현행의 기업회계기준은 '기업회계기준서', '기업회계기준해석서', '기업회계기준', '업종별 회계처리 준칙 등' 및 '기업회계기준등에 관한 해석' 등으로 구성된다. 한국채택국제회계기준, 일반기업회계기준, 특수분야회계기준 등은 각각 '기업회계기준서'와 '기업회계기준해석서'로 구성되며, 기준의 본문은 아니지만 실무적용의 편의를 위하여 관련 실무지침 등을 제공한다." 우리나라는 상장법인의 경우 2011년부터 IFRS국제회계기준이 적용되며 그 상세한 내용은 한국회계기준원 www.kasb.or.kr에 나와 있다.

6) 상법 제447조 제 1 호.

7) "주식회사의 외부감사에 관한 법률"("외감법") 제 1 조의2 제 1 호, 제13조 제 4 항, 일반기업회계기준 제 2 장 재무제표의 작성과 표시 I. 기업회계기준서 제21호 재무제표의 작성과 표시 I (2006. 2. 6. 제정, 2008. 10. 24. 재무상태표로 이름 개정). 대차대조표와 재무상태표는 실제에 있어서 차이가 없으므로 상법상 용어인 대차대조표 사용.

8) 2011년부터 IFRS를 채택함에 따라서 재무제표 양식도 변화할 전망이며 공기업들도 IFRS의 채택을 계획하고 있다. 2010. 5. 27. 한국회계학회 공공기관 IFRS 도입방안 제 3 차 세미나 자료. K-IFRS 제1001호 재무제표표시, 재무보고를 위한 개념체계 4. 20.

9) 동 체계 4. 55.

격이라고 할 수 없다는 것이다.[10] 특히 고정자산이 많은 장치산업의 경우나 고정자산에 대한 평가가액의 변화가 심한 경우 적정한 방법이 될 수 없다. 또한, 기업가치는 대부분 기업의 계속적인 영업을 전제로 평가하는 것으로 장부가격은 청산가치의 산정에는 적정할지 모르지만 계속적인 영업의 평가에는 적절하지 않다.

나. 수정장부가격

장부가격보다 시가가 높은 경우 이를 조정한 가격이 수정장부가격이다. 예를 들어 부동산의 시가가 장부가격인 과거 취득가격보다 높은 경우 장부가격이 아닌 시가를 반영하여 기업가치를 평가하는 것이다. 하지만, 이 역시 자산가격이 기업의 존속가치를 제대로 반영한 것이라고 할 수 있을지에 대하여 의문이 있으며 또한 기업의 존속을 전제로 하는 경우 기업가치는 자산의 총합계보다도 클 것이기 때문에 수정장부가격 역시 한계가 있다.

다. 순자산가치

순자산가치는 기업의 존속가치를 고려하여 기업을 평가하는 것으로서 기업의 영업권(goodwill)가치를 추가한 가격이다. 그러나, 영업권의 평가를 위한 객관적인 기준을 찾기 어렵기 때문에[11] 그 대안으로서 시장에서 동일한 산업에 종사하는 타 기업의 장부가 대비 시가 비율(M/B Ratio)을 감안할 수 있다. 순자산가치가 장부가격 내지 수정장부가격보다 기업의 내재적 가치에 접근한 것이기는 하지만, 기업평가의 목적은 기본적으로 기업의 자산을 과거에 얼마에 주고 샀는지, 기업을 처분할 경우 얼마를 받을 수 있는지가 아니라 기업을 인수, 경영하는 경우 얼마만한 수익을 올릴 수 있는가를 알기 위한 것이라는 점에서 대차대조표에 기초한 평가는 본질적인 한계가 있다.[12]

2. 손익계산서를 기초로 한 평가방법

손익계산서는 일정 기간 동안 기업의 경영성과에 대한 정보를 제공하는 재무보

10) 장부가액을 시가에 가깝게 수정하기 위한 작업이 자산재평가이다. 자산재평가법 제 2 조 제 1 항의 재평가의 정의.

11) 산업별회계처리기준 중 기업인수합병등에 관한 회계처리준칙 (2009. 8. 개정) 제 2 장 매수 9. 영업권 10. 부의 영업권 참고. 한국회계기준원 2005. 7. 6. 전문가 Round Table 영업권평가의 실무사례 발표자료도 참고. 상법 제452조 제 6 호.

12) asset valuation approach라고 부르기도 한다. JEFFREY M. RISIUS, BUSINESS VALUATION: A PRIMER FOR THE LEGAL PROFESSIONAL 129 (2007).

고서로서 당해 회계기간 동안의 경영성과를 나타낼 뿐만 아니라 기업의 미래현금흐름과 수익창출능력 등의 예측에 유용한 정보를 제공하며 매출액, 매출원가, 매출총손익, 판매비와 관리비, 영업손익, 영업외수익, 영업외비용, 법인세비용차감 전 계속사업손익, 계속사업손익 법인세비용, 계속사업손익, 중단사업손익(법인세효과 차감 후), 당기순손익, 주당손익으로 구분한다.[13] 주당손익 역시 재고자산의 평가방법이나 고정자산의 감가상각방법을 변경하면 쉽게 바꿀 수 있다. 따라서, 판매비와 관리비 중 비현금항목인 감가상각비를 다시 더하는 조정도 가능하며 사업내용이 주기적인 경우 과거 일정한 기간, 예를 들면 5년간의 주당손익을 평균하여야만 이를 기초로 미래의 수익을 예측할 수 있을 것이다.

또한, 미래의 수익을 현재가치로 바꾸려면 자본환원율을 산정하여야 하는바, 미래수익실현가능성이 높은 경우에는 자본환원율이 낮아야 하고 그 반대의 경우 높아야 하지만 이 역시 산업분야에 따라서 적절하다고 판단되는 수치를 정할 수밖에 없다. 만약 동일한 산업에 종사하는 다른 기업들의 시장가격이 있다면 이들 기업들의 주가수익비율(P/E ratio)를 감안하여 자본환원율을 정할 수도 있을 것이다.[14]

3. 현금흐름표를 기초로 한 평가방법[15]

현금흐름표는 기업의 현금흐름을 나타내는 표로서 현금의 변동내용을 명확하게 보고하기 위하여 당해 회계기간에 속하는 현금의 유입과 유출내용을 적정하게 표시하여야 한다. 현금흐름표는 영업활동으로 인한 현금흐름, 투자활동으로 인한 현금흐름, 재무활동으로 인한 현금흐름으로 구분하여 표시하고, 이에 기초의 현금을 가산하여 기말의 현금을 산출하는 형식으로 표시한다. 현금흐름표상의 배당을 기초로 처분하기 전까지의 장래의 배당흐름을 예측하고 배당의 흐름과 처분가치에 할인율을 적용하여 현재가치를 산정하는 방법이다. 앞으로의 배당이 일정한 비율로 상승하는 것도 예측할 수 있고 또한 이익잉여금을 배당으로 지급하지 않고 사내에 유보하는 경우 유보율까지 감안하여 현재가치를 산정할 수 있다.

실무상은 많은 경우 이의 변형으로서 기업의 현금흐름만에 기초하여 현재가치를 산정하는 현금흐름할인법(discounted cash flow: DCF)을 사용한다. 현금흐름은

13) 기업회계기준서 제21호.

14) RISIUS, 위 주 12 게재서 65 이하에서는 소득접근법(income approach)이라고 부른다.

15) 상법상 현금흐름표는 재무제표의 개념에 속하지 않으나 일반기업회계기준상으로는 포함. 일반기업회계기준 제 2 장 재무제표의 작성과 표시 2.4 재무제표.

EBITDA(Earnings before interest, taxes, depreciation and amortization)을 기초로 하며 배수는 가중평균자본비용인 WACC(weighted average of cost of capital)나 관련산업기업의 평균자본환원율의 배수나 최근의 거래에서 사용된 배수를 곱하여[16] 산정하는 경우가 많아 보인다.[17]

Ⅱ. 시장에 의존하려는 접근방법[18]

시장을 통하여 기업가치를 정하려는 방법이 기업의 내재가치를 찾아보려는 위의 방법과 언제나 상호 배타적인 것은 아니다. 예를 들어서, 내재가치의 하나인 자산가치를 기초로 내재가치를 찾으려는 경우에도 위에서 지적한 바와 같이 장부가격을 조정하기 위하여 시장에서의 M/B를 고려할 수 있으며 수익가치 역시 자본환원율 정함에 있어서 시장에서의 관련산업평균을 사용할 수 있다. 이하 몇가지 기업금융의 기초이론은 기업가치를 정하기 위한 하나의 독자적인 방법론이 아니라 시장가치가 기업가치라고 할 수 있는 또는 시장가치가 기업가치산정의 중요한 부분이 될 수 있는 이론적 배경이라고 할 수 있다.

1. 포트폴리오이론(modern portfolio theory: MPT)[19]

위험을 회피하는 주식투자자의 입장에서 하나의 주식에 투자하는 경우보다 다양한 주식에 투자함으로써 체계적인 시장위험을 제외한 비체계적인 투자대의에 고유한 위험을 줄일 수 있다는 이론이다.[20] 특정투자로부터의 예상수익은 예상수익

16) 다른 기업 내지 거래와 비교하여 결정한다는 면에서 비교가치 또는 상대가치평가법이라고 부를 수도 있다. 최상우/김기홍/박준영, 기업금융과 M&A 713-722 (2009). 이러한 용어는 법문상의 용어이기도 하다. 자본시장법 시행령 제176조의5 제 1 항 2호 나목 참조.

17) ROBERT B. DICKIE, FINANCIAL STATEMENT ANALYSIS AND BUSINESS VALUATION FOR THE PRACTICAL LAWYER 295- (2d ed. 2006). WACC에 관하여는 237 이하 참조.

18) MITCHELL, 위 주 2-26 전게서 221-275; GILSON & BLACK, 위 주 2-7 게재서 62-184도 참조. 이하 설명은 주로 Mitchell의 책에 의존하였다. Roberta Romana, 위 주 1-51 게재논문 345에서 현대 기업재무이론의 발전을 1980년도 기업법의 혁명을 가져 온 또 하나의 원인으로 지적하고 있다.

19) Harry Markowitz, *Portfolio Selection*, 17:1 J. OF FIN. 77-91 (Mar. 1952).

20) 기업금융이론에서는 이를 수량적으로 예측할 수 있느냐 여부에 따라서 불확실성과 위험을 구분하고 위험은 다시 특정기업에 고유한 비체계적위험과 특정기업에 고유하지 않고 모든 기업이 동일하게 노출되어 있는 체계적위험으로 나눈다. FRANK H. KNIGHT, RISK, UNCERTAINTY AND PROFIT 19-20 (1921 Hart, Schafner & Marx, reprinted in 2002 Beard Books).

기대치에 확률을 곱한 값이며 투자의 집합으로부터의 예상수익도 각각의 특정투자에 대한 예상수익의 가중평균이지만 투자의 집합에 대한 위험은 특정투자의 위험의 평균이 아니라는 것이다. 포트폴리오이론은 주식투자자가 포트폴리오를 구성하여 비체계적인 위험을 없앨 수 있다면 기업경영진의 경영판단에 대하여 법원이 사후적인 주주보호의 차원에서 그 적법성을 판단할 필요가 없다는 면에서 경영판단의 법칙을 지지하는 중요한 근거 중의 하나이기도 하다.[21]

2. 자본가격결정모델(capital asset pricing model: CAPM)

포트폴리오이론에 몇가지 추가적인 가정을[22] 더하여 설정된 CAPM에 따르면 비체계적위험은 포트폴리오의 구성으로 없어지고 투자로부터의 수익은 체계적 위험에 비례하므로, 이는 동일한 위험을 가진 자산은 동일한 예상수익을 가진다는 것이며 따라서 동일한 예상수익을 가진 자산은 동일한 가격으로 귀착한다.[23] 따라서, 특정자산의 예상수익은 무위험자산의 수익률에 일정기간 시장전체의 변동성(자본프리미엄)에 비하여 특정주식의 가격이 얼마나 민감한가를 표시하는 베타값에[24] 비례한 위험프리미엄을 합한 값이다. WACC 중 자기자본의 비용은 국고채와 같은 무위험자산의 수익률과 위험프리미엄을 합한 값이다.[25] 이 이론을 실제 수치에 적용하여 보니 소자본주식, 고배당주식 등 몇 가지 비정상주식의 경우 CAPM에서 예상되는 수치보다 고수익이 나오기는 했지만, 전반적으로는 베타값이 위험을 측정하는 유용한 수단이며 베타값이 높을수록 고수익을 예상할 수 있다는 것이 확인되었다.

21) *Joy v. North*, 692 F. 2d 880 (2d. Cir. 1982).

22) 위험회피, 동일한 시한, 예상수익과 위험에 대한 동일한 기대, 자본시장의 완전성 등. Mitchell, 위 주 2-25 게재서 235-237.

23) William F. Sharpe, *Capital Asset Prices: A Theory of Market Equilibrium under Conditions of Risk*, 19:3 J. OF FIN. 425- (Sept. 1964).

24) Franco Modigliani & Gerald A. Pogue, *An Introduction to Risk and Return: Concepts and Evidence*, 30:2 FIN. ANAL. J. 68-80 (Mar/Apr. 1974); 30:3 FIN. ANAL. J. 69-86 (May/Jun. 1974).

25) *Cede & Co., v. Technicolor, Inc.*, 1990 WL 161084 (Del. Ch. 1990)에서는 Allen법관이 DCF방법을 사용하기 위한 WACC를 계산함에 있어서 감정인이 산정한 베타값이 너무 크다며 이를 줄였다. 매일매일의 채권수익률은 뉴스미디아를 통하여 알 수 있다. 예를 들면 연합뉴스상 채권수익률표.

3. 유효자본시장가정(efficient capital market hypothesis: ECMH)[26)]

포트폴리오이론과 자본가격결정모델은 모든 투자자들은 시장에 대하여 완전한 정보를 가지고 있으며 자신의 이익을 최대화하기 위하여 합리적으로 행동한다는 가정을 전제로 한 것이며 또한 자본시장에서의 주식가격은 유효한 시장에 의하여 주식에 관한 정보를 반영한 것이라는 중요한 가정을 전제로 한다. 주식에 관한 정보가 주식에 관한 과거의 정보에 국한되는가, 공적으로 이용가능한 정보에 국한되는가, 또는 현재 이용가능한 모든 정보인가에 따라서 유효자본시장이론도 약간의 변형이 있으나[27)] 기본적으로 시장이 유효하다고 보며 실제 몇가지 설명할 수 없는 비정상적인 현상이 보이기는 하지만 대체로 시장의 가격변동을 설명할 수 있는 이론으로서 유효하다고 본다.[28)]

유효자본시장가정은 주식매수청구권을 행사할 경우 주식가격결정의 전제가 되는 이론으로 채택되었으며[29)] 또한 시장에 대한 사기이론의 기초를 제공하여 허위공시는 시장가격의 형성에 영향을 주었고 허위공시이후 거래한 투자자는 시장가격이 모든 정보를 반영한 것이라고 믿고 거래한 것이니 투자자의 의사결정은 허위공시에 의존하여 이루어진 것이라는 점에서 미국증권거래법상 10b-5위반이라고 한다.[30)]

---

26) 가장 보편적인 소개서로 BURTON G. MALKIEL, A RANDOM WALK DOWN WALL STREET (1973).

27) Eugene F. Fama, *Efficient Capital Markets: A Review of Theory and Empirical Work*, 25 J. FIN. 383 (1970).

28) 정보로 자본시장에서의 거래나 자본의 가격을 설명하는 것에 대한 비판적 이론도 많다. 예를 들면, Fischer Black, *Noise*, in ADVANCES IN BEHAVIORAL FINANCE 3-22 (Richard H. Thaler ed. 1993). 지나친 자신감 (hubris)으로 자본시장에서의 거래를 설명한다.

29) *Weinberger v. UOP, Inc.*, 457 A.2d 701 (Del. 1983).

30) *Basic, Inc. v. Levinson*, 485 U.S. 224 (1988). 다만 다수의견도 주28로 주식이 완전한 시장에서 거래된다는 것과 시장에 대한 허위공시로 가격이 14개월동안 저평가되었다는 것 사이의 일관성결여를 인정한다. J. White는 반대의견으로 법적인 분석이 경제적인 이론과 혼돈되어서는 안 된다고 주장한다. 이에 대하여 다수의견은 주24로 법원은 경제학자들의 논의가 맞는 것인지 여부를 판단하는 것이 아니라 시장에서의 전문적 투자자들이 실제 공시자료에 기초하여 거래를 한다는 사실만 확인되면 족하다고 한다. *Kaufman v. I-Stat Corp.*, 754 A.2d 1188 (N.J. 2000)에서 LaVECCHIA, J.는 ECMH를 채택할 수 없다고 한다. 미국 SEC의 태도에 관하여는 Mark L. Mitchell & Jeffrey M. Netter, *The Role of Financial Economics in Securities Fraud Case: Applications at the Securities and Exchange Commission*, 49 BUS. LAW. 545 (1994). 우리 법원도 주식매수청구권이 행사된 경우가 아니라 자본시장법 제162조의 공시보고서상 거짓의 기재 또는 표시로 인한 손해배상청구권의

Ⅲ. 판 결 례

전술한 바와 같이 주식의 평가에 관한 다툼은 다양한 문맥에서 발생하지만 주식매수청구권의 행사시 평가에 관한 판결은 제11장에서 다루고, 여기서는 세법상의 평가를 제외한 이사의 충실의무 위반으로 인한 회사의 손해액을 민사와 형사적인 문맥에서 살펴본 우리 법원의 판결을 검토한다.[31)]

1. 이사의 충실의무 위반으로 인한 회사의 손해액[32)]

서울고법 2003. 11. 20. 선고 2002나6595 판결(장×성 v. 이×희)[33)]

[1994. 12. 16. 삼성전자 이사회는 1988. 7. 23.부터 1994. 4. 22.까지 유상증자에 참여하여 보유하고 있는 삼성종합화학 총발행주식의 43.29%에 해당하는 21,755,567주중 20,000,000주를 안진회계법인이 당시 상증세법에* 따라서 평가한 주당 2,361원에 10%를 가산하여 2,600원으로 삼성건설과 삼성항공에 매도하기로 결의, 처분하였다.]

… 마) 위 매도 당시의 삼성종합화학 주식의 적정가액(=순자산가액)

① 이 사건 주식의 저가양도로 인하여 삼성전자가 입었을 손해의 범위를 확정하기 위하여는 매도 당시 위 주식의 적정가액을 확정하여야 하는데, 이에 대하여 살펴본다.

② 비상장주식을 평가하는 방법에는 그 평가목적에 따라 여러 가지가 있고, 비

행사시 이들 거짓의 기재 또는 표시와 손해의 발생간 인과관계를 논함에 있어서 시장의 완전성을 전제하고 있다. 대법 2007. 10. 25. 선고 2006다16758/2006다16765 판결이나 2007. 9. 21. 선고 2006다81981 판결 등.

31) 삼성SDS의 신주인수권부사채로 인한 부당지원에 해당하는지 여부에 관한 공정위 1999. 10. 28. 전원회의 의결 제99-212호와 서울고법 2004. 5. 20. 선고 2001누1804 판결 참조. 삼호정보통신주식의 계열사매각에 관하여는 대법 2005. 6. 9. 선고 2004두7153 판결; 서울고법 2006. 2. 8. 선고 2005누13645 판결. 자세한 것은 졸고, 판례를 통하여 본 주식의 공정한 가액, 16 비교사법 324-341 (2009).

32) 충실의무는 선관주의의무와 협의의 충실의무를 합한 이사의 회사에 대한 의무를 총칭. 위 주 1-47 참조.

33) 수원지법 2001. 12. 27. 선고 98가합22553 판결과 대법 2005. 10. 28. 선고 2003다69638 판결도 참조.

* 순자산가액을 총발행주식수로 나눈 자산가치 4,723원과 최근 3년간 순손익액의 가중평균액인 수익가치의 0원의 산술평균이 2,361원이며 당시 상증세법에 따라서 10% 가산하였다.

상장기업에 대한 가치를 분석하는 방법에도 분석의 고려 요소에 따라 다양한 방법이 있는데, 비상장주식에 대한 객관적이고 적정한 가액을 산정하기 위해서는 다양한 주식평가방법과 기업가치분석 방법 등을 고려하고 그 각 방법들이 실정법에서 실제로 적용되고 있는 실태를 참작하여 합리적으로 판단하여야 한다.

첫째, 기업회계기준에 있어서 관계회사의 비상장주식은 취득원가를 기준으로 하고, 다만 순자산가액이 장부가액보다 하락한 경우에는 순자산가액을 기준으로 할 수 있도록 하고 있는 점, 둘째, 기업의 가치평가방법인 자산가치평가방법, 수익가치평가방법, 상대가치평가방법 중 기업이 보유하고 있는 순자산(=총자산－부채)의 가치를 평가하는 방법인 자산가치평가방법이 가장 일반적으로 사용되고 있는 점, 셋째, 이 사건 주식 매도 당시의 상속세법시행령 제 5 조 제 6 항 제 1 호 나목 제(1)호에는 '사업개시전의 법인 및 사업개시후 3년 미만의 법인과 휴업, 폐업 또는 청산중에 있는 법인의 주식에 대하여는 당해 법인의 순자산가치(=당해 법인의 순자산가액/발행주식총수)를 기준으로 한다고 규정하고 있고, 일반적으로 사업중인 법인의 주식의 실질가치가 순자산가치가 동일한 휴업, 폐업 또는 청산중에 있는 법인의 주식의 실질가치보다 낮게 평가되어야 한다고 보기 어려운 점, 앞서 본 바와 같이 위 매도시점인 1994. 12. 17.은 삼성종합화학이 실질적으로 가동되기 시작하였다고 보여지는 1991. 9.경으로부터 불과 3년 남짓한 시점일 뿐만 아니라 삼성종합화학의 기업 특성상 초기에 상당한 정도의 투자비용 등의 지출이 필요하다는 점 등의 사정을 고려하면 삼성종합화학의 실질적인 사업 개시 시점으로부터 최초 3년간에 해당하는 위 주식 매도 시점까지의 삼성종합화학의 순손익액을 함께 고려하는 것은 평가의 목적에 비추어 객관적이고 합리적인 평가방법이라고 볼 수 없는 점[비상장주식에 대한 보충적 평가방법을 규정한 상속세법시행령은 1998. 12. 31. 대통령령 제15971호로 1주당 순손익가치가 순자산가치의 50%에 미달하는 경우 순자산가치로만 결정하는 것으로 변경되었다가, 1999. 12. 31. 대통령령 16660호로 순손익가치(1주당 최근 3년간의 순손익액의 가중평균액÷금융기관이 보증한 3년만기 회사채의 유통수익률을 감안하여 국세청장이 고시하는 이자율)가 순자산가치에 미달할 경우 순자산가치만에 의하여 평가한 가액을 비상장주식의 가액으로 평가하도록 변경되었는데 이와 같은 변경의 배경은 위에서 본 바와 같이 휴업, 폐업 또는 청산중에 있는 법인의 주식의 경우에도 그 주식의 실질가치는 적어도 당해 법인의 순자산가액을 발행주식총수로 나눈 주당 순자산가치가 되는 것으로 평가하고 있는데, 사업 개시 후 3년이 경과한 법인의 주식의 가치가 그 평가에 있어 순손익액이 반영된 결과 순자산가치만에 의하여 평가한 경우보다 하회하는 결과도 발생될 수 있어 결과적으로 휴업, 폐업 또는 청산중에 있는 법인의 주식가치보다 저평가될 수 있다는 불합리한 점을 시정하기 위한 것으로 보인다]을 고려하면 적어도 처분시의 적정가액은 그 당시의 삼성종합화학의 순자산가액을 총발행주식수로 나눈 순자산가치에 의하여 평가된 가액으로 보아야 할 것이다.

③ 삼성전관 주식회사의 1994년도 감사보고서에 의하면 1994. 12. 31. 현재 삼성종합화학 주식의 주당 순자산가액은 5,733원이고, 1994. 12. 1.을 기준으로 안진회계법인이 산출한 삼성종합화학의 순자산가액 217,273,988,737원은 자산 중 건물에 대하여 과세시가표준액 20,500,997,594원을 적용한 결과이므로 이를 장부가액인 67,526,699,208원으로 수정하여 산정하면 아래 계산 내역과 같이 삼성종합화학 주식의 주당 순자산가액은 5,745원이 되어 위 결과와 유사하므로, 위 매도 시점 무렵의 삼성종합화학 주식의 주당 적정가액을 위 5,733원으로 평가하기로 한다.

ㄱ) 건물에 대한 순자산가액을 장부가액으로 수정할 경우 증가되는 순자산가액
47,025,701,614원(=67,526,699,208원−20,500,997,594원)

ㄴ) 순자산가액 합계
264,299,690,351원(=217,273,988,737원+47,025,701,614원)

ㄷ) 1주당 순자산가액
5,745원(=264,299,690,351원÷총발행주식 46,000,000주, 원미만은 버림)

피고들은, 당시 시행되던 상속세법시행령 제 5 조 제 2 항 제 1 의2에서는 건물의 평가를 '지방세법시행령 제80조의 규정에 의한 과세시가표준액에 의한 가액에 의한다'라고 규정하고 있어 순자산가액의 산정시 건물의 평가방법을 과세시가표준액에 의하여야 한다고 주장하나, 상속세법에 따른 목적물가액의 평가는 조세처분권자의 입장에서 조세부과를 위한 목적의 특성상 보수적이고 엄격한 기준에 설 수밖에 없다는 사정이 있는 반면, 영리를 목적으로 하는 법인은 적어도 자신에게 손해가 발생하지 않을 정도의 시가 또는 적정가액에 따라 처분하여야 할 사정이 있는 등 그 당사자의 관점이 서로 상이하다는 것은 앞서 본 바와 같고, 비상장주식의 순자산가액을 산정하기 위하여 건물을 평가할 경우 위 상속세법시행령에 따른 평가는 위 시행령 제5조 제1항에 규정된 바와 같이 상속개시 당시의 현황에 의한 가액은 그 당시의 시가에 의하는 것을 원칙으로 하되 그 시가를 산정하기 어려운 경우에 한하여 인정되는 보충적 평가방법에 불과하므로, 영리법인인 삼성전자의 입장에서

는 건물의 가액을 객관적이고 합리적인 가액으로 평가하여야 할 것인바, 삼성종합화학이 사업을 개시하여 건물을 준공한 지 3년 남짓밖에 경과하지 아니하였고 그간의 감가상각액을 고려한 장부가액이 존재한다면 이 가액이 객관적 교환가치를 반영한 가액이라 할 것이므로, 피고들의 이 부분 주장은 이유 없다.

④ 따라서, 이 사건 주식의 매도로 인하여 삼성전자가 입은 손해액은 626억 6,000만원[=3,133원(=5,733원−2,600원)×20,000,000주]에 이른다고 할 것이다.

서울남부지법 2006. 8. 17. 선고 2003가합1176 판결(박×용 v. 구×무)

[1999. 6. 28. LG는 100% 보유중이던 LG석유화학의 액면가 5,000원 주식 39,200,000주의 70%를 주당 5,500원에[34] LG의 지배주주인 29인의 개인들에게 매각하기로 의결, 집행하였다.]

… 3. **소외 회사의 손해액**

가. 피고들의 임무해태로 인한 손해 판단 기준

원고들이 주장하는 손해액은, 피고들의 위와 같은 임무해태가 없었다면 이 사건 매각 상대방들로부터 받을 수 있었던 이 사건 주식의 적정거래가액과 실제 거래가액인 1주당 5,500원과의 차액이다. 비상장주식의 거래에 있어서 그에 관한 객관적 교환가치가 적정하게 반영된 정상적인 거래의 실례가 있는 경우에는 그 거래가격을 시가로 보아 가액을 평가하여야 할 것이나, 만약 그러한 거래사례가 없는 경우에는 보편적으로 인정되는 여러 평가방법들을 고려하여 당해 거래의 목적, 거래 당시 당해 비상장법인의 상황, 당해 업종의 특성 등 제반 사정을 종합적으로 고려하여 주식의 적정거래가액을 산정하여야 할 것이다(대법 2005. 10. 28. 선고 2003다69638 판결 참조). 거래의 실례가 없는 경우에는 다양한 관점에서 비상장주식의 가치를 판단하는 여러 평가방법 중 어떤 평가방법이 절대적으로 '옳다'라거나 '객관적인 가치'라고 할 수 없을 것이나, 기업현황 및 그 기업이 속한 산업의 태양에 따른 일응의 적합한 평가방법을 선정할 수는 있다 할 것이고 그 평가방법에 의한 결과와 다른 방식으로 평가한 가치들을 종합적으로 검토한 후 당시 해당 기업 및 시장경제 사정(이러한 특별한 사정이 없는 한 영리목적 기업이 보유자산을 그 가치보다 저가

34) 상증세법상의 평가에 지배권프리미엄 10%를 가산하여 나온 금액이다.

로 매도할 이유는 없을 것이다)도 함께 고려함으로써 최소한 어느 가격 정도(최소한의 적정거래가액)는 받았어야 한다고는 정할 수 있을 것이다. 또한 실제 거래를 함에 있어서 거래 당사자들은 사후에 검증할 수 있는 객관적인 요소들이 아니라 그 당시의 시점에서 수집할 수 있거나 예측할 수 있는 요소들만을 이용하여 여러 평가방법으로 가치를 산정한 뒤 이들을 참고하여 가격을 정할 것이라는 점을 고려하면, 이 사건에서 손해액 산정을 목적으로 비상장주식의 가치를 평가함에 있어서도 당시 임무해태가 없었다면 취했어야 할 조치를 한 것으로는 가정하되 그 밖의 자료들은 이 사건 주식을 매각한 1999. 6. 29. 무렵에 입수 가능한 기준을 이용하여 평가하여야 할 것이다.

나. 비상장주식의 가치 평가 방법

주식가치의 평가방법은 일반적인 기업가치 평가방법과 일치한다 할 것인데 크게 자산접근법, 소득접근법, 시장접근법으로 구분되며 순자산가치방식은 자산접근법에, 수익가치방식[현금흐름할인방식(DCF 방식)]은 소득접근법에, 유사업종비교방식[PER 배수법, EV(기업가치)/EVITDA(세금 · 이자지급전이익) 배수법]*은 시장접근법에 각 해당한다. 순자산가치방식은 순자산(총자산－부채)의 가치를 평가하는 방법인데, 역사적 가치를 기준으로 작성된 회계상의 장부가액은 시장가치와 차이가 있으므로 위 방식을 이용할 경우 개별 자산과 부채의 시장가치를 확인한 후 평가하여 전체 기업의 가치를 측정하여야 한다. 평가시점의 청산가치이긴 하나, 기업이나 주식의 가치를 평가하는 일반적인 가치평가방법으로서 평가자의 자의가 적게 개입되는 가장 객관적인 방법이다. 수익가치방식인 현금흐름할인방식은 기업의 영업활동으로부터 발생하는 현금흐름인 잉여현금흐름을 기업이 필요한 자금을 동원하는데 소요되는 기회비용인 가중평균자본비용으로 할인하여 기업의 총 가치를 구하는 방식이다. 이때 미래의 '현금흐름'과 이를 현재가치화하기 위한 '할인율'의 두 가지 기본요소가 가장 중요한데, 이 두 요소를 산정함에 있어서 평가자의 주관성이 개입될 가능성이 많다. 미래의 수익가치를 기준으로 평가한다는 점에서 급속히 발전할 것으로 전망되는 정보기술산업 등의 주식 가치평가에 적합하다(대법 2005. 6. 9. 선고 2004두7153 판결 참조). 유사업종비교방식은 평가대상회사와 유사한 비교기준회사로서 동일업종 유사상장기업이나 인수합병 사례기업을 선택하여 비교기준회사의 회계적 이익, 현금흐름 등 재무수치와 대비시켜 PER나 EV/EVITDA 등의 시가배수를 구한 후 이를 평가대상기업의 동일한 재무수치에 적용함으로써 평가대상회사의

* [저자 각주] EBITDA의 오기로 보인다.

가치를 측정하는 방식이다. 이 방식은 평가대상회사와 유사한 비교대상회사를 선정하기 어렵다는 난점이 있으나, '객관적인 가치'를 판단하고자 함이 아니라 단지 당시의 적정거래가액을 구하여 손해액을 산정하고자 하는 경우에는 거래 당시의 거래당사자들이 그 가치를 판단함에 있어서 선정하였을 것으로 보이는 비교대상회사를 선정하면 족하다 할 것이다. 기타 평가방법(1999. 6. 29. 기준)으로는 위에서 살펴본 상속세 및 증여세법에 의한 보충적 평가방법과 기업공개시 이용되는 공모주가 산정방식인 유가증권인수규정 시행세칙에 의한 본질가치법 등이 있다. 전자는 앞서 살펴본 바와 같고, 후자는 위 세칙에 정한 바에 따라 자산가치와 수익가치를 산출한 후 양 가치를 2:3으로 평균한 가치를 지칭한다.

다. 1999. 6. 29. 이 사건 주식 매도 당시의 적정거래가액 산정

(1) 기준이 되는 가치평가방식(=순자산가치방식)

(가) 먼저 이 사건 매각에서 기준이 될 만한 비상장주식의 가치평가방식을 보건데, 1999. 6.경은 엘지석유화학이 누적결손을 벗고 이익을 내기 시작한 시점이라는 점에서 수익가치법인 현금흐름할인방식이 적절한 면도 없지 않으나, ① 갑 제22호증의 기재에 의하여 엘지석유화학이 속한 석유화학산업은 대규모 장치산업이며 자본집약적인 산업이라는 사실이 인정되는 점, ② 위에서 살펴본 엘지석유화학의 연혁에 나타난 바와 같이 설립초기부터 1990년대 상반기까지 상당한 정도의 투자비용 등을 지출해온 점, ③ 현금흐름할인방식은 미래가치를 반영할 수는 있으니 평가자의 자의의 개입이 크다는 점, ④ 유사업종비교방식은 어떤 기업을 비교대상기업으로 선정하느냐에 따라 가치가 크게 달라짐에도 평가대상기업과 유사한 비교대상기업을 선정하기가 쉽지 아니하고 경우에 따라서는 적합한 비교대상기업이 없을 수도 있는 점, ⑤ 기업의 가치평가방법 중 순자산가치방식이 가장 일반적으로 사용되고 있고 평가자 자의의 개입이 가장 적은 점 등을 고려하여, 일응 순자산가치방식에 의하여 평가한 주식가치를 기준으로 하고 여기에 각 사정들을 종합하여 검토함으로써 이 사건 주식의 최소한의 적정거래가액을 살펴봄이 상당하다.

(나) 순자산가치방식에 의할 때 이 사건 주식의 1999. 6. 29. 시점의 가치는, 감정인 신진영의 감정결과에 의하면 이 사건 주식 가치는 1주당 8,628원, 이 법원의 한국신용정보 주식회사에 대한 사실조회결과에 의하면 1주당 3,602원이다. 또한 엘지화학이 구 상증세법에 의하여 주식가치를 평가하는 과정에서 산정한 순자산가치는 3,889원이다. 순자산가치방식은 해당 기준일 시점에서 실사를 하여 각 자

산의 가치를 평가시점의 시가로 구한 이후에 그 자산가액을 산정하여야 함은 위에서 본 바와 같고 또 피고들의 임무해태 내용 중 하나 또한 자산가치를 평가요소로 하면서 실제 시가를 계산하지 않았다는 것이므로, 순자산가치방식에 의한 1주당 가치를 구하기 위해서는 1999년 6월 당시 실제 시가로 순자산가치를 산정해야 할 것이다. 그런데 한국신용정보 주식회사는 자산의 실제 가액에 기초하여 평가하지 아니하고 토지는 1999년말의 공시지가로, 건물과 구축물은 2000. 1. 1. 기준의 자산재평가액으로, 나머지 유형자산의 경우는 장부가액으로 평가하는 등 단순한 회계적 접근만 하였으므로 위 사실조회 결과는 이 사건 적정거래가액을 정함에 있어서 고려하지 아니한다. 한편 감정인 신진영은 2000. 1. 1. 기준의 재평가가액과 1999. 12. 31. 기준의 장부가액과의 차액을, 다시 1998. 12. 31. 기준의 장부상 순자산가액에 더하였는바, 그와 같이 계산된 최종결과인 순자산가액에는 1999년 한해동안 감가상각된 자산 가액만큼 더하여져 있고 1999. 6.경의 부채상태가 반영되어 있지 않은 오류가 있어 그로 인한 순자산가치 평가결과도 받아들이지 아니한다.

(다) 그러므로 가능한 1999. 6. 29. 시점에 가까운 자산 시가 및 부채의 상태를 반영하여 순자산가치를 산정하여 본다. 우선 1999년 반기 대차대조표에 의하면 자산이나 부채의 상태는 비교적 위 기준시점에 가깝게 산정될 것이다(이는 1999. 6. 29. 당시에는 존재하지 않던 문서이나, 실사를 함으로써 이사로서의 임무를 해태하지 않았으면, 자신의 시가를 제외하고는 위 반기 대차대조표와 이와 비슷한 결과를 얻었을 것임을 추인할 수 있다).

항　목	금　액	비　고
자산총계	535,032,786,702원	(+)
부채총계	380,226,144,407원	(−)
자산실사가치 반영 전 1999. 6. 29. 기준 순자산가액	154,806,642,295원	

이 중 2000. 1. 1. 기준으로 자산재평가가 된 자산은 이를 그 평가액으로 대체한다(다만 토지는 1999. 1. 1. 기준으로 환산한다). 그 이유는 건물, 구축물, 그리고 기계장치의 가격이 1999. 6. 29.과 2000. 1. 1. 사이의 약 6개월간의 차이로 크게 변동이 없을 것이며(같은 이유로 구 상증세법시행령 제49조 제 1 항에서는 평가기준일 전 6월(증여재산의 경우는 3월)부터 상속세 과세표준 신고기간(상속개시일로부터 6월) 또는 증여세 과세표준 신고기간(증여받은 날로부터 3월) 중 수용·공매가격 및

감정가액등도 시가로 하고 있다), 다만 일반적으로 시간이 지남에 따라 시가가 상승하는 토지에 대하여는 1999. 1. 1. 기준으로 시점 수정이 가능하다면 손해액을 산정함에 있어서 피고들에게 부당함이 없어야 할 것이므로 2000. 1. 1. 기준이 아닌 1999. 1. 1.으로 시점을 수정함이 상당하고 토지 이외의 자산은 특별한 사정이 없는 한 시간이 지남에 따라 감가상각되어 가치가 하락할 것이므로 이를 2000. 1. 1. 기준으로 하더라도 무방하기 때문이다. 이는 피고들 주장과 같이 자산재평가가(사후에 우연히) 있었다는 결과만을 근거로 하여 그 가치를 반영하고자 함이 아니라 피고들이 1999. 6. 29. 무렵을 기준으로 실제 시가를 판단했어야 함에도 불구하고 이를 해태하였으므로 그 임무를 해태하지 않았을 경우에 나타나는 적정가액을 어떠한지 살펴보는 것이며, 단지 마침 평가기준일로부터 가까운 2000. 1. 1.을 기준으로 자산재평가가 있었으므로 그 결과를 활용하여 1999. 6. 29.의 가치를 산정하고자 할 뿐이다. 먼저 자산실사가치 반영 전 1999. 6. 29. 기준 순자산가액에서 1999년 반기대차대조표 상의 토지, 건물, 구축물, 그리고 기계장치의 장부가액을 제외한다.

항 목	금 액	비 고
자산실사가치 반영 전 1999. 6. 29. 기준 순자산가액	154,806,642,295원	
토지	77,546,482,000원	(−)
건물	41,649,285,382원	(−)
구축물	42,600,898,638원	(−)
기계장치	167,398,204,723원	(−)
결과	−174,388,228,448원	

여기에 2000. 1. 1. 기준 자산재평가액을 가산하여야 하나, 갑 제11호증의 10의 1기재에 의하면 토지(도로 제외)는 1999. 1. 1. 기준으로 시가를 산정한 후 1.0381을 곱하여 그 시점을 2000. 1. 1.로 수정하였고, 토지 중 일부 도로는 인근 공장용지인 여수시 중흥동 754 등의 $1m^2$당 가격의 30%로 결정한 사실을 인정할 수 있는바, 그 시점을 1999. 1. 1. 기준으로 되돌리면 다음과 같다(재평가 결정가격이 아닌 시산가격을 기준으로 하고, 계산결과는 소수점 셋째자리에서 반올림하여 기재한 최종 결과인 수정평가액에서는 1원 미만을 버린다).

소재지 (여수시 중흥동)	① 재평가 시산가격(원)	시점수정(원)	면적(㎡)	수정평가액(원)	비고(시점 수정방법)
754, 757, 758, 756, 754-2	109,943	② 105,907.91	430,706.80	45,615,256,441	(①÷1.0381)
755	59,710	57,518.54	7,876.80	453,062,063	(①÷1.0381)
754-1	32,983	31,772.37	16,143.00	512,901,410	②×30%
752-1	119,421	31,772.37	5,335.10	169,508,785	②×30%
172-7, 172-8		115,038.05	8,044.00	925,366,076	(①÷1.0381)
합계				47,676,094,775	

또한 갑 제11호증의 7, 제23호증의 각 기재, 이 법원의 한국신용정보 주식회사에 대한 사실조회 결과 및 변론 전체의 취지를 종합하면 엘지석유화학이 소유한 토지 중 1998년에 취득한 28,336,851,357원 상당은 재평가 대상에서 제외된 사실, 엘지석유화학이 1999년 후반기에 토지 일부를 3,018,916,302원에 매도한 사실을 인정할 수 있는바, 엘지석유화학이 1999. 6. 29.경 소유하고 있던 토지의 시가는 위 토지재평가액과 위 재평가 제외 토지 가액 및 1999년 후반기 매도 토지를 합하여 79,031,862,434원임을 추인할 수 있다. 여기에 나머지 건물, 구축물 기계장치의 재평가 가액을 합하여 이를 1999. 6. 29. 기준 순자산가액에 더하면 다음과 같다.

항 목	금 액	비 고
1999. 6. 29. 기준 토지, 건물 등 자산 제외 순자산가액	－174,388,228,448원	(＋)
토지 시가 추정치	79,031,862,434원	(＋)
건물, 구축물, 기계장치 시가 추정치	401,531,201,768원	(＋)
1999. 6. 29. 기준 순자산가액	306,174,835,754원	

위 자산가액 306,174,835,754원을 엘지석유화학의 총발행주식 39,200,000주로 나누면 7,810원(1원 미만 버림)임은 계산상 명백하므로 1999. 6. 29. 당시 엘지석유화학의 1주당 순자산가치는 7,810원임을 추인할 수 있다.

(라) 한편, 엘지화학이 구 상증세법에 의한 평가방법에 따라 주식가치를 평가하면서 엘지석유화학의 1주당 순손익가치로 평가한 3, 353원이 1주당 순자산가치인 위 7, 810원의 50/100에 미달하는바, 이 경우에는 구 상증세법에 정한 보충적 평가방법에 따른다 하더라도 구 상증세법시행령 제54조 제 2 항 제 4 호에 의하여 순자산가치에 의하여만 비상장주식의 가액을 평가해야 한다. 따라서 이 사건 주식 매각 당시 엘지석유화학의 자산을 시가에 따라 제대로 평가하였다면 구 상증세법에

의하여 주식의 가치를 평가하였더라도 1주당 7,810원이 되었을 것이다.

(2) **적정거래가액의 판단**(다른 평가방식에 의한 가치와의 비교 등)

먼저 다른 평가방식에 의한 평가가치들을 살펴본 후 그 산정된 가치들과 다른 사정들을 종합하여 당시 이 사건 주식의 적정거래가액을 판단하여 본다.

(가) 현금흐름할인방식에 의한 평가가치

이 사건 주식의 1주당 가치를 현금흐름할인방식으로 평가하였을 때 감정인 신진영, 정용선의 감정결과와 김대식의 평가결과는 다음 표와 같다.

<table>
<tr><th>평가자</th><th>평가결과</th><th colspan="3">특이사항</th></tr>
<tr><td>신진영</td><td>12,136</td><td colspan="3">1999년 이후 실제 결과를 그대로 반영</td></tr>
<tr><td>정용선</td><td>6,233</td><td colspan="3">할인율 과다, 영구현금흐름 축소, 재투자 과다, 추정기간 이후의 성장률 3%(높게 설정)</td></tr>
<tr><td rowspan="7">김대식</td><td>13,197</td><td>할인율 수정</td><td rowspan="3">한 가지 요소 수정</td><td rowspan="7">정용선의 감정결과를 수정함</td></tr>
<tr><td>7,424</td><td>영구현금흐름 수정</td></tr>
<tr><td>16,991</td><td>재투자 수정</td></tr>
<tr><td>17,799</td><td>재투자, 영구현금흐름 수정</td><td rowspan="3">두 가지 요소 수정</td></tr>
<tr><td>29,278</td><td>재투자, 할인율 수정</td></tr>
<tr><td rowspan="2">15,665</td><td>영구현금흐름, 할인율 수정</td></tr>
<tr><td>할인율, 영구현금흐름, 재투자 수정</td><td>세 가지 요소 수정</td></tr>
</table>

현금흐름할인방식이 평가자의 주관적인 추정으로 인해 결과의 객관성을 담보하지 못하는 경우가 있음은 위에서 본 바와 같은바, 감정인 신진영, 정용선의 각 감정결과 역시 주관적 추정의 문제점이 있다. 즉, 감정인 신진영의 감정결과는 1999. 6. 29. 이후 실제 발생한 수치에 기초하여 작성된 것으로 1999. 6. 29. 무렵에 거래 당사자들이 평가하여 산정해 볼 수 있었던 주식의 가치라고 할 수 없다. 또한 감정인 정용선의 감정 결과는 장래 할인율을 구하기 위한 시장위험프리미엄을 정함에 있어서 필요한 요소인 시장수익률과 무위험이자율을 추출하는 시기를 달리하고 있는바, 할인율을 산정하기 위하여 과거 누적된 경험치를 통하여 '장래의' 시장위험프리미엄을 구하는 데 있어서 과거의 비정상적인 경제상황(1999년 중반에는 외환위기를 벗어나는 무렵이다)인 외환위기를 따로 고려할 이유는 없다 할 것임에도 산정 시기를 달리 하였음은 합리성이 떨어지고, 영구현금흐름을 구함에 있어서 가장 비용지출이 많은 시기를 기준으로 한 점도 쉽게 납득할 수 없다. 이와 같이 위 감정결과는 적정거래가격 산정에 사용할 만한 최소한의 객관성을 갖추지 못하였다 할 것이나, 그

럼에도 위 감정 당시 각 추정치를 정함에 있어서는 어느 요소를 높게 잡은 대신 다른 요소를 낮게 잡아 각 요소간 어느 정도의 형평은 갖추고 있는 것으로 보이므로 어떤 요소를 수정한다 하더라도 이를 적정 거래가격 산정에 사용하는 것은 적절하지 않은 것으로 보인다. 다만, 감정인 신진영의 감정결과는 1주당 가치가 높은 쪽으로, 감정인 정용선의 감정결과는 1주당 가치가 낮은 쪽으로 기울어져 있다고 보이므로, 그 산술평균액(이하 이를 현금흐름할인방식에 의한 비교값이라 한다)인 1주당 9,184원(1원 미만 버림)이라는 수치를 이 사건에 있어서 적정거래가격을 산정하는 참고자료로만 삼는다.

(나) PER, EV/EVITDA 배수법에 의한 평가가치

감정인 신진영의 감정결과에 의하면, 1999년 6월경의 PER 배수법과 EV/EVITDA 배수법에 의한 이 사건 주식의 1주당 가치는 각 8,905원 및 17,336원인 사실을 인정할 수 있다. 그런데 위 감정결과는 각 회사의 1999년 반기순이익을 기준으로 계산한 것이나 이 사건 매각이 있었던 1999. 6. 29에는 1998년의 재무제표만을 구할 수 있었으므로 피고들 및 거래상대방이 각 회사의 1999년 반기순이익을 알고 위와 같은 가치를 계산할 수 있었다고는 보이지 않는다. 갑 제9, 23호증, 을 제13, 32호증의 각 기재와 감정인 신진영의 감정결과에 변론 전체의 취지를 종합하면, 1998년의 재무제표를 이용하여 1998. 12. 31.을 기준으로 PER 배수법에 의하여 산정한 엘지석유화학의 1주당 가치는 7,453원, 엘지석유화학의 1998년말 주당순이익(EPS)은 882원, 소외 호남석유화학 주식회사의 1998. 12. 31. 주가는 15,900원, 1999년 상반기 평균 주가는 21,676원, 1999. 6. 31. 주가는 27,000원인 사실을 인정할 수 있는바, 위 수치들을 이용하여 1998년 재무제표를 기준으로 PER 배수법에 의한 엘지석유화학의 1주당 가치를 구하되 비교대상회사의 주가는 1999. 6. 31. 기준과 1999년 상반기 평균 기준으로 구하면(거래당사자들이 알아보고자 하는 주가는 거래시점이므로 비교대상회사의 주가는 PER나 EPS와 달리 1998년 시점이 아닌 비교시점의 주가여야 할 것이다), 다음 계산과 같이 각 12,660원 및 10,163원이 된다.

	호남석유화학 1998년말 EPS(엘지석유화학1998년말EPS/1주당가치×호남석유화학1998년말1주당가격)	엘지석유화학의 1주당 가치(호남석유화학기준가격/1998년말EPS×엘지석유화학1998년말EPS)
1999. 6. 31. 주가기준	1,881＝(882÷7,453)×15,900	12,660원＝(27,000÷1,881)×882
1999년 상반기 평균주가 기준		10,163원＝(21,676÷1,881)×882

이에 대하여 피고들은 PER 배수법 등은 원래 비상장주식의 객관적 가치 평가를 목적으로 하는 것이 아니라 거래소의 자유로운 거래를 전제로 하는 시장에서 투자판단의 지표로 사용될 뿐이고 위 감정은 그와 같은 평가를 함에 있어서도 비교대상회사의 수가 평가의 객관성을 담보할 정도로 충분하지 않았으므로 그 결과를 신용할 수 없다고 주장한다(한편 피고들이 증거로 제출한 을 제32호증의 기재에 의하면 감정인 신진영의 위 감정결과는 비교대상회사로 선정한 소외 호남석유화학 주식회사는 엘지석유화학에 비하여 자본 대비 부채율이 낮아 유사하지 않다고 하고, 비교하는 위 호남석유화학 주식회사의 주식 가격 기준을 1999년 상반기 전체 평균으로 했어야 함에도 주가가 가장 높았던 1999년 6월말을 기준으로 한 문제점도 있다고 한다).

그러나 PER 배수법 등의 주된 용도가 투자판단의 지표라는 이유만으로 비상장주식의 적정거래가액을 판단하는 기준으로 사용할 수 없는 것은 아니라 할 것이며, 한편 비상장주식인 이 사건 주식에 대하여 회계상의 정확한 가치를 판단하고자 하는 목적이 아니라 손해액을 산정하기 위하여 당시 거래당사자로서 가격 판단할 경우 고려할 수 있었던 대강의 주관적인 가치를 판단하려는 목적 하에서는, 당시 거래당사자들이 비교 대상으로 삼을 수 있었던 회사라면 비교대상회사가 1개뿐이고 평가대상 회사와 완전히 유사하지 않다고 하더라도 그 목적 달성에 문제가 없다 할 것이다. 또한 이 사건에서 판단하고자 하는 가치는 이 사건 주식의 1999. 6. 29. 당시의 가치라 할 것이므로 비교 대상회사의 그 무렵 주가를 기준으로 비교하는 것이 더 적절한 것임은 위에서 본 바와 같다. 따라서 PER 배수법의 결과인 8,905원(1998년 재무제표 기준으로는 12,660원 또는 10,163원), EV/EVITDA 배수법의 결과인 17,336원을 이 사건 주식의 1999. 6. 29. 무렵 최소한의 적정거래가격을 산정할 때 참조할 수 있는 하나의 기준 정도로는 사용하여도 무방하다 할 것이다.

(다) 본질가치법에 의한 평가가치

감정인 정용선의 감정결과에 의하면 유가증권인수규정 시행세칙에 정한 바에 따른 이 사건 주식의 1주당 본질가치는 6,017원이라 한다. 그러나 위 본질가치 산정에 있어서 자산가치가 평가의 한 요소가 됨은 위에서 본 바와 같은데 위 감정결과는 엘지석유화학 자산의 평가기준일 시가를 이용하지 않은 채 단순히 회계적인 접근만을 한 것이고, 평가의 다른 한 요소인 수익가치를 산정함에 있어서도 그 객관성에 의문이 있으므로 위 가치평가결과는 이 사건 주식의 적정거래가액 산정의 기준으로 삼을 수 없다.

(라) 종합검토

① 순자산가치방식으로 산정한 가치가 미래 수익가치를 반영한 현금흐름할인방식에 의한 비교값보다 크지 않으므로, 엘지석유화학의 주식가치를 평가함에 있어서 정보통신산업의 경우처럼 미래 수익가치를 크게 고려할 필요가 없음이 확인되는 점, ② 해당 업종에 대한 시장평가가 반영되어 있다고 볼 수 있는 PER 배수법으로 평가한 가치{EV/EVITDA 배수법으로 산정한 가치는 PER 배수법과 같은 유사업종비교방식(시장접근법)에 속한 방법으로 계산한 것임에도 PER 배수법에 의하여 산정한 가치와 약 2배의 차이를 보이므로(반면 PER 배수법에 의한 가치는 다른 방식으로 산정한 가치와 큰 차이를 보이지 않음) EV/EVITDA 배수법은 고려하지 아니한다}가 순자산가치방식으로 평가한 가치보다 높고 1999. 6. 29. 당시 소외 호남석유화학 주식회사의 주가가 오르고 있었던 등의 사정이 있으므로, 당시 그 산업의 주식 가치가 시장상황에 의하여 순자산가치보다 저가로 평가될 수 있었다고는 할 수 없는 점, ③ PER 배수법으로 평가한 가치가 순자산가치방식으로 평가한 가치를 상회하나 PER 배수법은 상장된 비교대상회사를 기준으로 평가하므로 그로써 산정된 평가회사의 주식 가치에는 상장회사의 유동성에 대한 가치도 반영되어 있을 수 있는 점, ④ 결국 순자산가치방식으로 산정한 가치가 PER 배수법으로 산정한 가치와 유사하고 현금흐름할인방식에 의한 비교값과도 큰 차이가 없는 점, ⑤ 임무해태가 없었다면 실제로 거래하였을 금액을 쉽게 단정할 수는 없는 것이므로, 손해액을 산정하기 위한 적정거래가액을 정함에 있어서 피고들에게 합리적 이유 없이 부당한 가액을 그 적정거래가액으로 삼을 수 없는 점 등을 종합적으로 고려하면, 이 사건 주식의 매각에 있어서 가장 보수적으로 보아도 최소한의 1주당 적정거래가액은 순자산가치방식으로 산정한 1주당 가치인 7,810원으로 봄이 상당하다.

(3) **경영권 프리미엄 포함 여부**

원고들은 이 사건 주식은 엘지석유화학 발행주식의 70%에 해당하여 이를 매도할 경우 경영권이 이전되는 결과가 발생하므로 그에 대한 가치증가액(경영권 프리미엄)도 고려하여 이 사건 주식의 적정거래가액을 산정해야 한다고 주장한다. 그러나 피고들은 대주주 등에게 이 사건 주식을 매도한 것이고 대주주 등을 거래 상대방을 정한 이유 중 하나가 경영권 방어를 위한 것임은 위에서 본 바와 같은바, 경영권에 위협을 줄 수 있는 물량에 해당되는 것은 사실이나 실제 이 사건 주식의 매도를 통하여 경영권이 이전되는 것이라고는 할 수 없고 이는 거래 당시 양도금지

약정을 체결하지 않았다고 하더라도 마찬가지이므로 원고들의 위 주장은 이유 없다.

라. 손해액(이 사건 주식의 적정거래 가격과 실제거래액과의 차액)

그렇다면 피고들의 임무해태로 엘지화학에게 발생한 손해는 63,386,400,000원 [1주당 손해액 2,310원(7,810원-5,500원)×27,440,000주]임이 계산상 명백하다.

서울서부지법 2012. 8. 16 선고 2011고합25, 74(병합) 판결(검사 v. 김×연)[35]

2. 동일석유 주식 저가 매각 관련 업무상배임

나. 주식 매각가격이 적정하여 배임죄가 성립하지 않는다는 주장에 대한 판단

1) 비상장주식의 가치평가방법 개관

비상장주식의 경우 해당 주식에 대한 거래가격이 형성되어 있지 않은 경우가 많으므로 이러한 경우 결국 전체 기업가치(EV, Enterprise Value)에서 채권자의 몫인 타인자본의 가치를 차감한 후 발행주식 총수로 나누어 주식가치를 산출할 수밖에 없다. 전체 기업가치를 산정하는 방식에 대하여는 회계학 실무상 여러 가지 기준에 따른 다양한 평가방법이 활용되고 있으므로, 어떠한 가치평가방법을 따를 것인가가 우선적으로 확정되어야 한다.

기업가치평가 방법에는 크게 ① 소득접근법, ② 시장접근법, ③ 자산접근법으로 구별될 수 있는데, 소득접근법은 기업이 영업활동으로 창출하는 소득을 기준으로, 시장접근법은 시장에서 유사기업과의 비교를 통하여, 자산접근법은 기업이 갖는 자산을 기준으로 각 그 가치를 평가하는 방법이다. 현금흐름할인(DCF, Discouted Cash Flow) 방식은 소득접근법에, 유사업종비교방식(PER 배수법, PBR 배수법, EV/EVITDA 배수법)은 시장접근법에, 순자산가치방식은 자산접근법에 해당하는 가장 대표적인 방법들이다.

위와 같은 3개의 접근법은 기업가치평가에 있어 그 성질상 다음과 같은 장단점을 갖게 된다. ① 소득접근법은 계속기업의 전제에 부합하고 미래이익을 현재 가치화하는 이론적 우수성을 갖고 있으나 미래추정치에 대한 불확실성, 평가자의 주관 개입 가능성 등의 문제점이 있고, ② 시장접근법은 그 방법이 간명하면서도 거

35) 서울고법 2013. 4. 15 선고 2012노2794 판결 및 대법 2013. 9. 16 선고 2013도5214 판결 참조.

래당사자의 이해에 좌우되지 않지만 평가대상회사와 모든 면에서 유사한 비교기준회사를 찾기 어렵다는 문제점이 있으며, ③ 자산접근법은 개별자산에 대한 가치평가를 통해 객관적이고 중립적인 평가가 가능하지만 순자산을 기초로 한 것이어서 지주회사나 청산회사가 아닌 일반적인 계속기업의 경우에는 그 가치를 제대로 반영하지 못하는 문제점이 있다.

한편, 상속세 및 증여세법(이하 '상증세법'이라 한다) 시행령 제54조는 비상장주식의 평가 관련 순손익가치와 순자산가치를 3 : 2로 가중평균(다만, 부동산과다법인의 경우에는 순손익가치와 순자산가치의 비율을 2 : 3으로 가중평균)하여 1주당 가액을 구하고 있는데, 앞서 본 3가지 방법 중 소득접근법과 순자산가치법을 함께 사용하는 것이다. …

3) 동일석유 주식의 적정한 가치평가 방법

비상장 주식의 평가방법에 관한 전문가 증인 정영철의 증언 및 앞서 든 해당부분 각 증거들에 의하여 인정되는 다음과 같은 사실 및 사정들을 종합하여 앞서 본 법리에 비추어 보면, 비상장주식인 동일석유 주식의 가치평가 방법은 순손익가치와 순자산가치의 비율을 2 : 3으로 가중평균한 '상증세법 시행령에 따른 평가방법'이 가장 적정하다고 판단된다.ⓐ

따라서 감정인 한인구의 감정결과 중 수익가치방식(현금흐름할인법), 유사업종비교방식(비교가치평가)에 따른 분석 내용 및 이에 터잡은 위 피고인들의 주장은 받아들일 수 없다(현금흐름할인법은 영업용 자산의 가치를 배제하고 오로지 미래현금흐름의 추정에 따라 기업가치를 평가하는 것이므로, 영업용 부동산을 주요 자산으로 하는 동일석유의 적정한 기업가치를 반영한다고 보기 어렵고, 비교가치평가의 경우 비교대상회사로 오직 중앙에너비스만을 들고 있는데 이를 두고 시장에서의 일반적인 상대가치를 평가하였다고 보기 어렵다).

가) 거래의 목적－특수관계인 사이의 지배권 이전

다음 사정을 종합하여 보면 이 사건 동일석유 주식 매매의 목적은 피고인 김승연의 모친인 강태영으로부터 피고인 김승연의 누나인 김영혜 가족에게로 동일석유

ⓐ 상증세법 시행령 제54조 제 1 항은 비상장주식의 평가방법으로 1주당 순손익가치(1주당 최근 3년간의 순손익액의 가중평균액÷금융기관이 보증한 3년 만기 회사채의 유통수익률을 감안하여 국세청장이 정하여 고시하는 이자율)와 1주당 순자산가치를 각각 3 : 2의 비율로 가중평균하되, 부동산과다보유법인의 경우에는 1주당 순손익가치와 순자산가치의 비율을 2 : 3으로 한다고 규정하고 있다.

의 지배권을 이전하는 것이다. 이와 같이 특수관계인 사이의 주식 매매에 관하여는 상증세법 시행령에 정한 방법을 사용하는 것이 적정하다.

① 동일석유는 석유류 판매 등을 목적으로 1974. 4. 22.경 설립된 회사로, 2005. 1.경 당시 피고인 김승연의 어머니인 강태영이 차명주주 우완식, 강광식, 강길수, 오용규, 황공수 명의로 주식 지분 37.07%를 소유하고, 또 다른 강태영의 차명소유회사인 한양상사가 주식 지분 29.58%, 한화그룹 계열사인 한화기계가 주식 지분 18.11%, 피고인 김승연이 이사장으로 있는 학교법인 천안북일학원이 주식 지분 4.25%를 각각 소유하고 있는 사실상 강태영의 차명소유회사로, 당시 공정거래법에 따른 한화그룹의 계열회사였다.

② 한양상사, 한화기계, 북일학원, 한화국토개발의 동일석유 주식 매각 목적은 동일석유를 김영혜에게 넘겨주라는 강태영, 피고인 김승연, 피고인 홍동옥의 순차 지시에 따라 이루어진 것이었다. 강태영은 이를 위하여 2005. 8. 31. 김영혜 및 그 아들들이 경일중공업을 인수하는데 필요한 자금으로 자신의 ㈜한화 주식 148만 주를 매각하여 38억 5,000만 원을 마련한 다음, 김영혜에게 28억 원, 그 아들들에게 10억 5,000만 원을 증여하였다.

③ 피고인 홍동옥은 김영혜가 동일석유 주식을 직접 취득하도록 하지 않고, 그 사이에 경일중공업을 끼워 넣어 경일중공업이 동일석유의 주식을 취득하고, 김영혜로 하여금 경일중공업을 인수하도록 계획하였는데, 이는 동일석유가 당시 한화그룹 계열사였던 점에 비추어 김영혜가 직접 동일석유 주식을 취득할 경우 특수관계인 거래에 해당하여 상증세법의 적용을 받기 때문으로 보인다(이에 대해 피고인 홍동옥도 이 법정에서 세금문제를 고려하여 경일중공업을 이용하였음을 인정하고 있다). 그러나 경일중공업은 한익스프레스가 모회사로 100% 지분을 보유하고 있고, 한익스프레스의 대주주는 태경화성이었으며, 태경화성은 피고인 김승연이 차명으로 소유하고 있는 회사였던 점에 비추어 보면, 실질적으로는 여전히 상증세법이 정한 특수관계인 간의 거래에 해당하는 것이었다.

④ 한화기계는 2005. 3. 8.경 한화국토개발에 동일석유 주식을 삼일회계법인의 가치평가결과에 따라 주당 167,619원으로 매각한 사례가 있는데, 위 삼일회계법인의 가치평가방식도 상증세법 시행령에 따른 것이었다

나) 거래당시 동일석유의 상황—부동산 과다보유법인

회사의 재산이 대부분이 부동산, 기계장치 등의 고정자산으로 구성되어 있는

경우에는 수익가치 보다는 자산가치를 많이 고려하는 것이 적정한 주식가치 평가방법인데(대법원 2005. 10. 28. 선고 2003다69638 판결 참조), 다음에서 보는 바와 같이 동일석유는 자산 중에서 업무용 부동산 비중이 많은 회사로서 순자산가치와 순손익가치를 모두 반영하는 상증세법 시행령에 정한 평가방법이 객관적인 가치 평가에 근접한 것으로 보인다.

① 동일석유는 서울 강남 일대에 다수의 주유소와 그 부지를 보유한 회사로서, 2004. 12. 31. 기준 자산총계 106,533,959,054원, 순자산가액 51,146,614,716원이었고, 그 중 유형자산은 토지 60,070,007,889원, 건물 6,557,549,617원, 구축물 1,552,858,709원으로 장부가액 합계만도 68,180,416,225원에 이르고 있었고, 또한 동일석유는 위 기준일 전 3년간 순손익이 2002년경 1,133,042,325원, 2003년경 3,069,958,870원, 2004년경 3,934,163138원이었으며, 당기순이익도 2002년경 544,295,319원, 2003년경 1,845,451,880원, 2004년경 2,534,695,078원으로 꾸준히 늘어나고 있었다.

② 이처럼 동일석유는 자산의 크기에 비해 그 이익액은 크지 않았지만, 자산총계 중 부동산의 비중이 약 64%에 해당하는 부동산과다보유법인ⓑ으로 순자산이 약 511억 원에 이르렀고, 이에 따른 동일석유 주식의 2004. 12. 31. 기준 주당 순자산가치는 178,268원이었다.

③ 동일석유의 자산은 위와 같이 영업용 부동산이 가장 큰 비중을 차지하고 있는데, 이 사건에서 피고인들이 가치평가에 이용한 현금흐름할인법은 영업용 부동산의 가치를 배제하고 미래 수익에 의존하고 있기 때문에 객관적인 가치보다 현저히 떨어지는 주가 산정을 초래하는 경향이 있다.

4) 피고인들의 배임행위

앞서 든 각 증거들에 의하여 인정되는 다음과 같은 사실 및 사정들을 종합하여 보면, 피고인들은 이 사건 동일석유 주식의 매각에 있어서 적정한 거래가액을 도출하기 위한 합당한 정보를 가지고 회사의 최대이익을 위하여 거래가액을 결정하였다고 보기 어렵고, 거래가액에 상당성이 있지도 않으므로, 회사 또는 학교법인이 소유하던 비상장주식을 적정가액보다 훨씬 낮은 가액에 매도함으로써 임무를 위배하였다고 판단된다.

ⓑ 소득세법 시행령 제158조 제 1 항 제 1 호 가목.

가) 인수(매수)가격보다 훨씬 저렴한 매도가격

한화기계는 2004. 7. 1. 동일석유 주식을 장부가 1주당 126,559원으로 정하여 인수하였는데 2005. 9. 2. 공소사실 기재와 같이 1주당 64,600원에 매각하였다.

한화국토개발은 2005. 3. 8. 동일석유 주식을 1주당 167,619원으로 정하여 매수하였는데, 2006. 6. 19.경 공소사실 기재와 같이 1주당 64,600원에 매각하였다.

나) 금융기관의 평가가격 보다 저렴한 매도가격

경일중공업은 2005. 9.경 한화기계 등으로부터 동일석유 주식을 매수하면서 금융기관에 위 동일석유 주식을 담보로 매수대금을 차입하여 마련하였는데, 매수대금 중 45억 원을 대출해 주었던 남양저축은행은 동일석유의 순자산을 고려하여 동일석유 주식을 주당 약 13만 원으로, 90억 원을 대출해 주었던 산은캐피탈도 같은 이유로 동일석유 주식을 주당 약 12만 원으로 각 평가하여 담보가치를 산정한 바 있다.

다) 이 사건 동일석유 주식 매각 전에 실시한 주식가치평가의 문제점

피고인 김우석은 이 사건 동일석유 주식의 매각에 앞서서 회계법인에 주식가치평가를 의뢰하면서 그 목적이 주식매매에 있었다는 점을 숨기고 내부 참고용이라고 하였고, 동일석유 주식의 가치가 낮아질 수밖에 없는 현금흐름할인법을 특정하여 용역을 수행하도록 하였다.

동일석유의 주식가치평가용역을 맡았던 하나안진회계법인의 길기완 회계사는 검찰조사 당시 "경영기획실 재무팀 김우석 차장으로부터 평가의뢰를 받았다. 당시 내부 참고용으로 동일석유의 주식가치를 파악하고 싶다고만 하였고 목적을 설명해 주지는 않았다. 김우석이 비상장주식의 평가방법을 물어보아 각각의 평가방법에 대해 설명을 해 주었더니, 설명해준 평가방법 중 일부를 지정해서 그 평가방법대로 평가해달라고 요청했던 것으로 기억한다"고 진술한 바 있다[길기완에 대한 검찰진술조서(증거기록 제11책 4권 2008면 이하)].

전광석의 법정증언에 따르면 한익스프레스 재무팀장 한영교가 평가의뢰 목적이 단순한 내부참고용이라고만 하였고, 현금흐름할인법으로 가치평가방법을 특정하여 용역업무를 수행하였다고 하고 있고, 주식가치평가보고서에도 "제3자가 수행한 가치평가결과에 대해 참고목적으로 사용되는 것이며, 최종적인 매매가격을 결정하는데 사용되는 것이 아니므로, 이 보고서는 내부용도로만 사용되어야 하며 당 법인의 사전동의 없이는 귀사 이외의 제 3 자에게 배포 또는 인용될 수 없습니다"라고 기재되어 있다[대명회계법인 주식가치평가보고서(증거기록 제11책 2권 581면)].

5) 결 론

상증세법 시행령 제54조 제 1 항에 따라 1주당 순손익가치와 순자산가치의 비율을 2 : 3으로 가중평균하면(부동산과다보유법인 해당), 2005. 9.경 동일석유 주식의 최종 평가액은 1주당 167,619원이다.ⓒ

따라서 피고인들이 피해자 한양상사, 한화기계, 북일학원, 한화국토개발로 하여금 보유 중인 동일석유 주식을 1주당 64,600원에 매각함으로써 위 각 피해자들에 대하여 그 차액 상당의 손해를 입게 하였다. 다만, 한양상사, 한화기계, 북일학원 부분(범죄사실 II. 2의 '가'항)에 있어서는, 검사가 동일석유 보유 부동산을 공시지가로 다시 계산하여 위 상증세법에 따른 평가액 보다 낮은 주당 132,139원으로 피해액을 줄여 특정하고 있으므로, 손해액의 산정도 이에 따른다.

그렇다면 이 사건 동일석유 주식의 매각가격이 적정하여 배임죄가 성립하지 않는다는 위 피고인들 및 변호인의 주장은 받아들일 수 없다.

노트와 질문

1) 삼성종합화학판결은 순자산가치평가방법만을 채택한 이유로 1) 기업회계기준에 있어서 관계회사의 비상장주식은 취득원가를 기준으로 하고, 다만 순자산가액이 장부가액보다 하락한 경우에는 순자산가액을 기준으로 할 수 있도록 하고 있는 점, 2) 기업의 가치평가방법인 자산가치평가방법, 수익가치평가방법, 상대가치평가방법 중 기업이 보유하고 있는 순자산의 가치를 평가하는 방법인 자산가치평가방법이 가장 일반적으로 사용되고 있는 점, 3) 매도당시 상속세법이 사업개시전의 법인 및 사업개시 후 3년 미만의 법인, 휴업, 폐업, 청산중인 법인의 주식은 순자산가치를 기준으로 규정하고 있는데, 사업 중인 법인의 주식의 실질가치는 이들 법인의 실질가치보다는 적지 않을 것이니 순자산가치가 적어도 최소한의 기준은 된다는 점, 4) 삼성종합화학이 실질적으로 가동하기 시작한 시점으로부터 3년 남짓한 시점에서의 매각이며 기업특성상 초기에 상당한 정도의 투자비용등의 지출이 필요하다는 사정을 고려하면 순손익액을 고려하는 것은 평가의 목적에 비

ⓒ 위 평가금액의 평가기준 시점은 2004. 12. 31.이나, 그 이후에도 동일석유는 계속하여 영업이익이 발생하였고, 손실은 없이 성장하였던 점, 2005.경 동일석유가 보유한 서울 강남 일대 부동산의 시가도 일응 상승하였을 것으로 보이는 점에 비추어 보면, 2005. 9.경 무렵에도 최소 주당 167,619원임을 인정할 수 있다.

추어 객관적이고 합리적인 평가방법으로 볼 수 없는 점을 들고 있다. 그러나, 이들 이유가 설득력이 있는지는 의문이다. 우선, 기업회계기준은 기업의 재산상태를 적정하게 표시하여 투자자를 보호하기 위한 것으로 기업인수시 주식 내지 기업의 평가와는 전혀 다른 목적을 가지는 것이다. 자산가치평가방법은 회사가 청산절차나 도산절차에 있을 때 가장 일반적으로 사용되는 방법이지만 기업의 계속가치산정시 일반적으로 사용되는 방법이 아니다.

2) 엘지판결역시 기업가치의 산정목표를 최소한의 적정거래가액산정에 두고 있는바, 이사로서의 충실의무를 위반하여 회사에 손해를 발생시킨 경우 왜 최소한의 금액산정이 목표로 되어야 할까? 경영권프리미엄은 어떤 경우에는 고려되고 어떤 경우에는 고려되지 아니할 수 있는가? 삼성전자의 삼성종합화학의 주식처분이 선관주의의무를 위반한 것인지 여부를 판단함에 있어서 법원은 지배주식의 처분이라는 특수성을 고려하고 있는 반면 주식의 가격을 산정함에 있어서는 고려하지 아니하였다(수원지법 2001. 12. 27. 선고 98가합22553 판결).

"뿐만 아니라 위 처분 당시 삼성전자는 삼성종합화학의 총발행주식의 47.29%에 해당하는 21,755,567주를 소유하고 있어 지배주주의 지위에 있었던 결과 위 소유주식의 대부분에 해당하는 2,000만주를 처분함으로써 지배주주로서의 지위를 잃게 되는 사정에 있었다. 그럼에도 불구하고 지배주주의 상실에 따른 득실은 물론 이를 고려한 적절한 처분가액이 얼마인지에 대한 검토가 위 처분결의에 참석한 이사들에 의하여 이루어졌음을 인정할 아무런 증거도 없다.

이와 같이 주식의 매각이 지배주주로서의 지위상실을 가져오는 의미를 갖는 한편, 종전 취득가액의 1/4의 가액이라는 이례적인 가액에 이루어짐에도 그 결의에 이르기까지 토의 등에 소요된 시간이 1시간 이하라는 점도 납득하기 어렵다. 그와 같은 문제에 대한 합리적이고도 충분한 검토를 담은 자료가 이사들에게 사전에 배포되지도 아니하였으므로 더욱 그렇다."

3) 수익가치방식인 현금흐름할인방식이나 유사업종비교방식이 사용될 경우 평가자의 자의 내지 이견을 어떻게 통제할 수 있을까? 현금흐름할인방식이나 유사업종비교방식을 사용할 경우 평가자의 자의가능성이라는 단점과 자산

가치방식을 채택할 경우 기업 내지 주주에게 충분한 보상이 되지 못한다는 단점을 비교형량한다면 어느 상황이 더 우려할 만한 것인가?

4) 상당한 자본의 투자가 필요한 산업은 언제나 자산가치가 보다 적정한 방식인가? 정보기술산업은 언제나 수익가치산정이 보다 적정한 방식인가? 특정 산업의 성격도 중요하지만 평가대상인 특정기업이 추가투자가 필요한 시점에 서있는지, 아니면 충분한 시설투자가 끝난 시점인지도 중요한 고려요소가 되지 않을까?

2. 특가법상 이사의 배임액산정

서울지법 2003. 6. 13. 선고 2003고합237 판결(검사 v. 최×현)

… **나. 워커힐 주식 교환가격결정의 적정성**

피고인들은 앞서 본 주장에 보태어, 우리 나라 기업 관행상 특수관계인 사이의 비상장주식의 거래에 있어서는 상증법에 따라 거래가격을 결정하여 왔고 그러한 관행은 일반적이고 객관적인 법인식으로까지 자리잡고 있었으므로 피고인들이 워커힐 주식을 상증법 규정에 따라 평가하고 그에 따라 교환한 것은 적정하였다고 주장한다.

살피건대, 종래 비상장주식의 소유자나 관련 납세의무자들이 상속이나 증여, 기업 M&A 등에 임하여 비상장주식의 시가나 적정 거래가격을 평가·결정함에 있어 상증법, 법인세법, 소득세법 등에 따라 상증법의 규정을 원용하여 온 사례가 많기는 할 것이다. 그러나 앞서 본 바와 같이 상증법의 규정 자체는 주로 친족간에 이루어지는 상속과 증여의 경우를 전제로 하여, 자산의 상속·증여에 대하여 과세를 함에 있어 납세의무자 입장에서는 가능한 한 과세대상 자산의 가치를 낮게 평가하고 싶을 것이므로 과세의 형평성, 편의 등을 고려하여 과세관청으로서 그 가격 정도라면 용인할 수 있겠다 싶은 과세표준의 범위를 규정하고 있는데 불과할 뿐만 아니라, 그런 관점에서 상증법상의 자산평가방법에 있어서도 과세관청이 자산의 감정가격(감정가격 자체도 앞서 본 바와 같이 어느 정도의 폭이 있는 것이 현실이다)을 시가로 인정해주고 더구나 부동산에 대해 보충적으로 개별공시지가나 국세청장 고시가격에 따라 평가한 가액까지도 인정해 주고 있으므로 비상장주식의 소유자나 관련납세의무자들은 상속이나 증여의 경우에는 그 중 가장 낮은 가격을 신고하고, 기업 M&A의 경우에는 거래의 목적이나 상황 등에 따라 낮거나 높은 가격으로 거래를 하는 경우가 많았던 것이 사실이다. …

물론 상증법에 따라 비상장주식의 거래가격을 결정하는 것이 결과적으로 적법할 수도 있고 비슷한 사례가 있기는 하나(수원지법 2001. 12. 27. 선고 98가합22553 판결 등 참조) 이 사건과는 사안의 내용이 다르고(수원지법 판결에서는 순자산가치를 적정거래가격으로 용인할 수 있는 최소한으로 판단한 것으로 보인다), 삼성SDS 신주인수권부사채사건에서 '비상장주식의 평가방법은 법률적으로 상증법이 유일하다'는 서울지방검찰청 검사의 2000. 2. 9.자 혐의없음 결정은 이 사건에서 바로 원용하기 어렵다.

4. 손해액의 산정

검사는 두 주식의 가치는 동일한 기준에 의하여 산정하여야 한다는 전제에서, 2001년 재무제표를 기준으로 워커힐의 순자산가치를 [주당] 31,682원으로, SK의 순자산가치를 [주당] 43,801원으로 각 산정하고, 이 사건 주식교환의 대상이 된 워커힐 주식의 총가액 103,166,033,236원(31,682원×3,256,298주)에 상응하는 SK 주식의 수량을 2,355,335주(103,166,033,236원/43,801원)로 계산한 다음, 피고인들이 이 사건 주식교환을 통하여 피고인 최×원에게, 주식교환의 대상이 된 SK 주식 중 4,108,576주(6,463,911주－2,355,335주)의 가액 72,105,508,800원[4,108,576주×17,550원(전일 종가, 실제로는 당일인 2002. 3. 25.의 종가로 보인다), 공소장에는 약 721억 원으로 되어 있다] 상당의 재산상 이익을 취하게 하고, SK씨앤씨에게 그 금액 상당의 손해를 가하였다는 취지로 주장하면서 이를 특정경제범죄가중처벌등에관한법률 제 3 조 제 1 항 제 1 호로 의율하고 있다.

살피건대, 사인간의 교환계약의 적법성 내지 형법상 용인될 수 있는 범위를 따짐에 있어 앞서 판시한 바와 같이 교환의 대상이 된 물건의 적정한 실제가격 내지 정당하고 공정한 거래가격(fair price)을 각 물건 별로 개별적으로 따지면 그로써 족하고 각 교환가격을 반드시 동일한 평가기준 하에서 평가·계산할 필요는 없다 할 것이다. 물론 이 사건 교환계약의 대상이 주식이라는 점에서는 동일하고, 검사는 그 점 등에 착안하여 동일한 잣대, 즉 순자산가치를 기준으로 적정한 교환가격을 산정하여야 한다고 주장하는 듯하나, 그 주식이 상장되었는지 여부, 그 주식이 이른바 자산주인지, 가치주인지, 그 회사의 사업내용이 무엇인지, 향후 사업전망, 동종업종의 주가, 전통적인 제조업 주식인지, IT 관련 주식인지, 자산과 이익, 배당이 어느 정도 되는지 등 제반 평가요소에 따라 주가산정에 접근하는 방법도 다양하고,

평가 방법 역시 다양하므로 실제 주식을 매매하거나 교환함에 있어 무조건 동일한 잣대로 매매가격 또는 교환가격이 결정되어야 한다는 주장은 비현실적이다. 이 사건에서도 워커힐 주식과 SK 주식은 그 사업내용이나 향후 전망 등 앞서 본 여러 평가요소가 매우 다르므로 검사의 주장과 같이 양 주식을 순자산가치라는 동일한 잣대로 평가하고 그 각 적정거래가격을 도출해낼 수는 없다고 보이므로(변호인들은, 만약 피고인 최×원이 SK 주식을 보유하다가 SK씨앤씨에 양도할 때 시가가 아니라 순자산가치로 평가하여 높은 가격을 받았다면 부당한 행위라고 비난받았을 것이라고 주장하는데 그 주장은 납득할 만하다) 동일한 순자산가치로 적정교환가격을 판단하여야 함을 전제로 피고인들이 약 721억 원의 손해를 가하였다는 검사의 주장은 쉽게 받아들일 수 없다. 나아가 그 손해액에 관하여 보건대, 위와 같은 판단의 전제 하에서 볼 때 이 사건 주식교환에 의한 업무상배임죄는 재산상 손해를 인정할 수 있기는 하나 앞서 판단한 바와 같이 그 가액을 구체적으로 산정할 수 없는 경우에 해당하므로 재산상 이득액을 기준으로 가중 처벌하는 특정경제범죄가중처벌등에관한법률위반(배임)죄로 의율할 수는 없고 형법상의 업무상배임죄로 의율하여야 할 것이다. …

서울고법 2007. 5. 29. 선고 2005노2371 판결(검사 v. 허×학)[36]

③ 평가방법에 따른 주식가격

비상장주식의 평가방법으로는 강학상 자산가치법, 수익가치법, 비교가치법 등이 일반적으로 채용된다. ① 자산가치법은 순자산(총자산-총부채)의 가치를 평가하는 방법으로써 기업의 미래가치를 반영하지 못하며, 당해 기업에 대한 시장의 실제 선호도를 반영하지 못하는 점에서 단점이 있으나, 대부분의 자산이 유형자산으로 구성된 회사의 가치 평가에 유용하며 객관적인 평가가 가능하다는 장점을 가지고 있다. ② 수익가치법은 미래의 순수익가치를 평가하는 방법으로서, 장래 기대되는 배당금액에 기해 주가를 산정하는 배당환원방식과, 대상기업의 영업활동의 결과로 장래에 얻을 수 있는 현금흐름의 가치를 기업의 기대수익률로 할인하는 현금흐름방식이 있다. 배당환원방식은 장래 기대되는 배당금액에 따라 주가를 산정하는 것으로 상당한 장기간에 걸쳐 배당의 예측을 요하며, 매매당사자가 배당만을 기대하는 일반투자가인 경우 가장 합리적인 산정방식이라고 할 수 있으나, 기업의 배당성향

36) 서울고법 2009. 8. 27. 선고 2009노1421 판결로 확정.

이 투자수익과 관계가 없는 경우에는 적용에 한계가 있다. 현금흐름방식은 기업의 영업활동으로부터 발생하는 현금흐름인 잉여 현금흐름을 기업이 필요한 자금을 동원하는 데 소요되는 기회비용인 가중평균 자본비용으로 할인하여 기업의 총 가치를 구하는 방식으로서, 미래의 수익가치를 기준으로 평가한다는 점에서 급속히 발전할 것으로 전망되는 정보기술산업 등의 주식 가치평가에 적합하나(대법 2005. 6. 9. 선고 2004두7153 판결 참조), 미래의 '현금흐름'과 이를 현재가치화하기 위한 '할인율'의 두 가지 기본요소를 산정함에 있어서 평가자의 주관성이 개입될 가능성이 많다는 단점이 있다. ③ 비교가치법은 평가대상 회사와 유사한 비교기준 회사로서 동일 업종 유사 상장기업이나 인수합병 사례기업을 선택하여 그 재무수치 등과 평가대상 회사의 동일한 재무수치에 적용함으로써 평가대상 회사의 가치를 측정하는 방식인데, 이 방식은 평가대상 회사와 유사한 비교대상 회사를 선정하기 어렵다는 난점이 있다.

한편, 법령상 요구되고 있는 비상장주식의 평가방법을 보면, 기업회계기준상의 비상장주식의 평가에서는 자산가치법을 따르고 있고, 상속세 및 증여세법은 상속·증여세 부과시에는 원칙적으로 거래시가를 적용하되, 보충적으로 자산가치와 수익가치의 합계액을 단순평균한 가액을 과세표준으로 삼고 있다.

살피건대, 이×용 등은 배당만을 기대하는 일반투자가라기보다는 지배주주이기 때문에 배당환원방식을 적용하기에 적절하지 않는 점, 현금흐름할인방식은 미래가치를 반영할 수는 있으나 평가자의 자의가 개입할 여지가 크다는 점, 유사업종 비교방식은 어떤 기업을 비교대상 기업으로 선정하느냐에 따라 가치가 크게 달라짐에도 평가대상 기업과 유사한 비교대상 기업을 선정하기가 쉽지 아니하고 경우에 따라서는 적합한 비교대상 기업이 없을 수도 있는 점, 기업의 가치평가방법 중 순자산가치방식이 평가자 자의의 개입이 가장 적고, 순자산가치는 이론상 당해 기업가치의 최소한이라는 점 등에서 일반적으로 많이 사용되고 있는 방식으로, 에버랜드도 1996. 10. 16. 한우리조경 주식회사를 흡수 합병하면서 한우리조경 주식회사의 순자산가액 상당액을 합병 후 30일 이내에 합병교부금으로 지급하기로 하여, 순자산가치방식에 의한 기업가치의 평가를 한 바가 있는 점(수사기록 5,182쪽), 에버랜드는 1996. 12. 31. 기준 대차대조표상으로 자산총계 838,764,606,166원 중에서 고정자산이 638,944,532,571원(수사기록 4,919, 4,920쪽)을 차지하여 대부분의 자산이 토지, 구축물, 건물 등의 유형자산으로 구성되어 있는 회사인 점, 에버랜드는 개장 20주년을 맞이하여 세계적인 테마파크 육성을 위한 대규모 투자에 따라 1995년경부터 1997년경까지 상당한 정도의 시설투자에 따른 감가상각비와 금융비용 등을 지출하여 위 기간 동안 한시적으로 적자를 기록하여 왔으나, 매출액과 매출총이익은 꾸준히 증가하여 왔고, 위와 같은 대규모 투자를 통하여 세계적인 테마파크가 조성되면 수익성이 비약적으로 호전될 것으로 전망되었는데(수사기록 1,584쪽), 실제로 1998년 이후 당기 순이익이 점차로 증가하여 2000년경에는 약430억원에 달한 점(수사기록 4,936-5,080쪽) 등을 고려하면, 이 사건 에버랜드 전환사채의 경우 위 평가방법들 중 순자산가치방식이 일응의 기준이 될 수 있다.

그런데 피고인들은 안진회계법인에 의뢰하여 미래현금흐름할인법(Discounted Cash Flow)으로 에버랜드의 적정 주가를 평가한 결과 추정치 기준으로 5,446원, 실적치 기준으로 10,412원으로 산정되었으므로, 이 사건 전환가격인 1주당 7,700원은 적정한 수준에서 결정된 것이라고 주장한다. 그러나 앞서 본 바와 같이 위 평가방법은 주로 미래의 수익이 중요한 비중을 차지하는 정보기술산업을 영위하는 기업의 가치분석방법으로 적합하고, 주가 산정의 핵심적 요소인 현금흐름예측이나 할인율의 결정이 어려울 뿐만 아니라, 그 평가과정에서 평가자의 자의가 개입될 여지가 있다는 단점이 있으며, 원심이 적절하게 설시한 바와 같이 실제로 이 사건에 있어서 ① 에버랜드와 사업목적, 재무구조, 자산구성, 수익구조 등이 완전히 다른 주식회사 호텔신라를 유사기업으로 상정한 점, ② 시장수익률의 변화에 대하여 개별증권의 수익률이 얼마나 민감하게 반응하는지를 보여주는 베타(β)값을 임의로 적용하고, 1996. 12. 현재 에버랜드 차입금 평균이자율은 에버랜드가 세무서에 신고한 법인세 세무조정계산서 등을 기초로 산정하면 11.85%로 계산이 됨에도 12.88%를 타인자본 비용으로 보고 할인율을 산정한 점에 비추어도 이러한 단점이 드러나므로, 안진회계법인의 미래현금흐름할인법에 의한 평가액은 그대로 받아들이기 어렵다.

또, 앞에서 든 증거들에 의하면, 이 사건 전환사채 발행 당시 상속세법상 보충적 평가방법에 의하여 평가한 에버랜드의 주가는 1주당 127,755원인 사실을 인정할 수 있으나, 상속세법의 규정은 주로 친족 간에 이루어지는 상속과 증여의 경우를 전제로 하여 자산의 상속·증여에 대하여 과세를 함에 있어서 과세의 형평성과 편의 등을 고려하여 과세관청으로서 용인할 수 있는 범위의 과세표준을 정하고자 하는 목적의 보충적인 평가방법에 불과하고, 앞서 본 바와 같이 당시 에버랜드가 대규모 시설투자로 인하여 1995년부터 1997년까지 한시적인 적자 상황에 있었던 특수한 사정에 비추어 볼 때 과거 손익을 평가요소로 한 상속세 및 증여세법에 의한 평가방법은 에버랜드의 주식 가치 산정에 적절한 방식이 아니라는 점 등을 고려하면, 상속세 및 증여세법상 비상장주식의 평가방법에 의하여 산정한 평가액이 곧바로 주식의 시가에 해당한다고 볼 수는 없다. 그리고 원심법원의 한국외국어대학교 경영학부장에 대한 사실조회회보의 기재에 의하면, 한국외국어대학교 경영학부는 초과이익 모형(변형된 EVA모형)을 이용하여 평가한 결과 이 사건 전환사채 발행 전의 적정주가는 65,000원, 전환사채 발행 후의 적정주가는 30,000원으로 평가된다고 회신하여 왔으나, 위 회신은 평가의 구체적인 근거를 전혀 밝히고 있지 아니할 뿐만 아니라, 추가 회신 내용에 의하면 기업가치 평가에 요구되는 자료와 예측 정보들이 결여되어 있어 정확한 평가가 어렵다고 스스로 밝히고 있어 이를 그대로 채용할 수 없다.

그렇다면 에버랜드의 경우에는 앞서 본 대로 원칙적으로 순자산가치 방식을 채용함이 적절하다고 판단된다. 다만, 순자산가치방식은 경제적 거래의 주체로서 활동하는 기업의 동태적 측면에서의 평가가 빠져 있고, 기업의 미래가치를 전혀 반영하지 아니하고 있으며, 계속 기업의 주식의 평가방법으로써는 완전한 것이라고 말할 수는 없다. 그럴 뿐만 아니라 1주당 순자산액이 많다고 하더라도 그 당시의 회사의 경영상태(이익 및 배당의 상황 등)가 나쁘면 실제 그 가격으로 신주를 인수할 것을 기대하기 어렵다. 그러므로 이러한 사정 등을 고려하여 순자산가치방식에 의하여 산정된 가액을 적절히 감액 수정할 필요가 있다.*

서울서부지법 2012. 8. 16. 선고 2011고합25, 74(병합) 판결(검사 v. 김×연)

4. 위 피고인들의 행위로 ㈜한화에 손해가 발생하였는지 여부에 관한 판단

가. 관련 법리 검토

1) 주식 거래와 관련한 배임행위로 인한 손해 발생의 입증 정도

배임죄의 성립을 인정하려면 손해의 발생이 합리적인 의심이 없는 정도의 증명에 이르러야 하는바, 배임행위로 인한 재산상 손해의 발생 여부가 충분히 입증되지 않았음에도 가볍게 액수 미상의 손해는 발생하였다고 인정함으로써 배임죄의 성립을 인정하는 것은 허용될 수 없다. 따라서 주식 거래와 관련한 배임행위로 인한 손

* Berle과 Dodd의 논쟁을 소개하면서 회사의 이익과 주주의 이익, 채권자의 이익간 관계에 대한 보다 명확한 시각의 제시가 필요하다는 비판은 최문희, 주식회사 법인격의 별개성 재론—에버랜드 판결에 대한 비판적 고찰을 통하여—, 20 : 4 한양법학 13-46 (2009).

해의 발생 여부를 판단하기 위하여 주식 가치의 평가가 요구되는 경우에는, 그 평가 방법이나 기준에 따라 주식의 가치가 구구하게 산정된다고 하더라도 이를 쉽게 포기하지 말고 상대적으로 가장 타당한 평가방법이나 기준을 심리하여 손해의 발생 여부를 구체적으로 판단하는 것이 필요하다(대법원 2009. 10. 29. 선고 2008도11036 판결 참조).

위 법리에 따라 대법원은 비상장주식의 구체적 액수를 산정할 수 없다고 하면서도 업무상배임의 유죄를 인정한 하급심판결에 대하여 이유모순, 논리비약, 심리미진으로 위법하다고 판시하였다(대법원 2005. 4. 29. 선고 2005도856 판결 참조). 다만 ① 비상장주식을 현금화함으로써 유동성을 증가시킨 경우(위 2005도856 판결), ② 경영권 프리미엄의 경우(위 2008도11036 판결)에는 예외적으로 그 가액을 알 수 없어 배임죄의 손해액을 구체적으로 산정할 수 없더라도 배임죄의 성립을 인정할 수 있다고 판시하고 있다.

이 사건 한화S&C 주식 매각 관련 공소사실은 위와 같은 예외적 사유(비상장주식의 유동성 상실 여부 또는 경영권 프리미엄의 산입 여부)에 해당하지 아니하므로, 위 피고인들에게 배임죄가 인정되기 위하여는 한화S&C 주식의 주당 적정가액이 매매가액(5,100원)을 초과하여 ㈜한화에 손해가 발생한다는 사실이 합리적 의심의 여지가 없는 정도로 증명되어야 한다. 즉, 2005. 6. 17. 매각 당시 한화S&C의 주당 적정가액(검사가 주장하는 229,903원 또는 적어도 주당 5,100원을 초과하는 특정 가액)이 엄격하게 증명되어야 한다.

2) 비상장주식의 가치평가방법

비상장주식을 거래한 경우에 있어서 그 시가는 그에 관한 객관적 교환가치가 적정하게 반영된 정상적인 거래의 실례가 있는 경우에는 그 거래가격을 시가로 보아 주식의 가액을 평가하여야 할 것이나, 만약 그러한 거래사례가 없는 경우에는 보편적으로 인정되는 여러 가지 평가방법들을 고려하되 그러한 평가방법을 규정한 관련 법규들은 각 그 제정 목적에 따라 서로 상이한 기준을 적용하고 있음을 감안할 때 어느 한 가지 평가방법(예컨대, 상증세법 시행령에 따른 평가방법)이 항상 적용되어야 한다고 단정할 수는 없고, 당해 거래의 목적, 거래 당시 당해 비상장법인 및 거래당사자의 상황, 당해 업종의 특성 등을 종합적으로 고려하여 합리적으로 판단하여야 한다(대법원 2005. 4. 29. 선고 2005도856 판결, 대법원 2005. 10. 28. 선고 2003다69638 판결 등 참조).

급속히 발전할 것으로 전망되는 정보통신 관련 사업을 영위하면서 장래에도 계속 성장할 것으로 예상되는 기업의 주식가격은 기준시점 당시 당해 기업의 순자산가치 또는 과거의 순손익가치를 기준으로 하여 산정하는 방법보다는 당해 기업의 미래의 추정이익을 기준으로 하여 산정하는 방법이 그 주식의 객관적인 가치를 반영할 수 있는 보다 적절한 방법이라고 할 것이고, 또한 당해 기업의 미래의 추정이익을 기준으로 주식가격을 산정하고자 할 경우 미래의 추정이익은 그 기준시점 당시 당해 기업이 영위하는 산업의 현황 및 전망, 거시경제전망, 당해 기업의 내부 경영상황, 사업계획 또는 경영계획 등을 종합적으로 고려하여 산정하여야 한다(대법원 2005. 6. 9. 선고 2004두7153 판결 참조).

나. 한화S&C 주식의 가치평가방법 개관

1) 한화S&C 주식에 적합한 가치평가방법

앞서 든 증거들에 의하여 인정되는 다음과 같은 사정들을 위 법리에 비추어 보면, 한화S&C 주식에 대한 가치평가방법은 소득접근법인 현금흐름할인법(DCF)이 가장 적합한 평가방법으로 보인다(이 사건에서도 검사와 피고인들 모두 한화S&C 주식을 현금흐름할인법으로 평가하는 것 자체에는 이견이 없고, 그 구체적 평가방식, 미래예측과 할인율에서 차이를 보이고 있을 뿐이다). 다만, 증인 정영철, 한인구의 이 법정에서의 진술 등을 종합하여 보면, 현금흐름할인법은 미래 이익을 추정하는 것이어서 불확실하고 평가자의 주관이 개입할 가능성이 있으므로, 현금흐름할인법에 따른 가액의 적정성을 가늠하는 보충적인 기준으로 비교가치평가법을 함께 고려하는 것이 바람직하다.

① 한화S&C는 2001년경 설립된 비상장법인으로 ㈜한화가 약 67%, 피고인 김승연이 약 33%의 비율로 주식을 보유하고 있었고, 이 사건 주식매매 이전에는 한화S&C 주식이 정상적으로 거래된 실례가 없으므로, 한화S&C 주식에 대한 교환가치가 반영된 거래가격은 존재하지 않는다.

② 앞에서 본 바와 같이 ㈜한화와 김동관 사이에 이루어진 한화S&C 주식의 거래 목적은 한화그룹의 경영권 승계를 위한 것으로 볼 수 있으므로, 과세관청의 입장에서 과세의 형평성, 편의 등을 고려한 상증세법 시행령에 따른 평가방법은 부적절하고, 객관적인 교환가치를 가장 잘 반영할 수 있는 평가방법이 적합하다.

③ 한화S&C는 기업의 정보시스템에 관한 네트워크 구축 서비스 등을 내용으로 하는 시스템통합사업(System Integration) 회사로서, 위와 같은 업종은 특성상

유형자산의 비중이 극히 적고, 시장 상황에 민감하게 반응하는 한편, 기술의 발전에 따라 급속히 성장하는 성격을 갖고 있다. 따라서 현재의 청산가치를 전제로 한 순자산가치법이나 순자산가치를 가중평균 요소로 삼고 있는 상증세법 시행령에 따른 평가방법은 한화S&C의 가치를 적정하게 반영하지 못하고 평가 결과가 낮아지는 경향이 있어 적절한 평가방법으로 보기 어렵다. 이러한 정보통신 관련 사업은 미래 추정이익을 기준으로 산정하는 방법이 적절하다(위 대법원 2004두7153 판결 참조).

2) **현금흐름할인법(DCF)에 따른 주식가치의 평가방법**

① 현금흐름할인법의 개요

현금흐름할인법에 따른 주식가치평가는, 기업의 영업활동으로부터 발생하는 현금흐름인 잉여현금흐름(FCF, Free cash flow)을 기업이 필요한 자금을 동원하는데 소요되는 기회비용인 가중평균자본비용(WACC, Weighted average cost of capital)으로 할인하여 기업의 수익가치를 구하고, 여기에 기업이 보유한 비업무용 자산가치를 더하고 타인자본인 부채를 차감한 다음 이를 총 주식수로 나누는 방법으로 계산한다.

$$1\text{주당 가치} = \frac{[\text{기업의 수익가치(FCF를 WACC로 할인하여 계산)} + \text{비업무용 자산가치} - \text{부채의 가치}]}{\text{총 주식수}}$$

② 잉여현금흐름(FCF)의 추정

기업의 현재가치를 구하는데 전제가 되는 잉여현금흐름(FCF)은 기본적으로 회계상의 영업이익에서 비영업관련 현금흐름을 조정하여 구하게 된다. 구체적으로는 과거 일정기간 동안 해당 기업의 실적, 향후 사업계획서 등 기업이 보유한 개별적인 자료들과 동종 산업에 관한 일반적인 산업지표 등 통계자료, 시장 동향자료 등을 종합적으로 활용하여, 장래의 매출액, 매출원가율, 인건비, 판매비 및 관리비, 임금상승률 등 영업현금흐름에 영향을 미치는 제반 사항들을 추정하게 된다. 이러한 미래 현금흐름의 추정에는 그 성질상 평가자의 주관적 경험·판단 등이 개입될 수밖에 없으나, 추정에 이르게 된 근거와 과정에 대하여는 합리적 가정이 전제되어야 한다.

③ 가중평균자본비용(WACC)

가중평균자본비용은 목표자본구조를 기준으로 기업의 자기자본비용과 타인자본비용을 가중평균하여 산출하는 할인율이다. 목표자본구조는 현재의 부채비율이 아닌 해당 기업이 장기적으로 달성하고자 하는 목표 부채비율이 얼마인지를 의미하며, 해당

기업이 구체적인 목표 부채비율을 제시하지 않거나 이를 산정하기 어려울 경우에는 산업평균 부채비율이 사용되는 경우도 많다. 자기자본비용은 기업이 갖는 자본에 대한 투자자의 최소 요구 수익률로서, 무위험자산수익률(Risk free rate of return),[a] 시장위험프리미엄(Market Risk Premium),[b] 주식베타(Beta coefficient)[c]를 요소로 산정한다. 타인자본비용은 이자비용과 법인세율에 따라 산정한다.

다. 2005. 6. 17. 매각 당시 한화S&C의 주당 적정가액에 대한 검토

1) 삼일회계법인 2005. 6. 13.자 평가결과에 대한 검토

㈜한화가 2005. 6. 17. 김동관에게 한화S&C 주식을 매각하는 이사회 결의를 할 때 참조한 삼일회계법인의 주식가치 평가결과는 2005. 6. 13.경 통보한 주당 4,614원이고, ㈜한화는 위 평가결과에 경영권 프리미엄 10%를 가산한 5,100원에 매각하기로 결의하고 같은 날 바로 매각절차를 완료하였다. 따라서 검사가 증거로 제출한 삼일회계법인의 여러 가치평가결과 중 2005. 6. 13.자 평가결과의 적정성에 관하여 검토한다.

삼일회계법인 2005. 6. 13.자 평가결과의 주요 내용은 아래 표와 같다.

산정기준일	주당가치	할인율 (WACC)	상품 : 용역 매출비율	매출성장률 (08-09)	인건비증가	개발비투자
2004. 12. 31.	4,614원	11%	60 : 40	3%	5%(05~07) 10%(08~09)	3억 2,100만원에서 3%씩 증가

위 평가결과의 문제점은 다음과 같다.

첫째, 위 평가결과는 산정기준일을 2004. 12. 31.로 함으로써 2005년 상반기의 한화S&C 실적이 반영되지 않은 것이다.

한화S&C의 2001.경부터 2005.경까지의 주요 재무지표는 다음과 같다.[d]

ⓐ 위험이 전혀 포함되지 않는 가장 안정적인 수익률을 의미한다. 통상 국공채 수익률을 기준으로 하고 있으며, 한국은행에서 고시하는 1년 만기 정기예금금리, 3년 만기 회사채금리를 사용하기도 한다.

ⓑ 시장수익률(Market Return)에서 무위험자산수익률을 뺀 나머지를 의미한다.

ⓒ 증권시장 전체의 변동에 대한 수익률의 민감도를 나타낸다. 가령 베타가 1인 경우 시장변동과 주가변동이 동일하며, 베타가 0인 경우 시장변동에 상관 없이 주가는 일정하게 유지되는 것을 의미한다. 베타 계수는 부채비율이 높다거나 재무구조가 불안정할수록 더 높은 수치가 나오게 된다.

ⓓ 감사보고서(2001~2009) 각 1부(증거기록 12책 2권 659면 이하), 한화그룹 경영기획실 재무팀 압수물 중 한화에쓰앤씨 관련 평가보고서 파일철(증거기록 12책 7권 3828면).

연도	2001년	2002년	2003년	2004년	2005. 5. 31. 기준
매출액	460억원	832억원	1,067억원	1,267억원	465억원
당기순이익	7억 7,681만원	6억 9,828만원	2억 317만원	(−) 40억 3,891만원	8억 1,000만원
부채비율	496%	660%	704%	6198%	2624%
매출액증가율	−	80.6%	28.25%	18.75%	(미결산)
영업이익증가율	−	839.9%	(−)2.47%	적자전환	(미결산)

위 재무지표에서 보는 바와 같이 한화S&C는 2004년경 부채비율(부채총계/자기자본)이 폭증하는 등 재무구조가 급격히 악화되었다가, 2005년도에 들어 5개월 만에 빠른 속도로 회복되었는데, 위와 같이 2004년경 부채비율이 폭증하게 된 것은 한화S&C의 자본금이 30억 원에 불과한 상황에서 대규모 영업손실에 따른 자본잠식과 50억 원 상당의 단기차입금 발생이 주요 원인으로 보인다. 2005년 상반기의 회복세를 고려할 경우 현금흐름할인 미래예측에 상당한 변화가 있을 수 있는데, 이를 고려하지 않은 2005. 6. 13.자 평가결과는 한화S&C의 주식 가치를 저평가하였을 가능성이 있다.

둘째, 위 평가결과에서 가중평균자본비용(WACC) 산정의 오류가 존재한다. 위 평가시에 동종 산업의 부채베타를 무부채베타로 환원하는 계산식에 엑셀시트상 오류가 있었음에도 이를 간과하였다. 할인율 11%도 감정인 한인구가 제시하고 있는 적정할인율 6.95~9.81%에 비하면 상당히 높게 나타나서 한화S&C 주식 가치를 저평가하였을 가능성이 있다.

2) 감정인 한인구(KAIST 경영대학 교수)의 한화S&C 주식 감정결과

위 감정인은 현금흐름 부분에 대하여, 매출액, 직간접비용, 운전자본의 증감 등에 있어 삼일회계법인의 추정 방법이 실무적으로 이용되는 일반적인 방법에 해당함을 인정한 다음, 삼일회계법인이 추정한 수치를 위 감정에 그대로 인용하였다.

가중평균자본비용(WACC)에 대하여는, 그 산정요소가 되는 무부시장위험프리미엄은 6~8%를 범위로 하여 보수(6%), 중립(7%), 긍정(8%)으로 나누어 추정하고, 앞서 본 바와 같은 삼일회계법인의 주식 베타 산정에 오류를 지적하고 이를 교정한 다음 유사기업 3개와 Bloomberg 자료를 통해 주식 베타를 1.09로 산정하였으며, 이에 따른 가중평균자본비용 값을 보수(9.81%), 중립(8.38%), 긍정(6.95%)으로 나누어 추정하였다.

영구성장률 또한 보수(0%), 중립(1%), 긍정(2%)으로, 비상장/소기업 프리미엄 할증도 보수(2%), 중립(1%), 긍정(0%)으로, 경영권 프리미엄 할증도 보수(0%), 중립(15%), 긍정(30%)으로 나누어서 각 추정하였고, 이에 따른 최종 가치평가결과는 다음과 같다.ⓔ

부채비율 가정	보수		중립		긍정	
	WACC	주당 가치	WACC	주당 가치	WACC	주당 가치
산업평균 부채비율	9.81%	1,747원	8.38%	9,553원	6.95%	27,517원

한편, 감정인은 상대가치평가법에 위 현금흐름할인법에 따른 결과의 적정성을 검토하고 있는데, 그 결과는 다음과 같다.ⓕ

적용 배수(multiple)	보수	중립	긍정
PER	19,160원	20,599원	24,972원
PBR	1,983원	2,161원	2,520원
EV/EBITDA	2,856원	6,507원	10,442원

상대적 기업가치에 따르면 현금흐름할인법에 나타난 보수적인 평가금액 1,747원은 PBR 배수법에 따른 보수적인 값과 유사하고, 긍정적인 평가금액 27,517원은 PER 배수법에 따른 긍정적인 값과 유사한 수준이며, EV/EBITDA 배수법에 따른 값은 대체적으로 위 현금흐름할인법의 보수 내지는 중립적인 값과 유사하게 산출되고 있어, 앞서 본 현금흐름할인법에 따른 평가결과의 범위와 대체로 일치하고 있다.

라. 검사의 주장을 뒷받침하는 한화S&C 주식가치 평가결과에 대한 검토

1) 공소사실에 기재한 주당 229,903원(2011. 1. 10.자 수사보고서)ⓖ

검사가 삼일회계법인에서 ㈜한화에 제출한 최종 평가보고서(2005. 6. 30.자)를 기초로 하여 주요 가정 사항을 내부적으로 수정하여 다시 계산한 결과이다.

ⓔ 감정인은 이처럼 최저 평가금액과 최고 평가금액이 약 15배 이상 차이가 나게 되는 것은, 평가기준 시점 당시 한화S&C의 부채비율이 2,624%로 매우 높아 주식가치의 변동성이 커지는 전형적인 레버리지 효과(leverage effect) 때문이라고 설명하고 있다.

ⓕ PER(주가수익비율): 특정 주식의 주당시가를 주당이익으로 나눈 수치
PBR(주가순자산비율): 특정 주식의 주당시가를 주당순자산가치로 나눈 수치
EV/EBITDA(기업가치/영업력배수): 기업총가치(시가총액+순부채)를 EBITDA(세전영업이익+유형자산감가상각)로 나눈 수치

ⓖ 증거기록 12책 9권 5695면 이하. 이 자료는 증거가 아니라 검사 제출 의견서로 정리되었음.

산정주체	주당가치	할인율 (WACC)	상품 : 용역 매출비율	매출성장률 (08-09)	인건비증가	개발비투자
삼일회계법인 (05. 6. 13.자)	4,614원	11%	60 : 40	3%	5%(05~07) 10%(08~09)	3억 2,100만원에서 3%씩 증가
삼일회계법인 (최종보고서)	4,614원	9.76%	45 : 55	3%	5%(05~07) 10%(08~09)	8억 5,000만원에서 3%씩 증가
검사 (공소사실)	229,903원	6.15%	60 : 40	4%	3%(05~09)	1억 6,053만원에서 3%씩 증가

그러나 한화S&C의 당시 차입금 평균금리 등에 비추어 가중평균자본비용(6.15%)이 너무 낮게 책정된 점, 매출성장률, 인건비 증가, 개발비 투자 등을 수정하여야 할 명백한 근거가 부족한 점 등이 문제로 지적된다. 앞서 본 감정인 한인구의 감정서와 증언에 따르면 삼일회계법인의 최종 평가보고서에 나타난 미래예측 추정과정이나 방식에 명백한 논리적 오류는 없다고 보고 있으므로, 검사의 위 추정치만을 기초로 주당 가액을 산정하고 이에 따라 배임죄의 손해 발생을 인정하기는 곤란하다.

2) **신진영 작성의 주가산정보고서**ⓗ

연세대학교 경영대학 신진영 교수가 수사단계에서 검사에게 참고로 제출한 주가산정결과이다. 신진영은 위 보고서에서 잉여현금흐름(FCF) 부분에 대해, 2005. 5. 31.까지의 한화S&C의 실적을 기초로 한 미래 현금흐름을 추정하지 않고 위 시점 이후 2008. 12. 31.까지 실제로 실현된 영업실적을 적용하는 방법을 선택하였고, 가중평균자본비용은 5.6%(실제 부채비율 2,624% 적용)로 산정하였으며, 영구성장률은 1%로 산정하였다. 이에 따른 위 보고서상 한화S&C 주식의 최종 평가금액은 2004. 12. 31. 기준 주당 309,790원, 2005. 6. 말경 기준으로 주당 321,847원이다.

그러나 현금흐름 추정에 관하여 위와 같이 평가기준 시점(2005. 5. 31.) 이후 2005년경부터 2008년경까지 실제로 실현된 재무제표를 기준으로 삼는 것은 앞서 본 미래 현금흐름할인법의 원칙적인 방법을 따르지 않은 것이다. 따라서 이처럼 평가기준 시점 당시에 주어진 자료가 아니라 향후 시현된 자료를 기초로 하여 평가기준 시점으로 돌아가 판단하는 것은 감정인 한인구가 지적한 대로 사후판단편견의 오류(hindsight bias)에 해당하는 것으로서, 위 주가산정보고서의 결과를 2005. 5. 31. 당시의 한화S&C 주식에 대한 적정가액으로는 볼 수 없다.

위와 같이 미래예측과 실제로 실현된 경영성과 사이에 큰 차이가 발생한 원인

ⓗ 증거기록 12책 2권 1226면.

으로는 한화S&C가 2005년 당시에는 고려하고 있지 않았던 소모상 자재구매 대행사업에 2006년경 새로이 진출하여 34억 원에서 335억 원 상당의 매출이 추가로 발생하였고, 2005년경 당시 계획에 없었던 인천 에코메트로 아파트 사업에서 33억 원 내지 112억 원의 매출이 발생하였던 점 등을 들 수 있다.ⓘ

3) 김우찬의 검토의견서

KDI 국제정책대학원 김우찬 교수가 공판과정에 제출한 검토의견서는 삼일회계법인의 주식가치평가보고서의 문제점을 수정하는 방식으로 한화S&C 주식의 가치를 평가하고 있다. 가중평균자본비용은 5.78%로 추정하고, 경영권 프리미엄 30%를 할증하는 등 수정결과 제시한 한화S&C 주식의 평가금액은 영구성장률 0%인 경우 201,474원, 1%인 경우 241,214원, 2%인 경우 302,021원, 3%인 경우 406,669원, 4%인 경우 629,242원이 된다.

그러나 위 검토의견서는 가중평균자본비용이 통상 범위를 벗어나 지나치게 낮고, 현금흐름 추정을 한화S&C가 자체 전망한 3개년 추정 재무제표를 그대로 활용하였으며, 영구성장률에 대한 추정이 통상적인 범위를 벗어나는 등의 이론상, 추정상 문제점이 있으므로, 이를 토대로 한화S&C의 적정가액이라고 단정하기 어렵다.

4) 김정훈의 한화S&C 주식가치평가보고서

대검찰청 직원인 공인회계사 김정훈이 공판과정에 제출한 보고서는 삼일회계법인의 평가조서에 나타난 자료와 산업동향 등 일반적인 통계자료를 토대로 매출액, 매출원가, 판매비 및 관리비 등을 다시 산정하여 미래 현금흐름(FCF)을 새로이 추정하였고, 가중평균자본비용은 6.88%로, 영구성장률은 0%로 추정하였으며, 이에 따른 주당 평가금액은 228,467원이다.

그러나 위 평가금액은 그 추정과정에 나타나는 다음과 같은 사정들, 즉 ① 통신비에 대하여, 한화S&C의 평가기준일 기준 과거 통신비는 2002년 102억 원, 2003년 178억 원, 2004년 270억 원으로 계속 증가하고 있었고, 2005. 1.경부터 2005. 5.경까지에도 121억 원(연환산하면 291억 원 상당이다)이 지출되었음에도, 2005년도 추정 통신비는 183억 원으로 전년도 대비 32% 하락하는 것으로 추정된 점, ② 인건비에 대하여도, 김정훈이 추정한 2005년도 1인당 평균 급여는 3,824만 원으로 2004년도에 비하여 오히려 줄어든 금액이었는데, 이와 같이 임금이 2004년

ⓘ 변호인이 제출한 '한화S&C 2003년 기본운영계획－매출 및 영업이익 달성률비교'(28면) 등 참조.

경에만 감소한다는 추정은 당시 한화S&C의 임금이 2002년경부터 2004년경까지 매년 6~8% 정도 상승하여 왔던 점, 임금은 하방경직성이 심한 점 등에 비추어 이례적으로 보이는 점, ③ 김정훈은 회계사로서 업무를 담당한 기간이 1년 남짓이고 위 기간 동안 김정훈이 수행한 가치평가용역도 약 3건에 불과하여 그 경력이 비교적 짧은 점 등을 고려할 때, 김정훈의 위 가치평가보고서만으로는 한화S&C 주식의 가치가 주당 5,100원을 넘는다고 단정하기에는 부족하다.

마. 소결론-한화S&C 주식의 적정가액 및 ㈜한화의 손해발생 여부에 대한 판단

배임죄의 성립을 인정하려면 손해의 발생이 합리적인 의심이 없는 정도의 증명에 이르러야 하고, 배임행위로 인한 재산상 손해의 발생 여부가 충분히 입증되지 않았음에도 가볍게 액수 미상의 손해는 발생하였다고 인정함으로써 배임죄의 성립을 인정하는 것은 허용될 수 없다(위 대법원 2009. 10. 29. 선고 2008도11036 판결 참조).

앞서 본 바와 같은 사정들, 즉 ① ㈜한화가 한화S&C에 투자한 금액에 비추어 큰 손해를 보면서 한화S&C의 경영실적이 특히 안 좋은 상황에서 성급하게 한화S&C 주식을 김동관에게 처분한 경위, ② 주식매각에 있어서 가치평가를 담당한 삼일회계법인과 경영기획실 재무팀이 통모하여 주식 평가액과 평가일자를 임의로 변경한 정황들, ③ 삼일회계법인이 2005. 6. 13. 평가시에 가중평균자본비용(WACC)과 평가기준일 등에 발생한 오류, ④ 한화S&C가 이 사건 주식매각 후에 급성장하고 기업가치 및 주식가치가 실제로 크게 증가한 정황 등에 비추어 보면, ㈜한화의 경영진 등 위 피고인들이 공모하여 임무에 위배하여 한화S&C에게 손해를 발생한 것이 아닌가 하는 의심이 간다.

그러나 이 사건 주식매각으로 ㈜한화에게 손해가 발생하였다는 사실을 증명함에 있어서 다음과 같은 합리적 의심이 존재하므로, 위 피고인들에게 업무상배임죄의 성립을 인정할 수 없다.

첫째, 한화S&C는 2004년말 당기순손실이 40억 원이 넘고 부채비율이 6,198%에 이르는 등 재정상황이 좋지 않은 상태였고, 2004년 기준 상증세법 시행령에 의한 주식 평가액은 398원, 자산가치법에 의한 주식 평가액은 1,065원에 불과하였다. 검사는 한화S&C가 2005년 경영권승계를 앞두고 일부러 2004년에 무리한 경영과 자금차입으로 재정악화를 초래하였다는 취지로 주장하나, 검사 스스로도 그 과정에서 한화S&C에 회계 분식이 있었다거나 부적절한 배임행위가 있었다는 증거를 제시하지 못하고 있다.

둘째, 한화S&C가 2005년 이 사건 주식매각 이후 눈에 띄게 성장하고 경영 실적이 좋아져서 주식가치나 기업가치가 크게 증가한 것은 사실이다. 그 원인으로는 한화그룹 차원에서 한화S&C에 대하여 정보통신사업과 무관해 보이는 MRO사업ⓘ 등의 일감을 몰아 준 점, 이 사건 주식매각 이후인 2005. 8.경 한화그룹 내 광고를 독점하고 있는 주식회사 한컴을 자회사로 인수한 것을 비롯하여, 군장열병합발전, 여수열병합발전, 휴먼파워, 에코바이크, 한화솔라에너지 등을 자회사로 거느리고 ㈜한화의 주식을 상당 부분 확보한 점 등을 들 수 있다. 이와 같이 한화S&C의 주식을 김동관에게 매각한 후 한화S&C를 그룹 차원에서 지원하는 것이 대기업 지배주주 재산의 편법승계라고 윤리적으로 비판을 받을 수 있다거나, 공정거래법령 등 다른 법규에 따른 제재를 받을 수 있음은 별론으로 하고, 이러한 사정을 소급하여 주식 매각 당시 행위의 배임죄 성립 여부를 판단하는 근거로 삼는 것은 형법 원리에 맞지 않는다.

셋째, 삼일회계법인의 현금흐름평가의 절차나 계산 방식에 일부 부적절한 측면이 발견되는 것은 사실이다. 그러나 감정인 한인구가 지적하고 있듯이 현금흐름할인법은 평가자의 재량에 따른 미래예측 및 판단에 기초하는 방식으로서, 각 추정치는 평가자의 시각에 따라 다양하게 나타날 수밖에 없는 것이고, 어느 하나의 특정된 추정치가 존재하는 것으로 볼 수는 없으므로, 삼일회계법인이 사용한 추정과정 및 방법에 있어 명백한 논리적인 오류를 제외하고는 함부로 추정 결과를 배척할 수 없다. 뿐만 아니라 위 평가기준 시점인 2005. 5. 31.로부터 이미 약 7년이 지난 위 감정 시점에 이르러, 위 평가기준 시점 이후에 실제로 나타난 정보에 영향받지 않은 자료를 수집하는 것은 매우 어려운 일이다. 따라서 명백한 계산상·실무상 오류를 수정하는 것은 가능하지만 직접 한화S&C를 방문하고 자료를 수집하여 실사에 관여하지 아니한 사람들의 사후적 판단(검사가 제출한 평가자료도 일응 이 범주에 해당한다고 볼 수밖에 없다)으로 미래 매출이나 비용 예측까지 바꾸는 데는 한계가 있다.

넷째, 무엇보다도 이 법원이 선임한 감정인 한인구가 한화S&C의 기업가치를

ⓘ MRO(Maintenance, Repair and Operation) 사업은 기업의 각종 설비의 정비, 보수를 위한 자재, 사무용 자재 등 소모성 자재구매를 대행하는 사업으로, 대기업에서 계열사에 일감을 몰아주는 대표적인 업종으로 비판받는 분야이기도 하다. 한화그룹은 2011. 9.경 한화S&C의 MRO사업에서 철수하였다.

현금흐름할인법에 따라 평가한 결과(주당 1,747원 내지 27,517원) 및 한화S&C와 유사 기업을 비교한 상대적 기업가치(2005년 기준)에 따라 평가한 결과(주당 1,983원 내지 24,972원)에 비추어 볼 때 주당 5,100원이라는 한화S&C 주식 매각가격이 합리적 의심의 여지가 없이 낮은 평가 금액이라고 단정할 수 없다.

5. 결 론

피고인 김승연, 홍동옥, 김우석, 남영선, 김광오에 대한 이 부분 공소사실은 범죄의 증명이 없는 경우에 해당하므로, 형사사송법 제325조 후단에 의하여 무죄를 선고한다.

노트와 질문

1) 배임죄로 처벌하기 위한 배임액산정목적의 주식평가는 민사상의 손해배상액산정을 위한 주식평가와 그 기준이 달라야 하는가? 특가법이 적용되는 형사적 책임 존부 내지 범위를 결정하여야 하는 경우 확실한 최소한을 찾는데 주력하여야 하는 것은 아닐까? 조세부과 목적상 평가의 기준은 어떠한가?
2) 삼성에버랜드판결은 어떤 경우에 순자산가치의 조정이 필요하다고 보는가? 제시된 조정방식은 무엇인가?

[실제사례 1: 기업인수입찰서]

경쟁입찰에 의한 매각의 경우

STRICTLY CONFIDENTIAL

[ ]

Managing Director

Re: Non-binding Preliminary Indication of Interest Regarding [ ]

Dear [ ],

Thank you for the opportunity to review the potential acquisition of [ ](collectively referred to herein as "[ ]" or the "Company"). Based on the materials provided to us regarding the Company, [ ] is pleased to confirm our strong interest in [ ] and to submit this non-binding indication of interest to acquire all of the outstanding shares of [ ], including the [ ]% equity interest held by Company("[ ]") and [ ]% held by [ ](collectively the "Sellers"). We have evaluated this opportunity with great care and are prepared to proceed expeditiously to complete a transaction that fulfills the Sellers' criteria. …

[ ] is one of the largest and most experienced asset managers in the world, with more than US$[ ] billion under management. With these funds, we have acquired over [ ] companies around the world. These portfolio companies together employ more than [ ] people and generated [ ] revenue of approximately US[ ]billion, which would rank us in the Top 50 among the Fortune 500 companies. Our investment philosophy at [ ] is quite simple and time-tested: we acquire leading companies in exciting industries by partnering with exceptional management teams. We support our management teams in a common mission to build and grow existing businesses into well-capitalized, world-class companies. You will have seen this approach illustrated in our " " investment: we purchased an under-capitalized bank, partnered with a top management team and, in just over three years, created over US$[ ]billion in value for our shareholders. Our recent agreement to sell to [ ] has been supported by the Korean government and is widely hailed as a catalyst for a substantial improvement in the quality of the financial services sector in Korea to the benefit of

Korean retail and corporate consumers. At the time of our [ ] exit, we made public our commitment to invest substantially in Korea. We believe [ ] represents an excellent opportunity for [ ] to honor this commitment — [ ] offers a unique growth story based on combining a tremendous brand, distribution platform and management team with [ ]'s financial support, asset management experience, strategic guidance and worldwide network of relationships. We are confident that this combination of our complementary strengths will allow [ ] to accelerate growth in assets under management("AUM"), expand market share, mitigate fee compression and provide superior service to its customers.

Our proposal is as follows:

1. Price and Form of Consideration — Based on the information provided by you, our consideration for the proposed acquisition of 100% of the outstanding shares of [ ] is KRW [ ] billion in cash. Our proposal assumes, in addition to full accuracy of the data presented in the information memorandum and all publicly available information regarding [ ] reported to and disclosed by the Korean government, a successful re-capitalization of [ ] through an injection of funds by the Korean government resulting in a net capital adequacy ratio of 150% as of the time of completion, replacement of any NPAs as well as on-going protection for legacy contingent liabilities, including but not limited to, book value funds, junior bonds issued by CBO SPCs, trust-type savings accounts, and unsold CBs. As part of our process, we have not made assumptions regarding the pro forma composition of the balance sheet except that the Company will be capital neutral at close. Our offer is also subject to further review of the most recent financial statements as of [ ] and the outcome of our due diligence as described later in this letter.

2. Valuation Methodology — In arriving at this preliminary proposal we have considered:
   - The information memorandum, including [ ] management's forecasts of AUM, revenues, profits, cash flow and NOLs, and publicly

available information regarding [ ] reported to and disclosed by the Korean government;

- Discounted cash flow analysis;
- Comparable, publicly-disclosed transactions and public-company peers; and
- Our proprietary analysis on a business of this nature in Korea.

Our primary valuation approach was to examine and forecast cash flows of the Company and includes our assumptions on additional growth opportunities beyond those presented in the information memorandum.

3. Investment Size and Holding Period — [ ] intends to commit a significant amount of equity to acquire 100% of [ ]. We intend to be long-term owners of this business with a plan to create substantial value over time. [ ]'s investment horizon is typically five to seven years — a period of time that is required to capitalize, nurture and strengthen each of our portfolio companies. We believe in the long-term attractiveness of the asset management business in Korea, and our expected holding period will be in line with the growth and value-creation prospects of this business.

While we are prepared to purchase 100% of the equity of [ ], we appreciate the tremendous national wealth and time that the Korean government has invested in the Company. *Therefore, if [ ] and / or MOFE prefer to retain a minority interest in the Company to work alongside [ ] in creating value, we would be prepared to honor the Korean government's request.*

If the Korean government finds it desirable for [ ] to team up with local or foreign strategic parties as our equity partners in acquiring [ ], we would welcome such discussions. On this front, we are currently actively engaged in several parallel discussions with potential strategic partners and would welcome the opportunity to share with you our thoughts at the appropriate time.

4. Financing Plan — As noted earlier, [ ] views [ ] as a long-term strategic opportunity and is committed to investing a significant

amount of equity and other resources in the Company. *We have sufficient funds to acquire 100% of [ ] without utilizing external financing, and any definitive agreement we enter into with the selling shareholders will not be subject to a financing contingency. [ ]* may choose, however, to utilize some portion of debt financing following the transaction in order to optimize the capital structure of the Company.

5. Strategic Investment Rationale and Business Plan—Investments in the financial services industry are integral to [ ]'s strategy in Korea, as demonstrated in our successful acquisition and turnaround of [ ](see Appendix A). [ ] is excited about the future of [ ] and the Korean asset management industry. [ ] believes [ ]'s scale and market share, broad product range, attractive distribution infrastructure and excellent brand recognition make it the market leader, and we look forward to working with management to make the Company an even stronger market leader.

   The Korean market for investment management presents an important opportunity for [ ] and its well-positioned sales force. Strong national coverage and brand, combined with low penetration of investment trust assets, anticipated growth in retail investor participation and attractive population demographics will enable [ ] to continue, and even accelerate, market-share gains and margin expansion, particularly if approaching this opportunity in the thoroughly systematic way which has led [ ] to our remarkable investment successes.

   Korean investors are expected to migrate assets from traditional banking products into investment management and brokerage products. As in other markets, there will be growing acceptance of open architecture and third-party fund offerings. This will position a well-trained and properly-incentivized sales force with superior knowledge of its customer base to capture an increasing share of the growing market. [ ] has proven ability and experience in working with the management and employees of our portfolio companies to make long lasting improvements to the business model and to enhance these companies' revenue and profit generation potential. Our successful turnaround of KorAm is a testimony to the effectiveness of our processes and methodologies, creating significant shareholder value and accelerating the development of the Korean financial services sector.

Key action areas which would underpin our business plans for [ ] would be as follows: (i) introducing advanced tools and approaches for a sophisticated segmentation of [ ]'s customer base; (ii) introduction of focused marketing approaches and products tailored to each customer segment; (iii) training of [ ]'s dedicated sales force to anticipate and service the asset management, brokerage and financial planning needs of each of the different customer segments; (iv) improvements to the sales force and employee incentive systems to ensure both maximum effectiveness in achieving our strategic targets and the employees' ability to share in the success of the business; and (v) clear, focused ongoing action plan and review by branch and business unit.

[ ] is a leader worldwide in the asset management industry, and our acquisition of [ ] would be a geographic and product extension designed to increase our presence in Korea. We plan to build a leading asset management business in Asia, and we would make [ ] the centerpiece of this asset management business and the platform for future growth throughout the region.

6. Due Diligence—We have given careful thought to the due diligence process and have assembled a select team of professionals with substantial experience in asset management industry transactions as well as direct line experience in running asset management companies. Given the readiness of our execution team, we are prepared to commence diligence immediately upon notification of our inclusion in the short list of the investors identified by [ ] and its advisors as referred to in your [ ] letter to us. Based on information presented in the information memorandum, we believe that we will be able to complete our diligence review within the desired timeframe. In addition to general diligence matters that are customary

in transactions of this type, our key areas of focus are listed in Schedule B for your information. We would expect key managers and employees to actively participate in the process and will be available for questions throughout our diligence.

7. Approvals and Timing – The submission of and terms contain within this preliminary proposal have been approved by the [ ] Asia Investment Committee on a preliminary basis. Further approval by the [ ] Asia Investment Committee will be required following our due diligence prior to definitive transaction agreements.

8. [ ] Qualifications – The [ ] Group is one of the leading asset managers in the world, with more than US$[ ]billion under management in every major asset category. [ ] has a tremendous commitment to Korea and to the financial service industry. Within financial services, our history has been active and successful. We have made numerous investments in Asian financial services companies across a wide spectrum of industry segments, including depository institutions, specialty finance companies, securities firms, and financial services technology companies. Currently, we are close to acquiring a substantial stake in [ ], in a transaction valued at over US$[ ] million. Once this transaction is completed, we would explore opportunities for partnership between [ ] and [ ], both as a potential source of AUM for [ ] as well as a gateway into the Chinese asset management market.

   As a result of our significant experience investing in financial services firms, we are very knowledgeable about the sector and can be a value-added partner to [ ] in executing its business plan of becoming the leading asset manager in Korea.

9. Legal and Other Matters – This letter of general understanding is not intended to and does not create any legally binding obligations on the part of any party. The general understanding will not become legally [ ]'s discretion:
   - Satisfactory completion of due diligence for, among other things, the

purpose of identifying the nature and scope of contingent liabilities;

- No material adverse change to the financial, business or operating conditions of the Company;
- Negotiation and conclusion of customary definitive acquisition agreements and other related agreements and arrangements on a basis satisfactory to [ ] and including covenants, warranties and indemnities appropriate in a transaction of this nature and in this environment;
- Obtaining any regulatory, taxation, competition or other approvals or consents necessary or desirable.

10. Confidentiality－[ ]'s interest in [ ] and the existence and contents of this letter are confidential and shall not be disclosed by [ ], MOFE, or any other seller, or any of their respective directors, officers, employees, affiliates, advisers or other agents or representatives without the prior written consent of [ ] except to the extent required by law or regulation.

11. Advisors－We have retained [ ] as our financial advisor and [ ] as our legal counsel. We also plan to retain the services of an accounting firm and a consulting firm.

12. Contacts－Please direct any inquiries on this expression of interest to the following professionals:

We at [ ] are enthusiastic about the [ ] opportunity, and we hope to continue our discussions. We look forward to your positive response.

Yours sincerely,

Appendix B－Key Diligence Areas

- Review of corporate structure, including organizational charts
- Business strategy

- Industry trends and outlook
- Competition
- Marketing plans

- Management's business plan and projections, especially AUM growth and fee assumptions
- Financial performance, including YTD 2004 actual results
- Business level profitability
- Fund performance and management, including administration of 3rd party relationships
- Quality control(Customer relations, loyalty and other franchise integrity aspects)
- Branch network
  - Branch network and synergy of network
  - Discussion of branch administration and interrelationship with headquarters management.
  - Authority of various local managers
- Personnel
  - Manpower planning
  - Recruitment of management, fund managers and staff
  - Competitive position in acquiring desired personnel
  - Personnel turnover rates
  - Continuity of management; depth and succession
  - Sales force performance and incentive structure
- Information systems
  - Reporting systems
  - Computer operations and backup support

[실제사례 1-1: 기업인수제안서]

사적인 거래를 위한 제안서

[ ]

STRICTLY CONFIDENTIAL

[ ]

Attn: [ ]

Re: Proposal for the Acquisition of [ ]

Dear [ ],

[ ], would like to thank you for the opportunity to review the potential acquisition of [ ](the "Company")(the "Transaction"). We would like to express our sincere interest in the Transaction to [ ].

We have evaluated this opportunity with great diligence and have a highly regard for the Company based on (1) its market leading position, (2) its strategically valuable proprietary distribution network, and (3) vertically integrated platform of distribution and management, which allows stability and direct feedback from customers. We believe the Korean asset management market is poised to exhibit substantial growth as both economic and demographic trends significantly favor professionally managed investment products. [ ] is also of the view that the retail segment of the industry will show significant gains with respect to the institutional segment in the near to mid term as individuals take advantage of cyclical and secular trends favoring this type of product. As part of the evaluation that we have made of the marketplace, we have determined that [ ] is one of the most attractive potential partners for us and we are enthusiastic in pursuing this potential partnership. Subject to the satisfactory completion of the conditions precedent described below, we would like to propose to acquire 100% of common shares and preferred shares of [ ] at KRW XXX to XXX billion in cash. Our proposal assumes:

1. Acquisition of 100% of common shares and preferred shares of [ ];
2. Maintenance of [ ] as a wholly-owned subsidiary of [ ] (or as a subsidiary with current shareholding ratio of [ ]);
3. Consideration to the shareholders will be equity value after deduction of capital amount required to clean up of all the non-performing assets held by CBO SPCs and any other legacy contingent liabilities of the Company to be designated by [ ];
4. Full separation of any on-going indemnification regarding any and all legacy contingent liabilities, including but not limited to, book value funds, junior bonds issued by CBO SPCs, trust-type savings accounts and unsold BCs
5. No material adverse change to the financial, business, and operating conditions or prospects of the Company since [ ] up to the closing date;
6. Full accuracy of the data provided by the Company and all publicly available information regarding the Company. Completion of due diligence satisfactory to [ ] at its sole discretion(Key areas for confirmatory due diligence is attached in Appendix A.);
7. Execution of definitive agreements that have standard representations and warranties concerning the Company including the accuracy of the financial statements;
8. Obtaining all necessary regulatory approvals; and
9. Completion of a satisfactory long term distribution arrangement with [ ] prior to close
10. Right to continue to use of [ ] brand on the acquired investment trusts for a period to be agreed upon between parties
    ([ ]—this depends on whether you believe there's value to the brand and that the brand business prospects would be harmed by removing the name)
11. Assumption of and renewal of existing contracts with [ ] affiliates at terms no less favorable than is currently in place
    ([ ]—with respect to management and sales organizations, what is the current thinking? Is it your preference to lock them into long

term contracts or do you want to make sure they don't quit immediately upon deal announcement and so a short term agreement is ok?)

Based on our deep experience in the sector, we would like to implement a business plan which will focus on (1) growing the Company to become one of top 5 players in the market, (2) enhancing profitability by shifting AUM mix toward retail customers and equity products, and (3) consistent investment for enhancement of distribution network. At the same time, [ ] fully understands that the Company's employees are its essential assets, has great respect for the management and employees of [ ], and believes that success can only be achieved through the joint efforts of [ ] and the people of [ ]. [ ] thereby will not terminate any employees or officers without cause and has no plan to materially change the terms and conditions of employment of current employees. We believe that as a result of an affiliation with the Company, we will create significant opportunities for employees as we work together to develop new products, enter into new markets and further penetrate existing distribution channels. …

Upon our selection as the preferred investor, we would like to enter into an exclusivity agreement in a form substantially similar to one attached in Appendix B. We are prepared to complete the Transaction in an expeditious time frame and on a highly confidential basis, and lined up the team of advisors who will assist us in the Transaction. We have retained [ ] as our financial advisor, [ ] as our legal counsel and [ ] as our accounting advisor.

Please direct any inquiries on this definitive proposal to the following people:

We at [ ] are deeply committed to acquiring the Company and to creating tremendous and lasting value for the Company and its customers and employees. We await your positive response and look forward to working with you and the Company.

Yours sincerely,

Appendix A: Areas for Due Diligence

1. General

   a. Management views on asset management and securities industry forecasts, competitive landscape and company's position in the market
   b. Historical financials(income statement, balance sheet and cash flow statement) for last three years including:
      - Detailed breakdown of revenues(By channel, asset class, etc)
      - Detailed breakdown of costs
      - Detailed breakdown of Capex
      - Discussion on any significant changes over last several years in balance sheet(capital structure, investment assets, tangible fixed assets)
   c. [ ] budget and financial projection for next 3-5 years
   d. Detailed share register(for both preferred and common) and possible strategies to purchase minority shares
   e. Sample IT and institutional account management contract

2. Assets Under Management(Both for [ ] and [ ])

   a. For the last 24 months, monthly evolution of AUM by asset class/type(MMF, bond, equity, hybrid-equity, hybrid-bond, etc.) as well as by type of customer(institutional vs. retail)
   b. For the last 24 months, monthly blended fee rate by asset class/type as well as by type of customer(institutional vs. retail)
   c. Analysis of funds under management(by type of fund/product) for last three years
      Beginning of year assets under management
      Change in assets under management attributable to new business, redemption and market appreciation/depreciation
      End of year assets under management
   d. [ ]'s distribution agreement with third party channels

3. Brokerage

   a. For the last 24 months, monthly customer account data including total trades, total accounts, new accounts, active accounts, customer assets, assets per active account and trades per account. For all these, please break down into institutional vs. retail customers and on-line vs. off-line.

b. For the last 24 months, average daily volumes with breakdown into equities, fixed income, and others, and breakdown into electronic vs. alternative(voice, branch)
c. Separately for institutional and retail, pricing structure for equities, fixed income, and others

4. Human Resources(Both for [ ] and [ ])

a. Organization chart including key functional areas
b. Profile of senior management team(biography)
c. Number of employees by function(management, fund managers and staff), full time/part time, tenure and location
d. Average salary, bonus, other benefits and severance expenses for each level and each function
e. Detailed information on labor union(including # of employees in the union and collective bargaining agreements with the union) and labor union strategy going forward
f. Personnel turnover rates
g. Sales force performance and incentive structure
h. Detailed information on any employee contracts or agreements in place or contemplated

5. CBO

a. CBO issuance structure and details including list of assets held by SPC
b. Details on junior CBOs held and list of buybacks
c. Detailed historical list of managed NPA categorized by companies

6. Legal & Compliance

a. Review of internal compliance procedure and compliance monitoring program
b. Reports and correspondence with regulators

c. Overall risk management function
d. Regulatory inspection and reports, if any
e. Private lawsuits filed or claims made, if any
f. Legal/compliance issues of note, if any
g. Assessment on the impact of the upcoming Capital Market Consolidation Act
h. Any threatened disputes with customers, employees or regulators, if any

7. Others

a. Overview of distribution network(branches, internet, call center). Breakdown of AUM by distribution channel for last three years
b. Overview of proprietary trading practices/procedure and performance for the last three years
c. IT systems overview including key application systems and network infrastructures
d. Key commercial contracts/relationships including distribution agreements and contracts with major institutional clients
e. Overview of CRM system and procedure
f. Detailed terms of convertible redeemable preferred shares and redeemable preferred shares

Appendix B: Exclusivity Letter Draft

June [ ]

STRICTLY PRIVATE AND CONFIDENTIAL

[ ]

We are pleased that [ ] Corp.("[ ]") has selected [ ]("[ ]") as the exclusive, preferred bidder to work together in good faith to enter into a mutually beneficial transaction(the "Transaction"), where [ ], [ ] and their affiliates(the "Sellers") will sell their shares in [ ]("[ ]") to [ ]. This letter agreement sets forth our mutual understanding with respect to our exclusive relationship to negotiate and consummate the Transaction.

[ ] agrees to enter into exclusive discussions with the Sellers for a 60-day-period starting as of the date hereof(the "Exclusivity Period"), during which the parties hereto intend to complete all final negotiations and related matters, including any due diligence mentioned in [ ]'s proposal dated as of [ ], and the signing of definitive agreements.

[ ] and the Sellers agree that, during the Exclusivity Period;

A. Neither the Sellers nor any of their employees, officers, directors, advisors, affiliates, or any other representatives will, directly or indirectly, (i) solicit, initiate, encourage or respond in any way to any inquiry, discussion or proposal for, (ii) hold or continue discussions, propose to negotiate, or furnish any information, with respect to, or (iii) enter into any agreement or understanding with respect to, the Transaction or any other investment or transaction related to [ ] that may conflict with the Transaction with any party other than [ ]; provided that if (1) [ ] has not received substantially all the information from the Sellers as reasonably requested by [ ], or (2) [ ] and the Sellers are working in good faith to consummate the Transaction, then the end of the Exclusivity Period may be extended by one month by [ ]'s acceptance on [ ]'s request(such acceptance not to be unreasonably withheld); and

B. [ ] and its advisors will conduct due diligence on [ ] and its wholly-owned asset management subsidiary, [ ]., and [ ] shall use its reasonable best efforts to assist [ ] and its advisors in completing such due diligence in an expeditious manner.

Except as required by applicable law, [ ] and [ ] shall not disclose the contents of this letter or disclose the fact that [ ] and the Sellers are in discussions in connection with a potential acquisition of [ ] to any party except for parties that are assisting [ ] and the Sellers in completing the Transaction. Each of [ ] and [ ] further agrees that it will not issue any press release, public announcement or public statement or make any other public disclosure with respect to the terms of this letter agreement or any other facts relating to the Transaction without the prior written consent of the other party.

This letter agreement shall be governed by and construed in accordance with the laws of the Republic of Korea.

We are very excited to be working with [ ] and we look forward to consummating the Transaction expeditiously.

Very truly yours,

Accepted and Agreed by:

By ______________________ By ______________________

문제 4[37)]

X 약국체인

Balance Sheet as at December 31, Year 10
(Dollars in thousands)

Assets	
Current Assets	
Cash & Equivalents	20,000
Pharmacy & Other Receivables[38)]	75,000
Inventories	250,000
Other Current Assets	55,000
Total Current Assets	400,000
Fixed & Other Assets	
Total Property, at Cost[39)]	150,000
Less Accumulated Depreciation	55,000
Property, Net	95,000
Trademark	5,000
Total Assets	500,000
Liabilities	
Current Liabilities	
Accounts Payable	50,000
Short-Term Debt	100,000
Accrued Salaries, Wages and Other	25,000
Total Current Liabilities	175,000
Long-Term Debt	25,000
Total Liabilities	200,000
Stockholders' Equity	
Common Stock(Par Value $1) (50,000,000 shares outstanding)	50,000
Retrained Earnings	130,000
Paid-in Capital	120,000
Total Stockholders' Equity	300,000
Total Liabilities & Stockholders' Equity	500,000

37) MITCHELL 위 주 2-26 게재서 133-135에 나온 문제로 Mitchell 교수의 동의를 얻어서 제시한다.

38) 지난 10년간, 회사가 보유한 채권 중에서 평균적으로 5%는 회수할 수 없는 것으로 생각되었다.

39) sale and lease back (부동산을 매각하고 장기임차하는 것)의 장점을 알기 위해 Year 10에 실시된 조사의 일부로, 회사가 보유한 부동산의 적정 시장가치 책정에 관한 광범위한 평가가 이루어졌다. Year 10 9월 1일에 결론을 내린 이 조사는 그 적정 시장가치가 $700,000,000이라고 추산했다.

X 약국체인

Income Statement Three Years Ended Dec. 31, Years 10, 9, 8
(Dollars in thousands, except per share amounts)

	Year 10	Year 9	Year 8
Gross Revenue	2,500,000	2,100,000	2,000,000
Costs & Expenses[40)]	2,225,000	1,875,000	1,850,000
Operating Income	275,000	225,000	150,000
Interest Expense	100,000	60,000	20,000
Net Income before Taxes	175,000	165,000	130,000
Income Tax[41)]	40,000	37,000	30,000
Net Income after Taxes	135,000	128,000	100,000
Earning Per Share (50,000,000 outstanding)	2.70	2.56	2.0

Historical Income Statement Data (Seven Previous Years)
(Dollars in thousands, except per share amounts)

Year	Gross Revenue	Net Income after Taxes	Earnings Per Share
7	1,910,000	95,000	1.90
6	1,750,000	73,000	1.46
5	1,575,000	84,000	1.68
4	1,225,000	72,000	1.44
3	1,100,000	60,000	1.20
2	985,000	50,000	1.00
1	900,000	40,0000	0.80

40) 감가상각비는 정액법에 따른 수치이며, Year 10, 9, 8, 7에 각각 $5,000,000로, 그 전에는 매년 $4,000,000로 동일하다.

41) 보고된 총 소득세 중에서, Year 10, 9, 8, 7에는 매년 $3,000,000이, 그 전에는 매년 $1,000,000의 부분이 유예되었다.

Historical Dividend Information

Year	Dividends Per Share	Payout Ration(%)	Growth Rate(%)
10	.40	15	14
9	.35	14	25
8	.28	14	12
7	.25	13	25
6	.20	14	11
5	.18	11	20
4	.15	10	50
3	.10	8	25
2	.08	8	60
1	.05	6	–

다른 약국 체인

Selected Financial Data (Year 10, Except Forecasts)
(Dollars in millions, except per share amounts)

Financial Data and Market Raetios						
Firm	Gross Revenue	Net Income	EPS42)	P/E Ratio43)	M/B Ratio44)	ROE45)
A	5,380.1	154.2	2.50	16.1	3.01	18.7
B	574.1	10.4	0.68	17.7	2.71	15.3
C	3,172.8	81.9	1.97	17.9	2.08	11.6
D	2,110.6	61.3	3.01	13.8	2.53	18.3
E	669.6	7.1	0.70	14.5	2.05	14.1
Average			1.77	16.0	2.48	15.6

42) "Earnings Per Share(주당순이익)"는 Year 10의 순이익을 Year 10 말 현재 유통되는 보통주의 수로 나누어 산출된 주당이익이다.
43) "Price/Earnings Ratio"는 보통주 1주의 Year 10의 마지막 거래일의 종가를 EPS로 나눈 값이다.
44) "Market value/Book value Ratio"는 보통주 1주의 Year 10의 마지막 거래일의 종가를 그 날의 주당 장부가격으로 나눈 값이다.
45) "Return On Equity(자기자본이익률)"은 Year 10 말 EPS를 자기자본으로 나누어 산출한다.

Dividend Data					Forecasted Earnings Data		
Firm	Div./Share[46)]	Payout Ratio(%)[47)]	Div. Yield Year 10[48)]	Div. Yield Year 11[49)]	EPS Year 11[50)]	EPS Year 12[51)]	EPS Trend[52)]
A	.71	28	1.8	1.83	2.83	3.25	3.14
B	.19	28	1.6	2.62	0.82	0.96	1.35
C	.82	42	2.3	2.54	2.65	3.03	2.70
D	.92	31	2.2	2.91	3.10	3.37	3.79
E	0	0	0	0.00	0.40	0.80	0.42
Average	.52	25.80	1.58	1.98	1.96	2.28	2.28

46) "Div./Share (주당배당액)"는 Year 10에 보통주에 대한 현금배당총액을 발행된 보통주 총주식수의 가중평균으로 나눈 수치이다.
47) "Payout Ratio (배당금분배율, %)"는 Year 10의 주당배당액을 EPS로 나눈 백분율 값이다.
48) "Div. Yield Year 10"은 주당배당액을 Year 10의 마지막 거래일의 보통주 종가로 나눈 값이다.
49) "Div. Yield Year 11"은 주당배당액을 Year 11 12월 31일의 보통주 종가로 나누어 산출한 연간 배당액이다.
50) "EPS Year 11"는 주식 애널리스트가 보고한 Year 11의 EPS 예상치이다.
51) "EPS Year 12"는 주식 애널리스트가 보고한 Year 12의 EPS 예상치이다.
52) "EPS Trend"는 지난 5년간 보고된 이익에 기초하여 추정한 EPS 값이다.

제 5 장

기업인수의 유형

타기업의 전부 또는 일부를 인수하기 위하여는 다양한 법적 수단이 가능하며 이들 중 어느 것이 인수기업과 대상기업 또는 대상기업의 지배주주의 이해관계에 부합하는가를 결정하는 것이 바로 거래구조를 설계하는 일이다. 거래구조를 설계하는데 있어서 고려하여야 할 사항은 주주총회에서의 승인필요성, 반대주주의 주식매수청구권행사가능성, 공정거래법상의 경쟁제한성 여부, 정부의 인허가 필요성, 자본시장법상 신고필요성, 대상기업 내지 인수영업 관련 우발채무인수가능성, 근로자의 이전문제, 조세효과 등 다양하다. 이들 관련법상의 논점들은 제 2 편에서 하나하나 검토하고 제 3 편 실무 중 18장 거래구조설계에서는 이의 준비작업으로서 회사법상의 분할을 주로 살피며 제 4 편은 회생절차진행중인 기업의 인수나 기업의 인수 이외의 구조조정수단 및 부실금융기관의 특수한 문제를 조명한다.

본장에서는 이러한 제반법 규정의 자세한 고려사항을 살피기 전에 개괄적으로 기업인수의 유형을 살펴본다. 구체적으로 대상기업이 폐쇄회사인가 아니면 상장회사인가에 따라서, 매도인의 지배주주 내지 이사회와의 합의에 의한 것인가 아니면 이들의 의사에 반하여 직접 주주와의 거래를 시도하는 것인가에 따라서, 인수기업의 거래상대방이 대상기업인가 아니면 대상기업의 주주인가에 따라서, 매매대상이 주식, 영업 또는 자산인가에 따라서, 고려하여야 할 법적인 논점이 조금씩 다를 것이다.

Ⅰ. 대상회사가 폐쇄회사인 경우와 상장회사인 경우[1]

대상회사가 폐쇄회사인 경우 통상의 상법상 기업인수에 관한 절차를 따르는 반면 상장회사인 경우 주식거래를 위한 공개된 시장 즉 거래소가 있고 따라서 투자자 일반의 시장에 대한 신뢰를 보호하기 위하여 자본시장법에서 5% 취득보고와 공개매수 및 의결권대리행사권유에 대하여 특별한 규제를 하고 있으므로 이를 따라야 한다.[2] 또한, 자본시장법은 상장회사가 일정한 영업양수도나 합병의 당사자가 되는 경우 특별한 평가절차를 규정하고 있으며 주식매수청구권이 행사되는 경우 주식의 평가 면에서도 특칙을 두고 있다.[3] 즉, 상장기업의 경우 주주총회의 특별승인을 요하는 중요한 영업양수도의 범위를 정하고 있으며 중요한 자산의 양수도까지 주주총회의 특별결의를 필요로 하도록 정하고 있다. 또한, 합병가액의 산정공식을 정한 후에 이의 적정성에 관하여 비상장기업에 국한하여 외부평가기관의 평가를 받도록 하고 있다. 주식매수청구권이 행사된 경우 매수가격 역시 그 산정공식을 정하고 있는데, 이는 합병가액의 적정성을 위한 합병회사의 주식평가공식과 상이하다.[4]

입법론으로서 자본시장법에 규정되어 있는 상장법인에 관한 특칙 규정들도 상법의 회사편 제13절 상장회사에 대한 특례로 돌려보내는 것이 가능하여 보이며[5] 현재 상장회사 특례규정들도 일반적으로 회사에 적용하는 것이 보다 바람직한 것은 아닌지 여부에 대한 재검토가 필요하다. 예를 들어서 의결권 대리행사권유에 관한 일반적인 규정을 회사법에 두고 거꾸로 폐쇄회사의 특례를 정하는 것도 하나의 방법이 될 수

1) 자본시장법 제 9 조 제15항 제 1 호는 상장법인을 증권시장에 상장된 증권 ("상장증권")을 발행한 법인으로 정의하고 있고 상법 제542조의2는 상장회사를 증권시장에 상장된 주권을 발행한 주식회사로 정의하고 있다. 본서에서는 그 주식이 거래소에서 거래되는 회사를 상장기업, 상장법인 또는 상장회사로 통칭한다. 거래소에서 거래되는 증권의 종류에 관하여는 자본시장법 제 4 조 참조.

2) 자본시장법 제 3 편 제 2 장 기업의 인수·합병 관련제도 제133조-158조, 본서 13장에서 자세하게 논의한다. 일반적인 설명은 Paul S Rhee & Joon-Woo Lee, *Mergers and Acquisitions (public)*. Public Law Company (2010) 참조.

3) 동법 제165조의4, 제165조의5. 구 증권거래법상 상장법인에 관한 회사법특칙은 이제 대부분 회사법의 일부로 제자리를 찾았으나 일부 경제사정의 변화에 따라서 신속히 대처할 필요가 있다고 이유로 몇 개의 조문은 자본시장법의 제165조의2부터 제165조의19까지로 이동하였다.

4) 자본시장법 시행령 제176조의7과 동시행령 제176조의5 비교. 매수청구권의 경우 2개월 가중산술평균가격이 고려되는 반면, 합병의 경우 과거 1개월 가중평균 및 최근일의 종가가 고려된다.

5) 상법 제542조의2부터 제542조의12까지의 규정 뒤로 이동하면 될 것이다. 상법 시행령을 자주 개정할 필요성이 과거 증권거래법 시행령만큼 자주 개정되어야 할까 문제이다.

있다.[6] 또한, 상법시행령에서 규정하고 있는 상장회사에 대한 특칙의 자세한 내용 역시 구태여 시행령으로 정하지 말고 상법 회사편의 일부로 통합시킬 수도 있을 것이다. 상장회사 특례규정과 주식회사에 관한 일반규정의 조화로운 해석도 앞으로의 과제이다.

Ⅱ. 대상기업의 경영진이 우호적인 경우와 적대적인 경우

대부분의 기업인수는 우호적 인수로서 대상기업의 지배주주 내지 경영진과의 합의에 따라서 이루어진다. 우리나라의 기업은 대부분 지배주주가 있고 지배주주는 기업과 기업간 합병보다는 지배주식의 매각을 통한 경영권프리미엄을 원하기 때문에[7] 기업간 우호적 인수는 많지 않은 것 같다.[8] 기업의 지배주주가 지배주식을 매각하여 지배권프리미엄을 독점하는 경우, 일응 정당한 소유권의 행사라고 볼 수 있으나 이에 대하여는 반론도 만만치 않으며 따라서 이는 앞으로 중요한 정책적 결정사항으로 보인다.[9]

대상회사의 지배주주 내지 경영진과 합의에 이르지 못하는 경우 인수를 바라는 기업은 대상기업의 주주들로부터 직접 주식을 매수하여 새로운 지배주주가 되려 하거나 주주들로부터 의결권대리행사를 위한 위임장을 받아서 경영진의 교체를 시도하게 되고 따라서 적대적 인수의 양상을 띤다. 지배권 내지 경영권이 다투어지는 경우 경영진 내지 지배주주의 권한과 주주전체의 권한간 균형점을 어디에서 찾을 것인가는[10] 기업인수의 경제적 효과에 대한 시각 내지 분석에 따라서, 의견이 다를 수 있을 것이다. 기업소유와 경영이 분리되지 아니한 경우, 지배주주가 얼마만큼 기업의 주식을 보유하고 있는지에 따라 다르겠지만, 현재의 경영진이 지배주주에 의하여 선임된 이상, 주주에게 직접 호소하여 현재의 경영진을 바꾸기는 쉽지 않을 것이고 따라서 적대적 기업인수는 그만큼 가능성이 적다고 할 수 있다. 이러한 상황에서 지배주주가 아닌 소수주주의 기업가치 실현을 위하여 적대적 기업인수 가능

6) Delaware General Corporation Law("DGCL") §§342-355.
7) 과거 1997년 환란 이후 공적자금이 투입된 기업이라면 공적자금의 회수라는 목적을 위하여 지배주식의 매각형식을 취한다.
8) 윤종훈/이호준, 위 주 1-35 게재서, 624 이하에서 코스닥상장법인간 우호적 합병사례를 들고 있는데 대부분 합병당사자중 하나가 재무상태가 좋지 않은 상황으로 보인다. 지배주식의 매각시 매도인이 매수인측 입장에서 기업전체를 매수하였을 경우의 소요자금과 비교하여 과다한 프리미엄을 요구한다면 이 또한 우호적 기업인수의 장애사유로 작용할 수 있다.
9) 뒤 제11장 Ⅱ에서 논의한다.
10) 뒤 제10장에서 논의한다.

성을 보다 확대하기 위한 입법정책을 쓸 것인지 여부 역시 중요한 정책적 결정이다.

Ⅲ. 거래의 상대방이 회사인 경우와 주주인 경우

1. 회사를 상대로 한 거래

가. 합 병

인수기업이 대상기업의 경영진과 합병을 합의하는 경우 바로 상법상의 합병을 통하여 두 기업은 하나로 합쳐질 수 있다. 인수기업과 대상기업간 전혀 관계가 없는 경우도 있겠지만, 인수기업이 대상기업의 지배주주로부터 또는 일반주주들로부터 공개매수로, 주식을 매수하여, 인수기업과 대상기업간 지배종속관계에 있는 상황에서 합병이 기업인수의 2단계거래로 일어나는 경우도 많이 있다.[11] 주식매수를 통한 기업인수의 경우 주식매수가 바로 2단계합병으로 연결될 수도 있으나, 우리나라의 경우 기업인수 후, 특히 과거 정부의 공적자금이 투입된 기업을 매수한 경우, 통합과정에 상당한 시간이 걸리는 까닭에 지배종속관계에 있는 기업간 합병도 주식인수후 상당한 기간이 경과 후에 합병이 이루어지는 것이 보통이다. 어쨌든 합병은 처음부터 기업간 합의에 기초하여 시행될 수도 있지만, 다른 방법을 통한 지배권 취득이후 다음 단계 내지 마지막 단계로서의 회사법상 행위일 수도 있다.

합병의 절차나 효과에 관하여는 상법에 자세한 규정을 두고 있고 전술한 바와 같이 자본시장법에 상장기업의 합병 등에 관하여 특칙을 두고 있다. 공정거래법도 기업결합신고로서 경쟁제한적 합병을 통제하며 대규모기업집단의 경우에는 합병을 포함하여 자본시장법상의 상장기업의 공시와는 다른 별개의 공시를 요구하고 있다.[12] 합병의 효과로서 소멸회사의 모든 권리의무가 포괄적으로 법률상 원인에 기초하여 개별적 권리양도행위없이 존속회사에 이전하며 소멸회사의 주주들에게는 존속회사의 주식과 단주발생시 합병교부금이 지급된다. 개정상법에서는 주식의 교부없이 교부금 내지 채무증서상의 지급도 가능하다. 소멸회사의 주주들뿐 아니라 존속회사의 주주들도 원칙적으로 합병을 위한 주주총회 결의일 전에 반대의 의사를 통지하고 매수청구권을 행사할 수 있다. 다만, 존속회사가 소멸회사의 주주에게 신

11) 2009년 이후 2010. 5.말까지 금감위에 제출된 증권신고서를 살펴보면 총 77건의 합병신고서 중 존속법인이 소멸법인과 지배종속관계가 아닌 것은 23건에 불과하다. 상장법인간 합병은 14건이며 상장법인과 비상장법인간 합병이 57건이다.

12) 제15장 참조.

규로 발행하는 주식이 존속회사 발행주식총수의 10% 이하이고 소멸회사의 주주들에게 지급되는 금액이 존속회사의 최종 대차대조표상 순자산액의 5%를 초과하지 않는 경우 존속회사의 반대주주는 매수청구권이 없다.[13] 또한, 존속회사가 소멸회사의 발행주식총수의 90% 이상을 소유하고 있는 경우 소멸회사의 주주총회가 필요없이 이사회의 승인으로 족하다.[14]

합병을 위하여 인수기업 또는 대상기업이 자회사를 설립하고 자회사가 대상기업과 합병한 후 대상기업의 주주들에게 자회사의 모회사 주식을 발행하거나 현금을 교부하는 소위 삼각합병 또는 역삼각합병은 미국의 경우 극히 통상적인 합병의 거래구조이며 이는 법형식주의(legal formalism)의 극치라고 할 수 있다. 소멸회사의 주주들이 합병의 대가로서 존속법인의 모회사의 주식, 사채, 현금등 아무런 제한없이 받을 수 있는 미국회사법에서는 삼각합병이 가능하나[15] 현재의 우리 회사법상으로는 불가능하다. 삼각합병도 통상의 삼각합병과 역삼각합병, 또는 이들의 변형의 구분이 있다. 이를 간단히 도해하면 아래와 같다.

[그림 5-1] 삼각합병

(대상기업의 주주는 인수기업의 주주로, 대상기업은 인수기업의 자회사로)

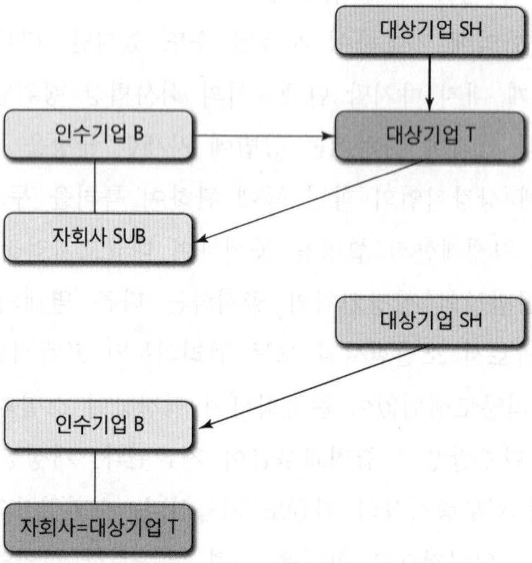

13) 상법 제527조의3 (소규모합병). NYSE Listed Company Manual Section 3 Corporate Responsibility 312.03 (Shareholder Approval)에 따르면 기발행주식의 20%를 초과하는 보통주가 발행되는 경우에만 존속법인의 주주총회의 결의가 필요하다. 발생사유의 범위에 관하여는 뒤의 제11장 Ⅱ.

14) 상법 제527조의2 (간이합병).

15) DGCL Sec. 251. 제12장 Ⅲ. 참조.

[그림 5-2] 역삼각합병
(인수기업의 주주는 대상기업의 주주로, 인수기업은 대상기업의 자회사로)

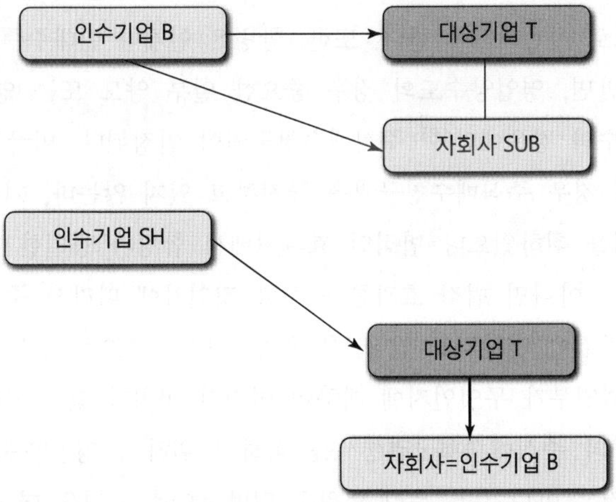

[도형 5-3] 혼합형

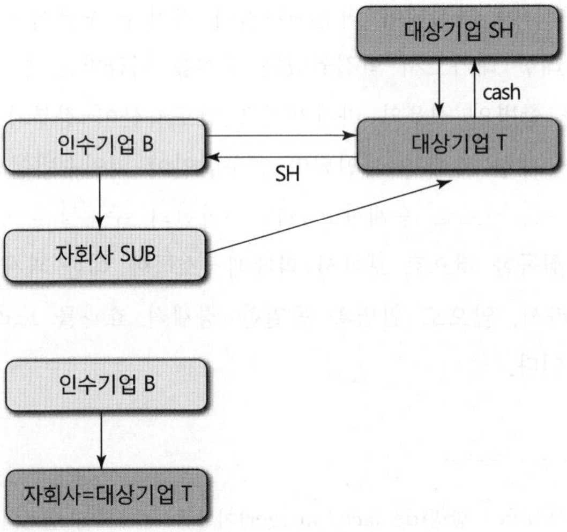

나. 영업양수도

인수기업과 대상기업을 하나의 기업으로 운영하기로 합의한 경우 상법상의 합병 이외에 영업양수도 형식을 취하여도 동일한 효과를 얻을 수 있다. 인수기업은 대상기업의 영업을 양수하고 그에 대한 대가로서 자신의 주식을 발행하거나 현금을 지급하고 대상기업은 이들 대가를 받자마자 바로 청산하여 주식 또는 현금을 청산대금으로 그 주주들에게 분배하는 것이다. 물론 대상기업의 일부만을 영업으로서의 동일성을 유지하면서 인수기업이 양수할 수도 있다. 영업양수도는 합병과 같이 법률상의 원인에 근거한 포괄적 이전이 아니기 때문에 영업을 구성하는 모든 자산과 채무가 개별적으로 이전되어야 한다. 또한, 합병은 언제나 반대주주의 주식매수청구권이 인정되는 반면, 영업양수도의 경우 중요한 일부 양도 또는 영업에 중대한 영향을 미치는 양수의 경우에만[16] 주식매수청구권이 인정된다. 미국 일부 주 회사법은 영업양수도의 경우 주식매수청구권을 규정하고 있지 않는바, 기업인수거래가 영업양수도의 형식을 취하였으나 법적인 효과면에서 합병과 동일한 경우, 법적 형식을 중시할 것인가 아니면 법적 효과를 중시할 것인가에 따라서 주식매수청구권 인정여부에 관한 판결이 엇갈리고 있다.[17] 우리 상법도 중요한 일부 또는 중대한 영향을 미치는 영업일부가 무엇인지에 대하여 이견의 여지가 있고 따라서 주주총회의 소집과 반대주주의 주식매수청구권행사를 피하기 위하여 영업양수도 형식을 취할 가능성이 없는 것은 아니지만, 우리 법원은 일반적으로 실질을 더 중시하는 경항이 있고 따라서 미국회사법에서처럼 심각한 논의대상은 아니다.[18] 그러나, 최근 조세특례제한법("조특법")이 개정되어 피인수기업이 자산을 포괄적으로 양도하거나 현물출자하고 이에 대한 대가로서 의결권있는 주식을 지급받은 후 즉시 청산하는 경우 그 조세효과를 합병의 경우와 마찬가지로 양도자산이 장부가로 양도된 것으로 보아서 양도차익에 대한 과세가 이연되며 인수법인이 피인수법인의 이월결손금, 세무조정사항 등을 포괄적으로 승계하고 피인수법인의 주주들은 인수법인의 주주를 구주의 장부가로 취득한 것으로 보아서 의제배당소득에 대한 과세 역시 이연되도록 하고 있다.[19] 따라서, 앞으로 합병과 동일한 경제적 효과를 노리는 영업양수도도 출현할 것으로 보인다.

---

16) 상법 제374조.

17) DGCL §262. 사실상의 합병(de facto merger)이론과 독자적인 법적의미이론(independent legal significance doctrine)이 대립된다. *Hariton v. Arco Electrics*, Inc., 188 A.2d 123 (Del. 1963)과 Rath v. *Rath Packing Company*, 136 N.W.2d 410 (Iowa 1965) 비교. *Farris v. Glen Alden Corporation*, 393 Pa. 427, 143 A.2d 25 (Pa. 1958); *Orzeck v. Englehart*, 41 Del. Ch. 361, 195 A.2d 375 (Del. 1963); *Moran v. Household Int'l Inc.*, 500 A.2d 1346 Del. 1985); *Field v. Allyn*, 457 A.2d 1089 (Del. Ch.), aff'd, 457 A.2d 1274 (Del. 1983). Moran사건은 poison pill의 적법성을 인정한 판례로도 유명하다.

18) 영업양수도에 관하여는 뒤 제 7 장 참조.

19) 조특법 제37조. 자산의 현물출자방식으로 신주를 발행한 경우에 대한 과세이연특례에 관하여는 법인세법 제47조의2.

[그림 5-4] 영업양수도후 청산

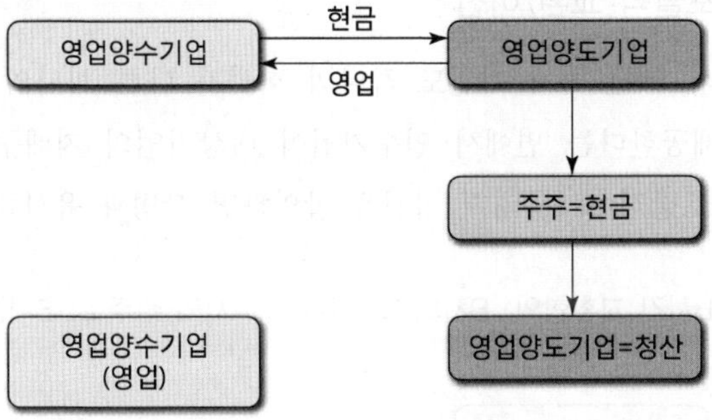

다. 자산매매

영업양수도는 자산매매와는 달리 영업을 구성하는 인적·물적 조직체로서의 동일성이 유지되기 때문에 상법상 그리고 노동법상의 효과면에서 자산매매와는 구별된다. 상법상 영업양수도의 경우 양도인 또는 양수인의 채무범위가 규제되며 노동법상 양수인은 양도인과 근로자간 근로계약을 그대로 인수하여야 한다. 그러나, 영업양수도와 자산매매의 구별은 언제나 명확하지 않기 때문에 특히 근로관계의 이전과 관련하여 다툼이 발생할 수 있다.[20]

자산매매의 일종으로서 금융기관에 특이한 P&A(purchase of assets and assumption of liabilities)(자산부채인수 또는 자산취득이라 부름)이 있다. 1998. 6. 29. 당시 금융감독위원회는 부실금융기관 5개 은행에 대하여 자산부채인수방식의 계약이전의 결정, 영업정지 등의 처분을 하였고 법원은 동 처분은 금산법에 근거하여 행하여진 것으로 적법하다고 판단하였다.[21] 금산법은 금융위원회의 부실금융기관에 대한 시정조치의 하나로 계약이전을 규정하고 있고[22] 계약이전은 자산부채인수를 포괄하는 개념으로 본다.[23]

---

20) 뒤 제 7 장에서 논의.
21) 대전지법 1999. 8. 12. 선고 99가합3147 판결 등 다수.
22) 금산법 제10조 제 1 항 제 8 호 및 제14조의2.
23) 윤종훈/이호준, 위 주 1-35 게재서, 123 계약이전은 부실보험사의 정리시 계약만이 이전하고 부동산, 유가증권,예금등 자산이 이전되지 않는다는 면에서 자산부채이전과 구별한다.

라. 주식의 포괄적 교환/이전

주식의 포괄적 교환 내지 이전도 하나의 회사가 다른 회사의 완전모회사가 될 수 있는 수단을 제공한다는 면에서 인수기업이 대상기업의 지배주주가 된 후에 대상기업과 주식의 포괄적 교환 내지 이전을 합의하면 합병과 유사한 효과가 있다.[24]

[그림 5-5] A사와 B사간 교환합의: B사의 일반주주가 A사의 주주로; B사는 A사의 100%자회사로

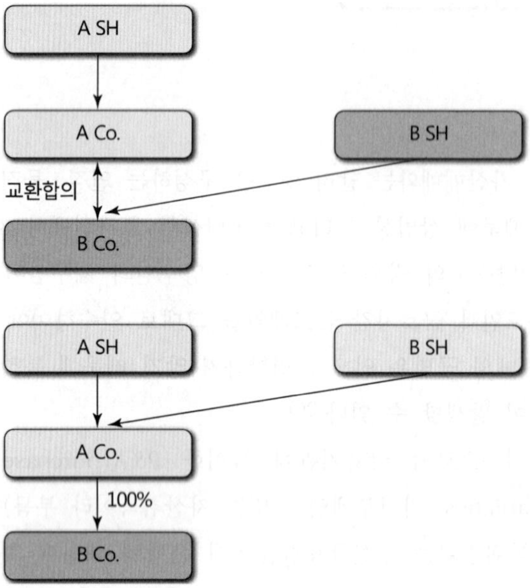

24) 상법 제360조의2 이하 주식의 포괄적 교환, 제360조의15 이하 주식의 포괄적 이전. 금융지주회사법 제 4 조와 동법 시행령 제 5 조 제 5 항도 참조. 김창일/이화련/김영걸, M&A핸드북 88-119 (2001) 참조. 벤처기업에 대한 특칙에 관하여는 벤처기업육성에 관한 특별조치법 제15조. 박상호, 블루오션 M&A 전략 328-335 (개정판 2006). 조세효과는 제18장에서 다룬다.

[그림 5-6] A사 주주들 이전결의: A사의 주주가 A사의 모회사인 B사의 주주로; B사는 A사의 100% 모회사로 신설

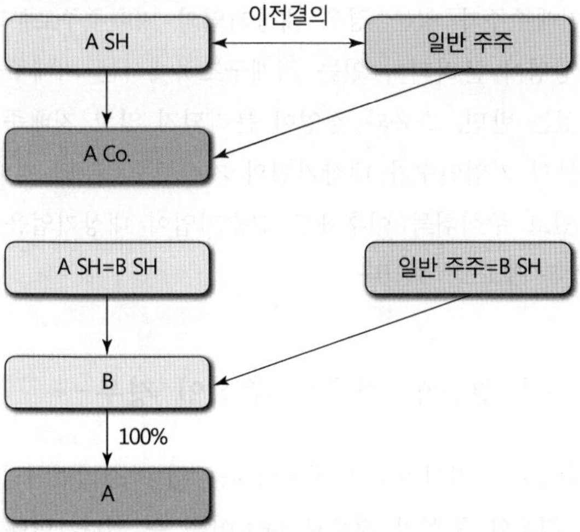

2. 주주를 상대로 한 거래

가. 공개매수/의결권대리행사권유

상장기업으로서 지배주주가 없으며 대상기업의 경영자와 기업인수에 관한 합의가 이루어지지 않는 경우 인수기업은 대상기업의 주주들로부터 직접 주식을 취득하기 위하여 공개매수의 방법을 취할 수 있다. 통상 공개매수로 지배주주가 된 후에는 바로 대상기업과 합병한다. 인수기업은 통상 인수의 도구로서 100% 자회사를 설립하므로 자회사와 대상기업이 합병되면 대상기업은 인수기업의 자회사가 된다. 우리나라의 경우, 적대적 기업인수가 거의 일어나지 않고 있고 따라서 공개매수를 통한 주식매매가 적대적 기업인수를 위한 경우는 많지 않다.[25] 지배주주간 기업의 지배권에 관한 다툼이 발생하는 경우에는 주주를 상대로 한 공개매수와 함께 위임장대리행사권유가 동시에 행하여진다. 많은 경우에 형사적 책임에 대한 고발도 곁들여진다.

25) 손재호/이태훈/나종호, 위 주 1-35 게재서 19-153에서 한국의 적대적 M&A사례를 분석하고 있다.

나. 지배주식의 매매

대상기업의 지배주주가 있는 경우 대상기업의 지배주주로부터 주식을 인수할 수 있다. 소유와 경영이 분리되어 있는 경제구조하에서는 지배주식의 매매를 통한 기업인수는 거의 없는 반면, 소유와 경영이 분리되지 않고 지배주주가 경영권을 행사하는 경우 대부분의 기업인수가 대상기업의 지배주주로부터 지배주식을 매수함으로써 이루어지고 있고 주식취득 이후에도 인수기업이 대상기업을 바로 흡수합병하는 경우는 많지 않은 것으로 보인다.

Ⅳ. 인수의 대가가 현금인 경우와 주식인 경우

기업간 합병형식으로 기업인수가 이루어지는 경우 소멸법인의 주주에게 지급되는 대가가 현금인 경우와 주식인 경우로 나누어볼 수 있다. 현행 회사법에 따르면 합병의 대가로서 전액 현금이 지급될 수 없고 주식발행형식만이 허용된다. 상장기업의 경우 합병대가로서 발행되는 주식의 가격이 변동하기 때문에 이의 가격변동에 따라서 합병비율이 달라지게 되고 따라서 이의 협상이 중요한 이슈가 될 수 있으나[26] 우리나라의 경우 적어도 합병당사자 중 하나가 상장기업인 경우 상장기업의 주식평가에 관하여는 공식을 정하고 있고 따라서 사실상 합병비율을 미리 정하여 주고 있어서 이러한 협상의 필요가 없거나 적은 특이한 상황이다.[27] 지배주식의 매매로 기업인수가 이루어지는 경우는 거의 예외없이 현금이 지급되나, 주식을 매도하고 그 대가로서 인수기업의 주식을 받으려는 경우에도 현물출자에 대한 규제를 피하기 위하여 일단 매도인에게 현금을 지급하고 매도인이 인수기업의 신주인수대금으로 이를 사용하는 방식을 취할 수 있다.[28]

---

26) 소멸법인의 주식가격의 변동에 따른 합병비율의 조정이 필요한 경우도 있을 것이나 예외적이라고 한다.

27) 자본시장법 시행령 제176조의7.

28) 윤종훈/이호준, 위 주 1-35, 106-116 주식스왑으로 설명한다. 백도어리스팅(back door listing)도 M&A의 주요한 형태로 들고 있으나, 법적으로 독특한 양식이라기 보다는 그 효과면에서 특이하고 따라서 일정한 규제가 가하여지고 있다고 하는 편이 보다 정확한 설명으로 보인다. 82쪽 이하의 전략적 제휴도 경영학적 개념에 가까운 것으로 보인다. 뒤 제12장 Ⅱ. 참조.

V. 매매의 대상이 주식인 경우와 자산인 경우

인수의 대상이 대상회사의 주식인가 아니면 자산인가에 따라서 인수회사의 우발채무인수가능성이 달라지고 조세효과가 달라질 수 있기 때문에 기업인수를 크게 주식거래와 자산거래로 구별하기도 한다.[29] 주식거래의 가장 커다란 단점이라면 대상회사의 지배주주가 됨으로써 대상회사의 모든 채무를 인수하게 된다는 것이며 1997년 환란 이후 국내기업이 재무구조의 개선을 위하여 주식 내지 자산을 외국인 투자자에게 매각함에 있어서 주식거래가 어려웠던 이유이기도 하다. 여기에서 자산거래라 함은 영업양수도와 좁은 의미의 자산매매를 포함하는 개념이지만 좁은 의미로서의 자산거래는 기업 내지 영업이 인적 물적 동일성을 유지하면서 매각되는 영업양수도만을 의미하기도 한다.[30] 자산거래는 양도자산이 특정되므로 매수인의 입장에서 우발채무의 인수가능성을 없앨 수 있는 반면에 채권양도나 채무인수시 제 3 자에 대한 대항요건을 갖추기 위한 민법상의 절차나 물권의 권리이전에 필요한 절차 때문에 비용면에서나 시간적인 면에서나 번잡스러운 단점이 있다.

노트와 질문

1) 현행법상 기업합병의 대가로서 소멸회사의 주주들에게 존속법인의 주식이 교부되어야만 한다고 보았던 이유는 무엇인가?
2) 2001. 7. 24. 주식의 포괄적 교환 · 이전제도가 회사법에 도입되고 금융지주회사법은 제62조의2에서 주식교환 및 주식이전에 관한 특례까지 규정한 이래 많은 기업들이 지주회사로 전환하는 과정에서 이 제도가 활용되었다. dart.fss.or.kr이나 kind.krx.co.kr에 따르면 2002. 4. 29. 신한금융지주가 신한은행과 합의하여 신한은행의 BW소지자가 BW권리행사시 신한은행의 주식을 신한금융지주의 주식과 교환한 것이 최초의 사례로 보인다.

29) ABA는 두 개의 기업인수관련 표준계약서 즉, 주식매매계약서와 자산매매계약서를 만들었다. 자산매매계약서는 영업양수도에 해당한다. A.B.A. SEC. BUS. L., MODEL STOCK PURCHASE AGREEMENT WITH COMMENTARY (“MSPA”) (1995); A.B.A. SEC. BUS. L., MODEL ASSET PURCHASE AGREEMENT (“MAPA”) (2001).

30) 영업양수도와 좁은 의미의 자산매매에 관하여는 뒤 제 7 장 참조.

문제 5

A사는 이월결손금 100억원을 가진 상장기업이다. B사는 건전한 재무구조를 가진 상장법인이다. B사는 A사의 총발행주식 1,000,000주 중 30%를 A사의 지배주주 X로부터 현금 1억원, 약속어음금 10억원에 구입하고 A사의 이사회 5중 4명을 선임하였다. A사 이사회는 B사가 약속어음금 지급채무를 포함하여 그 영업을 A사에 포괄적으로 현물출자하면 B사에 신주 5,000,000주를 발행하기로 결의하였다. B사는 신주를 인수한 후 바로 해산하여 기존의 주주들에게 A사의 주식을 분배하려고 한다. A사의 소수주주 M은 A사의 이사회결의는 사실상 합병의 효과가 있고 합병시 소수주주의 주식매수청구권을 침해하는 것으로 무효이며 따라서 신주발행을 금지하여야 한다며 법원에 A사를 상대로 신주발행금지가처분을 신청하려고 한다. 가처분신청서를 작성하라.

제 2 편

기업인수에 관련된 제반 법분야

기업인수는 생산에 필요한 인적·물적 요소의 결합체인 기업을 사고 파는 거래로서 이에 관련된 법 분야는 기존의 법체계하에서 하나의 성문법규 또는 하나의 법 분야로 분류되는 정형적인 것이 아니라 기업 그 자체·인적 요소로서의 노동·물적 요소로서의 자본의 이동에 관한 많은 법규들이다.

제 2 편에서는 이들 제반 관련법규를 12개의 장으로 나누어 하나씩 살펴보기로 한다. 우선 계약법과 회사법, 자금조달에 관련된 법을 살핀다. 계약법 관련논점은 세 개의 장으로 나누어 제 6 장에서 인수계약구조와 진술과 보장위반의 요건을, 제 7 장에서 자산매매/영업양수도의 구별과 사업승계책임을, 제 8 장에서 지적재산권침해와 소송 등의 우발채무를 다룬다. 회사법적인 측면도 세 개의 장으로 나누어 제 9 장에서 통상의 기업인수시 매도기업 또는 매수기업의 이사의 충실의무를, 제10장에서 적대적 기업인수시도시 방어행위와 이사의 충실의무를, 그리고 제11장에서 주주들간 이해가 충돌되는 경우로서 지배주식의 매매와 소수주주의 주식매수청구권을 논한다. 자금조달 관련하여서는 제12장에서 일반적인 자금조달측면을, 제13장에서 자본시장에서의 규율을 다룬다.

규제법적인 측면에서는 제14장에서 형사적 책임이 문제되는 경우를, 제15장에서 독점규제법을, 제16장에서 회계기준 및 세무효과를 검토한다. 마지막으로 제17장에서 국내기업의 해외기업인수 내지 외국기업의 국내기업인수에 따르는 국가안보차원에서의 고려사항을 논의한다.

제 6 장
기업인수계약

Ⅰ. 계약구조

합병은 상법상 회사 편에 특별히 인정하고 있는 제도로서 민법상 사단법인이나 재단법인, 의료법상 의료법인등에는 인정되지 않는 제도이며[1] 금산법은 상법상 합병에 관한 규정의 특칙을 규정하고 있다.[2] 합병에 따른 권리의무의 이전은 법률상 원인에 근거한 포괄적 이전이지만, 합병의 출발점은 합병당사자회사 간의 합병계약서의 작성이다.[3] 한편 합병이외의 기업인수방법으로서 자산양수도나 사업양수도, 주식양수도 역시 자산매매계약, 영업양수도계약, 주식매매계약의 체결과 이의 이행완료가 종국적인 목적이므로 이들 계약서를 작성하는 것이 기업인수거래의 출발점이라고 할 수 있다.

기업인수를 위한 계약서도[4] 통상의 매매계약서와 마찬가지로 매매목적물과 매매대가를 특정하고 이행완료시 매도인과 매수인이 상대방당사자에게 교부하여야 할 문서 내지 물건을 열거한 후 매도인의 매매목적물에 대한 진술과 보장(representations & warranties), 매매계약체결시점과 이행완료시점사이에 상당한 시간적 간격이 있을 경우 이행완료시점까지 이행사항(covenants), 이행완료를 위하여 충족되어

1) 사립학교법 제36조과 변호사법 제55조는 합병에 관한 규정을 두고 있다. 주식회사와 합명, 합자, 유한회사간 합병은 가능하지만 주식회사와 조합간 또는 조합과 조합 간의 합병은 불가능하다. 상법 제525조, 제600조. DGCL §§251-258은 광범위한 합병을 인정하고 있다. 최근 민법개정안은 비영리 사단법인과 재단법인에도 합병제도를 도입하려고 한다. 연합뉴스 2010. 6. 22. 보도 참조.

2) 금산법 제 5 조, 제 9 조.

3) 상법 제522조.

4) CARNEY, 위 주 1-3 게재서 255-265; Lou King, Eileen Nugent Simon & Michael Goldman, *Summary of Acquisition Agreements*, 51 U. MIAMI U. L. REV. 779 (Apr. 1997). ABA, 위 주 5-29 게재서, Section 3, 69-153. SSPA(Share Sale and Purchase Agreement) 또는 ASPA(Asset Sale and Purchase Agreement)로 부르기도 한다.

야 할 정지조건(conditions precedent), 이행완료 후 매도인이 진술과 보장을 위반하거나 이행사항을 이행하지 아니한 것이 발견된 경우 매도인이 매수인에 대하여 손해를 보상하는 면책책임(indemnification)에 관한 조항을 가지고 있다.[5] 이러한 계약구조는 부동산매매계약이건, 금전소비대차계약이건, 부실채권매매계약이건, 거의 모든 매매계약에서 찾아볼 수 있다.[6] 이러한 조항이 사용된 것은 과거 우리기업이 해외에서 자금조달의 목적상 금전대차계약서를 영어로 작성하면서 시작되었지만, 신설법인의 설립을 통한 합작투자계약이 아니라 기존의 한국법인이 신주를 발행하는 합작투자계약 내지 합작투자법인의 내국인투자자와 외국인투자자간 기발행주식의 매각을 위한 거래에서도 사용되었다. 본격적으로 이러한 계약구조가 일상화된 것은 1997년 환란 이후이다.

Representation의 번역과 관련하여 자본시장법 제125조와 제 7 조는 (기재 또는) "표시"라는 용어를 사용하나 통상 진술로 번역한다.[7] Warranty는 보증 또는 민법상 보증(surety/guaranty)과 구별하기 위하여 보증이 아닌 보장으로 번역하며 "약관의 규제에 관한 법률" 제 7 조 제 3 호도 "보장된 내용"이라는 표현을 사용하고 있다.[8] Closing은 서명된 계약 하에서 당사자가 이행하여야 할 주된 채무가 완료되었다는 의미에서 이행완료로 번역하며 매도인의 매매목적물에 대한 소유권이전과 매수인의 매매대금지급이 동시에 이행되는 것을 의미한다.[9]

Covenant는 통상 회사채발행계약에서 사채권자가 회사의 경영에 대하여 가하는 구속으로서 예를 들면 일정한 부채비율이 충족되기 전에는 주주들에 대한 배당

5) 이들 각각에 대하여는 제 3 편 실무에서 다룬다. 졸고, *기업인수계약상 "중대한 악영향"조항에 관한 실무연구*, 26:4 상사법연구 273 (2008. 2) 참조. Yon-Kyun Oh, Kwon Lee, Jin-Ho Song & Im-Jung Choi, *Share Acquisition Documents*, Practical Law Company (2009).

6) 이들 계약들에 통상적인 규정들을 소위 boiler plate provision이라고 하며 M&A 계약속의 통상적 규정의 의미에 관하여는 Robert T. Harper, *Traps for the Unwary: Understanding the Unintended Consequences of Boiler Plate Provisions in M&A Agreements* (A. B. A. SEC. BUS. L. 2007 Annual Meeting Materials) available at http://www.abanet.org/dch/committee.cfm?com=CL560002&edit=0.

7) "사실표시"라는 용어를 제시하는 이도 있다. 송종준, M&A거래계약의 구조와 법적 의의 — 미국의 계약실무를 중심으로, 21세기 상사법의 전개: 정동윤 선생 화갑기념 (1999). 일본에서는 "표명"이라는 단어를 사용한다고 한다.

8) 보증이라는 용어를 사용한 계약서도 많고 이를 선호하는 판례도 많다. 예를 들면 서울고법 2008나19678 판결.

9) 영국의 법률가들은 completion이란 단어를 즐겨 사용하는 것으로 보이며 이행완료 이외에 거래종결, 실행, 마감이라는 용어도 사용된다. closing 이후 양당사자가 이행하여야 할 사항으로 세무에 협조할 의무, 계속근로관계유지의무 등이 있을 수 있다.

을 할 수 없다거나 중요한 자산을 처분하거나 회사재산을 담보로 추가적인 채무부담행위를 하는 경우 사채권자의 동의를 받아야 한다는 등의 의무사항을 말하지만,[10] 기업인수계약에서는 당사자의 의무를 규정한다는 의미에서 이행사항 또는 확약사항으로 번역한다.

Indemnification은 통상 손해배상청구조항 또는 보상청구조항이라고 하기도 하지만 이책에서는 보다 좁은 의미에서 면책조항으로 번역한다. 계약상대방인 매도인이 자신의 채무를 이행하지 아니하여 매수인에게 발생하는 손해를 배상하는 경우도 포함하지만 주된 우려는 제 3 자 예를 들면 조세당국이 과거의 세금을 추징하였다든가, 지적재산권소유자가 자신의 권리침해를 이유로 대상기업의 이행완료 시점이전의 행위에 대하여 기술료의 지급을 요구하여 이를 배상하였다든가, 공정거래위원회("공정위")가 대상기업의 이행완료 시점이전의 담합행위에 대하여 과징금을 부과하여 이를 납부한 경우에 매수인의 손해를 보상받기 위한 것이다.[11] 매수인의 손해와 기업의 손해는 구별되었지만 통상 매수인이 주식지분비율대로 손해를 볼 것으로 합의한다.

민법과 상법에 계약 내지 매매에 관한 규정이 많이 있으나[12] 이들 규정이 모두 강행규정은 아닐 것이며 이들 규정의 내용 역시 언제나 명확한 것이 아니기 때문에 기업인수계약은 이들 규정을 참고로 보다 자세하게 당사자 간의 권리의무를 규정하는 것이 중요한 목표이다. 자세한 진술과 보장조항이 없는 기업인수계약은 결국 민상법상의 채무불이행 내지 담보책임에 관한 규정에 따라서 당사자 간의 권리의무가 정하여질 것이기 때문이다. 기업인수계약의 내용을 협상함에 있어서 이들 조항을 상대방 설득의 근거로 사용할 수 있다는 면에서는 도움이 되는 경우도 있으나 상대방 당사자 역시 그 불명확성을 지적할 수 있다는 면에서 협상에서는 참고자

---

10) restrictive covenant는 근로계약에서 경업금지조항을 의미한다. negative covenants 또는 negative pledge는 사채발행인의 부작위의무사항를 의미한다.

11) 물론 제 3 자와의 분쟁을 해결하기 위하여 매도인과 매수인은 각각 어떤 절차에 따라서 어떠한 역할을 수행하여야 하는지에 대한 자세한 합의를 전제로 한다. 면책조항 대신에 소위 풋백옵션이라고 해서 매수인이 일부 자산을 매도인에게 도로 사가라고 요구할 수 있는 권리를 부여할 수도 있으나 이는 매도인의 협상력이 떨어지는 예외적인 경우에나 합의가 가능하다. 부실채권매각의 경우 (loan/NPL [non-performing loan] sale agreement) 매도인이 매수인에게 이러한 옵션을 부여할 수도 있다. 한편, 금전소비대차나 공개매수를 통한 매수를 포함한 합병계약이라면 면책조항이 있을 수가 없다. 금전소비대차의 경우에는 기한의 이익상실이 통상적인 구제수단일 것이고 공개매수의 경우에는 매도인이 투자자일반이기 때문에 이들을 상대로 면책책임을 추궁하기는 실제 불가능할 것이다.

12) 민법 제563조 이하. 특히 제584조 담보책임면제의 특약; 상법 제41조 이하 영업양도에 관한 규정과 제67조 이하 상사매매에 관한 규정.

료 이상의 의미는 없다.[13]

본 장에서는 기업인수계약상 진술과 보장의 일반적인 의미를 살피고 진술과 보장의 상대방이 그 위반의 효과를 주장하기 위하여 필요한 주관적인 요건은 무엇인지에 대한 판례를 살펴본다.

Ⅱ. 계약의 핵심: 진술과 보장

제 3 편 기업인수실무에서 진술과 보장의 구체적인 예를 살펴볼 것이고 특히 제23장에서는 중대한 악영향의 부재에 관한 진술과 보장을 논의할 것이므로,[14] 본 장에서는 대부분의 기업인수계약에서 적어도 페이지수로 가장 많은 부분을 차지하며 법률팀이 초안 작성과 협상에 가장 많은 시간을 들이는 진술 및 보장조항의 일반적인 의미 및 위반을 위한 요건에 대하여 논한다.[15] 진술과 보장을 논함에 있어 첫 번째 부닥치는 문제는 진술과 보장은 영미법에서 발달된 개념이나 우리 매매계약법의 근간은 아직도 대륙법이라는 것 때문에 개념적인 혼란이 있다는 것이다. 따라서, 진술과 보장위반에 대한 책임은 우리 민법상 담보책임인지, 채무불이행책임인지, 진술과 보장위반책임을 추궁하기 위한 매수인의 주관적인 요건, 면책조항을 위한 매도인의 주관적 요건 등이 논하여지고 있으나 이를 구태여 기존의 책임체계로 편입시켜서 설명할 필요가 있는지는 의문이다.[16] 기본적으로 모든 국제간거래에서는 서로 다른 개념이 부닥치게 마련이므로 — 국제거래에 공통적으로 적용되는 국제법이 존재하거나 국내법이 국제거래에만 적용되는 특수한 법체계를 가지고 있지 않는 이상 — 사법적인 거래관계에 관하여 계약당사자간 협상을 통하여 계약의 내용을 명확히 합의하였고 이를 전제로 당사자간 계약에 따른 위험을 분배하였다면 이를 유효하다고 보아야 할 것이며 영미법상의 이론이라는 이유로 또는 우리나라가 대륙법계 국가라는 것을 근거로 아무런 합리적인 정책목표도 없이 국가권력이 이의 효력을 부인하는 것은 바람직하지 않다.[17] 따라서, 이들 진술과 보장의 의미를 해석

13) 계약서에 "한국법상 허용되는 범위 내에서"라는 구절을 추가할 것을 제의할 수는 있을 것이다.

14) 금융거래계약에서의 진술보장에 관하여는 천경훈, 진술보장조항의 한국법상 의미, 35 BFL 80 (2009. 9).

15) 전술한 바와 같이 상장기업의 인수라면 지배주주로부터의 거래인 경우에도 진술과 보장의 범위는 제한되는 것이 보통이다. 왜냐하면 기본적으로 상장기업은 자본시장법에 따라서 투자자에게 중요한 사항을 정기적으로 또는 수시로 공시하여야 하기 때문이다.

16) 천경훈, 위 주 14 게재논문, 81-84.

17) 국제적인 기업인수계약의 형식은 거의 동일한 것으로 보인다. Suat Eng Seah, *Negotiating*

하는데 있어서 기본원칙은 다른 모든 계약조항과 마찬가지로 당사자의 합리적인 의사를 찾는 것이다.[18)]

계약목적물이 무엇인지 명확히 하기 위하여 양당사자는 진술과 보장 조항에 많은 시간과 노력을 기울인다. 그 이유는 우선 기업인수계약은 통상 계약체결시점과 계약의 이행완료시점 간의 간격이 길고 매매목적물의 기업가치는 수시로 변할 수 있으므로 진술과 보장을 통한 매매목적물을 명확히 할 필요성은 지극히 크기 때문이다. 또한, 진술과 보장에 대한 자세한 논의를 통하여 계약목적물에 대한 양당사자 간의 이해가 근접할수록 매도인과 매수인의 매매목적물인 기업에 대하여 가지고 있는 정보의 비대칭성이 사라져서 도덕적 해이문제가 해결되고 매매목적물에 대한 가격에 대하여 합의할 가능성도 높아질 수 있다.[19)] 따라서, 진술과 보장조항이 가지는 가장 중요한 기능은 기업인수거래를 촉진한다는 것이다.

진술과 보장의 대상은 정형화된 것은 없으며 개개의 기업인수거래에 따라 다르다. 주식거래라고 하여 매매목적물인 주식의 소유권, 주식의 적법한 발행, 지분율 등에 국한하여 진술과 보장이 행하여지는 것은 아니며 주식을 회사에 대한 지분적 소유권이라고 본다면 주식을 발행한 회사의 재산상태, 영업, 재산, 소송 등에 대하여 진술과 보장이 필요하다는 점에서 자산매매와 진술과 보장의 범위에서 달라야 할 이유가 없다.[20)] 그 내용은 가장 간단하게는 매수인은 매도인에게 일정한 정보를

and Structuring Acquisitions in China …, 2008 WL 5689149 (Aspatore 2008)은 외국기업이 중국기업을 인수하는 경우에도 동일한 계약구조를 논하고 있다. 한국기업을 인수하는 외국기업은 중국기업이건, 일본기업이건, 유럽기업이건, 미국기업이건 대부분 거의 동일한 인수계약구조를 취하고 있다.

18) 대법 2005. 5. 27. 선고 2004다60065 판결(대신증권 v. 예금보험공사). "그 문언의 내용, 그러한 약정이 이루어진 동기와 경위, 그 약정에 의하여 달성하려는 목적, 당사자의 진정한 의사 등을 종합적으로 고찰하여 논리와 경험칙에 따라서 합리적으로 해석." 이 문구는 거의 모든 계약해석에 관한 판결에서 반복된다.

19) Ronald J. Gilson, *Value Creation by Business Lawyers: Legal Skills and Asset Pricing*, 94 YALE L. J. 239 (1984). 노혁준, *합병계약에서의 불확실성*, 22:4 상사판례연구 (2009. 12). 이에 대한 비판은 George W. Dent, Jr., *Business Lawyers as Enterprise Architects*, 64 BUS. LAW 279 (Feb. 2009).

20) 대법 2007. 6. 28. 선고 2005다62689 판결(정확한 사실관계는 불분명하나 마을금고를 일단 73억에 매매하기로 하되 실사로 순자산가치를 확정하여 이의 부족분을 매도인이 보상하여 주기로 합의하였던바, 매수인이 계속 중인 소송에 패소한 경우 매수인은 소송의 패소에 따른 손해배상을 추가로 매도인에게 구할 수 없다고 판시한 것으로 주식매매 시에 대상기업의 패소로 인한 손해가 언제나 주식의 하자가 될 수 없다거나 매도인에 대한 손해배상의 대상이 될 수 없다는 취지는 아닌 것으로 보이고 다만 매도인과 매수인간 실사후 보상의 범위에 속하지 아니한다는 취지로 보인다).

제공한 사실 자체에 국한될 수도 있다. 그러나, 대부분의 기업인수거래에서는 개별적인 사항, 예를 들면 최근의 재무제표, 자산, 지적재산권, 중요계약, 근로문제, 적용법규준수, 조세, 환경문제, 소송등에 관하여 일정한 서류를 제공한 사실 뿐만 아니라 제공된 서류내용의 진정성에 대하여도 진술과 보장을 하는 것이 보통이다.[21] 매도인의 업종이 제조업이라면 근로문제나 자산이 중요할 것이고 금융업이라면 받을 채권과 적용법규준수에, 고도기술산업이라면 지적재산권에, 화학이나 에너지산업이라면 환경에 신경쓸 것이다. 특정사항에 대하여 일반적인 진술과 보장을 하고 이에 대한 예외를 별지부록으로서 계약서 본문 뒤에 첨부하는 형식을 취하는 것이 보통이다. 예를 들면 소송에 관한 진술과 보장 본문은 정보공개목록(disclosure schedule)에 기재된 것 이외에는 회사를 상대로 실제 제기되어 계속 중인 또는 위협적인 분쟁은 없다는 것이며 별지에 분쟁을 열거하는 식이다. 개별적인 사항에 관한 진술과 보장이 서로 겹치는 것도 많지만, 진술과 보장은 매도인에게 이들 사항을 다시 점검하게 하는 의미도 있기 때문에 또는 진술과 보장에 따라서 면책기간이 다를 수도 있기 때문에 특별히 모든 진술과 보장이 서로 배타적이지는 않다. 예를 들면, 근로관계에 대한 진술과 보장에서 모든 근로관계법규를 준수하였다는 진술과 보장을, 조세에 대한 진술과 보장에서 모든 세법을 준수하였다는 진술과 보장을, 환경관계에 대한 진술과 보장에서 모든 환경법규를 준수하였다는 진술과 보장을 하지만, 법규준수에 대한 일반적인 진술과 보장을 별도로 추가하는 것이 보통이다.

개별적인 사항에 대한 진술과 보장으로 충분하지 않으면 이를 보완하는 의미에서 진술과 보장의 마지막에 일반적인 진술과 보장으로서 매도인은 본건거래에 필요한 모든 정보를 제공하였다는 것을 포함시킬 수도 있다. 진술과 보장은 또한 특정시점에서의 매매목적물의 상황을 설명하는 것으로 이는 과거 또는 계약체결 시점에 국한되는 것이 원칙이지만, 장래의 상황을 확보하기 위하여 매도인의 계약체결시점에서의 장래에 대한 예측을 포함하기도 한다. 예를 들면, 매도인은 앞으로 중대한 악영향을 끼칠 사건이 일어나는 것을 합리적으로 예측하기 어렵다는 진술과 보장을 할 수도 있다.[22] 또한, 원칙적으로 진술과 보장이 주어진 사실에 대하여만 책임을

21) 허영만, M&A계약과 진술보장조항, 20 BFL 16 (2006. 11).

22) Samuel Williston, *What Constitutes an Express Warranty in the Law of Sales*, 21 HARV. L. REV. 555 (Jun. 1908) warranty책임의 연혁은 불법행위의 소에서 기인한 것이나 계약책임으로 바뀌게 되었다고 하면서 가장 중요한 요건은 reliance라고 한다. 사실에 대한 진술이 아니라 단순한 의견에 그치는 경우 warranty책임이 부인된다. 가끔 매수인은 매도인의 진술과 보장에 의존한 것이 아니라 독자적인 판단에 따라서 본건 거래를 하는 것이라는

지지만 법이 이를 보완하는 의미에서 묵시적 보장책임을 부과할 수도 있다.[23]

진술과 보장의 위반에 대한 책임은 상대방의 손해를 배상하는 것이다.[24] 진술과 보장의 위반에 대하여 매수인은 매도인의 고의나 과실을 입증할 필요가 없다는 의미에서 무과실책임이다.[25] 그런 까닭에 매도인은 진술과 보장에 따른 책임을 제한하려할 것이고 그 방법으로 몇 가지가 확립되어 있다.[26] 우선 "매도인이 알고 있는 범위 내에서"라는 소위 knowledge qualifier를 붙이는 것이다.[27] 매수인이 이러한 단서가 붙은 진술과 보장위반에 대한 매도인의 책임추궁을 위해서는 매수인은 매도인이 진술과 보장을 한 시점에서 진술과 보장의 위반사실에 대하여 알고 있었다는 것을 입증하여야 하는 의미에서 매도인의 책임이 제한된다. 물론 매도인이 개인이 아니라 법인인 경우 법인의 이사가 알았어야만 매도인이 알고 있었다고 볼 것인지, 아니면 중간관리자가 알고 있었다면 매도인이 알고 있었다고 보아서 진술과 보장의 위반이라고 볼 것인지는, 당사자 간의 복잡한 협상의 대상이 될 수 있다. 또한, knowledge의 정의에 추정적인 악의, 즉 상당한 조사를 하였더라면 알 수 있었을 경우까지 포함한다면 매도인이 과실책임까지 부담하는 것이기 때문에 knowledge qualifier가 별 의미가 없고 따라서 knowledge의 정의 또한 중요한 협상대상이라고 할 수 있다.

둘째로 매도인의 진술과 보장에 따른 책임제한방법은 중대한 위반, 중대한 악영향의 단서이다. 이는 진술과 보장의 중대한 위반이 아닌 사소한 위반이라면, 또는 중대한 악영향을 가져오지 않는 위반이라면, 진술과 보장의 위반이라고 할 수 없고 따라서 매도인에게 진술과 보장 위반의 책임을 추궁할 수 없다고 합의하는 것이다. 진술과 보장의 범위로서 중요한 계약이나 중요한 분쟁만 포함시키는 것도 유사한 방법이다.

마지막으로 진술과 보장 위반의 경우 매도인은 매수인의 손해를 보상하여 주어야 하는데, 그 범위를 일정한 금액 내지 기간으로 특정하여 위험의 최대한을 제한하는 것으로 이는 면책조항에 관한 설명에서 보다 자세하게 논할 것이다.[28]

진술과 보장을 요구하는 이유는 사후적으로 warranty liability를 배제할 가능성을 유보하기 위한 것이라고도 볼 수 있다.

23) UCC Sec. 266.

24) 손해가 무엇인지에 대하여는 뒤 26장 면책에서 보다 자세하게 논의.

25) 미국법상 사기 (fraud)는 행위자가 허위임을 알아야 하는 것과 구별된다는 의미에서 무과실책임이라는 것이다. Williston-CN · 51:84 Express Warranties

26) 매수인도 진술과 보장을 하지만, 매매대금의 지급에 관한 것 이외에 별로 의미가 있는 것이 없다.

27) best knowledge와 knowledge사이에는 아무런 차이가 없다.

28) 서울지법 2005. 12. 22. 선고 2005가합13658 판결은 워크아웃절차가 진행 중인 기업의 발행주식 51%에 해당하는 주식을 150억에 매수한 거래에서 1억원을 중대한 위반이라고 판단하였다.

Ⅲ. 판　　례

서울중앙지법 2007. 12. 18. 선고 2002가합54030 판결(현대오일뱅크 v. 한화 : 인천정유사건)

[1999. 4. 2. 현대오일뱅크(구 현대에너지)는 한화 등으로부터 한화에너지의 주식을 매수하고 한화에너지는 인천정유로 상호를 변경하였다. 현대오일뱅크는 한화에너지 주식의 매도인인 한화 등을 상대로 주식매매계약상 진술과 보장의 위반을 이유로 손해배상청구의 소를 제기하였다.]

1. 기초사실

제 9 조(진술과 보증사항)

(1) 갑은 본 계약체결일 현재 갑 및 에너지 및 프라자에 대하여 다음 사항을 보증한다. 아래의 진술과 보증은 양수도실행일에 재차 이루어진 것으로 본다. 단, 양수도실행일로 특정하여 명시된 부분에 한하여 양수도실행일로부터 보증한 것으로 본다.

(거) 에너지 및 프라자는 일체의 행정법규를 위반한 사실이 없으며, 이와 관련하여 행정기관으로부터 조사를 받고 있거나 협의를 진행하는 것은 없다.

제11조(손해배상)

(1) 양수도 실행일 이후 제 9 조의 보증의 위반사항(순자산가치의 부족이나 숨은 채무 또는 우발채무가 새로이 발견되는 경우도 포함한다)이 발견된 경우 또는 기타 본 계약상의 약속사항을 위반함으로 인하여 에너지 및 프라자 또는 을에게 손해가 발생한 경우 을은 즉시 갑에게 통보하고 갑은 통보받은 날로부터 30일 이내에 시정하거나(시정가능한 경우), 현금으로 을에게 배상한다. 단, 제 9 조 제 1 항(가)의 전단부분과(나)(라)(마)(아)(너)(머)기재 진술 및 보증위반사항에 대하여는 양수도실행일로부터 5년, 나머지 보증 및 약속사항에 대하여는 양수도 실행일로부터 3년간 책임을 지는 것으로 한다. 단, 갑이 본건 주식의 완전하고 아무런 부담이나 제한없는 소유권을 갖지 못하였거나 에너지 및 프라자가 소유하는 것으로 진술 및 보증한 자산의 소유권이 없는 것으로 밝혀진 경우에는 갑은 기간의 제한 없이 진술 및 보증위반에 따른 책임을 부담한다.

(2) 제 1 항의 손해배상 총액은 금 50,000,000,000원을 초과할 수 없으며 그러한

손해배상은 위 보증 및 약속의 위반과 상당인과관계 있는 것으로 제한된다. …

다. 공정거래위원회는 인천정유가 다른 정유사들(원고, **주식회사, **정유주식회사, **오일주식회사)과 함께 1998년부터 2000년까지 실시된 군납유류 구매입찰에 참가하면서, 정유회사들간에 각자 입찰물량을 사전에 나누어 낙찰받기로 결의한 다음 각 회사 담당직원들로 하여금 유종별 낙찰예정업체, 낙찰단가, 들러리 가격 등을 사전에 합의하도록 하고, 국방부 조달본부에서 실시된 군납유류 입찰시 각 회사 담당직원들로 하여금 합의된 내용대로 응찰하게 하여 합의내용대로 낙찰을 받고 그에 따라 군용유류 공급계약을 체결하는 방법(이하 '이 사건 담합'이라 한다)으로 독점규제 및 공정거래에 관한 법률(이하 '공정거래법'이라 한다) 제19조 제 1 항 제 1 호를 위반하여 부당한 공동행위를 하였다는 이유로, 2000. 10. 17. 의결 제2000-158호로 시정명령, 법위반사실공표명령 및 과징금 47,522,000,000원 납부명령을 하였고, 그 후 과징금납부명령에 대하여 원고 및 인천정유가 이의신청을 제기함에 따라, 공정거래위원회는 2001. 2. 28. 원고 및 인천정유의 자금 사정, 국방부가 위 입찰담합과 관련하여 손해배상청구소송을 제기한 사정 등을 참작하여 재결 제2001-010호로 당초의 과징금적용부과율을 5%에서 4%로 감경하여 원고 및 인천정유에 대한 과징금을 각 28,513,000,000원으로 산정하였다.

라. 그 후 원고 및 인천정유는 서울고법 2000누15028호로 위 과징금납부명령의 취소를 구하는 행정소송을 제기하였으나 패소판결을 받았고, 이에 불복하여 대법 2002두6842호로 상고하였는바, 대법은 2004. 10. 27. 위 과징금 산정에 있어 재량권을 일탈·남용한 위법이 있다는 이유로 원심판결을 파기 환송하였다.

마. 그러자 공정거래위원회는 2004. 12. 29. 의결 제2004-385호로, 원고 및 인천정유가 실제 낙찰자로서 계약을 체결한 부분에 대하여는 원래대로 4%의 과징금적용부과율을 적용하는 한편 계약을 체결하지 않고 단순히 참가한 부분에 대하여는 3%의 과징금적용부과율을 적용하고, 다시 인천정유에 대하여는 과징금납부능력이 없다는 점 등을 고려하여 위 산정금액에서 20%를 감경하는 방법으로 과징금납부명령의 일부 취소를 하였는바, 결국 원고에 대하여는 5,962,000,000원을 취소하여 22,551,000,000원, 인천정유에 대하여는 10,730,000,000원을 취소하여 17,783,000,000원의 각 과징금액이 남게 되었는데, 원고 및 인천정유는 서울고법 2004누24457호로 위와 같이 취소되고 남은 과징금에 대하여 다투어, 위 법원은 2005. 11. 30. 위 과징금 산정에 있어 재량권을 일탈·남용한 위법이 있다는 이유로 과징금납부명령을 취소하였고,

공정거래위원회가 이에 불복하여 대법 2006두675호로 상고하여 현재 소송계속중이다.

바. 대한민국은 2001. 2. 13. 이 법원 2001가합10682호로 인천정유를 포함한 정유사들의 위 불공정행위로 인하여 군용유류 구매입찰에서 적정가격보다 고가로 낙찰을 받아 유류를 공급하는 바람에 손해를 입었다는 이유로 위 정유사들에게 158,419,669,721원의 지급을 구하는 손해배상청구소송을 제기하였는데, 이 법원은 2007. 1. 23. 대한민국의 위와 같은 청구를 일부 인용하여 원고, **주식회사, **정유주식회사, **오일주식회사, 인천정유는 연대하여 대한민국에게 80,997,385,398원 및 그 중 33,512,441,345원에 대하여는 1999. 6. 29.부터 46,288,573,059원에 대하여는 2000. 4. 28.부터, 1,196,370,994원에 대하여는 2001. 1. 1.부터 각 2007. 1. 23.까지는 연 5%의, 그 다음날부터 완제일까지는 연 20%의 각 비율에 의한 금원을 지급하라는 판결을 선고하였고, 이에 위 사건의 원, 피고 쌍방이 항소하여 현재 서울고법 2007나25157호로 소송계속중이다.

사. 인천정유는 1998년부터 2000년 사이에 실시된 군납유류 입찰시 위와 같이 부당하게 경쟁을 제한하는 행위를 하였다는 독점규제 및 공정거래에 관한 법률 위반죄로 2001. 7. 23. 이 법원 2001고약4478호로 벌금 2억원의 약식명령을 발령받았고, 그 무렵 위 약식명령이 확정되었으며, 원고 및 인천정유는 위 약식명령을 발령받기 이전에 피고들에게 2000. 12. 27. 담당검사로부터 위 벌금의 예납통지를 받았다는 사실을 통지하였고, 인천정유는 2000. 12. 29. 위 벌금 2억원을 예납하였으며, 원고는 2001. 8. 6. 피고들에게 이 사건 주식양수도계약서 제11조 제 1 항에 따라 위 벌금 2억원을 7일 이내에 원고들에게 지급하라는 통지를 하였다.

아. 인천정유는 위와 같은 소송과정에서 변호사 비용을 지출하였는데, 과징금납부명령의 취소를 구하는 행정소송 등(이의신청, 효력정지신청, 과징금납부명령취소소송, 형사소송)에서 2000. 12. 1. 착수금으로 4억원을, 2001. 4. 6. 이의신청 성공사례금으로 225,730,000원을, 대한민국의 손해배상청구소송 응소과정에서 2001. 5. 2. 착수금으로 77,300,000원을 각 지출하였고, 원고는 2002. 1. 21. 위 손해배상청구소송에서 패소하는 경우 인천정유에 대한 구상채권을 정리채권으로 확정하기 위한 정리채권확정소송의 변호사수임료료 2,000만원을 지출하였다.

2. 주장 및 판단

가. 당사자들의 주장

(1) 원고는, 피고들이 이 사건 주식양수도계약에서 인천정유가 일체의 행정법규를 위반한 사실이 없다고 진술과 보증을 하였음에도, 그와 달리 인천정유가 이 사건 담합에 가담하여 공정거래법을 위반하였고, 그로 인하여 공정거래위원회로부터 과징금납부명령을 받았으며, 대한민국으로부터 손해배상청구의 소를 제기당하고, 벌금형을 받았으며, 변호사 비용을 지출하게 되었으므로, 피고들은 이 사건 주식양수도계약에서 정한 바에 따라 주식양수인인 원고에게, 피고들의 위와 같은 진술과 보증 위반으로 인한 인천정유의 손해 전액 32,281,954,752원(=전체 과징금 17,783,000,000원 중 1998년 및 1999년도 해당분 13,165,000,000원+대한민국의 손해배상청구금 중 인천정유 해당분 18,190,111,612원+벌금 200,000,000원+변호사 비용 726,843,140원)을 배상할 의무가 있다고 주장한다.

(2) 이에 대하여 피고들은, ① 이 사건 주식양수도계약서 제 9 조 제(1)항 제(거)호에서 말하는 '행정법규'의 의미는 인천정유가 위 계약 당시 운영하던 정유사업과 관련된 공장의 설치 및 운용 등에 관한 제반 법규에 한정되는 것이므로, 공정거래법은 위 '행정법규'에 포함되지 아니하여 피고들이 진술과 보증 조항을 위반하였다고 볼 수 없고, ② 이 사건 주식양수도계약서상의 진술과 보증 조항은 민법상의 하자담보책임과 관련하여 그 하자의 의미와 범위를 보다 구체적으로 합의한 것에 불과한 것으로서 민법 제580조에 따라 악의 또는 과실로 하자를 알지 못한 매수인의 경우 하자로 인한 손해배상을 청구할 수 없는 것인데, 원고는 이 사건 담합행위자 중 하나로서 인천정유의 공정거래법 위반 사실을 알고 있었던 악의의 매수인에 해당하므로 손해배상을 청구할 수 없으며, ③ 원고가 주장하는 인천정유의 손해는 원고와 인천정유가 함께 가담한 담합행위에 기인한 것으로서 결국 원고 스스로의 범죄행위로 인한 손해라 할 것인데, 그러한 피해를 회복할 목적으로 손해배상청구를 하는 것은 민법 제 2 조, 제103조, 제746조의 근본 취지에 위반되므로 허용될 수 없고, ④ 이 사건 주식양수도계약 제11조의 규정취지는 인천정유의 손해발생으로 인하여 원고에게 손해가 발생한 경우 피고들이 이를 배상하기로 하는 것으로서, 인천정유의 채무부담을 이유로 하여 그 채무액과 동일한 배상을 구하기 위하여는 채무의 부담이 현실적, 확정적이어야 할 것인데, 공정거래위원회가 인천정유에 부과한 과징금 및 대한민국의 인천정유에 대한 손해배상청구권은 모두 현재 인천정

유가 소송에서 이를 다투고 있는 중이므로 채무부담이 확정되었다고 볼 수 없을 뿐만 아니라, ⑤ 인천정유에 관한 회사정리절차에서 원고가 피고들로부터 매수한 인천정유 주식 전량이 원고의 대주주로서의 책임을 물어 무상소각되었으므로, 원고에게 발생한 손해가 없다고 주장한다.

나. 손해배상책임의 발생

(1) 공정거래법 위반이 행정법규 위반에 해당하는지 여부

… 또한, M&A 계약에서 진술과 보증 조항은 기업의 매도인과 매수인 사이에 매매계약의 당사자가 그 목적물인 대상 기업의 일정한 사항을 상대방에게 진술하여 확인하고 이를 보증하는 조항으로서, 매도인 측에서 대상 기업에 대한 정보를 가지고 있고 매수인은 실사를 통하여 모든 필요한 정보에 접근하기는 어렵기 때문에 매도인으로 하여금 정보를 제공하도록 하고, 대상기업에 하자가 있는 경우 그에 따른 경제적 위험을 매도인과 매수인 중 누가 부담할 것인지를 정하여 실질적으로 매매가격 조정의 효과를 가져오는 것이 그 역할이라 할 것인데, M&A 거래 종결 이전에 있었던 행정법규 위반에 대한 귀책은 원칙적으로 매도인 측에 있고, 거래 목적물인 대상 기업의 자료 등이 방대하여 매수인으로서는 행정법규 위반의 존재 여부 및 그 정도에 관하여 일일이 파악하고서 대상 기업을 매수하는 것이 대개의 경우 불가능에 가깝다 할 것이므로, 위와 같은 진술과 보증 조항의 취지, 역할, 거래의 실태 등을 종합하여 볼 때, 포괄적으로 일체의 행정법규 위반에 대하여 매도인의 책임을 묻는 조항을 둘 만한 필요성도 충분히 있는 것으로 보인다.

나아가, 갑 제 4 내지 15호증(각 가지번호 포함)의 각 기재에 변론 전체의 취지를 종합하면, 이 사건 주식양수도계약서는 원고와 피고들 사이에서 각자 …의 자문을 받아 수차례에 걸친 협의와 조정을 거쳐 그 문언이 작성된 사실을 인정할 수 있는바, 원고와 피고들은 모두 대기업 또는 거래 경험이 풍부할 것으로 보이는 기업인인 점, 이 사건 주식양수도계약에 관여한 위 … 또한 위와 같은 계약을 전문적으로 취급하는 것으로 알려진 경험이 풍부한 법률전문가들인 점, 이 사건 주식양수도계약서가 매우 신중히 작성된 것으로 보이는 점 등에 비추어 보면, 위 계약체결 당시 당사자들의 의사가 '행정법규'를 정유사업과 관련된 공장의 설치 및 운용 등에 관한 법규로만 제한하려던 것이었다면 분명히 그러한 취지의 문언을 삽입하였을 것인데도, 이 사건 주식양수도계약서 제 9 조 제(1)항 제(거)호에는 '일체의 행정법규'라고만 되어 있으므로, 위 제(거)호가 정하는 행정법규 위반은 위반시 인천정유의 손해가 발생하거나 제재가 이루어질 수 있는 제반 행정법규 전체를 의미하는 것으로 봄이 상당하다. …

(2) 원고가 악의 또는 과실로 하자를 알지 못한 매수인으로서 손해배상을 청구할 수 없는지 여부

(가) 이 사건 주식양수도계약서상의 진술과 보증 조항이 민법상의 하자담보책임을 구체화한 것에 불과한지에 관하여 본다.

M&A 계약에서 진술과 보증 조항은 통상 인수대상에 대한 정보의 제공, 거래종결의 선행조건 및 해제의 사유, 위반에 대한 손해배상 내지 면책의 역할을 수행하는 것으로 흔히 설명된다. 그 중 M&A 계약이 실행된 이후에 있어서는 매매목적물인 대상 기업에 진술과 보증을 위반한 사항이 있는 경우 그에 따른 경제적 위험을 매도인과 매수인 중 누가 부담할 것인지를 정하고, 그 과정에서 실질적으로 매매가격이 조정되는 효과를 가진다.

M&A 거래에서 실무적으로 이용되고 있는 진술과 보증 조항은 영미법상 진술보장조항을 토대로 한 것으로, 1997년 금융위기 이후 주로 외국기업들이 우리 기업들의 주식을 인수하면서부터 도입되어, 그러한 거래시 미국·영국계 로펌들이 계약서 작성에 관여하여 M&A 계약서의 선례들이 축적되어 왔고, 그러한 과정에서 우리나라 변호사들에 의하여 우리의 법률 및 기업 현실에 부합하는 수정들이 이루어져 왔다.

M&A 계약상의 진술과 보증 제도는 특약에 의거한 담보책임의 일종으로 해석될 수 있지만, 민법상 하자담보책임과는 몇 가지 차이가 있는데, 첫째, 진술과 보증의 대상이 되는 사항의 범위가 계약의 목적물에만 그치지는 않고, 계약 당사자 자신에 대한 사항, 인수대상 회사의 소유자산에 관한 사항 등 당해 계약에 관한 사항 전반에 대해 미치는 것이 관례로 하자담보책임보다 그 대상이 광범위하며, 둘째, 진술과 보증 위반에 의거한 보상청구에 있어서는 일반적으로 보상의 범위가 신뢰이익에 그치지 아니하고, 청구하는 측의 선의·무과실이 요건이 되지 아니하며, 셋째, 진술과 보증 위반이 있을 경우 매수인은 손해배상을 받을 수도 있고 계약 자체를 종결하지 않을 수도 있으나, 하자담보책임의 경우 계약의 해제는 하자로 인해 계약의 목적을 달성할 수 없는 예외적 경우에만 가능하다는 점 등의 차이점이 있다. 따라서, M&A 계약에서는 진술과 보증에 의거한 책임과는 별도로 하자담보책임이 규정되기도 하고, 하자담보책임에 관한 별도의 규정이 없더라도 진술과 보증에 의거

한 책임 이외에 하자담보책임을 기초로 한 권리행사가 여전히 유효할 수도 있으나, 그 적용관계가 반드시 명백한 것은 아니다.

따라서 M&A 계약상의 진술과 보증 제도는 영미법상 M&A 계약에서 유래한 것으로서, 우리 민법상의 하자담보책임과는 유사한 면도 있으나 단순히 이를 구체화한 것에 불과하다고 보기 어려우므로, 이를 해석함에 있어서는 우리나라 법원리에 어긋나지 않는 범위 내에서 영미법상의 해석론과 거래의 관행 등을 참고하여야 할 것이다.

(나) 진술과 보증 조항 위반으로 인한 책임을 묻기 위해서는 매수인인 원고의 선의·무과실이 필요한지에 관하여 본다.

M&A 계약에서 정보공개목록(Disclosure Schedule)은 진술과 보증 조항에 따라 공개가 요구되는 정보들을 모아서 기재하는 부분으로, 매수인은 이를 이유로 계약을 종결하지 아니하거나 면책을 청구할 수 없으며, 이를 가격에 반영하게 된다. 만약 가격에 반영하지 아니하고 추후 손실이 현실화되는 경우에 면책을 받고자 하면 계약서의 관련 조항에서 이에 관하여 별도로 명시한다. 정보공개목록은 계약 서명시에 작성하는 것이 원칙이고, 계약의 종결을 앞두고 다시 갱신할지 여부는 협상에 따라 좌우되는데, 만약 갱신하지 아니하는 경우는 서명 이후에 새로운 사실관계가 발생하여 진술보장조항의 위반이 발생하게 되면 이는 매도인의 책임으로 귀속된다. 매매계약 체결시에 이미 진술과 보증이 된 회사의 상황을 기초로 하여 매매계약을 정하였으므로 그러한 상황에 변동이 생겨 회사의 가치가 떨어지면 이는 매도인의 책임으로 귀속되어야 한다는 점에서 갱신을 허용하지 아니하는 경우도 상당히 있다.

계약 협상시 매도인이 자신이 할 진술과 보증의 내용에 어떤 사실이 위반될 것 같은 경우 그 사실이 진술과 보증의 대상에서 제외되기 위하여는 상대방에게 해당 사실을 알리거나 관련 자료를 제공·공개하는 것만으로는 부족하고, 계약서에 진술과 보증의 대상에서 적극적으로 제외한다는 내용의 문구와 함께 당해 사항을 명시해야 할 것인데, 이러한 점과의 균형상, 진술과 보증 조항 위반을 추궁하는 매수인이 어떤 사항이 진술과 보증 조항에 위반함을 알고 있었다 하더라도 그것만으로는 그 위반사항에 대해 면책해 주었다고 볼 수는 없고, 진술과 보증 조항의 위반을 알고 있었다 하더라도 그러한 사유가 매매대금 액수에 미치는 영향을 산정하는 것이 어려운 경우도 있다.*

* 이와 관련하여 미국에서는, 비록 다른 취지의 판결도 있으나, 사기 (fraud)나 허위의 진술 (misrepresentation)에 기한 손해배상의 경우 "매수인이 진실이라는 점에 대하여 믿을 것이

위와 같은 점들에다가, 이 사건 주식양수도계약의 대금을 결정할 당시 원고와 피고들 모두 이 사건 담합행위로 인하여 인천정유에게 과징금, 벌금이 부과되고 손해배상청구를 당할 수도 있다는 사정에 대하여는 전혀 고려하지 아니한 것으로 보이는 점, 위 주식양수도계약서의 정보공개목록에도 그러한 점은 전혀 명시되지 아니한 점, M&A 계약상의 진술과 보증 제도는 진술과 보증이 사실과 다른 경우 그로 인한 우발채무 등이 발생하였을 때 위험부담을 정하여 대가관계를 재차 조정하기 위한 것인 점, 민법 제580조의 하자담보책임에 관한 규정은 임의규정인 점, 위 조항은 매매의 목적물에 하자가 있는 경우에 관하여 규정하고 있는데, 이 사건의 경우 인천정유의 위와 같은 우발채무 존재 자체에 대하여는 원고와 피고들 모두 알지 못하였고, 단지 그 우발채무 발생의 전제가 되는 공정거래법 위반사실에 대해서만 알고 있었던 점, M&A 계약은 대개 대규모 기업들 사이에서 일어나는 거래인 만큼 사적자치가 존중되어야 하는 영역이라 보아야 할 것인 점 등을 종합하여 보면, 단지 원고에게 악의 또는 중대한 과실이 있다는 사정 아래에서는 피고들에 대하여 이 사건 주식양수도계약상 진술과 보증 조항의 위반에 따른 책임을 물을 수 있다고 봄

요구되나, 명문의 보장조항 (express warranty)에 기한 계약상의 청구의 경우에는 매수인이 그 사실관계를 믿었느냐에 따라 달라지는 것이 아니고 보장조항 (warranty) 자체의 위반으로 책임이 성립한다"라고 하여, 진술보장이 사실과 다르다는 것을 알고 종결하였더라도 이는 권리의 포기가 아닌 것으로 보는 것이 판결의 주된 동향이고, 위험분배 및 가격조정의 차원에서 매수인의 악의의 경우에도 매도인의 진술과 보증 조항 위반에 따른 책임이 인정되어야 한다는 것이 주류적 견해로 보인다.

일본에서는, 최근 하급심에서 실제 사안에서는 매수인의 중과실을 인정하지 아니하면서도, 공평의 견지에서 "매수인의 중과실의 경우에는 매도인에게 면책의 여지가 있다"고 판시한 바 있는데, ① 매수인이 악의의 경우에는 진술보장에 반한 사항이 존재하는 것을 알고 있으면서 매수가격을 결정한 것이므로 보상청구가 불가능하고, 매수인이 중과실인 경우에도 매수인의 입장에서 보면 사실상 악의에 가까운 경우로서 보상청구가 불가능하다고 보는 견해, 매수인이 선의인 경우 이에 관한 과실이 있더라도 보상청구는 부정되지 않지만 선의의 매수인이라고 하여도 중대한 과실이 있고 매도인이 매수인도 당해 사실을 인식하고 있다는 것을 전제로 합의한 것이 인정되면 신의칙 혹은 권리남용의 법리 등에 기하여 매수인은 보상청구를 할 수 없다는 견해 등 악의 또는 중대한 과실이 있으면 매도인의 책임이 부정된다는 견해, ② 채무불이행책임, 하자담보책임이 임의규정이라고 하는 데 이론이 없고, 진술보장은 채무불이행책임의 요건 및 효과에 관한 특약이라고 보아야 하므로 매수인의 고의·과실을 보상청구의 저지사유로 하지 않는다는 조항으로 합의에 이른 것이라면 기본적으로 매수인의 중과실을 항변으로 하여야 하는 것은 아니라는 견해 등이 있다.

[저자 추가: 우리 판결문은 외국문헌이나 사례를 인용 또는 설명하는 경우 아주 드물게 각주를 붙이고 원칙적으로 각주이건, 본문이건, 전혀 참고한 문헌이나 판단의 근거를 인용하지 않고 있으나, 이러한 판결문 작성법이 바람직한 것인지에 대하여는 의문이 있다. 최근 서울중앙지법 2009. 6. 2. 선고 2009가합414 판결이 최초로 근거법령과 대법판결을 미주로 표시하고 있다.]

이 상당하다. …

(3) 원고의 손해가 존재하는지 여부

불법행위나 채무불이행을 이유로 배상하여야 할 손해는 현실로 입은 확실한 손해에 한하는 것이기 때문에, 불법행위나 채무불이행등으로 인하여 피해자 또는 채권자가 제 3 자에 대하여 어떤 채무를 부담하게 된 경우, 상대방에게 그 채무액과 동일한 배상을 구하기 위하여는, 그 채무의 부담이 현실적·확정적이어서 실제로 변제하여야 할 성질의 것임을 요하는 것인바(대법 1992. 11. 27. 선고 92다29948 판결 참조), 이 사건에 있어서 인천정유가 공정거래위원회로부터 2000. 10. 17. 의결 제2000-158호로 과징금을 부과받아 그 중 일부를 납부하였고, 대한민국으로부터 손해배상청구를 당하였다 하더라도 앞에서 본 바와 같이 인천정유는 서울고법 2004누24457호로 위 과징금에 대하여 다투어, 위 법원이 2005. 11. 30. 위 과징금 산정에 있어 재량권을 일탈·남용한 위법이 있다는 이유로 과징금납부명령을 취소하였고, 공정거래위원회가 이에 불복하여 대법 2006두675호로 상고하여 현재 소송계속 중이며, 대한민국은 2001. 2. 14. 이 법원 2001가합10682호로 인천정유를 포함한 이 사건 담합에 가담한 정유사들을 상대로 하여 손해배상청구소송을 제기하였는데, 이 법원은 2007. 1. 23. 대한민국의 위와 같은 청구를 일부 인용하는 판결을 선고하였으나, 위 사건의 원, 피고 쌍방이 항소하여 현재 서울고법 2007나25157호로 소송계속 중이므로, 인천정유가 이 사건 담합행위에 가담한 것이 확실하여 일정 액수의 과징금을 납부하고 손해배상금을 지급하여야 할 의무가 있다 하더라도, 인천정유가 현재 그 의무의 존부 및 범위에 대하여 다투고 있어 판결이 확정되지 아니한 이상, 곧바로 그것이 현실로 입은 확실한 손해에 해당한다고 보기 어렵고, 따라서 원고가 인천정유가 입은 손해의 확정을 기다리지 않고 먼저 피고들에 대하여 그 배상을 구하는 것은 허용될 수 없다.

그뿐만 아니라, 가사 인천정유의 과징금 및 손해배상금 액수에 해당하는 손해가 확정되었다 하더라도, 을 제 1 호증, 을 제7 내지 9호증의 각 기재에 변론 전체의 취지를 종합하면, 인천정유에 관한 회사정리절차가 개시되어 그 절차에서 작성된 회사정리계획안 제11장 제 2 절 제 1 조 가항에서 "정리계획안 인가전에 발행한 주식 총 24,380,051주(1주당 액면가 5,000원) 중 정리회사의 부실에 대한 책임이 있는 대주주 및 특수관계인 지분 9,481,654주와 자기주식 189,215주를 전량 무상소각한다"라고 되어 있고, 같은 조 나항에서 "주식소각의 효력은 정리계획안 인가결정일에 발생한다"라고 되어 있는데, 위 정리계획안은 인천지방업원 2003. 3. 25.자 2001회7 결정에 의해 인가된 사실, 인천정유는 SK그룹이 이를 인수하여 현재 상호가 SK인천정유주식회사로 변경된 사실을 각 인정할 수 있는바, 위 인정사실들에 의하면, 회사정리절차에서 대주주인 원고에게 인천정유의 부실경영에 대한 책임을 물어 원고가 피고들로부터 매수한 인천정유 주식 전량이 무상소각되어, 그 효력이 2003. 3. 25. 발생하였다 할 것인바, 앞에서 본 다음과 같은 사정, 즉 이 사건 주식양수도계약서 제11조 제(1)항에서는 인천정유에게 손해가 발생한 경우 피고들은 원고로부터 그 통보를 받은 날로부터 30일 이내에 현금으로 배상하는 것 이외에도 가능하다면 진술과 보증 위반사항에 관하여 시정할 수 있도록 규정하고 있는 점, 원고는 인천정유의 발행주식 중 약 38.9%만을 소유하고 있음에도 원고에게 인천정유가 입은 손해 전액을 배상하도록 정하고 있는 점 등에 비추어 볼 때, 위 계약서 제11조 제 1 항에서 정하고 있는 진술과 보증 조항 위반을 이유로 한 손해배상책임은 원고가 인천정유의 대주주의 지위에 있다는 데 그 근거를 두고 있다 할 것이므로, 원고가 보유하고 있는 인천정유의 주식이 모두 소각된 2003. 3. 25. 이후에 인천정유에게 확정적으로 발생한 손해의 경우에는 이 사건 주식양수도계약에 의하더라도 원고가 피고들에게 그 배상을 구할 수 없다 할 것이다.

서울고법 2012. 6. 21. 선고 2008나19678 판결

이 사건 진술·보증 조항과 같이 대규모 주식거래를 통한 기업지배권 내지 경영권 이전을 목적으로 하는 M&A 계약에서 활용되고 있는 진술 및 보증 조항(representations and warranties)은 기업을 매매목적물로 하는 매매계약에 있어서 당사자 자신(주로 매도인)과 그 매매목적물인 대상기업에 대한 일정한 사항 내지 정보를 상대방(주로 매수인)에게 진술하여 확인하고 이를 보증하는 제도로서, 계약체결 및 이행 과정을 통하여 ① 인수대상에 대한 정보의 제공, ② 거래종결의 선행조건 또는 해제의 사유, ③ 거래종결 이후의 면책 또는 위반에 따른 손해배상책임의 근거와 같은 역할을 수행하며, 그 중 M&A 계약이 실행된 이후에 있어서는 매매목적물인 대상기업에 진술과 보증을 위반한 사항이 있는 경우 그에 따른 경제적 위험을 매도인과 매수인 중 누가 부담할 것인지를 정하고 손해배상 내지 면책을 제공함으로써 실질적으로는 매매가격이 사후 조정되는 효과를 가져오는 역할을 하는 것이다.

이러한 진술 및 보증 조항은 기본적으로 영미법계 국가인 미국, 영국에서의 M&A 계약에서 통상적으로 이용되어 오던 것으로 1990년대 후반 이후 외국기업들이 우리 기업들을 인수하는 거래가 이루어지는 과정에서 국내에도 도입되기 시작하여 현재 이 사건에서와 같이 국내 기업간의 M&A 계약에서도 활용되고 있다.

이처럼 진술 및 보증 조항은 그 연혁적·이론적 배경이 영미법계 국가에 있고, 그 적용 범위 등에 있어서 진술과 보증의 대상이 되는 사항의 범위가 계약의 목적물에만 그치지 않고 계약 당사자 자신에 대한 사항과 같이 당해 계약에 관한 사항 전반에 대해 미치는 등 일반적인 하자담보책임과는 차이점이 있기는 하나, 진술 및 보증 조항의 경우 매도인이 그 위반사실에 대하여 선의·무과실인 경우에도 그 위반 책임을 인정한다는 점에서 하자에 대하여 선의·무과실인 매도인에게도 담보책임을 인정하는 하자담보책임과 유사한 반면 채무자의 고의·과실을 요하는 채무불이행 책임과는 차이가 있는 점, 진술 및 보증 조항의 성격이나 역할도 결국 M&A 계약(매매계약) 체결 당시 당사자간에 고려하지 않았던 대상기업(매매목적물)의 하자에 대한 사후 보상이라는 점, 즉 M&A 계약상의 매도인이 진술 및 보증한 대상기업 등에 관한 정보에 매매 당시에는 예견할 수 없었던 문제가 있거나 사실과 다른 점이 있다면 매수인으로서는 매매목적물인 대상기업의 성상 내지는 가치가 원래 예상했었던 상태와 차이가 나는 손해를 입게 되고, 이러한 경우 진술 및 보증 조항은 그러한 차이를 손해배상이라는 형식을 통해 보전하는 역할을 하는 것이라는 점 등에서, 진술 및 보증 조항은 우리 민·상법상의 하자담보책임과 유사한 제도라고 할 것이다.

따라서 강행법규에 위반되지 않는 범위 내에서 당사자간의 약정에 의하여 민·상법상의 하자담보책임의 범위 및 내용을 개별적으로 규정할 수 있는 것처럼 이와 유사한 제도인 진술 및 보증 조항의 적용에 있어서도 당사자간의 구체적인 약정이 있다면 이러한 개별약정을 우선하여 적용하여야 하고, 이러한 명시적인 합의가 없어 불명확한 부분이 있다면 이에 대하여는 앞서 본 진술 및 보증 조항의 기능, 위 조항을 통해 달성하려는 목적, 당사자의 진정한 의사 등을 종합적으로 고려하여 합리적으로 해석하여야 할 것이지만, 이러한 경우에도 신의성실의 원칙, 공평의 이념 등 우리 법제의 기본적인 원칙을 벗어나는 해석은 허용될 수 없다고 할 것이다.

이 사건의 경우를 보건대, 이 사건 주식양수도계약서 제11조에 따라 이 사건 진술·보증 조항 위반으로 인한 책임을 묻기 위하여는 매수인인 원고가 그 위반사항에 대하여 선의이거나 알지 못한 것에 과실이 없어야 하는지에 관하여 이 사건 주식양수도계약서에는 이에 대한 명시적 규정이 없고 이 사건 주식양수도계약 당시 이에 대한 당사자간의 합의가 별도로 있었다는 증거도 없으므로, 이 점에 관하여는 신의성실의 원칙, 공평의 이념 등에 반하지 않는 범위 내에서 진술 및 보증 조항의 기능, 목적 및 당사자의 진정한 의사와 신의성 등을 종합적으로 고려하여 합리적으로 해석하여야 할 것인바, 진술 및 보증 조항의 근본적인 목적 및 역할은 매도인이 대상기업의 모든 정보를 소유하고 있는 반면 매수인은 단기간의 실사를 통하더라도 필요한 정보를 모두 파악하는 것이 사실상 불가능하다는 현실을 고려하여 매도인에게 정보의 공개 및 진술·보장을 요구함과 동시에 그 위반에 따른 보상책임을 부담하게 함으로써 정보의 편중에 따른 계약 당사자간의 불균형을 제거하는 것에 있을 뿐 매수인에게 어떠한 우월적 지위를 부여하려는 것이 아니라는 점, 진술 및 보증 조항 위반사실에 대한 악의의 매수인에게도 손해배상청구를 허용하게 되면 매도인은 자신의 귀책사유 유무와는 상관없이 위반사실이 존재한다는 사정만으로도 그 책임을 부담하는 반면 매수인은 그 위반사실을 알고 이를 매매계약 체결 과정에서 반영하였거나 충분히 반영할 수 있는 기회가 있었음에도 불구하고 계약체결 이후 동일한 위반사실을 이유로 매도인에 대하여 이에 상응하는 손해배상 내지 보전을 다시 요구할 수 있게 되어 앞서 본 당사자간의 대등·균형 유지라는 진술 및 보증 조항의 목적에도 맞지 않을 뿐만 아니라 공평의 이념에도 반하는 결과를 낳게 되는 점, 진술 및 보증 조항의 기능 및 역할 중의 하나인 '계약 체결 당시 당사자 모두 고려하지 않았던 사정이 존재하거나 발생함으로 인하여 야기되는 위험분배 및 가격조정의 문제'는 이에 대한 인식이나 귀책사유가 없는 매도인에게 진술 및 보증 조항 위반에 따른 책임을 인정함으로써 충분히 달성되는 것이고 나아가 그러한 사정을 알고 있었던 매수인에게까지 이에 대한 청구를 허용하여야 할 합리적 근거가 없는 점, 진술 및 보증 조항이 오래전부터 활성화되어 있는 미국에서도 악의의 매수인에게도 당연히 손해배상 내지 보상청구가 허용되는지에 대하여는 학설이나 판례가 명확히 확립되어 있지 않고, 현재 거래실무에서도 이러한 점을 고려하여 매수인의 인식 여부와는 무관하게 손해배상청구가 가능하다는 조항을 별도로 추가함으로써 이를 명확히 하는 경우도 있는 점 등에 비추어 보면, 거래의 신속성 및 사후 분쟁의 최소화가 요구되는 M&A 계약 자체의 특수성이나 진술 및 보증 조항의 연혁적 배경, 그리고 위험분배 및 가격조정이라는 진술 및 보증 조항의 기능 및 역할 등을 모두 고려하더라도 진술 및 보증 위반사실을 이미 알고 있는 악의의 매수인이 계약협상 및 가격산정시 드러내지는 않았지만 이를 반영하였거나 충분히 반영할 수 있었음에도 방치하였다가 이후 위반사실이 존재한다는 사정을 들어 뒤늦게 매도인에게 위반에 대하여 책임을 묻는 것은 공평의 이념 및 신의칙상 허용될 수 없다고 봄이 상당하다. 그리고 악의의 매수인이 가격산정시 이를 반영하였는지 여부는 명시적인 경우 외에는 그 당사자의 내심의 의사에 관한 것이어서 이를 객관적으로 인정한다는 것이 현실적으로 매우 곤란할 뿐만 아니라 매수인이 이를 부정하는 경우에 매도인이 이를 반박하기가 어려우므로, 악의의 매수인이 매도인과의 합의에 따라 계약서에 명시적으로 위반사실 문제를 유보하여 두지 않은 이상 매수인으로서는 위반사실을 인식하였지만 이를 가격산정시 반영하지는 않았다는 주장을 할 수는 없다. 따라서 이 사건 주식양수도계약의 대금을 결정할 당시 원고와 피고들 모두 이 사건 담합행위로 인하여 인천정유에게 과징금이나 벌금이 부과되고 손해배상청구를 당할 수 있다는 사정에 대하여 전혀 고려하지 않았다거나 주식양도계약서의 정보공개목록에도 그러한 점이 명시되지 않았다고 하더라도 악의의 매수인인 원고가 스스로 위반사실에 대하여 위와 같은 조치를 취하지 아니한 이상(원고가 계약체결 당시 공정거래법 위반에 따른 인천정유의 책임 가능성을 문제 삼았더라면 피고들로서는 이를 고려하여 이 사건 주식양수도계약을 체결하지 않았거나 피고들의 보상한도를 달리 정하였을 가능성도 충분히 생각할 수 있는데, 원고가 이를 문제 삼지 않고 이 사건 계약을 체결하였다가 뒤늦게 피고들에게 진술 및 보증 조항의 위반을 이유로 보상청구를 하는 것은 피고들이 가지는 위와 같은 기회를 박탈하는 결과가 되어 부당하다) 매도인인 피고들은 이러한 원고에 대하여 진술 및 보증 조항의 위반에 따른 책임을 부담하지 않는다고 보아야 한다.

덧붙여 매수인이 위반사실을 알지 못한데 과실이 있는 경우의 해석과 관련하여서는 앞서 본 바와 같이 진술 및 보증 조항은 민·상법상의 하자담보책임과 유사한 제도일 뿐 동일한 제도는 아니므로 이에 관한 당사자의 명확한 의사가 존재하지 않는다고 하여 매수인의 무과실을 요구하는 민법 제580조가 당연히 적용되는 것은 아니고, 앞서 본 바와 같이 신의칙 및 공평의 이념상 악의의 매수인에게는 보상청구를 허용하여서는 안 된다고 하여 당연히 과실 내지 중과실이 있는 경우에도 이와 동일하게 해석하여야 하는 것도 아니며, 이 역시 앞서 본 바와 같이 진술 및 보증 조항의 기능, 위 조항을 통해 달성하려는 목적, 당사자의 진정한 의사 등을 종합적으로 고려하여 합리적으로 해석하여야 할 것인바, 매수인의 과실 내지 중과실 여부는 매수인의 악의 여부와는 달리 그 판단에 다툼이 있을 가능성이 많아서 과실 여부에 따라 보상청구 허용 여부를 달리할 경우 사후 분쟁의 최소화라는 진술 및 보증 조항의 본래 역할에 맞지 않는 결과를 낳게 되는 점, 대부분의 M&A 계약에서 매수인은 대상기업에 대한 실사를 통해 정보를 획득하게 되는데 이때 제공되는 자료의 양이 방대한 반면 실사 기간은 단기에 그칠 수밖에 없어 매수인이 제공된 자료를 통하여 진술 및 보증 조항 위반사실을 인식할 수 있었음에도 불구하고 이를 제대로 파악하지 못한 과실로 인하여 이를 인식하지 못하는 경우가 상당수에 이를 것이어서 이러한 매수인측의 현실적 어려움을 고려하여 진술 및 보증 조항을 두게 된 것인데 다시 매수인의 과실을 이유로 보상청구를 제한한다면 위와 같이 진술 및 보증 조항을 두게 된 본래의 취지에 맞지 않는다는 점 등에 비추어 보면, 매수인이 위반사실을 알지 못하는 이상 그와 같이 알지 못한데 과실 내지 중과실이 있는 경우라고 하더라도 진술 및 보증 조항 위반에 따른 보상청구는 허용되어야 하고, 앞서 본 바와 같이 매수인이 이미 위반사실을 알고 있어서 드러내지는 않았지만 이를 계약체결 과정에서 반영하였거나 충분히 반영할 수 있었음에도 이를 방치한 경우와 같이 보상청구를 허용하면 신의성실의 원칙 및 공평의 이념에 반하는 결과를 초래하게 되는 경우에만 허용되지 아니한다고 할 것이다.

서울중앙지법 2011. 4. 1. 선고 2010가합40647 판결(동양종금 v. 정×삼)[29]

1. 기초사실

가. 대유리젠트증권 주식회사와 피고 사이의 경수종합금융 주식회사 주식에 관한 양수도계약 체결 및 진술보장 약정

1) 주식양수도계약

대유리젠트증권 주식회사(2000. 5. 27. 리젠트증권 주식회사로, 2002. 1. 23. 브릿지증권 주식회사로, 2007. 10. 1. 주식회사 골든브릿지투자증권으로 각 상호변경, 이하 '리젠트증권'이라 한다)는 1999. 11. 10. 피고와 사이에 경수종합금융 주식회사(2000. 2. 8. 리젠트종합금융 주식회사로 상호변경, 이하 '경수종금'이라 한다)의 주식에 관하여 다음과 같은 내용의 주식양수도계약(이하 '이 사건 주식양수도계약'이라 한다)을 체결하였고, 경수종금이 참여하였으며, 위 양수도계약에는 아래와 같은 진술보장 및 손해배상 약정이 포함되어 있다.

29) 서울고법 2011. 12. 14. 선고 2011나34776 판결로 확정.

제 1 조(계약의 대상주식)

(1) 주식의 종류: 경수종금 발생의 기명식 보통주식(1주당 액면가 5,000원)

(2) 주식의 수량: 피고와 피고의 특수관계인 및 그의 관계인들이 소유하고 있는 3,605,440주(본 계약 체결일 현재 발행주식 14,006,000주의 25.75%)

제 2 조(매매가격)

(1) 피고와 피고의 특수관계인 및 그의 관계인들이 소유하고 있는 경수종금 주식의 총 매매금액은 54,081,600,000원(1주당 15,000원)으로 한다.

(2) 제 1 항의 총 주식 매매대금(1주당 15,000원)은 1999. 4. 30.과 1999. 8. 31. 현재의 경수종금 재무 및 일반현황을 매도인이 매수인에게 제공하였으며, 기 제공된 경수종금의 재무 및 일반현황을 기준으로 하여 피고가 경수종금의 경영권을 리젠트증권에게 양도한다는 점을 반영하여 산정하였다.

제 3 조(매매대금의 지급시기 및 방법)

(1) 제 2 조에서 정한 총주식 매매대금의 지급시기는 다음과 같다.

(가) 리젠트증권은 본 계약의 체결과 동시에 계약금으로 제 2 조 제 1 항의 총주식 매매대금의 30%인 금 16,224,480,000원을 피고에게 지급한다.

(나) 피고는 경수종금에 대한 실사가 종료되는 날로부터 14일(이하 '납입일'이라 함)에 제 2 조 제 3 항의 산정방식에 의한 조정된 금액이 있을 경우 조정된 금액과 계약금을 차감한 잔금을 피고에게 지급한다.

제 4 조(주권의 인도)

피고는 납입일에 제 3 조에서 정한 바에 따라 리젠트증권으로부터 총주식 매매대금 전액을 수령함과 동시에 경수종금 본점에서 대상주식의 주권 및 이의 명의개서에 필요한 제반서류를 리젠트증권에게 인도하여야 한다.

제 7 조 1항(양도인 및 경수종금의 진술 및 보장)

(1) 피고와 경수종금은 각자 계약 효력일 현재 및 납입일 현재 회사에 관하여 다음 사항을 진술하고 보장한다.

(마) (부채상황) (ⅰ) 1998년도 대차대조표에 반영되었거나 주석으로 표시된 부채 또는 채무, (ⅱ) [별첨 3]에 별도로 기재된 부채 또는 채무를 제외하고 1999. 3. 31. 현재 경수종금에 대한 여하한 형태의 부채나 채무(우발적인지 여부, 금액이 확정되어 있는지 여부를 불문함)도 없다.

제11조(손해배상)

각 당사자는 본 계약상의 진술 및 보장 사항의 허위 진술 누락 또는 위반, 또는 본 계약상의 약정사항의 위반에 대해 책임을 지며, 리젠트증권은 피고가 제공하는 금융정보는 일체 외부에 유출되어서는 아니되며, 특히 보안에 대한 비밀유지 책임을 진다. 각 당사자는 자신의 본 계약조건의 위반에 의하여 다른 상대방과 그 임직원, 대리인 및 대표자들에게 발생하는 모든 손실, 비용 및 손해액(법률비용 포함)을 배상하여야 한다. 단, 피고의 손해배상은 본 계약상의 진술 및 보장 사항의 허위 진술 누락 또는 위반으로 인하여 일건당 100,000,000원 이상의 손해나 합계 1,000,000,000원 이상의 손해가 발생할 경우에 한한다.

2) 양수대금 납입 및 주권인도

이 사건 주식양수도계약에 관하여 1999. 12. 24. 수정계약과 2000. 1. 10. 추가계약이 이루어졌고, 피고는 2000. 1. 11. 양수대금 잔금을 수령하고 리젠트증권에게 주권을 인도하였다.

나. 동서증권 주식회사 파산관재인의 경수종금에 대한 부인권 행사 및 그로 인한 채무발생

1) 경수종금의 동서팩토링 주식회사에 대한 담보대출

한편, 경수종금 주식에 관한 이 사건 주식양수도계약 이전인 1997년 하반기에 극동그룹의 계열사인 동서팩토링 주식회사(이하 '동서팩토링'이라 한다)에 대한 그룹차원의 지원이 결정되었는데, 동서증권 주식회사(1998. 5. 28. 동서호라이즌증권 주식회사로 상호를 변경, 이하 '동서증권'이라 한다)는 '증권회사는 계열회사에게 직접적인 자금지원을 할 수 없다'는 재무건전성 원칙 때문에 직접 금원을 대여할 수 없었기에, 우회적으로 경수종금을 거쳐 동서팩토링에게 자금지원을 하기로 하였다. 이에 동서증권은 1997. 10. 9., 1997. 10. 17., 1997. 11. 17. 3차례 걸쳐 경수종금으로부터 경수종금 발행의 약속어음을 할인하여 매입한 뒤, 그 약속어음을 경수종금에 위탁하여 관리하게 하는 형식으로 15,000,000,000원 상당을 경수종금에 예치하였고, 경수종금은 동서증권으로부터 연대보증 약정을 받음과 동시에 위 예치금을 담보로 제공받고, 같은 날 동서팩토링에게 약 15,000,000,000원의 어음할인대출을 실행하였다.

2) 경수종금의 예·대 상계

그런데 1997. 12. 12. 동서팩토링과 동서증권이 부도를 내자, 경수종금은 같은 날 동서증권이 위와 같이 예치한 돈과 동서팩토링에 대한 대출금에 관하여 예·대 상계처리를 하였다.

3) 동서증권의 파산

이후 동서증권은 1998. 11. 25. 서울지방법원에서 98하138호로 파산선고를 받게 되었고, 동서팩토링은 1998. 9. 30. 주주총회 결의로 해산하여 청산 절차를 밟던 중, 2001. 3. 9 서울지방법원에서 파산선고를 받았다.

4) 동서증권 파산관재인의 부인권 행사 및 소송결과

동서증권의 파산관재인은 위와 같이 동서팩토링의 경수종금에 대한 대출금 채무에 관하여 동서증권이 경수종금과 사이에 맺은 연대보증약정 및 담보제공행위를 각 파산법 제64조 제 5 호 소정의 무상행위로 보고, 이에 대한 부인권을 행사하기로 하여 2000. 11. 24. 서울지방법원 2000가합87999호로 경수종금(이후 원고가 소송수계)을 상대로 예금(발행어음)담보제공행위부인등의 소를 제기하였고, 위 법원은 2003. 5. 27. 원고는 동서증권의 파산관재인에게 15,000,000,000원 및 이에 대한 1997. 12. 13.부터 다 갚는 날까지 연 16%의 비율에 의한 돈을 지급하라는 판결을 선고하였다.

이에 원고가 항소하고(서울고등법원 2003나36821호), 동서증권이 부대항소하였으며, 피고는 원고의 2003. 8. 6.자 소송고지를 받고 2003. 8. 22. 원고를 위하여 보조참가하였는데, 위 법원은 2005. 9. 14. 원고의 청구를 1심 판결보다 감축하여 인용하는 내용의 판결을 선고하였다.

위 항소심 판결에 대하여 원고와 동서증권은 모두 상고하였는데(대법원 2005다56865호), 대법원은 2009. 5. 28. 부인권의 행사에 따른 원상회복의무의 범위 등에 관하여 법리오해 및 심리미진 등을 이유로 위 항소심 판결을 파기하였다.

파기환송 후 원심인 서울고등법원(2009나48031호)은 2009. 12. 3. 원고는 동서증권에게 12,067,908,776원 및 이에 대한 2003. 7. 23.부터 다 갚는 날까지 연 6%의 비율에 의한 금원을 지급할 의무가 있다는 내용의 조정에 갈음하는 결정을 하였고, 이에 대하여 당사자들이 모두 이의하지 않아 위 결정이 2009. 12. 24. 그대로 확정되었다.

다. 원고와 리젠트증권 사이의 피고에 대한 손해배상청구권 양수계약 등

1) 원고의 경수종금 합병

경수종금은 2001. 6. 29. 동양현대종합금융 주식회사에 합병되었고, 위 회사는 2001. 12. 1. 원고에게 흡수합병되었다.

2) 리젠트증권의 손해배상청구권 양도

경수종금의 주주 등은 합병 무렵 경수종금에 대한 실사보고서에 기재되지 아니한 부외 부채로 인하여 합병 후 회사의 자기자본이 감소할 경우, 이를 지원하기 위한 최선의 노력을 기울이기로 약정하였다. 이에 원고는 2001. 6. 21. 경수종금의 주주인 리젠트증권으로부터 '리젠트증권이 이 사건 주식양수도계약에 기하여 피고에 대하여 손해배상청구권을 행사하여 얻게 되는 모든 보상을 원고에게 이전하고, 원고의 요청이 있는 경우 즉시 주식양수도계약상의 권리를 이전하겠다'는 내용의 확약서를 받았고, 위 확약서에 근거하여 2010. 1. 14. 리젠트증권과 사이에 이 사건 주식양수도계약에 의하여 리젠트증권이 피고에 대하여 가지는 손해배상청구권을 양수하는 계약을 체결하였으며, 리젠트증권은 2010. 1. 28. 피고에게 채권양도의 통지를 하여 그 무렵 피고에게 위 통지가 송달되었다.

3. 판　　단

가. 이 사건 예치금 반환채무의 우발채무 해당 여부 및 진술보장의 범위

1) 피고는 이 사건 주식양수도계약 당시 경수종금에게 '1998년도 대차대조표에 반영되었거나 주석으로 표시된 부채 또는 채무, [별첨 3]에 별도로 기재된 부채 또는 채무를 제외하고 1999. 3. 31. 현재 경수종금에 대한 여하한 형태의 부채나 채무(우발적인지 여부, 금액이 확정되어 있는지 여부를 불문함)도 없다.'는 진술보장을 하고, 진술 및 보장 사항의 허위 진술 누락 또는 위반을 한 경우, 일건당 100,000,000원 이상의 손해나 합계 1,000,000,000원 이상의 손해가 발생할 경우에 손해배상을 하기로 약정한 사실, 그런데 2000. 11. 24. 동서증권 파산관재인의 부인권 행사로 인하여 1999. 12. 12. 예·대 상계처리에 따라 소멸하였던 경수종금의 동서증권에 대한 예치금 반환채무가 원상으로 회복된 사실, 이후 원고가 2010. 1. 14. 리젠트증권으로부터 이 사건 주식양수도계약에 의하여 리젠트증권이 피고에 대하여 가지는 손해배상청구권을 양수한 사실은 위에서 본 바와 같다.

따라서 이 사건 손해배상청구의 전제로써 이 사건 예치금 반환채무가 1999. 3. 31. 현재 발생한 우발채무로서 피고의 진술보장 범위에 포함되는지에 관하여 본다.

회계처리와 공시에 필요한 사항을 정하는 기업회계기준서 제17호는 우발채무를 ① 과거사건은 발생하였으나 기업이 전적으로 통제할 수 없는 하나 또는 그 이상의 불확실한 미래사건의 발생 여부에 의하여서만 그 존재여부가 확인되는 잠재적인 의무, ② 과거사건이나 거래의 결과로 발생한 현재의무이지만 그 의무를 이행하기 위하여 자원이 유출될 가능성이 매우 높지 않거나, 또는 그 가능성은 매우 높으나 당해 의무를 이행하여야 할 금액을 신뢰성 있게 추정할 수 없는 경우라고 정의하고 있다. 위와 같은 정의와 앞서 본 사실을 종합하면, 이 사건 예치금 반환채무는 과거사건(부인권 행사의 원인이 되는 사실관계, 즉 동서증권의 담보제공행위 및 연대보증약정, 동서증권의 파산선고)은 발생하였으나 기업이 전적으로 통제할 수 없는 하나 또는 그 이상의 불확실한 미래사건(파산관재인의 부인권 행사)의 발생 여부에 의해서만 그 존재여부가 확인되는 잠재적인 의무에 해당하므로, 일응 우발채무에 해당하는 것으로 보인다.

그런데 피고는 아래에서 보는 바와 같이 1999. 3. 31. 현재 채무를 진술보장하였으므로, 우발적인 형태의 이 사건 예치금 반환채무가 이 사건 주식양수도계약 기준일(1999. 3. 31.) 당시에도 존재하고 있었는지에 관하여 보건대, 파산절차에서 부인권이 행사되면 부인의 대상이 되는 행위가 그 효력을 소급적으로 상실하지만, 그로 인하여 발생하는 채무 자체가 소급적으로 성립하는 것은 아니고, 부인권을 행사함으로써 비로소 그와 같은 권리가 발생하는 점에 비추어, 이 사건 예치금 반환채무는 1999. 3. 31. 현재 존재하는 우발채무라고 인정할 수 없다. 따라서 피고가 1999. 3. 31. 현재 존재하지 않았던 이 사건 예치금 반환채무를 경수종금의 대차대조표나 별첨 목록에 기재하지 않았다고 하더라도, 진술보장에 위반 또는 누락이 있다고 할 수 없으므로, 진술보장에 위반 또는 누락을 전제로 한 원고의 손해배상청구는 더 나아가 살필 필요 없이 이유 없다.

2) 이에 대해 원고는, 피고가 '진술보장 이전에 존재하였던 사정으로 인하여 진술보장 이후에 발생한 모든 부채나 채무'에 관하여도 현재 시점에서 채무가 발생한 것으로 보아 진술보장을 하였다고 주장한다. 살피건대, 진술보장 조항(Representations and Warranties)은 기업을 매도하고자 하는 매도인과 이를 매수하고자 하는 매수인 사이에 일정한 사항(매매대상, 매매당사자 등)을 상대방에게 진술하고, 그 사실이 틀림없다는 것을 확인하는 조항이고, 영미의 M&A 거래에서 통상적으로 사용되어온 것으로, 충실한 정보제공을 통해서 매수인에게 매매대상 기업의 가치를 정확히 평가할 수 있도록 하고, 제공된 정보가 허위인 경우에 거래종결을 하거나, 손해배상청구를 통하여 매매가격을 조정하는 기능을 수행한다. 이러한 진술보장은 우발채무를 포함할 수 있으나, 미래의 채무까지 포함할 경우 책임이 무한으로 확대되므로, 기준시점 현재 발생하여 존재하는 채무(기준시점 이전의 사건으로 인하여 향후

발생하는 일체의 채무가 아니다)를 대상으로 한다고 해석되는데,* 피고는 위에서 본바와 같이 '기표시된 부채 또는 채무를 제외하고 1999. 3. 31. 현재 경수종금에 대한 여하한 형태의 부채나 채무(우발적인지 여부, 금액이 확정되어 있는지 여부를 불문함)도 없다.'고 진술보장하였을 뿐, 우발채무를 발생킬 수 있는 조건, 사실, 상황 등에 관한 진술보장을 하지 않았으므로, 원고 주장과 같이 진술보장 기준일 현재 부인권 행사를 제외한 채무의 발생에 요구되는 모든 사실관계가 갖추어져 있고 진술보장의 중요한 기능이 매매가격을 조정하는 것이라고 하더라도, 위 조항의 객관적 의미를 '1999. 3. 31. 이전에 존재하였던 사정으로 인하여 진술보장 이후에 발생한 모든 부채나 채무'까지도 현재 시점에서 발생한 채무로 보아 진술보장한 것이라고 해석할 수는 없고, 달리 원고 주장을 인정할 만한 특별한 사정도 엿보이지 않으므로, 원고의 위 주장은 이유 없다.

3) 또한 원고는, 위 연대보증약정 및 담보제공행위로부터 6개월이 경과하기 전에 동서증권의 지급정지가 있었고, 그러한 행위가 무상행위라고 판단될 근거가 상당히 있어서 파산관재인에 의하여 관련 거래가 부인될 가능성이 있다고 충분히 인식하였거나 예견할 수 있었으므로, 해당 손실가능성은 우발채무로 진술보장 형식으로 당사자에게 통지되었어야 함에도 불구하고, 피고가 그러한 조치를 취하지 않았으므로, 피고는 이 사건 주식양수도계약 제11조를 위반하였다고 주장한다.

살피건대, 1997년 당시 여러 기업들이 도산하였고, 부인권 행사로 인한 소송 전례가 있으며, 피고가 경수종금의 최대주주였다는 사정만으로는, 피고가 진술보장 당시 위 연대보증약정 및 담보제공행위가 부인될 수 있는 위험을 구체적으로 인식 내지 예견할 수 있었으면서도 이를 알리지 않았다고 인정하기 부족하고, 달리 이를 인정할 증거가 없으므로, 원고의 위 주장은 이유 없다.

---

* Although the representation extends to "contingent" liabilities, the representation focuses exclusively on existing liabilities — it dose not cover liabilities that may arise in the future from past events or existing circumstances.(American Bar Association, Model Stock Purchase Agreement with Commentary, 1995) (진술보장은 우발적인 채무에도 미치나, 오로지 현재 존재하는 채무에 한한다. — 진술보장은 과거의 사건이나 현재 존재하는 사정으로 인하여 장래에 발생할 수 있는 채무는 포함하지 않는다).

서울중앙지법 2013. 12. 13. 선고 2011가합128117 판결(금호건설 v. 한국자산관리공사)

3. 손해배상의 요건에 관한 쟁점 및 판단

가. 매수인들이 알고 있던 항목에 관한 손해배상청구 가부

1) 당사자들의 주장

가) 원고들의 주장

이 사건 진술 및 보증 위반에 따른 손해배상청구의 실질은 위험의 분담이자 매매가격의 조정이고, 당사자 사이의 계약에 따라 위와 같이 손해를 배상하기로 정한 것이므로, 계약에서 정한 약정금 청구에 해당한다. 또한, 이 사건 주식매매계약의 가격협상 과정에서 매수인들이 가격조정을 요구하였던 사항 중 일부는 나중에 손해배상으로 청구하기로 하고 가격조정 항목에서 제외하였으므로, 매수인들이 알고 있었는지와 상관없이 손해배상이 인정되어야 한다.

나) 피고들의 주장

이 사건 진술 및 보증 규정은 위 계약의 목적물 성상에 대하여 일정한 사실관계를 진술하고 보증하는 것으로, 위 규정 위반에 따른 손해배상청구의 실질은 하자담보책임 또는 채무불이행에 따른 손해배상청구이다. 따라서 당사자 사이에 특별한 약정이 없는 경우에는 민법상 하자담보책임 규정이 적용되는 것이므로, 매수인들이 진술 및 보증의 대상이 된 하자를 알았거나 과실로 알지 못한 경우 민법 제580조 제 1 항에 따라 손해배상을 청구할 수 없다.

2) 판 단

살피건대, 앞서 든 증거와 갑 제24호증(2006. 9. 12. 이메일 "협상에 임하는 KAMCO 입장"), 갑 제25호증(2006. 10. 9. principal meeting 시 주요 쟁점사항), 갑 제26호증(2006. 9. 14. 회의 요약), 갑 제27호증(2006. 9. 7. 1차 가격조정요청서), 갑 제28호증(2006. 10. 26. 최종 가격조정리스트), 갑 제29호증(2006. 10. 23. 작성 별지목록), 갑 제38호증(2006. 10. 23.자 공문－최종실사조정 요청)의 각 기재에 변론 전체의 취지를 종합하면 알 수 있는 다음과 같은 사정들에 비추어 보면, 이 사건 진술 및 보증에 위반되는 사항이 있고 이에 따라 원고들에게 손해가 발생한 경우, 이에 대한 매수인들의 인식 또는 인식 가능성과 상관없이 원고들은 피고들을 상대로 이 사건 주식매매계약에서 정한 바에 따라 손해배상을 청구할 수 있다

고 봄이 타당하다.

① 이 사건 진술 및 보증 조항과 같이 대규모 주식거래를 통한 기업지배권 또는 경영권 이전을 목적으로 하는 M&A 계약에서 활용되고 있는 진술 및 보증 조항(Representations and Warranties)은, 기업을 매매목적물로 하는 매매계약에 있어서 당사자 자신과 그 매매목적물인 대상기업에 대한 일정한 사항 또는 정보를 상대방에게 진술하여 확인하고 이를 보증하는 제도이다. 위와 같은 진술 및 보증은 계약체결 및 이행 과정을 통하여 인수대상에 대한 정보의 제공, 거래종결의 선행조건 또는 해제의 사유, 거래종결 이후의 면책 또는 위반에 따른 손해배상책임의 근거와 같은 역할을 하며, 그 중 M&A 계약이 실행된 이후에 있어서는 매매목적물인 대상기업에 진술 및 보증을 위반한 사항이 있는 경우 그에 따른 경제적 위험을 매도인과 매수인 중 누가 부담할 것인지를 정하고 손해배상 또는 면책을 제공함으로써, 실질적으로는 매매가격이 사후 조정되는 효과를 가져온다.

② 이러한 진술 및 보증 조항은 기본적으로 영미법계 국가인 미국, 영국에서의 M&A 계약에서 통상적으로 이용되어 오던 것으로 1990년대 후반 이후 외국기업들이 우리 기업들을 인수하는 거래가 이루어지는 과정에서 국내에도 도입되기 시작하여 현재 이 사건과 같이 국내 기업 간의 M&A 계약에서도 활용되고 있다.

③ 이처럼 진술 및 보증 조항은 그 연혁적·이론적 배경이 영미법계 국가에 있고, 그 적용 범위 등에 있어서 진술과 보증의 대상이 되는 사항의 범위가 계약의 목적물에만 그치지 않고 계약 당사자 자신에 대한 사항과 같이 당해 계약에 관한 사항 전반에 대해 미치는 점, 매도인뿐만 아니라 매수인도 진술 및 보증의 주체가 되는 점(이 사건 주식매매계약 제15조는 매수인들의 진술 및 보증을 규정하고 있다), 그 위반에 따른 책임의 범위와 존속기간도 모두 당사자의 합의에 따라 정해지는 점 등 우리 민법상 일반적인 하자담보책임과는 차이가 있다. 따라서 당사자의 약정이 없는 부분을 해석함에 있어 우리 민법상 하자담보책임에 관한 규정을 그대로 적용하는 것은 부적절하다.

④ 제14조에서는 '매도인대표 이사들 및 대상회사 이사들이 인지하였거나 인지하고 있어야 하는 범위 내에서 … (진술 및 보증에 규정된 사항들이) … 진실하고 정확하다는 점을 매수인들에게 진술 및 보증한다'고 하여 피고 공사와 대우건설 이사들의 인지에 대해서는 명확히 규정하고 있으나, 매수인들이 진술 및 보증 사항에 대하여 그 진실성 및 정확성을 믿었어야 하는지에 관하여는 아무런 규정이 없다. 당사자들 사이에 매수인들이 인지한 사항에 대하여 손해배상청구를 배척할 의

사가 있었다면, 이 사건 주식매매계약서 문구가 수차례 수정되는 과정에서 이를 계약서에 넣지 못할 이유가 없었을 것이다.

⑤ 매수인 측 자문사인 J. P. Morgan(이하 'JP모건'이라고 한다)은 매각주간사인 씨티그룹글로벌마켓증권 주식회사(이하 '씨티증권'이라 한다) 이사와의 대화에서 정리된 피고 공사의 입장을 이메일로 송부하였는데, 위 이메일에는 피고 공사의 입장으로 '가격조정 5%, 손해배상 10%는 양측이 합의한 규칙이고 이번에 가격조정요청이 된 사항은 추가 손해배상 항목에 해당할 수 없으니, 만약 이번 가격조정요청서에 손해배상대상 항목이 있을 경우 이를 제외한 가격조정항목만을 추린 목록을 제출하라'는 취지가 기재되어 있다. 또한, JP모건, 한국산업은행과 씨티증권, 삼성증권 주식회사(이하 '주식회사'는 생략한다) 등이 참가한 2006. 9. 14.자 회의에서도 매도인 측은 "가격조정 및 손해배상을 분리하여 논의하여야 하며 두 이슈는 별개의 이슈로서 가격조정으로 다루어진 사항은 나중에 손해배상으로 논의할 수 없고, 2006. 9. 7.자 매수인 측의 1차 가격조정요청서 '4. TAX', '5. 우발채무 및 소송 등' 항목은 손해배상으로 논의할 항목이므로 가격조정 요청서에서 제외되어야 한다"는 입장을 표시하였고, 매수인 측은 "가격조정요청서의 상당 부분이 가격조정 대상이면서도 동시에 손해배상의 대상이 될 수 있으므로 가격조정요청서에 포함되어 있더라도 5% 가격조정 대상에 포함되지 않는 경우 손해배상 대상으로 논의할 수 있어야 하고, 최종입찰제안서에 제시한 가격조정 항목에 따라 이미 제출한 요청서는 전부 가격조정 대상이며 각 항목에 대해 협의를 거치더라도 나중에 손해배상으로 논의될 수 있다. 혹여 매도인 측의 편의를 위해 항목의 수준을 조정하더라도 가격조정 항목을 나중에 손해배상의 대상에서 제외할 수 없다"는 입장을 표시하였다. 위와 같은 매도인 측과 매수인 측의 공방은 매수인들이 알고 있는 항목에 대해서도 나중에 손해배상이 가능하다는 전제하에, 이러한 항목을 가격조정 항목과 동시에 손해배상 항목으로 삼을 수 있는지에 관한 의견대립으로 보인다(만약 매수인들이 알고 있는 항목에 관해서는 손해배상을 청구할 수 없다고 하면 가격조정요청서에 기재된 항목은 모두 손해배상을 청구할 수 없게 되므로, 매도인 측에서 1차 가격조정요청서 '4. TAX', '5. 우발채무 및 소송 등' 항목을 손해배상으로 논의할 사항이라고 한 것에 대한 설명이 불가능하다).

⑥ 매수인 측은 가격협상 과정에서 매도인 측에, '2006. 9. 7. 최초 가격조정 대상으로 주장했던 일부 항목을 나중에 손해배상으로 청구한다는 전제하에 2006. 10. 26. 최종적으로 최초 가격조정 요청 금액 대비 71% 감소한 금액의 조정을 요청

한다'는 취지로 공문을 보냈다. 실제로 최초 가격조정 요청 리스트에는 포함되어 있던 아래 제 5 의 가항 등 개별 손해 항목이 제외된 매수인 측 최종 가격조정 리스트가 작성되어 피고 공사에 제공되었는데, 피고 공사가 위와 같은 공문에 이의를 제기하였다는 사정이 보이지 않는다.

⑦ 이 사건 주식매매계약 체결 직전 매도인 측에서 작성한 별지 목록에는 원고들이 주장하는 개별 손해 항목인 아래 제 5 의 카, 타, 파, 하항 등도 기재되어 있었는데, 계약 체결시에 계약서 별지 1 소송 진행 목록에서는 위 항목들이 제외되기도 하였다.

⑧ 위와 같은 사정에 비추어 볼 때 매도인 측은 이 사건 주식매매계약의 가격협상 과정에서 매수인 측에, 손해의 발생 및 그 액수가 확정되지 않은 사항 등 성질상 가격조정 대상이 되기 어려운 항목은 나중에 손해배상으로 청구할 수 있다는 신뢰를 부여하였고 이에 따라 실제로 매수인 측에서 가격조정을 요청하였던 일부 항목이 제외되기도 하였으므로, 이제 와 매수인들이 위 주식매매계약 체결 이전에 위와 같은 사항을 알고 있었다는 이유로 손해배상청구를 제한하는 것은 부당하다.

⑨ 피고들이 들고 있는 고등법원 판결(서울고등법원 2008나19678)은, 주식매매계약의 매수인이 진술 및 보증 기준일 이전에 대상회사와 담합하여 독점규제 및 공정거래에 관한 법률(이하 '독점규제법'이라고만 한다)을 위반한 상태에서 주식매매계약을 체결하였는데, 나중에 위 담합행위를 원인으로 과징금 납부명령을 받는 등 손해가 발생하자 이는 '일체의 행정법규를 위반한 사실이 없다'는 매도인들의 진술 및 보증위반이라고 주장하면서 선의의 매도인들에 대하여 배상을 구한 사건이다. 위 사건과 같이 진술 및 보증이 사실과 다름을 알고 있었을 뿐만 아니라 대상회사와 함께 행정법규를 위반한 당사자인 매수인이 선의의 매도인들에 대하여 진술 및 보증 위반을 이유로 손해배상을 구하는 것은 공평의 원칙에 부합하지 않는 것으로 보이고, 이러한 경우 매수인의 손해배상청구를 제한할 필요성도 있을 것이나, 이 사건은 매수인들과 매도인들의 행위와 인식 등이 위 고등법원 판결과 같지 않으므로, 위 판결을 그대로 원용할 수는 없다.

김태진, *M&A계약에서의 진술 및 보증 조항 및 그 위반*, 113 저스티스 54-57 (2009. 10)

4. 악의 또는 과실 있는 매수인에 대한 매도인의 보상책임에 관한 해석

(1) 과실상계 사유로서의 매수인의 주관적 사정

위에서 본 바와 같이, 진술 및 보장책임의 법적 성격 내지는 본질을 하자담보책임이 아니라 채무불이행책임이라고 해석하는 이상, 한화에너지사건에서, 민법 제580조 제 1 항 단서에 따라 '매수인이 하자있는 것을 알았거나 과실로 인하여 이를 알지 못한 때'에는 그 책임을 물을 수 없다는 내용은 더 이상 적용될 수 없다. 진술 및 보장 위반에 대한 보상책임과 하자담보책임 사이의 차이는 이미 위 2. 항에서 살펴보았다. 그러므로 매수인이 매도인의 진술 및 보장 위반에 대하여 알았거나 과실로 인하여 이를 알지 못하였다고 하더라도 이러한 매수인의 주관적 사정은 과실상계에 의한 감액사유는 될지언정, 매도인의 보상책임의 성립에는 아무런 문제가 없다고 보아야 한다. 이와 관련하여, 일본의 지브롤터생명 사건을 참고할 수 있다. 그 사건에서 일본 동경지방재판소는 분식회계로 인한 불법행위의 성립 및 그로 인한 손해배상책임을 인정하면서, 실사를 실시하지 아니한 매수인에게도 일정분 과실이 있다고 보아 40%의 과실상계를 인정한 바 있다.

(2) 매수인의 주관적 사정에 대한 판단기준

(가) M&A 계약 실무

매도인이 진술 및 보장을 위반하여 매수인이 매도인을 상대로 보상책임을 청구할 때에 위에서 본 바와 같이 그 위반이 있음을 알고 있거나 과실로 알지 못한 매수인이 있다면 그러한 매수인의 주관적 사정은 매도인의 보상책임의 액수를 정할 때에 과실상계에 의한 감액사유가 될 것이다. 그러나 현실에서 더 중요한 문제는 매수인의 주관적 사정이 보상책임에 미치는 영향이 아니라, 언제 무엇을 기준으로 매수인에게 이러한 주관적 사정이 있었다고 볼 것인가라는 점이다.

M&A 실무에서는, 매수인이 실사를 통하여 매도인이 진술 및 보장에 위반한 사실을 발견한 경우 이것이 직접적으로 계약대금의 감액을 요청할 수 있는 금액으로 산정할 수 있는 사항이라면 당연히 이를 지적하고 감액을 요청할 것이나, 만약 협상 시점에서는 현실적인 금액으로 산정하기 어려운 위반사항인 경우라면 매도인이 문제없다는 말을 믿고 전략적으로 그대로 협상을 진행하는 경우가 종종 있다.

이는 매수인의 입장에서 보면 매도인이 문제없다고 보장한 이상 향후 그 위반사항으로 인하여 손해가 발생하면 매수인이 당연히 그 손해배상을 매도인에게 청구할 수 있다고 생각하였기 때문이거나, 진술 및 보장 위반 내용이 금전적으로 산정하기 어려운 쟁점일 경우이기 때문이다. 만약 그 위반사항이 중대한 것이라면 위반사실을 발견한 그 시점에 그 위반사실이 거래를 종료시키는 원인(이른바 deal breaker)이 되어 그 거래는 더 이상 진전되지 못하고 그 상태로 종료하는 것이 더 일반적이다. 이와 같이 진술 및 보장의 대상은 워낙 다양하기 때문에 위반하여도 양도가격에 영향을 주지 않는다고 생각되는 것들, 영향을 주는지 여부가 불명확한 것 등 매우 다양하다.

그러므로 매수인의 입장에서는 통상 매수인의 인식의 근거가 되는 실사 결과가 매도인의 진술 및 보장의 효과에 영향을 주지 않도록 정하는 규정을 계약에 넣어두어 실사 과정에서 진술 및 보장 위반 사실에 관한 정보가 제공되거나 발견되었는지 여부에 상관없이 나중에 매도인을 상대로 진술 및 보장 위반으로 책임을 물을 수 있도록 하고자 한다. 한편 매도인의 입장에서는 원래 실사 과정에서 개시된 사실에 관하여는 모두 진술 보장의 예외로 한다는 취지의 예외 규정을 두거나 기술적으로 진술 및 보장의 각 조항마다 예외사항이 있음을 명시하고 그러한 예외사항들에 관하여는 별첨서류(disclosure schedule)ⓐ로서 첨부하는 등의 방법을 통하여 보상청구로부터 면책되기를 희망한다. 따라서 매수인이 위반사항을 알면서도 아무런 조치를 취하지 아니하였다고 하여 그러한 사유를 들어 금반언의 법리를 적용하여서는 아니 된다. 따라서 매수인의 악의 내지는 과실을 어떻게 해석할 것인지는 이러한 실무 및 진술 및 보장 조항의 기능을 반영하여야 할 것으로 본다.

(나) 매수인의 주관적 사정에 대한 판단기준

실제로 주식매매계약을 체결하는 데에 있어 중요한 것은, 매수인이 계약 체결 전에 매도인의 진술 및 보장 위반 사실을 알았는지 여부가 아니라, 매도인이 진술 및 보장에 위반하였음을 알고서 그 위반의 전제가 된 사실을 매수인이 당해 거래에서 가격의 산정자료로 삼았는지 여부이다. 따라서 M&A 거래에서는 단순히 매수인의 선, 악의의 문제를 따질 것이 아니라, 당해 진술 및 보장에 위반한 사항을 매수인이 인식하고, 이를 매매가격에 반영(하락요인)시켰는지 여부를 기준으로 삼아야 한다고 본다.

ⓐ 인천정유 판결문은 정보공개목록이란 단어를 사용하고 있다. 정보공개목록은 통상 진술과 보장 조항의 조 내지 항 단위로 작성한다.

이와 같이 해석하지 않고, 단순히 매수인의 인식만을 기준으로 판단하게 된다면 실사하는 과정에서 그 방대한 자료 중에 만약 매도인의 진술 및 보장에 관련된 서류의 극히 일부가 포함된다는 이유로 악의 내지는 과실이 있는 매수인이 되어 버리는 결과가 발생한다. 그렇게 되면, 실사를 하는 것이 매수인에게는 더 불리한 위험을 초래하게 되어 합리적인 매수인이라면 오히려 실사를 하지 않는 편이 더 낫다는 이상한 결론에 도달하기 때문이다. 더구나 진술 및 보장사항이 일반적인 사항이어서 계약 체결 시점에는 위법, 부당한 경우로 판단하기 곤란한 경우도 있을 수 있기 때문에, 진술 및 보장 조항을 두는 당사자의 의도는 일반적인 내용의 진술 및 보장 조항을 이용하여 사후적으로 그에 대한 위반이 발생하게 되면 그 위험의 분담을 미리 결정한 것으로 볼 수 있으므로 당사자의 의사를 해석해 보더라도 단순한 선의, 악의(중과실, 경과실) 등을 고려하는 것은 타당하지 않다.

예컨대 매수인의 주관적 사정이라 함은 결국 매수인의 인식이 그 M&A거래에서 거래대금의 액수를 산정하거나 대금의 지급 방법을 결정하는 데에 어떠한 형태로 반영되었는지 여부에 따라 달리 보아야 할 것이다. (i) 만약 매수인이 매매대금을 감액하여 달라는 등의 요청을 하고 이것이 매도인에 의하여 받아들여진 경우라면, 그 후에 달리 확대 손해가 발생하였다는 등의 사유가 없는 한 동일한 사유로 매도인에 대하여 손해배상을 허용하는 것은 매수인이 이중으로 혜택을 보려는 것이므로 권리남용 내지는 신의칙에 비추어 매도인의 책임 자체가 없다고 볼 여지가 있다. 경우에 따라서는 매도인에게 알리지 않고도 매수인이 스스로 매수인의 가격에 이미 반영하였을 수도 있다. 이 경우에도 동일한 사유라면 매도인의 책임 자체가 없다고 보아야 한다. 다만 매수인이 반영하였다는 점을 입증하는 데에 현실적으로 어려움이 있을 수 있다. (ii) 매수인이 매매대금의 직접적인 감액 요소임을 알면서도 감액을 요청하지 않은 경우에는 비록 매수인이 매도인의 진술 및 보장 위반에 대하여 알고는 있었으나 보상청구를 하는 데에 장애요소가 되어서는 아니 될 것이다. 물론 매수인이 알면서도 굳이 매매대금을 지급하였으므로 이미 그 가격을 용인한 것이어서 보상청구를 제한하여야한다는 주장도 있지만, 위에서 본 바와 같이 진술 및 보장 조항이 당사자 사이에서는 사후의 가치 감소분만큼 매매대금을 조정하는 의미가 있으므로, 매매대금의 액수를 산정하는 데에 전혀 반영되지 못한 것이라면 매수인의 감액 내지는 보상 청구를 굳이 제한할 이유가 없다. 매수인이 위반사실을 알고도 수치로 산정하기가 어려워 매매대금의 감액 요청을 하지 못한 경우에도 마찬가지라 할 것이다.

(iii) 매수인이 매도인의 진술 및 보장 사항의 위반에 대하여 전혀 알지 못한 경우에는 당연히 매매대금의 가격에도 반영되지 못하였을 것이므로 계약에 따라 보상 청구가 제한 없이 인정되어야 할 것이다. 이와 관련하여, 매수인의 과실 여부를 어떻게 판단할 것인지 문제될 수 있는데, 과실이 문제되는 경우는 당해 진술 및 보장 위반 내용이 매도인이 제공한 서류 내지는 정보에 의하여 통상의 주의의무를 가진 평균인을 기준으로 하여 한눈에 알 수 있을 정도로 명백함에도 불구하고 매수인이 이를 알지 못하고 가격에 반영시키지 못하였다는 것을 의미한다고 생각한다.

(다) 입증책임의 문제

한편 위(나)항과 같이 해석한다면 매수인의 주관적 사정에 관하여는 누가 어떻게 입증해야 하는지 그 입증책임의 소재와 그 방법이 실제로 문제될 것이다. 우선 매수인이 매매계약체결사실과 매도인의 진술 및 보장 위반사실만 입증하면, 그 다음에는 매도인이 항변으로서 매수인의 주관적 요건을 입증해야 한다. 그런데 이 때 매도인이 입증해야 하는 매수인의 주관적 요건은 매수인이 진술 및 보장 위반 사실을 알았거나 과실로 알지 못하였다는 점이 아니라, 매매계약의 계약 금액에 반영시키지 못한 데에 대한 고의 내지는 과실이라고 해석하여야 할 것으로 생각한다.

한편 매도인이 과연 매수인이 매도인의 진술 및 보장 위반 사실을 계약 금액에 반영시켰는지 여부를 입증하고자 할 때의 문제는, 예외적인 상황(예컨대, 매도인이 계약 체결을 위한 협상 당시에 매수인과의 회의에서, 또는 매수인의 직권을 적극적으로 인터뷰하면서 당해 위반사실을 지적하였거나 이 점을 검토한 회의 자료를 가지고 있는 경우 등)도 고려해 볼 수는 있겠으나, 매도인보다는 매수인이 매수인의 주관적 사정에 관련된 각종 자료나 증인 등을 이용하여 스스로의 선의, 무과실을 입증하기가 더 쉽다는 점이다. 따라서 사견으로는 매도인으로서는 일단 매수인이 실사 등을 통하여 당해 진술 및 보장 위반 사실을 알았다는 점만 입증하면, 매수인이 이러한 사유로 일응 계약 조건에 어떠한 형태로든 반영시켰을 것이라고 추정하여 입증책임을 나누는 방법을 제안하고 싶다. 왜냐하면 M&A 거래에서는 많은 경우 매수인 자체가 자연인이 아니라 회사라는 점, 과거 M&A 거래 경험이 풍부하거나, 전문가의 조력을 받아 거래를 진행한다는 점, 매수인은 이윤을 추구하는 영리집단이므로 합리적으로 행동한다면 이러한 위반 사항을 발견하고 그것이 계약 대금의 감액 사유 내지는 계약 조건에 유리한 사유이므로 당연히 계약 조건에 반영시켰으리라고 기대할 수 있고, 반영하지 않을 이유가 오히려 예외적인 사유라는 점 등을 고려할 때, 오히려 매수인으로 하여금 다시 매수인 스스로 진술 및 보장위반 사항임을 알았으나 실제로 계약조건에는 반영시키지 않았다는 사유를 입증하도록 하는 것이 더 합당할 것으로 생각한다.ⓑ

노트와 질문

1) 매수인이 매도인의 진술 보장이 사실이 아닌 것을 발견한 경우 즉시 매도인에게 이를 통지할 의무가 매수인의 이행사항중 하나로 들어가 있으면 매도인의 악의와 손해배상책임 간의 관계에 관한 결론은 달라지는가?
2) 인천정유판결에서 1심 법원은 매수인이 매도인에 대하여 매도인의 진술과 보장 조항위반으로 인한 손해배상청구권을 행사함에 있어서 매수인의 선의·무과실요건이 적용되지 아니한다는 판단의 이유로 정보공개목록의 갱신을 허용하지 않는 경우도 상당히 있다는 점, 진술과 보장의 대상에서 제외되기 위하여는 적극적으로 제외한다는 내용의 문구와 함께 당해 사항을 명시해야 할 것이라는 점, 계약대금을 결정할 당시 담합행위로 인하여 손해배상청구를 당할 수도 있다는 사정에 대하여는 전혀 고려하지 아니한 것으로 보이는 점을 들고 있다. 첫 번째 이유는 거래의 실질과 일치하는 것인지 의문이다. 정보공개목록을 포함하여 진술과 보장이 계약 체결 시 사실인 것을 전제로 계약이 체결되고 그 이후 매도인이 진술과 보장이 사실이 아닌 것을 발견한 경우—이는 매도인의 고의나 과실에 기인한 경우도 있을 터이고 또는 매도인의 고의나 과실과 관계없는 제 3 자의 소송제기 등에 기인한 경우도 있을 수 있을 것이다—매도인은 이를 즉시 매수인에게 통지하여야 할 의무를 규정하는 것이 통상의 계약실무이다. 이러한 의무는 통상 계약체결 이후 매도인의 이행사항(covenant)의 하나로 포함되며 매도인이 이러한 의무를 이행하지 않아서 이행완료 이후에 진술과 보장이 사실이 아닌 것을 발견한 경우 매수인은 매도인의 이행사항 불이행이나 진술과 보장위반을 이유로 계약을 해제하거나 손해배상을 청구할 수 있을 것이다. 매도인이 계약체결 이후 이행완료 전 진술과 보장이 더 이상 사실이 아님을 매수인에게 통지를 한 경우 매도인은 진술과 보장위반을 이유로 계약의 이행완료를 거절하거나 계약을 해지할 수 있다. 둘째 이유는 진술과 보장의 문구작성의 기술에 불과한 것이지 진술과 보장의 법적인 의미와는 무관한 것이다. 셋째

ⓑ 판결 소개하는 수준의 글로 김상곤, 진술 및 보장의 새로운 쟁점, 32 상사법연구 85, 105 (2013) 참조.

이유는 당사자간 거래협상내용에 따라서 진술과 보장의 범위가 달라진다는 것인데, 거래협상과정이 계약서 문구의 해석시 고려되어야 할 중요한 요소임은 사실이나 개개의 협상과정이 매수인의 주관적 요건이라는 일반적인 요건의 해석에 영향을 주어야 하는지는 의문이다. 또한, 매수인이 가격담합의 당사자임에도 불구하고 담합으로 인한 손해가능성에 대한 인식이 없다고 볼 수 있는지 의문이다. 2심은 무슨 이유로 1심과 다른 판단을 하였는가?

3) 매수인의 주관적 사정에 따라서 책임범위가 결정되면 사후적으로 이를 둘러싼 다툼이 생길 수 있고 법률관계의 조속한 확정이 지연되므로, 진술과 보장의 범위에 대하여 협상이 끝나고 이에 따라 계약이 이행완료되면 그 후의 계약당사자간 위험은 진술과 보장에 따라서 배분된 것으로 보는 것이 진술과 보장의 기능에 대한 영미법의 견해로 보인다.[30)]

4) 경수종금사건 항소심에서 서울고법 2011. 12. 14. 선고 20111나34776 판결도 진술보장 이전에 존재한 사정으로 인하여 진술보장 이후에 발생한 모든 부채나 채무에 관하여 피고가 책임을 져야 한다는 주장, 매도인이 알 수 있었으므로 책임을 져야 한다는 주장을 배척하고 있는 바, 그렇다면 매수인의 입장에서 거래종결 당시 재무상태표에 나타나지 않는 우발채무 발생가능성으로부터 어떻게 보호할 수 있을까?

문제 6

비상장기업인 A주식회사는 그 대표이사이자 대주주인 X가 1990년 설립한 회사로서 현재 X가 총 발행주식의 55%를, 나머지는 X의 딸 D, 아들 S, 부인 W가 각 10%씩 총 30%를, 임직원이 15%를 각 보유하고 있다. 이사회는 3인의 이사로 구성되어 있으며 A이외의 2명의 이사는 임직원 중 선임된 자이다. 2007년부터 가족들과의 관계가 악화되어 2008년 정기총회에서 D와 S는 일부 임직원들과 합의하여 이사로 선임되었으며 X는 이사직은 유지하되 대표이사의 지위를 D에게 넘겨주었다. 2010년 초 X는 가족의 반대에도 불구하고 재무적 투자자인 Y펀드에 자신의 주식 전량을 액면가의 두배인 2,000억원에 매각하였다. 2010. 7. 1. 이행완료일 직후의 임시주총에서 재무적 투자자인 Y펀드는 D 및 S와의 합의 하에 Z를 새로운 이사이자 CFO로

30) A.B.A., 위 주 5-28 게재서 (MAPA), 69-70.

선임하였다. 2010. 9. 15. Z는 CFO로서 A주식회사의 경영에 관여하면서 발견한 사실 몇 가지를 가지고 귀하와 대책을 논의하고자 한다.

1. 2008년도 제무재표를 작성함에 있어서 일반적으로 인정된 회계기준에 어긋나게 매출액을 100억원 과다하게 잡았다. Z는 2008년도 제무제표 작성과 관련하여 D, S와 T회계법인 사이에 교환된 이메일을 2010. 8. 31. 발견하였다.
2. 2006년부터 외국의 전자업체가 A주식회사에게 지적재산권의 침해를 주장하면서 기술료의 지급을 요구하였고 2010년도 초 이사회의 결의를 거쳐서 기술료 50억원을 지급한 사실이 있다. 매수인은 본건 거래를 위하여 A주식회사가 마련한 자료실에서 실사를 거쳤으며 자료실에는 2006년도 외국의 전자업체가 A주식회사에 기술료협상을 요구하는 서신이 포함되어 있었다.
3. 2009년도 말 세무조사의 결과 2010. 9. 1. A주식회사는 2007년도, 2008년도 각 20억원씩의 조세추징을 받았다. Y펀드는 A주식회사에 대하여 2009년 말부터 세무조사가 진행되고 있다는 것을 알고 있었다.

주식매매계약서

제 3 조 매도인의 매각주식에 대한 진술과 보장 …

제 4 조 매도인의 A주식회사에 대한 진술과 보장

제 1 항 A주식회사는 2007년도, 2008년도, 2009년도 외부감사를 받은 제무재표와 2010년도 외부감사를 받지 않은 2010년도 상반기 추정제무재표를 Y에게 제공하였다. 2007년도, 2008년도, 2009년도 외부감사를 받은 제무재표는 일반적으로 승인된 한국의 회계원칙에 따라서 작성되었으며 A주식회사의 재무상태를 공정하게 표시하고 있다.

제 2 항 A주식회사는 그 사업을 영위하기 위하여 필요한 모든 지적재산권 또는 그 사용권을 보유하고 있으며 앞으로 이를 둘러싼 분쟁이 발생할 가능성이 없다고 믿을 만한 합리적인 근거가 있다.

제 3 항 A주식회사는 그 사업을 영위함에 있어서 적용되는 중요한 법규를 준수하였으며 이를 중대하게 침해한 사실이 없다.

제 4 항 매수인은 매도인이 자료실에 제공한 모든 자료, 실사과정에서 매도인이 구두 또는 서면으로 제공한 모든 자료에 대하여 이를 알고 있는 것으로 추정한다.

제 5 항 The right to indemnification, reimbursement, or other remedy based upon such representations, warranties, covenants and obligations shall not be affected by any investigation (including any environmental investigation or assessment) conducted with respect to, or any Knowledge acquired (or capable of being acquired) at any time, whether before or after the execution and delivery of this Agreement or the Closing Date, with respect to the accuracy or inaccuracy of or compliance with any such representation, warranty, covenant or obligation.

Alternatively

제5항 No claim for indemnity for a breach of a particular representation, warranty or covenant shall be made after the Closing if the Buyer had Knowledge (including by virtue of any Disclosure Schedule) of such breach as of the Closing, except for claims with respect to any Event Outside of the Ordinary Course.

제 7 장
기업인수계약의 범위를 넘어선 법적 책임

인수기업과 대상기업이 기업간 인수에 합의한 경우 가능한 법적 구조로서 크게 합병과 영업양수도가 있다. 합병은 언제나 대상기업 전체가 인수되어야 하는 반면, 영업양수도는 대상기업의 일부만이 인수될 수 있는 차이가 있으나, 대상기업은 합병전 회사분할을 통하여 영업의 일부를 하나의 법인으로 만들 수 있기 때문에 인수의 대상이 회사의 전체인가, 일부인가는 기술적인 문제에 불과하다. 보다 근본적인 차이는 합병은 합병계약을 작성하지만 그 법적인 효과는 법률에 근거한 포괄적 이전인 반면, 영업양수도의 효과는 원칙적으로 계약 이상의 것이 아니며 합의에 근거한 개별적 이전이다.1)

합병과 영업양수도는 대상회사의 기존 주주나 회사에 대한 채권자의 보호필요라는 면에서는 다르지 않기 때문에 우리법은 양자를 되도록 동일하게 다루려 한다. 합병계약을 통한 기업인수의 경우 주주총회에서의 결의와 소수주주의 주식매수청구권, 그리고 채권자보호절차가 필요하며 상장법인에 대하여는 기업가치에 대한 외부평가가 필요하고 주주가 주식매수청구권을 행사하였을 경우 적정가액을 산정하는 공식이 정하여져 있다.2) 영업양수도는 합병이라는 상법상 규정된 특수한 절차에 따른 기업인수는 아니지만 전부양수도의 경우 주주총회의 특별 결의를 요하며 소수주주가 주식매수청구권을 행사할 수 있다는 점에서 합병과 동일하다.3) 또한, 상장법인의 경우 전부양수도에 관하여 합병과 동일한 절차 및 주식매수청구가격공식이 적용된다. 다만, 영업양도에 대하여 상법상 합병과 동일한 절차적, 실체적 규제가 적용되는 것은 중요한 일부 영업 또는 자산의 양도 또는 중대한 영향을 미치는 일부

1) MBCA §11.02는 plan of merger라는 용어를 사용한다.
2) 상법 제522조 이하, 자본시장법 제165조의4, 제165조의5. 동법시행령 제176조의5, 제176조의7.
3) 상법 제374조, 제374조의2.

의 양수에 국한되므로, 이의 범위가 문제된다.[4] 주주나 채권자의 보호라는 측면에서 영업의 양도와 양수를 달리 취급할 이유가 없다는 면에서[5] 중요성과 중대한 영향은 같은 의미를 가진다고 보고 중요성의 해석이 법적인 논란의 대상이 되고 있다.

영업양수도는 기업의 개별적인 자산의 매매와도 구별된다. 합병 내지 영업양수도에 대한 법적 규율을 피하려면 자산의 매매로 개념구성을 할 수 있을 것이나, 거래의 실질이 영업양수도임에도 불구하고 단순히 이를 자산매매로 이름붙인다고 자산매매가 될 수는 없을 것이고 거래의 실질이 영업양수도 인지, 단순한 자산매매인지 따져보아야 할 것이다. 주식거래에 대비되는 의미에서의 자산거래는 영업영수도와 협의의 자산매매를 포함하나 여기서의 자산매매는 협의의 자산매매로서 상법상 주주총회의 특별결의나 소수주주의 주식매수청구권이 인정되지 않음은 물론 근로계약을 비롯한 채권채무관계가 이전되는 것이 아니기 때문에 영업양수도와 다르다.[6] 영업양수도는 영업 내지 기업의 동일성이 유지되는 거래라는 데에는 이견이 없는 듯하나, 동일성유지의 의미가 무엇인지에 대하여 역시 판단이 다를 수 있고 따라서 법적인 분쟁의 대상이 되고 있다.

본장에서는 우선 영업양수도 계약상 이전자산의 특정방법을 살피고 그 이후 계약의 범위를 벗어난 책임으로서 합병과 영업양수도간 채권자보호절차의 차이, 합병과 같이 취급되는 중요한 영업양수도의 의미, 근로관계가 이전되는 영업양수도와 그렇지 않은 자산매매의 구별, 그리고 계약상의 합의에도 불구하고 영업을 양수 내지 자산을 매수한 자가 사업승계인으로서의 책임을 져야 하는 경우에 관하여 논한다.

Ⅰ. 영업양수도계약상 이전자산의 특정

영업양수도이건 자산매매이건 당사자간 합의에 의한 이전이므로 이전자산으로 특정되지 않은 자산은 이전되지 않고 따라서 계약서에 이전자산을 특정하는 것이

---

4) 소규모합병이나 간이합병제도가 없는 것도 차이라면 차이이나 “중요한” “중대한 영향을 미치는”이 동일한 역할을 한다고 볼 수 있다. 2014. 3. 정부 M&A 활성화대책은 영업양도의 경우에도 소규모·간이합병과 유사한 제도의 채택을 포함하고 있다. 위 제2장 Ⅱ. 참조.

5) 양도의 경우는 책임재산의 범위가 줄어든다는 면에서 양수의 경우에 비하여 중요성을 중대한 영향요건보다 넓게 해석할 여지는 있다. 자본시장법 제165조의4는 중요성만을 언급하고 있고 중대한 영향을 전혀 언급하고 있지 않다.

6) A.B.A., 위 주 5-29 게재서 (MAPA), 86-88 (2001).

필요하다. 물건, 특히 부동산의 경우는 등기부상의 표제부로서, 동산의 경우에는 목록을 첨부하여 특정하며, 채권의 경우 채권채무의 발생원인이 되는 계약서등을 첨부하여 특정할 수 있다. 부동산의 경우 이전되는 부동산이 지번으로 구분되지 않고 여러 개의 지번에 일부만 걸쳐 있는 경우, 예를 들면 공단내 특정시설만 양도하는 경우 대부분 공단을 지으면서 각 시설별로 별도의 지번으로 구분한 것이 아니기 때문에 부득이 지도로 특정시설을 특정하는 수밖에 없는 경우도 있을 수 있다. 분필절차를 고려하여 볼 수는 있으나 시간과 비용면에서 번잡스럽고 또한 가능한지도 불확실하기 때문에 실제 영업양수도를 위하여 분필까지 하지는 않는다. 만약 이들 지번에 저당권이라도 설정되어 있다면 자산매수인으로서는 이전자산이 걸쳐 있는 필지에 대한 저당권의 말소를 구할 것이기 때문에 매도인으로서는 저당권자와 사전 협의가 필요하다. 공단 전체에 공장재단저당권이 설정되어 있는 경우 양도대상인 특정시설이 위치한 필지에 대하여만 공장재단에서 제외하는 절차가 필요하다.

채권 역시 일일이 양도를 위한 절차를 밟아야 한다. 앞으로 받을 채권이 이전채권에 포함되어 있는 경우 매수인은 매도인이 쌓아놓은 대손충당금의 적정성을 판단하여 평가를 하겠지만, 앞으로의 채권추심에 대한 불확실성은 계약상 합의로서 매도인과 매수인간 분배하여야 한다. 매수인이 채권추심에 대한 전적인 위험을 부담하되 매수인에게 진술과 보장에 대한 면책책임을 추궁하는 것이 하나의 방법이다. 다른 한가지 방법은 매수인이 통상 채권추심에 필요한 기간이 경과한 후에 추심되지 않는 채권을 매도인에게 되팔수 있는 선택권을 보유하는 것으로 합의할 수 있다. 소위 풋백옵션이다. 매수인이 채권추심의 위험을 떠맡지 않으려는 경우에는 매수인은 매도인을 위하여 채권을 추심하기는 하나 종국적인 미지급의 위험은 매도인이 계속 보유하도록 하는 것이 또 다른 해결책일 수 있다.[7)]

자산을 매각대상자산과 제외자산으로 구분하는 것처럼 채무도 매도인이 계속 보유하는 채무와 인수채무로 구분, 각각을 명확하게 열거하여 인수기업이 대상기업의 이행완료전 영업행위로 인하여 부담하여야 할 채무를 특정한다. 계약서 작성의 기술로서 인수채무를 특정하고 그 나머지 모두는 매도인이 계속 책임을 지는 것으로 규정할 수 있다.[8)] 자산매매시는 이에 열거되지 아니한 채무로서 매매거래가 이행완료되기 이전의 시점에 발생한 채무에 대하여 매수인이 책임을 지지 않을 것이

7) Id., 86-90.
8) 뒤 제22장 서울고법 2010나1880 판결은 매도인이 부담한 채무가 정산되는지 여부에 관한 다툼의 예.

며 영업양수도의 경우에도 상법상의 규정은 양수인이 양도인의 상호를 속용하거나 양수인이 양도인의 영업으로 인한 채무를 인수할 것을 광고한 때에만 적용되므로, 그렇지 않은 경우에는 양수인이 계약과 달리 법률규정에 따른 책임을 지지 않는다. 이행완료 이후 매수인 또는 양수인의 활동으로 인하여 발생하는 채무는 당연히 이들이 책임을 짐은 물론이다. 매도인 또는 양도인이 제조업체로서 물건 또는 용역을 매도 또는 제공한 경우 이에 대한 하자담보책임 내지 채무불이행책임은 설사 이행완료이후에 클레임이 제기된 경우라고 하더라도 매도인 내지 양도인에 의하여 판매 내지 제공이 이루어 진 시점은 이행완료전이므로 이들이 책임을 져야 할 것이며 통상 계약서에도 그러한 내용으로 합의한다. 실제 매도인 내지 양도인은 자산 내지 영업을 매각한 이후에는 더 이상 책임을 이행하기가 어려울 것이므로 매수인 내지 양수인이 책임을 부담하되 사후에 면책책임을 추궁한다거나 일정한 금액을 일정기간 임치하여 둘 수도 있을 것이다.

Ⅱ. 영업양수도의 경우 채권자보호

영업양수도의 경우 합병을 포함하여 회사법상 일반적인 채권자보호절차로서의 공고나 통지 및 이의신청시 변제, 담보제공 또는 신탁의 의무가 적용되지 않는다.[9] 그러나, 양도인은 일정한 지역과 기간내에서의 경업금지를 부담하며 양수인이 양도인의 상호를 속용하는지 여부와 양수인이 채무인수의 광고를 게재하였는지 여부에 따른 양수인의 양도인채권자에 대한 책임등에 관한 규정을 통하여 양도인의 채권자를 보호하고 있다.[10]

그러나, 상법상 규정은 양도인과 양수인간 합의가 없는 경우에 적용되는 보충적 규정으로 보이며 당사자간 합의로 달리 정할 수도 있을 것이다. 판례는 "영업상의 채권자의 채무자에 대한 신용은 채무자의 영업재산에 의하여 실질적으로 담보되어 있는 것이 대부분인데도 실제 영업의 양도가 이루어지면서 채무의 승계가 제외된 경우에는 영업상의 채권자의 채권이 영업재산과 분리되게 되어 채권자를 해치게 되는 일이 일어나므로 영업상의 채권자에게 채권추구의 기회를 상실시키는 것과 같

9) 상법 제527조의5.

10) 상법 제41조 이하. 개인사업자간 사업양수도계약에서 당사자간 권리의무를 명백하게 정하여 놓지 않은 경우 상법상의 조문이 도움이 되는 경우는 있다. 대법 2009. 9. 14.자 2009마1136 결정(미장원영업을 양수하였다고 주장하면서 양도인에게 경업금지가처분을 신청한 사안에서 고등법원은 영업양수도를 인정하지 아니하였고 대법은 영업양수도를 인정).

은 영업양도의 방법, 즉 채무를 승계하지 않았음에도 불구하고 상호를 속용함으로써 영업양도의 사실이 대외적으로 판명되기 어려운 방법 또는 영업양도에도 불구하고 채무의 승계가 이루어지지 않은 사실이 대외적으로 판명되기 어려운 방법 등이 채용된 경우에 양수인에게도 변제의 책임을 지우기 위하여 마련된 규정이라고 해석"하고 있으며[11] 광고의 의미에 관하여 금융감독원의 전자공시시스템을 통해 공시한 사실이나[12] 영업양수도의 광고는 아니더라도 아파트수분양자를 대상으로 한 분양 당시의 약속을 지키겠다는 약속의 신문광고를 포함하는 것으로[13] 폭넓게 해석하고 있으며 인수채무에는 불법행위책임도 포함된다고 해석한다.

Ⅲ. 영업양수도의 경우 주주보호

자본시장법은 중요한 영업 또는 자산의 일부의 의미를 자산총액, 매출액, 또는 부채총액기준으로 100분의 10이상인 경우로 정하고 있고, 다만, 자산의 경우 일상적인 영업활동으로서 상품, 제품, 원재료를 매매하는 행위를 제외하고 있다.[14] 자산이 아닌 영업의 경우에 일상적인 영업활동의 일부로서의 영업양수도가 포함되어 있지 않으나 기업의 영업목적이 투자인 경우 예를 들어 지주회사에 대하여 단순히 자산, 매출, 또는 부채기준 100분의 10만 적용한다면 주주총회에서의 특별결의나 주식매수청구권행사대상이 지나치게 확대될 수도 있다. 반대로 기업의 인수가 모회사가 보유하고 있는 자회사의 지배주식의 매매형태로 이루어지는 경우 그 효과는 합병이나 영업양수도와 마찬가지로 경영권이 이전되는 경우 그 실질을 보아서 주총의 특별결의를 요하는 것으로 볼 필요가 있으나, 실무상 단순히 주식이라는 자산의 이전으로 보아서 상장법인의 경우 자산총액 100분의 10 기준을, 비상장법인의 경우 중요성 내지 또는 중대한 영향 존부만을 적용하고 있다.[15]

11) 대법 2009. 1. 15. 선고 2007다17123, 17130 판결.
12) 서울고법 2009. 2. 19. 선고 2007나13406 판결.
13) 서울고법 2004. 12. 7. 선고 2004나22577, 2004나22584 (병합), 2004나22591 (병합) 판결. 그러나 대법은 2007. 6. 1. 선고 2005다5812, 5829, 5836 판결에서 영업양도 자체를 부인하였다.
14) 자본시장법 시행령 제176조의6 제 1 항, 제171조 제 2 항.
15) 대법 1999. 4. 23. 선고 98다45546 판결은 모회사의 자회사주식의 매각에 관한 판결은 아니고 지배주주인 개인이 주식을 매각한 사안에 관한 것이기는 하지만 참조. 서울고법 2008. 1. 15. 선고 2007나35437 판결은 지주회사의 자회사주식매각과 관련하여 특별결의를 요한다고 판단하였다. 서울고법 2003. 8. 22. 선고 2002나13746 판결은 주식을 소유하고 있는 외에는 별다른 자산이 없다고 하더라도 651,586주 중 50,700주는 극히 일부에 해당하여 그 처분에

실무에서 문제가 자주 제기되는 것은 영업양수도의 경우 주주총회를 요하는 중요한 것인지, 따라서 주주의 매수청구권이 발생하는 것인지 여부이다. 적어도 상장법인의 경우 숫자로 명확하게 기준을 제시하고 있으니 별 문제가 되지 않을 수도 있으나 비상장법인의 경우에는 중요한 영업양수도 여부가 문제가 되고 상장법인의 경우에는 자산매매의 경우에도 영업양수도와 동일한 규제를 받아야 하는지 문제가 된다.[16] 다른 법, 특히 자본시장법의 기준이 일응의 참고자료는 될 것이다. 공정거래법도 특별주주총회에서의 결의나 주식매수청구권의 행사대상은 아니지만, 자산 5조원 이상 대규모기업집단에 속하는 경우 비상장법인의 경우에도 합병이나 영업양수도, 자기자본의 100분의 5 이상의 주식취득이나 처분은 금융위에 공시할 것을 요구하고 있으나,[17] 문제는 단순히 수치만을 볼 것인가, 수치를 본다면 자산, 영업수익, 매출 기타 무엇을 기준으로 할 것인가, 수치가 아닌 정성적인 측면 예를 들면 회사가 창업이래 계속 영위하여온 사업분야와 2-3년전 시작한 사업분야, 성장산업과 쇄락산업, 과거 수차례 유사한 영업양수도거래를 수행하였는지 여부 등도[18] 고려하여야 할 것인가가 여부이다.

법적인 기준이 명확하지 않은 경우 정관으로 주주총회의 특별결의를 요하는 영업 내지 자산의 양수도의 범위와 이사회의 결의로서 족한 심지어는 이사회에서 결의하여 대표이사에 위임한 경우 대표이사의 행위로서 족한 영업 내지 자산의 양수도범위를 구별하여 정할 수는 없을까? 이는 합병이나 영업양수도의 경우 왜 주주총회의 특별결의를 요한다고 회사법에 규정하고 있는지 그 입법취지에 따라서, 또한 회사법은 정관을 보충하는 것인지, 아니면 정관은 회사법에서 허용되는 범위내에서만 가능한 것인지에 대한 회사법의 존재의의에 대한 견해에 따라서 대답이 달라질

주총의 결의가 필요없다고 한다. 주식도 일률적으로 판단할 것은 아니며 주식이 회사설립목적에 비추어 가지는 의미에 따라 다를 것이다. 예를 들면 자본시장법에 따른 투자회사가 아니더라도 타회사 주식을 매각하고 매수하는 것이 사업목적중 하나라면 거래금액이 크다고 하더라도 주주총회의 결의를 요할 것은 아니다. 주식인가, 자산인가의 형식적 기준만을 적용한다면, 회사의 물적 분할을 통하여 영업을 주식으로 전환하는 것은 비교적 손쉬운 절차이기 때문에 주주보호의 필요를 위한 규정을 우회할 가능성이 없지 않으나 분할의 경우에 주식매수청구권과 주총특별결의를 요하고 있기 때문에 그 가능성이 크지는 않을 것이다.

16) 자본시장법 제165조의4 제 1 항 제 2 호는 중요한 자산의 양수 또는 양도도 중요한 영업의 그것과 동일하게 취급하고 있다.

17) 공정거래법 제11조의3 제 1 항 제 2 호, 동법 시행령 제17조의10 제 3 항.

18) MBCA §§12.01, 12.02, 13.02. 정관에 달리 정할 수 있음을 전제로 우선 거래의 크기에 관계없이 in the regular and usual course of business라면 주총결의가 필요없고 또한 양도 이후 총자산과 영업수익을 기준으로 양도전 25% 이상을 유지할 수 있으면 계속적인 사업활동을 하고 있다고 보아서 역시 주총결의가 필요없다.

것이다. 회사법이 이해당사자간 계약관계를 보완하는 표준계약서에 불과하다는 견해는 시장의 통제력을 주장하면서 공적 권력에 의한 회사와 그 이해관계자인 주주, 경영자 내지 채권자간 법률관계에 관한 법적규제를 최소화하는 것이 바람직하다고 본다. 따라서, 주주간 계약으로서의 정관에서 규정할 수 있는 범위에 대하여 개방적이다. 반대로 회사법이 주주의 권리를 보장하고 공평한 이해관계의 조정으로서의 최소한의 법적인 규범을 정한 것이라는 견해에 따르면 회사법에서 "달리 정관에 규정하지 않는 한"이라는 표현이 없는 한 정관으로서 정할 수 있는 범위에 대하여 제한적이다. 법문뿐만 아니라 법규정의 취지도 참작하여 정관규정으로 회사법상의 요구를 피하여 나가는 것이 불합리하다고 보이는 경우에 회사법과 달리 정한 정관의 규정은 그 효력을 인정하기는 어렵다.[19] 기본적으로 주주총회의 결의를 요하는 취지에 반하는 정도로 예를 들면 자산총액기준으로 100분의 50에 해당하는 영업의 양수도만 주주총회의 특별결의가 필요하다는 정관규정이라면 효력을 인정하기가 어려울 것이다. 그러나, 기존법규의 의미를 명확히 하는 100분의 20 내지 100분의 30 정도로 정한 정관규정은 유효하다고 본다.

부산지법 2009. 7. 8. 선고 2009가합1682 판결(××× v. 포스텍전자)

… 피고 2 주식회사의 분사 이전 피고 1 주식회사는 오디오 및 비디오용 스위치 및 볼륨 등을 생산하는 SV(Switch & Volume)사업부, 2006. 2. 20. 독립된 사업부로 분리된 자동차 및 휴대폰 관련 스위치를 생산하는 VM(Vehicle & Mobile)사업부, 부품사업부로 구성되어 있었으며, 이 중 VM사업부는 일명 전장과 이통{또는 힌지(HINGE)}부문으로 나누어진다.

다. VM사업부의 분사 경위

1) 2007년 정기업무감사

피고 1 주식회사는 2007. 1. 30.부터 같은 해 2. 8.까지 정기 업무감사를 실시한 결과 VM사업부의 경우 2006년도에는 매출액 22억 원에 14억 원의 적자가 났고, 2007년도에는 매출액 50억 원에 7억 7천만 원의 적자가 예상되어 회사전체의 존립을 위험하게 하므로 VM사업부의 제품군을 분석하여 사업부를 지속할지 철수할

---

19) 미국 회사법에서는 발기인 또는 주주총회가 채택하는 정관규정사항이 제한적이기 때문에 이사회에서 만드는 부속정관(By-laws)의 적법한 범위가 논란이 되고 있다. 최근 주주대표소송 비용부담을 규정한 By-laws를 금지하고자 Delaware주 회사법 개정안이 제출된 바 있다. Del. S. B. 75, 148th Gen, Assem., Rg. Sess. (Del. 2015).

지에 대한 과감한 결정이 필요하다는 의견이 제시되었다.

2) 2007년도 정기 주주총회

2007. 2. 28.경 개최된 피고 1 주식회사의 2007년 정기 주주총회에서 전략기획본부는 경영현황 및 개선계획을 설명하면서 사업구조 개선과 관련하여 적자제품 또는 적자사업은 회생가능성을 검토하여 단계적 철수 등이 필요하다는 의견을 제시하였다.

3) 전략기획본부의 사업구조개선안

2007. 3. 31. 작성된 피고 1 주식회사 전략기획본부의 사업구조개선안에 의하면 TACT 스위치, 이통, 전장부문은 적자규모가 크고 단기개선 노력으로 개선이 불가능하다고 판단하고, 이에 대한 대응책으로 TACT 스위치부문은 매출비중이 높아 단기간의 사업철수가 어려우므로 수익실현구조로 재편한 후 수익성 없는 제품을 순차적으로 철수하고, 이통부문은 매출비중이 낮고 손익개선효과가 크므로 사업을 철수하며, 전장부문은 일정수준의 매출 및 손익기여가 가능하므로 수익실현 가능구조로 재편해야 한다는 결론을 내리고 있다.

4) 경영회의

위와 같은 논의에 따라 2007. 4. 3. 개최된 피고 1 주식회사의 경영회의에서 VM사업부 분사안이 제시되었고, 2007. 4. 11. 개최된 경영회의에서 VM사업부 분사를 통해 2007년도 사업계획을 기준으로 약 3억 원의 흑자가 예상되며, 인원 구조조정 폭을 축소할 수 있어 구조조정 비용 절감 등 자금운영상의 유연성도 확대되는 효과를 가져온다는 전략기획본부의 VM사업부 분사안 검토의견에 따라 VM사업부 분사를 추진하기로 결정하였다.

5) 사업구조개선안 설명회 및 VM사업부 분사와 관련한 공지 등

피고 1 주식회사는 2007. 4. 4. 각 사업부별로 사업부장이 4급 이상 관리자들을 대상으로 사업구조개선안 설명회를 가졌고, 2007. 5. 25. 피고 1 주식회사의 대표이사는 VM사업부가 분사하여 새로운 법인으로 설립될 예정임을 직원들에게 공지하였으며, 2007. 6. 1.에는 2007. 6. 11.자로 조직개편이 단행됨을 공지하고 VM사업부를 삭제한 새로운 조직도를 발표하였다.

6) VM사업부의 양도 및 피고 2 주식회사의 설립

2007. 7. 31. 피고 1 주식회사와 피고 2 주식회사는 피고 1 주식회사의 VM사업과 관련된 고정자산(기계장치, 금형 등) 및 무형자산(실용신안 등), 영업권, 개발권 또는 이에 부수되는 권리 및 의무 일체를 피고 2 주식회사에게 양도하는 것을 주요한 내용으로 하는 분사합의 및 매매계약을 각 체결하였고, 피고 2 주식회사는

위 VM사업부를 양수받아 2007. 8. 1. 설립등기를 경료하였다.

라. 분사합의서 및 매매계약서의 주요내용

1) 분사합의서

피고 1 주식회사(이하 '갑'이라 함)와 피고 2 주식회사(이하 '을'이라 함)간의 VM사업을 이관함에 따라 발생하는 제반 사항을 다음과 같이 합의한다.

제 1 조(lay-out 이전 및 공사비)

1) '갑'은 경남 양산시(이하 생략) 내 공장부지 130평 및 부대창고 등의 시설을 사용할 수 있도록 무상임대한다. 단 임대차계약서는 면적 90평 및 임대료 50만 원으로 한다.

2) 서울사무소는 별도의 lay-out 이동 없이 현재 상태로 사용을 허용함.

제 5 조(자산매각)

1) '갑'의 자산 중 별첨 'VM사업부 고정자산 매각 리스트' 1부, '건설중인 자산 매각 리스트' 1부를 2007. 7. 31. 잔존가 기준으로 매각함.

(1) 집기비품양도범위: 현재 VM 사용중인 집기비품은 무상 양도하며, 공용 사용중인 비품은 양도에서 제외한다.

(2) 전산용 PC 및 S/W의 양도: 현재 VM 사용중인 PC는 무상양도(퇴사자용 PC포함)하며, 관련 Software 및 Catia용 PC는 양도하지 않음.

(3) 무형자산(특허, 실용신안 등)의 양도: 양도가능하고 필요한 경우 무상 양도함.

－별첨 '지적재산권 대장'에 있는 재산권에 대하여 '을'이 전용실시권을 가진다.

(5) 매각대금의 회수: 2007년 11월, 12월에 분할 상환함.

2) 매매계약서

매도인 피고 1 주식회사(이하 '갑'이라 함)와 매수인 피고 2 주식회사(이하 '을'이라 함)는 VM사업(전장부품 및 이동통신 사업)과 관련하여 다음과 같이 매매계약을 체결한다.

제 1 조(계약의 목적)

본 계약서는 '갑'이 영위하는 사업 중 VM사업과 관련된 고정자산(기계장치, 금형 외) 및 무형자산(실용신안 외), 영업권, 개발권 또는 이에 부수되는 권리 및 의무를 '을'에게 매도하고, '을'은 이에 매수를 승낙하고자 하는데 필요한 사항을 규정하는 것에 그 목적이 있다.

제 2 조(매매기준일)

매매기준일 및 재산의 양도일은 2007. 8. 1.로 한다.

제 3 조(매매가액 및 대금지급방법)

매매 목적물의 매매 및 대금지급방법은 매매기준일 현재의 매매가액 및 대금지급합의서에 의하여 산정된 금액으로 한다.

제 6 조(기술력 협조 및 브랜드 사용)

① '갑'은 VM사업에 관한 '갑'의 지적재산권에 관한 사용권, 시제품 및 기술력 자문 등을 '을'에게 무상으로 양도한다. 단, 실용신안권 등의 지적재산권에 대한 사용권 사용에 따른 소요비용은 '을'의 부담으로 하며 각종 인허가권은 '을'이 자체 취득한다.

② '을'은 제품을 판매하는 데 있어 2010. 7. 31.까지 피고 1 주식회사 명판을 부착하여 판매할 수 있다(기 제작된 금형에 대한 명판은 그대로 사용하고 추가 제작하는 금형은 사용할 수 없으며, 기 제작된 금형에 대한 명판 사용기간은 매매기준일로부터 3년간으로 한다).

3) 매매가액 및 대금지급 합의서

고정자산 가액: 132,339,134원(부가세 제외)

건설중인 자산의 가액: 14,504,546원(부가세 제외)

마. 피고 1 주식회사의 경영현황

1) 연도별 판매실적 단위: 백만원(비율)

	1999	2000	2001	2002	2003	2004	2005	2006	2007.7
SV	19,788 (99.7%)	24,053 (99.2)	23,250 (98.9)	26,264 (93.6)	22,574 (92.4)	20,989 (88.9)	18,413 (88.5)	17,889 (88.6)	9,574 (79.6)
VM	51 (0.3%)	202 (0.8)	264 (1.1)	1,809 (6.4)	1,848 (7.6)	2,611 (11.1)	2,383 (11.5)	2,295 (11.4)	2,462 (20.4)
합계	19,839	24,255	23,514	28,073	24,422	23,600	20,796	20,184	12,036

2) 2006년도 부문별 경영실적 단위: 백만원

	SV	VM	부품	본부	합계
제품매출	16,445	2,295	1,345		20,085
영업이익	476	−1,635	−268	262	−1,165
경상이익	473	−1,575	−262	147	−1,217

3) 2007년도 부문별 사업계획

단위: 백만원

구분	SV사업부	VM사업부	부품사업부	본부	합계
제품매출	18,670	4,810	2,250		25,730
영업이익	883	−719	−17	66	213
경상이익	576	−776	−60	67	−193

4) 2007년 1월부터 7월까지의 부문별 경영실적

단위: 백만원

	SV		VM		부품		본부		합계	
	계획	실적	계획	실적	계획	실적	계획	실적	계획	실적
매출	10,593	8,951	2,714	2,460	1,181	623			14,488	12,034
영업이익	391	−118	−456	−328	−101	−98	−16	−110	−182	−654
경상이익	216	−341	−488	−408	−124	−132	−16	−149	−412	−1,030

5) 고정자산

2006. 12. 31. 기준으로 피고 1 주식회사의 총 고정자산은 10,402,825,265원이고, 이중 VM사업부의 고정자산은 892,296,873원으로 총 고정자산 중 VM사업부의 고정자산이 차지하는 비중은 8.5%이다.

6) 정규직 직원

2006. 12. 31. 기준으로 피고 1 주식회사의 정규직 직원은 총 179명이고, 이중 VM사업부의 직원은 31명으로 총 직원 중 VM사업부의 직원이 차지하는 비중은 17.3%이며, 2007. 7. 31. 기준 피고 1 주식회사의 정규직 직원은 총 148명이고, 이중 VM사업부의 직원은 20명으로 그 비중은 13.5%이다.

7) 연구개발 관련 투자비 등

(가) 연구개발 투자비

단위: 천원

연도	2001년	2002	2003	2004	2005	2006
전체투자비 (SV, VM, 부품사업부)	1,284,500	1,329,852	1,725,888	1,333,953	2,341,681	1,820,213
VM사업부 투자비(전장 및 이통)	172,918	366,504	603,792	592,920	1,299,035 (고객투자부분 제외 358,489)	705,301 (고객투자부분제외 353,338)
비율	13.46%	27.56%	34.98%	44.45%	55.47%	38.75%

(나) 순수 연구개발 전담인력

연도	2002년	2003	2004	2005	2006	2007
총인원	10명	14명	13명	10명	14명	15명
VM	2	8	9	7	9	10
비율	20%	57%	69%	70%	64%	67%

2. 당사자들의 주장

가. 원고들의 주장

원고들은, 상법 제374조 제 1 항 제 1 호에 의하면 회사가 '영업의 전부 또는 중요한 일부의 양도'를 하기 위해서는 상법 제434조에서 정한 주주총회 특별결의를 거쳐야 하는데, 피고들 사이에 2007. 7. 31. 체결된 분사합의 및 매매계약은 피고 1 주식회사의 영업의 중요한 일부의 양도에 해당함에도 주주총회 특별결의를 거치지 아니하여 무효이므로 그 확인을 구한다고 주장한다.

나. 피고들의 주장

피고들은, 만성적자 상태이던 VM사업부로 인하여 피고 1 주식회사의 존립마저 위협받는 상황에서 불가피하게 VM사업부의 분사를 결정하게 된 것이며, 당시 VM 사업부가 피고 1 주식회사에서 차지하는 비중에 비추어 위 VM사업부가 피고 1 주식회사의 영업의 중요한 일부에 해당하지 아니하므로 그 양도에 있어 주주총회의 특별결의를 필요로 하지 않는다고 주장한다.

3. 판 단

가. 주주총회 특별결의가 필요한 영업의 전부 또는 중요한 일부의 양도의 의미

상법상의 영업양도는 일정한 영업목적에 의하여 조직화된 업체, 즉 인적·물적 조직을 그 동일성은 유지하면서 일체로서 이전하는 것을 의미하고(대법 2009. 1. 15. 선고 2007다17123, 17130 판결), 영업양도가 있다고 볼 수 있는지의 여부는 양수인이 유기적으로 조직화된 수익의 원천으로서의 기능적 재산을 이전받아 양도인이 하던 것과 같은 영업적 활동을 계속하고 있다고 볼 수 있는지의 여부에 따라 판단되어야 한다(대법 2005. 7. 22. 선고 2005다602 판결).

그리고 주주총회의 특별결의가 있어야 하는 상법 제374조 제 1 항 제 1 호 소정의 '영업의 전부 또는 중요한 일부의 양도'라 함은 일정한 영업목적을 위하여 조직되고 유기적 일체로 기능하는 재산의 전부 또는 중요한 일부를 총체적으로 양도하는 것을 의미하는바(대법 2004. 7. 8. 선고 2004다13717 판결), 여기서 영업의 중요한 일부라 함은 양적인 면에서 양도대상인 영업의 가치가 회사의 전 영업의 가치에서 차지하는 비중이 어느 만큼 되느냐와 질적인 면에서 당해 영업부문의 양도로 회사가 종전의 영업을 큰 축소나 변동 없이 계속 유지할 수 있느냐를 종합적으로 고려하여 판단하여야 할 것이다.

나. 이 사건 VM사업부의 양도가 영업양도에 해당하는지 여부

위 인정사실에 의하면, 피고 1 주식회사는 피고 2 주식회사에게 피고 1 주식회사 VM사업부의 인력, 생산설비, 지적재산권, 영업권, 개발권, 거래처 등 유기적으로 조직화된 수익의 원천으로서의 기능적 재산을 동일성을 유지하면서 일체로 이전하였고, 피고 2 주식회사는 위 VM사업부를 이전받아 피고 1 주식회사의 VM사업부가 하던 것과 동일한 영업활동을 하고 있으므로 이 사건 VM사업부의 양도는 상법상의 영업양도에 해당한다 할 것이다.

다. 이 사건 VM사업부가 피고 1 주식회사의 영업의 중요한 일부에 해당하는지 여부

이 사건 VM사업부가 피고 1 주식회사의 영업의 중요한 일부에 해당하는지에 대하여 살피건대, 위 인정사실에 의하면 피고 1 주식회사가 VM사업부를 기존의 SV사업부와 분리하여 새로운 사업영역으로 성장시키기 위하여 상대적으로 많은 투자를 해온 사실은 인정할 수 있으나 한편, 위 인정사실에 의하여 인정되는 다음과 같은 사정들 즉, 전장 및 이통부문 등 VM사업과 관련된 매출액은 1999년에서 2006년 사이 전체 매출액에서 차지하는 비중이 0.3% 내지 11.5%에 불과하였고, 피고 1 주식회사의 2006년도 부문별 경영실적에 의하면 SV사업부에서는 473,000,000원의 흑자가 발생하였으나, VM사업부에서 1,575,000,000원의 적자가 발생하여 전체 회사의 경상이익이 1,217,000,000원의 적자를 기록하고 있었으며, 2007년도 사업계획에 의하더라도 SV사업부에서 576,000,000원의 흑자가, VM사업부에서 776,000,000원의 적자가 예상되는 등 VM사업부의 만성적인 적자로 인하여 회사 전체의 경상이익에 지속적으로 손실을 입히고 있는 상태였던 점, 2006. 12. 31. 기준으로 피고 1 주식회사에서 VM사업부의 고정자산이 차지하는 비중은 8.5%, 정규직 직원이 차지하는 비중은 17.3%정도에 불과하였던 점, 피고 1 주식회사의 정기업무감사, 주주총회에서의 전략기획본부의 경영현황 및 개선계획 보고, 경영회의, 전략기획본부의 사업구조개선안 등에서 VM사업부에 대한 구조조정 필요성이 지속적으로 논의되었고, 그 결과 회사 전체의 이익을 위하여 VM사업부의 철수 내지 폐지가 불가피하다고 판단하고 그 방법으로 VM사업부를 분리하여 독립된 법인으로 분사하기로 결정하게 되었던 점 등을 종합하면, 양도대상인 VM사업부의 영업의 가치가 전체 회사의 영업의 가치에서 차지하는 비중이 크다고 할 수 없고 오히려 수익성 측면에서 손실을 가하고 있었으며, VM사업부의 양도 이후로도 피고 1 주식회사는 종전의 영업에 대한 큰 축소나 변동 없이 이전의 영업을 계속 유지하고 있으므로 양적·질적 측면에서 보아 양도 당시 이 사건 VM사업부가 피고 1 주식회사의 영업의 중요한 일부에 해당한다고 볼 수는 없다 할 것이다(양도하는 당해 영업부문이 기존회사의 영업의 중요한 일부에 해당하는지는 영업양도 당시를 기준으로 판단하여야 할 것이므로 양도 이후 VM사업부의 영업실적이 향상되었다는 등의 사정은 위와 같은 판단에 영향을 미칠 수 없다).

서울고법 2008. 1. 15. 선고 2007나35437 판결(거창건설 v. 오송건설)

가. 대덕건설 주식회사, 한국까르푸 주식회사, 주식회사 포스코건설은 동백PF콘소시엄(공모에서 선정된 민간사업자와 아래의 프로젝트회사에 출자한 자를 포함한다.)을 구성하여 2003. 3. 20. 한국토지공사와 사이에, 공동출자하여 용인동백 택지개발지구내에 쇼핑몰을 건설하는 사업을 시행할 프로젝트회사를 설립하여 위 지구 내 토지상에 쇼핑몰을 건설하는 사업을 시행하기로 하는 내용의 용인동백 테마형 쇼핑몰 PF사업협약(이하 '이 사건 사업협약'이라 한다)을 체결하였다.

나. 이 사건 사업협약에는 아래와 같이 규정되어 있다.

제 5 조 프로젝트회사의 설립자본금은 30억 원으로 한다. 설립시 출자지분율은 원국토지공사 19%, 대덕건설 주식회사 66%, 한국까르푸 주식회사 10%, 주식회사 포스코건설 5%로 한다.

제 7 조 제 2 항 동백PF컨소시엄의 10% 이상의 지분율을 가진 출자자 또는 그 출자자의 지분율을 변경하고자 할 때에는 한국토지공사의 사전승인을 받아야 한다.

제 8 조 동백PF컨소시엄은 건축법 제16조에 의한 착공신고일 이전까지 민간투자

비의 10% 이상을 지분비율에 따라 프로젝트회사에 현금으로 출자하여야 한다.

제22조 제 1 항 제 6 호 동백PF컨소시엄이 제 8 조에 의한 착공시 출자의무를 이행하지 않는 경우 한국토지공사가 동백PF컨소시엄과 체결한 이 사건 사업협약을 해지할 수 있다.

제26조 프로젝트회사 설립 후 프로젝트회사를 본 협약서에 서명하게 함으로써, 본 협약의 당사자로 추가하며 이와 함께 본 협약에 따라 프로젝트회사에 의하여 수행될 의무 등에 관한 이행주체를 프로젝트회사로 변경한다.

다. 이 사건 사업협약에 기하여 용인동백 택지개발지구 내 쇼핑몰 건설 및 운영을 주목적으로 하는 프로젝트회사인 피고가 2003. 5. 9. 설립되어 이 사건 사업협약 제26조에 따라 이 사건 사업협약의 당사자가 되었고, 2003. 6. 2. 한국토지공사로부터 용인동백 택지개발사업지구의 용지를 매입한 뒤 테마형 쇼핑몰 PF사업을 진행하였다. 피고의 발행주식수는 설립 당시 기명식 보통주 600,000주(액면 5,000원)이었다가, 증자를 거쳐 2005. 4.경 4,303,800주가 되었다.

라. 2005. 4. 28.경 이후 2006. 4. 12.경까지 피고의 주주명부상 주주의 소유지분은 상수종합건설 주식회사 1,226,580주(총 발행주식의 28.5%), 피고보조참가인 [오송건설] 753,170주(17.5%), 한국토지공사 817,720주(19%), 주식회사 신세계, 삼부토건 주식회사, 주식회사 리얼코홀딩스 각 430,830주(각 10%), 주식회사 포스코건설 215,190주(5%)이었다.

마. 피고는 민간투자비가 사업계획서보다 증가됨에 따라 추가출자가 필요하다고 판단하여 2006. 3. 15. 발행예정주식총수를 5,520,000주에서 6,600,000주로 변경하는 정관변경을 안건으로 한 정기주주총회를 개최하였으나, 상수종합건설 주식회사와 피고보조참가인이 반대함에 따라 정관변경안이 부결되었다.

바. 피고는 2006. 4. 12.경 위와 동일한 정관변경안 등을 안건으로 하여 2006. 4. 28.자 임시주주총회 소집을 당시 주주명부상 주주들에게 통지하였다.

사. [오송건설]의 1대 주주인 남궁록은 피고의 정관변경안에 찬성하기로 하고, 위 2006. 3. 15.자 정기주주총회 당시 피고의 정관변경을 반대한 [오송건설] 대표이사 박수규를 해임하기 위하여 2006. 3. 22. 수원지법에 새로운 이사의 선임을 목적으로 하는 임시주주총회소집허가를 신청하여 2006. 4. 6.로 심문기일이 지정되었다.

아. 박수규는 위 심문기일통지를 받은 직후인 2006. 4. 5. [오송건설]의 이사회 결의 및 주주총회 결의를 거치지 않고 [오송건설]이 보유하던 피고 주식 753,170주의 약 42.9%인 322,790주(피고 총 발행주식의 7.5%임, 이하 '이 사건 주식'이라 한다)를 원고에게 액면가액(1주당 5,000원)인 1,613,950,000원에 양도(이하 '이 사건 주식양도'라 한다)하였다.

자. 원고는 2006. 4. 20. 피고에게 이 사건 주식양도양수계약서를 첨부한 내용증명우편으로 이 사건 주식양도 사실을 통지하면서 이 사건 주식에 대하여 원고 명의로 주주명부에 등재하여 줄 것을 요구하였고, 그 무렵 위 통지가 피고에게 도달되었다. 이에 대하여 피고는 2006. 4. 26. 원고에게 이 사건 사업협약 제 7 조 제 2 항에 의해 한국토지공사의 사전승인 없이는 명의개서를 해줄 수 없다고 회신한 후 주주명부 명의개서절차 이행을 거절하였다.

차. [오송건설]은 2006. 4. 26.자 임시주주총회에서 박성훈을 포함한 신규이사 4명을 선임한 후, 같은 날 이사회에서 박수규를 대표이사에서 해임하고 박성훈을 대표이사로 선임하였는데, 박성훈은 2006. 4. 28. 피고에게, 이 사건 주식양도는 이사회 및 주주총회 결의 없이 이루어져 무효이고, [오송건설]은 원고에게 이 사건 주식양도의 통지권한을 위임한 바 없다고 통보하였다.

… (3) **주주총회의 특별결의를 결하였는지 여부**

살피건대, 주주총회의 특별결의가 있어야 하는 상법 제374조 제 1 호 소정의 '영업의 전부 또는 중요한 일부의 양도'라 함은 일정한 영업목적을 위하여 조직되고 유기적 일체로 기능하는 재산의 전부 또는 중요한 일부를 총체적으로 양도하는 것을 의미하는 것으로서, 이에는 양수 회사에 의한 양도 회사의 영업적 활동의 전부 또는 중요한 일부의 승계가 수반되어야 하는 것이므로 단순한 영업용 재산의 양도는 이에 해당하지 않으나, 다만 영업용 재산의 처분으로 말미암아 회사영업의 전부 또는 일부를 양도하거나 폐지하는 것과 같은 결과를 가져오는 경우에는 주주총회의 특별결의가 필요하다고 할 것이다(대법 2004. 7. 8. 선고 2004다13717 판결 등 참조).

을가제 9 호증의 각 기재와 당심 증인 이영택의 증언에 변론 전체의 취지를 종합하면, 주식회사 신화공영의 대표이사인 박춘대가 대덕건설 주식회사로부터 위 회사 소유의 피고 주식 366,000주를 양수하고, 한기종, 이영택 등 개인들이 다시 박춘대로부터 위 주식 중 일부를 양수하기로 하였으나 개인은 피고의 주주명부에 등

재될 수 없자, 박춘대, 한기종, 이영택 등은 주식회사를 설립, 이를 통하여 피고 주식을 보유하기로 하여 2004. 2. 16. 피고보조참가인을 설립하게 된 사실, 이에 피고보조참가인이 대덕건설 주식회사로부터 피고 설립 당시 주식 중 17.5%에 해당하는 105,000주를 양수한 후 위 주식에 관하여 피고의 주주명부에 명의개서를 마친 사실, 남궁록도 박춘대로부터 윤용현, 정혜경을 거쳐 피고 주식 일부를 양수하여 피고보조참가인을 통하여 피고 주식을 소유하게 되었는데, 박춘대로부터 피고 지분을 양수한 개인들이 피고보조참가인의 주식(전체 10,000주)을 보유한 지분현황은 남궁록의 지분이 5,720주, 한기종, 이영택, 주식회사 미래비엠의 지분이 각 1,428주인 사실, 한편 피고보조참가인은 피고의 주식을 보유하는 외에 달리 영위하고 있는 사업이나 별다른 영업재산이 없는 사실을 인정할 수 있다.

위 인정사실에 의하면, 피고보조참가인은 용인동백 택지개발지구 내 쇼핑몰 건설사업 시행을 목적으로 한 피고의 주식을 보유하기 위하여 설립된 회사이고, 이러한 피고의 주식은 피고보조참가인이 피고에 대하여 의결권 등 주주로서의 권리를 행사함에 있어 유기적 일체로 기능하는 재산이라고 할 것이므로, 피고보조참가인이 보유하고 있는 피고 주식의 약 42.9%에 해당하는 주식을 타에 양도하는 것은 회사 영업의 일부를 양도하거나 폐지하는 것과 같은 결과를 가져온다고 봄이 상당하다.

따라서 주주총회 특별결의 없이 이루어진 이 사건 주식양도는 무효라 할 것이고, 한기종, 이영택이 피고의 주식을 보유하기 위한 방편으로 피고보조참가인을 설립하여 피고보조참가인을 통하여 피고 주식을 간접적으로 보유하고 있는 실질적인 주주들 중 일부라고 하더라도 한기종, 이영택이 피고 주식을 직접 보유하는 것이 아닌 이상 위와 같은 사정은 피고보조참가인 주주들 간의 내부관계에 불과하므로 달리 볼 것이 아니므로, 피고의 이 부분 주장은 이유 있다. …

노트와 질문

1) 오송판결에서 항소심 법원은 오송건설이 한국토지공사와 용인동백 테마형 쇼핑몰 PF사업협약을 체결한 쥬네브라는 프로젝트회사의 주식을 보유하기 위하여 설립된 특수한 법인이라는 사실을 중시하여 오송건설의 주식양도가 중요한 영업의 양도라고 판단하였다. 양도자산의 실질을 중시한다는 측면을 확대, 적용하면 지주회사 나아가 통상의 제조업을 경영하는 기업의 경우에도 주식의 크기나 주식의 양도로 인한 양도법인의 계속적 영업에 대한 효과를 감안하여 중요한 영업의 일부양수도 해당여부를 판단하여야 하는 것인가?

Ⅳ. 영업양수도의 경우 근로자보호

영업이란 "일정한 영업목적에 의하여 조직화된 유기적 일체로서의 기능적 재산"이므로 이들 기능적 재산이 마치 하나의 재화와 같이 거래의 객체로서 양도되었는지 여부는 즉 영업양도인지 여부는 양수인이 유기적으로 조직화된 수익의 원천으로서의 기능적 재산을 이전받아 양도인이 하던 것과 같은 영업적 활동을 계속하고 있다고 볼 수 있는지 여부에 따라 판단하여야 할 것이다.[20] 또한 영업양수도 해당 여부는 어떠한 영업재산이 어느 정도로 이전되어 있는가에 의하여 결정되는 것이 아니고 양도한 부문만으로 종래의 기능을 유지할 수 있느냐가 중요하다. 즉, 자산의 크기의 문제도, 자산의 성질의 문제도 아니고 기능의 문제이다. 이러한 기준을 개별적인 사안에 적용하려면 물론 여러 가지 요소를 고려한 판단이 필요하다. 영업이 하나의 기능적 재산으로서 동일성을 유지하는지 여부에 대한 판단은 언제나 쉽지는 않지만 아주 예외적으로 양도기업이 부도 내지 파산지경에 이르러서 자산을 개별적으로 하나씩 매각하는 것이 아닌 한 동일성이 유지된다고 보는 것이 과거 법원의 태도이었으나 최근 영업양수도의 범위를 상당히 줄여나가고 있다.[21]

실제 대규모의 기업인수 내지 구조조정 차원에서의 영업양수도에서 가장 중요한 논점은 앞서 언급한 바와 같이 영업양수도의 경우 영업양수인이 영업양도인의 근로계약관계를 그대로 인수하여야 한다는 것이다.[22] 자산을 매수한 자는 자산만을 매수하였을 뿐으로 근로자와의 근로계약을 인수하지 아니하였다고 주장하고 근로자는 영업양수도에 해당하여 매수인에게 이의 인수를 주장하는 문맥에서 많은 분쟁이 발생하고 있다. 실제 거래를 설계하는 입장에서 보면 얼마만큼 사전적인 거래구조

---

20) 위 각주 10 판례. 대법 2008. 4. 11. 선고 2007다89722 판결 (양도인의 채무에 대한 양수인의 변제책임을 주장하였으나 영업양수도를 부인한 사안), 대법 2005. 7. 22. 선고 2005다602 판결 (영업양도인의 채권자가 영업양수를 주장하면서 영업양수인에게 양도인의 채권을 이행할 것을 청구한 사안에서 영업양수가 아니였다고 판단한 사안). 반면, 대법 1997. 11. 25. 선고 97다35085 판결 (슈퍼마켓에 물품을 공급한 영업양도인의 채권자가 영업양수인에게 채권의 이행을 청구한 사안에서 고등법원은 영업양도가 있다고 볼 수 없다고 판단하였고 대법은 영업양도가 있었다고 판단); 1989. 12. 26. 선고 88다카10128 판결 (목욕탕이발소에 전기제품을 공급한 채권자가 영업양수도를 주장하면서 영업양수인에게 이들 채권의 변제를 촉구한 사안에서 영업양수도 인정하였다).

21) 대법 2007. 6. 1. 선고 2005다5812, 5829, 5836 판결은 고등법원의 영업양수도에 해당한다는 판단을 파기했다. 위 판결에 대하여는 안수현, 영업양도의 동일성요건 검토, 21:2 상사판례연구 3-50 (2008. 6). 대법 2005. 6. 9. 선고 2002다70822 판결 역시 고등법원의 영업양수도에 해당한다는 판단을 파기.

22) 근로기준법 제24조.

의 계획이 영업양수도 해당여부에 관한 사후적인 판단에 영향을 줄 것인지가 커다란 의문점이다. 양도인과 양수인이 특정거래를 자산양수도로 성격을 규정하고 근로계약관계가 이전되지 않는 것을 전제로 명예퇴직제도를 시행하고 재고용을 위한 최선의 노력을 한다면 이러한 양수인의 행위가 영업양수도인지 여부의 법적 판단에 영향을 주는 것인가? 실무상으로는 자산매매나 영업양수도의 경우 인원조정이 필요하다면 매도인이 거래 이전에 명예퇴직 등 근로자와의 합의에 근거, 집행하여 매수인이 이행완료이후 근로문제를 고려할 필요가 없도록 한다. 매수인이 거래이후 인적 조직에 아무런 변경이 없이 끌어갈 계획인 경우 매도인에 대한 이행완료후 이행사항으로서 고용보장조항을 약속할 수도 있다.[23]

반대로 양도인과 근로자간 근로계약관계가 근로자의 동의없이도 양수인에게 그대로 승계되는 것인지에 대하여도 법적으로 확실하지 않다. 따라서, 실무에서는 영업이 하나의 기능적 재산으로서 동일성을 유지한다고 판단되면 근로자에게 양수인과의 근로관계지속여부에 대한 동의여부를 확인한다.[24] 영업양수도의 개념상 근로자와의 근로계약관계가 동일성을 유지하면서 그대로 양수인에게 인수되는 것이고 따라서 달리 합의하지 않은 이상 근로자가 이의 해지를 주장할 수 있는 사유는 아닌 것으로 보인다. 실제 퇴직금지급채무의 인수와 관련하여 영업양도인과 양수인간 퇴직금지급채무가 인수채무에 해당하는지, 해당한다면 양수도가격에 어떠한 영향을 줄지 합의하여야 하므로 근로관계의 지속을 원하는 근로자에게는 퇴직금일시청구여부에 대한 선택권을 부여한다. 선택권을 행사하여 퇴직금을 일시에 지급받은 근로자가 사후에 착오 내지 기망에 의한 의사표시임을 이유로 의사를 번복하는 경우도 적지 않아 보이므로 양당사자의 이해을 명확히 하는 것이 추후 분쟁의 예방에 도움이 될 것이다. 근로자에게 선택권을 부여함으로써 발생하는 인적 요소의 동일성 유지에 대한 불확실성은 인수계약에서 이행완료의 정지조건으로 예를 들면 중요한 연구요원이나 경영자가 계속 근무하지 않는 한 이행완료를 하지 않겠다고 하거나, 이행완료시까지 영업양도인은 모든 임직원이 동일성을 유지하고 현재의 근로계약상황

---

23) 고용보장조항의 법적인 의미는 명확하지 않다. 우선 이행약속의 상대방은 매도인이지 근로자가 아니므로 일종의 제 3 자를 위한 계약이라고 할 수 있다. 또한, 고용보장을 한 경우에도 근로기준법상 정당한 사유를 이유로 한 해고가 불가능하지는 않을 것이다. 경영상의 이유로 정리해고를 하지 않겠다는 정책의 표현정도가 아닐까?

24) 대법 2002. 3. 29. 선고 2000두8455에서 "근로자가 반대의 의사를 표시함으로써 양수기업에 승계되는 대신 양도기업에 잔류하거나 양도기업과 양수기업 모두에서 퇴직할 수도 있는 것"이라고 한다.

을 유지하도록 최선의 노력을 다하도록 규정할 수 있다. 최근 기업분할과 관련하여 근로자에게 거부권을 명시적으로 인정한 판결이 나오고 있는데,[25] 이를 영업양수도의 경우에도 적용, 영업양수도의 경우에도 근로자의 거부권 내지 동의필요성이 인정되어야 한다면 이는 실무와도 합치한다.

대법 2001. 7. 27. 선고 99두2680 판결(창원특수강 v. 중앙노동위원회)

가. 삼미종합특수강 주식회사의 영업과 자산 상태

(1) 삼미종합특수강 주식회사(이하 '삼미'라 한다)는 원래 서울에 본사를 두고, 창원·울산·부산 세 곳에 공장을, 인천과 하남 두 곳에 하치장을 설치하여 강판·봉강 및 강관을 생산·판매하는 특수강산업을 영위하여 왔다. 부산과 울산 공장에서는 강판만을, 창원 공장에서는 강판 외에도 봉강과 강관을 생산하여 왔는데, 봉강·강관 사업부문은 강판 사업부문과 그 공정이 다르다.

(2) 창원 공장의 봉강·강관 사업부문(토지 648,967m^2, 건물 220,304m^2)과 강판 사업부문(토지 213,769m^2, 건물 80,752m^2)은 공장 정문과 연결되는 사내도로를 경계로 나뉘어져 있었고, 각 사업부문에 근무하는 근로자들도 구분되어 있었다. 1996년말 현재 삼미의 총 종업원 3,267명 중 봉강·강관 사업부문에 종사하고 있던 인원은 2,342명으로 전체 인원의 72%에 해당하고, 한편 전체 매출액에서 차지하는 봉강·강관 사업부문의 매출액 비율은 47%에 불과하였다.

(3) 삼미는 1992년 사업연도부터 계속된 적자로 1996. 12. 31. 현재 누적 결손금이 1,836억 원에 이르고, 대차대조표상 총 자산은 15,336억 원, 총 부채는 14,513억 원 가량이다. 자산은 유동자산 8,928억 원, 투자와 기타자산 2,049억 원, 고정자산 3,940억 원과 이연자산 419억 원 등으로 구성되고, 유동자산 중 당좌자산은 현금과 예금 175억 원, 유가증권 52억 원, 외상매출금 1,037억 원, 받을어음 2,166억 원, 단기대여금 40억 원, 미수금 833억 원, 미수수익 11억 원 등이었고, 부채는 유동부채 8,968억 원과 고정부채 5,545억 원(사채와 장기차입금)으로 구성되어 있었는데, 봉강·강관 사업부문과 직·간접으로 관련된 부채는 약 1조 142억 원 상당에 이르렀다.

25) 뒤 제16장 참조.

나. 이 사건 자산매매계약의 체결 경위와 내용

삼미는 1996년도에 1,199억 원의 적자를 보았을 뿐만 아니라 그 때까지 5년간 계속 적자 상태였으며, 그 상태대로 사업을 계속할 경우 사업이 흑자로 전환될 가능성은 없고 도산할 수밖에 없다는 판단 아래 창원공장의 봉강 및 강관 사업부문을 정리하기로 방침을 세우고 1996. 12. 18. 포항종합제철 주식회사(이하 '포항제철'이라 한다)와 사이에 창원 공장의 봉강 및 강관사업부문(이하 '이 사건 공장'이라 한다)의 자산을 매매하기로 하는 당사자 간의 의향서를 교환하였으며, 이에 따라 포항제철은 1997. 2. 14. 이 사건 공장의 인수를 위하여 자회사로 원고를 설립하였다. 원고는 같은 날 삼미와 사이에 기본합의서를 작성하고 같은 달 17일 이 사건 공장을 대금 7,194억 원(부가가치세 별도)에 매수하기로 하는 다음과 같은 내용의 자산매매계약을 체결하였다.

(1) **매매목적물과 부채**(계약서 제 1 조)

봉강 및 강관 사업부문의 토지 · 건물 · 구축물 · 기계장치 · 공기구 · 비품 · 차량운반구 · 재고자산 · 리스자산 · 이전기술(특허권 · 실용신안권 · 의장권 등 산업재산권 및 제조에 관한 기술과 노하우 포함) · 건설가계정 · 기타 매매물건에 부대하는 등록에 관한 권리와 인허가 및 매매물건의 운영과 관련된 전산 소프트웨어 · 업무매뉴얼 및 제반 지침서 등을 매매물건으로 하고, 매매물건에 대한 성능보장에 직접 관련된 물건은 그 목록에 기재되지 않은 경우에도 포함된 것으로 한다(제1 내지 3항).

원고는 삼미의 부채를 인수하지 아니하기로 한다. 다만, 매매물건이 담보로 제공된 금융기관에 대한 부채 및 리스회사에 대한 리스료지급의무는 금융기관 및 리스회사와 협의하여 본 계약의 조건에 따라 매매대금의 일부로서 이를 인수할 수 있다(제 4 항).

(2) **매매대금과 그 지급방법**(계약서 제2 내지 4조)

토지 · 건물 · 구축물 · 기계장치 등 고정자산과 미착기계, 건설가계정 및 재고자산에 대하여는 그에 대한 담보물권이 모두 말소될 것을 전제로 하여 이를 6,194억 원으로 평가하였고, 기술이전료에 대하여는 이를 포괄하여 1,000억 원으로 평가하여 전체 대금을 7,194억 원(부가가치세 별도)으로 결정하였으며, 향후 정밀실사를 통하여 매매대금을 증액 또는 감액 조정하여 잔금지급시 정산하기로 하였다(계약서 제 2 조 및 제 4 조).

매매대금 7,744억(=위 7,194억+부가가치세 550억) 원 중 ① 계약금 660억 원은 삼미가 '매매물건에 대한 금융기관의 근저당권 및 공장저당 등 담보권이 일정금액의 지급을 조건으로 모두 해제·말소될 것이라는 금융기관의 해제동의서'와 '리스자산에 대한 리스료 지급의무가 일정금액의 지급을 조건으로 모두 해제되어 시설대여이용자에게 리스자산의 소유권이 귀속될 것이라는 리스회사의 확인서'를 원고에게 제공한 다음 3일 이내에 지급하고, ② 중도금 6,363억 원은 금융기관에 대한 근저당 채무 및 리스자산에 대한 리스료 채무의 변제에 사용되어야 하고 원고는 금융기관 및 리스회사와 합의한 조건에 따라 위 금액을 금융기관 및 리스회사에게 직접 지급할 수 있으며, ③ 잔금 721억 원 중 100억 원은 삼미의 포항제철에 대한 외상매입금 중의 일부로서 원고가 포항제철에게 직접 지급하기로 하였다(계약서 제 3 조).

(3) **종업원에 대한 의무**(계약서 제11조)

삼미는 본 계약 체결 후 즉시 매매물건의 해당 부서에 재직중인 근로자를 대상으로 원고로의 입사 희망 여부를 조사, 원고에게 통보하기로 한다(제 1 항). 원고는 직무조사 등을 통하여 매매물건의 운영에 필요한 기준 인원을 산정하고, 소요인력을 충원함에 있어서 공정하고 합리적인 공개채용절차에 의거 기준인원의 범위 내에서 신규채용하며, 이 경우에 삼미가 통보한 입사희망자를 가급적 제 6 조에 의한 매매물건의 인수 전에 채용하도록 우선적으로 고려하기로 한다(제 2 항). 삼미는 원고의 채용전형에 필요한 자료(근무경력, 자격, 근무성적 등 제반 인사자료)를 원고에게 제공하여야 한다(제 3 항). 삼미의 근로자 중 원고의 채용전형에 합격한 자에 대하여 삼미는 자신의 비용부담 및 책임하에 삼미와의 근로관계를 종료시키며, 퇴직금 등 종업원에 관련된 모든 금전사항을 정산 처리하여야 한다(제 4 항). 위 조항에도 불구하고, 원고는 본 매매물건의 매수와 관련하여 삼미의 근로자를 인수할 의무를 부담하는 것은 아니다. 또한 본 계약상의 어떠한 조항도 삼미의 근로자를 인수할 의무를 원고에게 부담시키는 것으로 해석될 수 없으며, 원고가 본건 매매물건과 관련하여 종업원을 신규채용하는 과정에서 원고로의 입사를 원하는 삼미의 종업원이 채용되지 않는 경우에도 삼미와 삼미의 종업원과의 근로관계가 단절되지 아니한다(제 5 항). 삼미는 삼미의 근로자들에게 본조 및 특히 위 5항의 취지를 주지시키고, 원고에 입사하지 못한 자들을 포함한 삼미의 근로자들이 본 계약 또는 어떠한 이유로든 원고에게 근로관계의 승계를 주장함으로써 원고에게 손해를 입히는 행위를 하지 않도록 최선을 다하여야 한다. 그럼에도 불구하고 원고의 종업원으로 신규 채용된 자들을 제외한 삼미의 근로자들이 소송 기타 법적 쟁송의 방법으로 삼미에게 근로관계의 승계 등을 요구할 경우, 삼미는 삼미의 근로자가 원고를 상대로 제기한 소송 등을 방어하기 위하여 원고가 지출하는 비용을 포함하여 원고가 입은 손해를 배상하여야 한다(제 6 항).

(4) **다른 계약에 대한 면책**(계약서 제12조)

본 계약서에 달리 정한 바가 없으면 원고는 삼미가 그의 거래선 등과 체결한 어떠한 계약에 대하여도 책임을 부담하지 않는다(제 1 항).

다. 매매대금의 지급과 자산의 이전

(1) 원고는 삼미로부터 금융기관의 담보권 해제동의서를 교부받은 다음, 1997. 2. 20.까지 계약금 660억 원을, 같은 해 3월 7일부터 같은 해 3월 17일까지 중도금 6,218억 원을, 같은 해 3월 17일 및 18일 잔금 741억 원 등 약 7,619억 원을 지급하였는데, 이 가운데 계약금만 삼미의 은행예금계좌로 송금하여 지급하였고, 중도금의 대부분인 약 5,900억 원은 금융기관에 대한 근저당 채무 내지 리스료 채무의 변제로서 직접 지급하거나 삼미로 하여금 지급하게 하였으며, 잔금은 삼미의 포항제철에 대한 동액 상당의 채무를 대위 변제하는 방식으로 지급에 갈음하였고, 같은 달 19일까지 인수자산에 대한 금융기관의 담보권이 전부 말소되었다.

(2) 삼미는 1997. 3. 2. 봉강 및 강관 공장의 가동을 중지하고 같은 달 5. 주주총회에서 이 사건 자산매매계약에 대한 특별결의를 거쳐 같은 달 7일까지 원고 앞으로 양도자산에 대한 등기·등록 등 이전절차를 마쳤으며, 원고는 같은 달 10일 경비요원을 현장에 배치하고 같은 달 말까지 기계장치·공기구·비품·재고자산 등의 유체동산, 각종 산업재산권과 업무매뉴얼 등의 제조기술 등에 대한 실사와 인수를 하였다.

라. 사원의 모집

(1) 삼미는 이 사건 공장의 종업원 2,342명 전원의 채용을 요청하였으나, 원고는 1997. 2. 25. 직무조사를 통하여 이 사건 공장의 운영에 필요한 인원을 1,978명으로 산정하고 그 범위 내에서 채용하겠다고 삼미에게 통보하였다.

(2) 원고는 1997. 2. 26. 포항제철의 계열회사로서 정비전문회사인 포철산기 주

식회사와 공동으로 사원모집공고를 하여 같은 달 26일부터 같은 해 3월 4일까지 및 같은 해 3월 12일부터 같은 달 22일까지 2회에 걸쳐서 총 2,016명의 삼미 소속 근로자들로부터 입사지원을 받은 다음, 그 중 1,770명을 각기 원고(1,421명), 포철산기(242명), 주식회사 동우사(포항제철의 계열회사로서 경비·차량운전 등 전문회사, 67명) 및 LG 유통(원고의 사원식당 운영 전문회사, 40명)의 사원으로 선발하였고, 이와 같이 채용된 직원들은 그 직후 삼미에서 퇴직하였다.

(3) 위에서 채용된 직원은 전체 인원의 75.6%(=1,770/2,342×100)에 해당하고[다만 원고의 사원으로 채용된 인원은 1,421명으로 전체 인원의 약 60.6%(=1,421/2,342×100)에 해당한다], 그 가운데 관리직은 471명 중 254명이, 기능직은 1,871명 중 1,516명이 채용되었으며, 기술직 관리사원 64명 중 고령 및 투병중인 2명을 제외한 62명 전원이 채용되었다.

마. 원고의 사업내용과 이 사건 공장의 운영

(1) 원고는 1997. 4. 1.부터 이 사건 공장에 신규 채용한 직원들을 투입하여 특수강을 생산하기 시작하였는데, 봉강 사업은 공급과잉으로 인한 수익성 감소로 장기적으로는 폐업하고 나머지 품목인 선재 및 빌레트(billet) 사업 부문을 주력사업으로 하기로 방침을 정하였고, 이에 따라 1996년말 기준 봉강 생산량은 전체의 59.8%였으나 1998년 9월말 기준으로 11.3%로 대폭 축소되었다.

(2) 원고는 변화된 생산패턴에 맞추어 포항제철과의 기술교류를 통하여 새로운 기술 즉, BLOOM연주 주편품질향상기술, 공정생략기술, 압연제품 품질향상기술, 조업관리기준 등을 도입하고, 종전의 삼미의 판매조직 대신 새로운 판매조직망을 구축하였으며, 봉강 및 강관 부분에 관한 종전의 삼미의 유통점 중 일부는 원고의 봉강 생산감축에 따라 거래를 중단하였고, 수출대행창구를 포철의 거래사로 변경하였다.

(3) 특수강 산업은 그 특성상 근로자들의 기술과 경험이 큰 역할을 하는 것이기는 하나 또한 장치산업으로서의 특성에 의하여 설비운용에 필요한 매뉴얼, 기술표준, 작업표준, 매뉴얼 등 업무에 필요한 지식이 정형화 규격화되어 있어 단기간의 훈련을 거치면 일반직원들도 매뉴얼에 따라 생산활동을 할 수 있다.

(4) 삼미로부터 신규채용된 직원들은 대체로 종전과 같은 부서에 배치되어 동일한 업무를 처리하였고 수습기간에도 급여와 인사 등에서 정규직원과 동일한 대우를 받았으나, 원고는 직급 및 급여체계, 근무시간 등 및 사업부의 조직체계를 삼미와 달리하고 신규채용 직원들에 대하여 3개월의 수습기간을 두었다.

바. 기타 관련 사항

(1) 삼미와 그 노동조합 사이의 1996년도 단체협약에 의하면, 회사는 생산시설의 일부 혹은 전부를 처분할 때에는 사전에 조합과 협의하여야 하고(제18조 제 2 호), 회사의 양도시 고용 및 근속년수 승계, 단체협약 및 노동조합 승계를 보장하도록 하며(제24조), 사업장의 축소 또는 인원감축의 필요가 있을 경우 사전에 조합과 합의하여 면직할 수 있다(제20조 제 2 호)고 규정하고 있는데, 삼미는 노동조합과의 단체교섭 과정에서 노동조합측에게 이 사건 공장의 양도시 고용승계가 이루어지지 않지만 최대한 고용이 보장되도록 포항제철측과 협의하겠다는 취지로 설명하였다.

(2) 삼미는 1997. 3. 18. 서울지방법원 97파1944호로 회사정리절차개시신청을 하였고, 그 다음날 당좌거래가 정지되었으며, 위 법원에서 같은 해 3월 24일 회사재산보전처분결정을, 같은 해 12월 4일 회사정리절차개시결정을 각 받았다.

(3) 삼미는 1997. 5. 2. 이 사건 공장에 근무하던 직원 60명을 의원면직하고 39명을 정리해고하였다.

(4) 피고보조참가인(이하 '참가인'이라고 한다)들은 이 사건 공장에 근무하던 직원들로서 그 가운데 일부는 사원모집공고에 따라 원고의 채용전형에 응하였다가 탈락하였고, 나머지 참가인들은 아예 채용전형에 응하지도 않았다.

사. 재심판정의 경위

참가인들은 이 사건 자산매매계약은 그 명칭에도 불구하고 영업양도·양수 계약이므로 원고는 양도대상인 이 사건 공장에 소속된 근로자 전원을 고용 승계하여야 하는데도 자산매매계약의 특약과 신규채용방식에 의해 일부 근로자를 배제한 것은 사실상 부당해고라고 주장하며 참가인 182명 가운데 105명은 1997. 6. 13., 35명은 같은 달 23일, 그 나머지 42명은 같은 달 30일 각기 경남지방노동위원회에 부당해고구제신청을 하였는바, 위 지방노동위원회는 같은 해 8월 25일 원고가 삼미 소속 근로자들의 고용승계를 거부한다는 의사를 표시한 날은 자산매매계약을 체결한 1997. 2. 17., 또는 늦어도 자산에 관하여 등기를 경료한 같은 해 3월 7일인데 참가인들은 그로부터 3월의 구제신청의 제척기간이 경과한 후에 위 구제신청을 제기하여 부적법하다는 이유로 위 각 구제신청을 각하하는 결정을 하였고, 이에 대하여 참가인들이 중앙노동위원회에 재심신청을 하였다.

이에 중앙노동위원회는 같은 해 12월 8일 이 사건 자산매매계약의 실질은 영업양도이며 구제신청의 제척기간은 채용전형에 응하지 아니한 근로자들은 입사지원서 접수마감일 다음날인 1997. 3. 22.에, 채용전형에 응한 근로자들은 채용배제를 확인할 수 있는 공장가동일 다음날인 1997. 4. 1.에 시작되므로 제척기간이 지나지 않았다는 이유로 '원고가 참가인들의 근로관계를 승계하지 않은 것은 사실상 정당한 이유 없는 해고에 해당한다. 원고는 참가인들에게 원직에 상응하는 직위를 부여하여야 한다.'라는 내용의 재심판정을 하였다. …

영업의 양도라 함은 일정한 영업목적에 의하여 조직화된 업체, 즉 인적·물적 조직을 그 동일성은 유지하면서 일체로서 이전하는 것으로서 영업의 일부만의 양도도 가능하고, 이러한 영업양도가 이루어진 경우에는 원칙적으로 해당 근로자들의 근로관계가 양수하는 기업에 포괄적으로 승계되는바(대법 1991. 8. 9. 선고 91다15225 판결, 1994. 11. 18. 선고 93다18938 판결 등 참조), 여기서 영업의 동일성 여부는 일반 사회관념에 의하여 결정되어져야 할 사실인정의 문제이기는 하지만, 문제의 행위(양도계약관계)가 영업의 양도로 인정되느냐 안되느냐는 단지 어떠한 영업재산이 어느 정도로 이전되어 있는가에 의하여 결정되어져야 하는 것이 아니고 거기에 종래의 영업조직이 유지되어 그 조직이 전부 또는 중요한 일부로서 기능할 수 있는가에 의하여 결정되어져야 하는 것이므로, 예컨대 영업재산의 전부를 양도했어도 그 조직을 해체하여 양도했다면 영업의 양도는 되지 않는 반면에 그 일부를 유보한 채 영업시설을 양도했어도 그 양도한 부분만으로도 종래의 조직이 유지되어 있다고 사회관념상 인정되면 그것을 영업의 양도라 볼 것이다(대법 1989. 12. 26. 선고 88다카10128 판결, 1997. 11. 25. 선고 97다35085 판결 1998. 4. 14. 선고 96다8826 판결 참조).

그런데 앞에서 본 사실관계에 의하면, 삼미의 창원 공장의 봉강·강관부문의 종업원은 삼미 전체 종업원의 72%에 해당함에도 매출액 비율은 삼미 전체의 47%에 불과하여 생산성이 저조했을 뿐 아니라 여러 해에 걸쳐 계속된 적자의 누적으로 자본이 크게 잠식된 상태였고, 따라서 그 상태대로 계속사업을 유지할 경우 흑자로 전환될 가능성은 커녕 도산할 수밖에 없으므로 삼미는 이 부문 사업을 정리하기로 방침을 정하였으나 이 사건 공장의 자산과 함께 인적 조직인 종업원들을 포괄하여 양도하는 방식으로는 양수희망자가 없어 봉강·강관 부문의 사업정리가 불가능하였으므로 결국 이 사건 공장의 자산만을 양도하기로 하고, 그에 따라 이 사건 자산매매계약의 체결에 이르게 된 사실, 이에 따라 삼미는 이 사건 자산매매계약체결 전 노동조합과의 단체 교섭과정에서 노동조합측에게 이 사건 공장의 자산을 매각하지 않을 수 없는 불가피한 사정을 설명하면서 이 사건 자산매매계약이 이행되더라도 고용승계는 이루어지지 않는 점을 알리고 다만 포항제철과 협의하여 최대한 고용이 보장되도록 노력하겠다는 취지로 설명한 사실, 한편 포항제철 역시 삼미로부터 이 사건 공장의 자산 이외에 인적 조직인 종업원들의 대부분을 함께 인수하는 영업양수의 방식으로는 아무리 생산기술을 향상시키고 경영환경을 개선하더라도 건전한 기업으로 육성시킬 가능성이 없다는 판단 아래 이 사건 자산매매계약을 체결함에 있어 매매목적물은 봉강·강관 부문의 생산시설과 그에 관련된 자산만이고, 종업원들에 대한 고용은 이를 승계하지 않음을 명백히 하면서 이 사건 자산매매계약상의 어떠한 조항도 삼미의 종업원을 인수할 의무를 원고에게 부담시키는 것으로 해석될 수 없고 삼미는 이러한 취지를 종업원들에게 주지시키고 원고에 입사하지 못한 종업원들을 포함한 삼미의 종업원들이 어떠한 이유로든 원고에게 근로관계의 승계를 주장함으로써 원고에게 손해를 입히는 행위를 하지 않도록 최선을 다하도록 하며 다만 원고는 이 사건 공장 운영에 필요한 기준인원의 범위 내에서 소요인력을 충원함에 있어서 공정하고 합리적인 공개채용 절차에 의거 신규 채용하되 원고로의 입사를 희망하는 삼미의 종업원들을 우선적으로 고려하기로 한 사실, 이에 따라 삼미는 원고의 신규 공개채용에 필요한 삼미종업원에 대한 자료를 원고에게 제공하고, 삼미의 종업원 중 원고의 채용전형에 합격한 자에 대하여 삼미는 자신의 비용부담 및 책임하에 삼미와의 근로관계를 종료시키며 퇴직금 등 종업원에 관련된 모든 금전사항을 정산하기로 하였고, 원고가 종업원을 신규 공개 채용하는 과정에서 원고로의 입사를 원하는 삼미의 종업원이 채용되지 않는 경우에는 삼미와 그 종업원과의 근로관계는 단절되지 않도록 함으로써 원고나 포항제철 계열사로 신규 채용되지 아니한 삼미의 종업원들은 삼미에 그대로 잔류한 사실, 또한 원고는 삼미 소속 종업원들의 60.6% 정도를 신규입사의 형식으로 새로이 채용하면서(앞서 본 바와 같이 나머지 15% 정도는 종업원 구제차원에서 포항제철 관련 계열사에 입사시켰다) 종전 삼미에서의 근로조건이나 직급상태를 그대로 유지하지 않고 3개월간의 수습기간을 거쳐 원고 고유의 직급 및 급여체계, 근무시간 등에 따라 재배치함으로써 종전 삼미의 인적 조직을 해체하여 포항제철 계열사의 기준 및 인사 관리 방법에 따라 재구성하여 조직화한 사실, 특수강 산업은 그 특성상 종업원들의 숙련된 기술과 경험이 제품생산에 있어서 큰 역할을 하는 것이기는 하나 또한 장치 산업으로서의 특성에 의하여 업무에 필요한 지식과 기술이 정형화·규격화되어 있어 단기간의 훈련을 거치면 일반직원들도 매뉴얼에 따라 생산활동을 할 수 있고, 특히 원고의 모회사인 포항제철에는 특수강 생산에 필요한 기술인력이 많이 있었기 때문에 원고로서는 삼미의 종업원을 반드시 고용하여야 할 필요가 있었던 것은 아니지만 이 사건 공장 자산의 매각 후 실직할 삼미 종업원들을 가능한 한 구제하려는 차원에서 기준인원 범위 내에서 삼미의 종업원들을 신규채용하였을 뿐인 사실, 또한 사업목적(생산품목)에 있어서도 원고는 삼미로부터 인수한 자산을 그대로 사용하여 특수강을 생산하고 있지만, 원고는 봉강사업부문에 대하여는 공급과잉으로 인한 수익성 감소로 장기적으로는 폐업하고 나머지 품목인 선재 및 빌레트(billet) 사업부문을 주력사업으로 하기로 방침을 정하여 1996년말 기준으로 전체의 59.8%이던 봉강 생산량을 1998년 9월말 기준으로는 11.3%로 대폭 축소하는 등 생산전략을 크게 바꾸었고, 이에 따라 변화된 생산 패턴에 맞추어 포항제철과의 기술교류를 통하여 새로운 기술을 도입 품질을 향상시킨 사실, 원고는 삼미의 외상매출금·받을어음·미수금 등 채권은 물론 1조원이 넘는 부채도 인수하지 않았고 다만 매매목적물에 대한 금융기관의 근저당권 및 공장저당 등 담보권의 해제 말소와 리스자산에 대한 리스료 지급 등을 위하여 매매대금의 대부분을 사용한 사실, 원고는 삼미가 그 거래선등과 체결한 어떠한 계약에 대하여도 책임을 부담하지 않고 삼미의 거래선 중 원자재 구입처의 약 29%, 판매처의 약 10%를 유지하였을 뿐 대부분의 거래처를 새로이 개척한 사실, 원고는 삼미라는 상호의 성가는 물론 삼미가 영업상 확보한 주문관계나 영업상 비밀 등의 재산가치를 인수하지 아니한 사실을 알 수 있는바, 이러한 사실관계를 위 법리에 비추어 검토하여 보면 원심이 설시한 사정을 고려하더라도 원고가 실질적으로 삼미로부터 봉강·강관 사업부문의 영업상 인적·물적 조직을 그 동일성을 유지하면서 일체로서 포괄적으로 이전 받음으로써 영업을 양도받은 것으로 보기에는 부족하다 할 것이고 앞서 본 바와 같이 원고가 삼미 종업원의 고용보장차원에서 삼미의 종업원 60.6%를 신규채용 형식으로 고용하였다 하여 달리 볼 수는 없다고 할 것이다.

대법 2002. 3. 29. 선고 2000두8455 판결(심×화 v. 한국오므론전장)

동해주식회사(이하 '동해'라고만 한다)는 자동차에 필요한 릴레이, 유니트, 카스테레오 등 전기기계장치 부품을 생산하는 회사인데, 1986. 12.경부터 일본의 오므론 주식회사와 기술 제휴하면서 1991. 12. 12. 동해가 35%, 일본의 오므론 주식회사가 65%의 자본금을 각 출자하여 피고보조참가인 회사(이하 '참가인 회사'라 한다)를 설립한 사실, 동해의 영업부문은 자동차부품 중 릴레이, 유니트 등을 생산하는 전장사업부와 카스테레오를 생산하는 전자사업부로 구분되는데, 동해는 1996.경부터 전자사업부의 생산라인을 중국 남양사로 이전하기 시작하여 1996. 8.경에는 전자사업부 소속 생산직 사원 전원을 전장사업부로 배치한 이후 자재부 직원 일부가 자재 충당을 위하여 전자사업부의 업무까지 병행하였을 뿐 국내에서의 카스테레오 생산을 사실상 중단한 사실, 동해는 1997.말부터 시작된 외환위기와 고금리 및 자동차 수요의 감소로 회사 경영이 어려워지면서 부도위기에 직면하자, 1998. 3. 20. 참가인 회사와 사이에 동해의 전장사업부문과 관련된 일체의 자산을 271억 원에 매도하는 내용의 자산매매계약을 체결하였는데, 그 주요 내용은, 매매물건으로 동해는 참가인 회사에게 그 판시 별첨 1의 토지, 건물, 기계장치, 공기구 · 비품, 차량운반구, 재고자산, 리스자산, 이전기술 및 영업권 등을 매도하고 참가인 회사는 동해로부터 이를 매수하되 다만 차재전장사업의 운영에 직접 관련된 물건은 별첨 1에 기재되지 않은 경우에도 이를 매매물건에 포함된 것으로 하고, 영업권이란 동해의 차재전장사업부문이 장기간 영업을 계속함으로 인하여 가지게 된 고객관계, 거래상의 기법, 소비자인식 등을 포함하여 차재전장부문사업에 관한 무형의 재산적 가치를 말하고, 이전기술에는 차재전장사업에 관한 모든 특허권, 실용신안권, 의장권 등 지적재산권 및 제조 · 판매 · 보수 등에 관한 기술과 노하우 등이 포함되며, 매매물건에 부대하는 등록에 관한 권리와 인허가를 매매물건과 함께 이전하는 것으로 하고, 참가인 회사는 동해의 부채가 차재전장사업과 관련하여 발생한 것이든 아니든 일체의 부채를 인수하지 아니하기로 하되, 다만 매매물건이 담보로 제공된 금융기관에 대한 부채 및 리스 회사에 대한 리스료 지급의무는 참가인 회사가 금융기관 및 리스회사와 협의하여 본 계약의 조건에 따라 매매대금의 일부로서 이를 인수할 수 있으며, 현대자동차 주식회사, 쌍용자동차 주식회사와의 제품공급계약관련 각종 계약은 동 회사들의 동의하에 참가인 회사가 동해의 지위를 인수하기로 하고, 참가인 회사는 이 회사들의 동의를 받기 이전에 인수할 계약 등을 동해로부터 개시받아 인수의 범위를 결정하기로 하며, 동해는 전장사업부 소속 종업원을 대상으로 참가인 회사로의 입사희망 여부를 조사하여 그 결과를 채용 전형에 필요한 인사자료와 함께 참가인 회사에게 통보하고, 참가인 회사는 직무조사를 통하여 매매물건의 운영에 필요한 기준인원을 산정하고 소요인력을 충원함에 있어서 공개채용절차에 의거, 기준인원의 범위 내에서 신규채용하되 동해가 통보한 입사희망자를 가급적 위 매매물건 인수 전에 채용하도록 우선적으로 고려하며, 동해는 참가인 회사의 채용 전형에 합격한 자에 대하여 자신의 비용과 책임하에 근로관계를 종료시키고 퇴직금 등 모든 금전사항을 1998. 4. 30.까지 정산처리하여야 하나 참가인 회사는 위 매매물건 인수와 관련하여 동해의 종업원을 인수할 의무를 부담하지 아니하고, 참가인 회사의 위탁에 따라 동해가 전장사업부문에 종사하는 것을 제외하고 별도의 합의가 없는 한 동해는 1998. 3. 20.부터 10년 간 양도하는 영업과 동종 또는 유사한 영업행위를 하여서는 안 되기로 한 사실, 동해 노동조합은 위 자산매매계약 체결사실을 알고 1998. 3. 23. 동해와 사이에 노사협의회를 갖고 근로관계, 노조 승계 및 단체협약 유지 등을 요구하였으나 노사간의 의견차이로 아무런 합의점을 찾지 못하고 결렬되자, 동해는 1998. 3. 25. 사내통신문을 통해 전장사업부 소속 근로자들에게 '동해에 대한 사직서, 참가인 회사로의 입사신청서 및 동해가 체불한 설 상여금 100% 삭감 동의서가 함께 있는 서면(이하 '재취업신청서'라 한다)을 개인별로 작성하여 제출할 것'을 통보하였고, 다시 동해 노동조합이 1998. 3. 26. 및 1998. 3. 27. "동해가 근로자들로 하여금 개별적으로 취업신청을 하게 하거나 일방적으로 사직 및 상여금 삭감에 동의하도록 하는 것은 부당하다."고 주장하며 전 조합원의 일괄 고용승계를 요구하였으나, 동해는 이러한 노동조합의 요구에도 불구하고 1998. 3. 30.까지 모두 176명으로부터 개별적으로 재취업신청서를 제출 받아 이를 참가인 회사에 통보하였고, 참가인 회사는 동해로부터 근로자 176명이 제출한 재취업신청서를 넘겨받아 선별 없이 1998. 4. 1.자로 모두 신규채용한 사실, 그런데 동해 노동조합의 조합원들인 원고들을 포함한 9명은 동해에 대하여 일괄 고용승계, 상여금 삭감 반대 등을 주장하며 연장된 기한인 1998. 3. 31.까지 재취업신청서를 제출하지 않다가 1998. 4. 4.에 이르러 비로소 이를 제출하였으나, 동해는 제출기한 도과를 이유로 원고들을 포함한 9명의 신청서를 모두 반려하였고, 이에 따라 원고들을 포함한 9명은 참가인 회사에 입사할 수 없게 된 사실, 참가인 회사는 위 자산매매계약에 기하여 동해의 전장사업부문의 모든 자산을 양수하는 한편, 동해 소속 근로자들만을 신규채용의 형식으로 다시 고용하여 그들이 동해에서 일하고 있던 부서와 동일한 부서(그 명칭은 상이하나 업무 내용은 동일하다)에 같은 직급으로 발령하여 이전의 업무를 계속 수행하도록 하였으며, 그 후 동해의 2부문 10팀의 조직체계를 5센터 19그룹 1팀으로 변경하고 인원, 설비, 사무실을 재배치하는 등으로 다품종 소량생산 체제를 도입하여 동해가 생산하던 품목에 70개를 추가하여 총 462개 품목을 생산하고 있는 사실 등을 인정한 다음, 이 사건의 경우 참가인 회사는 동해로부터 전장사업부 영업에 필요한 일체의 유형·무형의 재산을 모두 양수하였을 뿐만 아니라 거래처에 대한 계약자로서의 지위까지 양수함으로써 거기에 동해의 인적 조직만 결합하면 곧바로 이전 영업과 동일한 물적·인적 토대를 형성할 수 있는 것으로 보이는데, 이 사건 계약상으로는 참가인 회사가 동해의 근로자들에 대한 근로관계를 승계하지 않는 것을 전제로 소정의 인원만을 입사전형절차를 거쳐 신규채용하기로 하였고 이에 따라 동해의 근로자들이 사직서를 제출하고 새로 입사하는 형식을 취하였지만, 실제로는 입사시험을 치르는 등 실질적인 입사절차는 거치지 않은 채 소정의 기한 내에 입사의사를 표시한 동해의 근로자 전부를 채용하였던 점, 참가인 회사가 신규채용의 형태로 다시 고용한 동해의 근로자는 199명 중 176명에 달하여 대부분의 근로자가 다시 채용되었을 뿐만 아니라, 참가인 회사는 동해 소속 근로자들만을 신규채용의 형태로 고용하였을 뿐 실제 공개채용의 형태로 동해 소속 근로자 이외의 근로자를 신규채용하지는 않았던 점, 동해 소속 근로자들이 동해에서의 직급에 상응하는 직급을 참가인 회사에서 부여받아 그 이전에 수행하던 업무를 그대로 수행하고 있는 점 등에 비추어 동해의 전장사업부문의 인적 조직 역시 그 동일성을 유지한 채 참가인 회사에게 승계되었다고 봄이 상당하고(일부 근로자들이 자진 사직하였다 하더라도 인적 조직의 동일성을 인정하는 데에 방해가 되지 아니한다), 이러한 점들에다가 참가인 회사가 동해로부터 승계한 물적·인적 조직을 이용하여 동해가 영위하던 전장사업부문의 기본 골격을 그대로 유지한 채 이를 토대로 그 사업을 수행하고 있는 점을 더하여 보면, 참가인 회사는 동해로부터 전장사업부문을 영업목적으로 하여 일체화된 물적·인적 조직을 그 동일성을 유지한 채 포괄적으로 이전받음으로써 영업을 양수하였다 할 것이며, 참가인 회사가 동해로부터 이 사건 계약을 체결하면서 자산만을 인수할 뿐 인적 조직을 인수하지 아니할 것을 명시적으로 밝혔다거나, 직원을 채용함에 있어 사직 및 신규채용의 절차를 밟았고, 채권의 전부와 채무의 일부를 인수하지 않았으며, 조직의 일부가 영업양도 이후에 달라진 사실이 있다 하더라도, 그러한 점만으로는 이와 달리 보기에 부족하다.

… 영업의 양도라 함은 일정한 영업목적에 의하여 조직화된 업체 즉, 인적·물적 조직을 그 동일성은 유지하면서 일체로서 이전하는 것으로서 영업의 일부만의 양도도 가능하고, 이러한 영업양도가 이루어진 경우에는 원칙적으로 해당 근로자들의 근로관계가 양수하는 기업에 포괄적으로 승계되는바, 여기서 영업의 동일성 여부는 일반 사회관념에 의하여 결정되어져야 할 사실인정의 문제이기는 하지만, 문제의 행위(양도계약관계)가 영업의 양도로 인정되느냐 안 되느냐는 단지 어떠한 영업재산이 어느 정도로 이전되어 있는가에 의하여 결정되어져야 하는 것이 아니고

거기에 종래의 영업조직이 유지되어 그 조직이 전부 또는 중요한 일부로서 기능할 수 있는가에 의하여 결정되어져야 하는 것이므로, 예컨대 영업재산의 전부를 양도했어도 그 조직을 해체하여 양도했다면 영업의 양도는 되지 않는 반면에 그 일부를 유보한 채 영업시설을 양도했어도 그 양도한 부분만으로도 종래의 조직이 유지되어 있다고 사회관념상 인정되면 그것을 영업의 양도라 볼 것이다(대법 2001. 7. 27. 선고 99두2680 판결 참조).

안수현, *영업양도의 동일성 요건검토*: 대상판결: 대법 2007. 6. 1. 선고 2005다5812, 5836 판결, 21:2 상사판례연구 13-17 (2008. 6)

2) **영업양도의 개념**

영업양도가 무엇을 의미하는가에 대해서 다수설과 판례는 영업재산양도설과 같이 보고 있다. 즉 영업양도란 객관적 의의의 영업(영업용재산과 재산적 가치있는 사실관계가 합하여 이루어진 조직적·기능적 재산으로서의 영업재산의 일체)을 이전하는 것을 목적으로 하는 것이라고 보고 있다. 이 경우 영업재산은 통상 적극재산과 소극재산으로 구분하는데, 적극재산에는 동산, 부동산과 권리인 지상권·저당권·질권 등 제한물권과 영업관계에서 발생한 채권, 불법행위·부당행위로 인한 채권, 특허권, 상표권, 저작권, 상호권 등의 무체재산이 해당되며, 소극재산으로는 영업에 관하여 발생한 각종 채무와 불법행위 등 거래외의 원인에 의한 채무를 포함시키고 있다.

그런데 이러한 영업재산은 단순한 영업재산에 그치는 것이 아니라 법적으로 의미있는 재산일 것을 요하고 있다. 즉 영업이란 위의 각종 영업재산의 단순한 집합이 아니라 이것이 영업목적을 중심으로 상인에게 통합된 조직적 재산이라고 하는 점에서 중요한 의미가 인정되고 있다. 따라서 이러한 의미의 영업조직이 존재하기 위해서는 영업은 이를 구성하는 각종 재산가치의 총합계 이상의 높은 가치를 창출하여야 하고 이에 의해 영업이 경제적으로 독립한 가치를 갖고 있고 이것이 하나로 파악되고 나아가 영업이 한 개의 재산으로서 거래의 목적물이 될 수 있어야 한다. 이러한 점에서 영업양도는 '일정한 영업목적에 의하여 조직화된 유기적 일체로서의 기능적 재산의 이전을 목적으로 하는 채권계약'이라고 정의할 수 있다.

'일체적' 이전이란 모든 재산이 빠짐없이 이전되어야 것을 의미하는 것은 아니고, 일부 재산이 유보된 채 이전되더라도 영업양도로 볼 수 있음을 내포한 표현이다. 또한 '유기적 일체로서의 기능적 재산'이란 영업을 구성하는 유형·무형의 재산과 경제적 가치를 갖는 사실관계가 서로 유기적으로 결합하여 수익의 원천으로 기능한다는 것과 이와 같이 유기적으로 결합한 수익의 원천으로서의 기능적 재산이 마치 하나의 재화처럼 거래의 객체가 된다는 것을 의미한다.

아울러, 영업양도가 되기 위해서는 영업이 「동일성」을 유지하면서 이전되어야 한다. 법률상 개개의 영업재산이 개별적으로 양도되어야 할 것이지만 영업양도로 인정되기 위해서는 종래의 조직이 유지되고 영업으로서 동일성이 유지되지 않으면 안된다. 이처럼 동일성의 유지를 영업양도의 필수적 요건으로 하는 것은 기능적 일체로서의 영업이 갖는 사회적·경제적 가치를 보전시키기 위해서이다. 다만 영업의 동일성이 인정되는가 여부의 판단문제는 사회통념에 따라 결정될 수밖에 없다는 입장이다.

한편, 영업양도로 인정되기 위해서는 영업의 이전형식도 갖추고 있어야 한다. 즉 영업양도는 채권계약이므로 당사자간에 영업재산을 그 동일성을 유지하면서 일체로서 이전하려는 합의가 있어야 한다.

3) 영업의 「동일성요건」의 검토-대법판례를 중심으로 법리적용사례 검토

(1) 영업의 동일성의 의의

학설과 판례에 의하면 영업양도에 해당하기 위해서는 영업재산이 i) 영업목적을 중심으로 ii) 상인에게 통합된 조직적 재산이 유기적 일체로서(즉 재산의 총가치가 단순합계보다 높은 경우) 기능적 재산(즉 수익의 원천)으로서 iii) 동일성을 유지하면서 이전되어야 한다. ii)의 요건을 '일체성 요건'이라고 한다면, iii)의 요건을 '동일성 요건'이라고 칭할 수 있다.

(2) 동일성 요건의 판단기준

대법의 전통적인 입장에 따르면 다음의 기준을 충족할 경우 영업의 동일성요건이 충족되는 것으로 본다. 대체로 대상판결을 포함하여 재산의 범위보다는 '종래의 영업조직이 기능하는가 여부'에 포커스를 맞추고 있다. 다만 최근 대상판결 직전 판결은 조직의 기능여하에 초점을 두지 않고 동일성과 일체성을 유지한 것과 마찬가지로 볼 수 있는 특별한 사정이 인정되는 경우 영업양도로 인정한다는 판시가 있어 대조적이다.

① 전통적인 견해

①-1. 양수인이 양도인과 같은 상태에서 영업을 계속하는데 필요한 재산이 이전되는 경우

일반적으로 영업의 양도에 있어 그것을 구성하는 재산에 다소의 증감이 있더라도 영업의 「동일성」이 유지되어야 하고, 영업재산의 조직적 「일체성」이 유지되어 양수인이 양도인과 같은 상태에서 영업을 계속하는데 필요한 재산이 이전되는 한 반드시 영업을 구성하는 재산의 전부가 이전될 필요는 없고 그 일부를 유보(영업일부의 양도)하여도 상관이 없다고 본다. 영업재산의 조직적·일체성 유지 여부는 일반 사회관념에 의하여 결정되어져야 할 사실인정의 문제라고 보고 있다.

①-2. 영업재산을 전부 양도하였다 하더라도 영업조직을 해체하여 양도한 경우에는 영업양도에 해당하지 않음

영업양도로 인정되느냐 아니냐의 여부는 단시 어떠한 영업재산이 어느 정도로 이전되는가에 의하여 결정되어야 하는 것이 아니라 종래의 영업재산이 유지되어 그 조직이 전부 또는 중요한 일부로서 기능할 수 있는가에 의하여 결정되어져야 한다. 따라서 영업재산을 전부 양도하였어도 그 조직을 해체하여 양도한 경우에는 영업양도는 인정되지 않는 반면에 그 일부를 유보한 채 영업시설을 양도하였어도 그 양도한 부분만으로도 종래의 조직이 유지되어 있다고 사회관념상 인정되기만 하면 그것을 영업의 양도로 본다.

이러한 뜻에서 영업양도는 영업을 구성하는 모든 재산을 양도하지 않으면 안되는 것이 아니고 당해 영업의 요소로 인정되는 재산이 양도되면 영업의 양도로 인정될 수 있다. 따라서 「동일성 요건」을 판단함에 있어 재산의 범위보다는 '종래의 영업조직이 기능하는가 여부'에 중점을 두고 있는 경향이 있으며, 대상판결에서는 이와 같은 동일성에 대한 전통적인 입장을 재확인하고 있다.

①-3. 양수인이 당해 분야에서 무로부터 출발하지 않고 양도인이 하던 것과 같은 영업적 활동을 하고 있는 경우

이는 양수인이 당해 분야의 영업을 하는데 있어 무로부터 출발하지 않고 유기적으로 조직화된 수익의 원천으로서의 기능적 재산을 이전받아 양도인이 하던 것과 같은 영업적 활동을 계속하고 있다고 볼 수 있으면 영업양도에 해당한다고 본다.

② 동일성과 일체성을 유지한 것과 마찬가지로 볼 수 있는 특별한 사정이 인정되는 경우

대상판결직전에 나온 판결에 의하면 영업활동의 동일성요건이 대폭 완화된 것

으로 볼 수 있는 요건이 판시된 바 있다. 이에 의하면 사회통념상 전체적으로 보아 종전의 영업이 그 동일성을 유지한 채 일체로서 이전한 것과 마찬가지로 볼 수 있는 특별한 사정이 인정되는 경우에는 … 영업양도에 해당한다고 보고 있다.

노트와 질문

1) 대법 2004. 10. 28. 선고 2004다10213 판결(조×기 v. 청송: 리츠칼튼컨트리클럽판결)은 전체 체육시설 부지의 4.4%에 해당하는 토지의 양도에 불과하다는 점을 중시, 영업양수도가 아니라고 판단하였으나 위 판결처럼 양도자산의 "기능"을 중시한다면 양도자산의 총자산에 대한 비율보다는 체육시설 영업권이 가장 중요하다고 볼 수도 있지 않을까? 골프장토지양도관련 대법 2006. 11. 23. 선고 2005다5379 판결, 대법 2009. 7. 9. 선고 2007다52621 판결에서는 특별한 사정을 이유로 영업양수도를 인정한다.
2) 대법 2005. 6. 9. 선고 2002다70822 판결(백×수 v. 북부운수)은 버스회사가 버스와 운수사업면허권을 양도하는 계약이 1) 사무실, 집기, 시설 등 부대시설은 양수한 바 없고, 2) 소외 회사의 채권·채무 역시 일체 양수하지 아니하였으며, 3) 이 사건 양도계약에 따라 소외 회사의 운전기사들 중 채용을 희망하는 일부 운전기사들과 일부 정비공을 피고 회사의 근로조건에 따라 채용한 사정을 이유로 영업양수도로 보기 어렵다고 한다. 사무실, 집기, 시설 등 부대시설이 버스운수사업을 수행하는데 기능적으로 얼마나 중요한 것일까? 또한, 영업양수도의 형식을 취하는 가장 커다란 이유중 하나가 양수인이 양도인에 대한 우발채무를 부담하지 않겠다는 것이고 따라서 영업양수도시 영업에 관련된 모든 자산이나 채권·채무를 모두 양수하지는 않으며 인수자산, 제외자산, 인수채무, 제외채무의 목록을 작성하는 것이 실무이므로 채권·채무를 모두 인수하지 않은 것이 영업양수도에 해당하지 아니한다는 판단의 특별히 중요한 기준이 될 수 있을지 의문이다.
3) 북부운수판결, 삼미특수강판결은 신규채용의 형식을 취한 점을 영업양수도에 해당하지 아니한다는 판단의 근거로서 열거하고 있다. 2007. 6. 1. 선고 2005다5812, 5829, 5836 판결도 이전되는 채권과 채무를 면밀히 검토하여 특정하였다는 점뿐 아니라 직원의 절반 정도가 신규채용 형식으로 고용되었다는 점 등을 들어서 원심의 영업양수도에 해당한다는 판단을 파기했다. 기존인력에 대하여 어떤 조치를 취하느냐가 양도인의 근로계약이 양수인에

게 그대로 승계되는지 여부의 판단기준이 되는 것이 순환논리는 아닌가? 영업양도인지 여부는 자산이 기능적 동일성을 유지하면서 이전되었는가에 따라서 결정되며 이를 판단하기 위하여는 자산뿐 아니라 채권채무관계로서의 근로관계나 여타의 계약채무가 얼마나 어떻게 이전되는지 여부가 고려되어야 하며 거꾸로 근로관계나 채권채무관계의 이전 여부는 영업승계인지 아닌지에 따라 판단된다.

4) 대법 1994. 11. 18. 선고 93다18938 판결(롯데칠성사건), 대법 2003. 5. 30. 선고 2002다23826 판결(한미은행사건), 대법 2005. 6. 24. 선고 2005다8200 판결(유렉스산업사건), 2005. 7. 8. 선고 2003다40798, 40804 판결(충주문화방송사건)은 모두 금산법상 행정조치에 따른 구조조정사건으로 금산법에 따른 계약이전은 그 실질을 판단함이 없이 영업양수도가 아니라는 것이 법원의 확립된 태도이다.

V. 영업양수도의 경우 일반적인 이해관계자보호

1. 환경책임

전술한 바와 같이 영업양수도시 양수인은 상호를 속용하거나 채무인수에 대한 광고행위를 하지 않는 한 양도인의 채무에 대하여 책임이 없다.[26] 이러한 원칙에 대하여 판례로서 인정된 예외라면 앞서 논한 바와 같은 근로관계의 이전이 그 대표적인 예이며 법규로서 인정되는 예외로서 토양환경오염에 대한 책임이 있다.[27]

토양오염으로 인한 피해는 토양오염원인자가 그 피해를 배상하고 토양을 정화하여야 한다. 토양오염원인자는 (1) 토양오염관리대상시설을 양수한 자 및 (2) 합병·상속 그 밖의 사유로 (i) 토양오염물질을 토양에 투출·유출시키거나 투기·방치함으로써 토양오염을 유발시킨 자나 (ii) 토양오염의 발생 당시 토양오염의 원인이 된 토양오염관리대상시설을 소유·점유 또는 운영하고 있는자의 권리·의무를 포괄적으로 승계한 자를 포함한다. 다만, 토양오염관리대상시설을 인수한 자가 선의이며 과실이 없는 경우에는 그러하지 아니하다. 단서가 개정되기 전에는 시설을 인수한 자가 선의·무과실을 입증함으로써 책임을 면할 가능성이 없었으므로 진정한

26) 상법 제42조, 제44조.
27) 환경보전법 제10조의3.

무과실책임이었으나 제10조의14 제 2 항으로 구법 제23조 2항 단서가 추가되어[28] 입증책임의 전환만을 규정하게 되었다. 따라서, 토양오염관리대상시설을 양수한 자가 시설매매계약에서 또는 영업양수도계약에서 시설인수전 토지오염과 관계되는 피해는 선의·무과실을 입증하지 않는 한 법에 따라서 책임을 져야만 한다.[29] 토양오염의 성질상 선의·무과실을 입증하기는 거의 불가능한 현실을 감안하면 사실상 무과실책임에 유사하다고도 할 수 있다.

이와 관련하여 흥미로운 논점은 법으로 부여되는 책임을 계약으로 전가시킬 수 있는가 이다. 영업양수도계약시 매도인은 매수인에게 영업과 관련된 모든 법규정의 준수에 대하여 진술과 보장을 하였을 것이고 토지오염피해가 영업양수도 이전에 발생한 것이 명백하다면 매도인이 진술과 보장의 위반에 대하여 책임을 지겠지만, 매수인이 선의·무과실의 입증에 실패하여 책임을 졌으며 토지오염의 피해가 영업양수도 이전시점의 영업양도인의 원인행위에 기인한 것인지 불분명한 경우까지 양도인과 양수인간 계약으로서 양도인이 양수인의 손해를 면책하여 주기로 합의할 수 있을까?[30] 법이 통상의 귀책사유보다 그 요건을 엄격하게 정하여 책임을 지운 취지가 통상의 경우보다 더 주의하여 거래를 하라는 취지라면 이러한 면책조항의 유효성을 인정하기가 어려울 것이지만 단순히 여러 행위주체가 공동으로 책임을 지게 함으로써 보다 확실하게 피해배상이 이루어지도록 하기 위한 취지라면 공동책임주체간 면책조항의 효력을 인정하여도 무방할 것이다. 양수인의 위험부담을 줄이는 방법중 하나는 양수인이 특수목적회사를 설립, 이를 통하여 사업을 양수하는 것이다. 미국의 CERCLA는 운영자에 대하여 토양오염에 대한 책임을 부과하고 있기 때문에 모회사와 자회사와의 관계에 따라서는 모회사가 직접 CERCLA상의 운영자에 속한다고 할 수 있고 따라서 직접 책임을 질 것이지만[31] 우리법의 경우에는 자회사의 법인격을 부인하여 모회사가 책임을 져야 하는지의 문제가 될 것이다.[32]

---

28) 토양환경보전법 2001. 3. 28. 법률 제6452호.
29) 이 법의 연혁에 관하여는 김홍균, 미국 종합환경대응책임법(CERCLA)상의 책임당사자와 토양환경보전법상의 오염원인자, 24:1 환경법연구 61-101 (2002); 김영용, 토양환경보전법의 비교법적 분석-독일의 연방토양보호법을 중심으로, 24:1 환경법연구 1-53 (2002).
30) 자본시장법 제125조에 따른 증권신고서등의 중요사항에 관하여 거짓의 기재 또는 표시가 있는 경우 신고인과 발행인의 이사, 공인회계사, 감정인등 책임에서도 동일한 논점이 제기될 수 있다.
31) U.S. v. Bestfoods, 524 U.S. 51 (1998).
32) 졸고, 위 주 3-6 게재논문 (판례를 통하여 본 법인격부인론) 34-35.

2. 조세채무

조세채권의 확보를 위하여도 이와 유사한 규정이 있다. 사업의 양수도시 다른 채권과 마찬가지로 양도시점 이전의 사업활동으로 인한 조세채무는 양도인이, 양도시점 이후의 사업활동으로 인한 조세채무는 양수인이 부담하는 것이 원칙이며 통상 그렇게 합의할 것이다. 이러한 합의에도 불구하고 국세기본법은 사업의 양수도시 양도일 이전에 양도인의 납세의무가 확정된 그 사업에 관한 국세·가산금과 체납처분비를 양도인의 재산으로 충당하여도 부족할 때 사업의 양수인에게 그 부족한 금액에 대하여 양수한 재산의 가액을 한도로 제 2 차 납세의무를 부담시킨다. 여기서 말하는 사업양수도란 사업장별로 그 사업에 관한 모든 권리(미수금에 관한 것을 제외한다)와 모든 의무(미지급금에 관한 것을 제외한다)를 포괄적으로 승계한 자를 말한다.[33)]

3. 추가적인 사업승계인 책임가능성

미국에서는 판례에 기초하여 거래의 실질이 합병과 동일한 경우 단순히 자산매매 내지 영업양수도의 형태를 취하였다는 이유로 양수인이 양도인의 책임을 면하는 것이 불공평한 경우 사업승계인의 책임(successor's liability)이 인정되고 있다. 그 책임의 내용은 우리법과 유사하게 환경법상의 책임, 조세책임, 단체협약상의 책임등이며 그 책임의 근거로는 사실상합병이론, 사업계속이론, 동일생산라인이론, 사기적 이전이론 등이 있다.[34)] 우리법과 달리 사업승계인의 책임분야로서 활발하게 논의되는 책임 중 하나가 제조물책임이다. 아래 대표적인 판례를 하나 소개한다.

---

33) 국세기본법 제41조, 국세기본법 시행령 제22조. 이상신, 영업양도와 제 2 차납세의무, 조세법 VIII-3 129 (2007). 헌재 1997. 11. 27. 선고 95헌바38도 참조. Tae Hee Lee/Moon Sung Lee, 127-133 in A. B. A. SEC. BUS. L., MODEL ASSET PURCHASE AGREEMENT WITH COMMENTARY — INTERNATIONAL ASSET ACQUISITIONS SUMMARIES OF 33 COUNTRIES' LAWS (2001)에서 Mining Law를 언급하고 있다.

34) GILSON & BLACK, 위 주 2-7 게재서 1503-1557 (1995); Jon T. Hirschoff et al, The *Increasing Uncertainties of Successor Liability — Are They Insurable*?, A. B. A. SEC. BUS. L. (2007 Annual Meeting); A.B.A. SEC. BUS. L., SUCCESSOR LIABILITY IN ASSET ACQUISITION 55-57 (1997 Spring Meeting).

Knapp v. North American Rockwell Corp.[35)]

Mrs. Smith's Pie Co.에서 근무하던 Knapp, Jr.는 1969. 10. 6. Packomatic이라는 기계를 다루다가 부상을 당하였다. 이 기계는 TMW라는 회사가 제조한 것으로 TMW사는 1966년경 Mrs. Smith's Pie Co.에 이 기계를 매각하였으며 1968. 4. 5. North America Rockwell사에 영업을 양도하고 그 대가로 Rockwell사의 주식을 받고 곧 이어 1970. 2. 20. 청산, Rockwell의 주식을 그 주주들에게 배분하였다. 영업양수도계약은 Rockwell이 인수하지 않은 채무로서 TMW가 보험에 가입하였거나 면책되는 채무로 정의하고 있고 TMW의 제조물책임은 보험에 가입되어 있는 채무로서 Rockwell이 인수하지 않은 채무이다. Knapp, Jr.는 이러한 영업양수도계약상의 조항에도 불구하고 TMW와 Rockwell간 영업양수도의 실질은 합병이므로 Rockwell이 TMW의 제조물책임을 부담하여야 한다고 주장한 반면 Rockwell은 TMW가 영업양수도계약의 이행완료 이후 18개월 이상 존립하고 있었으므로 독자적인 실체를 가진 회사이었고 따라서 실질적인 합병이라는 주장은 받아들여져서는 안된다고 주장하였다. 하급심은 Knapp, Jr.의 주장을 배척하였으나 상급심은 원고를 지지하면서 형식적인 법논리보다는 공공정책적 차원에서 누가 본건의 손해를 이전시키기에 적절한 지위에 있었는지 살피건대, Knapp, Jr.도 Rockwell도 손해발생을 예방할 수는 없었고 다만 Rockwell은 TMW로부터 보험계약을 인수할 수 있었다는 점에서 본건의 손해를 이전시키기에 보다 적절한 지위에 있었다고 보았다.

실제 영업양수도의 경우 매도인이 매각한 물품에 대한 warranty 책임을 어떻게 처리할 것인지가 중요한 협상대상이 된다. 매각하려는 영업만 분할하여 하나의 회사로 만들어 그 회사의 주식을 매각할 수도 있으나 분할후의 회사가 분할전 영업부문과 관련된 채무를 부담하지 않는지는 언제나 명확하지 않고[36)] 실제 분할이 현실적으로 가능하지 않은 경우도 있을 것이다. 영업양수도를 둘러싼 제조물책임에 관한 판례가 발견되지 않지만 실제 양수인의 사업상 명성을 위하여서라도 책임을 부담하여야 할 경우가 있을 수 있을 것이고 계약당사자간 매매대가 내지 매매대가의 지급방법과 관련하여 불확실성에 대처할 수도 있을 것이지만, 당사자간 합의내용과 관계없이 구체적인 사정에 비추어 형평상 양수인에게 배상책임을 인정하여야

35) 506 F.2d 361 (3d Cir. 1974), cert. denied, 421 U.S. 965 (1975).

36) 상법 제530조의9. 근로관계의 이전에 관하여는 뒤 제18장.

할 경우도 있을 수 있을 것이다. 매도인이 청산하여 더 이상 존재하지 않는 위 Rockwell사건이 그 예이다.

문제 7

A사는 1997년 외환위기시 유동성문제의 해결을 위하여 A사의 공장을 작동시키는데 필요하여 공단내에 만들어놓았던 자가수요용 발전소를 외국의 재무적 투자자 B사의 한국내자회사 C사에게 매각하고 C사로부터 매달 일정한 공식에 따라서 정하여진 전기요금을 지급하고 이를 구입하였다. 발전소의 매각과 함께 A사의 발전관련 임직원 100명은 C사의 임직원으로 재고용되면서 노동조합을 구성, 단체협약을 체결하고 있다. 2010년 충분한 유동성을 회복한 A사는 B사로부터 발전소를 다시 구입하려고 한다. A사는 C사의 주식을 매수하는 방안, 발전소자산을 매수하는 방안, 발전소영업을 양수하는 방안을 비교검토하여 이 중 하나를 선택하고자 한다. 각각의 장단점은 어떤 것들이 있을까? 자산매수방식으로 거래를 설계하는 것이 가능할까? 자가발전소는 경제성이 떨어지기 때문에 매수 후에 바로 발전소시설을 해체하여 매각하고 한전으로부터 전기를 공급받을 계획이라면 이러한 계획이 거래구조의 선택에 영향을 미칠까?

제 8 장 기업인수계약상 불확실한 우발채무

기업활동의 중요한 측면 중 하나는 위험의 예측이며 기업활동을 위축시키는 것은 위험의 다과가 아니라 위험을 예측하지 못하는 것이다.[1] 대상기업을 인수하려는 경우 인수기업은 인수 후의 모든 예측가능한 위험에 대하여 인수계약에 보호장치를 마련하려고 할 것이며 대상기업은 되도록이면 이행완료 이후의 책임의 범위를 제한하려고 할 것이다. 예측할 수 없는 위험 중 대표적인 것이 우발채무이고[2] 우발채무의 원인 중 대표적인 것이 장래 제기될지도 모르는 소송이다. 소송의 원인은 대상기업의 사업영역에 따라서 다르겠지만, 위에서 살펴본 환경책임이나 제조물책임, 지적재산권침해로 인한 손해배상책임, 법규위반을 이유로 한 과징금납부책임 등이 대표적인 것들이다.

다른 한편, 기업인수의 원인은 이미 살펴본 바과 같이 규모의 경제, 운용상 시너지, 효율적인 경영을 통한 기업가치 증대가능성 등 여러가지가 있지만 새로운 제품을 개발하기 위하여 필요한 지적재산권의 취득도 중요한 원인 중 하나이다.[3] 새로운 기술을 개발하기 위한 조사연구활동에 착수, 제품개발까지 너무 많은 시간이 걸리는 경우 또는 새로운 제품개발에 핵심적인 기술의 사용을 위한 사용허락 내지

1) "There are known knowns. These are things we know that we know. There are known unknowns. That is to say, there are things that we now know we don't know. But there are also unknown unknowns. These are things we do not know we don't know." at a press briefing given by former US Defense Secretary Donald Rumsfeld on February 12, 2002.

2) 우발채무가 무엇이냐에 대하여는 견해가 다를 수 있다. 통상 우발채무란 대상회사의 대차대조표상 채무로 표시되지 않는 부외채무로 기업인수의 이행완료시까지 발생하지 않은 채무는 포함하지 않는다. 예를 들면, 제조물책임에서 이행완료시까지 제조물의 하자로 손해가 발생하지 않은 경우 손해가 이행완료 후에 발생하였더라도 이는 우발채무가 아니다. A.B.A., 위 주 5-29 게재서 (MAPA) 93.

3) Scott D. Phillips, *Emerging Issues in Management and Valuation of Intellectual Property Assets*, 614A PLI/Pat 233 (Dec. 2000).

다른 권리의 협상이 너무 많은 시간이 걸리거나 독점규제법 위반의 우려가 있는 경우, 또는 새로운 기술의 소유자가 매각되는 경우 사용허락이 취소될 수 있다면, 하나의 대안으로서 대상기업을 인수하여 그 기술을 자신의 것으로 만들 수도 있을 것이다. 대상기업의 지적재산권을 적정한 가격으로 평가하여 인수, 인수 후 우발채무의 부담없이 잘 활용할 수 있다면 성공적인 기업인수라고 할 것이다.4)

본 장에서는 주로 지적재산권을 중심으로 우발채무발생가능성을 어떻게 조사하여야 할 것인지, 지적재산권의 계속적 사용을 위하여 무엇을 주의하여야 할 것인지, 어떻게 이의 발생가능성에 대비하여야 할 것인지, 그리고 이행완료 이후에 우발채무가 발생한 경우 어떻게 대처하여야 할 것인지에 대하여 살펴본다.

Ⅰ. 제 3 자의 지적재산권 침해주장을 포함한 우발채무의 발견

대상기업이 상장법인이라면 시장에서의 가격이 평가의 출발점이 될 수 있으며 또한 상장법인의 거래소에 대한 정기·수시공시를 통하여 상당한 공개정보가 가능하므로 대상기업의 실사에 대한 수요가 크지 않다.5) 상장기업의 주식을 공개매수를 통하여 취득한다면 면책책임추궁 자체가 불가능하여 실사가 더더욱 의미가 없다. 반면에 대상기업이 상장법인이 아닌 경우 이의 정확한 평가를 위하여는 통상 실사라는 과정을 거친다. 거래구조와 관련하여서는 주식거래의 경우는 보다 자세한 실사가 필요하고 자산거래의 경우에는 이전자산을 특정할 수 있기 때문에 그 필요가 덜 하다고 할 수 있다.

실사는 due diligence의 번역어로 미국 1933년 증권법 제11(b)(3)에 따라서 주식발행인등이 상당한 주의를 다하여 유가증권신고서상의 기재 내지 표시가 거짓인지 여부를 조사하였다는 것을 입증하면 책임을 면한다는 규정에 따라 책임을 면하기 위하여 상당한 주의를 하는 과정을 의미한다.6) 그러나, 유가증권의 발행시 법률자문사 내지 투자은행이 수행하여야 할 상당한 주의와 기업인수시 법률자문사가 수행하여야 할 상당한 주의는 그 의미가 전혀 다르다. 또한 기업인수시의 실사는

4) Peter Schechter, *Buying and Selling Intellectual Property*: …, 992 PLI/Pat 85 (Jan./Feb. 2010).
5) 제21장에서 논의.
6) 자본시장법 제125조 제 1 항 단서상 상당한 주의. 미국의 최근 판례로 *In Re WorldCom, Inc.*, Securities Litigation, United States District Court, S.D.N.Y., 2004, 364 F. Supp. 2d. 628.

기업경영진과 법률자문단뿐만 아니라 회계사, 지적재산권전문가, 환경문제전문가, 노동문제전문가, 특정산업전문가등이 모두 각자의 영역에 대한 실사를 하는 경우도 많으므로 유가증권발행시의 실사보다는 더 광범위하고 이들간 관계와 책임범위의 조정이 중요하다고 할 수 있다.

실사는 거래를 위한 계약서 작성의 기초를 마련하고 대상기업의 적정한 평가를 위한 것이다. 실사없이 모든 사후적인 책임을 진술과 보장, 면책조항으로 처리하기로 합의할 수도 있을 것이지만 이는 아주 예외적인 상황에서의 거래일 것이고 통상 실사를 한 후에 대상기업 또는 그 지배주주에게 요구할 진술과 보장의 범위를 정하여 이를 계약서에 반영하며 또한 인수대가를 협상함에 있어 실사시 발견된 불확실한 점이 감안된다. 우발채무의 경우 이에 대한 독자적인 진술과 보장이 있는 것이 보통이며 또한 이와 별도로 지적재산권 및 소송에 관하여도 진술과 보장이 있다. 물론 이들에 대한 진술과 보장의 정도는 대상기업의 영업성격에 따라서, 또한 매도인과 매수인이 얼마만큼 대상기업의 상황에 대하여 확신할 수 있는지에 따라 다를 것이다. 매도인의 사업이 고도기술에 관련된 것이라면 지적재산권에 대한 진술과 보장에 특히 신경을 써야 할 것이다. 다만, 영업양수도의 경우에 인수기업은 대상기업으로 인한 책임을 상당히 제한할 수는 있을 것이다.[7)]

지적재산권의 경우 우선 대상기업이 현재 보유하고 있거나 사용할 수 있는 모든 지적재산권의 내용을 파악하여야 하고 특허청의 기록을 통하여 이를 확인하며 이들을 제 3 자가 침해하고 있는지 또 제 3 자가 자신의 지적재산권을 침해하고 있다는 것을 이유로 소송을 제기하였거나 손해배상청구를 하고 있는 것이 있는지 확인하여야 한다.[8)] 또한 대상기업이 현재의 기업활동에 필요한 모든 지적재산권을 보유 내지 사용할 권한이 있음도 확인하여야 한다.[9)] 특히 영업비밀이나 컴퓨터프로그램 저작권처럼 공부에 등록할 수 없거나 권리의 발생이나 이전에 반드시 등록이 필요하지 않은 권리의 경우, 보다 광범위한 진술과 보장이 필요하다. 또한 직무발명의

---

7) 18장에서 보는 바와 같이 법원은 분할의 경우 영업양수도시 근로관계는 승계되는 것으로 판시하는 한편(서울행법 2008. 9. 11. 선고 2007구합45583 판결) 공정거래법위반에 대한 과징금처분은 승계불가능하다고 보고 있다(대법 2007. 11. 29. 선고 2006두18928 판결(두산인프라코어사건); 2009. 6. 25. 선고 2008두17035 판결(LG화학사건)).

8) Catherine H. Stockell, *A Primer on Due Diligence Reviews on Intellectual Property Assets*, 985 PLI/CORP 303 (Apr. 1997). Alec Szibbo/David Spratley, *IP Due Diligence in M&A Transactions*, 10:2 CYBERSPACE LAWYER 9 (May 2005). Michael B. Lachuk/James R. Myers, 21:1 ACCA Docket 45 (Jan. 2003).

9) A.B.A. SEC. BUS. L., MANUAL ON ACQUISITION REVIEW 95 (1995).

범위를 둘러싸고 전현직 임직원과 분쟁이 발생할 수도 있으므로 이에 대한 별도의 목록을 요구할 수도 있다.10)

기업인수계약에는 대부분 국내외 특허청에 등록된 지적재산권의 목록과 등록원부사본, 실시권허여계약서(license agreement)가 첨부된다. 실시권허여계약서의 경우 대외비밀유지의무조항이 들어가 있다면 대상기업이 인수기업과 인수협상을 위하여 이의 내용을 알려 주는 것이 대외비밀유지의무조항에 어긋나는 것은 아닌지 조항의 자세한 검토가 필요하다. 기업인수가능성을 논의한다는 것이 이미 언론에 보도되어 공지의 사실이 되었음에도 소유자가 사용허락계약서의 공개여부에 대하여 즉각적인 조치를 취하지 않은 것을 공개에 동의한 것이라고 만연히 판단할 수는 없지만, 그렇다고 고도기술산업의 경우 실사목적상 실시권허여계약서에 관한 자료를 제공하면서 소유권자에게 모든 동의를 사전에 받는 것도 비현실적인 경우가 많을 것이다. 일단 실시권허여계약서의 일부나 요약만을 알려 주고, 협상이 진행되면서 보다 자세한 확인적 실사시 내용을 알려주는 것도 한가지 절충안일 수 있다. 통상 기업인수를 위한 실사 전에 대외비밀유지계약서를 체결하며 동 계약상 실사시 지득한 정보는 오로지 기업인수목적상 사용할 권한이 있을 뿐이므로, 대외비밀유지조항이 들어가 있는 실시권허여계약서의 내용을 실사목적상 대상기업에 공개하는 것이 비밀유지조항에 반하지는 않을 것이다.

실시권허여계약의 경우 실시권허여대상인 지적재산권의 내용도 문제이지만, 인수기업이 대상기업을 인수하는 경우 대상기업의 지배주주가 바뀔 수도 있고 대상기업이 실시권허여계약을 양도하여야 할 수도 있는바, 지배주주가 바뀌거나 제 3 자에게 계약상의 권리의무를 양도할 경우 지적재산권의 원소유자에게 동의를 받아야 하는지도 계약내용상 자세히 검토하여야 할 사항이다. 통상 포괄적인 이전인 합병이나 영업양수도의 경우에는 동의요구를 포기한다는 조항이 있기도 하나, 인수기업이 지적재산권 소유자의 판단으로 경쟁사업자인 경우 동의를 요구하기도 하고 양도을 금지하는 경우도 있을 수 있다. 따라서 인수계약에서 동의를 받기 전에는 이행완료가 되지 않음을 명시하여야 한다.

현재의 지적재산권을 계속적으로 사용할 수 있는지는 실시권허여계약상 권리의무가 유효하게 양도될 수 있는지 여부뿐만 아니라 대상기업이 소유하고 있는 지적재산권에 대하여 제 3 자가 자신의 지적재산권침해를 주장하고 있는지 여부에도 달

10) 발명진흥법 제10조 이하. 한만주/정진근, *직무발명제도의 개선을 통한 노사관계의 확립방안*, 18:2 경영법률 115, 126-134 (2008).

려 있다. 현재 분쟁이 소송이나 중재절차로 계속중인 것은 당연히 기록을 자세히 검토하여 보아야 하겠지만, 단순히 침해한 것이라는 주장도 그 주장의 근거여부는 뒤로 하고 모든 침해주장의 내역을 파악하여야 한다. 통상 위협 중인 분쟁(threatened disputes)이라는 이름으로 매도인이 매수인에게 기업인수계약서상 이의 내용을 자세하게 공개하게 되는데, 실제 협상의 논점은 위협 중인 분쟁을 어떻게 정의하는가이다. 지적재산권담당이사가 알고 있는 문서로 제기된 분쟁만이 소송의 우려가 있는 위협 중인 분쟁이라고 정의할 수도 있는 한편, 회사에 구두 또는 문서로 제기된 일체의 지적재산권침해주장이라고 광범위하게 정의할 수도 있다. 분쟁이 지극히 많은 손해보험회사 같은 금융기관이라면 일정금액을 정하여 그 금액이상의 분쟁에 국한하기도 한다. 대상기업의 성격과 인수기업의 실사의 정도, 계약상 면책범위에 따라서, 합리적인 선에서 분쟁의 정의에 관하여 합의가 가능하다. 분쟁은 일단 정보공개목록에 공개되어 있는 이상은 진술과 보장위반으로 인한 면책사유는 아니고 양당사자간 매매계약금액의 확정 내지 지급방법의 문제가 될 것이다.

Ⅱ. 우발채무의 처리

우발채무의 범위를 줄이기 위하여 매수인은 우선 우발채무, 지적재산권, 분쟁 등에 대하여 철저한 진술과 보장을 요구하여 대상기업이 보유하고 있는 지적재산권을 모두 공개하고 이러한 지적재산권이 현재의 사업을 영위하는 데 필요하고 충분한 것이라는 것을 확인하며, 제 3 자의 지적재산권 침해주장을 포함하여 계속중인 분쟁이나 소송의 우려가 있는 분쟁을 기업인수계약서상 정보공개목록에 열거하게 하여도 우발채무는 발생할 수 있다. 이행완료 후 대상기업이 제 3 자로부터 지적재산권침해소송을 당하여 인수기업이 이행완료시점 이전의 제조활동에 대하여서도 손해배상을 하여야 하게 되었다면 진술과 보장 위반을 이유로 대상기업에 면책을 주장하여야 한다. 위협 중인 분쟁이 전부 공개되지 않은 사실이 이행완료 전에 발견된 경우 인수기업은 이행완료를 거절할 수 있고 이행완료 후에 이러한 사실이 발견된 경우 면책조항에 따라서 면책을 요구하여야 한다. 진술과 보장은 대상기업의 계약체결시 및 이행완료시의 상황에 대한 사실이므로 이행완료 후의 상황에 대하여 백지어음식 진술과 보장을 요구할 수는 없지만, 대상기업의 장래에 대한 전망을 진술과 보장의 일부로 포함시킨다면 장래의 상황에 대하여도 제한된 범위에서 책임을 물을 수는 있다. 예를 들면, 분쟁상황과 관련하여 대상기업이 장래 법적인 분쟁이 발생하리라고 합리적으로 예측할만한 특별한 사건이나 상황을 알지 못한다라는 진술과 보장을 하였다면 사후적으로 분쟁이 발생한 경우 대상기업의 예측이 합리적이지 못하였음을 이유로 진술과 보장위반책임을 추궁할 수도 있다. 따라서, 진술과 보장에 앞으로의 전망에 대한 내용이 포함되는 것은 대상기업의 책임범위를 광범위하게 확대시키는 결과를 초래할 수 있다는 면에서 인수기업이 확실한 보장을 원하는 경우 요구할 수도 있다.

계속 중인 소송의 경우에는 제 7 장에서 논의한 매도물품의 warranty책임처리와 유사하게 매매대금의 일부를 지급하지 않고 책임범위가 명확하게 된 시점에서 지급하거나, 매매대금의 일부를 이행완료시점에 지급하되 escrow account를 이용할 수도 있고, 매매대금의 적절한 감액으로 이행완료 이후 채권채무가 불확실한 상황을 피하고 인수기업이 위험을 부담할 수도 있다. 이행완료 후에도 인수기업은 해당 지적재산권을 계속 사용하여야 할 것이기 때문에 자신의 지적재산권 침해를 주장하는 제 3 자와의 분쟁을 조속히 해결할 유인이 있다는 면에서 일단 매도인과는 매매대금의 감액으로 더 이상의 불확실성이 없도록 하고 싶어 할지도 모른다. 그러나, 손해배상의 범위나 그 금액이 지극히 불확실하다면 인수기업으로서는 완전한 면책을 주장할 수밖에 없을 수도 있다.

현재 계속 중인 소송은 인수기업이 대상기업의 동의를 받아서 화해를 하고 이에 대한 면책을 주장할 수 있고 인수계약서에서 정한 면책기간이 만료되기 전에 분쟁이 해결되지 않는 경우에 대한 합의도 가능할 것이다. 법원은 면책기간을 소멸시효로 해석하고 있으며 면책책임의 추궁을 위하여 손해를 통지한 경우 손해의 내용별로 소멸시효가 중단된다고 본다.[11)] 제 3 자가 대상기업을 상대로 소송을 제기하겠다고 위협하여 왔거나 소송을 제기한 경우 이들 분쟁이 언제나 인수계약에서 정한 면책기간 내에 종결되어 그 손해금액이 확정될 수 있는 것은 아니다. 특히 외국에서 소송이 제기된 경우나 지적재산권침해소송의 경우 소제기부터 화해 내지 판결이 확정되는 시점까지는 상당히 오랜 시간이 걸리는 점을 고려하면 면책기간의 의미는 제한적이다. 매수인이 분쟁절차를 통제하되 화해나 청구인낙 등 결정은 매도인의 동의를 요하는 경우라면 매수인과 매도인의 보호라는 측면에서 균형이 잡혔다고 할 수 있지만, 매수인이 분쟁절차의 진행을 전적으로 지배하는 경우에는 매도인의 지위가 불안하여 질 수 있다.

인수기업과 대상기업이 회계기준상 우발채무를 어느 시점에 어느 정도 부채 내

11) 서울고법 2007. 1. 24. 선고 2006나11182 판결 (대아건설 v. 서울보증). 제26장 참조.

지 자산으로 인식하여야 하는지는 기업회계기준서에 따라야 할 것이며 인식시점에 따라서 조세효과에 커다란 차이를 가져옴은 물론이다.12) 주석사항인 우발부채는 ㈎ 과거사건이나 거래의 결과로 현재의무가 존재하며; ㈏ 당해 의무를 이행하기 위하여 자원이 유출될 가능성이 매우 높고; ㈐ 그 의무의 이행에 소요되는 금액을 신뢰성 있게 추정할 수 있는 시점에서 충당부채로서 장부에 기재되어야 한다.13)14)

문제 8

A사의 지배주주 S는 B기업에 자신의 주식을 매각하기 위하여 협상중이다. A사의 이사회는 S와 사실상 S가 선임한 자 4인으로 구성되어 있다. S는 현 이사진에 대하여 주식매각 이후의 계속적인 고용을 기업인수계약서에 포함시킬 것을 약속하였고 따라서 이사회는 B사의 실사요구에 지극히 협조적이다. 그러나, 기술담당이사 T는 B사가 A사의 지배주주가 된 후의 자신의 지위에 대하여 지극히 불안을 느낀다. B사는 실사자료의 요구서에 계속중인 소송 및 소송의 우려가 있는 분쟁목록을 제공하여 달라고 하였으나, T는 기술담당부장이 자신에게 보낸 경쟁사 C사의 클레임서면을 쓰레기통에 버리고 이를 분쟁목록에 포함시키지 아니하였다. 2010. 9. 1. B사는 S로부터 주식을 매수, 이행완료로 지배주주가 되었다. 2010. 10. 1. B사는 인수계약상 분쟁목록에 C사의 클레임이 포함되지 않은 것을 발견, S에게 면책책임을 추구하고자 한다. S의 가능한 항변은 무엇일까? 또한 A사의 전직 연구원 R은 2005. 9. 1. 회사가 회사이름으로 출원하여 2008. 9. 1.등록한 특허권이 자신이 A사에 근무하면서 발명한 직무발명으로 A사가 자신의 특허를 받을 권리를 침해한 것이니 이에 대하여 A사를 상대로 손해배상을 구하는 소송을 2010. 11. 1. 제기하였다. A사는 어떻게 대처할 것인가?

12) 기업회계기준서 제17호 충당부채와 우발부채 · 우발자산. 미국의 회계기준에 관하여는 Geg Rogers, … *Emerging Issues in Reporting Environmental Liabilities*, 54 ROCKY MOUNTAIN MINERAL LAW INSTITUTE 28A-1 (2008).

13) 위 주 12 기준서 문단 9.

14) 제 6 장 서울중앙지법 2010가합40647 판결 및 각주 6-29 판결 참조. 동양종금사건 판결.

제 9 장

기업인수와 이사의 충실의무

기업인수는 대상기업과 인수기업 간에 이루어지는 것으로 인수기업이 인수의 의사를 표시하였으나 대상기업이 이를 반대하는 경우 이에 대한 방어조치로서 주주에 대한 충실의무를 다하는 범위 내에서 어떠한 것들이 가능한 것인지가 적대적 기업인수시 이사의 충실의무와[1] 방어조치의 적법성이다. 법정에서의 다툼으로 발전하는 사안이 대부분 적대적 기업인수이기 때문에 판례나 언론보도는 적대적 기업인수에 관한 것이 많지만, 실제 기업인수의 대부분은 대상기업 또는 그 지배주주와 인수기업간의 합의에 기초한 것으로 이 경우에도 역시 매도기업이나 매수기업의 충실의무가 문제가 된다.[2] 본 장에서는 합의에 기초한 통상적인 기업인수의 경우 매도기업의 충실의무와 매수기업의 충실의무만을 논하고 적대적 기업인수시 방어조치와 충실의무는 다음 장에서 논한다. 매도기업의 충실의무는 매도기업이 거래보호조치(deal protection)로서 해약금지급약속이나 제3자와의 매각협의나 매각시도를 하지 않겠다는 약속을 얼마만큼 허용할 것인지의 문제와도 관련되어 있으나 이는 이행사항(covenant)에서[3]에서 논의하기로 한다.

기업인수에 관한 근본적인 입법정책의 문제는 기업인수 내지 매각이라는 기업의 지배권 내지 장래 존립과 직결되는 결정에 관하여 주주총회와 이사회 간에 어떻게 역할을 나누는 것이 보다 적절한지에 대한 기업지배구조의 설계이다. 또한, 이사

1) 본서에서는 이사의 충실의무(fiduciary duty)를 선관주의의무(duty of care)와 충성의무(duty of loyalty)를 포괄하는 의미로 사용하지만 협의로는 duty of loyalty와 동의어로 사용하기도 한다. 위 주 1-47 참조. 법원은 "선관의무 내지 충실의무," "충실 및 선관의무"라는 표현을 사용하며 사실상 동일한 의미로 이해하고 있는 것으로 보인다. 대법 2003. 4. 11. 선고 2002다79944 판결, 대법 2006. 7. 6. 선고 2004다8272 판결 등. 최근 판례에 관하여는 유영일, 이사의 충실의무의 체계화에 관한 연구, 26 상사판례연구 311, 347-348 (2013).

2) 대상기업과 인수기업, 피인수기업과 인수기업, 매도인/매도기업과 매수인/매수기업을 서로 혼용하여 사용하기로 한다.

3) 제24장.

회에 주된 결정권한이 있다면 이사회의 결정에 대한 법원의 사후적인 판단 이외에 이사의 기업 내지 주주에 대한 충실의무를 확보하기 위한 방법의 설계문제이기도 하다. 주주의 대표소송요건, 독립사외이사의 강제, 이사의 형사책임범위, 정관에 의한 면책가능성, 준법통제 프로그램과 모두 연결되어 있다.

Ⅰ. 매도기업 이사의 충실의무

매도기업의 이사회가 타회사와 합병하거나 회사의 중요한 사업부문, 자산 또는 자회사 주식을 매각하기로 결의한 경우 이사의 충실의무를 다하기 위하여 사전 또는 사후에 어떠한 노력을 하여야 하는지에 관한 미국의 대표적인 판례를 살펴보고, 유사한 사실관계 하에서의 우리 판결을 분석하여 앞으로 우리 법리상 더 생각해보아야 할 논점이 어떤 것들이 있을지에 대하여 논하고자 한다.

1. 미국의 판례

미국의 판례는 복수의 매수인들로부터 경쟁적인 매수청구가 있거나 MBO나 모회사/자회사간 거래로서 인수회사와 대상회사간 이해상충이 있는 상황과 그렇지 아니한 상황에 따라 충실의무가 요구하는 이사회의 행위수준 및 입증책임배분이 다르기 때문에 두 가지 상황을 나누어서 검토한다.

가. 경쟁적 매수청구가 없는 경우

Gimbel v. The Signal Companies, Inc.[4)]

Signal은 1922년 석유개발로 시작한 기업이지만 1952년 American President라는 콘테이너사업체를, 1957년 Laura Scudders라는 간이음식제조업체를, 1964년 Garrett라는 항공기회사를, 1967년 Mack Trucks라는 트럭업체를 인수하여 사업다각화를 추진하여 오던 중 1968년 석유사업을 Signal Oil & Gas Incorporated ("Signal Oil")라는 Signal사의 100% 자회사로 분리하였다. 1973년 Signal은 Signal Oil의 주식을 시가보다 7천5백만불 많은 미화 4억8천만불에 Burmah Oil Corporation에 매각하기로 하고 이에 대하여 12. 21. 이사회의 승인을 얻었다. 1973. 12. 24. Signal사의 소수주주는 본건거래의 매도가격이 전혀 당치 않다고 주장하면서 거래

4) 316 A.2d 599 (Del. Ch. 1974).

의 완결을 금지하는 법원의 명령을 구하였다.

법원은 원고가 사기나 명백히 부당한 가격을 입증하지 아니하는 한 이사회의 결정은 경영판단의 원칙에 따라서 보호된다고 하면서도 본건의 경우 원고측 감정인에 따르면 석유, 가스 그리고 기타 자산을 모두 합치면 10억1천4백만불이며 이를 25%의 높은 할인율을 적용해도 현재가치가 7억6천4백만불로서 예정매매가인 4억5천만불과는 커다란 차이가 나므로 이러한 차이가 어디서 나온 것인지를 조사할 필요가 있다는 점에서 원고의 청구를 인용하였다.

Smith v. Van Gorkom[5](Trans Union 사건)

Trans Union Corporation은 철도차량 임대업을 영위하는 회사로서 1980년 7월 이사회에서 현금흐름이 좋으며 감가상각과 투자세액공제 때문에 과세소득이 거의 없는 상황에서 앞으로의 5개년 사업계획이 논의되었다. 현금흐름이 계속 좋다면 앞으로 과세소득이 없을 수 없으며 그렇다면 이월결손금을 사용할 수 없다는 점에서 자사주매입, 배당증가, 기업인수 등이 restructuring 방안으로 고려되었다. 8월에는 Boston Consulting 보고서를 기초로 임원들간에 차입거래에 기초한 경영진의 인수가능성도 논의되었던바, CFO인 Romans은 50불에서 60불 사이가 경영진의 적정매입가라는 보고서를 제출한 바 있다. 9. 13. 정년퇴임이 얼마 남지 않은 CEO Van Gorkom은 Chicago의 저명인사인 재력가 Pritzker에게 주당 55불에 매각할 것을 제의하였다. 이틀 뒤인 9. 15. Pritzker는 거래에 관심이 있다는 뜻을 전해왔다. 두 번의 추가회의 후 9. 18. Van Gorkom과 두명의 임원, 그리고 외부자문역은 Pritzker가 38불에 자사주 백만주를 매입할 옵션을 가진다면[6] 55불에 살 용의가 있다는 것을 확인하였으며 다만 Pritzker는 사흘내 즉 일요일인 9. 21.까지 답변을 줄 것을 요구했다. 주식의 시장가격은 당시 38불로 과거 5년간에 24.25불에서 39.50불 사이였다. 9. 19. Van Gorkom은 회사내부의 법무실과 상의함이 없이 외부변호사를 고용하였으며 9. 20. Pritzker와의 협상에 참여하였던 임원에 국한하여 참석하게 하고 이사들에게는 의제나 의안을 사전에 통지하지 않은 채 이사회를 소집하였다. 이사회는 2시간동안 계속되었는데, CFO가 아무런 자료의 제시없이 구두로 차입거

---

5) 488 A.2d 858 (Del. 1985).

6) Pritzker의 제안 중 option에 대한 분석은 Frank Partnoy, *Adding Derivatives to the Corporate Law Mix*, 34 GA. L. REV. 599 (2000).

래에 기초한 경영진의 매수시 적정가격은 55불에서 65불 사이라고 선언하고 이어서 Van Gorkom이 20분간 구두로 Pritzker와의 합병계약을 설명하였으나 합병계약서 자체가 문서로 제출되지도 않았고 뒤늦게 도착하였으나 이사회에서 실제 읽어보지 않았으며 Trans Union의 통상적인 투자은행인 Solomon은 회의에 초대되지 않았다. Pritzker와의 거래는 이사회가 90일 동안 더 좋은 매수인을 찾을 수 있으나 적극적으로 매수인을 유인하거나 비공개정보를 제공하여서는 안 되도록 되어 있었다. 이사회는 90일동안 더 좋은 조건을 제시할 매수인을 찾을 수 있으며 비공개정보를 공개할 수 있다는 것을 조건으로 거래를 승인하였다. 그날 저녁 Van Gorkom은 이사회가 제시한 수정사항을 반영하지 않고 원래의 합병계약서를 서명하였으며 수정사항이 반영된 합병계약서는 10. 8. 서명되었다. 9. 22. 언론발표가 1차로 있었고 10. 8. 수정계약서가 서명되면서 또 한번 이를 언론에 발표하였다. 언론발표에는 앞으로 90일동안 보다 나은 청약이 나올 것인지 시장의 반응을 살펴볼 것이며 적극적으로 원매자를 찾기 위하여 Solomon을 고용하였다는 것, 1981. 2. 1. 이전에 보다 좋은 청약이 없으면 Pritzker와의 계약승인을 위한 주주총회가 예정되어 있다는 것도 포함되었다. 두 개의 청약이 있었으나 하나는 금융조달을 조건으로 한 것이었고 또 하나는 Pritzker와의 계약해지를 선행조건으로 한 것이었기에 협상이 결렬되었다. 따라서 1981. 1. 26. 이사회는 Pritzker와의 거래를 승인하기에 이른다. 원고는 Trans Union의 주주로서 이사의 충실의무위반을 이유로 한 손해배상을 구하였다.

사실심법원은 경영판단의 원칙에 따라 원고의 청구를 기각하였으나 주 최고법원은 9. 20. 이사회결의가 결의에 필요한 정보에 기초한 것으로 볼 수 없다는 이유로 원심을 파기환송하였다. 이사회에서 Pritzker와의 거래와 관련하여 Van Gorkom의 역할에 대한 설명이 없었고 이사들은 55불로 합의한 근거에 대하여 알지 못하였으며 긴급한 상황이 아님에도 불구하고 두시간만에 결의한 것은 적어도 중대한 과실이 있다고 판단한다. 피고는 거래가격은 시장가격에 큰 프리미엄을 더한 것이라는 점, 이사회가 90일간 시장의 반응을 기다릴 수 있도록 수정을 제안한 점, 이사회구성원의 충분한 전문성과 경험, 회의시 사내변호사의 조언에 의존한 점 등을 이유로 원심의 결정이 유지되어야 한다고 주장하였으나 법원은 이들 주장을 모두 물리쳤다.[7)]

7) 이 판결에 대하여는 강력한 반대의견이 있으며 판결 이후 이사의 충실의무와 관련된 법원의 심사권한 내지 능력에 관하여 많은 논란을 일으킨 사건이다. 사실 이 판결 이후에 이사회의 부작위가 충실의무위반이라는 판결은 나왔으나(*Francis v. United Jersey Bank*, 87 N.J. 15,

Cede & Co., v. Technicolor Inc.[8](Cede Ⅱ); ***Cinerama Inc. v. Tech-nicolor Inc.***[9](Cede Ⅲ).

Technicolor는 전문가서비스, 비디오복제, 소비자사진인화, 정부사업, 오락, 음향시각사업등 여러 사업부문이 있으나 기업전체의 성장이 정체상태에 이르렀을 즈음인 1982년 CEO Morton Kamerman는 한 시간 안에 사진을 현상·인화하는 OHP사업을 의욕적으로 추진하였던 바 수익성은 적고 추가투자수요만이 보여서 고민하던 중 Ronald Perelman에의 매각을 논의하여 주당 23불, 1단계는 공개매수, 2단계는 현금교부합병을 합의하기에 이르렀다. Technicolor의 이사회는 1982. 10. 29. 이를 승인, 11. 14. 공개매수가 시작되었고 1983. 1. 24. 합병이 마무리되었다. Technicolor의 소수주주는 이사회의 23불에 Perelman과 합병하기로 한 결정이 이사의 충실의무위반이라며 이사들을 상대로 직접 손해배상청구의 소송을 제기하였다.

1993년 판결에서 하급심이 경영판단의 추정을 깨기 위하여는 주주가 충실의무 위반사실에 대한 입증과 더불어 손해의 발행에 대하여도 입증이 필요하다고 판단한 것에 대하여, 주 최고법원은 이사회가 사전에 협상의 진전에 대한 충분한 정보를 받지 못하였으며 가격의 적정성에 대하여 시장의 검증을 받지 않았다는 점 등 충실의무위반 사실에 대한 입증으로서 일단 경영판단의 추정은 깨지며 따라서 법원은 이사회의 결정이 전적으로 공평한지 여부를 심사하여야 한다고 판시하였다. 1996년 판결에서 하급심이 이사의 충실의무가 위배된 바가 없다는 판단한데 대하여 이를 지지하면서 이해상충의 부재, 주의의무의 이행, 선의 중 하나의 부재가 입증되면 경영판단의 추정이 깨지며 따라서 이사가 거래의 전적인 공평성 즉 공평한 절

432 A.2d 814 (1981); *Graham v. Allis-Chalmers Manufacturing Co.*, 188 A.2d 125 (Del. 1963); *In Re Caremark International Inc.* Derivative Litigation 698 A.2d 959 (Del. Ch. 1996)) 적극적인 기업행위를 충실의무위반으로 판시한 사례는 거의 없는 것 같다. SEC의 이사의 부작위로 인한 충실의무위반에 대한 소송제기는 SEC Litigation Release Nos. 18104/Apr. 24, 2004 (Chancellor Corporation) & 21452/Mar. 15, 2010 (InforGROUP Inc.) 참고.

8) 634 A 2d 345 (Del. 1993).

9) 663 A. 2d 1156 (Del. 1995). 동일한 사실관계에 기초하여 3개의 판결이 있으며 542 A.2d 1182 (Del. 1988) (Cede I)판결은 주식매수청구권이 유일한 구제수단인지에 대하여 판단한 것이며 1993년도 Cede II, 663 A.2d 1156 (Del. 1995) (Cede III)는 이사의 충실의무위반과 입증책임에 대한 판결이다. 이외에도 동일당사자간 1990 WL 161084 (Del. 1990), 1991 WL 111134 (Del. 1991)와 684 A.2d 289 (Del. 1996)판결이 있다.

차(fair dealing)와 공평한 가격(fair price) 두 가지 측면을 입증하여야 하는데,[10) Technicolor 이사회의 경우 다른 매수인이 있는지 시장의 검증을 거치지 않은 것은 사실이지만 계약이 중립적인 견지에서의 협상의 결과로서 체결되었고 제 3 자의 청약이 있는 경우 정보를 공개할 수는 있게 되어 있으며 이사 중 이해상충이 있는 자는 1인에 불과하였을 뿐 아니라 이러한 관계는 충분히 공개되었고 능력있는 제 3 자의 조언에 의존하였다는 점에서 공평한 절차라는 요건을 충족시키고 있다고 보았다. 주당 23불이라는 가격 역시 당시 시장가격에 100% 이상의 프리미엄이 더하여진 가격이며 회사를 가장 잘 알고 있는 사장이 협상한 결과라는 점, 능력있는 투자은행으로부터 가격의 공정성에 대한 의견을 받았다는 점 등[11)]을 감안하여 공평한 가격이라는 요건도 충족시켰다고 판단하였다.

나. 경영권의 이전이 가능한 경쟁적 매수청구가 있거나 이해상충이 있는 경우

Hanson Trust PLC v. ML SCM Acquisition Inc.[12)]

1985. 8. 21. Hanson사는 SCM사에 60불 현금에 주식을 공개매수할 것을 제의하자 SCM의 경영진들은 백기사인 Merrill Lynch사와 함께 차입매수를 계획하면서 70불 현금과 회사채로 반대제의를 했고 이에 Hanson이 72불 현금으로 가격을 올리자 Merrill Lynch측은 74불 현금과 회사채로 다시 수정제의를 하였다. 다만 이러한 수정제의는 제 3 자가 SCM 주식의 1/3 이상을 취득하는 경우 Merrill Lynch가 SCM의 가장 중요한 사업이며 수익의 50% 이상을 차지하는 염료 및 소비재사업부문을 3,500만불 및 800만불에 매입할 수 있는 자산매수선택권을 전제로 한 것이었다.[13)] 이는 만약에 Hanson사가 합병을 위하여 필요한 SCM 주식의 2/3 이상을 취득하게 되는 경우 Merrill Lynch측에 SCM의 이들 사업부분을 매수할 수 있게 함으로써 Hanson의 인수의사를 포기하게 하기 위함이요, 또한 백기사로 나선 Merrill Lynch에 대한 경제적 대가였다. 1985. 9. 10. SCM의 12명 중 차입매수에 참가하는 임원겸 이사 3명을 제외한 9명의 독립이사로 구성된 이사회는 Merrill Lynch측의 제안을 승인하였고 이에 9. 11. Hanson은 자신의 공개매수청약을 철회함과 동시에

10) *Weinberger v. UOP, Inc.*, 457 A.2d 701 (D (el. 1983).

11) Helen M. Bowers, *Fairness Opinions and the Business Judgment Rule: An Empirical Investigation of Target Firms' Use of Fairness Opinions*, 96 NW. U. L. Rev. 567 (2002).

12) 781 F.2d 264 (2d Cir. 1986).

13) 소위 lock-up option에 대하여는 제24장 참조.

Merrill Lynch측의 2/3주식매집을 막고자 공개시장에서 주식을 매수함과 동시에 SCM 이사의 자산매각선택권 부여결정은 이사의 충실의무에 위반됨을 이유로 New York 연방법원에 동 거래의 진행을 금지하는 명령을 청구하였다.

1심은 Hanson이 SCM의 이사들이 충실의무를 위반하였음을 충분하게 밝히지 못하였음을 이유로 유지청구를 기각하였다. 2심은 경영판단의 원칙에 따른 추정을 깨려면 Hanson은 SCM사의 이사회가 결정을 내리는 데 필요한 중요한 정보를 수집하고 검토함에 있어 상당한 주의를 다하지 못하였다는 것을 입증하여야 하는 바, 본건의 경우 SCM의 이사회가 Merrill Lynch측에 SCM 수익의 50% 이상을 창출하는 염료와 소비재사업 자산매수선택권을 부여함과 관련하여서는 밤늦은 시간에 3시간에 걸쳐서 열렸고, 결정을 내리는데 단순히 Goldman Sachs의 합리적인 범위에 속한다는 결론적인 구두의견에 의존하였을 뿐 합리적인 범위가 무엇인지 고려하지 않았으며, 자산매수선택권이 행사된 후의 회사상황에 대하여 전혀 논의가 없었다는 등의 이유로 SCM의 이사회가 충실의무를 다하지 못하였고 따라서 경영판단의 원칙은 적용될 수 없다고 판단하였다. 특히 9. 17. 이후에야 Hanson의 공개매수청약이 효력을 발휘하므로 남은 1주일의 시간동안 보다 신중한 결정에 필요한 정보를 수집할 수 있었음에도 불구하고 이러한 정보를 갖추지 못한 채 단순히 Goldman Sachs의 구두진술에 의존할 수는 없다고 못박았다.

Revlon, Inc. v. MacAndrews & Forbes Holdings, Inc.[14)]

1985. 8. 23. Pantry Pride가 Revlon사 보통주는 47.50불에, 우선주는 26.67불로 공개매수청구를 하자 Revlon의 이사회는 주식을 후순위사채와 교환하며 또한 0.1주의 우선주를 매입할 권리를 보통주에 제안하였고 이에 Pantry Pride는 계속 가

14) 506 A.2d 173 (Del. 1986). Revlon판결은 적대적 기업인수시도에 대하여 이사회는 충실의무의 범위내에서 어떠한 방어조치를 취할 수 있는 것인지, 어느 단계에서 어떤 조건이 주어지는 경우 회사와 주주의 이익을 최대화하기 위한 경매자의 입장에 서야 하는지, 이사회의 결정에 대하여 법원은 어떤 범위에서 사후적인 심사가 가능한 것인지에 대하여 기준을 세운 것으로 통상 Revlon 의무는 기업의 경영권이 넘어가고 기업의 지배권이 경매단계에 들어간 경우에 적용된다. Revlon 이후 많은 Revlon 의무의 적용범위와 관련된 Delaware주 형평법원 판결들은 대체적으로 그 범위를 좁게 보고 있다. 적대적 기업인수시도와 관련하여 다음장에서 보다 자세하게 논한다. 가장 최근판결로 C&J *Energy Services Iuc. v. City of Miami geueral Employers' and sanitation Employers' Retrement Trust*, Dil. Supr., No. 655 (657. 2014(Dil. 19, 2014))에서 반드시 경매의 방식을 취하여야 하는 것은 아니고 시장의 다른 잠재적 매수인들이 인수를 고려할 기회가 있으면 충분하다고 판시.

격을 올려서 10. 1. 주당 52불까지 올라갔다. 10. 3. Revlon의 이사회는 Forstman의 차입매수를 승인하였고 이에 10. 7. Pantry Pride가 56.25불 현금매수를 제안하자 10. 12. Revlon 이사회는 Forstman과의 거래 즉 Forstman이 주주들에게 주당 57.25불 현금을 지급하되 제 3 자가 Revlon 주식의 40% 이상을 취득하는 경우 Revlon의 Vision Care와 National Health Laboratories 사업부문을 투자은행이 평가한 금액보다 1,000만불 내지 1,750만불 저렴한 5,250만불에 매수할 수 있는 선택권을 부여하는 거래를 승인하였다. Pantry Pride측은 10. 14. 자산매수선택권을 부여한 Revlon 이사회의 결정은 이사의 충실의무에 반한다고 주장하면서 Delaware 주법원에 동 거래의 중지를 신청하였다.

Delaware 주법원은 일반적으로 기업경영의 책임은 이사회에 귀속되며 이사회가 회사와 주주들에게 충실의무를 짐을 강조하면서 이러한 결정에 경영판단의 원칙이 적용되는 것은 인정하지만, 이사회가 적대적인 공개매수에 대응조치를 취하는 경우는 일단 자신들의 지위보전을 위한 것이라는 관찰이 가능하고 따라서 언제나 이해상충이 있다고 보여지므로 이사가 먼저 1) 적대적인 공개매수가 회사의 정책과 이의 집행에 위험을 초래한다고 믿음에 있어서 상당한 근거(reasonable grounds)가 있으며 2) 회사의 조치가 이러한 위험과 비례하는 것(proportionality)임을 증명하여야만 경영판단의 원칙이 적용가능하다고 판시하였다. 구체적으로 이사의 임무를 정의함에 있어서 적대적인 공개매수자가 계속 가격을 올리는 상황에서 제 3 자에 대한 매각이나 제 3 자와의 합병까지 승인한 단계라면 이사의 임무는 회사를 지키는 것이라기보다는 회사의 주주들이 최고의 가격을 받게 하여 주는 것이라고 한다. 따라서, 자산매수선택권을 제 3 자에게 부여함으로써 백기사가 출현할 수 있으며 백기사가 출현하면서 대상기업의 인수를 위한 경쟁적인 매수청구가 가능하다는 측면에서 기업의 인수를 둘러싼 경쟁을 촉진하는 효과가 있는 것이 사실이지만, 본건의 경우 Pantry Pride보다도 회사에 대한 접근에 있어서 우위를 가졌던 Forstman사에게 자산매수선택권을 부여한 것은 경쟁을 촉진한다기보다는 경쟁입찰과정을 중단하는 효과가 있고 따라서 이사회의 결정은 충실의무위반으로 중단되어야 한다고 판단하였다.

Mills Acquisition Co. v. MacMillan, Inc.[15]

1987. 5. MacMillan사의 경영진은 적대적 기업인수시도에 대비하여 경영진이 지배주주가 되는 구조조정계획을 작성, 9. 22. 이사회로부터 이의 승인을 받았다. 10. 21. Robert M. Bass Group은 7.5% 주주로서 기업인수시도자로 나타났다. 1988. 5. 17. Bass는 주당 64불을 제시하였고 곧 이어 73불, 75불로 계속 올렸다. 7. 14. 이사회는 기존의 구조조정계획을 포기하고 회사전체를 매각하기로 하였다. 7. 20. Robert Maxwell이 주당 80불을 제시했다. 경영진은 이들 bid에 응하지 않고 경영진이 상당한 이해관계를 가지는 거래가능성을 위하여 KKR과 비밀유지계약을 체결함과 동시에 비공개 정보에의 접근을 허용하였다. 8. 12. Maxwell은 KKR과 동일한 접근권을 주는 것을 전제로 주당 80불을 제시하였다. 9. 8. Maxwell이 주당 84불을 제시하였으나 경영진은 당일 KKR과 정크사채권을 포함하여 액면가로 주당 85불 지급에 합의하였다. 9. 15. Maxwell은 주당 86.60불을 제시하면서 MacMillan을 상대로 독약처방의 사용을 금지하여 줄 것을 법원에 신청하였다. 9. 26. Maxwell은 주당 89불을, KKR은 82불 현금과 채권액면가 $7.50을 제시하였다. KKR제안은 no-shop(경쟁입찰중단의무), lock-up(일부재산에 대한 매수청구권), 그리고 9. 27.까지 종국적인 합병계약서서명을 조건으로 포함하고 있었다. 이사회는 두 매수청구 중 어느 것이 우선하여야 할지 선택할 수 없음을 선언한 후, 경매를 속행하기로 하면서 KKR에게는 Maxwell의 제안을 전화로 알려주었고 또한 재산매수청구권을 제안에서 제외할 것을 제시하는 한편 Maxwell에게는 Maxwell의 입찰이 우선하는 것 같은 잘못된 인상을 주었다. 9. 26. 자정 10분전 KKR은 4개 자회사를 $770M에 매수할 수 있는 권리를 포함, 주당 90불을 제시하였다. 9. 27. MacMillan경영진은 Maxwell과는 가격인상을 위한 노력을 하지 않은 반면 KKR과는 상당한 시간을 들여서 주당 90.05불로, 그리고 매수가격을 $50M 올렸다. 9. 27. 이사회는 KKR의 매수청구를 받아들였으나 9. 29. Maxwell이 KKR의 bid를 거절하는 조건으로 90.25불을 제시하였고 10. 4. 이사회는 다시 한번 Maxwell의 bid을 거절하는 결의를 하였다. Maxwell은 이사들이 충실의무를 위반하였음을 이유로 자산매수계약의 체결금지 등을 청구하였다.

사실심은 신청을 거절하였으나 주 최고법원은 경영진이 KKR과의 거래에 이해관계가 있으므로 이사들은 거래의 공정한 절차 및 공정한 가격을 입증하여야 할 책

15) 559 A. 2d 1261 (Del. 1989).

임이 있다고 한다. 회사를 경매절차를 통하여 매각하기로 결정한 이상 이사는 매수희망자가 명성이 있고 책임을 질 줄 아는 자인 한에 있어서는 합리적으로 가능한 최대의 가격을 받아내어야 할 충실의무가 있는바, 9. 26. 편파적인 경매절차의 진행 및 9. 27. 이사회에서 이러한 사실을 밝히지 않은 것은 충실의무위반이라고 하였다. 물론 주주일반의 이익을 실현하기 위하여 특정한 경매방식이 있는 것도 아니며 이사들은 주주들을 위하여 합리적으로 실현가능한 최대의 가격을 받아내어야 할 의무가 있다는 것이다.

Barkan v. Amsted Industries, Incorporated[16)]

1985년 Hurwitz는 Amsted의 상당수 주식을 시장에서 매입하기 시작하였다. Hurwitz는 투자목적이라고 하지만, 그의 기업지배권시장에서의 명성 때문에 Amsted의 경영진은 투자은행을 고용, 가능한 방어책을 검토하기 시작했다. 9. 26. Amsted는 ESOP(employee stock ownership plan)의 설립을 결의하고 10. 22. 이사회내 특별위원회를 구성, 지배권의 매각을 검토하였다. 11. 4. Amsted의 경영진과 ESOP는 MBO제안서를 이사회에 제출하였으며 그 제안의 내용은 주당 37불로 현금과 현재가치가 11불로 평가되는 원금 27불의 사채이었다. MBO를 제안한 측은 11월, 12월, 1986년 1월 계속 자금조달을 위하여 노력하였으나 여의치 않자 1986. 1. 29. 주당 31불의 현금, 현재가치 3불로 평가되는 액면 4불짜리 우선주, 그리고 11불로 평가되는 원금 27불 사채로 인수대가를 지급하겠다고 수정제안을 제출하였다. 당일 특별위원회는 제안의 적정성을 검토한 결과 현금부분을 증가시킬 것을 요구, 이를 MBO제안자측이 수용, 특별위원회와 이사회는 수정제안의 수정안을 승인, 공개교환절차에 착수하였다. 소수주주는 이사회가 충실의무를 위반하였다고 주장하나, 법원은 Revlon판결이 어느 경우에나 경쟁입찰을 요구하는 것은 아니며 이사회가 하나의 제안만을 고려하고 그 적정성에 대한 신뢰할 만한 자료가 없는 경우 시장에서 보다 높은 가격으로 제안을 찾을 수 있는지 여부가 기준이 될 것이며 본건의 경우 이사회가 거래의 적정성에 대한 신뢰할 만한 자료를 가지고 있었으므로 구태여 시장에서의 상황을 조사할 필요가 없다고 한다. 단순히 투자은행의 의견서만으로는 불충분하며 이사회가 적당한 정보를 수집하여야 하는 것이 중요하지만 이를

16) 567 A.2d 1279 (Del. 1989). Citron v. Fairchild and Instrument Corp., 569 A.2d 53 (Del. 1989) 참조.

수집하는 특별한 방법이 있는 것은 아니라고 본다. 본건의 경우 이사회가 주주들에게 최선의 거래를 만들고자 선의로 노력하였다고 판단한다. 본건의 경우 시장조사를 한 것은 아니지만, 시기, 일반에 알려진 정도, 조세효과, 회사의 성과등을 감안할 때 별도의 시장조사가 필요없었다.

In Re El Paso Pipeline Partners, L.P. Derivative Litigation[17]

El Paso Pipeline Partners, L.P.("MLP")는[18] 그 합자조합의 업무집행사원(GP)인 El Paso Pipeline GP Company, L.L.C.의 모회사인 El Paso사로부터 El Paso의 자회사인 Southern LNG Company를 매수함에 있어서 GP 이사회는 이행상충방지위원회를 구성하고 자산의 평가를 위한 투자은행을 고용하여 매수가격을 협상, 거래를 마쳤다. Delaware 합자조합법상 조합원들은 조합계약에서 업무집행사원의 합자조합에 대한 충실의무를 면제시켜 줄 수 있으며 El Paso사는 충실의무는 면제받았다. 따라서, MLP의 상장지분소유자가 MLP를 대신하여 GP 이사를 상대로 제기한 대표소송으로서의 이 사건에서의 쟁점은 이해상충위원회 위원인 이사들이 MLP와 GP와의 본건 거래를 체결함에 있어서 조합계약상의 선의의 의무를(good faith) 충실히 이행하였는지 여부이었다. Delaware형평법원은 이사들이 가격산정에 있어서 제한된 평가가치만을 고려한 점, 이사들간 이메일에서 저평가를 자인한 점, 투자은행의 평가가 형식에 그친 점 등을 이유로 이사들에게 $171M의 배상을 명하였다.

17) C.A. No. 7141－VCL(Del. Ch. App. Apr. 20, 2015).

18) LP는 우리 상법상 합자조합에 해당하는 것으로 자원개발사업에서 특정유전이나 파이프라인을 상장하기 위하여 자원개발사가 유한책임회사(LLC)를 설립한 후 LLC가 GP가 되어 다른 출자자와 함께 설립하는 것이다. 자원개발사업에서는 dropdown거래라고 불리는 통상적인 거래형식이다. 우리 상법의 유한책임회사가 LLC에, 합자조합상 업무집행조합원이 GP에 해당한다. 우리 상법 제86조의5 제2항도 업무집행조합원의 선량한 관리자로서의 주의의무를 규정하고 있다. 미국에서는 회사법상 이사의 충실의무가 LLP의 GP에도 적용될 것인가에 관한 논란이 있으니 Dilaware 주법상 부정적이다.

2. 한국판례: 기업집단 내 매각으로 이해상충상황

서울고법 2003. 11. 20. 선고 2002나6595 판결(장×성 v. 이×희)[19]

삼성종합화학의 주식가치가 위 처분 당시 보수적인 평가방법이라 할 수 있는 삼성종합화학의 순자산가치라는 관점에서 보아도 2,600원을 훨씬 상회하고, 종전 취득가액에 비하여 그 주식가치가 1/4 수준으로 감소되었다고 볼 만한 별다른 사정도 없으며(특히 위에서 본 것처럼 1,000만주를 액면가인 10,000원에 취득한 1994. 4. 22.에 비하여 주식가치가 개선되었다고 보여진다), 안진회계법인의 평가가액인 2,600원보다 훨씬 비싼 6,600원에 거래된 실례가 있음에도 불구하고 위와 같이 불합리한 평가기준에 의하여 산정된 평가 가액을 근거로 불과 1시간 동안의 토론 끝에 삼성종합화학에 대한 지배주주로서의 지위를 양도하는 결과를 갖는 2,000만주라는 많은 주식을 처분하기로 결의하였다는 것은 도저히 이사로서의 주의의무를 다한 것으로 볼 수 없다 할 것이다. 따라서 위 매각결의의 이사회에 참석한 이사들은 합리적인 자료를 토대로 충분한 검토를 한 후 위 매각결의에 찬성하였다고 볼 수 없는 결과 경영판단으로서 보호될 수도 없다. …

위 이사회의 매각 결의 당시 이사회에 참석한 이사들이 안진회계법인에 의하여 당시 시행 중이던 상속세법 시행령의 규정에 따라 이루어진 주식의 가액 평가에 관한 자료 이외에 어떤 다른 자료를 제시받았다거나 사전에 제시받았음을 인정할 아무런 증거가 없다. …

영리를 목적으로 하는 법인의 이사가 법인에게 이익이 되는 처분의 가능성을 고려하지 아니하고 조세법률주의에 따라 법규에 근거를 둔 세액만을 징수할 수 있는 조세징수권자의 입장에서 평가한 가액에 따라 주식을 처분하였다면 상속세법 시행령에 따라 산정된 주식의 가액이 결과적으로 적정한 처분가액을 반영한 것이 아닌 한 오히려 그 자체로서 회사와 주주의 이익을 위하여 선량한 관리자로서의 주의의무를 다하여야 할 이사로서의 임무를 해태하였다고 할 수 있다.

또한 매각가액의 산정이 주식 등 평가를 전문으로 하는 외부 회계법인인 안진회계법인에 의하여 이루어진 것이고, 그와 같은 평가결과에 좇아 처분주식의 매각가액을 결정하였다 하더라도 적정한 평가를 위한 평가의뢰시의 적정한 평가방법의

---

19) 수원지법 2001. 12. 27. 선고 98가합22553 판결; 상고심판결은 대법 2005. 10. 28. 선고 2003다69638 판결. 사실관계는 위 제 4 장 Ⅲ. p. 71 참조.

선택, 그리고 평가결과의 합리적인 이용에 대한 책임은 여전히 평가의뢰인에게 있다고 할 것이므로 그와 같은 사정만으로 이사로서의 의무를 충실히 수행한 것이라고 볼 수도 없다.

뿐만 아니라 위 처분 당시 삼성전자는 삼성종합화학의 총발행주식의 47.29%에 해당하는 21,755,567주를 소유하고 있어 지배주주의 지위에 있었던 결과 위 소유주식의 대부분에 해당하는 2,000만주를 처분함으로써 지배주주로서의 지위를 잃게 되는 사정에 있었다. 그럼에도 불구하고 지배주주의 상실에 따른 득실은 물론 이를 고려한 적절한 처분가액이 얼마인지에 대한 검토가 위 처분결의에 참석한 이사들에 의하여 이루어졌음을 인정할 아무런 증거도 없다.

이와 같이 주식의 매각이 지배주주로서의 지위상실을 가져오는 의미를 갖는 한편, 종전 취득가액의 1/4의 가액이라는 이례적인 가액에 이루어짐에도 그 결의에 이르기까지 토의 등에 소요된 시간이 1시간 이하라는 점도 납득하기 어렵다. 그와 같은 문제에 대한 합리적이고도 충분한 검토를 담은 자료가 이사들에게 사전에 배포되지도 아니하였으므로 더욱 그렇다.

뿐만 아니라 한솔제지 주식회사가 1993. 6.경 삼성그룹에서 계열 분리되면서 보유하고 있던 삼성종합화학 주식을 삼성그룹 계열사 중 삼성전관 주식회사에게 455,000주, 삼성전기 주식회사에게 578,000주, 제일모직 주식회사에게 455,000주, 주식회사 제일기획에게 150,000주를 각 매각하였고, 그 중 삼성전관 주식회사에 매각한 가격은 30억 300만원으로서 1주당 거래가액이 6,600원(다른 회사에 매각한 가액이 확인되지 아니하나 같거나 비슷한 가액이었을 것으로 보인다)이라는 거래의 실례가 있었으므로, 비록 그 거래 행위가 제한적인 거래의 사례라 하더라도 위 6,600원보다 4,000원이나 적은 2,600원에 주식을 매각하고자 하였으면 마땅히 이사회에 참석한 이사들은 위와 같은 종전 거래가액 보다 낮게 평가하여야 할 사정이 무엇인지에 대하여 합리적인 의문을 갖고 그 자료 등을 요구하여 의문을 해소하였어야 할 것이다. …

서울남부지법 2006. 8. 17. 선고 2003가합1176 판결(박×용 v. 구×무)[20]

회사가 소유하고 있는 비상장주식을 매도하는 업무를 담당하는 이사들이 당해 거래의 목적, 거래 당시 당해 비상장법인의 상황, 당해 업종의 특성 및 보편적으로 인정

20) 피고인 항소하지 않아 확정. 사실관계는 위 제 4 장 Ⅲ. 참조.

되는 평가방법에 의하여 주가를 평가한 결과 등 당해 거래에 있어서 적정한 거래가액을 도출하기 위한 합당한 정보를 가지고 회사의 최대이익을 위하여 거래가액을 결정하였고,ⓐ 그러한 거래가액이 당해 거래의 특수성을 고려하더라도 객관적으로 현저히 불합리하지 않을 정도로 상당성이 있다면 선량한 관리자의 주의의무를 다한 것으로 볼 수 있을 것이나, 그러한 합리성과 상당성을 결여하여 회사가 소유하던 비상장주식을 적정가액보다 훨씬 낮은 가액에 매도함으로써 회사에게 손해를 끼쳤다면 그로 인한 회사의 손해를 배상할 책임이 있다(대법 2005. 10. 28. 선고 2003다69638 판결 참조). …

(가) 엘지석유화학은 회사를 설립한 1978년 이후 1994년까지 계속적인 기술제휴와 자본증가, 공장건설에 주력하다가 1995년 이후 연평균 16.8%의 높은 매출액 증가율과 안정적인 당기순이익을 실현하였음은 위에서 본 바와 같고, 감정 결과에 의하면 소외 호남석유화학 주식회사는 1999년 초부터 중반까지 주가가 지속적으로 오르고 있던 사실, 1999년 당시 국내 경제는 외환위기를 벗어나 회복세에 있었고 석유화학산업은 경기와 밀접한 관련이 있어 그 향후 전망이 밝은 편이었으며 1999년 초의 예상보다 산업경기 회복세가 기대되고 있었던 사실을 인정할 수 있고 실제 엘지석유화학의 영업실적이 그러한 예측을 뒷받침하고 있다. 따라서 피고들은 이러한 점들을 잘 반영할 수 있는 비상장주식에 대한 보편적인 가치평가방식을 이용하여 이 사건 주식을 평가한 후 그 결과에 근거하여 매각가격을 결정하는 등 회사 이익을 증대하도록 노력하였어야 함에도 불구하고 과거의 손익 결과를 평가의 한 요소로 하는 구 상증세법상의 평가방법만을 선택하여 이 사건 주식에 대한 가치평가를 하였다. 그러므로 피고들에게는 엘지석유화학 및 관련 기업 등의 현황을 고려한 적정가액산정을 위하여 합리적인 평가방법을 선택하지 않은 임무해태가 있다 할 것이다.

(나) 주식을 매각하면서 그 회사 자산가치를 평가요소로 하여 주식가치를 산정하는 경우에는 그 자산가치가 얼마나 되는지 실사한 후 매도하여야 할 것인데, 피고들은 엘지석유화학의 자산가치를 평가의 한 요소로 하는 구 상증세법에 의한 평가방법을 택하여 가치평가를 하였음에도 1998. 12. 31. 기준의 장부상 자산가치만

ⓐ 합당한 정보, 회사의 최대이익을 위하였을 것이라는 요건은 미국법상 경영판단의 원칙을 적용하기 위한 요건으로서의 informed decision, good faith와 유사하다. 그러나 본건과 같이 이해상충의 경우 미국법상으로는 경영판단의 원칙이 적용될 수 없을 것이다. 본 판결은 합당한 정보의 부재에서 이사의 선관주의의무위반을 찾고 있다.

근거하여 계산하였을 뿐 엘지석유화학 자산의 실제 가치를 평가하려는 시도조차 하지 않았다[피고 8도 피고 본인 신문에서 이와 같은 과정이 당연히 필요함을 전제로 하여, 그와 같은 과정은 실무자들이 해야 하는 일이며 실무자들이 실제 그렇게 하였을 것이라고 믿었다고 진술한 바 있으며, 감정인 신진영, 정용선도(순자산가치방식에 있어서) 자산가치를 평가할 때에는 시가로 산정함이 원칙임을 전제하고 있고, 이는 원·피고들이 별도로 감정 및 의견을 의뢰해 그 결과를 제출한 갑 제12호증의 1의 기재(이하 '김대식의 평가 결과'라 한다)와 을 제32호증의 기재(이하 '윤창현의 평가 결과'라 한다)에 의하여도 동일한 것으로 보인다]. 재무제표 등 회계장부는 상법 등의 요청에 의하여 정기적으로 일정 시점의 기업 재무 상태를 외부에 공시하는 것을 목적으로 하는 서류일 뿐이고 비교적 확립된 기장원칙에 따라 자산가치를 계상하므로 물가상승, 환율변동, 투자유가증권가격등락, 미회수채권부실화 등에 따른 구성 자산의 화폐평가액의 변동을 적절하게 반영하지 못하는 문제점이 있으므로 영리목적 기업이 타법인 주식을 매각함에 있어서는 기업에 이익이 되도록 매각대상 법인의 매각 시점의 현실적 가치로 매각가격을 정해야 하는 것이지 만연히 장부상 가격만을 기준으로 하여서는 안 될 것이다. 이러한 이치는 2000. 1. 1.을 기준으로 엘지석유화학의 자산재평가가 있었다는 점과는 상관없이, 즉 자산재평가가 예정되어 있지 않았고 피고들로서 이를 예측할 수 없었다고 하더라도 주식을 매도하는 영리 목적 기업인 회사로서는 자산가치를 실사하여 그 실제 가치를 반영하여 매도가격을 정하는 것이 당연하다 할 것이므로, 그와 같은 과정을 거치지 않은 채 자산가치로 주식가치를 평가 산정하면서 장부가만을 기준으로 한 자산가치만을 고려하여 매도가격을 산정한 것은 이사로서의 임무를 해태한 것이라 할 것이다(매각 당시 장부상 자산가치와 실제 자산가치가 거의 차이가 없음이 명백하였다는 특별한 사정이 없는 한 실사를 하지 않은 것 자체가 임무해태라 할 것이고, 가사 이 사건에서 실사를 한 후 평가한 가치가 1주당 5,500원보다 낮다고 하더라도 이는 손해가 없는 것일 뿐 실사를 하지 않은 이상 임무해태는 있다 할 것이다).ⓑ …

서울중앙지법 2015. 7. 1.자 선고 2015카합80582 결정(삼성물산 v. 엘리엇)

채권자의 이 부분 주장은 이 사건 합병의 합병비율이 현저히 불공정한 것으로

ⓑ Van Gorkom 판결이 투자은행의 완전고용을 위한 판결이라면 LG 판결은 회계사들의 완전고용을 위한 판결이라고도 할 수 있겠다.

서 채무자 회사에 일방적으로 불리하다는 점을 전제로 하는 것인데, 앞서 살펴본 바와 같이 이 사건 합병의 합병비율이 현저히 불공정한 것이라고 볼 수 없어 채권자 주장의 전제가 성립되지 아니한다. 여기에다가 이 사건 합병이 공시된 직후 채무자 회사의 주가가 상당히 상승하는 등 시장에서 이 사건 합병에 대하여 긍정적으로 평가하는 모습을 보이기도 한 점 등을 종합하여 보면, 기록상 제출된 자료만으로는 이 사건 합병이 채무자 회사 및 그 주주에게는 손해만을 주고 제일모직 및 그 주주에게만 이익을 주는 것이라고 보기도 어렵다. 나아가 채권자는 채무자 회사의 경영진인 채무자 최치훈 등이 채무자 회사 및 그 주주의 이익과 관계없이 삼성그룹 총수 일가, 즉 제일모직 및 그 대주주의 이익만을 위하여 이 사건 합병을 추진하는 것이라고 주장하나, 채권자가 이 점을 소명하기 위하여 제출한 자료는 구체적 근거 없이 관련 의혹을 제기하는 수준의 자료에 불과하여 그것만으로 위와 같은 사정이 소명되었다고 보기에 부족하고, 기록상 달리 이를 소명할 만한 자료가 없으며, 오히려 채무자가 회사의 입장에서도 건설 및 상사 분야의 매출 성장세가 예전보다 침체된 상황에서 이를 타개하기 위한 방편으로 레저, 패션, 식음료, 바이오 분야 등에서 강점 또는 잠재력을 가지고 있는 제일모직과의 합병을 추진할 만한 동기가 있다고 볼 여지가 없지 아니하다.

따라서 채권자의 이 부분 주장은 이유 없다.

3. 개정상법상의 관계회사간 거래에 대한 규제

2012. 4. 15.부터 효력을 가지는 개정상법에 따르면 제398조에서 이사와 회사간의 거래시 이사회의 승인은 물론 그 거래의 내용과 절차의 공정성이 요구된다. 개정상법은 제 4 장 제13절에서 과거 증권거래법상 상장법인의 지배구조에 관한 규정들을 계승하고 있는 바, 제542조의9에서 대규모상장법인의 경우 주요주주 등 이해관계자와의 일정한 거래시 이사회의 승인을 요구하고 있다.

관계회사와의 거래시 두 규정이 중첩적으로 적용되어야 한다고 보아야 하며 앞으로 제398조에서 규정하고 있는 공정한 절차에 관한 보다 깊이있는 논의가 있었으면 한다. 이사회의 승인 전에 이사회 내 보다 독립성을 지닌 위원회를 구성할 필요는 없을 것인지, 위원회는 외부의 자문을 받아서 그 평가의 객관성을 확립할 필요는 없을 것인지, 관계회사와의 거래필요성이나 거래 이외의 다른 대안을 위한 검토를 위하여 얼마만한 노력을 기울어야 할 것인지, 개별적인 기업의 차원뿐만 아니라 전체기업집단의 이익도 고려할 수 있는 것인지, 법원은 거래의 내용이나 절차의 공정성에 대하여 사후적인 판단을 할 수 있는 것인지, 내용과 절차의 공정성에 대한 입증책임은 누가 부담하는 것인지 등이 당장 생각나는 논점들이다.

	제398조	제542조의9
적용대상	주식회사	대규모상장회사
거래상대방	이사, 주요주주, 배우자, 직계존비속, 배우자의 직계존비속, 50% 지배회사, 지배회사와 합하여 50% 지배회사	최대주주, 최대주주의 특수관계인, 회사의 특수관계인
거래규모	모든 거래	자산(또는 매출) 1/100, 누적 5/100
요건	이사회 사전고지, 2/3 승인	이사회 승인, 주총보고
절차 및 내용	공정	
예외		정형화된 거래, 이사회거래총액승인

서울서부지법 2012. 8. 16. 선고 2011고합25, 74 판결(검사 v. 김×연)

2) 법리-회사가 보유하는 비상장주식의 매각과 배임죄의 성부

회사가 소유하는 자산을 매각하는 때에는 처분이익을 극대화하거나 처분손실을 극소화하는 방향으로 거래가격을 결정하여야 할 것이므로 비상장주식을 매도하는 경우에 있어서 객관적 교환가치가 적정하게 반영된 정상적인 거래의 실례가 있는 경우에는 그 거래가격을 시가로 보아 주식의 가액을 평가하여야 할 것이나, 그러한 거래사례가 없는 경우에는 비상장주식의 평가에 관하여 보편적으로 인정되는 방법(순자산가치방식, 수익가치방식, 유사업종비교방식 등)에 의하여 평가한 가액을 토대로, 당해 거래의 특수성을 고려하여 객관적 교환가치를 반영한 적정거래가액을 결정하여야 할 것인바, 회사가 소유하고 있는 비상장주식을 매도하는 업무를 담당하는 이사들이 ① 당해 거래의 목적, ② 거래 당시 당해 비상장법인의 상황, ③ 당해 업종의 특성 및 ④ 보편적으로 인정되는 평가방법에 의하여 주가를 평가한 결과 등 당해 거래에 있어서 적정한 거래가액을 도출하기 위한 합당한 정보를 가지고 회사의 최대이익을 위하여 거래가액을 결정하였고, 그러한 거래가액이 당해 거래의 특수성을 고려하더라도 객관적으로 현저히 불합리하지 않을 정도로 상당성이 있다면 선량한 관리자의 주의의무를 다한 것으로 볼 수 있을 것이나, 그러한 합리성과 상당성을 결여하여 회사가 소유하던 비상장주식을 적정가액보다 훨씬 낮은 가액에 매도함으로써 회사에게 손해를 끼쳤다면 선량한 관리자의 주의의무를 위반한 것이다(대법원 2005. 4. 29. 선고 2005도856 판결, 대법원 2005. 10. 28. 선고 2003다69638

판결 등 참조).

회사의 재산이 대부분이 부동산, 기계장치 등의 고정자산으로 구성되어 있고, 수익성을 고려하는 것이 불합리한 사정이 있는 경우에는 수익가치를 전혀 고려하지 않고 순자산가치만으로 비상장법인의 주식가치를 평가하는 것도 수긍할 수 있다(대법원 2005. 10. 28. 선고 2003다69638 판결 참조).

그러나 궁극적으로 위 피고인들이 공모하여 ㈜한화가 보유하는 한화S&C 주식 전부를 김동관에게 매각함에 있어 선량한 관리자로서의 재산관리의무를 소홀히 하여 ㈜한화와의 신임관계를 저버리는 임무위배행위를 하였는지 여부는 위 주식을 적정한 가격에 매각하였는지 여부에 따라 결정된다고 할 것이므로, 다음에는 당시 한화S&C 주식의 매각가격인 주당 5,100원이 적정한 가격이었는지, 즉 ㈜한화에 손해가 발생하였는지 여부에 관하여 살펴본다.

권재열, *상법 제382조의3(이사의 충실의무)의 존재의의* …, 22:1 상사판례연구 1, 5-8, 28-29 (2009)

… 1. **회사이익우선을 위한 일반조항으로 인정하는지의 여부**

(1) **상법 제382조의3의 입법취지**

우리 정부는 1997년 12월 외환위기로 인하여 국가부도라는 미증유의 위기에 처하면서 IMF로부터 구제금융을 받았다. 이같은 국가적 경제위기를 극복하기 위하여 다양한 방법으로 국민들의 역량이 집결된 바 있다. 그러한 시대적 배경하에 상법 제382조의3은 기업경영의 투명성을 제고하고 주식회사의 지배구조의 혁신을 도모하는 차원에서 이사의 책임을 강화하는 것을 주된 목적으로 신설되었다. 동 규정은 우리나라만의 특별한 입법은 아니다. 동 규정은 일본이 1950년 상법개정에서 신설한 충실의무규정(제254조의3)을 모델로 한 것이며, 일본의 규정은 미국법의 영향을 받은 것이다). …

(3) **검토할 주요 내용**

상법 제382조의3은 이사가 어떠한 행위를 하여야만 "회사를 위하여 그 직무를 충실하게 수행"한 것으로 되는지에 관하여 구체적인 기준을 제시하지 않고 있다. 이 때문에 상법 제382조의3을 그 입법연혁적인 사항을 고려하여 미국의 경우와 동일하게 또는 미국법상의 신인의무(fiduciary duty)를 모법으로 삼아 이사의 이익상반거래행위를 제어하기 위한 입법으로 풀이하는 견해가 있다. 만약에 상법 제382조의3이 미국법상 수탁자가 부담하는 신인의무에 바탕을 둔 이사의 충실의무를 직접적 혹은 간접적으로 계수한 것으로 풀이한다면 이는 결과적으로 기존의 이사의 선관의무 이외에 별도의 의무를 부과한 것으로 이해되며, 이사에 의한 이사의 보수결정금지의무(제388조), 이사의 경업금지의무(제397조), 자기거래금지의무(제398조)는 이사의 충실의무를 구체화한 유형으로 보아야 한다. 이처럼 상법 제382조의3이 이사와 회사 사이의 이익충돌의 방지를 위한 일반조항(Generalklausel)이라면 상법 제388조, 제397조 내지 제398조에 의하여 규제될 수 없는 이사의 이익충돌거래에 대해서는 일반조항인 제382조의3이 적용될 수 있어야 하며, 따라서 제382조의3은 제397조 내지 제398조에 대하여 보충적 또는 후순위의 관계에 놓이게 된다. 이상과 같이 1998년 개정상법이 미국식의 이사의 충실의무를 도입하였다면 상법 제382조의3의 신설취지인 이사의 책임강화를 제대로 구현한 것이라고 평가할 수 있다. 왜냐하면 만약 그것이 이익충돌방지의 일반조항이라면 우리나라가 지금까지 이익충돌에 대한 구체적인 규제기준을 가지고 있지 못할 뿐만 아니라 규제기준을 하나하나 열거하는 것은 입법기술상 불가능하며, 또한 거래현실에서 새로 생기는 이익충돌행위의 유형을 전적으로 포괄할 수 없다는 등의 한계를 극복할 수 있는 때문이다. 이에 아래에서는 대법 판례가 미국법상의 이사의 충실의무의 개념을 수용 내지 반영하여 회사의 이익을 우선하지 않는 이사의 이기적(selfish) 행위에 대하여 상법 제382조의3을 적용하고 있는지를 검토하고자 한다. …

이상과 같이 우리 대법 판례는 상법 제382조의3을 자신의 이익을 회사의 그것보다 우선시하는 이사의 행위를 규제하기 위한 일반조항으로서 인정하지 않고 있다. 이러한 점에서 적어도 대법판례에서는 상법 제382조의3은 별다른 존재의의를 지니지 못하는 형편이다. 게다가 이사의 충실의무는 상법 제382조 제 2 항에 근거하는 이사의 주의의무와 차별되지 못하고 있다. 이처럼 대법 판례에서는 상법 제382조의3이 구체적인 법률효과를 발생시키지 않는 단순한 선언규정 혹은 주의규정에 머무르고 있다. 이와 같은 입장은 앞으로 단시간 내에 변하지 않을 것이라고 생각한다.

그러나 장기적으로 보았을 때에 상법 제382조의3을 이사와 회사간의 이익충돌을 방지하기 위한 일반조항으로 운용되어야 할 뿐만 아니라 이사의 선관의무와 구분되는 별도의 의무로 인식되어야 한다. 그 이유에 관해서는 이미 여러 연구에서 다양하게 제시된 바 있지만, 이에 덧붙여서 본고가 제시하고자 하는 또 다른 이유는 다음과 같다. 즉, 경제적인 측면에서 의무위반의 성격상 충실의무위반이 주의의무위반보다 이사에게 더 많은 이익을 가져다 준다는 점을 고려한다면 양자는 분명히 차별될 필요가 있다. 왜냐하면 예컨대, 이사가 도덕적 해이를 통해 자기의 이익을 취득한 경우 이사가 획득하는 이익은 이사가 조금 더 많은 여가시간을 얻기 위하여 주의를 덜 한 경우에 얻는 이익보다 대개의 경우 더 클 것이므로 회사가 입은 손해액뿐만 아니라 이사가 얻은 모든 이익에 대하여 회사에 반환하여야 한다는 식으로 그 규제의 내용도 차별화되어야 하기 때문이다. …*

노트와 질문

1) Trans Union사건에 대하여는 찬성보다는 비판이 더 많다. 비판의 요지는 기업의 의사결정과정실태를 모르는 법원이 충실의무위반여부를 판단할 능력이 없으며 법원보다는 시장에 의하여 이사회 결정의 잘잘못을 통제하도록 하면 충분하다는 것이다. DGCL §102(b)(7)는 이 판결이후 개정되어 선관주의의무위반으로 인하여 이사가 개인적으로 손해배상책임을 지지 않는다는 정관이 가능하도록 하였다. MBCA §2.02(b)(4)도 참조. 한편 법원이 절차적인 측면에 검토의 초점을 맞추는 것은 당연하며 바람직하다는 견해도 있다. Burgman & Cox, Corpo-rate Directors, *Corporate Realities and Deliberative Process*, 11 J. CORP. L. 311 (1986); Fischel, *Judgment Rule and the Trans Union Case*, 40 BUS. LAW. 1437 (1985); Manning, *Reflections and Practical Tips on Life in the Boardroom after Van Gorkam*, 41 BUS. LAW. 1 (1985); Leo Herzel & Leo Katz, *Smith v. Van Gorkam: The Business of Judging Business Judgment*, 41 BUS. LAW. 1187 (1986); Fred S. McChesney, *A Bird in the Hand and Liability in the Bush: Why Van Gorkam Still Rankles, Probably*, 96 NW. U.L. REV. 631 (2002); Lawrence A. Mamermesh, *Why I Do Not Teach Van Gorkam*, 34 GA. L. REV. 477 (2000); Charles M. Elson & Robert B. Thomson, *Van Gorkam's Legacy: The Limits of Judicially Enforced Constraints and Promise of Proprietary Incentives*, 96 NW. L. REV. 579 (2002); Lynn A. Stout, *In Praise of Procedure: An Economic and Behaviorial Defense of Smith v. Van*

* 이와 같은 견해로 유영일, *이사의 충실의무(상법 제382조의3)의 재검토*, 23:1 상사판례연구 515-543 (2010).

Gorkam and the Business Judgment Rule, 96 NW. L. REV. 675 (2002).

2) Revlon 판결 이후 경쟁적인 매수청구가 있는 상황에서, 특히 경영진의 차입거래에 기초한 매수청구의 경우, 이사회가 인수자에게 자산매수선택권을 부여하는 결의에 대하여 New York 연방법원의 경우는 통상적인 경영판단 추정의 법리적용을 배제하기 위하여는 주주가 선의나 정보의 부재, 또는 이해상충의 존재에 대한 입증을 요구하는 한편 Delaware 주법원은 이사가 합리적인 근거와 비례성을 먼저 입증할 것을 요구하고 있다. 경쟁적인 매수청구가 없는 상황에서 회사가 기업을 매각하려고 하는 경우 통상의 이사회 결정과 마찬가지로 이사회결정의 적법성을 다투는 주주가 선의, 정보, 이해상충의 부재에 대한 입증을 하면 일단 경영판단의 법리는 적용되지 아니하고 따라서 그 이후 이사회는 매각결정이 절차와 가격 면에서 전적으로 공평함을 입증하여야 한다. 구체적으로 이사회가 결정에 필요한 어떠한 정보를 어떤 경로로 구하여야만 충분히 사정을 알고 결정(informed decision)을 한 것으로 볼 것인지는 사안에 따라 다를 것이다. 지배권의 매각의 경우 경쟁적인 입찰절차가 반드시 필요한 것은 아니지만 시장조사나 이에 상응하는 자료가 있을 경우 경쟁적인 입찰절차가 없이도 주주들에게 가장 유리한 거래를 만들 이사의 의무를 다하였다고 인정하기도 한다.

3) 법원은 삼성종합화학판결에서 이사회에서 회계법인의 보고서 이외에 합리적이고도 충분한 검토를 담은 자료가 사전에 배포되지도 아니한 점, 그 결의에 이르기까지 토의 등에 소요된 시간이 1시간 이하라는 점을 고려한 반면, LG사건에서 공개입찰절차에 의하지 않은 것은 기업관행 및 비용을 고려한 적절한 판단으로 보고, 이사회가 1시간 40분만 소요되었다고 하여도 시간만으로 졸속 여부를 판단할 수는 없는 것이라고 한다. 전자는 이사는 경영진에 끊임없이 질문을 하고 재무정보를 계속 요구하여 경영진이 추가 정보를 모으고 이를 사전에 배포하는 시간을 가지기 위하여 이사회를 1주일후에 속행한 절차를 중시한 미국의 판례와[21] 유사한 반면 후자는 정반대의 의견을 보여주고 있다. 한편 한화사건에서는 한화S&C 주식이나 동일석유 주식매각에 있어 공정한 절차보다는 가격의 적정성에 중점을 두고 있다

21) *Treadway Companies, Inc. v. Care Corp.* 638 F.2d 357 (C.A.N.Y 1980).

(서울서부지법 2012. 8. 16. 선고 2011고합25, 74(병합) 판결).

4) 삼성종합화학주식이나 LG석유화학주식이 매도기업의 계열사나 지배주주에게 매각되었다는 점은 경영판단의 원칙을 적용함에 있어 어떻게 고려되어야 할 것인가?

5) LG석유화학주식 매각을 위한 이사회에서 매매당사자인 이사가 참석하여 표결을 할 수 있는 것일까? 참석은 가능한 것일까? 이사회의 결의에 이어서 주주총회에서 승인되었다면 이는 법원의 사후적인 판단에 어떤 영향을 미칠까?

Ⅱ. 매수기업 이사의 충실의무[22)]

다른 기업의 인수를 고려하는 과정에서 많은 비용이 발생한다. 대상기업의 모색이나 평가를 위한 임직원들의 시간과 노력은 물론이고 기업외부의 자문단으로서 투자은행이나 회계법인, 법률가들을 고용하여야 하며 인수자금을 기업외부에서 조달하여야 할 경우 자금조달방안을 확보하고 실제 조달하기 위하여 많은 비용이 발생한다.[23)] 따라서, 많지는 않지만 실패한 기업인수를 둘러싸고 인수기업의 이사회에 책임을 물기 위한 소송이 제기되기도 한다.[24)]

Ash v. McCall[25)]

1998년 McKesson사는 HBOC사 주주에게 신주를 발행하면서 이를 흡수합병, 1999. 1. 12. 이를 완료하였다. 1999. 4. McKesson사는 1999. 3. 31.로 끝나는 HBOC의 회계연도를 외부감사함에 있어 HBOC는 매출계약 체결일자를 선일자로 기재하여 계수조정이 필요하다고 공시하고 5월 추가조종이 필요함을 알렸으며 두 달 후에 내부조사를 마치면서 매출에서 $327M을, 영업이익에서 $191M을 수정하였

22) Stephen I. Glober, Lanae Holbrook & Dawn Faris, *The Fiduciary Duties of Acquiring Directors*, 1 The M&A Lawyer No. 8, 17 (Jan. 1998). 기업을 매수하는 경우에 특별히 다른 기준을 적용할 필요가 없이 통상의 경영판단의 원칙과 일정한 예외적인 경우에 전적인 공정성의 원칙을 적용할 것을 제시한다.

23) CARNEY, 위 주 1-3 게재서, 590-591.

24) 왜 기업을 매도한 결정에 대하여는 매도기업의 주주소송이 많은 반면 매수한 결정에 대하여는 매수기업의 주주소송이 적을까?

25) 2000 WL 1370341 (Del. Ch. 2000).

고 6월 이사회는 전 HBOC의 임원 대부분에게 사직을 요구하였다. McKesson사의 주주가 이사를 상대로 한 소송에서 이사들이 HBOC의 회계가 문제가 있음을 인식할 수 있었던 충분한 적신호가 있었음에도 불구하고 McKesson주주들에게 HBOC와의 합병을 하자고 제안한 것은 충실의무 위반이라고 주장하였다.

법원은 합병 시 외부회계법인 및 투자은행을 고용하여 실사를 하였고 이에 기초하여 이사회가 결정을 내린 것에 대하여 과실이 있다고 할 수 없으며 다른 회계분식이 있다고 의심할 만한 적신호가 없었고 이사회는 4월 회계법인감사팀이 회계분식이 있다는 보고를 받자마자 즉시 이를 투자자들에게 알리고 내부조사를 시작하여 조사결과에 따른 수치조정이 있었던 만큼 충실의무위반의 과실을 발견할 수 없다고 한다.

수원지법 2001. 12. 27. 선고 98가합22553 판결(장×성 v. 이×희)[26]

[삼성전자 이사회는 1997. 3. 14. 이천전기의 지배주주로부터 발행주식의 42.45%를 인수할 것을 결의하고 곧이어 1997. 4. 3. 신주를 인수, 주식 87.27%를 소유하게 되었다. 그 이후 1998. 3. 삼성전자는 이천전기의 채무보증을 하였고 이천전기가 채무를 변제할 수 없게 되자 지급보증인으로서 채무를 변제하기 위한 방편으로 1998. 7.부터 9.까지 4차례 이천전기의 신주를 인수하여 총 2,000억원 가까운 지출을 한 반면 1998. 12. 일진에 95억원에 매각함으로써 1,900억원 정도 손해를 보았다.]

1993. 3. 이천전기 인수결의

이천전기의 인수에 따른 위험성의 정도가 통상적으로 감수할 수 있는 범위를 이미 훨씬 넘어서고 있는 사정이었으므로, 피고들이 주장하는 바와 같이 삼성전자가 중전사업을 삼성전자의 중장기 사업전략의 일환으로 삼기로 결정하고, 전문인력부족, 시장개척, 기술도입 및 제품개발 소요기간 단축을 위하여 기존업체를 인수하는 것이 최적의 방법이라고 판단하여 이천전기를 인수하기로 하였다 하더라도, 위에서 본 바와 같은 이천전기의 비정상적인 재무상황에 비추어 마땅히 이사들은 이천전기의 자금상황 등 중요 재무상황을 보고 받고, 필요한 경우 관련 자료를 제출할 것을 요구하여 검토하는 한편, 중장기전략사업으로서의 이천전기의 인수가 삼성전자에게 어느 정도 이익이 될 것인가의 여부와 그에 따른 위험성의 정도를 면밀히

---

26) 위 주 19 삼성종합화학주식처분에 관한 1심 판결의 일부.

검토하였어야 할 것이다.

그럼에도 불구하고 이천전기 인수를 위한 1997. 3. 14. 이사회에 참석한 …은 삼성전자에서 제출한 별지 5. '중전사업 참여방안'이라는 자료만을 참조한 후에 참석한 이사 전원의 찬성으로 1시간만에 삼성전자가 이천전기를 인수하기로 하는 결의를 하였다. 당시 참조된 위 '중전사업참여방안'에는 중전사업 인수의 필요성과 추진방법에 관하여는 기재되어 있었으나, 이천전기의 재무구조, 이천전기를 인수하는 것이 신규업체를 설립하는 것보다 어느 정도의 이익이 있는지 그에 대한 근거, 삼성전자가 이천전기를 인수하여 경영을 정상화시킬 수 있을 때까지 부담하여야 할 투자비용, 그로 인하여 삼성전자가 장래 얻게 될 예상수익, 인수에 따라 예상되는 위험성의 정도 등에 관하여는 전혀 언급이 없었다. 뿐만 아니라 이사회의 개최에 앞서 이사들에게 이와 같은 제반 사정에 대한 자료가 미리 배포되었음을 인정할 자료도 없다.

이와 같이 이천전기의 인수에 있어 이사들에 의하여 반드시 신중히 검토되지 아니하면 안될 제반 사정에 대하여 이사들이 사전 검토를 하지 아니하였을 뿐만 아니라 개최된 이사회에서 그에 대한 자료를 제시받지도 아니한 채 1시간 동안에 이루어진 토의만으로 위에서 본 바와 같은 비정상적인 재무구조를 보이고 있는 이천전기의 인수를 결정함으로써 참석 이사들이 삼성전자의 이익을 위하여 충분한 정보에 기하여 합리적인 통찰력을 다하여 적절한 판단을 하였다고는 도저히 말할 수 없다(가사 이사회 개최 후에 그와 같은 자료를 이사들이 제시받았다 하더라도 이천전기의 비정상적인 재무구조 등에 비추어 합리적인 판단을 위한 충분한 검토를 다한 끝에 인수결의를 하였다고 할 수는 없다 할 것이다). 따라서 위 인수결의는 경영판단으로서 보호될 수도 없다. 결국 인수결의에 참석한 이사들은 선량한 관리자로서의 주의의무를 다하지 아니한 채 인수결의를 함으로써 임무를 해태하였다고 하지 않을 수 없다. …

1998. 7. 신주인수 결의

부도의 우려가 있는 이천전기의 주식을 매도하려 하여도 이를 매수하려는 자를 구하기는 쉽지 아니하다고 보여지고, 삼성전자가 이천전기에 대하여 회사정리절차 개시신청 내지 화의개시신청을 하였다 하더라도 회사정리법원 내지 화의법원이 이를 받아들일지 여부도 명확하지 아니할 뿐만 아니라 삼성전자의 자회사인 이천전기가 부도처리될 경우 삼성전자의 기업이미지와 신용에 상당한 악영향을 끼칠 수 있다는 점을 고려하면 위와 같은 각 결정을 한 것은 당시 삼성전자가 처한 사정에서 선택할 수 있는 합리적인 판단 범위 내에 속한다고 보여 지고, 따라서 경영판단으로서 존중되어야 할 것이므로, 원고들의 위 주장은 받아들이기 어렵다.

대법 2005. 4. 29. 선고 2005도856 판결(검사 v. 이×상)

1. 주식회사 새롬방송 주식의 매수로 인한 업무상배임의 점에 관한 판단

나. 업무상배임죄의 성립 여부에 대하여

(1) 원심판결 이유에 의하면 원심은, 피고인 이필상, 유홍무, 김종요, 이우주가 유덕무와 공모하여, ① 피고인 유홍무가 2001. 7.경 주식회사 삼보컴퓨터(이하 '삼보컴퓨터'라고만 한다)로부터 주식회사 한빛아이앤비(이하 '한빛아이앤비'라고만 한다)의 최대주주 지분을 약 310억 원에 매수하기로 하였으나 잔대금 240억 원이 부족하자 한빛아이앤비로 하여금 외부차입을 일으켜서 피고인 유홍무, 유덕무 형제들이 소유하고 있는 비상장회사인 주식회사 새롬방송(이하 '새롬방송'이라고만 한다) 주식 약 51%를 240억 원에 매수토록 하여 그 대금으로 한빛아이앤비 주식잔대금을 지급하기로 공모하고, 이러한 경우 한빛아이앤비의 대표이사인 피고인 이필상, 주주 겸 이사인 유홍무, 기획팀장인 피고인 김종요, 재무팀장인 피고인 이우주로서는 별개 법인인 한빛아이앤비의 입장에서 피고인 유홍무, 유덕무의 매수제의에 응할지 여부, 응한다면 매수할 주식의 수, 매수가격, 매수시기, 새롬방송 주식을 취득할 경우의 문제점과 구체적 운용계획 등에 대하여 면밀히 검토하여야 하고, 나아가 비상장주식인 새롬방송 주식은 유동성이 적으므로 한빛아이앤비가 특별한 이유 없이 거액의 외부차입을 일으켜 유동성이 적은 주식을 매수하는 경우 매수금액 상당의 현금유동성을 포기하는 결과가 될 수 있어 그에 상응하는 정도의 손해가 발생할 수도 있으므로 피고인 유홍무 등과 사이에 매매가격에 대한 실질적인 흥정과정을 거치는 등의 조치를 취하여 한빛아이앤비가 정상적으로 운영되고 그 매수로 인해 손해를 입지 않도록 하여야 할 업무상 임무가 있음에도 이에 위배하고, 유덕무는 이에 적극 가담하여, 주식평가기관인 삼일회계법인에게 위 피고인들이 원하는 가격에 새롬방송 주식이 평가될 수 있도록 청탁하여 허위감정을 받아 주당 평가금액을 19,849원(20% 할증한 금액)으로 계산하여 과대평가한 후, 2001. 9. 26. 유덕무 소유의 새롬방송 주식 504,578주, 피고인 유홍무 소유의 새롬방송 주식 514,763주, 기타 가

족 등의 차명으로 보유한 새롬방송 주식 등 합계 1,133,571주에 대해 주당 19,849원으로 계산하고, 유덕무가 김홍선 등의 차명으로 보유한 새롬방송 주식 90,708주에 대하여 주당 16,541원으로 계산하여 한빛아이앤비로 하여금 합계 24,000,651,807원에 매수하게 함으로써 피고인 유홍무, 유덕무로 하여금 동액 상당의 현금유동성 취득으로 인한 이익과 함께 적정한 거래가격보다 고평가된 가액에 그 주식을 매도함에 따른 액수 미상의 재산상 이익을 취하게 하고, 한빛아이앤비에게 동액 상당의 현금유동성 포기로 인한 손해와 함께 적정한 거래가격보다 고평가된 가액에 그 주식을 매수함에 따른 액수 미상의 재산상 손해를 가하고, ② 위 유덕무가 위와 같이 매각하고도 남아 있는 유덕무 소유의 새롬방송 주식 460,000주를 80억 원에 사 달라고 강력히 요구하였으나, 한빛아이앤비에서는 더 이상 추가구입 할 자금 여력이 없자 한빛아이앤비의 자회사인 주식회사 한빛기남방송(이하 '기남방송'이라고만 한다)으로 하여금 전혀 구입할 이유가 없는 새롬방송 잔여 주식 460,000주를 주당 17,391원으로 계산하여 과대평가한 후 외부차입을 일으켜 매수하게 하기로 공모하고, 이러한 경우 기남방송의 대표이사인 피고인 이필상, 이사로서 실질적 사주인 피고인 유홍무, 기획 업무를 주관하던 피고인 김종요, 자금 관련 업무를 주관하던 피고인 이우주로서는 당시 새롬방송은 이미 기남방송의 모회사인 한빛아이앤비가 지배하고 있어 추가로 새롬방송 주식을 인수할 필요가 없었기 때문에 별개 법인인 기남방송 입장에서 유덕무의 매수제의에 응할지 여부, 응한다면 매수할 주식의 수, 매수가격, 매수시기, 새롬방송 주식을 취득할 경우의 문제점과 구체적 운용계획 등에 대하여 면밀히 검토하여야 하고, 나아가 비상장주식인 새롬방송 주식은 유동성이 적으므로 기남방송이 특별한 이유 없이 외부차입을 일으켜 유동성이 적은 주식을 매수하는 경우 매수금액 상당의 현금유동성을 포기하는 결과가 될 수 있어 그에 상응하는 정도의 손해가 발생할 수도 있으므로 매매가격에 대한 실질적인 흥정 과정을 거치는 등의 조치를 취하고 평가기관에 의한 공정한 평가를 받도록 하는 등 기남방송이 정상적으로 운영되고 그 매수로 인해 손해를 입지 않도록 하여야 할 업무상 임무가 있음에도 이에 위배하고, 유덕무는 이에 적극가담하여, 이사회 결의조차 거치지 아니하고, 2002. 4. 8. 유덕무 명의의 새롬방송 주식 440,000주를 기남방송으로 하여금 7,652,180,000원에 매수하게 하고, 2002. 4. 10. 유덕무가 주병철 명의를 빌려 소유한 새롬방송 주식 20,000주를 기남방송으로 하여금 347,820,000원에 매수하게 하여 합계 금 80억 원에 매수하게 함으로써 유덕무로 하여금 동액 상당의 현금유동성 취득으로 인한 이익과 함께 적정한 거래가격보다 고평가된 가액에 그 주식을 매도함에 따른 액수 미상의 재산상 이익을 취하게 하고, 기남방송에게 동액 상당의 현금유동성 포기로 인한 손해와 함께 적정한 거래가격보다 고평가된 가액에 그 주식을 매수함에 따른 액수 미상의 재산상 손해를 가하였다고 판단하였다.

(2) 배임죄에 있어서 그 임무에 위배하는 행위라 함은 처리하는 사무의 내용, 성질 등 구체적 상황에 비추어 법률의 규정, 계약의 내용 혹은 신의칙상 당연히 할 것으로 기대되는 행위를 하지 않거나 당연히 하지 않아야 할 것으로 기대하는 행위를 함으로써 본인과 사이의 신임관계를 저버리는 일체의 행위를 포함하는바, 특정 회사의 이사 또는 주주 등 내부자가 주도적으로 자신이 보유 중인 다른 회사의 주식을 특수관계에 있는 회사에 매도하는 경우에 있어서, 비록 사전에 이사회결의와 같은 내부적인 의사결정과정을 거쳤다 할지라도 그 거래의 목적, 계약체결의 경위 및 내용, 거래대금의 규모 및 회사의 재무상태 등 제반사정에 비추어 그것이 회사의 입장에서 볼 때 경영상의 필요에 의한 정상적인 거래로서 허용될 수 있는 한계를 넘어 주로 주식을 매도하려는 내부자의 개인적인 이익을 위한 것에 불과하다면, 그와 같은 거래는 그 내부자에게 이익을 얻게 하고 회사에 손해를 가하는 행위로서 회사에 대한 배임행위에 해당한다고 보아야 할 것이다.

원심이 채용한 증거들을 위와 같은 법리 및 기록에 비추어 살펴보면, 위 피고인들의 주장과 같이 한빛아이앤비가 복수유선사업자(MSO)로 발전하기 위하여 새롬방송과 같은 소규모 유선방송사의 주식을 매입하여 회사를 인수할 경영상 필요성이 인정될 수 있다고 하더라도 판시 기재와 같은 경위로 새롬방송은 이미 피고인 유홍무, 유덕무 형제가 지배주식을 보유한 사실상의 계열회사로서 굳이 한빛아이앤비가 새롬방송의 주식을 취득하여 자회사로 만들어야 할 경영상의 필요성이 뚜렷하지 아니한 점, 새롬방송의 주식 매입 여부가 실질적으로 피고인 유홍무에 의하여 결정되었고 그 계약체결과정에 있어서 피고인 유홍무의 자금조달 필요에 맞추어 그 매매대금액 및 매매대금의 지급시기까지 일방적으로 결정되었으며 한빛아이앤비의 입장에서는 계약체결 여부 및 계약조건의 결정에 대한 별다른 검토가 없었던 점, 그 과정에서 자신들이 원하는 금액으로 회계법인에 평가를 의뢰하여 자신들이 원하는 금액에 그대로 맞춘 평가보고서를 받아 정당한 거래인 듯한 외관을 갖추었고, 한빛아이앤비로서도 자금이 부족하여 자본금 규모나 연간 매출 규모를 뛰어 넘는 거액의 외부차입을 일으키면서까지 매입한 점 등을 알아볼 수 있고, 더욱이 기남방송의 경우에는 당초 한빛아이앤비가 위와 같이 새롬방송의 지분 51%를 매입할 때에 유덕무의 잔여지분 19%도 추후 매입해 주기로 약정하였는데 한빛아이앤비가 자금사정 등으로 그 약속을 이행하기 어렵게 되자 위 피고인들은 자금사정이 나은 자회사인 기남방송으로 하여금 이를 매입하도록 하였고 이에 모회사인 한빛아이앤비가 이미 과반수의 지분을 확보한 상태임에도 새롬방송의 주식 19%를 추가로 인수한 것일 뿐만 아니라, 이사회의 의결도 거치지 아니하였으며, 매입 여부 및 그 거래가격 등을 실질적으로 피고인 유홍무와 유덕무가 결정하고, 한빛아이앤비와 마찬가지로 자본금 및 매출 규모에 비하여 거액의 대출을 일으켜 매입대금을 조달한 다음 이를 매입한 사정을 알아볼 수 있는바, 그렇다면 위 피고인들이 한빛아이앤비 및 기남방송으로 하여금 각 240억 원 및 80억 원 상당의 새롬방송의 주식을 매입하도록 한 행위는 경영상의 판단에 따른 정상적인 행위라고 볼 수 없어 한빛아이앤비 및 기남방송에 대한 관계에서 그 임무에 위배되는 배임행위에 해당하고 위 피고인들에게 그 점에 대한 인식 또한 있었다고 봄이 상당하다 할 것이므로, 같은 취지의 원심 판단은 정당하고, 거기에 상고이유의 주장과 같이 채증법칙을 위반하여 사실을 오인하는 등의 위법이 없다.

(3) 배임죄에서 재산상의 손해를 가한 때라 함은 총체적으로 보아 본인의 재산 상태에 손해를 가한 경우를 의미하므로 회사의 대표이사 등이 그 임무에 위배하여 회사로 하여금 다른 회사의 주식을 고가로 매수하게 한 경우 회사에 가한 손해액은 통상 그 주식의 매매대금과 적정가액으로서의 시가 사이의 차액 상당이라고 봄이 상당하며, 비상장주식을 거래한 경우에 있어서 그 시가는 그에 관한 객관적 교환가치가 적정하게 반영된 정상적인 거래의 실례가 있는 경우에는 그 거래가격을 시가로 보아 주식의 가액을 평가하여야 할 것이나, 만약 그러한 거래사례가 없는 경우에는 보편적으로 인정되는 여러 가지 평가방법들을 고려하되 그러한 평가방법을 규정한 관련 법규들은 각 그 제정목적에 따라 서로 상이한 기준을 적용하고 있음을 감안할 때 어느 한 가지 평가방법(예컨대 상속세및증여세법시행령 제54조의 평가방법)이 항상 적용되어야 한다고 단정할 수는 없고, 거래 당시 당해 비상장법인 및 거래당사자의 상황, 당해 업종의 특성 등을 종합적으로 고려하여 합리적으로 판단하여야 할 것이며, 한편 비상장주식의 실거래가격이 시가와 근사하거나 적정한 가격으로 볼 수 있는 범위 내에 속하는 것으로 보여 실거래가격과의 차액 상당의 손해가 있다고 할 수 없는 경우에 있어서도, 그 거래의 주된 목적이 비상장주식을 매도하려는 매도인의 자금조달에 있고 회사가 그 규모 및 재정 상태에 비추어 과도한

대출을 일으켜 그 목적달성에 이용된 것에 불과하다고 보이는 등의 특별한 사정이 있는 경우라면 그와 같이 비상장주식을 현금화함으로써 매도인에게 유동성을 증가시키는 재산상의 이익을 취득하게 하고 반대로 회사에 그에 상응하는 재산상의 손해로서 그 가액을 산정할 수 없는 손해를 가한 것으로 볼 수 있다고 할 것이다.

원심판결 이유에 의하면, 원심은 위와 같은 새롬방송의 주식 거래가 임무위배행위에 해당한다고 설시한 다음 한편으로는 "비상장주식의 가치 산정방법의 다양성, 유선방송의 특수성 등을 고려하면 이 사건에서 새롬방송의 적정가치를 산정할 만한 입증이 없어 당시 주식매입가격이 적정 가치를 초과한다는 점을 인정할 증거가 없다."고 하면서도 다른 한편으로 "비록 구체적으로 액수를 산정할 수 없더라도 그 거래가액은 형법상 용인될 수 있는 범위를 벗어나 과대평가되었다."고 판단하였는바 이는 이유모순이자 논리비약의 오류를 범한 것으로 보일 뿐만 아니라, 원심이 채용한 증거들을 비상장주식의 적정가격 산정방법에 관한 위 법리 및 기록에 비추어 살펴보면, 2000년도의 사례이기는 하나 주식회사 엘지홈쇼핑에서 새롬방송의 유상증자시 주당 15,000원에 100,000주를 인수한 사례가 있고, 2000. 6.경 주식회사 씨제이삼구홈쇼핑에서 피고인 유홍무 형제들의 주식 50,000주를 주당 15,000원에 매수한 사례가 있으며, 그 이후 2001년도의 매출액이나 순이익의 측면에서 2000년도와 비교할 때 새롬방송의 경영상태가 악화되었다거나 동종업종의 형편이 악화되었다는 사정은 찾아볼 수 없고 오히려 새롬방송은 2001년 초 동일 권역 내의 경쟁업체 2곳을 인수하여 독점 체제를 구축하여 가입자를 안정적으로 확보할 수 있게 된 사정이 있었고, 삼성증권 주식회사가 새롬방송 발행의 무보증전환사채를 인수함에 있어서 그 전환가격을 결정할 목적으로 한셋투자자문 주식회사에 그 적정전환가격의 평가를 의뢰하였는데 2001. 8. 24. 작성된 그 평가결과에 의하면 주당자산가치와 주당수익가치가 각 912원 및 6,513원이고 이를 1 : 1.5의 비율로 가중평균한 주당 본질가치가 4,273원에 불과하나 장래의 수익가치를 판단하는 방법으로 널리 사용되는 미래현금흐름할인 방식(Discounted Cash Flow Method)으로 계산한 주당가치는 33,525원에 달하여 위 주당 본질가치와 미래현금흐름할인법에 의한 주당 가치를 1 : 1.5로 가중평균한 주당 내재가치를 21,824원으로 평가한 다음 결국 액면가액 5,000원인 주식 1주당 21,824원을 적정 전환가액으로 평가하였고, 그 이후 2001. 10. 9. 삼성증권 주식회사는 액면가액이 5,000원인 주식 1주당 전환가격이 25,000원이고 사채이율이 7.14%인 새롬방송의 전환사채 90억 원 상당을 인수한 사실, 한빛아이앤비가 2001. 6. 19.경 인근 지역의 기남방송 주식 약 60%를 매수함에 있어서 자본금이나 가입자 수 측면에서 새롬방송보다 규모가 작았음에도 주당 2만 원씩에 매입한 사실, 그리고 유선방송사업의 경우 초기에 방송장비 및 방송망 설치 등의 대규모 시설투자가 필요한 반면 그 이후에는 인건비 등의 비용 이외에는 추가 비용이 크게 필요하지 않고 일정 수 이상의 가입자가 확보되면 월 사용료 상당의 수입이 안정적으로 확보된다는 특색이 있기 때문에 순자산가치의 비중은 일반 기업보다 떨어지고 그 대신 가입자의 수, 전송망의 용량, 지역 내 독점 여부 등을 기초로 한 미래의 수익률이 기업가치 내지 주식가치를 평가함에 있어서 중요한 평가요소이며 따라서 순자산가치 대비 수 십배 이상의 가액으로 주식이 거래되는 예도 드물지 않았던 사정을 알아 볼 수 있고, 거기에 회사를 지배할 수 있는 지배주식이 거래되는 경우에는 그 주식의 시가에 경영권 프리미엄이 가산된 금액으로 거래되는 것이 일반적이라는 사정까지를 보태어 보면, 한빛아이앤비의 매입가격인 주당 19,849원(20% 미할증시 16,541원) 또는 기남방송의 매입가격인 주당 17,391원은 오히려 적정가격 범위 내의 금액이라고 볼 여지가 충분하므로, 이 사건에서 실거래가액과 적정거래가액과의 차액 상당의 손해는 인정되기 어렵다 할 것이다. 그러나 이 사건 주식거래의 주된 목적이 피고인 유홍무의 한빛아이앤비 주식매수대금 240억 원을 조달하려는 데에 있었고 한빛아이앤비 및 기남방송의 내부적 의사결정과정도 형식적이었을 뿐 사실상 피고인 유홍무, 유덕무가 거래 여부 및 계약내용을 결정하였고, 이에 따라 당시 한빛아이앤비는 자본금이 193억 원, 전년도(2000년도) 매출액이 약 111억 원이었으며 기남방송의 경우 자본금이 150억 원, 전년도(2000년도) 매출액이 약 48억 원이었음에도 각 240억 원 및 80억 원이라는 거액의 자금을 일시에 외부에서 조달하였던 점, 그리고 그 밖에 원심이 판시한 바와 같은 이 사건 주식 거래에 이르게 된 제반사정을 종합해 보면, 위 피고인들은 매도인인 피고인 유홍무, 유덕무에게 비상장주식을 현금화함으로써 유동성을 증가시키는 재산상의 이익을 취득하게 하고 반대로 한빛아이앤비나 기남방송에 그에 상응하는 재산상 손해를 가한 것으로 볼 수 있다고 할 것이다.

부산고법 2007. 11. 14. 선고 2005노25(검사 v. 신×선)

피고인 신은선은 1998. 12. 18. 주식회사 에스에프에이(이하 'SFA'라고 한다)의 설립 당시부터 현재까지 대표이사로 근무하는 자, 피고인 한상균은 설립 당시 부장으로 입사하여 2002. 3. 15.부터 현재까지 이사로 근무하는 자, 피고인 배효점은 설립 당시부터 현재까지 SFA의 이사로 근무하면서 주로 자동창고사업 부분을 담당하는 자인바, 공모하여, 2002. 3. 23.경 피고인들의 결정에 의해 SFA가 이종우 등 큰사람컴퓨터 주식회사(이하 'KC'라고 한다)의 대주주에게 7억 원을 지급하고 지배주식을 양도받아 경영권을 취득한 KC는 2002. 11.경, 2000, 2001사업연도 연속 적자가 나 2001년도 차기이월결손금이 3,194,521,750원에 이른 상황에서 2002사업연도에도 당기순손실이 10억 원 이상 발생할 것으로 예상되고, 2002. 3.경 이미 청산가치가 (−)5억 원인 상황에서 위와 같은 2002년도 당기순손실의 발생으로 재무 및 자산상태가 더욱 악화되어 정상적인 방법에 의한 신주 발행이나 금융권 대출을 통한 자금조달이 어려운 반면, 단기채무 변제 등에 33억 원 상당이 급하게 필요하여 KC에 대한 추가 자금지원이 없을 경우 부도가 불가피하자, 피고인들은 KC가 부도될 경우 주주들로부터의 KC 인수결정에 대한 책임추궁이 있을 것을 염려한 나머지 SFA가 KC를 지원하되 관계법령상 금전 대여를 통한 직접적 지원이 어려운 점을 감안, KC가 발행가 합계 금 35억 원 상당의 신주를 발행하면 SFA가 신주를 전량 인수하는 방식으로 KC에게 자금지원을 해 주기로 마음먹고, 2002. 11. 30.경(공소장의 2002. 12. 30.은 오기로 보인다) 창원시 팔용동 소재 SFA 사무실에서, 2002. 11. 27.경 KC로부터 인수의사를 타진받은 KC의 신주 140만 주를 주당 2,500원에 인수할지 여부를 검토하면서, KC가 신주 발행가 산정의 근거로 제시한 산식 자체가 법령과 거래관행에 어긋날 뿐 아니라 그 산식에 사용된 추정 매출액, 추정 경상이익 등 경영수치가 실제와 크게 동떨어진 수치이며, KC가 위 경영수치의 적정성을 판단하기 위한 최소한의 자료인 추정 재무제표조차 제시하지 않았으므로, 이러한 경우 SFA의 대표이사 내지 이사인 피고인들로서는 KC의 경영상황, KC 업종의 특성 및 보편적으로 인정되는 평가방법에 의하여 평가한 신주의 적정가액 등 신주인수 여부를 결정함에 합당한 정보를 가지고 SFA의 최대 이익을 위하여 신주인수 여부를 결정하여야 할 업무상 주의의무가 있음에도 불구하고, 그 임무에 위배하여 KC에게 추정 재무제표조차 요구하지 않고, 보편적으로 인정되는 평가방법에 의한 KC 신주의 적정가액을 산출해 보지도 않은 채 SFA에게 배정된 주식 및 다른 주주가 청약하지 않음으로 인해 실권된 주식 등 합계 140만 주를 KC가 제시한 발행가 2,500원에 인수한 다음, 2002. 12. 10. 주식대금 명목으로 35억 원을 납입하여 KC로 하여금 주당 적정가액 894원과 실제 발행가의 차액인 1,606원씩의 SFA의 인수주식수 140만 주에 상당하는 합계 금 2,248,400,000원(1,606원×140만 주) 상당의 재산상의 이익을 얻게 하고, SFA에게 동액 상당의 손해를 가하였다.

2. 피고인들의 변소 요지

이에 대하여 피고인들은, ① KC가 인터넷전화사업 등에 관하여 핵심기술을 보유하고 있었고, 향후 사업전망이 매우 밝았기 때문에 SFA의 신규수익원 창출을 위하여 KC를 인수하기로 하였으며, 인수 당시 KC의 경영정상화를 위해 25~30억 원의 자금조달이 필요한 것으로 판단하였고, ② 이후 입수가능한 정보를 토대로 수개월간에 걸쳐 KC의 사업계획, 경영정상화방안, 유가증권발행계획서, 신주발행가액의 적정성 여부 등을 충분히 검토하고 이 사건 유상증자에 참여하기로 결의한 것이며, 위와 같은 의사결정과정에서 피고인들은 오로지 SFA의 이익을 고려하였으며 피고인들이 개인적으로 이해관계를 갖거나 이익을 취한 사실이 없고, ③ SFA가 이 사건 신주를 인수한 이후 KC는 당초 예상과 달리 경영정상화가 다소 지연되었으나 유상증자참여 후 불과 3년이 지나지 아니한 상태에서 흑자를 시현하고 있고 2006 회계연도에는 10억 원 이상의 순이익을 시현할 것으로 예상되므로 피고인들의 유상증자참여로 인하여 SFA에게 손해가 발생한 사실이 없고, ④ 가사 KC의 영업실적이 당초 유상증자참여시의 기대치에 미치지 못하여 SFA에게 손해가 발생하였다고 하더라도 이는 피고인들이 신중한 검토를 거쳐 회사의 이익을 위하여 내린 경영상의 판단에 따른 것으로 이러한 피고인들의 결정은 경영판단의 법칙에 따라 보호되어야 할 것이므로, 피고인들이 유상증자참여를 결정하는데 있어서 이사로서의 임무위배행위 및 배임의 고의가 없었다고 주장한다.

가. 피고인들의 임무위배행위 및 배임의 고의 여부

(1) 업무상배임죄가 성립하기 위해서는 타인의 사무를 처리하는 자가 그 임무에 위배하는 행위로서 재산상 이익을 취득하거나 제 3 자로 하여금 이를 취득하게 하여 본인에게 손해를 가함으로써 성립하고, 이 경우 '임무에 위배하는 행위'라 함은 사무의 내용, 성질 등 구체적 상황에 비추어 법률의 규정, 계약의 내용 혹은 신의칙상 당연히 할 것으로 기대되는 행위를 하지 않거나 당연히 하지 않아야 할 것으로 기대되는 행위를 함으로써 본인과 사이의 신임관계를 저버리는 일체의 행위를 포함한다고 할 것이고, 경영상의 판단과 관련하여 기업의 경영자에게 배임의 고의가 있었는지 여부를 판단함에 있어서는 기업의 경영에는 원천적으로 위험이 내재하여 있어서 경영자가 아무런 개인적인 이익을 취할 의도 없이 선의에 기하여 가능한 범위 내에서 수집된 정보를 바탕으로 기업의 이익에 합치된다는 믿음을 가지고 신

중하게 결정을 내렸다 하더라도 그 예측이 빗나가 기업에 손해가 발생하는 경우가 있을 수 있으므로 문제된 경영상의 판단에 이르게 된 경위와 동기, 판단대상인 사업의 내용, 기업이 처한 경제적 상황, 손실발생의 개연성과 이익획득의 개연성 등 제반 사정에 비추어 자기 또는 제 3 자가 재산상 이익을 취득한다는 인식과 본인에게 손해를 가한다는 인식(미필적 인식을 포함)하의 의도적 행위임이 인정되는 경우에 한하여 배임의 고의를 인정할 수 있다고 할 것이다.

(2) 인정사실

기록에 의하면 다음과 같은 사실이 인정된다.

(가) KC의 인수

① 2001년 중반에 SFA의 경영진인 피고인들과 장택수는 안정적인 수익 유지를 위하여 신규사업 분야에 진출하기로 하고, 장택수 등이 나서서 신규사업안에 대한 검토를 하던 중 2002. 2.경 장택수가 KC의 인수를 제안하였다.

② KC는 이종우 등이 1989년 개발하여 발표한 통신에뮬레이터 '이야기'를 사업아이템으로 하여 개인사업체 형태로 운영되다가 1996. 7. 3. 주식회사로 설립되었는데, 2000년에는 인터넷전화(VOIP)의 국내, 미국, 캐나다 시범 서비스를 실시하고 미국 현지법인 Freewebtel을 설립하였고, 2001년에는 세계 240개국 인터넷 전화망을 개통하였으며, 2002년에는 삼성물산과 해외영업제휴계약을 체결하는 등의 사업활동을 하고 있었다.

③ 위 인수제안에 따라 SFA에서는 2002. 3. 7.부터 같은 달 18.까지 KC의 재무구조, 경영현황 등에 대하여 실사를 하였는데, 위 실사 후 작성된 회사인수검토서에는 KC의 재무건전성에 대하여 "외형에 비해 개발비, 해외법인출자 등 투자비용의 과다로 수익성이 취약하며 재산상태도 부실하여 2002. 2. 말 기준의 유효한 자산과 부채를 고려하여 청산가치는 약 (−)5억 원 규모"라고 평가하면서, "다만 '이야기'의 브랜드가치 및 KC의 지명도 가치가 매우 높은 것으로 추정되어 실질 자산가치는 부채를 상회하고 2002년 이후 사업수익 실현시 재무구조는 점차 개선될 것으로 전망된다."고 되어 있고, 피고인들은 위 회사인수검토서 말미의 '인수검토의견'에서 "재무부분의 부실부담과 투자비용은 주주배당금, 코스닥등록시 자산평가 등의 미래수익가치를 고려하면 단기간(3~5년) 내 투자회수가 가능할 것으로 판단함. 단, 2002년 내 채무부담 해소는 어려울 것으로 판단되므로 2002년 중 유상증자(25~30억 원 규모)를 통해 재무구조를 적기에 개선토록 함" 등의 내부의견을 정리하였다.

④ 위와 같은 실사를 거친 끝에, 2002. 3. 22.경 SFA는 KC의 경영에 참여하기 위하여 주요 주주이던 이종우 등으로부터 그 주식 4,712,174주(당시 KC의 총발행주식 7,466,668주의 63.11%이다)를 7억 원(1주당 인수가액은 약 148원이다)에 인수하였고, 2002. 4. 1. 장택수는 KC의 대표이사로, 피고인 신은선, 배효점은 각 이사로, 피고인 한상균은 감사로 각 취임하였다.

(나) KC의 신주인수

① SFA는 2002. 7.경 KC로부터 자금조달을 위하여 유상증자가 필요하다는 보고를 받자 KC에게 사업계획서 등 검토에 필요한 자료의 제출을 요청하고, KC의 사업계획서 및 유가증권발행계획서 작성 과정에서 여러 차례 협의를 하였는데, 당시 KC의 경영상황은 2002. 3.경 KC 인수시와 비교하여 별다른 변동이 없었다.

② 이후 SFA는 2002. 11. 29. 및 30. 이사회를 개최하여 KC의 유상증자에의 참여 여부에 관한 논의를 계속한 끝에 KC가 기명식 보통주식 140만 주(1주의 액면가액 500원)를 발행가액 1주당 2,500원(총액 35억 원), 신주청약일 2002. 12. 5.로, 주금납입일은 2002. 12. 11.로 하여 주식보유비율에 따른 주주배정의 방법으로 발행함에 있어, 그 중 SFA의 주식보유비율에 상응하는 883,532주를 청약하되 청약마감 후 실권주가 발생할 때에는 그 전량을 인수하기로 의결하였다.

③ 그런데 엘지벤처투자 주식회사 등 KC의 나머지 주주들은 위 유상증자에 참여하지 아니하여 위 SFA의 청약분을 제외하고는 모두 실권주가 되었고, 이에 SFA는 위 이사회 의결에 따라 결국 KC의 발행 신주 140만 주 전부를 인수한 다음 2002. 12. 10. 그 주금 35억 원을 납입하였다(위와 같은 신주인수로 KC의 총주식수는 8,866,668주가 되었다).

④ KC는 위 증자대금 35억 원을 단기차입금 상환에 9억 1,800만 원, 원재료 구입대금 결제에 5억 9,000만 원, TEL-CO 비용에 9억 원, 정기예금 가입에 4억 원, 미지급비용(미지급급여와 퇴직금)에 5억 원을 지출하였다.

⑤ 한편 KC가 작성한 위 유가증권발행계획서상의 1주당 신주가격 2,500원의 산출방식{우선 주당 자산가치는 총자산에서 부채총액을 차감한 금액을 총발행주식수로 나눈 521원으로 산정하고, 주당 수익가치는 '향후 3년간 수익 평균 / 총발행주식수(신주포함) × 110%'라는 산식으로 244원으로 산정하여, 주당 본질가치는 위 주당 자산가치와 주당 수익가치를 1 : 1.5의 비율로 가중 산술평균한 가격인 355원으로 산정한 다음, 위 355원에다 동종업계 주가수익비율(PER, 주식의 시장가치를 최근 12개월 동안의 1주당 이익으로 나눈 수치) 10.2를 곱하여 3,621원을 도출하고,

다시 위 3,621원에 30% 할인율을 적용한 2,535원에서 10원 이하 금액을 절사하여 결정}은 법령이나 거래관행에 따른 것이 아니었다.

⑥ 그리고 피고인들이 이 사건 신주의 적정발행가액에 관하여 위 유가증권발행계획서상의 산출방식 외의 방식으로도 검토하였다고 주장하는 '추정 EPS(주당순이익)×동종업계의 PER(주가수익비율)' 산식에 관하여는 위 이사회 의결시 '동종업계의 PER'에 관한 자료의 제출도 없었으며, 당시까지 그와 같은 방식으로 신주 발행가액을 결정한 사례가 있었음을 인정할 자료는 없다(피고인들이 이와 유사한 방식이라고 주장하는 크리스탈지노믹스의 유상증자 시점은 2005. 11.이다).

⑦ 또한 KC의 위와 같은 신주가액 산출의 자료가 된 유가증권발행계획서, 사업계획서, 2003년부터 2005년까지의 사업별 손익분석서의 추정경상이익은 아래 표와 같이 이후 시현된 경상이익과는 큰 차이가 있다.

사업연도	추정 경상이익	시현된 경상이익
2002년	△576,000,000원	△1,350,000,000원
2003년	2,808,000,000원	△2,690,000,000원
2004년	3,622,000,000원	71,000,000원
2005년	4,018,000,000원	142,000,000원

⑧ SFA가 KC를 인수하고 유상증자참여를 결정한 무렵을 전후하여 당시 SFA의 총 발행주식수는 911만 주로서 그 중 피고인 신은선은 14만 4,000주, 피고 한상균은 6만 주, 피고 배효점은 10만 주를 각 보유하고 있었다.

(3) 판　　단

(가) 먼저, 위 인정사실에서 본 바와 같은 SFA의 KC 인수경위 및 그 인수검토서상 "2002년 중 유상증자(25~30억 원 규모)를 통해 재무구조를 적기에 개선토록 함"이라고 내부 검토의견이 정리되었던 점, KC의 유가증권발행계획서 등의 작성과정에서 협의를 하였고, 그 유가증권발행계획서 등을 검토한 후 이사회의 결의를 거치는 방법으로 유상증자 참여결정을 한 점, 피고인들도 SFA 주식을 보유하고 있는 점, KC 인수시 그 주식은 모두 SFA가 취득하였을 뿐 피고인들이 취득한 것은 아닌 점 등에 비추어 보면 피고인들의 이 사건 유상증자 참여결정은 당초 신규 수익원 창출 및 수익안정화를 위한 투자 목적으로 부실회사인 KC를 인수할 당시 이미 검토되었던 투자의 실행이라 할 것이고, 위 의사결정이 KC가 부도될 경우 SFA의 주주들로부터의 KC 인수결정에 대한 책임추궁에 대한 우려나 피고인들의 경제

적 이익 등 개인적 이해관계에서 비롯된 것이라고 보기는 어렵다고 할 것이다.

(나) 그러나 한편, 위 인정사실을 종합하면 다음과 같은 사정들 즉, ① KC의 유가증권발행계획서 등 이 사건 신주의 적정인수가액 검토를 위한 자료들 상의 추정경영지표들과 실제 시현된 경영지표들 사이에는 상당한 차이가 있는바, 그 시장이 매우 유동적이고 불확실한 인터넷 관련 기업의 특성상 장래의 경영성과를 정확하게 예측하기는 어렵다고 하더라도 위 이사회 의결시와 2002. 3.경 KC 인수시(당시 10일 넘게 KC의 재무구조, 경영현황 등에 대한 실사를 하였음은 앞서 본 바와 같다)의 경영상황에 별다른 변동이 없었음을 감안하여 보면 그 차이가 너무 큰 점, ② 위 실사에서 나타난 경영현황보다 매우 낙관적인 수치의 위 추정경영지표들에 대한 적정성 검토를 위하여 위 협의과정이나 이사회 의결과정에서 KC에게 보다 객관적인 자료제출을 요구하는 등 합리적인 정보수집 등을 하지 아니한 채 별다른 검토 없이 위 추정경영지표들을 그대로 받아들인 것으로 보이는 점, ③ 위 유가증권발행계획서상의 신주가격 2,500원의 산출방식은 법령이나 거래관행에 따른 것이 아님에도 위 이사회 의결시 위 신주 인수가액의 적정성에 관하여 보편적으로 인정되는 평가방법에 의한 검토를 하지 아니하였고, 또한 피고인들이 그 주장과 같이 위 이사회 의결시 '추정 EPS×동종업계 PER' 산식을 적용하여 적정발행가액에 관하여 검토하였다고 하더라도 앞서 본 사정 및 당시까지 그와 같은 방식의 신주 발행가액 결정 사례가 없는 점 등에 비추어 그와 같은 사실만으로 이 사건 신주의 적정인수가액에 관한 신중한 검토가 이루어졌다고 보기는 어려운 점, ④ 2002. 3.경 KC 인수 당시의 인수가액이 1주당 약 148원(=7억 원/4,712,174주)에 불과하였던 것에 비추어 그로부터 약 8개월 후인 2002. 11. 30.경의 인수가액 1주당 2,500원은 청산가치와 기업존속을 전제로 한 미래수익가치에 따른 주식평가방법의 차이를 감안하더라도 그 차이가 너무 큰 점, ⑤ 위 이사회 의결시 KC의 발행신주 140만 주 중 청약마감 후 발생되는 실권주에 대하여는 그 전량을 SFA가 인수하기로 하였고 실제 SFA의 청약대상분을 제외하고는 모두 실권주가 되었는데(피고인들은 KC가 위 유상증자계획 과정에서 SFA 뿐만 아니라 엘지벤처투자 주식회사 등 나머지 주주들과의 사이에도 협의가 있었다고 주장하고 있음에도), 이와 같이 SFA의 청약분을 제외한 나머지 주주들의 청약대상분이 모두 실권주가 된 점에 대하여 합리적인 설명을 할 수 있는 자료가 없는 점, ⑥ KC는 위 유상증자대금 35억 원의 대부분을 기존의 차입금상환 내지 대금결제에 지출하였고, 피고인들 및 장택수는 KC의 경영진이기도 하였던 점 등에 비추어 보면 SFA의 이 사건 신주인수의 주된 목적은 KC의

기존 채무변제를 위한 자금조달에 있었던 것으로 보이는 점 등을 알 수 있다.

(다) 위와 같은 사정들을 앞서 본 법리에 비추어 살펴보면, 피고인들이 이 사건 신주인수에 관하여 비록 사전에 이사회 결의와 같은 내부적인 의사결정과정을 거쳤다고 하더라도 당시 KC의 재무구조가 상당히 불량한 상태에 있고 기존의 채무변제를 위한 자금조달의 급박성 등 재정상태를 잘 알고 있으면서도 2002. 3.경 KC 인수시 검토하였던 25～30억 원 규모의 유상증자 실현을 위한 투자(실질적으로는 KC의 기존 채무변제를 위한 자금조달)에 급급한 나머지, KC의 유가증권발행계획서 등의 추정경영지표들에 관한 합리적인 정보수집을 위한 노력이나 이 사건 신주 인수가액의 적정성에 관한 신중한 검토 없이 KC 발행의 신주를 인수할 의무가 있지도 않은 SFA의 자금으로, 더욱이 SFA에 배정된 주식 외에 실권주까지 포함하여 그 발행주식 전량에 대하여(당시 SFA의 KC 주식보유비율은 63.11%이다) 적정가액보다 고가(이에 관하여는 다음 항에서 보기로 한다)로 인수한 것은 그 자체로서 KC에게 이익을 얻게 하고 SFA에게 손해를 가하는 배임행위라고 할 것이고, 또한 위와 같은 이 사건 신주인수 결정의 경위와 동기, KC가 처한 경제적 상황 및 그와 같은 결정에 따른 SFA의 손실발생 및 이익획득의 개연성 등 제반 사정에 비추어 보면 피고인들은 KC의 유상증자를 위하여 SFA에게 배정된 주식 및 실권된 주식을 적정가액보다 고가로 인수하는 경우 그 피해는 결국 SFA에게 돌아갈 것이라는 사실을 알고 있었거나 적어도 미필적 인식은 있었다고 할 것이므로 배임에 대한 고의도 충분히 인정된다.

나. SFA의 손해액(이 사건 신주의 적정가액)

(1) 배임죄에서 재산상의 손해를 가한 때라 함은 총체적으로 보아 본인의 재산상태에 손해를 가한 경우를 의미하므로 회사의 대표이사 등이 그 임무에 위배하여 회사로 하여금 다른 회사의 주식을 고가로 매수하게 한 경우 회사에 가한 손해액은 통상 그 주식의 매매대금과 적정가액으로서의 시가 사이의 차액 상당이라고 봄이 상당하며, 비상장주식을 거래한 경우에 있어서 그 시가는 그에 관한 객관적 교환가치가 적정하게 반영된 정상적인 거래의 실례가 있는 경우에는 그 거래가격을 시가로 보아 주식의 가액을 평가하여야 할 것이나, 만약 그러한 거래사례가 없는 경우에는 보편적으로 인정되는 여러 가지 평가방법들을 고려하되 그러한 평가방법을 규정한 관련 법규들은 각 그 제정 목적에 따라 서로 상이한 기준을 적용하고 있음을 감안할 때 어느 한 가지 평가방법이 항상 적용되어야 한다고 단정할 수는 없고, 거

래 당시 당해 비상장법인 및 거래당사자의 상황, 당해 업종의 특성 등을 종합적으로 고려하여 합리적으로 판단하여야 할 것이다.

(2) 살피건대, 이 사건 신주의 경우 그에 관한 객관적 교환가치가 적정하게 반영된 정상적인 거래사례가 없는바, 그 적정가액은 보편적으로 인정되는 여러 가지 평가방법들을 고려하되, 이 사건 변론에 현출된 모든 자료들을 종합적으로 고려하여 합리적으로 판단할 수밖에 없다고 할 것이다.

따라서, 유가증권의 발행 및 공시 등에 관한 규정에 의한 평가방법에 따라(검사가 주장하는 평가방법이나, 피고인들이 보편적으로 인정되는 다른 평가방법을 제시하지 못하고 있으므로 이에 의한다) KC의 유가증권발행계획서 등의 추정경영지표들을 적용하여(이 사건 변론에 현출된 자료상 피고인들에게 가장 유리한 수치이다) 이 사건 신주의 적정가액을 산출하여 보면 다음과 같이 1,330원이 된다.

① KC의 유가증권발행계획서상 추정경영지표

사업연도	추정 경상이익	주당 추정이익(=추정 경상이익/총 발행주식수)
2002년	△576,000,000원	△65원(=△576,000,000원/8,866,668주)
2003년	2,808,000,000원	317원(=2,808,000,000원/8,866,668주)

② 유가증권의 발행 및 공시 등에 관한 규정의 평가방법(2002사업연도 주당추정이익과 2003사업연도 주당추정이익을 1.5 : 1로 가중산술평균)에 의한 가액 산출

{(△65원×3)+(317원×2)}/5/6.6%(피고인들 주장의 자본환원율)=1,330원

(3) 결국, 피고인들의 이 사건 배임행위의 결과 SFA에게 최소한, 이 사건 신주의 실제 인수가액 2,500원과 위와 같이 산출한 적정가액인 1,330원의 차액인 금 1,170원씩의 인수주식수 140만 주에 해당하는 합계 금 1,638,000,000원(=1,170원×140만 주) 상당의 손해를 끼쳤다고 봄이 상당하다.

대법 2010. 1. 14. 선고 2007도10415 판결

경영상의 판단과 관련하여 기업의 경영자에게 배임의 고의가 있었는지 여부를 판단함에 있어서도 일반적인 업무상배임죄에 있어서 고의의 입증방법과 마찬가지의 법리가 적용되어야 함은 물론이지만, 기업의 경영에는 원천적으로 위험이 내재하여 있어서 경영자가 아무런 개인적인 이익을 취할 의도 없이 선의에 기하여 가능한 범위 내에서 수집된 정보를 바탕으로 기업의 이익에 합치된다는 믿음을 가지고 신중

하게 결정을 내렸다 하더라도 그 예측이 빗나가 기업에 손해가 발생하는 경우가 있을 수 있는바, 이러한 경우에까지 고의에 관한 해석기준을 완화하여 업무상배임죄의 형사책임을 묻고자 한다면 이는 죄형법정주의의 원칙에 위배되는 것임은 물론이고 정책적인 차원에서 볼 때에도 영업이익의 원천인 기업가 정신을 위축시키는 결과를 낳게 되어 당해 기업뿐만 아니라 사회적으로도 큰 손실이 될 것이므로, 현행 형법상의 배임죄가 위태범이라는 법리를 부인할 수 없다 할지라도, 문제된 경영상의 판단에 이르게 된 경위와 동기, 판단대상인 사업의 내용, 기업이 처한 경제적 상황, 손실발생의 개연성과 이익획득의 개연성 등 제반 사정에 비추어 자기 또는 제 3 자가 재산상 이익을 취득한다는 인식과 본인에게 손해를 가한다는 인식(미필적 인식을 포함) 하의 의도적 행위임이 인정되는 경우에 한하여 배임죄의 고의를 인정하는 엄격한 해석기준은 유지되어야 할 것이고, 그러한 인식이 없는데 단순히 본인에게 손해가 발생하였다는 결과만으로 책임을 묻거나 주의의무를 소홀히 한 과실이 있다는 이유로 책임을 물을 수는 없다(대법원 2004. 7. 22. 선고 2002도4229 판결 등 참조).

원심은, 그 거시증거들을 종합하여 그 판시와 같은 사실을 인정한 다음, 피고인들의 이 사건 유상증자 참여결정은 당초 신규 수익원 창출 및 수익안정화를 위한 투자 목적으로 피고인들이 대표이사 및 이사로 있는 에스에프에이 주식회사(이하 'SFA'라고만 한다)가 부실회사인 큰사람컴퓨터 주식회사(이하 'KC'라고만 한다)를 인수할 당시 이미 검토되었던 투자의 실행이라 할 것이고, 위 의사결정이 KC가 부도될 경우 SFA의 주주들로부터의 KC 인수결정에 대한 책임추궁에 대한 우려나 피고인들의 경제적 이익 등 개인적 이해관계에서 비롯된 것이라고 보기는 어렵다고 하면서도, SFA가 2002. 3.경 KC 인수시 검토하였던 25~30억 원 규모의 유상증자 실현을 위한 투자에 급급한 나머지 KC가 발행하는 신주 인수가액의 적정성에 관한 신중한 검토 없이 SFA에 배정된 주식 외에 실권주까지 포함하여 그 발행주식 전량에 대하여 적정가액보다 고가로 인수한 것은 그 자체로서 KC에 이익을 얻게 하고 SFA에 손해를 가하는 배임행위이고 피고인들에게 배임에 대한 고의도 충분히 인정된다고 하면서, 피고인들의 이러한 임무위배행위로 인하여 SFA에 실제 인수가액인 2,500원과 원심이 인정한 KC 신주의 적정가액인 1주당 1,330원과의 차액인 1,170원에 인수주식수 140만 주를 곱하여 산출된 합계 금 1,638,000,000원의 재산상 손해를 입혔다고 판단하여 피고인들에 대하여 특정경제범죄 가중처벌 등에 관한 법률 위반(배임)죄를 인정하였다.

위 법리에 비추어 볼 때, 원심이 인정한 사실관계에 의한다고 하더라도, SFA는 신규 수익원 창출 및 수익안정화를 위하여 KC의 기술력, 지명도, 브랜드가치 등을 종합적으로 검토한 다음 KC를 인수하였고, SFA가 KC의 유상증자에 참여한 것은 KC 인수 당시에 이미 계획되었던 투자를 실행하기 위한 것이지 KC 인수결정에 대한 주주들의 책임추궁에 대한 우려나 피고인들의 경제적 이익 등 개인적 이해관계에 비롯된 것이 아니며, SFA의 매출액 및 순이익 규모에 비추어 볼 때 KC의 유상증자 참여로 인하여 SFA에 미치는 재정적 부담의 정도가 크지 않았으며, SFA는 이사회의 적법한 결의를 거쳐서 이 사건 유상증자에 참여한 것이고, KC는 유상증자로 확보한 자금을 기존의 채무변제나 대금결제에 지출하여 경영을 정상화시켰던 사정 등에 비추어 보면, KC의 유상증자에의 참여를 결정한 피고인들에게 배임의 고의가 있었다거나 SFA 임원으로서의 임무를 위배하였다고 단정하기 어렵다 할 것이다.

그럼에도 불구하고, 원심은 피고인들에 대하여 특정경제범죄 가중처벌 등에 관한 법률 위반(배임)죄의 성립을 인정하였는바, 이러한 원심판결에는 업무상배임죄에 있어서의 임무위배행위 내지 고의에 관한 법리를 오해한 위법이 있다 할 것이고, 이를 다투는 상고이유의 주장은 이유 있다.

서울서부지법 2012. 8. 16. 선고 2011고합25, 74 판결(검사 v. 김×연)

1. 한화그룹의 구성 및 지배구조

한화그룹은 2010. 4. 기준 주식회사 한화[이하 '㈜한화'라 한다], 한화손해보험 주식회사, 한화증권 주식회사(이하 '한화증권'이라 한다), 한화케미칼 주식회사, 주식회사 한화타임월드, 대한생명보험 주식회사 등 6개의 상장회사를 포함하여 계열사는 48개이고, 자산 총액은 26조 3,910억 원에 이르는 재계 서열 13위의 기업집단이다.

한화그룹의 지배구조는 ① 2005. 12. 31.을 기준으로, 김승연 회장 및 특수관계인이 ㈜한화 주식 지분의 35.09%를 소유하고, ㈜한화는 주식회사 한화건설(이하 '한화건설'이라 한다)의 주식 지분 100%를 소유하며, ㈜한화와 한화건설은 다시 한화석유화학 주식회사(현 한화케미칼 주식회사, 이하 '한화석화'라 한다)의 주식 지분 28.76%를 소유하고, 다시 한화석화는 주식회사 한화유통[현 주식회사 한화갤러리아, 이하 '한화유통'이라 한다]의 주식 지분 88.22%를 소유하며, 한화유통은 다시 주식회사 드림파마(이하 '드림파마'라 한다), 주식회사 한화도시개발(이하 '한화도시

개발'이라 한다)의 주식 지분을 각각 100%씩 소유하고, ㈜한화와 한화석화는 한화국토개발 주식회사(현 한화호텔앤드리조트 주식회사, 이하 '한화국토개발'이라 한다)의 주식 지분 100%를 소유하는 등 그림(1)과 같이 김승연 회장이 ㈜한화의 최대주주로서 한화그룹 주요 계열사 전체를 지배하였고, ② 2010. 6. 30.을 기준으로 김승연 회장 및 특수관계인이 ㈜한화 주식 지분 35.63%를 소유하고, ㈜한화는 한화건설의 주식 지분 100%를 소유하며, ㈜한화와 한화건설은 한화석화의 주식 지분 42.11%를 소유하고, 다시 한화석화는 한화유통, 한화L&C 주식회사(구 한화종합화학 주식회사, 이하 '한화종합화학'이라 한다), 드림파마의 주식 지분을 각각 100%씩 소유하며, ㈜한화와 한화석화는 한화국토개발의 주식 지분 99.32%를 소유하는 등 아래 그림(2)와 같이 김승연 회장이 ㈜한화의 최대주주로서 한화그룹 주요 계열사 전체를 지배하고 있었다.

(1) 2005. 12. 31. 기준

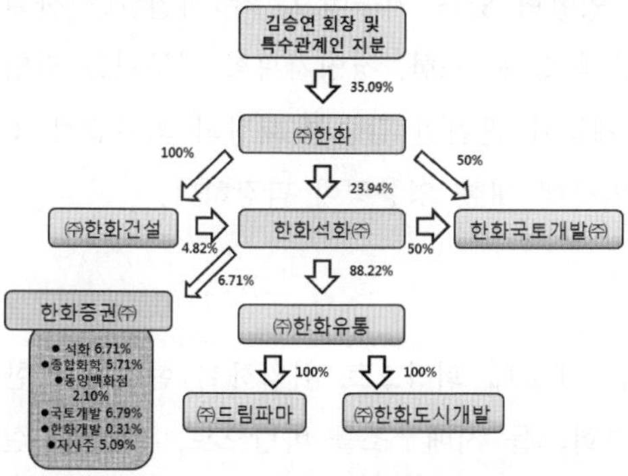

(2) 2010. 6. 30. 기준

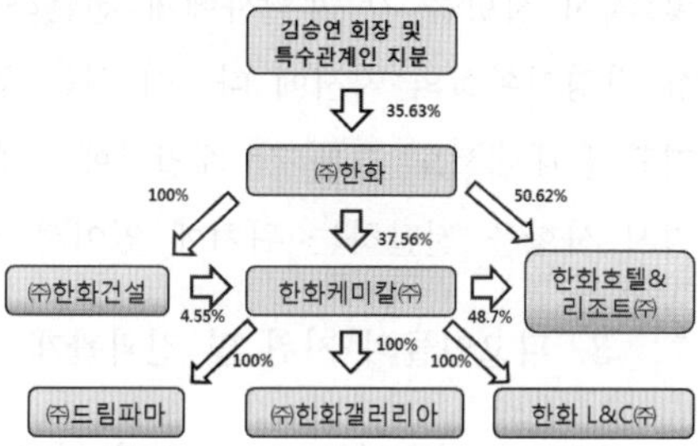

2. 한화그룹 경영기획실과 경영기획실 재무팀의 업무 및 역할

한화그룹에는 그룹 계열사 전체의 인사, 재무, 전략기획, 법무 등의 업무를 관리하기 위해 경영기획실이 설치되어 있다. 한화그룹 경영기획실(과거 경영관리실, 구조조정본부 등의 명칭을 사용하였으나, 이하 모두 '경영기획실'이라 한다)은 서울 중구 장교동 1 한화빌딩 26층에 있고 인력팀, 운영팀, 감사파트, 재무팀, 전략팀, 홍보팀, 법무팀으로 구성되어 있는데, 구체적으로 ① 인력팀은, 계열사 전체 임직원의 인사, 그룹 차원의 인사제도 마련 등의 업무를, ② 운영팀은 각 계열사의 연간 기본 운영계획 취합·보고, 경영실적에 관한 진도체크 및 그룹 단위 신규사업 투자 검토 업무를, ③ 전략팀은 M&A 정보수집, 정보이관 업무 및 그룹 단위 신규사업 투자 검토 업무를, ④ 감사파트는 일반 감사업무를, ⑤ 재무팀은 각 계열사의 재무 및 자금 관리, 김승연 및 그 일가족 재산 관리 업무를, ⑥ 홍보팀은 그룹 이미지와 관련된 대외 업무 및 각 언론사 접촉 업무를, ⑦ 법무팀은 각 계열사의 법률자문과 지원을 담당하고 있다.

이 중 경영기획실 재무팀은 자금파트 및 회계 1 · 2파트로 구성되어 있는데, 자금파트는 그룹 각 계열사의 자금조정 업무를, 회계 1파트는 그룹 각 계열사의 회계 업무, 공시업무, 연결재무제표 작성 및 관리 업무, 세무 업무를, 회계 2파트는 김승연 회장 및 그 가족들의 개인 재산 관리 업무 등을 담당한다. 한편, 김승연 회장 및 그 가족들의 재산에는 차명계좌, 차명주식, 차명부동산, 차명소유회사 등 차명재산이 있는데 그 중 차명소유회사는 경영기획실에서, 그 나머지 차명재산은 회계 2파트에서 관리하고 있다.

경영기획실은 위와 같이 한화그룹 회장인 김승연에 대한 보좌 역할 및 그룹 계열사간의 관리 · 조정 역할을 담당하면서 그룹 전체에 대한 김승연 회장의 의사결정 및 지시 사항을 각 계열사에게 전달하는 영향력 있는 기구이고, 각 계열사는 사실상 경영기획실의 지시에 따라야 하는 입장에 있다. 또한, 경영기획실 재무팀은 경영기획실 내에서도 그룹 각 계열사에 그룹 재무와 관련된 김승연 회장의 의사결정 및 지시 사항을 전달하는 위치에 있어서 계열사에 대한 영향력이 막강하다.

3. 피고인들의 지위 및 전과관계

피고인 김승연은 1981. 8.경 한화그룹 제 2 대 회장으로 취임하여 현재까지 한화그룹 회장으로 근무하면서 위와 같은 한화그룹 지배구조를 바탕으로, 경영기획실을 통해 자신의 의사결정을 한화그룹 각 계열사에 지시하고, 각 계열사의 업무를 총괄하고 있으며, 현재 한화그룹 계열사인 ㈜한화, 한화석화, 한화종합화학, 한화건설, 한화테크엠 주식회사(구 한화기계 주식회사), 한양유통의 대표이사이다. 피고인 김승연은 2007. 9. 11. 서울중앙지방법원에서 폭력행위 등 처벌에 관한 법률 위반(집단 · 흉기등상해)죄 등으로 징역 1년 6월, 집행유예 3년(사회봉사명령 200시간)을 선고받고 2007. 9. 19. 위 판결이 확정된 전력이 있다.

피고인 홍동옥은 2002. 11. 1.경부터 2010. 2. 28.경까지 경영기획실 재무팀장으로 재직하면서, 한화그룹 전체를 지배하고 있는 피고인 김승연을 보좌하여, 그룹 계열사들에 대한 구조조정, 그룹 전체의 재무 · 회계, 경영계획 등의 업무와 피고인 김승연 및 그 가족들의 재산 관리 업무를 총괄 지휘 · 감독하는 한화그룹 재무담당 최고책임자(CFO, Chief Financial Officer)였다.

피고인 어성철은 2003. 10.경부터 2007. 11.경까지 경영기획실 재무팀 부장으로 근무하면서 피고인 홍동옥의 지시에 따라 피고인 홍동옥의 업무를 보좌하였다.

피고인 김현중은 한화건설의 대표이사, 피고인 김관수는 한화국토개발의 대표이사, 피고인 허원준은 한화석화의 대표이사로서 위 각 회사들의 경영을 총괄 지휘·감독하였다.

피고인 이성규는 1995년경부터 현재까지 경영기획실 재무팀 회계 2파트에서 김승연 회장 및 가족의 한화그룹 지분관리, 재산관리, 공시 업무 등을 담당하여 왔고, 피고인 유영인은 2007. 2. 16.경부터 2009. 2.경까지 경영기획실 재무팀 부장으로 근무하였다.

피고인 김경한은 경영기획실 운영팀 부장, 피고인 금기만은 주식회사 에스엔에스에이스의 사업 2 부장, 피고인 김종석, 최형철은 주식회사 한화S&C 재경팀장 및 재경팀 과장, 피고인 김영수는 경영기획실 전략팀 상무로 재직하던 사람이다.

…

Ⅱ. 부평판지 관련 업무상 배임(공소사실 Ⅳ)

1. 부평판지 인수 관련 업무상 배임

한화기계 주식회사(이하 '한화기계'라고 한다)는 공업로, 공장기계, 강구(鋼球) 제작 및 판매 등을 목적으로 1953. 2.경 설립된 회사인데, 1998. 12.경 ㈜한화의 기계부문으로 흡수·합병되었다가 2002. 7. 1. 물적분할되어 재설립되었다.

부평판지 주식회사(이하 '부평판지'라고 한다)는 골판지 생산 및 판매 등을 목적으로 1975. 5. 27. 설립된 후 주로 식용빙과류 제조업체인 빙그레의 박스포장 사업을 영위하던 회사인데, 피고인 김승연의 어머니인 강태영이 주식 전부(자신 명의로 45%, 차명주주들 명의로 55%)를 소유하고 있는 회사이다.

부평판지는 2003. 12. 31. 기준으로 자산총계 169억 5,033만 원, 부채총계 351억 7,716만 원, 자본총계 (−)182억 2,683만 원으로서 자본 잠식 상태이고 계속기업으로서의 존속능력이 의문인 상황에 있었다.

2003년 초순경 한화그룹 경영기획실 재무팀장인 피고인 홍동옥은 부평판지의 부실을 해결하기 위하여 한화그룹 계열사인 한화기계로 하여금 부평판지 주식지분을 모두 인수하게 하고 유상증자에 참여하게 한 다음, 그 유상증자 자금으로 부평판지의 부실을 처리할 것을 계획하였다. 피고인 김승연은 그 무렵 피고인 홍동옥으로부터 위와 같은 부평판지의 재무상황 및 부실처리 계획 등에 관한 보고를 받고 이를 승인하였다.

피고인 홍동옥은 2003. 10.경 한화기계의 대표이사 홍원기에게 전화하여 "한화기계가 부평판지를 인수하는 방법으로 그룹 계열사를 정리하려고 하니 협조를 해 달라."고 지시하였다. 그러나 당시 한화기계가 부실기업인 부평판지를 인수할 여력이 없다고 판단한 홍원기는 피고인 홍동옥을 찾아가 "부평판지는 매년 30억 원 정도의 적자가 나는 회사인데, 아직 자리도 잡지 못한 한화기계가 부평판지를 인수하는 것은 무리다."라고 말하였고, 이에 대해 피고인 홍동옥은 "부평판지의 부채에 대해 한화그룹 계열사들이 지급보증을 해 준 것이 있는데, 이것도 언젠가는 해결해야 할 문제이다. 한국강구공업 주식회사(이하 '한국강구공업'이라 한다)가 매년 30억 원 이상의 이익이 나고 있으니 부평판지를 한국강구공업과 함께 인수하면 큰 문제가 없을 것이다. 그리고 그것으로 안 되면 그룹에서 유상증자 등을 하는 방법으로 자금을 지원해 줄 것이고, 합병으로 손해는 안 나도록 해 주겠다."라는 취지로 말하면서 부평판지를 인수하도록 지시하였다. 한국강구공업의 2004. 8. 31. 기준 순자산가치는 175억 8,400만 원 상당이었다.

홍원기는 한화기계의 대표이사로서 다른 회사의 인수 여부를 결정함에 있어서는 인수 및 유상증자로 인하여 생산적이고 긍정적인 인수효과를 얻을 수 있는지를 면밀히 검토하는 한편, 이사회나 주주총회에서 그에 대한 충분한 토론과 의결절차를 거쳐 합병 여부를 결정하여 회사에 재산상 피해가 가지 않도록 하는 등 회사재산을 적정하게 관리, 보전하여야 할 업무상 임무가 있었다.

그럼에도 불구하고, 홍원기는 피고인 홍동옥의 위와 같은 지시에 따라, 한화기계가 한국강구공업과 부평판지를 함께 인수하고 부평판지의 유상증자에 참여하는 것이 한화기계의 입장에서 손해인지 여부 등에 대한 충분한 검토도 하지 아니하고, 한국강구공업, 부평판지의 자산 및 부채 등 기업가치에 대한 정밀한 기업실사도 하지 않은 채, 오로지 홍동옥의 말만 믿고 한화기계로 하여금 2003. 10. 16.경 한국강구공업 주식 57.6%(49,005주)를 980,100,000원(주당 20,000원)에, 2004. 6. 10.경 한국강구공업의 나머지 주식 42.4%(36,045주)를 901,125,000원(주당 25,000원)에 인수하도록 하고, 2004. 7. 1.경 부평판지 주식 20만 주를 주당 1원에 인수하도록 한 다음, 2004. 8. 19. 부평판지 유상증자에 100% 참여하게 하여 증자대금 240억 원을 납입하게 하였다.

이로써 피고인 김승연, 피고인 홍동옥은 위 홍원기와 공모하여 피해자 한화기계에 8,297,225,000원[=부평판지 유상증자 대금 240억 원+한국강구공업 인수대금 1,881,225,000원-한국강구공업의 순자산가치 175억 8,400만 원] 상당의 손해를 가하고, 부평판지에 같은 액수 상당의 이익을 취득하게 하였다.

대법 2013. 9. 26. 선고 2013도5214 판결

대규모 기업집단의 공동목표에 따른 집단이익의 추구가 사실적, 경제적으로 중요한 의미를 갖는 경우도 있을 수 있으나, 그 기업집단을 구성하는 개별 계열회사도 별도의 독립된 법인격을 가지고 있는 주체로서 그 각자의 채권자나 주주 등 다수의 이해관계인이 관여되어 있고, 사안에 따라서는 대규모 기업집단의 집단이익과 상반되는 고유이익이 있을 수 있는 점, 피지원계열회사에 해당하는 한유통과 웰롭 등은 피고인 김승연 등이 차명으로 보유하면서 공정거래위원회 등에 계열회사 신고도 하지 아니한 이른바 위장 계열회사로서 과연 그에 대한 지원이 피고인 김승연 개인이나 그 일가 또는 특정 회사가 아닌 한화그룹 소속 계열회사 전체의 이익을 위한 것인지조차 의문인 점, 게다가 이러한 위장 계열회사에 대한 자금지원은 대규모 기업집단의 탈법행위를 규제하기 위하여 독점규제법 등에서 규정한 출자총액제한, 채무보증제한 등의 각종 법령상 제한을 회피하기 위한 수단으로 악용될 소지가 큰 점, 이 사건 지원행위의 주체가 되는 주식회사 한화유통(이하 '한화유통'이라고 한다) 등 지원계열회사를 선정하는 과정에서 다른 계열회사와의 형평 등을 감안한 합리적이고 객관적인 기준이 적용되었다고 보기 어려울 뿐만 아니라, 그러한 지원행위로 인하여 상당한 경제적 부담 내지 위험을 안게 된 지원계열회사에 대하여 그 부담이나 위험에 상응하는 현재 또는 장래의 적절한 보상이 마련되지도 아니한 점, 이 사건에서 나중에 연결자금이 회수되거나 지급보증이 해소된 것은 피지원계열회사의 영업수익의 확대나 투자 유치 등 정상적인 경영행위로 인한 것이 아니라 또 다른 배임행위 성립 여부가 문제되는 계열회사간의 부당한 부동산 내부거래 등 변칙적인 방법을 통해 이루어진 점 등을 종합하면, 원심이 위와 같은 연결자금 제공 등의 행위가 합리적 경영판단에서 비롯된 것이어서 배임죄로 처벌하여서는 아니 된다는 위 피고인들의 주장을 배척하고 이 부분 공소사실을 유죄로 인정한 조치는 정당하여 수긍이 가고, 거기에 위 피고인들의 상고이유 주장과 같이 논리와 경험칙에 반하여 자유심증주의의 한계를 벗어나거나 경영판단의 원칙 및 배임의 고의에 관한 법리를 오해하는 등의 위법이 없다.

원심은 그 채택 증거에 의하여 인정되는 그 판시와 같은 사실 및 사정을 종합하여 한화기계 주식회사(이하 '한화기계'라고 한다)는 2003. 10.경에 베어링사업 참여나 기계사업의 경쟁력 강화가 아니라 부평판지를 인수합병하는 과정에서 발행하는 손해를 보상받을 목적으로 한국강구공업 주식회사(이하 '한국강구공업'이라고 한다)를 동반 인수합병했던 것으로 보이고, 그 인수합병의 경위와 목적, 진행된 일련의 절차 등에 비추어 위 두 회사의 인수는 하나의 인수합병 과정에서 이루어진 것으로 평가할 수 있으며, 부평판지의 인수합병으로 인하여 한화기계가 입은 재산상 손해액이 있음이 인정되려면 한국강구공업의 기업가치가 부평판지 유상증자 대금과 한국강구공업 인수대금을 합한 금액에서 위 유상증자로 인하여 증가한 부평판지의 순자산가치 상당액을 공제한 금액(약 299억 원)과 비교하여 적다는 점이 충분히 증명되어야 하는데, 상속세 및 증여세법상의 평가방법이나 현금흐름할인법 등에 의하여 추정되는 한국강구공업의 가치를 계산해 보면 한국강구공업의 당시 기업가치가 약 299억 원보다 적다고 단정할 수 없다는 이유로, 위 피고인들의 이 부분 특경법 위반(배임)의 공소사실을 무죄라고 판단하였다.

앞서 본 법리와 기록에 비추어 살펴보면, 원심의 위와 같은 판단은 정당하고, 거기에 검사의 상고이유 주장과 같이 논리와 경험칙에 반하여 자유심증주의의 한계를 벗어나거나 업무상배임죄에 있어서 재산상 손해액의 산정에 관한 법리를 오해하는 등의 위법이 없다.

노트와 질문

1) 삼성전자의 이천전기 인수결정에 대한 법원의 판단은 경영판단의 원칙을 인정한 것인가? 아니면 전혀 인정하지 않은 것인가? 경영판단의 원칙을 적용하기 위한 요건으로서의 "충분한 정보에 기하여 합리적인 통찰력[에 따른] 적절한 판단"이 되기 위하여 이사는 회의 전에 무엇을 준비하여야 하고 회의 도중에는 무엇을 하여야 하는가?
2) 델라웨어주법원은 매도인이건 매수인이건 투자은행을 통하여 가격의 공정성에 관한 의견을 받은 사실을 이사의 충실의무 이행여부의 판단에 하나의 고려요소로 보고 있다(위 Trans Union 판결, Cede 판결). 그러나, fairness opinion에 관하여는 가격평가에 대한 객관적인 방법의 부재, 지배권거래에 대한 자문과 함께 가격공정성의견을 발행함으로 인한 이해상충 등의 문제점이 지적되고 있다. SEC는 기본적으로 개시의무를 요구하는 것 이외의 규제는

하지 않는다. Steven M. Davidoff, *Fairness Opinions*, 55 AMERICAN U. L. REV. 1557 (Aug. 2006) 우리 자본시장법에서 강제적으로 요구하고 있는 합병비율적정성에 대한 의견서가 이에 유사하다고 할 수 있다.[27)]

3) 대법 2010. 1. 14. 선고 2007도10415 판결은 배임의 고의를 부인하여 SFA 원심판결을 파기 환송하고 있다. 이 사건에서 매수인의 타기업인수결정에 대한 경영판단의 원칙을 적용하기 위한 모든 요건은 충족되었는가? 배임의 고의가 아닌 경영판단의 원칙을 근거로 배임죄일반에 대한 예외도 가능하지 않을까?

4) 서울서부지법 2012. 8. 6. 선고 2011고행25, 74(병합) 판결은 계열사 주식매수와 배임죄 관련하여 가격에 집중하고 있는바 처분의 목적이나 의사결정과정, 가격결정절차와 어떻게 균형점을 찾아야 할까?

5) 대기업 집단내 구조조정관련 형사적 책임이 아닌 민사적 책임의 문제로 논의를 국한하는 경우 어떤 우려 사항이 있는가? 사후적 책임이 아닌 사전적 준법프로그램에 관하여는 박세화, 상법상 준법 통제프로그램에 관한 실무적 쟁점 및 입법적 정비방안에 관한 고찰, 33 상사법연구 119, 143-151 (2014).

문제 9

A주식회사는 의료장비를 제작, 공급하는 기업으로 2000년 코스닥에 상장되었다. 발행주식의 40%는 창업주인 X가, 30%는 X의 가족인 D, S, W가, 그리고 30%는 일반투자자들이 보유하고 있다. 이사회는 X, D, S 그리고 사외이사로서 O, P, Q, R로 구성되어 있다. 2009. 10. X는 A주식회사에 투자한 투자자들의 신뢰를 사회에 환원한다는 의미에서 자신의 지배주식을 매각하여 경영권프리미엄을 얻기보다는 A회사 자체에 최고의 가격을 지급하는 그리고 이를 인수하여 앞으로 잘 발전시킬 수 있는 기업에게 매각하겠다는 뜻을 밝혔고 이사회도 인수자를 공개매각의 절차를 통하여 찾기로 결의하였다. 다만, 기존의 주주인 D, S, W가 인수의 뜻을 밝힐 수 있으니 이를 대비하여 이해상충이 되는 이사를 배제하고 독립적으로 매각협상을 진행할 특별위원회를 구성하기로 하였다.

27) 자본시장법시행령 제176조의6 제 3 항. 구체적인 의견서의 실례는 http://kind.krx.co.kr/disclosure/details에서 많이 찾아볼 수 있다. 제22장 참조.

O는 A주식회사 연구조사부서에서 근무하다가 2007. 12. 31. 정년퇴임후 consultant로서 근무하는 의학박사이다. P는 A주식회사의 의료장비를 구입하는 Z병원장으로 과거 3년간 A주식회사 연간매출의 8%-9%를 차지한다. Q는 2년전 A주식회사를 대리하여 공정위를 상대로 과징금부과처분취소소송을 수임한 변호사이다. R은 X와 대학교동창으로 오랜 친구사이이다. 이들이 특별위원회의 위원이 될 수 있는가?

2009. 10. 특별위원회는 투자은행GS를 고용하여 앞으로의 매각전략을 논의하고 또한 변호사 L을 고용하여 앞으로의 경매절차와 관련된 법률적 문제의 검토를 시작하였다. 2009. 11. D, S, W는 A주식회사를 인수하기 위한 특수목적회사 K를 설립하고 특별위원회에 비밀유지계약의 체결하겠으니 2월간 독점적인 실사권을 부여하여 달라는 편지를 보내왔다. L은 어떻게 자문하여야 할까?

2010. 6. A주식회사는 예비실사를 거치고 투자의향서를 받아서 최종입찰자를 K사와 재무적 투자자 F, 둘로 압축하고 3주의 확인적 실사를 거쳐서 2010. 7. 15.까지 K와 F에게 최종입찰서를 요구하였다. K사는 특별위원회에게 자신들이 A주식회사를 인수할 경우 O, P, Q, R에게 최소한 앞으로 3년간 계속적으로 근무하며 그 이후에도 10년간 계속적인 거래관계를 보장하겠다는 제안을 보내왔다. 위원회는 이러한 제안을 F에게 바로 알릴 의무가 있는가?

2010. 7. 30. 특별위원회는 투자은행 및 법률자문의 설명을 10분동안 듣고 K사를 인수자로 정하였으며 8. 1. A주식회사는 K사와 합병계약을 체결하였다. A주식회사의 주주는 자본시장법에 따라 산정된 합병가격에 10% 프리미엄을 지급받는다는 조건이었다. A주식회사의 소수주주인 G는 합병계약은 이사의 충실의무 위반으로 효력이 없다고 다투면서 이사회결의 무효확인의 소를 제기함과 동시에 합병금지가처분을 신청하겠다고 하며 귀하의 의견을 구한다.

제10장

적대적 기업인수와 이사의 충실의무

우리나라 상장기업은 대부분 지배주주가 있고 따라서 그들이 선임한 경영진의 의사에 반하여 기업의 지배권을 인수한다는 것은 현행법상 별로 가능성이 많지 않다.[1] 현재의 지배주주에 반하는 적대적 기업인수는 지배주주가 더 이상 지배주주가 아니게 만드는 방법 이외에는 불가능하기 때문이다. 이는 소유와 경영이 분리되어 있는 상황에서 주주들에게 직접 회사의 앞으로의 방향을 제시하여 새로운 경영진을 선출하는 것이 비교적 손쉬운 것과는 구별된다. 그러나, 상장기업의 소유와 경영의 분리 내지 지배주주라는 개념도 여러 뉘앙스를 지닌 것으로 지배주주가 51% 주주일 수도 있고, 34% 주주일 수도 있다. 지배주주가 34% 주주인 경우라면 나머지 기관투자자와 개인투자자를 설득하여 34% 지배주주가 선임한 경영진을 교체하거나 중요한 이사회결정을 거부 또는 이사회에의 참여를 요구할 수도 있을 것이다. 따라서, 지배주주형 지배구조하에서도 소수주주가 새로운 지배주주가 되어서 또는 기존의 지배주주의 주식보유비율이 미미한 경우에 나머지 주주들을 설득하여 기존의 경영진을 축출 내지 경영진에 추가로 참여할 수 있다는 면에서 제한된 범위의 적대적 기업인수가 가능하다.[2] 또한, 일부 민영화된 공기업, 공적자금투입의 결과 정부기관 내지 채권자들이 지배주주인 기업, 구조조정 차원에서 인수합병이 되면서 지배주주가 없는 금융기관들의 경우 외국의 재무적 투자자들이 적대적 기업인수를 시도할 가능성도 있다.[3] 실제 해외의 재무적 투자자들이 한국기업의 지배구조를 개선할

---

1) 현재의 경영진을 위협하여 회사가 자사주취득이 가능한 범위내에서 주식을 되사게 하는 소위 그린메일의 가능성은 있다.

2) 우리나라의 적대적 기업인수란 실제 지배주주가 다음 세대로 그 지위를 승계시키고자 함에 있어서 지배주주의 가족내부에서 다툼이 일어난 결과 기존의 지배주주와 이에 도전하는 또 다른 지배주주간 경영권을 둘러싸고 다투는 상황이 적지 않다. 지배권의 취득이 성공적일지 여부가 불확실한 상황에서 도전 자체를 위하여 상당한 주식을 매집하여야만 한다면 비용과 시간상 상당한 어려움이 있다.

3) 외국의 재무적 투자자의 경우 적대적 기업인수 가능성이 비교적 높다고 보는 이유는 내국인

목적으로 또는 단기간의 매매차익을 얻을 목적으로 한국기업의 주식을 매집하고 경영에 대한 참여를 요구한 사례가 있다.[4] 지배권 내지 경영권은 통상 회사의 경영방침을 결정할 수 있는 권리 내지 이사의 과반수를 선임할 수 있는 권리를 의미하지만,[5] 경영진의 일부라도 선임하여 이사회가 회사의 경영방침을 결정하는 과정에 영향을 미칠 수 있는 것도 광의의 지배권이라고 볼 수 있을 것이다. 따라서, 사모펀드가 광의의 지배권 취득을 위한 적대적 기업인수를 시도할 가능성도 생각하여 볼 수 있다.

이런 모든 경우를 적대적 기업인수로 포괄하여 개념을 잡고 이에 대비하여 회사는 현행 상법상 어떠한 방어책을 정관상 채택할 수 있는지, 상법상 허용되는 방어책이 불충분하다면 현행 상법을 개정하여서라도 추가적인 방어책을 허용하여야 하는지, 추가한다면 어떠한 방어책을 추가하여야 하는지는 중요한 정책적 결정이다. 기본적으로 회사법상의 행위로서의 방어책이 주주총회의 결의를 요하는 것이라면 주주평등의 원칙이나 기타 회사법상의 기본원칙에 반하는 경우 이외에는 유효한 것으로 본다. 다만, 이런 회사법의 해석에는 기존의 지배주주가 현재의 상황을 고착시킬 수 있다는 한계가 있고 따라서 우리 기업의 현재 소유지배구조를 개선할 필요가 있는지, 이를 개선하는 것이 바람직하다면 어떻게 개선하여야 하는지에 대한 대답이 될 수 없다.

주주총회의 행위가 아니라 이사회의 행위는 이사회가 현재 상황의 유지를 원한다는 면에서[6] 이해상충적 입장에 있음을 감안하여 그 적법성 여부를 판단하여야 한다. 따라서, 적대적 기업인수와 관련하여 중요한 또 하나의 논점은 기존 상법상 명백히 허용되는 회사법상의 행위라도 구체적인 경우에 이사가 실행한 방어책이 이사의 충실의무에 위반되는 것인지 여부를 판단하는 기준은 무엇이어야 하는지의 문제이다. 앞에서 미국법원의 경우 이사의 기업인수 내지 매각결정은 이사회의 선의와 이해상충의 부재, 충분한 정보에 기초한 결정이라는 요건이 충족되는 경우 경영판단의 원칙이 적용되어 법원의 사후적인 적법성 판단으로부터 보호되지만, MBO와 같은 이해상충 내지 경매상황으로 이러한 요건이 충족되지 못하는 경우 이사회

에 비하여 정책당국의 보이지 않는 손을 통한 통제가 어려울 것이기 때문이다.

4) 과거 타이거, 소버린, 스틸파트너스 모두 그린메일의 요소가 있었다고 볼 수 있다. 시장에서의 매각으로 이익을 실현하였다고 하여도 기존 지배주주의 도움을 받았다는 면에서 그러하다.

5) DGCL §203(c)(4). 통상 합작투자계약서에서도 유사하게 정의한다. 공정거래법상 동일인 판단기준도 이에 유사.

6) 소위 참호화(entranchment)의 욕구가 있을 수 있다.

의 결정은 공정한 절차 및 공정한 가격 측면에서 엄격히 심사되어야 한다는 기준을 제시하고 있음을 살펴보았다. 적대적 기업인수상황에서의 이사회 결정에 대하여 이사회는 이해상충상황에 있으나 한편 이사회가 회사의 장래를 판단함에 있어서 정보나 판단력의 면에서 주주보다는 나은 위치에 있음을 고려하여 미국의 판례는 위 두 가지 기준의 중간적 기준을 적용, 그 적법성을 판단하고 있다.[7] 우리의 판례는 판결마다 다르지만 대체적으로 기업의 지배권을 둘러싼 다툼이 발생한 경우 기존의 지배주주에게 유리하게 지배소유구조를 변경하는 이사회의 회사법상 행위는 일응 충실의무 위반으로 추정하고 이사회가 충실의무를 다하였음을 입증할 책임을 부담한다고 하여 미국의 중간적 기준보다 엄격한 기준을 적용하고 있는데, 이는 우리기업의 지배구조를 감안하면 바람직한 것으로 보인다. 다만, 기업인수자본의 성격, 인수 후 사업계획, 대상기업이 국민경제상 차지하는 위치 등을 고려하여 특별한 사회적 필요가 있는 경우 현재의 상황유지를 위한 방어수단도 적법할 수 있음을 단서로 달고 있는 것이 흥미롭다.[8]

본 장의 앞부분에서는 국내외에서 논의되는 방어수단일반과 적대적 인수희망자가 나타나지 않은 상황에서 정관에서 미리 정하여 놓을 수 있는 방어수단의 한계에 관한 법원의 판단을 살펴본 후에 현재 개정추진 중인 독약처방의 내용과 외국의 입법례를 대비한다. 본 장의 뒷부분에서는 적대적 인수희망자가 나타난 상황에서 이사회가 취한 구체적인 회사법적 행위가 회사에 대한 충실의무를 다한 것으로 볼 수 있는 것인지에 관하여 판례를 중심으로 살펴본다.

---

7) 중간적이라 함은 전적인 공평함 (entire fairness)기준과 경영판단의 원칙 (business judgment rule)의 중간이라는 뜻이다. 최근 Delaware 주법원은 지배주주가 폐쇄회사화를 위한 공개매수청구시 기준을 제시한 바 있다. *In re CNX Gas Corp. Shareholder Litiga- tion*, C.A., No. 5377 (May 25. 2010)에서 거래를 협상하기 위한 독립위원회의 추천과 이해관계없는 주주들의 과반수찬성에 의한 승인이 있다면 경영판단의 원칙으로 존중하여 이사회 결의의 적법성에 대하여 심사하지 않겠다고 한다. Debevoise & Plimpton, DELAWARE COURT OF CHANCERY ARTICULATES NEW STANDARD FOR GOING PRIVATE TENDER OFFERS: IN RE CNX GAS CORP (May 28, 2010).

8) 뒤의 KCC판결이나 동아제약판결.

Ⅰ. 대상회사의 가능한 방어수단

김화진/송옥렬, 기업인수합병, 305-35, 338-39 (2007)

경영권 분쟁에 있어서 핵심은 결국 의결권을 상대방보다 얼마나 많이 가지는가 하는 점이다. 따라서 가장 직접적인 경영권 방어수단은 주식을 시장에서 매집하는 것이고, 실제로 원시적인 경영권 분쟁은 주식의 매집경쟁에 불과한 경우도 있다. 그러나 시장에서 매집할 수 있는 주식은 자금이나 유동주식의 부족 등으로 한계가 있게 마련이고, 따라서 다른 수단을 동원하게 된다. 그 방법은 크게 자신이 보유하는 의결권의 수를 늘리는 방법, 더 나아가 우호적인 자의 의결권을 이용하는 방법, 그리고 상대방의 의결권 수를 줄이는 방법 등으로 나누어 볼 수 있다. 각각의 방법을 차례로 설명한다.

A. 자신이 보유하는 의결권의 확보

1. 차등의결권

가장 직접적으로 의결권을 확보하는 방법은 차등의결권 주식을 이용하는 것이다. 이 방법은 의결권 있는 보통주식을 2종 이상으로 분류해서 발행하고, 각 종류마다 다른 수의 의결권을 인정하는 것을 허용하는 제도를 말한다. 예를 들어, 1주에 1개의 의결권이 있는 보통주식이 발행되어 있음을 전제로 하면, 1주에 10개 등과 같이 2개 이상의 의결권을 부여하여 자신이 가질 수도 있고, 또 1주에 1/10개 등 1개 미만의 의결권을 부여하여 상대방에게 보유하도록 할 수도 있다. 일반적으로 차등의결권 제도는 전자의 형태로 등장하는 경우가 많으므로 복수의결권제도라고 부르기도 하고, 유럽에서 특히 자주 활용되고 있다. 일반적으로 1개의 의결권을 갖는 통상의 보통주에 비해 복수의 의결권을 갖는 주식에는 10% 정도 낮은 배당률이 적용되는 것이 보통이고, 복수의결권 주식에 대해서는 양도를 제한하는 경우가 많다.

이러한 차등의결권 주식은 우리나라 상법 제369조 제 1 항이 규정하고 있는 1주 1의결권 원칙에 대한 예외가 되기 때문에 우리나라에서는 아직 인정되지 않는다고 본다. 과거 실무에서는 무의결권 우선주에 보통주보다 1% 더 배당을 하는 방식으로 우선주가 발행된 경우가 있었는데, 이후 이러한 형태는 우선주가 아니라는 지적이 있기도 하였다. 이러한 "1% 우선주"를 가만히 생각해 보면, 결국 의결권을 없애는 대신 배당률을 보통주보다 높이고 있기 때문에 차등의결권의 원시적 형태라고 할 여지도 있다. 결국 이러한 형태의 우선주는 상법상의 우선주가 아니라 무의결권 보통주라는 비판을 받아 그 이후에는 발행되지 못하고 있다. 최근 개정상법에서는 일본의 예를 받아들여 종류주식을 매우 다양화하고 있는데, 이와 관련하여 차등의결권의 본격적인 도입에 관하여 논의가 많이 이루어지고 있다.

차등의결권은 처음부터 의결권을 분리할 수도 있지만, 처음에는 단순히 1주 1의결권을 채택하다가 필요한 경우에 자본재구성을 통하여 경영권방어의 목적을 달성할 수도 있다. 두 가지 시나리오를 생각할 수 있는데, 우선 일반적으로는 주식배당 방식을 이용하는 것이 있다. 예를 들어, 현재 1의결권을 가진 보통주만 있는 상황에서 정관을 개정하여 현재의 보통주를 Class A, 새로운 보통주를 Class B로 하고, Class B 주식에 다음과 같은 특징을 부과한다. ① Class B 주식은 양도할 수 없다. ② Class B 주식은 Class A 주식으로 언제라도 전환할 수 있다. ③ Class B 주식은 예를 들어 10개의 의결권을 가진다. 그리고 이러한 Class B 보통주를 모든 주주에게 주식배당의 형식으로 지분에 비례하여 배분한다. 이것은 단순한 주식배당이기 때문에 처음에는 Class B 주식이 모든 주주들에게 지분비율대로 보유될 것이다. 그런데 이후 주식을 양도할 필요가 있는 경우, Class B 주식은 양도불가능하므로, 만일 주주들이 Class B 주식을 양도하려고 하는 경우 Class A 주식으로 전환하게 될 것이고, 결국 의결권을 특별히 중요하게 생각하지 않는 일반 주주의 손에 보유되는 Class B 주식의 수는 주식의 거래가 계속될수록 감소하게 된다. 최종적으로 결국 Class B 주식은 지배권을 중요하게 생각하는 경영진 또는 지배주주만이 보유하게 되므로 경영권을 공고히 할 수 있게 되는 것이다. 이 시나리오에서는 특별히 Class B 보통주에 대하여 배당률을 낮게 책정할 필요가 없으며, 다만 Class B 주식의 양도성을 제한하는 것만으로 충분히 목적을 달성할 수 있다. 그러나 주식이 모두 전환되는 것을 기다려야 하기 때문에 다소 시간이 소요된다는 단점이 있다.

이보다 더 직접적이고 강압적인 것은 주식교환을 이용하는 방식이다. 예를 들어, 현재 1주 1의결권 상태에서, 정관을 개정하여 현재의 보통주를 Class A, 새로운 보통주를 Class B로 한다. 이번에 Class B 주식의 특징은 양도할 수 없으며 10개의 의결권을 가지지만 대신 Class A 주식보다 10% 낮은 배당률을 받는다는 조건을 단다. 이번에는 Class A로의 전환권은 부여되지 않는다. 이러한 상황에서 모든 주주에게 기존에 보유하고 있던 Class A 주식을 Class B로 교환할 수 있는 권리를 부여하는 경우를 생각해 보자. 어차피 모든 주주에게 기회를 부여하였기 때문에 주주평등원칙의 문제는 피해갈 수 있다. 이 경우 대부분의 일반 주주는 어차피 지분이 미미하여 회사의 의사결정에 참여할 수 없으므로, 의결권이 10배가 된다고 하여 중요하게 생각하지 않지만, 대신 10% 낮은 배당률이라는 것은 매우 중요하게 생각할 것이다. 그 결과 일반 주주들로서는 이러한 교환에 응할 이유가 없다. 지배권에 관심이 있는 경영진이나 지배주주만 기존의 Class A 주식을 Class B 주식으로 교환하게 되면 경영권의 안정에 충분한 의결권을 확보할 수 있게 되는 것이다. 물론 이러한 자본재구성은 반대 방식으로 이루어질 수도 있다. 예를 들어, 1개의 의결권을 가진 보통주만으로 된 주식회사가 새로이 0.1개의 의결권을 가지면서 대신 10% 높은 배당률을 가진 Class B 주식을 발행하면서, 기존의 보통주와 교환할 수 있도록 하는 것이다. 이 경우 일반 주주들을 어떻게 행동할까? 역시 일반 주주들로서는 무의결권이지만 10% 많은 이익배당을 받을 수 있는 주식과, 아무런 가치도 없는 의결권을 많이 가지고 있고 대신 낮은 이익배당을 받는 주식 사이에서의 선택이기 때문에, 결국 신주로의 교환을 선택할 것이다. 따라서 결과적으로 의결권을 일부 주주에게 집중시킬 수 있는 것이다. 이렇게 차등의결권을 통한 자본재편 과정은 주주들의 의사결정을 왜곡하는 강압적인(coercive) 요소가 있다는 문제가 있다.[ⓐ]

차등의결권 제도는 경영권방어를 위하여 회사가 불필요한 자금조달을 하거나 기타 비효율적인 활동을 감행할 필요가 없다는 점에서 저렴한 방어수단이라고 할 수 있다. 그러나 위에서 살펴본 바와 같이, 자본구조의 재편과정에서 주주로 하여금 항상 의결권을 포기하도록 하는 압력이 존재하기 때문에 비록 현재의 경영진이 비효율적인 경우라 하더라도 이러한 수단을 활용할 수 있다는 문제가 있기 때문에 기업지배권 시장을 위축시키는 사회적 비용은 해결하지 못한다. …

2. 황금주식

차등의결권의 극단적인 형태가 이른바 황금주식이라는 것이다. 황금주식이란 극히 일부 주식에 극단적으로 엄청난 의결권을 부여하는 경우 또는 일부 주식에 회사의 의사결정에 대한 거부권을 부여하는 경우를 말한다. 다시 말해서, 황금주식을 보유하는 자는 회사로부터 거의 아무런 배당도 받을 수 없지만, 의사결정에 있어서는 결정적인 역할을 하게 되는 것이다. 이러한 황금주식은 종래 정부가 보유하고 있다가 민영화되는 기업의 경우 경영권의 확보 내지는 외국인에로의 기업지배권 이전을 방지하기 위해 유럽 여러 나라에서 고안되어 사용되기 시작하였다. 즉 안정된

ⓐ Jeffrey N. Gordon, *Ties That Bond: Dual Class Common Stock and the Problem of Shareholder Choice*, 76 California Law Review 1 (1988).

회사지배에 필요한 최소한의 비율의 의결권을 보유하고 양도가 제한되는 주식을 인정하여 필요한 경우 지배구조에 관여하고 외국인의 국가기간산업에 대한 지배권 확보도 방지한다는 것이다. 황금주식은 차등의결권의 극단적인 형태이기 때문에 우리나라에서는 아직 인정되지 않지만, 최근 민영화 과정에서 이 제도의 도입이 적극적으로 논의되고 있다.

최근의 EU사법법원의 최근 판결은 이러한 황금주식이 역내 자본이동의 자유를 규정한 관련 조약 규정에 위반되므로 위법하다는 결론을 내리고 있다. 황금주를 인정하지 않겠다는 것이다. 이 판결은 결과적으로 EU내에서 적대적인 M&A를 활성화시키기 위해 부단히 노력해 온 EU집행부의 정책방향과 같은 맥락에 서게 된다. 황금주가 인정되지 않는 경우 민영화된 EU 각국의 기간산업에 속하는 기업들은 이제보다 쉽게 외국인에 의한 적대적 기업인수의 타깃이 될 수 있다. 적대적 기업인수에 이르지는 않더라도 해당 기업들의 지배구조에 부과되어 있던 제약이 사라지면 보다 적극적인 역내 투자가 발생할 가능성이 있을 것이다. 민영화관련 거래의 구조와 투자은행들의 업무도 많은 변화를 겪게 될 것이다. EU에서 황금주식이 불허되는 이유는 EU 특유의 사정에 의한 것이기 때문에 황금주식 자체에 대한 부정론의 근거로 사용될 수는 없겠으나 참조할 가치는 충분하다고 본다. 이하 EC커미션 vs. 영국 사건ⓑ을 자세하게 살펴보도록 하자.

영국 각지의 7개 국제공항을 소유, 운영하던 British Airports Authority는 1986년의 Airports Act를 통해 민영화되었다. 이 과정에서 1987년에 각 공항을 자회사로 거느리는 일종의 지주회사인 BAA가 설립되었는데, 여기서 영국 정부는 1파운드 액면의 특별 주식이 발행되어 교통부 장관이 보유하도록 하였다. 이 특별주에 부여되는 권리의 내용은 BAA의 정관에 다음과 같이 상세히 규정되었다. (1) 특별주는 영국 정부의 주권을 행사하는 각 부처간에서만 양수도될 수 있다. (2) 특별주의 권리 내용에 영향을 미치는 정관의 규정들은 특별주의 동의 없이는 개정될 수 없다. (3) 의결권의 1/2을 초과하는 주식을 보유하고 있는 자회사의 처분은 원칙적으로 행해질 수 없다. (4) 자회사가 보유하고 있는 공항의 처분은 특별주의 동의 없이 행해질 수 없다. (5) 회사의 이사들은 특별주의 권리에 영향을 미치는 일이

ⓑ EU사법법원 2003. 5. 13. 선고 C-98/01 판결. [저자 추가 *Commission of the European Communities v. United Kingdom of Great Britain and Norther Ireland* available at http://eur-lex.europa.eu/LexUriServ/LexUriServ.do?uri=CELEX:62001J0098:EN:NOT.] 최근 Portugal Telecom에 관하여는 Portugal Telecom 'Golden Shares' Ruled Illegal, FIN. TIMES, Jul. 8, 2010 참조.

없도록 자회사들을 운영하여야 한다. (6) 특별주주는 주주총회에 참석하여 발언할 수 있으나 의결권을 비롯한 일체의 권리를 행사하지 않는다. (7) 특별주는 회사의 청산시 다른 모든 주주들에 우선하여 배당을 받는다. 그러나 특별주는 그 외의 다른 형태로 회사의 자본이나 이익의 분배에 참가하지 않는다. (8) 특별주주는 언제든지 회사에 대해 액면가에 의한 상환을 청구할 수 있다. 나아가 BAA의 정관은 원칙적으로 누구도 BAA의 주주총회에서 15%를 초과하는 의결권을 행사하는 것이 가능한 만큼의 주식을 취득하는 것이 불가능하도록 하는 규정을 두고 있었다.

EU커미션은 1999년 2월 3일자 서한을 통해 BAA의 정관 규정에 의해 만들어진 영국 정부의 특별한 권리가 역내 자본이동의 자유에 배치된다는 점을 영국 정부에 통보하였는데 영국정부가 이에 답하지 않자 1999년 8월 6일자 서신을 통해 2개월 내에 그를 시정하도록 요구하였다. 영국 정부는 이에 대해 1999년 11월 5일자 답신으로 EU 회원국들은 각국의 회사법의 틀내에서 사기업의 주식에 관한 기본적인 내용을 설정할 권리를 가진다고 응답하였다. 영국 정부에 의하면 그러한 권리의 행사는 해당 주식의 시장성에 영향을 미치지 않는다는 것이었다. EU커미션은 영국 정부의 그러한 입장에 동의하지 않았고 영국을 EU사법법원에 제소하였다. 판결의 요지.

> "사기업에의 지분참여 또는 자본시장에서의 주식의 취득을 통한 그 사업에의 참가라는 형식을 통한 직접투자는 EC협약 제56조에서 규정하는 바의 자본이동을 구성한다. … 직접투자는 특히 회사의 경영 또는 지배에 효과적으로 참가할 수 있는 가능성에 의해 특징지어진다. … 영국 정부는 문제의 규칙이 국적과 무관하게 적용된다고 주장한다. 따라서 다른 회원국 국민에 대한 차별이 존재하지 않는다는 것이다. 그러므로 그 규칙들은 자본의 자유로운 이동을 제한하는 것이 될 수 없다고 한다. … EC협약 제56조가 규정하고 있는 것은 국적에 근거한 차별대우의 철폐에 한정되지 않는다. … BAA 정관 제40조와 같이 지분의 취득을 제한하거나 여러 가지의 사전 승인 요건을 포함하고 있는 BAA정관 제10(2)조와 같이 기타 다른 방식으로 회사의 경영이나 지배에 효과적으로 참여하는 것을 제한하는 규칙들은 자본의 자유로운 이동을 제약하는 것이다. … 영국 정부가 주장하는 바와 같이 이 사건의 쟁점이 회사법의 적용문제에 불과하다는 논리는 받아들일 수 없다. 이 사건에서 문제되어 있는 제한은 회사법의 정상적인 운영 과정에서 발생한 것이 아니다. BAA의 정관은 1986년의 Airports Act에 의거 국무장관의 승인을 받은 것이다. 회원국은 여기서 국가적인 권능을 행사하였던 것이다. … 따라서 BAA의 의결권있는 주식의 취득을 제한하고 회사의 자산 처분이나 자회사의 운영, 청산 등과 관련하여 사전승인을 요하는 절차를 포함하는 규정들을 유지함으로써 영국 정부는 EC협약 제56조에 의한 의무를 준수하는 데 실패하였다."

3. 주식의 수와 의결권을 분리시키는 사실상의 구조

이러한 차등의결권 같은 직접적인 방식을 사용하지 않고서도 사실상 주식의 수를 실질적 의결권의 수와 분리시키는 기법들이 있다. 이는 1주 1의결권 원칙을 강행규칙으로 하고 있는 우리나라를 포함한 많은 나라에서 나타나는 현상인데 순환출자나 피라미드식 소유구조가 이에 속한다. 이러한 기법을 사용하면 자신이 보유한 주식의 수보다 훨씬 많은 의결권을 사실상 행사할 수 있고 그를 통해 자기 측 인사들을 이사회에 진출시켜 회사의 경영권을 장악할 수 있다. …

또한 자신이 보유한 지분보다 더 많은 의결권을 행사하는 방법으로 다른 주주의 의결권만을 매수하는 것을 생각해 볼 수 있다. 주식이 보유한 여러가지 속성들 중 의결권만을 일정 기간 유상으로 양도받을 수 있다면 주주총회에서 소수의 지분을 가지고도 원하는 대로 이사회를 구성할 수 있을 것이다. 그러나 우리나라 상법의 해석론에 따르면 의결권은 주주권으로부터 분리될 수 없는 것이기 때문에 의결권의 유상거래는 위법하다고 한다. 미국에서도 의결권의 유상거래는 보통법상 허용되지 않는 거래이다.ⓒ 주식으로부터 분리된 의결권만의 양수도를 허용하지 않는 것은 경제학적으로 그러한 거래가 회사 조직의 효율성을 저하시키기 때문이다.ⓓ

B. 우호적 세력의 확보

1. 백 기 사

이른바 "백기사(white knight) 전략"이라고 하는 것은 적대적 인수의 위협에 직면한 현경영진이 우호적 세력을 확보하기 위해서 사용하는 가장 일반적인 방법이다. 백기사란 인수희망자보다 더 높은 가격으로 대상회사에 대하여 인수제의를 하면서도 현 경영진을 교체하지는 않을 제3의 인수희망자를 말한다. 우리나라에서는 지배주주의 단계까지 이르지는 않더라도 상당한 규모의 지분을 취득해서 현경영진의 경영권방어에 결정적인 도움을 주는 제3자도 백기사로 불린다. 적절한 방어책이 없는 인수목표회사의 경영진은 이러한 제3의 인수희망자를 물색해서 인수위협으로부터 벗어나는 동시에 경영권을 보전하려는 시도를 할 수 있다. 우리나라에서는 1994년 원진의 경남에너지 인수 시도시 가원이 대웅제약을 백기사로 초빙하여

ⓒ *Schreiber v. Carney*, 447 A.2d 17 (Del. Ch. 1982).
ⓓ Frank Easterbrook & Daniel Fischel, *Voting in Corporate Law*, 26 J. OF L. & ECON. 395, 409-411 (1983) 참조.

원진의 경남에너지 인수 시도를 무위로 돌아가게 한 사례가 있다. IMF 사태이후에는 외자유치에 의한 구조조정이 널리 행해지면서 백기사로 외국인투자자를 물색하는 경우가 흔히 나타나고 있는 것으로 알려진다.

우리나라에서 전통적으로 백기사의 역할을 해 온 것은 계열회사들이다. 특히 계열회사들 중 금융기관이 있으면 그 유용성은 두말할 나위 없이 큰 것이다. 이 때문에 특히 대규모기업집단 소속 회사들의 경영권은 상대적으로 안정되어 있고 잠재적인 백기사가 항상 대기하고 있는 상황에서 외부에서 적대적 기업인수를 시도하려는 동기는 많이 감소된다. 정부에서 출자총액제한제도와 금융계열사 의결권제한제도를 실시하고 있는 것도 바로 이 때문이다. 백기사를 금할 이유는 없지만 가공의 자본을 형성하거나 금융기관의 건전성을 위험하게 하면서까지 지배력을 유지하는 것은 곤란하다는 것이다. 이처럼 계열사를 백기사로 하는 것이 다소 제한적으로 되자, 최근에는 잠재적인 경영권 불안에 대비하여 상호 백기사 협약을 체결하는 기업들이 늘고 있다. POSCO가 SK그룹(SK는 POSCO에 3.34%, POSCO는 SK에 7.04% 출자), 신일본제철(신일본제철은 POSCO에 3.25%, POSCO는 신일본제철에 2.17% 출자) 등과 맺고 있는 상호 백기사 협약이 좋은 예이다. POSCO는 2007년 4월에 현대중공업과도 유사한 조치를 취하였다.

상호 백기사 협약은 쌍방이 상대의 주식을 취득하여 유사시 우호세력으로 협력하는 방법과, 일방이 주식을 취득하고 타방은 일정한 거래관계를 유지하기로 하는 방법이 있다. POSCO와 대한해운의 사례가 후자에 속한다. SK그룹의 경우 2003년 3월 POSCO의 주주총회에서 회장의 연임에 찬성한 바 있으며 POSCO도 소버린 사태와 관련하여 SK그룹을 지원하는 입장을 취하였다. 양 회사는 각자의 퇴임 임원을 상대방 회사의 사외이사로 교차선임하고 있기도 하다. 타회사의 경영권 방어를 위해 회사의 자금을 사용하는 것이 법률적으로 허용되는가의 문제가 있기는 하겠으나 순수히 타회사의 경영권 방어를 위한 것이 아니라 교환적으로 자기 회사의 경영권 방어를 위한 자금의 사용이고 투자 가치가 높은 우량기업에의 투자라면 특별한 문제가 발생하지는 않을 것이다. 또한 협력업체들이 회사의 지분을 보유하여 경영권 안정을 도모할 수도 있을 것이다. 실제로 POSCO의 경우 유니온스틸을 포함한 협력업체들이 약 6%의 지분을 보유하고 있는 것으로 알려지며 대한해운의 경우에도 거래 손해보험회사가 상당량의 지분을 보유하고 있는 것으로 알려진다. 미국의 GE도 명망 있는 투자은행들과 연계하여 지분구조를 안정시키는 방안을 사용하고 있다.

2. 제 3 자에 대한 신주 또는 전환사채의 배정

이렇게 사전적으로 백기사를 확보하여 경영권을 안정시킬 수도 있으나, 실제로 경영권 분쟁이 발생한 경우에 급하게 우호적인 제 3 자를 물색하여 그 제 3 자에게 신주나 전환사채 등 지분증권을 발행하는 방법도 있다. 그러나 우리나라 상법 제418조 제 1 항은 미국이나 일본과 달리 주주의 신주인수권(preemptive right)을 엄격하게 인정하고 있기 때문에 적대적 기업인수의 방어목적으로 제 3 자 배정 신주발행을 이용할 수 있는지는 항상 논란의 대상이다. 대부분의 공개회사는 상법 제418조 제 2 항에 근거하여 제 3 자 배정을 통한 신주발행의 근거를 정관에 마련해 두는 경우가 대부분이다. 따라서 정관의 규정이 있어야 하는 점은 거의 문제가 되지 않는다. 문제는 적대적 기업인수에 대항하여 신주의 제 3 자배정으로 우호적 주주 또는 제 3 자에게 차별적으로 신주를 발행하는 것이 제418조 제 2 항의 "회사의 경영상 목적을 달성하기 위하여 필요한 경우"에 포함되는가 여부이다. 이 규정은 전환사채 발행의 경우 제513조 제 3 항, 신주인수권 발행의 경우 제516조의 2 제 4 항에서 각각 준용되고 있다. 일반적으로 위 단서규정의 도입은 제 3 자배정의 합리성을 요구하기 위한 것으로 이해되고 있기 때문에, 제 3 자 배정을 합리화할 수 있는 사유로서 상법이 예시하고 있는 것 이외에 외국자본의 도입, 전후방 연계시장의 확보 등 "회사의 발전을 위해 필요하고 주주배정에 의해서는 같은 목적을 달성할 수 없다고 인정되는 경우"에 한한다. 적대적 기업인수에 대항하여 신주의 제 3 자 배정으로 우호적 주주 또는 제 3 자에게 신주를 발행하는 것이 제418조 제 2 항의 "신기술의 도입, 재무구조의 개선 등 회사의 경영상 목적을 달성하기 위하여 필요한 경우"에 포함되는가?

3. 자기주식취득

자기주식 또는 자사주 취득은 현재 상장회사들이 경영권방어를 위해 그나마 유효하게 사용할 수 있는 방법이다. 상장법인의 자사주 취득은 1990대 중반까지만 해도 완전히 금지되다가, IMF 직전 10%까지로 완화되었고, IMF 사태 이후 1/3로 상향 조정된 후 1998년 5월 25일부터 완전히 폐지되었다. 정부는 자사주 취득한도의 철폐가 동년 2월 24일부로 강제공개매수제도가 폐지됨에 따라 기업의 경영권방어수단을 확충하기 위한 것이라고 밝힌 바 있다. 그러나 자사주 취득에 있어서 회사의 재무상태에 따른 금액 제한은 계속 유지되고 있으며 증권시장에서의 주가조작 가능성 때문에 자사주 취득은 엄격한 절차가 요구된다. 종전에는 자사주를 취득하기 위해서는 동시호가 주문을 내고 이를 정정하고자 하는 경우에만 장중에서 취득할 수 있었는데 2003년 9월 관련규정의 개정으로 장중에서도 매수주문 호가를 낼 수 있도록 제도가 변경되었다. 또 시간외대량매매방식과 ECN시장을 통하여 자기주식을 처분할 수 있는 근거도 마련되어 자사주 취득이 보다 자유롭게 행해질 수 있도록 하였다. 최근에는 개정 상법안에서 일반 회사에 대해서도 원칙적으로 자기주식취득을 허용한다고 한다.

자사주 취득은 실제로 경영권 안정 목적을 위해 자주 행해진다.[ⓔ] 우리나라에서 자사주취득이 경영권방어에 효과적으로 사용된 사례는 1996년 범한정기 사건이다. 당시 큐닉스컴퓨터가 범한정기 주식에 대해 공개매수를 시도하자 범한정기는 자사주펀드 가입계획을 발표하였다. 그 결과 주식의 시가가 공개매수가격보다 높게 유지되어 큐닉스컴퓨터의 범한정기 인수시도는 실패하였다. 범한정기는 자본금이 10억 원에 불과한 작은 회사였는데 실제로 자사주펀드 가입을 하지도 않은 것으로 알려진다. 이처럼 자사주 취득은 경영권 안정을 위하여 매우 효과적인 방법이며, 동시에 주가를 부양하기 때문에 소액주주들의 호감을 사는 방법이기도 하다. 경우에 따라서는 가격제한을 받지 않는 자사주 공개매수가 행해지기도 한다. 그러나 경영권에 대한 위협 세력에게 프리미엄을 지불하고 자사주를 취득하는 이른바 그린메일(Greenmail)의 지불은 우리나라에서 행해지기 어렵다. 증권거래법에서 자기주식취득의 방법으로 시장에서의 취득과 공개매수만을 인정하고 있기 때문이다. 그린메일은 특정 주주로부터 장외에서 그 주식을 매입하는 것이기 때문에 증권거래법상으로는 허용되지 않고 결국 상법에서의 근거를 찾아볼 수밖에 없는데, 상법에서는 허용하고 있는 자사주 취득의 목적에는 해당하지 않기 때문이다. 다만 우리나라에서도 언론에서 그린메일이라고 부르는 사례가 일어나기는 하는데, 이는 그룹의 대주주가 장외에서 위협세력의 주식을 매입하는 것을 말한다. 이것은 주주간 주식거래에 불과하고 자사주 매입이 아니기 때문에 원래 의미에서의 그린메일은 아니다.

그런데 자기주식은 도대체 어떤 메커니즘을 통해 경영권방어에 도움이 되는가? 전통적인 논리로,[ⓕ] 자기주식취득으로 시장에서 유통되는 의결권을 가진 주식이

ⓔ 일반론으로, Charles Nathan & Marylin Sobel, *Corporate Stock Repurchases in the Context of Unsolicited Takeover Bids*, 35 BUS. LAW. 1545 (1981).

ⓕ 별로 설득력이 없으나 자주 언급되는 논리로는, 취득대금 상당액을 회사에서 주주로 이전시키거나 또는 취득자금 대부분을 차입에 의존함으로써 자기자본비율을 낮추고 부채비율을 증가시켜 그만큼 대상회사의 재무적 매력을 감소시킬 수 있다는 주장도 있다. 그러나 우선 단순히 부채비율의 증가가 곧 기업가치의 감소로 이어지는 것은 아니다. 설사 최적자본구조가

감소하며, 그 결과 현재의 우호세력이 보유하고 있는 의결권의 지분비율이 상승하게 되므로 경영권방어에 도움이 된다는 설명이 있다. 예를 들어, 현재 발행주식수가 120만 주이고, 이 중에서 우호세력이 51만 주(42.5%)를 보유하고 있는 경우, 회사가 20만 주의 자기주식을 취득하게 되면, 우호세력은 의결권 있는 주식의 51%라는 절대적 지배주식을 보유하는 결과가 된다는 설명이다. 그러나 이러한 전통적인 논리는, 적대세력의 지분비율도 함께 상승한다는 점을 간과하고 있다. 적대세력의 지분비율도 함께 상승하기 때문에, 사실 적대적 인수세력이 회사의 지배권을 취득하기 위하여 취득해야 할 주식의 절대수에는 아무런 변화가 없다. 예를 들어, 위 사례에서 우호세력의 사전적인 지분비율을 40만 주(33.3%)라고 하고, 이에 대하여 인수세력이 이미 30만 주(25%)를 보유하고 있다고 하면, 회사의 20만 주 자기주식취득으로 우호세력의 지분비율이 33.3%에서 40%로 상승하였을 뿐만 아니라 적대세력의 지분비율도 25%에서 30%로 상승하였다. 그 결과 인수세력이 회사의 지배권을 취득하기 위하여 취득해야 할 주식의 절대수는 10만주+1주로 여전히 동일하다. 실제로 자기주식취득은 다음과 같은 경로를 통하여 경영권 방어에 도움을 준다고 본다.

① Liquidity Effect: 자기주식취득은 유통되고 있는 주식수를 감소시킴으로써 인수회사가 지배권취득에 필요한 주식을 확보하는 것을 곤란하게 만드는 효과가 있다. 그러나 인수회사가 필요한 주식의 확보에 곤란을 느낄 정도로 시장에서 거래되는 주식이 없어지기 위해서는 일반적으로 대상회사가 엄청난 양의 자기주식을 취득해야 하므로 현실적인 설명력은 떨어진다.

② Stock Price Effect: 자기주식취득을 통하여 회사의 주가를 상승시키게 되면,⑨ 결과적으로 매수자금이 인수세력의 예상보다 상승하게 되는 효과가 있다고 한다. 이 효과는 특히 인수회사의 공개매수가 시작되고 난 이후, 즉 사후적 방어방법으로 사용된 경우에 특징적으로 나타난다. 현실적으로 자

존재한다는 전제에 서더라도, 현재의 자본구조가 최적이거나 초과부채라는 사실이 명확하지 않은 이상, 추가적인 부채로 인하여 회사의 가치가 증가할 가능성도 있다. 설사 기업가치가 감소된다는 것을 인정하는 경우에도, 미래에 일어날지도 모를 적대적 기업인수에 대비하기 위해서 미리 기업의 가치를 감소시켜 놓는다는 결론이 되므로 설득력이 떨어질 수밖에 없다.

⑨ 자기주식취득으로 인한 주가상승에 관한 신호모형은, Theo Vermaelen, *Common Stock Repurchases and Market Signaling: An Empirical Study*, 9 J. FIN. ECON. 139 (1981); Larry Y. Dann, Common Stock Repurchase: An Analysis of Returns to Bondholders and Stockholders, 9 J. FIN. ECON. 113 (1981); Ronald W. Masulis, *Stock Repurchase by Tender Offer: An Analysis of the Causes of Common Stock Price Changes*, 35 J. FIN. 305 (1980).

기주식취득의 경영권 방어효과의 가장 중요한 측면이라 할 수 있다.

③ White Knight Effect: 보유하고 있는 자기주식을 우호적인 제 3 자에게 매각하는 방식으로, 백기사전략과 결합하여 사용될 수 있다. 특히 원칙적으로 주주의 신주인수권 개념을 인정하고 있는 우리나라의 경우에는 이러한 효과가 더욱 중요하게 부각될 수 있다. 자기주식취득 후 이를 보유하고 있다가 재발행하는 것과 자기주식취득을 하여 이를 소각하고 신주를 발행하는 것은 재무적으로는 완전히 동일한 거래이지만, 전자는 주주의 신주인수권의 제한을 받지 않고, 후자는 그 제한을 받는다는 결정적인 차이가 있다.

이처럼 자기주식취득은 신주발행과 경제적으로는 동일한 거래이나 신주인수권에 관한 규제를 회피할 수 있다는 것이 종래의 일반적인 생각이었으나, 최근 이와 관련하여 이른바 대림통상 사건ⓗ에서 [신주발행의 경우와 동일한 요건이 필요하다는] 결정 … 자사주취득의 효과는 크게 반감된다 … 논리적으로는 당연히 타당한 설명이지만, 우리나라의 법체계에서 거래의 형식보다 실질을 우선시키는 이러한 논리가 타당한지는 의문이다. 이러한 법리가 향후 확정될 것인지는 지켜볼 일이다. …

사회적 비용의 관점에서 본다면, 자기주식취득은 경영권 방어를 위해서 불필요하게 자본을 환급하는 결과가 된다. 특히 자기주식의 지나친 취득은 증권시장을 통한 기업의 자금조달과 그를 통한 자본시장의 발달이라는 목표와 부합하지 않는다. 2003년의 경우 증권거래소에서 기업들의 신규자금조달 규모보다 자금이 자기주식취득을 통하여 퇴장한 규모가 더 컸다고 보도될 정도이다.ⓘ 만일 자본이 주주에게 반환되지 않고 회사에 남아있는 것이 더 효율적이라면, 자기주식을 통한 불필요한 자본환급은 회사의 가치를 감소시킬 수 있다. 나아가 자기주식취득은 순전히 경영진의 권한에 바탕을 두고 있으므로 비효율적인 경영진도 충분히 이용할 수 있다. 주

ⓗ 대림통상 판결(서울서부지법 2005가합8262 — 자기주식 장외거래 무효확인; 2006카합393 — 의결권행사금지가처분). 소버린과 분쟁 중이던 SK는 2004년 3월의 주주총회를 앞두고 보유 중이던 자기주식을 우호적인 세력에게 처분하여 우호지분을 높이려 시도하였는데, 그를 저지하려는 소버린의 법적 조치는 법원의 지지를 받지 못하였다. 서울지법은 2003년 12월 23일의 결정에서 자기주식은 취득의 목적이 경영권 방어가 아니었던 한 자유롭게 처분할 수 있다고 하였다. 2003카합4154 — 의결권행사금지가처분: 이 결정에서 법원은 "이 사건 이사회 결의는 피신청인 회사 이사들이 신청인의 기업매수에 직면하여 이를 방어하기 위한 경영판단에 의하여 한 것으로 일응 적법하다"고 하였다.

ⓘ 2003년 한 해 동안 상장기업들의 자사주 취득은 삼성전자의 2조 407억 원을 포함하여 전년대비 35% 증가하였던 반면 자사주 처분은 67% 감소하였다. 증권거래소 보도자료 (2003년 12월 26일자) 참조.

주가 개입하여 방어수단을 무력화시킬 방법이 없다. 그 결과 비효율적인 경영진이라 하더라도 자기주식취득을 통해 계속 자신의 지위를 유지할 수 있다는 단점이 있다. 자기주식취득의 본질이 배당과 동일한 것이라면, 그 의사결정권자 역시 배당권자와 동일하게 할 필요가 있다.

KT&G도 칼 아이칸과의 분쟁시 보유하던 자기주식을 우호세력에게 처분하려는 계획을 가지고 있었던 것으로 알려졌는데 칼 아이칸 측은 그에 대해 이사들의 충실의무 위반 책임을 물을 것이라고 위협하였고 그 위협이 원인이었던지는 불분명하지만 KT&G는 자기주식 처분을 경영권 방어수단으로 사용하지는 않았고 따라서 법률적 쟁송이 발생하지는 않았다. 2005년 말 기준으로 KT&G의 자사주 비중은 9.6%에 달하였다. 이 사례는 경영권 방어 행위에 대해 이사들의 책임을 추궁하겠다는 전형적인 미국식의 접근 방법을 보여 준다. 만일 칼 아이칸 측의 접근방법이 효과적이었다면 이러한 접근방법은 전문경영인이 경영하고 사외이사가 중심이 된 이사회를 보유하고 있는 KT&G와 같은 회사에 대해서는 많이 활용될 것이다. 상술한 SK 사건 당시의 위 서울중앙지법 결정도 이사의 책임 문제에 대해 언급하고 있으나 판단의 초점은 자기주식 처분행위의 적법성이었다. 법원은 결정문에서 "자기주식 처분이 현 이사들의 경영권 유지 또는 대주주의 지배권 유지에 주된 목적이 있는 것으로서 아무런 합리적 이유도 없이 회사와 다른 주주들의 이익에 반하는 등 경영권의 적법한 방어행위로서의 한계를 벗어난다면 주식회사 이사로서의 주의의무에 반하는 것으로서 위법하다고 볼 여지가" 있다고 하였다.

4. 의결권구속계약

지분율이 다소 낮은 지배주주의 경우 현재 우호적인 관계에 있는 타주주들과 의결권을 일정한 약속대로만 행사한다는 계약을 체결할 수 있다. 계약의 내용이 현저히 불공정한 경우를 제외하면 이와 같은 계약은 유효하다. 의결권구속계약의 채권적 효력에 근거하여 계약에 위반하여 의결권을 행사한 주주는 상대방에게 손해배상책임을 지게 되며, 상대방은 계약에 따른 의결권의 행사를 청구하는 이행의 소를 제기할 수 있고 그 판결은 민사소송법상의 의사표시 의무의 집행규정에 따라 강제집행할 수도 있을 것이다.[①] 다만 의결권구속계약에 위반하여 행사된 의결권도 유효

① 독일의 통설도 의결권구속계약을 원칙적으로 유효하다고 본다. 나아가 독일연방대법 (BGH)은 그러한 계약의 이행을 구하는 소가 허용되며 독일 민사소송법 (ZPO) 제894조에 의해 강제집행 할 수 있다고 한다. 48 Entscheidungen des Bundesgerichtshofes in Zivilsachen 163. 그러나 계약의 내용대로 의결권을 행사하도록 하는 가처분에 대해서는 독일의 경우

한 것이므로 미리 위약금 약정을 해 두는 것이 좋다. 그러나 이 전략의 문제점은 해당 주주들이 이와 같은 계약을 체결할 인센티브가 별로 없을 수 있으며 따라서 위약금 약정 등은 사실상 어려울 가능성이 크다는 것이다. 한편 백기사 전략이나 외자유치, 전략적 제휴계약 등에는 의결권을 당사자들이 협의해서 공동으로 행사하기로 하는 약정을 포함 정교한 안전장치들이 포함되는 것이 보통이다.ⓚ 그러나 이러한 약정은 결국 상대에 대한 불신을 기초로 하기 때문에 이 과정에서 당사자들간의 우호관계가 손상되는 일이 있기도 하다.

5. 채권자들과의 제휴

극히 예외적인 경우이기는 하지만, 적대적 기업인수가 발생하는 경우 채권이 즉시 변제되어야 하는 것으로 사채발행계약이나 대부계약에 규정해 둔다면 인수희망자의 인수계획, 특히 자금조달계획에 차질을 발생시킬 수 있다.ⓛ 이러한 특약은 일반적인 재무제한특약(restrictive covenant)과 유사한 것처럼 보이지만, 실제로 적대적 기업인수를 염두에 둔 이러한 조치에 협조할 금융기관은 거의 없다. 왜냐하면 이러한 조치는 유사시 회사에 엄청난 자금압박을 가하게 되어 채권의 완전한 회수 자체가 위험해질 뿐 아니라, 인수에 성공한 세력이 다른 금융기관으로부터 차입한 자금으로 채무를 변제할 가능성도 있기 때문에 금융기관으로서는 고객을 잃게 되는 결과를 초래할 것이기 때문이다. 대개의 차입계약은 이러한 적대적 기업인수에 대한 방어책이 아니라, 회사 경영권의 변동을 채무자가 기한의 이익을 상실하는 사유로 규정하고 있다.

C. 상대방 지분의 희석

1. 역 공

이른바 "공격이 최선의 수비"라고 하는 속담처럼, 방어하는 측에서 오히려 상대방 회사에 대해서 공개매수를 하는 경우가 있는데, 이를 "역공전략"이라고 하고,

---

법원이 가처분 결정이 본안에 대한 판단을 대체할 것을 우려하여 소극적이라고 한다. Karsten Schmidt, Gesellschaftsrecht (2판, 1991), 506-510 참조. [저자 추가 뒤의 각주 ⓢ 참조]

ⓚ Joseph Bertlett & Christopher Andrews, *The Standstill Agreement: Legal and Business Considerations Underlying a Corporate Peace Treaty*, 62 BOSTON U. L. REV. 143 (1982) 참조.

ⓛ Richard Clemens, *Poison Debt: The New Takeover Defense*, 42 BUS. LAW. 747 (1987).

영어로는 "Pac-Man"이라고 한다.[ⓜ] 아마도 어릴 때 패크맨이라는 컴퓨터게임을 즐겨 한 독자라면 그 의미를 바로 이해할 수 있을 것이다. 이러한 역공전략은 특히 미국에서 1980년대에 성행하였다. 1982년에 Mesa Petroleum이 Cities Service를 적대적으로 인수하려 하자 Cities Service가 Mesa Petroleum을 적대적으로 인수하려고 시도한 일이 있으며 1984년에는 Houston Natural Gas가 Coastal Corporation에 대해 같은 방식으로 대응한 사례가 있고, 1988년에는 American Brands가 E-Ⅱ Holdings를 역공에 의해 인수한 사례가 있었다.

예를 들어, 1982년 미국에서 발생한 Bendix-Martin Marietta 사건은 M&A의 전개 양상이 얼마나 복합적일 수 있는지를 잘 보여준 바 있다. 1982년 8월 25일, Bendix는 Martin-Marietta에 대해 주당 43달러의 공개매수를 시도하였는데, 이에 대해 Martin Marietta는 Bendix 주식에 대한 공개매수 발표로 대응하였다. 그와 동시에 United Technologies가 Bendix에 대한 공개매수를 발표하였는데, 그러자 M&A를 시작한 Bendix가 오히려 수세에 몰리는 처지가 되었다. 미국 기업의 이사회는 상대의 적대적 기업인수 시도를 무조건 거부하는 것이 아니라 주주들에 대한 최선의 이익을 기준으로 판단해야 하므로 Bendix에 대한 Martin Marietta와 United Technologies의 인수 시도는 Bendix 진영에 일대 혼란을 불러일으켰다. 이 문제를 해결하고자 양측에서 협상을 시도하였으나 결국 결렬되고, 공개매수를 먼저 시작한 Bendix가 Martin Marietta 주식을 먼저 취득하여 주주총회를 시도하였다. 그러나 Marietta의 설립지인 메릴랜드 주 법에 의하면 임시주주총회의 소집을 위해서는 열흘간의 대기기간이 경과해야 했고 Bendix는 이 기간 동안 Marietta 이사회를 장악하는 데 실패하였다. 한편 Bendix는 델라웨어 주 회사이고 델라웨어 주법은 대주주의 주주총회 소집에 대해 대기기간을 두고 있지 않으므로 Bendix는 위험에 처하게 되었다. Bendix는 델라웨어 주 법원에 기술적으로 자신의 자회사인 Marietta가 의결권을 행사하는 것을 금지시켜 줄 것을 신청하여 결정을 얻어 냄으로써 가까스로 위기를 모면하였다. 또한 Bendix는 Allied를 설득하여 백기사로 나서도록 하는 데 성공하였다. Allied는 Marietta와 United Technologies가 제시한 것보다 높은 가격으로 Bendix에 대한 공개매수를 발표하였다. 그러나 Marietta는 일단 청약에 응한 Bendix 주식들을 매수하였다. 이 사건은 결국 화해로 종결되어 Bendix는 Allied에 의해 인수되고 쌍방은 서로 인수한 주식을 교환하였다. 너무 복

ⓜ Bruce Wasserstein, 위 주 1-2 게재서, 823-826; Deborah DeMott, *Pac-Man Tender Offers*, 1983 DUKE L. J. 116.

잡하다고 생각하는 독자들은 실제로 무슨 일이 일어난 것인지 한번 그림을 그려보도록 하자. 이 사건을 촉발시킨 Bendix의 CEO는 경질되었으나 Marietta는 성공적인 방어에 힘입어 후일 록히드(Lockheed)와의 합병에 필요한 기초를 닦았다.

역공의 가능성은 적대적 기업인수를 시도하는 측에게 잠재적인 부담이 된다. 그 때문에 역공을 가능하게 하는 제도는 공정한 M&A 규칙 정립에 도움이 되고 역공을 불가능하게 하는 제도는 그 반대의 평가를 받는다. 앞서 제 1 장에서 살펴본 EU에서의 기업인수법 제정 과정이 역공을 가능하게 하는 제도의 중요성을 잘 보여준다. 이러한 역공은 실제로 우리나라에서 매우 유용하게 사용될 수 있다. 우리나라에서도 대상회사가 공격자 측 지분의 10%를 취득하게 되면, 공격자가 아무리 많은 지분을 보유하고 있더라도 그 보유하는 대상회사의 지분은 의결권이 없어지기 때문이다.ⓝ 그리고 여기까지 이르지 않더라도 상대측 지분을 다량 보유하고 있으면 여러 가지 방법으로 상대를 견제할 수가 있다. 오래 전 사례이지만 지방의 3개 소주 제조업체들이 동양맥주의 지분을 연합하여 취득, 경영에 간섭함으로써 동양맥주의 인수 시도를 포기시킨 사례가 있다.

2. 포이즌필

상대방의 의결권을 없애는 다른 방법으로서 포이즌필을 생각할 수 있다. 흔히 "독약증권" 정도로 번역되는데, 일반적으로 대상회사의 경영진이 그 주주들에게, 대상회사의 신주 또는 이후 합병하는 회사의 신주를 매입할 수 있는 내용의 콜옵션을 지급하는 것을 말한다. 미국에서는 공식적으로는 "shareholder rights plan"이라는 용어를 사용하며, 일반적으로 이러한 내용의 콜옵션을 주주에게 배당하는 형태를 취한다. 포이즌필은 원칙적으로 주식과 분리하여 거래되거나 이전될 수 없으며, 일정한 사건이 발생하지 않는 한 콜옵션을 행사하는 것도 금지된다. 오직 증권상 정해진 사건, 다시 말해서 발행회사가 적대적 인수의 대상이 되는 경우에만 주식과 분리하여 거래될 수 있고 콜옵션의 행사도 가능하다. 이렇게 포이즌필, 즉 콜옵션을 작동시키는 사건을 흔히 "triggering event"라고 부르는데, 통상 대상회사가 합병되거나 또는 인수를 시도하는 회사가 대상회사의 일정 지분 이상을 취득하는 경우 등이 열거된다. 포이즌필의 존속기간은 보통 10년 또는 20년 정도로 정해져 있다. 포이즌필이 경영권 방어에 도움이 되는 이유는, 쉽게 말해서 인수회사가 대상회사의

ⓝ 상법 제369조 제 3 항에 의하면 회사가 다른 회사 지분의 10분의 1을 초과하는 주식을 가지고 있는 경우 그 다른 회사가 보유하는 회사의 주식에는 의결권이 없다.

지배권을 취득하게 되면 인수회사 또는 대상회사의 의결권이 엄청난 규모로 희석되기 때문이다. 대부분의 경우 콜옵션의 행사가격은 주식의 실제가치에 미치지 못하기 때문에, 인수회사로서는 의결권 희석화로 인한 불이익뿐만 아니라 자산가치의 희석화 문제까지도 함께 겪게 된다. 따라서 이러한 결과를 예상하고 대상회사의 인수를 꺼리게 된다는 것이다.

포이즌필은 미국에서 가장 강력하다고 인정되는 방어방법이지만, 우리나라에서는 이용할 수 없다. 주식을 매입할 수 있는 콜옵션 — 이를 워런트(warrant)라고 한다 — 의 발행이 불가능할 뿐만 아니라, 현물배당이 되지 않기 때문에 이러한 권리를 주주에게 배당할 수 없기 때문이다. 최근 개정 상법안에서는 현물배당을 인정하고 있기 때문에, 결국 포이즌필의 도입문제는 워런트의 인정 여부와 밀접하게 관련되게 되었다. 일본에서는 최근 상법개정을 통하여 워런트를 "신주예약권"이라는 이름으로 도입하였고, 이에 따라 포이즌필을 어느 정도까지 허용할 것인지 여부가 진지하게 논의되고 있다. …

D. 정관규정을 통한 방어

이상에서 설명한 바와 같이 경영권 방어는 우선 자신과 상대방의 의결권을 인위적으로 조정하는 방법을 통해서 이루어지지만, 그 이외에 정관에서 다양한 규정을 두어 경영권 취득을 방해하는 방법도 있다. 주로 이사회를 쉽게 장악할 수 없게 한다거나 주주총회에서의 의사결정을 마음대로 할 수 없게 하는 것들을 골자로 하는데, 과거 미국에서는 이를 "상어퇴치법(shark repellant)"이라고 하여 매우 중요한 방어수단으로 이해하였으나, 포이즌필의 개발 이후에는 그 중요성이 줄어들었다. 특히 이러한 방식은 정관개정의 절차를 거쳐야 할 뿐만 아니라, 사전적으로 적대적 기업인수가 어렵다는 것이 정관규정을 통하여 명시적으로 드러나기 때문에 기업의 가치에 부정적 영향을 줄 수도 있다는 단점이 있다. 이하에서 주요 정관규정을 살펴보기로 한다.

1. 초다수 결의요건

회사의 지배권이나 경영과 관련된 중요한 사항의 변경에 초다수 의결권, 예를 들어 의결권의 90% 정도를 요구할 수 있는가? 이러한 정관규정이 허용된다면 회사를 인수하려는 자에게 큰 부담이 될 것이다. 미국에서는 이러한 정관이 허용되는 주가 많지만, 우리나라에서도 적법한 것인지는 의문이 있다. 우리나라에서 주주총회의 결의는 법령이나 정관이 다르게 정하고 있는 경우를 제외하고는 출석한 주주의 의결권의 과반수와 발행주식 총수의 1/4 이상의 수로써 한다(상법 제368조 제1항). 이를 가중하는 경우에도 상법은 정관의 변경(제434조), 영업양도(제374조 제1항), 합병(제522조 제3항) 등과 같이 매우 중요한 사항에 대해서는 따로 결의요건을 가중시키는 특별결의 규정을 두고 있을 뿐이다. 따라서 상법에서 아무런 규정이 없는 경우에도 정관에 규정을 두어 결의요건을 가중시킬 수 있는지, 그리고 상법에서 정하는 특별결의 요건보다 더 가중된 요건을 정관으로 정할 수 있는지 등은 아직 확실하지 않다. 이는 본질적으로 전술한 주주별 의결권 상한 설정, 차등의결권주식의 발행 등과 같은 맥락에서 다루어질 수 있는 것이다.ⓞ …

2. 이사의 임기와 시차임기제

적대세력이 쉽게 이사회를 장악하지 못하도록 하는 방법으로 자주 이용되는 것이 시차임기제이다. 시차임기제는 이사 전원을 한꺼번에 임명하지 아니하고, 매년 그 일부만 임명할 수 있도록 하는 제도로서, 적대세력이 회사의 지배권을 취득하는데 많은 시간이 소모되게끔 만들 뿐만 아니라, 인수회사가 한 번의 전쟁에서 승리하면 되는 것이 아니라 2년에 걸쳐 두 번의 전쟁을 치러 이사의 과반수를 교체해야 하는 부담이 있다. 이사의 임기는 상법상의 상한인 3년으로 정해지는 것이 일반적이므로, 시차임기제를 둔 경우에도 일반적으로 매년 이사 총원의 3분의 1씩을 선임하는 것으로 규정을 만들게 된다. 그 결과 이사의 과반수를 확보하는 데 2년이 소요된다. 따라서 이사들의 임기를 조정하여 매년 일부의 이사만이 임기만료 되도록 이사회를 구성해 두면 유사시에도 이사회가 완전히 넘어가는 것을 막을 수 있다. 이러한 시차임기제하에서는 이사들이 순차적으로 교체되기 때문에 이사회 업무의 연속성을 보장해 주므로 바람직한 제도라는 명분도 있다.

현재 미국에서는 50% 이상의 공개회사 및 70% 이상의 신규 공개회사가 채택하고 있을 정도로 대중적인 정관규정이다.ⓟ 나아가 매사추세츠 주를 비롯한 몇몇 주에서는 주의 법률로 모든 회사에 시차임기제를 강제하고 있다. 실증적 연구에 의하면 미국에서는 포이즌필과 결합된 시차임기제가 가장 효과적인 경영권 방어장치

ⓞ 결의요건을 경영권을 보유한 측의 필요에 의해 가중하는 것은 후일 스스로 행동반경을 제약하는 부메랑으로 돌아 올 가능성이 있음에 유의해야 한다. 결의요건의 가중은 상대측의 행동을 제약하지만 별개의 사안에서 상대측에게 거부권을 인정해 주는 효과가 있다.

ⓟ John C. Coates, *Explaining Variations in Takeover Defences: Blame the Lawyers*, 89 CAL. L. REV. 1301, 1353 (2001).

라고 한다.⑨ 우리나라에서도 차츰 그 인식이 높아져 가고 있을 뿐만 아니라, 실제로 몇몇 대기업에서 정관에서 시차임기제를 규정하는 등, 그 이용빈도가 차츰 증가하고 있는 것으로 보인다.

그런데 설사 정관에서 이사의 임기를 3년으로 정하고 있더라도 적대세력이 회사를 인수하여 바로 모든 이사를 해임할 수 있지 않을까? 이러한 맥락에서, 일반적으로 시차임기제가 그 기능을 하려면, "이사는 정당한 이유가 없는 한 정해진 임기 동안 해임되지 않는다"는 규정을 마련하는 것이 중요하다(effective staggered board). 만일 이러한 규정이 없다면 인수회사가 주주총회에서 임기가 만료되지 않은 모든 이사를 전원 해임하고, 이사회를 새로 구성(board packing)할 수 있기 때문이다. 그런데 우리나라에서는 상법 제385조 제 1 항의 해석과 관련하여 이러한 정관규정이 유효한지 의문이 있다. 우리나라의 지배적인 견해에 따르면, 설사 이사의 임기가 정해져 있다고 하더라도 주주총회 특별결의로 언제든지 이사를 해임할 수 있으며(상법 제385조 제 1 항), 이는 정관으로도 달리 정할 수 없다고 해석되고 있다. 해임의 "정당한 이유"는 다만 이사가 회사에 잔여 임기 동안의 보수인 손해배상을 청구하기 위한 요건일 따름이며(상법 제385조 제 1 항 단서), 이 요건을 이사의 해임요건으로 정관에 규정하는 것은 무효이다. … 입법론상으로는 시차임기제는 상당히 효율적인 경영권 방어수단이기 때문에, 상법에서 일반적인 시차임기제의 경우 특칙을 두는 것은 어렵다고 하더라도, 정관에서 시차임기제를 채택한 경우 이렇게 선임된 이사에 대해서는 이사의 해임에 있어 정관에 특칙을 두는 것을 허용할 필요가 있다. …

실무적으로는, 회사의 정관이 이사의 수를 단순히 3인 이상이라고만 규정하고 있다면 적대세력이 회사를 인수하여 다수의 신규이사들을 선임하는 경우 잔존이사들의 비중이 낮아질 수 있으므로 시차임기제의 효용이 없어질 수 있다. 따라서 시차임기제를 규정하는 정관이 이사 수의 상한을 정하지 않고 있는 경우, 이를 사실상 이사 수의 상한을 정하고 있는 것으로 해석할 것인지의 문제가 발생하는 경우가 있는데, 그 점을 명확히 하기 위해 이사 수의 상한을 함께 정하는 것이 좋을 것이다. 정관변경으로 이사 수의 상한을 정한다면 정관의 추가적 변경을 통해서만 이사

---

⑨ Lucian Bebchuk, John Coates Ⅳ & Guhan Subramanian, *The Powerful Antitakeover Force of Staggered Boards: Theory, Evidence, and Policy*, 54 STAN. L. REV. 887 (2002). 매사추세츠 주는 펜실베이니아, 오하이오 주와 함께 극단적인 내용의 반기업인수법을 보유하고 있는 주로 유명하다. Robert Daines, *Does Delaware Law Improve Firm Value?*, 62 J. OF FIN. ECON. 525 (2001).

의 수를 늘릴 수가 있고 그러한 정관의 변경에는 주주총회에서 2/3 (또는 3/4)의 다수가 필요하므로 외부세력의 이사회 장악에는 제동이 걸리게 된다. …

3. 주식양도의 제한

상법 제335조에서는 주식회사의 주식양도를 이사회의 승인을 받아서만 하도록 정관에 규정하는 것을 허용하고 이에 위반하여 이사회의 승인을 얻지 아니한 주식의 양도는 회사에 대해 효력이 없는 것으로 하고 있다. 이는 주주가 현 경영진이 원치 않는 제 3 자에게 주식을 양도하는 것을 봉쇄할 수 있도록 해주는 것으로 강력한 경영권보호장치이다. 이러한 주식양도제한은 상장회사의 경우에는 그 적용이 없을 것이지만ⓡ 최소한 비상장 주식회사들에게는 큰 의미를 가진다.

특히 이러한 정관상의 주식양도제한이 중요한 역할을 하는 것은 합작회사의 경우이다. 현재 합작회사들의 경우 합작파트너의 동의 없는 주식양도는 합작계약에 의해 금지되어있는 것이 보통이지만, 원칙적으로 그러한 금지는 합작당사자들간에만 효력을 가질 뿐 회사에 대하여는 효력이 없다. 따라서 합작회사의 정관개정을 통해 주식양도에 이사회의 승인을 얻도록 하는 규정을 두는 것이 바람직하다. 또한 합작회사의 경우에는 정관에 주식양도제한에 관한 정함이 없다 하더라도 합작투자계약상의 주식양도제한 규정이 일정한 경우 회사에 효력을 미칠 수 있음에 유의해야 한다. 하급심 판례ⓢ에서는 정관에 의하지 아니한 합작계약상의 주식양도제한이 그 회사에 대해서도 효력이 있음을 인정한 바 있다. 여기서 법원은 "주주간 또는 회사와 주주간의 주식양도제한약정은 상법상 주식양도자유의 원칙에 대한 탈법수단이 되는 경우가 많으므로 원칙적으로 회사에 대하여는 효력이 없다고 볼 것이나, 그 주식양도제한내용이 상법상 정관으로 정하도록 되어 있는 것과 실질적으로 유사하고, 주식양도제한이 실질적으로 주주의 투하자본회수를 방해하지 아니하며, 회사가 주주간 상호신뢰관계가 중요한 폐쇄적인 회사로서, 회사에게 주식양도제한약정을 준수할 의무가 부과되어 있는 경우에는, 주식양도제한약정이 회사에 대하여도

ⓡ 증권거래소 유가증권상장규정 제15조 11의 2 참조.

ⓢ 서울지법 1997. 11. 20. 선고 97파7454 결정. [저자 추가: 이 외에도 서울지법 1998. 11. 3. 선고 97카합87005 판결; 서울고법 1999. 7. 13. 선고 98나65917 판결; 대법 2000. 9. 26. 선고 99다48429 판결과 뒤에 소개하는 부산고법 2007. 1. 11. 선고 2005나13783 판결, 대법 2008. 7. 10. 선고 2007다14193 판결도 참조] 천경훈, 주주간 계약의 실태와 법리 …, 26 상사판례연구 3, 27-40 (2013); 김지환, 주주간 계약과 정관자치법리에 관한 연구, 26 상사판례연구 197, 216-218 (2013); 송종준, M&A 규제와 의결권행사 및 신탁제도의 활성화 방안, 26 상사판례연구 335, 365-369 (2012).

그 효력이 있다고 봄이 상당하다"는 것을 그 이유로 제시하고 있다.

E. 기타 방어수단

1. Crown Jewel

… 마지막으로 사용하는 방법이 자신의 가치를 감소시키거나 쓸데없는 분쟁을 야기하는 것이다. 방어수단으로서는 가장 최후의 극단적인 방법이라고 할 것이고, 따라서 기업가치를 감소시킬 가능성이 높다는 점에서, 방어수단의 효용을 인정하는 경우에도 찬성하기 매우 어려운 방법이다. 그 한 가지 예가 바로 제 3 자에게 회사의 중요자산을 매각하는 것이다. 해당거래가 회사의 실질적인 전자산을 대상으로 하지 않는 경우 주주총회의 승인이 없이 자산을 매각할 수 있기 때문에, 경영진은 이 방법을 용이하게 사용할 수 있다. 인수희망자는 인수에 성공하더라도 목표회사의 중요사업부문이나 자산, 중요 계열사 등이 제 3 자에게 이전되므로 인수를 주저하게 된다. 이와 동일하지는 않지만, 대형 출판회사가 적대적 기업인수가 성공하는 경우 중요 작가들이 회사와의 계약을 해지하는 것과 같은 방어전략을 구사하는 것도 비슷한 맥락에서 이해할 수 있다.[ⓣ]

이러한 방어수단은 우리나라에서도 사용될 수 있으며 특히 경영권을 상실할 것이 확실히 예측되거나 심각한 경영권분쟁이 있는 상황에서 회사의 주요자산이나 영업부문 등을 경영권을 확보하고 있는 계열사로 이전하려는 시도가 있을 수 있으며,[ⓤ] 비슷한 맥락에서 대상회사가 지배하고 있는 주요 계열사를 기존의 대주주에게로 이전하는 것도 가능하다. 그러한 조치에는 주주들의 동의가 필요하지 않기 때문이다. 이러한 거래는 경영권 방어수단으로서뿐만 아니라 차선책으로서 경영권을 상실하게 되는 경우에 대비한 재기대책의 성격도 가진다. 그러나 이러한 자산의 매각은 일반적으로 이사의 충실의무에 위배되는 것으로 판단될 가능성이 매우 크다. 따라서 인수인으로서도 경영권을 최종적으로 인수하기 이전에 위와 같은 사태가 발생하는 것을 막기 위해 법원에 회사를 상대로 이사에 대한 위법행위유지청구권 등을 피보전권리로 하여 부동산이나 유가증권의 처분을 금지하는 가처분을 신청할 수 있다. 1997년 3월 28일 부산지법은 서륭과 효진간에 경영권분쟁이 있는 항도종합금융

ⓣ Gilson & Black, 767면. 이 전략은 오히려 적대적 기업인수 시도가 있고 방어가 불가능한 경우 회사를 해산하고 청산하는 전략과 유사하다.

ⓤ 회사의 중요자산의 처분에 주주총회의 결의가 필요한 것인지가 여기서 관건이 된다. 대법 1988. 4. 12. 선고 87다카1662 판결 참조.

이 자회사인 동화상호신용금고의 주식을 이사회결의로 서류의 관계회사들에게 처분하려 하자 그를 저지하기 위해 효진이 제출한 유가증권처분금지가처분신청을 인용한 바 있다. 또한 인수인으로서는 이사의 임무위배를 이유로 배임죄와 같은 형사고발을 시도할 수도 있다. 실제로 우리나라에서는 다소 극단적인 경영권방어수단을 사용하는 경우에는 거의 대부분 이사들의 형사책임이 문제될 것이다. 이는 실제로 이사들이 위법한 행위를 했는지의 여부에 관계없이 적대세력 측에 의한 공격방법으로 활용되게 되므로 현경영진의 입장에서는 큰 부담이다.

2. 방어소송

인수위협을 받는 대상회사의 경영진은 상대측이 증권거래법이나 공정거래법을 위반하였다는 등의 이유를 내세워 상대를 제소하기도 한다.ⓥ 그러나 미국에서는 연방법원들이 일반적으로 이러한 종류의 소송에 대해 회의적인 태도를 견지하고 있기 때문에 소송을 제기하는 인수목표회사의 경영진도 승소보다는 지연작전의 일환으로 이를 이용하는 것이 보통이다. 우리나라의 경우 법원에의 제소 외에도 … 시장감독기관에의 진정이나 비공식적 경로를 통한 문제제기 등이 가능할 것이다. 법원에의 제소와는 달리 이러한 경로를 통한 방어조치는 시간을 절약할 수 있게 해주고 경우에 따라서는 법률적으로 문제가 없는 인수 시도도 포기시킬 수 있으며 특히 외국인에 의한 적대적 기업인수에 있어서는 여론을 우호적으로 만드는 데 도움이 될 것이다.

흔하지는 않지만, 경영권분쟁 와중에 발생하는 각종 소송이나 비송사건에 있어서 관할법원을 유리하다고 여겨지는 곳으로 하기 위하여 공격적인 소송전략이 검토되는 경우도 있다. 그러한 전략도 일종의 방어소송이라고 볼 수 있을 것이다. 그러나 M&A의 와중에서 순수히 상대방을 곤혹스럽게 하거나 특정인에게 상처를 주기 위한 목적으로만 소송을 제기하는 것은 법조윤리에 어긋나는 행동이 될 수도 있음에 유의해야 할 것이다. 물론 이것은 완전한 실체법적인 근거를 확인하고 준비가 되어 있는 경우에만 소송을 제기할 수 있다는 의미는 아니며 특히 적대적 기업인수나 경영권분쟁의 과정에서는 시간다툼이 치열하므로 가급적이면 많은 소송을 제기하여 유리한 위치에 서고자 할 수가 있음을 부정하는 것도 아니다. 그러나 변호사

ⓥ Herbert Watchell, *Special Tender Offer Litigation Tactics*, 32 Business Lawyer 1433 (1977) (미국 최고권위의 M&A 방어소송 전문가의 조언); Gregg Jarrell, *The Wealth Effects of Litigation by Targets: Do Interests Diverge in a Merger?*, 28 Journal of Law and Economics 151 (1985) (Watchell 변호사의 조언에 따라 방어소송을 제기한 89개 회사의 주가변동 분석).

에게는 고객의 요청에 의해 최선을 다해 업무를 수행해야 할 의무도 있는 동시에 사법제도를 악용하지 않아야 할 의무도 있음을 항상 유념해야 한다는 뜻이다.[ⓦ]

3. 황금낙하산

황금낙하산은 적대적 기업인수의 성공으로 경영진이 축출되는 경우 거액의 특별퇴직금이 지급되도록 정관에 규정하고 당해 임원과 회사가 같은 취지의 계약을 체결하는 것을 말한다. 우리나라에서는 2001년에 한 코스닥기업이 처음 이를 도입하여 잘 알려졌는데, 당시 그 기업에서는 이 장치가 경영권방어 장치로서가 아니라 회사 자금의 유용용도에 사용되어 물의를 일으켰다. 특별임원퇴직금의 경우 최근 장기간 M&A설에 시달렸던 코스닥법인이 이사가 임기중 적대적 기업인수로 인해 실직할 경우에는 20억 원 내지는 30억 원의 특별퇴직금을 지급하기로 하는 조항을 정관에 두려 하다가 소액주주 및 최대주주의 반대로 무산된 사례가 있으나 2004년 정기주총 시즌에는 그를 도입하는 회사의 수가 급증하였다. 액수는 20억 원에서 50억 원 사이가 많은 것으로 보인다.[ⓧ] 미국에서는 황금낙하산이 경영진으로 하여금 주주들에게 유익한 내용의 적대적 M&A를 회사의 비용으로 무리하게 무산시키지 못하도록 인센티브를 부여하는 장치라는 설명도 있으나,[ⓨ] 최근에는 최고경영진의 보수나 퇴직금의 증가가 크게 문제가 되고 있는 맥락에서 황금낙하산 역시 그렇게 좋은 평가를 받지 못하고 있다.

4. Customer Assurance Program

M&A는 해당 기업들의 고객들에게도 영향을 미친다. 경영권의 이동이나 변동, 즉 회사를 누가 경영하는가 하는 문제에서의 상황변화는 해당 회사와 거래하는 외부의 고객들에게 큰 이해관계를 가지는 문제다. 이 때문에 M&A가 발생하면 해당 회사의 고객들은 신속히 자신에게 미치는 해당 거래의 의미를 평가하게 되고 그 결과에 따라 입장을 정하게 된다. 대표적인 사례가 채권자들이며 법률은 M&A의 경우 회사 채권자들이 이해관계를 조정할 수 있는 길을 열어두고 있는데 합병에 대한 채권자의 동의 절차가 그러하고, 통상적인 국제금융계약은 경영권 변동의 경우 채무자가 기한의 이익을 상실하도록 한다. 이는 이른바 교차채무불이행(cross default)

ⓦ 이와 관련된 미국변호사협회의 윤리규정은 Gilson & Black, 759-761면.

ⓧ 주총서 초강력 M&A 방지책 도입 봇물, 이데일리 2004. 3. 8.자.

ⓨ Gilson & Black, 768면; Machlin, Choe & Miles, *The Effects of Golden Parachutes on Takeover Activity*, 36 Journal of Law and Economics 861 (1993).

조항에 의해 회사 채무 전체에 변제기가 도래하도록 하는 효과를 발생시킨다.

그러면, 금융기관이 아닌 회사의 거래처는 어떠한가? 회사에 대규모로 납품하는 부품제조업체, 원료 공급업체, 회사의 제품을 대량으로 구입하는 할인점 등은 거래 상대인 회사에 경영권의 변동이 발생하면 어떤 이해관계를 가지며 어떻게 행동하는가? 이 문제는 종래 그다지 큰 이슈가 되지 못하였다. 왜냐하면 M&A 당사자인 회사의 신구 경영진, 회사의 고객 공히 기존의 거래관계를 변동시킬 큰 유인을 갖지 못하게 때문이다. 그런데 2002년에 오라클이 피플소프트를 적대적으로 인수하는 과정에서 후자가 고객 관계를 경영권 방어에 활용하는 전략을 사용함으로써 이 문제는 주목을 받기 시작하였다. 정보통신산업에서와 같이 회사와 고객간의 관계가 장기적인 전문적 협조, 상호의존 관계인 경우 고객 관계를 경영권 방어에 활용하는 것이 효과적일 수도 있다는 것이 드러난 것이다. 이른바 CAP는 일단 포이즌필의 속성을 가지는 것으로 이해되고 있다. 아직 미국에서는 그와 같은 경영권 방어장치를 법률적으로 평가하는 판례가 나오지 않고 있으나 후술하는 바와 같이 이 CAP의 실질적 가치는 정보통신기업이나 인터넷기업 등에서 상당히 클 가능성이 있으므로 많은 전문가들이 이에 관심을 기울이고 있는 것으로 알려진다. 우리나라에서는 아직 포이즌필이 활용되고 있지 못하기는 하지만 CAP가 가지는 전략적 함의는 우리나라에서도 마찬가지로 인식될 수 있을 것이다.

CAP의 내용은, 회사가 고객들에게 제품 라인에서 지속적으로 신제품을 공급해 주지 못하거나 제품공급계약일로부터 ○년 내에 고객지원 서비스에 중대한 장애가 발생하는 경우 고객에 해당 제품을 구입하는 데 지불한 금액의 ○○배를 배상해 주겠다고 일방적으로 약속하는 것이다. 오라클 사건 당시 이러한 약속은 원칙적으로 이사회의 승인을 필요로 하지도 않고 공시의무를 발생시키지도 않는 것으로 이해되었다.ⓩ

* * * * *

유영일, *미국 M&A법의 최근 동향*, 22:2 상사판례연구 3-13 (2009. 6)

미국 M&A법에서의 최근 변화 가운데 하나는 지난 20년 넘게 가장 중요한 방어수단으로 인정되어 온 poison pill 대신에 "대체방어수단(defense substitution)"의 이용이 증가하고 있다는 점이다. 이는 poison pill에 대한 규제강화와 비판증가

ⓩ David Millstone & Guhan Subramanian, *Oracle v. PeopleSoft: A Case Study* (Working Paper, 2006).

에 따른 것이다. poison pill은 1980년대 초반 발명된 이후 최근까지 가장 인기 있는 방어수단이었다. 발명 당시에는 법원이 일정한 조건 아래에서 대상회사 이사회에게 poison pill을 상환하도록 강제할 수 있었기 때문에 비교적 효력이 약했다. 그러나 그 후 1989년 *Paramount Communications, Inc. v. Time Inc.* 판결에서 법원이 "Just Say No" 방어수단의 적법성을 인정하게 됨에 따라, poison pill은 전성기를 맞이하게 되었다. 그러나 최근 poison pill은 미국에서 많은 비판을 받고 있다.

지난 몇 년 동안 주주단체들이 이사회로 하여금 poison pill을 제거하도록 촉구하는 권고적인(precatory) 주주제안권을 행사해왔다. 2006년 3월에는 CA(이전의 Computer Associates) 이사회의 poison pill 사용을 제한하는 강제적인(binding) 주주제안권이 행사됨으로써 poison pill에 대한 비판 움직임이 절정에 달했다. 이 제안은 주주의 승인을 얻지는 못했지만, 법원이 위임장서류에 이와 같은 제안을 포함시키도록 강제했다는 사실 자체가 큰 의미를 갖는다. 델라웨어주 법원은 차세대 poison pill이라고 할 수 있는 dead hand poison pill에 대해서도 적법성을 부정하고 있다. 또한 최근 *UniSuper Ltd. v. News Corp.* 판결에서, 델라웨어주 법원은 이사회의 권한은 주주로부터 파생된다고 판시하고, poison pill 사용을 제한하는 이사회방침에 위반했다는 이유로 News 이사회의 책임을 인정했다. 이처럼 최근 들어 미국에서는 poison pill의 자유로운 사용이 공격을 받고 있는 실정이다.

이로 인해 poison pill 이용이 곤란해진 이사회는 이를 대체할 수 있는 방어수단을 새로이 개발해 내기에 이르렀다. 특히 대체방어수단으로는 일상적인 경영과정에서 제 3 자와 체결한 계약 속에 일정한 방어효과를 가지는 조항을 삽입하는 이른바 "계약 속 방어수단(embedded defenses)"이 늘고 있다. 이에 따라 최근 미국에서는 이들 방어수단에 대한 규제방법이 논의되고 있으며, 이에 대한 심사기준의 정립이 중요한 과제로서 제기되고 있다. 계약 속 방어수단은 일상적인 경영과정에서 체결된 계약 속에 삽입된 조항으로써, 이의 도입은 경영상의 결정이라고 할 수 있으므로 적법성 심사시 전통적인 경영판단의 원칙이 적용될 듯이 보인다. 한편, 이들 계약조항이 방어효과를 가질 수 있다는 점에서는, 이사회가 회사와 주주의 이익보다 자신의 지위를 지키기 위해 도입할 위험성이 있기 때문에 델라웨어주 대법이 방어행위 심사기준으로 개발한 Unocal 기준이 적용될 것 같기도 하다. 이것이 바로 계약 속 방어수단의 적법성 판단을 어렵게 만드는 이유이다. 아직 이에 관한 판례가 많지 않은 관계로 델라웨어주 법원의 입장이 확립되었다고 할 수는 없다. 이제까지 계약 속 방어수단의 적법성이 법원에서 다루어진 것은 *Air Line Pilots Ass'n,*

International v. UAL Corp. 판결 단 한 차례뿐이다.* 법원은 이 사건에서 United Airlines와 기계공조합 간의 단체협약상의 보호조항이 델라웨어주 회사법을 위반했다고 판시했다. 학설은 계약 속 방어수단의 적법성을 긍정하는 견해와 부정하는 견해, 그리고 절충적인 입장(주주이익 극대화기준)이 대립하고 있다.

1. 의 의

계약 속 방어수단이란 대상회사가 제 3 자와 체결한 계약 속에 삽입된 방어효과를 가지는 조항을 말한다. 이는 기존의 전통적인 순수방어수단(poison pill 등)을 대체하는 방어수단(defense substitution)의 일종으로써, 순수 방어수단에 대한 규제를 회피할 목적으로 개발되었다. 계약 속 방어수단이 가지는 장점은 대상회사 이사회와 계약상대방이 협상을 통하여 오로지 적대적 인수인만이 비용을 부담하도록 하는 형태로 만들 수 있다는 점이다.

순수 방어수단이 적대적 M&A에 대한 방어목적 하나만을 가지는 데 비해, 계약 속 방어수단은 방어목적과 함께 적법한 사업목적을 복합적으로 가진다. 예컨대, poison pill과 같은 순수 방어수단은 방어목적만을 가질 뿐이고, 회사경영에는 별다른 영향은 주지 않는다. 이에 대해 제 3 자와의 계약상의 지배권변경조항과 같은 계약 속 방어수단은 보통 일상적인 영업상의 결정 형태를 띠고, 또한 방어목적과 함께 제 3 자의 이익보호라는 적법한 사업목적을 가지므로, 법원이 적법상을 판단하기가 쉽지 않다. 특히 사전에 도입된 경우에는 방어목적을 찾아내기가 더욱 어렵다. 일부 회사에서는 계약 속 방어수단이 중요한 투자기회나 거래를 확보함으로써 기업가치를 높이는데 기여할 수 있기 때문이다. 회사법의 기본원칙은 공개회사에서는 경영진이 회사의 일상적인 사업상의 결정을 할 수 있는 재량권을 가져야 한다는 것이다. 이는 사업상의 결정이 주주간섭 없이 전문가에 의해 신속하게 이루어진다는 것을 의미하며, 이것이 주주에게도 이익이 된다. 따라서, 법원이 계약 속 방어수단을 규제하고자 하는 경우에는 경영진의 일상적인 거래에 간섭하는 결과가 된다.

한편, 계약 속 방어수단은 순수 방어수단보다 회사에 더 큰 손해를 줄 수도 있다. 순수 방어수단은 적대적 인수만을 방어하여 회사에 거의 비용이 발생하지 않는 반면에, 계약 속 방어수단은 우호적인 인수까지 방해할 수 있기 때문이다. 또한 계약 속 방어수단은 상대방과의 계약 속에 그 내용이 포함되어 있기 때문에, 일단 도

* Guhan Subramanian, *The Emerging Problem of Embedded Defenses: Lessons from Airlime Pilots Ass'n International v. UAL Corp.*, 22 HARV. L. REV. 1239-50 참조.

입되면 회사가 이를 일방적으로 철회할 수 없다. 이는 경영진이 필요하다고 해서 이를 poison pill 상환하듯이 상환할 수 없다는 것을 의미한다. 계약 속 방어수단에는 주주의 승인이 필요한 경우도 있고, 주주의 승인 없이 경영진이 일방적으로 채택할 수 있는 경우도 있다. 전자의 예로는 제 3 자와의 합병을, 그리고 후자의 예로 자회사 분할(spinning off a subsidiary)이나 중요계약 속의 지배권변경조항 등을 들 수 있다.

2. 종 류

2.1. 사전 방어수단과 사후 방어수단

계약 속 방어수단은 채택시기를 기준으로 적대적 M&A가 개시되기 전에 채택된 사전 방어수단과, 개시 후에 채택된 사후 방어수단으로 나눌 수 있다. 경영진의 방어목적이 보다 뚜렷하게 나타나는 것은 사후 방어수단으로서, 적법성 심사시 법원이 보다 엄격한 기준을 적용할 가능성이 크다. 이에 대해 사전 방어수단은 사실상 법원이 규제하기 어렵다. 사후 방어수단이 적대적 M&A의 개시로 지배권 다툼이 치열한 가운데 채택되는 것과 달리, 사전 방어수단은 적대적 M&A가 개시되기 훨씬 이전에 일상적인 경영과정에서 채택되기 때문이다. 계약 속 방어수단을 제대로 평가하기 위해서는 특정 사업계획의 장래효과를 모두 검토하여야 하며, 특히 다양한 계약 속에서 이를 도입하는 경우에는 평가가 더 어려울 것이다. 경영진이 사전 방어수단을 기업가치를 높이는 적법한 사업거래로 위장할 수 있다는 점도 규제를 어렵게 한다. 그래서 이를 규제불능의 방어수단(unregulable defenses)이라고도 한다. 사전 방어수단은 범위가 매우 넓기 때문에 이를 절대적으로 금지하는 것은 불가능하며, 주주의 승인을 요구하는 것도 제 3 자와의 계약시 거래비용을 크게 증가시키기 때문에 바람직하지 않다.

[표 10-1] 방어수단의 분류

채택목적 \ 채택시기	사전 방어수단 (pre-bid defenses)	사후 방어수단 (post-bid defenses)
순수 방어수단 (pure defenses)	A	B
계약 속 방어수단 (embedded defenses)	C	D

[표 10-1]에서 A, B, C, D의 4가지 방어수단 가운데 경영진의 방어목적이 가

장 뚜렷한 것은 B(사후에 채택된 순수 방어수단)로서, 법원의 적법성심사가 가장 용이한 경우이다. 이에 대해 방어목적이 가장 불명확하고, 또한 법원의 적법성심사가 가장 어려운 것은 C(사전에 채택된 계약 속 방어수단)이다. C는 이사회가 회사를 일상적으로 경영하는 과정에서 외견상 적법한 사업목적을 위해 체결한 계약 속에 들어있는 방어수단(embedded defenses)이기 때문이다.

2.2 개별적 방어수단과 포괄적 방어수단

개별적(targeted) 방어수단이란 적대적 인수만을 방어하는 것을 말하고, 포괄적(blanket) 방어수단이란 적대적 인수뿐만 아니라 우호적인 인수까지 저지하는 것을 말한다. 개별적 방어수단에는 차등의결권제도, 초다수결조항, 기업분할, golden parachutes 등이 있고, 포괄적인 방어수단에는 제 3 자와의 계약 속의 지배권변경조항 등이 있다. 경영진은 적대적 인수만을 방어할 수 있다는 이유로 전자를 선호하지만, 방어목적이 상대적으로 명확하므로 후자보다 법원이 적법성을 판단하기가 쉽다. 이에 대해 포괄적인 방어수단(blanket pre-bid embedded defenses)은 방어목적 이외에 적법한 사업목적을 가지므로 법원이 적법성을 판단하기가 어려운 반면, 우호적 인수까지 억제하므로 순수 방어수단보다 회사에 훨씬 많은 손해를 줄 수 있다. 포괄적 사전 방어수단의 대표적인 것이 제 3 자와의 계약 속의 지배권변경조항이다.

3. 제 3 자와의 계약 속 방어수단

3.1 지배권변경조항(change of control provision)

지배권변경조항이란 대상회사의 지배권변경시 제 3 자에게 계약을 종료시키거나, 위약금을 청구할 수 있는 권리를 부여하는 조항을 말한다. 지배권변경조항은 지적재산권 라이선스(intellectual property licenses), 리스, 합작투자(joint ventures), 사채 및 신주발행(debt and equity financing), 노조계약(union contracts), 종업원스톡옵션(employee stock option plans) 등 다양한 계약 속에 끼워 넣을 수 있다. 지배권변경조항은 일반적으로 방어목적보다는 계약당사자의 공동이익을 위해 도입되는 경우가 많다. 지배권변경조항은 일반적으로 공개매수가 있기 훨씬 이전에 도입되고, 또한 제 3 자의 이익보호라는 적법한 목적을 가지고 있기 때문에 규제하기 어렵다. 지배권변경조항의 성격이나 효과가 회사와 계약마다 다르다는 점도 규제를 어렵게 한다. 제 3 자가 대상회사와의 계약 체결시 지배권변경조항의 도입을 고집하는 데는 충분한 이유가 있다. 장기계약은 계약내용이 불명확한 경우가 많기 때문에,

계약의 가치가 계약당사자의 신뢰관계에 크게 의존하기 때문이다. 또한 라이선스를 주는 쪽은 라이선스 이용자의 동일성(identity)을 확보함으로써 자신의 이익을 지키려고 한다. 예컨대, 라이센스를 주는 쪽은 경쟁업체가 라이선스를 얻는 것을 원하지 않기 때문에, 지배권변경조항을 통해서 계약상대방이 바뀌는 것을 막으려 한다.

3.2 종료조항(termination clauses)

계약 일방의 지배권 변경시 상대방이 계약을 종료시킬 수 있는 권리를 갖는 조항을 말한다. 미국 Hershey사에 대한 인수시도가 Nestle와 Hershey 간의 라이언스 계약 속에 있던 종료조항에 의해 저지된 적이 있다. 라이선스 계약에서 Nestle는 Hershey에게 세계에서 가장 인기 있는 초콜렛 바 KitKat를 제조, 판매할 수 있는 권리를 부여했다. Nestle는 제 3 자가 Hershey를 인수하는 경우에는 Hershey의 경쟁력이 높아져서 자신에게 불리해진다고 판단하고, 라이선스계약 속에 Hershey의 지배권이 변경되는 경우 라이선스를 종료시킬 수 있는 조항을 둠으로써 인수를 저지했다. 발기인도 자신의 지적재산권을 회사에 직접 출자하는 대신, 이를 종료조항을 담은 라이선스 계약을 통해 회사에 빌려줌으로써 방어수단으로 활용할 수 있다. Donna Karan International이 좋은 예이다. 1996년 회사가 공개되었을 때, Karan 부부는 자신들이 100% 지배하는 Gabrielle Studio를 통해서, “Donna Karan”, “Donna Karan New York”, “DKNY”, 그리고 “DK” 등 제품 대부분에 대한 상표권을 보유하고 있었다. Gabrielle Studio는 지배권변경시 라이선스를 종료시킨다는 조항과 함께 Dona Karan Corporation에게 상표권 라이선스를 주었다. Dona Karan Corporation과의 종업원 고용계약도 지배권 변경시 종료하게 되어 있었다. 이들 조항은 Karan에게 회사매각 여부 및 매각상대방에 대한 결정권을 부여하는 결과가 되었다. 왜냐하면, Karan의 명시적인 동의 없이 Dona Karan Corporation의 지배권이 변경되는 경우에는, 회사 상표권 대부분이 소멸하기 때문이다.

3.3 위약금조항(penalty provisions)

대상회사의 지배권 변경시 대상회사로 하여금 제 3 자에게 고액의 위약금을 지급하도록 하는 조항이다. 지배권변경으로 인한 제 3 자의 손해가 단순한 계약종료로 완전히 보장되지 않는 경우에는 위약금조항을 이용할 수도 있다. 예컨대, 경쟁업체가 라이선스를 받은 대상회사를 인수하는 경우에는, 라이선스 보유회사는 지배권변경을 이유로 라이선스계약을 종료시킨 경우에도 여전히 손해를 입을 수 있다. 경쟁업체가 대상회사를 인수함으로써 라이선스 보유회사의 지적재산권에 관한 특허정보를 손에 넣게 되기 때문이다. 그러므로 라이선스 보유회사가 위약금조항을 통하여 손해배상을 요구하는 것은 적법하다고 할 수 있다.

위약금조항은 사채계약(debt contracts), 리스, 라이선스, 노조계약(union agreements), 그리고 합자투자계약 등 다양한 계약에서 이용되고 있다. 예컨대, 투자부적격 사채계약에서는 대상회사의 지배권변경시 채권자가 프리미엄을 얹어서 사채를 발행회사에 양도할 수 있는 권리를 주는 조항을 담고 있다. 이와 같은 조항을 모든 사채계약에 도입할 경우, 인수비용이 대폭 증가하게 된다. 합작투자계약에서도 지배권 변경시 일방에게 상대방 지분을 매수할 수 있는 권리를 부여하는 조항을 담고 있는 경우가 있는데, 매수가격을 시장가격보다 낮게 정하는 경우 이 조항은 위약금조항으로 작용할 수 있다. 대상회사의 지배권변경은 대상회사로 하여금 합작기업 가치의 상당부분을 잃게 하므로, 합작기업의 수익성이 높고 또한 매수가격과 시장가격의 차가 클 경우 위약금조항이 일정한 방어효과를 가질 수 있다.

실제로 Schering-Plough와 Merck의 합작투자계약에 있던 위약금조항이 방어수단으로 활용된 적이 있다. Schering-Plough는 적대적 인수위협에 직면해서, Merck와 새로운 콜레스테롤약 Zetia의 개발과 판매에서 협력하기 위해 합작투자계약을 체결했다. Zetia는 Schering-Plough의 미래의 최대 수익원이었다. 합작투자계약에서는 제 3 자가 Schering-Plough를 인수하는 경우, Merck가 Schering의 지분을 실제가격 보다 낮게 매수할 수 있음을 규정하고 있었다. Zetia가 Schering의 미래의 최대 수익원이라는 점을 감안할 때, 위약금조항은 효과적인 방어수단이 될 수 있었다. 위약금조항은 라이선스계약에서도 많이 이용된다.

위약금조항을 다수의 계약 속에 도입하게 되면, 지배권변경시 위약금이 거액에 달하게 되어 방어효과를 더욱 강화할 수 있다. 또한 위약금조항을 다수당사자가 관련된 계약(예컨대, 사채계약 debt securities) 속에서 도입하고 있다면, 인수인은 위약금조항을 재협상하는 것이 거의 불가능하다. 재협상에는 많은 시간과 노력, 그리고 비용이 들기 때문이다. 끝으로, 위약금조항을 기업인수로 손해를 입는 이해관계자(예컨대, 채권자, 종업원, 또는 경쟁자 등)와의 계약 속에 도입함으로써 방어효과를 더욱 강화할 수 있다. 이들 조항은 대부분 이해관계자의 적법한 이익을 보호함으로써 기업가치를 향상시키기 때문에 적법성이 인정된다. golden parachutes도 임원보수계약 속에 지배권변경조항을 도입한 것이라고 할 수 있다. 전형적인 임원보수계약에서는 지배권변경시 경영진은 3년치의 금여와 보너스, 그리고 옵션에 해당하는 퇴직금(severance pay)을 받는다고 규정한다. 지배권변경은 스톡옵션의 부여를 촉발하기도 한다.

* * * * *

서울중앙지법 2008. 6. 2.자 2008카합1167 결정(칼레도니안 트러스트 v. 지엔코)

신청인 칼레도니안 트러스트(케이만) 리미티드(이하 '신청인 회사'라 한다)는 피신청인 주식회사 지엔코(이하 '피신청인 회사'라 한다)의 발행주식 중 725,400주(이 사건 신청일 현재 기준)가 편입되어 있는 비씨스 캐피탈 마스터 펀드의 수탁자이고, 신청인 리차드에스한은 피신청인 회사의 이사로 재직하다가 2008. 3. 28.에 개최된 피신청인 회사의 주주총회(이하 '이 사건 주주총회'라 한다)에서 해임된 사람이며, 피신청인 황인창, 김동준, 최형재, 김석주, 송재원, 신문영(이하 '피신청인 황인창 등'이라 한다)은 위 주주총회에서 이사로 선임된 사람들이다. … 김태성은 마찬가지로 제3호 의안인 '정관 변경의 건'에 관하여도 출석 확인 및 표결을 거쳐 출석주식수가 4,211,782주인데, 그중 의안에 찬성한 주식수가 3,336,037주라고 하며 가결을 선포하였다.

변경된 정관의 내용 …

제18조(신주인수권부사채의 발행)

① 회사는 순자산액의 일천억원을 초과하지 않는 범위 내에서 이사회 결의로 주주 이외의 자에게 신주인수권부사채를 발행할 수 있다.

③ 신주인수권의 행사로 인하여 발행하는 주식은 보통주식으로 하고 그 행사가액은 액면금액 또는 그 이상의 가액으로 사채발행시 이사회가 정한다. 다만, 시가 하락에 의한 신주인수권가액 조정시 조정 후 신주인수권 가액은(조정일 전에 신주의 할인 발행 등의 사유로 신주인수권가액을 이미 조정한 경우에는 이를 감안한 가액)의 100분의 70을 한도로 하되, 운영자금의 조달, 부채의 상환, 차환발행 등의 용도로 발행되는 금 삼백억원 이내의 해외전환사채에 대하여는 주식의 액면가액을 한도로 할 수 있다.

제29조(의결권의 대리행사)

② 제1항의 대리인은 주주총회 개시전에 그 대리권을 증명하는 서면(회사에

서 발급한 소정양식의 위임장)을 제출하여야 한다.

제30조의 1(이사의 임기전 해임 등에 대한 의결방안) 경영의 안전성, 계속성, 효율성을 위하여 이사의 임기전 해임을 결의하는 경우나 정관 제33조의 변경을 결의하는 경우 출석한 주주의결권의 100분의 75 이상의 수와 발행주식총수의 100분의 50 이상의 찬성으로 한다. 또한, 이 조항의 변경을 결의하는 경우에도 출석한 주주의결권의 100분의 75 이상의 수와 발행주식총수의 100분의 50 이상으로 한다.

제32조(이사의 수) 회사의 이사는 3명 이상 8명 이내로 하고, 사외이사는 이사총수의 4분의 1 이상으로 한다.

제33조(이사의 선임)

④ 동일한 사업연도에 해임될 수 있는 이사의 수는 직전 사업연도말 재적이사 수의 4분의 1을 초과할 수 없다.

(6) 주장에 관한 판단

살피건대, ① 회사와 이사의 관계는 위임의 관계로서(상법 제382조 제 2 항) 이사를 선임한 주주총회에서 언제나 그 관계를 해지할 수 있으며, 소유와 경영의 분리에 의하여 경영을 전담하는 이사가 부적정한 경영을 할 때 주주가 신속히 자신의 재산을 보호하기 위하여 이사를 해임할 수 있도록 할 필요가 있고, 이러한 취지에 따라 상법에서는 주주총회에서 특별결의로 언제든지 이사를 해임할 수 있다고 규정한 점(상법 제385조 제 1 항), ② 상법상 주주총회의 보통결의는 정관에 의하여 그 요건을 달리 정할 수 있도록 규정되어 있는 반면(상법 제368조 제 1 항), 특별결의는 정관에 의하여 달리 정할 수 있다는 규정이 없는 점(상법 제434조), ③ 상법이 정한 것에 비하여 특별결의의 요건을 더 엄격하게 정하면 소수파 주주에 의한 다수파 주주의 억압 내지 사실상 일부 주주에게 거부권을 주는 것과 마찬가지의 결과를 초래하는 점 등에 비추어 보면, 다른 특별한 사정이 없는 한 상법이 정하고 있는 것에 비하여 더 엄격한 이사 해임 요건 및 해임 가능한 이사의 수를 규정하는 피신청인 회사의 정관(개정된 정관 제30조의1, 제33조 제 4 항)은 상법의 취지에 어긋난다고 봄이 상당하다(더욱이, 이 사건에 있어서는 출석한 주주의 의결권의 75% 이상과 발행주식 총수의 50% 이상의 찬성이 있어야 이사 해임이 가능하도록 정관을 개정하였는데, 이는 상법 개정 전의 특별결의 요건인 발행주식 총수의 과반수 출석에 2/3 이상의 찬성보다도 훨씬 엄격한 것이다).

인천지법 부천지원 2007. 4. 13.자 2007카합335 결정(아이텍투자조합 v. 에프와이디전자)

채무자는 전자제품 제조 및 판매업 등을 목적으로 설립된 주식회사로 ○○○○○ 협회 등록법인으로 2005. 11. 29.을 기준으로 총 51,996,959주의 보통주식을 발행하였는바, 위 주식 중 채권자 ○○○투자조합 1호(업무집행조합원 ○○○○○ 주식회사)는 5,101,082주를, 채권자 주식회사 ○○○은 5,100,000주를 각 보유하고 있는 주주이다. 채무자는 2006. 12. 7. 임시주주총회(이하 '이 사건 주주총회'라 함)를 개최하여 이사·감사의 해임 및 선임안건과 함께 일부 정관변경의 안건을 상정하여 의결권을 행사한 50,629,823주(발행주식 총수의 97.37%) 전체의 찬성으로 위 안건을 모두 승인하는 결의를 하였다.

> 第26조(주주총회의 결의 방법)
> ① 주주총회의 결의는 법령 및 본 정관에 따른 정함이 있는 경우를 제외하고는 출석한 주주의 의결권의 과반수로 하되 발행주식 총수의 4분의 1 이상의 수로 하여야 한다.
> ② 이사 및 감사의 해임결의는 본조 제1항에 불구하고 출석 주식의 95%와 발행주식 총수의 90% 이상으로 한다.

상법 제368조 제1항은 "총회의 결의는 이 법 또는 정관에 다른 정함이 있는 경우를 제외하고는 출석한 주주의 의결권의 과반수와 발행주식총수의 4분의 1 이상의 수로써 하여야 한다"고 규정하고 있어, 원칙적으로 정관의 규정을 통해 주주총회의 결의요건을 강화하는 것은 가능하다고 보여지고, 이는 이사 및 감사의 해임결의, 정관변경결의와 같이 상법에서 명시적으로 주주총회 결의요건을 강화하고 있는 경우라도 마찬가지로 해석되어야 할 것이지만, 그로 인해 주식회사의 본질, 그 존립목적을 훼손하게 되거나 주주의 고유권을 침해하는 경우까지 이를 허용할 수는 없다 할 것이다.

… 살피건대, 1인 회사나 폐쇄회사가 아닌 코스닥 등록기업인 채무자 회사에서 전체 발행 주식수의 90% 이상의 의결권의 찬성을 확보한다는 것은 사실상 어려움이 있는 점, 상법 제385조 제1항, 제415조는 "이사 및 감사는 언제든지 제434조의 규정에 의한 주주총회의 결의로 이를 해임할 수 있다"고 규정하여 주주들에게 경영진을 자유로이 해임할 수 있는 권한을 부여해 줌으로써 주주의 경영진 감시·

감독권을 구현하고 있는 점, 상법 제433조는 "정관의 변경은 주주총회의 결의에 의하여야 한다"고 규정하여 정관변경 권한이 주주에게 있음을 인정하고 있는 점 등에 비추어 보면, 발행주식 총수의 90%, 출석 주식의 95% 이상의 찬성이 있어야만 이사·감사의 해임 및 정관변경을 의결할 수 있게 한 이 사건 주주총회의 정관변경 결의는 지나치게 엄격한 결의요건을 요구함으로써 실질적으로 다수 주주의 이사·감사 해임을 통한 경영진 감시·감독권 및 정관변경권을 봉쇄하는 한편, 소수의 주주(발행주식 총수의 10%)에 의해 경영권 방어 여부가 결정될 수 있게 함으로써 결국 주주의결권의 심각한 왜곡현상을 초래하는 결의로써 무효라 할 것이고, 위와 같이 이 사건 주주총회 결의에 따라 변경된 정관이 그 효력을 유지하는 한 새로이 정관변경을 위한 주주총회를 개최한다 하여도 위 2007. 2. 20.자 정기주주총회의 경우처럼 그 결의요건을 충족하지 못하여 부결될 가능성이 남아 있으므로 그 결의의 효력을 정지시킬 필요성도 인정된다 할 것이다.

전주지법 정읍지원 2007. 3. 15.자 2007카합31 결정(영광스텐 v. 동신에스엔티)

주 문

1. 이 사건 신청을 기각한다.
2. 신청비용은 신청인이 부담한다.

신청취지

피신청인이 2007. 3. 2.에 소집한 2007. 3. 16. 19 : 00부터 피신청인 본사 회의실에서 별지 목록 기재 결의사항을 위한 정기주주총회에서 별지 목록 기재 사항에 관하여는 결의를 하여서는 아니 된다.

이 유

임시의 지위를 정하는 가처분은 현저한 손해를 피하거나 급박한 위험을 막기 위하여 또는 그 밖의 필요한 이유가 있을 경우에 하여야 하는바, 이 사건에서 신청취지 기재주주총회결의를 금지할 만한 보전의 필요성에 대한 소명이 부족하므로, 이 사건 신청을 기각하기로 하여 주문과 같이 결정한다.

변경 전 정관의 내용

제27조[주주총회의 의결방법] 주주총회의 결의는 법령과 정관에 다른 정함이

있는 경우 외에는 출석한 주주의 의결권의 과반수와 발행주식총수의 4분의 1 이상의 수로써 한다.

제40조[이사 및 감사의 보수와 퇴직금 등]

④ 제3항의 조항을 개정 또는 변경할 경우 그 효력은 개정 또는 변경을 결의한 주주총회가 속하는 사업연도 종료 후 발생한다.

변경 후 정관의 내용

제27조[주주총회의 의결방법]

① 주주총회의 결의는 법령과 정관에 다른 정함이 있는 경우를 제외하고는 출석한 주주의 의결권의 과반수로 하되 발행주식총수의 4분의 1 이상의 수로 하여야 한다.

② 다음 각 호에 해당하는 경우의 의결은 출석한 주주의 의결권의 100분의 90 이상으로 하되 발행총수의 100분의 70 이상의 수로 하여야 한다.

1. 기존 이사 및 감사에 대한 해임을 안건으로 주주총회를 개최하는 경우 해당 이사 및 감사의 해임에 관한 의결
2. 적대적 인수합병 및 이사회를 제외한 타인의 제의로 인하여 신규 이사 및 감사에 대한 선임을 안건으로 주주총회를 개최하는 경우 해당 이사 및 감사의 선임에 관한 의결

③ 제2항의 개정 또는 변경에 관한 주주총회의결의도 출석한 주주의 의결권의 100분의 90 이상으로 하되 발행주식총수의 100분의 70 이상으로 하여야 한다.

제49조[이사 및 감사의 보수와 퇴직금 등]

④ 제3항의 조항을 개정 또는 변경에 관한 주주총회의 결의는 출석한 주주의 의결권의 100분의 90 이상으로 하되 발행주식총수의 100분의 70 이상으로 하여야 한다.

⑤ 제3항의 조항을 개정 또는 변경할 경우 그 효력은 개정 또는 변경을 결의한 주주총회가 속하는 사업연도 종료 후 발생한다.

부산고법 2007. 1. 11. 선고 2005나13783 판결(김×구 v. 남부산방송 주주 김×국)[9]

(1) 주식회사 ○○케이블비전과 주식회사 ○○케이블티브이○○방송을 운영하던 ○○○(이하 '○○○측'이라 한다)은 ○○○방송의 주주인 주식회사 ○○유선방송사와 주식회사 ○○유선방송사를 인수하여 ○○○방송의 새로운 대주주가 되었고, 이에 ○○○방송의 발행주식총수의 52%를 소유한 주주들인 원, 피고들, ○○○, ○○○, ○○○, ○○○은 2002. 7. 31.경 ○○○측의 적대적 M&A를 막기 위하여 다음과 같은 내용의 약정(이하 '이 사건 약정'이라 한다)을 하고, 그 내용을 기재한 (주)○○케이블티브이 ○○○방송 주주간 합의계약서(이하 '이 사건 약정서'라 한다)를 작성하여 각기 서명·날인한 다음, 같은 날 ○○합동법률사무소에서 이 사건 약정서를 인증받았다.

제 1 조(목적)

주주간 합의계약서에 서명한 각 주주들은 ○○○방송을 공동설립한 주체로서 회사의 발전과 소주주의 권익을 위하여 공동체로서 적극적으로 협력하며, 서로의 이익을 위해 어떠한 경우라도 함께 책임을 지고 모든 행위를 같이 할 것을 목적으로 한다.

제 2 조(합의내용)

1. 서명 주주들 개인이 소유한 주식을 개별적으로 합의계약서 서명 주주 이외의 제 3 자에 대한 유상양도, 무상양도, 담보제공 및 소유권에 영향을 끼칠 수 있는 모든 행위를 할 수 없으며, 향후 추가적으로 획득하게 되는 주식 및 주식을 취득할 수 있는 권리 등도 포함된다.
2. 만약 합의계약서에 서명한 주주가 주식의 일부 또는 전부에 대하여 위 1항에 해당하는 행위를 하고자 할 경우, 회의소집을 요구하여야 하며, 서명 주주 전원이 반드시 참석하여 그 승인 여부를 만장일치로 결정하고 주식매매를 희망할 경우 서명 주주 중 매수의사가 있는 주주가 우선적으로 매수할 수 있는 권리를 가지며, 매수의사가 있는 주주가 2인 이상일 때에는 매도주식수를 매수의사 주주로 나눈 주식을 각각의 매수의사를 가진 주주에게 배분한다.
3. 매도주식에 대한 인수의사를 가진 주주가 없고 제 3 자에게 양도할 때에는

9) 대법 2008. 7. 10. 선고 2007다14193 판결로 확정.

가격결정 및 매수자 선정에 관한 모든 사항은 서명 주주들의 만장일치로 의결한다.

4. 적대적 M&A나 지분인수로 인하여 사업의 계속적 공동체 운영에 문제가 발생했을 때 또는 서명 주주들 전원이 동의할 경우 서명 주주들의 합의에 의해 각 주주의 주식 전부를 1주당 동일한 가격으로 제3의 인수자에게 일괄 매도하기로 한다.
5. ○○○방송 주주총회의 의결권행사는 합의계약서 체결일 이후 즉시 서명 주주들 중 특정 주주에게 의사결정을 일괄 위임하여 서명 주주들의 의결권을 통일적으로 행사할 수 있게 한다.
6. 서명 주주들 간의 주식매매 시 매매가격은 만장일치로 협의하여 결정한다.

제 3 조(계약기한)

1. 합의계약의 기간은 서명날인한 날로부터 2007년 8월 20일까지이다.
2. 기한 만료일 3개월 전에 협의하여 연장할 수 있다.

제 4 조(위약금)

서명 주주들은 위의 합의내용을 위반하여 소유주식을 유상양도, 무상양도, 담보제공, 서명 주주간 우선매수선택권에 관한 의무조항을 위반한 경우 및 소유권의 이전을 유발할 가능성이 있는 모든 원인 행위를 할 경우 위반행위자의 기보유 주식을 제외한 나머지 주주들의 주식을 주당 50,000원으로 산정하여 그 총액을 위약금으로 하며, 1개월 이내 해당 주주들에게 각각의 주식 수에 해당하는 금액을 지불하여야 하고, 제 2 조 제 5 항의 의무를 위반한 경우에도 상기 위약금을 동일하게 적용한다.

제 5 조(부칙)

합의계약서는 서명날인한 때부터 효력을 가지고, 합의계약에 대해 확신을 기하기 위해 공증인에게 공증을 하며, 각각 1통씩 보관한다.

… 다. 피고들의 주식 매도

(1) 피고 ○○○은 2002. 11. 16.경 ○○○측에게 자신이 소유하고 있던 ○○○방송 발행주식총수 중 9.07%에 해당하는 84,367주를 24억 원 (1주당 가격 약 28,447원)에 매도하였다.

(2) 피고 ○○○는 2003. 2. 11.경 ○○○측에게 자신이 소유하고 ○○○방송 발행주식총수 중 5.74%에 해당하는 50,603주를 14억 원 (1주당 가격 약 27,660원)

에 매도하였다.

(3) 피고 ○○○는 2003. 3. 5.경 ○○○측에게 자신이 소유하고 있던 ○○○방송 발행주식총수 중 5.74%에 해당하는 50,603주를 18억 원 (1주당 가격 약 35,571원)에 매도하였다.

(4) 피고들은 위 매도와 관련하여 이 사건 약정서에 서명·날인한 다른 주주들에게 주식의 우선 매수를 위한 회의를 소집하거나 주식매수를 제안하지 않았다.

라. 원고들의 주식 보유

피고들이 위와 같이 ○○○방송의 주식을 매도할 당시 원고 ○○○는 ○○○방송 발행주식 126,442주를, 원고 ○○○는 101,516주를 각 소유하고 있었다. …

(1) 상법 제335조 제 1 항 또는 공서양속에 위반되어 무효라는 주장에 대한 판단

살피건대, 상법 제335조 제 1 항의 취지에 비추어 볼 때 회사의 정관으로 혹은 회사와 주주간의 약정으로 주식의 양도를 전면적으로 금지하는 것은 무효라고 할 것이나, 주주가 자신의 이익 일부를 포기하면서 계약에 참여하는 주주간 주식양도 제한약정에 있어서는 상법상 강행적 규율이 필요한 구조적 약자가 존재하지 아니하고, 계약에 참여한 주주를 특별히 보호하여야 할 이유도 존재하지 아니하므로, 원칙적으로 유효하다고 할 것이고, 따라서 그러한 제한의 위반에 관하여 위약금을 부과하는 약정도 당사자 사이에서는 원칙적으로 유효하다고 할 것이다(한편 이러한 경우에도 그 제한계약은 계약당사자 사이에 채권적 효력을 발행시킴에 불과하고 제한에 위반하여 주식양도가 행하여진 경우 주식양도 자체는 원칙적으로 유효하므로, 회사는 제 3 자에 대하여 주식양도의 효력을 인정하여야 하고, 다만 계약위반자인 양도인은 손해배상의무나 위약금 지급의무를 부담할 뿐이라고 할 것이다). 예외적으로 그러한 주주 상호간의 약정이라도 그 약정의 체결 목적과 내용, 제한의 정도 등에 비추어 공서양속에 위반되거나 투하자본의 회수가능성을 전면적으로 부정하는 경우에는 이를 무효라고 보아야 할 것이다.

나아가, 이 사건 약정의 내용이 주주의 투하자본의 회수가능성을 전면적으로 부정하거나 공서양속에 위반하는 것인지에 대하여 살피건대, ① 이 사건 약정은 ○○○방송이 설립된 후 ○○○측이 다수의 지분을 확보하자 위기의식을 느낀 일부 주주들이 경영권을 확보하기 위하여 체결한 것이므로, 그 목적이 위법하다고 할 수 없는 점, ② 이 사건 약정의 내용 중 일부 조항에 제 3 자에 대한 주식양도를 금지하는 듯한 기재가 있는 것은 사실이나 그 실질적 내용은 주식이 제 3 자에게 양도될 수 있음을 전제로 하면서 다만, 제 3 자에게 주식을 양도할 경우에 약정 주주들이 원하지 않는 자에 대한 주식양도를 금지하고 아울러 주식양도를 원하는 경우에는 약정 주주들에게 우선 매도하여야 할 의무를 부담시키지 위한 것이어서 그 제한이 주주의 투하자본 회수가능성을 원칙적으로 봉쇄하는 것은 아니라고 보여지는 점, ③ 이 사건 약정의 내용 중 주식양도의 실질적 제한이라고 볼 수 있는 것은, 주식양도를 희망하는 주주는 회의를 소집한 후 약정 주주에게 매수를 제안하여 우선 매도하여야 할 의무를 부담하고, 우선 매수자가 없어 제 3 자에게 매도하여야 할 경우 그 상대방이나 가격 등을 만장일치로 결정하게 하고 있고, 약정 주주에게 주식을 매도할 경우에도 그 가격을 약정 주주의 만장일치로 결정하게 하고 있는 것인데, ㉮ 적대적 M&A에 대비하여 경영권을 확보하기 위하여 제 3 자에 대한 주식양도를 제한할 현실적 필요성이 있다는 점에서 매수인을 제한하고 약정 주주에게 우선 매도하기로 하는 의무를 부여하는 조항이 과중한 제한이라고 볼 수 없고, ㉯ 가격 결정에 약정 주주의 만장일치를 요구한다고 하여 인적 신뢰관계를 기초로 위와 같은 약정을 한 주주들 사이에서 제 3 자가 제시한 매수가격보다 현저하게 낮은 가격으로 결정되거나 주식의 양도가 불가능하게 될 것이라고 단정할 수 없을 뿐 아니라, 그 매도가격이 현저하게 불합리하게 결정될 경우 이를 이유로 이 사건 약정을 해지할 수도 있다고 보여지는 점, ④ 원, 피고를 비롯한 ○○○방송의 주주들이 2001. 7. 경 ○○○방송을 설립하면서 방송위원회에 종합유선방송승인일로부터 3년 내에는 주식을 처분하지 않겠다는 취지의 서약서를 제출하였는데, 이 사건 약정에서 약정 주주들이 우선 매도의무를 부담하는 기간을 2007. 8. 20.까지로 제한한 점을 종합해 보면, 이 사건 약정의 내용이 약정 주주들의 투하자본 회수가능성을 전면적으로 부정하여 강행법규에 위반되거나 공서양속에 반한다고 볼 수 없고, 달리 이를 인정할 아무런 증거가 없으므로, 위 주장은 이유 없다.

상법 일부개정법률안 국회의안번호 1801566(정부 2008. 10. 21. 제안)에 대한 전문위원 권기율 검토보고서, 77-78, 참고자료 6 (250-252)

사. 그 밖의 종류주식의 도입 문제

○ 종류주식의 유형을 어디까지 법정화할 것인가에 대하여는 경제계와 시민단체간에 논란이 있음.

경제계의 입장은 개정안에 규정된 종류주식만으로는 다소 미흡하기 때문에 기업의 자금조달수단의 다양화를 도모하고, 적대적 기업인수 시도에 효율적으로 대응하기 위하여 기업들이 발행할 수 있는 종류주식의 유형을 더 확대하여야 한다는 입장임.

이에 반하여 시민단체는 개정안의 여러 종류주식도 실질적으로 경영권 방어수단으로 악용될 여지가 충분하므로 그 범위를 더욱 축소하여야 한다는 입장임.

○ 위에서 설명한 각 유형별 종류주식의 도입 필요성과 반대근거를 살펴 볼 때 양측 입장의 차이는 종류주식의 도입필요성을 바라보는 관점에 차이가 있다고 보여짐. 재계에서는 적대적 매수자 특히 외국기업의 M&A 등의 위협으로부터 회사를 보호하고 기업경영권을 지키기 위한 목적을 중요시하나 시민단체는 그 목적의 저변에 경영진·재벌 또는 임원진에 의한 경영권의 고착화나 경영권의 악의적인 방어 또는 세습화를 위한 의도가 내재되어 있다고 보는 것임.

세계적인 추세가 종류주식을 다양화함으로써 기업의 자금조달을 용이하게 하고, 경영의 원활화를 도모하는 쪽으로 나아가고 있음을 볼 때 우리 회사법의 방향도 그에 맞추어 규정하는 것이 현실에 부합된다고 보며, 다만 이것이 경영권의 방어수단으로 악용되는 사례를 막기 위한 방지장치는 시행례를 지켜보면서 대응해 나가야 할 것으로 생각됨.

참고로, 개정안에는 포함되지 않았으나 그동안 논란이 있었던 종류주식에 대하여는 참고자료에서 설명하였음.

[참고자료 6] 경영권방어수단으로서 논의되는 종류주식

개정상법 마련시 신주예약권 및 차등의결권주식의 도입에 대하여 뜨거운 논란이 있었으나 개정안에는 도입하지 않고 있음.

경제계에서는 IMF이후 외국인 투자유치와 기업구조조정을 위해 M&A규제를 대부분 폐지함에 따라 악의적인 적대적 공격자로부터 경영권을 방어하기 위하여는 신주예약권 및 차등의결권주식을 도입하여야 한다고 주장하는 반면, 시민단체는 경영권방어수단으로 악용된다는 이유로 반대하고 있음.

1. 신주예약권제도의 도입문제

포이즌 필(Poison Pill)로 활용가능한 신주예약권은 주주가치의 훼손을 최소화하고 방어에 따른 비용이 적어 가장 효율적인 경영권 방어수단으로 인정되는 제도임. 즉 경영진이 M&A 시도가 있기 전에 신주예약권(신주를 받을 수 있는 일종의 콜옵션)을 우호적인 주주에게 배정한 후 공개매수 등 경영권 공격이 있는 경우 할인된 가격으로 주식을 발행함으로써 공격자의 지분율을 하락시키는 전략임.

미국은 1980년대 초반 이후 포이즌 필이 경영권 방어의 주요 수단으로 활용되고 있으며, 미국 델라웨어주 대법은 1985년 모란(Moran)판결에서 포이즌 필의 적법성을 인정하였음.

일본의 경우 2001년 포이즌 필의 일종인 신주예약권 제도를 도입한 이래 380여개의 상장기업이 해당 제도를 채택했으며, 적대적 M&A에 대처하는 방어수단으로 활용되고 있음.

국내기업들은 일반적으로 경영권 분쟁시 방어수단으로 신주 또는 주식형 사채를 발행하거나 자사주 취득 등의 방법을 사용하는데 이러한 증권 발행이나 취득에는 막대한 자금이 소요되고 거래비용도 적지 않은 반면 포이즌 필은 이사회 결의에 의해 언제든지 발행하거나 취소할 수 있어서 비용이 거의 들지 않고, 공격자에 대한 이사회의 협상력을 높여주는 효과가 있기 때문에 재계에서는 경영효율성 측면에서 바람직한 제도라고 주장함.

또한 기존 경영진이 포이즌 필을 악용하여 자신들의 이익을 추구하는 경우에도 주주들은 주주총회에서 해당 경영진을 교체하고 포이즌 필을 상환시킬 수 있으므로, 경영권 시장에 미치는 부정적인 영향이 크지 않다는 점을 강조하고 있음.

반면에 엄격한 사전·사후심사 장치를 두고 있는 미국과 달리 우리나라는 이사회의 독립성 및 기관투자가의 경영감시기능이 미약한 상황이어서 경영권 보호를 위한 제도를 과도하게 도입하게 되면 주주의 이익 극대화보다는 비효율적인 소유·지배구조의 고착화로 이어질 가능성이 있다는 반대견해가 대립하고 있음.

2. 나. 차등의결권주식제도의 도입문제

차등의결권주식이란 보통주의 1주1의결권과는 달리 1주에 대해 2이상의 의결권이 부여되거나 1미만의 의결권이 부여되는 주식을 말함. 이러한 차등의결권주식제도 역시 적대적 인수합병에 대한 경영권 방어장치로서 미국·영국 등의 기업들은 약탈적인 경영권공격을 방어하는 기능적 수단으로 활용하고 있음.

차등의결권주식 도입에 대하여는 외국투기자본에 의한 경영권의 위협이 커지고 주식시장의 건전성 제고 필요성도 있으므로 이를 일반적으로 수용해야 한다는 적극적 견해가 있고, 국가안보나 공공질서의 유지등과 같은 목적이 있는 경우와 공공적 법인 또는 전략적 산업의 경우에 한하여 수량적 제한을 두고 허용해야 한다는 제한적 찬성견해가 있음.

반면에, 차등의결권주식은 상법상 주주평등의 원칙에 반할 뿐만 아니라 현금흐름권과 의결권의 괴리를 크게 하여 지배주주가 소수주주나 회사의 희생을 바탕으로 사익을 추구할 가능성이 크고, 비효율적인 경영진을 교체할 수 있는 효과적인 수단인 적대적 M&A의 작동을 방해할 우려가 있다는 이유로 반대하는 견해도 있음.

법무부, 2009. 11. 9. 보도자료, 제목: 적대적 M&A 방어수단으로서 포이즌필 도입을 위한 개정상법 관련 공청회 개최

○ 법무부는 오늘(11. 9.) 적대적 M&A 방어수단으로 활용될 수 있는 신주인수선택권(소위 포이즌필) 제도를 도입하는 상법 일부개정법률안에 관해 공청회를 개최하게 되었음

○ 우리나라는 외환위기 이후 의무 공개매수 제도나 외국인 주식취득한도 제한을 폐지하는 등 적대적 M&A 공격은 쉽게 된 반면, 적대적 M&A 방어를 위한 수단은 따로 없어 공격과 방어 수단 간에 불균형이 존재하였음

○ 이에 기업들이 안정된 경영환경 속에서 투자에 전력할 수 있도록 적대적 M&A 방어수단의 하나로 신주인수선택권 제도의 도입을 추진하고자 함

○ 이번에 마련된 신주인수선택권 제도는 소위 '포이즌필'로 알려진 외국의 제도와 유사한 것임

○ 다만 새로운 제도가 M&A 자체를 가로막지 않도록 하고, 기존 경영진이 제도를 남용하지 않도록 하기 위해 주주총회의 특별결의에 의한 정관 규정으로만 도입이 가능하도록 하는 등 남용방지책을 함께 마련하였음

○ 법무부는 신주인수선택권 도입을 위한 개정상법에 관해 이번 공청회와 부처협의, 입법예고를 통해 충분한 의견을 수렴하여 도입 여부 및 구체적 내용을 신중히 결정해 나갈 것임

1. 신주인수선택권 제도 도입 추진 배경

적대적 M&A 공격법제와 방어법제 사이의 불균형 존재

- IMF 외환위기 이후 외국인투자유치와 기업구조조정을 위해 의무공개매수제도, 외국인 주식취득한도제한 등 적대적 M&A 관련 규제가 폐지됨에 따라 적대적 M&A에 유리한 환경이 조성됨

－그러나 차등의결권주, 황금주, 포이즌필 등 선진국에 도입된 적대적 M&A 방어 수단이 우리나라에서는 인정되지 않아 공격과 방어수단 간에 힘의 불균형이 존재하였음

적대적 M&A 방어수단 부재로 인한 기업역량의 낭비

－유효한 방어수단의 부재로 상장회사들은 2008. 1. 말 현재 64조원의 자사주를 보유하여 경영권을 방어하고 있음

－자사주 취득이나 상호출자는 고비용/저효율의 방어수단이며, 생산적 투자에 사용되어야 할 회사의 재원이 자사주 매입이라는 경영권 방어비용으로 왜곡되어 집행되는 구조적 문제점을 갖고 있음

법무부는 적대적 M&A 공격법제와 방어법제 사이의 불균형을 시정하고 방어수단의 부재로 인하여 낭비되는 기업역량을 생산적 투자에 사용될 수 있도록 하기 위하여 신주인수선택권 제도의 도입을 추진하게 되었음

2. 추진 경과 및 계획

M&A 관련 외국 법제에 대한 비교법적 연구 자료 축적

－2007. 10. 시장지배력 확대를 위한 M&A 법제 개선연구용역물 수령

2008. 4. 28.부터 2008. 11. 26.까지 경영권 방어법제 개선위원회 회의를 9차례, 소위원회 회의를 10차례 개최

－경영권 방어법제 개선위원회는 법과대학 교수, 경영대학 교수, 관련 부처·기관의 임원·연구위원, 변호사 등 16명의 위원으로 구성됨

－적대적 M&A 방어수단의 도입 여부, 도입할 방어수단의 종류, 방어수단의 절차 및 남용 방지책 등에 대하여 논의하고, 개정시안을 마련하였음

2009. 1. 8. 법무부, 기획재정부, 지식경제부, 금융위원회, 공정거래위원회는 적대적 M&A 방어수단 도입을 주제로 관계부처 실국장 회의 개최

－방어수단 중 포이즌필 도입을 적극 검토하되 도입시기는 경제상황을 지켜본 후 추후 결정하기로 합의함

※ 포이즌필(Poison Pill)

－인수자가 대상회사 이사회의 의사에 반해 일정 지분 이상의 주식을 취득할 경우 인수자 이외의 주주에게 미리 정한 낮은 가격으로 주식 등을 취득할 수 있는 권리를 부여함

－이를 통해 인수자의 주식지분율을 희석시키거나 인수에 필요한 비용을 증가

시켜, 인수회사가 대상회사의 경영권을 장악하는 것을 어렵게 만드는 것이 목적임

2009. 7. 민관합동 경제회의에서 하반기 중 포이즌필 도입 추진 발표

2009. 9. 신주인수선택권 개정시안 보완

2009. 10. 관계부처 협의 진행 중

2009. 11. 9. 공청회 개최

3. 주요 내용

○ 신주인수선택권의 부여

이사회는 정관의 규정에 따라 주주에게 신주인수선택권을 부여할 수 있음

- 회사가 신주인수선택권을 도입하기 위해서는 주주총회의 특별결의에 의한 정관변경을 거치도록 하여 도입에 신중을 기하게 하고 도입 여부에 주주들의 의사가 반영되도록 함
- 일단, 정관에 신주인수선택권이 도입된 이후에는 적대적 M&A 상황에 신속하고 효율적으로 대처할 수 있도록 이사회 결의만으로 신주인수 선택권을 부여할 수 있게 함
- 이 때의 이사회 결의는 정관에서 정한 수권범위 내에서만 가능하므로 이사회의 자의적인 결정을 의미하는 것은 아님

회사의 가치 및 주주 일반의 이익을 유지 또는 증진시키기 위하여 반드시 필요한 경우 부여 단계에서와 달리 일부 주주에게 신주인수선택권의 행사를 제한하거나 상환 조건 등을 차별할 수 있도록 정할 수 있음

※ 회사의 가치 및 주주 일반의 이익을 유지 또는 증진시키기 위한 경우란 회사와 주주의 입장에서 적대적 M&A 방어가 필요한 경우로,

- 주식을 매점한 후 경영권을 담보로 회사에게 주식을 고가에 매수해 주도록 요구하는 경우
- 회사의 자산을 매수자의 채무담보나 변제자원으로 유용하는 경우
- 회사의 경영을 일시적으로 지배하는 동안 회사의 고액자산을 처분하여 매수자의 이익으로 하는 경우 등에 방어권을 발동하는 것을 말함

경영권 양도 목적으로 남용하는 것을 방지하기 위해 주주 외의 제 3 자에게는 부여할 수 없도록 함

신주인수선택권은 적대적 M&A 방어수단으로 부여되는 것이므로 부여는 무

상으로만 하여야 함

○ 신주인수선택권의 행사

회사의 가치 및 주주 일반의 이익을 유지 또는 증진시키기 위하여 반드시 필요한 경우 신주인수선택권의 행사 단계에서 적대적 공격자를 차별취급할 수 있음

– 공격자에 대해서는 행사를 허용하지 않거나, 행사가격 등 조건을 차별하는 방법으로 공격자의 지분을 희석시킬 수 있음

신주인수선택권의 행사로 신주가 발행되는 경우 그 행사가액을 주식의 권면액에 미달하는 가액으로 정할 수 있음

– 경제적 부담을 느끼는 주주들이 신주인수선택권 행사를 포기하면 적대적 M&A 방어목적을 달성할 수 없으므로 액면미달 발행을 인정함

※ 자본액에 상당하는 순자산을 실질적으로 유지하여야 한다는 '자본유지의 원칙'의 예외임

신주인수선택권은 청구서를 제출하고 행사가액 전부를 납입함으로써 이를 행사함

– 신주인수선택권자는 위 행사가액을 납입하는 즉시 신주의 주주가 됨

○ 신주인수선택권의 상환

회사의 가치 및 주주 일반의 이익을 유지 또는 증진시키기 위하여 반드시 필요한 경우 신주인수선택권의 전부 또는 일부를 상환하거나 주주의 일부에 대하여 상환조건을 차별할 수 있음

– 회사가 적대적 M&A 방어를 위하여 우호 주주에게 신주인수선택권을 부여하였으나 우호 주주가 이를 행사하지 않은 경우 회사가 신주인수선택권을 강제로 취득하고 그 대가로 신주를 교부할 수 있음

– 회사가 이미 공격자가 확보한 신주인수선택권을 강제로 취득하고 그 대가로 금전 등을 지급할 수 있음

○ 남용방지책

제도의 남용을 방지하기 위하여 다음과 같이 규정함

– 회사 정관에 근거규정이 있어야만 제도 도입이 가능함

– 회사의 가치 및 주주 일반의 이익을 유지 또는 증진시키기 위하여 반드시 필요한 경우에만 주주 차별취급이 가능함

– 공격자 및 이해관계인은 유지청구권, 신주발행무효의 소와 그 가처분 신청을

통하여 회사의 차별 취급에 대하여 다툴 수 있음
－공격자 및 이해관계인이 쟁송의 준비를 할 수 있도록 하기 위하여 이사회는 부여, 행사제한, 상환의 결의시 지체 없이 이를 공고하고, 행사기간의 개시일과 상환의 효력발생일은 공고일로부터 2주 후가 되어야 함
○ 신주인수선택권의 수반성
신주인수선택권은 주식과 분리하여 양도할 수 없음
－신수인수선택권을 주식과 분리하여 양도할 수 있도록 허용하면, 공격자가 낮은 가격에 신주인수선택권을 대량 매집하여 오히려 공격수단으로 활용할 가능성이 있기 때문임
○ 신주인수선택권의 무상소각
신주인수선택권의 행사기간이 개시되기 이전에는 주주총회의 결의 또는 이사회 결의로써 무상으로 신주인수선택권 전부를 소각할 수 있음
－신주인수선택권은 적대적 M&A 상황에서 부여되는 것이므로 적대적 M&A 방어의 필요성이 없어진 경우 전부를 소각할 수 있도록 함
－공격자 입장에서는 위임장경쟁을 통해 주주총회 결의에 필요한 지분을 확보한 후 주주총회에서 신주인수선택권 전부를 소각함으로써 계속 M&A 공격을 해나갈 수 있음
○ 신주인수선택권의 등기
회사가 신주인수선택권을 부여할 수 있도록 정한 때에는 그 규정을 등기하여야 함
회사가 신주인수선택권을 부여한 경우 그 내용을 등기하도록 함
－등기를 통하여 주주 등 이해관계인에게 공시하는 한편, 공격자로 하여금 신주인수선택권의 부여 사실을 사전에 알게 하여 저지기능을 높이려는 것임
○ 쟁송 수단
회사가 법령 또는 정관에 위반하거나 불공정한 방법으로 신주인수선택권을 부여, 행사제한 또는 상환하여 불이익을 받을 염려가 있는 주주는 부여, 행사제한, 상환의 유지 또는 그로 인한 신주발행의 유지를 청구할 수 있음
신주인수선택권의 행사 또는 상환으로 인하여 신주가 발행되는 경우 주주, 이사 또는 감사는 신주발행무효의 소를 제기할 수 있음

4. 외국의 입법례

○ 미국

미국에서는 법률상 근거나 정관의 규정 없이도 이사회의 권한으로 필요한 경우 언제든지 포이즌필을 발행할 수 있음

－따라서, 미국에서는 모든 기업이 잠재적으로 포이즌필을 도입하고 있는 것과 마찬가지임

※ '06.말 기준으로 정관에 명시적으로 포이즌필을 도입한 기업은 S&P 500대 기업 중 48%임

－포이즌필의 발동대상, 발행대가 등도 모두 이사회에 전적으로 맡겨져 있고, 그 적법성 여부에 대해 사후적인 사법심사를 받도록 하고 있음

○ 일본

'05년 신회사법 제정으로 포이즌필 도입이 용이해짐

－'09. 8. 현재 약 4,000여개 상장사 중 569개사가 포이즌필을 도입함

－신회사법에 의한 포이즌필(신주예약권)은 이사회가 설치된 회사에서는 이사회에서, 그렇지 않은 회사에서는 주주총회에서 발행함

－포이즌필 도입 이후에 외자이탈 등의 현상은 없는 것으로 보고됨

○ 프랑스

'06년 상법 개정으로 주식인수증권 제도를 도입함

－주주총회 특별결의로 도입이 가능하며, 주식인수증권의 행사로 발행될 신주의 최대수량을 한정하여 이사회에 발행 권한을 위임하는 것이 가능함10)

5. 다른 방어수단의 미도입 이유

○ 복수의결권주(Dual Class Stock)

일부 주식에 특별히 많은 수의 의결권을 부여하여 일부 주주의 지배권을 강화하는 제도로 M&A 방어수단으로 사용될 수 있음

미국의 대부분 주나 EU, 일본은 차등의결권주식의 발행을 허용하고 있으나, 복수의결권은 적대적 M&A와 무관한 상황에서도 의사결정이 왜곡(자신의 출자 비율보다 높은 의결권을 행사)될 수 있다는 단점이 있어 우리나라에

10) 유럽의 경우 이사는 중립의무를 진다는 면에서 허용되는 것이지 불분명하며 이를 금지하고 있는 법제도 있다. Lions Gate to sue regulator over 'poison pill' ban, Financial Times May 7 2010 internet version.

도입하기에는 적절하지 않음

○ 황금주(Golden Share)

주식의 보유수나 보유비율에 관계없이 합병 등 특정한 주주총회 안건에 대하여 거부권(veto)을 가진 주식을 말함

영국 등에서 공기업의 민영화시 정부의 권한 유보를 위해 도입하였고, 일본에서도 합병 등 중요사항 결정권한을 보유한 종류주식의 발행이 가능함

기업지배권 변동을 불가능하게 한다는 지적이 있어 도입하지 않음

○ 초다수결의제

이사의 해임 등 일정한 주주총회 결의사항에 대하여 일반적인 주주총회 결의요건보다 더 높은 결의요건을 정관으로 규정하는 것임

미국, 독일, 영국, 일본도 정관으로 결의요건을 가중하는 것이 가능함

초다수결의제가 주주권한 침해로 무효라는 하급심 판결이 있는 등 법리적 논란이 있어 도입하지 않음

6. 결　어

법무부는 이번 공청회와 부처협의, 입법예고를 통해 각계 의견을 충분히 수렴한 후 M&A 시장을 둘러싼 당사자들 어느 한 쪽으로도 치우지지 않는 균형 있는 제도를 만들어 나가도록 하겠음

법무부, 2009. 12. 1. 보도자료, 제목: 개정상법 입법예고

○ 법무부는 2009. 12. 1.적대적 M&A 방어수단으로 활용될 수 있는 신주인수선택권(소위 포이즌필) 제도를 도입하는 상법 일부개정 법률안에 대해 관계부처 협의를 마치고 입법예고(예고 기간 12. 21.까지) 하였음

○ 이번 입법예고안은 공청회(11. 9.)와 관계부처 협의 과정을 통해 제기된 의견을 일부 반영한 것으로 제도남용 방지장치를 강화한 것임

○ 지난 공청회에서 발표된 법률안과 비교할 때,

－당초에는 정관에 의해 신주인수선택권이 도입된 후 부여 여부는 이사 과반수의 출석과 출석이사의 과반수 찬성으로 가능하도록 되어 있었으나 이사 총수 2/3 이상의 찬성에 의하도록 결의 요건을 가중함으로써 회사가 신주인수선택권을 부여할 때 보다 신중을 기하도록 하였고,

– 회사의 가치 및 주주 일반의 이익을 유지, 증진시키기 위한 경우에 "일정한 사유"가 있으면 신주인수선택권의 행사와 상환에서 주주차별 취급이 가능하도록 되어 있던 것을, "중요경영사항에 대해 영향력을 행사할 목적으로 주식을 취득하는 경우"를 일정한 사유의 하나로 예시함으로써 요건을 보다 구체화하여 회사가 정관에 일정한 사유를 정할 때 기준이 되도록 하고, 일정한 사유가 자의적으로 해석되지 않도록 하였음

○ 법무부는 신주인수선택권 도입을 위한 개정상법과 관련, 이번 입법예고를 거쳐 정부안을 최종 확정한 후, 내년 초 법률안을 국회에 제출할 예정임.[11]

DIRECTIVE 2004/25/EC OF THE EUROPEAN PARLIA-MENT AND OF THE COUNCIL of 21 April 2004 on TAKEOVER BIDS

Art. 9 Obligations of the board of the offeree company

2. During the period … the board of the offeree shall obtain the prior authorization of the general meeting of shareholders … which may result in the frustration of the bid.

Art. 11 Breakthrough

4. Where, … the offeror holds 75% or more of the capital carrying voting rights, no restrictions on the transfer of securities or on voting rights … shall apply;

The UK Panel on Takeovers and Mergers, The Take-over Code (May 2006)[12]

RULE 21. RESTRICTIONS ON FRUSTRATING ACTION

21.1 WHEN SHAREHOLDERS' CONSENT IS REQUIRED

During the course of an offer, or even before the date of the offer if the board of the offeree company has reason to believe that a bona fide

11) 국회의안번호 1807842 상법일부개정법률안 (2010. 3. 10. 정부제안).

12) 이에 대한 간단한 해설은 한정미, 적대적 M&A 관련법제의 비교법적 연구, 32-33 (한국법제연구원 2006).

offer might be imminent, the board must not, without the approval of the shareholders in general meeting:-

(a) take any action which may result in any offer or bona fide possible offer being frustrated or in shareholders being denied the opportunity to decide on its merits; or

(b)(i) issue any authorised but unissued shares or transfer or sell, or agree to transfer or sell, any shares out of treasury;

(ii) issue or grant options in respect of any unissued shares;

(iii) create or issue, or permit the creation or issue of, any securities carrying rights of conversion into or subscription for shares;

(iv) sell, dispose of or acquire, or agree to sell, dispose of or acquire, assets of a material amount; or

(v) enter into contracts otherwise than in the ordinary course of business.

The Panel must be consulted in advance if there is any doubt as to whether any proposed action may fall within this Rule.

The notice convening any relevant meeting of shareholders must include information about the offer or anticipated offer.

Where it is felt that;

(a) the proposed action is in pursuance of a contract entered into earlier or another pre-existing obligation; or

(b) a decision to take the proposed action had been taken before the beginning of the period referred to above which:

(i) has been partly or fully implemented before the beginning of that period; or

(ii) has not been partly or fully implemented before the beginning of that period but is in the ordinary course of business,

the Panel must be consulted and its consent to proceed without a shareholders' meeting obtained.

노트와 질문

1) 초다수결의를 요하는 정관규정은 언제나 효력이 없는가? 국내기업 A와 B, 그리고 외국기업 C가 25:25:50으로 합작투자법인을 설립하고 중요한 주주총회의 결의사항은 주주 76%의 찬성을 요한다고 정관에 규정하였다면 이는

효력이 없는가? 코스닥기업의 경우 법원의 판단에도 불구하고 12월결산 코스닥상장법인 947개사 중 초다수결의제를 채택한 법인이 2010. 4. 10. 기준으로 155개사에 이른다고 한다. 황금낙하산은 117개사가, 집중투표제를 배제하는 규정은 874개사가, 이사수의 상한을 정한 업체는 677사가 된다고 한다.[13]

2) 외국의 일부법제에서 신주인수선택권의 발행이 이사회의 결의로 가능하다고 하는 것이 우리나라도 이를 도입하여야 한다는 주장의 논거가 될 수 있는가? 신주인수선택권의 발행은 외국인투자자가 국내회사에 대한 주주권을 행사하는 것을 막기 위한 것인가? 아니면, 국내 사모펀드나 인수목적회사가 기존회사의 지배권을 취득하기 위한 것을 막기 위한 것인가?

3) 국내 기업지배권시장의 활성화를 통한 전문경영인제도의 확립이 회사법의 중요한 정책목표라면 신주인수선택권의 발행가능성은 이러한 정책목표달성에 어떠한 영향을 줄 것인가?

4) 대상기업의 이사회가 시차임기제를 채택하지 않은 경우에 독약처방을 채택한 경우라도 인수기업이 공개매수와/또는 의결권대리행사권유를 통하여 대상기업의 과반수에 해당하는 의결권을 확보한 경우 한 번의 서면에 의한 주주총회에서 이사의 과반수를 바꾸고 신주인수선택권을 소각시킬 것을 결의할 수 있다.[14] 이를 막기 위하여 대상회사의 정관은 서면에 의한 주총결의에 대한 동의절차나 의결권 대리행사 권유의 시작전부터 이사이었던 자만이 신주인수선택권을 소각할 수 있다고 정하거나 새로이 선임된 이사는 일정한 기간이 경과된 이후에만 신주인수선택권을 소각할 수 있다고 정하기도 한다.[15] 시차임기제를 정한 경우에도 미국의 회사법은 이사의 결원에 대하여 이사회가 후임이사를 선임할 수 있도록 정관에서 정할 수 있고 또한 seriatim으로 사임하고 선임하는 절차가 가능하다고 보기 때문에 한 번의 주총에서 이사 과반수를 바꿀 수 있다.

---

13) 곽세연, 상장폐지로 적대적 M&A 방어 코스닥기업 감소, 인터넷 연합뉴스 2010. 5. 19.

14) DGCL §228; MBCA §7.04.

15) David A. Katz, *Takeover Law and Practice*, Sec. L in NEGOTIATING BUSINESS ACQUISITIONS (A. B. A. BUS. L. SEC. ed., 2006). 이를 소위 dead hand poison pill이라고 한다.

Ⅱ. 구체적인 이사의 행위와 충실의무

1. 미국판례의 태도[16)]

가. 경영판단의 원칙(business judgment rule)

Kors v. Carey[17)]

Lehn & Fink의 경영자들은 United Whelan사가 Lehn & Fink의 화장품을 판매하는 잡화점체인을 소유하고 있으면서 Lehn & Fink 주식 10%를, 곧이어 16%까지 매집하고 있은 것을 발견하고 United Whelan이 Lehn & Fink의 소유자가 되는 경우 Lehn & Fink의 다른 고객들이 거래관계를 끊을 수도 있을 것을 우려하여 시장에서 몰래 United Whelan이 소유하고 있는 Lehn & Fink의 주식을 매수하였다. 법원은 이사들은 선의의 결정을 하였고 따라서 자사주취득결정은 경영판단의 원칙에 따라 보호되며 이사들이 자신의 지위를 유지하기 위하여 내린 결정이라는 주장을 받아들이지 않았다.

Moran v. Household International[18)]

Household사 이사회는 1984. 8. 14. 우선주식인수권을 배당하는 계획을 결의

---

16) 주주의 이익을 위하여 경영진이 수동적으로 가만히 있는 것이 바람직한 것인지, 아니면 방어적인 조치를 위하는 것이 바람직한 것인지에 대한 학자들 간의 논쟁은 Frank H. Easterbrook & Daniel R. Fischel, *The Proper Role of A Target's Management in Responding to a Tender Offer*, 94 HARV. L. REV. 1161 (1981); Easterbrook & Fischel, *Takeover Bids, Defensive Tactics, and Shareholders' Welfare*, 36 BUS. LAW. 1733 (1981). 이사의 방어조치는 경매상황을 유발하며 따라서 기업가치를 높여서 주주의 이익에 바람직하다는 견해는 Bebchuk, *The Case for Facilitating Competing Tender Offer: A Reply and Extension*, 35 STAN. L. REV. 23 (1982); Gilson, *A Structural Approach to Corporations: The Case Against Defensive Tactics in Tender Offers*, 33 STAN. L. REV. 819 (1981). 이러한 논의에 대한 Delaware 주법원의 판단은 아래 UNOCAL 판결의 각주 9와 10 참조.

17) 158 A.2d 136 (Del. Ch. 1960).

18) 490 A.2d 1059 (Del. 1985). 선택적 공개매수와 정반대의 가능성이 바로 독약처방, 즉 선별적인 주식발행이라고 할 수 있으며 이에 대한 최초의 판례가 바로 Moran판결이다. Moran판결은 flip in이 아닌 flip over, 즉 적대적 인수기업이 대상기업을 합병하는 경우 대상기업의 주주지분비율이 상승하는 구조의 pill에 대한 판결이다. 적대적 공개매수에 대한 방어책으로서의 독약처방에 대하여는 Moran 이후에도 몇건의 판결이 있으며 특히 Unocal이후 동 기준을 적용하여 구체적인 측면에 대한 판단하고 있다. 예를 들면 뒤의 Interco판결.

하였다. 1984년초부터 Household의 경영진은 기업인수의 대상이 되지 않기 위한 계획을 고려중 이미 지배주주인 D-K-M가 Household의 주식이 저평가되어 있으며 자금을 차입하여 인수한 후 일부 자산을 매각하면 수익이 남을 것이라는 결론을 내고 이를 경영진에 알렸으나 논의가 더 이상 진행되지 않았다. 동 계획에 따르면 보통주 1주당 우선주식 100분의 1주를 인수할 권리를 부여하며 우선주는 보통주의 100배 배당을 받을 권리를 가진다. 그러나, 이러한 권리는 1인 또는 다수가 보통주의 20%를 취득할 경우나 30%에 대한 공개매수(교환)이 제시된 경우에만 발동된다. 이러한 사건이 발생하면 우선주식인수권을 가진 자들은 행사가를 지급하고 우선주를 받으며 만약 합병이 되는 경우에는 우선주는 그 두 배의 가격에 해당하는 보통주로 전환할 권리를 가진다.

일부주주가 우선주식인수권 계획때문에 시장가에 프리미엄을 더한 공개매수를 받을 수 있는 기회를 박탈당하였다고 주장한데 대하여, 법원은 주주들의 권리란 경영판단의 원칙하에서만 주어지는 것으로 본 계획 때문에 주주들의 주식양도권한이 직접 제한되는 것이 아니며 위임장 권유활동에 대한 저지효과 역시 확실하지 않고 따라서 기업과 관련된 모든 이해관계인의 이익까지 고려하여 채택된 이사회의 결정은 경영판단의 원칙에 따라 보호된다고 한다.

나. 합리적 사업목적(business purpose)이론

Cheff v. Mathes[19]

Holland Furnace사는 가정용가구를 방문판매하는 회사로 창업주인 Cheff-Landwehr집안이 지배주주이자 경영자이었다. 매출이 감소하는 추세에 있던 중 1957년 자동차부품사를 소유하고 있는 Maremont가 6%주식을 매집하면서 합병을 제안하였다. Holland사 이사회는 Maremont가 보유하고 있는 Holland사 주식을 시가보다 높은 가격으로 취득하기로 결의하였다. 법원은 이사회결정이 회사의 이익을 위한 것이라는 정당한 사업목적에 기초한 것으로 이해상충이 있다고 하기는 어렵고 따라서 이사회결의의 적법성을 다투고자 하는 자가 경영판단의 원칙에 따른 추정을 뒤집을 보다 강력한 증거를 제출할 것을 요구하였다.

19) 199 A.2d 548 (1964).

Johnson v. Trueblood[20)]

53% 주주가 이사회를 지배하고 있는 사안에서 이사회가 47% 주주로부터의 추가 자금조달방안 대신 제 3 자로부터의 자금조달방안을 채택하자, 소수주주는 그러한 이사회결의에 경영판단원칙이 적용될 수 없다며 다투었으나, 법원은 이사회의 결정으로 경영권이 이전되지 않을지라도 합리적인 사업목적이 있는 한 경영판단원칙이 적용되며 이사회의 결정이 전적으로 또는 그 주된 목적이 경영권의 이전을 막기 위한 것인 경우에 한하여 경영판단원칙이 배제될 수 있다고 판단했다. 경영권유지가 이사회결정의 하나의 목적에 불과하다면 경영판단원칙은 적용되어야 하는데, 왜냐하면 이사회결정은 거의 언제나 경영권유지의 목적이었다고 다투어질 수 있기 때문이라고 한다.

Panter v. Marshall Fields & Co.[21)]

Marshall Fields 이사회는 CCH로부터의 합병제의에 대하여 Marshall Fields는 독자적인 자신의 성장을 원하며 최근에 취득한 또는 취득할 자산으로 인한 독점금지법위반을 이유로 이를 거절, 마침내 CCH는 합병제의를 철회하였고 주식가격은 하락하였다. 법원은 독자적인 사업체를 운영하려는 것은 합리적인 경영목적으로서 이사회는 선의로 추정되며 따라서 경영판단원칙이 적용된다고 하였다.

다. 합리적인 근거와 비례의 원칙(reasonableness and proportionality)

Unocal Corporation v. Mesa Petroleum Co.[22)]

1985. 4. 8. Unocal의 주식 13%를 보유하고 있던 Mesa는 37% 주식 64M에 대하여 54불로 2단계 현금공개매수를 제의하였다. Mesa는 유명한 기업공격자 T. Boone Pickens가 석유회사들을 매수하기 위하여 설립한 회사이다. 1단계 공개매수에 응하지 않은 주주들의 경우 2단계 합병시 현금이 아닌 후순위채권을 받게 된다. 1985. 4. 13/15. 이사회는 Mesa가 64M주식의 공개매수가 성공하는 것을 조

20) 629 F.2d 287 (3d Cir. 1980).

21) 646 F.2d 271 (7th Cir.), certiorari denied 454 U.S. 1092 (1981).

22) 493 A.2d 946 (Del. 1985). 독약처방이 논의된 배경에는 UNOCAL사건에서 적법한 것으로 판단된 선별적 매수가 있으며 독약처방은 이의 반대개념, 즉 선별적 매도에 다름 아니다. Ronald J. Gilson, *Unocal Fifteen Years Later (and What We can Do About It)*, 26 DEL. J. CORP. L. 491 (2001).

건으로 Mesa가 보유한 주식을 제외한 나머지 49% 주식을 공개매수로 액면가 72불의 유가증권과 교환하여 취득하기로 하였다. 4. 17.부터 시작된 공개매수는 4. 22/24, 5. 1. 공개매수의 조건이 일부 수정되기는 하였으나 기본적으로 동일하게 Mesa를 매수의 상대방에서 배제하고 있다. 법원은 이사는 회사와 주주의 이익을 위하여 결정을 하여야 하지만 기업의 경영권이 바뀔 수 있는 경우 언제나 자신의 이익만을 위하여 행동할 가능성이 있으며 따라서 이러한 이해상충의 문제 때문에 이사는 기업의 기존정책과 효과에 대한 위험이 존재한다고 판단하기 위한 합리적인 근거와 이사회의 행위가 그러한 위험에 비례하는 것이라는 것을 입증하여야만 이사회의 결정이 경영판단원칙에 따라 보호된다고 한다. 본건의 경우 Mesa를 배제한 공개매수는 이사의 충실원칙을 위반한 방어조치가 아니라고 본다.[23)]

Frantz Mfg. Co. v. EAC Industries[24)]

Frantz사는 MBO를 논의중 1985. 4. 17. EAC가 51% 주식매집에 성공, 4.18. 정관의 변경절차를 시작하였다.[25)] 4. 22. Frantz사의 CEO는 자사주 125,000주를 ESOP에게 양도하고 4.24. 이사회가 ESOP의 주식매입 자금지원을 결의하였다. 법원은 이사회가 자금지원을 결의한 목적이 자신들의 지배권을 영속화하기 위한 것이라면 경영판단의 원칙에 따라 보호되지 않는다고 판시하면서, 특히 본건과 같이 제 3 자가 이미 지배권을 취득한 후에 이를 되돌리기 위한 이사회결의는 경영판단의 원칙이 적용될 수 없다고 한다.

AC Acquisitions Corp. v. Anderson, Clayton & Co.[26)]

BS/G가 주당 56불에 공개매수를 시작하자 Anderson, Clayton사의 이사회는 60% 주식에 대하여 주당 60불로 공개매수를 결정하였다. 법원은 이사회의 공개매수는 이사의 충실의무를 넘어서는 것이라고 판단했다. 그 이유는 위협에 비례하는 대응조치가 아니라는 것이다. 모든 투자은행이 주당 22불에서 31불정도로 평가하고

23) 현행법상 선택적 공개매수는 더 이상 허용되지 않는다. 자본시장법 제141조.
24) 501 A.2d 401 (Del. Super. Ct. 1985).
25) DGCL §228에 의하여 주주가 서면에 의한 결의동의절차를 시작할 수 있다. 정관변경의 내용은 이사수를 늘여서 자신이 지명한 자를 이사로 선임하기 위한 것이었다.
26) 519 A.2d 103 (Del. Ch. 1986).

있는 주식을 60불에 매수하겠다는 것은 이에 응하지 않은 주주는 엄청난 손해를 볼 것이니 이에 응할 수 없게 만드는 것과 마찬가지로서 강압적이라는 이유에서이다.

City Capital Associates v. Interco., Inc.[27)]

주당 $74 적대적 공개매수에 대한 대응책으로 이사회는 주당 $76 가치가 있는 자본구조 개편계획을 제시하였다. 회사의 자산을 매각하여 현금을 마련하고 외부에서 자금을 차입하여 주주들에게 현금 및 채무증서형태로 대대적 배당을 한다는 것이다. 이를 시행하기 위하여 주주총회의 승인은 필요없다. 문제는 기존의 독약처방에 따라 부여된 권리를 회사가 재매입하지 않음으로써 언제든지 독약처방의 시행이 가능하다는 것이다. 법원은 우선 주주의 권리에 대한 위협으로서의 강압적인 또는 불충분한 매수가격에 대한 우려가 합리적인 근거가 없으며 나아가 독약처방에 따른 권리를 그대로 살려두는 것은 주어진 위협에 대한 합리적인 대응방안의 범위를 넘어서는 것이라고 판단하였다.

Unitrin v. American General Corp.[28)]

American General이 Unitrin사의 모든 주식에 대하여 현금프리미엄 30%로 공개매수를 청구했다. Unitrin사의 이사들은 당시 23% 주식을 보유하고 있었으며 정관에 따르면 15% 이상의 주식을 보유한 자와 합병을 결의하려면 주식 75%의 찬성이 필요하였다. 이사회는 이사/주주들은 참여하지 않는 자사주 취득프로그램을 시행하기로 결정하였으며 이 프로그램이 시행되면 이사회가 28%의 주식을 보유하게 된다. American General은 이 프로그램이 시행되면 이사회가 거부권을 가지게 됨을 이유로 이 프로그램의 시행을 금지하여 줄 것을 법원에 청구하였다. 주형평법원은 이 프로그램은 위협에 대한 비례적인 대응조치가 아니라는 이유로 청구를 받아들였으나 주최고법원은 이사/주주들 역시 자신의 이익을 극대화하기 위하여 주주총회에서 의결권을 행사할 것이므로, 이사회/주주가 거부권을 가진다는 데에 동의할 수 없고 따

27) 551 A.2d 787 (Del. Ch. 1988). 이사회가 단순히 공개매수를 거절할 수 있는지 즉 소위 "just say no"방어가 가능한지에 대한 *Paramount Communications, Inc. v. Time Inc.*, 571 A.2d 1140 (Del. 1989)와 Jeffrey N. Gordon, *Corporations, Markets, and Courts*, 91 COLUM. L. REV. 1931 (1991) 참조.

28) 651 A.2d 1361 (Del. 1995).

라서 프로그램의 시행이 이사의 충실의무에 어긋나는 것이 아니라고 판단하였다.

2. 한국판례

한국의 판례를 크게 새로운 주식 내지 전환사채를 발행하여 지배권에 대한 도전자의 주식보유비율을 떨어뜨리는 경우와 신주를 우리사주조합에 우선적으로 배정하거나 실권자/단주를 우호적인 제 3 자에게 배정하는 경우, 그리고 이미 보유하고 있는 자사주를 기존의 지배주주에 우호적인 제 3 자에게 직접 또는 교환사채의 발행을 통하여 간접적으로 매각하는 세 가지 경우로 나누어 본다.

가. 전환사채/신주발행

서울지법 1997. 2. 6.자 97카합118 결정; 서울고법 1997. 5. 13.자 97라36 결정(박×송 v. 한화종금)

피신청인 한화종합금융은 종합금융업 등을 목적으로 하는 상장법인으로서 1997. 1. 7. 현재 자본금은 424억 3,600만원이고 발행주식의 총수는 8,487,200주(1주 가액 5,000원)이고, 대규모기업집단인 한화그룹의 계열사이다. 신청인은 1997. 1. 7. 현재 위 한화종합금융의 주식 10%(848,720주)를 소유하고 있는 주주인 동시에 동 회사의 감사이다.

신청인은 1996. 12. 5. 피신청인 한화종합금융의 대표이사에게 기존 이사 전×의 해임, 이사 추×선임을 목적으로 하는 임시주주총회의 소집을 요구하고, 그 다음날인 1996. 12. 6. 당원에 ××호×××로 임시주주총회소집허가신청을 하였다. 그리고 자신과 친분관계에 있는 우학그룹 회장인 신×외 이 학 등 우호적 세력과 공동으로 그 동안 피신청인 한화종합금융의 주식을 집중 매입하여 전체 주식의 40% 이상을 확보하였으므로, 장차 개최되는 주주총회에서 경영권을 장악할 예정이라고 공표하였다.

피신청인 한화종합금융은 1997. 1. 6. 이사회를 열어 신청인이 요구한 사항을 목적으로 하는 임시주주총회를 1997. 2. 13. 개최하기로 결의하였다. 그런데 피신청인 한화종합금융의 정관은 주주 외의 자에게 전환사채를 발행할 수 있도록 규정하고 있었다(정관 제14조). 그 내용은 "회사는 사채의 액면총액이 1,000억원을 초과하지 않는 범위내에서 주주외의 자에게 전환사채를 발행할 수 있다. 제 1 항의 전환사채에 있어서 이사회는 그 일부에 대하여만 전환권을 부여하는 조건으로도 이를 발행할 수 있다. 전환으로 인하여 발행하는 주식은 사채의 액면총액 중 500억원은 보통주식으로, 500억원은 우선주식으로 하고, 전환가액은 주식의 액면금액 또는 그 이상의 가액으로 사채발행시 이사회가 정한다. 전환을 청구할 수 있는 기간은 당해 사채의 발행일로부터 그 상환기일의 직전일까지로 한다. 다만 위 기간내에서 이사회의 결의로써 그 기간을 정할 수 있다. 전환으로 인하여 발행하는 주식에 대한 이익의 배당과 전환사채에 대한 이자의 지급에 관하여는 제10조의2의 규정(신주의 배당기산일에 관한 규정임)을 준용한다"이다. 이러한 정관의 내용은 한국상장회사협의회가 제정하여 상장회사들로 하여금 이를 따르도록 지도하고 있는 상장회사 표준정관 에 따른 것이며, 한국전력공사, 삼성전자주식회사, 포항종합제철주식회사 등이 동일한 형태의 정관을 두고 있다.

피신청인 한화종합금융은 1997. 1. 7. 이사회를 개최하여 사모의 방법으로 발행총액 400억원, 만기 2000. 3. 31. 전환가격 21,800원, 전환청구기간 발행일로부터 2000. 2. 29.까지, 이자율 연 1%(만기까지의 연복리 4%)로 된 별지 전환사채목록 기재 무기명식 전환사채를 발행하기로 결의하고 피신청인 삼신올스테이트생명보험에게 200억원 상당, 피신청인 동홍전기에게 100억원 상당, 피신청인 하이파이브에게 100억원 상당을 발행하였다. 피신청인 한화종합금융은 감사 2인 중 1인인 신청인에 대하여 위 이사회의 소집통지를 하지 않았다.

위 400억원 상당의 전환사채 전액이 전환될 경우 발행되는 주식은 1,834,862주이다. 이는 전환 후 피신청인 한화종합금융의 발행주식 중 17.7%를 차지하는 양이다.

한편 위 전환사채의 이율은 국내 금리 보다 매우 낮은 수준이고, 전환가격은 신청인과 위 한화그룹 사이의 지분 경쟁으로 주가가 비정상적으로 상승한 상태의 가격을 기준으로 한 것이어서, 위 전환사채는 인수인에게 불리한 반면 피신청인 한화종합금융 측에게는 유리한 것으로 평가되고 있다. 피신청인 한화종합금융은 신청인이 1996. 12. 6. 피신청인의 경영권을 확보한 것으로 대외적으로 공표하고 그 후 십수가지의 신청과 진정, 고발을 제기하여 이로 말미암아 피신청인 회사는 1996. 12. 및 1997. 1.에 조달하려고 하였던 자금 중 총 2,000억원 이상의 자금조달이 불가능하거나 심대한 차질을 빚게 되어 그 자금난을 극복하고자 위 전환사채를 발행하게 되었다고 주장하고 있다.

피신청인 삼신올스테이트생명보험은 1997. 1. 8. 및 같은 달 10. 위 인수한 전환사채 중 일부인 180억원 상당을, 피신청인 동홍전기는 1997. 1. 8. 위 인수한 전환사채 100억원 상당을, 피신청인 하이파이브는 1997. 1. 10. 위 인수한 전환사채 100억원 상당을 각 주식으로 전환하여 줄 것을 청구하여, 1997. 1. 10.까지 전환사채 발행총액 400억원 중 380억원이 주식으로 전환되었다. 위 피신청인들이 취득한 주식 수는 별지 주식목록 기재와 같이 합계 1,743,117주이고 이는 전환 후 피신청인 한화종합금융의 총 발행 주식수 10,230,317주의 17%이다. 한편 위 주식 발행으로 인하여 신청인의 지분비율은 8.2%로 감소되었다. …

이 사건 전환사채의 발행 목적이 지배주주의 우호지분 증가에 있어 현저히 부당하므로 무효라는 주장에 대하여 살펴본다.

위 전환사채의 발행은 경영권 분쟁 상황하에서 열세에 처한 구 지배세력이 지분 비율을 역전시켜 경영권을 방어하기 위하여 이사회를 장악하고 있음을 기화로 기존 주주를 완전히 배제한 채 제3자인 우호 세력에게 집중적으로 '신주'를 배정하기 위한 하나의 방편으로 채택된 것으로서, 이는 전환사채제도를 남용하여 전환사채라는 형식으로 사실상 신주를 발행한 것으로 보아야 한다. 그렇다면 이 사건 전환사채의 발행은 주주의 신주인수권을 실질적으로 침해한 위법이 있어 신주 발행을 위와 같은 방식으로 행한 경우와 마찬가지로 이를 무효로 보아야 한다.

뿐만 아니라, 이 사건 전환사채 발행의 주된 목적은 경영권 분쟁상황 하에서 우호적인 제3자에게 신주를 배정하여 경영권을 방어하기 위한 것인 점, 경영권을 다투는 상대방이자 감사인 신청인에게는 이사회 참석 기회도 주지 않는 등 철저히 비밀리에 발행함으로써 발행유지가처분 등 사전 구제수단을 사용할 수 없도록 한 점, 발행된 전환사채의 물량은 지배 구조를 역전시키기에 충분한 것이었고, 전환기간에도 제한을 두지 않아 발행 즉시 주식으로 전환될 수 있도록 하였으며, 결과적으로 인수인들의 지분이 경영권 방어에 결정적인 역할을 한 점 등에 비추어 볼 때 이 사건 전환사채 발행은 현저하게 불공정한 방법에 의한 발행으로서 이 점에서도 무효라고 보아야 한다.

다만, 신청인 측이 주식을 비밀리에 매집하는 과정에 그 당시의 허술했던 증권거래법의 관계 규정을 교묘히 회피해 나감으로써 법이 전혀 의도하지 않았던 결과를 가져온 것에 대하여는 못마땅한 면이 없지 않으나, 그렇다고 하여 신청인이 이 사건 전환사채 발행의 무효를 주장할 자격이 없게 된다고 할 수는 없으며, 또 이것이 한화 측의 위법한 대응을 정당화시킬 수도 없다.

또, 위법의 정도가 위와 같이 중대한 이상 이미 발행 및 전환이 끝나 저질러진 일이니 거래의 안전을 위하여 무효화시켜서는 안된다는 주장은 채택할 수 없다. 뿐만 아니라 이 사건에서는 거래의 안전을 해칠 위험도 없다. 전환된 주식을 사전 통모한 인수인들이 그대로 보유하고 있는 상태에서 처분금지가처분결정이 내려졌고 적어도 금융계에서는 이 사건 분쟁 상황이 처음부터 공지의 사실화되어 선의의 피해자란 있을 수 없기 때문이다.

그렇다면 이 사건 전환사채의 발행은 무효이고 이를 바탕으로 한 신주 발행 역시 무효이므로 신청인의 주주권에 기하여 위 신주에 관한 의결권 행사 금지를 구하는 신청인의 이 사건 신청은 피보전권리에 대한 소명이 있다고 할 것이다.

[서울지법 결정]

… (3) 마지막으로 이 사건 전환사채의 발행 목적이 지배주주의 우호지분 증가에 있어 현저히 부당하므로 무효라는 주장에 대하여 살펴본다.

전환사채의 발행은 회사의 조직법상의 행위가 아니라 거래법상의 행위이고 전환사채권은 유통성이 강한 유가증권이므로, 전환사채에 관한 문제에 있어서는 주주의 이익 보호 이상으로 거래안전의 보호를 중시하여야 할 것이어서 그 발행 무효 사유는 엄격히 보아야 할 것이다. 그런데 이 사건 전환사채는 회사를 대표하는 권한을 가진 대표이사가 정관의 규정에 의하여 대외적인 업무집행행위로서 이를 발행한 것이므로, 신청인의 주장과 같은 사정만으로는 그 효력을 무효라고 볼 수는 없다고 할 것이다.

이에 대하여 신청인은 이 사건 전환사채는 피신청인들이 통모하여 주주의 이익을 해함을 알면서 발행된 것이고 아직 피신청인 삼신올스테이트생명보험, 동홍전기, 하이파이브가 이를 소유하고 있고 다른 곳에 유통되지 않았으므로 이를 무효라고 하여도 거래의 안전에는 위험이 없다고 주장한다.

그러나 전환사채의 발행은 회사와 거래관계에 있는 제 3 자를 포함한 넓은 범위의 법률관계에 영향을 미칠 가능성이 있는 것이고 이에 비추어 보면 그 효력은 획일적으로 판단할 필요가 있으므로, 전환사채가 제 3 자에게 유통되었는지 여부에 따라서 개개의 사안마다 달리 판단하는 것은 적당하지 않다고 할 것이다.

따라서 신청인의 위 주장은 피신청인 한화종합금융의 대표이사가 나머지 피신청인들과 통모하여 지배주주의 우호지분을 증가시킬 목적으로 이 사건 전환사채를 발행하였는지의 점에 관하여 판단할 필요도 없이 이유 없다.

3. 나아가 보전의 필요성에 관하여 본다.

원래 임시의 지위를 정하는 가처분이 인용되려면 계속하는 권리관계에 현저한 손해를 피하거나 급박한 강포를 방지하기 위하여 또는 기타 필요한 이유가 있어야 한다. 그런데 이 사건과 같이 경영권 분쟁 상황하에서의 의결권행사금지가처분은 일반 가처분과는 달리 단순한 집행보전에 그치는 것이 아니라 가처분으로 경영권의 귀속을 변동시켜 버리는 거의 종국적인 만족을 가져오는 것으로서 그 결과가 중대할 뿐만 아니라, 가처분채무자에게는 원상으로의 회복이 곤란한 점으로 말미암아 보전의 필요성에 대한 더욱 강도 높은 소명을 요구한다. 그러므로 이 사건에서의 보전의 필요성은 피보전권리의 존재로 사실상 추정될 수도 없고, 단순히 주주권 즉 지배적 이익이 계속 침해된다는 추상적 사유만으로도 부족하며, 더 나아가 본안판결의 확정 후에 비로소 경영권이 넘어와서는 본안판결의 의미가 거의 없게 되거나 혹은 그렇게 될 경우 신청인에게 회복하기 어려운 구체적 손해가 발생할 우려가 있다는 사정이 따로이 있어야 한다.

이 사건의 경우 1997. 5. 28.로 예정된 정기주주총회에서는 경영진의 개편에 관한 의안이 없으므로 그 이후 언젠가 열릴 수 있는 경영진 개편을 위한 임시주주총회에서 비로소 신청인의 주주권, 즉 지배적 이익의 침해 여부가 문제될 것인바, 그 언젠가 열릴 임시주주총회에 대비하여 미리 이 사건 가처분을 할 필요가 있는지도 의문일 뿐만 아니라, 경영진의 교체가 그 때 바로 이루어지지 않고 본안판결의 확정 후로 미루어진다면 본안판결이 왜 무의미하게 되는지, 그렇게 될 경우 신청인에게 어떠한 회복할 수 없는 손해가 생기는지에 관하여 신청인은 주장·소명하여야 한다.

우선, 신청인은 현 경영진이 무능하여 경영 실적을 올리지 못하고 오히려 회사에 손해를 입히고 있다고 주장하나 이를 받아들이기에 족한 소명이 없다.

또, 신청인은 현 경영진이 지금까지 법령이나 정관에 위배되는 업무 집행을 해왔고 특히 위 전환사채의 발행에서 보는 바와 같이 이사의 중립의무를 망각한 채 한화 측의 이익을 위하여 신청인 측을 희생시키는 업무 집행을 해 온 만큼 앞으로도 그럴 위험이 있다고 주장한다. 그러나 1997. 4. 1.부터는 관계 규정의 개정으로 경영권분쟁상황 하에서 이 사건에서와 같은 전환사채의 발행은 하지 못하도록 제도적 장치를 마련함으로써 이제 다시는 그와 같은 일이 재발될 염려는 없어졌다. 뿐만 아니라 이사의 위법 부당한 직무 집행에 대하여는 위법행위유지가처분이나 이사해임의 소 및 이를 전제로 한 직무집행정지가처분으로 대처할 길이 있고, 실제로 위 전환사채의 발행 및 부동산 염매 등 법령과 정관에 위배되는 업무 집행을 해 온 이사들에 대하여 해임의 소를 전제로 한 직무집행정지가처분이 내려졌다(당원 1997. 5. 13.자 97라35 결정 참조). 그런데도 나머지 이사들이 해임을 무릅쓰고라도 앞으로 또 위법 부당한 업무 집행을 할 것으로 볼 만한 소명은 아직 없다. 물론 신청인은 이에 대하여 불안한 생각을 가질 수 있을 것이나 그것만으로 피보전권리에 관한 대법의 최종 판단(본안이 아닌 가처분사건에 있어서만이라도)이 나오기 전에 종국적 만족을 실현시키는 이 사건 가처분의 필요성을 인정하기에는 부족하다. 위 대법 판단이 나온 뒤에 위법 부당한 업무 집행의 징후가 나타나면 그 때 다시 이 사건과 같은 가처분 신청을 하면 될 것이다.

그렇다면 달리 시급히 가처분이 되지 아니하면 신청인이 회복할 수 없는 손해를 입게 된다는 점에 관한 주장·소명이 없는 이 사건에 있어서 보전의 필요성에 관하여는 소명이 없다고 할 것이다.

서울지법 1997. 2. 6.자 97카합481 결정(쏠라어프로치 v. 미도파)[29)]

주문 1. 신청인들이 이 결정을 고지받은 날로부터 7일 이내에 피신청인을 위하여 보증으로 금 5억원을 공탁하거나 위 금액을 보험금액으로 하는 지급보증위탁계약체결문서를 제출하는 것을 조건으로,

주문 2. 신청인은 주주 외의 자에 대하여 1997. 7. 1. 이전에 보통주식으로의 전환청구를 할 수 있는 전환사채 또는 위 일자 이전에 보통주식에 대한 신주인수권을 행사할 수 있는 신주인수권부사채를, 공모 외의 방식으로 발행하여서는 아니 된다.

대법 2004. 6. 25. 선고 2000다37326 판결(장×성 v. 삼성전자)[30)]

… 원심은, 신주발행무효의 소의 법리에 의하여 전환사채의 발행을 무효라고

29) 이 판결을 한화종금판결과 비교하면 우선 가처분은 전환사채의 발행을 사전에 금지하려는 시도에서 내려진 것이며, 법원은 주총을 위한 주주명부폐쇄일 이전에 전환할 수 있는 사채를 공모 이외의 방식으로 발행하지 말라고 명령함으로써 구체적으로 기존지배구조에 영향을 미칠 수 있는 범위의 회사의 행위를 제한하고 있다. 정형찬, 한국기업지배권시장에서의 적대적 기업인수: 미도파M&A에 대한 사례연구, 35 경영학연구 1557-1596 (2004); 연강흠, 적대적 기업인수와 경영권방어전략(주) — 미도파의 경영권분쟁사례연구, 2 경영교육연구 133-152 (1999).

30) 하급심은 수원지법 1997. 12. 17. 선고 97가합12863 판결; 서울고법 2000.06.23. 선고 98나4608 판결. 수원지법 1997. 12. 16. 선고 97카합7333 판결도 전환사채발행의 효력에 대하여 판단하고 있는바, "이 사건 전환사채 중 위 이재용에게 발행된 부분은 위 이건희가 그 아들인 위 이재용에게 피신청인 회사의 지배권을 승계할 것을 주된 목적으로 하여 발행한 것으로 볼 것인바, 적법한 상속 또는 증여 제도를 통하지 않고 (상속세및증여세법 제40조에서는 특수관계에 있는 자로부터 전환사채를 취득한 경우 그 이익에 대하여 증여로 의제하는 규정을 두고 있으나, 이 사건 전환사채 발행 당시에 시행되던 개정 전의 같은법시행령에서는 같은 법의 적용 대상인 '특수관계에 있는 자'의 범위에 전환사채를 발행한 자는 포함하고 있지 아니하였다) 이 사건과 같이 전환사채 제도를 남용하여 회사 지배관계에 대한 영향력에 변

보기 위해서는 회사의 경영권 분쟁이 현재 계속 중이거나 임박해 오는 등 오직 지배권의 변경을 초래하거나 이를 저지할 목적으로 전환사채를 발행하였음이 객관적으로 명백한 경우라야 한다고 전제한 다음, 이 사건 전환사채 발행 당시 피고 회사에는 경영권의 분쟁이나 그러한 조짐이 전혀 없었고, 피고 회사의 규모와 지배주주인 이건희측의 지분비율에 비추어 볼 때 피고 회사의 경영권은 안정되어 있었다고 보이며, 피고 회사는 이 사건 전환사채 외에도 수시로 회사채를 발행하여 자금을 조달하여 왔고, 피고 회사의 자본 규모에 비하여 이 사건 전환사채 발행의 규모가 미미하다고 보이는 점 등을 종합하여 보면, 이 사건 전환사채의 발행에 지배권 강화의 목적이 전혀 없었다고 할 수는 없다 하더라도, 위에서 본 전환사채 발행 무효사유에 해당한다고 볼 수는 없다고 판단하였다. 이어서 원심은, 이 사건 전환사채 발행 당시 피고 회사의 주가, 이 사건 전환사채의 조건, 비슷한 시기에 발행된 피고 회사의 다른 전환사채의 전환가액 등에 비추어 볼 때, 이 사건 전환사채는 비교적 저렴한 가격으로 발행되었다고 보이지만, 이러한 사유는 주주가 전환사채의 발행 전에 회사에 대하여 그 발행의 유지를 청구하거나 전환사채의 발행 후에 이사 또는 전환사채 인수인에 대하여 손해의 배상이나 차액의 추가납입 등을 청구할 수 있는 사유가 될 수 있음은 별론으로 하고, 일단 전환사채가 발행된 이상 이를 무효로 하는 사유는 될 수 없다고 판단하였다.

나. … 전환사채 발행의 무효원인에 대하여 살피건대, 신주발행무효의 소에 관한 상법 제429조에도 무효원인이 규정되어 있지 않고, 다만, 전환사채의 발행의 경우에도 준용되는 상법 제424조에 '법령이나 정관의 위반 또는 현저하게 불공정한 방법에 의한 주식의 발행'이 신주발행 유지청구의 요건으로 규정되어 있으므로, 위와 같은 요건을 전환사채 발행의 무효원인으로 일응 고려할 수 있다고 하겠으나, 다른 한편, 전환사채가 일단 발행되면 그 인수인의 이익을 고려할 필요가 있고 또

동을 주는 경우에까지 그것이 피신청인 회사의 이익을 위한 것으로서 다른 주주들의 지배적 이익의 침해가 용인된다고 보기는 어렵다고 할 것이다. 또한 이 사건에 있어서는 전환사채를 인수한 위 이재용이 전환청구에 의해 신주를 발행받은 후 현재도 이를 소유하고 있어 선의의 제3자는 아직 발생하고 있지 않고 있으므로, 이 사건 전환사채 및 신주 발행이 무효인지 여부를 판단함에 있어 거래의 안전을 고려할 필요는 없다. 결국 이 사건 전환사채 중 위 이재용에게 발행된 부분 및 전환청구에 의한 신주발행 부분은 피신청인 회사를 지배하는 대주주 및 그 아들인 위 이재용의 이익을 위하여 다른 주주들의 이익을 실질적으로 침해하는 것으로서 객관적인 정당성을 결여하고 있어 이를 무효로 보아야 할 것이므로, 주주권에 기하여 위 신주에 대한 처분금지를 구하는 신청인의 이 사건 신청 부분은 피보전권리에 대한 소명이 있다고 할 것이다."라고 판단하였다.

전환사채나 전환권의 행사에 의하여 발행된 주식은 유가증권으로서 유동되는 것이므로 거래의 안전을 보호하여야 할 필요가 크다고 할 것인데, 전환사채발행 유지청구권은 위법한 발행에 대한 사전 구제수단임에 반하여, 전환사채발행무효의 소는 사후에 이를 무효로 함으로써 거래의 안전과 법적 안정성을 해칠 위험이 큰 점을 고려할 때, 그 무효원인은 가급적 엄격하게 해석하여야 하고, 따라서 법령이나 정관의 중대한 위반 또는 현저한 불공정이 있어 그것이 주식회사의 본질이나 회사법의 기본원칙에 반하거나 기존 주주들의 이익과 회사의 경영권 내지 지배권에 중대한 영향을 미치는 경우로서 전환사채와 관련된 거래의 안전, 주주 기타 이해관계인의 이익 등을 고려하더라도 도저히 묵과할 수 없는 정도라고 평가되는 경우에 한하여 전환사채의 발행 또는 그 전환권의 행사에 의한 주식의 발행을 무효로 할 수 있을 것이며, 그 무효원인을 원심이 판시하는 바와 같이 회사의 경영권 분쟁이 현재 계속중이거나 임박해 있는 등 오직 지배권의 변경을 초래하거나 이를 저지할 목적으로 전환사채를 발행하였음이 객관적으로 명백한 경우에 한정할 것은 아니다.

그리고 전환사채발행무효의 소에 있어서의 무효원인을 위와 같이 엄격하게 해석하여야 하는 이상, 단지 전환사채의 인수인이 회사의 지배주주와 특별한 관계에 있는 자라거나 그 전환가액이 발행시점의 주가 등에 비추어 다소 낮은 가격이라는 것과 같은 사유는 일반적으로 전환사채발행 유지청구의 원인이 될 수 있음은 별론으로 하고 이미 발행된 전환사채 또는 그 전환권의 행사로 발행된 주식을 무효화할 만한 원인이 되지는 못한다 할 것이다.

다. 나아가 이 사건 전환사채 발행의 무효원인의 유무에 대하여 보건대, 우선 원심이 적법하게 확정한 사실관계 및 기록에 따르면, 이 사건 전환사채 발행 당시 피고 회사에 경영권 분쟁이 진행 중이었다거나 임박하였다는 조짐은 전혀 없었고, 피고 회사의 규모와 지배주주인 이건희측의 지분비율에 비추어 볼 때 피고 회사의 경영권은 안정되어 있었다고 보이며, 피고 회사는 이 사건 전환사채 외에도 수시로 회사채를 발행하여 자금을 조달하여 왔는데 피고 회사의 자본 규모에 비하여 이 사건 전환사채 발행의 규모가 미미하였다고 보이고, 또한 이 사건 전환사채의 발행 당시 전환가액에 관하여 법령상의 근거를 가지고 규율하는 규정은 없었으나, 사채발행인수실무협의회에서 실무상의 준칙으로 정한 '사채의 발행조건에 관한 기준'은 상장법인이 전환사채를 공모 방식으로 발행하는 경우 그 전환가액은 그 결정을 위한 이사회결의일 전일로부터 소급한 1개월 평균종가, 1주일 평균종가 및 최근일 종가를 산술평균하여 산정한 가격과 최근일종가 중 낮은 가격을 '기준주가'로 하여 기준주가의 90% 이상으로 정하도록 하고 있었는데, 이 사건 전환사채의 전환가액 50,000원은 위 '사채의 발행조건에 관한 기준'에 따른 기준주가 55,200원보다 약 9.42% 할인된 것으로서 사모 방식으로 발행되었음에도 일응 공모 방식에 적용되는 기준주가의 90% 이상이라는 요건도 충족하고 있었다는 것인바, 이러한 여러 사정들에다가 이 사건 전환사채는 전환권이 부여되는 대신 피고 회사가 그 무렵 발행한 회사채의 이율인 연 11%보다 낮은 연 7%의 이율이 적용되었다.

사전 상속이나 증여 또는 회사 경영권 내지 지배권의 이양이라는 목적이나 의도 아래 이루어진 것이라고 의심할 여지가 있다고 하더라도, 그러한 사유만으로 전환사채의 발행을 무효로 볼 수는 없다고 할 것이다(한편 원고는, 이 사건 전환사채의 경우 그 전환권의 행사로 발행된 주식에 관하여 수원지법의 주권상장금지가처분결정이 내려져 있으므로 이 사건 전환사채 또는 그 전환권의 행사로 발행된 주식을 무효로 하더라도 거래의 안전을 해할 위험이 없었다는 점을 그 무효의 근거 중 하나로 삼고 있으나, 상장금지가처분결정이 내려졌다고 하여 증권거래소가 아닌 장외에서의 거래가 금지되는 것은 아닐 뿐만 아니라, 위 상장금지가처분결정은 이 사건 본안재판에 앞서 일응 이 사건 전환사채 발행의 무효를 구할 권리에 대한 소명이 있다고 보아 이를 바탕으로 하여 내린 보전처분으로서, 본안재판을 함에 있어서 위와 같은 가처분결정이 있다는 사유를 거꾸로 이 사건 전환사채의 발행이 무효라고 판단하는 근거로 삼을 수는 없다). 더 나아가 전환사채발행무효의 소의 무효원인에 관한 앞서 본 법리에 의할 때, 원고가 주장하는 구체적인 무효원인과 관련된 여러 사정들을 종합적으로 고려하더라도 이 사건 전환사채의 발행에 무효원인이 있다고 볼 수는 없다.

서울고법 2006. 7. 19. 선고 2006나24218 판결(××× v. 세이브존)

(1) 상법(2007. 7. 24. 법률 제6488호로 개정된 것, 이하 같다) 제513조 제2항은, 전환사채의 총액, 전환의 조건, 전환으로 인하여 발행할 주식의 내용, 전환을 청구할 수 있는 기간, 주주에게 전환사채의 인수권을 준다는 뜻과 인수권의 목적인 전환사채의 액, 주주 외의 자에게 전환사채를 발행하는 것과 이에 대하여 발행할 전환사채의 액에 관하여 정관에 규정이 없으면 이사회가 이를 결정한다고 규정하고, 상법 제513조 제3항 전단은, 주주 외의 자에 대하여 전환사채를 발행하는 경우에 그 발행할 수 있는 전환사채의 액, 전환의 조건, 전환으로 인하여 발행할 주식

의 내용과 전환을 청구할 수 있는 기간에 관하여 정관에 규정이 없으면 제434조의 정관변경의 특별결의로써 이를 정하여야 한다고 규정하고 있는바, 위 규정에 의하면 이사회는 정관에 다른 규정이 없는 한 스스로의 판단에 따라 전환사채를 인수할 주주 외의 자를 결정할 권한이 있는 것으로 해석된다.

(2) 그런데 앞서 본 바와 같이 피고 회사의 정관 제40조 제 1 항은 이사회 결의로 주주 외의 자에게 전환사채를 발행할 수 있는 경우로, 경영상 필요에 의하여 전환사채를 일반공모의 방법으로 발행하는 경우(제 1 호)와 경영상 필요로 국내외 금융기관 등에게 전환사채를 발행하는 경우(제 2 호)로 나누어 규정하면서, 공모의 경우에는 상대방에 관한 아무런 제한을 두지 않는 반면, 이른바 사모의 경우에는 '금융기관 등'으로 상대방을 제한하고 있는바, 여기서 '금융기관 등'이라 함은 금융기관과 같은 범주에 포섭될 수 있는 제 3 자를 의미한다고 보아야 할 것인데(만약 피고 회사의 주장과 같이 '금융기관 등'을, 금융기관은 물론 업종을 불문하고 피고 회사를 제외한 일체의 제 3 자로 해석한다면 피고 회사의 정관에서 공모와 사모를 나누어 규정한 것은 아무런 의미가 없어진다), 유통업 등을 영위하는 소위 회사가 금융기관과 같은 범주에 포섭된다고 볼 수는 없어, 소외 회사에 사모의 방법으로 전환사채를 발행하는 것은 정관의 규정에 위배된다고 할 것이므로 이를 위하여는 주주총회의 특별결의를 거쳤어야 할 것이다.

(3) 위 인정사실에 나타난 바와 같이, 이 사건 전환사채의 발행을 전후하여 원고와 용석봉 사이에 이 사건 이익소각계약의 이행에 관한 분쟁이 발생하여 원고가 위 계약의 해제를 통보함과 아울러 이를 이유로 한 원상회복청구소송을 제기한 점, 이 사건 이익소각계약이 해제되고 원고의 보유주식과 대표이사 직위가 원상회복될 경우 용석봉의 단독경영권이 상실될 우려가 있었던 점, 이 사건 전환사채를 인수한 소외 회사는 피고 회사가 최대 주주이고 용석봉이 대표이사를 맡고 있어 이 사건 전환사채가 주식으로 전환되는 경우 용석봉이 원고와의 경영권 분쟁에서 우위에 서게 되는 점, 이 사건 전환사채의 발행으로 피고 회사에 실제 유입된 일은 전혀 없는 점(피고 회사는 단기대여금을 장기채로 전환함으로써 재무구조를 개선하여 금융권의 원활한 차입 및 이자율을 낮추기 위하여 이 사건 전환사채를 이행한 것이라고 주장하나, 피고 회사와 소외 회사와의 관계에 비추어 언제라도 이와 같은 방식의 전환사채 발행이 가능함에도 불구하고 당시 차용금채무에 대한 기한의 이익을 포기하면서까지 급하게 이 사건 전환사채를 발행할 필요성이 있었다고 볼 만한 사정이 발견되지 아니한다) 등의 사정에 비추어 보면, 이 사건 전환사채는 신기술의 도입,

기업의 재무구조 개선 등 회사의 경영상 목적을 달성하기 위하여 발행하였다기보다는 순전히 용석봉의 경영권방어를 목적으로 발행한 것으로 봄이 상당하다.

따라서 이 사건 전환사채의 발행 및 인수에 관하여 비록 이사회 결의 절차에 하자가 있다고 볼 수는 없으나, 피고 회사의 정관의 규정에 위반하여 이사회의 결의만으로 소외 회사에 전환사채를 발행한 점, 이 사건 전환사채는 경영상의 필요가 아닌 경영권의 방어를 위하여 발행된 점, 위 정관에 전환의 조건에 관하여 아무런 규정이 없음에도 상법을 위반하여 주주총회의 특별결의 없이 전환가액을 결정한 점 등 제반사정을 종합적으로 고려할 때, 이 사건 전환사채의 발행에는 법령이나 정관의 중대한 위반 또는 현저한 불공정이 있어 그것이 주식회사의 본질이나 회사법의 기본원칙에 반하거나 기존 주주들의 이익과 회사의 경영권 내지 지배권에 중대한 영향을 미치는 결과를 초래하여 전환사채와 관련된 거래의 안전, 주주 기타 이해관계인의 이익 등을 고려하더라도 도저히 묵과할 수 없는 정도에 이르렀다고 할 것이므로, 이 사건 전환사채의 발행은 무효로 함이 상당하다.

노트와 질문

1) 전환사채발행의 경우 금융위는 "증권의 발행 및 공시 등에 관한 규정"("증발공") 제5-21조에서 일정한 상황에서는 주주에게 발행하거나 공모발행방식 이외의 전환사채발행을 일체 금지하고 있다. 이는 타당한가?

나. 신주발행

서울지법 1999. 7. 6.자 99카합1747 결정(타이거펀드 v. SK텔레콤)

살피건대, 신청인의 전 소명에 의하더라도, 이 사건 신주발행 절차에 있어서 어떠한 법령이나 정관 위반 사유가 있는 것으로는 보이지 아니하므로, 결국 위 신주발행이 현저히 불공정한 방법에 의한 것이고 나아가 신청인이 그로 인하여 불이익을 받을 염려가 있다고 인정되는 경우에 한하여 신청인에게 신주발행 유지청구권이 인정될 수 있을 것이다. 이 사건 신주발행이 과연 현저히 불공정한 방법에 의한 것인지 및 신청인이 그로 인하여 불이익을 입게 되는지 여부에 관하여 본다.

(1) 우선, 이사회 소집이나 의결 과정에 관하여 신청인이 주장하는 정도의 하자만으로는 그 소집이나 의결과정이 현저히 불공정한 것으로 보이지 아니한다.(신청인은 이 사건 신청원인으로 회사의 신주발행은 이사회 결의사항 중에서도 가장

주요한 사항에 속하는 것이므로, 이사회에서 신주발행 결의를 하는 경우에는, 이사회 개최에 앞서 미리 각 이사들에게 신주발행 계획을 구체적으로 알리고 검토할 기회를 부여하여, 이사회에서 심도있는 논의가 이루어질 수 있도록 할 필요가 있다. 그러나, 피신청인 회사의 발행주식 총수의 25%에 이르는 대규모의 신주를 발행하는 사안을 결의한 위 이사회에 있어서는 일부 이사들, 특히 객관적으로 전체 주주의 이익을 대변하는 사외이사들에게 이사회 개최 3일 전에야 비로소 회의 목적사항이 통보되었고, 충분한 시간을 두고 검토할 것을 요구하면서 의결에 반대하는 사외이사들 전원과 감사의 의사를 무시한 채 표결처리를 통하여 위 유상증자안이 의결되었다고 주장하였다.)

(2) 또한, 피신청인 회사가 위 유상증자를 시행함에 있어서 신청인을 비롯한 대주주들과 사전에 상의를 하지 않았다는 점을 들어 위 유상증자가 현저히 불공정한 것이라도 할 수 없다.

(3) 기록에 의하면, 피신청인 회사 이사회에서는 이동전화 통화품질 개선을 위한 시설투자, 종합정보통신 사업자로서의 기반 확보, 무선데이타 서비스 강화를 위한 기술도입, 차세대 이동통신 서비스(IMT) 확보를 위한 기술개발 투자를 위하여 합계 약 1조 5,720억원에 이르는 신규자금이 필요하다고 판단하여 위 유상증자를 추진하게 된 것으로 보이고, 위와 같은 투자의 필요성 판단, 자금 확보를 위하여 유상증자의 방법에 의할 것인지 여부의 결정, 유상증자의 시기와 규모의 결정 등은 모두 이사회의 경영판단사항에 속하는 것으로서, 그와 같은 판단이나 결정이 현저히 불합리하다고 볼 자료도 없으므로, 위와 같은 유상증자의 결정 내용에 어떠한 하자가 있다고 보기도 어렵다.

(4) 위 신주발행에 있어서 피신청인 회사의 최대 주주측은 물론, 신청인을 비롯한 모든 주주들에게 보유 주식수에 비례하는 신주인수권이 평등하게 부여되는 점은 당사자 사이에 다툼이 없으므로, 원칙적으로 위 신주발행이 불공정한 것이라고 하기는 어렵다.

다만, 실권주나 단주의 처리를 이사회 결의에 위임하고 발행가액 산정에 있어서 30%의 할인율이 적용됨으로써, 최대 주주측이 실권주나 단주를 비교적 저렴한 가격에 대량으로 인수할 가능성은 높아 보이나, 위와 같은 실권주나 단주의 처리 및 할인율의 결정이 정관이나 관련 규정에 기한 것인 이상, 그러한 사정만으로는 위 실권주나 단주의 처리방법이 현저히 불공정한 것이라고 할 수도 없다.

그 밖에 유상증자 규모가 대규모이고, 공시일과 배정기준일 사이의 기간이 짧아 자금조달에 애로가 있다는 주장은, 위와 같은 유상증자 규모와 기간 설정이 상법과 정관의 규정을 준수한 것인 이상, 신주발행이 현저히 불공정한 것인지 여부를 판단함에 있어서 고려대상이 될 수 없는 것으로 보인다.

(5) 앞에서 본 바와 같은 자금수요를 고려하면, 피신청인 회사가 오로지 최대주주측의 경영지배권 강화만을 위하여 위 유상증자를 강행하는 것으로는 보이지 아니한다. 또한, 모든 주주에게 신주인수권을 평등하게 부여하고, 정관의 규정에 따라 실권주와 단주를 처리하는 이상, 실권주나 단주의 처리로 인하여 약간의 주식 지분율 변동이 예상된다 하더라도, 그와 같은 사정을 들어 위 유상증자가 현저히 불공정한 것이라고 할 수도 없다.

그리고, 신청인이 피신청인 회사의 총 발행주식 중 6.62%의 주식을 보유하는데 불과하고, 특별히 피신청인 회사의 최대 주주측과 경영권을 둘러싼 분쟁을 벌이고 있다고 인정할 자료가 없는 이 사건에 있어서, 실권주와 단주의 처리로 인하여 최대 주주측이 지분율을 추가하게 된다 하더라도, 그로 인하여 신청인에게 특별한 불이익이 있는 것으로도 보이지 아니한다.

수원지법 여주지원 2003. 12. 12.자 2003카합368 결정(금강고려화학 v. 현대엘리베이터)

(1) 2003. 8. 4. 피신청인 회사의 정몽헌 회장이 갑자기 사망한 직후부터 GMO Emerging Markets 펀드를 비롯한 외국인들이 피신청인의 주식을 집중 매입하기 시작하자, 신청인 등 범 현대그룹 회사들과 피신청인 회사의 관계자들은 현대그룹의 지주회사인 피신청인을 외국인들의 적대적 M&A 위협으로부터 방어하기 위하여 당시 피신청인이 보유하던 자기주식을 신청인 등 범 현대그룹 회사들에 처분하여 의결권을 부활하기로 협의하였다.

(2) 이에 따라 피신청인은 2003. 8. 13. 이사회에서 자기주식 처분결의를 하고 보유하고 있던 자기주식 500,000주 및 자기주식 펀드 28,262주 합계 528,262주(지분율 9.41%) 중 430,000주를 장외 매도하였는데, 같은 날 위 430,000주 중 80,000주는 신청인의 자회사인 금강종합건설주식회사가, 나머지는 기타 범 현대그룹 회사들이 전량 매수하였다.

(3) 신청인의 명예회장인 정상영은 신한포트사모3호펀드를 통하여 2003. 10. 2.부터 같은 달 10. 24.까지 719,330주(지분율 12.82%)를 매수하여 취득하고, 한편

정몽헌 사후 정상영과 망 정몽헌의 처이자 김문희의 딸인 현정은 사이에 현대그룹의 경영권에 대하여 논의가 있던 중 2003. 10. 21. 현정은이 공석이 된 피신청인의 회장으로 취임하자, 신청인 및 그 특수관계자인 주식회사 고려시리카는 2003. 10. 27.부터 2003. 11. 6.까지 유리패시브주식사모, 유리쥬피터주식사모, 유리제우스주식사모 등 3개의 뮤추얼펀드를 통하여 피신청인 발행주식 438,370주(지분율 7.81%)를 추가로 매수하여 취득하였다.

(4) 2003. 11. 5.경 신청인 측이 위 산한포트사모3호펀드를 통하여 피신청인의 주식을 취득하였다는 사실과 신청인 및 그 특수관계자 회사들이 취득한 피신청인 주식수가 기존 최대주주인 김문희 등의 보유주식보다 많다는 사실이 알려지면서 현대그룹의 경영권 향방에 대한 사회적 관심이 증폭되었고, 그 무렵부터 정상영을 비롯한 신청인 측과 김문희 및 현정은을 비롯한 피신청인 경영진과의 사이의 경영권 분쟁 사실이 언론에 본격적으로 보도되기 시작하였다.

(5) 2003. 11. 7. 신청인이 피신청인 발행주식 421,130주를 매수하여 합계 485,130주를 취득하였음을 공시한 후 신청인 측 정상영의 측근을 통하여 현정은 회장의 퇴진 등 피신청인의 경영진 교체를 시사하는 발언이 언론에 보도되기 시작하자, 현정은 측은 추가 지분 매입방안을 검토하는 한편 신청인 측의 주식 매입과정의 위법·부당성을 지적하는 등으로 대응하여 신청인 측과 경영권을 방어하려는 현정은 측 사이의 경영권분쟁이 본격화되었다.

(6) 한편 신청인은 2003. 11. 14.경 위와 같은 지분변동 사실을 증권거래법시행령 제10조의3 제 4 항에 의한 특별관계자인 한국프랜지공업 주식회사를 대표자로 하여 증권거래소 및 금융감독위원회에 대량보유보고를 하는 과정에서 비로소 위 펀드 취득분까지 포함하여 주식취득 목적을 '투자목적/경영참여'로 기재함으로써 피신청인 회사의 경영에 참여할 뜻을 명백히 하고, 같은 날 기자회견을 통하여 피신청인을 비롯한 현대그룹을 인수하였다는 내용을 밝히면서 신청인 측과 현정은 측 사이의 이 사건 경영권 분쟁이 공식화되었다. …

라. 이 사건 신주발행에 관한 이사회 결의의 내용

(1) 2003. 11. 17. **이사회 결의**

피신청인은 2003. 11. 17. 이사회에서 '지배구조 및 재무구조의 개선과 사업다각화'를 목적으로 하여 기명식 보통주식 10,000,000주를 일반공모증자 방식으로 시가 발행할 것을 결의(이하 '1차 이사회 결의'라고 한다)하고 이를 공시하였는데, 그 주요내용은 ① 발행가액 산정을 위하여 기준주가에 적용할 할인율을 법령상 최대한도인 30%로 정하고, ② 유상증자 규모는 약 4,270억원으로 하며(예상 기준주가를 주당 61,000원으로 보아 할인율 30%를 적용하여 신주 발행가액을 42,700원으로 계산함), ③ 발행할 신주의 20%인 2,000,000주는 피신청인 회사의 우리사주조합원에게 우선 배정하고 그 밖의 주식은 일반공모방식으로 배정하되 1인당 청약 한도는 200주로 제한하며, ④ 일반공모 후 인수되지 아니한 주식에 대하여는 이사회 결의를 통하여 처리하기로 하는 것이었다. 한편, 피신청인은 위 신주발행을 위한 청약은 2003. 12. 1.부터 같은 달 2.까지 이틀간, 청약대금 납입은 2003. 12. 8., 주권상장 및 교부는 2003. 12. 19. 이루어질 예정이라고 공시하였다.

(2) 2003. 11. 19. **이사회 결의**

피신청인의 이사회는 2003. 11. 19. 1차 이사회 결의의 내용 중 일부를 수정하는 결의(이하 '수정 이사회 결의'라고 하고, 1차 이사회 결의와 수정 이사회 결의를 합하여 '이 사건 신주발행 결의'라고 한다)를 하고 이를 공시하였다. 수정 이사회결의에 의한 주요 수정내용은 ① 유상증자 예상규모를 4,270억원에서 4,090억원으로 변경(신주발행 가액을 40,900원으로 계산함)하고, ② 일반공모의 1인당 청약한도를 200주에서 300주로 변경하되, 단 고수익증권투자신탁청약의 경우는 청약한도를 15,000주로 하고 우리사주조합 청약의 경우는 청약한도를 두지 않기로 하며, ③ 일반공모 후 인수되지 않는 주식은 발행하지 않기로 하고, ④ 청약일은 2003. 12. 15.부터 다음날까지로, 주금납입일은 2003. 12. 22.로, 주권상장 및 교부예정일은 2003. 12. 30.로 각 변경하며, ⑤ 자금조달 목적은 '지배구조 및 재무구조의 개선과 사업다각화'에서 '시설투자 및 사업다각화'로 변경하는 것 등이며, 그밖에 2003. 12. 31.을 신주 배정기준일로 하여 기명식 보통주 4,343,642주의 신주를 1주당 0.28주의 비율로 배정하고, 신주 1주당 발행가액을 5,000원으로 하며, 위 신주발행의 재원은 주식발행초과금 21,718,210,000원으로 하는 내용의 무상증자안도 함께 공시하였다. …

가. 주주의 신주인수권 배제의 허용범위에 관하여

우리 상법 제418조 제 1 항에서 "주주는 그가 가진 주식 수에 따라서 신주의 배정을 받을 권리가 있다"고 규정하여 주주의 신주인수권을 원칙적으로 인정하는 입법례를 취하고, 같은 조 제 2 항에서 "회사는 제 1 항의 규정에 불구하고 정관에 정하는 바에 따라 주주 외의 자에게 신주를 배정할 수 있다. 다만, 이 경우에는 신기술의 도입, 재무구조의 개선 등 회사의 경영상 목적을 달성하기 위하여 필요한 경우에 한한다"고 규정하여 일정한 범위에서 정관의 규정에 따라 주주의 신주인수권을 배제한 신주발행을 허용하고 있다. 위와 같이 주주의 신주인수권의 원칙적 인정 및 일정한 범위의 제한 또는 배제를 규정한 현행 상법 제418조 제 1 항 및 제 2 항은 2001. 7. 24. 법률 제6488호로 개정된 것인데, 개정 전의 상법은 이에 관하여 "주주는 정관에 다른 정함이 없으면 그가 가진 주식의 수에 따라서 신주의 배정을 받을 권리가 있다"고 한 제418조 제 1 항의 규정만 두었을 뿐이어서 정관에서 주주의 신주인수권을 제한 또는 배제한 신주발행을 허용하면서도 그 요건을 규정하고 있지 않은 경우에 관하여 주주의 신주인수권 제한 또는 배제를 위하여는 신기술의 도입, 재무구조의 개선 등과 같은 회사의 경영상 목적을 달성하기 위하여 필요하고도 적합하며 회사의 이익을 위하여 다른 대안이 없어야 한다는 실질적 정당화 사유가 있어야 하는지에 관하여 견해가 대립되었다. 여기에 주식회사의 신주발행 권한을 그 발행예정주식 총수의 범위 안에서 이사회의 권한으로 하는 수권자본제도는 회사의 효율적인 경영을 위한 유리한 조건의 자금을 기동력 있게 조달할 수 있도록 하는 데 그 근본취지가 있는 점을 함께 고려하면, 정관에 의한 주주의 신주인수권의 제한 또는 배제의 요건을 규정하고 있는 현행 상법 제418조 제 2 항 단서는 주주의 신주인수권을 제한 또는 배제하는 신주발행이 허용되려면 적어도 회사의 경영상 필요를 위하여 적합한 경우이어야 한다는 것을 규정하는 취지로 해석하여야 할 것이다. 상법 제418조 제 2 항이 규정하는 경우 이외에 이사회의 결의로 주주의 신주인수권을 제한 또는 배제하고 신주발행을 할 수 있는 경우의 하나가 증권거래법 제189조의3에 의하여 주권상장법인 또는 협회등록법인이 정관의 규정에 따라 증권거래법시행령이 정하는 일반공모증자방식에 의하여 신주를 발행하는 경우이다. 이 경우는 증권거래법이 주권상장회사 및 협회등록법인에 관하여 일반공모증자제도를 도입한 경위에 비추어 상법 제418조 제 2 항이 그러한 신주발행행위의 남용 여부가 문제되는 경우의 판단의 기초가 되는 것을 넘어 직접 적용된다고 보기는 어렵다고 할 것이나, 위 증권거래법 규정에 따른 일반공모증자를 허용하는 정관을 둔 회사가 그 요건에 관하여 상법 제418조 제 2 항과 같은 규정을 두고 있다면 이러한 정관 규정에 대하여는 이미 본 상법 제418조 제 2 항과 동일하게 해석함이 옳다. 현행 상법 제418조 제 1 항 및 제 2 항은 개정 전의 규정에 비추어 주주의 신주인수권을 더 두텁게 보호하기 위한 것으로 볼 것이고, 정관은 주주총회의 특별결의에 의하여서만 변경할 수 있는 것으로 함부로 주주의 이익에 반하는 해석을 할 수 없기 때문이다.

한편, 기업취득(기업의 지배 또는 경영권을 취득할 목적으로 하는 모든 형태의 거래를 총칭하는 M&A의 우리말로 사용한다)행위는 적대적일 경우라도 그로 인한 대상회사 및 주주의 이해가 항상 일치되는 것으로 보기 어려워 이를 일률적으로 위법하다거나 허용되지 않는 것이라고 단정할 수 없으므로 이에 대하여 기업취득 대상회사(이하 '대상회사'라고만 한다)의 이사회가 취하는 일정한 경영권 방어행위 또한 일률적으로 그 허용 여부를 말할 수는 없다. 대상회사의 이사회가 특정한 적대적 기업취득행위에 대항하여 취하는 경영권 방어행위에 대하여 직접 관련 법령이나 대상회사의 정관에 규정된 바가 있으면 우선적으로 그 법령과 정관 규정이 허용하는 범위 내인지 여부에 따라야 할 것이다. 그러한 직접적인 법령 또는 정관의 규제 규정이 없는 경우에 구체적인 해당 경영권 방어행위의 동기나 목적, 방어 수단의 합리성 등을 종합하여 그 허용 여부가 결정되어야 하고, 이러한 결정에는 그 방어행위로 추구하는 회사 또는 주주의 이익의 내용, 방어행위 실행의 결정과정이 적정한 절차를 거쳐 상당한 근거를 가지고 이루어졌는지 여부가 중요한 요소로 고려되어야 할 것이다. 그리고 이러한 법리는 구체적인 방어행위를 규제하는 법령 또는 정관의 규정을 해석하는 데도 참작되어야 한다.

이러한 논의를 기초로 보면, 기업취득이 시도되는 상황에서 대상회사의 이사회가 경영권 방어행위로서 하는 주주의 신주인수권을 배제하는 대규모 신주발행행위의 허용여부는 우선 이를 규정하고 있는 상법 제418조 제 2 항과 정관의 해당 규정에 의하여 결정되어야 할 것이므로 대상회사의 정관에서 주주의 신주인수권을 배제하는 신주발행의 요건으로 상법 제418조 제 2 항과 같은 요건을 규정하고 있다면, 특별한 사정이 없는 한 기업취득이 시도되는 상황에서 대상회사의 이사회가 경영권 방어행위로서 하는 주주의 신주인수권을 배제하는 대규모 신주 발행행위는 회사의 경영상 필요한 자금조달을 위한 경우에 해당한다고 볼 수 없으므로 비록 그 발행근거가 증권거래법 제189조의3이라 하더라도 허용될 수 없다고 봄이 옳을 것이다. 다만, 그러한 신주발행의 주요목적이 기존 지배주주의 대상회사에 대한 지배권 및 현 이사회의 경영권 방어에 있고, 회사의 경영을 위한 기동성 있는 자금조달의 필요성 및 이를 위한 적합성을 인정하기 어려운 경우라도 적대적으로 기업취득을 시도하는 자본의 성격과 기업취득 의도, 기존 지배주주 및 현 경영진의 경영전략, 대상회사의 기업문화 및 종래의 대상회사의 사업내용이 사회경제적으로 차지하는 중요성과 기업취득으로 인한 종래의 사업의 지속 전망 등에 비추어 기존 지배주주의 지배권 또는 현 경영진의 경영권이 유지되는 것이 대상회사와 일반 주주에게 이익이 되거나 특별한 사회적 필요가 있다고 인정되고, 한편, 이러한 신주발행행위가 그 결의 당시의 객관적 사정에 의하여 뒷받침되고, 그 결의에 이르기까지의 과정에 대상회사의 경영권 분쟁 당사자인 기존 지배주주가 아닌 일반 주주의 의결과 중립적인 전문가의 조언을 듣는 절차를 거치는 등 합리성이 있는 경우라면 상법 제418조제 2 항 및 이와 동일한 내용의 규정을 둔 대상회사의 정관규정이 정하는 회사의 경영상 목적을 달성하기 위하여 필요한 경우에 해당한다고 보아 허용되어야 할 것이다. …

(가) 피신청인의 2002년도 매출액은 전년대비 약 13% 증가한 약 3,114억원 정도이고, 2003년 3/4분기까지의 매출액은 전년 같은 기간에 비하여 약 12% 증가하였으며, 피신청인 스스로도 분기보고서를 통하여 2003년도에는 설립이래 최대규모인 약 3,500억원의 매출액을 달성할 것으로 예상하고 있고, 한편 영업이익은 전년대비 49% 증가한 409억원에 이르는 등 최근 수년간 피신청인의 매출액 및 영업이익이 계속 큰 폭으로 증가해 왔다.

(나) 피신청인의 부채비율(부채총계/자기자본)은 2001년 말 172.1% 이후 2002년 말 127.6%, 2003. 9. 30.경 59.4% 등으로 계속 개선되어 왔고, 기업의 단기적 채무지불능력을 나타내는 유동비율(유동자산/유동부채)과 당좌비율(당좌자산/유동부채)이 증가하고 있으며, 수익성비율('당기순이익/순매출액' 또는 '경상이익/총자본')이 개선되고 있고, 성장비율('당기 매출액 증가액/전기 매출액' 또는 '당기 총자산 증가액/전기 총자산') 또한 증가하고 있는 등 피신청인의 최근 재무사항이 비교적 양호한 편이었다.

(다) 피신청인이 작성한 2003. 3. 보고자료에 의하면, 피신청인은 2003년 말의 재무상황 목표를 부채총액 1,580억원, 차입금 871억원, 부채비율 119.4%로, 2003년 손익목표를 매출액 3,500억원, 영업이익 296억원, 경상이익 210억원, 당기순이익 148억원으로 각 설정하였는데, 2003. 9.말 기준으로 부채총액 1,263억원, 차입금 553억원, 부채비율 59.4%, 매출액 2,666억원, 영업이익 349억원, 경상이익 310억원, 당기순이익 218억원을 달성하여 위 보고자료상의 2003년 말의 주요 재무계획을 이미 초과 달성하였다.

(라) 위 보고자료에는 피신청인이 2006년 신주 1,000만주를 주당 15,000원에 발행하여 1,500억원을 조달하는 내용의 유상증자 계획이 들어 있고, 신규사업 진출전략으로 '재무구조를 안정화한 후 기존사업과 유관한 사업품목을 선정하여 2004년에 신규투자 또는 M&A를 통해 2005년부터 본격 사업진출 예정(유희설비사업, 인버터관련 산업설비업, 환경설비사업 등)'이라고 기재되어 있는 등 피신청인이 위 보

고자료를 작성할 당시에는 신규사업에 대한 구체적인 계획을 설정하지 않고 있었다.

(마) 피신청인은 2003. 10. 28. 증권거래소로부터 피신청인 주식의 시황이 현저하게 변동된다는 이유로 증권거래법 제186조에 따른 그에 관련된 조회공시를 요구받고 같은 달 29. '최근 시황에 현저한 변동을 초래한 사실을 뒷받침할 만한 것으로 현재 진행중이거나 확정된 공시사항은 없다'는 내용의 부인공시를 하였다. 위 부인공시 이후 이 사건 신주발행 결의 및 그 공시가 이루어짐으로써 피신청인은 2003. 11. 26. 증권거래소로부터 이러한 신주발행 공시가 중요내용 없음 조회공시(2003. 10. 29.)후 1월 이내 증자결의(2003. 11. 17.)한 것으로 공시번복에 해당한다는 이유로 불성실 공시법인지정을 받았고, 그에 따라 같은 날 피신청인 주식에 대한 매매거래가 정지되기도 하다.

(바) 피신청인은 2003. 11. 14. 공시한 분기보고서를 통하여 '자본금 변동예정내 등' 항목에 "해당사항 없음"이라고 공시하고, "사업다각화를 통한 안정적인 성장과 안전을 도모하기 위하여 환경관련사업, 반도체장비 및 통신장비의 제조·판매업, 보안비용 장비제조 및 시스템경비업 등의 첨단사업에도 진출할 계획 중에 있으나 여러 가지 어려운 경제여건으로 인해 사업추진을 보류하고 있음"이라고 공시하면서 '향후 증진하고자 하는 사업' 항목에도 "해당사항 없음"이라고 공시하는 등 그 당시까지 유상증자를 예상할 수 있는 특별한 사업 또는 경영계획이 있지는 않음을 공식적으로 밝힌다.

(사) 피신청인은 2003. 11. 19. 증권거래법 제 7 조 이하의 규정에 따라 이 사건 신주발행을 위하여 금융감독위원회에 유가증권신고서를 제출하였는데, 위 신고서에는 이 사건 신주발행을 통하여 조달될 4,090억원에 관하여 2004년 이후 기존사업에의 시설자금으로 승강기 부문에 1,000억원, 물류시스템 부문에 800억원, 주차설비 부문에 200억원, PSD(플랫폼스크린도어) 부문에 300억원 등 합계 2,300억원과 신규사업으로서의 사업다각화를 위하여 환경관련사업에 700억원, 산업설비 및 건축공사업 부문에 800억원, IT부문에 290억원 합계 1,790억원을 투자하겠다는 개괄적 설명만 기재되어 있을 뿐 4,090억원의 자금이 소요되는 근거가 연도별, 분기별, 항목별 구체적 집행내용은 기재되지 아니하였다.

(아) 피신청인은 2003. 11. 24. 비로소 금융감독위원회에 연도별, 부문별로 구체적 자금내용내역이 기재된 유가증권신고서 정정신고서를 제출하였는데, 이에 의하면 이 사건 신주발행에 의한 조달자금 4,090억원 중 2004년에 2,515억원, 2005년에 1,162억원, 2006년에 413억원을 사용할 예정이고, 한편 2005년과 2006년 사

용예정 자금 합계 1,575억원은 사용계획이 집행될 때까지 회사에 유보되게 되어 있다. 한편 이 사건 신주발행으로 조달하려고 한 4,090억원은 위 2003. 3. 보고자료에 2006년에 조달할 계획으로 되어 있던 1,500억원에 비하여 현저하게 많은 금액임에도 위 보고자료 작성 후 불과 8개월 정도만에 위와 같은 막대한 자금을 시급하게 조달할 필요가 있게 된 근거, 계획 변경경위, 구체적 집행내역 등과 관련하여서는 위 정정신고서 작성 당시까지 피신청인 회사 내부에서 진지한 논의절차나 특별한 검토를 거치지 않은 것으로 보인다.

(2) 판 단

이러한 사실관계에 의하면, 피신청인은 신청인 측의 주식보유비율 증가 등으로 발생한 경영권 분쟁상황에서 회사의 경영을 위한 자금조달이 필요하다고 볼만한 사정이 없음에도 주로 피신청인 회사의 기존 지배주주나 경영진의 지배권 유지 또는 경영권방어의 목적으로 이 사건 신주발행 결의를 하였다고 봄이 상당하다. 이에 반하여 피신청인이 이 사건 경영권 분쟁 이전부터 추진하여 온 사업다각화와 시설투자를 위한 자금조달을 위하여 이 사건 신주발행 결의를 하였다고 볼만한 소명자료는 부족하다. 피신청인이 현대그룹의 지주회사라고 하여 자금조달 필요성에 관하여 위와 달리 볼 수 없고, 이 사건의 경우 기존 지배주주의 지배권 또는 현 경영진의 경영권이 유지되는 것이 피신청인과 일반 주주에게 이익이 되거나 사회적 필요가 있다는 등의 특별한 사정이 소명되지도 않는다. 그렇다면 앞에서 본 법리에 비추어 이 사건 신주발행은 상법 및 피신청인 정관의 규정에 위배하여 신청인의 신주인수권을 위법하게 침해하는 것이라 할 것이다.

한편 이 사건 신주발행으로 발행주식 10,000,000주가 모두 인수·납입된다면 신청인은 주주로서의 비례적 이익의 침해 및 대규모 신주발행으로 인한 주가하락 위험 이외에도 신청인의 피신청인에 대한 지분율이 8.65%에서 3.11%로 낮아지고 신청인과 특별관계자의 피신청인에 대한 지분율도 44.39%에서 15.96%로 낮아지게 되어 신청인의 피신청인에 대한 대주주로서의 지위가 현저히 약화되는 등의 불이익을 받을 염려가 있다고 할 것이다.

서울남부지법 2004. 11. 25.자 2003카합16871 결정(엠디하우스 v. 유비케어)

원고는 또한 이 사건 신주발행이 내용상 하자가 중대하여 무효라 주장하므로 살피건대, 위 인정사실에 의하면 피고 경영진이 원고와의 경영권 분쟁 상황하에서 경영권을 방어하기 위해 우호적 제3자에게 신주를 배정하였으며, 이러한 증자절차를 불과 2일에 걸쳐 급박하게 진행시켰고, 또 피고 우호세력인 주식회사 바이오넷과 주식회사 엠지비엔도스코피에 4,160,000,000원(1,000,000,000원+938,000,000원+2,222,000,000원)을 투자하고 다음날 위 회사들이 그 중 불과 160,000,000원이 차이나는 3,999,999,190원(3,738,317주×주당 1,070원)을 사용하여 피고의 유상증자에 참여하게 하였으며, 다비드사모엠앤에이펀드에 대한 신주인수권 매도 직후에 한 이 사건 신주발행으로 말미암아 위 펀드가 언제든 신주인수권을 행사하기만 하면 피고 경영진이 그 특수관계인 및 우호세력과 함께 보유하게 될 주식 지분율은 기존의 지배 구조를 역전시키기에 충분한 것이었다 할 것인바, 이는 지배권의 변경을 초래하거나 이를 저지할 목적으로 신주를 발행하였음이 객관적으로 명백한 경우로서 현저히 불공정하게 한 신주발행이므로 무효

서울중앙지법 2005. 5. 13.자 2005카합744 결정(신×복 v. 에이치케이저축은행)

(1) 살피건대, 상법 제418조 제1항에서 "주주는 그가 가진 주식의 수에 따라서 신주의 배정을 받을 권리가 있다"고 규정하고 있고, 같은 조 제2항에서 "회사는 제1항의 규정에 불구하고 정관에 정하는 바에 따라 주주 외의 자에게 신주를 배정할 수 있다. 다만, 이 경우에는 기술의 도입, 재무구조의 개선 등 회사의 경영상 목적을 달성하기 위하여 필요한 경우에 한한다."라고 규정하고 있는바, 이는 우리 상법이 주식의 발행가격을 통제함으로써 주주의 이익을 보호하는 법제를 취하지 아니하고 원칙적으로 주주에게 신주인수권을 부여하는 법제를 취한다는 점을 명시적으로 밝히면서, 다만 회사가 회사의 경영상 합리적인 필요성이 있고, 이를 정관에 규정하고 있는 경우에 한하여 주주의 신주인수권을 배제할 수 있는 것으로 그 요건을 제한적으로 규정한 것으로 봄이 상당하다. 한편, 주주의 신주인수권은 그 본질에 관한 논의는 별론으로 하고, 회사의 경영권 분쟁이 발생한 상황에서 주주의 회사에 대한 지배권을 유지하도록 하는 기능을 하게 되고, 이는 우리 상법이 주주에게 신주인수권을 인정하는 법제를 취하면서 이미 예정된 것으로 주주권의 한 내용으로서 보호되어야 할 법익에 해당한다고 할 것이다. 따라서 회사가 주주의 신주인수권을 배제하고 제3자 배정방식으로 신주를 발행하기 위해서는, 회사가 자본을 조달하려

는 목적이 회사의 이익에 부합하여야 할 뿐만 아니라, 그 목적 달성을 위하여 주주의 신주인수권을 배제하는 것이 상당하다고 인정될 할 만한 신속하고 탄력적인 자본조달의 필요성이 인정되어야 할 것인데, 특히 회사의 경영권 분쟁이 발생한 상황에서 주주의 신주인수권을 배제하고 대규모의 신주를 발행함으로써 주주의 회사에 대한 종전 지배권에 현저한 영향을 미치게 되는 경우라면, 비록 신주발행이 회사의 경영 목적에 부합하는 면이 있다고 하더라도 경영상 필요성으로 인하여 불가피하게 경영권 분쟁이 종결되기도 전에 주주의 신주인수권을 배제할 수밖에 없다는 사정이 존재하여야만 그와 같은 신주발행이 유효하다고 할것이고, 이러한 사정은 신주발행이 주주의 종전 지배권에 미치는 영향, 회사가 신주를 발행한 목적을 종합하여 판단하여야 할 것이다.

(2) 먼저 이 사건 주식이 발행됨으로써 신청인의 피신청인 회사에 대한 지배권에 미치는 영향에 관하여 살피건대, 기록에 의하면, 신청인은 이 사건 신주발행 당시 임시주주총회가 개최되면 신청외 이종윤, 이☆호, 이♤호, 이×조, 최◈권, 신◑우, 주식회사 대◑홀딩스, 윤◎락, 주식회사 선△씨엠씨와 함께 3,178,454주의 의결권을 공동으로 행사하기로 약정한 후 이를 금융감독원에 보고한 사실, 신◇외 서▽석, 홍♡수, 최▣정, 박정환은 신청외 이종윤의 주선으로 이 사건 공동경영약정에 따라 신청외 이종윤이 추천하는 이사가 피신청인 회사의 이사로 선임될 것으로 판단하고 주식을 인수하였던 자들로서 만일 임시주주총회가 개최된다면 신청인측의 우호지분으로 볼 여지가 있었다고 할 것인데, 그 보유주식이 합계 1,600,000주인 사실(기록상 위 주식을 인수할 당시에는 피신청인 회사의 현 경영진과 신청외 이종윤이 경영권을 공동으로 행사하기로 합의한 상태로서 주주총회가 개최될 경우를 대비하여 의결권을 공동으로 행사하기로 약정할 만한 필요성이 없었고, 만일 그러한 약정이 있었다면 이를 은폐할 필요성이 없는 상황이었다고 할 것이어서, 위 주식을 취득할 당시부터 증권거래법상 대량보유변동보고를 하여야 할 의무가 있었던 것으로 보이지는 아니한다), 이 사건 신주발행 당시 피신청인 회사의 현 경영진에 대한 우호지분은 신청외 회사가 보유한 5,450,929주인 사실, 피신청인 서☆해는 피신청인 회사의 현 경영진과 공동으로 경영에 참여할 목적으로 이 사건 주식 1,700,000주를 인수한 사실(피신청인 서☆해 명의의 2005. 5. 4.자 내용증명 참조, 소갑 제36호증의 1, 2), 임시주주총회가 개최될 경우 그 안건에 대한 찬성 여부를 미루어 짐작하기 어려운 제 3 자가 보유하고 있는 주식이 합계 5,148,005주였는데, 그 중 피신청인 회사의 우리사주 조합이 보유하고 있는 주식만도 1,119,925주에 이르는 사

실이 소명되고, 위 소명사실에 의하면 신청인의 피신청인 회사에 대한 지분적 지배의 변동내역은 다음의 표와 같다.

	신청인측			피신청인측 우호지분	제 3 자 보유지분	발행주식 총수	당사자들 지분의 차이
	보유	우호지분	합계				
신주 발행전	3,178,454주 (20.6%)	1,600,000주 (10.4%)	4,778,454주 (31.0%)	5,450,929주 (35.4%)	5,148,005주 (33.4%)	15,377,388	672,475주 (4.3%) (제 3 자 보유지분의 12.0%)
신주 발행후	3,178,454주 (18.6%)	1,600,000주 (9.3%)	4,778,454주 (27.9%)	7,150,929주 (41.8%)	5,148,005주 (30.1%)	17,077,388	2,372,475주 (13.8%) (제 3 자 보유지분의 46.0%)

따라서, 이 사건 주식이 발행됨으로써 신청인측 우호지분과 피신청인측 우호지분의 차이가 672,475주에서 2,372,475주로 증가하고, 신청인으로서는 현 경영진에게 청구한 바 있는 임시주주총회에서의 안건이 통과되도록 하기 위해서 제 3 자들 중 약 13.0%에 해당하는 주주로부터 지지를 확보하면 피신청인 회사의 현 경영진과 대등한 위치에서 그 외의 주주들의 선택에 따라 위 안건의 통과를 기대할 수 있었는데(피신청인 회사의 우리사주 조합과 같이 당사자들 지분의 차이를 초과하는 수의 주식을 보유하고 있는 제 3 자도 있었다), 이 사건 주식이 발행됨으로써 제 3 자들 중 약 46.0%에 해당하는 주주로부터 지지를 확보하여야만 피신청인 회사의 현경영진과 대등한 위치에서 그 외의 주주들의 선택에 따라 위 안건의 통과를 기대할 수 있게 되었는바, 피신청인 회사가 상장법인인 점, 전체 주주의 수 등에 비추어 보면 이 사건 신주발행으로 인하여 신청인의 피신청인 회사의 당시 예정되어 있던 임시주주총회에서의 지배권이 현저하게 희석되었다고 할 것이다.

(3) 다음으로 피신청인 회사가 제 3 자 배정방식으로 이 사건 주식을 발행할 필요성이 있었는지 여부에 관하여 살피건대, 기록에 의하면, 피신청인 회사는 2005. 3. 7.자 이사회에서 이 사건 신주발행의 필요성에 관하여 피신청인 회사의 BIS비율이 2004. 12. 31. 5.51%, 2005. 1. 31. 5.7%, 2005. 2. 28. 4.92%로 낮아지고 있고, 이는 금융감독원이 경영개선권고 등의 조치를 하는 기준인 5.00% 미만에 해당하여 2005. 3. 31.을 기준으로 한 금융감독원에 대한 분기보고 이전에 자본을 조달하여야

한다는 이유로 제시한 사실, 이 사건 주식이 발행된 이후 금융감독원에서 확인한 결과 피신청인 회사의 2004. 12. 31.을 기준으로 한 BIS비율이 5.51%보다도 낮은 상태였고, 피신청인 회사의 경영상태가 악화되고 있었으므로 그 자산상태를 보다 심도있게 심사할 경우 피신청인 회사의 BIS비율이 위 이사회에서 확인한 결과보다 더 낮은 수준이었을 가능성이 있었던 사실은 소명된다. 그러나 기록상 인정되는 다음과 같은 사정, 즉 금융감독원은 피신청인 회사에게 2005. 3. 말까지 BIS비율을 높이기 위한 실효성 있는 자본확충계획을 수립하여 제출하고, 2005. 6. 말까지 그 계획을 이행하도록 행정지도를 하였던 점(소을 제26호증), 피신청인 회사의 2005. 3. 7.자 이사회에서 자본조달 방법으로 주주배정방식의 증자, 일반공모방식의 증자, 제 3 자 배정방식의 증자가 모두 논의되었는데, 주주배정방식의 경우 약 75일, 일반공모방식의 경우 20일 내지 23일이 소요된다고 판단하였던 점, 피신청인 서☆해가 주식발행이 의결된 다음날이자, 당시 예정되어 있던 임시주주총회에서 의결권을 행사하는 기준일인 2005. 3. 24.보다 앞서는 날인 2005. 3. 8. 그 주금을 납입한 점, 피신청인 서☆해가 이 사건 주식을 인수하면서 피신청인 회사의 현 경영진과 사이에 부회장의 지위에서 임원을 선임하여 현 경영진과 공동으로 경영에 참여할 권리를 가지는 것에 그치지 아니하고, 투자 즉시 피신청인 회사의 모든 대출에 관하여 현 경영진과 최종적인 협의를 할 권한 및 10개월 이내에 주주권을 포기하면 투자금의 110%를 지급받기로 합의하였다고 주장하면서, 자신이 추천하는 임원이 선임되도록 하거나, 투자금을 반환하고 손해를 배상해 달라고 요구하고 있는 점(소갑 제36호증의 1, 2) 등 기록에 나타난 제반사정에 비추어 보면, 피신청인 회사로서는 금융감독원의 행정지도에 따라 3월 말까지 주주배정방식의 자본확충계획을 수립하여 제출한 이후, 주주의 신주인수권을 침해하지 아니하고도 금융감독원이 정하는 시한 내에 자본을 조달할 수 있었음에도 불구하고 현 경영진의 경영권 방어를 주된 목적으로 하여 제 3 자 배정방식으로 주식을 발행한 것으로 봄이 상당하다.

(4) 그렇다면, 이 사건 신주발행은 피신청인 회사의 경영권 분쟁이 발생한 상황에서 주주의 신주인수권을 배제하여야만 할 정도의 시급한 경영상의 필요성이 존재하지 아니함에도 불구하고 피신청인 회사의 현 경영진이 그 경영권 방어를 주된 목적으로 하여 주주의 신주인수권을 부당하게 침해하는 방법으로 신주를 발행한 것으로 무효라고 할 것인바, 피신청인 회사의 주주인 신청인이 피신청인들을 상대로 주문과 같은 가처분의 발령을 구할 피보전권리가 소명되었다고 하겠다.

수원지법 2005. 11. 17.자 2005카합823 결정(국일제지 v. 신호제지)

먼저, 이 사건 신주발행 절차에 있어서 법령 또는 정관에 위반하는 사유가 있는가를 보건대, 채권자들은 이 사건 신주발행을 결의한 채무자의 2005. 9. 22.자 이사회의록이 일부 사실과 다르게 작성되었고, 위 이사회 결의 내용 중 일부를 변경한 2005. 9. 30.자 이사회는 그 소집절차가 상법 및 정관에 위반되었다고 주장하나, 이사회회의록의 기재상에 일부 잘못이 있다 하더라도, 그와 같은 사정만으로는 2005. 9. 22. 실제로 개최되어 이충식을 제외한 나머지 이사 전원의 찬성으로 적법하게 가결된 이 사건 신주발행 결의 효력이 무효라고 볼 수는 없고, 또한 기록에 의하면, 채무자가 2005. 11. 2. 이사회를 개최하여 위 2005. 9. 30.자 이사회 결의내용을 승인하는 결의를 한 사실이 인정되므로, 가사 앞서의 이사회 결의에 일부 하자가 있다 하더라도 위 2005. 11. 2.자 이사회의 적법한 결의에 의하여 모두 추인되었다고 할 것이므로, 채권자의 위 주장은 이유 없다.

… 이 사건 신주발행이 현저히 불공정한 방법에 의하여 이루어졌는가에 관하여 보건대, 기록에 의하면 이 사건 신주발행은 채권자들을 비롯한 채무자의 모든 주주들에게 그 보유 주식수에 비례하는 신주인수권을 평등하게 부여하고 있는바, 신주의 발행규모가 대규모이고 그 발행가격을 산정함에 있어서 통상적인 경우에 비해 할인율을 낮게 책정함으로써 고가로 발행될 예정이라고 하여 반드시 이 사건 신주발행으로 인하여 대량의 실권주가 발생할 것으로 단정하기 어렵고, 가사 신주발행가격이 지나치게 고가여서 대량의 실권주가 발생했을 경우 이에 관한 처리를 이사회 결의에 위임함으로써 채무자의 현 경영진이 우호지분을 늘릴 가능성이 있다 하더라도, 이와 같은 실권주의 처리와 할인율의 결정이 관련 법령 및 정관 규정에 기한 것인 이상, 그러한 사정만으로 위 실권주의 처리방법이 현저히 불공정한 것으로 할 수도 없다. 또한, 이 사건 신주발행은 주주배정방식에 따라 진행되고 있어 제3자 배정의 경우와 달리 신기술의 도입, 재무구조의 개선 등 회사의 경영상 목적에 관한 합리성을 요구하고 있지는 않다고 할 것인데, 기록에 나타나는 채무자의 재정 상태나 최근의 영업 실적에 비추어 보면 신규설비투자의 필요성이 전혀 없다고 인정하기 어려운 데다가 위와 같은 투자의 필요성 판단, 자금 확보를 위하여 유상증자의 방법에 의할 것인지 여부의 결정, 유상증자의 시기 및 규모의 결정 등은 모두 이사회의 경영판단사항에 속하는 것으로서, 그와 같은 판단이나 결정이 현저히 불합리하다고 볼 자료가 없는 이상, 이러한 점에서도 이 사건 신주발행이 현저

히 불공정한 것으로 보기 어려워, 결국 채권자의 위 주장도 받아들일 수 없다.

… 나아가, 이 사건 신주발행으로 인하여 채권자들이 불이익을 받을 염려가 있는가 하는 점에 관하여도 보건대, 이 사건 신주발행은 채권자들을 비롯한 채무자의 모든 주주들에게 공평하게 신주인수권을 부여하고 있음은 앞서 본 바와 같고, 채권자들의 주장과 같이 신주발행가격이 실제 가치보다 훨씬 높은 가격이라 할지라도, 만약 어떤 주주나 제 3 자가 이를 인수한다면 회사 전체로서는 발행되는 주식의 실제 가치보다 많은 현금이 회사에 유입되는 것이므로, 신주를 인수하지 않는 주주들의 입장에서 신주발행으로 인하여 회사에 대한 실권주주의 지배권이 감소됨으로써 입게 되는 손해가, 발행된 주식의 실제 가치보다 많은 신주인수대금의 유입으로 인하여 실권 주주의 기존 주식의 가치가 상승하여 얻는 이익보다 반드시 크다고 단정할 수는 없으며, 채권자들로서는 만약 신주인수를 원하지 않을 경우 상당한 가격에 신주인수권을 제 3 자에게 양도할 수 있는 이상, 이 점에 관한 채권자들의 위 주장도 이유 없다.

노트와 질문

1) 자본시장법 제165조의6은 신주발행시 배정방법 및 실권주 처리에 관한 규정을 강화하여 이사회의 권한을 통제하고 있다.
2) 법원은 신주발행의 필요성을 판단하는 자료로서 무엇을 고려하는가? 기업지배권을 둘러싼 주주간 분쟁상황에서 회사의 신주발행은 일단 위법하다고 추정하고 이의 적법성은 회사가 입증할 책임을 부담한다는 것이 법원의 태도라고 할 수 있는가? 이는 Unocal standard와는 어떻게 다른 것인가? Unocal의 경우 독립된 사외이사로 구성된 특별위원회에서의 결정이라는 것이 중요한 요소이었다면 한국법원의 Unocal과 흡사한, 그러나 보다 엄격한 기준을 설명할 수 있을까? Unocal의 배경에 관하여는 Andrew G.T. Moore II, *The Birth of Unocal — A Brief History*, 31 DEL. J. CORP. L. 865(2006).
3) 신주발행에 관하여는 비교적 명확한 법리가 확립되었다고 볼 수 있음에도 불구하고 여전히 신주발행금지가처분, 의결권행사금지가처분 이외에도 신주발행무효소송이 제기되고 있다. 이유는 무엇일까? 최근 대법 2009. 1. 30. 선고 2008다50776 판결 (하급심판결은 창원지법 2007. 10. 18. 선고 2007가합3117 판결) 참조.

다. 우리사주조합에 대한 신주발행[31)]

서울중앙지법 2007. 11. 19.자 2007카합3341 결정(××× v. 머니투데이)

… (1) 피신청인 회사의 편집국 직원들은 2007. 3. 15.자 주주총회가 무산된 직후인 2007. 3. 16. 비상대책위원회를 구성한 뒤 2007. 4. 1. 비상대책위원회 명의로 피신청인 회사의 현 경영진에게 우리사주조합결성 추진 사실을 통보하면서 피신청인 회사의 창업정신 및 경영이념('3 : 3 : 3 : 1 원칙'으로 피신청인 회사를 운영함에 있어 주주, 회사, 임직원, 사회의 몫을 각 3 : 3 : 3 : 1로 한다는 원칙이다)을 반영할 수 있도록 우리사주조합에 대한 신주의 배정을 요구하였고, 2007. 4. 2. 피신청인 회사 직원 138명이 참석한 가운데 우리사주조합의 창립총회를 개최하여 임원 선출 및 그 설립신고를 마쳤다.

(2) 홍○○은 2007. 4. 2. 및 같은 달 3. 우리사주조합의 대표자와 간담회를 가진 뒤 2007. 4. 4. 이사 3명(홍○○, 도○○, 박○○)이 참석한 가운데 이사회를 열어 회사 정관 제9조 제4항 제8호를 근거로 우리사주조합에게 피신청인 회사 총 발행주식의 약 10%에 해당하는 120,000주의 주식을 주당 15,000원으로 정하여 발행하기로 결의를 하였다. 우리사주조합은 2007. 4. 5. 위 120,000주에 대한 주금 18억 원(120,000주×15,000원)의 납입을 완료하였고, 피신청인 회사는 같은 날 신주발행에 따른 변경등기를 마쳤다.

(3) 신청인들은 피신청인 회사의 2007. 4. 4.자 이사회 결의에 의하여 발행된 위 '자.'항 기재 신주에 대하여 피신청인 회사, 홍○○, 우리사주조합을 상대로 이 법원 2007카합1346호 의결권행사금지가처분 신청 및 이 법원 2007카합36556호 신주발행무효의 소를 제기하였고, 이 법원은 2007. 5. 25. 우리사주조합에 대한 위 신주발행은 그 발행방법이 현저히 불공정하여 무효라는 이유로 위 신주의 의결권행사를 금지하는 가처분결정을 하였으며, 이에 대한 가처분이의 사건(이 법원 2007카합1701, 2007카합1703(병합))에서 위 가처분결정을 인가하였다.

(4) 피신청인 회사는 2006. 12. 31.자를 기준으로 약 110억 원이 넘는 현금성 자산을 보유하고 있었는데, 위 신주의 의결권행사가 금지된 이후 2007. 7. 26. 및

31) 경영권을 둘러싼 다툼이 있는 상황에서 회사가 우리사주조합의 신주인수자금을 마련하여 이를 대출하여 주는 것은 업무상 배임에 해당한다는 판례는 대법 1999. 6. 25. 선고 99도1141 판결(기아자동차 자사주지원 배임죄); 대법 2004. 2. 13. 선고 2002도996 판결이 있으며 뒤 제14장에서 살핀다.

같은 해 9. 11. 이사회를 개최하여 약 53억 원의 자금이 소요되는 신규투자를 결정하였고, 같은 해 10.19. 다시 이사회를 개최하여 50억원의 자금이 추가로 소요되는 신규투자를 결정하였다. 이에 따라 피신청인 회사는 위 10.19.자 이사회에서 위 신규투자에 소요되는 자금의 조달을 목적으로 580,000주의 신주(발행가액 22,500원)를 발행하면서, 이 중 20%(116,000주)를 우리사주조합에게 배정하는 것을 골자로 하는 별지 목록 기재 주식(이하 '이 사건 신주'라고 한다)의 발행을 결정하였다. …

상법 제424조는 회사가 법령 또는 정관에 위반하거나 현저하게 불공정한 방법에 의하여 주식을 발행함으로써 주주가 불이익을 받을 염려가 있는 경우에 그 주주는 회사에 대하여 그 발행의 유지를 청구할 수 있도록 규정하고 있다. 따라서 먼저 이 사건 신주발행이 법령 또는 정관에 위반한 것인가에 관하여 살피건대, 근로자복지기본법 제32조 제 2 항은 주권을 신규로 상장하고자 하는 법인이 유상증자를 하는 경우 우선배정비율(20%)의 범위 안에서 상법 제418조 규정에도 불구하고 우리사주조합에게 당해 주식을 우선적으로 배정할 수 있도록 규정하고 있고, 기록에 의하면 피신청인 회사의 정관 제 9 조 제 4 항 역시 이사회의 결의로 주주 이외의 제 3 자에게 신주를 배정할 수 있는 경우로서 자금 조달 목적 외에 '3. 증권거래법 제191조의7 규정에 의하여 우리사주 조합원에게 신주를 우선 배정하는 경우'를 정하고 있는 사실이 인정되므로, 이 사건 신주발행이 법령 혹은 정관의 규정을 위반하여 이루어진 것이라고는 볼 수 없다.

다음으로 이 사건 신주발행이 현저히 불공정한 방법에 의한 것으로서, 기존 주주인 신청인들이 이로 인하여 불이익을 받을 염려가 있는 경우에 해당하는지 여부에 관하여 살펴본다. 먼저, 현재 신청인들에 대한 우호지분과 현 경영진에 대한 우호지분 중 어느 쪽이 우세한지에 관하여는 당사자들 사이에 다툼이 있으나, 신청인들과 홍○○의 지분을 제외한 나머지 지분은 의결권을 행사할 당시의 상황이나 의안의 내용 등에 따라 행사의 방향이 조금씩 달라질 수 있는 것으로, 실제 2007. 4. 11. 개최된 주주총회에서는 재무제표 승인의 건에 관하여 단지 2,600여 표 차이로 가결되었던 점, 홍○○에 대한 이사 해임안건에서는 위 안건에 반대한 주식 수가 약 40,000주 많았던 것에 비해, 이사 선임에 대한 안건에서는 신청인들측 이사에 대한 득표율이 4% 이상 높았던 점 및 회사 정관 제11조 제 1 항에서는 어느 주주도 총 발행 주식의 15% 이상을 보유할 수 없도록 하고 있는 점 등에 비추어 보면, 현재 신청인들측과 피신청인 회사 현 경영진측의 각 우호지분은 서로 근소한 차이를 보이며 어느 누구의 우위도 장담할 수 없는 상태인 것으로 보인다. 따라서 이 사건 신주발행으로 인하여 기존 주주들의 지분비율이 바뀐다거나 특정 상대방에게 우호적인 세력에서 신주가 배정되는 경우에는 2008. 3. 18. 일부 이사의 임기만료를 앞두고 경영권 다툼을 벌이고 있는 신청인들에게 상당한 불이익을 가할 염려가 충분하다고 할 것인데, 이 사건 신주발행으로 우리사주조합에게 116,000주의 주식이 배정될 경우 비록 신청인들이 자신에게 배정된 신주를 모두 인수한다고 할지라도 전체 주식에 대한 신청인들의 지분비율은 저하될 수밖에 없어 신청인들이 불이익을 받을 염려는 일단 인정된다고 할 수 있다. 그러나 우리사주조합에 대한 신주의 우선 배정은 근로자복지기본법 제32조 제2항이 상법 제418조 규정을 배제하며 예외적으로 인정하고 있는 것으로서 위 규정은 그 자체로 기존 주주들에 대한 지분비율 저하를 이미 예정하고 있다고 할 것이므로, 단순히 이로 인하여 기존 주주들의 지분비율이 달라진다는 사정만으로는 신주발행의 유지를 구할 수 없고, 이러한 신주배정이 현저히 불공정하게 신청인들의 이익을 침해하는 경우에 해당하여야만 한다. 따라서 이 사건 신주발행, 특히 우리사주조합에 대한 신주배정으로 인하여 침해되는 신청인들의 이익이 현저히 불공정한 방법에 의한 것으로 볼 수 있는지에 관하여 본다. 살피건대, 기록에 의하여 알 수 있는 바와 같이, 대표이사 홍○○을 포함한 이사 5인의 임기가 얼마 남지 않은 상황에서 이 법원의 의결권행사금지가 결정으로 우리사주조합의 의결권 행사가 곤란해진 직후 몇 달 사이에 피신청인 회사의 신규투자가 급박하게 집중적으로 이루어진 점, 가사 피신청인 회사의 대규모 신규투자가 피신청인 회사의 사업다각화와 경쟁력 향상을 위한 불가피한 경영상 판단에 따른 것이라고 하더라도, 금전의 차입이나, 사채의 발행 등 다른 경로를 통하여 필요한 자금을 조달할 방법을 찾을 수 있었을 것임에도 굳이 증자를 통하여서만 자금을 조달하여야만 하는지 그 필요성이 소명되지 않고, 금융비용 등의 발생을 피하기 위해 증자가 가장 적정한 방법이었다고 할지라도, 그러한 증자가 한창 경영권의 다툼이 계속되고 있는 이 시기에 이사 임기만료를 앞두고 서둘러 이루어져야만 하는지 그 필요성을 발견하기 어려운 점, 가사 이 사건 신주발행이 신규사업에 필요한 자금을 신속하게 조달하기 위하여 불가피한 것이라고 할지라도, 그러한 목적이라면 현재의 지분비율을 변동시키지 않는 순수한 주주배정의 방식으로 당장 필요한 자금만을 우선 조달할 수 있음에도 불구하고 우리사주조합에 대한 신주배정을 통하여 기존 주주의 지분비율까지 변동시켜야 할 합리적인 이유를 찾아보기 어려운 점 등에 비추어 볼 때, 이사 7명 중 5명의 임기를 4개월 남짓 남기고 있어 새로운 신임

이사를 선출하는 과정에서 신청인들과 현 경영진 사이에 치열한 경영권 다툼이 예상되는 가운데, 우리사주조합에게 신주를 배정하여 양측 우호지분에 변동을 가져오게 하는 것은 현저하게 불공정한 방법으로 신청인들에게 회복하기 어려운 불이익을 가하는 것으로서 허용하기 어렵다고 할 것이다.

이에 대해 피신청인 회사는 우리사주조합에 대한 신주배정은 근로자들의 복지향상을 위한 것일 뿐이고, 우리사주조합이 현 경영진에 대한 우호세력이라고 말할 수도 없어 부당하지 않다고 주장한다. 그러나 근로자복지향상을 위한 목적으로 우리사주조합에게 신주발행한다고 할지라도, 이러한 신주배정은 경영권 다툼이 해결된 이후나 주권의 상장이 이루어진 이후에 이루어져도 늦지 않은 것으로 보이는데, 이미 이 법원이 2007카합1346호 의결권행사금지가처분결정을 통하여 '경영권 분쟁이 본격화된 상황에서 현 경영진의 경영권을 방어하기 위한 목적으로 그 당시 현 경영진에 대하여 우호적인 태도를 명백히 하던 피신청인 조합에 다량의 신주를 배정한 것은 그 발행방법이 현저히 불공정하여 무효'라는 이유로 우리사주조합에 배정된 12만 주의 의결권행사를 금지시켰음에도 불구하고, 그 발행방식만을 제 3 자 배정방식에서 주주배정방식으로 바꾸어 다시 의결권행사가 금지된 위 주식과 거의 같은 수의 주식 11만 6,000주를 굳이 이와 같이 예민한 시기에 우리사주조합에게 다시 배정해야만 하는 합리적인 이유가 설명되지 않으므로 이에 관한 피신청인 회사의 주장은 받아들일 수 없다. 또한, 신청인들과 현 경영진의 박빙의 경영권 다툼을 벌이고 있는 상황에서 우리사주조합에게 위 신주가 배당될 경우, 향후 경영권 다툼에서 우리사주조합이 이른바 캐스팅 보트로서 경영권의 향배를 좌우하게 될 가능성이 매우 높음에도 현 경영진이 자신에게 우호적이지 않는 세력에게 신주를 배당했을 것이라고는 기대하기 어렵고, 기록에 나타난 제반사정을 종합하여 볼 때, 우리사주조합이 신청인들에 대하여 비판적인 태도를 취하면서 현 경영진을 대외적으로 지지하고 있다는 점은 충분히 소명된다고 할 것이므로, 이에 관한 피신청인 회사의 주장도 받아들이기 어렵다. 그렇다면, 순수한 주주배정방식을 넘어 현 경영진에 우호적이거나, 적어도 우호적이라는 강한 의심이 드는 우리사주조합에게 법이 허용하는 최대 비율인 20%의 신주를 배정하여 신청인들의 지분비율을 감소시키는 것은 그 방법이 현저히 불공정하여 주주가 불이익을 받을 염려가 있는 경우에 해당한다고 할 것인바, 발행된 신주의 무효 여부를 판단하는 데 있어서는 법적 안정성과의 이익형량을 통하여 그 무효 여부를 엄격하게 판단하여야 할 것이나, 아직 발행되지 않은 신주에 관한 유지청구를 앞두고 이를 잠정적으로 정지시키는 이 사건 가처분에 있어서는 피보전권리에 대한 일정 수준 이상의 소명으로 충분하다고 할 것이므로, 신청인들이 이 사건 신주발행의 유지를 청구할 피보전권리는 인정된다.

라. 자사주처분[32)]

서울지법 2003. 12. 23.자 2003카합4154 결정(소버린 v. SK)

… 소버린이 SK의 최대주주라고 주장하면서 경영권까지 장악하겠다는 의도를 명백히 밝힌 상황에서 SK가 자사주를 처분하여 소버린의 지분율을 희석화 한다고 해서 이사회 결의를 무효화할 사유는 될 수 없고, SK의 자사주 취득이 위법하다는 점에 대한 소명이 없는 상태에서 처분행위만을 떼어내 위법하다고 보는 것이 의문이므로 SK의 자사주 매각이 주주의 이익과 충돌한다고 단정하기는 어렵다.

… 합리적 이유 없이 기존 경영진들이 경영권 유지나 대주주의 지배권 유지를 위해 회사와 다른 주주들의 이익에 반하면서 경영진이 자기주식을 처분하는 행위는 위법할 수도 있으나, 자기주식 처분행위가 위법하다고 판단되기 위해서는 자기주식 취득 자체가 위법하여야 하며, 자기주식 처분행위만으로는 이사들의 이익과 회사 또는 주주들의 이익이 충돌한다고 단정하기는 어려우며, 이사들의 자사주 처분결의는 기업매수에 직면하여 이를 방어하기 위한 것으로서 경영판단에 따른 것으로 적법하다.

이 사건의 경우 경영권 방어를 목적으로 하였지만 회사나 주주들의 이익에 반하는 등 적법한 방어행위의 범주를 벗어난 것으로 볼 수 없고, 자사주 취득 자체가 그 경위나 목적, 절차 등에 비추어 볼 때 경영진이나 대주주의 지배권 유지를 위한 것은 아니었기 때문에 자사주 처분행위만으로 이를 위법하다고 할 수 없다.

서울서부지원 2006. 3. 24.자 2006카합393 결정(이×영 v. 대림통상)

가. 피신청인 대림통상 주식회사(아래에서는 피신청인 회사라고 한다)의 의결권 있는 발행주식 총수는 보통주 2,150만 주인데, 그 중 신청인 이해영은 13.73%인 2,951,805주를, 신청인 이무용은 3.02%인 650,048주를, 신청인 이해성은 2.98%인 641,120주를, 신청인 이해서는 2.99%인 643,477주를, 신청인 김종철은 0.88%인 189,806주를 각 보유하여 신청인들은 피신청인 회사의 발행주식의 23.6%를 보유하

32) 자사주처분의 적법성에 대하여는 대법 2008. 5. 15. 선고 2005도7911 판결도 참조. 뒤 제14장에서 논의.

고 있고, 신청인들이 다른 공동목적 보유자들과 함께 보유하고 있는 주식은 총 6,503,120주로서 발행주식의 30.24%에 달한다.

나. 피신청인 이재우는 피신청인 회사의 대표이사이자 최대주주이고, 피신청인 고은희는 위 이재우의 처, 피신청인 이효진은 위 회사의 이사로서 위 이재우의 딸인데, 피신청인 이효진과 피신청인 고은희는 모두 최대주주인 피신청인 이재우와는 증권거래법상 특수관계인의 지위에 있고, 피신청인은 이재우는 2006. 2. 13. 피신청인 회사의 발행주식 중 30.20%인 6,492,936주를, 피신청인 고은희는 9.02%인 1,938,321주를, 피신청인인 이효진은 8.27%인 1,778,645주를 각 보유하고 있어 그 합계 지분율은 47.49%에 이른다(피신청인들의 다른 공동목적 보유자들과 함께 보유하고 있는 주식까지 합산하면 그 주식은 발행주식의 56.30%에 달한다).

다. 피신청인 이재우는 신청인 이부용의 삼촌으로서 이 사건 당사자들은 모두 친·인척 관계에 있어 원만한 관계를 유지해 왔으나, 2003. 11.경 신청인 이부용이 불법주식매집, 회사 이미지 손상 등의 이유로 피신청인 회사의 부회장직에서 면직되자 서로 관계가 악화되었고, 이후 감사선임, 신주발행무효, 자기주식 취득 등의 문제로 신청인측과 피신청인측은 소송을 계속하고 있다.

라. 피신청인 회사는 자사주를 125만 주(발행주식의 6.94%)는 직접 보유하고, 1,938,680주(발행주식의 10.77%)는 제일투자증권과 대신증권에게 신탁하여 관리하여 왔는데, 2005. 5. 31. 제일투자증권과 자기주식취득 신탁계약 연장결정을 하였다가 2005. 7. 1. 대신증권 및 씨제이(CJ)투자증권(구 제일투자증권)과 자기주식취득 신탁계약을 해지하였다.

마. 피신청인 회사는 자사주 신탁을 통하여 보유하고 있던 자기주식 1,938,680주에 대하여, 2005. 6. 24. 이재우에게 57만주를, 이효진에게 53만주를, 고은희에게 50만주를 각 1주당 4,330원에 장외에서 매도한 후 위 라.항에서와 같이 자사주 신탁계약을 해지하였고, 2005. 7. 25. 고은희에게 나머지 자기주식 338,680주를 1주당 3,820원에 장외에서 매도하고 위와 같이 자사주 신탁계약을 해지하였다.

바. 피신청인 회사는 2005. 8. 9. 직접 보유하고 있던 자기주식 75만주를, 이재우에게 10만주, 이효진에게 35만주, 대표이사인 이재우가 역시 대표이사를 겸하고 있는 대림요업 주식회사에게 30만주를 각 1주당 3,825원에 장외에서 매도하고, 2005. 12. 26. 나머지 주식 중 154,000주를 주당 5,000원에 이재우에게 매도하였다.

사. 피신청인 이재우, 이효진, 고은희가 위 마. 바.항에서와 같이 매수한 자사주는 거의 115억 원에 달하는 금액이었는데, 위 자사주의 취득을 위해 피신청인 이

재우는 농협으로부터 25억원, 외환은행으로부터 15억원을, 피신청인 이효진은 하나은행으로부터 43억원을, 피신청인 고은희는 하나은행으로부터 32억원을 대출받아 위 피신청인들은 합계 105억원을 대출받아 자사주를 매수하였다.

아. 대림요업 주식회사는 위 바.항에서 매수한 것을 비롯하여 보유하고 있던 주식 중 145,000주를 2005. 12. 22. 피신청인 이효진에게 주당 4,600원에 매도하였다.

자. 피신청인 회사는 위 자사주 매각으로부터 1 내지 3개월이 경과한 후인 2005. 9. 27. 할인율을 50%로 하여 16%(430,188주)의 배정율로 유상증자를 결정하여 신주 기명식 보통주식 350만 주를 발행하였고, 피신청인 이재우, 이효진, 고은희는 위에서 취득한 자사주에 대하여 별도의 신주배정을 받고, 이효진은 실권주까지 취득하였다.

차. 피신청인 회사는 2005. 12. 6. 자사주 346,000주(발행주식의 1.92%)를 임직원에 대한 상여금으로 지급하여 피신청인 회사의 이사인 이효진은 그 중 520주를 취득하였다.

카. 2004. 말경(위 자기주식 처분 이전)을 기준으로 신청인측은 피신청인 회사의 발행주식의 29.98%인 5,396,254주를 보유하고 있었고, 피신청인측은 같은 주식의 34.11%인 6,140,647주를 보유하고 있었으며, 피신청인에게 우호적인 인성군파 종중이 1,032,680주(발행주식의 4.8%)를 보유하고 있었고, 자사주는 17.7%인 3,188,680주였으며, 대림요업이 342,500주(발행주식의 1.59%)를 보유하고 있었으나, 위 마. 바.항의 발행주식의 15%에 달하는 270여만주의 자기주식 거래와 위 자.항에서의 유상증자 및 차.항의 상여금지급으로 인해 현재 피신청인측의 발행주식의 보유지분은 47.49%로 늘어나고, 신청인측의 보유지분은 23.6%(다른 공동목적 보유자들을 포함할 경우 30.24%)로 주식지분비율에 변화가 생겼다.

타. 피신청인 이재우는 2006. 2. 10. 피신청인 회사를 회사분할을 통하여, 기존의 회사는 자본금 40%의 주식회사 디엘(DL) 인터내셔널회사로 사명을 바꾸어 존속시키고, 자본금 60%의 대림통상 주식회사를 신설하는 내용의 인적분할을 하겠다고 공시하였다.

살피건대, 비록 우리 상법 및 증권거래법이 자기주식 처분에 대하여 신주발행에 관한 규정을 준용하고 있지 아니하고, 자기주식 처분은 이미 발행되어 있는 주식을 처분하는 것으로서 회사의 총 자산에는 아무런 변동이 없고, 기존 주주의 지분 비율도 변동되지 아니하여 형식적으로는 신주발행과 그 효과를 일부 달리하지만, 자기주식의 처분이 자본의 증가를 가져오는 것은 아니라 하더라도 회사가 보유

중이던 자기주식일 때에는 상법 제341조에 의하여 이 주식에 대해서는 의결권을 행사할 수 없으나 이 주식이 회사가 아닌 제 3 자에게 양도될 경우 이를 양도받은 제 3 자는 회사에 대하여 의결권을 행사할 수 있게 되어 회사의 의사결정기구인 주주총회에서 의결권을 행사할 수 있는 주식수가 증가한다는 점에서 기존 주주들에게는 회사가 신주를 발행하는 것과 유사한 효과를 가져 온다. 또한, 자사주인 경우에는 회사가 자사주에 대하여 배당금을 수령하더라도 이는 결국 회사의 재산이 배당금 수령으로 다시 그만큼 증가하게 되어 기존의 주주들이 그 주식 보유 비율에 따라 추후 그 증가된 재산에 대하여 배당금을 추가로 수령할 수 있는 기회가 생겨나 자사주가 제 3 자에게 처분되면 새로운 배당금 수령권자가 생기는 점, 유상증자가 이루어질 경우 자사주를 제외한 나머지 주식에 대해서만 그 지분비율별로 신주발행이 이루어지는데 자사주가 제 3 자에게 처분되면 자사주에 대한 신주발행이 이루어져 기존의 주주는 그만큼 배정받는 신주의 비율이 낮아지는 점 등으로 회사가 그 보유의 자사주를 처분하는 행위는 그 처분으로 인하여 궁극적으로 보유주식의 비율에 따라 주주로서의 회사에 대한 권리나 지위가 변동하는 등 주주의 지위에 중대한 영향을 초래하게 되는데 특히 자기주식을 일방적으로 특정 주주들에게만 매각할 경우에는 매각으로 인해 초래되는 기존주주의 지분 비율의 감소로 인해 신주발행의 경우와 동일한 결과를 가져옴으로써 신주발행에서와 마찬가지로 통제를 가할 필요성이 있다. 한편, 전환사채 발행의 경우에도 주식회사의 물적 기초와 기존 주주들의 이해관계에 영향을 미친다는 점에서 사실상 신주를 발행하는 것과 유사하여 신주발행무효의 소에 관한 상법 제429조를 유추적용하고 있는 것과 마찬가지로, 자기주식 처분의 경우에도 다른 주주들에게는 자기주식을 매수할 기회를 전혀 주지 않은 채 특정 주주에게의 일방적인 매도가 주주평등의 원칙에 반하고 주주의 회사지배에 대한 비례적 이익과 주식의 경제적 가치를 현저히 해할 수 있는 경우라면, 이러한 자기주식의 처분행위는 무효라고 하겠다.

위 소명된 사실에 의하면, 피신청인 회사는 재무상으로나 회사운영상으로 자사주 신탁계약을 해지하고 자사주를 매각할 특별한 사정이 보이지 않는 시점에서 2005. 5. 31. 자사주식 가격의 안정을 위해 자기주식취득 신탁계약을 연장하였으면서도 그로부터 불과 1개월도 안되어 재무구조 개선의 명목으로 수탁기관과의 사이에서 자기주식취득 신탁계약을 해지하고, 회사 발행주식총수의 15%에 해당하는 자기주식을 장외매도를 통하여 피신청인 회사의 최대주주인 이재우와 그의 특수관계인인 이효진, 고은희에게 일방적으로 매도하여(피신청인들이 거액인 주식매수금의 대부분을 금융기관에서 대출받아 마련하면서까지 자사주를 취득할 사유도 보이지 않는다) 불과 한 달 보름 사이에 일시에 처분함으로써 신청인측은 자기 주식을 매수할 기회도 갖지 못한 상태에서 피신청인들측의 보유지분은 34.11%에서 47.49%로 급격히 상승하고 의결권이 제한되어 있던 자기주식의 취득으로 인해 의결권이 높아짐으로써 신청인들의 주주총회에서의 의사결정의 권한이 현저하게 희석되었으며, 그로부터 한달 뒤에 있었던 유상증자 시에 피신청인들은 자기주식의 취득 비율만큼 신주를 발행받을 수 있었음에 비하여 신청인들은 신주발행의 배정비율이 기존보다 줄어들어 신청인들의 신주인수권이 제한되는 결과로 나타났고, 그 후의 대림요업 주식회사(피신청인 이재우가 대표이사이다)의 주식 매도, 상여금 지급 등을 통하여 피신청인 측은 꾸준히 보유주식수를 늘려 나가 신청인측과 지분비율 차이를 넓혀 나갔고 이로 인하여, 회사 분할시 피신청인 이재우가 지주회사인 디엘에서 최대주주의 지위를 가지는 점을 이용하여 신설되는 주식회사 대림통상에게 피신청인들의 보유주식을 대부분 매도하여 주식의 현금화를 통한 이득을 취함과 동시에 지주회사인 디엘의 최대주주로서 신설되는 대림통상에 대한 경영권도 장악할 수 있는 사태가 발생한 가능성도 없지 아니한데, 이러한 회사의 분할을 결정할 주주총회에서의 특별결의 요건(출석한 주주의 의결권의 3분의 2 이상의 수와 발행주식총수의 3분의 1 이상의 수)를 용이하게 만족시킬 수 있는 여건을 마련하여 기존 주주지배관계를 변동시킴으로써(신청인측의 지분비율은 29.98%에서 23.6%로 감소한 반면, 피신청인은 34.11%에서 47.79%로 늘어나게 되어, 당초 5% 미만의 차이가 23% 이상의 차이로 벌어지게 되었다) 신청인들은 이 사건 임시주주총회에서 소유지분만큼의 의결권을 정당하게 행사하지 못하는 결과가 발생하여 신청인들의 권리를 심하게 해칠 수 있는 상황이 되었으므로 이는 주주의 회사지배에 대한 비례적 이익과 주식의 경제적 가치를 현저하게 해하는 경우라 하겠다.

따라서 피신청인들의 이 사건 자기주식 처분행위는 신청인들의 주주권을 근본적으로 침해하고, 주주평등의 원칙에 반하여 무효라 할 것. …

수원지법 성남지원 2007. 1. 30.자 2007카합30 결정(××× v. 파인디지탈)

(1) 피신청인 파인디지털은 2002. 10. 11. 주가안정을 목적으로 주식회사 한국외환은행(이하 '외환은행'이라 한다)과 자기주식 신탁계약을 체결하고, 자기주식 160,602주를 외환은행 신탁계정으로 보유하였고, 증권거래법 제189조의2 제 1 항에

의한 직접취득 형태로 자기주식 843,285주를 장내매입한 후 보유하고 있어, 2006. 6. 30. 당시 피신청인 파인디지털이 보유한 자기주식은 1,003,887주(160,602주+843,285주)였다.

(2) 피신청인 파인디지털은 2006. 7. 3. (1)항과 같이 보유한 자기주식 중 외환은행에게 신탁한 160,602주를 피신청인 이규승에게 매도하기로 하는 내용의 이사회 결의를 하고, 2006. 7. 7. 위 주식을 시간외 종가매매 방식으로 피신청인 이규승에게 1주당 6,550원에 매각하였는데, 피신청인 파인디지털 주식 1주당 종가는 피신청인 이규승에 대한 매각 전날인 2006. 7. 6.에 7,410원, 그 다음 거래일인 2006. 7. 10.에 약 7,400원이었다.

(3) 피신청인 파인디지털은 2006. 7. 10. (1)항과 같이 보유한 자기주식 중 직접 보유한 843,285주 중 377,285주를 피신청인 주식회사 파인디지털 사내근로복지기금(이하 피신청인 '사내근로복지기금'이라 한다)에 출연하고, 나머지 466,000주를 투자재원 확보를 위하여 제 3 자에게 처분하기로 하는 내용의 이사회 결의를 하였고, 이에 신청인은 2006. 7. 11. 피신청인 파인디지털에게 내용증명우편으로, 피신청인 파인디지털이 처분하려는 자사주를 1주당 10,000원에 매수하겠다는 의사를 통지하였는데, 피신청인 파인디지털은 신청인의 매수 제의를 거절하고, 2006. 7. 14. 위 377,285주를 피신청인 사내근로복지기금에 무상으로 출연하였으며, 위 466,000주는 시간외 대량매매 방식으로 골든폴조합(업무집행조합원 피신청인 골든폴 주식회사)에 1주당 7,140원에 매각하였다.

(4) 피신청인 파인디지털은 피신청인 파인디지털의 계열회사인 주식회사 위트콤(이하 '위트콤'이라 한다)으로 하여금 2006. 7. 12. 부터 2006. 7. 14.까지 피신청인 파인디지털의 주식 66,000주를 장내매수하도록 하였고, 신탁취득의 형태로 2006. 8. 10. 자기주식 63,482주를 1주당 약 8,161원에, 2006. 8. 11. 자기주식 81,729주를 1주당 약 8,505원에 각 취득하였다. …

* * * * *

(1) 신청인은 2006. 4. 14 경 강태구를 만나 피신청인 파인디지털의 경영진이 개인적으로 보유하고 있는 주식을 신청인에게 매도할 것을 제안하고, 2006. 5. 18. 경 피신청인 이규승을 만나 피신청인 파인디지털과의 합병을 제안한 바 있는데, 2006. 6.경 피신청인 파인디지털의 임원들인 김용훈, 피신청인 이규승, 이욱현, 강태구가 모여 신청인에 대한 주식매각 여부에 관하여 논의하였으나, 김용훈, 피신청인 이규승이 피신청인 파인디지털과의 합병에 반대하여, 합병 협상이 결렬되었다.

(2) 신청인은 2006. 6. 14.경까지 피신청인 파인디지털의 발행주식 9,362,500주 중 1,654,383주(총 주식의 17.67%)를 보유하던 중, 2006. 8. 2. 강태구, 이욱현으로부터 그들이 보유한 피신청인 파인디지털 주식 중 일부인 합계 423,000주(총 주식의 4.51%)를 주당 12,000원에 장외매수하였고, 2006. 8. 7. 피신청인 파인디지털 발행주식에 대한 보유목적을 '단순투자목적'에서 '경영권 참가 목적'으로 변경하였으며, 강태구, 이욱현이 보유한 나머지 주식 422,019주(총 주식의 4.51%)에 관하여 의결권을 위임받았다(이하 '의결권 위임주식'이라 한다). …

(나) 경영권 방어 목적에 관한 거래상대방의 악의 또는 과실 유무

설령 위와 같은 자기주식처분무효의 소가 인정되고, 승계참가인의 주장과 같이 다른 주주들에게는 자기주식을 매수할 기회를 주지 않은 채 특정주주에게의 일방적인 매도가 기존 주주들의 이익과 회사의 경영권 내지 지배권에 중대한 영향을 미치는 경우에 무효사유가 인정된다고 하더라도, 자기주식의 처분은 제 3 자와의 거래행위이므로, 거래 상대방이 위와 같은 자기주식 처분이 경영권 방어목적으로 발행되었다는 사실을 알았거나 알 수 있었을 경우에만 무효로 될 수 있다고 할 것인바, 이 사건의 경우 피신청인 파인디지털의 경영진인 피신청인 이규승을 제외하고, 피신청인 파인디지털과 이해관계를 같이한다고 볼 수 없는 나머지 피신청인들에게 피신청인 파인디지털의 자기주식을 취득함에 있어 위와 같은 악의 또는 과실이 있다고 볼 수 있는 증거가 없으므로, 결국 경영권 방어 목적으로 이루어진 자기주식처분이 무효라는 주장은 이유없다.

서울북부지법 2007. 10. 25.자 2007카합1082 결정(강×석 v. 동아제약)

… **다. 이사회결의**

피신청인은 2007. 6. 22. 및 2007. 7. 2. 이사회를 개최하여 아래와 같이 피신청인이 소유하고 있던 자기주식 748,440주(피신청인 발행주식 총수의 7.45%에 해당한다. 이하 '이 사건 주식'이라고 한다)를 말레이시아 소재 특수목적법인인 XX에 각 처분하고, 이 사건 주식을 기초로 해외에서 발행하는 교환사채(EB)에 대하여 그 지급을 보증하기로 하는 안건을 논의한 후 20007. 7. 2. 개최된 이사회에서 재적이사 7인 중 과반수인 5인이 출석하여 5인의 찬성으로 이를 가결하였다.

제1호 의안: 자기주식 처분의 건

① 처분목적: 재무구조 개선

② 처분예정금액: 64,889,748,000원(이사회 결의일 전일 종가기준)

③ 처분주식의 종류 및 수: 기명식 보통주식 748,440주(7.45%)

④ 처분방법: 유가증권 시장을 통한 매매(시간외 대량매매)

⑤ 처분가격: 매매당일 종가의 5% 범위내

⑥ 위탁증권회사: 증권(주)

(1) 피신청인은 2007. 7. 5. 시간외 대량매매의 방법으로 이 사건 주식을 ○○○에게 1주당 매매대금 87,900원, 총 매매대금 65,787,875,000원을 매각하였다(이하 이 사건 '자사주처분'이라고 한다).

(2) ○○○는 같은 날 피신청인으로부터 매수한 이 사건 주식을 기초자산으로 하여 각 미화 44,800,000 달러(한화 41,292,185,000원 상당) 및 미화 35,000,000 달러(한화 32,259,538,000원 상당) 상당의 교환사채(이하 '이 사건 교환사채'라고 한다)를 발행하였는데, 이 사건 교환사채 발행계약 내용 중에는 이 사건 주식에 대한 의결권행사지시권은 교환사채권자가 이를 행사할 수 있고, 교환사채권자가 의결권행사지시권을 행사하지 아니할 경우에는 ○○○가 이른바 섀도우 보팅(shadow voting)을 한다는 약정(이하 '이 사건 의결권행사지시권에 관한 약정'이라고 한다)이 포함되어 었다.

(3) 피신청인은 같은 날 ○○○의 이 사건 교환사채에 발행에 따른 사채상환채무를 지급보증하였으며, 이 사건 주식의 매매대금과 이 사건 교환사채 발행금액과의 차액을 취득하기 위하여 ○○○가 발행한 후순위사채를 인수하였다.

(4) 이 사건 거래의 주간사인 ○○증권 주식회사(이하 '○○증권'이라고 한다)는 같은 날 ○○○가 발행한 이 사건 교환사채를 총액 인수한 후 이를 ○○증권 런던지점에 모두 매각하였다.

(5) ○○증권 런던지점은 2007. 8. 1. ○○○에게 미화 29,8000,000 달러 상당의 교환사채를, 2007. 8. 1. ○○○에게 미화 10,000,000 달러 상당의 교환사채를, 2007. 8. 중순 N.Y.에게 미화 40,000,000 달러 상당의 교환사채를 각 매각하였다. …

그러므로 살피건대, 신청인들 주장과 같이 자기주식 처분은 신주발행과 서로 별개의 제도임에도 불구하고 신주발행 때와 마찬가지로 그 주식의 매수인을 누구로 선정하느냐의 문제가 제기될 수 있고, 만약 자기주식을 제 3 자에게 처분하게 되면 신주를 제 3 자에게 배정하여 발행하는 것과 유사하게 기존주주들의 회사에 대한 비례적 이익이 감소, 처분의 공정성이 문제될 소지가 있다. 그런데, 자기주식 취득 및 처분에 관하여 규정하고 있는 증권거래법 제189조의2에서는, 상법에서와 달리 주권상장법인 또는 코스닥상장법인이 이익배당을 할 수 있는 한도 내에서 장내매수 또는 공개매수 등의 방법으로 자기주식을 취득하는 것을 허용하고, 다만 자기주식을 취득하거나 이에 따라 취득한 자기주식을 처분하고자 하는 경우에는 대통령령이 정하는 요건·절차 등 기준에 따라 자기주식의 취득 또는 처분관련 사항을 금융감독위원회와 거래소에 신고할 의무만을 부과하고 있을 뿐, 자기주식의 취득 및 처분에 있어 정당한 목적이나 공정성이 있을 것을 요구하거나, 정당한 목적 등이 없는 경우에 무효가 될 수 있다는 점에 관하여는 아무런 규정을 두고 있지 않다. 한편, 신주발행무효의 소의 경우, 주주·이사 또는 감사에 한하여 신주를 발행한 날로부터 6월 내에 소만으로 이를 주장할 수 있고, 무효판결의 효력이 제 3 자에게도 효력이 있는 등 요건, 절차 및 효과에 있어서 특수성을 가지므로 명문의 규정 없이 이를 유추적용하는 것은 신중하게 판단하여야 한다.

먼저, 전환사채의 경우에 신주발행에 관한 규정이 유추적용될 수 있는지에 대하여 보면, ① 전환사채를 발행한 경우에는 장차 전환권의 행사를 통해 신주발행과 동일하게 회사의 자본이 증가하는 효과가 발생하고, ② 상법은 전환사채 발행과 신주발행의 유사성을 고려하여 신주발행에 관한 규정 중 신주발행의 유지청구권에 관한 규정 및 불공정한 가액으로 주식을 인수한 자의 책임에 관한 규정을 전환사채 발행의 경우 명문으로 준용하고 있으며, ③ 전환사채 발행은 신주발행의 경우와 유사하게 제 3 자에게 배정할 때 절차상·목적상 일정한 제한을 가하고 있으므로, 전환사채 발행의 경우에는 신주발행무효의 소에 관한 상법 제429조 규정을 유추적용하는 것이 타당하다고 할 수 있다(대법 2004. 6. 25. 선고 2000다37326 판결 참조).

그러나, 자기주식 처분의 경우에는 ① 이미 발행되어 있는 주식을 처분하는 것으로서 신주발행과 달리 회사의 자본금에 변동이 없고, ② 신주발행은 단체법적 법률행위(자본거래)임에 비하여 자기주식의 처분은 이미 발행된 주식의 매매(손익거래)에 불과하므로 단체법적 법률행위라고 보기 어려우며, ③ 현재 상법이나 증권거래법도 이러한 차이점을 고려하여 자기주식 처분의 경우에는 신주발행 절차에 관한 준용규정을 두지 않았다고 해석하는 것이 법률의 규정 및 입법자의 의사에 부합하고, ④ 명시적인 근거 규정 없이 자기주식 처분에 관하여 신주발행에 관한 규정을 준용한다면 법적 안전성을 저해한다는 점 등을 고려할 때 자기주식 처분의 경우에 있어서는, 전환사채의 경우와 달리 신주발행에 관한 규정이 유추적용되지 않는다고 봄이 타당하다.

따라서, 이 사건 자사주 처분의 경우에도 신주발행에 관한 규정이 유추적용될 수 있다는 전제하에서, 피신청인이 신청인 등의 주주들에게 이 사건 주식을 매수할 기회를 주지 않은 것이 도저히 묵과할 수 없을 정도로 불공정하여 무효라는 신청인들의 주장은 받아들이지 아니한다.

이사가 업무를 수행함에 있어서 합리적인 정보에 기하여 판단을 하고, 그 판단에 따라 성실하게 임무를 수행하였다면, 그 임무수행에 사기, 위법, 이익충돌, 중과실이 없는 한 이사는 그 경영판단에 따른 행위로 인하여 손해배상책임을 지지 아니함이 원칙이다. 그런데, 이사가 경영권 분쟁 중에 경영권을 방어하기 위한 행위를 한 경우에는 일상적인 임무수행 때와는 달리 회사와 일반주주의 이익보다는 기존 지배주주의 지배권 유지 또는 자신의 지위보전을 위하여 행위할 가능성이 크고, 이런 측면에서 본질적으로 이사의 자기거래와 같이 이익충돌의 위험성이 상존한다. 따라서, 경영권 분쟁 중 이사가 한 방어행위의 적법·유효여부를 판단하기 위하여는 위 '경영판단의 원칙'을 좀더 엄격하게 적용할 필요가 있다. 경영권 방어행위에 대한 적법성 판단 기준으로는 먼저, 법령이나 정관에 해당 경영권 방어행위에 대하여 구체적으로 규정된 바가 있으면 해당 방어행위가 그 법령이니 정관규정이 허용하는 범위 내인지를 기준으로 판단하여야 하고, 다음으로, 그러한 직접적인 법령 또는 정관의 규정이 없는 경우에는 해당 방어행위의 동기나 목적, 방어 수단의 합리성 등을 종합하여 이사가 선관주의의무 내지 충실의무를 위반하였는지 여부를 기준으로 방어행위의 적법성 여부를 판단하되, 구체적으로는 경영권을 인수하고자 하는 자의 실체 및 계획, 그에 대한 방어행위로 이사가 추구하고자 하는 회사 또는 주주의 이익의 내용, 해당 방어행위에 있어 경영권 방어목적이 차지하는 비중(예컨대, 방어행위가 경영권을 방어하는 효과가 있으면서 아울러 경영목적에 부합하는 합리성을 가진 경우인가, 아니면 방어행위가 오로지 경영권 방어만을 목적으로 한 경우인가), 해당 방어행위의 태양 및 목적 달성과의 균형성, 방어행위의 실행과정이 적정한 절차를 거쳤는지 여부(예컨대, 이사회에서 충분히 논의되고, 외부전문가들의 의견을 들었는지 여부 등), 대상회사가 기업인수에 따른 단기적인 이익을 넘어서는 장기적인 계획을 가지고 있는지 여부 및 대상회사 사업내용이 사회경제적으로 또는 국가전략적으로 차지하는 중요성 등의 여러 사정을 종합적으로 고려하여야 한다.

위 판단기준에 비추어 이사의 방어행위가 위법하다고 판단되는 경우 그 방어행위는 방어권 남용으로서 무효이다. 그런데 자기주식 처분의 경우에는 앞서 본 바와 같이 신주발행에 관한 규정이 유추적용되지 않아 그 무효에 대세적 효력이 인정될 수 없으므로, 자기주식이 이미 제3자에게 처분된 경우에는 거래안전을 위하여 제3자가 방어권 남용에 관하여 몰랐고 거기에 중대한 과실이 없는 경우 그 무효로서 제3자에게 대항할 수 없다고 할 것이다. 한편, 입증책임과 관련하여서는, 통상적으로 적대적 M&A의 국면 또는 경영권 분쟁 중인 상황에서 경영권을 인수하고자 하는 자가 그 목적을 달성한 경우에는 대상회사의 경영진이 교체되는 것이 일반적인바, 경영권 분쟁의 국면에서 이사가 한 방어행위는 자신의 경영권 교체를 저지하는데 결정적인 역할을 하고, 그 과정에서 회사와 주주의 이익이 침해될 수 있는 잠재적 위법성을 안고 있으므로, 이러한 경영권 방어행위의 본질적인 특성과 방어자측이 회사에 관한 중요 정보를 독점하고 있는 상황을 감안할 때 이 경우에도 입증책임의 일반 원칙을 그대로 적용하여 경영권 공격자에게 방어행위의 위법성을 입증하도록 한다면 이는 결국 무제한적인 경영권 방어를 허용함으로써 위법을 용인하는 부당한 결과가 초래될 수 있다. 따라서, 공격자측에서 대상회사 이사의 행위가 경영권 분쟁 중의 방어행위에 해당한다는 점을 입증한 경우에는 그 이사의 방어행위는 일응 자신의 경영권 유지 또는 기존 지배주주의 지배권, 유지의 목적이 있어서 방어권 남용이 된다고 추정하고, 오히려 방어행위를 한 이사가 그 방어행위의 적법성을 입증하도록 하여 입증책임을 전환함이 공평하다.

서울중앙지법 2015. 7. 7.자 선고 2015가합80597 결정(삼성물산 v. 엘리엇)

1) 신주발행 관련 법리의 유추적용 여부

회사가 보유하는 자기주식의 경우 회사가 이를 처분하여 제3자에게 양도할 경우 의결권이 부활하여 의결권 행사가 가능한 주식 수가 증가하게 됨에 따라 특정 주주 지분의 증대 또는 희석화 등 사실상의 지분비율에 영향을 줄 수 있다는 점에서 신주발행과 일부 유사한 측면이 있다. 또한 회사의 경영진이나 지배주주가 회사의 자산인 자기주식을 처분함으로써 회사나 주주 일반의 이익을 해할 우려가 있다는 점에서도 자기주식의 처분을 통제할 필요성을 부인하기는 어렵다.

그러나 신주발행의 경우는 주식회사의 자본금과 기존 주주들의 지분비율에 직접적으로 영향을 주는 반면 자기주식 처분의 경우는 이미 발행되어 있는 주식을 처분하는 것으로서 회사의 자본금에는 아무런 변동이 없고 거래당사자가 아닌 한 기존 주주들의 지분비율도 변동되지 않는다는 점에서 신주발행과 본질적인 차이가 있고(한편 전환사채의 경우 전환권을 행사하여 주식으로 전환될 수 있기 때문에 잠재적 주식의 성격을 가지고, 이에 따라 전환사채의 발행은 주식회사의 자본금과 기존 주주들의 지분비율에 직접적인 영향을 미칠 수 있다는 점에서 신주발행과 유사한 측면이 크다), 신주발행은 단체법적 법률행위인 자본거래의 성격을 가지는 것에 비하여 자기주식의 처분은 이미 발행된 주식의 매매로서 손익거래의 성격을 가지는 것으로 단체법적 법률행위라고 보기 어려운 측면도 있다. 상법과 자본시장법도 이러한 차이점을 고려하여, 신주발행의 경우에는 요건, 절차 및 그 무효를 다투는 소 등에 관하여 특별한 규정을 두고 있으면서도, 자기주식의 처분의 경우에는 원칙적으로 이사회에서 처분할 주식의 종류와 수, 처분가액 및 납입기일, 처분의 상대방 및 처분방법 등에 관하여 결의한 다음 처분하도록 하고 있을 뿐, 처분의 요건, 절차 및 그 무효를 다투는 소 등에 관하여 별도로 정하고 있지 않으며, 신주발행에 관한 규정도 준용하고 있지 않다.

또한 비록 자기주식의 처분이 의결권을 행사할 수 있는 주식의 수를 증가시켜 사실상의 지분비율에 영향을 미침으로써 다른 주주들의 의결권 행사에 관한 이익을 제한하는 측면이 있기는 하나, 상법 및 자본시장법에서는 회사가 자기주식을 보유하고 있는 기간 동안 다른 주주들이 일시적으로 실제 보유하는 주식에 비하여 증대된 의결권을 행사할 수 있는 이익을 보호하기 위한 별다른 규정을 두고 있지 않은 바, 다른 주주들의 위와 같은 이익은 자기주식에 대한 의결권을 제한하는 상법 제369조 제 2 항의 규정에 따른 반사적 이익에 불과하다고 보이고, 이러한 반사적 이익을 보호한다는 이유에서 명문의 근거도 없이 본질적으로 차이가 있는 신주발행에 관한 규정과 법리를 회사의 자기주식 처분에 유추적용하는 것은 회사의 자산에 관한 소유권 행사에 대한 부당한 제약이 될 수 있다.

그러므로 입법론적으로 자기주식 처분의 방식과 절차, 내용 등에 관하여 지금보다 더 엄격한 규제를 가하거나, 기존 주주에게 신주인수권과 유사하게 자기주식 우선 매수권을 인정하는 등의 방법을 도입하는 것은 별론으로 하고, 현재의 상법과 자본시장법 하에서 신주발행에 관한 규정과 법리가 자기주식 처분에 그대로 유추적용된다고 볼 수는 없다.

따라서 이와 다른 전제에 선 채권자의 이 부분 주장은 이유 없다.

2) 이 사건 처분이 사회통념상 현저히 불공정하고 사회질서에 위반하여 무효인지 여부

신주발행에 관한 법리가 자기주식 처분에 그대로 유추적용된다고 볼 수는 없다고 하더라도, 회사의 자기주식 처분이 오로지 현 경영진 또는 대주주의 지배권 유지 등에만 그 목적이 있는 것으로서 다른 합리적인 경영상의 이유가 없고, 그 처분이 회사나 주주 일반의 이익에 부합한다고 보기 어려우며, 그 처분의 방식 등에 관한 법령 및 정관의 규정을 위반하였거나, 법령 및 정관의 규제 범위 내에 있더라도 그 처분의 방식, 가격, 시기, 상대방의 선정 등에 관한 의사결정에 합리성이 없고 회사와 주주 일반의 이익에 반한다면, 이는 사회통념상 현저히 불공정한 처분행위로서 사회질서에 위반하는 행위 등에 해당할 여지가 있으므로, 이러한 자기주식 처분행위의 효력을 그대로 인정하기 어렵고, 이러한 경우 회사의 주주로서는 비록 자기주식 거래의 당사자가 아니더라도 그 효력을 다툴 수 있다고 할 것이다.

위 법리에 비추어 이 사건 처분이 사회통념상 현저히 불공정한 처분행위로서 사회질서에 위반하여 무효인지 살펴본다.

가) 이 사건 처분의 목적

먼저 이 사건 처분의 목적에 관하여 살펴본다.

기록(소갑 제3호증의 1)에 의하면, 채무자 삼성물산이 이 사건 처분을 한 주된 목적은 채권자의 주장과 같이 이 사건 주주총회에서 이 사건 합병계약서를 승인하는 결의가 이루어지도록 하는 데에 있는 것으로 보이기는 한다. 그러나 위와 같은 목적이 이 사건 합병에 반대하는 일부 주주의 이익에 반한다고는 볼 수 있을지언정 그 자체로 회사나 주주 일반의 이익에도 반하는 것이라고 단정할 수 없고, 이 사건 합병 자체가 회사나 주주 일반의 이익에 반한다는 사정이 전제되어야 위와 같은 이 사건 처분의 목적도 합리성이 없는 것으로서 회사와 주주 일반의 이익에 반한다고 할 수 있을 것이다.

그런데 이 사건 합병은 자본시장법 제165조의4 제1항 제1호, 같은 법 시행령 제176조의5 제1항 제1호 등 관련 법령에서 정한 요건과 절차를 준수하여 진행되고 있는 것으로서, 채무자 삼성물산의 입장에서는 건설 및 상사 분야의 매출 성장세가 예전 보다 침체된 상황에서 이를 타개하기 위한 방편으로 레저, 패션, 식음료, 바이오 분야 등에서 강점 또는 잠재력을 가지고 있는 제일모직과의 합병을 추진할 만한 경영상의 이유가 있다고 볼 여지가 없지 아니하고, 이 사건 합병이 공

시된 직후 채무자 삼성물산의 주가가 상당히 상승하는 등 시장에서 이 사건 합병을 긍정적으로 평가하는 모습이 나타나기도 하였는바(채권자 스스로도 이 사건 합병의 합병가액보다 높은 주가에 채무자 삼성물산의 주식을 취득하였다), 이와 같은 사정에 비추어 보면 기록상 제출된 자료만으로는 이 사건 합병이 채무자 삼성물산 및 그 주주 일반의 이익에 반하는 것이라고 보기 어렵다. 따라서 채무자 삼성물산이 이 사건 주식을 처분한 주된 목적이 이 사건 주주총회에서 이 사건 합병계약서를 승인하는 내용의 결의가 이루어지도록 하는 데에 있다는 점만으로는, 이 사건 처분의 목적이 합리성을 결여한 것이라고 할 수 없다.

또한, 기록에 의하면, 채무자 삼성물산의 이 사건 처분은, 채권자가 2015. 2. 2. 부터 단기간에 상당량의 채무자 삼성물산의 주식을 취득한 다음 2015. 6. 4.부터 이 사건 합병에 대한 반대의사를 공개적으로 밝히면서 다른 주주들에게도 이 사건 합병에 반대할 것을 권유하고 있는 상황에서, 이 사건 합병에 반대하는 주주들의 주식매수청구권 행사가 기존에 예측한 것보다 상당히 많을 수 있다는 점을 고려하여 이를 대비한 주식매수자금을 마련하는 데에도 그 목적이 있는 것으로 보이고, 이와 같은 목적은 회사의 필요자금 확보를 위한 것으로서 합리적인 경영상의 이유에 해당한다고 할 것이다. 채권자는 채무자 삼성물산의 2015. 6. 8.자 주요사항보고서(소갑 제50호증)를 들어 이미 채무자 삼성물산이 이 사건 합병에 관한 주식매수청구권 행사에 대비하여 여신보유한도 4,000억 원, 단기 CP 5,000억 원, 금융기관 차입 1,000억 원 등 총 1조 원의 자금을 확보하고 있으므로, 이 사건 주식을 처분하여 추가로 자금을 마련할 필요가 없다고 주장하나, 소갑 제50호증의 기재에 의하더라도 위 1조 원의 자금은 주식매수청구권행사에 따른 주식매수용으로 그 용도가 확정되어 있는 것이 아니라, 향후 주식매수청구권 행사가 있을 경우 주식매수대금으로 조달이 가능한 자금으로서 계획되어 있는 정도에 불과한 것으로 보이므로, 채권자가 들고 있는 위와 같은 사정만으로 이 사건 처분에 회사의 필요자금 확보를 위한 목적은 없었다고 볼 수 없다.

나) 이 사건 처분의 방식

다음으로 이 사건 처분의 방식에 관하여 살펴본다.

회사의 자기주식 취득의 경우에는 상법 제341조 제 1 항, 자본시장법 제165조의3 제 4 항, 같은 법 시행령 제176조의2 제 3 항, 위 조항의 위임에 따라 제정된 금융위원회 고시「증권의 발행 및 공시 등에 관한 규정」제5-5조 등에서 장내매수 등 일정한 방법으로만 자기주식을 취득하도록 제한하고 있으나, 자기주식 처분의 경우에는 그 처분방식에 관하여 명문의 제한 규정이 없으므로, 회사로서는 일정한 처분방식에 의하여야만 하는 것이 아니라 장내매도, 시간외대량매매, 장외거래 등 적당한 방법을 통하여 자기주식을 처분할 수 있다고 할 것이다. 따라서 이 사건 처분이 장외거래의 방식으로 이루어졌다고 하여 합리성이 없다고 볼 수 없다.

다) 이 사건 처분의 가격

이어서 이 사건 처분의 가격에 관하여 살펴본다.

살피건대, 상장회사의 경우 공개시장에서 다수의 투자자들이 다양한 요소를 고려하여 자유로운 거래를 한 결과 그 주가가 형성되는 것이므로, 공개시장의 주가가 해당 상장회사의 일정시점에 있어서의 가치를 비교적 객관적으로 반영한다고 볼 여지가 있는바, 상장회사가 자기주식을 처분함에 있어서 처분일 무렵 공개시장에서 형성된 주가를 기준으로 하여 대금을 산정하였다면, 특별한 사정이 없는 이상 합리적으로 가격을 결정한 것이라고 봄이 타당하다. 이 사건 처분은 처분일 전날인 2015. 6. 10.의 종가를 기준으로 대금을 산정하여 이루어졌고, 달리 이 사건 처분에 있어 가격의 기준이 된 주가가 자본시장법상 시세조종행위 또는 부정거래행위에 의하여 형성된 것이라거나 평상시에 비하여 비정상적으로 낮은 수준이었다거나 채무자 케이씨씨가 이 사건 주식의 대금을 지급하는 시기나 방법에 있어서 부당한 특혜를 받았다는 등의 특별한 사정에 대하여 아무런 소명이 없는바, 이 사건 처분의 가격이 합리적인 범위를 벗어난 것이라고 볼 수 없다.

한편 채권자는 이 사건 처분에 있어 가격의 기준이 된 2015. 6. 10.자 종가는 채무자 삼성물산의 공정가치 또는 순자산가치에 비하여 지나치게 저가여서 이를 기준으로 처분의 가격을 산정한 것은 현저히 불공정하다는 취지로 주장한다. 그러나 채권자가 주장하는 채무자 삼성물산의 공정가치인 주당 100,597원 내지 114,134원은 채무자 삼성물산이 상장된 이후 공개시장에서 한 번도 거래된 적이 없는 가격으로, 기록상 제출된 자료만으로는 공개시장에서의 주가가 아니라 채권자가 주장하는 소위 공정가치가 채무자 삼성물산의 객관적 가치를 제대로 반영하는 것이라고 속단할 수 없고, 순자산가치는 회사의 가치를 결정하는 여러 요소 중의 하나에 불과한 것일 뿐 그 자체가 회사의 객관적 가치를 그대로 반영하는 것은 아니므로, 채권자가 주장하는 위와 같은 사정만으로 이 사건 처분와 가격이 합리성을 결여하였다고 볼 수도 없다.

라) 이 사건 처분의 시기

나아가 이 사건 처분의 시기에 관하여 살펴본다.

채권자는 이 사건 처분이 이 사건 주주총회에서 의결권을 행사할 주주를 정하기 위한 주주를 정하는 기준일인 2015. 6. 11.에 전격적으로 이루어져, 이 사건 합병에 반대하는 주주들의 입장에서는 이 사건 처분에 대항하여 추가로 의결권 있는 주식을 매수하기 곤란하였다는 점을 문제 삼고 있다. 그러나 2011. 4. 14. 개정된 상법 제342조에서는 종전과 달리 '상당한 시기'에 자기주식을 처분하여야 한다는 제한을 두고 있지 않고, 자본시장법 및 같은 법 시행령에서도 같은 법 시행령 제176조의2 제 2 항 각 호에서 일정한 시기의 자기주식 처분을 제한(합병과 관련하여서는 같은 항 제 1 호에서 '다른 법인과의 합병에 관한 이사회 결의일부터 과거 1개월간'의 자기주식 처분을 금지하고 있을 뿐, 그 이후의 시기에 관하여는 특별한 제한을 두고 있지 않다)하고 있는 이 외에는 자기주식의 처분시기에 관하여 별다른 제한을 두고 있지 않은바, 회사로서는 위 시행령 조항에서 제한하고 있는 시기 이외에는 자기주식을 처분함에 있어서 적절한 시기를 자유롭게 선택할 수 있다고 할 것이다. 또한 채권자가 주장하는 바와 같이 이 사건 합병에 반대하는 주주들이 의결권 있는 주식을 추가로 매수할 수 있는 이익은 관련 법령에 의하여 보호받을 수 있는 이익이라고 보기 어려운데다가, 이 사건 합병에 반대하는 일부 주주들의 이익에 불과할 뿐 회사나 주주 일반의 이익이라고 할 수도 없어서, 위와 같은 이익이 제한될 수 있다는 점을 들어 이 사건 처분의 시기가 제한된다고 볼 수도 없다.

따라서 이 사건 처분의 시기가 합리성이 없는 것으로서 회사 및 주주 일반의 이익에 반한다고 볼 수 없다.

마) 이 사건 처분의 상대방

마지막으로 이 사건 처분의 상대방에 관하여 살펴본다.

살피건대, 회사의 자기주식 처분에 있어서는 앞서 본 바와 같이 신주발행에 관한 규정과 법리가 유추적용되지 아니하여, 신주발행에 있어서의 신주인수권과 같이 주주들이 자기주식을 우선적으로 매수할 권리가 인정되지 아니하므로' 회사로서는 원칙적으로 주주들에 대하여 먼저 자기주식의 매수 기회를 부여할 필요 없이 자기주식의 처분 목적에 적합한 상대방을 선정하여 자기주식을 처분할 수 있다고 할 것이다. 여기에다가 상법 제368조 제 4 항에서 정한 '총회의 결의에 관한 특별한 이해관계'는 특정한 주주가 주주의 입장을 떠나서 개인적으로 이해관계를 가지는 것을 말한다고 풀이되는 바, 채무자 케이씨씨가 이 사건 합병의 당사자인 제일모직의 주식을 보유하고 있다는 사정만으로는 이 사건 주주총회의 결의에 관하여 위 조항에서 정한 특별한 이해관계를 가진 자라고 볼 수도 없다는 점을 종합하여 보면, 채무자 삼성물산이 채무자 케이씨씨에 이 사건 주식을 처분하였다는 사정만으로 이 사건 처분의 상대방 선정이 합리성을 결여한 것이라고 볼 수 없다.

바) 소결론

따라서 이 사건 처분이 사회통념상 현저히 불공정한 처분행위로서 사회질서에 위반하는 행위 등에 해당하여 무효라고 볼 수 없으므로, 채권자의 이 부분 주장은 이유 없다.

노트와 질문

1) 회사의 자사주처분의 적법성에 대하여는 기업의 경영판단이라는 견해(SK판결), 신주발행과 동일한 요건이 필요하다는 견해(대림통상판결), 신주발행과 동일하지는 않지만 통상의 적대적 기업매수에 대한 이사회의 행위에 대한 판단이 필요하다는 견해(동아제약판결)로 법원의 판단은 갈팡질팡하고 있다. 어느 기준이 가장 바람직하다고 생각하는가? 그 이유는?
2) 상장법인의 자사주 취득 및 처분에 관하여는 자본시장법 외에 증발공 제 5 장 제 1 절에서 자세한 규정을 두고 있다. 상장법인이 이사회결의를 통하여 직접 취득하거나 신탁계약을 체결, 신탁업자를 통하여 취득할 수 있고 이사회결의공시후 3월 이내에 처분하여야 하며 거래소를 통하는 경우 매수주문, 매도주문에 대한 규제가 있으나 예외적으로 시간외대량매매의 방법으로 거래할 수도 있다. 왜 이렇게 자세한 규제가 필요할까? 신탁계약을 체결하여 취득하는 경우와 직접 취득하는 경우 어떤 차이가 있는가?
3) 기업지배권 다툼상황이 아닌 경우에 자사주취득결정은 배당에 관한 결정과 마찬가지로 경영판단의 원칙에 따라 보호되어야 한다는 미국 판례로 *Grobow v. Perot*, 539 A.2d 180(Del. 1988) 참조. GM과 Perot와의 love-hate relationship에서 나온 판결이다. 1984년 GM은 Ross Perot의 EDS사주식 100%를 매수했다. 합병계약에 따라서 EDS의 주주인 Perot는 GM사의 Class E주식과 note약속어음을 취득했다. Class E는 EDS의 경영성과에 따라 가치가 결정되는 tracking stock이다. Perot가 GM의 이사가 된 후 기존

이사와 끊임없는 의견차이로 소란하다가 1986년 마침내 Perot와 GM은 GM이 Perot의 주식을 매수하기로 합의한다. 이의 조건을 정하기 위하여 GM은 Special Review Committee를 구성, $745M(주당 $61.90)을 주고 Class E주식과 note를 구입하며 Perot는 이사를 사임하고 이에 더하여 Perot가 GM을 비난하지 않으며 5년간 주식을 재매입하지 않고 3년간 EDS와 경쟁사업에 종사하지 않기로 합의하였다. GM의 소수주주는 이사의 충실의무 위반을 이유로 대표소송을 제기하였으나, 법원은 이사회가 이사간 분규를 막기 위하여 주식을 매수하기로 한 결정은 이해관계가 없는 이사들이 독립적으로 상당한 주의를 기울여서 결정한 만큼 사업판단으로 보호되어야 한다고 결정했다.

4) 파인디지탈판결과 한화종금판결은 사모에 의한 발행이나 사적인 거래에 의한 처분의 경우에도 거래의 안전을 이유로 적법하다고 판단하고 있는바, 이런 태도는 기업의 행위에 어떤 영향을 줄까? 혹시 적법성에 의문이 있다고 하더라도 법원의 이러한 태도 때문에 적법성의 확인을 위하여 노력하기 보다는 일단 저질러 보는 쪽으로 결정을 하게 되지는 않을까?

5) 대림통상판결에서 법원은 기존의 지배주주가 자사주 처분 이후의 신주발행과 분할에 대하여 특히 분할 후 신설법인에 분할법인의 주식을 매각하여 현금을 회수할 가능성에 대하여 우려를 표명하고 있다. 분할 후 분할법인의 지배주주가 신설법인의 주식을 분할법인에 현물출자하고 분할법인의 주식을 취득하여 분할법인의 주식보유비율을 높이자 분할법인의 소수주주가 충실의무위반을 제기로 소송을 제기한 사례는 수원지법 2007. 9. 21. 선고 2007가합5490 판결 참조.

문제 10

A주식회사는 K가 1970년에 설립, 1990년에 상장된 법인으로 A주식회사는 10% 자사주를, K는 최대주주로 30% 주식을 보유하고 있다. 이사회는 K가족 3인과 사외이사 4인으로 구성되어 있다. K가족 중 A주식회사를 운영할 만한 자가 없는 데다가 현금이 풍부하며 A주식회사의 주력산업인 환경산업이 새로운 성장산업으로 주목받으면서 B사모펀드와 A주식회사의 경쟁자 C주식회사는 시장에서 각 5% 주식을 매

집한 후 2010. 10. 1. 금감원에 이를 보고하였다. A주식회사 이사회는 1) 일반공모방식으로 발행주식총수의 20%를 발행할 것; 2) 자사주를 기초자산으로 하여 사모교환사채를 발행할 것을 결의하려고 한다. 또한 정관변경을 위한 주주총회소집도 고려하고 있다. 정관변경의 내용은 1) 이사회는 신주인수선택권을 발행할 수 있음을 정하는 규정 추가; 2) 주식보유기간이 6월 미만인 자는 6월이 경과된 후 처음 도래하는 주주총회부터 의결권을 행사할 수 있도록 하는 규정 추가; 3) 이사정원을 7명에서 3명으로 줄이는 개정이다. A주식회사는 이러한 이사회결의에 대하여 귀하의 의견을 구한다.

제11장 기업인수와 주주 간의 이해관계

기업인수와 관련하여 주주 간의 이해관계가 대립되는 대표적인 경우로서 두 가지 상황을 생각할 수 있다. 하나는 기업인수시 지배주주에게는 지배권 프리미엄이 지급되지만 소수주주는 이에 참여할 수 없는 경우이다. 기업의 지배주주는 주식의 매각대가로 지배권 프리미엄을 받는다. 주식은 개인의 헌법적으로 보장된 소유권의 대상이고 따라서 지배주주가 이를 매각할 것인지, 얼마를 받을 것인지는 그의 자유이다. 따라서, 매각의 대가인 프리미엄도 지배주식의 소유권자인 지배주주에 귀속되어야 한다. 이에 대하여 지배권은 지배주식의 소유에 따른 하나의 기능으로서 지배주식의 매각대가인 프리미엄이 지급된 경우 이는 회사의 소유이고 따라서 주주전체에게 비례적으로 나누어져야 한다는 견해가 있다. 미국판례는 지배주식매각의 프리미엄을 주식소유권의 일부로 보고 예외적으로 매수인이 지배주식을 매수한 후 대상기업의 재산을 빼돌릴 의도가 있으며 지배주주가 이를 알았거나 알 수 있었을 경우와 기업의 매각이 회사기회에 해당하는 경우에 지배주주는 지배주식의 매각에 관하여 소수주주에 대한 책임을 인정한다. 우리나라에서 지배주주가 주식을 프리미엄을 받고 매각하는 경우 기업의 임직원들이 특별보너스의 지급을 요구하기도 하고 실제 주식매각 전에 매수인의 동의하에 매각대상인 기업으로부터 특별보너스가 지급되기도 한다. 그러나, 매각기업 또는 그 주주전체의 지배권 프리미엄에 대한 권리에 관하여는 논란이 없고 다만 일정한 지분 이상을 매수하려는 경우 매수인에게 공개매수의 방식을 강제함으로써 모든 주주가 비례적으로 매각할 수 있는 기회를 주자는 논의가 제기되고 있다. 이 장의 전반부에서는 이를 둘러싼 외국의 입법례와 판례를 살핀다.

또 하나는 다수주주가 기업인수에 찬성하는 한편, 이에 반대하는 소수주주는 대상기업에 대한 투자를 회수하기를 바라는 경우이다. 기업의 지배권이 바뀌거나 이에 버금가는 구조조정의 경우 예를 들면 합병, 중요한 영업양수도, 분할, 주식의 포괄적 이전이나 교환의 경우 우선 당사자회사의 이사회간 이에 관한 합의가 있어야 할 것이고 이러한 합의는 당사자회사의 주주총회에서 특별승인을 받아야 한다. 주주총회에서의 특별 승인시에 당해 이사회의 결정에 반대하는 소수주주는 회사에게 주식을 공정한 가격에 매수할 것을 청구할 수 있다. 우리의 회사법은 이러한 소수주주의 주식매수청구권을 규정하고 자본시장법에서 상장기업의 특칙을 규정하고 있다. 이 장의 후반부에서는 주식매수청구권을 행사할 수 있는 경우와 주식의 평가에 관하여 살펴본다.

Ⅰ. 지배주식의 매각

Abraham v. Emerson Radio Corp.[1)]

Emerson Radio Corp.("Emerson")는 Sport Supply의 53.2% 주주인바, 2005. 7. 5. Emerson은 Sport Supply와 경쟁사인 Collegiate Pacific Inc.("Collegiate")에 시가의 86% 프리미엄을 받고 지배주식을 팔기로 하였다. 9. 8. Collegiate는 자회사가 된 Sport Supply와 합병을 발표하면서 Sport Supply의 나머지 주주들에게 Collegiate 0.56주를 교부하기로 했다. 이는 Collegiate 주식의 당시 시가로 볼 때 소수주주를 Emerson이 받은 주당 $6.74과 동일하게 취급하는 것을 의미한다. 그러나, 11. 4. Collegiate에 대한 비관적인 수익전망이 발표되면서 Collegiate의 주가는 계속 하락하였고 따라서 11. 22. 예정된 합병은 취소되었다. Sport Supply사의 소수주주는 대주주인 Emerson을 상대로 Emerson은 Sports Supply사의 지배주식을 Collegiate에 매각함에 있어 Collegiate가 Sport Supply의 대주주가 되자마자 Sport Supply의 자산을 Collegiate의 주주에 유리하도록 빼 돌릴 것을 알았음을 이유로 형평법상 Emerson이 받은 프리미엄을 분배하자고 주장하였다. 법원은 Emerson은 자신의 지배주식을 프리미엄을 받고 매각할 자유가 있으며 Collegiate가 재산을 빼돌릴 계획이 있음을 알았거나 알 수 있었다는 데에 대하여 아무런 입증이 없다는 이유로 기각했다. 한걸음 더 나아가서 델라웨어주회사법은 선량한 관리자로서의 주의의무위반에 대하여는 정관에 면책할 수 있으므로 지배주주가 매수인의 계획을 알 수 있는 상황이 존재함으로 인한 책임은 정관에서 면책조항이 있다면 전혀 문제가 될 수 없다고 판시하였다.[2)]

---

1) 901 A.2d 751 (Del. Ch. 2006).

2) 지배주주가 looter에게 매각한 책임이 있다는 판례로는 *DeBaun v. First Western Bank &*

Perlman v. Feldman[3)]

Feldman은 Kentucky에 소재하는 제철회사 Newport Steel Corporation의 지배주주이자 이사회의장, 대표이사로서 한국전쟁으로 강판의 공급이 부족하여지자 수요자로부터 무이자로 선급금을 받고 강판을 공급, 선급금이 Newport사의 설비를 개선할 자금으로 사용할 수 있었고 또한 지역적으로 수요처를 확대할 수 있었다. 1950. 8. Feldman은 지배주식 37%를 장부가 17.03불, 시가 12불 정도 하는 시점에서[4)] 주당 20불을 받고 Wilport사에 매각하였으며 Wilport사는 공급처를 확보하기 위하여 Newport의 지배주식을 매수하였다. 소수주주 Perlman이 Feldman의 본건 주식매각행위가 지배주주의 충실의무 위반이라고 주장하면서 대표소송을 제기한데 대하여 하급심은 지배권이란 지배주식에 부착된 추가적인 가치로서 지배주식의 소유자가 향유할 수 있는 것이지 회사의 자산이 아니며 나아가 Newport가 지배주식의 매각으로 손해를 보지도 않았다는 이유로 기각했다.[5)] 연방항소심법원은 지배주주의 충실의무란 시장에서의 도덕성을 넘어서는 것으로 회사기회의 유용이론에 대한 언급과 함께 충실의무위반으로 판단하였다.

Essex Universal Corporation v. Yates[6)]

Yates는 NY증시에 상장되어 있는 Republic Pictures사의 주식 2백만주를 가지고 있다. 1957. 8. Essex Universal사는 Yates와 Republic 주식의 매각을 협상, 1957. 8. 28. 거래소가격보다 2불 높은 8불 정도에 계약이 체결되었다. 1957. 9. 18. 이행완료시 Essex는 주당 3불을 지급하고 나머지 5불은 24개월 분할지급조건이며 Yates는 이에 대한 담보로 주권을 보유하기로 되어 있다. 계약서에 따르면 이행완료 10일 전까지 Yates는 Essex에게 Republic 이사 과반수의 사직서를 제출하며 Essex가 지정하는 자를 새로운 이사로 선임하여야 한다. Yates는 이러한 조건을 이행한 후 9. 18. 갑자기 이행완료를 거절하였고 이에 Essex는 손해배상을 구하였다. Yates는 이행완료전 이사회에 대한 지배권을 넘기는 것은 위법이며 따라서 주식매

Trust Co.,120 Cal. Rprt. 354 (Cal. Ct. App. 1975); *Gerdes v. Reynolds*, 28 N.Y.S.2d 120 (N.Y.Sup. 1941); *Harris v. Carter*, 582 A.2d 222 (Del. Ch. 1990).

3) 219 F.2d 173 (2d Cir.) cert. denied, 349 U.S. 952 (1955).

4) 거래소에 상장되어 있지는 않았지만, 장외에서 활발히 거래되는 주식이었다.

5) 129 F. Supp. 162 (D. Conn. 1952).

6) 305 F.2d 572 (2d Cir. 1962).

매계약이 무효라고 주장하였다. 법원은 14명의 이사가 3그룹으로 나누어져 각 그룹별로 매년 순차적으로 정기주총에서 새로이 선임되는 정관규정하에서 지배주식을 매각하면서 프리미엄을 받은 것은 합법이며 이행완료전에 순차적으로 Essex가 지명한 이사를 선임함으로써 지배권의 이전을 촉진하는 조건을 부과한 계약에 대한 프리미엄 역시 합법이라고 판단하면서 Yates의 계약무효 주장을 배척하였다.

Adolf A. Berle, Jr., *Control in Corporate Law*, 58 COLUM. L. REV. 1212, 1214-16, 1220-22 (Dec. 1958)

Mid-twentieth century conditions obviously have modified that straightforward and simple idea. The changes are so many that they need merely be suggested. The "control" undoubtedly is still interested, as a rule, in maximizing profit. But it may be a secondary interest. For one thing, economic motivation now works differently. Salaries, pension rights, and fringe benefits of senior officers and frequently of directors are themselves substantial, and although they are ultimately dependent on profits, their perquisites are not directly related to them. Motivations here may be stronger than hope of direct profits accruing to controlling stockholders through dividends. Again, the graduated income tax may well put large stockholders in a position in which they would prefer that profits not be currently distributed as dividends, but rather piled up in the treasury of the corporation. Or their interest may lie less in the profit-making possibilities of the corporation in respect of which they have or seek control, and more in their ability to direct the purchases or sales of the corporation in the direction of some other interest: a factor present in the now famous case of Perlman v. Feldmann. Or they may wish to use the resources of the corporation to buy control of other corporations in furtherance of an ambition to become empire-builders. And so on, *ad infinitum*. Finally, the normal fact situation today is probably more often that of working control rather than absolute control resting on direct stock ownership. Tomorrow the holders of working control may very well be one or more institutions which are themselves not "beneficial owners," but mere distributing agencies to beneficiaries such as policyholders in insurance companies or recipients of pensions who are not in record, in fact, or in law, stockholders. As yet, the conception of control has not been up-dated to conform to existing conditions.

To this must be added the still more modern fact that the community now has a vivid interest in the policies and operations of corporations, especially the giants in the field. They administer the essential services of supply in the current American economy. Their failure to function reasonably well in many key situations could bring disaster or at least hardship to substantial sectors of the population. This is plainly true with respect to primary products, as, for example, in the case of the three or four corporations dominant respectively in the steel and copper industries. In manufacturing, it is certainly true in the case of the three giants that divide most of the automobile industry. In situations like these, control is not merely capacity to select the administration of a corporation, it is capacity to select the administration of substantial and crucial sectors of the American economic system.

This, the writer believes, suggests some change in our conception of control. It is no longer solely an attribute of stock ownership, though stock ownership plays a part. It is no longer merely a definable portion of the bundle of rights held by stockholders, whether separable or inseparable from the stock itself. It is not a "thing" but a function. It is essentially a variety of political process—non-statist and therefore, in our vocabulary, "private," but with substantial public responsibilities. The holder of control is not so much the owner of a proprietary right as the occupier of a power-position.

As occupier of that position, he does or causes to be done a single act: he casts or causes to be cast personal or proxy votes. These are commonly for a slate of directors, though he also casts or causes to be cast other votes in those situations in which the corporation charter or the statute under which the corporation has been organized require a stockholder's vote. In necessary consequence, his views influence the board of directors. They certainly should influence them in some respects; no suggestion is implied that the exercise of such influence is necessarily illegitimate or immoral. Thus, the control-holder commonly does cause the directors to select the president, and perhaps also the chief executive officers of the corporation, though technically these choices lie in the sole discretion of the directors. Everyone expects this: it is entirely reasonable. Less obviously, he influences certain major policies of the corporation as, for instance, whether it shall expand, or diversify, or shall more conservatively stay in a particular ambit, or merge, or dissolve. He commonly observes and evaluates the management, changing it if it appears inadequate.

The function of control is necessary and essential in the corporate system. Directors have to be chosen by someone. Absent a stockholder with absolute control, some mobilizer must be found to secure consensus where stockholders are scattered. When management becomes slack, inadequate, or dishonest, the control-holder both can and should change it: this is the first field of accountability which tends to prevent the almost absolute powers confided to directors and management from being abused. Control is to a stock corporation what political parties are to a democracy. Without some means of organization, the system would probably break down.

Although the law (so far as the writer knows) has never crystallized its conception of the control-function, it has dealt with various of its facets. Perhaps by examining the points of legal contact and by grouping them, we shall find that a legal outline of the function is beginning to appear. …

C. Sale of Control: Property Rights in the Value of the Power-Position

A third group of decisions dealing with the control function relate to benefits derived from its sale. These decisions point to a slowly emerging rule (by no means universally acknowledged) that, where stockholdings carrying controls are sold, any identifiable portion of the consideration paid for the power-position over and above the value of the stock ex the control-power element belongs not to the control-seller but to the corporation or (perhaps) to all the shareholders ratably.

The decision in Perlman v. Feldmann breaks new ground here. A group of stockholders held working control of the corporation. They sold their stock and with it their control-position to another, entirely honest, group whose interest was, quite obviously, in acquiring power to direct the product of the corporation into specified channels. This was not a case where the buyers desired power for its own sake, or for its perquisites, patronage, etc.; still less were they looters. The corporation whose control was sold had a quota position permitting it to buy steel. The buyers of control were end-users of steel and needed it. They got it by buying control of the corporation. To do so, they paid substantially more than the market value of the controlling block of stock. Responding to the stockholders' derivative action, the court found as a fact that an unspecified portion of the consideration over and above the "enterprise value" of the stock was paid for the power-position. A remand was ordered for the extremely difficult task of finding how much had been paid for the "enterprise value" of the stock and how much for the appurtenant power-position. In this particular case, it was directed that when the amount was determined, the minority stockholders should receive, directly, their ratable share of the payment made for the power-position. Circuit Judge Swan, dissenting, thought recovery should go to the corporation; a power-position in the view of the majority of the court (with which he disagreed) had been determined to be a corporate asset, so that consideration received for it should be paid into the corporation. Yet in stockholders' derivative actions the court can mold its remedy and, where it will save time and trouble, can order payment of a ratable portion of the recovery to the minority shareholders rather than payment of the total into the corporate treasury.

The Perlman decision moves in the direction of settling a problem raised by the present writer many years ago. If the power-position— the control function—has a value, does that value "belong" to the corporation, or does it belong to the stockholders who can deliver control? This writer maintained, a generation ago, that it belonged to the corporation. The Perlman case goes far in that direction. After all, if the trustee of a common law trust realizes a side profit in connection with his transactions with the trust estate, even though it does not damage that estate, he is liable to account for such profits on the theory that everything growing out of that trust estate belongs to it and to the *cestuis que trustent*. The case is not quite so clear in the corporate situation. The stockholder's vote is given to him for his own benefit. Nevertheless, aggregate voting power is a part of the corporate mechanism, intended for the benefit of the entire corporation, and within limits it must not be exercised so as to damage the corporation as a whole.

Though the rules respecting purchase and sale of control are far from defined, many corporation lawyers have reached a practical conclusion as to the requirements of such situations. Where they act for a buyer of control who is buying at a price materially over market, they endeavor to have the buyer make an offer to all shareholders at a price comparable to that offered to the controlling shareholder. Conversely, if they are advising sellers of control, they endeavor to have the sellers exact as a condition of the sale that an offer to buy from all other shareholders on similar terms will be made. If this solution becomes a generally accepted rule of law, the practice of bidding over-market for a control-block will be severely limited. Obviously, neither the practical rule nor the phenomenon of over-market bidding applies where a buyer seeking control is accumulating many small holdings in the open market, even though he must pay a higher price as the stock becomes scarcer. But in that case there really is no "seller of control" — no one who holds or can transfer power over the control-function.

William D. Andrews, *The Stockholder's Right to Equal Opportunity in The Sale of Shares*, 78 HARV. L. REV. 505, 506, 521-22, 537, 538-42 (1965)

A stockholder can be given complete freedom of choice in deciding to sell or hold, and in fixing his price, but still be required to exercise that freedom within the realm of a market where all stockholders are guaranteed an equal opportunity. Indeed, frequently the vitality of a free market, and the purposes that it serves, are enhanced rather than impaired by the prescription of minimal rules within which the participants must make and implement their choices. …

I propose to consider the sale-of-control problem from the point of view of the proposition that a controlling stockholder should not be free to sell, at least to an outsider, except pursuant to a purchase offer made equally available to other stockholders; or, put in the affirmative, that one of the rights of the minority stockholders is to have an equal opportunity with all other stockholders to participate ratably in any sale of shares pursuant to a favorable offer for the purchase of controlling shares in their corporation.

1. Practical Reasons

… each stockholder is entitled to share proportionately in the profits of the enterprise; from the stockholder's point of view a sale of stock is one very important way of realizing a profit on his investment; profits from stock sales ought to be regarded as profits of the enterprise subject to equal sharing among stockholders just as much as profits realized through corporate action. A minority stockholder must invest largely on the strength of the expectation that decisions will tend to be made for his benefit because of the general identity of interest between him and those in control. This identity of interest is qualified when controlling stockholders have an opportunity to profit by entering into dealings with their corporation; this is permitted because such transactions may be mutually profitable, and there is no way to enforce equality of interest beyond allowing judicial scrutiny of such transactions for fairness. It would be impossible to insist, for example, that a publicly held corporation offer all its stockholders a proportionate opportunity to serve in an executive capacity. But when an opportunity arises for profit by selling shares, there is no such simple practical reason why it cannot be made equally available to all stockholders.

The proceeds of a sale of shares will not go automatically to all stockholders, as in the case of a dividend or other corporate distribution, because some stockholders may elect not to sell. But this is voluntary; and in a sense it does not represent any departure from equality of profit realization since the stockholder who elects not to sell can be viewed, in effect, as having realized the offered price for his shares and then having reinvested it. The situation is analogous to the old-style optional stock dividend where the recipient had his choice of stock or cash; the fact that stockholders chose differently did not upset the equality of treatment required in connection with a corporate dividend.

If it is important to have equal treatment of stockholders in direct transactions with the corporation — in the distribution of dividends, the counting of votes, and otherwise — it is also important to guarantee equality among stockholders in their relation to the market for the corporation's shares. That is all the rule of equal opportunity in the sale of shares seeks to do.

2. Economic Analysis

… the viewpoint of the seller who may have incurred selling costs in finding a purchaser and negotiating a favorable price. The rule of equal opportunity prevents a controlling stockholder from recovering these costs by selling at a higher price than is offered to others who have not borne this expense … My own judgment is that the problems with which the rule would deal are sufficiently serious to warrant the cost of enforcement. Argument against the rule on the basis of costs is reminiscent of objections to federal securities legislation. My guess is that, as with securities legislation, the costs would not seriously impair the transaction of business; and as in the case of most of the requirements of the federal securities laws, I think the costs are essentially just part of the price that must be paid for dealing with public stockholders.

3. Theoretical Considerations

Some will object to the rule of equal opportunity, without even reaching the questions discussed in the last section, on the ground that it is inconsistent with our accepted conceptual analysis of corporate relationships. A stockholder's rights are wholly derivative, so he is not injured in the absence of harm to the corporation. Or, viewed from the other end, a controlling stockholder's fiduciary duties run only to his corporation, not to his fellow stockholders directly. The whole attitude may be summed up by the assertion that shares of stock are personal property with which a stockholder can do as he wishes.

This position is closely related to our concept of the corporation as a separate legal entity and a creature of the sovereign will. As such it is an entity unaffected by transfers in ownership of its shares. If the corporation is not directly affected by a transfer of its shares then other stockholders, whose only relation to the transfer is through the corporation, can hardly be injured thereby.

One answer to this objection is simply to reject the separate entity notion as a true or useful description of corporate relationships. A corporation, like a partnership, is essentially nothing more or less than the people who make it up, associated for the operation of a common business enterprise. There are, to be sure, substantive differences between the law of corporations and the law of partnerships, but these are differences in the terms of association dictated by reasons of convenience and policy, not the consequences of any essential difference between the nature of a corporation and that of a partnership. In particular the rule of full and free transferability of shares is a term, not a condition, of corporate organization. It is part of the corporate authority structure that all the rights of a stockholder as such to participate in corporate decision making may be exercised by his assignee. On the other hand, it is simply part of the corporate benefit structure that a stockholder is permitted to realize a profit on his investment by selling on the market at whatever price an outsider will pay. If the right to profit by selling on the market is conceived as part of the corporate benefit structure, it is perfectly natural that the market should be regulated to whatever degree is required to assure stockholders an equal opportunity to participate.

I am reluctant, however, to rest exclusively on outright rejection of the concept of the corporation as a separate legal entity. Particularly in the case of a publicly held corporation the concept seems to express too much of the truth to be rejected out of hand. But the concept plays several roles, and I think careful analysis will show that its principal success relates to roles that do not impugn the approach of this article to the problem of sales of controlling shares.

The central feature of corporate organization of business enterprise is separation of the conduct of business affairs from the allocation of beneficial enjoyment of the profits. The conduct of business affairs is committed to a centralized management group. Business is organized mostly through contracts and property transfers carried out by authority of the corporate management in the name of the corporation itself. Ultimate beneficial enjoyment of the profits of the enterprise is organized, on the other hand, through ownership of shares of stock. Changes are effected on a wholly decentralized basis by individual stockholders transferring their shares in essentially the same manner as any other property. The most important role of the corporation as a separate legal entity is to provide a conceptual framework for this separate organization of corporate business and beneficial ownership. The corporate entity serves as the focal point for organizing business transactions; as such it is conceived as being unaffected by stock transfers. On the other hand, the corporation serves as the object of stock ownership, through which beneficial enjoyment of business profits is organized; and in this capacity it is conceived as essentially unaffected by particular business transactions.

This separation between business transactions and changes in beneficial ownership is only a partial, and rather formal, separation. The stockholder's interest may be conceived formally as an interest in the corporation, unaffected by corporate business transactions, but it is perfectly clearly in substance an interest in the profits of the corporate business, vitally affected by such transactions. Without that substantive relationship stock ownership would be meaningless; and the function of corporate organization must be to assure that stock ownership does represent, ultimately, a decently protected interest in the profits of the corporate business. The separation is only partial in the other direction, too. Thus although immediate control over corporate affairs is unaffected by ordinary stock market transactions, ultimate control is made to depend upon stock ownership. The purpose of corporate organization is not to isolate control of business management from stock ownership, or the benefits of stock ownership from the effect of business transactions, but to make the relationship between them such that attention can be directed to either without immediate concern for the details of the other. Our formal conception of the corporation as a separate legal entity, essentially unaffected either by business transactions or stock transactions, serves well to emphasize the separation we make of immediate authority over the two. But separation of immediate authority is only part of the story, and to express the ultimate interrelationship of the two we should conceive of the corporation functionally as a focus of interaction between two related spheres of activity. It is this interaction — making it possible for a premium for the corporate product to take the form of a premium for the corporation's stock — with which Feldmann and the rule of equal opportunity are concerned.

A second role the separate-entity concept has played is to provide a means for describing and proscribing certain abuses of the corporate mechanism. If the function of corporate organization is to create transferable interests in the profits of its business, it is an abuse to permit diversion of profits from the stockholders through business transactions between the corporation and its officers or directors, on terms unduly favorable to the latter. We use the separate-entity concept to describe this sort of abuse without reference to the stockholders, by saying that an unfair transaction with an insider injures the corporation itself. Directors and officers owe a fiduciary duty to the corporation, we say, to deal with it only on fair terms.

There are four principal points to be made about this second use of the corporate-entity concept. First, this second use is quite different from the first. In the first use the corporate entity was something unaffected by changes in stock ownership or by business transactions, a purely formal concept serving as a focal point or vehicle for the organization of real interests of real people. In this second use the corporate entity is less formal; it is described as suffering injury, and as having interests of its own to be protected — as being the one, indeed, for whose sake fiduciary obligations are imposed. We might call the corporate entity as it appears in this second use the anthropomorphic corporate entity, as opposed to the formal corporate entity involved in the first use. Second, like the formal entity, the anthropomorphic corporate entity provides a convenient framework for expressing a number of perfectly sound rules and policy decisions. These have mostly to do with remedies: an individual stockholder cannot sue in his own name for an injury to the corporation; relief is ordinarily awarded to the corporation, not to its stockholders individually; therefore, in the case of a transfer of shares between the date of the wrong complained of and the date relief is granted, it is the stockholders on the latter date, ordinarily, who share, indirectly, in the benefit derived from the recovery. Third, again as in the case of the formal concept, the anthropomorphic concept expresses only one side of the truth. In substance the controversy over an injury to the corporation lies between the accused officers or directors and the other stockholders. And for some purposes this view of the controversy supersedes the corporate injury concept: a volunteer stockholder is permitted to bring and maintain the suit for redress, albeit derivatively in the corporate name; consent or acquiescence by all stockholders is a defense; in some states a stockholder who became such after the wrong complained of (except by operation of law) is not entitled to maintain a derivative suit; under some circumstances relief will be awarded in favor of stockholders individually rather than the corporation. Fourth, and most important, as an indicator of the outer limits of fiduciary responsibility the anthropomorphic corporate entity concept has been a conspicuous failure. Whatever its merits for describing unfair corporate transactions, those just are not the only kind of abuse of the corporate mechanism with which the law must deal. The clearest proof of this assertion lies in the history of our treatment of insiders' stock transactions conducted on the basis of inside information. It was originally argued, and occasionally held, that corporate insiders were under no fiduciary obligations with respect to their private stock transactions precisely because such transactions did no harm to the corporation as distinct from its stockholders. Most courts finally either rejected this argument, or qualified the conclusion by ruling that special facts might give rise to a duty of disclosure before an insider could purchase shares. Nevertheless, in 1934 the Congress found the problem serious enough to call for the harsh remedies and the crude rule of thumb of section 16(b) of the Securities Exchange Act. The courts have given that section a generous reception, even intimating that an analogous result might have been reached without legislation. And in a parallel development the courts have built a considerable edifice of protection against misuse of inside information in corporations not covered by section 16(b), all on the rather slender statutory base of section 10(b) of the same statute. ···

Frank H. Easterbrook & Daniel R. Fischel, *Corporate Control Transactions*, 91 YALE L. J. 698-705, 708-11, 716-18

(March 1982)

Transactions in corporate control often produce gains for the corporation. Substitution of one set of managers for another, for example, often produces gains because assets increase in value under better management, and would-be managers offer payments to shareholders to compete for the right to manage the firm's pool of assets. In other situations managers may "squeeze out" some shareholders in order to reduce the agency costs of management and thereby increase the value of the firm.

Managers of a parent corporation may decide that a combination with a partially owned subsidiary will create gains because of economies of scale or management. Finally, managers may seek control of new business opportunities to maximize the profit from exploiting them.

These devices for allocating corporate control pose a common problem because they sometimes involve an unequal division of the gains from the transaction. Shares in a control bloc, for example, may be sold at a price greater than that paid for the remaining shares; minority shareholders frozen out in a going-private transaction may receive less than the shareholders not frozen out; managers who personally exploit a corporate opportunity may prosper relative to others. In each case one might argue that the gains should be distributed more widely. Such "sharing" arguments are popular among academic lawyers, and courts are beginning to apply these arguments to some corporate control transactions. We argue, in contrast, that those who produce a gain should be allowed to keep it, subject to the constraint that other parties to the transaction be at least as well off as before the transaction. Any attempt to require sharing simply reduces the likelihood that there will be gains to share.

The traditional rule of judicial deference to the arrangements adopted by shareholders and managers still governs in some kinds of transactions. For example, owners of controlling shares may sell at a substantial premium, without any obligation to share the bounty with other shareholders. Managers may arrange to take a corporate opportunity for themselves, with the consent of the directors, or may allocate an opportunity for a family of connected corporations to the firm that can make the most profitable use of it. Mergers that are set up in arms' length bargaining may distribute the lion's share of the gain to one party, even though both parties to the merger are controlled by the same people. These rules have proved hardy, despite incessent challenge. At the same time, however, courts have held that a controlling shareholder may not enter into certain profitable transactions, not involving the sale of control, unless the profits are shared with other shareholders.[ⓐ] State and federal restrictions effectively require tender offerors to share much of the gain with the managers and

ⓐ E.g., *Jones v. H.F. Ahmanson & Co.*, 1 Cal. 3d 93, 460 P.2d 464, 81 Cal.Rep. 592 (1969).

shareholders of acquired corporations.ⓑ And a recent series of cases in Delaware may be read as requiring the sharing of gains in parent-subsidiary mergers and going-private transactions. …

I. The Function of Fiduciary Duties

Corporate directors and other managers are said to be fiduciaries, who must behave in certain upright ways toward the beneficiaries of fiduciary duties. Yet, as Justice Frankfurter put it, "to say that a man is a fiduciary only begins analysis; it gives direction to further inquiry. To whom is he a fiduciary? What obligations does he owe as a fiduciary?"ⓒ In this section we provide a framework for analyzing the meaning and scope of the duty owed by corporate managers.

Fiduciary principles govern agency relationships. An agency relationship is an agreement in which one or more persons (the principal) delegates authority to another person (the agent) to perform some service on the principal's behalf. The entire corporate structure is a web of agency relationships. Investors delegate authority to directors, who subdelegate to upper managers, and so on. Delegation of authority enables skilled managers to run enterprises even though they lack personal wealth, and it enables wealthy people to invest even though they lack managerial skills. It reduces the risks that investors must incur, because it enables them to spread investments among many enterprises. Delegation also helps managers to pool enough capital to take advantage of available economies of scale in production, to reduce the costs of bargaining and contracting, and to obtain the benefits of productive information that must be used in secret or not at all.

Delegation — including the "separation of ownership and control" — exists because both principal and agent share in the benefits of agency

ⓑ See Easterbrook & Fischel, *The Proper Role of a Target's Management in Responding to a Tender Offer*, 94 HARV. L. REV. 1161 (1981) [hereinafter cited as Responses of a Target's Management to Tender Offers], for a summary. See also Easterbrook & Fischel, *Takeover Bids, Defensive Tactics, and Shareholders' Welfare*, 36 BUS. LAW. 1733 (1981); Fischel, *Efficient Capital Market Theory, The Market for Corporate Control, and the Regulation of Cash Tender Offers*, 57 TEX. L. REV. 1 (1978).

ⓒ *SEC v. Chenery Corp.*, 318 U.S. 80, 85-86 (1943).

relationships. Nonetheless, the interests of agents may diverge from the interests of principals after the delegation has occurred. Directors and other managers often hold only a small stake in the firm and thus capture only a small part of the gains from their efforts; correspondingly, they suffer through the stock market only a small part of the losses they create. The smaller the managers' share in the enterprise, the more the managers' interest diverge from the interests of the principals. This phenomenon exists in any agency relationship. For example, a real estate agent on a five percent commission will not undertake even $10 worth of effort to improve the realized price by $100, because the agent reaps only $5 of this sum. The $10 effort, however, would be highly advantageous to the principal.

This divergence of interests between principals and agents may be controlled by the operation of the employment market. An unfaithful or indolent agent may be penalized by a lower salary, and a diligent agent may be rewarded by a bonus for good performance. In addition, the threat of sales of corporate control induces managers to perform well in order to keep their positions. Finally, competition in product markets helps to control agents' conduct, because a poorly-managed firm cannot survive in competition with a well-managed firm (other things being equal).

Although these market mechanisms automatically reduce the divergence of interests between agents and principals,ⓓ they do not eliminate the costs of the agency relationship. They do not work without extensive, and costly, monitoring, so that principals and others know how well the agents perform.ⓔ And the mechanisms may be inadequate to deal with one-time defalcations, when the agent concludes that the opportunities of the moment exceed any subsequent penalties in the employment market.

Investors might try to deal with these problems by hiring full-time monitors to look over the shoulders of managers, but this is costly and does not deal with the question, "Who monitors the monitors?" Full-time

---

ⓓ See R. WINTER, GOVERNMENT AND THE CORPORATION (1978). We discuss many of these market mechanisms in more detail in Responses of a Target's Management to Tender Offers, supra note 2, at 1168-74.

ⓔ See Jensen & Meckling, *Theory of the Firm: Managerial Behavior, Agency Costs and Ownership Structure*, 3 J. FIN. ECON. 305 (1976); Smith & Warner, *On Financial Contracting: An Analysis of Bond Covenants*, 7 J. FIN. ECON. 117 (1979).

monitors become managers themselves, in all but name, and monitors who do not work full time lack both the incentive to watch carefully and the information to determine how well others are performing their tasks.

The fiduciary principle is an alternative to direct monitoring. It replaces prior supervision with deterrence, much as the criminal law uses penalties for bank robbery rather than pat-down searches of everyone entering banks. Acting as a standard-form penalty clause in every agency contract, the elastic contours of the fiduciary principle reflect the difficulty that contracting parties have in anticipating when and how their interests may diverge.

Socially optimal fiduciary rules approximate the bargain that investors and agents would strike if they were able to dicker at no cost. Such rules preserve the gains resulting from the delegation of authority and the division of labor while limiting the ability of agents to further their own interests at the expense of investors. The existence of such "off-the-rack" rules reduces the costs of transacting and of enforcing restrictions on the agent's powers. It also reduces the risk that managers will manipulate the articles of incorporation to their advantage once they assume control.

Fiduciary principles contain anti-theft directives, constraints on conflict of interest, and other restrictions on the ability of managers to line their own pockets at the expense of shareholders. But these principles have limits that reflect the distinction between managerial practices that harm investors' interests and practices that simultaneously benefit managers and investors. For example, managers of a corporation are free to funnel business to another corporation in which they have an interest if the transaction is approved by disinterested directors or is "fair" (advantageous) to the firm.ⓕ

Because the fiduciary principle is fundamentally a standard term in a contract to which investors are parties, it makes little sense to say that managers may, consistent with the fiduciary principle, sacrifice the interests of investors to other ends, so long as investors are not hurt "too much." Presumably "too much" in this context means "by so much that investors start contracting around the rule." Such re-contracting may be exceedingly costly, however, because once a firm has been established shareholders have

ⓕ The fiduciary duty of a corporate director diverges sharply from the fiduciary duty of a trustee in this respect precisely because the interests of the principals are different. R. WINTER, supra note 4, at 33.

no practical way of revising the articles on their own to overcome intervening legal surprises. To use the fiduciary principle for any purpose other than maximizing the welfare of investors subverts its function by turning the high costs of direct monitoring—the reason fiduciary principles are needed—into a shield that prevents investors from controlling their agents' conduct.

Ⅱ. Equal Treatment, Fiduciary Duty, and Shareholders' Welfare

Many scholars, and a few courts, conclude that one aspect of fiduciary duty is the equal treatment of investors. Their argument takes the following form: fiduciary principles require fair conduct; equal treatment is fair conduct; hence, fiduciary principles require equal treatment. The conclusion does not follow. The argument depends upon an equivalence between equality and fair treatment, which we have questioned elsewhere. To say that fiduciary principles require equal (or even fair) treatment is to beg the central question — whether investors would contract for equal or even roughly equal treatment.

Our analysis of this question requires that a distinction be drawn between rules that maximize value *ex ante* and actions that maximize the returns of certain investors *ex post* … In sum, if the terms under which the directors obtain control of the firm call for them to maximize the wealth of the investors, their duty is to select the highest-paying venture and, following that, to abide by the rules of distribution. If unequal distribution is necessary to make the stakes higher, then duty requires inequality. …

A. The Potential Gains from Control Transactions

The sale of a control bloc of stock, for example, allows the buyer to install his own management team, producing the same gains available from a tender offer for a majority of shares but at lower cost to the buyer. Because such a buyer believes he can manage the assets of a firm more profitably, he is willing to pay a premium over the market price to acquire control. The premium will be some percentage of the anticipated increase in value once the transfer of control is effectuated. If there were no anticipated increase in value, it would be irrational for the buyer to pay the premium.

There is a strong presumption, therefore, that free transferability of corporate control, like any other type of voluntary exchange, moves assets to higher valued uses. …

B. The Gains May Depend on Unequal Division

In many cases the apportionment of the gain makes little difference to the success of the transaction. If the gain from taking over a corporation exceeds the cost incurred by the acquiror, he would be indifferent to who receives the premium that is necessary to obtain control. But the fact that apportionment is irrelevant to the acquiror in many cases does not mean that apportionment of gains is always immaterial—in some marginal cases apportionment is the decisive factor. Suppose that a prospective acquiror of control concludes that, by expending $10, he can create a 50 per cent chance of producing $30 in gains. If the prospective acquiror is risk-neutral, the transaction will go forward because the expected gains of $15 exceed the $10 cost of the transaction. If the fiduciary principle is interpreted to require the prospective acquiror to share the $20 gain in the event it is realized, however, and absorb the entire loss if the gain is not realized, the deal may become unprofitable because the costs exceed the expected gains.

In theory, the law could require sharing of the $5 expected gain, but courts could not calculate this amount because they could not observe the *ex ante* risk of failure. Moreover, a large part of the cost to the acquiror is an opportunity cost — the money the acquiror could have made by devoting his talents to other projects. Another cost is the premium required to compensate risk-averse acquirors for risk-bearing. Because it would be difficult or impossible to compute opportunity costs and risk premia in the context of litigation, it would be difficult or impossible to implement a sensible sharing rule. Even if opportunity costs could be approximated, judicial errors would arise, and beneficial control changes would be stifled.

A sharing requirement also may make an otherwise profitable transaction unattractive to the prospective seller of control. To illustrate, suppose that the owner of a control bloc of shares finds that his perquisites or the other amenities of his position are worth $10. A prospective acquiror of control concludes that, by eliminating these perquisites and other amenities, he could produce a gain of $15. The shareholders in the company benefit if the acquiror pays a premium of $11 to the owner of the controlling bloc, ousts the current managers, and makes the contemplated improvements. The net gains of $4 inure to each investor according to his holdings, and although the acquiror obtains the largest portion because he holds the largest bloc, no one is left out. If the owner of the control bloc must share the $11 premium with all of the existing shareholders, however, the deal collapses. The owner will not part with his bloc for less than a $10 premium. A sharing requirement would make the deal unprofitable to him, and the other investors would lose the prospective gain from the installation of better managers. Other value-increasing transactions would also be deterred by a sharing requirement. First, as we have noted above, sometimes a purchase of control is profitable to the purchaser only if he can prevent minority shareholders from sharing in the gains. Freezeouts of minority shareholders after a transfer of control perform precisely this function. Second, if the controlling shareholder in a going-private transaction or merger of a subsidiary into a parent corporation must underwrite the costs of future value-increasing transactions and thereby incur a proportionally greater risk of loss than the minority shareholders in the event expectations are not realized, the deal may become unprofitable to the controlling shareholder if he must share the gains with minority shareholders if all goes well. Thus, a sharing principle in these transactions leads to a reduction in total wealth as people desist from entering into otherwise profitable transactions.

There are other ways in which the gains from corporate control transactions may depend on unequal distribution. Because investors in the firm must cooperate to transfer control, sharing creates incentives to "free ride." In a tender offer, for example, shareholders must tender rather than hold their shares if the bid is to succeed; in a merger(other than a shortform merger), they must vote favorably rather than abstain. If gains must be shared equally, however, each shareholder may find it worthwhile not to cooperate in the transaction. To illustrate, suppose that all of the gains from a tender offer must be shared equally among the investors in the target corporation and that, if there is a follow-up merger, non-tendering shareholders cannot be eliminated for less than the tender offer price. When a prospective acquiror makes a bid, the investors recognize that the acquiror can profit only to the extent it causes the value of shares to rise. If the bidder is offering $50 per share, the reasoning runs, it cannot profit unless value eventually rises above $50. Under the legal rules assumed above, it may be rational for every shareholder to spurn the $50 offer and hope that enough other shareholders tender to make the offer succeed: If there is a follow-up merger, the "fair" price cannot be less than $50 for the untendered shares. If there is no follow-up merger, the shareholder expects the price to exceed $50. Each shareholder, in other words, may attempt to take a free ride on the efforts of the bidder and other shareholders. To the extent free riding prevails, it reduces the chance that the beneficial transaction will go forward.

A final reason why the gains from beneficial transactions may depend on unequal division is that sharing rules may lead to costly attempts to appropriate greater parts of the gains. The appropriation problem arises because most gain-sharing rules do not produce completely predictable results — it is difficult to determine the "fair" price. If all investors are entitled to a "fair" share of the bounty, each will find it advantageous to claim as much as possible and fight for his claim. He would spend as much as a dollar, on the margin, to claim another dollar of the benefits. It is possible for a substantial part of the gain to be frittered away, therefore, as claimants attempt to make the argument that they are entitled to more. Fear for this eventuality may cause otherwise beneficial control transactions to fall through; in any event resources will be wasted in litigation or other skirmishings.

Ⅲ. The Fiduciary Principle in Operation …

A. Sales of Control Blocs

… may lead to new offers, new plans, and new working arrangements with other firms that reduce agency costs and create other gains from new business relationships. The premium price received by the seller of the control bloc amounts to an unequal distribution of the gains. For the reasons we have discussed, however, this unequal distribution reduces the costs to purchasers of control, thereby increasing the number of beneficial control transfers, and increasing the incentive for inefficient controllers to relinquish their positions.

Numerous academic commentators, however, argue for some form of sharing requirement. Adolph Berle, for example, has argued that control is a "corporate asset" requiring that premiums paid for control go into the corporate treasury. Another well-known proposal is the "equal opportunity" rule advocated by Professors Jennings and Andrews. This proposal would entitle the minority shareholders to sell their shares on the same terms as the controlling shareholder.

Both of these proposed treatments of the control premium would stifle transfers of control. If the premium must be paid into the corporate treasury, people may not consent to the sale of a controlling bloc; if minority shareholders may sell on the same terms as the controlling shareholder, bidders may have to purchase more shares than necessary, possibly causing the transaction to become unprofitable. Minority shareholders would suffer under either rule, as the likelihood of improvements in the quality of management declined.

The mountain of academic commentary calling for some type of sharing requirement has not been influential, and the legal treatment of control sales is largely along the lines of wealth maximization. Sales at a premium are lawful, and the controlling shareholder generally has no duty to spread the bounty. The rhetoric of the cases, however, is not uniform. In particular, the famous case of Perlman v. Feldmann suggests that the gains may have to be shared in some circumstances.

In Perlman the president and chairman(Feldmann) of the board of Newport Steel, a producer of steel sheets, sold his controlling bloc of shares for $20 per share at a time when the market price was less than $12 per share. The purchasers, a syndicate organized as Wilport Company, consisted of end-users of steel from across the country who were interested in a secure source of supply during a period of shortage attributable to the Korean War.

Because of the war, steel producers were prohibited from raising the price of steel. The "Feldmann Plan", adopted by Newport and some other steel producers, effectively raised the price of steel to the market-clearing price. Under the plan, prospective purchasers provided Newport and other steel producers with interest-free advances in exchange for commitments for future production. Newport had used those advances to replace equipment in order to expand and compete more effectively with other steel producers.

The Second Circuit held in Perlman that the seller of the control bloc had a duty to share the control premium with other shareholders. The court's holding that Feldmann could not accept the premium paid by Wilport without violating his fiduciary duty was based on a belief that the steel shortage allowed Newport to finance needed expansion via the "Plan", and that the premium represented an attempt by Wilport to divert a corporate opportunity—to secure for itself the benefits resulting from the shortage. The court stated that "[o]nly if defendants had been able to negate completely any possibility of gain by Newport could they have prevailed."

There are several problems with this treatment. Foremost is its assumption that the gain resulting from the "Plan" was not reflected in the price of Newport's stock. Newport stock was widely traded, and the existence of the Feldmann Plan was known to investors. The going price of Newport shares prior to the transaction therefore reflected the full value of Newport, including the value of advances under the Feldmann Plan. The Wilport syndicate paid some two-thirds more than the going price and thus could not profit from the deal unless(a) the sale of control resulted in an increase in the value of Newport, or(b) Wilport's control of Newport was the equivalent of looting. To see the implications of the latter possibility, consider the following simplified representation of the transaction. Newport has only 100 shares, and Wilport pays $20 for each of 37 shares. The market price of shares is $12, and hence the premium over the market price is $8 x 37 = $296. Wilport must extract more than $296 from Newport in order to gain from the deal; the extraction comes at the expense of the other 63 shares, which must drop approximately $4.75 each, to $7.25.

Hence, the court's proposition that Wilport extracted a corporate opportunity from Newport—the functional equivalent of looting—has testable implications. Unless the price of Newport's outstanding shares plummeted, the Wilport syndicate could not be extracting enough to profit. In fact, however, the value of Newport's shares rose substantially after the transaction. Part of this increase may have been attributable to the rising market for steel companies at the time, but even holding this factor constant, Newport's shares appreciated in price. The date refute the court's proposition that Wilport appropriated a corporate opportunity of Newport.

It seems, then, that the source of the premium in Perlman is the same as the source of the gains for the shares Wilport did not buy: Wilport installed a better group of managers and, in addition, furnished Newport with a more stable market for its products. The gains from these changes must have exceeded any loss from abolition of the Feldmann Plan.

Doubtless not all public shareholders have the same good fortune as those who held Newport Steel. Looting is a profitable transaction under some circumstances. Existing holders of control, no less than prospective purchasers, however, have an incentive to put their hands in the til, and a proposal to ban sales of control at a premium as an antidote to looting is like a proposal to ban investments in common stocks as an antidote to bankruptcy. …

Einer Elhauge, *The Triggering Function of Sale of Control Doctrine*, 59 U. CHI. L. REV. 1465, 1483-1493 (Fall 1992)

B. The Equal Sharing School

The equal sharing approach provides that, whenever a control block is sold, the noncontrolling shareholders must be given an opportunity to sell the same proportion of their shares at the same premium price. A controlling shareholder could not, for example, sell her entire fifty percent control block to a buyer offering $50/share. Instead, each shareholder would be entitled to the opportunity to sell fifty percent of his holdings at $50/share. If all take the opportunity, the controlling shareholder could only sell a twenty-five percent block and would remain a twenty-five percent shareholder. If the controlling shareholder insists on selling all her shares, the sale of control could proceed only if the nonconrrolling shareholders consent or the control buyer purchases 100 percent of the shares.

An ingenious argument for this approach was developed by William Andrews. He began by observing that control transfers can either benefit or harm the corporation. A control buyer might, for example, believe that once in control he can increase the corporation's efficiency: this would enhance corporate value and benefit all the shareholders. Or a buyer might instead intend to use control to loot the corporation, engage in self-dealing, or take corporate opportunities: this would divert value from the corporation to benefit the buyer at the cost of the noncontrolling shareholders. An equal sharing rule, Andrews then argued, tends to permit the beneficial control transfers and selectively screen out the harmful transfers.

Andrews reasoned that the rule would prevent a sale of control only when the buyer will not purchase one hundred percent of the corporate stock, the seller insists on selling her entire control block, and the non-controlling shareholders withhold consent to a sale of the control block. These obstacles should not, he felt, pose an insurmountable problem if the control transfer would enhance corporate value. The value-enhancing purchaser should be happy to buy (at the same premium price) as many shares above the control block as he can, because the more he owns, the more he profits from the increase in corporate value. If he lacks the funds, he should still be able to get financing for the extra share purchases by persuading the capital markets that the control transfer will enhance corporate value. If the capital markets mistakenly fail to provide financing, the original controlling shareholder should be willing to remain a proportional shareholder if she believes the transfer will increase corporate value. And, if all else fails, noncontrolling shareholders should be willing to consent to the control transfer if they believe corporate value (and thus the value of their shares) will be enhanced. The equal sharing rule would thus block a control transaction only if the control buyer will not commit enough funds to purchase the whole corporation, and her plans to increase corporate value convince neither the capital markets, nor the original controlling shareholder, nor the noncontrolling shareholders. In such circumstances, Andrews concluded, it is doubtful the control transfer would have enhanced corporate value.

Conversely, in any sale of control where noncontrolling shareholders exercise equal participation rights, either (1) the control buyer will purchase one hundred percent of the corporation's shares, or (2) the original controlling shareholder will remain a proportional shareholder. Either type of purchase tends to exclude control transfers that harm the corporation. A purchaser who buys one hundred percent of a corporation cannot profit by harming the corporation since he harms only himself. In fact, the greater the percentage purchased by the control buyer, the less likely he can profit at the corporation's expense. If instead the original controlling shareholder will remain a proportional shareholder, he will have powerful incentives to investigate the buyer and to refuse to sell if the transfer seems likely to harm the corporation. Indeed, because the original controlling shareholder would experience the same benefits and risks as the other shareholders, he would have an incentive to sell only when the expected value of the sale of control was positive for all the shareholders.

The equal sharing approach thus offers the promise of selectively screening out non-productive transfers, while avoiding the difficulty of litigating various issues under current doctrine. Courts would no longer have to decide when looting was reasonably foreseeable, when a sale of office occurred, or when a corporate or collective opportunity was diverted by the control transaction. Instead, for every sale of control, courts would merely have to determine whether the noncontrolling shareholders were given an opportunity to sell. This equal opportunity rule would provide a prophylactic incentive structure that self-deters nonproductive sales of control, without requiring proof of the post-transfer harm, often subtle or hard to prove, that might befall the corporation.

C. The Deregulatory School

In contrast to the equal sharing school, the deregulatory school argues that the law should never require the controlling shareholder to share premium control sales with the noncontrolling shareholders. This Section presents the arguments that could be marshalled on behalf of this position, some of which I have reformulated, extended or added myself to make the best case for it. The main point is that, for a variety of reasons that follow, an equal sharing rule would, in fact, discourage many productive transfers of control.

First, even if everyone believes the buyer intends value-enhancing action, both the control buyer and the control seller have sound reasons for avoiding the divided or incomplete control that often follows a *pro rata* sale of the control block. Suppose, for example, the original owner of a thirty percent control block and all the other shareholders participate in the sale of a thirty percent control block to a purchaser. Such a *pro rata* purchase means that the buyer gets a thirty percent block but is left to contend with another shareholder (the original controlling shareholder) who remains holding a twenty-one percent block. The supposed control buyer thus ends up with a large opposing shareholder who can disrupt the buyer's effective control. The control seller ends up with large stockholdings in a corporation she cannot control.

Investing in such divided or incomplete control is unlikely to appear attractive to either side. Even when all parties seek to enhance corporate value, they will inevitably disagree about the best corporate policy. Divided control thus produces conflict. The costs of such conflict will make the investments less valuable to both the control buyer and control seller.

Even without such direct conflict costs, the incomplete control that results from *pro rata* sales has less inherent value than complete control. A major reason for paying a control premium is the greater security and confidence that come from controlling the management of one's investment. The controlling shareholder is, after all, the investor who suffers least from the agency costs that discount the value of corporare investments. Other investors have to worry that the controlling party will abuse control or fail to pursue the management policies they feel are best; the controlling party can be fairly confident that he will suffer only from his own misjudgments.

A control buyer will thus pay less for the uncertain control that follows a *pro rata* sale than he would pay to have the clear control that comes with having the only control block. For the same reason, the control seller will value a large, but noncontrolliug, block of stock at less per share than she would value a controlling block. She will thus demand a higher per share premium to sell a *pro rata* share of her control block than she would demand to sell the whole control block. With the price buyers are willing to pay reduced, and the price sellers are willing to accept increased, a *pro rata* rule will result in fewer beneficial control transfers.

Second, it may not be feasible for control buyers aiming to enhance corporate value to buy one hundred percent of the corporation's stock. Capital markets might sometimes be imperfect, refusing to finance sound corporate plans. Further, the plans may be confidential, difficult to communicate, or insufficiently concrete to satisfy lenders, who favor risk-free investments. More important, like equity, debt also carries agency costs. And like uncontrolling shareholders, those providing debt capital can never have the same confidence in the plan as the control buyer because only the latter enjoys the advantage of knowing he will be positioned to protect his investment. Because lenders must discount for greater agency costs, they will value the investment less than the control buyer. Lenders may thus refuse to finance control transfers that offer sound investments to control buyers, or lenders may demand risk-adjusted rates of return greater than the control buyer receives or can afford to pay, given the stock premium demanded by the sellers. Finally, we must remember that modern theory suggests that corporate debt/equity ratios are determined not only by tax considerations, but by the corporation's optimal tradeoff between the agency costs of equity and the agency costs of debt. To require the control buyer to finance the purchase of the entire corporation is in effect to require a deviation from this optimal tradeoff, and that deviation imposes a cost (in increased overall agency costs) that will discourage desirable control transfers.

Third, even if they can raise the capital, control buyers often have legitimate reasons to be unwilling to purchase one hundred percent of a corporation. They may be unwilling to purchase all the shares themselves because they can enjoy lower risks by diversifying their investments among various corporations. True, as Dean Clark points out, they could diversify their risk by finding co-investors for the purchase. But this does not mean, as Dean Clark concludes, that the diversification point really depends on the point that capital markets may be imperfect. For co-investors pose the same problem as a *pro rata* purchase that leaves the original controlling shareholder with a large stake: the co-investors undermine the buyer's control and increase the risk of conflict. This decreases the value of the investment for the control buyer. Thus, even if co-investors can be found, the control buyer may legitimately be unwilling to invest with them.

Fourth, value-enhancing sales of control may often require an unequal division of the premium. Controlling shareholders may, because they reap benefits from nonshareholder relations with the corporation, insist on a price greater than the average value of the shares under the control buyer's management. In such cases, a productive control transfer can occur only if the original controlling shareholder receives more per share than the noncontrolling shareholders. If control sellers must share the control sale, they will receive less of the total premium, and fewer control transfers will result.

To be sure, in the above situations one could theoretically still complete beneficial control transfers under equal sharing rules by asking the noncontrolling shareholders to consent to an unshared premium control sale. But even if the nouconrrolling shareholders view the control transfer as beneficial, there are two problems with requiring their consent. One is that although beneficial control transfers will benefit all the shareholders, the parties will have to bargain over the distribution of the gains created by the transfer. Often this bargaining will break down due to strategic behavior or be stymied by the transaction costs of getting all the shareholders to consent. Two, free-rider problems are likely to prevent individual shareholders from consenting even though it would be in the uncontrolling shareholders' collective interests to consent. Individually, they may reason that refusing to consent offers a large gain (because those who withhold consent will get a larger premium if the control transfer occurs) but little cost (because any individual shareholder's refusal to consent will have little effect on whether the shareholders as a group consent). Collectively, the result is that the noncontrolling shareholders may reject a control transfer that would have benefited them all.

In addition to stressing that sharing rules may discourage value-enhancing control transfers, the deregularory school questions whether equal sharing rules do much to prevent abuses of control. Existing owners of control blocks can, after all, abuse their control without ever selling it. That control transfers are sometimes followed by control abuses does not mean that the control transfers increased the number of control abuses that would have resulted.

Easterbrook and Fischel further argue that looters are hard to detect in advance and that the penalties directly imposed on looters could simply be increased to deter looting more effectively. Accordingly, they conclude that laws penalizing the looters are better suited for preventing looting than either current doctrine or the equal sharing approach. The latter are both likely to result in false positives, preventing control transfers that would not have harmed the corporation. Instead, Easterbrook and Fischel advocate relying more on stock market prices to determine whether the transaction leaves the noncontrolling shareholders worse off than before. If the stock market price of noncontrolling shares has not decreased, or if the noncontrolling shareholders receive a price greater than the stock market price that prevailed before the transaction, Easterbrook and Fischel conclude the control transaction should be legal.

The assumptions on which this analysis is based — that looters are hard to detect in advance, that other legal alternatives can adequately prevent looting, and that a stock market price test will accurately identify any harmful transfers — are all suspect. Easterbrook and Fischel base their conclusion that advance detection of looters is difficult on their premise that looting is "by nature a onetime transaction" because looters acquire reputations that prevent them from repeating their scams. Bur many looters repeat their scams a number of times and could often be detected by routine credit checks. Moreover, if the law did not penalize selling to suspected looters, it is hard to see why a looter's reputation would prevent her from obtaining control over corporations.

Easterbrook and Fischel's assumption that the law could simply increase sanctions to deter looting is also problematic. As I explain in Part III, the law generally cannot increase expected sanctions for undesirable conduct without also increasing expected sanctions for desirable conduct that might be mistaken for undesirable conduct. The concern about punishing, and deterring, desirable conduct is especially high if the matter concerns — as so many sale of control cases have — more subtle abuses of control, because it will be easier to mistake such abuses for desirable conduct. If one assumes that the sanctions for looting or other control abuses have already been set to optimize over- and underdererrence, then sanctions cannot simply be increased to deter any looters or control abusers who gain control. A prophylactic rule that tends to screen out control buyers who seem likely to loot or abuse control can thus improve the overall desirability of conduct.

The stock market prices on which Easterbrook and Fischel prefer to rely are often relevant to determining whether a control transfer was harmful. But relying solely on an *ex post* assessment of stock market prices would be unwise. Unrelated factors and trends affect the stock market and may result in an increase for a particular corporation's stock despite a new post-transfer abuse of control. Further, stock market prices may often understate the value of a corporation's stock, particularly when those selling (and buying) control have access to information not available to the general market. Finally, the harm inflicted by the control transfer may be prospective — the diversion of a benefit that would have otherwise accrued to the corporation — and thus not manifested by a decline in stock market prices.

More generally, relying on stock market prices is a two-edged sword. In their examples, Easterbrook and Fischel use the stock market test to identify only cases where liability should not attach. Consistency would, however, indicate that they should also be willing to conclude that liability should attach whenever, after a control transaction, the stock market price of the noncontrolling shares declines. If so, they are in essence arguing that judges should review all control transfers, and impose liability if and only if the transfer is nonproductive under a market price test. It is far from obvious, given the risk of litigation error, that such case-by-case assessments are preferable to a more general rule.

I will have more to say on the choice between case-by-case and rule-based approaches in Part Ⅲ. At this point, it suffices to note that the deregulatory approach will fail to screen out some harmful transfers that would have been screened by equal sharing rules. Thus, the deregulatory school depends on the claim that the productive transfers discouraged by the equal sharing approach are more important than the harmful transfers the equal sharing approach screens out. This claim, in turn, is based on an empirical assumption explicitly asserted by Easterbrook and Fischel: that control transfers are generally value-increasing.

* * * * *

송종준, 적대적 M&A의 법리, 284-298 (2009)

A. 의무공개매수제도의 의의

적대적 M&A는 전부매수가 원칙인 유럽형 입법환경에서 보다는 부분매수가 원칙인 미국형 입법환경에서 더욱 활발하고 남용되기가 쉽다. 그것은 유럽형 입법에서는 공개 매수에 의하여 대상회사의 지배권을 취득하기 위해서는 발행주식 전부를 매수하여야 하기 때문이다. 따라서 부분매수의 남용을 억제하기 위한 방편으로 전 주식에 대한 의무공개매수제도의 도입 문제가 논의되기도 하였다.

의무공개매수(mandatory bids)라 함은 상장회사 또는 공개회사의 지배권(control)을 확보할 수 있는 정도의 주식을 취득하고자 하는 경우에는 잔여주식의 전부 또는 일정 비율 이상의 주식을 공개매수에 의하여 취득할 것을 강제하는 제도를 말한다. 이것은 강제공개매수라고도 하는데, 잔여주식의 전부 또는 일정비율 이상의 주식취득이 의무화되고 있다는 점이 특정이다. 또한 강제공개매수제도에서는 원칙적으로 전부매수원칙이 지배하고 부분매수(partial bid)는 허용되지 않는 것을 본질로 한다.

이 의무공개매수제도는 영국의 자율규범인 1968년 기업인수합병에 관한 시티코드(City Code on Takeovers and Mergers, 이하 City Code라 함)에서 그 기원을 찾을 수 있고, 1990년대에 들어와서는 EU 공개매수지침안에 따라 EU 회원국의 대부분 국가에서 시행되고 있다. 일본은 1990년에 영국의 의무공개매수를 변형시켜 일정비율 이상의 의무취득을 강제하지 않는 방식의 이른바 1/3 의무공개매수제도를 시행하고 있다. 우리나라에서도 1997년 소위 25% 의무공개매수제도를 도입한 바 있는데, 이것은 본래적 의미의 의무공개매수에 해당한다고 할 수 있다.

우리나라의 경우 1997년 1월 개정 증권거래법에서 처음으로 도입한 소위 25% 의무공개매수제도는 본인과 특별관계자의 지분을 합하여 새로이 25% 이상의 주식을 취득하거나 이미 25% 이상을 취득하고 있는 자가 추가로 주식을 취득하고자 할 경우에는 반드시 공개매수에 의하여 의결권있는 발행주식총수의 50%+1 이상을 의무적으로 취득하도록 하는 것이었다(구증권거래법 제21조 제 2 항). 그러나 25% 의무공개매수는 시행 1년반인 1998년 2월 폐지되었다. 25% 의무공개매수제도는 반복적 부분공개매수의 폐해를 시정하고 지배권변동의 지분거래에 있어서 경영권 프리미엄에 소수주주도 참여할 수 있는 기회를 부여함으로써 주주평등의 원칙을 실현할 수 있다는 등의 취지에서 도입되었다. 그러나 이 제도는 적대적 M&A는 물론이고 우호적 M&A에도 적용됨으로써 결과적으로 M&A기능을 위축시켜 기업의 구조조정의 활성화를 저해한다는 등의 이유에서 폐지된 것이다.

따라서 현행법에는 '6개월 내 10인 이상으로부터 5% 이상의 주식취득'이라는 일정 요건이 충족되는 주식취득의 경우에 공개매수가 강제되는 것(자통법 제133조 제 3 항) 외에는 영국법에서와 같은 본래적 의미의 의무공개매수제도는 존재하지 않는다. 다시 말하여 우리나라는 의무공개매수에 관하여 영국과 EU에서와 같은 입법유형은 따르지 아니 하고, 부분공개매수의 자유를 원칙으로 하면서 일정한 요건 하에서 공개매수가 강요되는 유형으로서 미국과 일본의 입법을 결합한 입법형태를 취하고 있다.

한편 영국 등에서 시행되고 있는 의무공개매수제도나 이미 폐지된 바 있는 25% 의무매수제도는 지배주식의 양·수도에 있어서 형성되는 지배권 프리미엄을 공개매수는 투명한 절차에 의하여 소수파주주에게도 분배되는 효과를 기대할 수 있으므로 법률적으로 소수주주를 보호할 수 있는 중요한 기능을 가지고 있다. 그러나 의무공개매수제도가 소수주주에 대한 지배권프리미엄의 분배라는 긍정적인 목적을 가지고 있기는 하지만, 이 제도 하에서는 지배주식의 매매가 어렵게 되므로, 실제상으로는 소수주주가 프리미엄의 분배과정에 참여할 수 있는 기회가 현저히 줄어들 염려도 있다. 더욱이 본 의미의 의무공개매수제도는 법정책적으로도 M&A의 활성화를 저해하여 기업구조조정의 원활화를 억제하고, 의무공개매수에 의하여 지배권을 취득한 지배주주에게 지배 영속화를 보장해 주는 문제가 있을 뿐만 아니라, 주식의 소유분산을 통한 경영감시강화에 의하여 경영의 효율화를 꾀하기 어렵고, 상장회사의 폐쇄기업화를 촉진하는 역효과를 초래할 수 있어서 궁극적으로는 소수주주의 보호정신에 반하는 결과를 가져오는 등의 문제가 내재되어 있다.

그럼에도 불구하고 의무공개매수제도에 깔려있는 지배권 프리미엄의 분배에 있어서 보호의 정신이 실현될 수 있도록 하는 것이 입법정책적으로 바람직함은 재론할 여지가 없을 것이다. 따라서 M&A의 활성화에 역행하지 않으면서 의무공개매수제도를 통한 기업결합의 유연화를 가능하게 하고, 소수주주도 보호할 수 있는 합리적인 대체방안을 강구해야 할 필요성은 여전히 존재한다고 본다. 이하에서는 의무공개매수에 관한 입법례를 유형화하여 살펴보고, 의무공개매수가 갖는 법정책적 함의를 조명하고 비판한 다음, 입법유형별로 의무공개매수제도의 도입가능성을 검토하고 새로운 의무공개매수제도의 도입방안을 고찰하고자 한다.

B. 의무공개매수제도의 입법유형

의무공개매수제도에 관한 입법유형은 크게 세 가지로 구분할 수 있다. 전주식의 취득을 강제하는 입법, 일정비율 이상의 주식의 취득을 강제하는 입법, 주식취득을 강제하지 않는 입법 등이 그것이다.

1. 전주식의 취득을 강제하는 입법유형

이 입법은 회사의 지배권(control)을 인정할 수 있는 정도의 지주비율 이상을 매수하고자 할 경우에는 잔여 주식 전부에 대하여 공개매수에 의하여 취득하도록 의무화하는 유형이다. 영국이 그 시초이고, 유럽연합 회원국은 거의 모두 이러한 입법유형을 따르고 있다.

(1) 영 국

영국의 기업인수합병에 관한 시티 코드는 상장회사 또는 비상장 공개회사의 발행주식총수의 30% 이상을 취득하고자 하는 경우, 또는 30% 이상 50% 미만의 지분을 보유한 자가 12개월 내에 1% 이상의 주식을 추가로 취득하고자 하는 경우에는 잔여주식 전부에 대하여 공개매수청약을 하여야 한다. 시티 코드에서는 공개회사의 지배권 취득의 기준을 발행주식 총수의 30%로 보고 있는데, 이 30%의 지분율은 본인 및 공동보유자(persons acting in concert)의 지분을 합산한 개념이다.

그리고 주식의 취득은 사적교섭에 의한 지배주식취득이든 증권시장에서의 취득이든 불문한다. 다만, 이와 같은 의무공개매수의 청약은 그 청약 이전에 이미 취득했거나 취득하기로 합의한 본인 및 공동보유자의 주식수와 청약기간 중에 응모한 지분을 모두 합하여 의결권있는 주식총수의 50% 이상이 되는 것을 조건으로 하여야 한다. 그리고 의무공개매수는 원칙적으로 공개매수 전 12개월 내에 본인 또는 공동보유자가 같은 종류의 대상회사 주식에 대하여 지급한 최고가격 이상으로 매수가격을 정하여야 하고, 매수의 대가는 현금 또는 현금대용물로 제한된다. 그러나 회사의 주식을 이미 50% 이상 보유하고 있는 경우에는 공개매수가 의무화되지 않는다.

(2) 유럽연합

EU의 공개매수에 관한 제13 지침법안에서는 상장회사의 지배권을 행사할 수 있는 일정수량 이상의 의결권을 발생시키는 증권을 취득하고자 할 경우에는 대상회사의 전주식에 대하여 공개매수할 의무를 규정하고 있다. 여기서 지배권을 행사할 수 있는 지분율은 각 회원국이 정할 수 있도록 하였다. 1990년 지침안에서는 의결권을 행사할 수 있는 지분율을 의결권있는 주식총수의 1/3 이상으로 정한 바 있으며, 회원국은 국내법에 1/3 이상을 넘지 못하게 제한하였다. 그러나 1996년 수정지침안에서는 1/3 이상이라는 명시적인 규정 대신에 상장회사의 지배를 가능하게 하는 지분을 취득하는 경우로 수정하여 의무공개매수를 적용하는 규정을 두었고, 의무공개매수가 적용되는 경우에도 전주식이 아니라 잔여주식의 중요한 일부만에 대한 의무공개매수도 인정하는 방향으로 수정한 바 있다. 아울러 회원국은 의무공개매수를 선택하지 아니하고 이에 상응하는 다른 소수주주 보호장치를 선택할 수 있도록 하였다. 그러나 1999년에는 다른 대체수단의 선택 문언을 삭제하고 영국식의 의무공개매수를 수용하였다.

EU 회원국 중 프랑스는 1992년에 전주식의 취득을 강제하는 의무공개매수제도(offer publique d'achat obligatoire)를 도입하였다. 이 제도 하에서는 본인과 공동보유사의 지분을 합하여 상장회사의 의결권있는 주식총수의 1/3 이상을 취득하고자 하거나, 1/3 이상 1/2 이하의 주식을 보유하고 있는 자가 1년 이내에 2% 이상에 해당하는 의결권있는 주식을 취득하고자 하는 경우에는 잔여주식의 전부에 대하여 공개매수청약을 할 의무를 부과하고 있다. 그리고 독일도 2002년 1월 발효한 공개매수 및 기업인수법에서는 30% 이상의 의결권있는 주식을 취득하고자 하는 경우에 잔여 주식 전부에 대하여 공개매수를 의무화하고 있다.

2. 일정비율 이상의 주식 취득을 강제하는 입법유형

이 입법유형은 지배권을 행사할 정도의 지분율 이상을 취득하고자 하는 경우에 공개매수에 의하여 일정비율 이상의 주식취득을 강제하는 것이다. 이러한 유형의 입법례로는 1996년 EU 공개매수 수정지침안을 들 수 있다. 동지침안에서는 지배권의 행사를 인정할 정도의 주식을 취득하고자 하는 경우에는 잔여주식 전부가 아닌 잔여주식의 중요한 일부에 대하여 공개매수를 의무화할 수 있게 하고 있다. 그러나 EU 회원국 중에 잔여주식의 일부만에 대한 의무공개매수를 입법화한 예는 보이지 않는다. 그런데 오늘날의 100% 의무공개매수제도가 법제화되기 전까지는 이러한 입법유형을 가진 나라로는 프랑스와 우리나라를 들 수 있다.

프랑스에서는 1992년 100% 의무공개매수제도를 도입하기까지는 상장회사의 발행주식총수의 1/3 이상을 취득하는 경우에는 다시 1/3 이상에 대하여 공개매수에 의하여 취득하도록 강제한 바 있다. 그리고 우리나라에서는 1997년 1월 개정 증권거래법에서 25% 의무공개매수제도를 도입한 바 있는데, 본인과 특별관계자의 보유분을 합하여 상장회사의 발행주식총수의 1/4 이상을 취득하고자 하는 경우에는 50%+1주 이상의 주식을 공개매수에 의하여 취득하도록 의무화한 것이 그것이다.

3. 일정주식의 취득을 강제하지 않는 입법유형

이 입법을 일정비율 이상의 주식을 취득하고자 할 경우에 잔여주식의 전부 또는 일정수 이상의 주식을 취득할 것이 강제되지 아니하고 그 취득방법만 공개매수로 제한하는 유형이다. 여기서 일정비율의 주식은 일반적으로 지배권의 행사를 인정할 정도의 지분율을 말한다. 여기에 해당하는 대표적인 입법으로는 일본의 금융상품거래법을 들 수 있다.* 이 법상 의무공개매수는 본인과 특별관계자의 보유지분을 합하여 발행주식총수의 1/3 이상을 취득하고자 하는 경우에는 공개매수에 의하여 취득하도록 의무화하고 있다(1/3 의무공개매수). 여기서 1/3 이상의 주식수량은 사적교섭에 의하여 매수하든, 증권시장에서 매수하든 양자를 병행하여 매수하든 관계없고, 또 그 매수기간과 매수상대방수에 아무런 제한이 없다. 따라서 발행주식총수의 5% 이상 1/3 미만의 주식을 60일 간에 10인을 초과하는 자로부터 취득하고자 하는 경우에는 공개매수가 강제되는 것이고, 취득하고자 하는 주식수가 전체의 1/3 이상이 될 경우에는 이러한 요건의 충족과 관계없이 반드시 공개매수에 의하여 취득하여야 한다. 그리고 이미 1/3을 초과하는 주식을 보유하는 자가 다른 자의 공개매수기간 중에 5%를 넘는 주식을 매수하고자 하는 경우에도 공개매수에 의하여 취득하여야 한다.

한편 미국에서도 연방차원에서 주식의 취득을 강제하지 않는 의무공개매수를 법제화하기 위한 시도가 있었다. 대표적으로 1983년 SEC 공개매수자문위원회의 권고에서는 사외의결권증권의 20%를 초과하여 취득하고자 할 경우에는 반드시 공개매수절차에 의하도록 강제하는 것을 내용으로 하는 권고안이 제시되기도 하였다. 1985년의 기업생산성법안(Corporate Productivity Act)에서는 15% 이상의 주식취득은 반드시 공개매수에 의하여야 하고 아울러 공개매수에 대한 주주승인을 받도록 한 바 있다. 그리고 1987년 공개매수개혁법안(Tender Offer Reform Act)에서는 10% 이상의 주식취득은 반드시 공개매수에 의할 것을 강제한 바 있다. 그러나 이와 같은 시도는 입법으로 연결되지 못하였다.

C. 의무공개매수제도의 법정책적 함의와 비판

의무공개매수제도에 내재되어 있는 법정책적 함의는 크게 두 가지로 요약할 수

* [저자 각주] 송종준, 일본 금융상품거래법상 강제공개매수제도의 제유형과 그 법적 시사점, 26 상사판례연구 143-176 (2013).

있을 것이다. 하나는 주주평등의 원칙을 실현하여 소수주주를 보호하고자 하는 것이고, 다른 하나는 투기적 M&A의 규제를 통하여 소수주주를 보호하고자 하는 것이라고 할 수 있다.

1. 주주평등의 원칙에 의한 소수주주의 보호

의무공개매수제도는 기업 지배권이 변동할 경우에 지배주식의 양도 과정에서 형성되는 지배권프리미엄을 지배주주에게만 독점시키지 아니하고 모든 소수주주에게도 평등하게 분배하도록 강제함으로써 회사법이 추구하고자 하는 주주평등의 원칙을 실현할 수 있다는 데에서 출발한 것이다. 이것은 사적협상에 의한 지배주식의 양도시에 발생하는 지배권프리미엄의 분배 또는 반환에 관한 문제와 관련된다.

이 문제를 둘러싸고 전통적으로 미국에서는 다양한 학설이 전개되어 왔었다. 대표적으로는 Berle교수가 주장한 회사재산이론(corporate asset theory)을 들 수 있다. 이 이론에서는 지배주주가 지배권의 양도를 수반하는 지배주식을 양도할 경우에 양수인으로부터 수령하는 프리미엄은 회사재산에 귀속되어야 하므로 양도인은 그 프리미엄을 회사에 반환하거나 지주비율에 따라서 소수파주주에게 분배하여야 한다는 것이다.

아울러 Andrews교수는 기회평등이론(rule of equal opportunity)을 주장한 바 있다. 이 이론에서는 지배주주가 지배주식을 프리미엄부로 양도하는 경우에 지배주주는 소유주식의 전부 또는 일정비율의 주식을 매도함에 있어서 다른 주주에게도 소유주식을 매도할 평등한 기회를 보장해야 한다는 것이다. 이 이론은 소수주주가 지배권프리미엄의 분배에 참여하는 것이 아니라, 지배주식의 매도에 안분비례적으로 참가할 수 있는 참가권이 보장되는 것을 특색으로 한다. 따라서 이 이론에 의하면 지배주식을 양수하는 자에게 공개매수를 강제하는 결과로 되지만, 소수주주에게 보유주식의 매각기회를 평등하게 부여하는 것이므로 양수인(공개매수자)이 반드시 전주식을 취득하여야 하는 것은 아니다.

그런데 미국에서는 한때 지배주식의 양도에 있어서 회사재산이론이나 기회평등이론에 따라 프리미엄의 균등분배를 긍정하는 판례도 있었으나, 오늘날에는 지배주식의 양도가 회사를 약탈하는 경우, 이사지위를 매도하는 경우, 회사기회를 유용하는 경우, 지배주주가 충실의무를 위반한 경우 등을 제외하고는 지배권 프리미엄은 사적 자치의 원칙상 양도인에게 귀속된다고 보는 것이 통설 및 판례의 입장이라고 할 수 있다. 그럼에도 불구하고 영국과 EU에서는 이러한 이론이 의무공개매수의 입법화에 이론적 기초가 된 것으로 보인다. 즉 이러한 이론은 지배권이전이라고 하는 이른바 회사의 기본적 변경에 직면하여 소수주주에게 지배주주와 동일한 조건으로 회사로부터 퇴출할 수 있는 기회를 주는 것으로서 의무공개매수를 주주간의 이해조정수단으로 풀이하고 있다.

EU의 공개매수지침안에서 100% 의무공개매수제도가 채택된 배경으로 가장 중요한 법정책적 일반원칙은 주주평등의 원칙이다. 회사의 지배권이 이전되는 때에는 모든 주주는 동일한 조건으로 주식을 양도할 수 있다는 평등주의적 관점에서 볼 때에 의무공개매수제도는 소수주주의 금융적 보호를 실현할 수 있는 수단으로 인식된 것이다. 그리고 의무공개매수제도는 지배권을 확보한 지배주주로부터 2단계에서 퇴출 또는 저가매수 등 소수주주에게 불이익한 처우를 초래할 수 있는 소위 2단계 공개매수(two tier tender offer)를 배제하기 위한 것이고, 궁극적으로는 주주평등의 원칙을 관철하여 소수주주의 이익을 보호하기 위한 것이라고 한다.

반면에 소수주주의 지배권프리미엄에의 균등참여의 문제는 주로 사적 협상에 의한 지배권의 양도 시에 제기되는데, 공개매수에 의한 지배권의 취득시에는 처음부터 모든 개별주주들을 대상으로 균등한 조건으로 매수의 청약 또는 매도의 청약을 유인하는 만큼, 그 과정에 주주들이 어느 정도 평등하게 참여하는 것이 보장되는 만큼 의무공개매수제도는 필요하지 않다는 견해도 있다. 이 견해에서는 공개매수에 의한 지배권 취득후 잔여 소수주주들을 퇴출하는 2단계 합병에서 주식대가의 평등을 여하히 보장할 것인가의 문제만 남아 있을 뿐이라고 한다.

생각건대 회사의 지배권을 취득하고자 하는 자에게 기회평등이론에 따라 공개매수를 강제하는 것은 지배권거래에 모든 주주가 평등하게 보유주식을 매도할 수 있는 기회를 제공할 수 있다는 점에서는 그 법리적 정당성이 인정된다고 본다. 그리고 지배권을 취득하고자 하는 경우에 잔여주식의 전부 또는 일부를 강제적으로 매수케 하는 경우에 소수주주가 보호될 수 있다는 점에서도 나름대로 긍정적인 효과를 기대할 수는 있을 것이다. 그러나 법리상으로는 소수주주와는 아무런 법률관계도 없고, 소수주주에 대하여 충실의무 등과 같은 아무런 의무도 부담하지 아니하는 지배주주에 대하여 지배권 프리미엄을 분배할 의무를 지우는 것은 과잉규제로서 위헌의 소지도 있다고 본다. 그리고 회사법상 주주평등의 원칙이란 기회의 평등을 본질로 하고, 또 그것은 상대적 평등을 의미하므로 공개매수에 의하여 잔여주식의 전부를 강제적으로 취득케 하는 의무공개매수제도는 절대적 평등을 추구하는 것으로서 주주평등원칙의 본래 의미에도 부합하지 않는다고 본다. 아울러 법정책적 관점에서 볼 때에 의무공개매수는 주식의 소유분산을 억제하고 나아가 주식소유의 완전집중을 가져와 자본시장에서의 소수주주를 사실상 퇴출하는 것을 정당화하고, 아울러 회사간의 관계에 있어서는 기업집중에 의한 경제적 집중을 조장하는 문제가 있다. 그리고 의무공개매수는 우호적인 M&A 또는 경제적으로 유익한 M&A도 억제하는 등의 사회경제적 해약을 초래하는 등의 불합리한 문제가 예상된다고 할 수 있다. 요컨대 의무공개매수제도는 지배권의 이전시 소수주주에게도 보유주식의 매도를 위한 공평한 기회를 제공한다는 측면에서 그 법리적 정당성을 찾는 것이 합당할 것이다.

2. 투기적 M&A로부터의 소수주주 보호

EU 등에서 의무공개매수제도를 법제화한 데에는 부분공개매수의 투기성을 규제하고 적대적 M&A로부터 기업의 경영권을 보호하고자 하는 유럽 특유의 사회문화적 배경이 깔려 있는 것으로 보아야 할 것이다. 대부분의 EU 회원국의 경우, 특정 개인이나 그룹에 기업의 소유가 집중되어 있어서 사실상 적대적 M&A가 불가능한 것으로 알려져 있다. 따라서 이들 국가에서는 기업의 경영권에 대한 도전이 어려운데, 이것은 기업의 경영권의 유지 또는 보호의 관념이 정착되어 있음을 보여주는 것이라고 생각된다. 따라서 의무공개매수는 이들 나라에서의 사회문화적 특성과 조화되는 측면이 있는 것으로 보인다.

또한 의무공개매수에서는 부분매수를 금지하고 잔여주식 전부에 대한 공개매수의무를 부과하고 있다. 이것은 반복적인 부분공개매수의 투기성을 우려한 것이고, 또한 이를 허용하는 것은 투자자와 대상회사에 대한 부당한 압력일 뿐만 아니라, 수급에 의한 자동조정 메카니즘이 핵심인 증권시장기능의 혼란을 야기할 수 있다고 한다. 그런데 의무공개매수에 있어서 특히 중요한 것은 부분공개매수를 허용하는 경우에 1단계에서 부분매수로 지배권을 취득한 자가 2단계에서 합병을 시도하는 경우에 피합병회사인 대상회사의 소수주주의 법적 지위가 위협받을 수 있다는 점이다. 2단계 합병에서는 1단계의 부분공개매수에 응모하지 않은 주주가 지배주주의 변경 후 소수주주로 방치되어 1단계의 공개매수 후에 나타나는 주가하락에 따른 불이익을 입거나 새로운 지배주주에 의하여 불공정하게 퇴출되는 경우가 많기 때문이다.

2단계 합병에 있어서 소수주주의 퇴출문제는 주주의 기득권(shareholder's vested rights)관념에서는 결코 용인할 수 없는 것이므로, 주주의 기득권을 보호하기 위해서는 모든 주주의 주식을 매수하도록 강제하는 것이 나름대로 법적 정당성을 갖게 된다. 독일법을 중심으로 한 대륙법 체계에서는 이러한 관념이 회사법에 뿌리 깊게 자리 잡고 있다고 할 수 있다. 이런 관점에서 EU에서 도입된 100% 의무공개매수는 당해 법체계와 법이념에는 부합되는 면이 있다고 본다.

그러나 오늘날에는 주주의 기득권이론은 기업결합의 유연화(corporate flexibility)이론에 의하여 대체되고 있는 것이 최근의 추세라고 할 수 있다. 기업결합의 유연화이론 하에서 회사의 지배주주는 주주구조의 개편을 통한 기업경영의 효율화를 기할 수 있고, 지배주주와 소수주주 간의 대립구조 속에서든, 합병과 같은 기업결합에 있어서든, 지배주주는 소수주주를 그 의사에 반하여도 사원관계로부터 퇴출시킬 수 있다는 것이 그것이다. …

생각건대 2단계 공개매수 또는 합병의 투기성 또는 강압성을 원천적으로 차단하는 의무공개매수는 법적 정당성을 얻기 어렵고, 의무공개매수에 의하여 실질적으로 추구하고자 하는 동등취급원칙의 실현에는 비용의 증가를 가져오고, 이것은 사회 전체적으로 볼 때에 회사자산의 효율적인 이용기회를 감소시키는 것으로서 법정책적으로 바람직하지 않다고 볼 것이다. 다만 1단계에서 지배주식을 취득한 자로부터 잔여소수주주를 보호하는 문제는 별개의 법리 또는 제도적인 차원에서 합당한 대응책을 강구하는 것이 중요한 과제라고 본다.

D. 의무공개매수제도의 도입과제

1. 서 언

25% 의무공개매수제도가 폐지됨으로써 현존하는 5% 의무공개매수에 있어서 “6개월 내 10인 이상”이라는 적용기준을 벗어나 이루어지는 장외에서 지배주식양도의 경우에는 지배권프리미엄의 분배과정에 소수주주가 참여할 기회가 주어지지 않기 때문에 이 부분에서 주주보호를 강화해야 할 필요성은 여전히 존재하고 있다고 본다. 따라서 현행의 5% 의무공개매수를 존치해야 할 정당성 문제는 논외로 하더라도, 지배권의 취득을 인정할 만한 정도의 주식수량을 취득하고자 하는 경우에는 공개매수를 강제하는 새로운 대안을 강구하는 것이 바람직하다고 본다. 다만 공개매수를 강제함에 있어서는 과다비용부담을 강제하거나, 지배권거래를 억제하는 요소를 제거하고, 또 그 적용범위가 지나치게 확장되지 않도록 할 필요가 있다. 아울러 새로운 의무공개매수제도의 도입에는 공개매수를 통한 기업결합의 유연화를 가능하게 하고, 소수주주도 보호할 수 있는 방안이 균형적으로 고려되어야 할 것이다.

2. 입법유형별 도입 가능성

(1) 일정주식수의 취득을 강제하는 입법유형

전주식의 취득을 강제하는 입법과 일정비율 이상의 주식취득을 강제하는 입법유형은 본래적 의미의 의무공개매수를 법제화한 것이다. 입법정책상으로 의무공개매수를 법제화하여 적대적 M&A를 억제할 것인가에 관한 문제는 당해 국가의 기업지배구조와 밀접한 연관성을 갖고 있다고 볼 것이다. EU기업의 소유지배구조는 미국 기업에 비하여 폐쇄적인 형태로 형성되어 있다는 점에서 전 주식에 대한 의무공개매수제도는 소유지배의 집중행태가 유지·보전되는 것이 당연시되는 사회적 특성을 반영한 것이라고 평가된다. 그러나 기업의 소유지배구조에 대한 개방과 폐쇄의 문제는 단순히 사회문화적 특성만을 반영하여 결정할 것은 아니고, 소유분산과 경영권의 자유로운 이전을 통한 경영의 효율화라는 시각에서 접근해야 할 문제라고 본다. 우리나라의 상장기업은 소유와 경영의 분리원칙이 철저하지 못하고, 회사지배구조에 의한 내부의 경영통제기능이 미흡하므로 시장에서의 외부적인 경영통제가 효과적으로 작동되어야 할 요청이 큰 것이다. 이러한 관점에서 적대적 M&A에 대한 개방적인 입법태도는 합리성과 정당성을 갖는다고 할 수 있고, 따라서 적대적 M&A를 직접적으로 억제 또는 규제하는 법정책은 바람직하지 않다고 본다.

이러한 관점에서 볼 때에 전 주식 또는 일정비율 이상의 주식을 강제로 취득케 하는 본래적 의미의 의무공개매수제도는 그것이 회사와 주주에 대하여 유익한 효과를 가져오는가의 여부와 관계없이 모든 형태의 M&A를 억제하는 문제가 있고, M&A가 성공한다 하더라고 주식소유의 완전집중을 가져와 상장기업이 폐쇄기업화(going private)되므로 상장제도를 통한 자본시장의 육성과 이를 통한 산업발전을 추구하고자 했던 본질적인 정책목적을 저하시키는 문제가 있다. 그리고 1992년의 프랑스의 의무공개매수, 1997년의 우리나라 25% 의무공개매수제도와 같이 일정비율 이상의 주식을 강제로 취득케 하는 경우에는 영국이나 EU와 같이 전주식의 취득을 강제하는 경우에 비하여는 위와 같은 문제가 다소 완화되는 효과가 있으나, 이 경우에도 공개매수가 성공하는 경우 지배주주가 된 공개매수자의 회사지배가 철저하게 되어 이에 대한 견제가 어렵고 따라서 소수주주의 이익이 무시될 수 있는 상황에 빠지게 되는 문제가 있다.

결론적으로 전 주식 또는 일정비율 이상의 주식을 강제로 취득케 하는 의무공개매수법제는 이론적으로는 지배권프리미엄의 강제적인 분배를 통하여 소수주주의 이익을 보호하고자 한 것이지만, 실제로는 그 성공가능성이 희박하므로 소수주주가 보호받을 수 있는 거래기회가 감소될 가능성이 농후하다. 더욱이 이러한 유형의 법제는 회사지배권의 취득에 소요되는 자금부담의 과중을 초래하는 결과를 가져오므로 비경제적이며 비효율적인 M&A를 강제하는 문제를 안고 있다. 따라서 이러한 유형의 의무공개매수법제는 법리상으로나 법정책목적의 견지에서 그 도입은 바람직하지 않다고 평가된다.

(2) 주식의 취득을 강제하지 않는 입법유형

일본의 의무공개매수제도와 같이 사적교섭매수에 의하든, 증권시장에서의 매수이든 또는 양자를 병행한 매수이든 불문하고, 발행주식총수의 1/3 이상을 취득하고자 하는 경우에 그 취득방법을 공개매수로 제한하여 강제하는 것은 일응 합리적이라고 본다. 이러한 입법태도는 지배권거래의 과정을 공개매수라는 절차에 의하여 투명화할 수 있고, 지배권취득에 소요되는 비용의 부담을 강제하지 않으며, 지배권 거래 과정에 소수주주가 보유주식을 매각할 수 있는 공평한 기회를 제공하기 때문이다. 아울러 지배권을 취득한 이후에도 본래적 의미의 의무공개매수제도 하에서와 같은 소유지배의 집중이 강제되지 않으므로 대상회사에 대한 새로운 M&A의 가능성이 배제되지 않고, 따라서 기업지배권 시장에서의 M&A 가능성이 존재하게 되므로 대상회사에 대한 효율적 경영통제가 이루어질 수 있다. 그러나 과거 미국연방차원에서 공개매수를 의무화시키는 기준으로서 논의된 바 있는 15% 또는 20%는 지배권의 성립기준으로서 부적절하므로 바람직한 입법유형은 아니라고 볼 것이다.

반면에 일본의 입법형태는 회사의 절대적 지배를 결정하는 기준으로서 발행주식총수의 50%를 초과하여 이미 보유하고 있는 자기 추가로 주식을 취득하고자 하는 경우에는 아예 공개매수를 강제하지 않고 있다. 이것은 절대적 지배가 결정된 상태에서는 추가적인 매수비용을 강요하지 않는 것으로서 합리적인 입법태도라고 본다. 이것은 영국의 시티 코드의 입법태도를 따른 것이다. 그러나 영국의 시티 코드가 이미 50% 이상을 보유한 자에게는 잔여주식에 대한 추가취득의무를 면제하면서, 30% 이상을 취득하고자 하는 자에게는 잔여주식 100%를 취득케 하는 것은 이미 완전한 지배권을 확보한 자와 지배권을 취득하고자 하는 자를 차별적으로 취급하는 것으로서 형평과 균형을 잃은 불합리한 입법이라고 할 수 있다. 일본의 입법은 영국의 시티 코드가 안고 있는 이러한 불합리를 제거한 것이라고 평가할 수 있다.

3. 의무공개매수제도의 변형도입

(1) 1/3의무공개매수제도의 도입

이미 폐지된 25% 의무공개매수제도는 사실상 인수자에게 완전한 지배권을 확보할 수 없는 25% 이하만을 가지고 회사를 경영하든지, 무리하게 50% 이상을 소유하면서 경영하라고 요구하는 결과를 가져온 것으로 볼 수 있는 측면도 있다. 따라서 새로운 의무공개매수제도의 도입에는 지배권의 확보를 인정할 수 있는 정도에서 공개매수를 강제하는 방안이 바람직할 것이다.

어느 정도가 지배권을 확보할 수 있는 기준인가에 관한 문제는 대상회사의 지배권변동에 중대한 영향을 미친다고 볼 수 있는 기준, 즉 정량적으로 보아 이사의 선임과 해임이 모두 가능한 선인 주주총회의 특별결의요건으로서 발행주식총수의 1/3이 합리적인 기준이라고 본다. 이것은 일본 증권거래법상 의무공개매수의 도입시에도 고려된 사항이다. EU의 공개매수에 관한 지침안의 성안에 있어서도 이같은 관점에서 의무공개매수의 적용기준을 발행주식총수의 1/3로 정한 바 있다. 다만 영국의 시티 코드에서는 그 기준을 발행주식총수의 30%로 정하고 있다. 우리나라 상장기업에서도 지배주주의 평균 지분율이 30~50% 정도인 점을 감안할 때에 이것은 법리상의 지배권 변동 기준인 1/3과 거의 유사하므로 이를 기준으로 공개매수의 의무를 부과하는 것이 규범과 실제를 조화시킬 수 있다고 본다.

따라서 발행주식총수의 1/3 이상을 사적교섭에 의하여 6개월 내에 10인 미만의 자로부터 취득하고자 하는 경우에는 공개매수에 의하여 매수하도록 의무화하는 것이 합리적이라고 본다. 이 기준에 따라서 공개매수를 의무화하는 경우에는 영국이나 EU에서와 같이 의무공개매수제도의 법제화 과정에서 우려하였던 M&A의 투기성을 상당한 정도로 완화할 수 있고, 주식의 소유 집중으로 인한 폐해도 격감시킬 수 있으며, 지배권 취득에 따르는 비용을 무리하게 강제하지 않고 또 지배권을 확보한 후에도 향후에 지배권거래의 여지를 남김으로써 M&A의 활성화도 기할 수 있는 장점이 있을 것이다. 무엇보다도 소수주주에게 보유주식의 매도를 위한 균등한 기회를 제공하므로 지배권의 변경과정에서 우려되었던 소수주주의 불이익을 해소하여 지배주주와 소수주주간의 이해를 합리적으로 조정할 수 있다는 점이 중요한 성과일 것이다.

(2) 50% 이상 보유자에 대한 공개매수의무의 면제

상장회사의 발행주식총수의 1/3 이상을 취득하고자 하는 경우에 공개매수가

의무화되는 경우에도 대상회사의 절대적 지배권을 이미 확보한 경우에 대하여까지 공개매수를 의무화하는 것은 불필요한 비용을 강제하는 것이므로 불합리하다. 여기서 절대적 지배권을 인정할 수 있는 기준은 발행주식총수의 50%로 보는 것이 합리적일 것이다. 영국의 시티 코드와 일본의 증권거래법은 이러한 절대적 기준에 따라 공개매수의무를 면제하고 있다. 따라서 회사의 절대적 지배권을 인정할 수 있는 지분율인 발행주식총수의 50%를 초과하여 이미 보유한 자에게는 공개매수의무를 면제하는 것이 바람직할 것이다. 다만 공개매수의무는 6개월내 10인 미만의 자로부터 사적교섭에 의하여 매수하는 경우에만 면제되는 것이므로, 50% 이상의 주식을 보유한 자가 장외에서 6개월 내 10인 이상의 자로부터 추가로 매수하고자 하는 경우에는 현행대로 공개매수가 강제된다.

The UK Panel on Takeovers and Mergers, The Takeover Code
(May 2006)

SECTION F. THE MANDATORY OFFER AND ITS TERMS

RULE 9

9.1 WHEN A MANDATORY OFFER IS REQUIRED AND WHO IS PRIMARILY RESPONSIBLE FOR MAKING IT

Except with the consent of the Panel, when: -

(a) any person acquires, whether by a series of transactions over a period of time or not, an interest in shares which (taken together with shares in which persons acting in concert with him are interested) carry 30% or more of the voting rights of a company: or

(b) any person, together with persons acting in concert with him, is interested in shares which in the aggregate carry not less than 30% of the voting rights of a company but does not hold shares carrying more than 50% of such voting rights and such person, or any person acting in concert with him, acquires an interest in any other shares which increases the percentage of shares carrying voting rights in which he is interested, such person shall extend offers, on the basis set out in Rules 9.3, 9.4 and 9.5, to the holders of any class of equity share capital whether voting or non-voting and also to the holders of any other class of transferable securities carrying voting rights. Offers for different classes of equity share capital must be comparable; the Panel should be consulted in advance in such cases.

An offer will not be required under this Rule where control of the offeree company is acquired as a result of a voluntary offer made in accordance with the Code to all the holders of voting equity share capital and other transferable securities carrying voting rights.

* * * * *

Ⅱ. 소수주주의 주식매수청구권

1. 발생사유

A기업과 B기업이 결합하려는 경우 합병, 분할, 영업의 양수도후 청산, 공개매수나 교환 등 여러 가지 방법이 가능하다. 우리 회사법은 이들 기업의 구조적 변경을 가져오는 행위시 주주총회의 특별결의를 요하며 이러한 구조적 변경에 반대하는 소수주주는 회사에 주식의 매수를 청구할 권리를 일관되게 규정하고 있다. 다만 간이합병의 경우 존속법인의 주주총회에서의 결의가 필요 없고 소규모합병의 경우 존속법인의 소수주주에게 주식매수청구권이 인정되지 않는다. 그러나, 당사자회사가 상장법인이므로 소수주주가 언제든지 시장에서 매각할 수 있는 경우에도 주식매수청구권을 인정하고 있다.

미국회사법은 기업인수시 인수기업의 주주총회의결이 필요한 것인지, 결의요건은 무엇인지, 소수주주는 언제나 매수청구권을 가지는지에 관하여 주회사법마다 다르다. 많은 주들이 따르고 있는 표준회사법(MBCA)은 기업인수의 형식에 따라서 그 법적인 효과가 다르지 않도록 거래의 실질을 중시하고 있는 반면, 중요한 회사법판례를 만들어나가는 델라웨어주 회사법(DGCL)은 거래의 형식을 중시한다. 미국표준회사법의 경우 삼각합병이나 자산의 인수, 주식교환의 방법으로 기업결합이 이루어지는 경우에도 주주의 매수청구권의 행사가능성에 영향이 없지만, 델라웨어주회사법의 경우 삼각합병의 경우 인수회사가 자회사를 설립하여 자회사가 대상회사를 흡수합병하게 함으로써 모회사주주의 주식매수청구권을,[7] 자산매입형식을 취함으로써

7) DGCL의 경우에는 모회사가 합병의 당사자가 아니므로 소주주주의 주식매수청권이 없으나 MBCA의 경우에는 모회사주주의 권리는 자회사 설립전의 경우와 동일하다. 회사의 자산을

대상회사의 주주들의 주식매수청구권을 피할 수 있다. 따라서, 자산매입의 대가로서 대상회사에 인수회사의 주식을 발행하고 대상회사가 청산하여 그 주식을 주주들에게 배분하여 줌으로써 그 효과가 합병과 동일한 경우 그 효과를 중요시할 것인가(de facto merger theory), 아니면 그 형식을 중요시할 것인가(independent legal significance doctrine) 두 가지 다른 시각이 있다.[8)]

또한, 미국회사법은 인수기업 발행주식총수의 20% 이상에 해당하는 신주가 발행되는 경우에만 주주총회결의를 요하며 주총결의요건도 특별결의가 아니라 인수기업 발행주식총수 또는 출석주주의 과반수에 해당하는 주주의 찬성을 요하는 경우가 많다.[9)] 또한, 인수기업의 주주가 합병후에도 계속 주주로 남는 경우에는 매수청구권이 없다고 규정하거나[10)] 주주총회의 결의를 요하는 경우에도 주식이 거래소에 상장/NASDAQ에서 거래되거나 주주명부상 2,000명 이상의 주주가 있는 경우에는 주식매수청구권이 없다.[11)] 대상회사는 주주총회의 승인을 받아야 하나 주식이 거래소에 상장되어 있거나 합병의 대가로서 현금이나 상장기업의 주식을 받는 경우에는 대상회사의 주주는 주식매수청구권이 없다.[12)]

우리 상법은 발행주식 총수의 100분의 5, 최종 대차대조표상 순자산액의 100분의 2를 기준으로 소규모합병의 예외를 인정하고 있으나 그 범위가 지극히 제한적이나 개정상법에서 100분의 10, 100분의 5, 100분의 20 주주 반대부재로 확대하였다.[13)] 또한, 상장기업의 경우에 주식매수청구권을 인정할 필요가 있는지에 대하여 논란이 있을 수 있으나, 우리는 자본시장법에서 합병, 영업양수도 등의 경우 외부기관의 평가를 받을 것과 합병등 가액산정에 관한 공식을 정하고 있으며[14)] 또한 주

---

drop down하여 자회사를 설립, 양도하는 경우 거래의 실질을 보아서 주식매수청구권을 부여하여야 한다는 이론과 판례도 있다는 것은 위 주 5-17 참조.

8) 제522조의3; 제374조의2; 제360조의5; 제360조의22; 제530조의11.

9) MBCA §11. 4. §11.4 (e)는 정족수가 출석한 총회에서 출석한 주주의 과반수 찬성을 요함. DGCL §251(c) 발행주식총수의 과반수찬성. §251(f)(3) 20%신주발행의 경우에만 주총결의 필요. MBCA §6.21(f)(1)(ii)도 마찬가지.

10) MBCA §13.02(a)(1).

11) DGCL §262(b)(2).

12) MBCA §13.02(b)(1); DGCL 262(b)(2).

13) 제527조의 3.

14) 자본시장법시행령 제176조의 5에서 상장회사간 합병가액을 정하는 것이 바람직한 것인지는 의문. 계열회사간 합병의 경우 100분의 10. 일반회사간 합병의 경우 100분의 30 범위 내에서 할인 또는 할증의 여자는 있지만 지나친 paternalism이 아닐까? 규제당국의 투자자보호를 위한 주식매수청구권 가격까지 정하고 있는 정책적 이유는 무엇일까? 관계부처합동발표 M&A활성화 방안 Ⅲ. 3. M&A제도 절차 개선의 일부로 합병가액 규제완화를 들고 있다. 제

식매수청구권을 행사할 수 있는 주주는 이사회결의사실이 공시되기 이전에 취득하여야 하고 매수청구권 행사시의 주식매수가격에 관한 공식을 정하여 놓고 있다.[15] 따라서 우리는 미국회사법과 같이 소수 주주가 market out option이 있는 경우 주식매수청구권을 부인하고 있지는 않지만, 상장기업의 경우 매수가격 산정을 위한 공식을 정하여 놓음으로써 사실상 매수청구권의 행사가 의미가 없고 따라서 효과면에서는 market out option이 규정되어 있은 것과 동일하여 보인다. 금산법은 유독 감자시 주식매수청구권을 규정하고 있으나 이는 회사법의 특칙으로서 법리적인 고려보다는 정책적인 고려에 기초한 것으로 보인다.[16]

2. 주식의 가치평가[17]

Cede & Co. v. Technicolor, Inc.[18]

MAF가 100% 자회사를 통한 공개매수를 통하여 Technicolor, Inc.의 82.19% 주식을 취득하고 다음 단계로 1983. 1. 24. Technicolor의 나머지 17.81%를 보유하고 있는 소수주주들에게 주당 23불을 지불하고 Technicolor를 흡수합병하였다. 소수주주들은 흡수합병에 반대하여 주식매수청구권을 행사하였다. 소수주주와 회사의 각 감정인이 동일한 현금흐름할인법에 의한 평가결과로 $13.14과 $62.75를 제시했다.

Allen Delaware주 형평법원판사는 현금흐름, 기간, 처분가치와 할인율에 있어서 주주측 감정인인 Rappaport교수의 가정이 합리적이라고 판단하였다. 다만, 할인율을 정하기 위한 자본비용 22.7%를 산정함에 있어서 Rappaport 교수의 가정을 두 가지 점에서 수정하였다. Rappaport 교수는 필름현상 사업부문의 베타값을 Merrill Lynch 1982. 12. 보고서에 기초하여 1.7로 제시하였으나 필름현상사업은 안정적 현금흐름을 가지고 있는 점을 감안하면 직관적으로(intuitively) 1.7은 너무 높고 1982. 10. 9. 이후 Technicolor 이사회와 MAF간 합병합의 이후 가격 변동폭을

2장 참조.

15) 자본시장법 제165조의4, 제165조의5, 동 시행령 제176조의5, 제176조의6, 제176조의7.

16) triggering event의 범위에 관한 비판적인 글로 Bayless Manning, *The Shareholder's Appraisal Remedy: An Essay for Frank Coker*, 72 YALE L. J. 223 (1962).

17) UOP판결 이후 미국의 판례분석은 Rutherford B. Campbell, Jr., *The Impact of Modern Finance Theory in Acquisition Cases*, 53 SYR. L. REV. 1. 미국판례 전체중 3분의 1만이 DCF를 이용하고 있고 나머지는 여전히 자산가치와 전통적인 Delaware block 방법을 사용하고 있다고 한다.

18) 1990 WL 161084 (Del. Ch. 1990).

고려하여 1982. 9.의 1.27을 적절한 베타값으로 결론내린다. 또한 Rappaport 교수의 소자본 프리미엄에 대하여도 필름현상 사업부문은 이미 오래된 사업이고 Technicolor가 독과점적 지위에 있으므로 이에 해당하지 않는다며 이의 적용을 배척했다. 결론적으로 법원은 $21.60과 연이자율 10.72%에 따른 이자를 지급할 것을 명령하였다.

Le Beau v. M.G.Bancorporation, Inc.[19)]

M.G.Bancorporation, Inc.("MGB")는 Mount Greenwood Bank("Greenwood")의 100% 주식과 Worth Bancorp, Inc.("WBC")의 75.5% 주식을 보유하고 있으며 Southwest Bancorp, Inc.("Southwest")는 MGB의 주식 91.68%를 보유하고 있다. 1993. 11. 17. MGB가 Southwest에 간이흡수합병되면서 MGB의 소수주주에게 합병의 댓가로서 주당 41불이 제시되었으나, 소수주주는 주당 41불을 거절하고 주식매수청구권을 행사했다. 주당 41불의 근거는 Southwest가 소수주주의 공정한 매수가액을 정하기 위하여 고용한 투자은행 Sheshunoff의 1993. 10. 28. 보고서이었다.

1994. 3. 15. 주식매수청구권절차를 시작한 소수주주는 Clarke라는 감정인을 고용하였다. Clarke은 주당가격이 85불이라고 증언했다. Clarke는 MGB의 두 자회사 주식가액을 첫째 비교가치산정방법, 둘째 현금흐름할인방법, 셋째 비교취득가액방법으로 산정한 후 지주회사의 경영권프리미엄을 더하고 지주회사의 잔존재산가액을 더하여 85불을 계산해냈다.

Clarke의 비교가치산정방법은 다섯 단계를 거친다. 비교회사를 선정하고, 비교회사의 장부가와 수익가치의 배수를 산정한 후에, MGB의 재무구조 예를 들면 자산에 대한 회수율, 자본에 대한 회수율을 이들 비교회사의 재무구조와 비교하여 이를 수정하고 경영권프리미엄을 더했다. WBC 주당 48.02불, Greenwood 주당 30.44불을 산정하고 1989년에서 1993년 사이 상장법인의 경영권을 취득하면서 지불된 프리미엄을 35%로 계산하여 이를 추가하면 WBC는 주당 62.90불, Greenwood는 주당 39.37불이 나온다. MGB의 WBC에 대한 75.5%주식보유비율을 감안하면 WBC는 주당 47.79불, Greenwood에 대한 100% 주식보유비율을 감안하면 Greenwood는 주당 39.97불이 나온다.

Clarke의 현금흐름할인법은 네 단계를 거친다. 합병이후 10년간 주주에 대한

19) 1998 WL 44993 (Del. Ch. 1999).

현금흐름을 예측하여 이를 가중평균자본비용(WACC: weighted average cost of capital)으로 할인한 후 이에 10년 후 처분가(terminal value)의 현재가치를 더하고 또한 경영권프리미엄을 적용한다. 장래의 현금흐름예측은 Southwest의 투자은행 Sheshunoff가 사용한 수치를 사용하였으며 그 기간도 Sheshunoff가 사용한 10년 기간을 그대로 채택했다. 그러나, Clarke은 WACC을 12%로 정했다. 이에 따르면 WBC의 장래현금흐름의 현재가는 17.251M, 처분가는 14.824M, Greenwood는 10.937M, 9.138M이 나오며 여기에 경영권프리미엄을 적용하면 WBC는 주당 49.14불, Greenwood는 주당 41.11불이 된다.

비교취득가액산정은 MGB의 과거 12개월간 수익과 유동자산의 장부에 적용할 배수에 초점을 맞추었으며 경영권의 매각을 포함한 비교회사의 매도가를 찾아내는 것으로 경영권프리미엄이 특별히 추가되지는 않았다. 위의 세 가지 방법으로 자회사주식가격을 산정한 후에 MGB의 잔존자산가액을 산정하니 잔존자산가액은 주당 9.90불이다. 결론적으로 Clarke의 계산에 따르면 첫 번째 방법상 주당 76.59불, 경영권프리미엄포함 주당 96.76불, 두 번째 방법상 주당 74.75불, 경영권 프리미엄포함 주당 100.15불, 세 번째 방법상 주당 85불이다.

MGB는 Reilly라는 감정인에 의존했다. 그에 따르면 주당 41.90불이 공정한 가액이다. 현금흐름할인법과 자본시장분석이라는 두가지 방법에 따랐으며 경영권프리미엄은 지주회사의 성격상 적절하지 않다는 이유로 이 두 가치산정시 전혀 고려되지 않았다. Reilly는 현금흐름을 합병 이후 5년간만 예측했으며 5년 이후는 너무 투기적이라는 이유에서 전혀 고려하지 않았다. 할인율은 MGB의 자료처리부문에 소송이 계속 중이며 주요공급자에 의존하고 있다는 이유로 18%를 잡았다. 이를 적용하니 주당 42.45불이 현재가치였다. Reilly의 자본시장분석방법은 상장기업을 선정하고 가격배수를 확인한 후 이를 지표가 될 회사에 적용, MGB에 적용할 배수를 찾아서 이를 MGB에 적용하는 방법으로 주당 41.26불이 나온다. 위의 두 가격을 평균하면 주당 41.90불이다.

Jacobs Delaware주 형평법원판사는 Reilly의 자본시장분석법은 금융계에서 일반적으로 인정되는 방법이 아니므로 배척하고 Clarke의 비교가치, 현금흐름할인, 비교취득가액과 Reilly의 현금흐름할인중 비교회사의 선정이 적정하였는지, 기간설정이 유의미하였는지, 할인율산정은 적합하였는지 등을 고려하여 Clarke의 비교취득가액인 주당 84불만을 채택한다.[20]

20) 졸고, 위 주 4-31 게재논문 342-347 참조.

In Re Emerging Communications, Inc. Shareholders Litigation[21)]

Prosser는 Prior와 공동으로 ATN이라는 회사를 설립, 서인도제도의 통신회사 Vitelco와 GT&T를 운영하고 있었다. Prosser와 Prior간 사이가 갈라지면서 ATN이 분할, Prosser는 Innovative사를 통하여 ATN의 새 이름 ECN사의 52%주주가 되었다. Prosser는 당초 Innovative사를 ECN에 합병, 주식을 처분하려 하였으나 시장에서 ECN주식이 저평가되었다고 판단, 시장에서 ECN의 주식을 추가로 매입한 후에 2단계로 상장폐지를 계획한다. 1998. 5. 투자은행을 고용, 주식평가를 의뢰하고 1998. 8. 주당 10.25불에 공개매수로 29% 주식을 취득하였으며 1998. 10. 나머지 주식에 동일한 금액의 현금을 지급하면서 Innovative자회사에 흡수합병하였다. ATN의 소수주주가 주식매수청구권을 행사했다.

Jacobs 델라웨어주형평법원판사는 양당사자가 현금흐름할인법에 따른 평가에는 의견을 같이 하며 현금흐름할인법이 앞으로의 현금흐름에 대한 예측, 현금의 흐름이 끝나는 시점에서의 처분가격, 할인율의 세 구성요소로 구성되어 있는 것에도 이견이 없으나 현금흐름을 어느 시점에서 예측하는 것이 합리적인지, 할인율, 시장가격에 얼마만큼 비중을 둘 것인지, 현금흐름할인법에 따라 산정된 가격이 앞으로의 사업기회 가능성만큼 증가하여야 하는지 네 문제로 다툼을 정리하였다. 예측시점은 가장 최근의 시점을 잡았고, 할인율의 산정을 위한 부채가격은 ATN사가 과거 계속적으로 기채할 때 지불하던 이자율을, 자본부채비율의 산정은 부채는 장기부채금액을, 자본은 합병시 금액을 기초로 하며, 자본가격은 무위험수익율과 시장에서의 자본프리미엄에 베타값을 곱한 수치를 더하여 소자본회사프리미엄을 더하였다.

서울지법 1999. 7. 28.자 99파2041 결정(제일은행)[22)]

금융감독위원회의 위 자본감소 명령 및 신청인 회사의 이사회 결의는 일반 주주들이 가지는 주식을 무상소각하는 것이면서도 일반 주주들에게 주식매수청구권을 부여함으로써, 실질적으로는 위 주식들을 유상소각하는 효과 또는 그 주주들에게 상법상 합병반대 주주 등에게 인정되는 주식매수청구권을 부여하는 것과 유사한 효과를 발생시키는 것이고, 이는 일반 주주들의 재산권을 보장하려는 취지에서 비롯된 것으로 보이는바, 그렇다면 이 사건 주식의 매수 가격은 객관적으로 공정한 가

21) 2004 WL 1305745 (Del. Ch. 2004).

22) 경남은행과 관련된 창원지법 2001. 2. 14.자 2001파1 주식매수가격결정도 동일한 방법을 사용.

치를 반영하여 산정되어야 할 것이고, 통상적인 경우에 있어서 주식의 객관적 가치를 반영하는 시장가치는 일응 이 사건 주식의 매수 가격 결정에 있어서 산정요소에 포함되어야 할 것으로 보인다.

한편, 위 법률에서는 "재산가치와 수익가치등"을 매수 가격의 산정요소로 규정하고 있는바, 이는 재산가치와 수익가치가 주식의 객관적 가치를 나타내는 중요한 지표일 뿐 아니라, 주식의 시장가치가 그 주식의 객관적 가치를 반영하지 못하는 경우도 많으며, 특히 신청인 회사와 같이 정상적 경영이 불가능하여진 부실금융기관에 대하여 위와 같은 자본감소명령이 내려지게 되는데도, 그 주식의 시장가치가 비경제적 요소에 의하여 부당하게 고가로 평가되는 경우가 있을 수 있음을 고려한 것으로 보인다.

그렇다면, 이 사건 주식의 매수가격은 그 재산가치와 수익가치 및 시장가치를 모두 고려하여 산정하는 것이 합리적이라 할 것인바, 앞에서 본 바와 같이 신청인 회사는 정부 등의 자금 투입이 없다면 정상적 영업이 불가능하여 결국 파산상태에 이를 가능성이 많았고, 위와 같은 결과는 결국 신청인 회사의 실질적 소유자인 주주들에게도 그 책임이 있다고 보여지며, 위와 같이 신청인 회사의 영업상태 내지 재정상태가 극도로 악화되었을 뿐만 아니라 신청인 회사에서 사전에 여러 차례에 걸쳐 이 사건 주식이 무상소각될 수 있음을 공시하였음에도 이 사건 주식의 시장가치가 상대적으로 고액으로 유지된 점 등 기록에 나타난 제반사정을 고려하면, 이 사건 주식의 매수 가격은 그 재산가치와 수익가치 및 시장가치를 균등한 비율로 고려하여 산정하는 것이 타당하다 할 것이다.

나. 한편, 앞에서 본 바와 같이, 신청인 회사가 이 사건 주식을 그 주주들로부터 매수한 기간은 1999. 6. 29.부터 1999. 7. 8.까지이나, 금융감독위원회가 신청인 회사에 정부 등의 자금을 출자하도록 하면서 1999. 6. 25. 자본감소명령을 내리고, 신청인 회사는 위 자본감소명령에 따라 1999. 6. 26. 이 사건 주식을 무상소각하는 이사회 결의를 하였는바, 이 사건 주식의 매수 가격은 위와 같은 이사회 결의일 전날인 1999. 6. 25.을 기준으로 산정하는 것이 정부 등의 자금투입 내지 주식 무상소각에 의한 영향을 받기 전의 객관적 가치를 충실하게 반영하는 것으로서 바람직하다고 생각되고, 이는 "정부등의 출자가 이루어지기 전"의 재산가치와 수익가치 등을 고려하도록 한 위 법률의 취지에도 부합하는 것으로 보이며, 주권상장법인의 주식을 보유한 주주의 상법상 주식매수청구권 행사에 있어서 주식매수청구권 발생의 원인이 된 이사회 결의일 전일을 기준으로 주식의 매수가격을 결정하도록 한 증권

거래법 제191조 제 3 항의 규정과도 조화를 이루는 것으로 보인다.

다. 위와 같은 점들을 고려하여 이 사건 주식의 매수 가격을 산정한다.

(1) 우선, 이 사건 주식의 재산가치에 관하여 보면, 앞에서 본 바와 같이 1999. 6. 25. 당시 신청인 회사의 부채가 자산을 초과한 상태에 있었으므로, 그 재산가치는 0원이 될 수밖에 없다.

(2) 다음으로 이 사건 주식의 수익가치에 관하여 보더라도, 앞에서 본 바와 같이 1999. 1. 1.부터 1999. 3. 31.까지의 영업순손실이 금 1조 5,840억 원에 이르렀고, 정부 등의 자금 투입 없이는 더 이상 신청인 회사의 정상적 영업활동이 불가능하였던 점에 비추어 보면, 그 수익가치도 0원으로 산정할 수밖에 없다{한편, 증권회사 등이 유가증권 인수업무를 수행함에 있어서 필요한 세부사항을 정한 유가증권인수업무에관한규정시행세칙(1999. 6. 1.자로 개정된 것) 제17조에서는, 향후 2 사업연도의 추정 재무제표를 기준으로 한 주당 추정이익을 자본환원율로 나누어 주식의 수익가치를 산정하도록 규정하고 있는바, 앞에서 본 바와 같이 정부 등의 자금투입이 없는 상태에서 향후 2 사업연도간 신청인 회사에 수익이 발생한다고 인정하기는 어려우므로, 위 산정방법에 의하더라도 이 사건 주식의 수익가치는 0원이 될 수밖에 없다}.

(3) 다음으로 이 사건 주식의 시장가치에 관하여 보면, 신청인 회사는 주권상장법인이므로 증권시장에서의 거래가격을 기준으로 이 사건 주식의 시장가치를 산정하기로 하되, 그 구체적인 산정방법은 상법상 주식매수청구권 행사에 관하여 적용되는 증권거래법시행령(1999. 5. 27.자로 개정된 것) 제84조의9에서 규정하는 방법(이사회결의일 전일부터 과거 2월간 공표된 매일의 유가증권시장에서 거래된 최종시세가격을 실물거래에 의한 거래량을 가중치로 한 가중산술평균가격과 이사회결의일 전일부터 과거 1월간 공표된 매일의 유가증권시장에서 거래된 최종시세가격을 실물거래에 의한 거래량을 가중치로 한 가중산술평균가격 및 이사회결의일 전일부터 과거 1주간 공표된 매일의 유가증권시장에서 거래된 최종시세가격을 실물거래에 의한 거래량을 가중치로 한 가중산술평균가격을 산술평균하는 방법)에 따르는 것이 적정한 것으로 보이는바, 기록에 의하면, 1999. 6. 25.을 기준일로 하여 위와 같은 방법에 의하여 산정된 이 사건 주식의 시장가치는 금 2,720원이다.

(4) 그렇다면, 이 사건 주식의 매수 가격은 위 재산가치와 수익가치 및 시장가치를 산술평균한 금 907원{(0+0+2,720)÷3}으로 정함이 상당하다 할 것이다.

대법 2006. 11. 23.자 2004마1022 결정(나×권 re 드림씨티은평방송)[23]

[2000. 10. 28. 드림씨티는 은평정보통신주식회사의 발행주식20,000주 전부매수하고 이어서 2001. 1. 31. 은평방송의 주식 69.85% 349,250주 주당 평균 28,633원에 매수하였다. 2001. 3. 26. 은평방송 이사회에서 자매회사인 은평정보통신주식회사와 합병결의하자, 2001. 4. 23 은평방송의 30.15% 주주들은 은평방송에 합병반대의사를 통지하였다. 2001. 4. 26 은평방송 주주총회에서 은평정보통신주식회사와 은평방송의 합병비율 1 대 0.0842 합병안이 승인되었고 2001. 5. 16. 은평방송의 소수주주들은 은평방송에 주식매수청구를 하였다. 2001. 5. 31. 은평방송은 은평정보통신주식회사에 흡수합병되었다.

1, 2심은 2001. 1. 31. 시장가격을 매수가격 28,633원에서 경영권양도대가를 감안하여 30%를 감한 수치 21,640원로, 순자산가치는 합병직후 순자산가액에서 총발행주식수로 나눈 금액 1,386원으로, 수익가치는 상속세및증여세법상 산정방식에 따라 0원으로 산정, 세 수치를 단순산술평균하여 산정하였다.]

… 비상장법인의 순자산가액에는 당해 법인이 가지는 영업권도 당연히 포함된다(대법 2004. 7. 22. 선고 2002두9322, 9339 판결 참조). 원심이 인정한 사실과 기록에 의하면, 은평방송은 서울 은평구에서 종합유선방송사업을 영위할 수 있었고, 은평정보통신 주식회사와 은평방송의 합병 당시 은평방송의 영업권 및 경영권 양도대가 상당액이 9,681,810,688원으로 평가되었으므로, 위와 같은 영업권도 포함하여 순자산가치를 계산함이 상당하다고 할 것이다. 그럼에도 불구하고, 원심이 은평방송의 영업권을 전혀 고려하지 않은 채 은평방송의 1주당 순자산가치를 1,386원으로 판단한 것은 순자산가치에 관한 법리를 오해하여 결정에 영향을 미친 위법을 저지른 것이라고 할 것이다.

유선방송사업의 경우 초기에 방송장비 및 방송망 설치 등의 대규모 시설투자가 필요한 반면, 그 이후에는 인건비 등의 비용 이외에는 추가비용이 크게 필요하지 않고, 일정수 이상의 가입자가 확보되면 월 사용료 상당의 수입이 안정적으로 확보된다는 특색이 있기 때문에, 가입자의 수, 전송망의 용량, 지역 내 독점 여부 등을 기초로 한 미래의 수익률이 기업가치 내지 주식가치를 평가하는 데 중요한 고려요소라고 할 것이다(대법 2005. 4. 29. 선고 2005도856 판결 참조). 기록에 의하면,

---

23) 서울서부지원 2004. 3. 24.자 2001파41 결정; 서울고법 2004. 10. 28.자 2004라282 결정.

은평방송의 가입자수가 1998년 15,843명, 1999년 29,254명, 2000년 42,080명으로 점차 증가하고 있었으므로, 그 기준시점 당시 은평방송이 서울 은평구에서 독점적으로 종합유선방송사업을 영위할 수 있었는지 여부, 종합유선방송업의 현황 및 전망, 거시경제전망, 회사의 내부 경영상황, 사업계획 또는 경영계획 등을 종합적으로 고려하여 주식의 수익가치를 산정하는 것이 주식의 객관적인 가치를 반영할 수 있는 보다 적절한 방법이라고 할 것이다. 그럼에도 불구하고, 원심에서 은평방송이 합병 당시 3년간 적자가 누적된 상태에서 자본잠식에 이를 정도로 그 경영상태가 좋지 않았고, 과거 영업실적이나 현재 상태에 비추어 특별히 미래의 수익가치가 현재의 수익가치를 현저히 초과하여 현재의 수익가치로는 기업의 수익가치를 제대로 반영할 수 없다고 볼 만한 사정이 존재하지 않는다는 이유만으로 상속세및증여세법 시행령 제54조 제 1 항, 제56조 제 1 항 규정에 따라 과거 3년간 1주당 순손익액만을 기초로 하여 은평방송의 1주당 수익가치를 0원으로 산정한 것은 미래의 추정이익에 의한 수익가치 산정에 관한 법리를 오해하여 결정에 영향을 미친 위법을 저지른 것이라 할 것이다.

시장가치, 순자산가치, 수익가치 등 여러 가지 평가요소를 종합적으로 고려하여 비상장주식의 매수가액을 산정하고자 할 경우, 당해 회사의 상황이나 업종의 특성, 위와 같은 평가요소가 주식의 객관적인 가치를 적절하게 반영할 수 있는 것인지, 그 방법에 의한 가치산정에 다른 잘못은 없는지 여부에 따라 평가요소를 반영하는 비율을 각각 다르게 하여야 한다. 앞서 본 바와 같이 드림씨티가 2001. 1. 31. 은평방송의 주식 69.85%가 되는 349,250주를 매수한 거래가액 28,633원에 경영권의 양도 대가가 포함되어 있다고는 하나, 위와 같은 거래는 합병에 관한 이사회 결의가 있기 전 2개월도 안 되는 시점에 이루어진 것으로, 위 거래가액에서 경영권의 양도 대가에 상당하는 액수를 공제한 액수는 주식에 대한 여러 가지 평가요소가 적절한지 여부를 판단하는 결정적인 기준이 된다고 할 것이다. 그런데 원심이 은평방송 주식의 순자산가치를 1,386원으로, 수익가치를 0원으로 산정하게 된 데에는 앞서 본 바와 같은 잘못이 있을 뿐만 아니라, 위 거래가액에서 경영권의 양도 대가에 상당한 액수를 공제하여 산정된 시장가치 22,025원과 차이가 심하여 위 순자산가치와 수익가치를 이 사건 주식의 매수가액을 산정하는 평가요소로 고려하기에는 적절치 않다고 할 것이다. 기록에 의하면, 2001. 3. 10.경 한국케이블티브이 관악방송의 주식 52,672주(총발행주식의 4.39%)가 1주당 약 37,970원, 합계 20억 원에 매도되었고, 서초종합유선방송의 주식 97,443주(총발행주식의 4.39%)가 1주당 약 55,417

원, 합계 54억 원에 매도된 것으로 보인다. 따라서 위와 같은 업체가 은평방송과 동일한 업종을 영위하는지 여부, 당해 법인의 자산규모, 가입자 수 등을 비교하여, 위 거래가액에서 경영권의 양도 대가를 공제하여 산정한 은평방송의 1주당 시장가치 22,025원이 적절한지 여부를 판단하고, 위와 같이 산정한 시장가치가 적절하지 않다고 볼 수 있는 특별한 사정이 없고, 달리 은평방송의 순자산가치와 수익가치의 적정한 평가금액을 산출하기 어려운 경우에는 그와 같이 적절하게 평가된 시장가치를 은평방송 주식의 공정한 가액으로 인정하여 매수가액을 결정할 수도 있을 것이다.

그럼에도 불구하고, 원심이 위와 같이 산정한 시장가치, 순자산가치, 수익가치라는 세 가지 요소들 중 특별히 어느 요소를 가중하여 평균을 구할 근거를 발견할 수 없다는 이유로 위 세 가지 가격을 단순히 산술평균하여 은평방송 주식의 매수가액을 7,803원으로 산정한 것은 비상장주식의 매수가액 결정시 평가요소의 반영비율에 관한 법리를 오해하여 결정에 영향을 미친 위법을 저지른 것이라고 할 것이다.

대법 2006. 11. 23.자 2005마958 결정(이×연 re 대우전자)[24)]

… 주식매수가액의 결정요소들은 주식매수청구권 발생의 원인이 된 이사회 결의일 전일을 기준일로 하여 산정하는 것이 타당하다고 할 것인바, 이 사건의 경우 대우전자 이사회에서 2002. 9. 30. 이 사건 영업양도를 결의하였으므로, 그 전날인 2002. 9. 29.을 기준일로 하여 주식매수가액을 산정하기로 한다. …

(가) 주식의 시장가치

주식매수가액 산정 기준일인 2002. 9. 29. 당시의 대우전자 주식의 시장가치에 관하여 살피건대, 앞에서 본 바와 같이 위 기준일 이전인 2002. 4. 13. 대우전자의 주식은 이미 상장폐지되어 위 기준일 당시에는 그 공정한 시장가격을 확인할 수 있는 객관적인 지표가 기록상 존재하지 않는다. … 즉, 대우전자 주식은 상장폐지 정리기간 중에도 대우전자의 회생 가능성 및 재상장의 가능성 등을 염두에 두고 꾸준히 일정한 시장가격을 유지하며 주식의 거래가 지속되었던 점, 상장폐지 정리기간이 지난 후 이 사건 영업양도 결의가 발표되어 이러한 주주들의 기대가 깨져버리기 전까지는 대우전자 주식가격에 특별히 영향을 미칠 요인이 존재하지 아니하였던 점 등을 종합하면, 이 사건 대우전자 주식의 매수가액산정 기준일인 2002. 9. 29. 당시의 시가는 위 상장폐지 정리기간 중의 평균 시가를 기준으로 하여 정함이 상당하다

24) 서울서부지법 2004. 3. 24.자 2001파41 결정; 서울고법 2005. 8. 11.자 2005라37 결정.

고 할 것이므로, 이 사건 주식의 시장가치는 위 기간 중의 평균 가격인 408원으로 정하여 이를 매수가액결정에 반영하기로 한다.

(나) 1주당 순자산가치

이 사건 대우전자 주식의 매수가액산정 기준일인 2002. 9. 29. 당시의 대우전자의 순자산가액은 기록상 알기 어려우나, 기록에 첨부된 영화회계법인이 작성한 '자산 및 부채 실사보고서'에 의하면, 2001. 12. 31. 당시 대우전자의 자산가액은 1,893,754,000,000원, 총 부채는 약 5,580,349,000,000원, 순자산가액은 −3,686,595,000,000원, 총 발행주식수는 보통주 89,688,481주인 사실이 인정되고, 그 이후 2002. 9. 29.까지 자산, 부채 및 발행주식수에 커다란 변동이 있었다고 보이지 않으므로, 2002. 9. 29. 당시 대우전자 주식의 1주당 순자산가액은 -41,104원(-3,686,595,000,000원/89,688,481주)으로 산정된다. 다만, 주주의 유한책임을 고려하여 위 주식의 1주당 순자산가치를 0원으로 정하여 반영하기로 한다.

(다) 계 산

따라서 이 사건 주식매수가액은 2002. 9. 29. 당시 주식의 시장가치 408원과 1주당 순자산가치 0원을 1: 1의 비율로 고려하여 평균한 204원[(408+0)/2]으로 산정한다.

… 영업양도 등에 반대하는 주주의 주식매수청구에 따라 그 매수가액을 결정하는 경우, 특별한 사정이 없는 한 주식의 가치가 영업양도 등에 의하여 영향을 받기 전의 시점을 기준으로 수익가치를 판단하여야 하는데, 이때 미래에 발생할 추정이익 등을 고려하여 수익가치를 산정하여야 한다.

따라서 원심에서, 이 사건 영업양도를 통하여 수익을 산출할 수 있는 사업부문의 자산을 모두 대우모터공업 주식회사(2002. 10. 29. '주식회사 대우일렉트로닉스'로 상호가 변경됨. 이하 '대우일렉트로닉스'라 한다)에게 양도함으로써 향후 사업을 계속하면서 수익을 창출하기 어려울 것으로 보인다는 이유 등으로 이 사건 주식매수가액을 산정하면서 주식의 수익가치를 고려하지 않은 것은 부적절하다고 할 것이다. 그러나 당해 사건에서 미래의 수익가치를 산정할 객관적인 자료가 제출되어 있지 않거나, 수익가치가 다른 평가방식에 의한 요소와 밀접하게 연관되어 있어 별개의 독립적인 산정요소로서 반영할 필요가 없는 경우에는 주식매수가액 산정시 수익가치를 고려하지 않아도 된다 할 것인바, 기록에 의하면, 대우전자의 추정재무제표 등 미래의 수익가치를 산정할 객관적인 자료가 제출되어 있지 않을 뿐만 아니라, 대우전자가 경영구조개선을 통한 매출액의 증가와 수익성의 증대로 2001년 약

3,500억 원의 이익을 냈는데도, 수조 원의 부채와 그로 인하여 연 5,000억 원 정도에 이르는 막대한 금융비용의 부담 등으로 전체적인 손익은 적자가 될 수밖에 없었던 점이 인정된다. 이러한 사정에 비추어 볼 때 대우전자 주식의 수익가치는 순자산가치가 증가되지 않고서는 증가되기 어려운 관계에 있었다고 할 것이므로, 위 법리에 따라 이 사건에 있어서는 수익가치를 순자산가치와 별도의 독립된 가치로 반영하지 않고, 수익가치와 밀접하게 연관되어 있는 순자산가치만을 주식매수가액 산정시 반영함으로써 족하다 할 것이다.

서울중앙지법 2005. 11. 3.자 2004비합151 결정(이×근 re 두산산업개발)

… 가. 사건본인은 건축 공사업 및 주택사업 등을 목적으로 하는 주권상장법인으로서 2001. 4. 16. 이 법원으로부터 회사정리절차 개시결정을 받은 이래 회사정리절차 계속 중에 있다가 2004. 1. 10. 이 법원으로부터 회사정리절차 종결결정을 받았다.

나. 2004. 1. 13. 사건본인과 두산건설 주식회사(이하 '두산건설'이라고 한다)와의 합병추진계획이 발표되었고, 이어 사건본인이 두산건설을 흡수 합병하는 안건에 관하여 2004. 2. 13. 이사회 결의, 2004. 3. 26. 임시주주총회 결의를 거쳐 2004. 5. 6. 합병 등기가 마쳐졌으며, 사건본인은 임시주주총회 결의일인 2004. 3. 26. 상호를 기존의 '고려산업개발 주식회사'에서 '두산산업개발 주식회사'로 변경하였다.

다. 신청인들은 사건본인이 발행한 주식을 증권예탁원에 예탁한 실질주주들로서 신청인들이 보유한 사건본인의 주식수는 별지 제2호를 기재와 같이 합계 495,511주(이하 '이 사건 주식'이라고 한다)인데, 신청인들은 사건본인에게 위 2004. 2. 13.자 이사회 결의에 대한 반대의사를 통지하고, 주식매수청구기간인 2004. 3. 27.부터 2004. 4. 15.까지 사이에 주식매수를 청구하였다.

라. 신청인들은 사건본인이 제시한 주식매수 예정가격인 보통주 1주당 2,128원에 반대하였고, 이에 2004. 4. 23. 신청인들과 사건본인 사이에 매수가격에 대한 협의가 있었으나 매수가격에 대한 합의는 이루어지지 않았다. 한편, 신청인들을 포함하여 합병에 반대하여 사건본인에게 주식매수를 청구한 주주들의 전체 보유 주식수는 4,335,366주에 달하나 신청인들을 제외한 나머지 주주들은 사건본인이 제시한 위 예정가격에 반대하지 아니하였다.

3. 주식매수가격의 결정

가. 주식매수가격의 결정 요소

증권거래법은 주권상장법인의 합병에 따른 법원의 주식매수가격결정에 관하여 아무런 규정을 두고 있지 않으나, 증권거래법 제191조 제 3 항 단서, 증권거래법시행령 제84조의9 제 2 항은 주주와 당해 법인 사이에 매수가격에 대한 협의가 이루어지지 않을 경우 유가증권시장에서 거래가 형성된 주식은 ① 이사회결의일 전일부터 과거 2월(동 기간 중에 배당락 또는 권리락으로 인하여 매매기준가격의조정이 있는 경우로서 배당락 또는 권리락이 있은 날부터 이사회결의일 전일까지의 기간이 7일 이상이 되는 경우에는 그 기간)간 공표된 매일의 유가증권시장에서 거래된 최종시세가격을 실물거래에 의한 거래량은 가중치로 한 가중산술평균가격, ② 이사회결의일 전일부터 과거 1월(동 기간 중에 배당락 또는 권리락으로 인하여 매매기준가격의 조정이 있는 경우로서 배당락 또는 권리락이 있은 날부터 이사회결의일 전일까지의 기간이 7일 이상이 되는 경우에는 그 기간)간 공표된 매일의 유가증권시장에서 거래된 최종시세가격을 실물거래에 의한 거래량을 가중치로 한 가중산술평균가격, ③ 이사회결의일 전일부터 과거 1주간 공표된 매일의 유가증권시장에서 거래된 최종시세가격을 실물거래에 의한 거래량을 가중치로 한 가중산술평균가격을 구하여 위 ①, ②, ③에 의한 산술평균가격을 매수가격으로 정하도록 하고 있으므로, 위와 같은 방법에 의하여 산정된 주식의 시장가치는 이 사건 주식의 매수가격결정에 있어서도 주요한 산정요소가 된다 할 것이고, 또한 이 사건 주식과 같이 공개된 유가증권시장 또는 코스닥 시장에서 대규모로 거래가 이루어지는 경우에는 위 증권거래법 시행령의 규정 취지나 주주들이 시장에서 형성된 가격과 정보를 기초로 주식 투자에 임한다는 점을 감안할 때, 원칙적으로 주식의 시장가치만에 의해, 시장가치가 정보의 편재, 주식 과점 상태의 심화, 합병 발표 등으로 인한 외부영향, 주가 조작 등 투기적 요인 등에 의해 주식의 정상 가치를 제대로 반영하지 못하고 있다고 판단될 경우에는 주식의 객관적 가치를 나타내는 중요한 지표인 순자산가치(회사의 자산총액에서 부채총액을 공제한 금액을 발행주식총수로 나눈 가액)와 수익가치(회사의 장래 수익을 일정한 자본환원율에 따라 현가화한 금액을 발행주식총수로 나눈 금액)도 주식의 매수가격결정에 있어서 함께 고려되어야 할 것이다.

돌이켜 이 사건에 관해 보건대, 기록상 드러나는 다음과 같은 제반 정황 즉, ① 사건본인이 2001. 4. 16.부터 2004. 1. 10.까지 회사정리절차 계속 중에 있었던 관계로 주식의 시장가치가 순자산가치에 비하여 상당히 저평가되어 있는 것으로 보이는 점, ② 합병 전 사건본인의 대표이사가 노동조합에 두산건설과의 합병을 통고함으로써 이사회에서의 합병 결의일보다 한 달이나 앞선 시점에서 주식시장에 합병계획이 알려지게 된 점, ③ 이후 부채율, 자기자본율 등이 합병 이전의 사건본인보다 현저하게 열악한 상태에 있던 두산건설과의 합병 건으로 인해 주식 가격이 지속적인 하락세를 유지하였던 점, ④ 사건본인 발행주식 총수의 70% 이상을 두산건설, 두산중공업 등 두산그룹 산하 계열사가 보유하고 있었던 점, ⑤ 이 법원의 증권거래소 이사장에 대한 사실조회 결과에 의하면 2003. 3. 경부터 2003. 9. 경까지 사이에 미공개 정보를 이용한 내부자의 단기매매가 있었던 사실이 소명되는 등 사건본인의 주가가 외부 세력에 의해 조작되었을 가능성이 상당히 높은 것으로 보이는 점 등을 고려해 보면, 증권거래법 시행령의 규정에 따른 시장가치만을 가지고 이 사전 주식의 객관적 가치를 파악하기는 어렵다고 보인다. 따라서 이 사건 주식의 매수가격 산정은 시장가치 외에 순자산가치, 수익가치 등을 적절히 안분하여 이루어져야 할 것이다.

나. 각 산정요소들의 구체적인 가액

(1) 먼저 순자산가치에 관하여 보건대, 기록에 의하면 2003. 12. 31. 현재 사건본인의 발행주식총수는 55,648,975주이고 순자산총액은 504,839,259,319원인 사실이 소명되는 바, 순자산총액을 발행주식총수에 따라 나눈 1주당 순자산가치는 9,054원이고, 이는 이 사건 합병 당시까지 동일한 것으로 추정된다.

(2) 다음으로 수익가치에 관하여 보건대, 이 법원의 대주회계법인에 대한 사실조회결과에 의하면, 2004. 2. 13.자 이사회의 합병 결의일에 가까운 2003. 12. 31.을 기준으로 한 사건본인 주식의 1주당 수익가치는 최소 −785원(2004 회계연도 재무제표에 반영되지 않은 기타의 대손상각비와 매도가능증권감액손실을 2005 회계연도에 반영한 경우)에서 최대 2,348원(위 기타의 대손상각비 및 매도가능증권감액손실의 회수가능성을 100%로 인식할 경우)인 사실이 소명되는바, 본래 주식의 수익가치란 현재의 시점에서 미래의 현금흐름을 예측하여 이를 수치화한 것이므로 자산가치나 시장가치에 비해 상당히 불확실한 속성을 지니는 것이고, 이 사건에서와 같이 수익가치가 일정한 금액으로 확정되지 못하고 조건에 따라 최소금액으로부터 최대금액까지의 범위만 정하여진 상황에서는 기업회계기준을 비롯한 각종 회계 관련 규정에 수익가치를 임의적으로 산정할 수 있는 명시적인 규정이 존재하지 아니하는 한, 법원이 추정적인 입장에서 재량에 의해 그 가액을 확정할 수밖에 없다고 할 것

인데, 대주회계법인이 사건본인의 2004년도 영업외손익의 추정치를 계산함에 있어 산정한 기타의 대손상각비와 매도가능증권감액손실이 2004년 회계연도의 재무제표에 반영되지 않았다고 하여 그 전액을 비용 누락으로 보아 2005년도 추정치에 반영하는 것은 2004년 회계연도의 실제 결산내역과 대비하여볼 때, 적절치 아니한 것으로 보이고, 그렇다고 하여 대주회계법인의 2004년도 추정치 산정기준이 완전히 부당하다고 볼만한 근거도 기록상 제시되어 있지 아니하므로, 이 사건에서는 앞서 대주회계법인이 제시한 최소금액과 최대금액을 산술평균한 781원(－785원＋2,348원)/2원 미만버림)을 사건본인의 1주당 수익가치로 봄이 상당하다고 보인다.

(3) 마지막으로 시장가치에 관하여 보건대, 기록에 의하여 증권거래법 및 증권거래법시행령의 규정에 따라 계산한 사건본인의 1주당 시장가치는 2,128원인 사실이 소명된다.

다. 각 산정요소들에 대한 가중치

나아가 위 산정요소들의 가중비율에 관하여 보건대, 주식가치에 관한 각 요소의 가중비율을 어느 정도로 할 것인지는 당해 회사의 성격, 영업성적, 사업현황 및 주변의 경제여건 등 구체적 사정들을 고려하여 판단하는 것이 합리적이라 할 것인데, 앞서 본 바와 같이 사건본인 주식의 시장가격이 정상적인 기업가치를 그대로 반영하였다고 보기 어렵고, 또한 사건본인과 같은 건설회사의 경우 공사를 수주한 후 2, 3년이 경과된 뒤에야 손익상황이 좋아지는 것이 일반적인데 사건본인의 경우 장기간 회사정리절차 계속 중에 있었던 관계로 수주현황이 좋지 않았음에도 불구하고 수익가치를 산정함에 있어 비교적 단기인 향후 2년간의 추정치만에 의하여 계산된 점, 사건본인 주식의 수익가치 감정을 실시한 회계법인은 사건본인으로부터 제출받은 자료에 근거하여 수익가치를 평가하였는데, 사건본인이 제출한 자료에 의해 산출된 사건본인의 2004 회계연도 추정치와 외부감사인에 의한 사건본인의 2004 회계연도 결산분 사이에 상당한 격차가 존재하는 점에 비추어 볼 때, 사건본인이 감정을 맡은 회계법인에 제출한 자료의 신빙성에 상당한 의심이 가는 점 등을 고려해보면, 이 사건 주식의 매수가격은 그 순자산가치, 수익가치, 시장가치를 각 2 : 1 : 1의 비율로 고려하여 산정함이 타당하다고 하겠다.*

* 서울고법 2008. 1. 29.자 2005라878 결정은 수익가치를 배제하고 합병계획발표일 전일기준 자산가치와 시장가치를 평균하였으나 대법 2011. 10. 13.자 2008마264 결정은 시장가치만으로 족하다는 취지로 파기환송. 과거 증권거래법, 지금의 자본시장법상 공식에 대한 비판은 이승철, 주식매수청구권에 관한 증권거래법규정에 대한 비판적 검토, 105 저스티스 81, 96-

노트와 질문

1) 이사의 충실의무위반으로 인한 회사의 손해산정시에는 순자산가치만을 고집하면서, 주식매수가격 산정시에는 자산가치뿐만 아니라 수익가치, 시장가치를 고려하여야 한다고 보는 법원의 근거는 무엇인가? 순자산가치를 고집하는 가장 커다른 이유는 수익가치 산정시 평가자의 자의에 대한 우려인데, 주식매수가격 산정시에만 객관적인 수익가치의 산정이 가능한 것인가?
2) 수익가치를 산정함에 있어서 합병의 결과로서의 기업가치의 변화도 고려하여야 하는가? 합병시 합병비율을 산정하기 위한 존속법인과 소멸법인의 기업가치산정에 관하여는 제22장 참조.
3) 주식매수청구권을 행사한 주주는 소수주식의 보유자에 해당하는 바, 소수주식의 제한된 시장성을 이유로 일정한 감액이 필요한가?
4) 주식매수청구권을 행사한 주주는 이사의 충실의무위반을 이유로 손해배상을 구할 수는 없는가? 즉, 주식매수청구권은 유일한 구제수단인가? 주식매수청구권을 행사하지 아니한 주주가 손해배상을 구하는 경우 손해는 어떻게 산정하여야 하는가?
5) 대법 2011. 10. 13.자 2008마264 결정에서 대법원은 원심이 시장주가가 상장기업의 객관적 가치를 반영하지 못한다고 쉽게 단정하였다는 이유로 파기환송. 대법원의 시장가치에 대한 무한한 신뢰의 근거는 무엇일까? 본 사안에서 대법원의 그 결론이 타당한가?

문제 11

A주식회사는 태양광발전판을 생산하는 연간 매출 1,000억 정도의 상장법인이며 K가 주식 35%를 소유하고 있는 지배주주이자 대표이사이다. A주식회사는 최근 그린산업수요의 증가로 주문이 폭주하여 주문량의 50% 정도밖에 맞추지 못하고 있다.

1) 태양열발전사 S사는 K에게 주당 30,000원에 매각할 것을 제의하였다. K가 S와 가격을 협상하던 중 S사의 경쟁사인 P사가 A주식회사에 최근 시가에 30%프레미엄을 붙인 주당 26,000원에 인수합병을 제의하였다. A주식회사 이사회는 이를

97 (2008. 8.) 참조.

저평가된 것이라는 이유로 거절하였다. K는 S사와 협상을 진행, 주당 32,000원에 매각하기로 합의하였다. K는 충실의무를 위반한 것인가?

2) S사는 K에게 주당 26,000원에 살 테니 이사회에서 S사가 지명하는 T를 이사로 선임하여 달라고 요구한다.
3) S사는 K에게 A사와의 합병을 제의했다. 이에 K는 자신의 주식을 살 것을 반대로 제의했다.
4) S사는 K에게 주당 26,000원에 살테니, 나머지 주주들에게는 22,000원에 사겠다는 제의를 전달하여 달라고 한다.[25)]

25) DETLEV F. VAGTS, BASIC CORPORATION LAW, 617 (3rd 1989) 참조.

제12장
기업인수 자금조달

기업인수 내지 취득에 대한 대가는 기업 인수의 법적 수단이 합병이든, 주식매수이든 혹은 영업양수도이든 관계없이, 크게 현금, 현금의 지급을 약속하는 유가증권, 또는 인수기업의 주식이다. 약속어음은 극히 예외적인 경우에 사용되는데, 어음이 지급거절되는 경우 대상기업과 인수기업의 다른 채권자들간 인수기업의 잔존재산에 대한 권리의 우선순위가 문제될 수 있다. 채권자들간 지급의 우선순위를 정하는 소위 후순위계약(subordination agreement)이나 채권자간계약(intercreditor agreement)을 체결하여 이들 채권자간 우선순위에 관하여 합의한다고 하더라도 이러한 계약이 인수기업의 회생절차에서 어떤 법적 효력을 가질지는 불확실하다.

합병의 경우 현재의 회사법에 따르면 존속법인의 주식을 소멸법인의 주주에게 발행하는 것이 원칙이며 예외적으로 단주처리의 범위내에서 합병교부금의 지급이 가능하다. 개정상법은 합병의 대가로서 주식뿐 아니라 금전이나 그밖의 재산으로 지급가능하도록 하여 소위 교부금합병(cash-out merger)도 가능하도록 하고 있다.[1] 교부금합병이 가능하도록 법을 개정하고자 하는 취지는 합병대가를 유연화하여 기업조직의 확장 또는 변경을 용이하게 하기 위한 것이다. 그러나, 우리나라의 경우 기업인수의 방법으로 합병보다는 지배주식의 취득이 더 많으며 지배주식의 취득대가는 예외없이 현금이라는 점을 감안하면 교부금합병이 기업집단내 계열사간 정리의 경우를 제외하고 얼마나 일반적인 기업조직의 확장 또는 변경을 용이하게 할지는 의문이다. 합병의 대가로서 금전이 아닌 금전의 지급을 약속하는 채무증서를 발행할 수 있다는 측면에서는 합병촉진의 효과가 있을 수 있다.

인수자금이 현금일 경우 자금의 조달을 쉽게 하여 기업의 인수를 활발하게 하기 위한 방법으로 인수회사가 특수목적회사를 세우고 특수목적회사가 대상회사의

1) 제523조 제 4 호.

현금흐름 내지 영업성과를 담보로 차입을 한 후 이를 인수대금으로 지급하는 소위 차입매수가 한 방법일 것이다.[2] 또한 인수회사가 특수목적회사를 세우고 모회사의 주식을 인수의 대가로 발행하는 소위 삼각합병(triangular merger)이 가능하다면 이 또한 인수기업의 자금부담을 줄이는 또 다른 방법이 될 수 있다. 삼각합병에 관하여도 개정상법안은 합병대가가 모회사의 주식일 수 있음을 규정하여 이를 가능하게 하고 있다.[3] 마지막으로 우리나라에서는 주로 지주회사의 설립과 관련하여 활용되지만, 교환공개매수 역시 주식으로 그 대가를 지급할 수 있다는 측면에서 현금의 필요성을 줄이는 방법이다. 본장은 기업인수를 위하여 필요한 현금수요를 줄일 수 있는 방법으로서의 위 세 가지 주제에 대하여 논하기로 한다.

Ⅰ. 차입매수

Michael C. Jensen, *Eclipse of the Public Corporation*, HARV. B. REV. 5-7, 9, 15 (Sept.-Oct. 1989, revised 1997)[4]

The public corporation is a social invention of vast historical importance. Its genius is rooted in its capacity to spread financial risk over the diversified portfolios of one millions of individuals and institutions and to allow investors to customize risk to their unique circumstances and predilections. By diversifying risks that would otherwise be borne by owner-entrepreneurs and by facilitating the creation of a liquid market for exchanging risk, the public corporation lowered the cost of capital. These tradable claims on corporate ownership(common stock) also allowed risk to be borne by investors best able to bear it, without requiring them to manage the corporations they owned.

From the beginning, though, these risk-bearing benefits came at a cost. Tradable ownership claims create fundamental conflicts of interest between those who bear the risk(the shareholders) and those who manage risk(the

2) LBO의 거래구조와 형사적 책임에 관하여는 제14장에서 논하고 본장에서는 거래구조만을 다룬다. 금융기관으로부터 차입을 포함한 광범위한 논의는 이상현, *기업인수를 위한 자금조달*, 자본시장연구원 M&A 연구회 4월 정기세미나 자료 (2010. 4. 15).

3) 제523조의2.

4) SSRN working paper series로서 ssrn.com에서 읽을 수 있다.

executives). The genius of the new organization is that they eliminate much of the loss created by conflicts between owners and managers, without eliminating the vital functions of risk diversification and liquidity once performed exclusively by the public equity markets.

In theory, these new organizations should not be necessary. Three major forces are said to control management in the public corporation: the product markets, internal control systems led by the board of directors, and the capital markets. But product markets often have not played a disciplining role. For most of the last 60 years, a large and vibrant domestic market created for U.S. companies economies of scale and significant cost advantages over foreign rivals. Reversals at the hands of the Japanese and others have not been severe enough to sap most companies of their financial independence. The idea that outside directors with little or no equity stake in the company could effectively monitor and discipline managers who selected them has proven hollow at best. In practice, only the capital markets have played much of a control function in the corporation — and for a long time they were hampered by legal constraints.

Indeed, the fact that takeover and LBO premiums average 50% above market price illustrates how much value public-company managers can destroy before they face a serious threat of disturbance. Takeovers and buyouts both create new value and unlock value destroyed by management through misguided policies. I estimate that transactions associated with the market for corporate control unlocked shareholder gains (in target companies alone) of more than $500 billion between 1977 and 1988 — more than 50% of the cash dividends paid by the entire corporate sector over this same period.

The widespread waste and inefficiency of the public corporation and its inability to adapt to changing economic circumstances have generated a wave of organizational innovation over the last 20 years — innovation driven by the rebirth of "active investors." By active investors I mean investors who hold large equity or debt positions, sit on long-term strategic direction of the companies they invest in, and sometimes manage the companies themselves.

Active investors are creating a new model of general management. These investors include LBO partnerships such as Kohlberg Kravis Roberts and Clayton & Dubalier, entrepreneurs such as Carl Icahn, Ronald Pereleman, Laurence Tisch, Robert Bass, William Simon, Irwin Jacobs, and Warren Buffett; the merchant banking arms of Wall Street houses such as Morgan Stanley, Lazard Freres and Merrill Lynch; and family funds such as those controlled by the Pritzkers and the Bronfmanns. Their model is built around highly leveraged financial structures, pay-for-performance compensation systems, substantial equity ownership by mangers and directors, and contracts with owners and creditors that limit both cross-subsidization among business units and the waste of free cash flow. Consistent with modern finance theory, these organizations are not managed to maximize earnings per share but to maximize value, with a strong emphasis on cash flow. …

A central weakness and source of waste in the large public corporation is the conflict between shareholders and managers over the payout of free cash flow — that is, cash flow in excess of that required to fund all investment projects with positive net present values when discounted at the relevant cost of capital. For a company to operate efficiently and maximize value, free cash flow must be distributed to shareholders rather than retained. But this happens infrequently; senior management has few incentives to distribute the funds, and there exist few mechanisms to compel distribution.

Schematic representation of the correspondence between the typical

[그림 12-1]

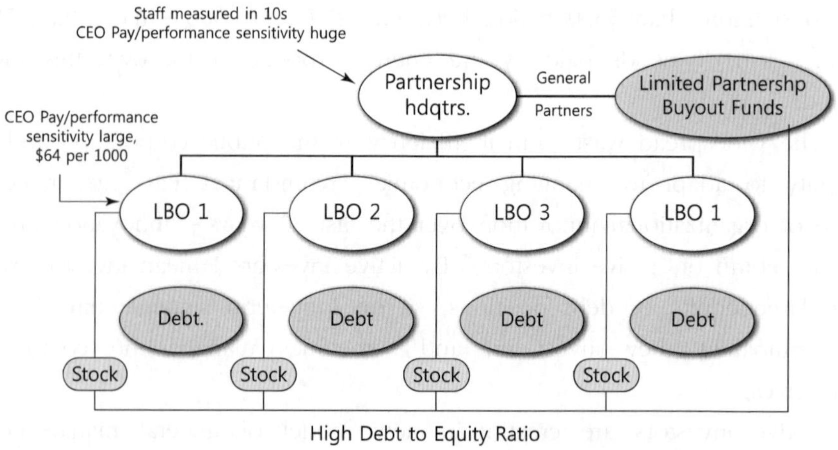

diversified firm and the typical LBO association which are competing organizational forms. The LBO association is headed by a small partnership organization that substitutes compensation incentives (mostly through equity ownership) and top-level oversight by a board with large equity ownership for the large bureaucratic monitoring of the typical corporate headquarters. For simplicity the boards of directors of each LBO firm has been omitted. The LBO Partnership Headquarters generally holds 60% of the stock in its own name or that of the Limited Partnership find and controls each of these boards.

서울고법 2004. 10. 6. 선고 2003노3322 판결(검사 v. 김×환)5)

(나) 소위 'LBO방식'의 개념 정의 및 구조

기업인수·합병의 한 방식으로 사용되고 있는 소위 'LBO'란 기업인수·합병에 있어서 취득하고자 하는 대상회사의 자산을 직접 또는 간접으로 담보로 제공하여 기업인수자금을 외부로부터 조달하고, 그것을 기초로 특정한 공개회사를 매수하는 기법을 말하는 것으로 LBO방식의 특징은 기업의 인수·합병에 있어 그 인수자금의 대부분을 자기자본이 아닌 타인자본에 의존한다는 점에 있다. LBO방식은 기업인수에 필요한 자금을 조달하기 위하여 피인수기업의 부동산이나 주식, 채권 등의 자산을 담보로 사용하며, 기업인수 후에는 피인수기업의 자산을 매각하여 그 채무를 상환하거나 경영개선 등의 방법으로 피인수기업의 가치를 높인 다음 이를 매각하여 그 차익을 실현하는 등의 방법으로 이익을 취하게 된다.

이러한 LBO방식에 의한 기업인수·합병에 있어 피인수기업의 자산을 이용하는 방법으로는 ① 인수자가 피인수기업의 자산을 양수받고 그 양수받은 자산을 담보로 자금을 차입하여 자산 양수대금을 지급하는 방법, ② 인수자가 차입한 자금으로 피인수기업의 주식을 취득하고 피인수기업의 자산을 인수자의 차입금의 담보로 제공하는 방법, ③ 인수자가 새로운 회사(소위 Paper Company)를 설립하여 그 회사로 하여금 자금을 차입하여 피인수기업의 주식을 취득하도록 하는 방법으로 피인수기

5) 원심은 서울지법 남부지원 2003. 11. 28. 선고 2003고합145 판결. 대법의 파기환송 이후에도 고법과 대법간 한미은행으로부터의 대출과 관련하여 이견이 있었으며 이 판결을 추적하려면 대법 2006. 11. 9. 선고 2004도7027 판결; 서울고법 2007. 7. 5. 선고 2006노2544 판결; 대법 2008. 2. 28. 선고 2007도5987 판결; 서울고법 2008. 6. 4. 선고 2008노707 판결 참조. 제17장에서 형사적 책임범위에 관하여 살펴본다.

업을 인수한 다음 피인수기업과 새로운 회사를 합병하여 합병 후 존속하게 되는 회사가 기존의 차입금 채무를 상환하는 방법 등이 있다.

그런데 이러한 LBO방식에 의한 기업인수는 주로 회사의 자산이 그 잠재능력에 비하여 저평가되었다고 판단되는 경우 즉, 현 소유주나 경영진의 경영능력이 떨어져서 회사의 잠재능력을 최대한 활용하지 못하고 있다고 판단되는 경우에 많이 이용되는데, 이와 같은 LBO방식에 의한 기업인수의 경우 궁극적으로 기업인수를 위하여 차입한 채무는 피인수기업의 부담이 된다고 할 것이므로 LBO방식에 의한 기업인수의 성공 여부는 적시에 기업인수에 필요한 자금을 얼마나 저렴한 비용으로 조달할 수 있으며, 그 차입금을 얼마나 효과적으로 변제할 수 있는가에 달려있게 되고, 이러한 이유 때문에 LBO방식에 의할 경우에 적은 자본으로 거대기업을 인수할 수 있는 기회가 주어진다고는 해도 인수자에게 자금조달 능력이 없는 경우에는 그 성사를 쉽게 기대할 수 없는 것이다.

(다) 본건에 있어서의 쟁점

피고인은 위와 같은 LBO방식으로 신한회사를 인수함에 있어 위 항에서 본 피인수기업의 자산을 이용하는 방법 중 ③의 방법을 택한 것으로 보인다(다만 현재까지도 신한회사와 S&K회사의 합병은 이루어지지 않았으나, 위 합병 문제는 인수기업이 금융기관에 대하여 부담하고 있는 채무의 해결방법에 관한 것으로서 LBO방식의 기업인수에 있어 필수적인 요건은 아니라고 보이며, 피고인은 뒤에서 보는 바와 같이 신한회사로부터 자금을 차용하여 S&K회사의 대출금 채무를 변제하는 방식을 사용하고 있으므로 신한회사와 S&K회사는 합병의 필요성이 그다지 크지 아니하여 합병을 하지 않은 것으로 보인다).

(라) 인정되는 사실

원심이 적법하게 조사, 채택한 증거들을 종합하면, 다음과 같은 사실을 인정할 수 있다.

① 1999. 3.경에 부도가 발생한 신한회사는 같은 해 9. 3. 서울지방법원 파산부에 회사정리절차를 신청하여(당시 신한회사의 총 채무는 약 4,515억 원 상당이었다) 2000. 2. 3. 같은 법원으로부터 회사정리절차개시결정을 받고, 같은 해 9. 1.에는 회사정리절차 인가결정을 받았다(회사정리절차 인가결정의 조건은 위 총 채무액 중 10%에 해당하는 부분은 채권자들로부터 탕감받고, 65%에 해당하는 부분은 채권자들이 출자전환하며, 25%에 해당하는 1,342억 원은 공소외 1 회사가 채권자들에게 5년 거치 5년 분할상환 조건으로 2010년까지 변제하기로 하는 내용이었다).

② 피고인은 회사정리절차가 진행중이던 신한회사를 인수대상기업으로 선정하여 2000. 10.경 안건회계법인에 신한회사에 대한 기업가치평가를 의뢰하여 위 법인으로부터 같은 달 26. 신한회사의 기업가치가 1주당 1,361원 정도에 해당한다는 평가보고서를 수령한 다음, 본격적인 신한회사의 인수를 위하여 2000. 11.경 미국 현지에 피고인을 대표이사로 하는 S&K World Inc(이하 'S&K World'라고만 한다)를 설립하였고, 같은 해 11. 21.에는 신한회사의 주요 채권자들과 사이에 S&K World가 신한회사의 인수에 있어 우선협상대상자 지위를 취득하는 것을 내용으로 하는 양해각서를 작성하였다.

③ S&K World는 2001. 3. 10. 신한회사와 사이에, 신한회사가 발행하는 신주를 미화 2,000만불 이상으로 정해 S&K World가 인수하기로 하는 내용의 신주발행을 위한 합의서(MOU)를 작성하였고, 같은 달 12. 위 같은 법원으로부터 그에 대한 허가를 얻었으며(수사기록 제984면, 이하 수사기록은 '수'라고만 표시한다), 이에 기하여 2001. 4. 30. 신한회사와 S&K World 사이에, S&K World가 신한회사가 발행한 신주를 미화 2,000만불 상당액에 인수하기로 하는 내용의 신주인수계약을 체결하고, 같은 법원으로부터 같은 해 5. 2. 그 허가를 얻었다(수 제997면).

④ 그 후 피고인은 외자도입의 실패로 S&K World 명의로는 신한회사의 인수에 필요한 자금의 조달이 어렵게 되자 국내 금융기관으로부터 그 자금을 조달할 목적으로 2001. 5. 23. 피고인을 대표이사로 하고 주된 사업목적을 주택건축 및 분양업 등으로 하는 S&K회사를 설립한 다음, 같은 달 28. S&K회사, 신한회사 및 S&K World와 사이에, 위 2001. 4. 30.자 신주인수계약에 따른 S&K World의 모든 계약상의 권리·의무를 S&K회사가 승계하기로 하는 내용의 합의서를 작성하고, 같은 달 30. 위 법원으로부터 위 인수계약승계에 대한 허가를 얻었고(수 제1001면), 같은 달 31. 당초의 위 신주인수계약에 따른 신주인수대금을 '미화 2,000만불 상당액'에서 '한화 260억 원'으로 변경하는 내용의 신주인수계약 변경 합의서를 작성하고, 같은 해 6. 5. 같은 법원으로부터 그에 대한 허가를 얻었다(수 제1004면).

⑤ S&K World의 대표이사이던 피고인은 2001. 5. 25. 동양종금과 사이에, 신한회사의 법정관리 종결 후에 신한회사가 동양종금에게 90억 원을 지급함으로써 동양종금이 신한회사에 대하여 보유하고 있는 잔여정리채권을 포함한 모든 채권이 자동 소멸되는 것으로 하고, 신한회사가 보유하고 있는 채권에 대하여 동양종금이 질권설정한 것들도 이를 모두 해지하기로 하는 내용의 약정을 체결하였고, 다시 피고

인은 신한회사의 대표이사로 취임한 후인 2001. 6. 15. 동양종금과 사이에, 신한회사가 동양종금에게 지급할 금액을 96억 원으로 인상하는 내용으로 위 약정을 갱신하였으며(수 제63-68면), 위 약정에 따라 2001. 6. 27. 신한회사는 96억 원을 동양종금에 지급하였다.

⑥ 피고인은 2001. 6. 4. S&K회사가 신한회사의 유상증자에 참여하여 취득하게 될 신한 회사의 발행 주식 520만주(액면가 5,000원, 260억 원 상당)에 대하여 S&K회사는 동양종금에게 근질권을 설정하여 주고, S&K회사가 신한회사를 인수한 이후에는 신한회사의 소유인 이 사건 담보부동산에 대하여 동양종금에 근저당권을 설정하여 주기로 약정하고 에스앤드케이 명의로 동양종금으로부터 350억 원을 대출받았고(위 대출금은 2001. 12. 31., 2002. 6. 30., 같은 해 12. 31.에 각 80억 원씩, 2003. 6. 4.에 나머지 110억 원을 변제하기로 약정하였다), 그 후 같은 달 25. 신한회사는 이 사건 담보부동산에 대하여 채권자 겸 근저당권자를 동양종금으로, 채무자를 에스앤드케이로, 근저당권 설정자를 신한회사로, 채권최고액을 350억 원으로 한 근저당권설정계약을 체결한 다음, 같은 해 7. 3.부터 같은 달 9.까지 사이에 이 사건 담보부동산에 대한 근저당권설정등기를 경료하였다.

⑦ 이와 별도로 피고인은 2001. 6. 5. 주식회사 한미은행(이하 '한미은행'이라고 한다) 서여의도지점과 사이에, S&K회사가 신한회사의 정리채권자인 나라종합금융 등으로부터 양수하기로 한 정리채권 원금 합계 620억 원 상당을 우선 담보로 하여 S&K회사가 한미은행으로부터 320억 원을 대출받기로 하고, 그 후 S&K회사가 신한회사를 인수한 이후에 신한회사가 현금 시재로 보유하고 있는 320억 원을 한미은행에 예치하여 이를 위 대출금에 대한 담보로 제공하고 그 대신 위 정리채권에 대한 담보를 해지하기로 약정한 다음 S&K회사 명의로 320억 원을 변제기를 같은 해 12. 5.로 정하여 대출받았고, 같은 달 9. 위 약정에 따라 공소외 1 회사가 보유하고 있던 자금으로 한미은행에 정기예금으로 320억 원(계좌번호 생략)을 예치한 다음, 같은 달 12. 신한회사 소유의 정기예금을 위 대출금에 대한 담보로 제공하기로 하는 내용으로 신한회사의 이사회 결의를 거쳐, 같은 달 13. 위 정기예금 채권을 질권의 목적물로 하고 한미은행을 채권자 겸 근질권자, 에스앤드케이를 채무자, 신한회사를 근질권설정자로 하는 근질권설정계약을 체결하였다.

⑧ 피고인은 위 대출금 합계 670억 원을 가지고, 그 중 260억 원은 2001. 6. 4. S&K회사의 신주인수에 따라 S&K회사가 신한회사에 납부하여야 할 유상증자 대금이라는 용도로 동양종금의 S&K회사계좌(계좌번호 생략)에 예치하였다가, 같은

달 7. 공소외 1 회사가 발행한 기명식 보통주 520만주를 주당 5,000원씩에 제3자 배정 방식으로 인수하면서 그 주식인수대금으로 납입하였으며(수 제407, 416면), 같은 달 8. 나라종합금융 등 신한회사에 대한 10개 채권단으로부터 그들이 보유하고 있던 신한회사의 주식 5,116,933주를 9,903,676,000원에(액면가 2만원권은 주당 1,300원씩에, 액면가 5만원권은 주당 2,000원씩에 인수하였음), 정리채권 원리금 합계 66,509,969,049원(원금 62,033,371,760원+이자 4,476,597,289원) 상당을 당시 현재가치로 할인한 28,324,818,324원에 각 인수하면서 그 자금으로 38,228,494,324원을 사용하고(수 제146면), 또 동양종금 등 금융기관에 대한 여신취급 수수료 등 명목으로 23억 2,800만 원을 지급하는 등 위 대출금 중 합계 665억 5,700만 원 상당을 모두 신한회사의 인수를 위한 자금으로 사용하였다.

⑨ 서울지방법원 파산부는 2001. 6. 7. 신한회사의 관리인 공소외 4가 신청한 대로 신한회사가 S&K회사로부터 납부받은 유상증자 대금 260억 원을 변제일 2001. 6. 8.로 정하여 조기변제하는 것에 동의한 신한회사에 대한 정리담보권자 및 정리채권자에 대하여 그 채권 중 일부를 현재가치로 할인한 금액으로 조기변제하는 것을 내용으로 한 정리담보권 및 정리채권 조기변제 허가신청을 허가하였으며(수 제586면), 위 허가에 따라 신한회사는 한미은행을 통하여 2001. 6. 8. 신한회사에 대한 정리담보권자 및 정리채권자의 채권원리금 23,022,856,481원(원금 21,144,917,346원+이자 1,877,939,135원)을 현재가치로 할인한 16,113,846,224원을 위 정리담보권자 등에게 각 송금하여 주어 위 각 채무를 변제하였다(수 제587면).

⑩ 피고인은 2001. 6. 7. 위 같은 법원으로부터 신한회사의 대표이사로 선임허가를 받아(당시 S&K회사가 보유한 신한회사 발행주식은 10,316,933주로서 그 지분비율은 66.2%에 이른다) 그 등기까지 경료하였고, 같은 달 8. 같은 법원에 회사정리절차 종결신청을 하여 같은 날 위 법원은 신한회사에 대한 회사정리절차를 종결하였다.

⑪ 피고인은 2001. 8. 23. 주식회사 하나은행(이하 '하나은행'이라고 한다) 동여의도지점과 사이에, 이자가 비싼 위 한미은행으로부터의 대출금을 대체하기 위하여 신한회사가 하나은행에 대하여 보유하고 있는 정기예금 320억 원(계좌번호 생략)을 근질권의 목적물로 하고 하나은행을 채권자 겸 근질권자, 에스앤드케이를 채무자, 신한회사를 근질권설정자로 한 근질권설정계약을 체결하고 에스앤드케이 명의로 하나은행으로부터 320억원을 대출받아 위 2001. 6. 4.자 한미은행의 대출금 채무를 변제하였다.

⑫ 신한회사의 회사정리절차 종결 이후 피고인이 신한회사의 경영정상화를 위하여 노력한 결과, S&K회사가 신한회사를 인수할 당시 즉 신한회사의 법정관리 종결 당시 신한회사가 정리담보권자 및 정리채권자에 대하여 부담하고 있던 총 채무는 103,481,934,000원(정리담보권자에 대한 채무 8,879,374,000원+정리채권자에 대한 채무 94,602,560,000원)이었는데, 이것이 2001. 12. 31.에는 87,625,229,000원으로, 2002. 12. 31.에는 73,744,954,000원으로 감소하였으며(수 제965, 1282면), 2001. 10.경부터 2003. 2.경까지 사이에 신한회사는 조달청이 발주한 병점역사 공사 등 총 9,259억 원 상당의 공사를 수주하여 현재 공사 진행 중이거나 그 공사를 이미 완료하였고, 2003. 7.에는 약 2,400억 상당의 규모인 천안민자역사 건설공사를 수주하는 등으로 피고인의 신한회사 인수당시인 2001. 6.경 국내 건설업계 도급순위 55위에 불과하였던 것이 2001. 말에는 51위로, 2002.에는 50위로, 2003.에는 47위로 그 순위가 상승하였으며, 신한회사의 순자산가치(자산−부채)도 2001. 3. 당시 888억 원 정도에 불과하던 것이 같은 해 6. 30.에는 1,187억원, 2002. 12. 31.에는 1,254억원, 2003. 6. 30.에는 1,262억원으로 증가하였고, 2003. 상반기에는 우리나라 전체 상장법인 중 매출 증가율 8위를 기록하는 등 비약적인 회사의 성장을 이룩하였다.

[그림 12-2] 신한 LBO 사례: 거래구조도

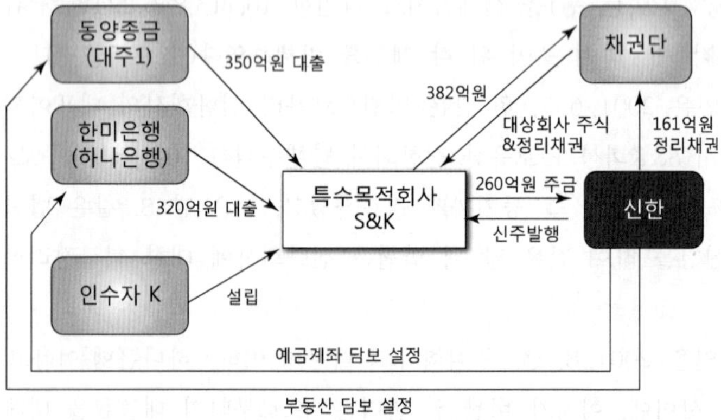

부산지법 2009. 2. 10. 선고 2008고합482 판결(검사 v. 현×현)6)

① 동양그룹은 최초 한일합섬을 인수하기 위하여 서류상의 회사(SPC)를 설립한 다음, 피인수기업인 한일합섬 내에 유보되어 있던 현금성 자산 1,700억 원 상당을 담보로 제공하여, 위 SPC 명의로 금융기관으로부터 대출을 받아 인수대금의 상당부분을 지급하는 방식(소위 "LBO방식")에 의하여 한일합섬을 인수한다는 'H 프로젝트' 계획에 따라 인수작업을 진행하던 중, 우선협상대상자로 선정된 2006. 12. 26. 이후 본격적으로 한국산업은행과 인수대금차입 협상을 진행하는 과정에서, 위 은행 담당자로부터 인수회사가 아무런 대가 없이 피인수회사의 자산을 담보로 제공하는 위와 같은 인수방식은 배임죄에 해당된다는 취지의 법원 판결(대법 2006. 11. 9. 선고 2004도7027 판결)로 인하여 대출이 불가하다는 답변을 받고 계획을 변경하여, 동양메이저산업 및 동양그룹 계열사의 자산을 담보로 대출을 받거나 계열사의 자금으로 인수자금을 조달하는 대신 동양메이저산업과 한일합섬을 합병하기로 한 사실, ② 동양메이저산업은 2007. 1. 30. 공동대주인 한국산업은행, 주식회사 우리은행, 산은캐피탈 주식회사, 수산업협동조합중앙회로부터 한일합섬 인수대금으로 4,725억 원을 대출받으면서, 그 대출금의 담보로 동양메이저가 보유하는 액면가 5,000원인 보통주 및 동양메이저산업, 동양매직, 동양레저 등이 추후 인수하게 될 1주당 발행가 17,050원의 한일합섬 신주에 대하여 근질권설정계약을, 인수계약이 취소될 경우 등의 계약상 인수대금반환청구권과 한일합섬 입금계좌에 대한 반환청구권 및 한일합섬이 발행하여 동양메이저산업이 인수하게 될 2,000억 원 상당의 사채에 대하여 양도담보계약을 체결하였고, 연대보증을 한다는 의미에서 추가로 동양메이저가 자금제공의무를 부담한다는 내용의 자금보충약정을 체결함으로써, 대출계약을 체결할 당시는 물론 동양메이저가 한일합섬을 합병한 2008. 5. 13.까지 직접 한일합섬의 자산을 동양메이저산업의 위 대출금채무에 대한 담보로 제공한 적은 없었던 사실, ③ 위 대출계약에 의하면, A대출금 2,000억 원은 사채인수대금으로, B대출금 1,700억 원은 신주인수대금으로 사용하되 계약체결일로부터 3개월, B대출금이 모두 인출되는 날, 약정의 효력이 상실되는 날 중에서 먼저 도래하는 날에 상환하기로, C대출금 375억 원은 대출이자, 수수료 등의 비용에 사용하되 최초 인출일로부터 15개월이 되는 날, 동양메이저산업과 정리회사(한일합섬)의 합병등기가 완

6) 부산고법 2009. 6. 25. 선고 2009노184 판결(한일합섬사건)과 대법 2010. 4. 15. 판결로 무죄가 확정되었다. news.mt.co.kr에서 대법 최종선고에 대한 보도.

료되는 날로부터 1개월, C대출금이 모두 인출되는 날 중에서 먼저 도래하는 날에 상환하기로, D대출금 650억 원은 구주매입비용으로 사용하되 계약체결일로부터 3개월, 대출금이 모두 인출되는 날, 약정의 효력이 상실되는 날 중에서 먼저 도래하는 날에 상환하기로 되어 있는 사실 및 위 약정에 따라 동양메이저산업이 실제 한일합섬의 인수대금으로 대출받은 금액은 4,667억 원인 사실, ④ 자본금 5,000만 원으로 설립된 동양메이저산업은 동양메이저의 사채발행 및 동양그룹 계열사 자금 등 추가로 약 1,000억 원의 자본을 투자받은 사실, ⑤ 동양메이저는 위 공소사실에 기재된 이사회 결의절차를 제외하고는 주주 및 채권자 보호절차, 합병비율산정 방식 등 관계 법령에서 정하고 있는 방법과 절차를 거쳐 동양메이저산업과 한일합섬을 순차로 합병하였고, 이에 대하여 각 합병무효의 판결은 확정된 바 없는 사실 등을 인정할 수 있다.

[그림 12-3] 한일합섬 LBO 사례: 거래구조도

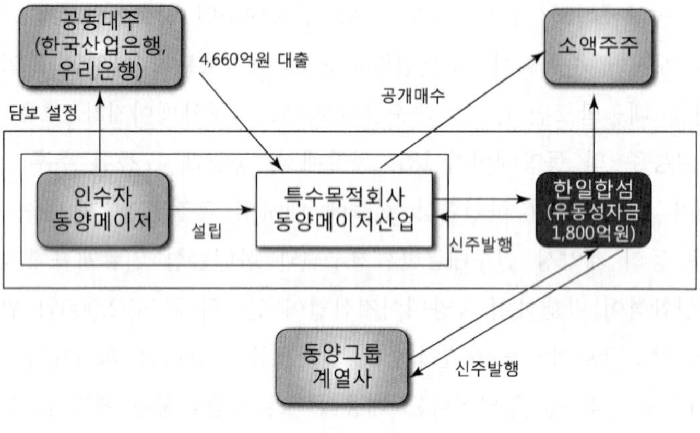

노트와 질문

1) 인수목적의 서류상 회사 S&K는 대상회사인 신한회사의 부동산과 예금채권을 각각 동양종금과 한미은행에 담보로 제공하고 동양종금으로부터 350억을, 한미은행으로부터 320억을 대출받아 이 자금으로 정리절차가 진행중인 신한회사의 신주를 인수하고 정리채권을 변제하며 채권자의 주식을 매수하였다. 인수목적의 서류상의 회사 동양메이저산업이 한일합섬의 인수자금대출을 위하여 금융기관에 제공한 담보는 무엇인가? 아래 거래구조도상 한국까르푸를 인수하기 위하여 설립한 서류상의 회사가 한국까르푸의 주식을

인수하기 위한 자금대출을 위하여 금융기관에 제공한 담보는 무엇인가? 대상기업인 한국까르푸가 그 주주의 주식매도를 위하여 자신의 부동산을 담보로 제공하였지만, 인수회사의 주주가 이행보증을 하였으니 상당한 대가를 받은 것으로 형사상 배임의 문제가 없는 것인가?

[그림 12-4] 한국까르푸 거래구조도7)

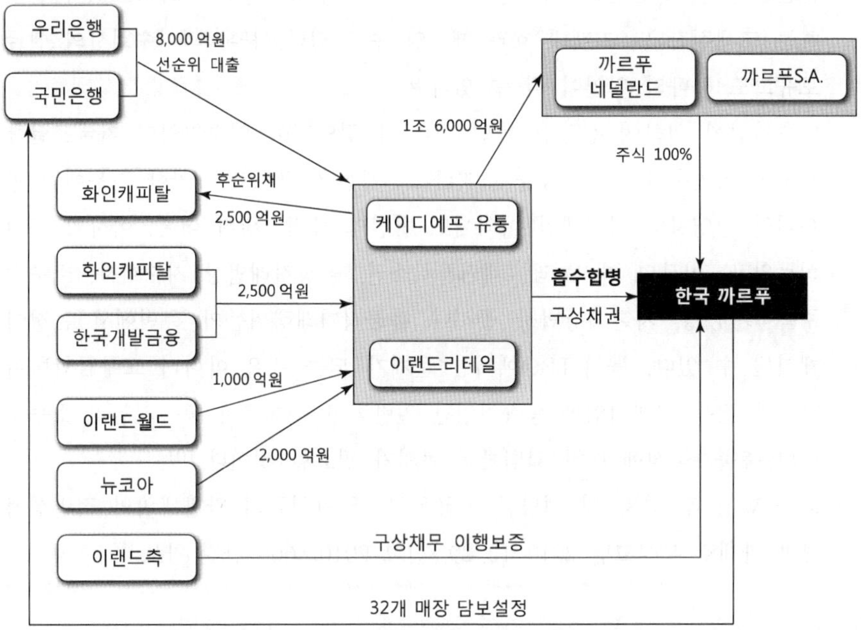

2) 초기 LBO의 주체는 인수회사의 경영진이었기에 LBO와 MBO는 거의 동일한 의미로 쓰였다. 지배주주의 가족이 기업을 경영할 만한 능력이 없거나 지배주주가 가족에게 사업을 넘겨줄 의사가 없는 경우 이러한 기업을 인수하기 시작한 것이 사모펀드의 시초로서 사모펀드도 거의 예외없이 LBO의 형태를 취한다. 이들이 기업인수합병시장에서 주연급으로 자리를 잡은 것은 1990년대 이후의 일이다. LBO가 완료되면 상장기업인 피인수기업은 상장폐지절차를 통하여 폐쇄회사로 바뀌게 되는 경우가 많아서 폐쇄회사화(going private)라는 거래와도 대부분 겹친다. LBO는 그 효과 면에서 피인수기업이 자기자산으로 상당한 자본을 환급하고 주식을 소각한 것과 유사

7) 이종구, LBO의 현황 및 이슈(2007. 6. 26).

하나, 지배주주의 변경없이 자본구성이 변경되는 것에 불과한 자본재구성 (capital restructuring: recapitalization)과는 개념상 구별된다.8)

3) 피인수기업은 인수 후 서류상의 회사의 엄청난 부채를 부담하여야 함에도 불구하고 어떻게 가치를 창출할 것을 예측, 제시하여 대주를 설득시킬 수 있을까? 경영진의 경영능력상의 변화 때문일 수도 있고, 피인수회사의 낭비 없는 철저한 현금관리 때문일 수도 있으며 부채비율이 증가됨으로써 발생하는 조세절감 및 지렛대 효과 때문일 수도 있다. 물론 피인수회사의 현금 보유고도 하나의 원인이 될 수 있다.9)

4) 인수기업에 의하여 선임된 피인수기업의 경영진이 인수기업의 자금조달을 위하여 피인수기업이 보증을 서거나 그 자산을 담보로 제공한 경우에 피인수기업 경영자의 형사책임 이외에도 법인의 목적외행위 이론, 이사의 충실의무위반, 이사의 자기거래, 채권자취소권, 공정거래법상 지주회사, 소수주주축출가능성, 자본시장법상 공시나 불공정거래행위등의 측면에서 논점이 제기될 수 있다. 특히 LBO에서만 문제가 되는 것은 아니며 교부금합병이 가능한 경우 지배기업과 종속기업간 일반적인 문제로서 종속기업의 소수주주의 축출가능성에 대한 입법론적 논의가 필요할 것이다.10)

5) 최근 합병 후 감자 및 배당금 지급을 통한 차입금의 반환행위의 적법성에 관한 판례로 부산고법 2010. 12. 29. 선고 2010노669 판결 참조.

Ⅱ. 삼각합병11)

삼각합병의 경우 인수회사가 자회사를 설립하고 자회사가 대상회사를 흡수합병하면서 대상회사의 주주들에게 인수회사의 주식을 교부한다. 역삼각합병의 경우 대

8) 이의 구분 및 한국기업인수를 위하여 외국의 PEF가 취한 구조에 관하여는 김규진/성민섭/김유경/이종성/김락중, Private Equity 투자, 238-276 & 361-397 (2005)를 참조.

9) 졸고, LBO와 배임: redux, 634 법조 313-318 (2009. 7) 참조.

10) 이창원/이상현/박진석, LBO의 기본구조 및 사례분석, 24 BFL 6-24 & 신희강/류경진, LBO 거래의 실행과 법적 문제, 29-38 (2007. 7).

11) 제 5 장 및 제11장 참조. 도형 5-2상의 역삼각합병은 대상기업이 자회사를 설립하고 인수회사가 대상회사의 자회사로 흡수합병되는 것을 설명한 것이고 본건의 역삼각합병은 인수회사의 자회사가 대상회사로 인수합병되는 것을 말한다. 송종준, 역삼각합병제도의 도입을 둘러싼 상법상의 쟁점, 33 상사법연구 35, 54-64 (2014); 윤영신, 삼각합병제도 도입과 활용상의 법률문제, 32 상사법연구 9, 20-36 (2013) 참조.

상회사가 자회사를 설립하고 자회사가 인수회사를 흡수합병하면서 인수회사의 주주들에게 대상회사의 주식을 교부한다. 전술한 바와 같이 삼각합병의 경우 미국의 주회사법에 따라서 주식매수청구권이 발생하지 아니할 수 있지만, 언제나 주식을 교부하는 것은 아니고 현금이 교부될 수도 있다는 측면에서 삼각합병이 모두 현금수요를 줄이기 위한 것은 아니다.

모회사가 부분자회사를 100%자회사로 만들기 위한 소위 현금교부금합병(cash-out merger)도 통상 삼각합병의 형식을 취한다.12) 모회사는 보유하고 있는 자회사 주식을 출자하여 100% 자회사를 만들고 100% 자회사를 기존의 부분자회사로 흡수합병시키면서 존속법인인 부분자회사의 소수주주들에게 현금을 교부하여 축출하는 방법도 전형적인 삼각합병의 형태라고 할 수 있다. 존속법인의 주주를 포함하여 합병당사자의 주주들에게 교부하는 합병의 대가가 다양하기에 아래 판례에서처럼 여러 가지 변형이 가능하다.

*Rauch v. RCA Corp.*13)

GE는 RCA를 인수할 목적으로 GESub을 설립하고 GESub가 RCA에 흡수합병되면서 존속법인인 RCA의 주주들은 현금을 즉, 보통주는 66.50불, 3.65불 누적적 우선주는 42.50불, 3.50불 누적적 우선주는 40불 현금을, 받았으며 GE는 소멸법인

[그림 12-5] GE-RCA 거래도

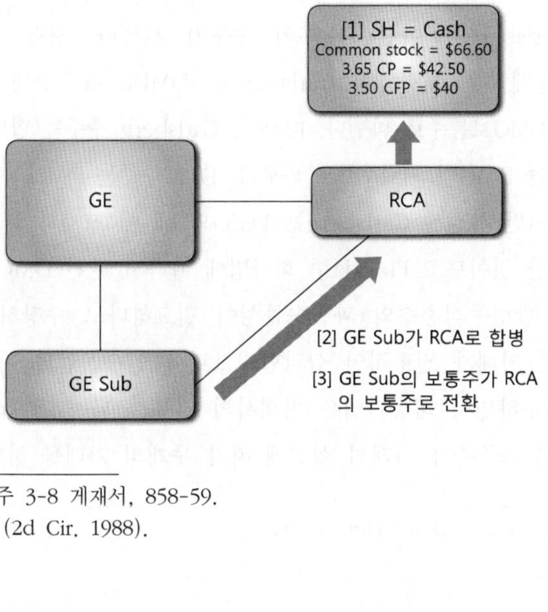

12) Partnoy, 위 주 3-8 게재서, 858-59.
13) 861 F.2d 29 (2d Cir. 1988).

인 GESub의 주주로서 존속법인 RAC의 주식을 받았다. RCA의 4불 누적적 우선주는 합병의 조건에 따라서 합병전 소각되었다. 합병의 결과 GE의 주주에는 전혀 변화가 없이 RCA는 GE의 100% 자회사가 되었다. RCA의 정관에 따르면 3.50불 누적적 우선주주는 회사가 우선주식을 상환, 소각할 시 주당 100불을 지급받을 권리가 있다. RCA는 합병의 대가로서 3.50불 누적적 우선주주들에게 현금을 지급하면서 정관상 우선주 상환시 지급하여야 할 금액보다 적은 금액을 지급하였고 이는 정관규정에 위반한다는 이유로 손해배상을 구하는 집단소송을 제기당하였다. 법원은 RCA의 정관에 따르면 회사가 우선주식을 소각할 시 100불을 지급하여야 하는 것이 맞지만, 본건의 거래는 명백하게 델라웨어주 회사법상 합병에 관한 규정에 근거하여 진행된 것으로 델라웨어주 회사법상 하나의 조문에 근거하여 진행되는 거래는 법적으로 독립된 것이며 그 회사법상 행위의 유효성은 동일한 효과를 가져 오는 다른 조문에 영향을 받지 않는다고 판시하였다.

Equity Group Holdings v. DMG, Inc.[14)]

DMG는 DMI의 지주회사로서 뉴욕증권거래소에 상장되어 있는 법인이다. DMG는 1980. 10. 28. 기업조직개편시 설립된 회사로 DMI의 주주는 당연히 DMG의 주주로 되었다. 1983년 DMG, Carlsberg, Carlsberg Resources는 주식매매계약을 체결, DMG는 Carlsberg Resources가 보유하고 있는 Carlsberg의 전환우선주 125,000주를 매입하고 우선주 2M주를 발행하여 Carlsberg의 주주인 Carlsberg Resources는 Carlsberg가 아닌 DMG의 주주가 되었다. 같은 날 DMG, DMI, Carlsberg는 합병계약을 체결하여 Carlsberg는 DMI로 흡수합병되고 Carlsberg의 주식은 12.5M의 DMG보통주로 바뀐다. 따라서, Carlsberg 주주는 합병후 DMG의 보통주 64%를 보유하는 DMG의 지배주주로 바뀐다. DMG주주는 DMG가 형식상 합병의 존속법인이기는 하지만 사실상 Carlsberg는 DMG의 세 배 크기의 회사로서 Carlsberg가 DMG를 합병한 것이므로 Florida주 회사법에 따라서 본건 DMG/DMI/Carlsberg 합병에는 DMG 발행주식총수의 과반수찬성이 필요하다고 주장하며서 거래중지를 청구하였다. 본건 거래가 전형적인 삼각합병으로서 인수기업의 자회사가 대상회사의 모든 것을 인수하면서 대상기업은 자회사의 일부가 되는 거래라는 데에는 다툼이 없으며 다만 원고주주가 거래의 실질에 따라 두개의 거래를 하나의 거래로 보아

14) 576 F. Supp. 1197 (S.D. of Florida, 1983).

[그림 12-6] carlsberg 거래도

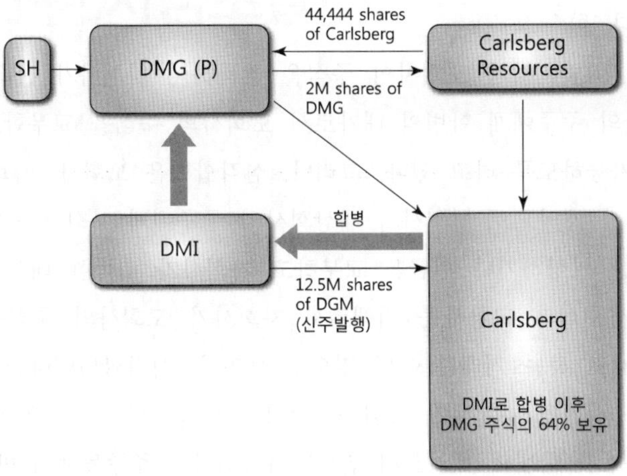

서 Carlsberg가 DMG를 인수하는 것으로 보아야 한다고 주장하나 소기업이 대기업을 인수하는 것을 금지하는 조항은 Florida 회사법에 없다며 배척했다. Carlsberg은 DMG의 법인세이월결손금을 사용할 수 있으며 DMG 역시 금전대차계약상 default 및 기한이익상실의 위험을 피할 수 있었다. 회사의 자본도 합병전후 거의 동일하며 여타 주주들이 손해를 본 바도 없다.[15]

노트와 질문

1) 삼각합병은 미국의 회사법에서는 예외없이 허용되며 조세상의 효과, 주주총회의 승인과 소수주주의 주식매수청구권, 인수회사의 책임제한 등을 이유로 이루어진다. 삼각합병의 경우 모회사는 합병의 당사자가 아니므로 모회사의 주주총회가 필요없고 합병의 당사자인 자회사는 모회사의 100%자회사이므로 모회사의 이사회결의로서 족하다. 또한 대상기업과 관련된 위험은 모회사가 아닌 자회사에 국한된다. 문제는 단순히 자회사를 설립하여 합병함으로써 모회사주주의 의결권 및 주식매수청구권을 배제할 수 있을 것인지 여부에 관하여 델라웨어주회사법은 형식을 중시하는 반면 미국모범회사법 및 캘리포니아 등 몇몇 주는 통상의 합병과 마찬가지로 합병의 결과 모회사의

15) 합병을 이용한 이월결손금의 공제는 어느 법인이 존속법인이 되고 어느 법인이 소멸법인이 되느냐라는 형식적인 요건에 따라서만 결정되지 않으며 세법상 일정한 제한을 가하고 있다. 16장과 법인세법 제45조 참조.

주식이 희석화되는 경우 삼각합병의 경우에도 모회사 주주의 권리를 인정하고 있다.16)

2) 개정상법은 자회사가 모회사의 주식을 취득하여 자회사가 존속법인으로서 소멸법인의 주주에게 합병의 대가로서 모회사의 주식을 교부함으로써 삼각합병이 가능하도록 하고 있다. 그러나, 삼각합병은 모회사, 자회사, 그리고 대상회사간 계약으로 모회사가 대상회사의 주주에게 자회사를 대신하여 직접 신주를 발행하거나 현금을 교부하고 자회사가 취득한 대상회사의 주식을 자회사주식과 교환하는 거래로서 자회사가 모회사의 주식을 취득하는 것을 전제로 하는 거래는 아닌 것으로 보인다. 삼각합병이나 역삼각합병을 가능하게 하려면 자회사가 모회사주식의 취득을 가능하게 할 것이 아니라, 합병당사자간 합병의 대가로서 합병당사자회사의 주주들에게 발행 내지 교부되는 합병의 대가를 다양하게 함으로써 족할 것이다.

Ⅲ. 주식의 교환공개매수

합병, 영업 및 자산양수도, 주식의 포괄적 교환·이전, 분할 및 분할합병으로 증권을 매출하는 경우에 자본시장법에 따른 증권신고서를 제출하여야 한다.17) 그러나, 주식매출의 상대방이 기존 대상회사의 주주들에 국한되는 경우에까지 증권신고서를 제출할 것을 요구하여야 하는지는 의문이다. 또한 교환공개매수의 방식에 따라서 인수기업이 대상기업의 주주로부터 대상기업의 주식을 매입하고 그 대가로 자신의 주식을 발행하는 경우 현물출자나 세무효과와 관련하여 법적으로 불확실한 점이 많았다. 개정상법은 현물출자시 검사인의 조사의무에 관한 규정의 적용범위를 좁힘으로써 절차를 간소화하였다. 즉, 개정상법 제299조로 제 2 항 제 3 호는 현물출자재산이 거래소에서 시세가 있는 유가증권으로서 시세를 초과하지 아니하는 경우 검사인의 조사가 필요없다.18)

16) MBCA §6.21 (f) (1999 rev.); Cal. Gen Corp. L. §§1200 (e) and 1201.

17) 증발공 제2-9조와 제2-10조. dart.fss.or.kr로 증권신고서를 상세검색을 하여 본 결과 영업 및 자산양수도나 주식의 포괄적 교환·이전으로 인한 증권신고서는 거의 그 예가 없는 것으로 보인다.

18) 시세산정방법은 상법시행령 제14조 제 2 항.

노혁준, *주식의 교환공개매수에 관한 연구*, 23:2 상사법연구 9-12, 23-24, 37-38, 41-42 (2004).

Ⅰ. 문제의 제기

주권상장법인인 주식회사 LGCI는 2001. 11. 20. 대상회사(target company) 주식에 대한 공개매수 대가로서 현금 대신 신주를 발행, 교부하는 이른바 '교환공개매수(exchange offer)'를 최초로 실행하였다. 위 날짜에 금융감독위원회에 접수된 공개매수신고서에 의하면, 주식회사 LG CI는 지주회사로의 전환요건을 갖추기 위해 자회사인 주식회사 LG화학, 주식회사 LG생활건강, 주식회사 LG홈쇼핑의 발행주식을 공개매수하면서, 통상의 경우와 달리 그 대가로서 현금이 아니라 주식회사 LGCI의 신주를 발행, 교부하기로 하였다. 이러한 형태의 교환공개매수는 미국에서는 흔히 있는 일이지만, 우리나라는 물론 일본에 있어서도 전례가 없는 것이었다. 교환공개매수(또는 교환매수)란 일반적으로 취득회사(acquiring company)가 대상회사 주식을 공개매수하면서 그 대가로서 현금이 아닌 다른 유가증권을 교부하는 것을 가리킨다. 원래 대가로서 교부되는 유가증권에는 이미 발행된 주식, 사채 등도 포함될 것이지만, 본 논문에서는 실제로 위 사안에서 문제되었고 현행법상 많은 문제점을 내포하고 있는 신주발행의 경우, 즉 공개매수의 대가로서 취득회사가 신주를 발행할 때 발생하는 법적 문제점을 주로 다루기로 한다. 또한 취득회사와 대상회사가 모두 주권상장법인이고, 취득회사가 발행하는 신주의 규모가 금20억원 이상의 대규모인 것을 전제로 한다. …

Ⅱ. 교환공개매수의 유용성

현금 대 주식형(cash-for-stock)이라고 할 수 있는 통상의 공개매수와 비교할 때 주식간의 상호 교환이 발생하는 교환공개매수는 여러 가지 장점을 갖고 있다. 우선 취득회사로서는 큰 자금부담 없이 대상회사를 인수할 수 있고, 자연스럽게 증자를 마침으로서 부채비율을 낮출 수 있다. 또한 대상회사의 주주로서는 세제상 특례가 인정되지 않는 통상의 공개매수와 달리 교환공개매수에 관하여는 현물출자에 관한 조세특례를 적용받을 여지가 있다.

예컨대 위 LG의 사례와 같인 지주회사로 전환하는 과정에서 교환공개매수가 이루어지는 때에는 대상회사의 주주들은 일정한 요건 하에 조세특례제한법 제38조의2에 의하여 과세를 이연받을 수 있다. 반면 교환공개매수시에는 신주의 발행이 뒤따르게 되어 유가증권신고서를 제출하여야 하므로 기밀의 유지가 곤란하고 절차가 번잡하여 진다는 점과, 현금 대신 취득회사의 주식을 교부하면 그 가치평가가 어려워서 대상회사의 주주들을 호응을 이끌어내기 어려울 수도 있다는 점 등이 문제점으로 지적된다. 이에 따라 미국에서는 교환공개매수로 할지 현금 공개매수로 할지 결정함에 있어서 (i) 현금의 동원가능성, (ii) 시간여유, (iii) 대상회사 주주의 태도, (iv) 교환공개매수 후 취득회사의 주당순이익의 희석정도, (v) 세제상 혜택 등을 종합적으로 고려하고 있다. 여기에서 알 수 있듯이 교환공개매수의 유용성 및 단점은 대부분 주식 대 주식(stock-for-stock)이라는 기본구조 자체에서 나오는 것으로서 교환공개매수에만 특유한 것은 아니다. 예컨대 구주에 대한 신주의 교부를 뜻하는 현물출자인 경우에도 위 비슷한 장단점이 발생하게 되는 것이다. 여기에서 교환공개매수에 관해 이를 공개매수 측면에서 접근할 것인지 아니면 현물출자 측면에서 접근할 것인지에 대한 의문이 생긴다. …

Ⅲ. 증권거래법상 교환공개매수의 가능성

… 교환공개매수를 허용하면 부분별한 적대적 기업인수 등이 증가할 것이라는 우려가 제기될 수 있으나, (i) 공개매수에 관한 증권거래법상의 규제는 공개매수를 시도하는 자와 대상회사의 경영진 사이에서 중립을 유지하면서 대상회사의 주주들의 이익을 보호하는 방향으로 구성되는 것이 바람직한바, 아직 우리 공개매수제도는 경영진에게 유리한 측면을 많이 갖고 있고, (ii) 교환공개매수시에는 유가증권신고서의 제출 · 현물출자 검사 등에 따른 절차의 지연과 대상회사 주주들의 현금선호에 따른 공개매수실패 가능성 등 현금공개매수에서 발생하지 않는 문제점들이 생길 수 있으므로, 위 우려는 그다지 설득력이 없다고 할 것이다.

LG그룹 및 그 이후에 이루어진 주식회사 농심홀딩스의 교환공개매수는 모두 증권거래법 시행령 제11조의4 제 3 항 제 5 호 단서, 즉 "독점규제및공정거래에관한법률 제 8 조의2 제 1 항 제 2 호의 기준에 해당하지 아니할 목적으로 현물출자를 받기 위하여 공개매수를 하고자 하는 경우"에 해당하는 것이었고, 그밖에 일반적인 기업인수의 목적으로 교환공개매수가 허용된 사례는 아직 없는 것으로 본다. 반면 대부분의 국내 학설은 교환공개매수의 가능성을 긍정적으로 해석하고 있다. 이러한 통설의 견해와 같이 우리 증권거래법의 해석상 '교환'의 개념을 탄력적으로 해석하여 교환공개매수가 공개매수에 포함되는 것으로 보는 것이 타당하다고 생각된다. 다만, 현행법의 일부규정은 해석에 혼선을 초래할 수 있으므로 개정될 필요가 있을 것이다. 예컨대, (i) 증권거래법 제21조 제 3 항의 공개매수 정의 규정은 매매, 교환 이외에 유상인수를 포함하는 것으로 개정되는 것이 바람직하고, (ii) 증권거래법 시행령 제11조의4 제 3 항 제 5 호 단서도 일반적인 교환공개매수에 적용되는 것으로 확장하여 규정될 필요가 있다.

Ⅳ. 현물출자 심사시의 문제점

… 상법상 현물출자 절차를 행하려면 법원에 의한 현물출자 심사절차를 밟아야 하는바(상법 제422조), … 공개매수절차에 앞서 현물출자 심사절차가 선행되어야 비로서 교환공개매수가 가능하다고 할 것이다.

Ⅴ. 주식공모절차상의 문제점

… 교환공개매수에 있어서 취득회사가 50인 이상의 다수의 대상회사의 주주에 상대로 금 20억원 이상의 신주를 발행하는 경우에는 금융감독위원회에 유가증권신고서를 제출하여야 한다(증권거래법 제 8 조, 동법 시행규칙 제 2 조). 문제는 이러한 교환공개매수의 경우에 이루어지는 증자가 증권거래법상 일반공모증자인가 제 3 자배정증자인가의 여부이다. 상장법인을 기준으로 할 때 이러한 구별은 (i) 일반공모인 경우 기준주가 산정의 기산일이 청약일 전 5거래일이고 할인율도 기준주가의 30% 범위인 데 반해, 제 3 자배정증자인 경우 기산일이 이사회결의일이 전일이고 할인율도 10%에 그치게 되고(증권거래법 제189조의3 제 2 항, 동법 시행령 제84조의4 제 2 항, 발행공시규정 제57조 제 2 항), (ii) 일반공모인 경우 유가증권신고의 효력발생일이 신고서 수리일로부터 10일 후인 반면, 제 3 자배정증자인 경우에는 신고서 수리일로부터 7일 후인 점(증권거래법 시행규칙 제 3 조 제 1 항)에서 논의의 실익이 있다.

증권거래법령상 일반공모증자는 "주주의 신주인수권을 배제하고 불특정다수인을 상대방으로 하여 신주를 모집하는 방식"(증권거래법 시행령 제84조의5 제 1 항)이고, 제 3 자배정증자는 "주주의 신주인수권을 배제하고 특정인을 상대방으로 하여 신주를 발행하는 방식"(발행 공시규정 제53조 제 2 항)을 가리킨다. 즉 일반공모와 제 3 자배정의 차이는 상대방의 특정여부에 달려 있는바 교환공개매수의 경우 상대방이 대상회사의 주주라는 점을 고려한다면 상대방이 특정되어 있다고 볼 여지도 있다. 그러나 취득회사의 청약의 권유를 상대방은 반드시 공개매수공고 또는 공개매수기간 개시 당시의 대상회사의 주주에 한정되는 것이 아니라 공개매수기간 종료 이전까지 대상회사의 주식을 취득한 자도 포함한다고 할 것이므로, 특정되어 있지 않다고 보는 것이 타당하다. 금융감독위원회도 LG건에서 교환공개매수시의 신주발행을 일반공모증자로 판단한 바 있다.

Ⅵ. 결 론

… 증권거래법, 상법상 개별조항의 지엽적인 부분에 관한 개정 필요성에 관하여는 본문에서 이미 언급한 바와 같다. 교환공개매수에 대한 규제를 보다 거시적으로 볼 대, 현재 현물출자, 공개매수, 공모절차의 세 가지 측면에서 이루어지고 있는 규제를 보아 합리적으로 정비할 필요가 있다. LGCI의 경우 특수관계인으로부터만 주식을 현물출자 받음으로써 증권거래법상 공개매수 규제를 피할 길이 있었음에도 불구하고(증권거래법 제21조 제 1 항, 동법 시행령 제11조 제 3 호), 주주들에게 공평한 기회를 주기 위해 공개매수를 택했던 것이 법원의 현물출자 심사 등에서 유리하게 작용했던 것으로 보인다. 이와 같은 유리한 사정이 없는 일반적인 경우에도 교환공개매수가 원활히 이루어지도록 제도를 정비할 필요가 있는 것이다. 사견으로는 적어도 주권상장법인 사이에서 이루어지는 교환공개매수에 관하여는 현물출자 심사에 관한 규정을 적용받지 않도록 하는 것이 타당하다고 생각된다. 우선 현물출자에 관한 심사제도의 유용성에 대한 의문이 끊임없이 제기되고 있을 뿐 아니라, 특히 상장법인인 경우에는 공개매수, 공모절차에 관한 규제만으로도 부당한 가액산정 등의 문제를 사전적, 사후적으로 충분히 시정할 수 있을 것으로 생각되기 때문이다. LGCI의 사례 이후 이루어진 교환공개매수는 2002. 8. 16. 주식회사 LGEI가 LG전자 주식회사의 주식을 취득할 때 이용하는 등 LG그룹과 주식회사 농심홀딩스가 활용한 것이 전부이고, 아직 활발히 이용되지는 못하고 있다. 이는 교환공개매수를 이용하기에는 아직 현행법상 많은 걸림돌이 남아있기 때문일 것이다. 관련 법리의 발전과 함께 적절한 입법적인 조치를 기대해 본다.

노트와 질문

1) 현행 자본시자업상 교환공개매수는 어떻게 규율되는가? 자본시장법 제165조의9 참조.
2) 최근 지주회사의 요건을 충족시키기 위하여 교환공개매수가 보다 자주 활용되고 있다. http://kind.krx.co.kr/disclosure에 따르면 휴맥스홀딩즈, 한진해운홀딩즈, 한세예스24홀딩스, KISCO홀딩스, 풀무원홀딩즈등 상당히 많은 사례가 발견된다(뒤 제13장 공개매수에 관한 통계 참조).

문제 12

A는 코스닥상장법인 K의 지배주주 겸 대표이사로서 25%주식을 보유하고 있다. K의 이사회는 A를 포함한 임원 3명과 사외이사 4명으로 구성되어 있다. K는 시장점유율을 높이고자 B투자은행을 고용, 인수의 대상이 될 만한 기업을 찾아보다가 T를 추천받았다. T는 코스닥상장기업으로 발행주식 총수는 1,000,000 보통주, 지난 1달간 평균주가 100,000원정도이며 지배주주 S는 15%주주에 불과하다. K는 S로부터 시장가격에 30%프리미엄을 더하여 주당 130,000원에 장외에서 매입하는 방법, 공개매수로 20%주식을 주당 120,000원에 매수하는 방법, 교환공개매수로 20%주식의 취득을 시도하는 방법을 고려하고 있다. 각각의 방법에 따른 자금수요는 얼마이며 어떻게 마련하여야 할지에 대하여 이사회에서 설명하고자 한다.

제13장 기업인수와 자본시장에서의 투자자보호

1960년대 미국에서 공개매수를 통한 기업의 인수 특히 적대적 기업인수를 위한 현금을 지급하는 공개매수가 활발하여 지면서 공개매수의 상대방인 주주들이 공개매수를 통하여 새로이 지배주주가 되고자 하는 자가 공개매수에 응하지 않는 소수주주를 어떻게 할 것인지를 포함하여 대상회사를 어떻게 경영할 것인지에 대한 정보를 가지지 못한다면 주주들은 불안한 상황에서 매각의 압력을 받을 수 있다는 고려에 따라서 1968년 Williams법이라는 1934년 증권거래법 개정안이 미 국회를 통과하였다. 이는 기업이 주식을 투자자들에게 매각하기 위하여는 증권신고서를 제출하게 하는 법리를 투자자로부터의 매수의 경우에 적용한 것이라고 보면 된다. 증권거래법이 전통적으로 공시라는 절차적인 측면에서의 규제에 초점을 두고 있는 것과는 달리, Williams법은 실체적인 측면에서의 규제도 포함하고 있다. Williams법의 요지는 5%을 취득하면 보고할 것, 공개매수시 모든 주주들을 동등하게 취급할 것, 그리고 공개매수신고서상 사기에 대하여 책임질 것 세 가지이다. 당시 적대적 공개매수에 대한 사회적 반감을 반영한 것이라고는 하지만, 종국적으로 경영진이나 공개매수를 통하여 기업을 인수하려는 자, 그 어느 쪽에도 기울어지지 않은 중립적인 견지에서 투자자보호에 정책목표를 두었다.[1)]

우리나라는 1992년 증권거래법 개정으로 5% 주식을 취득한 자의 신고의무를 도입한 이래 신고의무의 범위를 보다 정치하게 발전시켜 왔고 2009년 이를 포함한 자본시장법을 시행하기에 이르렀다. 공개매수와 의결권대리행사의 권유 역시 1977년 증권거래법의 일부로 들어온 이래 이의 일부를 이루고 있다가, 2009년 5% 규정과 함께 자본시장법으로 옮겨졌다.[2)] 공개매수나 대량보유신고는 상장법인에 고유한 제도이기는 하나 반드시 자본시장법의 일부일 필요는 없고 의결권 대리행사

1) U. S. H. R. Rep. 90-1711, 2813 (1968).

2) 자본시장법 제3편 제2장 기업의 인수·합병 관련 제도 제133조부터 제158조까지.

의 권유는 더더구나 상장법인에 고유한 규제라고 보이지는 않지만, 상장법인특칙 중 지배구조에 관한 규정이 회사법의 일부로 들어왔음에도 불구하고 일부 특례가 일부 자본시장법에 추가되었고[3] 기업인수·합병에 관한 이들 규정도 자본시장법의 한 장을 차지하고 있다.[4] 이들 규정이 투자자보호를 위하여 중요한 의미를 가지는 것은 사실이지만, 이러한 보호가 반드시 상장기업의 투자자에 국한될 필요는 없다는 의미에서 보다 넓게 회사법의 일부로 논의되는 것이 바람직하여 보인다. 공개매수 내지 적대적 기업인수에 대하여 어떠한 정책을 펼칠 것이냐에 관한 논의의 결과 미국에서는 연방법의 차원에서 Williams법이 만들어졌다지만, 이는 미국의 주회사법과 연방 증권규제법의 구분이라는 특별한 상황에 기인한 것으로 우리나라에서 Williams법의 골격이 반드시 자본시장을 규율하는 법체계의 일부일 필요는 없어 보인다.

이 장에서는 이들 세 가지 제도를 간략하게 살펴본다. 기업인수의 협상과 관련하여 어느 시점에 협상내용을 얼마나 자세하게 공시하여야 할 것인가는[5] 자본시장법과 관련된 논점이기는 하지만 이는 별도의 장에서 다룬다.[6]

---

3) 자본시장법 제 2 편 제 3 장의2 제165조의2~제165조의19. 졸고, 상장기업특례규정의 체계적 정비, 상장 27-32(2012. 11).

4) 미국의 대표적인 증권거래법교과서인 John. C. COFFEE, Jr. JEOL SELIGMAN & HILLARY A. SALE, SECURITIES REGULATIONS (10th Ed. 2007)은 takeover에 관련된 Williams Act는 전혀 설명하지 않고 있다. STEVEN J. CHOI & A.C. PRITCHARD, SECURITIES REGULATION (2005)도 마지막 ch. 12에서 비교적 간단히 다루고 있을 뿐이다.

5) 제27장 참조.

6) OESTERLE 위 주 2-29 게재서, 704-730.

Ⅰ. 대량보유신고의무

금감원, 지분공시 실무안내 23-63 (2009)[7]

07(지분)-1 주식등 대량보유상황보고의 보고의무자

특별관계자가 여러 명인 경우 실제 주식등의 대량보유상황보고 의무자의 범위는?

1. 쟁점의 정리

□ 5% 보고제도는 기업지배권시장의 투명성과 공정성을 확보하기 위한 제도로서 보고의무를 위반할 경우, 형사벌칙 등이 적용되므로 보고의무자의 범위를 명확히 하기 위함

□ 관련규정

- 『자본시장 및 금융투자업에 관한 법률』(자통법) §147 및 §148, 동법 시행령 §153, §154, §155 등
- 증권의 발행 및 공시등에 관한 규정(발행공시규정) §3-11

2. 보고의무 판단에 관한 현행제도의 개요

□ 본인이 보유하고 있는 주권상장법인의 주식 등의 수와 법 §133③ 및 시행령 §141의 규정에 의한 특별관계자(특수관계인 및 공동보유자)의 보유 주식등의 수를 합하여 그 보유비율이 5% 이상인 자가 보고의무자임(자통법 §147)

- 따라서 누구든지 상장법인의 주식 등을 1주라도 보유하게 되면 본인 및 특별관계자(특수관계인과 공동보유자)가 각각 보유하는 주식등의 수를 합산하여 5% 이상이 되는가를 판단하여야 함
- 그 결과 전체 보유비율이 5% 이상인 경우 그 보유지분에 대하여 보고의무가 발생하게 되고, 누가 실제 보고를 할 것인가는 보고의무자가 누구인가와는 별개의 문제임

---

7) 금감원은 금융관련 규정이 제대로 이행되는 것을 확실히 하기 위하여 금융기관들의 회비로 운영되는 민간기관임에도 불구하고 각종 모범규정과 실무안내로 사실상 법을 만들고 있음은 유감스러운 현실이다. 최근의 새로운 감독체계 정립노력에 관하여는 금융위, 금융회사 검사·제재 개혁방안(2015. 4. 22. 보도자료). 금융위는 법령해석 및 비조치 의견서를 활용, 보다 적극적인 정책결정자로서의 역할을 확대하고 있는 것은 바람직한 움직임이다. 법집행은 너무 정치적인 결정이 아닌 단순한 법집행에 그쳐야만 할 것이기 때문이다.

3. 실제 보고자 결정

□ 특정인 A를 중심으로 볼 때 특별관계자인 B, C도 각각의 입장에서는 본인이므로 B, C도 본인을 중심으로 특별관계로 연결된 모든 사람의 지분을 합하여 보고의무 여부를 판단하여야 함

- 결국, A, B, C 모두가 본인의 입장에서 보고의무자이므로 그 중 가장 많은 지분을 보유한 자가 나머지 의무자의 보고업무를 위임받아 연명하여 대표로 보고할 수 있으며, 연명 보고하는 경우 다른 보고의무자는 따로 보고할 필요가 없음

□ 투자회사(Mutual Fund), 사모투자전문회사(PEF) 등의 경우 당해 법인을 기준으로 보고의무 유무를 판단하되, 실제 보고자 결정은 다른 특별관계자, 즉 자산운용회사 또는 업무수탁회사 등과의 관계를 고려하여 결정하여야 함

- 자산운용회사 또는 업무수탁회사가 당해 법인과 특별관계에 있는지 여부 등을 판단하여 자산운용회사 또는 업무수탁회사가 당해 법인과 함께 연명 보고할 것인지, 개별적으로 보고할 것인지를 결정하여 보고하여야 함

※ 한편 자통법은 종전 보고의무가 면제되던 국가, 지자체, 증권금융, 기금 등을 새로이 보고대상자로 추가하였음에 유의

–다만 발행회사가 소유하는 자사주는 해석상 종전과 같이 보고의무가 면제됨

07(지분)-2 본인과 공동보유관계가 아닌 특수관계인의 보고

5% 보고시 형식상 특수관계인에 해당할 지라도 명백히 공동보유관계가 없는 경우에도 연명보고하여야 하는지?

1. 쟁점의 정리

□ 5% 보고시 본인과 공동보유관계가 아닌 특수관계인이 있는 경우 보고방법을 명확히 할 필요

□ 관련규정

- 자통법 §147, 동법 시행령 §141③

2. 특수관계인의 보고방법

□ 자통법 시행령 §141③의 규정에 따르면 특수관계인에 해당할 지라도 공동

보유관계가 아님을 증명하면 특수관계인으로 보지 않음

- 따라서 특수관계인에 해당된다 해서 그 특수관계인의 의사와 관련이 없이 무조건 합산하는 것이 아니고 본인과 특수관계인 간의 공동보유 해당여부를 확인하여 공동보유관계가 아닌 경우에는 합산 대상에서 제외할 수 있음

3. 보고의무 판단

□ 본인과 공동보유자가 아닌 특수관계인은 특수관계인이 아닌 것으로 간주되므로 합산하지 않고 특수관계인 각각의 입장에서 보고의무 발생여부 파악함

- 따라서 제외된 그 특수관계인 및 그 특수관계인의 특별관계자와 합산한 주식 등의 수가 5% 이상인 경우에는 별도 보고의무대상이 되고 5% 미만인 경우에는 보고의무가 없음

□ 최초 보고시 공동보유목적으로 인해 합산하여 연명보고를 하였던 특수관계인이 공동보유목적이 없어지는 경우 기존 대표보고자는 당해 특수관계인의 보유주식등을 합산에서 제외하여 변동 보고서를 제출

4. 참고사례

□ 공정거래위원회에 계열분리 신청을 하여 인정을 받은 경우 각 계열사의 합산보고 여부

- 공정거래위원회으로부터 계열분리를 인정받았다면 각 계열기업은 자통법상 특수관계인에 해당되지 않으나
- 특수관계인의 범위에서 제외되었다 하더라도 공동보유목적이 있다면 여전히 특별관계자에 해당되므로 합산해서 보고해야 함

07(지분)-3 연명보고 후 특별관계자의 수에 변동이 있는 경우

특별관계자의 수가 변동되었으나 전체적으로 1% 이상의 지분변동이 없는 경우에도 5%보고의무가 발생하는지?

1. 쟁점의 정리

□ 연명보고 방식으로 5% 보고한 이후 특별관계자의 수가 변동하는 경우 1% 이상 보유비율의 변동과 무관하게 보고의무가 발생하는지 여부

□ 관련규정

- 자통법 §147, 동법 시행령 §153

2. 연명보고의 의미

□ 5%보고를 하는 경우로서 본인과 그 특별관계자가 함께 보고하는 경우에는 보유주식 등의 수가 가장 많은 자를 대표자로 선정하여 연명보고

- 연명보고에서 대표보고자는 자신의 보고의무를 직접 이행함과 동시에 대리인 자격으로 특별관계자의 보고의무를 이행하는 것이므로 대표보고자는 대리권을 증명할 수 있는 위임장을 첨부하여야 함

3. 특별관계자의 수가 감소하는 경우

□ 특별관계자가 자신의 지분을 모두 처분하거나(1,000주 미만이 되는 경우 포함) 공동보유자가 아님을 소명하는 등으로 특별관계자 집단에서 제외되는 경우 그 특별관계자의 입장에서는 보유지분이 1% 이상 변동되므로(가령, 5% 이상에서 0%로 하락) 변동보고의무가 발생

- 따라서 그 특별관계자의 보고의무를 대리하는 대표보고자가 이를 보고하여야 함
- 예컨대, 특별관계자 A(5%), B(2%), C(0.5%)는 A를 대표보고자로 선정하여 5% 보고를 한 후 C가 개별 보유지분(0.5%)을 모두 B에게 매각한 경우, A, B로서는 보고의무가 없으나 C의 측면에서 보면 합산 보유지분이 7.5%에서 0%로 변경되므로 C는 보고의무 발생

※ 특별관계자 사이에 주식등의 일부 양수도가 있더라도 특별관계자 구성원의 수에 변동이 없으면 변동보고의무가 발생하지 않음. 다만 추후 보고의무 발생시 변동내용을 포함하여 보고

4. 특별관계자의 수가 증가하는 경우

□ 특별관계자 집단에 추가되는 자는 보고의무 발생

- 추가되는 자가 별도로 이미 5% 보고를 한 경우 기존 보고서상 동인의 지분을 '0'으로 변동보고하고, 동인을 새로 편입한 특별관계자 집단의 대표보고자가 별도로 위임장을 첨부하여 동인의 지분을 연명보고하여야 하며
- 추가되는 자가 5% 보고를 한 적이 없다면 편입되는 자는 신규보고의무가 발생하는데 새로 편입되는 특별관계자 집단의 대표보고자가 위임장을 첨

부하여 이를 연명보고하여야 함

※ 특별관계자의 수가 증가되거나 감소되는 경우에는 보유비율의 1% 이상 변동과 관계없이 변동보고의무가 발생하므로 대표보고자는 소속 임원의 선임·퇴임, 특수관계자의 지분 취득·처분을 수시로 확인하여 보고위반이 발생되지 않도록 유념할 필요

07(지분)-4 보유목적의 구분

경영권에 영향을 주기 위한 행위의 범위는?

1. 쟁점의 정리

□ 5% 보고 제도에서는 그 보유목적을 경영권에 영향을 주기 위한 목적과 단순투자목적으로 구분하여 공시하도록 하고 있으므로, 경영권에 영향을 주기 위한 목적의 의미를 명확히 할 필요

□ 관련규정

- 자통법 §147·§150②, 동법 시행령 §154①
- 상법 §363의2·§366

2. 보유목적의 구분

□ 보고자는 주식 등을 보유하는 목적이 당해 회사의 경영에 직접 또는 간접적으로 영향력을 행사하기 위한 것(경영참가)인지, 경영과는 관계없이 단순히 주식 등에 투자하여 수익을 창출하기 위한 것(단순투자)인지를 구분하여 공시하여야 함

3. 경영권에 영향을 주기 위한 목적

□ 회사의 경영에 영향력을 행사하기 위한 것은 다음의 사항들을 위해 회사나 그 임원에게 사실상 영향력을 행사하는 것을 말하며, 회사나 임원에게 영향력을 행사하는 행위에는 주주제안권 또는 주총소집 요구권을 행사하거나 이를 제3자가 행사하도록 하는 것을 포함함(자통법 §147, 동법 시행령 §154①)

- 임원의 선임·해임 또는 직무의 정지
- 이사회 등 회사의 기관과 관련된 정관의 변경
- 회사의 자본금의 변경

- 회사의 배당의 결정
- 회사의 합병, 분할과 분할합병
- 주식의 포괄적 교환과 이전
- 영업전부의 양수 · 양도 또는 중요한 일부의 양수 · 양도
- 자산 전부의 처분 또는 중요한 일부의 처분
- 영업전부의 임대 또는 경영위임, 타인과 영업의 손익 전부를 같이하는 계약, 그 밖에 이에 준하는 계약의 체결, 변경 또는 해약
- 회사의 해산

□ 주주로서 위의 사항들에 대하여 단순히 의결권만을 행사하는 것은 경영참가로 볼 수 없고 적극적으로 회사 또는 그 임원에게 위의 사항들과 관련된 내용을 주장하거나 주주제안권 등을 행사하는 경우를 경영참가로 볼 수 있음

4. 단순투자목적

□ 경영권에 영향을 주기 위한 목적에 해당되지 않는 경우는 단순투자목적에 해당함

- 단순투자목적으로 5% 보고를 한 자는 그 보유 목적을 경영참가목적으로 변경한 이후에야 주주제안권, 주주총회소집 요구 등 경영참가 행위를 할 수 있음에 유의

07(지분)-5 보유비율 산정방법

발행주식총수등 산정시 본인 및 특별관계자외의 자가 보유하는 전환사채, 교환사채 등도 포함되어야 하는지?

1. 쟁점의 정리

□ 5% 보고 제도에서는 주식 외에도 전환사채 등 잠재주식을 포함하여 5% 이상 보유하게 되거나, 5% 이상 보유자의 보율비율이 1% 이상 변동할 때마다 보고의무가 발생하므로 그 보유비율 계산방법을 명확히 할 필요

□ 관련규정

- 자통법 §147, 동법 시행규칙 §14

2. 주식등의 보유비율 산정방법

□ 보유비율 산정산식

$$\frac{\text{본인보유 주식등의 수}}{\text{발행주식등의 총수}} = \frac{\text{본인보유 주식}+\text{본인보유 주식관련사채분}}{\text{발행주식총수}+\text{본인보유 주식관련사채분(교환사채 제외)}}$$

* 여기서 '본인'이라 함은 보고자 본인 및 특별관계자를 포함하는 의미임

□ 발행주식 등의 총수

- 발행주식 등의 총수는 발행주식총수와 본인보유 주식관련사채를 합산하며, 발행주식총수는 발행인이 발행한 의결권이 있는 주식(보통주)를 의미
  - 발행주식 등의 총수: 발행주식총수+본인보유 주식관련사채
    - ○ 발행주식총수: 보통주, 의결권이 부활된 무의결권우선주, 의결권 있는 우선주의 합계
    - ○ 본인보유 주식관련사채: 신주인수권증서, 전환사채, 신주인수권부사채 중 본인 및 특별관계자 보유분
  - 교환사채의 교환대상 주식은 기발행주식을 대상으로 하므로 계산시 제외
  - 주식매수선택권의 행사에 의하여 발행할 주식수 포함

□ 본인보유 주식 등의 수

- 본인보유 주식 등의 수: 본인보유 주식+본인보유 주식관련사채
  - 본인보유 주식관련사채: 신주인수권증서, 전환사채, 신주인수권부사채, 교환사채중 본인 및 특별관계자 보유분
- 주식매수선택권 행사로 본인이 교부받게 될 주식의 총수 포함

07(지분)-6 연명보고의 방법

연명보고자 중 1인의 보유지분이 대표보고자의 지분보다 많은 경우 반드시 대표보고자를 변경하여야 하는지?

1. 쟁점의 정리

□ 보유 주식 등의 보유비율은 본인과 특별관계자의 보유 주식등을 합산하여 산정하므로 본인과 특별관계자의 지분을 함께 보고(연명보고)할 수 있도록 규정하고 있는바, 연명보고의 방법 및 효과를 명확히 할 필요

□ 관련규정

• 자통법 §147, 동법 시행령 §153④

• 증권의 발행 및 공시등에 관한 규정(발행공시규정) §3-11

2. 연명보고 방법

□ 본인과 그 특별관계자가 함께 보고하는 경우에는 보유 주식등의 수가 가장 많은 자를 대표자로 선정하여 연명으로 보고할 수 있음(시행령 §153④)

• 보고자가 특별관계자의 위임을 받아 연명보고하는 경우 형식에 관계없이 그 특별관계자로부터 보고에 관한 일체의 사항을 위임받은 사실을 증명할 수 있는 서면을 제출하여야 함(발행공시규정 §3-11)

※ 위임장 양식은 "가이드라인 07(지분)-17 5%보고서의 첨부서류" 참조

3. 연명보고의 효과

□ 대표보고자가 연명보고하는 경우 특별관계자도 보고의무를 이행한 것이므로 간주되므로 특별관계자는 별도로 보고할 필요 없음

4. 대표보고자의 변경 방법

□ 변경 보고의 방법은 기존 대표보고자 명의로 대표보고자의 변경사유 및 특별관계자가 새로운 대표보고자와 연명하여 보고한다는 내용을 5% 보고서상의 「변동사유」에 명시하고 변동보고서를 제출

• 금번 보고서 제출시점까지의 주식등의 변동내역을 기재

• 보유상황이 '0'으로 기재가 되어 모두 처분된 것으로 오인될 수가 있으므로 대표보고자 변경으로 인한 변동보고임을 정확하고 자세하게 기재

□ 새로운 대표보고자 명의의 신규 보고서를 제출

• 대표보고자 변경으로 인해 특별관계자 변동이 발생하는 경우 특별관계자를 누락하지 않도록 주의

5. 대표보고자의 변경이 필요한 경우

□ 주식 등의 대량보유상황보고의 연명보고는 본인 및 특별관계자 중 보유주식등의 수가 가장 많은 자를 대표보고자로 선정하여 보고하며

• 본인과 특별관계자의 주식 등의 보유상황 변동에 따라 대표보고자의 변경사유가 발생하는 경우 대표보고자 변경이 가능

□ 이 경우 대표보고자의 보유주식등의 수가 감소하여 특별관계자의 보유주식등의 수보다 작다고 해서 반드시 대표보고자를 변경할 필요는 없으며

• 해당 집단의 대표성 훼손 여부를 합리적으로 판단할 필요

※ 기존 대표보고자가 보유 주식등을 모두 처분하여 보고의무가 없어지거나 특별관계가 해소되는 경우에는 변경해야 함

07(지분)-7 보고자에 관한 사항 기재방법(법인 또는 단체)

보고자가 법인 또는 단체인 경우 5%보고서상 보고자에 관한 사항의 기재방법은?

1. 쟁점의 정리

□ 5% 보고 제도는 불공정한 M&A행위를 방지하고 투자자를 보호하기 위하여 보고자의 실체에 관한 사항도 정확히 공시하도록 하고 있어 이를 명확히 할 필요

□ 관련규정

• 자통법 §147, 동법 시행령 §153②

• 증권의 발행 및 공시등에 관한 규정(발행공시규정) §3-10

• 기업공시서식 작성기준 별지 제38호 서식 및 제39호 서식

2. 보고자에 관한 사항 기재방법의 개요

□ 보고자가 개인인 경우와 개인이 아닌 경우(법인 또는 단체인 경우)로 구분하여 기재방법을 달리 정함

• 개인인 경우 기본적 실체 파악을 위한 인적사항만 기재

• 법인 또는 단체인 경우 당해 법인 등의 실체 외에 의사결정주체를 기재

3. 법인 또는 단체의 기재사항

□ 보고자가 법인격이 있는 법인 또는 단체인 경우 의사결정주체에 관한 사항을 기재함

• 법적 성격

–주식회사, 유한회사, 합명회사, 합자회사, Partnership 등 법적인 성격을 기재

- 임원현황
  - 법인 또는 단체의 기관으로서 당해 법인 또는 단체의 자산운용관련 의사를 결정하는 임원의 성명, 권한 및 담당업무를 기재하여야 함
- 의사결정기구
  - 이사회, 주주총회, 사원총회 등 당해 법인 또는 단체의 자산운용 관련 의사결정 권한이 있는 기구가 있는 경우 명칭, 구성, 권한 등을 기재하여야 함
- 최대주주
  - 법인 또는 단체에 대하여 사실상 영향력을 행사하는 최대주주의 성명과 지분율을 기재
  - 단 PEF, Mutual Fund 등의 단순투자자로서 사실상 영향력을 행사할 수 없는 최대주주 또는 최대출자자에 관한 사항은 기재할 필요가 없음

□ 경영참여목적뿐만 아니라 단순투자목적인 경우에도 동일한 기재방법 적용

- 보고자에 관한 사항이므로 보유목적에 따라 달리 정할 이유가 없으므로 동일한 내용이 기재되어야 함

07(지분)-8 5% 보고서상 취득자금의 조성내역 기재방법

5%이상 주식등을 신규 또는 추가 취득한 경우 보고서상 취득자금의 조성내역을 기재하는 방법은?

1. 쟁점의 정리

□ 경영참가목적으로 5% 보고하는 경우 취득자금 조성내역의 공시방법을 명확히 할 필요

□ 관련규정

- 자통법 §147, 동법 시행령 §153②
- 증권의 발행 및 공시등에 관한 규정(발행공시규정) §3-11
- 기업공시서식 작성기준 별지 제38호 서식

2. 취득자금 조성내역 기재방법의 개요

□ 당해 주식등의 취득 등에 소요된 자금의 원천을 자기자금, 차입금, 기타자금으로 구분하여 기재하도록 하고, 자금형태별로 조성내역을 기재하도록 함

3. 자금원천별 기재방법

□ 취득자금의 원천(누구의 자금인가)에 따라 자금조성내역을 자기자금, 차입금 및 기타자금으로 구분하여 기재(기업공시서식 작성기준 별지 제38호 서식)

- 취득자금의 최종적인 귀속주체가 보고자 본인 또는 특별관계자인 경우: 자기자금 또는 기타자금으로 기재함
- 취득자금의 최종적인 귀속주체가 보고자 본인 또는 특별관계자가 아닌 경우: 차입금으로 기재함

□ 각 자금별로 구체적 조성내역을 기재함

- 자기자금
  - 자금의 귀속주체가 보고자 본인 및 특별관계자인 경우로서 근로소득, 사업소득, 증여 또는 상속받은 현금, 영업이익 등으로 조성내역을 기재하되, 근무지, 사업의 내용, 증여자 또는 상속자의 성명, 영업의 내용 등은 기재하지 아니하여도 무방함
- 차입금
  - 차입금의 경우 자금의 최종적인 귀속주체가 차입처이므로 차입처, 차입기간, 이자율, 담보계약 여부 등 차입과 관련된 계약의 주요내용을 기재함

    ※ 차입처가 여러 곳일 경우 차입처별로 기재
- 기타자금
  - 주식등을 취득함에 있어 일반적으로 현금 교부가 필요한 매매거래 이외의 방법으로 취득한 경우, 즉 교환, 증여, 상속, 대물변제 등의 취득원인을 기재함

07(지분)-9 보유주식등에 대한 주요계약의 기재방법

5% 보고서상 기재되어야 하는 보유주식등에 대한 주요계약의 내용 및 기재방법은?

1. 쟁점의 정리

□ 자통법은 경영참여목적의 5% 보고자에게 보유 주식등에 대한 주요계약내용에 대한 보고의무를 부과하고 있는바, 이에 대한 내용 및 보고방법을 명확히 할 필요

□ 관련규정

• 자통법 §147, 동법 시행령 §153② · §155
• 증권의 발행 및 공시등에 관한 규정(발행공시규정) §3-10
• 기업공시서식 작성기준 별지 제38호 서식

2. 보고대상 주요 계약내용

□ 보유하고 있는 주식 등과 관련하여 담보계약, 신탁계약, 매도계약,* 대차계약, 환매조건부계약 등 주요 계약을 체결한 경우 그 내용을 보고하여야 함

※ 장외매도계약의 경우 계약체결시의 주요계약내용 보고와는 별개로 실제 지분 처분 시점에 비율변동을 보고하여야 함에 유의(2건의 보고가 필요)

3. 보유 주식등과 관련된 주요계약의 기재방법

□ 주요 계약내용과 관련하여 계약당사자의 성명, 보고자와의 관계, 관련 주식등의 종류, 주식수, 금액 기타 계약상의 주요내용을 기재

• 보유 주식 등에 관한 주요계약서 사본을 첨부하여야 함

※ 주식을 담보로 제공한 경우 보고방법

1. 담보 제공자의 보고방법

□ 담보 제공자는 담보제공사실만으로 보고의무가 발생하며, 담보제공사실을 「보유주식등에 대한 주요계약」란에 기재하여 공시함

• 한편 실제 채무불이행에 따른 담보주식 처분 등 소유권이 이전되어 본인의 보유비율이 1% 이상 변동하는 경우에 변동보고의무 발생

2. 담보권자(채권자)의 보고방법

□ 담보권자는 피담보채무의 변제기가 도과하는 등 담보계약의 내용에 따라 주식등의 처분권한이나 의결권 행사권한이 생기는 시점에 5% 보고 의무가 발생

07(지분)-10 주식등에 대한 보유형태의 기재방법

보유주식등의 보유형태가 소유에서 보유(인도청구권)으로 변경된 경우의 보고의무 발생여부 및 보고방법은?

1. 쟁점의 정리

□ 자통법은 경영참여목적의 5% 보고자의 보유형태가 소유에서 보유로 변경되거나 보유에서 소유로 변경된 경우에도 중요사항의 변경보고 의무를 부과하고 있는바, 이에 대한 내용 및 보고방법을 명확히 할 필요

□ 관련규정

- 자통법 §147, 동법 시행령 §153② · §155
- 증권의 발행 및 공시등에 관한 규정(발행공시규정) §3-10
- 기업공시서식 작성기준 별지 제38호 서식

2. 보고형태가 변경된 경우의 보고의무 발생여부

□ 경영참여목적으로 5% 보고를 한 자가 주식등에 대한 장외매수계약을 체결하고 실제 주식등을 인도(보유 → 소유)받거나 보유주식등에 대한 대차계약을 체결(소유 → 보유)하는 등 주식등의 보유형태가 변경된 경우 이에 대한 변경내용을 보고하여야 함(시행령 §155)

※ 종전 증권거래법과 달리 보유비율의 변경이 없는 경우에도 보고의무가 있음에 유의

3. 보고의무의 발생예시

□ 보유 → 소유로 보유형태가 변경된 경우

- 주식 장외매수계약을 체결(보유)한 후 실제 주식을 인도(소유)받은 경우
- 소유 주식을 타인에게 대여하여 주식에 대한 보유형태가 소유에서 보유(인도청구권)로 변경된 경우
- 보유 중인 주식매수선택권을 행사하여 보유형태가 보유에서 소유로 변경된 경우
- Call-Option이나 예약완결권 행사를 통해 주식등을 인도받은 경우 등

□ 소유 → 보유로 보유형태가 변경된 경우

- 환매조건부 매매를 한 경우의 매도자

• 주식 대차거래를 한 경우 대여자

4. 보유형태 변경보고의 방법

□ 5% 보고서상 변경사유란에 변경대상자, 변경일자, 변경내용 등 구체적인 내용 및 사유를 명확히 기재하고, 보유형태별 보유내용란을 변경내용에 부합하게 수정하여 표시하고 필요시 주석 등을 통해 보유형태 변경현황을 설명

• 다만 실제 보유지분율에는 변동이 없는 상태이므로 세부변동내용란에는 별도로 변경내용을 기재하지 않음

※ 주식대차거래의 지분공시의무

1. 주식대차거래

□ 주식대차거래는 대여자가 주식의 소유권을 차입자에게 이전하고 차입자는 대차거래 기간이 종료한 후에 동일한 종류와 수량의 주식을 반환하기로 약정하는 계약으로 소비대차계약에 해당

• 일반적으로 차입자는 대차거래기간 중에 당해 주식으로부터 취득한 수익(배당이나 신주인수권에 기하여 취득한 신주 등)을 대여자에게 반환하기로 약정하는 경우가 많으며, 차입자는 처분권이나 의결권을 가짐

2. 5% 보고 의무

□ 대여자는 보유형태가 실질소유 등에서 인도청구권으로 변경되므로 보유형태 변경보고 대상에 해당되며, 이와 별도로 보유주식등에 관한 계약부분에 주요 대차계약내용을 기재

□ 차입자는 차입한 주식의 소유권을 가지므로 5% 보고 의무를 부담하며, 보유주식 등에 관한 계약부분에 대차계약내용을 기재

3. 임원·주요주주 특정증권 등 소유상황보고

□ 주식대차거래는 주식 등에 대한 소비대차계약으로 그 소유권이 이전되므로 주식 소유상황의 변동을 초래

• 대여자나 차입자가 임원(미등기임원 포함)·주요주주인 경우 임원·주요주주 특정증권 등 소유상황보고를 하여야 함

07(지분)-11 사모투자전문회사(PEF), 투자회사(Mutual Fund) 등의 보고방법

PEF나 Mutual Fund가 5% 이상의 지분을 보유하는 경우 실제 의결권·처분권 등을 행사하는 업무집행사원, 자산운용회사도 보고의무를 부담하는지?

1. 쟁점의 정리

□ 사모투자전문회사, 투자회사 등 간접투자기구의 실질적 업무를 수행하는 업무집행사원(GP), 법인이사(집합투자업자) 등은 간접투자기구가 소유하는 주식 등에 대해 보유자로서 5% 보고의무를 부담

- 이와 관련하여 실제 소유자(간접투자기구)와 보유자(집합투자업자 등)의 보고의무 및 보고방법을 명확히 할 필요

□ 관련규정

- 자통법 §147, 동법 시행령 §142

2. 간접투자기구 등의 보고의무 판단기준

□ 간접투자기구 등의 보고의무

- 사모투자전문회사(PEF), 투자회사(Mutual Fund) 등은 독립된 법인격을 가지므로 그 투자기구가 보유하고 있는 주식 등에 대해 5% 보고의무를 부담

□ 투자회사 등이 보유한 주식등에 대하여 운용권한을 가진 자의 보고의무

- 투자회사 등의 자산운용에 관하여 당해 투자기구의 기관(법인이사, 업무집행사원 등)으로서 또는 별도의 자산운용계약에 의하여 처분권, 의결권 등 실질적 지배권한을 가지는 자도 보유자이므로 보고의무가 있음

□ 투자회사 등과 실질적 지배권한을 가지는 자(집합투자업자, 업무집행사원 등)는 공동보유자에 해당하므로 모두 5% 보고의무가 있음

3. 투자회사, 투자유한회사의 보고방법

□ 투자회사 등 소유주체이며, 투자회사재산의 운용업무는 집합투자업자(법인이사)가 단독으로 수행하므로(자통법 §198, §209②; 통상 자산운용계약 체결) 집합투자업자도 보유자에 해당되며, 양자는 공동보유자 관계에 있음

- 투자회사 등과 자산운용회사 모두 보고의무자이므로 각자 보고할 수 있으

나, 자산운용회사가 투자회사 등의 업무를 수행하고 있으므로 일반적으로 자산운용회사가 대표보고자가 되어 투자회사와 함께 연명보고

4. 사모투자전문회사(PEF), 투자합자회사의 보고방법

□ 사모투자전문회사 등은 법인격이 있어 보유의 주체가 되며, 그 회사의 업무를 집행할 업무집행사원을 두어야 함

• 업무집행사원은 사모투자전문회사 등이 보유의 주식 등에 대하여 사실상 처분권 등을 가지므로 전체에 대하여 공동보유 관계에 있으므로 업무집행사원이 대표보고자로서 연명보고

5. 외국의 간접투자기구 등의 보고방법

□ 우리나라의 투자신탁, 투자회사, 사모투자전문회사 등과 동일하거나 유사한 성격을 지니는 외국의 투자기구 등도 특별한 사정이 없는 한 위의 설명에 준하여 5% 보고의무를 부담함

07(지분)-12 장외매매의 보고방식

주식등을 장외에서 거래한 경우의 변동보고 및 변경보고의 보고내용 및 보고방법은?

1. 쟁점의 정리

□ 자통법은 경영참여목적 5% 보고자의 보유형태가 변경되거나 보유주식등에 관한 주요계약을 체결한 경우에도 보고의무를 부과하고 있는바, 장외매매와 관련한 보고내용 및 보고방법을 명확히 할 필요

□ 관련규정

• 자통법 §147, 동법 시행령 §155

〈사례〉 甲은 경영참여 목적으로 상장사 A사의 주요주주 乙과 '09. 2. 5. A사 주식 200만주(20%)에 대한 매수계약(계약금: 10억원, 잔금: 90억원)을 체결하였으며, '09. 3. 5. 丙과 150만주에 대한 주식담보대출계약을 체결하고 같은날 丙으로부터 대출금 50억원을 지급받아 잔금 90억원을 乙에게 지급함과 동시에 乙로부터 동 매매대상 주식을 인도받음

2. 주식매수자(甲)의 보고방법

□ 매수계약 체결(신규보고)

- 甲은 계약체결 시점에 200만주를 보유(인도청구권)하게 되므로 5영업일 이내인 2. 12. 까지 지분 20%에 대한 신규보고를 이행하여야 함
  - 보고시 장외매수 계약의 주요내용 및 지분현황을 기재하고 예정매매금액(100억원)에 대한 자금조성내역을 명기
    ※ (세부기재사항) 제 1 부 5. "변동사유" > "변동방법 · 사유"란에 장외매수의 간략한 내용을 기재, 제 2 부 1. 나. "보유형태별 보유내역"란에서 200만주에 대한 보유형태를 보유(영 §142ii)로 표시하고 2. "보유주식등에 대한 계약"란에서 계약상대방 · 주식인수예정일 · 매수대금 등 주요계약내용을 기재, 제 3 부 3. "취득에 필요한 자금 등의 조성내역"란에서 자금조성내역을 기재

□ 주식인수 및 담보제공시점(변경보고)

〈보유형태 변경보고〉

- '09. 3. 5. 매매대상 주식을 수령함에 따라 주식 등에 관한 보유형태가 기존 보유(인도청구권)에서 소유로 변경되었으므로 200만주에 대한 보유형태 변경보고 의무가 발생
  ⇒ 甲은 잔고증명서, 대금영수증 등을 첨부하여 200만주에 대한 보유형태가 보유에서 소유로 변경되었음을 5영업일 이내인 '09. 3. 12. 까지 보고
  ※ (세부기재사항) 제 1 부 5. "변경사유" > "변경사유"란에 장외매수계약 이행에 따른 주식인수 내용을 기재, 제 2 부 1. 나. "보유형태별 보유내역"란에서 보유형태를 200만주에 대한 소유(영 §142 i)로 기재, 제 3 부 3. "취득에 필요한 자금등의 조성내역"란에서 최종 자금조성내역을 기재

〈주요계약에 대한 변경보고〉

- '09. 3. 5. 체결한 주식담보대출 계약은 보유주식에 대한 주요계약으로서 이에 대한 변경보고의무가 발생
  ⇒ 甲은 담보계약 체결일로부터 5영업일 이내인 '09. 3. 12. 까지 담보계약 내용을 보고하여야 함
  ※ (세부기재사항) 제 1 부 5. "변경사유" > "변경사유"란에 주식담보계약

에 따른 변경내용을 간략히 기재, 제2부 2. "보유주식등에 대한 계약"란에서 담보계약 상대방, 차입금, 상환예정일 등 주요계약내용을 명기

□ 종합 정리

• 甲은 주식매수계약에 따라 2. 12. 까지 신규보고 의무를 이행하여야 하며, 3. 12. 까지 주식인수 및 담보계약체결에 따른 변경보고를 이행하여야 함(변경보고 의무 발생사유는 2개이나, 본 건의 경우 1개의 보고서로 보고할 수 있음)

3. 주식매도자(乙)의 보고방법

□ 매도계약 체결시점(변경보고)

• 乙은 '09. 2. 5. 주식에 대한 주요계약인 매매계약을 체결하였으므로 5영업일 이내인 '09. 2. 12. 까지 주요계약에 대한 변경보고를 이행하여야 함

※ (세부기재사항) 매매계약서 등 증빙을 첨부하여 제1부 5. "변경사유">"변경사유"란에 주식에 대한 매도계약을 체결하였음을 기재하고, 제2부 2. "보유주식등에 대한 계약"란에 계약 상대방, 주식인도예정일, 매매대금 등 주요계약내용을 명기

□ 주식의 인도시점(변동보고)

• '09. 3. 5. 주식처분에 따른 변동보고 의무(기준일: 대금수령일과 주식인도일 중 빠른 날)가 발생하였으므로 변동상황을 5영업일 이내인 '09. 3. 12. 까지 보고

4. 담보권자(丙)의 보고방법

□ 담보주식에 대한 처분권한 발생시점(신규보고)

• 丙은 담보수령만으로는 보고의무가 발생하지 아니하나, 추후 변제일 경과 등으로 담보에 대한 처분권한을 가지는 경우 보고의무가 발생함(보유에 해당, 영 §142 ⅳ)

※ 한편 단순투자목적의 보고자의 경우 보유주식등에 관한 주요계약 및 보유형태에 대한 변경보고 의무가 없으며 지분변동현황에 대한 변동보고만을 이행하면 보고의무를 충족

07(지분)-13 법인 아닌 조합의 보고방식

법인격 없는 조합(CRC조합 등)이 주식 등을 보유하는 경우 보고주체 및 보고방법은?

1. 쟁점의 정리

□ 법인격 없는 조합이 상장사의 지분을 보유하는 경우 그 소유 형태는 조합원 전원의 합유에 해당(민법 §271)되는데, 이 경우 5% 보고 주체 및 보고방법을 명확히 할 필요

□ 관련규정

- 자통법 §147, 동법 시행령 §142

2. 법인으로 의제되는 조합의 보고방법

□ 국세기본법 제13조는 일반적으로 법인격이 없는 사단·재단 기타 단체를 세법상 법인으로 의제

- 세법 적용에 있어서 당연히 법인으로 의제되는 경우(제 1 항*)와 관할세무서장의 승인을 받은 경우 법인으로 의제(제 2 항**)

* 주무관청의 허가 또는 인가를 받아 설립되거나 법령에 의하여 주무관청에 등록한 사단·재단 기타 단체로서 등기되지 아니한 것(제 1 호), 공익을 목적으로 출연된 기본재산이 있는 재단으로서 등기되지 아니한 것(제 2 호)

** 사단·재단 기타 단체의 조직과 운영에 관한 규정을 가지고 대표자 또는 관리인을 선임하고 있고, 사단·재단 기타 단체 자신의 계산과 명의로 수익과 재산을 독립적으로 소유·관리하고, 사단·재단 기타 단체의 수익을 구성원에게 분배하지 아니하는 경우로서 대표자 또는 관리인이 관할세무서장에게 신청하여 승인을 얻은 경우

- 기업구조조정조합(CRC조합; 산업발전법 제15조 제 1 항; 금융위 등록), 중소기업창업투자조합(중소기업창업지원법 제11조 제 1 항; 중소기업청장 등록), 한국벤처투자조합(벤처기업육성에관한특별조치법 제 4 조의3 제 1 항; 중소기업청장 등록), 개인투자조합(벤처기업육성에관한특별조치법 제13조; 중소기업청장 등록) 등이 해당
- 조합명의로 위탁계좌를 개설하여 그 명의로 주식거래가 가능

□ 이러한 조합 등이 보유한 주식 등에 대하여는 실질적인 지배권을 가지는 업

무집행조합원은 보유자로서 CRC조합 등은 소유자로서 보고주체에 해당
- 이 경우 업무집행조합원이 대표자가 되어 CRC조합 등과 함께 연명보고 하여야 함

3. 법인 아닌 조합에 있어서 연명보고

□ 조합의 재산은 조합원의 합유(合有)이므로 조합원 상호간에는 조합의 재산인 주식 등에 대하여 상호 공동보유 관계에 있음
- 따라서 원칙적으로 개별 조합원은 각각의 입장에서 다른 조합원 모두가 공동보유자에 해당
- 이 경우 대표보고자(업무집행조합원)는 연명보고 대상인 전체 조합원들의 위임장을 첨부

※ 우리사주조합의 보고방법

1. 우리사주조합의 의결권 행사

□ 우리사주조합의 주식은 주주명부상 우리사주조합장 명의로 되어 있으나 의결권행사는 근로자복지기본법령에 따라 다음과 같이 행사
- 조합원계정 주식의 의결권 행사는 조합장이 당해 조합원의 의사에 따라 행사하거나 조합원이 조합장에게 위임을 요청하여 직접 행사하며, 조합원의 의사표시가 없는 경우는 조합장이 Shadow voting함
- 조합계정 주식의 의결권 행사는 Shadow voting, 조합원총회에서 정한 방법, 개인별계정 주식의 의사표시비율 중 하나를 택일하여 행사

□ 우리사주조합의 구분
- 우리사주조합 보유 주식은 우리사주조합장명의로 주주명부에 등재되나, "조합원 계정"과 "조합계정"을 구분하여 관리
  - 조합원계정: 조합원 출자금, 회사·대주주의 무상출연금으로 취득한 주식으로 배당금 및 의결권행사지시 권한이 조합원에게 있음
  - 조합계정: : 회사상환형 차입금으로 취득한 주식, 배당금 및 의결권등이 조합에 있고 상환금액에 비례하여 다시 조합원에게 배정됨

2. 보고방법

□ 조합계정과 조합원계정의 구분없이 우리사주조합이 보유하는 주식을

모두 합산하여 조합장이 주식 등의 대량보유상황보고서 제출 • 조합원계정의 주식은 조합원 개인 소유로 볼 수 있으나, 주주명부상 주식이 조합명의로 기재되어 있고, 조합원이 공동으로 주식을 취득하거나 의결권을 행사하는 것으로 볼 수 있어 조합원의 주식을 합산하여 보고함

07(지분)-14 주식 신탁·예탁 등의 보고방법

주식 등을 신탁·예탁한 경우 각각 위탁자, 수탁자, 수익자별로 보고의무가 발생하는지?

1. 쟁점의 정리

□ 주식 등의 신탁 및 예탁과 관련하여 위탁자, 수탁자, 수익자 등의 주식등의 대량보유상황보고 의무 발생 여부를 명확히 할 필요

□ 관련규정

- 자통법 §147, 동법 시행령 §142

2. 투자신탁의 보고 방법

□ 투자신탁의 위탁자인 집합투자업자(자산운용회사)는 주식 등의 취득·처분권한 및 의결권 행사권한을 가지므로 5% 보고 의무가 발생(소유에 준하는 보유)

- 신탁업자(수탁회사)는 형식상 주식의 명의자이나 주식의 취득처분권한 등이 없고, 손익의 실질적인 귀속주체도 아니므로 주식등의 대량보유상황보고 의무자(실질적 소유자)로 보기는 곤란
  - 투자신탁의 경우 위탁자(집합투자업자)만 보고의무 있음
- 다만 사모투자신탁(사모펀드)등의 경우 실제 주식의 취득·처분권한 및 의결권행사 지시권한 등을 수익자가 갖고 있는 경우 수익자(투자자)도 5% 보고 의무가 발생함에 유의

3. 특정금전신탁 등의 보고 방법

□ 위탁자(수익자)는 주식취득·처분권한 및 의결권 행사 지시권한을 가지고 있으므로 주식등의 대량보유상황보고 의무가 있음(소유에 준하는 보유)

- 수탁자(신탁업자)는 소유자이고 자통법상 의결권을 행사할 수 있으므로 마찬가지로 주식등의 대량보유상황보고 의무가 있음
  - 위탁자(수익자) 및 수탁자 모두 보고의무가 있음

4. 주식예탁시 주식등의 대량보유상황보고 관련

□ 주식 보관기관(Custodian)은 뮤추얼펀드 등 고객과의 업무위탁계약에 따라 단순히 자산의 보관·관리업무만을 수행하므로 주식등의 대량보유상황보고 의무가 없음

- 외국계투자펀드의 경우 통상 국내상임대리인이 Custody업무를 수행하고 주식의 취득·처분 및 의결권행사 등은 자산운용회사 등이 수행
- 당해 주식등에 대하여 예탁과 자산운용을 함께 담당하고 있는 집합투자업자 등은 주식등의 대량보유상황보고의 의무가 있음

07(지분)-15 주식매수선택권의 보고방법

보유하고 있는 주식매수선택권(stock option)을 행사한 경우 보고의무 발생여부 및 방법은?

1. 쟁점의 정리

□ 자통법은 종전 증권거래법과 달리 주식등의 보유형태가 변경된 경우에도 보고의무를 부과하고 있어 주식매수선택권(stock-option)을 부여받아 주식 등을 소유에 준하는 보유로 취득한 자가 추후 주식매수선택권을 행사하여 주식 등을 실제 소유하게 된 경우의 보고방법 등을 명확히 할 필요

□ 관련규정

- 자통법 §147·§173, 동법 시행령 §142

2. 주식매수선택권을 부여받은 경우

□ 주식매수선택권(상법 제340조의2)을 부여받은 경우 보유의 한 형태에 해당하므로(자통법 시행령 제142조) 보유지분이 5% 이상이 되는 경우 보고의무가 발생

- 주식매수선택권은 ① 행사가격으로 신주 또는 자기주식을 교부하는 경우, ② 행사가격과 시가(時價)와의 차액(시가－행사가격)을 현금 또는 자기

주식으로 교부하는 경우로 구분됨

- 현금교부 방식을 제외하고 교부 대상인 신주 또는 자기주식인 경우 소유에 준하는 보유로 인정되므로 보고의무 대상이 됨
- 5% 보고서식 제2부(대량보유내역) 중 주식 등의 종류별 보유내역 항목에 신주를 교부하는 때에는 '신주인수권증서'로, 자기주식을 교부하는 때에는 '주권(보통주)'으로 표시하여 취득 · 변동내용을 기재

3. 주식매수선택권을 행사한 경우

□ 보유하고 있는 주식매수선택권을 행사한 경우 주식 등의 보유형태가 보유에서 소유로 변경된 경우에 해당되므로 변경보고 의무가 발생

- 신주교부 방식의 경우 주식매수선택권을 행사하여 주금을 납입한 때에 주주가 되므로(상법 §340의5 · §516의9 전단) 납입일이 보고기준일
- 자기주식을 교부하는 경우에는 행사가격을 지급한 때에 주주가 되므로 대금지급일이 보고기준일
- 차액을 자기주식으로 교부하는 경우에는 주주에게 대금을 납부할 의무가 없어 주식매수선택권을 행사시 주주가 되므로 주식매수선택권 행사일이 보고기준일

〈참고〉 임원등 특정증권 등 소유상황보고

□ 임원 및 주요주주의 특정증권 등 소유상황보고는 특정증권 등을 보유한 경우가 아닌 실제로 신주 또는 자기주식을 소유하게 된 때에 보고의무가 발생함

- 따라서 주식매수선택권을 행사한 경우 5% 보고(보유형태 변경)와 함께 특정증권 등 소유상황 보고의무가 발생(5% 보고하였다고 하더라도 별도로 임원등 특정증권등 소유상황보고를 하여야 함에 유의)

07(지분)-16 주식관련사채의 보고방법

주식관련사채를 보유하고 있는 자가 전환권행사, 신주인수권 행사 등을 통해 주식을 취득한 경우 보고의무발생 여부는?

1. 쟁점의 정리

□ 주식 등의 대량보유상황보고의 보고대상 증권인 전환사채, 신주인수권부사채등 주식관련사채와 취득 · 행사와 관련한 보고방법을 명확히 할 필요

□ 관련규정

• 자통법 §147 · §173, 동법 시행령 §142

2. 주식관련사채의 권리행사

□ 주식관련사채를 소유하여 주식 등의 대량보유상황을 보고한 자가 주식관련사채와 관련한 권리를 행사하여 주권을 취득하는 경우는 추가적으로 변동보고 의무가 발생하지 않음

• 이미 보유하고 있던 주식관련사채의 권리행사로 인해 주권의 수와 비율이 증가할 수는 있으나 주식 등의 비율은 변동이 없으므로 보고의무가 없음 (보유 주식 등의 종류가 변동)

• 한편 주식 등의 보유형태가 변경된 경우 보고의무가 발생하나, 주식관련사채 권리행사의 경우 사채의 소유에서 주식의 소유로 보유형태가 아닌 소유대상 증권이 변경된 것에 불과

※ 다만 전환사채 등 주식관련사채는 5% 보고 대상 증권이므로 취득시점에 보고의무가 발생함에 유의

3. 주식관련사채 발행과 보유비율의 변동

□ 5% 보고 비율을 계산할 때 주식관련사채는 본인 및 특별관계자의 보유수량만큼만 분자 · 분모에 반영

• 따라서 회사가 주식관련사채를 발행하여도 본인 및 특별관계자가 직접취득하지 않는 경우에는 보유비율에 변동이 없음

4. 주식관련사채 권리행사기간의 만료

□ 권리행사기간이 경과된 주식관련사채는 일반사채에 해당되므로 보고대상 증권에서 제외되며 주식관련사채 해당분을 각각 분모와 분자에서 제외하여 보유비율을 계산

5. 무의결권우선주를 대상으로 하는 주식관련사채의 보고의무

□ 전환의 대상이 되는 무의결권우선주가 영구히 무의결권인 상태인 경우에는 보고의 대상이 아니지만, 주식으로 전환 후 일정기간이 경과하면 의결권 있는 주식으로 전환되는 경우에는 보고대상임

〈참고〉 임원 · 주요주주 특정증권 등 소유상황보고

□ 임원·주요주주 특정증권 등 소유상황보고에서는 특정증권 등의 종류별 소유상황 및 변동내용을 보고하도록 하고 있으므로 주식관련사채의 권리를 행사한 경우라 할지라도 5% 보고와 달리 별도 변경보고 의무가 발생

- 보고대상자는 주식관련사채의 취득시뿐만 아니라 권리행사시에도 보고를 누락하지 않도록 유념하여야 함

07(지분)-17 5% 보고서의 첨부서류

주식 등의 대량보유상황보고시 취득 또는 처분을 증빙할 수 있는 첨부서류의 종류 및 내용은?

1. 쟁점의 정리

□ 5% 보고서에 대한 적정성 판단의 근거로 매매보고서 기타 취득 또는 처분을 증빙할 수 있는 자료를 첨부하도록 하고 있는바, 첨부서류의 종류 및 내용을 명확히 할 필요

□ 관련규정

- 자통법 §147, 동법 시행령 §153② · §154③
- 증권의 발행 및 공시등에 관한 규정(발행공시규정) §3-12
- 기업공시서식 작성기준 별지 제38호 및 제39호 서식

2. 첨부서류

□ 매매보고서 등

- 5% 보고서 제출시 당해 보유상황 및 변동상황을 증빙할 수 있는 매매보고서 기타 자료를 첨부하여야 함(발행공시규정 §3-12)
  - 매매내역 전산파일, 매매보고서, 잔고증명서 등 거래 증권회사 지점장의 확인이 있는 서류, 장외거래계약서 등
- 다음 어느 하나에 해당하는 법인이 증권시장을 통하여 주식등을 취득 또는 처분하는 경우에는 그 취득 또는 처분에 관한 증빙자료의 제출을 생략할 수 있음. 이 경우 ②에 해당하는 외국법인의 경우 대량보유상황보고서를 신규로 제출하는 때에 당해 감독기관의 인가, 허가 또는 등록확인서 등 당해 업무를 영위하는 법인임을 확인할 수 있는 서류를 제출하여야 함(발행공시규정 §3-12)

① 시행령 제10조 제 1 항 제 1 호 및 제 2 호
 – 국가, 한국은행
② 시행령 제10조 제 2 항
 – 「은행법」에 따른 금융기관
 – 「한국산업은행법」에 따른 한국산업은행
 – 「중소기업은행법」에 따른 중소기업은행
 – 「한국수출입은행법」에 따른 한국수출입은행
 – 「농업협동조합법」에 따른 농업협동조합중앙회
 – 「수산업협동조합법」에 따른 수산업협동조합중앙회
 – 「보험업법」에 따른 보험회사(이하 "보험회사"라 한다)
 – 금융투자업자[법 제22조에 따른 겸영금융투자업자는 제외한다]
 – 법 제324조 제 1 항에 따라 인가를 받은 증권금융회사
 – 종합금융회사
 – 법 제355조 제 1 항에 따라 인가를 받은 자금중개회사
 – 「금융지주회사법」에 따른 금융지주회사
 – 「여신전문금융업법」에 따른 여신전문금융회사
 – 「상호저축은행법」에 따른 상호저축은행 및 그 중앙회
 – 「산림조합법」에 따른 산림조합중앙회
 – 「새마을금고법」에 따른 새마을금고연합회
 – 「신용협동조합법」에 따른 신용협동조합중앙회
 – 위 기관에 준하는 외국 금융기관
③ 시행령 제10조 제 3 항 제 1 호~제14호
 – 「예금자보호법」에 따른 예금보험공사 및 정리금융기관
 – 「금융기관부실자산 등의 효율적 처리 및 한국자산관리공사의 설립에 관한 법률」에 따른 한국자산관리공사
 – 「한국주택금융공사법」에 따른 한국주택금융공사
 – 「한국투자공사법」에 따른 한국투자공사
 – 한국금융투자협회
 – 법 제294조에 따라 설립된 한국예탁결제원
 – 법 제373조에 따라 설립된 한국거래소
 – 「금융위원회의 설치 등에 관한 법률」에 따른 금융감독원

- 집합투자기구(금융위원회가 정하여 고시하는 것은 제외한다)
- 「신용보증기금법」에 따른 신용보증기금
- 「기술신용보증기금법」에 따른 기술신용보증기금
- 법률에 따라 설립된 기금 및 그 기금을 관리·운용하는 법인
- 법률에 따라 공제사업을 경영하는 법인
- 지방자치단체

□ 보유주식 등에 관한 계약서

- 보유주식 등에 관한 주요계약이 있는 경우 그 계약서 사본(발행공시규정 §3-12)

□ 위임장

- 보고자가 특별관계자의 위임을 받아 연명보고하는 경우 형식에 관계없이 그 특별관계자로부터 보고에 관한 일체의 사항을 위임받은 사실을 증명할 수 있는 위임장을 서면으로 제출하여야 함(발행공시규정 §3-11)

※ 위임장 예시

위 임 장

수임인 성명:
주소:
주민(법인)등록번호: (서명 또는 날인)

「자본시장과 금융투자업에 관한 법률 시행령」 제153조 제 4 항에 따라 위의 사람을 본인의 대리인으로 정하여「자본시장과 금융투자업에 관한 법률」제147조와 관련된 일체의 권한을 위임합니다.

년 월 일

위임인 성명:
주소:
주민(법인)등록번호:(서명 또는 날인)

□ 경영참가행위를 하지 않겠다는 확인

- 단순투자 목적으로 대량보유상황보고를 하는 자는 그 보유기간동안 자통법 시행령 §154①에서 규정한 경영참가행위를 하지 않겠다는 것을 확인하는 서면을 첨부하여야 함(기업공시서식 작성기준 별지 제39호)

※ 확인서 예시

확 인 서

보 고 자:

특별관계자:

대표보고자 본인 및 연명보고하는 특별관계자 전원은 주식등의 보유기간동안 「자본시장과 금융투자업에 관한 법률 시행령」 제154조 제 1 항의 규정에서 정한 경영권에 영향을 주기 위한 행위를 하지 않을 것임을 확인합니다.

년 월 일

대표보고자: (인)

※ 보고사유별 증빙자료

1. 연명보고시

- 신규보고 및 연명보고자가 추가되는 경우 보고자를 수임인으로 하고 연명보고자를 위임인으로 하는 위임장을 첨부(변동보고시는 첨부 필요 없음)

2. 장내매매

- 금융투자업자(증권회사)가 발행한 매매내역 전산파일, 매매보고서, 잔고증명서 등(거래 금융투자업자 지점장의 확인 필요)

3. 장외매매

- 매매사실을 나타내는 계약서(사본). 기타 필요시 입금내역, 증권 입출고내역 등 객관적 증빙자료를 첨부

4. 전환사채, 신주인수권부 사채의 인수
   - 금융투자업자(증권회사)로부터 인수하는 경우 인수계약서, 기타의 경우 매매계약서 등
5. 주식배당, 감자, 무상증자 등
   - 주주총회 의사록 등
6. 전환사채, 신주인수권부사채의 권리행사
   - 전환사채의 경우 전환청구서, 신주인수권사채 등은 납입관련 증명서 등
7. 유상증자, 실권주 인수
   - 주주총회 의사록, 유상신주 청약서 또는 실권주 인수 청약서 등
8. 보유목적을 단순투자목적으로 변경
   - 경영참가행위를 하지 않겠다는 확인 등

※ 매매내역 전산파일 첨부방법

□ 매매보고서, 잔고증명서 등을 이미지(스캔)파일로 첨부하지 않고 금융투자업자로부터 매매 전산내역을 제공받아 첨부서류로 제출할 수 있음

[보고의무자]
증권회사에 5% 보고용 전산파일 발급 요청

↓

[증권회사]
① 매매내역을 전산파일(text file)로 추출한 후 위·변조 방지를 위해 공인인증하여 tsd file로 변환
② 변환된 tsd file을 고객에게 교부

↓

[보고의무자]
교부받은 매매내역파일을 5% 보고서 등에 첨부하여 DART 시스템에 공시

※ 첨부서류 서면 제출방법

□ 5% 보고 증빙서류가 용량초과로 첨부가 불가능한 경우 금감원 지분공시팀에 문의 후 전자문서첨부서류 서면제출신청서를 작성하여 증빙서류와 함께 우편으로 제출

※ 서면제출 신청서 서식은 전자공시시스템 접수수리(http://filer1.fss.or.kr) → 자료실 →「전자문서 제출요령」 첨부파일을 참조

* * * * *

서울지법 2003. 10. 20.자 2003카합3224 의결권행사금지가처분결정(연×철 v. 구×엽)

… 주식의 대량보유 등의 보고제도의 보유 주식수를 계산함에 있어서는 본인과 특별관계자가 보유하는 주식을 합산하도록 하고 있고, 여기서의 특별관계자는 특수관계인과 공동보유자를 의미하며, 공동보유자는 주식 등을 공동으로 취득하거나 처분하는 행위, 주식 등을 공동 또는 단독으로 취득한 후 그 취득한 주식을 상호 양도 또는 양수하는 행위, 의결권을 공동으로 행사하는 행위 등을 본인과 합의 또는 계약 등에 의하여 공동으로 하는 자를 말하며, 여기서의 합의 또는 계약이라 함은 의사의 연락 이외에 이에 기한 행위의 공동성을 요하기는 하나 반드시 명시적일 것까지 요구하는 것은 아니고 묵시적인 경우라도 이에 해당하고, 이러한 사정에 관하여는 직접증거가 아닌 정황근거에 의하여도 입증할 수 있다.

… 피신청인 구씨, 허씨의 경우 위 피신청인들과 데이콤과 특수관계에 있는 X와의 친족관계나 임원경력 및 위 피신청인들이 하나로통신 주식회사 발행 주식을 매입한 시기나 방법의 공통성, 그밖에 매입가액, 매입자금의 출처 등 기록상 소명되거나 심문 전체의 취지로 미루어 짐작할 수 있는 제반의 사정을 종합하여 볼 때 위 피신청인들의 의결권 행사로 인하여 이 사건 주주총회에서 의결권을 공동으로 행사하였다고 합의하였다고 봄이 상당하고, 또한 기록상으로 위 피신청인들의 의결권 행사로 인하여 이 사건 주주총회에서 상정된 외자유치안이 부결될 경우 신청외 회사로서는 심각한 유동성 위기를 겪게됨으로써 부도 위기에 처할 수 있다고 보이고, 이러한 사정은 신청인들을 비롯하여 신청외 회사의 투자자들로 하여금 심각한 피해를 입게 할 우려가 있음을 넉넉히 짐작할 수 있다는 점에서 시급히 가처분으로써 그 의결권 행사를 정지시켜야 할 보전의 필요성이 인정된다.

금감원, 2004. 2. 11. 보도자료, 제목: (주)금강고려화학등의 대량보유(변동)보고 위반 등에 대한 조치

금융감독위원회	보 도 자 료		금융감독원
작성부서	금융감독원 공시감독국		
담 당 자	이광섭 팀장(3786-8423)		
배 포 일	2004. 2. 11.	배포부서	공보실(☎ 3771-5790, 5795)

※ 이 자료는 2월 12일(목) 조간부터 취급하여 주시기 바랍니다.

제목: (주)금강고려화학등의 대량보유(변동)보고 위반등에 대한 조치

주요 내용

□ 증권선물위원회(위원장 이동걸)는 2004. 2. 11. 제 3 차 정례회의에서(주)금강고려화학등의 현대엘리베이터 주식등 대량보유(변동)보고(5% Rule) 위반등에 대하여,

- 정상영(920,742주) 및 유리패시브주식형사모펀드(355,200주) · 유리제우스주식형사모펀드일호(58,905주) · 유리주피터주식형사모펀드일호(147,008주)등 3개 증권투자회사가 보유하고 있는 동사 주식의 5% Rule 위반분 1,481,855주(무상증자 신주포함 20.78%)를 2004. 5. 20.까지 증권거래소 시장에서 전부 처분하도록 명령하였다.

  * 신고대량매매 · 시간외매매 · 통정매매등 특정인과 약속에 의하여 매매하는 방법은 제외

- 또한 증권선물위원회는 5% Rule 위반과 관련하여 (주)금강고려화학 및 동사의 최대주주 겸 이사인 정상영을 고발하기로 하였다.

□ 금융감독당국은 앞으로도 본건과 같이 사모펀드 등을 통하여 5% Rule을 위반하면서 은밀히 지분을 대량매집하여 경영권을 취득하는 행위에 대하여는 고발 및 처분명령 등의 방법으로 엄중하게 조치함으로써 유사사례가 재발되지 않도록 할 것이며, 아울러 본건 처리를 계기로 공정한 경영권 경쟁기회를 보장하고 투자자를 보호하기 위해 도입된 5% Rule이 시장에 보다 확고히 정착되도록 노력하겠다고 발표하였다.

붙임: 1. 심사결과 조치내용 1부
2. 현대엘리베이터 주식 지분율 현황 1부
3. 대량보유(변동)보고 위반관련 Q&A 1부. 끝.

※ 금융감독위원회 · 금융감독원의 보도자료는 인터넷(http://www.fsc.go.kr와 www.fss.or.kr)에 수록되어 있습니다.

(붙임 1)

(주)금강고려화학등의 대량보유(변동)보고 위반 등에 대한 심사결과 조치내용

Ⅰ. 주요 위법사실

1. 주식등의 대량보유(변동)보고 위반

(현대엘리베이터 주식)

□ (주)금강고려화학(대표보고자), 정상영, 3개 뮤추얼펀드

• 금강고려화학측은 사모주식투자신탁 및 사모증권투자회사(뮤추얼펀드)를 통하여 현대엘리베이터 주식 1,157,700주(20.63%) 매수

– 정상영(단독수익자)이 신한비엔피파리바투신운용의 사모주식투자신탁을 통하여 2003. 10. 7.~10. 28. 기간 중 719,330주(12.82%) 장내매수(지연보고)

– 금강고려화학의 특수관계인인 유리패시브주식형사모펀드 등 3개 뮤추얼펀드가 2003. 10. 29.~11. 10. 기간 중 438,370주(7.81%) 장내매수(지연보고)

→ 이미 16.20%를 보유한 상태에서 총 5회에 걸쳐 보유비율이 1% 이상 변동된 사실을 5일 이내에 보고하지 않고 지연보고

□ 신한비엔피파리바투자신탁운용(주)

• 동사는 사모주식투자신탁에 편입된 현대엘리베이터 주식 보유비율이 2003. 10. 10. 5%를 초과하였음에도 5일 이내에 보고하지 않고 지연보고

※ 경영참가 등의 목적이 있는 경우 기관투자자 보고특례(익월 10일한) 적용 제외

(현대중공업 및 현대상선 주식)

□ (주)금강고려화학

• 금강고려화학은 2001. 5. 2.~2003. 6. 20. 기간 중 9개 사모단독투자신탁을 통하여 현대중공업 주식 5,747,990주(7.56%)를 매수한 사실 미보고

• 금강고려화학은 사모단독투자신탁 보유분 및 뮤추얼펀드 소유의 현대상선 주식이 2003. 11. 4. 5%가 초과되었음에도 지연보고

2. 임원·주요주주의 주식소유상황보고 위반

□ 신한비엔피파리바투자신탁운용은 현대엘리베이터 주식의 소유비율이 2003. 10. 14. 10%가 초과되어 주요주주가 되었음에도 이를 지연보고

3. 상장법인 등의 신고·공시의무 위반

□ 타법인출자 관련 수시공시 위반

- 금강고려화학은 2003. 10. 28.~11. 5. 기간 중 주식회사인 유리제우스주식형사모펀드일호에 3회에 걸쳐 총 400억원(자본금의 71.1%)을 출자하고도 이를 미공시

  ※ 상장법인의 경우 자본금의 5% 이상(대규모 법인)의 타법인 출자시 수시공시의무 발생

Ⅱ. 조 치 안

1. 위반자별 조치안

<table>
<tr><th>위반자</th><th>위법사실</th><th>조치안</th></tr>
<tr><td>정상영</td><td rowspan="2">• 주식등의 대량보유(변동)보고 위반
(현대엘리베이터(주) 주식 관련)</td><td>고발 및 처분명령
(920,742주*)</td></tr>
<tr><td>유리패시브주식형사모펀드 등 3개 증권투자회사</td><td>처분명령
(561,113주*)</td></tr>
<tr><td rowspan="2">(주)금강고려화학</td><td>• 주식등의 대량보유(변동)보고 위반
(현대엘리베이터(주) 주식 관련)</td><td>고발</td></tr>
<tr><td>• 주식등의 대량보유(변동)보고 위반
(현대중공업(주) 및 현대상선(주) 주식 관련)
• 상장법인 등의 신고·공시의무 위반</td><td>경고</td></tr>
<tr><td>신한비엔피파리바투자신탁운용(주)</td><td>• 주식등의 대량보유(변동)보고 위반
(현대엘리베이터(주) 주식 관련)
• 임원·주요주주의 주식소유상황보고 위반</td><td>경고</td></tr>
</table>

* 처분명령에 무상신주 포함

2. 처분방법 및 기한

□ 처분방법

- 신한비엔피파리바투자신탁운용의 '신한포트폴리오사모주식투자신탁제 3 호'에 편입되어 있는 현대엘리베이터 주식 920,742주의 보유자인 정상영에

게 동 주식을 처분하도록 명령(신한비엔피파리바투자신탁운용에 동 사실을 통보)하고, 유리패시브주식형사모펀드 등 3개 증권투자회사에게 현대엘리베이터 주식 561,113주를 처분하도록 명령함

• 증권거래소 시장내 매도
  – 신고대량매매 · 시간외매매 · 통정매매등 특정인과 약속에 의하여 매매하는 방법 제외

□ 처분기한: 2004. 5. 20.

(붙임 2)

현대엘리베이터 주식 지분율현황(2003. 12. 31. 현재)

□ 금강고려화학측

성 명	무상증자전		무상증자	무상증자후	
	주식수	지분율(%)	(주당 0.28주)	주식수	지분율(%)
㈜금강고려화학	805,550	14.36	225,553	1,031,103	14.46
금강종합건설㈜	110,000	1.96	*8,400	118,400	1.66
유리패시브	277,500	4.95	77,700	355,200	4.98
유리주피터	114,850	2.05	32,158	147,008	2.06
유리제우스	46,020	0.82	12,885	58,905	0.83
정상영(사모펀드)	719,330	12.82	201,412	920,742	12.91
현대종합금속㈜	280,000	4.99	78,400	358,400	5.02
한국프랜지공업㈜	152,810	2.72	42,786	195,596	2.74
울산화학㈜	141,320	2.52	39,569	180,889	2.54
㈜현대지네트	80,000	1.42	22,400	102,400	1.44
㈜현대백화점H&S	80,000	1.42	22,400	102,400	1.44
㈜현대백화점	3,810	0.07	1,066	4,876	0.07
계	2,811,190	50.10	764,729	3,575,919	50.14

* 본안소송중인 금강종합건설㈜ 소유 80,000주에 대한 무상증자분(22,400주) 제외

□ 김문회측

성 명	무상증자전		무상증자	무상증자후	
	주식수	지분율(%)	(주당 0.28주)	주식수	지분율(%)
김문회	1,081,170	19.27	302,727	1,383,897	19.40
현영원	28,000	0.50	7,840	35,840	0.50
현정은	188,973	3.37	52,912	241,885	3.39
하늘교육	20,500	0.37	5,740	26,240	0.37
현대증권㈜	279,123	4.97	78,154	357,277	5.01
최용묵	166	0.00	46	212	0.00
한승준	55	0.00	15	70	0.00
현대중공업㈜	120,320	2.14	33,689	154,009	2.16
현대엘리베이터㈜	98,262	1.75	5,308	103,570	1.45
계 (자사주 제외시)	1,816,569 (1,718,307)	32.37 (30.62)	486,431 (481,123)	2,303,000 (2,199,430)	32.29 (30.84)

* 발행주식총수: 무상증자전 5,611,271주, 무상증자후 7,132,513주

(붙임 3)

(주)금강고려화학등의 대량보유(변동)보고 위반관련 Q&A

2. 사모주식투자신탁과 사모증권투자회사(뮤추얼펀드)와의 차이

□ 사모주식투자신탁은 계약관계로서 원칙적으로 위탁회사가 5% 보고의무 부담

□ 사모증권투자회사(뮤추얼펀드)는 독립된 법인격을 갖는 주식회사로서 투자주식을 직접 소유할 뿐 아니라 의결권도 행사할 수 있으므로 일반회사와 마찬가지로 5% 보고의무 있음

• 뮤추얼펀드는 의결권을 직접 행사하거나 자산운용회사에 위탁할 수도 있음

※ 사모투자신탁(사모증권투자회사): 구증권투자신탁업법(구증권투자회사법)에 따라 모집 또는 매출 외의 방법으로 발행하여 수익자(주주)가 100인 미만인 투자신탁(증권투자회사)

□ 사모주식투자신탁과 사모뮤추얼펀드 비교

구분	사모주식투자신탁	사모뮤추얼펀드
관련법규	간접투자자산운용업법	
설립형태	신탁약관에 의한 신탁계약(계약형)	펀드자체가 주식회사(회사형)
투자증권의 형태	수익증권	주식
운용주체 및관계인	자산운용회사 (수익자, 판매회사, 수탁회사)	자산운용회사 (주주, 증권투자회사, 판매회사, 자산보관회사, 일반사무관리회사)
투자자의 지위	수익자	주주
자금 유출·입	설정, 해지	증자, 감자
투자자금의 회수	개방형－환매청구 폐쇄형－수익증권 매도	개방형－환매청구 폐쇄형－보유주식 처분

3. 투신운용사의 사모주식투자신탁을 통한 주식취득시 수익자의 5% 보고의무?

□ 일반적으로 사모주식투자신탁의 경우 공모증권투자신탁과 마찬가지로 법령과 관련약관 등에 따라 투신운용사만 5% 보고의무가 있으며 수익자에게는 보고의무가 없음

□ 그러나 본건과 같이 사모주식투자신탁의 단독수익자인 정상영이 법령과 관련약관에 반하는 방법으로 투신운용사와의 합의를 통해 "개별 주식등의 취득 또는 처분권한" 등을 행사·보유하는 경우에는 증권거래법시행령(§10의4 제3호*)에 따라 소유에 준하는 보유자로서 5% 보고의무 있음

또한 "당해 위반분"에 대한 문언적 해석보다는 처분명령 취지에 맞는 합목적적 해석에 의하여 무상신주도 구주와 같이 처분명령의 대상이 되는 것으로 보아야 함.

5. 처분명령을 하면서 KCC 및 그 특별관계자에게 처분명령 이행기간중 현대엘리베이터 주식의 신규 취득제한 조치를 하지 않고서도 처분명령의 실효성을 확보할 수 있는지?

□ 처분명령의 실효성 측면 및 과거 신성무역 사례에 비추어 볼 때 처분명령 부과시 5% Rule 위반자들에게 처분명령에 따른 이행 완료시까지 현대엘리

베이터 주식을 취득하는 것을 금지해야 한다는 주장도 일부 있으나

□ 다음과 같은 점들을 고려할 때 취득금지명령은 부당한 것으로 판단되어 취득금지명령을 부과하지 않았음

• 취득금지명령과 같이 의무를 부과하는 행정조치의 경우 법률상 명확한 근거가 있어야 하며 단순히 처분명령의 실효성을 제고하기 위해 취득을 금지하는 것은 지나치게 재산권을 제한하는 것으로서 위법소지가 큼

• 5% Rule 제도는 주식 취득을 사전에 금지하는 것이 아니고 증권시장의 투명성 제고 및 공정한 경영권 경쟁기회 등을 보장하기 위한 것인바,

• 금번 처분명령시 증권거래소 장내처분으로 처분방법을 제한할 뿐만 아니라 시간외대량매매등 특정인과의 약속에 의하여 매매하는 방법을 제외함으로써 처분명령의 실효성 확보 가능

• 97년도 신성무역 사례는 5% Rule 위반뿐만 아니라 의무공개매수 위반까지 관련된 것이었으며 98년 증권선물위원회 설립이후 6건의 처분명령 사례 모두 취득금지명령 미부과

수원지법 여주지원 2004. 3. 23.자 2004카합51 의결권행사허용가처분 결정(유리제우스주식형사모펀드일호 v. 현대엘리베이터)

… 자. 금융감독위원회는 2004. 2. 11. 증권선물위원회의 결정을 통하여 케이씨씨의 특별관계인인 신청인들이 이미 케이씨씨 및 위 회사의 다른 특별관계인들이 16.20%를 보유한 상태에서 총 5회에 걸쳐 보유비율이 1% 이상 변동된 사실을 5일 이내에 보고하지 않은 사유로 신청인들이 보유하고 있는 피신청인의 주식(무상신주 포함)을 2004. 5. 20.까지 증권거래소 시장에서 전부 처분하도록 명령하였고, 케이씨씨의 최대주주겸 이사인 정상영을 고발하기로 결정하였다. …

위 사실관계를 의하면, 신청인들은 케이씨씨의 특별관계인으로서 이미 케이씨씨 및 그 특별관계인들이 피신청인의 총 발행 주식 중 5% 이상을 보유한 상태에서 증권거래법에 의한 대량보유(변동)보고의무를 부담하는 비율 이상의 피신청인의 주식을 취득하였음에도 이에 관하여 증권거래법이 정하는 보고기간이 경과한 후인 2003. 11. 14. 비로소 대량보유(변동)보고를 하고, 2003. 11. 21. 위 보고 중의 부실부분을 정정하는 보고를 하였으므로 신청인들이 취득한 피신청인의 이 사건 주식은 증권거래법이 정하는 대량보유(변동)보고의무를 위반한 주식에 해당된다고 할

것이다. …

가. 대량보유보고 지연이 착오에 의한 것이라는 주장에 대하여

신청인들은 모두 구 증권투자회사업법에 의하여 설립된 증권투자회사로서 유가증권 등의 매매를 주요목적으로 하는 회사이고 모두 케이씨씨의 특별관계인들이라는 점, 증권거래법 제200조의2가 규정하는 주식의 대량보유보고제도는 일정비율 이상의 지분변동이 있을 경우 이를 공시하게 함으로써 투자자들에게 이에 대한 정보를 얻을 수 있는 기회를 주어 주식시장의 투명성 및 공정성을 보장하기 위한 제도임과 동시에 적대적 기업인수와 관련하여 증권시장에서 발생하는 각종 투기나 부당한 시세조정행위에 대한 대비책이며 이를 목적으로 하는 음성적 주식매입을 방지함으로써 경영권에 대한 불공정한 침탈을 방지하기 위한 장치라 할 것인 점에 비추어, 신청인들이 주장하는 사정만으로는 … 착오에 해당하는 사유가 있었다고 보기 어렵고, …

나. 무상신주에 대한 의결권 행사에 대하여

앞에서 본 바와 같은 증권거래법 제200조의2 및 200조의3 규정의 취지, 증권거래법시행령 제86조의5 제 2 호가 주주가 가진 주식수에 따라 배정하는 신주발행시에 그 배정된 주식만을 취득하는 경우 보고의무가 면제된다고 규정한 것은 준비금의 자본전입으로 인한 무상주 배정의 경우 비록 발행주식수가 증가하였더라도 그 지분비율은 변동이 없어 의결권행사나 지배구조에 별다른 영향이 없기 때문에 그와 같이 규정한 것으로 보이는 점 등에 비추어 보면, 증권거래법에 의한 주식대량보유(변동)보고의무를 위반하여 같은 법 제200조의3이 정한 바에 따라 의결권이 제한되는 주식을 근거주로 하여 발행된 무상신주에도 그 의결권제한의 효력이 미친다고 봄이 상당하다. …

서울중앙지법 2004. 3. 26.자 2004카합809 의결권행사금지가처분결정(현대증권 v. 금강고려화학)

(1) 살피건대, 시행령 제86조의4에 의하면 주식 대량보유(변동)상황 보고에 있어 대량보유자 및 그 특별관계자에 관한 사항(제 1 호)과 보유 또는 변동 주식 등의 종류 및 수(제 4 호)는 의무적 기재사항인바, 이러한 사항들은, 일정비율 이상의 주

식 취득과 변동을 신속하게 공시함으로써 증권시장의 투명성과 공정성을 확보하는 한편 적대적 인수·합병을 목적으로 하는 음성적인 주식 매집을 방지함으로써 경영권에 대한 불공정한 침탈을 방지하고자 하는 '주식대량보유(변동)상황보고제도'의 취지를 감안할 때, 시행령 제86조의8 제 1 호 소정의 '중요한 사항'에 해당한다고 할 것인데, 앞서 본 바와 같이, 이 사건 1차 보고 당시, 피신청인은 그 이전부터 특별관계자인 유리패시브 등을 통해 보유하고 있던 신청외 회사의 주식 1,160,700주(지분율 20.63%)에 관해 아무런 보고를 하지 아니하였으므로 이 사건 1차 보고에는 시행령 제86조의8 제 1 호 소정의 '중요한 사항에 관한 기재누락'이 있었다고 할 것이고, 한편 기록상 제출된 자료들을 종합하여 보면, 피신청인은 이 사건 1차 보고 당시, 위 유리패시브 등을 통해 취득한 주식에 대한 주식 대량보유(변동)상황 보고의무를 위반한 사실을 이미 알고 있었던 점이 소명되므로, 이 사건 1차 보고시 위 유리피시브 등 보유 주식의 취득 사실을 보고하지 않은데 대한 고의성도 충분히 인정할 수 있다 하겠다. 그렇다면, 피신청인은 법 제200조의3 및 시행령 제86조의8 제 1 호의 규정에 의해, 이 사건 1차 보고 상의 하자들이 모두 보완되어 적법한 대량보유(변동)상황 보고가 이루어진 것으로 보이는 이 사건 3차 보고일인 2003. 11. 21. 이후 6월이 경과하기까지는 이 사건 주식에 대한 의결권을 행사할 수 없다고 할 것이다.

또한, 앞서 본 바와 같은 '주식대량보유(변동)상황보고제도'의 취지, 준비금의 자본전입으로 인한 무상 신주 배정은 실질적으로 주식분할과 같은 성질의 것인 점, 의결권 행사가 제한된 주식을 근거로 하여 배정된 무상 신주에 대해 의결권을 인정할 경우 음성적 방법에 의한 경영권 침탈을 방지하려는, 대량보유(변동)상황 보고의무 위반에 대한 의결권 제한의 취지가 왜곡될 우려가 큰 점 등을 고려해 보면, 이 사건 주식을 근거로 하여 발행된 무상 신주에도 그 의결권 제한의 효력이 미친다고 봄이 상당하다 할 것이다.

(2) 이에 대하여 피신청인은 이 사건 주식을 취득한 2003. 11. 11.부터 5일 이내인 2003. 11. 14. 유리패시브 등이 보유하고 있던 신청외 회사 주식에 대한 기재가 포함된 이 사건 2차 보고가 이루어졌으므로, 가사 이 사건 1차 보고가 위법하다 하더라도 위 2차 보고로 인해 1차 보고의 하자는 모두 치유되었다는 취지로 주장한다.

살피건대, 하자의 치유 인정 여부는 위법성의 정도, 위반한 법규의 취지, 목적 당해 행위로 인해 형성되는 이익상황 등을 구체적으로 검토하여 법규에 정해진 원칙에 희생시킬 만한 다른 법적 가치의 존부 및 그 경우에 침해될 수 있는 다른 이익의 내용을 비교 교량하여 결정하여야 할 것인바, 이 사건의 경우, 이 사건 1차 보고 당시 누락되었던 유리패시브 등의 신청외 회사 주식 보유 사실이 이 사건 2차 보고에는 포함한 점은 기록상 소명되나, 한편 실제로 주식대량보유(변동)상황보고가 이루어진 경우, 보고내용이 법 제200조의2 소정의 보유비율 변동 후 5일의 기간이 경과한 후에 외부에 공시되는 것이 아니라, 특별한 사정이 없는 한, 금융감독원 전자공시시스템(http://dart.fss.or.kr)을 통해 보고하는 즉시 공시됨으로써 일반 투자자들도 인터넷 검색을 통해 실시간으로 보고 내용 확인이 가능한 사정을 고려해 보면, 법 제200조의2가 보고 의무자에게 5일의 보고 기간을 허여한 것은 5일 이내에 중요 사항에 관한 허위보고 및 기재누락 없이 1호로 정확한 보고를 마칠 것을 전제로 한 것으로 보이고, 5일 이내에 정정 또는 추가 보고를 허용하는 취지는 아닌 것으로 보이는 점, 만일 5일 이내의 정정 또는 추가 보고로 인해 최초 보고의 하자가 치유된다고 본다면, 최초의 보고 내용을 믿고 이에 따라 행동한 일반 투자자 및 주식 발행 회사가 불측의 손해를 입게 됨으로써 증권시장의 투명성 및 공정성을 보장하고, 음성적인 주식매집을 방지하기 위한 주식대량보유(변동)상황보고제도의 취지가 몰각될 우려가 큰 점, 시행령 제86조의8이 보고의무 위반에 대한 고의성이 있을 경우에는 비록 정정보고가 있었다 하더라도 6월의 기간 동안 의결권 행사를 제한하는 취지를 고려해 보면, 비록 5일의 기간 내에 최초 보고의 하자에 대한 추완이 있었다 하더라도 최초 보고 당시 보고의무 위반의 점에 대한 고의가 있는 한 그로 인한 의결권 제한은 법 규정에 의해 당연히 부과되는 것이고, 그 정정보고가 5일의 기간 내에 있었다는 이유만으로 최초 보고의 하자가 치유된다고 보기는 어려운 점 등을 모아 보면, 피신청인 주장과 같이 이 사건 1차 보고의 하자가 이 사건 2차 보고에 의해 치유된다고 보기는 어렵다고 할 것이다.

아울러서 법 제200조의4에 의해 준용되는 법 제11조 제 1 항 및 제 2 항에 의하면, 금융감독위원회가 대량보유(변동)상황 보고에 대해 정정신고 제출 명령을 발한 때에는 당해 대량보유(변동)상황 보고는 위 명령을 발한 날로부터 수리되지 아니한 것으로 보는 바, 이 사건의 경우, 앞서 본 바와 같이 이 사건 2차 보고에 대해 2003. 11. 17. 정정명령이 부과되었으므로 이 사건 2차 보고는 2003. 11. 17.부터는 수리되지 아니한 것으로 볼 것이어서, 피신청인 주장과 같이 이 사건 주식 취득 후 5일 이내에 이 사건 2차 보고가 적법하게 이루어졌다고 보기도 어렵다 할 것이다.

서울행법 2008. 9. 5. 선고 2008구합23276 판결 주식처분명령취소(디엠파트너스 v. 증선위)

… 법령의 규정 내용과, 5% 이상의 주식을 대량보유한 자가 '경영참여목적'으로 주식을 취득하였다는 사실은 일반 투자자들의 경우 경영권을 유지하려는 자와 새로이 경영권을 확보하려는 자 사이에 지분 경쟁이 생길 것으로 예상하여 투자하게 하는 등 투자의 합리적인 의사 결정에 영향을 미치고, 주식발행회사들의 경우 보유목적을 통하여 향후 예상되는 경영권 분쟁에 대한 방어를 준비할 기회를 보장하게 되는 등 그 보유목적의 영향력이 큰 점, 최근 기업에 대한 적대적인 인수·합병(M&A)시도의 증가로 기업의 경영권에 대한 위협이 증가하고 있음에도 불구하고, 기업의 경영권 방어를 위한 제도적 수단이 불충분하여 공정한 경영권 경쟁이 이루어지지 못하고 기업환경이 악화되는 문제점이 있어 이를 해결하기 위한 방안으로 2005. 1. 17. 법률 제7339호로 증권거래법을 개정할 당시 보유상황의 하나의 사항이었던 보유목적을 보유상황과 변동내용과 구별하여 별도로 규정하고 그 보유목적에 따라 보고사항을 달리 정한 입법 취지 등에 비추어 보면, 대량보유(변동)보고서에 기재하는 '보유목적'은 법 제200조의3 제 1 항에 정한 중요한 사항에 해당한다.

… 원고들은 소외 회사의 경영에 참여함으로써 소외 회사의 가치를 제고하여 수익률을 창출하고 이를 극대화하기 위하여 익명조합을 설립하였고, 이후 투자자들을 모집함에 있어 투자자들에게 소외 회사에 대한 엠엔에이(M&A)를 시도하여 회사의 실질적 가치 및 시장에서의 관심을 제고하는 것을 그 투자금의 회수전략으로 설명하여 익명조합계약을 체결하여 투자금을 지급받았으며, 원고들이 금감위와 거래소에 대한 2007. 4. 23. 4차 보고 이전까지 변호사 소외 2로부터 소외 회사의 경영에 참가하는 것을 전제로 하여 법률자문을 받는 등 소외 회사의 경영에 참가를 위하여 준비를 하여 온 과정, 원고들이 소외 회사의 주식을 매수하기 시작한 2007. 3. 22.부터 원고들이 경영참가목적으로 보고한 2007. 4. 23. 4차 보고 당시까지의 약 1개월에 불과한 짧은 기간, 원고들이 금감위 및 거래소, 일반투자자들의 관심 등을 피하기 위하여 5개의 계좌를 이용하여 소외 회사의 주식을 매수한 주식취득방법 등 원고들이 소외 회사의 주식을 취득한 제반 사정을 고려하면, 원고들은 2007. 4. 5.까지 소외 회사의 주식 98,232주(3차 보고 당시까지 매수한 부분)를 확정적인 경영참가목적으로 매수하였다고 할 것이고, 따라서 원고들은 2007. 3. 30., 2007. 4.

3., 2007. 4. 9. 3회에 걸쳐 금감위와 거래소에 보고를 함에 있어 중요한 사항인 보유목적을 허위로 보고하였다고 할 것이다.

가사 원고들의 주장과 같이, 원고들이 확정적인 경영참가목적을 가지지 아니하고 소외 회사의 주식을 매수하였다고 하더라도, 위 가)항에서 본 바와 같은 보유목적 보고에 관한 법의 입법 취지, 단순투자목적 보고에 비하여 경영참가목적 보고가 주식거래에 있어 가지는 중요성, 법 시행령 제86조의9 제 1 항 제 2 호에서 주식 등의 보유기간 동안 법 시행령 제86조의7에 따른 경영권에 영향을 주기 위한 행위를 하지 아니하겠다는 확인을 하도록 규정하여 단순투자목적의 경우 경영참가목적이 없다는 취지의 확인을 하도록 한 점 등에 비추어 보면, 5% 이상의 주식을 대량보유한 자가 금감위와 거래소에 보고하는 '경영참가목적'은 그 목적이 확정적인 경우만을 의미한다고 할 수 없고, 적어도 향후 거래실정에 따라 경영참가목적의 행위를 하겠다는 의사를 가지고 단순투자목적과 대등한 정도의 경영참가목적을 가지고 주식을 취득하게 되는 경우도 포함된다고 할 것인데, 앞서 본 인정 사실에 비추어 보면, 원고들은 적어도 향후 거래실정에 따라 경영참가목적의 행위를 하겠다는 의사를 가지고 단순투자목적과 대등한 정도의 경영참가목적을 가지고 주식을 취득하였다는 사실을 넉넉히 추인할 수 있다고 할 것이다.

노트와 질문

1) 5%의 매집으로 기업지배권이 변동될 수 있다고 보는 것은 소유와 경영이 분리되어 있는 미국자본시장에서의 상황을 감안하여 결정된 것이므로 우리 자본시장에는 타당한 결론일까? 우리 자본시장에서 5% 대량보유자의 출현으로 투자자들이 기업지배권의 변동이 가능할 수도 있다고 판단하는 기준이 될까? 우리나라와 같이 30~50% 지배주주형 상장기업이 많은 경우 5%가 기업인수희망자와 기존의 지배주주간 적절한 균형점이 아닐 수도 있을 것이고 따라서 우리나라 상장회사의 주주소유구조를 감안하면 15% 정도가 적절한 기준이라고 사료된다.
2) 5% 보고의무는 기존의 경영진에 대하여 사전신호를 주는 기능과 함께 시장에서의 투자자를 보호하기 위한 것이라고 설명되는데, 단순히 보고의무를 법정의 기간내에 이행하지 않았다는 이유로 3월내 처분명령이나 6월간 의결권금지라는 처분이 이러한 정책적 목표와 조화를 이루는 것일까? 단순히 보고기간을 지키지 않은 경우와 보고기간을 지키지 않았을 뿐만 아니라 추

가로 주식을 취득한 경우를 달리 취급할 것인가에 관하여는 현행 자본시장법 제150조 제 2 항으로 해결하였다.

3) 주식관련 다양한 파생상품이 출현하고 있기 때문에 주식의 개념에 어떤 것들이 속할지 보다 자세한 검토가 필요하여지고 있다. 주식매수선택권은 물론이지만, 신주인수권이나 주식인수권증서도 이에 포함될 것이다. 다른 문맥에서이기는 하지만, *Deephaven Risk Arb Trading Ltd. v. Unitedglobalcom, Inc.* 2005 WL 1713067 (Del. Ch. 2005) 참조.

4) 보유의 개념에 관한 판례로 대법 1997. 5. 13. 선고 97라51 결정과 대법 2002. 7. 22. 선고 2002도1696 판결 참조.

Ⅱ. 공개매수제도의 규제

금감원, 기업공시실무안내, 306-316(2009)

자본시장법 하에서 변화되는 내용

□ 사전협의된 장내매수를 공개매수 적용대상에 포함(법 §133④)

- 장외매수와 실질이 동일한 당사자간 사전협의된 장내매수(주로 시간외 매매)도 공개매수 적용대상에 포함

□ 공개매수에 대한 의견표명 방법을 구체화(영 §149②)

- 공개매수에 대한 발행인의 찬성·반대 또는 중립의 의견 및 그 이유가 포함되어야 하고, 의견표명이후 그 의견에 중대한 변경이 있을 경우 지체없이 그 사실을 알려야 함

□ 공개매수 철회신고서 사본 발행인 송부의무를 신설(법 §139③)

- 공개매수자는 공개매수의 철회신고서를 제출한 경우에는 지체없이 그 사본을 발행인에게 송부하여야 함

□ 공개매수기간중 별도매수 금지시 개시일 변경(법 §140)

- 공개매수자 등은 공개매수기간중 공개매수 이외의 방법으로 주식등을 매수할 수 없으며 그 금지기간도 공개매수공고일(종전 공개매수신고서 제출일)부터 개시됨

1. 공개매수제도의 의의 및 개요

[1] 의 의

• 경영권 경쟁의 공정성을 확보하고 기존 경영진에게는 방어의 기회를 제공하며, 경영권변동 가능성에 대한 정보를 제공함으로써 투자자를 보호하고 매수대상회사의 모든 주주에게 매도의 기회를 동등하게 부여하여 주주간의 평등을 도모하기 위해 공개매수 절차·방법 등을 규정하고 그 내용을 공시토록 하는 제도

[2] 개 요

• 공개매수를 하고자 하는 자는 공개매수공고와 동시에 금융위에 공개매수신고서를 제출하고 법상 정해진 절차(공개매수기간, 결제, 조건변경 등)를 따라야 함

2. 공개매수의 개념 및 적용대상

[1] 공개매수의 개념(법 §133②)

• 공개매수는 기업지배권의 획득이나 유지·강화를 목적으로 주권상장법인등의 의결권 있는 주식등(전환사채 등 잠재주권 포함)을 증권시장(이와 유사한 시장으로서 해외에 있는 시장을 포함) 밖에서* 불특정다수인에게 매수의 청약을 하거나 매도의 청약을 권유하여 그 주식 등을 매수하는 행위를 말함

* 매도와 매수 쌍방당사자간의 계약, 그 밖의 합의에 따라 종목, 가격과 수량 등을 결정하고, 그 매매의 체결과 결제를 증권시장을 통하는 방법으로 하는 주식 등의 매수(시간외매매)는 증권시장밖에서 행하여진 것으로 봄(법 §133④)

[2] 공개매수의 적용대상(법 §133③)

• 과거 6월간 10인 이상의 자로부터 증권시장 밖에서 주식 등을 취득함으로써, 본인과 특별관계자가 보유하게 되는 주식 등을 합산한 보유비율이 발행 주식 등의 5% 이상이 되는 경우(5% 이상 보유자가 추가취득하는 경우 포함)에는 공개매수절차에 의하여 주식 등을 취득하여야 함

• 10인의 산정기준은 매수의 상대방이 아니라 매수청약 또는 매도청약의

권유의 상대방임

- 불특정다수를 대상으로 하지 않더라도 반드시 공개매수의 절차와 방법에 따라 주식등을 취득하도록 하여 모든 주주에게 경영권 Premium을 균등하게 향유할 수 있도록 함

  * 적용대상증권(주식등)은 주식등의 대량보유상황보고 대상과 동일함

③ 공개매수 적용 예외

- 다음과 같이 부득이하게 주식등을 취득하는 경우에는 공개매수를 하지 않아도 됨(영 §143)
  - 소각을 목적으로 하는 주식 등의 매수 등
  - 주식매수청구에 응한 주식의 매수
  - 신주인수권이 표시된 것 · 전환사채권 · 신주인수권부사채권 또는 교환사채권의 권리행사에 따른 주식 등의 매수 등
  - 파생결합증권의 권리행사에 따른 주식 등의 매수 등
  - 특수관계인으로부터의 주식 등의 매수 등
  - 법 제78조 제 1 항에 따라 증권의 매매를 중개하는 방법에 의한 주식의 매수
  - 다른 주주의 권익침해가 없는 것으로 다음에 해당하는 매수(규정 §3-1)
- 기업의 경영합리화, 정부의 인 · 허가, 지도 · 권고 등에 따른 매수
- 정부의 공기업민영화계획 등에 의하여 정부가 처분하는 주식등의 매수
- 법원의 인 · 허가에 따른 화의, 정리절차중인 회사의 주식등의 매수
- 채권금융기관 등이 기업구조조정촉진법에 따라 처분하는 주식등의 매수 등

④ 공개매수적용예시

〈사례1〉

- 장외에서 4월간 9인으로부터 주식을 취득한 결과 그 소유주식이 의결권 있는 발행주식총수의 4.5%가 되었고 취득 직후 1%의 주식을 장외에서 추가로 취득하고자 하는 경우
  - 장외에서 추가로 1% 이상의 주식을 취득하게 되면 6월간 10인에게서 5% 이상을 취득하게 되므로 공개매수 적용 대상(일반적 장외거래 금지)

〈사례2〉

• 본인과 특별관계자가 보유하는 주식의 합산한 비율이 4%인 자가 10일간 12인으로부터 2%를 추가로 장외에서 취득하고자 하는 경우

– 6 월간 10인 이상의 자로부터 취득하여 본인 및 특별관계자가 보유하는 주식 등의 비율이 5% 이상이 되므로 공개매수 적용대상

〈사례3〉

• 주식 등을 이미 5% 이상을 보유하고 있는 자가 12명으로부터 30% 주식을 추가로 장외에서 취득하고자 하는 경우

–5% 이상 보유자가 장외에서 10명 이상으로부터 추가 취득하는 경우이므로 공개매수 적용대상

3. 공개매수 절차

□ 공개매수는 장기간의 시간이 소요되고 복잡하여 구체적인 공개매수절차를 두고 있음

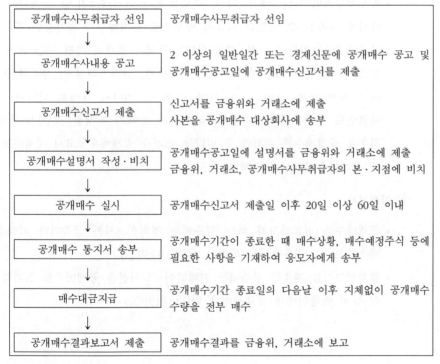

공개매수사무취급자 선임	공개매수사무취급자 선임
↓	
공개매수사내용 공고	2 이상의 일반일간 또는 경제신문에 공개매수 공고 및 공개매수공고일에 공개매수신고서를 제출
↓	
공개매수신고서 제출	신고서를 금융위와 거래소에 제출 사본을 공개매수 대상회사에 송부
↓	
공개매수설명서 작성·비치	공개매수공고일에 설명서를 금융위와 거래소에 제출 금융위, 거래소, 공개매수사무취급자의 본·지점에 비치
↓	
공개매수 실시	공개매수신고서 제출일 이후 20일 이상 60일 이내
↓	
공개매수 통지서 송부	공개매수기간이 종료한 때 매수상황, 매수예정주식 등에 필요한 사항을 기재하여 응모자에게 송부
↓	
매수대금지급	공개매수기간 종료일의 다음날 이후 지체없이 공개매수 수량을 전부 매수
↓	
공개매수결과보고서 제출	공개매수결과를 금융위, 거래소에 보고

※ 공개매수신고서 제출시기

- 공개매수공고를 한 날에 공개매수신고서를 금감원 전자공시시스템 접수수리 홈페이지(http://filer.fss.or.kr)에서 서식을 다운받아 공시
  - 공고일이 공휴일, 토요일 또는 근로자의 날인 경우 그 다음날에 제출할 수 있음(법 §134②)

4. 공개매수의 철회(법 §139①)

[1] 철회금지 사유

- 공개매수신고서 철회는 해당 증권의 가격에 큰 영향을 미치는 행위로써 이를 자유롭게 허용하게 되면 공개매수제도가 악용될 소지가 있어 원칙적으로 공개매수 공고일 이후에는 철회를 금지하고 있으며 제한적으로만 예외를 인정하고 있음

[2] 철회가능사유(법 §139①, 영 §150)

- 대항공개매수가 있는 경우
- 공개매수자의 사망, 해산, 파산, 부도발생, 당좌거래정지 등 공개매수신고 당시에 예측할 수 없었던 사유의 발생으로 공개매수가 불가능한 경우
- 공개매수대상회사에 합병, 분할(합병), 주식의 포괄적 이전 또는 교환, 영업이나 자산양수·도, 해산, 파산, 부도발생, 당좌거래정지, 상장폐지, 중대한 재해(천재·지변·전시·사변·화재 및 기타의 재해로 인하여 최근 사업연도 자산총액의 100분의 10 이상의 손해가 발생한 경우)가 발생한 경우로 공개매수를 철회할 수 있다는 조건을 공개매수공고시 게재하고 이를 공개매수신고서에 기재한 경우

[3] 철회절차

- 공개매수를 철회하고자 하는 경우에는 철회신고서를 금융위와 거래소에 제출하고, 그 내용을 공고하여야 함(법 §139②)
- 철회신고서를 제출한 경우에는 지체없이 그 사본을 공개매수를 철회할 주식 등의 발행인에게 송부하여야 함(법 §139③)

5. 공개매수 관련 금지행위

1 공개매수기간중 별도매수의 금지(법 §140)

• 공개매수자(그 특별관계자 및 공개매수사무취급자 포함)는 공개매수공고일부터 매수기간 종료시까지 공개매수 이외의 방법으로 동일 주식 등의 매수를 하지 못함

– 이는 공개매수가격이 일반적으로 시장가격에 비하여 높은데, 시장에서 공개매수가격보다 낮은 가격에 주식을 매수할 수 있도록 하면 주주평등의 원칙과 모든 주주에게 높은 가격을 보장하여야 하는 원칙(Best price rule)에 위배되기 때문임

• 예외적 허용

– 다른 주주의 권익을 침해할 염려가 없는 다음과 같은 경우에는 공개매수 외의 방법으로 주식취득이 가능함(영 §151)

○ 해당 주식 등의 매수 등의 계약을 공개매수공고 전에 체결하고 있는 경우로서 그 계약체결 당시 공개매수의 적용대상에 해당하지 아니하고 공개매수공고와 공개매수신고서에 그 계약사실 및 내용이 기재되어 있는 경우

○ 공개매수사무취급자가 공개매수자 및 그 특별관계자가 아닌 자로부터 해당 주식 등의 매수 등의 위탁을 받은 경우

2 공개매수조건의 변경 금지(법 §136③, 영 §147)

• 공개매수자는 매수조건을 변경하고자 하는 경우 공개매수기간 종료일까지 정정신고서를 제출하여야 하나, 다음의 사항에 대해서는 조건을 변경할 수 없음

– 매수가격의 인하

– 매수예정주식 등의 수의 감소

– 매수대금 지급기간의 연장

– 공개매수기간의 단축

– 응모주주에게 줄 대가의 종류의 변경. 다만, 응모주주가 선택할 수 있는 대가의 종류를 추가하는 경우는 제외

– 공개매수대금 지급기간의 연장을 초래하는 공개매수조건의 변경

6. 공개매수신고서 첨부서류

1 공개매수자가 공개매수신고서를 제출하는 때에는 다음에 해당되는 서류를 첨부하여 제출하여야 함(영 §146④, 규정 §3-3)

- 공개매수자가 개인인 경우에는 주민등록등본(외국인인 경우에는 이에 준하는서류)
- 공개매수자가 법인, 기타 단체인 경우에는 정관 및 법인등기부등본 또는 이에 준하는 서류
- 공개매수 관련사무에 관한 계약서 사본
- 공개매수에 필요한 금액 이상의 금융기관 예금잔액, 그밖에 자금의 확보를 증명하는 서류
  - 공개매수대금을 결제일까지 인출하지 아니하는 경우에는 그 내용을 기재한 서류를 추가로 제출
  - 공개매수신고서를 제출한 후 공개매수대금을 인출하여 결제일까지 운용하고자 하는 경우에는 인출일부터 결제일까지의 자금의 운용계획서와 그 내용을 확인할 수 있는 서류를 추가로 제출
- 다른 증권과의 교환에 의한 공개매수인 경우에는 공개매수자가 교환의 대가로 인도할 증권의 확보를 증명하는 서류
  - 「독점규제및공정거래에관한법률」 제 8 조의2 제 2 항 제 2 호의 기준에 해당하지 아니할 목적으로 현물출자를 받기 위하여 공개매수를 하고자 하는 경우에는 신주의 발행을 증명하는 서류를 제출
  - 교환대상증권을 결제일까지 처분하지 아니하는 경우에는 그 내용을 기재한 서류를 추가로 제출
  - 공개매수신고서를 제출한 후 교환대상증권을 처분하여 결제일까지 운용하고자 하는 경우에는 처분일부터 결제일까지의 증권의 운용계획서와 그 내용을 확인할 수 있는 서류를 추가로 제출
- 다른 증권과의 교환에 의한 공개매수에 관하여 법 제119조(모집 또는 매출의 신고) 제 1 항 또는 제 2 항의 규정에 의한 신고를 하여야 하는 경우에는 그 신고서에 기재할 사항의 내용과 동일한 내용을 기재한 서류
- 주식 등의 매수 등에 행정관청의 허가·인가 또는 승인이 필요한 경우에는 그 허가·인가 또는 승인이 있었음을 증명하는 서류

• 공개매수공고 내용
• 공개매수공고 전에 해당 주식 등의 매수 등의 계약을 체결하고 있는 경우에는 그 계약서의 사본
• 공개매수자가 외국인 또는 외국법인 등인 경우에는 국내에 주소 또는 사무소를 가진 자에게 해당 공개매수에 관한 권한을 부여한 것을 증명하는 서면
• 공개매수신고서에 첨부하는 서류가 한글로 기재된 것이 아닌 경우에는 그 한글번역문
 -「전자정부구현을 위한 행정업무 등의 전자화촉진에 관한 법률」 제21조 제 1 항 또는 제22조의2 제 1 항의 규정에 의한 행정정보의 공동이용을 통하여 첨부서류에 대한 정보를 확인할 수 있는 경우에는 그 확인으로 첨부서류를 갈음할 수 있음

2 공개매수자금 보유증빙 제출시 유의사항

• 공개매수자는 내외국인의 구분없이 공개매수자금 보유증명서류로 국내 금융기관이 발행한 예금잔고증명서 또는 단기금융상품 등 기타 자금보유 증명서를 제출해야함
 - 공개매수 당시 매수자금의 현존성을 확인하기 어려운 금융기관의 지급보증서는 증빙으로 인정되지 않음

3 모집·매출에 의한 증권을 대상으로 교환공개매수시 유의사항

• 다른 증권과의 교환에 의한 공개매수와 관련하여 법 제119조(모집 또는 매출의 신고) 제 1 항 또는 제 2 항의 규정에 따라 증권신고서를 제출한 때에는 관련 증권신고서의 접수번호 등을 기재하는 방식으로 첨부서류 제출에 갈음할 수 있음
• 모집·매출에 의한 증권을 대상으로 교환공개매수를 하는 경우 증권신고서를 먼저 제출한 때에는 공개매수신고서를 제출하기 전까지(예비) 투자설명서에 의한 권유행위를 할 수 없음
 - 이 경우 증권신고서 제출과 관련된 절차와 공개매수신고서 제출과 관련된 절차를 모두 충족시켜야 하므로 두 개의 신고서를 동시에 제출하는 것이 바람직

7. 공개매수제도의 실효성 확보장치

[1] 의결권행사의 제한(법 §145)

• 법 제133조 제 3 항(의무공개매수), 법 제134조(공개매수공고 및 공개매수신고서의 제출)제 1 항 · 제 2 항을 위반하여 주식 등의 매수 등을 한 경우에는 그 날부터 그 주식(그 주식 등과 관련한 권리행사 등으로 취득한 주식 포함)에 대한 의결권 행사 금지

[2] 금융위의 조치

• 위반분에 대한 처분명령(법 §145)
 – 금융위는 법 제133조 제 3 항(의무공개매수), 법 제134조(공개매수공고 및 공개매수신고서의 제출) 제 1 항 · 제 2 항을 위반한 주식 등(그 주식 등과 관련한 권리행사 등으로 취득한 주식 포함)에 대하여 6개월 이내의 기간을 정하여 처분을 명할 수 있음
• 조사(법 §146①)
 – 금융위는 투자자 보호를 위하여 공개매수자 등 관계인에게 참고자료의 제출을 명하거나 금감원으로 하여금 장부 · 서류, 물건 등을 조사하게 할 수 있음
• 행정처분(법 §146②, 영 §152)
 – 금융위는 다음 각 호의 어느 하나에 해당하는 경우에는 공개매수자 등에 대하여 정정을 명할 수 있고, 공개매수를 정지 또는 금지하거나, 1년의 범위에서 공개매수의 제한 및 공개매수사무 취급업무의 제한, 임원의 해임권고, 고발 및 수사기관에의 통보, 경고 · 주의 등의 조치를 할 수 있음
  ○ 공개매수공고 또는 정정공고를 하지 아니한 경우
  ○ 공개매수신고서, 정정신고서 또는 공개매수결과보고서를 제출하지 아니한 경우
  ○ 공개매수공고, 공개매수신고서, 정정신고서, 정정공고 또는 공개매수결과보고서 중 중요사항에 관하여 거짓의 기재 또는 표시가 있거나 중요사항이 기재 또는 표시되지 아니한 경우
  ○ 공개매수신고서, 정정신고서 또는 철회신고서의 사본을 발행인에게

송부하지 아니한 경우
- ○ 공개매수신고서, 정정신고서 또는 철회신고서의 사본에 신고서에 기재된 내용과 다른 내용을 표시하거나 그 내용을 누락하여 송부한 경우
- ○ 공개매수설명서에 관하여 법 제137조(공개매수설명서 작성 · 공시)를 위반한 경우
- ○ 법 제139조(공개매수의 철회 등) 제 1 항 또는 제 2 항을 위반하여 공개매수를 철회한 경우
- ○ 법 제140조를 위반하여 공개매수에 의하지 아니하고 매수 등을 한 경우
- ○ 법 제141조(공개매수의 조건과 방법)를 위반하여 공개매수를 한 경우
- ○ 법 제145조(의결권 제한 등)를 위반하여 의결권을 행사하거나, 처분명령을 위반한 경우

3 과징금(법 §429)

- 다음의 경우 공개매수신고서에 기재된 공개매수예정총액의 100분의3(20억원을 초과하는 경우에는 20억원)을 초과하지 않는 범위에서 과징금을 부과할 수 있음
  - 공개매수신고서, 정정신고서 또는 공개매수설명서, 그 밖의 제출서류 또는 공고 중 중요사항에 관하여 거짓의 기재 또는 표시를 하거나 중요사항을 기재 또는 표시하지 아니한 경우
  - 공개매수신고서, 정정신고서 또는 공개매수설명서, 그 밖의 서류를 제출하지 아니하거나 공고하여야 할 사항을 공고하지 아니한 경우

4 형사처벌(법 §444~§446)

- 공개매수공고 및 공개매수신고서, 정정신고서 및 정정공고, 공개매수 설명서중 중요사항에 관하여 거짓의 기재 또는 표시를 하거나 중요사항을 기재 또는 표시하지 아니한 자, 공개매수공고 및 정정공고를 하지 아니한 자, 공개매수신고서 제출의무(법 §134②)를 위반한 자는 5년 이하의 징역 또는 2억원 이하의 벌금에 해당
- 의무공개매수(법 §133③), 공개매수기간중 별도매수 금지(법 §140) 의무를 위반하여 공개매수에 의하지 아니하고 주식 등의 매수 등을 한 자는

3년 이하의 징역 또는 1억원 이하의 벌금에 해당

- 공개매수설명서를 미리 교부하지 아니하고 주식등을 매수한 자, 법 제145조에 따른 처분명령을 위반한 자는 1년 이하의 징역 또는 3천만원 이하의 벌금에 해당

[5] 과태료(법 §449)

- 다음의 경우 5천만원 이하의 과태료를 부과
  - 공개매수신고서, 정정신고서 또는 철회신고서의 사본을 발행인에게 송부하지 아니한 자
  - 공개매수신고서, 정정신고서 또는 철회신고서의 사본에 신고서에 기재된 내용과 다른내용을 표시하거나 그 내용을 누락하여 송부한 자
- 다음의 경우 1천만원 이하의 과태료를 부과
  - 공개매수결과보고서를 제출하지 아니하거나 거짓으로 작성하여 제출한 자
  - 금융위의 공개매수자 등 관계인에 대한 보고 또는 자료제출명령 등에 불응한 자

금융위, 2008. 2. 12. 보도자료, 제목: 2007년도 공개매수권유 현황분석

"신뢰받는 금융감독 세계적인 금융시장"

금융감독위원회	보 도 자 료	금융감독원
	2008. 2. 15.[금] 석간부터 보도 가능	

작성부서	금융감독원 공시감독국 지분공시팀			
책임자	이동엽 부국장(3786-8434)	담 당 자	최윤곤 팀장(3786−8423)	
배포일	2008. 2. 12.(화)	배포부서	공보실(3771−5788~91)	총 4매

제목: 2007년도 공개매수 현황분석

* 공개매수 현황

□ 지주회사 요건*을 충족하기 위한 공개매수가 활발해지면서 전년도(4건)에 비해 대폭 증가한 18건을 기록했다.

* 공정거래법상 지주회사('07. 10. 현재 40개)는 개별 자회사 발행주식총수의 40%(상장 자회사는 20%) 이상의 소유의무를 부과

□ 전체 공개매수건 중 지주회사요건 충족 목적이 거의 절반을 차지하며(8건), 그 외 경영권안정(3건), M&A(3건), 상장폐지(2건) 등이다.

(단위: 건)

	2005	2006	2007	계
지주회사 요건 충족	2	1	8	11
M&A	−	3	3	6
상장 폐지	3	−	2	5
경영권 안정	-	−	3	3
소액주주 보호	2	−	1	3
종업원지주회사 전환	1	−	1	2
합계 (유가증권, 코스닥)	8 (5, 3)	4 (4, -)	18 (13, 5)	30 (22, 8)

□ 한편 지주회사요건 충족 목적의 공개매수가 자회사 주식에 대해 지주회사 주식을 발행·교부하는 교환공개매수로 이루어지면서 교환공개매수 건수*가 대폭 증가한 것으로 나타났다.

* '05년 현금 9건, 교환 2건→'06년 현금 3건, 교환 1건→'07년 현금 9건, 교환 9건

• 교환공개매수의 증가로 인해 공개매수 용도의 주식발행액(7.7조원)이 전체 유상증자액(14.5조원)의 55%를 차지하였음

[교환공개매수 전후 지분변화]

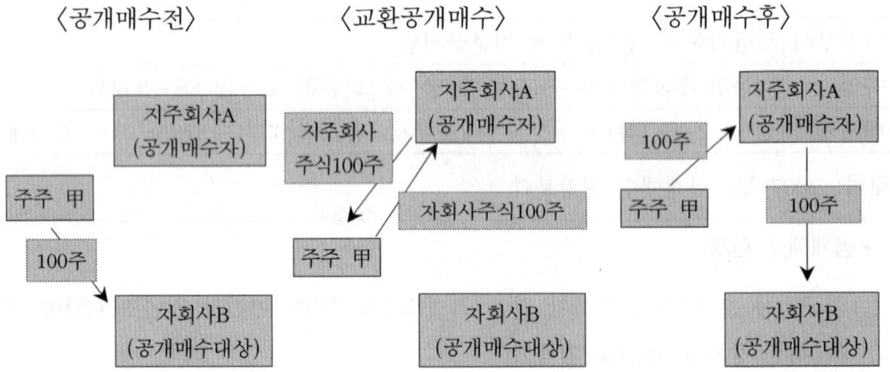

* 교환비율이 1 : 1인 경우

※ 붙임 2007년중 공개매수 현황 참조

(붙임)

2007년중 공개매수 현황

(단위: %)

연번	공개매수자	대상회사 (시장구분)	목 적	구분	결 과	매수희망 지분율(%)	달성률 (%)
1	유진기업	서울증권(유)	M&A (우호적)	현금	전량매수	9.99	100.00
2	코오롱	코오롱유화(유)	경영권안정	현금	전량매수 (초과)	24.75	168.24
3	신한금융 지주회사	LG카드(유)	M&A (우호적)	현금	전량매수	78.58	100.00
4	평화홀딩스	평화산업(유)	지주회사 요건 충족	교환	전량매수	25.00	100.00
5	신한금융지주회사	LG카드(유)	상장폐지	교환	미달매수	14.30	3.71
6	아사아블로이 코리아(스웨덴)	아이레보(코)	M&A (우호적)	현금	매수포기	81.10	0.00
7	웅진홀딩스	웅진씽크빅(유)	지주회사 요건 충족	교환	미달매수	35.42	93.76
8	웅진홀딩스	웅진코웨이(유)	지주회사 요건 충족	교환	미달매수	28.44	96.87
9	고려	충남방적(유)	소액주주 보호 (환금성보장)	현금	미달매수	27.72	55.41
10	중외홀딩스	중외제약(유)	지주회사 요건 충족	교환	미달매수	27.34	78.31
11	SK	SK에너지(유)	지주회사 요건 충족	교환	미달매수	15.32	90.34
12	네오위즈	네오위즈게임즈 (코)	지주회사 요건 충족	교환	미달매수	12.53	74.54
13	한진중공업홀딩스	한진중공업(유)	지주회사 요건 충족	교환	미달매수	20.07	84.50
14	ASAHI GLASS (일본)	한국전기 초자(유)	상장폐지	현금	미달매수	37.24	23.39
15	에이치씨앤	디씨씨(코)	경영권안정	현금	전량매수	25.00	100.00
16	에이치씨앤	씨씨에스(코)	경영권안정	현금	전량매수	45.00	100.00
17	CJ	CJ제일제당 (유)	지주회사 요건 충족	교환	미달매수	29.26	68.49
18	에이치앤큐 엔피에스 트러스트	쌍용건설 (코)	종업원 지주회사 전환	현금	매수포기	10.00	0.00

* 달성률＝실제 공개매수한 지분율/공개매수 희망 지분율
* 미달매수(달성률＜100%), 전량매수(달성률≧100%), 매수포기(달성률＝0%)

금융위, 2003. 4. 24. 보도자료, 제목: 공개매수신고 의무 위반 법인에 대한 조치

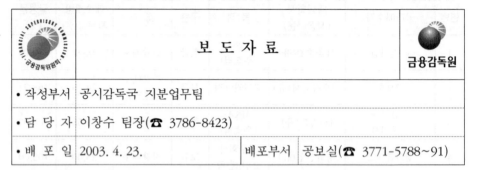

금융감독위원회	보 도 자 료		금융감독원
• 작성부서	공시감독국 지분업무팀		
• 담 당 자	이창수 팀장(☎ 3786-8423)		
• 배 포 일	2003. 4. 23.	배포부서	공보실(☎ 3771-5788~91)

※ 이 자료는 4월24일(목) 조간부터 취급하여 주시기 바랍니다.

제목: 공개매수신고 의무 위반 법인에 대한 조치

주요 내용

□ 증권선물위원회는 2003. 4. 23. 제 7 차 회의에서 「쎄븐마운틴해운(주)의 S사 주식 공개매수 신고 위반 등에 대한 조치안」을 심의하여

• 쎄븐마운틴해운(주)(비상장 · 비등록법인)에 대해 공개매수신고서 제출의무 위반으로 과징금 42백만원을 부과하고 주식 등의 대량보유보고 및 임원 · 주요주주 주식소유상황보고 위반에 대하여는 경고조치 하였음

※ 붙임: 쎄븐마운틴해운(주)의 위법사실 및 조치내역

□ 공개매수제도는 경영권 경쟁의 공정성을 확보하고 경영권 프리미엄을 모든 주주가 균등하게 향유할 수 있는 기회를 부여하는 한편, 적절한 공시를 통해 투자자를 보호하는 데 그 취지가 있는바,

• 금융감독원은 앞으로도 「주식 등의 대량보유(변동)보고」등 지분공시를 통해 지분변동에 대한 심사를 강화하고 특히, 장외에서 이루어지는 주식 등의 매매거래에 대해서는 공개매수 신고 의무 위반 여부에 대해 감시를 강화할 예정임

※ 금융감독위원회 · 금융감독원의 보도자료는 인터넷(http://www.fsc.go.kr와 www.fss.or.kr)에 수록되어 있습니다.

(붙임)

쎄븐마운틴해운(주)의 위법사실 및 조치내역

1. 위법사실

□ 공개매수신고서 제출의무 위반

- 쎄븐마운틴해운(주)는 특별관계자와 합산하여 주권 상장법인인 S사 주식 33.69%를 기보유한 상태에서 공개매수신고서를 제출하지 아니하고 2002. 11. 6 16인으로부터 S사 주식 합계 364만주(7.52%)를 장외에서 매수한 사실이 있음

□ 대량보유보고 및 소유주식보고 위반

- 또한, 동사는 2002. 8. 27~2002. 11. 6 기간중 S사 주식을 매수하는 과정에서 주식 등의 대량보유보고(2회) 및 임원·주요주주 주식소유상황보고(3회) 의무를 보고시한내 이행하지 아니하고 동년 12월에 지연보고한 사실이 있음

2. 조치안

□ 공개매수신고서 제출의무 위반: 과징금 42,000,000원 부과

- 공개매수 위반의 경우 별도 조치없이 위반주식은 처분전날까지 의결권 행사가 제한됨

□ 주식등의 대량보유보고 및 임원·주요주주 주식소유상황보고 의무 위반: 경고

노트와 질문

1) 공개매수가 기업인수의 주된 수단임에도 불구하고 우리나라의 공개매수는 기존의 지배주주가 주식보유비율을 높이거나 폐쇄회사화하려는 목적으로 또는 지주회사요건을 충족시키기 위한 수단으로 사용되는 경우가 대부분이다. 그 원인은 무엇일까?
2) 6개월, 10인, 5%로 정한 공개매수의 정의는 지금 우리의 자본시장의 실태에 맞는 것일까? 이를 확대하거나 축소하여야 한다면 그 이유는 무엇인가?

Ⅲ. 의결권대리행사의 권유

1. 실질주주명부에 대한 접근

가. 부인한 사례

대법 1997. 3. 19. 선고 97그7 주주명부열람등사청구 결정(××× v. 금복주)

… 서울지방법원 남부지원 96카합4181호 장부 및 서류등의 열람등사 가처분결정은 채무자에게 특별항고인(채권자)들이 회계장부 등의 열람·등사를 하는 것을 허용하도록 명하는 내용인바, 이는 본안의 소송물인 열람등사청구권이 이행된 것과 같은 종국적 만족을 얻게 하는 것으로서, 그 집행에 의하여 채무자에게 회복할 수 없는 손해를 생기게 할 우려가 있음이 그 내용 자체로 보아 명백하다. 그리고 상법 제396조 제 2 항에서 규정하고 있는 주주 또는 회사채권자의 주주명부 등에 대한 열람등사청구도 회사가 그 청구의 목적이 정당하지 아니함을 주장·입증하는 경우에는 이를 거부할 수 있다고 할 것이다.

기록에 의하여 살펴보면, 원심이 같은 취지에서 채무자가 위 가처분 결정에 대한 이의의 이유로 주장한 사실이 법률상 이유 있다고 인정되고 그 사실에 대한 소명이 충분하며, 또한 그 집행에 의하여 보상할 수 없는 손해가 있는 것도 소명된 것으로 보아 담보 없이 위 가처분 결정에 대한 이의사건의 제1심 판결 선고시까지 위 가처분 결정정본에 기한 집행의 정지를 명한 조치는 수긍이 가고, 거기에 특별항고이유로 주장하는 바와 같은 법리오해, 채증법칙 위배 등의 위법이 있다고 할 수 없다.

서울중앙지법 2006. 11. 2.자 2006카합3203 결정(라자드자산운용 v. 대한화섬)

… 나아가 신청인 회사는 증권예탁원에 예탁된 예탁유가증권 중 주권의 고유자인 실질주주에 관한 실질주주명부에 대하여도 그 열람·등사를 구하므로 살피건대, 상법 제396조 제 2 항에 정한 주주명부는 명의상 주주만을 기재한 통상의 주주명부에 한정되는 것이지 증권거래법에 정한 실질주주명부까지를 포함한다고 보기는 어려운 점, 증권거래법에는 통상의 주주명부에 대한 상법규정과는 달리 제174조의8

제 1 항에서 '실질주주 명부에 대한 작성 · 배치의무'만을 규정하고 있을 뿐, 주주의 실질주주명부에 대한 열람 · 등사 청구권에 관하여는 아무런 규정을 두고 있지 아니한 점, 실질주주명부에는 실질주주의 인적사항 및 예탁계좌번호 등 개인정보가 기재되어 있어 이를 공개하도록 할 경우 금융실명거래 및 비밀보장에 관한 법률에 정한 '거래정보 누설금지' 규정에 저촉될 여지가 있는 점 등의 사정을 종합하여 보면, 이 부분 신청은 그 피보전권리 및 보전의 필요성에 대한 소명이 부족하다고 할 것이다.

서울중앙지법 2008. 4. 4.자 2008카합721 주주명부열람 및 등사가처분 결정(경제개혁연대 v. 삼성생명)

주 문

1. 이 사건 신청을 기각한다.
2. 소송비용은 신청인이 부담한다.

신청취지

피신청인은 이 사건 결정을 송달받은 날의 3일 후부터 공휴일을 제외한 10일 동안 신청인 또는 그 위임을 받은 대리인 및 그 보조자에게 피신청인의 본점인 ○○에서 영업시간 내인 09:00부터 18:00까지 1998년, 1999년, 2000년, 2001년, 2007년 각 정기주주총회 개최를 위해 작성된 주주명부를 열람 및 등사(사진 촬영 및 컴퓨터디스켓 등 전자적 기록장치에 의한 복사를 포함)하도록 허용하여야 한다.

이 유

이 사건 주주명부 열람 · 등사 청구는 피신청인에게 비치의무가 있다고 볼 수 없는 과거의 주주명부에 대한 것일 뿐만 아니라 신청인이 주주로서의 권리를 확보하거나 행사하는 데 필요한 조사 이외의 목적으로 청구를 한 경우에 해당하여 정당한 이유도 없다고 할 것이므로, 피신청인은 이를 거절할 수 있다고 볼 것이다. 그렇다면, 이 사건 신청은 피보전권리에 대한 소명이 없으므로, 이유없어 이를 기각한다.

서울중앙지법 2008. 3. 31.자 2008카합641 주주명부열람 및 등사가처분 결정(경제개혁연대 v. 신세계)

주 문

1. 이 사건 신청을 기각한다. …

이 유

1. 신청원인의 요지

신청인은 기업과 금융기관의 소유지배구조를 개선하고 이와 관련된 법제도를 선진화하며 재벌 위주의 왜곡된 경제체제를 개혁하여 경제민주화에 기여하는 것을 목적으로 하는 단체로서, 피신청인 발행 보통주주 1주를 소유하고 있다. 신청인은, 피신청인의 이사회가 1998. 4. 경 그 100% 자회사인 광주신세계주식회사의 유상증자에 참여하지 아니하기로 결의함으로써 … 에게 그 실권주를 인수하게 하여 피신청인에게 445억원 상당의 손해를 입힌 데 대하여, 당시 이사들을 상대로 주주대표소송을 제기하려고 하는바, 이를 위한 주주들 모집을 위하여 피신청인의 주주명부 및 실질주주명부를 열람 및 등사할 필요성이 있으므로, 신청취지 기재와 같은 가처분의 발령을 구한다.

2. 판 단

살피건대, 소을 제12호증의 기재 등 기록에 의하면, 신청인은 2008. 3. 20. 피신청인 발행주식 총수 18,860,000주의 0.35%에 해당하는 66,399주를 6개월 이상 보유한 주주들을 모집하여 피신청인에게 이사들의 책임을 추궁하는 소를 제기하여 줄 것을 청구한 사실이 소명되는바, 만약 피신청인이 위 소제기 청구에 따른 소를 제기하지 아니한다면, 위 주주들이 증권거래법 제 191조의13, 상법 제403조에 기하여 주주대표소송을 제기할 수 있다고 할 것이다. 따라서, 주주대표소송 제기를 위한 주주들 모집을 목적으로 하는 이 사건 신청은 그 보전의 필요성을 인정하기 어렵다고 하겠다. …

부산지법 2002. 10. 1.자 2002카합1243 결정(무학 v. 대선주조)

(가) 상법 제391조의3 제 3 항은 주주의 이사회의사록 열람등사권에 관하여

'주주는 영업시간 내에 이사회의사록의 열람 또는 등사를 청구할 수 있다', 동조 제 4항은 '회사는 제3항의 청구에 대하여 이유를 붙여 이를 거절할 수 있다. 이 경우 주주는 법원의 허가를 얻어 이사회의사록을 열람 또는 등사할 수 있다'라고, 동법 제396조 제2항은 주주의 주주명부 등 열람등사권에 관하여 '주주는 영업시간 내에 언제든지 제1항의 서류(주주명부 등)의 열람 또는 등사를 청구할 수 있다'라고, 동법 제466조 제1항은 주주의 회계장부열람등사권에 관하여 '발행주식의 총수의 3/100 이상에 해당하는 주식을 가진 주주는 이유를 붙인 서면으로 회계의 장부와 서류의 열람 또는 등사를 청구할 수 있다', 동조 제2항은 '회사는 제1항의 청구가 부당함을 증명하지 아니하면 이를 거부하지 못한다'라고 각 규정하고 있다.

(나) 위 각 상법 규정에 따라 주주는 단독주주권 또는 소수주주권의 행사로서 회사에 대하여 회계장부 및 관련서류, 주주명부, 이사회의사록에 대한 열람 또는 등사를 청구할 수 있고, 회사는 주주의 열람등사청구가 부당함, 즉 정당한 목적에 기인한 것이 아님을 증명하면 이를 거부할 수 있다고 할 것이다(상법상 주주명부 열람등사청구에 관하여는 회사가 이를 거부할 수 있다는 규정은 없지만 회계정부 및 관련서류, 이사회 의사록과 마찬가지로 회사는 그 청구가 부당함을 들어 거부할 수 있다고 해석된다).

그런데, 상법은 회사가 열람등사청구를 거부할 수 있는 사유로서 단지 '부당함'이라고 불확정적으로 규정하고 있어 구체적으로 어떠한 경우에 그 사유에 해당할 것인지 문제인바, 위 각 열람등사권은 주주의 회사에 대한 경영감독을 위하여 인정된 것으로서 대표소송 제기권 등 주주로서 가지는 다른 권리를 행사하기 위한 예비적·보조적 권리라 할 것이므로, 오로지 회사를 괴롭힐 목적으로 행사하거나, 주주의 자격에 관계없이 순 개인적 이익을 위하여 행사하거나, 회사의 경쟁자로서 그 취득한 정보를 경업에 이용하려고 행사하거나, 회사에 지나치게 불리한 시기나 방법을 택하여 행사하는 경우 등에는 그 행사가 정당한 목적을 결하여 부당한 것이라고 보아야 할 것이고, 이의 판단에는 그 행사에 이르게 된 경위, 행사의 목적, 악의성 유무 등 제반사정을 종합적으로 고려하여야 할 것이다.

(다) 이 사건으로 돌아와 보건대, 신청인회사가 2002. 6. 8.경부터 피신청인회사의 주식을 취득하기 시작한 이래, 피신청인회사의 2002. 8. 10.자 임시주주총회 당시 피신청인회사 발행의 의결권있는 주식 666,438주 중 신청인회사가 13.01%(86,672주), 위 최○○가 28.20%(187,962주) 등 신청인회사측이 피신청인회사 주식의 40% 이상을 보유한 제1주주가 된 사실은 앞서 본 바와 같으므로, 피신청인

회사로서는 달리 특별한 사정이 없는 한 신청인회사의 위 서류들에 대한 열람등사 청구에 응해야 할 의무가 있다고 할 것이나, 위 인정시실과 같이, 두 회사는 모두 부산·경남 지역에 영업기반을 두고 오랜 기간 경쟁관계를 유지해 오고 있는 점(신청인회사는 경남지역, 피신청인회사는 부산지역에서 우월한 지위를 영위하고 있으니, 이는 두 회사가 각자 해당 지역의 영업에 주력한 결과로 보일 뿐, 부산·경남의 지리적 관계, 소주시장의 특성 등에 비추어 비경쟁적 관계에 있다고 보이지는 않는다), 피신청인회사가 139억원 남짓의 자본금을 33억원 남짓으로 대폭 감자한 후 비로소 신청인회사는 피신청인회사의 주식을 매입하기 시작한 점, 더구나 신청인회사는 피신청인회사의 계속된 자본전액잠식으로 인하여 대부분의 보통주가 상장폐지되었음에도 액면금의 5배에 달하는 가격으로 그 주식을 매입하여 그 주주가 된 점, 그와 때를 같이하여 공개적으로 피신청인회사의 경영권인수를 표방하면서 50% 이상의 주식취득을 위한 주식공개매수에 착수함과 아울러 이미 신청인 회사의 주식취득 이전에 드러난 최○○의 부정행위, 미수금채권관계, 상장폐지건 등을 내세워 갑작스럽게 이 건과 같은 회계장부 열람청구 외에도 임원 해임 요구 등을 하고, 나아가 피신청인회사의 주주 및 채권자들을 동요케 하면서까지 경영권인수를 시도하고 있는 점 및 소명되는 다음과 같은 사정, 즉 피신청인회사는 현재 화의를 통하여 갱생을 도모하고 있고[신청인회사도 기업구조개선작업(work-out)을 통하여 회생하였다], 그 출시의 소주 제품(○○소주)이 부산·경남 지역의 소비자들로부터 큰 호응을 얻고 있어 꾸준한 매출신장은 물론 2001년도에 231억원 상당, 2002년도 1/4분기에 56억원 상당의 영업이익을 내고 있는 점 등 두 회사의 관계, 신청인회사가 피신청인회사의 주식을 취득한 시기 및 경위, 주식취득 이후에 취한 신청인회사의 행동, 피신청인회사의 현재 상황 등 제반사정을 고려할 때, 신청인회사는 주주로서 피신청인회사의 경영감독을 행하기 위한 것이 아니라, 주주라는 지위를 내세워 피신청인회사를 압박함으로써 자신의 목적인 경영권인수(적대적 M&A)를 용이하게 하기 위하여 위 서류들에 대한 열람등사권을 행사하는 것이라고 할 것이이서 이는 정당한 목적을 결한 것이라 봄이 상당하므로, 피신청인회사는 위 서류들에 대한 신청인회사의 열람등사청구를 거부할 수 있는 것이라 할 것이다. 이를 지적하는 피신청인회사의 주장은 이유 있다.

나. 인정한 사례

수원지법 여주지원 2004. 2. 17.자 2004카합47 결정(××× v. 현대엘리베이터)

주 문

1. 채무자들은 채권자 또는 그 대리인에게 채무자 주식회사의 본점 또는 채무자 주식회사 은행의 영업소에서 그 영업시간 내에 한하여 채무자 주식회사의 2003. 12. 31.자 주주명부(실질주주명부 포함)을 열람 및 등사(컴퓨터 파일의 형태로 보관하고 있는 경우에는 그 파일의 복사를 포함한다)하게 하여야 한다.

2. 신청비용은 채무자들의 부담으로 한다.

서울중앙지법 2004. 3. 9.자 2004카합607 결정(××× v. 현대상선)

… 신청인이 피신청인을 위한 보증으로 금 오천만(50,000,000)원을 공탁하거나 위 금액을 보험금액으로 하는 지급보증위탁계약 체결문서를 제출하는 것을 조건으로, 피신청인은 이 결정을 송달받은 날로부터 공휴일을 제외한 7일 동안 피신청인의 영업소에서 영업시간 내에 한하여 신청인 및 그 대리인에게 현대상선 주식회사의 주주명부(실질주주명부 포함)를 열람·등사(컴퓨터 파일의 형태로 보관하고 있는 경우에는 그 파일의 복사를 포함한다)하게 하여야 한다.

서울중앙지법 2007. 3. 15.자 2007카합654 결정(××× v. 샘표식품)

1. 실질주주명부에 대한 열람·등사청구권의 인정 여부

상법은 제396조 제 2 항에서 주주에게 주주명부에 대한 열람·등사청구권을 인정하는 규정을 두고 있으나, 증권거래법은 제174조의8 제 1 항에서 실질주주명부의 작성·비치의무만을 규정하고 있을 뿐, 주주에게 실질주주명부에 대한 열람·등사청구권을 인정하는 명문의 규정을 두고 있지는 아니하다.

그러나, ① 증권거래법에 의하면 증권예탁결제원으로부터 실질주주에 관한 사항을 통지받은 주권 발행회사 또는 명의개서대리인은 실질주주에 관한 정보를 담은 실질주주명부를 작성하여 이를 비치할 의무가 있는데(증권거래법 제174조의8 제 1 항), 증권예탁결제원에 예탁된 주권의 주식에 관한 실질주주명부에의 기재는 주주명부에의 기재와 동일한 효력을 가지는 점(같은 법 제174의8 제 2 항), ② 증권예탁결제원은 예탁된 주권에 대하여 발행회사에 자기명의로 명의개서를 청구함으로써 주주명부에는 증권예탁결제원이 주주로 기재됨에도 불구하고(같은 법 174조의6 제 2 항), 실질주주는 예탁된 주권에 대하여 주권의 불소지에 관한 사항(상법 제358조의2), 주주명부의 기재 및 주권에 관한 권리를 제외한 대부분의 사항(회사의 주주에 대한 통지 및 상법 제396조 제 2 항에 의한 주주명부의 열람 또는 등사를 포함한다)에 대하여 실제 주주로서 참여하고 그 권리를 행사할 수 있는 점(증권거래법 제174조의6 제 1 항, 제 5 항, 제174조의7 제 2 항 참조), ③ 상법 제396조 제 2 항에서 정한 주주명부에 대한 열람·등사청구권은 소수주주들로 하여금 다른 주주들과의 주주권 공통행사나 의결권 대리행사 권유를 가능하게 함으로써 지배주주의 주주권 남용을 방지하는 기능도 가지고 있다고 할 것인데, 증권예탁제도의 활성화에 따라 통상의 주주명부의 기재가 사실상 형해화되어 주식보유현황을 나타내는 주주명부로서의 실질적인 기능을 하지 못하는 현 상황하에서 이러한 점을 보완할 목적으로 작성·비치되는 실질주주명부에 대하여 주주들의 접근을 보장하여 주지 아니한다면, 소수주주들이 위와 같은 권리를 행사하는 데에 현저한 곤란을 겪게 될 것으로 보이는 점 등에 비추어 보면, 실질주주를 포함한 주주는 상법 제396조 제 2 항의 유추적용을 통하여 실질주주명부에 대한 열람·등사청구권을 갖는다고 봄이 상당하다.

이에 대하여는, 실질주주명부에는 실질주주의 예탁계좌번호 등 개인정보가 기재되어 있어 이를 공개하도록 할 경우 금융실명거래및비밀보장에관한법률 제 4 조가 정하고 있는 거래정보 누설금지 등에 저촉될 여지가 있다는 주장이 있으나, 통상의 주주명부에도 주주의 성명과 주소, 각 주주가 가진 주식의 종류와 그 수, 각 주주가 가진 주식의 주권을 발행한 때에는 그 주권의 번호, 각 주식의 취득연월일을 기재하도록 규정되어 있어(기명주식의 경우, 상법 제352조 제 1 항), 실질주주명부 중 위 범위 또는 이에 준하는 범위에 해당하는 개인정보를 열람·등사하여 주는 것이 위법하다고 볼 수 없고, 이를 넘어서 금융실명거래및비밀보장에관한법률에 위반될 여지가 있는 개인정보의 열람·등사에 대해서는 주권 발행회사나 명의개서대리인이 그 접근을 적절히 통제할 수 있다고 할 것이므로, 그와 같은 사유만으로 주주의 실질주주명부에 대한 접근권이 전면적으로 제한된다고 볼 수는 없다 할 것이다.

노트와 질문

1) 기업지배권을 둘러싼 주주간 다툼이 발생한 상황에서 기업이 실질주주명부의 열람이나 등사를 허용할 경우 발생할 수 있는 회복할 수 없는 손해는 무엇일까? 금복주판결에서 법원이 인정한 회복할 수 없는 손해는 무엇인가? 과거 증권거래법 제85조(자본시장법 제152조)에 "권유자가 본 조에 따른 의결권대리행사의 권유를 목적으로 당해 상장법인에 대하여 주주명부의 열람 및 등사를 청구하는 경우, 당해 상장법인은 즉시 권유자에게 주주명부(실질주주명부 포함)의 사본(주주명부를 컴퓨터파일의 형태로 보관하는 경우에는 그 파일의 복사본)을 제공하여야 한다"는 문언을 추가하자는 개정안도 제안된 바 있다.8)
2) 대한화섬판결에서 금융실명제 위반의 우려나 상법이나 증권거래법 문언의 해석이 타당한 것인가? 현행 자본시장법상 실질주주명부에에 대하여는 어떤 규정이 있는가? 자본시장법 제315조 제2항 참조.
3) 소수주주가 주주제안권을 행사하기 위한 주주를 규합하기 위하여 주주명부의 열람을 신청하는 경우 회사는 이를 거절할 수 있는가?

2. 위임장심사

서울고법 2003. 5. 13. 선고 2002나65037 판결; 대법 2004. 4. 27. 선고 2003다29616 판결(이×우 v. 대우전자)

원심은 "주주는 대리인으로 하여금 그 의결권을 행사하게 할 수 있다. 이 경우에는 그 대리인은 대리권을 증명하는 서면을 총회에 제출해야 한다."고 규정한 상법 제368조 제3항은 주주의 의결권행사를 될 수 있는 대로 용이하게 하기 위하여 그 대리행사의 가능성을 강행법적으로 확인한 것으로서 정관이나 기타 합의로써 그 요건을 강화하거나 가중할 수 없는 것이라 할 것이고, 한편 대리권의 증명은 서면으로써만 할 수 있을 뿐, 그 서면의 양식이나 첨부서류에 관하여는 아무런 추가적인 요건을 규정하고 있지 않으므로, 특별한 사정이 없는 한 대리인은 주주총회에

8) 김상곤, 적대적 기업인수를 위한 위임장대결이 있는 상장법인 주주총회 운영과 관련된 문제점, 적대적기업인수와 경영권방어 67-68 (김화진/송옥렬 편저 2007); 이창원/이동건/윤이진, 경영권다툼과 관련된 위임장대결에서의 실무상 제문제, 27 BFL 32 (2008. 1) 참조.

확인된 위임장 원본의 제시만으로 그 대리권 수여사실을 일응 증명하였다고 할 것이라고 전제한 다음, 원고등이 다른 소액주주들로부터 이 사건 주주총회에서의 감자안건에 관한 의결권을 위임받았음을 증명하는 위임장들 중 신분증의 사본 등이 첨부되지 아니한 위임장(단 팩스로 출력된 위임장 제외)에 대하여 피고 회사가 그 위임장의 접수를 거부하는 것은 부당하다고 판단하면서도 이처럼 부당하게 접수가 거부된 위임장까지 포함하여 출석주식수를 계산하더라도, 위 안건에 대한 찬성주식수가 의결정족수인 총 출석주식수의 2/3와 총 발행주식수의 1/3을 초과하여 결과적으로 위 안건이 가결되었다는 이유로 2001. 11. 30.자 이 사건 감자가 무효라는 원고들의 이 사건 청구를 기각하였다. 그런데 피고 회사가 강행규정인 상법 제368조 제 3 항을 위배하여 주주총회에 앞서 다른 일부 소액주주들을 위한 원고등의 대리권 증명에 신분증의 사본 등을 요구하면서 그 접수를 거부하여 원고등의 의결권의 대리권 행사를 부당하게 제한하여 이루어진 위 주주총회의 감자결의에는 결의방법상의 하자가 있고 이는 감자무효의 소의 원인이 된다고 할 것인바, 상법 제446조는 감자무효의 소에 관하여 상법 제189조를 준용하고 있고, 상법 제189조는 "설립무효의 소 또는 설립취소의 소가 그 심리중에 원인이 된 하자가 보완되고 회사의 현황과 제반 사정을 참작하여 설립을 무효 또는 취소하는 것이 부적당하다고 인정한 때에는 법원은 그 청구를 기각할 수 있다."고 규정하고 있다. 따라서 법원이 감자무효의 소를 재량 기각하기 위해서는 원칙적으로 그 소제기 전이나 그 심리중에 원인이 된 하자가 보완되어야 한다고 할 수 있을 것이지만, 이 사건의 하자와 같이 추후 보완될 수 없는 성질의 것으로서 자본감소 결의의 효력에는 아무런 영향을 미치지 않는 것인 경우 등에는 그 하자가 보완되지 아니하였다 하더라도 회사의 현황 등 제반 사정을 참작하여 자본감소를 무효로 하는 것이 부적당하다고 인정한 때에는 법원은 그 청구를 기각할 수 있다고 하여야 할 것이다. 기록에 의하여 살펴보면, 원심이 위와 같이 피고회사가 신분증의 사본 등이 첨부되지 아니한 위임장(단 팩스로 출력된 위임장 제외)에 대하여 그 접수를 거부한 하자는 이 사건 결의의 결과에 아무런 영향을 미치지 않았다고 본 것은 정당하고, 또한 피고 회사는 이 사건 자본감소 후 이를 기초로 하여 채권은행 등에 대하여 부채의 출자전환 형식으로 신주발행을 하였고 수차례에 걸쳐 제 3 자에게 영업을 양도하였음을 엿볼 수 있어, 이 사건 자본감소를 무효로 할 경우 부채의 출자전환 형식으로 발행된 신주를 인수한 채권은행 등의 이익이나 거래의 안전을 해할 염려가 있는 등 이 사건 자본감소를 무효로 하는 것이 부적당하다고 볼 사정이 있음을 알 수 있다. 그렇다면 원심의 이유

설시에는 다소 미흡한 점이 있으나 원고들의 이 사건 청구를 기각한 결론에 있어서는 정당하고 거기에 주장과 같은 법리오해 등의 위법이 없다.*

대법 2009. 4. 23. 선고 2005다22701 판결(윤×대 v. 국민은행)[9]

… 상법 제368조 제 3 항은 "주주는 대리인으로 하여금 그 의결권을 행사하게 할 수 있다. 이 경우에는 그 대리인은 대리권을 증명하는 서면을 총회에 제출하여야 한다"고 규정하고 있는바, 여기서 '대리권을 증명하는 서면'이라 함은 위임장을 일컫는 것으로서 회사가 위임장과 함께 인감증명서, 참석장 등을 제출하도록 요구하는 것은 대리인의 자격을 보다 확실하게 확인하기 위하여 요구하는 것일 뿐, 이러한 서류 등을 지참하지 아니하였다 하더라도 주주 또는 대리인이 다른 방법으로 위임장의 진정성 내지 위임의 사실을 증명할 수 있다면 회사는 그 대리권을 부정할 수 없다고 할 것이고, 한편 회사가 주주 본인에 대하여 주주총회 참석장을 지참할 것을 요구하는 것 역시 주주 본인임을 보다 확실하게 확인하기 위한 방편에 불과하므로, 다른 방법으로 주주 본인임을 확인할 수 있는 경우에는 회사는 주주 본인의 의결권 행사를 거부할 수 없다. 위 법리와 기록에 비추어 살펴보면, 원심이 주주 본인의 경우에는 굳이 참석장을 소지하고 있지 않더라도 신분증 및 합병 전 국민은행에 제출된 것과 동일한 인감의 소지 여부 등을 통하여 주주 본인임을 확인하는 절차를 거치고, 주주의 대리인의 경우에는 위임장을 제출받아 그 위임장에 기재된 주주 본인의 인적 사항이 맞는지, 위임장에 날인된 주주 본인의 인감이 합병 전 국민은행에 제출된 것과 동일한지 여부와 위임장을 가지고 온 자의 신분증과 위임장에 기재된 대리인의 인적 사항의 대조하는 등의 방법으로 그 사람의 동일성을 확인하

---

* 대법 2004. 4. 27. 선고 2003다29616 판결도 이를 확인. "… 상법 제368조 제 3 항의 규정은 대리권의 존부에 관한 법률관계를 명확히 하여 주주총회 결의의 성립을 원활하게 하기위한 데 그 목적이 있다고 할 것이므로 대리권을 증명하는 서면은 위조나 변조 여부를 쉽게 식별할 수 있는 원본이어야 하고, 특별한 사정이 없는 한 사본은 그 서면에 해당하지 않는다고 할 것이고(대법 1995. 2. 28. 선고 94다34579 판결 참조), 팩스를 통하여 출력된 팩스 (본 위임장 역시 성질상 원본으로는 볼 수 없다고 할 것이다. 따라서 원심이 피고 회사가 그 접수를 거부한 위임장 중 원본이 아닌 팩스본인 1,888,031주에 관한 위임장은 그 효력이 없음을 전제로 이 부분 주식을 출석주식 수에서 제외하여야 한다고 판단한 것은 위 법리를 따른 것으로서 옳고, 거기에 상법 제368조 제 3 항 소정의 대리권을 증명하는 서면의 개념에 관한 법리오해의 위법이 없다."

9) 서울고법 2005. 3. 30. 선고 2003나86161, 2003나86178 (병합) 판결; 서울중앙지법 2003. 11. 20. 선고 2001가합18662 판결.

는 절차를 거치면 된다는 이유로, 일부 주주 본인들이 참석장을 소지하고 있지 않거나 일부 주주의 대리인들이 위임장 이외에 주주 본인의 신분증 사본, 인감증명서 등을 제출하지 아니하였다는 사정만으로는 이들의 의결권 행사가 무효라고 볼 수 없다는 취지로 판단하였음은 정당하고, 거기에 상고이유에서 주장하는 바와 같은 주주 본인 및 대리인의 대리권을 증명하는 서면에 관한 법리오해 등의 위법이 없다.

대법 1998. 9. 8. 선고 96다45818 판결(문×경 v. 우림콘크리트공업)[10)]

주식회사가 주주명부상의 주주에게 주주총회의 소집을 통지하고 그 주주로 하여금 의결권을 행사하게 하면, 그 주주가 단순히 명의만을 대여한 이른바 형식주주에 불과하여도 그 의결권 행사는 적법하지만, 주식회사가 주주명부상의 주주가 형식주주에 불과하다는 것을 알았거나 중대한 과실로 알지 못하였고 또한 이를 용이하게 증명하여 의결권 행사를 거절할 수 있었음에도 의결권 행사를 용인하거나 의결권을 행사하게 한 경우에는 그 의결권 행사는 위법하게 된다.

원심은, 피고 회사는 발행주식 200,000주 중 실질적으로 원고가 100,000주를, 서립규가 100,000주를 각 소유하여 원고와 서립규만이 실질주주이고, 주주명부상에 기재된 나머지 주주 17인은 세무상의 편의를 위하여 원고와 서립규의 합의 아래 그들의 명의를 차용하여 형식상 기재해 놓은 형식주주에 불과한데, 서립규는 피고 회사의 대표이사로서 1994. 3. 30.에 이 사건 주주총회를 소집함에 있어 위 형식주주들에게 소집통지를 하여 그들 중 일부를 참여시키고 일부로부터는 의결권을 위임받아 원고의 참여 없이 이사 등 임원을 선임하고 증자하는 결의를 한 사실을 인정한 다음, 실질주주가 아닌 형식주주에게 소집통지를 하고 의결권을 행사하게 한 이 사건 주주총회의 결의는 소집절차 및 결의방법에 있어서 법령 또는 정관을 위배한 잘못이 있으나, 피고 회사로서는 주주명부에 기재된 주주들에게 소집통지를 하여 의결권을 행사하게 한 것이고, 그들 중 원고와 서립규를 제외한 나머지 사람들이 진정한 주주가 아닌 사실은 알고 있었으나 이를 용이하게 증명할 수 있었다고 인정할 만한 증거가 없으므로, 주주명부의 면책적 효력에 의하여, 위와 같은 잘못을 이유로 이 사건 주주총회의 결의를 취소할 수 없다고 판단하였다. 그러나 원심이, 주주명부에 기재된 주주들 중 원고와 서립규를 제외한 나머지 사람들이 진정한 주주가 아닌

10) 동일한 당사자간 회계장부 등 열람 및 등사가처분 사건에 대한 판결로 대법 1999. 12. 21. 선고 99다137 판결 참조.

사실을 용이하게 증명할 수 있었다고 인정할 만한 증거가 없다고 판단한 부분은 아래에서 보는 바와 같이 수긍하기 어렵다. 원심이 인정한 사실과 그 밖에 이 사건 변론에 나타난 자료에 의하면, 원고와 서립규는 1976. 8. 31. 및 1990. 3. 6. 피고 회사가 발행한 총 주식을 50%씩 나누어 소유하기로 합의하여 각 약정서를 작성한 사실, 원고는 피고 회사 주식의 50% 소유자임을 주장하며 주식명의개서청구의 소를 제기하여 1992. 10. 23. 제1심에서 승소판결을 선고받았고, 1994. 2. 16. 항소심에서 일부승소로 변경되었으나 그 항소심판결도 피고 회사의 발행 주식은 원고와 서립규 두 사람만이 50%씩 소유하고 있음은 인정한 사실, 피고 회사는 설립된 1971년부터 원고와 서립규 사이에 분쟁이 발생한 1990년경까지 형식주주들에게 소집통지를 하여 주주총회를 개최한 일이 없고, 원고와 서립규가 그때그때 합의한 내용으로 주주총회결의서를 작성하여 주주총회 개최에 갈음하였던 사실, 피고 회사의 대표이사인 서립규는 1991. 3. 6. 및 같은 해 6. 17. 형식주주들에게 소집통지를 하여 임시주주총회를 개최하려고 하였으나 원고가 50%의 실질주주임을 주장하며 형식주주들로 하여금 의결권을 행사하게 하여서는 아니되고 원고로 하여금 의결권을 행사하게 하여야 한다는 가처분신청을 하여 그 신청이 받아들여짐으로써 위 각 주주총회가 유회되었던 사실, 형식주주들이 이 사건 주주총회에서 의결권을 주장한 일이 없고, 오히려 서립규가 그들로 하여금 의결권을 행사하게 한 것일 뿐인 사실 등이 있음을 알 수 있는바, 이를 종합하면 피고 회사로서는 이 사건 주주총회의 소집통지시나 결의시에 주주명부상에 기재된 형식주주들에 대하여 그들이 진정한 주주가 아님을 쉽게 증명할 수 있었다고 보여진다.*

서울중앙지법 2008. 4. 29. 선고 2008카합1070 판결(××× v. 쓰리소프트)

ICW 명의 주식에 관하여 … 기록 및 심문 전체의 취지에 의하면, A는 피신청인 회사의 대표이사인 동시에 피신청인 회사의 최대주주이던 ICW의 최대주주로서 피신청인 회사와 ICW의 경영을 실질적으로 지배하고 있었던 사실, 신청인 3은 2007. 7. 27.경부터 몇 차례 A에게 자금을 대여해 오다가 A가 변제기가 지나도록

* 이 판결은 두 주주간 지속적인 다툼이 있는 상황에서의 주주총회에 국한되는 것이고 일반적으로 회사가 주주명부상의 주주에게 주총소집통지를 하기 전에 실질주주인지 여부를 확인하여야 하는 것은 아닌 것으로 보이며 회사가 보유하고 있는 주주명부상의 주주에게 통지하고 유효한 결의를 위한 정족수를 충족시키는 주주가 결의한 것이라면 그 결의의 효력에 영향이 없다고 본다.

이를 변제하지 못하자, 2008. 1. 31. A로부터 피신청인 회사의 경영에 관한 이사, 대표이사, 주주로서의 권리 일체를 포기하고 이를 신청인 3에게 양도한다는 내용의 경영권양도계약서를 받은 사실, 신청인 3은 다시 C의 명의로 2008. 2.경 A로부터 같은 내용의 경영권양도계약서를 받고(소갑 제 7 호증), 이와 함께 ICW로부터 그 회사가 보유하고 있는 피신청인 회사 주식 전부에 관하여 그 소유권을 이전받고 의결권을 위임받는 내용의 주식양도계약서(소갑 제 9 호증)와 위임장(소갑 제10호증)을 받은 사설, 그런데 A는 2008. 3. 18.경 C를 찾아가 위 경영권양도계약서, 주식양도계약서, 위임장 등이 무효라고 주장한 뒤 2008. 3. 27. ICW 명의의 이 부분주식에 관하여 B에게 의결권을 위임한 사실이 소명된다. …

… 피신청인 회사는 2008. 3. 28. 개최된 정기주주총회(이히 '이 사건 주주총회'라 한다)에서 주주명부 폐쇄일인 2007. 12. 31. 기준 발행주식총수 18,971,998주(의결권 이 없는 자기주식을 제외) 중 10,843,453주가 출석한 가운데 6,596,057주의 찬성으로 별지 목록 기재 의안을 가결하였다(이하 '이 사건 주주총회결의'라 한다).

… 이 사건 주주총회를 위한 피신청인 회사의 실질주주명부(2007. 12. 31. 기준)에 의하면, 3,397,722주(위 발행주식총수의 17.90%)기 증권예탁결제원 주식권리관리팀 명의로, 2,109,818주(위 발행주식총수의 11.12%)가 일본국 법인인 아이씨더블유 주식 회사(이하 'ICW'라 한다) 명의로 각 기재되어 있었는데, 위 증권예탁결제원 명의 주식 중 3,350,000주 및 위 ICW 명의 주식 2,109,818주에 대하여는 ICW의 위임을 받은 B가 이 사건 주주총회에서 의결권을 행사하여 별지 목록 기재 의안에 찬성하였다.

라. 신청인은 ICW의 위임에 따른 B의 위 5,459,818주(3,350,000주+2,109,818주)에 대한 의결권 행사가 무효이므로 이 사건 주주총회결의는 결의방법에 중대한 하자가 있어 부존재한다고 주장하며 주문 제1항 기재와 같은 가처분결정을 구하고 있다.

■ **증권예탁결제원 명의 주식에 관하여**

기록 및 심문 전체의 취지에 의하면, 이 부분 주식은 2007. 12. 31. 이전에 주권 실물이 출고된 뒤 주권의 소지자에 의하여 명의개서가 이루어지지 않아 피신청인 회사의 주주명부에 증권예탁결제원 명의로 기재되어 있는 것으로 보인다. 그렇다면, ICW의 위임을 받은 B가 이 사건 주주총회에서 이 부분 주식에 대하여 의결권을 행사할 수 있기 위해서는 2007. 12. 31. 기준으로 이 부분 주식이 실질적으로

ICW의 소유이었음이 소명되어야 할 것인데, 피신청인이 제출한 소명자료{특히 소을 제 4 호증(ICW와 이석구 사이의 주식담보대출약정서), 제 5 호증(이석구 명의의 확인서)만으로는 이를 인정하기에 부족하므로, B에 의한 이 부분 주식에 대한 의결권 행사는 무효라고 할 것이다.

위 소명사실에 의하면, 이 부분 주식에 대하여는 이른바 중복위임이 발생하였다고 할 것인바, 이러한 경우, 의결권의 위임은 각 당사자가 언제든지 해지할 수 있는 것이 원칙인 점(민법 제689조 제 1 항 참조)에 비추어 일반적으로 주주의 의사는 앞의 위임을 철회하고 다시 뒤의 위임을 한 것으로 보는 것이 상당할 것이나, 앞의 위임의 당사자 사이에 의결권 위임을 일방적으로 철회할 수 없는 특별한 사정이 있는 경우에는 앞의 위임만이 유효하다고 보아야 할 것이다.

이러한 법리에 비추어 살피건대, ICW의 C에 대한 의결권 위임은 당해 주식 및 경영권의 양도에 수반하여 이루어진 것이어서 거기에는 주식 및 경영권의 양도가 유효한 의결권 위임만을 별도로 철회하지 않는다는 묵시적인 특약이 있었다고 봄이 상당하고, 한편, 피신청인이 제출한 소명자료만으로는 위 주식 및 경영권의 양도와 이에 수반된 의결권 위임이 무효라고 보기는 어려우므로, 결국 ICW가 C에 대한 의결권 위임을 일방적으로 철회한 것은 부적법하다고 할 것이다. 따라서 그 뒤에 이중으로 위임을 받은 B가 이 부분 주식에 대하여 의결권을 행사한 것은 권한이 없는 자가 의결권을 대리행사한 것으로서 무효라고 할 것이다.*

3. 의안상정

서울중앙지법 2004. 3. 18. 선고 2003가합56996 판결(××× v. 쌍용화재)

… 나. 한편 피고회사는 2003. 6. 11. 피고회사의 제57기 정기주주총회를 개최하고자, '일시: 2003. 6. 27. 오전 10시, 장소: 피고회사의 본사 2층 대회의실, 회의목적사항: ① 제57기 대차대조표, 손익계산서 및 결손금처리계산서 승인의 건, ② 정관일부변경의 건, ③ 이사 선임의 건, ④ 감사 선임의 건, ⑤ 이사 보수한도액 승인의 건, ⑥ 감사 보수한도액 승인의 건'으로 각 정하여 피고회사의 주주들에게

* 주식 및 경영권의 양도에 수반하여 의결권이 위임된 경우가 아닌 통상적인 의결권대리행사 권유절차를 통한 proxy fight시 위임장은 언제든지 철회할 수 있으므로 이중위임이 발견되면 시간적으로 먼저 행하여진 위임은 효력을 상실하고 뒤의 위임장에 그 효력을 인정하여야 한다.

주주총회 소집통지서를 발송함에 있어, 소외 박○○을 이사후보자로, 소외 김○○, 한○○, 고○○ 및 정○○을 각 사외이사후보자로 각 표시하고 위 각 후보자들의 인적사항(성명, 생년월일, 약력, 추천인, 최대주주와의 관계 및 당해법인과의 관계)을 기재한 서류를 첨부하였고, 위와 같은 내용으로 위 정기주주총회와 관련된 사항을 공고하였으며, 그 후 위 정기주주총회의 일시는 2003. 6. 30. 오전 9시로 변경되었다.

라. 그에 따라 피고회사는 2003. 6. 30. 제57기 정기주주총회를 개최하여, 피고회사의 대표이사인 소외 이□□의 진행으로 이사 선임에 관한 결의를 하였는데, (1) 위 이□□은 대주주로부터 종전의 이사 선임안의 수정을 요구받았음을 이유로 '사전에 사외이사후보자로 통지·공고된 위 김○○, 한○○를 각 이사로 선임하고, 위 박○○, 고○○, 정○○을 이사 또는 사외이사로 선임하지 않기로 하는 수정안'을 발의하였고, 위 수정안은 참석한 주주들의 구두의결을 거쳐 가결되었으며, (2) 이와 별도로 위 이□□은 대주주로부터 추가 이사선임을 요청받았음을 이유로 '사전에 이사후보자로 통지·공고되지 아니한 소외 라○○, 이◇◇를 각각 이사와 사외이사로 선임하는 내용의 안건'을 긴급 발의하였고, 위 안건 또한 참석한 주주들의 구두의결을 거쳐 가결되었다(이하 위 라○○를 이사로 선임한 결의를 '이 사건 결의'라 한다).

마. 그 후 위 이◇◇는 2003. 9. 17. 피고회사의 이사를 사임하였으나, 위 라○○는 현재까지 피고회사의 이사로서 그 직무를 수행하고 있다.

2. **청구원인에 대한 판단**

위 인정사실에 의하면, 피고회사의 이사의 선임에 관한 이 사건결의를 함에 있어 피고회사의 정관 및 관련법령에 따라 이사후보자의 성명, 약력, 추천인 등의 후보자에 관한 사항을 사전에 통지·공고하여야 함에도 불구하고, 이 사건 결의는 위와 같은 이사후보자에 관한 사항을 미리 통지·공고하지 아니한 채 이루어진 것이므로, 특별한 사정이 없는 한 주주총회의 소집절차 또는 결의방법이 법령 또는 정관에 위반된 것으로서 취소되어야 할 것이다.*

서울북부지법 2007. 2. 28.자 2007카합215 결정(강×석 v. 동아제약)

증권거래법 제191조의14, 상법 제363조의2 규정에 따라, 신청인들은 2007. 3.

* 자본시장법의 시행과 함께 추가된 상법 제542조의5에서 명확하게 되었다.

16.자 정기주주총회(이하 '이 사건 주주총회'라고 한다) 6주 전인 2007. 1. 30. 피신청인의 이사들에 대하여 위 정기주주총회에서 별지 1 기재 의안(이하 '이 사건 의안'이라고 한다)*을 이 사건 주주총회의 목적사항으로 할 것을 제안하면서, 이 사건 의안의 요령을 상법 제363조에서 정하는 통지와 공고에 기재할 것을 청구(이하 '이 사건 주주제안 등'이라고 한다)하였다. 그러나 피신청인 이사회는 2007. 2. 22. 이 사건 의안을 이 사건 주주총회의 목적사항으로 상정하지 아니한 채 이 사건 주주총회의 소집결의(이하 '이 사건 결의'라고 한다)를 하고, 그에 따른 소집통지와 공고를 하였다.

피신청인은 주주제안을 이 사건 주주총회의 의안으로 상정할 것인지 여부는 개별 이사들이 결정해야 할 사항이지, 피신청인 회사가 결정해야 할 사항은 아니어서 이 사건 가처분 신청의 상대방은 피신청인 회사가 아닌, 주주제안을 주주총회의 의안으로 상정하는 것에 반대한 개별 이사가 되어야 하므로, 이 사건 가처분 신청은 당사자적격을 결여한 것으로서 부적법하다고 항변한다. 살피건대, 이 사건 가처분의 본안소송은 피신청인 회사가 소집한 이 사건 주주총회의 효력을 다투거나 의안상정을 구하는 소가 되고, 따라서 그 피고적격자는 개별 이사가 아닌, 피신청인 회사가 된다고 할 것이므로, 피신청인의 위 항변은 이유 없다(또한, 피신청인은 개별 이사가 주주제안이 부당하다고 판단하여 이를 의안으로 상정하지 아니하기로 결정하였음에도 법원의 결정에 의하여 이를 의안으로 상정하도록 강제하는 것은 의사의 진술을 명하는 가처분에 해당하므로 허용되지 않는다고 주장하나, 앞서 본 바와 같이 이 사건 가처분은 개별 이사를 상대로 하는 것이 아니라, 피신청인 회사를 상대로 하는 것이므로, 이와 다른 전제에 선 피신청인의 위 주장은 이유 없다).

신청인들은 증권거래법 제191조의14, 상법 제363조의2에 규정된 소정의 요건과 절차를 갖추어 피신청인 회사의 이사에 대하여 이 사건 주주제안 등을 하였으므로, 증권거래법 제191조의14, 증권거래법시행령 제84조의21 제3항 각호에 규정된 제안배제사유에 해당하지 않는 한, 피신청인은 이 사건 의안을 주주총회의 목적사항으로 상정하고, 그 요령을 기재하여 이 사건 주주총회 소집통지와 공고를 하여야 한다.

이에 대하여 피신청인은 주주제안을 거부당한 주주는 회의의 목적사항과 소집의 이유를 기재한 서면을 이사회에 제출하여 임시주주총회의 소집을 청구할 수 있고, 이러한 청구가 있은 후에도 지체없이 총회소집의 절차를 밟지 아니한 때에는

* 이사선임에 관한 의안이다.

청구한 주주는 법원의 허가를 얻어 총회를 소집할 수 있으므로(상법 제366조), 회사의 기관이라고 할 수 있는 주주와 이사 등 내부관계에 있어서는 상법상 허용된 절차인 임시주주총회 소집청구절차에 따라서 그 권리주장이나 보호를 요구할 것이지, 그 규정을 우회하거나 잠탈하면서까지 허용되지 않는 절차를 굳이 인정할 이유가 없다고 주장한다. 그러나 상법상 소수주주의 임시주주총회 소집청구권과 증권거래법상 주주제안권은 그 행사요건과 내용 등을 달리하고 있는바, 임시주주총회 소집청구권은 소수주주 권리의 일환으로서 주주제안권과 병행하는 별개의 권리(소수주주는 양 권리를 선택적으로 행사할 수 있다)라고 보아야 할 것이고, 주주제안을 거부당한 주주가 반드시 임시주주총회 소집청구절차를 그 구제절차로 거쳐야 하는 것은 아니므로, 주주제안을 거부당한 주주가 임시주주총회 소집청구를 하지 아니한 채, 주주제안권 자체의 실현을 위하여 거부당한 의안을 주주총회의 목적사항으로 상정시키는 형태의 가처분을 신청하는 것을 두고 적법한 구제절차인 임시주주총회 소집청구제도를 잠탈하는 것이라고 볼 수 없다고 할 것이니, 피신청인의 위 주장은 이유 없다.

한편, 피신청인은 주주제안권이 행사되었다고 하여 이사회가 이를 반드시 수용하여야 하는 것은 아니고 증권거래법 제191조의14, 증권거래법시행령 제84조의21 제 3 항 각 호에 규정된 제안거부의 사유가 있다면 거부할 수 있다고 할 것인바, 신청인의 주주제안의 내용은 부실경영을 야기한 책임을 지고 피신청인 회사의 경영에서 배제된 강문석 전 대표이사가 다시 경영참여를 요구하는 것으로서, 이러한 제안은 회사의 발전과 주주 권익을 침해할 상당한 우려가 있어 이를 거부한 것이므로, 이 사건 주주제안 등에 대한 거부는 정당하다는 취지로 주장한다. 살피건대, 증권거래법 제191조의14 제 3 항 및 제84조의21 제 3 항 각 호의 규정에 의하면, 이사회는 주주제안의 내용이 ① 법령 또는 정관에 위반되는 경우(증권거래법 제191조의14 제 3 항 전문), ② 주주총회에서 부결된 내용과 동일한 의안을 부결된 날로부터 3년 내에 다시 제안하는 경우(제84조의21 제 3 항 제 2 호), ③ 주주 개인의 고충에 관한 사항(제84조의21 제 3 항 제 3 호), ④ 법 제191조의13에서 규정하는 소수주주권에 관한 사항(제84조의21 제 3 항 제 5 호), ⑤ 임기중에 있는 임원의 해임에 관한 사항(제84조의21 제 3 항 제 6 호), ⑥ 회사가 실현할 수 없는 사항, 주주총회의 의안으로 상정할 실익이 없거나 부적법한 사항 또는 제안이유가 명백히 허위이거나 특정인의 명예를 훼손하는 사항(제84조의21 제 3 항 제 7 호)인 경우에는 주주제안을 거부할 수 있도록 하고 있는바(위 각 사유에 해당하지 않는 한, 이사회의 독자적인 경영판단에 의해 주주제안을 거부하는 것은 허용되지 아니한다), 피신청인의 주장은 이 사건 주주제안 등이 위 각 사유 중 '주주총회의 의안으로 상정할 실익이 없거나 부적합한 사항'에 해당하여 피신청인의 이사회가 이를 정당하게 거부하였다는 취지로 보인다. 그러나, 위와 같은 제안거부사유들은 주주제안권의 명백한 남용을 방지하기 위한 예외적 규정으로서 마련된 것이므로, 그 남용의 위험이 명백하지 않은 한, 소수주주의 주주제안권의 폭넓은 실현을 위하여 그 사유들은 엄격하게 해석되어야 할 것인바, 특히 추상적인 일반규정이라고 할 수 있는 '주주총회의 의안으로 상정할 실익이 없거나 부적합한 사항'에 대하여는 이사회의 재량판단의 남용을 막기 위해 더욱 엄격한 해석이 요청된다고 할 것이다. 살피건대 '주주총회의 의안으로 상정할 실익이 없거나 부적합한 사항'이라 함은 이미 이익이 실현되었거나 회사 이익과 아무런 관련이 없는 사항, 영업관련성이 없는 사항 또는 주식회사 본질에 적합하지 않은 사항 등으로서 형식적 판단에 의해 주주총회의 의결사항이 되기에 적당하지 아니한 것을 의미하는데, 이사 또는 감사의 선임을 내용으로 하는 이 사건 의안이 그 자체로서 주주총회의 의결대상이 되기에 실익이 없다거나 부적합하다고 할 수 없다(상법 제382조 제1항, 제409조).

또한, 피신청인 주장대로 가사 이 사건 의안의 (상근)이사 선임대상인 강문석 전 대표이사가 피신청인 회사에 부실경영으로 인한 손해를 입혔다고 하더라도 위와 같은 사유는 증권거래법상 주주제안 거부사유에 포함되지 아니할 뿐만 아니라, 일단 피신청인 회사의 최고의결기관인 주주총회에 상정한 다음, 주주들의 표결을 통해 강문석의 경영참여 여부를 결정하게 하는 것이 주식회사의 본질에 비추어 바람직하다. 따라서 피신청인의 위 주장은 받아들이지 아니한다.

대전지법 2006. 3. 14.자 2006카합242 결정(스틸파트너즈 v. 케이티엔지)

채권자들은 채무자 회사에 자신들이 추천하는 1인 이상의 이사를 선임시킬 목적으로 2006. 1. 26. 채권자 1. 소속의 워렌 지 리크텐스타인(Warren G. Lichtenstein)을 의장으로 하여 일명 '(주) 케이티앤지의 가치실현을 위한 위원회(KT&G Full Value Committee)'를 조직하였다. 채권자들은 2006. 2. 3. 위 위원회의 이름으로 채무자 회사 및 그 대표이사 곽영균에게 아래와 같은 내용의 '주주제안서'를 보냈다.

상법 제363조의2에 따라, 본 위원회는 곽영균 대표이사, 회사의 이사 및 회사의 사외이사후보추천위원회의 위원에게 회사의 2006년 정기주주총회에 아래 의안을 부의할 것을 요청한다.

의안. 회사의 사외이사 임명의 건

가. 사외이사 후보자

(ㄱ) 워렌 지 리크텐스타인(Warren G. Lichtenstein)

(ㄴ) 하워드 엠 로버(Howard M. Lorber)

(ㄷ) 스티븐 울로스키(Steven Wolosky)

본 위원회는 회사의 사외이사후보추천위원회가 증권거래법 제191조의16 제 3 항 및 제54조의5 제 3 항에 의하여 사외이사를 추천할 때, 상기의 각 사람을 후보자 명단에 포함시키기를 요청한다.

나. 주주 제안의 이유

본 위원회는 회사가 모든 주주들을 위해 회사의 가치를 극대화하는 것을 돕고자 상기 후보들을 사외이사로 선임시키고자 하는 것이다.

다. 집중투표제

본 위원회는 정기주주총회에서 집중투표제를 통해 이사를 선출할 것을 제안한다.

… **(1) 증권거래법상 사외이사후보 추천위원회제도의 입법 경위 등**

원래 주주제안권은 1997. 1. 13. 증권거래법 제191조의14의 규정에 의하여 신설되었다가 1998. 12. 28. 상법 개정 당시 상법 제363조의2의 규정에 의하여 상법에 도입된 것이다. 한편 증권거래법상의 사외이사후보 추천위원회제도는 2000. 1. 21. 증권거래법 개정 당시 주권상장법인의 사외이사의 독립성을 확보할 목적으로 도입된 것으로, 그 주된 내용은 이사회에 비하여 보다 중립적인 사외이사후보 추천위원회가 추천한 후보 중에서 사외이사를 선임하여야 한다는 것이다(증권거래법 제191조의16 제 3 항, 제54조의5 제 2 항). 이 제도에 관해서는 2001. 3. 28. 증권거래법 개정 당시 증권거래법 제191조14의 규정에 의한 주주제안권의 행사요건을 갖춘 주주가 사외이사를 추천한 경우에는 사외이사후보 추천위원회는 그 후보를 반드시 포함시키도록 개정이 이루어졌는데, 이는 주권상장법인의 소수주주권을 강화하기 위하여 그 주식보유비율을 낮추는 대신 소수주주권의 남용을 방지하기 위하여 '6개월간 계속보유'라는 요건을 추가한 것이다.

(2) 상법상 주주제안권의 내용

상법은 의결권 없는 주식을 제외한 발행주식 총수의 3% 이상에 해당하는 주식을 가진 주주는 이사에 대하여 회일의 6주 전에 서면으로 일정한 사항을 주주총회의 목적사항으로 할 것을 제안할 수 있고(의제제안권), 위 주주는 이사에 대하여 회일의 6주 전에 서면으로 회의의 목적으로 할 사항에 추가하여 당해 주주가 제출하는 의안의 요령을 주주총회의 통지와 공고에 기재할 것을 청구할 수 있다고(의안제안권) 규정하고 있다(상법 제363조의2 제 1 항, 제 2 항). 상법상 주주제안제도가 도입되기 이전에는 주주총회의 의제는 그 소집권자인 이사회가 결정하였고 주주는 총회의 의안을 상정 또는 제안할 기회를 가지지 못하였으나, 주주제안권이 인정됨으로써 소수주주는 총회의 소집을 청구하거나 직접 총회를 소집하지(상법 제366조) 않더라도 자기가 원하는 사항을 총회의 의제로 할 수 있게 됨으로써 주주총회의 활성화를 도모할 수 있게 되었다.

(3) **상법상 주주제안권과 증권거래법상 사외이사후보추천권의 관계**

위에서 살펴본 상법 및 증권거래법상 주주제안권, 사외이사후보추천위원회제도 등의 입법 경위 및 그 취지 등에 비추어 볼 때, 상법상 주주제안권과 증권거래법상 주주의 사외이사후보추천권은 그 행사요건과 내용 등을 달리하고 있으므로, 소수주주들로서는 주권상장법인의 사외이사후보추천을 총회의 의제 또는 의안으로 삼고자 하는 경우에 상법상의 주주제안권 또는 증권거래법상의 사외이사후보추천권을 선택적으로 행사할 수 있다고 해석함이 상당하다. 따라서 이와 전제를 달리하여 채권자들의 이 사건 주주제안권 행사가 부적법한 것으로서 무효라는 채무자 회사의 위 주장은 이유 없다.*

4. 비용부담

Hewlett v. Hewlett-Packard Co.[11]

HP와 Compaq의 합병승인을 위한 주주총회에서 Hewlett측은 반대하였고 HP의 경영진은 이를 적극 지지하였다. 2002. 3. 19. 주총에서 합병계획은 승인되었음이 발표되자 Hewlett측은 합병이 유효하게 승인되지 않았음을 선언하는 판결을 구하였다. 이유 중 하나는 HP의 경영진이 불법으로 의결권을 매수하였다는 것이다.

* 사외이사의 선임을 위한 의안을 처리하여 선임된 사외이사중 감사위원회위원의 선임을 위한 의안을 처리하여 두 안건을 별도의 안건으로 처리하여야 할 것인지, 아니면 사외이사의 선임과 감사위원의 선임을 동시에 처리할 수 있는지에 대한 논의는 자본시장법의 시행과 함께 추가된 상법 제542조의12 제 2 항에서 사외이사 중 감사위원을 선임하여야 하는 것으로 명확하게 정리되었다.

11) 2002 WL 549137 (Del. Ch. 2002).

법원은 판시하기를 주주는 주주의 의결권을 최고가격을 제시하는 자에게 팔 수 있으나 경영진은 회사의 장래에 중대한 변경을 초래할 임시주총에서의 표대결이 벌어지고 있는 상황에서 회사의 자산을 사용하여 의결권을 매수할 수는 없다고 한다.

Rosenfeld v. Fairchild Engine and Airplane Corp.[12)]

위임장대결과 관련된 비용의 청구에 대하여 이사가 주주총회에서의 정족수 충족을 위하여 위임장권유에 사용한 비용은 물론 위임장대결시 이사가 선의로 정당한 회사의 정책을 보호하기 위하여 합리적이고 적절하게 지출한 비용에 대하여는 회사가 이를 보상하여 주어야 한다. 새로운 주주들도 그들의 제안이 주주총회에서 지지를 받았다면 그 비용을 보상해 주어야 한다.

금감원, 2008. 2. 12. 보도자료, 제목: 2007년도 위임장 권유현황 분석자료

2007년도 위임장권유 현황

□ 코스닥기업에 대한 위임장 권유건수가 급증하면서 2007년도 전체 위임장 권유건수는 전년대비 22.9% 증가한 187건을 기록하였음

(단위: 건)

	2005	2006	2007	계
유가증권 시장	97	106	116	319
코스닥 시장	36	38	71	145
계	133	144	187	464

□ 의결정족수 충족을 위한 권유가 대부분(81.8%)을 차지하고 있으나, 코스닥기업의 경영권 분쟁이 증가하면서 의결권경쟁 목적의 권유가 급증(약 2.4배 증가)한 것으로 나타났음

- 의결권경쟁 목적의 권유가 코스닥기업에서 급증한 것은 지배주주가 없는 코스닥 한계기업 등의 경영권 분쟁[13)]이 증가한 데 기인

12) 309 N.Y. 168, 128 N.E.2d 291 (NY 1955).
13) 現 경영진 vs 前 경영진, 경영진 vs 최대주주.

(단위: 건)

	2005	2006	2007	계
의결권 경쟁(유, 코)*	19(12,7)	14(10,4)	34(14,20)	67
정족수 충족	114	130	153	397
계	133	144	187	464

* ( )은 유가증권시장, 코스닥시장으로 구분

□ 또한 주주권리 강화 추세에 따라 의결권경쟁 목적의 위임장 권유가 있었던 주총에서 경쟁자측 의사가 관철된 사례도 증가한 것으로 나타났음

(단위: 회)

구 분	2005	2006	2007	계
경쟁자 의도 관철*	1	1	4	6
회사측안 모두 가결	7	5	10	22
기 타**	1	1	3	5
계	9	7	17	33

* 경쟁자 측 의도가 전부 또는 일부가 관철된 경우(동아제약, 아인스, 오양수산, 카프코씨앤아이)

** 경쟁자 측 의도가 관철되지 않았으나 회사측안 일부가 부결된 경우 등

* * * * *

노트와 질문

1) 위임장심사와 관련된 주주총회에서의 다툼 또는 그 결의의 효력을 둘러싼 사후적 법적 다툼을 막을 수 있는 방법은 없을까? DGCL §231 Voting Procedures and Inspectors of Elections와 같이 법원에서 검사인을 선임하여 주주총회를 진행하도록 하면 사후적인 다툼의 여지를 줄일 수 있을까?
2) 미국에서는 지난 수년간 이사후보제안권을 둘러싸고 논의를 거듭하고 있다. 가장 최근 SEC의 제안에 관하여는 http://www.sec.gov/rules/proposed/2009/33-9046.pdf 참조. 최민용, 기업지배구조개선과 공시주의 – 의결권 대리행사의 권유를 중심으로, 51 상사법연구 27, 42-47 (2012) 참조; Sidley Austin, *Is Proxy Access Inevitable?*, CORPORATE GOVERNANCE UPDATE (Jul. 24, 2015). 2015년 주총에 대한 총평으로 Sullivan & Cromwell, *2015 Proxy Season Review* (Jul. 20, 2015)와 대신경제연구소, *12월 결산법인 정기주주총회 의안분석* (Mar. 25, 2015) 참조.

3) 실제 주주총회에서의 의사진행에 관하여는 상장회사표준주주총회 운영규정을 참조할 수 있다.[14)]

4) 미국에서는 proxy solicitation을 위하여 개시한 정보의 양과 질이 바로 주총결의사항의 대상인 회사법상 행위의 유효성에 영향을 미치므로 proxy solicitation material의 적법성에 관하여 많은 다툼이 있는 반면 우리는 금융위증발공규정 제3-15조가 proxiy matetial 기재사항을 열거하고 있어서 별로 다툼의 여지가 없다. 이 또한 금융위 paternalism의 대표적인 예이다.

문제 13

A사는 반도체제조관련기계장치를 제조하는 한국거래소 유가증권시장상장법인이다. 주주구성은 임직원이 10%의 주식을(주식매수선택권을 행사하는 경우 10% 증가), 증권사와 보험사, 자산운용사 등 기관투자가들이 30%, 외국인이 40%, 개인주주가 10%를 각 보유하고 있으며 나머지 10% 주식은 A가 자사주로서 보유하고 있다. 과거 6월간 A사의 시장가격은 180,000원까지 상승하였으나 최근 A사의 경쟁사인 외국의 F사로부터 특허권침해소송을 당했고 주요 고객인 외국의 X사가 회생절차를 신청하였으며 외국의 고객들에게 받을 외화채권을 환율변동위험을 헤지하고자 통화스왑거래를 하였다가 1000억원 이상 손해를 보았다는 소문이 나면서 시장가가 하락, 지난 2개월간 50,000원을 넘지 못하고 있다.

Ⅰ. 임직원들의 주식매수선택권은 3년전 당시 시장가격 50,000원에서 20% 프리미엄을 붙여서 행사가격 60,000원으로 주어졌다. 2010. 8. 15. 이사회는 기발행주식 총수의 10%에 해당하는 주식에 대하여 행사가격 50,000원의 새로운 주식매수선택권을 이사들에게 부여할 것을 결의하였고 이를 승인하기 위한 임시주주총회를 기준일 9. 1.로 하여 10. 15. 소집하기로 결의하였다. 이사회 결의가 공시되자 기관투자가 중 하나인 Z자산운용사에서 이에 반대하고 나섰다. Z사는 주총에서의 표대결을 위하여 의결권대리행사권유절차 및 의결권 행사에 대하여 귀하에게 자문을 구하고자 있다.

Ⅱ. 8. 16. 외국인 중 헤지펀드 XCapital사가 A사의 주식을 시장에서 매집, 7%를 경영참여목적으로 보유하고 있음을 금융위에 신고하였다. 8. 17. 이사회는 긴급회

14) 이에 대한 해설로 최문희, 주주총회실무, 65-73 (한국상장회사협의회 기타자료 2010. 1).

동, 회사가 보유하고 있는 자사주 10%를 원주로 교환사채를 사모방식으로 발행하기로 결의함과 동시에 9. 2. 주주총회를 열어서 이사수를 현재의 5명에서 10명으로 정관변경하는 안과 신임이사후보 5명의 인적사항을 8. 17. 통지하기로 결의하였다. 8. 18. 오전에 예탁결제원에 주주명부를 요구하면 정오까지 실질주주명부가 나옴에도 불구하고 A사는 3월주총을 위하여 보유하고 있던 주주명부를 기초로 8. 18. 주주총회를 통지하였다. 9. 2. 정관변경 및 신임이사선임의 건이 주주총회에서 의결되었다. 주총결의의 효력을 다툴 여지는 없을까?

제14장
기업인수와 형사적 책임

기업을 대표하는 개인 또는 그로부터 권한을 위임받은 개인의 위법행위에 대하여 기업 자체가 형사책임을 질 수 있다. 기업을 대표하는 개인의 행위 중 어떠한 위법행위에 대하여 기업의 행위로서 형사처벌을 할 것인지, 기업 자체를 대상으로 부과될 수 있는 형사처벌의 종류는 어떤 것이 있을 수 있는지, 기업을 대표하는 자는 아니지만 기업을 위한 개인의 어떤 행위에 대하여 기업에게 형사적 처벌을 부과할 것인지는 국가의 중요한 입법정책의 문제이다.[1] 이와 반대의 경우로 기업의 위법행위에 대하여 어떤 경우에 기업의 의사결정자 내지 이를 집행하는 임원이 개인으로서의 형사책임까지 부담하여야 할지도 어려운 문제이다. 미국에서는 지극히 심각한 범죄, 예를 들어 식품위생법이나 의료법같은 국민의 보건에 관계되는 법규위반이나, 노동조합 및 노동관계조정법같은 근로관계법규의 위반, 환경보호에 관계되는 폐기물관리법규에 위반하는 경우 예외적으로 임원에게 개인적인 형사책임을 부과하며 이 경우 임원의 기업의 위법행위에 대한 상당한 주관적인 요건이 충족될 것을 요한다.[2] 가장 최근에는 기업의 회계분식을 둘러싼 스캔들의 결과물인 사베인옥스리법(Sabanes-Oxley Act)이 CEO와 CFO에게 회계장부의 정확성확인에 대한 형사적인 책임을 부과한 바 있다.[3]

---

1) 미국에서의 논의에 관하여 2006. 12. 12. 당시 미국 법무부차관의 소위 McNulty Memo참조. www.justice.gov/dag/speeches/2006/mcnulty_memo.pdf. 우리 법무부도 제한된 범죄에 관하여나마 양형의 기준에 관하여 논의를 시작하고 있다. 법무부 2009. 11. 30. 양형기준 및 구속기준에 관한 국제심포지엄 개최에 관한 보도자료. 최근에는 법무부에서 법원의 재량을 규제하려는 움직임도 보도되고 있다. 연합뉴스 2010. 5. 29. 보도.

2) *United States v. Dotterweich*, 320 U.S. 277, 64 S. Ct. 134, 88 L. Ed. 48 (1943); *United States v. Park*, 421 U.S. 658, 95 S.Ct.1903, 44 L.Ed.2d 489 (1975). 이와 관련된 우리나라에서의 논의로는 양벌규정의 합헌성에 대한 헌재판결이 있다. 헌재 2007. 11. 29. 2005헌가10 전원합의부 판례집 제19권 2집, 520 이하.

3) 18 U.S.C. §1350 and 15 U.S.C. §7241.

우리나라에서는 최근 기업의 경영진이 회사 내지 주주에 대한 선관주의의무 내지 충실의무를 져버린 경우 회사에 대한 손해배상책임 이외에 어떤 경우에 배임으로서의 형사책임까지 부담하여야 하는지의 문제와 관련하여 기업경영책임의 과다한 형사책임화가 지적되고 있다. 기본적으로 형사책임은 사회의 정의관념을 깨는 중대한 규범의 위반행위에 대하여만 추궁되어야 할 것이다. 기업의 위법행위에 대하여 기업보다는 개인에게, 그리고 민사책임이나 행정적인 책임보다는 형사책임이 일정한 기준없이 소추기관의 자의적 판단에 따라서 추궁된다면 기업가 정신을 저해할 것이다. 우리나라 기업의 최고경영자들은 대부분 기업 내지 기업집단의 지배주주로서 경제적인 이유로 범죄를 저지를 아무런 동기가 없음에도 불구하고 지배주주의 이익이 아닌 기업이익의 최대화라는 경영자로서의 충실의무에 위반하여 기업에 손해를 끼친 배임죄로 처벌받는 경우가 상당히 많다. 기업의 지배주주가 기업의 이익에 반하여 지배주주로서의 이익을 우선한 경우 언제나 형사적인 처벌이 민사적인 손해배상보다 앞으로의 배임행위를 예방하거나 또는 사후적으로 징벌을 가하는데 보다 효과적인 수단인지는 의문이다. 기업의 지배권을 둘러싼 경영진이나 지배주주의 위법행위 역시 기본적으로 가처분 등으로 위법행위의 예방이, 민사적인 손해배상으로서 사후적 구제책이 가능하다면 구태여 형사적인 처벌까지 필요한지는 의문이다. 특히 1997년 환란 이후 부실금융기관의 경영진을 상대로 선관주의의무를 다하지 못하여 회사에 손해를 끼쳤다는 이유로 배임죄로 기소하는 것은 사후적으로 속죄양을 구하는 것 이상의 의미가 있어 보이지 않는다.[4] 따라서, 입법론으로서 배임죄의 범위에 선관주의의무위반인 경우는 제외하는 것이 타당하여 보인다. 그렇다고 충실의무를 위배한 행위에 대하여까지 배임죄 성립여부를 묻지 말자는 것은 아니며 기업집단내 행위로서 이해상충이 있기 때문에 충성의무가 문제되는 상황에서는 지배주주 내지 경영진이 주주전체의 이익을 해한 심각한 사안의 경우 배임죄로서 처벌가능하다.[5]

4) 형사처벌의 확대는 단순히 우리사회만의 문제는 아니다. 미국에서도 사회적인 엔지니어링작업을 위하여 모든 위법행위를 형사처벌대상으로 삼는 것에 대한 많은 우려의 소리가 있다. overcriminalized.com에 나와 있는 많은 논문 참조. 특히 Edwin Meese, Ⅲ., *Jail could be the location of your next business meeting*, www.heritage.org/research/commentary 참조.

5) 최문희, *독일에서의 이사의 의무위반과 배임죄*, 36 BFL 91, 105는 형법의 최후수단적 원칙에 비추어 "중대한" 위반의 경우에만 배임죄로서의 형사적 처벌을 논하고 있는 독일의 상황을 소개. 지배주주의 전횡에 대하여 민사적 대체수단이 없기 때문에 형사적 처벌에 의존할 수밖에 없지만 소극적 손해 내지 손해의 위험에 기초한 형사적 처벌은 죄형법정주의에 어긋

이 장에서는 기업지배주주가 또는 경영진이 지배권을 유지 내지 확장하려고 저지른 여러 가지 배임행위에 대한 형사적인 판단을 우선 살펴본다.[6] 또한 구체적인 기업인수의 시도와 관련하여서는 기업지배권을 둘러싼 다툼이 발생한 상황에서 기존의 대주주가 자신의 기업지배권을 보호하고자 우리사주조합의 주식매입자금을 빌려준 경우에 관한 판결도 살펴본다. 최근에는 차입매수시 대상회사의 경영진이 기업인수의 주체인 특수목적회사의 인수자금조달금융상 편의를 위하여 담보를 제공하였거나 대상회사와 특수목적회사가 합병한 후 특수목적회사의 채무를 변제하는 행위가 배임죄를 구성하는지 여부가 커다란 논란의 대상이 되고 있다. 한편 상장법인의 기업인수와 관련하여 자본시장법에서는 내부자거래와 부정거래행위를 형사적으로 처벌하고 있는 바, 이들 중 내부자거래의 범위에 관련된 판결과 기업의 인수합병의사를 발설한 것이 부정행위에 해당하는지 여부에 대한 판결을 살펴 본다.[7] 마지막으로 기업의 지배주주와 소수주주간 지배권다툼상황에서 회사의 경영진은 어떤 범위에서 지배주주의 경비를 부담할 수 있는지에 대하여 논의한다.

Ⅰ. 지배권이전/공고화와 배임죄

서울지법 2003. 6. 13. 선고 2003고합237 판결(검사 v. 최×현)

… 공정거래법의 출자총액제한규정에 따라 2002. 4. 1.이 되면 피고인 최태원이 대주주로 있는 SK씨앤씨가 자기 순자산의 25%를 초과하여 갖고 있는 주식(특히 SK 주식)에 대하여는 의결권을 행사하지 못하게 됨으로써, SK씨앤씨가 SK를 지배하고 다시 SK가 계열사를 지배하던 종전의 SK그룹의 지배구조가 무너질 수 있는 상황이 발생하게 되었는데, 피고인 7은 그러한 상황에서 SK그룹의 실질적 총수인 피고인 최×원과 구조본에 소속된 피고인 3, 8로부터 피고인 최태원 소유의 워커힐 주식과 SK씨앤씨 소유의 SK 주식을 교환하자는 지시 내지 요청을 받게 되었는바,

---

나며 규제효과를 희석시키고 민사책임에 대한 법리의 발전을 막는 결과를 초래한다는 지적은 설민수, 동부그룹의 자사주거래와 배임죄, Id., 44, 62-64.

6) 김병화/임권수/이재순, M&A법제연구 289-322 (2007)은 금융기관 임직원 등에 대한 각종 로비 및 금품제공행위, 대상기업 임직원, 노조간부 매수행위, 주간사의 매각가격 부당평가행위, 제 3 자명의 주식 매수행위(Parking 행위), 금융기관 인수 후 계열사 불법대출행위, M&A감독기관 공무원에 대한 각종 금품제공행위들을 열거하고 있다.

7) 자본시장법 제 4 편 제 1 장 내부자거래 제172조 이하와 제 2 장 시세조정행위, 제 3 장 부정거래행위들을 처벌하고 있다. 제443조의 벌칙.

그럴 경우 SK씨앤씨의 대표이사로서는 별개 법인인 SK씨앤씨의 입장에서 피고인 최태원의 주식교환제의에 응할지 여부, 응한다면 교환할 주식의 수, 교환가격, 교환시기, SK 주식대신 워커힐 주식을 취득할 경우의 문제점과 취득할 주식의 구체적 운용계획 등에 대하여 면밀히 검토하여야 하고, 나아가 비상장주식인 워커힐 주식은 시중에서 거래가 되지 않고 있어 SK씨앤씨가 소유하고 있는 SK 주식과 교환할 경우 SK씨앤씨로서는 SK 주식 시가 상당의 현금유동성을 포기하는 손해가 발생할 수 있고, 더욱이 SK 주식은 SK그룹에 대한 지배권을 장악할 수 있는 주식이므로 이에 상응하는 프리미엄까지 계산하여야 할지 여부 등에 대하여 검토하고, 참고적이라 할지라도 워커힐 주식의 적정거래 가격에 관하여 전문회계법인이나 기타 기업평가기관에 평가를 의뢰하여 적정한 거래가격을 찾는 노력을 한 다음 피고인 최×원과 사이에 교환가격과 교환비율에 대한 실질적인 흥정 과정을 거치고 이사회 결의 등 내부적인 절차를 거치는 등의 조치를 취하여 SK씨앤씨가 정상적으로 운영되고 그 교환계약으로 인해 손해를 입지 않도록 하여야 할 업무상 임무가 있음에도 이에 위배하여, 피고인 최태원, 피고인 3, 8 등은 피고인 7에게 그러한 제반사항에 대한 검토나 흥정도 없이 구조본에서 제시하는 내용대로 교환계약을 체결하도록 지시 내지 요청하고, 피고인 7은 이를 그대로 수용하기로 함으로써 공모하여, 2002. 3. 25. 경 SK씨앤씨의 이사회 결의를 거쳐야 함에도 이사회를 개최하지 않고 임의로 이사들의 인장을 날인하여 이사회가 의결을 한 것처럼 외양을 갖춘 후, 워커힐 주식에 관하여는, 상속세및증여세법(이하 '상증법'이라 한다)의 규정을 원용하되 부동산에 대하여 상증법이 요구하는 감정평가는 하지 않은 채 장부가격에 근거하여 임의로 순자산가치를 31,150원(공소장 기재의 '30,150원'은 오기로 보인다, 수사기록 485쪽에 편철된 비상장주식평가조서 등 참조)으로 산정한 후 상증법의 규정에 따라 30%를 할증함으로써 주당 40,495원으로 계산하여 과대평가하고, SK 주식에 관하여는 최근 거래일 증권거래소 종가인 17,000원에 20%를 할증함으로써 주당 20,400원으로 계산한 다음(뒤에서 보는 바와 같이 적어도 과대평가되지는 않았다), 피고인 최태원 소유 워커힐 주식 3,256,298주(총 주식의 40.7%)와 SK씨앤씨 소유 SK 주식 6,463,911주(총 주식의 5.09%)를 교환하는 내용의 교환계약을 체결하고 이어 2002. 3. 26. 주주명부에 등재하는 등 교환계약을 이행함으로써(이하 '이 사건 주식교환'이라 한다), 피고인 최태원으로 하여금 적정한 거래가격과의 불상차액(뒤에서 보는 바와 같이 공소장 기재와는 달리 그 손해를 특정할 수 없다) 상당의 재산상 이익을 취하게 하고, SK씨앤씨에게 그 금액 상당의 재산상 손해를 가하고(공소사실을 일부 정리하여 범죄사실로 인정하는바, 이 정도의 사실 인정은 따로 공소장변경 없이도 가능하다고 판단한다. 한편, 검사는 변경된 공소장에서 SK씨앤씨가 현금유동성을 포기하는 손해와 100억 원 이상의 법인세 등을 부담하는 손해를 입었다고 기재하고 있으나 약 721억 원이라는 구체적 손해액수 산정에서는 이를 고려하지 않고 있으므로 이 법원도 따로 그 손해와 이익 판시에 있어 반영하지 않는다).

서울중앙지법 2005. 10. 4. 선고 2003고합1300 판결(검사 v. 허×학)[8)]

1996. 1.경부터 정부가 신종 금융상품인 전환사채 등을 이용한 변칙증여 등 정상적인 거래를 통하지 아니하고 특수관계에 있는 자와의 거래를 통하여 받은 이익을 증여로 보고 그에 대한 증여의제 과세제도를 새로 마련하는 방안으로 구 상속세법(1997. 1. 1. '상속세 및 증여세법'으로 명칭 변경되었다)의 개정을 추진하면서 1996. 6.경 공청회를 개최하고, 1996. 8.경 입법예고를 한 다음, 1996. 10. 2.경 그 개정안을 국회에 제출하였다는 사실이 언론 등을 통해 알려짐에 따라, 위 법이 개정·발효되기 전에 전환사채 발행 방식을 이용하여 당시 자산총액이 8,000억 원을 상회하고, 세계적인 테마파크로의 육성을 위한 장기계획하에 5,800억 원 가량의 대규모 시설투자가 이루어져 내재가치 및 성장 가능성이 매우 큰 반면, 자본금 규모가 35억 3,600만 원에 불과하여 지배지분의 확보가 용이한 삼성그룹 계열의 비상장회사인 에버랜드의 지배권을 아무런 세금 부담 없이 적은 자금으로 이재용, 공소외 1, 2, 3(이하 '이재용 등'이라고 한다)에게 넘겨주기로 마음먹고, 공모하여, 1996. 10. 초순경 "에버랜드의 전환사채를 주주배정방식으로 발행할 것을 이사회에서 형식적으로 의결하여 에버랜드의 법인주주 및 개인주주들이 이재용 등에게 에버랜드의 지배권을 넘겨주기 위하여 전환사채 인수를 의도적으로 포기하게 하여 실권하도록 하거나, 대부분의 법인주주 및 개인주주 등이 특별한 사정 등으로 인하여 전환사채 인수를 거절하여 실권하면, 그 실권 전환사채를 제 3 자인 이재용 등에게 배정, 인수 후 주식으로 전환하게 함으로써 에버랜드의 지배권을 이재용 등에게 넘겨주기"로 하였는바, 이러한 경우 에버랜드의 대표이사 또는 이사인 피고인들로서는 이사회 결의 등의 적법한 절차를 거치는 한편, 이전에 에버랜드의 주식이 거래된 실례

8) 서울고법 2007. 5. 29. 선고 2005노2371 판결; 대법 2009. 5. 29. 선고 2007도4949 판결로 확정. 신주발행시 신주인수권의 포기를 이용한 지배권 강화에 관한 사례로는 대법 2013. 9. 12. 선고 2011다57869 판결 및 천경훈, 신세계대표소송의 몇 가지 쟁점, 33 상사법연구 136, 160-163 (2014) 참조.

가 있는지 및 있다면 그 거래가격은 어떠한지, 법인주주들이 에버랜드 주식의 가치에 대하여 평가한 사례가 있는지 및 있다면 그 평가 근거는 무엇인지 등을 검토하고, 전문회계법인, 감정기관 등 기업평가를 할 수 있는 객관적인 기관에 의뢰하여 회사의 자산가치, 내재가치 및 성장가능성 등을 고려한 에버랜드 주식의 실제가치를 평가하도록 하고, 나아가 이재용 등이 에버랜드의 지배권을 획득함으로써 얻게 되는 프리미엄 등도 종합적으로 고려하여 적정한 전환가격을 산정하여야 하고, 이를 기초로 전환사채 발행총액을 결정함으로써 가능한 최대한의 자금이 에버랜드에 납입되도록 하여 회사의 자본충실을 기하는 등 에버랜드의 이익을 위하여 사무를 처리하여야 할 업무상 임무가 있음에도 불구하고 그 임무에 위배하여, 1996. 10. 30. 용인시 포곡면 전대리 310에 있는 에버랜드의 회의실에서 전환사채 발행을 위한 이사회 결의를 함에 있어, 상법 및 에버랜드의 정관에 의하여 재적이사 과반수의 출석과 출석이사의 과반수로 이사회 결의를 하여야 하고 그 규정에 위반한 결의는 무효임에도 17명의 이사 중 과반수에 미달하는 8명만이 참석한 상태에서, 위 이사회 개최 당시까지 에버랜드의 법인주주인 한솔제지 주식회사 등이 에버랜드의 주식을 1주당 85,000원 내지 89,290원에 매도한 거래실례가 있었으며, 에버랜드의 법인주주인 제일제당 주식회사 등이 에버랜드의 1주당 가치를 최저 125,000원부터 최고 234,985원까지 평가한 전례가 있었을 뿐만 아니라, 그 당시 상속세법상 보충적 평가방법에 의하더라도 에버랜드 주식의 1주당 가치는 127,755원으로 산정되는 상황이었음에도 불구하고, 위와 같은 상황을 전혀 검토·고려하지 않음은 물론 적정 전환가격 산정을 위한 그 어떠한 평가절차도 거치지 아니한 채 에버랜드 주식의 거래실례가액으로서 최소한의 1주당 실질 주식가치인 85,000원보다 현저하게 낮은 가액인 7,700원으로 전환가액을 임의로 정하고, "표면이율: 연 1%, 만기보장수익률: 연 5%, 전환청구기간: 사채발행일 익일부터"로 발행조건을 정함으로써 실질적으로 주식과 다름이 없는 성격의 전환사채 99억 5,459만 원 상당을 주주배정의 방식으로 발행하되 실권시 이사회 결의에 의하여 제3자 배정 방식으로 발행할 것을 결의하고, 이어서 공소외 4 등 일부 주주에 대하여는 전환사채 배정기준일 통지 및 실권예고부 최고도 하지 아니하고, 나머지 주주에 대하여도 1996. 11. 17. 또는 같은 달 18.경에 전환사채 배정기준일 통지서 및 실권예고부 최고서를 발송하였음에도 마치 1996. 10. 30.에 전환사채 배정기준일 통지서를, 1996. 11. 15.에 실권예고부 최고서를 각 발송한 것처럼 날짜를 소급하여 전환사채 배정기준일 통지 및 실권예고부 최고를 한 다음, 위 실권예고부 최고시 "청약기일인 1996. 12. 3.까지 위 전환사채에 대한 청약을 하지 아니하면 그 인수권을 잃는다."는 뜻을 통지하였으므로 그 날까지는 그 주주들에 대하여 청약의 기회를 주고 그 날이 경과한 후 실권 전환사채를 제 3 자에게 배정하여야 함에도 1996. 12. 3. 16:00경까지 제일제당 주식회사를 제외한 주식회사 중앙일보사 등의 법인주주들 및 이건희 등 개인주주들이 각 주식보유비율에 따라 배정된 전환사채의 청약을 하지 않자, 전환사채 청약기일이 경과하기 전인 1996. 12. 3. 16:00경 위 회의실에서 위 실권 전환사채 배정을 위한 이사회를 개최하여, 적정 전환가액 산정을 위한 아무런 평가절차도 거치지 않음은 물론, 실권 전환사채를 인수함으로써 에버랜드의 지배권을 확보하게 되는 이재용 등과의 사이에 "에버랜드의 지배권을 획득함으로써 얻게 되는 프리미엄에 상응한 전환가격 및 그에 기초한 전환사채 발행총액"을 결정하기 위한 아무런 흥정과정도 거치지 아니한 채, 위와 같이 의결정족수 미달로 무효인 1996. 10. 30.의 이사회 결의로 정한 발행조건과 동일하게, 에버랜드의 1주당 최소한의 실질주식가치인 85,000원보다 현저하게 낮은 가액인 7,700원으로 전환가액을 임의로 정하고, "표면이율: 연 1%, 만기보장수익률: 연 5%, 전환청구기간: 사채발행일 익일부터"로 발행조건을 정함으로써 실질적으로 주식과 다름이 없는 성격의 위 실권전환사채 합계 96억 6,181만 원 상당 중 48억 3,091만 원 상당을 이재용에게, 각 16억 1,030만 원 상당을 공소외 1, 2, 3에게 각 배정한다는 내용의 결의를 함으로써, 결국 이재용은 주주에 대한 전환사채 발행절차가 진행 중이던 1996. 11. 13.부터 같은 달 19.까지 사이에 자신이 보유하고 있던 주식회사 에스원의 주식을 매도하여 미리 준비하고 있던 자금으로 1996. 12. 3. 자신에게 배정된 실권 전환사채 인수대금 전액을 납입하고, 공소외 1, 2, 3은 1996. 12. 3. 이건희로부터 증여받은 자금으로 같은 날 자신들에게 배정된 실권 전환사채 인수대금전액을 납입한 후, 이재용 등이 1996. 12. 17. 그 전환사채를 1주당 7,700원의 전환가격에 주식으로 각 전환하여 에버랜드 주식의 약 64%에 해당하는 합계 1,254,777주(이재용: 627,390주, 공소외 1, 2, 3: 각 209,129주)를 취득하게 함으로써 이재용 등으로 하여금 최소한 969억 94,262,100원{(에버랜드 주식의 거래실례가격으로서 최소한의 1주당 가액인 85,000원－전환가격인 7,700원)×이재용 등이 취득한 주식 합계 1,254,777주} 상당의 재산상 이익을 취득하게 하고, 에버랜드에 같은 금액 상당의 재산상 손해를 가하였다.

대법 2008. 5. 15. 선고 2005도7911 판결(검사 v. 김×기)[9)]

(1) 2000. 12. 5. 피고인 1에게 동부건설의 자사주 7,633,825주를 한국증권거래소 전일 종가인 주당 2,270원으로 계산하여 총 17,327,822,750원에 매도하면서 피고인 1로부터 매매대금의 10%에 해당하는 계약금 1,733,782,750원을 지급받고 담보를 제공받지 않은 채 나머지 매매대금은 2회에 걸쳐 이자 연 11%를 가산하여 지급하기로 약정한 사실 ○○회사의 대표이사 등이 회사로 하여금 대주주에게 자사주를 매도하게 한 경우에 회사에 손해가 발생하였는지 여부는 위 자사주가 일반적이고 정상적인 방법에 의하여 형성된 객관적 교환가치, 즉 시가보다 저가에 매도되었는지 여부에 따라 판단하여야 할 것이다. … 그리고 상장주식의 경우에는 무수한 경제주체들 사이에서 각자의 경제적 이해관계와 정보의 교환에 따라 수요와 공급의 균형이 이루어지는 지점에서 거래가격이 결정된다는 점에서 시장성이 매우 높은 것이므로, 특별한 사정이 없는 한 상장주식의 객관적 교환가치는 거래 당시의 증권거래소의 거래가격에 의하여 결정된다고 할 것이다(대법 2002. 5. 31. 선고 2001두6715 판결, 대법 1994. 12. 22. 선고 93누22333 판결 등 참조).

(2) 위와 같은 법리에서 보건대, 원심에서 적법하게 조사하여 채택한 증거들에 의하면, 동부건설은 한국증권거래소에 등록된 법인으로서 이 사건 자사주는 위 거래소를 통하여 거래될 수 있는 상장주식이고, 피고인들은 피고인 1에게 이 사건 자사주를 매도함에 있어 매도일 전일 2000. 12. 4.의 거래소 종가인 2,270원을 주당 매도가격으로 정하였으므로, 이는 일응 이 사건 자사주 매도 당시의 객관적 교환가치를 반영한 것으로서 적정한 것이라 할 것이다.

(3) 검사는 이 사건 자사주의 객관적 교환가치를 평가함에 있어서는 거래 당시의 증권거래소 주식가격에 의할 것이 아니라, 구 상증법(2000. 12. 29. 법률 제6301호로 개정되기 전의 것) 제63조 제 1 항 제 1 호 제가목의 규정에 따라야 한다고 주장하므로 살피건대(검사가 주장하는 논거 중 하나는 이 사건 자사주의 거래에 있어서는 경영권 프리미엄이 반영되어야 하므로 거래소의 거래가격은 이 사건 자사주의 객관적 교환가치를 평가함에 있어서 기준이 될 수 없다는 것인바, 이 사건 자사주 거래에 있어서 경영권 프리미엄이 매도가격을 정함에 있어 고려되어야 하는지 여부는 뒤에서 따로 판단하기로 한다), 구 상증법 제63조 제 1 항 제 1 호 제가목의 규정에 의하면, 유가증권 중 한국증권거래소에서 거래되는 주식은 '평가기준일 이전 및

9) 서울고법 2005. 9. 28. 선고 2005노473 판결.

이후 각 2개월간에 공표된 매일의 한국증권거래소 최종 시세가액(거래실적의 유무를 불문한다)의 평균액'에 의하도록 규정하고 있으므로 이러한 계산방법도 주식의 객관적인 교환가치를 산정함에 있어 고려할 수 있다 할 것이나, 구 상증법상의 위 규정은 과세관청이 과세표준을 산정하기 위하여 사용하는 방법으로서 반드시 단일한 수치로 재화의 가격을 표시할 필요가 있어서 부득이하게 규정한 것에 불과하므로 이와 같은 산정방법을 일반적인 경우에까지 확대하여 주식의 객관적 교환가치를 산정하는 기준으로 삼기는 어려울 뿐 아니라, 실제로 거래계에 있어서도 독립된 거래당사자들 사이에서 이를 일반적인 거래조건을 정하는 기준으로 사용하는 예는 매우 적다는 점, 법인세법 제52조 제 2 항에서는 같은 조 제 1 항의 부당행위계산의 부인 규정을 적용함에 있어서 법인과 특수관계인과의 거래 내용과 관계없이 건전한 사회통념 및 상관행과 특수관계자 아닌 자간의 정상적인 거래에서 적용되거나 적용될 것으로 판단되는 가격, 즉 시가를 기준으로 법인의 사업연도 소득금액을 계산할 수 있도록 규정하고 있고, 동법시행령 제89조 제 1 항은 법인세법 제52조 제 2 항의 규정을 적용함에 있어서 당해 거래와 유사한 상황에서 당해 법인이 특수관계자 외의 불특정다수인과 계속적으로 거래한 가격 또는 특수관계자가 아닌 제 3 자간에 일반적으로 거래된 가격이 있는 경우에는 그 가격에 의한다고 규정하고 있으므로, 위와 같은 법인세법의 규정취지에 따르면 상장주식의 경우에는 거래 당시의 거래소 주식가격이 당해 주식의 객관적 교환가치를 산정함에 있어 일응의 기준으로 된다고 볼 여지도 많은 점 등에 비추어 보면, 검사가 주장하는 바와 같이 위 구 상증법상의 산정방법이 이 사건 자사주의 객관적 교환가치를 평가함에 있어 유일한 것이라고 할 수는 없으므로, 이를 근거로 피고인들이 거래소의 전일 종가를 기준으로 이 사건 매도가격을 결정한 것이 객관적 교환가치를 반영하지 못한 것으로서 부당하다고 비난할 수는 없다 할 것이다.

(4) 경영권 프리미엄의 인정 여부

(가) 검사는 이 사건 자사주 매도는 장외에서 이루어진 것으로서 경영권의 변동을 가져올 수 있는 대량의 주식을 매매한 것인데, 이는 이례적인 거래에 속하는 것이므로 한국증권거래소의 전일 종가를 그대로 이 사건 자사주의 객관적인 교환가치로 볼 수는 없고, 이에 경영권 프리미엄에 해당하는 가격을 가산하는 방법으로 이 사건 자사주의 객관적인 교환가치를 산정하여야 하며, 따라서 이 사건 자사주의 매도에 있어서는 그 정상적인 거래가액을 알 수 없는 경우에 해당하므로 피고인들은 구 상증법 제63조 제 3 항의 규정에 의하여 거래소 전일 종가의 30%를 할증한

금액을 매도가격으로 정하였어야 한다고 주장한다.

(나) 일반적으로 '경영권' 또는 '회사지배권'이라 함은 지배주주가 다수의 주식을 보유함으로써 이사의 선임을 통하여 경영진의 선임 또는 경영진의 의사결정에 영향력을 행사하거나 주주총회에서의 직접 결의를 통하여 회사의 기본 정책을 결정할 수 있는 힘을 말하며, '경영권 프리미엄'이라 함은 위와 같은 경영권을 가진 지배주주가 그렇지 않은 일반 주주들과 달리 누리는 특별한 이익 또는 지배주주가 보유 주식을 타인에게 양도할 때 시장가격에 더하여 받는 대가를 가리키는 것을 말하는 것으로서, 지배주주는 회사의 발행주식을 경영권과 함께 양도할 경우에 당해 주식의 일반적인 거래가격에 이와 같은 경영권 프리미엄을 가산한 가격으로 거래조건을 결정할 수 있으므로, 경영권 이전을 수반하는 주식거래에 있어서는 주식만 양도하는 것을 전제로 한 시가가 객관적 교환가치를 반영하는 거래가격이라 할 수 없다할 것이다(대법 1989. 7. 25. 선고 89누9565 판결 등 참조).

(다) 일반적으로 경영권 프리미엄이란 것은 독립된 거래 당사자들 사이의 경제적 이해관계에 의하여 발생하는 것으로서 당해 회사의 업종, 경기상황, 당해 회사 및 인수기업의 수익 실현 가능성, 경영권 확보에 필요한 주식을 다른 시장에서 매수할 수 있는지 여부 등 다양한 경제적 요인에 의하여 그 프리미엄이 결정되는 것이고, 경우에 따라서는 경영권이 이전되는 주식 거래라 하더라도 프리미엄이 발생하지 않을 수도 있는 것이므로, 경영권 프리미엄이 발생하는지 여부 또는 경영권 프리미엄이 발생할 경우 어느 정도의 프리미엄이 적정한 것인지를 단정적으로 판단할 수는 없으나, 일반적인 거래에 있어서는 경영권이 이전되어 주식 매수자가 경영권을 행사할 수 있게 되는 경우 또는 주식 매수자에게 경영권 자체는 이전되지 않는다 하더라도 당해 회사의 경영권에 관한 위협이 존재하는 상태에서 그와 같은 주식 거래로 인하여 회사 지배구조에 상당한 영향을 끼칠 수 있는 경우에는 경영권 프리미엄이 발생할 수도 있다고 보겠다.

(라) 그렇다면, 위와 같은 전제 아래에서 이 사건 자사주 매도에 있어서 경영권 프리미엄이 발생할 여지가 있었는지에 관하여 살펴본다.

원심 및 당심에서 적법하게 조사하여 채택한 증거들을 종합하면, ① 동부그룹은 그룹총수인 피고인 1이 동부정밀화학과 동부화재의 최대주주로서 위 회사들을 직접 지배하고, 이어 위 회사들이 순차적으로 동부제강, 동부증권, 동부건설, 동부한농화학을 지배한 형태의 순환적 출자구조를 지니고 있었고, 한편 동부건설은 동부그룹의 일부 주력 계열사에 관하여만 지분을 보유하고 있었기 때문에 동부그룹

총수가 동부건설을 지배함으로써 동부그룹 계열사 전체를 지배하는 구조가 아니었던 사실, ② 이 사건 자사주 매도일 직전인 2000. 11. 30. 현재 동부건설이 발행한 주식의 총수는 21,790,345주로서, 당시 주주의 분포는 피고인 1이 2.77%(603,670주), 피고인 1의 우호지분으로서 개인들이 4.16%(905,685주), 동부제강이 14.03%(3,057,491주), 동부정밀화학이 6.88%(1,500,000주), 동부화재가 5.56%(1,211,606주), 동부생명이 2.84%(618,968주), 동부증권이 0.00%(6주), 동부건설이 보유하고 있는 자사주가 35.03%(7,633,825주, 동부건설은 이외에도 의결권이 없는 우선주 1,477,455주를 소유하고 있었다)로 피고인 1을 비롯한 특수관계인들이 소유하는 주식의 지분합계가 발행주식의 71.27%(15,531,251주)에 이르렀던 사실, ③ 그 중 동부화재, 동부생명, 동부증권이 보유한 주식은 상호출자기업집단에 속하는 금융사와 보험사가 소유하는 국내 계열사 주식에 대한 독점규제및공정거래에관한법률(이하 '공정거래법'이라 한다)상의 규제로 의결권의 행사가 제한되었고, 동부건설의 자사주는 상법 제369조 제 2 항에 의해 의결권이 제한되었기 때문에, 당시 피고인 1이 위 특수관계인들을 통해 실제로 동부건설에 대해 의결권을 행사할 수 있었던 지분율은 의결권 있는 주식의 약 49.21%였던 사실[특수관계인 보유 지분 71.27% − (동부화재 5.56% + 동부생명 2.84% + 동부건설 자사주 35.03%)/100% − (5.56% + 2.84% + 35.03%)], ④ 원래 동부제강은 동부고속 주식 911,681주를, 동부건설은 동부제강 주식을 4,563,162주를 각 보유하고 있다가, 동부건설이 2000. 2. 1. 동부고속을 합병함에 따라 동부건설이 동부제강 주식 4,563,162주를, 동부제강이 동부건설 주식 3,075,191주를 보유하게 되어 공정거래법 제 9 조 제 1 항에서 금지되어 있는 상호출자관계가 발생하였는데, 동부건설과 동부제강이 공정거래법 제 9 조 제 2 항에 정해진 상호출자 유예기간이 경과하도록 이러한 상호출자관계를 해소하지 아니하자, 공정거래위원회는 2000. 11. 29. 공정거래법 제16조 및 제17조에 근거하여 동부제강에 대하여 2001. 6. 30.까지 위와 같은 상호출자관계를 해소할 것을 명함과 동시에 위반행위에 대한 과징금으로 239,000,000원을 부과한다는 내용의 보도자료를 각 언론사에 배포하고, 같은 해 12. 19.자로 의결서를 작성하여 동부제강에 발송한 사실, ⑤ 이에 따라 공정거래법 제18조 제 2 항에 의하여 동부제강은 시정조치의 명령을 받은 2000. 12. 19.경부터 상호출자관계의 해소시까지 동부건설에 대한 의결권을 행사할 수 없게 되었으므로, 이 무렵 이후 피고인 1이 특수관계인들을 통하여 실제로 동부건설에 대하여 의결권을 행사할 수 있게 된 지분율은 의결권 있는 주식의 약 32.47%였던 사실[특수관계인 보유 지분 71.27% − (동부화재 5.56% + 동부생명

2.84%+동부건설 자사주 35.03%+동부제강 14.03%)}/100%−(5.56%+2.84%+35.03%+14.03%)], ⑥ 2000. 12. 31. 현재 동부건설의 발행주식 중 소액주주가 보유하고 있는 주식의 총수는 6,827,490주로서 발행주식의 27.17%에 이르며, 총 6,159명의 소액주주가 이를 보유하고 있어 1인당 평균 발행주식 보유비율은 약 0.005%인 사실을 인정할 수 있다.

위 인정사실에 의하면, 피고인 1과 그 특수관계인들은 이 사건 자사주 매도 이전에 이미 의결권 있는 주식의 49.21%를 보유하고 있었고, 의결권 행사가 가능한 나머지 주식(발행 주식의 28.73%)의 대부분은 수천 명에 이르는 일반 소액주주들이 분산소유하고 있어 통일된 의결권 행사가 불가능하였던 점에 비추어 볼 때, 피고인 1은 이 사건 자사주 매도일인 2000. 12. 5. 이미 동부건설에 대한 경영권을 확보하고 있었다 할 것이므로, 결국 이 사건 자사주 매도로 인하여 동부건설의 경영권이 이전한 것은 아니라 할 것이다.

나아가 이 사건 자사주 매도와 관련하여 동부건설의 경영권 자체는 이전되지 않는다 하더라도, 당시 동부건설의 경영권에 관한 위협이 존재한 상황이었고 이 사건 자사주 매도가 동부건설 주주지배구조 변화에 상당한 영향을 끼칠 수 있었는지에 관하여 살피건대, 앞서 인정할 사실관계에서 볼 수 있듯이, 이 사건 매도의 대상이 된 자사주의 수량은 발행주식 총수의 35.03%를 차지하는 것으로서 동부건설의 지배구조에 상당한 영향을 미칠 수 있는 거래였던 점은 인정할 수 있으나, 당시 동부건설의 주주분포에 비추어 볼 때 피고인 1과 특수관계인들이 보유하고 있는 주식 외의 다른 발행주식들 대부분이 다수의 소액주주들에게 널리 고르게 분산되었다는 점을 고려하여 본다면, 가사 동부건설이 보유하고 있는 자사주, 동부그룹 금융계열사들이 보유하고 있는 주식, 동부제강이 보유하고 있는 상호주 모두에 관하여 의결권 행사가 제한되었다 하더라도 피고인 1은 자신과 특수관계인들은 보유하고 있던 주식(의결권 행사 가능한 주식의 32.47%)으로써 여전히 동부건설에 대한 경영권을 행사할 수 있었을 것으로 여겨지고, 달리 피고인 1이 경영권에 대한 위협이 있을 것에 대비하여 기존의 보유 주식 외에 추가로 이 사건 자사주를 매수할 필요는 없었던 것으로 판단된다.

서울고법 2009. 7. 10. 선고 2007노2684 판결(검사 v. 용×봉)

… 이 사건에서 문제되는 피고인의 행위, 즉 ××××의 ××××에 대한 40억

원의 자금 대요 및 ××××의 ××××에 대한 부동산담보의 제공은 … 사이에 세이브존그룹의 지배권을 둘러싼 다툼과 직접적 또는 간접적으로 연관 …

별지 1 세이브존의 지분구조도(Ⅰ)

2005. 1. 경 현재

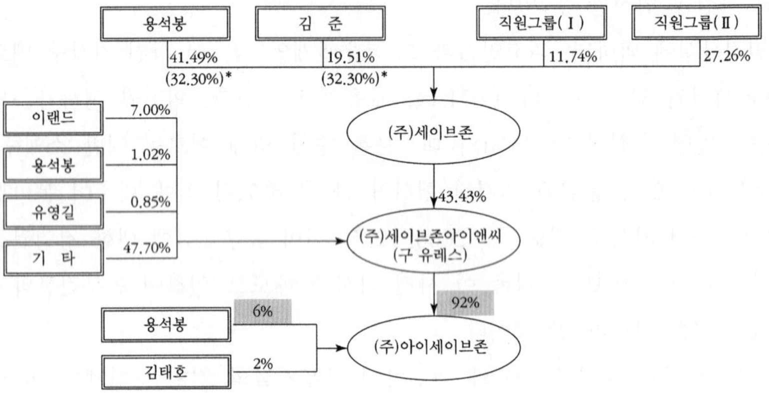

( )=주식소각적 지분율

별지 2 세이브존의 지분구조도(Ⅱ)

2005. 3. 29. 현재

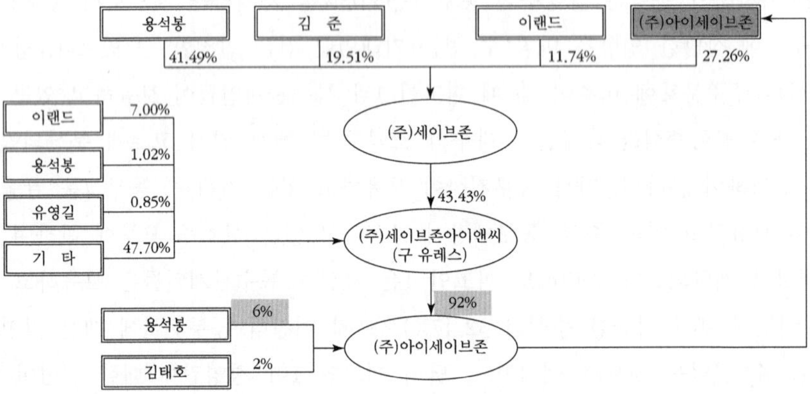

별지 3 세이브존의 지분구조도(Ⅲ)

2005. 3. 31. 현재

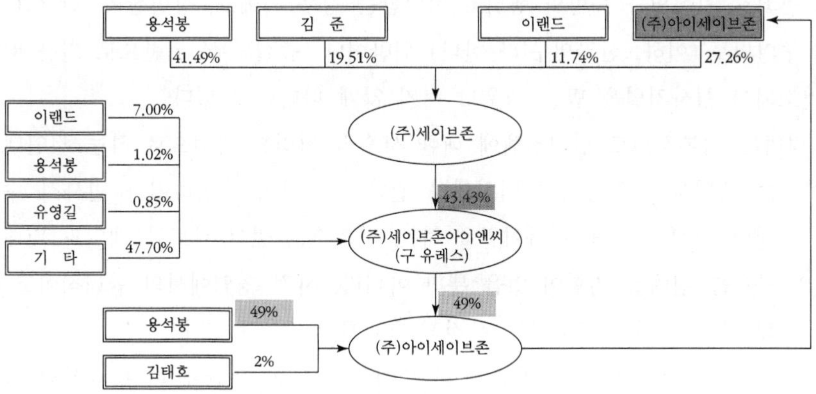

이랜드그룹의 개입

2004. 12. … 세이브존 주식 매집

2004. 12. 27 … 세이브존 주식 공개매수 신청(기간: 2004. 12. 31.~2005. 1. 19.)

2005. 1. 20. 공개매수 실패(주식매수의사 철회)

2005. 1. 21.-1.25. 세이브존의 직원주주 상대로 주식매도권유

세이브존그룹의 대응

2005. 1. 2. 1 전환사채발행

2005. 1. 27. ××××에 40억원 대여(이 사건 자금 대여 행위)

2005. 1. 26.-3. 직원주주 보유 세이브존 주식 297,172주(주당가격 40,000원, 지분율 27.26%) 매수, 세이브존의 주주명부상 주주로 등재

김××과 세이브존의 분쟁

2005. 3. 2. 세이브존 담보부사모사채 발행(총액 150억원), 한국교직원공제회 인수, ×××의 부동산 담보로 제공(이 사건 담보 제공 행위)

… 나. 이사의 상법상 선관의무 등 위반으로 인한 배임죄에 관한 고찰

(1) 문제의 제기

이사는 회사의 업무집행에 관한 의사결정과 감독을 행하는 이사회의 구성원으로, 회사에 대한 관계에서는 업무를 위임받은 수임인의 지위에 있다. 이러한 위임관

계로 인하여, 기업의 경영을 담당하는 이사 등이 뇌물수수나 횡령과 같이 전형적인 형사 범죄로 인식되는 유형의 행위로 처벌받는 경우 외에도, 상법상의 '선량한 관리자의 주의의무'(이하 '선관의무'라 한다) 위반이나 '충실의무' 위반으로 인한 배임죄로 기소되어 형사처벌을 받는 경우도 적지 않게 나타나고 있다.

형법은 기본적으로 법익침해에 대한 사후적 처리를 목적으로 하는 것인데 "위험"이라는 개념을 도입하여 법익침해의 전단계에 미리 개입하거나 민사적 수단에 의한 분쟁의 해결 이전에 형사처벌을 하는 것은 형벌권의 과도한 개입과 비대화로 개인의 자유를 침해할 위험이 있을 뿐만 아니라, 사적 영역에서의 합리적이고 자율적인 이해 관계 조정을 왜곡하는 부정적 효과를 낳을 수 있다.

따라서, 선관의무나 충실의무 등의 민사적 의무의 위반에 따른 민사적 책임이 인정된다는 이유로 특별한 문제의식을 갖지 아니한 채 형사법상 배임죄 책임의 성립을 긍정하는 태도는 재고할 필요가 있고, 하물며 현실적인 재산상 손해의 발생이 없어 민사적 책임을 추궁할 수 없는 경우에까지 행위의 위험성을 이유로 형사적 책임을 묻는 데에는 더욱 신중을 기할 필요가 있다.

특히, 특정경제범죄가중처벌등에관한법률은 배임, 횡령 등의 행위로 인한 재산상 이익(통상적으로 재산상 손해에 대응하는 개념으로 파악된다)의 규모에 따라 50억원 이상인 때에는 무기 또는 5년 이상의 징역에, 5억원 이상 50억원 미만인 때에는 3년 이상의 유기징역에 처하고, 다만 형법과 달리 미수범은 처벌하지 않고 기수범만 처벌하는 형태로 그 적용범위를 제한하고 있는데, 사회전반적인 경제력의 확대와 통화가치의 하락 등의 요인으로 금액으로 환산하여 5억원을 넘는 규모의 경제행위는 비일비재할 것이고, 급속한 시장환경의 변화, 경쟁의 심화 등으로 인하여 손해발행의 위험은 날로 커지는 등의 사정을 고려할 때, 민사적으로 실질적인 손해나 이득이 발생하지 않은 경우에도 "재산상 손해발생의 위험"이라는 관점으로 접근하여 기수범의 성립을 폭넓게 인정하고 특별법에 의하여 처벌한다면, 대다수 기업의 경영자는 개인이나 기업의 운명을 한순간에 결정지을 수도 있는 형벌의 그늘을 벗어날 수 없고, 그로 인한 경제활동의 위축이나 선별적 형벌권의 행사에 따른 사회적 위화감 조성 등의 심각한 부작용이 발생할 수 있다.

우리 대법도 일찍이 이러한 현실을 직시하여, "기업의 경영에는 원천적으로 위험이 내재되어 있어서, 경영자가 아무런 개인적인 이익을 취할 의도 없이 선의에 기하여 가능한 범위 내에서 수집된 정보를 바탕으로 기업의 이익에 합치된다는 믿음을 가지고 신중하게 결정을 내렸다고 하더라도, 그 예측이 빗나가 기업에 손해가 발생하는 경우가 있을 수 있는바, 이러한 경우에까지 고의에 관한 해석기준을 완화하여 배임죄의 형사책임을 묻고자 한다면, 이는 죄형법정주의의 원칙에 위배되는 것임은 물론이고, 정책적인 차원에서 볼 때에도 영업이익의 원천인 기업가 정신을 위축시키는 결과를 낳게 되어 당해 기업뿐만 아니라 사회적으로도 큰 손실이 될 것이므로, 문제된 경영상의 판단에 이르게 된 경위와 동기, 판단대상인 사업의 내용, 기업이 처한 경제적 상황, 손실발생의 개연성과 이익획득의 개연성 등 제반 사정에 비추어 자기 또는 제3자가 재산상 이익을 취득한다는 인식과 본인에게 손해를 가한다는 인식하의 의도적 행위임이 인정되는 경우에 한하여 배임죄의 고의를 인정하는 엄격한 해석기준이 유지되어야 하고, 그러한 인식이 없는데 단순히 본인에게 손해가 발생하였다는 결과만으로 책임을 묻거나 주의의무를 소홀히 한 과실이 있다는 이유로 책임을 물을 수는 없다"고 판시하여 기업경영으로 인한 분쟁의 해결에 형벌권이 과도하게 개입하는 것을 경계하는 입장을 분명히 하고 있다(대법 2004. 7. 22. 선고 2002도4229 판결 참조).

외국의 경우에도, 기업경영을 둘러싼 분쟁은 주로 민사적 수단에 의한 해결에 의존하는 경향을 보이고 있고, 기업경영의 특수성을 반영하여 이사나 감사 등의 손해배상책임을 인정하는 데에 있어서도 엄격한 기준을 적용하고 있는데, 최근에 독일 연방대법이 "자본금 유지 원칙"에 입각하여 회사(종속회사)의 주주(지배회사)에 대한 금전의 대출을 엄격히 규제하는 종전의 견해를 완화하여, '기업집단 내부의 종속회사와 주주(지배회사) 간의 자금 거래'를 폭넓게 허용하고, "종속회사가 지배회사에 무담보로 거액의 금전을 대출하였다가 지배회사의 도산으로 종속회사까지 도산하는 결과가 발생하더라도, 대출 당시 지배회사의 재무상태나 대출계약의 조건 등에 비추어 대출금의 상환에 별다른 문제가 없었고, 지배회사의 급격한 재무사정의 악화로 인한 도산을 예견할 수 없었다고 인정되는 때에는, 담보권의 부재로 대출채권의 회수불능의 결과에 이르렀더라도, 그러한 사정만으로 종속회사의 이사나 감사의 임무위배에 따른 손해배상 책임을 인정할 수 없고, 종속회사가 대출의 전 기간을 통하여 지속적으로 지배회사의 재무상태를 주시하여 상환불능의 위험에 적절히 대응하지 못한 때에 한하여 이사나 감사의 책임을 인정할 수 있다"는 취지로 판시한 것은 주목할 만하다[독일 연방대법 2008. 12. 1. 판결(Ⅱ ZR 102/07), NJW 2009, 850 참조)].

이하에서는 이러한 논의를 전제로, 이 사건에서 문제되는 배임죄에 초점을 맞추어 배임죄의 구성요건인 "임무위배", "재산상 손해", "배임의사"에 관하여 구체적으로 그에 관한 충족 여부를 판단하는 기준을 살펴보기로 한다.

(2) **임무위배**

(가) 이사 등의 임무

회사의 이사 등 업무집행기관이나 감독기관의 구성원이 법령이나 정관의 구체적 규정에 위반하는 행위를 한 경우는 물론이고, 법령에 규정된 일반적 의무(선관의무나 충실의무)를 위반하는 행위를 한 경우에도 임무위배로 볼 수 있다. 그런데, 앞서 본 바와 같이 다수의 경제적 행위를 통하여 이윤을 추구하는 기업의 경영에는 원천적으로 위험이 내재되어 있으므로, 그 위험이 현실화하여 손해가 발생하더라도 곧바로 이사 등의 임무위배로 보는 것은 적절하지 않고, 행위 당시 최선의 정보를 바탕으로 적정한 절차에 따라 합리적 결정을 한 경우에는 행위로 인한 결과발생의 책임을 물을 수 없다. 특히, 이 사건과 같이 동일한 기업집단 내부의 계열사 간의 거래행위에 관하여, 그 의사결정의 합리성을 논함에 있어서는 다음과 같은 사정이 고려되어야 한다.

(나) 대가관계의 상당성 평가

동일한 기업집단 내부의 계열사 간의 거래행위는 공정거래법이나 증권거래법 등의 관련 법령에 의하여 제한을 받는 것을 제외하고는, 일반적 거래행위와 마찬가지로 거래행위의 당사자 사이에 주고받는 급부의 가치가 상당한 것으로 평가되는 경우에는 별다른 문제가 없으나, 어느 일방이 실질적으로 이익을 얻고 어느 일방은 손해를 보는 구조로 되어 있는 경우에는 손해를 입게 되는 개별 기업의 경영진은 그로 인한 법적 책임을 부담할 여지가 있다. 즉, 형식적으로는 쌍무계약의 형태를 띠고 있더라도 실질적으로는 급부와 반대급부 사이에 묵과할 수 없는 불균형이 존재하는 등의 사정으로 인하여 회사재산의 낭비에 해당하는 때에는, 계열사 사이의 거래행위로 계열사가 속한 그룹 전체의 이익이 발생하더라도, 손해를 입게 되는 개별 기업의 입장에서는 재무건전성에 문제가 발생하고 기업가치 내지 주주의 이익에 침해가 발생할 수 있으므로, 법적으로 용인될 수 없는 것이다.

(다) 경영판단의 존중

그런데, 이러한 대가관계의 상당성을 평가함에 있어서는 단순히 외부적으로 드러나고 객관적으로 측정할 수 있는 현금흐름이나 자산가치 등의 형식적 요소만을 고려할 것은 아니다. 즉, 동일한 기업집단에 속한 계열사는 한시적으로 자금경색에 빠진 다른 계열사를 위하여 자금을 제공하거나 신용을 공여할 수도 있는데, 그와 같은 특정의 거래행위 하나만을 따로 떼어보는 경우에는 일방의 계열사는 이익을 얻고 상대방의 계열사는 손해를 보는 구조로 파악될 수도 있으나, 통일한 기업집단에 속하는 계열사 간의 수평적·수직적 결합으로 시장의 경쟁력을 확보하고 있는 상태에서 어느 한 계열사가 시장에서 도태되는 경우에 그로 인하여 다른 계열사에도 직접적으로 또는 간접적으로 상당한 부정적 영향이 미칠 수 있는 정우가 있을 수 있으므로, 획일적인 기준으로 거래의 손익을 따지는 것은 적절하지 않고, 계열사 간의 지분구조, 영업 형태, 제휴 관계, 향후 거래의 계속 여부, 계약조건 등의 여러 사정을 고려한 유형적·무형적 가치도 고려하는 것이 적절하다.

이러한 여러 사정을 토대로 한 결과, 우량한 재무구조를 가진 계열사가 그렇지 못한 계열사를 일방적으로 지원하는 형태로 거래가 이루어지고 그 과정에서 경제적 지원을 받는 계열사에 대한 이해관계를 가진 지배주주 내지 경영진에게 이익이 귀속되는 관계로 인정되는 때에는 그와 같은 거래행위는 불공정하고 법에 저촉되는 것으로 볼 여지가 있으나, 그와 같은 거래행위가 관련 계열사가 상생하기 위한 방편으로 이해되고 장기적인 관점에서 개별 기업에 부정적 영향을 주는 것으로 볼 수 없는 경우에도 형식적 논리에 입각하여 그와 같은 행위를 배임죄로 처벌하는 것은 부당하다.

물론, 이와 같은 계열사 간의 거래로 인하여 동종 업계에서 특정 기업이나 기업집단의 지배력이 부당하게 강화되어 시장이 왜곡되는 현상에 대해서는 적절한 규제를 통하여 시정할 수 있으나, 그 시정조치로 형법상의 배임죄를 이용하는 것은 기업활동의 특수성이나 장기적인 관점에서 바라본 손해와 이익의 교량이라는 측면을 무시하고 형식논리에 따라 성급하게 사적 영역에 형사처벌을 끌어들이는 결과를 낳을 수도 있다.

기업경영을 위해서는 장시간에 걸쳐 수많은 의사결정을 하고 거래관계를 형성하여야 하는데, 그 하나하나의 행위를 따로 떼어 손익을 따지는 경우에 법의 잣대에 의하여 처벌받지 않을 기업가가 얼마나 있을지 의문이다.

비록 민사적 책임 유무에 관한 사안이기는 하나, 독일 연방대법이 앞서 본 판결에서 기업경영에 내재한 위험의 특수성을 고려하여, 일반적으로 위험을 수반하는 것으로 볼 수 있는 행위(충분한 담보권의 설정 없이, 안전자산인 현금을 회수불능의 위험이 있는 대여금채권으로 전환하는 행위)를 하였는지 여부가 아니라, 행위로 인한 위험을 적절히 관리하여 위험으로 인한 손해의 결과가 발생하는 것을 막기 위한 조치를 제대로 하였는지 여부에 따라 이사 등의 임무위배 여부를 판단하여야 한다는 취지로 판시한 것도 이러한 맥락으로 이해할 수 있다.

(3) 재산상 손해 발생

(가) 재산상 손해의 개념

배임죄에 있어 "본인에게 재산상의 손해를 가한다"라고 함은 본인의 전체적 재산가치의 감소를 가져오는 것을 말하는 것으로, 현실적인 손해를 가한 경우뿐만 아니라 재산상 실해 발생의 위험을 초래한 경우도 포함되며, 재산상 손해의 유무에 대한 판단은 법률적 판단에 의하지 아니하고 경제적 관점에서 파악하여야 한다(대법 2007. 3. 15. 선고 2004도5742 판결 등 참조). 여기서 경제적 관점에 따른 재산상 손해는 "일정한 거래행위로 인하여 법률상 서로에 대한 채권·채무가 발생하나, 그 중 일방의 채권이 명목상으로 존재할 뿐이고 실제로는 그 채권의 회수가 불기능하거나 현저히 곤란하여 일방에게 경제적으로 아무런 가치가 없는 것으로 평가되는 경우"를 의미하는 것으로 볼 수 있다.

한편, 경제적 관점의 손해를 구성하는 "재산가치의 감소"는 본인에게 효력을 미치는 특정한 거래행위에 내재한 본질적 위험이 현실화되어 경제적 가치의 훼손이 발생하는 것을 의미하고, 거래행위에 수반하여 간접적으로 발생하는 부정적 효과(안전자산 대비 위험자산의 증가, 신용도의 저하 등)를 의미하는 것은 아니다. 즉, 금전의 대차거래에 있어서는 원리금반환채무의 불이행으로 인한 채권회수의 가능성이 없어지는 때에 비로소 재산가치의 감소가 발생한 것으로 볼 수 있고, 안전자산인 금전이 위험자산인 채권으로 변경되었다거나 현금자산의 감소로 인한 신용도 저하의 효력이 발생하였다는 것만으로 재산가치의 감소가 발생한 것으로 볼 수는 없는 것이다. 부동산의 담보제공 행위도 마찬가지로, 일정한 반대급부를 조건으로 타인을 위하여 부동산을 담보로 제공하여 담보물의 재산가치에 불확실성이 발생하였다는 사정만으로는 재산가치의 감소가 발생한 것으로 볼 수 없고, 피담보채무의 불이행으로 담보권이 실행되어 담보물을 상실하거나 피담보채무를 대위변제하는 때에 비로소 재산가치의 감소가 발생한 것으로 볼 수 있는 것이다.

(나) 실해 발생 위험의 해석

1) 위험의 개념

한편, 통상적으로 본인에 대한 재산상 손해의 발생으로 법익침해로 이어질 가능성이 높고 위험성이 큰 행위임에도 실제로 위험이 현실화되어 법익침해의 결과가 발생할 때까지 장시간이 소요되어 재판 당시 법익침해 여부를 확인할 수 없거나 법익 침해의 결과를 구체적으로 산정하기 어려운 경우에 현실적인 법익침해의 결과에 관계없이 법익침해의 위험성이 있는 때에는 재산상 손해가 발생한 것으로 보아 이를 처벌할 필요가 있다는 취지에서 "현실적인 손해의 발생"뿐만 아니라 "실해발생의 위험"까지도 손해의 개념에 포함하는 데에는 어느 정도 공감할 수 있다. 그러나, 법익침해의 결과와 달리 위험 발생 여부는 상당히 추상적이고 모호한 개념으로, 그 외연을 넓히고 느슨한 해석을 할 경우 통상적으로 위험을 수반하는 경제행위는 대부분 법익침해의 위험이 있는 것으로 인정될 여지가 있고, 그로 인하여 형벌법규의 보충적 기능은 도외시되고 사적 거래의 자유는 심히 위축될 수밖에 없다. 더구나, 배임죄는 위험의 발생을 구성요건으로 규정한 '구체적 위험범'에 해당하지 않을 뿐만 아니라, 일반적으로 행위 자체의 위험성이 아주 크고 실제로 위험이 현실화하는 때에 피해자에게 돌이킬 수 없는 손해가 발생할 가능성이 있는 유형의 행위로 분류되는 '추상적 위험범'의 경우와도 달리 일정한 재산상 손해의 현실적 발생 또는 그에 상응하는 위험의 발생을 요건으로 하므로, 손해 발생의 위험은 손해발생으로 인한 법익침해의 결과와 동일시할 수 있을 정도로 위험이 침해결과에 근접한 경우로 좁게 해석하여야 할 것이다. 즉, 타인의 사무를 처리하는 자가 본인에게 효력이 미치는 특정의 경제행위를 한 경우 그 행위로 인하여 형식적으로는 본인에게 채권이 발생하여 법적 손해가 발생한 것으로 볼 수는 없으나, 실제로는 그 채권의 행사를 통한 권리의 실현이 불가능하거나 현저히 곤란한 사정이 있어 경제적으로는 무가치한 것으로 평가되는 때에는, 현실적인 손해의 발생 여부를 기다릴 필요 없이 현실적 손해와 동일시할 수 있는 실해발생의 위험이 발생하였다고 볼 수 있고, 그에 반하여 일반적·추상적으로 채무자의 채무변제능력상실로 인한 손해 발생의 위험이 있는 행위라거나 채권의 회수를 위한 담보권 확보 등의 조치가 미흡하다는 정도의 사정만으로는 처벌가능한 위험이 발생한 것으로 볼 수는 없다는 것이다(독일 연방대법이 앞서 판 판결에서 "회사가 보유한 현금을 계열사에 빌려주어 계열사에 대한 대여금채권을 취득하는 경우, 담보권의 설정 여부에 관계없이, 그 대여금채권은 그 자체로 현금과 같은 충분한 가치를 가지고 있으므로, 그와 같은 거래행위만으로 회사의 이사 등을 상대로 임무위배로 인한 책임을 물을 수 없다"는 취지로 판시한 것도 같은 맥락으로 이해할 수 있다).

2) 위험 발생의 판단기준

한편, 손해발생의 위험성 유무에 관한 판단은 원칙적으로 "행위시"를 기준으로 하여, 그 당시의 객관적 사실관계에 기초하여 사물의 전개에 관한 경험적 지식을 동원하여 일정한 행위로 인하여 법익침해가 발생할 수 있는지를 확인하는 절차로 진행되지만, 사후적 판단을 배제하는 것은 아니다. 여기서 "사후적 판단"이라 함은 일정한 법익침해 또는 법익침해의 위험이 발생한 후에 그 침해 또는 위험결과의 회복이 이루어진 경우에 소급하여 행위 자체를 처벌할 수 없다는 의미가 아니라, 위험성이라는 유동적 지표의 속성으로 인하여 행위 당시를 기준으로 장래의 위험성 여부를 판단하기는 현실적으로 곤란하므로 행위 이후에 확인되는 사정을 고려하여 역으로 행위 당시의 위험성의 존부를 판단하자는 것이다. 이와 관련하여, 일반적인 위험을 수반하는 행위가 있은 후에 실제로 그 위험이 현실화되어 법익침해의 결과가 발생하지 않은 경우에는, 처음부터 법익침해의 구체적 위험이 없는 것으로 보아 처벌할 수 없는 것이 아닌가 하는 의문이 제기된다. 즉, 인과관계에 관한 경험적 지식을 기초로 한 사회통념상 법익침해의 결과를 낳을 수 있다고 보았으나, 실제로는 사물의 전개과정을 통하여 법익침해에 이르는 과학적·객관적 기능성이 없었던 것으로 확인되는 경우에는, 실제로 그 행위는 객관적으로 위험하지 않았던 것으로 볼 수 있기 때문이다. 따라서, 실제로 법익침해의 결과가 발생하지는 않았으나 법익침해의 위험이 있다는 이유로 공소가 제기된 정우, 재판과정에서 그 법익침해의 결과 발생 여부가 확정되지 않은 때에는 그 당시를 기준으로 확인할 수 있는 모든 사정을 고려하여 법익침해의 위험성 여부를 가려야 하지만, 재판과정에서 법익침해의 결과가 발생하지 않는 것으로 확정된 경우에는 "왜 그러한 법익침해의 결과가 발생하지 않았는지"에 관한 설명이 반드시 요구된다고 할 것이다. 즉, 공소사실에 관한 입증책임을 부담하는 검사는 "행위와 결과 사이의 통상적인 인과의 흐름에 행위자에 의한 비정형적·인위적 개입이나 행운과 같은 우연한 사정의 발생으로 법익침해의 결과가 발생하지 않았을 뿐이고, 그러한 인위적·우연적 요소가 없었더라면 법익침해의 결과가 발생하였을 것이다"라는 사정을 증거에 의하여 입증하여야 하고, 이러한 입증이 없는 때에는 행위자를 처벌할 수 없다.

(4) 고　　의

일반적으로 배임죄의 고의는 타인의 사무를 처리하는 자가 "본인에게 재산상의 손해를 가한다는 의사와 자기 또는 제 3 자의 재산상의 이득의 의사"가 "임무에 위배된다는 인식"과 결합하여 성립되는 것이다. 한편, 기업의 경영에는 원천적으로 위험이 내재되어 있어서, 경영자가 아무런 개인적인 이익을 취할 의도 없이 선의에 기하여 가능한 범위 내에서 수집된 정보를 바탕으로 기업의 이익에 합치된다는 믿음을 가지고 신중하게 결정을 내렸다고 하더라도, 그 예측이 빗나가 기업에 손해가 발생하는 경우가 있을 수 있으므로, 문제된 경영상의 판단에 이르게 된 경위와 동기, 판단대상인 사업의 내용, 기업이 처한 경제적 상황, 손실발생의 개연성과 이익획득의 개연성 등 제반 사정에 비추어 자기 또는 제3자가 재산상 이익을 취득한다는 인식과 본인에게 손해를 가한다는 인식하의 의도적 행위임이 인정되는 경우에 한하여 배임죄의 고의를 인정할 수 있고, 그러한 인식이 없는데 단순히 본인에게 손해가 발생하였다는 결과만으로 책임을 묻거나 주의의무를 소홀히 한 과실이 있다는 이유로 책임을 물을 수는 없다(대법 2004. 7. 22. 선고 2002도4229 판결 참조).

이하에서는 이러한 배임죄의 구성요건에 관한 해석기준을 전제로, 자금대여로 인한 배임의 점과 담보제공으로 인한 배임의 점에 대하여 구체적으로 살펴본다. …

(나) 적대적 인수합병에 대한 방어행위의 적법성

적대적 인수합병과 관련하여 대상회사의 경영진(이사)이 인수합병에 대한 방어행위를 하는 것이 허용되는지 여부에 관하여 이견이 있으나, 일정한 요건의 구비를 전제로 방어행위를 허용하는 데에는 별다른 문제가 없다고 본다. 또한, 이러한 방어행위의 허용 여부 및 그 적법성을 논함에 있어서는, 기존의 경영진이 자신이나 기존의 지배주주의 이익만을 위하여 대상회사나 다른 주주의 권리를 침해하는 "방어권의 남용"을 방지함과 동시에 인수회사 등의 제3자로부터 대상회사의 기업가치를 보호하고 주주들의 이익을 극대화하는 방안을 모색하는 데에 초점을 맞추어야 한다. 그 방안을 구체적으로 논하면, ① 우선 관련 법령이나 대상회사의 정관에 적대적 인수합병에 대한 방어행위의 허용 여부 또는 방어수단 및 절차에 관한 사항이 구체적으로 규정되어 있는 때에는 경영진은 그 법령이나 정관의 규정에 반드시 따라야 하고 임의로 방어방법을 선택하여 행사할 수 없고, ② 다음으로 이러한 법령이나 정관의 규정이 없는 때에는 경영진이 합리적 의사결정을 통하여 방어 여부 및 방어방법을 결정하여야 하는데, ㉠ 그 방어행위 당시 대상회사의 단기 및 장기의 전략적 가치를 포함하는 기업가치에 대한 위협으로부터 경영권의 보호를 위하여 적절한 방어수단을 사용하고(목적과 수단의 합리성), ㉡ 그러한 방어수단의 채택 및 행사에 필요한 주주총회나 이사회의 결의 등의 절차에 하자가 없다면(절차적 요건), 그 방어행위는 적법한 것으로 인정된다고 할 수 있다.

그리고, 기업가치에 대한 위협의 존재 여부는 적대적 인수합병을 시도하는 자본의 성격과 기업취득 의도, 기존 지배주주 및 경영진의 경영전략, 대상회사의 기업문화, 종래 대상회사의 사업내용이 사회경제적으로 차지하는 중요성, 기업취득으로 인한 종래의 사업의 지속 전망 등을 고려요소로 삼아 판단할 수 있다.

대법 1999. 6. 25. 선고 99도1141 판결(검사 v. 김×홍)

종업원지주제도는 회사의 종업원에 대한 편익제공을 당연한 전제로 하여 성립하는 것인 만큼, 종업원지주제도 하에서 회사의 경영자가 종업원의 자사주 매입을 돕기 위하여 회사자금을 지원하는 것 자체를 들어 회사에 대한 임무위배행위라고 할 수는 없을 것이나, 경영자의 자금지원의 주된 목적이 종업원의 재산형성을 통한 복리증진보다는 안정주주를 확보함으로써 경영자의 회사에 대한 경영권을 계속 유지하고자 하는 데 있다면, 그 자금지원은 경영자의 이익을 위하여 회사재산을 사용하는 것이 되어 회사의 이익에 반하므로 회사에 대한 관계에서 임무위배행위가 된다.

원심판결 이유와 기록에 의하면 이 사건 경영발전위원회는 종전의 회사재건비상대책위원회와 종업원재산형성협의회가 확대 개편되어 출범한 단체로서 종업원들로 하여금 회사 주식을 보유하게 함으로써 소유와 경영이 분리된 채로 운영되는 경영체제를 당시의 경영진을 중심으로 안정적으로 유지하는 데 필요한 우호적인 주식지분을 확보하고, 아울러 종업원의 재산형성도 도모한다는 것을 목적으로 1985. 9. 10.경 피고인을 중심으로 한 당시의 경영진이 주도하여 조직한 사실, 경영발전위원회가 보유하는 주식의 의결권은 대표자인 위원장이 행사하도록 되어 있고, 위원장은 집행위원회에서 추대하도록 되어 있는데, 집행위원회는 회사의 관리자가 다수를 점하도록 구성되어 있어 위원장은 경영자 측이 지명하는 사람이 될 수밖에 없으며, 실제로 경영발전위원회의 위원장은 출범이래 줄곧 그룹 종합조정실장 등 그룹의 핵심 임원이 맡아와 경영발전위원회 보유 주식의 의결권은 사실상 경영진의 지배하에 있었던 사실, 경영발전위원회는 원래 ○○자동차 주식회사(이하 '○○자동차'라고만 한다.)와 그 계열사의 종업원들로부터 2개월에 한번씩 통상임금의 2%(월 1%)씩을 각출하여 그 금원을 기금으로 하여 운영되어 왔는데, 1993. 11.경 삼성측이 ○○자동차의 주식을 집중적으로 매집하여 회사지배권을 넘보는 사태가 발생하자 피고인을 중심으로 한 경영진은 자신들이 사실상 지배하는 경영발전위원회 등의 주식지분 비율을 높여 회사 경영권을 계속 보전할 목적으로 회사 자금으로 경영발전위원회 등에게 이 사건 자금지원을 하기에 이른 사실을 알아 볼 수 있다.

이와 같이 피고인을 중심으로 한 회사의 경영진이 외부의 회사지배권 쟁탈 기도에 즈음하여 자신들이 사실상 지배하는 경영발전위원회 등에게 주식지분 비율을 높여 회사경영권을 계속 보전할 목적으로 회사의 자금으로 경영발전위원회 등에게 이 사건 자금지원을 하기에 이르렀다면 그 자금지원은 피고인을 비롯한 경영진 자신들의 이익을 위하여 회사재산을 사용하는 것이 되어 회사에 대한 관계에서 임무위배행위가 된다 할 것이고, 그 자금지원의 목적이 위와 같은 이상 피고인에게는 임무에 위배하여 자금지원을 함으로써 경영발전위원회 등에 이익을 주고 회사에 손해를 가한다는 인식 즉, 배임죄의 법의와 재산죄에 있어서 요구되는 불법이득의 의사도 있었다고 봄이 상당하다.

서울고법 2002. 2. 6. 선고 2000노2372 판결(검사 v. 김×호)[10)]

1995. 2.경부터 김○○의 장인으로서 종전의 대주주였던 양xx가 당시 대주주인 김○○과 김◎○에게 S종금 124만주의 반환을 요구하면서 반환거부시에는 형사고발 등 법적 대응을 할 태세를 보이고, 1996. 8.경부터 S종금에 대한 인수합병(M&A)설이 언론과 증권시장에 급속히 확산되는 상황이 전개되자, 피고인 한○○, 김○○, 유○○는, 김○○과 김◎○의 S종금에 대한 경영지배권을 상실할 것을 우려한 나머지 우리사주조합을 동원하여 S종금의 주식을 매입한 후 그 의결권을 지배하는 방식으로 기존의 경영지배권을 유지하기 위하여 주식매입에 필요한 자금은 회사에서 우리사주조합원들에게 대출하여 주기로 하였다.

이러한 경우 회사의 대표이사인 피고인 한○○으로서는 1대 주주인 김○○, 김◎○의 경영지배권 유지라는 목적으로 우리사주매입이 이루어지는 만큼 회사자금이 부당하게 사용되지 않도록 하여야 하고, 설사 경영권방어로 인하여 회사자금을 우리사주조합원들에게 대출하는 경우에 있어서도 각 조합원의 급여와 퇴직금 등의 변제자력, 조합원에 대한 회사대출금현황, 취득주식의 향후 가격전망 등을 종합적으로 심사하여 각 조합원별로 적정한 대출금액을 정하고 대출금 채권을 보전하기에 충분한 담보를 제공받는 한편 …

10) 대법 2004. 2. 13. 선고 2002도996 판결로 확정.

수원지법 2007. 10. 31. 선고 2007노3141 판결(검사 v. ×××)

코리아휠의 대표이사로서 2004. 11.경 최◈과의 경영권 분쟁의 도중에 우호지분을 확보하기 위하여 코리아휠의 노동조합과 월 급여의 600%에 상당하는 20억원 정도를 성과급으로 지급하되 그 중 100%인 4억원 가량은 현금으로, 500%인 16억원 가량은 코리아휠의 신주를 액면가 5,000원으로 하여 우리사주조합에 발행하여 주기로 협의한 사실, 코리아휠은 2004. 11. 26.경 위 협의에 따라 우리사주조합에 코리아휠의 신주 323,664주를 액면가 5,000원으로 계산하여 발행하여 주었는데 그 주식인수대금 16억 1,832만원을 코리아휠 명의의 이른바 마이너스 대출 통장에서 인출하여 이를 우리사주조합에 지급하여 준 사실, 위 신주발행 당시 피고인측은 위 주식의 실제 가치에 대한 어떠한 평가절차도 거치지 아니하였는데 2004. 10. 29.경 최◈은 코리아휠 주주 김××로부터 코리아휠 주식 182,920주를 1주당 약 13,667원으로 계산하여 총 25억원에 매수하였고, 위 신주발행 후인 2005. 9. 30. 기준 코리아휠 주식의 가치는 상속세 및 증여세법상 평가방법에 의할 경우 1주당 15,316원인 사실(이는 위 신주발행으로 인하여 기존 주식의 가치가 희석되는 효과가 반영된 것이라 할 수 있음), 위 신주발행의 효력에 대하여 코리아휠이 사원들에 지급하기로 한 월 급여 600%의 성과급은 그 비율 자체가 기존의 영업이익 또는 당기 순이익과 대비하여 볼 때 지나치게 다액이라 볼 수는 없는 수준이나 이를 신주 발행의 방법으로 지급한 것은 기존의 성과급 지급 관례에 비추어 극히 이례적이라는 등의 이유로 위 신주발행은 경영권 방어를 목적으로 한 것으로서 무효라는 판결이 확정된 사실{다만, 위 신주발행 당시 코리아휠 주식의 가액이 상속세 및 증여세법상 평가방법에 의할 경우 1주당 19,499원에 이른다는 원고(이 사건의 고소인인 최◈)의 주장에 대하여는 그 산정근거가 부족하다는 이유로 이를 배척하였다{안산지원 2006. 1. 27. 선고 2005가합371 판결}. … 그 후 코리아휠의 사원인 김▷♠ 등이 코리아휠을 상대로 위 성과급지급 협의를 근거로 자신들이 납입한 신주인수대금 상당의 부당이득반환을 구하는 소송을 제기하였는데 여기에서 위 신주발행이 무효라고 하여 코리아휠의 노동조합과의 성과급지급 협의 자체가 무효라고 볼 수는 없다는 이유로 원고 승소판결이 선고되어(수원지법 안산지원 2007. 4. 19. 선고 2006가합5007 판결) 현재 항소심 계속 중인 사실이 인정된다.

위 인정시설에 의하면, 피고인의 이러한 신주발행행위는 피고인 자신의 경영권 방어의 목적으로 행해진 것으로서 임무위배행위에 해당하고, 그로 인하여 코리아휠에게 신주인수대금 상당의 손해를 입게 하였다고 봄이 상당하다.

노트와 질문

1) 지배주주형 지배구조가 언제나 전문경영자형 지배구조보다 장기적인 전망을 보고 단기적으로 위험하여 보이는 투자에 더 적극적인지는 확실하지 않다. 지배주주형 지배구조하에서 기업의 최고경영자가 지위승계에 따르는 위법행위를 저지르는 경우 또는 지위승계에 따른 비리의 폭로로 형사적 처벌대상이 되는 경우 이는 개인의 명예가 문제가 아니라 기업활동과 기업가의 사회적 가치가 문제가 되며 따라서 기업제도 자체에 대하여 모든 이들이 의문을 제기하게 만든다. 또한, 지배주주형 지배구조하에서는 기업의 위험이 너무 크기 때문에 투자자들로부터 자본을 모으기 어렵고 따라서 자본의 효과적인 조달과 축적을 위하여는 전문경영자형 지배구조가 보다 바람직하다고 한다. 다만, 대기업이 국민경제에서 차지하는 위치 때문에, 이들의 존립이 국민경제시스템에 미치는 영향 때문에, 정부가 언제나 대기업의 부실에 대하여 구세주로서 나설 것이라는 확신을 자본시장의 투자자에게 줄 수 있다면 대기업의 소유구조가 자본조달비용에 미치는 영향은 크지 않을 것이다. 각 모델의 비용과 효용을 경제학적으로 수치화하여 측정할 수는 없을지 모르지만, 적어도 지배주주형 지배구조가 가지는 사회적 비용에 대한 인식은 명확하여야 할 것이다. 그런 의미에서 지배주주형 지배구조를 해체하는데 도움이 되는 적대적 기업인수에 대한 명확한 정책결정이 필요하다고 본다.
2) 세이브존사건에서 법원은 적대적 기업인수시 방어행위의 적법성 판단에 일응의 기준을 제시하고 이를 지배주주의 기업자금대여결정이 형사적으로 배임죄를 구성하는지 여부에 적용하고 있다. 세이브존 판결은 배임죄 구성요소로서의 고의나 손해에 새로운 기준을 제시한 점에서 기존의 판례와 구별되며 또한 집행기관은 형사적 처벌에 지극히 신중하여야 한다는 것을 재확인한 점에서 높이 평가받을 만하나, 적대적 기업인수시 방어행위의 적법성에 관한 일반적인 기준이 형사적 판단에 적용되는 것이 바람직한지는 의문이다. 또한 위법성판단기준으로서의 그룹전체에 대한 영향이 대법 2013도5214 판결 이후 지속될지도 의문이다.
3) 우리나라에서 회사범죄라 함은 회사내부의 자가 예를 들면 이사나 직원이

회사의 이익에 반하는 행위를 하는 경우를, 예를 들면 횡령같은 범죄행위를 주로 지칭하는 듯하나, 회사내부의 개인이 법규를 위반하여 회사가 형사책임을 지는 경우가 기업범죄의 본류로서 그러한 기업범죄를 어떻게 방지할지, 어떤 경우에 개인을 벌하고 어떤 경우에 법인을 벌할지에 대한 보다 본격적인 논의가 필요할 것이다. Jennifer Arlen, *Evolution of Corporate Criminal Liability: Implications for Managers* in LEADERSHIP AND GOVERNANCE FROM THE INSIDE OUT (Robert Gandossy & Jeffrey Sonnenfeld, ed. 2004)와 사법연수원, 경제범죄론, 221 이하 (2009).

4) 대법 2013도5214 판결은 대규모기업진단내 부실계열사를 구조조정하려는 경우 선택가능한 방안을 제한하여 경영자를 형사책임위험에 노출시키는 결과를 가져 올 수도 있다는 점에서 보다 명확한 기준의 제시가 아쉬우며 결론은 손해 산정의 어려움으로 무리라는 것인데 법원의 역할을 제대로 이해하고 있는지 의문이다.

Ⅱ. 차입매수와 배임죄

대법 2006. 11. 9. 선고 2004도7027 판결(검사 v. 김×환)[11)]

피고인은 회사정리절차가 진행 중인 공소외 1 주식회사(이하 '공소외 1 회사'이라 한다)을 인수하기 위하여 2001. 5. 23. 서류상 회사인 공소외 2 회사를 설립하고 대표이사로서 2001. 6. 4.(상호 생략)종합금융 주식회사(이하 '공소외 3 종금'이라 한다)로부터 350억 원을 대출받으면서, 그 담보를 위하여 공소외 2 회사가 공소외 1 회사의 유상증자에 참여하여 취득하게 될 공소외 1 회사의 신주 520만 주(1주 액면 5천 원)에 대하여 공소외 3 종금에게 근질권을 설정하여 주고, 공소외 2 회사가 공소외 1 회사를 인수한 후에 공소외 1 회사의 소유인 이 사건 담보부동산

11) 이 판결의 하급심 판결은 서울지법 남부지원 2003. 11. 28. 선고 2003고합145 판결; 서울고법 2004. 10. 6. 선고 2003노3322 판결. 본 대법 판결 이후 서울고법 2007. 7. 5. 선고 2006노2544 판결은 대상회사의 정기예금채권에 대한 근질권설정행위는 이미 인수회사의 정리채권등에 근질권이 설정되어 있었으므로 재산상 손해발생의 위험이 없고 따라서 한미은행관련 행위에 관하여는 배임의 범의가 없다고 판단하였으나 대법 2008. 2. 28. 선고 2007도5987 판결은 재차 파기환송하여 종국판결은 서울고법 2008. 6. 4. 선고 2008노707 판결로 두 행위 모두에 대하여 배임죄 인정.

에 대하여 공소외 3 종금에 근저당권을 설정하여 주기로 약정하였다. 위 약정에 따라 공소외 2 회사는 위 대출금으로 인수한 공소외 1 회사의 신주 520만 주에 대하여 공소외 3 종금에 대하여 근질권을 설정해 주었다가 피고인이 2001. 6. 7. 공소외 1 회사의 대표이사로 선임된 다음 2001. 7. 3.부터 같은 달 9. 사이에 이 사건 담보부동산에 대하여 여러 차례에 걸쳐 근저당권을 설정하여 주고 공소외 3 종금으로부터 위 신주를 반환받았다.

이와는 별도로 피고인은 공소외 2 회사의 대표이사로서 2001. 6. 5. 한미은행으로부터 320억 원을 대출받으면서, 공소외 2 회사가 인수하는 공소외 1 회사에 대한 정리채권 및 정리담보권 합계 620억 원 상당을 한미은행에 담보로 제공하고, 회사정리절차가 종결된 후 당시 공소외 1 회사가 보유하고 있던 예금 합계 333억여 원 중 320억 원을 인출하여 한미은행에 예금하며 위 예금에 근질권을 설정하여 주는 대신에 위 정리채권 등을 반환받기로 약정하였다. 위 약정에 따라 피고인은 공소외 1 회사의 대표이사로 선임된 다음 2001. 6. 12.경 한미은행에 예금 320억 원에 대하여 근질권을 설정해 주고 위 정리채권 등에 대한 담보를 해지하였다.

위와 같이 피고인은 서류상 회사인 공소외 2 회사가 공소외 1 회사의 주식 및 공소외 1 회사에 대한 정리채권 등을 인수하기 위하여 금융기관으로부터 대출받은 자금에 관하여 공소외 1 회사의 자산을 담보로 제공하였으면서도, 공소외 1 회사의 담보 제공 부담에 상응하는 반대급부를 제공하거나 최소한 위 대출금이 상환될 때까지 공소외 2 회사가 인수한 주식, 채권 등이 임의로 처분되지 못하도록 공소외 1 회사 또는 금융기관에 담보로 제공하는 등의 조치를 취하지 아니하였다.

앞서 본 법리와 아울러 위 사실을 종합하여 보면, 피고인의 위 각 담보제공행위로 인하여 공소외 1 회사로서는 주요자산의 대부분이 공소외 2 회사의 위 대출금채무를 위한 책임재산으로 제공되어 장차 위 대출금채무 미변제시 환가처분될 수 있는 위험을 부담하게 되었으므로, 피고인은 그 임무에 위배하여 피고인 또는 제3자에게 재산상 이익을 취득하게 하고 공소외 1 회사에게 재산상 손해를 가하였다고 할 것이다.

서울고법 2007. 7. 5. 선고 2006노2544 판결

피고인이 소위 'LBO방식'으로 공소외 1 주식회사를 인수하는 일환으로 공소외 2 주식회사 명의로 한미은행으로부터 대출을 받으면서 공소외 1 주식회사의 정기예금을 담보로 제공함과 아울러 공소외 2 주식회사의 공소외 1 주식회사에 대한 정리채권 등을 함께 담보로 제공함으로써 위 대출금이 상환될 때까지는 피고인이 위 채권 등을 임의로 처분할 수 없었음을 알 수 있다[원심은 피고인이 한미은행으로부터 대출을 받으면서 공소외 1 주식회사의 정기예금에 근질권을 설정하여 주는 대신에 위 정리채권 등을 반환받기로 약정하고 위 약정에 따라 근질권 설정 후 위 정리채권 등을 반환받았다고 인정하고 있으나, 환송 후 당심증인 공소외 4의 당심 법정에서의 진술과 공소외 2 주식회사와 한미은행과의 특별약정서(수사기록 제435쪽 이하)의 기재에 의하면 공소외 1 주식회사의 정기예금에 대한 근질권 설정은 앞서 본 바와 같이 담보의 교체가 아니라 담보의 추가에 해당하고 대출금이 전부 변제된 다음에야 위 정리채권 등이 반환되었음은 명백하다].

더 나아가 피고인이 위 공소외 1 주식회사의 정기예금과 함께 담보로 제공한 공소외 1 주식회사에 대한 정리채권 등의 가치에 대하여 살피건대, 위 인정사실 등에서 나타난 바와 같은 다음과 같은 사정, 즉 ① 한미은행은 위 대출 당시 공소외 2 주식회사가 은행에 담보로 제공한, 공소외 1 주식회사에 대한 정리채권 등의 가치가 위 대출금액을 훨씬 넘어서는 것으로 인정하였고 그 후 회계법인 등의 평가에서도 마찬가지로 나타난데다가 공소외 1 주식회사의 회사정리절차 종결 및 경영정상화로 인하여 상당한 가치를 보유하게 되어 실제 담보로서의 기능을 하고 있었던 것으로 보이는 점, ② 피고인이 2001. 12. 31.부터 2002. 12. 30.까지 사이에 공소외 1 주식회사로부터 총 310억 원을 공소외 2 주식회사 명의로 대여받아 배임행위를 하였다며 특정경제범죄가중처벌등에관한법률위반(배임)죄로 이 사건과 함께 공소가 제기된 사건에서, 환송 전 당심은 당시 위 대여금채권에 대한 담보로 제공된, 공소외 2 주식회사의 공소외 1 주식회사에 대한 정리채권 등 합계 580억 원 상당(이는 앞서 본 바와 같이 피고인이 한미은행으로부터 대출을 받을 때 담보로 제공한 정리채권 등과 동일한 채권이며 그 후 일부가 변제되어 금액이 줄어들었다)이 위 대여금에 대한 충분한 담보력이 있다는 이유로 무죄를 선고하였고 대법에서도 그대로 확정된 점 등을 종합하여 보면, 피고인이 한미은행으로부터 대출받으면서 담보로 제공한 공소외 1 주식회사에 대한 정리채권 등의 가치는 적어도 공소외 2 주식회사가 위 대출금을 갚지 못하여 위 공소외 1 주식회사의 정기예금에 대한 질권이 실행될 경우 공소외 1 주식회사가 대위변제자로서 또 다른 담보물인 위 공소외 2 주식회사의 정리채권 등에 대하여 구상권을 행사하여 그 손해를 보전할 수 있을 정도의 값어치를 갖는다고 봄이 상당하다.

위와 같은 사정이나 'LBO방식'의 기업인수에 관한 배임죄의 법리 등에 비추어 피고인이 한미은행으로부터 대출을 받으면서 공소외 1 주식회사의 정기예금을 그 담보로 제공한 행위로 인하여 공소외 1 주식회사에게 재산상 손해 발생의 위험이 초래되었다고 볼 수 없고 또한 피고인에게는 배임의 범의도 없다고 보임에도 원심은 채증법칙을 위배하거나 법리를 오해하여 이 부분 공소사실을 유죄로 인정함으로써 판결에 영향을 미친 위법을 범하였다고 할 것이다.

대법 2008. 2. 28. 선고 2007도5987 판결

비록 위 대출금 채무에 대하여 주채무자인 공소외 2 주식회사가 정리채권 등을 담보로 제공하고 있었다고 하더라도, 원심판결 이유와 같이 피고인이 그가 대표이사로 있는 공소외 1 주식회사로 하여금 아무런 대가 없이 공소외 1 주식회사의 재산을 제 3 자인 공소외 2 주식회사의 대출금 채무에 대한 담보로 제공하도록 하였다면, 공소외 1 주식회사로서는 그와 같은 담보제공으로 인하여 그 담보가치 상당의 재산상 손해를 입었다고 보지 않을 수 없고, 그러한 행위에 대하여 피고인에게 배임의 고의가 없었다고 할 수도 없다.

부산고법 2009. 6. 25. 선고 2009노184 판결(검사 v. 현×현)[12)]

이 사건 합병을 하게 된 동기에 한일합섬이 보유하고 있는 자산을 인수대금 채무에 변제할 의도가 일부 포함된 것은 인정할 수 있다. 그러나 앞서 본 바와 같이 동양메이저 등의 자산을 담보로 제공하여 마련한 대출금과 동양메이저를 비롯한 동양그룹의 일부 계열사들이 투자한 총 합계 1,302억 원을 인수대금으로 사용하여 동양메이저산업이 한일합섬을 인수한 것으로서, 피인수회사의 자산을 담보로 기업을 인수하는 LBO 방식과 그 기본적인 전제가 다른 점, 나아가 원심이 적절하게 설시한 바와 같이 합병의 본질과 그 효과 및 상법상 합병비율, 주주총회의 특별결의, 합병에 반대하는 주주들의 주식매수청구권, 채권자 보호절차 등을 통하여 합병에 반대하는 주주들이나 채권자들이 보호받을 수 있는 제도가 마련되어 있는 점, 이 사건 합병에 관한 2007. 12. 24.자 이사회결의에 그 절차상 일부 하자가 있으나 나중에 이사회가 4회나 더 개최되어 합병과 관련한 결의가 이루어졌는데, 이러한 이사

12) 사실관계는 위 제12장 참조. 부산지법 2009. 2. 10. 선고 2008고합482/516/656 판결이 하급심 판결.

회결의가 모두 무효라고 인정할 만한 자료가 없고, 한일합섬의 경우 2008. 4. 8. 개최된 주주총회를 거쳐 합병이 이루어진 사정에 비추어 위와 같은 사유를 합병무효사유에 해당한다고 단정하기 어려운 점, 이 사건 합병이 합병의 본질 및 요건에 반하여 법률상 합병할 수 없거나 합병비율의 산정이 위법하거나 소수주주들이나 채권자 보호절차에 위법이 있는 등 합병의 실질이나 절차에 하자가 있다는 점을 기록상 찾아볼 수 없는 점 등을 종합하면, 이 사건 합병으로 인하여 한일합섬이 1,800억 원 상당 내지 법인격 소멸에 따른 현금유동성 상실이라는 손해를 입었다고 볼 수 없다.

부산고법 2010. 10. 29. 선고 2010노669 판결(검사 v. 신×호)

(가) 주식양도양수계약의 체결과 피고인 김석헌의 지위와 역할 등

1) 코너스톤의 대표이사인 피고인 김석헌은 코너스톤 등 사모투자전문회사를 통한 펀드자금과 외부 차입금 합계 3,600억 원으로 대선주조를 인수하기 위하여 2007. 5.경 특수목적회사(SPC)인 시원네트워크를 설립하고 그 대표이사에 취임한 후, 시원네트워크가 2007. 6. 1. 피고인 신준호 등으로부터 대선주조 주식 98.97%를 인수하는 내용으로 양해각서(MOU)를 체결한 다음, 2007. 6. 21. 주식양도양수계약(본계약)체결과 함께 계약금 540억 원을 지급함으로써 대선주조 인수에 착수하였다. 시원네트워크는 2,000억 원을 대출받는 한편, 매도인인 피고인 신준호로부터 500억 원을 연 8% 복리로 차용하여 2008. 4. 4. 대선주조 주식매매잔금을 지급함으로써 대선주조의 지분 약 98.97%를 확보하여 대주주의 지위를 취득하였다.

2) 매도인인 피고인 신준호는 코너스톤의 요청에 따라 매매대금 중 150억 원을 재투자하여 시원네트워크를 통하여 다시 대선주조의 지분 20%를 취득하고, 주식양도양수계약의 잔금지급일인 2008. 4. 4. 이후에도 계속하여 대선주조 회장의 직을 맡고, 대선주조의 이사 총 8명 중 3명에 대한 지명권과 해임권을 갖도록(이에 따라 이후 스스로를 이사로 지명하였다) 코너스톤 측과 합의하였고, 잔금을 모두 지급받은 이후에도 이전과 마찬가지로 대선주조의 회장으로 확대간부회의를 주재하고, 대표이사 주양일을 통하여 대선주조의 주요 업무를 보고받는 등 대선주조의 회장 및 이사로서 대선주조의 경영전반에 적극적으로 관여하고 있었다.

그러나, 점차 코너스톤 측과 피고인 신준호 사이에 대선주조의 경영과 관련한 이견이 생겨 피고인 신준호가 2008. 5.경 대선주조의 확대간부회의를 직접 주재한 이후로는 더 이상 확대간부회의가 열리지 못하였고, 피고인 신준호는, 코너스톤 측

의 요구로 2008. 10.부터 이전에 받아오던 3억 원의 연봉이 1억 원으로 깎이고, 대표이사 주양일로부터 이전부터 받아오던 업무보고가 중단됨으로써 사실상 대선주조의 경영에서 배제되었다.

3) 피고인 김석헌은 2007. 8.경 이미 대선주조 인수과정에서 그 재무상황을 감독하고, 각종 업무 현황을 조율하기 위하여 피고인 이성호를 대선주조에 재무관리책임자(CFO)로 보내어 그 무렵부터 대선주조의 이사인 피고인 이성호로부터 대선주조의 업무를 보고받거나, 대선주조의 대표이사 주양일 등과 경영협의를 통하여 대선주조를 사실상 관리하여 왔고, 2008. 3. 31.경 대선주조의 이사회결의를 통하여 2008. 4. 10.부터 이사로 등재되어 대선주조의 이사로 취임하였다(이후 2008. 4. 24. 개최된 대선주조의 이사회에서 비상근이사로서 구체적인 담당업무는 가지지 않는 것으로 결의되었다).

이후 피고인 김석헌은 대선주조의 대주주인 시원네크워크의 대표이사이자 시원네트워크의 자금을 조달하는 코너스톤의 대표이사로서 코너스톤의 사무실에서 근무하면서 대선주조의 대표이사 주양일, 이사 피고인 이성호로부터 대선주조의 업무현황 등을 보고받고, 대선주조의 이사회에 참석하는 등으로 피고인 신준호와 공동으로 대선주조의 경영에 관여하다가, 앞서 본 바와 같이 피고인 신준호가 대선주조의 경영에서 사실상 배제된 후에는 일상적인 영업은 기존 대선주조 경영진이 하고, 그 외의 이사회의 운영, 경영전략의 수립 등 주요 업무에 관하여는 기존에 피고인 신준호가 하던 역할과 유사한 형태로 대선주조의 경영전반에 관여하였다.

(2) '차입매수' 또는 'LBO'에 관하여

이른바 '차입매수' 또는 'LBO'는 일의적인 법적 개념이 아니라 일반적으로 기업인수를 위한 자금의 상당 부분에 관하여 피인수회사의 자산을 담보로 제공하거나 그 상당 부분을 피인수기업의 자산으로 변제하기로 하여 차입한 자금으로 충당하는 방식의 기업인수 기법을 일괄하여 부르는 경영학상의 용어로, 거래현실에서 그 구체적인 태양은 매우 다양하다. 이러한 차입매수에 관하여는 이를 따로 규율하는 법률이 없는 이상 일률적으로 차입매수 방식에 의한 기업인수를 주도한 관련자들에게 배임죄가 성립한다거나 성립하지 아니한다고 단정할 수 없는 것이고, 배임죄의 성립 여부는 차입매수가 이루어지는 과정에서의 행위가 배임죄의 구성요건에 해당하는지 여부에 따라 개별적으로 판단되어야 한다(대법원 2010. 4. 15. 선고 2009도6634 판결).

이 사건으로 돌아와 보건대, 원심이 적법하게 인정한 바와 같이 코너스톤 측은 당초 '합병형 차입매수' 방식을 염두에 두고 대선주조의 인수에 나서서 한국외환은행 등 대주단으로부터 2,000억 원을 대출받는 데에 성공하고 대출금 등으로 주식 매도인인 피고인 신준호에게 주식 매수대금의 지급까지 완료하였으나, '합병형 차입매수'에 대한 형사법적 책임의 위험성에 부딪치자 양 회사의 합병을 미루게 되었고, 그 결과 합병을 전제로 해서 대주단과 약정하였던 대선주조 보유의 유·무형 자산을 담보로 제공하는 행위로는 나아가지 아니하였는바, 사정이 이와 같다면 이 부분에 관한 한 피고인 김석현, 이성호의 행위는 대선주조에 대한 배임죄의 성립 여부를 논할 담보제공행위 자체가 존재하지 않으므로 '차입매수' 또는 'LBO'를 전제로 한 주장은 더 나아가 살필 필요가 없다.

(3) 유상감자에 관하여

가) 유상감자는 상법상 인정되는 주식회사 자본감소의 한 방법으로, 주금액 내지 주식수를 감소하여 과다하게 누적된 회사재산의 일부를 주주에게 환급함으로써 회사의 재무구조를 개선하고 자본수익률의 제고를 통하여 주식의 가치를 높이는 한편 주주에게는 투하자본을 회수할 수 있는 기회를 제공하는 기능이 있으나, 유상감자를 실시하는 목적은 실제로 매우 다양하므로 상법은 이에 대하여 특별한 사유를 두고 있지 아니하다. 그러나 유상감자는 회사의 책임재산을 감소케 하여 회사채권자 등의 이익을 해할 우려가 없지 않고 소수주주의 권리를 침해할 가능성도 배제할 수 없으므로 상법은 그 절차와 방법에 대하여 비교적 엄격하게 규정하고 있다(상법 제438조 이하). 구체적으로 상법은 유상감자시 주주총회의 특별결의 및 채권자통지 등 주주와 회사채권자를 보호하는 절차를 거치도록 하고, 감자 이후에도 주식회사 최저자본인 5,000만 원 이상의 자본금을 유지하도록 하되(상법 제329조 제 1 항), 자본감소의 무효는 주주·이사·감사·청산인·파산관재인 또는 자본감소를 승인하지 아니한 채권자에 한하여 자본감소로 인한 변경등기가 있은 날로부터 6개월 내에 소만으로 주장할 수 있고, 소가 심리 중에 원인이 된 하자가 보완되고 회사의 현황과 제반사정을 참작하여 자본감소의 무효를 하는 것이 부적당하다고 인정한 때에는 법원은 그 청구를 기각할 수 있도록 하고 있다.

그런데 유상감자는 회사법에 의해서 보호되는 주주의 투하자본 반환수단으로서 개인의 처분행위와는 명백히 구별될 뿐만 아니라, 유상감자를 통하여 회사재산이 감소한다고 하더라도 동시에 주주의 회사에 대한 지분의 가치 내지 주주에 대한 회사의 투하자본 환급의무도 함께 감소하게 되므로, 이로 인해 주주가 부당한 이익을 얻고 회사가 손해를 입었다고 하기 위해서는, 단순히 회사의 재무구조상의 필요가 없음에도 이를 하였다는 점만으로는 부족하고, 유상소각 되는 주식의 가치를 실질상의 그것보다 높게 평가하여 감자 환급금을 지급하는 등으로 주주에게 부당한 이익을 취득하게 함으로써 결국 회사에도 손해를 입히는 등의 특별한 사정이 인정되어야 한다.

나) 원심이 적법하게 인정한 바와 같이 유상감자 절차에서 일부 채권자에 대한 통지절차가 누락되었고, 법원의 허가 없이 상법에 규정되지 않은 방법으로 단주를 처리한 위법이 있으며, 검사가 지적하는 바와 같이 유상감자와 관련하여 2008. 7. 31. 채권 기준일 당시 대선주조는 국세청에 대하여 이미 반출한 주류와 관련한 합계 216억 원의 세금을 납부할 예정이었고, 주세는 과세물품을 제조장으로부터 반출한 때 조세채권이 성립하므로(국세기본법 제21조 제1항 제8호), 비록 출고한 달이 속한 달의 다음 다음 달 말일까지 산출세액 등을 신고함으로써 납세의무가 확정된다 하더라도(주세법 제23조 제1항), 납세의무가 성립된 이상 국가는 추상적인 조세채권을 가지는 것이어서 국가(국세청)에 채권자통지절차를 누락한 것도 위법하나, 당시 대선주조의 영업이익이나 자산규모 등에 비추어 채권자들이 이의를 제기할 경우 변제 또는 담보제공 등을 할 수 있었을 것으로 보이고, 이에 대하여 이의를 제기한 채권자가 아무도 없었으며 이후 국가를 포함한 채권자들에게 채권이 모두 변제되었고, 주주나 채권자 등이 자본감소로 인한 변경등기가 있은 날로부터 6개월 이내에 자본감소무효의 소를 제기하지 아니하였으므로(설령 소송이 제기되었더라도 당시 대선주조의 영업이익이나 자산규모 등에 비추어 하자가 즉시 보완될 수 있었을 것으로 보인다), 대선주조의 채권자들에게 손해를 입혔다고 볼 수 없다.

다) 주주가 유상감자를 통해 투자한 자본을 회수한 뒤 이를 어디에 사용하는지에 관하여는 법령상 아무런 제한이 없으므로 피고인 김석헌, 이성호가 시원네트워크의 대선주조 인수자금을 상환하기 위하여 이 사건 유상감자를 실시하였다고 하여 이를 위법하다고 할 수 없고, 대주주의 경우 1주당 35,000원으로, 소수주주의 경우 1주당 454,694원(시원네트워크가 피고인 신준호로부터 취득한 가액)으로 주당 환급금을 산정하였는바, 전체 유상감자 환급금을 주당 평균하더라도 검사가 제시하는 1주당 실거래가 40,000원 내지 80,000원에 훨씬 못 미치고, 대주주가 자신의 환급금을 낮추는 대신 자신의 몫의 일부를 떼어 소수주주들에게 나누어 주는 것은 주주평등의 원칙에 반하지 않으며 이는 소수주주에게 손해가 되지 않고 오히려 이익이 되

고, 달리 이 사건 유상감자 환급금의 수준이 대선주조 주식의 실질가치보다 과대하게 평가되었음을 인정할 아무런 증거도 없으므로, 유상감자로 인하여 주주에게 부당한 이익을 취득하게 하였다고 볼 수 없다.

(4) 이익배당 및 중간배당에 관하여

가) 이익배당은 주식회사가 그 영업에 의하여 얻은 이익을 주주에게 분배하는 것으로, 인적회사에서와 같은 퇴사제도가 없고 그 영속적 성질로 인하여 잔여재산분배도 쉽게 할 수 없는 주식회사에서 주주가 투하자본을 회수할 수 있는 본질적인 수단이 되는 것이고, 한편, 중간배당이란 연 1회의 결산기를 정한 회사가 정관의 규정에 의하여 영업연도 중 1회에 한하여 이사회의 결의로 일정한 날을 정하여 그 날의 주주에 대하여 금전으로 이익을 배당하는 것이며 이익배당과 중간배당은 그로 인해 회사재산이 감소할 위험성이 상존하고, 특히 중간배당의 경우 이사회의 결의만으로 실시할 수 있으므로 상법은 그 요건을 엄격하게 제한하면서 이에 대한 이사의 책임을 가중하고 있는데, 이익배당의 경우에는 배당가능이익(대차대조표상의 순자산액으로부터 자본의 액, 그 결산기까지 적립된 자본준비금과 이익준비금의 합계액, 그 결산기에 적립하여야 할 이익준비금의 액을 공제한 금액)이 현존하여야 배당을 할 수 있고(제462조 제 1 항), 중간배당의 경우에는 직전 결산기에 대차대조표상 이익이 현존하고 당해 결산기에 이익이 예상되는 경우에만 배당을 할 수 있되(제462조의3 제 2 항), 이사에게는 당해 결산기에 이익이 예상되지 않는 경우에는 중간배당을 하여서는 아니 될 의무를 부과하여(제462조의3 제 3 항), 이 의무에 위반한 이사에 대하여는 특별한 차액배상책임을 부담시키며(상법 제462조의3 제 4 항), 한편 법령 또는 정관의 규정에 위반하여 위 각 배당을 한 때에는 회사재산을 위태롭게 하는 죄(상법 제625조 제 3 호)로 처벌받도록 규정하고 있다.

이와 같이 주주가 법령과 정관에서 정한 바에 따라 이익배당, 중간배당을 받는 것은 주식회사에서 주주가 투하자본을 회수할 수 있는 정당한 권리이므로, 이로 인해 주주가 부당한 이익을 얻고 회사가 손해를 입었다고 하기 위해서는, 전례나 영업이익의 규모, 현금자산 등에 비추어 이익배당이나 중간배당이 과다하다는 점만으로는 부족하고, 이익배당이나 중간배당이 법령과 정관에 위반하여 이루어지는 위법배당에 해당하여 주주에게 부당한 이익을 취득하게 함으로써 결국 회사에도 손해를 입히는 등의 특별한 사정이 인정되어야 한다.

나) 원심이 적법하게 인정한 바와 같이 피고인 김석헌, 이성호가 시원네트워크

에 2008년도 결산배당의 방법으로 2009. 4. 3. 100억 원 및 같은 해 5. 12. 49억 8,900만 원을 각 지급하였고, 2009년도 중간배당으로 2009. 10. 1. 153억 원, 같은 해 12. 11. 27억 원을 각 지급하였으며, 시원네트워크는 이를 대선주조 인수대금의 대출 원리금 상환에 사용하였으나, 이익배당과 중간배당은 배당가능이익이 2009. 8. 31. 기준으로 54,755,875,751원, 2009. 9. 30. 기준으로 37,295,386,510원에 이르는 등 위 각 배당액을 훨씬 상회하여 모두 상법이 규정하는 제한의 범위 내에서 이루어졌고, 달리 이익배당이나 중간배당이 그와 관련한 법령이나 정관을 위반하였음을 인정할 아무런 증거도 없으므로 이익배당이나 중간배당으로 인하여 주주에게 부당한 이익을 취득하게 하였다고 볼 수 없다.

서울고법 2006. 5. 25. 선고 2006노115 판결(검사 v. 홍×표 re 휴먼컴)

(1) 2003. 12. 29. 약속어음 3억 원[원심 판시 별지 범죄일람표(1) 순번 1번 기재 약속어음]에 관한 업무상배임의 점에 대하여

(가) LBO방식에 의한 자금차입이므로 배임의 고의가 없다는 주장에 대하여

업무상배임죄의 고의는 업무상 타인의 사무를 처리하는 자가 본인에게 재산상의 손해를 가한다는 의사와 자기 또는 제 3 자의 재산상의 이득의 의사가 임무에 위배된다는 인식과 결합되어 성립되는 것이며, 이와 같은 업무상배임죄의 주관적 요소로 되는 사실(고의, 동기 등의 내심적 사실)은 피고인이 본인의 이익을 위하여 문제가 된 행위를 하였다고 주장하면서 범의를 부인하고 있는 경우에는 사물의 성질상 고의와 상당한 관련성이 있는 간접사실을 증명하는 방법에 의하여 입증할 수밖에 없고, 무엇이 상당한 관련성이 있는 간접사실에 해당할 것인가는 정상적인 경험칙에 바탕을 두고 치밀한 관찰력이나 분석력에 의하여 사실의 연결상태를 합리적으로 판단하는 방법에 의하여야 하며, 피고인이 본인의 이익을 위한다는 의사도 가지고 있었다 하더라도 위와 같은 간접사실에 의하여 본인의 이익을 위한다는 의사는 부수적일 뿐이고 이득 또는 가해의 의사가 주된 것임이 판명되면 배임죄의 고의가 있었다고 할 것이다(대법 2003. 2. 28. 선고 2002도3687 판결 등 참조).

먼저, 소위 LBO방식이란 기업인수·합병에 있어서 취득하고자 하는 대상회사의 자산 즉, 부동산, 주식, 채권 등을 직접 또는 간접으로 담보로 제공하여 기업인수자금을 외부로부터 조달하고, 그것을 기초로 특정한 공개회사를 매수하는 기법이고, 인수자가 피인수기업의 자산을 담보로 제공하였다는 점을 들어 곧바로 인수자

에게 당시 배임의 범의가 있었다고 단정할 수 없다고 보는 주된 이유는 LBO방식에 의해 피인수기업의 자산을 담보로 제공함으로써 피인수기업에 담보처분의 위험성을 초래하였다고 하더라도 이를 통하여 피인수기업도 기존 채무의 소멸 등의 이익을 얻게 된다는 것에 있음은 이 부분 항소이유의 주장과 같은바, 이 사건은 피고인이 ○○의 인수자금을 조달하면서 담보로 ○○의 부동산, 주식, 채권 등의 자산이 아니라 ○○ 발행의 약속어음과 수표를 제공한 것일 뿐만 아니라, 이로 인하여 ○○은 일방적으로 채무만 부담하였을 뿐 기존 채무의 소멸 등의 이익을 얻은 바는 전혀 없으므로, 피고인의 이 사건 담보제공 행위가 LBO방식에 의한 자금조달이라고 보기 어렵다.

다음으로 가사 LBO방식에 의한 자금조달이라고 하더라도, 피고인이 윤○○ 등으로부터 약 38억 5,000만 원을 차용하여 그 중 약 29억 5,000만 원으로 ○○의 주식 및 경영권을 인수한 사실, 피고인은 위 금원을 차용하면서 고율의 이자를 지급하기로 약정하고, 담보로 ○○ 명의의 약속어음 등을 제공하였으나, 위 차용원리금을 제 때에 변제하지 못하게 되자, 다시 같은 방식으로 사채업자들로부터 돈을 차용하면서 ○○의 어음과 수표를 남발하였으나 결국 그 원리금을 지급하지 못하였고, 2004. 5. 12. 강○○에게 ○○의 경영권을 양도할 때 지급되지 않은 어음의 액면금이 합계 약 61억 8,500만 원인 점은 앞서 본 바와 같은바, 이에 의하여 인정되는 다음과 같은 사정 즉, 피고인은 채권자들로부터 ○○이 발행한 약속어음 등을 담보로 제공하고 차용한 38억 5,000만 원 중 9억 원 정도를 인수자금 외의 용도로 사용한 점, 피고인은 위 차용금에 대하여 고율의 이자를 지급하기로 약정하고서도 그 원리금을 제 때에 상환하지 못하였고, 그 원리금을 상환하기 위하여 같은 방식으로 ○○의 어음과 수표를 남발하고, 앞서 본 바와 같이 ○○의 신주인수대금으로 납입된 1억 원, ○○로부터 돌려받은 2억 9,000만 원 등을 횡령함으로써 결국 ○○을 부도 또는 도산의 위기로 몰고 간 점, 피고인의 그 주장과 같은 구조조정은 위와 같은 자금조달 방법의 한계에 기한 자구책으로 보이고, 그 주장과 같은 수익성 있는 사업 역시 성공가능성이나 확률이 높다고는 보이지 않는 점, 위와 같은 인수자금 차용을 통해 피고인만이 ○○의 경영권 장악이라는 개인적인 이익을 취하였을 뿐, 궁극적으로는 ○○의 재무구조가 개선되었다고는 보이지 않는 점 등에 비추어 보면, 피고인의 이 사건 담보 제공행위는 LBO방식의 외양만 갖추었을 뿐 실제에 있어서는 피고인의 개인적인 인수자금을 마련하려는 사적인 목적을 위하여 ○○ 명의의 약속어음 등을 임의로 담보로 제공한 것에 불과하다고 할 것이므로, 피고인에게 배임의 고의가 있었다고 봄이 상당하다.

따라서 피고인이 오○○으로부터 ○○의 인수자금을 차용하면서 담보로 아무런 원인관계나 법적 의무 없는 ○○ 명의의 위 약속어음을 제공한 것은 업무상배임죄에 해당하므로, 이 부분 원심의 판단은 정당하고, 피고인의 항소이유의 주장은 이유 없다.

서울고법 2005. 4. 26. 선고 2005노49 판결(검사 v. 이×섭 re 사이어스)13)

(가) 피고인 이○○은 1999.경 김○○으로부터 5천만 원에 ○○의 경영권을 인수하고 2000. 2. 14. 대표이사로 취임하였다. ○○는 2001. 6. 28. 코스닥 시장에 등록되었다. 피고인 이○○은 2001. 10.경 피고인 이○○에게 ○○의 대주주 4인 보유주식의 매각을 의뢰하였다. 매각 의뢰 당시 ○○의 발행주식은 300만주였고, 그 중 대주주 4인(피고인 이○○과 목○○, 석○○, 이○○)의 주식은 피고인 이○○의 42만 6천주를 포함하여 120만주(전체의 40%)였으며 대주주들의 주식은 코스닥 등록일로부터 2년이 되는 2003. 6. 28.까지 증권예탁원에 보호예수된 상태였다.

(나) 피고인 이○○는 2001. 12.경 피고인 이○○이 경영하던 ○○의 경영파트너 김○○의 소개로 피고인 이○○을 소개받고 김○○과 피고인 이○○에게 ○○ 주식 매수인의 물색을 의뢰하였는바, 김○○과 피고인 이○○이 ○○ 주식회사(이하 ○○라 한다)의 대표이사인 피고인 이○○에게 ○○ 주식의 매수를 권유하여, 피고인 이○○는 피고인 이○○의 대리인으로, 피고인 이○○과 김○○은 피고인 이○○의 대리인으로 ○○ 주식 매매협상을 하였다.

(다) 피고인 이○○ 등 ○○ 대주주 4인은 2002. 1. 15. 피고인 이○○과자신들 소유의 ○○ 주식 중 90만주를 피고인 이○○에게 주당 1만 원(당시 코스닥시장에서의 ○○ 주식의 거래가는 약 5천원 정도였음)씩 합계 90억 원에 매도하는 내용의 주식매매계약을 체결키로 구두합의하고, 피고인 이○○은 같은 날 피고인 이○○에게 계약금 5억 원을 지급하였으며, 2002. 1. 24. 위와 같은 내용으로 주식매매계약을 체결(다만 계약서상 매수인은 피고인 이○○의 부친인 이○○ 명의로 함)하였다. 위 계약상 매매대금은 이미 지급한 계약금 5억 원 외에, 실사 종료일로부터 5거래일 이내에 중도금 70억 원, 주주총회 결의일에 잔금 15억 원을 지급하기

---

13) 대법 2005. 8. 19. 선고 2005도3045 판결로 확정.

로 하였다.

(라) 위 계약 체결 후 매수인측(피고인 이○○, 이○○ 및 김○○. 이하 같다)의 요청에 따라 2002. 2. 14. 매도인측(피고인 이○○, 이○○ 및 목○○, 석○○, 이○○. 이하 같다)과 매수인측 사이에 중도금 70억 원 중 1차 중도금 50억 원을 2002. 2. 19.에, 2차 중도금 20억 원을 2002. 2. 28.에 각 지급하기로 하는 계약 변경에 관한 합의가 이루어졌다.

(마) 피고인 이○○은 2002. 1.말경 평소 알고 지내던 ○○ 투자심사위원인 피고인 박○○에게 ○○로부터 50억 원을 대출받게 해 달라고 부탁하고, 피고인 박○○과 의논하여 ○○가 50억 원을 피고인 이○○에게 대여하고 피고인 이○○이 50억 원에 대한 2개월간 월 3%의 이자율에 상당하는 3억 원을 대출 수수료로 ○○에 지급하며 대출금에 대한 담보로 CD를 제공하기로 하였다. 한편 그 무렵 피고인 이○○과 김○○은 피고인 이○○과, 인수대상인 ○○의 자금으로 발생된 CD를 위 50억 원의 대출금에 대한 담보로 제공하고 위 대출금을 1차 중도금으로 지급하기로 하였다.

(바) 피고인 이○○은 2002. 2. 초순경 피고인 이○○에게 '○○에서 회사 자금으로 CD를 만들어 주면 이 CD를 이용하여 중도금 상당액인 50억 원을 대출 받아 중도금을 지급하겠다'고 하였고, 피고인 이○○는 이 뜻을 피고인 이○○에게 전달하였으며, 피고인 이○○도 위 제의에 동의하였다.

(사) 피고인 이○○은 피고인 박○○에게 '대출금을 매도인측에 건네주면 매도인이 회사의 CD를 넘겨주기로 했다, 그러니 인수대금 50억 원을 대출하여 통장에 입금한 뒤 인수대금을 지불하는 자리에서 CD를 넘겨받아 가라'고 제안하였고 피고인 박○○은 이에 동의하였다. 또한 피고인 이○○, 이○○, 박○○은 ○○가 피고인 이○○에게 50억 원을 대여하되 형식상으로는 투자를 하는 방식을 취하기로 하여 2002. 2. 18. 이○○이 가지고 있던 ○○ 주식을 ○○가 매수하고 2002. 4. 18.자로 위 ○○ 주식을 환매하는 내용의 주식매매계약서 및 주식재매매계약서를 형식적으로 작성하였다.

(아) 피고인 박○○은 위(마)항과 같이 ○○가 피고인 이○○에게 50억 원을 대출하여 주기로 한 후, ○○ ○○지점장 김○○에게 요청하여 CD를 후취담보로 ○○가 ○○ ○○지점으로부터 50억 원을 대출 받기로 하고, ○○ 본점의 대출승인이 있던 날인 2002. 2. 9. ○○가 50억 원을 차입하는 내용의 대출신청서를 작성하였고, 2002. 2. 19. 김○○에게 '오늘 대출금을 ○○로 입금하고, 내일 서울에 와

서 담보물인 CD를 받아가라'고 하였다. 이에, ○○ ○○지점은 대출을 실행하여 2002. 2. 19. ○○ 통장에 50억 원을 입금시켰다.

(자) 피고인 이○○은 2002. 2. 18. ○○ 재무이사이던 성○○에게 ○○의 ○○ 예금을 찾아서 57억 원 상당의 CD를 구입할 것을 지시하였는데, 위 예금은 공사채형 엠엠에프(MMF)*로 이틀 전에 해지통보해야만 인출할 수 있는 예금이라 성시혁은 같은 달 18.에 ○○에 해지를 요청하여 같은 달 20. 예금을 찾고 그 돈으로 13:11경 ○○ ○○지점에서 56억 3천만 원 상당의 CD를 구입해 두었다.

(차) 피고인 이○○이 위(자)항의 사유로 1차 중도금의 약정지급기일인 2002. 2. 19.까지 CD를 준비하지 못한 상황에서, 같은 날 김○○ 변호사(매수인측의 법률고문) 사무실에서 매도인측인 피고인 이○○와 매수인측인 피고인 이○○, 이○○ 및 김○○ 등이 만나 중도금의 지급 문제를 논의하였는데, 그 자리에서 피고인 이○○가 피고인 이○○에게 전화를 하여 다음날까지 ○○ 회사자금으로 CD를 만들어 줄 수 있는지 확인을 하였고 피고인 이○○이 '중도금이 확실히 들어오느냐'고 물어 피고인 이○○가 '중도금은 반드시 들어온다'고 하였더니 피고인 이○○은 CD를 만들어 주겠다고 하였다. 위 자리에서 매도인측과 매수인측은 1차 중도금 지급기일을 하루 늦추어 2002. 2. 20.로 하고, 담보물인 CD와 50억 원이 입금된 이○○ 명의 통장을 동시에 교환하기로 합의하였다.

(카) 한편 피고인 박○○은 김○○ 명의 통장에 50억 원을 입금시켜 달라는 피고인 이○○의 요청에 따라 2002. 2. 19.경 ○○ ○○지점장 박○○에게 전화하여 '기업매매와 관련하여 큰 돈을 주고받을 일이 있는데, 해당 회사가 ○○ ○○지점 가까이에 있으니 ○○지점을 이용했으면 좋겠다'고 하면서 김○○ 명의 통장을 개설해 달라고 하였고, 이에 박○○은 김○○ 명의 통장을 개설하였다. ○○ ○○지점장인 김○○는 피고인 박○○의 부탁으로 대출된 50억 원을 ○○ 명의 통장에 입금시켰으나 아직 담보물인 CD를 제공받지 못한 상태였으므로 지급정지를 해 두었다가 2002. 2. 20. 오전 서울에 와 피고인 박○○과 함께 ○○ ○○지점으로 가서 피고인 박○○의 요청으로 지급정지를 해제하고 돈을 인출할 수 있도록 하였고, 피고인 박○○은 ○○명의 통장에서 매수인측 대리인인 김○○ 명의 통장으로 50억

* Money Market Funds: 투자신탁회사가 고객의 돈을 모아 단기금융상품에 투자하여 수익을 얻어 고객에 반환하는 초단기금융상품. 이 사안의 공사채형 엠엠에프 (MMF)는 예금인출시 투자신탁회사가 공사채를 매각하여 환가하는 절차가 필요하므로 해지일로부터 2일 이후에 인출이 가능한 상품이었다.

원을 이체시켰다. 피고인 박○○은 같은 날 같은 곳에서 다시 박○○에게 거래상대방인 피고인 이○○에게 위 돈을 입금시켜 줘야 한다며 피고인 이○○ 명의의 통장을 하나 더 개설해 달라고 하여(수사기록 1021면) 박○○은 피고인 이○○ 명의의 미완성 통장을 개설한 후 김○○ 명의 통장에서 피고인 이○○ 명의의 위 통장으로 50억 원을 다시 이체시켰다.

(타) 같은 날 오후 피고인 박○○과 김○○, 박○○이 ○○의 사무실로 찾아가 피고인 이○○을 만났고, 박○○은 피고인 이○○으로부터 계좌신청서에 필요한 인적사항과 본인 자서를 받았다. 그리고 나서 피고인 이○○은 같은 건물 1층의 ○○ ○○지점으로 내려가 지점장실에서 기다리고 있던 피고인 이○○와 매수인측인 피고인 이○○, 이○○ 및 김○○, 김○○을 만나고, ○○ 사무실의 목○○에게 전화하여 성○○에게 맡겨놓은 물건을 가져오라고 지시하였으며, 목○○은 성○○으로부터 CD(56억 3천만원 상당)를 건네 받아(목○○은 성○○에게 이 물건이 무엇이냐고 물어 성○○으로부터 그것이 회사의 CD라는 이야기를 들었다. 수사기록 662면) ○○ ○○지점으로 내려가 피고인 이○○에게 이를 넘겨 주었다. 그런데 이와 같이 회사의 CD가 매수인측에 교부된다는 것을 알게 된 목○○은 주식매매계약의 이행이 정상적으로 진행되지 않고 있다고 생각하고, 회사 사무실에 전화하여 석○○을 내려오라고 한 후 피고인 이○○ 및 석○○과 지점장실 밖에서 이야기하면서 '중도금을 받기 전에 CD를 넘겨주면 매수인측이 그 돈으로 중도금을 지급하는 셈이 되므로 대표이사가 회사자금을 횡령하는 것이나 마찬가지다, 넘겨 주면 절대 안 된다'(수사기록 631면)고 매수인측에 CD를 넘겨 주는 것에 반대하였다. 그리하여 지점장실 밖에서 목○○과 피고인 이○○이 40~50분간 실랑이를 벌이자 지점장실에서 나온 김○○ 변호사, 김○○, 피고인 이○○ 등은 목○○에게 'CD를 넘겨 주어도 무방하다'고 하며 설득한 후 피고인 이○○과 함께 다시 지점장실로 들어갔다.

(파) 위 지점장실에서 피고인 이○○은 위 CD 중 5억 원짜리를 ○○ 직원을 시켜 2억 원짜리 CD 1매와 현금으로 바꾸어 53억 원 상당의 CD를 마련한 후 50억 원이 입금된 자신 명의의 통장을 받고 이를 매수인측에 교부하였으며, 그 자리에 있던 ○○ ○○지점장이 이를 받아 가지고 갔다.

(하) 그 후 피고인 박○○은 2002. 4. 19. ○○ 본점에서 김○○로부터 위 53억 원 상당의 CD를 반환받아 그 자리에서 ○○의 직원에게 이를 매각케 하고 매각대금 5,326,196,467원 중 53억 원을 ○○에 입금하였으며, ○○는 위 53억 원 중

약 50억 6,900만 원을 ○○ ○○지점에 대한 대출원리금으로 변제하였다.

노트와 질문

1) 대상회사가 인수자를 위하여 인수자금조달의 편의를 제공하는 방법으로 보증이나 담보를 제공한 경우 배임죄 성부는 재산상 손해가능성이라는 측면에서 대가의 문제인가? 배임의 고의의 문제인가?
2) 인수를 위한 특수목적회사(SPV)를 설립하였고 SPV가 대상회사의 주식을 취득한 후 SPV가 대상회사를 흡수합병, SPV의 부채를 변제하였다면 1인회사의 배임의 문제인가? 합병의 효력과 배임의 성부의 문제인가?

Ⅲ. 기업인수관련정보의 이용과 형사처벌

Chiarella v. United States[14)]

1975년 뉴욕의 Pandick Press라는 재무서류 인쇄소에서 Chiarella는 오탈자교정직원으로 일하고 있었다. 기업인수합병과 관련된 문서를 읽으면서 대상기업과 인수기업의 이름을 최종일전일에 통보받기 전이라도 이를 짐작할 수는 있었다. Chiarella는 이들 서류를 읽으면서 얻은 기업인수합병에 관한 정보를 이용하여 시장에서 대상기업의 주식을 매수하고 기업인수시도가 발표된 직후에 매각하는 방법으로 30,000불정도의 이익을 보았다. 1978년 Chiarella는 미국증권거래법 제10(b)조 위반으로 기소되었다.

하급심에서는 유죄판결을 받았으나 미국대법은 기업의 내부자가 내부정보에 기하여 주식을 거래하는 경우에는 거래상대방에게 알리거나 거래를 하지 않을 의무가 있지만, 원고와 같이 기업과 아무런 관계가 없는 자의 경우에는 자신이 우연히 알게 된 기업인수에 관한 정보를 상대방에게 알려줄 의무가 없고 따라서 제10(b)조 위반이 되지 않는다고 판시하였다.

14) 445 U.S. 222 (1980).

United States v. O'Hagan[15)]

미국로펌의 구성원변호사인 O'Hagan은 1988. 7. 부터 영국의 Grand Metropolitan(GMC)사에 Pillsbury사의 공개매수 가능성을 자문하였다. 1988. 10. 4. GMC는 실제 Pillsbury에 대한 공개매수를 시작하였다. 1988. 8. 18. O'Hagan은 시장에서 콜옵션과 주식을 매입, 10. 4. 공개매수가 시작된 이후에 이를 매각, 430만 불정도의 이익을 보았다. 1심에서는 유죄, 2심에서는 무죄판결이 나왔고 미국대법은 유죄판결을 내렸다. 미국증권거래법상 사기적방법의 사용이 의미하는 바가 무엇인지에 관하여 보통법상의 사기이론과 회사자산의 유용(misappropriation theory)이라는 이론이 대립되고 있었던바, 두 개의 이론이 상호대립되는 것이 아니며 회사와 신인관계에 있는 로펌의 변호사가 미공개정보를 거래상대방에 알리지 않고 거래한 것 역시 시장에 대한 사기적 방법(fraud on the market)에 해당된다고 판단하였다.

서울중앙지법 2007. 2. 9. 선고 2006고합332 판결(검사 v. 최×민)[16)]

(가) 2003. 3월의 카드채 사태와 엘□카드의 자본확충

① IMF 외환위기사태 이후 신용카드회사들이 무분별하게 회원을 모집한 탓에 2001년 말 기준 2.5%에 불과하던 회원들의 연체율이 2003. 2. 현재 약 10%까지 치솟을 정도로 부실채권이 급증하게 되어 신용카드회사들의 경영이 매우 어렵게 되었다.

② 특히 엘□카드는 2003. 3. 현재 유효회원수, 가맹점수, 시장점유율 모두 국내 1위의 카드회사였으나, 다른 카드회사와 비교하여 연체자산 및 리스크가 높은 대출자산의 비중이 높아 자산의 건전성이 떨어지고, 구○○ 회장을 비롯한 엘□그룹의 대주주들이 2002. 4. 22. 엘□카드를 상장한 이후 계속 보유 주식을 매각함으로써 그 지분비율이 50.2%에서 38%까지 떨어진 관계로 엘□카드에 대한 경영권을 유지할 것인지 여부에 대하여 자금시장의 의구심을 불러일으켰으며, 엘□카드의 자금조달규모가 큰 반면 단기차입금에 대한 의존도가 높았기 때문에, 자금시장의 엘□카드에 대한 신뢰도가 매우 낮은 형편이었다.

③ 그런데, 2003. 3. 8.경 SK글로벌 분식회계사건이 발생하는 등 시장여건이

15) 521 U.S. 642 (1997).

16) 서울고법 2008. 6. 24. 선고 2007노653 판결; 대법 2008. 11. 27. 선고 2008도6219 판결로 확정.

악화되어 금융기관들이 보수적으로 자금을 운용하면서 신용카드회사들이 발행한 카드채의 만기연장을 거부하게 되자, 카드채를 매각하는 등의 방법으로 거액의 자금을 조달하여 오던 신용카드회사들이 곧바로 유동성위기에 직면하게 된 이른바 카드채 사태가 발생하였고, 이에 금융감독원은 신용카드회사들의 유동성위기를 진정시키기 위하여 2003. 4. 3. 금융기관들로 하여금 2003. 6월 말 이전에 만기가 도래하는 카드채의 만기를 2003. 6월 말까지 연장하는 금융시장 안정대책을 공표하였다.

④ 그 무렵 엘□카드는 유동성위기로 인한 경영난을 타개하기 위하여 2003. 3. 16. 자본금 5,000억 원 상당을 확충하는 내용의 자구대책을 발표하였다가, 금융감독원이 위와 같이 금융시장 안정대책을 공표한 후인 2003. 4. 4. 자본확충금액을 5,000억 원에서 1조 원으로 증액하는 내용의 후속대책을 발표하였고, 이어서 2003. 4. 22. 기명식보통주 4,500만 주를 발행하는 유상증자 결의안을 이사회에서 결의하여 2003. 6. 30. 주식인수대금 3,960억 원이 모두 납입되고, 2003. 7. 21. 후순위 전환사채(CB) 3,000억원 상당을 발행하여 모두 일반에 인수되어 그 대금이 납입되었으며, 2003. 8. 12. 후순위 신주인수권부사채(BW) 3,000억 원 상당을 발행하여 그중 70%는 일반에, 30%는 엘□증권(30%)에 인수되어 그 대금이 전액 납입되었다.

(나) 수정사업계획의 수립과 추가 자본확충의 검토

① 신용카드회사는 연체율에 따라 일정 비율의 대손충당금을 적립하여야 하므로 연체율이 높아지면 경상이익이 감소하게 되는데(경상이익은 '대손전 영업이익'에서 '대손전입액'을 공제하여 산출되고, '대손전입액'은 대체로 연체율에 따른 대손충당금의 규모에 따라 결정되므로, 연체율이 높아지면 경상이익이 줄어들게 된다), 엘□카드는 2003. 3. 이후 연체율 증가로 인한 대손충당금 내지 대손전입금 부담의 증가로 2003년 상반기에 7,630억 원의 적자를 기록하고, 더욱이 이와 같은 추세가 계속될 경우 연간 적자액이 1조 2,893억 원에 이를 것으로 예상되기에 이르자, 2003. 7. 21. 채무조정 프로그램(Rescheduling Program)으로 잠재리스크 회원을 라이프론, 대환론 등으로 전환하는 등 효과적인 연체관리를 통하여 대손충당금에 대한 부담을 완화시켜 3/4분기에는 적자를 1,859억 원으로 줄이고, 4/4분기에는 2,128억 원의 흑자(연간 6,312억 원의 적자)를 실현하는 내용의 수정사업계획을 수립하는 한편, 채무조정 프로그램과 관련하여 회계법인과 대손충당금설정에 관한 문제가 해결되지 않거나 상세한 채권구조현황이 자금시장에 노출될 경우에는 시장의 신뢰를 상실하여 제2의 유동성위기가 초래될 수 있으므로 경영정상화를 위하여 약 4,000억

원 규모의 추가적인 자본확충을 신중하게 검토하기로 하였다.

② 엘□카드 감사위원회가 2003. 8. 11. 개최되었는데, 엘□카드 회계팀은 감사위원회가 개최되기에 앞서 엘□카드가 위와 같이 2003년 상반기에 경상이익이 7,630억 원의 적자를 기록하였다는 내용 등이 기재된 '2003년 상반기 경영실적'(증거기록 8책 2권 534~540쪽)을 자료로 제출하였고, 감사위원들은 위 감사위원회에서 '채권잔액이 감소하고 수익률이 지속적으로 하락하고 있으며, 전반적인 사업의 포트폴리오가 악화되고 있다', '보다 근본적인 해결책에 대한 검토가 필요하며 회사의 현황 및 향후 전략에 대한 이사회와의 공유가 필요하다'(증 526쪽), '아직은 유동성 악화로 인해 상품자산의 축소가 불가피한 상황이며 예상보다 부실자산 축소가 지연되고 있으나, 4분기 이후 유동성 확보시에는 점차 정상잔액이 쌓일 것이다'(증 527쪽), '조속히 이사회를 개최하여 연간실적(공표기준이 아닌 실질적 손익기준) 공유 및 추가 자본확충의 필요성 등 향후 전략방안에 대한 검토가 필요하다'(증 529쪽)는 등의 의견을 개진하였고(2003년 감사위원회 회의록, 증거기록 8책 2권 526~531쪽), 위와 같은 상반기 경영실적은 2003. 8. 14. 반기보고서로 공시되었다(증 나 제 8 호증의 1~2, 공판기록 323~461쪽).

③ 엘□카드는 위 감사위원회가 개최된 후인 2003. 8. 25. '2003. 7월 실적 및 유동성 보고'(증거기록 8책 3권 1231~1239쪽)라는 제목으로 '카드채 문제가 진정국면으로 전환되기는 하였으나, 아직까지 카드채(CP) 매수가 개인 및 일반법인 위주로 이루어지고 있고, 기관투자가는 카드사들에 대한 노출(Exposure) 축소자세를 견지하고 있어, 장기성 신규자금 조달은 원활치 못한 상황이다', '조달금리가 시장의 신뢰회복을 바탕으로 9.5%(7/16) → 7.9%(8/22)로 하락하였다', '7월 이후 8. 22.까지 총 3.1조 원의 자금조달을 달성하였다'(증 1238쪽), '8. 11. 감사위원회를 개최하여 회사가 제시한 상반기결산실적(7,469억 원 적자)을 승인하였는데, 이 자리에서 감사위원들은 조속히 이사회를 개최하여 2003년 사업계획과 관련한 자세한 내용을 보고하도록 요청하였고(9월 3일 개최 예정), 이사회 보고/논의사항은 ① 상반기 결산내용 공유, ② 2003년 연간 추정손익 보고(충당금 설정기준 변경 필요성 등이 논의), ③ 추가 자기자본 확충의 필요성 여부'(증 1239쪽)라는 내용이 기재된 문건을 작성하여 주식회사 엘□의 조×× 부사장에게 보고하였다.

④ 나아가 엘□카드 제 5 차 정기이사회가 피고인 황○○등 이사 6명이 참석한 가운데 2003. 9. 3. 개최되었는데, 위 이사회에 제출된 보고사항(공판기록 489~515쪽) 가운데 1) 제 1 호 의안에 관련된 '2003년 상반기 결산 주요사항'에는 2003

년 상반기 경상이익이 −7,469억 원이고, 신규적용항목 869억 원을 반영할 경우에는 −8,338억 원이라는 내용이(공 492~493쪽), 2) 제 2 호 의안에 관련된 '2003년 추정 손익'에는 대손충당금을 migration기준에 의하여 설정할 경우 연간추정경상이익이 −1조 2,103억 원, 대손충당금을 금융감독원기준에 의하여 설정할 경우 연간추정경상이익이 −9,458억 원에 이르지만, 하반기 동안 연체율이 9.0%, 조정자기자본비율이 10.1 내지 12.0%로 예상되어 금융감독원이 설정한 기준을 충족하여 적기시정조치를 피할 수 있고(여신전문금융업 감독규정 제17조 내지 제19조에 의하면, 금융감독원의 적기시정조치에 관한 기준은 연체율은 10.0% 이하, 조정자기자본비율은 8.0% 이상이다), 다만 당기손익이 −1조 원을 초과할 경우에는 자금조달 및 주가에 악영향을 미쳐 추가적인 자본확충을 검토가 필요할 수 있다는 내용이(공 495~496쪽), 3) 제 3 호 의안에 관련된 '2003년 9~12월 자금조달계획'에는 '9~12월 신규자금조달 규모 3.4조 원은 7~8월 조달규모(월평균 1.2조원) 및 조달여건 개선추세 감안시 충분히 조달이 가능한 수준이라는 내용이(공 506쪽), 4) 위 자금조달계획에 첨부된 문건 중 '3. 유동성 위기 재발 가능성'에는 '향후에도 카드사의 연체율 개선 미흡에 따른 대규모 누적 적자 발생 가능성, 대환론에 대한 시장의 부정적 반응 확대 가능성으로 카드사의 신뢰성 문제가 다시 부각할 경우에는 유동성 위기가 재발할 수 있다', '자산건전성의 회복이 지연되고 누적적자규모가 증가할 경우 현 자금조달 구조의 단기화로 인해 유동성 위기 재발 가능성이 있다', '대규모 Private Deal 추진으로 선행적 자본확충이 필요하다'(공 511쪽)는 등의 내용이 기재되어 있다.

(다) 경영여건의 악화와 유상증자의 실행

① 엘□카드는 상반기에 대규모 적자를 기록하였음에도 불구하고 연체율의 경우 2003. 8.까지는 10% 전후로 안정되어 있다가(3월 −9.2%, 6월 −9.96%, 7월 −10.2%, 8월 −9.8%), 2003. 9월에 10.65%로, 2003. 10월에 11.4%로 계속 상승하였고(이 법원에 제출된 각 금융감독원 보도참고자료), 자금조달에 있어서도 2003. 7월에 1조 9,773억 원(일평균 504억 원), 8월에 1조 5,565억 원(일평균 593억 원)을 조달하는 등 호조가 지속되다가, 9월에 조달목표액 약 1조 7,000억 원 가운데 6,892억 원(일평균 323억 원), 10월에 조달목표액 약 1조 6,000억 원 가운데 불과 2,726억원(일평균 284억 원, 단 2003. 10. 20.까지의 지표임)을 조달하는 것에 그치는 등 경영여건이 급격하게 악화되었다(2003. 10. 20.자 '경영실적 및 추가증자

검토안' 중 Ⅲ. 추가증자의 필요성-공651쪽, 2003. 8월 실적 및 유동성 보고-증거기록 8책 3권 1246쪽).

② 위와 같이 2003. 9월 들어 연체율이 높아지고 자금조달이 부진하게 되자, 엘□카드는 2003. 9. 22.자로 '추가 자본확충 검토(안)'이라는 문건을 작성하였는데(증거기록 8책 2권 585~590쪽), 여기에는 '대외신인도가 저하되고 단기차입비중이 높아지는 등 차입구조가 악화된 탓에 자금조달에 차질이 발생하여 제 2 의 유동성위기가 발생할 가능성이 있다', '재무구조 개선을 통한 시장의 신뢰회복을 위한 선제적 대응으로 2003. 11월 중 4,000억 원 내지 5,000억 원 규모의 유상증자가 필요하다', '2003. 11, 초순경 3/4분기 실적을 발표하면서 증자계획을 동시에 발표함으로써 시장의 신뢰를 상실하지 않도록 선제적 대응을 추진한다(11월 말까지 유상증자 완료)', '10월 중 주요 대주주와의 협의 및 이사회 결의를 완료하여 11월 이내에 자본확충을 완료하는데, 상황에 따라 10. 20. 이사회에서 증자결의가 가능하다'는 내용 등이 기재되어 있다(중 586, 589, 590쪽).

③ 이어서 엘□카드는 2003. 10. 1. '현재의 변화추이를 고려할 때 2004년도까지 대규모 적자 추세가 불가피하여 재무구조가 급속히 악화될 뿐만 아니라, 주식 및 채권시장이 동요할 가능성이 높고, 감독기관의 경영개선권고 가능성 등으로 인해 정상적인 경영이 어려울 것으로 판단된다', '당사의 자산구조 및 유사시 LG의 자금지원능력에 대한 시장의 우려가 불식되고 있지 않는 상황에서 만기구조가 단기화 되는 등 조달구조가 전혀 개선되지 않고 있다', '2004년도 (추정)손실 규모를 감안할 때 8,000억 원 이상의 증자가 필요한 상황이나, 이미 1조 원의 자본확충을 단행한 점, 주주의 일시적 자금 부담, 2004년도 추가 자구계획을 통한 실적개선노력 등을 고려하여 5,000억 원 수준의 자본확충을 실시하고자 한다', '2003. 11.초로 예정되어 있는 2003년도 3/4분기 실적 발표 시점에 증자계획을 동시에 발표하고, 12. 초까지 증자를 완료하며, 2003. 10. 1. 엘□ 대주주와 협의를 진행하고, 2003. 10. 9.~10. 외국인 대주주와 협의를 하여, 2003. 10. 20. 이사회에 경과를 보고한다'는 내용 등이 기재되어 있는 '추가 자본확충(안)'이라는 문건을 작성하여 유상증자를 추진하였으나, 구▨ 등 대주주들의 반대로 위와 같은 유상증자계획의 추진은 중단되었다(증거기록 8책 1권 151~157쪽).

④ 그런데, 한국자산관리공사(KAMCO)가 2003. 10. 15. '신용카드 연체자와 부채상환 협약을 맺을 때 채무자의 재산보유 정도에 따라 최대 70%까지 원리금을 감면하여 주는 신용회복지원 프로그램을 시행하고, 조정된 채무의 상환기간을 기존

최대 5년에서 8년으로 연장한다'는 내용의 '신용불량자구제대책'을 발표하자, 업계에서는 신용카드 연체율이 급속도로 상승하여 신용카드회사의 재무상태가 위기상황으로 빠지게 될 것으로 예상하였고, 실제로 '신용불량자구제대책'이 카드이용자들의 도덕적 해이를 초래하여 연체율이 높아지고 신용카드회사들이 경영위기에 빠지게 된 이른바 KAMCO 사태가 발생하였는데, 엘□카드는 2003. 9.부터 연체율이 높아지고 자금조달이 부진한 상황에서 위와 같이 한국자산관리공사가 신용불량자구제대책을 발표함으로 인하여 경영여건이 더욱 악화될 것이 예상되자, 2003. 10. 18. 이사들에게 이사회소집통지를 하여 2003. 10. 20.자로 경영실적현황 및 추가증자검토(안) 보고의 건을 안건으로 한 제 6 차 정기이사회를 소집하면서, 위 정기이사회에 '경영실적 현황 및 추가증자 검토(안)'이라는 제목으로 '3/4분기 경상이익은 대손상각 규모 감소 등으로 2/4분기 대비 2,024억 원 개선된 −1,599억 원 수준이며(2003. 7. 21.자 수정사업계획에서는 3/4분기 경상이익을 −1,859억 원으로 책정하였었다), 2003년 손익은 상품자산 및 영업수익 감소 등으로 당초 계획대비 377억 원 악화된 −9,835억 원으로 예상된다', '대손충당금 적립기준을 현재의 Migration 기준에서 금융감독원 기준으로 변경하기 위하여 감사법인과 협의를 진행 중인데 양 기준간 차이는 최대 4,000억 원 이상으로 추정된다', '카드사 경영 정상화 시점까지는 기관투자자의 카드채에 대한 신규 매수를 기대하기 어렵고, 카드사 업황 개선이 내년 이후로 늦춰질 전망 등으로 카드사의 제 2 의 유동성 위기감이 높아졌기 때문에 유일한 조달수단인 개인 및 일반법인 대상의 창구 판매가 부진한 상황이므로 신규 조달에 어려움이 가중되고 있다', '현 상태에서 조정자기자본비율이 문제가 되는 것은 아니나, 감독기관이 조정자기자본비율 산정방식의 강화를 추진하고 있어, 적자 추세가 지속될 경우 자본부족 문제가 발생할 수 있으며, 조정자기자본비율이 8% 이하로 하락시에는 신규영업정지, 감자/소각 등의 조치가 가능하여 정상적인 경영이 어려울 것으로 예상됨에 따라 사전적인 대응이 필요하다', '자본부족 문제의 실질적인 해결과 함께, 시장신뢰의 조기회복을 위해 5,000억원 수준의 자본확충을 추진한다'는 내용이 기재된 자료를 제출하였고(공판기록 615쪽, 646~658쪽), 위 정기이사회에 출석한 피고인 황○○을 비롯한 이사 5명 전원이 추가증자의 필요성을 공감하고, 구체적인 신주발행조건 및 세부 일정에 대해서는 추후 이사회를 개최하여 결의할 것을 합의하였다(공 615쪽).

⑤ 이에 따라 엘□카드는 2003. 10. 24. 유상증자안을 결의하기 위한 임시이사회를 소집하였다가 수권자본금에 관한 문제가 제기되어 조찬모임으로 대체하였고,

다시 2003. 10. 30. 이사회를 개최하여 '할인율 30%로 총 37,000,000주의 주식을 발행하되, 신주의 20%는 우▽사주조합에게 우선 배정하고, 잔여주식은 구주주에게 배정한다, 우▽사주조합 청약결과 발생하는 실권주는 구주주에게 추가 배정하고, 구주주 배정 후 발생하는 실권주는 일반에게 공개 모집한다, 일반공모 청약 후 발생하는 실권주는 엘□투자증권이 총액 인수한다'는 내용의 유상증자결의를 하였으며, 그 내용은 같은 날 공시되었다(엘□카드는 위와 같은 유상증자결의에도 불구하고 자금조달에 실패하여 2003. 11. 15.경 현금서비스를 중단하는 등 이른바 엘□카드사태가 발생하였다).

(3) 판 단

(가) 첫째, 위 인정사실에 의하면, 엘□카드는 2003. 7. 21.자로 수정사업계획을 수립할 당시 2003년 상반기 적자액이 7,630억 원으로 파악되는데 이와 같은 추세가 지속될 경우 연간 적자액이 1조 2,893억 원에 이를 것으로 예상하고, 2003. 9. 3.경 제 5 차 정기이사회에 제출할 '2003년 상반기 결산 주요사항' 및 '2003년 추정 손익'이라는 문건을 작성할 당시에도 상반기 적자액이 7,469억 원으로서 신규적용항목 869억 원을 반영할 경우에는 적자액이 8,338억 원에 이르는데, 대손충당금을 migration기준에 의하여 설정할 경우 연간추정경상이익이 −1조 2,103억 원, 대손충당금을 금융감독원기준에 의하여 설정할 경우 연간추정경상이익이 −9,458억 원에 이를 것으로 예상하였다.

그러나, 2003년 상반기 경상이익 적자액이 7,630억 원에 이른다는 정보는 엘□카드가 2003. 8. 14. 반기보고서를 통해 그 내용을 공시한 이상 공시 이후에는 미공개 중요 정보가 될 수 없다 할 것이다.

그리고 엘□카드의 연간추정경상이익 적자액이 1조 2,893억 원 또는 1조 2,103억 원에 이른다고 예상하였으나, 위와 같은 연간추정경상이익 적자액이 제반 경영여건을 면밀히 검토하여 산출된 것이 아니라 상반기에 대규모 적자를 기록한 상황에서 단순히 그와 같은 적자추세가 그대로 지속될 경우를 가정하여 산정된 것으로 보이는 점, 엘□카드는 2003. 7. 21.자로 수정사업계획을 수립하면서 효과적인 연체관리를 통하여 대손충당금에 대한 부담을 완화시켜 3/4분기에는 적자를 1,859억 원으로 줄이고, 4/4분기에는 2,128억 원의 흑자(연간 6,312억 원의 적자)를 실현하는 내용의 수정사업계획을 수립하였고, 2003. 9. 3.경 제 5 차 정기이사회에 제출할 '2003년 추정 손익' 및 '2003년 9~12월 자금조달계획'이라는 문건을 작성하면서도 하반기 동안 연체율이 9.0%, 조정자기자본비율이 10.1 내지 12.0%로 예상되어 금융감독원이 설정한 기준을 충족하여 적기시정조치를 피할 수 있을 것으로 예상하였으며, '9~12월 신규자금조달 규모 3.4조 원은 7~8월 조달규모(월평균 1.2조원) 및 조달여건 개선추세 감안할 때 충분히 조달이 가능한 수준이라고 판단한 점, 실제로 엘□카드는 상반기에 대규모 적자를 기록하였음에도 불구하고 연체율의 경우 2003. 8.까지는 10% 전후로 안정되어 있었고(3월 −9.2%, 6월 −9.96%, 7월 −10.2%, 8월 −9.8%), 자금조달에 있어서도 2003. 7월에 1조 9,773억원(일평균 504억 원), 8월에 1조 5,565억 원(일평균 593억 원)을 조달하는 등 호조가 지속된 점 등에 비추어 보면, 앞서 본 바와 같이 엘□카드의 2003년 연간추정경상이익 적자액이 1조 2,893억 원 또는 1조 2,103억 원에 이른다고 예상하였다는 사정만으로는 2003. 9. 3. 이전에 엘□카드가 적자누적에 따른 자본부족 문제로 인해 재무구조가 급속히 나빠져 경영이 악화될 것이라는 정보가 생성되었다고 보기 어렵고 달리 이를 인정할만한 증거가 없다.

(나) 다음, 앞서 살펴본 바와 같이, 2003. 7. 21.자로 작성된 수정사업계획, 2003. 8. 11.자 감사위원회의 회의록, 2003. 8. 25.자로 작성된 '2003. 7월 실적 및 유동성보고'라는 제목의 문건 및 2003. 9. 3.자 제5차 정기이사회에 제출된 보고자료 등에 모두 추가적인 자본확충이 언급되어 있다.

그러나, 위 각 서류가 작성될 당시 즉시 자본확충이 필요하다는 것이 아니라 단지 향후 특별한 상황이 초래될 경우에 대비하여 추가적인 자본확충을 검토할 필요가 있다는 정도에 불과하므로, 위와 같은 사정만으로는 2003. 9. 3. 이전에 엘□카드가 1조 원 상당의 자본확충을 끝냈음에도 불구하고 손실확대에 따른 재무구조의 악화 등으로 조만간 수천억 원 이상 규모의 유상증자가 이루어져야 하는 상황이라는 정보가 생성되었다고 보기 어렵고 달리 이를 인정할 증거가 없다.

(다) 끝으로, 앞서 인정한 사실에 의하면, 엘□카드는 상반기에 대규모 적자를 기록하였음에도 불구하고 연체율의 경우 2003. 8.까지는 10% 전후로 안정되어 있다가 2003. 9월에 10.65%로, 2003. 10월에 11.4%로 계속 상승하였고, 자금조달에 있어서도 2003. 8월까지 호조가 지속되다가 9월에 조달목표액 약 1조 7,000억 원 가운데 6,892억 원(일평균 323억 원), 10월에 조달목표액 약 1조 6,000억 원 가운데 불과 2,726억 원(일평균 284억 원, 단 2003. 10. 20.까지의 지표임)을 조달하는 것에 그치는 등 2003. 9. 들어서 경영여건이 급격하게 악화되기 시작한 점, 2003. 9. 22.자로 작성된 '추가 자본확충 검토(안)', 2003. 10. 1.자로 작성된 '추가 자본확충(안)'

에서 처음으로 자금조달에 차질이 발생하여 제2의 유동성위기가 발생할 가능성이 있고, 재무구조 개선을 통한 시장의 신뢰회복을 위하여 4,000억 원 내지 5,000억 원 규모의 유상증자가 필요하다는 내용이 언급된 이래 2003. 10. 20.자 제 6 차 정기 이사회에 제출된 '경영실적 현황 및 추가증자 검토(안)' 등에서 계속하여 같은 내용이 언급되어 있는 점 등에 비추어 보면, 2003. 9. 22. 들어서 비로소 연체율이 상승하고 자금조달이 부진하게 되는 등 엘□카드의 경영 상황이 상당히 악화되었다는 정보와 이를 타개하기 위하여 5,000억 원 정도의 유상증자가 필요하다는 정보가 생성되었고(이하 위 중요정보를 '이 사건 정보'라고 한다), 이와 같은 정보는 투자자의 투자판단에 중대한 영향을 미칠 수 있는 중요정보에 해당하는 것으로 보아야 할 것이다(공소사실에 기재된 중요정보가 '엘□카드의 적자가 누적됨에 따라 자본부족 문제로 인해 재무구조가 급속히 나빠져 경영상황이 악화될 것이라는 정보'인 것과 증거에 의하여 인정되는 중요정보에 약간의 차이가 있지만 전체적으로 동일성이 인정되는 것으로 보인다).

나. 피고인 이○○, 황○○이 중요정보를 취득하여 이용하였는지 여부

(1) 피고인 이○○이 이 사건 정보를 취득, 이용하였는지 여부에 관하여

(가) 앞에서 본 증거들을 종합하면, 피고인 이○○은 피고인 최○○이 보유하고 있던 엘□카드 주식을 관리하고 있던 중 2003. 9. 23.부터 2003. 10. 21.까지 사이에 별지1 범죄일람표(1) 1 내지 16 기재와 같이 16회에 걸쳐 위 주식 합계 1,150,730주를 22,041,891,182원에 매도하고, 2003. 10. 23. 위 주식 651,919주를 9,535,393,142원에 매도한 사실은 인정된다.

(나) 그러나, ① 앞서 살펴본 바와 같이 이 사건 정보는 2003. 9. 22.경 비로소 생성되었는데, 검사가 작성한 피고인 이○○에 대한 피의자신문조서의 기재 등에 의하면, 위 피고인이 피고인 최○○소유의 엘□카드 주식을 매도하기 위하여 동양오리온증권에 피고인 최○○명의의 계좌를 개설한 것은 위 정보가 생성되기 전인 2003. 9. 19.로 인정되는 점(원심 판시와 같이 이미 2003. 7.말~8.초경에 이 사건 정보가 생성되었다고 본다면, 피고인 이○○이 그로부터 2달여가 지난 2003. 9. 19.에 이르러서야 비로소 주식 매각을 위한 행위를 시작했다는 것은 더욱 이례적이다), ② 2003. 9. 22.자로 작성된 '추가 자본확충 검토(안)'에는 "2003. 10. 중 주요주주와 협의한다."고 표시되어 있고, 2003. 10. 1.자로 작성된 '추가 자본확충(안)'에는 "2003. 10. 1. 엘□ 대주주와 협의를 진행하고, 2003. 10. 9.~10. 외국인 대주주

와 협의를 하여 …"로 기재되어 있는 점(만약 엘□카드가 대주주 또는 그 대리인인 피고인 이○○ 등과 이미 유상증자에 대한 협의를 하고 있는 상황이었다면, 대외비에 속하는 위 문건들에 굳이 2003. 10.경 엘□ 대주주와 협의할 예정이라고 기재할 필요가 없을 것이다), ③ 피고인 이○○은 피고인 최○○을 비롯하여 주로 구씨와 허씨로 구성된 150여명의 엘□카드 주주들의 주식을 관리하던 중 오로지 피고인 최○○(구▨ 명예회장의 사위로서 엘□그룹의 계열사가 아닌 대한펄프의 회장이다)의 주식만을 제 3 자에게 매각하였고(피고인 이○○이 이 사건 정보를 이용하여 엘□카드의 주가하락으로 인한 손실을 회피하기 위하여 피고인 최○○이 보유하고 있는 엘□카드 주식만을 처분한다는 것은 선뜻 납득하기 어렵다), 2003. 10. 14. 및 같은 달 15.에 엘□상사 계열분리와 관련하여 구본걸 일가가 소유한 엘□카드 주식 164만 주(약 306억 원 상당)를 엘□그룹의 대주주인 ▨, ▨, ▨ 등에게 매도한 점(만약 피고인 이○○이 이 사건 정보를 알고 있었다면 그의 지위에 비추어 볼 때 위와 같이 매수인 측인 구본능 등에게 커다란 손해를 초래할 수도 있는 거래를 행한 이유를 설명하기 어렵다), ④ 미공개 중요정보를 이용하여 이득을 얻기 위해서는 그 중요정보가 남들에게 알려지기 전에 신속하게 주식을 매각하여야 할 것인데, 피고인 이○○은 1개월이라는 장기간에 걸쳐 이 사건 주식을 매각하였으며, 매각 당시에 주식가격의 하한과 거래량까지 특정하여 준 것은 미공개정보를 취득하고 이를 이용하는 자의 일반적인 행태라고 보기 어려운 점, ⑤ 대한펄프가 작성한 '전환사채 발행검토'(공판기록 2084~2089쪽), '전환사채발행(안)'(공판기록 2041쪽), '이사회 의사록'(공판기록 2042쪽)의 각 기재에 의하면, 대한펄프는 2003. 8. 31.경 이미 500억 원 규모의 전환사채(CB) 발행을 검토한 데 이어, 같은 해 9. 15. 500억 원 규모의 전환사채발행안을 수립하고, 이어서 같은 해 9. 18. 이에 관한 의사회 의결까지 마친 것으로 인정되는데(다만, 같은 해 9. 25. 전환사채 발행을 신주 발행으로 변경하였다 — 이사회 의사록, 공판기록 2045쪽), 앞서 살펴본 바와 같이 이 사건 정보는 그 후인 2003. 9. 22.경 비로소 생성되었으므로, 피고인 최○○이 엘□카드 주식을 매각하는 이유를 가장하기 위하여 대한펄프의 유상증자에 관한 절차를 진행한 것으로 보기는 어렵다는 점 등을 종합하면, 피고인 이○○이 이 사건 정보를 취득한 후 이를 이용하여 피고인 최○○소유의 주식을 매각하였다고 인정하기 어렵다.

(2) 피고인 황○○이 이 사건 정보를 취득, 이용하였는지에 관하여

(가) 앞에서 본 증거들을 종합하면, 피고인 황○○은 피고인 ××, ■■이 보유하고 있던 엘□카드 주식을 관리하고 있던 중 동양증권을 통하여 2003. 10. 16.부터 2003. 10. 29.까지 사이에 별지2 범죄일람표(2) 기재와 같이 10회에 걸쳐 피고인 ××이 보유하고 있던 엘□카드 주식 2,880,300주를 45,722,254,972원에 매도하고, 같은 기간 동안 별지3 범죄일람표(3) 기재와 같이 10회에 걸쳐 피고인 ■■이 보유하고 있던 엘□카드 주식 2,879,080주를 45,685,754,680원에 매도한 사실이 인정된다.

(나) 그러나, ① 피고인 황○○이 엘□카드의 사외이사이자 감사위원이기는 하나, 엘□카드에 투자를 한 ××, ■■의 이익을 대변하는 역할을 맡고 있었으므로, 그가 엘□카드의 이사회나 감사위원회에 제공되는 정보는 취득할 수는 있을지라도 앞에서 본 2003. 9. 22.자 '추가 자본확충 검토(안)'이나 같은 해 10. 1.자 '추가 자본확충(안)'과 같은 엘□카드 내부의 경영진 보고용이나 주식회사 엘□에 대한 보고용 문건을 쉽게 접하여 이 사건 정보를 취득할 수 있었을 것으로 보기는 어렵다는 점, ② 엘□카드의 2003. 9. 22.자 내부문서인 '추가 자본확충 검토(안)'에는 "2003. 10. 중 외국인 주주와 협의한다"고 표시되어 있고, 2003. 10. 1.자 내부문서인 '추가 자본확충(안)"에는 "2003. 10. 1. 엘□ 대주주와 협의를 진행하고, 2003. 10. 9.~10. 외국인 대주주와 협의를 하여 …"라고 기재되어 있는 점(엘□카드가 만약 2003. 9. 22. 또는 같은 해 10. 1. 이미 피고인 ××, ■■ 또는 그 대리인인 피고인 황○○에게 유상증자에 관한 정보를 제공한 상황이라면, 대외비에 속하는 위 각 내부문건에 위와 같이 굳이 같은 해 10. 9.~10.경 외국인 대주주와 협의할 예정이라고 기재할 이유가 없을 것이다), ③ 피고인 황○○이 만약 2003. 9. 22.자 및 같은 해 10. 1.자 위 각 문건을 보고받거나 알게 되어 이 사건 정보를 취득하였다면 위 피고인이 곧바로 주식을 매각하지 않고 있다가 위 정보가 공개되기 불과 4일 전인 2003. 10. 16.에 이르러 뒤늦게 주식을 매각하기 시작하였다는 것은 사회통념상 매우 이례적인 점, ④ 미공개 중요정보를 이용하여 이득을 얻기 위해서는 그 중요정보가 남들에게 알려지기 전에 신속하게 주식을 매각하여야 할 것인데, 피고인 황○○은 주식가격의 하한을 설정하여 일임매매약정을 체결한 이래 2003. 10. 16.부터 유상증자가 공시된 후인 2003. 11. 20.경까지 꾸준히 같은 태양으로 매각을 진행한 점(이는 미공개정보를 취득하고 이를 이용하는 자의 일반적인 행태라고 보기 어렵다), ⑤ 피고인 황○○이 2003. 10. 20. 엘□카드 이사회에 참석하여 이 사건

정보를 취득하였던 사실은 인정되나, 그는 이미 같은 달 7. 동원증권과 일임매매약정을 체결하여 엘□카드 주식의 매각을 추진하여 왔던 점에 비추어 보면, 2003. 10. 20. 이후의 주식매각 역시 이 사건 정보를 이용하여 한 것이라고 보기는 어려운 점 등을 종합하면, 피고인 황○○이 이 사건 정보를 취득한 후 이를 이용하여 피고인 ××, ■■ 소유의 주식을 매각하였다고 인정하기 어렵다.

노트와 질문

1) 자본시장법 제174조는 미공개정보를 정의하여 놓고 있으며 행위의 주체 역시 정의하고 있으므로, 미국증권거래법하에서의 판례는 이 조문의 확장해석 가능성의 차원에서만 논의될 수 있을 뿐이다. 미공개정보가 어느 시점부터 공개정보가 되는지에 관하여는 뒤 제27장에서 검토할 미국의 판례 *Flamm v. Eberstadt*, 814 F.2d 1169 (7th 1987)과 *Basic Inc. v. Levinson*, 485 U.S. 224 (1988), 대법 1994. 4. 26. 선고 93도695 판결, 서울고법 2009. 3. 19. 선고 2008노2314 판결 참조.

서울중앙지법 2006. 9. 29. 선고 2006고합115 판결(검사 v. 헤르메스)

증권거래법 제188조의4 제 4 항 제 1 호는 '유가증권의 매매 기타 거래와 관련하여, 부당한 이득을 얻기 위하여 고의로 허위의 시세 또는 허위의 사실 기타 풍설을 유포하거나 위계를 쓰는 행위'를 사기적 부정거래행위로 보아 금지하고 있는바, 위 조항 소정의 '위계'라 함은 거래상대방이나 일반투자자들을 기망하여 매매 기타 거래에 관한 일정한 행위를 유인할 목적의 수단이나 계획, 기교 등을 의미한다.

공소장 기재 공소사실과 검사가 제출한 의견서 등을 종합하면, 이 사건 공소의 취지는 피고인의 피용자인 공소외 1이 피고인과 자신이 보유하던 삼성물산 보통주와 우선주를 원활하게 처분할 목적으로 이 사건 인터뷰를 통하여 보유주식의 매도의사를 숨긴 채 삼성물산에 대한 M&A 가능성을 부각시킨 뒤 주가를 상승 내지 유지시킨 상태에서 거래량을 늘려 시장에서 매도함으로써 위계를 사용하였다는 것으로 보이므로, 과연 공소외 1의 이 사건 인터뷰가 일반투자자들로 하여금 삼성물산 주식을 매수하도록 유인하기 위한 기망행위에 해당하는지 여부가 유·무죄를 판단하기 위한 관건이 되는 쟁점이라고 할 것이다. 아래에서는 인터뷰의 내용을 세부적으로 분석하여 차례로 살피기로 한다.

다. M&A 가능성을 부각시키기 위하여 위계를 사용하였는지 여부

먼저 공소외 1이 삼성물산 주식을 M&A 테마주로 부상시키려는 의도로 이 사건 인터뷰에서 삼성물산이 적대적 M&A의 대상이 되고 피고인이 이를 지원할 것처럼 일반투자자들을 기망하여 삼성물산 주식을 매수하도록 유인하였는지에 관하여 본다.

위에서 인정한 바와 같이 공소외 1이 이 사건 인터뷰에서 공소장 기재 내용 중 "삼성물산이 자기주식을 취득하는 것은 자기방어를 위해서이다."라는 부분을 제외한 나머지 부분, 즉 "삼성물산 주식은 훌륭한 가치를 지녔기 때문에 만약 현 경영진이 회사의 평가를 높이는 방안을 강구하지 않는 한 다른 투자자가 주식을 사서 주가를 높일 수 있도록 경영진 바꾸기를 시도할 수 있을 것이다. 지금 회사 경영진이 하는 것을 보면 헤르메스는 경영진을 지지하기 힘들 것이다. 누군가가 적대적 M&A를 한다면 우리는 아마도 지금 경영진을 지지하지 않을 것이다. 예를 들어 소버린이 삼성물산과 M&A를 한다면 헤르메스는 소버린을 지지할 것이다."라는 취지로 말한 사실은 인정된다.

그러나 공소외 1의 위와 같은 발언은 조선일보 기자가 사전에 준비한 질문에 대한 답변과정에서 나온 내용의 일부로서, 위 발언내용만 발췌하여 보면 마치 인터뷰의 주된 내용이 삼성물산에 대한 적대적 M&A의 가능성과 이에 대한 피고인의 지지 의사에 치우쳐 있는 듯한 인상을 주지만, 위와 같은 발언 전후로 공소외 1이 '플래티넘 펀드 등 다른 주주들과 삼성물산 M&A에 관하여 논의한 사실이 없다', '경영진이 올바른 방향으로 움직이기 시작했고, 우리는 경영진과 같이 일하기를 선호한다', '다른 외국인투자자나 기업의 M&A 시도에 대하여는 알지 못한다'고 여러 차례 말한 점 등 앞에서 인정한 이 사건 인터뷰의 구체적인 내용과 전체적인 맥락에 비추어 보면, 위 공소사실 기재 발언은 '삼성물산 주식이 매우 저평가되어 있기 때문에 경영진이 주주가치를 높이는 방안을 검토하지 않는다면 M&A가 시도될 가능성이 있고, M&A가 실제로 시도될 경우 피고인이 M&A 시도 세력의 제안을 검토하여 현 경영진을 지지하지 않을 수도 있다'는 정도의 가정적 · 원론적 발언에 불과한 것으로 판단된다.

나아가 변호인이 제출한 증 제9, 28호증의 각 1 내지 4, 증 제50호증에 의하면 이 사건 인터뷰 이전, 심지어 피고인이 삼성물산 주식을 매수하기 훨씬 이전부터 이미 삼성물산은 대주주의 지분비율이 외국인 투자자의 지분비율에 비하여 매우 낮아 M&A 관련주로 보도되고 있었고, 2004. 5.경에는 '스코틀랜드의 모 펀드가 삼성물산 주식을 4.99% 인수함으로써 헤르메스가 보유한 5%, 플래티넘 자산운용이 보유한 5.38% 등 범 영국계 펀드 지분이 삼성측의 지분 9%보다 높은 15.8%에 이르게 되어 적대적 인수합병(M&A) 가능성을 무시할 수 없는 상황이 되었다.'는 내용의 기사까지 보도된 사실이 인정되는바, 그렇다면 M&A 가능성에 대한 공소외 1의 가정적·원론적 발언은 위와 같은 보도의 내용과 대동소이한 것으로서, 당시까지 널리 알려진 삼성물산에 대한 M&A 가능성보다 더 구체적으로 M&A의 현실적 위험을 부각시킨 것으로 보기도 어렵다.

뿐만 아니라, 위계행위가 인정되기 위해서는 이 사건 인터뷰에 허위나 기만적 요소가 포함되어 있어야 하는데, 피고인이 실제로 M&A를 시도하거나 다른 주체에 의한 M&A에 참여할 의사가 없음에도 마치 그렇게 할 것처럼 피고인의 피용자인 공소외 1이 인터뷰를 하였다고 볼 수 없는 이상, 단순히 M&A의 가능성을 언급하였다거나 장차 M&A가 이루어질 경우 피고인이 이를 지지할 수도 있다는 의사를 표시한 것에 과연 어떠한 허위나 기만적 요소를 인정할 수 있을지 의문이다.

이상에서 살핀 바에 따르면, 공소외 1의 이 사건 인터뷰는 이미 공지의 사실이던 삼성물산에 대한 M&A 가능성을 재확인하고 그러한 가능성이 현실화될 경우 피고인이 삼성물산을 지지하지 않을 수 있다는 입장을 표명한 것에 불과하며, 아울러 M&A를 시도하는 세력의 현존 여부에 대하여 분명히 모른다고 답변함으로써 위와 같은 발언이 가정적·원론적 답변임을 밝힌 것이어서, 허위나 기만적 요소가 포함되었다고 인정하기 어렵고, 이를 가리켜 일반투자자들을 기망하기 위한 위계에 해당한다고 볼 수 없다(한편, 〈'삼성물산 외국인에 M&A될 수도' 지분 5% 보유한 헤르메스 펀드 총괄책임자 '지배구조 개선 안 하면 M&A 시도펀드 지원'〉이라는 제목의 이 사건 기사에 공소외 1이 인터뷰에서 "삼성물산이 워낙 저평가되어 있기 때문에 경영권을 가져와 기업가치를 높이려는 세력들이 있다."는 말을 하여 구체적인 M&A 시도가 있음을 암시한 것처럼 보도된 사실은 인정되나, 앞서 본 바와 같이 공소외 1은 '구체적인 M&A 시도세력에 대하여 알지 못하고 플래티넘 펀드와도 삼성물산 M&A에 관하여 이야기해 본 적이 없다.'는 취지로 여러 차례 말하였을 뿐 위와 같은 말을 한 사실이 없고, 기사의 제목은 조선일보 편집 과정에서 정해진 것이며, 공소외 1이 기사 작성에 관여하여 위와 같은 내용으로 발언한 것처럼 보도되게끔 하였다는 점을 인정할 아무런 증거도 없으므로, 위와 같은 보도가 이루어진 것을 가지고 공소외 1이 일반투자자를 기망하기 위하여 위계를 사용하였다고 볼 수도 없다).

라. 주식을 계속 보유할 것처럼 기망함으로써 위계를 사용하였는지 여부

다음으로 공소외 1이 삼성물산 보통주 및 우선주를 매각할 의사가 있음에도 불구하고, 이 사건 인터뷰를 통하여 주식을 계속 보유할 것처럼 일반투자자들을 기망하여 삼성물산 주식을 매수하도록 유인하였는지에 관하여 살피건대, 앞서 본 바와 같이 공소외 1이 이 사건 기사가 보도된 직후 공소외 3에게 삼성물산 주식의 매도방법에 대하여 문의하고, 다음날 매도 실행을 위임하여 보도 이틀 후에 피고인이 보유하고 있던 삼성물산 보통주 및 공소외 1이 보유하고 있던 삼성물산 우선주 전량을 시장에서 매도한 사실은 인정되나, 위와 같은 사정만으로 공소외 1이 이 사건 인터뷰 당시 이미 위 주식들을 매각할 확정적 의사가 있었다고 단정하기 어렵다.

또한, 특정기업의 주식 중 상당 지분을 보유한 대주주라고 하더라도 조만간 주식을 매도할 가능성이 있다는 이유만으로 언론과의 인터뷰를 삼가거나 그 인터뷰에서 주식 보유를 전제로 한 발언을 하지 말아야 할 신의칙상 의무가 있다고 볼 수 없고, 더욱이 공소외 1은 이 사건 인터뷰에서 '삼성물산 보통주 및 우선주를 매도할 의사가 없고, 앞으로도 계속 보유하겠다.'고 명시적으로 언급한 바도 없다. 설령 공소외 1이 위 주식을 매각할 의사가 있으면서도 인터뷰 과정에서 앞으로도 위 주식들을 계속 보유할 것 같은 인상을 주었다고 하더라도, 그것이 향후 삼성물산 보통주 및 우선주를 추가로 계속 매입하겠다는 취지가 아니라 단순히 보유지분을 계속 유지하겠다는 인상을 준 것에 불과하다면, 이를 가지고 위계행위에 해당한다고 보기는 어려울 것이다(공소외 1은 2004. 9. 2.과 2004. 11. 26. 및 2004. 12. 1.에 공소외 3이 삼성물산 주식을 추가 매입하도록 권유하는 것을 모두 거절한 바 있다).

마. 주가를 상승시키기 위한 목적에서 인터뷰한 것이 위계에 해당하는지 여부

한편, 앞에서 인정한 바와 같이 공소외 1이 이 사건 인터뷰 직전에 '적대적 M&A에 관하여는 공격적으로 답변하겠다.'는 취지로 말한 점, 이 사건 기사가 보도된 직후 기사에 만족한다는 반응을 보인 점, 그 다음날 삼성물산 보통주의 주가에 대하여 실망했다는 반응을 보인 점에 비추어 보면, 공소외 1이 이 사건 인터뷰를 한 목적에 삼성물산 주가를 상승 내지 견인시키려는 의도가 포함된 것이 아닌가 의심이 들긴 한다.

그러나 설사 공소외 1에게 그러한 목적이 있었다고 하더라도, 앞에서 본 것처럼 이 사건 인터뷰의 내용에 아무런 허위나 기만적 요소가 있다고 볼 수 없는 이상 그러한 내심의 목적을 가지고 인터뷰에 응하였다는 사정만으로 이 사건 인터뷰를 한 것이 위계에 해당한다고 할 수도 없다.

바. 기타 정황

한편, 피고인이 2004. 3. 2.까지 삼성물산 주식의 5%를 취득하여 같은 달 6. 공시한 사실, 2004. 3. 5. 공소외 3의 한겨레신문과의 인터뷰, 2004. 3. 8. 공소외 1의 공소외 2 상무와의 전화면담, 2004. 9.부터 10.까지 사이의 공소외 1과 공소외 3의 전화 통화 내용, 피고인의 2004. 11. 12.자 및 2004. 11. 26.자 보도자료 등은 이 사건 증권거래법위반 공소사실의 구성요건인 "위계"의 기초 사실에서 제외되어 있을 뿐만 아니라, 그 내용에 어떠한 위계행위가 포함되어 있다고 볼 수도 없고, 나아가 2004. 12.에야 실현된 삼성물산 주식매도와 직접 관련이 있다고 보기도 어렵다.

Ⅳ. 비용부담[17)]

국세청 심사부가99-500, 2000. 9. 22.

청구법인은 1964. 8. 18. 설립되어 1976. 12. 27 기업을 공개한 상장회사로서, 주주인 ○○이 최대주주(○○○과 특수관계자 지분 29.26%: 487,083주 중 142,562주 소유)이면서 대표이사로 청구법인을 경영하던 중 증권거래소를 통한 적대적 기업인수 위협을 받자 이에 대응하고 경영권방어를 위하여 법률자문 등을 받는 대가로 청구의 ○○○법률사무소 등에게 1997. 1. 9.부터 1997. 10. 9.까지 593,109,050원(이하 "쟁점수수료"라 한다)을 지급하고 이를 1997년 사업년도의 지불수수료로 계상하여 청구법인의 소득금액 계산시 손금에 산입하고 쟁점수수료 중 1997. 5. 2. 청구외 ○○음에게 지급한 수수료 30,000,000원에 대하여는 세금계산서를 수취하여 이에 대한 매입세액 3,000,000원을 1997년 1기 확정신고시 매출세액에서 공제하였다.

처분청은 청구법인이 손금에 산입한 쟁점수수료는 청구법인의 대표이사 겸 최대주주인 ○○○이 자신의 경영권방어를 위하여 지출한 비용임을 확인하고 이는 법인의 사업과 관련 없는 ○○○의 개인적 비용이라 하여 쟁점수수료 593,109,050

17) 김규진/장해일/김락중/전명호, 포이즌필-경영권방어수단, 63-70 (2007).

원은 손금불산입하고 ○○○에게 상여처분하여 1999. 5. 3. 청구법인에게 소득금액 변동통지를 하고, 쟁점수수료와 관련하여 공제 받은 매입세액은 공제하지 아니하는 것으로 하여 1997년 1기분 부가가치세 3,300,000원을 1999. 5. 1. 청구법인에게 경정고지 하였다.

(나) 사실관계 및 판단

먼저, 청구외 □□□이 청구법인을 적대적으로 인수한 경과 과정을 살펴보면, 청구외 □□□, □□□, ○○○, ○○○, ○○○, ○○○, ○○○, □□□개발 및 재단법인 □□□회(이하 "□□□측"이라 한다)는 1997년 1월부터 청구법인의 주식을 매수하기 시작하여 청구법인에 대한 주식 지분을 1997. 4. 10. 13.59%, 1997. 4. 15. 24.7%로 확대하였고, 1997. 4. 25에는 지분율을 25% 이상으로 높이는 주주들에게 공개매수를 통해 50%+1주를 매입하도록 의무화한 증권거래법 제21조 제 2 항 및 같은 법시행령 제11조의2 규정에 따라 공개매수신고서를 증권관리위원회에 제출하였으나, 1997. 5. 27. 공개매수신고서상의 특별관계자(특수관계인+공동보유자) 기재란에 청구외 ○○○ 및 ○○○과 이들이 보유하고 있던 청구법인의 주식 보유수량(79,840주 16.7%)을 알고도 이를 숨기고 허위기재함으로써 증권거래법을 위반하였다는 사유로 공개매수활동 정지처분 명령을 증권관리위원회로부터 받았고, □□□측은 1997. 6. 18 청구법인의 주식에 대하여 공개매수신고서를 다시 제출하고 공개매수활동을 진행하여 1997. 8. 1. □□□측이 51.21%의 지분을 확보함으로써 공개매수를 종료하고 그 결과를 1997. 8. 2. 증권거래소에 보고하였으며, 청구법인의 대표이사는 1997. 1. 25. □□□의 대표이사이던 ○○○로 변경된 사실이 심리자료에 의하여 확인된다.

청구법인의 당시 대표이사 겸 최대주주인 ○○○은 청구외 □□□측이 청구법인을 적대적으로 인수하려고 시도하자 1997년 1월부터 1997년 10월까지 경영권 방어를 위한 법률자문과 정보수집 관련 비용으로 청구외 ○○○법률사무소 등에게 593,109,050원을 지출하고 이를 청구법인의 지불수수료로 계상하여 손금에 산입한 사실이 청구법인의 손익계산서 등 재무제표에 의하여 확인되고 청구법인이 지출한 쟁점수수료 593,109,050원은 경영권에 대한 현실적 위협에 방어 대처하고 안정적인 경영구조 유지 강화를 위해 발생하는 제반 법적 검토 및 법률문제의 조언과 이를 위하여 필요한 자문을 제공받는 대가로 ○○○법률사무소에게 390,109,050원, 경영활성화를 위한 제반 자문용역을 제공받는 대가로 ○○컨설팅에케 50,000,000원,

경영권 방어와 관련하여 적대적 기업인수 시도자의 파악, 증권시장내의 주식매매에 대한 변동 파악 및 경영권 방어와 관련된 효율적 대책을 제공받는 대가로 ○○음에게 30,000,000원(부가가치세 별도), 주식양수도와 관련된 자문용역을 제공받는 대가로 ○○회계법인에게 25,000,000원, □□□측을 상대로 제소한 진정 고소사건 처리에 대한 위임 대가로 ○○합동법률사무소에게 20,000,000원, 청구외 ○○○(청구법인의 구 대표이사)이 □□□측을 상대로 한 공개매수절차 정지 등 가처분신청 사건에 대한 위임대가로 ○○○변호사에게 20,000,000원, □□□측을 상대로 한 주식처분금지 및 취득금지가처분 신청사건과 공개매수신고효력정지등가처분 신청사건 및 공개매수절차유지청구 사건처리를 위하여 ○○○변호사에게 25,000,000원, □□□측에 대한 형사사건의 처리를 위하여 ○○○변호사에게 13,000,000원, □□□측을 증권거래법 위반으로 고발함에 있어 그 자문을 구하기 위하여 ○○○변호사에게 10,000,000원 및 경영권 방어 관련 포괄자문회사로서 경영권 방어전략, 기업매도 및 매수의 알선·중개, 기업합병, 합작 및 전략적 제휴 등에 관한 자문을 제공받는 대가로 ○○증권에게 10,000,000원을 지급한 것으로서, 위 금액은 모두 청구외 □□□측이 청구법인을 적대적으로 인수하려고 하자 이에 대응하여 경영권을 방어하기 위하여 지출한 것임이 처분청의 조사복명서와 계약서 및 청구외 ○○○의 준비서면(○○지방법원 사건99가합5○○○) 자료 등에 의하여 확인되고, 쟁점수수료가 경영권을 방어하기 위한 지출이라는 사실에 대하여는 청구법인과 처분청간의 다툼은 없다.

개인적 이익을 위한 것이고, ○○○ 자신이 대주주로서의 지위 및 나아가 대표이사로서의 경영권을 확보하기 위한 법률자문 등을 위해 개인용도로 청구법인의 자금을 지출한 것이므로 쟁점수수료 593,109,050원과 처분청이 인정상여로 소득처분하여 청구법인이 납부한 ○○○의 소득세 원천징수세액 233,925,040원 및 주민세 23,392,500원 합계 850,426,590원을 ○○○이 청구법인에게 지급할 것을 요구하는 소송을 ○○지방법원에 제기(99가합5○○○)한 사실이 소장에 의하여 확인된다.

위 소송에 대하여 청구외 ○○○이 작성한 준비서면 자료에 의하면 ○○○은 위 쟁점수수료를 지출하기 위하여 중립적인 이사회의 결의를 거쳤으나 당시 상황이 신속한 결정을 요하는 것이었고 그 성격상 기밀사항에 속하는 것이었으므로 이사회 회의록을 작성하지 못하였다고 주장하고 있고, 당심이 제출하도록 요구한 쟁점수수료 지출과 관련한 이사회 회의록을 청구법인은 제시하지 못하고 있다

쟁점수수료 관련 계약서 중 ○○○법률사무소와 체결한 사건위임계약서를 살펴보면, 의뢰인은 ① ○○○ ② ○○◇◇주식회사(청구법인)로 기재되어 있어 ○○○ 개인 자격과 청구법인 자격으로 공동의뢰한 사실이 확인된다.

(라) 판 단

□□□측은 청구법인을 인수하는 과정에서 전시한 내용과 같이 1997. 5. 27. 공개매수신고서상의 특별관계자를 숨기고 허위기재함으로써 증권거래법을 위반하였다는 사유로 증권관리위원회로부터 공개매수활동 정지처분 명령을 받은 사실은 있으나, 그 이후 1997. 6. 18. 다시 공개매수신고서를 제출하고 공개매수활동을 진행하여 청구법인의 주식을 취득하고 공개매수를 종료하였으므로, 결과적으로 □□□측은 적법하게 청구법인의 경영권을 인수하였음이 확인된다.

– 청구법인은 경영권 방어조치에 대한 경영진의 충실의무위반 여부에 대한 미국 판례 입장중의 하나인 "경영판단원칙 적용론"을 들어 경영권 방어 비용인 쟁점수수료는 당시 대표이사 겸 최대주주인 ○○○이 청구법인을 보유하기 위해서가 아니고 청구법인의 경영권을 안정시켜 정상적인 영업활동을 지속시키기 위한 것이고 경영권의 안정이 정상적인 영업활동에 직결되는 것인 만큼 쟁점수수료는 청구법인의 사업관련 비용이라고 주장하고 있으나, "경영판단원칙 적용론"은 경영권 방어조치에 대한 경영진의 충실의무위반 여부에 대한 미국의 지배적인 판례 입장은 아닌 것이고, 미국의 지배적 판례 입장은 오히려 "특정 방어조치의 일차적 목적이 무엇인지를 각각 따져 보아야 한다는 것으로서 경영진이 해당 방어조치의 일차적인 목적이 사업적인 것이고 그들 자신의 지위를 보전하기 위한 것이 아님을 입증해야 된다"는 것인바, 청구법인이 제시한 쟁점수수료 관련 계약서, 공개매수신고서, 공개매수정지처분문서 등의 서류로는 쟁점수수료가 청구법인의 사업관련 지출이고 당시 대표이사 겸 최대주주인 청구외 ○○○ 자신의 지위를 보전하기 위한 것이 아니라는 상당함이나 공정함이 입증된다고 보기 어렵다.

위와 같이, 청구외 ○○○이 당시 청구법인의 대표이사겸 최대주주인 점, 청구법인이 쟁점수수료가 청구외 ○○○의 개인적 이익을 위하여 지출한 비용이라고 주장하면서 동 수수료와 이에 관련된 인정상여(귀속자 ○○○)에 대한 원천징수 납부세액 등을 청구외 ○○○이 청구법인에게 지급하여 줄 것을 요구하는 소송을 제기한 점, 쟁점수수료 지출과 관련한 이사회 회의록을 제시하지 못하고 있는 점, ○○○법률사무소와의 계약서상의 의뢰인란에 청구외 ○○○ 및 청구법인 2인으로 공동

기재되어 있는 점, □□□측이 증권거래법상의 공개매수제도를 통하여 적법하게 청구법인의 경영권을 인수한 점, 회사의 경영진이 외부의 회사지배권 쟁탈기도에 즈음하여 회사경영권을 계속 보전할 목적으로 회사의 자금을 사용한 것은 경영진 자신들의 이익을 위하여 회사재산을 사용하는 것이 되는 점(대법 99도1141, 1999. 6. 25.), 청구법인의 당시 대표이사 겸 최대주주인 청구외 ○○○이 쟁점수수료를 지출한 목적이 청구법인의 사업적인 것이고 ○○○ 자신의 지위를 보전할 목적이 아니라는 상당함이나 공정함을 입증하지 못하는 점 등으로 볼 때, 쟁점수수료는 당시 대표이사 겸 최대주주인 ○○○이 자신의 청구법인에 대한 경영권을 유지하고 자신의 지위를 보전할 목적으로 청구법인의 자금을 사용한 것이고 이는 ○○○ 자신의 이익을 위한 개인적 비용이라고 보는 것이 타당하므로 쟁점수수료를 청구법인의 손금에 산입하지 아니하고 ○○○에 상여처분하여 소득금액변동통지를 한 처분과 쟁점수수료와 관련하여 공제받은 부가가치세 매입세액을 공제하지 아니하는 것으로 하여 경정고지한 당초처분은 달리 잘못이 없다고 판단된다.

대법 2003. 5. 30. 선고 2003도174 판결(이사를 상대로 한 직무집행정지가처분과 회사경비)[18]

법인의 이사를 상대로 한 이사직무집행정지가처분결정이 된 경우, 당해 법인의 업무를 수행하는 이사의 직무집행이 정지당함으로써 사실상 법인의 업무수행에 지장을 받게 될 것은 명백하므로 법인으로서는 그 이사 자격의 부존재가 객관적으로 명백하여 항쟁의 여지가 없는 경우가 아닌 한 위 가처분에 대항하여 항쟁할 필요가 있다고 할 것이고, 이와 같이 필요한 한도 내에서 법인의 대표자가 법인 경비에서 당해 가처분 사건의 피신청인인 이사의 소송비용을 지급하더라도 이는 법인의 업무수행을 위하여 필요한 비용을 지급한 것에 해당하고, 법인의 경비를 횡령한 것이라고는 볼 수 없다(대법 1990. 6. 26. 선고 89도1102 판결 참조).

원심은, 피고인에 대한 직무집행정지가처분신청사건 및 대표이사해임청구사건의 신청원인 또는 청구원인 등의 내용과 이에 대하여 피고인이 적법한 이사회 결의를 통하여 정당한 직무집행을 한 것이라고 적극 다투고 있었음에 비추어 당시 피고인의 대표이사 자격의 부존재가 객관적으로 명확하여 항쟁의 여지가 없었다고 보기

---

18) 비영리법인의 경우에도 동일한 취지의 판결로 대법 2009. 3. 12. 선고 2008도10826 판결; 대법 2007. 12. 28. 선고 2006도9100 판결; 대법 1990. 6. 26. 선고 89도1102 판결; 대법 2003. 5. 30. 선고 2003도1174 판결.

는 어려우므로 피고인이 위 신청사건 및 소송사건에 응소하여 공소외 주식회사의 자금으로 피고인의 변호사 선임비용을 지급한 행위는 위 회사의 업무수행에 필요한 비용을 지급한 것에 해당한다는 이유로, 이 부분 업무상횡령의 공소사실을 유죄로 인정한 제1심판결을 파기하여 무죄를 선고하였는바, 앞의 법리 및 기록에 비추어 관계 증거들을 살펴보면, 원심의 위 판단은 정당하다고 수긍이 되고(대표이사 해임 소송의 경우에도 직무집행정지가처분신청이 제기된 경우와 동일한 논리가 적용된다 할 것이다), 거기에 업무상횡령죄에 관한 법리를 오해한 위법이 있다고 할 수 없다.

대법 2008. 6. 26. 선고 2007도9679 판결(검사 v. ×××)[19]

법인의 대표자 개인이 당사자가 된 민·형사사건의 변호사 비용은 법인의 비용으로 지출할 수 없는 것이 원칙이고, 예외적으로 분쟁에 대한 실질적인 이해관계는 법인에게 있으나 법적인 이유로 그 대표자의 지위에 있는 개인이 소송 기타 법적 절차의 당사자가 되었다거나 대표자로서 법인을 위해 적법하게 행한 직무행위 또는 대표자의 지위에 있음으로 말미암아 의무적으로 행한 행위 등과 관련하여 분쟁이 발생한 경우와 같이, 당해 법적 분쟁이 법인과 업무적인 관련이 깊고 당시의 제반 사정에 비추어 법인의 이익을 위하여 소송을 수행하거나 고소에 대응하여야 할 특별한 필요성이 있는 경우에 한하여 법인의 비용으로 변호사 선임료를 지출할 수 있으며(대법 2006. 10. 26. 선고 2004도6280 판결 등 참조), 반대로 법인 자체가 소송당사자가 된 경우에는 원칙적으로 그 소송의 수행이 법인의 업무수행이라고 볼 수 있으므로 그 변호사 선임료를 법인의 비용으로 지출할 수 있을 것이나, 그 소송에서 법인이 형식적으로 소송당사자가 되어 있을 뿐 실질적인 당사자가 따로 있고 법인으로서는 그 소송의 결과에 있어서 별다른 이해관계가 없다고 볼 특별한 사정이 있는 경우에는, 그 소송의 수행이 법인의 업무수행이라고 볼 수 없어 법인의 비용으로 이를 위한 변호사 선임료를 지출할 수 없다고 할 것이다.

원심판결 이유에 의하면, 원심은 공소외인이 코리아휠 주식회사(이하 '코리아휠'이라고 한다)를 상대로 코리아휠의 신주발행에 대해 무효확인소송을 제기하면서, 코리아휠 및 코리아휠의 우리사주조합을 상대방으로 하여 코리아휠의 우리사주조합이 인수한 신주의 의결권행사금지를 구하는 가처분을 신청하여 기각당하였으나, 이에 항고하여 2005. 8. 26. 서울고법에서 이를 인용하는 의결권행사금지 가처분결정

19) 하급심판결은 수원지법 2007. 10. 31. 선고 2007노3141 판결.

을 받은 사실, 이에 대하여 피고인은 코리아휠의 대표이사로서 위 가처분결정에 대하여 이의를 제기하면서 코리아휠의 자금으로 2005. 9. 22.경 ××, 2006. 3. 20.경 ○○에 변호사 선임료로 각 3,300만 원을 지급한 사실 등을 인정한 다음, 위 가처분이의사건의 비용지출이 피고인 측의 경영권을 방어하기 위한 목적으로 행하여진 것인 점 등에 비추어, 그것이 코리아휠의 업무수행을 위하여 이루어졌다고 볼 수 없다고 판단하였다.

위 법리와 기록에 비추어 살펴보면, 위 가처분결정 등은 기본적으로 피고인이 경영권 방어의 목적에서 우리사주조합에게 정당한 평가액에 미치지 못하는 액면가로 신주를 발행, 배정하고 그 주식대금을 코리아휠의 대출금으로 대납하는 등으로 제1심 판시 제1의 상법상 특별배임죄를 저지른 데에서 비롯된 것이라는 점 등을 고려할 때, 원심의 사실인정과 판단은 정당한 것으로 수긍이 가고, 거기에 상고이유로 주장하는 바와 같이 판결에 영향을 미친 법리오해 등의 위법이 없다.

노트와 질문

1) 대법 2006. 6. 27. 선고 2006도1187 판결은 직무수행과 관련하여 형사재판을 받게 된 임직원을 위하여 회사가 변호사경비등을 지출하면 횡령이라고 한다. 형사소추사건의 방어와 이사직무집행정지가처분의 방어는 어떤 점에서 구별이 되므로 범죄행위의 성부에 대한 결론을 달리 하는 것인가?
2) 경영권 방어를 위한 모든 경비는 지배주주가 부담하여야 하는가? 회사가 의결권대리행사권유를 위하여 사용한 비용은 어떠한가? 소주주주가 의결권대리행사권유에 비용을 지출하였고 주주총회에서 자신이 지명한 자들을 이사회의 일부 이사로 선임하는데 성공한 경우 주주의 의결권대리행사권유비용은 회사가 부담하여야 하는가? 위 제13장 Ⅳ. 참조.

문제 14

A주식회사는 중장기적인 수익성에도 불구하고 일시적인 유동성부족으로 기업회생절차에 들어갔다. 법원은 A주식회사를 소위 M&A방식에 따라서 매각하여 회생절차를 종결시키기로 하고 공개입찰을 통하여 P사와 100억원에 기업인수계약을 체결하였다. P사는 A사를 인수하기 위한 자본금 5,000만원의 회사 T를 설립한 후에 T사의 신주인수대금으로 50억원을 납입, 75% 주주가 되면서 이사 X, Y, Z를 선임하였

고 나머지 50억원은 A사의 회사채를 인수하였다. A사는 이들 현금을 이용하여 채권자의 채무를 변제하고 채권자의 동의와 법원의 인가를 얻어 회생절차를 종결시켰다. 그 이후 P사는 A사를 T사로 흡수합병, T사가 현금보유고가 증가하자 바로 P에게 회사채 원금을 상환하도록 하였다. 또한, P사가 T사의 신주인수대금 50억원을 조달하기 위하여 × Bank에 제공하였던 보증을 T사의 저당권으로 교체하였다. T사의 이사가 형사책임을 질 가능성이 있는가?

제15장

기업인수와 독점규제

기업인수가 일어나는 중요한 원인 중 하나는 동종의 산업에 종사하는 기업이 규모의 경제를 통한 운용상의 효율성을 증대시켜 시장점유율을 높이려는 것이며 이종의 산업에 종사하는 기업 역시 수직적 결합 내지 기업집단화를 통하여 시장에서의 운용상의 시너지를 얻으려고 하는 것이다. 그러나, 이러한 기업인수 내지 기업결합이 관련시장에서의 경쟁을 제한하고 따라서 소비자잉여를 줄이는 경우 국민경제적인 견지에서 그러한 기업인수는 허용되어서는 아니 될 것이다. 따라서, 기업인수에 대한 최초의 연구는 바로 경쟁제한적 기업결합에 대한 우려에서부터였다.

경쟁제한적 기업결합은 1914년 미국에서 클레이톤법(Clayton Act)에서부터 금지되었고 1976년 이후 일정한 규모의 기업결합은 사전에 규제당국에 기업결합을 신고하도록 요구되고 있다.1) 미국에서의 기업결합에 대한 규제체제는 우리나라의 공정거래법에도 그대로 반복되고 있다. 공정거래법상 신고를 요하는 기업결합의 내용과 신고시 제출하여야 하는 문서 등은 법문상 명백하다.2) 자산총액 또는 매출액이 2,000억원 이상인 회사가 200억원 이상의 회사와 주식 100분의 20 이상의 취득 또는 소유(상장법인의 경우 100분의 15), 임원겸임, 합병, 영업양수, 최대주주로 신설법인에 참여하는 경우 또는 그 반대의 경우가 신고대상이다. 원칙적으로 사후신고이지만 자산총액 또는 매출액 2조원 이상의 대규모회사의 기업결합행위에 대하여는 계약체결일이나 이사회 또는 주주총회 의결일로부터 30일 이내 신고하여야 한다.

이 장에서는 경쟁제한적 기업결합인지 아니지 판단하기 위한 방법론을 과거의 공정위 심결과 판례를 중심으로 살펴보고 기업결합의 동기로 지적되는 효율성이 심사기준에서 차지하는 위치에 관하여 외국의 입법례도 검토한다. 또한, 기업인수를

1) 15 U.S.C. §12 et seq. 15 U.S.C. §18a. 통상 Hart-Scott-Radino Act라고 불린다.
2) 공정거래법 제12조, 제12조의2; 동법 시행령 제18조; 공정거래위원회 고시 제2009-40호 기업결합의 신고요령 (2011. 12. 28. 개정).

계획하는 단계에서 경쟁제한적 기업결합인지 여부가 불분명한 경우 이러한 불확실성을 해소하기 위하여 양당사자는 기업인수계약서에서 이를 어떻게 처리하여야 할지의 실질적인 문제도 살펴본다. 마지막으로 공정거래법은 기업결합규제의 일반법이고 특정한 산업을 규율하는 법규도 합병, 영업양수도 내지 지배주주의 변경에 대하여 별도로 규제하고 있는 경우 특히 방송통신산업을 중심으로 이들 법규하에서의 신고와 공정거래법하에서의 신고와의 관계를 경쟁제한적 기업결합 해당 여부의 판단기준과 판단주체에 초점을 맞추어 살펴본다.

Ⅰ. 경쟁제한적 기업결합

공정거래법은 일정한 거래분야에서 경쟁을 실질적으로 제한하는 일정한 기업결합행위를 금지하고 있으며 그 예외로서 효율성증대와 회생불가회사를 규정하고 있다. 경쟁을 실질적으로 제한하는지 여부에 대하여는 공정위 고시로 정하되 기업결합의 결과 사업자의 시장점유율이 100분의 50 이상이거나 3 이하 사업자의 시장점유율의 합계가 100분의 75 이상이고 시장점유율의 합계가 당해거래분야에서 제1위이며 시장점유율의 합계와 시장점유율이 제2위인 회사의 시장점유율과의 차이가 그 시장점유율의 합계의 100분의 25 이상일 경우 경쟁제한적인 것으로 추정한다.[3] 공정거래위원회의 기업결합심사기준은 공정거래법의 위임에 따라서 경쟁을 실질적으로 제한하는 기업결합의 범위와 방법을 정하고 있는바,[4] 특수관계인 사이의 결합이나 지배관계가 형성되지 않는 결합, 대규모회사가 아닌 자의 혼합형 기업결합등을 간이심사대상기업결합으로 정하여 이들은 경쟁제한성이 없는 것으로 추정하다.

일반심사대상 기업결합의 경우에는 우선 지배관계가 형성됨을 전제로 거래상품 또는 거래지역을 정하고 수평적 기업결합의 경우에는 시장의 집중상황, 결합당사회사 단독의 경쟁제한 가능성, 경쟁사업자간의 공동행위의 가능성, 해외경쟁의 도입수준 및 국제적 경쟁상황, 신규진입의 가능성, 유사품 및 인접시장의 존재를 순서대로 고려하여 결정하며 수직형 기업결합의 경우에는 시장의 봉쇄효과와 경쟁사업자간 공동행위 가능성을 고려하며 혼합형 기업결합의 경우에는 잠재적 경쟁의 저해, 경쟁사업자의 배제, 진입장벽의 증대를 고려한다.

공정위의 고시도 그간 여러 차례 바뀐 사실이 말해주듯이 불변의 기준을 찾기

3) 공정거래법 제 7 조.

4) 공정거래위원회고시 제2009-39호 기업결합심사기준 (2011. 12. 28. 개정).

는 쉽지 않다. 고시도 여러가지 고려요소를 열거하고 있을 뿐이어서 구체적인 사안에서 특정기업결합행위가 경쟁제한적인지 여부에 대하여는 의견이 다를 수 있다. 통상 경제학적으로 SSNIP(Small but significant non-transitory increase in price)를 적용하나 실제 공정위가 이러한 정량적 분석에만 의존하는 경우는 드물다. 공정위 홈페이지에서 발견되는 공정위의 시정명령건수가 1982년 이후 2009년까지 53건에 이르러 공정위의 시정명령에 대한 이의신청을 기각한 재결, 법원에서의 공정위 시정명령취소판결이후의 재처분 등 동일한 거래에 대하여 수개의 조치가 중복계산된 것을 감안하더라도 시정명령 사례는 상당한 수에 이른다.5) 아래 [표 15-1]에서 보듯이 개개의 의결이 열거하고 있는 고려요소와 시정조치도 가지가지이다.6) 이들 공정위의 시정명령에 대하여 법원에 행정소송을 제기한 사례는 많지 않고 행정소송이 제기된 경우에도 법원이 공정위의 시정조치를 취소한 것은 1건에 불과하다.7) 이하 공정위의 심결에 대한 간단한 논평과 법원판결의 중요한 요건부분을 살펴본다.

[표 15-1]

대상상품/용역	고려요소	시정조치
오픈마켓8)	역동적 변화가능성, 소비자의 이용행태	수수료인상금지, 수수료 소비자물가상승률 이내 인상, 중소형판매사업자 보호대책수립과 입점판매자들의 공정거래법준수방안 수립하여 공정위와 협의, 결정
음료9)	음료제품의 기능 및 효용, 제품의 가격, 식약청이나 음료업계의 분류관행	우선공급의무＋거래조건동등＋5인위원회구성 3년, 이행매반기별보고, 출고가격매분기보고: 가격인상한도, 임원선임관여금지, 5년 거래상대방변경금지, 19% 이상 소유시 매각
유통산업10)	유통서비스에 대한 구매자의 인식이나 구매행태, 대형마트의 특성, 소비자의 인식, 법·제조적 취급의 차이, 주요 외국사례	특정가격 이하, 가격이 높다고 신고하면 2배보상제도운영, 보상제도고지, 보상실적분기별보고; 지점 6월내 양도

5) http://ftc.go.kr/laws/book/judgeSearch.jsp에서 위반유형을 경쟁제한적 기업결합으로 검색.
6) 이들 시정명령에서 열거되고 있는 원인의 분석에 대하여는 졸고, *방송통신에 대한 통합적 규제체제하에서의 기업인수합병에 관한 경쟁정책의 재검토 — 관련시장에 국한하여*, 8:2 경제법연구 73-79 (2009) 참조.
7) 신세계에 관한 서울고법 2008. 9. 3. 선고 2006누30036 판결이 유일하나 지극히 일부에 대한 취소이다.
8) 2009. 6. 25. 공정위 의결 제2009-146호.
9) 2009. 4. 15. 공정위 의결 제2009-097호, 2000. 4. 26. 공정위 의결 제2000-70호.
10) 2009. 6. 2. 공정위 의결 2009-151호, 2008. 10. 27. 공정위 의결 제2008-285호, 2006. 11. 14. 공정위 의결 제2006-264호, 2006. 11. 6. 공정위 의결 제 2006-261호.

유리강화섬유11)	수요대체성	주식 또는 사업설비 6월내 매각; 생산자물가지수상승률이하인상, 전년도공급량의 90% 이상 공급, 공정거래시행방안수립보고, 이행내역 매년 보고, 반기별 보고
다채널유료방송12)	채널수 및 상품가격의 유사성, 한정된 소비자를 대상으로 경쟁, 둘 중 하나에만 가입하여 상호경쟁관계에 있는 점	수신료인상금지, 홈페이지에 일부고지하지 않거나 가입할 수 없게 하는 행위금지, 채널 30개 포함, 채널변경보고, 신문에 경쟁제한기업결합행위로 시정명령받은 사실공표; 상품별 이용요금 부과현황 자체채널에 방송, 이지상 고지, 요금고지서에 자료게재, 홈페이지 POP-UP게재
통신13)	요금수준의 차이, 인허가등 진입규제의 차이, 시장참여자의 상이, 경쟁조건의 상이, 상호수요대체성 부재, 공급대체성의 한계	5년간 결합상품강제판매금지, 거래조건차별금지, 주파수공동사용, 반기별보고
전기강판14)	기능 및 용도, 제조공정, 주요 수요처, 판매가격의 상이함, 제조에 필요한 설비 및 장치	물량축소배정금지, 계열사우선배정금지, 거래조건차별금지, 부당한 거래조건강제금지, 계열사를 통한 판매대행금지, 이행감시위원회구성, 5년간 위원회운영결과반기별보고, 5년간 공급량 연도별보고
카본블랙15)	용도 및 수요자	지분매각 또는 공장매도
소주16)	상품특성, 소비패턴, 가격변동이 기업이윤에 미치는 범위 등에 대한 계량분석, 국내외 심결사례	5년간 출고가 소비자물가상승률이하인상, 5년간공정거래행위방안수립, 영업인력분리, 출고내역 반기별보고, 이행내역 연도별보고
자동차전장부품17)	통합화, 모듈화 경향과 급속한 기술혁신에 따른 제품수명단축 등 관련업계의 특성, 기능·용도·특성의 상이	공정거래방안시행, 3년간 납품업체내역보고
석유화학제품18)	수요대체성, 공급대체성	수출가격인상율 이하로 인상

11) 2007. 12. 5. 공정위 의결 제2007-548호, 2008. 11. 3. 공정위 의결 제2008-294호.
12) 2008. 9. 8. 공정위 의결 제2008-261호, 동일자 의결 제2008-262호, 2007. 5. 7. 공정위 의결 제2007-274호, 2006. 11. 6. 공정위 의결 제2006-256호, 2006. 2. 3. 공정위 의결 제2006-010호, 2004. 8. 30. 공정위 의결 제 2004-254호, 2004. 8. 27. 공정위 의결 제2004-251호.
13) 2008. 3. 13. 공정위 의결 제2008-105호.
14) 2007. 7. 3. 공정위 의결 제2007-351호.
15) 2006. 8. 7. 공정위 의결 제2006-173호.
16) 2006. 1. 24. 공정위 의결 제2006-009호, 2003. 1. 28. 공정위 의결 제2003-027호.
17) 2005. 11. 22. 공정위 의결 제2005-231호.
18) 2004. 12. 30. 공정위 의결 제2004-387호.

제철제품19)	수요대체성, 공급대체성, 제조공정	공장설비매각, 중간재공급보장, 방안수립이행, 이행내역보고
피아노20)	가격, 대표적 수요층	기계설비양도, 주식양도
석유화학제품21)	상호경쟁관계성립가능성	관련사업분할, 사업분리경영
의료기기22)	상품의 기능 및 가격의 유사성, 수요대체성, 공급대체성	사업부문 및 관련산업재산권매각
석유화학제품23)	제조공정	상장시까지 임원겸직금지, 현겸직해소, 부당한 차별금지, 협의회설치, 이행결과보고
홈쇼핑24)	상호경쟁관계 성립가능성	경쟁관계프로그램제공, 부당거절금지, 채널차이 10 이하, 채널편성내역보고
화학섬유25)	상호경쟁관계 성립가능성	생산설비매각, 이행내역보고
자동차26)	상호경쟁관계 성립가능성	임원겸직금지, 부품사차별취급금지, 5년간 비계열부품사공급비율유지
제철제품27)	실질적인 경쟁관계 성립가능성	가격유지, 가격결정공정위와 협의
운송28)	운송방식, 수송지역, 수송과정의 안정성, 경제적 효과	의결권행사조건: 금지행위정관에 규정, 협의회설치운영정관규정
통신29)	상호경쟁관계의 성립가능성	시장점유율 50% 미만 유지, 연간단말기 판매대수제한
의료기기30)	상호경쟁관계의 성립가능성	1년 이내 매각 또는 폐기처분, 3년 이내 중설금지, 변동현황보고, 사용현황 및 수출실적보고

19) 2004. 11. 17. 공정위 의결 제2004-285호.
20) 2004. 9. 24. 공정위 의결 제2004-271호.
21) 2003. 9. 4. 공정위 의결 제2003-146호.
22) 2004. 4. 6. 공정위 의결 제2004-079호.
23) 2003. 9. 24. 공정위 의결 제2003-154호.
24) 2003. 1. 7. 공정위 의결 제2003-005호, 동일자 의결 제2003-006호, 제2003-007호.
25) 2002. 12. 23. 공정위 의결 제2002-365호.
26) 2002. 6. 18. 공정위 의결 제2002-111호.
27) 2000. 9. 30. 공정위 의결 제2000-151호.
28) 2001. 6. 29. 공정위 의결 제2001-090호.
29) 2000. 5. 16. 공정위 의결 제2000-76호.
30) 2000. 2. 25. 공정위 의결 제2000-38호.

홍대식 …, *공정거래법상 기업결합심사기준에 관한 고찰* …, 11 경쟁법연구 123, 175-193 (2005)

(1) **지배관계의 형성여부 판단**

지배관계의 형성여부는 기업결합의 핵심적인 개념요소이자, 기업결합심사기준의 별도 항목인바, (주)LG화학 등의 기업결합사건, 현대자동차(주) 등의 기업결합사건(피취득회사-위아(주)), 인천제철(주)의 기업결합사건, 에스케이 텔레콤(주)의 기업결합사건, 벡튼디킨슨코리아홀딩의 기업결합사건 등, 많은 사례에서 일응 기업결합심사기준에 따른 지배관계 형성요건을 충족시킨 경우에는 별도로 의결서에서 지배관계의 형성여부를 특별히 검토하거나 심사하지 않고 있으며, 지배관계의 형성여부는 경쟁제한성의 판단여부에 논리적으로 선행하는 것임에도 불구하고 지배관계 형성여부를 검토, 심사하는 경우에는 경쟁제한성 판단부분에서 하고 있어 동 판단요건의 위치에는 다소 의문이 있다.

한편, 공정위는 동양나이론(주)의 한국카프로락탐(주)에 대한 기업결합사건에서 동양나이론이 한국카프로락탐의 지분 30.14%를 소유하고 이 지분을 이용하여 한국카프로락탐의 주주총회에서 동양나이론의 의도대로 임기만료된 이사를 퇴임시킨 사실을 근거로 공정거래법 시행령 제 3 조의 규정에 따라 양사의 실질적인 계열관계와 동양나이론의 한국카프로락탐에 대한 실질적인 지배관계를 인정하였는데, 이 사안은 구 기업결합심사요령을 적용하였던 것으로서 만약 현행 심사기준을 적용한다면 과연 지분율 50% 미만의 경우에도 최대주주로서 주식분산도에 비추어 회사지배가 가능하다고 판단하였을지는 의문이다.

특히 주식취득과 관련하여 공정위 심결례에서 주식소유 지분율이 50% 미만의 주식취득에 의한 기업결합사례로서 경쟁제한성이 문제된 대표적인 사건은 (주)호텔롯데 등 5개사의 해태음료(주) 기업결합건으로서, 이 사건에서 공정위는 (주)호텔롯데(특수관계인 포함)은 해태음료의 지분 19%를 소유하고 있었으나 최대주주인 광인쇄(주) 등과 함께 경영을 지배하려는 공동의 목적을 가지고 있는 것으로 보아 지배관계를 인정하였다. 나아가 공정위는 “호텔롯데가 지분 19%를 초과하여 실질적으로 소유한 것으로 확인되는 경우”에는 소유주식을 매각하여야 한다는 시정명령을 부가하였다. 그런데, 심사기준(Ⅳ)에 따르면 지배관계가 확인되어야 경쟁제한성에 관한 시정조치를 할 수 있고, 이 사건 기업결합에 대해 (주)호텔롯데에 시정명령을 한 것은 최대주주인 광인쇄(주)를 호텔롯데의 특수관계인으로 인정하여 호텔롯데과

해태음료 간의 지배관계를 인정한 셈이므로, 기업결합 후 호텔롯데가 해태음료의 지분을 실질적으로 19%를 초과하여 소유한 것을 다시 확인할 필요는 없다는 점에서 보면 이는 논리적으로 모순된 것으로 보인다. 다만 이 사건은, 계열관계가 명확한 일련의 취득회사들이 피취득회사를 인수할 경우 공정거래법상 경쟁제한적이라는 판단을 받을 것이 명백하기 때문에 이를 피하고자 표면적인 계열관계가 모호한 일본 소재의 회사들이 기업결합에 참여하였다는 의혹이 있는 사건으로서, 향후 이와 유사한 식으로 기업결합제한규정을 회피하려는 시도를 막을 필요가 있다는 차원에서는 정책적으로 좀 더 상세한 판단근거를 뒷받침하여 발전될 필요가 있는 부분이라고 할 것이다.

공정위는 주식보유비율이 기준의 요건을 충족시키면 지배관계가 형성된다고 판단하는 것에 있어 다소 기계적인 것으로 보이는바, "기업결합심사 기준이 주식의 취득 또는 소유의 경우 '취득회사 등의 주식소유비올이 50/100 미만이더라도 제1위에 해당하고 주식분산도로 보아 주주권행사에 의한 회사지배가 가능한 경우'에 지배관계가 형성된다고 규정하고 해당 규정의 취지를 고려할 때 지배관계 형성 여부는 실제로 경영권을 확보했는지 여부를 따지는 것이 아니라 그 가능성의 존재 여부를 검토하는 것이다."라고 한 바 있다(무학의 기업결합사건).

(2) 일정한 거래분야의 판단

공정위의 기업결합에 대한 심결례에서는 대부분 정밀한 경제학적 분석없이 관련 상품시장을 획정하고 있으며, 경제학적 분석에 의지하지 않고 인정한 경우라고 하더라도 왜 그렇게 시장이 획정되는지에 대한 설명이 부족한 사례도 상당히 눈에 띈다. 가령, (주)호텔롯데 등 5개사의 해태음료(주) 기업결합사건에서는 과실음료, 탄산음료로 시장을 획정하면서 원재료, 제조방법 등에서 차이가 있다고만 하고 구체적으로 어떠한 차이가 있는지(양자간의 수요대체성이 있는지 등)에 대해서는 설명이 없었다. 그런데 적어도, 기업결합 당사자측에서 공정위의 위와 같은 시장획정 인정의 논리에 상응하는 정도로 관련 인접지역의 사업자의 경쟁상황이나 수요자의 구매전환의 용이성 내지 다른 사업자들의 공급가능성 등을 주장하여 다투는 경우에는(가령 (주)무학의 기업결합사건) 과연 시장획정을 함에 있어서 어느 정도로 공정위가 입증 내지는 소명을 하여야 할 것인지에 대해서, 어디까지나 시장획정은 경쟁제한성 판단을 좌우하는 기초 절차에 해당하므로 결국 공정위에서 객관적으로 신뢰할 만한 근거를 가지고 이를 입증 내지는 소명하여야 하는 것이 아닌가 하는 의문이 있다.

다만, 그 중에서 비교적 구체적으로 상품관련시장의 획정기준에 대해서 설명하고 있는 다음과 같다. 첫째, 질레트컴퍼니의 (주)로케트코리아에 대한 기업결합사건에서 공정위는 관련시장을 '1차 전지의 망간 및 알카전지, 2차 전지의 니카드(소비자용) 및 일카바를 포함하는 시장'으로 획정하면서 그 이유는 두 상품의 용도, 형태 특성이 유사하여 수요의 대체가능성이 있기 때문이라고 설명하고 있다. 둘째, 오비맥주(주)의 진로쿠어스맥주(주)에 대한 기업결합 사건에서는 관련 상품시장을 맥주시장으로 획정하면서 맥주는 다른 양조주, 증류주, 혼성주와 제조공법 및 주요특성(맛, 알코올 성분, 색 등)에서 차별성이 인정된다는 점을 근거로 들고 있다. 셋째로, 에스케이텔레콤(주)의 (주)신세기통신에 대한 기업결합사건에서는 셀룰러 및 PCS이동전화를 하나의 관련 상품시장으로 파악하면서, 양자간에는 주파수 대역 및 송수신방식에서 차이가 있기는 하나 소비자들이 그 차이를 감지하지 못한다는 점, 국내 PCS시장의 성장이 셀룰러시장의 잠식과 연계되어 있다는 점, 제공서비스나 요금수준에 따라 수요의 대체성이 크다는 점, 접속방식, 채널대역폭, 서비스지역, 대상, 제공서비스, 단말기형태 및 가격, 신규가입비용, 이용요금체계 등에서 유사하다는 점을 근거로 들고 있다. 또한 이 사건에서 이동전화와 유선전화는 용도, 사업자의 투자설비 및 통신망 이용수단, 통화요금, 경쟁사업자등에서 큰 차이가 있으므로 시장이 구분되고, 이동전화와 무선호출, 씨티폰, 주파수공용통신, 무선데이터서비스는 유사한 기능을 가지고 있으나 기능과 효용 등에서 차이가 있으므로 시장이 별도로 구분된다고 판단하고 있다.

특히, SK의 대한송유관공사의 기업결합 사건에 대하여는 일정한 거래분야의 획정에 있어서 '역 셀로판 오류'를 범하였다는 비판이 있다. 이 사건은 석유판매시장의 1위 업체인 SK가 진국 송유관망을 보유, 관리하고 있는 대한송유관공사의 지분 34.04%, 총 이사 15인 중의 40%에 해당하는 6인의 이사를 선임한 사건인데, 공정위는 이 사건의 관련용역시장은 송유관에 의한 석유제품의 1차(정유공장 → 저유소) 수송시장으로 보고, 관련 지역시장은 송유관에 의한 석유제품의 출하권역(수도권, 대전권, 대구권, 전주권, 광주권)으로 획정하였다. 나아가 '송유관시설은 해안에 위치한 정유공장과 내륙지방의 주요 소비지역을 연결하는 수송로로 국내 정유사들이 송유관시설을 이용하지 못할 경우 석유제품의 대량 소비지인 수도권 등 내륙지방으로의 원활한 수송을 달성할 수 없다는 측면에서 필수설비에 해당하거나 이에 준하는 시설로서의 특징을 가진다'고 판단하고, 이 사건에서 SSNIP 테스트를 적용하는 경우 울산→성남까지의 송유관 운송비(6.245원/리터)의 5%인 0.312원/리터 이내의 가격인상이 있는 경우 2차 수송비를 감안하면 송유관 수송 인접지역에서는 유조선으로의 전환이 가능하다고 볼 수 없으므로 송유관과 유사한 수송수단의 하나인 유조선 시장은 제외한다고 판단하였다. 그러나 이에 대해서는, 유조선 등 송유관의 대체 수송수단이 대한송유관공사의 운송가격 결정에 미치는 영향을 미치는 영향을 고려하지 않은 오류를 범하였다고 지적하는 견해가 있는데, 이 사건에서는 실제로 대한송유관공사가 운송가격 결정시 유조선으로의 대체가능성을 매우 중요한 요소로 고려하여 이로 인한 강력한 경쟁압력을 느끼고 유조선으로의 대체가능성이 높은 구간의 가격을 오히려 더 낮게 책정하였기 때문에, 동 구간의 송유관 운송가격은 기준이 되지 못하여야 하는데, 이를 기준가격으로 본 오류가 있고, 실제 석유운송시장의 가격구조를 보면 수도권에서는 유조선이 대전권에서는 유조화차가 송유관과 밀접한 경쟁관계가 있는 것으로 보이는데 이를 간과한 오류가 있다는 것을 지적하고 있다. 결국, 공정위는 각 지역별로 대체 수송 수단과의 치열한 경쟁과 대한송유관공사의 낮은 가동율 때문에 대한송유관공사가 자신의 가격을 설정할 때 총운송비가 대체 수송수단보다 경우에 따라 10% 정도 낮은 수준에서 결정되도록 한 사실에 SSNIP 테스트를 기계적으로 적용하여 대체성 여부를 판단한 오류(소위 역셀로판 오류)가 있다는 것이다. 대한송유관공사사건과 관련된 위와 같은 비판론으로부터 참고할 수 있는 것은, 우리나라 기업결합심사의 실무에 있어서도 수요대체성에 대해서 기왕에 SSNIP 테스트를 채택한다면 이때 무엇을 기준가격으로 하여야 할 것인지에 대해서 면밀한 분석과 판단이 필요하므로, 이에 대해서 명확한 기준을 설정하는 것이 필요하다는 점이다.

(3) 경쟁제한성의 판단

1) 시장집중도(시장점유율)에 의한 경쟁제한성의 추정

앞서 살펴본 추정조항에 의하여 시장점유율이 일정한 기준을 충족하면 경쟁제한성이 추정되고, 그렇지 않은 경우에는 심사기준 Ⅶ. Ⅰ.가.(1)을 적용하여 경쟁제한성을 인정하게 된다.

오비맥주(주)의 진로쿠어스맥주(주)에 대한 기업결합 사건에서 공정위는 기업결합 당사회사의 점유율 합계가 49.62%로서 당해 거래분야에서 제 2 위인 사업자에 해당하며 상위 2사 복점체제가 된다는 이유로 경쟁제한성이 추정되지는 않는다고 보았으나, “당사회사의 시장점유율 합계가 49.62%이고, 제 1 위와의 시장점유율 격차가 0.57%로서 심사기준 Ⅶ. 1. 가.(1)에 해당하므로 기업결합심사기준 Ⅶ. 1. 가.(1)에 의하여 경쟁제한가능성이 있다고 인정되었다. 또한, (주)호텔롯데 등 5개사의 해태음료(주) 기업결합 사건에서 공정위는 탄산음료시장에서 당사회사의 점유율 합계가 45.3%로서 1위이고, 결합 후 상위 3사의 점유율 합계가 92.2%임에도 불구하고 2위인 회사와의 시장점유율의 차이가 당사회사 합계의 25% 이상이 되지 않는다는 이유로 위 추정조항을 적용하지 않았으며, 심사기준 Ⅶ. 1. 가.(1)을 적용하였다.

한편, 프록터앤갬블게엠베하의 쌍용제지(주) 기업결합 사건에서 보는 바와 같이 공정위는 대부분의 기업결합사건에서 시장집중도 파악을 위해 심사기준상에 명시된 CR1, CR3 시장점유율 기준과 병행하여 심사기준에 명시되지 않은 HHI 지수(Herfindahl-Hirschmann Index)를 기준으로 판단하고 있다. 이렇게 HHI 지수 기준을 고려한 사건은 그 이외에도 에스케이텔레콤(주)의 기업결합사건, (주)무학의 기업결합사건, 벡튼디킨슨코리아홀딩의 기업결합사건 등이 있는데, 공정위가 기계적으로 CR1, CR3 시장점유율 기준에만 의존하는 것으로는 볼 수 없다는 점에 있어서는 긍정적인 평가를 받을 수 있다고 하겠으나, 어찌되었든 HHI 지수의 채택은 법령상 그 근거가 없고, 따라서 시장점유율의 산정에 있어서 일관된 기준이 적용되지 못하고 있는 것은 문제이다. 어떠한 사안에서는 CR1, CR3 시장점유율 기준을 기준으로 하고, 어떠한 사안에서는 HHI 지수까지도 고려한다면, 과연 그 차이의 근거는 무엇인지에 대한 설명이 필요할 것인데 이 부분 설명도 미흡하다고 하였다.

시장점유율의 변동 추세도 경쟁제한성의 측정의 고려요소가 된다. 현대자동차(주)의 기아자동차(주)에 대한 기업결합사건에서 승용차, 버스, 트럭시장에서는 공정거래법 제 7 조 제 4 항 제 1 호에 의하여 경쟁제한성이 추정되지만, 승용차시장에서는 최근 4년간 당사회사의 점유율 합계가 계속 낮아지는 추세에 있고 반면 제 2위 사업자인 대우자동차(주)의 점유율은 높아지는 추세에 있다는 점을 고려하여, 경쟁제한성을 완화해주는 측면이 있다고 판단하고 있다. 또한, 오비맥주(주)의 진로쿠어스맥주(주)에 대한 기업결합사건에서 당사회사의 결합이 심사기준 및 HHI 지수에 의해 경쟁제한 가능성이 있는 것으로 판단되지만, 1위 사업자인 하이트맥주(주)의 시장점유율이 1993년 이후로 계속 상승추세에 있고 오비맥주(주)의 점유율은 계속 하락추세에 있으므로 당해 결합은 1위 하이트맥주(주)에 대한 경쟁력을 갖추게 되어 유효경쟁을 촉진하는 측면이 있다고 판단하고 있다.

공정위는 이에 더하여 아이앤아이스틸(주)의 기업결합사건(이하 “인천제철사건"이라 한다)에서 미국 연방거래위원회가 2004. 2. 발표한 「Horizontal Merger Investigation Data, Fiscal Years 1996-2003」에서 밝힌 "결합당사회사의 가격인상을 억제할 수 있는 실질적인 경쟁자 또는 밀접한 경쟁자의 존재여부"라는 기준을 참고적인 고려요소로 원용한 바도 있다.

한편, 자가소비분에 대해서 시장점유율 산정시 포함시킬 것인지의 문제에 대해서는 종래 이를 포함시키거나(한화석유화학(주)와 대림산업(주)간 사업부문 교환을 통한 상호영업양수 건, (주)삼양사 및 SK케미칼(주)의 합작회사 설립참여의 건), 배제시킨((주)LG화학의 현대석유화학(주) PVC 사업 양수의 건, 현대·기아자동차(주)의 위아(주) 주식취득의 건, 애경유화(주)의 KPTG(주) 주식취득의 건, 동양제철화학(주)의 고합(주) PA, DOP 영업양수의 건, 용산화학(주)의 KPTG(주)에 대한 기업결합 사건) 사례가 있다. 이 중 용산화학(주)의 KPTG(주)에 대한 기업결합 사건은 사실상 최초로 정밀한 경제분석을 토대로 하여 이 문제를 다룬 것인데, 이 사건에서 공정위는 (i) 해당제품의 가격인상에 대하여 자가소비분을 시장판매분으로 전환하여 공급반응이 가능하고 또한 (ii) 그로 인해 이익을 얻을 수 있는 경우에는 그 자가소비분을 시장에 포함시켜 경쟁제한성 여부를 판단하는 것이 바람직하다는 전제하에, 여러 가지 사정을 종합적으로 고려하여, 시장판매분의 전환 가능성이나 그로 인한 이익의 취득가능성이 없다고 보았다.

2) 해외경쟁의 도입수준 및 국제적 경쟁상황의 고려

심사기준이 열거하고 있는 요소 중 심결례에서 주로 고려하고 있는 것으로는 수입품의 비율 및 증가추세, 관세율, 비관세장벽, 시장개방상황 등이 있는데, 크게 보면 수입으로 인한 경쟁압력과 해외사업자가 직접 국내시장에 진출하는 것에 따른 경쟁압력 두 가지를 모두 따져야 하는 것으로 이해된다. 그러나 통상은 전자에 치우쳐, 해외물품의 수입의 측면에서 수입품의 가격이 국내시장에서의 가격보다 높거나 세율이 높은 경우에는 해외경쟁의 도입이 어렵다고 판단하고 있다. 가령, 프록터앤갬블의 쌍용제지(주) 기업결합 사건, 질레트컴퍼니의 (주)로케트코리아에 대한 기업결합 사건에서 해외시장에서의 가격이 국내 시장에서의 가격보다 높아 수입품의 경쟁력이 약화되어 수입품이 늘어날 가능성이 별로 없다는 점을 고려하고 있고, 인천제철(주)의 기업결합사건에서는 관세율이 매년 인하되고 있고, 관세장벽 소멸 후에는 수입제품에 가격경쟁력이 있어 국내업계에 대한 경쟁압력이 될 수 있고, 인접국이 과잉설비 상황이며, 선진제국의 업체들이 우리나라의 인접국인 중국에 설비

증설중이므로 향후 중장기적으로 수입에 의한 경쟁압력이 상당할 것으로 인정하였다. 현대자동차(주)의 기아자동차(주)에 대한 기업결합 사건에서는 수입선다변화제도의 폐지로 인하여 일제 자동차의 수입이 증가할 것이라는 점을 고려하고 있다. 한편, 에스케이텔레콤(주)의 (주)신세기통신에 대한 기업결합 사건에서는 외국 경쟁사업자들이 직접 국내 시장에 진출하는 가능성에 대해서 검토하고 있는바, 주파수 제약으로 외국 경쟁사업자들이 국내법인을 설립하여 진출하는 것이 곤란하고, 외국인 지분을 49%로 제한하고 있으므로 해외경쟁도입이 어렵다고 판단하였다. 공정위 실무상으로는 통상 수출비중이 많은 산업의 경우 국내가격인상시 기존수출물량의 내수전환가능성도 해외경쟁의 도입단계에서 고려된다.

3) 신규진입 가능성

프록터앤갬블 사건, 텔피니엄엔터프라이즈엘티디잉크, 현대자동차, 오비맥주, 에스케이텔레콤의 기업결합사건 등에서 신규진입을 위한 필요최소한의 자금규모가 크다는 이유로 신규진입이 곤란하다고 하였고, 프로터앤갬블 사건, 오비맥주, 에스케이텔레콤의 기업결합 사건에서는 높은 기술력이 필요하다는 이유로, 프록터앤갬블, 질레트컴퍼니, 롯데호텔 등 5개사 기업결합사건에서는 새로운 유통망의 구축이 어렵다는 이유로 신규진입이 곤란하다고 인정하였다. 특히 텔피니엄엔터프라이즈엘티디 잉크 사건에서는 제품인 신문제지의 고객이 신문사들로서 대량구매자이므로 국내 공급가격이 국제가격에 비해 높을 경우 직접 수입을 통해 제품을 조달할 수 있고, 국내 생산량이 수요량을 크게 초과하고 있어 가격인상 가능성이 높지 않다는 점을 참작한 사건이다. 일정한 매몰비용을 부담하고도 당해 시장에서 생산전환이 가능한 유동적 진입자의 공급대체성을 인정할 경우도 있을 수 있는데, 이러한 경우에는 결국 매몰비용의 기준에 대한 검토를 포함한 구체적인 사례분석이 필요할 것으로 보인다.

4) 경쟁사업자간의 공동행위 가능성

오비맥주 및 호텔롯데등 5개사 사건에서는 당해 기업결합으로 경쟁사업자의 수가 감소하고 과거 부당한 공동행위를 한 사실이 있다는 것만으로 공동행위를 유발할 가능성이 커진다고 판단하고 있다. 그런데, 에스케이텔레콤 사건에서는 에스케이텔레콤이 이용약관에 대해서 정통부의 인가를 받아야 하므로 다른 회사와의 공동행위 가능성은 낮으나 인가대상이 아닌 분야에서는 공동행위 가능성이 있다고 하면서 그 근거는 제시하지 않고 있다. 또한 호텔롯데 등 5개사 사건에서 탄산음료시장의 1위 사업자인 한국코카콜라가 외국기업이고 부당한 공동행위를 한 사실이 없음에도 불구하고 롯데칠성음료(주)와 해태음료(주)의 결합으로 당해 시장에서 2사 체제가 형성된다는 점을 들어 공동행위가 용이해지는 측면이 있다고 인정하였다. 다만, 공정위가 국내시장의 경쟁사업자간의 공동행위 가능성을 판단함에 있어서 심사기준에 있는 요소들뿐만 아니라, 해외사업자들의 시장참여가능성을 고려하고 있으며(호텔롯데등 5개사의 기업결합사건 등), 향후 국내시장으로의 수입상품의 진출이 걸림돌이 될 것이라고 판단한 사례도 있는데(인천제철(주)의 기업결합사건), 이것은 결국 경쟁사업자간의 공동행위 가능성의 성격이 명확하게 인식되지 못함으로 인해서 다른 요소(신규진입가능성 내지는 해외경쟁도입가능성)의 고려가 혼합된 결과인 것으로 보인다. LG화학 및 호남석유화화의 현대석유화학 인수사건에서는 공동인수에 따라 한 사업장에서의 공동작업 등 공동행위 가능성을 들어 공동행위가 용이하다고 판단하였다 그리고 인천제철의 삼미특수강 인수사건에서는 철근시장에서의 담합사례가 3건이나 되는 점을 고려하여 공동행위 가능성이 상당히 있는 것으로 판단하였다.

5) 효율성 증대효과 항변에 대한 판단

공정위는 농심켈로그(주)의 퓨리나코리아(주) 영업양수건에서 동 기업결합은 산업의 구조조정차원이 아니고 최종소비재를 생산하는 한 기업의 적자사업부문의 매각에 불과하므로 산업합리화 요건을 충족하지 못하고, 동 기업결합으로 인하여 기술개발 촉진효과 및 수출증대효과가 크지 않을 것으로 판단된다고 하여 효율성 항변을 배척하였다. 그러나 창원특수강(주)의 삼미특수강(주) 영업양수건에서는 특수강산업이 산업연관효과가 큰 전략산업이고 동 산업 내 삼미특수강의 비중(2위 : 22.1%)이 적지 않아 동사와 완전도산시 특수강 공급차질이 우려되는 상황에서 동건 결합은 특수강산업의 합리화를 촉진하고, 삼미특수강은 통상적 방법으로는 운영자금의 조달이 어려운 상황이라는 것이 인정되며, 포철의 인수시 포철의 막대한 연구인력과 자금력으로 기술개발이 촉진되고, 양사의 수출시장이 상이하여 수출증대 가능성이 있는 등 국제경쟁력 강화효과가 있다는 이유로 효율성 항변을 인정하였다. 한국석유화학(주)와 대림산업(주)의 사업교환(영업양수) 건에서는, 일부 사업부문에서는 기업결합기준상 경쟁제한성이 인정되었지만 기업결합 후 규모의 경제, 생산설비의 통합, 생산설비의 합리화 등을 통한 생산비용의 절감, 판매비용의 감소, 수출의 확대, 생산기술 및 연구능력의 향상 등 효율성 증대 효과가 경쟁제한성보다 크다고 판단하여 예외인정을 하였다.

그런데 효율성 증대효과의 판단에 있어서 공정위는 사안의 성격을 어떻게 판단하였는지에 따라서 해당 요소의 인정 여부를 달리하는 것으로 보인다. 가령, 마케팅비의 절감은 심사기준상의 판매비용을 낮춘 것으로 보아 일반적으로 기업결합에 있어서의 효율성 증대효과의 일환으로 인정하면서도, 어떤 마케팅비의 절감은 "경쟁제거에 따른 반사적 이익에 불과하다"고 판단하고 있는바((주)무악의 기업결합 사건), 기업결합에 따라 당연히 피취득회사와의 경쟁은 제거되는 것이고 판매비용의 절감은 바로 그러한 행위에 의하여 필연적으로 초래되며, 판매비용 절감을 비롯한 모든 효율성 증대효과의 해당요소들은 모두 그 성격이 기업결합의 반사적 이익에 불과하기 때문에 유독 경쟁제한성이 높다고 판단되는 기업결합이라고 해서 똑같은 현상을 두고 고려하지 않겠다는 입장을 취하면서 구태여 '반사적 이익'이라는 표현을 사용하는 것은 무리라고 볼 여지가 있다.

한편, 효율성 증대효과에 있어서 현행법과 심사기준에 명시되어 있지 아니한 국제경쟁력증대효과에 대해서 판단, 인정한 사례가 있는데(에스케이텔레콤(주)의 기업결합사건), 이 사건 기업결합을 통해서 기업결합당사자가 국제협력관계에서 유력한 제휴파트너가 될 수 있고, 해외 사업자와의 기술개발 공유가능성이 확대되어 기술경쟁력 강화에 기여하며, 이를 기반으로 기술표준협상 등에서 유리한 위치가 가능하게 된다는 점에 의하여 국제경쟁력증대에 의한 효율성 증대효과를 인정하였다. 그런데, 1999. 2. 5. 법률 제05813호로 개정되기 전의 공정거래법 제 7 조 제 1 항 단서에서는 "다만, 산업합리화 또는 국제경쟁력의 강화를 위한 것으로서 대통령령이 정하는 요건에 해당한다고 공정위가 인정하는 기업결합에 대하여는 그러하지 아니하다."라고 규정하고 있었기 때문에, 1999년 이전 사건들에서는 국제경쟁력증대효과를 별도의 항목으로 검토, 언급하고 있었는바, 특히 (주)현대자동차의 기업결합사건에서 공정위는, "'국제경쟁력강화를 위한 기업결합'이란 기술개발의 촉진, 적정경영규모의 확보 등으로 가격 및 품질면에서 현저하게 국제경쟁력을 향상시키거나 해외시장에서 정보수집, 판매활동 등 기업활동을 촉진시킴으로써 수출증대에 현저하게 기여하는 기업결합"이라고 함으로써, 궁극적으로 가격 품질의 국제경쟁력 강화에 의한 수출증대효과에 초점을 두고 있었던 것으로 보인다. 다만, 위 에스케이텔레콤(주) 사건에서도 국제경쟁력강화효과가 있다고 인정하면서 수출증대효과를 계량하거나 계량하려는 시도는 하지 않았던 것으로 보인다. 그런데 이러한 측면에서, 최근 문제가 되고 있는 삼익악기의 영창악기 인수와 관련한 기업결합사건(2004기결

1200)에서 공정위가 밝힌 입장은 비교적 예외적인 것으로 보인다. 즉, 이 사건에서 공정위는 삼익과 영창은 두 기업 모두 내수기반과 수출기반을 보유하고 있어 독자적 경쟁력을 이미 보유하고 있고(두 기업의 미국 내 시장점유율은 상당하며, 품질, 브랜드가치, 인지도 측면에서 이미 국제적 경쟁력을 보유하고 있다고 함), 삼익과 영창이 이러한 세계적인 경쟁력을 갖추게 된 것은 국내시장에서의 치열한 경쟁 때문이므로, 본건 결합으로 국내시장에서 경쟁이 사라지게 되면 세계시장에서도 경쟁력을 갖추기 곤란하며, 국내 소비자들의 이익만 침해될 가능성이 큰 것이라고 판단하였는데, 국제경쟁력증대효과가 있는 기업결합은 어떤 경우에든 당연히 국내에서는 경쟁관계의 감소 내지는 소멸을 전제로 하는 것이고 특히 효율성증대효과가 경쟁제한적인 기업결합에 관하여 예외적으로 해당기업결합을 승인하는 조건이 된다는 점에서는 더더욱 논리적으로 당연하다는 점, 이미 해외 시장에 진출하여 있기 때문에 더 이상 해외경쟁력을 보유할 필요가 없다고 판단하였다는 것은 곧 국내시장의 수요가 이미 포화상태에 다다른 점 등을 고려하여 보았을 때 더 이상의 수출이 필요 없다는 논리에 가깝다고 할 수밖에 없다는 점 등을 고려할 때 적지 않은 의문을 제기하게 한다.

나아가 효율성 증대효과로서 "판매량 증가에 의한 영업이익 증가효과"가 고려될 것인지에 대해서 공정위는 "효율성 증대효과를 경쟁제한성 완화요인으로 인정하는 이유는 효율성 증대로 인한 원가절감요인이 가격인하로 연결되어 경쟁을 촉진시키고 소비자후생을 증대할 수 있기 때문이나, 영업이익증가는 이와 같은 소비자후생증진에 연결되지 않으므로 기업결합으로 인한 효율성 증대효과로 인정할 수 없다"고 하였다(인천제철(주)의 기업결합사건). 또한 심사기준에는 나타나지 않으나, 공정위는 기업결합으로 인하여 발생하는 제반비용도 효율성 증대효과를 감소시키는 요인으로 고려하고 있는 것으로 보인다((주)인천제철 기업결합 사건).

6) 회생이 불가한 회사 항변에 대한 판단

예외인정사유로서 회생이 불가한 회사와의 기업결합이라고 주장한 사건도 상당수에 이르지만, 현대자동차의 기업결합건을 제외하고는 공정위 심결 단계에서 이 항변을 받아들인 사례는 없다. 공정위는 이 부분 판단을 함에 있어서, 공정거래법 제7조 제2항 제2호와 동법시행령 제12조의4 각호에 근거하여, 우선은 대차대조표상의 자본총계가 납입자본금보다 작은 상태에 있어야 하고, 해당 기업결합을 하지 아니하는 경우 회사의 생산설비 등이 당해 시장에서 계속 활용되기 어려운 경우, 당해 기업결합보다 경쟁제한성이 적은 다른 기업결합이 이루어지기 어려운 경우여야 한다는 원칙적인 입장을 보이고 있다. 또한 법규정에는 "대차대조표상의 … 작은 상태에 있는 등 회생이 불가한 회사"라는 표현을 쓰고 있는바, 기업결합심사기준 Ⅷ. 2. (가)(2) 내지 (6)에서 법에서 정한 것 이외의 회생불가능성을 판단하는 요건으로 몇 가지 고려요소를 추가하고 있다. 이와 관련하여 지적할 만한 점은 각 고려요소의 요건의 해당 여부 해석의 기준이 모호하다는 것이다. 우선, 영업손익과 경상손익이 적자를 보이면 일응 회생불가능성이 인정된다고 하여야 함에도 불구하고, 상당기간 이러한 상태가 유지되고 있으나 그 적자의 폭이 감소하고 있는 경우에는 이에 해당되지 않는다고 보고 있다는 점은, 상당기간이 어느 정도인지, 심지어는 요건을 충족하더라도 그 변화추세까지 고려하는 것이 타당한 것인지에 대한 의문을 가지게 한다. 또한 "본건 기업결합보다 경쟁제한성이 적은 다른 기업결합이 이루어지기 어려운 경우"에 해당하는지와 관련하여 과연 그 '다른 기업결합'이 이루어질 가능성을 어떻게 판단하는지에 대해서도 그 기준을 알기가 어렵다. 통상은 기업결합 당사자보다 시장점유율이 낮은 다른 시장참여자들 또는 제 3 자의 인수의사가 있는 경우에는 이 요건에 해당하는 것으로 보는데, 어떠한 근거로 인수의 의사가 있다고 보았는지에 대한 아무런 설명이 없는 한편(용산화학(주)의 기업결합 사건, (주)LG화학 등의 기업결합 사건, 호텔롯데 등의 기업결합 사건, 오비맥주(주)의 기업결합 사건), 피취득회사가 취득회사 이외의 제 3 자와는 인수협상을 하지 않았고, 국내 유력회사들이 피취득회사 업종의 회사 인수에 큰 관심을 가지고 있다는 이유만으로 해당 사건의 기업결합보다 '덜 경쟁제한적인 기업결합이 없을 것으로 판단하는 것은 무리'라고 실시하고(에스케이텔레콤(주)의 기업결합 사건), 인수희망예상자가 과거에는 열심히 입찰을 위하여 노력하였지만 결국 최종입찰에 참석하지 않은 경우에도 인수가능성이 있다고 판단하는가 하면(오비맥주(주)의 기업결합 사건), 인수희망예상자의 인수협의시 태도가 적극적이지 않았으므로 그 성사가능성이 낮은 것으로 판단되어 인수가능성이 없다고 판단하고 있는 것이다(질레트컴퍼니의 기업결합 사건). 특히 공정위는 기업결합당사자보다 인수희망예상자의 인수조건이 나쁜 경우라고 하더라도 이것은 중요한 고려요소가 되지 않는다고 하는데, 그 이유로 기업결합시장에서는 기업결합을 통하여 시장지배력을 획득 또는 강화하는 기업은 독과점 이윤을 기대하여 다른 업체에 비하여 높은 인수가격을 제시할 유인이 있고, 이러한 유인은 피취득 기업의 주주나 채권자의 이해관계와도 일치하지만, 기업결합심사제도는 피취득기업의 주주나 채권자의 금전적 이익이 감소하더라도 독과점

이윤을 획득하고자 하는 취득기업의 유인을 차단하고 시장의 경쟁구조를 유지하는 것이 제도의 취지이기 때문이라고 한다. 다만, 청산가치 이하의 인수조건을 제시한 경우에는 피취득기업으로서는 그 기업결합보다는 회사의 청산을 선택할 것이므로 그러한 기업결합은 일어날 가능성이 없다고 보아야 할 것이라고 하였다(인천제철(주)의 기업결합 사건). 그렇다면, 단순히 인수를 희망하는 제3자가 존재한다거나 존재할 가능성이 충분히 있다는 것만으로는 부족하고, 그 제3자의 인수조건이 어떠한지 하는 점까지도 고려하여 소위 '덜 경쟁적인 기업결합이 있을 가능성'에 대해서 판단하여야 함에도 불구하고, 대부분의 사건에서는 이러한 정밀한 분석이 없다는 것은 매우 아쉬운 점 중의 하나라고 하겠다.

1. 관련시장의 획정

가. 지역적 시장

서울고법 2004. 10. 27. 선고 2003누2252 판결(대선주조)

[2002년 무학은 대선주조의 주식 41.21%를 취득, 2002. 6. 29. 공정위에 기업결합 신고서를 제출하였고 공정위는 2003. 1. 29.부산 및 경남지역 소주시장에서의 경쟁을 실질적으로 제한한다고 판단, 주식처분을 포함한 시정명령을 내렸다.]

(나) 판 단

① 지역시장 획정의 일반 이론

공정거래법 제7조 제1항은 누구든지 '일정한 거래분야'에서 경쟁을 실질적으로 제한하는 기업결합 행위를 하는 것을 금지하는 것으로 규정하고 있고, 이와 같이 경쟁제한적 기업결합행위를 금지하는 것은 기업결합 당사 회사들이 더 이상 서로 경쟁하지 않게 됨에 따라 결합된 회사가 시장지배력을 획득 또는 강화하여 결합회사가 단독으로 또는 다른 회사와 공조하여 가격인상 등을 통한 초과이윤을 추구하게 되고 그 결과 소비자 피해와 경제적 효율성의 저하가 초래되는 것을 방지함에 있다 할 것이며, 그러한 입법목적을 달성하기 위하여는 기업결합 당사 회사가 결합으로 인하여 관련시장에서 경쟁의 정도가 얼마나 줄어들게 되었는가를 심사하여야 하고, 그 경쟁제한성 여부를 심사하기 위하여는 관련 지역시장을 획정하는 것이 선행되어야 할 것이다.

이와 관련하여 공정거래법 제2조 제8호는 '일정한 거래분야'라 함은 거래의 객체별, 단계별, 지역별로 경쟁관계에 있거나 경쟁관계가 성립될 수 있는 분야로 정의하고 있고, 공정거래법 제 7 조 제 5 항에 근거하여 제정된 심사기준(Ⅵ. 2.)에 의하면, 관련 지역시장을 '다른 모든 지역에서의 당해 상품의 가격은 일정하나 특정지역에서만 상당기간 어느 정도 의미 있는 가격인상이 이루어질 경우 당해 지역의 대표적 구매자가 이에 대응하여 구매를 전환할 수 있는 지역전체'로 규정하고 있으며, 특정지역이 동일한 거래분야에 속하는지 여부는 상품의 부패성과 같은 특성, 판매자의 사업능력, 구매자의 구매지역 전환가능성에 대한 인식 및 그와 관련한 구매자들의 구매지역 전환 행태, 판매자의 구매지역 전환가능성에 대한 인식 및 그와 관련한 의사결정 행태, 시간적, 경제적, 법제적 측면에서의 구매지역 전환의 용이성을 고려하여 판단하도록 규정하고 있다.

한편, 미국에서는 클레이튼법(Clayton Antitrust Act) 제 7 조에 공정거래법 제 7 조 제 1 항과 비슷한 내용으로 경쟁제한적 기업결합 행위를 금지하고 있고, 미국 법무부(DOJ)와 연방거래위원회(FTC)가 1992. 공동 채택한 '수평적 기업결합에 관한 심사지침(Horizental Merger Guidelines)' 중 지리적 시장 획정의 일반적 기준으로 '경쟁당국은 지리적 시장을 어떤 지역에 있는 관련상품의 현재 또는 장래의 유일한 생산자인 가상의 독점사업자가 그 밖의 지역에서 생산되는 모든 상품의 판매조건이 일정할 때 이익을 누리면서 적어도 작지만 의미 있고 일시적이지 않는 가격인상(SSNIP)'을 할 수 있는 지역으로 획정한다는 이른바 'SSNIP 방법론'을 적용하도록 규정하고 있고, 이러한 방법론은 유럽 여러 나라의 경쟁당국에 의하여 채택되고 있다.

이와 같은 외국의 입법례와 피고가 정한 심사규정의 내용을 비교하여 보면, 피고가 심사기준에서 정하고 있는 지역시장 획정의 방법도 결국 'SSNIP 방법론'과 사실상 동일하다 할 것이고, 따라서 이를 기준으로 심사기준에서 정하고 있는 다른 고려 요소들을 종합적으로 참작하여 이 사건 기업결합과 관련한 지역시장을 획정하여야 할 것이다. 그런데, 'SSNIP 방법론'이란 결국 가상의 독점사업자가 '작지만 의미 있고 비일시적인 가격인상'을 행하여 이윤을 늘릴 수 있는 제품 및 지역으로 정의된다 할 것이고, 이를 이 사건 기업결합에 적용하면, 부산 및 경남지역에서 무학/대선이 작지만 의미 있고 비일시적인 가격인상을 시도할 때 어느 정도의 소비자들이 다른 소주업체의 제품으로 수요를 전환하는지, 그 결과 무학/대선의 이윤이 감소할 정도인지 여부를 분석하여야 할 것이다. 만약 부산 및 경남지역 소비자들이 그러한 가격인상에 대응하여 타지역 소주로의 구매전환이 상당하여 그러한 가격인상이 이윤 감소를 초래한다면 관련 지역시장은 부산 및 경남지역보다 넓은 지역이며, 그 반대의 경우는 가격인상을 통한 독점력행사가 가능한 지역인 부산 및 경남지역으로 획정하여야 할 것이다.

② 경제분석의 비교 및 채택

원고들측 경제분석은 앞서 인정한 바와 같이 부산 및 경남지역에서 수요의 가격이상이 크다는 사실과 부산지역에서는 진로가 대선에 대하여, 경남지역 에서는 진로가 무학에 대하여 각 강력한 대체재로서의 역할을 하고 있다는 사실을 나타내고 있으나, 그 지역의 가상적인 독점사업자가 '작지만 의미 있고 비일시적인 가격인상'을 시도하여 이윤을 증대시킬 수 없을 만큼 대체성 및 가격탄력성이 강한지 여부에 대하여 분석을 하지 않고 있고, 따라서 그러한 경제분석만으로는 가상의 독점사업자인 무학/대선이 '작지만 의미 있고 비일시적인 가격인상'을 감행하여 이윤증대를 도모할 수 있는지 여부 즉, 독점력을 행사할 수 있는지 여부를 판단할 수 없어 원고들측 경제분석을 토대로 이 사건 기업결합과 관련한 지역시장을 획정하기에는 미흡하다 할 것이다.

그 반면, 보조참가인측 경제분석의 주요 내용인 '임계매출감소분석'은 수요측면의 대체가능성 즉, 소비자들의 반응의 관점에서 시장획정 방법을 분석한 것으로서, 피고가 경쟁제한적 기업결합의 심사기준 중 관련 지역시장의 획정 방법으로 채택하고 있는 'SSNIP 방법론'을 실제 사건에서 체계적으로 적용하는 경제분석 도구이고, 그 경제분석에 의하면, 부산 및 경남지역에서 가상의 독점사업자인 무학/대선이 '작지만 의미있고 비일시적인 가격인상'을 시도할 때 그에 따른 실제 매출감소율이 무학/대선의 이윤감소를 수반하는지 여부, 즉 독점적 행사가 가능한지 여부를 밝혀주고 있다 할 것이다.

경제분석의 내용이 이와 같다면, 이 사건 기업결합과 관련된 지역시장을 획정하기 위하여는 보조참가인측 경제분석에 적용된 '임계매출감소분석'을 적용하여야 할 것이고, 그러한 방법에 의할 경우, 우선 갤럽설문조사를 토대로 하면, 가상의 독점사업자인 원고 무학과 보조참가인이 부산 및 경남지역 소주시장에서 가격에 민감한 일부 소비자집단과 지역제품에 충성도가 강한 다수의 소비자집단으로 구분되어 있는 것을 이용하여 충성도가 강한 다수의 집단을 상대로 '작지만 의미있고 비일시적인 가격 인상'율을 10~30%로 잡아 그러한 가격인상을 시도하여 이윤증대를 도모할수 있는 등 독점력을 행사할 수 있는 것으로 판명되었다 할 것이다.

나아가, 원고들측 경제분석보고서에 인용된 자료를 이용하여 '임계매출감소분석'을 하여 보더라도, POS 데이터를 이용한 부산지역 대선의 가격탄력성은 …에서 보듯이 −0.60이므로 가상적 독점사업자가 가격을 5% 인상하면 매출이 3% 감소하고, 이는 …에서 제시한 5% 가격인상에 대응한 임계 매출감소비율 13.6%보다 적어 결국 이윤을 증대시킬 수 있고, 이러한 결과는 다른 가격인상폭에서도 동일하게 적용되어 결국 지역시장을 넓힐 필요가 없다는 결과가 되고, 경남지역 시장 역시 …에서 보듯이 무학의 가격탄력성이 −2.13%이므로, 가상적 독점자가 가격을 5% 인상하면 매출액이 10.65% 감소하고, 이는 5% 가격 인상에 대응한 임계매출감소율 13.6%보다 적어 이윤 증대를 도모할 수 있고, 이러한 결과는 30% 가격 인상의 경우를 제외(그 경우 가상적 독점사업자가 30% 이하 범위 내에서 가격을 인상하여 이윤증대를 도모할 것이다)하고는 동일하게 적용됨을 알 수 있어, 원고 무학과 보조참가인이 부산 및 경남지역에서 '작지만 의미 있고 비일시적인 가격인상'을 통하여 독점력을 행사할 수 있다는 내용의 결과에 있어서는 갤럽설문조사를 토대로 한 것과 다를 바가 없다 할 것이다.

이에 대하여 원고들은 '임계매출감소분석'은 피고가 이 사건 처분을 함에 채택하지 아니한 것으로서 사후적 주장에 불과하여 지역시장을 확립함에 있어 고려의 대상이 될 수 없다는 취지로 주장하므로 살피건대, 법원은 행정처분 당시 행정청이 알고 있었던 자료뿐만 아니라, 사실심 변론종결 당시까지 제출하고 모든자료를 종합하여 처분 당시 존재하였던 객관적 사실을 획정하고, 그 사실에 기초하여 처분의 위법 여부를 판단할 수 있다 할 것이며, '임계매출감소분석'은 이 사건 처분 당시의 사실관계를 토대로 한 경제분석이어서 피고가 설령 이 사건 처분 당시 지역시장을 획정함에 있어 이를 채택하지 아니하였다 하더라도 법원으로서는 그 경제분석을 통하여 피고가 획정한 관련 지역시장의 타당성 여부를 판단할 수 있다 할 것이므로, 이유 없다.

원고들은 또한, 아래와 같은 사유로 '임계매출감소분석'에 오류가 있어 이를 그대로 채택할 수 없다고 주장하므로 그에 관하여 살피기로 한다.

첫째, 보조참가인측 경제분석은 갤럽설문조사를 분석함에 있어 '진로로의 구매전향 의향이 있는 소주가격 인상폭'에 대한 설문문항에 소주가격 5%, 10%, 15%, '20% 이상'의 가격인상폭과 함께 '가격과 관계없이 안 바꾸겠다'는 문항이 포함되어 있고, 이때 응답자가 '가격과 관계없이 안 바꾸겠다'라는 항목에 답한 경우 이는 '사실상 가격인상폭이 20% 이상 되어도 안 바꾸겠다'는 의미로 해석하여야 하며, '20% 이상 가격 인상시 진로로 구매를 전향하겠다'고 응답한 사람들은 '20% 가격인상에 대한 매출감소'로 분석하여야 하고, 그 경우 소매점의 실제매출감소율 43.4%가 20% 가격인상에 대한 임계매출감소율 38.5%보다 높아 이윤이 감소함에도 불구하고, '20% 이상 가격인상'에 대한 항목을 '30% 가격인상에 대한 매출감소'로 분석함에 따라 이윤이 증가하는 잘못 분석한 오류가 있다고 주장한다.

살피건대, 을나 제2호증이 기재에 변론의 전취지를 종합하면, 보조참가인측 경제분석에 원용된 갤럽설문조사 중 '진로로의 구매전향 의향이 있는 소주가격 인상폭'에 대한 설문문항에 '무학/대선의 소주가격이 현재의 가격에서 얼마정도로 인상되어 진로보다 비싸지면 진로로 구매를 전향할 것인가'를 묻는 항목에 5%, 10%, 15%, '20% 이상', '가격과 관계없이 안 바꾸겠다'는 문항을 제시하고 있고, 이에 보조참가인측 경제분석은 '가격과 관계없이 안 바꾸겠다'는 항목에 답한 소비자들은 '가격인상폭에 상관없이 구매전향을 하지 않겠다'는 소비자로 분류하고, '20% 이상 가격인상시 진로로 구매전향을 하겠다'는 문항에 답한 소비자들은 그 속에 20% 이상 가격인상뿐만 아니라 30%, 40%, 50% 또는 그 이상의 가격인상이 있어야 구매전향을 하겠다는 소비자들이 포함되어 있는 것으로 보아 그 모든 소비자들을 20% 가격인상시 구매전환하는 의사가 있는 것으로 간주하는 것은 부적절하다는 판단 하에 그 평균적 수치인 30% 가격인상시 구매전환의 의사가 있는 것으로 보고 경제분석을 한 사실은 인정되나, 원고들 주장과 같이 설문문항의 문리적 내용과는 달리 '가격과 관계없이 안 바꾸겠다'는 항목에 답한 소비자들은 '20% 이상의 가격인상시 진로로 구매전향을 하겠다'는 소비자로 분류하고, '20% 이상 가격인상시 진로로 구매전향을 하겠다'는 소비자들을 '20% 가격인상시 진로로 구매전향을 하겠다'는 의미로 축소하여 해석하여야 할 아무런 근거가 없으므로, 원고들의 위 주장은 이유 없다.

둘째, '임계매출감소분석'의 전제가 되는 무학/대선의 마진율을 산정함에 있어 노무비, 수선비, 세금과 공과, 교육훈련비, 급여, 퇴직금, 복리후생비, 퇴직위로금, 수수료, 교육훈련비, 광고선전비 등은 'SSNIP 방법론'이 적용되는 1년 정도의 기간 동안 생산량을 줄이더라도 감축시킬 수 없는 고정비용으로 보아야 하고, 그럴 경우 그 중 광고선전비 전액을 고정비용으로 차감하면 무학/대선의 평균 마진율이 47.1%, 광고선전비 중 연초에 기획된 비용만을 고정비용으로 차감하면 무학/대선의 평균마진율을 44.6%가 되어 보조참가인측 경제분석에서 산출한 무학/대선의 평균 마진율 31.9% 보다는 높게 되고, 마진율이 높게 되면 가격상승율에 대한 임계매출감소율은 줄어들어 보조참가인측 경제분석이 제시한 실제 매출감소율을 기준으로 판단하더라도 영업점가격기준 15%, 30% 가격인상을 제외한 나머지 가격인상에 대하여는 실제 매출감소율이 임계 매출감소율보다 더 크게 되어 이윤이 감소함에도 보조참가인측 경제분석에서는 이들 비용을 가변비용으로 분류하여 임계매출감소율을 지나치게 높게 책정한 오류가 있다고 주장한다.

그러므로 살피건대, '임계매출감소분석'의 전제가 되는 가변비용은 가상적인 독점사업자의 독점적 행사가 예상되는 상당한 기간 동안 생산량에 따라 변할 수 있는 비용이라 보아야 할 것인바, 원고들 주장의 비용 중, 노무비, 교육훈련비, 급여, 퇴직금, 복리후생비, 퇴직금위로금 등 노동비용은 원고 무학과 보조참가인이 이 사건 기업결합으로 독점력 행사가 예상되는 상당한 기간 동안(원고들 주장과 같이 1년에 한정 된다고는 볼 수 없다) 반드시 고정된 비용으로 보기 어렵다 할 것이고, 광고선전비는 그 중 매출량과 연동되어 지출되는 판촉적 경비도 포함되어 있을 분만 아니라, 매출량증대를 위하여 확대, 조정하는 것이 가능하다는 점을 고려하면 그 역시 고정된 비용으로 보기 어렵다 할 것이며, 각종 보수공사에 소요된 수선비, 세금과 공과, 외부용역 수수료 등의 각종 수수료 등도 조업수준과 연동성이 없다고 단정하기 어려워 고정비용으로 볼 수 없다 할 것이므로, 원고들의 위 주장도 받아들이지 아니한다.

셋째, 무학/대선의 가격인상에 따른 실제 매출감소율을 정확히 산출하기 위하여는 가격인상에 따른 대체효과 즉, 특정상품이 가격이 인상하면 다른 상품의 가격이 상대적으로 저렴하게 되어 그 상품으로 구매를 전환하는 효과를 소득효과 즉, 가격인상으로 실질소득이 줄어드는 것으로 인한 소비감소효과를 모두 고려하여야 하고, 무학/대선소주 가격인상에 대한 대체효과를 고려함에 있어서는 경쟁소주인 진로로의 대체효과뿐만 아니라, 백세주, 맥주 등 다른 알콜 음료로의 대체효과도 고려하여야 함에도 보조참가인측 경제분석에서는 무학/대선의 가격인상에 따른 실제 매출감소율을 산출함에 있어 대체효과 중 진로로의 대체효과만을 상정하고, 그 나머지 다른 알콜 음료로의 대체효과와 소득효과를 누락함에 따라 실제 매출감소율을 과소하게 책정하는 오류를 범하고 있다고 주장한다.

그러므로 살피건대, 설령 무학/대선의 가격인상에 따른 실제 매출 감소율을 산출함에 있어 원고들 주장과 같은 다른 알콜 음료로의 대체효과와 소득효과를 고려하여야 한다 하더라도, 갑 제55호증의 기재만으로는 원고들 주장의 대체효과와 소득효과를 고려한 실제 영업점 및 소매점 매출감소율이 10%, 15%, 30% 가격인상에 대한 보조참가인측 경제분석에서 제시하고 있는 임계매출감소율(표 11 참조)보다 크다는 점을 인정하기가 부족하고 달리 이를 인정할 아무런 증거가 없는바, 사실관계가 이와 같다면, 원고 무학과 보조참가인이 10%, 15%, 30%의 가격인상을 통하여 이윤을 증대할 수 있다는 결론에는 아무런 영향이 없으므로, 원고들 주장의 오류만으로는 보조참가인측 경제분석을 배척할 수는 없어, 원고들의 이 부분 주장도 이유 없다.

③ 소비자의 선호도 등

위 인정사실에 의하면, ㉮ 부산지역의 경우 자도소주 의무구입제도가 폐지된 직후인 1997.부터, 경남지역의 경우 1998.부터 각 지역업체인 대선/무학의 점유율이 비약적으로 증가하였고(표 3-5 참조), 그러한 점유율 증가는 지역업체들이 그 무렵 저도주를 출시하면서 시행한 저가정책에 그 원인을 찾을 수도 있다 할 것이나, 다른 한편 그 이후 보조참가인은 2002. 5.경부터, 원고 무학은 2000. 1. 경부터 각 그 가격을 인상하여 경쟁소주인 진로보다 소주가격이 고가임에도 불구하고 지역업체의 점유율은 가격인상 전과 비슷한 수준을 그대로 유지하고 있는 점에서 유추할 수 있듯이, 이러한 점유율 증가현상은 그 당시 정권교체라는 정치적 환경변화에 따른 소비자들의 지역정서가 결집된 것에 기인한 것으로 보이고, 또한 전남지역에 기반을 둔 보해양조의 경우에도 1997.경부터 2002. 3.경까지 보해골드의 출고가가 동급 진로 출고가보다 50~60%의 높은 가격을 유지하여 왔음에도 불구하고 2000. 경까지는 90% 이상의 높은 점유율을 유지하다가 지역감정이 종전보다 완화되었다고 볼 수 있는 문민정부 말기 무렵인 2001.부터 점유율이 급격히 하락하기 시작하여 2003.에는 76%의 점유율을 유지하고 있는 점, ㉯ 원고들측 설문조사인 '닐슨보고서'에 의하더라도 부산 및 경남지역 소비자들은 소주 음용시 맛과 관련된 사항을 중요시한다는 비율이 26.22%인 반면, 지역의 대표성, 지역정서, 기업이미지 등을 중요시한다는 비율이 73.78%이고, 갤럽설문조사에서도 부산 및 경남지역 소비자들 중 23.3%가 내고장 소주라서 특정소주를 좋아하는 것으로 조사된 점 등에 비추어 보면, 소주시장은 과거는 물론 현재에도 지역소비자들의 지역제품에 대한 강한 선호도 내지 충성도를 보이고 있다 할 것이고, 이러한 지역적 특성은 자도소주 의무구입제도라는 외생적 규제환경에 의하여 형성되고, 그 제도 폐지 이후에도 지역업체들의 제품개발, 판매촉진노력강화, 정치적 여건변화에 따른 지역정서의 결핍 등의 요인들이 상승작용을 일으키면서 강화되었다고 볼 수 있다.

또한, ㉮ 진로의 2001. 전국 평균 점유율이 52.3%임에도 부산 및 경남지역에서는 그에 훨씬 못 미치는 점유율(2001. 판매수량 기준 부산 6.6%, 경남 3.4%)을 나타내고 있고, 부산 및 경남지역에서 점유율이 저조한 것은 지역 유통업자 및 음식점의 지역제품에 대한 높은 선호도 때문인 것으로 스스로 분석하고 있으며, 이러한 지역식품에 대한 선호도가 점유율 증대에 가장 중요한 장애요인이어서 향후 지역업체들의 소주가격이 일정부분 인상되더라도 진로의 판매량이 그다지 증가하지 않을 것으로 판단하고 있는 점, ㉯ 진로 이외의 다른 업체 중 주식회사 두산이나 선양주조 주식회사도 부산 및 경남지역 소주시장에서의 지역소주에 대한 강한 선호도와 같은 지역적 특성, 유통거리상의 물류비용, 유통경로확보상의 문제점 등을 이유로 단순한 가격전략만으로는 신규 진입이 사실상 불가능하다는 입장을 보이고 있는 점 등에 비추어 보면, 부산 및 경남지역에서 소주가격이 인상된다 하더라도 경쟁업체인 진로가 그 지역에서 공급을 증가시키거나, 다른 지역업체들이 신규로 진입하는 것은 사실상 어려워 판매자의 구매지역전환가능성이 매우 낮다고 할 것이다.

④ 지역시장의 획정

앞서 살펴 본 바와 같이, 이 사건 기업결합과 관련된 지역시장의 획정은 수요의 대체가능성을 가늠하는 이른바 'SSNIP 방법론'을 기초로 하되, 그 외 소주시장의 특성, 판매자의 판매지역전환가능성 즉, 공급의 대체가능성 등을 종합하여 결정되어야 하는 점, 보조참가인측 경제분석 방법인 '임계매출감소분석'은 'SSNIP 방법론'을 실제 사건에서 체계적으로 적용하는 경제분석으로서 관련 지역시장 획정에 유효 적절한 방법인 점, '임계매출감소분석'에 의할 경우 갤럽설문조사뿐만 아니라 원고들측 경제분석 자료에 의하더라도 가상의 독점사업자인 원고 무학과 보조참가인이 부산 및 경남지역시장에서 '작지만 의미있고 비일시적인 가격인상'을 통하여 이윤 증대를 도모 할 수 있어 이 사건 기업결합과 관련된 지역시장을 부산 및 경남지역시장으로 획정하여야 하는 것으로 분석된 점, 부산 및 경남지역 소주시장의 지역적 특성으로 인하여 경쟁업체는 물론 다른 지역업체의 공급증가와 신규진입이 사실상 어려운 진입장벽이 있는 점에다 2002. 6. 10. 게재한 공고문에서 볼 수 있듯이 원고들 스스로 이 사건 결합행위와 관련된 지역시장을 부산 및 경남지역시장으로 인식하고 있는 점을 아울러 고려하면, 이 사건 결합행위와 관련된 지역시장은 부산 및 경남지역시장으로 획정함이 타당하다 할 것이다.

⑤ 소 결 론

그렇다면, 비록 피고가 이 사건 기업결합과 관련된 지역시장을 획정함에 있어 그에 필요한 경제분석 등의 방법을 통하여 획정한 것은 아니라 할지라도, 이 사건 기업결합 관련 당사 회사들의 시장 점유율, 소비자의 구매지역전환가능성, 공급자의 진입장벽, 원고들의 내심의 의사 등을 종합하여 관련 지역시장을 부산 및 경남지역 시장으로 획정한 것은 그 결론에 있어 타당한 것으로 입증되었다 할 것이므로, 이와 다른 견지에서 원고들의 이 부분 주장은 이유 없다 할 것이다.

나. 상품용역시장

공정거래위원회 전원회의 의결 제2006-009호(2006. 1. 24.)

(나) 소주와 맥주는 상품특성, 소비패턴, 가격변경이 기업이윤에 미치는 범위 등에 대한 계량분석, 국내외 심결사례 등을 종합하여 고려해 볼 때, 아래와 같은 이유로 서로 다른 별개의 상품시장으로 획정된다.

1) 상품특성 측면에서 소주는 주정을 원료로 하여 알콜도수가 21~25도인 비교적 고도주인 반면, 맥주는 맥아, 홉 등을 원료로 하여 알콜도수가 4~5도인 저도주로 원료, 맛, 도수 등에서 상당한 차이가 존재한다.

2) 연령, 성별, 계절별 소비양태 측면에서도 뚜렷한 차이가 나타난다. [표 15-2]에서 보듯이 연령의 경우 맥주는 연령이 젊을수록 선호도가 높은 반면, 소주는 연령이 높을수록 선호도가 높은 것으로 나타나고 있다. 성별의 경우 소주는 남성과 여성의 소비비중이 67 : 33으로 남성의 소비비중이 훨씬 큰 반면, 맥주는 55 : 44로 성별간 차이가 크지 않다. 계절별 소비양태는 [표 15-3]에서 보듯이 소주는 겨울철 매출이 높은 반면, 맥주는 여름철 매출이 가장 높다.

[표 15-2] 연령별 주류 선호도 단위: %

	소주	맥주	약주	매실주	청주
20대	44.5	43.2	5.5	6.2	0.6
30대	48.4	40.3	6.2	4.5	0.6
40대	55.0	33.7	4.4	4.7	2.2

출처: 하이트맥주 제출자료

[표 15-3] 맥주와 소주의 계절지수(2004년) 단위: %

	1월	2월	3월	4월	5월	6월	7월	8월	9월	10월	11월	12월	평균
맥주	89.6	80.8	90.3	99.7	107.5	108.8	115.4	124.6	109.9	93.7	87.5	92.1	100.0
소주	94.1	88.9	103.7	116.5	97.2	104.0	91.0	81.7	99.5	103.4	110.1	110.0	100.0

출처: 하이트맥주 제출자료

3) 계량적 시장획정 도구인 임계매출감소분석(Critical Loss Analysis) 결과에서도 소주와 맥주는 별개의 상품시장으로 획정되는 것으로 나타난다. 임계매출감소분석은 각국 경쟁당국이 기업결합심사 목적의 시장획정 기준으로 일반적으로 채택하고 있는 'SSNIP(Small but Significant and Non-transitory Increase in Price) Test'를 실제 사건에서 적용하기 위해 개발된 분석방법으로서, 가상적 독점기업이 '작지만 의미있고 일시적이지 않은 가격인상'을 시도할 경우 그에 따른 실제매출감소율과 임계매출감소율(이윤감소를 야기하지 않는 매출감소율 중 최대치를 의미한다)을 비교하여 이윤이 증가하는 최소의 상품범위 또는 지리적 범위를 찾는 방법이다.

가) 이와 관련하여 하이트맥주(주)와 OB맥주(주)[OB맥주(주)는 하이트맥주(주)의 경쟁사업자로서 이 사건 기업결합이 경쟁제한적 기업결합이라는 의견서를 제출하였다]는 각각 임계매출감소분석을 시행하여 그 분석결과를 공정거래위원회에 제출하였는데, 하이트맥주(주)는 소주와 맥주가 동일한 상품시장으로 획정되지 않는다고 주장한 반면, OB맥주(주)는 소주와 맥주가 동일한 상품시장으로 획정된다고 주장한다.

나) 하이트맥주(주)는 아래 [표 15-4]와 같이 소주가격이 5% 인상될 경우 소주시장에서 가상적 독점기업의 실제매출감소율은 5.6%인 반면, 임계매출감소율은 14.3%로서 임계매출감소율이 실제매출감소율보다 크기 때문에 가상적 독점기업은 가격인상을 통한 이윤증대가 가능하다고 주장한다. 이러한 결과는 상품시장을 소주시장보다 넓게 확대할 필요가 없이 소주시장만으로 획정될 수 있음을 의미하며, 소주가격이 10% 인상될 경우에도 임계매출감소율이 실제매출감소율보다 커서 동일한 결론에 도달한다.

[표 15-4] 소주 독점기업의 임계매출감소분석

가격인상률	실제매출감소율	임계매출감소율	가격인상 여부	시장확대 여부
5%	5.6%	14.3%	Yes	NO
10%	10.6%	25.0%	Yes	NO

주: 소주산업의 마진율을 29.9%로 산정

하이트맥주(주)는 맥주의 경우에도 아래 [표 15-5]에서 보여주는 바와 같이 맥주가격이 5% 인상될 경우 맥주시장에서 가상적 독점기업의 실제매출감소율은 13.2%인 반면, 임계매출감소율은 15.3%로 임계매출감소율이 실제매출감소율보다 크기 때문에 가상적 독점기업의 가격인상을 통한 이윤증대가 가능하다고 주장한다.

이러한 결과는 상품시장을 맥주시장보다 넓게 확대할 필요가 없이 맥주시장만으로 획정될 수 있음을 의미하며, 맥주가격이 10% 인상될 경우에도 임계매출감소율이 실제매출감소율보다 커서 동일한 결론에 도달한다.

[표 15-5] 맥주 독점기업의 임계매출감소분석

가격인상률	실제매출감소율	임계매출감소율	가격인상 여부	시장확대 여부
5%	13.2%	15.3%	Yes	NO
10%	22.1%	26.5%	Yes	NO

주: 맥주산업의 마진율을 27.8%로 산정

다) 반면, OB맥주(주)는 아래 [표 15-6]과 같이 소주가격이 5% 인상될 경우 소주시장에서 가상적 독점기업의 실제매출감소율은 14.1%인 반면, 임계매출감소율은 8.7%로서 실제매출감소율이 임계매출감소율보다 크기 때문에 가상적 독점기업의 가격인상을 통한 이윤증대가 곤란하다고 주장한다. 이러한 결과는 상품시장을 소주시장보다 넓게 획정해야 함을 의미하며, 소주가격이 10% 인상될 경우에도 실제매출감소율이 임계매출감소율보다 커서 동일한 결론에 도달한다.

[표 15-6] 소주 독점기업에 대한 임계매출감소분석

가격인상률	실제매출감소율	임계매출감소율	가격인상 여부	시장확대 여부
5%	14.1%	8.7%	NO	Yes
10%	28.1%	16.0%	NO	Yes

주: 소주산업의 마진율을 52.6%로 산정

OB맥주(주)는 맥주의 경우에도 [표 15-7]에서 보여 주는 바와 같이 맥주가격이 5% 인상될 경우 맥주시장에서 가상적 독점기업의 실제매출감소율은 10.2%인 반면, 임계매출감소율은 8.6%로 실제매출감소율이 임계매출감소율보다 크기 때문에 가상적 독점기업의 가격인상을 통한 이윤증대가 곤란하다고 주장한다. 이러한 결과는 상품시장을 맥주시장보다 넓게 획정해야 함을 의미하며, 맥주가격이 10% 인상될 경우에도 실제매출감소율이 임계매출감소율보다 커서 동일한 결론에 도달한다.

[표 15-7] 맥주 독점기업에 대한 임계매출감소분석

가격인상률	실제매출감소율	임계매출감소율	가격인상 여부	시장확대 여부
5%	10.2%	8.6%	NO	Yes
10%	20.3%	15.8%	NO	Yes

주: 맥주산업의 마진율을 53.1%로 산정

아울러 OB맥주(주)는 아래 [표 15-8]과 같이 소주와 맥주를 포괄한 가상적 독점기업이 소주와 맥주의 가격을 함께 5% 또는 10% 인상할 경우 실제매출감소율이 임계매출감소율보다 작기 때문에 가격인상을 통한 이윤증대가 가능하다고 주장하는 바, 이는 소주와 맥주가 동일한 하나의 상품시장에 속하며 상품시장의 범위를 더 이상 확대할 필요가 없음을 의미한다.

[표 15-8] 대중주 독점기업에 대한 임계매출감소분석

가격인상률	실제매출감소율	임계매출감소율	가격인상 여부	시장확대 여부
5%	10.2%	24.8%	Yes	NO
10%	20.3%	45.6%	Yes	NO

라) 이러한 양측의 주장에 대해 살펴보건대, OB맥주(주)의 분석은 다음과 같이 분석결과에 중대한 오류를 유발할 수 있는 문제점들이 있어 그 주장을 받아들이기 곤란하다.

첫째, OB맥주(주)는 실제매출감소율 추정 표본으로 전국 할인점의 판매량 자료를 이용하고 있는데, 주류 전체매출 중 할인점 매출비중은 약 5% 내외에 불과하여 동 표본은 전체 주류 소비자 모집단을 대표하지 못하는 심각한 문제가 있다. 예를 들어, 할인점을 이용하는 소비자들과 음식점, 슈퍼마켓 등 여타 소매점을 이용하는 소비자 집단간에는 소득, 연령, 소비패턴 등에 있어서 큰 차이가 존재할 수 있다. 반면, 하이트맥주(주)는 실제매출감소율을 설문조사를 통해 추정하고 있는데, 설문조사 대상표본이 소주와 맥주의 소비자 모집단과 성별, 연령, 교육수준, 직업, 소득수준 등에서 유사하여 표본의 대표성 측면에서 분석결과에 영향을 미칠만한 오류는 없다고 판단된다.

둘째, OB맥주(주)는 마진율을 산정함에 있어 가변비용과 고정비용을 구분하는 시간적 범위를 독점력 행사가 예상되는 상당한 기간으로 보지 않고 1년 기준으로 보아 가변비용을 과소 계상함으로써 마진율을 과대 추정하는 오류를 범하고 있다.

가변비용과 고정비용을 구분하는 시간적 범위를 독점력 행사가 예상되는 상당한 기간으로 보아야 한다는 입장은 법원의 판결에서도 확인할 수 있다. 서울고등법원(2003누2252 시정조치명령등취소청구, 2004. 10. 27.)은 "'임계매출감소분석'의 전제가 되는 가변비용은 가상적인 독점사업자의 독점력 행사가 예상되는 상당한 기간동안 생산량에 따라 변할 수 있는 비용이라 보아야 할 것인 바, 원고들 주장의 비용 중 노무비, 교육훈련비, 급여, 퇴직금, 복리후생비, 퇴직위로금 등 노동비용은

무학과 보조참가인이 이 사건 기업결합으로 독점력 행사가 예상되는 상당한 기간 동안(원고들 주장과 같이 1년에 한정된다고는 볼 수 없다) 반드시 고정된 비용으로 보기 어렵다 할 것이고, 광고선전비는 그 중 매출량과 연동되어 지출되는 판촉적 경비도 포함되어 있을 뿐만 아니라, 매출량 증대를 위하여 확대, 조정하는 것이 가능하다는 점을 고려하면 그 역시 고정된 비용으로 보기는 어렵다 할 것이며, 각종 보수공사에 소요된 수선비, 세금과공과, 외부용역 수수료 등도 조업수준과 연동성이 없다고 단정하기 어려워 고정비용으로 볼 수 없다."고 판시하고 있다.

이러한 입장은 미국 기업결합가이드라인(1992 Horizontal Merger Guidelines, 1.1. Product Market Definition)에도 잘 나타나 있는데, 동 가이드라인은 "작지만 의미있고 일시적이지 않은 가격인상의 효과에 대한 객관적인 판단기준으로 집행당국은 보통 예상가능한 장래기간동안 지속되는 5%의 가격인상 기준을 사용한다."고 규정하고 있다. 또한, 임계매출감소분석과 관련된 논문인 'Critical Thinking about "Critical Loss" in Antitrust(Kenneth L. Danger and H. E. Frech Ⅲ, Antitrust Bulletin, 2001)'을 살펴보면, 동 논문은 "기업의 가격결정과 반독점 사건에 있어 관련 시간적 범위는 시장획정에 있어서 중요한 문제이다. … (중략) … 통상적으로는 한계비용을 평균가변비용(이 경우 가변비용은 생산량에 따라 변할 수 있는 비용으로 정의된다)에 접근시킨다. 그러한 경우에 자료들은 대체로 회계보고서로부터 얻어진다. 이러한 정의는 암묵적으로 단기간의 접근방법을 취하게 된다. 이러한 통상적인 접근방법은 반독점 사건 특히 기업결합 분석에 있어서 부적절하게 근시안적인 것이 될 수 있다."고 규정하고 있다.

반면, 하이트맥주(주)는 1년 기준이 아닌 장기적 시점에서 조업도에 따른 비용의 변화여부를 기준으로 가변비용과 고정비용을 구분하고 있으며, 구체적인 구분항목도 서울고등법원이 판시한 항목과 동일하다는 점에서 마진율 산정에 있어 분석결과에 영향을 미칠만한 오류는 없다고 판단된다.

4) EU(European Union), 미국, 영국 등 외국 경쟁당국도 일반적으로 도수의 차이에 따라 개별 주류를 별개의 상품시장으로 획정한 사실이 있다.

EU는 고도주(spirits)와 맥주를 생산하는 Guinness와 고도주를 생산하는 Grand Metropolitan간의 기업결합(Guinness/Grand Metropolitan, Case No IV/M.938, 1997) 사건에서 상품시장을 획정함에 있어 맥주와 고도주(whiskey, brandy, gin, vodka, rum 등을 통칭한다)간의 통합 가능성에 대해서는 어떠한 검토도 하지 않고 있으며, 고도주를 어느 정도까지 세분화해서 관련 상품시장을 획정해야 하는지 만을 논의하면서 관련 상품시장의 범위는 세부 고도주보다 확대되지 않는다고 판단하고 있다. 그 이유로 소비자들이 세부 고도주별로 특정 브랜드에 대한 일정한 충성도를 가지고 있으며 작은 가격변화에 의해서는 영향을 받지 않고 상황에 따른 소비패턴을 보이고 있는 점, 고도주 생산자들간의 주된 경쟁요소는 브랜드구축으로서 제품개발, 광고, 판촉 등의 활동은 브랜드별로 이루어지며 회사차원으로 이루어지지 않는다는 점을 지적하고 있다.

미국도 맥주 제조업체들간의 기업결합에서 상품시장을 맥주시장만으로 획정하고 있다. 관련 상품시장이 맥주시장보다 넓은 가령 위스키 등의 고도주를 포함한 주류시장으로 확대되어야 하는지에 대해서는 전혀 검토하지 않고 있는 바, 이러한 맥주 제조업체들간의 기업결합으로는 U.S. v. Pabst Brewing Co.(348 US. 546, 1966), U.S. v Falstaff Brewing Co. et al.(383 F. Supp. 1020, 1974) 등이 있다.

영국 경쟁위원회(U.K Competition Commission)도 맥주 제조업체간 기업결합인 Interbrew SA and Bass PLC(Cm 5014, 2001)에서 관련 상품시장을 맥주시장으로 획정하고 있다. 이러한 획정 근거로 수요측면에서 맥주의 대체재로 사과로 만든 과실주(cider), 알코올이나 고도주와 탄산 혹은 비탄산 음료를 혼합한 것(FABs), 포도주(wine)를 고려해 볼 수 있으나, 연구결과 맥주 수요가 가격에 비탄력적(장기 수요의 가격탄력성은 −0.5∼−0.75로 추산된다)으로 나타난 점과 아울러 공급측면에서도 맥주가 이러한 검토가능한 대체재들과는 생산과정이나 브랜드가 상이하다는 점을 들고 있다.

2. 시장점유율

서울고법 2008. 9. 3. 선고 2006누30036 판결(신세계)

(가) 경쟁제한성의 판단기준

공정거래법 제 7 조 제 1 항의 “경쟁을 실질적으로 제한하는 기업결합”이라 함은 당해 기업결합에 의해 일정한 거래분야에서 경쟁이 감소하여 특정한 기업 또는 기업집단이 어느 정도 자유로이 상품의 가격·수량·품질 기타 거래조건 등의 결정에 영향을 미치거나 미칠 우려가 있는 상태를 초래하거나 그러한 상태를 상당히 강화하는 것을 말하는데, 공정거래법 제 7 조 제 4 항은 기업결합 당사회사의 시장점유율(계열회사의 시장점유율을 합산한 점유율을 말한다)의 합계가 시장지배적 사업자의 추정요건(같은 법 제 4 조)에 해당하고, 시장점유율의 합계가 당해 거래분야에서 제1위이며, 시장점유율의 합계와 시장점유율이 제2위인 회사(당사회사를 제외한 회사 중 제1위인 회사를 말한다)의 시장점유율과의 차이가 그 시장점유율 합계의 100분의 25 이상인 경우에는 경쟁제한성이 추정된다는 취지로 규정하고 있다. 그리고 같은 조 제 5 항의 위임에 따라 제정된 피고의 심사기준 Ⅶ. 1.항은 수평형 기업결합의 경우 경쟁제한성 여부는 기업결합 전후의 시장집중상황, 해외경쟁의 도입수준 및 국제적 경쟁상황, 신규 진입의 가능성, 경쟁사업자 간의 공동행위 가능성, 유사품 및 인접시장의 존재 여부 등을 종합적으로 고려하여 판단하도록 규정하고 있다. 그러므로 아래에서는 먼저 이 사건 4개 지역 중 공정거래법 제 7 조 제 4 항의 경쟁제한성 추정규정이 적용되는 곳이 있는지 여부를 먼저 살펴보고, 이어서 추정규정이 적용되지 않는 지역에 대해서는 위 심사규정에 따라 경쟁제한성 여부를 판단하기로 한다.

(나) 경쟁제한성 추정규정의 적용 여부

피고는 대구시지·경산지역과 포항지역은 공정거래법 제 7 조 제 4 항에 의하여 경쟁제한성이 추정된다고 판단하였는바, 앞서 본 바에 의하면 위 2개의 지역은 이 사건 기업결합 이전에도 위 조항에서 규정한 경쟁제한성 추정요건이 충족된 시장이었던 사실이 인정되므로, 과연 이러한 경우에도 위 추정규정이 적용되는지 여부에 관하여 보건대, 원래 시장집중도가 높아서 경쟁제한성이 추정되던 시장에서의 기업결합에 대해서까지 위 추정규정을 적용한다면, 그 시장에서는 어떠한 기업결합도 모두 경쟁제한적인 것으로 추정된다는 점에서 불합리하다고 볼 여지가 전혀 없는 것은 아니지만, 이미 경쟁제한성의 추정요건이 충족된 시장에서 기업결합이 이루어지면 경쟁자가 줄어들어 시장이 더욱 집중화됨으로써 경쟁을 제한할 개연성이 더욱 높아진다고 보이는 점, 만약 이미 공정거래법 제 7 조 제 4 항에서 정한 경쟁제한성 추정요건을 충족하고 있는 시장점유율 제1위 사업자의 기업결합에 대하여 위 추정규정을 적용하지 않을 경우, 같은 시장에서 시장점유율 제 2 위 이하의 사업자가 기업결합을 하여 시장점유율 제 1 위 사업자가 되는 경우에만 위 추정규정이 적용되어 매우 불합리한 결과를 초래하는 점 등에 비추어 보면, 이미 경쟁제한성의 추정요건이 충족된 시장에서의 기업결합에 대해서도 위 추정규정은 적용된다고 할 것이므로, 이에 반하는 원고의 주장은 받아들일 수 없다.

서울고법 2008. 5. 28. 선고 2006누21148 판결(오씨아이)[31]

(1) 경쟁제한성의 추정

(가) 공정거래법 제 7 조 제 4 항 1호는, 기업결합 당사 회사의 시장점유율(계열회사의 시장점유율을 합산한 점유율)의 합계가 시장지배적사업자의 추정요건에 해당하며, 시장점유율의 합계가 당해 거래분야에서 제1위이고, 그 시장점유율의 합계와 시장점유율이 제2위인 회사의 시장점유율과의 차이가 그 시장점유율의 합계의 100분의 25 이상에 해당하는 경우, 그 기업결합은 일정한 거래분야에서 경쟁을 실질적으로 제한하는 것으로 추정한다고 규정하고 있다.

그런데 이 사건 기업결합으로 인하여 국내 고무용 카본블랙 시장에서의 경쟁사업자 수가 원고 동양제철화학, KCB, CCK의 3개 회사에서 원고 동양제철화학-CCK, KCB의 2개 회사로 감소하고, 아래 [표 15-10]에서 보는 바와 같이 결합회사의 시장점유율 합계가 판매량 기준 64.2%, 매출액 기준 63.0%로서 1위이며, 그 시장점유율의 합계와 2위인 KCB의 점유율 차이가 위 시장점유율의 합계의 25% 이상에 해당하는 경우에 해당하므로, 이 사건 기업결합은 공정거래법 제 7 조 제 4 항 제 1 호의 규정에 의하여 경쟁 제한성이 추정된다.

3. 해외경쟁의 도입가능성 및 신규진입가능성

서울고법 2008. 5. 28. 선고 2006누21148 판결(오씨아이)[32]

(나) 판　　단

위 인정사실에 나타난 바와 같이 국내 고무용 카본블랙 시장에서 수입품의 점유율이 1% 미만에 그치고 있는 점, 수입 카본블랙의 가격이 국내산보다 가격이 저렴하다고 볼 수도 없으며, 타이어용 카본블랙은 타이어 제품의 안정성에 중요한 영향을 미치므로, 타이어 제조회사들은 카본블랙의 가격인상에 대응하여 공급업체를 쉽게 변경할 수 없을 것으로 보이는 점, 수입 카본블랙은 관세비용, 운송비 외에도 하역시설, 저장시설, 분진제거 시설 등 관련 시설비용이 추가로 소요되는 점, 중국, 일본 등 아시아 국가들의 카본블랙 수출 여력이 별로 없어 대량 수입은 곤란할 것으로 보이는 점 등 제반 사정을 종합하여 보면, 고무용 카본블랙의 경우 해외경쟁의 도입가능성이 그다지 높지 않다고 봄이 상당하다.

---

31) 대법 2009. 9. 10. 선고 2008두9744 판결로 확정.
32) 대법 2009. 9. 10. 선고 2008두9744 판결로 확정.

(다) 원고들의 주장에 대한 판단

1) 원고들은, 최근 환율 하락으로 수입품의 가격경쟁력이 높아졌고, 산업고무용 카본블랙의 수입량이 급격히 증가하여 국내 산업고무용 카본블랙 시장 판매량의 약 9.4%를 차지하기에 이르렀으므로, 해외경쟁의 도입가능성이 높다고 보아야 한다고 주장한다.

그러므로 살피건대, 갑 제4, 5호증의 각 1, 2의 각 기재에 의하면, 2002. 3.을 기준으로 1,326.40원/달러에 이르렀던 환율이 이후 지속적으로 하락하다가 최근 등락을 거듭하여 2008. 4.경 985.80원/달러에 이른 사실, 산업고무용 카본블랙의 경우 중국으로부터의 수입량이 2005년 2,691톤에서 2006년 7,367톤으로, 태국으로부터의 수입량이 2005년 약 3톤에서 2006년 2,125톤으로 각 증가한 사실은 인정된다. 그러나 위와 같이 환율이 하락한 기간 동안 전체 카본블랙 시장에서 수입 카본블랙의 시장점유율이 환율하락의 정도에 따라 크게 증가한 것으로 보이지 아니하고, 국내 고무용 카본블랙 시장에서의 수입품의 점유율이 1%에도 미치지 못하고 있는 점, 원고들 주장에 의하더라도 국내 산업고무용 카본블랙 시장에서 수입 산업고무용 카본블랙의 점유율이 10%에 미치지 못하는 점 등에 비추어 보면, 위와 같은 사정만으로는 해외경쟁의 도입가능성이 높다고는 할 수 없으므로, 원고들의 위 주장은 이유 없다.

2) 원고들은 또한, 중국산 카본블랙의 수입가격이 실제로 국내 카본블랙 가격보다 높지 않고, 카본블랙을 수입하는 타이어업체들은 타이어를 수출하는 경우 관세를 환급받게 되므로 수출량에 해당하는 만큼 관세비용을 수입가격에서 제외하면 가격이 더욱 낮아지며, 중국산 카본블랙의 품질이 높아져 품질테스트를 거치는데 1년 이상의 기간이 소요되지 않으므로, 해외경쟁의 도입가능성이 높다고 주장한다.

그러므로 살피건대, 카본블랙 수입 비용에는 도착 항구로부터 공장까지의 운임, 수입 카본블랙의 저장시설 설치비용, 포장형태의 변경에 따른 추가 설비비용 등이 포함되어야 하는 점, 국내 고무용 카본블랙 시장에서 수입 중국산 카본블랙 등의 시장점유율이 아직 미미한 점 등에 비추어 보면, 중국산 카본블랙이 국내 카본블랙에 비하여 가격경쟁력이 있다고 볼 수 없으며, 가사 다소의 가격경쟁력이 있다고 하더라도 유효한 해외경쟁요소가 되지 못한다고 봄이 상당하다. 따라서 원고들의 이 부분 주장도 이유 없다.

(4) 신규 시장진입 가능성

살피건대, 국내 고무용 카본블랙 시장은 국내 생산능력이 이미 수요량을 초과하는 공급초과 상태로서 신규 시장진입에 대한 경제적 유인이 없는 점, 카본블랙 제조공장은 대기오염, 수질오염, 토양오염, 소음, 악취 등으로 인하여 각종 환경관련 규제를 받고 있는바, 이러한 환경오염 문제를 해결하고, 규모의 경제를 갖추기 위한 상당한 규모의 설비투자를 필요로 하는 점 등에 비추어, 국내 고무용 카본블랙 시장에 신규 사업자가 진입할 가능성은 매우 낮은 것으로 보인다.

4. 공동행위의 가능성

서울고법 2008. 9. 3. 선고 2006누30036 판결(신세계)

② 공동행위의 가능성과 관련하여 피고의 심사기준은, 기업결합으로 인하여 사업자 간의 공동행위가 용이해지는지의 여부는, 최근 수년간 당해 거래분야에서 거래되는 상품의 가격이 동일한 거래분야에 속하지 않는 유사한 상품들의 평균가격에 비해 현저히 높았는지 여부, 당해 거래분야에서 거래되는 상품에 대한 수요의 변동이 적은 경우로서 경쟁관계에 있는 사업자가 수년간 안정적인 시장점유율을 차지하고 있는지 여부, 경쟁관계에 있는 사업자가 공급하는 상품의 동질성이 상당히 높고, 경쟁관계에 있는 사업자 간의 생산 및 판매조건이 유사한지 여부, 과거 부당한 공동행위가 이루어진 사실이 있었는지 여부 등을 고려하여 판단하도록 규정하고 있는데, 앞서 본 사실에 의하면 대형할인점 업계는 2001년부터 2005년까지 상위 5개사가 계속 변경되어 온 반면, 원고 및 보조참가인과 다른 상위 3개 대형할인점 업체의 2003년부터 2005년까지 매출액 증가율 및 영업이익률은 크게 변동하지 않고 있고, 대형할인점은 다른 소매업태에 비하여 평균가격이 가장 낮은 유형에 속하며, 이 사건 기업결합 당시까지 대형할인점 업계가 피고로부터 공정거래법상의 부당한 공동행위를 이유로 제재를 받은 적은 없는 사실이 인정된다. 그리고 보조참가인의 경우 2003년부터 2005년까지 매출액 증가율은 감소추세를 보이고 있고, 영업이익률도 대부분 적자를 내고 있어 보조참가인이 장래에 잠재적 독행기업으로서의 역할을 할 수 있을지는 의문이다.

③ 그리고 원고가 제출한 경제분석서에 의하면(비록 위 경제분석서가 앞서 본 바와 같은 일정한 한계를 가지고 있는 점이 인정되기는 하지만, 그렇다고 하더라도 그 결과의 일부를 경쟁제한성과 관련하여 참조하는 것마저 부인된다고 할 수는 없

다), 원고의 경우 가장 가격지수가 높은 지점과 가장 가격지수가 낮은 지점의 차이가 2,972개 품목 가격지수에서 3.83%, 즉 ±1.9% 정도로 나타났는데, 원고가 독점사업자의 지위에 있는 지역에 위치한 지점 11개의 평균 가격지수와 가장 경쟁적인 지역에 위치한 원고 지점의 가격지수의 차이는 평균 2% 정도인 것으로 나타났는바, 이에 비추어 보면 그동안 원고가 독점지역에서 시장지배력을 남용해 왔다고 단정하기는 어렵다.

④ 한편, 앞서 본 바와 같이 대형할인점 시장이 백화점이나 슈퍼마켓과 같은 유통업태와 별도의 상품시장으로 구별될 수는 있지만, 대형할인점이 여전히 위와 같은 유통업태들에 대하여 인접시장으로서의 역할을 하면서 일정한 경쟁관계를 유지하고 있음을 부인할 수는 없다.

⑤ 위와 같은 시장집중도의 변화추이 및 신규 진입의 가능성, 공동행위의 가능성, 유사품 및 인접시장의 존재 등을 종합적으로 고려하여 지역별로 경쟁제한성이 인정되는지 여부를 살펴보면, 먼저 대구 시지·경산지역의 경우에는 공정거래법 제7조 제4항의 경쟁제한성 추정규정이 적용될 뿐만 아니라, 이 사건 기업결합으로 인하여 시장집중도가 100%가 되고 가까운 장래에 신규 출점이 예정되어 있지도 않은 점 등에 비추어 볼 때 이 사건 기업결합으로 인한 경쟁제한성이 인정된다고 볼 수밖에 없다.

다음으로, 포항지역의 경우 위에서 본 바에 의하면 경쟁제한성 추정규정이 적용되지만, ㉠ 이 지역의 경우 이 사건 기업결합으로 인하여 경쟁사업자의 수가 4개에서 3개로 감소하고 결합당사회사의 점유율도 74.3%로서 제1위 사업자가 되기는 하지만, 그 후 2개의 대형할인점이 신규 출점하여 경쟁사업자의 수는 오히려 5개로 늘어나고 결합당사회사의 점유율도 43.7%로 대폭 감소할 것으로 예상되고 있어 신규 출점으로 인한 시장집중도의 완화 정도가 상당하다고 보이는 점, ㉡ 위에서 본 대형할인점 업계의 2001년부터 2005년까지 시장점유율 변동 추이 및 원고 및 보조참가인과 다른 상위 3개 대형할인점 업체의 2003년부터 2005년까지의 매출액 증가율 및 영업이익률 변동 추이, 대형할인점 업계가 과거에 부당한 공동행위를 이유로 피고로부터 제재를 받은 적이 없고, 보조참가인이 장래에 잠재적 독행기업으로서의 역할을 수행할 수 있을지 여부가 불분명한 사정 등에 비추어 보면, 공동행위의 가능성이 상당하다고 보기는 어려운 점, ㉢ 그동안 원고가 독점지역에서 시장지배력을 남용해 왔다고 인정할 만한 뚜렷한 자료가 없는 점 등을 종합하여 보면, 이 지역의 경우에는 경쟁제한성의 추정이 복멸되었다고 볼 수밖에 없다.

나머지 인천·부천지역, 안양·평촌지역의 경우에도, 앞서 본 사실에 의하면 이 사건 기업결합으로 인하여 시장집중도에 커다란 변화가 있다고 보기 어렵고, 공동행위의 가능성 등에 대한 피고의 입증도 충분하다고 볼 수 없어 경쟁제한성이 있다고 보기는 어렵다. 따라서 이 사건 기업결합으로 인한 경쟁제한성이 인정되지 않는다는 원고 및 보조참가인의 주장은 위 3개 지역에 한하여 이유 있다.

5. 효율성 항변

서울고법 2008. 5. 28. 선고 2006누21148 판결(오씨아이)[33]

라. 효율성 증대로 인한 예외 인정 여부에 관한 판단

(1) 일 반 론

공정거래법 제 7 조 제 2 항 제 1 호에서는 "당해 기업결합 외의 방법으로는 달성하기 어려운 효율성 증대효과가 경쟁제한으로 인한 폐해보다 큰 경우"에는 제 7 조 제 1 항을 적용하지 않도록 규정하고 있는바, 공정거래법에서 이와 같은 예외사유를 규정한 취지는 기업결합으로 인해 사업자 수가 줄어들어 경쟁제한적 폐해가 발생할 수 있다고 하더라도 효율성 증대효과가 클 경우 기업결합 당사회사의 비용이 하락하여 가격인하나 생산량의 증대 등을 통해 경쟁구조가 보다 촉진되고 궁극적으로 국내 소비자의 이익이 증대될 수 있다는 데에 있다고 할 것이다. 한편, 여기에서 효율성이란 기업으로 하여금 보다 적은 생산요소를 투입하여 보다 많거나 품질이 좋은 생산물을 만들어 내도록 하는 비용절감을 뜻하는 '생산적 효율성'을 말하고, 효율성 증대효과란 당해 기업결합 외의 방법으로는 달성하기 어려운 '기업결합 특유의 효율성'을 의미하며, 그 효율성 증대효과는 가까운 시일 내에 발생할 것이 명백하여야 하고, 이러한 효율성 효과의 입증책임은 기업결합 당사회사에게 있다(공정거래법 제 7 조 제 2 항 후단).

(2) **원고들의 주장**

원고들은, ① 구매부분의 효율성 증대효과액이 45억 500만 원, ② 품종 특화에 따른 효율성 증대효과액이 4억 1,100만원, ③ 특수 카본블랙의 국내 생산으로 인한 효율성 증대효과액이 84억 6,600만 원, ④ 에너지 절감을 통한 효율성 증대효과액이 27억 8,100만 원, ⑤ 운영·관리부문의 효율성 증대효과액이 737,000,000원

33) 대법 2009. 9. 10. 선고 2008두9744 판결로 확정.

등 합계 약 169억 원의 효율성 증대효과가 있으며, 그 외 특수용 카본블랙 시장의 경쟁 촉진에 따른 국내 총잉여가 28억 3,300만 원 정도 증가하는 효과가 발생한다고 주장한다.

(3) 판 단

(가) 구매부분의 효율성 증대효과

갑 제1호증의 1, 2의 각 기재에 변론 전체의 취지를 종합하면, 결합회사가 카본블랙 원료인 FCC 오일을 통합 구매함으로써 원료조달비용 30억 5,300만 원 및 운송비용 14억 5,200만 원 등 합계 45억 500만 원을 절약할 수 있을 것으로 예상되므로, 구매부분의 효율성 증대효과액으로 45억 500만 원이 인정된다.

(나) 품종특화에 따른 효율성 증대효과

앞서 든 증거에 의하면, 원고 동양제철화학과 CCK가 중복 생산하는 제품을 최소화하고, 공장별로 제품생산을 특화함으로써 생산량이 확대되어 약 4억 1,100만원의 EBITDA(Earnings Before Interest, Taxes, Depreciation and Amortization, 세전·이자 지급전 이익)가 개선될 수 있을 것으로 보여지므로, 이러한 품종특화에 따른 효율성 증대효과액으로 4억 1,100만원이 인정된다.

(다) 특수용 카본블랙의 국내 생산으로 인한 효율성 증대효과

앞서 든 증거에 의하면, CCC의 특수용 카본블랙 생산기술 및 설비를 CCK에 도입하여 특수용 카본블랙을 국내에서 생산함으로써 EBITDA 증대효과가 발생할 수 있을 것으로 보여지지만, 이러한 효과는 이 사건 기업결합이 없더라도 가능한 효과로서 기업결합 특유의 효율성증대로 보기는 어려운 점, 이 사건 기업결합 후 결합회사의 아시아 시장에서의 점유율이 원고들 주장만큼 증가할 것이라는 볼 만한 별다른 증거가 없는 점 등에 비추어, 특수용 카본블랙의 국내 생산으로 인한 효율성 증대효과는 국내 시장에서 원고들 주장의 EBITDA 증대 금액의 50% 상당하는 약 16억 8,200만 원으로 봄이 상당하고, 이를 넘어선 아시아 시장에서의 효율성 증대효과는 받아들이지 아니한다.

(라) 에너지 절감을 통한 효율성 증대효과

앞서 든 증거에 의하면, 원고 동양제철화학의 건조기 기술을 CCK의 공정에 적용함으로써 연료비를 15억 6,200만 원 정도 절감하게 될 것이 예상되므로, 에너지 절감을 통한 효율성 증대효과액으로 15억 6,200만 원이 인정된다. 그러나, 원고 동양제철화학의 건조기 기술을 CCC의 공정에 적용함으로써 절감할 수 있는 연료비는

원고 동양제철화학과 CCC의 기업결합에 따른 효과로서 외국에서 발생하는 효과이므로 그로 인한 효율성 증대효과는 받아들이지 아니한다.

(마) 운영·관리부문의 효율성 증대효과

앞서 든 증거에 의하면, 이 사건 기업결합 후 원고 동양제철화학의 연구소를 CCK로 통합하고, 원고 동양제철화학의 기술개발팀 업무를 CCK의 R&D부문으로 이전함으로써 인건비와 경비 737,000,000원을 절감할 수 있는 사실이 인정되는바, 이러한 운영·관리부문의 효율성 증대효과액으로 737,000,000원이 인정된다.

(바) 특수용 카본블랙 시장의 경쟁 촉진에 따른 국내 총잉여가 증가 효과

살피건대, 갑 제32호증의 기재만으로는 이 사건 기업결합 이후 특수용 카본블랙 시장에서 가격이 인하되어 원고들 주장과 같이 총잉여 증대효과가 발생한다고 인정하기 어렵고, 달리 이를 인정할만한 증거가 없다.

(사) 소 결 론

따라서 이 사건 기업결합으로 인하여 위와 같이 총 88억 9,700만 원(45억 500만 원+4억 1,100만원+16억 8,200만 원+15억 6,200만 원+737,000,000원) 정도의 효율성 증대효과가 발생할 수 있다고 할 것이나, 위와 같은 효율성 증대효과액은 2005년 기준 연간 국내 고무용 카본블랙 시장의 매출액 규모 2,695억 원에 비하여 3.3% 정도에 불과하다. 그러므로 위 효율성 증대효과로 인한 국내 고무용 카본블랙 시장에서의 가격인하 효과는 크지 아니하다고 보여지므로, 위와 같은 사정만으로는 이 사건 기업결합으로 인한 효율성 증대효과가 경쟁제한으로 인한 폐해보다 크다고 인정하기에 부족하고, 달리 이를 인정할만한 증거가 없다. 따라서 원고들의 이 부분 주장도 이유 없다.

6. 회생불가회사 항변

대법 2008. 5. 29. 선고 2006두6659 판결(삼익악기)34)

4. 회생이 불가한 회사와의 기업결합인지 여부와 관련된 상고이유에 대하여

법 제 7 조 제 2 항에서는 상당 기간 대차대조표상의 자본총계가 납입자본금보다 작은 상태에 있는 등 회생이 불가한 회사와의 기업결합(제 2 호)으로서, 법 시행령 제12조의4에서 규정하고 있는 요건인 '기업결합을 하지 아니하는 경우 회사의 생산설비 등이 당해 시장에서 계속 활용되기 어려운 경우, 당해 기업결합보다 경쟁

34) 원심은 서울고법 2006. 3. 15. 선고 2005누3174 판결.

제한성이 적은 다른 기업결합이 이루어지기 어려운 경우'에 해당한다고 공정거래위원회가 인정하는 기업결합에 대하여는 법 제7조 제1항의 규정을 적용하지 아니하며, 이 경우 해당요건을 충족하는지에 대한 입증은 당해 사업자가 하여야 한다고 규정하고 있다.

원심은 채택 증거를 종합하여 판시와 같은 사실을 인정한 다음, 이 사건 기업결합 당시 영창악기의 자금사정이 열악하였다고 보이기는 하나 영창악기가 지급불능 상태에 있었거나 가까운 시일 내에 지급불능 상태에 이르러 회생이 불가한 회사라고 단정하기 어려운 점, 영창악기가 국내외에서 높은 브랜드 인지도를 보유하고 상당한 판매실적을 기록하고 있는 사정 등에 비추어 영창악기가 관련 시장에서 퇴출될 것이라고 보기는 어려워 '생산설비 등이 당해 시장에서 계속 활용되기 어려운 경우'라고 단정하기 어려운 점, 실제로 원고들 이외의 다른 회사들이 영창악기에 대하여 증자참여 내지 인수를 제안했던 사정 등에 비추어 제3자의 인수가능성이 없어 '이 사건 기업결합보다 경쟁제한성이 적은 다른 기업결합이 이루어지기 어려운 경우'이었다고 단정하기 어려운 점 등을 종합하여, 이 사건 기업결합이 회생이 불가한 회사와의 기업결합에 해당한다는 원고들의 이 부분 주장을 배척하였다.

위 법리와 기록에 비추어 보면, 원심의 이러한 조치는 정당하고, 거기에 상고이유와 같은 회생이 불가한 회사와의 기업결합에 관한 법리오해, 채증법칙 위배 등의 위법이 없다.

노트와 질문

1) 시장의 정의와 관련하여 여태까지의 구조적 접근에 대한 한계를 극복하기 위하여 가격상승압력기준(Upward Pricing Pressure Test)이 제시되고 있으며 UPP에 따를 경우 관련시장이 보다 제한될 수 있고 따라서 보다 많은 기업인수가 경쟁제한적인 것으로 검토를 요할 수 있다고 한다. Gopal Das Varma, *Will Use of the Upward Pricing Pressure Test Lead to an Increase in the Level of Merger Enforcement*? 24:1 ANTITRUST 22 (Fall 2009).

Ⅱ. 효율성 항변

기업인수가 어떻게 가치를 창조하는가에 관한 설명은 대부분 운용상 내지 재무적 상승효과를 통한 효율성증대를 들고 있는 반면 경쟁당국은 기업 내지 산업의 효율성 증가를 이유로 기업결합의 경쟁제한적 효과를 부인할 수 없다고 한다. 이 모순을 어떻게 조화시켜야 할까?[35] 공정위고시 제2009-39호 기업결합심사기준 (2009. 8. 20. 개정) 및 법원에서의 판단에 많은 영향을 준 미국 법무부의 2010년 수평적기업결합가이드라인과 EU의 합병가이드라인상 효율성에 관한 부분을 살펴본다.

Council Regulation(EC) No. 139/2004 of 20 January 2004 on the control of concentrations between undertakings(OJL 24 of 29. 1. 2004)

(29) In order to determine the impact of a concentration on competition in the common market, it is appropriate to take account of any substantiated and likely efficiencies put forward by the undertakings concerned. It is possible that the efficiencies brought about by the concentration counteract the effects on competition, and in particular the potential harm to consumers, that it might otherwise have and that, as a consequence, the concentration would not significantly impede effective competition, in the common market or in a substantial part of it, in particular as a result of the creation or strengthening of a dominant position. The Commission should publish guidance on the conditions under which it may take efficiencies into account in the assessment of a concentration.

Guidelines on the assessment of horizontal mergers under the Council Regulation on the control of con-centrations between undertakings(OJC 31 of 5. 2. 2004)

Ⅶ. EFFICIENCIES

76. Corporate reorganisations in the form of mergers may be in line

35) 나영숙, *기업결합규제의 효율성항변적용에 있어 후생기준의 검토* …, 20 경쟁법연구 149 (2009. 1).

with the requirements of dynamic competition and are capable of increasing the competitiveness of industry, thereby improving the conditions of growth and raising the standard of living in the Community. It is possible that efficiencies brought about by a merger counteract the effects on competition and in particular the potential harm to consumers that it might otherwise have. In order to assess whether a merger would significantly impede effective competition, in particular through the creation or the strengthening of a dominant position, within the meaning of Article 2(2) and(3) of the Merger Regulation, the Commission performs an overall competitive appraisal of the merger. In making this appraisal, the Commission takes into account the factors mentioned in Article 2(1), including the development of technical and economic progress provided that it is to the consumers' advantage and does not form an obstacle to competition.

77. The Commission considers any substantiated efficiency claim in the overall assessment of the merger. It may decide that, as a consequence of the efficiencies that the merger brings about, there are no grounds for declaring the merger incompatible with the common market pursuant to Article 2(3) of the Merger Regulation. This will be the case when the Commission is in a position to conclude on the basis of sufficient evidence that the efficiencies generated by the merger are likely to enhance the ability and incentive of the merged entity to act pro-competitively for the benefit of consumers, thereby counteracting the adverse effects on competition which the merger might otherwise have.

78. For the Commission to take account of efficiency claims in its assessment of the merger and be in a position to reach the conclusion that as a consequence of efficiencies, there are no grounds for declaring the merger to be incompatible with the common market, the efficiencies have to benefit consumers, be merger-specific and be verifiable. These conditions are cumulative.

Benefit to consumers

79. The relevant benchmark in assessing efficiency claims is that consumers will not be worse off as a result of the merger. For that purpose, efficiencies should be substantial and timely, and should, in principle,

benefit consumers in those relevant markets where it is otherwise likely that competition concerns would occur.

80. Mergers may bring about various types of efficiency gains that can lead to lower prices or other benefits to consumers. For example, cost savings in production or distribution may give the merged entity the ability and incentive to charge lower prices following the merger. In line with the need to ascertain whether efficiencies will lead to a net benefit to consumers, cost efficiencies that lead to reductions in variable or marginal costs are more likely to be relevant to the assessment of efficiencies than reductions in fixed costs; the former are, in principle, more likely to result in lower prices for consumers. Cost reductions, which merely result from anti-competitive reductions in output, cannot be considered as efficiencies benefiting consumers.

81. Consumers may also benefit from new or improved products or services, for instance resulting from efficiency gains in the sphere of R & D and innovation. A joint venture company set up in order to develop a new product may bring about the type of efficiencies that the Commission can take into account.

82. In the context of coordinated effects, efficiencies may increase the merged entity's incentive to increase production and reduce prices, and thereby reduce its incentive to coordinate its market behaviour with other firms in the market. Efficiencies may therefore lead to a lower risk of coordinated effects in the relevant market.

83. In general, the later the efficiencies are expected to materialise in the future, the less weight the Commission can assign to them. This implies that, in order to be considered as a counteracting factor, the efficiencies must be timely.

84. The incentive on the part of the merged entity to pass efficiency gains on to consumers is often related to the existence of competitive pressure from the remaining firms in the market and from potential entry. The greater the possible negative effects on competition, the more the Commission has to be sure that the claimed efficiencies are substantial, likely to be realised, and to be passed on, to a sufficient degree, to the consumer. It is highly unlikely that a merger leading to a market position approaching that of a monopoly, or leading to a similar level of market power, can be

declared compatible with the common market on the ground that efficiency gains would be sufficient to counteract its potential anti-competitive effects.

Merger specificity

85. Efficiencies are relevant to the competitive assessment when they are a direct consequence of the notified merger and cannot be achieved to a similar extent by less anticompetitive alternatives. In these circumstances, the efficiencies are deemed to be caused by the merger and thus, merger-specific. It is for the merging parties to provide in due time all the relevant information necessary to demonstrate that there are no less anti-competitive, realistic and attainable alternatives of a non-concentrative nature (e.g. a licensing agreement, or a cooperative joint venture) or of a concentrative nature (e.g. a concentrative joint venture, or a differently structured merger) than the notified merger which preserve the claimed efficiencies. The Commission only considers alternatives that are reasonably practical in the business situation faced by the merging parties having regard to established business practices in the industry concerned.

Verifiability

86. Efficiencies have to be verifiable such that the Commission can be reasonably certain that the efficiencies are likely to materialise, and be substantial enough to counteract a merger's potential harm to consumers. The more precise and convincing the efficiency claims are, the better the Commission can evaluate the claims. Where reasonably possible, efficiencies and the resulting benefit to consumers should therefore be quantified. When the necessary data are not available to allow for a precise quantitative analysis, it must be possible to foresee a clearly identifiable positive impact on consumers, not a marginal one. In general, the longer the start of the efficiencies is projected into the future, the less probability the Commission may be able to assign to the efficiencies actually being brought about.

87. Most of the information, allowing the Commission to assess whether the merger will bring about the sort of efficiencies that would enable it to clear a merger, is solely in the possession of the merging parties. It is, therefore, incumbent upon the notifying parties to provide in due time all

the relevant information necessary to demonstrate that the claimed efficiencies are merger-specific and likely to be realised. Similarly, it is for the notifying parties to show to what extent the efficiencies are likely to counteract any adverse effects on competition that might otherwise result from the merger, and therefore benefit consumers.

88. Evidence relevant to the assessment of efficiency claims includes, in particular, internal documents that were used by the management to decide on the merger, statements from the management to the owners and financial markets about the expected efficiencies, historical examples of efficiencies and consumer benefit, and pre-merger external experts' studies on the type and size of efficiency gains, and on the extent to which consumers are likely to benefit.

2010 DOJ/FTC HORIZONTAL MERGER GUIDELINES

10. Efficiencies

Competition usually spurs firms to achieve efficiencies internally. Nevertheless, a primary benefit of mergers to the economy is their potential to generate significant efficiencies and thus enhance the merged firm's ability and incentive to compete, which may result in lower prices, improved quality, enhanced service, or new products. For example, merger-generated efficiencies may enhance competition by permitting two ineffective competitors to form a more effective competitor, e.g., by combining complementary assets. In a unilateral effects context, incremental cost reductions may reduce or reverse any increases in the merged firm's incentive to elevate price. Efficiencies also may lead to new or improved products, even if they do not immediately and directly affect price. In a coordinated effects context, incremental cost reductions may make coordination less likely or effective by enhancing the incentive of a maverick to lower price or by creating a new maverick firm. Even when efficiencies generated through a merger enhance a firm's ability to compete, however, a merger may have other effects that may lessen competition and make the merger anticompetitive.

The Agencies credit only those efficiencies likely to be accomplished with the proposed merger and unlikely to be accomplished in the absence of either the proposed merger or another means having comparable anticompetitive effects. These are termed merger-specific efficiencies.[36] Only alternatives that are practical in the business situation faced by the merging firms are considered in making this determination. The Agencies do not insist upon a less restrictive alternative that is merely theoretical.

Efficiencies are difficult to verify and quantify, in part because much of the information relating to efficiencies is uniquely in the possession of the merging firms. Moreover, efficiencies projected reasonably and in good faith by the merging firms may not be realized. Therefore, it is incumbent upon the merging firms to substantiate efficiency claims so that the Agencies can verify by reasonable means the likelihood and magnitude of each asserted efficiency, how and when each would be achieved (and any costs of doing so), how each would enhance the merged firm's ability and incentive to compete, and why each would be merger-specific.

Efficiency claims will not be considered if they are vague, speculative, or otherwise cannot be verified by reasonable means. Projections of efficiencies may be viewed with skepticism, particularly when generated outside of the usual business planning process. By contrast, efficiency claims substantiated by analogous past experience are those most likely to be credited.

Cognizable efficiencies are merger-specific efficiencies that have been verified and do not arise from anticompetitive reductions in output or service. Cognizable efficiencies are assessed net of costs produced by the merger or incurred in achieving those efficiencies.

The Agencies will not challenge a merger if cognizable efficiencies are of a character and magnitude such that the merger is not likely to be anticompetitive in any relevant market.[37] To make the requisite

36) The Agencies will not deem efficiencies to be merger-specific if they could be attained by practical alternatives that mitigate competitive concerns, such as divestiture or licensing. If a merger affects not whether but only when an efficiency would be achieved, only the timing advantage is a merger-specific efficiency.

37) The Agencies normally assess competition in each relevant market affected by a merger independently and normally will challenge the merger if it is likely to be anticompetitive in any relevant market. In some cases, however, the Agencies in their prosecutorial discretion will consider efficiencies not strictly in the relevant

determination, the Agencies consider whether cognizable efficiencies likely would be sufficient to reverse the merger's potential to harm customers in the relevant market, e.g., by preventing price increases in that market.[38) In conducting this analysis, the Agencies will not simply compare the magnitude of the cognizable efficiencies with the magnitude of the likely harm to competition absent the efficiencies. The greater the potential adverse competitive effect of a merger, the greater must be the cognizable efficiencies, and the more they must be passed through to customers, for the Agencies to conclude that the merger will not have an anticompetitive effect in the relevant market. When the potential adverse competitive effect of a merger is likely to be particularly substantial, extraordinarily great cognizable efficiencies would be necessary to prevent the merger from being anticompetitive. In adhering to this approach, the Agencies are mindful that the antitrust laws give competition, not internal operational efficiency, primacy in protecting customers.

In the Agencies' experience, efficiencies are most likely to make a difference in merger analysis when the likely adverse competitive effects, absent the efficiencies, are not great. Efficiencies almost never justify a merger to monopoly or near-monopoly. Just as adverse competitive effects can arise along multiple dimensions of conduct, such as pricing and new product development, so too can efficiencies operate along multiple dimensions. Similarly, purported efficiency claims based on lower prices can

market, but so inextricably linked with it that a partial divestiture or other remedy could not feasibly eliminate the anticompetitive effect in the relevant market without sacrificing the efficiencies in the other market(s). Inextricably linked efficiencies are most likely to make a difference when they are great and the likely anticompetitive effect in the relevant market(s) is small so the merger is likely to benefit customers overall.

38) The Agencies normally give the most weight to the results of this analysis over the short term. The Agencies also may consider the effects of cognizable efficiencies with no short-term, direct effect on prices in the relevant market. Delayed benefits form efficiencies (due to delay in the achievement of, or the realization of customer benefits from, the efficiencies) will be given less weight because they are less proximate and more difficult to predict. Efficiencies relating to costs that are fixed in the short term are unlikely to benefit customers in the short term, but can benefit customers in the longer run, e.g., in they make new product introduction less expensive.

be undermined if they rest on reductions in product quality or variety that customers value.

The Agencies have found that certain types of efficiencies are more likely to be cognizable and substantial than others. For example, efficiencies resulting from shifting production among facilities formerly owned separately, which enable the merging firms to reduce the incremental cost of production, are more likely to be susceptible to verification and are less likely to result from anticompetitive reductions in output. Other efficiencies, such as those relating to research and development, are potentially substantial but are generally less susceptible to verification and may be the result of anticompetitive output reductions. Yet others, such as those relating to procurement, management, or capital cost, are less likely to be merger-specific or substantial, or may not be cognizable for other reasons.

When evaluating the effects of a merger on innovation, the Agencies consider the ability of the merged firm to conduct research or development more effectively. Such efficiencies may spur innovation but not affect short-term pricing. The Agencies also consider the ability of the merged firm to appropriate a greater fraction of the benefits resulting from its innovations. Licensing and intellectual property conditions may be important to this enquiry, as they affect the ability of a firm to appropriate the benefits of its innovation. Research and development cost savings may be substantial and yet not be cognizable efficiencies because they are difficult to verify or result from anticompetitive reductions in innovative activities.

노트와 질문

1) 2010. 8. 19. 새로운 가이드라인이 확정되기 전 1992년 미국 법무부의 가이드라인에 대하여는 2007년부터 개정의 필요성에 대한 논의가 활발하였다. 가이드라인의 기능부터 시장의 정의와 효율성항변까지 재검토하자는 것이다. 효율성항변과 관련하여서는 현재의 미국 독점규제당국이 효율성항변은 거의 언제나 실효성이 없는 주장으로 보고 있고 또한 앞으로도 바꿀 계획이 없다고 한다면 이를 주목할 이유가 없다는 견해가 있는가 하면, 산업전반에 급격한 변화가 이루어지고 있고 따라서 R&D비용이 중요한 산업에 있어서 고정비용의 감소에 따른 효율성증대효과는 효율성의 논의목적상 설득

력이 있으며 따라서 미국독점규제당국은 효율성의 측정을 위한 시간적인 한계를 경쟁제한적 효과와 마찬가지로 확대하여야 한다는 견해도 있었다. Roundtable Discussion, *Merger Guidelines Revisited*, 24:1 ANTITRUST 19-21 (Fall 2009); Antitrust Modernization Comm'n, REPORT AND RECOMMENDATIONS (2007)과 Horizontal Merger Guidelines: Questions for Public Comments (Sept. 22, 2009) 참조.[39] 실제 바뀐 부분은 미미.

Ⅲ. 경쟁제한적 기업결합에 대한 불확실성 해소방안

공정위의 고시는 미국의 가이드라인과 마찬가지로 분석의 틀을 제시하고 행정실무를 반영하는 것일 뿐 그 이상도 그 이하도 아니고 따라서 특정거래가 공정위에서 아무런 조건없이 신고수리될 것인지에 대한 확실한 결론을 제공하지는 않는다. 따라서, 거래를 설계하는 입장에서는 공정위 기업결합신고와 관련된 미래의 불확실성에 대하여 당사자의 구제책을 계약서에 명시하고자 한다. 기업결합의 신고는 두 가지 유형이 있다. 하나는 기업결합일로부터 30일 이내에 사후적으로 신고하여야 하는 것이고 또 하나는 기업결합을 위한 계약체결일로부터 기업결합일 전까지의 기간에 사전적으로 신고하여야 하는 것이 있다. 전자가 원칙이지만 자산총액 또는 매출액의 규모가 2조원이상인 대규모회사가 기업결합거래의 당사자인 경우 계약이 체결되면 신고 후 30일 내지 120일내에 기업결합행위를 할 수 없다.[40]

전자의 경우에는 일단 당사자간 계약에 기초하여 기업결합거래를 완료할 수 있으므로 거래의 이행완료 후 기업결합신고에 대하여 시정조치가 나오는 경우 이에 어떻게 대처할지가 문제된다. 대처방안은 시정조치의 유형과 당사자간 계약내용에 따라 달라질 것이다. 기업인수를 위한 계약에서 정부의 인허가를 계약해제사유로 정한 경우 당사자는 기업인수계약을 해제하고 계약체결 전의 상태로 돌아갈 수 있으나, 계약이 이행완료되면 더 이상 해제할 수 없는 것으로 합의하는 경우도 많다. 그런 경우라면 공정위의 시정조치 내용에 따라 다르겠지만 원칙적으로 인수기업이 대상기업과의 기업인수계약을 해제할 수는 없을 것이고[41] 다만 인수대금의 조정에

39) http://www.ftc.gov/bc/workshops/hmg/hmg-questions.pdf.

40) 공정거래법 제12조, 동법시행령 제18조.

41) 정부의 인가를 취득하지 못한 것이 일종의 불가항력이라고 볼 여지도 있으나 인가수리가 매수인의 의무인 한, 매수인이 위험부담을 할 수 있는 사건으로 볼 수도 있다.

관한 조항이 있다면 시정조치의 내용에 따라서 매매대금의 조정이 필요할 것이다. 그러나, 시정조치의 내용에 따른 인수대금의 조정방법에 대한 합의는 쉽지 않을 것이다. 가장 심각한 시정조치로 일정 자산이나 사업부문의 제3자에 대한 매각을 명하는 경우에도 인수기업이 이들의 매각 시 매매대가를 받았을 것이므로 원래의 기업인수계약상의 인수대금을 조정할 필요는 없을 것이다. 반면, 구체적인 가격조정의 방법보다 매수인이 매도인에게 일부재산에 대한 매도청구권을 가지는 것으로 합의할 수도 있을 것이다.

후자의 경우에 공정거래법은 신고 후 기업결합거래가 이행완료될 수 없는 기한만을 정하고 있을 뿐, 법이 신고수리 전에 이행완료를 할 수 없다고 명확히 규정하고 있지는 않다. 실제는 법정기간이 경과하더라도 기업결합신고에 대한 공정위의 결정이 나오기 전에 이행완료를 하지는 않는다. 이행완료될 수 없는 기한을 정한 취지는 신고수리 전에 이행완료할 수 없다는 뜻으로 해석하는 것이 합리적으로 보이며 또한 규제당국과의 사후적인 관계를 고려하여 보면 더더욱 그러하다. 따라서, 통상 기업인수계약상으로는 공정거래위원회로부터의 의결내용이 양당사자에게 만족스러울 것이 이행완료의 정지조건 중 하나로 포함되어 있다. 가장 극단적 합의는 공정위의 의결 전이라도 단순히 일정한 기간의 도과를 이유로 이행완료하는 것이고 그 반대의 경우는 시정조치가 인수기업에 만족스럽지 않는 한 이행완료를 하지 않겠다는 조건을 부과하는 것이다. 그 중간적 합의로 양당사자가 공정위로부터의 아무런 조건이 없는 신고수리를 위하여 최선의 노력을 다할 의무가 있고 또한 대상기업을 운영하는데 중대한 악영향을 주지 않는 범위 내에서의 정부인허가수리가 이행완료의 정지조건으로 하는 것이다.

Ⅳ. 특정산업법규에서의 기업결합규제

공정거래법은 사업자의 기업결합행위에 적용되는바, 사업자의 정의는 1981. 4. 1. 법시행시는 열거주의를 취하여 오다가 1999년 들어와서 사업을 열거하던 호를 없애고 일반조항으로 바꾸었다.[42] 그러나, 개별사업법에서 여전히 기업결합행위에 관하여 많은 규정을 두고 있으며 최근 공정위와의 권한한계에 관하여 이견이 많았던 것은 전기통신사업법하의 통신위원회 및 방송법하의 방송위원회이었다. 최근 방송통신위원회("방통위")의 설치에 따라서 전기통신사업법하 전기통신사업자의 사업

42) 법률 제5813호 1999. 2. 5. 일부개정, 1999. 4. 1. 시행.

의 양수 및 법인의 합병, 종합유선방송사업자간 합병, 방송법상 종합유선방송사업자의 최다액출자자가 되거나 경영권을 지배하고자 하는 경우 이들 법에 따라서 방통위에 승인등을 신청시 공정거래법상의 기업결합신고를 함께 제출하도록 하고 주무부처는 동 신고서류를 공정위에 송부하도록 하고 있다.[43] 따라서 기업결합신고에 대하여는 공정위가 심사하여 시정조치를 취하고 이들 기업결합 자체에 대한 승인은 방송통신위원회가 내리도록 하고 있다.

그러나 경쟁제한 여부에 대한 공정위의 심사와 산업정책적인 면에서의 공익성에 대한 방통위의 심사를 별도로 유지할 필요가 있는지 의문이다.[44] 방송통신발전기본법을 통하여 방송사업과 통신사업을 하나의 규제적인 틀하에서 새로이 분류하는 즈음[45] 관련시장을 정의함에 있어서 임계매출분석이라는 가장 작은 단위에서부터 출발하는 경제적 분석보다는 규제목적상 만들어 놓은 산업분류에 따라 관련시장을 크게 획정하고 하나의 기관에서 경쟁제한적 분석과 산업정책적 분석을 같이 진행하여 규제당국의 승인여부를 정하는 것이 보다 바람직하여 보인다. 이러한 접근방법은 규제당국의 승인을 거쳐야 할 사업자의 행위범위를 명확하게 할 수 있는 이점도 있을 것이다.[46]

금융업의 경우 금융기관의 합병이나 영업의 전부 또는 일부의 양도·양수는 금융위의 승인을 요한다.[47] 금융투자업 역시 합병, 분할, 영업양도 또는 양수등은 금융위의 승인 또는 금융이나 보험법 위에의 보고를 요한다.[48] 이러한 사업의 승계나 인수에 따른 감독기관의 승인이나 보고의무는 특정사업의 개시를 위하여 허가를 필요로 하는 모든 사업에 해당될 것이다.[49] 이러한 사업의 경우에는 이들 개별사업법상의 기업결합에 대한 규제절차의 이행으로서 공정거래법상의 기업결합신고절차는 필요없는 것이라는 일반적인 규정을 둘 필요가 있을 수도 있다. 공정위는 경쟁제한

43) 공정거래법 제12조의2 (기업결합신고절차등의 특례).
44) 졸고, 위 주 6 게재논문, 73-79. 서울고법 2010. 4. 28. 선고 2009누6996 판결은 공정위의 2009. 2. 3. 의결 제2009-049호가 사실을 이해하지 못한 데에서 기인한 것이라며 취소.
45) 동법 제 2 조 제 1 호 방송통신을 포괄적으로 정의하고 콘텐츠, 설비, 기자재, 서비스로 분류.
46) 미국의 FCC (Federal Communications Commission)가 방송과 통신에 관련된 기업결합에 대하여 심사하는 것을 우리도 채택하여 볼 만하다. www.fcc.gov에서 통신사/방송사간의 기업결합관련 심결참조. 2010. 5. 2. 서울고법이 공정위의 SKT에 대한 과징금부과처분취소소송에서 SKT의 승소판결을 선고한 것은 공정위가 정보통신산업에 대하여 전문성이 결여된 데 기인한 행정행위의 예라고 한다.
47) 은행법 제55조.
48) 자본시장법 제417조, 제418조. 보험업법 제 8 장 제 1 절 해산 제137조 이하도 참조.
49) 예를 들면 집단에너지사업법 제12조, 전기사업법 제10조, 제11조.

적인 판단을 하고 주무부처는 산업정책적 판단을 하게 하는 것이 얼마나 효율적인 규제로 이어질지에 대한 의문은 뒤로 하고 사업자에게는 불확실성을 배가시키는 쪽으로 작용할 것이기 때문이다. 공정거래법 제12조 제3항은 기업결합신고대상에서 창투사나 창투조합을 제외하고 있기는 하지만 보다 확대할 필요가 있다.

문제 15

A사는 주로 항공기엔진을 제조하며 B사는 주로 항공전자부품을 제조하는 기업이다. A사와 B사는 A사가 자회사를 세워서 B사를 흡수합병하기로 합의하였다. 관련시장을 어떻게 보아야 할 것인가? GE Electric과 Honeywell의 합병에 관한 EU의 결정(Commission Decision of 03/07/2001 Case No COMP/M.2220-General Electric/Honeywell[50])과 미국법무성의 결정[51])을 비교.

50) http://ec.europa.eu/competition/mergers/cases/decisions/m2220_20010703_610_en.pdf 에서 열람 가능.

51) http://www.justice.gov/atr/public/speeches/9893.htm에서 열람 가능.

제16장
기업인수와 회계기준 및 조세효과

인수기업이 대상기업의 지배주식을 취득하건, 영업을 양수하건, 흡수합병을 하건, 거래 후에는 이러한 거래를 자신의 장부에 기재하여야 하며 거래의 따른 조세효과로서의 세금을 납부하여야 할 것이다. 대부분의 기업은 재무제표를 작성함에 있어서 외감법에 따라서 한국회계기준원 회계기준위원회에서 정한 기업회계기준에 따라야 하며[1] 기업회계기준은 기준서와 산업별회계처리기준으로서의 회계처리기준, 회계처리기준등에 대한 해석으로 보완되어 있다.[2] 기업이 보유하고 있는 유가증권의 평가와 관련하여서는 기업회계기준서제 8 호가, 기업인수·합병과 관련하여서는 기업인수·합병 등에 관한 회계처리준칙이 만들어져 있다. 기업의 주식의 취득, 영업양수, 합병, 분할 등 제반 구조조정과 관련된 조세효과에 관하여는 법인세법과 조특법에 규정되어 있다. 이 장에서는 기업인수관련 회계기준과 조세효과를 살핌으로써 기업인수의 거래구조를 설계함에 있어서 이들이 가지는 의미에 대하여 알아본다.[3]

Ⅰ. 기업인수와 회계기준

기업이 보유하고 있는 타기업에 대한 지분증권 즉 주식은 주식의 취득 등을 원인으로 대상기업의 지배력의 변화를 초래하거나 경제적인 실체의 변경을 초래하는 기업결합에 이른 단계가 아닌 한 보유유가증권의 평가기준에 따라야 할 것이다. 보

1) 상법 제29조 제 2 항, 외감법 제 2 조. 연매출액 120억원 이상인 기업 등.
2) http://www.kasb.or.kr 참조. 2011년부터 상장기업의 경우 한국채택국제회계기준을, 그 이외의 법인의 경우 일반기업회계기준을 채택하도록 되어 있다. IFRS를 수용한 한국채택국제회계기준과 현행기업회계기준과의 차이에 관하여도 위 website상의 자료 참조.
3) Richard L. Reinhold, Catherine A. Harrington & Elizabeth Buckley Lewis, *The Tax Lawyer's Perspective on Acquisition Agreements*, at TAX LAW AND ESTATE PLANNING COURSES HANDBOOK SERIES (PLI eds., 2009). 세법전공법률가의 역할은 건축가의 그것과 비슷하다고 한다.

유유가증권 중 주식은 단기매매증권과 매도가능증권으로 분류되며[4] 통상 기업인수와 관련된 주식의 취득은 아무리 사모펀드나 헤지펀드와 같은 재무적 투자자가 투자한 경우라고 하더라도 단기매매증권이라기보다는 매도가능증권으로 분류하는 것이 보다 타당할 것이다. 왜냐하면 단기매매증권은 주로 단기간 내의 매매차익을 목적으로 취득한 유가증권으로서 매수와 매도가 적극적이고 빈번하게 이루어지는 것을 말하기 때문이다. 단기매매증권의 평가손익이 당기손익으로 인식되는 것과는 달리 매도가능증권의 평가손익은 당기손익이 아닌 자본항목으로 표시하고 유가증권에 대한 자본항복의 누적금액은 그 유가증권을 처분하거나 감액손실을 인식하는 시점에 일괄하여 당기손익에 반영한다.[5] 즉 회계연도말 주식가격이 폭락한 경우 단기매매증권은 바로 당기손실로 표시되어야 하는 반면, 매도가능증권은 자본항목에서 표시될 뿐이다. 이러한 차이점 때문에 최근의 금융위기시 금융기관이 보유하고 있는 증권은 당연히 투자목적의 단기매매증권으로서 시가의 폭락에 따른 당기손실을 반영하여야 할 것이지만, 드문 상황에서 분류의 변경을 허용할 수 있도록 하고 이를 실제 허용하였다.[6] 매도가능증권은 공정가액으로 평가하며[7] 공정가액이 취득원가에 미달하는 경우 당기에 감액손실로 인식하여야 할 금액만큼 미실현보유손실을 자본항목에서 제거하여 먼저 감액손실에 반영한다. 미실현보유손실 금액이 당기에 감액손실로 인식하여야 할 금액에 미달하는 경우에는, 미실현보유손실을 자본항목에서 제거하여 감액손실로 반영한 후, 그 미달하는 금액을 유가증권의 장부가액에서 감액시킨다.[8]

타기업의 주식보유분이 계속 증가하여 투자기업이 피투자기업의 의결권 있는 주식의 20%이상을 보유하고 있다면 중대한 영향력이 있는 것으로 보며[9] 따라서 기업회계기준서 제15호 지분법을 적용, 취득시점부터 종속회사의 식별가능한 순자산의 공정가액 중 지분율에 해당하는 금액과 취득가의 차이금액을 투자차액으로 인식하며 이는 영업권 등으로 보아서 기업인수 및 합병 등 기업결합에 관한 기업회계기준에서 정한 바에 따라서 회계처리하게 된다.[10]

---

4) 기업회계기준서제 8 호 유가증권 문단 16.
5) Id., 문단 30.
6) Id., 문단 45 (가); IASB, Press Release, IASB Permits Reclassificaiton of Financial Instruments, Oct,. 8, 2008 "in rare circumstances" reclassification is permitted.
7) Id., 문단 20.
8) Id., 문단 43.
9) 기업회계기준서 제15호 지분법 문단 5.
10) Id., 문단 11.

또한, 외감법은 타기업의 의결권있는 주식 등의 보유지분이 100분의 30을 초과하면서 최대출자자이거나 100분의 50을 초과하여 지배종속관계에 서는 경우 지배회사는 연결재무제표를 작성하도록 요구하며[11] 이와 관련하여서는 기업회계기준서 제25호 연결재무제표에서 처분으로 지배력을 상실하는 경우에는 처분대가에서 비례적인 순장부가액과 영업권가액을 공제한 금액을 당기손익으로, 처분 후에도 계속 지배력을 보유하는 경우에는 이를 자본거래로 보아서 연결자본잉여금에 반영하고 있다.[12]

지분보유에서 한걸음 더 나아가서 어느 한 회사가 다른 회사 또는 사업부의 순자산 및 영업활동을 지배하거나 통합함으로써 별도의 독립된 둘 이상의 회사가 하나의 경제적 실체가 되는 경우 즉 기업인수·합병 등에 관한 회계처리준칙상의 기업결합이 일어나는 경우 회계처리준칙은 매수법과 지분통합법의 두가지 방법을 정하고 있다.[13] 매수법은 결합의 대가로서 주식을 발행 또는 현금을 지급하여 매수회사를 파악할 수 있는 경우에, 지분통합법은 주식을 발행한 경우로서 매수회사를 파악할 수 없는 경우에 각 적용된다. 매수법에 따르면 매수원가를 식별가능한 자산·부채의 공정가액과 이를 초과한 영업권으로 인식하며 영업권은 20년이내에서 정액법으로 상각한다.[14] 한편 지분통합법에 따르면 결합참여회사의 자산·부채·자본은 장부가액으로 승계된다.

기업결합의 당사자로서는 매수법에 따르는 경우 자산의 공정가액이 장부가액보다 높은 경우 그만큼 추후 영업이익을 산정할 때 공제되며 또한 영업권이 이연자산으로 처리되어 공제되면 이 역시 영업이익을 줄이는 효과를 가져와서 주당 순이익을 떨어뜨리게 된다. 반면, 지분통합법에 따르면 장부가가 승계되며 감가상각의 필요가 없으므로 기업결합이후 주당 순이익이 올라가게 된다. 우리의 회계처리준칙은 미국과 마찬가지로 일정한 요건이 충족되는 경우에만 지분통합법의 사용이 가능한 것으로 규정하고 있고 따라서 지분통합법은 거의 사용되지 않는다.[15]

한국회계기준원은 2007. 3. 15. 국제회계기준도입로드맵을 발표하여 상장법인에 2011년부터 국제회계기준(IFRS)을 적용하기로 하였고 이에 따라 2007. 12. 21. 한국

11) 외감법 제 1 조의2, 제 7 조, 동법 시행령 제 1 조의3.
12) 기업회계기준서 제25호 문단 28과 30.
13) 산업별회계처리기준 중 기업인수·합병등에 관한 회계처리준칙 문단 4. 기업결합의 정의에 관하여는 문단 3.가.
14) Id., 문단 8과 9.
15) Id., 문단 5. 미국에서의 논의에 관하여는 GILSON & BLACK, 위 주 2-7 게재서, 508-588.

채택국제회계기준을 제정, 공표하였다.[16] 2008. 11. 1.기준원이 발표한 현행 기업회계기준과 한국채택국제회계기준의 차이 및 영향분석에 따르면 기준서 제1003호 사업결합은 오직 매수법만을 적용하여 회계처리하게 되나 과거 지분통합법에 따라서 회계처리하였던 사업결합이 거의 없으므로 K-IFRS의 시행에 따른 영향은 거의 없다.[17]

Ⅱ. 매도인의 회계기준위반

매수인이 기업인수의 결과를 어떻게 회계처리하느냐의 차원과 또 다른 차원에서 기업회계가 문제가 되는 경우로 매수인이 기업인수의 이행완료 이후에 매도인의 회계처리가 기업회계기준에 맞지 않음을 발견한 경우이다. 매수인은 어떻게 얼마나 이에 대한 책임을 매도인에게 추궁할 수 있을까?[18] 매도인이 매매목적물인 주식 내지 자산과 관련된 회계장부가 기업회계기준에 따라서[19] 작성되었음에 관하여 진술과 보장을 하였음에도 불구하고 이러한 진술과 보장이 사실이 아님이 판명되었으므로 이에 대한 면책책임이 문제가 된다. 만약 면책책임의 범위가 제한적이거나 계약상의 면책책임이 유일한 구제수단인 경우에 매도인이 기업회계기준에 어긋나는 것을 알았다면 이는 회계분식이고 따라서 사기의 문제이므로 면책책임의 범위에 관한 계약상의 제한이 적용되지 않는다는 주장도 충분히 가능하다. 분식회계에 관하여는 자본시장법이나 외감법상 특칙이 있으므로 이러한 특별법상의 책임과 기업인수계약상의 면책책임과의 관계도 문제가 될 수 있다. 실제 매도인이 건설가계정을 고정자산계정으로 옮긴 시점과 관련하여 기업회계기준을 준수한 것인지 여부가 문제가 된 사안에서 매도인의 회계법인이 매수인의 기업회계기준위반에 관한 주장을 수용하고 매도인은 면책조항상의 면책책임의 최대한을 수용한 사례가 있다.

16) http://www.kasb.or.kr에서 관련 보도자료 및 K-IFRS 참조.
17) 그 이외에도 K-IFRS에 따를 경우 영업권상각을 하지 않고 매년 손상평가를 수행하여야 하는 점, 부의 영업권개념삭제, 단계법의 적용 등에서 차이가 난다.
18) 분식회계에 대한 이사의 책임일반에 대하여는 대법 2007. 12. 13. 선고 2007다60080 판결(동아건설)과 대법 2008. 9. 11. 선고 2006다68636 판결(대우) 참조.
19) 계약서상으로는 통상 GAAP(Generally Accepted Accounting Principles)이라는 표현을 사용한다.

Ⅲ. 기업인수의 조세효과

기업인수가 어떤 형태로 이루어지는냐에 관계없이 조세효과가 동일한 것이 가장 이상적이기는 하지만,[20] 조세법의 특징상 회계기준서상의 기업결합과 유사한 일반적인 개념을 만들 수는 없고 기업인수의 법적 형태에 따라서 소득세법, 법인세법, 조특법, 조세조약 등에 산재하여 있는 관련규정을 모아서 개개의 경우에 조세효과를 분석할 수밖에 없다. 크게 주식매매, 영업양수도, 그리고 합병의 경우로 나누어서 각각의 조세효과를 살펴본다. 모든 거래, 특히 국제거래가 그러하듯이 조세효과를 분석하는 것은 투자결정의 전제조건이다. 이하의 논의는 한국기업이 발행한 주식 내지 한국내 소재한 자산의 양도와 한국기업 간의 합병을 전제로 한다.[21]

1. 주식매매의 경우[22]

가. 주식매도인의 조세부담

주식매도인이 양도차익을 실현한 경우 매도인은 소득에 대하여 법인세 내지 소득세를 납부하여야 할 것이다. 또한 매도인은 증권거래세를 납부하여야 할 것이다. 그러나, 매도인의 법적인 지위에 따라서, 그리고 양도대상인 주식의 발행인인 대기업인지, 중소기업인지에 따라서 정책적인 이유로 정하여진 다른 세율이 적용되며 또한 매도인이 비거주자인 경우 조세협약의 내용에 따라서 권한있는 과세당국이 다르고 또한 자본과세에 대한 취급이 다르기 때문에 개별적인 조세협약의 내용을 확인하여야 할 것이다.

(1) 소득세: 거주자/비거주자

먼저 거주자가 개인인 경우 대주주와 소액주주로 나누어지는데, 이들에 대한 주식양도차익 과세는 [표 16-1]에서 보는 바와 같다. 대주주[23]의 경우에 중소기업외의 주식으로서 1년 미만 보유한 주식은 30%의 세율로, 중소기업[24] 주식은 10%의 세율로, 그 이외의 주식은 20%의 세율로 과세된다.[25] 반면, 소액주주의 경우는

20) 박정우/최기호/정영기, 기업결합 수단별 조세부담비교를 통한 합병세제개선안의 도출, 한국회계학회 2002년도 동계학술발표대회 발표논문집, 501-522 (2002).
21) 소위 삼각합병에 대한 과세에 관하여는 조명연, 삼각합병의 과세문제, 12국제업무연구 45 (2008).
22) 김진수/이준규, 기업인수 · 합병 과세제도에 관한 연구 (2006)를 참조.
23) 소득세법 시행령 제157조 제 4 항. 발행주식 총수의 100분의 3 또는 시가총액 100억원 이상의 주식을 보유하는 자.
24) 소득세법 시행령 제167조의8.
25) 소득세법 제104조 제 1 항 제11호.

상장법인의 주식을 양도하는 경우는 비과세하고, 비상장법인의 주식을 양도하는 경우 그 주식이 중소기업 주식이면 10%의 세율로 과세하고 대기업 주식이면 20%의 세율로 과세한다. 다음으로 법인은 순자산 증가분에 대하여 원칙적으로 법인세를 부담해야 하므로 거주자가 법인인 경우에는 상장 여부에 관계없이 법인의 양도차익은 법인소득에 포함되어 법인세가 과세된다.

[표 16-1] 거주자의 주식양도차익에 대한 과세제도

납세의무자		과세대상		세 율
개 인	대 주 주	중소기업 외 주식으로서 1년 미만 보유주식		30%
		중소기업 주식		10%
		그 외 주식		20%
	소액주주	상장주식		비과세
		비상장주식	중소기업 주식	10%
			대기업 주식	20%
법 인		모든 주식		법인소득으로 과세

비거주자의 주식양도차익에 대하여 국내세법에서는 내국법인 또는 외국법인 국내사업장이 발행한 주식·출자증권 기타 유가증권을 양도함으로써 발생한 차익을 국내원천소득(유가증권 양도소득)으로 과세하도록 하고 있다. 그러나 주식양도차익에 대해서는 조세협약에서 거주지국에서 과세하도록 되어 있는 경우 우리나라에서 과세할 수 없다. 다만 ① 주식의 양도자가 조세협약이 체결되지 않은 국가의 거주자인 경우, ② 조세협약에서 과세권을 소득원천지국에 부여한 경우, ③ 조세협약에서 주식양도소득에 대한 규정을 두지 않은 경우 우리나라의 과세당국이 과세할 수 있을 것이다. 다만, 우리나라에 과세권이 있는 경우에도 조세협약의 내용에 따라서 상호주의원칙에 따라 당해 외국인 투자자의 거주지에서 우리나라 거주자의 주식양도소득에 대하여 면세를 허용하는 경우가 많다. 예를 들면 미국 거주자의 주식양도소득은 원칙적으로 우리나라에서 비과세되지만 ① 미국이 주식양도소득에 대하여 부과되는 조세가 법인소득에 대하여 일반적으로 부과하는 조세보다 실질적으로 적은 경우; ② 그 주식을 양도하는 미국법인의 자본의 25% 이상이 미국의 개인 거주자가 아닌 1인 이상의 인에 의하여 직접적 또는 간접적으로 소유되는 경우 과세가 가능하다. 또한 미국의 개인 거주자가 과세연도중 총 183일 이상의 기간 동안 우리나라에 체재하는 경우 그 개인의 주식양도소득은 우리나라에서 과세된다.

국내사업장이 있는 비거주자는 유가증권 양도소득을 다른 소득과 합산하여 신고·납부하여야 하며, 그 외의 경우는 분리과세 원천징수 하게 된다. 원천징수하는 경우 그 세액은 유가증권 양도가액의 10% 상당액과 양도차익의 25% 상당액 중 적은 금액이다. 다만 그 취득가액이 확인되지 않은 경우에는 양도가액의 10% 상당액을 징수한다.

[표 16-2] 비거주자의 주식양도차익에 대한 과세제도

과세권배분	체 약 국
• 거주지국에서만 과세	
–거주지국에서만 과세	그리스, 남아공, 네덜란드, 덴마크, 미국, 러시아, 루마니아, 말레이시아, 벨기에, 불가리아, 스리랑카, 스위스, 우즈베키스탄, 이집트, 인도네시아, 체코, 튜니시아, 파푸아뉴기니, 포르투갈, 폴란드, 헝가리, 피지
–거주지국에서만 과세 다만, 부동산 점유비율이 높은 법인의 주식에 대하여는 원천지국(한국) 과세 가능	노르웨이, 뉴질랜드(의정서 6조), 멕시코, 몰타, 몽골, 방글라데시, 베트남, 스웨덴, 스페인, 아일랜드, 영국, 이스라엘, 인도, 중국, 카자흐스탄, 파키스탄, 프랑스, 핀란드, 필리핀
–-거주지국에서만 과세 다만, 25% 이상 소유주식의 양도소득에 대하여는 원천지국(한국) 과세 가능	오스트리아, 이탈리아, 캐나다, 프랑스, 이스라엘, 일본
–거주지국에서만 과세 다만, 보유기간 1년 이하 주식의 양도소득에 대하여는 원천지국(한국) 과세 가능	터키
• 원천지국(한국)과 거주지국에서 과세 가능	
–조약상 규정없음	룩셈부르크(의정서 3조), 태국
–조약상 원천지국(한국)과세 가능	독일, 브라질, 싱가포르, 호주

(2) 증권거래세

국내기업이 발행한 주식의 매매에 대하여 매도인은 증권거래세를 부담한다. 다만, 외국 유가증권 시장에 상장된 주식을 양도하거나 외국 유가증권 시장에 상장하기 위해서 인수인에게 주식을 양도하는 경우에는 증권거래세를 부과하지 않도록 하고 있다.[26] 외국 유가증권 시장은 뉴욕증권거래소, 전미증권업협회중개시장, 기타

26) 증권거래세법 제 1 조 1호 및 2호.

기획재정부령이 정하는 시장에 한한다.[27]

증권거래세의 세율은 원칙적으로 주식양도가액의 0.5%이나 자본시장의 육성을 위하여 긴급하게 필요로 하다고 인정되는 때에는 유가증권 시장 등에서 거래되는 주권에 한하여 종목별로 그 세율을 인하하거나 영(0)의 세율로 하는 등 탄력세율을 적용할 수 있고 이에 따라 현재 유가증권 시장에서 양도되는 주식의 경우는 0.15%, 코스닥시장에서 양도되는 주식은 0.3%의 세율이 적용되고 있다.[28] 그 외에 증권거래소에 양도되는 상장주식에 한하여 0.15%의 농어촌 특별세가 부과되고 있다.[29]

나. 주식매수인의 조세부담

(1) 과점주주의 취득세

법인의 주식을 취득하여 과점주주가 된 경우에는 그 과점주주가 당해 법인의 취득세 과세대상 물건을 취득한 것으로 보아 취득세를 부과한다.[30] 다만, 법인 설립시에 발행하는 주식 또는 지분을 취득함으로써 과점주주가 된 경우에는 취득세를 부과하지 않는다. 이미 과점주주인 자가 새로이 주식을 취득함으로써 그 지분비율이 증가된 경우에는 그 증가분을 취득으로 보아 취득세를 부과한다.

(2) 과점주주의 제 2 차 납세의무

법인(증권거래소 상장법인을 제외함)의 재산으로 그 법인에 부과되거나 그 법인이 납부할 국세·가산금과 체납처분에 충당하여도 부족한 경우에는 그 국세의 납세의무의 성립일 현재 과점주주는 그 부족액에 대하여 제 2 차 납세의무를 진다. 다만, 과점주주는 그 부족액을 그 법인의 발행주식총수 또는 출자총액으로 나눈 금액에 과점주주의 소유주식 수 또는 출자액을 곱하여 산출한 금액을 한도로 한다.[31] 또한 법인(증권거래소 상장법인을 제외함)의 재산으로 그 법인에 부과되거나 그 법인이 납부할 지방자치단체의 징수금에 충당하여도 부족한 경우에는 그 지방자치단체의 징수금의 과세기준일 또는 납세의무 성립일 현재 과점주주는 그 부족액에 대하여 제 2 차 납세의무를 진다. 다만 과점주주는 그 부족액을 그 법인의 발행주식총수 또는 출자총액으로 나눈 금액에 과점주주의 소유주식 수 또는 출자액을 곱하여 산출한 금액을 한도로 한다.[32]

---

27) 동법 시행령 제 1 조.
28) 동법 시행령 제 5 조.
29) 농어촌특별세법 제 5 조.
30) 지방세법 제105조.
31) 국세기본법 제39조.
32) 지방세법 제22조.

서울행법 2009. 2. 16. 선고 2007구합37650 판결[양도소득세부과처분취소] 항소〈론스타펀드 종합소득세 사건〉33)

2. 당사자들의 주장

가. 피고 주장의 요지

피고는, 이 사건 주식 양도소득의 실질적 귀속자가 원고 등임을 전제로 한 이 사건 처분의 근거에 대하여 다음과 같이 주장한다.

(1) 2003년 변경된 경제개발협력기구(Organization for Economic Cooperation and Development, 이하 'OECD'라고 한다) 조세조약 모델협약의 관련 주석 규정들에 의하면, 조약편승을 통한 조세회피 목적으로 도관회사를 설립하여 조세조약을 남용할 경우 국내법상의 실질과세의 원칙을 적용하여 조세조약의 혜택을 부인할 수 있다.

(2) 그런데 SH의 경우 정당한 사업목적 없이 조세회피만을 목적으로 설립되어 실질적인 사업활동을 수행한 바도 없고, 이 사건 주식의 취득, 처분 및 양도차익에 대한 실질적 지배·관리권이 없는 이상, SH를 이 사건 주식 양도소득의 실질적 귀속주체라 할 수 없으므로 한·벨 조세조약을 적용할 수 없다.

(3) 결국, 원고는 이 사건 주식 양도소득의 실질적 귀속주체이고, 실질과세의 원칙상 위 양도소득에 관한 납세의무자에 해당하므로 이에 관한 과세는 원고의 거주지국인 미국과 체결한 조세조약이 적용되어야 한다. 그런데 한·미 조세조약 제16조 및 한미 과세당국 간의 상호합의인 Announcement 2001-34 미합중국과 대한민국간 합의(2001. 4. 6.)(이하 '쟁점합의'라 한다)에 따르면, 부동산 과다보유법인의 주식 양도로 인한 소득은 부동산 양도소득과 같게 취급되므로 이 사건 주식의 양도소득은 부동산 양도소득에 관한 한·미 조세조약 제15조에 따라 피고가 과세권을 행사할 수 있다.

(4) 나아가 원고는 국내에 1년 이상 사무소를 두고 있지 않은 비법인 단체로서 소득세법 제 1 조 제 1 항 제 2 호의 비거주자에 해당하는바, 원고의 내부 기준에 의하면, 원고가 투자이익에 부과되는 세금을 직접 납부하고 이를 비용으로 처리한 후의 이익을 파트너들에게 배당하도록 되어 있을 뿐이어서 세금 납부 전의 이익 분배방법이나 분배비율이 정하여져 있다고 할 수 없고, 원고는 피고의 요청에도 불구하

33) 서울고법 2010. 2. 12. 선고 2009누8016 판결; 대법 2012. 1. 27. 선고 2010두5950 판결 참조. 저자보관 2011. 12. 작성. 대법원 재판연구관 검토보고서는 LP의 독립성 중시.

고 그에 관한 구체적 자료를 제시하고 있지도 않고 있으므로, 원고가 소득세의 납세의무자가 된다.

나. 원고 주장의 요지

(1) 실질과세 원칙을 적용하여 이 사건 주식양도소득의 실질적 귀속자를 원고로 본 것은 다음과 같은 이유로 위법하다.

(가) 한·벨 조세조약은 벨기에 거주자의 주식 양도소득에 대하여 그 거주지국인 벨기에에만 과세권을 부여한다고 규정하고 있을 뿐 별다른 예외규정을 두고 있지 않고 있는데, 조세조약은 국내세법에 대한 특별법으로서 조세법률주의의 원칙에 비추어 이를 엄격하게 해석하여야 하고, 조약법에 관한 비엔나 협약 규정에 의하면 조약의 문구는 그 통상적 의미에 따라 해석되어야 하며, 조세조약의 주된 목적은 원천지국 과세를 제한하고 국제 거래에 예측가능성을 부여함으로써 상호교류와 투자를 촉진하는 데 있으므로, 원천지국 과세당국이 외국 투자자의 자금 원천을 따져 조약 적용을 달리하는 것은 이러한 조약 해석의 원칙에 반하는 것이다.

(나) 또한, OECD 주석은 한국의 헌법이 예정하는 조세법규의 법원도 아니고 법적 기속력이 인정되는 국제법규도 아니므로 조세조약을 달리 적용할 법적 근거가 될 수 없고, 2003년 변경 OECD 주석에서는 조약의 적용을 배제하기 위하여 국내법상 조약 남용에 대한 방지규정이 있을 것을 요구하고 있는데 국세기본법 제14조의 제 1 항, 제 2 항의 실질과세원칙은 국내법상의 일반규정으로서 조약남용 방지 규정에 해당하지 않으므로, 국내법에 대하여 특별법적 지위에 있는 조세조약에는 이를 적용할 수 없다. 그리고 피고가 원용하고 있는 2003년 변경 OECD 주석 내용은 종전 주석의 입장을 변경한 것인바, 이러한 변경된 주석의 내용은 기존 조약 체결 당시에 존재하지도 않았던 것으로 기존에 체결된 조약에 소급적으로 적용된다고 할 수 없다.

(다) 벨기에 법인인 SH의 이 사건 주식양도와 그 소득의 귀속에 대하여 실질과세의 원칙이 적용될 수 있다고 할지라도, 그 실질이란 법적 실질을 의미하는 것이므로, 당사자의 거래행위를 그 법 형식과 달리 피고의 주장과 같이 재구성할 수 없으며, SH는 투자의 효율성 및 사업상의 목적에 따라 설립된 것이지 단순히 조세회피 목적으로 설립된 것이 아니므로 SH가 이 사건 주식 양도소득의 실질적 귀속주체에 해당한다.

(2) 실질과세의 원칙상 이 사건 주식양도소득의 귀속주체를 원고로 본다 하더라도 다음과 같은 이유로 원고에게 양도소득세를 부과한 것은 위법하다.

(가) 한·미 조세조약 제16조에서는, "부동산, 고정사업장 및 고정시설 관련 재산의 양도 외에, 주식을 비롯한 나머지 재산의 양도에 대하여는 일방 체약국의 거주자는 타방 체약국에 의한 과세로부터 면제된다."라고 규정하여, 한·벨 조세조약과 같이 주식 양도소득에 대하여 거주지국에게만 과세권을 부여하고 있고, 한편 피고가 내세우는 '쟁점합의'는 조세조약의 실시상 문제를 해결하기 위한 협의절차에 불과하여 조세조약의 내용과 다른 과세를 허용하는 근거가 될 수 없으며, 절차적으로도 한국에서 공포된 바 없으므로 그 효력이 인정된다고 볼 여지가 없고, 그 내용상으로도 합의에 기재된 주식양도소득에 대한 원천을 정한 것에 불과할 따름이어서 주식양도소득에 대한 과세권을 부여한 것은 아니다. 따라서 이 사건 주식양도소득의 귀속 주체가 원고라면 한·미 조세조약 제16조에 의하여 한국정부의 원고에 대한 과세가 면제되어야 한다.

(나) 소득세법 제 1 조 제 1 항은 납세의무자를 거주자인 개인(제 1 호)과 거주자가 아닌 자(비거주자)로서 국내원천소득이 있는 개인(제 2 호)으로 구분하고 있고, 소득세법 제 1 조 제 3 항은 '법인으로 보지 않는 단체'(비법인 단체)를 거주자로 보도록 규정하고 있다. 따라서 거주자의 경우 개인과 비법인 단체 모두가 소득세 납세의무자가 되지만, 비거주자의 경우에는 개인만이 소득세 납세의무자가 되고, 비거주자로서 개인이 아닌 원고는 소득세법상 납세의무자가 된다고 할 수 없다.

또한, 소득세법 시행규칙 제 2 조는 비법인 단체 중 '대표자 등이 선임'되고, '이익의 분배방법이나 분배비율이 정하여져 있지 아니한 것'에 한하여 그 단체를 1 거주자로 보아 소득세법을 적용하고, 이익의 분배방법이나 비율이 정하여져 있거나 사실상 이익이 분배되는 단체의 경우에는 그 단체 구성원이 공동사업을 영위하는 것으로 보도록 규정하고 있는바, 원고는 그 이익의 분배방법이나 비율이 정하여져 있고, 실제 이익을 분배하였을 뿐만 아니라, 위 시행규칙에서 말하는 이익이 피고의 주장처럼 소득세 납부 전 이익을 의미한다고 볼 아무런 근거도 없으므로, 비용을 제외한 이익이 모두 분배되어 독자적인 소득이 없는 단체인 원고에 대하여 조세를 비용으로 회계처리한다는 이유를 들어 1 거주자로 취급하여 과세할 수는 없다.

4. 판 단

가. 조세조약과 실질과세 원칙의 적용 여부

(1) 조세조약의 지위와 엄격해석의 원칙

헌법 제 6 조 제 1 항은 "헌법에 의하여 체결·공포된 조약과 일반적으로 승인된 국제법규는 국내법과 같은 효력을 갖는다"고 규정하고 있으므로, 국회의 동의를 얻어 체결된 조세조약은 법률에 준하는 효력을 가지게 되고, 또한 조세조약에서 규율하고 있는 법률관계에 있어서는 당해 조약이 국내법의 특별법적인 지위에 있으므로 국내법보다 우선하여 적용된다.

또한, 헌법 제38조는 "모든 국민은 법률이 정하는 바에 의하여 납세의 의무를 진다"고 규정하고, 제59조는 "조세의 종목과 세율은 법률로 정한다"고 규정함으로써 조세법률주의를 채택하고 있는바, 이러한 조세법률주의 원칙은 과세요건이나 면세요건 등을 정함에 있어서 국민의 대표기관인 국회가 제정한 법률로써 규정하여야 하고, 그 법률의 집행에 있어서도 이를 엄격하게 해석·적용하여야 한다는 것이고, 뿐만 아니라 한국이 가입한 조약법에 관한 비엔나 협약 제26조, 제27조, 제31조에서도 조약은 반드시 준수되어야 하고, 조약 불이행을 정당화하는 방법으로 국내법 규정을 원용해서는 안되며, 조약의 문구는 그 '통상적 의미'에 따라 성실하게 해석되어야 한다고 규정하고 있으므로, 조세법률의 일종인 조세조약의 경우에 있어서도 행정편의적인 확장해석이나 유추적용은 허용되지 않는다.

(2) 실질과세의 원칙의 국내법적 근거

그런데 우리 헌법은 제11조 제 1 항에서 "모든 국민은 법 앞에 평등하다. 누구든지 성별·종교 또는 사회적 신분에 의하여 정치적·경제적·사회적·문화적 생활의 모든 영역에 있어서 차별을 받지 아니한다"라고 규정하고 있는바, 조세평등주의는 위 헌법규정에 의한 평등의 원칙 또는 차별금지의 원칙의 조세법적 표현이라고 할 수 있다. 따라서 국가는 조세입법을 함에 있어서 조세의 부담이 공평하게 국민들 사이에 배분되도록 법을 제정하여야 할 뿐만 아니라, 조세법의 해석·적용에 있어서도 모든 국민을 평등하게 취급하여야 할 의무를 진다. 이러한 조세평등주의의 이념을 실현하기 위한 법 제도의 하나가 바로 국세기본법 제14조에 규정한 실질과세의 원칙이라고 할 수 있고, 또한 이러한 조세평등주의는 정의의 이념에 따라 "평등한 것은 평등하게", 그리고 "불평등한 것은 불평등하게" 취급함으로써 조세법의 입법과정이나 집행과정에서 조세정의를 실현하려는 원칙이라고 할 수 있다(헌재 1989. 7. 21. 선고 89헌마38 결정).

따라서 헌법상 조세평등주의의 이념은 조세조약의 적용에 있어서도 예외일 수는 없고 또한 그러한 원칙의 적용이 조약 엄격해석의 원칙에 위배된다고 볼 수도 없다.

(3) OECD **주석에 관하여**

OECD는 국제거래의 증가를 틈타 조세조약의 변칙이용을 통한 조세회피 목적으로 실질거래와는 상관없는 조세피난처에 서류상의 회사(paper company)를 설립하고 형식상 거래를 통하여 이자·배당·주식양도차익 등 자본거래 소득에 대한 조세를 회피하는 사례가 증가함에 따라 1999년부터 시작된 OECD의 유해조세경쟁포럼의 국제적 논의를 통하여 조세피난처를 이용한 조세회피 행위에 대한 각종 규제방안을 강구하게 되었다.

그리하여 OECD는 각국 조세조약의 해석기준이 되는 OECD 조세조약 모델협약(Model Convention)의 주석사항에 조세회피행위에 대한 유형과 방지방법, 조약관련 해석사항 등을 폭넓게 다루어 조세회피행위의 방지를 위한 근거를 마련하고 있는데, OECD 조세조약 모델협약(Model Convention) 제 1 조 '거주자' 규정에 대한 주석 7항에서는 "이중과세 방지협약의 근본목적은 국제적 이중과세를 방지함으로써 재화와 용역, 자본과 인적교류를 촉진하는 것이다. 이중과세 방지협약은 또한 조세의 회피 및 탈세방지를 목적으로 한다"고 규정하고 있고, 같은 주석 22항~24항에서는 각국의 자국법에 규정하고 있는 실질과세원칙(general antiabuse rule), 지배회사에 관한 법률(controlled foreign companies rule) 등 조세조약 남용방지규정은 조세조약과 서로 상치되지 않는 것으로서 자국법상의 조세회피 방지규정은 어떤 조세부담을 결정하기 위한 자국세법에 의해 규정된 근본적인 자국의 법률의 일부이며 이러한 조항은 조세조약에 의하여 영향을 받지 않는다고 천명하고 일반적인 조약남용방지규정은 각 조세조약에 특별규정으로 규정할 필요도 없다고 규정하고 있고, 제 4 조 주석 8항에서는 일방체약국의 거주자의 정의는 자국법의 거주자개념을 따르되 실질적인 통제 및 관리장소가 거주지를 판단하는 중요요소인 것으로 규정하고 있다.

헌법 제 6 조 제 1 항에 의해 체결·공포된 조약이 아니고 일반적으로 승인된 국제법규라고 볼 수 없는 OECD 주석은 법적 구속력이 없는 것이지만, 이는 OECD 국가 간의 조세조약의 올바른 해석을 위한 국제적 기준으로서 국내법상의 실질과세원칙 등과 관련한 OECD 국가간 조약 해석에 있어서 하나의 참고자료로 삼을 수는 있는 것이다.

(4) 한·벨 조세조약의 해석

(가) 한·벨 조세조약의 목적과 구조

한·벨 조세조약은 그 조약 서문에서 알 수 있듯이 대한민국 정부와 벨지움 정부 사이에 소득에 대한 조세의 이중과세 회피와 탈세 방지를 위하여 체결된 것임이 조약의 문언상 명백하므로, 위 조약의 목적이 단순히 국제적 이중과세를 방지함으로써 재화와 용역 등의 교류를 촉진하는 데에 한정된다고 할 수 없고, '탈세 방지' 역시 이중과세 회피와 마찬가지로 위 조약의 중요한 목적을 이룬다.

또한, 한·벨 조세조약 제 4 조 제 3 항에서는 "상기 제 1 항의 규정에 의한 사유로 인하여 개인이외의 인이 양 체약국의 거주자인 경우에 그는 그의 실질적인 관리의 장소가 있는 체약국의 거주자로 간주된다"고 규정하고 있고, 같은 조약 제13조 제 1 항에서는 "제 6 조 제 2 항에 규정된 부동산의 양도로부터 얻은 이익은 그 재산이 소재하는 체약국에서 과세될 수 있다"고 규정하고 있으며, 제 3 항에서는 "상기 제 1 항과 제 2 항에 규정된 재산 이외의 재산의 양도로부터 발생하는 이득은 그 양도인이 거주자로 되어 있는 체약국에서만이 과세된다"고 규정하고 있다. 한편, 같은 조약 제 3 조 제 2 항에서는 "일방체약국이 이 협약을 적용함에 있어서 달리 정의되지 아니한 용어는 달리 문맥에 따르지 아니하는 한, 이 협약의 대상 조세에 관련된 동 체약국의 법에 내포하는 의미를 가진다"고 규정하고 있는데, 위 조약상에 양도소득 등과 관련한 국세기본법 제14조와 같은 규정은 따로 없다.

(나) 한·벨 조세조약 제13조 제 3 항의 양도인의 해석

한·벨 조세조약 제13조 제 3 항에서 정한 '양도인'의 규범적 의미를 확정하기 위해서는 앞서 본 바와 같은 조세법률주의 원칙에 따른 엄격해석의 원칙에 따라야 할 것이고, 엄격해석의 경우에 있어서는 가능한 문언의 의미를 벗어난 행정편의적인 확장해석이나 유추적용은 허용되지 않는 것이나, 가능한 문언의 의미 내에서 당해 규정의 입법 취지와 목적 등을 고려한 법률체계적 연관성에 따라 그 문언의 통상적·논리적 의미를 분명히 밝히는 체계적·논리적 해석방법은 그 규정의 본질적 내용에 가장 접근한 해석을 위한 것으로서 조세법률주의의 원칙에 부합하는 것이므로, 위와 같은 해석이 엄격해석의 원칙에 반한다고 할 수 없는 것이다.

즉, 조세법률주의의 원칙상 과세요건이거나 비과세요건 또는 조세감면요건을 막론하고 조세법규의 해석은 특별한 사정이 없는 한 법문대로 해석할 것이고 합리적 이유 없이 확장해석하거나 유추해석하는 것은 조세법의 기본이념인 조세공평주의에 반하는 결과를 초래하여 허용되지 않는 것인바, 조세평등주의의 파생원칙인 실질과세의 원칙은 조세법의 해석·적용 등에 관한 일반원칙의 하나일 뿐만 아니라, 국세기본법 제14조가 이를 명문으로 규정하지 않더라도 헌법원칙으로서의 실질과세원칙의 존재를 부정할 수 없는 것이므로, 조세법규의 해석과 관련하여 실질과

세의 원칙을 적용한다고 하여 이를 두고 엄격해석의 원칙에 반하는 것이라고 할 수 없다.

또한, 같은 견지에서 실질과세원칙은 국내법률상의 일반규정에 해당하는 것으로 특별법률인 조세조약에는 그 적용이 배제된다고 할 수 없고, 조약법에 관한 비엔나협약 제26조에서는 "유효한 모든 조약은 그 당사국을 구속하며 또한 당사국에 의하여 성실하게 이행되어야 한다"고 규정하여 '성실한 이행'을 강조하고 있고, 제31조 제 1 항 "조약은 조약문의 문맥 및 조약의 대상과 목적으로 보아 그 조약의 문면에 부여되는 통상적 의미에 따라 성실하게 해석되어야 한다"고 규정하여 조약의 '성실'한 해석을 위하여 '조약문의 문맥 및 조약의 대상과 목적'을 고려할 수 있음을 명시하고 있기도 하므로 위와 같은 해석 기준이 위 협약에 반하는 것으로 보기도 어렵다.

(5) 소　결

이상에서 본 바와 같은 헌법상의 조세법률주의와 조약의 해석에 관한 기본원칙, 실질과세 원칙의 근거와 내용, 한·벨 조세조약이 체결된 목적과 한·벨 조세조약 제13조의 규정 취지 등과 함께 국세기본법 제14조 제 1 항 실질과세의 원칙은 과세부담의 공평과 응능부담의 원칙을 구현하기 위한 것으로서 국내법상의 납세의무자인 거주자와 비거주자 모두에게 공평하게 적용되는 것인 점을 종합하여 보면, (1) 실질과세의 원칙은 국가 간의 조세조약의 규정을 해석함에 있어서 문언 자체의 의미를 유추·확장하거나 문언에 반하는 것이 아닌 한 그 해석의 기준으로 삼을 수 있는 것이고, (2) 한·벨 조세조약은 대한민국과 벨기에의 인, 법인에 대하여 과세요건과 비과세 및 면세요건을 규정하고 있는 것으로서 과세관청인 피고가 이 사건 주식양도 및 그 양도차익의 귀속에 대하여 그 실질적인 행위자 및 소득의 귀속자를 한·벨 조세조약상의 벨기에 거주자인 SH로 인정하여 그 과세를 면제할 것인지 아니면 한·벨 조세조약의 적용범위 외에 있는(미국법에 의하여 설립된 파트너십) 원고 등 론스타펀드Ⅲ로 인정하여 국내법에 따라 소득세를 부과할 것인지의 여부를 결정하는 것은 한·벨 조세조약 제13조 규정에 관한 OECD 주석의 적용 여부와는 직접적인 관계없이 국내법상의 실질과세원칙에 따라 판단할 수 있는 것이다.

따라서 조약 해석은 엄격하여야 하고 OECD 주석이 조약 해석의 기준이 될 수 없음을 전제로 한·벨 조세조약과 이 사건 주식양도소득의 귀속에 대하여 실질과세 원칙이 적용되지 않는다는 취지의 원고 주장은 받아들이지 않는다.

나. 이 사건 주식양도소득의 실질적 귀속자

(1) 국세기본법 제14조는 과세의 대상이 되는 소득·거래 등의 귀속에 관한 실질과세의 원칙을 규정하고 있는바, 납세의무자가 경제활동을 함에 있어서 동일한 경제적 목적을 달성하기 위하여서 여러 가지의 적법·유효한 법률관계 중 하나를 선택할 수 있는 경우에 어느 방식을 취할 것인가의 문제는 그 목적 달성의 효율성, 조세 등 관련 비용의 부담 정도 등을 고려하여 스스로 선택할 사항이라고 할 것이므로, 그 중 어느 한가지 방식을 선택하여 법률관계를 형성하였다면 그로 인한 조세의 내용이나 범위는 그 법률관계에 맞추어 개별적으로 결정되어야 할 것이고(대법 2001. 8. 21. 선고 2000두963 판결 등 참조), 납세자의 당해 거래에 대하여 이를 조세회피행위라고 하여 그 법형식에도 불구하고, 경제적 관찰방법 또는 실질과세의 원칙에 따라 과세를 하기 위하여는 조세법률주의의 원칙상 법률에 개별적이고 구체적인 규정이 있어야 하는 것임(대법 1996. 5. 10. 선고 95누5301 판결 등 참조)은 원고 주장과 같다.

그러나 앞서 본 바와 같은 헌법상의 조세법률주의와 국가 간 조세조약의 해석기준, 국세기본법 제14조의 실질과세 원칙의 취지와 내용, 한·벨 조세조약의 목적과 비거주자에 대한 면세규정의 취지 등을 종합하여 보면, 한·벨 조세조약상의 벨기에국 거주자로 인정되는 법인이 대한민국 내에서 사업상 거래를 하고 위 조세조약에 따라 소득원천에 대하여 한국법에 따른 과세의 면제 혜택을 받기 위하여는 그가 한·벨 조세조약 제13조가 정한 양도자이어야 하는 것인데, 여기에서 '양도자'의 의미를 정함에 있어서는 이중과세 방지 또는 조세회피 방지의 취지에 부합하고 조약의 문언에 배치되지 않는 범위 내에서 실질과세의 원칙에 따른 해석상의 제한이 따라야 하는 것이므로, 벨기에 이외의 국적을 가진 비거주자가 대한민국 내에 투자목적으로 벨기에에 법인을 설립하고 그 법인의 이름으로 대한민국 내에서 자본이득을 목적으로 한 사업을 영위하는 경우 그 법인의 거주지인 벨기에에서는 정상적인 사업활동이 없고 그 법인의 대한민국 내의 거래행위에도 독자적인 경제적 이익과 사업목적 없이 원투자자를 위한 형식상 거래당사자의 역할만 수행하였을 뿐 그 실질적인 거래주체는 원투자자이고 그러한 것이 오로지 원투자자의 조세회피만을 목적으로 한 경우에는 그 법인은 한·벨 조세조약상의 양도자라고 할 수 없는 것이고 따라서 원투자자가 그러한 거래형식이나 외관만을 내세워 벨기에 법인이 거래행위의 주체임을 이유로 한·벨 조세조약의 조세면제 규정을 원용할 수 없는 것이다. 따라서 이 경우에는 실질과세의 원칙에 따라 그 거래의 실질적 당사자 및 소득의 실질적인 귀속자로 인정되는 원투자자가 국내법상의 납세의무자가 되어 국내의 법인세법 또는 소득세법과 한국과 원투자자의 거주지국 간의 조세협약에 따른 납세의무가 있다고 할 것이다.

위와 같은 법리를 전제로 하여 아래에서 이 사건 주식양도의 거래주체 또는 이로 인한 양도소득의 실질적 귀속주체가 누구인지에 관하여 본다.

(2) **인정 사실**

(가) 론스타펀드는 1995년 활동을 시작한 이래 전세계적으로 700여 건, 한화 약 50조원의 투자활동을 해오면서 한국에서도 1999년부터 투자활동을 하여왔는바, 2000. 7.경 론스타펀드Ⅲ를 설정하였고 론스타펀드Ⅲ는 2000. 9. 26.경부터 한국 내 부동산 투자시 양도소득세 등을 피할 수 있는 방법을 구체적으로 모색하였다.

(나) 론스타펀스Ⅲ는 설정 직후인 2000. 7. 20. 그 자금을 함께 투자관리하기 위하여 버뮤다국 회사인 'LSF 3 Korea Capital I, Ltd'를 설립하였는데, 이 회사는 론스타펀드Ⅲ 단계에서 이루어지는 투자를 위한 상위 지주회사의 역할을 하였다.

(다) 'LSF 3 Korea Capital I, Ltd'는 2001. 6. 14. 그 이름의 자본금을 출자하여 그 하위 투자지주회사로서 SH를 벨기에에 설립하였고, 그 설립시 등기이사로 소외 2, 3, 4가 선임되었으며 이들은 모두 벨기에 거주자가 아니고 론스타 펀드의 관계자들이다.

(라) 'LSF 3 Korea Capital I, Ltd'는 SH의 설립 당시 발행 주식 999주를 미화 299,700불에 취득하였고(그 외 미국 델라웨어 회사인 LSF 3 Korea Partners, LLC도 SH설립 당시 SH 주식 1주를 미화 300불에 취득하였다), 2001. 6. 20. SH의 증자시 132,560주의 주식을 미화 39,760,000불(46,648,000유로)에 추가로 취득하였다.

이후 론스타펀드가 설립한 버뮤다 회사인 'Star REOC HoldCo, Ltd'가 2001. 8. 2. 'LSF3 Korea Capital I, Ltd'로부터 SH의 주식 133,559주(999주+132,560주)를 양수함으로써 'LSF3 Korea Capital I, Ltd'를 대신하여 최상위 지주회사의 역할을 하게 되었다.

(마) 한편, SH는 2001. 6. 14. 설립 당시 불입된 자본금으로 2001. 6. 15.경 소외 5 등 3인으로부터, 한국 법인인 소외 1 주식회사(인수 이후 대표이사로 소외 3이 선임됨)의 발행 주식 2만주를 총 313,665,095원(미화 245,000불)에 매입하였는

데, 위 매입일 전날인 2001. 6. 14. 론스타펀드의 대한민국 내 자회사인 허드슨어드바이저코리아(이하 'HAK'라고 한다)의 소외 6이 원고에게 위 주식양수대금 중 242,850불을 SH 이름으로 송금하여 줄 것을 요청하였고, 이에 따라 원고가 위 매입일날에 미화 242,850불을 원고의 계좌와 HAK 계좌를 거쳐 송금함으로써 그 대금지급이 완료되었다.

(바) 원고는 2001. 6. 18. 현대산업개발 주식회사로부터 당시 신축중이던 소외 1 주식회사 빌딩을 매수하기로 하면서 그 계약 내용으로 매수인의 지위를 양도할 수 있도록 정하였는데, 이에 따라 소외 1 주식회사가 매매계약의 양수인의 지위를 원고로부터 양수받았고, 이후 소외 1 주식회사의 이름으로 매매대금 약 5,300억 원 정도를 2001. 6. 21. 및 2001. 7. 9.경 2차례에 걸쳐 지급한 후 공사비를 추가 투입하여 2001. 8. 16.경 위 빌딩을 완공하고, 그 소유권을 취득하였다.

(사) SH는 소외 1 주식회사빌딩 매수대금으로 사용하기 위하여 2001. 6. 21. 소외 1 주식회사 주식 516,875주(1주당 액면 1만원)를 주당 10만 원에 발행하는 유상증자를 하도록 하여 그 1인 주주로서 소외 1 주식회사 발행 신주 516,875주 전부를 인수하고 론스타펀드Ⅲ의 자금으로 신주인수대금 516억 8,750만 원을 납입하였고, 위 증자대금과 그 밖에 3차례에 걸친 사채발행대금 미화 약 1억 8,991만 불, 국내 금융기관으로부터의 차입금 약 3,960억 원을 재원으로 하여 소외 1 주식회사 빌딩 매입대금 및 필요경비를 지급하였다.

그런데 위 유상증자대금 중 미화 약 4,000만 불은 원고가 직접 소외 1 주식회사의 계좌로 송금한 것이고, 한편 원고가 소외 1 주식회사 빌딩에 관한 매매계약을 체결한 다음날인 2001. 6. 19. HAK의 소외 6은 론스타펀드와 허드슨어드바이저(미국) 등 관계인에게 내부펀딩메모를 통하여 "소외 1 주식회사가 2001. 6. 21. 소외 1 주식회사빌딩 매수권을 원고로부터 양수할 것이며 그 날 지급하기로 된 1차 중도금을 위하여 원고가 SH의 증자대금 명목으로 미화 39,759,615불, 사채발행 조달자금 명목으로 119,278,846불을 각기 소외 1 주식회사 계좌에 송금자 SH로 하여 2001. 6. 20.까지 보내달라"는 취지의 요청을 하였으며, 이에 원고는 벨기에를 거치지 않고 미국에서 직접, 자본금 증자대금 명목으로 송금인을 SH로 하여 소외 1 주식회사 계좌에 39,613,649불, 사채인수대금 명목으로 송금인을 론스타펀드로 하여 소외 1 주식회사 계좌에 118,840,912불을 각 송금하였다.

(아) 이후 SH는 2002. 12. 5.경 소외 1 주식회사 주식 48만 주(1주당 액면 1만 원)를 주당 10만 원에 발행하는 유상증자를 하여 위 사채 및 차입금상환에 사용하

였는바, 론스타펀드Ⅲ는 SH를 통하여 기존주주로서 소외 1 주식회사 발행 신주 48만 주를 전부 인수하고 그 인수대금 480억 원(미화 4000만 불)을 납입하였다. 소외 1 주식회사가 발행한 사채의 상환시에 원금 및 이자 전액이 'Lone Star International Finance Ltd(아일랜드)'를 거쳐 원고와 론스타펀드Ⅲ 버뮤다에 당초 투자지분만큼 배분되었다.

(자) 한편, 론스타 펀드의 자회사인 HAK 소외 7 사장의 2002. 11. 26.자 수기메모 및 소외 2, 4, 8과의 회의내용을 기록한 2003. 1. 17.자 수기메모에는 "벨기에 회사를 벨기에에 그대로 유지하고 SH 회사구조를(벨기에법상) SA → SCA로 변경하면 양도소득세를 회피할 수 있음"이라는 내용 등 SH의 회사구조 변경을 통하여 소외 1 주식회사빌딩 관련 양도소득세 회피방안이 기재되어 있다.

(차) 론스타펀드Ⅲ는 장차 소외 1 주식회사와 관련한 투자금 회수시 세금을 회피하기 위한 방안의 하나로 SH의 구조를 벨기에법상 SA에서 SCA로 변경하기로 하고, 2005. 3. 5. 벨기에 법인인 'Lone Star Capital Management SPRL'(이하 'LSCM'이라고 한다)을 설립하여 그 영속대표로 소외 2를 임명하였고, 위 LSCM으로 하여금 SH의 지분 일부를 매입하여 그 무한책임 주주가 되게 함과 아울러 SH의 법정이사로 선임되게 하였으며, 또한 2003. 2. 14. 룩셈부르크 회사인 'Lone Star Capital Investments S.a.r.l.'(이하 'LSCI'라고 한다)을 설립하여 SCA로 전환된 SH의 지분 대부분을 인수하도록 하여 SH의 유한책임을 부담하는 주주가 되게 하였고, 한편 LSCI의 상위 주주는 버뮤다 법인인 'Lone Star Global Holdings Ltd'(이하 'LSGH'라고 한다)가 되도록 지배구조를 변경하였다.

이와 같은 지배구조의 변경은 한국 내 투자에 대한 수익의 극대화를 위한 것으로, 벨기에에서는 주식양도차익에 대하여 비과세되나 배당소득에 대하여는 과세가 되는 반면에 룩셈부르크에서는 그 반대이고, 룩셈부르크 모회사가 벨기에 자회사를 12개월 이상 보유한 경우 벨기에 법인으로부터의 배당소득에 대한 과세를 면제받을 수 있는 점을 이용하기 위한 조치이다.

(카) 론스타펀드Ⅲ가 위와 같이 SH의 지배구조를 변경하는 등으로 소외 1 주식회사의 매각에 대비하여 투자수익 극대화를 계획하였고 그러던 중 2003. 6. 10. 미국 달라스에서는 론스타펀드Ⅲ 자문위원회(Advisory Committee)가 개최되었는데 위 회의안건 중 론스타펀드Ⅲ의 투자 정보 보고와 관련하여 소외 1 주식회사의 주주인 SH는 참석하지 않은 한편(소외 2는 SH나 LSCM의 대표 자격으로 참석하지 아니하였다), 그 당시 론스타펀드 임원인 소외 9는 투자자의 질문에 2004년 말경

소외 1 주식회사 빌딩을 매각할 계획임을 보고한 바 있고, 또한 론스타펀드의 관계자인 소외 4가 2004. 7. 16. 소외 7에게 보낸 메일에는 소외 1 주식회사 빌딩 매각 가격은 9,400억 원 정도 될 것이고 세금으로 인한 누출(leakage)이 발생하지 않도록 매수자를 설득해 빌딩매각 방식이 아니라 소외 1 주식회사의 주식을 거래하는 형식을 취하는 것이 중요하다는 취지의 내용이 기재되어 있다.

(타) 소외 2는 앞서 본 이 사건 주식 양도와 관련한 SH의 계좌개설 등 한국 내에서의 실무적 업무의 대부분을 HAK의 관계자인 소외 4, 7, 10에게 위임하여 처리하였을 뿐만 아니라, HAK는 소외 1 주식회사의 자산관리 및 일반 업무처리를 담당하였던바, 소외 1 주식회사 주식 처분과 관련한 의사결정과 이후 협상 등은 주로 론스타펀드와 그 자회사 임원들에 의하여 수행되었다.

(파) SH는 2004. 12. 17. 이 사건 주식 전부를 싱가폴 법인에게 그 대금을 잠정적으로 합계 3,387억 원으로 정하여 양도한 후 2004. 12. 28. 주식매각대금 전액을 SH의 원화 계좌로 수령하고 이를 같은 날 미화로 환전하여 SH의 해외계좌로 송금하였고, 싱가폴 법인과의 매매계약에서 정한 소외 1 주식회사의 재무제표 확정에 따라 2005. 2. 24. 추가 정산금 12,391,149,508원을 SH의 원화계좌로 수령하였으며, 이를 같은 날 동액 상당의 미화 12,418,830불로 환전하여 SH의 해외계좌로 송금하였다.

(하) 이와 관련하여 2004. 12. 29.경 HAK의 소외 11, 12 등과 LSCM의 소외 13 등 론스타펀드 관계인 간의 매각대금 관련 이메일에는 이 사건 주식 양도대금의 대부분을 'Lone Star Global Holdings, Ltd.'(Bermuda 소재, 'Star REOC Hold Co. Ltd' 등이 소유하고 있으며, LSCM의 지분 전부를 소유하고 있다, 이하 'LSGH'라 한다)를 거쳐 곧 펀드 실체(fund entities)로 이동할 것이라는 취지가 기재되어 있다.

(거) 이 사건 주식 양도와 관련한 성공보수는 론스타 펀드 본사의 임원들과 소외 4 등이 수취하였을 뿐, SH 및 LSCM의 대표자인 소외 2 및 LSCM의 이사 등은 성공보수를 따로 받지 않았다.

(너) 소외 1 주식회사의 경우 이 사건 주식 양도 당시 그 자산은 소외 1 주식회사 빌딩 외에 특별히 존재하지 아니하였고 소외 1 주식회사 빌딩의 매각 이외의 다른 사업활동을 한 사실이 없으며, SH 역시 소외 1 주식회사 주식의 취득 및 양도 이외의 다른 사업활동을 한 사실은 없는데, SH는 2003년 1명의 고용직원이 근무하였던 것이 전부이고, LSCM은 4명(2004년에는 3명으로 감소)의 고용

직원이 근무하였는데 모두 저학력 대졸 미만의 출신이라고 벨기에 당국에 신고하였다.

(더) SH는 소외 1 주식회사 빌딩에 대한 투자 목적으로 설립된 투자지주회사로서 그 투자가 종료되면 곧바로 청산하게 되어 있었고, 조성된 자금을 투자하여 얻은 소득은 청산과 함께 청산분배금 형태로 투자자에게 분배되도록 되어 있었는데, 이사회 결의를 거쳐 2004. 12. 29. 위 양도대금 중 약 2억 유로를 LSGH에 연 6%의 이율로 대여하고, 나머지는 차입금을 변제하거나 현금으로 보유하고 있다가 2005. 3. 31. 투자목적달성을 이유로 청산되었다(SH의 소외 1 주식회사 주식의 취득 및 이 사건 주식 양도시의 출자관계는 별지 표1. 2와 같다).

(3) 소 결 론

(가) 인정 사실들과 함께 SH와 그 상위지주회사들이 소외 1 주식회사빌딩에 대한 투자목적 이외에 그 거점국에서 실질적인 경제활동을 하였다는 점에 관한 구체적인 자료가 없는 점 등을 종합하여 보면, 다음과 같은 사정들을 확정할 수 있다.

① 론스타펀드Ⅲ는 한국 내에 있는 부동산 투자를 위하여 설정되었고 그 설정 당시부터 장래의 부동산투자수익에 관한 양도소득세 등 조세회피 방안을 모색하고 이를 실현하기 위하여 한국을 비롯한 각국의 조세제도 및 회사법상의 각종 투자혜택에 관한 제도 등을 연구·검토하였으며, 조세회피가 가능한 국가인 벨기에 등과 한국과의 조세조약상 조세면제의 혜택을 받기 위한 최적의 투자구조를 설계하기 위하여 한국과 벨기에 등 투자거점 국가의 법률과 제도를 집중분석하였다.

② 론스타펀드Ⅲ는 이러한 연구·분석 결과 오로지 한·벨 조세조약에 따라 벨기에 법인의 한국 내 주식양도소득에 대한 한국 정부로부터의 과세면제 적용을 받을 목적으로 SH를 설립하여 이를 주체로 내세워 소외 1 주식회사를 인수하고 소외 1 주식회사빌딩을 매수하였고, 이후에도 SH의 거점국인 벨기에 당국으로부터 면세 등의 혜택을 받아 그 투자수익을 극대화할 목적으로 LSCM, LSCI 등 상위지주회사를 설립하여 SH에 대한 투자주체를 교체하는 등 조세의 회피를 위한 목적에서 론스타펀드Ⅲ로부터 소외 1 주식회사빌딩에 대한 투자에 이르기까지의 투자지배구조를 수시로 변경하였다.

③ 소외 1 주식회사의 인수와 증자대금, 소외 1 주식회사빌딩에 대한 매수와 그 매수자금, 이 사건 주식양도는 모두 형식상 SH가 주체가 되어 한 것으로 되어

있고 SH에 대한 투자주체 또한 그 상위지주회사들인 LSCI 등으로 되어 있기는 하나, 이와 같은 투자지배구조는 론스타펀드Ⅲ가 소외 1 주식회사빌딩의 투자로 인한 양도차익에 대하여 조세를 회피하기 위한 방안으로 미리 설계한 투자구조 및 지배구조에 따라 형식적으로 만들어진 것일 뿐이고, 실질적으로는 소외 1 주식회사의 주식 및 증자대금을 비롯하여 소외 1 주식회사빌딩 매수대금 등 한국 내에 투자된 자금은 모두 론스타펀드Ⅲ에 의하여 SH의 이름을 빌어 직접 지급되었고, 그 밖에 소외 1 주식회사 주식매수와 빌딩의 매매계약, 그 대금의 지급, 소외 1 주식회사빌딩 취득 이후의 관리, 소외 1 주식회사의 주식양도에 이르기까지 전 과정을 사실상 론스타펀드Ⅲ의 임원이나 론스타펀드Ⅲ의 지배관리하에 있던 HAK의 임원 등이 주도적으로 담당하였다.

④ SH와 그 상위지주회사들은 론스타펀드Ⅲ가 지배하는 법인들로서 소외 1 주식회사빌딩에 대한 형식적인 투자와 관리 등을 통하여 그 회사들의 거점으로 되어 있는 국가의 조세혜택을 받기 위한 목적으로 설립되거나 이용된 회사이고 그 거점이 된 국가 내에 다른 사업목적이나 활동이 없으며, 소외 1 주식회사빌딩의 투자에 대하여도 독립적인 경제적 이익이 없으며, 이 사건 주식양도가 이루어진 후 그 투자수익을 포함한 양도대금은, 형식적으로 SH의 은행계좌를 거치기는 하였으나 단시간 내에 그 비용을 제외한 전액이 론스타펀드Ⅲ에 의하여 청산되고 론스타펀드Ⅲ의

[그림 16-1]

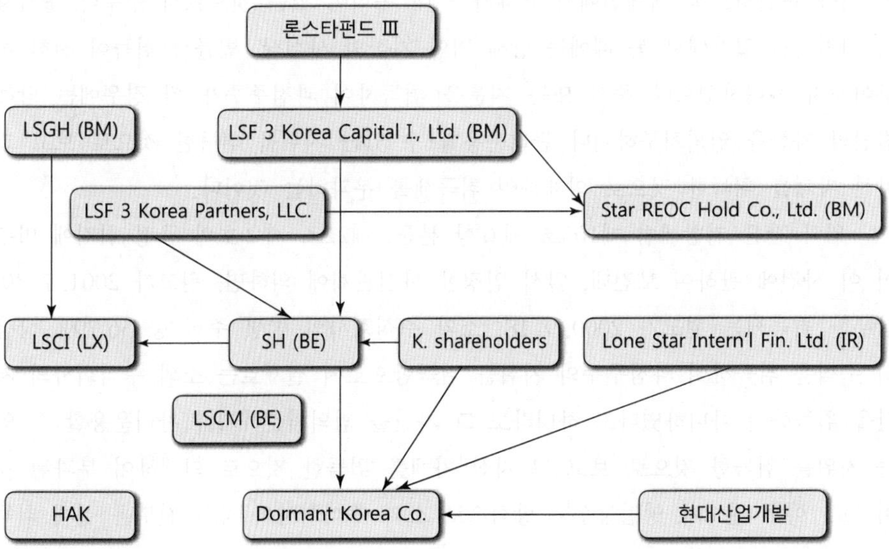

개별투자자들에게 분배되었다.

⑤ SH와 그 상위지주회사들의 임원들도 모두 론스타펀드의 관계자들이거나 론스타펀드에 의하여 선임되고 임명된 사람들이다.

(나) 이러한 사정들을 종합하여 보면, 이 사건 주식양도와 그 이익의 귀속주체는 그 형식적인 거래명의나 이익의 귀속자에 불구하고, 실질적으로 원고 등 론스타펀드Ⅲ라고 할 것이므로, 이 사건 주식양도와 그 이익의 귀속주체가 실질적으로 SH임을 내세워 한·벨 조세조약 제13조가 적용되어야 한다는 취지의 원고 주장은 받아들이지 않는다.

대전지법 2005. 12. 7. 선고 2005가합5250 판결(×× v. 충청남도)

… 이중 과세 여부

살피건대, 지방세법 제105조 제 6 항 본문, 제22조 제 2 호는 비상장법인의 과점주주에 대하여 당해 법인이 소유하고 있는 취득세 과세대상물건을 과점주주의 소유주식비율만큼 취득한 것으로 간주하여 그 취득세 납세의무를 부과하고 있는데, 이는 과점주주가 되면 당해 법인의 재산을 사실상 임의처분하거나 관리운용할 수 있는 지위에 서게 되어 실질적으로 그 재산을 직접 소유하는 것과 크게 다를 바 없으므로 바로 이 점에서 담세력이 나타난다고 보고 취득세를 부과하는 것이고(대법 1994. 5. 24. 선고 92누11138 판결 참조), 또한 주식 또는 지분의 독과점을 억제하고 이를 분산하도록 세제면에서 규제하는 데 목적이 있는 것으로서 주주나 출자자의 개인적인 입장에서 볼 때에는 당해 법인 자산의 사실상·법률상 취득이 전혀 이루어지지 아니하였으나 주식 또는 지분을 취득하여 과점주주가 된 경우에는 당해 법인의 자산을 임의처분하거나 관리운용할 수 있는 지위를 취득한 것으로 보고 그 자산 자체를 취득한 것으로 의제하여 취득세를 부과하는 것이다.

위와 같은 지방세법 제105조 제 6 항 본문, 제22조 제 2 호의 규정 취지에 비추어 이 사건에 관하여 보건대, 앞서 인정한 사실관계에 의하면, 원고가 2001. 7. 30. 납부한 취득세는 원고가 2000. 9. 18. 소외 주식회사의 발행 주식 중 56.79% 상당의 주식을 취득하여 과점주주의 지위를 취득함으로써 실제로는 소외 주식회사의 자산을 취득하지 아니하였다고 하더라도 그 자산을 임의처분하거나 관리운용할 수 있는 지위를 취득한 것으로 보고 그 자산 자체를 취득한 것으로 의제하여 부과된 것이므로, 이후 원고가 영업양수도 방식으로 소외 주식회사의 자산 전부를 실제 취득하게 되었다면, 이러한 경우 원고는 앞서 간주취득한 부분을 초과하는 자산만을 새로이 취득한 것으로 보고 이에 대한 취득세를 납부함으로써 충분하다고 할 것이고, 따라서 원고가 영업양수도 방식으로 소외 주식회사의 자산 전부를 실제 취득한 다음, 소외 주식회사의 자산 전부를 과세대상물건으로 하여 취득세를 납부하였다면, 일응 그 중 원고가 2001. 7. 30. 납부한 간주취득세 상당액은 동일한 물건의 취득에 대한 이중 과세에 해당한다고 할 것이다.

2. 영업양수도의 경우[34)]

주식매매의 경우 조세효과는 매도인의 문제로 매수인은 2차납세의무에 대한 우려 이외에는 별로 신경쓸 일이 없다. 다만, 이행완료 이후 working capital이나 재고자산 등을 원인으로 가격조정이 있는 경우 이와 관련하여 매도인에게 제한적으로 협조를 하여야 할 수 있다. 매도인의 조세부담은 그러나 결국은 매매가격에 영향에 영향을 미치므로 가격산정과 관련하여 고려되어야 함은 물론이다.

영업양수도는 이와 대비되는 측면이 있다. 영업양도인도 양도차익에 대하여 세금을 내야 하지만, 양도차익을 개별적인 자산별로 또는 자산과 영업권으로 계산하여야 하는 반면 양도가액은 영업전체를 고려하여 산정되기 때문에 양도가액을 양도자산에 할당하여야 하는 문제가 있다. 영업양수인도 자산별로 등록세와 취득세를 납부하여야 하기 때문에, 영업권의 경우 감가상각이 가능하기 때문에, 양도가액 할당문제는 양수인의 조세효과와 직접 관련이 있고 따라서 양도인과 양수인은 이행완료 이후에도 조세효과와 관련하여 밀접하게 협조하여야 할 필요가 있다. 사업양수도는 부가가치세가 면제되지만 사업양수도의 범위에 관하여 조세당국과 이견이 있을 수 있고 또한, 양도인의 입장에서 납부와 환급간 시간적인 간격이 있기 때문에 상호 협조가 필요하다.[35)]

가. 영업양도인의 경우

(1) 양도차익에 대한 소득세/법인세

영업양도인의 세무검토시 양도대상 자산별로 가액을 구분하여 결정하는 문제를 먼저 고려해야 한다. 왜냐하면 양도대상 자산에는 양도소득세(개인) 과세대상 자산이 포함되어 있는 경우가 있고 영업의 포괄양도로 인한 영업권 금액을 고려해야 하

34) 박정우/정래용, M&A와 자본거래의 세무, 382-394 (2009) 참조.
35) 계약의 이행완료 이후 이행사항에 관하여는 뒤 제24장 참조.

기 때문이다. 양도소득세 과세대상자산은[36] 토지 또는 건물, 부동산에 관한 권리주식 및 기타자산으로서의 사업용 고정자산(토지, 건물 또는 부동산에 관한 권리)과 함께 양도하는 영업권(영업권을 별도로 평가하지 아니하였으나 사회통념상 영업권이 포함되어 양도된 것으로 인정되는 것과 행정관청으로부터 인가·허가·면허 등을 받음으로써 얻는 경제적 이익 포함) 등이다. 실무적으로 영업양수도 계약서상에 현금, 재고자산, 매출채권등은 장부가액으로 승계함을, 토지, 건물, 영업권 등은 할당가액을 명시할 수도 있을 것이다.[37] 법인인 영업양도인의 법인세는 법인이 사업부문을 양도할 때 양도대가가 금전의 형태로 양도법인에게 귀속되고 순자산증가설에 입각하여 법인세가 과세되기 때문에 비교적 단순하다.

(2) 부가가치세

부가가치세법에 의하면 "사업을 양도하는 것으로서 사업장별(상법에 의하여 분할 또는 분할 합병하는 정우에는 동일한 사업장 안에서 사업부문별로 양도하는 경우 포함)로 그 사업에 관한 모든 권리와 의무를 포괄적으로 승계시키는 것(법인세법 제46조 제 1 항의 분할의 요건을[38] 갖춘 분할의 경우와 양수자가 승계받은 사업외에 새로운 사업의 종류를 추가하거나 사업의 종류를 변경한 경우을 포함한다)은 재화의 공급으로 보지 아니한다.[39] 사업의 양수도에 대하여 양수인이 양도인의 매출세액을 징수하도록 하는 것은 국고에 아무런 도움이 없이 사업의 양수자에게 불필요한 자금의 부담을 주게 되므로 창업이나 사업전환 등을 지원하기 위한 조세정책상의 배려이다.[40] 다시 말해, 사업을 양도하는 것도 계약상 또는 법률상의 원인에 의한 재화의 공급의 일종으로 볼 수 있지만 부가가치세과세대상인 특정재화의 개별적인 공급이 아니라 사업과 관련된 자산·부채의 포괄적인 양도에는 부가가치세를 과세하지 않겠다는 것이다. 사업의 포괄적 양도에 해당하면 양도자는 부가가치세만큼 양도가액을 낮출 수 있으므로 거래를 원활히 성사시킬 수 있고 양수자는

---

36) 소득세법 제94조.

37) 사업의 양수도 과정에서 양수도 자산과는 별도로 양도사업에서 소유하고 있는 인·허가 등 법률상의 특권, 사업상 편리한 지리적 여건, 영업상의 비법, 신용, 명성, 거래선 등 영업상의 이점 등을 감안하여 적절한 평가방법에 따라 유상으로 취득한 가액이 영업권이다. 소득세법 시행령 제62조 제 2 항 제 2 호 가목 및 법인세시행규칙 별표 4. 소통 33-41호.

38) ① 5년 이상 계속 사업을 영위한 법인의 분할; ② 분할대가 전액이 주식이고 그 주식이 기존주주의 주식소유비율에 따라 배정될 것 (인적 분할 요건); ③ 승계받은 사업을 계속 영위할 것.

39) 부가가치세법 제 6 조 제 6 항 제 2 호, 동법시행령 제17조 제 2 항.

40) 대법 1983. 6. 28. 선고 82누86 판결.

사업을 양수하는데 따른 자금부담을 줄일 수 있게 된다.[41]

부가가치세법에서 사업의 양도라 함은 사업장별로 그 사업에 관한 모든 권리와 의무를 포괄적으로 승계시키는 것을 말한다. 따라서 한 사업장 내에서 여러 사업을 영위하는 법인사업자가 일부의 사업만을 승계하는 경우에는 사업의 양도에 해당하지 아니한다. 즉 사업장별로 사업을 양도하는 것이 아니고 사업장 안에서 사업부문별로 양도하는 경우에는 사업의 양도로 보지 않는 것이다. 그러나, 분할의 경우 제조부문별 공장의 분할, 지방의 판매사업부문 사업장의 분할, 한 사업장 내에서 이종의 사업부문의 분할, 과세사업과 면세사업을 분할할 경우에는 위의 사업장별 사업의 승계요건을 갖추었다고 해야 할 것이다. 사업용 자산을 비롯한 물적, 인적시설 및 권리, 의무 등을 포괄적으로 양도하여 사업의 동일성을 유지하여야 하지만, 미수금, 미지급금, 사업과 직접 관련없는 토지나 건물을 제외하여도 상관없으며[42] 양수자가 승계받은 사업 외에 새로운 사업의 종류를 추가하여도 상관없다.

나. 영업양수인의 경우

(1) 취득세/등록세

양수인은 이전받는 재산 중에 취득세 과세대상 재산이 포함되어 있다면 지방세법상 취득세납세의무를 부담한다.[43] 취득세과세대상은 '부동산, 차량, 기계장비 … 종합체육시설이용회원권'이다. 그리고 취득세의 과세표준은 '취득당시의 가액'을 기준으로 하며 취득당시의 가액은 취득자가 신고한 가액에 의한다.[44] 따라서 양수자 입장에서는 포괄양수하는 재산 중에서 부동산 등 취득세과세대상 자산의 가액을 얼마로 해야 할지 영업양수·도 계약서상에 구분표시할 필요가 있으며, 이것은 세무상 손금용인이 가능한 영업권 평가금액과 함께 고려해야 한다. 이때 취득세의 세율은 2%이며 취득세의 10%를 농어촌특별세로 함께 납부해야 한다. 등록/등기가 필요한 자산이 포함되어 있으면 등록세도 납부하여야 한다.

(2) 제 2 차납세의무

사업의 양수도시 양도일 이전에 양도인의 납세의무가 확정된 당해 사업에 관한 국세·가산금과 체납처분비 또는 지방자치단체의 징수금을 양도인의 재산으로 충당

41) 사업의 양수도인지 여부에 대하여 불확실한 상황에서 양수인이 부가가치세를 환급받으면 양도인에게 돌려 주겠다는 합의에 따라서 계약이 성사된 경우도 있었다.
42) 시행령 제17조 제 2 항.
43) 지방세법 제105조.
44) Id., 제111조.

하여도 부족이 있는 때에는 대통령령이 정하는 사업의 양수인은 그 부족액에 대하여 양수한 재산의 가액을 한도로 제 2 차납세의무를 진다.[45] 제 2 차납세의무의 내용은 양도인이 납부해야 할 국세, 가산금과 체납처분비 또는 지방자치단체의 징수금이 포함된다.

3. 합병의 경우

주식의 매매나 영업의 양수도도 종국적으로 합병으로 이어질 수 있기 때문에 주식의 매매나 영업의 양수도 단계에서 2단계 거래로서의 합병의 조세효과에 대한 고려가 필요할 수도 있다. 주식의 매매나 영업의 양수도는 매매 또는 양수도의 당사자의 조세효과분석으로 충분하지만, 합병은 합병법인과 피합병법인간 거래로서 법인단계뿐만 아니라 그 주주의 단계에서도 조세효과의 분석이 필요하다.

국가마다 적격합병의 범위는 다르지만 대부분 거래시점에서는 조세가 부과되지 않는 구조조정의 개념을 인정하여 조세부담으로부터 자유롭게 구조조정이 가능하도록 정책적인 배려를 하고 있다. 미국세법 제368조하의 합병, 주식의 교환청약, 모든 자산의 양수가 그 대표적인 예이다.[46] 우리나라에서도 피합병법인의 청산소득에 대한 법인세, 합병법인의 주주에 대한 의제배당과세, 합병법인의 합병차익에 대한 과세와 관련하여 그간 합병을 통한 기업구조조정을 촉진하여야 한다는 면에서 합병에 대한 과세제도의 대폭적 수정이 논의되어왔다.[47] 2009. 12. 31. 법인세법 중 합병에 대한 규정의 개정으로 이러한 논의가 결실을 맺게 되었고 특히 적격합병의 범위가 대폭 확대되었다. 이하 어떤 경우에 주주의 부의 형태만이 변화한 것으로서 소득이 실현되었다고 볼 수 없는 적격합병인지 설명하고 최근의 변화를 표로서 간단히 살핀다.[48]

합병시 피합병법인의 양도소득에 대하여는 청산소득으로 과세하던 것을 양도손익으로 과세한다. 그러나, 적격합병의 경우에는 피합병법인의 장부가액을 양도가액으로 봄으로써, 피합병법인의 양도차익은 과세되지 않고 합병법인의 처분시점으로 과세시점이 이연된다. 적격합병의 요건으로서 합병대가의 총합계액 중 주식 등의 가액이 95% 이상이어야 했던 것을 80% 이상으로 낮추어 적격합병의 범위를 대폭 확대하였

45) 국세기본법 제41조; 지방세법 제24조.
46) GILSON & BLACK, 위 주 2-7 게재서, 456-507.
47) 옥무석/최성근/윤현석, 현행 회사 합병 · 분할제도의 평가와 개선방안, 39-62 (2003); 김진수/이준규, 기업인수 · 합병과세제도에 관한 연구, 116-143 (2006).
48) 장재덕, M&A관련 개정법인세법 해설, 자본시장연구원 M&A연구회 발표자료 (2010. 4. 15).

다. 또한 적격합병시 피합병법인의 세무조정항목 및 이월결손금도 일괄 합병법인에 승계된다.

[표 16-3] 피합병법인에 대한 과세

가. 양도차익(청산소득)에 대한 신고방법

구 법	개 정 법
일반 사업소득과 구분하여 청산소득 과세	양도소득으로 보아 일반 사업소득과 통산과세
합병등기일로부터 3월이내 청산소득신고 필요	청산소득 신고 불필요

나. 적격합병의 요건

구 분	구 법	개 정 법
사업목적 요건	1년 이상 사업 영위한 내국법인간의 합병	좌동
지분의 연속성	합병대가 중 합병교부주식가액이 95% 이상	합병대가 중 합병교부주식가액이 80% 이상 & 피합병법인 지배주주등이 사업연도말까지 주식보유
사업의 계속성	합병사업연도 종료일까지 사업 계속	좌동

다. 양도차익 산정방법

구 분	구 법	개 정 법
적격합병	합병대가(min(액면가액, 시가)－순자산가액	장부가액양도로 보아 양도차익은 0
부적격합병	합병대가(시가)－순자산가액	양도가액(시가)－순자산가액

[표 16-4] 피합병법인의 주주에 대한 과세

구 분	구 법	개 정 법
적격합병	합병대가min(액면가액, 시가)－구주 취득가액	합병대가(액면가액)－구주 취득가액＝0
부적격합병	합병대가(시가)－구주 취득가액	합병대가(시가)－구주 취득가액

[표 16-5] 합병법인에 대한 과세

가. 승계자산 시가차액(고가구매 or 염가구매 차액)에 대한 과세

구 분	구 법	개 정 법
과세소득	평가차익=자산의 승계가액-피합병법인의 장부가액=양도차익	자산의 시가-양도가액=고가구매 or 염가구매차액
적격합병	합병차익 중 사업용 유형고정자산외 기타 자산의 평가차익에 대한 과세	모든 자산을 장부가액 취득 가정→합병법인의 자산 처분시점에 과세
부적격합병	• 양도차익을 피합병법인과 합병법인으로 나누어 과세 • 고가 or 염가구매 차액에 대한 과세조항 없음	• 양도차익은 피합병법인에서 모두 과세 • 양도가액과 승계한 순자산시가의 차액(고가 or 염가구매 차액)을 5년간 균등분할 익, 손금 산입

나. 세무조정항목

구 분	구 법	개 정 법
적격합병	• 세무조정 항목별 성격에 따라 승계여부 결정(강제승계, 임의승계, 승계불가로 구분) • 이월결손금 승계 사실상 불가(장부가승계, 10%이상 신주교부요건 추가)	• 세무조정 항목 일괄승계 원칙 • 이월결손금 일괄승계 원칙(승계요건을 적격합병요건과 일치)
부적격합병	• 세무조정 항목별 성격에 따라 승계여부 결정(강제승계, 임의승계, 승계불가로 구분) • 이월결손금 승계불가	• 세무조정 사항 승계불가 원칙(시행령에 규정한 일부 항목에 대한 선택 승계) • 이월결손금 승계불가

다. 사후관리요건

구 분	구 법	개 정 법
사후관리요건	3년내 승계받은 사업폐지	시행령에서 정하는 기간내(3년 범위) • 승계받은 사업을 폐지하거나 피합병법인의 지배주주 등이 주식처분
불이익	• 손금산입한 합병평가차익 익금산입 • 공제받은 이월결손금 익금 산입	• 자산을 시가로 전환하고 차액을 익금산입 • 공제받은 이월결손금 익금산입 • 고가, 염가구매 차액을 5년간 균등 익, 손금산입

라. 승계자산의 처분손실 공제 제한

구 법	개 정 법
-신설-	5년 이내, 승계자산의 처분손실은 승계사업에서 발생한 소득에서만 공제

대법 2004. 7. 8. 선고 2002두5573 판결(조흥은행 v. 남대문세무서장)

… 1. 원고의 상고이유에 대한 판단

가. 제 1 점에 대하여

원심판결 이유에 의하면, 원심은 채용 증거들을 종합하여 판시와 같은 사실을 인정한 다음, 당초 원고와 주식회사 강원은행(이하 '강원은행'이라 한다) 및 현대종합금융 주식회사(이하 '현대종금'이라 한다) 사이에 원고를 존속법인으로 하여 2차에 걸쳐 합병을 하기로 하는 합의가 있었고, 또 이와 같이 2차에 걸쳐 합병한 것이 강원은행, 현대종금을 원고에게 흡수합병시키기 위한 경제적 목적 하에 이루어진 것이라고 하더라도, 실제의 합병절차는 강원은행과 현대종금 사이에 먼저 합병계약이 체결되어 강원은행이 현대종금을 흡수합병한 후 합병등기를 마치고 약 7개월간 존속하다가 다시 원고와 강원은행이 합병계약을 체결하여 원고가 강원은행을 흡수합병하게 된 것이고, 더욱이 강원은행이 현대종금을 합병하면서 합병대가로 현대종금의 주주들에게 교부한 강원은행의 신주가 1999. 2. 22. 증권거래소에 상장되어 강원은행이 원고에게 흡수합병될 때(같은 해 9. 14.)까지 주식시장에서 계속 유통됨으로써 그동안 강원은행의 주주 구성에도 상당한 변동이 있었던 점 등을 고려하면 강원은행과 현대종금 사이의 합병이 실체가 없는 형식상의 합병에 불과하다고 할 수는 없으므로, 이 사건 청산소득을 현대종금의 주주들이 최종적으로 취득한 원고 주식의 가액을 기초로 산정할 수는 없다고 판단하였다.

관계 법령 및 기록에 비추어 살펴보면, 원심의 위와 같은 인정과 판단은 정당한 것으로 수긍이 가고, 거기에 상고이유에서 주장하는 바와 같은 청산소득산정에 관한 법리 등을 오해한 위법이 없다. 이 부분 상고이유의 주장은 이유 없다.

나. 제 2 점에 대하여

법인세법(이하 '법'이라 한다) 제80조 제 1 항은 합병에 의한 청산소득금액은 피합병법인의 주주 등이 합병법인으로부터 받은 합병대가의 총합계액에서 피합병법인의 합병등기일 현재의 자기자본의 총액을 공제한 금액으로 한다고 규정하고, 그 제 4 항은 위 제 1 항의 규정을 적용함에 있어서 합병대가의 총합계액의 계산 등 합병에 의한 청산소득금액의 계산에 관하여 필요한 사항은 대통령령으로 정한다고 규정하고, 법 제82조는 이 법에 규정된 것 외에 내국법인의 청산소득금액의 계산에 관하여 필요한 사항은 대통령령으로 정한다고 규정하고 있고, 구 법인세법시행령

(1999. 12. 31. 대통령령 제16658호로 개정되기 전의 것, 이하 '시행령'이라 한다) 제122조 제 1 항은 법 제80조 제 1 항 소정의 합병대가의 총합계액은 법 제16조 제 1 항 제 5 호의 규정에 의한 합병대가의 총합계액(제 1 호)에 합병법인이 합병등기일 전 2년 이내에 취득한 피합병법인의 주식(포합주식)의 취득가액(제 2 호)과 합병법인이 납부하는 피합병법인의 청산소득에 관한 법인세와 그에 부가되는 국세 및 소득할주민세(제 3 호) 등을 합한 금액으로 한다고 규정하고, 법 제16조 제 1 항 제 5 호는 피합병법인의 주주 등이 합병법인으로부터 그 합병으로 인하여 취득하는 주식 등의 가액과 금전 기타 재산가액의 합계액을 합병대가로 정의하고, 그 제 2 항은 위 제 1 항의 규정을 적용함에 있어서 주식 등 재산가액의 평가에 관하여 필요한 사항은 대통령령으로 정한다고 규정하고, 그 위임을 받은 시행령 제14조 제 1 항 제 1 호 (가)목은 합병대가로 취득한 재산이 주식인 경우(법 제44조 제 1 항 제 1 호 및 제 2 호의 요건을 갖춘 것에 한한다)에는 그 액면가액에 의하여 합병신주의 가액을 산정하도록 규정하고 있다.

위 법령의 각 규정들에 의하면, 피합병법인의 주주가 합병대가로 합병법인이 발행한 신주식(합병신주)을 취득한 경우에 그 합병신주의 가액 평가는 변동하는 경제상황에 대처하여 탄력적으로 정할 수 있도록 대통령령에 위임할 필요성이 있고 또 관련 규정이나 법의 해석상 그 내재적인 위임의 범위나 한계를 충분히 파악할 수 있는 것이므로 합병신주의 가액의 평가에 관하여 필요한 사항을 대통령령에 위임한 법 제16조 제 2 항이 포괄위임금지에 위배한 위헌의 규정이라고 볼 수는 없으며, 따라서 그 위임을 받은 시행령 제14조 제 1 항 제 1 호(가)목이 합병신주의 가액을 주식의 액면가액에 의하여 산정하도록 규정한 것은 자본충실의 원칙을 보다 철저하게 관철시키기 위한 조세정책적인 입장에서 마련한 것으로 위 규정이 실질적 조세법률주의 또는 실질과세의 원칙에 반하는 무효의 규정이라고 할 수는 없다(대법 1993. 6. 11. 선고 92누16126 판결, 2003. 11. 28. 선고 2002두4587 판결 등 참조).

원심이 같은 취지에서, 합병신주의 가액 평가에 관하여 필요한 사항을 대통령령으로 정하도록 위임한 법 제16조 제 2 항이 포괄위임규정으로 위헌이라고 할 수 없으므로 합병신주의 가액을 산정할 수 있는 근거법령이 흠결되었다고 할 수 없고, 또 합병신주의 가액을 액면가액에 의하여 산정하도록 규정한 시행령 제14조 제 1 항 제 1 호(가)목이 실질적 조세법률주의 또는 실질과세의 원칙에 반하는 무효의 규정이라고 할 수 없다고 판단한 것은 모두 정당하고, 거기에 상고이유에서 주장하는 바와 같은 위임입법의 한계와 실질적 조세법률주의 원칙에 관한 법리 등을 오해한 위법이 없다. 이 부분 상고이유의 주장도 이유 없다.

다. 그 밖에 원고는 주식의 시가에 의하여 합병대가를 산정하는 경우에 그 시가는 합병신주가 증권거래소에 상장된 당시의 거래 종가 또는 상속세및증여세법에 의한 보충적 평가방법에 따라 산정하여야 한다고 주장하나, 아래에서 살펴보는 바와 같이 합병신주의 가액을 액면가액에 의하여 산정하는 것이 타당하므로 시가에 의하여 산정하는 것을 전제로 한 위 상고이유는 나아가 살펴볼 필요 없이 이유 없다.

2. 피고의 상고이유에 대한 판단

원심은, 합병신주의 가액을 액면가액에 의하여 산정하도록 규정한 시행령 제14조 제1항 제1호(가)목은 주식의 시가가 액면가를 초과하는 경우에만 적용되고, 주식의 시가가 액면가에 미달하는 경우에는 적용되지 않는 것으로 제한·해석하여야 한다고 판단하였다.

그러나 합병신주의 가액을 액면가액에 의하여 산정할 것인지 아니면 시가에 의하여 산정할 것인지의 여부는 조세정책적인 문제로서, 시행령 제14조 제1항 제1호(가)목이 자본충실의 원칙을 보다 철저하게 관철시키기 위한 요구에 따라 합병신주의 가액을 액면가액에 의하여 산정하도록 규정한 것이 실질적 조세법률주의 또는 실질과세의 원칙에 반하는 것이 아닌 이상, 주식의 시가가 액면가에 미달하는지 여부와 관계없이 합병신주의 가액은 액면가액에 의하여 산정되어야 할 것이고, 그 후 2000. 12. 29. 법인세법시행령이 대통령령 제17033호로 개정되면서 제14조 제1항 제1호에서 주식의 시가가 액면가보다 낮을 경우에는 시가에 의하여 산정하도록 규정하였다고 하여 이를 달리 볼 것은 아니라고 할 것이다(대법 2003. 11. 28. 선고 2002두4587 판결 참조).

그럼에도 불구하고 원심이 시행령 제14조 제1항 제1호(가)목이 조세법률주의 또는 실질과세의 원칙에 반하는 무효의 규정이 아니라고 하면서도, 아무런 법령상의 근거도 없이 주식의 시가가 액면가를 초과하는 경우에만 위 규정이 적용되고 시가가 액면가에 미달하는 경우에는 위 규정이 적용되지 않는다고 판단한 것은 합병신주의 가액 산정방법에 관한 법리를 오해한 나머지 판결 결과에 영향을 미친 잘못이 있다고 할 것이다. 이 점을 지적하는 상고이유의 주장은 이유 있다.

그러므로 원심판결 중 피고 패소 부분을 파기하고, 이 부분 사건을 새로 심리·판단하게 하기 위하여 원심법원에 환송하며, 원고의 상고를 기각하기로 하여 관여 대법관의 일치된 의견으로 주문과 같이 판결한다.

노트와 질문

1) 합병 전 주식취득을 통한 지배·종속회사간 합병의 경우 적격합병의 요건을 충족하지는 못하지만 지분의 연속성 요건을 우회적으로 충족한다고 볼 수 있고 따라서 이 경우에도 적격합병으로 취급하여야 한다는 견해가 있다. 또한, 적격합병의 경우 세법목적상 합병법인은 피합병법인의 자산을 장부가액으로 취득한 것으로 보지만 회계기준상 매수법에 따라서 공정가액으로 기재하여야 하므로 장부가액과 공정가액간 세무조정이 필요하다. 적격합병이 주주의 주식처분으로 사후관리요건을 충족하지 못하는 경우 피합병법인이 과세대상인 점도 문제점으로 지적되고 있다.49)

문제 1650)

만도와 하이마트 매각으로 거액의 차익을 얻은 외국계 사모펀드가 한국 정부에 세금을 내게 될지가 관심사로 떠오르고 있다. 두 회사 모두 지분거래가 국내가 아닌 네덜란드에서 이루어져 한국-네덜란드간 조세조약을 어떻게 적용할지가 관건이다.

외국계 사모펀드 CCMP캐피탈(옛 JP모건파트너스)과 어피니티에쿼티파트너스(AEP, 옛 UBS캐피탈)는 만도를 인수할 때 각각 지분 70%, 30%를 보유한 네덜란드 법인 '만도 홀딩스'(Mando Holdings B.V)를 세웠다. 양측은 다시 이 법인이 소유한 네덜란드 법인 '선세이지'(Sun sage B.V.)를 통해 주식을 거래했다.

AEP는 하이마트의 경우에도 먼저 네덜란드 법인 '코리아 CE 홀딩스'(Korea CE Holdings B.V)를 세우고 다시 이 회사가 100% 지분을 보유한 국내법인 하이마트 홀딩스를 설립해 지분을 매입, 매각했다.

결국 만도, 하이마트 지분거래자는 형식적으로는 모두 네덜란드 법인인 셈이다. 과세여부는 양국간 맺어진 조세조약을 어떻게 해석하고 적용하느냐가 관건이 된다.

---

49) 장재덕, Id., 슬라이드 7/12/15.

50) news.mt.co.kr 2008. 1. 25. 기사 참조. 대법 2012. 10. 25. 선고 2010두25466 판결, 대법 2013. 7. 11. 선고 2011두4411 판결 참조.

[그림 16-2]

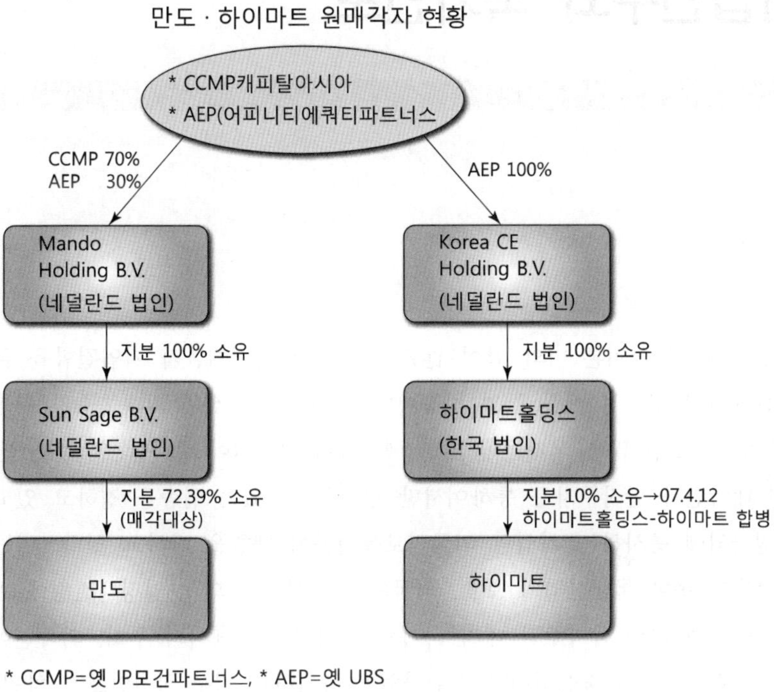
만도 · 하이마트 원매각자 현황
* CCMP캐피탈아시아
* AEP(어피니티에쿼티파트너스
CCMP 70%
AEP 30%
AEP 100%
Mando
Holding B.V.
(네덜란드 법인)
Korea CE
Holding B.V.
(네덜란드 법인)
지분 100% 소유
지분 100% 소유
Sun Sage B.V.
(네덜란드 법인)
하이마트홀딩스
(한국 법인)
지분 72.39% 소유
(매각대상)
지분 10% 소유→07.4.12
하이마트홀딩스-하이마트 합병
만도
하이마트
* CCMP=옛 JP모건파트너스, * AEP=옛 UBS

제17장 기업인수와 국가안보

제15장에서 살펴본 바와 같이 많은 국가들이 경쟁제한적 기업결합을 금지 내지 제한하며 특정산업 예를 들면 방송이나 금융산업의 경우 최대주주의 지분을 제한하고 있다. 또한 많은 국가들이 거의 예외없이 외국인이 종사할 수 없는 산업, 외국인이 내국인과 합작투자를 통하여서만 경영할 수 있는 업종을 정하고 있고 나아가 특정산업에 종사하는 기업의 외국인보유지분에 제한을 가하고 있다. 이는 경쟁력을 갖추지 못한 국내산업의 보호, 외국의 자본이 국가의 산업정책결정에 미칠 수 있는 영향력에 대한 국가주권 내지 국가의 독립성 측면에서의 우려, 외국인이 국가안보에 관련된 고도기술산업이나 방위산업에 종사하는 경우 국가안보적 차원에서의 우려 등에서 기인한다. 문제는 어떻게 법적으로 이러한 정치적 우려를 유연하게 대처하되 남용의 가능성을 최소화할 수 있느냐이다. 물론 보다 근본적인 질문은 국가안보라는 이름으로 외국인의 국내기업인수 자체 내지 지분율에 제한을 가하는 것이 바람직한 것인가이다. 본 장에서는 미국에서의 국가안보를 이유로 한 규율을 우선 살펴보고 우리나라의 현재의 규율과 앞으로의 방향에 대하여 논한다.

Ⅰ. 국가안보

White House: Homeland Security[1)]

Progress

- After a comprehensive review, the President announced a new strategy for Afghanistan and Pakistan that will help defeat Al Qaeda.
- Almost immediately after coming into office, the Administration

1) http://www.whitehouse.gov/issues/homeland-security.

successfully managed several natural disasters, including severe winter ice storms and flooding in several states.

- Announced a new U.S.-Mexico border initiative.
- Concluded cyberspace policy review.

Guiding Principles

The President's highest priority is to keep the American people safe. He is committed to ensuring the United States is true to our values and ideals while also protecting the American people. The President is committed to securing the homeland against 21st century threats by preventing terrorist attacks and other threats against our homeland, preparing and planning for emergencies, and investing in strong response and recovery capabilities. We will help ensure that the Federal Government works with states and local governments, and the private sector as close partners in a national approach to prevention, mitigation, and response.

Defeat Terrorism Worldwide

Administration also intends to provide $5 billion in assistance through the Shared Security Partnership over the next several years to enhance the ability of our partners to improve their own security and work with us to defeat terrorism worldwide.

Strengthen Our Bio and Nuclear Security

Attacks using improvised nuclear devices or biological weapons, as well as outbreaks of a pandemic disease, pose a serious and increasing national security risk, We will focus on reducing the risk of these high-consequence, nontraditional threats:

- Ensuring that decision-makers have the tools they need to manage disease outbreaks by linking health care providers, hospitals, and public health agencies. By building on America's unparalleled talent and through international partnerships, we can create new drugs, vaccines, and diagnostic tests, and manufacture them more quickly and efficiently.
- Strengthening our nuclear security by enhancing our nuclear detection

architecture and ensuring that our own nuclear materials are secure. By establishing well-planned, well-rehearsed, plans for coordinated response, we will also ensure a capability that can dramatically diminish the consequences of chemical, biological, radiological or nuclear incidents.

Improve Intelligence Capacity and Information Sharing

Gathering, analyzing, and effectively sharing intelligence is vital to the security of the United States. In order to prevent threats, including those from terrorism, we will strengthen intelligence collection to identify and interdict those who intend to do us harm. The information we collect must be analyzed as well as shared, and we must invest in our analytic capabilities and our capacity to share intelligence across all levels of government. As we grow our intelligence capabilities, the President is also committed to strengthening efforts to protect the privacy and civil rights of all Americans.

Ensuring a Secure Global Digital Information and Communications Infrastructure

The United States is an increasingly digital nation where the strength and vitality of our economy, infrastructure, public safety, and national security have been built on the foundation of cyberspace. Despite all of our efforts, our global digital infrastructure, based largely upon the Internet, is not secure or resilient enough today and future purposes. Effectively protecting cyberspace requires strong vision and leadership and will require changes in policy, technology, education, and perhaps law.

- Soon after taking office, the President called for a comprehensive review of the security and resiliency of the global digital infrastructure, a top priority in his administration.
- By harnessing the efforts of all parts of the U.S. Government in partnership with academia, the private sector, the civil liberties community, international partners, the Congress and state and local governments, the United States will continue to innovate and adopt cutting edge technology, while enhancing national security and the global economy.

Promote the Resiliency of our Physical and Social Infrastructure

Ensuring the resilience of our critical infrastructure is vital to homeland security. Working with the private sector and government partners at all levels will develop an effective, holistic, critical infrastructure protection and resiliency plan that centers on investments in business, technology, civil society, government, and education. We will invest in our Nation's most pressing short and long-term infrastructure needs, including modernizing our electrical grid; upgrading our highway, rail, maritime, and aviation infrastructure; enhancing security within our chemical and nuclear sectors; and safeguarding the public transportation systems that Americans use every day.

Pursue Comprehensive Transborder Security

To address transnational threats effectively, we must take a comprehensive approach to securing our borders, including working with international partners, state and local governments, and the private sector. The President supports efforts to develop and deploy technology to maximize port security without causing economic disruption, and enhancing the security of key transportation networks — including surface, air, and maritime networks — that connect our nation and the world. However, we must also work to address issues such as immigration that are directly related to our ability to effectively secure our borders.

Ensure Effective Incident Management

The Obama Administration has already effectively managed several domestic events, including severe winter ice storms throughout the Midwest and record flooding in North Dakota and Minnesota. Our goal is to improve coordination and to actively listen to the concerns and priorities at all levels of government. In doing so, we can create better evacuation planning guidelines, increase medical surge capacity, and increase Federal resources and logistics to better support local emergency planning efforts. Additionally, we will develop detailed interagency contingency plans for high-risk attack and disaster scenarios and test these plans through realistic exercises. Finally, we support efforts to provide greater technical assistance to local and state first responders and dramatically increase funding for reliable, interoperable communications systems.

노트와 질문

1) 위에서 논의되고 있는 국가안보가 외국인의 미국내 기업인수시 우려로서 논의되는 국가안보와 어떻게 다른가?

Ⅱ. CFIUS

미국은 1980년대 후반 Exon-Florio법을 통과시켰고 1992년 이를 일부 수정하여 대통령이 국가안보를 이유로 외국인투자를 조사할 수 있는 외에 반드시 조사하여야 할 외국인투자도 규정하고 있다. 보다 자세한 규정은 미국 재무부규정에 있으나 가장 핵심이 되는 국가안보가 무엇을 의미하는지에 대하여는 정작 아무런 설명이 없다.[2)]

실제 운용의 실태를 보면 Exon-Florio법에 따라서 대통령으로부터 권한을 위임받은 Committee on Foreign Investment in the United States(CFIUS)는 1988년 이래 실제 1건에 대하여만 인가거절을 권유하였고 실제로 대통령에게 인가거절을 권유하기 보다는 대통령에게 인가를 거절할 것을 권유하겠다고 대외적으로 의견을 밝혀서 외국기업이 CFIUS의 결정 전에 미국기업의 인수를 중도에 포기하게 만들었다.[3)] 그러나, 심지어는 CFIUS까지 가기 전에 외국기업이 이를 포기한 사례는 더욱 많다. 1987년 Fujitsu의 Fairchild Semiconductor인수시도가 Exon-Florio법을 촉발시킨 것이고 1990년 CATIC의 MAMCO 인수시도, 1992년 Thomson의 LTV미사일사업부 인수시도, 1997년 BT의 MCI 인수시도, 2000년 Vodafone의 AirTouch 인수시도, 2001년 NTT의 Verio 인수시도, 2002년 ASML의 SVG 인수시도(사업부문의 분할 후 승인), 2006년 DP World의 P&O 인수시도 등이 그 예이다. 결과적으로 상당히 정치적인 절차인 것으로 운용되는 것으로 보이지만 이 장에서는 법적인 측면만 살펴 본다.

2) The Omnibus Trade and Competitiveness Act of 1988, Pub. L. 100-418, Title V, §5021, 201 Stat. 1425 (Aug. 23, 1988) amended in 1992 and 1994.

3) DAKE A. OESTERLE, 위 주 1-29 게재서 913 fn. 4 & 5.

대통령은 미국내 주간통상에 종사하는 자를 외국인이 지배하는 결과에 이를 수 있는 합병, 취득과 인수를 검토할 권한을 가진다. 실제 대통령의 권한은 재무장관이 의장이 되는 외국인투자심사위원회(CFIUS)가 집행한다. CFIUS가 예정하고 있는 기업인수의 통지를 받으면 정식검토를 할 것인지 여부를 30일 동안 예비심사를 한다. 정식검토를 할 만한 국가안보사항이 아니라고 판단하면 그 결과를 통지한 자에게 알린다. 정식검토를 하기로 결정하면 CFIUS는 45일 동안 조사후 그 결과를 대통령에게 권고안으로 제시하고 대통령은 CFIUS의 권고안을 감안하여 최종 결정을 내린다.[4)]

CFIUS에 대한 통지는 법적으로 강제되는 것이 아니지만, CFIUS의 검토를 거치지 않은 경우 미국정부는 언제든지 외국인투자에 대한 조사를 시작할 수 있다는 점에서 장래 불확실성을 피하기 위하여는 통지하는 것이 바람직하다. CFIUS의 위원도 예정 중인 또는 이미 이행완료된 외국인 투자를 언제든지 통지할 수 있다. 통지 전이라도 가능한 한 초기 단계부터 미국정부와 비공식 협의를 시작하는 것이 바람직할 것이다.

Exon-Florio법의 적용대상인 대상기업은 미국내 주간 통상에 종사하는 자로서 외국기업의 미국내 자회사를 포함한다. 한편 인수기업인 외국인이라 함은 외국인에 의하여 지배되는 자로서 외국인이 지배주주인 경우를 말한다. 대상행위인 취득 등이 국가안보에 우려가 되는 지배에 이를 수 있는 결과라 함은 과반수 또는 지배주식을 소유하거나 의결권대리행사위임장을 취득하거나 기타 다른 계약을 통하여 대상에 영향을 주는 사안을 지시하거나 결정하는 것을 말한다.[5)] 외국인이 외국정부가 지배하는 기관인 경우에는 CFIUS의 검토를 거치지 않는 한 국방부나 에너지성을 위하여 고도의 비밀사업을 수행하는 미국업체를 취득하거나 국방부와 5억불 이상의 주계약을 체결한 미국업체를 취득할 수 없다.[6)] 합작투자 역시 미국사업체가 기존의 이익을 출자하고 외국인이 합작투자로서 지배권을 취득하는 경우에 포함된다.[7)]

4) Section 721 of the Defense Production Act. 이하 Kaye Scholer, *The Exon-Floria Process & Foreign Investment in the United States: The CFIUS Process* (A. B. A. BUS. L. SEC. 2007 Spring Meeting Materials).

5) 31 C.F.R. §800.204 (2006).

6) 50 App. U.S.C.A. §2170(a) & (b) (West 1991 & Supp. 2006). Kaye Scholer, *The National Industrial Security Program Operating Manual* (A. B. A. BUS. L. SEC. 2007 Spring Meeting Materials). See also Testimony of Treasury Assistant Secretary Clay Lowery before the House Financial Services Committee (Feb. 7, 2007). http://treas./press/releases/hp250.htm에서 열람가능.

7) 31 C.F.R. §800.301(b)(5)(2006).

국가안보는 어디에도 정의되어 있지 않고 다만 미국의 국방에 중요한 상품, 용역과 기술에 관련되는 거래는 국가안보상 심각한 사안으로 간주된다고 할 뿐이다.8) 그렇지만 국가안보사항 여부를 판단함에 있어 다른 법규에서 국방상 중요한 기술로 열거된 것이나9) 대통령이 최종적으로 거래를 불허할지 말지 여부를 결정하는데 고려하여야 할 다음 요소가 참고가 될 것이다. 국가안보를 위하여 필요한 국내생산; 인적자원, 제품, 기술, 자재 등을 포함하여 국방수요를 충족시킬 수 있는 국내산업능력; 국방수요를 충족시키기 위한 국내산업능력에 영향을 미치는 외국인의 국내사업지배; 문제의 거래가 요주의특정국가에의 국방관련 상품, 장비 또는 기술판매에 미칠 수 있는 영향; 국가안보 관련기술에서 미국의 최고수준에 미칠 수 있는 영향. 그러나, 이 역시 참고가 될 뿐 명확한 기준은 아니다.10)

Ⅲ. 우리의 현행법상 규제

우리는 외국인투자촉진법상 국가의 안전과 공공질서의 유지, 보건위생 또는 환경보전이나 미풍양속, 법령위반을 이유로 외국인투자가 일반적으로 금지 또는 제한되는 업종(1군)을 정하고 있다.11) 또한, 주무부장관은 일정한 외국인 투자의 경우(2군) 국가의 안전유지에 지장을 초래하는지 여부에 대하여 지경부장관에게 검토를 요청할 수 있으며 지경부장관은 90일 이내에 외국인투자위원회의 심의를 거쳐서 국가안보 위해여부를 결정하여야 한다.12)

이에 따라 지경부고시 제2008-166호(2008. 11. 18)은 별표2에서 1군 외국인제한업종을 한국표준산업분류에 따라서 열거하고 각각의 업종에서 외국인투자비율이나 다른 유형의 투자제한을 자세히 규정하고 있다. 이는 다른 단행법규에서 규정되고 있는 제한도 포함하여 외국인투자제한을 하나의 표로 묶은 것으로 예를 들면 잡지및정기간행물의진흥에관한법률은 외국인투자비율이 50% 미만일 경우에만 허용하고 있으며 따라서 외국인은 합작투자법인에서 국내투자자와 동등한 주식비율을 보

8) 56 Fed. Reg. 58775 (1991).
9) US DOD's list of "Military Critical Technologies."
10) 2015. 2. CFUS는 CY2013 활동 상황을 미의회에 보고하여 그 실태를 개시. 고도기술산업에 대한 중국과 일본의 투자가 주류. http://www.treasury.gov/resource-center/international/foreign-investment/Documents/2014%20CFIUS%20Annual%20Report%20for%20Public%20Release.pdf에서 열람가능.
11) 외국인투자촉진법 제 4 조 제 2 항 이하, 동법 시행령 제 5 조 제 1 항 제 1 호.
12) 동법 시행령 제 5 조 제 1 항 제 2 호.

유할 수 없다.[13] 이 외에도 전기통신사업법,[14] 방송법,[15] 은행법,[16] 항공법,[17] 수산업법,[18] 광업법[19] 등이 제한을 규정하고 있다.

2군은 외국인이 이미 설립된 국내기업의 주식 등의 취득을 통하여 경영상 지배권을 실질적으로 취득하려는 경우로서 방위사업이거나 수출허가 내지 승인 대상 물품 등이나 기술로서 군사목적으로 전용될 가능성이 높거나 국가기밀로 취급되는 계약이 공개될 우려가 있는 경우이다. 2군은 한국표준산업분류에 따라 사업목적을 특정하지는 않고 다만 전술한 기재부고시 제 6 조에서 기업의 경영상 지배권을 실질적으로 취득하려는 경우란 주식의 100분의 50 이상 소유하려는 경우로 정의하고 있다.

중국이 한국의 쌍용자동차나 하이디스 TFT-LCD사업부문을 인수한 후 지배권을 이용, 한국의 지적재산권을 본국으로 이전하고 쌍용자동차와 하이디스를 도산에 빠뜨리고 실업자를 양산한 전례에 따라서[20] 특히 대우조선의 매각과 관련하여 이들 규정을 보다 강화하여야 한다는 정책적인 논의가 있으며, 또한 이와 더불어 우리금융의 민영화와도 맞물려서 단기목표만을 추구하는 외국의 사모펀드나 헤지펀드의 금융산업 내지 핵심산업에 대한 투자를 경계하여야 한다는 지적도 나오고 있다.

국가안보를 위하여 규율을 강화하자는 제안을 아무도 반대하지는 않을 것이다. 다만, 국가안보를 위하여 꼭 필요한 산업 내지 사업체는 무엇인지, 그리로 이러한 결정을 누가 어떤 기준에 따라 할 것인지는 가능한 명확하고 투명하게 법규로 정하여 국가안보논의에 대한 우려 때문에 우리 경제가 필요로 하는 외국인투자가 저지되는 사태는 막아야 할 것이다. 외국인투자에 대한 법적으로 명확한 규제가 거꾸로 우리 기업의 해외진출에도 도움이 될 것이다. 또한, 국가안보를 위하여 필요한 산업인지 여부는 단순히 사업의 성격에 따라서 추상적으로 정하기 보다는 구체적인 사실관계를 가지고 해당 외국인투자가 우리 경제에 어떠한 영향을 미칠 것인지, 외국인투자를 허가하지 않는 것 이외의 다른 대안은 없는 것인지, 관련시장 메커니즘을 통한

13) 동법 제21조, 제22조.
14) 전기통신사업법 제 8 조. 기간통신사업자는 49%까지.
15) 방송법 제14조. 지상파방송 전혀 불가능; 종편 20%; 보편 10%; 그이외 종합유선, 위성방송, 전송망사업자는 49%.
16) 은행법 제15조의 동일인 10% 주식보유한도.
17) 항공법 제124조, 제125조는 사업의 양수도나 합병시 인가필요.
18) 수산업법 제 5 조.
19) 광업법 제 9 조.
20) 이준석, 이해관계자이론의 주주중심주의 비판에 대한 이론적, 심중적 고찰, 33 상사법연구 299, 311-313 (2014).

견제장치는 없는 것인지 등을 종합적으로 고려하여 결정되어야 할 것이다. 따라서, 하나둘만의 예를 가지고 특정국가의 외국인투자를 무조건 금지하려고 하기보다는 보다 장기적인 효과를 감안한 정책적인 결정이 바람직하다. 결론적으로 현행 외국인투자촉진법과 개별 단행법에서 규정된 이외의 추가입법이 필요한지는 의문이다.

국회 의안번호 5213 국가안보에 중대한 영향을 미치는 외국인투자 등의 규제에 관한 법률안(이병석 의원 대표발의)

의안번호	5213

발의연월일: 2009. 6. 19.
발 의 자: 이병석 · 이한성 · 박종희 · 황우여 · 신상진 · 김성태 · 정병국 · 강석호 · 정옥임 · 이명규 의원(10인)

제안이유

외국인투자의 자유화와 이를 통한 개방경제 체제의 확립은 국민경제 운용에서 선택이 아닌 필수적인 정책방향으로 인식되고 있으나 외국인의 국내기업에 대한 인수합병 등 경영지배권 취득이 국가경제에 중대한 영향을 미치는 경우에는 국민경제의 건전한 발전을 위하여 이에 대한 합리적인 수준의 규제가 필요함.

선진 각국의 경우를 보면, 미국이 Exon-Florio 법을 제정한 것을 비롯하여 영국, 프랑스, 일본, 캐나다, 호주 등이 자국의 국익보호, 국가안보 등을 이유로 외국인투자 등을 제한할 수 있도록 하고 있으나 현행 국내의 외국인투자제도는 이와 같은 국민경제의 건전성 유지를 위한 안전장치는 걸음마 수준에 머물러 있음.

따라서 정부가 외국인의 국내기업에 대한 인수합병 등의 투자가 국가안보에 중대한 영향을 초래할 우려가 있는지 여부를 조사할 수 있도록 하고, 필요한 경우에는 외국인투자 등에 관한 일체의 행위를 중지하도록 하거나 투자철회 및 기관고발 등의 조치를 할 수 있도록 하려는 것임.

주요내용

가. 건전한 외국인투자에 대한 보호를 보장하기 위한 정부의 책무와 국제조약에 대한 존중 등 외국인투자 보호를 위한 노력 의무를 규정함(안 제3조).

나. 외국인투자 등이 국가안보에 중대한 영향을 초래할 우려가 있는지 여부를 조사하기 위하여 국무총리를 위원장으로 하는 외국인투자조사위원회를 설치함(안 제4조).

다. 외국인투자조사위원회는 외국인 등의 청구나 해당 국내기업의 요청에 의하여 또는 직권으로 조사를 개시할 수 있으며, 조사 개시 후 60일 이내에 조사를 완료하도록 함(안 제6조 · 제8조 · 제9조 및 제11조).

라. 조사대상투자를 하고자 하는 외국인 등에 대하여 충분한 소명기회를 부여하도록 하며, 조사과정에서 취득한 정보 등은 공개할 수 없도록 함(안 제13조 및 제18조).

마. 조사위원회는 감사원에 대하여 「감사원법」에 따른 감사원의 직무범위에 속하는 사항 중 사안을 특정하여 감사를 청구할 수 있도록 함(안 제16조).

바. 조사위원회는 해당 외국인등의 명령 불이행 등 그 위반의 정도가 객관적으로 명백하고 중대하여 국가안보를 현저히 저해한다고 인정하는 경우에는 검찰총장에게 고발하도록 함(안 제22조).

법률 제 호

국가안보에 중대한 영향을 미치는 외국인투자 등의 규제에 관한 법률안

제1장 총칙

제1조(목적) 이 법은 외국인 및 이에 준하는 자의 투자에 따라 국가안보에 중대한 영향을 미치는 국내기업의 인수합병과 그 밖에 경영지배권 취득행위를 합리적으로 규제함으로써 국가경제의 건전한 발전과 국민생활의 안정에 이바지함을 목적으로 한다.

제2조(정의) 이 법에서 사용하는 용어의 뜻은 다음과 같다.

1. "외국인등"이란 다음 각 목의 어느 하나를 말한다.
   가. 「외국인투자 촉진법」 제2조 제1호에 따른 외국인
   나. 「외국인투자 촉진법」 제2조 제3호에 따른 대한민국법인으로서 외국인이 대통령령으로 정하는 기준에 따라 지배하는 법인
2. "투자등"이란 다음 각 목의 어느 하나를 말한다.

가. 외국인등이 기업을 합병하거나 기업의 의결권 있는 주식 또는 지분을 취득하거나 장기대부투자를 하는 행위

나. 외국인등이 기업의 해당 사업부문을 영업 혹은 자산양수방식으로 인수하거나 경영위탁 또는 경영임대차 등의 계약에 따라 기업의 경영에 참여하는 행위

3. "조사대상투자"란 투자등의 결과 대통령령으로 정하는 방법과 기준에 따라 기업의 경영지배권을 가지게 되는 투자등을 말한다.

제 3 조(정부의 책무 등) ① 정부는 이 법에 따른 규제에도 불구하고 관련 법률 또는 조약에 따른 건전한 외국인투자 및 외국인 투자자가 정당한 보호를 받을 수 있도록 하여야 한다.

② 대한민국이 당사자인 조약은 이 법에 우선하며, 이 법은 조약상 대한민국의 의무에 위반되지 아니하도록 해석되고 적용된다.

제 2 장 외국인투자조사위원회

제 4 조(외국인투자조사위원회의 설치 및 기능) ① 외국인등에 의한 조사대상투자가 국가안보에 중대한 영향을 미칠 우려가 있는지 여부를 조사·심의하기 위하여 국무총리 소속으로 외국인투자조사위원회(이하 "조사위원회"라 한다)를 둔다.

② 조사위원회는 다음 각 호의 사항을 조사·심의한다.

1. 조사대상 선정 및 그에 따른 조사개시결정
2. 조사의 진행
3. 조사결과에 따른 조치 및 보고
4. 조사결과에 따른 감사청구 또는 고발
5. 그 밖에 이 법의 목적 달성을 위하여 필요한 사항

③ 조사위원회는 위원장 및 부위원장을 포함한 15인 이내의 위원으로 구성하고, 위원은 당연직 위원과 위촉위원으로 구성한다.

④ 조사위원회의 위원장은 국무총리가 되고, 부위원장은 기획재정부장관 및 지식경제부장관이 된다.

⑤ 당연직 위원은 대통령령으로 정하는 대상기업의 관계 중앙행정기관의 장이 되고, 위촉위원은 관련 분야에 학식과 경험이 풍부한 자 중에서 국무총리가 위촉하는 자가 된다.

⑥ 위촉위원에는 대통령령으로 정하는 바에 따라 관련 시민단체에서 추천한 자가 5인 이상 포함되어야 한다.

⑦ 조사위원회의 업무를 처리하기 위하여 조사위원회에 사무처를 둔다.

⑧ 그 밖에 위원회의 운영 및 사무처의 구성 등에 필요한 사항은 대통령령으로 정한다.

제 5 조(관계 기관과의 협의 및 자료 요청) ① 조사위원회는 이 법에 따른 조사 및 조치 등을 위하여 필요한 경우에는 관계 중앙행정기관과 협의하거나 자료를 요청할 수 있다.

② 제 1 항에 따른 협의 또는 자료요청을 받은 관계 중앙행정기관은 다른 법률에 특별한 규정이 있는 경우를 제외하고는 조사위원회의 활동에 협조하여야 한다.

제 3 장 투자에 대한 조사 등

제 6 조(조사 청구) ① 조사대상투자를 하고자 하는 외국인등은 해당 투자등이 국가안보에 중대한 영향을 가져올 우려가 있는지에 대하여 대통령령으로 정하는 바에 따라 사전에 조사위원회에 조사를 청구하여야 한다.

② 조사위원회는 제 1 항에 따른 조사청구가 접수된 경우 30일 이내에 조사개시 여부를 결정하여 조사를 청구한 외국인등에게 통지하여야 한다.

제 7 조(사전확인 요청) ① 외국인등은 실행하고자 하는 투자등이 조사대상투자에 해당하는지에 대하여 조사위원회에 사전확인을 요청할 수 있다.

② 조사위원회는 제 1 항에 따른 사전확인 요청이 접수된 경우 20일 이내에 그 결과를 해당 외국인등에게 통지하여야 한다.

③ 제 1 항 및 제 2 항에 따른 사전확인 결과 조사대상투자가 아니라고 판명되는 경우에는 제 6 조에 따른 조사청구를 한 것으로 본다.

제 8 조(조사 요청) ① 다음 각 호의 어느 하나에 해당하는 자는 조사대상투자가 국가안보에 중대한 영향을 가져올 우려가 있다고 판단되는 경우에는 조사위원회에 구체적인 증거를 제출하여 조사를 요청할 수 있다.

1. 해당 기업
2. 해당 기업의 의결권 있는 주식 또는 지분의 100분의 10 이상을 소유한 주주
3. 해당 기업의 사업을 관장하는 중앙행정기관의 장

② 조사위원회는 제 1 항에 따른 조사 요청이 접수된 경우 30일 이내에 조사개시

여부를 결정하여 조사를 요청한 자 및 조사대상투자의 주체인 외국인등에게 통지하여야 한다.

제 9 조(직권 조사) ① 조사위원회는 조사대상투자가 국가안보에 중대한 영향을 가져올 우려가 있다고 판단되는 경우 해당 외국인등에게 통지하고 직권으로 조사를 개시할 수 있다.

② 조사위원회는 외국 정부가 직접 또는 간접적으로 통제(형식적 및 실질적으로 통제하는 경우를 모두 포함한다)하는 외국인등이 조사대상투자를 하는 경우에는 직권으로 조사를 하여야 한다.

제10조(예비조사) 조사위원회는 조사를 개시하기 전에 사무처 소속직원이나 관계 전문가 등으로 하여금 예비조사를 하게 할 수 있다.

제11조(조사 기간) ① 조사위원회는 제 6 조부터 제 9 조까지의 규정에 따른 조사의 개시를 통지한 날부터 60일 이내에 조사를 완료하여야 한다.

② 조사위원회는 제 1 항의 기간 이내에 조사를 완료하지 못할 상당한 이유가 있는 경우 1차에 한하여 30일 이내의 범위에서 조사 기간을 연장할 수 있다.

제12조(조사의 방법 · 기준과 절차) ① 조사위원회는 공정하고 투명하며 조사대상자의 부담이 최소화되는 방법과 절차를 택하여 조사하여야 한다.

③ 조사위원회는 다음 각 호의 사항을 종합적으로 조사 · 판단하여야 한다.

1. 외국인등의 조사대상투자가 국가안보 전반에 미치는 영향
2. 외국인등의 조사대상투자로 인하여 국내의 고도산업기술이 국외로 부정하게 유출될 가능성
3. 그 밖에 대통령령으로 정하는 사항

③ 조사위원회는 조사를 위하여 필요한 경우에는 외국인등 및 조사대상기업 등에 대하여 조사와 관련된 보고 또는 자료제출을 요구할 수 있다.

④ 조사의 방법 · 기준 및 절차에 필요한 사항은 대통령령으로 정한다.

제13조(소명기회 부여) 조사위원회는 조사대상투자의 주체인 외국인등에 대하여 투자등의 목적과 내용, 국가경제에 대한 중대한 위해의 방지 방안 및 실제 중대한 위해가 발생할 경우 그 제거 및 회복 방안 등에 대하여 의견을 충분히 소명할 수 있도록 기회를 부여하여야 한다.

제14조(잠정 중지명령) ① 조사위원회는 조사를 개시하기로 결정한 경우 조사가 종결될 때까지 해당 기업에 대한 외국인등의 투자등에 관한 일체의 행위를 중지할 것을 명할 수 있다.

② 제 1 항에 따른 중지명령을 받은 외국인등은 조사위원회의 별도의 명령 또는 허가가 있는 경우를 제외하고는 해당 기업에 대한 투자등과 관련한 일체의 행위를 하여서는 아니 되며, 이미 투자등이 완료된 경우에는 소유하고 있는 해당 기업의 주식 또는 지분에 대한 의결권을 행사하거나 그 밖에 지분 변동, 자산 매각, 기타 경영지배권을 행사하여서는 아니 된다.

제15조(투자철회 명령 등) ① 조사위원회는 조사결과 및 제반 사정을 충분히 고려하여 외국인등이 소유하고 있는 해당 기업의 주식 또는 지분의 의결권을 제한하거나 기간을 정하여 주식 또는 지분의 처분, 투자철회, 그 밖에 대통령령으로 정하는 필요한 조치를 취할 것을 명할 수 있다.

② 제 1 항에 따른 조치는 국가안보에 대한 중대한 위해를 방지하거나 제거하기 위한 목적 달성에 필요한 최소한의 수준을 넘어서는 아니 된다.

제16조(감사원에 대한 감사청구 등) ① 조사위원회는 감사원에 대하여 「감사원법」에 따른 감사원의 직무범위에 속하는 사항 중 사안을 특정하여 감사를 청구할 수 있다.

② 감사원은 청구를 받은 날로부터 3개월 이내에 감사를 완료하여 그 결과를 조사위원회에 보고하여야 한다.

③ 감사원은 특별한 사유로 제 2 항에 따른 기간 이내에 감사를 마치지 못하였을 때에는 중간보고를 하고 2개월 이내의 범위에서 감사기간의 연장을 요청할 수 있다.

제17조(조치의 보충성) 이 법 이외의 다른 법률의 규정에 따른 허가·승인·심사 및 요건 등 외국인등의 투자등에 관한 규제에 따라 국가안보에 대한 중대한 위해를 방지하거나 제거할 수 있는 경우에는 조사위원회는 이 법에 따른 조치를 취하지 아니한다.

제18조(비밀 엄수의무) 이 법이 정한 절차 등에 따라 조사위원회에 제출되었거나 조사위원회가 취득한 정보나 문서 등은 다른 법령에 명시적으로 규정된 경우가 아니면 이를 공개하여서는 아니 된다.

제19조(조사 협조의무) 외국인등 및 조사대상기업은 이 법에 따른 조사 또는 예비조사에 성실히 응하여야 한다.

제 4 장 벌칙

제20조(벌칙) 다음 각 호의 어느 하나에 해당하는 자는 2년 이하의 징역 또는 1억 원 이하의 벌금에 처한다.

1. 제 6 조 제 1 항에 따른 조사 청구를 게을리한 자
2. 제12조 제 3 항에 따른 보고 또는 자료제출 요구에 응하지 아니하거나 거짓으로 보고 또는 자료제출을 한 자
3. 제14조 또는 제15조에 따른 조사위원회의 명령을 이행하지 아니한 자

제21조(벌칙) 제18조에 따른 비밀 엄수의무를 준수하지 아니한 자는 5천만원 이하의 벌금에 처한다.

제22조(고발) ① 제20조 및 제21조의 죄는 조사위원회의 고발이 있어야 공소를 제기할 수 있다.

② 조사위원회는 제20조 및 제21조의 죄 중 그 위반의 정도가 객관적으로 명백하고 중대하여 국가안보를 현저히 저해한다고 인정하는 경우에는 검찰총장에게 고발하여야 한다.

③ 검찰총장은 제 2 항에 따른 고발요건에 해당하는 사실이 있음을 조사위원회에 통보하여 고발을 요청할 수 있다.

④ 조사위원회는 공소가 제기된 후에는 고발을 취소하지 못한다.

제23조(과태료) ① 제19조에 따른 조사 협조의무를 성실히 이행하지 아니한 자는 1천만원 이하의 과태료를 부과한다.

② 제 1 항에 따른 과태료는 조사위원회가 부과·징수한다.

부 칙

① (시행일) 이 법은 공포 후 3개월이 경과한 날부터 시행한다.

② (경과조치) 이 법 시행 당시 이미 이루어진 조사대상투자에 관하여는 이 법을 적용하지 아니한다.

국가안보에 중대한 영향을 미치는 외국인투자 등의 규제에 관한 법률안 비용추계서

Ⅰ. 비용추계 요약

1. 재정수반요인

가. 외국인투자자조사위원회의 설치 등

본 제정안 제4조 제1항은 외국인에 의한 투자가 기업의 경영지배권을 가지게 되는 경우 국가안보에 중대한 영향을 미칠 우려가 있는지 조사·심의하기 위하여 국무총리 소속으로 외국인투자자조사위원회를 두도록 하고 있고, 제4조 제7항에서 위원회에 사무처를 두도록 하여 외국인투자자조사위원회와 사무처의 인건비, 운영비 등 비용이 소요될 것으로 예측된다.

2. 비용추계의 전제

(1) 본 제정안 제4조 제3항은 외국인투자자조사위원회를 15인 이내의 위원으로 구성하도록 규정하고 있다. 본 추계에서는 15인의 위원이 위촉되는 것으로 보고 추계한다.

(2) 부칙에서 공포 후 3개월이 지난 날부터 시행하도록 하고 있는데, 제도의 준비기간과 예산 배정 등을 고려하여 2010년부터 시행되는 것으로 보고 2014년까지 5개년을 추계기간으로 한다. 물가상승률 등을 감안한 경상가격으로 추계한다.

3. 비용추계의 결과

제정안의 시행에 따라 2010년 25억원 등 5년간 총 140억원이 소요될 것으로 예상된다.

[표 17-1] 제정안의 소요비용 (단위: 백만원)

	2010	2011	2012	2013	2014	계
위원회 관련비용	32	32	33	33	33	163
사무처 관련비용	2,481	2,526	2,728	2,946	3,182	13,863
총비용	2,513	2,558	2,761	2,979	3,215	14,026

4. 부대의견

없음.

5. 작 성 자

국회예산정책처 법안비용추계1팀　　팀 장 정 문 종
　　　　　　　　　　　　　　　　분석관 이 경 주

(02-788-3773, bce@nabo.go.kr)

Ⅱ. 비용추계 상세내역

1. 비용추계 방법

외국인투자조사위원회(이하 “조사위원회”)에 소요되는 비용을 구하기 위해 위원회 참석 수당, 운영비 등을 산출하여야 한다.

“조사위원회” 산하의 사무처(이하 “사무처”)에 소요되는 비용을 구하기 위해서는 “사무처”의 예상 인원 및 구성을 파악해야 한다. “사무처”의 조직을 추정한 후 이에 따른 인건비, 운영비, 자산취득비 등 비용을 구한다. “조사위원회”의 비용과 “사무처”의 비용을 합치면 본 제정안에 따른 비용이 추계된다.

추계과정에서 본 제정안의 “조사위원회”와 성격상 유사한 국무총리 행정심판위원회(이하 “행정심판위원회”)의 조직 및 예산 등을 참고하기로 한다.

2. 외국인투자 현황

“조사위원회”와 “사무처”의 조직을 구성하려면, 이들의 업무량이 어느 정도일지 추정하여야 한다. 이를 위해 「외국인투자촉진법」상의 외국인투자의 건수와 금액을 살펴보기로 한다. 「외국인투자촉진법」상의 외국인투자는 본 제정안의 투자와 약간의 차이가 있으나 기본적으로 유사한 내용으로 판단된다.[21]

21) 「외국인투자촉진법」상의 외국인투자의 개념에 대해서는 동법 제 2 조 제 1 항 제 4 호 및 동법 시행령 제 2 조 참조. 「외국인투자촉진법」의 외국인투자의 개념과 본 제정안의 투자의 개념에서 특별히 차이가 나는 부분은 「외국인투자촉진법」이 비영리법인에 대한 투자를 포함하고 있는 점임. 그러나 이는 전체 외국인투자에서 차지하는 비중이 작으므로, 「외국인투자촉진법」상의 외국인투자를 본 제정안의 투자를 추정하는 지표로 사용할 수 있을 것으로 판단됨.

외국인투자 건수는 2004년 이후 연간 3,077~3,744건 정도이며, 전반적으로 증가하는 추세이다.

[표 17-2] 외국인투자 현황 (단위: 건, 천달러)

연도	신고건수	신고금액
2000	4,146	15,264,880
2001	3,344	11,287,625
2002	2,410	9,094,617
2003	2,569	6,470,545
2004	3,077	12,795,594
2005	3,669	11,565,528
2006	3,107	11,242,409
2007	3,560	10,514,929
2008	3,744	11,705,005

자료: 지식경제부 투자정책과

본 제정안 제2조 제3호의 조사대상투자의 구체적 범위는 대통령령으로 규정하도록 하고 있어 현 시점에서 명확히 판단하기 어렵다. 대통령령의 규정에 따라 조사대상투자는 상당히 줄어들 수도 있으나, 본 추계에서는 외국인투자 전체가 조사대상투자일 것으로 보고 추계하기로 한다.

"행정심판위원회"의 경우 심리건수가 2004년 19,114건에서 증감을 반복하여 2008년 23,142건이었다. 본 제정안의 "조사위원회"는 외국인투자 전체를 조사대상투자로 보더라도 심리 건수가 "행정심판위원회"의 20%에 미치지 못하는 것으로 나타나고 있다.

또한 "조사위원회" 위원의 수는 15명으로, "행정심판위원회"위원 50명의 30%인 점을 고려하면 전반적인 조직의 규모는 "행정심판위원회"의 30%수준으로 구성하면 충분할 것으로 판단된다.

3. 외국인투자조사위원회 관련 비용

본 제정안 제4조 제3항에 따르면 "조사위원회"는 15인 이내의 위원으로 구성하고 당연직 위원과 위촉위원으로 구성된다. 본 추계에서는 15인의 위원이 위촉되는 것으로 본다. 당연직 위원은 관계 중앙행정기관의 장이 되는데, 이들에 대해서는 별도의 수당을 지급할 필요가 없다. 당연직 위원은 5명인 것으로 전제한다.

위촉위원 10명에 대해서는 회의 참석 수당을 지급하여야 한다. 위촉위원에 대한 위원회 참석비는 1회 10만원이다.[22] 회의는 연간 15회 열리는 것으로 본다. 이는 “행정심판위원회”의 전원위원회가 15회 열리는 것을 기준으로 추정한 것이다. 따라서 수당은 총 1,500만원(=10명×10만원×15회)이다.

“행정심판위원회”의 2009년 예산을 기준으로 보면, “조사위원회” 운영비로 2009년 1,600만원 정도가 소요될 것으로 본다.[23] 회의실은 국무총리실의 여유공간을 이용하는 것으로 보고 별도로 추계하지 않는다.

“조사위원회”의 관련 비용으로 5년간 총 1억 6천만원 정도가 소요된다.

[표 17-3] “조사위원회” 관련 비용 (단위: 만원)

	2010	2011	2012	2013	2014	합계
참석 수당	1,500	1,500	1,500	1,500	1,500	7,500
운영비	1,660	1,708	1,754	1,801	1,846	8,769
계	3,160	3,208	3,254	3,301	3,346	16,269

주: 1. 참석 수당은 기획예산처, 2008, 예산 및 기금운용집행지침, p. 76 참조.
2. 운영비의 상승률은 국회예산정책처, 2008, 중기재정전망, pp. 390~392의 물가상승률 참조.

4. 사무처 관련 비용

본 제정안 제 4 조 제 6 항은 “조사위원회”의 업무를 처리하기 위하여 “조사위원회”에 “사무처”를 두도록 하고 있다.

(1) 사무처 규모 추정

“행정심판위원회”의 경우 행정심판관리국 아래에 6개의 과[24]로 구성되어 있다. 직원은 72명이다. 본 추계에서는 “조사위원회”가 “행정심판위원회”의 30% 규모로 구성하는 것으로 보았으므로, “조사위원회”의 직원은 22명(=72명의 30%)이 되고, 2개의 과로 구성되는 것으로 본다.

22) 기획예산처, 2008. 12, 예산 및 기금운용집행지침, p. 76 참조. “행정심판위원회”의 경우도 10만원씩 지급되고 있음. 추계기간 동안 위원회 참석 수당은 증가하지 않는 것으로 가정함.
23) “행정심판위원회”는 2009년 예산 중 위원회 심의의결례집 제작·발송, 운영경비 등으로 총 53,301천원을 배정하였음. “조사위원회”운영비가 “행정심판위원회”의 운영비의 30% 정도 소요될 것으로 추정함.
24) 행정심판총괄과, 행정교육심판과, 재정경제심판과, 국토해양심판과, 사회복지심판과, 환경문화심판과.

[그림 17-1] "조사위원회" "사무처"의 조직도(가상)

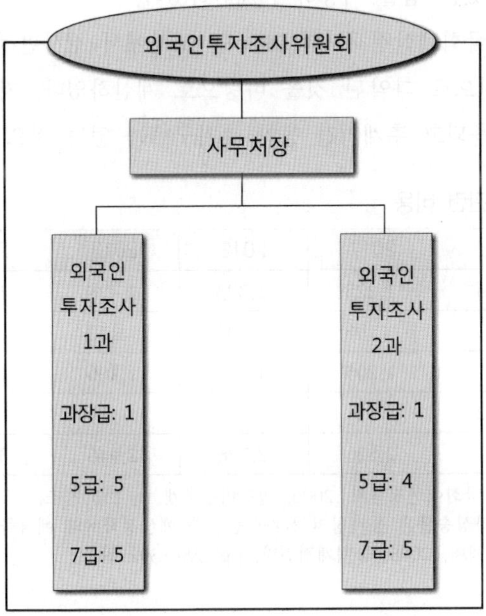

"사무처"의 장은 고위공무원단 나급으로, 과장급 2명은 3급으로 임명되는 것으로 본다. 외국인투자조사1과에는 5급 5명과 7급 5명이 근무하는 것으로 보고, 외국인투자조사2과에는 5급 5명과 7급 4명이 근무하는 것으로 본다.[25)]

(2) 사무처 관련 비용

"사무처"를 신설하면 인건비, 운영비, 자산취득비 등이 소요될 것으로 예측된다. 사무공간은 국무총리실의 여유공간을 활용하는 것으로 보고 별도로 추계하지 않는다.

기본급과 수당을 포함한 총인건비는 "행정심판위원회"의 2009년 예산을 토대로 계산하였다. "행정심판위원회"의 경우 기본급 대비 총보수액의 비율이 1.57로 나타나고 있는 점을 참고하여 "사무처"의 총인건비를 추정하였다.

법정부담금은 공무원연금기여금, 건강보험료 등이 보수총액의 7.82%[26)]로 나타나고 있는 점을 이용하여 계산하였다.

25) "행정심판위원회"의 〈서기관 및 사무관: 주무관〉의 비율인 54:46을 이용하여 추정한 값임.
26) 국회예산정책처의 조사에 의함.

운영비는 "행정심판위원회"의 2009년 예산에서 인건비 대비 운영비 비중이 91.3%로 나타나고 있는 점을 이용하여 계산하였다.

자산취득비는 국회예산정책처의 2006년 조사에서 심사판정위원회의 1인당 자산취득비가 562만원으로 파악된 것을 바탕으로 계산하였다. 자산취득비는 2010년 한해 동안 모두 지출되고 추계기간 동안 추가구매는 없는 것으로 본다.

[표 17-4] "사무처" 관련 비용 (단위: 백만원)

	2010	2011	2012	2013	2014	계
인건비	1,134	1,225	1,323	1,428	1,543	6,653
법정부담금	89	96	103	112	121	521
운영비	1,116	1,205	1,302	1,406	1,518	6,547
자산취득비	142	–	–	–	–	142
총비용	2,481	2,526	2,728	2,946	3,182	13,863

주: 1. 인건비 상승률은 국회예산정책처, 2006, 법안비용추계, p. 140 참조.
2. 자산취득비의 물가상승률은 통계청의 물가상승률과 예산정책처의 예상물가상승률을 이용하여 계산함. 국회예산정책처, 2008, 중기재정전망, pp. 390~392 참조.

5. 비용추계 결과

제정안의 시행에 따라 2010년 25억원 등 5년간 총 140억원이 소요될 것으로 예상된다.

[표 17-5] 제정안의 소요비용 (단위: 백만원)

	2010	2011	2012	2013	2014	계
위원회 관련비용	32	32	33	33	33	163
사무처 관련비용	2,481	2,526	2,728	2,946	3,182	13,863
총비용	2,513	2,558	2,761	2,979	3,215	14,026

문제 17

한국의 H사는 반도체 제조업체로서 세계시장에서의 점유율 5%이다. 5년 전 채권자인 은행들이 출자전환을 통하여 지배주주로 들어섰다. 2008년 이후 영업실적이 개선되면서 지배주주는 2010년내 지배주식을 매각하려고 한다. 반도체 제조는 외국인이 지배주주가 되어서는 아니되는 국가안보에 관련되는 업종인가? 방위산업체로서 방산물자를 제조하는 업체가 아니라 방산물자뿐 아니라 하이텍크제품에 일반적으로 들어가는 반도체도 국가안보에 관련된 것인가? 입찰절차를 통하여 매각하려는 경우 외국인에게는 입찰의향서도 제출할 자격이 없다고 할 것인가? 외국의 업체 중 외국정부가 지배주주인 업체는 특별히 더 우려할 만한가? 외국의 재무적 투자자 또는 반도체제조에 전혀 경험이 없는 업체는 입찰의향서를 제출할 수 없다고 할 것인가? 기술수준으로 보아서 H사보다 선진기술을 가지고 있는 특정국가의 업체는 입찰의향서를 제출하도록 할 것인가? 입찰의향서 제출자격에는 제한을 가하지 말고 추후 본입찰에서 지분의 취득한도로 제한하는 것은 어떠한가?

제 3 편

기업인수의 실무

제 2 편이 기업인수라는 하나의 거래를 객관적으로 기존의 여러 가지 제반 법 분야에서 조감하기 위한 것이라면, 제 3 편은 기업인수를 추진하는 당사자의 입장에서 하나의 행동계획을 작성하여 보기 위한 것이다. 따라서 본 편에서는 기업인수거래를 이미 구조를 갖추어 만들어진 물건으로서의 분석대상으로 보는 것이 아니라, 여러 가지 절차를 걸쳐서 모양을 잡아가는 물건으로 보고자 한다. 거래구조를 설계하는 것이 최초의 단계로 제 2 편의 여러 가지 법적인 고려와 시장에서의 현실적인 상황, 인수가 완결된 후의 합병 내지 통합단계까지를 고려하여 주식매각, 자산매각, 또는 이러한 매각 전단계로서 교환이나 이전을 통한 자회사설립이나 분할 등을 고려할 수 있다. 이미 영업양수도를 포함한 자산매각, 주식매각, 포괄적 교환과 이전에 대하여 살폈으므로 제18장에서는 주로 분할에 대하여만 살펴본다. 제19장은 전반적인 절차를 계획하는 단계로서 매각의 방법론, 매각의 관계당사자와 이해상충 등 절차를 개관한다. 제20장부터 제27장까지 의향서부터 시작하여 회사소개서 작성, 실사, 계약구조로서의 진술과 보장, 이행사항, 면책, 협상, 이행완료로 끝나는 과정을 살피고 마지막으로 제28장과 제29장에서 기업인수후의 통합작업과 분쟁으로 정리한다.

제18장
거래구조설계

지배주주가 자신의 주식을 매각하는 경우라면 거래구조는 비교적 단순하다. 다만, 지배주주의 주식을 매수하는 자는 기업가치를 평가하기 위하여 기업에 대한 실사를 요구할 것인바, 기업의 경영진들이 지배주주의 주식매각을 위하여 실사에 협조하거나 나아가 회사의 비용으로 이를 돕는 것이 주주전체에 대한 충실의무위반은 아닌지의 문제가 있다. 기업의 경영진이 지배주식 매수인의 자금조달을 위하여 회사의 자산을 제공할 수 있는지도 논란의 여지가 있다. 제11장에서 논의한 바와 같이 입법론적으로 일정수 이상의 주식은 지배주주로부터의 매수가 아닌 강제적 공개매수를 통하여서만 매수 가능하도록 하는 것이 바람직한지에 대한 정책적 문제도 있다.

기업전체를 매각하기 위한 거래라면 비상장기업의 경우에 (1) 발행주식 전체를 매도하는 것, (2) 영업을 양도하고 이에 대한 대가로서 주식 내지 현금을 받아서 이를 청산대가로서 주주에 분배하는 것, (3) 기업전체를 타 회사와 합병하는 것이 대표적인 방법일 것이다. 매각기업의 지배주주 내지 경영진이 인수 이후에도 일정한 기간 회사의 경영에 관여하는 것을 확보하기 위하여 주식의 일정부분을 보유하게 하는 것도 가능하지만 대부분의 경우 소위 언아웃(earn-out)이나 고용계약으로서 이를 확보하고 매도인이 주식을 계속 보유하는 것은 서로가 이를 원하지 않는 경우가 더 많은 것 같다. 매도인이 주식을 계속 보유한다면 이들 주식을 어떤 절차를 거쳐서 종국적으로 처분하도록 할 것인지와 관련하여 call 또는 put에 대한 논의가 필요할 것이다.

상장기업을 둘러싼 보다 다양한 거래구조의 설계가 가능하려면 기업인수의 대가로서 주식이, 기업합병의 대가로서 현금이나 채무증서 등이 가능하여야 할 것이나, 현재 우리 기업인수의 실상은 주식매각의 경우 거의 예외 없이 현금이 인수의 대가이다. 합병의 대가가 다양하여 졌으나 아직 그 의미를 모색중이다.[1] 영업양도

1) 상법 제523조 제14호. 인수기업이 매도인에게 신주를 발행하여 현금을 받고 그 현금으로 매

와 주식매도는 조세효과나 정부인허가, 인적자원의 조절가능성 등 몇 가지 다른 점이 있지만 실제 우발채무인수, 주식거래와 자산거래가 모두 가능한 경우 매수인이 주식매수에 따른 잠재적 책임을 심각하게 우려하여 영업양도를 취하는 경우를 제외하고 주식매매가 대부분을 차지하는 것같다. 따라서, 영업양도 내지 자산매각은 매각대상의 성질상 불가피한 경우이외에는 거의 채택되지 않으며 더구나 영업의 양도 후 매각대금을 주주들에게 지급하기 위한 청산을 거치는 경우는 드문 것으로 보인다.[2)]

매각자산의 성질상 자산매각의 형태를 취하는 경우로서 기업의 한 사업부문이나 유틸리티에 해당하는 부수시설을 매각하는 거래가 대표적이다.[3)] 대부분은 자산매각의 형식을 취하지만 명목상의 자회사를 설립하고 자회사에 사업을 매각하거나 사업부문을 현물출자하여 독립된 자회사를 설립한 후에 자회사의 주식을 매각할 수도 있고 해당 영업부문을 분할하여 하나의 별개 법인으로 만든 후에 동 법인의 주식을 매각하는 것도 가능할 것이다. 현물출자는 현재 회사법상 평가절차와[4)] 개별채권채무 및 소유권이전절차가 필요하므로 시간과 비용이 들 것이다. 명목상의 자회사를 설립, 장부가로 영업양수도를 하고 약속어음만을 교부받아서 자회사가 영업을 제 3 자에게 매각한 후에 약속어음금액을 지급하도록 하는 것도 가능하나, 이 역시 채권채무의 양수도나 소유권이전절차와 자회사의 청산절차가 필요하다는 측면에서 번잡스럽다. 이 장에서는 사업양수도의 한 방법이 될 수 있는 분할합병 내지 기업 전체가 아닌 일부 사업부문을 매각하기 위한 사전준비절차로서의 분할을 주로 살펴보고자 한다. 그러나 분할이 언제나 사업부문 매각을 위하여 이루어지는 것은 아니며 영업이 부진한 사업을 정리하거나 상장을 위하여 행하여지기도 한다.[5)] 뒷 부분에 분할의 조세효과에 이어서 주식의 포괄적 교환 · 이전의 조세효과도 간단히 살핀다.

도인의 주식을 매수하는 변칙적 방법이나 상장법인의 경우 교환공개매수시 평가에 관한 특칙이 있기는 하다. 기본적으로 현물출자시 법원의 승인절차와 자본충실의 원칙에 대한 재고가 바람직하다. 상법 제299조 제 2 항, 제299조의2 참조.

2) 자산매각과 주식매각에 관하여는 위 제 5 장 참조.

3) 석유화학단지내 특정화학제품처리과정을 위한 공장을 매각하거나, 발전소중 일부만을 떼어서 매각하는 거래, 공단내 유틸리티로서의 자가용발전소매각거래.

4) 상법제422조, 자본시장법 제165조의9.

5) 자본시장법 시행 이후 2010. 5.까지 금융위에 제출된 12건의 분할신고서를 살펴보면 지주회사설립을 위한 것이 6건, M&A나 상장폐지를 위한 것이 6건이다.

Ⅰ. 분할의 유형

분할된 사업부문을 기존의 회사가 승계하느냐 여부에 따라서 분할합병과 단순분할, 분리의 대가인 주식을 분할된 회사에 교부하는가 아니면 그 회사의 기존 주주에 교부하는가에 따라서 물적 분할과 인적 분할로 나눌 수 있다. 이외에 분할의 결과 분할된 회사가 존속하는가, 아니면 분할 후 소멸하는가, 인적 분할과 물적 분할이 동시에 이루어지는가에 따라서 여러 가지 혼합형이 가능하지만 대부분의 분할은 단순분할이며 존속분할이다.[6]

Ⅱ. 분할시 이해관계자보호

1. 주 주

합병계획 내지 합병계약서는 주주총회에서의 특별결의사항으로[7] 반대주주는 주식매수청구권을 가진다.[8] 분할 전 회사의 주권이 한국거래소에 상장되어 있었던 경우 분할 또는 분할합병에 따라서 설립된 법인은 재상장신청을 할 수 있다.[9]

2. 채 권 자[10]

분할은 지극히 다양한·형태가 가능함에도 불구하고 우리 회사법은 통상적인 채권자보호절차만을 규정하고 있어서 채권자보호절차의 적용범위 및 효과가 그리 명확하지 않다. 합병의 경우 소규모합병을 제외하고 합병당사자회사의 모든 주주들에게 주식매수청구권을 인정하여 그 적용범위를 제한하는 해석 내지 입법이 필요한 것과 마찬가지 상황이다. 가장 많이 행하여지는 단순분할의 경우만을 살펴보면, 분

---

6) 박태훈, 분할의 유형에 따른 법적 쟁점, 38 BFL 14-15 (2009. 11). 자본시장법 시행 이후 15개 상장법인의 분할을 살펴보아도 마찬가지로 인적분할, 단순분할, 존속분할이 대부분이다. 다만, 2개의 분할합병과 1개의 물적분할이 발견된다.

7) 제530조의3.

8) 제530조의11 제 2 항, 제522조의3. 분할합병이 아닌 단순분할의 경우 분할계약이 아닌 분할계획이 분할합병의 경우 분할계약서가 필요하다. 분할 모두의 경우 매수청구권 부여를 주장하는 견해로 김재범, M&A와 주식매수청구권에 관련된 문제점, 32 상사법연구 53, 59-61 (2013).

9) 거래소 유가증권시장상장규정 제 2 조 제 3 항 및 제36조 제 2 항. 물적분할의 경우에는 상장예비신청을 하여야 하며 소수주주등의 분산요건을 충족시켜야 한다. 동 규정 제 9 조 제 1 항.

10) 노혁준, 회사 분할시의 채권자 보호, 38 BFL 26-31 (2009. 11).

할회사와 신설회사간 분할회사의 채무에 대하여 중첩적 채무인수를 하기로 하였다면 채권자보호절차가 필요 없을 것이다.[11] 분할회사와 신설회사간 면책적 채무인수를 합의한 경우에 분할회사의 채권자보호가 문제인데, 채권자이의절차를 밟지 않는 이상 분할회사는 인수채무에 대하여 신설회사와, 신설회사는 잔존채무에 대하여 분할회사와 연대책임을 진다.[12] 즉, 신설회사는 신설회사로 이전된 영업에 관한 채무만 부담하고자 하는 경우 이를 명백히 분할계획서에 기재하여 주주총회의 승인을 받고 또한 채권자이의절차를 밟아야만 한다.[13] 물적 분할의 경우에 분할회사의 책임재산에 변동이 없다는 면에서 채권자보호절차가 필요없다고 볼 수 있다.

서울고법 2008. 11. 27. 선고 2008나15225 판결[14](분할합병법인 v. 분할법인)

1. 기초사실

가. 소외 2 주식회사는 2005. 11. 23. 소외 1 주식회사의 전기공사업과 통신공사업 부분을 분할하여 소외 2 주식회사에 합병하는 방법으로 소외 1 주식회사로부터 전기공사업과 통신공사업 면허를 양수하였다가 2006. 6. 13. 이 중 전기공사업 부분을 분할하여 위 분할된 부분이 피고에 합병되었다.

나. 전기공사업 등을 영위하는 원고는 2006. 7. 18. 회사인수·합병 및 중개업 등을 영위하는 소외 1의 중개로 피고로부터 전기공사업 부분 등록(면허)권 등을 법인 분할합병의 방법으로 양수하기로 하는 내용의 법인분할 양도·양수계약(이하 '이 사건 계약'이라 한다)을 체결하였는데, 위 계약서의 문안은 위 소외 1에 의하여 작성되었고, 그 주요 내용은 아래와 같다.

(1) 제 1 조: 양도·양수금액 및 지불방법

양도금액은 금 2억 원으로 하고, 계약금 3천만 원은 계약 시 지불하며, 중도금 7천만 원은 2006. 8. 11.까지 지급하고, 잔금 1억 원은 공고가 끝난 후 3일 내에 분할합병서류와 향후 전기공사업에 필요한 일체의 서류를 받

11) 분할회사는 분할전 회사, 신설회사는 분할의 결과 새로 설립된 회사, 분할합병회사는 분할회사의 분할된 영업부문을 흡수합병한 회사를 의미한다.

12) 상법 제530조의9 제 1 항.

13) 상법 제530조의9 제 2 항, 제 4 항, 제527조의5.

14) 대법 2009. 4. 23. 선고 2008다96291 판결로 확정.

음과 동시에 지급한다.

(2) 제 2 조: 양도·양수물건의 재산 및 부채 일체는 제외하며, 공사업등록(면허)권, 공사실적, 공제조합출자분 등 제반 자격요건만 승계하기로 한다.

(3) 제 4 조: 양도양수는 법인 분할합병방법으로 양수한다.

(4) 제 8 조: 본 계약서 내용 외 사항, 하자보증, 주채무, 보증채무, 제세공과금 등의 조항은 별도각서를 작성, 연대보증하여 이행을 약속한다.

(5) 제11조: 원·피고의 결격사유가 아닌 제 3 의 원인으로 인하여 분할합병이 이루어지지 못할 경우에는 본 계약은 무효로 하고 피고는 원고에게서 받은 양도금 전액을 원고에게 즉시 돌려주기로 한다.

다. 원고는 피고에게 2006. 7. 19. 계약금 3천만 원을, 같은 해 8. 11. 중도금 7천만 원을 각 지급하였다.

라. 피고, 피고의 대표이사인 소외 2 및 전무이사인 소외 3은 2006. 8. 11. 이 사건 계약서 제 8 조에 따라, 아래 사항에 관하여 문제가 발생할 경우 연대하여 책임지고 처리한다는 내용의 각서(을 제 3 호증)를 작성하여 같은 해 9. 4. 이를 공증받았다.

(1) 양도·양수 완료시점까지의 법인 및 면허권에 따른 세금과 공과금 지급금은 책임처리한다.

(2) 시공한 전기공사에 대한 하자가 발생할 경우 즉시 해결하여 양수자의 피해가 없도록 한다.

(3) 기타 연대보증, 하자보증 등 발생한 채무 및 임직원에 지급하여야 될 급료 기타 모든 미지급금에 대하여도 법인과 연대보증인이 책임지고 해결하기로 한다.

(4) 법인 및 공사업에 대하여 현재까지 민사나 형사상 문제가 없음을 약속하고 만약 후에 밝혀져도 전적으로 책임지고 처리한다.

마. 한편, 소외 1 주식회사는 2005. 7. 4.경 당좌거래가 정지되었고, 소외 1 주식회사의 채권자인 소외 주식회사 키텔텔레콤은 2006. 8. 4. 피고와 소외 2 주식회사를 상대로 하여 서울남부지방법원 2006가단66832호로 소외 1 주식회사가 발행한 액면 금 20,295,000원인 약속어음 1매에 관하여 그 액면금의 지급을 구하는 소를 제기하였고, 같은 달 14. 소장부본을 수령한 피고는 원고에게 위와 같이 소가 제기된 사실을 고지하였다.

바. 이에 원고는 2006. 8. 31.경 피고에게 은행에서 소외 1 주식회사 앞으로 교부된 어음(수표 포함)이 이미 50-60매에 이르는 점을 지적하면서 소외 1 주식회사의 어음발행금액과 부도금액을 확인하여 줄 것과 담보의 제공을 요구하였고, 이에 대하여 피고는 위 라.항 기재와 같이 대표이사와 임원이 연대보증을 한 것으로 충분하고 만약 문제가 생기면 소외 1 주식회사의 채무까지 책임을 질 것이니 계약대로 이행을 하자고 하면서 담보제공요구를 거절하였으며, 이에 대한 합의가 이루어지지 아니하여 원고는 잔금을 지급하지 아니하였다.

사. 소외 2 주식회사와 소외 1 주식회사 사이의 분할합병시 소외 1 주식회사는 주주총회의 특별결의로써 소외 2 주식회사가 소외 1 주식회사로부터 분할되는 재산(영업)에 관한 권리의무 일체를 승계하되 분할전 소외 1 주식회사의 채무 중에서 출자한 영업에 관한 채무만을 부담하기로 정하였고, 피고는 2006. 8. 17. 상법 제530조의9 제 4 항, 제527조의5 제 1 항의 규정에 따라 피고의 영업 중 전기공사업 부분을 분할하여 그 분할된 부분과 원고가 합병하는 것에 대하여 이의가 있는 채권자는 이를 제출할 것을 일간신문에 공고하였으나, 소외 2 주식회사로부터 피고로의 분할합병 및 피고로부터 원고로의 분할합병에 있어서 각 분할되는 회사가 주주총회의 특별결의로써 출자한 재산에 관한 채무만을 부담할 것을 정하였다는 점에 대하여 피고는 아무런 자료도 제출하지 않고 있다.

아. 위 주식회사 키텔텔레콤은 2006. 9. 14. 위 소를 취하하였다.

자. 원고는 2007. 1. 18. 피고에게 이 사건 계약을 해제하고 기지급한 양도대금의 반환을 요구하는 내용의 서면을 보냈다.

2. 당사자의 주장

가. 원고의 주장

원고는, 분할합병의 방식으로 전기공사업 면허를 양수할 경우 상법 제530조의9 규정에 의하여 분할 전 회사의 채무에 대하여 연대책임이 있다는 것을 모른 채 전기공사업 면허만을 양수할 의사로 이 사건 계약을 체결하면서 그러한 의미로 계약서상 피고의 재산 및 부채를 양도대상에서 제외하고 면허권 등 자격요건만 승계하는 것으로 명시하였는데, 위 상법 규정에 의하여 피고뿐만 아니라 소외 1 주식회사의 채무에 대하여도 연대책임을 부담하게 됨을 나중에 알게 되었고, 실제 소외 1 주식회사의 채권자로부터 소제기도 있었으므로, 본소청구원인으로서 (1) 주위적으로, 위와 같은 사정은 이 사건 계약서 제11조의 '제 3 의 원인으로 인하여 분할합병이 이루어지지 못할 경우'에 해당하여 피고는 위 제11조에 따라 지급받은 대금 1억 원을 반환할 의무가 있고, (2) 예비적으로, 이 사건 계약은 착오에 의한 의사표시에 해당하여 원고가 이를 취소하였으므로 피고는 부당이득반환으로서 대금 1억 원을 반환할 의무가 있다고 주장한다.

나. 피고의 주장

피고는, 원고가 주장하는 사유는 계약해제사유가 되지 아니하고, 상법에 따라 원고가 채무를 인수할 수밖에 없음을 전제로 하여 나중에 원고가 채무를 부담할 경우 원고에게 피해를 주지 않도록 계약서 제 8 조에서 연대보증하는 내용의 각서를 작성하도록 정하였고, 피고는 위 계약서 제 8 조에 따라 각서(을 제 3 호증)를 제출하였으므로 계약체결에 있어서 착오가 없었으며, 따라서 이 사건 계약은 여전히 유효하다고 주장하면서 반소로서 잔대금 1억 원을 지급과 원고의 채무불이행을 원인으로 하여 피고가 전기공사업면허의 자격조건을 유지하기 위하여 추가로 들인 비용 상당의 손해배상을 구한다.

3. 쟁점별 판단

가. 분할합병의 법률관계

상법 제530조의9 제 1 항, 제 2 항, 제 3 항의 규정을 종합하여 보면, 상법은 회사가 분할 또는 분할합병되고 분할되는 회사가 분할 후에도 존속하는 경우에, 분할되는 회사의 채권자를 보호하기 위하여 분할되는 회사와 분할에 의하여 설립되는 회사(이하 '신설회사'라 한다) 또는 분할합병에 따른 출자를 받는 존립 중의 회사(이하 '존립회사'라 한다)가 분할 또는 분할합병 전의 회사채무에 관하여 연대책임을 지는 것을 원칙으로 하고, 다만 만약 이러한 연대책임의 원칙을 엄격하게 고수한다면 회사분할제도의 활용을 가로막는 요소로 작용할 수 있으므로 연대책임의 원칙에 대한 예외를 인정하여 신설회사 또는 존립회사가 분할되는 회사의 채무 중에서 출자받은 재산에 관한 채무만을 부담할 것을 분할되는 회사의 주주총회의 특별결의로써 정할 수 있게 하면서, 그 경우에는 신설회사 또는 존립회사가 분할되는 회사의 채무 중에서 그 부분의 채무만을 부담하고, 분할되는 회사는 신설회사 또는 존립회사가 부담하지 아니하는 채무만을 부담하게 하여 채무관계가 분할채무관계로 바뀌도록 규정하고 있다고 해석되므로(대법 2004. 8. 30. 선고 2003다25973 판결 등 참조), 신설회사 또는 존립회사가 분할 또는 분할합병 전의 회사채무를 전혀 승계하지 않기로 하는 내용의 합의는 상법 제530조의9에 위반한 것이어서 상법 제527조의5에 정한 채권자보호절차를 거쳤는지 여부를 불문하고 채권자에 대한 관계에서 아무런 효력이 없고, 따라서 신설회사 또는 존립회사는 분할 또는 분할합병 전의 회사채무에 대하여 분할되는 회사와 연대책임을 진다고 할 것이다(대법 2006. 10. 12. 선고 2006다26380 판결 참조).

나. 계약서 제11조의 의미

앞서 본 사실관계에 의하면, 이 사건 계약서 제11조는 원·피고의 귀책사유가 아닌 법률개정이나 허가요건변경 등 제3의 원인으로 분할합병을 할 수 없는 경우를 상정한 것이라고 보일 뿐 적어도 계약의 일방 당사자가 상법 규정에 관한 법적 무지로 인하여 이 사건 계약에 따른 법적 효과를 오인한 경우까지를 포섭하는 것으로는 해석되지 아니하므로, 위 계약조항을 이유로 이 사건 계약이 무효이거나 이 사건 계약을 해제한다는 원고의 주위적 청구는 이유 없다고 할 것이다.

대법 2009. 5. 28. 선고 2008다63949 판결(수출입은행 v. 씨티은행)

… 분할 전 회사의 채무에 대하여 지급보증서가 발급되었는데 회사 분할로 인하여 그 채무의 일부만을 분할에 의하여 설립되는 회사가 부담하고 나머지 채무를 분할 후 존속하는 회사가 부담하게 되는 경우라도 일반적으로는 분할에 의하여 설립된 회사가 부담하는 채무와 분할 후 존속하는 회사가 부담하는 채무는 모두 그 지급보증대상이 되는 것이지 분할로 인하여 그 지급보증채무 자체가 분할되는 것은 아니지만, 이 사건 각 지급보증약정과 같은 비중첩적 구분보증의 경우에는 각 지급보증의 대상이 된 주채무 중 일부씩이 분할에 의하여 설립된 회사에 각 인수되고 인수된 그 일부 주채무가 변제 등에 의하여 소멸되었다면 그에 상응하는 각 지급보증채무액도 자동으로 소멸된다고 보아야 한다.

이 때 각 지급보증의 대상이 되는 주채무 중 어느 부분이 분할로 인하여 설립된 회사 또는 분할 후 존속하는 회사 중 어느 회사에 귀속하게 될 것인지는 분할계획서에 의하여 정해져야 할 것이지만, 분할계획서에 그와 같은 사항을 정해 두지 않은 경우에는 이 사건 각 지급보증약정과 같이 각 금액구간별로 지급보증인이 다르고 그 지급보증인별로 보증하는 주채무 부분이 중첩되지 않는다면 특별한 사정이 없는 한 분할에 의하여 설립되는 회사 또는 분할 후 존속하는 회사에 각 귀속되는 지급보증 대상 주채무는 그 각 지급보증금액 비율에 따라 안분한 금액만큼 구분되어 그 각 지급보증의 보증대상이 된다고 보아야 한다.

원심판결 이유에 의하면, 대우는 대우인터내셔널과 주식회사 대우건설(이하 '대우건설'이라 한다) 및 대우로 분할되면서 대우인터내셔널과 대우건설은 분할되는 대우의 채무 중에서 출자한 재산에 관한 채무만을 부담하고 나머지 채무는 대우가 부담하게 되어, 이 사건 전체 연불금융채무 중 미화 13,223,426.09달러 부분은 대우인터내셔널이, 미화 52,185,699.21달러 부분은 대우건설이, 나머지 미화 143,844,650.34달러 부분은 대우가 각 부담하게 되었는데 그 후 대우인터내셔널과 대우건설이 부담하게 된 각 연불금융채무는 모두 변제로 소멸하였다는 것이므로, 이 사건 전체 연불금융채무 중 위 각 지급보증의 대상이 된 주채무의 일부가 대우인터내셔널과 대우건설에 인수되었다가 모두 소멸된 이상 그에 상응하는 각 지급보증채무액 역시 소멸되었다고 보아야 한다.

나아가 원심이 확정한 사실관계에 의하면, 분할 후 대우가 부담하게 된 연불금융채무 미화 143,844,650.34달러 중 일부가 회수되어 2004. 8. 현재 잔존채무액이 미화 73,749,833.27달러가 되었다는 것인바, 분할 후 대우가 부담하는 채무는 각 지급보증의 대상이 되는 채무와 그렇지 아니한 채무로 나누어질 수 있고 각 지급보증의 대상이 되는 채무도 각 금액구간별로 지급보증인이 다르므로 이러한 경우 주채무자가 변제한 금액이 전체 채무를 소멸하게 하지 못하는 때에는 변제충당의 법리가 유추적용되어 그 중 어느 부분의 변제에 충당될 것인가가 결정되어야 한다.

그렇다면 원심으로서는 이 사건 연불금융채무 중 각 지급보증의 대상이 되는 주채무액의 일부가 대우인터내셔널과 대우건설로 인수되었는지 여부 및 인수되었다면 인수된 각 주채무액이 얼마인지를 심리·판단하고, 분할 후 대우가 부담하는 채무 중 일부 회수 금액에 의하여 변제충당될 부분을 심리·판단하여야 함에도, 이 사건 지급보증계약에 의한 보증책임을 이 사건 연불금융 전체 채무를 일정한 한도에서 보증하기로 하는 이른바 일부보증(중첩적 잔액보증)으로 보고, 분할에 의하여 설립된 회사에 인수된 연불금융채무 중 각 지급보증의 대상이 되는 주채무가 소멸하였으므로 그 지급보증채무도 자동으로 소멸하였다는 피고들의 주장에 대한 판단을 누락하고, 분할 후 대우가 부담하게 된 연불금융채무 중 일부가 주채무자의 변제에 의하여 소멸하였으므로 그에 따른 보증채무도 소멸하였다는 피고들의 주장에 대해서 잔존 연불금융 채무액이 피고들의 각 지급보증한도액을 초과하는 이상 피고들은 그 약정한도액까지 책임을 져야 한다는 등의 이유로 이를 배척하고 말았으니, 이러한 원심판결에는 처분문서의 해석, 이 사건 각 지급보증의 성격, 보증채무의 부종성, 변제충당에 관한 법리오해, 판단누락, 심리미진 등의 위법이 있고, 이러한 위법은 판결에 영향을 미쳤음이 명백하다.*

서울중앙지법 2007. 9. 13. 선고 2006가합81672 판결[15](대우자판 v. 대우인터내셔날)

1. 인정사실

다음 각 사실은 당사자 사이에 다툼이 없거나, 갑 제1 내지 19호증, 을 제1 내지 14호증(각 가지번호 있는 것은 가지번호 포함), 증인 소외인의 증언, 이 법원의 한국수출입은행장에 대한 사실조회 결과에 변론 전체의 취지를 종합하면 이를 각 인정할 수 있다.

가. 당사자들의 지위

원고는 각종 자동차를 내수판매하는 회사이고, 분할 전 주식회사 대우는 2000. 12. 27. 인적 분할 방식에 따라 존속법인인 주식회사 대우(이하 분할 전·후를 불문하고 '대우'라 한다) 및 신설법인인 피고들로 분할되었다.

나. 원고의 대우에 대한 국공채 대여

1) 대우는 인도 현지의 자동차 제조법인인 DMIL(Daewoo Motor India Ltd., 이하 'DMIL'이라 한다)에게 파워플랜트(Power Plant) 기자재를 연불수출하기 위하여 한국수출입은행으로부터 1996. 11. 13.자로 미화 28,900,000달러를 대출받았다.

2) 대우는 위 대출금 채무에 대한 담보로 제공하기 위하여, 1998. 4. 28. 원고로부터 원고가 보유하고 있는 국공채 만기금액 5,000,000,000원 상당을, 대여기간은 1998. 4. 28.부터 1999. 4. 27.까지, 대여료는 한국수출입은행에서 정한 위 국공채에 대한 담보평가액을 대여가액으로 하여, 위 대여가액의 연 0.5%를 대여료로 하며, 매 3개월마다 선지급하기로 하는 내용으로 대여하였다(갑 제2호증의 1, 2).

3) 그 후 원고와 대우는 1999. 4. 28. 국공채의 대여기간을 2000. 4. 27.까지로

---

* 부산지법 2010. 1. 29. 선고 2009가단36926 판결.

15) 서울고법 2008. 9. 11. 선고 2007나115500 판결; 대법 2010. 2. 25. 선고 2008다74963 판결로 확정. 황남석, 회사분할과 채권자보호: 최근 대법원 판례를 중심으로, 33 상사법연구 221, 222-225 (2014) 참조.

연장하고, 대여기간 만기시 별도의 통보가 없는 경우 대여기간이 1년 단위로 자동 연장되는 것으로 하는 추가대여약정을 체결하였다(갑 제4호증).

4) 이와 같이 원고가 대우에게 대여한 국공채 중 일부는 만기도래 후 교체되어, 최종적으로 원고가 대우에게 대여한 국공채(이하 '이 사건 국공채'라 하고, 위 약정에 따라 대우가 원고에게 부담하는 위 국공채의 반환채무를 '이 사건 채무'라 한다. 갑 제6호증)는 다음과 같다.

채권종류	액면(원)	표면금리	만기금액(원)	이자(6%, 원)	비고
국민주택	2,260,120,000	5%	2,884,365,144	799,212,828	5년만기
지역개발	1,553,200,000	5%	1,982,193,840	614,044,513	5년만기
도시철도	1,329,910,000	6%	1,939,193,452	424,495,835	5년거치
계	5,143,230,000	–	6,805,752,436	1,837,753,174	–

다. 기업개선작업의 진행

1) 1999. 8. 26. 대우가 속한 대우그룹의 유동성 위기로 인하여 대우계열 12개사의 제1차 채권금융기관협의회가 개최되어 대우그룹 계열사에 대한 기업개선작업이 개시되었는데(이하 위 채권금융기관협의회의 구성원으로서 위 기업개선작업에 참여한 채권금융기관을 '이 사건 채권금융기관'이라 한다), 원고를 포함한 위 대우그룹의 12개 계열사들에 대한 기업구조조정업무를 총괄하기 위하여 2000. 2. 11. 대우그룹 12개 계열사들의 대표이사 및 이 사건 채권금융기관으로 구성된 대우구조조정추진협의회가 설립되었다.

2) 또한 2000. 2. 29. 개최된 제8차 채권금융기관협의회에서는 "(주)대우 기업개선계획"(이하 '이 사건 기업개선계획'이라고 한다)을 채권액 3/4 이상의 찬성으로 결의하였고, 2000. 3. 15.에는 대우와 이 사건 채권금융기관협의회의 주관은행이던 주식회사 한빛은행(후에 주식회사 우리은행으로 상호가 변경되었다. 이하 상호 변경 전후를 통틀어 '우리은행'이라고 한다) 및 대우의 주주인 원고와의 사이에 이 사건 기업개선계획을 기초로 하여 "(주)대우 기업개선작업을 위한 약정"(이하 이 사건 기업개선약정이라고 한다)을 체결하였다(을 제7호증의1).

3) 이 사건 기업개선약정의 구체적인 내용은 다음과 같다.

제3조

② 이 사건 채권금융기관, 대우, 우리은행은 대우가 영위하는 무역부문, 건설

부문을 기존회사의 주주가 신설회사의 주주로 되는 인적분할의 방법에 의하여 각각 별도회사로 분리신설함으로써 기업구조를 개선하기로 합의한다.

④ 원고는 대우의 주주로서 대우를 회생시키고 채권금융기관의 손실을 최소화하고자 하는 이 사건 약정의 취지 및 내용에 전적으로 동의하며, 이 사건 기업개선약정의 목적을 달성하기 위하여 필요한 모든 행위에 적극적으로 협조하여야 하고, 특히 대우의 회생을 위하여 필요하다고 판단하여 이 사건 채권금융기관, 대우, 우리은행이 요구하는 제반사항을 충실히 이행하며, 아무런 이의도 제기하지 않기로 한다.

제11조

① 기업개선작업을 수행하기 위하여 원고로부터 대우 및 신설회사의 주식에 관하여 주주권행사를 이 사건 채권금융기관에게 위임하는 내용의 위임장을 우리은행과의 협의를 거쳐 작성하여 이 사건 채권금융기관에게 제출하여야 한다.

제13조

① 신설회사의 이 사건 채권금융기관 및 우리은행에 대한 채무에 대한 연대변제책임을 부담하되 그 이행으로 인한 구상권 등을 가지지 아니하며, 신설회사는 존속회사의 채무에 대한 연대변제책임을 부담하지 않는다는 취지를 담은 회사분할계획서를 작성하고, 동 계획서에 입각한 회사분할의 신고, 주주총회의 소집 및 결의, 채권자보호절차 및 분할등기 등 법률상의 필요절차를 신속하게 수행하여야 한다.

제19조

① 원고는 대우에 대한 기업개선계획이 그 내용대로 이행될 수 있도록 전적으로 협조하고, 아무런 이의도 제기하지 않는다.

② 원고는 대우와 이 사건 채권금융기관 간에 체결한 금융조건완화에 불구하고, 대위변제한 채권에 관하여 구상권을 포기하고, 이를 보장하기 위하여 구상권포기각서를 작성하여 대우에게 제출하기로 한다.

4) 원고는 2000. 3. 15. 이 사건 기업개선약정 제11조 제 1 항에 따라 우리은행에게, "대우의 회사분할/합병, 자본감소, 영업양도, 차등신주배정, 정관변경, 잉여금처분 등과 대우의 분할/합병에 의해 신설되는 회사의 신주발행, 자본감소, 영업양도, 차등신주배정, 정관변경 등 동사의 기업개선작업의 진행 또는 사후관리를 위하여 개최되는 주주총회의 참석 및 동 주주총회에서 위 의안 및 그와 관련된 의안에

대하여 이루어지는 의결에 관하여, 원고가 소유한 대우 주식의 주주권행사에 관한 일체의 권한을 채권금융기관협의회의 주관은행이었던 우리은행에게 위임하고 그 결과에 응하겠다"라는 내용의 위임장을 작성, 제출하였다(을 제 7 호증의3).

라. 대우의 회사분할 과정

1) 대우는 2000. 7. 22. 임시주주총회를 개최하여, 출석 주주의 2/3 이상 및 발행주식총수의 1/3 이상의 찬성으로 대우를 인적 분할 방식에 따라 존속법인인 대우와 건설부문의 신설법인인 피고 대우건설, 무역부문의 신설법인인 피고 대우인터내셔널로 분할하는 내용의 분할계획(이하 '이 사건 분할계획'이라고 한다)을 승인하는 특별결의를 하였는데, 이 사건 분할계획의 주요 내용은 다음과 같다.

제 1 조(목적)

① 대우의 재무구조가 부실화함으로써 채권금융기관 등에 대하여 부담하고 있는 부채를 당초 약정내용대로 상환치 못하게 되어 기업구조조정협약 및 채권금융기관협의회의 회사 정상화 방안에 따라 업무의 성격과 기업문화가 상이한 무역사업부문과 건설사업부문을 인적 분할 방식으로 각각 분할하여 별도 회사를 신설하고, 분할 후 존속회사는 정상적인 채권회수 및 매각이 의문시되는 자산을 유지·관리하게 함으로써 부실의 확산을 방지하여 각 사업부문의 신속한 정상화를 도모하는 데 있다.

② 대우의 기업개선작업에 의한 무역부문과 건설부문의 신속한 정상화를 위하여 채권자, 주주, 종업원이 합리적으로 손실을 분담하고, 나아가 분할로 신설되는 회사의 재무구조 및 경영지배구조를 건실화함으로써 공동이익을 도모하는 데 있다.

제 3 조(분할방법 및 재산분할의 원칙)

① 대우의 분할은 분할회사의 주주가 신설회사의 주주가 되는 인적 분할 방식이며, 분할후 분할회사는 존속하며 신설회사는 상장법인으로 한다.

② 신설회사는 이 사건 분할계획에서 별도로 정하지 않는 한 분할회사의 채무중에서 출자한 재산에 관한 채무(책임을 포함한다)만을 부담하며, 신설회사로 이전되지 아니한 분할회사의 다른 채무에 대해 연대하여 변제할 책임을 지지 아니한다.

④ 신설회사가 승계하는 부채는 신설회사의 대차대조표에 반영되는 것에 한한

다. 다만, 2000. 2. 29. 채권금융기관협의회 가결 의안에 의한 이행성 보증채무는 승계하는 것으로 한다.

⑤ 분할회사는 무역, 건설회사로 이전될 건전자산을 제외한 무수익자산(부실채권등) 및 회수가능성이 낮은 채권으로 자산지부를 구성하며, 총차입금 중 적정차입금을 초과한 잔여차입금 및 잔여부채로 부채지부를 구성한다.

제10조(신설회사의 채무부담에 관한 사항)

신설회사로 승계되는 채무의 결정 및 신설회사별 배분은 다음의 방식에 의한다.

① 무역회사와 건설회사는 제 9 조의 신설회사로 이전될 분할회사의 자산과 그 가액에서 제 8 조의 신설회사의 자본금과 준비금을 차감한 금액 상당의 부채를 다음 각호와 같이 각각 승계하되, 신설회사의 개시대차대조표상 차입금으로 계상되는 부채는 삼일회계법인에서 평가한 각 신설회사별 적정차입금, 1999. 11. 25. 제 4 차 채권금융기관협의회에서 결의한 신규지원자금(추후 변경 결의한 경우 변경 결의된 신규지원자금을 말한다) 및 영업관련 차입금의 합계액 범위 내로 한다.

1. 무역회사 및 건설회사는 각 사의 자산에 속하는 아래의 기업계속을 위한 상거래 및 이에 준하는 순수 영업재산관련 채무를 승계한다.

가. 물품구입을 위한 매입채무, 미지급금, 퇴직급여충당금 등 부채성충당금, 선수금, 예수금, 영업과 관련된 기타의 유동부채 및 이행성보증에 대한 구상의무 및 영업관련 차입금

3. 무역회사 및 건설회사는 신설회사로 이전되는 자산 중 담보제공된 자산의 실질적 담보가치 범위 내의 담보부채무 및 신설회사로 이전되는 자산에 종속되는 보증금 등 채무를 승계한다. 이때 실질적 담보가치라 함은 삼일회계법인이 평가한 청산가치 범위내의 금액을 말한다.

2) 대우는 일간지를 통하여 이 사건 분할계획에 대하여 이의가 있는 이해관계인은 이를 제출하라는 취지의 분할공고를 하였으나, 원고에게 개별적으로 이의제출을 최고하지는 않았다.

3) 그 후 2000. 12. 27. 대우를 존속법인인 대우와 신설법인인 피고들로 분할하는 내용의 분할등기가 경료되었다(이하 위와 같은 대우의 회사분할 과정을 통틀어 '이 사건 회사분할'이라 한다).

2. 주장 및 판단

가. 당사자들의 주장

원고는, 상법에 의하면 회사분할시 신설회사와 분할회사의 연대책임을 제한하는 경우에는 채권자들에게 이를 공고 내지 최고하는 등 채권자보호절차를 거치도록 하고 있음에도, 대우는 회사를 분할하면서 신설회사로 하여금 분할하는 회사가 출자한 재산에 관한 채무만을 부담하도록 하였으면서도 채권자인 원고에게 최고절차를 흠결하였기 때문에, 이러한 경우에는 회사분할에 관한 최고를 받지 못한 원고에 대한 법률관계에 한하여서는 분할회사인 대우와 신설회사인 피고들에게 연대책임이 있다고 주장한다.

이에 대하여 피고들은, ① 대우가 2000. 12. 27. 분할하여 피고들을 신설하면서, 주주총회특별결의로 피고들은 대우의 채무 중에서 출자한 재산에 관한 채무만을 부담하기로 하였는데, 이 사건 분할계획에 의하면 이 사건 채무는 대우의 채무 중 대우가 피고들에게 출자한 재산에 관한 채무도 아니므로, 피고들은 이 사건 분할계획에 따라 이 사건 채무에 관하여 연대책임도, 분할책임도 지지 않게 되었고, ② 이 사건 회사분할 과정 등에 비추어 상법상 채권자보호절차를 거치지 않았더라도 피고들은 위와 같은 이 사건 분할계획에 따라 원고에 대하여 이 사건 채무를 지급할 의무가 없다고 주장한다.

나. 판 단

1) 이 사건 채무가 출자한 재산에 관한 채무에 해당하는지 여부

가) 회사가 분할되는 경우 회사의 책임재산은 분할회사의 소유와 신설회사의 소유로 분리되는 것이 일반적이므로, 상법은 분할전 회사의 채권자보호를 위하여 분할회사나 신설회사 모두 분할전 회사의 채무에 대하여 연대책임을 지는 것을 원칙으로 하되(상법 제530조의9 제1항), 다만, 분할되는 회사가 상법 제530조의3 제2항의 규정에 의하여 분할계획서를 작성하여 주주총회의 승인을 얻은 경우, 설립되는 회사가 분할되는 회사의 채무 중에서 출자한 재산에 관한 채무만을 부담할 것을 정할 수 있는 바(같은 조 제2항), 이 경우 설립되는 회사는 분할전 회사의 채무에 대하여 연대책임을 지지 아니하고, "출자한 재산에 관한 채무"에 대하여만 분할책임을 지게 된다.

나) 앞서 본 바에 의하면, 대우가 2000. 7. 22. 임시주주총회를 개최하여, '신설

회사는 이 사건 분할계획에서 별도로 정하지 않는 한 분할회사의 채무 중에서 출자한 재산에 관한 채무만을 부담하며, 신설회사로 이전되지 아니한 분할회사의 다른 채무에 대해 연대하여 변제할 책임을 지지 아니한다'고 하여 연대책임 원칙을 배제하는 내용의 이 사건 분할계획을 승인하는 특별결의를 한 사실 등을 인정할 수 있는데, 피고들은, 이 사건 채무가 "출자한 재산에 관한 채무"에 해당하지 아니하므로, 피고들은 이 사건 분할계획에 따라 이 사건 채무에 관하여 연대책임도, 분할책임도 지지 않게 되었다고 주장하고, 이에 대하여 원고는 이 사건 채무가 대우의 채무 중 피고 대우인터내셔널에 출자된 재산에 관한 채무에 해당한다고 주장하는바, 이하에서는 이 사건 채무가 "대우가 피고 대우인터내셔널에 출자한 재산에 관한 채무"에 해당하는지에 관하여 본다(이 사건 채무가 피고 대우건설에 출자한 재산에 관한 채무에 해당하지 아니하는 점에 대하여는 당사자 사이에 다툼이 없다).

다) 이 사건 분할계획서 제10조 제 1 항 제 1 호 제가목

(1) 먼저 이 사건 분할계획서 제10조 제 1 항 제 1 호 제가목에서 정하는 "출자한 재산에 관한 채무"의 의미에 관하여 살피건대, 을 제 9 호증의 기재에 변론 전체의 취지를 종합하면, 이 사건 분할계획서 제10조 제 1 항 제 1 호에서 '무역회사와 건설회사는 각 사의 자산에 속하는 아래의 기업계속을 위한 상거래 및 이에 준하는 순수 영업재산관련 채무를 승계한다.'라고 규정하고 있는 점, 이때, '각 사의 자산'은 제 9 조 제 1 항에서 '무역부분의 영업자산, 무역사업을 영위하는 해외 현재법인에 대한 투자유가증권' 등으로 정하고 있는 점, 위 '기업계속을 위한 상거래 및 이에 준하는 순수 영업재산관련 채무'는 같은 호 가목에서 '물품구입을 위한 매입채무, 미지급금, 퇴직급여충당금 등 부채성충당금, 선수금, 예수금, 영업과 관련된 기타의 유동부채 및 이행성보증에 대한 구상의무 및 영업관련 차입금'이라고 규정하고 있는 점 등을 각 인정할 수 있는바, 위 인정사실에 의하면 이 사건 분할계획서 제10조 제 1 항 제 1 호 제가목에서 정하는 '대우가 피고 대우인터내셔널에 출자한 재산에 관한 채무'란 '피고 대우인터내셔널이 분할 후 지속적으로 영위하고자 하는 영업과 관련하여 발생할 채무'를 의미한다고 봄이 상당하다.

(2) 다음으로, 이 사건 채무가 이 사건 분할계획서 제10조 제 1 항 제 1 호 제가목에서 정하는 '대우가 피고 대우인터내셔널에 출자한 재산에 관한 채무'에 해당하는지에 관하여 보건대, 갑 제 8 호증의7, 제13호증의2의 각 기재에 의하면, 피고 대우인터내셔널이 2001. 5. 8.경 인도개발은행에 대한 DMIL 관련 대우의 보증채무를 승계하기로 결의한 사실, 피고 대우인터내셔널이, 원고가 대우에게 대여한 이 사

건 국공채가 담보로 제공된, 대우의 한국수출입은행에 대한 DMIL 연불수출자금채무를 승계한 사실 등을 각 인정할 수 있으나, 한편, 갑 제10호증, 을 제9, 11 내지 14호증(각 가지번호 있는 것은 가지번호 포함)의 각 기재에 변론 전체의 취지를 종합하면, ① 피고 대우인터내셔널이 2001. 5. 8.경 인도개발은행에 대한 DMIL 관련 대우의 보증채무를 승계하기로 결의하게 된 경위는 인도개발은행이 대우의 회사분할에 대하여 이의를 제기하면서 신설회사인 피고들로 하여금 인도개발은행에 대한 대우의 채무를 보증하여 줄 것을 요청함에 따른 것인 사실, ② 피고 대우인터내셔널이 대우의 한국수출입은행에 대한 DMIL 연불수출자금채무를 승계한 경위는, 피고 대우인터내셔널이 이 사건 분할계획서에 따라 대우로부터 대우중공업 주식회사 및 경남기업 주식회사의 주식을 이전받게 되었는데 위 각 주식은 대우의 한국수출입은행에 대한 위 DMIL 연불수출자금채무에 대한 담보로 제공된 상태였던바, 이 사건 분할계획서 제10조 제 1 항 제 3 호에 의하면 위와 같이 '담보제공된 자산'을 승계받는 경우 그 실질담보 가치 범위 내에서 담보부 채무도 같이 승계하게 되어 피고 대우인터내셔널이 대우의 한국수출입은행에 대한 위 채무를 승계하게 된 사실, ③ DMIL은 본래 국내 자동차 제조법인인 대우자동차 주식회사가 그 지분을 인수하려 하였으나 정부의 규제로 부득이하게 대우가 인수하게 된 사실, ④ 이후 대우그룹의 구조조정계획에 따라 대우는 대우가 보유한 DMIL 발행주식 468,367,349주를 1998. 12. 31.과 1999. 3. 29. 등 두차례에 걸쳐 대우자동차 주식회사에게 양도하거나 현물출자하기로 합의한 사실, 다만, 대우가 DMIL 주식을 한국수출입은행에 대출금에 대한 양도담보의 목적으로 인도하였다가 대출금을 변제하지 못하여, 결국 대우자동차 주식회사에게 위 양도 및 현물출자 약정에 따른 주식인도를 하지 못한 사실, ⑤ DMIL의 인수당시부터 2002년경까지 DMIL에 직접 임직원을 파견한 것은 대우자동차 주식회사인 사실, ⑥ 이 사건 분할계획서에 첨부된 별첨2 "무역회사 승계대상목록"의 '15. 승계대상 계약명세' 중 제 2 항 제나목에 의하면, '자동차의 제조 또는 판매를 위한 합작투자계약 및 설비공급계약과 동 계약과 관련된 부속계약'에 관한 대우의 계약관계 및 계약당사자의 지위는 피고 대우인터내셔널에 승계되지 않는다고 규정하고 있는 사실, ⑦ 피고 대우인터내셔널은 회사분할 후, DMIL을 포함하여 자동차 제조 또는 판매, 수출 등에 관한 영업에 관여하지 않은 사실 등을 각 인정할 수 있는 바, 위 인정사실에 의하면 이 사건 채무는 대우가 영위하고 있던 영업에 관련된 채무에 해당하지 아니하고, 또한 피고 대우인터내셔널이 분할 후 지속적으로 영위하고자 하는 영업과 관련하여 발생한 채무에 해당하지 아니하므로,

결국 이 사건 채무는 이 사건 분할계획서 제10조 제 1 항 제 1 호 제가목에서 정하는 "대우에 의하여 피고 대우인터내셔널에 출자된 재산에 관한 채무"에 해당하지 아니한다.

라) 이 사건 분할계획서 제10조 제 1 항 제 3 호

이 사건 채무가 이 사건 분할계획서 제10조 제 1 항 제 3 호에서 정하는 "출자한 재산에 관한 채무"에 해당하는지 살피건대, 이 사건 분할계획서 제10조 제 1 항 제 3 호에서 '무역회사 및 건설회사는 신설회사로 이전되는 자산 중 담보제공된 자산의 실질적 담보가치 범위 내의 담보부채무 및 신설회사로 이전되는 자산에 종속되는 보증금 등 채무를 승계한다.'고 규정하고 있는 사실 등은 앞서 본 바와 같은바, 이 사건 채무가 '대우가 원고에게 담보로 제공한 자산에 관한 담보부채무'가 아님이 명백한 이상, 이 사건 채무는 이 사건 분할계획서 제10조 제 1 항 제 3 호에서 정하는 "출자한 재산에 관한 채무"에 해당하지 아니한다.

마) 소 결

따라서, 이 사건 채무는 대우가 피고들에게 출자한 재산에 관한 채무에 해당하지 아니하므로, 특별한 사정이 없는 한 피고들은 이 사건 분할계획에 따라 이 사건 채무에 관하여 연대책임도, 분할책임도 지지 아니한다.

2) 채권자보호절차상의 하자가 존재하는지 여부

가) 회사의 분할로 인하여 신설되는 회사와 존속회사 간의 채무에 대한 연대책임을 배제하고자 할 경우에는 채권자들에게 이의제출을 공고 또는 최고함으로써 채권자보호절차를 거치도록 규정하고 있는바(상법 제530조의9, 제530조의3, 제527조의5, 제232조 등), 이러한 채권자보호절차는 연대책임이 배제된 채 회사가 분할됨으로써 채권자들이 입게 되는 불측의 손해를 방지하는데 그 목적이 있다 할 것이다.

나) 이 사건 회사분할에 관하여 살피건대, 대우가 2000. 7. 22. 임시주주총회를 개최하여 위와 같이 피고들 사이의 연대책임을 배제하는 이 사건 분할계획을 승인하는 결의를 하고도 원고에게 개별적으로 이 사건 분할계획에 대한 이의제출을 최고하지 않은 사실은 앞서 인정한 바와 같으나, 한편 앞서 본 각 증거에 변론 전체의 취지를 종합하면, ① 원고는 기업개선작업대상이었던 대우그룹 12개 계열사 중의 하나로서, 대우구조조정추진협의회 내에서 대우에 대한 채권처리문제를 협의한 사실, ② 원고는 이 사건 기업개선약정의 당사자로서 이 사건 기업개선계획, 기업개선약정에 따른 대우의 회사분할 및 신설회사의 연대책임 배제에 관한 내용을 잘

알 수 있었던 사실, ③ 이 사건 분할계획은 이 사건 기업개선약정을 기초로 하는 사실, ④ 이 사건 기업개선약정에 의하면, 원고는 대우의 주주로서 대우를 회생시키고 이 사건 채권금융기관의 손실을 최소화하고자 하는 이 사건 약정의 취지 및 내용에 전적으로 동의하며, 대우의 기업개선계획이 그 내용대로 이행될 수 있도록 전적으로 협조하고, 아무런 이의도 제기하지 않기로 한 사실, ⑤ 원고는 2000. 3. 15. 이 사건 기업개선약정에 따라 우리은행에게, 대우 및 신설회사의 기업분할, 합병, 영업양도 등 기업개선작업의 진행과 사후관리를 위한 주주총회에의 참석 및 동 주주총회에서 위 의안과 이에 관련된 의안에 대하여 이루어지는 의결에 관하여 원고가 소유한 대우 주식의 주주권행사에 관한 일체의 권한을 우리은행에게 위임하고 그 결과에 응하겠다라는 내용의 위임장을 작성, 제출한 사실, ⑥ 이 사건 소 제기 전에는 원고가 이 사건 회사분할의 절차나 내용 등에 대하여 다툰 바 없는 사실 등을 각 인정할 수 있는바, 위 인정사실에 의하면 원고는 대우의 회사분할 이전에 이미 이에 관한 세부사항을 충분히 알고 있었다 할 것인데, 위 기업개선작업에 참여하여 대우가 연대책임을 배제한 인적 분할 방식으로 분할된다는 점을 잘 알고 있었던 채권자로서 이 사건 회사분할로 인하여 불측의 손해를 입을 우려가 없다고 봄이 상당하므로, 대우가 원고에 대하여 별도로 이 사건 분할계획에 대한 이의제출을 최고하지 않았다 하더라도 이로써 이 사건 분할계획에 따라 배제된 피고들의 연대책임이 부활된다고 할 수는 없다 할 것이다

따라서, 이 부분에 관한 원고의 주장은 이유 없고, 피고들의 주장은 이유 있다.

다. 소 결

따라서, 이 사건 채무는 대우의 채무 중 대우가 피고들에게 출자한 재산에 관한 채무도 아니므로, 피고들은 이 사건 분할계획에 따라 이 사건 채무에 관하여 연대책임도, 분할책임도 지지 아니하고, 이 사건 회사분할의 경위 등에 비추어 상법상 채권자보호절차를 거치지 않았더라도, 피고들은 위와 같은 이 사건 분할계획에 따라 원고에 대하여 이 사건 채무를 지급할 의무가 없다

3. 결 론

그렇다면 원고의 청구는 모두 이유 없어 기각하기로 하여 주문과 같이 판결한다.

* * * * *

3. 근 로 자

서울행법 2008. 9. 11. 선고 2007구합45583 판결(××× v. 대우자판)

… 1997년 이후 기업환경이 급변하면서 기업의 조직측면에서 이에 대응하기 위한 기업조직의 재편의 중요성이 강조되고 있다. 그 중 상법의 개정으로 1998. 12. 28. 도입된 회사분할은 ① 수 개 사업의 영위 또는 단계별로 기능이 복잡하게 얽혀 있는 대기업에서 사업의 일부를 분리시켜 적절한 경영규모로 조절하여 경영을 전문화와 효율화하는 경우, ② 위험도가 높은 사업부문(또는 채산성이 부진한 사업부문)을 모기업으로부터 분리시켜 위험부담의 범위를 한정시키며, 별개의 독립회사로서 자조적으로 운영케 함으로써 경영의 효율화를 기하는 경우, ③ 이익을 분산하여 세제상의 혜택을 도모하려는 경우, ④ 주식회사의 내분해결 또는 상속을 위한 경우 등 경제적 효용이 있을 때 이루어진다.

(2) 일본은 회사분할에 따른 고용승계에 관한 불안정을 해소하기 위해 위와 같이 회사분할에 따른 근로계약승계 등에 관한 법률을 제정하여 회사분할시 근로관계의 승계 등에 관한 문제를 입법적으로 해결하였다. 그러나 우리나라는 상법을 개정하여 회사분할제도를 도입하는 과정에서 근로관계의 승계에 관한 어떠한 조항도 두지 않았기 때문에, 회사분할시 근로관계의 승계에 관한 문제는 민법 · 상법 · 근로기준법의 관련 규정을 유추하여 해석에 의하여 해결하여야 한다.

(3) 판례는 영업양도시 양도인과 양수인 사이의 특약이 없는 한 근로관계는 양수인에게 원칙적으로 승계되고, 양도인과 양수인 사이에 특약이 있거나 근로자가 승계를 거부하는 경우 승계에서 배제될 수 있다는 입장을 취하고 있다(대법 1997. 4. 25. 선고 96누19314 판결, 대법 2002. 3. 29. 선고 2000두8455 판결 등 참조). 그러나 영업양도는 그 성질상 특정승계에 해당하는 점, 양도인의 법인격이 영업양도 이후에도 여전히 존속하고 있는 점, 민법 제657조 제 1 항은 근로계약의 전속성을 규정하면서 사용자의 변경 시 근로자의 동의를 요하도록 규정하고 있는 점 등에 비추어 보면, 판례에서 말하는 영업양도 시 근로관계가 포괄적으로 승계된다는 것은, 양도되는 영업에 밀접하게 결합되어 있는 근로자의 근로관계는 근로자의 명시적인 거부의사가 없는 한 근로자가 원칙적으로 근로관계의 승계를 동의한 것으로 보고('동의설', 이와 같은 입장을 취하게 되면 근로자의 명시적인 의사표시가 없으면 근로관계의 승계에 동의한 것으로 추정된다), 양도인과 근로자 사이에 존재하였

던 근로자의 기득의 권리·의무(계속근로연수 등)가 양수인에게 그대로 승계된다는 것을 의미한다고 해석함으로써 근로자를 보호하기 위한 것이다.

(4) 그러나 회사분할은 그 성질상 포괄승계에 해당하므로, 특정승계에 해당하는 영업양도로 인한 근로관계 승계의 법리를 그대로 유추 적용할 수는 없다. 회사분할로 인하여 근로관계의 다른 일방 당사자의 지위가 변경되는 경우, 근로자의 근로관계가 신설회사에 포괄승계 됨으로써 근로관계의 존속보호를 꾀하는 것은 기존의 근로계약 상대방과 완전히 동일하다고는 할 수 없는 사용자와의 근로관계를 형성하는 것을 의미한다. 이는 근로관계의 존속보호에는 충실할 수 있으나, 당사자의 자유로운 의사결정으로 법률관계를 형성한다는 계약자유의 원칙의 입장에서 볼 때 실질적으로는 근로자 스스로가 자유롭게 선택하지 않은 사용자와의 근로관계가 강제되는 것과 같은 결과를 초래하여 자기결정의 원리에 반할 수 있다(근로관계의 전속성은 근로자와 분리할 수 없는 근로자의 노동력 제공과 결부된 것이어서 다른 사법상의 법률관계와는 구별된다). 따라서 회사분할시 근로관계의 승계문제는 근로관계존속보호와 근로자의 자기결정의 원리가 조화를 이룰 수 있도록 해결하여야 한다.

(5) 살피건대, ① 우리나라의 기업에서 통상 근로자의 배치전환과 관련한 인사권은 대부분 사용자가 상당한 재량권을 가지고 행사하고 있는 점, ② 이 사건과 같이 여러 개의 사업을 운영하고 있는 원고가 경영상 위기를 극복하기 위하여 구조조정의 일환으로 특정 사업부분을 분할하는 경우, 신설회사가 경영상의 위기를 극복하지 못하고 도산하게 되면 결국, 원고는 근로기준법상 경영상 해고에 관한 절차를 거치지 아니하고 특정 사업 부문을 폐지하는 효과를 거둘 수 있는 점, ③ 회사분할로 인하여 이 사건 근로자들이 원고와 근로계약을 체결할 당시 사용자이던 원고가 신설회사로 변경되는 경우, 이는 실질적으로는 사용자의 변경과 차이가 크지 아니하므로 이에 대한 근로자의 의사가 적절히 반영될 수 있도록 하는 것이 근로관계의 전속성에 합치하는 점, ④ 회사분할로 인하여 근로관계가 포괄승계되므로, 특정승계되는 영업양도와는 달리(동의설에 의하면, 양도성을 제한하는 당사자의 의사에 근로관계의 승계의 효력보다 우선권을 부여한다), 양도성을 제한하는 당사자의 의사보다는 법률에 의한 포괄승계의 효력에 우선권을 부여하는 것이 민사상의 법률관계의 체계에 합당한 점 등을 종합적으로 고려하면, 회사분할시 분할대상이 되는 사업에 종사하던 근로자들의 근로관계는 원칙적으로 신설회사에 포괄적으로 승계되고, 예외적으로 근로자가 거부권을 행사하는 경우에는 거부권을 행사한 근로자의 근로관계는 승계대상에서 제외된다고 봄이 상당하다('거부권설').

(6) 사용자는 위와 같은 근로자의 거부권 행사를 보장하기 위하여, 회사분할시 원칙적으로 포괄승계의 대상이 되는 근로자에게 거부권 행사에 필요한 상당한 기간을 부여하여야 한다. 만약, 사용자가 근로자에게 거부권행사에 필요한 상당한 기간을 부여하지 아니한 경우, 이는 근로자의 자기의사결정권을 침해한 것이므로 무효이고, 그 기간은 사회통념상 거부권행사에 필요한 상당한 기간까지 연장된다고 보아야 할 것이다.

4. 규제당국

대법 2009. 6. 25. 선고 2008두17035 판결(LG생활건강사건)

회사 분할시 신설회사 또는 존속회사가 승계하는 것은 분할하는 회사의 권리와 의무라 할 것인바, 분할하는 회사의 분할 전 법 위반행위를 이유로 과징금이 부과되기 전까지는 단순한 사실행위만 존재할 뿐 그 과징금과 관련하여 분할하는 회사에게 승계의 대상이 되는 어떠한 의무가 있다고 할 수 없으므로, 특별한 규정이 없는 한 신설회사에 대하여 분할하는 회사의 분할 전 법 위반행위를 이유로 과징금을 부과하는 것은 허용되지 않는다

서울고법 2006. 10. 26. 선고 2006누3454 판결(두산인프라코어사건)[16)]

원고는, 위 회사 분할계획서에 따른 대차대조표 및 승계대상목록에 이 사건 불공정행위로 인한 책임의 문제는 포함되어 있지 않으므로 분할 이전의 대우중공업 시절의 행위 부분에 대하여는 법 위반의 책임을 지지 않는다고 주장하나, ① 위 분할기준일은 이 사건 과징금 부과 대상인 법 위반행위 자체가 발생하기 전이어서 위 대차대조표 및 승계대상목록에 포함될 여지가 없었음이 명백하므로 위 대차대조표 등에 포함되지 아니하였다는 점만으로 분할계획서상 장차 발생할 법 위반행위의 책임의 승계가 배제되었다고 단정할 근거는 될 수 없는 점, ② 한편, 분할계획서상 분할기준일 이전의 분할 전의 회사채무에 관하여는 신설회사의 연대책임 원칙을 배제하는 규정을 두고 있으나 분할기준일 후 분할 전의 회사채무에 대하여 분할계획서에 특별한 규정을 두고 있지 아니하는 경우, 회사분할에 있어서 신설회사는 원칙적으로 분할 전의 회사채무에 관하여 연대하여 변제할 책임이 있고(상법 제530조의

16) 대법 2007. 11. 29. 선고 2006두18928 판결로 파기. 이황, 회사분할과 과징금납부 책임의 승계 …, 53 고려법학 211, 239-244 (2009) 참조.

9 제 1 항), 회사가 상법 제530조의3 제 2 항의 규정에 의한 특별결의로 분할에 의하여 회사를 설립하면서, 신설회사가 분할되는 회사의 채무 중에서 출자한 재산에 관한 채무만을 부담할 것을 정함으로써 출자한 재산에 관한 채무 외의 채무에 대하여는 부담하지 아니할 것을 정할 수 있으나(상법 제530조의9 제 2 항), 출자한 재산에 관한 채무에 관하여는 위 규정에 의하더라도 신설회사가 그 책임을 면할 수 없는 것이 원칙이므로, 특별한 사정이 없는 한 신설회사에 출자한 재산에 관한 채무는 그것이 분할기준일 후부터 분할 전까지 발생한 것이라도 신설회사에게 당연히 승계되는 것으로 보아야 할 것인 점, ③ 이 사건 분할계획서 자체를 보더라도, 분할기준일 이후의 채무의 승계에 관하여 특별한 규정을 두고 있지는 아니하나, 분할계획서 제 3 조 제 4 항은 "신설회사들은 본 분할계획서에 별도로 정하지 않은 한 분할회사의 채무 중에서 출자한 재산에 관한 채무(책임을 포함한다)만을 부담한다."고 규정하고 있는바, 위 규정이 분할기준일 1999. 8. 31. 현재의 채무에 관한 규정이기는 하나, 앞에서 본 상법 제530조의9 제 1 항, 제 2 항의 규정 취지에 비추어 볼 때 위 일자 후에 발생하는 채무에 관하여도 적용하는 것이 상당하다고 보이고, 분할계획서 제 3 조 제 6 항은 "제 2 항의 분할기준일에 불구하고 전항의 출자한 재산에 관한 채무는 1999. 8. 25.자 채무액을 기준으로 하여 승계하는 것으로 하며, 1999. 8. 25. 이후 신규 차입한 채무는 분할 후 각 회사(분할회사 및 신설회사)가 한 것으로 본다. 이 때 분할 후 각 회사가 차입한 채무라 함은 각 회사 또는 사업부문이 구분관리한 바에 따른다."라고 규정하고 있는바, 이 사건 위반행위는 위 분할기준일 이후 원고의 전신인 대우중공업 기계부문이 구분관리하고 있던 업무에 관하여 발생한 것이므로, 위 분할계약서의 취지에 비추어 보더라도 분할계획상 원고가 승계하는 것으로 볼 여지가 있는 점, ④ 과징금은 분할계획서 제10조 제 2 항 제 1 호에서 정하고 있는 '상거래 및 이에 준하는 순수 영업재산 관련채무'라고 볼 수는 없으나, 분할계획서 제 3 조 제 4 항은 승계대상을 채무에 한정하지 아니하고 '책임'을 포함하는 것으로 규정하고 있고, 위 책임에는 이 사건 과징금과 같은 공법 영역의 책임까지 포함하는 것으로 보이므로 분할계획서 중 위 제10조 제 2 항 제 1 호를 제외한 나머지 조항 소정의 승계대상 '채무'에 피고의 과징금 부과처분이 배제된다고 볼 수는 없는 점, ④ 이 사건 기계사업 부문은 분할기준일 이후 회사분할 전까지 별도로 관리되어 왔고, 이 사건 지게차 판매가격 공동합의는 기계사업부문의 영업활동에 해당하는 점 등에 비추어 보면, 대우중공업의 회사분할에 의하여 설립된 신설회사인 원고는 위 분할계약서 및 상법 제530조의10에 의하여 대우중공업의 기계부문의

법 위반행위에 대한 과징금 책임까지 포괄적으로 승계하였다고 보아야 할 것이다.

따라서 피고가 1999. 12. 6.부터 2000. 10. 23. 이전까지의 위반행위에 대하여도 이 사건 과징금 산정의 기준이 되는 위반행위기간에 포함시킨 것은 적법하다.

노트와 질문

1) 법원은 신설회사와 분할된 회사간 합의로 신설회사의 분할된 회사의 채무에 대한 연대채무를 배제하기로 합의할 수 있으나 이러한 합의가 분할된 회사의 채권자에게 효력을 가지기 위하여는 엄격한 채권자이의절차의 이행을 요구하고 있다. 부산고법 2004. 3. 31. 선고 2003나11424 판결(알고 있는 채권자에게 이의제출을 위한 최고절차를 거치지 아니한 흠결이 있기 때문에 분할회사와 신설회사간 합의에 관계없이 신설회사는 분할회사와 연대하여 분할전 회사의 채무를 이행할 책임이 있다), 대법 2004. 7. 9. 선고 2004다17191 판결(분할계획서에 특별한 규정을 두지 아니한 경우 신설회사는 분할전 회사채무에 대하여 연대하여 변제할 책임이 있고 신설회사가 분할되는 회사의 채무중 출자한 자산에 대한 채무만을 부담할 것으로 정함으로써 출자한 재산에 관한 채무 외의 채무에 대하여는 부담하지 아니할 것으로 정할 수 있다), 대법 2004. 8. 30. 선고 2003다25973 판결(개별적인 최고절차를 누락한 경우에는 그 채권자에 대하여 분할채무관계의 효력을 발생할 수 없고 신설회사와 분할되는 회사가 연대하여 변제할 책임이 있다) 및 대법 2006. 10. 12. 선고 2006다26380 판결, 2006. 11. 23. 선고 2005두4731 판결 참조. 그러나 최근의 대법 2010. 2. 25. 선고 2008다74963 판결에서 분할신설회사는 분할되는 회사의 채무중에서 출자한 재산에 관한 채무만을 부담할 것을 정하여 설립되는 회사의 연대책임을 배제할 수 있으며 이를 위하여는 분할되는 회사가 알고 있는 채권자에 대하여 서면으로 이를 최고하여야만 하지만, 채권자가 회사분할에 관여되어 있고 회사분할을 알고 있는 지위에 있는 경우 개별적인 최고를 누락하였다고 하여 채권자가 불측의 손해를 입을 우려가 없으므로 최고가 없다고 하여 연대책임을 지는 것은 아니라고 판단하였다. 그렇다면, 채권자이의절차의 이행여부가 아닌 채권자의 악의여부만이 문제인가?
2) 분할회사의 법규위반으로 인한 책임에 대하여 신설회사 또는 분할합병회사는 당사자간 합의에 관계없이 책임이 없다는 견해를 피력하고 있다. 왜 분

할회사의 채무의 성격에 따라서 다른 취급을 하고 있을까? 영업양수도의 경우 근로관계나 환경법규위반의 효과, 제조물책임 등에 관하여 사업승계인의 책임을 인정하는 것과 마찬가지 이유로 신설회사 내지 분할합병회사의 경우 분할회사의 법규위반에 대하여 책임을 부과할 수도 있지 않을까? 분할 후 신설법인의 구 증권거래법상 단기매매차익의 반환청구권에 대하여는 수원지법 2009. 10. 16. 선고 2009가합12224 판결 참조.

Ⅲ. 분할시 회계처리 및 조세효과

1. 회계처리

기업회계기준등에 관한 해석 [49-55] 분할·분할합병에 관한 회계처리
제정 1999. 6. 29 증권선물위원회; 개정 2009. 12. 31.

가. 목　　적

이 해석은 기업분할 및 분할합병시 분할회사 및 분할신설회사의 회계처리 및 주석공시에 대한 세부사항을 정함을 목적으로 한다.

나. 정　　의

가. 분할이란 분할회사가 일부 자산·부채를 1개 또는 수개의 분할신설회사에게 포괄이전하는 것을 말한다.

나. 분할합병이란 분할회사가 일부 자산·부채를 포괄이전하여 1개 또는 수개의 존립중인 다른 회사와 합병하는 것을 말한다.

다. 분할회사란 분할 및 분할합병시 자산·부채를 포괄이전하는 회사를 말한다.

라. 분할신설회사란 분할시 자산·부채를 포괄이전받는 회사를 말한다.

마. 합병회사란 분할합병시 자산·부채를 포괄이전받는 회사를 말한다.

바. 분할일이란 기업분할이 사실상 완료된 날, 즉 분할신설회사의 주주들이 분할신설회사의 순자산이나 영업활동을 지배하게 된 날을 말한다.

사. 분할합병일이란 「기업인수·합병등에 관한 회계처리준칙」의 매수일 또는 지분통합일을 말한다.

(2-1) 분할합병은 둘 이상의 분할회사가 분할과 동시에 그 분할된 실체를 상

호 합병하여 새로운 회사를 신설하는 경우를 포함한다.

(2-2) 분할 또는 분할합병으로 인하여 발행되는 주식의 총수를 분할회사가 직접 소유하는 것을 '물적분할'이라 하며, 분할회사의 주주들에게 배분하는 것을 '인적분할'이라 한다.

(2-3) 자산의 포괄이전도 분할 또는 분할합병으로 본다.

다. 분할의 회계처리

1. 분할의 회계처리는 다음과 같다.

(1) 분할신설회사의 회계처리

① 분할회사로부터 인수하는 자산·부채를 공정가치로 평가한다.

② 분할회사로부터 인수하는 순자산의 공정가치와 분할대가(발행한 주식의 액면총액과 기타 분할대가의 공정가치의 합계액)의 차액은 주식발행초과금 또는 주식할인발행차금으로 회계처리한다. 다만, 분할회사의 자본항목 중 법령 등에 따라 승계가 허용된 이익준비금 또는 기타 법정준비금을 분할회사로부터 승계하는 경우 동 준비금의 해당액을 주식발행초과금에서 차감하거나 주식할인발행차금에 가산한다.

(2) 분할회사의 회계처리

① 분할로 인하여 감소된 자산·부채는 공정가치로 평가하여 처분손익을 인식한다.

② 분할신설회사가 발행한 주식을 분할회사가 소유하는 경우 동 주식은 감소된 자산·부채의 공정가치로 한다.

③ 분할신설회사가 발행한 주식을 분할회사가 주주들에게 배분하는 경우 분할회사는 그 배분방법에 따라 적절하게 회계처리한다.

④ 자본항목 중 법령 등에 따라 승계가 허용된 이익준비금 또는 기타 법정준비금을 분할신설회사에 이전한 경우 동일 유형별로 즉, 자본잉여금을 이전한 경우에는 기타자본잉여금으로, 이익준비금을 이전한 경우에는 이익잉여금으로 대체한다.

2. "가"에 불구하고 분할대가를 전액 분할신설회사의 주식으로 받아 동 주식을 분할회사의 주주들에게 그 지분율에 비례하여 배분하는 경우에는 다음과 같이 회계처리한다.

(1) 분할신설회사의 회계처리

① 분할회사로부터 인수하는 자산·부채는 분할회사의 장부금액으로 회계처리한다.

② 분할회사의 자본항목 중 인수하는 자산·부채와 직접적으로 관련된 매도가능증권평가손익 등은 이를 승계한다. 또한 분할회사의 자본항목 중 법령 등에 따라 승계가 허용된 이익준비금 또는 기타 법정준비금을 분할회사로부터 승계할 수 있다.

③ 분할회사로부터 인수하는 순자산의 장부금액이 분할신설회사가 발행한 주식의 액면총액에 ②를 가감한 금액에 미달하는 경우 그 차액은 주식할인발행차금으로 회계처리한다.

④ 분할회사로부터 인수하는 순자산의 장부금액이 분할신설회사가 발행한 주식의 액면총액에 ②를 가감한 금액을 초과하는 경우 그 차액은 주식발행초과금으로 처리한다.

(2) 분할회사의 회계처리

① 분할로 인하여 감소된 자산·부채는 장부금액으로 이전한 것으로 한다.

② 자본항목 중 이전되는 자산·부채와 직접적으로 관련된 매도가능증권평가손익 등은 이를 차감한다. 또한 자본항목 중 법령 등에 따라 승계가 허용된 이익준비금 또는 기타 법정준비금을 차감할 수 있다.

③ 분할신설회사가 발행한 주식을 지분율에 비례하여 배분하는 경우에는 이를 적절하게 회계처리한다.

(3-1) 분할은 분할신설회사의 입장에서는 새로운 실체의 시작으로 보아 분할회사로부터 인수한 자산·부채를 공정가치로 평가하고 분할회사의 입장에서는 자산·부채의 처분으로 보아 관련된 처분손익을 인식한다.

(3-2) 분할신설회사가 발행한 주식을 분할회사가 직접 소유하는 경우 현물출자이므로 분할회사는 동 주식을 공정가치로 평가한다.

(3-3) 분할신설회사가 발행한 주식을 분할회사의 주주에게 배분하는 경우 분할회사는 그 배분방법에 따라 적절하게 회계처리한다. 예를 들어 분할신설회사의 주식을 분할회사의 자본을 감소시키는 형태로 분할회사의 주주에게 배분함으로써 발생한 감자차손은 감자차익과 감자된 비율에 해당하는 주식발행초과금에서 순서대로 차감하고 나머지는 이월결손금의 처리순서에 따라 회계처리한다.

(3-4) 분할회사가 분할대가로 전액 분할신설회사의 주식을 받아 주주에게 그 지분율에 비례하여 배분하는 경우 분할회사의 주주는 분할회사에 존재하던 위험과 효익을 분할후에도 계속적으로 동일하게 부담하는 것으로 하나의 회사가 다수의 회사로 분리되어 그 형태만 변하였다고 보는 것이 적절하다.

(3-5) 이 경우 분할로 인한 기업가치의 변화를 인식하는 것은 부적절하므로 분할신설회사는 분할회사로부터 인수한 자산·부채를 장부금액으로 승계하고 분할회사도 관련된 처분손익을 인식하지 아니한다.

(3-6) 분할신설회사가 독립적으로 영업을 영위하던 사업부를 인수하지 않거나 신설후 분할전에 영위하던 사업을 영위하지 않는 경우에는 분할신설회사는 "3 가(1)"을 적용하고 분할회사는 "3 가(2)"를 적용한다.

2. 조세효과

인적분할의 경우 분할법인은 피합병법인의 과세내용과 동일하게 일반사업소득과 통산하여 과세된다.[17] 적격합병의 경우 즉, 사업목적요건, 지분의 연속성, 사업의 계속성을 충족시키면 자산을 장부가액으로 양도한 것으로 보아서 분할법인과 신설법인에 과세문제가 없다.[18] 적격분할의 경우 신설법인은 세무조정사항을 일괄 승계하며 이월결손금 역시 일괄 승계한다. 승계한 이월결손금은 승계사업에서 발생한 소득에서만 공제가능하며 승계등기후 5년이내 승계자산의 처분손실 역시 승계사업에서 발생한 소득에서만 공제가능하다.[19] 분할시 분할법인의 주주에 대한 의제배당 역시 적격분할의 경우 과세되지 않는다.[20] 물적분할의 경우 3년 이내에 분할신설법인이 사업을 폐지하거나, 분할법인이 분할신설법인의 주식을 처분하는 경우 과세이연을 중단하고 분할신설법인이 승계한 자산을 시가로 전환, 관련차액을 익금에 산입한다.[21]

17) 법인세법 제46조, 제81조.
18) 법인세법 제46조의2조, 제46조의3조.
19) 법인세법 제46조의4조.
20) 법인세법 제16조.
21) 법인세법 제47조.

Ⅳ. 주식의 포괄적 교환·이전과 조세효과

합병, 분할과 마찬가지로 주식의 포괄적 교환·이전 역시 기업의 구조조정방안으로서 이러한 구조조정의 결과 당해법인 또는 그 주주들에게 부를 실현시키기 보다는 단순히 부의 형태가 바뀌는 것에 불과하다는 관점에서 적격합병, 적격분할과 유사하게 일정한 요건이 충족되면 과세시점을 이연시키는 것이 보다 적절한 조세정책일 것이다. 따라서, 조세특례제한법은 주식의 현물출자 또는 주식의 교환·이전시 주식의 양도차익에 해당하는 금액에 대한 양도소득세 또는 법인세에 대하여 처분시까지 과세를 이연하고 있다.[22)]

문제 18

A사는 백화점과 신용카드사업을, B사는 신용카드사업을 한다. A사는 신용카드사업부문을 B사에 매각하고자 한다. A사는 여러 가지 가능한 방안을 고려하고 있다: 1) 신용카드사업부문의 양도; 2) A사가 신용카드사업부문을 현물출자하여 A-Sub을 세우고 A-Sub의 주식을 매각하는 방안; 3) A사가 자본금 5000만원으로 A-Sub을 세우고 A사는 A-sub에 신용카드사업부문을 양도하여 약속어음을 받은 후 A-Sub의 주식을 매각하는 방안; 4) A사는 신용카드사업부문을 자회사로 A-V 물적분할신설하고 그 주식을 매각하는 방안; 5) A사는 신용카드사업부문을 A-H 인적분할신설하고 A-H의 주식을 매각하는 방안. 각각의 장단점을 회사법상 필요한 절차, A사의 조세부담, A사의 매각후 채무부담측면, 채권자와 근로자보호측면, 여신전문업허가의 승계 등 측면에서 비교하여 보라.

---

22) 조세특례제한법 제 38조의2. 동법 시행령 제35조의2(주주가 법인인 경우), 제35조의3(주주가 개인인 경우). 법이 개정되기 전의 논의는 노혁준, 주식교환·주식이전 관련세제에 관한 소고, 8:2 조세법연구 287-340 (2002).

제19장
기업인수거래의 고객과 이해관계당사자

기업을 매각 또는 인수하려는 자는 통상 투자은행과 법률가의 도움을 필요로 한다. 투자은행은 우리 기업이나 금융기관들이 해외에서 자금조달이나 민영화를 위하여 증권을 발행하는 경우 이의 인수와 관련된 도움을 주면서 국내에 알려졌고, 1997년 환란 이후부터는 국내기업의 구조조정을 자문하면서 기업인수거래에서도 전반적인 거래절차의 설계나 기업가치의 평가 등에서 점차 자리를 잡게 되었다. 법률가는 해외에서의 거래를 위하여 법률의견서를 발행하면서 국제금융거래에 노출되기 시작하였고 1997년 환란 이후 회사정리절차 진행중인 기업의 매각을 포함하여 기업인수거래에 대한 실사나 협상, 자문 등을 중요한 업무분야로서 개발하였다. 법률가라면 누구나 거액의 매매대금이 오가는 그리고 법적 논점이 많은 복잡한 거래의 법률자문을 맡고 싶어 하겠지만, 법률가는 고객의 이익을 위하여 고객으로부터 위임받은 법률사무를 처리하여야 할 뿐 아니라 법에 대한 전문지식에 기초하여 사회의 정의를 위하여 직무를 수행하는 자로서 지켜야 하는 전문직업인으로서의 직업윤리가 있다. 따라서, 일정한 사건에 대하여는 이해상충 때문에 변호사로서의 직무를 수행할 수 없다.[1] 기업인수거래는 소송과 비교하여[2] 이해관계당사자가 많고 따라서 우선 고객이 누구인지, 고객과 이익충돌이 발생할 이해관계당사자는 누가 될지를 판단, 이를 대리할 수 있는지, 대리하기 위하여는 누구로부터 어떠한 절차를 밟아야 하는지 등에 대한 심각한 검토가 필요하다. 따라서, 이 장에서는 우선 고객과의 이익충돌의 문제를 논의한다.

의뢰인을 법률적으로 대리할 수 있다고 할지라도 법률가로서의 대리의 범위는

1) 변호사법 제31조. 변호사의 상인성에 관하여 대법 2007. 7. 26.자 2006마334 결정. 이해충돌, 이해상충, 이익충돌간 구별없이 혼용한다.
2) 기업회생절차도 많은 이해당사자가 관여하고 따라서 이들의 이익을 대리하는 다수의 변호사간 협상이 필요하다.

제한적이다. 고객이 동의한다면 일반 법률사무로서의 기업인수 내지 매각에 대한 자문뿐만 아니라 투자은행가들이 하는 매각절차의 집행, 협상, 자금조달 등을 할 수도 있을지 모르나,[3] 대부분의 경우 법률가는 다른 전문직업인들과 함께 하나의 자문단을 구성하며 법률자문만을 하게 된다. 따라서 하나의 자문단 내에서 법률자문과 다른 전문직업인들간의 역할분담이나 조정이 중요한 이슈가 된다. 자문단 구성이 본 장의 두 번째 논의주제이며 세 번째로 자문단 밖의 이해당사자로서 소수주주, 전문경영인, 채권자, 지역사회 등과의 관계설정을 살핀다. 마지막으로 매각계획의 수립과 방법론, 그리고 원매자로 하여금 서명하게 할 대외비밀유지계약서에 관하여 논한다.

I. 고객과 이해충돌

기업인수와 관련하여 법률가는 크게 매도인 또는 매수인을 대리할 것이다.[4] 매도인을 대리하는 경우 매도인은 지배주주일 수도 있고 또한 자산매매나 영업양수도의 경우 기업 자체일 수도 있다. 지배주주가 개인이건, 기업이던 지배주주와 대상기업간 언제나 이해관계가 일치하는 것은 아니므로 주주를 대리하는지, 아니면 기업을 대리하는지에 관한 인식은 명확하게 하고 일을 시작하는 것이 필요하다. 대규모기업집단의 경우[5] 우리나라의 독특한 지배구조하에서 지배주주가 개인과 대규모기업집단내 여러 개의 계열사일 수도 있다. 거래구조가 수정되는 경우에는 매도인이 주주에서 기업자체로 바뀔 수도 있을 것이다. 매수인을 대리하는 경우는 매도인을 대리하는 경우에 비하여 고객을 쉽게 확정할 수 있으며 통상 특정기업 내지 몇 개의 기업으로 구성된 컨소시엄이 될 것이다.

고객이 누구인지가 확정되면 이들 매도인 또는 매수인을 대리할 수 있는지 검토하여야 할 것이다. 통상의 소송의 경우라면 변호사법 제31조에 따라서 수임이 제한되는 범위가 비교적 명확하다. 소송 당사자 한쪽으로부터 상의를 받아 그 수임을

---

3) 기업회생절차(과거의 회사정리절차) 진행중인 기업의 M&A에 일부 법률가들이 동일 법무법인 내 다른 전문직종에 종사하였던 자들과 함께 매각자문사를 수행하는 경우가 있다. 자금조달이나 투자까지 하는 법률가가 있다고 하나 바람직한지는 의문이다.

4) 기업자금조달거래에서는 투자은행이 독자적인 자문변호사를 두는 경우가 많으나 기업인수에서는 통상 매도인 또는 매수인의 법률가가 그들의 투자은행에 대한 자문도 수행한다.

5) 공정거래법 제14조하의 연매출액 5조원 이상의 상호출자제한기업집단을 통상 대규모기업집단이라 칭한다. 시행령 제17조.

수락한 사건의 상대방이 소송을 위임하여 오는 경우(이해충돌 I)[6] 이를 수임할 수 없다. 이는 수임하고 있는 사건의 위임인이 동의한 경우에도 수임이 불가능하다. 소송 당사자 한쪽을 대리하여 소송을 수행 중인바 그 소송의 상대방이 다른 사건의 소송을 위임하는 경우 원칙적으로 소송수행이 불가능하지만 이미 수임하고 있는 사건의 위임인이 동의한 경우 가능하다(이해충돌 Ⅱ).[7] 법률가가 공무원, 조정위원 또는 중재인으로서 직무상 취급하거나 취급하게 된 사건 역시 수임이 불가능하다(이해상충 Ⅲ).[8]

1. 이해충돌 Ⅰ

기업인수거래의 경우는 소송에 비하여 상황이 복잡하다. 기업A가 기업B를 인수할 경우 발생할 법적인 문제점에 대한 자문을 수행하고 있을 때, 기업B가 기업A와의 합병가능성에 대한 자문을 구한다면 명백한 이해충돌 상황이다. 1997년 외환위기 직후 당시 정부는 몇 개의 산업분야를 지정, 이에 종사하는 대기업간 소위 빅딜을 추진하였던바, 실제로 하나의 법률사무소가 빅딜의 당사자인 기업A와 기업B를 동시에 자문하여 문제가 발생한 경우가 있었다. 유사한 경우로 기업A가 공개입찰절차를 통하여 매각을 진행중이고 이에 대한 자문을 수행중일 때, 기업B가 공개입찰에 응하기 위한 자문을 구하는 경우 역시 명백한 이해상충 상황이다. 최근 A은행의 매각과 관련하여 매도인을 자문하던 법률사무소가 공개입찰을 통한 매각절차에서 입찰을 준비하고 있는 B은행을 동시에 대리하여 실제로 변호사법 위반여부가 문제된 적이 있다. 기업A에 대한 자문의 내용과 정도를 검토하여야 할 것이지만, 기본적으로 동일한 거래의 양당사자를 거래하는 것은 상대방의 동의여부와 관계없이 이해상충 I과 동일한 사안으로 분류되어야 한다. 아주 예외적으로 기업A에 대한 자문이 초보적인 단계에서의 일반적인 자문이었거나 일회적인 자문으로 이미 종료되었다고 보여지는 경우에는 이의 동의를 전제로 기업B에 대한 자문이 가능한 경우도 있을 수는 있다. 기업인수는 소송의 수행과 구별되어야 하며 따라서 동의를 전제로 매도인과 매수인을 동시에 대리하는 것도 허용되어야 한다는 견해가 없는 것은 아니며 이에 기초하여 실무를 수행하고 있는 법률사무소도 존재하는 것은 사실이다. 어쨌든, 동의란 모든 사정을 충분히 공개한 것을 전제로 하여야 하며 따라서

6) 변호사법 제31조 제 1 항 제 1 호.
7) 동법 제31조 제 1 항 단서와 제31조 제 1 항 제 2 호.
8) 동법 제31조 제 1 항 제 3 호.

아무런 사정을 설명함이 없이 소송을 제기하는 경우를 제외하고 이해상충을 포기한다는 식의 무조건 사전동의는 동의로서 아무런 효력이 없다고 보아야 할 것이다.

이와 유사한 그러나 이보다 복잡한 사안으로 기업A에 대한 회생절차가 진행 중으로 기업A의 제반 법적인 문제점에 대하여 자문을 하여 오던 중, 법원이 M&A 절차를 통하여 회생절차를 종결시키기로 하고 공개경쟁입찰절차를 시작하자 이에 응하고자 하는 기업B가 자문을 구할 수 있다. 기업A에 대한 회생절차에서 채권을 신고한 채권자를 대리하고 있거나 단순히 채권신고를 한 법률사무소에 기업B가 찾아올 수도 있다. 기업A의 인수에 관심이 많은 기업B를 자문하는 도중 입찰에 응하고자 하는 다른 기업C가 역시 동일한 기업A의 인수가능성에 대하여 자문을 구할 수도 있다. 하나의 분쟁을 둘러싼 분쟁당사자 쌍방을 대리하는 것은 아니지만, 하나의 기업지배권을 둘러싸고 경쟁적 관계인 다수를 대리하는 상황으로 위의 경우와 다를 바 없다고 본다.

몇 가지 이유로 다른 의견이 가능하다. 우선 이해상충은 당사자의 이익을 보호하기 위한 것으로 당사자가 동의하는 한, 그리고 법에서 금지되지 않는 한, 가능하다는 형식적인 논리가 있다. 법률가의 역할과 관련하여 이해상충을 엄격하게 따지는 국가의 경우 법적인 절차와 협상을 통하여 많은 법적 논점이 해결되는 반면, 우리나라의 경우 회생절차나 채권신고절차에서 법률가간 협상을 통하여 회생계획이 결정된다고 보기 보다는 법원의 주도하에 모든 일이 진행된다는 면에서 법률가의 역할이 제한적이고 따라서 이해상충의 문제를 외국처럼 엄격하게 따질 필요가 없다는 견해가 가능하다. 또한, 현실론으로 고객이 고객과 법률가의 관계를 지속적이 아닌 눈앞의 특정논점에 대한 즉각적 해답제공자로 본다면, 법률가 역시 고객에 대한 관계에서 엄격한 이해상충의 문제를 고려할 필요가 없다는 견해도 있다. 거래의 규모나 복잡성의 측면에서 일정한 수준의 법률자문을 제공할 수 있는 법률가의 수가 제한되어 있다면 고객들이 이해상충의 수준을 선택하게 하고 변호사협회나 국가권력이 이해상충의 문제에 대하여 개입할 필요가 없다는 견해 역시 전혀 설득력이 없는 것은 아니다. 근본적으로 법률가가 특정 사회에서 무엇을 하여야 하느냐, 무엇을 하기를 바라느냐, 법률가의 역할이 무엇이냐라는 질문에 대한 의견에 따라서 대답이 달라질 것이다.

이해상충을 느슨하게 본다면 지금의 대규모 변호사 사무실들이 앞으로 보다 많은 일을 할 수 있을지는 모르나, 장기적으로 법률가를 고객이 고용한 청부업자(hired gun)로 전락시키는 결과를 초래할 우려가 있고 또한 장기적으로 고객으로부터의 신뢰를 잃어서 법률가로부터의 법률자문에 대한 의존도가 떨어질 수도 있다.

2. 이해충돌 II

법무법인, 법무법인(유한), 법무조합, 기타 사건의 수임·처리나 그밖의 변호사 업무수행시 통일된 형태를 갖추고 수익을 분배하거나 비용을 분담하는 형태로 운영되는 법률사무소(이하 "법무법인등")의 경우[9] 소송과 법률자문 등 광범위한 업무를 취급하기 때문에 문제는 더욱 복잡하여 진다.[10] 기업A를 대리하여 기업B를 상대로 소송을 수행중 이와 관련된 법률자문이 아닌 별개의 사안으로서 기업B가 기업인수에 대하여 자문을 구하는 경우나 기업A가 매각을 추진 중 이의 인수에 관심이 있는 기업C가 기업인수와 관련하여 자문을 구하는 경우, 기업A도 관심을 표명한 기업C의 매각과 관련하여 기업D가 기업인수가능성에 대하여 자문을 구하여 오는 경우 기업A의 소송을 수행하면서 기업A와 이해상충이 있다고 볼 수 있는 기업B, 기업C나 기업D를 대리할 수 있는지, 대리할 수 있다면 어떠한 절차를 밟아야 하는지가 문제된다. 실제 법무법인 내부에서 소송을 수행하는 법률가는 앞으로의 기업A와의 관계를 고려하여 엄격한 이해상충의 문제가 발생하지 않더라도 기업A와의 관계에 악영향을 줄 수 있는 모든 거래에 대한 자문을 하지 않기를 바랄 것이고, 기업인수 업무를 수행하는 법률가는 자신의 금전적, 직업적 이해관계와 법무법인 등의 명성이나 법무법인 내부에서의 변호사들에 대한 교육과 훈련의 측면에서도 이해관계를 좁게 해석하고 따라서 동의를 얻어도 일을 수임할 수 없는 이해상충상황이 아닌 한 동의 내지 양해를 구하여 기업B, 기업C나 기업D를 대리하기를 바랄 것이기에 상황은 더욱 복잡하여진다.

과거 고객들은 법률가와의 관계를 서로에 대한 전면적 신뢰와 비밀유지의무에 기초한 관계로 설정하였다면 지금의 고객은 점차 일회적이고 금전적인 관계로 변화되어 가는 경향이 있는 것 같다. 따라서, 이해상충도 특정 고객과의 관계로 보기 보다는 특정 분쟁 내지 거래에 대한 관계로 보게 되고 따라서, 소송을 위임한 기존의 고객으로부터 동의를 받으면 동일 분쟁 내지 동일 거래를 둘러싼 직접적인 이해상

9) 이해상충의 문제를 따지기 위한 하나의 실체 여부를 판단하기 위하여는 법무법인이라는 법적인 형태뿐 아니라 개별적인 법률사무소의 운용상 실태를 고려하여야 할 것이다. 하나의 법률사무소로 기능함에도 불구하고, 그리고 대외적으로 하나의 법률사무소라고 표시하고 있음에도 불구하고, 세무목적상 여러명 명의의 법률사무소로 등록되어 있다는 이유로 이해상충을 별도로 따져야 한다는 논의는 설득력이 없다.

10) 이들의 차이에 관하여는 변호사법 제40조 이하.

충이 아닌 경우 수임이 가능한 것으로 볼 수 있을 것이다. 소송수임의 경우를 이렇게 본다면, 이보다 약한 정도의 관계가 설정되어 있는 경우 예를 들면 기업A를 위하여 세법이나 노동관계법상 특정논점에 관하여 자문을 제공한 경우 또는 상표권을 출원하여 준 경우 이를 이유로 기업A를 대상기업으로 하거나 기업A가 인수하고자 하는 기업을 대상으로 타인수희망기업의 기업인수시도에 대하여 자문을 제공할 수 없는 경우는 드물 것이다. 실무상 적어도 금융거래에 관한 한 이해상충을 조금 느슨하게 보는 것같다. 예를 들면 기업A의 자금조달에 관여하였다고 하여 기업A의 인수를 바라는 기업B의 자문을 제공할 수 없다고 보는 견해는 없는 것같으며 나아가서 기업A를 위하여 이의 매각에 관여한 법률가가 기업B의 기업인수자금조달을 위한 금융거래에서 금융기관을 대리하는 경우도 있을 수 있다. 외국에서는 매도인의 투자은행이 매수인에게 매수자금까지 조달하여 준다면 투자은행은 매도인의 기업인수합병 자문역으로서의 역할에 위반되는 것이 아닌가의 문제가 논의되고 있다.[11]

3. 이해충돌 III

더욱 흥미로운 논점은 법무법인 등이 분쟁성 사건 내지 민원사건을 취급하던 국세청이나 공정위, 금감원 등 행정부공무원을 고문으로 또는 사무직원으로[12] 영입하는 경우가 많은데,[13] 이들이 고문 내지 사무직원으로서 법무법인 내에서 수행할 수 있는 업무의 범위에 관한 논의는 차치하고[14] 법무법인 등이 어떤 범위내에서 전직 행정부공무원이 취급하던 사건을 대리할 수 있는지 여부가 이해상충과 관련하여 문제가 될 수 있다.[15] 아직 명확한 규정이나 판례가 없는 것같으나 앞으로 법률가가 전문직업인으로서 존경받기 위하여는, 법률가가 한국사회에서 법치주의를 확립하기 위한 대들보가 되기 위하여는, 보다 명확한 기준이 확립되는 것이 바람직하여 보인다. 법률가들이 고객들에게 보다 전문적이고 효과적인 법률서비스를 제공하

11) e.g., Richard Hall, *Stapled Finance Packages under Scrutiny*, IFLR 1000 available at http://www.iflr1000.com/LegislationGuide/146/Stapled-finance-packages-under-scrutiny.html. 자본시장법상 투자은행의 이해상충에 관하여 김유니스/남유선, *내부자거래와 이해상충통제 및 관리수단으로서의 Chinese Wall의 법적 기능에 관한 연구— 영미에서의 운용과 자본시장법상의 기준에 대한 비교검토를 중심으로*, 10:2 증권법연구 145-181 (2009).

12) 변호사법 제22조는 사무직원에 대하여 규제하고 있다.

13) 보도에 따르면 각종 직종의 전문인들이 고문 내지 사무직원으로 영입되고 있으며 또한 많은 변호사 사무실의 홈페이지를 살펴보면 고문들에 대한 소개가 있다.

14) 변호사 사무실이 대형화하고 다양한 서비스를 제공하는 데 도움이 될지 모르나 변호사로서의 직업윤리를 훼손시키고 다양한 전문직업의 육성을 저해할 수도 있다.

15) 판검사도 동일한 우려가 있다.

기 위하여 이들이 도움이 필요하다면 그 범위 내에서 이러한 현실적 필요에 대한 보다 명확하고 공개적인 정책적 토론이 바람직하다. 특히 법학전문대학원에서의 교육을 통하여 대학에서 법학을 전공하지 않은 많은 젊은 법률가들이 기존의 법률가 집단에 합류하면서 이들이 주축이 되어 앞으로 경쟁력있는 법률가문화를 만들기 위한 중요한 논점이 될 것이다.16)

이상수, 법조윤리의 이론과 실제, 184-197 (2009)

[표 19-1] 의뢰인 간의 이익충돌

구 분		동의가능여부	관련조문
동시적 이익충돌	동일사건	동의불가	변호사법 제31조 제 1 호 윤리장전 제17조 제 2 항 윤리장전 제18조 제 4 항
	동일하지 않은 사건	동의가 있으면 수임가능	변호사법 제31조 제 2 항 윤리장전 제17조 제 3 항
종전 의뢰인과의 이익충돌	동일하거나 본질적인 관련	동의가 있으면 수임가능	윤리장전 제18조 제 2 항
	그렇지 않은 사건	이익충돌 없으므로 동의 불필요	

2) 동시적 이익충돌

복잡한 이익충돌의 유형이 있지만 가장 중요한 것은 의뢰인 간의 이익 충돌이다. 이것은 ① 현재 수임하거나 하려고 하는 두 의뢰인 사이의 이익충돌문제와, ② 종전 의뢰인과 현재 수임하거나 하려고 하는 의뢰인 사이의 이익충돌로 나눌 수 있다. 전자는 동일한 사건에서의 이익충돌과 동일하지 않은 사건에서의 이익충돌로 나눌 수 있다. 이를 정리해보면 [표 19-1]과 같다.

[표 19-1]에서 보듯이 우리나라 윤리장전은 이익충돌을 규정하면서 여러 곳에서 '동일사건'이라는 개념을 쓰고 있다. 예컨대 윤리장전 제17조 제 2 항과 제 3 항, 제18조 제 2 항과 제 4 항 등이 이에 속한다. 제18조 제 2 항은 동일사건이란 표현 외에 '본질적으로 관련된 사건'이라는 개념을 사용하지만, 본질적으로 관련된 사건이란 동일사건의 의미를 확장한 것으로 볼 수 있다. 사건의 동일성 여부는 분쟁의 실체가 동일한지 여부에 의해서 결정된다. 판례에 의하면 "변호사법 제31조 제1호

16) 영국에서의 논의에 관하여는 김연미, *기업에 대한 법률자문에 있어 이익충돌의 문제*, 8:3 홍익법학 87-106 (2007).

가 적용되기 위해서는 그 변호사가 관여한 사건이 일방 당사자와 그 상대방사이에 있어서 동일하여야 하는데, 여기서 사건이 동일한지의 여부는 그 기초가 된 분쟁의 실체가 동일한지의 여부에 의하여 결정되어야 하는 것이므로 상반되는 이익의 범위에 따라서 개별적으로 판단되어야 하는 것이고, 소송물이 동일한지 여부나 민사사건과 형사사건 사이와 같이 그 절차가 같은 성질의 것인지 여부는 관계가 없다." 판례는 "동일한 변호사가 형사사건에서 피고인으로 선임되어 변호활동을 하는 등 직무를 수행하다가 나중에 실질적으로 동일한 쟁점을 포함하고 있는 민사사건에서 위 형사사건의 피해자에 해당하는 상대방 당사자를 위한 소송대리인으로서 소송행위를 하는 등 직무를 수행하는 것 역시 금지되는 것"으로 보는데, 이는 실질적으로 동일한 쟁점을 포함하면 민사·형사를 묻지 않고 동일 사건으로 취급한 사례이다. 여기서 말하는 바 '실질적으로 동일한 쟁쟁을 포함'하는 경우나 '사건내용의 기본사실이 같은 것'은 모두 '분쟁의 실체가 동일한 경우'의 한 사례로 볼 수 있을 것이다.

(가) 동일사건에서 동시적인 이익충돌이 있는 경우

의뢰인과 변호사 사이의 관계는 일종의 위임(대리)관계인데, 민법의 대리규정에 의하면 쌍방대리는 원칙적으로 금지된다. 다만 쌍방대리를 금지하는 이유는 본인의 이익을 보호하기 위한 것이므로, 본인이 미리 허락한 경우에는 쌍방대리가 인정된다(민법 제124조). 그러나 변호사의 경우에는 이러한 법리가 적용되지 않는다. 즉, 변호사에 의한 의뢰인의 쌍방대리는 양당사자의 동의가 있더라도 허용되지 않는다. 쌍방대리는 의뢰인에게 성실의무를 다해야 하는 변호사의 본래적 역할과 양립하지 않기 때문이다. 변호사법 제31조의 문언도 이와 같은 취지를 밝히고 있는 것으로 보인다. 이 조항은 변호사가 직무를 수행할 수 없는 경우를 나열하면서, 제2호에 대해서만 수임하고 있는 사건의 위임인이 동의한 때는 그 직무를 수행할 수 있는 것으로 규정하고 제1호에 대해서는 그러한 예외를 인정하고 있지 않기 때문이다. 마찬가지로 윤리장전 제17조에서도 수임금지라는 제목 하에 수임이 금지되는 경우를 열거하고, 의뢰인의 양해를 조건으로 수임할 수 있는 경우는 별도로 명시하고 있기 때문에 그러한 조건을 명시하지 않은 제17조 제2항의 쌍방대리의 경우는 상대방이 동의(양해)를 하더라도 이에 대해 직무를 수행할 수 없는 것으로 보아야 할 것이다.

일본의 경우에도 이익충돌 상황에서 의뢰인의 동의가 있더라도 수임할 수 없는 경우를 적시하고 있다. 즉 상대방의 협의를 받아 찬조하거나 그 의뢰를 승낙한 사건(직무규정 제27조 1호)과 상대방의 협의를 받은 사건에서 그 협의의 정도 및 방법이 신뢰관계에 기초한다고 인정되는 사건(직무규정 제27조 제 2 호)에서는 동의여부와 상관없이 그 사건의 수임이 금지된다. 일본의 판례도 이 점을 확인하고 있다. 즉 "(변호사법 제25조)1호 또는 2호의 사건에 대해서는 상대방의 동의가 있는 경우에도 변호사인 자는 그 품위, 신용을 유지하기 위하여. 그 직무를 하지 말아야 한다는 것이 법 제25조의 취지라고 이해된다"고 한다.

미국 표준규칙은 동시적 이익충돌이 있는 경우. 원칙적으로 해당 의뢰인을 대리하지 못하는 것으로 한다. 여기서 동시적 이익충돌이 있다는 것은 한 의뢰인의 대리가 직접 다른 의뢰인의 이익에 반하는 경우, 또는 변호사가 다른 의뢰인, 종전 의뢰인, 제 3 자에 대한 책임이나 변호사의 개인적 이익에 의해서 한 명 또는 그 이상의 의뢰인의 대리가 실질적으로 제한받을 상당한 위험이 있는 경우를 의미한다(표준규칙 1.7(a)). 그러나 동시에 표준규칙은 동시적 이익충돌에도 불구하고 ① 변호사가 스스로 양 관련 의뢰인에게 적격의 근면한 대리를 할 수 있다고 합리적으로 믿을 것, ② 대리가 법률에 의해서 금지되지 않을 것, ③ 대리가 동일한 소송 또는 재판정 절차에서 한 의뢰인의 청구의 주장이 그 변호사에 의해 대리되는 다른 의뢰인에 대해 제기되는 것을 포함하지 않을 것 그리고 ④ 각 의뢰인이 설명 있는 동의를 하고 서면으로 확인할 것 등의 조건이 갖추어지면, 동시적 이익충돌이 있는 의뢰인을 대리할 수 있는 것으로 하고 있다(표준규칙 1.7(b)). 따라서 이를 반대해석하면, 변호사가 적격의 대리를 할 수 없다고 판단하는 경우, 법률이 금하는 경우, 그리고 동일소송에서 원고·피고를 대리하는 경우는 의뢰인의 동의가 있더라도 변호사가 그 직무를 수행할 수 없다고 해석된다.

판례와 징계사례를 중심으로 이익충돌하는 사례들에 대해서 살펴보자.

"가건물철거법 소송사건의 원고측 소송대리인인 변호사가 위 소송목물인 대지의 양수인의 위임을 받아 동인의 소송대리인으로서 독립당사자 참가신청을 했다가 독립당사자 참가인의 소송대리인은 사임하였으나 원고의 소송대리인은 그대로 유지한" 행위는 이익충돌의 대리에 해당한다. 고소인과 피고소인 모두로부터 보수를 받았다면 이익충돌의 대리를 한 것으로 볼 수 있다. 강간피해자로부터 손해배상(위자료)청구 사건을 수임하고 같은 해 그 피해자를 강간한 혐의로 구속된 자의 사건을 수임하는 것(97-8, 1988. 2. 16). 민사소송의 상대방이었던 자로부터 형사사건의 변호인이 되는 것(97-11, 1998. 2. 16). 같은 사건에서 피고 소송대리를 사임하고 독립당사자 참가인 측을 수임하는 것, 원고의 복대리인을 사임하고 피고 대리를 하는 것 등은 모두 이익충돌의 대리이므로 허용되지 않는다. 또 A변호사가 현재 갑·을·병 3인의 위임에 의하여 공사대금청구사건의 피고들의 소송대리인이 되어 소송을 진행 중에 있는 바, A변호사는 위 갑이 을과 병을 상대로 하여 제기한 별도의 부당이익금청구사건의 원고 소송대리인으로 사건을 수임할 수 있는지에 대해서 대한변협은 허용되지 않는다고 답변했다.

(나) 동일하지 않은 사건에서 동시적 이익충돌

두 사건의 실체적 동일성이 없는 경우에 한 사건에서는 원고를 대리하고 다른 사건에서는 그 원고를 상대방으로 하는 다른 사람을 대리할 수 있는가? 예컨대 부동산의 명도소송에서 갑을 대리하고, 교통사고 손해배상소송에서 갑을 상대방으로 하는 을을 대리할 수 있는가? 외견상 전혀 상관없는 두 사건을 대리하는 것으로 보이지만, 이러한 경우에도 이익충돌이 있는 것으로 보아 이를 금지하는 것이 일반적이다. 대리과정은 단순히 법률적인 문제를 냉정하게 해결해가는 과정이라기보다 상당한 감정의 개입이 수반되는 과정이라고 했을 때 동일한 의뢰인을 한편으로 방어하고 다른 한편으로 공격하는 경우, 성실하고 헌신적인 대리를 기대하기 어렵기 때문이다.

수임하고 있는 사건의 상대방이 사건을 의뢰하는 경우는 그가 변호사를 신뢰하여 그의 능력을 이용하려는 경우도 있겠으나, 진행 중인 사건에 유리한 영향을 미칠 의도로 하는 경우도 있을 것이다. 따라서 설사 전자에 해당하다고 하더라도 윤리규정은 변호사로 하여금 그러한 사건을 맡아 직무를 수행하지 못하도록 하고 있다. 이 경우 직무를 수행할 수 없게 하는 것은 종전의 사건 의뢰인에 대한 충실의무를 다하고 그의 신뢰를 보호하기 위한 것이다. 만약 이를 허용한다면 자신의 변호사가 상대방으로부터도 수익을 얻음으로써 자신에게 충실하지 못하기 쉽기 때문이다. 다만 현재의 의뢰인의 입장에서 스스로 그 이익을 포기하고 변호사에게 그 사건의 수임에 동의할 수는 있다.

이에 따라 우리나라 변호사법도 "수임하고 있는 사건의 상대방이 위임하는 다른 사건"에 대해서는 변호사가 그 직무를 수행할 수 없는 것을 원칙으로서 규정하고 있으며 다만 사건 위임인의 동의가 있는 경우에는 수임을 맡는 등 그 직무를 수행할 수 있도록 했다(변호사법 제31조 제2호).

관련 사례를 보면, 갑을 대리하여 소송 중인 변호사가 갑을 상대로 하는 다른 사건에서 갑을 상대로 소를 제기하는 을을 대리할 수 있는지에 관한 질문에서, 대한변협은 갑의 동의가 없는 한 을의 소송대리를 할 수 없다고 했다. 또 위임인이 동의하면 상대방이 의뢰하는 다른 사건을 수임할 수 있다고 했다. 예컨대, A에게서 위임을 받은 변호사로서 B와 C를 상대로 하는 대여금 청구소송을 진행하고 있는 바, 위와 동일한 인물인 B에게서 위임을 받아 C를 상대로 가처분 이의사건을 진행할 수 있는지에 대해서는 A와 B의 동의가 있으면 가능하다고 답변했다.

3) **종전 의뢰인에 대한 의무**

변호사는 위임사무가 종료된 후에도 종전 사건과 "동일하거나 본질적으로 관련된 사건"에서 대립하는 당사자로부터 사건을 수임할 수 없다(윤리장전 제18조 제 2 항; 표준규칙 1.9: 유럽 행위규범 3. 2. 3). 다만, 종전 의뢰인이 양해한 경우에는 그 사건을 수임할 수 있다(윤리장전 제18조 제 2 항 단서). 변호사는 한 의뢰인과의 대리관계가 종료되더라도 그 의뢰인에 관한 비밀정보를 누설해서는 안 되며 이용해서도 안 되기 때문에(윤리장전 제23조; 표준규칙 1.9(c) 참고), 종전 의뢰인에 대한 정보가 새로운 사건에서 실질적으로 의미있는 정보인 경우에는 그 사건을 수임할 수 없게 하는 것이다. 예컨대, "본건 건물의 철거소송의 별소에서 피고 A의 소송대리인이었던 자가 위 피고의 상대자인 원고 B의 소송대리인으로서 소송행위를 하였음은 변호사법 제16조 제 1 호에 위반되는 행위"로서 금지된다. 그러나 종전 사건과 동일하거나 본질적으로 관련된 사건이 아니라면, 종전 의뢰인의 상대방을 대리하는 것은 가능하다. 따라서 이 경우는 종전 의뢰인의 동의를 구할 필요가 없이 곧장 사건을 수임할 수 있다.

일본 판례를 보면, 공동상속인 간의 유산분할 조정사건에서 공동상속인의 일부로부터 위임을 받아 조정에 관여했기 때문에 그 공동상속인의 일부의 토지가 피상속인의 생존 중에 이미 제 3 자에게 매각되어 있던 것을 알고 있던 변호사가 후에 그 제 3 자로부터 소송위임을 받아 그 공동상속인들에 대하여 소유권이전등기절차청구소송을 한 것은 수임이 금지되는 이익상반에 해당한다고 보았다.

미국 표준규칙도 종전 의뢰인과 관련한 이의충돌을 규정하고 있다. 즉, 종전 의뢰인이 문서로써 설명 있는 동의를 하지 않는 한. 어떤 사안에서 이전에 의뢰인을 대리한 변호사는 이후에 다른 사람의 이익이 종전의 의뢰인의 이익에 중대하게 거스르는 사안이나 상당히 관련있는(substantially related) 사안에서 그 다른 사람을 대리할 수 없다(표준규칙 1.9(a)). 상당히 관련이 있는 사안인지 여부의 판정에서는 변호사가 이전에 종전 의뢰인을 대리하면서 얻은 비밀정보를 이용할 상당한 위험이 있는지를 보고 판단한다(표준규칙 1.9(b)). 예컨대, 의료과오 사고에서 병원을 대리했던 변호사는 적어도 변호사가 병원을 대리하는 동안의 사실관계들이 문제되는 곳에서는 후에 병원을 상대로 한 의료사고에서 환자를 대리할 수 없다. 의뢰인을 위하여 고용계약서를 작성했던 변호사는 그 계약서를 해석하거나 문제삼는 피고용자를 대리할 수 없다. 만약 종전 의뢰인이 상대방을 위한 핵심적 증인이 되고 종전 의뢰인에 대해 이의를 제기하기 위해서는 변호사가 그의 비밀정보를 이용해야 한다면 그 변호사는 자격이 부인된다.

RESTATEMENT OF THE LAW, THE LAW GOVERNING LAWYERS (ALI 3d ed. 2001)[17)]

CHAPTER 8 CONFLICTS OF INTEREST
Introductory Note
TOPIC 1. CONFLICTS OF INTERESTIN GENERAL
Introductory Note
Section
121. The Basic Prohibition of Conflicts of Interest
122. Client Consent to a Conflict of Interest
123. Imputation of a Conflict of Interest to an Affiliated Lawyer
124. Removing Imputation
TOPIC 2. CONFLICTS OF INTEREST BETWEEN A LAWYER AND A CLIENT
Introductory Note
125. A Lawyer's Personal Interest Affecting the Representation of a Client
126. Business Transactions Between a Lawyer and a Client
127. A Client Gift to a Lawyer
TOPIC 3. CONFLICTS OF INTEREST AMONG CURRENT CLIENTS
Introductory Note
128. Representing Clients with Conflicting Interests in Civil Litigation
129. Conflicts of Interest in Criminal Litigation

17) copyright 2000 by The American Law Institute. Reprinted with permission. All rights reserved.

Introductory Note: The prohibition against conflicts of interest reflects the role of a lawyer as the loyal representative of a client's interest. The prohibition is derived in part from the law of agency. Lawyers are required to avoid divided loyalties that would harm their principals, their clients (see generally Restatement Second, Agency §23). For lawyers, the conflict-of-interest prohibitions flowing from general agency law are enhanced by the special relationship between lawyers and clients. Influences that interfere with a lawyer's devotion to a client's welfare constitute conflicts with that client's interest. The obligation to protect client confidential information (see generally §60), which applies to both clients and former clients, also serves to limit the representations a lawyer may accept. This Chapter restates the law determining how such conflicts are to be identified and addressed.

Topic 1 examines the general prohibition of conflicts of interest, the extension of the prohibition to affiliated lawyers, and the significance of client consent. Topics 2 through 5 deal with specific applications of the rules in Topic 1. On the remedies for conflicts of interest, see §121, Comment f.

This Chapter does not address two issues sometimes treated as conflict-of-interest issues. The extent to which a lawyer may finance a client's litigation expenses is examined in §36, while the rules governing when an advocate may appear as a witness are considered as questions of litigation administration in §108.

TOPIC 1. CONFLICTS OF INTEREST-IN GENERAL

Introductory Note: This Topic states basic conflict-of-interest concepts that are then applied throughout the remaining Topics of this Chapter.

§121. The Basic Prohibition of Conflicts of Interest

Unless all affected clients and other necessary persons consent to the representation under the limitations and conditions provided in §122, a lawyer may not represent a client if the representation would involve a conflict of interest. A conflict of interest is involved if there is a substantial risk that the lawyer's representation of the client would be materially and adversely affected by the lawyer's own interests or by the lawyer's duties to another current client, a former client, or a third person.

Comment:

a. Scope and cross-references. This Section sets forth the basic prohibition against conflict of interest. Sections 125-135 set out applications of this Section in common conflict-of-interest settings. Interpretation of those Sections can, in turn, be clarified by reference to the general principle in this Section. Client consent to conflicts is the subject of §122. On imputation of conflicts to affiliated lawyers, see §123; for the circumstances in which imputation can be removed, see §124.

On formation of the client-lawyer relationship in general, see §14. Representation of a fiduciary, entity, or class client with possible fiduciary responsibilities to third persons is considered in §26. With respect to a prospective client, see §15. On duties owed by a lawyer to nonclients about whom a lawyer learns confidential information in the course of representing a client, see §132, Comment g(ii). On conflicts created by a lawyer's fiduciary or other legal obligations to a nonclient, see §135.

This Section generally identifies four types of conflicts of interests, i.e., those between the interest of a current client and (1) the lawyer's own interest, (2) the lawyer's duties to another current client, (3) the lawyer's duties to a former client, and (4) the lawyer's duties to a third person. Those are analyzed in Topics 2-5 of this Chapter, respectively. The special problems of applying conflicts rules in class action suits are considered in §§125 and 128.

Issues concerning conflicts of interest are also affected by issues considered in other Chapters of this Restatement. For example, Chapter 5 on confidential client information provides the rationale for many of the rules in this Chapter. The scope of the lawyer's obligation to each client (see §16) determines whether the lawyer's contemplated services would involve assistance to clients whose interests conflict.

The Section refers to consent by clients "and other necessary persons" in view of the possible need for consent by nonclients, for example former clients under §132 or persons who were never in a lawyer-client relationship with the lawyer under §132, Comment g(ii).

b. Rationale. The prohibition against lawyer conflicts of interest reflects several competing concerns. First, the law seeks to assure clients that their lawyers will represent them with undivided loyalty. A client is entitled to be represented by a lawyer whom the client can trust. Instilling such confidence is an objective important in itself. For example, the principle underlying the prohibition against a lawyer's filing suit against a present client in an unrelated matter (see §128, Comment e) may also extend to situations, not involving litigation, in which significant impairment of a client's expectation of the lawyer's loyalty would be similarly likely. Contentious dealings, for example involving charges of bad faith against the client whom the lawyer represents in another matter would raise such a concern. So also would negotiating on behalf of one client when a large proportion of the lawyer's other client's net worth is at risk.

Second, the prohibition against conflicts of interest seeks to enhance the effectiveness of legal representation. To the extent that a conflict of interest undermines the independence of the lawyer's professional judgment or inhibits a lawyer from working with appropriate vigor in the client's behalf, the client's expectation of effective representation (see §16) could be compromised.

Third, a client has a legal right to have the lawyer safeguard the client's confidential information (see §60). Preventing use of confidential client information against the interests of the client, either to benefit the lawyer's personal interest, in aid of some other client, or to foster an assumed public purpose is facilitated through conflicts rules that reduce the opportunity for such abuse.

Fourth, conflicts rules help ensure that lawyers will not exploit clients, such as by inducing a client to make a gift to the lawyer (see §127).

Finally, some conflict-of-interest rules protect interests of the legal system in obtaining adequate presentations to tribunals. In the absence of such rules, for example, a lawyer might appear on both sides of the litigation, complicating the process of taking proof and compromising adversary argumentation (see §128).

On the other hand, avoiding conflicts of interest can impose significant costs on lawyers and clients. Prohibition of conflicts of interest should therefore be no broader than necessary. First, conflict avoidance can make representation more expensive. To the extent that conflict-of-interest rules prevent multiple clients from being represented by a single lawyer, one or both clients will be required to find other lawyers. That might entail uncertainty concerning the successor lawyers' qualifications, usually additional cost, and the inconvenience of separate representation. In matters in which individual claims are small, representation of multiple claimants might be required if the claims are effectively to be considered at all. Second, limitations imposed by conflicts rules can interfere with client expectations. At the very least, one of the clients might be deprived of the services of a lawyer whom the client had a particular reason to retain, perhaps on the basis of a long-time association with the lawyer. In some communities or fields of practice there might be no lawyer who is perfectly conflict-free. Third, obtaining informed consent to conflicted representation itself might compromise important interests. As discussed in §122, consent to a conflict of interest requires that each affected client give consent based on adequate information. The process of obtaining informed consent is not only potentially time-consuming; it might also be impractical because it would require the disclosure of information that the clients would prefer not to have disclosed, for example, the subject matter about which they have consulted the lawyer. Fourth, conflicts prohibitions interfere with lawyers' own freedom to practice according to their own best judgment of appropriate professional behavior. It is appropriate to give significant weight to the freedom and professionalism of lawyers in the formulation of legal rules governing conflicts.

c. The general conflict-of-interest standard. The standard adopted in this Chapter answers the four questions to which any conflicts-of-interest standard must respond. Those are (i) What kind of effect is prohibited? (ii) How significant must the effect be? (iii) What probability must there be that the effect will occur? (iv) From whose perspective are conflicts of interest to be determined? The standard adopted here incorporates elements common to all three of the major lawyer codes developed in this century. It casts the answer to each question in terms of factual predicates and practical consequences that are reasonably susceptible of objective assessment by lawyers subject to the rules, by clients whom the rules affect, and by tribunals.

c(i). Prohibited effects. Unless there is risk that the lawyer's representation would be affected "adversely," there is no conflict of interest. The 1969 Code of Professional Responsibility uses the term "differing interests" to define situations that a lawyer must treat as an actual or potential conflict. However, this standard can be interpreted over-inclusively. Two clients rarely have interests that are entirely identical. If the term "differing" interests were given its broadest meaning, a lawyer might almost never be able to represent two clients without the client's consent.

"Adverse" effect relates to the quality of the representation, not necessarily the quality of the result obtained in a given case. The standard refers to the incentives faced by the lawyer before or during the representation because it often cannot be foretold what the actual result would have been if the representation had been conflict-free.

Illustration:

1. Lawyer has been retained by A and B, each a competitor for a single broadcast license, to assist each of them in obtaining the license from Agency. Such work often requires advocacy by the lawyer for an applicant before Agency. Lawyer's representation will have an adverse effect on both A and B as that term is used in this Section. Even though either A or B might obtain the license and thus arguably not have been adversely affected by the joint representation, Lawyer will have duties to A that restrict Lawyer's ability to urge B's application and vice versa. In most instances, informed consent of both A and B would not suffice to allow the dual representation (see §122).

c(ii). "Materially" adverse effect. Materiality of a possible conflict is determined by reference to obligations necessarily assumed by the lawyer (see §16), or assumed by agreement with the client either in the retainer agreement (see §19) or in the course of the representation (see §21). An otherwise immaterial conflict could be considered material if, for example, a client had made clear that the client considered the possible conflict a serious and substantial matter.

Illustration:

2. Lawyer is asked by Client A to represent Client A in an aspect of the hostile takeover by Client A of Lawyer's corporate Client B. Success in such a venture would have a material adverse effect on Client B and hence involves a conflict of interest within the meaning of this Section. 'Whether informed consent of both A and B would be sufficient to allow the dual representation in this situation is considered in §122.

c(iii). Likelihood of effect. There is no conflict of interest within the meaning of this Section unless there is a "substantial risk" that a material adverse effect will occur. In many cases the material adverse effect on the representation will be immediate, actual, and apparent. Other situations, however, might present a risk that is only potential or contingent. In this context, "substantial risk" means that in the circumstances the risk is significant and plausible, even if it is not certain or even probable that it will occur. The standard requires more than a mere possibility of adverse effect.

Illustration:

3. Clients A and B have come to Lawyer for help in organizing a new business. Lawyer is satisfied that both clients are committed to forming the enterprise and that an agreement can be prepared that will embody their common undertaking. Nonetheless, because a substantial risk of future conflict exists in any such arrangement, Lawyer must explain to the clients that because of future economic uncertainties inherent in any such undertaking, the clients' interests could differ in material ways in the future. Lawyer must obtain informed consent pursuant to §122 before undertaking the common representation.

Some conflicts can be eliminated by an agreement limiting the scope of the lawyer's representation if the limitation can be given effect without rendering the remaining representation objectively inadequate (see §19 & §12'2, Comment g(iv)).

Illustration:

4. Lawyer has been retained by Client to represent Client in general business matters. Client has a distribution contract with Manufacturer, and there is a chance that disputes could arise under the contract. Lawyer represents Manufacturer in local real estate matters completely unrelated to Client's business. An agreement between Lawyer and Client that the scope of Lawyer's representation of Client will not extend to dealing with dispute with Manufacturer would eliminate the conflict posed by the chance otherwise of representing Client in matters adverse to Manufacturer (see §128). Such an agreement would not require the consent of Manufacturer.

General antagonism between clients does not necessarily mean that a lawyer would be engaged in conflicted representations by representing the clients in separate, unrelated matters. A conflict for a lawyer ordinarily exists only when there is conflict in the interests of the clients that are involved in the matters being handled by the lawyer or when unrelated representations are of such a nature that the lawyer's relationship with one or both clients likely would be adversely affected.

Illustration:

5. For many years Law Firm has represented Bank in mortgage foreclosures and does so currently. Other lawyers in Law Firm have continuously represented Manufacturer as outside general counsel and do so currently. Bank and Manufacturer entered into an agreement under which Bank would loan a sum of money to Manufacturer. Lawyers from Law Firm did not represent either client in negotiating the loan agreement. A dispute arose between the parties to the agreement, and Manufacturer announced that it would file suit against Bank for breach of the loan contract. Absent client consent as provided in §122, Law Firm lawyers may not represent either Bank or Manufacturer in the litigation (see §128(2)). Law Firm may not withdraw from representing either client in order to file or defend a suit on the loan agreement against the other (see §132, Comment c). Law Firm may, however, continue to provide legal services to both clients in matters unrelated to the litigation because as to those matters the clients' interests are not in conflict.

c(iv). The perspective for determining conflict of interest. This Section employs an objective standard by which to assess the adverseness, materiality, and substantiality of the risk of the effect on representation. The standard of this Section is not the "appearance of impropriety" standard formerly used by some courts to define the scope of impermissible conflicts. That standard could prohibit not only conflicts as defined in this Section, but also situations that might appear improper to an uninformed observer or even an interested party.

The propriety of the lawyer's action should be determined based only on facts and circumstances that the lawyer knew or should have known at the time of undertaking or continuing a representation. It should not be evaluated in light of information that became known only later and that could not reasonably have been anticipated.

The standard of this Section allows consideration in a given situation of the social value of the lawyer's behavior alleged to constitute the conflict. For example, a lawyer's statement about a matter of public importance might conflict with a client's objectives, but the public importance of free expression is a factor to be considered in limiting the possible reach of the relevant conflicts rule (see §125, Comment e).

Whether there is adverseness, materiality, and substantiality in a given circumstance is often dependent on specific circumstances that are ambiguous and the subject of conflicting evidence. Accordingly, there are necessarily circumstances in which the lawyer's avoidance of a representation is permissible but not obligatory. A lawyer also would be justified in withdrawing from some representations in circumstances in which it would be improper to disqualify the lawyer or the lawyer's firm.

d. Representation of a client. The prohibition of conflicts of interest ordinarily restricts a lawyer's activities only where those activities materially and adversely affect the lawyer's ability to represent a client including such an effect on a client's reasonable expectation of the lawyer's loyalty. The formation of a client-lawyer relationship is considered in §14. Obligations to nonclients might be imposed on a lawyer by other principles of law, see §135. That a formal client-lawyer relationship has come to an end does not terminate all conflict-of-interest restrictions, such as the prohibition against a lawyer accepting representation contrary to the interest of a former client (see §132).

For purposes of identifying conflicts of interest, a lawyer's client is ordinarily the person or entity that consents to the formation of the client-lawyer relationship, see §14. For example, when a lawyer is retained by Corporation A, Corporation A is ordinarily the lawyer's client; neither individual officers of Corporation A nor other corporations in which Corporation A has an ownership interest, that hold an ownership interest in Corporation A, or in which a major shareholder in Corporation A has an ownership interest, are thereby considered to be the lawyer's client.

In some situations, however, the financial or personal relationship between the lawyer's client and other persons or entities might be such that the lawyer's obligations to the client will extend to those other persons or entities as well. That will be true, for example, where financial loss or benefit to the nonclient person or entity will have a direct, adverse impact on the client.

Illustrations:

6. Lawyer represents Corporation A in local real-estate transactions. Lawyer has been asked to represent Plaintiff in a products-liability action against Corporation B claiming substantial damages. Corporation B is a wholly owned subsidiary of Corporation A; any judgment obtained against Corporation B will have a material adverse impact on the value of Corporation B' assets and on the value of the assets of Corporation A. Just as Lawyer could not file suit against Corporation A on behalf of another client, even in a matter unrelated to the subject of Lawyer's representation of Corporation A (see §128, Comment e), Lawyer may not represent Plaintiff in the suit against Corporation B without the consent of both Plaintiff and Corporation A under the limitations and conditions provided in §122.
7. The same facts as in Illustration 6, except that Corporation B is not a subsidiary of Corporation A Instead, 51 percent of the stock of Corporation A and 60 percent of the stock of Corporation B are owned by X Corporation. The remainder of the stock in both Corporation A and Corporation B is held by the public. Lawyer does not represent X Corporation. The circumstances are such that an adverse judgment against Corporation B will have no material adverse impact on the financial position of Corporation A. No conflict of interest is presented; Lawyer may represent Plaintiff in the suit against Corporation B.

Similar problems could arise where the client and nonclient are individuals and representation adverse to the nonclient could have direct material effect on the client's interest. Such a situation would exist, for example, where a lawyer representing one spouse was asked to bring suit against the other, or where a lawyer representing one holder of an interest in property was asked by someone else to bring suit against the other holder in circumstances where the suit could materially and adversely affect the interest of the lawyer's client.

In yet other situations, the conflict of interest arises because the circumstances indicate that the confidence that a client reasonably reposes in the loyalty of a lawyer would be compromised due to the lawyer's relationship with another client or person whose interests would be adversely affected by the representation.

Illustration:

8. The same facts as in Illustration 7, except that one-half of Lawyer's practice consists of work for Corporation A. Plaintiff could reasonably believe that Lawyer's concern about a possible adverse reaction by Corporation A to the suit against Corporation B will inhibit Lawyer's pursuit of Plaintiff's case against Corporation B (see §§125 & 128). Lawyer may not represent Plaintiff in the suit against Corporation B unless Plaintiff consents to the representation under the limitations and conditions provided in §122. Because Lawyer's representation of Corporation A is assumed in Illustration 7 not to be adversely affected by the representation of Plaintiff, the consent of Corporation A to the representation is not required.

Significant control of the nonclient by the client also might suffice to require a lawyer to treat the nonclient as if it were a client in determining whether a conflict of interest exists in a lawyer's representation of another client with interests adverse to the nonclient.

Illustration:

9. The same facts as in Illustration 7, except that X Corporation has elected a majority of the Directors of Corporation B and has approved its key officers. Officers of X Corporation regularly supervise decisions made by Corporation B, and Lawyer has regularly advised X Corporation on products-liability issues affecting all of the corporations in which X Corporation owns an interest. X Corporation has used that advice to give direction about minimizing claims exposure to Corporation B. Although Lawyer does not represent Corporation B, Lawyer's earlier assistance to X Corporation on

products-liability matters was substantially related to the suit that Plaintiff has asked Lawyer to file against Corporation B (see §132). Lawyer may not represent Plaintiff in the suit against Corporation B unless Plaintiff, X Corporation, and Corporation B consent to the representation under the limitations and conditions provided in §122. In the circumstances, informed consent on behalf of Corporation B may be provided by officers of X Corporation who direct the legal affairs of Corporation B pursuant to applicable corporate law.

A conflict of interest can also arise because of specific obligations, such as the obligation to hold information confidential, that the lawyer has assumed to a nonclient.

Illustration:

10. Lawyer represents Association, a trade association in which Corporation C is a member, in supporting legislation to protect Association's industry against foreign imports. Lawyer does not represent any individual members of Association including Corporation C, but at the request of Association and Lawyer, Corporation C has given Lawyer confidential information about Corporation C's cost of production. Plaintiff has asked Lawyer to sue Corporation C for unfair competition based on Corporation C's alleged pricing below the cost of production. Although Corporation C is not Lawyer's client, unless both Plaintiff and Corporation C consent to the representation under the limitations and conditions provided in §122, Lawyer may not represent Plaintiff against Corporation C in the matter because of the serious risk of material adverse use of Corporation C's confidential information against Corporation C.

e. Withdrawal from conflicting representations in general. A conflict can be avoided by declining to represent a new client or, when appropriate, by obtaining effective consent (see §122). However, a lawyer might undertake representation before realizing that a conflict exists. In addition, subsequent events might create conflicts. For example, a merger of law firms or a merger of a corporate client with a nonclient enterprise might create conflicts after the representation begins (see Comment e(v) hereto). The appropriate course of action in such situations might vary with the circumstances, as indicated in the following Comments.

e(i). Withdrawal or consent in typical cases of postrepresentation conflict. If a lawyer withdraws from representation of multiple clients because of a conflict of interest (or for any other reason), the rule stated in §132 prohibits representation in the same or a substantially related matter of a remaining client whose interests in the matter are materially adverse to the interests of a now-former client. For example, two clients previously represented by lawyers in a firm in the same transaction pursuant to effective consent might thereafter have a falling out such that litigation is in prospect (see §§ 130 & 128). The firm may not withdraw from representing one client and take an adversary position against that client in behalf of the other in the subsequent litigation (see §132, Comment c). The firm must obtain informed consent from both clients (see §122) or withdraw entirely. Consent in advance to such continued representation may also be provided as stated in §122, Comment d. The fact that neither joint client could assert the attorney-client privilege in subsequent litigation between them (see §75) does not by itself negate the lawyer's more extensive obligations of confidentiality under §60 and loyalty under §16(1).

e(ii). Successive representations involving no conflict. A lawyer or firm might be in a position to withdraw from fewer than all the representations in a joint-client representation and thereby remove a conflict if it is possible after withdrawal for the lawyer to continue representation only with respect to matters not substantially related to the former representation (compare §132) or with respect to related matters for clients that are not adverse to the now-former client.

Illustration:

11. The same facts as in Illustration 5, except that Law Firm represented Bank in negotiating the loan agreement. That was done after Law Firm obtained the effective consent of Manufacturer, although the consent did not extend to representation of Bank in possible future litigation concerning the agreement (see §122, Comments d-f). The clients have now reached a point of serious difference over the

agreement. Law Firm must cure the resulting conflict by renewed informed consents or by withdrawal. If either Bank or Manufacturer is unwilling to consent, Law Firm must withdraw from further representing Bank in the dispute over the agreement. However, Law Firm may continue to represent Bank and Manufacturer in their unrelated, separate matters because in those matters, as in Illustration 5, there is no conflict of interest between the clients.

e(iii). Withdr'awal due to revocation of consent. On the effect of one client's revocation of consent on a lawyer's ability to continue representing other clients, see §122, Comment f.

e(iv). Withdrawal from. representing an "accommodation" client. On representing a regular client after withdrawal from representation of another client undertaken for a limited purpose and as an accommodation to the clients, see §132, Comment i:

e(v). Withdrawal to cure a conflict created by a business transaction of a client. On continuing to represent a client after that client's opponent in litigation has been acquired by another of the lawyer's clients, see §132, Comment j.

f. Sanctions and remedies for conflicts of interest. In addition to the sanction of professional discipline, disqualifying a lawyer from further participation in a pending matter is a common remedy for conflicts of interest in litigation (§6, Comment i). For matters not before a tribunal where disqualification can be sought, an injunction against a lawyer's further participation in the matter is a comparable remedy (§6, Comment c).

When a conflict of interest has caused injury to a client, the remedy of legal malpractice is available (§§48 and following). Availability of the sanction of fee forfeiture is considered in §37. If the result in a matter was affected prejudicially by conflicting loyalties or misuse of confidential information by the lawyer, the result will sometimes be reversed or set aside. Some conflicts of interest subject a lawyer to criminal sanctions.

In general, whether a particular sanction or remedy is appropriate in a specific instance depends on the relationship between the lawyer and client or clients involved, the nature and seriousness of the conflict, the circumstances giving rise to the conflict and its avoidability, and the consequences of the particular remedy sought. In some situations, even an appropriate process for determining conflicts of interest could result in a conflict going undetected for a period of time. For example, the fact that someone in a law firm possesses confidential information that would be material in a pending matter (see §132) might be difficult to ascertain in some cases. When a lawyer undertakes a representation that is later determined to involve a conflict of interest that could not reasonably have been and in fact was not identified at an earlier point (see Comment g), the lawyer is not liable for damages or subject to discipline.

g. Detecting conflicts. For the purpose of identifying conflicts of interest, a lawyer should have reasonable procedures, appropriate for the size and type of firm and practice, to detect conflicts of interest, including procedures to determine in both litigation and nonlitigation matters the parties and interests involved in each representation.

Based on concern about a conflict of interest under self-imposed standards more exacting than those of this Section, a lawyer ordinarily may decline a representation (see §14) or withdraw as provided in §32. A client may urge a lawyer to limit practice in conformance with the client's own more-exacting concepts of conflict, but the lawyer is not required to comply. The lawyer must not misrepresent the lawyer's standards to the client, for example by purporting to limit the lawyer's other representations but evading the restriction in secret. Moreover, the lawyer may not agree to such a limitation when doing so would violate applicable professional prohibitions against restricting by agreement a lawyer's right to practice law.

The reasonableness of a lawyer's initial determination concerning a conflict is subject to later review by a tribunal to the extent indicated in Comment f. When a lawyer is or should reasonably be aware that there is a substantial risk that the lawyer's representation of the client will be challenged on conflicts grounds and thus delay the representation to the client's material disadvantage or make it otherwise more expensive or burdensome for the client, the lawyer must either decline representation or consult with the client concerning the risk (see §20) and proceed only with the informed consent of the client. If the representation has already commenced when an issue of conflict arises, the lawyer must consult with the client (see §20) and proceed in the best interests of the client. On withdrawal, see §32.

REPORTER'S NOTE:

Comment a. Scope and cross-references ABA Model Code of Professional Responsibility (1969) deals with conflicts-of-interest issues in Canon 5. The ABA Model Rules of Professional Conduct (1983) deal with the issues in Rules 1.7 through 1.13. Conflict-of-interest issues are addressed as well in the many cases and analyzed in the secondary authorities throughout this Chapter. See generally ABA/BNA Law. Manual Prof. Conduct §51:1 et seq. (various dates); 1 G. Hazard & W. Hodes, The Law of Lawyering, Rules 1.7-1.13 (2d ed.l990); C. Wolfram, Modern Legal Ethics, Chaps. 7 & 8 (1986); Aronson, Conflicts of Interest, 52 Wash. L. Rev. 807 (1977); Note, Developments in the Law: Conflicts of Interest in the Legal Profession, 94 Harv. L. Rev. 1244 (1981).

Comment b. Rationale. On the rationale for conflicts rules, see generally 1 G. Hazard & W. Hodes, The Law of Lawyering 217-22 (2d 1990); C. Wolfram, Modern Legal Ethics §7. 1. 3 (1986). The economic impact of conflict-of-interest rule on the interests of lawyers is problematical. In one view, overly rigorous rules are objectionable because they deprive a lawyer of the opportunity to earn a fee from multiple clients. More likely, however, over-regulation probably would produce a net benefit to the legal profession because it would increase the number of occasions on which clients must obtain separate representation, with a consequent net increase in the amount of income earned by the legal profession. See Morgan, The Evolving Concept of Professional Responsibility, 90 Harv. L. Rev. 702, 721-28 (1977).

Comment c. The general conflict-of-interest standard. The principle prohibiting lawyers' conflicts of interest has long been recognized in the law, but cases that carefully articulate the proper conflict-of-interest standard are rare. Most of the formulations have appeared in codes of lawyer conduct. The formulation of the conflicts standard in Canon 6 of the ABA Canons of Professional Ethics (1908) was as follows:

It is the duty of the lawyer at the time of retainer to disclose to the client all the circumstances of his relations to the parties, and any interest in or connection with the controversy, which might influence the client in the selection of counsel.

It is unprofessional to represent conflicting interests, except by express consent of all concerned given after a full disclosure of the facts. Within the meaning of this canon, a lawyer represents conflicting interests when, in behalf of one client, it is his duty to contend for that which duty to another client requires him to oppose.

The obligation to represent the client with undivided fidelity … forbids also the subsequent acceptance of retainers or employment from others in matters adversely affecting any interest of the client with respect to which confidence has been reposed.

Comment c(i). Prohibited effects. Canon 6 is the source of the first element of the standard described in this Section. It proscribed conflicts that arose from a subsequent representation "adversely affecting" an interest of a former client with respect to a matter about which the client had reposed a confidence in the lawyer.

Disciplinary Rules 5-105(A) and(B) of the ABA Model Code of Professional Responsibility (1969) continued the principle as follows: "A lawyer shall decline [or not continue multiple] employment …, if it would be likely to involve him in representing differing interests …, "The Definitions section of the ABA Model Code then explained: "'Differing interests' include every interest that will adversely affect either the judgment or the loyalty of a lawyer to a client, whether it be a conflicting, inconsistent, diverse, or other interest."

That test of the ABA Model Code was widely adopted in state jurisdictions and has been followed in judicial decisions. See, e.g., Gutting v. Falstaff Brewing Corp., 710 F.2d 1309 (8th Cir.1983); Unified Sewerage Agency v. Jelco, Inc., 646 F.2d 1339, 1345 (9th Cir.1981). It is believed to be fully consistent with the various standards stated in Rules 1.7 through 1.10 on private-practice conflicts of interest in the ABA Model Rules of Professional Conduct (983).

Comment c(ii). "Materially" adverse effect. The "materially and adversely affects" test is suggested by both the ABA Model Code of Professional Responsibility (1969) and the ABA Model Rules of Professional Conduct (1983), although the materiality element is more clearly stated in the ABA Model Rules.

Ethical Consideration 5-2 of the ABA Model Code provides: "A lawyer should not accept proffered employment if his personal interests … will affect adversely the advice to be given or services to be rendered the prospective client." EC 5-14 is to the same effect.

Disciplinary Rules 5-105(A) and (B) of the ABA Model Code provide that a lawyer shall decline or withdraw from employment "if the exercise of his independent professional judgment in behalf" of a client will be or is likely to be adversely affected" by obligations to another client. See also DR 5-lOl(A). See, e.g., I.B.M. v. Levin, 579 F.2d 271 (3d Cir. 1978).

ABA Model Rule 1.7(b) employs the same phrase with the additional requirement of a material effect on the representation:

(b) A lawyer shall not represent a client if the representation of that client may be materially limited by the lawyer's responsibilities to another …, unless: (1) the lawyer reasonably believes the representation will not be adversely affected. …

Comment c(iii). Likelihood of effect. Ethical Consideration 5-15 of the ABA Model Code of Professional Responsibility(1969) provides:

If a lawyer is requested to undertake or to continue representation of multiple clients having potentially differing interests, he must weigh carefully the possibility that his judgment may be impaired or his loyalty divided if he accepts or continues the employment. He should resolve all doubts against the propriety of the representation. A lawyer should never represent in litigation multiple clients with differing interests. …

The Comment to ABA Model Rules of Professional Conduct, Rule 1.7(1983) defines the standard as follows in [11]:

… Relevant factors in determining whether there is potential adverse effect include the duration and intimacy of the lawyer's relationship with the client or clients involved, the function being performed by the lawyer, the likelihood that actual conflict will arise and the likely prejudice to the Client from the conflict if it does arise. The question is often one of proximity and degree.

The ability of lawyer and client to limit the scope of the representation by agreement is described in id. Rule 1.2(c): "A lawyer may limit the objectives of the representation if the client consents after consultation." See §19. On decisions regarding particular limitations claimed to prevent conflict, compare, e.g., Buysse v. Baumann-Furrie & Co., 448 N.W.2d 865, 869. (Minn.1989)(lawyer permissibly withdrew from preparation of portion of appellate brief creating conflict); ABA Formal Opin. 92-367 (1992)(lawyer could cure conflict with prospective adverse witness by retaining another firm to conduct cross-examination), with, e.g., Fund of Funds, Ltd. v. Arthur Andersen & Co., 567 F2d 225, 232 (2d Cir.1977)(merely having another law firm file suit against existing client ineffective); compare Manoir-Electroalloys Corp. v, Amalloy Corp., 711 F.Supp. 188, 196 (D.N.J.1989)(lawyer could not cure conflict created by complaint against, among others, former client by amending complaint to drop that defendant).

Comment c(iv). The perspective for determining conflict of interest. Several decisions have employed the appearance-of-impropriety standard alluded to in Canon 9 of the ABA 1 Model Code of Professional Responsibility(1969). Defining the appropriate standard by which to give an objective content to an appearance-of-impropriety standard has proved problematical. See, e.g., In re Eastern Sugar Antitrust Litigation, 697 F.2d 524, 530 (3d Cir.1982)(test whether "average layman" would see an impropriety); Fred Weber, Inc. v. Shell Oil Co., 566 F.2d 602, 609 (8th Cir.1977)(refusing to disqualify under Canon 9 appearance language because it is an "eye of the beholder" standard without affording way of determining what "a member of the public, or of the bar" would consider improper); Woods v. Covington County Bank, 537 F.2d 804, 813 (5th Cir.1976)("It does not follow … that an attorney's conduct must be governed by [appearance of impropriety] standards which can be imputed only to the most cynical members of the public.") .

The cost of concluding that a conflict exists because of a mere appearance of impropriety in some cases has seemed to exceed the benefits. Several decisions accordingly have been reluctant to apply it. See, e.g., Corrugated Container Antitrust Litigation, 659 F.2d 1341, 1345 (5th Cir.l98l)("this court requires that the movant show that there is a reasonable possibility of the occurrence of specifically identifiable appearance of improper conduct"); Board of Educ. of City of N.Y. v. Nyquist, 590 F 2d 1241, 124647 (2d Cir.1979) ("appearance of impropriety is simply too slender a reed on which to rest a disqualification order except in the rarest cases"); Sherrod v. Berry, 589 F.Supp. 433 (N.D.Ill.1984)(no disqualification based on mere appearance of impropriety). Although many opinions mention the appearances standard, the problems suggested in the Comment have been recognized by the commentators. See, e.g., C. Wolfram, Modern Legal Ethics §7. 1. 4 (986), and authorities cited; Morgan, The Appearance of Propriety: Ethics Reform and the Blifil Paradoxes, 44 Stan. L. Rev. 593 (1992)(history of adoption of standard). Indeed, it has been persuasively suggested that the appearance-of-impropriety test is not a test at all, but rather a way rhetorically "to soften the criticism of the attorney" when the court condemns what is a conflict by some more specific standard. Comment, The Appealability of Orders Denying Motions for Disqualification in the Federal Courts, 45 U. Chi. L. Rev. 450, 459 n.47 (1979).

The ABA Model Rules of Professional Conduct (1983) explicitly reject the appearance-of-impropriety standard. They do so in the specific context of the rule dealing with imputed conflicts, see Rule 1.9, Comment 11 [5], but the critique seems generally applicable to all conflict problems. See generally I G. Hazard & W. Hodes. The Law of Lawyering 297-98 (2d ed.I990). New Jersey's version of the ABA Model Rules includes a formulation of the appearance-of-impropriety standard as a separate basis for conflict of interest, but the test is whether "an ordinary knowledgeable citizen acquainted with the facts" would find such an appearance. See Dewey v. R.J. Reynolds Tobacco Co., 523 A.2d 712 (N.J.Super.Ct.Law Div.l986).

Comment d. Representation of a client. Many of the relevant decisions have considered whether a lawyer who represents a corporate client represents all, or some, other members of the same inter-connected corporate "family," such as parent, subsidiary, sister corporations, and the like. See, e.g., Baxter Diagnostics Inc. v, AVL Scientific Corp., 798 F.Supp. 612 (C.D.Ca1.1992)(on facts, law firm that previously gave opinion to parent holding company on validity of patent could not later defend adverse party in infringement suit brought by" wholly owned subsidiary of parent); Teradyne Inc. v. Hewlett-Packard Co., 20 U.S.P.Q.2d (BNA) 1143 (N.D.Cal. 1991)(in view of defendant corporation's control and supervision of wholly owned subsidiary's legal affairs, lawyer representing subsidiary in unrelated matters disqualified from representing plaintiff in suit for patent infringement against defendant); Original Appalachian Artworks, Inc. v. May Dept Stores

Co., 640 F.Supp. 751, 757-58 (N .D.Ill.I986)(law firm representing litigant against copyright owner not disqualified because firm also represented corporation owned by same individual who owned copyright owner's licensees); Pennwalt Corp. v, Plough, Inc., 85 F.R.D. 264 (D.De1.1980)(on facts presented, permissible for lawyer to file suit against sister corporation of corporate client where lawyer gained no confidential information relevant to present representation; but lawyer required to withdraw from representing corporate client); G.F. Industries, Inc. v, American Brands, Inc., 583 A2d 765 (N.J.Super.Ct.App.Div.1990)(law firm that had represented party for over 20 years and performed legal services for subsidiary, involving extensive and frequent contact with subsidiary's personnel, could not defend parent in suit by buyer of subsidiary claiming misrepresentation of condition of subsidiary's facilities); see generally, Wolfram, Corporate Family Conflicts, 2 J. Inst, Study Legal Ethics 296 (1999).

See also, e.g., ABA Formal Opinion 95-390 (1995)(lawyer for corporate client does not thereby represent corporate affiliates of that client except in limited situations or by express agreement of lawyer); Cal. St. Formal Opin. 1989-113 (1989)(unless "subsidiary is alter ego of parent corporation or subsidiary has imparted relevant confidential information to lawyer, lawyer can sue nonclient wholly owned subsidiary of client parent corporation); N.Y. Cty. Law. Ethics Op. 684, N.Y.L.J., Aug. 5, 1991, at 5, 1 (lawyer who represents parent may represent another client in suit against subsidiary in unrelated matter if lawyer had no access to confidential information relevant to suit, no client-lawyer relationship existed 'between lawyer and subsidiary in any representation, and parent's interests would not be materially affected by suit with subsidiary). The California opinion's "alter ego" theory has gained a judicial following. E.g., Brooklyn Navy Yard Cogeneration Partners v. Superior Court, 60 Cal. Rptr. 4th 248 (Cal. Ct. App.1997); but cf. Brooklyn Navy Yard Congregation Partners, L.P. V. PMNC, 663 N.Y.S.2d 499 (N.Y.Sup.Ct.1997), aff'd, 679 N.Y.S.2d 312 (N.Y.App.Div.1998) (more stringent standard for law firm).

The lack of a sufficient relationship between parent and subsidiary is particularly likely to be found where that relationship occurs through merger following the onset of the representation later claimed to be impermissible, E.g., In re Wingspread Corp., 152 B.R. 861 (Bankr.S.D.N.Y.1993)(compare

§132, Comment j, and Reporter's Note thereto).

Contrary to the position of the Comment, some decisions treat certain affiliated-entity relationships in apparently categorical terms, Thus, some decisions suggest that parent and wholly owned subsidiary corporations are invariably a single client for purposes of applying conflicts rules. E.g., Stratagem Development Corp. v. Heron Int'l, N.V., 756 F.Supp. 789, 792 (S.D.N.Y.l99l)(lawyer who represents wholly owned subsidiary regarded as representing parent as well for concurrent-conflicts purposes); Gould, Inc. v, Mitsui Mining & Smelting Co., 738 F.Supp. 1121, 1125-26 (N.D.Ohio 1990)(same); Arpadi v . First MSP Corp., 628 N.E.2d 1335 (Ohio 1994)(lawyer for partnership deemed to represent all partners individually); cf McCourt Co. v. FPC Properties, Inc., 434 N.E.2d 1234 (Mass.1982)(lawyer who represents parent corporation in pending personal-injury cases disqualified from representing plaintiff in unrelated litigation against both parent and wholly owned subsidiary). At an opposite extreme, also inconsistent with the Section, at least one decision seems to assume that disqualification of a lawyer suing a parent corporation may be based on the lawyer's concurrent representation of a 51-percent-owned subsidiary of the parent only when there is a substantial relationship between the matters. Vanderveer Group, Inc. v. Petruny, 1993 WL 308720 (E.D.Pa.1993).

More cases rely, as does the Section and Comment, upon the direct impact of representation of one entity upon the interests of another of the related entities. Baxter Diagnostics, Inc. v. AVL Scientific Corp., supra, 798 F.Supp. 612 (parent-subsidiary); United States v, Nabisco Inc., 117 F.R.D. 40 (E.D.N.Y.1987)(parent that had absorbed its subsidiary and assumed its liabilities); Hartford Accident and Indemnity Co. v. RJR Nabisco, Inc., 721 F.Supp. 534 (S.D.N.Y. 1989)(same).

Other cases rely in part, consistent with the Section and Comment, upon the control exercised over the conduct of the client. E.g., Woods v. Superior Ct. of Tulare County, 197 Cal. Rptr. 185 (CaJ.Ct.App.1983)(lawyer for cloely held family company deemed to represent individual owners). But significant control is required, see Whiting Corp. v, White Machinery Corp., 567 F.2d 713 (7th Cir.l977)(20% ownership share; held not client); Pennwalt Corp. v. Plough, Inc., supra, 85 F.R.D. 264 (lawyer for one sibling corporation held not to represent the other); McCarthy v . John T.

Henderson, Inc., 587 A.2d 280 (N.J.Super.Ct.App.Div.1991)(suit against another corporation with same principal shareholders and officers as former client); Jesse v. Danforth, 485 N.W.2d 63 (Wis. 1992)(shareholders of client-corporation held not clients individually); Ocean Club Condo. Ass'n. v. Estate of Daly, 504 So.2d 1377 (Fla.Dist.Ct.App.1987)(lawyer for condo association held not to represent owners individually); Bobbitt v. Victorian House, Inc., 545 F.Supp. 1124 (N.D.Ill.198 2)(lawyer for corporation held not to represent individual directors).

Comment e(i). Withdrawal or consent in typical cases of postrepresentation conflict. On the general rule requiring withdrawal from all affected representations when a lawyer representing multiple clients confronts an unconsented conflict between the clients, see, e.g., In re Corn Derivatives Antitrust Litigation, 748 F.2d 157 (3d Cir.1984), cert. denied, 472 U.S. 1008, 105 S.Ct. 2702, 86 L.Ed.2d 718 (1985)(where firm had represented 2 plaintiffs in consolidated antitrust action who disagreed over proposed settlement, clients now have differing interests and firm must withdraw altogether); Brennan's Inc. v. Brennan's Restaurants, Inc., 590 F.2d 168 (5th Cir.1979); United States v. Moscony, 697 F.Supp. 888, 891 (E.D.Pa.1988); Anchor Packing Co. v. Pro-Seal, Inc., 688 F.Supp. 1215, 1217 (E.D.Mich. 1988); Rosman v, Shapiro, 653 F.Supp. 1441 (S.D.N.Y.1987)(lawyer, who represented 2 persons who then had falling out, disqualified from continuing to represent one of them in litigating ensuing dispute); Oliver v. Kalamazoo Bd. of Educ., 346 F.Supp. 766, 788-89 (W.D.Mich.), aff'd on other grounds, 448 F.2d 635 (6th Cir. 1971). A contrary view, rejected in the Section, is that a jointly represented client who has no reason to believe that its confidential information will be withheld from the other cannot invoke the substantial-relationship test (§132) when the former common lawyer represents the other adversely in a suit arising out of that simultaneous representation. See, e.g., Kempner v, Oppenheimer, 662 F.Supp. 1271, 1277 (S.D.N.Y.1987)(citing other authorities)(lawyer corepresenting brokerage house and employee not disqualified from continuing to represent brokerage house when claims later asserted between clients). Cf. Christensen v. U.S. Dist. Court for Cent. Dist. of California, FSLIC, 844 F.2d 694, 698 (9th Cir. 1988)(law firm could represent outside director in suit against receiver of former corporate client where director was also partner in firm). At least some of the cases espousing a general rule contrary to the position of the Comment involve the excepted situation of primary or accommodation clients, although those decisions are not explicitly grounded on that fact. Comment e(iv) hereto states a general exception for representation of primary or accommodation clients.

Comment e(ii). Successive representations involving no conflict. E.g., Tipton v. Canadian Imperial Bank of Commerce, 872 F.2d 1491 (11th Cir. 1989)(law firm represented Client A in property matter and Client B on continuing basis in employment-discrimination suits; Client A, represented by other lawyers, sued Client B for employment discrimination and sought to disqualify the firm; held, firm could continue to represent Client B in defending suit after firm withdrew from representing Client A in unrelated property matter); Chateau De Ville Productions, Inc. v. Tams-Witmark Music Library, Inc., 474 F.Supp. 223 (S.D.N.Y.1979).

Comment f. Sanctions and remedies for conflicts of interest. With respect to the remedy of professional discipline, see, e.g., In re Cohen, 853 P.2d 286 (Or.1993)(lawyer represented both parents in custody proceeding where husband's conduct created risk that wife would lose custody as well unless she was separately represented). With respect to disqualification generally, see, e.g., Freeman v. Chicago Musical Instrument Co., 689 F.2d 715, 721 (7th Cir.1982); United States v. Kitchin, 592 F.2d 900, 903 (5th Cir.1979)("An attorney may be disqualified only when there is a reasonable possibility that some specifically identifiable impropriety actually occurred and, in light of the interests underlying the standards of ethics, the social need for ethical practice outweighs the party's right to counsel of his choice."); see also Lindgren, Toward a New Standard of Attorney Disqualification, 1982 Am. B. Found. Res. J. 419. The remedy of an injunction against further representation is illustrated by Maritrans GP, Inc. v. Pepper, Hamilton & Scheetz, 602 A.2d 1277 (Pa.1992).

On denying admissibility of evidence, see §86.

On dismissing the client's action, see, e.g., Doe v, A Corp., 330 F. Supp. 1352 (S.D.N.Y.1971), aff'd sub nom; Hall v. A Corp., 453 F.2d 1375 (2d Cir.1972)(per curiam)(where lawyer representing class of stockholders suing corporation relied in complaint entirely on facts he learned while employed by the corporation, dismissal of complaint was warranted); Slater

v. Rimar, Inc., 338 A.2d 584(Pa.1975)(case dismissed without prejudice where lawyer for plaintiff had been lawyer for defendant).

Upon proof of the elements of a malpractice action, i.e., negligence. causation, and damages, a lawyer's representation of conflicting interests can lead to a finding of malpractice. E.g., Woodruff v. Tomlin, 616 F.2d 924 (6th Cir.1980)(malpractice charge permitted to go to trial where lawyer-who represented insurer, driver, owner, and passenger-did not tell passenger that she might have suit against driver and owner on which insurer would be liable); Ishmael v. Millington, 50 Cal.Rptr. 592 (Cal.Ct.App.1966)(malpractice would lie against lawyer who represented husband and wife in uncontested divorce, allegedly failing to inquire about husband's community assets so that wife wound up waiving substantial rights). See generally 1 R. Mallen & J. Smith, Leg-a! Malpractice, ch, 12 (3d ed.1989).

On forfeiture of fees otherwise payable for valuable services delivered to the client, see, e.g., Moses v. McGarvey, 614 P.2d 1363 (Alaska 1980)(former corporate lawyers who represented shareholders until disqualified for conflict of interest denied all attorney fees); Jeffry v. Pounds, 136 Cal. Rptr. 373 (CaI.Ct.App.1977)(law firm competently represented personal-injury plaintiff, then wife of plaintiff in suit for divorce; firm not entitled to fees for period after it took wife's case, but not required to forfeit them for period before doing so).

The principle underlying reversing the result in a case because of a conflict of interest was asserted in United States v. Throckmorton, 98 U.S.(8 Otto.) 61, 66, 25 L.Ed. 93 (1878)("[W]here an attorney fraudulently or without authority assumes to represent a party and connives at his defeat; or where the attorney regularly employed corruptly sells out his client's interest to the other side-these, and similar cases which show that there has never been a real contest in the trial or hearing of the case, are reasons for which a new suit may be sustained …"). The principle is most often applied in criminal cases, e.g., Holloway v. Arkansas, 435 U.S. 475, 98 S.Ct. 1173, 55 L.Ed.2d 426 (1978).

Cases setting aside a client's gift to a lawyer include Cuthbert v. Reidsieck, 364 S.W.2d 583 (Mo.1963)(setting aside gift of $20,000 in stock). See also §127, Reporter's Note.

The federal criminal statute prohibiting a former government employee, including a former government lawyer, from working on matters for private clients that the employee worked on "personally and substantially" while in govern-ment service is 18 U.S.C. §207(a). The federal criminal prohibition of current conflicts of interest is 18 U.S.C. §208. See §133, Reporter's Note.

Comment g. Detecting conflicts. The discussion of reasonable office procedures is taken from the Comment ¶ [1] to Rule 1.7 of the ABA Model Rules of Professional Conduct (1983).

§122. Client Consent to a Conflict of Interest

(1) A lawyer may represent a client notwithstanding a conflict of interest prohibited by §121 if each affected client or former client gives informed consent to the lawyer's representation. Informed consent requires that the client or former client have reasonably adequate information about the material risks of such representation to that client or former client.

(2) Notwithstanding the informed consent of each affected client or former client, a lawyer may not represent a client if:

(a) the representation is prohibited by law;

(b) one client will assert a claim against the other in the same litigation; or

(c) in the circumstances, it is not reasonably likely that the lawyer will be able to provide adequate representation to one or more of the clients.

Ⅱ. 자문단구성

소송을 수행하는 변호사의 경우 감정인이나 감정증인을 채택하는 경우 이외에 법률가 이외의 전문직업인과 협동작업이 필요한 경우는 많지 않고 변호사 사무실에서 여러 명의 변호사가 역할을 나누어서 수행한다고 하지만 그 업무가 변호사마다 크게 다르지 않다고 할 수도 있다. 기업인수의 경우 법률가의 역할은 다양하다. 고객의 요구에 따라서 법률가가 거래전체를 총괄하면서 투자은행가의 역할까지 맡을 수도 있고 거래문서의 초안작성에 국한될 수도 있으며 심지어는 거래의 특정법분야에만 예를 들면 공정거래위원회에서 기업결합신고나 매수인의 대주를 위한 금전대차계약서작성에만 관여할 수도 있다. 많은 경우 기업가치의 평가나 잠재적 매수인과의 연락은 투자은행가가, 회계나 세무에 대한 자문은 회계법인이, 실사의 대부분과 노동문제는 고객의 직원들이 수행하며 법률팀은 전체적인 거래구조와 절차의 설계시 자문과 거래절차의 진행지원, 거래문서초안의 작성과 협상, 법률실사가 주요한 업무이다. 특정산업의 경우 환경실사가 필요하다면 환경자문사가 참여할 것이며 임직원고용복지 문제가 중요한 사항이면 노무자문사가, 에너지나 자원개발이라면 에너지자문사가 참여할 것이다. 기업인수의 크기나 성격에 따라서 투자은행보다 회계법인이 설립한 자문사들이 투자은행가 역할을 대신 하기도 한다.

금융자문사로 통칭되는 투자은행의 선정은 법률자문사가 먼저 선정된 경우 법률자문사의 몫이다. 금융자문사의 역할과 가치에 대하여는 기업마다 인식이 다를 것이지만, 이들과의 고용계약서(engagement letter)내용에 대하여는 보다 자세한 검토가 필요하며 불명확한 점이 있으면 분명하게 밝혀두는 것이 바람직하여 보인다.[18] 다만, 앞으로 동일한 거래를 위하여 같이 일을 하여야 하는 관계에 있으며 투자은행가들간 법률자문사의 명성이 고객개발에 중요한 역할을 할 수도 있는 만큼 투자은행가와 서로의 역할과 기여도에 대하여 존중하는 태도가 필요하다. 이들 모두의 역할과 시간적인 목표가 어느 정도 확정되면 통상 working group list와 schedule을 작성한다.

18) 김정열, M&A의 윤리 685-686 (한국기술거래소 편 2004). 최근 미국 델라웨어주에서 이사회가 기업인수자문 금융자문사를 고용하면서 이해상충 여부를 확인하지 않은 경우 충실의무 위반이라는 판결이 나오면서 다시 한번 미국의 금융자문사 이해상충에 관한 논의가 활발해지고 있다. Eric S. Klinger-Wilensky & Nathan P. Emeritz, *Financial Advisor Engagemant Letters: Post-Rural/Metro Thoughts And Observations*, UNIV. OF PENN L. SCHOOL ILE Paper(2015) No. 15-19.

[실제사례 2: 투자은행고용계약서]

Strictly private & confidential

For the attention of Global Business Group

Draft: [ ]

Dear Sirs.

Project Symphony

The [ ](“**we**”, “**us**” or “[ ]) are delighted to act as exclusive financial adviser to [ ].(“you” or the “**Company**”) in relation to the proposed acquisition, directly and/or indirectly by the Company, of up to 100% of [ ]'s stakes in [ ].(current stake of [ ]%) and/or [ ](current stake of [ ]%, and collectively referred to as the “**Business**”) pursuant to the project code-named Project Symphony(the “Transaction”). This letter, together with the Appendices containing our standard terms and conditions and standard the indemnity, confirms the scope of our work, the basis of our remuneration and the additional terms and conditions of our engagement(together, our “**Terms of Engagement**”). Our Terms of Engagement are effective as of [ ](the “**Effective Date**”).

1. Our responsibilities

Our responsibilities will comprise the following:

1.1 assisting you with the valuation of the Business and advising on the structuring and financing of the Transaction;

1.2 assisting with any meetings, negotiations and communications with the seller of the Business (the “Seller”) and their financial adviser including advising on strategy and tactics;

1.3 advising on the financial terms and the form of consideration which should be offered by you to the Seller;

1.4 assisting with your liaison with relevant regulatory, shareholder and market bodies;

1.5 assisting, with your other advisers, with your preparation of all relevant documents in relation to the Transaction, where applicable, including such approvals, confirmations and reports by us on such bases as we may agree;

1.6 advising and assisting in developing and implementing your communication strategy with, and advising on the format and content of any presentational information to be put before relevant parties, including institutional shareholders, finance providers, analysts and the press;

1.7 acting in such capacity as may be required by the listing rules of the relevant jurisdictions and/or any other stock exchange rules or regulations applicable to the Transaction on such basis as we may agree;

1.8 assisting you with instructing, liaising with and co-ordinating the work of your other advisers and, to the extent agreed with you, co-ordinating the due diligence investigation to be carried out in relation to the Transaction (recognising that you will be responsible for such investigation and assessing its results and that we will not be responsible for the work of your other advisers); and

1.9 being generally available to you to discuss the Transaction in our capacity as financial adviser and providing such additional assistance as may be reasonably requested by you in connection with the Transaction and as agreed between us in writing.

You acknowledge that we have entered our Terms of Engagement solely as financial adviser. Nothing therein will constitute or be deemed to constitute any commitment on the part of us or any other person for any debt or equity financing or facility or any part thereof or to underwrite the same. Any commitment or underwriting obligation can only be made after obtaining the relevant internal or credit approval and will first be subject to any terms and conditions thereof. We may, at our discretion, perform any provision of our Terms of Engagement through any member of the [ ] with prior written notice to you.

2. Fees and expenses

2.1 In consideration of our providing services to you, you shall pay to us the amounts set out below.

2.1.1. A monthly fee of US$[ ] accruing from the Effective Date and payable in arrears on the last day of each calendar month until 9 months after the Effective Date.

2.1.2. The following success fees are payable promptly following the signing of the Sale and Purchase Agreement:

For the acquisition of a less than 50 per cent. stake in the Business, a fee of US$___ million; or

For the acquisition of a 50 per cent. or greater stake in the Business, a fee of US$___ million.

2.2 Any amount payable to us pursuant to section 2. 1. 2 will be reduced by the extent of the payment(s) made pursuant to section 2. 1. 1.

2.3 If our engagement pursuant to the Terms of Engagement is terminated 9 months after the Effective Date at the request of the Company, you shall pay us on the date of the termination of our engagement a fee of not less than US$[ ] or such higher amount, as we shall agree with you and which you agree to discuss with us in good faith, having regard to the amount of work carried out in relation to the Transaction.

If this letter is terminated for any reason attributable to us, the above success fee shall not be payable in any event. **[TO BE INFORMED LATER]**

If this engagement is terminated and, at any time within 24 [twelve(12)] months of the date of such termination, the Transaction is completed or any other event takes place which, had this engagement remained in place, would have resulted in you becoming liable to make a payment of success fees to us, then you shall pay the relevant amount to us no later than forty-five(45) days following the occurrence of such event.

2.4 Whether the Transaction is completed or not, you will also reimburse us on a monthly basis for our out-of-pocket expenses, including business-class travel, incurred in connection with this engagement (whether on our own account or on your behalf). Such out-of-pocket expenses shall be evidenced by relevant receipts, vouchers or documents. We acknowledge that any external parties such as attorneys and accountants engaged in connection with the Transaction shall be retained and managed solely by you.

2.5 Whether the Transaction is completed or not, you will also reimburse us on a monthly basis for the fees and expenses incurred by us for legal and other advisers retained by us (whether on our own account or on your behalf).

2.6 All amounts payable to us by you will be paid (i) in US dollar and, in any case where they are calculated or incurred by reference to a currency other than US dollar, fees and expenses will be converted into US dollar on the date of payment to us using an exchange rate reasonably acceptable to us, (ii) promptly within forty-five(45) days after the issue / receipt of an invoice to / by you, (iii) without deduction or withholding of any applicable duties and taxes, unless the deduction or withholding is required by law, in which event you shall pay such additional amount as shall be required to ensure that the net amount received by us will be equal to the full amount which would have been received by us had no such deduction or withholding been made; and (iv) in full without regard to any fee, commission or expense that is payable by you to any other adviser or third party. We reserve the right to charge interest (at the rate for the time being payable on judgment debts of __(__)% per month of the amount not paid or the highest rate permissible under the relevant law, whichever is lower) on bills not paid promptly.

2.7 If, during the term of this engagement or within 24 months of it concluding, you intend, in connection with the Transaction (irrespective of whether it is completed) to (i) offer debt, equity or equity-linked securities (in a private placement or public offering), or (ii) seek bridge or bank financing and any subsequent refinancing or other external financing, or (iii) recapitalise, spin off, sell or otherwise dispose of any interest in any assets, businesses or securities, or (iv) purchase or otherwise acquire any interest in any assets, businesses or securities, or (v) enter into any foreign exchange or interest rate swap or other hedging or cash fund management or asset management or similar arrangement relating to any of the transactions contemplated in this section 2.7, provided we offer you terms and conditions which are market standard for such transaction(s), you will appoint us on within forty-five(45) days after the receipt of an exclusive basis in any such transaction(s). Our work on any such transactions will be covered invoice by separate agreements, having such terms and conditions as are customary for us in similar transactions and as are mutually agreed upon by you and us.

3. Our respective obligations in relation to any arrangements between us not otherwise covered by these Terms of Engagement, including the fees, commissions and expenses payable by you to us therefore, shall be set out in, and be subject to, separate agreements to be negotiated and entered into between you and us, and no obligations therefortherefore shall be accepted or implied as a result of this letter.

We are pleased to have this opportunity to work with you on this engagement and would ask you to confirm your agreement to these Terms of Engagement by signing both enclosed copies of this letter and returning one copy to us.

Yours faithfully

Managing Director,
Head of Korea Investment Banking
Global Investment Banking

We hereby confirm our agreement to [ ]'s appointment as financial adviser in accordance with these Terms of Engagement.

APPENDIX 1

TERMS AND CONDITIONS

1. Client classification and identification

In respect of the Transaction, you will provide us with such assistance as may be necessary (including, where relevant, the provision of identification documents) to enable us to comply with our obligations under all applicable laws, rules and regulations to identify our client for anti-money laundering purposes.

2. Our advice

Any advice or opinion, written or oral, provided by us pursuant to these Terms of Engagement will be solely for your information and assistance in connection with the Transaction and (together with these Terms of Engagement) must be kept confidential by you and is not to be used, circulated, quoted, referred to, publicly filed or disclosed to any third party without our prior written consent. Any circulation or disclosure within your Group shall be strictly limited to your employees committed to the Transaction, your advisors (including, but not limited to, legal, accounting, tax advisors) with whom you have made an agreement(s), under which such advisors are obliged to keep confidential the aforementioned advice or opinion to such degree as you are required by these Terms of Engagement, the members of your board of directors and appropriate senior management.

All correspondence and papers in who need to know our control relating to any services provided to you shall be our sole property, except for originals of documents etc. provided to us by you advice or on your behalf and in respect of which we shall be entitled opinion to retain copies. [As this sentence is related to ownership right to intellectual property, not related to confidentiality issue, please revive]

However, the confidentiality obligation under this paragraph shall not apply to the information which: (i) at the time of disclosure to you is already in the public domain; (ii) at any time after such disclosure falls into the public domain, otherwise than as a result of a breach by you of your undertakings; (iii) was lawfully in your possession prior to such disclosure;

(iv) was or is received by you from any third party who at the time, so far as is known by you, was not or is not bound by any restrictions on disclosure by such party; or (v) is required to disclose by any applicable law or regulation or professional or ethical rule or guideline applicable to you anywhere in the world [As the mentioned cases can be excluded by Clause 9, this sentence can be deleted]

3. Scope of services

Other than as specified in section 1 (Our responsibilities) of our engagement letter we will not be responsible for: (i) providing specialist or technical advice (for example, on legal, regulatory, accounting, actuarial or taxation matters) and we will not have any liability for any such advice or (ii) the verification of any document made available to us or of any information provided or representations made to us, and we may rely on all and any such advice and information without having independently to verify any of it.

Where the Transaction extends (or may extend) to a jurisdiction outside [ ], the corporate finance and equity capital markets services of the [ ] around the world will be available to you on such basis as may be agreed between us. In this regard, we will take responsibility for co-ordinating the provision to you of such other services. Where necessary, including for legal or regulatory reasons, we will ask you to sign separate engagement letters.

4. Termination

Our engagement shall continue until twelve(12) months from the Effective Date, or until which time it may be terminated by either of us or you (i) at any time on seven(7) days' notice in writing to the other party; (ii) with or without cause; and (iii) without prejudice to any legal rights or obligations which have already accrued to, or been incurred by, either of us or you, or any representations, confirmations or indemnities given by either us or you (including the Indemnity in Appendix 2), and section 2 (Fees and expenses) of our engagement letter, which these terms and conditions supplement, and the following paragraphs, shall continue to apply: this paragraph 4 (Termination) and paragraphs 5 (Laws, rules and regulations), 6 (Information, conduct of transactions and announcements), 8 (Representations and

Warranties), 9 (Confidentiality), 10 (Data protection), 11 (Material interests), 15 (Governing law) and 16 (Definitions).

Notwithstanding the foregoing, at any time during the term of our engagement, you may terminate the engagement under the engagement letter, with or without any cause, by providing us with two(2) week notice. However, we shall be entitled to be paid for any fees or expenses which may be due or become due to us until the termination of the engagement.

5. Laws, rules and regulations

You undertake to perform each of the following obligations and to procure that each of your Related Companies and your and their Relevant Personnel will likewise perform such obligations to the fullest extent possible in connection with the Transaction and in relation to the matters contemplated by these Terms of Engagement:

(i) all applicable laws, rules and regulations of the relevant jurisdictions (including but not limited to [ ] and [ ]) will be complied with;

(ii) appropriate and timely advice will be sought from your legal, accounting, tax and other advisers and such advice will be shared with us without delay if it is or may be relevant to our engagement by you; and

(iii) all applicable disclosure requirements and standards, including those made pursuant to the laws, rules and regulations referred to in sub-paragraph (i) above, will be complied with and all other information (including statements of opinion and intention) which is required by any relevant regulator or considered by us to be appropriate will be provided.

We hereby advise you (and you acknowledge receipt of such advice), that where there has been non-compliance by you with regulatory requirements, you should bring the matter to the attention of the relevant regulators at the earliest opportunity.

6. Information, conduct of transactions and announcements

You undertake to perform each of the following obligations and to procure that each of your Related Companies and your and their Relevant Personnel will likewise perform such obligations to the fullest extent possible in connection with the Transaction and in relation to the matters contemplated by these Terms of Engagement:

(i) all information that is or may be relevant or that we request in relation to the Transaction, and appropriate access to all Relevant Personnel, will be made available to us;

(ii) all such information is true, accurate and complete in all material respects and not misleading, and neither will be nor has been provided to us in breach of any applicable legal duty or agreement, and you warrant the same;

(iii) you will immediately notify us if you subsequently discover that any information provided by you does not meet such standards, is misleading, has been improperly obtained or that its provision or use by us would be unauthorised or in breach of any law, duty or obligation (either yours or ours);

(iv) we will be informed promptly in advance of any significant steps which you or your Related Companies and your and their Relevant Personnel propose to take and of any material events that may occur, each as may affect the Transaction or otherwise be relevant to our engagement by you;

(v) in particular, we will be consulted before: any dealings take place in your securities or those of any company in relation to which we are advising you, by you or any of your directors (or your or their associates) or any person acting in concert with you, and you will ensure that all such dealings are properly disclosed in accordance with all applicable laws and regulations; or any other step is taken by you or any of your directors (or your or their associates) or, if you become aware of it, any other person, which may have any impact on the terms of, or the conduct of, the Transaction;

(vi) all consents, approvals, authorisations or filings with any governmental or regulatory body that may be necessary or desirable in relation to the Transaction will be obtained and maintained;

(vii) no announcements, documents or statements in relation to, or potentially having a material impact on, the Transaction or our engagement by you will be issued, published or made without prior consultation with us; and

(viii) no mention of us or any of our Related Companies will be made in any announcement, document or statement without our prior written approval and you agree that, if for any reason any announcement, document or statement is made without our consent, we shall be entitled to take any action we see fit, including, but not limited to, publishing any announcement, document or statement which we reasonably believe is appropriate to protect our interests.

Subject to any written instructions to the contrary, [ ] will have authority to do anything which it considers necessary or desirable to carry out the Terms of Engagement.

We hereby advise you (and you acknowledge receipt of such advice) that where information and representations are provided by you for incorporation in a public document or submission to the relevant government authorities, regulatory authorities, and/or stock exchanges, including but not limited to the government authorities, regulatory authorities and/or stock exchanges in [ ] and [ ], you should take all reasonable steps to ensure that the information and representations provided are true, accurate, complete and not misleading, and that no material information or facts have been omitted or withheld.

We may, in connection with our services under our Terms of Engagement, from time to time provide you with information. Any reliance by you on such information provided to you is entirely at your own risk. You acknowledge and agree that neither we nor any of our Related Companies make any warranty, representation or undertaking, express or implied, with respect to the accuracy or completeness of information provided to you and that, subject to paragraph 1 of the Indemnity in Appendix 2, neither we nor any of our Related Companies shall have any liability, however arising, in connection with information provided to you. You shall be responsible for making your own assessment of any information provided to you and you hereby acknowledges that you have not relied on any representation, warranty or undertaking, express or implied, made by us or any of our Related Companies with respect to the accuracy or completeness of information provided to you. Any information provided to you by us is intended for you only.

7. Regulation on offers of investment

Prior approval of government and/or regulatory authorities, including but not limited to government and/or regulatory authorities in [ ] and [ ] are required in relation to any advertisement, invitation or document of offers of investment ("**Offers of Investment**"). These may take the form of announcements, documents or statements. You agree that if you ask us to approve or make on your behalf any Offers of Investment: (i) you shall provide us with such information as we may request and shall procure such verification of the Offers of Investment as may be necessary to ensure that it is true, accurate and complete in all material respects and not misleading and otherwise complies with the applicable laws, rules and regulations relating to Offers of Investment; (ii) you shall make such changes as we require in order for us to do so; (iii) if following such approval we identify any respect in which the Offers of Investment does not satisfy the standards referred to above, you shall take such steps as we may reasonably request you to take in relation thereto; and (iv) we may in our absolute discretion refuse or decline to do so.

8. Representations and Warranties

We represent, warrant and covenant that we have the required skill, experience, knowledge and capacity to perform the services hereunder; and we shall perform such services in accordance with the standards of care and diligence normally practiced by international first class consultants rendering services of a similar nature, and such services shall be satisfactory to you. We represent, warrant and covenant that such services shall be performed in compliance with all relevant acts, laws, by-laws and with all rules, regulations, directions, orders and guidelines of all governmental or other relevant authorities. We further represent, warrant and covenant that we have no agreements with, or obligations to, others in conflict with the engagement letter and the deliverables, information, materials and documents provided by us shall not infringe upon the right, interest or intellectual property of any third party.

9. Confidentiality

We will respect any confidential information which we receive from you and your other advisers while acting for you and will not disclose any such information to anyone else (unless we are required to do so by any applicable law or regulation or professional or ethical rule or guideline applicable to us anywhere in the world) without your prior written consent. In this paragraph the term "**confidential information**" shall not include any information which: (i) at the time of disclosure to us is already in the public domain; (ii) at any time after such disclosure falls into the public domain, otherwise than as a result of a breach by us of our undertakings; (iii) was lawfully in our possession prior to such disclosure; or (iv) was or is received by us from any third party who at the time, so far as is known by us, was not or is not bound by any restrictions on disclosure by such party.

We may disclose the confidential information within our Group where we consider it is appropriate to share that confidential information to assist in the conduct for the sole purpose of conducting our relationship with your engagement under the engagement letter. In all other circumstances, we will not disclose the confidential information within our Group without your prior written consent. As we owe the same duty of confidentiality to our other clients, we will not disclose to you any information which we acquire in confidence in relation to any matter for any other client, without that client's prior consent.

From time to time, our personnel may advise other clients whose interests may differ from yours. You agree that, in such cases, our duty of confidentiality will be satisfied by our taking such steps as we consider reasonable to ensure that confidential information relating to you is not available to personnel acting for any other client. You agree that if, in any case, we are acting for a client whose interests differ from yours, then, as long as such reasonable steps are taken to ensure that any of your confidential information continues to be held by us in confidence, you will not seek to prevent us from acting for that other client by reason of our holding your confidential information.

We understand that confidential information may be considered material non-public information under any applicable securities laws, and we could be found in violation thereof if we take advantage of such confidential information by (a) trading in your securities, or (b) furnishing information to any third party in connection with the trading of such securities.

Notwithstanding the preceding provisions of this paragraph 9, you acknowledge and agree that, subject to your prior written approval, which shall not be unreasonably withheld, we may place one or more advertisement in any newspaper, journal, magazine and/or other publication(s) at our own expense describing our involvement in the Transaction and the services we rendered.

10. Data protection

In providing services to you (if an individual or a partnership having one or more individuals as partners) and/or your officers or employees (each a "**data subject**") or otherwise in connection with the Transaction, we may:

(i) need to collect, hold, process and use personal data about a data subject(e.g. contact details). We may also use such information as part of our client account opening and general administration process, e.g. in order to carry out anti-money laundering, conflict and financial checks. Information about a data subject may be transferred to or accessible from our offices and branches around the world for these purposes. Please inform your officers or employees that we may collect, hold, process and use their personal data for these purposes and obtain their prescribed consent that we may do so;

(ii) transfer personal data about data subjects to third parties around the world who process information on our behalf for the purposes set out in this paragraph. In such cases, our agreements with the third party shall provide for the protection of the personal data; and

(iii) be required by law or otherwise to disclose certain personal data about data subjects to third parties (e.g. to the courts or to regulatory authorities), provided that we shall, prior to such disclosure, give you notice in writing to allow you to seek protective or other court orders.

When you give information to us about your officers and employees for the purposes set out in this paragraph you confirm that you have authority to act as their agent. In providing some services to you we may be processing personal data about people on your behalf. In these circumstances, we will: (i) only process personal data in accordance with your instructions; and (ii) comply with obligations equivalent to those imposed on you as a data user.

11. Material interests

You acknowledge that [ ] is part of a worldwide financial services operation, the [ ] Group, different parts of which conduct many different financial, banking, securities and other activities, whether as principal or for clients outside the [ ] Group. [ ] has rules and procedures which control disclosure of information between the [ ] Group's various legal entities and also between different divisions within these legal entities, including "Chinese Wall" and "Chinese Box" procedures. These rules and procedures may prevent the disclosure of information to you or our division(s) advising you.

You acknowledge and accept that: (i) other parts of the [ ] Group may have interests or duties which conflict with your interests and which would or might otherwise conflict with the duties owed by us to you; (ii) our agreeing to provide services to you does not require any other member of the [ ] Group or any of our other divisions to restrict its activities in any way nor to provide you or us or the division advising you with any information whatsoever about, or derived from, those activities nor does it create any obligation to advise you of any conflict of interest which exists or may arise; (iii) in acting for you we will not be required to disclose to you, nor to make use for your benefit of, any information known to us which (a) belongs to or is confidential to another client or (b) belongs to or is confidential to any of our Related Companies or (c) belongs to or is confidential to us and relates to some other part of our business; (iv) although some directors and employees of our Related Companies are members of our board of directors and/or are involved in our management structure or prudential controls, they are bound by equivalent duties of confidentiality and so do not make available to us any confidential information derived from their other activities in the [ ] Group; and (v) subject to relevant regulations and rules, we reserve the right to deal with or otherwise engage the services of our Related Companies and we (and other members of the [ ] Group) will, without liability to account, remain entitled to retain any benefit resulting from such engagement or provision of service of any kind.

12. Notices

Every notice under our Terms of Engagement shall be in writing in English and shall be deemed to be duly given if it (or the envelope containing it) identifies the party to the Terms of Engagement to whom it is intended to be given and :

(i) it is delivered by being handed personally to the addressee;

(ii) two business days after the envelope containing it is properly addressed to the addressee at its last known address and is duly posted by first class post (or airmail if posted to a person outside the jurisdiction in which the envelope is posted); or

(iii) it is duly transmitted by telex (and the "answerback" is received) or facsimile transmission.

In proving the giving of notice it shall be conclusive evidence to prove that the notice was duly given within the meaning of this paragraph.

13. Entire agreement

These Terms of Engagement supersede any previous written or oral agreement between the parties in relation to the matters dealt with in these Terms of Engagement and contain the whole agreement between the parties relating to the subject matter of these Terms of Engagement at the date hereof.

14. Severability

Each provision of these Terms of Engagement, including the appendices hereto is severable and, if any provision is or becomes invalid or unenforceable or contravenes any applicable regulations or law, the remaining provisions will not be affected.

15. Governing law

These Terms of Engagement:

(i) may be varied at any time by agreement in writing between [ ] and you; and

(ii) shall be governed by and construed in accordance with the laws of the Republic of Korea.

The Courts of Korea are to have exclusive jurisdiction to settle any disputes which may arise out of or in connection with these Terms of Engagement.

You Both parties agree to irrevocably submit to the jurisdiction any dispute arising out of the Courts of Korea under or in connection with these Terms of Engagement to the Seoul Central District Court and waive any objection to proceedings in any such court on the ground of venue or the ground that the proceedings have been brought in an inconvenient forum.

16. Definitions

In these Terms of Engagement:

"**Companies Ordinance**" means the [ ];

"**Group**" means you or us and your/our Related Companies;

"**holding company**" and "**subsidiary**" have the same meanings as in the Companies Ordinance;

"**Hong Kong**" means the Hong Kong Special Administrative Region of the People's Republic of China;

"[ ][ ]" or "**we**" or "**us**" shall mean [ ];

"**Related Companies**" means in respect of any company(the first company), any company which is for the time being a subsidiary, associated company or holding company (whether direct or indirect or which is in any way allied to or associated with such company) of the first company or a subsidiary or associated company (whether direct or indirect or which is in any way allied to or associated with such company) of any such holding company and "**Related Company**" shall be construed accordingly;

"**Relevant Personnel**" means, in respect of any company, its directors, officers, employees, agents and advisers;

"**Sale and Purchase Agreement**" means the principal agreement(s) relating to the Transaction and the acquisition of the Business including, where a transaction framework agreement is entered into, that framework agreement and all ancillary sale and purchase agreements;

"**US$**" means United States dollars, being the lawful currency of the United States of America.

References to "**you**", "**we**" or "**us**" include, where appropriate, any member of your or our Group.

APPENDIX 2

INDEMNITY

You agree to enter into and be bound by this indemnity (the "Indemnity") on the following terms.

1. Nothing in the Terms of Engagement shall allow us to recover for any Loss: (a) resulting primarily from breach of any duty we owe to you as a customer under the [ ] or the regulatory systems set out in or established pursuant to it; or (b) which has been finally judicially determined by a court of competent jurisdiction to have resulted primarily from our gross negligence, bad faith or wilful default.

2. You: (a) agree that we shall not be liable to you, except in the circumstances specified in paragraph 1 above or to any of your Related Companies or to your or their Relevant Personnel, shareholders or creditors in relation to the engagement(s) to which the Terms of Engagement relate; and (b) subject to paragraph 1 above, agree and undertake to indemnify us, our Related Companies and our and their respective directors, officers, employees or agents (together, the "Indemnified Persons") on an after tax basis from and against any Loss directly or indirectly arising out of or in relation to any Claim. You also agree to reimburse the Indemnified Persons for their out-of-pocket, legal and other expenses incurred in connection with any Losses or in otherwise enforcing their rights under the Terms of Engagement. In receiving this Indemnity, [ ] is acting for itself and as trustee for each of the other Indemnified Persons with the intent that such Indemnity shall be enforceable by [ ] and each of the other Indemnified Persons notwithstanding that they are not parties to these Terms of Engagement.

3. If a party becomes aware of any Claim which may, has or will give rise to a Loss, that party shall promptly notify the other party in writing thereof giving particulars of the Claim and the nature of the Loss. Failure by any of the Indemnified Persons to notify you shall not relieve you from the obligation to indemnify the Indemnified Persons in accordance with paragraph 2 above, except to the extent that you suffer actual prejudice as a

result of such failure. Upon our becoming aware of the Claim, we shall thereafter from time to time make a demand in writing for, and provide reasonable detail of, amounts payable by you pursuant to paragraph 2 above. Payment of such demand shall be made by you within 10 business days of your receipt of the demand (which shall be deemed received by any means for which we are able to provide written verification).

4. If the Claim is one in which, but for the provision of the Indemnity, you are not directly involved as a party, upon receipt of a demand referred to in paragraph 3 above, and subject to the requirements (if any) of our insurers, we shall thereafter consult with you regarding our conduct of the Claim and provide you with such information and copies of such documents relating to the Claim as you may reasonably request provided that we shall not be under any obligation to take into account any of your requirements in connection with such conduct nor to provide you with a copy of any document which is or may be privileged in the context of the Claim.

5. If the Claim is one in which, in addition to the provision of the Indemnity, you are directly involved as a party, upon receipt of a demand referred to in paragraph 3 above you agree that you will not, without our prior written consent, settle or compromise or consent to the entry of any judgment with respect to any pending or threatened Claim (whether or not any of the Indemnified Persons is an actual or potential party to such Claim) unless such settlement, compromise or consent expressly includes an unconditional release of the Indemnified Persons from all liability arising out of such Claim and does not include any statement as to an admission of fault, culpability or a failure to act by or on behalf of any of the Indemnified Persons.

6. If you enter or propose to enter into any agreement or arrangement with any adviser, other than us, for the purpose of or in connection with the Transaction, the terms of which provide that the liability of the adviser to you or any other person is excluded or limited in any manner, and we may have joint and/or several liability with such adviser to you or to any other person arising out of or in connection with the Transaction, you shall: (a) not be entitled to recover any amount from us which, in the absence of

such exclusion or limitation, we would have been entitled to recover pursuant to the Civil Liability (Contribution) Ordinance (Cap. 377) of the Laws of [ ]; (b) indemnify us on an after tax basis in respect of any increased cost or liability to any third party which would not have arisen in the absence of such exclusion or limitation; and (c) take such other action as we may require to ensure that we are not prejudiced as a consequence of such agreement or arrangement. For the avoidance of doubt, any limitation or exclusion or restriction on the liability of any third party under any jurisdiction whether arising under statute or contract or resulting from death, bankruptcy or insolvency shall be ignored for the purposes of determining the extent of responsibility of that third party.

7. In this Indemnity:

"Claim" or "Claims" means any threatened, pending or actual claim, action, proceeding, investigation, demand, judgment or award made or brought by you or a third party in relation to the transaction(s) contemplated by the Terms of Engagement or the Terms of Engagement themselves; and

"Loss" or "Losses" means any and all losses, liabilities, damages (including any special or consequential damages), costs, charges or expenses whether caused by breach of contract, tort (including negligence) or otherwise.

Other capitalised terms used in this Indemnity but not defined in this paragraph shall have the same meaning given to them in the Terms of Engagement.

[표 19-2] Time and Responsibility Schedule Sample[19)]

Date	Activity	Responsibility
Day 1	Perform tax and accounting analysis	Seller/Seller Counsel/ Seller Accountants
Day 1	Perform Hart-Scott-Radino/antitrust analysis	Seller Counsel
Day 3	Review material contracts for assignment or "change-in-control" provisions	Seller/Seller Counsel
Day 3	Begin and coordinate due diligence examination of Seller	Buyer/Buyer Counsel Buyer Accountants
Day 5	Begin preparation of asset purchase agreement	Buyer/Buyer Counsel
Day 15	Circulate first draft of asset purchase agreement to all hands	Buyer/Buyer Counsel
Day 15	Distribute first draft of asset purchase agreement internally to specialists (tax, ERISA, etc.) as necessary; begin preparation of disclosure schedules	Seller Counsel
Day 15	Begin preparation of ancillary agreements (employment agreements and noncompetition agreements)	Buyer/Buyer Counsel
Day 20	Meet internally to discuss first draft of asset purchase agreement	Seller/Seller Counsel
Day 25	Provide written comments on first draft of asset purchase agreement to Buyer Counsel	Seller Counsel
Day 27	Distribute internally draft of disclosure schedules	Seller/Seller Counsel
Day 30	Meet to negotiate asset purchase agreement	All hands
Day 32	Obtain internal comments on draft of disclosure schedules	Seller/Seller Counsel
Day 36	Send revised draft of disclosure schedules to Buyer Counsel	Seller/Seller Counsel
Day 37	Circulate revised draft of asset purchase agreement to all hands	Buyer Counsel
Day 38	Provide comments on draft disclosure schedules to Seller Counsel	Buyer/Buyer Counsel
Day 42	Conference call regarding asset purchase agreement	All hands

19) M&A PROCESS: A PRACTICAL GUIDE FOR THE BUSINESS LAWYER, by the ABA Section of Business Law Committee on Negotiated Acquisitions, 2005. Copyright 2005 © by the American Bar Association. Reprinted with permission. This information or any portion thereof may not be copied or disseminated in any form or by any means or stored in an electronic database or retrieval system without the express written consent of the American Bar Association.

Day 44	Circulate revised draft of asset purchase agreement to all hands	Buyer/Buyer Counsel
Day 45	Begin preparation of proxy statement	Seller/Seller Counsel
Day 45	Provide comments on draft disclosure schedules to Seller Counsel	Buyer/Buyer Counsel
Day 45	Circulate drafts of ancillary agreements to all hands	Buyer Counsel
Day 45	Begin preparation of HSR filing	All hands
Day 46	Prepare resolutions for Buyer board of directors approving asset purchase agreement	Buyer/Buyer Counsel
Day 50	Conference call regarding ancillary agreements and asset purchase agreement	All hands
Day 51	Prepare resolutions for Seller board of directors approving asset purchase agreement; prepare form for third-party consents	Seller/Seller Counsel
Day 51	Draft joint press release	Buyer/Seller
Day 51	Conference call regarding outstanding issues on asset purchase agreement	All hands
Day 51	Circulate draft of proxy statement to all hands	Seller Counsel
Day 52	Finalize asset purchase agreement, disclosure schedules, and ancillary agreements	Buyer/Buyer Counsel Seller Counsel/Sell
Day S3	Hold meetings of boards of directors of Seller and Buyer to approve asset purchase agreement	Buyer and Seller
Day 53	Sign asset purchase agreement, with disclosure schedules and forms of ancillary agreements attached	Seller/Seller Counsel
Day 53	Issue joint press release	Seller/Buyer
Day 54	File Hart-Scott-Radino notifications	All hands
Day S5	Provide comments on proxy statement to Seller	Buyer/Buyer Counsel
	Counsel	
Day 65	Mail proxy statement	Seller
Day 70	Circulate closing memorandum	Buyer Counsel
Day 75	Circulate drafts of closing documents, including deeds, bills of sale, and assignments	Buyer Counsel/Seller Counsel
Day 80	Obtain third-party consents and estoppel certificates and deliver to Buyer Counsel	Seller
Day 84	Preclosing review of closing documents	All hands
Day 85	Hold Seller shareholder meeting	Seller/Seller Counsel

Day 85	HSR waiting period expires	
Day 85	Deliver estimate of closing date working capital	Seller
Day 86	Closing	All hands
Day 86	Commence preparation of closing balance sheet	Buyer Accountants
Day 86	File charter amendment changing name	Seller Counsel
Day 86	Pay severance/retention bonuses	Seller
Day 116	Determine closing date working capital and pay balance of purchase price, if any	Buyer/Buyer Accountants

Ⅲ. 다른 이해관계당사자와의 조정

기업인수는 매도인과 매수인 이외에 대상기업의 주주, 채권자, 근로자, 지역사회주민 등 다수에 영향을 미칠 수 있다. 따라서, 기업인수의 법률자문사는 기업인수가 이들 이해관계인에게 어떠한 영향이 미칠지에 대하여 가능하면 매각절차를 시작하기 전에 정확하고 상세하게 분석, 이에 대한 대처방안을 매도기업에 조언하여야 한다. 또한, 매도인의 법률자문사는 매도기업에 대한 실사를 실시하여 소위 거래를 실패로 이끌 장애요인(deal braker)이 없는지도 확인하여야 한다. 특히 정부나 정부기관, 채권단이 과거의 부실기업에 출자하여 이들이 지배주주라고는 하나 실제 경영에 적극적으로 관여하지 않는 경우에는 법률자문단의 자세한 사전적 실사의 필요성이 크다. 또한, 기업매각절차를 진행하는 동안 그리고 기업의 경영권이 매각된 이후에도 적어도 이행완료시점까지는 기업가치의 변동이 없어야 하므로 이해관계인을 안심시키고 매각 후에도 기업매각 전과 동일하게 사업을 영위할 수 있는 가능성에 대하여 확신을 시켜 주어야 한다.

기업인수는 매수인과 매도인의 이사회결의 내지 주주총회를 필요로 하므로 법률자문사는 이사회가 특정의 기업인수거래를 사전적으로 대강의 조건을 정하여 임원진에 위임하는 경우에 이사회는 어떠한 절차를 밟아야 하며 어떠한 정보를 수집하여야 할 의무가 있는지에 대하여 이사회를 자문하여 주어야 한다. 이사회가 주주의 이해관계만을 고려하여야 하는지, 아니면 주주 이외의 이해관계인의 이해관계를 고려할 수 있는지, 고려하여야 하는지는 구체적인 사안에 따라 다를 것이지만 적어도 이사회에 대하여 이러한 요소가 고려의 대상이 될 수도 있음을 자문하여 주어야 할 것이다.

근로자들은 지배권이 이전되는 경우 지배주식의 매각이건, 영업양수도이건, 일단 기존의 계약관계에 따라서 보호된다. 단순한 자산의 매각의 경우라면 근로계약이 이전되지 않지만 현재 판례에 따르면[20] 단순한 자산의 매각으로 규정 지어지는 범위는 상당히 좁기 때문에 근로자들이 지배권의 이전에 따른 고용불안은 적어도 법적으로는 근거가 없다. 근로자들의 퇴직금은 매도인이 기업인수의 이행완료전 기업인수를 이유로 지급하여야 하는지, 지급할 수 있는지, 아니면 근로자의 선택에 따라서 근로자가 근무연수의 누적적 적용을 주장할 수 있는지 확실한 판례가 있는 것 같지는 않다. 통상 근로자가 퇴직금의 지급을 요구할 권한이 있다고 보고 근로자에게 즉시 지급과 누적적 적용 두가지 중 하나를 선택하도록 한다. 경제적인 상황에 따라서 근로자들의 반응이 다를 것이지만, 근로자에 대한 퇴직금지급의무는 기업가치에 상당한 영향을 미칠 수도 있기 때문에 적어도 이행완료 전까지는 그 부담이 어느 정도인지 매도인과 매수인이 알 수 있어야 할 것이며 이를 미리 확정하기 어려운 경우에는 사후적으로 매매대금의 조정으로 해결할 수도 있을 것이다. 일단 근로자가 계속 근무여부에 대한 선택권을 가지는 것으로 보이므로 근로자를 계속 보유하고자 하는 인수인에게는 우려의 대상이다. 그런 우려 때문에 매도인은 매수인이 바라는 대로 현재의 근로자가 기업인수 후에도 계속 근로관계를 유지한다는 점을 계약체결 이후 이행사항(covenant)으로 약속을 하여야 하는 경우가 있을 수 있다. 특히 고도기술산업에서 핵심 연구조사인력이, 컨설팅이나 다른 서비스산업에서 핵심영업인력이 계속적으로 근로를 제공한다는 것을 확신시키기 위하여 이들과 체결할 장래의 근로계약을 첨부하기도 한다.

고객을 포함한 제3자와의 기존계약관계 역시 기업인수를 이유로 변화됨이 없이 지속되어야만 매수인과 매도인이 기업가치에 대하여 합의하기가 수월할 것이다. 예를 들어, 경영자문사를 매수한 자는 기존의 고객관계가 유지되어야만 기업가치를 정확하게 평가할 수 있을 것이기 때문에 기업인수의 이행완료시까지 기업인수계약의 별표에 첨부된 주요고객을 포함하여 기존고객의 90%와 자문계약이 유지되어야 한다는 것을 이행완료의 선행조건으로 부과할 수 있을 것이다. 물론 기존계약에서 지배주주가 변경되는 경우 이를 해지할 수 있는지 여부에 대한 법률자문사의 조사를 전제로 한다. 고객과의 계약뿐 아니라 제조공정에 필요한 기술의 사용허락자나 중요한 원자재의 공급자, 거액의 자금을 제공한 금융기관과의 기존계약관계 유지여부는 기업인수결정의 중요한 요인이 될 것이기 때문에 법률자문사는 이들과의 관계

20) 위 제7장 판례 참조.

유지여부에 대하여 미리 조사를 하여야 할 것이다.

Ⅳ. 매각절차의 선택

매각절차는 크게 경매절차를 통한 매각(auction)과 사적인 협상을 통한 매각(private negotiation)의 두 가지로 구분할 수 있다. 사적인 협상을 통한 매각은 기존의 거래관계로 어느 정도 신뢰관계가 있는 통상 전략적 투자자와의 독점적 협상을 통하여 신속하게 매각하는 것이다. 통상 회사소개서를 배포하지도 않고 또한 별도의 자료실을 만들어 자세한 실사자료를 제공하지도 않으며 비밀유지계약서와 의향서의 체결을 기초로 빠르게 진행할 수 있는 장점이 있다.

이와 대비되는 방법이 경매를 통한 매각으로 경쟁을 통하여 보다 높은 가격을 받을 수도 있지만 대외비를 유지하기 어려우며 회사소개서의 작성, 자료실의 준비, 경영진의 설명등 전형적인 절차를 다수의 입찰자를 상대로 진행하기 위하여는 많은 시간과 노력이 들고 또한 매각에 실패한 경우 실패의 원인 여하를 불문하고 재매각에 현실적인 어려움이 있을 수 있다. 과거 한국정부가 공적자금을 직간접적으로 투자한 부실기업을 재매각하는 경우 통상 경매입찰매각의 방법을 택하였다.[21] 정치적인 소음을 없애고 공정하게 진행하여야만 국제자본시장에서 신뢰를 쌓을 수 있다는 고려, 입찰경매를 통하여 매각함으로써 후일 가격을 둘러싼 책임논란을 없앨 수 있다는 고려가 작용하였을 것이나, 절차의 적정성에 대한 논란의 소지를 완전히 없애기는 어려웠다. 특히 공개경쟁입찰시 매각에 실패할 경우 재매각의 어려움 때문에 도리어 매도인에게 매각의 압박감이 작용하며 일정에 따라 움직여야 한다는 측면에서 입찰자에게 모든 전략을 공개하는 어려움도 있을 수 있다. 입찰자를 어느 수준과 범위에서 정할지, 통상 2단계 매수청구절차를 통하여 1단계에서는 회사소개서에 기초한 구속력이 없는 관심의 표시로, 2단계에서는 실사를 기초로 한 구속력있는 매수청구로 잠재적 매수자의 범위를 좁혀나가는 바 입찰의 절차를 어떻게 구성하며 어느 정도 정보를 어느 시점에서 공개할지 다양한 전략적, 전술적 결정사항이 다수 존재한다.

21) 국유재산법 제43조상 경매입찰이 요구되는 경우도 있다.

V. 원매자의 물색

경매절차이건, 사적인 협상이건 매도인이 상대방에게 맨 처음 전달하는 문서는 비밀유지계약이다. 비밀유지계약은 회사와 근로자간, 또는 프로그램 개발자와 평가자간 체결되기도 한다. 그 법적 성질 및 해석은 계약의 취지에 따라서 달라져야 할 것이다.

1. 대외비밀유지계약체결의 목적[22)]

대상회사의 영업비밀은 당사자간에 비밀유지계약을 체결하지 않는다고 하더라도 "부정경쟁방지 및 영업비밀보호에 관한 법률"("부방법")에 의하여 보호를 받는다. 그러나 동법상의 보호를 받기 위해서는 그 정보가 영업비밀로서의 요건[23)]을 충족하여야 하여, 이러한 비밀이 침해될 경우 동법상 허용되는 구제방법[24)]에 의지하여야 한다. 따라서 매도인 또는 대상회사로서는 이러한 법령상의 요건에도 불구하고 보호받고자 하는 회사의 정보를 비밀유지계약에 명확하게 포함함으로써 보호의 범위를 확대할 수 있고 손해배상의 예정[25)] 등 추가적인 구제조치를 약정함으로써 비밀정보의 침해에 대한 구제수단을 강화할 수 있다. 한편 매수인 또는 인수후보자가 대상회사의 경쟁사업자인 경우 이들에게 제공된 대상회사의 정보 중 제품에 대한 가격정보, 고객이나 거래선에 대한 정보, 시장상황에 관한 정보 등이 포함되어 있다면, 경쟁당국에 의하여 부당한 공동행위를 위한 합의(cartel)로 오해될 소지도 없지 않다. 이러한 경우 비밀유지계약에 정보 제공의 목적을 명확하게 기술하

22) 이하는 졸고, *기업인수·합병 거래에 있어서 기밀유지계약내용과 기업실사*, 20 BFL 6-11 (2006. 11)을 편집한 것이다. 비밀유지계약서는 근로자와 고용자간 서명되기도 하고, 시험을 위한 평가의뢰자와 시험자간 서명되기도 하며, 심지어는 분쟁의 합의시 비밀유지계약서만이 별도로 서명되기도 하여 그 목적과 상황은 지극히 다양하다.

23) 공연히 알려져 있지 아니하고 독립된 경제적 가치를 가지는 것으로서 상당한 노력에 의하여 비밀로 유지된 생산방법·판매방법 기타 영업활동에 유용한 기술상 또는 영업상의 정보라는 요건을 갖추어야만 부방법 제2조 제2호상 정의된 영업비밀에 해당한다.

24) 영업비밀 침해행위에 의하여 영업상의 이익이 침해되거나 침해될 우려가 있는 때에 그 행위의 금지 또는 예방 및 이를 위하여 필요한 조치를 청구할 수 있고 고의 또는 과실에 의한 영업비밀 침해행위로 인한 손해배상을 청구할 수 있으며, 영업상의 신용실추에 대하여 신용회복을 위하여 필요한 조치를 청구할 수 있다 (동법 제10조 내지 제12조).

25) 비밀유지계약을 위반한 상대방 당사자에게 손해배상책임을 묻고자 하는 경우 약정위반으로 인하여 실제 발생된 손해를 입증하여야 한다. 그러나 약정위반으로 인하여 발생한 손해액은 그 입증이 매우 어렵기 때문에 손해배상의 예정을 함으로써 이러한 손해액 입증의 곤란을 피할 수 있을 것이다.

고[26] 제공된 정보를 그 목적에 한정하여 사용할 수 있음을 명확히 함으로써 이러한 소지를 제거하는 기능을 할 수 있을 것이다. 실제 실사 단계 또는 그 이전 단계에서 법률가가 관여하는 가장 커다란 이유 중의 하나는 공정거래법 위반에 대한 의문의 소지를 없애기 위한 것이다.

2. 비밀유지계약의 체결단계

일반적으로 비밀유지계약은 매도인이 기업인수·합병을 위한 절차를 확정하고 매수인 또는 인수후보자를 상대로 기본교섭을 위하여 회사에 관한 정보를 제공하기 직전에 체결된다. 공개입찰의 형식으로 진행되는 인수·합병 거래의 경우에는 잠재적 인수후보자들을 대상으로 기밀 유지계약서 초안을 송부하고 인수후보자들이 이를 그대로 승낙하거나 초안을 검토하여 제시한 수정안을 매도인이 승낙함으로써 비밀유지계약이 체결되며, 비밀유지계약의 체결을 전제로만 매도인은 인수후보자들에게 대상회사에 관한 정보가 기술되어 있는 회사소개서(Information Memorandum)를 송부한다. 공개입찰이 아닌 사적인 협상의 형식으로 진행되는 거래의 경우에는 당사자간의 협상에 의거하여 비밀유지계약의 내용을 확정·체결하게 되며, 이에 따라 매도인은 매수인에게 대상회사에 관한 정보를 제공한다.

이 단계에서 매수인 또는 인수후보자들로서는 두 가지 상반되는 욕구에 직면하게 되는데, 하나는 기본교섭이 시작되기 전에 매도인에 대하여 자신이 까다로운 상대자라는 인상을 주지 않음으로써 우선 협상대상자(preferred bidder)로 선정될 가능성올 높이거나 인수·합병 거래에 관한 최종계약(이하 '본 계약')의 성사가능성을 높이고 싶은 욕구이고, 다른 하나는 매수인에게 지나치게 엄격한 비밀유지계약을 그대로 수용하는 경우 대상기업의 인수·합병에 실패할 때 매수인의 장래 사업에 대한 지나친 제약으로 귀결될 가능성이 있으므로 이를 피하고자 하는 욕구이다.

3. 비밀유지계약의 내용과 쟁점

가. 비밀정보(confidential information)의 정의

우선 비밀유지계약에는 동 계약에 의해 보호되는 비밀정보가 무엇인지에 대한 정의 규정을 둔다. 비밀정보의 정의는 결국 당사자간의 협상에 의하여 정하여질 것

---

26) 일반적으로 기업가치의 평가, 거래의 협상 및 이행을 위한 목적에 한정하고 있다. 실제 정보교환을 통하여 부당한 공동행위를 한 사업자에 대한 판결로 대법 2009. 5. 28. 선고 2007두24616 판결 참조.

이나, 일반적으로 다음과 같은 경우들이 있을 수 있다: (i) 매도인이 기밀사항에 해당한다는 표시를 하여 제공한 서면 정보에 한정하는 규정; (ii) 매도인이 위와 같이 기밀표시를 하여 제공한 서면 정보와 제공 후 일정기간 내에 기밀사항임을 서면 통지한 정보에 한정하는 규정; (iii) 매도인이 제공한 모든 서면 정보를 비밀정보로 정하는 규정; (iv) 매도인이 제공한 서면·구두 정보를 포함하는 모든 정보를 비밀정보로 정하는 규정; (v) 법령상 보호되는 정보를 비밀정보로 정의하는 규정. 정의상 구두정보가 포함된다고 할지라도 실제 입증·집행하기는 쉽지 않을 것이라는 측면에서 어려운 협상이슈로 삼지 않을 수도 있다. 한편, 기밀사항이라고 서면통지한 것에 국한하는 것은 매수인의 편의에만 치우친 감이 있고 매도인의 사무처리상의 어려움을 고려하지 않은 것으로 보인다. 실무상으로는 (iv)의 경우가 가장 일반적으로 사용되는 것으로 보인다.

비밀정보의 범위와 관련하여 매도인이 제공한 정보를 반영하여 매수인 또는 인수후보자들이 작성한 편집, 분석, 연구자료 등 2차적인 자료를 포함시킬 것인지도 협상의 쟁점이 될 수 있다. 또한 매도인이 제공한 대상회사에 관한 정보만을 비밀정보로 할 것인지, 아니면 매수인에 대한 정보도 비밀정보를 하여 비밀유지의무를 상호간에 부담하게 할 것인지도 협상의 쟁점이 될 수 있다.[27] 한편 매도인이 제공한 정보 중 (i) 이미 공개된 자료에 해당하는 경우(매수인의 비밀유지위반을 원인으로 공개된 경우는 제외한다), (ii) 이미 매수인이 보유하고 있는 정보인 경우, (iii) 매수인이 매도인이 아닌 제3자로부터 제공받은 정보인 경우(그 제3자가 매도인과 비밀유지계약이 체결되어 있는 경우는 제외한다)에는 매수인에게 매도인이 대상회사에 관한 정보를 제공하였다는 이유만으로 비밀유지의무를 부과하는 것은 부당하다. 따라서 이러한 정보는 비밀정보의 정의에서 제외하는 것이 일반적이다. 이러한 사항을 비밀정보의 정의 규정에서 제외하지 않고 비밀유지의무가 적용되지 않는 예외로 규정하기도 하며, 어느 경우에나 그 효과는 유사하다.

나. 비밀정보 사용의 제한

(1) 비밀정보 사용의 목적

매도인이 매수인 또는 인수후보자들에게 대상회사에 관한 정보를 제공하는 것은 매수인이나 인수후보자들이 대상회사의 기업가치를 적정하게 평가하고, 인수·합

27) 매수인에 대한 정보는 매수인이 제공하는 정보보다는 주로 매수인이 매도인과 인수·합병거래를 진행하고 있다는 사실, 거래의 조건에 관한 정보 등을 비밀로 유지한다는 내용이다.

병 거래에 있어 사업적·법률적 위험을 분석할 수 있도록 하며, 본 계약에 반영하여야 할 제반사항들을 미리 파악할 수 있도록 함으로써 성공적인 인수·합병 거래를 성사시키도록 하는 데 그 목적이 있다고 할 수 있다. 따라서 비밀유지계약에는 매도인이 제공한 대상회사에 관한 정보를 이같은 목적에 한정하여 사용하도록 제한할 필요가 있다.

특히 대상회사가 상장법인인 경우 매수인에게 제공되는 정보에는 아직 일반인에게 공개되지 않은 중요한 정보가 포함될 수 있는데, 매수인 또는 그 관계인이 이 정보를 이용하여 대상기업의 유가증권을 거래할 가능성도 없지 않다. 이때 매수인이 증권거래법상 미공개 정보 이용행위 금지 규정 위반의 법적 책임을 부담하게 되는 것은 물론이지만, 이러한 정보를 제공한 매도인도 동일한 책임을 부담하게 될 위험성이 있다.[28] 따라서 비밀정보 사용의 목적을 명확히 제한함으로써 이러한 책임 발생의 소지를 줄일 수 있을 것이다. 또한 매수인이 대상회사와 경쟁관계에 있는 기업인 경우, 인수·합병 거래에 관한 협상이 실패로 돌아간 후 매도인으로부터 제공받은 대상회사의 영업에 관한 비밀정보를 이용하여 대상회사와 경쟁하는 데 사용할 가능성도 있으므로 이와 같이 비밀정보의 사용목적을 제한할 필요성이 있다.

(2) 비밀정보 사용이 허용되는 주체

기업인수·합병 거래에 있어서 매수인은 금융자문사(financial advisor), 법률자문(legal counsel) 등 대리인들을 활용하는 경우가 많은데, 이 경우 매도인으로부터 제공받은 정보를 이들에게 제공함으로써 도움을 받아야 한다. 또한 인수·합병에 관한 의사결정을 위하여 대상회사의 정보를 그 임직원, 주요 주주, 계열회사에 제공할 필요도 있다. 따라서 비밀유지계약에서는 매수인이 비밀정보를 제공할 수 있는 자의 범위를 정하게 되는데 일반적으로는 매수인의 임직원, 금융자문, 법률자문 등 대리인, 주요 주주, 계열회사에게 그 정보를 제공하는 것을 허용하며. 인수·합병 거래를 위하여 금융기관으로부터 자금을 조달하여야 할 경우 금융기관 또한 그 범위에 포함시켜야 할 것이다.

이 경우 위와 같은 제 3 자는 비밀유지계약의 당사자가 아니기 때문에 이들에게 간접적으로라도 비밀유지를 보장하도록 할 필요가 있는데, 비밀유지계약에서는 통상 매수인에 대하여 (i) 허용된 제 3 자에게 정보를 제공하는 경우 그것이 기밀정

28) 자본시장법 제174조 [미공개중요정보 이용행위 금지]규정은 미공개정보를 직접 이용하는 행위 외에도 다른 사람으로 하여금 이를 이용하게 하는 행위 역시 금지하고 있다.

보라는 사실을 고지하고 비밀유지계약에 정한 목적 하에서만 사용하도록 조치할 의무를 부과하고, (ii) 그 제 3 자가 비밀유지계약상의 의무를 위반하는 행위를 하는 경우 매수인이 그 위반에 대한 책임을 부담하도록 하는 조항을 두고 있다.

다. 비밀정보의 예외적 공개

당사자간에 비밀유지계약이 체결되어 있다고 하더라도 일방 당사자가 이를 공개하여야 할 법령상의 의무를 부담하게 되거나 법원의 판결, 정부기관의 명령에 의하여 그 공개가 강제되는 경우에는 이를 허용할 필요가 있다. 따라서 비밀유지계약에는 이러한 경우 비밀유지의무의 예외를 허용하는 것이 일반적이다. 다만 이를 공개하고자 하는 당사자에게 비밀공개로 인한 영향을 최소화하기 위하여 일정한 조건을 부과하는 경우도 있는데, (i) 공개 이전에 상대방이 적절한 예방조치를 취할 수 있는 기회를 가질 수 있도록 이와 같은 법률상의 의무, 법원의 판결, 정부기관의 명령 등이 있다는 사실을 사전에 통지하도록 하거나, (ii) 이와 더불어 공개의 범위에 관하여 상대방과 사전협의 절차를 거치도록 하거나, (iii) 좀 더 엄격한 의무로서 이러한 사전 통지와 함께 당사자가 이러한 법상의 의무를 부담한다는 변호사의 법률의견을 제시하도록 하고 있다.

라. 계약의 종료와 종료 후 효과

비밀유지계약 종료원인으로는 일반적인 계약과 마찬가지로 당사자간의 상호 합의, 계약기간의 만료, 의무불이행에 따른 계약해제 등이 있다. 한편 비밀유지계약에 특유한 계약 종료사유로는 당사자간에 기업인수·합병 거래에 관한 최종적인 합의, 즉 본 계약이 체결되는 경우를 들 수 있는데, 당사자간에 본 계약이 체결되는 경우에는 대상회사를 매수인이 경영하게 되기 때문에 매수인에 대하여 더 이상 비밀유지의무를 부과할 필요가 없고 또한 본 계약에도 비밀유지조항이 있기 때문이다. 비밀유지계약이 종료되는 경우 매수인에게 매도인으로부터 제공받은 비밀정보를 매도인에게 반환하거나 이를 폐기할 의무를 부과하고, 비밀유지계약 종료 후 일정한 기간 동안 동일한 의무를 부담하도록 하는 규정을 두고 있다. 단 본 계약의 체결에 따라 비밀유지계약이 종료되는 경우에는 이러한 의무를 부과할 필요가 없을 것이다.

마. 손해배상액의 예정

비밀유지계약상 의무를 위반하여 일방당사자가 비밀정보를 제 3 자에게 누설하거나, 허용된 목적 이외의 목적으로 사용하는 경우, 그 당사자는 이로 인하여 타방 당사자에게 발생한 손해를 배상할 계약상의 책임이 있다. 그런데 타방 당사자는 입증책임의 원칙에 따라 계약위반 사실 외에도 계약위반행위에 따른 손해발생 사실과 손해액을 입증하여야 한다. 그러나 실제 이를 입증하는 것은 매우 어려운 경우가 대부분이다. 따라서 비밀유지계약에 손해배상의 예정 조항을 둠으로써 위반행위 발생시 손해입증 요건 때문에 의무위반에 따른 책임을 묻지 못하는 어려움을 피하고, 심리적 압박감을 통하여 간접적으로 당사자의 위반 행위를 저지하는 기능도 가질 수 있다. 그러나 이러한 손해배상액 예정 조항은 매수인에게 지나치게 과도한 책임을 부담시킬 수 있어 매수인이 좀처럼 수용하지 않을 것이므로 (특히 과실로 비밀유지의무를 경미하게 위반하는 경우에도 예정된 손해액을 지급하여야 한다는 점), 실무상 이러한 손해배상액 예정 조항이 들어간 비밀유지계약이 흔하지는 않다.

바. 기타 계약에 통상적으로 수반되는 일반조항

비밀유지계약에도 일반적인 계약에서와 마찬가지로 비밀유지의무 위반에 대한 책임 및 구제조치, 준거법과 관할 등에 관한 내용을 정하게 되나, 이는 비밀유지계약에 특유한 사항은 아니다. 이러한 소위 통상적인 계약조항(boiler plate)도 구체적인 계약위반 가능성을 이유로 개별적인 사안에 적합한 조항을 주장할 수 있을 것이다. 한국의 기업인수를 위한 협상을 시작하면서 미국 New York주 법원의 관할을 주장하는 것은 경우에 따라서 합리적인 근거가 박약하여 보일 것이다. 왜냐하면 비밀유지위반의무의 위반이 일어난다면 한국내에서 일어날 가능성이 더 많을 것이고 따라서 가처분이나 손해배상 역시 한국내에서 분쟁을 해결하는 것이 보다 효과적일 것이기 때문이다. 물론 상대방 당사자가 한국의 사법절차의 중립성에 의문을 가진다면 협상이 필요할 것이다.

4. 비밀유지계약에 수반되는 다른 요소들

비밀유지계약에는 위에서 설명한 바와 같은 비밀 정보의 보호를 위한 조항 외에도 당해 인수 합병 과정에서 요청되는 당사자들의 의무를 규정하는 조항들을 넣는 경우가 있다.

가. 독점협상권(exclusivity) 조항

이 조항은 매수인에 대하여 일정한 기간 동안 매도인과 독점적으로 협상을 진행할 수 있는 권리를 부여하는 것을 내용으로 한다. 이 경우 매도인은 그 기간 동안 다른 인수후보자와 인수합병에 관한 협상을 진행하거나, 다른 후보자들의 협상요구에 응하지 않을 의무를 부담하게 된다. 독점협상권의 내용도 다양한 태양이 있을 수 있어서 다른 인수후보자를 적극적으로 찾지 말 것을 약속할 수도 있고, 협의는 진행하되 정보를 제공하지 않을 것을 약속할 수도 있으며 나아가 일체의 협상 자체를 하지 않을 수도 있다. 독점협상권은 매수인의 경우 가장 관심이 많은 사항인 반면 매도인의 경우 독점협상권을 부여하더라도 그 기한을 명확히 하고 싶을 것이다.

나. Stand-still 조항

이 조항은 비밀유지계약 체결 후 본계약이 체결되기 전까지 매수인이 다른 경로를 통하여 대상회사의 유가증권을 거래하는 것을 금지하는 것을 내용으로 한다.[29)]

다. 경업금지조항

이 조항은 매수인과의 본 계약 체결없이 비밀유지계약이 종료되는 경우, 대상회사의 비밀정보를 제공받은 매수인에 대하여 일정 기간 동안 대상회사와 경쟁이 되는 사업을 영위하지 못하도록 하는 것을 내용으로 한다. 이는 매수인이 대상회사의 중요한 영업비밀을 이용하여 대상회사와 경쟁관계가 있는 사업을 영위하는 시도를 막기 위한 것이다. 물론 비밀유지계약에 비밀정보 사용의 목적을 제한함으로써 간접적으로 이러한 시도를 억제할 수 있지만, 경업금지조항을 두면 비밀정보의 원천에 대한 다툼을 피함으로써 매수인의 비밀정보를 부정한 방법으로 이용하는 시도를 원천적으로 방지할 수 있는 효과를 가질 수 있을 것이다. 비밀유지계약을 단계에서 매수인에게 경업금지까지 약속받기는 쉽지 않을 것이며 특히 매수인이 사모펀드나 투자회사인 경우에는 합리적인 요구라고 보기 어렵다.

라. 진술과 보장배제조항

이 조항은 매도인이 대상회사에 관한 정보를 제공함에 있어서 매도인은 제공되는 정보의 진실성이나 완전성을 보장하지 않으며, 매수인이 제공된 정보를 사용하

29) 주로 대상회사가 상장법인인 경우 대상회사의 주식을 대상으로 적대적 공개매수에 들어가지 않는다는 의미에서 필요한 것이지만 비상장법인의 경우에도 현재의 상황을 전제로 기업인수거래 가능성을 논의한다는 의미가 있다.

거나 이에 의지하는 데 대하여 매도인이 어떠한 책임도 부담하지 않는다는 것을 내용으로 한다. 이러한 조항을 두는 취지는 인수·합병에 관한 협상이 실패로 돌아가는 경우 혹시라도 제기될 수 있는 잘못된 정보의 제공 내지 불충분한 정보의 제공으로 인한 매도인의 책임에 대한 논란을 배제하기 위한 것이다. 정보를 제공하는 자가 제공된 정보의 정확성을 담보하지 않는다는 것은 어떻게 보면 불합리하게 보이기도 하지만, 당사자간에 본계약이 체결되는 경우 이러한 정보의 정확성이나 완전성에 대한 보장은 본계약의 내용에 포함되므로, 그 이전 단계에서 책임배제 조항은 인수·합병 거래에 관한 협상이 실패하는 경우에 한정된다는 점에서 특별한 문제는 없다고 하겠다.

마. 의사소통 창구의 일원화

매도인이 매수인에 대하여 대상회사에 관한 정보를 제공하면, 매수인으로서는 이를 검토한 후 자료에 대한 설명이나 부족한 정보에 대한 추가자료를 요청할 필요성이 있을 수 있고, 정보에 관한 사항 외 인수·합병의 진행절차 등 인수·합병 자체에 관한 사항에 대해서도 매도인이나 대상회사와 접촉할 필요성이 발생할 수 있다. 이러한 경우 매수인이 임의로 매도인 또는 대상 회사의 임직원들과 의사교환을 하는 경우 어떠한 정보가 추가로 제공되었는지 파악하기 어려울 뿐만 아니라 그 과정에서 비밀정보가 유출될 가능성이 있으며, 의사소통에 있어 혼란이 초래될 수도 있고 이러한 혼란은 결국 상대방에 대한 신뢰를 잃어버리게 할 수도 있다. 따라서, 매수인이 매도인과 접촉하고자 하는 경우 의사소통의 창구를 일원화함으로써 이러한 사태를 방지하고 효율적인 인수합병절차를 진행할 필요가 있다고 하겠다. 실무상 매각자문사가 있는 경우에는 매각자문사의 담당자를 지정하여 그 창구를 일원화하는 것이 보통이고, 매각자문사가 없는 경우에는 매도인의 실무책임자 중 지정된 자로 일원화하기도 한다.

* * * * *

[실제사례 3: RFP(Request for Proposal)]

STRICTLY PRIVATE & CONFIDENTIAL

PRIVATIZATION OF KOREA SOUTH-EAST POWER CORP

Request for Proposal to Act as Legal Advisor

1.0 INTRODUCTION

On 21 January 1999, the Ministry of Commerce, Industry and Energy ("MOCIE") unveiled its Basic Plan for Restructuring of the Electricity Industry (the "Restructuring Plan"). The Restructuring Plan was endorsed by the National Assembly of the Republic of Korea on 8 December 2000, with the following overall objectives:

- Introduce competition and thereby improve efficiency of the Korean electricity industry;
- Ensure a long term, inexpensive and stable electricity supply; and
- Promote consumer convenience and satisfaction through expansion of consumer choice.

The Restructuring Plan would involve the unbundling of Korea Electric Power Corporation ("KEPCO")'s power generation, transmission, distribution and retail businesses in stages, introducing competition into the electricity market.

On 2 April 2001, KEPCO's total generating capacity was divided and corporatized into five thermal generation companies ("Gencos") and one hydro and nuclear generation company. All Gencos have been operating independently since corporatization and under the Restructuring Plan, all of the Gencos will be privatized over a period of time. Further details of KEPCO, the Restructuring Plan and privatisation process can be obtained at the KEPCO's website www.kepco.co.kr.

Korea South-East Power Co., Ltd ("KOSEPCO") was selected as the first Genco out of the five for privatization by way of a trade sale of common shares (the "Transaction") in July 2002. A minimum of 34% of KOSEPCO will be sold to a strategic investor or a consortium led by a strategic investor, and the investor can bid for a stake of up to 51%. Subsequent to the trade sale, KEPCO plans to further sell down its stake in KOSEPCO through domestic IPO of between 16% to 15% interst.

Korea Independent Energy Corporation ("KIECO") submitted the Letter of Interest and retained ING Bank N.V. ("ING") as sole financial advisor to KIECO for the Transaction. According to the timetable proposed by KEPCO, the non-binding bid is to be submitted by 22 Jan 2003. One or both of international and domestic legal advisor will be engaged, at KIECO's discretion, to advise the core transaction teams on all legal matters in relation to the Transaction.

2.0 SCOPE OF WORK

The primary focus of the appointee will be to advise and assist the core transaction teams and to prepare the relevant documentation on all legal matters related to the bidding, including:

- Assisting in designing and implementing a full due diligence program, including assistance in reviewing all documents contained in the data rooms and verification of information provided in the Information Memoranda or other sale documents;
- Undertaking the due diligence examination of legal issues in relation to the Transactions and providing due diligence reports to core transaction teams, which may also be relied on by other advisors participating in the due diligence process;
- Advising on the legal aspects associated with the method and process for the Transactions;
- Advising on the bidding process and documentation;
- Assisting in preparation of sale/legal documentation to potential partners, not limited to, any marketing materials, memorandum of understanding and shareholders agreement
- Assisting in preparation of documentation for acquisition financing
- Providing detailed on-going advice on legal issues as they arise in connection with the Transactions.

The Legal Advisor will be expected to work closely with ING and other appointed advisors through out the bidding process.

It should be noted the appointee will be excluded from any form of direct or indirect participation with or advice to parties known to be interested in bidding for KOSEPCO and/or the financing of such bids, without the written consent of KIECO.

3.0 SELECTION CRITERIA

The criteria to be used for the selection of the Advisor will include:-

1. Capability and previous experience in undertaking similar assignments, particularly in buy-side acquisition and privatization processes;
2. Demonstrated understanding of the legal, regulatory and policy issues relevant to the Korean electricity industry and the privatization plan including the sale of KOSEPCO;
3. Demonstrated experiences and understanding of the pool market and vesting contract;
4. Demonstrated ability to deliver in accordance with the contemplated time schedule;
5. Experience and qualifications of designated key staff committed to this project;
6. Previous experiences and relationship with domestic (international for domestic firm) legal advisors;
7. The proposed fee structure, with a maximum fee cap;
8. Accessibility of key staff; and
9. Existing or potential conflicts of interest.

4.0 PROPOSAL SPECIFICATION

Each proposal is not to exceed 20 pages in total and should provide:

1. A response to each of the selection criteria.
2. Details of the name, address and legal status of the firm.
3. Details of the key staff that will be assigned to the project and how much of each person's time will be dedicated to the project tasks,

including a statement in regard to key personnel's availability to commence and conduct the assignment.

4. Curriculum Vitaes (CV s) of proposed professional staff.
5. The estimated total fees and expenses for the duration of the engagement and breakdown of the proposed schedule of fees per category of staff member. [It is expected that the most intensive phase of the work will occur within the next two months. This may take longer]

The successful firm(s) will enter into a contract of appointment with KIECO.

5.0 Others

Costs incurred during the preparation and submission of the proposals shall be born by the bidder. KIECO should not be caused to be responsible for or to bear such expenses in any case.

6.0 LODGMENT OF PROPOSAL

Five bound copies, one unbound copy and a soft copy of the written proposal (in English) must be submitted to:

Please also submit a copy of your written proposal to either:

The deadline for submission of proposals is no later than 5:00 p.m. on 13 January, 2003. The deadline for lodging proposals will not be extended under any circumstances.

[실제사례 3-1: 비밀유지계약서][30]

Dear Mr. [ ],

[ ](“you”), in connection with your consideration of a possible transaction with [ ](the “Company”) involving its Korean subsidiaries (the

30) 다른 예로 A.B.A. 위 주 5-29 게재서 (MSPA) Ancillary Document No. 1 Confidentiality Agreement 327-344 참고.

"Korean Subsidiaries"), has requested information concerning the Korean Subsidiaries. As a condition to your being furnished such information, you agree to treat any information concerning the Company or the Korean Subsidiaries (whether prepared by the Company, the Korean Subsidiaries, their respective Representatives (as hereinafter defined) or otherwise) which is furnished to you by or on behalf of the Company or the Korean Subsidiaries (all such information herein collectively referred to as the "Review Material") in accordance with the provisions of this letter and to take or abstain from taking certain other actions as set forth in this letter agreement (this "Letter Agreement").

1. Confidential Information; Nondisclosure; Limitation on Use. The term "Review Material" includes all information furnished to you and your Representatives and all analyses, compilations, studies or other material prepared by you or your Representatives containing or based in whole or in part upon such information so furnished but does not include information which: (i) is or becomes generally available to the public other than as a result of a disclosure by you or your Representatives; (ii) was available to you or your Representatives on a nonconfidential basis prior to its disclosure to you or your Representatives pursuant to this Letter Agreement; (iii) becomes available to you or your Representatives on a non-confidential basis from a source other than the Company, the Korean Subsidiaries or their respective Representatives, provided that such source is not bound by a confidentiality agreement with the Company, the Korean Subsidiaries or their respective Representatives; or (iv) was or is independently developed by the you or your Representatives who have not had access to Review Material disclosed hereunder.

All Review Material that either the Company, the Korean Subsidiaries or any of their respective representatives, counsel, directors, officers, employees, accountants, partners, managers, advisors or agents (individually and collectively referred to herein as "Representatives") furnish to you or your Representatives will be kept strictly confidential (except as required by law, rule or regulation subject to the provisions hereof with respect to Legal Requirements (as hereinafter defined and will be used solely for the purpose of evaluating the possible transaction and for no other purpose; provided, however, that: (a) such information may be disclosed by you to your Representatives who are informed of the confidential nature of such information and each such Representative keeps this information confidential and shall be deemed to be bound by the terms hereof to the same extent as if it were a party hereto, and (b) any disclosure of such information may be made to which the Company has theretofore consented in writing. You hereby acknowledge and agree that you will be liable for breaches by your Representatives of the obligations under this Letter Agreement.

Notwithstanding the foregoing, if you or your Representatives have been requested or are required (by oral questions, interrogatories, requests for information or documents, subpoena, civil investigative demand or similar process) to disclose any Review Material, or to disclose the fact that you have expressed interest in the possible transaction(the "Legal Requirement(s)"), you shall: (i) promptly inform the Company of the applicable Legal Requirement, the reasons for and the exact content of such legal obligation, the exact content of the proposed disclosure itself, as well as details about the exact timing and mechanism with respect to such obligation to disclose prior to such disclosure and to coordinate such proposed disclosure with the Company in accordance with the following provisions. At your sole expense, you shall seek and obtain a protective order with respect to the proposed disclosure. If, in the absence of the receipt of a protective order after seeking such order, you would be held liable for contempt or suffer other legally enforceable censure or penalty for failure to disclose any Review Material or the fact that you have expressed an interest in the possible transaction, and such conclusion is based upon the written opinion of your outside counsel (a copy of which will be provided to the Company), then you may disclose the minimum amount of such information necessary and in a manner that is as narrowly tailored as is reasonably practicable to materially satisfy the applicable Legal Requirement.

You hereby warrant, recognize and acknowledge the competitive value and confidential nature of the Review Material and the irreparable damage that could result to the Company and the Korean Subsidiaries if information contained therein is disclosed to any third party in violation of this Letter Agreement. Notwithstanding the other provisions hereof, you hereby covenant and agree that the Review Material will not be used in any way detrimental to the Company and the Korean Subsidiaries, including, without limitation, to the competitive disadvantage of such parties.

Although the Company and the Korean Subsidiaries have endeavored to include in the Review Material information known to it which it believes to be relevant for the purpose of your investigation, you understand that neither the Company, the Korean Subsidiaries nor any of their respective Representatives have made or make any representation or warranty as to the accuracy or completeness of the Review Material. You agree that none of the Company, the Korean Subsidiaries or any of their respective Representatives shall have any liability to you or any of your representatives or advisors resulting from the use of the Review Material.

2. Confidentiality of the Possible Arrangement; No Obligation to Pursue the Possible Arrangement. You will not disclose to any person (other than your Representatives who are actively and directly participating in evaluating the possible transaction), and will direct your Representatives not to disclose to any person, in each case, without the Company's prior written consent, any Review Material or any information about the existence of a possible transaction or the terms, conditions or other facts relating thereto, including the fact that discussions are taking place with respect thereto or the status thereof, or the fact that the Review Material has been made available to you, except as required by law, rule or regulation, subject to the provisions of hereof with respect to Legal Requirements. You further agree that any and all inquiries made by you or your Representatives with respect to a possible transaction or the Review Material will only be made through [ ], the Company's investment banker and that you will not contact anyone at the Company and/or the Korean Subsidiaries without the prior written consent of the Company.

Neither this Letter Agreement nor any action in connection with this Letter Agreement will give rise to any obligation on the part of either party or any of the employees or directors of the parties hereto: (i) to engage in any discussions or negotiations with the other party or any of the other party's Representatives, or (ii) to pursue or enter into the possible transaction.

3. Return or Destruction of Review Material; Term of Letter Agreement. If either party hereto determines that it does not wish to proceed with the possible transaction, the party so determining will promptly advise the other party of that decision. In that case, you will promptly redeliver to the Company all written Review Material and any other written material containing or reflecting any information in the Review Material (whether prepared by the Company, the Korean Subsidiaries or their respective Representatives or you or your Representatives or otherwise) and will not retain any copies, extracts or other reproductions which in whole or in part contains Review Material except for automatic backup copies in computer systems which shall be treated confidentially in accordance with the terms and conditions of this letter agreement. All documents, memoranda, notes and other writings whatsoever prepared by you or your Representatives based on the information in the Review Material shall also be destroyed. The destruction of Review Material not otherwise returned to the Company shall be certified in writing to the Company by your authorized officer(s) supervising such destruction. Notwithstanding the earlier return or destruction of the Review Material, the term of this Letter Agreement and your confidentiality obligations hereunder shall survive for a period of two(2) years following the date of this Letter Agreement.

4. Securities Law Limitations. You hereby: (i) acknowledge that you are aware(and that all of your Representatives who are apprised of this matter have been advised) that the United States securities laws and the securities laws of other countries prohibit any person who has material non-public information about a company from purchasing or selling securities of such company, or from communicating such information to any other persons under circumstances in which it is reasonably foreseeable that such person is likely to purchase or sell such securities; and (ii) agree to refrain, and to cause your Representatives to refrain, from using and causing any third party to use any information in contravention of such laws including, without limitation, Rule 10b-5 and Rule l4e-3 under the Exchange Act (as hereinafter defined).

5. No Representation or Warranty. You understand and acknowledge that neither the Company, the Korean Subsidiaries nor any of their respective Representatives is making any representation or warranty as to the accuracy or completeness of any Review Material (except to the extent and only to such effect as shall be expressly set forth in an executed and delivered definitive arrangement agreement between the parties). You further agree that neither the Company, the Korean Subsidiaries nor their respective Representatives shall have any liability to you or any of your Representatives resulting from your use or their use of the Review Material.

6. **Non-Solicitation.** During the term of this Letter Agreement, neither you nor any of your Representatives will, directly or indirectly, solicit for employment and/or hire any Representatives of the Company or the Korean Subsidiaries; provided, however, that you shall not be precluded from hiring any such Representative who: (i) initiates discussions with you regarding such employment without any direct or indirect solicitation by you; (ii) responds to any public advertisement placed by you; or (iii) has been terminated by the Company or the Korean Subsidiaries prior to your commencement of employment discussions with such Representative.

7. **Remedies.** We each agree that money damages would not be a sufficient remedy for any breach of this Letter Agreement by either of us or our Representatives and that an aggrieved party shall be entitled to specific performance as a remedy for any such breach. Such remedy shall not be deemed to be the exclusive remedy for the breach of this Letter Agreement, but shall be in addition to all other remedies available at law or in equity. In the event that an aggrieved party successfully enforces its obligations hereunder, the other party shall reimburse the aggrieved party for all costs and expenses, including reasonable attorney's fees, incurred by the aggrieved party in this regard.

8. **Miscellaneous.** It is further understood and agreed by each party that no failure or delay by the aggrieved party in exercising any right, power or privilege hereunder shall operate as a waiver thereof, nor shall any single or partial exercise thereof preclude any other or further exercise thereof or the exercise of any right, power or privilege hereunder.

9. **Governing Law.** This agreement shall be governed by the internal substantive laws of the State of Delaware, without giving effect to choice of

law doctrines. Any action or proceeding seeking to enforce any provision of, or based on any right arising out of, this Letter Agreement may be brought against either of the parties in the courts of the State of Delaware, County of New Castle, or if it has or can acquire jurisdiction, in the United States District Court of Delaware, and each of the parties consent to the jurisdiction of such courts (and of the appropriate appellate courts) in any such action or proceeding and waives any objection to venue laid therein. Process in any action or proceeding referred to in the preceding sentence may be serviced on any party anywhere in the world.

10. Fax Counterparts. This Letter Agreement can be executed in counterparts which, taken together following delivery by fax, recognized overnight mail or hand, shall constitute a single agreement.

If you are in agreement with the foregoing, please sign and return one copy of this Letter Agreement which will constitute our legally binding agreement with respect to the subject matter of this Letter Agreement.

Very truly yours,
[ ]
By:
Name:
Title:
Date:
[ ]
[ ]
By:
Name: [ ]
Title: Chief Financial Officer
Date: [ ]

[실제사례 3-2: 비밀유지계약서 사례][31]

다음의 사항을 준수할 것을 확약합니다.

1. 당사는 본 거래에 관심을 가지고 있으며 회사의 재무, 영업 등에 관련된 "비밀정보"를 요구합니다. 본 확약서에서 "비밀정보"라 함은 주간사 및 회사가 당사, 당사의 임직원 또는 관계인(당사가 본 거래를 위하여 선임 또는 운영하는 대리인, 변호사. 공인회계사, 자문사 및 자회사 등 모든 관계인 및 그 임직원)에게 제공하는 정보로서 다음의 각 항목을 포함합니다.

(1) 주간사로부터 제공되는 소개자료(Information Memorandum)에 포함되는 모든 자료와 정보

(2) 기타 회사의 평가를 위해 주간사 및 회사가 당사에게 제공하거나 본 거래와 관련하여 당사가 취득하게 되는 회사의 기술, 영업, 유·무형 자산, 관리 및 재무 등에 관련된 모든 자료와 정보

2. 당사는 다음 각 항목과 같은 전제조건 하에서 비밀정보를 당사가 본 거래를 평가할 목적으로만 사용할 것이며. 비밀정보는 당사, 당사의 임직원 및 관계인에 의해 비밀이 유지될 것입니다.

(1) 비밀정보는 본 거래를 평가하기 위한 목적으로 필요로 하는 당사의 대리인, 자문사 및 그 임직원에게 공개될 수도 있습니다.

(2) 비밀정보는 그 공개가 법에 의해 요구되는 경우를 제외하고, 주간사의 서면동의 없이 (1)항에 해당되지 않는 자에게 공개될 수 없습니다.

3. 본 거래와 관련한 비밀정보가 당사의 임직원 또는 관계인에게 제공될 경우, 당사는 이를 제공받는 당사의 임직원, 관계인으로부터 자신들도 본 확약서의 구속을 받는다는 내용의 서면 약속을 청구할 것입니다.

4. 당사. 당사의 임직원 또는 관계인이 법에 의해 비밀정보를 공개하여야 할 경우, 당사는 지체없이 주간사에게 이를 알리고 협조를 요청하여야 합니다.

5. 당사, 당사의 임직원 또는 관계인은 주간사의 서면동의없이 본 거래와 관련하여 논의된 내용 일체를 공개하지 않을 것입니다.

6. 당사가 본 확약서상의 의무 중 이행하지 아니한 것 또는 이행할 수 없는 것을 인지할 경우, 혹시 주간사에게 이를 알리고 본 확약서상의 의무를 이행하기 위

31) 다른 예로 A.B.A. 위 주 5-29 게재서 (MSPA) Ancillary Document No. 1 Confidentiality Agreement 327-344 참고.

한 납득할 만한 조치를 할 것입니다.

7. 당사, 당사의 임직원 또는 관리인이 필요로 하는 본 거래와 관련한 추가적인 정보는 [ ] 주간사를 통해서만 요구할 것입니다.

8. 당사가 본 확약서에서 정하는 거래를 더 이상 진행하지 아니하는 경우 주간사가 통보하는 날로부터 4주 이내에 주간사에게 본 거래와 관련하여 주간사 또는 회사로부터 제공받은 모든 자료와 정보 일체를 반환할 것입니다. 이를 반환하기 곤란한 경우에는 당사, 당사의 임직원 및 관계인은 이를 모두 파기하고, 주간사에게 위 파기사실을 증명하는 증명서를 보낼 것입니다.

9. 당사, 당사의 임직원 또는 관계인이 본 확약서의 내용을 위반하거나 본 거래를 위한 검토 이외의 목적으로 비밀정보를 이용함으로써 주간사, 회사, 기타 관련 임직원·주주, 또는 제 3 자에게 손해가 발생하는 경우, 당사는 단독으로 또는 해당 임직원 또는 관계인과 연대하여 그 손해를 배상할 것입니다.

10. 본 확약서는 주간사의 서면 동의에 의해서만 변경·수정될 수 있습니다.

11. 본 확약서와 관련하여 분쟁 또는 이견이 발생하는 경우, 주간사와 당사는 상호간의 협의에 의하여 해결하되, 이들 상호 원만히 해결할 수 없을 때에는 대한민국 관계 법령에 따라 해결하며 법률에 따른 분쟁 해결시 서울지방법원을 제1심 관할법원으로 하는 것에 동의합니다.

[실제사례 3-3: CONFIDENTIALITY AGREEMENT]

In order to facilitate the evaluation of the potential offering (the "Proposed Transaction") of equity securities of [ ] (the "Company") by certain shareholders of the Company (the "Selling Shareholders") you will deliver to [ ] or any of their designated affiliates (each a "Manager" and together the "Managers"), in reliance upon their execution and delivery to you of this letter agreement, certain information about the properties, performances, operations and/or prospects of the Company. All information about the Company furnished by the Company or its Representatives (as defined below) in connection with the Proposed Transaction, whether furnished before, on or after the date hereof, and regardless of the manner or form in which it is furnished, is referred to in this letter agreement as

"Proprietary Information". Proprietary Information does not include, however, information which (a) is or becomes generally available to the public other than as a result of a disclosure by a Manager or any of its Representatives in breach of this letter agreement; (b) was available to a Manager on a non-confidential basis prior to its disclosure to the Manager by the Company or a Company Representative; (c) becomes available to a Manager on a non-confidential basis from a person, other than the Company or a Company Representative, who is not known by such Manager to be bound by a confidentiality agreement with the Company or otherwise prohibited from transmitting the information to such Manager; or (d) is furnished directly by the Company to any of the Managers' research analysts. As used in this letter agreement, the term "Representative" means, as to any person, such person's affiliates and its and their respective directors, officers, employees, agents, advisors (including, without limitation, financial advisors, counsels and accountants) and controlling persons. As used in this letter agreement, the term "person" shall be broadly interpreted to include, without limitation, any corporation, company, partnership, other entity or individual.

Except to the extent a Manager or any of its Representatives is requested pursuant to, or required by, law, regulation, legal process or regulatory authority to disclose any Proprietary Information, unless otherwise agreed to in writing by the Company in advance, each Manager agrees: (a) to keep all Proprietary Information confidential and not to disclose or reveal any Proprietary Information to any person other than their Representatives who are actively and directly participating in the evaluation or the consummation of the Proposed Transaction or who otherwise need to know the Proprietary Information for the purpose of evaluating or consummating the Proposed Transaction; (b) to direct such Representatives to observe the terms of this letter agreement, (c) not to use the Proprietary Information for any purpose other than in connection with the evaluation or, the consummation of the Proposed Transaction and (d) not to disclose to any person (other than those Representatives referred to in (a) above) any information about the Proposed Transaction, or the terms or conditions or any other facts relating thereto, including, without limitation, the fact that discussions are taking place with respect thereto or the status thereof, and the fact that Proprietary Information has been made available to a Manager or its Representative(s).

In the event that any Manager is requested pursuant to, or required by, law, regulation, legal process or regulatory authority to disclose any Proprietary Information or any other information concerning the Company or the Proposed Transaction, each Manager agrees that it will, to the extent permitted by law, provide the Company with prompt notice of such request or requirement in order to enable the Company to seek an appropriate protective order or other remedy and to consult with the Manager(s) with respect to the Company's taking steps to resist or narrow the scope of such request or legal process, or to waive compliance, in whole or in part, with the terms of this letter agreement. If, in the absence of a protective order or other remedy obtained by the Company or the Company's waiver of the terms of this letter agreement, such Manager as has notified the Company of the occurrence of such disclosure requirements or any Representative of a Manager determines in its discretion that it or they have been requested pursuant to, or are required by, law, regulation, legal process or regulatory authority to disclose any portion of the Proprietary Information or other information concerning the Company or the Proposed Transaction, such Manager or Representative may disclose such portion of the Proprietary Information or other information without any liability to the Company, provided that such disclosure shall be limited to the information required to be disclosed.

Notwithstanding anything express or implied to the contrary, each Manager (and each Representative of such Manager) may disclose to any and all persons, without limitation of any kind, the tax treatment and tax structure of the transactions contemplated hereby and all materials of any kind (including opinions or other tax analyses) that are provided and available to it relating to such tax treatment and tax structure. For purposes of the preceding sentence, tax refers to U.S. federal and state tax.

If any Manager determines for whatsoever reason that it does not wish to proceed with the Proposed Transaction, such Manager will promptly advise the Company of that decision in writing. In such case, if the Company, in its sole discretion, so requests, the relevant Manager will, upon such request, promptly deliver to the Company any and all originals, copies and excerpts containing any Proprietary Information, in its possession or in the possession of any of its Representative(s); provided, however, that upon such request, the relevant Manager shall not be required to deliver to the Company, Proprietary Information consisting of summaries, analyses, extracts or other documents or records prepared by it or any of its Representatives and based on, derived from or otherwise reflecting Proprietary Information, but such Proprietary Information will be destroyed and/or a single copy retained on the relevant Manager's file for regulatory compliance purposes; provided, further, that each manager shall be permitted to retain all or any portion of the Proprietary Information, in accordance with the confidentiality obligations specified in this agreement, to the extent necessary or appropriate to comply with any other legal, regulatory or internal compliance requirements applicable to it, and entitled to retain copies of any computer records and files containing such Proprietary Information which have been created pursuant to its automatic electronic archiving and back-up procedures. Each Manager acknowledges that the return of the Proprietary Information as described in the above shall not relieve it or any of its Representatives of its or such Representative's obligations hereunder.

Without prejudice to the rights and remedies otherwise available to the Company, it shall be entitled to equitable relief by way of injunction if any Manager or any of such Manager's Representatives breaches or threatens to breach any of the provisions of this letter agreement.

It is further understood and agreed that no failure or delay by the Company in exercising any of its rights, powers or privileges hereunder shall operate as a waiver thereof, nor shall any single or partial exercise thereof preclude any other or further exercise thereof or the exercise of any right, power or privilege hereunder.

Unless otherwise explicitly set forth herein, each Manager's obligations under this letter agreement shall terminate upon the second anniversary of the date first written above.

In the event that the Company and/or the Selling Shareholders (as the case may be) terminate the engagement of a Manager in connection with the Proposed Transaction, such Manager and its affiliates will not be precluded from representing third parties or otherwise acting in transactions that may involve the Company or its affiliates or the Selling Shareholders, provided that such Manager does not disclose or use any Proprietary

Information in connection with such transaction.

No Manager shall be liable under this letter agreement for any losses, claims, damages or liabilities arising out of any action taken by any other Manager or any of such other Manager's Representatives.

This letter agreement shall be governed by and construed in accordance with the laws of the State of New York.

Any assignment of this letter agreement by any party without the prior written consent of all the other parties shall be void.

This letter agreement contains the entire agreement between the Company and the Managers concerning confidentiality of the Proprietary Information, and no modification of this letter agreement or waiver of any of the terms and conditions hereof shall be binding upon the Company or any of the Managers, unless approved in writing by each of the Company and the Managers. This letter agreement shall be binding upon and inure solely to the benefit of each party hereto, and nothing herein, express or implied, is intended to or shall confer upon any other person any right, benefit or remedy of any nature whatsoever under or by reason of this letter agreement. Please confirm your agreement with the foregoing by signing and returning five(5) copies thereof to the undersigned.

[SIGNATURE PAGE(S) TO FOLLOW.]

Very truly yours,
Accepted and agreed to
as of the date first written above:

문제 19

귀하를 법률자문사로 선정한 의뢰인이 매도인의 투자은행으로부터 첨부한 비밀유지계약서 초안을 받았다고 하면서 코멘트를 부탁했다. 이에 대한 귀하의 의견은 어떠한가?

Confidentiality Agreement

Strictly Private & Confidential
Name and address of signatory of
confidentiality undertaking
Interested company
[ ]

Dear Sir

Confidentiality Agreement

As you are aware, we have been retained in connection with the sale of the shares of a [ ](“the Company”) from [ ](“ ”) and its subsidiary, [ ]. You have expressed an interest in the possible acquisition of the Company’s shares and have requested certain information concerning the Company, which is non-public, confidential and proprietary in nature.

Such information(the “Information”) comprises:
The fact that the Company’s shares are for sale,
The information contained in the Information Memorandum, available from [ ] and [ ] (respectively “Advisors”),
Any other information, oral, written, or in pictorial form including but not limited to material of a technical, operational, administrative economic, planning business or financial nature which may be provided to you and your Representatives (as defined below) during the course of your evaluation of the Company, whether provided by Advisors and its affiliates, the management and employees of the Company, or the shareholders of the Company (“the Vendors”) or their professional advisers.

In consideration of your being provided with the Information, you hereby agree with Advisors, the Company and the Vendors on the following terms, this letter and such terms being referred to herein as “this Agreement”.

1. The Information will be used by you solely for the purpose of evaluating the possible purchase by you of the Company and, unless and until you have completed such a transaction, the Information will be kept confidential by you and will not be disclosed, in whole or in part to any other person. Until the execution of any confidentiality agreement by your Representatives you agree to be responsible for any breach of this Agreement by your Representatives. You and your Representatives will not make any notes, copies, photographs, drawings or recordings of any type whatsoever ("Copy Information") in respect of the information save for evaluating the Company as aforesaid.

2. The term "Information" does not include any information which (i) is generally available to and known by the public (other than as a result of its disclosure by you or your Representatives), (ii) was available to you on a non-confidential basis from a source other than Advisors, the management and employees of the Company, or the Vendors or their professional advisers, or (iii) has been independently acquired or developed by you without breaching any of your obligations under this Agreement.

3. If the Vendors conclude that a purchase and sale transaction is not to be consummated with you, or if you decide to withdraw your interest, you will upon request immediately return to Advisors all copies of the Information Memorandum, all copy Information in your possession or in the possession of your Representatives, and all copies of any computer software analysis, compilations, studies or other documents or records prepared by you or your Representatives for your internal use which are based in whole or in part on the Information.

4. Without the prior written consent of Advisors, which shall not be unreasonably withheld or delayed if such announcement or disclosure is required by law or by any supervisory or regulatory body with whose rules it is necessary for you to comply, you will not, and will direct your Representatives not to, make any announcements or disclose to any person either the fact that discussions or negotiations are taking place concerning a possible transaction in respect of the Company, or any of the terms, conditions or other facts with respect of the Company, or any of the terms,

conditions, or other facts with respect to any such possible transaction, including the status thereof.

5. Until the earliest of (i) the execution by you of a definitive unconditional legally binding agreement regarding the acquisition of the Company; (ii) an acquisition of the Company by a third party; (iii) three years from the date of this Agreement, you agree not to initiate or maintain contact (except for those contacts made in the ordinary course of business) with any officer, director or employee of the Company regarding the Company's business, operations, prospects or finances, or to initiate or maintain contacts with any customer of the Company who was a customer of the Company as at the date of this Agreement or at any time during the preceding twelve months, unless such contacts were in existence prior to the date of this Agreement, except with the express written permission of the Vendors.

It is understood that Advisors will arrange for appropriate contacts for due diligence purposes. Unless otherwise agreed to in writing by the Vendors, all (i) communications regarding a possible transaction, (ii) requests for additional information, (iii) requests for management meetings, and (iv) discussions or questions regarding the sale procedures, will be submitted or directed to Advisors.

You understand and acknowledge that Advisors and the Vendors make no representations or warranties, expressed or implied, as to the accuracy or completeness of the Information and shall have no liability to you or any other person resulting from your use of the Information. Any warranties or indemnities applicable to any prospective acquisition will be those stated in the definitive sale and purchase documentation.

You acknowledge that Advisors have entered into this Agreement as agent for and on behalf of the Vendors and that the Vendors are entitled to enforce in their own name any and all provisions of this Agreement.

This Agreement is for the benefit of Advisors and the Vendors, and shall be governed by and construed in accordance with the laws of Korea and you submit to the non-exclusive jurisdiction of the competent courts in respect hereof.

You will be responsible for all fees and expenses incurred by you in reviewing the Information and investigating the affairs of the Company and neither Advisors, the Company nor the Vendors shall have any liability therefor.

You shall not be deemed to be in breach of this Agreement if you are compelled by law or any regulatory authority to disclose the Information or any part thereof.

You confirm that you are acting in this matter as principal and not as agent or broker for any other party.

Please indicate your acceptance of the terms of this Agreement by signing the enclosed duplicate copy in the space indicated and returning it to the undersigned at the letterhead address,

Yours faithfully

We accept and agree to be bound by the terms of this Agreement,

For and on behalf of:

제20장
의 향 서

사적인 협상을 통하여 매각하는 경우 매도인은 매수인과 양해각서(memorandum of understanding) 또는 의향서(letter of intent)(이하 "의향서")를 본 계약서에 대한 협상이나 실사 전에 체결하기도 한다. 의향서의 가장 커다란 특징은 통상 법적인 구속력이 없다는 점이다. 그러나, 의향서 문언상 법적인 구속력 여부에 관한 명확한 문언이 없는 경우는 물론 명확하게 기재되어 있다고 하더라도 언제나 의향서가 전혀 법적인 효력이 없는 것은 아니다. 의향서라고 이름붙여진 문서라도 법적인 효력이 있는 부분이 있으며 특히 절차적인 규정, 예를 들면 대외비밀유지조항이나 분쟁의 해결에 관한 준거법이나 관할법원이나 중재조항, 그리고 법적인 효력이 없다는 합의 그 자체 등은 법적인 효력이 인정된다. 후일 분쟁이 발생한 경우 의향서의 문언은 물론 양 당사자의 의사나 협상내역도 고려하여 그 효력여부가 결정될 것이다. 따라서, 의향서의 협상 시 지극히 조심스러운 언어나 행동의 선택이 필요하며 그럼에도 불구하고 실제 양해각서의 법적인 효력을 둘러싸고 많은 법적인 분쟁이 발생하고 있다.[1] 법적인 구속력 여부를 떠나서라도 의향서는 앞으로의 협상의 기초이기 때문에 더더욱 신중한 접근이 필요하다.

의향서를 체결하는 것이 기업인수거래의 성공을 위하여 바람직한가에 대하여는

1) 미국에서의 판례로 *United Acquisition Corp. v. Banque Paribas*, 631 F. Supp. 797 (S.D.N.Y. 1985); *Arnold Palmer Golf Company v. Fuqua Industries*, Inc., 541 F.2d 584 (6th Cir. 1976); *California Natural, Inc. v. Nestle Holdings. Inc.*, 631 F.Supp. 465 (D.N.J. 1986); *American Cyanamid Co. v. Elizabeth Arden Sales Corp.*, 331 F.Supp. 597 (S.D.N.Y. 1971); *AIH Acquisition Corp. v. Alaska Indus. Hardware*, Inc., 2004 WL 1496869 (2nd Cir. July 1, 1004); *Texaco, Inc. v. Pennzoil Co.*, 485 U.S. 994 (1988). Texaco사건은 $10B이 넘는 배심원 평결과 Texaco의 회생절차신청으로 이어진 희대의 사건. Pennzoil이 Getty를 상대로 공개매수를 시작하면서 Memorandum of Agreement체결하였으나 Pennzoil의 경쟁자인 Texaco 이사회도 공개매수를 결의하자 Getty 이사회는 기존의 Pennzoil과의 협상을 중단하고 Texaco와 합병계약 체결하였고 이에 Pennzoil은 Memorandum of Agreement침해라면서 Texaco를 상대로 손해배상청구.

법률가마다 견해가 다를 수 있다. 다수는 양해각서의 체결을 위하여 양당사자간 협상을 하는 과정에서 서로 협상의 주도권을 잡으려다 보니 당사자간 입장차이가 보다 명확하여 질 수 있고 따라서 양해각서는 기업인수의 성공을 저해하는 것이라고 본다. 따라서, 기업인수의 당사자들은 양해각서를 논의하는 단계에서는 법률가들의 참여없이 의향서를 작성하는 경향이 있다.

한편, 의향서가 체결되었다면 본계약 논의의 기초를 다진 것으로 본계약의 체결가능성을 높이며 이를 기초로 본계약을 협상하는 만큼 거래전체의 비용이나 시간을 절약할 수 있다는 견해도 있다. 의향서를 적극 권장하는 견해에 따르면 양해각서를 체결하지 못할 거래라면 어차피 본계약도 성공할 가능성이 많지 않을 것이니, 의향서에 대한 협상과정 때문에 본계약의 체결가능성이 줄어든다고 볼 수 없다고 본다. 의향서의 협상단계에서 적어도 상대방의 협상에 임하는 태도나 인수거래에서 구하는 바에 대하여 대강의 짐작을 할 수 있는 끄나풀을 찾을 수 있다는 의미에서 도움이 될 수도 있다.

의향서는 그 내용이나 형식이 천차만별이기는 하지만 크게 두 개 부분으로 구성되어 있다. 전반부는 본계약의 기초가 되는 내용, 예를 들면 가격 또는 가격의 범위나 본계약 체결의 전제조건으로서의 실사나 대표적인 진술과 보장, 이행조건에 관한 것이고 후반부는 대외비밀유지의무나 법적인 구속력 기타 절차적인 사항에 관한 것이다.

통상의 기업인수거래를 위한 의향서 체결시 예정 인수대금의 일정비율 예를 들면 5%나 10%의 금액을 매도인에게 지급하거나 제 3 자의 기관에 예치하는 예는 거의 없다. 그러나, 우리나라 법원은 과거 정리절차가 진행중인 기업을 M&A를 통하여 정리절차를 종결시키려고 하는 경우 통상 경매입찰방식으로 진행하며 우선협상대상자는 양해각서를 체결하면서 제시한 인수대금의 일정비율에 해당하는 금액을 예치할 것을 요구하며 실사후 가격조정의 대상 및 범위를 특정하였다. 회사정리절차가 회생절차로 바뀌면서 회생절차가 진행중인 기업의 M&A 역시 동일하게 진행하고 있다.[2] 계약금예치를 통하여 M&A성공가능성을 높이기 위한 것인지, 1997년 환란 이후 회사정리절차 진행중인 기업의 인수희망자에 대한 신뢰를 상실한 때문인 것인지 그 제도의 근원은 분명하지 않으나, 실무상 법원의 협상력의 우월성 때문에 예치금을 요구하는 법원의 요구는 수용되고 있다.[3] 다만, 국제적인 입찰의 경우에

2) 서울중앙지법 2010. 1. 27. 개정 회생절차에서의 M&A에 관한 준칙 (회생실무준칙 제11호).

3) 법원은 입찰에 응하기 위하여 모든 입찰자에게 입찰보증금의 예치도 요구하고 있으나 양해

는 예치금요구 때문에 입찰자의 범위가 제한될 수 있고 따라서 M&A가 성공하지 못할 가능성이 높아질 수 있다. 최근에는 우선협상대상자가 양해각서 체결과 함께 예치금을 지급하였으나 세계적인 금융위기에 따라 본계약의 체결에 이르지 못한 경우 우선협상대상자가 예치금의 반환을 구하는 소송이 제기되고 있다. 특히 정부가 공적자금을 투입한 기업의 지배주식을 보유하고 있는 산업은행이나 한국자산관리공사가 주식매각절차를 진행하면서 우선협상대상자에게 요구하였던 이행보증금 반환의무 여부를 둘러싼 분쟁이 발생하고 있다. 형식적으로 양해각서의 효력을 둘러싼 분쟁이기는 하지만 회사정리절차가 진행중인 기업의 M&A를 위한 우선협상대상자와의 양해각서는 통상의 기업인수시 체결되는 의향서라기보다는 가격과 그 조정폭을 포함한 본계약의 예약수준의 당사자간 권리의무를 규정하고 있기 때문에 통상적인 계약의 효력을 둘러싼 다툼이라고 볼 수도 있다.

외국의 경우에도 금융위기 이후 breakup fee를 둘러싼 분쟁이 많아진 것은 사실이지만, breakup fee는 본계약이 체결된 후에 매도자의 충실의무 이행을 위하여, 즉 주주의 이익을 극대화하기 위하여, 본계약체결 이후 일정기간 보다 좋은 가격이 제시되기를 기다리는 과정에서 제 3 자가 보다 유리한 가격조건을 제시하였기 때문에 기존의 본계약을 해지한다거나 주주총회에서 인수거래가 승인되지 않거나 정부의 인허가가 일정기한내에 교부되지 않는 등의 이유로 본계약이 해지되는 경우 매도인이 매수인에게 지불하여야 하는 금액으로 우리와 같이 양해각서 체결이후 인수희망자가 우선협상대상자지위의 보전을 위하여 또는 양해각서상의 의무이행을 보증하는 의미에서 매수인이 매도인에게 지급하는 엄청난 금액의 이행보증금과는 다르다. 미국에서는 breakup fee가 매도인의 충실의무를 이행하지 못하게 할 정도로 과다한 경우 이의 유효성에 관하여 다툼이 있는 반면, 우리나라의 경우 이행보증금이 위약벌인지, 손해배상의 예정액인지, 본계약의 체결에 실패한 원인이 이들 이행보증금의 반환청구권 내지 감액청구권에 영향이 있는 것인지 등에 관하여 논란이 진행중이다.

기업공시의무와 관련, 의향서의 내용에 따라 공시의무가 부과되는 시점이 다르겠지만 통상 의향서가 체결되면 공시가 필요하다고 본다. 경우에 따라서는 의향서 체결전 입찰에 참여하는 시점부터 공시가 필요할 수도 있다. 실무상 조회공시로 이루어지는 경우가 많다.

각서를 체결할 우선협상대상자로 선정되지 못한 입찰자는 이를 돌려받을 수 있기 때문에 이를 둘러싼 분쟁은 없다.

E. Allan Farnsworth, *Precontractual Liability and Preliminary Agreements: Fair Dealing and Failed Negotiations,* 87 COLUM. L. REV. 217, 249-262, 288-290 (1987)

Types of Preliminary Agreements

Parties that wish to avoid some of the uncertainties of the regime of negotiation without moving immediately to the regime of ultimate agreement often make preliminary agreements. I shall use the term "preliminary agreement" to refer to any agreement, whether or not legally enforceable, that is made during negotiations in anticipation of some later agreement that will be the culmination of the negotiations. Such agreements are particularly common in situations in which the investment of at least one party becomes substantial in relation to the deal as a whole and cannot be spread over other similar deals, and yet the parties cannot escape from the regime of negotiation by moving to that of ultimate agreement. They appear under a variety of names, including "letters of intent," "commitment letters," "binders," "agreements in principle," "memoranda of understandings," and "heads of agreement."

Preliminary agreements can be classified analytically into various types. The types are not exclusive of each other and some agreements are hybrids. This Article is mainly concerned with two types that alter the regime under which the parties negotiate by imposing regimes intermediate between those of negotiation and ultimate agreement. Both are of special interest in negotiations that proceed in stages with a division of responsibilities between managers and lawyers. I shall refer to these way-stations between negotiation and ultimate agreement as "agreements with open terms" and "agreements to negotiate."

A preliminary agreement with open terms sets out most of the terms of the deal, and the parties agree to be bound by these terms. But they undertake to continue negotiating on other matters to reach agreement on some terms that are left open but that will be contained in the ultimate agreement. If the agreement with open terms is enforceable, a party may be liable if the failure to reach agreement on those open terms results from a breach of that party's obligation to negotiate. If, despite continued negotiation by both parties, no agreement is reached on those open terms so that there is no ultimate agreement, the parties are bound by their original agreement and the other matters are governed by whatever terms a court will supply ··· Another example comes from the field of mergers and acquisitions where the letter of intent signed by the acquiring corporation and the target summarizing points on which they are agreed is sometimes an agreement with open terms. In brief, if managers turn matters over to lawyers under a preliminary agreement with open terms, the managers have bound the parties even if the lawyers after continued negotiations are unable to agree.

A preliminary agreement to negotiate may also set out specific substantive terms of the deal, but, in contrast to an agreement with open terms, the parties do not agree to be bound as to these terms. They undertake instead to continue the process of negotiation in order to reach an ultimate agreement. If the agreement to negotiate is enforceable, a party will be liable if a failure to reach ultimate agreement results from a breach of that party's obligation to negotiate. If, despite continued negotiation by both parties, ultimate agreement is not reached, the parties are not bound by any agreement. A common example comes from the field of mergers and acquisitions, where the letter of intent signed by the acquiring corporation and the target sometimes amounts to an agreement to negotiate. In brief, if managers turn matters over to lawyers under a preliminary agreement to negotiate, the managers have not bound the parties if the lawyers after continued negotiations are unable to agree. ···

Preliminary agreements, whatever their type, rarely raise questions under the classic rules of offer and acceptance. They are more likely to raise questions of intent to be bound, unenforceability on the ground of indefiniteness, authority of the negotiators, application of the statute of frauds, and interpretation of the language. Only the first two questions will be considered here.

Agreement with Open Terms

Nature of the Regime — I have already pointed out that two sorts of obstacles may stand in the way of the parties in making a binding ultimate agreement. If the obstacle involves awaiting the occurrence of external events, the parties may cope with it by making an ultimate agreement that is conditioned on those events. If the obstacle involves further negotiations, the parties may cope with it by making an agreement with open terms. This often happens when there is a division of responsibility between managers and lawyers.

An agreement with open terms has two consequences. First, it imposes an obligation to carry out the deal even if the parties are unable to agree on the open terms. Second, it imposes a general obligation of fair dealing in the negotiation of the open terms. An agreement with open terms may be a preliminary or an ultimate one. If the parties anticipate that when they reach agreement on the open terms they will execute another agreement, the agreement with open terms is a preliminary one. If they do not anticipate another agreement, the agreement with open terms is an ultimate one. Whether the parties reach an agreement with open terms, either preliminary or ultimate, depends on whether they intend to be bound even if they are unable to agree on the open terms.

A simple illustration is an agreement for the sale of goods that leaves the price open for later determination by the parties. Under the Uniform Commercial Code there are two possible interpretations. If the "parties … so intend," the agreement is binding. Should the negotiations on price then fail, a court will supply the price term—"a reasonable price at the time for delivery." If, however, "the parties intend not to be bound unless the price be fixed or agreed," the agreement is not binding. Should the negotiations on price then fail, neither party is bound. In the former situation there is a binding agreement with an open price term; in the latter situation, there is no binding agreement.

Borg-Warner Corp. v. Anchor Coupling Co.ⓐ involved a preliminary agreement with open terms. After negotiations over Borg-Warner's possible acquisition of Anchor, Borg-Warner wrote Anchor a letter proposing that Borg-Warner be given an option to buy on stated terms. Anchor's chief officers, Conroy and Fritsch, sent back a "letter of intent" indicating their

ⓐ 16 Ill.2d 234, 156 N.E.2d 513 (1958). The decision is criticized in Kapp, *Enforceing the Contract to Bargain*, 44 N.Y.U.L.REV. 673 (1969).

unwillingness to grant an option and proposing instead a sale of Anchor on the same terms with four exceptions, two of which would have to be negotiated. These were Borg-Warner's giving "suitable assurances … for the retention of the lower level executive personnel" and its making "mutually satisfactory arrangements … for the continued employment" of Conroy. Borg-Warner assented to this proposal after being assured by Conroy and Fritsch that it was an offer and that the open terms were "minor details" that the parties would be "obligated to work out in good faith in a reasonable manner." When Anchor refused to perform, contending that there was no contract because the parties had failed to agree on material terms, Borg-Warner sought specific performance or damages.

The Supreme Court of Illinois held that the lower court erred in dismissing the complaint, that a court could find a binding contract, and that the preliminary agreement was sufficiently definite even for specific performance. If the parties cannot agree, proof of Conroy's present terms of employment, of the prevailing rates of compensation and other terms of employment of persons in a similar standing in similar businesses, and of established prior practices at Anchor, would enable a court or jury to fix reasonable terms of employment. The court might have added that the parties would be bound, by the very terms of their agreement, to attempt to come to an agreement "in good faith and a reasonable manner." Indeed, since this is a duty that is now generally imposed on parties to a contract, an explicit undertaking is no longer necessary, though few courts have recognized this. Any party to an agreement with open terms is subject to a general obligation of fair dealing in negotiating those terms.ⓑ

ⓑ In one of the few cases to recognize this, Judge Weinfeld of the Southern District of New York held borrowers liable for breach of a duty to negotiate in good faith. Obviously the Commitment Letter did not contain, and the parties understood that it did not contain, all the final and definitive terms that were to be incorporated in the closing documents. Both parties were required to negotiate in good faith with respect to the closing documents needed to consummate the transaction. *Teachers Ins. & Annuity Ass'n of Am. v. Butler, 626 F.Supp. 1229, 1232 (S.D.N.Y.1986).* see also *Eckles v. Sharman, 548 F.2d 905, 909 (10th Cir.1977)* (dictum)(contract enforceable if it "has been agreed upon and all that remains is good faith negotiations or elaboration of non-essential terms"); *Donwin Prods. v. EMI Films*, The London Times, Mar. 9, 1984, at 21, col. 6 (Q.B. Mar. 2, 1984)("it would by necessary implication be a term of such a contract that the parties would negotiate

Breach of this duty will subject the party in breach to a claim for reliance damages. As long as the agreement is enforced, however, there will be no lost opportunity to be counted in those damages. But breach may have an even more important consequence than merely giving a right to damages. Because of the concept of constructive conditions of exchange, one party's performance of its duty to negotiate fairly is a condition of all duties of the other party under the agreement. A breach of the duty to negotiate fairly will, if material, justify the other party in refusing to perform under the agreement and, if the breach is not cured, in terminating the agreement itself and claiming damages for total breach of the agreement itself. Damages for such a breach would be based on the injured party's expectation under the agreement and would not be limited to reliance losses. And the injured party would be entitled to restitution if, for example, part payment had been made. Whether a particular breach is serious enough to be treated as a total breach depends on the circumstances, including the importance of the terms left for negotiation. Although only in exceptional cases will a breach of the general obligation of fair dealing be sufficiently serious to be treated as a total breach, it will more often justify a demand for assurance of performance. The possibility of such sanctions for a failure to negotiate fairly cannot be ignored by the parties in the course of their negotiations.

Enforceability of the Agreement — Two types of problems may arise when a court is asked to enforce a preliminary agreement with open terms. The first is that of indefiniteness. The critical issue is usually whether there is a "fall-back standard," comparable to the Code's "reasonable price," that is adequate to enable a court to supply the open term should negotiations fail. Where, for example, a lease gives the lessee an option to renew at a rental to be agreed on with the lessor, courts have disagreed over whether a "reasonable rental" is an adequate fall-back standard. The trend, however, is clearly in the direction indicated by the Code. Thus most courts have concluded that a reasonable rental — aided perhaps by explicit references to such circumstances as "business conditions" — is adequate, although a few courts have reached a contrary conclusion.

---

in good faith about the further terms").

Aside from the difficulty raised by the open terms themselves, the problem of indefiniteness raised by preliminary agreements with open terms does not differ significantly from that raised by ultimate agreements with open terms. The judicial tolerance of conditions in ultimate agreements carries over to preliminary agreements. No court has refused to enforce an agreement with open terms on the ground that the standard of fair dealing imposed on the parties in negotiating those terms is too indefinite.

The great bulk of litigation involving the enforceability of preliminary agreements with open terms has not, however, involved the problem of indefiniteness. It has instead involved, as the *Borg-Warner* case did, the problem of intent. This problem is particularly troublesome when the agreement is preliminary rather than ultimate because the parties' anticipation of a later agreement invites the argument that they do not intend to be bound if they should fail to agree on the open terms. The most notorious controversy of this kind is that concerning the enforceability of the preliminary agreement between Pennzoil and Getty, in which the stakes have been raised by Pennzoil's action against Texaco for tortious interference with the contract that Pennzoil claims it had with Getty.ⓒ

It is, to be sure, a simple matter for parties who do not wish to be bound by a preliminary agreement to say so,ⓓ and courts have generally honored such provisions for "gentlemen's agreements."ⓔ Language like "not binding until final agreement is executed" will sufficeⓕ and is sometimes

---

ⓒ *See Texaco, Inc. v. Pennzoil Co., 626 F.Supp. 250 (S.D.N.Y.)*, aff'd in part and rev'd in part, *784 F.2d 1133 (2d Cir.1986)*, rev'd, *55 U.S.L.W. 4457 (U.S. Apr. 6, 1987) Pennzoil Co. v. Getty Oil Co.*, No. 7425 (Civ.)(Del.Ch. Feb. 6, 1984)(LEXIS, States Library, Del file); *Texaco, Inc. v. Pennzoil, Co.*, No. 01-86-0216-CV (Tex.Ct.App. Feb. 12, 1987)(LEXIS, States Library, Tex file); T. Petzinger, OIL & HONOR: THE TEXACO-PENNZOIL WARS (1987).

ⓓ See *Hollywood Plays, Inc. v. Columbia Pictures Corp.*, 77 N.Y.S.2d *568, 575 (Sup.Ct.1947)*(if party intended to make formal agreement a condition of contractual obligation "it would have been simple for it to have so provided"), aff'd, 274 A.D.2d 912, 83 N.Y.S.2d 302 (App.Div.1948), rev'd on other grounds, *299 N.Y. 61, 85 N.E.2d 865 (1949)*.

ⓔ A classic English case is *Rose & Frank Co. v. J.R. Crompton & Bros.*, [1923] 2 K.B. 261, 262 (C.A.)(distributorship agreement contained Honourable Pledge Clause stating that it was not "a formal or legal agreement"), rev'd on other grounds, [1925] App.Cas. 445 (1924).

ⓕ *Dunhill Sec. Corp. v. Microthermal Applications, Inc.*, 308 F.Supp. 195, 197 used in letters of intent in connection with mergers and acquisitions and the underwriting of corporate stock. Although this might argue that preliminary agreements should be taken to be binding in the absence of such clear language, courts find it hard to ignore the circumstance that the agreement is preliminary.

There are reasons why negotiating parties might go to the trouble of making a preliminary agreement even though they do not intend to be bound by it. As I have already pointed out, important negotiations involve a gradual process in which agreements are reached piecemeal. This is true, for example, in the field of mergers and acquisitions. Usually the parties expect that a record of the understandings that they have reached at a particular stage will facilitate further negotiations. Such a record may prevent misunderstandings, suggest formulas for reaching further agreements, and provide a basis for drafting a definitive text. The parties may also anticipate that it will inform others of the progress of the negotiations. It may be of interest to employees or shareholders of the negotiating parties and to third parties such as prospective lenders and investors. At least one party may hope that it will enhance its position in future negotiations. Thus it may make it harder for the other party to withdraw concessions, especially if they have been made known to prospective lenders and investors, and more disadvantageous for the other party to allow the negotiations to fail, especially if the prospect of success has been made public. Non-binding preliminary agreements are used, for example, in mergers and acquisitions and in the underwriting of corporate stock. Indeed, Judge Friendly asserted that "[u]nder a view conforming to the realities of business life, there would be no contract … until the document is signed and delivered."

Torn between competing arguments, courts have been reluctant to find any but the clearest language controlling. Although it is often said that a mere reference in a preliminary agreement to a "formal agreement to follow"

(S.D.N.Y.1969)(underwriter's letter of intent stating that "no liability or obligation of any nature whatsoever is intended to be created as between any of the parties hereto"); *Pepsico, Inc. v. W.R. Grace & Co.,* 307 F.Supp. 713, 715 (S.D.N.Y. 1969) (letter confirming "agreement in principle … subject to negotiation and execution of a mutually satisfactory purchase agreement [for controlling shareholder's stock] and neither of us will be under any legal obligation … unless and until such an agreement is executed and delivered").

may be some evidence that the parties did not intend to be bound by the preliminary agreement, it is just as often said that it does not conclusively show this.⑨ And though courts reject contentions that the mere designation of a preliminary agreement as a "letter of intent" or a "memorandum of understanding" deprives it of binding effect, they may find it persuasive that a document prepared by lawyers was captioned "memorandum of understanding" rather than "settlement agreement" or "contract."ⓗ It would

---

⑨ E.g., *V'Soske v. Barwick*, 404 F.2d 495 (2d Cir.1968), cert. denied, 394 U.S. 921 (1969); *Sanders v. Pottlitzer Bros. Fruit Co.,* 144 N.Y. 209, 39 N.E. 75 (1894). *see also* RESTATEMENT (SECOND) OF CONTRACTS §27 (1981) (binding effect of agreement is not precluded by manifestation of parties' intent to adopt a subsequent written memorial of agreement). For one of many unhelpful attempts at synthesizing such statements, see *In re Municipal Consultants & Publishers, Inc. v. Town of Ramapo,* 47 N.Y.2d 144, 148, 390 N.E.2d 1143, 1144, 417 N.Y.S.2d 218, 219-20 (1979) ("Generally where the parties contemplate that a signed writing is required there is no contract until one is delivered … This rule yields, however, when the parties have agreed on all contractual terms and have only to commit them to writing."). English courts have held that language such as "subject to formal contract" suffices to prevent a preliminary agreement from being enforceable. *Winn v. Bull*, 7 Ch.D. 29, 29 (M.R.1877) ("subject to the preparation and approval of a formal contract"); *see* G. (TREITEL, THE LAW OF CONTRACT 43-44 (6th ed. 1983). American courts, however, have refused to hold that such language is dispositive. E.g., *Arnold Palmer Golf Co. v. Fuqua Indus.*, 541 F.2d 584, 592 (6th Cir.1976) ("subject to … preparation of the definitive agreement"); *Field v. Golden Triangle Broadcasting*, 451 Pa. 410, 417, 305 A.2d 689, 693 (1973) ("subject to agreement on a formal contract"), cert. denied, 414 U.S. 1158 (1974).

ⓗ E.g., *Hill v. McGregor Mfg. Corp.*, 23 Mich.App. 342, 345, 178 N.W.2d 553, 555 (Ct.App.1970). In many cases courts have looked to the degree of formality and the use of legal terminology. *Arnold Palmer Golf Co.*, 541 F.2d at 589 (obligations "are all described in unqualified terms" such as "will" and "shall"); *Pennsylvania Co. v. Wilmington Trust Co.*, 39 Del.Ch. 453, 463, 166 A.2d 726, 732 (Ch.1960) ("one immediately asks why the letter was expressed in effect in terms of offer and acceptance of identified property for an agreed price if it was not to have legal significance"), appeal dismissed in relevant part, 40 Del.Ch. 1, 172 A.2d 63 (Ch.1961). *Hill*, 23 Mich.App. at 345, 178 N.W.2d at 555 (writing prepared by lawyers did not use "the typical formal language of a contract" and was "so cursory … as to convince us that the parties did not intend" to be bound); *Reynolds Aluminum Co. v. Multnomah County*, 206 Or. 602, 615, 287 P.2d 921, 927 (1955) ("we find words speaking in the present, not in futuro, such as "seller hereby sells" and "purchaser hereby buys"), cert. denied, 350 U.S. 970 (1956). Field, 451 Pa. at 417, 305 A.2d at 693 ("the letter agreement itself, by its terms [describing it as an 'offer'], formality and the extraordinary care in its execution, indicates that the be difficult to find a less predictable area of contract law. Nearly a century ago, the Supreme Court of Maine lamented that "the solution of the question is often difficult, doubtful and sometimes unsatisfactory." Some fifty years ago, Llewellyn singled out the rules governing such disputes to illustrate "accepted rules about our case-law which are utterly devoid of ⋯ meaning" when applied to the facts.

In doubtful cases, courts have looked to many factors, but no single factor is likely to be decisive.ⓘ Often the final decision is left to the trier of the facts. Courts show particular concern with the extent to which the terms are spelled out. Even though a writing may not be so indefinite as to be unenforceable, indefiniteness — such as a lack of any provision for a fall-back standard — may suggest that the parties did not intend to be bound until a final agreement was executed. The amount of specificity expected will depend on the magnitude and complexity of the transaction and on what is usually done in similar transactions. It has been said that the failure to spell out usual terms shows that the parties did not intend to be bound, but such an inference seems unjustified if there is no indication that those terms were to be the subject of further negotiations. Indeed, if the contract is a common type and the term is sufficiently usual to be supplied by a

---

signatories intended to bind themselves to an enforceable contract"), cert. denied, 414 U.S. 1158 (1974) *APCO Amusement Co.*, 673 S.W.2d at 528 ("instrument speaks through words such as 'agrees,' 'acceptance,' and 'accepts' [and] has been dated and signed"); *Branca v. Cobarro* [1947] K.B. 854, 856 (C.A.) ("the word 'Agreement' is used to describe the document"). Terms such as "offer" and "acceptance" tend to be invoked when negotiations are by correspondence. *See, e.g.*, *V'Soske*, 404 F.2d at 499, where the court found that a letter amounted to an actual offer, id., while the dissenting judge argued that the district judge's finding "that the parties here ⋯ engaged in nothing more than preliminary negotiations" was not clearly erroneous, id. at 500 (Lumbard, C.J., dissenting).

ⓘ A popular list is that in *Mississippi & Dominion S.S. Co.*, 86 Me. at 259, 29 A. at 1067: whether the contract is of that class which are usually found to be in writing; whether it is of such nature as to need a formal writing for its full expression; whether it has few or many details; whether the amount involved is large or small; whether it is a common or unusual contract; whether the negotiations themselves indicate that a written draft is contemplated as the final conclusion of the negotiations. This list is incorporated in RESTATEMENT(Second) of CONTRACTS §27 comment c (1981). For another list, see *Winston v. Mediafare Entertainment Corp.*, 777 F.2d 78 (2d Cir.1985).

court, an opposite inference might be drawn.

Courts are also influenced by such circumstances as the kind of parties involved, the importance of the deal, and above all the nature of the transaction. Occasionally these are recited in the agreement itself; usually, however, they must be shown by extrinsic evidence. So, for example, where managers have made a preliminary agreement before turning matters over to lawyers, extrinsic evidence is usually critical in determining whether the extent of the lawyer's responsibility is inconsistent with enforceability.

If the parties have dealt with each other before in similar transactions involving preliminary agreements, their prior course of dealing may shed light on their intent. The parties' behavior after making the preliminary agreement may also be given great weight. Even if not repeated so as to amount to a "course of performance" or "practical construction," a party's subsequent behavior, such as issuing a press release, may be persuasive, especially if inconsistent with the party's later contention. A party's acquiescence in the other's reliance on the preliminary agreement may also be a compelling reason for enforceability.

Sometimes parties are unwilling to make a binding agreement with open terms but wish to undertake a general obligation of fair dealing in their negotiations. The resulting agreements to negotiate have come before the courts with increasing frequency in recent years. …

Example 2

Letter of Intent in Mergers and Acquisitions — During negotiations for a corporate acquisition or merger, the parties often sign a letter of intent. The letter, usually prepared by counsel to the purchaser, indicates the nature of the contemplated transaction and summarizes its basic terms, including terms of payment and the principal conditions to the closing. These may include, for example, approvals by government agencies and consents by third parties, raising of financing by the purchaser, and achievement of stated net earnings by the target. The letter will often recite that a "formal agreement" is contemplated or that the letter is "subject to" such an agreement, and it may go on to provide that it is "not legally binding" or that it creates "no rights or duties in favor of either party."

The use of letters of intent is by no means universal, for though it may be to the purchaser's advantage to tempt the target with a simplified version of the deal, the risk that other potential purchasers will appear on the scene may encourage the purchaser to accelerate the negotiations in the hope of reaching ultimate agreement sooner. But the greater the complexity of the transaction and the delay before its expected consummation, the more likely the use of a letter of intent.

Much time and effort over the past two decades has gone into litigating whether such letters are binding. Experienced practitioners recommend the inclusion of a provision clearly stating that the letter is non-binding, and such negations of liability have been held to be effective. But the drafter must take care to avoid language that is inconsistent or less than clear. Thus a provision that a letter was "subject to agreement on a formal contract" did not prevent the letter from being binding where the letter spoke of "this offer" being "accepted" and where it "by its terms, formality and the extraordinary care in its execution, indicate[d] that the signatories intended to bind themselves to an enforceable contract." And a provision that if the parties failed to make a final agreement "they shall be under no further obligation to one another" was held not to make a letter non-binding to the extent that they had undertaken to "make every reasonable effort to agree upon and have prepared" such a contract. Furthermore, most of the letters of intent involved in litigation have been silent as to their binding character, and courts have split on whether the parties are bound by the terms in such letters, confirming the recommendation that the parties be explicit if a non-binding agreement is wanted.

If the parties are bound by the terms of the letter, it is what is called in this Article an agreement with open terms. The parties are bound by the agreed terms and are under an implied obligation to negotiate open terms. But the agreement may be binding in a more limited sense. The letter may provide, or at least suggest, that the parties undertake to continue negotiating. Including such language in a binding agreement with open terms adds nothing, since absent such language a court will imply an obligation to negotiate the open terms. If the agreement with open terms is not binding, however, a question arises whether the language amounts to an enforceable agreement to negotiate. On this courts have also split.

대법 2008. 2. 14. 선고 2006다18969 판결(정리회사 건영사건)[4)]

상고이유(상고이유서 제출기간이 경과한 후에 제출된 상고이유보충서의 기재는 상고이유를 보충하는 범위 내에서)를 판단한다.

1. 기록에 의하면, 원고가 이 사건 양해각서에서 정한 이행보증금 몰취에 관한 조항은 투자계약 체결을 강제하기 위한 사적인 제재 수단으로써 그 이행보증금의 액수가 지나치게 과다하여 원고의 경제활동의 자유를 심하게 침해하는 결과를 가져오므로 민법 제103조에 따라 반사회질서의 법률행위로 무효이고, 따라서 이 사건 합의에 포함된 부제소특약은 위와 같은 강행법규에 기한 법률행위의 무효 주장을 배제하는 약정으로서 무효라는 취지로 주장하였음에도, 원심이 이에 대하여 판단을 하지 아니하였음을 알 수 있다.

그러나 원심이 확정한 사실관계에 나타난 이 사건 양해각서의 체결 경위와 목적, 그 내용, 정리회사인 주식회사 건영(이하 '건영'이라 한다)의 이익을 확보하기 위한 계약이행확보의 필요성, 원고의 위약으로 인하여 건영이 입을 것으로 예상되는 손해, 위약벌의 규모나 전체 인수대금에 대한 비율, 원고를 비롯한 컨소시엄 구성원들의 경제적 지위와 능력 등의 제반 사정을 종합해 보면, 위약벌의 규모가 100억 원을 상회한다고 하여 이 사건 위약벌의 약정이 공서양속에 반하여 그 일부 또는 전부가 무효라고 할 수는 없으므로, 위 위약벌의 약정이 공서양속에 반하여 무효임을 전제로 한 원고의 주장은 이유 없다.

한편, 당사자가 자유롭게 처분할 수 있는 권리관계에 대하여 부제소특약이 이루어진 경우에는, 부제소특약으로 말미암아 그 대상으로 된 권리관계가 강행법규 위반으로 무효라는 주장을 하지 못하게 되는 결과가 초래된다 하더라도, 그러한 사정만으로 그 부제소특약이 당해 강행법규에 위반하여 무효로 된다고 볼 수는 없다. 그런데 위약벌에 관한 권리관계에 대하여 당사자의 처분을 금하는 취지의 강행법규가 존재하고 있다고 인정되지 아니하므로, 설사 위약벌에 관한 권리관계에 대하여 부제소특약을 함으로써 그 권리관계가 강행법규 위반으로 무효라는 주장을 하지 못하게 된다는 사정을 들어 그 부제소특약이 당해 강행법규에 위반하여 무효로 되는 것은 아니라 할 것이다. 따라서 이와 다른 견해에 서서 이 사건 부제소특약이 강행법규에 위반하여 무효라는 취지의 원고의 주장 역시 그 이유가 없다. 원고가 내세

4) 남유선, M&A계약교섭단계에서의 법적 책임에 관한 연구 — 대법 2008. 2. 14. 선고 2006다18969 판결을 중심으로, 증권법연구 발표자료 (2009. 6. 27). http://www.ksla.org/에서 열람가능.

우는 판결은 강행법규로 당사자의 처분이 금지된 권리관계에 대하여 부제소특약을 한 경우로 이 사건과 사안을 달리하므로 이 사건에서 원용하기에 적절하지 아니하다.

결과적으로 원고의 이 부분 주장은 받아들여질 수 없는 만큼, 원심판결에 상고이유에서 주장하는 바와 같은 판단누락으로 인하여 판결 결과에 영향을 미친 위법이 있다고 할 수 없으므로, 이 점에 관한 상고이유의 주장은 받아들일 수 없다.

2. 원심은, 그 채용 증거들을 종합하여 판시와 같은 사실을 인정한 다음, 건영의 회사정리절차를 관할하는 서울중앙지법은 정리회사의 재무구조를 개선하고 정리채무를 조기에 변제함과 아울러 새로운 지배주주를 확보함으로써 정리절차를 조기에 종결하기 위하여 정리회사의 관리인으로 하여금 M&A를 적극적으로 추진하도록 하여 왔고, 건영의 관리인도 정리법원의 방침에 따라 M&A를 추진하여 2002. 9. 5. 원고를 포함한 시데코-레마코 컨소시엄과 구속력 있는 이 사건 양해각서를 체결한 점, 이후 자산부채실사를 거쳐 최종 인수대금이 1,940억 원으로 합의되었으나 위 컨소시엄은 일부 구성원들의 탈퇴와 인수자금 조달의 어려움으로 투자계약을 체결하지 못하였고 이에 건영의 관리인은 그 체결기한을 당초의 '2002. 9. 30.까지'에서 '2002. 11. 5.까지'로 연장하였다가, 다시 '2002. 11. 12.까지'로 거듭 연장해 주었음에도, 위 컨소시엄 또는 이를 승계한 오현-레마코 컨소시엄은 계약금을 완납하지 못한 사실, 이후 건영의 관리인은 2002. 11. 18. 마지막으로 투자계약 체결기한을 2002. 11. 25.까지로 연장해 주면서 원고 등과 이 사건 부제소특약을 하였던 점, 이 사건에서 몰취된 이행보증금은 합의된 인수대금 1,940억 원의 5% 남짓에 불과하고, 이 사건 양해각서상으로도 '인수인의 귀책사유에 의하여 양해각서가 해제되는 경우 이행보증금은 발생이자와 함께 위약벌로서 정리회사에 귀속되는 것으로 한다'는 취지가 이미 명시되어 있었던 점, 원고의 주장과 같이 컨소시엄 구성원들이 분담하여야 할 이행보증금을 원고 혼자서 부담하였고, 컨소시엄 다른 구성원들의 탈퇴가 계약금을 마련하지 못한 원인이 되었다는 것은 컨소시엄의 내부적인 사정에 불과할 뿐이라는 점 등을 감안하면, 위 부제소특약이 선량한 풍속 기타 사회질서에 위반되는 법률행위라거나 원고의 궁박한 사정을 이용한 현저하게 공정을 잃은 법률행위라고 볼 수 없고, 달리 이를 인정할 증거가 없다고 판단하였는바, 관련 법리와 기록에 의하여 살펴보면, 원심의 위와 같은 사실인정과 판단은 정당하고, 거기에 상고이유로 주장하는 바와 같은 심리미진, 법리오해 등의 위법이 있다고 할 수 없다.

3. 그러므로 상고를 기각하고, 상고비용은 패소자가 부담하도록 하여 관여 법관의 일치된 의견으로 주문과 같이 판결한다.

대법 2008. 11. 13. 선고 2008다46906 판결(정리회사 청구사건)

[이 유]

상고이유를 본다.

1. **상고이유 제 1 점에 대하여**

원심은, 그 판시 증거에 의하여 인정되는 그 판시와 같은 사정, 즉 ① 양해각서에서는 이행보증금의 귀속에 관하여 위약벌이라는 용어를 사용하고 있지만 이 사건 계약금 몰취조항에서는 위약벌이라는 용어를 사용하지 않고 있는 점, ② 투자계약서상 이 사건 계약금 몰취조항과는 별도로 원고 등이 계약해제로 인하여 피고(정리절차 개시와 종결 전후를 불문하고 모두 '피고'라 한다)가 입은 손해를 배상할 의무를 부담한다는 취지의 조항을 두고 있지 않는 등 이 사건 계약금 몰취조항을 위약벌에 관한 약정으로 해석할만한 특별한 근거규정도 없는 점, ③ 양해각서는 투자계약을 체결하기 전 단계에서 투자계약조건의 협상을 위한 기준을 정하는 것을 목적으로 하는 것으로서 양해각서상의 이행보증금은 투자계약의 체결을 보증하는 것이지 투자계약의 이행을 보증하는 것은 아니므로 양해각서상의 용어 사용을 근거로 투자계약상 계약금의 성질을 결정할 수는 없는 점, ④ 정리회사 M&A 절차의 특수성을 고려할 때 투자계약상의 위약금이 통상의 계약에 비하여 이행확보적인 기능이 강하기는 하지만 손해배상액의 예정에도 심리적 경고에 의한 이행확보기능이 있는 점 등에 비추어 보면, 이 사건 계약금 몰취조항은 손해배상액의 예정에 해당한다고 판단하였다.

원심판결 이유를 기록에 비추어 살펴보면, 원심의 이와 같은 판단은 정당한 것으로 수긍할 수 있다.

원심판결에는 상고이유에서 주장하는 바와 같이 위약벌 내지 손해배상액의 예정에 관한 법리를 오해한 위법이 없다.

2. **상고이유 제 2 점에 대하여**

원심은, 그 판시 증거에 의하여 인정되는 그 판시와 같은 사정, 즉 ① 이 사건 투자계약은 피고가 위약하는 경우에는 손해배상액을 정하지 않고, 원고와 선정자들(이하 '원고 등'이라 한다)이 채무를 이행하지 아니할 경우에만 일방적으로 그 손해배상액을 예정하고 있어서 원고 등에게 상당히 불리한 점, ② 특히 이 사건 투자계약에 의하면, 인수대금이 1,227억 원으로 아주 거액임에도 불구하고 원고 등이 그 인수대금지급의무를 지체할 경우, 피고는 원고 등에 대한 단 1회의 최고절차도 없이 계약을 해제하고 그 계약금을 몰취할 수 있도록 약정되어 있는데, 이는 이 사건 인수대금의 액수에 비추어 볼 때 원고 등에게 지나치게 가혹한 것으로 보이는 점, ③ 피고가 원고 등과의 이 사건 투자계약을 해제한 후 ○○○○○ 컨소시엄(이하 '○○○○○'라 한다)과 사이에 새로 인수계약을 체결하고 ○○○○○로부터 그 인수대금으로 원고 등에 대한 인수대금 1,227억 원보다 93억 원이 더 많은 1,320억 원을 지급받았기 때문에 원고 등의 채무불이행으로 인한 인수절차가 7개월 가량 지연되었다고 하더라도 원고 등의 채무불이행으로 하여 피고에게 실질적인 손해가 발생하였다고 할 수 없는 점, ④ 뿐만 아니라 이 사건 투자계약에 의하면, 원고 등과 피고 측 관리인의 합의로 대구지법(이하 '정리법원'이라 한다)의 허가를 얻어 계약내용을 변경할 수 있는 탄력조항을 두고 있고, 원고 등은 투자금 500억 원을 마련하여 두고 정리법원과 피고 측 관리인에게 예치기간을 연장하여 달라고 간청하였음에도 불구하고, 피고가 인수대금에 관한 당초의 예치기간도과를 이유로 이 사건 투자계약을 해제한 점 등을 종합하여 볼 때, 이 사건 투자계약에서 정한 손해배상예정액 122억 7,000만 원은 지나치게 많아서 부당하다는 이유로, 이를 당초 약정 금액의 75%에 상당하는 92억 250만 원으로 감액하였다.

민법 제398조가 규정하는 손해배상의 예정은 채무불이행의 경우에 채무자가 지급하여야 할 손해배상액을 미리 정해두는 것으로서 그 목적은 손해의 발생사실과 손해액에 대한 입증곤란을 배제하고 분쟁을 사전에 방지하여 법률관계를 간이하게 해결하는 것 외에 채무자에게 심리적으로 경고를 줌으로써 채무이행을 확보하려는 데에 있으므로, 채무자가 실제로 손해발생이 없다거나 손해액이 예정액보다 적다는 것을 입증하더라도 채무자는 그 예정액의 지급을 면하거나 감액을 청구하지 못한다. 따라서 민법 제398조 제 2 항에 의하여 법원이 예정액을 감액할 수 있는 '부당히 과다한 경우'라 함은 손해가 없다든가 손해액이 예정액보다 적다는 것만으로는 부족하고, 계약자의 경제적 지위, 계약의 목적 및 내용, 손해배상액 예정의 경위 및 거래관행 기타 여러 사정을 고려하여 그와 같은 예정액의 지급이 경제적 약자의 지위에 있는 채무자에게 부당한 압박을 가하여 공정성을 잃는 결과를 초래한다고 인정되는 경우를 뜻하는 것으로 보아야 한다(대법 1991. 3. 27. 선고 90다14478 판결 등 참조).

우선, 원심이 적법하게 확정한 사실과 기록에 나타나는 바와 같이 계약금을 인수대금의 10%로 정한 것은 서울중앙지법 파산부의 정리회사 M&A에 관한 준칙과 정리회사 M&A에 관한 일반적인 거래관행을 반영한 것이고, 국가를 당사자로 하는 계약에 관한 법률 제12조와 그 시행령 제50조도 계약보증금을 계약금액의 10% 이상으로 정하고 있으며, 개인 간의 부동산매매계약, 공사도급계약 등에 있어서도 계약금액의 10% 상당을 손해배상의 예정액으로 정하는 것이 일반적인 거래관행인 점, 이 사건 투자계약에서 인수대금의 10%를 계약금으로 정한 것은 애초의 입찰안내 단계에서부터 원고 등의 컨소시엄에게 고지되었고, 양해각서 체결 시에도 약정된 사항인 점, 몰취되는 계약금이 거액이기는 하지만 그것은 계약금의 비율이 부당하게 높게 책정되었기 때문이 아니라 인수대금이 1,200억 원을 넘는 거액이기 때문이고, 투자자는 그와 같은 거액의 거래를 통해 막대한 이익을 얻을 가능성도 가지고 있지만 그에 상응하는 손실의 위험성도 감수하여야 하는 점 등에 비추어 보면, 몰취되는 계약금 자체가 크다는 사유만으로는 이 사건 손해배상의 예정액이 부당히 과다하다고 단정하기는 어렵다.

또한, 이 사건 투자계약이 체결될 당시 원고 등의 컨소시엄이 피고에 비하여 경제적 약자의 지위에 있었다고 볼 만한 사정을 기록상 찾아볼 수 없고, 오히려 이 사건 투자계약을 비롯하여 정리회사 매각절차상의 모든 중요한 의사결정에 대하여 정리법원의 허가를 받았는데다가, 이 사건 투자계약에서 정한 인수대금의 납입기한이 특별히 불합리하다고 보기 어려운 점, 원고를 제외한 컨소시엄의 나머지 구성원들이 모두 인수대금 납입기한인 2005. 7. 15.까지 인수대금을 마련하지 못하였으므로, 원고 등의 컨소시엄은 인수대금의 납입에 대한 확실한 대책도 없이 정리회사의 인수를 무리하게 추진한 것으로 판단되고, 따라서 정리법원이 투자계약상의 탄력조항을 적용하여 납입기한의 연장을 허용하지 않은 조치를 부당하다고 볼 수는 없는 점 등에 비추어 보면, 원고 등의 인수대금 납입기한의 연장요청을 들어주지 않고 피고가 납입기한의 경과 후 단 1회의 최고절차도 없이 이 사건 투자계약을 해제하였다고 하여 이를 원고 등에게 지나치게 부당하다고 할 수는 없다.

나아가, 원심이 적법하게 확정한 사실과 기록에 나타나는 바와 같이 이 사건 투자계약은 형식상으로는 인수자와 정리회사 사이에서 체결되지만, 실질적으로는 정리절차 중인 정리회사의 M&A를 통하여 신규 외부자본을 유치하여 그 투자금으로 정리회사의 채권자에 대한 채무를 조기에 변제하고 일부 탕감하는 과정을 거쳐 회사의 정리절차를 종결하고, 재무구조가 견실한 새로운 기업으로 거듭나기 위한 정리회사의 매각절차인 점에 비추어 이 사건 계약금 몰취조항은 일반적인 손해배상액의 예정에 있어서의 손해배상적인 기능과 이행확보적인 기능 중 정리회사 매각절차의 확실한 이행을 담보하고자 하는 이행확보적인 기능에 주목적이 있는 것으로 보이는 점, 이와 같은 정리회사 M&A는 정리회사의 주주·종업원·채권자는 물론 매각주간사, 정리법원, 차순위 우선협상대상자 등 수많은 이해관계자가 있고, 정리회사의 채권자들은 채권의 일부만을 조기에 회수하는 대신 상당부분을 포기하는 손해를 감수하게 되므로, 이러한 속성상 정리회사 M&A는 신속하고 확실하게 절차진행이 이루어져야만 하는데, 만일 구체적인 사정을 고려하여 몰취된 계약금에 대한 반환을 인정할 경우 향후 정리회사 M&A 제도의 정상적인 운용이 불가능하거나 곤란하게 되는 점, 피고가 원고의 투자계약 불이행으로 인해 기업공개매각을 재추진하는 과정에서 예비협상대상자인 론스타(Lone Star Fund Ⅳ, L.P.)로부터 재입찰절차실시금지등 가처분신청(대구지법 2005카합990)을 당하여 이에 응소하였고, 2005. 9. 5. 제 3 차 기업공개매각을 위한 입찰이 유찰되는 등으로 회사정리절차가 종결되기까지 약 7개월이나 더 소요되었을 뿐만 아니라, 그로 인한 금융비용과 일반관리비 부담의 증가 및 정상적인 기업활동의 곤란 등 유·무형의 상당한 재산상 손해를 입은 것으로 보이는 점 등에 비추어 보면, 피고가 원고 등과의 이 사건 투자계약을 해제한 후 ○○○○○와의 사이에 새로 인수계약을 체결하고 ○○○○○로부터 그 인수대금으로 원고 등에 대한 인수대금 1,227억 원보다 93억 원이 더 많은 1,320억 원을 지급받았다고 하더라도, 피고에게 발생된 유·무형의 재산상 손해보다 위 이익이 더 크다고 단정하기도 어렵다.

그럼에도 불구하고, 원심이 그 판시와 같은 사유를 들어 이 사건 손해배상의 예정액이 부당히 과다하다고 단정하여 이를 감액하였으니, 원심판결에는 손해배상 예정액의 감액에 관한 법리를 오해하여 판결에 영향을 미친 위법이 있다고 할 것이다. 이 점을 지적하는 상고이유의 주장은 이유 있다.

3. 결 론

그러므로 원심판결 중 피고 패소부분을 파기하고, 이 부분 사건을 다시 심리·판단하게 하기 위하여 원심법원에 환송하기로 하여, 관여 대법관의 일치된 의견으로 주문과 같이 판결한다.

서울중앙지법 2010. 1. 17. 선고 2009가합40962 판결(신영기업 v. 한국리스여신)[5)]

1. 기초사실

가. 부산은행, 기업은행, 대구은행, 하나은행, 광주은행, 신한은행(이하 이들을 통틀어 '주주은행들'이라고 한다)은 각자 자회사로서 부산리스금융, 대구리스금융, 중앙리스금융, 서울리스, 광은리스금융, 한국기업리스(이하 이들을 통틀어 '정리대상 리스회사'라고 한다)를 운영하고 있었는데, IMF 금융위기를 맞아 정리대상 리스회사가 부실화되자 금융감독원의 지도 아래 1998. 7. 22. 피고를 설립하여 정리대상 리스회사의 자산과 부채를 모두 피고로 이전하였고, 정리대상 리스회사는 파산하였다.

나. 피고는 이전받은 정리대상 리스회사의 자산(리스채권)을 관리·추심하고, 추심한 리스료를 3개월 단위로 정산하여 이전받은 부채의 채권자들(이하 '채권기관'이라고 한다)에게 배분해 주는 업무를 수행하였는데, 채권기관협의회는 2008. 2. 20. 피고의 자산과 부채를 주주은행들이 보유하고 있는 피고의 주식과 함께 일괄하여 매각(이하 '이 사건 M&A'라고 한다)하기로 결의하였고, 주주은행들은 이에 동의하였다.

다. 이에 따라 피고는 매각주간사로 딜로이트 안진회계법인(이하 '매각주간사'라고 한다)을 선정하고 공개입찰방식으로 이 사건 M&A를 진행하여 2008. 6. 12.경 원고들을 비롯한 입찰참여 희망자로부터 인수의향서를 제출받았고, 2008. 6. 16.경 최근 3개년간의 세무조정계산서를 비롯한 예비실사자료를 교부하면서 매각주간사의 주관 하에 입찰참여 희망자들과 사이에 Q&A를 진행하였으며, 2008. 6. 24.경 입찰참여 희망자들에게 입찰안내서를 발송하였는데, 위 입찰안내서에는 '최종인수제안서상의 인수가격은 입찰서에 기재된 매각대상 권리별 입찰가격의 97%를 하회할 수 없고, 입찰참여자의 유의사항으로 열거된 22가지 사항 이외에 추가적인 법률 및 세무적 위험요소가 있을 수 있는 가능성을 배제할 수 없으니 입찰참여자는 이러한 위험요소를 인수제안가격에 적절히 반영하여야 하며, 해당 위험요소에 대한 확인 및 입증의 의무는 입찰참여자에게 있다'는 내용이 기재되어 있었다.

라. 원고들을 비롯한 입찰참여 희망자들은 2008. 6. 16.부터 같은 달 30.까지 사이에 피고에 대한 예비실사를 실시하였고, 원고들은 이 사건 M&A를 위한 컨소시

5) 서울고법 2012. 6. 14. 선고 2011나26010 판결로 항소기각.

엄(이하 '원고 컨소시엄'이라고 한다)을 구성하여 2008. 7. 1. 총 입찰금액을 1,085억 5,500만 원(자산양수도 대금 825억 5,500만 원, 주식양수도 대금 260억 원)으로 기재한 원고 컨소시엄 명의의 입찰제안서를 매각주간사에 제출하는 한편, 같은 날 55억 원을 입찰보증금으로 피고 명의의 계좌에 입금하였는데, 피고와 매각주간사는 2008. 7. 2. 최고가의 입찰금액을 제시한 원고 컨소시엄을 이 사건 M&A의 우선협상대상자로 지정하였다.

마. 그 후 원고들은 2008. 8. 20. 피고와 사이에 아래와 같은 내용의 양해각서를 체결하였다.

> 제 1 조(목적) 이 양해각서는 매각대상 자산 및 매각대상 주식을 원고 컨소시엄(원고들)에게 매각하는 것과 관련하여 매각대상 자산 및 매각대상 주식의 매각을 위한 본계약이 체결되기 전까지의 관련 당사자의 권리의무를 규율함을 목적으로 한다.
>
> 제 5 조(본계약 체결의 과정) ④ 피고 및 매각주간사는 원고 컨소시엄이 제출한 최종인수제안서를 검토한 후 원고 컨소시엄과 본계약을 체결할 것인지 여부를 결정한다. 최종인수제안서의 내용 중 입찰안내서 내지 이 양해각서에 반하는 사항이 있는 경우 피고 및 매각주간사는 원고 컨소시엄의 우선협상권한을 배제하고 예비협상대상자에게 새로운 우선협상대상자로서의 지위를 부여할 수 있다.
>
> 제 6 조(이행보증금) ① 원고 컨소시엄이 2008. 7. 1. 입금한 입찰보증금 55억 원 및 이에 대한 위 입금일로부터 양해각서 체결일까지 발생한 이자의 합계액은 본계약 체결 및 이행을 위한 이행보증금으로서의 법적 성격을 갖는다.
>
> ③ 제 8 조 제 1 항에서 정한 기간 내에 제 5 조 제 5 항에 기재된 피고 이사회의 결의, 주주총회의 결의 내지 채권기관협의회의 결의가 이루어지지 못하여 본건 매매가 성사되지 못한 경우 피고는 원고 컨소시엄이 지급한 이행보증금 및 이에 대하여 위 이행보증금 납부일로부터 이행보증금의 반환일까지 발생한 이자의 합계액을 반환한다.
>
> 제 8 조(유효기간 및 입찰보증금의 처리) ① 이 양해각서의 효력은 당사자들에 의한 양해각서 체결시에 발생하며 아래 제 2 항에 의하여 해지되거나 또는 피고, 매각주간사 및 원고 컨소시엄간에 별도로 합의하지 않는 한 본계약 체결일 또는 이 양해각서 체결일로부터 150일이 경과한 날 중 먼저 도래하는 날까지 존속한다.

② 다음 각호의 1에 해당하는 사유가 발생하는 경우 피고는 서면통보에 의하여 이 양해각서를 해지할 수 있다. 이 경우 원고 컨소시엄이 납부한 입찰보증금(납부일로부터 해지일까지의 이자를 포함한다)은 피고에게 귀속되고 원고 컨소시엄에게 반환되지 아니한다.

ⅳ) 원고 컨소시엄이 이 양해각서의 의무사항이나 준수사항을 중대하게 위반하고, 이러한 위반에 관하여 시정을 요구하는 피고 또는 매각주간사의 서면통보를 수령한 날로부터 5영업일 이내에 시정하지 않은 경우

ⅴ) 원고 컨소시엄이 최종 인수제안서에 각 기재한 총 입찰금액 및 각 입찰금액이 인수제안서에 각 기재된 총 입찰금액 및 각 입찰금액의 97% 미만에 해당하는 경우

ⅵ) 원고 컨소시엄이 합리적인 이유 없이 본계약 체결을 위한 협상을 지연시켜 본계약 체결기한 이내에 본계약을 체결하는 것이 불가능한 경우

제15조(양해각서의 효력) 이 양해각서는 각 당사자에 대하여 법적인 구속력이 있는 것으로 한다.

바. 원고 컨소시엄은 2008. 8. 21.부터 2008. 9. 10.까지 사이에 피고에 대한 본실사를 실시한 다음, 2008. 9. 18. 총 입찰금액을 1,060억 8,200만 원(자산양수도 대금 800억 8,200만 원, 주식양수도 대금 260억 원)으로 기재한 최종인수제안서를 매각주간사에게 제출하였는데, 위 최종인수제안서 말미에는 "최종인수제안의 전제사항"이라는 항목 하에 '피고가 1998년 정리대상 리스회사 중 한국기업리스를 제외한 5개 리스회사들로부터 자산과 부채를 양수하면서 총 2,385억 원 규모의 외화환산차*를 평가를 통해 승계하고 이를 상환기간 동안 상각하여 손금산입하였는데, 과

* 구 리스회계처리기준(1998. 4. 1. 리스회계처리준칙으로 전면 개정되기 전의 것) 제6조 제3항(운용리스자산의 취득에 사용된 자금이 외화차입금이고, 동 리스의 기본리스료 또는 조정리스료가 외화로 표시되어 있음으로써 환율변동으로 인한 위험을 회피할 수 있는 경우에는, 동 외화차입금에서 발생하는 외화환산손익은 이와 관련된 리스료를 수익으로 인식하는 때에 영업손익으로 계상한다)에 근거한 환율조정계정을 의미한다. 원고 컨소시엄을 이를 '환율조정차'로 명명하였는데, '외화환산차'와 '환율조정차'의 개념 정의에 관하여 명확하게 확립된 바 없고, 구 기업회계기준(1998. 4. 1. 기업회계기준이 전면 개정되기 전의 것) 제74조 제3항 단서(장기화폐성외화자산 및 장기화폐성외화부채와 관련하여 급격한 환율변동으로 인하여 발생한 중요한 외화환산손실 또는 외화환산이익은 차기 이후의 기간에 배분하여 처리하기 위하여 각각 환율조정차 또는 환율조정대의 과목으로 이연자산 또는 이연부채에 기재할 수 있다)에 근거한 환율조정계정과의 구별을 용이하게 하기 위하여, 본 사건에서는 일반 장기외화차입금과 관련한 환율조정계정인 '환율조정차'와 구별되는 용어로서 외화운용리스와 관련한 환율조정계정을 '외화환산차'로 지칭하기로 한다.

세관청이 위 외화환산차를 이연자산으로 볼 경우 승계한 외화환산차 상각액의 손금산입이 인정되지 않아 전액 손금부인될 수 있고, 이로 인하여 향후 추징세액이 발생할 수 있는바, 위 최종 입찰금액에는 이러한 세무상 우발부채로 인한 영향이 직접적으로 반영되지 않았으므로 본계약 체결과정에서 당사자간의 성실한 협의를 통하여 적절한 해결방안이 마련되어야 할 것이다.'라는 내용이 기재되어 있었다.

사. 이에 대하여 매각주간사는 2008. 9. 19., 같은 해 10. 15., 같은 해 11. 12., 같은 달 24. 네 차례에 걸쳐 원고 컨소시엄에게 위 최종인수제안서에 기재된 전제사항은 입찰안내서에 명시된 바와 같이 원고 컨소시엄이 입찰시 감안하였어야 할 사항이라며 전제사항을 삭제하는 등 수정된 최종인수제안서를 다시 제출할 것을 서면으로 요구하였고, 원고 컨소시엄은 2008. 12. 1. 입찰금액은 이전과 같이 하면서 "최종인수제안의 전제사항" 항목을 삭제한 최종인수제안서를 매각주간사에게 다시 제출하였는데, 위 2008. 12. 1.자 최종인수제안서 말미에는 "향후 본계약 협상 및 체결과정에서 반영될 사항"이라는 항목 하에 '2008. 9. 18.자 최종인수제안서에 적시된 세무상 위험에 따른 우발부채로 인하여 원고 컨소시엄이 손해를 입을 경우 이를 적절히 보상받을 수 있는 조치(예: 매도인측 당사자의 진술 및 보장)를 본계약에 반영하고, 위와 같은 보상을 실효적으로 담보하기 위하여 342억 원을 에스크로우 계좌에 보관하는 것을 본계약의 거래조건으로 명시하여 주기를 바란다.'는 내용이 기재되어 있었다.

아. 매각주간사는 2008. 12. 11. 위 2008. 12. 1.자 최종인수제안서를 아무런 전제조건이 부착되지 아니한 완전한 효력을 가진 최종인수제안서로 이해하고자 한다면서, "향후 본계약 협상 및 체결과정에서 반영될 사항" 항목란에 기재된 매도인측 당사자의 진술 및 보장에 관한 원고 컨소시엄의 요구를 검토하기 위하여 희망하는 진술 및 보장 문구의 초안 등을 구체적으로 제시하기를 바라며, 342억 원의 에스크로우 계좌 보관 요구는 받아들이기 어렵다는 의견을 원고 컨소시엄에 밝혔다.

자. 원고 컨소시엄은 2008. 12. 18. 세무상 위험에 따른 우발부채로 인하여 원고 컨소시엄이 입을 수 있는 손해에 대한 적절한 보상조치와 관련하여 ① 주주은행들이 거래종결일로부터 5년 동안 거래종결일 이전에 발생한 사유로서 피고에게 추가적인 조세부담을 발생하게 하는 사유가 존재하지 않음을 진술 및 보장함과 아울러, 진술 및 보장 위반으로 인하여 발생한 손해를 에스크로우 계좌에서 배상받지 못한 범위 내에서 모두 배상한다는 내용을 본계약에 반영하고, ② 자산양수도 대금 중 342억 원을 원고 주식회사 신영기업 및 피고 명의의 에스크로우 계좌에 5년간

보관하는 것을 거래조건으로 하되, 위 금액을 5년 이후에 지급받을 수 있거나 혹은 전혀 지급받지 못할 수도 있음을 인정하는 매각안에 대하여 채권기관협의회로부터 동의를 얻을 것과 ③ 모든 채권기관으로부터 거래종결일로부터 5년 동안 거래종결일 이전에 발생한 사유로서 피고에게 추가적인 조세부담을 발생하게 하는 사유가 존재하지 않음을 보장하고, 만약 추가적인 조세부담이 발생하면 자산양수도 대금 중 각 채권기관이 변제받은 금액에 비례하여 추가적인 조세부담으로 인한 손해를 배상한다는 내용의 확인서를 징구할 것이 본계약 체결의 선행조건이 되어야 한다는 의견을 매각주간사에 밝혔다.

차. 이에 대하여 매각주간사는 2008. 12. 24. 원고 컨소시엄의 위와 같은 요구는 피고가 받아들일 수 없는 불합리한 것이라며 철회를 요구는 한편, 만약 이에 응하지 않는다면 원고 컨소시엄이 입찰안내서 및 양해각서에 따른 본계약 체결 협상에 임하지 않는 것으로 보아 양해각서 해지 및 이행보증금 몰취 절차를 진행할 것이라고 원고 컨소시엄에게 통보하였는데, 원고 컨소시엄은 이에 응하지 아니하였고, 피고는 2009. 1. 15. 서면으로 원고 컨소시엄에게 양해각서 제 8 조 제 2 항에 따라 양해각서를 해지한다는 의사표시를 하였다.

(3) 양해각서 제 8 조 제 2 항 제 6 호에 기한 해지 항변에 대하여

(가) 살피건대, 갑 제5, 13, 14호증의 각 기재에 의하면, 피고가 1998년 정리대상 리스회사 중 한국기업리스를 제외한 5개 리스회사들로부터 자산과 부채를 양수하면서 총 2,385억 원 규모의 외화환산차를 평가를 통해 승계하고 이를 리스기간 동안 상각하여 손금산입한 사실이 인정되는데, 갑 제20호증, 을 제 8 호증의 1 내지 10의 각 기재에 변론 전체의 취지를 종합하여 인정되는 다음과 같은 사정, 즉 ① 이연자산(비용으로서 지출된 것 중 차년도 이후로 이연된 것)은 가공자산이므로 합병과 같은 포괄승계의 경우를 제외하고 양도의 대상이 될 수 없다고 봄이 과세관청의 입장이고, 외화환산차는 이연자산에 해당하는 점, ② 그런데 외화운용리스와 관련한 환율조정계정인 외화환산차의 경우 환율 상승시 외화부채의 평가손실에 대응하는 외화운용리스자산의 객관적 가치 상승분을 반영한다는 점에서 다른 이연자산과 달리 자산의 실재성이 인정되어 양도의 대상이 될 수 있다는 주장이 제기될 여지가 있는 점, ③ 이러한 연유로 피고의 외화환산차 승계 및 이의 상각과 관련한 회계처리에 대하여 여러 외부 감사기관들이 적정하다고 의견을 밝힌 점, ④ 그러나 이러한 외화환산차 양도의 가능 여부와 관련하여 국세심판원의 결정이나 법원의 판

결이 내려진 바 없고, 피고 스스로도 이에 대한 입장을 정리하지 못하여 정리대상리스회사 중 한국기업리스를 제외한 5개 리스회사들로부터 자산과 부채를 이전받을 때에는 외화환산차를 평가를 통해 승계한 반면, 한국기업리스로부터 자산과 부채를 이전받을 때에는 외화환산차의 실질자산성을 부인하여 승계하지 아니한 점, ⑤ 피고가 외화환산차를 승계하고 이를 리스기간 동안 상각하여 손금산입함으로써 상각기간 동안 상각된 금액의 합계와 외화환산차를 승계하지 아니하고 이를 영업권으로 처리하여 승계하거나 외화운용리스자산의 가격을 외화환산차만큼 증액하여 승계하고 이를 5년(영업권의 상각기간) 또는 해당 자산의 종류에 따라 인정되는 감가상각기간 동안 상각하여 손금산입함으로써 상각기간 동안 상각될 금액의 합계가 모두 동일하여 결과적으로 각 해당 상각기간 동안 신고·납부하는 법인세액의 합계가 동일하게 된다고 하더라도, 산입기간과 산입방법의 차이로 인하여 발생하는 각 사업연도별 법인세액의 차이 등을 이유로 과세관청이 피고에 대하여 추징을 할 가능성이 전혀 없다고 단언할 수 없는 점 등에 비추어 보면, 피고의 위와 같은 외화환산차 승계 및 이의 상각과 관련하여 향후 추징세액이 발생할 가능성이 있는지 여부에 관하여 논란의 여지가 남아 있다고 할 것이다.

(나) 그러나 피고의 세무상 우발부채 발생 가능성에 대하여 논란의 여지가 있다고 하더라도, 이 사건 M&A와 관련하여 피고가 원고들에게 발송한 입찰안내서에 최종인수제안서상의 인수가격은 입찰서에 기재된 매각대상 권리별 입찰가격의 97%를 하회할 수 없고, 추가적인 법률 및 세무적 위험요소가 있을 수 있으니 이를 인수제안가격에 적절히 반영하여야 하며, 해당 위험요소에 대한 확인 및 입증의 의무는 입찰참여자에게 있다는 내용이 기재되어 있었던 사실, 원고 컨소시엄은 인수제안서에 최고가 입찰금액을 기재한 입찰참여자로서 이 사건 M&A의 우선협상대상자로 지정되었는데, 이후 최종인수제안서를 제출하면서 세무상 우발부채의 발생 가능성으로 인한 영향을 최종 입찰금액에 반영하지 않았으므로 본계약 체결과정에서 적절한 해결방안이 마련되어야 할 것이라고 밝히며 세무상 우발부채로 인하여 원고 컨소시엄이 입을 수 있는 손해에 대한 적절한 보상조치로 위 1의 자.항 기재와 같은 조치를 취하여 줄 것을 요구한 사실, 그러나 피고 및 매각주간사는 이를 받아들일 수 없다며 위와 같은 주장의 철회를 요구하였고 원고 컨소시엄 역시 뜻을 굽히지 아니하여 본계약이 체결되지 못한 사실은 앞서 본 바와 같은바, 위 인정사실에 의하면, 입찰안내서에 따라 추가적인 세무적 위험요소에 대한 확인 및 입증의 의무를 부담하고 이러한 위험요소를 인수제안가격 및 이를 기초로 산정되는 최종 인수

제안가격에 적절히 반영하여야 할 원고 컨소시엄이 세무상 우발부채의 발생 가능성으로 인한 영향을 인수제안서상의 입찰금액에 적절히 반영하지 않은 채 최고가 입찰금액을 기재한 입찰참여자로서 우선협상대상자로 지정된 후, 본계약 체결을 위한 협상과정에서 적절한 해결방안이 마련되어야 한다며 5년에 걸친 주주은행들과 채권기관협의회의 진술 및 보장과 위반시 전액 손해배상책임의 인정, 손해배상책임의 담보를 위한 5년간 342억 원의 에스크로우 계좌 보관 등 피고로서는 수용하기 어려운 과도한 요구사항을 계속하여 주장함으로써 본계약이 체결되지 못하였다고 할 것이므로, 양해각서 제 8 조 제 2 항 제 6 호에 정한 해지사유(원고 컨소시엄이 합리적인 이유 없이 본계약 체결을 위한 협상을 지연시켜 본계약 체결기한 이내에 본계약을 체결하는 것이 불가능한 경우)에 기하여 양해각서가 적법하게 해지되었다는 피고의 위 항변은 이유 있다.

(다) 이에 대하여 원고들은, 피고 및 매각주간사로부터 실제로 제공받은 자료를 통해 확인이 가능한 세무상 위험에 대하여만 확인 및 입증의 의무를 부담한다고 할 것인데, 입찰마감일 이전에 매각주간사로부터 제공받은 최근 3개년간의 세무조정계산서만으로는 외화환산차의 승계 및 이의 상각으로 인한 세무상 우발부채의 발생 위험을 확인할 수 없었고, 원고들이 예비실사단계에서 매각주간사에게 모든 세무신고사항에 관한 자료를 요청한 데 대하여 매각주간사가 추후 제공할 예정이라고 답변하였음에도 불구하고 입찰마감일까지 이를 제공하지 아니하였는바, 원고들은 인수제안서를 제출하기 전 세무상 위험에 대한 확인 및 입증의 의무를 다하였고 그럼에도 불구하고 세무상 우발부채의 발생 위험을 확인할 수 없었다는 취지로 주장한다.

살피건대, 을 제 6 호증의 기재에 변론 전체의 취지를 종합하면, 원고들은 매각주간사로부터 예비 실사자료로 최근 3개년간의 세무조정계산서를 제공받았는데, 이는 외화환산차의 상각이 종료된 이후에 작성된 것으로서 이를 통하여 외화환산차의 승계 및 이의 상각을 알 수 없었던 사실, 원고들이 예비실사단계에서 모든 세무신고사항에 관한 자료를 요청한 데 대하여 매각주간사로부터 추후 제공할 예정이라는 답변을 받았음에도 불구하고 입찰마감일까지 이를 제공받지 못한 사실이 인정되나, 다른 한편, 을 제5, 6, 9 내지 12호증의 각 기재에 변론 전체의 취지를 종합하여 인정되는 다음과 같은 사정, 즉 ① 입찰안내서에 따라 입찰참여자들이 부담하는 세무상 위험에 대한 확인 및 입증의 의무는 피고 및 매각주간사가 미리 제공한 자료를 통해 세무상 위험을 확인하고 입증하는 것뿐만 아니라 세무상 위험의 확인 및 입증을 위해 필요하다고 여겨지는 세무 관련 자료의 제공을 요청하고 이를 제공받아 세무상 위험을 확인하고 입증하는 것까지 포함하는 것이라고 해석함이 상당하다고 보이는 점, ② 매각주간사는 2008. 6. 16. 원고들을 비롯한 입찰참여 희망자들에게 최근 3개년간 세무조정계산서를 비롯한 예비실사자료를 제공하면서 데이터룸(Data Room) 방문에 앞서 필요한 자료를 요청해줄 것을 통지한 점, ③ 이에 원고들은 2009. 6. 19. 매각주간사에게 피고 지부 외의 본부의 재무제표, 이사회 주요 안건 및 주요 결의사항 자료, 모든 세무신고사항, 세무당국에 의한 감사 및 분쟁 관련사항, 피고가 체결한 각종 주요계약 내용 등에 관한 자료 제공을 요청하였는데, 매각주간사는 피고 지부 외의 본부의 재무제표 등 구체적으로 특정이 가능한 자료는 원고들에게 제공한 반면, 이사회 주요 안건 및 주요 결의사항 자료, 모든 세무신고사항 등 요청의 범위가 구체적으로 특정되지 아니하고 관련된 자료의 양이 방대한 경우에는 추후 제공할 예정이라고 답변을 한 점, ④ 그 후 매각주간사는 2008. 6. 20. 입찰참여 희망자들에게 데이터룸 방문에 앞서 추가적으로 필요한 자료를 요청해 줄 것을 다시 통지하였는데, 원고들은 2008. 6. 23. 앞서 추후 제공할 예정이라는 답변을 받았던 요청 자료 중 이사회 주요 안건 및 주요 결의사항 자료에 관하여는 이를 이사회 및 주총 의사록 등으로 구체적으로 특정하여 추가 요청한 반면 세무 관련 자료에 관하여는 어떠한 추가 제공도 요청한 바 없고, 매각주간사는 추가로 요청받은 이사회 및 주총 의사록을 원고들에게 제공한 점, ⑤ 원고들은 우선협상대상자로 지정된 후 본실사가 개시되기 전날인 2008. 8. 20.까지도 본실사와 관련한 세무 관련 자료로 최근 3개년간 세무신고서, 최근 5년간 세무조사 여부, 조사결과 및 불복여부 등에 관한 자료만을 요청하였다가 2008. 8. 23.에 이르러서야 최근 5개년간 세무조정계산서 및 결산서의 제공을 요청하였고 매각주간사는 이를 모두 원고들에게 제공한 점 등에 비추어 보면, 원고들이 미리 피고 및 매각주간사로부터 제공받은 최근 3개년간의 세무조정계산서만으로 외화환산차의 승계 및 이의 상각을 알 수 없었고, 예비실사단계에서 매각주간사가 원고들로부터 요청받은 모든 세무신고사항에 관하여 추후 제공할 예정이라고 답변하였음에도 불구하고 이를 제공하지 않았다는 사정이 존재한다는 이유만으로 원고들이 입찰에 참여하기 전 세무상 위험에 대한 확인 및 입증의 의무를 다하였다고 볼 수는 없다고 할 것이므로, 원고들의 위 주장은 이유 없다.

(4) 소결론

따라서 원고들과 피고 사이에 체결된 양해각서는 양해각서 제 8 조 제 2 항 제

6호의 해지사유를 이유로 한 피고의 2009. 1. 15.자 해지의 의사표시로 인하여 적법하게 해지되었다고 할 것이고, 양해각서 제8조 제2항에 따라 이행보증금 및 이에 대한 이자는 피고에게 귀속되어 원고들에게 반환되지 않는다고 할 것이다.

서울중앙지법 2011. 2. 10. 선고 2009가합132342 판결(한화 v. 산업은행)[6)]

가. 이 사건 양해각서 체결에 이르기까지의 경과

1) 피고 한국산업은행(이하 '피고 산업은행'이라 한다.)은 '한국산업은행법'에 따라 산업의 개발과 국민경제의 발전을 촉진하기 위한 자금공급 등을 위하여 설립된 특수목적법인이고, 피고 한국자산관리공사(이하 '피고 자산관리공사'라 한다.)는 '금융기관부실자산 등의 효율적 처리 및 한국자산관리공사의 설립에 관한 법률'에 따라 금융기관이 보유하는 부실자산의 정리촉진과 부실징후기업의 경영정상화 등을 효율적으로 지원하기 위하여 설립된 공사이며, 원고는 석유화학계 기초화학 제품의 제조, 가공, 판매 및 수출입업을 하는 주식회사로서 한화그룹의 계열사이다.

2) 피고들은 대우조선해양 주식회사(이하 '대상회사'라 한다.) 발행 주식 총수의 50.37%에 해당하는 96,392,428주(피고 산업은행이 59,825,596주, 피고 자산관리공사가 36,566,832주를 각 보유함, 이하 '이 사건 주식'이라 한다.)를 보유하고 있다.

3) 피고들은 이 사건 주식을 공동매각하기 위하여 피고 산업은행을 주관은행 및 매각주간사(피고 산업은행 M&A실)로 선정하여 원고를 비롯한 이 사건 주식의 매각절차에 참여할 것으로 예상되는 법인(잠재투자자) 등에게 이 사건 주식 매각절차를 안내하는 내용의 주식매각안내서를 교부하였다.

4) 이에 원고는 이 사건 주식을 인수하기 위하여 주식회사 한화, 주식회사 한화건설, 동양종합금융증권 주식회사와 함께 원고를 대표자로 하는 '한화컨소시엄'을 구성하여 2008. 8. 27. 피고 산업은행에 인수의향서를 제출하였고, 2008. 8. 28. 피고 산업은행으로부터 예비입찰적격자로 선정되었음을 통보받았다.

5) 원고는 2008. 9. 9. 피고 산업은행에 예비입찰제안서를 제출하였고, 2008. 9. 12. 피고 산업은행으로부터 본입찰적격자로 선정되었음을 통보받았으며, 2008. 9. 16.부터 2008. 10. 6.까지 본입찰에 앞서 대상회사의 가상데이터룸(Virtual Data Room)을 통한 자료 열람, 현장(옥포조선소)방문, 경영진 면담 등을 할 수 있는 예

6) 서울고법 2012. 6. 14. 선고 2011나26010 판결. 대법 2012다65973으로 계속중.

비실사에 참여하였다.

6) 한화컨소시엄은 2008. 9. 19.경 피고 산업은행으로부터 본입찰안내서, 양해각서 초안을 교부받았고, 위 본입찰안내서에 의하면, 위 양해각서 초안에 수정제안사항이 있을 경우 양해각서(안) 수정요청서를 제출하고, 특히 확인실사 범위 및 기간에 관한 사항, 매매대금의 조정한도 및 조정사유 등에 관한 사항, 양해각서 및 최종계약의 해제에 관한 사항, 양해각서 및 최종 매매계약의 진술 및 보장에 관한 사항, 최종 매매계약의 손해배상한도 및 조건에 관한 사항, 거래종결의 선행조건에 관한 수정사항에 있어서는 각별히 신중을 기하여야 하며, 피고들이 수용하기 어려운 내용을 제시하는 경우 우선협상대상자 선정 대상에서 제외될 수 있다는 내용이 기재되어 있다.

7) 한화컨소시엄은 위 본입찰안내에 따라 2008. 10. 13. 피고 산업은행에 '본입찰제안서'와 함께 금호종합금융 주식회사, KB자산운용 주식회사, 주식회사 화인파트너스, 한국개발금융 주식회사가 그 구성원으로 추가된 한화컨소시엄 구성원들의 '컨소시엄 구성원 확약서', 피고 산업은행이 제시한 양해각서 초안의 내용을 거의 그대로 수용하고, 오히려 양해각서 초안에 규정한 매매대금 조정한도를 매매대금의 5%에서 매매대금의 3%, 피고들의 손해배상책임 범위를 매매대금의 3%에서 매매대금의 1% 이내로 하향 조정하는 내용의 '양해각서(안) 수정요청서', 한화컨소시엄이 그 참가자 중 한화그룹 계열사인 원고, 한화, 한화건설이 자체 보유한 현금 약 3.3조 원을 포함하여 자산매각, 재무적 투자자 유치 등을 통하여 총 약 8.5조 원의 인수자금을 조달할 수 있다고 기재된 '자금조달증빙(을 제 6 호증의 2)' 등을 제출하였다.

8) 한화컨소시엄은 2008. 10. 28. 이 사건 주식매각 관련 우선협상대상자로 선정되었다.

나. 이 사건 양해각서의 체결

1) 원고는 한화컨소시엄을 대리하여 2008. 11. 14. 피고들을 대리하는 피고 산업은행과 사이에, 이 사건 주식 매매와 관련하여 아래와 같은 내용이 포함된 양해각서(이하 '이 사건 양해각서'라 한다.)를 체결하였다.

제 1 조(목적)

본 양해각서는 매도인들(피고들, 이하 이 사건 양해각서에 관하여는 '매도인들'이라 한다.)과 매수인들(한화 컨소시엄, 이하 이 사건 양해각서에 관하여는 '매수인들'이라 한다.)이 최종계약을 체결하기에 앞서 본건 거래에 관한 기본적인 사항을 정함을 목적으로 한다.

제 2 조(매수인들, 매도인들 사이의 관계)

(1) 본 양해각서에 달리 규정되어 있는 경우를 제외하고 그리고 관계법령의 특정규정에 의하여 금지되지 않는 한도 내에서 매수인들은 본 양해각서에 따른 매수인들의 의무에 대하여 연대책임을 부담한다.

(2) 본 양해각서에 달리 규정되어 있는 경우를 제외하고, 매수인들의 권리행사 또는 의무의 이행, 의사표시 등의 효력은 다른 매수인들에게도 동일한 효력이 있다.

(3) 본 양해각서에 달리 규정되어 있는 경우를 제외하고, 매도인들의 권리행사 및 의무의 이행은 주관은행(피고 산업은행)을 통하여 행사되거나 이행되어야 한다. 주관은행의 또는 주관은행에 대한 권리행사 또는 의무의 이행, 의사표시 등의 효력은 다른 매도인에게도 동일한 효력이 있다.

제 4 조(매매대금 및 이행보증금)

(1) 이 사건 주식에 대한 1주당 매매가격은 본입찰제안서에 기재된 1주당 가격인 65,360원, 이 사건 주식의 총 매매대금은 본입찰제안서에 기재된 입찰금액인 6,300,209,094,080원으로 한다.

(2) 매수인들은 본 양해각서 체결일 직후 최초로 도래하는 은행영업일로부터(당일 포함) 3은행영업일 이내에 매매대금의 5%(이하 "이행보증금")를 주관은행이 지정하는 은행계좌(이하 "이행보증금 예치계좌")에 납부하여야 한다.

(3) 주관은행은 매수인들이 본조 제2)항에 따라 이행보증금을 납부하는 즉시, 본 양해각서 제12조 제3)항에 따라 매수인들의 이행보증금 및 그에 대한 이자(이행보증금 예치계좌의 이자율에 따라 이행보증금 납부일 다음날로부터 발생하는 이자를 의미. 단, 제세공과금 제외, 이하 "이행보증금 및 그 발생이자")에 대한 반환청구권을 담보하기 위하여 이행보증금 예치계좌에 대하여 매수인들을 질권자로 하는 예금채권질권을 설정한다.

제 5 조(확인실사)

(1) 매수인들은, 매수인들이 본 양해각서 제 4 조에 따라 이행보증금을 납부한 후 주관은행과 매수인들이 상호 합의한 날로부터(당일 포함) 3주간(이하 "실사기간"이라 하되, 본 항 단서의 규정에 의하여 연장되는 경우 이를 포함함) 동안 대상회사 및 그 계열회사(독점규제 및 공정거래에 관한 법률에 따른 계열회사를 말한다. 이하 같음)에 대한 실사(이하 "확인실사")를 할 수 있다. 다만,

매수인들은 주관은행에 대하여 5은행영업일을 넘지 않는 범위에서 실사기간을 연장하여 줄 것을 요청할 수 있고, 주관은행은 매수인들의 요청에 합리적인 이유가 있다고 판단되는 경우에 주관은행의 고유재량에 의한 판단으로 기간을 정하여 실사기간을 연장하여 줄 수 있다. 또한, 주관은행은 천재지변이나 제 3 자의 방해 등 물리적으로 실사가 불가능한 경우에는 매수인들의 요청에 따라 합리적인 기간을 정하여 실사기간을 추가적으로 연장하여 주기로 한다.

(2) 매수인들은, 반드시 매각주간사를 통하여 대상회사 및 그 계열회사의 실사에 필요한 자료를 요청하여야 하고, 매각주간사의 사전 서면 동의가 없는 한 대상회사, 그 계열회사 및 그 각 임·직원과의 개별적인 접촉을 할 수 없으며, 어떠한 경우에도 실사 장소에 비치된 자료를 복사하거나 반출할 수 없다.

(3) 매수인들은 실사기간 중 합리적으로 필요한 경우 추가 자료 요청, 대상회사 및 그 계열회사나 관련 임직원들에 대한 현장실사나 면담기회를 요청할 수 있고, 주관은행과 매각주간사는 대상회사와 그 계열회사의 협조를 받아 당해 회사들의 통상적인 영업을 방해하지 않는 한에서 최대한 위 요청에 협조하도록 한다.

(4) 주관은행이나 매각주간사가 제공하거나 매수인들이 다른 적법한 방법에 의하여 지득한 모든 실사자료, 기타 대상회사 및 그 계열회사에 관한 자료에 대한 일체의 법률적, 사실적 확인이나 가치평가 등은 매수인들 스스로의 책임 하에 이루어지는 것이며, 매수인들 스스로 이를 분석·판단하여 본건 거래와 관련한 제반 결정을 내려야 한다. 매도인들, 주관은행, 매각주간사, 자문사, 대상회사, 대상회사의 계열회사 및 그 각 임·직원은 이에 대하여 어떠한 의무나 책임도 부담하지 아니한다.

(5) 확인실사와 관련하여 매수인들 또는 그의 대리인이나 자문사에게 발생한 모든 비용은 매수인들의 부담으로 한다.

제 6 조(매매대금의 조정, 최종계약의 협상 등)

(1) 주관은행과 매수인들은 다음 각 호의 1에 규정된 바에 따라서 매매대금을 증액 또는 감액 조정할 수 있다. 본 항에 따라 증액, 감액 조정된 매매대금을 "최종 매매대금"이라 한다.

1. 조정사유

매매대금의 조정사유는 다음 각 목으로 제한한다.

가. 확인실사나 다른 적법한 방법에 의하여 주관은행이나 매수인들이 확인한 정보 및 자료에 비추어, 예비실사시 또는 그 이후 매수인들의 본입

찰제안서 제출시까지 매각주간사가 매수인들에게 제공한 정보 및 자료 (대상회사에 관하여 관련법령에 따라 공시된 자료 포함)에 객관적이고 명백하게 중대한 오류 또는 누락이 있음이 인정되고, 그 오류 또는 누락이 대상회사의 순자산에 영향을 미친다는 사실이 객관적이고 명백하게 인정되는 경우

나. 본입찰제안서 제출 이후 본조 제2)항 소정의 가격조정요청서 제출 전까지, 대상회사의 순자산에 중대한 영향을 미친다는 사실이 객관적이고 명백하게 인정되는 새로운 사실관계(다만, 주식시장에서의 가격변동 및 시장상황 등 외부 경제환경의 변화 및 그로 인한 영향은 제외됨)가 발생한 경우

2. 조정에서 제외되는 사유

본 항 제 1 호 또는 본 양해각서상의 다른 어떤 조항에도 불구하고, 다음 각 목에 기재된 사항은 조정사유가 되지 아니한다.

가. 대상회사의 통상적인 영업활동에 따른 순자산의 변동을 사유로 한 조정

나. 채권의 회수 여부, 자산가치하락, 감정평가에 의한 자산평가액 변동, 조세 및 충당부채를 포함한 우발채무의 현실화 가능 여부, 파생상품 관련 평가 등 평가가 필요한 사항들과 관련하여 평가방법상의 차이를 사유로 한 조정

3. 조정의 방법 및 한도

가. 본 항 제 1 호 및 제 2 호에 따라 조정의 사유가 인정되는 경우, 그 사유로 인하여 변동된 대상회사의 순자산액에 대상회사의 발행주식 총수에서 대상주식이 차지하는 비율을 곱한 금액(이하 '매매대금조정액')을 매매대금에서 증액 또는 감액한다.

나. 가목의 매매대금조정액을 정함에 있어 증액 또는 감액의 기준이 되는 대상회사의 순자산액은 대상회사가 작성·공시한 2008. 3. 31. 기준 분기재무제표를 기준으로 한다.

다. 매매대금조정액이 매매대금의 1%에 달하기 전까지는 매매대금 조정을 하지 아니하며, 1%를 초과하는 경우 그 초과액만큼 매매대금을 조정하되(매매대금의 1%를 초과하는 부분을 "최종 매매대금조정액"), 최종 매매대금조정액은 매매대금의 3% 이내로 한정된다.

(2) 당사자들이 본조에 의한 매매대금의 조정을 주장하기 위해서는 확인실사

완료일 직후 최초로 도래하는 은행영업일로부터(당일 포함) 5은행영업일 이내에, 매매대금의 조정사유와 조정요청금액이 기재되고, 그 근거자료가 첨부된 가격조정요청서(이하 "가격조정요청서")를 상대방 당사자에게 제시하여야 한다. 위 기간 내에 당사자들이 가격조정요청서를 제시하지 않은 경우에는 매매대금의 조정은 없는 것으로 확정된다.

(3) 주관은행과 매수인들은 본조 제2)항에 따라 제출하는 가격조정요청서 또는 가격조정을 요청하지 않을 것이라는 통지를 당사자들 모두가 수령한 날(또는 당사자들 모두가 가격조정요청서를 제출하지 아니하고 본조 제2)항의 제출기간이 도과한 날) 직후 최초로 도래하는 은행영업일로부터(당일 포함) 10은행영업일 이내(이하 "협상기간"이라 하되, 본 항 단서의 규정에 의하여 연장되는 경우 이를 포함함)에, 최종 매매대금 등 최종계약에 포함될 일체의 계약조건 중 본 양해각서에서 정한 사항을 제외한 나머지 사항들에 관하여 신의성실의 원칙에 입각한 상호 협상을 통하여 합의한다. 다만, 주관은행과 매수인들 사이에 상호 합의가 있는 경우에는 1회에 한하여 연장할 수 있다.

제 7 조(최종계약의 체결 등)

(1) 협상기간 동안 주관은행과 매수인들 사이에 최종계약에 포함될 일체의 계약조건에 대하여 합의가 이루어지는 경우, 주관은행은 매수인들에 대하여 상호 합의한 대로 확정된 최종계약(안)을 통지하기로 한다. 주관은행과 매수인들은, 주관은행이 본 항 전문에 따른 최종계약(안)의 확정 통지를 발송한 이후에는, 주관은행과 매수인들 사이에 달리 합의가 되지 않는 한, 최종계약(안)의 일체의 내용에 대한 수정을 상대방에게 요청할 수 없다.

(2) 주관은행은 본조 제1)항에 따라 매수인들에게 통지한 확정된 최종계약(안)을 매도인들에게 통지하기로 하며, 매도인들의 최종계약(안)에 대한 승인이 있는 경우, 주관은행은 매수인들을 본건 거래의 최종인수자(이하 "최종인수자")로 결정하고, 이를 매수인들에게 통지하기로 한다. 매수인들은 매도인들의 최종계약(안)에 대한 승인 또는 불승인 결정(이러한 불승인 결정은 어떠한 경우에도 매도인들의 귀책사유가 되지 아니함)에 대하여 여하한 사유를 불문하고 일체의 이의를 제기할 수 없다.

(3) 매도인들과 매수인들은 본조 제2)항에 따라 매수인들이 최종인수자로 결정되었다는 통지를 받은 날 직후 최초로 도래하는 은행영업일로부터(당일 포함) 5은행영업일 이내(이하 "최종계약 체결기간")에 최종계약을 체결하기로 한다.

(4) 당사자들은 2008. 12. 29.까지 확인실사가 완료되지 아니하였거나 기타 본 양해각서 제 6 조 또는 본조 제1)항 내지 3)항에서 정한 절차(이하 "최종계약 체결절차")가 완료되지 아니한 경우에도, 2008. 12. 29.에 최종계약을 체결한다. 이 경우 당사자들은 최종계약 체결 이후에도 그 때까지 완료되지 아니한 확인실사 또는 가격조정절차 등을 계속하여 진행하기로 한다(최종계약 체결절차에 포함된 기간도 계속하여 경과한다.). 본 항에 따라 2008. 12. 29. 최종계약이 체결되는 경우에는 본 양해각서의 다른 조항에 우선하여 다음 각 호 및 본조 제5)항이 적용된다.

1. 2008. 12. 29. 전에 본 양해각서 제 6 조의 절차에 따라 최종 매매대금이 확정된 경우에는 본조 제1)항 내지 제3)항의 절차는 진행하지 아니하거나 2008. 12. 29.까지 완료하고 최종계약을 체결하기로 한다.
2. 2008. 12. 29.까지 본 양해각서 제 6 조의 협상기간이 종료되지 아니한 경우에는 최종계약을 체결하고 본조 제1)항 내지 제3)항의 절차는 진행하지 아니한다.

(5) 본조 제4)항에 따른 최종계약 체결의 준비를 위하여 본 양해각서 제 6 조 제3)항에도 불구하고, 당사자들은 본 양해각서 체결 후 지체 없이 최종계약안에 대한 협상에 착수하도록 한다.

(6) 최종계약 체결 당시에 정해진 재무적 투자자나 그 투자 비율 등 자금 조달 계획의 변경이 불가피한 경우, 컨소시엄 대표자는 최종계약 체결 후에도 위와 같은 사정을 소명하고 주관은행에 컨소시엄 구성 또는 참가자의 변경을 요청할 수 있다. 위 요청이 있는 때에는, 주관은행은 위와 같은 사정이 소명되고, 최종계약의 목적 달성을 위하여 실질적인 문제가 없다고 합리적으로 판단되는 경우 그 변경에 동의할 수 있다.

제 8 조(최종계약에 반영하여야 할 사항)

(1) 매도인들과 매수인들은, 최종계약에는 본조 제2)항에서 정한 내용이 그 실질적인 변경 없이 반영되어야 한다는 점에 이의 없이 동의하고 이를 확인한다.

(2) 최종계약에는 다음 각 호의 내용을 반영하기로 한다.

1. 최종 매매대금은 본 양해각서 제 6 조에 따라 확정 또는 합의된 금액으로 한다.
2. 매수인들은 최종 매매대금의 10%에 해당하는 금액(이하 '계약금')을 최종계약의 체결과 동시에 주관은행이 지정하는 은행계좌에 납부하기로 하며, 최

종 매매대금의 90%인 잔금(이하 '잔금')은 거래종결일에 매도인들에게 지급한다. 매수인들이 주관은행에 기지급한 이행보증금과 그 발생이자의 합계액은 계약금의 일부로 충당된다. 거래종결일은 2009. 3. 30.로 한다. 단, 당사자들은 가능하다면 2009. 3. 30. 이전이라도 거래종결을 하기 위하여 노력하기로 한다.

5. 최종계약상의 매수인들의 확약사항에는 다음과 같은 내용이 포함되어야 한다.
   다. 매수인들은 매수인들이 제출한 본입찰제안서에 기재되어 있는 대상회사와 대상회사의 노동조합이 체결한 단체협약의 승계에 관한 사항, 고용보장 범위 및 기간에 관한 사항을 준수한다. 또한, 매수인들은 본입찰제안서에 기재되어 있는 고용안정 및 근로조건 등을 포함한 노사관계 발전계획을 실현하기 위해 최선의 노력을 다한다.
   라. 매수인들은 매도인들의 사전 동의를 받지 아니하고, 본입찰제안서에 포함된 자금조달계획의 내용을 변경하지 않는다. 매수인들은 거래종결일로부터 2년의 기간 동안 매수인들 및 매수인들의 계열회사가 채무자인 채무에 관하여 대상회사로부터 보증이나 담보를 제공받지 아니한다.
6. 최종계약의 해제 사유 및 해제의 효과는 다음과 같이 정하기로 한다. 다음의 해제사유 및 효과와 관련하여 매도인들 또는 매수인들 중 어느 한 당사자에 관하여 발생한 사유는, 당사자들이 달리 합의하지 않는 한, 매도인들 또는 매수인들 전체에 발생한 사유로 본다.
   가. 매도인들 또는 매수인들은 다음에서 정하는 사유 중 하나가 발생하는 경우 그 즉시 상대방에 때하여 서면통지를 함으로써 최종계약을 해제할 수 있다. 다만, 해제사유의 발생에 책임이 있는 당사자가 매도인인 경우에는 매수인들만이, 해제사유의 발생에 책임이 있는 당사자가 매수인인 경우에는 매도인들만이 동 사유를 이유로 최종계약을 해제할 수 있다.
      ④ 최종계약 체결 후 본건 거래 종결을 위한 절차를 진행하지 않거나, 2009. 3. 30.까지 거래종결이 되지 아니하는 경우
   나. 최종계약 해제의 효과는 다음과 같다.
      ① 당사자들의 책임 없는 사유 또는 매도인들의 책임 있는 사유로 인하여 최종계약이 거래종결 전에 해제되는 경우에는 주관은행은 매수인들로부터 지급받은 계약금(지급받은 날로부터 반환시까지 계약금 납

부계좌의 이자율에 따라 발생한 이자를 포함함. 단, 제세공과금 제외. 이하 본 나목에서 같음)을 매수인들의 반환청구를 받은 날로부터 5은행영업일 이내에 반환한다.

② 매수인들의 책임 있는 사유로 인하여 최종계약이 거래종결 전에 해제되는 경우에는 매수인들이 주관은행에게 지급한 계약금은 위약벌로 매도인들에게 귀속된다.

다. 매도인들과 매수인들은 최종계약이 해제될 경우, 본 호 나목에 규정된 구제수단만이 유일한 구제수단이며, 기타의 손해배상이나 원상회복 등 일체의 다른 권리를 주장할 수 없음을 확인한다. 매도인들과 매수인들은 어떠한 경우에도 거래종결 후에는 최종계약을 해제하거나 취소할 수 없다.

7. 최종계약상의 진술 및 보장사항, 확약사항 또는 기타 의무위반에 따른 손해배상책임은 아래와 같이 정하기로 한다. 단, 최종계약이 해제되는 경우에는 본조 제(2)항 제 6 호 나목 및 다목만이 배타적으로 적용된다.

마. 당사자들은 본 항 제 9 호의 선행조건 충족을 위하여 최선의 노력을 다하여 서로 협조하고, 천재지변이나 제 3 자의 방해 등으로 확인실사가 정상적으로 완료되지 못하는 경우에도 위 문제를 합리적으로 해결하여 본건 거래의 목적을 달성하기 위한 방안에 대하여 신의를 다하여 성실히 협의한다.

9. 최종계약의 거래종결 선행조건은 다음의 3가지 사항으로 하며, 이에 한정된다.

다. 본 양해각서 제 5 조에 의한 확인실사 및 가격조정 절차가 완료되었을 것. 단, 천재지변이나 제 3 자의 방해 기타 매수인들에게 책임 없는 사유로 확인실사 또는 가격조정절차가 완료되지 아니한 경우에만 본 호의 선행조건 미충족으로 본다.

제10조(비밀유지)

(1) 매도인들 또는 매수인들은 다음 각 호의 어느 하나에 해당하는 경우를 제외하고는 본 양해각서의 내용을 공개·누설하거나 또는 공개되도록 하여서는 아니 된다.

1. 법률 또는 그 하위 규정에 의하여 강제되는 경우 또는 감독기관, 법원 또는 정부의 명령에 의한 경우

2. 상대방 당사자로부터 사전에 서면동의를 얻은 경우

제12조(해제 등)

(1) 다음 각 호의 어느 하나에 해당하는 사유가 발생하는 경우, 매도인들이나 매수인들은 상대방 당사자에 대한 서면통지로서 본 양해각서를 해제할 수 있다. 다음의 해제사유와 관련하여 매도인들 또는 매수인들 중 어느 한 당사자에 관하여 발생한 사유는, 당사자들이 달리 합의하지 않는 한, 매도인들 또는 매수인들 전체에 발생한 사유로 본다. 다만, 해제사유의 발생에 책임이 있는 당사자가 매도인인 경우에는 매수인들만이, 해제사유의 발생에 책임이 있는 당사자가 매수인인 경우에는 매도인들만이 동 사유를 이유로 본 양해각서를 해제할 수 있다.

3. 매수인들이 본 양해각서 제 6 조 제3)항에 따른 협상에 참가하지 않는 경우 또는 협상기간 내에 협상이 종국적으로 중단되거나 결렬된 경우
4. 본 양해각서 제 7 조 제3)항에 규정된 최종계약 체결기간의 종료일 또는 2008. 12. 29. 중 빠른 날까지 최종계약이 체결되지 않은 경우
8. 천재지변, 법령, 정부기관의 조치 기타 불가항력적인 사유로 인하여 본 양해각서에 따른 거래의 이행이 불가능해지거나 불법화되는 경우
9. 국내 금융시스템의 마비 상태가 상당기간 지속되어 대부분의 금융거래가 중단됨에 따라 본 양해각서에 따른 본건 거래의 종결이 불가능한 경우
11. 본 항 제 1 호 내지 제10호 이외의 사유로서, 일방 당사자가 본 양해각서상의 규정을 위반하여 상대방 당사자로부터 서면에 의한 시정요구를 받은 날로부터 5은행영업일 이내에 이를 시정하지 아니하는 경우

(2) 본 양해각서가 매수인들의 책임 있는 사유에 의하여 해제되는 경우에는, 매수인들이 기납부한 이행보증금 및 그 발생이자는 위약벌로 매도인들에게 귀속된다. 본 항에서 "매수인들의 책임 있는 사유"라 함은, 다음 각 호의 어느 하나에 해당하는 사유를 의미한다.

2. 매수인들이 정당한 이유 없이 본 양해각서 제 6 조 제 3 항에 따른 협상에 참가하지 않거나 협상을 포기하는 경우
3. 본 양해각서 제 6 조의 규정에 따른 매매대금의 조정을 요청하는 경우를 제외하고, 매수인들이 본입찰제안서에서 제시한 인수조건을 변경하여 형식적 또는 실질적으로 매도인들에게 불리한 조건을 제시하거나 또는 기타 매수인들의 귀책사유로 인하여 본 양해각서 제 6 조 제 3 항 소정의 협상기간 내에

합의에 이르지 못한 경우

4. 매수인들이 본입찰제안서, 본 양해각서 및 매수인들이 본건 거래의 조건에 관한 매수인들의 최종 입장으로서 매도인들에게 서면으로 통지한 내용과 상반된 주장을 하거나, 신의성실의 원칙 및 본건 거래의 내용에 비추어 현저하게 비합리적인 요구를 하는 등 정당한 이유 없이 본 양해각서 제 7 조 제 3 항에 규정된 최종계약 체결기간의 종료일 또는 2008. 12. 29. 중 빠른 날까지 최종계약을 체결하지 않는 경우

(3) 본조 제 2 항 각 호 이외의 사유로 인하여 본 양해각서가 해제되는 경우에는 매수인들은 이행보증금 및 발생이자의 반환을 청구할 수 있고, 주관은행은 매수인들로부터 이행보증금 및 그 발생이자의 반환청구를 받은 날로부터 5은행영업일 이내에 이를 반환한다.

(4) 매도인들과 매수인들은 본 양해각서가 해제될 경우, 본조 제 2 항, 제 3 항에 규정된 구제수단만이 유일한 구제수단이며, 기타의 손해배상이나 원상회복 등 일체의 다른 권리를 주장할 수 없음을 확인한다.

2) 원고는 2008. 11. 19. 이 사건 양해각서 제 4 조 제 2 항에 따른 이행보증금 315,010,454,704원(=6,300,209,094,080원×5%) 중 원고가 본입찰에 참여함에 있어 이미 지급한 입찰보증금 10,000,000,000원 및 이에 대한 이자 상당액으로 일부 충당된 나머지인 304,977,480,179원을 피고 산업은행에 지급함으로써 위 이행보증금 315,010,454,704원을 모두 지급하였다.

다. 이 사건 양해각서 체결 이후의 정황 및 이 사건 양해각서의 각 해제통지

1) 대상회사의 노조(이하 '노조'라 한다.)는 2008. 10. 30. 피고 산업은행에 한화컨소시엄의 이 사건 주식 인수와 관련하여 가) 고용보장 등에 관한 사항, 나) 종업원 보상에 관한 사항, 다) 회사발전에 관한 사항, 라) 기타 이 사건 주식매매와 관련된 사항 등에 관한 각종 요구사항을 전달하면서, 한화컨소시엄의 확인실사를 저지하겠다는 입장을 표명하여 왔는바, 한화컨소시엄은 이 사건 양해각서 체결 이후부터 이 사건 양해각서에 정한 최종계약체결일에 이르기까지 대상회사에 대한 확인실사를 개시하지 못하였다.

2) 한편, 피고 산업은행은 2008. 12. 5. 한화컨소시엄에 이 사건 양해각서에 따라 작성된 최종계약 초안을 제공하였다.

3) 그러나 한화컨소시엄은 2008. 12. 17. 재무자문사인 제이피모간 증권회사 서울지점을 통해 피고 산업은행에 공문(갑 제45호증, 이하 '2008. 12. 17.자 공문'이라 한다.)을 보내 최종계약에 다음과 같은 내용 즉, ① 국내금융시스템 마비와 관련하여 "거래종결일에 매매대금 중 ( )원을 지급하고, 나머지 금액은 거래종결일로부터 ( )년째 되는 날 지급하거나, 거래종결일로부터 ( )년째 되는 날부터 ( )회에 걸쳐 매년 균등 분할 지급함", ② 확인실사 전 최종계약 체결과 관련하여 "㉮ 확인실사 결과 대상회사에 대하여 매수인들이 인지하지 못한 중대한 부정적인 사정이 발견되는 경우 또는 매수인 측 귀책사유 없이 확인실사 및 가격조정절차가 3월 ( )일까지 완료되지 못한 경우 매수인들이 최종계약을 해제할 수 있도록 함, ㉯ 매수인들은 확인실사 및 가격조정절차가 완료된 후 ( )영업일 이내에 나머지 5% 계약금을 지급함, ㉰ 최종계약에 대상회사에 관한 중요사항에 대하여 매도인들의 진술 및 보장을 추가하고 그 위반에 대하여 매도인이 책임을 부담함" 등을 반영하여 줄 것을 요청하였다.

4) 한편, 한화컨소심엄에 참여한 한화그룹의 계열사인 원고, 한화, 한화건설의 이사회는 2008. 12. 26. 이 사건 주식 인수와 관련하여, '① 이 사건 양해각서 체결 승인에 관한 2008. 11. 이사회결의 이후의 국내외 경제상황 변경 및 대상회사의 가치변동상황을 고려해야 하므로 최종계약 체결 승인 여부 판단을 위하여 대상회사에 대한 확인실사를 거쳐 위 2008. 11. 이사회결의의 기초가 된 사실관계에 중대한 상위 또는 변화가 없는지 여부를 확인하거나 이러한 사정을 보완할 수 있는 장치를 강구하여야 하고, ② 현재 및 향후 국내 금융상황에 비추어 2008. 11. 이사회 승인사항인 대상회사 지분 인수 관련 자금조달계획을 재검토하여야 할 사정변경이 있어 이 사건 양해각서 및 최종계약서 초안에 규정된 매매대금 지급조건에 따른 자금집행은 회사의 재무상황 및 경영에 심각하게 부정적인 영향을 미칠 우려가 있으므로, 대상회사 지분 인수 관련 매매대금의 지급조건을 완화하는 방향으로 협의가 이루어져야 하며, ③ 대표이사 또는 회사를 대표하는 대리인은 상기사항의 집행 완료 후 이사회에 경과보고 및 승인을 구해야 한다.'는 내용의 결의를 하였다.

5) 원고는 2008. 12. 26. 피고 산업은행에 ① 확인실사 후 최종계약의 체결, ② 매매대금지급조건의 완화에 관한 협조를 요청하는 취지의 공문을 보냈고, 이에 피고 산업은행은 같은 날 원고에게, 이 사건 양해각서에 규정된 내용에 따라 최종계약체결일인 2008. 12. 29.까지 최종계약을 체결할 것을 촉구하였다.

6) 피고 산업은행은 이 사건 양해각서에 정한 최종계약체결일인 2008. 12. 29.

최종계약이 체결되지 않자, 그 다음날인 2008. 12. 30. 원고에게, '이 사건 양해각서 제12조 제 1 항, 제 2 항에 따라 이 사건 양해각서를 해제하고 이행보증금을 몰취할 수 있으나, 2009. 1. 30.까지 이 사건 양해각서의 해제를 유보할 것이니, 원고는 이 사건 양해각서에 따른 최종계약체결과 그 이행을 담보할 수 있도록 보유자산매각 등 실현가능하고 구체적인 자체자금 조달계획을 조속히 제시하고 추진하여, 2009. 1. 8. 15 : 00까지 자체자금 조달계획(매각대상자산 목록을 포함)을 서면으로 제출하라.'는 취지의 통지를 하였다.

7) 이에 한화컨소시엄은 2009. 1. 9.경 피고 산업은행에 이 사건 주식 최종매매대금 중 약 3.8조 원은 자산매각 등(㉮ 자체 보유 현금 약 1조 원, ㉯ 대한생명 주식매각을 통한 자금조달 약 1.7조 원 중 5천억 원~6천억 원을 유보한 나머지 자금, ㉰ 한화갤러리아 지분매각을 통한 자금조달 약 1.2조 원, ㉱ 장교동 빌딩과 소공동 빌딩 매각을 통한 6,300억 원)을 통하여 자체조달하고, 나머지 약 2.5조 원에 해당하는 지분은 5년이 경과한 이후 일시 매수하겠다는 내용의 자금조달계획안을 전달하였다.

8) 이에 대하여 피고 산업은행은 2009. 1. 13. 원고에게, 약 3.8조 원만을 자체조달한다는 내용의 위 2009. 1. 9.자 7)항 기재 자금조달계획안은 이 사건 양해각서의 내용에 위반될 뿐만 아니라 한화컨소시엄이 자체 보유한 현금 약 3.3조 원을 포함하여 자산매각, 재무적 투자자 유치 등을 통하여 총 약 8.5조 원의 이 사건 주식 인수자금을 조달하기로 한 본입찰제안 당시의 자금조달계획안과 현저한 차이가 있으므로, 입찰제안서상의 인수대금 6조 3천억 원을 충당할 수 있는 구체적이고 실현가능한 인수자금 조달계획안을 2009. 1. 15.까지 제출할 것을 촉구하였으나, 원고는 2009. 1. 15. 피고 산업은행에 위 2009. 1. 9.자 자금조달계획안을 다시 검토하여 달라는 취지로 답변하였다.

9) 피고 산업은행은 2009. 1. 22. 원고에게, 한화컨소시엄의 귀책사유로 인하여 최종계약이 체결되지 못하였음을 이유로 이 사건 양해각서 제12조 제 1 항, 제 2 항에 따라 이 사건 양해각서를 해제하고, 한화컨소시엄이 납부한 이행보증금 및 이에 대한 이자는 위약벌로 이를 몰취한다는 취지의 통지(이하 '2009. 1. 22.자 해제통지'라 한다.)를 하였는바, 위 통지는 그 무렵 원고에게 도달하였다.

10) 한편, 한화컨소시엄은 2009. 6. 18. 피고들에 대하여, 1) 최종계약이 체결되지 못한 것은 대상회사에 대한 확인실사를 하지 못하였기 때문으로 한화컨소시엄의 귀책사유 없이 최종계약이 2008. 12. 29.까지 체결되지 않았고, 2) 국내 금융시스

템의 마비 상태가 상당 기간 지속되어 대부분의 금융거래가 중단됨에 따라 이 사건 주식 인수의 거래종결이 불가능하였으므로, 이 사건 양해각서 제12조 제 1 항 제 4 호, 제 9 호, 제11호에 따라 이 사건 양해각서를 해제한다는 취지의 통지(이하 '2009. 6. 18.자 해제통지'라 한다.)를 하였고, 위 통지는 그 무렵 피고들에게 도달하였다.

11) 원고를 포함한 한화컨소시엄의 구성원들은 2008. 6. 18.자 해제통지를 할 무렵 한화컨소시엄계약을 해제하고, 원고를 제외한 나머지 한화컨소시엄의 구성원들은 이 사건 주식 인수 관련 이행보증금 반환에 관한 채권을 원고에게 모두 양도하기로 하는 내용의 청산합의를 하였고, 한화컨소시엄은 피고들에 대하여 위 10)항 기재 해제통지를 함에 있어 이행보증금반환채권에 관한 채권양도통지도 하였다.

다) 국내 금융시스템의 마비 상태 지속으로 인한 해제권 취득 주장에 관한 판단

(1) 원고의 주장 요지

원고는, 이 사건 양해각서 체결 무렵 계속되던 서브프라임 모기지 부실에서 촉발된 금융위기가 이 사건 양해각서 체결 이후에도 지속되어 이 사건 양해각서에 정한 최종계약체결시점에 이르기까지 기업인수합병을 위한 인수금융거래가 대부분 중단됨으로써 본입찰제안서에 포함된 자금조달계획에 따른 자금조달이 불가능하게 되었으므로, 원고는 최종계약체결시점인 2008. 12. 29. 전에 이 사건 양해각서 제12조 제 1 항 제 9 호에 따른 해제권을 이미 취득하였다고 주장한다.

(2) 판 단

살피건대, 갑 제23 내지 26, 34 내지 40, 43, 44, 55, 63호증의 각 기재, 증인 이재무의 증언 및 변론 전체의 취지를 종합하면, 미국에서 촉발된 서브프라임 모기지 금융위기로 인하여 한화컨소시엄이 당시 이 사건 주식 인수를 위한 자금조달에 있어 다소 어려움을 겪을 수 있는 상황이 발생한 점은 인정된다.

그러나 한편, 갑 제 4 호증, 을 제2, 6, 28, 30, 32, 34, 35, 37 내지 43, 46호증의 각 기재, 증인 김석균의 증언 및 변론 전체의 취지를 종합하여 인정되는 다음과 같은 사정 즉 ① 단순한 경제상황의 변동으로 인하여 이 사건 주식 인수자금의 조달이 어려워진 상황만으로는 금융시스템이 마비되었다거나 대부분의 금융거래가 중단되었다고 할 수 없는 점(또한, 인수금융거래가 중단되었다는 점에 관하여 앞서 거시한 증거들만으로는 이를 인정하기 부족하고, 달리 이를 인정할 만한 증거가 없을 뿐만 아니라, 인수금융거래가 원활히 이루어지고 있지 않다는 사정만으로 금융시스템의 마비상태가 지속되어 대부분의 금융거래가 중단되었다고 보기도 어렵다),

② 한화컨소시엄은 2008. 10. 13.경 본입찰제안서를 제출함에 있어 한화그룹 계열사 자체 보유 현금 약 3.3조 원을 비롯하여 약 8.5조 원의 인수자금을 조달할 수 있다는 취지의 자금조달증빙과 함께 자체 보유 현금 3.3조 원이 예치된 '잔고증명(을 제38 내지 40호증)', 한화컨소시엄의 재무적 투자자들이 제출한 '투자확약서(을 제41호증)', 대출금융기관들이 이 사건 주식 인수자금을 위하여 약 1.9조 원을 대출한다는 취지의 '대출확약서(을 제42호증)'를 제출하였던 점, ③ 미국에서 촉발된 서브프라임 모기지 대출부실로 인한 금융위기는 2008. 초경부터 가시화되어 이 사건 양해각서 체결 전인 2008. 9.경 이미 구체화되어 있었는바, 한화컨소시엄은 이 사건 양해각서 체결 당시 인수자금 조달의 어려움을 충분히 예상하였거나 예상할 수 있었음에도 이를 감수하고 이 사건 양해각서를 체결한 것으로 보이는 점, ④ 한화컨소시엄이 본입찰에 참여하고 이 사건 양해각서를 체결함에 있어 그 자금조달을 자신하여 온 점 등에 비추어 보면, 앞서 인정한 사정만으로 이 사건 양해각서 제12조 제 1 항 제 9 호에 정한 국내 금융시스템의 마비 상태가 지속되어 대부분의 금융거래가 중단된 상태에 이르렀다고 보기 어렵다.

따라서 원고의 이 부분 주장도 이유 없다.

라) 민법 제544조에 따른 해제 주장에 관한 판단

(1) 원고의 주장 요지

원고는, 피고들이 2009. 1. 22. 원고에게 이 사건 양해각서의 해제 및 이행보증금의 몰취를 통보함으로써 이 사건 양해각서 이행거절의 의사표시를 하였다고 할 것이므로 피고들의 이행거절을 이유로 민법 제544조에 따라 이 사건 양해각서를 해제한다고 주장한다.

(2) 판 단

위 2009. 1. 22.자 해제통지가 이 사건 양해각서 이행거절의 의사표시에 해당하는지 여부에 관하여 보건대, 앞서 인정한 기초사실에 의하면, 한화컨소시엄은 이 사건 양해각서를 체결함에 있어 피고들과 사이에, 확인실사 및 가격조정절차가 완료되었는지 여부를 불문하고 늦어도 2008. 12. 29.까지는 최종계약을 체결하고(이 사건 양해각서 제 7 조 제 4 항), 이 사건 양해각서 제 8 조 제 2 항에서 정한 최종 매매대금, 계약금·잔금의 지급시기, 거래종결, 최종계약의 해제사유, 최종계약상의 진술 및 보장 사항 등을 실질적인 변경 없이 최종계약에 반영하며(이 사건 양해각서 제 8 조), 2008. 12. 29.까지 최종계약이 체결되지 않은 경우에는 이에 책임이 없는 당사자가 이 사건 양해각서를 해제할 수 있다(이 사건 양해각서 제12조 제 1 항 제 4 호)는 내용의 합의를 하였다.

그런데, 한화컨소시엄은 본입찰제안서 및 이 사건 양해각서에 정한 바와 달리 이 사건 양해각서에 정한 최종계약 체결 기한인 2008. 12. 29. 무렵 확인실사 후 최종계약 체결, 매매대금 분할 납부, 지급기한의 연기 등 매매대금지급조건의 완화 등을 요구하여 이 사건 양해각서에 의하여 미리 합의한 내용에 따른 최종계약의 체결을 거부하였고, 그 후 피고 측에서 최종계약 체결 시한을 연기해주면서까지 자금조달계획을 밝힐 것을 요구하였음에도 한화컨소시엄은 본입찰제안 당시 제시한 이 사건 주식 인수를 위하여 한화그룹 계열사가 자체 보유한 현금 약 3.3조 원을 포함하여 약 8.5조 원의 자금을 조달할 수 있다는 내용의 자금조달계획과는 달리 이 사건 주식 인수대금 약 6.3조 원 중 자체보유 현금 1조 원을 포함하여 약 3.8조 원만을 조달하고, 나머지 2.5조 원에 해당하는 지분은 5년이 경과한 후 매수하겠다는 취지의 일방적으로 변경한 자금조달계획안을 제출함으로써 이 사건 양해각서에 합의된 바에 따라 최종계약을 체결할 의사가 없음을 분명히 하였다.

결국 이 사건 주식매매에 관한 최종계약은 매수인들인 한화컨소시엄이 본입찰제안서 및 이 사건 양해각서에 정한 거래조건과 상반된 주장을 하며 최종계약의 체결을 거부함으로써 그 체결에 이르지 못하였다고 할 것이므로, 이 사건 양해각서는 2008. 12. 29.까지 최종계약이 체결되지 않았음을 이유로 이 사건 양해각서를 해제한다는 취지의 피고들의 2009. 1. 22.자 해제통지로써 적법하게 해제되었다고 할 것이고, 따라서 피고들이 2009. 1. 22.자 해제통지로써 이 사건 양해각서 이행거절의 의사를 표시하였다고 할 수 없다.

그렇다면, 원고의 위 주장은 이유 없다.

마) 이 사건 양해각서 제12조 제 1 항에 따른 해제 주장에 관한 판단

(1) 원고의 주장 요지

원고는, ① 최종계약체결시점인 2008. 12. 29. 전에 피고 측의 귀책사유로 확인실사가 개시되지 아니하여 2008. 12. 29. 이내에 최종계약이 체결되지 못하였으므로, 이 사건 양해각서 제12조 제 1 항 제 4 호에 따라, ② 국내금융시스템의 마비상태가 상당기간 지속되어 대부분의 금융거래가 중단됨에 따라 이 사건 양해각서에 따른 거래종결이 불가능하였으므로 이 사건 양해각서 제12조 제 1 항 제 9 호에 따라 2009. 6. 18.자 해제통지로써 이 사건 양해각서를 해제한다고 주장한다.

(2) 판 단

살피건대, 이 사건 양해각서는 위 2009. 6. 18.자 해제통지 전에 피고들의 2009. 1. 22.자 해제통지로써 이미 적법하게 해제되었고, 나아가 피고들이 이 사건 양해각서에 의하여 반드시 최종계약 체결 전에 한화컨소시엄에 확인실사기회를 제공할 의무를 부담한다고 할 수 없으며, 오히려 한화컨소시엄은 확인실사의 개시 또는 종료 여부와 관계없이 2008. 12. 29. 전에 최종계약을 체결할 의무를 부담할 뿐만 아니라, 피고들의 귀책사유로 인하여 확인실사가 무산되었다고 할 수도 없는 점 및 최종계약체결시점에 이르러 한화컨소시엄이 금융위기로 인하여 인수자금조달에 어려움을 겪었다는 사정만으로 국내금융시스템의 마비상태가 상당기간 지속되어 대부분의 금융거래가 중단되었다고 할 수도 없음은 위에서 살펴본 바와 같으므로, 원고의 위 주장은 모두 이유 없다.

서울중앙지법 2013. 7. 25. 선고 2011가합123150 판결(현대 v. 외환은행)7)

제11조 "을(현대그룹 컨소시엄)"의 진술 및 보장

"을(현대그룹 컨소시엄)"은 "갑(매각주체들)"에 대하여 본 양해각서 체결일 현재 다음 각 호의 사항을 진술 및 보장한다.

6. "을(현대그룹 컨소시엄)"이 제출한 본건 입찰서류(자금조달증빙 포함)는 정당한 작성권한이 있는 자에 의하여 작성되었으며, 그 기재내용은 사실과 일치하고 중요한 사실(자금조달증빙의 경우 인수대금으로써의 인출제한 여부, 자금조달 과정에서의 중대한 불법성 존재 여부 등 포함)을 누락하지 아니하였다. "을(현대그룹 컨소시엄)"이 본건 입찰서류에 포함시켜 제출한 컨소시엄 협약서와 별개로 컨소시엄 구성원들 사이에 동 컨소시엄 협약서와 어긋나는 내용의 합의나 약정이 체결된 바 없다.
7. Hyundai Merchant Marine (France) SA가 입찰서류로 제출한 Natixis 발급의 예금잔고증명서와 관련하여, 이에 기재된 금액은 Hyundai Merchant Marine (France) SA가 Natixis로부터 대출받은 금원이고, 위 대출과 관련하여 "을(현대그룹 컨소시엄)"은 회사 주식을 담보로 제공하거나 회사가 보증을 제공할 것을 조건으로 하지 않았으며, "을(현대그룹 컨소시엄)" 및

7) 서울고법 2013. 12. 5. 선고 2013나53290 판결 참조. 대법 2014다3115로 계속중.

"을(현대그룹 컨소시엄)"의 계열회사의 주식이나 자산을 담보로 제공하지 않았고, "을(현대그룹 컨소시엄)" 및 "을(현대그룹 컨소시엄)"의 계열회사가 어떠한 형태의 보증도 제공하지 아니하였다.

제12조 양해각서의 효력 및 해지

1. 본 양해각서는 "갑(매각주체들)"과 "을(현대그룹 컨소시엄)"이 본 양해각서를 체결한 날에 효력이 발생하며, 다음 사항 중 어느 하나라도 발생하는 때에는 자동으로 그 효력을 상실한다.
   가. 주식매매계약서가 체결된 경우
   나. "을(현대그룹 컨소시엄)"의 귀책사유 없이 주식매매계약서 체결기한 내에 주식매매계약서가 체결되지 아니한 경우
2. 다음 사항 중 어느 하나라도 발생하는 때에는 주관기관은 "을(현대그룹 컨소시엄)"에 대한 서면통지로써 본 양해각서를 해지할 수 있다.
   사. "을(현대그룹 컨소시엄)"이 제11조의 진술 및 보장에 위반한 경우
   아. 그 밖에 "을(현대그룹 컨소시엄)"이 본 양해각서를 위반하여 주관기관으로부터 그 시정을 요구받고서도 5영업일 이내에 이를 시정하지 아니한 경우
3. 본조 제1항 나호의 사유로 본 양해각서가 효력을 상실하는 경우, "을(현대그룹 컨소시엄)"은 주관기관에 대하여 이행보증금의 반환을 청구할 수 있는 권리(이하 "이행보증금 반환청구권")를 가지고, 주관기관은 위 청구를 받은 날로부터 10영업일 이내에 그 책임으로 이행보증금 및 그에 대한 반환일까지의 이자(이행보증금 예치계좌의 이자율에 따라 그 납부일 다음날로부터 발생하는 이자를 의미하며, 다만 수수료 및 제세공과금은 제외함)를 "을(현대그룹 컨소시엄)"에게 반환한다.
4. 본조 제2항에 따라 주관기관이 본 양해각서를 해지한 경우, "을(현대그룹 컨소시엄)"이 예치한 입찰보증금 및 이행보증금은 위약금으로서 확정적으로 "갑(매각주체들)"에게 귀속된다. "을(현대그룹 컨소시엄)"은 입찰보증금 및 이행보증금이 각각 위약금으로서 부당히 과다한 것이 아님을 인정하고, 본조에 따라 입찰보증금 및 이행보증금이 "갑(매각주체들)"에게 귀속되더라도 이에 대하여 그 반환이나 감액 청구 등 어떠한 이의도 제기하지 않을 것임을 확약한다.
5. 본조에 따라 본 양해각서가 효력을 상실하는 경우에도, 본조 및 제2조 제

4항, 제13조 내지 제17조는 그 효력을 유지한다.

(다) 이 사건 양해각서가 적법하게 해지되었는지 여부

다음 근거들을 종합하여, 이 사건 양해각서가 적법하게 해지되었다고 판단한다.

① 이 사건 주식 매각에서는 자금조달증빙이 중요한 문제였다.

피고 한국외환은행을 비롯한 이 사건 주식 매각주체들은 현대건설의 경영 정상화를 위해 공적 자금을 투입하였거나 보유한 채권을 출자전환한 금융기관들이었다. 현대건설과 같이 구조조정기업을 대상으로 한 기업인수과정에서는 다른 기업인수합병과 달리 과정의 투명성과 공정성이 강조된다(입찰로 진행되는 것이 한 예이다). 나아가, 입찰 참가부터 주식매매계약 체결에 이르기까지 매각주체들에게 광범위한 재량이 부여되는 반면, 매수 희망자를 강하게 구속한다. 매각주체들은 어떠한 책임을 부담하지 않고 자유롭게 '걸어나갈(walk-away)' 자유를 가진다. 또한, 매각주체들은 대상회사 매각에 따른 이익의 극대화만이 아니라, 기업인수 후에도 대상기업이 안정적으로 경영될 수 있는지도 고려한다.

제1항 인정사실과 증거에 의하면, 이 사건에서도 위와 같은 구조조정기업 매각절차의 특징이 드러난다. 먼저, 입찰안내서에는 입찰금액과 함께 자금조달계획을 기재하여야 할뿐더러, 구체적인 자금조달증빙 관련 서류를 제시해야 한다(구체적인 요건은 별지 입찰안내서 등 관련 규정 참조). 특히, 차입, 사채발행 등을 통한 타인자금 조달인 경우에는 대출확약서나 약정서 등을 제출하도록 하고 있고, 금리, 담보조건, 보증 제공 여부 및 상환조건, 차입매수(leveraged buy-out) 등 인수금융의 조건, 상환방법 등이 '최소한'의 증빙 내용으로 기재되어 있다. 또한, 자금조달증빙이 주관기관 또는 공동 매각주간사가 정한 기준에 미달하는 경우에는 우선협상대상자 선정에서 불이익을 당할 수 있고, 현대건설의 재무상태에 부담이 되는 자금조달방법 역시 우선협상대상자 선정시 불리하게 작용할 수 있음을 고지하고 있다. 이와 같은 입찰 관련 서류의 제반 규정들은 매각대상 회사를 인수하기 위한 무리한 자금조달로 인하여 인수자 및 매각대상 회사가 동반 부실을 맞게 되는 상황(이른바 '승자의 저주')을 우려하여 가격 요소 외에도 재무건전성, 경영 능력과 같은 비가격적 요소를 중시하겠다는 매각주체들의 판단이 반영된 결과이다(피고들을 비롯한 매각주체들은, 이전에 공적 자금이 투입된 다른 회사의 매각절차에서 위와 같은 승자의 저주가 발생한 데 대한 사회적 비판을 의식하고 있었다). 실제로 매각주체들은 우선협상대상자 선정기준에서 가격적 부문(주당 입찰가격, 인수대금 조정한도)에 65

점을 배정하는 외에, 자금조달 계획의 안정성(확정자금조달증빙비율, 자기자금 투자비율, 대표자 및 전략적 투자자 인수비율, 컨소시엄 관련 약정사항: 13점), 경영능력(시장지배력, 신용도, 재무능력, M&A 등 실적, 사회책임경영, 노사관계 실적: 9점), 경영계획(사업계획의 타당성, 시너지 창출, 인수구조 및 인수 후 지배구조, 고용보장 및 노사관계 발전계획: 5점), 양해각서(안) 및 주식매매계약서(안) 수정사항(6점), 거래종결의 용이성(2점) 등 비가격적 부문에도 35점을 배정하여 우선협상대상자를 심사하였다.

위와 같이 현대건설 인수가 완료된 후에도 재무건전성 내지 경영정상화를 염려하여 인수구조의 합리성(인수구조, 인수 후 지배구조), 자금조달능력이나 경영계획의 구체성 등을 심사하겠다는 매각주체들의 의지를 비합리적인 것으로 볼 근거가 없다.

② 이 사건 자금의 성격에 관한 추가적인 해명이 필요한 상황이었다.

입찰 참가 당시, 현대그룹 컨소시엄은 나티시스 은행이 발급한 예금잔고증명서를 첨부하여 이 사건 자금을 자기자금으로 신고하였다. 이에 매각주체들은 나티시스 은행에 나티시스 은행 계좌에 예금이 존재하는지, 인출에 제한은 없는지 여부를 확인한 후 이를 유효하다고 인정하고, 현대그룹 컨소시엄을 우선협상대상자로 선정하였다. 그러나 현대그룹 컨소시엄이 우선협상대상자로 선정된 직후 여론을 통하여 자산이 약 33억 원에 불과한 현대상선 프랑스법인이 보유한 이 사건 자금의 성격에 관하여 숱한 의문이 제기되었다. 이에 공동 매각주간사는 현대그룹 컨소시엄에 이 사건 자금의 출처, 거래 종결시까지 보유 가능성 등에 관한 해명을 요청하기에 이르렀고, 현대그룹 컨소시엄은 이 사건 자금이 원고의 우호주주인 넥스젠의 중재로 그 모회사인 나티시스 은행이 현대상선 프랑스법인에 대출해 준 돈임을 밝혔다.

이 사건 자금이 입찰 참가 당시 이미 현대상선 프랑스법인에 대출된 돈으로서 이 사건 주식 매각 관련 서류에서 정한 자기자금에 해당된다고 하더라도, 대출금으로서 그 실질이 타인자금적 성격을 가진다는 점이 우선협상대상자 선정 후에 밝혀졌다면, 앞서 살펴본 바와 같이 우선협상대상자를 선정하는 데 현대건설 매각 후 인수구조의 합리성을 중요한 판단 요소로 삼았던 매각주체들로서는, 현대상선 프랑스법인이 이 사건 자금을 나티시스 은행으로부터 대출받음에 있어 현대건설 주식 등을 담보로 제공하지는 않았는지, 현대그룹 컨소시엄 구성원들의 주식이나 자산이 담보로 제공되지는 않았는지, 상환조건은 어떠한지 여부 등에 관한 해명 요청을 가능하게 하는 사정 변경이 발생하였다고 보아야 한다.

원고는 매각주체들이 우선협상대상자 선정 과정에서 심사를 거쳐 이 사건 자금을 유효한 자기자금으로 인정하고서도, 그 후 현대그룹 컨소시엄 측에 어떠한 사정 변경이 없었음에도 불구하고, 우선협상대상자 선정 직후 현대자동차그룹 컨소시엄 등이 제기한 의혹과 여론을 의식하여 부당하게 현대그룹 컨소시엄에 이 사건 자금에 관한 해명을 요청하였다고 주장한다. 그러나 이는 위에서 살펴본 바와 같은 이 사건 주식 매각절차의 특성(매각주체들이 우선협상대상자 선정을 포함한 이 사건 주식 매각절차 일반에 있어 광범위한 재량을 가진다), 우선협상대상자 선정 후에야 이 사건 자금이 대출금임이 밝혀진 점, 우선협상대상자 선정은 입찰 참가 후 하루 만에 이루어지고, 자금조달증빙에 관하여 매각주체들이 심사숙고할 시간이 주어지지 않는 점(이러한 점을 고려하여 입찰참여확약서에서는 우선협상대상자로 선정된 후에도 자금조달증빙을 포함한 입찰서류 내용 중 허위사실이나 중대한 사항의 누락이 발견되는 경우에는 우선협상대상자의 지위를 상실하게 됨을 기재하고 있다)을 고려할 때 타당하지 않다. 위와 같은 우선협상대상자 선정 과정, 매각주체들에게 인정되는 광범위한 재량 등에 비추어 보면, 매각주체들로서는 우선협상대상자를 선정함에 있어 그 때까지 제출된 자료에 근거하여 평가를 하였을 뿐이고 사후 심사가 예정되어 있었다고 봄이 상당하다. 우선협상대상자 선정 이후에도, 현대그룹 컨소시엄은 매각주체들이 갖는 이 사건 자금의 성격과 출처에 관한 의문에 대하여 이를 해명할 의무를 부담한다.

나아가, 이 사건 자금이 대출금임이 밝혀진 후 현대그룹 컨소시엄 측에서 스스로 양해각서 체결 후 이 사건 자금에 관하여 추후 해명하겠다고 밝히기도 하였을 뿐만 아니라, 현대그룹 컨소시엄이 입찰 참가 전에 제출한 확인서(이는 양해각서 제13조 제 2 항에 따라 양해각서 체결 후에도 효력이 유지된다)에도 '우선협상대상자 지정의 적격성'과 관련한 서류 등을 제공할 것을 약속한다는 점이 기재되어 있다. 이와 같은 사정을 고려할 때, 우선협상대상자 선정 이후 매각주체가 이 사건 자금의 출처와 성격에 관하여 추가적인 확인이나 보완을 요구하더라도 현대그룹 컨소시엄의 신뢰를 침해하였다고 보기 어렵다. 또한 이러한 요구가 우선협상대상자 선정 이후에는 더 이상 예정되어 있지 않을 것이라는 현대그룹 컨소시엄의 신뢰가 정당하다고 볼 수도 없다.

③ 당사자들의 합의에 따라 양해각서안이 수정되었다.

현대그룹 컨소시엄이 우선협상대상자로 선정되고 양해각서가 체결되기 전 이 사건 자금 해명에 관한 양측의 공방이 진행되는 가운데, 매각주체 측이 현대그룹 컨소시엄에 양해각서안 수정을 제의하고 현대그룹 컨소시엄이 이를 받아들임으로써 수정된 양해각서안에 따라 양해각서가 체결되었다(수정된 내용은 제 1 항 인정사실 참조).

이는 자금조달증빙의 진실성(양해각서 제11조 제 6 항)과 현대상선 프랑스법인이 나티시스 은행으로부터 이 사건 자금을 대출받음에 있어 현대그룹 주식 등을 담보로 제공하거나 어떠한 형태의 보증도 제공하지 않았음(양해각서 제11조 제 7 항)에 관한 현대그룹 컨소시엄의 진술보장을 강화하는 내용이었을뿐더러, 그 진술보장사항의 위반 여부를 확인하기 위한 주관기관(또는 공동 매각주간사)의 추가 해명 및 관련 서류 제출 요청의 근거(양해각서 제13조 제 7 항)를 명시하는 내용이었다. 이는 위에서도 언급한 바와 같이, 인수 후 대상회사를 경영할 책임과 능력이 있는 지배주주를 확보하기 위한 구조조정 대상기업 M&A의 특성을 반영한 것이다.

현대그룹 컨소시엄은 스스로 이 사건 양해각서를 위와 같이 수정하는 데 동의하였다. 이는 타산적 이해의 결과물이며, 현대그룹 컨소시엄은 매각주체 측이 대출계약서 제출 등 부당한 요구를 하지 않을 것이라고 생각하였더라도(원고는 이 사건 양해각서 체결 당시 현대그룹 컨소시엄과 매각주체들 사이에 향후 대출계약서를 내지 않기로 구두로 합의하였다고 주장하나, 갑 제41호증의 기재와 증인 진정호의 증언만으로는 이를 인정하기에 부족하다), 이러한 기대가 정당하다고 보기도 어렵다.

④ 이 사건 양해각서의 해석상, 현대그룹 컨소시엄은 자금조달증빙에 관한 해명의무를 부담한다.

이 사건 양해각서는 이 사건 주식 매각을 위한 교섭과정에서 당사자들이 구속력을 의도한, 교섭계약으로서의 특성을 가지고 있다. 아직 본 계약(주식매매계약)에 나아가지 않은 상황에서, 상대방을 탐색하기 위한 어느 정도의 전략적 행동은 거래 당사자들에게 당연히 허용된다. 무엇보다 거래 종결의 확실성이 중요하게 다루어졌던 이 사건 주식 매각 과정에서 자금 조달의 확실성을 보장받으려는 매각주체들의 의사는 합리적이다. 특히, 양해각서가 체결된 후 매각주체들로서는 우선협상대상자에게 정밀실사의 기회를 제공하여야 하는 점을 고려하면, 더욱 그러하다. 원고는, 현대그룹 컨소시엄이 우선협상대상자로 선정된 후에도 매각주체들이 현대그룹 컨소시엄에게 정밀실사의 기회를 제공하지 아니한 채, 이 사건 자금에 관한 추가 해명을 계속 요구하는 것은 기회주의적 행태라고 비난하나, 어느 정도의 전략적 행동이 허용되는 양해각서 체결 단계에서 그와 같이 볼 근거가 없다. 그와 같이, 교섭과정에서 체결된 이 사건 양해각서의 특성을 고려할 때, 매각주체들은 현대그룹 컨소시엄에 이 사건 자금에 관한 해명을 '합리적인 범위 내에서' 요청할 권리가 있고, 현대그룹 컨소시엄은 이에 '성실히' 응하여야 한다.

원고는 양해각서 제13조 제 7 항의 성실응답의무는 교섭계약상 부수의무에 불과하여 그 위반을 이유로 한 이 사건 양해각서 해지는 허용될 수 없다고 주장한다. 그러나 이 사건에서 피고 한국외환은행은 현대그룹 컨소시엄이 양해각서 제13조 제 7 항을 위반하였다는 이유로 곧바로 해지한 것이 아니고, 위 조항을 위반하여 그 시정을 요구받고서도 주어진 기한 내에 이를 시정하지 않았음을 이유로 양해각서를 해지하였다. 나아가, 피고 한국외환은행이 이 사건 양해각서 해지사유로 삼은 제12조 제 2 항 아호에 의하면, "본 양해각서를 위반하여 주관기관으로부터 그 시정을 요구받고서도"라고 기재되어 있음이 문언상 명백하다. 위의 '본 양해각서 위반'에 제13조 제 7 항 위반을 배제할 수 있는 근거가 없다. 그 의무는 본질적이지는 않지만 중요한 의무였다.

⑤ 주관기관 등 매각주체들의 요구는 합리적인 범위 내에서 이루어졌다.

제 1 항 인정사실에 의하면, 주관기관 내지 공동 매각주간사가 현대그룹 컨소시엄에 해명을 요청하거나 시정을 요구한 대상은, 현대건설 인수자의 자금조달능력, 인수구조 및 지배구조, 재무건전성 등을 확인하기 위한 사항들(이 사건 자금의 인출제한, 이 사건 자금과 관련한 현재, 장래의 담보 내지 보증의 제공 여부)과 그에 관한 대출계약서 및 그 부속서류와 같은 증빙자료의 제출로 특정되어 있다. 이는 매각주체들이 양해각서 제11조 제 6 항, 제 7 항의 진술보장조항을 통하여 현대그룹 컨소시엄으로부터 구체적으로 그 진실성에 관한 보장을 받기 위해, 현대그룹 컨소시엄의 해명과 확인이 필요한 부분이다. 그리고 그 내용은 위에서 알 수 있듯이, 충분히 특정되었다.

우선협상대상자 선정시 매각주체들이 이 사건 자금을 자기자금으로 유효하게 인정하였다고 하더라도, 사후에 대출금으로 드러난 이 사건 자금이 실질적으로 타인자금에 해당되면, 이는 현대그룹 컨소시엄이나 현대건설의 현재 또는 인수 후 장래의 재무구조에 영향을 미칠 우려가 있으므로, 공동 매각주간사가 2010. 11. 30. 대출계약서 및 그 부속서류의 제출을 요구한 것이나, 주관기관이 2010. 12. 7. 그 시정을 요구하면서 현대그룹 컨소시엄이 대출계약서 및 그 부속서류 또는 8개 항목 자료를 제출할 수 있도록 한 것은 이와 같은 취지로서 합리적인 것이라고 판단된다.

⑥ 현대그룹 컨소시엄은 이 사건 자금에 관한 매각주체들의 해명 요구에 성실히 응하지 아니하였고, 시정 요구에도 응하지 않았다.

제 1 항 인정사실과 같이, 현대그룹 컨소시엄은 공동 매각주간사의 2010. 11. 30.자 해명 요청에 대하여 2010. 12. 3. 제출한 1차 대출확인서를 통해 이 사건 양

해각서 제11조 제7항에 해당하는 사항의 상당 부분(이 사건 자금 대출에 관하여, 현대건설 주식을 담보로 제공하거나 현대건설이 보증을 제공할 것을 조건으로 하지 않았으며 현대그룹 컨소시엄 및 그 계열회사의 주식이나 자산을 담보로 제공하지 않았고 현대그룹 컨소시엄 및 그 계열회사가 보증을 제공하지 아니하였다는 점)을 해명하기는 하였다. 또 현대그룹 컨소시엄은 2010. 12. 14. 및 2010. 12. 17. 2, 3차 각 대출확인서를 제출하였다.

그러나 현대그룹 컨소시엄은 주관기관 내지 공동 매각주간사의 2010. 11. 30.자 해명 요청 및 2010. 12. 7.자 시정요구에서 제출을 요구한 대출계약서 및 그 부속서류를 제출하지 아니하였고, 그에 갈음할 수 있는 것으로 보이는 8개 항목의 자료를 제대로 제출하지 아니하였다.

특히, 현대그룹 컨소시엄은 이 사건 양해각서 제11조 제6항에서 특별히 정한 인수대금으로서의 인출제한 여부, 자금조달 과정에서의 중대한 불법성 존재 여부 등이 포함된 자금조달증빙을 제출하여야 하는데, 이를 제출하지 아니하였다. 2차 대출확인서에는 “2개의 대출한도(여신한도)는 현대상선 프랑스법인에 의해 완전히 실행되었으며(the two facilities have been fully drawn by HMM France)”라고 기재되어 있기는 하지만, 이는 대출이 실행되어 현대상선 프랑스법인이 그 현금을 보유하고 있다는 것에 불과할 뿐 이를 인출하거나 그 자금을 이 사건 주식 인수 자금으로 사용하는 데에 어떠한 부대조건이나 제한이 없다는 취지로 볼 수 없다.

또한, 현대그룹 컨소시엄은 이 사건 양해각서 해지에 이르기까지 이 사건 양해각서 제11조 제7항에서 특별히 정한 사항 중 ‘장래에 현대건설 주식을 담보로 제공하거나 현대건설이 보증을 제공하는 것’을 조건으로 하지 아니하였음에 관한 증빙서류도 제대로 제출하지 아니하였다. 1차 대출확인서에 기재된 “the shares of HE&C to be acquired by Hyundai Group member companies are not pledged to secure such loan”이라는 표현은 장래 취득할 현대건설 주식에 대한 담보 제공 여부에 관한 내용으로는 볼 수 있지만, ‘are not pledged’라고 하여 현재의 시제를 사용하고 있는 이상 현재는 담보 설정에 관한 약정이 없다는 취지로 볼 수 있을 뿐, 이를 넘어서서 장래에도 그에 관한 담보가 설정되지 않을 것임을 확인하는 취지로 보기에는 충분하지 않다.

제1항 인정사실과 증거에 의하면, 현대그룹 컨소시엄이 제출한 대출확인서의 작성 명의인은 Jérôme Biet와 François Robey인데, 이들은 현대그룹 컨소시엄이 입찰서류에 첨부한 예금잔고증명서의 작성 명의인이 아니었고, 각 대출확인서에는

그 우측 상단에 'NATIXIS'라는 표장이 표시되어 있을 뿐 Jérôme Biet와 François Robey의 소속 회사 및 그 직책이 전혀 기재되어 있지 않았던 사실, 공동 매각주간사는 1차 대출확인서를 제출받은 직후 위 두 사람이 Nexgen Capital Limited와 Nexgen Reinsurance Limited의 이사임을 확인한 후 2010. 12. 6. 나티시스 은행에 위 두 사람의 직책이 무엇인지 문의하였으나 "Nexgen Capital Limited와 Nexgen Reinsurance Limited는 나티시스에 속해 있고, 위 두 사람에 대한 정보는 그들에게 직접 문의하라"는 취지의 답변만을 들은 사실이 인정된다. 이와 같은 사정에 비추어 보면, 공동 매각주간사가 1차 대출확인서를 작성한 Jérôme Biet와 François Robey의 작성 권한에 의문을 가지는 것은 누구나 가질 수 있는 합리적인 의심이라 할 것이다. 뿐만 아니라, 각 대출확인서 말미에 수신인을 현대상선 프랑스법인에 한정하고, 제 3 자에 대하여는 어떠한 진술 및 정보도 제공하지 않는다는 취지의 문구가 기재되어 있었다는 점을 고려하면, 더욱 그러하다. 이와 같이 현대그룹 컨소시엄이 제출한 각 대출확인서의 작성 경위 등이 객관적으로 의심받을 만한 상황이라면, 공동 매각주간사는 그에 대한 자료 제출을 요청할 수도 있고, 현대그룹 컨소시엄은 그 요청에 성실하게 응하여야 할 것이나, 현대그룹 컨소시엄은 대출확인서의 내용은커녕, 작성 경위에 관한 매각주체들의 의문도 해소하여 주지 못했다.

현대그룹 컨소시엄은 양해각서가 체결되기 전까지는 공동 매각주간사의 자금 관련 해명 요청에 이를 수용할 의무가 없다고 다투다가 양해각서가 체결된 후부터 나티시스 은행과의 비밀유지약정을 들어 대출계약서 등의 제출을 거부하였다. 그러나 현대그룹 컨소시엄이 나티시스 은행과의 사이에서 비밀유지의무를 부담한다고 하더라도, 이와 같은 내부적 사정을 들어 매각주체들에게 그 해명을 거절할 수 없을뿐더러, 이 사건에서 제출된 현대상선 프랑스법인과 나티시스 은행과의 비밀유지약정의 내용에 따르면, 위와 같은 비밀유지의무는 절대적인 것은 아니다(이 사건 자금 대출과 관련된 사람들에게 일정한 조건 하에 공개가 가능하고, 당사자간 협의나 서면에 의한 동의로 공개될 수도 있다). 이러한 사정을 고려하면, 거액의 이행보증금 몰취를 감수하고도 대출계약서를 제출하지 않은 행위(매각주체 측에 그 협조를 구하는 것만으로도 해명의무를 '성실히' 이행하는 것으로 판단될 수도 있었을 것이다)는 쉽게 이해하기 어렵다.

현대그룹 컨소시엄이 세 차례에 걸쳐 제출한 각 대출확인서에 남는 불명확성을 생각할 때, 이를 두고 위 조건에 관하여 현대그룹 컨소시엄이 해명하여야 하는 의무를 성실하게 이행하였다고 볼 수 없다(이에 따라 주관기관 내지 공동 매각주간사가 그 의미에 대해 의문을 가져 현대그룹 컨소시엄에 다시 관련 자료의 제출과 시정을 요구한 것을 두고 합리적인 범위를 벗어난 요구라고 볼 수도 없다).

이 사건 양해각서 제12조 제 2 항 아호의 해지사유를 이유로 한 피고 한국외환은행의 이 사건 양해각서 해지는 적법하다.

노트와 질문

1) 정리회사의 M&A에서 우선협상대상자가 양해각서를 체결하면서 예치한 금원을 건영판결은 위약벌로, 청구판결은 손해배상액의 예정으로 보고 있다. 왜 다른 판결이 나왔을까?
2) 의향서 서명이후 본계약 체결이 성공하지 못한 데 대하여 매수희망자의 귀책사유가 없는 경우 이는 반환청구권의 문제인가? 아니면 감액의 문제인가?
3) 통상적인 기업인수거래와 채권자들에 의한 주식매각거래를 구별하여 매수인을 양해각서 체결 이후의 불확실한 상황으로부터 보호하여 줄 수 있는 방안은 없을까? 서울중앙지법 2011. 5. 19. 선고 2010가합70686 판결 참조.

[실제사례 4: 양해각서]8)

주식회사 [ ] M&A에 관한 양해각서

본 양해각서는 [ ] 아래의 당사자 사이에 체결되었다.

정리회사: 주식회사 [ ]
인 수 자: [ ] 컨소시엄

전 문

정리회사 주식회사 [ ](이하 "정리회사")는 대한민국 법률에 근거하여 설립된 회사로서 [ ]법원(이하 "정리법원")에 회사정리절차 개시신청을 하여 [ ] 회사정리절차 개시결정을 받았으며, [ ] 정리계획(이하 "회사정리계획") 인가결정을 받았다.

8) A.B.A. 주 5-29 게재서 (MSPA) Ancillary Document No. 2 Letter of Intent 345-69 참고.

정리회사는 정리회사의 M&A(이하 "본 거래")를 위하여 [ ]을 매각주간사(이하 "매각주간사")로 선정하고, 정리회사의 인수에 관심이 있는 잠재적 인수희망자들을 상대로 [ ] 인수의향서 안내서를 제공하였다.

인수자를 포함한 잠재적 인수희망자들은 [ ] 인수의향서를 제출하였고, 매각주간사와 정리회사는 이를 심사하여 인수자를 포함한 잠재적 인수희망자들을 예비실사자격자로 선정하였으며, 매각주간사는 [ ] 예비실사자격자들에게 입찰안내서를 송부하였다.

정리회사는 [ ]부터 예비실사 자격자들에게 예비실사기회를 부여하고, [ ] 입찰서를 접수하여 이를 심사한 결과 [ ] 정리법원의 승인을 얻어 인수자를 본 거래에 대한 우선협상대상자로 선정하였다.

이에 당사자들은 본 거래를 위한 종국적인 투자계약(이하 "투자계약")을 체결하기 이전에 투자계약 체결에 필요한 기본적인 사항을 정하기 위하여 다음과 같이 본 양해각서를 체결한다.

제 1 조(목적)

본 양해각서는 본 거래에 관한 정리회사와 인수자의 권리와 의무를 확정하고, 정리회사에 대한 인수대금의 평가 및 결정 등 투자계약 조건의 협상을 위한 기준을 정하는 것을 목적으로 하며, 당사자들은 본 양해각서의 내용 및 절차에 따라 투자계약을 체결하기로 한다.

제 2 조(배타적 우선협상권의 부여)

1. 정리회사는 인수자에게 배타적 우선협상권을 부여하기로 하며, 그 기간은 본 양해각서 체결일로부터 본 양해각서가 실효되는 날까지로 하되, 투자계약이 체결되는 경우 그에 정한 바에 따른다. 다만, 당사자가 합의하여 정리법원의 허가를 얻어 위 배타적 우선협상권이 인정되는 기간을 연장할 수 있다.
2. 본 양해각서가 실효된 이후 정리회사는 인수자를 제외한 어떠한 상대방과도 협상을 진행할 수 있으며, 이에 대하여 인수자는 어떠한 이의도 제기할 수 없다.

제 3 조(인수대금)

1. 인수자가 정리회사를 인수하기 위한 인수대금은 제 6 조에 의하여 조정되지 않는 한, 인수자가 [ ] 제출한 입찰서에 기재된 입찰금액인 [ ]으로 하며, 위 인수대금의 구성 및 투자조건은 다음과 같다. 다만, 제 6 조에 의하여 인수

대금이 조정되는 경우에도 인수자 또는 인수자의 각 구성원이 입찰 시 제안한 총인수대금 중 유상증자금액이 차지하는 비율이 감소되어서는 아니된다.

2. 인수자는 본 양해각서에 따라 체결될 투자계약에 따라 최종인수대금으로 정리회사가 제 3 자 배정방식으로 발행하는 신주(이하 “본건 신주”)를 인수하고, 정리회사가 신규로 발행하는 만기 [ ]년, 이자율 연 [ ]%의 회사채(이하 “본건 회사채”)를 인수하는 방법으로 정리회사를 인수하기로 한다. 당사자들은 추후 신의성실의 원칙에 따라 구체적인 인수조건(회사채 만기 및 이자율 제외)을 협의할 수 있다.

3. 인수대금은 인수자가 정리회사를 인수하고자 투자하는 금액으로, 회사정리계획에서 정하는 바에 따라 정리회사의 정리담보권과 정리채권(이하 “본건 회사정리채무”라고 하며, 미확정 구상채무, 미확정 보증채무 및 회사정리채무 확정 소송 중인 채무를 포함함)을 상환하고 매각주간사 용역 보수를 지급하는 데에 사용되며, 인수대금 중 위와 같이 회사정리채무 및 주간사 용역보수를 상환하고도 남는 금액은 정리회사에게 귀속된다.

4. 정리회사가 제 3 자 배정방식의 유상증자를 통하여 인수하는 본건 신주는 정리회사의 기발행주식 및 회사정리계획(회사정리계획이 변경되는 경우 회사정리계획변경계획)에 따라 출자전환으로 발행될 주식을 포함하여 정리회사의 회사정리절차 종결 당시를 기준으로 정리회사가 발행하는 주식총수의 [ ]%를 구성할 것이며, 만약 출자전환으로 발행되는 주식수의 변경 등으로 인하여 인수자가 인수하는 주식이 정리회사가 발행한 주식총수의 [ ]%를 초과하는 경우는 인수자는 이에 비례하여 추가 출자를 하기로 한다. 이 경우 추가출자로 인수할 주식의 주당 인수가액 및 기타 인수조건은 [ ]% 지분의 주당 인수가액 기타 인수조건과 동일하다.

5. 정리회사는 본건 회사정리채무 중 미확정 구상채무, 미확정 보증채무 및 회사정리채무 확정 소송 중인 채무의 변제를 위하여 인수대금 중 일부를 법원에 공탁 또는 제 3 자에 임치해두었다가 이들 채무가 확정되는 대로 회사정리계획에서 정하는 바에 따라 변제하고, 이들 채무의 일부라도 변제하지 아니하는 것으로 확정되는 경우 이를 즉시 정리회사에게 귀속시키기로 한다.

제 4 조(이행보증금)

1. 인수자는 본 양해각서의 이행을 담보하기 위한 목적으로 정리회사가 지정한 정리회사 명의의 은행계좌에 금 [ ]원( )(이하 “이행보증금”)을 예치하기로

하되, 당사자가 이행보증금(발생이자 포함)에 대한 예금반환청구권을 담보하기 위하여 별첨의 질권설정계약서에 따라 질권설정계약을 체결하고, 이에 대한 정리법원의 허가를 얻은 후 정리회사가 인수자를 질권자로 하는 질권을 설정함과 동시에 그 예치의무를 이행하여야 한다.

2. 인수자가 전항의 이행보증금 예치의무를 이행하지 아니하는 경우 정리회사는 인수자에 대한 우선협상대상자의 지위를 박탈하거나 본 양해각서를 해제할 수 있고, 이 경우 인수자는 어떠한 이의도 제기할 수 없다.
3. 제 1 항의 이행보증금(발생이자 포함)은 제 7 조에 따라 투자계약이 체결되는 경우 투자계약 상의 계약금 중 일부로 충당하기로 한다.
4. 제 1 항의 이행보증금은 제10조 제 2 항의 사유 또는 기타 인수자의 귀책사유에 의하여 본 양해각서가 해제되거나 인수자의 귀책사유로 제 7 조 제 1 항의 투자계약 체결기간(연장된 경우 연장된 기간, 이하 같음) 내에 투자계약이 체결되지 않는 경우 발생이자와 함께 정리회사에게 위약벌로서 귀속된다. 이 경우 별첨 질권설정계약 제 9 조에 따라 예금채권에 설정된 질권은 자동 소멸된다. 다만, 인수자의 귀책사유 없이 양해각서가 해제되거나 투자계약 체결기간 내에 투자계약이 체결되지 아니하는 경우 정리회사는 즉시 제 1 항의 이행보증금(발생이자 포함)을 인수자에게 반환하여야 한다.

제 5 조(실사)

1. 인수자는 본 양해각서 효력 발생일의 다음 금융기관영업일(이하 "영업일")로부터 21일 동안 정리회사에 대하여 회계 실사 및 법률 실사를 행할 수 있으며, 실사로 인하여 발생하는 인수자의 비용은 인수자의 부담으로 한다. 다만, 위 실사기간은 당사자가 합의하고 정리법원의 허가를 얻은 경우에 한하여 7일 범위 내에서 연장할 수 있다.
2. 제 1 항의 실사와 관련하여 인수자는 본 양해각서의 별첨 "자산/부채 실사가치 평가기준"(이하 "실사기준")에 따라서 실사를 실시하여야 한다. 다만, 동 기준에 기재되지 아니한 항목에 대하여는 한국의 기업회계기준 및 회계감사기준을 준용한다.
3. 본조에 의한 실사는 매각주간사가 실사기준에 따라 평가한 [ ]년 [ ]월 [ ]일(이하 "실사 기준일") 현재 실사의 범위에 해당하는 정리회사 및 [ ] (이하 "[ ]")의 자산 및 부채가 실사기준에 따라 적정하게 평가되었는지를 검증 또는 확인하는 데 한정되며, 인수인은 별도의 기준일 또는 실사기준을

근거로 인수대금의 조정을 요청할 수 없다.

4. 실사를 진행하는 경우 인수자는 실사의 범위와 일정을 서면으로 미리 정리회사에게 제출하여야 하며, 정리회사는 인수자 또는 인수자가 지정한 자가 실사를 위하여 영업, 재산, 채무, 기타 제반 사항에 관한 자료를 요청하는 경우 정리회사의 정상적인 업무활동에 지장이 없는 범위 내에서 최대한 협조한다. 다만, 실사장소에 비치된 자료의 복사 및 반출은 정리회사 또는 매각주간사의 동의를 득하여야 한다.

제 6 조(인수대금의 조정)

1. 제 5 조의 실사 결과, 자산총계에서 회사정리채무를 제외한 기타채무를 차감한 금액(이하 "실사결과금액")이 [ ]회계법인이 작성한 [ ] 기준 회계실사보고서(이하 "실사보고서") 상의 실사금액 기준 자산총계에서 회사정리채무를 제외한 기타채무를 차감한 금액(이하 "실사금액")보다 5%(실사금액 기준) 이내로 부족한 경우에는 인수자는 제 3 조 제 1 항의 인수대금 조정을 요청할 수 없으며, 실사결과금액이 [ ] 실사금액보다 5%(실사금액 기준)를 초과하여 부족하고 그 부족금액이 실사보고서상의 중대하고 명백한 오류 또는 누락으로 인하여 발생한 경우에 한하여 아래와 같은 조건으로 인수대금의 조정을 요청할 수 있다.
   (1) 인수대금 조정의 대상은 실사결과금액이 [ ] 실사금액보다 부족한 금액 중 [ ] 실사금액의 5%를 초과하는 금액으로 제한한다. 다만, 위 부족금액이 5%를 초과하는지 여부를 판단함에 있어서 개별원인으로 인한 부족분이 1억원 이하인 사항은 포함하지 아니한다.
   (2) 인수대금 조정의 최대한도는 인수자가 제출한 입찰서에 기재된 입찰금액의 5%로 한다.
2. 제 1 항에 의한 조정의 대상이 되는 자산과 부채의 부족금액은 실사보고서상 중대하고 명백한 오류나 누락에 의한 것에 한정되며, 채권의 회수여부, 자산의 사용수용가치 또는 판매가치의 하락, 판매보증 또는 하자보증 등 평가에 관한 사항은 조정대상이 되지 않는다.
3. 인수자는 어떠한 경우에도 조세를 포함하여 정리회사의 여타 가능한 모든 우발채무를 이유로 인수대금의 조정을 요청할 수 없다.
4. 인수자가 제 1 항에 의한 인수대금의 조정을 요청하기 위하여는 실사종료일로부터 4일 이내에 조정사유와 근거자료 및 조정요청 금액을 기재한 인수대

금 조정요청서를 정리회사에게 제출하여야 한다. 인수자가 실사 종료일로부터 4일 이내에 인수대금 조정요청서를 정리회사에 제출하지 않는 경우 제3조 제1항의 인수대금이 최종인수대금으로 확정된다.

5. 인수자가 제4항에 따라 인수대금 조정 요청을 한 경우 정리회사와 인수자는 인수자의 인수대금조정요청서에 대하여 그 타당성에 대한 검토를 마친 후 정리법원의 허가를 얻어 인수자의 인수대금 조정 요청일로부터 7일 이내(이하 "인수대금 조정기간")에 인수대금의 조정에 합의하여야 한다. 다만, 정리회사와 인수자 간에 인수대금의 조정에 관하여 합의가 이루어지지 아니하여 인수대금의 조정을 위하여 인수대금 조정기간을 연장할 필요가 있는 경우에는 인수자와 정리회사가 협의하여 정리법원의 허가를 얻은 경우에 한하여 5일 범위 내에서 인수대금 조정기간을 연장할 수 있다.
6. 제5항에도 불구하고 인수대금 조정에 대한 합의가 인수대금 조정기간 내에 이루어지지 않을 경우 정리법원이 정리회사와 인수자의 의견을 들어서 합리적으로 결정하는 바에 따라 인수대금이 확정된다.

제7조(투자계약의 체결 및 계약금의 납입)

1. 정리회사와 인수자는 제5조에 의한 실사 완료 후 제6조에 따라 인수대금이 확정되는 경우 그 확정일로부터 5일 이내에(이하 "투자계약 체결기간") 본 양해각서의 내용을 반영한 투자계약을 체결하여야 한다. 다만, 정리회사와 인수자가 투자계약 체결기간 연장을 합의하여 정리법원의 허가를 얻은 경우에 한하여 5일 범위 내에서 투자계약 체결기간을 연장할 수 있다.
2. 투자계약 체결시 제6조에 따라 확정된 인수대금을 최종인수대금으로 한다. 기타 투자조건은 본 양해각서 제3조와 정리법원의 허가를 얻은 조건에 따른다.
3. 인수자는 투자계약 체결 전까지 계약금으로 최종인수대금의 10%를 정리회사가 지정하는 정리회사 명의의 은행계좌에 예치하여야 한다. 제4조 제1항의 이행보증금 및 그 발생이자는 위 계약금에 충당한다. 인수자는 정리회사가 위 계약금에 관한 예금반환청구권에 대하여 인수자를 질권자로 하는 질권을 설정함과 동시에 그 예치의무를 이행하여야 한다.

제8조(최종인수대금의 납입)

인수자는 회사정리계획의 변경이 필요한 경우에는 회사정리계획변경계획안을 결의하기 위한 관계인집회기일의 3영업일 전까지, 회사정리계획의 변경이 필요하지 않은 경우에는 정리회사와 투자계약을 체결한 날로부터 30일 이내에 정리회사가 지정한 정리회사 명의의 은행계좌에 최종인수대금 전액을 예치하여야 한다(예치된 계약금 및 그 발생이자는 이에 충당한다). 인수자는 정리회사가 위 인수대금에 관한 예금반환청구권에 대하여 인수자를 질권자로 하는 질권을 설정함과 동시에 그 예치의무를 이행하여야 한다.

제 9 조(비밀유지)

1. 일방 당사자는 상대방의 동의 없이 본 양해각서의 체결과정, 내용, 이행과정 및 본 거래와 관련하여 지득한 비밀정보를 각자가 계약에 따라 선임한 자문사 이외의 제 3 자가 알게 하여서는 아니 된다. 다만, 관계법령 및 감독기관에 의하여 요구되거나, 법원의 재판에 의하여 요구되는 경우에는 그러하지 아니한다.
2. 인수자는 본 양해각서의 체결 및 이행과 관련하여 얻은 정보(실사를 통하여 얻은 정보 포함)를 투자계약 체결의 결정을 위해서만 사용하여야 하며, 그 이외의 목적이나 용도로 위 정보를 사용하여서는 아니 된다.
3. 인수자는 인수자와의 계약에 따라 선임된 인수자의 자문사로 하여금 본 조의 비밀유지의무를 준수하도록 하여야 하며, 이들의 비밀유지의무위반에 따른 책임을 직접 부담한다.
4. 정리회사가 본 거래 추진을 위한 정리법원에의 보고, 채권자와의 협의 등을 위해 불가피하게 제 3 자에게 본 거래 관련 자료 및 진행 상황 기타 정보를 제공하는 것은 본 조의 비밀유지 의무의 예외사항으로 한다. 단, 본 양해각서의 내용은 인수자의 동의가 없는 한 채권자에게 제공하거나 공개할 수 없다.
5. 투자계약이 체결되지 않고 본 양해각서가 종료되는 경우에는 인수자는 본 거래와 관련하여 얻은 정보를 신속히(그러나 어떠한 경우에도 인수자가 본 거래로부터 배제된 때로부터 2주 이내에) 모두 폐기하여야 하며, 인수자를 통해 제 3 자가 이러한 정보를 보유하고 있는 경우에는 인수자는 당해 제 3 자로 하여금 그 정보를 폐기하도록 할 책임을 부담한다.

제10조(양해각서의 효력 등)

1. 본 양해각서는 정리회사와 인수자의 체결 후 정리법원의 허가를 얻은 날에 효력이 발생하며, 다음 사항 중 어느 하나가 도래하는 경우에는 자동 실효한다.
   가. 투자계약이 체결될 경우
   나. 본 양해각서가 해제되는 경우
   다. 제 7 조 제 1 항에 정한 투자계약 체결기간(다만, 기간이 연장되면 그 기

간까지) 내에 투자계약이 체결되지 아니하는 경우

2. 인수자가 다음 각 호의 사유를 포함하여 본 양해각서를 불이행하고, 인수자가 정리회사의 최고통지 수령일로부터 5일 이내에 이를 치유하지 못하는 경우 정리회사는 인수자에 대한 서면통지로써 본 양해각서를 즉시 해제할 수 있다. 다만, 마호에 해당하는 경우에는 정리회사는 인수자에 대한 서면통지로 본 양해각서를 즉시 해제할 수 있다.
   가. 인수자가 투자계약의 체결을 포기한 경우
   나. 인수자가 우선협상대상자의 지위를 포기하거나 인수자의 귀책사유로 이를 상실하는 경우
   다. 인수자의 귀책사유로 투자계약이 체결되지 않는 경우
   라. 인수자가 본 양해각서에서 정한 의무를 이행하지 않은 경우
   마. 정리회사에 대한 회사정리절차가 개시될 당시의 대주주 또는 그와 회사정리등규칙 제42조 소정의 특수관계에 있는 주주("구사주 및 그 특수관계인")의 자금이 직,간접적인 자금투자나 자금조달지원 등의 방법으로 관여되었거나, 구사주 및 그 특수관계인이 우선협상대상자로 선정된 경우 또는 본 거래에 직접적으로 참여하지 않았더라도 실질적인 입찰참가자인 사실이 밝혀지는 경우

3. 본 양해각서 조항 중 제 2 조 제 2 항, 제 4 조 제 3 항, 제 9 조, 제10조, 제11조 및 제16조는 본 양해각서가 효력을 상실하는 경우에도 그 효력을 유지한다.

제11조(면책)

인수자는 본 양해각서가 해제될 경우 제 4 조에 의한 이행보증금의 정리회사에의 귀속 또는 인수자에게의 반환 이외에 정리회사, 정리법원, 매각주간사 및 정리회사의 여타 자문사와 그 임직원을 포함한 어떠한 상대방에게도 여하한 원인으로도 손해배상을 추가로 청구할 수 없고, 기타 정리회사의 M&A를 방해할 수 있는 일체의 민사상, 형사상의 조치를 취하지 않기로 한다.

제12조(확약사항)

1. 인수자는 정리회사의 인수에 필요한 독점규제및공정거래에관한법률 등의 제반 법령에 의한 승인, 허가, 인가 등이 가능한 것으로 판단하고 본 양해각서를 체결하는 것이며, 본 양해각서 체결일의 다음 영업일로부터 30일 이내에 정리회사의 인수에 필요한 제반 법령의 승인, 허가, 인가 등을 득하고

그 결과를 정리회사에 통지하여야 한다. 다만, 관련 법령이 정하는 바에 따라 승인, 허가, 인가 등의 절차가 지연 또는 연장되는 경우 그에 필요한 기간을 감안하여 90일 범위 내에서 정리법원의 허가를 얻은 경우에 한하여 위 30일의 기간을 연장할 수 있다. 인수인이 그 기간 내(연장된 기간 포함)에 제반 법령에 의한 승인, 허가, 인가 등을 득하여 그 결과를 정리회사에 통지하는 못하는 경우에는 제10조 제 2 항에 따라 인수인의 귀책사유가 있는 것에 해당되어 제 4 조 제 4 항에 따른 위약벌의 제재를 받고 우선협상대상자의 지위가 상실될 수 있음을 충분히 인식하고 있으며, 본항의 내용을 투자계약에 반영하는데 동의한다.

2. 인수자는 투자계약의 체결, 최종인수대금의 납입, 정리담보권, 정리채권의 변제완료만으로 정리절차가 자동적 종결되는 것은 아니며, 정리회사에 대한 정리절차의 종결은 인수자가 본건 신주를 취득한 후 회사정리계획(회사정리계획이 변경되는 경우 회사정리계획변경계획)의 수행에 필요한 자금조달이나 경상이익의 실현 여부에 지장이 없다고 보여지는 등 재무적 건전성에 기초하여 관련 법률에 따른 정리법원의 최종판단에 따라 결정됨을 충분히 인식하고 있다.
3. 당사자는 [ ] 발행 주식 전부의 귀속에 관한 분쟁이 해결되어 그 소유권이 투자계약에 따른 최종인수대금의 예치일 이전에 정리회사에게 귀속될 수 있도록 한다.

제13조(고용보장)

1. 인수자는 본 양해각서 체결일 현재 정리회사에 재직하고 있는 근로자 등 임직원에 대하여 고용을 승계하고, 단체협약 및 근로조건에 관련된 정리회사의 제반 규정을 승계하는 내용을 투자계약에 포함시키는 것에 동의한다.
2. 전항에 따른 고용승계, 단체협약 및 근로조건에 관한 정리회사의 제반 규정의 승계에 관한 구체적인 조건은 별도로 합의하되, 인수자가 [ ]년 [ ]월 [ ]일자 입찰시 제출한 경영계획서에 포함된 내용보다 정리회사 및 정리회사에 재직중인 근로자 등 임직원에게 불리한 내용이 되어서는 아니된다.

제14조(지위의 양도 제한)

인수자는 본 양해각서에 따른 우선협상대상자로서의 지위를 제 3 자에게 양도, 증여, 담보제공, 매각, 기타 어떠한 형태로든 처분할 수 없다.

제15조(컨소시엄 구성원의 변경 등)

1. 인수자는 [ ]년 [ ]월 [ ]일 제출한 입찰서상의 컨소시엄의 구성원 및 각 구성원의 투자금액을 변경(컨소시엄 구성원의 추가 또는 탈퇴 포함; 이하 동일)할 수 없다. 다만, 본 양해각서 체결 후부터 투자계약 체결 전까지 불가피한 경우에 인수자는 정리회사가 사전에 승인하고, 정리법원의 허가를 얻은 경우에 한하여 컨소시엄 구성원 또는 각 구성원의 투자금액을 변경할 수 있다. 그러나 어떠한 경우에도 컨소시엄 대표자를 변경하거나 그 투자금액을 줄일 수 없다.
2. 제1항에 따라 컨소시엄 구성원이 변경되는 경우 컨소시엄 신규 구성원에 대하여도 본 양해각서상의 모든 권리와 의무가 적용된다.

제16조(기타사항)

1. 본 양해각서는 정리회사와 인수자 사이에 법적인 구속력이 있는 것으로 한다. 본 양해각서에서 정리회사에 대한 언급은 문맥에 따라 정리회사 주식회사 [ ] 또는 그 관리인을 의미하는 것으로 한다.
2. 본 양해각서에서 언급되지 않은 사항은 회사정리법과 정리법원의 회사정리 실무준칙 및 정리회사 M&A에 관한 일반적인 관행 등의 취지를 고려하여 정리회사와 인수자가 합의하여 정리법원의 허가를 얻어 정한다.
3. 인수자의 컨소시엄의 대표자는 [ ]로 한다. [ ]는 다른 컨소시엄 구성원을 대표 또는 대리하여 계약체결 및 기타 필요한 사항을 협상하고 결정할 정당한 권한이 있음을 진술 및 보장하며, 컨소시엄 구성원 전원이 본 양해각서를 준수할 것임을 보장한다. 인수자의 구성원들은 입찰과 관련하여 대외적으로 정리회사 등에 대한 관계에서 입찰조건의 이행 및 입찰대금의 납부의무 등 인수자에 요구되는 모든 의무와 책임을 공동으로 부담하고 연대하여 이행할 것에 동의한다.
4. 인수자는 본 양해각서 체결일로부터 투자계약 체결 시까지 또는 본 양해각서가 해제되는 시점까지 정리회사의 임직원으로 하여금 심리적 또는 업무적으로 동요하게 하는 어떠한 행위도 하여서는 아니 된다.
5. 본 양해각서는 정리회사의 인수와 관련하여 정리회사(매각주간사 포함)과 인수자 사이에 교환된 이전의 모든 구두상 및 문서상(인수자의 입찰서류 포함)의 내용에 우선한다. 다만, 본 항에도 불구하고 비밀유지계약서, 재무정보추가자료 수령 확약서, 이해상충방지확약서 및 확인서는 그 효력을 계속

유지한다.

6. 본 양해각서 체결 이후 본 거래와 모든 통지는 달리 합의되지 않는 한 서면으로 함을 원칙으로 하고, 컨소시엄 대표자에 의한, 또는 컨소시엄 대표자에 대한 서면 통지는 컨소시엄 구성원 전원에 대하여 효력이 있는 것으로 한다.
7. 본 양해각서의 체결 및 이행과 관련하여 발생하는 비용은 각자의 부담으로 한다.
8. 본 양해각서는 한글로 작성한다. 다만, 인수자가 한글본에 추가하여 한글본과 내용이 일치한다는 증명이 첨부된 영문본 양해각서를 제출할 수 있으며 정리회사는 인수자의 참조나 편의상 이를 서명할 수 있으나, 한글본과 영문본 사이에 해석상의 차이가 존재하는 경우 언제나 한글본이 우선하며, 그 차이로 인한 모든 위험은 인수자가 부담한다.
9. 본 양해각서의 준거법은 대한민국법으로 한다.
10. 본 양해각서와 관련된 당사자간의 분쟁은 서울중앙지법을 제1심 관할법원으로 한다.
11. 본 양해각서의 이행, 투자계약의 체결 또는 정리회사의 정리계획 변경계획안의 심리, 결의 등의 과정에서 정리법원이 의견을 제시하는 경우, 정리회사와 인수자는 각자의 권리의무에 실질적인 변동을 초래하지 않는 범위 내에서 이를 최대한 수용하기로 한다.
12. 본 양해각서에 따라 인수자가 정리회사에게 예치하여야 하는 이행보증금, 계약금, 인수대금은 원화인 현금 또는 시중은행 발행의 자기앞수표로 정리회사가 지정하는 정리회사 명의의 은행계좌에 예치하여야 한다.

위 합의가 유효하게 성립되었음을 증명하기 위하여 양해각서 3통을 작성하고 상호 서명날인한 후 각 1통씩 보관하며, 나머지 1통은 정리법원에 제출한다.

별첨: 1. 자산/부채 실사가치 평가기준

2. 질권설정계약서(안)

(별첨 1)

자산/부채 실사가치 평가 기준

1. 기본 원칙 및 합산재무제표 작성기준

가. 실사가치 평가의 대상은 회사와(주) 그리고 [ ]의 실사기준일([ ]) 현재의 자산과 부채로 하며, 다음에서 기술하는 방법에 따라 작성된 회사와(주) 그리고 [ ]의 합산대차대조표(이하 "합산재무제표"라고 함)의 자산과 부채를 기준으로 함

나. 합산대조표는 i)실사기준일 현재 회사의 대차대조표와 [ ]의 대차대조표를 합산하고 투자계정과 자본계정의 상계, 두 회사간 내부거래로 인한 채권. 채무의 상계 및 내부미실현손익의 제거 등의 절차를 거쳐 재작성대차대조표를 작성하고 ii) 동 재작성대차대조표에 실사기준일 현재 [ ]의 대차대조표를 합산하고 [ ] 포함와 [ ]간의 거래로 인한 채권.채무 및 내부미실현손익을 제거하여 작성함.

다. [ ]과 [ ]의 회계연도는 12월 31일로 종료하는 바, 회사의 회계연도와 일치시키기 위하여, [ ]을 결산일로 가결산하여 작성된 대차대조표를 기초로 하여 합산대차대조표를 작성함.

라. [ ]의 재무제표 표시통화는 일본엔(이하 "JPY"이라 함)인 바, 자산과 부채는 실사기준일 현재의 매매기준율(100JPY당 [ ]원)로, 자본금은 설립일 현재 역사적 환율(100JPY당 [ ]원), 그리고 손익계산서는 해당기간의 평균환율([ ]로 종료하는 12개월기간 …:)을 적용하여 환산하고, 이에 따른 대차대조표상 차변잔액과 대변잔액의 차액은 해외사업환산차대의 과목으로 자본조정계정으로 함.

1. 자산/부채 평가 세부 원칙

자산 및 부채에 대한 실사가치 평가기준은 다음에서 상세히 서술하는 바와 같으며, 별도의 설명이 없는 경우 대한민국 기업회계기준에 따른다.

가. 현금 및 현금등가물, 장·단기금융상품

현금 및 현금등가물, 장·단기금융상품에 대해서는 명세서 확인 및 담당자 면담 등 의 방법을 통하여, 회사 재무제표상 금액의 적정성을 평가하고 수익증권은 실사기준일 현재 자산운용협회가 고시하는 기준가격을 적용하여

평가함.

나. 매출채권

개별분석(부실거래처에 대한 매출채권)과 채권의 계속적 회수여부 및 연령분석(일반거래처) 등의 방법으로 회수가능금액을 평가함.

다. 재고자산

재고자산은 총평균법(미착품은 개별법)에 의한 취득원가로 평가하고, 재고자산의 순실현가능가액이 취득원가보다 하락한 경우에는 순실현가능가액으로 평가함.

라. 기타 유동자산

미수금, 미수수익, 단기대여금은 거래처별로 회수가능성을 개별 분석하여 평가하고, 제예금관련 미수이자수익 및 선급보험료는 이자수익 및 지급보험료의 회계기간 구분에 대한 재계산 절차를 통해 적정성을 검토함.

마. 유가증권 및 투자유가증권

시장성 있는 주식은 실사기준일 현재의 종가로, 시장성 없는 주식 및 출자증서 등은 기업회계기준에 따라 평가하고, 채무증권은 취득원가로 평가함.

바. 기타 투자자산

기업회계기준에 따라 평가함.

사. 유형자산

회사의 토지, 건물, 구축물 및 기계장치는 [ ] 기준 감정평가법인의 감정평가액을 기초로, 토지는 감정평가일 이후 공시지가 상승률을 적용하고 건물, 구축물 및 기계장치는 감정평가일 이후 자본적지출 및 감가상각비를 고려하여 평가함. 토지, 건물, 구축물 및 기계장치를 제외한 유형자산은 기업회계기준에 따라 평가함. [ ]의 유형자산은 취득원가에서 계정과목별 경제적 내용연수에 따라 계산된 감가상각누계액을 차감한 잔액으로 함.

아. 무형자산

무형자산에 대해서는 명세서 검토 및 담당자 면담 등을 통하여 잔액 및 상각액 계산의 적정성을 검토함.

자. 공익채무

유동부채는 명세서 검토 및 분석적 검토 등을 통하여 잔액의 적정성을 평가함. 퇴직급여충당금은 실사기준일 현재 전 임직원이 퇴직할 경우, 회사의 규정에 의하여 지급하여야 할 금액을 계산하여 평가함.

차. 정리채무

정리담보권 채무 및 정리채무는 회사의 회사정리계획을 기초로 회사 담당자와의 면담 및 관련 증빙 검토 등을 통하여 회사정리계획 인가 이후 변동내역을 파악하고, 장부상 정리담보채무 및 정리채무 금액의 적정성을 평가함. 또한 상환스케줄에 따른 유동성 대체금액의 적정성을 검토함.

카. 우발손실충당금. 우발채무

보증채무 및 정리채권확정소송에 대해서 회사정리계획 인가 이후의 변동내역을 파악하고, 실사 기준일 현재의 보증잔액 및 소송가액을 확인하여 회사 제시 우발손실충당금의 적정성을 평가함. 기타 우발채무는 그 발생가능성 및 금액을 합리적으로 추정하여 평가함.

(별첨 2)

질권설정계약서(안)

본 질권설정계약(이하 "본 계약"이라 한다)은 아래 당사자들 사이에 다음과 같이 체결되었다.

질권설정자: 정리회사 주식회사 [ ]

질 권 자: [ ] 컨소시엄

제 1 조(목적)

[ ] 실시된 질권설정자의 M&A(이하 "본 거래")을 위한 입찰에서 우선협상대상자로 선정 통보 받은 질권자는 양해각서에서 정한 바에 따라 이행보증금으로 금 [ ]을 질권설정자 명의의 [금융기관명] 예금계좌(이하 "본건 예금계좌")(예금의 종류: [ ], 계좌번호: [ ])에 예치할 예정인바, 본 계약은 양해각서에 따른 질권자의 이행보증금 반환채권을 담보하기 위하여 질권설정자의 본건 예금계좌에 예치된 별첨 2-1에 기재된 예금의 청구권(이하 "본건 예금채권")에 질권을 설정함을 목적으로 한다.

제 2 조(질권설정)

질권설정자는 질권자가 이행보증금 [ ]을 예치함과 동시에 본건 예금채권에 관하여 확정일자 있는 별첨 2-2 양식의 질권설정 승낙신청서에 따라 [금융기관명]으로부터 질권설정에 관한 적법한 승낙을 받아 본건 예금채권에 관한 예금증서 또는 예금통장과 함께 이를 질권자에게 인도한다.

제 3 조(질권설정자의 의무)

1. 질권설정자는 본 계약의 존속기간 중 본건 예금채권을 타인에게 양도하거나 기타 질권자의 권리실행을 방해하는 일체의 행위를 하여서는 아니된다.
2. 질권설정자는 본건 예금채권이 세금의 체납 등으로 인하여 압류되거나 또는 [금융기관명]과의 사이에 상계될 상태에 놓여 있지 않도록 하여야 한다.

제 4 조(질권의 효력범위)

본 계약에 의한 질권의 효력은 본건 예금채권에서 발생하는 이자에도 미친다.

제 5 조(예금계약의 갱개)

본건 예금채권이 [금융기관명]과의 예금약정에 의하여 갱개되었을 경우 갱개된 예금채권 상에도 본 계약에 따른 질권의 효력이 미치며, 이 경우 질권설정자는 즉시 갱개된 예금채권에 대하여 제 3 자조에 정한 방식에 따라 질권자 명의로 질권을 설정해 주도록 한다.

제 6 조(계약금 및 최종 인수대금의 추가예치에 따른 본 계약의 변경)

질권설정자와 질권자 사이에 본 거래를 위한 투자계약이 체결되어 질권자가 계약금 및 최종인수대금으로 추가적인 금원을 본건 예금계좌 또는 질권설정자가 지정하는 질권설정자 명의의 다른 예금계좌에 예치하는 경우, 질권설정자는 추가 예치와 동시에 예치된 금원 전부에 대해 본 계약과 동일한 방식 및 조건으로 질권을 설정하여 주기로 한다.

제 7 조(질권의 존속기간)

1. 본 계약에 의한 질권의 존속기간은 투자계약에 따라 질권설정자가 발행하고 질권자가 인수하는 본건 신주 및 본건 회사채의 인수대금 납입일 전일까지로 한다.
2. 질권자는 본 계약에 의한 질권의 존속기간이 종료된 경우, 이러한 사실을 [금융기관명]에 즉시 통지하도록 한다.

제 8 조(질권종료 후 본건 예금채권의 처리)

1. 본 계약에 의한 질권의 존속기간이 종료된 경우 본건 예금계좌에 예치된 예

금채권의 원금은 투자계약에 따라 발행되고 질권자가 인수하는 본건 신주 및 본건 회사채의 인수대금으로 전환된다.

2. 본 계약에 의한 질권의 존속기간이 종료하기 이전에 양해각서가 해제 또는 실효되는 경우, 본건 예금채권에 대한 처리는 제 9 조에 의하기로 한다.

제 9 조(질권의 행사 및 말소)

1. 양해각서가 양해각서 제10조 제 2 항에 의하여 또는 기타 질권자의 귀책사유에 의하여 해제되는 경우, 본건 예금채권에 대한 질권은 자동 소멸되며 발생이자와 함께 위약벌로서 질권설정자에게 귀속되는 것으로 한다. 이를 위하여 질권자는 본 계약 체결 시 질권해지 동의서 등 질권설정자가 요구하는 서류를 질권설정자에게 교부하여야 하며, 질권설정자는 질권자의 귀책사유에 의하여 양해각서가 해제되는 경우에 한하여 당해 서류를 사용하도록 한다.
2. 질권자는 본 조 제 1 항 이외의 사유로 양해각서가 해제되거나 실효된 경우, 본건 예금채권에 대한 질권을 즉시 행사하여 본건 예금채권의 원금과 발생이자를 포함한 전부를 수령할 수 있다.

제10조(완전합의)

본 계약은, 양해각서(양해각서와 동일자 또는 그 이후에 체결되는 부속계약이 있는 경우에는 그 부속계약 포함)와 함께, 본 거래와 관련된 이행보증금의 예치, 질권설정, 귀속 또는 반환 등과 관련한 최종적인 서면합의로서 양해각서 및 본 계약 체결 이전에 양 당사자간에 이루어진 제반 합의에 우선한다.

제11조(해석)

본 계약의 내용 중 불명확한 사항에 대해서는 양 당사자간 협의에 따르며, 양 당사자간 협의가 이루어지지 않는 경우에는 관련 법령 및 일반적인 상관례에 따른다.

제12조(관할합의)

본 계약과 관련된 모든 행위에 대해서는 대한민국법이 적용되며 대한민국법에 따라 해석된다. 본 계약과 관련하여 분쟁이 발생한 경우에는 각 당사자가 원만히 해결하도록 노력하되 합의되지 아니할 경우에는 서울중앙지법을 전속적합의 관할법원으로 한다.

본 계약의 성립을 증명하기 위하여 본 계약서를 3통 작성하고 각 서명 날인한 후 각 1통씩 보관하며, 1통은 서울중앙지법 파산부에 제출하기로 한다.

년 월 일

질권설정자: 정리회사 주식회사 [ ]

질 권 자 :

(별첨 2-1)

질권의 목적인 예금채권의 표시

금융기관명 (지점명)	예금종별	예금주	계좌번호	금액	만기일

(별첨 2-2)

질권설정 승낙신청서

귀 [금융기관명]에 대한 아래 표시 예금에 대하여 다음과 같이 질권을 설정하고자 하오니 승낙하여 주시기 바랍니다.

가. 질권자는 아래 표시 예금에 관한 질권 행사 시 질권설정자의 질권행사동의서를 첨부키로 하며, 질권자가 질권행사동의서 없이 질권행사를 청구할 경우 질권승낙자는 아래 예금에 대한 원리금을 법원에 공탁하기로 한다.

나. 아래 예금은 질권 실행·해지 또는 법원 앞 공탁 시까지는 입출금이 없는 것으로 한다.

—아 래—

금융기관명 (지점명)	예금종별	예금주	계좌번호	금액	만기일

* 승낙자 특약사항: 승낙자는 어떠한 경우에도 승낙자의 질권설정자에 대한 채권을 자동채권으로 하여 위 계좌의 원리금 반환채무와 상계하지 아니한다.

년 월 일

질권설정자: 정리회사 주식회사 [ ]

질 권 자:

[금융기관명] 귀중

당 [금융기관명]은 위와 같은 질권설정 및 특약사항을 승낙합니다.

2005년 월 일

승낙자:

질권자:

[실제사례 4-1: MOU]

Draft

MEMORANDUM OF UNDERSTANDING

This Memorandum of Understanding (the "MOU") is made and entered into as of this __th day of [ ], by and among [ ], a [ ] corporation ("[ ]"), [ ] (the "Company") and [ ]., a Korean chusik hoesa("[ ]").

The purpose of this MOU is to set forth in writing the understanding of [ ], the Company and [ ] in selling and purchasing all assets of the Company and certain other assets of [ ] necessary for the Company's [ ] business.

1. DEFINITIONS

In this MOU, the following expressions shall have the following meanings:

"**Assets**" is defined in Section 2.1 hereof.

"**Buyer**" means [ ];

"**Contract Deposit**" is defined in Section 4.1 hereof;

"**Current Assets**" means all items of the Company classified as current assets under U.S. GAAP;

"**Current Liabilities**" means all items classified of the Company as current liabilities under U.S. GAAP;

"**Group**" means the Company and [ ];

"**Information**" means any confidential information relating to any member of the Group including, without limitation, all documents and other information, which contain or reflect or are generated from such information;

"**Interim Purchase Price**" is defined in Section 3.1 hereof;

"**Interim Purchase Price for Non Current Assets**" is defined in Section 3.1 hereof;

"**Interim Purchase Price for Working Capital**" is defined in Section 3.1 hereof;

"**Purchase Price**" is defined in Section 3.4 hereof;

"**Purchase Price for Non Current Assets**" is defined in Section 3.2 hereof;

"**Purchase Price for Working Capital**" is defined in Section 3.3 hereof;

"**Sale and Purchase Agreement**" means the definitive sale and purchase agreement which shall be entered into between the Buyer and the Seller in relation to the Transaction;

"**Seller**" means the Company and/or [ ], as applicable;

"**Transaction**" means the acquisition by the Buyer of the Assets contemplated by this MOU; and

"**Working Capital**" means the difference of the Company's level of Current Assets and Current Liabilities as at any specific date.

2. SALE AND TRASNFER OF ASSETS

2.1 Subject to the execution of the Sale and Purchase Agreement, the Seller shall sell and the Purchaser shall purchase the following assets relating to [ ] business of the Company (the "Assets"):

(a) all fixed assets of the Company;

(b) the factory buildings and related structures used by the Company and owned by the Company or [ ];

(c) certain intangible assets of the Company (including trademarks, patents, copyrights, technical assistance agreements, intellectual property);

(d) sales/distribution network of the Company;

(e) certain contracts to which the Company and/or [ ] is a party (including sales and purchase contracts, business-related service contracts and land lease contract);
(f) long term investments of the Company;
(g) the Working Capital of the Company as at the date of completion of the Transaction;
(h) the shares in the Company's overseas subsidiaries owned by the Company; and
(i) all other assets of the Company which are necessary in operating the Company's [ ] business;

provided, however, that certain assets of the Company may be excluded from the Assets in accordance with the agreement between the Buyer and the Seller.

2.2 Subject to the execution of the Sale and Purchase Agreement, the Buyer shall employ, immediately following the completion of the Transaction, all of the Company's employees on substantially the same(or superior) terms and conditions of employment as are in effect with the Company immediately prior to the completion of the Transaction. The Buyer shall employ all such employees for at least two years from the date of completion of the Transaction.

2.3 The schedule as presently contemplated by the parties for the completion of the Transaction is as follows:

Event	Target Date
Completion of Due Diligence Process	[ ]
Execution of the Sale and Purchase Agreement	[ ]
Completion	[ ]

3. PURCHASE PRICE AND ADJUSTMENT

3.1 In consideration for the sale and purchase of the Assets from the Seller to the Buyer as contemplated hereunder, the Buyer shall pay to the Seller a sum of (i) [ ] U.S. Dollars (US$[ ])(the "Interim Purchase Price for Non Current Assets") and (ii) the Working Capital of the Company as at [ ], less any current assets deemed to be uncollectable, impaired or obsolete (the "Interim Purchase Price for Working Capital," together with the Interim Purchase Price for Non Current Assets, the "Interim Purchase Price"), in cash or other same day available funds on the date of completion of the Transaction.

3.2 The Interim Purchase Price for Non Current Assets may be adjusted as a result of the Buyer's financial legal and environmental due diligence findings. In particular, if any investment in the Assets, including, but not limited to, the purchase of any additional asset, is made by the Seller but has not been reflected in the balance sheet of the Company as at [ ], the Interim Purchase Price for Non Current Assets shall be adjusted to include the value of such investment. Notwithstanding the foregoing, the Interim Purchase Price for Non Current Assets may be adjusted downward, proportionately based on the ratio used for the calculation of the Interim Purchase Price for Non Current Assets, if and only if any item included in the Assets is, as at the date of completion of the Transaction, (i) missing, (ii) not workable or (iii) not relevant to the Company's business. For the avoidance of doubt, the depreciation in value of any such item in accordance with U.S. GAAP or otherwise shall not affect the Interim Purchase Price for Non Current Assets. The Interim Purchase Price for Non Current Assets adjusted in accordance with this Section 3.2 shall be referred to as the "**Purchase Price for Non Current Assets.**"

3.3 The Working Capital of the Company as at the date of completion of the Transaction, less any current assets deemed to be uncollectable, impaired or obsolete shall be referred to as the "**Purchase Price for Working Capital.**"

3.4 The Buyer shall pay to the Seller the sum of the Purchase Price for Non Current Assets and the Purchase Price for Working Capital (the "**Purchase Price**") less the Interim Purchase Price at least within one month after the date of completion of the Transaction pursuant to the balance sheet as of the closing date of this Transaction. Other detailed payment terms and capital/funding structure will be finalized after the due diligence has been completed.

3.5 The Buyer shall use its best endeavours to obtain all necessary funding in order to complete the Transaction by the date specified in Section 2.3 above.

4. CONTRACT DEPOSIT

4.1 Within five(5) business days after the execution of this MOU, the Buyer shall remit to an account designated by the Seller a deposit in the amount of [ ] U.S. Dollars(US$[ ])(the **"Contract Deposit"**).

4.2 If the parties fail to complete the Transaction due to a cause attributable to the Seller, the Contract Deposit shall be returned to the Buyer; and if the parties fail to complete the Transaction due to any other reason other than force majeure, the Contract Deposit shall be forfeited in favour of the Seller.

5. CONDITIONS

The completion of the Transaction shall be subject to the satisfaction and/or waiver of the following conditions:

(a) completion to the reasonable satisfaction of the Buyer of financial, legal and environmental due diligence review of the Company;

(b) receipt of all applicable regulatory and other third party authorisations, consents and/or approvals (other than those authorisations, consents, approvals required in [ ]);

(c) negotiation and execution to the reasonable satisfaction of the Buyer and the Seller of legal documentation including, without limitation, the Sale and Purchase Agreement; and

(d) the Company having carried on its businesses in the ordinary and usual course from the date of this MOU and no material adverse change having occurred in any of the business, condition (financial or otherwise), operations, performance, properties or prospects of the Company.

6. DUE DILIGENCE

The Seller acknowledges that the Buyer will need the opportunity to proceed with an appropriate and reasonable due diligence review of the Company. The Seller agrees to use its best endeavours to procure that the Company co-operates with the Buyer and its advisers and provides access to those employees that the Buyer may reasonably require and to those assets, documents and records within the possession or control of the Seller that the Buyer and/or its advisers may reasonably require as part of its due diligence review. Such due diligence exercises shall start as soon as possible but subsequent to the signing of the confidentiality agreement by the parties

7. CONFIDENTIALITY AND DISCLOSURE

7.1 The terms and conditions described in this MOU (including any possible transaction between the parties, the existence of this MOU or any of the terms, conditions or other aspects of the Transaction) and any non-public information provided by the Seller or the Buyer for the purposes of the Transaction shall be confidential and shall not be disclosed by any party to a third party except as required by law, a court of competent jurisdiction, regulatory authority or by the rules of any stock exchange by which either of the Seller/the Buyer is bound. Notwithstanding the foregoing, nothing in this paragraph shall restrict each party from disclosing to its related entities and/or professional advisers any non-public information for the purposes of the completion of this Transaction, provided that such entities/advisers agree to keep such information confidential on a basis similar to that provided in this Section 7. Where disclosure (other than disclosures permitted pursuant to the foregoing) is so required, the parties shall consult in good faith about the terms of the disclosure. Notwithstanding the foregoing, the obligations by the Buyer and the Seller set out in this paragraph herein shall expire on the date 12 months after the date of this MOU unless otherwise agreed upon in the definitive Sale and Purchase Agreement.

7.2 Except and to the extent required by law, without the prior written consent of the other party, neither the Buyer nor either the Seller will, and each will direct its representatives not to make any public comment, statement, or communication with respect to, or otherwise to disclose or to permit the disclosure of the existence of discussions regarding the Transaction between the parties or any of the terms or any other aspects of the Transaction. Notwithstanding the foregoing, the Seller has the right to notify its creditors of the existence or the terms of this MOU.

8. EXCLUSIVITY

8.1 In consideration of the Buyer's proceeding with the assessment of the Transaction:

(a) The Seller represents to the Buyer that none of the Seller or any of the Seller's affiliates is now directly or indirectly in discussion or negotiation with any person except the Buyer for the sale, transfer or other disposal of any or all of the shares or Assets of the Company and this representation is deemed repeated on each day during the period of 70 days from the date of this MOU (the **"Lock-Out Period"**); and

(b) During the Lock-Out Period, the Seller must not, directly or indirectly (and will procure that none of the Seller's affiliates will directly or indirectly):
enter into or be involved in any discussion or negotiation with any person except the Buyer relating to a sale, transfer or other disposal of any or all of the shares or Assets of the Company; disclose any Information to any person except the Buyer for the purpose of or in connection with selling, transferring or disposing of any or all of the shares or Assets of the Company; or enter into any agreement or arrangement with any person except the Buyer relating to the sale, transfer or other disposal of any or all of the shares or Assets of the Company.

(c) The Seller agrees to use its best endeavours to ensure that during the Lock-Out Period none of its advisers or the advisers of any of the Seller's affiliates will directly or indirectly do any of the things described in Section 8.1(b)(i) to (iii).

8.2 Notwithstanding any provision to the contrary in this MOU, nothing in this Section 8 constitutes an agreement to negotiate or agree.

8.3 The Seller acknowledges that in reliance on the representations and agreement contained in Section 8.1, the Buyer will be incurring costs in connection with its assessment of the Group and/or the Transaction.

8.4 The Seller shall not be bound by the exclusivity obligation under this Section 8, if the Contract Deposit is not remitted in accordance with Section 4. 1.

9. NEGOTIATIONS IN GOOD FAITH

Each of the Buyer and the Seller agrees that it will make its best efforts, and instruct its respective advisers to make their best efforts, to perform all acts and things as would be required to complete the Transaction. Subject to the foregoing, until signing of the Sale and Purchase Agreement, each of the Buyer and the Seller may break off the negotiations at any time without thereby incurring any liability to the other or to the Company beyond the obligations provided for in this MOU.

10. COSTS AND TAXES

10.1 Each of the Buyer and the Seller shall bear the costs which it has respectively incurred (or may respectively incur) at any time in connection with pursuing and completing the Transaction(including any broker's or finder's fees and expenses of its representatives).

10.2 Each of the Buyer and the Seller shall bear any and all taxes (including VAT) assessed against it in connection with the Transaction, in accordance with applicable laws.

11. NON-BINDING EFFECT

Each of the Buyer and the Seller agrees that this MOU:

(a) does not constitute an offer or an agreement to negotiate;

(b) merely sets out the terms and conditions upon which the Buyer and the Seller agree to carry on discussions regarding the Transaction and is not intended to be comprehensive as to the terms of the Transaction; and

(c) does not constitute legally binding obligations of either the Buyer or the Seller (except that Sections 4, 7 to 10, 13 and this Section 11 shall be legally binding on each of the Buyer and the Seller even upon termination of this MOU).

12. ENTIRE AGREEMENT

This MOU constitutes the entire agreement between the parties, and supersedes all prior or written agreements, understandings, representations and warranties, and courses of conduct and dealing between the parties on the subject matter hereof.

13. GOVERNING LAW AND DISPUTE RESOLUTION

This MOU shall be governed by and construed in accordance with the laws of England; provided, however, that the application of any mandatory provisions of the laws of the Republic of Korea shall not be prejudiced. Any dispute which may arise out of or in connection with this MOU (including without limitation the interpretation or performance hereof) shall be finally settled according to the Rules of Arbitration of the International Chamber of Commerce (the "Rules") by a single arbitrator appointed in accordance with the Rules. Arbitration shall be held in Hong Kong, and all proceedings shall be conducted in English. The decision of the arbitrator shall be final and binding on the parties hereto.

14. TERMINATION

This MOU will terminate and cease to have any further effect if: (i) the parties agree in writing; or (ii) the execution of the Sale and Purchase Agreement does not occur by [ ].

IN WITNESS WHEREOF, the parties hereto have executed this MOU as of the date first above written.

문제 20

매도인 A사는 첨부한 MOU초안을 보내왔다. 매수인 B사의 법률자문인 귀하의 comments는 무엇인가?

[draft]

MEMORANDUM OF UNDERSTANDING

This Memorandum of Understanding(this "**MOU**") made and entered into this 14th day of 1 Oct. 2010 by and between:

A, a corporation incorporated under the laws of the Republic of Korea, having its principal office at [ ], Korea("[ ]"), and

B, a corporation incorporated under the laws of the Republic of Korea, having its principal office at [ ]("[ ]").

A and B may be referred to individually as a "Party," and collectively as the "Parties."

WITNESSETH

WHEREAS, A owns 50% of the shares (the "**Sale Shares**") of T Corporation (the "**Company**")

WHEREAS, the Parties have recently entered into discussions in connection with the sale and purchase of the Sale Shares held by A to T;

WHEREAS, prior to commencing formal negotiations on terms and conditions of definitive agreements for the sale and purchase of the Sale Shares (the "**Transaction**"), the Parties hereto have agreed that it is in their mutual interest to enter into this MOU.

NOW, THEREFORE, subject to the conditions set forth below, the Parties hereto agree as follows:

1. SALE SHARES PURCHASE PRICE

Subject to the terms and conditions of the definitive agreements to be negotiated and entered into to give effect to the Transaction, B agrees to purchase from A the Sale Shares for a Price of [ ] Won("**Price**"), subject to the provisions of Section 4.1 below. The Parties acknowledge that the Price assumes no dividends to be paid with respect to the Company by the time of the completion of the Transaction("**Closing**"). The Parties also acknowledge that:

(i) the Price is subject to the approval of the Boards of Directors (and shareholders, if relevant) of the Parties; and

(ii) the Price shall not be adjusted except only in accordance with Section 4.1 hereof if the Closing does not occur by the end of [ ].

2. DEFINITIVE AGREEMENTS

The Parties acknowledge that as a result of pursuing the Transaction, the Parties and/or (if necessary) their related parties shall endeavour to enter into definitive agreements with each other and/or third parties; and the Parties agree to discuss and negotiate such definitive agreements in good faith and with the understanding that the definitive agreements will contain representations and warranties, indemnities, assurances or guarantees and other terms and conditions as agreed between the Parties.

3. ASSIGNMENT OF INDEMNIFICATION

A shall exercise its best efforts to have its rights to be indemnified from S("[ ]") under the Sale and Purchase Agreement dated [ ](provided that the cause for indemnification shall take place after the Closing), duly assigned to B at the execution of the definitive agreements. If A has failed to or it is reasonably anticipated that A is not able to obtain such assignment from S by the time of the execution of the definitive agreements, the Parties shall immediately enter into good faith discussions to find a solution which is reasonably satisfactory to B to minimize any additional risks that B might get to assume due to such non-assignment.

4. TERM AND TERMINATION

4.1 Term

This MOU shall continue in full force and effect until 31 Dec. 2010 (the "**Termination Date**"). This MOU may be extended by mutual agreement for an additional sixty(60) day period ("Extension Period") from the Termination Date.

If the Closing takes place during the Extension Period, to the extent the cause for such delay is attributable to B, then B shall pay the financial costs incurred by A during the Extension Period (the "**Financial Costs**"), which shall be equal to the interest accrued on the Price at a rate of [ ]% per annum based on the actual number of days elapsed and a year of 365 days, for a period from (and inclusive) 31 Oct. 2010 to (and inclusive) the day immediately preceding the date on which the Closing takes place. The Financial Costs shall be added to the purchase price at the time of the Closing under the definitive agreements.

If the Closing does not take place by the expiration of the Extension Period for a reason attributable to A, A shall pay B the Financial Costs incurred for a period from (and inclusive) 31 Oct. 2010 to (and inclusive) the expiry date of the Extension Period.

If this MOU is terminated pursuant to 4.2 by either Party during the Extension Period, and the reason for such termination is reasonably attributable to B, then B shall pay A the Financial Costs incurred for a period from(and inclusive) the date of this MOU to (and inclusive) the day on which this MOU is terminated.

For the avoidance of doubt, if B has failed to get the approval of its Board of Directors regarding the Transaction and in the reasonable opinion of A it is anticipated that B is unable to proceed with this Transaction further, A shall be entitled to terminate this MOU pursuant to Section 4.2 hereof.

4.2 Termination

Either A or B may terminate this MOU for cause by giving five(5) days prior written notice to the other, with such notice period to commence on the date that such notice is sent.

5. MISCELLANEOUS

5.1 Confidentiality

(a) Confidential Information

Each Party hereto shall keep confidential and shall not, without the written consent of the other Party, divulge to any unauthorized third party any documents, data or other information furnished directly or indirectly by the other Party hereto in connection with the Transaction, except to its and its affiliates' shareholders, directors, officers, employees, representatives, financiers and advisers who have a need to know.

(b) Exceptions

The confidentiality obligations of a Party shall not apply to the information which:

(i) now or hereafter enters the public domain through no fault of that Party;

(ii) can be proved to have been in the possession of that Party at the time of disclosure and which was not previously obtained, directly or indirectly, from the other Party hereto;

(iii) becomes available to that Party from a third party under no obligation of confidentiality;

(iv) is developed solely by a Party without reference to the documents, data and other information provided by the other Party; or

(v) is required by a court of law, governmental or administrative agency or relevant stock exchange to be divulged.

(c) Binding Nature

The confidentiality obligations under this Section 5.1 shall survive and be binding upon the Parties hereto for one(1) year from the Termination Date.

5.2 Costs

Each Party will be responsible for and bear all of its own costs and expenses (including any broker's or finder's fees and the expenses of its representatives) incurred at any time in connection with pursuing or consummating the Transaction.

5.3 Governmental Approvals

A and B will cooperate with each other and proceed, as promptly as is reasonably practical, to provide each other such information as may be required for the preparation of and to file the notifications which may be required under the laws or regulations of Korea and/or other applicable jurisdictions.

5.4 Governing Law; Jurisdiction

This MOU will be governed by and construed under the laws of Korea without regard to choice of laws principles. The Seoul Central District Court of Korea shall have exclusive jurisdiction over any disputes arising under or in connection with this MOU, and each of the Parties hereto irrevocably submits for all purposes of or in connection with this MOU to the jurisdiction of the Seoul Central District Court of Korea.

5.5 Exclusive Agreement

In consideration of the commitment of each of the Parties to expend significant time, effort and expense to evaluate the Transaction,

(a) A agrees that until the Termination Date, A will not (through any of its officers, directors, agents, employees or representatives) solicit or initiate proposals or offers for the sale, transfer, exchange, or other disposition effectuated directly through any sale and purchase transaction of a part or whole of the Sale Shares.

(b) A agrees that from the date set forth above until the Termination Date, A shall exclusively negotiate only with B (and any officers, directors, agents, employees, representatives and other persons designated by B) on the purchase and sale of the Sale Shares.

5.6 Counterparts

This MOU may be executed in one or more counterparts, each of which will be deemed to be an original copy of this MOU and all of which, when taken together, will be deemed to constitute one and the same agreement.

5.7 Binding Effect

This MOU is not intended to be legally binding (except Section 5.1) or create legal obligations between the parties. However, by signing this MOU the Parties hereby shall endeavor to negotiate in good faith and use their reasonable efforts to work towards the execution of the definitive agreement in accordance with the terms and conditions of this MOU.

IN WITNESS WHEREOF, the Parties below have caused this MOU to be executed by their respective duly authorized officers as the date first written above.

[ ]

By: ____________________

Name:

Title:

[ ]

By: ______________________

Name:

Title:

제21장
실 사

분쟁해결이 아닌 자문 내지 거래를 주로 다루는 법률가는 계약협상에 참여할 수 있는 경력이 되기 전에 많은 실사에 참여한다. 기업인수 또는 금융거래를 위한 대상기업의 실사는 경험이 일천한 변호사들이 서류를 검토하고 보고서를 작성하는 단순하고 따분한 작업이라고 생각하는 경향이 있다. 그러나 실사에 기초하여 계약서상 매도인의 진술과 보장의 범위나 가격에 대한 협상 시에 고려하여야 할 법적인 위험을 확정하게 되고 실사과정에서 경영진과의 면담이나 독자적인 조사보고를 통하여 기업경영의 실상을 파악할 수 있으며 기업인수의 전략적인 측면, 예를 들면 인수 후 통합방향이나 시너지효과의 측정 등까지도 가늠하여 볼 수 있다. 그런 의미에서 실사는 기업인수의 가장 중요한 기초작업이라고 할 수 있다.[1] 이하 기업실사에 관한 일반론과 실제 사례를 살펴본다.

Ⅰ. 실사의 의의와 목적[2]

기업실사는 기업의 경영상태, 자산상태, 재무적·영업적 활동 등 기업의 전반적인 상황에 대하여 조사·검토를 하는 활동을 말한다. 기업실사는 인수·합병 거래나 기업의 주식, 사채 등 유가증권 발행 거래에 앞서 이루어진다. 기업실사는 좁게는 회계실사로서 회사의 자산과 부채가 실제로 존재하고 그 가치가 장부에 적절하게 반영되었는지를 확인하는 작업을 의미하며, 넓게는 특정 거래와 관련하여 회사의 과거 사실로부터 미래의 전망까지 사실을 확인해 보고 거래의 성격에 비추어 이를 검토·분석하는 전체의 과정을 의미한다.

기업실사의 성격, 범위, 결과는 기업실사가 목적하는 거래의 성격이나 실시를

1) A.B.A., 위 주 19-19 게재서, 179 (2005).
2) 이하 졸고, 위 주 19-22 게재논문을 편집한 것이다.

시행하는 당사자의 요구에 따라 다양하게 나타날 수 있는데, 특히 인수·합병 거래에서는 필수적으로 수행해야 하는 사전준비작업으로 인식되어 있다. 인수·합병 거래에서 기업실사는 대상기업의 경영, 자산, 부채, 재무, 영업, 고객관계 등 일체의 상태를 조사하여 인수·합병의 대상을 명확하게 이해함으로써, 매수인이 대상기업의 가치를 산정·평가하여 적정한 인수가격을 정할 수 있도록 하고, 법률적 위험은 최소화하며 경제적 효과는 극대화할 수 있는 거래구조를 설계할 수 있게 한다. 또한, 인수·합병 거래에서 발생할 수 있는 제반 사업적 법률적 위험을 사전에 평가하고 이에 대한 대책을 수립할 수 있도록 하고 인수 완결 이후 대상회사의 효과적인 통합작업을 준비할 수 있도록 하기 위한 목적 등으로 이루어진다. 그리고 매수인은 기업실사를 통하여 얻어진 정보를 기초로 하여 인수·합병 이후에 발생할 수 있는 우발채무 가능성을 확인, 이를 인수가격에 반영하고 본계약 체결시 매도인에게 요구할 구체적인 진술과 보장 항목을 사전에 정리할 수 있다. 한편 매도인이 대상회사에 대해 실사를 하는 사례는 아직까지 많지는 않지만, 인수·합병에 있어 매도인이 대상회사를 실질적으로 경영하지는 않는 경우에 대상회사 또는 인수거래에 내재하는 법률적 문제점을 사전에 파악하고, 매수인이 요구하는 진술과 보장 사항을 미리 예상하여 협상을 준비해 나갈 필요가 있음을 고려하면 매도인도 미리 실사작업(특히 법률실사)을 진행해 둘 필요가 있고, 규모가 큰 거래의 경우 매수인이 매도인의 변호사에게 법률의견서(legal opinion)를 요청하는 경우도 있으므로 매도인측 변호사로서는 미리 이에 대비하여 실사를 해둘 필요가 있는 경우도 있다.

실사를 대비하는 매도인은 그 법률자문과 어떤 범위내에서 어떤 자료를 공개할 것인지에 대하여 사전에 상의하는 것이 바람직하다. 기업가치산정에 필요한 중요한 정보는 공개하여야 할 것이지만, 반드시 기업운용상황의 모든 것을 공개할 필요는 없고 이는 사실상 불가능한 일이다. 그러나, 인수희망자의 투자결정에 영향을 미칠 중요한 정보를 공개하지 않는다면 사후적으로 진술과 보장 위반이나 사기가 될 가능성도 있는 만큼 적절한 판단이 필요하다. 정보나 문서에 따라서는 매도인이 대외비를 지켜야 할 의무가 있을 수도 있으므로[3] 아무리 실사라는 제한된 목적으로 특정한 상대방에게만 공개하는 경우라도 대외비유지의무를 위반하지 않도록 조심하여야 할 것이며 또한 가격담합이라는 공정거래법위반의 소지가 없도록 실사를 위한 정보공개시에 기업가치평가의 목적으로만 사용할 수 있음을 명확히 하여야 할 것이다. 인수희망자의 성격에 따라서는 본계약 체결에 실패할 경우의 상황도 고려하여

3) 기술도입계약이 대표적인 예이다.

야 하며 사항에 따라서는 본계약이 체결된 이후에 협상이 필요한 사항도 있는 만큼 전략적인 판단이 필요할 수도 있다. 예를 들어서 세계적으로 공급원이 지극히 제한되어 있는 원자재공급계약 하의 원자재 가격은 실사단계에서 공개할 필요가 없을 것이며 기술도입계약상 기술료도 마찬가지 고려가 필요하다. 지극히 예민하게 다룰 필요가 있는 해외사업시 현지의 법규준수같은 사항에 관하여도 별도의 협상이 필요할 수 있을 것이다.[4)]

Ⅱ. 실사의 주체 및 대상

기업실사에는 매수인의 영업, 회계, 기술, 인사담당 임직원들은 물론 변호사와 회계사가 참여하게 된다. 그리고 대상회사가 영위하는 사업 특성에 따라 해당 산업 분야의 전문가(예컨대 보험회사의 경우 보험계리인)도 참여한다. 변호사와 회계사의 참여가 공동적으로 이루어지는 경우 일반적으로는 변호사는 법률적 측면에 중점을 둔 법률실사를, 회계사는 회계·조세의 측면에 중점을 둔 재무 및 조세실사를 수행한다. 매수희망자로서 각 팀의 실사의 범위와 실사에 따른 책임의 소재를 명백히 하기 위하여 실사범위에 관한 메모를 교환하는 경우도 있다. 실사팀이 대상기업과 관련된 모든 계약과 위험을 조사할 수는 없고 조사가 가능하다고 하더라고 많은 비용과 시간이 들 것이므로 실사대상인 계약이나 다른 중요한 위험의 범위를 연간계약금액으로 정할 수 있을 것이다. 또한, 법률팀뿐만 아니라 회계법인이나 다른 전문직업인이 동시에 실사를 진행하는 경우가 많으므로 이들 전문직업인 간의 정보소통을 원활히 하고 책임의 소재를 명확히 하기 위하여도 이러한 메모가 도움이 된다. 물론 인수희망자는 실사의 비용에 대하여도 미리 계획을 하고 싶어 할 것이고 따라서 실사비용을 통제하기 위한 목적에서도 실사의 범위를 명확히 하여야 한다.

실사의 범위를 결정하는 여러 가지 요소가 있지만, 그중 하나는 대상회사가 상장법인인지 여부이다. 대상회사가 상장법인인 경우 자본시장법에 따라서 정기 및 수시공시를 하여야 하며,[5)] 더구나 대표이사 및 공시담당자의 내부회계관리제도의 운영에 대한 확인과 이에 따르는 책임 때문에 보다 철저하고 정확한 공시를 하여야 한다.[6)] 따라서, 상장법인의 경우 중요한 정보가 이미 시장에 공개되어 있고

---

4) A.B.A., CLE PROGRAM ON FOREIGN CORRUPT PRACTICES ACT 2008 (2008).
5) 자본시장법 제159조 et seq.
6) 자본시장법 제159조 제 7 항, 동법 시행령 제169조.

이러한 정보를 반영한 시장가격이 형성되어 있으므로 지배주주로부터의 매수라고 할지라도 실사의 범위는 비교적 제한적이지만, 대상회사가 비상장법인인 경우에는 기업정보의 공시가 강제되어 있지 아니하므로 보다 자세하고 철저한 실사가 필요하다.

실사의 대상은 대상회사의 모든 분야를 망라하게 되지만, 법률실사의 주요한 대상으로는 다음과 같은 사항을 들 수 있다.

- 설립/조직에 관한 사항
- 정관, 이사회 규정, 사규 등 회사 규정에 관한 사항
- 자본구성에 관한 사항
- 주주총회 및 이사회 등 회사의 의사결정에 관한 사항
- 재무제표에 관한 사항
- 자산의 소유권, 사용권, 담보권에 관한 사항
- 부채관계
- 조세에 관한 사항
- 영업에 필요한 각종 인허가나 승인관계
- 각종 계약에 관한 사항
- 지적재산권에 관한 사항
- 주요 고객 및 거래선에 관한 사항
- 환경관계
- 인사, 노동에 관한 사항
- 보험관계
- 법규위반사항
- 진행중이거나 진행이 임박한 것으로 예상되는 소송이나 분쟁에 관한 사항

Ⅲ. 실사절차

실사도 기업인수와 마찬가지로 하나의 절차로서 통상 양해각서가 체결되거나 대외비밀유지계약이 체결된 이후부터 시작하여 본계약 체결 전까지 예비적 실사가, 본계약 체결후 확인적 실사가 행하여진다. 과거 우리나라에 특이한 현상중 하나로서 인수금액을 포함한 최종 계약을 먼저 체결하고 실사를 통하여 매매가격을 조정하는 거래도 많았으나 이제는 회생절차하의 기업인수합병 이외에는 이러한 무모한

기업인수는 발견하기 어렵다.[7)]

매도인이 매수인에 대하여 대상회사에 대한 실사를 허용하면서 이를 2단계로 나누어 진행하는 경우도 많다. 우선 공개입찰의 경우에는 인수후보자들을 대상으로 하여 매도인이 제공하는 자료를 기초로 하여 1차 기업실사를 허용한다. 이 단계에서는 유출될 경우 대상회사에 상당한 악영향을 미칠 가능성이 있는 중요한 자료는 제외하는 것이 일반적이다. 그리고 인수후보자들 중 본격적인 본계약 협상을 진행할 우선협상대상자를 단수 또는 복수로 선정하고 이들에게 중요한 자료를 포함하여 2차 기업실사를 허용한다. 이와 같이 2단계로 실사를 진행함으로써 매도인으로서는 비밀정보의 공개를 최소화하고 비밀유출에 따른 위험을 줄일 수 있다. 우선협상대상자를 단수로 선정하면 매도인이 그만큼 대상자를 심각하게 고려하고 있다는 표시가 될 것이지만, 우선협상대상자의 협상력을 강화시키는 측면이 있고 따라서 통상 복수의 우선협상대상자를 선정하는 것이 실무이다. 매도인이 거래를 체결하는 것이 절박한 상황에서 복수의 우선협상대상자를 선정하여 동시에 협상을 진행할 수도 있기는 하다.

사적인 협상을 통한 거래시 통상 매수인이 매도인에게 자료요구서신을 먼저 보내면 매도인이 특정한 공간에 자료를 모아놓고 매수인에게 이의 검토기회를 제공하는 반면[8)] 입찰경매를 통한 매각시 개별 매수희망자의 요구를 고려함이 없이 매도인이 미리 여러 개의 자료실을 만들어서 이들에게 동일한 내용의 정보를 공개하는 것이 보통이다. 물론 자료에 대한 질의나 추가자료의 요구에 대하여 다른 대응이 있을 수 있지만 기본적으로는 모든 입찰자에게 동등한 접근을 허용하여 입찰의 공평성을 확보하기 위한 것이다. 최근에는 매도인 또는 그 대리인이 자료실을 관리하기가 불편하거나 또는 자료의 보다 효과적인 통제 등을 위하여 가상자료실이 점차 많이 사용되는 경향이 있다.[9)] 자료요구서에 응하여 자료를 특정의 장소에서 열람하

---

7) Kevin Kap-You Kim, Korean tab in INTERNATIONAL MERGERS AND ACQUISITIONS DUE DILIGENCE (A.B.A. SEC. BUS. L. ed. 2007).

8) 매도인이 지배주주인 경우 지배주식의 매각을 시도하고 있다는 사실이 임직원에게 알려지기를 바라지 않는 반면 기업에 대한 정보를 수집하고 이를 공개하여야만 매각이 가능하므로 이들의 협조를 필요로 한다. 따라서, 자료의 수집 및 공개는 기업내부가 아닌 제3의 장소에서 이루어지기를 바란다.

9) George M. Taylor, Ⅲ, *Due Diligence in the Digital Age: A Look at Techniques Ancient and Modern, for Investigating Your Target and Closing Your Deal*, A. B. A, SEC. BUS. L. (2008 Annual Meeting Materials) available at http://www.abanet.org/dch/committee.cfm?com=CL560002&edit=0.

게 하건, 자료실을 만들어서 모든 인수희망자들에게 공개하건, 자료열람을 위한 기본규칙을 명확하게 하여야만 실사가 효율적으로 이루어질 수 있을 것이다. 열람이 아닌 복사의 경우 어떤 범위내에서 어떤 절차를 거쳐서 허용할지, 추가질의나 자료가 필요한 경우 어떠한 프로토콜을 거쳐서 이를 허용할지 등의 지극히 형식적인 사항까지 인수희망자에게 안내를 하여 실사의 기본규칙을 정하여 주는 것이 매도인과 매수인의 실사팀 전체에 도움이 된다.[10)]

우선 매도인의 입장에서는 원활한 실사의 진행을 위해서 적절한 실사장소와 충분한 실사지원인력을 확보할 필요가 있다. 또한 매수인이 요구한 자료를 적시에 제공할 수 있도록 자료를 보유하고 있는 각 부서별로 책임자를 정하고 이와 동시에 취합된 모든 자료를 총괄하는 책임자를 정해 둘 필요가 있다. 이들 책임자로 하여금 매도인이 제공한 자료의 목록을 따로 정리하게 함으로써 어떠한 자료가 매수인에게 제공되었는지 손쉽게 파악할 수 있도록 해두는 것도 필요하다. 그리고 매수인이 추가자료나 자료에 대한 설명을 요청하는 경우 일정한 양식의 서면(information request form)을 이용하도록 하면 매수인이 어떠한 부분에 관심을 가지고 있는지 확인할 수 있고, 추가로 요청한 자료를 제공했는지 여부도 쉽게 파악할 수 있을 것이다.

실제 실사작업을 진행하는 매수인의 입장에서는 내부적으로 실사에 참여하는 자체 임직원, 변호사, 회계사 간에 명확한 역할 분담을 함으로써 동일한 사항에 대하여 실사가 중복되거나 검토해야 할 사항을 빠뜨리는 사태를 방지할 수 있다. 그리고 매수인도 실사를 위하여 매도인에게 추가자료나 자료에 대한 설명을 요청하는 경우 이를 총괄하는 책임자를 지정하여 모든 질문을 하나의 창구를 통할 필요가 있다. 이러한 절차를 통하여 중복된 자료 요청이나 질문을 방지할 수 있어 매도인의 부담을 줄여줄 수도 있다. 또한 매도인으로부터 제공받은 정보가 실사작업을 진행하는 자문단 내에서 상시적으로 공유되도록 하는 것이 바람직하다.

Ⅳ. 실사결과의 보고 및 활용

기업실사가 어느 정도 마무리되면 이를 수행한 매수인의 변호사, 회계사는 실사보고서(due diligence report)를 매수인에게 제출하고, 매수인은 실사보고서에 기

10) Id., *Physical Data Room Procedure; Virtual Date Room Procedure; Best Practice for Virtual Data Rooms and Agreement with Internet Service Provider.*

재된 대상회사에 관한 정보 및 이를 기초로 하여 회계적 법률적 관점에서 분석된 쟁점을 인수가격 산정에 반영하고 매도인 측과 본계약 협상을 준비하게 된다. 변호사가 제출하는 법률실사보고서를 중심으로 그 주요 논점을 살펴보도록 한다.

1. 실사보고서의 내용과 기재의 정도

실사보고서에는 앞의 Ⅲ.2에서 나열한 사항에 관하여 실사를 통해 파악된 정보 및 동 정보를 기초로 분석된 법률적 쟁점을 기술한다. 실사보고서에 정리될 정보 및 법률적 쟁점을 어느 정도 상세하게 기술할 것인지는 실사의 범위를 정할 때와 마찬가지로 결국 매수인의 요구정도에 따라 결정된다. 어떤 매수인은 본계약 체결 및 거래의 완결을 위하여 고려하여야 할 법률적 쟁점만을 간략하게 정리해 줄 것을 요구하고, 어떤 매수인은 대상회사의 전반적인 상황에 대한 상세한 정리를 요청하기도 한다. 그러나 기업실사의 목적상 적어도 (i) 본계약의 체결 및 이행에 지장을 초래할 수 있는 법률상의 규제·제한사항(예컨대 당해 기업결합이 공정거래위원회로부터 경쟁제한적 기업결합으로 인정되어 기업결합이 불허되거나 조건부승인이 이루어질 가능성 등), (ii) 인수가격에 영향을 미칠 수 있는 사항(예컨대 부외부채 존재의 확인이나 계속 중인 소송), (iii) 본계약 시 매도인에게 특정한 진술과 보장을 요청하여야 할 사항(예건대 우발채무가 발생할 가능성이 있으나 그 현실화 가능성이 높지 않은 경우나 이행완료 후에 세무조사를 당하여 법인세의 추징이 있을 수 있는 경우, 인수 가격은 조정하지 않되 매도인에게 그 우발채무가 현실화되는 때 손해배상을 하도록 진술과 보장을 요구), (iv) 인수 이후 대상회사의 재무, 영업상황에 지장을 초래할 수 있는 사항(예컨대 대상회사의 경영권 변경이 대상회사에 필수적인 기술도입계약의 해제사유가 되는 경우나 대상회사의 금융채무에 대한 조기상환권이 발생하는 경우 등)은 실사보고서에 반드시 기재되어야 하는 사항이라고 할 수 있다.

2. 실사보고서의 정리

실사보고서는 대상회사의 규모가 크거나 매수인이 상세한 회사 정보의 기재를 요청한 경우 그 분량이 많아질 뿐만 아니라, 그 내용도 매우 상세하고 복잡해질 수 있다. 이러한 경우 매수인이 특히 고려하여야 할 주요한 법률적 쟁점에 관하여는 별도의 개요를 작성하여, 인수·합병거래에 관한 매수인의 의사결정이나 본계약 협상 등을 위해 실사보고서가 효율적으로 활용될 수 있도록 할 필요가 있다.

3. Work-in progress

기업실사는 한정된 시간과 자료의 제약 속에 대상회사의 전반을 파악하는 방대한 작업으로서, 인수·합병 거래가 완결될 때까지 계속적으로 필요한 추가자료를 요청하고, 제공받은 자료를 확인·분석함으로써 이를 보완하는 작업을 진행해 나가야 한다. 이러한 점에서 실사보고서는 최종보고서라는 개념이 존재하지 않는다고도 할 수 있다.

4. 전제조건 및 가정

실사가 한정된 시간의 제약 속에 거의 전적으로 매도인으로부터 제공된 자료를 기초로 이루어지기 때문에 실사보고서에는, 미처 제공되지 못한 자료 중에 사실관계 내지 법률관계를 명확히 파악할 수 있는 중요한 사항이 포함되어 있을 수 있고 드문 일이기는 하나 허위의 자료가 제공될 가능성도 존재한다.

그럼에도 불구하고 매수인은 실사보고서에서 제공된 정보 및 법률 분석에 근거하여 인수·합병 거래를 진행하게 되므로, 실사보고서를 작성하는 변호사로서는 미리 매수인에게 그러한 점을 고려하여 실사보고서를 활용하도록 알려 주고, 사후적으로 발생할 수 있는 변호사로서의 책임의 소지를 제거할 필요가 있다. 이에 따라 실사보고서의 서두에 실사보고서 작성에서의 가정과 전제 조건을 명확히 하는 것이 일반적이다. 그 주요 내용으로는 (i) 매수인으로부터 제공된 각종 문서 및 자료는 모두 진정한 것이며 사본이 제공된 경우 원본의 내용과 일치하는 것으로 가정하였다는 것, (ii) 자료에 대하여 대상회사의 임직원으로부터 설명이 제공된 경우, 그 설명은 대상회사의 적법한 권한 위임에 따라 이루어졌고 대상회사가 진정성 및 정확성을 담보하는 것으로 가정하였다는 것, (iii) 추가로 확보된 자료나 정보에 의하여 실사보고서가 수정 변경될 수 있다는 것 등을 들 수 있다.

V. 실사의 효과

기업실사의 법적인 효과에 대하여는 현행 민법상 명확하지 않다. 매도인의 담보책임에 대한 민법 조항을 기업의 매매계약이라고 할 수 있는 주식매매 또는 영업양수도 자산매매계약에 유추적용을 한다면 매수인은 자신이 실사에서 발견한 사항과 관련하여 매도인에게 책임을 물을 수는 없을 것으로 보인다. 이를 설사 매도인이 알고 있었다고 할지라도 마찬가지로 보인다. 다만 매도인이 이러한 사항에 대하여 매수인에게 고지하지 않은 것이 사기라면 별개의 문제이다. 그러나, 진술과 보장의 효과에서 논의하였듯이[11] 매수인이 실사과정을 통하여 대상기업에 대하여 발견한 사실이나 또는 상당한 주의를 기울였더라면 발견할 수 있었던 사실에 대하여 단순히 매수인의 악의 내지 중과실로 단정하여 매도인에게 면책책임을 물을 수 없다고 판단하기 보다는 매도인과 매수인이 인수계약에서 진술과 보장의 범위에 대한 합의를 통하여 각자의 위험을 배분한 것으로 보아야 할 것이다. 매도인이 매매목적물의 상황에 대하여 알았거나 알 수 있었는지 여부에 관계없이 진술과 보장의 위반에 기인한 매도인에 대한 책임추궁이 가능할 것이나, 매수인이 매도인의 knowledge qualifier가 들어간 진술과 보장에 합의하여 주었다면 이에 대한 책임은 매도인의 악의입증을 전제로 가능할 것이다.

많은 비용이 들어가는 법률실사는 도대체 어떤 면에서 기업의 인수를 촉진하는 역할을 할까? 혹자는 법률가를 비롯한 다른 전문직업인들이 많은 실사비용을 유발하지만 종국적으로 이들의 실사절차는 전체 거래비용을 절감하고 매매목적물인 기업의 가치를 증대시키는 역할을 하는 가치창조기술자로서의 역할을 한다고 본다. 매도인은 매수인에 비하여 매매목적물인 기업에 대하여 보다 많은 정보를 가지고 있을 것이고 따라서 실사가 없다면 매수인은 자신의 제한된 정보만에 기초하여 매매목적물의 가격을 실제보다 낮게 평가할 것이다. 그렇다면 매도인과 매수인간 가격에 대하여 합의할 가능성이 그만큼 적을 것이다. 매수인은 실사를 통하여 매매목적물을 평가하기 위하여 필요한 보다 많은 정보에 접근가능하게 되며 이를 통하여 불확실성을 줄여서 매매목적물의 가격을 높이게 된다. 또한 매수인이 매도인에게 추가정보를 요구하는 경우 이들 정보를 생산하는데 드는 한계비용은 매수인보다는 매도인이 훨씬 적을 것이므로 실사시 이들 추가정보를 생산할 책임을 매도인에게 부담지움으로써 전체적인 정보생산비용을 줄이는 역할을 하게 된다. 따라서, 실사는 매도인과 매수인간 정보의 비대칭성을 줄여서 기업인수거래가 성사될 가능성을 높이는 기능을 한다는 것이다.

11) 위 제6장 참조.

Ronald J. Gilson, *Value Creation by Business Lawyers: Legal Skills and Asset Pricing*, 94 YALE L. J. 239, 256-289 (Dec. 1984)

Stating a hypothesis concerning what business lawyers really do brings me back to the problem that I raised earlier but postponed: How can a hypothesis concerning the efficiency of a social institution be tested? Because study of historical experience does not seem promising-the necessary data is unlikely to be available-and because the creation of a laboratory experiment also seems unpromising, I will use an analytic technique that is akin to discovering who was present at a meeting by reading the tracks that were left. If the tracks are observable and have some distinctive character that allows identification of their maker, our inability to observe who was actually present at the meeting, while unfortunate, does not prevent us from learning something about the actual attendance. If my hypothesis, that business lawyers constrain the divergence between the perfect market assumptions of capital asset pricing theory and the imperfections of the real world, is correct, then we should be able to find "tracks" of this activity in their transactional behavior.

This approach is particularly promising in our setting because business lawyers acting for clients typically leave a wide array of tracks. Anyone who has attended the closing of a major transaction has witnessed the avalanche of paper exchange that accompanies-indeed, actually constitutes-the closing. Examination of these tracks should reveal whether the posited tie between legal skills and asset value exists. More specifically, I intend now to examine a standard form of corporate acquisition agreement. If the hypothesis is correct, the traditional contractual approaches reflected in the agreement should be explainable by their relation to one or more of the perfect market assumptions on which capital asset pricing theory is based. And if major elements of a corporate acquisition agreement can be understood by reference to their impact on these assumptions, then this discovery would constitute substantial empirical evidence of business lawyers' potential to create value. Moreover, we would not only better understand the function of different portions of the agreement but also be better able to draft and negotiate them.

Before examining a standard form of acquisition agreement, I should explain briefly why I selected this form of transaction for study in preference to, for example, a complex real estate transaction or joint venture formation. First, a corporate acquisition is obviously the transfer of a capital asset; indeed, the valuation of corporate securities-the indicia of ownership of a corporation-has dominated the empirical tests of capital asset pricing theory. Second, the business lawyer's role in corporate acquisitions is pervasive. This pervasiveness gives the lawyer the opportunity to play the hypothesized role, and also makes the strongest case for the inference that because the lawyer's role in the transaction has survived, it serves a useful function. Third, negotiation and preparation of the acquisition agreement is the lawyer's principal charge in the transaction. There is thus a fairly complete set of "tracks" of the lawyer's activity. Finally, but of at least equal importance, I have experience as a practitioner in this form of transaction. While I do not want to overemphasize the importance of actual experience in understanding a business lawyer's function, such experience is helpful to understand why a business lawyer believes he is doing something even if the point is to formulate a more comprehensive explanation of the behavior. It is simply helpful for an entomologist, seeking to explain some aspect of an insect's behavior, to have once been a beetle.

A. An Overview of the Acquisition Agreement

Using an acquisition agreement as the data sample for my examination is desirable not only because it covers a form of transaction particularly appropriate to the lens of theory through which I view the problem, but also because of the very development of a form of agreement. Without having become boilerplate[ⓐ] -enormous amounts of time still are spent on their negotiation-the general contents of the agreement have by now become pretty much standardized. This is not to say that the distributive

ⓐ This is not to say that boilerplate, because it is not negotiated, is unimportant. Rather, it represents the adoption of a standard solution with respect to important problems for the precise purpose of reducing transactions costs. See Gilson & Kraakman, *The Mechanisms of Market Efficiency,* 70 VA. L. REV. 549 (1984), at 615-616.

consequences of acquisition agreements are likely to be the same. Rather, it is that the problems confronted and the mechanics of the solutions adopted are similar, even if the impact of the specific application of the solution to the parties will differ from transaction to transaction. Because the overall approach and coverage of typical acquisition agreements, and the types of contractual techniques they contain, are largely the same, they can be taken fairly to reflect not merely an individual lawyer's inspired response in a particular situation, but the collective wisdom of business lawyers as a group. This representative character, of course, is central to my inquiry. If I can establish the potential for value creation by reference to a typical acquisition agreement, then the conclusion cannot be dismissed as mere anecdote, the idiosyncratic result of the presence of a particularly talented business lawyer. Rather, I can fairly claim to have identified a more general phenomenon with important insights for understanding the role played by most business lawyers.

A description of the subject necessarily precedes an examination of the functional significance of its parts. A skeletal outline of the form of a typical agreement provides a representative picture.

Description of the Transaction. The initial, and usually most straightforward, portion of the agreement provides an overall description of the transaction. The parties are identified, the structure of the transaction-for example, a purchase of stock or assets, or some triangular variation-is described, and details concerning such matters as the timing and location of the closing of the transaction are set forth.

Price and Terms of Payment. The next portion of the agreement typically focuses on the price to be paid and the medium and timing of payment. The text is most straightforward when the medium of payment is cash and the entire amount is to be paid on closing. But where the transaction contemplates other than immediate payment of the entire purchase price, the document inevitably becomes a great deal more complicated. For example, at the time the agreement is prepared, it may be possible to describe the purchase price only by reference to a formula because its amount depends on the performance of the business over some period following the agreement's execution. As I discuss shortly, the need to specify the appropriate performance measure and to protect against manipulation of the indicia of performance makes for a more expensive discussion in the document. Similarly, when the medium of payment is other than cash, the need to address valuation issues—for example, if the consideration will be shares of the buyer's stock, how the effects of pre-closing changes in the market price of the stock will be shared—also expands the document's text. Of course, if the timing of the payment will be delayed—for example, if the medium of payment will be the buyer's note—agreement must cover what is, in effect, an additional transaction: a loan from the seller to the buyer.

Representations and Warranties. The next major portion of the agreement consists of representations and warranties made by the seller and, typically to a much lesser extent, by the buyer.ⓑ These provisions consist of a series of detailed statements of fact concerning the relevant business. The seller commonly will warrant, inter alia, the accuracy of its financial statements; the absence of any liabilities for taxes or other matters accruing after the date of its most recent audited financial statements including, most importantly, the absence of contingent liabilities; the ownership and condition of various assets of importance to the operation of the seller's business; the existence of litigation against the seller, whether actual or threatened; and the extent to which the seller's operations are unionized.ⓒ Thoroughly done, this portion of the acquisition agreement paints a detailed

ⓑ The asymmetry between the extent of the buyer's and seller's representations and warranties results from the different character of their roles in the transaction. At the extreme, in an all-cash transaction that is both executed and closed at the same time, the only fact concerning the buyer that will be of interest to the seller is that the check be good. As the time between execution and closing grows, and as the character of the consideration moves from cash to a form like stock or debt, the value of which depends on the future performance of the buyer, the seller begins to take on some of the attributes of a buyer and the asymmetry in the extent of representations and warranties is reduced.

ⓒ See CALIFORNIA CONTINUING EDUCATION OF THE BAR, DRAFTING AGREEMENTS FOR THE SALE OF BUSINESSES (1971) DRAFTING AGREEMENTS, at 53-182; CALIFORNIA CONTINUING EDUCATION OF THE BAR, DRAFTING AGREEMENTS FOR THE SALE OF BUSINESSES-SUPPLEMENT (1983), at 45-64; J. FREUND, ANATOMY OF A MERGER: STRATEGIES AND TECHNIQUES FOR NEGOTIATING CORPORATE ACQUISITIONS 140 (1975), at 248-53; J. MCGAFFEY, BUYING, SELLING, ANDMERGING BUSINESSES 37-41 (1979); Weinreich, Contract of Sale, in 1 BUSINESS ACQUISITIONS 145, 170-86 (J. Herz & C. Baller 2d ed. 1981).

picture of the seller-the capital asset that is being acquired.

Covenants and Conditions. The two final steps in our survey of the major portions of a typical acquisition agreement result from the fact that many acquisition transactions contemplate a significant gap between the date on which the acquisition agreement is signed and the date on which the transaction is closed. Whether delay is caused by regulatory necessity, such as the requirement that a proxy statement seeking the approval of the transaction by the seller's shareholders be filed and reviewed by the Securities and Exchange Commission,ⓓ by regulatory convenience, such as the need for an Internal Revenue Service ruling as to the income tax consequences of the transaction, or simply by the buyer's need for additional time to complete its investigation of the seller,ⓔ the temporal gap

ⓓ Freund & Greene, *Substance Over Form S-14: A Proposal to Reform SEC Regulation of Negotiated Acquisitions*, 36 BUS. LAW. 1483 (1981), provides an excellent review of the regulatory delays resulting from federal securities law depending on the form of the transaction. Other regulatory regimes, including most notably the pre-merger notification requirements of Section 7A of the Clayton Act, 15 U.S.C. §18a (1982), also impose a delay before closing.

ⓔ The critical role of the investigation that occurs in the post-agreement/pre-closing period is illustrated by the course of the recent transaction in which American Express Co. purchased Investors Diversified Services, Inc. ("IDS"), the principal subsidiary of Alleghany Corp. On July 13, 1983, American Express announced the transaction, at a purchase price of $1.01 billion in American Express common stock. Alleghany to Sell Most of Its Assets for $1.01 Billion, Wall St. J., July 13, 1983, at 3, col. 1. By August 12, 1983, the intensive investigation of IDS by American Express had raised doubts about whether American Express would actually proceed with the transaction. Some Officials at American Express Fear Problems if IDS Purchase Goes Through, Wall St. J., Aug. 12, 1983, at 3, cols. 2-3. These doubts proved correct when, on August 17, 1983, American Express announced that it would not proceed with the acquisition of IDS "after a review of the company disclosed potential problems in absorbing it." American Express Abandons Plan to Buy Alleghany Assets After Operations Check,Wall St. J., Aug. 17, 1983, at 3, cols. 2-3. Abandonment proved only temporary as by late September American Express and Alleghany had renegotiated the transaction at a price of $773 million, some $237 million lower than the original price. Alleghany to Sell IDS to American Express Co., Wall St. J., Sept. 27, 1983, at 2, col. 2.

Available data suggest that the cancellation of a friendly acquisition by the buyer after initial announcement of the transaction is not an isolated phenomenon to one study of all announced mergers among New York Stock Exchange listed companies from 1971 through 1977, 36% were cancelled by the buyer prior to their consummation. *Merger Proposals, Management Discretion and Stockholder Wealth*, 8 between execution and closing requires contractual bridging. This is accomplished by two complementary techniques: covenants governing the operation of the business during the gap period, and conditions which, if not satisfied, relieve a party of its obligation to complete the transaction. Typically these two techniques combine with the representations and warranties to operate as a unit, providing a hierarchy of obligations and the potential for a hierarchy of remedies if one or more of the other party's obligations are not met. Thus a covenant may require that the seller maintain working capital above a specified level pending closing. At the same time, the seller may also have warranted that working capital was, and at closing will be, above the specified level, and the buyer's obligation to close the transaction may be conditioned generally on the accuracy of the seller's representations and warranties as of the date of closing, on the seller's satisfaction of all covenants during the pre-closing period, and, specifically, on the required level of working capital at the closing date. A failure to maintain adequate working capital will then constitute both a breach of warranty and a violation of a covenant, as well as providing the buyer with a number of justifications for not completing the transaction.ⓕ

In formal terms, then, the acquisition agreement is simply a more complicated version of what one would expect in any sales agreement: It states the form and terms of the transaction, describes the asset to be transferred, and specifies the manner in which the asset will be preserved pending the completion of the transaction. The possibility that this

---

J. FIN. ECON. 105 (1980). Thus, the buyer's post-announcement investigation seems to be of major importance.

There also are other non-regulatory reasons for a delay between execution of an agreement and the closing of the transaction. For example, where the seller's lease or contract rights require consent for assignment or assumption, these must be secured during the period.

ⓕ Having alternative and, indeed, cumulative remedies for a particular event can be of substantial benefit to a buyer. For example, the failure of a condition would provide only an excuse not to close. A breach of warranty or a violation of a covenant would additionally give rise to a damage action for expenses if the decision were made not to close and, depending on the terms of the agreement, perhaps a damage action for the reduced value of the seller even if the buyer went forward with the acquisition. See J. FREUND, supra note c, at 287-89; Dillport, *Breaches and Remedies*, in 2 BUSINESS ACQUISITIONS, supra note c, at 1249.

contractual structure has the potential to create value, however, arises not from a formal overview, but from the manner in which different elements of the agreement respond to the problem of constraining the effect of real world deviations from capital asset pricing theory's perfect market assumptions. For this purpose, it is necessary to focus attention directly on the assumptions themselves, particularly the assumptions that all investors have homogeneous expectations, that they share a common time horizon, that information is costlessly available to all, and that there are no other transaction costs. It is in response to the potential impact of this unholy host that my hypothesis holds out the potential for a value-creating role for business lawyers.

B. The Failure of the Homogeneous-Expectations Assumption: The Earnout Response

I want to begin with the assumption that can be most clearly examined from my perspective: The assumption that all investors have homogeneous expectations. The critical place in asset pricing theory of the assumption that all investors share the same beliefs about the future risk and return associated with owning the asset in question, in our case a business, is obvious: As long as we all agree about the future income stream associated with owning the business and about the systematic risk associated with that income, there is no reason to expect potential buyers and sellers of the business to disagree about its price. But it is also obvious that buyers and sellers often do not share common expectations concerning the business future.

Imagine a negotiation between the presidents of a buyer and seller concerning the price at which the transaction will take place. Imagine further that the negotiations have progressed to the point where agreement has been reached on an abstract, but nonetheless important, pricing principle, that the appropriate way to value the seller's business is $1 in purchase price for each $1 in annual sales. The critical nature of the homogeneous-expectations assumption should be apparent. Even after agreement on a valuation principle, the parties will agree on price only if they share the same expectations about the seller's future sales. The problem, of course, is that they will not. The negotiating dance that results is familiar to practitioners.

Now suppose that the buyer's president, having done his homework, believes that there is a 50% chance the seller will do $10 million in sales next year and a 50% chance that it will do only $5 million. The expected value of the alternatives is $7.5 million which the buyer's president offers as the purchase price which the agreed-upon valuation principle dictates. The president of the seller, not surprisingly, has different expectations. He is much more optimistic about the probabilities associated with next year's sales. His homework suggests an 85% chance of $10 million in sales and only a 15% chance of sales as low as $5 million. These figures yield an expected value, and a purchase price under the agreed valuation principle, of $9.25 million. The result is inaccurate pricing at best and, because of the resulting conflict over the purchase price, at worst no transaction at all if the parties are unable to resolve their differences.

It is important to emphasize at this point that the problem which "kills" our hypothetical deal is not distributional conflict-disagreement over sharing the gains from the transaction. The distributional principle in the form of a valuation formula has already been approved. Rather, the problem is an example of the failure of the homogeneous-expectations assumption: The parties simply have different expectations concerning the future performance of the business. If this problem could be solved, a deal could be made. Tautologically, the value of the transaction would be increased. And if my hypothesis about what business lawyers do is correct, a particularly inviting opportunity then exists for value creation by a business lawyer. The lawyer can increase the value of the transaction if he can devise a transactional structure that creates homogeneous expectations.

As my hypothesis predicts, there is a familiar remedy, commonly called an "earnout" or "contingent price" deal, for this failure of the homogeneous-expectations assumption. It is intended, as a prominent practitioner has put it, to "bridge the negotiating gap between a seller who thinks his business is worth more than its historical earnings justify and a purchaser who hails from Missouri." The solution that business lawyers resort to for this problem is one that economists refer to as state-contingent contracting.⑨ Its central

⑨ See K. ARROW, ESSAYS IN THE THEORY OF RISK-BEARING 121-43 (1971); O.

insight is that the difference in expectations between the parties as to the probabilities assigned to the occurrence of future events will ultimately disappear as time transforms a prediction of next year's sales into historical fact. If determination of the purchase price can be delayed until next year's sales are known with certainty, the deal can be made. The solution, therefore, is to formulate the purchase price as an the parties as to the probabilities assigned to the occurrence of future events will ultimately disappear as time transforms a prediction of next year's sales into historical fact. If determination of the purchase price can be delayed until next year's sales are known with certainty, the deal can be made. The solution, therefore, is to formulate the purchase price as an initial payment, here $7.5 million, to be followed by an additional payment at the close of the next fiscal year equal, in this case, to $1 for each $1 of sales in excess of $7.5 million. The problem of non-homogeneous expectations is avoided by making the failure irrelevant. Only uncertainty concerning the future forced the parties to rely on expectations about the future; the earnout solution allows the purchase price to be set after that uncertainty has been resolved. That is, each party is allowed to act as if his expectation were shared by the other. In effect he bets on the accuracy of his expectation, with a settling up only after the uncertainty has been eliminated and the parties really do have homogeneous beliefs concerning the matter.

The business lawyer's traditional response to failure of the homogeneous-expectations assumption can thus create value by allowing a transaction to go forward that might otherwise not have occurred. But the technique's potential for value creation is greater than just allowing the deal to be made; it also may increase the total value of the deal beyond that which would have resulted even if the parties were capable of compromising their differences. Recall that under capital asset pricing theory the value of the business turns on both the expected return-the weighted average of the possible sales for the next year in our hypothetical-and the

WILLIAMSON, MARKETS AND HIERARCHIES: ANALYSIS AND ANTITRUST IMPLICATIONS 21-23 (1975). The idea is that a contract will specify a different result for each possible outcome of an uncertain future event. The result called for by the contract is thus contingent on the actual outcome of the uncertain event — i.e., which "state" of the world actually occurs.

systematic risk associated with that return. The effect of the contingent price arrangement is to reduce the buyer's risk by transforming the price from a function of expected-risky-returns to one of certain returns. Thus, the buyer should be willing to pay a higher price per unit of sales because there is no risk associated with that return.

Thus far, my hypothesis about what business lawyers do and how they create value seems confirmed. At least with respect to the failure of the homogeneous-expectations assumption, business lawyers create a transactional structure which bridges the gap between the perfect market assumptions of capital asset pricing theory and the imperfect reality of transacting.

C. The Failure of the Common-Time-Horizon Assumption: Conduct of the Business During the Earnout Period

The failure of a second assumption-this time that investors measure risk and return over the same period-provides an additional opportunity for business lawyers to create value. This can be seen most easily by pursuing discussion of the earnout solution just considered. The earnout concept responds to the failure of the homogeneous-expectations assumption. Efforts to make the concept operational, however, highlight the absence of a common time horizon and the resulting potential for strategic, opportunistic behavior. Where the parties do have different time horizons, each has an incentive to maximize value in the period relevant to it, even at the expense of a decrease in value in the period relevant to the other party. This conflict reduces the value of the transaction.

Consider first what behavior we would expect during the earnout's one-year measuring period if the seller's original management were allowed to run the company for that time. From the seller's perspective, the earnout formula reduces to one year the relevant period over which asset value is to be determined; at the end of that year the seller's shareholders will receive whatever payment is due under the earnout formula. At least for them, the asset will cease to exist. To the seller's shareholders, therefore, the asset is worth only what it can earn for them in a year's time. Their goal is to maximize value over that short period. The buyer, in contrast, is concerned with the value of the business over a much longer period: the entire time it expects to operate the seller's business. Accordingly, the buyer's behavior will differ substantially from that which would be dictated by the seller's short-term orientation.

Returning to the terms of the hypothetical earnout formula-an additional $1 in purchase price for each $1 in sales over $7.5 million-the seller would maximize sales during the one-year measuring period. For example, prices might be cut and advertising expenditures substantially increased, even if these actions meant that the company actually suffered a loss. In contrast, the buyer, which would ultimately bear the loss because it continues to own the company after the one year period, has a very different interest. And the conflict is not merely the result of a poorly specified earnout formula. Stating the formula in terms of profits rather than sales, thus eliminating the seller's incentive to maximize sales at the expense of the buyer's long term interest in earnings, would be a possible improvement. But even then the different time horizons would create an incentive for the seller's management to behave opportunistically. Short-term profits could be maximized by eliminating research and development expenditures, cutting maintenance, and, in general, deferring expenses to later periods.

This failure of the common-time-horizon assumption reduces the value of the transaction. So long as the buyer anticipates that the seller's management will behave opportunistically-which hardly requires a crystal ball-it will reduce its offer accordingly. The business lawyer then has the opportunity to create value by devising a transaction structure that constrains the seller's ability to maximize the value of the business over a period different from that relevant to the buyer. The typical earnout agreement responds to precisely this challenge.

Stated most generally, a complete earnout formula is a complicated state-contingent contract that, by carefully specifying in advance the impact on the purchase price of all events that might occur during the earnout period, substantially reduces the incentives and opportunity for the parties to behave strategically. For example, the perverse incentives growing out of a formula specifying either earnings or sales as a sole measure of performance might be reduced by a measure that combines them e.g., a $1 increase in purchase price for each $1 increase in sales provided that profits remain above a specified percentage of sales. Similarly, where the earnout period is greater than one year, incentives to manipulate the year in which particular events occur can be minimized by provisions which specify whether shortfalls or overages in one year carry forward or backward to other years.

A thoroughly specified earnout formula is extraordinarily complex and, in any event, cannot entirely eliminate the potential for strategic behavior. To be fully effective, a formula would have to specify not only the complete production function for the business, but all possible exogenous events that might occur during the earnout period and the impact of such events on the formula. Neither, of course, is possible. Moreover, the cost of detailed contracting-not just in lawyers' fees, but in the time and goodwill of the parties-will be substantial and in many cases prohibitive. There will be times, then, where the gain in transaction value resulting from ameliorating the failure of the homogeneous-expectations or common-time-horizons assumptions will be outweighed by the cost of the cure. But this possibility merely constrains, rather than eliminates, the potential for value creation by business lawyers. That transaction costs are, at some level, irreducible hardly diminishes the value of efforts to keep costs at that level. It is value creation of the sort that reflects what I understand clients to mean by the comment that a particular lawyer has good "judgment," to know when the game is not worth the candle.ⓗ

ⓗ There has been a spate of recent continuing education programs, including two designed by Professor Robert Mnookin and me, emphasizing the cost-effective use of lawyers. See R. Gilson & R. Mnookin, *The Cost Effective Use of Counsel: Strategies for Controlling Your Company's Legal Costs* (June 24, 1982) (unpublished manuscript on file with author); R. Gilson & R. Mnookin, *Reducing the Cost of Outside Counsel: Strategies for Controlling Your Company's Legal Costs* (June 5, 1981) (unpublished manuscript on file with author). A central theme in this movement is that the quality of legal services cannot be evaluated in the abstract, but only in a particular context. Thus, careful and detailed contract drafting or litigation discovery is "good" work only if the matter warrants the expense. In this sense, clients increasingly seem to be equating a lawyer's judgment with the wisdom of knowing when not to "over-lawyer" a transaction or lawsuit. Cf. Shavell, *The Design of Contracts and Remedies for Breach*, 99 Q.J. ECON. 121 (1984) (costs of contracting must be incorporated into a model for determining optimal contractual provisions).

D. The Failure of the Costless-Information Assumption: Representations, Warranties, Indemnification, and Opinions

Perhaps the most important assumption of all is that information is costlessly available to all parties. Its central importance derives in part because it is, in a sense I will consider shortly, a master assumption that controls the other assumptions we have considered, and in part because it is in response to its failure that business lawyers have been most creative.

The relation between the costless-information assumption and the homogeneous-expectations assumption illustrates the central role for information problems in our analysis. For our purposes, information is data that can alter the parties' beliefs about the price of an asset. But it is also useful to characterize information in terms of a second attribute: to distinguish between the "hard" information of known "facts" and the "soft" information of forecasts and predictions.

This fact/forecast dichotomy rests on the simple difference between the fixed past and the uncertain future, a distinction that Reinier Kraakman and I have elsewhere illustrated by reference to a hypothetical fully informed trader. Imagine a trader who has knowledge of all past events-"hard" information because it concerns events that have already occurred-relevant to pricing an asset. Even so thoroughly endowed a trader would still lack a type of information critical to asset pricing. Because asset value ultimately depends on predictions of future earnings, hard information about past events alone is insufficient for accurate pricing. Soft information-forecasts of future events-is also necessary.

The homogeneous-expectations assumption considered earlier is thus really an assumption that all parties have the same soft information. Understanding the relation between soft and hard information then should also disclose the relation between the homogeneous-expectations assumption and the costless-information assumption. The critical point is that our forecasts of the future are based, in significant part, on our knowledge of the past; if we know, for example, that high interest rates adversely affected performance of a company in the past, our prediction of future performance will be substantially influenced by that fact. Changes in hard facts will change soft projections.

So understood, a major part of the reason for the failure of the homogeneous-expectations assumption-potential buyers and sellers having different soft facts-is that they base their expectations on different hard facts. In this sense, the costless-information assumption might be rephrased as the assumption of homogeneous retrospection. The assumption of homogeneous expectations would require that the parties share common soft facts; that of homogeneous retrospection would require common hard facts. And if acquisition of hard facts is not only costly, but differentially so, the impact on asset pricing is clear: There will be greater disagreement about the price of an asset, and the resulting pattern of prices will be suboptimal.

The business lawyer's response to the failure of the homogeneous-expectations assumption has been to devise a structure-state-contingent pricing-which does not eliminate the parties' differences in expectations, but merely reduces the impact of the disagreement. Because the disagreement in significant measure results from differences in the hard information held by the parties, efforts to constrain the extent of the conflict in expectations(in contrast to efforts to minimize the impact of the conflict) respond to the failure of the costless-information assumption. And because these differences result from differential information costs for the buyer and seller, if business lawyers do function to alleviate failures of the perfect market assumptions underlying capital asset pricing theory, we would then expect the typical corporate acquisition agreement to contain provisions designed to reduce the extent of information asymmetry-information differences between the buyer and seller.

The portion of the acquisition agreement dealing with representations and warranties-commonly the longest part of a typical acquisition agreement and the portion that usually requires the most time for a lawyer to negotiate-has its primary purpose to remedy conditions of asymmetrical information in the least-cost manner. To understand the way in which the device of representations and warranties operates to reduce information asymmetry between the buyer and seller, it is helpful to distinguish between the costs of acquiring new information and the costs of verifying previously acquired information. I consider first the contractual response to information-acquisition problems.

1. Costs of Acquiring Information

During the negotiation, the buyer and seller will face different costs of information acquisition for two important reasons. First, as a simple result of its prior operation of the business, the seller will already have large amounts of information concerning the business that the buyer does not have, but would like to acquire. Second, there usually will be information that neither party has, but that one or both would like and which one or the other can acquire more cheaply. The question is then how both of these situations are dealt with in the acquisition agreement so as to reduce the informational differences between the parties at the lowest possible cost.

At first, one might wonder why any cooperative effort is necessary. Assuming that the seller did not affirmatively block the buyer's efforts to acquire the information the buyer wanted (and the seller already had), nothing would prevent the buyer from independently acquiring the desired information. Similarly, assuming both parties had the opportunity to acquire the desired new information, nothing would prevent both parties from independently acquiring it.

Actually, however, it is in the seller's best interest to make the information that the seller already has available to the buyer as cheaply as possible. Suppose the seller refused to assist the buyer in securing a particular piece of information that the seller already had. If the information could have either a positive or negative value on the buyer's evaluation of the worth of the business, a rational buyer would infer from the seller's refusal to cooperate that the information must be unfavorable. Thus, the seller has little incentive to withhold the information.① Indeed, the same

① See Grossman, *The Informational Role of Warranties and Private Disclosure About Product Quality*, 24 J.L. & ECON. 461, 479 (1981); Grossman & Hart, *Disclosure Laws and Takeover Bids*, 35 J. FIN. 323 (1980). The analysis becomes more complicated, however, if disclosure imposes other kinds of costs on the seller-for example, disclosure of some accounting data might provide to competitors insights into the seller's future strategy, and disclosure of product information might allow competitors more easily to duplicate the seller's product. Where there are such proprietary costs to disclosure, the signal conveyed by nondisclosure becomes "noisy": Non-disclosure may mean that the information kept private is negative; less ominously, it may mean that disclosure of the information would be costly. The result would be an equilibrium amount of non-disclosure. R. Verrecchia, *Discretion-*

result would follow even if the information in question would not alter the buyer's estimate of the value of the business, but only increase the certainty with which that estimate was held. Once we have established that the seller wants the buyer to have the information, the only issue that remains is which party can produce it most cheaply. The total price the buyer will pay for the business is the sum of the amount to be paid to the seller and the transaction costs incurred by the buyer in effecting the transaction. To the extent that the buyer's information costs are reduced, there simply is more left over for division between the buyer and seller.

Precisely the same analysis holds for information that neither party has yet acquired. The seller could refuse to cooperate with the buyer in its acquisition. To do so, however, would merely increase the information costs associated with the transaction to the detriment of both parties.

There is thus an incentive for the parties to cooperate both to reduce informational asymmetries between them and to reduce the costs of acquiring information either believes necessary for the transaction. As a result, we would expect an acquisition agreement to contain provisions for three kinds of cooperative behavior concerning information acquisition costs. First, the agreement would facilitate the transfer of information the seller already has to the buyer. Second, the agreement would allocate the responsibility of producing information that neither the seller nor the buyer already has to the party who can acquire it most cheaply, thereby both avoiding duplication of costs and minimizing those that must be incurred. Finally, the agreement would try to control overspending on information acquisition by identifying not only the type of information that should be acquired, but also how much should be spent on its acquisition.

---

ary Disclosure, Working Paper No. 101, Center for Research in Security Prices (August, 1983) (unpublished manuscript on file with author). While Verrecchia's argument has important insights for the issue of voluntary disclosure in the setting of organized securities markets, it seems to me much less relevant in the acquisition setting. There the opportunity for face-to-face bargaining allows the use of techniques such as confidentiality agreements, see 3 BUSINESS ACQUISITIONS, supra note 3, at 399-401 (form of confidentiality agreement), that can substantially reduce such propriety disclosure costs and, as a result, reduce any noise associated with failure to disclose.

a. Facilitating the Transfer of Information to the Buyer

In the course of negotiating an acquisition, there is an obvious and important information asymmetry between the buyer and the seller. The buyer will have expended substantial effort in selecting the seller from among the number of potential acquisitions considered at a preliminary stage and, in doing so, may well have gathered all the available public information concerning the seller. Nonetheless, the seller will continue to know substantially more than the buyer about the business. Much detailed information about the business, of interest to a buyer but not, perhaps, to the securities markets generally, will not have been previously disclosed by the seller.

It is in the seller's interest, not just in the buyer's, to reduce this asymmetry. If the seller's private information is not otherwise available to the buyer at all, the buyer must assume that the undisclosed information reflects unfavorably on the value of the buyer's business, an assumption that will be reflected to the seller's disadvantage in the price the buyer offers. Alternatively, even if the information could be gathered by the buyer(a gambit familiar to business lawyers is the seller's statement that it will open all its facilities to the buyer, that the buyer is welcome to come out and "kick the tires," but that there will be no representations and warranties), it will be considerably cheaper for the seller, whose marginal costs of production are very low, to provide the information than for the buyer to produce it alone. From the buyer's perspective, the cost of acquiring information is part of its overall acquisition cost; amounts spent on information reduce the amount left over for the seller.

This analysis, it seems to me, accounts for the quite detailed picture of the seller's business that the standard set of representations and warranties presents. Among other facts, the identity, location and condition of the assets of the business are described; the nature and extent of liabilities are specified; and the character of employee relationships-from senior management to production employees-is described. This is information that the buyer wants and the seller already has; provision by the seller minimizes its acquisition costs to the benefit of both parties.

What remains puzzling, however, is the apparent failure by both business lawyers and clients to recognize that the negotiation of representations and warranties, at least from the perspective of information acquisition costs, presents the occasion for cooperative rather than distributive bargaining. Reducing the cost of acquiring information needed by either party makes both better off. Yet practitioners report that the negotiation of representations and warranties is the most time-consuming aspect of the transaction; it is termed "a nit-picker's delight, a forum for expending prodigious amounts of energy in debating the merits of what sometimes seem to be relatively insignificant items." And it is not merely lawyers who are seduced by the prospect of combat; sellers also express repugnance for a "three pound acquisition agreement" whose weight and density owe much to the detail of the article titled "Representations and Warranties of Seller." As a result, sellers' lawyers are instructed to negotiate ferociously to keep the document-especially the representations and warranties-short. Increased information costs needlessly result. Indeed, a business lawyer's inability to explain the actual function of these provisions can often cause the buyer incorrectly to attribute the document's length to its own lawyer's preference for verbosity and unnecessary complexity. This failure to explain can prevent recognition of value-creating activity even when it occurs.

b. Facilitating the Production of Previously Nonexistent Information

A similar analysis applies when the buyer needs information that the seller has not already produced. For example, the buyer may desire information about aspects of the seller's operation that bear on the opportunity for synergy between its own business and that of the seller and that, prior to the negotiation, the seller had no reason to create. Alternatively, the buyer may be interested in the impact of the transaction itself on the seller's business; whether the seller's contracts can be assigned or assumed; whether, for example, the transaction would accelerate the seller's obligations. Like the situation in which the buyer has already produced the information desired by the seller, the only issue here should be to minimize the acquisition cost of the information in question.

While the analysis is similar to the situation in which the seller had previously produced the information, the result of the analysis is somewhat different. Not only will the seller not always be the least-cost information producer, but there will also be a substantial role for third-party information producers. Returning to the synergy example, a determination of the potential for gain from the combination of the two businesses requires information about both. The particular character of the businesses, as well as the skills of their managers, will determine whether such a study is better undertaken by the seller, which knows its own business but will be required to learn about the buyer's business, or by the buyer, which knows about its own business and is in the process of learning about the seller's.

The more interesting analysis concerns the potential role for third-party information producers. This can be seen most clearly with respect to information concerning the impact of the transaction itself on the seller's business. As between the buyer and the seller, the seller will usually be the least-cost producer of information concerning the impact of the transaction on, for example, the seller's existing contracts. Although there is no reason to expect that either party routinely will have an advantage is interpreting the contracts, it is predictable that the seller can more cheaply assemble the facts on which the interpretation will be based. The real issue, however, is not whether the seller is the lower-cost producer out of a group of candidates artificially limited to the seller and buyer. Rather, the group of candidates must be expanded to include third parties.

The impact of including third-party information production in our analysis can be seen by examining the specialized information production role for lawyers in acquisition transactions. Even with respect to the production of information concerning the seller's assets and liabilities, the area where our prior analysis demonstrated the seller's prominence as an information producer, there remains a clear need for a specialized third party. Production of certain information concerning the character of the seller's assets and liabilities simply requires legal analysis. For example, the seller will know whether it has been cited for violation of environmental or health and safety legislation in the past, but it may require legal analysis to determine whether continued operation of the seller's business likely will result in future prosecution.

The need for third-party assistance is even more apparent with respect to information about the impact of the transaction itself on the seller's business. Again, however, much of the information requires legal analysis, there exists a specialized information-production role for third parties. For example, it will be important to know whether existing contracts are assignable or assumable: The continued validity of the seller's leasehold interests will depend on whether a change in the control of the seller operates-as a matter of law or because of the specific terms of the lease-as an assignment of the leasehold; and the status of the seller's existing liabilities, such as its outstanding debt, will depend on whether the transaction can be undertaken without the creditor's consent.

In both cases, the seller's lawyer appears to be the lowest-cost producer of such information. As a result, I would expect typical acquisition agreements to assign lawyers this information-production role. And it is from this perspective that important elements of the common requirement of an "Opinion of Counsel for the Seller" are best understood.

Any significant acquisition agreement requires, as a condition to the buyer's obligation to complete the transaction, that the buyer receive an opinion of seller's counsel with respect to a substantial number of items.① Consistent with my analysis, most of the matters on which legal opinions are required reflect the superiority of the seller's lawyer as an information producer. For example, determination of the seller's proper organization and continued good standing under state law, the appropriate authorization of the transaction by seller, the existence of litigation against the seller, the impact of the transaction on the seller's contracts and commitments, and the extent to which the current operation of the seller's business violates any law or regulation, represent the production of information which neither the

① There is a substantial practical literature. See A. JACOBS, OPINION LETTERS IN SECURITIES MATTERS: TEXT-CLAUSES-LAW (1983); Babb, Barnes, Gordon & Kjellenberg, *Legal Opinions to Third Parties in Corporate Transactions*, 32 BUS. LAW. 553 (1977); Bermant, *The Role of the Opinion of Counsel-A Tentative Reevaluation*, 49 CAL. ST. B.J. 132 (1974); Committee on Corporations of the Business Law Section of the State Bar of California, Report of the Committee on Corporations Regarding Legal Opinions in Business Transactions, 14 PAC. L.J. 1001 (1983) [hereinafter cited as California State Bar Report]; Committee on Developments in Business Financing, Legal Opinions Given in Corporate Transactions, 33 BUS. LAW. 2389 (1978); Fuld, *Legal Opinions in Business Transactions-An Attempt to Bring Some Order Out of Some Chaos*, 28 BUS. LAW. 915 (1973); Special Comm. on Legal Opinions on Commercial Transactions, N.Y. County Lawyers' Association, Legal Opinions to Third Parties: An Easier Path, 34 BUS. LAW. 1891 (1979).

buyer nor the seller previously had, by a third party-the lawyer-who is the least-cost producer.

Just as was the case in our examination of the function of representations and warranties, this focus on the information-production role for lawyers' opinions also provides a non-adversarial approach to resolving the conflict over their content. Because reducing the cost of information necessary to the correct pricing of the transaction is beneficial to both buyer and seller, determination of the matters to be covered by the opinion of counsel for seller should be in large measure a cooperative, rather than a competitive, opportunity. Debate over the scope of the opinion, then, should focus explicitly on the cost of producing the information. For example, where a privately owned business is being sold, the seller often retains special counsel to handle the acquisition transaction, either because the company has had no regular counsel prior to the transaction, or because its regular counsel is not experienced in acquisition transactions. In this situation, recognition of the informational basis of the subject matter usually covered by legal opinions not only suggests that a specialized third-party producer is appropriate, but also provides guidance about whose third party should actually do the production.

From this perspective, seller's counsel typically will be the least-cost producer of the information in question. Past experience with the seller will eliminate the need for much factual investigation that would be necessary for someone who lacked a prior professional relation to the seller. Similarly, seller's counsel may well have been directly involved in some of the matters of concern-such as the issuance of the securities which are the subject of an opinion concerning the seller's capitalization, or the negotiation of the lease which is the subject of an opinion concerning the impact of the transaction on the seller's obligations. Where the seller has retained special counsel for the transaction, however, the production-cost advantage in favor of seller's counsel will be substantially reduced, especially with respect to past matters. In those cases, focus on the cost of information production provides a method for cooperative resolution of the frequently contentious issue of the scope of the opinion.

c. Controls Over What Information to Look for and How Hard to Try

Emphasis on the information-production role of the seller's representations and warranties and the opinion of counsel for the seller leads to the conclusion that determination of the least-cost information producer provides a cooperative focus for negotiating the content of those provisions. The same emphasis on information production also raises a related question. The demand for information, as for any other good, is more or less price elastic. Information production is costly even for the most efficient producer, and the higher the cost, the less the parties will choose to produce. Thus, some fine tuning of the assignment of information-production roles would seem to be necessary. We would expect some specific limits on the kind of information required to be produced. And we would also expect some specific limits on how much should be spent even for information whose production is desired.

Examination of an acquisition agreement from this perspective identifies provisions which impose precisely these kinds of controls. Moreover, explicit recognition of the function of these provisions, as with our analysis of representations and warranties and opinions of counsel, can facilitate the negotiation of what have traditionally been quite difficult issues.

Consider first the question of limiting the type of information that must be produced in light of the cost of production. To put the problem in a context, we can focus on the standard representation concerning the seller's existing contracts. The buyer's initial draft typically will require the seller to represent that an attached schedule lists "all agreements, contracts, leases, and other commitments to which the seller is a party or by which any of its property is bound." In fact, it is quite unlikely that the buyer really wants the seller to incur the costs of producing all the information specified. In a business of any significant size, there will be a large number of small contracts-for office plant care, coffee service, addressographs, and the like-the central collection and presentation of which would entail substantial cost. Moreover, to the extent these contracts are all in the normal course of the seller's business, the information may have little bearing on the pricing of the transaction. As a result, it would be beneficial to both parties to limit the scope of the seller's search.

It is from this perspective that the function of certain common qualifications of the representations and warranties of the seller are best understood. The expected response of a seller to a representation as to existing contracts of the breadth of those mentioned would be to qualify the scope of the information to be produced: to limit the obligation to only material contracts. If the contracts themselves are not important, then there is no reason to incur the cost of producing information about them. Variations on the theme include qualifications based on the dollar value of the contracts, or on the relationship of the contracts to "the ordinary course of business."

A second common form of qualification-a limit on the information costs to be incurred-is best understood as an instruction concerning how hard to look for information whose subject matter cannot be excluded as unimportant ahead of time. Here the idea is to qualify not the object of the inquiry, but the diligence of the search. Consider, for example, the common representation concerning the absence of defaults under disclosed contracts. While it might involve little cost to determine whether the seller, as lessee, has defaulted under a lease, it may well be quite expensive to determine whether the lessor is in default. In that situation, the buyer might consider it sufficient to be told everything that the seller had thought appropriate to find out for its own purposes, without regard to the acquisition, but not to require further investigation.

This type of qualification, limiting the representation to information the seller already has and requiring no further search, is the domain of the familiar "knowledge" qualification. In form, the representation concerning the existence of breaches is qualified by the phrase "to seller's knowledge." In function, the qualification serves to limit the scope of the seller's search to information already within its possession; no new information need be sought.

Recognizing the function of the knowledge qualification also raises another question concerning the variation in form that the qualification takes in typical acquisition agreements. In fact, the knowledge qualification-the limit on how hard the seller must search for information-comes in a variety of forms. Often within the same agreement one will see all of the following variations:

"to seller's knowledge";

"to the best of seller's knowledge";

"to the best of seller's knowledge and after diligent investigation."

What seems to be at work, at least implicitly, is the creation of a hierarchy of search effort that must be undertaken with respect to information of different levels of importance.

This result is perfectly consistent with a view of the business lawyer as a transaction cost engineer, and with a view of representations and warranties as a means of producing the information necessary to pricing the transaction at the lowest cost. However, it also raises the question of whether implicit recognition of the information-cost function of these qualifications might not facilitate the design of more effective cost reduction techniques. Although this is not the occasion to detail the changes in the form of acquisition agreements that might result from conscious attention to issues of information cost, it seems quite clear that once we understand more precisely what it is we are about, we should be able to do a more effective job.

Consider, for example, the qualifications that we have just discussed concerning how hard the seller must look. Given our understanding of their purpose, the problem of limiting the scope of the seller's investigation might be better approached explicitly, rather than implicitly through a variety of undefined adjectives. If, for example, the concern is whether the lessor of a real estate lease, under which the seller is lessee, has breached the lease, why not specify the actual investigation the seller should make? Do we want the seller merely to inspect the premises to insure that the lessor's maintenance obligations have been satisfied? Do we want the seller to go directly to the lessor to secure a statement by the lessor as to the lessor's satisfaction of its obligations? Different levels of cost obviously are associated with the different inquiries; specificity about the desired level of cost, however, should allow further minimization of information costs. To make the point in a slightly different way, is it possible to say with any assurance which of the forms of qualification listed above imposes an obligation to inspect the premises, but no obligation to inquire directly of the lessor?

2. Costs of Verifying Information

Problems of information cost do not end when the information is acquired. Even if cooperative negotiation between the buyer and seller minimizes the costs of reducing the informational asymmetry confronting the buyer, another information-cost dilemma remains: How can the buyer determine whether the information it has received is accurate? After all, the seller, who has probably provided most of the information, has a clear incentive to mislead the buyer into overvaluing the business.

Just as the market provides incentives that offset a seller's inclination to withhold unfavorable information, the market also provides incentives that constrain a seller's similar inclination to proffer falsely favorable information. If, before a transaction, a buyer can neither itself determine the quality of the seller's product nor evaluate the accuracy of the seller's representations about product quality, the buyer has no alternative but to treat the seller's product as being of low quality, regardless of the seller's protestations.ⓚ To avoid this problem, a high quality seller has a substantial incentive to demonstrate to a buyer that its representations about the quality of its product are accurate and can be relied upon. And because it is in the seller's interest to keep all information costs at a minimum, there is also an incentive to accomplish this verification in the most economical fashion.

Verification techniques, then, are critical means of reducing total information costs. Like efforts to reduce acquisition costs, verification techniques can be implemented both by the parties themselves and through the efforts of third parties. It is helpful to consider each approach to verification separately.

ⓚ In the absence of some method by which the seller of a high quality product can demonstrate to potential buyers that its product is in fact of high quality, the seller may have no incentive to provide a high quality product at all. If a buyer cannot tell a good product from a bad one, all products will be treated, and priced, as if they were of low quality. The result is the standard "lemon problem": Poor quality products drive higher quality products from the market. See Akerlof, The Market for "Lemons": *Quality Uncertainty and the Market Mechanism*, 84 Q.J. ECON. 488, 489-90 (1970); Grossman, supra note 9; Wilson, *The Nature of Equilibrium in Markets with Adverse Selection*, 11 BELL. J. ECON. 108 (1980).

a. Economizing by the Parties

Perhaps the cheapest verification technique is simply an expectation of future transactions between the buyer and seller. When the seller's misrepresentation in one transaction will be taken into account by the buyer in decisions concerning future transactions, whether by reducing the price to reflect lowered expectations, or, at the extreme, by withdrawing patronage altogether, the seller will have little incentive to mislead. In a corporate acquisition, however, the seller has no expectation of future transactions; for the seller, a corporate acquisition is, virtually by definition, a one-shot transaction. Thus, the expectation of future transactions is simply not available as a constraint on the seller's incentive to misrepresent the information provided.

Nonetheless, the insight gleaned from understanding how an expectation of future transactions serves to validate a seller's information can be used to create an inexpensive verification technique that will work even in the one-period world of a corporate acquisition. The expectation technique works because of the existence of additional periods; the insight is simply to devise what Oliver Williamson has called a "hostage" strategy,ⓛ i.e., an artificial second period in which misrepresentations in the first period-the acquisition transaction-are penalized. If any of the seller's information turns out to be inaccurate, the seller will be required to compensate the buyer; in effect, the seller posts a bond that it has provided accurate information. This technique has the advantage of being quite economical: Beyond the negotiating cost involved in agreeing to make the buyer whole, there is no cost to the seller unless the information proves inaccurate.ⓜ

This technique is among the most common approaches to verification that appear in corporate acquisition agreements. The seller verifies the accuracy of the information it has provided through its representations and warranties by agreeing to indemnify the buyer if the information turns out to

ⓛ Williamson, *Credible Commitments: Using Hostages to Support Exchange*, 73 AM. ECON. REV. 519 (1983).

ⓜ Williamson provides a number of other examples of how this approach has been used. Id. at 532-33. Additional examples can be found in Knoeber, *An Alternative Mechanism to Assure Contractual Reliability*, 12 J. LEGAL STUD. 333, 337-38, 342-43 (1983).

be wrong, i.e., if a breach of a representation or warranty occurs. And the hostage metaphor rings especially true because the seller's promise to indemnify the buyer is frequently backed by the buyer's or a neutral third party's retention of a portion of the consideration as a fund to assure the seller's performance of its indemnification obligation.ⓝ

Emphasis on verification costs also highlights that indemnification, like the seller's representations and warranties, ultimately works principally to the seller's advantage. As long as the seller recognizes that the perceived quality, as well as the amount, of the information provided by the seller will be reflected in the price the buyer is willing to pay, the subject provides the opportunity for cooperative, rather than merely distributive, bargaining.

The common appearance of seller indemnification against inaccuracies in the information contained in the seller's representations and warranties is persuasive evidence of the information-cost basis for the technique. But it is also true that use of the technique is not universal. There are a significant number of acquisitions containing no contractual provision for indemnification. Even more troubling, its presence or absence follows a predictable pattern: Indemnification is typically used if the seller is a private company, but not if the seller is a public company.ⓞ A complete information-cost explanation for indemnification in acquisition agreements thus also must explain why indemnification provisions are rarely, if ever, used when the seller is a public company. And the range of possible explanations is limited in an important respect: There is no reason to believe that the need for verification is any less significant when the seller is a public rather than a private company. The real task is to identify the alternative means of verification that are available in the acquisition of a public company and to

ⓝ See J. FREUND, *supra note* c, at 363-88; Weinreich, *Contract of Sale*, in 1 BUSINESS ACQUISITIONS, *supra note* 5, at 191-94 (discussion of escrow arrangements). It should be noted that the negotiation of indemnification and "hold back" funds is quite complicated. See J. FREUND, *supra note* 1, at 383-84. Nonetheless, the common elements out of which a solution is built-for example, "baskets" that require a minimum amount before any claim can be made and "cut-offs" that limit claims to breaches discovered during a specified period-have become standard.

ⓞ See J. FREUND, *supra note c*, at 160. Indemnification is absent if the seller has specifically stated that the seller's representations and warranties do not survive the closing of the transaction. See Weinreich, *Contract of Sale*, in 1 BUSINESS ACQUISITIONS, *supra note* c, at 187.

understand why their comparative cost advantage does not extend to private companies.

Two significant differences seem to account for the absence, in the acquisition of public companies, of the dominant verification technique in acquisitions of private companies. First, less costly verification techniques are available in the public setting but unavailable in a private transaction. Second, the indemnification technique is more costly to implement in a public than in a private transaction.

Consider first the verification techniques that are available to public, but not to private, companies as alternatives to indemnification. One, which functions to reduce the incentives of the seller's management to provide misleading information in the first place, is not an innovative contractual technique that cleverly alters incentives. Rather it simply reflects that the differences in transactional setting and in the cast of characters between the acquisition of a public and a private company result in different incentives with respect to the provision of inaccurate information by the seller. Here the critical players are the seller's management, who will negotiate the transaction and actually provide the information whose verification is required. And the central point is that the managers' incentives to give accurate information differ critically depending on whether the seller is privately or publicly owned. Where the seller is private, management is typically dominated by the principal shareholders who also will receive the lion's share of the proceeds from the acquisition. The transaction enables these individuals to diversify their previously undiversified portfolio. Prior to the transaction, most of their wealth was tied up in their private company; after the transaction, their wealth has been transformed into either cash or the publicly traded stock of the buyer, either of which allows portfolio diversification. To be sure, these owner-managers will also have an undiversifiable human capital investment in the company they manage, and this investment may remain after the transaction through a post-acquisition employment relationship. But this benefit will constitute so small a portion of the total benefits from the transaction that the owner-managers will see the transaction as a one-time event that presents the incentives to mislead associated with any final period situation.

Separation of ownership and management in public companies puts management of a publicly held seller in a quite different position. Even if these employee-managers have some ownership position in the seller as a result of stock option or bonus plans, their principal investment in the company is typically their human capital. As a result, a post-acquisition employment contract is of much greater importance both in absolute terms and, because their human capital investment cannot be diversified, in relative terms as well. These factors combine to create an interesting verification technique. For the employee-managers, the acquisition transaction is a two-period rather than a single-period game. During the first period, in which the actual transaction takes place, the employee-managers provide the buyer with information bearing on the seller's value. However, their compensation from the transaction, post-transaction employment contracts, unlike the compensation of the shareholders of the seller, comes not in the first period but later, as payments are received under the employment contracts. These second-period payments serve as a bond of the accuracy of the information provided by the employee-managers in the first period: If misrepresentations are discovered, their employment can be terminated. Precisely because post-transaction employment is substantially less valuable to owner-managers, this verification technique is simply not available to private companies which, as a result, must rely on indemnification.

Some evidence supports this explanation of the different transactional structures found in the acquisitions of public and private companies. A familiar type of company is neither truly public nor truly private. Such a company is public in that its stock is freely traded on a national securities exchange or in the over-the-counter market, but private in that there is a single dominant shareholder, or group of shareholders, whose own situation is much closer to that of the owner-managers in the prototypical private company than to that of the employee-managers in a truly public company. Because the operative factor in my analysis is the character of the managers' portfolios-the public/private distinction is only the common shorthand characterization-one would expect buyers of these quasi-public companies to treat them more like private than like public companies. This prediction appears to be correct. The literature treats the situation of a public company with a dominant shareholder as an exception to the general rule that indemnification is not appropriate in the acquisition of a public company:

An explicit agreement by the dominant shareholder of a quasi-public company to indemnify the buyer for breaches of representations and warranties is a quite familiar transactional structure. The second verification technique that is uniquely available in the acquisition of a public company results from the continuing disclosure obligations imposed by the Securities Exchange Act of 1934 only on public companies. In the course of compliance with its regulatory obligations, the seller will previously have disclosed substantial amounts of the information covered by the representations and warranties contained in the acquisition agreement. The critical point, however, is not that the information was previously produced-I have already argued that the seller is typically the least-cost information producer-but that it was produced subject to a powerful verification technique. Material misrepresentations and omissions in disclosures made pursuant to 1934 Act requirements subject both a company and its management to potential civil and criminal penalties. This potential liability serves further to bond the accuracy of the representations made by employee-managers and, thus, further to reduce both the incentives and the opportunity to mislead the buyer. In this sense, the 1934 Act serves to collectivize the verification problem. The operation of these two verification techniques in the acquisition of a public company thus goes a long way toward explaining why indemnification, the central verification technique in the acquisition of a private company, is not observed in the public setting. An additional point should also be made, however, bearing not on the availability of alternatives to indemnification as means of verification, but on the differential costs of using indemnification in acquisitions of public, as opposed to private, companies. An indemnification arrangement is costly to administer. If a claim of breach of warranty arises, it must be resolved. This resolution, whether by litigation or some alternative method of dispute resolution such as arbitration, is expensive. Moreover, there are significant collective action problems: Someone must act on behalf of the seller in responding to the buyer's claim. Where the seller is privately held, the collective action problem is minimal; the shareholder group is small enough that it can play that role directly. Where the seller is publicly held, however, the collective action problem is quite real. Dispersal of ownership among numerous shareholders dilutes the incentive for any single shareholder to monitor the indemnification process; a collective solution is required to overcome the free-rider problem. Thus, a trustee, typically a commercial bank, is appointed. The cost of this arrangement includes not merely the amount the trustee must be paid, but also the dilution of incentives to oppose a buyer's claim that results from the inevitable divergence in interests between the seller's shareholders and the appointed trustee.

In short, an information-cost approach to the problem of verification explains a good deal about the presence or absence of indemnification provisions in acquisition agreements. But the range of verification techniques available is not limited to those involving participation only by the buyer and seller. Just as with the production of the information in the first place, there are verification techniques that depend upon participation by third parties. And these also help to demonstrate the information-cost basis for additional provisions of the typical acquisition agreement.

b. Third-Party Verification Techniques

Regardless of whether the seller is a public or private company, there is a common limit on the effectiveness of all of the verification techniques discussed thus far; the possibility of misleading statements remains. Consider first the limits on the verification techniques associated with the sale of a public company: Senior management may not expect their misrepresentations to be discovered at all; they may be far enough along in their careers that they expect to retire before discovery; golden-parachute agreements may have reversed senior management's incentives; and, ultimately, the possibility remains that the particular misleading disclosure, or failure to disclose, masks information which is so damaging that senior management is better off with misleading disclosure even in the face of possible future penalties.

Even the more direct verification technique associated with the sale of a private company-indemnification arrangements backed by the withholding of a portion of the purchase price-will not be completely effective. The indemnification obligation often is limited to an amount lower than the purchase price. Moreover, the obligation is typically limited in time; a contractual statute of limitations limits the period in which claims for indemnification may be asserted. If the reduction in value resulting from complete disclosure exceeds the limit on indemnification, then indemnification operates not as bond, but as bait; a piece of the proceeds is given up in order to increase the net take. Most troubling to a potential buyer, the balance of incentives facing owner-managers of a private seller favors misrepresentation or nondisclosure in precisely those situations where the information in question would result in the greatest downward adjustment in the purchase price. Verification fails in the situation where it is most needed.

Ultimately, all of these verification techniques are imperfect becausee they do not entirely eliminate the potential for opportunism inherent in one-time transactions. The techniques examined-indemnification, employ-ment contracts, liability under the Securities Exchange Act-operate to reduce final-period problems by adding an artificial second round to the transaction. For this reason, all share a common limit on their effectiveness: As long as the gain from cheating in the first round can exceed the penalties if caught in the second-whether because the probability of detection is less than 1.0, or because the financial risk borne by the seller in the second round is too low, since the solutions to other kinds of problems conflict with what would be the optimal resolution of the verification problem-the buyer lacks the assurance that the information provided by the seller can be entirely trusted.

At this point, further efforts at verification by the buyer or seller are unlikely to be successful. A critical role is thus created for third parties to act to close the verification gap left by the seller's residual final-period problems. Suppose one could discover what can be called a reputational intermediary: someone paid to verify another party's information. When residual final-period problems prevent a seller from completely verifying the information it provides, a third party can offer its reputation as a bond that the seller's information is accurate. The value of the transaction then increases because information costs are reduced, and the reputational intermediary is paid some portion of the increase as compensation for the pledge of its reputation.

The third party's role will be successful, however, only if there are no final-period problems associated with its verification. The intermediary is paid only because its reputation renders it trustworthy in circumstances when a party to the transaction could not be trusted. Unlike the seller, the intermediary expects future transactions in which it again will pledge its reputation. If the intermediary cheats in one transaction-by failing to discover or disclose seller misrepresentations -its reputation will suffer and, in a subsequent transaction, its verification will be less completely believed. The result will be a smaller increase in the value of the subsequent transaction because of the intermediary's participation and, in turn, a lower payment to the intermediary. And as long as the intermediary will be penalized in subsequent periods for cheating in this period, there will be no final-period problems to dilute the intermediary's signal of accuracy.

In fact, lawyers and accountants commonly play the role of reputational intermediary. And once we think of them as being in the business of selling-more accurately, renting-their reputations, a number of examples readily come to mind in which this phenomenon seems to be at work. Practicing lawyers will recall instances when, having been advised that they were to represent their client in a transaction with an unfamiliar party on the other side, their initial question to their client concerned the identity of the other side's lawyers. Implicit in the question is that the identity of the lawyer conveyed information about the lawyer's client; i.e., a reputable business lawyer would not risk his reputation by representing an untrustworthy client. Similarly, it is a common occurrence for companies about to make an initial public offering to switch to a Big Eight auditor. Since the previous audit firm apparently satisfied management's need for information, the discovery of systematic switching when the company is, in effect, to be sold to the public, strongly suggests a reputational explanation.

It is from this perspective that an important part of the role for lawyers and accountants described in the acquisition agreement can best be understood. As already discussed, acquisition agreements commonly require that an opinion of the seller's counsel be delivered to the buyer as a condition to the buyer's obligation to complete the transaction. It is also common further to condition the buyer's obligation on receipt of an opinion of the seller's independent accountant-the "cold comfort" letter. While this is not the occasion to examine the entire range of third-party opinions given in acquisition transactions, a particular opinion often required of the seller's lawyer and the accountant's cold comfort letter most prominently highlight the reputational intermediary role played by both professionals.

The opinion commonly requested from the seller's lawyer that "we are not aware of any factual information that would lead us to believe that the agreement contains an untrue statement of a material fact or omits to state a fact necessary to make the statements made therein not misleading," and the cold comfort opinion typically requested of the seller's accountant to the effect that there have been no changes in specified financial statement items since the last audited financial statements, share a common conceptual underpinning that is reputationally based. The central characteristic of both opinions is that neither alters the total quantity of information that has been produced for the buyer. Rephrased, the lawyer's statement is simply that a third party who has been intimately involved is the seller's production of information for the buyer does not believe the seller has misled the buyer. It is quite clearly the lawyer's reputation -for diligence and honesty-that is intended to be placed at risk. Similarly, the cold comfort adds no new facts to those that have already been produced by means of the seller's representations and warranties; the accountant's letter adds only the imprimatur of a respectable third party by attesting to the accuracy of the information produced by the seller.

The care with which both of these third-party opinions are qualified further demonstrates their information-verification function. The lawyer's opinion typically will state explicitly that the firm has made no independent investigation of the facts - i.e., that it has engaged in no information production concerning the accuracy of the information provided by the seller. The accountant's opinion, in turn, will set out in detail the procedures that were undertaken, and stress that they are far more limited than what would be required for an audit.

* * * * *

[실제사례 5: 자료요청서]

실사 요청 자료 목록

1. 각 회사에 관한 일반 정보 및 주식 보유 현황

가. [ ]의 법인등기부 등본(말소 부분 포함)

나. 구 [ ] 계열사들과 현재의 위 각 회사들 사이의 흡수 합병 및 상호변경

내역

다. [ ]의 사업자 등록증

라. 위 각 회사의 정관

마. 위 각 회사들의 설립 후 현재까지의 주주총회 및 이사회 의사록

바. 위 각 회사들의 주주 명부

사. 위 각 회사가 발행한 각종 주식의 종류와 수

아. 위 각 회사가 발행한 주식에 관하여 주권이 발행되었는지 여부

자. 위 각 회사의 부서, 직급 또는 직위별 직원의 수 등이 기재된 회사의 조직도

차. 위 각 회사의 설립 후 현재까지 대표이사, 이사 및 감사, 기타 임원의 명부

카. 위 각 회사가 발행한 각 무보증 사채, 보증 사채, 전환 사채, 신주인수권부 사채, 교환 사채, 주식매수선택권 등 주식으로 전환되거나 신주를 인수할 수 있는 권리가 표창된 증권 또는 증서, 기타 이와 관련되는 서류

타. 위 각 회사들의 주식에 관하여 질권 또는 신탁이 설정되었는지 여부, 위 각 주식에 관하여 압류, 가압류 또는 가처분이 이루어졌는지 여부, 그 밖에 위 각 주식의 양도, 질권 설정, 기타 처분행위에 관하여 법률상 또는 계약상 제한이 가하였는지 여부, 만약 그 제한이 있다면 내용 및 이를 뒷받침하는 계약서, 기타 문서

파. 위 각 회사와 주주, 대표이사, 이사, 감사 또는 임원 사이에 체결된 각종 계약서

하. 위 각 회사의 주주들 사이에 체결된 합작투자계약서, 주주간 계약서, 기타 이와 유사한 계약서 또는 문서

2. 정부기관의 허가, 인가, 승인 등

가. [ ]이 [ ] 기타 이와 관련되거나 부대되는 건물, 시설 또는 영업과 관련하여 관계 법령에 따라 정부, 지방자치단체 또는 그 산하기관 등으로부터 받은 각종 허가서, 인가서, 면허증, 승인서, 등록증, 검사증, 신고 수리서, 기타 문서의 사본

나. 위 각 회사가 신축하는 복합 건물 및 부대 시설의 신축, 증축, 개축 또는 준공 허가의 조건 또는 부담(진입 도로, 지하도, 육교, 주차장 등의 건설 및 기부 채납 등)에 관한 계약서, 기타 문서

다. 위 각 회사에 대하여 현재 계류 중이거나 장차 개시될 것으로 예정되었거나 예상되는 정부기관, 지방자치단체 또는 그 산하 기관의 각종 조사, 검사, 감사 등이 있으면 이에 관한 자료 또는 정보

라. 정부기관, 지방자치단체 또는 그 산하 기관이 위 각 회사들의 관계 법령의 위반을 이유로 위 각 허가 등이 취소되거나 정지된 사실이 있는지 여부. 만약 그와 같은 사실이 있다면 그에 관한 자료 또는 정보

3. 부동산 및 유형 자산

가. [ ]이 소유하거나 임차 또는 점용 허가를 받아 사용하는 토지, 건물, 기타 각종 시설에 관한 등기부 등본, 토지, 건축물 대장 등본, 도시계획확인서, 공시 지가 확인서 등

나. 위 각 회사가 소유하거나 임차 또는 점용 허가를 받아 사용하는 위 각 부동산에 설정된 지상권, 지역권, 전세권, 근저당권, 임차권, 가등기권, 환매권, 압류, 가압류, 가처분, 경매개시결정 등 각종 부담의 내역 및 그 등기원인 서류의 사본

다. 위 가호에 열거된 부동산에 설정 등기된 지상권, 전세권, 근저당권 등 각종 부담에 관한 서류 이외에도 위 각 회사가 채권 금융기관, 기타 채권자들과 약정에 의하여 근저당권 등을 설정하기로 약정하였으나 아직 등기되지 않은 지상권, 전세권, 근저당권, 임차권 등 각종 부담의 내역 및 그 등기 원인 서류 일체

라. 위 각 회사가 토지, 건물, 부대 시설, 기타 유형 자산에 관하여 정부 또는 지방자치단체에 부담한 각종 의무, 정부 또는 지방자치단체와 체결한 각종 약정의 목록과 그 계약서 및 기타 관련 서류 일체

4. 중요 계약

가. [ ]이 체결한 각종 계약 중 존속 기간이 1년 이상인 모든 제품 또는 용역의 판매, 제공 또는 구매와 관련되는 계약의 목록 및 그 계약서와 관련되는 서류 일체

나. 위 각 회사가 체결한 합작투자계약서, 동업계약서, 기타 이와 유사한 성질의 계약서

다. [ ]가 [ ]와 체결한 토지 및 건물 임대차계약서 및 그 부속 계약서
라. [ ]이 [ ] 및 그 계열회사와 체결한 경영위임계약서, 기술용역계약서, 기타 이와 유사한 각종 계약서 및 그 부속 계약서
마. [ ] 및/또는 [ ]이 제 3 자와 체결한 기술이전, 상표, 서비스표, 상호 등 라이센스 계약서
바. 위 각 회사와 전직 또는 현직의 임직원과 체결한 비밀유지계약서, 경업금지계약서 및 이와 유사한 각종 계약서
사. 아래에 기재된 사항을 포함하여, 위 각 회사가 은행, 기타 금융기관과의 대출계약서, 금전소비대차계약서, 팩토링계약서, 시설대여(리스)계약서, 할부금융대출계약서, 여신거래약정서, 당좌대월계약서, 보증계약서, 질권설정계약서, 근저당권설정계약서, 담보신탁계약서
(1) [ ] 기준으로 확정하여 위 각 회사가 [ ]을 주간사로 하는 8개 금융기관과 체결한 [ ]의 구 [ ]그룹의 채무에 관한 인수계약서 및 이와 관련되는 서류
(2) [ ]가 [ ]과 [ ]을 흡수 합병되면서 인수한 금[ ]의 채무에 관련된 계약서 및 이와 관련되는 서류
(3) [ ] 및/또는 [ ]발이 복합 건물 등의 신축 공사비, 운영 자금 등의 명목으로 금융기관으로부터 차입한 [ ]의 추가 차입금에 관한 계약서 및 이에 관련되는 서류
(4) 그 밖에 위 각 회사가 채무의 장기 분할 상환과 관련하여 채권 금융기관과 체결한 계약서 및 이에 관련되는 서류
아. 위 각 회사와 주주 및 계열회사 사이의 기타 계약서
자. 위 각 회사가 제 3 자와 체결한 임대차 계약서의 목록 및 임대차 계약서와 이에 관련되는 서류
차. 위 각 회사가 운영하는 [ ] 규약, 회원의 명단 및 회비 납부 현황
카. [ ] 및/또는 [ ]이 [ ]건설 등과 체결한 복합 건물, 주차장 및 부대 시설에 관한 건설공사도급계약 및 공사에 관련되는 분쟁에 관련된 서류
타. [ ] 및/또는 [ ]이 금융기관 이외의 제 3 자와 체결한 금전소비대차계약서, 대부계약서, 질권설정계약서, 근저당권설정계약서, 양도담보계약서 및 이에 관련되는 서류

5. 소 송

가. 다음 사항을 포함하여, [ ] 및/또는 [ ]의 영업, 재산, 주주, 계열사 또는 임원과 관련되어 제기되거나 이에 영향을 미치는 현재 계류 중이거나 이미 확정되었거나 장래에 제기될 가능성이 있는 모든 소송, 중재신청, 행정심판, 고소, 고발, 진정 사건의 상세한 내역 및 자료
(1) 과밀억제부담금 부과처분 취소를 구하는 행정소송 또는 행정심판
(2) 구 [ ]그룹의 계열사들이 부도 나기 전 임대 분양자들이 제기하였다는 소송

나. [ ] 및/또는 [ ]의 임직원, 제품, 영업 또는 재산과 관련하여 제기된 소송, 압류, 가압류, 가처분, 기타 모든 분쟁의 상세한 내역

다. 위 각 회사 및/또는 임직원이 관련된 모든 형사 사건의 현황

6. 노 동

가. [ ] 및 [ ]의 취업규칙

나. 위 각 회사의 임직원 고용, 인사 관리, 임금 및 퇴직금에 관한 제규정

다. 위 각 회사의 노동조합의 현황, 규약 및 기타 이와 관련되는 서류

라. 위 각 회사가 노동조합과 체결한 단체협약

마. 위 각 회사의 지난 3년간의 단체교섭 및 노사간 분쟁의 내역과 이에 관련되는 서류

바. 위 각 회사에 파견된 근로자의 현황 및 근로자 파견업체와의 계약서, 기타 이에 관련되는 서류

사. 위 각 회사의 비정규직 또는 임시직 근로자의 현황 및 근로계약서, 위촉계약서, 기타 관련되는 서류

아. 위 각 회사의 임직원의 퇴직금과 관련되는 보험 가입의 현황, 퇴직급여 충당금 적립 현황

자. 위 각 회사의 지난 5년간 산업 재해 현황 및 이로 인한 보상 내지 배상의 내역과 이에 관련되는 서류

7. 환 경

가. [ ] 및/또는 [ ]이 환경 관련 법령에 의하여 관련 정부기관으로부터 받은

각종 인허가의 내역 및 이에 관련되는 서류

나. 위 각 회사가 과거 또는 현재 환경과 관련하여 관계 법령에 위반한 위반한 사실, 그와 같은 위반행위와 관련되는 행정심판, 관련 행정기관의 시정 요구, 기타 이와 관련된 문서

다. 위 각 회사가 지난 5년간 지역 주민 또는 관련 기관으로부터 환경문제와 관련하여 들어온 민원의 내역 및 이와 관련되는 서류

라. 위 각 회사가 지난 5년간 공해 물질 또는 기타 유해 물질을 배출함으로 인하여 발생한 사고의 내역 및 이와 관련되는 서류

마. 위 각 회사가 지난 5년간에 발생시킨 토양, 공기, 수질 오염 사례의 내역 및 이와 관련되는 서류

바. 위 각 회사가 지난 5년간 환경 문제와 관련하여 [ ], [ ] 또는 [ ]관광개발이 각 부담한 벌금, 과징금, 과태료, 기타 제재 조치의 내역 및 관련 서류

8. 지적 재산권

가. [ ] 및/또는 [ ]이 국내외에서 등록하였거나 출원 중인 지적 재산권(특허, 의장, 실용신안, 상표, 컴퓨터 프로그램, 저작권 등)의 목록 및 그 등록 및 출원 관련 서류

나. 위 각 회사가 보유하거나 사용 중인 기술적 Know-How, 영업비밀의 이전 및 라이센스 제공과 관련되는 각종 계약의 내역 및 계약서와 이에 관련되는 서류

다. 위 각 회사가 등록, 출원 또는 신청중인 지적 재산권 또는 위 각 회사가 이전받거나 라이센스를 제공받은 지적 재산권에 대하여 제 3 자가 제기한 이의의 상세한 내역

라. 위 각 회사 및/또는 그 임직원이 국내외에서 제 3 자의 특허권, 실용신안권, 상표권, 의장권, 컴퓨터 프로그램, 저작권, 영업 비밀, 기술적 Know-How, 기타 지적 재산권을 침해하였다는 이유로 제기된 모든 소송 또는 분쟁 절차의 내역 및 이에 관련된 서류

마. 위 각 회사의 임직원이 재직 중에 개발하거나 창작한 발명, 고안, 의장, 상표, 저작물 등에 지적 재산권의 귀속 및 보상에 관한 계약 및 그 계약서

9. 보 험

가. [ ] 및/또는 [ ]이 가입한 모든 보험의 목록 및 보험증서, 기타 관련되는 서류

나. 위 각 회사가 관계 법령에 가입이 강제되어 있는 보험의 내역

다. 위 각 회사가 가입한 생명보험, 보증보험, 기타 보험의 약관

라. 위 각 회사가 가입한 위 각 보험과 관련하여 현재 계류 중인 분쟁의 내역 및 이와 관련되는 서류

마. 위 각 보험과 관련하여 위 각 회사가 제공한 담보의 내역 및 이와 관련되는 서류

10. 금 융

가. [ ] 및 [ ]의 채권자 명단(담보권 있는 금융기관, 담보권 없는 금융기관, 일반 상거래 채권자, 리스 채권자로 분류) 및 각 채권자별 현재 채무 원리금과 이자율, 상환 기간(담보권 있는 금융기관, 담보권 없는 금융기관, 일반 상거래 채권자, 리스 채권자로 분류) 내역

나. 위 각 회사의 현재 채무 잔액 확인서

다. 위 각 회사의 자산 중 채무에 대한 담보로 제공되어 있는 것의 목록 및 그 담보와 관련되는 서류 일체

라. 위 각 회사의 약속어음 및 당좌수표 발행 현황

마. 위 각 회사의 채무의 담보로 제공된 임직원, 주요 주주, 기타 제 3 자의 재산 내역 및 그 담보와 관련되는 서류 일체

바. 위 각 회사의 재산이 제 3 자의 채무의 담보로 제공된 내역

사. 위 각 회사가 보유하고 있는 저당권, 질권, 양도담보권, 가등기담보권의 내역 및 이와 관련되는 서류

11. 조 세

가. [ ] 및 [ ]의 국세 및 지방세가 완납되었다는 사실에 대한 증명서, 체납된 국세 또는 지방세가 있다면 그 상세한 내역

나. 위 각 회사가 지난 5년간 세무 조사를 받았는지 여부 및 만약 세무조사를 받았다면 그 결과

다. 위 각 회사가 계열회사 등 법인세법시행령 제87조에서 정하는 특수관계자와의 거래 금액 및 거래 내역, 이로 인한 납세 의무의 상세한 내역
라. 조세 부과 처분에 관하여 위 각 회사와 과세 당국 사이에 이미 발생하였거나 앞으로 발생할 가능성이 있는 분쟁에 관한 상세한 내역

12. 다른 회사에 대한 출자

가. [ ] 및 [ ]이 그 계열회사를 포함하여 보유하 고 있는 국내외의 다른 회사 주식 또는 출자지분의 현황 및 이와 관련되는 각종 계약서, 기타 문서
나. 지난 5년간 위 각 회사가 다른 회사를 인수하거나 합병한 것에 관련된 자료 또는 정보

13. 위에서 열거되지 않았으나 [ ]가 요구한 자료 또는 정보
14. 위 요청 자료 중 제공이 불가능하거나 존재하지 않는 것에 대하여는 그 취지 및 사유

[실제사례 5-1: 자료실 자료목록]

DATA ROOM

List of Documents

Draft distributed to potential investors

Index

Foreword	Dataroom rules and procedures
Section Ⅰ	General corporate documents
Section Ⅱ	Financial information
Section Ⅲ	Permits
Section Ⅳ	Agreements and contracts
Section Ⅴ	Real properties and tangible assets
Section Ⅵ	Technical information
Section Ⅶ	Personnel

Section Ⅷ Environment, health and safety
Section Ⅸ Miscellaneous

Data Room rules and procedures

1. Location

The Data Room is located at [the offices of at]:
[ ]
Seoul, Korea

Telephone No: [ ]
Facsimile No: [ ]

2. Use of the Data Room

Visitors will only be admitted to the Data Room by prior arrangement with [ ], acting on behalf of [ ]. Contact should be made with [ ] on telephone number [ ] to make arrangements for your visit if you have not already done so.

Your visit to the Data Room is subject to you and a representative of each of your advisers who attends completing section 7 of these rules and signing this document and returning it to [ ] before your first visit to the Data Room.

The Data Room will be open, subject to availability and prior appointment, from [9.00 a.m. to 5.30 p.m. on weekdays (i.e. excluding Saturday, Sunday and public holidays)]. For reasons of confidentiality, the Data Room will be locked outside these hours. In addition, the Data Room will be locked when unoccupied, e.g. at lunchtime.

Visitors must comply with all requests made in relation to visits to the Data Room. In particular; visitors must comply immediately with any request by [ ] or [ ] to leave the Data Room should this become necessary for any reason.

Only visitors whose details are contained in section 7 of the signed copy of this document returned to [ ], or whose details are otherwise notified in writing to [ ] prior to their attendance at the Data Room will be given access to the Data Room. Visitors' names, company name and the prospective investor they represent must be disclosed on arrival at [ ]. For reasons of space, a maximum number of [ ] people will be allowed in the Data Room at any one time. On arrival visitors should report to reception at the prearranged time and should ask for [ ] or, failing him, [ ]. Visitors should also speak with one of them prior to their departure.

Visitors are reminded that all the documents which they view when they visit the Data Room are subject to the confidentiality undertaking which has been signed by the prospective investor which they represent and you are reminded of your responsibility for ensuring that those who attend the Data Room on your behalf adhere to the terms of that undertaking as if they were parties to it. In particular, none of [ ] or [ ](as defined in the confidentiality undertaking you have signed with [ ]) nor their respective directors, partners, officers, employees, agents or professional advisers:

(a) makes any representation or warranty as to the accuracy, completeness or reasonableness of the information contained in the Data Room or in any oral or other communication in connection with that information; or

(b) shall have any liability to any person resulting from the use by any person of any of the information contained in the Data Room or in any oral or other communication in connection therewith (provided that nothing in this letter will exclude or limit liability for fraud or for death or personal injury).

3. Copying

No copying of any document in the Data Room will be permitted by any visitor to the Data Room. Copies of certain documents may be available on request at the absolute discretion of [ ] (one copy of any document only to each prospective investor). A note of all documents of which copies are required should be marked on a copy of the Data Room index and submitted the end of each visit.

4. Telephone calls

A telephone for local calls will be available for visitors' use in the Data Room.

5. Documentation

Visitors must not remove any documents from any file and must replace the file in the same place from which it was taken. Portable photocopiers, scanners, cameras or fax machines may not be used in the Data Room. However, dictaphones and laptop computers may be used.

Visitors must leave the documents in the same condition and order as when they arrived and must protect the documents from damage by drink and food.

6. Questions

The representative in attendance at the Data Room is there to supervise the operation of the Data Room and to deal with questions of an administrative nature. No questions concerning the Data Room information can be entertained by such person. Any such questions should be addressed to [ ] of [ ].

7. Visitors' details

Name	Company	Address	Telephone No.	Facsimile No.

We hereby agree, to comply, and to use our best endeavours to procure that each of the persons attending the Data Room on our behalf complies, with these rules.

Signed: ______________________
Name: ______________________
For and on behalf of: ______________________
Address: ______________________
Telephone No: ______________________
Facsimile No: ______________________

Section I General corporate documents

A. General Information and Organization

- [ ] overview
- [ ] Innovation Campaign
- Overview of the [ ] Complex
- Chart of organizational structure (Korean)[12)]
- Management organizational chart of [ ](Korean)

B. Articles of Incorporation and By-Laws (Korean)

C. Corporate Registration Documents (Korean)

- Commercial Registry Extracts
- Business Registration Certificate

D. Board of Directors (Korean)

E. Shareholders (Korean)

- List of shareholders
- Annual Report( ) & Financial Statements(1st half of) of Major Shareholders([ ])

12) Korean indicates Korean language documents. All other documents will be in the English language.

Section Ⅱ Financial information

A. Financial Statements and Annual Report (Korean)

- Year [ ], Year [ ] and Year [ ]
- Financial statements for the first half of [ ]

B. Overview of [ ] restructuring plan

- Commentary on [ ]'s restructuring plans and forecast financial performance

Section Ⅲ Permits

A. List of Permits, Licenses, approvals and consents (Korean)

- Status of permits and approvals relating to [ ] Complex
- License of [ ]

Section Ⅳ Agreements and contracts

A. Sale and Purchase Agreement

B. Energy Conversion Agreement

C. General Services Agreement

D. [ ] Power and Supply Contract (Korean)

- Contact
- Invoices for [ ] and 1st half of [ ]

E. Extracts from the [ ] Supply Agreement

- Reference to [ ] supply to the investor
- Pricing and terms
- Supply Guarantee Letter submitted by the [ ] Supplier in the Complex [Letter from [ ] to the Complex confirming availability of [ ] for the new investor]

F. Other Maintenance and Service Agreements (Korean)

G. Original Manufactures' Installation Agreements (Korean)

- Installation contracts
- Performance test reports

H. Insurance Agreements

Section Ⅴ Real properties and tangible assets

A. Real Properties (Korean)
- Complex map/photographs
- Photographs/list/diagrams of the property
- Land ledger, certificate of registered title and certificate of land use plan

B. List of Assets for sale
- Battery limit of the Facilities
- List of the assets for sale
- Major spare parts list

Section Ⅵ Technical information

A. Technical Information of Major Operation Units
- Design data, specifications and design drawings
- P&ID(Process and Instrument Design)
- Operating Conditions-Operation Mode Charts

B. Operation Records
- Rules on [ ]'s energy control
- Hourly dispatch records in [ ]
- Actual material balance
- Annual production records in [ ]
- Historical heat rate of the Facilities
- DCS operation graph and log sheet (Example)
- Fuel analysis report (Korean)

C. Maintenance Records (Korean)
- Overhaul records
- Maintenance and overhaul plan for Facilities and Complex
- TPM performance

D. Operators' Education and Training (Korean)

Section Ⅶ Personnel

A. Head Count
- Details of staff dedicated to the Facilities

- Average Age, Gender, Average Length of Service and Academic Background

B. Staff Profile (Korean)
- Profile of key staff dedicated to the Facilities
- Job specification of the staff dedicated to the Facilities
- Technical Licenses held by the staff

C. Remuneration of Staff (Korean)

D. Employee Regulations (Korean)

E. Summary of Welfare and Benefits (Korean)

F. Status of Management and Labor Relations (Korean)

Section Ⅷ Environment, health and safety

A. Environmental(Korean)
- ISO 14001 Certificate
- Rules on Environment Friendly Management
- Award for Environmental Friendly Company in [ ].

B. Health and Safety
- Rules on Safety Control
- Rules on Safety and Health Management
- Summary of Safety Management

Section Ⅸ Miscellaneous

A. Arthur D. Little Report

B. Potential for expansion (Korean)
- [ ]'s debottlenecking plan for its petrochemical plants
- Basis for the forecast power and steam demand
- Details of Surplus Fuel and historical sales prices

C. Liquidated Damages
- Summary analysis of [ ]'s consequential damages in the event of steam outage.

[실제사례 6: 실사범위메모][13)]

Legal Due Diligence Scoping and Methodology Memorandum regarding the proposed acquisition of an interest in [ ]

1. Introduction

This memorandum has been prepared to facilitate the legal due diligence to be conducted by [ ], Korean counsel, and [ ], international counsel, for the proposed bid by [ ] to acquire an interest in [ ]:

on the basis that:

(a) [ ] shareholders are intending to sell down approximately 50% in [ ]; and

(b) [ ] shareholders are intending to sell down approximately 50% in [ ], (for the purposes of this memorandum referred to as the Transaction).

The purpose of this memorandum is to set out the objectives and scope of the legal due diligence to be undertaken by [ ] and [ ] in relation to the Transaction.

This memorandum should be read in conjunction with [ ]'s fee proposal letter dated [ ] which sets out the basic scope of the due diligence.

This memorandum, however, goes beyond the scope of the high level due diligence proposed in our foregoing letter, as we have also set out the matters that we believe will be reviewed by [ ] as part of the due diligence. It may be, as [ ] and [ ] already have a detailed knowledge of these assets from their involvement in the original sale, that some work areas in this memorandum can be scaled back. We will discuss this with you.

13) 외국의 law firm과 동시에 실사를 진행하면서 언어나 자료의 성격에 따라서 각자의 책임을 명확히 하기 위하여 작성되었다.

2. Objectives

The objectives of the legal due diligence are to:

(a) concentrate on the key business risks of the Transaction;

(b) provide high level commentary on legal issues, liabilities and risks which are material to the Transaction; and

(c) undertake the legal work in accordance with the agreed scope and materiality thresholds.

3. Materiality Thresholds

The materiality thresholds for the legal due diligence are:

(a) the matter evidences an item of recurrent expense(and therefore has an annual revenue impact) of more than US$two million;

(b) the matter evidences a single item cost/contingency or possible continuing post-acquisition obligation on [ ] (and therefore impacts assets and liabilities) of more than US$two million .

(c) the matter (regardless of its value or revenue impact) is essential to operations or is materially relevant to the acquisition and subsequent operation of the power generation assets.

4. Reliance

The due diligence report will be accompanied by a Reliance Statement in favour of specified groups of recipients the identity/identities of such groups will be settled with [ ].

5. Methodology

5.1 Timetable

In [ ]'s letter dated [ ] to [ ], [ ] outlined the revised dates for the due diligence being:

(a) first visit (6 days per bidder)

One week between [ ] to [ ]; and

(b) revisit (3 days per bidder)

Three days between [ ] to [ ].

[ ]'s letter dated [ ] confirmed that [ ] will initally have access

to the data room between [ ] and [ ](arrangements can be made if [ ] requires an extension).

5.2 Legal due diligence report

[ ] will provide you with a draft outline of the legal due diligence report. The draft outline for the legal due diligence report will be structured in accordance with this legal due diligence scoping and methodology memorandum. The most efficient way to prepare a due diligence report is for [ ] to prepare an initial draft on the subject matters that are to be covered Korean counsel subject to [ ]s'comments or questions. Likewise, [ ] will initially prepare a due diligence report on the PPA, FSA, and project finance documents with KFW and KDB with the assistance and comments from Korean and US lawyers at [ ].

Subsequently the above drafts will be merged into a combined legal due diligence report albeit subject to separate and different, assumptions and qualifications in relation to the law firms involved.

6. Scope of the Legal Due Diligence

In carrying out the legal due diligence, [ ] and [ ] approach will be to concentrate on the key business risks of the Transaction so that the resulting report can be more effectively utilised by [ ] in their respective assessment of the relevant businesses and, moreover, be utilised by [ ] as a working document (or manual) if [ ] succeeds in acquiring the interest. In this regard, the key business risks are, broadly speaking, market risk, fuel risk, environmental risk, regulatory risk and completion risk for [ ].

In carrying out the legal due diligence, [ ] and [ ] will work closely as most of the legal issues will have Korean specific issues to consider. We have outlined below what we believe the principal areas of the legal due diligence will be.

7. Corporate Records [*To be reviewed by ____*]

(a) Review the articles of incorporation which provide for [ ] and [ ]'s (collectively [ ]) ability to enter into the Transaction, including:

(1) restrictions on the businesses that [ ]may carry on;

(2) voting provisions;

(3) restrictions on transfer or ownership of shares;

(4) special provisions relating to share buy-backs or other matters; and

(5) restrictions on bonds or power to grant security.

(b) Review minutes of meetings of the Board of Directors and Shareholders focusing on:

(1) material amendments to the relevant provisions of the articles of incorporation;

(2) appointment and removal of directors;

(3) issue of shares and share certificates;

(4) outstanding dividend payments; and

(5) other material information in relation to key business risks.

(c) Review a certified copy of the Company Register and other corporate books and records (other than books of account) focusing on:

(1) registration of charges against [ ] and the assets;

(2) corporate governance issues;

(3) current shareholders; and

(4) current board members including auditors.

8. Investments and Intercompany Arrangements [*To be reviewed by* ____]

(a) Shareholders Agreements among [ ] shareholders.

(b) Shareholders Agreement among [ ] shareholders.

(c) Details of all intercompany arrangements (including arrangements with other electricity corporations, but excluding arrangements covered under the Electricity Supply Arrangements and Material Contracts sections below).

9. Ownership of Real Estate and Related Assets [*To be reviewed by* ____]

(a) Check the validity and effectiveness of any transactions transferring, granting, modifying or extinguishing rights in material assets.

(b) Check the title and other material matters going to validity of title in respect of material estates in land including ownership, leases and occupation permits in property.

(c) In respect of material assets and material estates in land:
  (1) nature of rights held;
  (2) options or other rights granted in respect thereof;
  (3) easements;
  (4) other third party rights in respect thereof;
  (5) encumbrances registered or otherwise existing against such property;
  (6) restrictions on the granting of security over such land/real property;
  (7) restrictions on assignment of rights or entering into leases in respect of such property; and
  (8) zoning and planning or other regulatory restrictions.

10. Electricity Supply Arrangements [*To be reviewed by* ____]

(a) Review the two PPA's and all material contracts, arrangements and agreements including services agreements and arrangements with participants in the electricity industry, focusing on enforceability, force majeure, change of law, impact of the privatization of KEPCO and introduction of pool system, term and extension, suspension, early termination (both as a resultof the sell down and generally), dispute resolution, default, material obligations and liabilities, price, deemed assignment upon transfer of (or change in) control of the companies, requirement for consents, assignability (including by way of security), indemnities (including any limitation or exclusion of liability), tax liability and recovery provisions.
(b) Provide summary of contracts and terms referred to in paragraph 10(a).
(c) Review compliance with material terms of such contracts and specify any known breaches by third parties.

11. Material Contracts [*To be reviewed by* ____]

(a) Review and prepare list of material contracts including:
  (1) two fuel supply agreements with KOGAS;
  (2) water supply agreements;

(3) any heat purchase or offtake agreements with [ ] and [ ] residents; and
(4) engineering and construction agreements for the [ ] plant, focusing on enforceability, force majeure, term and extension, suspension, early termination (both as a result of the sell down and generally), dispute resolution, default, material obligations and liabilities, price, take-or-pay, deemed assignment upon transfer of (or change in) control of the companies, requirement for consents, assignability (including by way of security), credit risk of counter parties, indemnities (including any limitation or exclusion of liability), treatment of tax liability and recovery provisions.

(b) Review compliance with material terms of such contracts and specify any known breaches by third parties.

12. **Financing Arrangements** [*To be reviewed by* ____]

(a) Review generally all loans and facilities(focusing on maturity and availability) and related documentation, including:
(1) swaps and other hedging and treasury arrangements;
(2) existing loan and security arrangements such as KfW loan for [ ] and KDB project finance loan for [ ];
(3) plant and equipment leases; and
(4) existing guarantees and indemnities, focusing on outstanding amount/exposure, interest rates, maturity date, material covenants, change of control or other sell down linked breach, effect of breach (including early termination), negative pledges and pari passu provisions.

(b) Identify securities granted under existing financing arrangements and whether any of these securities are proposed to continue post the sell down.

13. **Insurance** [*To be reviewed by* ____]

List insurance policies currently in force specifying generally the:

(a) type of insurance;

(b) general scope of risks;
(c) amount of cover;
(d) expiry date;
(e) deemed transfer upon change in control of [ ];
(f) assignability (including by way of security); and
(g) whether large deductibles or self-insured retentions apply.

14. Litigation [*To be reviewed by* ____]

(a) Search of relevant Korean Courts for any litigation outlined at paragraph 14(b).
(b) Identify threatened and actual court, arbitration, administrative or other proceedings, against or by any of the companies, including civil and criminal proceedings (particularly governmental prosecutions if any) involving amounts in excess of US$two million.
(c) Identify any known or suspected circumstances giving rise to a potential claim.
(d) Identify any unsatisfied judgments or orders.
(e) Consider adequacy of provisions in respect of litigation.

15. Intellectual Property-Including Information Technology [*To be reviewed by* ____]

(a) Identify and prepare list of:
  (1) registered patents and applications;
  (2) registered trade marks and applications;
  (3) other trade marks (including logos);
  (4) business names/company names;
  (5) copyright;
  (6) registered designs and applications;
  (7) confidential information (including trade secrets and know how); and
  (8) circuit layouts, and other intellectual property used in connection with the business or licensed from [ ].
(b) Identify and prepare list of assets utilising intellectual property that need to be either owned or licensed by [ ] and what title/contract

there is allowing [ ] to use the intellectual property.

(c) Identify all material contracts affecting or otherwise relating to the intellectual property including assets or items used by [ ] which utilises intellectual property to determine what material rights are conferred under the contract such as the terms of any assignability, effect of change in control, termination, duration, suspension and fees.

(d) Identify known infringements of intellectual property.

(e) Identify notices of alleged infringements by [ ] of third party intellectual property rights.

(f) Identify existing challenges by third parties to validity or registration of any intellectual property owned or issued by [ ].

(g) In relation to information technology (including all computer hardware and related items):

  (1) identify all items of information technology owned by [ ] or licensed by [ ];

  (2) obtain details of ownership or rights to use; and

  (3) identify any contracts relating to use and determine: rights conferred under the contracts, the terms of any assignability, effect of change in control, termination, duration, suspension and fees.

16. Environmental [*To be reviewed by Environmental Consultant*]

(a) Identify and review existing environmental licences, authorisations, permits, and any material notice obtained or received from regulatory bodies, including reviewing assignability, effect of change of control, duration, termination and fees.

(b) Identify any material environmental licences, authorisations and permits required but not obtained from regulatory bodies.

(c) Review existing environmental assessments, audits and environmental impact studies.

(d) Specify known or suspected breaches of environmental licences, authorisations or permits under environmental laws and regulations (soil, air, groundwater, surface water, noise etc).

17. Industrial Relations [*To be reviewed by* ____]

Review terms of employee agreements and relevant legislation to ascertain likely pay increases and workforce flexibility for downsizing, employee relocation and performance enhancement.

18. Current Employment Terms and Conditions including mandatory employee benefits [*To be reviewed by* ____]

(a) Review existing employment terms and conditions under collective bargaining agreements (jointly conducted by Korean Counsel and Employment Consultant);

(b) Briefly review arrangements with employees to protect intellectual property;

(c) Identify any employment claim, pending litigation or potential claim;

(d) Find out negotiation experience with each union;

(e) Identify undocumented promises, bonus practice by interviewing with key executives and HR people.

19. Regulatory Matters [*To be reviewed by* ____]

(a) Respond to specific issues raised by [ ] in relation to the regulatory framework for the electricity industry.

(b) Review the generation licences, collective energy heat supply business licenses and other miscellaneous licences.

(c) Identify areas of non-compliance with and generation licences and any other licences.

(d) Review application of cross ownership provisions (if any).

(e) Review compliance with all such licences.

20. Privatisation/Sovereign Risk/Foreign Restrictions [*To be reviewed by* ____]

Comment generally on any sovereign risk issues including:

(a) foreign investment restrictions.

(b) anti-trust report for an acquisition.

(c) restrictions on removal of capital.

(d) foreign exchange restrictions.
(e) restrictions on placement of foreign personnel.
(f) protection of introduced intellectual property.

[실제사례 7: 실사보고서][14)]

Legally Privileged & Confidential

PROJECT [ ]

Preliminary Legal Due Diligence Report

Part I-Introduction and Executive Summary

1. Introduction

We have been instructed by [ ]([ ]) to conduct a legal due diligence review in connection with a potential acquisition of [ ] Corporation([ ]), a Korean company, either through an acquisition of shares in [ ] itself, or through an acquisition of shares in a holding company of [ ], namely [ ] B.V.([ ]), the direct holding company, or [ ](Netherlands) Holdings B.V.([ ] B.V.) the indirect holding company. Separately, on behalf of [ ], we have instructed [ ]([ ]) to conduct a legal due diligence review of certain documents in the Korean language and certain aspects of Korean laws and regulations in relation to [ ]. Both our findings and [ ]'s findings are set out in this report.

1.1 Scope of work

(a) We have focused our review on selected documents in the English language posted in the virtual data room of [ ] at https://services.intralinks.comand/or made available in the physical data room of [ ] at [ ] that would normally be relevant to a legal due diligence review. Access to the virtual data room was granted to us on [ ] while access to the physical data room was granted to us from [ ]

14) 외국 law firm과 동시에 실사를 진행하여 하나의 실사보고서를 만든 예이다.

to [ ]. An index of the documents reviewed in the course of our legal due diligence review is set out in **Part A** of **Appendix** 6 to this report. We have also followed up certain matters raised in or by the documents reviewed by us and requested answers to certain enquiries and additional information not apparent from such reviewed documents. Please note that we were not provided with all of the answers and additional information that we had requested. The views and analysis expressed by us in this report may therefore be modified if new documents or information are provided or made available to us.

(b) [ ] has focused its review mostly on selected documents in the Korean language posted in the virtual data room and/or made available in the physical data room of [ ] that would normally be relevant to a legal due diligence review. Access to the virtual data room was granted to [ ] on [ ] while access to the physical data room was granted to [ ] from [ ] to [ ]. [ ] also searched public records such as filings made by [ ] with the Financial Supervisory Service of Korea, publicly available intellectual property databases, court records. An index of the documents reviewed in the course of [ ]'s legal due diligence review is set out in Part B of Appendix 6 to this report. [ ] has not researched facts beyond these sources of information. [ ] expresses no views as to any issues arising under any laws other than the laws of Korea as currently in effect on the date of issuance of this report as inscribed on the cover page above, and [ ] has assumed that there is nothing in the laws of any other jurisdictions that would affect this report. Any general descriptions of Korean law provided in this report should not be relied upon as [ ]'s legal opinion as to any specific issue.

(c) As per [ ]' instructions, this report highlights significant problems or issues or risks identified in the review of the documents reviewed by [ ] and (the Reviewed Documents). Except where otherwise stated, this report does not summarise the contents of the Reviewed Documents and is not intended to provide an exhaustive overview of [ ].

1.2 Limitations

In connection with this report, you should note that:

(a) the accuracy of this report necessarily depends on the Reviewed Documents and the responses to the enquiries received by or [ ] being true, complete, accurate and not misleading, and on the Reviewed Documents being properly authorised, legally binding and effective, all of which we or [ ] have assumed to be the case;

(b) [ ] and we have assumed (i) the genuineness of all signatures, stamps and seals, the conformity to the originals of all documents supplied to [ ] and us as translations or as certified, photocopied or faxed copies and the authenticity of the originals of such documents, (ii) that the requisite corporate actions under the documents provided to [ ] and us were duly taken in accordance with all appropriate procedures, (iii) the accuracy of oral or written statements made by the officers of [ ] and (iv) the absence of any other material documents or information with respect to the subject matter covered by the documents provided to [ ] and us, unless otherwise noted herein;

(c) this report should not be regarded as or relied upon as being comprehensive or being equivalent to aformal legal opinion concerning any matter referred to in it. It has been prepared as a general review of the Reviewed Documents and the replies to our or [ ]'s enquiries, and should not be treated as a substitute for specific legal advice concerning individual situations or concerns;

(d) neither we nor [ ] have conducted a full verification exercise in relation to the enforceability of the contractual or other arrangements comprised in the Reviewed Documents;

(e) neither we nor [ ] has made any enquiries regarding the counter-parties to any contracts;

(f) neither we nor [ ] has attempted to comment on the business, commercial, financial, technical (including information technology), compliance, human resource, health and safety, insurance, environmental, actuarial, tax or accounting aspects of the disclosed information and no view or opinion is expressed on provisions in the Reviewed Documents relating to such matters. We understand other professional advisers such as [ ] and [ ] are responsible for advising you on these areas

(g) neither our review nor [ ]'s review has been an audit. We have not applied a system of checks intended to uncover gaps, although we have noted where a document has been referred to but not provided to us or where it is clear that a Reviewed Document is not complete, for example because there are blank pages;

(h) neither we nor [ ] have prepared a summary of all of the Reviewed Documents but can do so if requested and further access to the virtual or physical data room is granted; and

(i) the names of certain Korean companies and individuals in this report may have been phonetically translated and have not been confirmed as the official English translations of the names of the respective companies or individuals.

2. Summary of Key Issues

This report should be read in full. However, we set out below a summary of the key issues identified in the course of our and [ ]'s legal due diligence review in respect of [ ]. A more detailed analysis of these key issues is set out in Part II of this report.

2.1 Findings with possible value implications

(a) Change of control clauses in certain financing documents

Under certain of [ ]'s financing documents, a change of control would trigger acceleration of [ ]'s repayment obligations. In this context, there is a change of control if [ ] and/or [ ] fail to hold, whether directly or indirectly, at least 51% of the issued shares of [ ]. Consent or waiver from the relevant creditors will be required to avoid triggering an acceleration of [ ]'s repayment obligations.

Under the terms and conditions of certain secured notes of the principal amount of US$[ ] due [ ] issued by [ ], if there is a change of control with respect to [ ] or [ ], [ ] will be required to make an offer to redeem the notes at a premium to the principal amount, together with accrued interest. The premium payable differs depending on whether the change of control is with respect to [ ] or [ ]. A change of control with respect to [ ] occurs if [ ] and/or [ ] cease to beneficially own, in the aggregate, at least 50.1% of the shares in [ ]. A change of control with respect to [ ] occurs if [ ] ceases to hold at least 50.1% of the shares in [ ]. Consents or waivers from the noteholders will be required to avoid such acceleration of [ ]'s repayment obligations.

(b) Pending claims against [ ] as defendant

[ ] is currently a defendant in three pending claims. In particular, there is a suit by [ ] against [ ] in relation to an alleged breach of patent. [ ] is seeking damages in the amount of KRW[ ] and either 5% of [ ]'s net proceeds from sales between [ ] and [ ] or the amount that it would have received in license fees during this period which it estimates to be around KRW[ ]. A separate, but related, ruling as to the validity of the relevant patents may assist [ ] in arguing its case.

[ ] is also involved in a dispute regarding infringement of intellectual property rights that would potentially result in litigation. Under this dispute, [ ] is alleging that [ ] has infringed [ ] patents. [ ] has threatened to bring a lawsuit against [ ] unless a satisfactory resolution is found between the parties and suggested that [ ] pay compensation of 4% of its sales turnover to [ ]. [ ] has offered to pay 1% of the net selling price of [ ] for five years but this has not been accepted by [ ].

2.2 Findings with possible contractual implications

(a) First offer rights, drag along rights and tag along rights

There is an existing Shareholders'Agreement dated [ ] relating to the shareholding interests in [ ] *(the [ ] Shareholders Agreement)* which contains rights of first offer in favour of certain minority shareholders of [ ] should there be a proposed sale by [ ] of its shares in [ ] to [ ]. If these minority shareholders elect to exercise such first offer rights, [ ] will be required to sell its shares to them and [ ] will be prevented from acquiring the shares from [ ]. These first offer rights must be exercised in full (and not in part) or otherwise they will fall away.

If the first offer rights are not exercised in full and consequently fall away, the [ ] Shareholders Agreement provide for the additional rights:

(i) [ ] will have the benefit of drag along rights which it can exercise in order to allow [ ] to purchase all of the shares of all the non-selling shareholders in [ ]; and

(ii) each of the non-selling shareholders of [ ] will have tag along rights which it can exercise in order to require [ ] to purchase its shares in [ ] in addition to [ ]'s shares in [ ]

Thus, if [ ] intends to acquire shares in [ ] directly, it should first come to a decision as to what percentage ownership of [ ] it intends to acquire and then enter into discussions with the minority shareholders to see whether they are willing sellers and whether they intend to exercise the first offer rights or tag along rights or accept the drag along rights.

The first offer rights, drag along rights and tag along rights described above do not apply should [ ] decide to proceed with acquiring shares in [ ] or [ ] B.V. rather than shares in [ ] itself.

(b) Buy-out option

Under the Shareholders'Agreement, a change of control with respect to [ ] triggers a right on the part of one of the minority shareholders of [ ], namely [ ], to purchase, at its option, all (but not part) of [ ]'s shares in [ ]. A change of control with respect to [ ] occurs if more than 50% of the shares in [ ] is beneficially owned by persons other than [ ] and/or [ ]. Thus if [ ] decides to acquire the shares of [ ], a waiver of this buy-out option will be required from [ ].

(c) Restriction on transfer of [ ]'s shares

The [ ] Shareholders Agreement restricts [ ] from directly or indirectly transferring more than 10% of his shares in [ ]. This restriction remains for so long as a certain consultancy agreement between [ ] and [ ] is in effect, except where [ ] conducts an IPO or [ ] sells more than 50% of its shares in [ ]. The restriction also applies notwithstanding any contrary provision in the [ ] Shareholders Agreement or the Articles of Incorporation of [ ]

([ ] Articles). We have requested for but have not been provided with a copy of the consultancy agreement for our review.

This restriction on the transfer of [ ]'s shares will be relevant if [ ] purchases shares in [ ] or [ ] B.V. (assuming the consultancy agreement remains in effect). It will not apply where [ ] decides to purchase all of [ ]'s shares in [ ].

(d) Pledge of shares in [ ] by [ ]

The indenture instrument constituting the [ ] notes referred to in section 2.1(a) above provides for the notes to be secured by a Collateral and Security Agreement. It appears that [ ] has pledged its shares in [ ] pursuant to this agreement but we have not been provided with a copy of the agreement for review. Neither have we sighted any information on the number of shares in [ ] pledged by [ ]. Such pledge will have to be discharged prior to closing if the proposed acquisition by [ ] is structured as an acquisition of shares in [ ] directly.

(e) Management share options

We note that there is an existing management stock option plan adopted by [ ]. However, the only documents provided in the data room for review in relation to stock options granted by [ ] to its management were copies of stock option agreements relating to stock options grants to one particular individual. Neither the plan nor the stock option agreements relating to other individuals have been provided to date. We note that [ ] has been provided with a draft share purchase agreement relating to its proposed acquisition, which agreement requires [ ] to purchase the shares held by the management of [ ] and the shares that, pursuant to the exercise of stock options, may be issued to the management. It would therefore be necessary to find out the status and other details of the shares and stock options held by the management of [ ].

(f) Shareholders Agreement relating to [ ] and/or [ ] B.V.

We understand that there is an existing Shareholders Agreement that was originally entered into in relation to the then shareholding interests in [ ] and was subsequently made applicable to the shareholding interests in [ ] B.V. We have requested but have not been provided with a copy of this agreement for review. If the shares to be acquired in [ ] are those in [ ] or [ ] B.V., we should review this Shareholders Agreement to ensure that there are no unusual or onerous terms that could impact on the acquisition.

(g) Anti-trust

In the event that [ ] acquires shares in [ ], it will be necessary to obtain merger clearance from the Korean Fair Trade Commission. An analysis of the anti-competition issues that could arise will be needed in this regard.

2.3 Further information required

We will need [ ] and/or [ ] to follow up with [ ] on the following documents and information that [ ] or we have requested or will require:

(a) all communications between [ ] and [ ] after [ ] as well as other material documents relating to the dispute between them.

(b) [ ]'s license agreement and amendments thereto with [ ]

(c) the consultancy agreement between [ ] and [ ] referred to in section 2.2(d);

(d) the Collateral and Security Agreement referred to in section 2.2(c);

(e) the management stock option plan of [ ] and the individual stock option agreements between [ ] and members of its management;

(f) the Shareholders Agreement relating to [ ] and/or [ ] B.V. referred to in section 2.2(f)

(g) such information on [ ]'s operations in Korea that [ ] requires to enable it conduct an analysis of the anti-competition issues that could arise on an acquisition by [ ] of [ ];

(h) audited financial statements and tax returns of [ ] B.V.;

(i) any financing documents of [ ] or [ ] B.V. other than the [ ] notes referred to in section 2.1(a);

(j) details of employees of [ ] and [ ], if any, including number of employees, their functions, salaries and other benefits, share options and standard employment terms;

(k) minutes of board and shareholder meetings of [ ] and [ ] B.V;

(l) material contracts of [ ] and [ ] B.V;

(m) details of any activities or assets or liabilities of [ ] and [ ] B.V. other than their ownership of shares in [ ]; and

(n) details on whether [ ]'s products contain any hazardous substances (particularly asbestos) and details of any plans or systems put in place by [ ] to deal with, and any claims by employee or third parties in relation to, such hazardous substances.

3. Responsibility for and use of this report

[ ] has prepared, and is solely responsible for, the sections in Part I of this report numbered 2.1(b) and 2.2(g), the sections in Part II of this report numbered 1.4, 1.6, 2, 3, 4, 5, 6, 7, 8 (except 8.8) and 10 as well as Appendices 1 to 5 and Part B of Appendix 6. We do not accept responsibility for these sections.

We have prepared, and are solely responsible for, the remaining sections of this report. [ ] does not accept responsibility for these sections.

This report has been prepared solely for use by [ ] in connection with the proposed transaction. Accordingly, it is addressed to and may be relied upon by [ ] only, and accordingly may not, without our express prior written consent, be relied upon by your financial or other advisers, or any other person, for any purpose whatsoever, nor is any responsibility, duty or liability accepted to, any third party. As agreed between us, you must not without our express prior written consent make this report available, in whole or in part, to any adviser or any other person nor use it for any purpose other than the proposed transaction.

If you have any questions about the contents of this report, please contact [ ] of [ ] at [ ] or [ ] at [ ].

문제 21

매도인은 매수인이 실사 후 제시한 자산매매계약의 초안을 받았다. 계약서 초안에는 진술과 보장 마지막에 다음과 같은 조항을 포함하고 있다.

"매도인은 매수인이 본건 거래를 체결함에 필요한 모든 정보와 문서를 공개하였다. 매도인이 실사과정에 구두로 또는 서면으로 공개한 모든 정보와 문서에 진실이 아닌 사항이 포함되어 있거나 중요한 사항이 누락되어 있지도 아니하다. 매수인이 특정 사실을 실사과정 중 알았거나 알 수 있었다고 하더라도 이를 이유로 매수인의 본 계약상 권리행사는 아무런 영향을 받지 않는다."

귀하가 매도인의 법률자문이라면 이 초안을 무슨 이유로 어떻게 수정할 것을 제안할 것인가?

제22장 계약구조: 가격

지배주식의 거래나 자산거래가 아닌 합병의 경우 자본시장법은 합병의 대가를 산정하는 방식과 절차를 규정하고 있다. 소수주주를 보호하고 예측가능성을 높여서 구조조정의 편의를 도모하기 위한 것이라고는 하지만, 법에서 정한 산정방식이 언제나 공정한 가격을 산출하지 않을 수 있고 따라서 점차 합병당사자간 합의를 존중하는 방향으로 나아가야 할 것이다. 본 장에서는 우선 법에서 정하고 있는 합병의 대가 산정방식 및 그 절차, 그리고 이에 대한 법원의 태도를 살핀다. 그 다음으로 지배주식의 거래나 자산거래의 경우 실제 어떻게 인수가격을 조정하는지 구체적인 계약조항과 함께 살피고, 이어서 가격조정에 관한 분쟁이 발생한 경우 법원이 판단을 내린 사례를 살펴본다.

Ⅰ. 자본시장법이 정한 합병가액 산정방식과 절차

1. 적용범위

주권상장법인이 다른 상장 또는 비상장법인과 합병하거나, 포괄적 교환을 하는 경우 합병 또는 포괄적 교환의 당사자회사 주식의 평가에, 또는 분할합병시 분할되는 법인의 합병대상이 되는 부분의 가액산정에, 자본시장법이 정한 공식이 적용된다. 자본시장법은 합병 이외에도 상장법인 주주의 주식매수청구권 행사시 매수가액,[1] 일반공모증자와 제 3 자배정증자시 신주의 발행가액,[2] 액면미달발행시 최저발행가액[3]에서 정하였던 주식교환방식의 현물출자시 주식평가[4]는 전환형 조건부 자

1) 자본시장법 제165조의5, 시행령 제176조의7.
2) 제165조의16, 증발공규정 제5-18조(유상증자의 발행가액결정).
3) 제165조의8, 시행령 제176조의10.
4) 과거 상법 제299조 제 2 항, 시행령 제 7 조 제 2 항. 제165조의9, 시행령 제176조의11.

본증권 및 삼각형자본증권의 발행조건[5]에 관하여 규율하고 있는 바, 합병의 공식이 준용되는 경우는 주식교환방식의 현물출자시 뿐이고 그 이외의 경우는 조금씩 변형된 방법을 제시하고 있다.

2. 산정공식

a. 주권상장법인간 합병시 — 합병을 위한 이사회 결의일과 합병계약을 체결한 날 중 앞서는 날의 전일("합병기준일")을 기산일로 한 (x) (1) 최근 1개월간 종가를 거래량으로 가중산술평균하여 산정한 평균종가(다만, 산정대상기간 중에 배당락 또는 권리락이 있는 경우로서 배당락 또는 권리락이 있은 날부터 기산일까지의 기간이 7일 이상인 경우에는 그 기간의 평균종가), (2) 최근 1주일간 종가를 거래량으로 가중산술평균하여 산정한 평균종가, (3) 최근일의 종가를 산술평균한 가액과 (y)최근일의 종가 중 낮은 가액으로 한다.[6]

b. 주권상장법인과 주권비상장법인간 합병시 —

aa. 주권상장법인은 위 공식에 따라서 산정한다.[7]

bb. 주권비상장법인은 자산가치와 수익가치를 각각 1과 1.5로 하여 가중산술평균한 가액과 상대가치의 가액을 산술평균한 가액으로 한다. 따라서 자산가치 2, 수익가치 3, 상대가치 5의 가중치가 주어진다. 다만, 상대가치를 산출할 수 없는 경우에는 자산가치와 수익가치를 각각 1과 1.5로 가중산술평균한 가액으로 한다.[8]

자산가치는 합병기준일이 속하는 사업연도의 직전사업연도말 대차대조표를 기준으로 한 발행회사의 주당 순자산가액으로서 순자산을 합병당시 발행주식총수로 나눈 수치를 말한다. 순자산이라 함은 대차대조표상의 자본총계에서 (1) 실질가치

5) 자본시장법 제165조의10, 시행령 제176조의12, 제176조의13. 증발공규정 제5-22조. 21부터 5-25조.

6) 자본시장법 제165조의4, 시행령 제176조의5 제1항 제1호. 이 공식에 따르면 가격이 지속적으로 상승하고 있었으면 과거 거래가가 고려되고 가격이 지속적으로 하강하고 있었으면 과거 거래가가 고려되지 않을 것이다. 따라서, 합병기준일 이전에 시장에서 합병가능성을 알고 있었다고 가정할 경우 시장이 호의적인 반응을 보이면 투자자에게 매각하도록, 시장이 비호의적 반응을 보이면 보유하도록, 유인을 제공하고 있다는 측면에서 바람직한 것인지 의문이다. (x)와 (y) 중 고가로 한다면 그 반대현상이 나타날 수 있기 때문에 보다 바람직한 정책이 아닐까 싶다. 근본적으로 자본시장법이 온정주의를 취할 필요가 있는지 의문이다.

7) 시행령 제176조의5 제1항 제2호 가목.

8) 시행령 제176조의5 제1항 제2호 나목, 증발공규정 제5-13조, 증발공시행세칙 제4조. 실제 자본시장법 시행 이후 제출된 증권신고서상 합병가액 산정방법을 살펴보면 상대가치가 고려된 경우는 한 건도 없다.

가 없는 무형자산 및 회수가능성이 없는 채권, (2) 투자주식중 취득원가로 평가하는 시장성 없는 주식의 순자산가액이 취득원가보다 낮은 경우에는 순자산가액과 취득원가와의 차이, (3) 퇴직급여충당금의 잔액이 기업회계기준 제27조에 따라 계상하여야 할 금액보다 적을 때에는 그 차감액, (4) 최근사업연도말 이후부터 분석기준일까지의 손상차손 (5) 유상감자로 인한 자본금감소금액을 차감하고 (1) 자기주식, (2) 최근사업연도말 이후부터 합병일 현재까지 유상증자, 전환사채의 전환권 행사 및 신주인수권부사채의 신주인수권 행사에 의하여 증가한 자본금, (3) 최근 사업연도말 이후부터 합병일 현재까지 발생한 자산재평가적립금, 주식발행초과금등 자본잉여금을 가산하고 마지막으로 최근 사업연도말 이후부터 합병일 현재까지 발생한 배당금, 전기오류수정손실 등을 차감한다.[9)]

수익가치는 현금흐름할인모형, 배당할인모형 등 마패의 수익가치 산정에 관하여 일반적으로 공정하고 타당한 것으로 인정되는 모형을 적용하여 산정한다.[10)]

상대가치는 (1) 상장법인의 주가를 기준으로 발행회사와 유사회사의 주당 법인세비용 차감 전 계속사업이익과 주당 순자산을 다음 산식에 의하여 비교 · 평가한 3사 이상의 유사회사별 비교가치를 평균한 가액의 30% 이상을 할인한 가액과 (2) 분석기준일 이전 1년 이내에 유상증자 또는 전환사채나 신주인수권부사채가 발행된 경우 주당발행가액 또는 주당행사가액을 선술평균한 금액으로 한다. (2) 금액산출이 불가능하거나 (1) 금액보다 큰 경우에는 (1) 금액으로 하며 (1) 금액산출이 불가능한 경우 상대가치는 적용하지 아니한다.[11)]

유사회사별 비교가치＝유사회사의 주가×{(대상회사의 주당법인세비용차감전계속사업이익/유사회사의 주당법인세비용차감전계속사업이익)＋(대상회사의 주당순자산/유사회사의 주당순자산)}/2

유사회사라 함은 상장법인과 자본금, 매출액규모, 주요재무비율, 주당수익률 및 제품구성비 등이 가장 유사한 주권상장법인으로서 주당 법인세비용 차감 전 계속사업이익이 액면가액의 10% 이상이고, 주당순자산이 액면가액 이상이며, 최근 사업연도의 재무제표에 대한 감사인의 감사의견이 "적정" 또는 "한정"인 2사 이상의 주권

9) 증발공시행세칙 제 5 조.
10) 증발공시행세칙 제 6 조.
11) 증발공시행세칙 제 7 조.

상장법인이다. 유사회사의 주가는 당해 기업의 보통주를 기준으로 합병기준일의 전일부터 소급하여 1월간의 종가를 산술평균하여 산정하되 그 산정가액이 합병기준일의 전일종가를 상회하는 경우에는 합병기준일의 전일종가로 한다. 이 경우 계산기간 내에 배당락 또는 권리락이 있을 때에는 그 후의 가액으로 산정한다. 상장회사와 유사회사의 주당법인세 비용 차감 전 계속사업이익은 최근사업연도의 법인세비용 차감 전 계속사업이익을 발행주식의 총수로 나눈 수치와 직전 사업연도의 법인세비용 차감 전 계속사업이익을 발행주식의 총수로 나눈 수치의 산술평균이다. 발행회사의 주당 순자산은 자산가치 산정방식을 준용하여 산출한다.[12]

3. 산정절차

주권상장법인이 주권비상장법인과 합병하여 주권상장법인이 되는 경우와 주권상장법인이 다른 법인과 합병하여 주권비상장법인이 되는 경우 합병가액의 적정성에 관하여 외부평가기관의 평가를 받아야 한다.[13] 또한, 중요한 영업 또는 자산의 양수도, 포괄적 교환 또는 이전 중 완전자회사가 되는 회사가 비장장법인이 포함되는 경우와 완전모회사가 비상장법인으로 되는 경우, 분할합병의 경우 가액 내지 비율의 적정성에 관하여 외부평가기관의 평가를 받아야 한다.[14]

대법 2009. 4. 23. 선고 2005다22701 판결(윤×대 v. 국민은행)

위 법리와 기록에 비추어 살펴보면, 원심이 구 금산법에 따라 금융감독위원회의 인가를 받아 행한 이 사건 합병은 정부의 문서에 의한 승인에 따른 합병이므로, 이 사건 합병에는 합병신고서 제출일 전일을 기준으로 합병비율을 산출하도록 한 구 증권거래법 시행령(2002. 2. 9. 대통령령 제17518호로 개정되기 전의 것) 제84조의7 제 1 항이 적용되지 않고, 달리 이 사건 합병비율이 합병을 무효화할 만큼 현저하게 불공정하다고 인정할 증거가 없다는 이유로, 이 사건 합병비율의 위법·불공정을 내세워 이 사건 합병이 무효라는 원고의 주장을 배척한 것은 정당하고, 거기에 상고이유에서 주장하는 바와 같은 합병비율의 불공정을 이유로 한 합병무효 및 신의성실의 원칙에 관한 법리오해 등의 위법이 없다.

---

12) 실제 금감위에 제출된 합병신고서상 평가서를 살펴보면 상대가치를 고려한 사례는 하나도 없다.

13) 시행령 제176조의5 제 7 항.

14) 시행령 제176조의6 제 3 항.

흡수합병시 존속회사가 발행하는 합병신주를 소멸회사의 주주에게 배정·교부함에 있어서 적용할 합병비율을 정하는 것은 합병계약의 가장 중요한 내용이고, 그 합병비율은 합병할 각 회사의 재산 상태와 그에 따른 주식의 실제적 가치에 비추어 공정하게 정함이 원칙이며, 만일 그 비율이 합병할 각 회사의 일방에게 불리하게 정해진 경우에는 그 회사의 주주가 합병 전 회사의 재산에 대하여 가지고 있던 지분비율을 합병 후에 유지할 수 없게 됨으로써 실질적으로 주식의 일부를 상실케 되는 결과를 초래할 것이므로, 현저하게 불공정한 합병비율을 정한 합병계약은 사법관계를 지배하는 신의성실의 원칙이나 공평의 원칙 등에 비추어 무효라 할 것이고, 따라서 합병비율이 현저하게 불공정한 경우 합병할 각 회사의 주주 등은 상법 제529조에 의하여 소로써 합병의 무효를 구할 수 있다 할 것이다. 다만, 합병비율은 자산가치 이외에 시장가치, 수익가치, 상대가치 등의 다양한 요소를 고려하여 결정되어야 할 것인 만큼 엄밀한 객관적 정확성에 기하여 유일한 수치로 확정할 수 없는 것이고, 그 제반 요소의 고려가 합리적인 범위 내에서 이루어진 것이라면 결정된 합병비율이 현저하게 부당하다고 할 수 없을 것이므로, 합병당사자 회사의 전부 또는 일부가 주권상장법인인 경우 증권거래법과 그 시행령 등 관련 법령이 정한 요건과 방법 및 절차 등에 기하여 합병가액을 산정하고 그에 따라 합병비율을 정하였다면 그 합병가액 산정이 허위자료에 의한 것이라거나 터무니없는 예상 수치에 근거한 것이라는 등의 특별한 사정이 없는 한, 그 합병비율이 현저하게 불공정하여 합병계약이 무효로 된다고 볼 수 없을 것이다(대법 2008. 1. 10. 선고 2007다64136 판결 참조).

대전지법 2006. 12. 28. 선고 2006가합252 판결(박×석 v. 남한제지); 대법 2008. 1. 10. 선고 2007다64136 판결

1. 기초사실

가. 당사자의 지위

(1) 피고는 1957. 2. 25. 각종 지류의 제조가공 및 판매업 등을 목적으로 하여 설립된 회사로서 주권상장법인이고, 풍만제지 주식회사(이하 '풍만제지'라 한다)는 1965. 12. 23. 각종 펄프 및 지류의 제조 판매업 등을 목적으로 하여 설립되었다가 아래 마.항과 같이 2005. 8. 1. 피고에게 흡수합병(이하 '이 사건 합병'이라 한다)된

회사로서 주권비상장법인이었으며, 계성제지 주식회사(이하 '계성제지'라 한다)는 1966. 6.경 각종 지류 제조업 등을 목적으로 하여 설립된 회사로서 주권비상장법인이다.

(2) 피고, 풍만제지 및 계성제지 등은 계성제지의 최대주주인 소외 1 및 그 특수관계인들이 사실상 그 사업내용을 지배하는 회사들로 구성된 기업집단인 계성제지그룹(이하 '계성그룹'이라 한다)의 계열회사였는바, 피고는 1984. 5.경, 풍만제지는 1985. 7.경 각 계성그룹에 편입되었다(이하, 피고, 풍만제지 및 계성제지를 통틀어 '계성그룹 제지3사'라 한다).

(3) 원고는 2005. 6. 30. 기준으로 피고의 보통주 45,050주를 보유하고 있는 주주이다.

나. 계성그룹 제지3사의 상호 채무보증 등

(1) 계성그룹 제지3사는 이 사건 합병 이전부터 지속적으로 상호간의 채무보증 및 매출·매입으로 인하여 재무구조 및 영업활동 등에서 밀접하게 의존하고 있었고, 그로 인하여 그 중 어느 한 계열회사가 도산하거나 또는 재무구조가 취약해지는 경우 나머지 계열회사 또한 동반하여 부실해지거나 주가 등의 기업가치가 저평가되는 등으로 직접적인 영향을 받을 수 있는 상태였다.

(2) 한편 2004. 12. 31. 기준으로 한 피고의 풍만제지에 대한 채무보증액수는 합계 19,892,455,749원 상당, 풍만제지의 피고에 대한 채무보증액수는 합계 47,200,215,866원 상당이었다.

다. 풍만제지의 재무구조 악화 및 개선조치 등

(1) 풍만제지는 과도한 차입에 따른 이자 부담이 가중되는 등으로 인하여 만성적인 적자 및 경영실적 악화가 심화됨으로써 2003. 12. 31. 기준으로 할 때 당기순손실이 6,836,115,522원, 누적결손금이 54,173,524,623원, 유동자산 대비 유동부채 초과액이 67,047,813,000원, 총자산 대비 총부채 초과액이 36,416,028,049원에 달하는 등 완전자본잠식상태가 지속되어 계속기업으로서의 존속능력을 의심받게 되었고, 그 결과 풍만제지가 도산할 경우 풍만제지에 대하여 상호 채무보증을 한 피고와 계성제지가 재무구조가 악화되어 도산할 우려 또한 커지게 되었다.

(2) 이에 계성그룹의 최대주주 및 경영진 등은 그 무렵 산업은행 등 풍만제지의 채권금융기관과 사이에, 풍만제지의 재무구조를 개선하여 자본잠식상태를 해소

한 후 풍만제지를 피고에게 흡수합병시킴으로써 계성그룹 제지3사에 관한 구조조정을 추진하기로 합의하였다. 이에 따라 그 후 피고와 풍만제지의 흡수합병을 위한 사전조치로서 아래 ㈎, ㈏항과 같은 내용으로 풍만제지에 대한 재무구조를 개선하는 조치 등이 취해졌다.

(가) 무상감자, 유상증자 및 출자전환 등

1) 계성제지(그 무렵 풍만제지 총주식의 94.6%를 보유한 최대주주였다. 한편 당시 계성제지 총주식의 83.68%는 계성그룹의 지배주주인 소외 1 및 그 특수관계인들이 보유하고 있었다)를 비롯한 풍만제지의 기존 주주들은 2004. 3. 29. 당시 풍만제지 총주식인 3,100,000주 중 3,090,000주에 해당하는 액면가 15,450,000,000원(3,090,000주×5,000원) 상당을 무상으로 감자함으로써 동액 상당의 자본잉여금을 발생시켰다.

2) 계성제지 및 계성그룹의 지배주주 일가 등은 2004. 6. 4. 풍만제지로부터 보통주 합계 5,560,000주 액면가 27,800,000,000원(5,560,000주×5,000원) 상당을 유상증자에 의하여 취득하였다. 이에 따라, 위 유상증자로 인한 현금 유입액 중 상당 부분이 풍만제지의 채권금융단으로부터의 차입금 상환에 사용되었을 뿐만 아니라 차입금 잔액에 대한 만기가 일부 연장되었다.

3) 풍만제지의 채권금융기관들은 풍만제지에 대한 채권 일부를 출자전환하기로 하고 2004. 6. 4. 보통주 1,679,580주 액면가 8,397,900,000원(1,679,580주×5,000원) 상당을, 2004. 6. 8. 보통주 180,420주 액면가 902,100,000원(180,420주×5,000원) 상당을 각 취득하였다.

(나) 자본잠식상태의 해소 등

위와 같은 개선조치로 인하여, 풍만제지는 ① 총주식수가 3,100,000주에서 7,430,000주{(3,100,000주－3,090,000주)＋5,560,000주＋1,679,580주＋180,420주}로, 자본금이 15,500,000,000원(3,100,000주×5,000원)에서 37,150,000,000원(7,430,000주×5,000원)으로 각각 증가하였을 뿐만 아니라, ② 자본총계 또한 2003. 12. 31. 기준 당시의(－) 36,416,028,049원에서 2004. 12. 31. 기준 당시의 196,133,829원{다만, 같은 기준일의 순자산가액은 아래 라.(2)㈏2)항에서 보는 바와 같이 위 자본총계에서 실질가치 없는 무형자산을 제외한 나머지 금액인 15,370,620원 상당이라 할 것이다}으로 증가함으로서 자본잠식상태를 벗어나게 되었다.

라. 합병 전 피고 및 풍만제지의 재무구조 및 경영실적 등

(1) 피고 부분

(가) 주식 및 자본금(2004. 12. 31. 기준)

1) 총주식수: 3,100,000주(보통주 2,550,000주+우선주 550,000주, 액면가 5,000원)

2) 자본금: 15,500,000,000원(3,100,000주×5,000원)

(나) 자본총계, 순자산가액 및 주당 자산가치(2004. 12. 31. 기준)

1) 자본총계: 74,124,676,297원(다만, 피고가 2005. 5. 11.자 최초 합병신고서에서는 2004. 12. 31. 기준으로 위와 같이 기재하였으나, 그 후 정정 합병신고서에서 2004. 6. 30. 기준으로 자본총계를 72,769,115,694원으로 정정하여 보고하였다)

2) 순자산가액{위 1)항의 자본총계에서 실질가치 없는 무형자산을 공제한 나머지 금액}: 73,941,682,816원(다만, 피고가 2005. 5. 11.자 최초 합병신고서에서는 2004. 12. 31. 기준으로 위와 같이 기재하였으나, 그 후 정정 합병신고서에서 2004. 6. 30. 기준으로 하여 순자산가액을 72,624,672,694원으로 정정하여 보고하였다)

3) 주당 자산가치: 23,852.16원(73,941,682,816원/3,100,000주, 소수점 둘째자리 미만 반올림, 다만 피고가 2005. 5. 11.자 최초 합병신고서에서는 2004. 12. 31.을 기준으로 하여 위와 같이 주당 자산가치를 기재하였으나, 이후 정정 합병신고서에서 2004. 6. 30. 기준으로 하여 23,427.31원으로 정정하여 보고하였다)

(다) 당기순이익 등 경영실적

피고는 ① 2002. 7. 1.부터 2003. 6. 30.까지 2,043,973,644원, ② 2003. 7. 1.부터 2004. 6. 30.까지 (−)3,378,656,604원, ③ 2004. 7. 1.부터 2005. 6. 30.까지 2,553,199,435원의 각 당기순이익을 얻음으로써 이 사건 합병 무렵 다소 부침이 있기는 하였으나 대체적으로 경영실적이 양호한 상태였다.

(2) 풍만제지 부분

(가) 주식 및 자본금(2004. 12. 31. 기준)

1) 총주식수: 7,430,000주(액면가 5,000원)

2) 자본금: 37,150,000,000원(7,430,000주×5,000원)

(나) 자본총계, 순자산가액 및 주당 자산가치(2004. 12. 31. 기준)

1) 자본총계: 196,133,829원

2) 순자산가액{위 1)항의 자본총계에서 실질가치 없는 무형자산을 공제한 나머지 금액}: 15,370,620원

3) 주당 자산가치: 2.07원(15,370,620원/7,430,000주, 소수점 둘째자리 미만 반올림)

(다) 당기순이익 등 경영실적

풍만제지는 ① 2002. 1. 1.부터 2002. 12. 31.까지 8,173,349,714원, ② 2003. 1. 1.부터 2003. 12. 31.까지 (−)6,836,115,522원, ③ 2004. 1. 1.부터 2004. 12. 31.까지 (−)298,022,134원의 각 당기순이익을 얻는 등 주로 적자가 계속하여 발생하여 2004. 12. 31. 기준으로 누적결손금이 54,471,546,757원에 달하는 등 재정적 압박이 심각한 상태였고, 당시 외부감사인의 감사보고서 또한 풍만제지의 계속기업으로의 존속능력에 대한 불확실성이 존재한다고 평가하고 있었다.

마. 합병절차 진행 및 합병비율 산정근거 등

(1) 합병절차 진행

(가) 피고는 2005. 5. 10. 이사회를 개최하여 풍만제지와의 흡수합병에 관한 결의를 한 후 같은 날 풍만제지와 사이에 합병계약을 체결하고 합병계약서를 작성하였는데, 그 주요 내용은 아래와 같다.

1) 피고는 이 사건 합병을 함에 있어 1주당 액면가 5,000원인 기명식 보통주 3,742,764주의 합병신주를 발행하여 납입자본금을 합병 전의 15,500,000,000원에서 합병 후 34,213,820,000원으로 증가시킨다.

2) 피고는 합병기일 현재 풍만제지의 주주명부에 기재된 주주에 대하여 그 소유의 보통주(액면가 5,000원) 1주당 피고의 기명식 보통주(액면가 5,000원) 0.5037368주의 비율로 합병신주를 교부한다.

(나) 피고는 2005. 5. 11.경 위 합병계획과 관련하여 외부평가기관인 회계법인 이촌의 '적정' 평가를 거쳐 금융감독위원회에 합병신고서를 제출하고, 2005. 6. 28. 임시주주총회를 개최하여 참석주주 전원의 찬성으로 위 합병계약을 승인하는 결의를 하였는데, 당시 참석주주가 보유한 보통주 합계 1,280,301주는 피고의 발행주식총수 3,100,000주의 41.3%{(1,280,301주/3,100,000주) × 100} 상당, 피고의 의결권 주식총수 2,550,000주의 50.2%{(1,280,301주/2,550,000주) × 100} 상당에 해당하는

것이었다(한편, 풍만제지는 2005. 6. 27. 주주총회를 개최하여 위 합병계약을 승인하는 결의를 하였다).

(다) 피고는 2005. 6. 29.부터 2005. 7. 29.까지로 공고된 채권자이의 제출기간 및 구주권 제출기간을 거쳐 2005. 8. 1.경 풍만제지와의 흡수합병을 종료하고 합병등기를 마쳤다.

(2) 합병비율의 산정근거

(가) 위(1)(가)2)항에서 본 합병비율은 아래 ㈏, ㈐에서 보는 바와 같이 피고와 풍만제지의 합병가액이 각각 6,921.69원 및 3,486.71원으로 산정됨에 따라 그 비율이 '6,291.69원 : 3,486.71원＝1 : 0.5037368'로 산정된 것이다.

(나) 피고 합병가액

당시 피고가 주권상장법인이라는 이유로 그에 관한 합병가액 산정에 있어 아래 사.항의 관련 법령 중 증권거래법 시행령 제84조의7 제1항 제2호 가목 및 같은 법 시행규칙 제36조의12 제1항 등을 적용하여 이 사건 합병과 관련한 피고의 이사회 결의일 전일인 2005. 5. 9. 기준으로 계산한 기준주가 6,291.69원을 피고의 합병가액으로 산정하였다.

(다) 풍만제지 합병가액

1) 당시 풍만제지가 비상장법인이라는 이유로 그 합병가액 산정에 있어 아래 사.항의 관련 법령 중 증권거래법 시행령 제84조의7 제1항 제2호 나목 및 같은 법 시행규칙 제36조의12 제3항 등을 적용하되, 당시 주당 자산가치가 2.07원이고 주당 수익가치가 5,809.81원으로 계산됨을 전제로 하여 이를 1: 1.5의 비율로 가중산술평균한 본질가치 3,486.71원{(2.07원＋5,809.81원×1.5)/2.5} 상당을 합병가액으로 산정하였다.

2) 다만, 당시 풍만제지의 상대가치와 관련하여, 유가증권의 발행 및 공시 등에 관한 규정 시행세칙 제8조 제6항이 자본금, 매출액 규모, 주요 재무비율, 1주당 수익력 및 제품구성비율 등이 가장 유사한 2개사 이상의 주권상장법인 또는 코스닥시장 상장법인을 유사회사로 선정하여 상대가치를 산정하도록 규정하고 있는바, 그에 기하여 한솔제지 주식회사 등 4개 회사를 유사회사로 선정하여 풍만제지의 상대가치를 산정하려 하였으나 풍만제지의 경우 경상손실 발생으로 인하여 (－) 금액이 계산되어 상대가치를 산출할 수 없게 되었다는 이유로,

풍만제지의 합병가액 산정에 상대가치를 참작하지 않았다.

바. 합병 전후 피고의 주가 동향 및 사업실적

(1) 주가 동향

(가) 원고 등의 허위사실 유포 및 위계 등으로 인한 시세조정과 형사판결 등

1) 원고는 2004. 2. 10.경 소외 2, 소외 3 외 2인과 공모한 후 2004. 3.경부터 같은 해 9.경까지 사이에 사실은 피고를 인수할 의사와 능력이 없음에도 허위로 피고에 대한 M&A를 선언하는 등으로 허위사실을 유포하거나 위계를 사용하여 피고 주식의 시세조정을 통하여 시세차익을 얻는 방법으로 부당한 이익을 취득하였다{그 중 원고가 실제로 취득한 이익은 원고의 매제인 소외 3 부분을 제외하더라도 2,874,353,716원에 달하나 그 중 아래 2)항의 형사판결에서 공소가 제기된 268,907,982원만이 범죄사실의 이익액으로 인정되었다}.

2) 이에 따라, 원고는 증권거래법위반으로 구속기소되어 2005. 7. 8. 1심(서울중앙지법 2005고합108)에서 징역 1년 6월 및 벌금 780,000,000원을 선고받고 항소하여 2005. 10. 26. 항소심(서울고법 2005노1530)에서 징역 1년 및 벌금 600,000,000원을 선고받았고, 그 무렵 항소심 판결이 확정되었다.

(나) 주가 변동

피고의 주가는 보통주 종가를 기준으로 하여 2003. 6. 초경 3,460원에서 2003. 12. 초경 2,960원까지 다소 하락세에 있었으나, 2004. 1. 내지 3.경 소외 2의 주식대량보유 공시 및 처분으로 인하여 등락하였고, 원고의 M&A 선언 등이 있은 후 다시 폭등하여 2004. 6. 30.경 한 때 연중 최고가인 26,400원을 기록하였다가 하락하여 2004. 12. 말경 6,690원 상당에 머물렀으며, 그 후 2005. 연간 약 6,000원대 내지 8,000원대 사이의 주가를 유지하다가, 2006. 초경부터 다소 하락하기 시작하여 2006. 4.경 5,650원에 그치게 되었다.

(2) 당기순이익 등 경영실적

피고는 이 사건 합병기일 직전인 2005. 7. 1.부터 2006. 6. 30.까지 사이에 경상손실이 26,349,282,092원 상당, 당기순손실이 25,890,249,752원에 이르는 등으로 전반적으로 합병 전과 비교하여 경영실적이 악화되었다.

2. 원고의 주장 요지

이 사건 합병은 아래 가. 내지 다.항에서 보는 바와 같은 이유로 무효라 할 것이므로, 원고는 존속회사인 피고의 주주로서 상법 제529조에 근거하여 이 사건 합병의 무효를 구한다.

가. 합병계약서의 기재사항의 흠결

상법 제523조 제 2 호는 흡수합병에 관한 합병계약서에 기재하여야 할 절대적 기재사항 중 하나로서 '존속하는 회사의 증가할 자본과 준비금의 총액'을 규정하고 있는바, 이는 자본충실의 원칙상 존속회사의 자본증가, 다시 말해 합병신주의 액면총액 및 준비금의 총액이 소멸회사로부터 승계하는 순자산가액을 초과할 수 없도록 제한하다는 취지로 보아야 할 것인데, 이에 반하여 이 사건 합병 당시 존속회사인 피고가 소멸회사인 풍만제지의 순자산가액 15,370,620원을 초과하여 액면총액 18,713,820,000원 상당의 합병신주를 발행한 후 이를 풍만제지의 기존 주주에게 교부함으로써 동액 상당의 자본을 증가시킨 것이므로, 이 사건 합병은 합병계약서의 절대적 기재사항에 중대한 흠결이 있는 것이어서 합병계약 자체가 무효가 된다.

나. 채무초과 회사와의 합병

이 사건 합병 당시 풍만제지가 사실은 순자산가액이 (−)21억 원 상당이 되어 채무초과상태였음에도 불구하고 아래 (1), (2)항에서 보는 바와 같이 대차대조표 등의 재무제표의 조작으로 인하여 11억 7,958만 원 상당의 순자산을 보유하고 있다고 평가된 것이므로, 이 사건 합병은 채무초과상태인 회사를 소멸회사로 삼은 것으로서 자본충실의 원칙에 반하여 무효이다.

(1) 피고와 풍만제지가 보유한 토지에 관한 공시지가와 대차대조표상의 장부가액이 이 사건 합병을 전후하여 변동한 내역을 보면, ① 피고 토지의 장부가액 증가액이 공시지가의 증가액에 현저하게 미달한 것으로 기재됨으로써 합병 전 공시지가를 상회하였던 장부가액이 합병 후 도리어 공시지가에 비하여 약 6억 원 상당이 적은 것으로 기장되어 있는 반면, ② 풍만제지 토지의 장부가액 증가액이 공시지가 증가액보다 현저하게 큰 것으로 기재됨으로써 합병 전과 비교하여 합병 후 장부가액과 공시지가의 격차가 더 커짐에 따라 장부가액이 공시지가를 약 137억 6,600만 원 상당 상회하는 것으로 기장되어 있는바, 이와 같이 이 사건 합병과 관련하여 피고 토지의 장부가액은 의도적으로 적게 평가하고 풍만제지 토지의 장부가액은 의도

적으로 과대하게 평가함으로써 풍만제지에게 유리하도록 대차대조표 등의 재무제표를 허위로 작성하거나 조작하였다.

(2) 또한, 피고와 풍만제지가 보유한 생산설비에 관한 대차대조표상 장부가액이 이 사건 합병을 전후하여 변동한 내역을 보면, 피고 생산설비의 장부가액은 합병 이후 약 24억 5,400만 원 상당 감소한 것으로 기장되어 있는 반면에 풍만제지 생산설비의 장부가액은 합병 이후 약 165억 7,100만 원 상당 증가한 것으로 각 대차대조표에 기장되어 있는바, 이와 같이 피고 생산설비의 장부가액은 의도적으로 적게 평가하고 풍만제지 생산설비의 장부가액은 의도적으로 과대하게 평가함으로써 풍만제지에게 유리하도록 재무제표를 허위로 작성하거나 조작하였다.

다. 합병비율의 현저한 불공정

(1) 이 사건 합병 당시 아래 ㈎, ㈏항에서 보는 바와 같이 위헌으로서 무효인 관련 법령에 근거하거나 또는 관련 법령의 취지에 반하거나, 허위 자료 등에 의하여 과다하게 산정된 추정수익가치 등에 기하여 피고와 풍만제지의 각 합병가액이 산정됨으로써 이 사건 합병비율 자체가 위헌, 위법한 기준에 의하여 피고 및 그 기존 주주에게 현저하게 불리하도록 불공정하게 산정되었다.

(가) 피고 합병가액 부분

1) 합병비율 산정의 공정성을 기하기 위해서는 흡수회사와 소멸회사의 합병가액이 동일한 기준에 의하여 산정되어야 함에도 불구하고 주권상장법인과 주권비상장법인의 합병가액 산정방법을 구별하여 규정하고 있는 증권거래법 시행령 제84조의7 제 1 항 등의 관련 규정은 헌법에 위반되어 무효라 할 것이므로, 이와 같이 무효인 관련 규정에 기하여 피고의 합병가액을 주당 자산가치 23,852.16원이 아니라 그에 미달하는 기준주가 6,291.69원 상당으로 산정한 것은 부당하다.

2) 그렇지 않더라도, 증권거래법 시행령 제84조의7 제 1 항 제 2 호 가목 단서 규정이 문언상 임의규정인 것처럼 보이기는 하나, 이는 합병비율이 불공정하게 되는 것을 막기 위하여 자산가치가 기준주가를 상회하는 경우 자산가치에 의하여 합병가액을 산정하여야 한다는 의미의 강행규정으로 보아야 할 것인바, 피고가 이를 위배하여 주당 자산가치 23,852.16원에 미달하는 기준주가 6,291.69원에 의하여 피고의 합병가액을 산정한 것은 부당하다.

3) 그렇지 않더라도, 이 사건 합병의 경우 주권상장법인인 피고의 합병가액을 기준주가 또는 자산가치에 의하여 산정한 것은 피고의 본질적인 가치를 제대

로 반영하지 못하여 합병비율의 공정성을 침해한다 할 것인데, 이는 증권거래법 시행령 제84조의7 제1항 후문이 규정하고 있는 주권상장법인이 기준주가에 의하여 가격을 산정할 수 없는 경우에 해당하는바, 이에 따라 같은 항 제2호 나목에 기하여 피고의 자산가치·수익가치 및 상대가치를 기준으로 산정한 36,236원(다만, 원고는 2006. 3. 10.자 준비서면에서 위 금액을 주장하였다가 2006. 4. 19.자 준비서면에서 그 주장 금액을 12,472.648원으로 감경하였다)이 피고의 합병가액으로 되어야 할 것임에도 불구하고, 이와 달리 기준주가 6,291.69원에 의하여 피고의 합병가액을 산정한 것은 부당하다.

(나) 풍만제지 합병가액 부분

1) 수익가치 부분

이 사건 합병 당시 풍만제지는 수년간 계속하여 상당한 규모의 당기순손실을 기록하여 누적결손금이 541억 7,000만 원에 달하는 등 적자가 누적된 상태였고, 그로 인하여 감사보고서 또한 계속기업으로의 존속능력에 대한 불확실성이 존재한다고 평가하였음에도 불구하고, 풍만제지의 수익가치를 산정함에 있어 매출액은 부풀리고 매출원가를 합리적 근거 없이 낮은 가격으로 추정하는 방법으로 추정경상이익을 2005. 13억 6,700만 원, 2006. 55억 1,700만 원 상당으로 과다하게 산출함으로써 그에 기한 주당 수익가치 또한 5,809.81원 상당으로 과다하게 산정하였다.

2) 상대가치 부분

증권거래법 시행규칙 제36조의12 제3항이 규정하고 있는 '상대가치를 산출할 수 없는 경우'라 함은 상대가치를 산정함에 있어 비교대상이 되는 유사회사를 선정할 수 없는 경우 등을 의미하는 것일 뿐 유사회사를 기준으로 상대가치를 산출한 결과(−)의 금액이 계산된 경우를 포함하지는 아니한다 할 것인바, 이와 달리 피고가 이 사건 합병 당시 경상손실 등으로 인하여 풍만제지의 상대가치가 (−)6,926.8원으로 계산되었다는 이유로 이를 합병가액의 산정에 반영하지 아니함으로써 결과적으로 풍만제지의 합병가액을 부당하게 과다하게 산정하였다.

(2) 뿐만 아니라, 이 사건 합병은 아래 (가), (나)항에서 보는 바와 같이 피고에게 현저하게 불리하도록 산정된 합병비율로 인하여 피고의 순자산 중 상당 부분을 풍만제지의 기존 주주의 재산으로 이전시켰을 뿐만 아니라 상장요건을 갖추지 못한 부실기업인 풍만제지를 우회상장하게 하는 결과를 가져왔으므로, 이 점에서도 이 사건 합병은 무효이다.

(가) 이 사건 합병 당시, 피고와 풍만제지의 재무구조 등을 비교하면 피고 순

자산 73,941,000,000원과 풍만제지 순자산 15,370,620원의 비율이 '99.98: 0.02'에 달할 정도로 피고의 순자산이 현저히 크고, 피고의 주당 자산가치 23,852.16원이 풍만제지의 주당 자산가치 2.07원을 훨씬 상회하고 있었을 뿐만 아니라, 피고의 경영실적이 양호한 상태였던 반면 풍만제지는 누적된 적자로 인하여 수년간 완전자본잠식상태에 빠져 있다가 기존 주주 및 채권금융기관 등의 재무구조 개선노력으로 인하여 겨우 자본잠식을 면한 회사였음에도 불구하고, 풍만제지 보통주 1주당 피고의 보통주 0.5037368주의 비율에 기하여 풍만제지 기존 주주에게 합병신주를 발행·교부하는 방식에 의하여 피고에게 일방적으로 불리한 내용으로 합병비율이 산정되었다.

(나) 그로 인하여, ① 피고의 합병 후 순자산가액 약 73,956,000,000원{73,956,370,620원(피고의 합병 전 순자산가액 주장액 73,941,000,000원+풍만제지로부터 승계한 순자산가액 15,370,620원) 중 1,000,000원 미만을 버린 금액으로 보인다} 상당 중에서, ② 피고의 합병 전 주주의 지분율 0.453{3,100,000주/(피고의 합병 전 총주식수 3,100,000주+합병 후 취득한 기존 풍만제지 주주의 총주식수 3,742,764주)}에 상응하는 순자산가액이 약 33,505,000,000원{33,502,068,000원(73,956,000,000원×0.453)의 오산 또는 근사치인 것으로 보인다} 상당에 불과한 반면, 합병 후 취득한 기존 풍만제지 주주의 지분율 약 0.547{3,742,764주/(3,100,000주+3,742,764주)}에 상응하는 순자산가액이 약 40,451,500,000원{40,453,932,000원(73,956,000,000원×0.547)의 오산 또는 근사치인 것으로 보인다}에 달하게 되었는바, 이에 따라 피고의 합병 전 주주의 순자산 중 40,436,000,000원(73,941,000,000원−33,505,000,000원) 상당이 부당하게 무상으로 합병 전 기존 풍만제지 주주의 순자산으로 이전됨으로써 결과적으로 피고의 합병 전 주주의 주당 자산가치가 하락하는 등의 손해가 발생하게 되었다.

3. 판 단

가. 합병계약서의 기재사항 흠결 주장에 관한 판단

살피건대, 상법 제523조 제 2 호가 흡수합병계약서의 기재사항으로 '존속하는 회사의 증가할 자본과 준비금의 총액'을 기재하도록 한 취지가 원칙적으로 자본충실을 도모하기 위하여 존속회사의 증가할 자본액이 소멸회사의 순자산가액에 의하여 제한된다는 것으로 볼 여지가 있기는 하나, 흡수합병이 소멸회사의 자산가치뿐만 아니라 수익가치나 시장가치 등의 요소를 다양하게 참작하여 이루어진다는 점에서 반드시 합병신주의 액면가가 소멸회사의 순자산가액을 한도로 제한된다고 볼 수는 없고, 또한 원고 주장과 같이 이 사건 합병 당시 존속회사인 피고가 소멸회사인 풍만제지의 순자산가액을 초과하여 합병신주를 발행함으로써 동액 상당의 자본을 증가시켰다 하더라도 이는 풍만제지의 여러 가지 무형의 재산적 가치를 인정하고 풍만제지의 순자산가액을 초과하는 대가로서 지급한 것이라고 볼 수 있는 이상(대법 1986. 2. 11. 선고 85누592 판결 등 참조), 이 사건 합병 당시 피고가 소멸회사인 풍만제지의 순자산가액을 초과하는 액면가의 합병신주를 발행하여 기존 풍만제지의 주주들에게 교부함으로써 동액 상당의 자본을 증가시킨 사정만으로는 원고 주장과 같이 이 사건 합병계약이 상법 제523조 제2호에 반하여 무효라고 단정하기 어렵다.

뿐만 아니라, 상법이 회사합병의 요건 및 효과에 관한 일반법으로서 적용되는 것은 물론이나, 한편 ① 상법은 합병비율 산정의 구체적인 방법, 기준 그리고 그 산정의 기초가 되는 주식가치의 평가기준일 등에 대하여는 아무런 규정을 두지 아니하고 있는데, 이는 합병비율의 산정을 기업사회, 특히 기업평가를 다루는 경영학의 이론과 실무에 맡기고 있는 취지로도 해석될 수 있는 점, ② 그런데, 증권거래법 및 그 시행령 등 은 주권상장법인이 합병당사자 회사의 전부 또는 일부인 경우 그 합병비율 산정의 구체적인 방법, 기준 등에 관한 상세한 규정을 두고 있는 점, ③ 유가증권시장이나 코스닥시장에 상장하고 있는 주권상장법인인 경우 그 합병비율의 산정에 있어 수익성이나 성장전망 등의 여러 요소가 반영된 시장가치가 중요한 비중을 차지할 뿐만 아니라 투자자 보호의 필요성 또한 크다고 할 것이므로, 이에 관하여 유가증권의 원활한 유통과 투자자 보호라는 입법목적을 가진 증권거래법이 대체로 상법보다 훨씬 강력한 법적 규제를 가하면서 주도적으로 규율하고 있는 점 등을 참작하여 보면, 합병당사자 회사의 일부가 주권상장법인인 경우 그 합병가액 및 합병비율의 산정에 있어서는 증권거래법 및 그 시행령 등이 특별법으로서 일반법인 상법에 우선하여 적용된다 할 것인바(이에 대하여 원고는 상법 제523조가 합병계약서의 기재사항에 관한 고유의 법률로서 증권거래법 등에 우선하여 적용되어야 한다는 취지로 주장하면서 대법 2004. 12. 10. 선고 2003다41715 판결을 인용하고 있으나, 이는 이 사건과 아무런 관련이 없는 사실관계 및 법령을 전제로 한 판시일 뿐이다), 피고가 아래 다.항에서 보는 바와 같이 상법에 우선하는 특별법인 증권거래법 시행령 및 시행규칙 등에 기하여 피고와 풍만제지의 각 합병가액을 정한 후 그에 따라 산정한 이 사건 합병비율에 의하여 풍만제지의 순자산가액을 초과하여 합병신주를 발행한 것은 적법하다 할 것이므로, 이와 다른 전제에 선 원고의 이 부분 주장은 이유 없다.

나. 채무초과 회사와의 합병 주장에 관한 판단

살피건대, 원고가 이 사건 합병 당시 사실은 풍만제지가 채무초과상태였음에도 재무제표상의 조작으로 인하여 순자산이 남아있는 것처럼 허위로 기재되었을 뿐이라고 주장하면서 여러 정황을 내세우고 있으나, 갑 2호증의 1, 갑 3호증의 3, 갑 11호증의 1의 각 기재에 변론 전체의 취지를 종합하여 인정되는 다음과 같은 사정들, 즉 ① 대차대조표에 기재하는 자산의 장부가액은 당해 자산의 취득원가를 기초로 하여 계상함을 원칙으로 하는 것으로서 기업의 자산을 평가하기 위한 개념인 반면, 공시지가는 '부동산가격 공시 및 감정평가에 관한 법률'에 근거하여 건설교통부장관 등이 조사·평가하여 공시한 단위면적당 가격을 말하는 것으로서 국세 및 지방세 등을 산정하는 기초자료로 활용되는 개념이므로, 양자는 그 성격, 산정방법 및 산정목적 등이 전혀 상이하다 할 것이어서 그 증감의 불일치만을 가지고 재무제표가 허위로 작성되었다고 단정할 수 없는 점, ② 풍만제지의 생산설비 장부가액이 이 사건 합병 이후 갑작스럽게 약 165억 7,100만 원 상당 증가한 것으로 기재된 것이 풍만제지에게 유리하도록 허위로 대차대조표가 조작된 것임을 보여준다는 취지의 원고 주장 내역을 보면, 비록 주장의 근거 및 내용이 명확하지는 않으나 대체로 합병 이후 시점인 2006. 6. 30. 기준의 피고 재무제표에 기재된 생산설비 현황의 분기 증가액 47,029,881,864원에서 합병 이전 시점인 2004. 12. 31. 기준의 풍만제지 재무제표에 기재된 생산설비 현황의 기말장부가액 30,790,923,662원을 공제한 금액이 16,238,958,202원(47,029,881,864원－30,790,923,662원) 상당인 것에 터 잡고 있는 것으로 보이는데, 합병 이후 약 11개월이나 경과한 시점에서 피고의 생산설비 증가액으로 기재된 금액 전부가 풍만제지의 생산설비 증가액으로서 대차대조표에 기재되었다고 보는 것은 논리의 비약인 반면, 풍만제지의 재무제표 등을 보면 이 사건 합병 직전인 2005. 7. 31. 기준으로 한 토지, 건물 등의 유형자산 장부가액이 합계 30,431,319,305원 상당으로서 2004. 12. 31. 기준으로 한 유형자산 장부가액 합계 30,790,923,662원과 비교할 때 소폭 감소한 것으로 보이는 점 등을 참작하여 보면, 원고가 내세우는 정황들만으로는 이 사건 합병 당시 풍만제지가 사실상 채무초과상태였음에도 재무제표 등의 조작으로 인하여 순자산이 남아있는 것처럼 허위로 기재되었다는 점을 인정하기에 부족하고, 달리 이를 인정할 아무런 증거가 없다.

오히려, 풍만제지가 2004. 12. 31. 기준으로 자본총계 196,133,829원, 순자산가액 15,370,620원을 기록함으로써 채무초과상태를 면하고 있었음은 앞서 본 바와 같을 뿐만 아니라, 앞서 든 증거에 변론 전체의 취지를 종합하면, 비록 풍만제지가 그 이후인 2005. 1. 1.부터 2005. 7. 31.까지 7개월 동안 2,085,459,938원의 경상손실을 보기는 하였으나 법인세환급으로 인하여 3,066,051,591원의 이익이 발생함에 따라 980,591,653원(3,066,051,591－2,085,459,938원)의 당기순이익을 얻게 된 사실, 이 사건 합병 직전인 2005. 7. 31. 기준으로 한 풍만제지의 자본총계가 1,179,357,762원에 달하는 사실 등을 인정할 수 있으므로, 이와 다른 전제에 선 원고의 이 부분 주장도 더 나아가 살필 필요 없이 이유 없다.

다. 합병비율의 현저한 불공정 주장에 관한 판단

(1) 합병무효 사유 해당 여부 및 판단 기준

흡수합병에 있어서 존속회사가 합병 당시 발행하는 신주를 소멸하는 회사의 주주에게 배정·교부함에 있어서 적용할 합병비율을 정하는 것이 합병계약의 가장 중요한 내용이고, 그 합병비율은 합병할 각 회사의 재산 상태와 그에 따른 주식의 객관적 가치에 비추어 공정하게 정함이 원칙이며, 만일 그 비율이 합병할 각 회사의 일방에게 불리하게 정해진 경우에는 그 회사의 주주가 합병전회사의 재산에 대하여 가지고 있던 지분비율을 합병 후에 유지할 수 없게 됨으로써 실질적으로 주식의 일부를 상실케 하는 결과를 초래하는 점에 비추어 현저하게 불공정한 합병비율을 정한 합병계약은 사법관계를 지배하는 신의성실의 원칙이나 공평의 원칙 등에 비추어 볼 때 무효라 할 것이므로, 합병비율이 현저하게 불공정한 경우 합병할 각 회사의 주주 등은 상법 제529조에 의하여 소로써 합병의 무효를 구할 수 있다.

다만, 합병비율은 자산가치 이외에 시장가치, 수익가치, 상대가치 등의 다양한 요소를 고려하여 여러 가지의 방식으로 산정할 수 있는 것이므로 엄밀하게 객관적 정확성에 기하여 유일한 수치로 확정할 수 없고, 미묘한 기업가치의 측정을 위하여 허용되는 범위를 초과하지 않는 한 현저하게 부당하다고 할 수 없으므로, 합병당사자 회사의 전부 또는 일부가 주권상장법인인 경우 증권거래법 시행령 등의 관련 법령이 정한 요건과 방법 및 절차 등에 기하여 합병가액을 산정하고 그에 따라 합병비율을 정하였다면 합병가액 산정이 명백한 허위자료에 의한 것이라거나 터무니없는 예상 수치에 근거한 것이라는 등의 다른 특별한 사정이 없는 이상 합병계약이 현저하게 불공정하여 무효라고 볼 수 없다 할 것이다(뿐만 아니라, 상법 제530조 제2

항, 제240조, 제189조에 의하면 합병무효의 소에 관하여도 설립무효의 소 등에 관한 재량기각 규정이 준용되고 있는바, 그 입법 취지 및 규정 내용 등에 비추어 보더라도 합병비율의 불공정성이 법적 안정성 등의 제반사정을 참작하더라도 허용될 수 없을 만큼 현저한 경우에만 합병무효의 사유에 해당한다고 보아야 할 것이다).

(2) 이 사건 합병비율 산정의 불공정성 여부

(가) 피고 합병가액 산정의 불공정성 여부

1) 관련 법령의 효력 및 해석 부분

가) 주권상장법인과 주권비상장법인의 합병가액 산정방법을 구별하고 있는 증권거래법 시행령 제84조의7 제 1 항 등의 위헌 여부

살피건대, 증권거래법 시행령 제84조의7 등 관련 법령이 주권상장법인의 경우 유가증권시장 등의 거래가격 등을 기준으로, 주권비상장법인의 경우 자산가치 · 수익가치 및 상대가치를 기준으로 각각의 합병가액을 산정하도록 규정함으로써 합병가액 산정방법을 달리하였다 하더라도 위와 같은 규정들이 재산권보장을 규정한 헌법 제23조 및 국민의 기본권 제한은 법률에 의하여만 제한된다고 규정한 헌법 제37조를 침해하였다고 볼 수 없으므로(대법 2004. 12. 9. 선고 2003다69355 판결 참조), 원고의 이 부분 주장은 이유 없다.

나) 증권거래법 시행령 제84조의7 제 1 항 제 2 호 가목 단서 등의 강행규정성 여부

살피건대, ① '주권상장법인의 합병가액을 기준주가에 의하여 산정하되, 다만 기준주가가 자산가치에 미달하는 경우 자산가치에 의하여 산정할 수 있다'라고 되어 있는 관련 규정의 형식 및 내용, ② 주권상장법인인 경우 대주주 등에 의한 시세조정 등의 특별한 사정이 없는 한 수익성이나 성장전망 등의 여러 요소가 반영된 시장가치가 특히 중요할 뿐만 아니라 대체로 회사의 가치를 객관적으로 반영한다고 할 수 있는 점, ③ 시장가치, 수익가치 및 상대가치 등의 다양한 요소를 고려하여 미묘한 기업가치를 측정하기 위해서는 합병가액 산정에 어느 정도의 재량이 불가피하다고 보이는 점 등을 참작하여 보면, 위와 같은 관련 규정은 임의규정일 뿐이어서 원고 주장과 같이 기준주가가 자산가치에 미달하는 경우 반드시 자산가치에 의하여 합병가액을 산정하여야만 한다는 취지로는 볼 수는 없으므로, 이와 다른 전제에 선 원고의 이 부분 주장도 이유 없다.

다) 증권거래법 시행령 제84조의7 제 1 항 제 1 호 후문 등의 적용 여부

살피건대, 증권거래법 시행령 제84조의7 제 1 항 제 1 호 후문 등의 규정 형식

과 내용 및 합병가액 산정에 관한 관련 규정의 체계 등의 제반 사정을 참작하여 볼 때, 위 규정의 취지는 주식의 최근 1월간의 평균종가 등의 평균시장가격을 산출하기 어려운 사정이 발생함에 따라 기준주가 산정 자체가 기술적으로 곤란한 경우 등을 의미하는 것일 뿐 주권상장법인의 합병가액을 기준주가 또는 자산가치에 의하여 산정하는 것이 피고의 본질적인 가치를 제대로 반영하지 못하는 경우를 뜻한다고는 할 수 없으므로, 이와 다른 전제에 선 원고의 이 부분 주장도 더 나아가 살필 필요 없이 이유 없다.

2) 피고 합병가액의 적정성 여부

살피건대, 위 1)항에서 본 바와 같이 관련 법령에 의하면 피고와 같은 주권상장법인의 합병가액을 산정함에 있어 다른 특별한 사정이 없는 한 시장가치를 반영하는 기준주가에 의하도록 규정되어 있다 할 것인바, 이에 따라 이 사건 합병과 관련한 피고의 이사회 결의일 전일인 2005. 5. 9. 기준으로 계산한 기준주가 6,291.69원을 피고의 합병가액으로 산정한 이상, 피고의 자산가치와 수익가치를 가중평균한 본질가치에 의하여 합병가액이 산정되지 아니하였다는 사정만으로는 원고 주장과 같이 피고의 합병가액이 불공정하게 산정된 것이라고 단정하기 어렵고, 원고 주장에 부합하는 듯한 갑 5호증의 1, 3, 갑 12호증의 2, 갑 13호증, 을 13호증의 각 일부 기재는 원고의 일방적인 진술인 점 등에 비추어 이를 그대로 믿기 어려우며, 달리 이를 인정할 증거가 없다.

오히려, 앞서 본 사실관계에 비추어 인정되는 다음과 같은 사정들, 즉 ① 주권상장법인인 경우 대주주 등에 의한 시세조정 등의 특별한 사정이 없는 이상 공개시장에서의 계속적인 대규모 거래에 의하여 형성된 시장가치가 회사의 가치를 비교적 객관적으로 반영한다 할 것임은 앞서 본 바와 같은 반면, 이 사건 합병의 경우 합병 전에 피고의 주가가 피고의 대주주 등에 의하여 의도적으로 조작됨으로써 정당한 시장가치를 반영하지 못하였다는 사정을 엿볼 수 없는 점(오히려, 원고 등의 허위사실 유포 및 위계 등에 기한 시세조정 등으로 인하여 피고 주가가 2003.경 2,000원대 내지 3,000원대에 머물다가 2004. 6.경 최고 26,400원을 기록한 후 2004. 연말경 6,000원대에 머무르는 등 급격한 등락을 보였으나, 이 사건 합병을 전후한 2005. 1년 동안 피고 주가가 약 6,000원대 내지 8,000원대를 안정적으로 유지하였던 사실은 앞서 본 바와 같다), ② 비록 이 사건 합병 당시 피고의 기준주가 6,291.69원이 주당 자산가치 23,852.16원보다 낮은 수준이기는 하였으나, 한편 그 무렵 피고와 풍만제지가 계성그룹의 계열사로서 상호간의 채무보증 및 매출·매입으로 인하여 밀접하게 연관되어 있었으므로, 만일 재무구조가 취약한 풍만제지가 도산할 경우 풍만제지에 대하여 약 199억 원 상당의 채무를 보증하고 있던 피고 또한 상당한 규모의 재정적 손실을 입거나 심할 경우 연쇄적으로 도산할 위험까지 배제할 수 없었던바, 이와 같은 사정이 참작되어 정하여진 피고 기준주가가 주당 자산가치보다 피고의 객관적 가치를 반영하고 있었다고 볼 수 있는 점 등을 참작하여 보면, 피고의 합병가액은 관련 법령에 따라 당시의 제반 사정을 참작하여 적정하게 산정된 것이라고 봄이 상당하므로, 이와 다른 전제에 선 원고의 이 부분 주장도 더 나아가 살필 필요 없이 이유 없다.

(나) 풍만제지 합병가액의 불공정성 여부

1) 수익가치의 허위, 과다 산정 여부

살피건대, 이 사건 합병 무렵 풍만제지는 수년간 적자가 누적되어 2004. 12. 31. 기준으로 한 누적결손금이 54,471,546,757원에 달하는 등 재무상 압박이 심각한 상태였고, 그로 인하여 감사보고서 또한 풍만제지의 계속기업으로의 존속능력에 대한 불확실성이 존재한다고 평가하였던 사실 등은 앞서 본 바와 같고, 갑 2호증, 갑 11호증의 1, 갑 14호증의 각 기재에 변론 전체의 취지를 종합하면, 이 사건 합병 당시 풍만제지의 장래 수익가치를 산정함에 있어 매출원가와 관련하여 펄프구매단가 등의 재료비가 하향안정세를 유지한다거나 수출 물량 및 수익성이 증가할 것이라는 등으로 다소 지나치게 낙관적인 전망에 근거함으로써 2005년도 경상이익을 1,367,391,527원으로, 2006년도 경상이익을 5,517,138,739원으로 추정하고 그에 기하여 풍만제지의 주당 수익가치를 5,809.81원 상당으로 산정한 사실, 그러나, 이와 같은 예상과 달리 풍만제지가 실제로는 2005. 1. 1.부터 2005. 7. 31.까지 사이에 2,085,459,938원의 경상손실을 기록하였고, 피고 또한 이 사건 합병 직전인 2005. 7. 1.부터 2006. 6. 30.까지 사이에 26,349,282,092원의 경상손실을 기록하였던 사실 등을 인정할 수 있으나, 한편, 앞서 든 증거에 변론 전체의 취지를 종합하여 인정되는 다음과 같은 사정들, 즉 ① 수익가치 산정은 추정자료가 향후 기업 상황을 설명하는 것에 적합하다는 전제하에 이루어지는 것이므로, 미래에 대한 추정이 당초 예기치 못한 제반 요소의 변동이나 사정변경에 의하여 영향을 받을 수 있어 추정치가 장래의 실적과 일치할 것임을 확인할 수 없는 한계가 있는 점, ② 게다가, 제지산업은 경기에 민감한 산업분야로서 매출액, 매출단가 및 수익성 등을 예측하기 어려울 뿐만 아니라 매출원가 또한 원재료인 펄프와 원지를 주로 수입함에 따라 그에 영향을 미치는 가변적인 요소가 많은 점, ③ 한편, 풍만제지의 수익가치 산정 당시 근거가 된 2005. 경상이익 추정치와 실제 실적을 비교하여 보면, 매출액 등은 당초 예상한 수치와 대체로 비슷하였으나 매출원가가 2005. 초경부터 당초 예상치를 초과하여 상승함에 따라 풍만제지의 수익성이 현격하게 악화됨으로써 당초의 경상이익 추정치와 달리 상당한 규모의 경상손실이 발생하였던 것으로 보이는 점, ④ 반면에, 원고 주장과 같이 풍만제지의 수익가치를 산정함에 있어 허위 또는 조작에 의하여 매출원가를 낮은 가격으로 추정하는 방법 등으로 추정경상이익을 과다하게 산정하였다는 점을 인정할 어떠한 명시적인 근거나 자료가 제시되지 아니하고 있는 점(나아가, 이와 같이 매출원가 추정 자체가 허위 또는 조작된 자료에 의한 것임을 인정할 명시적인 근거나 자료가 없는 이상, 원고 주장과 같이 단순히 풍만제지의 수익가치 추정 당시 예상한 매출액 대비 매출원가 비율이 그 무렵 동종업계의 유사회사의 실제 매출액 대비 매출원가 비율보다 다소 높다는 사정만으로는 풍만제지의 수익가치 추정이 허위 또는 조작된 것이라고 단정하기도 어렵다), ⑤ 거기에다, 특히 이 사건 합병 무렵인 2005. 7.경 이후부터 원화의 급격한 절상 등으로 인하여 수출물량이 감소하고 수출 채산성이 악화되며, 내수공급 증가로 인하여 국내의 매출단가가 하락하고, 국제유가가 상승함에 따라 유류비용이 증가하는 등 전반적으로 국내 제지산업의 수익성이 급격하게 악화되었던 점, ⑥ 이에 따라, 피고뿐만 아니라 한솔제지 주식회사를 비롯한 동종업체 다수가 2005. 7.경 이후부터 직전 사업연도와 비교하여 경상이익이 급감하거나 경상손실이 발생하는 등으로 수익성이 악화됨으로써 재정적 압박을 받고 있는 것으로 보이는 점 등을 참작하여 보면, 앞서 인정된 사실만으로는 원고 주장과 같이 풍만제지의 수익가치가 허위로 조작된 자료 등에 의하여 과다하게 산정되었다고 단정하기 어렵고, 원고 주장에 부합하는 듯한 갑 5호증의 1, 3, 갑 12호증의 2, 갑 13호증, 을 13호증의 각 일부 기재는 원고의 일방적인 진술인 점 등에 비추어 이를 그대로 믿기 어려우며, 달리 이를 인정할 증거가 없으므로, 원고의 이 부분 주장도 이유 없다.

2) 상대가치 참작 여부

살피건대, 증권거래법 시행규칙 제36조의12 제 3 항이 '주권상장법인 및 코스닥상장법인이 아닌 법인의 경우에는 그 합병가액을 상정함에 있어 자산가치와 수익가치를 가중산술평균한 가액과 상대가치의 가액을 산술평균한 가액으로 하되, 상대가치를 산출할 수 없는 경우에는 자산가치와 수익가치를 가중산술평균한 가액으로 한다'라고 규정하고 있음은 앞서 본 바와 같으나, ① 이와 같이 주권비상장법인의 합병가액을 산정함에 있어 자산가치, 수익가치 및 상대가치를 기준으로 하도록 한 것은 주권비상장법인의 객관적인 가치를 산정하기 위하여 다양한 요소를 참작하기 위한 취지라 할 것이므로, 당해 산업분야의 특성 및 현황, 당해 회사의 재무적 구조 및 특수성 등에 따라 자산가치와 수익가치의 가중산술평균의 정도 및 상대가치의 산정 기준 포함 여부 등이 상이할 수 있어 그에 대하여 평가기관에게 일정한 재량을 허용할 필요성이 있다고 할 것인바, 이와 같은 맥락에서 '적정한 상대가치'를 산출할 수 없는 경우에는 자산가치와 수익가치만으로 합병가액을 산정할 수 있다는 취지로 위와 같은 규정을 둔 것으로 보이는 점, ② 그런데, 자산가치와 수익가치의 경우 대차대조표 등의 재무제표, 매출예상자료 등을 통하여 그 가액을 산정하기가 비교적 용이한 반면, 상대가치의 경우 유사회사의 선정이 쉽지 않고 또한 유사회사를 기준으로 상대가치를 산정한다 하더라도 산정 당시의 주식시장 상황 등의 가변적 요소에 기하여 산정 결과가 좌우될 수 있어 안정적인 지표가 된다고 보기 어렵고, 또한 상대가치 산정 요소 중 하나인 경상손익 부분에서 경상손실이 발생할 경우 상대가치가(−)로 산정될 가능성이 커서 부도위기에 처한 회사를 회생시키거나 부실기업을 정리하기 위한 목적으로 흡수합병을 시도할 경우(−)의 상대가치를 반영하는 것이 도리어 흡수합병 자체를 사실상 봉쇄하는 작용을 하여 적절하지 못할 수 있는 점 등을 참작하여 보면, 이 사건 합병에서 풍만제지의 경우 경상손실 등으로 인하여 상대가치가(−)로 계산된다는 이유로 피고가 이를 풍만제지의 합병가액 산정에서 참작하지 아니한 것이 증권거래법 시행규칙 제36조의12 제 3 항의 규정을 위반한 것이라거나 또는 부당하게 불공정한 산정 방법에 기한 것이라고 단정할 수 없으므로, 원고의 이 부분 주장도 이유 없다.

(다) 합병비율의 불공정성 여부

살피건대, 피고가 관련 법령 등에 근거하여 적법하게 피고와 풍만제지의 각 합병가액을 정하고 그에 기하여 이 사건 합병비율을 산정한 후 외부평가기관인 회계법인 이촌의 '적정' 평가를 거쳐 금융감독위원회에 이 사건 합병에 관한 신고를 한 사실은 앞서 본 바와 같으므로, 이와 같은 합병 경위 및 시장상황 등 기타 제반 사정을 고려할 때 이 사건 합병 당시 피고의 순자산, 주당 자산가치, 경상손익 등 재무제표상의 각종 지표가 풍만제지의 각종 지표를 상회하고 있었다는 등의 사정만으로는 원고 주장과 같이 이 사건 합병비율이 현저하게 불공정하여 이 사건 합병 자체가 무효라는 점을 인정하기에 부족하고, 원고 주장에 부합하는 듯한 갑 5호증의 1, 3, 갑 12호증의 2, 갑 13호증, 을 13호증의 각 일부 기재는 원고의 일방적 진술인 점 등에 비추어 이를 그대로 믿기 어려우며, 달리 이를 인정할 증거가 없다.

오히려, 앞서 본 사실관계에다 갑 2호증, 을 10호증의 각 기재에 변론 전체의 취지를 종합하여 인정되는 다음과 같은 사정들, 즉 ① 이 사건 합병은, 계성그룹 제지3사 중 풍만제지가 적자 누적에 따른 재정적 구조 악화로 계속적 기업으로서의 존속이 불확실하게 됨에 따라, 계성그룹의 지배주주 등이 채권금융기관과의 합의를 거쳐 풍만제지를 회생시키기 위한 구조조정의 일환으로서 계획하고 추진하였던 것인 점, ② 당시 풍만제지가 도산할 경우 그와 상호간의 채무보증 및 매출·매입으로 인하여 밀접하게 연관되어 있던 피고 또한 상당한 재정적 손실을 입거나 도산할 위험을 피할 수 없었던 사정 및 채권금융기관과의 협의절차 등의 제반 사정에 비추어 볼 때, 이 사건 합병은 풍만제지의 주주 및 채권자뿐만 아니라 피고 및 그 주주 등 다수 이해당사자들의 이해를 적절히 조절하기 위한 방안으로서 실행된 것으로 보이는 점, ③ 이에 대하여 원고는, 우량기업인 피고가 풍만제지를 흡수합병함으로써 피고 또한 동반부실의 위험에 빠뜨릴 것이 아니라 계성그룹 지배주주 등이 풍만제지를 무상 또는 염가로 제 3 자에게 매각·처분하는 방안에 의하여 구조조정을 시도하였어야 한다는 취지로 주장하고 있으나, 부실계열사를 회생시키기 위한 구조조정 방안의 선택은 고도의 경영적 판단을 요하는 부분으로서 상당한 재량이 인정되는 것이고, 당시 풍만제지의 악화된 재정구조 및 피고 등 나머지 계열회사와 사이의 상호 의존도 등에 비추어 볼 때 원고 주장과 같이 바로 풍만제지를 매각·처분하려고 시도하였다 하더라도 마땅한 매수자를 쉽게 찾지 못하여 도리어 풍만제지의 도산 위험만 증대시킬 가능성을 배제할 수 없을 뿐만 아니라, 피고가 풍만제지를 흡수합병하는 것이 피고의 부담 및 주가 등의 관점에서 풍만제지를 매각·처분하는 것과 비교하여 피고의 기존 주주에게 불리하다고 단언하기 어려운 점, ④ 경영적 목적에서 이루어지는 합병 등과 달리 이 사건 합병과 같이 부실기업정리 내지 산업구조조정을 위한 합병인 경우에는 합병법의 기본원리와 자본충실의 원칙 등의 한도 내에서 합병의 목적 및 필요성 등이 참작될 여지가 보다 많은 점, ⑤ 이 사건 합병을 위한 사전조치로서, 풍만제지의 최대주주인 계성제지가 종전의 주식 대부분을 무상으로 감자하였을 뿐만 아니라 계성제지 및 계성그룹의 지배주주인 소외 1 등이 합계 278억 원 상당을 유상증자하는 등으로 풍만제지의 재무구조 개선에 실질적인 기여를 하였던 점(당시 계성제지 주식의 83.68%를 소외 1 및 그 특수관계인들이 보유하고 있었던 사정에 비추어 볼 때, 위와 같은 계성제지의 무상감자 및 유상증자 또한 실질적으로는 소외 1 및 그 특수관계인들의 손실 및 출연에 기한 것이라고 할 수 있다), ⑥ 이에 대하여 원고는, 위에서 본 계성제지의 무상감자는 당시 풍만제지의 자산가치가 거의 없어 사실상 재산적 가치가 없는 주식을 감자한 것일 뿐이고 소외 1 등의 유상증자 또한 유상증자 이후에도 풍만제지의 자산가치가 사실상 전무한 상태를 면하지 못하였으므로, 위와 같은 무상감자 및 유상증가의 실질적인 의미가 없었다는 취지로 주장하나, 합병을 위한 정지작업으로 위 무상감자 및 유상증가가 있었기 때문에 채권금융기관의 출자전환을 유도하여 풍만제지의 재무구조를 개선하고 종전의 완전자본잠식상태를 면하게 되어 이 사건 합병을 실행할 수 있었던 사정 등에 비추어 볼 때 위와 같은 무상감자 및 유상증자의 기여가 결코 작다고 할 수는 없는 점, ⑦ 반면에, 계성제지 및 소외 1 등이 위와 같은 유상증자로 취득한 풍만제지 주식으로 인하여 경제적인 측면에서 이득을 얻기보다는 사실상 손해를 입고 있는 것으로 보이는 점{이 사건 합병과 관련하여 풍만제지 보통주(액면가 5,000원) 1주당 피고의 보통주(액면가 5,000원) 약 0.5주의 비율로 합병신주가 교부되었으므로, 계성제지 및 소외 1 등으로서는 합병 이후 피고의 보통주 주가가 10,000원 이상 되어야 비로소 합병신주 교부 전 풍만제지 보통주 1주를 기준으로 한 실질 주가가 5,000원(1×0.5×10,000원)을 상회하여 풍만제지 보통주를 유상증자받기 위하여 지출한 금원을 회수할 수 있다 할 것인데, 이 사건 합병 이후 피고의 주가가 약 6,000원대 내지 8,000원대 사이를 유지하다가 2006. 4.경 5,650원으로 하락한 사실은 앞서 본 바와 같다}, ⑧ 원고는, 피고와 풍만제지의 재무제표상의 자산가치만을 기준으로 삼아 이 사건 합병으로 인하여 피고의 순자산 중 상당 부분이 기존 풍만제지 주주의 재산으로 부당하게 이전됨으로써 원고를 비롯한 피고의 기존 주주에게 심대한 손실이 발생하였다는 취지의 주장을 하나, 피고와 같은 주권상장법인의 경우 그 객관적 가치 및 합병으로 인한 손실 여부를 순자산가액과 같은 재무제표상의 지표만으로 평가하는 것에는 한계가 있고, 오히려 주식시장의 공개적인 거래를 통하여 형성된 시장가치인 주가에 의하여 합병으로 인한 효과 및 손익을 분석하는 것이 보다 적정한 방법이라 할 것인데, 이 사건 합병이 있던 당해 연도인 2005. 연간의 피고의 주가를 보면 보통주의 경우 안정적으로 비교적 적정한 수준인 6,000원대 내지 8,000원대를 유지하였던 사정 등에 비추어 볼 때, 이 사건 합병으로 인하여 피고의 기존 주주에게 부당한 손실이 발생하였다고 단정하기 어려운 점(이에 대하여 원고는 다시, 그 무렵 전반적으로 증시가 호황을 이루고 있었고 제지업종의 유사회사의 주가 또한 상승하고 있었으므로 피고의 보통주 주가가 적어도 10,000원대 이상을 유지하였어야 함에도 이 사건 합병에 대한 시장의 냉담한 반응으로 인하여 6,000원대 내지 8,000원대에 머무름으로써 결과적으로 피고의 기존 주주에게 손실이 발생한 것이라는 취지의 주장을 하나, 계성그룹 제지3사의 구조조정방안 및 이 사건 합병계획이 공개되기 전인 2004. 초경 피고의 보통주 주가가 약 3,460원 상당이었던 것과 비교하면 피고 주가가 약 2배 이상 상승한 것일 뿐만 아니라, 원고 등의 허위사실 유포 및 위계 등에 기한 시세조정으로 인하여 피고 주가가 2004. 6. 30.경 26,400원까지 기록하였다가 2004. 말경 6,690원으로 하락하는 등 등락을 거듭하여 일반투자자들의 투자심리에 악영향을 미쳤던 것으로 보이는 사정 등에 비추어 볼 때, 원고의 주장을 그대로 받아들이기 어렵다고 할 것이다), ⑨ 다만, 피고의 주가가 2006. 이후 다시 하락하기 시작하여 보통주의 경우 2006. 4.경 5,650원에 그치게 되었음은 앞서 본 바와 같으나, 그 무렵 한솔제지 주식회사를 비롯한 동종업체 다수 또한 경상이익이 급감하는 등으로 경영실적이 악화되고 주가 또한 2005년도에 비하여 하락하는 추세였던 사정 등에 비추어 보면, 위와 같은 피고의 주가하락이 이 사건 합병으로 인한 피고의 수익성 악화 등에 기인한 것이라고 단정하기 어려운 점, ⑩ 한편, 이 사건 합병의 경우 합병신고서를 제출한 2005. 5. 11.이 속하는 사업연도의 직전사업연도의 재무제표를 기준으로 할 때(6월 결산 법인인 피고의 경우 2004. 6. 감사보고서를 기준으로 하고, 12월 결산 법인인 풍만제지의 경우 2004. 12. 감사보고서를 기준으로 한다), 피고의 자산총액 176,683,129,977원 및 매출액 161,534,383,759원이 풍만제지의 자산총액 75,085,231,429원 및 매출액 96,449,364,197원을 각각 상회하고 있는바, 이로써 증권거래법 시행령 제84조의7 제 2 항 제 4 호에 의하여 주권비상장법인인 풍만제지가 상장규정에서 정하는 요건을 충족하는지 여부는 이 사건 합병의 요건 및 효력과 무관하다 할 것이므로, 이 사건 합병이 상장요건을 구비하지 못한 풍만제지를 우회상장시키는 것이라는 볼 수 없는 점 등의 제반 사정을 참작하면, 이 사건 합병은 풍만제지의 회생 및 계성그룹 제지 3사의 구조조정의 일환으로서 풍만제지 대주주의 실질적인 출연 및 채권금융기관의 출자전환 등을 통한 풍만제지의 재무구조 개선을 거쳐 당시 시장상황 등을 고려하여 관련 법령에 근거하여 산정된 합병비율에 따라 적정하게 시행된 것이라고 봄이 상당하므로, 이와 다른 전제에 선 원고의 이 부분 주장도 이유 없다.

4. 결 론

그렇다면, 원고의 이 사건 청구는 이유 없어 기각하기로 하여 주문과 같이 판결한다.

서울중앙지법 2015. 7. 1. 선고 2015카합80582 결정(삼성물산 v. 엘리엇)

1) 합병비율의 불공정 여부

가) 관련법리

흡수합병시 존속회사가 발행하는 합병신주를 소멸회사의 주주에게 배정·교부함에 있어서 적용할 합병비율은 자산가치 이외에 시장가치, 수익가치, 상대가치 등의 다양한 요소를 고려하여 결정되어야 하는 만큼 엄밀한 객관적 정확성에 기하여 유일한 수치로 확정할 수 없고, 그 제반 요소의 고려가 합리적인 범위 내에서 이루어졌다면 결정된 합병비율이 현저하게 부당하다고 할 수 없으므로, 합병당사자 회사의 전부 또는 일부가 주권상장법인인 경우 구 증권거래법과 그 시행령 등 관련 법령이 정한 요건과 방법 및 절차 등에 기하여 합병가액을 산정하고 그에 따라 합병비율을 정하였다면 그 합병가액 산정이 허위자료에 의한 것이라거나 터무니없는 예상 수치에 근거한 것이라는 등의 특별한 사정이 없는 한, 그 합병비율이 현저하게 불공정하여 합병계약이 무효로 된다고 볼 수 없다(대법원 2008. 1. 10. 선고 2007다64136 판결 등 참조).

한편, 구 증권거래법과 그 시행령이 폐지된 이후 시행된 자본시장법 제165조의4 제 1 항 제 1 호, 같은 법 시행령 제176조의5 제 1 항 제 1 호에서도 구 증권거래법 제190조의2 제 1 항, 같은 법 시행령 제84조의7 제 1 항 제 1 호, 같은 법 시행규칙 제36조의12 제 1 항과 유사하게 주권상장법인 간 합병에서 합병가액을 산정함에 있어 따라야 하는 일정한 산정방식을 정하고 있다. 이는 주권상장법인의 경우 수많은 투자자들이 관련되어 있어 합병가액을 규제함으로써 투자자를 보호할 필요성이 높은데, 주권상장법인은 공개시장에서 다수 투자자들의 자유로운 거래에 의하여 그 주가가 형성되는 것이어서 공개시장에서 형성된 주가가 해당 상장회사의 일정시점에 있어서의 가치를 비교적 객관적으로 반영한다고 볼 여지가 있는 점 등을 고려하여, 합병에 있어 핵심적인 요소인 합병가액을 미리 법령에서 마련한 일정한 방식에 의하도록 하면서 그 구체적인 산정에 있어서는 비교적 객관적 기준이라 볼 여지가 있는 공개시장의 주가를 기준으로 삼도록 한 취지라고 할 것이다. 그러므로 주권상장법인이 다른 주권상장법인과 합병하면서 자본시장법 제165조의4 제 1 항 제 1 호, 같은 법 시행령 제176조의5 제 1 항 제 1 호에 따라 합병가액을 산정하고 그에 따라 합병비율을 정하였다면, 앞서 본 법리에 비추어 볼 때, 합병가액 산정의 기준이 된 주가가 자본시장법상 시세조종행위, 부정거래행위에 의하여 형성된 것이라는 등의 특별한 사정이 없는 이상 그 합병비율이 현저히 불공정하다고 볼 수는 없다. 또한, 자본시장법 시행령 제176조의5 제1항 제1호에서는 주권상장법인 간 합병 중 계열회사 간 합병의 경우에는 그 합병가액을 산정함에 있어서 100분의 10 범위에서 할인 또는 할증을 할 수 있도록 정하고 있으나, 이는 합병회사에 대하여 일정한 요건이 갖추어진 경우 반드시 할인 또는 할증을 할 의무를 부과하는 취지의 규정이 아니라, 다양한 사정을 고려하여 할인 또는 할증 여부 및 그 정도를 결정할 수 있는 자율성을 부여하는 취지의 규정으로 보이므로, 자율에 맡겨져 있는 할인 또는 할증을 하지 않았다는 사정만으로 합병가액 및 합병비율의 산정이 현저히 불공정하다고 단정할 수도 없다.

나) 판 단

위 법리에 기초하여 살피건대, 아래 (1)항 내지 (4)항 기재와 같은 여러 사정에 비추어 보면, 이 사건 합병비율은 관련 법령에 기하여 산정된 것이고, 그 산정기준이 된 주가가 자본시장법상 시세조종행위, 부정거래행위에 의하여 형성된 것이라는 등의 특별한 사정이 있다고 보이지도 않는바, 결국 기록상 제출된 자료만으로는 이 사건 합병에서 예정하고 있는 합병비율이 현저히 불공정하다고 볼 수 없으므로, 채권자의 이 부분 주장은 이유 없다.

(1) 기록에 의하면, 채무자 회사와 제일모직은 자본시장법 제165조의4 제1항 제1호, 같은 법 시행령 제176조의5 제1항 제1호에 따라 이사회 결의일이자 합병계약을 체결한 날의 전일인 2015. 5. 25.을 기산일(이하 '이 사건 기산일'이라고 한다)로 하여 최근 1개월간 평균종가, 최근 1주일간 평균종가, 최근일의 종가를 산술평균한 가액을 기준으로 합병가액 및 합병비율을 산정한 것으로 보인다.

(2) 기록상 이 사건 기산일을 기준으로 채무자 회사 및 제일모직의 최근 1개월간 평균종가, 최근 1주일간 평균종가, 최근일의 종가를 산정할 수 없다고 볼 만한 아무런 자료가 없는바, 이 사건 합병에 자본시장법 시행령 제176조의5 제1항 제1호가 아니라 자본시장법 시행령 제176조의5 제1항 후문, 같은 항 제2호 나목에 따라 산정한 합병가액을 적용하여야 한다고 볼 여지도 없다.

(3) 이 사건 기산일을 전후로 하여 채무자 회사 및 제일모직의 주가와 관련하여 자본시장법상 시세조종행위나 부정거래행위 등이 있었다는 점을 소명하기 위하여 채권자가 제출한 자료는 구체적 근거 없이 관련 의혹을 제기하는 수준의 자료에 불과하여 그것만으로 위와 같은 사정이 소명되었다고 보기에 부족하고, 기록상 달

리 위와 같은 사정이 소명되었다고 볼 만한 자료가 없다.

(4) 채권자는, 채무자 회사와 제일모직이 자본시장법 제165조의4 제 1 항 제 1 호, 같은 법 시행령 제176조의5 제 1 항 제 1 호에 따라 합병가액 및 합병비율을 산정하였다고 하더라도, 두 회사의 가치가 정상적으로 반영되지 못한 이 사건 기산일 무렵의 부당한 주가를 기준으로 하여 합병비율을 산정한 이상, 그 합병비율이 현저하게 불공정하다고 볼 만한 특별한 사정이 있는 경우에 해당한다는 취지로 주장하나, 이에 관한 채권자의 주된 주장은 아래 (가)항 내지 (라)항에서 보는 바와 같이 받아들이기 어렵다.

(가) 채권자는 소갑 제5, 6호증(채권자는 이 법원의 2015. 6. 22.자 문서제출명령에 따라 2015. 6. 25. 그 각 원본을 제출하였다)을 주된 근거로 삼아 의결권 있는 보통주식의 공정가치가 채무자 회사의 경우 주당 100,597원 내지 114,134원, 제일모직의 경우 주당 63,353원 내지 69,942원이라고 주장하면서, 위 공정가치와 비교할 때 이 사건 합병의 합병비율의 근거가 된 채무자 회사의 주가는 너무 저가이고, 제일모직의 주가는 너무 고가여서, 이를 토대로 산정된 합병비율은 현저히 부당하다고 주장한다. 그러나 회사의 주가는 그 회사의 수익성, 성장성, 보유자산, 경영진, 노사관계, 규제환경 등 실로 다양한 요소가 반영되어 결정되는 것이고, 앞서 본 바와 같이 상장회사의 경우 공개시장에서 다수 투자자들이 위와 같은 다양한 요소를 고려하여 자유로운 거래를 한 결과 그 주가가 형성되는 것이므로, 공개시장의 주가는 해당 상장회사의 일정시점에 있어서의 가치를 비교적 객관적으로 반영한다고 볼 여지가 있는바, 이러한 공개시장의 주가와 무관하게 일정한 가정 아래 회사에 관한 제한된 자료를 토대로 계산한 특정한 값을 함부로 회사의 적정주가 또는 객관적이고 공정한 가치라고 단언할 수는 없다. 살피건대, 소갑 제5, 6호증은 기업실사 등 심층적인 조사를 거치지 않은 채 공개된 데이터 수치에 근거하여 투자 참고용으로 만들어진 것으로서 회계법인이 일정한 가정 및 계산방식에 따라 산정한 두 회사의 적정주가가 제시된 자료에 불과한데, 위와 같이 제시된 두 회사의 적정주가는 채무자 회사, 제일모직이 상장된 후 공개시장에서 한 번도 거래된 적이 없는 가격인데다, 그 산정방식에 있어서도 채무자 회사의 적정주가를 산정함에 있어서는 'best case'를 기준으로, 제일모직의 적정주가를 산정함에 있어서는 'base case'를 기준으로 하고 있는 등 위 각 자료는 채무자 회사의 주가가 제일모직에 비하여 상대적으로 높게 산정되는 방향으로 작성된 자료라고 볼 여지도 있다. 따라서 소갑 제5, 6호증만으로는, 채권자가 주장하는 공정가치가 채무자 회사와 제일모직의 가치를 반

영한 적정한 주가 또는 객관적이고 공정한 주가이고, 이 사건 기산일 무렵 공개시장에서 거래되고 있던 주가는 터무니없는 것으로서 이를 토대로 산정한 합병비율이 현저히 불공정한 것이라고 볼 수 없다.

(나) 채권자는 위 (가)항과 같은 맥락에서 이 사건 기산일 무렵의 채무자 회사 주가는 채무자 회사가 보유한 삼성전자 주식회사 주식의 가치 등 순자산가치에 비하여 턱없이 낮고, 제일모직의 주가는 그 순자산가치에 비하여 턱없이 높아서, 이를 토대로 합병가액 및 합병비율을 산정하는 것은 현저히 불공정하다는 주장도 한다. 그러나 앞서 본 바와 같이 회사의 보유자산은 그 회사의 주가를 결정하는 복잡다기한 여러 요소 중 하나에 불과한 점, 실제로 상장회사 중 PBR(Price Book-value Ratio, 주가순자산비율)이 1.0 미만이거나 3.0 초과인 회사도 다수 있는 점 등에 비추어 볼 때, 공개시장의 주가가 순자산가치에 미치지 못하거나 더 높다는 이유만으로 해당 주가가 그 회사의 가치를 제대로 반영하고 있지 못한 것으로서 터무니없는 것이라거나 부당한 것이라고 함부로 단정할 수 없고, 그와 같은 주가에 기초한 합병가액 및 합병비율의 산정이 현저히 부당하다고 볼 수도 없다.

(다) 채권자는 이 사건 기산일은 특히 채무자 회사에 불리한 시점인데도 이를 기산일로 선택하여 산정한 합병비율은 현저히 불공정하다고도 주장한다. 그러나 회사의 가치는 고정되어 있는 것이 아니고 이와 관련된 지표인 주가 역시 본래 시시각각 변동하는 것이며 일반적으로 이를 예측하기도 어려운 점 등을 고려할 때, 과거의 특정한 시점을 기산일로 하였다면 실제 기산일보다 채무자 회사에 상대적으로 유리하였을 것으로 보인다는 사정만으로 그와 다른 기산일을 토대로 산정한 합병비율이 불공정한 것이라고 볼 수는 없다. 또한 이 사건 기산일 무렵 채무자 회사 주가와 제일모직 주가 사이의 차이가 다른 시점을 기준으로 한 양 회사 주가 사이의 차이에 비하여 이례적일 정도로 크다고 보기도 어려운바, 이 사건 기산일이 채무자 회사에 특히 불리한 시기라고 단정할 수도 없다. 나아가 채권자는 채무자 최치훈 등이 특정한 의도 아래 일부러 이 사건 기산일을 선택한 것이라고 주장하는 취지로도 보이나, 기록상 그와 같은 사정을 소명할 만한 아무런 자료가 없다.

(라) 채권자는 제일모직이 상장된 지 얼마 되지 않아 신뢰할 만한 주가 데이터가 존재하지 않는 상황이고, 제일모직의 보호예수기간 중의 주가를 기준으로 합병비율을 산정할 경우 사실상 제일모직의 대주주로 하여금 보호예수기간 동안 주식을 처분하도록 허용하는 결과가 되므로 보호예수기간이라는 비정상적 기간 중의 주가를 기준으로 합병비율을 산정하는 것은 허용되어서는 안 되는바, 이 사건 기산일

무렵의 제일모직의 주가를 토대로 산정한 이 사건 합병비율은 현저히 불공정하다고 주장한다. 그러나 자본시장법 제165조의4 제 1 항, 같은 법 시행령 제176조의5 제 1 항 제 1 호에서 상장 후 일정기간이 지나야 해당 주가를 기준으로 합병가액을 산정할 수 있다고 정하고 있지 않을 뿐 아니라, 상장된 후 일정기간이 지나기 전까지는 주가가 회사의 객관적인 가치를 반영하지 못한다고 단정할 근거도 없으므로, 이 사건 기산일 무렵은 아직 제일모직이 상장된 지 오래되지 않았다는 사정만으로 그 주가를 합병가액 산정기준으로 삼을 수 없다고 볼 수는 없다. 나아가 신규상장법인의 최대주주 등에 대한 의무보호예수는 한국거래소의 유가증권시장 상장규정 제27조 등에 따라 이루어지는 것으로서, 이는 최대주주 등의 지분매각에 따른 주가급락 등으로부터 소액투자자를 보호하기 위한 제도일 뿐 신규상장법인의 합병을 막거나 그 합병가액의 산정기준을 제한하기 위한 제도가 아니므로, 보호예수기간 중의 주가라는 사정만으로 이를 합병가액 산정기준으로 삼을 수 없다고 볼 수도 없다.

노트와 질문

1) 미국에서는 투자은행이 합병가액의 공정성에 대한 의견서를 작성한다. 소위 fairness opinion이 그것인데, 사안에 따라서는 법원이 fairness opinion이 불충분하다고 이의 채택을 거절하기도 한다. *Levco Alternative Fund Ltd. v. The Reader's Digest Association, Inc.*, 803 A.2d 428(Del. 2002). 투자은행이 M&A자문을 하고 있고 거래의 성공여부에 따라서 보수가 정하여지는 경우 독립적인 fairness opinion이 나올 수 있을지에 대한 의문이 제기된 후 SEC는 2007. 10. 11. NASD Rule 2290을 승인하였다. SEC Release No. 34-56645; File No. SR-NASD-2005-080. 수정된 절차에 따르면 fairness opinion을 작성한 투자은행이 M&A자문사인 경우 성공보수를 받는지 여부 등을 적시하도록 되어 있다.
2) 우리의 접근방법은 미국과 같이 법원이 판결을 통하여 사후적으로 합병가액의 공정성에 개입하는 것이 아니라 행정적인 규율기관인 금감위가 가액 산정 공식을 제시하는 방식으로, 몇 가지 문제점을 생각할 수 있다. a) 개별적인 경우의 공평성을 해할 수 있다. 산업의 유형이나 산정시기에 따라서 자산가치가 중요할 수도 있기 때문이다. b) 실제 상대가치가 거의 이용되지 않고 있으며 회계법인도 평가의견서를 자유로이 발행하고 있다. c) 공식이 자의적이다. 수익가치 산정시 할인율은 실제 기업의 자본조달가격과 아무런

관련이 없다.

3) 합병기업가치 산정기간과 매수청구권행사시 주식의 공정한 가격산정기간이 다르다. 만약 시장가격이 계속 오르고 있다면 그리고 합병의 효과가 시장가격에 미리 반영되었다면 매수청구권행사가격은 합병기업가치보다 적어지고 따라서 매수청구권행사는 합병에 반대하는 주주들에게 유효한 구제수단이 되지 못한다. 반대로 가격이 계속 내리고 있다면 매수청구권을 행사하기 보다는 조속히 시장에서 매각하는 것이 손해를 피하는 방법이 된다.

4) 매수청구권의 행사가격은 합병의 결과를 고려하지 아니한 가격이어야 함에도 불구하고 지금 공식은 합병의 결과를 반영한 수치가 될 수도 있다. 법원은 이러한 문제점에 대한 해결책을 제시하고 있는가? "허위자료에 의한 것이라거나 터무니없는 예상 수치" 이외에 현저히 불공정한 합병은 어떤 경우일까?

Ⅱ. 인수대가를 합의하는 경우[15)]

1. 인수금액 조정의 필요성

통상 인수계약의 체결시점과 이행완료시점 간에는 상당한 시간적 격차가 있기 마련이다. 공정거래위원회의 기업결합신고수리[16)]가 필요할 수도 있고, 대상기업이 체결한 계약에 따라서는 지배주주가 변경되는 경우 계약 상대방의 동의가 필요할 수도 있으며[17)] 매수인이 인수대금을 마련하기 위하여 대주를 찾아야 할 필요가 있을 수도 있기 때문이다.[18)] 이러한 시간적 간격 때문에 계약 체결이후 회사의 기업

15) 이 부분은 졸고, 기업인수시 인수대가 지급수단 및 금액조정에 관한 실무, 17:4 법학연구 31, 39-45 (2007. 12)를 편집한 것이다.

16) 공정거래법 제12조.

17) 특히 기술도입계약의 경우 경쟁상대방에게 해당기술이 넘어가는 것을 막기 위하여 기술을 제공한 자에게 주식 또는 사업양도시 동의를 요구하는 조항이 많이 있다.

18) acquisition financing closing은 통상 transaction closing 하루 전에 이루어진다. financing이 closing의 전제조건이 될 것인지도 역시 매도인과 매수인간 협상력에 따라서 결정될 것이지만, 통상 재무적 투자자가 아닌 한 financing이 closing의 조건으로 들어가는 경우는 드물다. 최근 미국에서는 재무적 투자자 특히 사모펀드가 매수인인 경우에도 financing이 되지 않는 경우 일정한 reverse termination fee를 지불하고 거래이행을 거절할 수 있는 조항들이 많이 사용되고 있다고 한다. 특히 2007년도 사모펀드관련 거래의 현황과 문제점들에 대하여는 lawprofessors.typepad.com/mergers의 대비도프 교수 weblog에 자세하게 설명되어 있다.

가치에는 변동이 있기 마련이고 만약 이러한 변동이 종국적인 인수가격에 반영되지 않는 경우 인수계약의 체결 이후 이행완료시점 사이에 매도인이 계속 경영을 유지하지만 그 결과는 매수인이 부담하게 되는 불공정한 결과가 나오게 된다. 또한, 매도인이 계약 체결 이후 이행완료 전에 임직원에게 통상적이 아닌 특별상여금을 지급하는 등 한시적인 경영권을 남용하는 기회주의적 행동을 방지할 수 없다. 따라서 인수대금의 조정은 매도인과 매수인 모두의 이익에 부합되며 공정한 결과를 위하여 필요한 과정이다.[19]

인수대금의 조정은 인수대금이 어떻게 정하여지는지에 따라서 달라질 수 있다. 인수대금은 기업가치를 어떻게 평가하는가의 방법론에 따라 현금흐름에 일정한 배수를 곱하여 정하기도 하고,[20] 순자산가치를 따져보기도 하며 동일하거나 유사한 산업 내 다른 기업의 거래가격과 비교한 후 기업결합의 순기능에 따른 부가가치를 더하여 정하기도 한다. 기업가치를 어떤 방법으로 산정하였는지와 관계없이 인수대금산정의 기초는 가장 최근의 재무제표상의 수치[21]이며 따라서 이를 이행완료시의 재무제표상의 수치[22]와 비교하여 인수대금을 조정함으로써 매수인은 이행완료시의 정확한 기업가치를 지급하게 된다. 주식거래의 경우 가장 많이 사용되는 방법은 이행완료시점에서의 유동자산(working capital)금액에 따라 인수금액을 조정하는 것이며 순자산가치 또는 장부가 등 다른 지표가 극히 예외적으로 사용되기도 한다. 최근에 매수인이 제시한 흥미로운 방법으로 매도인에게 이행완료시점에 예상되는 유동자산의 금액을 제시하게 하여 동 금액에 기초, 이행완료시 지급할 인수대금을 정하여 지급한 후 실사를 통하여 이행완료시의 실제 유동자산의 금액이 매도인이 예상하였던 이행완료시점에서의 유동자산금액의 일정비율 이상 미치지 못하는 경우 예를 들면 90% 이하로 떨어지는 경우 매도인은 매수인에게 그만큼 환불하는 방안이 있다. 그러나, 이행완료가 언제 가능한지 예측하기가 어려우며 dollar-for-dollar true up이라는 가격조정의 철학에 부합하는지도 의문인지라, 실제 많이 사용되지는 않을 것으로 보인다.

---

19) 주식거래는 물론 자산거래에서도 인수대금 조정없이 계약체결이후 통상적인 영업활동운영이라는 의무의 이행으로 서로 만족하는 경우도 있을 수 있다.

20) 소위 현금흐름가치 (DCF: discounted cash flow)로서 EBIT (earnings before interest and taxes)나 EBITDA (earnings before interest, taxes, depreciation and amortization)에 해당산업 또는 유사기업에 일반적인 일정배수를 곱하는 방법이 그 예이다.

21) Reference Balance Sheet라고 표현된다.

22) Closing Balance Sheet라고 표현된다.

통상 매수인은 매도인에게 이행완료시 잠정적으로 일정금액을 지불하고 추후 이행완료시의 유동자산금액을 인수가격산정의 기초가 된 재무제표상의 유동자산금액과 비교하여, 그 수치가 증가하였으면 매수인이 추가금액을 지급하고, 감소하였으면 매도인이 환불하여 주기도 하고, 잠정금액을 산출하는 방법의 하나로 이행완료 직전 예를 들면 일주일 전 매도인이 이행완료시 예상되는 재무제표를 작성하여 이를 기초로 매수인이 동 재무제표상의 유동자산금액에 기초하여 이행완료시의 지급금액을 정하면 추후 이행완료시의 재무제표상 유동자산금액이 확정됨에 따른 조정액의 크기가 훨씬 작아질 수도 있다.

부실기업의 인수나 자산거래의 경우에는 인수금액의 조정방법이 보다 복잡하기 마련이다. 과거 예금보험공사의 부실손해보험사의 매각시 지급여력비율을 100%로 맞추기 위한 공적자금의 출자의무금액을 인수인의 인수대금 출자이행완료시 시점으로 산정하여 추후 정산하기도 하였고[23] 발전소매각이나 화학공장의 매각과 같은 자산매각의 경우[24] 이행완료시점에서의 연료인 기름/벙커C유나 재고자산(inventory)을 추후 별도로 정산하기도 하였다. 법원에서 처리하는 도산기업의 인수합병의 경우는 거의 예외없이 대차대조표상 자산과 부채 모든 항목에 대하여 명백한 오류에 대한 조정을 허용하되 일정한 최대한도, 예를 들면 인수금액의 5%로 정한다. 통상적인 거래에서는 면책책임의 최대한에 대하여 합의하는 많은 경우에도 인수대금의 조정과 관련하여 그 최대한에 대하여 합의하는 경우는 극히 예외에 속한다.

2. 인수금액 조정절차

앞서 논한 바와 같이 통상의 인수대금조정의 기본은 인수가격 산정의 기초가 된 재무제표와 이행완료시점의 재무제표 전체를, 또는 동 재무제표상의 일정계정에 대한 수치를 비교하는 것이다. 이행완료가 달 중간에 이루어지면 임금이나 기타 비용을 일할계산하여야 하기 때문에 수치가 복잡해지므로 통상 이행완료는 월말을 기준으로 이루어진다.

누가 이행완료시의 재무제표를 작성할 것인지는 매도인과 매수인이 협의할 사항이나, 이행완료 이후 매수인이 인수대상 기업경영의 책임과 권한을 가지는 상황

23) 2002년 예금보험공사가 손해보험사를 공모를 통하여 매각할 당시 매각공고시점에는 최근의 회계연도기준 재무제표를 교부하여 이를 기초로 인수대금을 제시하게 하고 최고의 인수대금을 제시한 자가 인수금액을 출자한 후 이행완료시점에서의 지급여력비율 100%를 만족시키기 위한 예금보험공사의 공적자금 출자액은 추후 정하였다.

24) 자산거래에서는 현금은 이전되지 않기 때문에 유동자산금액에 따른 조정이 필요없다.

에서 매도인이 인수가격의 기초가 된 재무제표를 작성하였다는 사실에 기초하여 이행완료시점의 재무제표작성의 책임과 권한도 가져야 한다고 매수인을 설득시키기는 쉽지 않을 것이다. 실제로 어느 당사자가 작성하는지와 관계없이 상대방이 이에 대한 이의를 제기할 권한을 가지는 이상 심각한 협상사항은 되지 않을 것이며 매도인과 매수인이 합의하는 제 3 의 회계법인이 지정되기도 한다.

이행완료시의 재무제표 작성시한은 이행완료 이후 통상 30일에서 90일 이내로서 매도인이 재무제표를 작성하건, 매수인이 재무제표를 작성하건, 상대방당사자는 이에 최대한 협조할 의무가 있다. 통상의 경우 매수인은 이행완료 이전과 비교하여 인수대상기업의 보다 많은 회계정보를 접할 수 있고 또한 종전의 회계담당자로부터 보다 자세한 이야기를 들을 수 있게 되므로 이행완료시의 재무제표는 통상 인수가격의 기초가 된 재무제표와 비교하여 인수가격의 감액을 주장할 수 있는 방향일 것이다.

이행완료시의 재무제표를 받은 상대방 당사자는 통상 일정한 기한 예를 들면 30일에서 60일 이내에 이에 대한 이의를 제기할 권한을 가진다. 이의를 제기할 경우 이에 대한 근거와 범위를 명확히 할 것이 요구되기도 하며 한번 이의를 제기한 이상 더 이상의 다른 근거를 이유로 또는 새로운 항목에 대하여 이의를 제기할 수 없도록 합의할 수 있다.

매도인과 매수인이 가격조정의 최대한에 대하여 합의할 수 있으나 피차 상당한 위험이 수반되는 것이기 때문에 매도인이 절대적인 협상력의 우위를 보유하지 않는 이상 매수인에게 인수대가의 최대한에 합의하라고 설득시키는 것은 쉽지 않다. 회생절차 진행중인 기업인수의 경우 법원은 현재 분쟁중인 것을 제외하고는 정리담보권과 정리채권 이외의 우발채무는 없으며 회사경영을 엄격하게 통제하여 왔다는 이유로 거의 언제나 매수인에게 가격조정의 일정한 상한을 받아들일 것을 요구한다. 그러나 이러한 상한은 엄격히 말하면 진술과 보증에 따른 면책책임에 가까운 것이며 이행완료시의 유동자산이나 재고자산의 금액과 인수가격산정의 기초가 되는 재무제표상의 유동자산이나 재고자산 금액간의 불일치 때문에 필요한 인수대금 조정과는 구별된다. 인수대금의 조정과 재무제표의 정확성에 대한 진술과 보장에 따르는 면책책임과는 구별되어야 하며, 예를 들면 인수대금 산정의 기초가 된 재무제표상의 재고자산이나 받을 채권 금액의 오류에 따른 유동자산의 재산정금액이 이행완료시 유동자산금액산정에 반영되었다면, 재무제표의 정확성에 대한 진술과 보증에 따른 면책책임에서 이러한 오류가 다시 고려될 필요가 없을 것이다. 따라서 면책조항에 따른 책임과 인수금액조정은 두 가지 모두 이행완료후의 사건이기는 하나 원인상 구별되어야 하며, 면책조항 때문에 인수금액조정이 필요하지 않다거나 또는 인수금액조정장치 때문에 진술과 보증에 따르는 면책이 필요없는 것은 아니다. 다만, 면책조항에서 통상 나오는 책임항목당 최소한도의 금액, 또는 공제금액 개념[25] 인수금액조정에도 동일하게 유추, 적용될 수는 있을 것이다.

이런 의미에서 *OSI Systems, Inc. v. Instumentarium Corp.*[26]판결은 흥미롭다. 통상적인 유동자산금액 조정규정이 있는 인수계약 하에서 매수인은 매도인이 사용하던 기존의 회계원칙이 아닌 새로운 회계원칙을 적용, 인수대금 자체를 50% 이상 감소시키는 유동자산금액을 제출하자 매도인은 이는 인수대금조정이 아니라 진술과 보장위반에 대한 면책절차라고 주장하면서 인수금액조정절차에 일체 참여하지 않았고 이에 대하여 법원은 계약조항의 문언해석에 충실하여 매도인의 주장을 받아들였다. 특히 매수인이 인수대금조정을 주장한 목적은 진술과 보장에 대한 면책책임이 매매대금의 25%로 최대한도가 정하여져 있으니 이의 적용을 피하기 위한 것이라는 매도인의 주장은 설득력이 있어 보인다.

이행완료시의 재무제표 작성자가 제시한 재무제표에 대하여 상대방 당사자가 이의를 제기한 경우 이를 어떠한 절차에 따라 해결할 것인지에 대한 합의가 필요하다. 통상 제3의 회계법인에게 최종 결정을 맡겨서 무조건 이에 따르기로 하는 방법이 많이 사용되며 제3의 중재인이 관여하는 정식의 중재절차는 많지 않은 것으로 보인다. 제3의 회계법인이건, 중재인단이건, 이견이 있는 항목에 대하여만 결정을 내릴 권한이 있으며 비용은 매도인과 매수인이 반분(半分)하거나 이행완료시 재무제표에 대하여 이견을 제기한 자의 의견이 받아들여지면 재무제표를 작성한 자가, 반대로 이견이 근거가 없는 것으로 결정되면 이견을 제기한 자가 부담하는 규정이 많다.

3. 인수금액조정액의 불합치원인

조정금액은 과거의 관행이 일관성 있게 적용되는 기업회계기준에 따라서 결정되어야 한다. 문제는 기업회계기준이 언제나 명확하지 않다는 것이다. 우선 과거 대상회사의 회계관행이 기업회계기준에 일치하지 않았고 따라서 기업회계기준을 적용하는 경우 수치가 변경되는 경우라면 당연히 매도인은 새로운 수치를 받아들여야 할 것이다.[27] 매도인이 기존에 사용한 회계방법이 기업회계기준에 맞는 것이기는

25) 전자는 basket, 후자는 deductible로 불린다.

26) 892 A. 2d 1086 (Del. Ch. 2006).

27) 이러한 불일치는 통상 회계실사에서 밝혀지고 따라서, 당연히 처음부터 인수금액 산정시 고

하지만 보다 적절한 것인지는 의문이고 따라서 매수인이 이행완료시의 재무제표를 작성하면서 보다 적절한 회계방법을 제시하는 경우 매수인의 주장은 설득력이 없는 경우가 더 많을 것이다.[28] 왜냐하면 기업회계기준에 맞았다면 과거 회계방법을 일관되게 그대로 사용하여 재무제표를 사용하는 것이 양 당사자의 기대에 보다 부합하는 것이기 때문이다. 유사한 이유로 받을 채권에 대한 대손충당금의 적정성 여부와 관련하여 매수인이 인수계약 체결 또는 이행완료 이후 발생한 사정을 기초로 사후적인 판단을 내려서 매도인의 대손충당금 적정성 여부에 시비를 거는 것 역시 설득력이 없다. 연말 재무제표작성 시 요구되는 기준과 매 반기, 분기 또는 월말과 같이 회계연도 중간에 재무제표작성 시 요구되는 기준의 엄격성에 차이가 있기 때문에 분쟁이 발생하는 경우가 있을 수 있다고 하나 실제 문제가 되는 경우는 많지 않은 것으로 보인다.

실제 이견이 있을 수 있는 항목들로 재고자산이 과다하거나 유효기간이 지난 재고자산이라는 것,[29] 받을 채권의 회수가능성이나 대손충당금의 적정성여부,[30] 지급할 채무의 발생시점, 수익의 인식시점, 개발비용의 자본금화[31]와 이연계정처리기간 등이 있다. 이견이 발생하는 원인은 위에서 설명한 바와 같이 기업회계기준자체의 문제이기도 하지만, 통상 매도인이 인수계약 체결이후 이행완료 시점까지 회사를 운영할 권한이 있는 만큼 매도인은 인수가격조정시 가장 유리한 결과를 이끌기 위하여 이러한 권한을 이용하려고 하기 때문이다. 따라서 인수계약에서 계약체결시점과 이행완료시점 사이에 회사의 운영에 대한 매도인의 권한을 이행사항[32]으로서 명확히 규정한다면 인수금액의 조정과 관련하여 이견의 가능성을 줄일 수 있을 것이다. 인수계약서상 매도인의 이행사항(covenant)중 하나로서 통상적인 영업활동[33]에 종사하여야 한다는 것이 있는데 이러한 통상적인 것 이외에도 구체적으로 매도인이 일방적으로 처리할 수 없는 사항에 대하여 보다 자세한 합의가 필요한 경우가 많을 것이다. 최근에는 환율의 변동 때문에 이견이 발생하는 경우가 많을

려되는 경우가 더 많을 것이다.

28) Jeffrey A. Issacs & Steven M. Wiseman, *The Pitfalls of Purchase Price Adjustment Provisions*, ACC Docket 22, no. 8 (Sept. 2004).

29) 장치산업으로서 경기순환이 하강곡선상에 있는 경우 재고의 적정성에 대한 우려가 많다.

30) 금융산업의 경우 대손충당금의 적정성은 언제나 예민한 문제로 부각된다.

31) 이행완료후 면책사항으로 매도인의 R&D비용을 자본금화한 시점에 대하여 분쟁이 발생한 사례가 있다.

32) covenant 또는 negative covenant로서 인수계약의 중요한 일부이다.

33) in the ordinary course of business.

수 있다.

서울고법 2010. 12. 17. 2010나6880 판결(두산주류 v. 롯데주류)[34]

가. 원고는 2009. 1. 6. 피고와의 사이에, 그 당시 원고가 주류사업 부분의 영업을 위하여 소유하고 있던 자산, 부채, 기타 양수도대상 사업과 관련된 계약상 지위 등을 양도하기로 하는 것을 골자로 하는 별지 "영업양수도계약"과 같은 내용의 인수·합병계약(이하 '이 사건 계약'이라고 한다)을 체결하였다.

나. 그런데 원고는 2007. 12. 7. 농유공으로부터 9,800,000,000원을 만기 2008. 12. 10.로, 이자 연 4%로 각 정하여 차용함으로써 이 사건 순자산 조정의 기준시점인 2007. 12. 31.[이 사건 계약 제3조 3항 (a) 참조] 당시 9,800,000,000원의 차용금채무를 부담하고 있었다.

다. 원고는 2008. 12. 10. 농유공에게 위 차용금 중 5,385,000,000원을 상환하고, 나머지 4,415,000,000원에 관하여 이자 연 4%, 여신만료기간 2009. 12. 10.로 연장하는 내용의 여신거래약정을 체결하였다.

라. 한편 원고는 2009. 3. 2. 피고와 사이에 거래종결 합의를 하고, 금융감독원에 합병종료 보고를 하였다. 그 거래종결합의서 제5조에는 "영업양수도계약 제2조 제3항 (a) (iv)에 기재된 농유공 차입금 및 유산스 관련 부채는 거래종결시에 이전되지 아니하였고, 거래종결일 이후 영업양수도계약이 정하는 바에 따라 처리하기로 한다. 따라서 영업양수도계약 제11조 제7항 및 제11조 제8항에 따라, 본 합의서를 체결함으로 인하여 각 당사자가 영업양수도계약상 상대방 당사자에 대하여 가지는 권리가 변경되거나 포기되는 것으로 간주되지 않는다."고 되어 있다.

마. 한편 원고의 농유공에 대한 차입금은 위 2008. 12. 10.자 상환으로, 거래종결일인 2009. 3. 2. 현재 원금 4,415,000,000원 및 이에 대한 이자 29,513,973원의 채무와 원고가 농유공에게 지급한 선급보증료 1,270,068원의 채권이 남아 있다.

바. 원고는 농유공의 요구로 2009. 3. 6. 위 공사에게 위 거래종결일 현재 차용원금 4,415,000,000원 및 이에 대한 이자 30,965,479원 합계 4,445,965,470원(계산의 편의상 원 이하는 면제받았다)을 변제하였다.

34) 서울중앙지법 2009. 11. 16. 선고 2009가행28313 판결 참조. 대법 2011. 9. 29. 선고 2011다10211 판결로 파기환송.

사. 피고가 2009. 4. 1. 원고에게 거래종결일인 2009. 3. 2. 현재의 순자산과 이 사건 순자산 조정의 기준시점인 2007. 12. 31. 당시의 순자산 내역 및 양자간의 차이를 보여주는 순자산 조정내역서를 제출하였다.

아. 원고는 2009. 6. 29. 피고와 사이에 순자산 조정을 위한 협상을 진행한 결과, 거래종결일 현재 주류사업의 순자산에서 2007. 12. 31. 기준 주류사업의 순자산을 차감한 금원이 15,754,115,353원에 달하므로, 위 금원에서 예정 순자산차액인 13,000,000,000원을 공제한 2,754,115,353원을 피고가 원고에게 지급하되, 원고의 주장에 의하면 당사자 사이에 합의가 되지 않은 부분(농유공 차입금 9,800,000,000원 및 이에 대한 이자, 선급보증료, 미금직매장 전대차보증금 100,000,000원)에 관하여 피고가 원고에게 추가로 5,456,756,095원을 순자산 조정금액으로 지급하여야 하는데, 이에 관하여는 이 사건 소송으로 해결하기로 합의하였다.

가. 이 사건 계약의 문리해석

(1) 먼저 원고는, 이 사건 계약서 제11조 제 5 항(완전계약)에 따르면 이 사건 계약서의 내용은 원·피고 사이의 최종적인 합의이므로, 계약의 해석을 위해서 양도양수계약서 이외의 증거에 의하여 각 조항의 의미 내용을 변경하거나 보충할 수는 없으며 오로지 각 조항의 문언에만 터잡아 당사자의 의사를 확정하여야 한다고 주장한다.

그러므로 원고의 2007. 12. 7.자 농유공으로부터의 단기차입금 9,800,000,000원의 채무가 순자산 조정액의 대상인지 여부에 관하여 이 사건 계약의 문언을 중심으로 살펴 본다.

(2) 앞서 본 양도양수계약서(갑 제 1 호증의 1, 이하 '이 사건 계약서'라 한다) 제 3 조 제 1 항은 '본 계약상 예정된 거래에 대한 매매대금은 총 503,000,000,000원(조정전 매매대금)으로 한다'고 규정하고, 그 제 3 조 제 3 항(순자산 조정) (a)호는 '조정 전 매매대금은 2007. 12. 31. 현재 주류사업의 순자산과 거래종결일 현재 주류사업의 순자산의 차이를 반영하여 조정된다. 원고와 피고는 2007. 12. 31. 현재 주류사업의 순자산과 거래종결일 현재 주류사업의 순자산의 차이에 대한 예상액(예상 순자산차액)을 13,000,000,000원으로 합의하여 이를 조정 전 매매대금에 합산하였다'고 되어 있다. 이에 따른 순자산 조정은 2007. 12. 31. 당시의 순자산 상태와 거래종결일인 2009. 3. 2. 당시 순자산 상태를 비교하여 차액을 정산함을 의미한다는 사실에 대해서는 당사자 사이에 다툼이 없다. 이렇듯 이 사건 계약상 순자산 조

정의 대상이 되기 위해서는 그 당연한 전제로서 '순자산'에 포함되어야 한다.

그런데 이 사건 계약서 제 1 조에서는 '순자산'을, 산정 기준시점 현재의 '주류사업'의 (ⅰ) 총 이전대상 자산금액에서 (ⅱ) 총 이전대상 부채금액과 비영업자산의 가액의 합계금액을 공제한 금액을 의미하며, 2007. 12. 31. 현재 순자산은 사업대차대조표를 기초로 산정되며, 제 3 조 제 3 항 (c)호 정해진 경우를 제외하고, 어떠한 조정의 대상도 되지 않는다고 규정하고 있다. 이에 의하면 순자산은 '순자산 = 총 이전대상 자산금액 − (총 이전대상 부채금액 + 비영업자산의 가액)'의 산식으로 산정된다고 할 수 있다.

위 순자산 산정의 기초가 되는 '이전대상 부채금액'과 관련하여, 이 사건 계약서 제 2 조 제 3 항 (a)호에서 '본 계약의 제반조건에 따라 거래종결시에 피고는 주류사업 또는 이전대상 자산과 관련되어 사업재무제표에 반영된 원고의 다음에 열거된 부채(이전대상 부채)를 인수하고, 이를 변제기에 해당 부채의 조건에 따라 이행함으로써 원고를 면책시켜 주어야 한다'고 규정하면서, 그 아래 (ⅳ)목에서 피고가 인수할 이전대상 부채의 하나로 '농유공 차입금 및 유산스 관련 부채'를 특정하고 있다.

한편 이 사건 계약서 제 2 조 제 3 항 (a) 단서에는 '다만, 이전제외 부채는 명시적으로 제외한다'고 규정하고 있고, 같은 조 제 4 항 (b)(ⅶ)는 이전제외 부채로 '농유공 차입금 및 유산스 관련 부채를 제외한 일체의 장단기 차입금 관련 부채'를 특정하고 있다.

그러므로 이전대상 부채로 특정된 위 '농유공 차입금'의 개념에 관하여 보건대, 이를 정의하고 있는 이 사건 계약 제 1 조는 '농유공 차입금은 원고가 농유공으로부터 저리로 차입한 정책자금과 관련하여 발생하는 원고의 모든 부채를 의미하며, 그 상세는 별지 1.1.(ⅰ)에 기재되어 있다'고 규정하면서, '농유공 차입금' 내역을 별지 1.1.(ⅰ)로 첨부하였는데, 위 별지에는 2008. 12. 10.자 여신약정서에 기한 4,415,000,000원의 채무라고 기재되어 있다(이하 위 차입금을 '이 사건 2008. 12. 10.자 농유공 차입금'이라 한다). 또한 이 사건 계약 제11조 제12항은 '본계약의 별첨, 별지 및 부록은 본 계약의 일부를 구성한다'고 규정하고 있다.

그렇다면 일응 이 사건 계약의 문면상 2007. 12. 7.자 여신약정서에 기한 9,800,000,000원의 농유공 차입금 채무는 이전대상 부채에 포함된다고 볼 수 없고, 따라서 순자산 조정의 대상이 될 수 없다고 해석될 여지가 있다.

(3) 반면, 원고는, 원고의 주류사업과 관련한 자산 및 부채 중 피고가 인수하

기로 한 자산 및 부채만을 조정한 2007. 12. 31. 기준 사업 재무제표가 이 사건 계약서의 별지 5.2(c)(ⅱ)(x)로 첨부되어 있는데, 그 중 사업대차대조표의 단기차입금 과목에는 2007. 12. 31. 당시 농유공 차입금 9,800,000,000원(이하 '이 사건 2007. 12. 13. 기준 농유공 차입금'이라 한다)이 반영되어 있음이 명백하므로, 그 변동액을 고려하여 순자산 조정액을 결정해야 한다고 주장하고 있다.

보건대, 이 사건 계약서의 별지 5.2(c)(ⅱ)(x)로 2007. 12. 31. 기준 사업 재무제표가 첨부되어 있으며, 그 중 '사업대차대조표'의 단기차입금 과목에는 이 사건 2007. 12. 13. 기준 농유공 차입금이 반영되어 있는 사실은 당사자들 사이에 다툼이 없다.

그러나 이러한 내용은 앞서 본 이 사건 계약서 제 1 조에서 규정한 농유공 차입금에 대한 개념정의로서 첨부된 앞서 본 별지 1.1.(ⅰ)의 내용(이 사건 2008. 12. 10.자 농유공 차입금)과 충돌되므로, 어느 내용이 우선할 것인지에 관하여 이 사건 계약서의 문언에만 의존하여 임의적으로 확정하기 어렵다. 물론, 일응 순자산조정절차 일반에 적용되는 '2007. 12. 31. 당시의 순자산 상태 기준' 보다는 농유공차입금에 한정되어 적용되는 '2008. 12. 10. 당시의 농유공 차입금 채무액 기준'이 우선한다는 관점이 있을 수 있지만, 이러한 일반－특별관계의 원용 여부도 이 사건 계약을 둘러싼 제반사정의 영향을 받을 가능성이 없지 않다. 따라서 이와 같이 이 사건 계약의 내용에 존재하는 불명확성이 전적으로 제거되지 않은 이상 완전계약이라는 취지의 이 사건 계약서 제11조 제 5 항의 규정에 따라 이전대상 부채의 내용을 확정할 수 없게 되었다.

나. 이 사건 계약체결 과정에 나타난 의사표시의 내용

(1) 이 사건 계약상 이러한 조항들에 의하여 빚어진 불명확성을 해소하기 위해서는 당사자들 사이의 계약체결 과정을 살펴 이에 나타난 당사자들의 의사표시가 갖는 의미에 대한 해석이 필요하다. 그러므로 당초의 입찰진행 단계에서 이 사건 계약체결시까지의 과정에 나타난 매매대금 산정 및 그 금액의 조정과정에 관하여 살펴본다.

(2) 인정사실

갑 제13, 14 내지 18, 37호증, 갑 제24, 26, 30호증의 각 1, 2, 갑 제25호증의 1, 2, 3, 을 제1, 2, 5호증, 을 제 6 호증의 1 내지 3, 을 제7 내지 10, 21, 22호증의 각 기재에 변론 전체의 취지를 종합하면, 다음과 같은 사실이 인정되고, 이에 반하는 듯한 갑 제20, 35, 38호증의 각 기재는 믿기 어려우며 달리 반증이 없다.

(가) 원고는 2008. 12. 1. 피고를 포함한 입찰참가 회사들에게 입찰안내서와 계약서 초안을 제공하였는데, 당초 위 계약서 초안에는 이 사건 계약과 마찬가지로 장단기차입금 관련 부채는 이전제외 부채로, 농유공 차입금(AT loan)과 유산스 관련 부채는 이전대상 부채로 명시되어 있었다. 이어 원고는 2008. 12. 3. 피고에게 이전대상 부채인 농유공 차입금 현황에 대한 별지(2007. 12. 7.자 여신약정서에 따라 대출받은 9,800,000,000원)와 2007. 12. 31.자 원고의 사업대차대조표를 이전대상자산에 대한 평가자료로 처음 교부하였다.

(나) 그 후 피고가 2008. 12. 8. 원고에게 위 계약서 초안과 관련하여 순자산조정 방식을 제안하고, 위 2007. 12. 31.자 원고의 사업대차대조표에 대해 '제무제표는 이전대상 자산이 모두 반영되는 것으로 실사 후 합의하여 수정되어야 한다'는 의견을 제시하였으며, 나아가 농유공 차입금에 관한 세부내역도 제공해 달라고 요청하였다.

(다) 원고는 2008. 12. 10. 농유공 차입금 중 5,385,000,000원을 상환하고, 나머지 4,415,000,000원에 관하여 이자 연 4%, 여신만료기간 2009. 12. 10.로 연장하는 내용의 여신거래약정을 체결하였다. 이에 따라 원고는 2008. 12. 11. 피고에게 이메일을 통해 '같은 달 10. 농유공 차입금 9,800,000,000원 중 5,385,000,000원이 상환되어, 잔액은 4,415,000,000원'이라고 알려 주었다.

(라) 이에 따라 피고는 2008. 12. 12. 원고에게 앞서 원고로부터 받은 농유공 차입금 세부내역을 토대로 작성한 제 1 차 입찰서를 제출하였다. 당시 피고는 이 사건 인수·합병의 대상인 주류사업의 기업가치에 대하여 대상사업부의 미래 영업을 통해 기대되는 순현금흐름(Free Cash Asset)을 적정 할인율로 할인하여 산정하는 수익가치방식(일명 DCF 방식)*에 따라 대상사업부 총가치(기업가치평가액 = 영업가치 + 비영업가치)를 영업가치 415,800,000,000원, 비영업가치 46,500,000,000원 합계 462,300,000,000원으로 산정하였다. 그리고 피고는 여기에 고정금액인 '이 사건 2008. 12. 10.자 농유공 차입금'만을 이전대상 부채(승계차입금 가치, Debt value)로 하여 이에 해당하는 4,400,000,000원만을 위 대상사업부 총가치에서 차감하여 입찰가격(Purchase Price)을 457,900,000,000원으로 산출·기재하였다. 그 후 원고 측에서는 피고의 자산가치 산정내역에 대해 별다른 이의를 제기하지 않은 채

* 이는 기업의 현재 재무상황보다는 기업이 보유한 유무형의 자산으로 미래에 얼마 만큼의 수익(또는 현금흐름)을 창출할 수 있는가라는 관점에서 미래의 수익창출능력으로 기업가치를 평가하는 방법이다.

2008. 12. 14. 피고에게 예상 순자산 변동액을 알려 주었다.

(마) 이에 피고는 2008. 12. 18. 2차 입찰서를 제출하면서 앞서 본 바와 같이 이 사건 2008. 12. 10.자 농유공 차입금만을 승계하여 차감하는 것을 전제로 하여 입찰가격을 483,700,000,000원으로 기재하였다. 그리고 피고는 2008. 12. 19. 수정입찰서(을 제 2 호증)를 제출하면서도 원고의 2007. 12. 31.자 재무제표를 근거로 이 사건 인수·합병 대상인 주류사업의 가치에 대하여 앞서 본 수익가치방식에 따라 대상사업부 총가치를 영업가치 415,800,000,000원, 비영업가치 46,500,000,000원 합계 485,100,000,000원으로 산정하였다. 그런 다음 여기에 고정금액인 이 사건 2008. 12. 10.자 농유공 차입금 4,400,000,000원의 채무만을 '승계차입금 가치'라고 별도 기재한 후 이를 기업가치평가액에서 차감하여 승계하기로 하면서 그 나머지 금액인 480,700,000,000원(=485,100,000,000−4,400,000,000)을 현금으로 지급하는 입찰가격을 제안하였다. 원고는 위 수정입찰서(을 제 2 호증)을 수령하고도 그 입찰서에 나타난 기업가치 산정내역을 확인하지 않은 채 단지 480,700,000,000원의 입찰총액만을 확인하였으며, 피고의 위 제안에 대하여 별다른 이의를 제기하지 아니하였다.

(바) 그 후 원·피고는 2008. 12. 19. 저녁 협상을 통해 위 3차 입찰서에 기재된 입찰가격을 상향조정해 가면서 이 사건 인수·합병의 대상인 주류사업의 조정 전 매매대금을 503,000,000,000원으로 결정한 후 이를 기재한 합의사항(을 제 6 호증의 3)에 원고 측의 이상하 전무와 피고 측의 이충익 이사가 각 서명하였다(그 주류사업의 기업가치 산정과정은 별지 '순자산 조정 전의 매매대금 산정과정' 기재와 같다). 그 합의사항에는 피고가 기존에 제안한 입찰서에 기재되었던 입찰가격 480,700,000,000원이 그대로 반영되어 있었다.

(사) 그 후 피고는 위 합의사항에 기재된 조정 전 매매대금 503,000,000,000원을 입찰가격으로 기재한 최종입찰서를 작성하여 원고에게 약식으로 제출하였다.

(아) 한편, 위 합의를 통해 우선협상대상자로 선정된 피고가 원고에게 계약서를 국문으로 작성하자고 제안하자, 원고는 2008. 12. 26. 피고에게 국문계약서 초안과 함께 농유공 차입금 내역(종래 원고가 2008. 12. 3.자로 보낸 별지와는 달리 2008. 12. 10.자 여신약정서에 따라 대출받은 4,415,000,000원으로 고쳐졌다)을 기재한 별지 1.1.(i)을 보내 주었다.

(3) 판 단

법률행위의 해석은 당사자의 내심적 의사에 관계 없이 입찰서나 계약서 등 표시행위의 문구를 해석하여 당사자의 표시행위에 부여한 객관적 의미를 확정하는 것이다. 한편, '표의자의 의도 및 동기'와 '표시행위에 나타난 효과의사'가 불일치하는 경우, 즉 표의자가 내심적 의사와 다른 것으로 이해되는 표시행위를 한 경우, 그 불일치로 인한 불이익은 이를 야기한 표의자 자신이 지는 것이 자기책임의 원칙에 부합한다.

우선 이 사건 계약은 원고가 입찰제안을 요청하여 청약을 유인하고, 피고가 이에 응하여 입찰서 제출에 의한 청약을 하였으며, 원고가 이를 승락함으로써 체결된 것이라고 보여진다.

나아가 이 사건 계약 체결과정에서 나타난 피고의 의사표시에 관하여 보건대, 당초 피고는 수차에 걸친 입찰서 제출을 통하여 이 사건 인수·합병의 대상인 주류사업의 기업가치를 수익가치방식에 따라 입찰가격 480,700,000,000원으로 평가한 후 농유공 차입금 채무는 오로지 이 사건 2008. 12. 10.자 농유공 차입금만을 '승계 차입금 가치'라고 별도로 기재하면서 이를 기업가치평가액에서 공제하는 방식으로 매매대금이 산정됨을 통지하였다. 그 후 원·피고는 협상을 통하여 조정 전 매매대금을 503,000,000,000원으로 하는 합의를 한 후 그 합의사항(을 제6호증의 3)에 상호 서명을 함으로써 자신들의 확정적 의사를 표시하였다. 그런데 위 합의사항은 앞서 본 수차의 입찰서 제출을 통하여 협의·조정을 거쳐온 피고 제안의 입찰가격 480,700,000,000원을 기초로 한 것으로서, 이 사건 2008. 12. 10.자 농유공 차입금 채무만의 승계를 전제로 하는 것이었다. 이는 이 사건 2007. 12. 31. 기준 농유공 차입금 채무는 이미 상환되었고, 이 사건 2008. 12. 10.자 농유공 차입금 채무만 존재하였기 때문에 위 채무만을 이 사건 계약의 이전대상 부채로 할 의사에 기초한 것으로 보이는데, 이에 의하면, 피고는 이 사건 2007. 12. 31. 기준 농유공 차입금은 순자산 조정의 대상이 아니고 이 사건 2008. 12. 10.자 농유공 차입금만이 순자산 조정의 대상이라는 의사를 표시한 것으로 볼 수밖에 없다. 만일 피고의 진정한 의사를 이와 달리 해석한다면, 피고의 이 사건 계약에 관한 경제적 손익계산에 차질이 생기게 되므로, 피고의 매매대금에 관한 경제적 의사결정은 입찰서(을 제2호증)에 명기된 이 사건 2008. 12. 10.자 농유공 차입금 채무만이 이전됨을 전제로 하고 있음이 명백하다. 결국 이와 같이 외부에 드러난 피고의 표시행위에 의하면, 피고는 이 사건 2007. 12. 31. 기준 농유공 차입금 채무는 순자산 조정의 대상에 해당하지 않는다는 효과의사를 가지고 있었던 것으로 추단된다.

한편 원고는 피고와 이메일 등을 통한 협상 과정에서, 피고가 처음부터 수차에 걸쳐 제시한 이 사건 2008. 12. 10.자 농유공 차입금 4,400,000,000원 상당의 채무의 이전 및 피고의 대금정산방식에 대해서 별다른 이의를 제기함이 없이 협상을 진행해 오다가, 종전의 별지를 수정하여 2008. 12. 10.자 여신약정서에 기한 농유공 차입금 4,415,000,000원의 내역이 기재된 별지 1.1.(i)을 피고에게 교부함으로써 이 부분에 관한 피고의 청약을 승낙한 것으로 봄이 상당하다. 그리고 이러한 표시행위는 앞서 본 바와 같이 기업가치의 평가액 변동에도 불구하고 변함없이 유지되다가 이를 기재한 합의사항(을 제 6 호증의 3)에 원고가 서명을 함으로써 종국적으로 의사표시 내용을 확인·확정하였다. 이에 의하면, 원고는 피고가 제시한 위와 같은 입찰가격 및 거래조건을 수락하는 내심의 의사를 가지고 표시행위를 한 것으로 추단된다.

결국 앞서 본 이 사건 계약서의 문구, 특히 농유공 차입금의 정의규정 및 종래 3건의 입찰서에는 모두 대상사업부 총가치에서 피고가 별도로 특정하여 인수하는 이 사건 2008. 12. 10.자 농유공 차입금을 공제한 금액이 입찰금액으로 명시되었고, 이러한 과정을 거쳐 결정된 조정 전 매매대금 503,000,000,000원은 이 사건 계약서 제 3 조 제 1 항에 그대로 반영된 점, 피고의 매매대금 산정과정에서 이 사건 2008. 12. 10.자 농유공 차입금만을 승계함을 전제로 경제적 의사결정을 하였음이 명백하고 이는 원고에게도 전달된 점, 그리고 계약체결의 과정 및 특히 원고 측에서 이 사건 계약서에 첨부할 농유공 차입금에 관한 별지 1. 1.(i)을 보내 준 사정 등을 덧붙여 보면, 원·피고간에 이 사건 2008. 12. 10.자 농유공 차입금이 순자산 조정의 대상이라는 표시행위가 상호 일치하였고, 이로써 이 사건 계약서 제 2 조 제 3 항 (a)호 (ⅳ)목에서 '이전대상 부채'로 정한 '농유공 차입금'을 이 사건 계약서 제 1 조 및 별지 1.1.(i)과 같은 내용으로 하는 합의가 이루어진 것이라고 봄이 상당하다.

한편, 순자산을 2007. 12. 31. 기준 사업대차대조표를 기초로 산정하기로 한 것은 이 사건 계약에 있어서 순자산 조정의 일반적 규율에 해당한다고 볼 수 있는 반면, 이 사건 별지 1.1.(i)에 터잡아 이 사건 2008. 12. 10.자 농유공 차입금을 기준으로 이전대상 부채를 확정하는 것은 이에 대한 예외 내지 특별규정으로 볼 수 있다. 그런데 앞서 본 협상 진행과정, 특히 피고가 순자산 조정에 관한 일반원칙을 숙지하면서도 이 사건 2008. 12. 10.자 농유공 차입금에 관한 수정의견을 별도로 표시한 점에 비추어 보면 별지 1.1.(i)에 따른 특별규정이 2007. 12. 31. 기준 사업대차대조표에 따른 일반규정 보다 우선한다고 봄이 상당하므로, 위 2007. 12. 31. 기준 사업대차대조표를 기준으로 농유공 차입금을 특정할 수는 없다고 판단된다.

그러므로 설사 수차례 이루어진 협상 및 계약서 수정과정에서, 원고가 피고에 의하여 제시된 입찰가격만을 보고서 이 사건 2008. 12. 10.자 농유공 차입금 채무만을 특정하여 인수한다는 것을 제대로 인지하지 못함으로 인하여 자신의 내심의 의사를 제대로 표시하지 못한 채 이 사건 계약을 체결하였다 하더라도, 이는 원고의 진의와 표시가 불일치하는 경우에 해당할 뿐, 이를 들어 원고와 피고 사이에 이루어진 의사표시의 합치를 부정할 수 없다[만약 원고가 최종 입찰가격만 보고서 이 사건 계약을 체결한 것이라면 이는 착오에 기한 의사표시로 볼 여지가 있기는 하나, 원고는 착오에 관한 주장을 하고 있지 않을 뿐만 아니라, 앞서 본 바와 같이 원고 측에서 위 수정입찰서(을 제 2 호증)를 수령하고도 그 입찰서에 나타난 내용을 제대로 확인하지 않은 것은 원고 측의 중대한 과실에 해당한다].

서울중앙지법 2004. 10. 14. 선고 2003가합52840 판결(프라임 v. 하나은행)

1. 기초사실

가. 주식회사 서울은행(피고 은행에 합병됨, 이하 피고라고만 한다)는 1998. 6. 29. 원고에게 서은상호신용금고(현 프라임상호저축은행, 이하 '이 사건 금고'라 한다)의 주식 1,461,561주를 매도하기로 하고, 매매대금을 주당 5,000원씩 합계 7,307,805,000원으로 정한 후, 아래와 같은 내용이 포함된 매매계약을 체결하였다.

제 3 조 원고는 피고에게 본 계약 체결과 동시에 계약금 730,780,500원을 현금 또는 자기앞수표로 지급한다. 잔금은 매매가격에서 계약금을 차감한 금액으로 한다.

제 7 조 이 계약 체결 후 계약금 지급과 동시에 원, 피고가 각 5명씩 공동으로 실사팀을 구성하여 실사기준일 현재 금고의 자산 및 부채 현황을 실사한다. 실사는 금고의 순자산가액을 정하기 위함이며, 순자산가액 산정방법은 실사기준에서 정한 바에 따른다. 피고는 금고의 실사에 필요한 자료를 실사팀에 제공토록 노력한다. 실사팀은 금고에 대한 실사를 완료한 후 2일 이내에 순자산가액을 확정하여 그 결과를 원 피고에 즉시 통지한다. 순자산가액의 결정에 이의가 있는 부분에 대해서는 원, 피고의 합의에 따라 결정한다.

나. 원, 피고는 1998. 7.경 위 매매계약에 따른 합의서를 별도로 작성하였는데,

이에 의하면 이 사건 금고의 자산이 부(負)의 상태임을 고려하여 그 보상으로 피고는 원고에게 350억원을 우대금리 조건으로 3년간 대여하되, 이 사건 금고에 대한 실사 결과 매매계약에서 정한 순자산액-(負) 59억2천만원 대비 과부족 금액에 대하여는 원고와 사이에 신의성실의 원칙에 따라 추가합의하여 처리하기로 되어 있다.

다. 원, 피고의 실사팀은 위 매매계약에 따라 공동으로 이 사건 금고에 대한 자산실사를 실시하여 1998. 7. 21. 자산실사결과에 관한 합의서를 작성한바, 위 합의서에 의하면, 이 사건 금고에 관하여 피고가 산정한 순자산은 -(負) 104억5백만원이고, 원고가 산정한 순자산은 -(負) 119억9천7백만원이며, 그 중 원, 피고가 상호 인정한 순자산은 -(負) 87억7천3백만원이다.

라. 원고의 실사팀장이던 이성동은 1998. 8. 1. 위 자산실사결과를 바탕으로 부(負)의 자산에 대한 보상으로 ① 피고가 원고에게 450억원을 우대금리 조건으로, 280억원을 우대금리+2%의 조건으로 5년간 대여하고, 100억원을 따로 예치하는 안과 ② 피고가 원고에게 350억원을 우대금리 조건으로, 280억원을 우대금리+2%의 조건으로 7년간 대여하고, 75억원을 따로 예치하는 안을 피고측 실무자에게 제시하였는데, 위 제안서에는 '상기 지원과는 별도로 현재 소송 계류 사건 담보금으로 약 1,659백만원을 예치하고 담보제공 요망'이라고 기재되어 있었으나, 그 내용이 피고 은행장에게 보고되지는 아니하였다.

마. 원고 대표자인 백종헌 회장과 피고 대표자인 신복영 은행장은 1998. 8. 10. 실사 결과 추가로 발생한 순자산감소액을 -(負) 52억8천1백만원으로 인정하고, 그 보상으로 피고가 원고에게 350억원을 우대금리 조건으로, 280억원을 우대금리+2% 조건으로 각 5년간 대출하기로 약정하였으나, 예금을 통한 보상이나 소송 계류 사건에 대한 담보금에 대하여는 따로 약정한 바 없었고, 위 백종헌이 이를 거론하지도 아니하였다.

바. 원고는 1998. 9. 14. 피고에게 위 주식매매계약에 따른 매매대금 잔금 6,577,000,000원을 지급하였고, 피고는 원고에게 위 보상합의에 의거 1998. 10. 31. 350억원, 98. 12. 12. 280억원을 각 대출하였다.

사. 한편, 문숙자는 1998. 2. 11. 이 사건 금고를 상대로 17억원 상당의 예금반환소송을 제기한바, 대법은 2002. 12. 10. 상고기각으로 '이 사건 금고는 문숙자에게 1,386,442,646원과 이에 대하여 1997. 10. 6.부터 2001. 7. 27.까지는 연 5%, 그 다음날부터 다 갚는 날까지는 연 25%의 비율에 의한 돈을 지급하라'는 취지의 원심판결을 확정하였고(이하 '문숙자 사건'이라 한다), 이 사건 금고는 2002. 12. 12. 위

판결취지에 따라 문숙자에 대하여 예금원리금 합계 2,126,195,262원을 공탁하였다.

아. 원고는 1998. 8. 29. 피고에게 이 사건 금고가 문숙자 사건에서 패소할 경우 피고에게 보상을 요구한다는 취지의 공문을 발송하였다.

2. 원고의 정산금 청구에 대한 판단

가. 원고의 주장사실

원고와 피고는 1998. 6. 29.자 주식매매계약에서 그 당시 대차대조표 상의 순자산가액을 기초로 매매대금을 정하고, 1998. 6. 30.을 기준일로 하여 실제 순자산가액이 대차대조표 상의 금액에 미달하면 그 차이만큼 사후에 정산하기로 하였다. 그런데, 이 사건 금고가 위 문숙자 사건에 관하여 패소할 때 부담하게 되는 채무는 조건부 채무로서, 2002. 12. 10.경 위 사건에 관한 이 사건 금고의 패소 판결이 확정되어 조건이 성취됨으로써 원고는 피고에 대한 정산금 청구권을 취득하였으므로, 피고는 원고에게 위 공탁금 2,126,195,262원 상당을 정산금으로 지급하여야 한다.

나. 판 단

(1) 피고가 원고에게 이 사건 금고의 주식을 매도하면서, 1998. 3.말 대차대조표를 기준으로 매매대금을 정하고, 이후 자산실사를 통하여 실제 자산을 산정하여 추가로 보상하기로 약정한 사실은 앞서 살펴 본 바와 같으나, 한편 원고 대표자인 백종헌 회장과 피고 대표자인 신복영 은행장이 1998. 8. 10.경 위 약정에 따라 자산실사결과를 참조하여 이 사건 금고의 순자산을 확정하고 이에 대한 보상합의를 한 사실 또한 앞서 인정한 바와 같으므로, 다른 특별한 사정이 없는 한, 위 1998. 8. 10.자 보상합의와는 별도로 원고가 피고에 대하여 정산금이라는 명목으로 추가 보상을 구할 수 없다고 할 것이다.

(2) 이에 대하여, 원고는 피고 은행장이 문숙자 사건을 인식하지 못한 채 위 보상합의에 이른 것이어서 당사자 사이에 위 문숙자 사건에 관한 보상합의가 이루어졌다고 보기 어려우므로 피고는 원고에게 위 문숙자 사건에 관하여 추가로 보상을 하여야 한다고 주장한다. 그러나, 위 인정사실에 나타난 1998. 8. 10.자 보상합의 체결경위에 비추어 보면, 위 보상합의는 이 사건 금고의 개별적인 자산, 부채에 대응하는 각각의 보상금을 정한 것이라기보다는 피고가 원고에게 일정한 보상을 함으로써 주식매매에 따른 채권, 채무관계를 마무리짓기 위한 것으로 봄이 상당하므로, 당사자가 개별적인 자산, 부채의 내용을 인식하지 못하였다고 하더라도 이는 합의

에 이른 동기의 착오에 불과할 뿐이어서, 이 사건 금고의 자산, 부채 중 당사자가 인식하지 못한 부분에 관하여 보상합의가 결여되었다고 인정하기는 어렵다. 따라서, 피고 은행장이 문숙자 사건을 인식하지 못한 채 위 보상합의에 이르렀다는 사정만으로는 원고가 문숙자 사건에 따른 추가 보상을 요구할 수는 없다.

한편, 원고는 자산실사단계에서 문숙자 사건에 의한 추가 채무 발생 가능성을 인지하고 피고에게 그 처리방법을 문의한바, 피고로부터 위 사건의 경우 승소가능성이 높다는 말을 듣고 위 보상합의 당시에는 원고가 이를 문제삼지 않았다고 주장하나, 이러한 주장사실을 고려하더라도 당사자들이 1998. 8. 10. 보상합의 당시 문숙자 사건에 대한 보상을 위 보상합의와 별도로 처리하기로 약정하였다고 인정하기는 곤란하다.

(3) 그렇다면, 원고가 정산금 지급을 구하기 위해서는 당사자 사이에 위 문숙자 사건에 관하여 추가로 보상하기로 하는 별도의 합의가 있음을 입증하여야 할 것인데, 원고가 제출한 모든 증거에 의하더라도 이를 인정하기에 부족하고 달리 이를 인정할 만한 증거가 없다.

다. 소　　결

따라서, 1998. 6. 29.자 주식매매계약과 그에 따른 부속약정에 의한 원고의 보상(정산)청구권은 당사자들 사이의 1998. 8. 10.자 합의와 그에 따른 피고의 보상이행에 의하여 모두 소멸하였다고 할 것이어서, 원고의 이 부분 주장은 이유없다.

3. 원고의 손해배상청구에 대한 판단

원고는 이 사건 금고의 인수와 관련하여 문숙자에 대한 예금지급으로 손해를 입었으므로 이 사건 매매계약 제12조에 의거 피고에 대하여 손해배상을 구한다고 주장한다. 살피건대, 이 사건 매매계약(갑 1호증의 2)에 의하면, '이 계약과 관련하여 상대방에게 손해가 발생한 경우 원, 피고는 상대방에게 그 손해액을 전액 배상하여야 한다.'고 규정한 사실은 인정되나, 위 계약조항은 위 매매계약에 관하여 일방 당사자의 채무불이행 또는 불법행위로 타방 당사자에게 손해를 끼친 경우 타방 당사자의 손해배상청구권을 확인한 것이라고 봄이 상당하고, 채무불이행 또는 불법행위의 존부를 따지지 아니한 채 만연히 당사자에게 손해가 발생한 경우 그 당사자의 손해배상청구권을 인정한다는 취지로 해석하기는 어려운바, 이 사건에서는 원고는 피고의 채무불이행 또는 불법행위를 구성하는 요건사실을 주장, 입증하고 있지 아니하므로, 결국 원고의 위 주장도 이유없다.

4. 원고의 하자담보책임 이행청구에 대한 판단

원고는, 이 사건 금고가 문숙자 사건에서 패소함으로써 증가된 부채를 부담하게 된 것은 원고가 인수한 주식에 하자가 있는 경우에 해당하므로 피고에 대하여 하자담보책임에 따른 손해배상을 구한다고 주장한다.

살피건대, 매도인의 하자담보책임을 묻기 위하여는 매수인의 선의, 무과실이 요구되는바(민법 제580조 1항 단서), 원고는 1998. 8. 10. 보상합의 당시 이미 문숙자 사건을 인식하였음을 자인하고 있으므로, 원고의 위 청구는 더 살펴볼 필요없이 이유없다.

이에 대하여 원고는, 하자 발생을 알게 된 시기를 문숙자 사건에 관한 패소확정판결시로 보아야 한다고 주장하나, 앞서 본 사실관계에 의하면, 원고가 위 보상합의 당시 문숙자 사건을 인식하고 있으면서도 이에 관하여 따로 문제삼지 않기로 한 것으로 볼 수 있으므로 패소확정시에 비로소 하자의 존재를 알게 되었다는 원고의 위 주장은 받아들일 수 없다.

5. 결 론

따라서, 원고의 이 사건 청구는 모두 이유없다.

노트와 질문

1) 매수인이 계속 중인 소송에 대하여 알고 있었던 경우 계약조항이 단순히 매도인의 손해배상책임만을 규정하고 있으면 매도인에게 손해배상청구를 할 수 없다는 서울지법 2004. 10. 14. 선고 2003가합52840 판결은 제6장에서 살펴본 인천정유판결과 어떻게 조화시켜야 할까?
2) 대법 2011. 9. 29. 선고 2011다10211 판결은 M&A계약실무를 근거로 당사자간 의사표시를 달리 해석하여 원심 판결을 파기 환송하였던 바 그 근거의 설득력은 어떠한가?

[실제사례 8: 인수금액조정계약조항]

Post-Closing Purchase Price Adjustment Clause

(a) Closing Date Balance Sheet; Calculation of the Net Working Capital Adjustment.

Within thirty(30) Business Days following the Closing Date, the Purchaser shall cause the Company to prepare and deliver to the Seller: (i) the Closing Date Balance Sheet, which will reflect the Net Working Capital, which shall have had a limited review performed on it by the Purchaser's independent accountants and the limited review report on which shall accompany the Closing Date Balance Sheet and (ii) a calculation of the Net Working Capital Adjustment. Following the Closing, the Purchaser shall provide the Seller and the independent accountants of the Seller with reasonable access at all reasonable times to the properties and to the non-confidential books, records, work papers (including those of the Purchaser's respective accountants, subject to customary limitations) and personnel of the Company and the Purchaser for purposes of reviewing the Closing Date Balance Sheet and for the matters contemplated by this Section 1. 5. In conducting its investigation, the Seller and its Associates shall not interfere in any manner with the business or operations of the Company or the Purchaser, or with the performance of any of the Company's or the Purchaser's employees.

(b) Disputes.

The Seller shall have thirty(30) Business Days after delivery to it by the Purchaser of the Closing Date Balance Sheet to notify the Purchaser of any good faith dispute of any item contained in the Closing Date Balance Sheet and/or the Net Working Capital Adjustment calculation, which notice shall set forth in reasonable detail the basis for such dispute. In the event that the Seller shall so notify the Purchaser of any such dispute on or before the last day of such thirty(30) Business Day period, the Purchaser and the Seller and their respective accountants shall cooperate in good faith to resolve such dispute as promptly as possible. If the Purchaser and the Seller and their respective accountants are unable to resolve any such dispute within thirty(30) Business Days of the Seller's delivery of such notice, such dispute shall be resolved by the Korean affiliate of [ ] (provided, that, if [ ] is not available, then the Korean affiliate of [ ]shall be selected, and if that firm is not available, the parties shall promptly agree to a reputable accounting firm in Korea that is mutually acceptable), retained to resolve any disputes between the Purchaser and the Seller over any item contained in the Closing Date Balance Sheet and/or the Net Working Capital Adjustment calculation (the "Independent Accounting Firm"), which shall make its determination as promptly as practicable but within thirty(30) Business Days following the first of either party's notification to it of the failure to resolve such dispute between the Purchaser and the Seller, and such determination shall be final, binding and conclusive on the parties. The Independent Accounting Firm shall determine in a manner consistent with this Agreement, and only with respect to the remaining differences so submitted, whether and to what extent, if any, the Closing Date Balance Sheet and the Net Working Capital Adjustment calculation requires adjustment. Any expenses relating to the engagement of the Independent Accounting Firm shall be borne by the party which does not prevail on a majority of the Korean won amount from the issues asserted in a dispute under this Section 1.5(b). The Closing Date Balance Sheet and the Net Working Capital Adjustment calculation, as modified by resolution of any disputes, if any, by the Purchaser and the Seller or by the Independent Accounting Firm, shall be deemed final and binding on the parties on the earliest of: (i) the failure of the Seller to notify the Purchaser of a dispute within thirty(30) Business Days after the delivery of the Closing Date Balance Sheet to the Seller; (ii) the resolution of any disputes by the Purchaser and the Seller and their respective accountants; or (iii) the resolution of any dispute pursuant to this Section 1.5 by the Independent Accounting Firm(the "Determination Date").

(c) Payment.

Following the Determination Date, if the Net Working Capital Adjustment is greater than zero, then the Korean won amount equal to the Net Working Capital Adjustment, together with simple interest thereon at the interest rate applied to three(3) year treasury bonds issued by the Korean government, calculated from the Closing Date to the date of payment, shall be paid by the Seller to the Purchaser within ten(10) Business Days following the Determination Date. Following the Determination Date, if the

Net Working Capital Adjustment is less than zero, then the absolute value of the Korean won amount equal to the Net Working Capital Adjustment, together with simple interest thereon at the interest rate applied to three(3) year treasury bonds issued by the Korean government, calculated from the Closing Date to the date of payment, shall be paid by the Purchaser to the Seller within ten(10) Business Days following the Determination Date. Payments due and owing under this Section 1.5(c) shall be made in Korean won via wire transfer in immediately available funds to the account or accounts to be designated in writing by the payee to the payor at least three(3) Business Days prior to the payment due date.

"New Working Capital" shall mean the amount equal to the difference of (x) the sum of amounts from the Closing Date Balance Sheet of the following current asset accounts: (A) cash and cash equivalents; (B) accounts receivable(less allowance for doubtful accounts); and (C) other accounts receivable(less allowance of doubtful accounts); (D) inventory; (E) held-to-maturity securities; (F) accrued interest and other current assets; and (G) lease key money deposits minus (y) the sum of the amounts from the Closing Date Balance Sheet of the following current liabilities: (A) accounts payable; (B) other accounts payable; (C) accrued expenses and other current liabilities; and (D) lease deposit received.

문제 22

지배회사와 종속회사간 합병시 지배회사가 종속회사의 기업가치를 평가함에 있어서 공정성을 확보하기 위하여는 어떤 방법이 있을까? *Weinberger v. UOP, Inc.*, 457 A.2d 701(Del. Supr. 1983)와 *Kahn v. Lynch Communication Systems, Inc.*, 638 A.2d 1110(Del. 1994) 판결 참조.

제23장 계약구조: 진술과 보장

진술과 보장의 의의나 기능, 유형은 위에서 살폈으므로[1] 본 장에서는 매도인의 진술과 보장에 따른 책임의 제한방법 중 하나인 동시에 매수인의 보호장치이기도 한 '중대한 악영향'을 중심으로 살펴본다.

Ⅰ. MAE의 의의

계약당사자는 기업인수계약에서 계약목적물인 기업을 진술과 보장으로 특정하여 이의 위반이 있는 경우 계약당사자간 책임의 기초로 삼으며, 계약체결 후 계약이행완료시까지 양당사자의 권리의무를 이행사항과 양당사자의 계약이행완료 의무의 발생을 위한 정지조건으로 명확히 하여 기업인수계약의 체결이후 이행완료를 거절할 수 있는 경우를 합의한다. 물론 진술과 보장이 이행완료시에도 사실인 것이 통상 이행완료의 정지조건 중 하나이므로 진술과 보장사항은 이행완료 여부와도 직결되어 있다.

진술과 보장의 대상이나 방법이 특별히 정형화된 것은 없으며 개개의 기업인수거래에 따라 다르다. 가장 간단하게는 매수인은 매도인에게 일정한 정보를 제공한 사실 자체에 대하여만 진술과 보장을 할 수도 있다. 그러나 대부분의 기업인수거래에서는 개별적인 사항, 예를 들면 자산, 지적재산권, 중요계약, 적용법규준수, 조세, 근로문제, 환경문제 등에 대하여 일정한 서류를 제공하였을 뿐 아니라 그 내용의 진정성에 대하여도 진술과 보장을 하는 것이 보통이라 함은 전술한 바와 같다. 특정사항에 대하여 일반적인 진술과 보장을 하고 이에 대한 예외를 별지로서 첨부하는 형식을 취하는 것이 보통이며 진술과 보장의 단서로서 소위 knowledge qualifier

1) 제 6 장.

즉 매도인이 진술과 보장 위반사실을 아는 범위내에서 사후적으로 책임을 짐으로써 매도인은 책임범위를 줄일 수 있다.

중대한 악영향 역시 매도인은 진술과 보장을 위반하였다고 하더라도 그 위반의 정도에 있어서 매수인이 인수사업을 영위하는데 중대한 악영향을 주는 범위 내에서만 책임을 진다고 함으로써 매도인의 책임을 줄이기 위한 방법이다. 또한, 매수인이 이행완료의 조건으로 중대한 악영향을 주는 사건이 발생하지 아니할 것을 포함하는 경우 중대한 악영향을 이유로 이행완료를 거절할 수 있을 것이다. 따라서, 중대한 악영향조항은 매도인에게는 진술과 보장위반의 책임범위를 제한하는 안전판으로, 매수인에게는 이행완료를 거절할 수 있는 안전판으로 작용한다. 따라서 중대한 악영향에 대하여 매수인과 매도인은 심각하게 협상을 하게 된다. 매도인은 매수인이 특정한 위험에 대하여 우려를 가지고 있다면 이러한 우려사항이나 명시적으로 제외되어할 사항을 사전에 명확히 MAE 정의규정에 포함할 수도 있다. 예를 들면 *Esplanade Oil & Gas, Inc. v. Templeton Energy Income Corporation*[2]에서 석유자산에 대한 매도인의 권리에 중대한 변경이 있는 것은 MAE이지만 석유가격의 변동으로 인하여 발생한 석유자산의 가치변경은 MAE가 아니라고 합의하였다. *John Borders v. KRLB, Inc.*[3]에서 방송국자산매매계약상 자산에 대한 중대한 악영향은 방송국시청율이 떨어지는 것을 포함할 수는 없는 것이 계약서상 시청률에 대한 언급이 전혀 없기 때문이라고 판단하고 있는 점을 감안하면 시청률이 MAE에 포함된다고 명시적으로 합의하였더라면 이러한 분쟁을 회피하였을 것이다. 매매대상인 기업이 계절적인 수요나 순환적인 사업이라면 이러한 주기적인 변화를 미리 예측하여 일정한 수치 범위를 넘어서는 것을 MAE로 합의할 수도 있고 또는 양 당사자간 이러한 주기적인 변화는 주기 전체를 보아 변화의 심각성을 판단하기로 합의할 수 있을 것이다. 다만, 협상시 구체적인 숫자가 나오면 합의가 더 어려워 질 가능성은 있다.

매수인[4]이 기업인수자금의 전부 또는 일부를 제 3 자로부터 차입하려는 경우 기업인수금융은 통상 기업인수의 이행완료 직전에 마무리가 되어야 하는바, 기업인

2) 889 F. 2d 621 (5th Cir. 1989).

3) 727 S.W. 2d 357 (Tex. Ct. App. 1987).

4) 사모펀드의 입장에서 본 MAE조항에 대하여는 Glenn D. West et al., *Revisiting Material Adverse Change Clauses Private Equity Buyers Should (Mostly Can't/Don't) Special Order Their MACs*, Weil Gotshal & Manges Private Equity Alert (July 2006); NIXON PEABODY, FOURTH ANNUAL MAC SURVEY (2005).

수 금융계약이 열거하고 있는 MAE사유가 기업인수계약상의 MAE와 상이한 경우 매수인은 대주가 금융계약상의 MAE를 이유로 이행을 거절하여 인수자금은 조달하지 못하고 매도인에게는 기업인수계약상의 MAE를 이유로 이행을 거절할 수 없는 상황이 발생하지 않도록 두개의 계약서 간 MAE의 범위를 일치시키는 노력이 필요할 것이다.

사업의 성격에 따라서 특정사항을 MAE에 구체적으로 포함하려고 하는 이유와 마찬가지로 매도인과 매수인은 MAE에 포함되지 않는 사항에 대하여 사전에 합의할 수 있으면 이 또한 MAE로 인한 이행완료 위험을 줄일 수 있을 것이기에 MAE 조항은 그 정의 본문뿐 아니라 예외에 대하여도 자세한 규정을 가지고 있다. 통상 특정 지역이나 국가 또는 특정 산업에 일반적인 영향력이 있는 사건, 예를 들면 1997년 아시아 금융위기와 같은 것들은 MAE가 아닐 것이다. 또한 대상사업의 장래에 영향이 있는 국가의 입법, 행정적인 조치, 당해 거래의 공표로서 시장에 나타난 현상이나 변화, 다른 진술과 보장에서 이미 언급되고 있는 사항들은 MAE의 정의에서 제외시켜야 할 것이다. 그러나 실제 구체적인 사건이 과연 경제 전반에 일반적인 영향을 가지는 것인지, 인수대상인 특정기업의 가치에 악영향을 미치는 것인지 구분하기는 쉽지 않은 경우도 많다. 미국에서는 9/11사건과 같은 테러리즘의 공격이나 전쟁은 사업환경 일반에 영향을 미치는 것으로 MAE에서 명시적으로 배제한 경우가 있는가 하면 에너지회사의 인수합병계약에서는 이러한 상황이 경제전반에 대한 영향은 아니더라도 에너지산업에 영향을 미치는 경우 MAE에 포함시킨 경우도 있다. 또한, 다우지수의 하락이나 시장이나 금융기관의 장기간 폐쇄 등의 다른 구체적인 사건을 열거하여 MAE의 일반적인 예외조항의 예외를 만들 수도 있을 것이다.[5]

진술과 보장이 계약의 이행완료시점에서 사실이 아닌 경우 매수인은 이행완료를 거절할 수 있음은 물론[6] 다른 합의가 없는 한 이행완료와 관계없이 계약을 해제할 수도 있으며[7] 또한 이행완료후 면책조항에 근거하여 손해배상을 청구할 수

5) David Albin, et al., *Special Issues in Asset Acquisition*, in Tab H NEGOTIATING BUSINESS ACQUISITIONS 139 (A.B.A. SEC. Bus. L. ed. 2006) 회계연도 종료후 계약체결시까지 회사의 영업성적이 향상되었으나 계약체결 이후 이행완료시까지 악화되었으며 회계연도 종료후 이행완료까지를 전체적으로 보면 중대한 악영향이 있다고 할 수 없을 정도로 악화가 되지 않은 경우 진술과 보증에서의 MAE뿐만 아니라 이행의 조건으로서의 MAE가 의미가 있을 수 있다고 한다. *Id.*, 96-99.

6) *Essex Universal Corporation v. Yates*, 305 F.2d 572 (United States Court of Appeals, 2nd Cir., 1962).

7) 계약에서 이행완료 이후에는 해제할 수 없음을 명시적으로 합의할 수도 있다.

있다.[8] 우리나라에서 진술과 보장위반을 이유로 또는 이행사항의 불이행을 이유로 계약이 이행완료시점에서 거절되거나 계약이 사후적으로 해제된 사례는 없는 것 같고 다만 본 계약이 아닌 양해각서 체결시 매수인이 매수대금의 일정부분을 지급하였으나 매수인이 중대한 악영향이 발생하였음을 이유로 본 계약의 협상을 거절하고 지급한 금원의 반환을 요구하는 사례가 보인다.[9] 면책조항에서 손해배상이 유일한 구제수단이라는 합의가 있다면 계약의 해제나 사기의 의사표시라는 이유로 계약의 취소가 가능하지 않을 것이다. 진술과 보장 위반 이외에 자본시장법과 같은 강행법규위반을 이유로 손해배상이 가능할 것인지는 별도의 논점으로 주식을 기업인수의 대가로 하는 거래의 경우 가능하다고 보는 것이 미국의 판례이며[10] 우리나라에서도 가능할 것으로 보인다. 이러한 논의는 매도인의 면책범위의 최대한이 계약상 정하여져 있으나 실제 손해액이 이를 초과하는 경우에 면책책임 이외의 손해배상청구의 원인을 찾아보기 위하여 필요하게 된다. 따라서, 경우에 따라서는 진술과 보장의 의미가 제한될 수도 있다. MAE로 진술과 보장의 범위를 제한함으로써 이러한 제반 주장의 범위가 제한될 것이다.

---

8) 미국보통법상으로는 매수인이 매도인의 진술과 보장위반을 발견하고도 이행을 완료한 후에 진술과 보장위반의 효과를 주장할 수 있는지에 관하여 소극적으로 본다고 한다. 따라서, 매수인은 진술과 보장위반을 이행완료전 발견한 경우 손해배상을 하면서 이행완료를 거절하거나 손해배상청구를 포기하고 이행완료를 하여야 한다. 이에 대하여 *CBS, Inc. v. Ziff-Davis Publishing Co.*, 553 N.E.2d 997 (N.Y. 1990) (손해배상청구권 포기한 것이 아니다)과 *Galli v. Metz*, 973 F.2d 145 (2d Cir. 1992) (진술보장위반에 다툼이 있었던 Ziff-Davis 경우와는 달리 매수인이 진술과 보장위반을 알고 이행완료를 하였다면 손해배상청구권을 포기한 것이다)가 대립되고 있고 *Hendricks v. Callahan*, 972 F.2d 190 (8th Cir. 1992)도 Ziff-Davis와 반대견해를 보였으나 그후 *Pegasus Management Co.,Inc.* v. *Lyssa, Inc.* 995 F. Supp. 43 (D. Mass. 1998)과 *American Family Brands, Inc. v. Giuffrida Enterprises, Inc.*, No. 96-7062, 1998 WL 196402 (E.D. Pa. Apr. 23, 1998)은 명시적인 진술과 보장에 대한 책임은 계약당사자간 협상의 결과로서 이행완료를 이유로 이를 부인할 정책적 이유가 없다고 본다. ABA, 위 주 5-28 (MAPA), 216-217.

9) 위 제20장 관결 참조.

10) 미국판례는 이러한 합의가 효력이 없다거나 불가능하다고 판시하기 보다는 면책조항이 환경법에서 정한 엄격한 책임을 배제하려면 그러한 합의는 명백하고 모호하지 않은 합의가 필요하다는 식으로 판시하여 면책조항의 범위를 제한하고 있다. ABA, MAPA, 237 (2001)과 열거된 판례들 *Fina, Inc. v. ARCO*, 200 F.2d 300 (5th Cir. 2000); *Purolator Prod. v. Allied Signal, Inc.*, 772 F. Supp. 124 (W.D.N.Y. 1991); *Houston Lighting & Power Co. v. Atchison, Topeka & Santa Fe Ry.*, 890 S.W.2d 455 (Tex. 1994); Parker/Savich, *Contractual Efforts to Allocate Risk of Environmental Liability: Is There a Way to Make Indemnities Worth More Than The Paper They Are Written On?* 44 SW. L. J. 1349 (1991).

Ⅱ. MAE를 둘러싼 분쟁사례[11)]

1. 소송이 제기된 경우

*Johnson & Johnson v. Guidant*간 분쟁은 비록 판결이 아닌 당사자간 가격감액합의로 종결되었지만 MAE에 관한 중요하고도 흥미로운 선례이다. Johnson & Johnson사는 2004. 12. Guidant로부터 의료장비사업을 250억불 상당 현금과 주식으로 인수, 심장박동장치시장에 진입하기 위한 계약을 체결하였던바, 그 이후 Guidant의 일부 심장박동장치가 결함이 있다는 것이 발견되면서 미국의 식품의약청과 법무부, 증권거래소에서 장치의 결함에 대한 조사를 시작하였으며 몇몇 주검찰총장이 사기를 이유로 소송을, 백여명의 환자들이 손해배상청구소송을 제기하자 시장에서의 Guidant 주가가 곤두박질치기 시작하였다. Johnson & Johnson이 MAE을 이유로 합병계약의 이행을 거절하자 Guidant는 New York주 법원에 본 계약이행청구소송을 제기하였고 양사는 MEA에 대한 서로 상반된 견해를 수차례 교환하다가 결국 2006. 1. 애당초 합의한 매매가격의 15% 정도인 40억불을 감액하기로 합의하였다.[12)]

Frontier Oil Corporation v. Holly Corporation[13)]사건 역시 위 Johnson & Johnson분쟁과 유사한 사실관계에 기초한 분쟁이다. 정유업체인 Frontier와 Holly사는 Holly사의 기존주주들에게 현금 및 Frontier의 주식을 교부하여 합병후 Frontier의 37% 주주가 되는 합병계약을 체결하였다. 당시 Holly사는 Erin Brockovich가 Frontier의 자회사를 상대로 과거의 석유탐사활동을 근거로 하는 유독물손해배상청구소송을 준비중이라는 것을 알고 있었다. 계약당시 탐사활동은 Frontier의 자회사로부터 탐사권을 양수받은 제 3 자가 수행하고 있었다. Frontier는

11) 이 부분은 졸고, 위 주 6-5 게재논문, 273 이하를 편집한 것이다. 이중기, M&A법상의 해소수단으로서의 "중대한 부정적 변화": "사정변경"의 적용가능성과 인정기준을 중심으로, 62 선진상사법률연구 80-104(2013. 4.). 2008년 금융위기 이후 많은 거래가 인수자금부족으로 이행완료에까지 이르지 못하였으며 이를 둘러싼 분쟁이 MAC의 의미를 중심으로 벌어졌다. 예들 들면 BOA가 Merrill을 인수하였지만 중간에 거래를 파기할지에 대한 논의로 http://lawprofessors.typepad.com/mergers/material_adverse_change_clauses/에의 posting 참조.

12) 2006. 7. Valassis Communications사는 Advo사의 주식을 주당 $37불로 구입하기 위한 합병계약을 체결하였으나 closing직전 Valassis는 Advo가 회계정보를 충분히 공개하지 않았다는 등 MAE를 이유로 Delaware법원에 합병계약의 취소를 구하였고 Advo는 이에 맞서서 합병계약의 이행을 구하는 반소를 제기하는 등 다투다가 2006. 12. 주당 가격을 $33불로 내리는 데 합의하여 법원의 판단이 필요없어진 사례도 있다.

13) No. 20502, 2005 W 1039027 (Del. Ch. Apr. 29, 2005).

합병계약서에서 Frontier사에 MAE가 있을 것이라고 합리적으로 예상되는 잠재적인 소송이 없다는 진술을 하였으며 Holly사는 Frontier자회사의 피소가능성에 대하여 알고 있었다는 것이 Frontier의 진술과 보장의 효과에 영향이 없음을 명백히 하였다. 계약체결 후 실제 유독물손해배상청구소송이 제기되었으며 동 소송의 피고로서 매도인인 과거 자회사에게 면책을 주었음을 이유로 Frontier도 포함되었다. 매수인인 Holly는 합병계약서상의 Frontier의 진술과 보장이 이행완료시 사실이 아니라는 이유로 이행을 거절하였다. 법원은 우선 MAE는 이를 주장하는 자가 입증책임이 있음을 명백히 하면서 Frontier가 소송을 방어하는 데 많은 비용이 들 것이며 실제 소송의 결과 Frontier에게 불리한 엄청난 금액의 손해배상판결이 나올 가능성이 있는 것은 사실이나 Holly는 이러한 가능성을 입증하는 데에는 실패하였다고 판단하면서 Holly의 MAE에 근거한 합병계약이행거절을 받아들이지 아니하였다.[14]

2. 기간적으로 지속적인 영향이 예상되는지

In re IBP, Inc. v. Shareholders Litigation[15]에서 매수인인 Tyson은 매도인인 IBP의 두번에 걸친 계속적인 분기매출실적의 저조함을 이유로 MAC에 근거하여 계약의 해지를 주장하고 매도인은 반대로 MAC이 적용되지 않음을 이유로 매수인의 특정채무이행을 구한 사안이다. IBP는 미국내 소고기유통에서는 1위, 돼지고기 유통에서는 2위를 차지하는 업체로서 경쟁입찰방식으로 매수인을 구하고 있었고 Tyson은 닭고기 유통에서의 1위업체로서 IBP를 인수하여 미국육류유통에 있어서 최대업체가 되고자 주당 30불로 매수하기로 합의하였다. 이러한 경쟁입찰절차[16]에서 Tyson은 IBP의 자회사 DFR가 회계분식이 있다는 것 그리고 IBP가 2000년도 예상영업이익보다 훨씬 저조하리라는 것을 알고 있었음에도 합병계약에는 이러한 문제에 대한 아무런 진술과 보장조항이 없었다. Delaware 주법원은 New York법을 적용하여 전년도에 비교하여 저조한 분기매출실적을 당해연도 전체를 기준으로 보면 통상적인 기업인수인에게 상당한 영향이 있는 것이라는 점을 인정하면서도 매수인의 사업이 계절적이라는 점과 또한 보다 커다란 문맥에서 보았을 때 전략적인 매수인에게 대상기업의 단기적인 매달 매출액보다는 수년에 걸친 장기적인 수지창

14) Sandy K. Feldman, *Is It a Material Adverse Effect?*, Torys LLP (2006).

15) 787 A. 2d 14 (Del. Ch. 2001).

16) Robert E. Spatt, *Round Nine; A Further Updated View of the Mating Dance Among Announced Merger Partners and An Unsolicited Second or Third Bidder*, Simpson Thatcher & Bartlett LLP (2005).

출능력이야말로 중대한 악영향의 판단기준이 되어야 한다는 점, 그리고 기업인수계약이 당사자간 힘들여 협상되었음에도 불구하고 단기간의 기업성과가 MAC에 포함되지 않은 점등을 이유로 매도인의 편을 들어주었다.17) 또한, 동 판결은 2005년 Frontier판결에서 다시 확인되었듯이 MAE의 입증책임은 이를 이유로 계약의 이행완료를 거절하려는 매수인측에 있음을 명백히 하였다. 한편, *Pipe State Creamery Co. v. Land-O-Sun Dairies*18)판결에서 법원은 계약체결 이후 갑자기 나타난 두 달에 걸친 영업손실이 MAC을 구성하는지에 대하여 매매대상기업의 지속적인 이익가능성에 영향을 미친다면 중대한 악영향을 구성할 수도 있다고 보고 따라서 하급심이 매도인의 MAC에 해당하지 아니한다는 주장에 기초하여 간이판결로 종결하여야 할 것은 아니라고 판단하였다.

3. 회사외부시장상황과 회사내부사정을 구별할 실익이 있는지

*Great Lakes Chemical Corp. v. Pharmacia*19)에서 Great Lakes Chemical은 Pharmacia로부터 그 자회사인 NSC를 인수하는 계약을 체결한 후 NSC의 특정시장에서의 가격할인경쟁을 포함한 외부시장변동과 NSC 주요고객들의 불안한 재무사정을 이유로 MAC조항이 특정한 금액을 기준으로 정의되고 있음에도 불구하고 NSC의 인수를 거절하였다. 매수인측은 매도인의 MAC주장은 사실문제를 포함하지 않기 때문에 간이판결로 기각되어야 한다고 주장한 사안에서, 법원은 외부적인 요인과 내부적인 요인을 구별할 아무런 계약상의 문언상 근거가 없을 뿐만 아니라 계약서상의 진술과 보장이 회사 내/외부적인 사항을 모두 포함하고 있는 것을 감안하면 MAC 역시 회사 내부적인 사항에 국한하기로 합의하였다고 볼 수 없다는 이유로 매수인의 주장을 받아들이지 아니하였다.20)

---

17) Steven I. Glober, *The Impact of Tyson Foods on "MAC" out*, THE M&A LAWYER (Nov.-Dec. 2001), at 1-8; William R,. Kucera, *MAE Clauses might not avert a bad deal*, THE NATIONAL LAW JOURNAL, Nov. 7, 2005, at In Focus Mergers and Acquisitions.

18) 201 F.3d 437 (4th Cir. 1999).

19) 2001 Del. Ch. LEXIS 84 (June 29, 2001).

20) *Polycast Technology Corp. v. Uniroyal, Inc.* 792 F. Supp. 244 (S.C.N.Y. 1992) 매도인의 주요고객이 구매계약을 취소한 것이 MAC을 구성하는지 여부를 판단하는 것은 간이판결을 할 만한 법률상의 문제만은 아니며 사실문제를 포함한다는 이유로 간이판결신청을 기각한 사안.

4. 앞으로의 전망이 MAE판단시 고려되지 않을 수 있는지

Pacheco v. Cambridge Technology Partners,[21] *Goodman Mfg. Co. v. Raytheon,*[22] *S.C.Johnson & Son, Inc. v. DowBrands, Inc.*,[23] 사건 모두 대상기업의 두달간 매출 증가율이 감소한 것, 생산자 지위가 변화한 것, 제 3 자가 특허침해소송[24]을 제기한 것이 모두 장래의 성과에 관련되는 것으로 MAC이 명확히 기업의 앞으로의 전망의 변화까지 포함하지 않는 이상 MAC 해당여부를 판단함에 있어서 고려하여야 할 사항이 아니라고 판단한 사안들이다.[25]

Eric L. *Talley, On Uncertainty, Ambiguity, and Contractual Conditions,* 34 DEL. J. CORPORATE L. 755-761 (2009).

1. INTRODUCTION

In the summer of 2007, weeks before credit markets betrayed a fragility that would later escalate into global crisis, two American chemical corporations executed a landmark merger. In a $10 billion leveraged acquisition, Hexion Specialty Chemicals, Inc. (Hexion) agreed to purchase all outstanding shares of the Huntsman Corporation (Huntsman) for $28 cash per share, a price representing an approximate 40% premium over Huntsman's trading value. As is typical with such transactions, the written merger agreement contained a litany of warranties, representations, terms, and conditions, including a cancellation fee, due diligence obligations, and assorted contingencies and exclusions related to Hexion's financing, company solvency, regulatory clearance, and shareholder approval. The conditions also included a commonly-used force majeure provision known as a "material adverse change/material adverse event" clause (sometimes known as a MAC/MAE), that expressly conditioned Hexion's obligation to

21) 85 F.Supp.2d 69 (D. Mass. 2000).
22) 1999 WL 681382 (S.D.N.Y. Aug. 31, 1999).
23) 167 F.Supp.2d 657 (D. Del. 2001).
24) 소송제기와 관련하여서는 위 Frontier 사건 판결을 참조.
25) *Material Adverse Change Clause: One Size Doesn't Fit All*, Fried Frank Harris Shriver & Jacobson (2002), available at http://deallawyers.com; 서울중앙지법 2015. 6. 16. 선고 2014가합580075 판결에서 중요하게 부정적 영향을 초래할 수 있는 사정에 관한 합의 인정.

close on the absence of "any occurrence, condition, change, event or effect that is materially adverse to the financial condition, business, or results of operations of [Huntsman] taken as a whole ⋯ "Deal in hand, the two companies set course on a due diligence process that-while costly, arduous, and time consuming-promised lucrative results. Once closed, the Hexion-Huntsman merger would result in the world's largest specialty chemical company, a fact not lost on Hexion's CEO, who ebulliently described the acquisition as 'a great opportunity to create a world-class company with leading-edge products and technologies' and a more global reach, especially 'in the high-growth Asia-Pacific region."

A folk proverb from the American West teaches that timing is the most critical ingredient of a successful rain dance. If so, then Hexion and Huntsman began their proverbial dance — perhaps unwittingly — on the eve of an epic drought. Within weeks of the announcement, worldwide credit tightened, acquisition targets lost value, and capital markets swooned, plunging headlong into uncertainty and pessimism. Evidently not immune to the crisis, Huntsman also began releasing extremely disappointing financial reports; so disappointing, in fact, that Hexion's attorneys started to scour the deal for plausible escape hatches. And so it came to pass that in June 2008 — eleven months after announcing the acquisition — Hexion appeared before the Delaware Court of Chancery seeking declarations that (1) the combined company would be insolvent, thereby excusing Hexion's performance; (2) a material adverse event had occurred, thus again excusing Hexion's performance; and (3) that in any event, Hexion's maximal exposure for breaching the contract would be limited to the $325 million cancellation fee in the merger agreement.ⓐ

In late September 2008, following a six day bench trial, Vice Chancellor Lamb issued his much anticipated ruling on Hexion's declaratory judgment action.ⓑ Its eighty-nine pages delivered a stunning rebuke. Lamb first rejected Hexion's assertion that the combined company would be insolvent, holding that Hexion had strategically doctored both companies' earnings projections, effectively engineering an insolvency opinion from its financial

ⓐ *See Hexion*, 965 A.2d at 721-22 (outlining the arguments in the complaint).

ⓑ Id. at 720.

adviser and thereby rendering it unreliable.ⓒ Second, he found that notwithstanding the language of the MAE clause-which bore the linguistic markers of a condition precedent to closing-he would nonetheless construe it as a condition subsequent.ⓓ The effect of this finding was to place the burden squarely on Hexion's shoulders (rather than Huntsman's) to prove that a material adverse event had occurred.ⓔ Hexion, he concluded, had not met this burden.ⓕ Finally, Lamb held that because Hexion's duties were not excused, it had knowingly and intentionally breached numerous covenants of the agreement, and consequently was subject to specific performance of the transaction, or in the alternative, damages unbounded by the cancellation fee, possibly exceeding the $10 billion purchase price.ⓖ Almost immediately, the ruling generated shock waves through the mergers and acquisitions (M&A) community that reverberate to this day.ⓗ

In some respects, the Hexiou-Huntsman saga may be little more than an aberration. As observers noted as far back as 2007, the deal contained a number of provisions that-while not unheard of individually-aggregated to an agreement that was peculiarly advantageous to tile seller.ⓘ These terms

ⓒ Id. at 727-30.

ⓓ Id. at 741-42.

ⓔ *Hexion*, 965 A.2d at 739-40. Although the MAE provision was stated in the Representations and Warranties section of the merger agreement, compliance with the representations and warranties was later enumerated as one of many "Conditions Precedent" to closing. Id. at 748 n.93.

ⓕ Id. at 743 ("Ultimately, the burden is on Hexion to demonstrate the existence of an MAE in order to negate its obligation to close, and that is a burden it cannot meet here.").

ⓖ Id. at 762-63.

ⓗ Although far from a scientific inquiry, as of mid-November 2008, there had been more than a quarter of a million Google searches related to the dispute between Hexion and Huntsman. The case also began toppling a string of high-profile litigation dominos between Hexion, Huntsman, and the debt capital providers for the deal, Deutsche Bank and Credit Suisse. After the court of chancery ruling, both banks refused to fund the deal, citing their own MAE provisions with Hexion. The banks were later sued by both Hexion (in New York) and Huntsman (in Texas) for their refusal to move forward. In December 2008, Hexion and Huntsman terminated the merger, the terms of which required Hexion, Apollo, and the banks to pay Huntsman $1 billion in cash and notes. See Peter Lattman, *Apollo, Huntsman Reach Amicable Split*, Wall St. J., Dec. 15, 2008, at C1.

ⓘ See DealBook, *Huntsman-Hexion: A Deal Agreement to Applaud*, N.Y. Times, included a specific performance clause, a clause requiring Hexion to use best efforts to enforce financing comrnirments from third parties, relatively lax buyer-side covenants, and a "hell or high water" clause requiring Hexion to take all actions necessary to make the deal pass regulatory muster. In light of these provisions, Lamb's unsentimental censure of Hexion was perhaps as unsurprising as it was understandable. After all, the parties had entered into a contract that they knew involved risks, and yet they chose to proceed in an expedited fashion and on relatively seller-friendly terms. To excuse Hexion's obligations now would be to violate the very risk allocation decisions that manifestly defined the deal In short, Hexion had concocted a noxious stew of speculation, leverage, and peril, and Vice Chancellor Lamb was now merely compelling Hexion to eat its own cooking.

But if the facts of the case were so idiosyncratic, what explains the tremendous attention (and apprehension) that the case attracted within the business law community? Perhaps it had something to do with the dollar amounts at stake, the profile of the companies and law firms involved, or the morbid fascination that any public train wreck attracts. Yet while the Hexion-Huntsman dispute had all these factors, so do many others. It is more likely, I conjecture, that notwithstanding its unique attributes (indeed possibly because of them), the Hexion-Huntsman deal provides a benchmark for the thousands of corporate and commercial transactions undertaken before the current financial crisis began and which are now proceeding in an economic environment filled with unpredictability and ambiguity.① The case gives us pause precisely because it raises the possibility that any contract, even a corporate acquisition negotiated by

http://dealbook.blogs.nytimes.com/2008/01/11/huntsman-hexion-a-deal-agreement-to-applaud/ (Jan. 11, 2008, 16:34 EST) (praising the agreement).

① As one notable firm's client letter put it: "While the Hexion Court has not created controversial precedent, the facts and circumstances of this case are nonetheless instructive to dealmakers and their deal counsel in drafting and negotiating merger agreement provisions, especially in the present environment of illiquid credit markets and extraordinary market occurrences." *Hexion v. Huntsman: Delaware Court Offers Interpretive Guidance on Key Terms of Disputed Merger Agreement*, Corp. Governance Group Client Letter Alert (Milbank, Tweed, Hadley & McCloy LLP, New York, N.Y.), Oct. 13, 2009, at 1-2, available at http://www.milbank.com/NR/rdonlyres/80BBC5CF-BAB0-4C88- 8206FEF197238729/0/Hexion_v_Huntsman.pdf.

sophisticated attorneys, may be ill equipped to deal with the wild gyrations that have characterized capital markets during the last year. At its core, Hexion invites us to re-evaluate the very nature of contracting itself and how the law does (or should) excuse contractual commitments within environments of extreme unpredictability. The analytic domain of this question, in tum, transcends the narrow (though important) boundaries of MAC/MAE clauses, applying to numerous other contract doctrines, such as constructive conditions, material breach, frustration of purpose, impracticability, and mutual mistake.

This article uses the Hexion case to motivate some preliminary thoughts about how contract law should interpret contractual conditions in general — and MAC/MAE provisions in particular — within environments of extreme ambiguity. I advance the thesis that contract law and doctrine must be sensitive to two different sources of randomness: risk and uncertainty. "Risk" refers to randomness whose probabilistic nature is extremely familiar and can be characterized with objective probabilities(such as the outcome odds that attend the roll of a fair die). "Uncertainty," in contrast, refers to randomness whose probabilistic behavior is extremely unfamiliar, unknown, or even unknowable. Although this distinction was historically neglected in classical economics(and much of law and economics), it is now relatively common fare in behavioral economics and finance literature.ⓚ If an individual is willing to expend resources to avoid uncertainty(as distinct from risk), she is said to be ambiguity averse.ⓛ

ⓚ The origins of the risk/uncertainty distinction trace back nearly a century to Frank Knight. See generally *Frank H. Knight, Risk, Uncertainty and Profit* (1921). Although the specific distinction between risk and uncertainty I focus on here is a dominant one in the literature, it is not alone. One alternative view posits the distinction to relate to future states that can be conceived or described ex ante (risk) and those that cannot (uncertainty). See Adrian Vermeule, JUDGING UNDER UNCERTAINTY (2006); Richard N. Langlois & Metin M. Cosgel, *Frank Knight on Risk, Uncertainty, and the Firm: A New Interpretation, 31 Econ. Inquiry* 456 (1993). Another view simply rejects the distinction between them altogether. See Milton Friedman, PRICE THEORY (1976). I conjecture that to some degree, the approach I take here might be extended to either of these alternative views (particularly the former). See infra notes 27-58.

ⓛ See Colin Camerer & Martin Weber, *Recent Developments in Modeling Preferences: Uncertainty and Ambiguity*, 5 J. RISK & UNCERTAINTY 325, 333 (1992) (discussing

I argue below that while ambiguity aversion bears some facial similarity to risk aversion, an optimal contractual allocation of uncertainty does not always track the optimal allocation of risk. Consequently, if ambiguity-averse parties operate amidst both uncertainty and risk, they will prefer contract terms that are sensitive to both phenomena. In particular, prospective uncertainty about the gains from trade can dampen (sometimes substantially) the benefit that the parties perceive *ex ante* from carrying out their transaction. When such prospective uncertainty becomes extreme, moreover, an optimal contract can respond in an analogously extreme way, calling for complete contractual rescission (effectively reimposing autarky).

Although intuitive, the idea that MAC/MAE provisions are a means for allocating uncertainty contrasts with the received wisdom in corporate law scholarship about the nature and purpose of such terms. In an important treatment of the topic, Ron Gilson and Alan Schwartz advanced the thesis that MAC/MAE terms serve not as an uncertainty or risk allocation device, but rather as a means for providing incentives for sellers to make investments that complement the deal's "synergies."[ⓜ] By arming the buyer with a credible threat to abandon the deal, they argue, MAC/MAE conditions impose an actuarial cost on sellers who fail to invest adequately.[ⓝ] Their "moral hazard" account of MAC/MAEs has proven to be influential among numerous scholars and judges.[ⓞ]

Gilson and Schwartz's moral hazard story is not mutually exclusive with ambiguity aversion as a general matter. It is conceivable that MAC/MAEs serve both purposes (and perhaps others) simultaneously. The 2007 and 2008 data I study here, however, do not seem to bear this possibility out

"Ellsberg-type settings," which demonstrate why individuals pay "substantial amounts to avoid ambiguity").

ⓜ Ronald J. Gilson & Alan Schwartz, Understanding MACs: *Moral Hazard in Acquisitions*, 21 J.L. ECON & ORG. 330, 357 (2005).

ⓝ Id. at 338-39.

ⓞ Id. at 338. Outside of the Gilson and Schwartz framework, there may be other plausible reasons for parties to adopt MAC/MAE provisions. A number of practitioners interviewed for this essay report that MACs create a reference point around which to encourage deal restructuring when necessary. Alternatively, MACs may create a counter-ballast against private information, mis-representation, or fraud. Many of these alternative accounts are consistent with (and may even be complementary to) ambiguity aversion. See infra notes 82-88.

strongly. In any event, the role of ambiguity aversion may prove to be significant over the months and years to come, as courts, practitioners, and legal scholars increasingly confront the challenge of how to interpret analogous terms within an uncertain economic environment.

서울중앙지법 2006. 8. 24. 선고 2005가합85097 판결(유엠텍사건)

가. 원고는 2005. 6. 22. 당시 소외 주식회사 유엠텍(이하 '소외 회사'라 한다)의 주주였던 피고들 및 소외 윤병옥, 윤성필(이하 '소외인들'이라 한다)과 사이에, 원고가 피고들 및 소외인들로부터 소외 회사의 경영권을 인수하기로 하고, 피고들 및 소외인들이 위 계약 체결일 당시 소외 회사 발행 총 주식(액면가 500원, 의결권부 보통주식) 1,600,000주 중 자신들이 소유하고 있던 주식을 원고에게 각 양도하기로 하는 내용의 주식매매계약을 체결하였는바(이하 '이 사건 계약'이라 한다), 그 주요내용은 다음과 같다.

(1) 매매대상 주식: 피고들 및 소외인들은 원고에게, 피고들 및 소외인들이 다음과 같이 소유하고 있는 소외 회사 발행주식 합계 913,160주(이하 '이 사건 매매대상 주식'이라 한다)를 양도한다(제 1 조).

피고 김진복 571,440주, 피고 김희철 111,240주, 피고 장원택 40,000주,
소외 윤병옥 58,840주, 소외 윤성필 132,000주

(2) 매매대금: 8,560,875,000원(1주당 9,375원)으로 한다(제 2 조).

(3) 소외 회사의 중요한 재무현황: 피고들 및 소외인들이 보장하는 본 계약 체결일 현재의 소외 회사의 자산은 별첨의 대차대조표의 내역을 기준으로 한다(제 4 조).

(4) 피고들 및 소외인들의 보장: 원고가 본 계약 체결일 이후 회계 및 법무실사를 실시하여 소외 회사가 본 계약의 제 4 조 이외의 사항으로서, 2004. 1. 1. 이후 본 계약 체결일 이전의 사유로 인해 발생하거나 발생할 일체의 채권, 채무, 제세공과금, 법적 책임 등의 우발채무가 발견되는 경우, 다음의 각호와 같이 피고들 및 소외인들의 책임으로 한다(제 5 조 제 1 항).

• 피고들 및 소외인들이 본 계약의 제 4 조에서 정하여 원고에게 제시한 소외 회사의 재무제표를 기준으로 원고가 적절한 절차에 따라 실사한 결과, 우발채무가 발생하는 경우 발생 우발채무 전액을 원고에게 배상하여야 한다(제 1 호).

• 피고들 및 소외인들은 본 조 제 1 항 제 1 호에 따라 배상하여야 할 금액에

대하여 원고로부터 통보를 받은 후 3일 이내에 본 계약 제 1 조에 명시한 각 피고들 및 소외인들의 매매대상 주식 수의 비율로서 배상액을 분할하여 원고에게 현금으로 지급한다(제 2 호).

(5) 손해배상 등: 피고들 및 소외인들이 2004. 1. 1. 이후 본 계약체결일 이전의 사유로 인해, 소외 회사에 발생하거나 발생할 일체의 채권, 채무, 제세공과금, 법적 책임으로 인해 원고에게 손해가 발생하는 경우, 피고들 및 소외인들이 그 손해 전액을 배상한다. 이 경우 그 사유가 발생하여 원고로부터 그 통보를 받은 후 7일 이내에 본 계약 제 1 조에 명시한 각 피고들 및 소외인들의 매매대상 주식 수의 비율로서 배상액을 분할하여 원고에게 현금으로 지급한다(제 6 조 제 1 항).

나. 피고들 및 소외인들은 이 사건 계약 체결시 원고에게 이 사건 계약서에 첨부된 대차대조표에 기재된 소외 회사의 자산은 2005. 6. 22. 현재 실제 자산보다 243,741,000원이 더 많은 것으로 기재되어 있는 외에는 실제와 차이가 없음을 고지하였다.

다. 원고로부터 소외 회사의 재무제표에 대한 실사 용역을 의뢰받은 소외 삼일회계법인이 이 사건 계약 체결 후 소외 회사의 자산 상태에 대하여 실사를 한 결과, 2005. 5. 31. 현재 소외 회사의 실제 순자산(=총자산−부채, 이하 같다)은 이 사건 계약서에 첨부된 대차대조표상의 순자산보다 적으며 그 차액은 피고들 및 소외인들이 이 사건 계약체결 당시 고지한 금액보다 많음이 밝혀졌다. 이에 원고는 2005. 8. 4. 피고들 및 소외인들에게 이 사건 계약서 제 5 조 제 1 항에 의하여 위 순자산의 차액에서 피고들 및 소외인들이 기고지한 차액을 제한 나머지 금액을 정산하여 줄 것을 통지하였다.

라. 이 사건 계약서에 첨부된 소외 회사의 대차대조표상에는 2005. 5. 31. 현재 자산은 22,400,066,433원, 부채는 16,452,555,160원으로 기재되어 있는 반면, 소외 회사의 2005. 5. 31. 현재 실제 자산은 19,937,864,402원이고, 실제 부채는 16,716,524,937원이다.

2. 원고 주장의 청구원인

가. 이 사건 계약상의 손해배상 약정에 기한 청구

소외 회사의 자산에 대한 실사 결과 장기미회수 채권에 대한 감액평가, 자산가치 없는 금형 및 장기부진재고자산에 대한 각 감액평가 등에 따른, 이 사건 계약서에 첨부된 대차대조표에 기재된 자산과 실제 자산의 차액인 자산감소액은 이 사건 계약 제 5 조 및 제 6 조에서 규정한 우발채무에 해당하므로, 위 각 계약조항에 의하여 피고들은 원고에게 위 자산감소액을 피고들의 각 매매대상 주식 수의 비율에 따라 나눈 금액 및 이에 대한 지연손해금을 각 지급할 의무가 있다.

나. 하자담보책임에 따른 손해배상 청구

피고들은 이 사건 계약 당시 계약서 제 4 조에서 계약체결일 당시 소외 회사의 자산을 계약서에 첨부된 대차대조표 내역을 기준으로 보장하였고, 이에 따라 소외 회사의 실제 자산이 이 사건 계약서에 첨부된 대차대조표에 기재된 것과 같다는 것은 계약 목적물인 이 사건 매매대상 주식이 갖추어야 할 성질로 원고와 피고들 사이에 예정된 것이므로, 민법 제580조에서 정한 하자담보책임에 기하여 피고들은 원고에게 대차대조표상의 자산과 실제 자산과의 차액을 피고들의 각 매매대상 주식 수의 비율로 나눈 금액 및 이에 대한 지연손해금을 각 지급할 의무가 있다.

3. 판　　단

가. 이 사건 계약상의 손해배상 약정에 기한 청구에 관하여

살피건대, 위 1항 기재 인정사실에서 본 바에 의하면, 원고와 피고들이 이 사건 계약 제 5 조 제 1 항 및 제 6 조에서 배상책임을 인정한 '우발채무'란 위 각 계약조항에서 명시하는 바와 같이 '2004. 1. 1. 이후 본 계약 체결일 이전의 사유로 인하여 발생하거나 발생할 일체의 채권, 채무, 제세공과금, 법적 책임 등의 채무'를 의미한다고 함이 상당하다. 그렇다면, 원고가 주장하는, 장기미회수 채권에 대한 평가감액, 자산가치 없는 금형 및 장기부진재고자산에 대한 각 평가 감액 등에 따른 소외 회사의 대차대조표상의 자산과 실제 자산의 차액은 위 계약조항에서 정한 우발채무에 해당한다고 볼 수 없다고 할 것이므로, 원고의 이 부분 주장은 더 나아가 살필 필요 없이 이유 없다.

나. 하자담보책임에 따른 손해배상 청구에 관하여

(1) 손해배상책임의 발생

살피건대, 위 1항 기재 인정사실에 비추어 보면 이 사건 계약은 그 성격상 원고가 주식 매수방식에 의하여 소외 회사를 인수하는 계약이라고 할 것인바, 일반적으로 기업의 가치평가방법으로는 자산가치평가방법, 수익가치평가방법, 상대가치평가방법 등이 있는데, 그 중에서 기업이 소유하고 있는 순자산의 가치를 평가하는 방법인 자산가치평가방법이 가장 널리 사용되고 있다. 또한, 상속세및증여세법 제63조 제1항 제1호 다목 및 동 시행령 제54조 제1, 2항은 비상장주식의 평가방법으로 순손익가치(=1주당 최근 3년간의 순손익액의 가중평균액/금융기관이 보증한 3년만기회사채의 유통수익률을 감안하여 국세청장이 정하여 고시하는 이자율)와 순자산가치(=당해 법인의 순자산가액/발행주식총수, 이하 같다)를 각 3:2의 비율로 가중평균한 가액을 기준으로 하는 방법을 채택하고 있다.

비상장회사의 주식의 취득에 있어 객관적으로 평가되는 적정가액 외에 다른 요소도 함께 평가될 수 있겠으나, 위에서 본 것과 같은 사정 및 이 사건 계약의 전 취지에 비추어 볼 때, 피고들 및 소외인들이 이 사건 계약 체결 당시 소외 회사의 순자산이 계약서에 첨부된 대차대조표에 기재된 5,947,511,273원(=총자산 22,400,066,433원-부채 16,452,555,160원)에서 243,741,000원을 제한 금액임을 보장하고 위 순자산을 이 사건 매매대상주식의 가치를 형성하는 하나의 성질로 예정하였다고 할 것이고, 이에 따라 위와 같은 소외 회사의 순자산을 이 사건 매매대상 주식의 가액을 결정하는 하나의 요소로 고려하였다고 할 것이다. 그렇다면, 이 사건 계약에 의하여 위 주식이 갖추어야 할 성질로서 예정된 소외 회사의 자산과 실제 자산의 차액은 이 사건 매매대상 주식의 하자라고 할 것이고, 원고는 위 하자로 인하여 이 사건 계약 체결시 고려한 이 사건 매매대상 주식의 1주당 순자산가치와 실제 1주당 순자산가치와의 차액만큼의 손해를 입었다고 할 것이므로, 피고들은 이 사건 매매대상 주식의 매도인으로서 원고에게 위 손해를 배상할 책임이 있다.

원고는, 이 사건 계약 체결 당시 소외 회사의 대차대조표상의 순자산과 실제 순자산 사이에 피고들 및 소외인들이 기고지한 금액 외에 위와 같은 차액이 존재한다는 사실을 알았더라면 이 사건 매매대상 주식의 대금을 결정함에 있어 위 차액 상당 내지 그 이상의 감액을 하였을 것이므로, 이 사건 매매대상 주식에 존재하는 하자로 인하여 입은 손해는 소외 회사의 대차대조표상의 순자산과 실제 순자산의 차액에서 피고들 및 소외인들이 기고지한 금액을 제한 나머지 2,482,430,808원 전체 및 이에 대한 지연손해금이라고 주장하나, 앞서 본 바와 같이 이 사건 매매대상 주식에 존재하는 하자로 인한 손해는 이 사건 계약 체결시 고려된 이 사건 매매대상 주식의 순자산가치와 실제 순자산가치와의 차액이라고 봄이 상당하므로 원고의 위 주장은 받아들이지 않는다.

(2) 손해의 범위

위 1항 기재 인정사실에 의하면, 소외 회사의 2005. 5. 31. 현재 실제 순자산은 3,221,339,465원(=총자산 19,937,864,402원-부채 16,716,524,937원)이라고 할 것이므로, 위 순자산가치의 차액에서 피고들 및 소외인들이 이 사건 계약 체결일 당시 원고에게 기고지한 243,741,000원을 제하면, 원고는 이 사건 계약 체결 당시 소외 회사의 순자산가치를 실제 가치보다 2,482,430,808원(=5,947,511,273원-3,221,339,465원-243,741,000원)만큼 더 높게 평가하였다고 할 것이고, 이로 인하여 이 사건 매매대상 주식의 가치를 산정함에 있어 1주당 순자산가치를 실제 가치보다 1,551원(= 순자산가치 차액 2,482,430,808원÷총 발행주식 수 1,600,000주, 원 미만 버림)만큼 더 높게 평가하였다고 할 것이다. 따라서 원고는 이 사건 매매대상 주식에 존재하는 하자로 인하여 1,416,311,160원(=매매대상 주식 수 913,160주×1,551원)의 손해를 입었다고 할 것이므로, 피고들은 원고에게 위 손해액을 자신들의 각 매매대상 주식 수비율에 따라 나눈 금액 및 이에 대한 지연손해금을 배상할 책임이 있다.

그렇다면, 원고에게, 피고 김진복은 886,303,440원(=571,440주×1,551원), 피고 김희철은 172,533,240원(=111,240주×1,551원), 피고 장원택은 62,040,000원(=40,000주×1,551원) 및 위 각 돈에 대하여 피고들이 그 이행의무의 존부 및 범위에 관하여 항쟁함이 상당하다고 인정되는 이 판결선고일 다음날인 2006. 8. 25.부터 다 갚는 날까지 소송촉진등에관한특례법이 정한 연 20%의 비율로 계산한 지연손해금을 각 지급할 의무가 있다.

서울중앙지법 2011. 9. 22. 선고 2009가합91274 판결(엄×욱 v. 신한은행)

1. 인정사실

가. 신호제지 주식회사 인수를 위한 아람파이낸셜서비스 주식회사의 증자

1) 1998년 이후로 기업개선작업 중에 있던 신호제지 주식회사(현재 상호: 아트원제지 주식회사, 이하 '신호제지'라고 한다.)의 구 채권단은 2003년 말경 신호제지의 발행주식을 제 3 자에게 매각함으로써 기업개선작업을 종료하기로 하였다.

2) 신호제지의 전 사주이자 경영자였던 이순국은 원고에게 신호제지를 인수·

경영할 것을 권유하였다. 이에 응하여 원고는 신호제지 인수에 필요한 자금을 투입하고 이순국의 도움을 받아 기업구조조정전문회사를 이용하여 기업구조조정조합을 만들어 신호제지를 인수하기로 하였다.

3) 원고는 이순국의 소개로 기업구조조정전문회사인 아람파이낸셜서비스 주식회사(이하 '아람파이낸셜'이라고 한다.)의 대표이사인 피고 이충식과 협의한 끝에 아람파이낸셜을 이용하여 신호제지를 인수하기로 하였다. 산업발전법상 기업구조조정전문회사로 등록하기 위해서는 자본금이 70억 원 이상이 되어야 하나ⓐ 당시 아람파이낸셜은 자금사정이 어려워 자본금을 30억 원에서 20억 원으로 감자하고 기업구조조정전문회사의 등록을 반납한 상태였다. 이에 원고는 피고 이충식과 사이에 원고가 아람파이낸셜의 증자대금과 신호제지 인수대금을 마련하여 신호제지를 인수하기로 하되, 신호제지의 구 채권단이 이순국 및 그의 특수관계인과 관련된 자금이 투입되는 것을 원하지 않았기 때문에 아람파이낸셜의 증자된 주식의 주주명의는 피고 이충식으로, 원고의 자금으로 매입한 신호제지 주식의 주주명의는 아람파이낸셜로 하기로 약정하였다.

4) 피고 이충식은 원고에게 아람파이낸셜의 자본금을 70억 원으로 증자하여 원고와 자신의 지분비율이 4 : 3이 되도록 함으로써 원고를 최대주주로 만들어 주기로 약정하였고, 이에 원고는 2004. 3. 19.부터 2004. 4. 6.까지 피고 이충식에게 아람파이낸셜의 증자대금으로 합계 39억 3,000만 원을 교부하였다. 그러나 피고 이충식은 위 돈을 이용하여 1주당 5,000원인 아람파이낸셜의 신주를 발행하고 증자된 주

ⓐ 구 산업발전법(2004. 1. 20. 제7092호로 개정되기 전의 것)
제14조 (기업구조조정전문회사의 등록)
① 다음 각 호의 사업 중 제 2 호 및 제 3 호의 사업을 포함한 2 이상의 사업을 전업으로 영위하는 회사로서 이 법에 의한 지원을 받고자 하는 자는 산업자원부장관에게 기업구조조정전문회사로 등록을 신청하여야 한다.
2. 구조조정대상기업의 인수
3. 제 2 호의 규정에 의하여 인수한 구조조정대상기업의 정상화 및 매각
③ 산업자원부장관은 제 1 항 및 제 2 항의 규정에 의한 등록을 신청한 자가 다음 각 호의 요건에 적합한 때에는 지체없이 기업구조조정전문회사로 등록하고 그 사실을 신청인에게 통지하여야 한다.
2. 납입자본금이 30억 원 이상으로서 대통령령이 정하는 금액 이상일 것
구 동법 시행령(2002. 12. 5. 제17791호로 개정되기 전의 것)
제 9 조(전문회사의 등록요건)
① 법 제14조 제 3 항 제 2 호에서 "대통령령이 정하는 금액"이라 함은 다음 각 호의 금액을 말한다.
1. 법 제14조 제 1 항의 규정에 의하여 등록하는 기업구조조정전문회사의 경우에는 70억 원

식의 주주명의를 자신으로 하면서, 원고 몰래 자본금을 80억 원ⓑ으로 증자하여 원고와의 약정을 깨고 원고의 지분을 49%로, 자신의 지분을 51%로 만들었다. 한편, 피고 이충식은 위 증자를 거쳐 2004. 4. 19.경 산업자원부(현 지식경제부)에 아람파이낸셜을 산업발전법상 기업구조조정전문회사로 등록하였다.

5) 증자 당시 아람파이낸셜의 주주명부에 의하면 피고 이충식이 아람파이낸셜 발행주식의 92.02%인 1,476,032주를, 이준수가 3.99%인 64,000주를, 주기돈이 3.99%인 64,000주를 각 보유하고 있다. 피고 이충식 명의의 아람파이낸셜 발행주식 중 786,000주(=원고의 납입금액 39억 3,000만 원÷1주당 가격 5,000원, 총 발행주식의 49%)는 원고가 위 피고에게 명의신탁한 주식이다.

나. 신호제지 인수과정

1) 이후 원고는 2004. 6. 29.부터 2004. 12. 10.까지 총 79억 5,000만 원을, 선정자 안신물류 주식회사(이하 '안신물류'라고 한다.)는 2004. 10. 20. 10억 원, 2004. 11. 9. 30억 원 합계 40억 원을 각 아람파이낸셜에게 신호제지 인수자금 명목으로 송금하였다.

2) 아람파이낸셜은 구 채권단에 의해 우선협상대상자로 선정된 뒤 2004. 11. 15. 구 채권단과 사이에 구 채권단이 보유하던 신호제지 발행주식 12,830,674주(총 발행주식의 53.8%)를 1주당 5,300원으로 하여 합계 680억 원에 인수하기로 하는 계약을 체결하였다.

3) 원고는 신호제지 인수자금을 조달하기 위하여 신호제지의 협력업체 34개사와 아람파이낸셜로 이루어진 아람제 1 호구조조정조합(이하 '아람조합'이라고 한다.)을 주도적으로 결성하였는데, 아람파이낸셜이 기업구조조정전문회사로서 아람조합의 업무집행조합원이 되었다.ⓒ 아람조합은 2004. 12. 10.까지 조합재산 176억 9,000만 원을 조성하였는데, 아람파이낸셜은 원고가 준 돈으로 아람조합에 20억 원을 출자하였다.

ⓑ 당시 피고 이충식은 원고 이외에 다른 자금원이 없었던바, 원고가 지급한 돈으로 증자를 하였다가 인출한 후 다시 2차 증자를 실시하면서 위 인출한 돈을 다시 주식대금으로 납입하는 가장납입방식을 통해 추가로 자본금을 늘린 것으로 보인다(갑 제13호증의 22).

ⓒ 산업발전법 제15조 (기업구조조정조합의 등록 등)

④ 기업구조조정조합은 업무집행조합원과 업무감독조합원을 두되, 업무집행조합원은 다음 각 호의 자가 된다.

1. 전문회사

4) 이어서 원고는 재무적 투자자[ⓓ]인 한국캐피탈 주식회사(이하 '한국캐피탈'이라고 한다.)로부터 150억 원, 신한캐피탈 주식회사(이하 '신한캐피탈'이라고 한다.)로부터 70억 원, 피난사투자자문사(이하 '피난사'라고 한다.)로부터 110억 원 상당의 투자금을 유치하여 이들과 아람조합 및 아람파이낸셜을 구성원으로 하는 아람컨소시엄[ⓔ]을 결성하였다. 한편, 아람파이낸셜은 2004. 10. 12. 신한캐피탈과 사이에, 2004. 11. 12. 한국캐피탈과 사이에, 2004. 11. 24. 피난사와 사이에 아람컨소시엄에 공동투자하기로 하는 내용의 공동투자계약을 체결하면서 위 재무적 투자자들로부터 각 보유지분에 상응하는 의결권을 일정 기간 위임받기로 하였다.

5) 이후 신호제지는 2004. 11. 23. 피고 주식회사 신한은행(이하 '피고 은행'이라고 한다.), 주식회사 우리은행, 한국산업은행의 주선으로 장기대출대주들(이하 '신 채권단'이라고 한다. 신 채권단의 대리은행 겸 담보관리은행은 피고 은행이다.)과 사이에 기업구조조정촉진법에 의한 기업구조개선절차를 종료하는 데 필요한 기존 차입원리금의 상환을 위한 자금을 조달하고자 1,450억 원 및 미화 1억 달러를 초과하지 않는 범위 내에서 장기대출을 제공받기로 하는 대출약정을 체결하였다. 위 대출약정 당시 쌍방은 신호제지에 대한 아람파이낸셜과 아람조합의 지분비율이 33% 미만이 되게 하지 않을 것을 조건으로 삼았다(대출약정 제 8 항).

6) 이에 따라 아람컨소시엄을 대주주로 하여 신호제지 인수가 완료된 2004. 12. 15. 당시 각 구성사들이 구 채권단 등으로부터 위 인수계약에 따라 인수하고, 위 대출약정에서 신 채권단이 요구한 지분비율에 맞추어 아람파이낸셜이 매입하거나 다른 주주로부터 대차하는 등 추가로 인수한 신호제지의 발행주식에 따른 지분현황 등은 다음과 같다.

ⓓ 사업을 할 때 자금이 필요할 경우 사업의 경영에는 참여하지 않고 수익만을 목적으로 투자자금을 조달해 주는 투자자이다. 민간 투자 시장에서 널리 사용되는 용어로 약자인 FI를 많이 사용한다. 재무적 투자자에는 시중은행이나 보험사, 증권사, 펀드, 국민연금 같은 공적 기관들이 포함된다. 사업권의 획득을 목적으로 하지 않고 투자자금에 대한 배당과 원리금 수익을 목적으로 투자하기 때문에 해외 민자 시장에서는 '순수투자자'라고 불리기도 한다(시사경제용어사전, 기획재정부, 2010, 대한민국정부).

ⓔ 컨소시엄은 공사채나 주식과 같은 유가증권을 인수하기 위해 다수의 업자들이 공동으로 창설하는 인수조합을 의미하거나 또는 정부나 공공기관이 추진하는 대규모사업에 여러 업체가 한 회사의 형태로 참여하는 경우를 의미한다. 컨소시엄 프로젝트는 여러 회사가 공동으로 참여하는 프로젝트를 가리키며 이들 회사들은 합작투자나 조합의 형태를 취하게 된다(네이버 백과사전).

	보유주식수	지분비율	투자금
아람파이낸셜	4,595,768주	19.3%	173억 1,000만 원 이상ⓕ
아람조합	3,262,055주	13.7%	176억 9,000만 원 이상
피난사	2,075,000주	8.7%	110억 원
한국캐피탈	2,830,188주	11.9%	150억 원
신한캐피탈	1,320,754주	5.6%	70억 원
합계	14,083,765주	59.2%	680억 원 이상

7) 한편, 원고와 안신물류가 신호제지의 발행주식을 취득하기 위하여 아람파이낸셜 및 아람조합에 투입한 자금내역을 보면, 아람파이낸셜에게 원고는 2004. 6. 29.부터 2004. 12. 10.까지 사이에 총 79억 5,000만 원을 송금하였고, 안신물류도 2002. 10. 20. 10억 원, 2004. 11. 19. 30억 원 합계 40억 원을 송금하였다. 아람파이낸셜은 원고로부터 받은 79억 5,000만 원 중 20억 원을 아람조합에 아람파이낸셜 명의로 출자하였고, 남은 59억 5,000만 원과 안신물류로부터 받은 40억 원으로 신호제지의 발행주식을 아람파이낸셜 명의로 매입하였다.

다. 신호제지 인수 후 경영권 행사

1) 원고는 2005. 2. 3. 개최된 정기이사회에서 이사 전원의 참석으로 자신이 추천한 김종곤과 함께 신호제지의 집행임원으로 위촉된 후 부회장에 취임하였다.ⓖ 또한, 원고는 2005. 2. 18. 임시주주총회를 개최하여 종전 이사 6명 중 이순국만 유임시키고 나머지 5명은 전부 해임하면서 신임이사로 김종곤, 은진수, 장영기, 피고 이충식, 최정락, 안만길을 새로 선임하였고, 같은 날 개최된 이사회에서 김종곤이 대표이사로 선임되도록 하였다. 이렇게 하여 원고는 새로 선임된 이사 중 김종곤, 은진수, 장영기와 유임된 이사인 이순국까지 합쳐 신호제지의 이사 7명 중 4명을 자기 측 사람으로 채워 이사회를 장악하게 되었다.

2) 원고는 신호제지의 부회장으로 취임한 후 대규모 구조조정을 단행하고 생산 및 영업활동을 확장하거나 공장 통폐합 및 이전계획을 수립하는 등 신호제지의 실

ⓕ 아람파이낸셜은 원고로부터 조달한 자본금 외에 다른 회사재산이 있었다고 보이지 않으므로 원고가 아람파이낸셜의 증자대금으로 투입한 39억 3,000만 원도 결국 신호제지 주식을 매입하는 데 사용된 것으로 볼 수 있다. 그렇다면 아람컨소시엄에 원고가 투자한 돈은 118억 8,000만 원(=79억 5,000만 원+39억 3,000만 원)에 이른다.

ⓖ 2005. 2. 3.자 매일경제신문은 신호제지가 회장을 선임하지 않은 채 부회장을 선임하였다는 내용의 기사를 싣기도 하였다.

질적인 경영권을 행사하였고, 대표이사 김종곤도 신호제지 업무 중 중요사안에 관하여 원고에게 보고하여 승인을 받아 처리하였다.

라. 국일제지 주식회사의 적대적 기업인수 시도

1) 국일제지 주식회사(이하 '국일제지'라고 한다.)는 2005. 8. 2.부터 같은 달 4.까지 사이에 신한캐피탈과 한국캐피탈이 보유한 신호제지의 발행주식 4,150,942주(=신한캐피탈 보유주식 1,320,754주+한국캐피탈 보유주식 2,830,188주)를 매입하고, 아람파이낸셜이 보유한 주식 중 56만 6,000주를 대물변제 형식으로 인수하였다. 이로 인하여 국일제지는 신호제지의 주식지분 19.8%를 보유함으로써 최대주주인 아람파이낸셜(특수관계인ⓗ인 아람조합의 지분 포함)에 이은 2대주주가 되었다.ⓘ

2) 국일제지는 주식 인수 직후 신호제지에 대한 경영참여를 선언하였고, 피고 이충식은 국일제지에 동조하면서 2005. 8. 5. 아람파이낸셜 명의로 국일제지 측이 추천한 후보자에 대한 이사 및 감사 선임의 건을 안건으로 하여 임시주주총회 소집을 청구를 하였으나 신호제지는 총회소집을 거부하였다. 나아가 피고 이충식은 2005. 8. 9.경 원고에게 원고가 아람파이낸셜의 증자금으로 투입한 39억 3,000만 원은 주식인수대금이 아니라 차입금이라고 주장하면서 명의신탁 사실을 부인함으로써, 원고 보유의 아람파이낸셜의 주식 786,000주에 관하여 반환을 거부하였다.

3) 이후 국일제지는 수원지방법원에 사내이사 5인 추가 선임, 사외이사 1인 추가 선임, 이사 이순국 해임을 회의의 목적사항으로 하고 국일제지의 신호제지에 대한 적극적인 경영참여를 소집이유로 한 임시주주총회의 소집허가를 구하는 신청을 하였다. 수원지방법원은 2005. 10. 31. 위와 같은 내용의 임시주주총회 소집을 허가하는 결정(2005비합50 사건)을 하였다.

4) 국일제지는 위 결정에 따라 2005. 11. 초순경 신호제지의 주주들에게 회의일시를 2005. 12. 13.로, 회의의 목적을 사내이사 5인 선임의 건, 사외이사 1인 선임의 건, 이사 이순국 해임의 건으로 한 임시주주총회의 소집을 통지하였다.

ⓗ 법률적 의미는 아니고 신 채권단과의 약정 등을 통해 아람파이낸셜과 아람조합의 지분을 하나로 본다는 의미에서 사용한 것이다.

ⓘ 갑 제13호증의 20의 기재에 의하면, 국일제지는 2005. 8. 2. 경남은행으로부터 230억 원을 대출받아 위와 같이 신호제지의 주식을 인수한 것으로서, 인수한 신호제지의 주식은 모두 경남은행에 담보로 제공된 사실이 인정된다.

마. 원고 측의 경영권 방어행위

1) 원고와 안신물류는 2005. 9. 23. 피고 이충식에게 아람파이낸셜 명의로 명의신탁된 신호제지의 발행주식 1,122,642주(=원고의 납입대금 59억 5,000만 원÷5,300원)와 754,716주(=안신물류의 납입대금 40억 원÷5,300원)에 관하여 명의신탁을 해지하고 위 주식의 반환을 구하는 의사를 표시하였으나 거부당하였다.

2) 아람조합의 업무감독조합원인 대진지업 주식회사는 2005. 8. 4. 업무집행조합원인 아람파이낸셜에게 아람조합의 의결권행사 여부에 관한 안건으로 임시조합원총회를 개최하여 줄 것을 요청하였다가 거부당하자, 아람파이낸셜이 국일제지에게 신호제지의 경영권을 이전하려는 시도를 막고자 2005. 10. 7. 아람조합의 조합규약 제20조 제 9 항①에 따라 임시조합원총회를 소집하였다. 위 임시조합원총회에는 총 조합원 35개사 중 32개사(의결권의 기준이 되는 총 출자좌수의 약 85%)가 출석하였는데, 이들 전원의 찬성으로 조합규약 중 조합원총회의 결의사항에 '아람조합의 투자업체의 임원변경, 정관변경, 영업양수도, 경영위탁 등 주주총회 결의사항에 대한 조합의 주주권(의결권 포함) 행사 및 투자자산의 처분'을 추가하고(신설된 조합규약 제20조 제 1 항 제 9 호, 이하 '이 사건 신설 조합규약'이라고 한다.), 업무집행조합원의 업무집행권한 및 대리권을 일부 제한하여 조합원총회가 조합규약에서 총회의 권한으로 정한 사항의 집행을 위하여 필요한 경우 업무감독조합원 중에서 그 총회 결의를 집행할 자를 지정할 수 있고, 이 경우 업무집행조합원의 대리권은 소멸되며 총회가 지정한 업무감독조합원이 조합 명의로 조합원들을 대리하여 이를 집행할 수 있도록 하는 규정(신설된 조합규약 제25조 제 1 항 단서)을 신설하는 내용으로 조합규약에 대한 변경결의를 하였다. 피고 이충식은 위 임시조합원총회의 소집절차에 하자가 있다는 이유를 내세워 위 조합규약 변경결의가 효력이 없다고 다투었다.

3) 아람조합의 또 다른 업무감독조합원인 주식회사 페이퍼필은 2005. 11. 2. 아람파이낸셜에게 ① 국일제지의 청구로 곧 개최될 신호제지의 임시주주총회에서 아람조합의 의결권을 조합원들의 의사에 따라 행사하도록 하고, ② 2005. 10. 7.자 임시조합원총회 결의사항에 대하여 재확인하며, ③ 아람파이낸셜이 조합원들의 의사를 확인하지 않고 신호제지 경영진의 교체를 시도하고 있고, 신호제지와 신 채권단

① 조합규약 제20조 제9항: 업무감독조합원 또는 조합원들의 총회 소집청구가 있고 그 청구가 법령 또는 본 규약의 위반 등의 사유가 없음에도 불구하고 업무집행조합원이 소집을 거부하거나 3일 이내에 소집통지를 하지 않는 경우, 업무감독조합원이 총회를 소집한다.

사이의 대출약정과 관련된 지분유지약정을 위반함으로써 투자자산에 상당한 위험을 초래하였으며, 투자자산 등에 관한 조합원 총회의 권한을 인정하지 않고 임의로 조합재산에 관한 권리행사를 강행하고 있음을 이유로 업무집행조합원에 대한 신임, 불신임 여부를 확인할 것을 목적으로 하는 임시조합원총회의 소집을 청구하였으나 거부당하였다. 이에 업무감독조합원들은 2005. 11. 7. 조합원들에게 조합규약 제20조 제9항에 따라 총회일시를 2005. 11. 15. 10 : 00로, 총회의 목적사항으로 투자자산에 관한 의결권 행사 및 대표자 선임 여부, 2005. 10. 7.자 조합원총회 결의사항에 대한 재확인, 업무집행조합원에 대한 (불)신임 여부로 하여 임시조합원총회 개최를 통지하였다.

4) 또한 아람조합원의 조합원들 중 31개사는 2005. 11. 9. 원고 측에 우호적인 신안컨소시엄(구성사: 주식회사 그린씨앤에프, 주식회사 휴스틸, 주식회사 관악, 주식회사 신안, 주식회사 네오어드바이저)과 사이에 그 출자지분에 따라 보유하는 신호제지의 발행주식을 1주당 6,100원에 신안컨소시엄에게 매도하는 매매계약을 체결하였고, 원고는 위 매매계약에 따른 이행채무를 연대보증하였다.ⓚ

5) 피난사는 아람파이낸셜이 국일제지에 동조하며 적대적 기업인수를 시도하자 2004. 11. 12.자 공동투자약정에 기해 아람파이낸셜에게 의결권을 위임하였던 것을 철회하고 우리투자증권 주식회사에게 그 의결권을 위임하였다.

6) 원고는 우호지분 확보를 위해 신안컨소시엄으로 하여금 신호제지의 주식지분 9.9%를 매입하게 하였고, 신호제지의 우리사주조합 보유의 주식지분 4.4%와 임직원 및 그 가족들 보유의 주식지분 4.9%도 원고의 우호지분으로 끌어들였다.

바. 임시조합원총회를 앞둔 신호제지의 경영권 분쟁 상황

1) 2005. 11. 9.자 서울경제신문은 '대주주와 경영권 분쟁을 벌이고 있는 신호제지 현 경영진이 백기사(우호세력)를 확보함에 따라 대주주 측에 유리할 것으로 보이던 신호제지 경영권 분쟁이 안개 속으로 접어들었다. … 신호제지 현 경영진과 대주주 지분율이 엇비슷해지면서 아람조합이 캐스팅보트ⓛ를 쥐게 되었다. … 이에 따라 신호제지 경영권의 향방은 당분간 안개 속에 빠질 것으로 전망된다. … 최대 변수는 아람조합의 지분 13.7%의 향방이다. 현재로서는 아람파이낸셜이 의결권을

ⓚ 이후 위 매매계약은 다음에서 인정하는 피고 이충식의 횡령행위로 이행불능이 되었다.

ⓛ casting vote, 원래는 의회의 표결에서 가부동수(可否同數)일 때, 의장이 던지는 결정권 투표나 2대 정당 양쪽 세력이 거의 같을 때 그 승패를 결정하는 제3당의 투표를 의미한다. 위 기사에서는 경영권 분쟁의 승패를 결정하는 투표를 의미하는 것으로 사용하였다.

갖고 있지만 조합원들이 아람파이낸셜의 결정에 반발, 15일 의결권 조항을 없애기 위한 조합원총회를 개최할 예정이다. 조합원들이 현 경영진의 손을 들어줄 경우 대주주 측의 패배로 끝날 가능성이 높다.'라는 기사를 보도하였다. 또한 한국경제신문은 2005. 9. 9.자 기사에서 '아람조합 조합원들은 그동안 최대주주 측인 아람파이낸셜에 의결권을 위임해 왔으나 이를 철회하기로 하고 서면결의를 최근 실시, 조합원 3분의 2 이상의 찬성을 얻어 규약 개정안을 통과시켰다. … 이들 조합원들의 움직임은 신호제지 경영진의 경영권 방어에 도움을 줄 전망이다.', 2005. 11. 9. 기사에서 '신안그룹의 박순석 회장이 신호제지 경영진의 백기사로 나섰다. … 신안의 지분이 우호지분으로 작용할 경우 경영권 분쟁에서 열세를 보여왔던 이순국 이사 등 경영진의 입지는 보다 강화될 전망이다.'라고 보도하는 등 각종 언론매체에서 잇달아 신호제지의 경영권 분쟁에 대한 분석기사를 내보냈다.

2) 2005. 11.경 국일제지 측 지분비율은 아람파이낸셜 보유지분 12.04%, 국일제지 보유지분 19.81%로 총 31.85%이었다. 반면 원고 측 지분비율은 신안컨소시엄 보유지분 9.9%, 피난사 보유지분 8.7%, 우리사주조합 보유지분 4.4%, 임직원 보유지분 4.99%로 총 27.99%였다. 따라서 당시 아람조합이 보유한 신호제지의 지분 13.7%는 그 의결권 행사의 내용에 따라 원고 측과 국일제지 측의 경영권 분쟁의 승패를 결정하는 지분이 되었다.

사. 피고 이충식의 횡령행위

1) 피고 이충식은 2005. 11. 10. 피고 은행의 투자금융부 기업구조조정팀장인 김정익을 만나 신호제지의 총 발행주식 중 11.7%에 상당하는 아람조합 보유의 주식 280만 주를 1주당 7,500원에 매수하여 그 의결권을 국일제지 측에 유리하게 행사하여 줄 것을 요청하였다. 피고 은행은 피고 이충식의 요청을 받아들여 2005. 11. 11. 신용위원회를 개최하여 신호제지의 발행주식을 매입하기로 결정하였다.

2) 피고 은행은 2005. 11. 11. 국일제지로부터 국일제지의 발행주식 20만 주에 대한 담보권과 국일제지가 경남은행에 담보로 제공하였던 신호제지의 발행주식 4,716,942주(국일제지가 보유한 신호제지의 지분 19.8% 자체)에 대한 후순위 담보권을 담보로 제공받고 향후 1년 이후 2년 이내에 피고 은행이 국일제지에게 신호제지 발행주식의 매입을 청구할 수 있는 권리를 갖기로 하는 풋옵션계약을 체결하면서 장차 피고 은행이 보유하는 신호제지 주식의 의결권 행사시 국일제지의 의견을 최대한 반영하기로 하였다.

3) 이에 따라 아람조합의 업무집행조합원인 아람파이낸셜의 대표이사인 피고 이충식은 2005. 10. 7.자 임시조합원총회의 결의에서 투자자산의 처분 등이 조합원 총회의 결의사항으로 된 것을 알면서도 조합원들의 의사에 반하여, 2005. 11. 14. 업무상 보관하던 아람조합 소유의 신호제지 발행주식 273만 9,010주(이하 '이 사건 주식'이라고 한다.)를 1주당 7,500원에 피고 은행에게 매각ⓜ하였다.

4) 피고 은행은 같은 날 증권시장에서 위와 같이 피고 이충식이 내놓은 273만 9,010주를 1주당 6,448원의 시장가격 보다 높은 1주당 7,500원에 장중대량매매(이른바 블록 세일ⓝ)를 통해 일괄매수하고(매수가액 합계 205억 42,575,000원), 나머지 60,990주를 동일한 가격에 추가로 매수함으로써 신호제지의 발행주식 280만 주를 보유하게 되었다(이하 통틀어 '이 사건 주식매매'라고 한다.).

5) 한편, 아람조합은 2005. 11. 15. 임시조합원총회를 개최하여 총 조합원 35개사 중 출석한 32개사(의결권의 기준이 되는 총 출자좌수의 약 85%) 전원의 찬성으로 국일제지가 소집할 임시주주총회에서 국일제지 또는 아람파이낸셜이 추천한 이사 후보자에 대한 '반대'의견으로, 신호제지의 경영진 또는 우리사주조합이 추천한 이사 후보자에 대한 '찬성'의견으로, 이사 이순국 해임 안건에 대한 '반대'의견으로 의결권을 행사하기로 결의하고, 업무감독조합원인 대진지업 주식회사를 임시주주총회에서 아람조합이 보유한 신호제지 주식의 의결권 행사자로 지정하였다.

아. 가처분신청에 대한 법원의 결정

1) 원고와 안신물류는 아람파이낸셜과 국일제지, 신호제지를 상대로 서울서부지방법원에 국일제지가 소집한 신호제지의 임시주주총회에서 아람파이낸셜이 보유한 주식 중 원고와 안신물류가 명의신탁한 주식(원고 보유 주식 1,122,642주, 안신물류 보유 주식 754,716주)에 관하여 아람파이낸셜이 의결권을 행사하여서는 안 되고 원고와 안신물류가 의결권을 행사하게 하여야 한다는 결정을 구하는 의결권행사 허용 등 가처분신청을 하였다. 그러나 위 법원은 2005. 12. 9. 원고와 안신물류의

ⓜ 273만 9,010주 중 270만 주는 1주당 7,500원에 장내매각하였고, 나머지 3만 9,010주는 같은 가격에 공개매각하였다.

ⓝ 가격과 물량을 미리 정해 놓고 특정 주체에게 일정 지분을 묶어 일괄 매각하는 기법을 말한다. '블록 딜(Block Deal)'이라고도 하며 우리말로는 '일괄매각'이라고 한다. 대규모 지분을 일시에 매각할 경우 예측할 수 없는 가격변동과 물량부담 등을 줄이기 위해 사용한다. 가격과 물량을 미리 정해 놓고 거래하기 때문에 주가에 큰 영향을 주지 않고, 특정인에게 지나치게 많은 지분이 몰리지 않도록 지분을 나누어 팔 경우 경영권 분산에도 효과가 있다(시사경제용어사전, 기획재정부, 2010, 대한민국정부).

아람파이낸셜에 대한 명의신탁 사실이 소명되지 않았다는 이유로 위 가처분신청을 기각하는 결정을 하였다(2005카합1941 사건).

2) 아람조합, 업무감독조합원인 대진지업 주식회사와 일부 조합원들은 아람파이낸셜, 피고 은행, 국일제지, 신호제지를 상대로 서울서부지방법원에 이 사건 주식매매가 무효임을 임시로 정하고 국일제지, 신호제지는 임시주주총회에서 피고 은행에게 의결권을 행사하게 하여서는 아니 되고 아람조합에게 매매대상 주식의 의결권을 행사하게 하여야 한다는 결정을 구하는 의결권행사금지 및 행사자지정 가처분신청을 하였다. 그러나 위 법원은 2005. 12. 9. 아람조합이 민법상 조합에 불과하여 당사자능력이 없고 업무감독조합원에게 아람조합의 법률상 대리인 자격이 있다고 볼 수 없으며 이 사건 주식매매의 무효 여부를 다투는 것은 조합원 각자가 소를 제기할 수 있는 조합재산의 보존행위에 해당하지 아니한다고 판단하여 위 가처분신청을 각하하는 결정을 하였다(2005카합1972 사건).

3) 또한, 아람조합의 업무감독조합원인 대진지업 주식회사와 주식회사 페이퍼필은 아람파이낸셜, 국일제지, 신호제지를 상대로 서울서부지방법원에 임시주주총회에서 아람조합이 보유하고 있는 신호제지 주식의 의결권 행사자를 업무감독조합원인 대진지업 주식회사로 정한다는 결정을 구하는 의결권행사자지정 가처분신청을 하였다. 그러나 위 법원은 2005. 12. 9. 앞서 2005. 10. 7.과 2005. 11. 15.에 각 개최된 아람조합의 조합원총회에서 신설한 규약은 강행법규인 산업발전법령에 위반하여 업무집행조합원의 조합재산 관리·운용권을 제한함으로써 효력이 없다고 판단하여 피보전권리에 관한 소명이 없다는 이유로 위 가처분신청을 기각하는 결정을 하였다(2005카합1942 사건).

자. 임시주주총회 당시의 의결권 행사

1) 국일제지는 신호제지의 임시주주총회가 개최되기 전날인 2005. 12. 12.까지 아람파이낸셜의 보유지분 13.5%,ⓞ 아람조합의 보유지분 2.2%, 피고 은행의 보유지분 11.7%, 국일제지의 보유지분 19.8%, 피난사의 보유지분 8.7%ⓟ를 포함하여 총

ⓞ 갑 제13호증의 3의 기재에 의하면 아람파이낸셜은 자신이 보유하던 주식지분을 일부 매도하거나 타인으로부터 빌려왔던 일부 주식을 돌려주어 2005. 11. 14.경을 기준으로 신호제지의 주식지분 12%를 보유하고 있었던 사실을 인정할 수 있는바, 아람파이낸셜은 신호제지의 임시주주총회를 앞두고 지분을 추가로 확보하여 위와 같은 지분에 이르게 되었다.

ⓟ 피난사는 원고 측의 우호지분으로 경영권 분쟁이 시작된 이후 아람파이낸셜에 대한 의결권 위임을 철회하고 우리투자증권 주식회사에게 의결권을 위임하였다. 그러나 피난사는 이 사건 주식매매가 이루어지는 등 국일제지가 신호제지를 인수하게 될 것으로 예상되자 마지막에

발행주식의 66.4%에 해당하는 15,818,620주의 우호지분을 확보하였다.

2) 신호제지의 총 발행주식의 67.56%에 달하는 16,079,773주의 주식을 보유한 주주 또는 대리인들이 참석한 가운데 2005. 12. 13. 개최된 임시주주총회에서 사내이사로 국일제지 측이 후보로 추천한 최우식, 강홍, 노승배, 주기돈, 임영환이 각 선임되었고, 사외이사로 국일제지가 추천한 김경태가 선임되었으며, 이사 이순국은 해임되었다. 그리고 같은 날 새로 선임된 국일제지 측 이사들에 의하여 개최된 이사회에서 출석이사 전원의 찬성으로 김종곤을 대표이사에서 해임하고 최우식을 신임 대표이사로 선출하면서 국일제지 측 이사들이 회사의 주요업무를 담당하기로 하는 결의를 하였다.

3) 한편, 원고 측 주주들은 같은 날 인근 음식점에서 신호제지의 총 발행주식의 25.26%에 해당하는 6,105,141주를 보유한 주주⑨가 참석한 가운데 별도의 임시주주총회를 개최하여 자신들이 추천한 이사들을 선출하고, 이사 이순국에 대한 해임 안건을 폐기하는 결의를 하였다.

차. 피고 이충식에 대한 형사재판

1) 한편, 피고 이충식은 ① 원고와 사이에 원고 소유의 아람파이낸셜 주식 786,000주를 피고 이충식 명의로 신탁하기로 하고 업무상 보관하던 중 2005. 8. 9.경 원고에게 명의신탁 사실을 부인하고 주식반환을 거부함으로써 39억 3,000만 원에 상당하는 위 주식을 횡령하고, ② 원고와 안신물류가 투자한 99억 5,000만 원으로 아람파이낸셜 명의로 신호제지 주식 1,877,358주를 매입하여 업무상 보관하던 중 2005. 9.경 원고와 안신물류로부터 주식의 반환요구를 받고도 이를 거부하여 99억 5,000만 원에 상당하는 위 주식을 횡령하였으며, ③ 아람조합 명의로 신호제지 주식 3,262,055주를 인수하여 아람조합을 위하여 업무상 보관하게 되었으면 경영권 유지를 실질적인 목적으로 하여 설립된 위 아람조합의 조합원들을 위하여 선량한 관리자의 주의로써 이를 관리하여야 함에도 불구하고 조합원들이 반대의사를 명백히 하였음에도 불구하고 업무상 임무에 위배하여 2005. 11. 14. 아람조합 소유의 주식 3,262,055주 중에서 273만 9,010주(신호제지 전체 주식의 11.57%)를 피고 은행에 매각하거나 공개매각하여 합계 205억 42,575,000원 상당에 해당하는 조합원들

의결권을 국일제지 측에 유리하게 행사하였다.

⑨ 신호제지에 대한 신안컨소시엄의 보유지분 9.9%, 우리사주조합의 보유지분 4.4%, 임직원 및 가족들의 보유지분 10.9%

의 주식을 횡령하였다는 사실로 기소되었고, 서울서부지방법원은 2006. 12. 21. 유죄를 인정하여 피고 이충식에게 징역 3년을 선고하였다(2006고합88 사건).

2) 이에 대하여 검사와 피고 이충식이 항소하였는데, 서울고등법원은 2007. 7. 12. 원고와 피고 이충식 사이의 아람파이낸셜 주식에 대한 명의신탁 사실과 원고, 안신물류와 피고 이충식 사이의 신호제지 주식에 대한 명의신탁 사실을 각 인정할 수 없고, 아람조합의 업무집행조합원인 아람파이낸셜은 조합원들의 의사에 따라 조합재산을 운영할 업무상 주의의무가 없으며, 이 사건 주식매매가 조합원들의 이익에 반하지도 않은 데다가 강행법규인 산업발전법령에 따르면 아람파이낸셜은 신호제지의 주식을 자신의 책임과 권한 하에 매각할 수 있으므로 피고 이충식이 이 사건 주식매매를 한 것을 업무상 임무에 위반한 것이라고 볼 수 없다는 이유로 무죄를 선고하였다(2007노179 사건).

3) 이에 대하여 검사가 상고하였고, 대법원은 2008. 10. 23. 원고와 피고 이충식 사이의 아람파이낸셜 주식에 대한 명의신탁 사실과 원고, 안신물류와 피고 이충식 사이의 신호제지 주식에 대한 명의신탁 사실이 모두 인정되고, 이 사건 신설 조합규약과 같이 투자자산의 처분 등을 조합원총회의 결의사항으로 한 것은 업무집행조합원의 대리권 행사방법을 제한한 것에 불과하여 무효라고 할 수 없으므로ⓡ 피고 이충식이 이 사건 신설 조합규약 및 조합원의 의사에 반함을 알면서도 업무집행조합원인 아람파이낸셜의 대표이사로서 보관 중이던 신호제지의 주식을 처분하였다면 횡령에 해당하고 횡령의 범의도 인정된다는 이유로 원심을 파기하였다(2007도6463 사건).

4) 환송 후 항소심에서 피고 이충식은 사실관계를 다투는 한편 자신이 대형 법무법인으로부터 이 사건 주식을 매각하더라도 법적으로 문제될 것이 없다는 취지의 의견을 듣고 이를 매각하였으므로 자신의 행위가 법령에 의하여 죄가 되지 않는 것으로 오인하였다고 하면서 법률의 착오를 주장하였다. 그러나 위 법원은 2009. 2. 6. 피고 이충식의 법률의 착오 주장이 정당한 이유가 없다는 이유로 배척하고ⓢ 피고

ⓡ 위 대법원 판결은 산업발전법의 규정취지상 업무집행조합원인 기업구조조정전문회사의 조합재산에 대한 관리·운용권 자체를 박탈할 수는 없다고 하더라도 조합규약이나 조합원총회의 결의에 의하여 업무집행조합원이 조합재산을 처분함에 있어 조합원총회의 결의를 거치게 하는 등의 제한은 할 수 있다고 보아야 한다고 판시하였다.

ⓢ 구체적인 배척이유는, 피고 이충식은 기업인수, 합병 분야에서는 우리나라 최고의 전문가들 중 한 사람이라고 할 수 있는바, 아람조합의 조합원총회에서 한 조합규약의 변경결의에도 불구하고 조합원들의 의사에 반하여 신호제지 주식을 처분할 수 있는지 여부 등에 관하여 의문이 있는 경우, 전체 사안의 내용을 분명하게 밝혀 감독관청의 유권해석을 받거나 법률자문

이충식과 검사의 항소를 모두 기각하면서 제 1 심 판결에서 징역 3년이 선고된 피고 이충식을 법정구속하였고, 이에 대하여 피고 이충식이 상고하였으나 대법원이 2009. 5. 28. 상고를 기각함으로써 유죄판결이 확정되었다.

(가) 원고는 아람파이낸셜의 실질적 지배주주로서 아람파이낸셜을 통해 아람컨소시엄을 결성하여 신호제지를 인수한 후 경영권을 단독으로 행사하여 왔다.

(나) 피고 이충식은 원고와 안신물류에 대해 아람파이낸셜 명의로 명의신탁된 신호제지 주식의 반환을 거부하고, 이 사건 주식매매를 통해 피고 은행에게 이 사건 주식을 매도하여 횡령행위를 하였고, 2005. 12. 13. 임시주주총회에서 원고의 의사에 반하여 아람파이낸셜 및 아람조합의 의결권을 행사함으로써 원고로 하여금 신호제지의 경영권을 상실하도록 하였다. 피고 은행은 피고 이충식이 횡령행위에 해당하는 이 사건 주식매매를 감행하여 국일제지에게 신호제지의 경영권을 넘기려는 의도를 알면서도 이에 가담하여 이 사건 주식을 매입하고 나아가 위 임시주주총회에서 국일제지에게 유리하게 의결권을 행사함으로써 원고로 하여금 위와 같은 경영권 상실의 손해를 입도록 하였다. 따라서 피고들은 공동불법행위자로서 각자 원고에게 원고가 입은 경영권 상실로 인한 손해를 배상할 책임이 있다.

(2) 피 고 들

(가) 원고가 명의신탁에 의해서 보유하고 있는 신호제지의 지분은 4.7%에 불과하여 독자적인 경영권 행사가 불가능하고, 설령 원고가 우호지분의 지지를 통해 신호제지의 경영권을 사실상 행사하였다고 하더라도 우호지분은 언제든지 적대적으로 바뀔 수 있는 일시적, 불안정한 것에 불과하므로 이를 기초로 한 경영권을 계속적, 안정적인 경영권이라고 할 수 없다. 나아가 원고는 신호제지의 구 사주인 이순국 측 인물로서 구 채권단 및 신 채권단과의 약정에 따라 이순국이나 그와 관련된 사람이 신호제지의 경영에 참여할 수 없었다. 따라서 원고가 법률상 보호되는 경영권이 있음을 전제로 피고들에게 경영권 프리미엄 상당의 손해를 구하는 것은 이유

가의 자문을 구하는 등의 노력을 다 하였어야 할 것인데, 피고 이충식은 대부분의 사실관계를 숨기고 한 법무법인으로부터 조합원총회에서 한 조합규약에 대한 변경결의가 산업발전법 관련 조항에 위배되어 무효가 될 여지가 많고 주식을 시가로 매각할 경우 특별한 사정이 존재하지 않는 이상 배임죄가 성립하기 어렵다는 자문의견을 받은 후, 더 이상 자신의 행위가 위법한지 여부에 대하여 심사숙고하지 아니한 채, 아람조합 명의의 신호제지 주식을 처분하여 조합원들이 신호제지 주식을 다시 회복할 수 있는 여지를 완전히 봉쇄한 것은 자신의 지적 능력을 다하여 위법행위를 회피하기 위한 진지한 노력을 다하였다고 볼 수 없으므로 피고 이충식이 위법성을 인식하지 못한 것에 정당한 이유가 있다고 하기 어렵다는 것이었다.

없다.

(나) 나아가 피고 은행은 이 사건 주식을 취득할 당시 장중대량매매를 통해 상대방을 모르고 매수한 것으로 매매대상 주식이 아람조합의 소유인지 알지 못하였고 이를 알 수도 없었으므로 피고 이충식의 불법행위에 가담한 바 없다. 또한, 서울서부지방법원의 결정에 의하여 피고 은행의 이 사건 주식에 대한 의결권 행사가 허용되었으므로 피고 은행의 의결권 행사가 불법행위에 해당한다고 할 수도 없다.

나) 원고의 신호제지에 대한 경영권의 존부

위 인정사실로 미루어 알 수 있는 다음과 같은 사정, 즉 ① 원고는 신호제지의 주식을 취득하는 방식으로 신호제지를 인수·경영하기 위하여 피고 이충식으로 하여금 아람파이낸셜을 통하여 인수업무를 대행하게 하였고, 이에 따라 원고와 안신물류가 피고 이충식에게 인수자금을 교부하고 피고 이충식은 위 자금을 이용하여 아람파이낸셜의 증자절차를 거쳐 신호제지의 주식을 아람파이낸셜 명의로 취득하였던 점, ② 그렇다면 아람파이낸셜은 원고가 신호제지 인수를 위하여 이용한 일종의 특수목적법인에 해당하여 그 자체에 대한 경영이 당사자들의 관심사가 될 여지가 없고, 피고 이충식 측은 원고의 자금임이 드러나지 않도록 명의만 대여한 것에 불과하여 아람파이낸셜 내부의 형식적 지분비율 및 등기부상의 대표이사 여하와 상관없이 신호제지 인수·경영에 관한 한 원고의 의사대로 의사결정이 이루어졌다고 보는 것이 합리적이며, 이러한 측면에서 신호제지에 대한 경영권 행사가 곧 아람파이낸셜에 대한 지배권 행사가 되는 셈이라고 볼 수 있는 점, ③ 원고 측이 제공한 아람파이낸셜의 증자대금이나 아람파이낸셜의 아람조합에 대한 출자금도 신호제지의 주식 인수자금으로 사용되었다고 볼 것이므로 원고의 신호제지에 대한 실질적 주식지분은 4.7%를 훨씬 상회한다고 볼 것인 점, ④ 나아가 원고는 아람조합이나 아람컨소시엄의 결성을 주도하였는데, 아람파이낸셜이 아람조합의 업무집행조합원으로서 산업발전법상 조합재산에 대한 관리·운용권이 있었고 아람컨소시엄의 재무적 투자자들인 한국캐피탈, 신한캐피탈, 피난사로부터 의결권을 위임받았기 때문에 원고가 아람파이낸셜을 통해 아람컨소시엄이 취득한 신호제지의 지분 59.2%(2004. 12. 15. 당시)에 대한 의결권을 단독으로 행사할 수 있었다고 볼 것인 점,[t] ⑤ 이

ⓣ 을나 제18호증의 기재에 의하면 아람컨소시엄의 구성사들은 구 증권거래법(2005. 1. 17. 법률 제7339호로 개정되기 전의 것) 제21조 제 1 항, 동법 시행령(2005. 1. 27. 시행령 제18687호로 개정되기 전의 것) 제10조의3 제 4 항의 공동보유자(본인과 합의 또는 계약 등에 의하여 주식을 공동으로 취득하거나 처분하기로 하거나 의결권을 공동으로 행사하기로 하는 등

후 원고는 스스로 집행임원으로 위촉되고 부회장에 취임하였을 뿐만 아니라 자신이 추천한 김종곤을 대표이사에 취임하게 하고 자기 측 이사를 과반수 이상 선임하여 이사회를 장악하였으며 김종곤을 통해 경영의 중요사항에 관하여 보고를 받는 등 대내적으로 인사 및 재무사항 등을 결정하고 대외적으로 김종곤을 통하여 주주, 노조, 금융기관 등 이해관계 집단과의 관계에서 신호제지의 경영이익을 원고의 의사대로 결정하여 온 것으로 볼 수 있는 점, ⑥ 피고 이충식은 아람파이낸셜의 증자 당시 원고를 지배주주로 만들어 주기로 약정하였을 뿐만 아니라 위와 같이 원고가 아람파이낸셜을 통해 신호제지의 경영권을 행사하는 것에 대해 아람파이낸셜의 법령상의 대표이사이자 대주주로서 아무런 이의를 제기하지 않은 것에 비추어 원고가 아람파이낸셜을 통해 신호제지를 지배하는 것을 지지·조력한 것으로 보이는 점, ⑦ 원고는 이 사건 주식매매가 있었던 2005. 11. 14.경에도 아람파이낸셜 보유지분 12%, 아람조합 보유지분 13.7%, 피난사 보유지분 8.7%, 우리사주조합 보유지분 4.4%, 임직원 보유지분 4.9% 총 43.7%에 관하여 그의 의사대로 의결권을 행사할 수 있었고,[ⓤ] 피고 이충식의 이 사건 주식매매가 없었더라면 2005. 12. 13. 임시주주총회 당시까지도 아람파이낸셜 보유지분 13.5%, 아람조합 보유지분 13.7%, 우호지분 25.2% 총 52.4%에 관하여 그의 의사대로 의결권을 행사할 수 있었을 것인 점, ⑧ 특히 아람파이낸셜이 국일제지에 동조하기 시작한 뒤로 아람조합은 아람파이낸셜의 업무집행조합원으로서의 권한을 제한 내지는 박탈하려고 시도하였는바, 이는 아람파이낸셜과 아람조합의 실질적 의사결정권자가 피고 이충식이 아닌 원고였음을 뒷받침한다고 볼 것인 점에다 ⑨ 원고가 전략적 투자자[ⓥ]로서 아람파이낸셜과 아람조합의 신호제지 주식지분을 기반으로 다른 우호지분을 더하여 신호제지의 경영권을 취득하고 행사하여 왔다면 이미 원고가 취득한 경영권은 그 취득원인이 위법한 것이 아닌 이상 법률상 보호받아야 하는 경영권으로 볼 수 있는 점, ⑩ 우호지분이

의 합의를 한 자)로 신고되어 있었다. 다만, 위 증권거래법 및 시행령의 취지는 기업의 경영권의 급작스런 침탈을 막기 위하여 본인과 특별관계자(특수관계인+공동보유자)가 보유하게 되는 회사의 주식이 5% 이상이 되는 경우 공시를 통해 공개매수하라는 것이지 경영권 행사와 관련하여 특수관계자의 지분을 본인의 지분으로 간주할 수 있다는 것까지 포함한다고 보기 어렵다.

ⓤ 당시 추가로 신안컨소시엄의 보유지분 9.9%도 우호지분으로 원고의 의사대로 의결권을 행사할 수 있었다.

ⓥ 기업의 M&A(기업인수합병) 또는 대형 개발·건설사업으로 대규모의 자금이 필요할 때 경영권 확보(경영참여)를 목적으로 자금을 지원하는 투자자를 전략적 투자자(Strategic Investors)라고 한다(네이버 백과사전).

란 제 3 자가 보유한 지분으로 언제든지 의사결정을 달리 할 수 있으나 현실적으로 원고가 경영권을 유지하기 위한 우호지분을 확보하여 경영권을 취득하였다면 이는 지분비율과는 별개 차원의 권리로 인정될 수 있는 점, ⑪ 가사 원고가 신호제지와 구 채권단 및 신 채권단 사이의 약정에 의할 경우 신호제지의 경영에 참여할 수 없었다고 하더라도, 원고가 현실적으로 신호제지의 경영권을 취득하여 행사하였으면 이는 위 약정에 대한 채무불이행에 불과할 뿐 이미 원고에게 귀속된 경영권이 법률상 보호받을 가치가 없는 것이 된다고 볼 수 없는 점 등을 더하여 보면, 원고는 전략적 투자자로서의 아람파이낸셜과 아람조합의 주식지분에 대한 의사결정권한을 직접 행사하고 계약 또는 합의를 통해 아람파이낸셜이 재무적 투자자들의 의결권을 위임받도록 하는 등으로 2004. 12. 15.경부터 2005. 12. 13.자 임시주주총회에서 경영권을 상실하기까지 신호제지에 대한 경영권을 실질적으로 행사하였다고 볼 수 있다.

다) 피고 이충식의 불법행위책임

(1) ① 원고는 2004. 12. 15. 무렵부터 신호제지에 대한 경영권을 취득하여 행사하여 온 사실, ② 원고는 2005. 12. 13.자 임시주주총회에서 국일제지 측 이사들이 선임되고 같은 날 이사회에서 김종곤이 대표이사에서 해임되면서 신호제지의 경영권을 상실한 사실, ③ 피고 이충식은, ㉮ 2005. 9. 23. 원고와 안신물류가 아람파이낸셜 명의로 명의신탁한 신호제지의 주식지분 7.8% 상당의 반환을 거부하였고, ㉯ 2005. 12. 13. 임시주주총회에서 원고가 신호제지의 인수를 위해 자신의 자금을 투입하고 경영권 행사의 도구로 이용한 아람파이낸셜의 보유지분(특히 그 중 39억 3,000만 원 상당의 주식지분은 전적으로 원고의 소유이다.)에 대해 등기부상 대표이사임을 기화로 원고의 의사와 달리 국일제지 측을 위해 의결권을 행사하고 아람조합의 남은 지분 2.2% 역시 조합원들의 의사에 반하여 국일제지 측을 위해 의결권을 행사하였으며, ㉰ 2005. 11. 14. 피고 은행과의 이 사건 주식매매를 통하여 원고가 경영권을 행사·유지하는 데 필요한 아람조합의 보유지분 대부분을 횡령한 사실, ④ 2005. 12. 13. 임시주주총회 당시 국일제지 측이 확보한 주식지분은 66.4%, 원고 측이 확보한 주식지분은 25.2%이었는바, 만약 아람파이낸셜의 주식지분 13.5%와 아람조합의 주식지분 13.7%를 원고 측이 행사하였다면 원고 측 주식지분은 52.4%(=25.2%+13.5%+13.7%)이고 국일제지 측 주식지분은 39.2%(=66.4% −13.5%−13.7%)가 되어 원고가 임시주주총회의 안건을 부결시킴으로써 신호제지의 경영권을 방어할 수 있었던 사실은 앞서 본 바와 같다.

(2) 위 인정사실에 의하면, 원고는 피고 이충식의 위와 같은 일련의 불법행위, 즉 원고와 안신물류가 명의신탁한 주식 및 아람조합 소유주식을 횡령하고 원고의 의사에 반하여 아람파이낸셜이나 아람조합의 의결권을 행사한 행위로 인하여 2005. 12. 13.자 임시주주총회를 통하여 신호제지의 경영권을 상실하게 되었다고 봄이 상당하므로, 피고 이충식은 원고에게 신호제지의 경영권 상실로 인하여 입은 손해를 배상할 책임이 있다.

라) 피고 은행의 불법행위책임

피고 은행은 피고 이충식과 국일제지가 신호제지의 주식을 매입하여 국일제지에 유리하게 의결권을 행사하여 달라는 부탁을 받고 이에 응하여 이 사건 주식매매를 통해 신호제지의 주식지분 11.7% 상당인 280만 주를 취득한 사실, 피고 은행은 위와 같이 주식을 취득하면서 205억 42,575,000원 상당인 신호제지의 주식 중 273만 9,010주를 장중대량매매를 통해 일괄매수하였는데, 이는 전부 아람조합이 보유한 신호제지 주식이었던 사실, 피고 은행은 2005. 12. 13. 임시주주총회에서 이 사건 주식에 대한 의결권을 국일제지 측에 유리하게 행사한 사실, 피고 이충식은 이 사건 신설 조합규약에 위반하여 자신이 보관 중이던 아람조합의 보유주식을 임의로 매도함으로써 횡령을 하였다는 범죄사실로 유죄판결을 선고받고 그 판결이 확정된 사실은 앞서 본 바와 같다.

위와 같은 사실에 앞서 본 인정사실에 의하여 알 수 있는 다음과 같은 사정을 종합하여 보면, 피고 은행은 피고 이충식이 국일제지의 적대적 기업인수를 성사시키기 위하여 아람조합의 조합원들의 의사에 반하여 그 보관 중이던 이 사건 주식을 매각함으로써 횡령행위를 한다는 점을 알았거나, 이를 알 수 있었음에도 기업인수·합병 및 산업발전법의 해석에 있어 전문가 중 일인으로서 이 사건 주식매매가 위법한지에 관하여 심사숙고해야 할 주의의무를 해태한 중대한 과실로 이를 모른 채 이 사건 주식을 매입하였고, 나아가 직접 대출채무자 회사의 경영권 분쟁에 참여하여 적대적 기업인수를 시도하는 국일제지 측에 유리하게 의결권을 행사함으로써 피고 이충식과 공동으로 불법행위를 하였거나 피고 이충식의 불법행위를 방조하였다고 봄이 상당하다(피고 은행의 행위는 피고 이충식의 불법행위와 민법 제760조 제1항에 따른 객관적 관련공동성ⓦ이 있거나 그렇지 않더라도 같은 조 제3항에 따른 고

ⓦ 공동불법행위의 성립에는 공동불법행위자 상호간에 의사의 공통이나 공동의 인식이 필요하지 아니하고 객관적으로 그들의 각 행위에 관련공동성이 있으면 족하고 그 관련공동성 있는 행위에 의하여 손해가 발생하였다면 그 손해배상책임을 면할 수 없는 것이다(대법원 1998.

의 또는 과실에 의한 방조⑧에 해당한다.). 따라서 결국 피고 은행은 피고 이충식과 각자 원고에게 위와 같은 공동불법행위로 인하여 원고가 입은 신호제지의 경영권 상실에 따른 손해를 배상할 책임이 있다.

(1) 경영권 분쟁이 2005. 8.경 가시화되어 수개월에 걸쳐 계속되었는바, 피고 은행은 신호제지의 채권자이자 신 채권단의 관리은행으로서 앞서 본 경영권 분쟁과정을 비교적 소상히 파악하고 있었을 것으로 보인다. 구체적으로 피고 은행은 언론보도나 피고 이충식의 보고 등을 통해 아람조합 보유의 주식지분이 경영권 분쟁의 승패를 결정할 주식지분(이른바 캐스팅 보트)이라는 사실과 아람조합의 조합원들이 아람파이낸셜의 의결권 행사에 반대하여 2005. 11. 15.자 임시조합원총회를 개최할 예정이라는 사실, 2005. 10. 7.자 임시조합원총회에서 결의된 이 사건 신설 조합규약에 대한 재확인이 안건으로 되어 있다는 사실을 충분히 알 수 있었을 것으로 보인다.

(2) 피고 이충식은 국일제지 측 직원과 함께 2005. 11. 10. 피고 은행의 투자금융부 기업구조조정팀장인 김정익을 만나 이 사건 주식을 매수하여 국일제지에게 유리하게 의결권을 행사하여 줄 것을 요청하여 승낙을 받았고, 피고 은행은 그 다음 날인 2005. 11. 11.(금요일) 신용위원회를 열어 경영권 분쟁 중에 있는 주식으로 향후 투자금을 회수할 수 있을지가 불투명한 이 사건 주식을 210억 원이라는 거액을 들여 시장가격보다 비싸게 매입하기로 결정한 후, 주말이 지난 직후이자 아람조합의 임시조합원총회 개최 전날인 2005. 11. 14.(월요일) 이 사건 주식매매를 단행하였다. 게다가 피고 은행은 이렇게 위험성이 큰 투자에 대해 전형적인 무자본 기업인수를 시도하고 있는 국일제지로부터 극히 형식적인 담보로 중소기업인 국일제지의 주식 20만 주에 대한 담보권과 국일제지가 보유한 신호제지 주식 230만 주에 대한 후순위 담보권만을 취득하였다. 이로써 피고 은행은 다수의 예금자와 관련을 맺고 있기 때문에 고도의 주의의무를 통해 건전경영을 유지해야 할 시중은행으로서

---

9. 25. 선고 98다9205 판결 참조).

⑧ 민법 제760조 제 3 항은 교사자나 방조자는 공동행위자로 본다고 규정하여 교사자나 방조자에게 공동불법행위자로서 책임을 부담시키고 있는바, 방조라 함은 불법행위를 용이하게 하는 직접, 간접의 모든 행위를 가리키는 것으로서 작위에 의한 경우뿐만 아니라 작위의무 있는 자가 그것을 방지하여야 할 여러 조치를 취하지 아니하는 부작위로 인하여 불법행위자의 실행행위를 용이하게 하는 경우도 포함하고, 이러한 불법행위의 방조는 형법과 달리 손해의 전보를 목적으로 하여 과실을 원칙적으로 고의와 동일시하는 민법의 해석으로서는 과실에 의한 방조도 가능하며, 이 경우의 과실의 내용은 불법행위에 도움을 주지 말아야 할 주의의무가 있음을 전제로 하여 이 의무에 위반하는 것을 말하고, 방조자에게 공동불법행위자로서의 책임을 지우기 위해서는 방조행위와 피방조자의 불법행위 사이에 상당인과관계가 있어야 한다(대법원 2007. 6. 14. 선고 2005다32999 판결).

은행법ⓨ이 정하고 있는 은행의 고유 업무범위를 벗어난 매우 이례적인 거래를 별 다른 교섭도 거치지 않은 채 단시간 내에 완결하였다.

(3) 나아가 피고 은행은 신호제지의 주채권은행으로서 현 경영진에 대한 불만이 있는 경우 대출금의 조기회수와 같은 방식으로 이를 시정할 수 있었음에도 이러한 조치를 취하지 아니한 채 위와 같이 위험성이 큰 이 사건 주식매매를 통해 자신이 신호제지의 주주가 되어 직접 경영권 분쟁에 참여하여 일방에게 유리하게 의결권을 행사함으로써 국일제지 측의 승리를 이끌어 내었다.ⓩ

(4) 장중대량매매는 실제로 매도인과 매수인이 사전에 물량과 가격에 관하여 합의를 한 다음 대리인인 증권사들을 통해 장중에서 거래를 체결하는 것이 대부분이다. 피고 은행 역시 피고 이충식과 사이에 약속한 대로 정확히 280만 주를 동일한 가격인 7,500원에 대부분 일괄매수한 것으로 보아 증권사를 통해 이미 매매대상 주식의 보유자를 알 수 있었을 것으로 보인다.

(5) 그렇다면 매도인이 아람조합의 업무집행조합원으로서 이미 국일제지 측에 가담해 있음이 드러난 상황에서 아람조합 보유지분에 대한 의결권을 행사할 지위에 있는 피고 이충식이 굳이 조합 보유주식을 처분하려고 한다는 것은 조합원들 의사가 업무집행조합원의 의사와 다르다는 점을 뒷받침하는 것인데, 그럼에도 피고 은행은 이 사건 주식을 매수하였던 것이다. 피고 은행은 다수의 기업들의 주채권은행으로서 부실기업의 구조조정에 참여한 경험이 많으므로 기업인수·합병 및 산업발전법의 해석에 있어 전문가 중 일인이라고 할 수 있는바, 아람조합의 조합원총회에서 이 사건 신설 조합규약을 결의하였음에도 불구하고 업무집행조합원이 조합원들의 의사에 반하여 신호제지의 주식을 처분하는 것이 위법하지 아니한지에 관하여 심사숙고해 보아야 한다. 그런데도 피고 은행이 피고 이충식의 말과 피고 이충식이 대부분의 사실관계를 숨기고 한 법무법인으로부터 받은 자문의견ⓐⓐ만으로 이 사건

ⓨ 제27조(업무범위) ② 은행업무의 범위는 다음 각 호와 같다.
1. 예금·적금의 수입 또는 유가증권, 그 밖의 채무증서의 발행
2. 자금의 대출 또는 어음의 할인
3. 내국환·외국환

ⓩ 피고 은행은 주채권은행으로서 신호제지의 경영정상화를 위하여 적대적 기업인수 과정에 뛰어들게 되었다고 강변하나, 원고 측이 신호제지를 인수·경영한 지 1년도 지나지 않은 시점에서 특별히 경영실패로 볼 만한 특별한 사정도 보이지 않은 터에 이와 같이 공격자 측인 국일제지를 위한 우호세력(이른바 흑기사)으로 나선 것이다.

ⓐⓐ 갑 제20호증의 기재에 의하면, 자문의견의 내용은 2005. 10. 7.자 임시 조합원총회에서 이 사건 신설 조합규약을 추가하기로 한 조합규약에 대한 변경결의가 산업발전법 관련 조항에 위배되어 무효가 될 여지가 많고 주식을 시가로 매각할 경우 특별한 사정이 존재하지 않는 이

주식매매가 아무런 문제가 없다고 판단한 것은 자신의 지적 능력을 다하여 위법행위를 회피하려는 노력을 다하지 못한 것으로 볼 수 있다.

(6) 나아가 피고 은행의 이 사건 주식매매 직후, 신호제지 노동조합은 2005. 11. 25. 조합원 1,200여 명이 참석한 가운데 피고 은행이 신호제지 경영권 탈취에 가담한 행위를 비난하는 집회를 하였고 위 집회는 언론사를 통해 크게 보도되었다. 또한, 여러 신문기사를 통해 이 사건 주식매매에 대한 적법성에 대해 아람조합이 문제를 제기하고 있는 상황이 보도되었으며 실제로 아람조합의 조합원들 29개사가 2005. 11. 22. 이 사건 주식매매에 대해 피고 이충식을 횡령 또는 배임으로, 피고 은행의 대표이사 신상훈을 피고 이충식의 횡령 또는 배임에 대한 교사·방조로 형사고소하였다. 그럼에도 피고 은행은 이 부분에 대한 별다른 법적 검토 없이 2005. 12. 13. 임시주주총회에서 국일제지에 유리하게 의결권을 행사하였다.

(7) 2005. 11. 16.자 한국경제신문에는 '신호제지의 최대 채권은행인 신한은행은 지난 14일 신호제지 주식 280만 주(지분율 11.8%)를 장내에서 매입했다고 16일 밝혔다. 신한은행이 매입한 지분 가운데 273만 9,010주(지분율 11.5%)는 아람조합이 내놓은 물량이다.'라는 기사가 나왔는데, 이와 같은 기사내용은 피고 은행이 언론을 통하여 밝힌 것으로 보이고 이에 따르면 이미 피고 은행은 이 사건 주식이 아람조합 보유지분이라는 것을 인식하였다고 볼 수 있다.

(1) 경영권 프리미엄이란 회사지분을 100% 소유하지 않아도 회사의 지배권을 행사할 수 있는 별도의 특수한 경제적 가치, 즉 지배주주가 그가 소유하는 주식을 통하여 회사 지배권(경영권)을 보유하는 것이므로 다른 주식과는 달리 지배주주가 소유한 주식의 가치에 부가된 회사의 지배가치를 의미한다. 경영권 프리미엄의 가치는 통상 회사의 현재 및 미래 가치, 경영권 획득으로 인한 파급효과, 경영권 확보에 필요한 주식을 공개시장에서 매수할 경우의 필요비용 등을 고려하여 결정되는 것이지만 궁극적으로는 거래 상대방과의 교섭조건, 교섭능력 등에 따라 구체화될 수밖에 없는 것이다(대법원 2009. 10. 29. 선고 2008도11036 판결 참조).

(2) 이 사건의 경우 앞서 본 바와 같이 원고가 신호제지의 경영권을 취득하여 행사하고 있다가 국일제지의 적대적 기업인수로 인해 2005. 12. 13.자 임시주주총회에서 이를 상실한 것으로 지배주주에게 경영권 프리미엄이 지급되는 우호적 기업인

상 배임죄가 성립하기 어렵다는 내용이다. 나아가 법무법인의 자문의견서가 2005. 11. 11. 아람파이낸셜에게 제출되는 것으로 되어 있지만, 위 자문의견서는 피고 이충식을 통해 결국 피고 은행에게 제출되어 이 사건 주식매매의 적법성을 검토하는 자료로 사용된 것으로 보인다.

수가 아니다. 그러나 원고가 경영권을 상실한 것이 피고들의 공동불법행위로 인한 것이어서 이 사건 소를 통해 그 손해를 전보받고자 하는 경우 경영권의 가치를 산정하는 방법은 우호적 기업인수를 전제로 지배주주의 주식에 부가되는 특수한 경제적 가치인 경영권 프리미엄이라고 할 수밖에 없으므로 그 손해액은 경영권 프리미엄 상당액인 것이고, 경영권 프리미엄의 가치는 전문지식을 가진 감정인을 통해 산정하는 것이 타당하다고 보인다. 나아가 법원으로서는 동일한 사항에 관하여 상이한 수개의 감정결과가 있을 때 그 중 하나에 의거하여 사실을 인정하였다면 그것이 경험칙이나 논리법칙에 위배되지 않는 한 적법하다(대법원 2005. 1. 14. 선고 2001다81320 판결 등 참조).

(3) 경영권 프리미엄 가액의 평가방법이 적정한지 여부는 결국 그 평가방법이 기업의 가치를 얼마나 적절히 반영하고 있는지에 달려 있는데, 여기에는 ① 평가기준일의 자산총계에서 부채총계를 차감하여 순자산가치를 산정하고 순자산가치를 발행주식 총수로 나누어 개별주식가치를 평가하는 방법인 순자산가치법, ② 기업의 미래수익금액을 적정할인율로 할인한 현재가치로 기업가치를 평가하는 방법인 순이익할인법, ③ 기업의 일정 경영기간의 현금흐름을 추정하여 사업총기간의 현금흐름과 사업기간 종료시의 현금흐름 합계액을 가중평균자본비용으로 할인하여 현재가치를 계산·평가하는 방법인 미래현금흐름할인법, ④ 상속세 및 증여세법 제63조 제3항ⓑ에 따라 주식의 가치에 30%를 가산하여 계산하는 방식 등 여러 가지 평가방법이 있다.

(4) 이 사건에 관하여 보건대 감정인 안세회계법인의 감정결과, 이 법원의 안세회계법인에 대한 사실조회결과에 변론 전체의 취지를 종합하면, 감정인은 신호제지의 경영권 프리미엄 가액을 위에서 언급한 평가방법을 포함하여 14가지 방식으로 평가하였는데, 그 중 7가지 방식이 경영권 프리미엄 가액을 산정하는 데 적합하다고 보았으며 위 7가지 방식 중에서도 상속세 및 증여세법에 의한 평균주가에 30%를 가산하는 할증평가방법이 평가방법에 대한 법적 근거가 있고 여러 가지 방식으로 산정한 경영권 프리미엄 가액의 평균값에도 근접하여 가장 객관적인 감정가액이라고 평가한 사실, 상속세 및 증여세법에 의한 평균주가에 30%를 가산하는 할증평

ⓑ 상속세 및 증여세법 제63조 제3항: 제1항 제1호, 제2항 및 제60조 제2항을 적용할 때 대통령령으로 정하는 최대주주 또는 최대출자자 및 그와 특수관계에 있는 주주 또는 출자자의 주식 등에 대해서는 제1항 제1호 및 제2항에 따라 평가한 가액 또는 제60조 제2항에 따라 인정되는 가액에 그 가액의 100분의 20을 가산하되, 최대주주 등이 해당 법인의 발행주식 총수 등의 100분의 50을 초과하여 보유하는 경우에는 100분의 30을 가산한다.

가방법에 의할 때 계산과정과 근거자료는 별지 기재와 같고, 그에 따라 계산된 신호제지의 경영권 프리미엄 가액은 약 902억 원 상당인 사실을 인정할 수 있다.

(5) 나아가 원고의 손해액의 범위에 관하여 보건대, 경영권이 1인에게 전적으로 귀속되는 것이고 가분적인 것이 아니라고 하더라도 경영권 프리미엄은 지배주주가 보유한 주식에 부가되는 특별한 경제적 가치로서, 앞서 본 감정결과에 의하더라도 경영권 프리미엄으로 총체적인 하나의 금액이 나오는 것이 아니라 경영권 프리미엄이 부가된 1주당 가격이 6,890원으로 산정되는 이상 지분비율에 따라 나누어 산정될 수 있는 것이고, 감정인은 신호제지의 주식지분 100% 보유를 전제로 한 경영권 프리미엄을 감정목적으로 산정한 것일 뿐이므로 감정결과만으로 그 전부가 원고가 입은 손해라고 할 수는 없다. 그렇다고 하여 이 사건 청구는 주식지분의 상실로 인한 손해의 배상을 구하는 것이 아니고 일정한 주식지분에 터잡은 경영권 상실로 인한 손해의 배상을 구하는 것이므로 단순히 원고 측이 실제로 보유하는 주식지분의 비율에 상응한 경영권 프리미엄 가액만을 손해라고 평가할 수도 없다.

그렇다면 원고는 위 감정결과상의 경영권 프리미엄 상당액 중 경영권 행사의 기반이 된 주식지분 비율 전체에 상응한 금액을 손해액으로 구할 수 있다고 봄이 타당하다.

경영권 프리미엄이 부가되는 주식은 객관적으로 지배주주의 보유주식(또는 지배를 받는 주식)으로서 주관적으로 경영권 행사의 의도가 분명해야 한다고 보이므로 원고의 경영권 행사의 기반이 된 지분비율에 관하여 보건대, 앞서 본 사실에 의하면 원고는 신호제지의 인수를 위하여 아람파이낸셜에 증자대금을 투입한 후 신호제지의 주식지분을 인수하였고, 아람조합을 주도적으로 결성한 후 업무집행조합원인 아람파이낸셜을 통해 아람파이낸셜 자체의 보유지분 및 아람조합이 보유한 지분에 대해 신호제지의 최대주주(2004. 12. 15. 당시 아람파이낸셜과 아람조합의 주식지분 합계 33%)로서 신호제지의 경영권을 취득하고 이를 행사하여 왔다. 이에 반해 재무적 투자자인 신한캐피탈, 한국캐피탈, 피난사는 아람파이낸셜에게 그 보유지분에 대한 의결권을 위임하여 원고의 경영권을 유지하게 하는 우호지분이기는 하였으나 경영권을 행사할 의도가 없는 주식지분이었으므로 경영권 프리미엄과 같은 특수한 가치가 부가되는 주식지분이라고 할 수 없다(게다가 위 재무적 투자자들은 모두 자신의 보유지분을 국일제지에게 매도하거나 의결권을 국일제지를 위해 행사하였다.). 따라서 원고가 취득하고 행사한 경영권의 기반이 되는 신호제지의 주식지분은 경영권 행사의 목적이 분명했던 아람파이낸셜과 아람조합 보유의 주식지분이라고 봄이 상당하고, 원고의 손해는 2005. 12. 13. 임시주주총회에서 경영권을 상실함으로써 발생한 것이므로 당시의 지분비율인 27.2%(=아람파이낸셜 13.5%+아람조합 13.7%)에 따라 산정함이 타당하다.

(6) 따라서 피고들은 각자 원고에게 원고의 경영권 상실에 따른 손해로서 24,534,400,000원(=902억 원×27.2%) 및 이에 대하여 원고가 구하는 대로 불법행위가 종료한 다음날인 2005. 12. 14.부터 이 판결 선고일인 2011. 9. 22.까지 민법이 정한 연 5%, 그 다음날부터 다 갚는 날까지 소송촉진 등에 관한 특례법이 정한 연 20%의 각 비율로 셈한 지연손해금을 지급할 의무가 있다.

[별지]

상속세 및 증여세법에 의한 평균주가에 30%를 가산하는 할증평가방법

[주당 기업가치 계산산식]

1주당 기업가치=상장법인 주식의 기준일 전 2달과 이후 2달의 종가평균가액 ×130%

[계산과정과 근거자료]

㉮ 신호제지의 일반주주 보통주가의 4개월 평균: 3,100원(원고가 신호제지의 경영권을 취득할 무렵인 2004. 11. 15. 전 3개월 종가평균)

㉯ 원고 측의 신호제지 경영권 인수가격: 5,300원(원고 측의 6개월 운영상태)

㉰ 피고들 측의 신호제지 경영권 탈취가격: 7,500원(피고들 측의 6개월 운영상태)

㉱ 위의 ㉮, ㉯, ㉰ 세 가지 가격의 평균가격: 5,300원 {=(3,100원+5,300원+7,500원)÷3}

㉲ 할증평가액 가산액에 의한 1주당 가액: ㉱×130%=6,890원

[계산결과]

○ 상속세 및 증여세법의 할증평가액 총액: 164,061,007,630원(=신호제지의 발행주식 총수 23,811,467주×6,890원)

○ 일반주주의 시장교환가치 총액: 73,815,547,700원

∴ 상속세 및 증여세법상 할증평가방법에 의한 경영권 프리미엄: 90,245,459,930원(=164,061,007,630원−73,815,547,700원)

서울고법 2012. 2. 10. 선고 2010나124139/124146 판결(나×훈 v. SKT)

가. 중대한 부정적인 변동 또는 영향의 의미

이 사건 주식양수도계약에서 진술과 보증 조항은 주식의 양도인인 원고들과 양수인인 피고 에스케이텔레콤 사이에 바바클럽의 일정한 사항을 상대방에게 진술하여 확인하고 이를 보증하는 조항으로서, 원고들 측에서 바바클럽에 대한 정보를 가지고 있고 피고 에스케이텔레콤은 실사를 통하여 모든 필요한 정보에 접근하기는 어렵기 때문에 원고들로 하여금 정보를 제공하도록 하고, 바바클럽에 하자가 있는 경우 그에 따른 경제적 위험을 원고들과 피고 에스케이텔레콤 중 누가 부담할 것인지를 정하여 실질적으로 매매가격 조정의 효과를 거둘 수 있게 된다. 즉, 이 사건 주식양수도계약 제 1 조에 따라 자산, 부채 등에 대하여 그 총액이 양수도대금의 10%인 390,000,000원을 초과하지 않는 부정적인 변동 또는 영향이 생긴다면, 이에 따른 경제적 위험은 양수인인 피고 에스케이텔레콤이 부담하고, 이를 초과하는 경제적 위험이 생긴다면, 이에 따른 경제적 위험은 양도인인 원고들이 부담하도록 하는 것이다.

위와 같은 사정 및 문언의 객관적 해석에 비추어 볼 때, 위 계약 제 1 조는 자산, 부채, 운영 또는 전망 등에 대하여 양수도대금의 10%인 390,000,000원 이상의 부정적인 변동 또는 영향, 즉 재무제표 기타 회계처리 등에서 마이너스에 해당하는 변동 또는 영향이 생긴 경우를 '중대한 부정적인 변동' 또는 '중대한 부정적인 영향'으로 정의한 것이라고 봄이 상당하다.

(5) 다만, 이 사건 주식양수도계약에 의하면 부정적 변동금액이 양수도대금의 10%인 3억 9천만 원을 초과하지 아니하면 양도인에게 아무런 책임을 묻지 아니하고, 10%를 넘기만 하면 그 초과액이 아닌 변동금액 전액을 책임지우는 것이 되어 이 사건 양수도대금의 규모에 비추어 양도인에게 다소 가혹한 면이 있고, 중대한 부정적 변동이 있는지 여부를 회계법인의 실사 결과에 의존할 수밖에 없는데, 회계법인의 실사 결과가 상당한 신뢰성을 지니기는 하나, 자산·부채의 가치 평가 과정에서 추정치를 적용하는 등으로 인하여 100% 정확하다고까지 말하기는 어려운 점, 그밖에 원고들과 피고의 관계 및 이 사건 주식양수도계약 체결 경위 등 이 사건 변론에 나타난 모든 사정을 종합하여 볼 때 원고들로 하여금 위 중대한 부정적 변동

으로 인한 손해액 전액을 배상하도록 하는 것은 손해의 공평·타당한 분담의 이념에 비추어 부당하다. 그러므로 원고들이 배상할 손해액은 위 대금의 10% 상당액인 3억 9천만 원을 공제한 805,564,055원(1,195,564,055원−390,000,000원) 등을 감안하여 810,000,000원으로 정함이 적정하다.

서울고법 2012. 6. 14. 선고 2011나260101 판결(한화 v. 산업은행)

2) 양해각서 체결의 기초가 무너진 중대한 사정변경이 있었는지 여부

한○○이 위와 같은 주장 및 요구를 하여 최종계약이 체결되지 아니함에 있어 정당한 이유가 없는 것인지에 관하여 본다.

가) 대상회사의 자산가치의 하락 여부

갑 제11호증, 을 제64호증, 제67호증의 1, 3의 각 기재에 당심의 대상회사에 대한 사실조회회신을 모아보면, 대상회사는 환율변동위험 등을 회피할 목적으로 '통화선도계약'을 체결하고 있는데 파생상품거래로 인하여 손실이 발생하더라도 그에 상응하는 매출액의 증가로 손실이 상쇄되는 사실, 한○○은 2008. 8. 14.자 대상회사의 파생상품거래손실발생 공시(을 제67호증의 1, 을 제64호증) 및 파생상품평가현황(을 제67호증의 3)에 의하여 파생상품평가현황 및 파생상품거래계약의 상세 내역을 제공받았던 사실, 2008. 12. 말 기준 대상회사 보유 자산 중 순현금성자산은 전기에 비하여 감소하였으나 유형자산과 매출채권이 증가하여 오히려 순자산은 증가하였던 사실, 이는 지나친 현금보유를 피하기 위하여 선박대금 결제방식을 헤비테일(Heavy Tail) 방식으로 변경하는 등 대상회사의 경영상 조치에 기인한 것으로 한○○은 예비실사단계에서 이러한 내용을 알고 있었던 사실, 대상회사의 주가는 2008년 경제위기의 여파로 이 사건 양해각서 체결 전인 2008. 10. 31. 최저점(7,960원)을 기록한 후 꾸준한 상승세를 보였던 사실, 제○○는 이 사건 양해각서 체결 전 2009년부터 2012년까지 조선업계가 조정기간을 거칠 것이라는 내용을 한○○측에 보고(갑 제65호증의 1)하였던 사실을 인정할 수 있다.

위 인정사실에 의하면, 원고가 주장한 사정이 본입찰 및 양해각서 체결의 기초가 사실상 붕괴된 경우에 해당한다거나, 확인실사 또는 그에 준하는 자료가 제공되지 아니한다면 최종계약을 체결할 수 없을 정도의 사정변경이라고는 볼 수 없고, 갑 제95호증, 제1심 증인 이○○, 당심 증인 홍○○, 송○○의 각 증언만으로는 이를 뒤집기에 부족하며 달리 이를 뒤집을 증거가 없다(오히려 양해각서 제6조 제

1 항 나목에서 매매대금의 조정사유에서도 제외되는 '주식시장에서의 가격 변동 및 시장상황 등 외부 경제 환경의 변화 및 그로 인한 영향'에 해당된다 할 것이다).

나) 원고의 자금조달비용의 증가 여부

갑 제47호증, 을 제38 내지 42, 48호증(가지번호 있는 것은 가지번호 포함)의 각 기재, 당심 증인 김○○의 증언에 변론 전체의 취지를 모아 보면, 2008. 9.경 리먼브러더스사의 파산으로 금융위기가 현실화된 사실, 한○○이 본입찰제안 당시 제출한 자금조달계획은 보유현금 3조 3,626억 원(한○○은 2008. 10. 6. 기준 은행 잔고증명을 제출하였다), 대한○○ 주식 매각대금 중 1조 5,170억 원, 은행차입금 1조 9,500억 원, 재무적 투자자들로부터 1조 6,500억 원 합계 8조 4,796억 원을 마련한다는 내용이었던 사실, 위 보유현금 중 상당부분은 단기차입금이었으나 한○○은 이를 피고들에게 밝힌 바 없었던 사실, 한○○ 구성원인 원고 및 한○○건설, 한○○의 현금 및 현금성자산은 2007.말 1,495억 원에서 2008. 9.말 2조 5,119억 원으로 급증하였다가 2008. 12.말 4,608억 원으로 급감하고, 단기차입금은 2007.말 1조 1,426억 원에서 3조 9,260억 원으로 급증하였다가 2008. 12.말 2조 2,161억 원으로 감소한 사실을 인정할 수 있다.

한○○의 자금조달비용이 급증한 근본적이고 주요한 이유는 인수자금의 대부분을 보유현금이 아니라 차입방식에 의하여 조달하려 하였기 때문이지 예상하지 못한 경제위기로 인한 것이 아니며, 이는 실제로 보유현금이 없어 차입에 의존하여야 함을 잘 알면서도 실제와 다르며 지킬 수도 없는 자금조달계획을 제출한 한○○이 예상할 수 있었고 자초한 사정이었다고 할 것이고, 갑 제94호증, 제 1 심 증인 이○○, 송○○, 당심 증인 김○○의 각 증언만으로는 이를 뒤집기에 부족하고 달리 이를 뒤집을 증거가 없다.

3) 확인실사 미실시에 대한 피고들의 귀책사유 유무

양해각서 제 8 조 제 2 항 제 7 호 마목 및 제 9 호에 의하여, 피고들 뿐만 아니라 한○○도 최종계약 거래종결의 선행조건(확인실사 포함) 충족을 위하여 최선의 노력을 다하여 서로 협조하고, 제 3 자의 방해 등으로 확인실사가 정상적으로 완료되지 못하는 경우에도 위 문제를 합리적으로 해결하여 본건 거래의 목적을 달성하기 위한 방안에 대하여 신의를 다하여 성실히 협의하기로 하였음은 앞에서 본 바와 같다.

갑 제4, 10, 14 내지 22, 55, 61, 62호증, 을 제2, 6, 9 내지 14, 25, 26, 46

내지 48, 50호증의 각 기재, 제 1 심 증인 나○○, 김○○, 이○○, 배○○의 각 일부 증언 및 변론 전체의 취지를 종합하면, 대상회사의 노조는 이 사건 주식 매각 절차가 본격적으로 실행되기 이전부터 정리해고 금지, 기존 단체협약의 승계, M&A 성과금 지급 등을 요구하면서 이를 관철하기 위하여 예비실사단계에서도 현장실사를 저지하여 한○○ 관계자가 현장에서 장시간 대치하다가 실사를 포기하기도 하였던 사실, 원고의 대표이사는 2008. 9. 29. 대상회사의 우리사주조합에 대하여 본건 인수와 관련하여 대상회사의 임직원들의 고용을 승계할 계획이라는 내용의 공문을 발송하기까지 하였던 사실(을 제50호증), 피고 산업은행은 노조의 실사저지 문제 등을 원만히 해결하기 위하여 입찰단계에서부터 노사관계 발전계획을 입찰제안서에 포함시킬 것을 요구하였고, 이에 한○○은 입찰제안서(갑 제 6 호증의 1)에 "노사관계발전을 위하여 100% 고용승계, 고용안정보장, 5년간 인위적 정리해고 금지, 노동조합 및 단체협약의 전면 승계, M&A 격려금을 지급하겠다."는 취지를 기재하여 제출한 사실, 대상회사 노조는 2008. 10. 30. 피고 산업은행에 이 사건 주식매각과 관련하여 고용승계 등 고용보장에 관한 사항, 기업회생성과금, 자사주 지급 등 종업원 보상에 관한 사항, 회사주요자산의 처분금지 등 회사발전에 관한 사항 등을 요구사항으로서 전달(갑 제14호증, 을 제10호증의 1)한 바 있는데, 한○○ 측이 본입찰제안서에 기재한 고용보장, 단체협약승계, 격려금 지급 등이 이루어지면 대상회사 노조의 요구사항이 대부분 수용되어 실사저지가 해소될 수 있었던 사실, 그러나 한○○은 2008. 11. 25.경 당초 입찰제안서에 기재한 내용과 달리 피고 산업은행 측에 고용보장과 관련하여서는 고용승계는 원칙적으로 수용하나 인수 이후 인적구조조정을 하지 않겠다는 보장을 할 수 없고, 완전한 고용보장 및 고용보장기간을 확약하는 것은 곤란하며, 단체협약 승계와 관련하여서는 승계하는 것을 원칙으로 하되 관행적으로 인정된 조합활동에 대하여 향후 실사를 통해 현황을 파악하여 정상적인 조합활동을 초과하는 부분에 대하여 수용할 수 없고, 종업원 보상과 관련하여서는 자사주 출연으로 인한 보상은 검토하고 있지 않으며, 한○○가 지급할 새출발 격려금의 지급시기와 규모는 인수절차완료 후 검토할 예정이며, 경영성과에 대한 노고와 관련한 성과금에 관하여는 피고 산업은행 측에서 지급하여 확인실사가 가능하도록 하여야 한다는 입장을 표명하였던 사실(을 제10호증의 2), 한○○은 2008. 12. 23.경 개최된 노조와의 3자 면담에 있어서 한○○은 우선협상대상자에 불과하여 협상에 임할 수 없다는 태도를 취한 사실, 한○○은 2009. 1. 7.경 피고 산업은행에 정밀실사로 회사 내용을 파악하기 전에는 노조와의 협의를 고려하고 있지 않으며,

본입찰제안서, 이 사건 양해각서 등에 명시된 노조관련사항을 공개하는 것에 반대한다는 입장을 전달한 사실, 한○○과 피고 산업은행은 이 사건 양해각서 체결 전부터 수차례에 걸쳐 확인실사자료 준비를 위한 교섭을 진행하여 왔고, 한○○의 2008. 12. 15.자 자료제공요청에 관하여 피고 산업은행은 2008. 12. 17. 한○○에 "그 요청자료가 실질적으로 확인실사자료에 해당하는 것으로서 이를 제공할 경우 확인실사기간이 개시되는 것이 될 수 있는바, 대상회사나 노조에 확인실사의 개시를 알리지 않고 핵심적인 회사정보를 제공하여 실질적인 실사작업을 시작하는 것은 노조와의 관계를 악화시켜 현장실사에 부정적인 영향을 미칠 수 있다는 점을 고려할 때 노조와의 협의를 통하여 정상적으로 실사가 개시될 수 있도록 협조하여 달라."는 취지의 공문을 보냈던 사실, 한○○은 앞에서 본 최종계약 내용 수정 요구와는 별도로 "확인실사 관련 한○○ Guideline"을 통하여 자신들이 실사자료 준비 여부를 확인한 후에야 실사가 개시될 수 있다는 점을 강조하면서 피고 측에 2008. 12. 24.까지도 계속하여 추가자료의 준비를 요청하였는데 피고 산업은행 측의 조선업계 프레젠테이션 제안에 대하여는 이것이 '확인실사 개시'가 되는 것인지 확인하는 등 확인실사가 실제로 개시되는 것을 꺼리는 태도를 보였던 사실을 인정할 수 있고, 갑 제55호증의 기재, 제 1 심 증인 배○○, 나○○의 일부 증언만으로는 위 인정을 뒤집기에 부족하다.

위 인정 사실에 앞서 살펴 본 각 증거들에 의하여 나타난 다음과 같은 사정 즉, 기업의 인수합병절차에서 노조의 실사나 인수저지는 예견가능한 사태이고, 노조의 핵심 요구사항인 고용보장이나 단체협약 승계 여부는 향후 해당기업의 사용자가 될 매수희망자가 약속할 수 있는 사항이지 매도인이 이를 약속하거나 신뢰를 주기 어려운 점, 한○○ 측은 이 사건 양해각서 체결 당시 대상회사의 노조가 확인실사를 저지하고 있어 확인실사가 최종계약 체결 시한인 2008. 12. 29. 이내에 개시 또는 완료되지 않을 수도 있다는 점을 예상할 수 있었던 점, 비록 피고들이 확인실사 기회제공에 관한 1차적인 책임을 부담한다고 하더라도, 한○○도 제 3 자 즉 노조의 방해로 확인실사가 완료되지 아니할 경우 이를 해결하기 위하여 신의성실의 원칙에 따라 피고들에게 최대한 협조할 의무를 부담한다고 할 것인 점, 한○○은 노조실사 저지 해소에 있어 가장 핵심적인 쟁점이었던 고용보장, M&A성과금 지급 등과 관련하여 본입찰제안서, 이 사건 양해각서를 통하여 피고 산업은행과 사이에 이미 합의한 것과 달리 양해각서 체결 이후 부정적인 태도 변화를 보였을 뿐만 아니라 이 사건 양해각서상 '비밀유지약정'을 이유로 본입찰제안서 및 이 사건 양해각서의 노사관계에 관한 사항의 공개를 거부하였는바, 이는 노조의 실사저지를 해소하는 데 있어 중대한 걸림돌이 되었던 점, 노조의 요구사항 중 일부 경영관련사항(거래종결일로부터 일정기간 매각대상 주식의 처분 금지, 계열사 채무보증, 담보 제공 금지 등)은 대상회사의 인수 후 부실화 방지를 위하여 반드시 필요한 사항으로 본입찰제안서나 양해각서에 이미 포함되어 있었던 것인 점 등을 더하여 보면, 한○○은 이 사건 이행각서에 따라 노조실사저지 해소를 위하여 신의성실의 원칙에 따라 협조할 의무의 이행을 다하였다고 할 수 없고, 따라서 피고들의 책임 있는 사유로 인하여 확인실사가 무산됨으로써 이 사건 양해각서에 따른 최종계약의 체결에 이르지 못하였다고 할 수 없다.

[실제사례 8-1: MAC 계약조항]

Material Adverse Change or Material Adverse Effect means a change or effect on or with respect to the Target that is materially adverse to the financial condition of the Target or the ability of the Parties to consummate the Contemplated Transactions.

Material Adverse Change means any change which results or could result in a Material Adverse Effect.

Material Adverse Effect means any effect which, alone or together with any other such effect, is:

(a) materially adverse to the valuation, operations, results of operations, income, future prospects, Business (by causing, for example, a partial or complete suspension of operations of the power plants), Assets or Liabilities, or the condition(financial or otherwise) of the Company; or

(b) if claimed by the Purchaser against the Seller after the date of this Agreement, the amount of the claim would be at least 1,250,000,000 Won.

문제 23

매도인의 변호사로서 작성한 자산인수계약서초안을 매수인에게 제시하였던바, 매수인의 변호사가 redline을 보내왔다. 이를 보고 counter proposal을 준비하라.

"Company Material Adverse Effect" shall mean a material change, effect, or event that is materially adverse to the business, financial condition or results of operations of the Company, taken as a whole, except for any losses attributable to such change, effect or event that directly or indirectly results from: (i) any change in the industries and markets in which the Company operates generally, (ii) any conditions affecting the economy of Korea or the Korean electric power and securities markets market generally,

(iii) any change or effect resulting from changes in the international, national, regional or local markets for electric power, or (iv) changes in the market conditions for electricity, ~~natural gas, coal, or financial hedges related thereto,(v) any change or effect resulting from changes in the national, regional or local electric transmission systems, and(vi) any changes in applicable Law, judgments, orders or decrees.~~

ARTICLE Ⅳ REPRESENTATIONS AND WARRANTIES OF SELLERS

Except as set forth in the Disclosure Schedule~~or as disclosed in, or is readily inferable from, the Financial Statements, or as disclosed in the documents and other information provided to Purchaser or Purchaser's Representatives by Sellers or Sellers' Representatives in connection with the Transaction~~, each Seller represents and warrants to Purchaser that all of the statements contained in this Article IV are true and correct in all material respects as of the date of this Agreement (or, if made as of a specified date, as of such date) and will be true and correct in all material respects as of the Closing Date as though made on the Closing Date. ~~For purposes of the representations and warranties of Sellers contained herein, disclosure in any section of the Disclosure Schedule or other document delivered pursuant to this Agreement or in any document or other information provided to Purchaser or Purchaser's Representatives by Sellers or Sellers' Representatives in connection with the Agreement of any facts or circumstances shall be deemed to be adequate response and disclosure of such facts or circumstances with respect to all representations and warranties by Sellers calling for disclosure of such information, whether or not such disclosure is specifically associated with or purports to respond to one or more or all of such representations or warranties. The inclusion of any informationin the Disclosure Schedule or other document delivered by Sellers pursuant to this Agreement shall not be deemed to be an admission or evidence of the materiality of such item, nor shall it establish a standard of materiality for any purpose whatsoever.~~

Section 4.1 Organization.

It is a corporation duly organized and validly existing under the laws of Korea.

Section 4.2 Authorization.

It has full corporate power and authority to execute and deliver this Agreement and to perform its obligations hereunder. Its execution and delivery of and performance pursuant to this Agreement have been duly and validly authorized by all requisite corporate action on its part and no other corporate proceedings on its part are required in connection with its execution and delivery of and performance pursuant to this Agreement.

Section 4.3 Binding Effect.

This Agreement has been duly executed and delivered by it, and, assuming due and valid authorization, execution and delivery hereof by Purchaser, is a valid and binding obligation of it, enforceable against it in accordance with its terms, except as limited by applicable bankruptcy, insolvency, moratorium or other similar Laws affecting creditors' rights generally.

Section 4.4 Consents and Approvals; No Violation.

Except for the filings, permits, authorizations, consents and approvals as set forth in Disclosure Schedule 4.4, the execution, delivery or performance of this Agreement by it, and the consummation of the Transactions, will not (a) violate, conflict with or result in any breach of any provision of the articles of incorporation or other governing documents of it, or (b) violate or, result in a breach of, or constitute a default under any (x) Law to which it is subject, (y) judgment, decree, order, or award of any court, Governmental Authority or arbitrator having jurisdiction over it, or (z) contracts to which it is a party or by which it is bound. Excluded from the foregoing are such violations, breaches or defaults which (A) would not, individually or in the aggregate, have a material adverse effect on each ~~of its~~Seller's ability to consummate the Transactions, or (B) would not have a Company Material Adverse Effect.

Section 4.5 Governmental Consents and Approvals.

The execution and delivery of thisAgreement by it, and the performance of its obligations hereunder, do not and will not require any material filing with, or clearance, consent or approval of any Governmental Authority.

Section 4.6 Title to Sale Shares.

It is, or will be immediately prior to the Closing, the record and beneficial owner of, and has good title to, its portion of the Sale Shares, free and clear of all Encumbrances. Upon consummation of the Transactions and the payment of the Purchase Price by Purchaser to Sellers, Purchaser will acquire good title, free and clear of all Encumbrances, to its portion of the Sale Shares, except for any Encumbrances created by this Agreement and the SSSA.

Section 4.7 Certain Actions.

There is no pending Action that has been commenced against it and that challenges, or may have the effect of preventing, delaying, making illegal, or otherwise interfering with, any of the Transactions. To its knowledge, no such Action has been threatened.

Section 4.8 Representations and Warranties with Respect to the Company.

(a) Organization. The Company is a "chusik hoesa" duly organized and validly existing under the laws of Korea, and has all necessary power, authority and capacity to own, operate or lease the properties and assets now owned, operated or leased by it and to conduct and is qualified to conduct the business of the Company as it is now being conducted by the Company under the laws of Korea.

(b) Capitalization. The authorized capital stock of the Company consists of 80,000,000 common shares having a par value of 5,000 Won per share, of which 40,000,000 shares have been duly and validly allotted and issued and are outstanding as fully paid and non-assessable shares. ~~To the knowledge of each Seller, (x) there~~There are no additional shares of capital stock of the Company authorized, issued or outstanding; and (y) there are no existing options, warrants, calls, pre-emptive rights, subscriptions or other rights, agreements, arrangements or commitments of any character, relating to the issued or unissued capital stock of the Company, obligating the Company to issue, transfer or sell or cause to be issued, transferred or sold any shares of capital stock of the Company, except as provided in the Disclosure Schedule 4.8(b).

(c) Articles of Incorporation and Other Corporate Records. The Company has provided to Purchaser complete and accurate copies of the articles of incorporation of the Company and minutes of general shareholders meetings and board of directors meetings of the Company of the last three years.

(d) Financial Statements. The Company has provided to Purchaser true and complete copies of the Financial Statements. The Financial Statements have been prepared from and accurately reflect in all material respects the books and records of the Company, have been prepared in accordance with Korean GAAP applied on a consistent basis during the periods involved (except as may be stated in the notes thereto) and, fairly present the financial position and the results of operations and cash flow of the Company and reflect all material liabilities of the Company, fixed or contingent, required to be disclosed pursuant to Korean GAAP as of the times and for the periods referred to therein.

(e) Books and Records. All books of account and other financial records of the Company, ~~all of which have been made available to Purchaser, are~~have been fully, properly and accurately kept and completed and do not contain or reflect material inaccuracies or discrepancies of any kind up to date and fairly set out in all material respects the financial position of the Company as at the dates thereof and disclose all material transaction undertaken or approved through the date thereof.

(f) No Undisclosed Liabilities. Except as disclosed in Disclosure Schedule 4.8~~(f) and except for those Liabilities the Company incurred in the ordinary course of business~~, to the knowledge of Sellers, the Company has ~~no~~not incurred Liabilities in excess of 100,000,000 Won~~incurred since the Reference Balance Sheet Date~~(or the equivalent thereof in other currencies).

(g) No Company Material Adverse Effect. Except as disclosed in Disclosure Schedule 4.8(g), since the Reference Balance Sheet Date there has not been any Company Material Adverse Effect, or any event or development which, individually or together with other such events, could reasonably be expected to result in a Company Material Adverse Effect.

(h) Pending or Threatened Action. Except as disclosed in Disclosure Schedule 4.8(h), ~~to the knowledge of Sellers~~, there is no pending or threatened Action or any outstanding judgment against the Company or its properties or assets.

(i) Compliance with Law. Except as disclosed in Disclosure Schedule 4.8(i), the Company is not in violation of any Law or existing Government Approval which, individually or together with other such events, could reasonably be expected to result in a Company Material Adverse Effect. The Company has all Government Approvals necessary or proper in all material respects to conduct its operationsas currently conducted.

(j) Taxes.

(i) The Company has duly filed, within the times and in the manner required by Law, all tax returns and tax reports that are required to be filed by it. All Taxes payable by, or due from, the Company have been paid, and no deficiency for any material amount of Tax has been asserted or assessed against the Company. There is no pending or ~~to the knowledge of Sellers~~, threatened examination, audit or investigation of the Company in respect of Taxes.

(ii) The Financial Statements as of the dates thereof fully reflect accrued liabilities for all Taxes which are not yet due and payable and for which tax returns are not yet required to be filed.

(k) Subsidiaries and Shareholdings. There are no Subsidiaries of the Company. The Company owns no shares or other securities of, and has no equity or debt investment in, any Person.

(l) Real Properties and Other Assets. Except as set forth in Disclosure Schedule 4.8(1), the Company does not own or have any interest in, nor is the Company a party to any contract to purchase, sell or otherwise acquire or dispose of any Real Properties and other fixed assets. The Company either owns or has leasehold interests in, all Real Properties and other fixed assets used by it, free and clear of any material Encumbrances, except as disclosed in Disclosure Schedule 4.8(1). The Real Properties and other fixed assets used by the Company are (i) in good operating condition and repair, (ii) not in need of maintenance or repairs, and (iii) suitable for the continued business operations of the Company after the Closing in substantially the same manner as conducted prior to the Closing.

(m) Intellectual Property Rights. Except as set forth in Disclosure Schedule 4.8(m), the Company has no interests in and uses no Patents, trademarks, trade names, service marks, inventions, processes, Copyrights or other intellectual property (**"Intellectual Property"**) of any other Person. To the knowledge of Sellers, the Company is not infringing any Intellectual Property of any other Person and no claim is pending or threatened against the Company.

(n) Employee Plans. Except as set forth in Disclosure Schedule 4.8(n), the Company:

(i) is not a party to any agreement or arrangement with respect to Employee Plans;

(ii) is not in arrears in the payment of any contribution or assessment required to be made by it pursuant to any of the agreements or arrangements set forth in Disclosure Schedule 4.8(n);

(iii) has complied in all material respects with the Laws concerning national pension, national medical insurance, worker's compensation insurance, unemployment insurance and other mandatory social security matters; and

(iv) is not a party to any contract with any labor union or employee association nor has it made any commitments to any labor union or employee association with respect to any future contract; and

(v) since the date of this Agreement, there has not been any (1) payment or increase by the Company of any bonuses, salaries, or other compensation to any stockholder, director, officer or employee or entry into any employment, severance, or similar contract with any director, officer, or employee except in the ordinary course of business; (2) adoption of, or increase in the payments to or benefits under, any profit sharing, bonus, deferred compensation, savings, insurance, pension, retirement, or other employee benefit plan for or with any employees of the Company; or (3) damage to or destruction or loss of any asset or property of the Company, whether or not covered by insurance, materially and adversely affecting the properties, assets, business, financial condition, or prospects of the Company.

(o) Insurance. Disclosure Schedule 4.8(o) sets out a list of all policies of insurance maintained by the Company in respect of its business, operations, properties and assets. Such policies of insurance cover risks in the conduct of the business and operations of the Company that entities engaged in the same industry as the Company's business in Korea customarily cover with insurance. None of such policies of insurance shall be cancelled, modified or otherwise terminated as a result of the completion of the Transactions. There are no pending or anticipated claims regarding any occurrence or event related to or in connection with the assets of the Company.

(p) Environmental.

(i) Except as disclosed in Disclosure Schedule 4.8(p), to the knowledge of Sellers, the Company has been and is in compliance with all Environmental, Health and Safety Provisions in all material respects.

(ii) The Company has all Government Approvals necessary or proper under Environmental, Health and Safety Provisions and has not received any notice, whether written or oral, of revocation or non-renewal of any such Government Approvals, or of any intention of any Governmental Authority to revoke or refuse to renew any of such Government Approvals.

(iii) There are no pending or, to the knowledge of Sellers, threatened claims, Encumbrances or other restrictions resulting from any Environmental, Health and Safety Provisions with respect to the assets of the Company.

(q) Insolvency, Winding up, etc. No order has been made, petition filed or resolution passed for the winding up, dissolution or liquidation of the Company or for the appointment of a liquidator, custodian or trustee for all or substantially all of the property or assets of the Company or for an administrative order with respect to the Company. The Company has not commenced any other proceeding for itself under any bankruptcy, reorganization, composition, arrangement, adjustment of debt, release of debtors, dissolution, insolvency, liquidation or similar law of any jurisdiction, and there has not been commenced against the Company any such proceeding. No public auction, foreclosure, attachment, execution or other process has been levied or threatened on any assets of the Company.

(r) Material Contracts. ~~Excepts for contracts~~The Company is not a party to any contract under which the ~~obligations~~obligation of the Company ~~do not exceed 1,000,000,000~~exceeds 100,000,000Won(or the equivalent thereof in other currencies) ~~and other than those contracts set forth in the Data Room Documents list, the Company is not a party to any contract~~ other than those set forth in Disclosure Schedule 4.8(r) or the other Disclosure Schedules referred to in this Section 4. 8. To the knowledge of the Sellers, neither the Company nor any other party is in breach of any of the contracts referred to in this paragraph.

(s) Conflicting Instruments. The execution by the Parties of this Agreement, and the consummation of the Transactions, do not and will not (i) violate any provision of the articles of incorporation or other internal regulations of the Company, or (ii) except as disclosed in Disclosure Schedule 4.8(s), result in a breach of or constitute a default under any material contract to which the Company is a party.

(t) Company Required Approvals. Except as disclosed in Disclosure Schedule 4.8(t), there ~~is~~are no Company Required Approvals.

(u) Unlawful Payments. Since [date], none of the Company or its directors, officers, agents, or employees, or to the knowledge of Sellers, any other Person associated with or acting for or on behalf of the Company, has directly or indirectly: (i) made any contribution, gift, bribe, rebate, payoff, influence payment, kickback, or other payment to any Person, private or public, regardless of form, whether in money, property, or services (1) to obtain favorable treatment in securing business, (2) to pay for favorable treatment for business secured, (3) to obtain special concessions or for special concessions already obtained, for or in respect of the Company, or (4) in violation of any Law; or (ii) established or maintained any funds or assets that have not been recorded in the books and records of the

Company.

(v) Disclosure. None of this Agreement or any Schedule, statement, document or certificate delivered or to be delivered at the Closing in accordance with the term hereof contains any untrue statement of a material fact or omits to state any material fact necessary to make the statements contained herein or therein not misleading.

Section 4.9 NO OTHER REPRESENTATIONS.

EXCEPT FOR THE REPRESENTATIONS AND WARRANTIES CONTAINED IN THIS ARTICLE IV, NEITHER THE SELLERS NOR ANY OTHER PERSON OR ENTITY ACTING ON BEHALF OF SELLERS MAKES ANY REPRESENTATION OR WARRANTY, EXPRESS OR IMPLIED.

ARTICLE V REPRESENTATIONS AND WARRANTIES OF PURCHASER

Purchaser represents and warrants to Sellers that all of the statements contained in this Article V are true and correct in all material ~~respect~~respects as of the date of this Agreement and will be true and correct in all material ~~respect~~ respects as of the Closing Date as though made on the Closing Date.

Section 5.1 Organization.

Purchaser is a corporation duly organized and validly existing under the laws of its jurisdiction of its organization.

Section 5.2 Authorization.

Purchaser has full corporate power and authority to execute and deliver this Agreement and to perform its obligations hereunder. The execution, delivery and performance by it of this Agreement have been duly and validly authorized by all requisite corporate action on its part and no other corporate proceedings on its part are required in connection with the execution, delivery and performance by it of this Agreement.

Section 5.3 Binding Effect.

This Agreement has been duly executed and delivered by Purchaser, and, assuming due and valid authorization, execution and delivery hereof by Sellers, is a valid and binding obligation of Purchaser, enforceable against Purchaser in accordance with its terms.

Section 5.4 Consents and Approvals; No Violation.

Except for the filings, permits, authorizations, consents and approvals as set forth in Schedule 5.4, the execution, delivery or performance of this Agreement by Purchaser, and the consummation of the Transactions, will not (a) violate, conflict with or result in any breach of any provision of the articles of incorporation or other governing documents of it, or (b) violate or result in a breach of or constitute a default under any (x) Law to which it is subject, (y) judgment, decree, order or award of any court, Governmental Authority or arbitrator having jurisdiction over it, or (z) contracts to which it is a party or by which it is bound.

Section 5.5 Purchaser Consents and Purchaser Approvals.

Except as set forth in Schedule 5.5, the execution and delivery of this Agreement by Purchaser, and the performance of its obligations hereunder, do not and will not require any material filing with, or clearance, consent or approval of any Governmental Authority.

Section 5.6 Availability of Funds.

Purchaser has, and will have as of the Closing, sufficient funds to pay the Purchase Price in accordance with the terms and conditions of this Agreement.

Section 5.7 Certain Actions

There is no pending Action that has been commenced against Purchaser and that challenges, or may have the effect of preventing, delaying, making illegal, or otherwise interfering with, any of the Transactions. To Purchaser's knowledge, no such Action has been threatened.

Section 5.8 Investigation by Purchaser Sellers' Liability.

Purchaser and its Representatives and agents have entered upon the Company's premises and its facilities and have conducted their own independent investigation, review and analysis of the business, operations, assets, liabilities, results of operations, financial condition, software, technology and prospects of the Company. Purchaser acknowledges that it and its Representatives have been provided adequate access to the personnel, properties, premises and records of the Company for such purpose. In entering into this Agreement, Purchaser acknowledges that it has relied upon the aforementioned investigation, review and analysis and on the representations and warranties of Sellers set forth in Article Ⅳ, ~~and Purchaser:~~

~~(a) acknowledges that none of Sellers, the Company or any of their respective officers, directors, shareholders, employees, Affiliates or Representatives makes or has made any representation or warranty, either express or implied, as to the accuracy or completeness of any of the information (including in materials furnished in the Company's data room, in presentations by the Company's management or otherwise) provided or made available to Purchaser or its directors, officers, employees, Affiliates, con-trolling persons or Representatives, and (b) agrees, to the fullest extent permitted by Law, that none of Sellers, the Company or any of their respective directors, officers, employees, shareholders, Affiliates or Representatives shall have any liability or responsibility whatsoever to Purchaser or its directors, officers, employees, Affiliates, controlling persons or Representatives on any basis based upon any information provided or made available, or statements made (including in materials furnished in the Company's data room, in presentations by the Company's management or otherwise), to Purchaser or its directors, officers, employees, Affiliates, controlling persons or Representatives (or any omissions therefrom), including with respect to the specific representations and warranties of Sellers set forth in this Agreement, except that the foregoing limitations shall not apply to the specific representations and warranties set forth in Article Ⅳ of this Agreement, subject to the limitations and restrictions contained in Article Ⅸ.~~

제24장
계약구조: 이행사항

계약이 체결된 이후 이행완료시까지는 상당한 시간적 공백이 있는 경우가 대부분이다. 그 이유는 매수자의 인수자금조달, 정부의 인허가, 계약상 필요한 제3자의 동의, 노동문제해결 등 다양하다. 매도인은 이행완료시까지 매매대금을 받은 것이 아니기 때문에 기업을 넘겨줄 수는 없고 따라서 계속 기업을 경영하지만, 일단 기업인수계약이 체결된 이상 기업의 장래에 대하여 이해관계가 없다고도 할 수 있다. 매수인은 이행완료시 지급할 가격을 정하고 이행완료시점의 상황에 따라서 가격조정가능성이 있기는 하지만 계약서 체결 이후 기업가치가 하락할 가능성에 대하여 우려할 것이다. 이러한 매도인의 도덕적 해이가능성과 매수인의 기업가치 감소가능성에 대한 우려를 반영하여 통상의 기업인수계약에서는 계약체결시점부터 이행완료시점까지 매도인이 기업경영과 관련하여 이행하여야 할 이행사항과 매수인의 권리에 관하여 자세하게 합의한다.[1] 아주 예외적으로 잠정적인 기간동안 매수인과 매도인으로 구성된 임시경영위원회를 조직하여 매수인이 대상기업의 경영에 관여하게 할 수도 있으며 정식으로 경영계약을 체결하기도 하지만 이는 공정거래법에서 공정위의 기업결합신고수리 이전에 매수인이 기업경영에 관여하지 못하게 하는 법규정에 반할 수도 있으며 또한 매도인이 완전히 협상력을 상실하지 아니하는 한 이런 합의를 해주지도 않을 것이다.[2]

매수인은 이행완료를 위하여 정부인허가, 예를 들면 공정거래법에 따른 기업결합신고를 제출, 이것이 수리되어야 하고 제3자로부터 자금조달이 필요하다면 이를 마련하여야 할 것이다. 제3자의 협조가 필요한 상황에서 단순히 최선의 노력, 선의의 노력, 상거래상 합리적인 수준의 노력을 다할 의무가 있느냐 아니면 이

1) 보증이라고 번역하는 경우도 있다. 이동호, M&A 매뉴얼 138 (2007). Warvanty와 혼돈의 우려가 있다.

2) 제일은행의 뉴브릿지에 대한 매각시 한국정부는 경영계약을 체결하여 주었다고 한다.

러한 결과를 만들어 내어야 할 의무가 있느냐는 법적으로 다른 의미를 지닐 것이다.[3] 따라서 계약상 이행의무를 최선의 노력으로 합의한 경우, 예를 들어 매수인이 매수자금이 조달하지 못하여 이행을 거절하는 경우 매도인이 매수인을 상대로 매수인의 이행사항불이행을 이유로 면책조항에 근거하여 손해배상을 청구하려면 최선의 노력을 다하지 못하였음을 입증하여야 한다는 면에서 어려움이 있는 반면, 이행사항에 관한 계약조항이 단순히 매수인의 자금조달의 의무를 규정하고 있다면 매도인은 손해배상을 청구하기가 훨씬 수월할 것이다.

이행사항이라 함은 통상 이행완료시까지의 의무를 말하지만 경우에 따라서는 이행완료 이후의 매도인과 매수인의 협조의무를 규정하기도 한다. 매수인이 대상기업의 근로자 지위에 관하여 약속한 사항이 있다면 이는 이행완료 이후의 이행사항으로서 열거될 것이며, 사업양수도의 경우 사업양수도 매수가액을 사업을 구성하는 자산에 할당하는 것과 관련하여 매도인의 협조를 구하여야 한다면 이러한 매도인의 협조의무가 포함될 것이다. 받을 채권을 누가 어떤 책임하에 추심할 것인가에 대한 합의 내용에 따라서 역시 매도인과 매수인의 이행완료 이후의 협조가 필요할 경우도 있다.

매수인은 기업가치보존을 위하여 매도인의 기업경영에 제한을 가하려고 할 것이며 따라서 가장 중요한 매도인의 이행사항은 기업경영을 통상적인 사항에 국한하며(in the ordinary course of business) 이를 벗어나는 경우 사전에 매수인과 협의하거나 동의를 얻도록 하는 규정이다. 통상적인 기업경영의 범위를 계약금액이나 기간으로 정의하면 기준이 명백하여 당사자간 다툼의 여지가 적은 반면 모든 기업경영사항의 중요성을 하나의 기준으로 재단하기에는 현실적인 어려움이 있을 수도 있다. 중요하다고 판단되는 사항을 열거하고 마지막으로 이들 모두를 포괄하는 개념으로 비통상적인 사항을 추가하기도 한다. 통상적인지 여부는 사업의 성격이나 과거 이사회나 주주총회의 결의사항, 정관이나 회사내부규정을 참작하여 결정하여야 할 것이다.

매도인이 기업의 경영진이건 지배주주이건 소수주주에 대하여 충실의무를 부담하므로 매도인의 충실의무의 범위와 매수인에게 약속할 수 있는 이행사항간 충돌이 일어날 수도 있다. 매도인과 매수인은 많은 시간과 노력을 들여서 합의한 기업인수계약이 제 3 자의 경쟁으로부터 보호되기를 바라는 반면, 매도인은 주주의 이익을

3) 대법 1994. 3. 25. 선고 93다32668 판결에서 법원은 "최대 노력하겠습니다"라는 문언의 일반적인 의미는 법률적인 의무는 아니지만 사정이 허락하는 한 성의껏 이행하겠다는 취지라고 보는 것이 상당하다고 판시했다.

극대화할 충실의무를 부담하기 때문이다. 합의된 거래가 제 3 자의 경쟁적 청약으로부터 보호되지 않는다면 매수인은 시간과 노력을 들여서 매도인과 계약을 협상, 합의할 유인이 없다는 측면에서도 소위 거래보호(deal-protection)의 필요성이 있다. 거래를 보호하기 위한 여러가지 인수계약상의 합의 중 특히 문제가 되는 것은 제 3 자와의 거래가능성에 대한 논의를 금지하는 협상 내지 거래금지(no talk: no-shop) 조항이다. 또한 매수인은 시간과 노력을 들여서 성공적으로 계약을 체결하였음에도 불구하고 매도인의 충실의무 때문에 또는 제 3 자의 경쟁적 청약으로 인하여 거래가 이행완료에 이르지 못하게 되는 경우를 대비하여 대상기업의 일정한 자산을 매수할 수 있는 선택권(lock-up option)이나 해지금(termination fee)을 요구하는 경우 그 적법성의 범위에 관하여 역시 논란이 생길 수 있다. break-up fee도 해지금과 유사한 의미로 미국 Dalware 판결례에 따르면 계약금액의 3~4% 정도에서 적법한 deal protection 장치로 인정되고 있다.[4] 우리의 법제에서도 기업과 기업간 합병을 합의한 경우 기업의 경영진이 회사 및 주주에 대하여 충실의무를 부담하므로 약간의 관련성은 있다. 정부 또는 공공기관이 보유하고 있는 주식은 거의 예외없이 공개매각절차를 밟고 있으므로 문제가 될 여지가 없고 기업이 특정사업분야나 자회사의 주식을 매각하는 경우 과거 몇몇 사례에서 문제가 되었던 것처럼[5] 앞으로 법적인 문제로 부각될 여지가 있다. 이하 미국의 판례를 살펴본다.

I. 매도인의 협상거절의무(No-Talk)

ConAgra, Inc. v. Cargill, Incorporated[6]

MBPXL를 둘러싼 ConAgra와 Cargill의 다툼이다. 1978. 7. ConAgra는 MBPXL과 합병을 논의하기 시작하여, 1978. 9. 28. 이사회의 승인을 받아 양사는 합병의향서를 체결하였다. 그후 두달 간의 협상을 거쳐서 1978. 10. 16.과 10.17. 양사의 이사회는 최종합병계획을 승인하였다. 동 계획에 따르면 MBPXL이사회는 주주총회에서 합병계획이 승인되도록 최선을 다할 의무가 있다. 1978. 11. 14. Cargill은 Cargill Holdings를 통하여 MBPXL의 26% 주식을 보유하고 있는 주주들과 주식매

4) 최근의 판례로 In Re Comverge, Inc. Shareholders Lit., c. 71. No. 7368-VCP, Del. Ch. (Nov. 25, 2014).
5) 위 제 9 장 판례 참조.
6) 222 Neb. 136, 382 N.W.2d 576 (1986).

수계약의 체결에 성공하였다. 1978. 11. 16. Cargill은 MBPXL의 주식을 27불에 공개매수할 것을 공표하였다. 1978. 12. 5. MBXPL의 이사회는 ConAgra와의 합병계획을 해지하고 주주들에게 Cargill의 공개매수에 응할 것을 권유하였다. 1978. 12. 7. Cargill은 공개매수를 시작, 1979. 1. 24. 92.5%주식을 취득, 1979. 3. 1. Cargill Holdings를 MBXPL로 흡수합병, MBXPL을 100% 자회사로 만들었다. ConAgra는 Cargill에 제3자의 의한 채권침해를 이유로,[7] MBXPL에 계약위반을 이유로 손해배상을 구하였다. MBXPL과 ConAgra간 계약에 MBXPL이사회는 주주총회에서의 승인을 위하여 최선을 다하되 이러한 계약상 의무때문에 주주에 대한 충실의무를 저버릴 수는 없다는 규정이 있다.

법원은 이사는 자신의 충실의무에 반하는 계약을 체결할 수 없으며 이사가 ConAgra와의 합병계약 체결이후 Cargill사의 경쟁적인 청약이 있다면 주주의 이익을 위하여 Cargill사의 청약을 조사, ConAgra의 합병조건보다 유리하다고 판단하면 이를 해지할 수 있다고 판단했다. 따라서 손해배상을 명한 하급심판결을 취소하였다.

Jewel Companies, Inc. v. Pay Less Drug Stores Northwest, Inc.[8]

1979. 9. Pay Less는 합병의 상대방을 찾기 시작했다. 1979. 11. 9. Jewel와 Pay Less는 이사회의 승인을 거쳐서 Pay Less의 주식을 Jewel의 주식 0.652주와 교환하기로 하였다. 합병계약은 양사의 주주총회에서의 승인 및 정부인가를 조건으로 이행완료가 되며 양사의 이사회는 이를 위하여 최선의 노력을 다할 의무가 있다. 한편 Northwest는 12. 14.부터 12. 28.까지 시장에서 Pay Less의 주식을 매집, 12% 주식을 취득하자 바로 Williams Act하에서 Schedule 13D를 제출하고[9] 12. 31. 주당 22.50불로 공개매수를 시작하였다. 1980. 1. 29. Pay Less의 10% 주주로서 Jewel은 3. 4. 합병계약서의 승인을 위한 Pay Less 주주총회를 소집하면서 Northwest가 기준일에 주주명부상의 주주가 되지 못하여 주주총회에서 의결권을

7) 미국 불법행위법상 제3자에 의한 채권침해의 범위가 우리법 보다 넓기 때문에 매수인과 매도인이 많은 시간과 노력을 들여서 이루어 놓은 기업인수계약에 제3자가 경쟁적인 인수의 청약을 제시하는 경우 한편으로 매도인의 충실의무가 이를 고려할 것을 요구하는 반면 기존의 매수인에게는 제3자에 의한 채권침해로서 불법행위를 구성할 가능성도 있다. Arman J. Kuyumjian, *Memorandum on Contractual Interference* (August 3, 2006) available at http://www.abanet.org/dch/committee.cfm?com=CL560002&edit=0.

8) 741 F.2d 1555 (9th Cir. 1984).

9) 우리 자본시장법상 대량보유보고.

행사할 수 없도록 하였다. 1980. 2. 1. Northwest는 공개매수청약가격을 주당 24불로 올렸고 Pay Less의 이사회는 Northwest의 공개매수를 받아들일 것을 권유하여 1980. 2. 1. Pay Less는 당초의 합병계약 상대방인 Jewel이 아닌 Northwest와 또 다른 합병계약을 체결하였다. 1980. 2. 25. Pay Less의 다수주주가 Northwest의 공개매수에 응하였고 Jewel은 주주총회 소집요구를 철회하였으나 3. 4. Pay Less의 주주총회는 Jewel과의 합병계약을 거절하였고 따라서 Pay Less의 이사회는 Jewel과의 합병계약을 해지하였다. Jewel은 Northwest가 Jewel과 Pay Less간 합병계약을 침해한 것으로 손해배상을 하여야 한다며 소송을 제기하였다.

법원은 이사는 주주총회의 승인을 조건으로 합병계약을 체결할 수 있으며 합병계약을 체결하는 시점에서 합병계약 조건이 주주를 위하여 최선의 노력을 다할 것이라고 판단하였다면 주주총회시까지 다른 계약을 체결하지 않을 것을 약속할 수도 있다고 판단한다. 다만, 제 3 자의 경쟁적인 매수청약이 있다면 이는 주주들에게 공개하여야 한다. 따라서, 사실심이 주주총회에서의 승인을 전제로 한 합병계약은 조건성취전 아무런 법적효력이 없고, 따라서 제 3 자의 채권침해가 있을 수 없다는 이유로 Jewel의 본건소송을 기각한 간이판결을 파기하였다.

Paramount Comm. v. QVC Network[10)]

Paramount는 QVC의 보다 좋은 조건의 매수청약에도 불구하고 Viacom과 합병계약서를 체결하였다. 동 합병계약서는 협상금지조항, $100M 해지금 조항, 그리고 해지시 Viacom의 19.9% 주식을 시장가와의 차액에 해당하는 약속어음으로 매수할 수 있는 권리를 포함하고 있다. 법원은 Paramount의 이사회가 이들 조항들이 가져올 효과에 대하여 충분한 고려를 하지 않은 채 또한 합리적인 절차를 취하지 아니하고 결정한 것으로 기존의 Unocal, Revlon기준에 반한다고 판단하였다. 즉 Paramount의 이사회는 주주들에게 최고의 가격을 안겨줄 의무를 위반한 것이다.

ACE Limited v. Capital Re Corporation[11)]

1999. 2. Capital Re는 ACE에게 12.3% 신주를 $75M에 발행하기로 합의하였

10) Del. Supr., 637 A.2d 34 (1994). 이들 판결에 대한 소개는 김병태/이성훈/김수련, M&A계약상 Fiduciary-out조항에 관한 연구, 20 BFL 47-49 (2006. 11).

11) 747 A.2d 95 (Del. Ch. 1999).

다. 1999. 6. 11. 양사는 Capital Re의 주주가 ACE 주식 0.6주를 받는 합병계약에 합의하였다. 합병계약시 ACE는 다른 35% 주주와 주주간계약을 체결하였고 Capital Re는 이러한 주주간계약을 알고 있었다. 합병계약은 Capital Re가 일정한 조건이 충족되지 않는 한 제3자와 합병가능성을 논의하지 않으며 심지어는 정보도 제공하지 않는다는 조항(no-talk)과 일정한 조건이 충족되는 경우 해지금 $25M을 지급하고 합병계약을 해지할 수 있다는 규정을 포함하고 있다. 1999. 10. 6. XL Capital이 Capital Re의 주식전부를 주당 12.50불에 사겠다는 제안을 하였다. Capital Re의 이사회는 XL Capital의 제안이 ACE와의 합병조건보다 훨씬 우월하다고 판단, XL Capital과 합병가능성을 논의하여야 할 의무가 있다고 결정하였고, 1999. 10. 10. XL Capital은 가격을 주당 13불로 올리자 Capital Re이사회는 XL Capital의 제안이 ACE의 합병조건보다 우월하므로 ACE에게 해지한다고 통보하였다. ACE는 합병계약 해지의 효력발생을 금지하는 소송을 제기하였다.

법원은 위 Paramount Comm. v. QVC Network판결에서의 교섭금지조항은 이사의 충실의무를 정의하거나 제한할 수 없으며 계약조항때문에 이사회가 충실의무를 이행함에 있어 제한을 받는다면 이는 그 범위내에서 효력이 없다는 판시를 인용하면서 Unocal의 기준에 따르면 no-talk조항은 부당하게 배타적이며 강압적인 방어수단이며 이사가 선의로 합병계약을 체결하였다고 하더라도 언제든지 합병계약상 조항을 이사의 충실의무에 비추어서 다시 판단할 수 있어야 한다는 것을 이유로 그 유효성에 의문을 제기, 다른 가처분 신청 시 고려하여야 할 요소를 고려하여 ACE의 가처분신청을 기각하였다.

Phelps Dodge Corporation v. Cyprus Amax Minerals Company[12)]

Cyprus와 Asarco가 합병계약을 체결하면서 no-talk조항이 포함되었던바, Phelps가 이 조항의 효력을 정지시키는 가처분을 신청한 사건에서 법원은 no-talk조항이 Cyprus나 Asarco에게 Phepls와 대화할 수 있는 가능성을 배제한다는 면에서 문제가 있으며 특히 6.3%에 달하는 해지금조항이 합리적인 범위를 넘어선 강압적인 것으로 보이기는 하지만 이에 대한 판단을 함이 없이 가처분신청을 받아들이지 않는 경우에 회복할 수 없는 손해가 발생할 것이라는 요건이 충족되지 않음을 이유로 신청을 기각하였다.

12) 1999 WL 1054255 (Del. Ch. 1999).

In Re IXC Communications, Inc. Shareholders Litigation[13)]

1999. 2. 5. IXC는 가능한 합병 내지 매각을 위하여 투자은행을 고용하였음을 발표하였다. 1999. 7. 20. IXC는 CBI와 합병계약을 체결하였다. 동 계약은 no-solicitation조항, $105M 해지금조항, 해지시 상호 주식매수선택권조항 등을 포함하고 있었다. IXC의 주주총회가 1999. 10. 29. 예정되어 있는 상황에서 일부주주가 주총결의금지가처분을 신청하였다.

법원은 원고가 이사회가 충분한 정보를 가지지 아니하고 합병결정을 하였다거나 이사회의 합병결정이 주주의 이익을 위한 선의의 결정이 아니었다는 것을 입증하지 않았으므로 이사회의 합병결정의 적정성에 대하여 판단하지 않겠다며 원고의 신청을 기각하였다.

Omnicare, Inc. v. NCS Healthcare, Inc.[14)]

2001. 4. NCS는 단기채지급불능에 빠졌고 따라서 채권자협의회가 구성되었다. 7. 20. Omnicare는 NSC에게 $225M에 파산절차 중인 재산으로 매도할 것을 제안하였으나 NCS와 가격차가 너무 크게 나서 2001. 11.부터 2002. 1.까지 더 이상의 논의가 없었다. Omnicare는 그 대신에 비밀리에 채권자협의회와 논의를 재개하였고 채권자협의회는 2002. 2. NCS에게 파산절차를 전제로 $313M을 제시하였다. 2002. 1. Genesis가 비밀유지계약을 체결하고 실사를 시작, 6. 26. Genesis는 독점적 지위를 요구하고 이어서 합병계약서 초안 및 지배주주와의 의결권행사에 관한 계약초안을 회람하였다. 합병계약서는 델라웨어주 회사법 제251(c)에 따라서 이사회가 거래를 더 이상 추천하지 않더라도 주총에서의 표결을 강제하는 조항이 포함되어 있었다. 독점적 지위는 7. 31.까지 연장되어 계속 협상 중 7. 26. Omnicare는 NCS에 합병조건을 보냈고 동 조건은 실사, 제 3 자의 동의 등을 포함하고 있어서 본계약을 체결할 수 있을지 불확실하지만 NCS는 일단 Onmicare와의 계약 협상을 진행하기로 결정, Onmicare에게 조건을 다시 제시하라고 요구하였다. 한편 Genesis는 7. 27. 개선된 조건을 제시하면서 7. 28. 자정까지 이사회가 승인하지 않으면 청약의 효력이 상실됨을 밝혔다. 이사회는 논의 끝에 7. 28. Genesis와의 계약을 승인, 합병계약 및 의결권행사에 관한 계약이 서명되었다. Omnicare는 동 계약이 효

13) 1999 WL 1009174 (Del. Ch. 1999).
14) 818 A.2d 914 (Del. 2003).

력이 없다고 주장하였다.

법원은 거래보호조항 역시 지배권의 변동이 없더라도 Unocal의 심사기준에 따라서 보다 엄격한 검토를 요한다고 하면서 우선 거래를 잃어버릴 위험이 존재한다고 믿는데 합리적인 근거가 있는지가 1단계의 판단이고 2단계로서 거래보호조치가 배타적이거나 강압적인(exclusive or coersive) 조치가 아니어야 하며 경쟁적인 거래로 인하여 주주가 누리게 될 이익 또는 손해에 비례적인 것이어야 한다고 한다. 본건의 지배주주와의 의결권계약은 주주총회에서의 승인이 아무런 의미가 없게 만든다는 점에서, 나머지 주주는 합병을 받아들일 수밖에 없게 만든다는 점에서, 강압적이고 따라서 효과가 없다고 판단하였다.

Ⅱ. 매수인의 자산매수선택권(lock-up option)과 매도인의 해지금 (termination fee)[15)]

매도인이 많은 비용과 시간을 들여서 특정매수인과 기업인수계약을 체결하였음에도 불구하고 뒤에 갑자기 나타날지도 모르는 매수희망자때문에 기존의 계약이 물거품으로 돌아가는 것을 막기 위하여 매도인이 매수인에게 기업인수가 실패하고 제 3 자가 거래를 가져가는 경우 매수인에게 신주를 일정한 가격에 인수할 수 있는 권리를 부여할 수도 있고 일정한 자산이나 영업을 매수할 수 있는 선택권(crown jewel option)을 부여할 수도 있다. 또한 해지금(break-up fee)은 단순히 이미 발생한 비용의 보상일 수도 있고 당초 거래금액의 일정비율이나 특정금액으로 정하여지기도 하며 제 3 자에게 당초의 매수가격보다 더 좋은 가격에 팔았다면 이 추가프리미엄의 일부를 지급하는 형태(topping fee)를 취할 수도 있다. 이러한 거래보호조치의 적법성을 판단함에 있어서 언제나 적대적 기업인수시 기존 이사들의 방어조치의 적법성 판단기준을 동일하게 적용하여야 하는지는 명확하지 않지만 많은 판결

15) 매도인이 주주에 대한 충실의무 때문에 매수인에게 해지금을 지급하고 계약을 해지하는 것의 반대개념으로서 매수인이 매도인과의 거래를 깨고 나가기 위한 장치가 MAE이다. 매수인이 여기서 한걸음 더 나아가서 MAE가 아니더라도 매수인에게 RTF (reverse termination fee)를 내고 언제든지 계약을 해지할 수 있다고 합의한다면 이를 유효하다고 할 수 있을지에 관한 논의에 관하여는 Brian J. M. Quinn, *Optionality in Merger Agreements*, DEL. J. CORP. L. forthcoming. ssrn.com에서 열람가능. Practical Law Company, *Reverse Break-up Fees and Specific Performance — A Survey of Remedies in Public Deals* (2010)은 2009년과 2010년 Q1에 SEC에 접수된 합병계약상 인수회사가 계약의 이행을 완료하지 못한 경우 대상회사에게 가능한 구제수단에 대한 조사결과를 집계한 것으로 79%가 특정채무이행을, 11%가 인수자금조달실패를 이유로 한 RTF, 8%가 사유에 제한이 없는 RTF라고 한다.

이 Unocal의 비례성원칙을 적용, 거래보호조치가 배타적이고 강압적이어서 실질적으로 제 3 자의 경쟁적 매수시도가 불가능한 경우 그 적법성을 부인한다.

Samjens Partners I v. Burlington Industries, Inc.[16)]

1987. 2. 부터 Samjens사는 Burlington사의 주식을 시장에서 매집하기 시작, 1987. 4. 14. Schedule 13D로 7.6%의 주식을 보유함을 신고했다. 그럴 즈음 1987. 4. 21. 제 3 의 인수희망자인 Morgan이 Burlington사와의 회의를 제안하였다. 1987. 4. 24. Samjen은 Burlington주식을 주당 60불에 매입할 것을 제안하였다. 1987. 4. 29. Burlington은 Morgan과 매각가능성에 대하여 회의를 시작하였다. 1987. 5. 6. Samjen은 주당 67불로 공개매수를 제의한다. 5. 20. Burlington은 이사회의 승인을 받아서 Morgan과 합병계약을 체결, Morgan이 주당 76불로 공개매수하며 이사회는 충실의무상 필요하다는 변호사의 의견이 제시되는 경우에만 제 3 자의 매수청약을 고려하고 Morgan의 공개매수가 실패시 비용 $25M와 break-up fee $25M을 지급하기로 약속했다. Samjens는 이러한 조항의 효력발생을 정지시키는 가처분을 신청하였다.

법원은 경매절차를 통한 기업매각에서 백기사가 경매절차에 참여하게 하기 위한 유인책으로 lock-up이나 break-up fee의 약속이 필요함을 인정하고 다만 이러한 합병계약이 경매를 완전히 종결시키는 것이 되어서는 아니된다고 한다. 법원은 또한 이사회는 경매참여자를 동등하게 취급하여야 할 의무가 있음을 인정한다. 법원은 본 건의 경우 이사회는 충분한 시간을 가지고 매수희망자를 조사하고 외부전문가의 자문을 받은 결과 본건 합병계약에 이른 것이니 이는 경영판단의 법칙에 따라 보호되어야 한다며 Samjens의 신청을 기각하였다.

Brazen v. Bell Atlantic Corporation[17)]

1995년 Bell Atlantic은 Nynex와 합병협상을 시작했다. 1996. 1. Nynex가 초안을 작성, 회람하였으며 동 초안은 해지금을 포함하였지만 양사간 동등한 입장에서의 합병으로 이는 상호간 적용되는 것에 합의하였다. 해지금의 총액은 $550M으로 주총승인이나 계약의 해지로 이행완료되지 못하면 $200M을 1차 해지금으로, 그

16) 663 F. Supp. 614 (S.D.N.Y. 1987).
17) 695 A.2d 43 (Del. 1997).

리고 18개월이내에 제 3 자와 합병이 성사되면 다시 $350M을 2차 해지금을 지급하도록 되어 있다. 양사는 협상시 자본금의 2% 정도가 기회비용 및 실제발생비용이라고 산정하였다. Brazen은 Bell Atlantic의 주주로서 집단소송을 제기하여 해지금조항은 위약벌로서 주주들로 하여금 합병의 승인을 강제하는 것이므로 그 효력을 중지시킬 것을 청구하였다. 법원은 손해배상액의 예정으로 유효함을 확인하면서 신청을 기각했다.

[실제사례 9: 이행사항 계약조항]

6. COVENANTS OF SELLER PRIOR TO CLOSING DATE

6. 1. ACCESS AND INVESTIGATION

Between the date of this Agreement and the Closing Date, Seller shall cause the Target to (a) afford Buyers and its Representatives reasonable access to the Target's personnel, properties, Contracts, books and records and other documents and data of or pertaining to the Target Shares, (b) furnish Buyers and its Representatives with copies of all such Contracts, books and records and other existing documents and data pertaining to the Contemplated Transactions as Buyers may reasonably request, (c) furnish Buyers and its Representatives with such additional data and information pertaining to the Contemplated Transactions as Buyers may reasonably request and (d) otherwise cooperate and assist, to the extent reasonably requested by Buyers, with Buyers' investigation of the Target.

6. 2. OPERATION OF THE BUSINESS OF TARGET

Between the date of this Agreement and the Closing Date, Seller shall use its Best Efforts to cause the Target to:

(a) conduct its business only in the Ordinary Course of Business, except where conduct outside of the Ordinary Course of Business would not have a Material Adverse Effect; and

(b) preserve intact its current business organization, keep available the services of its current officers, employees and agents and maintain the relations and goodwill with suppliers, customers, creditors, employees and agents and others having business relationships with the Target.

6. 3. REQUIRED APPROVALS

As promptly as practicable after the date of this Agreement, Seller shall, and shall cause (to the extent possible) the Target to, make all filings, notices and applications required by Legal Requirements to be made by it in order to consummate the Contemplated Transactions. Between the date of this Agreement and the Closing Date, Seller shall, and shall cause (to the extent possible) the Target to, reasonably (a) cooperate with Buyers with respect to all filings, notices and applications that Buyers is required by Legal Requirements to make in connection with the Contemplated Transactions and (b) cooperate with Buyers in obtaining all Governmental Authorizations and other Consents identified in Exhibit 8. 3.

6. 4. NOTIFICATION

Between the date of this Agreement and the Closing Date, Seller shall notify Buyers in writing if Seller becomes aware of (a) any fact or condition that causes or constitutes a breach of any of Seller's representations and warranties as of the date of this Agreement or (b) the occurrence after the date of this Agreement of any fact or condition that would (except as expressly contemplated by this Agreement) cause or constitute a breach of any such representation or warranty, had such representation or warranty been made as of the time of occurrence or discovery of such fact or condition. Should any such fact or condition require any change in the Disclosure Schedule if the Disclosure Schedule were dated the date of the occurrence or discovery of any such fact or condition, Seller shall deliver to Buyers a supplement to the Disclosure Schedule specifying such change, and, as to any such fact or condition that occurs on or after the date of this Agreement up until the Closing Date, such supplement shall be deemed to have amended the Disclosure Schedule and to have qualified the representations and warranties contained in Sections 3 and 4 above; provided, however, that should any such supplement represent a Material Adverse Change, then Buyers may terminate this Agreement and, if the Agreement is so terminated, Seller shall return to [ ] the Deposit pursuant to Section 2.1(c) and the obligations in Sections 13.1, 13.3, 13.5, 13.6 and 13.15 shall survive. During the same period, Seller shall notify Buyers of the occurrence of any breach of any covenant of Seller in this Section 6 or of the occurrence of any event that may make the satisfaction of the conditions in Section 8 impossible or unlikely.

6. 5. BEST EFFORTS

Between the date of this Agreement and the Closing Date, Seller shall use its Best Efforts to cause the conditions in Sections 8 and 9 to be satisfied(but not waived).

6. 6. NO NEGOTIATION

(a) Until the earlier of (i) such time, if any, as this Agreement is terminated pursuant to Section 10 and (ii) the Closing, Seller shall not, and shall cause its Representatives not to, solicit, initiate or encourage any inquiries or proposals from, discuss or negotiate with, provide any non-public information to, or consider the merits of any unsolicited inquiries or proposals from, any person (other than Buyers) relating to any transaction involving the sale of the Target Shares.

(b) Until the earlier of (i) such time, if any, as this Agreement is terminated pursuant to Section 10 and (ii) the Closing, Seller shall not, and shall use its Best Efforts to cause the Target (including its directors, officers and authorized representatives) not to, solicit, initiate or encourage any inquiries or proposals from, discuss or negotiate with, provide any confidential information or data to, any person (other than Buyers) with respect to any acquisition, business combination or sale of all or substantially all of assets of the Target or otherwise facilitate any effort or attempt to seek any of the foregoing. Furthermore, Seller shall terminate, and shall use its Best Efforts to cause the Target (including its directors, officers and authorized representatives) to, immediately terminate any existing activities, discussions or negotiations with any Person with respect to any of the foregoing.

7. COVENANTS OF BUYERS AT AND PRIOR TO CLOSING DATE

7. 1. REQUIRED APPROVALS

As promptly as practicable after the date of this Agreement, Buyers shall make all filings, notices and applications required by Legal Requirements to be made by it in order to consummate the Contemplated Transactions. Between the date of this Agreement and the Closing Date, Buyers shall cooperate with Seller with respect to all filings, notices and applications that Seller is required by Legal Requirements to make in connection with the Contemplated Transactions.

7. 2. BEST EFFORTS

Between the date of this Agreement and the Closing Date, each Buyer shall use its Best Efforts to cause the conditions in Sections 8 and 9 to be satisfied (but not waived).

문제 24[18)]

A사는 상장법인 S사의 20%주식을 보유하고 있는 투자자이다. S사는 고급가구제조업체로서 경기가 하강국면에 들어가도 수요가 감소하지 않으며 지배주주없이 전문경영인이 운영하고 있다. 매출과 영업이익이 지난 5년간 꾸준히 상승하고 있음에도 불구하고 주식가격은 별로 올라가지 않았다. A사는 S사의 주식이 시장에서 저평가되어 있다고 판단, 현재 가격 주당 30,000원에서 50,000원까지 가격이 오르더라도 계속 추가로 매수할 용의가 있으나 60,000원이면 즉시 매각할 생각이다. A사는 현재 보유하고 있는 S사 주식을 담보로 자금을 차입하여 S사의 일반주주들로부터 주당 50,000원에 공개매수를 통하여 매입하고자 하며 이러한 계획을 전제로 S사의 경영진에 합병계약의 주요조건을 보내고자 한다. 우선 해지금으로 회사가 제 3 자에게 매각되었을 경우 매각대금의 3%나 제 3 자에 대한 매각대금이 주당 50,000원을 초과하는 경우 초과금의 30% 중 큰 금액, 이사회는 합병계약이 체결될 경우 주주총회에서 승인이 되도록 최선의 노력을 다할 것, 합병계약이 체결되면 제 3 자의 기업인수요구를 거절할 것과 자료를 제공하지 말 것, 제 3 자와 합병계약을 체결하는 경우 A사는 신주를 주당 30,000원에 15% 취득할 수 있는 주식매수선택권을 부여할 것 등이다. S사의 이사회가 이러한 합병조건를 수락하는 것이 충실의무에 반하지 않는가?

---

18) JEFFREY D. BAUMAN/ALAN R. PALMITER & FRANK PARTNOY, 위 주 3-8 게재서 80-129 (6th Ed. 2007)의 문제를 변형한 것으로 Partnoy 교수와 협의하여 게재.

제25장 계약구조: 이행완료

기업인수계약은 통상 인수가격 다음에 이행완료에 관한 조항을 포함하고 있다. 기업인수계약에 있어서 이행완료(closing)라 함은 통상의 물품매매계약과 마찬가지로 매도인은 매수인에게 매매목적물에 대한 소유권을 이전하고[1] 이와 동시에 매수인은 매도인에게 매매대금을 지급하는 것을 말한다. 기업인수계약은 통상 이행완료시 상대방당사자에게 교부하여야 할 문서 내지 금전에 관한 규정(deliverables)과 이행완료를 위하여 충족되어야 할 정지조건(conditions precedent), 두 조항을 포함하고 있다.

Ⅰ. 이행완료시 교부문서 내지 지급금원

주식매매의 경우에는 매도인은 주권을 교부하고 매수인이 주주로 기재된 주주명부와 예탁결제원이 발부한 주주확인증명서까지도 같이 전달한다. 자산매매의 경우 소유권이전에 등기나 등록을 요하는 자산에 대하여는 이의 신청에 필요한 서류가 해당 등기소등에 접수될 것을 요하며, 그렇지 않은 자산의 경우에는 특별히 다른 서류의 교부나 점유의 이전을 요하지는 않는다.[2] 매매대금은 매수인이 매도인의 은행구좌에 당일인출이 가능한 자금으로 직접 계좌이체를 하는 것이 통상의 실무이다. 실제 이행완료시 계약의 당사자가 상대방 당사자에게 교부하여야 할 것으로 단순한 매매 목적물 이외에 다른 것이 포함되기도 한다. 계약의 이전에 또는 지배주식의 양도와 관련하여 대상기업이 체결한 계약 상대방 내지 정부로부터 동의 내지 인허가를 받아야 한다면 이러한 동의서 내지 인허가가 대표적인 예이다. 사전적인

1) 소유권이전에 필요한 서류를 교부하는 것일 수도 있다. 자산매매시 자산에 부동산이 포함되어 있는 경우 이행완료를 위하여 매도인은 매수인에게 소유권이전등기신청위임장을 교부한다.
2) 미국 UCC상 소위 bulk transfer시 bill of transfer가 필요하다는 규정을 우리기업의 자산양도거래시 고집하는 경우도 있으나 별로 설득력이 없다.

동의 내지 인허가가 아니라 거래가 완결된 이후 매수인이 신고 내지 취득하여야 할 인허가사항이라면 이행완료시 교부하여야 할 문서에 포함되지 않는다.[3] 매도인과 매수인이 내부적으로 회사법상 필요한 이사회 또는 주주총회에서의 승인이 필요한 경우 이들의 의사록이나 그 발췌록도 교부되어야 할 문서 중 하나이다.

법률가가 매도인 내지 매수인의 진술과 보장 중 일정한 법적인 사항에 대한 의견서를 작성하여 이를 서로 교환하기도 한다. 소위 legal opinion으로서 미국에서는 이의 발행에 관하여 변호사단체에서 오래 전부터 일정한 기준을 확립하여 closing시 legal opinion을 교부하는 것이 하나의 관행으로 굳어 졌으며 단순한 기업인수뿐만 아니라 금전소비대차나 부동산거래 등 많은 거래에서 법적요건 내지 사실의 확인작업에 중요한 역할을 하고 있다.[4] 과거 우리나라의 기업이나 은행 등이 외국에서 자금을 차입하려는 경우 또는 국제자본시장에서 자금조달을 위하여 유가증권을 발행하려는 경우 대주나 인수인이 차주의 법률가에게 차주의 비용으로 작성할 것을 요구하여 이를 교부하여야 했으며 기업인수거래시 외국의 매수인이 한국의 매도인에게 이와 유사한 법률의견서를 교부할 것을 요구시, 이러한 문서의 작성이 필요한 경우도 있다. 법률의견서는 법률가가 작성하여 고객이나 제 3 자에게 교부하는 문서를 통칭하는 것은 아니고 독특한 의미와 절차, 책임이 따르는 것으로 이해되고 있는 만큼 우리 법률가들이 국제거래와 관련하여 이를 교부하는 경우 이의 의미와 잠재적인 책임가능성에 대하여 보다 유의하는 것이 바람직하여 보인다.[5]

Ⅱ. 이행완료를 위하여 충족되어야 할 정지조건

이행완료를 위한 조건 중 가장 중요한 것은 매도인 및 매수인의 진술과 보장이 이행완료시점에서 계속 사실이며 계약체결 이후의 이행사항을 이행하였다는 것이지만 제 3 자의 동의나 정부의 인허가가 취득되었을 것과 이행완료를 금지하는 법규나 법원의 명령이 없다는 것도 포함된다. 전술한 바와 같이 일정한 법률적 사항에 대하여는 법률가의 법률의견서를 교환하지만, 구체적인 사실적 사항에 대하여는 진술과 보장이 이행완료시에도 사실이라는 것을 확인하는 문서도 매도인과 매수인이 교환하는 것이 보통의 실무이다. 진술과 보장이 계약체결 이후 변경된 경우 또는 매

3) 대표적인 것으로 외국인토지법상 외국인이 부동산을 취득하는 경우이다.

4) A.B.A. BUS. L. SEC., THE COLLECTED ABA AND TRIBAR OPINION REPORTS (2005).

5) 졸고, *국제거래와 법률의견서*, 인권과 정의 (1998. 6) 참조.

도인이 진술과 보장이 사실이 아닌 것을 발견한 경우 매도인은 매수인에게 이를 통지하여야 할 의무는 통상적인 매도인의 이행사항의 하나로서 규정되어 있다. 그러나, 이러한 통지가 제대로 이행되었다고 하여 달리 합의하지 않는 한 매수인이 매도인의 진술과 보장이 더 이상 사실이 아니라는 사실에 기초한 구제수단을 취할 수 없는 것은 아니다.[6] 예를 들면 계약체결 후에 제3자가 매도인을 상대로 새로운 소송을 제기한 경우 매도인은 즉시 매수인에게 분쟁에 관한 진술과 보장의 변경으로 새로운 소제기 사실을 통지하여야 한다. 매도인이 이를 발견하고도 통지하지 아니한 경우 매도인은 이행사항의 불이행에 대하여 면책의무를 질 것이다. 새로운 소의 제기로서 더 이상 계약체결당시의 분쟁에 관한 진술과 보장은 사실이 아니며 이에 대하여 중대한 악영향을 주는 진술과 보장위반을 이유로 이행완료를 거절할 수 있을지는 계약 해석의 문제이다. 매수인이 매도인으로부터 진술과 보장의 위반을 통지받았음에도 불구하고 계약의 이행완료를 진행한 경우 매수인은 통상 진술과 보장위반에 대한 구제수단을 포기한 것이 아님을 명백히 하고자 하는 경우도 있으나, 별도의 문서에 의한 합의 여부와 관계없이 이행완료로 매도인의 기존의 진술과 보장 위반에 대한 책임이 없어지는 것은 아니다.

정지조건이 충족되었음에도 불구하고 이행완료를 거절하는 경우 타방 당사자에게 특정채무의 이행청구로서 기업인수계약의 이행완료를 요구할 수 있는지 여부에 관하여 약간의 의문을 제기하는 견해가 없지는 아니하지만, 불가능하다고 보여지지는 않는다.[7]

우리나라에서 상장법인의 경영진간 합병에 합의하는 경우는 많지 않지만, 미국에서의 상장법인간 합병의 경우 1단계로 공개매수를 통하여 일반투자자로부터 주식을 매수하고 2단계로 합병계획에 따라서 합병이 완료되는 경우가 많은바, 일반투자자에 대한 면책책임추궁이 불가능하므로 합병을 위한 정지조건이 통상의 주식이나 자산거래시보다 중요한 의미를 가지며 따라서 정지조건에 대하여 보다 많은 협상과정을 거친다고 한다.[8]

6) 위 제24장 실제사례 참조.
7) 특정이행청구는 손해배상으로 회복될 수 없는 손해가 있는 경우에 가능하다는 미국보통법상의 특별한 요건 때문에 논의가 조금 복잡하며 아래 사건은 해지금이 유일한 구제수단이라는 계약조항이 있었기 때문에 계약해석의 문제가 까다로웠다. *United Rentals, Inc. v. RAM Holdings, Inc. et al.* (Dec. 21, 2007, Del. Chancery) 참조. http://lawprofessors.typepad.com/mergers/files/uri_opinion_12_21_07.pdf에서 열람가능.
8) Richard Climan, Joel Greenberg, Lou Kling & Norman Veasey, *Negotiating Acquisitions of Public Companies*, 10 UNIV. MIAMI BUS. L. REV. 219, 251 (2002).

[실제사례 10: 이행완료시 교부하여야 할 문서에 관한 조항]

Section 1.1 Deliveries by Seller.

At the Closing, Seller shall deliver or cause to be delivered to Purchaser:

(a) all documents of title, instruments of conveyance assignment and novation, and consents necessary to transfer and pass to Purchaser record, title and rights to all of the Purchased Assets, including without limitation, the forms of conveyance, transfer and/or assignment specified in the following provisions

(b) all deeds and documents of title (if any) relating to the Purchased Assets;

(c) a true copy, certified by the company secretary of Seller, of the resolutions duly and validly adopted by the board of directors of Seller and of the resolutions duly and validly adopted by the shareholder of Seller, in each case evidencing due authorization by all requisite action on the part of Seller in accordance with its articles of incorporation, its other constitutive documents and relevant laws and regulations of Seller's execution and delivery of this Agreement and the Transaction Documents to which it is a party, the performance by Seller herein and of its obligations hereunder and thereunder, and consummation by Seller of the transactions contemplated herein and therein.

(d) certified copies of all Seller Required Approvals and Seller Required Consents, certified by an authorized officer of Seller;

(e) duly executed copies of all Transaction Documents to which the Seller is a party;

(f) the original of each of the Transferred Contracts (or counterpart, as appropriate) or copies thereof where originals are not available as duly signed or executed by or on behalf of Seller;

(g) a power of attorney to register the transfer of ownership, duly completed and signed or executed by or on behalf of Seller, in relation to any motor vehicles which form part of the Purchased Assets; and

(h) a power of attorney to register the transfer of the Intellectual Propertyduly executed by Seller or the registered holder (as the case may be).

The delivery of each of the foregoing is for the sole benefit of Purchaser and may be waived in writing by Purchaser, in whole or in part, at the sole discretion of Purchaser and is subject to substantial compliance.

Section 1.2 Deliveries by Purchaser.

At the Closing, Purchaser shall deliver or cause to be delivered to Seller:

(a) the Purchase Price by wire transfer of same-day funds to the bank account specified by Seller in accordance with Section 2.6;

Account Details:

Favoring:

Account Number:

Swift Code:

(b) a certificate duly executed by an authorized officer of the Purchaser that Purchaser has been duly established;

(c) a true copy, certified by the company secretary of Purchaser, of the resolutions duly and validly adopted by the board of directors of Purchaser and the resolutions duly and validly adopted by the shareholder of Purchaser, in each case evidencing due authorization by all requisite action on the part of Purchaser in accordance with its articles of incorporation, its other constitutive documents and relevant laws and regulations of Purchaser's execution and delivery of this Agreement and the Transaction Documents to which it is a party, the performance by Purchaser of its obligations hereunder and thereunder and consummation by Purchaser of the transactions contemplated herein and therein;

(d) certified copies of all Purchaser Required Approvals and Purchaser Required Consents, certified by an authorized officer of Purchaser; and

(e) duly executed copies of all Transaction Documents to which it is a party.

The delivery of each of the foregoing is for the sole benefit of Seller and may be waived in writing by Seller, in whole or in part, at the sole discretion of Seller.

[실제사례 10-1: 법률의견서]

[date]

[buyer]

Re: Acquisition of Certain Stock of [ ]

Ladies and Gentlemen:

We have acted as counsel in connection with the transactions contemplated by a certain Share Purchase Agreement [ ] by and among [ ] ("[ ]") and [ ] and related Shareholders' Agreement, Share Transfer Agreement, and [ ] Shareholders Guarantee all dated of the same date (collectively referred to as the "Agreements"), for the purchase of certain stock of [ ]("[ ]") from [ ]. This opinion is delivered to you pursuant to Section 10. 1. 3 of the Share Purchase Agreement. Unless otherwise defined herein, terms defined in the Agreements shall have the same meanings when used herein.

For the purpose of giving this opinion, we have examined executed copies of each of the Agreements, a certified copy of the Articles of Incorporation, Commercial Registry extracts relating to [ ] and each of the [ ], certified copies of the minutes of the meetingsof the Board of Directors of [ ] and each of the [ ] Shareholders authorizing the transactions contemplated by the Agreements, a certified copy of the Shareholders Registry, stock certificates of [ ], and such other documents as we have deemed relevant or necessary for the purpose of giving this opinion.

In giving this opinion we have assumed: (i) signatures, seals, stamps and markings are authentic; (ii) all documents submitted to us as originals are authentic, complete, accurate and up-to-date, all documents submitted to us as copies conform to the originals and all factual statements made in such documents are correct; and (iii) the power and authority of [ ] to enter into, and the due execution and delivery by it of the Agreements.

As to any other matters of act material to the opinion expressed herein, we have made no independent inquiry and have relied solely upon certificates or written statements of officers and other representatives of [ ] and the [ ] Shareholders.

Based upon and subject to the foregoing, and subject to the assumptions, exceptions and qualifications herein stated, we are of the opinion that:

1. [ ] and each of the [ ]Shareholders are corporations duly incorporated and subsisting under the laws of the Republic of Korea.
2. [ ] has the necessary corporate power, authority and capacity to own or lease its property and assets and to carry on the Business as now being conducted by it.
3. [ ] is qualified to carry on the Business as now being conducted by it in the Republic of Korea.
4. [ ] has full legal capacity, power and authority to execute, deliver and perform the Agreements and such other documents as are contemplated thereunder to be executed and delivered by it at or prior to the Closing.
5. The execution, delivery and performance of the Agreements by [ ] and the consummation of the transactions contemplated thereby have been duly authorized by all necessary corporate actions and shareholders action on the part of [ ].
6. The Agreements have been duly and validly executed and delivered by [ ] and constitute valid and binding obligations of [ ], enforceable against [ ] in accordance with their terms, subject to applicable bankruptcy, insolvency, moratorium, reorganization or similar laws affecting creditors' rights generally, and to discretion of the court involving injunction or specific performance.
7. Each of the [ ] Shareholders has the necessary corporate power, authority and capacity to enter into the Agreements and to perform its other obligations thereunder. The execution and delivery of the Agreements and the completion of the transactions therein contemplated have been duly and validly authorized by all necessary corporate actions on behalf of each of the [ ] Shareholders. The Agreements have been duly and validly executed and delivered by each of the [ ] Shareholders and are valid and binding obligations of each of the [ ] Shareholders, enforceable against each of them in accordance with their terms, subject to applicable bankruptcy,

insolvency, moratorium, reorganization or similar laws affecting creditors' rights generally, and to discretion of the court involving injunction or specific performance.

8. The entire authorized capital stock of [ ] consists of [ ]common shares with par value of [ ] KRW per share. Of the authorized capital of [ ], [ ] common shares with par value of [ ] KRW per share have been duly and validly authorized, allotted and issued and are outstanding as fully paid and non-assessable shares.
9. No Person has any agreements or option or any other right capable of becoming an agreement or option, including any convertible securities, warrants or convertible obligations of any nature, for the purchase, subscription or issuance of any unissued shares or other securities of [ ].
10. [ ] has no Subsidiary and owns no shares in the capital of any other corporation and has not agreed to acquire any Subsidiary or any shares in the capital of any other corporation.
11. The execution and delivery of the Agreements do not, and the performance of the terms thereof will not, violate or conflict with, or constitute a breach or default (whether upon lapse of time and/or the occurrence of any act or event or otherwise) under (a) the Articles of Incorporation of [ ] or any of the [ ]Shareholders or (b) any material law, regulation, order, judgement, or decree applicable to [ ] and/or to each of the [ ]Shareholders
12. No authorization, consent, permit, approval or other order of, declaration to, or registration, qualification, designation or filing with, any governmental agency, corporate body, creditors, share-holders, or other body in the Republic of Korea is required for or in connection with the execution, delivery and performance of the Agreements by [ ] or any of the [ ] Shareholders and the consummation of the transactions contemplated thereby by [ ] or any of the [ ] Shareholders other than the [ ] approval, foreign investment notification to a foreign exchange bank, the business combination report to the KFTC and other foreign exchange clearance under the Foreign Exchange Management Law.
13. In any legal proceedings taken in the Republic of Korea in relation

to the Agreements, neither [ ] nor any of the [ ] Shareholders will be entitled to claim for itself or any of its assets, immunity from suit, execution, attachment or other legal process.

14. Under the laws of the Republic of Korea in force at the date hereof, we understand that the submission in the Agreements to international arbitration in Singapore is valid and such submission does not contravene any law of the Republic of Korea.

Our opinion is subject to the following reservations and qualifications:

a. In rendering this opinion, we have examined and relied upon the representations and warranties of [ ] and [ ] Shareholders contained in the Agreements. Insofar as this opinion relates to other factual matters, we have relied upon the certificates referred to above. Although nothing has come to our attention leading us to question, or giving us reasonable grounds to question, the accuracy of such certificates and information, we have not made any independent review or investigation.
b. Enforcement of rights and remedies under the Agreements and the additional documents and agreements contemplated thereby may be limited or affected by the bankruptcy, insolvency, liquidation, reorganization or reconstruction of [ ] or [ ] Shareholders pursuant to the Bankruptcy Act, the Compulsory Composition law, the Corporate Reorganization Law or similar laws which generally affect the enforcement of creditors' rights or by the general principle of good faith and fairness provided for in the Korean Civil Code; and
c. Nothing in this opinion should be taken as indicating that the remedies of specific performance or injunction (being in some instances discretionary remedies of the court) would necessarily be available with respect to any particular provisions of the Agreements in any particular instance and the additional documents and agreements contemplated thereby.
d. Nothing in this opinion should be taken as indicating any opinion with report to the financing aspect of the Agreements.

This opinion is given with respect to the laws of the Republic of Korea in effect as of the date hereof. We neither express nor imply any opinion about the laws of any other jurisdiction.

This opinion is limited to the matters addressed herein and is not to read as an opinion with respect to any other matter. This opinion is addressed to you for your benefit and the benefit of your advisors in connection with the transactions contemplated by the Agreements and the additional documents and agreements contemplated thereby and is not to be relied upon by any other person or for any other purpose.

Very truly yours,

[실제사례 10-2: 이행완료를 위한 정지조건조항]

ARTICLE 8 CONDITIONS

Section 8.1 Conditions to Obligations of Seller to Effect the Closing.

The obligations of Seller to effect the Closing shall be subject to the satisfaction (or waiver as provided below) at or prior to the Closing Date of each of the following conditions:

(a) All of Purchaser's representation and warranties in this Agreement (considered collectively), and each of these representations and warranties (considered individually), must have been accurate in all material respects as of the date of this Agreement, and must be accurate in all material respects as of the Closing Date as if made on the Closing Date.

(b) All of the covenants and obligations that Purchaser is required to perform or to comply with pursuant to this Agreement at or prior to the Closing (considered collectively), and each of these covenants and obligations (considered individually), must have been duly performed and complied with in all material respects.

(c) Each of the Transaction Documents to which the Seller is a party shall have been duly executed and delivered by Purchaser and other parties thereto; and

(d) This Agreement shall not have been terminated by Seller in accordance with its terms.

The foregoing conditions are for the sole benefit of Seller and may be waived by Seller, in whole or in part, at any time and from time to time in the sole discretion of Seller.

Section 8.2 Conditions to Obligations of Purchaser to Effect the Closing.

The obligations of Purchaser to consummate the Closing shall be subject to the satisfaction on or prior to the Closing Date of each of the following conditions:

(a) All of Seller's representation and warranties in this Agreement (considered collectively), and each of these representations and warranties (considered individually), must have been accurate in all material respects as of the date of this Agreement, and must be accurate in all material respects as of the Closing Date as if made on the Closing Date.

(b) All of the covenants and obligations that Seller is required to perform or to comply with pursuant to this Agreement at or prior to the Closing (considered collectively), and each of these covenants and obligations (considered individually), must have been duly performed and complied with in all material respects.

(c) Each of the Transaction Documents to which the Purchaser is a party shall have been duly executed and delivered by Seller and other parties thereto; and

(d) This Agreement shall not have been terminated by Purchaser in accordance with its terms.

The foregoing conditions are for the sole benefit of Purchaser and may be waived by Purchaser, in whole or in part, at any time and from time to time in the sole discretion of Purchaser.

Section 8.3 Conditions to Obligations of Seller and Purchaser

The obligations of Purchaser and Seller to effect the Closing shall be subject to the satisfaction (or waiver as provided below) at or prior to the Closing Date of each of the following conditions:

(a) No statute, rule or regulation shall have been enacted or promul gated by any Governmental Entity which prohibits the consummation of the Closing; and there shall be no order or injunction of a court of competent jurisdiction in effect preclude consummation of the Closing;

(b) The Korean Fair Trade Commission having unconditionally accepted the business combination report to be filed by Purchaser; and

(c) Seller shall have received all Seller Required Consents and Seller Required Approvals, and the Purchaser shall have received all Purchaser Required Consents and Purchaser Required Approval.

Section 8.4 Obligation to Close.

The satisfaction or waiver of each of the applicable conditions set forth in Sections 8.1, 8.2 and 8.3 obligates the relevant Party to consummate the Closing and a failure by such party to consummate the Closing shall constitute a willful breach of this Agreement by such party.

[실제사례 10-3: 이행완료를 위한 정지조건조항][9)]

SAMPLE CLOSING CONDITIONS IN ACQUIRING COMPANY'S FORM OF MERGER AGREEMENT FOR A STOCK-FOR-STOCK MERGER INVOLVING TWO PUBLICLY TRADED COMPANIES

ARTICLE Ⅶ: CONDITIONS TO MERGER

7.1 Conditions to Obligation of Each Party. The obligation of each party to effect the Merger is subject to the satisfaction, at or prior to the Closing, of each of the following conditions:

(a) Effectiveness of Registration Statement. The Registration Statement shall have become effective in accordance with the provisions of the Securities Act; no stop order suspending the effectiveness of the Registration Statement shall have been issued by the SEC; and no proceeding shall have been initiated or threatened in writing by the SEC for the purpose of seeking or obtaining such a stop order.

(b) Stockholder Approval. This Agreement shall have been duly adopted by the Required Target Stockholder Vote.

(c) HSR Act. The waiting period applicable to the consummation of the

9) Id., 276-285.

Merger under the HSR Act shall have expired or been terminated.

(d) NYSE Listing. The shares of Acquiror Common Stock to be issued in the Merger shall have been approved for listing (subject to notice of issuance) on the NYSE.

(e) No Restraints. No temporary restraining order, preliminary or permanent injunction or other order preventing the consummation of the Merger shall have been issued by any court of competent jurisdiction or any other Governmental Body and shall remain in effect; and no federal, state, local, municipal, foreign or other law, statute, rule, regulation or decree that makes consummation of the Merger illegal shall have been enacted, adopted or deemed applicable to the Merger and shall remain in effect.

7.2 Conditions to Obligations of Acquiror and Merger Sub. The obligations of the Acquiror and Merger Sub to effect the Merger are subject to the satisfaction, at or prior to the Closing, of each of the following conditions:

(a) Accuracy of Representations. Those representations and warranties of the Target set forth in this Agreement that contain materiality qualifications shall have been accurate in all respects as of the date of this Agreement and shall be accurate in all respects as of the Closing Date as if made on the Closing Date; and those representations and warranties of the Target set forth in this Agreement that do not contain materiality qualifications shall have been accurate in all material respects as of the date of this Agreement and shall be accurate in all material respects as of the Closing Date as if made on the Closing Date.

(b) Performance of Covenants. Each of the covenants and obligations that the Target is required to comply with or to perform at or prior to the Closing shall have been complied with or performed in all material respects.

(c) Consents. All material consents, approvals, authorizations, filings and notices required to be obtained, made or given in connection with the Merger and the other transactions contemplated by this Agreement (including those consents, approvals, authorizations, filings and notices identified in Part 7.2(c) of the Target Disclosure Schedule) shall have been obtained, made or given and shall be in full force and effect.

(d) Agreements and Documents. The following agreements and

documents shall have been delivered to the Acquiror, and shall be in full force and effect:

(i) Affiliate Agreements in the form of Exhibit ___, executed by each Person who could reasonably be deemed to be an affiliate of the Target(as that term is used in Rule 145 under the Securities Act);

(ii) Noncompetition Agreements in the form of Exhibit ___, executed by the individuals identified on Exhibit ___;

(iii) a letter from [the Target's independent accountant], dated as of the Closing Date and addressed to the Acquiror, reasonably satisfactory in form and substance to the Acquiror, addressing such matters as are customarily addressed in comfort letters delivered by accountants in connection with registration statements similar to the Registration Statement;

(iv) a legal opinion of [the Acquiror's legal counsel], dated as of the Closing Date and addressed to the Acquiror, to the effect that the Merger will constitute a reorganization within the meaning of Section 368 of the Code (it being understood that (A) in rendering such opinion, [the Acquiror's legal counsel] may rely upon the tax representation letters referred to in Section ___, and (B) if [the Acquiror's legal counsel] does not render such opinion, the condition set forth in this Section 7.2(d)(iv) shall nonetheless be deemed to be satisfied if [the Target's legal counsel] renders such opinion to the Acquiror);

(v) a legal opinion of [the Target's legal counsel], dated as of the Closing Date and addressed to the Acquiror, in the form of Exhibit ___;

(vi) a certificate, executed on behalf of the Target by an executive officer of the Target, confirming that the conditions set forth in paragraphs(a),(b),(c),(e) and(f) of this Section 7.2 have been duly satisfied; and

(vii) the written resignations of all officers and directors of the Target, effective as of the Effective Time.

(e) Employees. None of the individuals identified on Exhibit ___ shall have ceased to be employed by the Target, or shall have expressed an intention to terminate his or her employment with the Target or to decline to accept employment with the Acquiror.

(f) No Material Adverse Change. There shall have been no material adverse change in the business, condition, capitalization, assets, liabilities, operations, financial performance or prospects of the Target since the date of this Agreement, and no event shall have occurred or circumstance shall exist that could reasonably be expected to result in such a material adverse change.

(g) No Litigation. There shall not be pending or threatened any material suit, action, proceeding or investigation: (i) challenging or seeking to restrain or prohibit the consummation of the Merger or any of the other transactions contemplated by this Agreement; (ii) relating to the Merger and seeking to obtain from the Acquiror or any of its subsidiaries any damages that are material to the Acquiror; (iii) seeking to prohibit or limit in any material respect the Acquiror's ability to vote, receive dividends with respect to or otherwise exercise ownership rights with respect to the stock of the Surviving Corporation; or (iv) which, if adversely determined, would have a material adverse effect on the business, condition, capitalization, assets, liabilities, operations, financial performance or prospects of the Target or the Acquiror.

7.3 Conditions to Obligation of Target. The obligation of the Target to effect the Merger is subject to the satisfaction, at or prior to the Closing, of each of the following conditions:

(a) Accuracy of Representations. Those representations and warranties of the Acquiror and Merger Sub set forth in this Agreement that contain materiality qualifications shall have been accurate in all respects as of the date of this Agreement and shall be accurate in all respects as of the Closing Date as if made on the Closing Date; and those representations and warranties of the Acquiror and Merger Sub set forth in this Agreement that do not contain materiality qualifications shall have been accurate in all material respects as of the date of this Agreement and shall be accurate in all material respects as of the Closing Date as if made on the Closing Date.

(b) Performance of Covenants. Each of the covenants and obligations that the Acquiror or Merger Sub is required to comply with or to perform at or prior to the Closing shall have been complied with or performed in all material respects.

(c) Documents. The following documents shall have been delivered to the Target, and shall be in full force and effect:

(i) a legal opinion of [the Target's legal counsel], dated as of the Closing Date and addressed to the Target, to the effect that the Merger will constitute a reorganization within the meaning of Section 368 of the Code (it being understood that, (A) in rendering such opinion, [the Target's legal counsel] may rely upon the tax representation letters referred to in Section ___, and (B) if [the Target's legal counsel] does not render such opinion, the condition set forth in this Section 7.3(c)(i) shall nonetheless be deemed to be satisfied if [the Acquiror's legal counsel] renders such opinion to the Target); and

(ii) a certificate, executed on behalf of the Acquiror by an executive officer of the Acquiror, confirming that the conditions set forth in paragraphs(a), (b) and (d) of this Section 7.3 have been duly satisfied.

(d) No Material Adverse Change. There shall have been no material adverse change in the business, condition, assets, liabilities, operations, financial performance or prospects of the Acquiror since the date of this Agreement, and no event shall have occurred or circumstance shall exist that could reasonably be expected to result in such a material adverse change (it being understood that a decline in the Acquiror's stock price shall not constitute a material adverse change for purposes of this Section 7.3(d)).

SAMPLE RESPONSE BY TARGET COMPANY TO CLOSING CONDITIONS PROPOSED BY ACQUIRING COMPANY

ARTICLE Ⅶ: CONDITIONS TO MERGER

7.1 Conditions to Obligation of Each Party. The obligation of each party to effect the Merger is subject to the satisfaction, at or prior to the Closing, of each of the following conditions:

(a) Effectiveness of Registration Statement. The Registration Statement shall have become effective in accordance with the provisions of the Securities Act; no stop order suspending the effectiveness of the Registration Statement shall have been issued by the SEC; and no proceeding shall have been initiated or threatened in writing by the SEC for the purpose of seeking or obtaining such a stop order.

(b) Stockholder Approval. This Agreement shall have been duly adopted by the Required Target Stockholder Vote.

(c) HSR Act. The waiting period applicable to the consummation of the Merger under the HSR Act shall have expired or been terminated.

(d) NYSE Listing. The shares of Acquiror Common Stock to be issued in the Merger shall have been approved for listing (subject to notice of issuance) on the NYSE.

(e) No Restraints. No temporary restraining order, preliminary or permanent injunction or other order preventing the consummation of the Merger shall have been issued since the date of this Agreement by any U.S. federal or state court of competent jurisdiction and shall remain in effect; and no U.S. federal or state law, statute, rule, regulation or decree that makes consummation of the Merger illegal shall have been enacted or adopted since the date of this Agreement and shall remain in effect.

7.2 Conditions to Obligations of Acquiror and Merger Sub. The obligations of the Acquiror and Merger Sub to effect the Merger are subject to the satisfaction, at or prior to the Closing, of each of the following conditions:

(a) Accuracy of Representations. The representations and warranties of the Target set forth in this Agreement (except for any representation or warranty of the Target that refers specifically to the date of this Agreement or to any other date other than the Closing Date) shall be accurate in all respects as of the Closing Date as if made on the Closing Date, and each representation or warranty of the Target that refers specifically to the date of this Agreement or to any other date other than the Closing Date shall have been accurate in all respects as of the date referred to in such representation or warranty; provided, however, that for purposes of determining the accuracy of the representations and warranties of the Target set forth in this

Agreement, any inaccuracy that does not have a Target Material Adverse Effect shall be disregarded.

(b) Performance of Covenants. Each of the covenants and obligations that the Target is required to comply with or to perform at or prior to the Closing shall have been complied with or performed in all material respects.

(c) Consents. All consents, approvals, authorizations, filings and notices identified in Part 7.2(c) of the Target Disclosure Schedule shall have been obtained, made or given and shall be in full force and effect, except where the failure to obtain, make or give such consents, approvals, authorizations, filings and notices would not have a Target Material Adverse Effect.

(d) Agreements and Documents. The following agreements and documents shall have been delivered to the Acquiror, and shall be in full force and effect:

(i) Affiliate Agreements in the form of Exhibit ___, executed by each Person who could reasonably be deemed to be an affiliate of the Target (as that term is used in Rule 145 under the Securities Act);

(ii) a legal opinion of [the Acquiror's legal counsel], dated as of the Closing Date and addressed to the Acquiror, to the effect that the Merger will constitute a reorganization within the meaning of Section 368 of the Code (it being understood that(A) in rendering such opinion, [the Acquiror's legal counsel] may rely upon the tax representation letters referred to in Section ___, and(B) if [the Acquiror's legal counsel] does not render such opinion, the condition set forth in this Section 7.2(d)(ii) shall nonetheless be deemed to be satisfied if [the Target's legal counsel] renders such opinion to the Acquiror); and

(iii) a certificate, executed on behalf of the Target by an executive officer of the Target, confirming that the conditions set forth in paragraphs(a),(b),(c) and(e) of this Section 7.2 have been duly satisfied.

(e) No Material Adverse Effect. Since the date of this Agreement, there shall not have occurred a Target Material Adverse Effect.

(f) No Governmental Litigation. There shall not be pending against the

Acquiror, before any U.S. federal or state court of competent jurisdiction, any suit, action or proceeding challenging the Merger commenced by any U.S. federal or state Governmental Body in which there is a reasonable likelihood of a judgment against the Acquiror providing for an award of damages or other relief that would have an Acquiror Material Adverse Effect.

7.3 Conditions to Obligation of Target. The obligation of the Target to effect the Merger is subject to the satisfaction, at or prior to the Closing, of each of the following conditions:

(a) Accuracy of Representations. The representations and warranties of the Acquiror and Merger Sub set forth in this Agreement (except for any representation or warranty of the Acquiror or Merger Sub that refers specifically to the date of this Agreement or to any other date other than the Closing Date) shall be accurate in all respects as of the Closing Date as if made on the Closing Date, and each representation or warranty of the Acquiror or Merger Sub that refers specifically to the date of this Agreement or to any other date other than the Closing Date shall have been accurate in all respects as of the date referred to in such representation or warranty; provided, however, that for purposes of determining the accuracy of the representations and warranties of the Acquiror and Merger Sub set forth in this Agreement, any inaccuracy that does not have an Acquiror Material Adverse Effect shall be disregarded.

(b) Performance of Covenants. Each of the covenants and obligations that the Acquiror or Merger Sub is required to comply with or to perform at or prior to the Closing shall have been complied with or performed in all material respects.

(c) Documents. The following documents shall have been delivered to the Target, and shall be in full force and effect:

(i) a legal opinion of [the Target's legal counsel], dated as of the Closing Date and addressed to the Target, to the effect that the Merger will constitute a reorganization within the meaning of Section 368 of the Code (it being understood that (A) in rendering such opinion, [the Target's legal counsel] may rely upon the tax representation letters referred to in Section ___, and (B) if [the Target's legal counsel] does not render such opinion, the condition set forth in this Section 7.3(c)(i) shall nonetheless be deemed to be satisfied if [the Acquiror's legal counsel] renders such opinion to the Target); and

(ii) a certificate, executed on behalf of the Acquiror by an executive officer of the Acquiror, confirming that the conditions set forth in paragraphs(a),(b) and(d) of this Section 7.3 have been duly satisfied.

(d) No Material Adverse Effect. Since the date of this Agreement, there shall not have occurred an Acquiror Material Adverse Effect.

7.4 Frustration of Conditions. No party may rely on the failure of any condition set forth in this Article Ⅶ to be satisfied if such failure was caused by such party's failure to comply with or perform any of its covenants or obligations set forth in this Agreement. For purposes of this Agreement:

Target Material Adverse Effect means any change or effect that is materially adverse to the business, financial condition or results of operations of the Target and its subsidiaries taken as a whole; provided, however, that none of the following shall be deemed (either alone or in combination) to constitute, and none of the following shall be taken into account in determining whether there has been or will be, a Target Material Adverse Effect:

(a) any change in the market price or trading volume of the Target's stock;

(b) any failure by the Target to meet internal projections or forecasts or published revenue or earnings predictions; or

(c) any adverse change or effect (including any litigation, loss of employees, cancellation of or delay in customer orders, reduction in revenues or income or disruption of business relationships) arising from or attributable or relating to:

(i) the announcement or pendency of the Merger,

(ii) conditions affecting the industry or industry sector in which the Target or any of its subsidiaries participates, the U.S. economy as a whole or any foreign economy in any location where the Target or any of its subsidiaries has material operations or sales,

(iii) legal, accounting, investment banking or other fees or expenses incurred in connection with the transactions contemplated by this Agreement,

(iv) the payment of any amounts due to, or the provision of any other benefits to, any officers or employees under employment contracts, non-competition agreements, employee benefit plans, severance arrangements or other arrangements in existence as of the date of this Agreement,

(v) compliance with the terms of, or the taking of any action required by, this Agreement,

(vi) the taking of any action approved or consented to by the Acquiror,

(vii) any change in accounting requirements or principles or any change in applicable laws, rules or regulations or the interpretation thereof, or

(viii) any action required to be taken under applicable laws, rules, regulations or agreements.

Acquiror Material Adverse Effect means any change or effect that is materially adverse to the business, financial condition or results of operations of the Acquiror and its subsidiaries taken as a whole; provided, however, that none of the following shall be deemed (either alone or in combination) to constitute, and none of the following shall be taken into account in determining whether there has been or will be, an Acquiror Material Adverse Effect:

(a) any change in the market price or trading volume of the Acquiror's stock;

(b) any failure by the Acquiror to meet internal projections or forecasts or published revenue or earnings predictions; or

(c) any adverse change or effect (including any litigation, loss of employees, cancellation of or delay in customer orders, reduction in revenues or income or disruption of business relationships) arising from or attributable or relating to:

(i) the announcement or pendency of the Merger,

(ii) conditions affecting the industry or industry sector in which the Acquiror or any of its subsidiaries participates, the U.S. economy as a whole or any foreign economy in any location where the Acquiror or any of its subsidiaries has material operations or sales,

(iii) legal, accounting, investment banking or other fees or expenses incurred in connection with the transactions contemplated by this Agreement,

(iv) the payment of any amounts due to, or the provision of any other benefits to, any officers or employees under employment contracts, non-competition agreements, employee benefit plans, severance arrangements or other arrangements in existence as of the date of this Agreement,

(v) compliance with the terms of, or the taking of any action required by, this Agreement,

(vi) the taking of any action approved or consented to by the Target,

(vii) any change in accounting requirements or principles or any change in applicable laws, rules or regulations or the interpretation thereof, or

(viii) any action required to be taken under applicable laws, rules, regulations or agreements.

[실제사례 10-4: 이행완료 점검표]

CLOSING MEMORANDUM

This memorandum outlines the actions taken in connection with the purchase by [ ](“Newco”) of the [ ] business(the “Business”) owned by [ ] (”[ ]”) and certain other assets owned by [ ](“[ ]”) pursuant to the Asset Sale and Purchase Agreement(“ASPA”) dated [ ] and among [ ] (“[ ]”) and the Building Sale and Purchase Agreement(“BSPA”) dated [ ] and between [ ] and [ ], which agreements were subsequently assigned by [ ] to Newco. Terms used but not defined in this memorandum shall have the meaning respectively given to them in the ASPA or BSPA, as the case may be.

I. MATTERS COMPLETED PRIOR TO THE CLOSING

A. Corporate Actions

1. [ ]

At a meeting held on [ ], the shareholders of [ ] have taken all corporate actions necessary (i) to authorize the sale and delivery of Transferred Assets, (ii) to authorize the execution and delivery of the Transaction Documents to which it is a signatory and (iii) to carry out other related matters.

2. [ ]

At a meeting held on [ ], the board of directors of [ ] has taken all corporate actions necessary (i) to authorize the sale and delivery of Buildings, (ii) to authorize the execution and delivery of the Transaction Documents to which it is a signatory and(iii) to carry out other related matters.

3. [ ]

At a meeting held on [ ], the shareholders of [ ] have taken all corporate actions necessary (i) to authorize the purchase of Transferred Assets and Buildings, (ii) to authorize the execution and delivery of the Transaction Documents to which it is a signatory and (iii) to carry out other related matters.

[to be confirmed with [ ] and [ ] counsel]

4. Newco

At a meeting held on [ ], the shareholders of Newco have taken all corporate actions necessary to (i) to authorize the purchase of Transferred Assets and Buildings, (ii) to authorize the assumption of the Transaction Documents assigned by [ ] to Newco, (iii) to authorize the execution and delivery of the Transaction Documents to which it is a signatory and (iv) to carry out other related matters.

B. Initial Agreements

1. On [ ], the Letter of Intent between [ ] and [ ] was executed and delivered.
2. On [ ], the Memorandum of Understanding between [ ] and [ ] was executed and delivered.
3. On [ ], the Letter Agreement among [ ], [ ] and [ ] was executed and delivered.
4. On [ ], the Second Amendment Agreement among [ ], [ ] and [ ] was executed and delivered.
5. On [ ], the ASPA, the Agreement among [ ], [ ] and [ ], the BSPA and the Land Lease Agreement between [ ] and [ ] were executed and delivered.
6. On [ ], the Assignment Agreement between [ ] and Newco was executed and delivered.
7. On [ ], the Amendment to Asset Sale and Purchase Agreement and Further Agreement among [ ], [ ], [ ] and Newco was executed and delivered.

C. Regulatory Filings

On [ ], the Korea Fair Trade Commission accepted the report by Newco with respect to the acquisition of the Transferred Assets and Buildings.

[ ] regulatory files: to be confirmed with [ ] and [ ]

D. Transfer of Employees

As of Closing Date under the ASPA, Newco has offered employment to all of the employees employed by [ ] for the Business, and most of such employees have accepted employment with Newco.

E. Insurance

As of Closing Date under the ASPA, all insurance policies relating to the Transferred Assets or Buildings have, to the extent transferable, been transferred to Newco. For automobile-related insurance or other mandatory national insurance plan, Newco would have to file a report to the relevant authorities such as National Pension Fund Corporation, as post-closing events.

Ⅱ. THE CLOSING

The Closing is to be held at 10 : 00 a.m., Seoul, Korea time on [ ] at the offices of [ ]. Except as otherwise expressly set forth, all transactions at the Closing will be deemed to have taken place simultaneously and no transaction will be deemed to have been completed and no document will be deemed to have been delivered until all transactions are completed and all documents delivered. In attendance at the Closing will be the representatives of [ ], [ ] and Newco.

A. [ ] to Deliver

1. copies of any and all notices of transfer of contracts/account receivables/account payable sincluded in the Transferred Assets by date-confirmed mail;
2. Amendment Agreement with [ ] and [ ] of the Asset List under Article 7 of the Factory Hypothecation Law and Confirmation of the termination of the Yangodambo Contract from [ ], verifying the release of the Encumbrances on the Transferred Assets listed in Exhibit 3.2(e) to the ASPA
3. the original stock certificates for the Transferred Shares, duly endorsed by [ ] over to Newco, and a copy, certified by the chief executive officer of each Subsidiary, of the shareholder register of such Subsidiary showing Newco to be the owner of the Transferred Shares of such Subsidiary;
4. a true copy, certified by the representative director of [ ], of the resolution duly and validly adopted by the shareholder of [ ] evidencing due authorization by all requisite action on the part of [ ] in accordance with its articles of incorporation, its other constitutive documents and relevant laws and regulations of [ ]'s execution and delivery of ASPA and the Transaction Documents to which it is a party, the performance by [ ] of its obligations thereunder, and consummation by [ ] of the transactions contemplated therein;
5. certified copies of all Seller Required Consents, certified by an

authorized officer of [ ], i.e., a notification letter to [ ] and a consent from [ ];

6. duly executed copies of the Security Agreement between [ ] and Newco
7. a power of attorney to register the transfer of ownership, duly completed and signed or executed by or on behalf of [ ], in relation to any motor vehicles which form part of the Transferred Assets;
8. a power of attorney for each of the Transferred Intellectual Property in a customary form under appropriate governing law and all forms necessary to record the change of ownership, in each case duly executed by [ ] and
9. a receipt.

B. [ ] to Deliver

1. Korean form building sale and purchase agreement, a power of attorney and any other title deeds and documents relating to the Buildings which are necessary to give good title to each of the Buildings and as necessary for registration of such title transfer to the Newco;
2. a certified copy of the Building Registry excerpt evidencing deregistration of all Encumbrances on the Buildings, subject to Section 6.7 of the BSPA, to the satisfaction of Newco;
3. a true copy, certified by an authorized officer of [ ], of the resolutions duly and validly adopted by the board of directors of [ ] evidencing due authorization by all requisite action on the part of [ ] in accordance with its articles of incorporation, its other constitutive documents and relevant laws and regulations of [ ]'s execution and delivery of BSPA, the performance by [ ] of its obligations thereunder, and consummation by [ ] of the transactions contemplated therein;
4. a certified copy of the Land Registry excerpt evidencing deregistration of all Encumbrances on the Land;
5. Korean form [ ] establishment agreement, a power of attorney and any other title deeds and documents relating to the three lots which

are necessary to give good jisangkwon to three lots; and
6. a receipt.

C. Newco to Deliver

1. the Closing Payment and the price for the Building by wire transfer of same-day funds to the bank account specified by [ ] in accordance with Section 2.6 of the ASPA and to the bank account specified in the ASPA
2. the Long Term Purchaser's Notes;
3. a certificate duly executed by an authorized officer of the Newco that Newco has been duly established and a certified copy of the company register of the Newco
4. a true copy, certified by the representative director of Newco, of the resolutions duly and validly adopted by the shareholders of Newco evidencing due authorization by all requisite actionson the part of Newco in accordance with its articles of incorporation, its other constitutive documents and relevant laws and regulations of Newco's assumption of ASPA and Newco's execution and delivery of the Transaction Documents to which it is a party, the performance by Newco of its obligations thereunder and consummation by Newco of the transactions contemplated therein;
5. copies of all Purchaser Required Consents, certified by an authorized officer of Newco;
6. duly executed copies of the Security Agreement to which the Newco is a party; and
7. Waivers related to Certain Leases.

Ⅲ. POST-CLOSING MATTERS

A. Regulatory Filings

1. Newco will promptly register the transfer of title to the Buildings with the appropriate court.
2. Newco will promptly make any filings required with respect to any transferred Governmental Authorizations.

B. Price Adjustment and Final Payment

[ ] and Newco shall carry out their respective duties related to the Price Adjustment and the Final Payment Amount, including Newco's issuance of Short Term Purchaser's Notes A or B as required, pursuant to Sections 2.6(c)(ii) through 2.6(c)(iv).

문제 25

매도인은 매수인으로부터 매매대금을 수령하자마자 A은행과 통화스왑거래를 체결하려고 한다. A은행은 매도인의 법률자문으로부터 통화스왑거래에 관한 법률의견서를 제출하지 않으면 거래를 체결할 수 없다고 하면서 의견서 sample을 제시한다. 이를 어떻게 수정하여야 할까?

[ ]

[ ] Bank Branch

Re: [ ] Co., Ltd. - Currency Swap Transactions

Dear Sirs:

We are attorneys practicing and qualified to practice in Korea and to advise on the laws of the Republic of Korea. We have acted as the legal advisers to [ ] Co., Ltd.("[ ]") in connection with the following documents between [ ] and Branch:

- International Swaps and Derivatives Association("ISDA") Master Agreement dated as of 4 June 1999;
- ISDA Schedule to the Master Agreement lastly dated as of [ ] and Seven letter agreements relating to the transactions on [ ] and three letter agreements relating to the transactions on [ ]("Confirmations").

These documents are together referred to as the "ISDA Documents". Capitalized terms used but not otherwise defined herein have the meanings given to them in the ISDA Documents.

This Opinion is being delivered to you pursuant to Section 4(a)(ii) of the ISDA Master Agreement. This Opinion is confined to and given on the basis of Korean law as currently in effect. We do not express or imply any opinion on the law of any other jurisdiction. We have assumed that there is nothing in the laws of any other jurisdiction which will affect this Opinion.

For the purpose of this Opinion, we have examined executed counterparts of the ISDA Documents, we have also examined the following documents:

(i) A copy of the Articles of Association as amended as of [ ] of [ ];

(ii) A copy of a resolution passed at a meeting of the board of directors of [ ] on [ ]approving the ISDA Documents and authorising a person or persons to execute the same;

(iii) A certified copy of the Company Register(copy attached) dated [ ] from the Registry of [ ] District Court relating to [ ]; and

(iv) Such other records and documents as we have deemed necessary or appropriate for the purposes of this Opinion.

This Opinion is based upon the following assumptions:

(i) The genuineness of all signatures, stamps and seals, the conformity to the originals of all documents supplied to us as certified or photostatic or faxed copies and the authenticity of the originals of such documents; and

(ii) The absence of any other arrangements between any of the parties to the ISDA Documents which modify or supercede any of the terms thereof.

Based upon the foregoing and subject to the qualifications set out below we are of the opinion that:

1. [ ] is a choshikhoesa duly incorporated and organized and validly existing under the laws of Korea, and possess the capacity to sue and be sued in its own name.
2. [ ] has full power to execute, deliver and perform its obligations under the ISDA Documents, it has taken all necessary action (including without limitation all corporate action) to authorise such execution, deliver and performance of such regulations, orders,

decrees and rulings in all matters relating to the authorisation, execution, delivery and performance of the ISDA Documents.

3. Each ISDA Document constitutes legal, valid and binding obligations of [ ] which are enforceable in accordance with their terms.
4. The obligations of [ ] under the ISDA Documents will rank at least pari passu with all other present and future unsecured and unsubordinated indebtedness or obligations of [ ], with the exception of any mandatorily preferred by law and not by contract.
5. The execution, delivery and performance by [ ] of the ISDA Documents does not violate, conflict with, or constitute a breach of; (i) any law, statute, rule or regulation applicable to [ ] generally; or (ii) the Articles of Association of [ ].
6. No authorisations, approvals (including without limitation exchange control approvals) consents, filings, registrations, notarisations or other requirements of or with governmental, judicial and public body and authorities of or in Korea are required by [ ] in connection with the performance, validity or enforceability of any of ISDA Documents.
7. All payments due from [ ] under the ISDA Documents may be made without deduction of any taxes imposed by or in Korea.
8. No stamp duties are payable in Korea in respect of the execution or delivery of any of the ISDA Documents.
9. It is not necessary or advisable under the laws of Korea in order to ensure the legality, validity, effectiveness and enforceability of the ISDA Documents that it be reported to the Bank of Korea.
10. [ ] is subject to the jurisdiction of the Courts of Korea and is not entitled to claim any immunity from suit or execution of any judgement on the grounds of sovereignty or otherwise.
11. The choice of law provision in the ISDA Documents (providing for the same to be governed by and construed in accordance with English law) is valid and binding under the laws of Korea and would be recognised and upheld by the Courts of Korea insofar as English law is not contrary to the public policy of Korea.
12. The submission by [ ] to the jurisdiction of the English Courts set out in the ISDA Documents would be a valid submission. Although

the Supreme Court Decision 96 DA 20093 dated September 9, 1997 requires a reasonable connection between the selected forum and the dispute, we believe that the jurisdiction of the English Courts has a reasonable connection with the Transaction. Any final judgement for a sum of money obtained against [ ] in the High Courts of England will be enforceable against it in Korea, provided that (i) such judgment was finally and conclusively given by a court having valid jurisdiction, (ii) [ ] had received service of process otherwise than by publication or had responded to the action, suit or proceeding without having serviced with process, (iii) such judgment was consistent with the public policy of Korea, and (iv) judgments of the courts of Korea would be similarly recognized and enforced in the jurisdiction of the court which had given such judgment.

This Opinion is subject to the following:

(i) Enforcement may be limited by bankruptcy, insolvency, compulsory composition, liquidation. Corporate reorganisation, work-out rules and other laws relating to or affecting the right of creditors;

(ii) Claims may be time barred or may be or become subject to defenses in accordance with Korean law including, but not limited to, the general principle of good morals and other social order and general principle of good faith and fairness; and

(iii) Nothing in this Opinion should be taken as indicating that the remedies of specific performance or injunction (being in some instances discretionary remedies of the court in Korea) would necessarily be available with respect to any particular provision in the ISDA Documents for the subject transaction.

This Opinion is limited to the matters addressed herein and is not to be read as an opinion with respect to any other matter. This Opinion is given solely for the benefit of persons to whom it is addressed and except with our express consent is not to be relied upon by any other person or for any other purpose.

RESPECTFULLY SUBMITTED

제26장

계약구조: 면책

상장법인의 인수가 1단계로 공개매수를 통하여 이루어지고 2단계로 합병이 이루어지는 경우 매수인이 매도인인 일반 투자자들을 추적한다는 것은 상당히 어렵기 때문에 매수인이 매도인의 계약상 책임을 추궁한다는 사실상 불가능하다. 따라서, 상장법인의 공개매수 후 합병계약시 면책조항이 없는 경우가 대부분이라고 한다. 다만 매도인인 투자자들이 매도기업의 이사회가 합병승인을 위한 주주총회를 소집하면서 위임장권유를 위한 공시서류에 중요한 정보를 공시하지 아니하였다는 이유로 매도인인 투자자가 대상기업의 경영진을 상대로 자본시장법상의 공시의무위반에 대한 손해배상청구권 등이 문제가 된다.[1]

그러나 기업인수가 자산매각이나 주식매각의 형식을 취하는 경우[2] 주식 또는 자산의 매도인은 인수계약에서 매매목적물과 대상기업에 대하여 자세한 진술과 보장을 하고 또한 이행완료시까지 이행사항을 약속하며 이행완료 이후 이러한 진술과 보장이 사실이 아니기 때문에 매수인이 제 3 자에게 손해를 배상하여 준 경우 또는 매도인이 인수계약상 이행사항을 이행하지 아니하였기 때문에 매수인이 손해를 입은 경우 그 손해를 매도인에게 면책하여 줄 것을 청구할 수 있다. 이를 손해배상청구조항 또는 면책조항이라고 한다. 예를 들면, 지배주식의 매도인은 매도인이 지배주주로서 대상기업을 경영하는 동안 대상기업이 모든 조세법규를 준수하였으며 조세법상의 모든 조세채무를 납부하였다고 진술과 보장을 하였으나, 이행완료 이후 조세당국이 대상기업을 세무조사하여 과거 과오납 조세금액을 추징한 경우 매도인은 매수인에게 추징금액을 또는 추징금액의 지배주주지분

1) 국가에 따라서는 매도인이 보험을 들 수 있는 경우도 있다고 한다. AIJA, M&A — PROTECTING THE PURCHASER 510-512 (2005)는 UK에서 이용가능한 warranty and indemnity insurance에 대하여 설명하고 있다.

2) 지배주식 내지 사업을 취득한 후에 2단계로 합병이 이루어지는 경우에도 합병시 주식의 평가에 관하여는 자본시장법에 공식을 정하고 있어서 실제 분쟁이 발생하는 경우는 많지 않다.

율만큼을[3] 보상하여 주어야 할 것이다.

면책은 이행완료 후의 인수가격의 조정과는 개념적으로 구별된다. 면책이란 매수인이 매도인의 진술과 보장이 사실이 아님을 이유로 인수기업 내지 매수인에게 발생한 손해의 보상을 매도인에게 요구하는 것이고[4] 인수가격의 조정은 인수금액이 이행완료시의 상황이 확정된 이후에만 특정될 수 있는 경우 인수금액을 이행완료 전에 특정할 수가 없기 때문에 이행완료 후에 이행완료 시점에서의 특정수치를 확정, 인수가격을 이에 맞추어 조정하는 것이다. 예를 들면 이행완료시의 재고제품가격이 인수가격의 중요한 요소인 경우 인수가격조정이란 이행완료 시에는 이행완료시점에 예상되는 잠정적 재고자산수치에 따라서 일단 이행완료를 하고 그 직후 이행완료 시의 재고자산가격을 확정, 인수가격을 조절하는 것이고[5] 진술과 보장에 따른 면책책임은 매도인이 대상기업은 통상의 재고수준을 유지하고 있다고 진술과 보장을 하였으나 이행완료후에 재고수준을 확인하여 보니 통상의 수준 이하라면 매도인이 매도인에게 진술과 보장 위반을 이유로 손해배상책임을 지는 것이다.

면책조항과 관련하여서는 많은 협상대상이 있다. 이하 주요한 협상대상을 논의한다.

I. 면책의 범위

우선 면책의 범위에 관하여 진술과 보장/이행사항의 전체인가, 아니면 이들중 일부에 국한할 것인가가 협상대상이 될 수 있다. 매도인의 협상력에 따라서는 매도인의 면책범위를 법률적인 사항에 대한 진술과 보장에 국한하거나 심지어는 지금 현재 상태 그대로(as it is basis) 이전하는 거래로서 전혀 면책책임을 지지 아니하는 것으로 합의할 수도 있으나, 통상은 진술과 보장 및 이행사항 전반에 걸친다. 이행사항의 불이행에 대한 책임은 정확하게는 채무불이행에 따른 손해배상책임이며, 따라서 매매목적물에 대한 매도인의 진술과 보장이 사실이 아니기 때문에 매매목적물의 가치가 감소하여 매수인이 매도인에게 그 손해를 보상하여 달라는 면책과 성

3) 반드시 지배주주지분율만큼 보상하여야 하는지, 아니면 대상기업의 손해만큼 보상하여 주어야 하는지 협상의 대상이 될 수 있다.
4) 많은 인수계약은 매수인의 면책책임에 관한 조항도 포함하고 있지만 매수인의 진술과 보장 내지 이행의무는 일단 이행완료가 된 이후에는 문제가 될 여지가 거의 없기 때문에 실제 문제가 발생하는 경우는 거의 없는 것 같다.
5) 발전소의 경우 이행완료일 24시에 보유기름의 양을 측정, 인수가액을 정산한다.

격이 다르다고도 할 수 있으나 진술과 보장위반과 이행사항불이행을 하나의 면책조항에서 다루는 것이 실무이다.

Ⅱ. 면책기간

기업의 인수거래 이후 매도인은 잠재적 면책책임으로부터 하루 빨리 자유로워지기를 바란다는 측면에서 면책기간이 매도인과 매수인간 의견이 가장 심각하게 대립되는 협상의 논점이다. 매도인의 경우 거래가 일어난 회계연도 말까지 발생한 손해배상원인에 대한 것으로 면책의 범위를 국한하려고 한다면, 매수인의 경우 특정채권의 소멸시효기간 만료시까지, 나아가 환경법규의 경우 면책기간이 제한되는 것을 배제하자고 주장하기도 한다. 대상기업이 영위하는 사업의 성격에 따라 다르겠지만, 한 회계연도 전체를 경영하여 본 이후에는 대상기업을 파악할 수 있다고 가정하면 통상 2년 정도면 충분한 것으로 보인다. 물론 대상기업의 성격이나 대상기업에 대한 실사정도에 따라서 매수인이 대상기업의 상황에 대하여 가지는 편안함의 정도는 다를 것이고 결국은 구체적인 거래에서 협상으로 결정될 문제이다. 다만, 기간의 의미에 대하여는 원칙적으로 기간 내에 실제 매수인의 손해가 발생하여야 할 것이며 만약 기간이 만료될 즈음하여 아직도 분쟁중인 다툼이 있는 경우 면책의 절차에 따라서 기간만료 전까지 쉽게 손해를 확정할 수도 있겠지만 일단 기간의 진행이 중단된다고 본다.

Ⅲ. 면책의 최대한

면책의 최대한은 통상 매매대금 전체로 보지만 협상력에 따라서는 매매대금의 일정 퍼센트에 국한하는 것으로 합의할 수도 있다. 국가계약의 경우 지체상금을 일당 계약금액의 일정비율로 정하고 지체상금이 일정비율을 초과하는 경우 계약을 해제할 수 있도록 정하고 있어서 지체상금의 최대한이 정하여져 있지만,[6] 기업인수계약의 경우에 면책의 최대한은 계약의 해제와 연결되는 지체상금의 최대한과는 다른 개념인 까닭에 최대한에 대한 합리적인 설명은 별로 없는 듯하다.[7]

---

6) 국가를 당사자로 하는 계약에 관한 법률 시행령 제74조, 75조, 50조.

7) Wilson Chu, Larry Glasgow & Keith Flaum, *First Annual Private Target Mergers and Acquisitions Deal Points Survey* in NEGOTIATING BUSINESS ACQUISITIONS (A.B.A.

면책의 최소한도 문제가 되는 바, 면책의 원인이 되는 진술과 보장위반이 여러 건에 걸치는 경우에 매건마다 면책절차를 통하여 매도인에게 손해배상을 요구하는 것이 서로에게 번잡스러울 경우 손해금액이 일정금액 또는 매매금액의 일정비율을 넘는 경우에만 매도인에게 면책을 주장하자는 것이다. 이는 통상 면책조항이 발동되기 위한 최소한이며 매매대금의 일정비율로 또는 정하여진 숫자로 합의할 수 있을 것이다.8)

또한, 최소한을 넘는 면책청구라고 언제나 바로 면책절차를 발동시키지 말고 이들 면책청구가 모여서 면책금액이 상당한 정도에 이른 경우에만 예를 들어 매매대금의 5%에 달한 경우에만 면책청구를 주장할 수 있도록 합의한다. 이와 같이 개별적인 면책청구가 모여서 일정한 한계치를 넘는 경우 그 최소한을 넘는 금액에 한하여 청구하도록 할 것인가, 아니면 최소한을 넘는 한 이들 전체 금액에 대하여 청구가 가능하도록 할 것인가 역시 협상대상이다.9)

Ⅳ. 면책대상인 손해

면책의 대상은 매수인의 손해인데, 손해의 범위를 어떻게 잡을지도 그리 명확하지 않다.10) 매도인의 자산상태에 관하여 진술과 보장을 하였던 바 자산이 온전치 못하여서 수리비용 또는 새로운 구입비용이 발생한 경우 이러한 사고에 대하여 매수인 내지 대상기업이 보험금을 지급받았다면 이러한 보험금은 손해를 산정함에 있어서 제외하여야 할 것인가? 받을 채권에 대하여 진술과 보장을 하였던 바 받을 채권이 대손처리되어 매수인 내지 대상기업의 조세부담이 감소한 경우 조세부담이 감소한 범위 내에서 손해의 금액을 감액할 것인가? 매도인은 지배주주로서 대상기업

SEC. Bus. L. ed. 2006)에 따르면 2004년 이행완료된 거래금액 $25M-$2.5B 사이의 128건을 조사하여 본 결과 계약금액과 동일한 cap을 규정한 것은 3%에 불과하며 74%가 계약금액보다 적은 cap을 정하고 있으며 그 중 70%가 15% 이하의 cap에 합의하였다. 동일한 책자의 Section V. *First Annual Public Target Mergers and Acquisitions Deal Points Survey*도 참조.

8) de minimus 금액은 거래의 규모, 대상기업의 사업성격, 인수기업의 대상기업에 대한 친숙도, 당사자의 협상력등에 따라서 결정될 것이다. A.B.A.의 위 주 7 게재 조사에 따르면 deductible과 basket의 평균은 계약금액의 0.6%에서 0.7% 정도이며 1%를 초과하는 계약은 10% 정도에 불과하다.

9) 전자는 basket, 후자는 deductible로 불린다.

10) Jeff Litvak, Kenneth Mathieu & G. William Kennedy, *The CPA's Role in Quantifying Post-Acquisition Dispute Damages* in J. ACCOUNTANCY (Mar. 2010).

의 50% 주식을 매각하였던바 매도인의 대상기업보유 지적재산권에 대한 진술과 보장에도 불구하고 대상기업이 제 3 자로부터 지적재산권 침해소송을 당하여 손해를 배상한 경우 매도인은 50% 주식만을 매각하였을 뿐이므로 대상기업의 손해액중 50%만을 손해로서 매수인에게 면책하여야 할 책임이 있을 뿐인가? 통상 보험금이 지급된 경우는 손해의 개념에서 제외하나 대손으로 인한 조세부담의 감경까지 손해액산정시 감안하기는 어려울 것으로 보인다.11)

V. 면책절차

면책의 절차 역시 통상의 기업인수계약에서 많은 부분을 차지한다. 매수인이 손해배상청구를 당하면 매수인이 당사자로서 청구에 대한 방어소송절차를 수행하는 한편, 그 결과로서의 손해에 대하여는 매도인이 부담을 지게 되므로 매수인이 열심히 손해배상청구소송을 수행할 유인이 없다. 따라서, 면책의 대상이 되는 손해배상청구가 매수인 내지 대상기업을 상대로 제기된 경우 이의 수행에 관하여 적절한 역할분담이 필요하다. 예를 들어서 대상기업을 상대로 과거의 지적재산권침해를 이유로 한 손해배상청구가 제기된 경우 대상기업은 이를 매도인에게 알리고 매도인이 소송을 수행하도록 하거나 아니면 적어도 소송대리인의 선정에 관여하도록 함이 보다 적절할 것이다. 또한, 소송수행 중 화해 역시 매수인이 자의로 결정하고 그 손해를 매도인에게 청구할 수 있다면, 매도인은 매수인의 자의적인 판단으로부터 자신을 보호할 방법이 없다는 면에서 매수인이 면책대상인 손해배상청구에 대하여 화해를 하기 전에 매도인의 동의를 구하는 것이 보다 적절할 것이다. 가장 간단하게는 매수인이 매도인에게 변호사의 선임을 포함하여 소송수행을 전적으로 위임하는 것이다.

VI. 다른 구제수단과의 관계

법적으로 흥미로운 논점은 매도인의 진술과 보장이 사실이 아닌 경우 매수인의 면책청구가 유일한 구제수단인가 하는 점이다. 면책조항은 진술과 보장위반에 대한 특수한 담보책임이라고 본다면 면책조항이 유일한 구제수단이라고 합의하였다고 하

11) 손해는 benefit of bargain으로서 dollar-for-dollar 가격조정과는 구별하여야 한다. Neal Brockmeyer, Jeff Litvak, Bill Kennedy & Kevin Shannon, *Measuring Damages in an M&A Disputes* (Apr. 24, 2010) (A.B.A., BUS. L. SEC. 2010 Spring Meeting Material) available at http://www.abanet.org/dch/committee.cfm?com=CL560002&edit=0.

더라고 민법 의사표시 일반원칙에 따라서 예를 들면 기망에 의한 의사표시임을 이유로 인수계약을 취소할 수 있을 것이고 또한 자본시장법상 규정된 손해배상의 특칙도 주장할 수 있을 것이다. 외국의 법제는 이러한 범위 내에서 유일한 구제수단이라는 합의에 제한적인 의미를 부여한다. 이러한 다툼을 막기 위하여는 기업인수계약서에 면책조항이 유일한 구제수단이라고 명시적으로 합의하는 것이나 이러한 합의도 언제나 법이 인정하고 있는 구제수단 내지 책임을 배제할 수 있느냐는 여전히 논란이 될 수 있다. 면책책임의 범위 내지 시기에 관하여 여러 가지 제한이 있는 경우 일반적인 구제수단을 주장하여 면책책임의 주장에 관한 제한으로부터 자유로워질 수 있기 때문에 추후에 분쟁발생의 여지가 많다.[12)]

Ⅶ. 매매에 관한 민법조문과의 관계

면책조항의 적용범위와 관련하여 매도인이 알고 있는 범위 내에서 특정 사항에 관한 진술과 보장을 하였다면 매수인은 진술과 보장의 위반 뿐만 아니라 매도인의 악의 역시 입증하여야만 면책주장이 가능하다. 매수인이 실사과정에서 매도인의 일정 진술과 보장이 사실이 아닌 것을 발견하였음에도 이를 통지하지 아니하고 계약의 이행완료 후에 이의 위반으로 인한 손해배상을 주장할 수 있는지에 관하여 이미 살펴 본 바와 같이 민법규정에도 불구하고 이는 가능하다고 보는 것이 다수의 견해이다. 매도인의 입장에서 이러한 가능성을 막으려면 매수인의 이행사항으로서 진술과 보장이 사실이 아닌 것을 발견한 경우 즉시 매도인에게 통지할 것을 요구하고 이러한 이행사항을 게을리한 경우에는 면책책임을 추궁할 수 없다고 인수계약에 명시하는 것이다.

서울고법 2007. 1. 24. 선고 2006나11182 판결(경남기업 v. 서울보증)

2. 당사자의 주장

가. 원고의 주장

(1) 피고들은 대아건설에게 직접 또는 합병 전 원고를 통하여 이 사건 주식매

12) Wilson Chu, 위 주 7 게재 조사에 따르면 76%가 유일한 수단에 관한 조항을 두고 있으며 다만 이에 대한 예외 (carveout)로서 고의적인 거짓표시, 사기, 형평법상 구제수단, 자본금액에 대한 진술과 보장, 이행사항 위반 등이 발견된다.

매계약의 '계약이행일'인 2003. 9. 2.까지 발생한 합병 전 원고의 재무상태, 영업상태에 관한 중요한 사항을 고지하고 해당 자료를 제출할 의무가 있는데도 아래와 같은 중요한 사항에 관하여 고지 또는 자료제출을 하지 않았다.

(가) ○○아파트 공사대금 감액

합병 전 원고는 2003. 5. 경 ○○아파트 재건축사업과 관련된 총 공사대금을 당초 약정한 95,290,982,630원에서 4,782,952,669원(①) 감액하기로 ○○아파트 재건축조합과 합의하였다.

(나) 의정부 금오지구 아파트 공사지연 손해배상

합병 전 원고는 주식회사 ○○○○(이하 ○○○○이라고 한다), ×××× 주식회사(이하 ××××이라고 한다)와 공동으로 의정부 금오지구 아파트 건설사업을 시행하던 중 일방적으로 공사를 중단한 후 재개하여 전체 공사일정을 3개월 정도 지연시켰고, 이에 따라 2001. 9. 10. ○○○○과 ××××에게 위와 같은 공기연장으로 말미암은 손해를 배상하겠다고 약정 하였는바, ○○○○은 2004. 1. 6. 합병 전 원고를 상대로 중재신청을 하여 대한상사중재원으로부터 합병 전 원고가 ○○○○에게 위 약정에 따른 손해배상금 578,807,230원(②)을 지급할 의무가 있다는 내용의 중재판정을 받았으며. 그 후 ××××은 위 중재판정을 참고하여 합병 전 원고로부터 받을 손해배상금을 510,000,000원(③)으로 확정하였다.

(다) 에티오피아 공사현장의 공사손실충당금

합병 전 원고의 에티오피아 EMA 공사현장에 관하여 2002. 12. 31. 현재 공사손실예상액에 비하여 2003. 12. 31. 현재의 공사손실예상액이 5,262,934,766원 증가하였고, 에티오피아 EHK 공사현장에 관하여 위 같은 기간동안 공사손실예상액이 4,635,582,778원 증가하였는데, 합병 전 원고는 2002. 12. 31. 이후의 추가적인 공사손실액이 EMA 공사현장에 관하여 3,6000,000,000원 예상된다는 자료만을 제출함으로써, 순자산액이 6,298,517,544원(④, 5,262,934,766＋4,635,582,778－3,600,000,000)만큼 과다 계상되도록 하였다.

(라) AAAA 주식회사 BBBB

합병 전 원고는 1997. 7. AAAA 주식회사(이하 AAAA이라고 한다)와 강관제작에 관한 하도급계약을 체결하였으나, 1997. 7.부터 2002. 12. 31까지 AAAA가 수행한 공사부분에 관하여 원도급인으로부터 받은 공사대금 중액분중 AAAA의 몫을 지급하지 않았고 설계변경이나 추가제작에 따른 대금도 지급하지 않았는바, AAAA가 2005. 8.경 원고를 상대로 공사대금청구소송을 제기하자 원고는 AAAA에게 1997.

7.부터 2002. 12. 31.까지 발생한 공사대금 명목으로 1,540,000,000원(⑤)을 지급하였고 AAAA은 위 소송을 취하하였다.

(마) 에리트리아 세금 납부

합병 전 원고는 2001. 7. 25. 에리트리아 내국세청으로부터 원천세(withholding tax) 27,433,523.60NF(Nakfa)와 거래세(service tax) 13,421,525.21NF 및 그 가산세를 납부하라는 과세통지를 받고 이에 이의하지 않아 위 과세통지가 확정되었으나, YY건설에 이를 알리지 않았고, 에리트리아 재정부는 2003. 11. 7. 합병 전 원고를 상대로 에리트리아 고등법원에 위 세금납부를 구하는 소송을 제기하여, 그 소송에서 원천세 13,811,973.50NF, 거래세 4,350,665.20NF, 소송비용 90.50NF 합계 18,162,729.20NF의 납부를 명하는 조정이 이루어져 합병 전 원고는 2005. 8. 4.부터 2006. 2. 24.까지 사이에 3회에 걸쳐 위 돈을 원화로 환산한 1,178,804,977원(⑥)을 납부하였다.

(바) MMMM 공구 재시공비용

(1) 합병 전 원고는 MMMM 공구 공사현장에서 도면 및 시방서와 달리 중국산 석재로 시공한 사실이 드러나 2003. 6. 17. 현장소장 신○○이 그로 인한 책임을 감수하겠다는 확약서를 작성하여 발주처측에 제공하였음에도 이를 NN건설에 고지하지 않았고, 원고는 2005. 3.경 MMMM건설본부로부터 재시공 등을 요청받아 결국 같은 해 12. 26. 위 건설본부에 재시공비용으로 914,573,000원(⑦)을 지급하게 되었다.

(2) 결국 대아건설은 위와 같은 피고들의 정보제공 불이행으로 말미암아 상세실사 당시 합병 전 원고의 자산가치를 실제가치보다 15,803,655,420원(위 ① 내지 ⑦ 금액의 합계)만큼 더 높게 평가하여 이를 기초로 주식 51%에 대한 인수대금을 결정함으로써 8,059,864,264원(15,803,655,420원x0.51, 원 미만 버림, 이하 같다) 상당의 손해를 입었으므로, 피고들은 대아건설을 합병한 원고에게 이 사건 주식매매계약 제 6 조 제 1 항 바.호 제 2 항에 따른 손해배상의 한도로서 이 사건 주식매매대금의 5%인 3,515,634,193원을 연대하여 배상할 의무가 있다.

나. 피고들의 주장

(1) 이 사건 주식매매계약서 제 6 조 제 2 항은 원고가 피고들의 진술과 보장조항의 위반으로 인한 손해배상을 청구할 수 있도록 규정하면서 그 손해배상청구는 계약이행일인 2003. 9. 2.로부터 1년 이내에 하도록 하여 소멸시효를 단축하는 규정을 두고 있는바, 이 사건 소송은 계약이행일로부터 1년이 훨씬 경과한 2005. 2. 18.

제기되었으므로, 위 조항에 의한 손해배상청구권은 시효로 소멸하였다.

(2) 원고는 양해각서에 의하여 입찰제안 금액의 5%를 초과하여 감액할 수 없었고 실제로 입찰제안 금액인 74,000,000,000원의 5% 가량을 감액한 70,312,683,876원으로 주식매매계약을 체결하였으므로, 원고가 제공받지 못하였다고 주장하는 정보를 제공받았더라도 위 금액 이하로 매매계약을 체결할 수는 없었을 것이니, 원고가 정보를 제공받지 못하였다고 하여 매매대금을 추가로 감액하지 못한 손해가 발생하였다고 할 수 없다.

3. 판 단

(1) 소멸시효의 경과

앞서 본 바와 같이 이 사건 주식매매계약서 제 6 조 제 1 항 바.호는 이 사건 주식매도인들이 대아건설에 대하여 "매매대상 주식의 매매와 관련하여 매도인들이 직접 또는 경남기업(합병 전 원고)으로 하여금 매수인에게 제공한 모든 정보(재무제표 포함)는 중요한 부분에서 진실하며, 매도인들, CCCC 및/또는 매도인들의 자문기관의 고의 또는 중과실에 의하여 왜곡된 바 없다."는 점을 진술, 보장한다고 규정하고, 같은 조 제 2 항은 "제 1 항에서 정한 진술과 보장이 허위임이 밝혀지고, 그로 말미암아 매수인이 입은 손해의 총액이 10억원을 초과할 경우 매수인은 계약이행일로부터 1년 이내에 매도인들에 대하여 그 초과된 금액의 손해배상을 청구할 수 있다. 이 경우 손해배상의 총액은 제 3 조 제 1 항에서 정한 매매대금의 5%를 한도로 한다."고 규정하고 있다.

따라서 위 손해배상청구권은 계약이행일로부터 1년이 경과하면 시효로 소멸한다 할것인바, 원고가 계약이행일인 2003. 9. 2.로부터 1년이 경과한 이후인 2005. 2. 18. 이 사건 소송을 제기하였음은 기록상 분명하므로, 이 사건 주식매매계약서 제 6 조 제 1 항 바.호와 같은 조 제 2 항에 의한 원고의 손해배상청구권은 시효로 소멸하였다 할 것이다.

(2) 소멸시효의 중단

이에 대하여 원고는, 자신이 2004. 8. 26. 내용증명 우편에 의하여 피고들에게 손해배상청구를 하였고, 그로부터 6개월 이내에 이 사건 소송을 제기하였으므로, 소멸시효는 중단되었다고 주장하고, 다시 이에 대하여 피고들은, 내용증명 우편에 의하여 소멸시효가 중단되었다고 하더라도. 그 중단의 범위는 위 우편물에 명시된 손해항목으로 한정하여야 한다고 주장한다.

갑 6호증의 1, 3, 4, 5, 갑 34호증의 1, 2의 각 기재에 변론 전체의 취지를 종합하면, 원고는 계약이행일로부터 1년이 경과하기 전인 2004. 8. 26. 피고들에게 이 사건 주식매매계약서 제 6 조 제 1 항 바.호와 같은 조 제 2 항에 의하여 손해배상 한도액인 3,515,634,193원(70,312,683,876원×0.05)의 배상을 요구하는 내용증명 우편을 발송하여, 피고들이 그 무렵 이를 수령한 사실, 원고는 위 우편물에서 손해배상의 내역을 명시하였는바, 이 사건 소송에서 청구하는 손해의 항목 중 위 내역에 포함된 것은 위 2.가.(1)(가)항 기재 ○○아파트 공사대금 감액, 2.가.(1)(나)항 기재 의정부 금오지구 아파트 공사지연 손해배상 중 ○○○○ 부분, 2.가.(1)(다)항 기재 에티오피아 공사현장의 공사손실충당금, 2.가.(1)(마)항 기재 에리트리아 세금 납부 중 거래세(service tax)부분인 사실을 인정할 수 있고, 이들 가운데, 피고들이 위 내용증명 우편을 수령한 후 6개월 이내인 2005. 2. 18. 원고가 이 사건 소송을 제기함에 있어, 에티오피아 공사현장의 공사손실충당금에 관하여는 EHK 공사현장의 공사손실충당금만을 청구원인에 포함하고, EMA 공사현장의 공사손실충당금은 청구원인에 포함하지 않았으며(EMA 공사 현장의 공사손실충당금은 원고의 2005. 12. 13.자 준비서면에서 청구원인으로 추가되었다), 나머지 항목들은 청구원인에 포함하였던 사실, 원고가 2005. 9. 2. 제 1 심 법원의 변론준비기일에서 에리트리아 세금 납부중 거래세 부분의 청구를 취하한 사실은 기록상 분명하다.

원고는 위 내용증명 우편에 의하여 손해 항목에 상관없이 그 손해배상청구권 전체의 소멸시효가 중단되었다고 주장하나 이 사건 주식매매계약서 제 6 조 제 2 항의 손해배상 규정은 원고의 적극적인 요구에 의하여 계약내용에 포함된 점, 위 조항에 규정된 소멸시효기간은 1년으로서 통상의 채무불이행 또는 불법행위로 인한 손해배상채권의 소멸시효기간보다 상당히 단축되어 있을 뿐 아니라, 그 소멸시효기간을 6개월로 하자는 피고들의 제의에 대하여 이를 1년으로 하자는 원고의 주장에 따라 최종적으로 1년의 소멸시효기간을 규정한 점(갑 33호증의 1 내지 10, 변론 전체의 취지)에 비추어 볼 때, 원고와 피고들은 이 사건 주식매매계약서 제 6 조 제 2 항에 의한 손해배상과 관련하여 법률관계를 가능한 한 조기(早期)에 확정짓기로 하는 명시적 또는 묵시적 협의가 있었던 것으로 보이는바, 만일 1년의 소멸시효기간 내에 손해배상의 최고한도액인 주식매매대금의 5% 상당 금액을 소송으로 청구해 놓고, 그후 발견되는 손해 항목들을 계속적으로 추가할 경우 법률관계를 조기에 확정짓기로 하는 위와 같은 합의에 반하게 되는 점을 고려할 때, 소멸시효는 손해의 항목별로 따로 진행된다고 봄이 상당하다.

따라서 위 내용증명 우편에 의한 최고(催告)와 그 후 6개월 이내에 제기된 이 사건 소송에 의하여 소멸시효가 중단된 것은 2.가.(1)(가)항 기재 ○○아파트 공사대금 감액, 2.가.(1)(나)항 기재 의정부 금오지구 아파트 공사지연 손해배상 중 ○○○○ 부분, 2.가.(1)(다)항 기재 에티오피아 공사현장의 공사손실충당금 중 EHK 공사현장 부분, 2.가.(1)(마)항기재 에리트리아 세금 납부 중 거래세 부분이라 할 것인데, 그중 위 거래세 부분은 위에서 본 바와 같이 원고가 그 부분 소를 취하함으로써 시효중단의 효력이 없게 되었다.

결국 시효로 소멸하지 않은 손해 항목은 ① ○○아파트 공사대금 감액 ② 의정부 금오지구 아파트 공사지연 손해배상 중 ○○○○ 부분, ③ 에티오피아 EHK 공사현장의 공사손실충당금이라 할 것이다.

나. 손해의 발생 여부

대아건설의 입찰제안서를 제출하기 전인 2003. 5. 15. 피고들이 대아건설에 제시한 입찰안내서(을 1호증) 제 9 조 · 제 6 조 · 제 2 조에는 실사 결과 금액에 차이가 발생하는 경우 입찰참가자가 입찰서에 기재한 입찰금액의 5% 범위 내에서 하향조정될 수 있다고 기재되어 있고, 대아건설이 2003. 6. 3. 입찰제안서를 제출한 이후인 같은 달 13. 대아건설과 이 사건 주식매도인들 사이에 체결된 양해각서(을 3호증) 제 5 조 제 2 항 나.호는 대아건설이 최종인수제안서 상의 최종인수금액을 입찰서 상에 기재한 입찰금액보다 5% 이상 하회하는 금액으로 기재하는 경우, 대아건설이 납부한 이행보증금(입찰금액의 10% 상당 금액)은 몰취하고 대아건설은 우선협상대상자의 지위를 상실한다고 규정하고 있다.

위 규정에 의하면 대아건설은 74억원(740억원의 10%)의 이행보증금과 우선협상대상자의 지위를 포기하지 않는 이상, 합병 전 원고로부터 모든 정보를 제공받았다 하더라도 입찰제안 금액 740억원의 5%인 37억원(74,000,000,000×0.05)을 초과하여 감액할 수 없었다 할 것이고, 실제 매매대금은 위 입찰제안 금액에서 37억원 가까이 감액된 70,312,683,876원이었다.

이에 대하여 원고는, 입찰 전에 필요한 정보가 충분히 제공되어야만 입찰참가자는 적정한 입찰제안 금액을 결정할 수 있으므로, 그와 같은 정보가 제공되지 않은 경우에는 입찰제안 금액의 5%로 감액범위를 제한하는 규정을 적용할 수는 없다고 주장한다.

입찰참가자는 주식매도인들로부터 제공받은 정보를 토대로 입찰제안 금액을 결정할 수밖에 없으므로, 충분한 정보를 제공받지 못하여 그를 토대로 한 금액으로 입찰에 참여하였고, 그 후 주식매도인측의 고의 또는 중과실에 의하여 누락되었던 정보가 있음이 밝혀졌음에도 그 입찰제안 금액을 기준으로 하여 5% 범위 내로 감액이 제한된다면 이는 주식매수인측에 부당하게 불리하다고 할 것이므로, 5% 범위 내의 감액 규정은 입찰제안 전에 충분한 정보의 제공이 있었을 경우에만 적용된다고 봄이 상당하다.

합병 전 원고 또는 이 사건 주식매도인들은 입찰제안 전에 입찰참가자에게 정보를 제공함에 있어 실사기준일(2002. 12. 31.)을 기준으로 하여 그 이전까지의 정보를 제공하였다고 보이므로, 실사기준일 이전의 사유로서 주식매도인측의 고의, 중과실에 의하여 정보가 누락되거나 왜곡된 정보가 제공되었다면, 그와 같은 사유는 위 5%의 제한을 받지 않고 감액이 가능하다고 볼 것이고, 따라서 대아건설로서는 위와 같은 사유를 주식매매대금 결정에 반영할 수 있었음에도 이를 하지 못하여 입은 손해의 배상을 피고들에게 청구할 수 있다고 할 것이며, 대아건설을 합병한 원고는 대아건설을 승계하여 위 손해배상청구권을 행사할 수 있다고 할 것이다.

다. 원고의 손해액

(1) 손해액 산정의 기준

대아건설이 입찰제안을 하기 전 이 사건 주식매도인들이 제시한 실사기준일(2002. 12. 31) 현재 합병 전 원고의 순자산가액은 1,653억2,500만원이었고 대아건설은 합병 전 원고의 주식 51%를 인수함에 있어 위 순자산가액의 51%에 해당하는 843억1,575만원에 대하여 그 87.76%에 해당하는 740억원을 입찰제안금액으로 하여 입찰하였다(갑 7호증의 2). 따라서 만일 대아건설이 실사기준일 이전의 사유로서 주식매도인측의 고의, 중과실에 의하여 누락되거나 왜곡되었던 정보를 제대로 제공받아 합병 전 원고의 순자산가액이 위 제시된 가액에 미치지 못한다는 점을 알았다면, 대아건설은 그 차액의 51%에 대하여 그 87.76%에 해당하는 금액만큼 감액한 금액으로 입찰에 참가하였을 것이라 볼 것이므로, 위와 같은 정보 누락, 왜곡에 의하여 대아건설이 입은 손해는 위와 같이 감액이 가능하였던 금액이라 봄이 상당하다.

피고들은, 대아건설이 이 사건 주식매매계약에 의하여 합병 전 원고의 주식을 1주당 4,692원에 매수하였는데, 합병 전 원고의 주가(株價)는, 대아건설이 입찰제안서를 제출할 당시 1주당 2,340원이었고, 주식매매계약을 체결할 당시 1,970원에 불과하였으므로, 주식매매대금 중 위 주가를 초과하는 부분은 합병 전 원고의 경영권 프리미엄, 브랜드 인지도, 시공실적 등에 대한 대가로 보아야 할 것이고, 순자산가치의 하락으로 인한 대아건설의 손해액은 이를 감안하여 결정되어야 한다고 주장하는바, 갑 1호증, 을 8호증의 1,2의 각 기재에 의하면 대아건설이 이 사건 주식매매계약 체결 당시 합병 전 원고의 주가는 피고들의 위 주장과 같은 사실을 인정할 수 있다. 그러나, 기업 주식의 51%를 인수함에 있어서 기업의 순자산가치 외에도 경영권을 장악하는 데에 따른 프리미엄 등이 인수대가에 포함되는 것으로 볼 수 있다고 하더라도, 기업의 순자산가치는 주가와 일치하는 것이고 주가를 초과하는 인수대금이 경영권 프리미엄 등에 대한 대가라고 단정할 수는 없다. 주가는 기업의 자산상태, 배당능력, 성장성 등 주식 자체의 요인과, 자금의 수급관계나 기관투자가 동향 등 시장내적 요인, 정치·사회 동향이나 통화, 물가 금리 등 시장외적 요인의 영향을 받아 주식시장의 수요·공급에 의해 결정되는 것으로서, 기업의 순자산가치를 초과하거나, 또는 그 미만으로도 형성될 수는 있는 것이다. 그렇다면 주가를 기업의 순자산가치와 일치하는 것으로 보기는 어렵고, 따라서 주가를 초과하는 인수대금이 경영권 프리미엄 등에 대한 대가라고 할 수도 없으며, 달리 이 사건 주식매매대금 중 얼마만큼이 경영권 프리미엄 등에 대한 대가에 해당하는지 확정할 수 있는 자료도 없다(앞서 본 바와 같이 대아건설은 실사기준일 현재 합병 전 원고의 순자산가액이라고하여 제시된 1653억2500만원의 51%에 해당하는 843억1575만원보다도 더 적은 740억원을 입찰제안금액으로 하였다). 피고들의 위 주장은 받아들일 수 없다.

(2) **항목별 검토**

(가) ○○아파트 공사대금 감액

갑 2호증의 1 내지 5, 갑 3, 37 내지 40호증, 갑 41호증의 1, 2, 3의 각 ○용의 지출 없이 공사대금만을 지급받는 결과가 되었을 것이므로, 결국 그 공사대금을 지급받지 않기로 합의함으로써 그 감액된 공사대금 전액이 순자산가치의 하락으로 이어졌다고 할 것이다. 피고들의 위 주장은 이유 없다.

(나) 의정부 금오지구 아파트 공사지연 손해배상 중 ○○○○부분

갑 5호증, 갑18호증의 1, 2, 3을 2호증의 각 기재에 변론 전체의 취지를 종합하면 다음과 같은 사실을 인정할 수 있다.

① 합병 전 원고, ○○○○, ××××은 2000. 3. 13. 의정부 금오택지개발사

업지구 53,413m^2를 공동으로 매수한 다음 위 부지를 균등하게 3개의 공구로 나누어 각자의 책임하에 아파트를 건설하여 분양수익금을 균등하게 배분하기로 하는 주택건설공동사업약정을 체결하고 착공하였다.

② 합병 전 원고는 2001. 4. 예상과 달리 분양률이 저조하고 사업여건이 호전될 전망이 없다는 이유로 자신이 시공하던 공구의 공사를 중단하였으나 그 후 태도를 바꾸어 2001. 9. 초순경 공사를 재개하였는데, 이로 말미암아 당초 예정된 수분양자의 입주일이 약 3개월 정도 뒤로 미루어졌다.

③ 합병 전 원고는 2001. 9. 10. ○○○○, ××××에게 위와 같이 입주예정일이 미루어짐에 따른 수분양자들에 대한 지체상금, ○○○, ××××의 추가부담금을 모두 배상하겠다고 약정하였다.

④ 합병 전 원고는 ○○건설에게 위와 같은 손해배상약정에 관한 정보를 제공하지 않았다.

⑤ ○○○○은 2004. 1. 6. 합병 전 원고를 상대로 대한상사중재원에 위 약정에 따른 손해배상에 관하여 중재신청을 하였고, 2004년. 6. 17. 대한상사중재원으로부터 578,807,230원의 승소판정을 받았다.

위 인정 사실에 의하면, 실사기준일 이전에 위와 같은 손해배상의 약정이 이루어짐으로써 합병 전 원고로서는 그에 따른 손해배상책임을 부담하게 된다는 점을 실사기준일 이전의 사유로서 이 사건 주식매도인측에서 ○○건설에게 그에 관한 정보를 제공할 의무가 있음에도 고의 또는 중과실로, 이를 이전에 잘 알고 있었다고 할 것이므로, 이는 실사기준일 이전의 사유로서 이 사건 주식매도인측에서 ○○건설에게 그에 관한 정보를 제공할 의무가 있음에도 고의 또는 중과실로 이를 제공하지 않아 ○○건설로 하여금 위와 같이 손해배상액으로 확정된 금액 상당의 순자산가치 하락으로 인한 손해를 입게 하였다고 할 것이고, 그 손해액은 259,060,224원(578,807,230×0.51×0.8776)이다.

(다) 에티오피아 EHK 공사현장의 공사손실충당금

원고는 합병 전 원고가 2002. 12. 31. 이후의 추가적인 공사손실예상액이 에티오피아 EMA 공사현장에 관하여 3,600,000,000원 예상된다는 자료만을 제출함으로써 에티오피아 EHK 공사현장에 관하여는 추가적인 공사손실이 없는 것처럼 하였으나, 2003. 1. 1.부터 같은 해 12. 31.까지 EHK 공사현장의 공사손실예상액이 4,635,582,778원 증가하였으므로, 피고들은 이에 따른 합병 전 원고의 순자산가치 하락으로 인한 손해를 배상하여야 한다고 주장한다.

그러나 ○○건설이 실사기준일인 2002. 12. 31.까지 EHK 공사현장의 공사손실 예상금에 관한 정보를 받은 이상, 그 이후의 공사손실에 관하여서도 예상할 수 있었다고 보아야 하고, 더구나 ○○건설은 상세실사 과정에서 에티오피아 공사현장을 실사하기까지 하였으므로(을 6호증, 제1심 증인 이○○, 정××), 이 사건 주식매도인측에서 EHK 공사현장에 관한 자료를 고의, 중과실로 누락 또는 왜곡하였다고 볼 수는 없다. 따라서 원고의 이 부분 주장은 받아들이지 않는다.

(3) 피고들이 배상하여야 할 손해액

앞서 본 바와 같이 이 사건 주식매매계약서 제 6 조 제 2 항은 "… 매수인이 입은 손해의 총액이 10억원을 초과할 경우 … 그 초과된 금액의 손해배상을 청구할 수 있다"고 규정하고 있으므로, 피고들은 연대하여 원고에게 1,399,795,047원(2,140,734,823+259,060,224−1,000,000,000) 및 이에 대한 지연손해금을 지급할 의무가 있다(피고들은 연대채무가 아니라 분할채무라고 주장하나, 성질상 상사채무의불이행으로 인한 손해배상채무에 해당한다고 할 것이므로, 상법 제57조 제 1 항에 의하여 피고들은 연대책임이 있다).

서울중앙지법 2005. 12. 12. 선고 2005가합13658 판결

가. 손해배상책임의 발생

(1) 이 사건 주식매매계약 제 6 조 제 1 항 제바호, 제 2 항에 따른 손해배상책임의 요건

이 사건 주식매매계약 제 6 조 제 1 항 제바호는 '이 사건 주식매도인들은 계약이행일인 2003. 9. 2. 현재 매매대상주식의 매매와 관련하여 이 사건 주식매도인들이 직접 또는 합병 전 원고로 하여금 대아건설에게 제공한 모든 정보는 중요한 부분에서 진실하여 이 사건 주식매도인들, 합병 전 원고 및/또는 이 사건 주식매도인들의 자문기관의 고의 또는 중과실에 의하여 왜곡된 바 없다는 점을 진술하고 보장한다'고 규정하고 있으며, 같은 조 제 2 항은 '위 제 1 항에 정한 진술과 보장이 허위임이 밝혀지고 그로 말미암아 대아건설이 입은 손해의 총액이 10억 원을 초과할 경우 대아건설은 계약이행일로부터 1년 이내에 이 사건 주식매도인들에 대하여 그 초과된 금액의 손해배상을 청구할 수 있다. 이 경우 손해배상 총액은 제 3 조 제 1 항에서 정한 매매대금의 5%를 한도로 한다'라고 규정하고 있는 사실은 앞서 인정한 바와 같다.

대아건설이 이 사건 주식매매계약 제 6 조 제 1 항 제바호, 제 2 항에 따라 피고들에게 손해배상청구를 하기 위해서 ① 피고들이 직접 또는 합병 전 원고로 하여금 대아건설에게 제공한 정보의 중요한 부분이 허위여야 하고, ② 그러한 허위의 정보를 제공한 데 피고들, 합병 전 원고, 피고들의 자문기관의 고의 또는 중과실이 있어야 하며, ③ 그러한 허위정보로 말미암아 대아건설이 입은 손해액이 10억 원을 초과하여야 한다는 요건이 충족되어야 하는바, 각 요건들에 관하여 살펴보기로 한다.

먼저 ①번 요건에 관하여 살피건대, '중요한 부분'이란 대아건설이 합병 전 원고의 자산과 부채를 평가하는 데 상당한 영향을 끼치는 정보로서 합병 전 원고의 기업규모, 이 사건 주식에 관한 입찰과정에서 대아건설이 제시한 인수금액 등에 비추어 볼 때 적어도 1억 원 이상의 자산과 부채의 발생, 변경, 소멸에 관한 확정된 사항을 의미하고, '허위'라고 함은 실사과정에서 대아건설에게 제공된 정보의 내용이 사실과 다른 경우뿐만 아니라 피고들이 직접 또는 합병 전 원고를 통하여 실사과정에서 대아건설에게 제공할 의무가 있는 중요한 정보를 누락시킨 경우도 포함된다고 하겠다. 나아가 피고들 또는 합병 전 원고가 실사과정에서 대아건설에게 제공할 의무가 있는 중요한 정보의 시기적 범위에 관하여 살피건대, 갑 7호증의 1, 2의 각 기재에 의하면, 대아건설로부터 합병 전 원고에 대한 상세실사를 의뢰받은 대성회계법인은 양해각서에 첨부된 상세실사기준에 따라 실사기준일인 2002. 12. 31. 현재 합병 전 원고의 자산의 실재성을 확인하고 그 가치를 평가하기 위해 실사기준일 이후 상세실사 당시까지 발생한 자산과 부채의 변동사항에 관한 자료를 요청하는 등 상세실사시점에서 가능한 구체적인 실물확인작업을 하였던 사실을 인정할 수 있는바, 이러한 사실과 우선협상대상자로 선정된 대아건설이 합병 전 원고에 대한 상세실사를 하는 목적은 상세실사 당시까지 발생한 주요 사정 등을 종합하여 2002. 12. 31. 현재 합병 전 원고의 순자산가치를 보다 정확하게 평가하여 적정한 주식인수금액을 산정하기 위한 것인 점, 양해각서에 첨부된 상세실사기준에 따르면 실사기준일은 2002. 12. 31.이나 이 사건 주식매매계약 제 6 조 제 1 항은 피고들이 대아건설에게 이 사건 주식매매와 관련하여 제공한 정보의 진실성을 보장하는 기준일을 계약이행일인 2003. 9. 2.로 정하고 있는 점을 종합하여 고려해 볼 때, 피고들은 직접 또는 합병 전 원고를 통해 상세실사과정에서 대아건설에게 상세실사종료일인 2003. 7. 16.까지 발생한 모든 중요한 정보를 제공할 의무가 있다고 할 것이다.

다음으로 ②번 요건에 관하여 살피건대, 입찰방식에 따른 이 사건 주식매각절차과정에서 우선협상대상자로 선정된 대아건설에게 진실한 상세실사정보를 제공할 의무가 있는 자는 주식매도인의 지위에 있는 피고들이고, 실사대상인 합병 전 원고는 단지 주주인 피고들의 지시 또는 피고들과 체결한 별도의 약정에 따라 피고들을 대신하여 대아건설에게 관련정보를 제공하는 것일 뿐 대아건설에 대하여 직접적인 정보제공의무를 부담하지 않는다는 점, 이 사건 주식매매계약 제6조 제1항 제바호에 따라 피고들은 대아건설에게 제공된 정보의 중요부분이 피고들뿐만 아니라 합병 전 원고의 고의 또는 중과실에 따라 왜곡된 바 없다는 점을 보장한 점에 비추어 볼 때, 대아건설에게 상세실사를 위한 정보제공과 관련하여 합병 전 원고는 피고들의 이행보조자와 유사한 지위를 가진다고 볼 수 있으므로 합병 전 원고의 고의 또는 중과실을 피고들의 고의 또는 중과실로 볼 수 있다고 하겠다.

마지막으로 ③번 요건에 관하여 살피건대, 통상 M&A 과정에서 매각대상회사의 주식가치는 순자산가치를 기초로 그와 동일 또는 유사하게 산정되고, 앞서 인정한 바와 같이 대아건설이 매수한 이 사건 주식은 합병 전 원고의 총 발행주식의 51%이므로, 피고들이 허위정보를 제공함으로 말미암아 대아건설이 입은 손해는 허위정보로 부풀려진 자산가액의 51% 상당액이라고 봄이 상당하다.

노트와 질문

1) 대아건설 판결이 손해배상액의 최대한에 관한 합의가 효력이 없다고 본 근거는 무엇인가? 진술과 보장이 허위인 경우 매도인의 책임범위에 관한 합의는 언제나 효력이 없는가?

김홍기, *M&A계약 등에 있어서 진술보장조항의 기능과 그 위반시의 효과*: 대상판결: 서울고법 2007. 1. 24. 선고 2006나11182 판결, 22:3 상사판례연구 90-101 (2009. 9)

Ⅳ. 판례의 평석

1. 진술보장책임의 청구기간이 소멸시효인지 제척기간인지

가. 서울고법의 판단: 소멸시효로 보았음

서울고법은 원고가 계약이행일인 2003. 9. 2.로부터 1년의 소멸시효기간이 경과한 이후인 2005. 2. 18. 이 사건 소송을 제기하였으므로, 이 사건 주식매매계약서 제 6 조 제 1 항 바호와 같은 조 제 2 항에 의한 원고의 손해배상청구권은 시효로 소멸하였으나, 원고가 계약이행일로부터 1년이 경과하기 전인 2004. 8. 26. 피고들에게 3,515,634,193원의 배상을 요구하는 내용증명 우편을 발송하고 위 내용증명 우편 수령일로부터 6개월 이내인 2005. 2. 18.자로 이 사건 소송을 제기하였기 때문에 소멸시효는 중단된 것으로 보았다.

다만 내용증명에 기재된 소멸시효는 손해항목별로 따로 진행된다고 보았는데, 이는 만일 소멸시효기간 내에 손해배상 가능금액을 소송으로 일단 청구해 놓고 그 후 발견되는 진술보장위반항목들을 계속적으로 추가하는 것을 허용할 경우 법률관계를 조기에 확정짓기로 한 원·피고들 간의 합의에 반하게 되는 점을 고려하였기 때문이라고 하였다.

서울고법은 결국 원고가 청구한 손해배상항목 가운데에서 ① 미아아파트 공사대금 감액, ② 의정부 금오지구 아파트 공사지연 손해배상 중 한진중공업 부분, ③ 에티오피아 EHK 공사현장의 공사손실충당금에 한하여 소멸시효가 중단되었다고 판단하였다(대상판결문 7면).

나. 평석: 제척기간으로 볼 것임

소멸시효는 권리를 행사하지 아니한 경우에 이에 대한 불이익을 주는 제도로서 소멸시효기간이 경과하는 경우 소급적으로 그 권리가 소멸하는 제도인 반면에(민법 제167조), 제척기간은 권리관계를 조속히 확정시키려는 제도로서 소멸시효와 같이 중단이나 정지라는 것이 없고 재판상 또는 재판외의 행사를 통해서 제척기간의 준수가 모두 가능하다. 소멸시효는 시효의 완성 후에도 그 이익을 포기할 수 있으나, 제척기간은 제척기간의 만료로서 권리는 당연히 소멸하며 제척기간 이후에 그 이익을 포기할 수 없다. 이외에도 공격·방어방법, 직권조사사항의 해당 여부 등 구체적인 소송에서 양자는 커다란 차이를 가져올 수 있다.

이 사건 주식매매계약서 제 6 조 제 2 항은 매수인은 계약이행일인 2003. 9. 2.로부터 1년 이내에 손해배상을 청구할 수 있다고 규정하고 있는데, 서울고법은 이러한 1년의 기간을 소멸시효로 판단하고 있다. 그런데 이러한 1년의 기간을 제척기간으로 볼 경우 원고는 1년 이내에 내용증명을 발송한 이상 일단 제척기간을 준수한 것이 되고 서울고법이 판단한 것과 같은 중단의 문제는 논의할 필요가 없게 된다. 원고가 주장하는 손해배상항목들에 대한 판단도 달라질 수 있다. 따라서 위 1년의 기간이 소멸시효인지 제척기간인지를 판단하는 것은 매우 중요하다.

사견으로는 아래와 같은 이유로 주식매매계약 제 6 조에서 규정된 1년의 기간은 제척기간으로 보는 것이 타당하다고 생각한다. 즉 ① 이 사건과 같이 원고가 실사를 다하고도 발견하지 못한 하자 등에 관해서는 "계약이행일로부터 1년" 내에 손해배상을 청구하라는 것은 그 성질상 소멸시효보다는 제척기간에 가깝고, ② M&A, 즉 기업지배권거래에서는 진술보장조항위반에 따른 책임관계를 신속하게 종결시키기 위해서도 권리관계의 조속한 확정을 도모하는 제척기간으로 파악함이 타당하며, ③ 우리나라의 대법원 판례는 민법 제580조, 상법 제69조 등에 근거한 하자담보책임을 제척기간으로 보고 있는바, 앞서와 같이 진술보장위반책임의 법적 성격을 약정담보책임의 일종으로 파악하는 이상 하자담보책임에 준하여 해석함이 상당하고, ④ 계약당사자들이 위 1년의 행사기간을 소멸시효의 단축의 의미로 합의한 것이라면 "시효로 인하여 소멸한다"는 문구를 두었을 것인데 이러한 문구를 기재하지 아니한 점도 이를 권리관계의 조속한 종결을 위한 '제척기간'으로 구성할 의도로 보이는 점 등 제반 사정을 고려하면 위 1년의 손해배상청구기간은 제척기간으로 보는 것이 타당하다고 생각한다.

이와 관련하여 제척기간으로 보는 경우에도 원고가 1년 이내에 발송한 내용증명에서 손해를 청구한다는 의사표시를 한 것만으로 충분한 것인지, 아니면 제척기간 준수를 위해서는 진술보장위반의 항목, 내용, 범위 등이 구체적으로 적시되어야 하는지 의문이 있을 수 있다. 사견으로는 하자의 사항, 내용 등에 관한 구체적인 사항의 통지가 요구된다고 본다. M&A거래의 당사자들은 주로 해당 사업분야에 정통한 기업들로서 구체적인 하자 항목, 내용 등을 통지할 것을 기대하는 것이 타당하고, 신속하고 명확한 해결을 위한 담보책임의 취지에도 부합하기 때문이다. 이렇게 해석하지 않는다면 매수인은 위 1년의 기간 내에 포괄적인 손해배상을 청구해 두고, 새로운 항목이 발견될 때마다 추가하는 것이 허용되어 하자담보책임과 제척기간의 취지에 반하게 될 것이다.

3. 손해액 산정시 경영권 프리미엄을 반영할 것인지

가. 서울고법의 판단

서울고법은 실사기준일인 2002. 12. 31. 현재 매매대상인 경남기업의 순자산가액은 1,653억2,500만원이었고, 매수인은 경남기업의 주식 51%를 인수함에 있어 위 순자산가액의 51%에 해당하는 843억1,575만원에 대하여 그 87.76%에 해당하는 740억 원을 입찰제안금액으로 입찰하였다. 따라서 만일 매수인이 정보를 제대로 제공받아 경남기업의 순자산가액이 제시된 가액에 미치지 못한다는 점을 알았다면, 매수인은 그 부족 자산의 차액의 51%에 대하여 그 87.76%에 해당하는 금액만큼 감액한 금액으로 입찰에 참가하였을 것이므로, 매수인이 입은 손해는 그 감액이 가능하였던 금액이라고 판단하고 있다(대상판결문 11면).

한편 피고는 이 사건 주식의 매매가격에는 경영권 프리미엄 등 무형의 가치가 포함되어 있고 경영권 프리미엄에 대하여 지불한 금액 부분은 진술보장위반에 영향을 받지 않으므로 이 부분은 손해액 산정에서 제외하여야 한다고 주장하였다. 이에 대하여 서울고법은 이 사건과 같이 기업 주식의 51%를 인수함에 있어서 기업의 순자산가치 외에도 경영권을 장악하는 데에 따른 프리미엄 등이 인수대가에 포함되는 것으로 볼 수 있다고 하더라도, 주가를 초과하는 인수대금이(반드시) 경영권 프리미엄 등에 대한 대가라고 할 수 없으며, 달리 이 사건 주식매매대금 중 얼마만큼이 경영권 프리미엄 등에 대한 대가에 해당하는지 확정할 수 있는 자료도 없으므로, 피고들의 위 주장은 이유 없다고 판단하고 있다.

나. 평석: 경영권 프리미엄을 반영하여 산정할 것임

(1) 판례와 학설

일반적으로 매매대상 기업가치는 대상기업에 대한 가치평가를 실시한 다음, '영업권 가치'와 '프리미엄'을 가산하여 결정하게 된다. 영업권, 프리미엄 등은 매우 주관적인 가치이기 때문에, 실제 M&A거래에서는 매도이유, 인수목적, 대상기업의 환경, 시너지효과 등 다양한 요소를 감안하여 매매가격이 결정된다. 우리나라에서는 경영권 프리미엄 역시 일반적으로 주가에 반영된다는 것을 다수의 판례에서 발견할 수 있다. 따라서 우리나라의 경우 지배주식의 매매에 있어서 경영권 프리미엄 등이 반영될 수 있다는 것은 일반적으로 통용되는 인식으로 볼 것이다.

(2) 이 사건의 경우 경영권 프리미엄이 반영된 사정들

서울고법은 이 사건 주식의 1주당 매매가격이 거래소 거래가격을 훨씬 상회한 것은 인정하지만 주가를 초과하는 인수대금이 경영권 프리미엄 등에 대한 대가라고 단정할 수 없다고 판단하였다. 그러나 다음과 같은 사정을 고려할 때 이 사건 주식의 매매가격에는 경영권 프리미엄이 분명히 포함되었다고 볼 것이다.

① 매수인인 대아건설은 실사과정에서 회계법인을 통하여 매매대상인 경남기업의 순자산가치를 산정하였고, 실사 후 평가된 경남기업 순자산가치의 124%에 해당하는 비율로 매매가격을 합의한 점, ② 매수인이 지급한 '1주당 4,692원'은 입찰제안서 제출 당시 경남기업의 거래소 거래주가인 1주당 2,340원, 주식매매계약 체결 당시 거래소 거래주가인 1주당 1,970원을 2배 이상 상회하는 점, ③ 이 사건 매매대상주식이 매매대상기업의 경영권을 확실하게 장악할 수 있는 51%에 이르는 점, ④ 매수인은 이 사건 주식을 매수한 직후 바로 매매대상기업인 경남기업의 상호로 흡수합병된 점 등을 고려하면, 이 사건 주식의 매매가격에는 경영권 프리미엄 등 무형의 가치가 포함되어 있다고 볼 것이다.

이와 관련하여 순자산가치의 산정이 잘못되는 경우에는 프리미엄가치에도 영향을 줄 수 있으므로 순자산가치와 프리미엄가치를 분리하여 손해액을 산정하는 것이 곤란하지 않는가는 의문이 있을 수 있다. 만일 순자산가치 산정이 크게 잘못된 경우에는 프리미엄가치의 산정에도 영향을 미칠 수 있다고 본다. 그러나 이 사건의 경우에는 경남기업의 장부상 순자산가치는 약 1,653억원인 반면에 서울고법이 인정한 순자산가치 중 잘못 산정된 부분은 약 23억원에 불과하여 순자산가치의 산정 잘못이 프리미엄가치에 영향을 미쳤다고 보기는 어렵다고 생각한다.

(3) 경영권 프리미엄의 반영 정도와 손해액의 계산

매수인이 지급한 매매대금 중 순자산가치에 대한 대가와 경영권 프리미엄 등에 대한 대가를 구분할 수 있는지, 만일 구분할 수 있다면 진술보장조항위반이 어느 부분에 어느 정도로 영향을 미쳤는지가 문제된다.

서울고법은 그 어려움을 감안하여 경남기업의 장부상 순자산가치만을 기초로 손해배상액을 산정하고 있다. 보수적 평가방법인 순자산가치법에 기초하여 손해배상을 산정한 것은 타당하다.

그러나 앞서 살펴본 것처럼 이 사건에서는 경영권 프리미엄이 매매가격에 분명히 포함되어 있다고 보이고, 피고의 진술보장조항위반은 경영권 프리미엄으로 지급된 무형자산가치의 판단에 대해서는 영향을 미쳤다고 보기 어려우므로 경영권 프리미엄 부분은 손해액 산정에서 제외시키는 것이 타당하다고 생각한다.

그리고 손해산정에 있어서는 장부상 순자산가치보다는 실사후 자산가치를 기준으로 하는 것이 타당하다. 이 사건에서는 매수인이 회계법인을 통하여 매매대상기업의 순자산가치를 산정한 '실사후 순자산가치'가 있으므로, 장부상 순자산가치보다는 실사후 순자산가치를 기초로 매매대상기업의 가치를 산정하는 것이 보다 정확하기 때문이다.

사견으로는 이 사건 주식에 대한 매매대금을 매매대상기업의 순자산가치에 대하여 지급한 부분과 경영권 프리미엄 등 무형자산가치에 대하여 지급한 부분으로 구분하여 손해액을 산정하는 방안이 있다고 본다. 문제된 진술보장위반항목들은 모두 순자산가치에 대한 것이므로 경영권 프리미엄 등 무형자산의 가치에는 영향을 미치지 않았다고 볼 것이며, 피고들은 순자산가치의 감소부분에 상응하는 손해에 대해서만 배상할 책임을 부담한다고 해석하는 것이 타당하다고 본다. 구체적인 산정방식은 [표 26-1]과 같다.

[표 26-1] 기업가치 평가방법(실사후 순자산 가치 기준+경영권 프리미엄 반영)

70,312,683,876원(이 사건 주식의 매매대금)	
순자산가치 부분	순자산가치 초과부분
56,592,150,000원 (110,965,000,000원×0.51)	13,720,533,876원 (70,312,683,876원−56,592,150,000원) 경영권 등 무형자산가치에 대한 대가
경남기업의 실사 후 순자산가치(110,965,000,000원) 중 이 사건 주식의 비율인 51%에 상당하는 금액임.	이 사건 주식의매매대금에서 실사 후 순자산가치 부분(56,592,150,000원)을 뺀 금액임.
미아아파트 공사대금 등 진술보장위반으로 인한 손해는 실사 후 순자산가치 부분을 기준으로 하여 비율적으로 산정할 것임.	이 부분은 경영권 프리미엄 등 무형적 가치가 반영된 부분이므로 진술보장조항위반으로 인한 손해금액 산정에서 제외할 것임

4. 정보제공의무의 기준일 및 대상

진술보장조항은 특정시점을 기준으로 매매대상기업의 사정을 진술하고 보장하는 기능을 하는 것이므로 그 기준시점의 설정이 매우 중요하다. '재무제표 기준일', '상세실사 기준일', '주식매매계약서 체결일' 등이 기준이 되는 경우가 많다.

서울고법은 상세실사 기준일을 기준시점으로 하여 판단하고 있다. 상세실사기준일 이전의 사유로서 매도인측의 고의 또는 중과실에 의하여 정보가 누락되거나 왜곡된 정보가 제공되었다면 그와 같은 사유는 위 5%의 제한을 받지 않고 감액이 가능하다고 볼 것이고, 대아건설로서는 위와 같은 사유를 주식매매대금 결정에 반영할 수 있었음에도 이를 하지 못하여 입은 손해의 배상을 청구할 수 있다(1심 판결문 13면, 대상판결문 10, 11면)고 판단하고 있기 때문이다.

그러나 서울고법은 실사를 위한 양해각서와 주식매매계약서를 혼동하고 있는 것으로 보인다. 실사기준일이나 실사종료일은 입찰단계에서 제시된 인수금액을 조정하기 위하여 필요할 수 있으나, 바로 진술보장 기준일과는 연결되지는 않기 때문이다. 이 사건 주식매매계약서 제 6 조 제 1 항에서는 진술보장 기준일이 “계약이행일 현재”로 명시되이 있는바, 따라서 계약이행일인 2003. 9. 2.을 기준으로 판단할 것이다. 물론 주식매매계약서에서 실사종료일을 진술보장의 기준시점으로 규정하는 것은 유효하다.

5. 초과 금액의 해석

손해액의 산정과 관련하여 주식매매계약서 제 6 조 제 2 항은 “… 매수인이 입은 손해의 총액이 10억원을 초과한 경우 … 그 초과된 금액의 손해배상을 청구활 수 있다”고 규정하고 있다. 여기서 10억 원을 초과할 경우를 어떻게 해석할 것인지가 문제되어 있다. 1심 법원은 10억원을 초과하는 이상 손해배상액 전액을 배상하는 것으로 판단하였고(1심판결문 12, 19면), 서울고법은 10억원을 초과하는 금액만을 손해배상액으로 판단하였기 때문이다(대상판결문 제17면 상단).

이에 대한 판단을 위해서는 M&A거래에서 사용되는 손해산정방식을 살펴볼 필요가 있다. (1) 먼저 ‘바스켓(basket)’ 방식이 있다. 이 방식은 일정한 금액에 이를 때까지는 손해배상책임을 지지 아니하고, 일정 금액용 초과하는 경우애는 그 초과액애 대해서만 손해배상책임을 지는 방식을 말한다. (2) ‘트리거(trigger)’ 방식은 바스켓 방식과 유사한데, 손해금액의 합계가 일정기준을 초과하면 그 총액의 배상을 청구하는 방식이다. (3) ‘커트 오프(cut off date)’ 방식은 일정 기간을 지나면 매수인은 더 이상 보상을 청구할 수 없도록 하는 방식이다.

이 사건 주식매매계약서 제 6 조 제 2 항은 바스켓 방식과 커트 오프 방식을 병합한 것이다. 손해액이 일정한 금액을 초과하면 그 초과 금액에 한정해서 손해배상책임을 인정하는 방식이다. 이에 대한 서울고법의 판단은 타당하다고 본다.

6. 중대성의 판단

1심 법원은, ‘중요한 부분’이란 … 적어도 1억원 이상의 자산과 부채의 발생, 소멸에 관한 확정된 사항을 의미한다고 하여서, 매출채권 계약, 분쟁 등 항목을 구분하지 아니하고, 통합적으로 판단하고 았다(1심판결문 12면).

서울고법은 명확한 분석을 하고 있지는 않지만 묵시적으로는 진술보장의 범위에 관해서 '중대성'을 요구하면서, 1심 판단을 유지하고 있다. 이는 서울고법이 매도인은 매수인으로부터 자료제공을 요청받은 바 없는 경우에도 중대한 사항에 대해서는 자료를 제공할 의무가 있다고 판단하는 것에서도 알 수 있다(대상판결문 17면). 다만 별다른 논거를 제시하지 않은 채 회사의 규모, 거래의 규모 등에 비추어 1억원을 넘어서는 항목들을 중대한 사항으로 인정한 것은 문제로 지적할 수 있다고 본다.

그러나 주식매매계약서에서 중대성의 판단 기준이 명백하게 규정되어 있지 않아서 어느 정도가 중대한 사항인지를 판단하는 것이 현실적으로 어렵고, 특별한 기준이 없는 경우에는 회사 규모나 거래규모 등을 고려해서 사실심 법원이 적절히 판단하는 것이 불가피하므로 서울고법의 판단을 존중할 것이다.

[실제사례 11: 면책조항]

11. INDEMNIFICATION; REMEDIES

11. 1. SURVIVAL; RIGHT TO INDEMNIFICATION AFFECTED BY KNOWLEDGE

(a) None of the representations and warranties contained in **Sections 3, 4 and 5** above shall survive the Closing hereunder **provided, however**, that the representations and warranties contained in **Sections 4.1, 4.2, 4.3(a), 4.5 and 4.8** shall survive until [ ]. For the avoidance of doubt, Section 4.11 shall survive the Closing and continue in full force and effect forever thereafter. Unless otherwise expressly provided herein, all covenants and obligations in or under this Agreement shall expire and be extinguished at the Closing, except for the covenants and obligations contained in **Sections 6.3, 7.1, 12, 13.1, 13.3, 13.5, 13.6 and 13.15**. The aforementioned expiry dates are deadlines within which the Person making a claim under this **Section 11** must have delivered a written notification of its claim fully explaining the grounds therefor. It is stated for the avoidance of doubt that representations and warranties will remain enforceable even after the expiry dates mentioned above for all claims made by the expiry dates and that each Party will have no liability (for indemnification or otherwise) with respect to any representation or warranty, or covenant or obligation to be performed and complied with unless, before the related expiry dates, the indemnified person delivered a written notification of its claim fully explaining the grounds therefor.

(b) The right to indemnification, reimbursement, payment of damages or other remedy based on the representations, warranties, covenants and obligations contained in this Agreement, the Disclosure Schedule and other Schedules, the supplements to the Disclosure Schedule and any certificate or document delivered pursuant to this Agreement shall be prejudiced by any knowledge acquired, or capable of having been acquired from any document or other information disclosed by Seller, or its Representatives on Seller's behalf, under Legal Requirements or stock exchange rules applicable to companies listed on the Korea Stock Exchange, by Buyers or Buyers' Representatives on or before the Closing about the inaccuracy of or non-compliance with any such representation, warranty, covenant or obligation.

11. 2. INDEMNIFICATION BY SELLER

Seller shall indemnify and hold harmless Buyers (and its directors, officers, employees, Affiliates, agents, representatives, successors and assigns) for, and shall pay to Buyers the amount of any Loss, whether or not involving a third party claim, arising from or in connection with:

(a) any inaccuracy in or any breach of any representation or warranty made by Seller(i) in this Agreement or the Disclosure Schedule (giving full effect to any supplement to the Disclosure Schedule delivered by Seller to Buyers on or before the Closing Date) as of the date of this Agreement or as if such representation or warranty were made on and as of the Closing Date giving effect to any supplement to the Disclosure Schedule or (ii) in the supplements to the Disclosure Schedule, any transfer instrument, or any other certificate or document delivered by Seller pursuant to this Agreement as of the date of the supplement, instrument, certificate or document (it is stated for the avoidance of doubt that this Section 11.2(a)(ii) does not refer to or encompass any documents delivered by Seller pursuant to the due diligence exercise of Buyers, including the documents listed in Exhibit 13. 11);

(b) any breach by Seller of any covenant or obligation of Seller in this Agreement and

(c) any claim by any Person for brokerage or finder's fees or commissions or similar payments based upon any agreement or understanding alleged to have been made by such Person with Seller (or any Person acting on its behalf) in connection with any of the Contemplated Transactions.

The rights and remedies provided in this Section 11 shall constitute the sole and exclusive rights and remedies of Buyers against Seller with respect to this Agreement and the events giving rise to this Agreement (and the Contemplated Transactions), and limit any other remedies that may be available to Buyers.

11. 3. INDEMNIFICATION BY BUYERS

Buyers shall jointly and severally indemnify and hold harmless Seller (and its directors, officers, employees, Affiliates, agents, representatives, successors and assigns), and shall pay to Seller the amount of any Loss arising from or in connection with:

(a) any inaccuracy in or any breach of any representation or warranty made by Buyers in this Agreement or in any certificate delivered by Buyers pursuant to this Agreement;

(b) any breach by Buyers of any covenant or obligation of Buyers in this Agreement;

(c) any Liabilities of Seller with respect to the conduct of the Target's business or ownership of the Target Shares on and after the Closing Date; and

(d) any claim by any Person for brokerage or finder's fees or commissions or similar payments based upon any agreement or understanding alleged to have been made by such Person with Buyers (or any Person acting on its behalf) in connection with any of the Contemplated Transactions.

The rights and remedies provided in this Section 11 shall constitute the sole and exclusive rights and remedies of Seller against Buyers with respect to this Agreement and the events giving rise to this Agreement(and the Contemplated Transactions), and limit any other remedies that may be available to Seller.

11. 4. LIMITATIONS ON AMOUNT — SELLER

(a) Seller will have no liability (for indemnification or otherwise) with respect to the matters described in Sections 11.2(a),(b) and (c) until the total of all Losses with respect to such matters exceeds KRW 5,000,000,000, and then only for the amount by which such Losses exceed KRW 5,000,000,000. However, no liability shall attach to Seller where the amount of any claim is less than KRW 500,000,000, such claim being ignored for the purposes of calculating the liability of Seller under this Agreement.

(b) Subject to **Section 11.4(c)**, notwithstanding anything in this Agreement to the contrary, Seller's maximum liability in respect of any Losses shall in no event exceed the Purchase Price.

(c) The limitation set forth in **Section 11.4(b)** shall not apply to any liability of Seller for Losses arising in connection with any intentional or willful breach by Seller of any covenant, agreement, undertaking or obligation, and Seller shall be liable for all Losses with respect to such breach or breaches without any reference or limitation to the cap set forth in **Section 11.4(b)**.

11. 5. LIMITATIONS ON AMOUNT — BUYERS

(a) Buyers will have no liability (for indemnification or otherwise) with respect to the matters described in **Sections 11.3(a), (b) and (c)** until the total of all Losses with respect to such matters exceeds KRW 5,000,000,000, and then only for the amount by which such Losses exceed KRW 5,000,000,000. However, no liability shall attach to Buyers where the amount of any claim is less than KRW 500,000,000, such claim being ignored for the purposes of calculating the liability of Buyers under this Agreement.

(b) Subject to **Section 11.5(c)**, notwithstanding anything in this Agreement to the contrary, Buyers' maximum liability in respect of any Losses shall in no event exceed the Purchase Price.

(c) The limitation set forth in **Section 11.5(b)** shall not apply to any liability of Buyers for Losses arising in connection with any intentional or willful breach by Buyers of any covenant, agreement, undertaking or obligation, and Buyers shall be liable for all Losses with respect to such breach or breaches without any reference or limitation to the cap set forth in **Section 11.5(b)**.

11. 6. ADDITIONAL INDEMNIFICATION LIMITATIONS

Each Party's indemnification obligations hereunder shall be reduced by the amount, if any, received by the other Party (and its directors, officers, employees, Affiliates, agents, representatives, successors and assigns) from any third party (including any insurance company or other insurance provider) in respect of the Losses suffered by such other Party (and its directors, officers, employees, Affiliates, agents, representatives, successors and assigns), and each Party shall, and shall cause its directors, officers, employees, Affiliates, successors and assigns to, use its Best Efforts to recover such sum. If, after receipt by any Party (or its directors, officers, employees, Affiliates, successors or assigns) of any indemnification payment hereunder, such Party (or its directors, officers, employees, Affiliates, agents, representatives, successors or assigns) receives a third party reimbursement in respect of the same Losses for which indemnification was made which third party reimbursement was not taken into account in assessing the amount of indemnification hereunder, then such Party shall, or shall cause its directors, officers, employees, Affiliates, agents, representatives, successors or assigns to, turn over all of such third party reimbursement to the indemnifying Party.

11. 7. PROCEDURE FOR INDEMNIFICATION — THIRD PARTY CLAIMS

(a) Promptly after receipt by an indemnified Person under **Section 11.2 or Section 11.3** of notice of the commencement of any Proceeding against it, such indemnified Person shall, if a claim is to be made against an indemnifying Party under such Section, give notice to the indemnifying Party of the commencement of such claim.

(b) If any Proceeding referred to in **Section 11.7(a)** is brought against an indemnified Person and it gives notice to the indemnifying Party of the commencement of such Proceeding, the indemnifying Party shall be entitled to participate in such Proceeding, and, to the extent that it wishes, to assume the defense of such Proceeding. After notice from the indemnifying Party to the indemnified Person of its election to assume the defense of such Proceeding, the indemnifying Party shall not, as long as it diligently conducts such defense, be liable to the indemnified Person under this

Section 11 for any fees of other counsel or any other expenses with respect to the defense of such Proceeding, in each case subsequently incurred by the indemnified Person in connection with the defense of such Proceeding, other than reasonable costs of investigation.

11. 8. PROCEDURE FOR INDEMNIFICATION -OTHER CLAIMS

A claim for indemnification for any matter not involving a third party claim may be asserted by prompt notice to the Party from whom indemnification is sought.

[실제사례 11-1: Indemnification Notice]

손해배상청구의 통지

1. 개요

귀사와 당사가 20××××. 체결한 귀사 보유 ×××× 발행 보통주식 20,000,000주(지분비율 ××%, 이하 "대상주식")의 매매계약(SHARE SALE AND PURCHASE AGREEMENT)에 관한 건입니다.

2. 세무조사

가. 당사의 대상주식 매수 후 ×××는 200×××부터 같은 해 ×××까지 서울지방국세청으로부터 정기 세무조사를 받았는바, 서울지방국세청은 ×××부터 ×××까지의 발전소(3호기) 설비투자에 대한 세액공제를 ××× 귀속시킨 것은 잘못이라는 지적하고, ×××. ×××에게 ××억 원을 추징한다는 세무결과 통보서를 송부하였습니다.

나. 현재 ×××는 위 추징을 다투는 행정절차를 진행 중이며 가능한 모든 방법과 절차를 통하여 ×××의 세액공제귀속이 정당하다는 점을 다투고 있으나, 그런 모든 절차를 통하여서도 ×××의 귀속이 잘못이며 위 추징이 정당하다고 결정될 가능성을 배제할 수 없습니다.

다. 그 경우 당사는, 대상주식의 매도 시에 귀사가 당사에게 위 사실을 사전에 고지하지 않음으로 인하여 추징액 및 추징을 피하기 위한 절차에 소요된 비용의 합계액 상당의 손해를 입게 됩니다.

3. 손해배상의무 및 면책

가. 귀사와 당사 사이의 ×××자 주식매매계약은 손해배상의무 및 면책에 관하여 다음과 같이 규정하고 있습니다.

(1) 각 계약당사자는 진술보증사항 위반 또는 이행의무위반으로 인하여 상대방 당사자에게 발생하는 손실, 책임, 손해, 비용(이하 합하여 "손해 등")으로부터 상대방 당사자를 면책시키고, 상대방 당사자가 입은 손해 등을 배상할 의무가 있다(제9.1조).

(2) 다만, 위 손해배상의무에는 일정한 제한이 있는바, 그 제한사항은

첫째, 손해등을 야기하는 각 문제로 인하여 발생한 손해등의 합계가 주식매매가액 총액의 3% 상당액인 하한선(threshold)을 넘지 않는 이상 각 당사자는 책임을 지지 않는다는 것(제9.3조 (a)항)

둘째, 회사가 회사에 대한 진술보증사항을 위반한 결과 매수인이 매도인에 대하여 면책의 권리를 가지는 손해등(이하 "회사 손해등"이라 합니다)을 입는 경우 회사주식의 50%를 매도한 매도인으로서 회사 손해등의 50% 상당액을 지급하여야 한다는 것(제9.3조 (c)항)입니다.

나. 위 주식 매매 계 약의 주식매매가액 총액의 3% 상당액은 ×××억 원이므로 귀사는 위 면책조항에 근거하여 포스코파워에 대한 추징액 ×××억 원에 대하여 귀사는 책임이 없다고 생각할 수도 있을 것입니다. 그러나 포스코파워에 대한 추징액 ××억 원에 대하여 위 면책조항은 적용될 수 없습니다. 귀사 및 ×××는 국세청의 세무조사에서 지적된 사항에 대하여 위 주식매매계약이 체결되기 전에 이미 알고 있었기 때문입니다. 주식매매계약에 있어서 매도인의 책임을 제한하는 조항은 매도인이 알면서 매수인에게 고지하지 아니한 사실에 대하여는 적용되지 않습니다(민법 제584조 참조).

다. 따라서 귀사는 당사에게 ×××에 발생한 손해액인 추징액 ××억 원 및 당사가 국세청의 추징을 피하기 위한 절차에 지출한 비용을 배상할 의무가 있습니다.

4. 요구사항

가. 당사는 본 서신에 의하여 귀사가 당사에게 위 손해액 전부를 배상할 것을 청구하는 바입니다.

나. 다만, 현재로서는 국세청의 추징을 다투기 위한 절차가 진행 중이어서 전체 손해액을 확정할 수 없는바, 구체적인 손해액은 그 금액이 확정되는 대로 지체 없이 귀사에게 통지하도록 하겠습니다.

다. 위 손해배상청구는 국세청의 추징으로 인한 손해에만 한정되므로 위 청구로 인하여 귀사와 당사 사이의 ×××자 주식매매계약과 관련하여 당사에게 이미 발생하였거나 장차 발생할 가능성이 있는 다른 손해에 대한 당사의 권리가 소멸하거나 당사가 그러한 권리를 포기하는 것으로 해석되어서는 아니 됨을 유의하시기 바랍니다.

라. 또한, 본 손해배상청구로 인하여 귀사와 당사 사이의 ×××자 주식매매계약에서 정한 손해배상의무의 기간적인 제한은 적용이 배제됨을 유의하시기 바랍니다.

문제 26

매도인은 매수인에게 대상기업의 지배주식 50%를 매각하려 하면서 다음과 같은 면책조항을 제시하여 왔다. 매수인의 법률자문으로서 이의 수정안을 작성하여 보아라.

ARTICLE Ⅸ INDEMNIFICATION

1.1 Indemnification.

(a) Each Seller shall bear any indemnification obligations and benefits arising under this Article IX only with respect to (i) its individual representations, warranties, covenants or other obligations under this Agreement or (ii) the [ ] Purchased Assets with respect to [ ] and the [ ] Purchased Assets with respect to [ ]. In each instance in which the term "Sellers"is used in this Article IX, such term shall mean each individual Sellers as described in the previous sentence.

(b) Subject to Section 9.1(a), the Sellers generally, and not joint and severally, will indemnify, defend and hold harmless the Buyer, the Buyer's Affiliates, and their respective officers, directors, employees and agents (each a "Buyer Indemnitee") from and against any and all causes of action, claims, demands or suits (by any Person), losses, liabilities, damages (excluding consequential and special damages), obligations, payments, costs, Taxes and expenses (including the costs and expenses of any and all actions, suits, proceedings, assessments, judgments, settlements and compromises relating thereto and reasonable attorneys' fees and reasonable disbursements in connection therewith) to the extent the foregoing are not covered by insurance, (collectively, "Indemnifiable Losses"), asserted against or suffered by the Buyer Indemnitee relating to, resulting from or arising out of (i) any breach by the Sellers of any covenant or agreement of the Sellers contained in this Agreement; (ii) the Excluded Liabilities; (iii) the Excluded Assets; (iv) any breach of any representation in Sections 5.1, 5.2, 5.3 and 5.6 hereof; or (v) the gross negligence or willful misconduct of Sellers, or their Affiliates or their respective contractors while on Buyer's property after the Closing to the extent such Indemnifiable Loss is not caused by the negligence or willful misconduct of any Buyer Indemnitee. The right to indemnification, payment of Indemnifiable Losses or other remedy based on such representations, warranties, covenants and obligations will be prejudiced by any knowledge acquired (or capable of having been acquired) by Buyer or Buyer's Representatives on or prior to the Closing Date concerning the inaccuracy of or Sellers' non-compliance with any such representation, warranty, covenant or obligation.

(c) The Buyer will indemnify, defend and hold harmless each Seller, each Seller'sAffiliates, and their respective directors, officers, employees and agents (each, a "Sellers Indemnitee") from and against any and all Indemnifiable Losses asserted against or suffered by the Sellers Indemnitee relating to, resulting from or arising out of (i) any breach by the Buyer of any covenant or agreement of the Buyer contained in this Agreement or (ii) the Assumed Liabilities; (iii) the operation of the Purchased Assets after the Closing Date, (iv) any breach of any representation in Article VI or (v) the gross negligence or willful misconduct of the Buyer, any of its Affiliates or any of their respective agents or contractors while on a Seller's property after the Closing, to the extent such Indemnifiable Loss is not caused by the negligence or willful misconduct of any Sellers Indemnitee.

(d) Any person entitled to receive indemnification under this Agreement (the "Indemnitee") having a claim under these indemnification provisions shall make a good faith effort to recover all losses, damages, costs and expenses from insurers of such Indemnitee under applicable insurance policies so as to reduce the amount of any Indemnifiable Loss hereunder.

The amount of any Indemnifiable Loss shall be reduced (i) to the extent that Indemnitee receives any insurance proceeds with respect to an Indemnifiable Loss and (ii) to take into account any Tax or Income Tax benefit recognized by the Indemnitee arising from the recognition of the Indemnifiable Loss, net of any Tax or Income Tax detriment, and any payment actually received with respect to an Indemnifiable Loss.

(e) If the Closing occurs, Sellers will have no liability (for indemnification or otherwise) with respect to any representations, warranties, covenants or obligations to be performed and complied with prior to the Closing Date, unless on or before the first anniversary of the Closing Date Buyer notifies Sellers of a claim specifying the factual basis of that claim in reasonable detail to the extent then known by Buyer.

(f) It is agreed and understood that neither the Sellers nor the Buyer, as the case may be, shall have any liability at any time for Indemnifiable Losses asserted against or suffered by the other party until the aggregate amount of Indemnifiable Losses asserted or suffered by such other party under this Section 9.1 shall exceed the Indemnification Floor, and then only to the extent that the aggregate amount of Indemnifiable Losses exceeds the Indemnification Floor. The term "Indemnification Floor" shall mean an amount equal to KRW 3 billion. Notwithstanding any other provision contained in this Agreement, the Indemnification Floor shall not apply with respect to any Indemnifiable Losses asserted against or suffered by any Buyer Indemnitee relating to, resulting from or arising out of the Excluded Liabilities and the Excluded Assets.

(g) The rights and remedies of the Sellers and the Buyer under this Article IX are exclusive and in lieu of any and all other rights and remedies which the Sellers and the Buyer may have under this Agreement for monetary relief with respect to (i) any breach or failure to perform any covenant or agreement set forth in this Agreement; (ii) the Assumed Liabilities or the Excluded Liabilities, as the case may be; or (iii) any other liabilities described in Section 9.1(b) or 9.1(c). Rights and remedies under the Ancillary Agreements are as set forth therein.

1.2 <u>Indemnification Procedure.</u>

Any Indemnitee claiming any right of indemnification under this Article

IX shall promptly notify the party required to provide indemnification under this Agreement (the "Indemnifying Party") pursuant to the provisions hereof, giving notice of any fact upon which such party giving notice intends to base a claim for indemnification hereunder. The Indemnifying Party shall have the right, at its own cost, to participate jointly in the defense of any claim, demand, lawsuit or other proceeding in connection with which the Indemnitee has claimed indemnification hereunder. Furthermore, with respect to any issue involved in such claim, demand, lawsuit or other proceeding as to which the Indemnifying Party shall have acknowledged in writing its obligation to indemnify the Indemnitee, the Indemnifying Party shall have the sole right to settle or otherwise dispose of such claim, demand, lawsuit or other proceeding on such terms as it, in its sole discretion, shall deem appropriate; provided, however, that such settlement shall not result in any liability to the Indemnitee. To the extent either of the Sellers is required to indemnify the Buyer hereunder, the Seller shall have the benefit of and shall be entitled to assert any claim, grievance or cause of action against third parties resulting from torts, contractual breaches or similar acts occurring prior to the Closing Date, whether or not now known.

제27장
협 상

매도인과 매수인은 대외비밀유지계약의 체결 이후 양해각서의 합의, 입찰매각이나 사적인 협상에 의한 매각의 기본규칙, 자료요구나 자료실에서의 접근, 실사절차, 기업인수계약에 이르기까지 끊임없는 협상을 진행한다. 협상은 특별한 규칙이 있는 것이 아니고 당사자 간의 상호작용을 통하여 모든 당사자가 합의할 수 있는 목표를 향하여 같이 가는 과정이다. 그러나, 상황에 따른 임기응변적 대응방안을 강조할 것은 아니고 기본적인 목표와 원칙을 지키면서 서로에 대한 신뢰감을 유지하는 것이 가장 중요한 것임은 협상이건, 일반적인 인간관계이건 마찬가지이다.

Ⅰ. 절차의 협상

입찰매각의 경우 입찰절차를 시작하기 전에 입찰에 관한 기본규칙을 정하지만, 입찰절차를 진행하면서 실사를 계획하고 인수계약서초안을 배포하여 이에 대한 코멘트를 받고 잠재적 매수자들의 가격을 포함한 최종 입찰서를 평가하여 하나 또는 복수의 우선협상대상자를 선정, 가격을 포함한 계약을 체결하는 전 과정이 협상이다. 우선협상대상자의 선정과 계약서의 성공적인 협상은 일종의 본능적 움직임에 기초한 것이라고 할 수 있으나, 또한 상대방에 대한 통찰과 대인관계를 처리하는 숙련도에도 어느 정도 좌우된다고 할 수 있다. 소송과 달리 협상은 결국 양당사자가 모두 만족하는 결과를 이끌어 내는 과정이므로 상호 협조하는 절차가 무엇보다 중요하다. 구체적으로는 바라는 바가 무엇인가 목표를 확실히 정하고 충분히 준비하며 협상과정에서는 통제력(control), 신뢰성(credibility), 민감성(sensibility), 확실성(clarity), 감정의 통제와 발산(emotion), 균형(balance), 권한의 범위(agents) 등 여러 가지 복합적인 요인을 잘 이해하고 조절할 수 있어야 할 것이다.[1)]

1) Wasserstein, 위 주 1-2 게재서, 561-570.

실사과정에서 그리고 그 이후 계약을 협상하는 과정에서 매도인은 매수인에게 매매목적물에 대한 정보를 제공, 매수인이 매매목적물에 대하여 보다 잘 알게 되고 따라서 매매목적물의 가격을 높일 수 있도록 하는 유인이 있는 반면, 만약에 계약이 체결되지 못하거나 계약이 체결되더라도 이행완료에 이르지 못한 경우에 매매목적물에 대한 정보를 잠재적 매수인에게 공개함으로서 추후 잠재적 매수인과의 경쟁에서 불리하여 질 가능성도 있다. 한편 공정위의 입장에서는 실사나 협상과정에서 매도인이 매수인에게 추후 경쟁에 지대한 영향을 미칠 중요한 정보를 공개함으로써 사실상 부당한 공동행위에 합의하는 것과 동일한 경제적 효과를 가져오는 것에 대한 심각한 우려가 있을 수 있다.[2] 따라서, 매도인은 실사나 협상과정에서 잠재적 매수인에게 매매목적물에 대한 정보를 제공함에 있어서 지극히 조심스럽게 접근하여야 한다. 우선 기본원칙은 협상초기부터 비밀유지계약을 체결하여 매수인이 기업인수협상과정에서 받은 정보는 오직 기업인수목적만을 위하여 사용하여야 하며 이를 다른 상업적 목적에 사용하지 않도록 하여야 한다. 또한, 제공되는 정보는 기업인수의 협상에 필요한 것에 국한하여야 하며 특히 비공개정보의 경우는 이에 대한 접근이나 복사를 제한하고 과거의 정보로서 충분하다면 일단 과거의 정보를 공개하고 협상이 진행되면서 현재 내지 미래의 예상정보까지 단계적으로 공개하여야 할 것이다. 특히 경쟁에 영향을 미치는 정보로서 가격이나 원가, 생산계획이나 판매전략 등을 들 수 있다.[3] 다만, 정보를 공개하는 범위를 통제하는 것이 상대방에 대한 불신이나 상대방을 속여서 유리한 가격을 받기 위한 것이 아니라는 것을 상대방에 명확히 인식시켜야 할 것이다.

우리나라에서는 실사를 준비하는 과정에 법률가가 관여하는 경우가 많지 않고 따라서 매수인의 문서요구에 어떻게 답하여야 할지, 또 자료실에 어떤 정보를 어떤 형태로 제공하며 이에 대한 접근을 누구에게 어떤 방법을 통하여 허용할 것인지 등에 대하여 법률적 판단없이 상업적 판단에만 의존하는 것히 현실이다. 계약서의 협상도 상업적 논점은 영업팀이, 법률적 논점은 법률팀이 따로 따로 협상을 진행하는 경우가 많아서 매도인이 어떤 과거의 자료나 앞으로의 예측정보를 어느 시점에서 매수인에게 제공하는지 정확히 파악하지 못하는 경우도 있으나 공정위가 부당한 공동행위에 대한 집행의 강도를 계속 높여가고 있으므로 매도인과 매수인은 실사와

2) 공정거래법 제19조.

3) William R. Vigdor, *Exchanging Information While Conducting Due Diligence in* PREMERGER COORDIATION: THE EMERGING LAW OF GUN JUMPTING AND INFORMATION EXCHANGE (A.B.A. SEC. ANTI. L. ed. 2006).

협상단계에서 이들 정보의 공개에 보다 민감하여져야 할 것이다. 또한, 실사이후 계약서의 제반 논점을 협상함에 있어서 상업적 논점은 경영팀이, 법률적 논점은 법률팀이, 기술적인 사항은 기술팀이 별도로 진행하는 경우 시간을 줄일 수 있는 장점이 있는 것은 사실이나, 결국 이들 모두가 계약서에 법률용어로 집약되어 합의되어야 하는 만큼 각팀 간의 협조와 의사소통이 중요하다.

Ⅱ. 계약서의 협상

법률팀의 주요과제는 계약서의 협상이다. 경쟁입찰을 통한 매각의 경우에는 매도인이 어느 정도 협상력의 우위를 유지하고 있으므로 입찰서를 받기 전에 계약서 초안을 배포하여 이에 대한 코멘트를 받는 것이 통상이다. 코멘트가 많을수록 협상에 시간이 많이 걸리고 협상의 성공적 타결가능성이 불확실하여지므로 매도인의 입찰평가에 좋지 않은 영향을 줄 수 있다는 점을 입찰자들에게 사전에 고지함으로써 이행완료에 대한 불확실성을 줄일 수 있다. 사적인 거래의 경우 양해각서에 가격에 관한 합의를 하지 못하는 경우 시간이 지나고 매도인의 정보가 공개되면 될수록 매도인의 협상력은 떨어지게 되므로 계약서의 초안을 누가 작성할지조차 협상의 대상이 된다. 계약서 초안을 작성한 자가 협상에서 보다 우위를 점할 수 있다는 점에서 매수인이 계약서초안을 작성하는 경우도 적지 않다. 인수계약이 단순한 주식매매 내지 자산매매계약뿐만 아니라 부수적인 계약, 예를 들면 임치계약(escrow agreement), 토지나 건물임대차계약, 고용계약, 원료공급계약 등도 필요한 경우 매도인이 현재의 사업을 보다 잘 알고 있으므로 이들 계약에 대한 초안을 작성하여 서로의 역할을 나눌 수도 있다.

매도인과 매수희망자는 계약서 초안을 가지고 서로의 코멘트를 소위 redline형식으로 교환하는 과정을 통하여 초안상의 사소한 오류나 개념정의, 전체구조를 정리하고 법적, 사업적으로 심각하게 다른 생각을 가지고 있음이 명백하여 서로 만나 얼굴을 맞대고 협상이 필요한 논점을 최소한으로 줄인다. 법적 논점과 사업적 논점이 언제나 명확히 구별되는 것은 아니겠지만 모든 논점을 법률팀간 협상으로 해결할 수 있는 것은 아니므로 사업적 판단이 필요한 사항과 이의 의미에 대하여도 정리가 필요하다. 실제 한자리에 만나서 이들 논점을 논의하는 과정은 계약서 제 1 조부터 시작할 수도 있고 아니면 논점을 정리하여 비핵심적 사항부터 합의하여 나갈 수도 있다. 마지막에 핵심적 사항에 대하여 합의가 이루어지지 않는 경우 서로 주고 받는 하나의 패키지로 합의할 수도 있을 것이다. 협상이 수일에 거치는 경우 하나의 논의과정이 끝나고 다시 만나기 전에 무엇이 합의되고 무엇이 합의되지 아니한 것인지를 의사록형식이나 메모형식으로 교환하면 다음날 내지 다음과정에서 시간과 노력을 절약할 수 있을 것이다. 인수계약은 예외없이 많은 부속서류가 첨부되는바, 이에 대한 교환도 계약서 본문에 대한 논의와 동시에 진행하여 계약서 서명이 부속서류의 미비나 이에 대한 시시비비로 지연되는 일이 없어야 할 것이다.

Ⅲ. 협상결과의 공개시점

기업인수의 협상사실 자체가 매도인과 매수인의 주주들이 투자결정을 함에 있어서 중대한 영향을 미칠 수 있으나, 협상은 협상사실 자체가 공개됨으로써 협상의 진행을 방해할 우려도 있을 수 있기 때문에 협상의 필요상 기밀을 요할 수 있고 또한 확실하지도 않은 상황에서 이를 공개하여 투자자들을 혼란에 빠지게 할 가능성도 있다. 따라서, 기업인수협상의 어느 시점에서 협상의 상황 내지 협상의 결과를 공개하여야 할 것인가는 법적으로 그리고 현실적으로 쉽지 않은 이슈이다. 자본시장법은 사업보고서 제출대상법인은 합병, 분할 등 구조조정의 사실이 발생한 때, 대통령령이 정하는 중요한 영업 또는 자산을 양수하거나 양도할 것을 결의한 때, 법인의 경영·재산 등에 관하여 중대한 영향을 미치는 사항으로서 대통령령이 정하는 사실이 발생한 때 등의 경우 그 사실이 발생한 날의 다음 날까지 보고서를 금융위에 제출할 것을 요구하고 있다.[4] 중요성 내지 중대한 영향의 기준으로 영업부분 내지 자산이 자산, 매출 또는 부채 기준으로 최근사업연도말 총액의 10%이상이 제시되고 있고 시점으로는 회사내부에서 이사회 또는 주주총회에서의 결의가 있는 날을 제시하고 있다. 또한 공정거래법은 대규모기업집단에 속하는 회사로서 상장법인을 제외한 회사가 자산·주식의 취득 등 회사의 재무구조에 중요한 변동을 초래하는 사항으로서 대통령령이 정하는 사항이나 영업양도·양수, 합병·분할, 주식의 교환·이전 등 회사의 경영활동과 관련된 중요한 사항으로서 대통령령이 정하는 사항 등은 금융위를 통하여 공시하여야 한다.[5] 자산총액기준 100분의 10 이상의 고정자산의 취득 또는 처분, 자기자본 100분의 5 이상의 다른 법인의 주식의 취득 또는 처분, 그리고 상법

4) 자본시장법 제161조, 동법 시행령 제171조, 증발공 규정 제 4 장 상장법인등의 공시 제 3 절 주요사항보고서의 공시 제4-4조 등 참조.

5) 공정거래법 제11조의3, 동법 시행령 제17조의10 참조.

제374조에 따라서 주총의 특별결의를 요하는 영업의 중요한 일부의 양도와 회사의 영업에 중대한 영향을 미치는 다른 회사의 영업일부의 양수 등이 중요한 사항이며 시점은 회사의 이사회 내지 주총에서 이러한 결정이 있을 때를 제시하고 있다. 통상 이사회나 주총에서의 결정은 인수계약이 체결된 이후이므로 현행법규에 따르면 언제나 계약이 체결되고 그 이후 이사회 내지 주총에서 이를 승인하는 결의가 채택되면 비로소 공시하여야 하나, 현행법규상 중요한 사항이 예시에 불과하다고 보면 법인의 경영·재산등에 관하여 중대한 영향을 미치는 사항으로서 기업인수와 관련하여 거래의 중요한 조건인 가격과 거래구조를 정한 양해각서를 체결한 시점에서 설사 이사회 결의나 주주총회결의 전이라도 이를 공시하여야 한다고 볼 수도 있다.

1. 미국판례

미국증권거래법상의 사기방지조항은 극히 일반적인 문언을 사용하고 있기 때문에 상장법인이 지배권의 변동과 관련된 협상을 적절한 시점에 공개하지 않은 사실 때문에 소송을 당하는 경우가 많이 있다. 대표적인 두개의 소송을 소개한다.

Flamm v. Eberstadt 6)

Microdot의 주식은 뉴욕증시에서 General Cable이 공개매수의 의사를 선언한 1975. 12. 2. 주당 17불로 거래되고 있었다. 공개매수 선언후 18불로 오르다가 Microdot 이사회가 공개매수에 반대하면서 가격이 하락했다. 1976. 1. Northwest Industries사가 Microdot에 관심이 표명하면서 1976. 1. 19. 양사의 경영진이 회동했다. 1976. 1. 26. Northwest Industries사는 주당 21불에 공개매수를 시작했으며 이는 Microdot이사회의 사전승인을 전제로 한 것이었다. Microdot의 주식을 1975. 12. 5.이후 1976. 1. 23. 사이에 매각한 주주들이 대표소송을 제기하였다.

법원은 기업인수에 관한 논의가 언제 투자자들에게 중요한 사항으로서 기업이 이를 공시하여야 하는지에 관하여 판단하면서 가격과 구조에 관한 합의가 이루어지기까지는 중요하다고 할 수 없다고 한다. 그 이유는 아직 가격과 구조가 확실하지 않은 단계에서 이를 공시하는 경우 투자자들이 확실성에 대하여 잘못된 판단을 할 가능성, 불명확한 단계에서 공시를 요구하는 경우 기업이 시도하는 가치창조를 좌절시킬 가능성, 그리고 기업인수를 시도하는 기업에게 명확한 기준을 제시할 필요

6) 814 F. 2d 1169 (7th Cir. 1987).

성을 들고 있다. 법원은 한걸음 더 나아가서 기업이 진행중인 인수협상을 부인할 수도 있는지에 대하여 부인할 수 있다는 판결과 부인할 수 없고 침묵을 지킬 수는 있다는 판결 중에 침묵을 지킬 수는 있으나 부인할 수는 없다는 판결을 채택한다. 그러나, 본건의 경우 Microdot가 General Cable의 공개매수가격이 부당하게 낮으므로 이에 응하지 말라고 권유하였다는 사실이 바로 투자은행을 통하여 다른 인수자를 찾고 있다는 사실을 부인한 것은 아니라 단순히 침묵한 것이라는 의미에서 Microdot가 적극적으로 부인한 것에 대한 책임을 묻는 본건 집단소송은 이유가 없다고 한다.

Basic Incorporated v. Levinson[7)]

1976. 9. 부터 Combustion Engineering은 Basic과 합병가능성에 대한 논의를 시작하였다. 1977, '78년 Basic사는 합병을 부인하는 보도자료를 세 번 발표했다. 1978. 12. 18. Basic은 뉴욕거래소에 주식거래정지를 요구하면서 다른 회사가 인수를 제안하였다고 발표, 12. 19. Combustion은 주당 46불에 Basic에 대한 공개매수 절차를 시작하였고 12. 20. Basic은 Combustion의 공개매수를 승인하였다. Basic이 1978. 10. 21. 합병협상을 부인한 시점부터 1978. 12. 18.거래가 정지된 시점 사이에 Basic의 주식을 시장에 매각한 주주의 대표소송이 제기되었다.

고등법원은 합병협상을 공개할 의무는 없지만 그 공개가 너무나 불완전하여 오해를 야기할 만하다면 이는 사기에 해당한다고 판단하였다. 대법은 원칙상의 합의(agreement-in-principle)가 이루어진 시점에서 중요한 사항이 된다는 과거판례의 정책적 근거로서 투자자가 너무 많고 상세한 정보에 파묻히게 되면 판단을 흐릴 가능성과 투자자가 유동적인 협상상태에 대하여 너무 낙관적인 판단을 할 가능성을 들고 있었으나 이 두 가지 정책적인 이유는 정보의 중요성을 판단하는 근거는 될 수 없고 그 기준은 합리적인 투자자가 투자판단을 함에 있어서 그 정보에 부여할 의미가 되어야 한다고 하면서 특정사건이 발생할 확률과 양사의 상황을 감안한 당해 사건의 심각성의 균형점에서 결정하여야 한다고 한다. 따라서, 설사 원칙상의 합의가 이루어지기 전이라도 확률과 심각성을 감안할 때 기업이 공개하여야 할 수도 있음을 인정하였다.

7) 485 U.S. 224, 108 S.Ct. 978, 99 L.Ed.2d 194 (1988).

Ⅳ. 협상과 법조윤리

Michael H. Rubin, *The Ethics of Negotiations: Are There Any?,* 56 LA. L. REV. 447, 448, 454-461, 465-470 (1995 Winter).

Ⅰ. QUOTATIONS OF INTEREST

"Thou shalt not bear false witness against thy neighbor."

"Thou shalt neither side with the mighty to do wrong."

If he is a professional and not merely a hired, albeit skilled hand, the lawyer is not free to do anything his client might do in the same circumstances. The corollary of that proposition does set a minimum standard: the lawyer must be at least as candid and honest as his client would be required to be. The agent of the client, that is, his attorney-at-law, must not perpetrate the kind of fraud or deception that would vitiate a bargain if practiced by his principal. Beyond that, the profession should embrace an affirmative ethical standard for attorneys' professional relationships with courts, other lawyers and the public: The lawyer must act honestly and in good faith. Another lawyer, or a layman, who deals with a lawyer should not need to exercise the same degree of caution that he would if trading for reputedly antique copper jugs in an oriental bazaar. It is inherent in the concept of an ethic, as a principle of good conduct, that it is morally binding on the conscience of the professional, and not merely a rule of the game adopted because other players observe (or fail to adopt) the same rule. Good conduct exacts more than mere convenience. It is not sufficient to call on personal self-interest; this is the standard created by the thesis that the same adversary met today may be faced again tomorrow, and one had best not prejudice that future engagement.

While it might strain present concepts of the role of the lawyer in an adversary system, surely the professional standards must ultimately impose upon him a duty not to accept an unconscionable deal. While some difficulty in line-drawing is inevitable when such a distinction is sought to be made, there must be a point at which the lawyer cannot ethically accept an arrangement that is completely unfair to the other side, be that opponent a patsy or a tax collector. So I posit a second precept: The lawyer may not accept a result that is unconscionably unfair to the other party.

"(T)o mislead an opponent about one's true settling point is the essence of negotiation."

V. AN OVERVIEW OF ISSUES

Given the Model Code's emphasis on zealous representation of the client, and the deliberate deletion of a requirement of fair dealing from the Model Rules, one can posit a series of issues that relate to both in-court and pre-litigation negotiations:

a. Failing to fully disclose the extent of settlement authority

b. Deliberate lies as a tactic in negotiations

c. Failing to give complete answers to information and instead giving truthful but deliberately narrow answers

d. Failing to correct a misapprehension on the part of the opposing side of a fact or law — the question of silence

e. Failing to speak or to correct a lie or misstatement or misleading statement by your client or co-counsel

f. Defining issues or facts are "material"

g. Conflict of Law rules — which rules apply to multi-state negotiations.

Although the first five are all tactics that are designed to mislead an opponent, some of them are entirely permissible under the Model Rules and the Model Code in pre-litigation negotiations; however, they become impermissible in a courtroom setting. The "permissibility" of each tactic in a negotiation depends upon how one views conduct designed to be misleading.

The last two items in the list concern matters not of behavior but of law. Defining which issues or facts are "material" requires exploring which conduct and tactics the Model Rules and the Model Code permit. The definition chosen may impact how a court may interpret conduct. The same conduct may be interpreted entirely differently depending upon which law or standard may be considered applicable — be it a state bar association's applicable Rules or Code, or the federal or state court rules or inherent powers.

How and where one conducts negotiations, and whether the negotiations occur before or after litigation is filed, may lead to vastly different interpretations of permissible activities. Whether there ought to be different interpretations or forms of behavior depending upon the forum is the focus of this paper.

Ⅵ. TACTICS DURING NEGOTIATION

Discussions of what is and is not unethical during negotiations have consumed reams of paper with law review articles containing, in the aggregate, thousands of footnotes. On the one side is Judge Rubin's view that there are two precepts which should guide the lawyer's conduct in negotiations: honesty and good faith; and that a lawyer may not accept a result that is unconscionably unfair to the other party. At the other end of the spectrum are those who argue that obtaining the best result for the client is the proper overall goal and should be pursued vigorously in the absence of outright fraud. Discussions of this view can be found in the writings of Professors James J. White and Charles Curtis.

The legal community's concern with negotiating tactics is illustrated by titles to law review articles such as Ethics on the Table: Stretching the Truth in Negotiations and The Ethics of Lying in Negotiations. Many of these articles contain a search for principles that should guide attorneys during negotiations. The fact that these authors have felt a need to develop and articulate criteria for negotiations indicates that the Model Code and the Model Rules are seriously deficient in this regard.

The tension between being an effective negotiator and being truthful has been noted succinctly and clearly by Professor Gerald B. Wetlaufer:

Effectiveness in negotiations is central to the business of lawyering and a willingness to lie is central to one's effectiveness in negotiations. Within a wide range of circumstances, well-told lies are highly effective. Moreover, the temptation to lie is great not just because lies are effective, but also because the world in which most of us live is one that honors instrumental effectiveness above all other things. Most lawyers are paid not for their virtues but for the results they produce. Our clients, our partners and employees, and our families are all counting on us to deliver the goods.

Accordingly and regrettably, lying is not the province of a few "unethical lawyers" who operate on the margins of the profession. It is a permanent feature of advocacy and thus of almost the entire province of law.

Our discomfort with that fact has, I believe, led us to create and embrace a discourse on the ethics of lying that is uncritical, self-justificatory and largely unpersuasive. Our motives in this seem reasonably clear. Put simply, we seek the best of both worlds. On the one hand, we would capture as much of the available surplus as we can. In doing so, we enrich our clients and ourselves. Further, we gain for ourselves a reputation for personal power and instrumental effectiveness. And we earn the right to say we can never be conned. At the same time, on the other hand, we assert our claims to a reputation for integrity and personal virtue, to the high status of a profession, and to the legitimacy of the system within which we live and work. Even Gorgias, for all his power of rhetoric, could not convincingly assert both of these claims. Nor can we. …

Ⅶ. THE NOT-SO-SUBTLE ART OF MISDIRECTION

Whether the articulated standard is that lawyers "must use any legally available move or procedure helpful to a client's bargaining position," an "almost pathological pro-client attitude," or "'total annihilation' of the other side," or other, less pejorative phrases, "effective" negotiation often is said to involve "misdirection." "Misdirection" can encompass either silence or a true but incomplete statement of facts. Both are designed to lead the other party to an erroneous conclusion about the facts or the client's true position. The excuse for this behavior, according to Professor Wetlaufer, can be categorized as follows:

(L)awyers sometimes assert that whatever they did was not a lie. These claims are of at least five kinds: (1) "I didn't lie because I didn't engage in the requisite act or omission"; (2) "I didn't mean to do anything that can be described as lying"; (3) "I didn't lie because what I said was, in some way, literally true"; (4) "I can't have lied because I was speaking on some subject about which there is no 'truth"'; and (5) "I didn't lie, I merely put matters in their best light."

Other methods of justifying a "lie" or "mistruth" exist. All justifications, however, share some common themes. In all cases the negotiation process is claimed by attorneys not to be unfair because the parties expected (or should have expected) such conduct, or the result is justified because of the circumstances or because of the perceived "duty" to one's client. Such justifications, however, proceed from an initial but unspoken assumption — that being less than truthful is acceptable conduct for a member of the legal profession.

Ⅷ. AN HISTORICAL CONTEXT

Whether one calls it "misdirection," "puffing," "bluffing," or some other term, one may find numerous philosophical tracts, besides biblical injunctions, contemplating whether absolute truthfulness is always desirable. The Greeks and Romans wrote much on this subject.

Aeschylus had Promethus say:

The worst disease of all, I say,

Is fabricated speeches and disguise

Cicero, in his letters to his son, describes a system of moral rectitude:

But the most luxuriantly fertile field of all is that of our moral obligations — since, if we clearly understand these, we have mastered the rules for leading a good and consistent life.

The most thorough analysis of moral obligations is unquestionably that of Panaetius, and on the whole, with certain modifications, I have followed him. The questions relating to this topic which arouse most discussion and inquiry are classified by Panaetius under three headings:

1. Is a thing morally right or wrong?

2. Is it advantageous or disadvantageous?

3. If apparent right and apparent advantage clash, what is to be the basis for our choice between them?

So let us regard this as settled: what is morally wrong can never be advantageous, even when it enables you to make some gain that you believe to be to your advantage. The mere act of believing that some wrongful course of action constitutes an advantage is pernicious.

Cicero wrote about situations involving hard bargaining in business and sharp practices in the law. Among Cicero's examples was that of a merchant from Alexandria who brought to Rhodes, which was suffering a food famine, a large stock of corn. He was aware that other traders were on their way from Alexandria with substantial cargoes of grain. The dilemma for the merchant was whether he should tell the Rhodians this and get a lesser price, or say nothing and get a higher price. Cicero also posits the example of an honest man who wants to sell a house although it contains certain defects of which he alone is aware. Should the seller reveal the defects and perhaps not sell the house at all or for a lesser price, or should he conceal them? Cicero points out, using Antipater and Diogenes as two poles of the argument, that one position is to take a moral view and reveal everything while the other is that one should do what is advantageous. Cicero's own view is that one should not conceal any defects:

I believe, then, that the corn-merchant ought not to have concealed the facts from the Rhodians; and the man who was selling the house should not have withheld its defects from the purchaser. Holding things back does not always amount to concealment; but it does when you want people, for your own profit, to be kept in the dark about something which you know would be useful for them to know. Anyone can see the sort of concealment that this amounts to — and the sort of person who practices it. He is the reverse of open, straight forward, fair and honest: he is a shifty, deep, artful, treacherous, malevolent, underhand, sly, habitual rogue. Surely one does not derive advantage from earning all those names and many more besides.

Cicero traces the requirement of honesty and fair dealings to the Twelve Tables, the earliest and most fundamental of Roman laws, circa 450 B.C., and to the Plaetorian law, circa 192 B.C. Pointing out that honesty and fair dealing are appropriate criteria, Cicero notes that "the laws in our Civil Code relating to real property stipulate that in a sale any defects known to the seller have to be declared." It was impermissible to suppress facts, even if no inquiry was made by the other side. Cicero writes that although the civil law does not reach all moral wrongs, there is nobility in the following formulas:

That I not be deceived and defrauded because of you and because of trust in you. And that other golden phrase: between honest men there must be honest dealing and no deception.

Cicero then discusses honest dealing, endorsing the concept. This

Roman view of the law was adopted by the French in their Civil Code. Robert Pothier, the great French jurist, stated:

Good faith obliges the seller not only to refrain from suppressing the intrinsic faults of what he sells, but universally from concealing anything concerning it, which might possibly induce the buyer not to buy it all, or not to buy at so high a price.

Thus, the civil law system adopted, as a basic tenet, the concept of honest dealing.

Ⅸ. NON-LITIGATION NEGOTIATIONS

Although the vast bulk of negotiations take place outside of a litigation context, the rules (if any) that regulate negotiations are determined primarily by judicial decisions that, of necessity, occur after litigation. There are few reported ABA advisory opinions on the ethics of non-litigation negotiations.

When the time comes for a court to rule on the limits of ethical behavior of lawyers, the court's view often may be colored by the separate statutory and jurisprudentially evolved standards that control an attorney's duty to the court and to the judge. In making such rulings, however, courts seldom explicitly discuss the differences between the professional rules that relate to negotiations and rules that relate to in-court conduct.

Securities litigation often deals with problems analogous to ethical negotiation, e.g., truthfullness and fair dealing, in the context of purchase and sale of securities. There, a separate body of law defines "material facts" and "material omissions." However, even in the highly regulated securities field, where the liability is statutory, courts have differing views on whether fair dealing obligations to the public outweigh obligations to clients or to a corporation. The Dirks case is a famous example. A federal court of appeals had held that Dirks, a respected financial analyst, was properly disciplined for failing to disclose to both the S.E.C. and the public information concerning a company's creation of false policies and records. The fact that the financial analyst attempted to get the Wall Street Journal to publish a story about the issue did not cleanse the failure to disclose the information to the S.E.C. or the public. Reversing the appellate court decision, the Supreme Court held that Dirks (as a tippee of a tippee) had no duty to disclose. Because there was no breach of duty to shareholders by insiders, "there was no derivative breach by Dirks." The dissent would have found Dirks liable, claiming that an inquiry into motives was not necessary. Although the motives may have been "laudable," Justice Blackman wrote for the dissent, "the means he chose were not. … As a citizen, Dirks had at least an ethical obligation to report the information to the proper authorities." If the courts have difficulty in delineating ethical duties in the highly regulated securities field, then it is not unexpected that the regulation of ethics in general negotiations is even more troublesome.

Some cases deal with negotiations in real estate transactions. Many involve alleged fraud by a seller or lender and the potential liability of a lawyer handling the closing who attempts to satisfy the conflicting demands of the lender, buyer, and seller. What is interesting to note is the difficulty the courts have had in articulating a legal standard for conduct during negotiations. Some courts simply avoid any discussion of the topic.

For example, in *Committee on Professional Ethics and Grievances v. Johnson*, the Federal Third Circuit Court of Appeals reviewed an attorney discipline proceeding based upon alleged self-dealing, failure to follow the client's instructions, and possible conflicts of interest because of multiple representation. The attorney, Johnson, had been asked to try to find a buyer for forty-two acres of land in St. Croix, U.S. Virgin Islands, as long as one acre was set aside for the owner's brother. The attorney received an offer from Richardson and others for $2,800 an acre, but the offer did not contain the set aside for the brother; the attorney did not communicate this to the seller. Richardson and others allegedly believed the attorney was going to act on their behalf. A few day's later, the attorney's law clerk and several others put together a group and made an offer for $3,000 an acre, which the attorney did transmit to the seller, but the attorney did not tell the Richardson group about the $3,000 an acre offer. The seller cashed the law clerk group's earnest money check. Only then did the attorney tell the Richardson group that the seller had "rejected" their offer. Although the Richardson group subsequently told the attorney to give the seller "whatever she wanted," the attorney neither transmitted this proposal nor told the Richardson group that the property had already been sold. The attorney then entered into a side agreement with the law clerk to purchase a half interest in the property.

The district court suspended the attorney, but the appellate court reversed finding the attorney had been denied due process in not being told expressly about the charges against him. In the course of its discussion, the Third Circuit noted that the crucial issues involved potential conflicts of interest (Canon 7) and potentially misleading a party not represented by counsel (Canon 9); however, absent from the appellate court's discussion (perhaps because of the procedural posture of the case) is any attempt to outline the proper rules that relate to negotiations.

Stare v. Tate stands out as one of the few reported cases involving pre-litigation negotiations that do not involve securities or a sale of immovable property. The dispute arose out of a property settlement in a divorce case. The wife's attorney, through a series of negotiations, offered a property settlement with a serious mistake in the valuation of the property; the mistake was to the wife's detriment. The husband's attorney was aware of the mistake and counter offered using the same mistaken valuation number. The counter offer was accepted by the wife's attorney and the instrument reflecting the counter offer was later approved by a court as a property settlement. After the divorce became final, the former husband sent the former wife a copy of the mistaken valuation with a notation: "Please note $100,000.00 mistake in your figures." After receiving the note, the former wife filed suit to revoke the property settlement. The court allowed the property settlement to be revoked based on unilateral mistake. Underlying the court's holding, although not explicit, is the implication that the former husband's attorney, who had knowledge of the mistake when making the counter offer, had the duty to inform his opposing counsel of the mistake in valuation.

Arguably the husband's lawyer's behavior did not fall within the prohibition of Model Rule 4.1, which only prohibits making a "false statement of material facts." While the Comment to Model Rule 4.1 states that a misrepresentation can occur "if a lawyer incorporates or affirms a statement of another that the lawyer knows is false," the valuation, arguably, was not false, simply mistakenly low. Would a bar association discipline the husband's lawyer in this instance? Would there be endless arguments whether the valuation was "false" and whether the husband's lawyer made a "statement" or merely remained silent. Was the statement "material"? Is this the type of problem that Justice Marshall would have no problem disposing of as he did in Laidlaw, by holding that the negotiation was fair because the information was equally available to both sides?

Cases where ethics of non-litigation negotiations were the subject of state bar association disciplinary proceedings are few and far between. Commission on *Legal Ethics v. Printz* is an interesting proceeding. In Printz, the West Virginia Supreme Court dismissed charges against an attorney for whom the bar had recommended public discipline. The attorney handled negotiations between his father and the father's employee, who embezzled over $300,000.00 from the company. Originally, the employee agreed to cooperate, to work for the company until it was sold, and to help find the missing funds. The embezzler's father was then called to a meeting whose purpose "unquestionably was to determine if (the father) would cover the losses caused by the son." Afterwards, the lawyer sent the embezzler a "final demand" letter giving him a choice between a "strict financial arrangement" for repayment of the embezzled money or criminal prosecution. Only after the negotiations broke down was the son turned over to the authorities and later convicted. The court found no problem with the attorney's actions, holding they did not violate West Virginia law. Likewise, the court found no violation of West Virginia's Model Code, Disciplinary Rule 7-105(A). The court noted this rule was not incorporated into the Model Rules of Professional Conduct. Disciplinary Rule 7-105(A) prohibited a lawyer from threatening to present criminal charges only to obtain an advantage in civil matters. This Disciplinary Rule was in effect at the time, but was found by the court to be "unworkable." The court relied on Professors Hazard and Hodes' book, The Law of Lawyering, A Handbook On The Model Rules Of Professional Conduct, for the proposition that one of the reasons that Disciplinary Rule 7-105(A) was omitted from the Model Rules was that the standards "were overbroad, because they prohibit legitimate pressure tactics and negotiation strategies."

A number of lawyers have exhibited great concern that over-regulation of negotiations would be bad for the profession because it would limit a lawyer's ability to get the best deal possible for a client. Arguments that have been raised include:

1. Negotiations need not be "even" at all. The object is to get the best deal for your client. If the other side is not skilled as a negotiator, your client should not be made to suffer but rather should reap the benefits.

2. Why should there be a different standard imposed when the lawyer is doing the negotiation rather than the client? The client can take whatever "unfair" advantage (within the bound of laws relating to securities and general law relating to fraud) the client wants. A lawyer is somewhat more restricted, but to impose additional ethical duties on a lawyer would mean that lawyers would be less involved in transactions, to the detriment of all parties, because at least the few rules that relate to lawyers assure some semblance of ethical conduct during the course of the negotiations.

3. To require a party to state all material facts, to require a party to determine if the other side knows all material facts or law, or to require a party to correct all misunderstandings of material issues, would lead to endless litigation that would be ultimately counter-productive to the negotiation process. It is hard enough to define "material" when a statement or omission has been made in the securities context; to require this to be done for both fact and law during fluid negotiations, most of which are oral, would slow down commerce and prevent transactions from ever being consummated. It would lead to "over lawyering" and far too much expense. Many argue that ascertaining what is "material" in the absence of illegal fraud is unworkable. Arguments about "materiality" lead to abstract discussions of knowledge and whether anything is knowable, particularly insofar as it concerns the truth or falsity of ideas, and philosophers have pondered the issue of "knowledge" for hundreds of years.

4. The current rules are sufficient to protect all parties.

These types of responses, well-argued and logically put forth, nonetheless appear to bypass the basic issue — is a lawyer's duty primarily to the client or to the profession? If it is to the former, then these points all have force. On the other hand, if the profession is ultimately to be grounded in ethics and morality, then these responses are inadequate. Rather, we should strive to create rules that mandate moral and ethical results, not merely adequate ones or defensible ones.

문제 27[8]

A사의 지배주주이자 대표이사는 2010. 11. 1. B사의 지배주주이자 대표이사와 시내 모처에서 저녁식사를 했다. A사와 B사 모두 상장법인이다. 11. 2. 거래소의 거래량이 계속 증가하면서 가격이 전일종가대비 15% 상승하였다. 증권거래소는 11. 2. A사의 공시담당자에게 전화를 걸어서 A사와 B사간 기업인수에 관한 논의가 있었느냐고 질의하는 경우 전혀 없었다고 답할 수 있는가? 사실은 11. 1. B사의 대표이사는 A사에게 양사의 합병조건에 대한 제안을 하였다.

1) 이에 대하여 A사의 대표이사는 즉시 거절했다.
2) 11. 13. 예정된 이사회에서 논의하여 보겠다고 답하였다.
3) 생각하여 보겠다고 답하고 11. 3. 거절했다.

8) Coffee, Seligman & Sale, SECURITIES REGULATION, 968 (10th Ed. 2007).

제28장 이행완료 이후 통합작업

합병이나 지배주식의 이전, 영업의 양수도 등을 원인으로 법적으로 특정기업 내지 영업에 관한 지배권의 이동이 일어난 후에도 새로운 지배주주는 대상기업에 대한 사실상의 효과적인 지배권을 행사하기 위하여는 상당한 시간이 경과되어야 한다. 원래 다른 문화적 배경을 가졌던 두 개의 기업이 단순히 법적인 통합절차가 완료되었다는 이유만으로 실질적인 하나의 기업이 되기는 쉽지 않기 때문이다. 그런 의미에서 인수에 이르기까지의 협상과 계약체결, 이행완료도 중요하지만, 그 이후 진정한 의미의 하나의 기업을 만들기 위한 통합작업 역시 중요하다고 할 수 있다. 기업의 인수가 새로운 가치를 창조하려면 운영상의 시너지, 규모의 경제, 기술의 시너지 등 여러 면에 걸친 시너지가 실현되어야 하기 때문이다.

통합작업은 인수기업과 대상기업의 경영자 내지 지배주주의 몫이고 법률자문단이 크게 관여하지 않는 것이 실무로 보이지만, 기업인수 성공여부는 통합작업에 달려 있다고 해도 과언이 아닌 만큼 수시로 그때 그때의 법률적인 자문에 응하더라도 지극히 신중하여야 할 것이다. 몇 가지 대표적인 문제를 살펴보면 우선 노동문제가 있다. 대상기업에 노동조합이 있었던 경우 영업양수도로 인하여 근로자가 동일성을 유지한 채 양수된 경우 기존의 인수기업상 노동조합과 서로 충돌이 있어 날 수도 있다. 복수의 노동조합이 잠정적으로 병존할 수 있으나 종국적으로 모든 노동자들에게 하나의 노동조건을 하나의 단체협약에 의하여 제공하는 상황으로 옮겨야 한다. 인수계약서상 고용보장에 관한 이행완료이후의 이행사항이 포함되어 있는 경우 이의 이행을 위하여 필요한 조치가 취하여져야 할 것이다.

매도인과 매수인이 매수가격조정을 위한 실사가 필요하면 하나의 위원회를 구성하여 이를 수행하던지, 아니면 제 3 자의 실사기관을 선정하여 이행완료시점당시의 정확한 물품재고나 운용자본 등을 조사하고 이에 따른 수치확정작업을 수행하여야 한다. 인수대금의 일부를 임치계정에 넣어둔 경우나 인수대금의 일부를 약속어음으로 받은 경우는 더더욱 매도인과 매수인간 계속적인 협조관계가 필요하다. 매매자산의 성능이 앞으로의 계약상 당사자들의 채무에 영향을 미치는 경우 역시 측정을 위한 지표를 선정, 성능조사를 수행, 보고서를 제출하도록 하여야 할 것이다. 계속중인 소송의 경우 갑자기 소송수행변호사를 바꿀 이유는 없겠지만, 이해상충이 발생하는 경우나 신뢰관계를 형성할 수 없는 경우에는 새로운 변호사로 하여금 상황을 재점검하게 하고 이의 해결을 위한 방안을 마련하여야 할 것이다. 인수계약상 면책조항에 자세히 규정되어 있는 면책절차를 따라야 할 것은 물론이다. 계속 중인 소송이 아니더라도 매수인은 매도인이 대상기업의 인적 구성원 및 물적 자료에 대한 접근이 가능하기 때문에 이를 근거로 진술과 보장위반으로 인한 면책을 요구할 수 있음을 각오하여야 한다. 매도인이 아닌 임직원의 경우에는 지배권의 변경 이후 자신의 과거 행위에 대한 책임이 문제될 수도 있는 상황에서 지극히 불안할 수도 있기 때문에 매도인에 대한 면책책임추궁 가능성과 임직원에 대한 책임추궁문제가 별개의 문제임을 알려주어야 한다. 통상 기업인수 후 아직 정기적인 세무조사시기가 도달하지 않은 경우에도 국세청에서 특별세무조사를 수행하는 경우가 많으며 인수계약에 따라서는 매수인은 특별세무조사를 신청하여야 할 것을 규정하는 경우도 있다. 모든 조세채무의 완납 및 조세법규의 준수에 관하여 매도인의 완벽한 진술과 보장을 신뢰하고 면책기간이 끝나기까지 기다리기보다는 적극적으로 접근하여 과거 사업연도에 대한 조세추징에 대한 우려를 없애고 이행완료 이후의 2단계 기업구조조정에 들어가기를 바라는 경우도 있기 때문이다. 영업양수도의 경우에는 인수대가와 영업을 구성하는 개별자산 장부가의 합계가 일치하지 아니할 것이므로 인수대가를 개별자산에 할당하는 절차가 필요하며 이는 바로 매도인 및 매수인의 조세효과와 연결되기 때문에 매도인은 매수인간 계속적인 협조가 필요할 것이다.

Ⅰ. 소수주주의 축출가능성

지배주주로부터 주식만을 취득한 경우 인수기업과 대상기업간 합병이 일어날 수 있다. 인수회사와 그 회사가 지배주식을 가지고 있는 대상회사간 합병은 이사회간 이해상충의 문제 때문에 소수주주의 보호를 위하여 합병계약의 협상절차나 협상조건의 공평성에 관하여 소위 엄격한 공정성원칙(entire fairness)에 따른 사후적 심사가 필요하다고 보는 것이 미국법원의 입장이다.[1] 우리나라의 경우 상장기업이 합

1) *Weinberger v. UOP, Inc.*, 457 A.2d 701 (Del. 1983).

병의 당사자가 되는 경우 자본시장법에서 합병의 절차 및 합병의 가격, 소수주주의 매수청구권에 관하여 자세한 규정을 두고 있어서 이에 대한 분쟁을 예방하고 있다.[2] 그러나, 자본시장법의 규정이 언제나 법원의 판단을 구속한다고 볼 수는 없고 이러한 법규정이 불공정한 결과를 가져오는 경우에는 법원은 독자적으로 합병의 적법성 내지 다른 구제수단에 대하여 판단할 수 있을 것이다.[3] 특히 개정상법은 소위 freeze-out의 가능성을 규정하여 95% 이상의 주식을 보유한 경우 지배주주는 소수주주에게 공정한 가액을 지급하고 이를 매수할 수 있으며 반대로 소수주주도 지배주주에게 이의 매수를 청구할 수 있도록 규정하고 있다.[4] 결국 법원이 얼마만큼 공정한 가액을 산정할 수 있느냐에 따라서 소수주주의 보호정도가 달라질 것이다. 그런 의미에서 법원이 부실기업의 인수합병 관련하여 또는 비상장기업의 주식매수청구권 행사가격 관련하여 지나치게 장부가액에 의존하는 경향을 탈피하여 보다 과감하게 수익가치 및 상대가치에 대한 고려를 할 필요가 있다.

Ⅱ. 수익할당조항(언아웃)[5]

1. 수익할당조항의 의의[6]

수익할당조항이란 매수인이 인수계약의 이행완료시 매도인에게 지급하는 인수금액에 더하여 이행완료 이후 대상기업의 경영성과에 따라서 추가로 매도인에게 일정금원[7]을 지급하는 것이다. 매도인이 매수인보다 대상기업의 장래경영성과에 대하여 보다 낙관적인 의견을 가지는 경우나 사업이 순환적인 성격이 강한 경우 또는 매수인이 기업인수이후에도 매도인의 계속적인 경영참여를 바라는 경우 이용되는

2) 자본시장법 제165조의4; 동법 시행령 제176조의6.

3) 위 제22장 참조.

4) 제360조의24 이하.

5) 이하 졸고, 위 주 22-15 게재논문, 46-49에서 전재.

6) Leigh Walton & Kevin D. Kreb, *Purchase Price Adjustments, Earnouts and Other Purchase Price Provisions*, in NEGOTIATING BUSINESS ACQUISITION (A.B.A. BUS. L. SEC. 2006)를 참조. Gerald T. Nowak, Theodore A. Peto & Matthew J. Nolan, *Earnouts Raise Issues Over Control*, THE NAT'L L. J. (Nov. 5, 2005)도 참고.

7) 외국에서는 금원이 아니라 인수기업의 주식을 추가로 주는 예도 많다고 하나 우리나라에서는 이러한 예가 없는 것으로 보인다. 주식을 주는 경우 주식의 평가문제, 유가증권신고서 제출 문제, 조세문제 등 복잡한 추가논점이 있다. 또한, 외국에서는 상장기업 인수의 경우에도 일반주주를 대상으로 수익할당을 지급하는 예가 있으며 다수의 일반주주들에게 지급할 필요에 따르는 절차상의 번잡스러움이 있다고 한다.

것으로[8] 매도인이 경영을 담당하는 경우에는 매수인은 매도인이 수익의 인위적 증가를 위하여 회사경영을 왜곡시킬까 우려하게 되고, 반대로 매수인이 경영하는 경우[9] 매도인은 매수인이 수익의 인위적 축소를 위하여 회계실무를 변경하거나 지나친 지출을 우려하게 되어, 항상 분쟁의 소지가 많은 까닭에 매도인과 매수인은 수익산정의 방법 및 기간 등 수익할당조항의 작성과 합의에 많은 노력을 기울여야 한다.

2. 수익할당조항 작성시 유의점

가. 수익할당여부를 결정할 기준설정

통상 재무성과를 기준으로 하며 크게 순매출액 등 비용을 공제한 이후의 순액을 기준으로 하는 경우와 비용공제이전의 총액을 기준으로 하는 경우로 나누어 볼 수 있다. 총액개념으로 수익할당여부를 정하면 실제 경영을 담당하는 자가 비용지출에 무심하여 지거나 단기간에 총액을 증가시키기 위한 노력만을 할 우려가 있어서 순액개념이 보다 광범위하게 이용된다고 한다. 외국에서는 컴퓨터산업의 인수합병과 관련하여 비재무성과를 기준으로 합의하기도 한다고 하나,[10] 우리나라에서 이러한 지표가 사용된 예는 보지 못하였다.

흥미로운 사례로 계약체결시 회계자료에 기초하여 기준이 되는 세후운용이익(OPAT: operating profit after tax)을 정한 후에 이 가준이 증가하는 속도(CAGR: compound annual growth rate)를 누적적으로 산정하여 기준 OPAT에 적용할 배수를 결정한 예[11]가 있으며 따라서 일정한 장래시점의 단순한 총액 또는 순액이 아니라 이들 수치가 증가하는 속도를 기준으로 설정할 수도 있다.

나. 수익할당액을 정하는 방법

수익할당여부의 기준이 되는 재무적 또는 비재무적 기준이 목표치를 달성하면 무조건 일정한 금액을 지불하는 것으로 합의할 수도 있으나 많은 경우 목표치를 초

8) 예를 들면 여론조사기업의 경우 선거가 있는 연도와 선거가 없는 연도간에는 수익차이가 클 수 있고 따라서 earn-out이 인수대금산정의 요소로 들어가 있는 예가 많다.

9) 미국에서는 MBO, 즉 전문경영인들이 창업자를 포함한 지배주주로부터 기업을 매수하면서 매수인이자 주주로서 경영을 계속하여 성과가 좋으면 그 일부를 매도인에게 수익할당형식으로 지급한다.

10) Spencer G. Feldman, *The Use of Performance (Non-Economics) Earn-outs in Computer Company Acquisitions*, INSIGHTS (Aug. 1996).

11) 외국의 M사가 M사의 주식을 그 창업자로부터 인수하면서 창업자의 계속적인 경영을 전제로 이행완료 이후 5회계연도 OPAT성장률에 기초하여 추가적인 주식매입대금을 지급한 사례이다.

과하는 금액의 일정비율이 수익할당액이 되며 초과하는 정도에 따라서 비율이 달라지게 합의한다. 또한 특정 해에 목표치를 미달하면 이러한 성과가 다음 수익할당여부를 산정할 기회에 감안될 수도 있다.

다. 수익할당액 지급기간

수익할당액 지급기간은 대상기업의 사업성격에 따라, 그리고 매도인의 대상기업경영 필요기간에 따라 달라질 것이나, 통상 2-5년으로 본다. 수익할당액 지급여부를 매년 정할 수도 있고 일정한 기간을 두고 수회에 걸칠 수도 있으며 그럴 경우 기간 동안의 성과평균치를 산정하여야 할 것이다. 지급기간이 비교적 장기간이기 때문에 매도인의 경영을 전제로 하는 경우 매도인이 중간에 경영을 포기하는 사유가 발생하면 수익할당조항에 어떤 영향을 미칠지, 반대로 수익할당기간이 남아있는 시점에 매수인이 대상기업을 제 3 자에게 매각하게 되는 경우 수익할당조항에 어떤 영향을 미칠지 사전에 매도인과 매수인의 협의가 필요하다.[12)]

라. 목표치 달성여부의 결정

목표치 달성여부가 재무수치에 따라 결정되는 경우 앞에서 논한 바와 같이 인수대금의 조정액 결정시 일반적인 회계관행 기준만으로는 다툼이 생길 여지가 있으므로 이러한 수치를 어떻게 산정할지 그 방법에 대한 가능한 한 자세한 합의가 양당사자간의 분쟁가능성을 줄일 수 있는 방법이다. 목표치달성여부가 순액개념으로 결정되는 경우 기업의 인수로 인하여 특별히 발생하는 비용을 공제하게 되면 매도인에게 공평하지 않을 것이기 때문에 이러한 비용항목에 대한 특별한 주의와 논의가 필요하다. 이러한 비용으로는 인수자산의 감가상각비용, 인수기업이 대상기업에 할당하는 일반관리비나 대상기업을 인수기업으로 통합시키는데 발생한 비용, 인수로 인하여 추가로 발생한 이자비용 등이다.[13)]

---

12) 창업자인 매도인이 사망한다거나 성과가 만족스럽지 못하여 중간에 해고되는 경우, 매도인이 자발적으로 은퇴하는 경우 등 여러 가지 경우를 Good Leaver와 Bad Leaver로 구분하며 그리고 이러한 사태가 잠정적인 수익할당금 산정을 위한 회계연도 중간에 일어나는 경우 수익할당조항에 어떠한 영향이 미치는지 많은 논의가 필요하였다.

13) M사의 경우 매수인은 대상기업이 매수인의 IT운영기준이나 MIS체계를 받아들일 것을 요구하였던 바 이러한 비용은 OPAT산정에서 특별히 제외하기로 합의하였으며 한편 OPAT 개념에서 유체동산처분이익, 환차손 등 특별이익은 이익에서 제외하였다.

3. 수익할당액 지급기간동안 대상기업경영의 문제

매도인이 매각이후 대상기업의 경영에 관여하지 않는 경우 매수인이 대상기업을 제대로 운영하여 줄 것인지에 대하여 우려할 것이다. 따라서 매수인은 매도인에게 대상기업을 인수이전과 마찬가지로 통상적인 영업활동을 할 것을 요구하며 중요한 사업결정시 매수인과 협의하거나 사전 동의를 구하라고 요구할 것이며 대상기업이 적정한 자금을 유지하여 사업기회를 충분히 활용할 것을 요구하기도 한다. 반대로 매도인이 매각이후 대상기업의 경영을 책임지는 경우 매수인은 매도인이 수익할당금액을 증가시키기 위한 부당한 경영에 대하여 우려할 것이며 따라서 매수인은 수익할당금액에 영향을 미치는 결정에 대하여 관여하고 싶어한다.

미국에서는 수익할당 지급기간 동안의 대상기업경영에 대하여 두 개의 흥미로운 판결이 있다. 하나는 *Horizon Holidings, LLC. v. Genmar Holdings, Inc.*[14] 사건으로 매도인이 매각이후 대상기업의 사장으로서 $5.2M의 수익할당을 기대하고 있는 상황에서 매수인은 매도인의 기업경영에 간섭하여 사장의 권한행사를 저해하여 수익할당을 위한 최소치 달성을 방해한 경우 설사 계약서상 매수인의 의무가 명확하지는 않다고 하더라도 매수인은 매도인의 정당한 기대에 부응하여야 한다면서 피고에게 $2.5M의 손해배상을 명하였다. 또 다른 하나는 *Richmond v. Peters, et al.*[15]로서 원고가 피고에서 기업을 매각하고 수익할당을 약속받은 사안에서 원고는 피고가 원고에 대한 충실의무를 위반하였으니 이에 대한 손해배상을 하여야 한다고 주장하였으나 법원은 Ohio주법상 매수인이 매도인에 대하여 충실의무를 부담하는 것은 아니라는 것을 명백히 하였다.

우리나라에서도 매수인이 매도인을 인수후 일정기간동안 대상기업의 경영에 관여하게 하면서 인수대가의 일부로서 언아웃을 지급하는 사례가 있으며 매수인과 매도인간 인수대금에 관하여 차이가 큰 경우 이러한 차이를 해결하여 거래가 가능하도록 하는 방법으로도 활용된다.[16]

14) 244 F. Supp. 2d 1250 (D. Kan. 2003).
15) 155 F. 3d 1215 (6th Cir. 1998).
16) 주로 NPL 매각시 이용되는 소위 풋백 옵션에 관하여는 김병연, 풋백 옵션(put back option)이 포함된 주식양도계약의 법적 성질—서울고등법원 2013. 4. 19. 선고 2011누38263 판결을 중심으로, 27 상사판례연구 49-71 (2014).

이준승 …, M&A성공을 위한 통합전략, 93-107(삼일회계법인 2009)

3. Post Deal(거래 후 단계)

3.1 Post Deal: Integration Planning(통합계획단계)

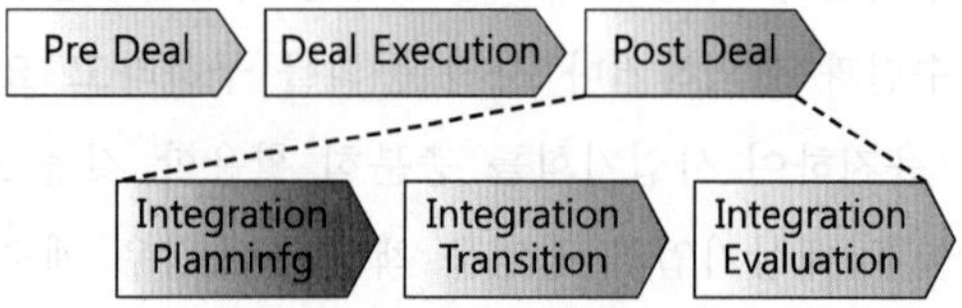

계약이 종료되면서부터 기업을 어떻게 통합할 것인지를 결정하는 흥미로운 과제가 등장한다. 이와 관련된 결정을 누가 어떻게 내려야 하는가는 대답하기 매우 어렵고 복잡한 질문이다. 체계적인 의사결정 프로세스가 부재한 상황에서 많은 사람들이 관여하여 여러 가지 다양한 결정이 내려지면 이슈들 사이에 균열이 생기면서 통합과정은 혼란스럽고 정치적인 색을 띠게 되기 십상이기 때문이다. 통합의 진정한 어려움은 제한된 시간 내에 조직에 급격한 변화가 일어나고 모든 이슈가 동시다발적으로 발생하지만 모든 업무가 완벽하게 해결되는 것은 아니라는 데에 기인한다. 정해진 기간(Day 1) 내에 완료하여야 하는 과제는 순차적으로 해결되어야 할 수도 있지만 동시 진행적으로 추진될 수밖에 없다는 사실을 통합계획 시에 인지하여야 한다.

이러한 통합에 대한 계획은 계약이 종료된 후부터 수립하는 것이 아니라 실사단계에서 이슈를 발굴하는 일과 동시에 추진되어야 한다. 혹은 더 바람직한 경우는 거래 전 단계의 M&A를 기획하는 시점부터 통합에 대한 큰 마스터플랜을 수립하는 일인데 일부 사례를 제외하고는 이러한 경우는 흔치 않다. 실사단계부터 철저한 통합 사전준비가 항상 가능한 것은 아니다. 적대적인 M&A에서는 두 기업의 협동이 일어나지 않을 가능성이 높고, 피인수기업에 대한 통제력이 인수기업으로 완전히 이양된 후에야 통합계획 수립이 가능한 경우도 있다. 때로는 잠재적인 불신의 문제로 의논해야 할 내용이나 행동으로 수립해야 할 계획에 있어 제한을 받기도 한다. 그러나 이러한 문제를 극복하여 적절하게 통합계획을 수립하고 이를 제대로 정리하는 것이 어떤 통합에 있어서든 성공의 핵심요소가 된다. 이에 통합계획 수립에 대한 5가지 영역에 대해 설명하고자 한다.

• 통합관리국 구성

- 통합사 비전 공유
- 시너지 실현 계획 수립
- 커뮤니케이션 전략 수립
- Day I Action Plan 수립

3. 1. 1 통합관리국(Integration Management Office 구성)

통합관리를 조정 통괄하는 통합추진위원회와 통합관리국을 구성하라

앞에서도 언급했지만 통합은 시간적 압박 속에서 대규모 인력이 투입되어야 하는 매우 특수하고 복잡한 작업이기 때문에 도무지 어떤 일부터 처리해야 하는지 감이 잡히지 않는 상황에 처하기 십상이다. 게다가 통합과정은 두 조직의 '긴장'의 연속이고 이러한 긴장감으로 인해 합리적이고 적절한 시점에 의사결정을 내리는 것이 어려운 경우가 많이 발생한다. 이처럼 통합은 통상적인 매니지먼트 활동과는 전혀 다른 해결능력이 요구되는 과정이므로 통합과정 중의 긴장감을 적절히 이완하는 역할을 수행하며 필요한 의사결정을 수행할 수 있는 구조적 장치 마련이 필수적이다. 일반적으로 대부분의 기업들은 원활한 통합과정을 위에 TFT(Task Force Team, 이하 TFT)를 Steering Committee(통합추진위원회, 이하 SC), Integration Management Office(통합관리국, 이하 IMO)와 통합실행팀으로 구성한다. Steering Committee는 TFT의 통합실행팀으로 구성한다. Steering Committee는 TFT의 통합지배구조의 가

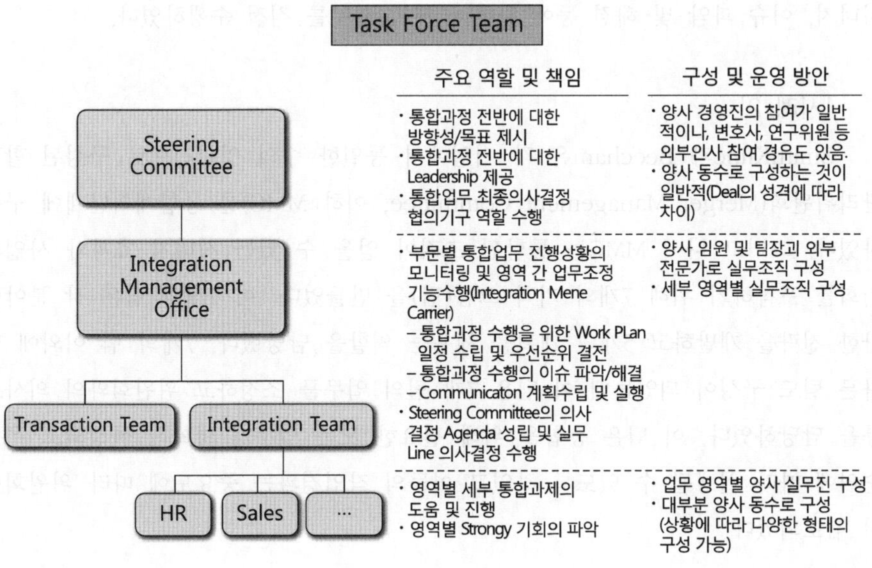

장 상위에 위치하여 통합 과정 전반에 대한 방향성과 목표를 제시하고 지속적으로 리더십을 발휘하는 역할을 한다. IMO는 통합의 중추신경계와 같이 한꺼번에 진행되는 여러 가지의 다양한 통합과업 프로젝트를 조정·관리하고 통합으로 인한 전사적인 변화관리를 수행한다.

이는 실상 일반적인 프로젝트 관리를 위한 조직체계와 동일하며, 다만 통합을 위해서는 보다 신속한 의사결정체계와 조정능력이 필요한 점이 차이라 하겠다. 이 SC와 IMO는 거래 종료 후에 구성되는 것이 일반적이므로, 거래단계에서 실사수행팀이 통합의 방향 및 이행상태를 점검하고, 큰 방향에서의 통합계획을 수립하고 나면, SC와 IMO가 이를 인수인계하는 것이 바람직하다.

Integration Management 구성 사례

[사례 1]

GTE(이하 GTE)와 Bell Atlantic(이하 Bell)은 Verizon 이라는 신설기업을 만들기 위해 통합계획단계에 IMO를 구성하였다. 두 기업을 결합하기 위해 복잡한 세부사항들을 관리하기 위한 목적으로 합병계획국(Merger Planning Office, MPO)을 별도로 설립하여 GTE의 전략개발계획부서장과 Bell의 전략 및 기업개발부서장에 의해 운영되도록 하였다. 그 하위로 통합 관련 업무를 전담하는 많은 인재들이 이 합병계획국에 속하여 전반적인 통합계획과정을 관리하거나 업무일정, 재무적 성과, 시너지, 이슈 파악 및 해결 등에 관한 구체적 업무를 직접 수행하였다.

[사례 2]

SmithKline과 Beecham은 각 기업에서 동일한 수의 임원진으로 구성된 합병관리위원회(Merger Management Committee, 이하 MMC)를 통합계획단계에 구성하였다. 그리고 나서 MMC는 통합된 조직이 얻을 수 있는 시너지 효과와 사업의 기회를 포착하기 위해 7개의 기획 그룹(팀)을 만들었다. 이 7개의 팀은 각 분야에 관한 전략을 개발하고 5개년 계획을 세우는 역할을 담당했다. 7개의 팀 이외에 또 다른 팀도 구성이 되었는데 이 팀은 7개 팀의 업무를 조정하고 위원회와의 의사소통을 담당하였다. 이 팀은 통합을 위해 필요한 모든 업무가 명확히 설정되고 우선순위에 따라 실행될 수 있도록 하였고 이들의 작업경과는 중요도에 따라 위원회에서 검토되었다.

[사례 3]

Fleet(이하 Fleet)사(社)와 BankBoston(이하 BankBoston)사(社)는 통합을 함으로써 6,000만 달러의 비용절감과 기업분할로 인한 3,500만 달러의 금전적 이익을 기대한다고 밝혔고 18개월 내로 이를 달성하고자 했다. 그러기 위해서 Fleet과 BankBoston은 각 기업의 합병, 조직 구성, 전략적 계획 수립, 리스크 관리의 전문가들로 구성된 합병통합사무소(Merger Integration office, 이하 MIO)를 창설하였다. MIO는 통합의 목표를 달성하기 위해 목표를 명확히 하고 수행해야 할 업무를 정의하고 이를 수행하기 위한 일정을 작성했다. 그리고 각 기업에서 차출된 전문인력으로 66개의 팀을 구성하여 통합작업을 이행하였고, 그 66개의 팀들은 커뮤니케이션, 기업분할, 시설, 재무, 인적 자원, 법률, 마케팅, 수입, 리스크 관리, 시스템과 운영분야로 구분된 열 개의 전문적인 full time cross functional 팀의 지원을 받았다.

통합 기본원칙(Governing Principle)을 수립하고 공표하라

통합계획단계에서 IMO가 가장 먼저 하는 일은 통합과정의 기본 원칙을 정의하고 이에 따른 의사결정구조, 통합과업/프로젝트의 우선순위 결정, 보고체계 구조 등의 세부원칙을 수립하는 것이다. 통합과정의 복잡성과 의사결정을 내리는 원칙이나 도구가 명확하지 않으면 피흡수법인의 패배의식은 통합 이후 두 기업이 명확한 비전을 공유하고 공동의 목표를 향해 전진하지 않으면 앙금처럼 남아 통합과정에 장해물이 되어버린다. 이런 혼란에서 조속히 벗어나려면 통합사의 명확한 비전과 이해하기 쉬운 공통의 목표 및 방향성이 제시되어야 하고 이를 바탕으로 장기적인 문화적 융합을 이루어 궁극적 시너지와 새로운 가치를 창출할 수 있어야 한다.

시너지 실현계획 수립

합병에 따른 효과를 조기에 가시화하기 위해서는 시너지 기회에 우선순위를 부여하여 실현계획을 수립해야 한다. 시너지 기회통합을 통해 실현시킬 수 있을 만한 시너지를 뜻하며 세 가지 영역으로 구분할 수 있다.

시너지 실현계획을 수립하기 위해서는 먼저 시너지 기회에 대한 상세한 분석을 해야 한다. 먼저 유형별 시너지 기회를 도출하고 벤치마킹이나 과거 유사한 통합사례 경험에 근거하여 시너지 기회를 선발한다. 선발된 시너지 기회에 대하여 사전적 재무효과를 분석해야 하고 필요한 자원을 파악한 후 시너지를 실현시키는 과정에서 발생할 만한 예상 이슈를 도출해낸다.

		일반적 Synergy 기회
Synergy	Consolidation Benefits 통합에 따른 '규모의 경제'효과	• 통일기능의 중핵의 제거(시설, 인력 등) • 판매 및 구매와 관련된 규모의 경제 실현 • 법인세 절감 효과
	Reconfiguration Benefits 통합을 계기로 필요한 변화의 추진	• 조직개편 • 물리적 시설의 개편 • 적극적 Outsourcing 구현 • 저비용 채널로의 적극적 이전
	Enabled Benefits 통합에 따른 새로운 Source of Value 확보	• 신규 Bundie 상품 및 Promotion 기획 • Skill 기술, Know-how의 이전 • Best practice의 상호 공유 • 특허 등 지적 재산의 확보 및 공유

시너지 기회에 대한 상세한 분석을 마친 뒤에는 시너지 기회에 대해 우선순위를 매겨야 한다. 우선순위를 매기는 기준을 확실히 하는 것이 무엇보다 중요한데 기본적으로 시너지 효과 실현 기간, 실현시키지 못했을 경우의 위험 정도, M&A의 전략적인 목적과 부합하는 정도, 시너지 확보의 용이성(필요한 자원의 규모 분석), 경영진의 우선순위가 그 기준이 될 수 있다.

각 시너지 기회에 대해 중요도가 산출되면 가장 높은 가치를 낼 것이라고 기대되는 시너지와 빨리 실현되어 가시화될 수 있는 시너지 기회, 다시 말해서 조기에 통합의 효과를 실현시킬 수 있는 시너지 기회를 중심으로 시너지 실현계획을 수립해야 한다. 나머지 시너지 기회는 재무적 효과를 기준으로 시너지 실현을 위한 상세 계획을 수립해야 한다.

이렇게 시너지 기회의 실현에 대한 상세 계획이 수립되면 Day I Planning과 커뮤니케이션 전략에 반영시키는 것이 매우 종요하다. 이는 Day I Planning율 진행할 때 어디에 초점을 맞춰야 하는지 방향성을 제시해 줄 수 있고, 이해관계자틀에게 통합의 목적(시너지 창출)을 이루기 위한 구체적인 방안을 제시해 줌으로써 이들의 불안감을 해소시키는 데 일조할 수 있기 때문이다.

커뮤니케이션 전략 수립

통합을 이끌어내기 위해서는 통합을 둘러싼 이해관계자간 협조가 필수적이며 특히 조직구성원의 협조를 이끌어내는 것이 중요하다. 조직구성원의 협조를 얻을 수 있는지의 여부는 인수기업 구성원들과 커뮤니케이션을 할 것인가에 달려있으며 피인수기업 구성원들은 근거 없는 루머를 기준으로 추측에 따라 불필요한 혼란과 불안이 발생하여 통합과정이 실패하는 경우도 종종 생긴다. 커뮤니케이션은 조직의 급격한 변화를 내부화하여 이해관계자들이 통합으로 인한 변화를 인지하고 이를 추진할 수 있도록 하는 변화관리의 일환으로 잘 관리된 커뮤니케이션관계자들의 협조를 얻어내는 데 큰 역할을 한다. 따라서 커뮤니케이션 전략의 수립은 통합과정의 주춧돌이라고 할 다음과 같은 원칙하에 수립되어야 한다.

- 커뮤니케이션 메시지와 통합작업의 전략목표 간 연계: 통합작업의 결과로 가장 민감하게 영향을 받을 수 있는 대상과 이들에 대한 몇몇 이해를 위한 메시지가 무엇인지 고려해야 한다.
- 투명한 커뮤니케이션: 통합과정을 투명하게 모든 구성원들과 공유함으로써 불필요한 오해를 방지하고, 구성원들이 성급하게 결정하는 것을 방지하도록 한다.
- 중요 이해관계자 식별: 중요 이해관계자는 통합에 의해 큰 영향을 받거나 인수기업과 피인수기업의 통합 후 기업의 성공에 결정적으로 관련된 사람들이다. 전통적인 이해관계자는 고객, 노동조합, 참여 파트너 등이 있다.
- 다양한 채널을 활용하되 일관된 메시지 진달: 가장 효과적인 채널은 일대일 만남일 것이나 현실적으로는 시간적 제약으로 인해 모든 커뮤니케이션에서 대면 채널을 활용할 수 없으므로 커뮤니케이션 대상별로 효과적인 채널을 개발하되 여러 차례에 걸친 반복적 메시지의 전달을 통해 부족한 부분을 메우는 방안을 마련해야 한다.

이러한 원칙 하에서 커뮤니케이션 활동계획을 수립하여 실행하여야 한다(아래 예시 참고).

대상 (누구에)	목적 (왜)	메시지 (무엇을)	채널 (어떻게)	시점 (언제)	책임자 (누가)
중간관리자	설득/이해	새로운 역할 개인적 영향	경영진미팅	통합 PJT, 1주차	CEO 및 경영진
일반 직원	설득/이해	새로운 역할 개인적 영향	관리자미팅	통합 PJT, 1주차	관리자 교육 담당
고객	정보인지	서비스 영향	영업사원미팅	통합 PJT, 1주차	영업 담당(임원)
주주	정보인지	재무적 영향	CEO/CFO Letter	통합 PJT, 1주차	CEO/CFO

3. 1. 5 Day 1 Action Plan 수립

Day 1은 인수·합병 계약 체결 완료 후 피인수기업의 주요 사항이 인수되는 날을 의미하며 이날 새로운 통합사로서 정상적인 비즈니스를 영위할 수 있도록(Business as Usual) 필요한 과제들을 확립해 두어야한다. 이를 위하여 법적 의무를 준수하기 위한 중요한 행동 및 Day 1에 반드시 구비되어 있어야 하는 영역별 프로세스 및 시스템 사항에 대한 Checklist가 필요한데, IMO에서 주관하여(혹은 구성되기 이전 사전 관리조직) 이에 대한 안을 구성하고, 외부의 도움을 받아 기업이 만든 체크리스트에 중요한 것이 누락된 것이 없는지 아니면 중복되는 것은 없는지 확인을 하는 것이 안정적이며 Checklist를 참고로 하여 필요한 과제들이 대부분 정립되면, 이행담당 책임자를 명시하고 기한을 정해 과제가 추진되도록 행동계획을 수립한다. 이때 주의하여야 할 점은 모든 과제가 빠짐없이 완벽하게 도출되었는지를 점검하느라 통합과제 진행일정에 영향을 주어서는 안 된다는 점이다. 통합과제를 진행하면서 발견되는 누락된 새로운 이슈는 그때 처리해야 하는 것이 원칙이다.

Checklist는 각 기능별로 Day 1의 이미지를 명확히 정의하는 것이 된다. 그리고나서 각 기능별로 Day 1까지 이루어야 할 목표를 정하고 이에 따라 하위 기능의 목표를 설정한 후 이를 달성하기 위하여 수행해야 할 과제를 도출해야 한다. 예를 들어 Executive 관리부서 Day 1 Checklist는 통합사의 보안, 인사, 법적 사안 등 전사적 통합체계 확립을 위한 시행 세부안을 제시하고, 구매의 관점에서 Checklist는 통합사의 정상적인 구매활동을 위한 공급자 관리, 계약관리, 구매관리 등의 세부 점검 항목을 제시한다. 마케팅 및 영업 중 경영계획 프로세스에 대한 사례를 보면 다음과 같다.

이와 같이 Day 1 Checklist를 작성하는 것은 피인수기업에 대한 통제권을 신속하게 확보할 수 있고 핵심 비즈니스의 가치 유지 측면에서 의미가 있다. 또한 통합과정에서 발생 가능한 영역별 리스크의 파악이 보다 명료하게 이루어져 이에 대한 조기 조치가 가능해지고 각 리스크별 책임이 명확화되어 있기 때문에 통합의 효율성 증진의 장점이 있다.

프로세스	하위프로세스	Check Point	External/ Internal	Accountability	Due Date
마케팅 & 영업	마케팅/ 영업전략	• 영업/마케팅 전략통합 – 양사간 영업/마케팅 정책 통합 – 제품별/고객별 등 Sales 예산확인 및 Sales Priority 재정립 – 전체 상품 List 및 Description 통합 • 철수 또는유지/추가해야 할 Product Line 구분	Internal	Workstream Leaders	23 Jan.
	대고객 Communication	• M&A에 따른 대고객 Communication – Communication을 위한 통합 고객 및 Contact List 작성 – 고객(채널)별 통합 전급 방안 정립 – 회사설명자료(재)작성/배포	External	Workstream Leaders	21 Jan.
	영업활동	• 현재 진행 중인 피인수기업의 거래, 협상, 계약관계 List up 및 인수인계 및 해당 사항에 대한 지속적 관리	Internal	Workstream Leaders	22 Jan.
	고객지원 서비스	• 고객지원서비스 체제 통합 – 고객지원을 위한 고객채널 중복 /Conflicts/gap 분석 및 통합 – 고객지원서비스 체계를 통한 M&A관련 일반 고객 Communication 병행	External	Workstream Leaders	22 Jan.

[실제사례 12: 수익할당조항]

M shall be determined by the compound annual growth rate ('CAGR') in OPAT over the period from fiscal year 2005 to 2009, using the average OPAT for fiscal years 2004 and 2005 as the base. This average will be measured against the average OPAT in the fiscal years 2008 and 2009 and the CAGR calculated as follows:

$$\text{CAGR\%} = \left[\left(\frac{OPAT2008 + OPAT2009}{OPAT2004 + OPAT2005} \right)^{(1/4)-1} \right] \times 100$$

Based on the above formula, the multiple to be used in the Final Earn-Out Payment formula shall be determined according to the following table:

CAGR%	M
CAGR% < 10%	7
10% ≤ CAGR% < 15%	7.5
15% ≤ CAGR% < 20%	8
20% ≤ CAGR% < 25%	9
25% ≤ CAGR%	10

문제 28

상장기업인 A기업은 상장기업 B기업의 지배주주로부터 60% 주식을 취득하여 지배권을 행사하고 있다. 그러나, B기업이 계속 상장기업으로 남아 있을 경우 자본시장법상의 제반규정을 준수하는 데 드는 비용과 시간을 고려하여 B기업의 나머지 주식을 취득, 폐쇄회사화하려고 한다. 그 방법론으로 B기업의 흡수합병; B기업의 주주에 대한 공개매수를 통하여 추가주식을 취득한 후 간이흡수합병, B기업의 주주에 대한 공개매수를 통하여 추가주식을 취득한 후 소수주주의 강제매수를 고려하고 있다. 각각의 장단점은?

제29장 기업인수관련 분쟁

기업인수거래는 처음부터 끝까지 아무런 분쟁없이 해결되어 매도인과 매수인이 새로운 부의 창조에 기여한 것에 만족하면서 살아간다면 가장 이상적일 것이다. 이러한 상황을 만들기 위하여 여러 전문직업인들이 많은 시간과 노력을 들여서 미리 계획하고 집행하며 여태까지의 인수거래에 관한 제반 절차와 인수계약의 구조에 대한 설명도 이러한 상황을 이루는 가능성을 높이기 위한 것이다. 그러나, 사전 계획이 부족하여서인지, 인간의 한계 때문인지 현실에서는 언제나 분쟁이 발생할 수 있다. 본 장은 시간적인 순서에 따라서 발생할 수 있는 분쟁의 유형을 간단히 정리한 것이다.[1)]

Ⅰ. 이행완료 전

기업 인수의 이행완료가 이루어지지 않은 거래에서는 양해각서 체결시 금원이 오갔다면 이의 반환을 둘러싸고 분쟁이 발생할 수 있을 것이고 최근의 대표적인 분쟁은 바로 2009년 세계적인 금융위기 이후 찾아든 경기침체와 자금시장의 경색 때문에 일어난 이행보증금 내지 위약벌의 반환 내지 청구이다.

양해각서를 체결하였으나 종국적인 인수계약의 체결에 실패한 경우에는 양해각서가 법적 효력이 있는 문서임을 전제로 이의 위반에 따른 손해배상 내지 양해각서상의 의무이행을 구하는 소송이 제기될 수 있다.

기업인수를 위한 계약을 체결하였으나 그 이행완료를 위한 정지조건이 성취되지 못하여 거래당사자 일방이 소위 walk-right를 행사한 경우 상대방은 계약채무의 불이행을 이유로 손해배상을 구하거나 이행완료라는 특정채무의 이행을 구할 수 있다.

---

1) 졸고, *M&A Disputes in Korea*, 17 법학연구 41 이하 참조 (2007. 9).

기업인수를 위한 계약을 체결하였으나 제3자로부터의 경쟁적인 인수청약에 따라서 계약이 이행완료되지 못한 상황에서 최초로 인수를 시도하여 계약체결까지 갔던 자가 계약사의 위약금 지급을 또는 기업의 특정자산매입선택권을 행사하여 이의 인도를 구하는 경우 대상기업이 이에 응하지 않는다면 역시 분쟁상황이 발생할 수 있을 것이다.

Ⅱ. 이행완료 후

기업인수계약이 이행완료되었다면 매수인이 진술과 보장위반을 이유로 계약을 해지하면서 인수대금의 반환을 구할 수도 있고 특정 진술과 보장위반을 이유로 면책청구를 구할 수도 있다. 물론 그 이전에 매수인은 계약서상의 면책조항에 근거하여 면책을 구하는 서신을 발송하였을 것이다.

기업인수계약이 이행완료된 후에 인수금액을 정산하는 과정에서 당사자간 숫자에 관한 합의가 이루어지지 않는 경우 이에 대한 분쟁이 법정으로까지 번지는 경우도 있을 수 있으나 통상 인수금액의 조정은 인수계약에서 정산과정에 관하여 자세하게 절차적으로 합의하고 이견이 해결되지 않을 경우 당사자간 별도의 분쟁해결방법까지도 정하는 것이 보통의 예로 보인다.

Ⅲ. 우리나라의 경우

우리나라에서는 우호적 기업인수의 경우 해지를 이유로 대상기업 내지 주식의 반환을 요구한 사례나 이행완료를 위한 정지조건이 만족되지 않았음을 이유로 이행완료를 거절하고 상대방은 이의 이행완료를 구하는 사례는 들은 바가 없다. 양해각서의 효력을 둘러싼 분쟁도 들어보지 못하였다.

가장 빈번한 분쟁은 진술과 보장 관련 인수가액조정이나 면책책임추궁의 소이며 양해각서 체결시 인수대금의 일부를 지급한 경우 이의 반환 내지 감액을 둘러싼 소송이 나타나고 있다. 양해각서 체결시 이행보증금을 지급하는 실무는 곧 사라질 것이고 인수대가의 조정을 둘러싼 분쟁 역시 계약조항으로 해결할 수 있을 것이기 때문에 앞으로는 진술과 보장위반을 둘러싼 면책청구 내지 계약해지청구가 분쟁의 주류를 이룰 것으로 짐작된다. 따라서, 앞으로 진술과 보장의 법적인 의미에 관하여 보다 심각한 논의가 필요하며 이의 협상에 보다 많은 시간과 노력을 투여할 것으로 예상된다. 미국과 같이 termination fee나 reverse termination fee와 같은 일종의 손해배상액의 예정액이 나타날 수도 있고 MAE를 둘러싼 분쟁이 늘어날 것이다.

우리나라의 기업인수관련 분쟁은 많은 경우 기업의 기존 지배주주간 내부적인 분쟁이 발단이 되고 있다. 물론 새로운 투자자가 기업인수를 시도하는 적대적 기업인수시도가 없었던 것은 아니지만 그 수에 있어서 기존 지배주주간 내분에서 발발한 분쟁에 비하여 지극히 미미하다. 지배주주가 가족중심의 지배권을 행사하다가 이를 다음 세대로 넘겨주면서 다음 세대간 또는 현재의 지배주주와 다음 세대간 다툼으로 발전하는 경우가 다수 있다. 또한 외국의 재무적 투자자들이 한국 대규모기업집단이나 정부가 지배주주인 공기업의 지배구조를 이용, 일종의 그린메일에 가까운 매수를 유도하기 위한 경영권 도전도 종종 나타났다. 따라서, 법적인 분쟁은 주주제안권과 의결권대리행사권유제도를 둘러싸고 발생하였다. 앞으로 재무적 투자자 내지 전략적 투자자가 시장에서 저평가된 기업을 발견하여 이를 대상으로 기존의 지배주주 내지 경영진과 기업인수가능성을 논의하여 보고 그 결과에 따라서 일반주주들에게 직접 매수할 것을 제안하는 정통적 적대적 기업인수가 출연할 것으로 예상된다. 따라서 앞으로의 분쟁도 공개매수와 의결권대리행사권유를 둘러싸고 발생할 것이다.

적대적 기업인수의 경우 많은 판례는 기존의 지배주주에 의하여 선임된 경영진이 기존의 지배주주를 위하여 취한 여러가지 방어수단 — 신주의 발행이나 전환사채의 발행이 대표적인 것이고 자사주의 처분이 그 다음 빈번한 것이며 신주의 발행에 따른 단주의 처리나 우리사주조합의 등장은 부수적인 현상 — 의 적법성에 관한 판례이고 상호 충돌되는 하급심판례가 없는 것은 아니지만, 기존의 지배주주에 유리한 지배구조의 변경을 가져오는 회사의 행위는 충실의무 위반이라는 것이 결론이다. 이러한 판례의 발달에 따라서 기존의 법규가 개정되기도 하였고 또한 아직 논란이 진행중인 것도 있다. 앞으로도 기업의 지배권을 둘러싼 분쟁시 주주총회가 아닌 이사회를 통한 방어 행위의 적법성에 대한 논란은 지속될 것이다.

문제 29

지배주주형 기업지배구조와 전문경영자형 기업지배구조간 서로의 장단점을 둘러싸고 많은 논의가 있다. 기업의 지배권시장 육성이라는 하나의 시장을 만들어나간다는 측면에서만 본다면, 지배주주형 기업지배구조는 별로 바람직하지 않다. 우리나라 현재의 지배주주형 기업지배구조를 그냥 끌고 나가기로 한다면 지배주주의 주주에 대한 책임을 확보 내지 강화하기 위하여는 기업의 지배권시장 이외에 어떤 방안이 가능하며 바람직할까?

제 4 편

특별법상의 기업인수

규제환경의 변화, 급격한 기술발전, 충분한 자금시장 등을 배경으로 기업의 새로운 가치창출을 위한 기업의 인수가 있는 반면, 경기의 하강국면에서 기업이 새로운 돌파구를 마련하기 위한 구조조정의 일환으로서 기업의 인수가 행하여지기도 한다. 특히 우리나라에서 기업인수란 1997년 환란 이후 기업의 재무구조개선차원에서, 부실금융기관의 구제차원에서, 기업회생절차에 따른 신규투자자유치차원에서 해외투자자들에게 지배주식 내지 영업을 매각한 데서 시작되었다고 할 수 있고 따라서 기업의 인수란 바로 구조조정이라고 인식되는 측면이 있다. 제 4 편 제30장에서 통상적인 회사법상의 기업구조조정수단이라고 할 수 있는 합병, 영업양수도, 주식양수도 등을 제외한 기업회생절차 하에서의 기업인수와 기업구조조정촉진법("구촉법")이나 사적 기업구조조정시스템하의 기업인수를 논의하고 기업인수 이외의 다른 기업구조조정수단도 함께 살펴본다. 마지막으로 제31장에서 국민경제의 자금조달과 지급결제시스템의 골격인 금융기관이 구조조정을 요할 때 금산법상 어떤 특수한 문제점이 고려되어야 할지 논의한다.

제30장 구조조정과 기업인수

Ⅰ. 기업회생절차와 기업인수

기업이 법원에 채권자로부터의 보호를 구하는 과거 회사정리절차, 지금의 "채무자회생 및 파산에 관한 법률"("통합도산법")에 따른 기업회생절차 하에서 법원의 감독과 승인을 전제로 이루어지는 기업인수합병은 통상의 주주총회와 이사회간 역학관계 하에서 이루어지는 기업인수와는 완전히 절차와 효과를 달리 하는 그 자체 하나로 독특한 거래방식이다. 가장 중요한 특징은 법원이 주도적으로 모든 절차와 결정을 주도한다는 것이다. 과거 1997년 환란 이후 법원이 많은 기업의 회생절차를 진행하던 때에는 회사정리절차진행중인 기업의 매각이 주요한 경제적 현상이라고 할 수 있었다. 최근에는 한국경제에 주요한 영향을 미칠 수 있는 경제적 주체의 재무구조가 문제되는 경우[1] 정부의 기관인 예보, 자산관리공사, 산업은행 등이 공적자금을 투입하여 지배주주가 되고[2] 이들이 보유주식을 매각하는 방식을 취하고 있다. 어떤 경우에 어떤 기업에 대하여 정부가 공적자금으로 개입하고, 어떤 경우에 기업의 독자적인 힘으로 법원의 보호를 구하여야 하는지 결정절차가 투명하지 않은 문제점은 한국자본주의의 성격규정에 중대한 장애로 보인다. 어쨌든 법원에서의 회생절차의 이용빈도가 줄었고 따라서 회생절차가 진행 중인 기업의 인수·합병 역시 그 빈도 수나 크기에 있어서 상당히 줄어들었다. 통합도산법은 현행 관리인 유지제

1) 최근의 금호사태가 그 대표적인 예이다. 경영의 실패로 지배권이 넘어가야 할 기업에 대하여 정부가 공적 자금을 투입하는 경우 정치적으로 보다 투명한 절차를 확립하여야 할 것이다.

2) 단순히 기업의 규모가 크기 때문에 그 기업의 도산이 사회적인 파장효과가 클 수 있고 따라서 정부가 공적인 자금의 투입을 통하여 기업의 회생을 돕는 것이 정책적으로 바람직한 것인지, 공평한 것인지에 대하여 논란이 일고 있다. 따라서, 금융기관의 경우 이를 막기 위한 새로운 규제체제에 대한 논의가 진행되고 있다. 사회적인 파장이라는 정치적 결정보다는 경제체제의 위험 소위 systematic risk를 정확하게 평가하여 개입하여야 한다는 것이다. ANDREW ROSS SORKIN, TOO BIG TO FAIL (2009).

도입,[3] 포괄적 금지명령제의 도입,[4] 채권자협의회의 구성요구,[5] 기업인수의 활성화를 위한 제반 규정의 제정 등으로[6] 과거 회사정리법이 가지고 있는 문제점을 많이 해결하였으나 여전히 법원의 주도하에 진행하는 특이한 절차를 유지할 것이고 또한 항고제도나 부인권소송 등에 관련된 법적인 논점이 아직 남아 있다.

홍성준, *회사정리·회생절차와 M&A*, 20 BFL 62-69, 84-91 (2006. 11)

Ⅲ. 정리회사 M&A의 유형

통상 M&A라는 용어는 합병과 인수를 포괄하는 개념으로, 회사의 합병, 영업의 양수, 지배주식의 취득 등의 방법으로 회사의 지배권 내지 경영권을 직접 또는 간접으로 취득하는 여러 가지 형태의 행위를 총칭하는 것으로 일컬어지고 있다. 일반 거래계에서 활용하는 M&A 형태는 매우 다양할 것이지만, 정리절차에서 활용되는 M&A의 유형으로는 크게 (i) 제 3 자 배정 신주인수 방식, (ii) 영업양도방식, (iii) 자산양수도방식이 이용되고 있는데, 거의 대부분이 (i)의 유형에 해당하는 것이고, 부분적으로 (ii)·(iii)의 유형이 활용되고 있는 실정이다. 다만 회사에 따라 여러 개의 사업부분을 가지고 있으나 그 사정이 각각 달라 어느 하나의 M&A 방식에만 의하면 M&A 목적을 조화롭게 달성하기 어려운 경우에는 위 (i)의 방식과 위 (ii)·(iii)의 방식을 혼용하기도 하며, M&A를 원활하게 진행하기 위하여 필요한 경우에는 회사분할절차 등이 수반하기도 한다.ⓐ

1. 제 3 자 배정 신주 인수방식

(1) 일 반 론

제 3 자에게 유상증자를 통하여 정리회사의 신주를 배정·발행하는 방식으로서

3) 통합도산법 제74조.
4) 동법 제44조.
5) 동법 제20조.
6) 동법 제205조 이하의 감자, 신주발행, 주식의 포괄적 교환, 주식의 포괄적 이전, 사채발행, 흡수합병, 분할, 분할합병등에 관한 규정. 최근 지주회사 회생절차관련 논의는 오수근, 회생절차에서 M&A의 법적 성질—웅진홀딩스 사례를 중심으로, 32 상사법연구 111, 137-140 (2013).
ⓐ (주)한보 사례의 경우에는 영위하고 있는 철강사업 부문과 건설사업부문이 제 3 자 신주배정방식 또는 영업양도방식 어느 하나에 의하여 일괄 매각이 곤란하자, 철강사업부문을 영업양도방식에 의하여 매각하되, 건설사업부문은 영업양도방식에 의하는 경우 공사실적이 승계되지 않는 점을 고려하여 이 부분을 회사분할방식에 의하여 분리한 후 분할된 회사를 제 3 자 신주배정방식에 의하여 매각하고 분할된 회사에 대한 정리절차를 그 직후 종결하였다.

정리회사 M&A 유형중 가장 널리 활용되고 있는 방식이다. 정리회사 M&A의 목표는 변제자금의 효과적인 조달과 책임있는 경영주체의 확보에 있다고 할 수 있는데,ⓑ 제 3 자 배정 신주인수방식은 정리회사를 직접 경영할 의사와 능력이 있는 제 3 자에게 신주를 배정·발행하여 지배주주가 되도록 하고 그가 납입한 유상증자대금으로 정리채무를 일시에 변제함으로써 개선된 재무구조를 바탕으로 정리회사가 회사정리절차에서 조기에 벗어나는 것이 가능케 한다. 회사정리절차에서는 기존 주식의 감자를 시행할 경우 주주총회 특별결의나 채권자보호절차를 거칠 필요가 없고(회사정리법 253조 2항, 통합도산법 264조, 상법 439조 2항·232조), 정리회사의 부채가 자산을 초과하는 경우 주주는 관계인집회에서의 의결권이 인정되지 않으므로 일반 M&A에 비하여 지배구조 변경이 신속하고 경제적으로 이루어 질 수 있는 이점이 있다. 물론 인수희망자는 일반 M&A와 같이 증권시장에서 정리회사의 주식을 매집하거나 주주들과의 개별 접촉을 통하여 정리회사의 주식을 매입하여 대주주가 될 수도 있다.ⓒⓓ 그러나 이러한 주식매수 방식은 주식의 귀속 주체만 변동될 뿐 정리회사의 재무구조 개선 또는 정리채무의 변제에 도움이 되지 않기 때문에 정리회사 M&A 방식으로는 적합하지 않다.ⓔ

ⓑ 실무상 우선협상대상자 선정기준의 하나로서 인수 후 정리회사를 실제로 경영·발전시킬 의사와 능력이 있는지 여부를 평가하고 있고, 주로 인수희망자들을 중심으로 주요한 자산에 대한 과도한 제약이라는 비판이 있기도 하지만, 본 계약의 내용으로 인수자가 인수한 신주의 50%를 증권예탁결제원에 1년간 보호예수 하도록 하고 있는데, 이는 모두 정리회사를 경영할 책임 있는 지배주주를 확보하기 위한 조치라고 할 수 있다.

ⓒ 최근 들어 자산이 부채를 초과하고 상당한 규모의 현금을 보유하고 있거나 상당한 수익력을 갖추고 있으면서 상장을 유지하고 있는 정리회사의 주식을 매집하는 경우가 종종 발생하고 있다. 통합도산법에 따른 회생개시 신청 전에 이런 방식으로 채무자 발행의 비상장 주식을 양수하기로 한 뒤 회생절차 신청을 한 사례로는 (주)한광, (주)동원개발 사건이 있는데, 그 인수예정자는 위 회사에 일정액의 운영자금을 추가로 투자할 예정이었다.

ⓓ 지난해 정리회사 대한통운의 주식 매집과 관련하여 잠재적인 인수희망자들이 지분 경쟁을 한 바 있다. 그러나 정리계획의 변경절차를 수반하는 것이 보통인 정리회사 M&A에서는 장차 채권 잔액이 변제되지 아니하는 한 필연적으로 주주의 권리가 감축될 수밖에 없으므로 정리회사의 주식을 매집함에 있어서는 특별한 고려가 있어야 한다.

ⓔ 이와 유사한 사례로는 M&A를 통하여 2006년 1월 종결한 (주)일화의 경우에도 M&A 실행 전에 구사주가 정리계획에 따라 출자전환이 예정된 정리채권을 대량 매집하여 지배주주가 된 뒤 자신이 보유한 채권의 일부를 출자전환하고 정리회사의 신주를 인수하는 방식으로 잔존 정리채무를 일부 변제한 뒤에 일부 정리채무를 잔존한 상태에서 조기종결하겠다는 의견을 제시한 사례가 있다. 이 경우는 구사주가 단순히 주식을 인수하는 것에 그친 것이 아니라 상당한 규모의 신규 자본의 투입을 전제로 한것이기 때문에, 달리 말하면 출자전환을 일부 수반하는 M&A를 수의 매각 방식으로 추진하는 것이었다고 할 수 있다.

(2) **유상증자대금 납입방식**([표 30-1])

… [표 30-1]는 인수희망자가 유상증자 대금을 납입하는 방식을 도식화한 것이다. 정리회사 M&A에서는 대부분 사례 1과 같이 컨소시업 구성원이 직접 신주를 인수하고 그 신주인수대금을 정리회사에 납부하는 방식으로 유상증자에 참여한다. 사례 2는 (주)진로 사건에서 허용하였던 구도를 단순화한 것인데, 이와 같은 방식을 허용한 것은 주로 인수희망자들의 투자 형식과 관련한 조세 부담을 경감하고, 중간 단계의 회사들의 자금조달 능력을 충분히 살려 거액으로 예상되는 인수자금의 조달의 편의를 제공하기 위한 것이었다. 사례 2의 사례는 중간단계의 회사들이 상위 회사로부터 출자받은 자금과 동등한 금액을 추가로 조달할 수 있음을 전제로 도식화한 것인데, 이 사례를 사례1과 비교해보면 컨소시엄 구성원이 직접 출연한 자금은 사례 1과 같이 600이지만, 중간 단계의 회사들이 추가적인 자금조달을 함으로써 입찰금액은 5배에 육박하는 2,900으로 커지는 것을 알 수 있다. (주)진로 사건에서 사례 2와 같은 방식을 허용하였지만, 중간 단계의 회사의 지배권은 상위 회사가 전적으로 유지하고 있을 것을 조건으로 하여 중간 단계의 회사의 지배권의 변동을 초래할 수 있는 제3의 투자자(Mezzanine Investor)가 개입하는 것은 허용하지 않았고, 따라서 중간 단계의 회사들이 자금 조달을 할 수 있는 방안은 부채를 일으키는 방안밖에는 없었다.

[표 30-1]

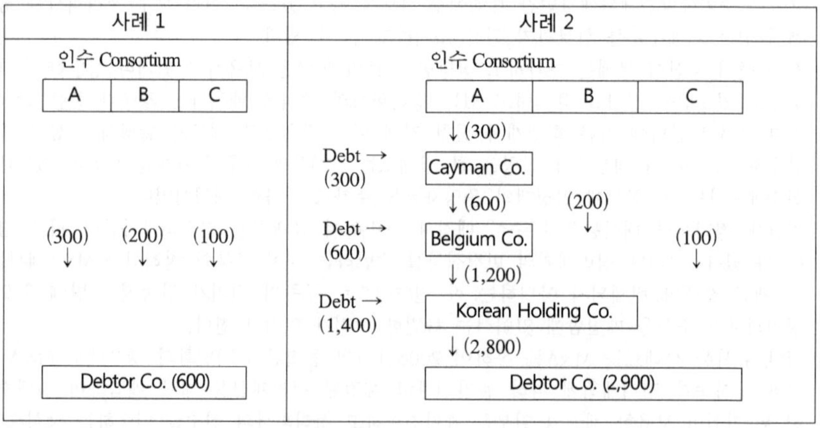

(3) **인수인이 취득할 신주에 따른 구분**([표 30-2])

… [표 30-2]은 정리회사가 신주를 발행하는 방식을 도식화한 것이다. 정리회사 M&A에서는 대부분 사례1과 같이 정리회사의 신주를 직접 인수희망자에 대하여 발행하는 구조를 활용하고 있다. 사례2는 아래 자산양도방식에서 설명하는 바와 같이 주로 공익채무와 관련하여 기존의 채권채무관계로부터 단절이 필요한 경우에 정리회사가 새로 신설회사를 설립하고 그 회사에 자산을 양도한 다음 신설회사의 주식을 인수희망자에게 발행하는 방식으로 (주)대우자동차 사례가 이와 유사한 구조를 가지고 있다. 사례3은 여러 개의 사업부분을 운영하고 있는 정리회사가 사업부분 전부를 제 3 자 신주인수방식으로 M&A하는 것은 인수대금의 하락을 가져와 그 추진이 곤란하지만. 일부 사업부분에 대한 인수희망자가 있는 반면, 그 사업부분을 영업양도하는 경우 정리회사의 실적 등을 인수인이 활용하기 어려운 경우에 인수희망자가 있는 사업부분을 분할하여 신설법인을 만들어 그 신설법인의 신주를 발행하며, 잔존 영업부분은 정리회사에 남겨두어 추후 M&A를 추진하거나 청산을 하여야 할 필요가 있는 경우에 활용하는 방안이다.

… [표 30-1]와 [표 30-2]의 각 유형들은 정리회사의 구체적인 사정과 M&A

[표 30-2]

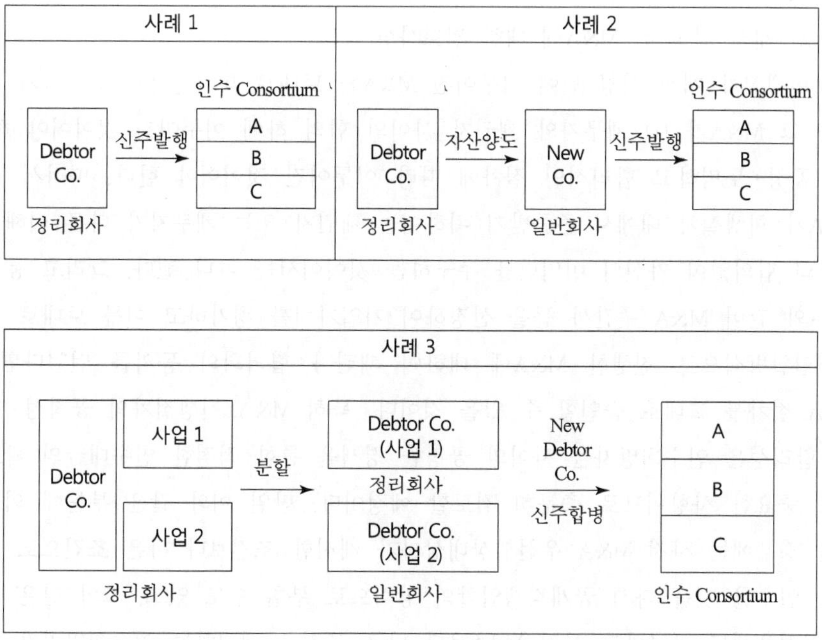

구도에 따라 적절하게 혼용될 수 있을 것이다.

(4) 개시신청전에 이루어진 M&A의 결과 존중

1) 회생실무에 도입된 새로운 형태의 M&A

앞 … 에서 정리회사 M&A의 추진 시기에 대한 실증적 자료를 분석하면서 기술한 것처럼 가급적 조기에 M&A에 착수하는 것이 채무자의 회생과 채권자의 만족이라는 두 측면에서 모두 도움이 되는 경우도 있을 수 있다. 채무자가 비록 재정적 어려움으로 말미암아 부득이 부도를 경험하고 회생절차를 신청하였다 하더라도 신청 당시까지 사업의 기반이 아직 와해되지 않고 수익력을 유지하고 있는 경우라면 효율성의 측면에서 가급적 조기에 M&A에 착수하는 것이 바람직할 것이다. 그리고 회생절차 개시 신청전에 이루어진 M&A가 채무자가 채권자와 협의하에 관리·진행되어 온 경우라면 그 협의과정에서 채무자의 의사에 따라 회생을 위하여 필요한 사항도 적절하게 반영되어 있을 것이고, 채권자측의 의사도 충분히 반영되어 있을 것이므로, 이러한 M&A는 회생절차 내에서 관리인이 법원의 감독 하에 진행하는 M&A와 다르지 않다. 이런 이유로 앞으로의 회생실무에서는 개시 신청전 M&A를 완료한 경우에는 M&A 결과를 존중하여 그 M&A를 토대로 회생절차를 진행할 예정이다.

2) 개시 신청 전 M&A에 대한 검토사항

회생절차 개시 신청 전에 이루어진 M&A를 토대로 회생절차를 진행하기 위하여는 그 M&A가 (i) 채무자와 채권자 사이의 협의 하에 이루어진 것이어야 하고, (ii) 공정·투명하고 합리적인 절차에 따라 이루어진 것이어야 한다. 따라서 사전 M&A가 회생절차 내에서 존중받기 위하여는 채권자 또는 채무자가 다른 이해관계인과의 협의없이 자신의 이익만을 추구하는 것이어서는 아니 된다. 그리고 통상의 M&A와 같이 M&A 주간사 등을 선정하여 기업가치를 평가하고 이를 토대로 공개경쟁입찰방식으로 진행한 M&A에 대하여 채권자 협의회의 동의를 얻었다면 그 M&A 절차를 그대로 승인할 수 있을 것이다. 특히 M&A 진행절차의 공정성·투명성·합리성은 인수희망자들 사이의 공정한 경쟁을 통한 적절한 인수대금의 확보에 매우 중요한 사항이므로 충분히 검토할 예정이다. 만일 이와 같은 부분에 의문이 있을 경우에는 사전 M&A 우선협상대상자가 제시한 조건보다 나은 조건으로 채무자를 인수할 것을 다시 공개경쟁입찰의 방식으로 부칠 수도 있고, 그와 같은 절차를 거쳤음에도 불구하고 사전 M&A보다 나은 조건을 제시하는 인수희망자가 없다면 M&A 절차의 공정성 등에 다소 의문이 있어도 채권자 협의회의 동의 아래 그 결과를 수용할 수도 있다(서울중앙지법 파산부 「회생절차에서의 M&A에 관한 준칙」 7항 참조).

3) 관리인 불선임 결정 및 회생절차의 신속한 진행

① 회생절차 개시 전에 채무자와 채권단의 협의하에 M&A 절차가 추진되어 왔고, M&A를 내용으로 하는 회생계획안의 주요 내용에 대하여 채무자와 채권단 사이에 협의가 완료된 채무자에 대하여는 법원은 관리인을 선임하지 아니하고 채무자의 대표자를 관리인으로 볼 수 있는(통합도산법 74조 3항, 동 규칙 51조 5호) 사전 M&A가 채무자와 채권자 사이에 충분한 협의 하에 이루어진 경우 앞으로 법원은 관리인을 선임하기보다는 관리인 불선임 결정을 하여 이해관계인이 자율적으로 선출한 채무자의 대표자를 관리인으로 보아(통합도산법 74조 4항) 그 대표자로 하여금 관리인이 갖는 각종 권한을 행사하도록 하면서 회생절차를 진행·종결할 예정이다.

② 회생절차 개시 전에 M&A 주간사 등에 의하여 이루어진 채무자에 관한 청산가치 및 계속기업가치ⓕ 평가는 채권자 협의회의 승인이 있는 경우에는 특별한 사정이 없는 한 회생절차 개시 후에도 존중하며, 이 경우 법원은 조사위원에게 채무자에 관한 청산가치 및 계속기업가치의 조사·보고의무를 명하지 아니할 수 있으므로(서울지방법원 회생실무준칙 「조사위원의 선정, 보수기준 및 조사·보고사항」 9항 참조), 조사위원의 조사를 위한 상당한 시간을 줄일 수 있다.

4) 회생절차의 조기 종결

이와 같이 사전 M&A를 통하여 회생의 기반을 마련한 채무자에 대하여는 그 M&A를 내용으로 하는 회생계획안이 인가되면 이를 수행하고 회생절차를 조기에 종결하게 된다.

2. 영업양도방식

(1) 정리계획 인가후 영업양도

정리회사의 영업의 전부 또는 일부에 관하여 이를 해체하지 않고 조직화된 총체, 즉 인적·물적 조직을 그 동일성을 유지하면서 일체로서 제 3 자에게 이전하는

ⓕ 기업재산을 해체 … 청산함이 없이 이를 기초로 하여 기업활동을 계속할 경우의 가치를 말한다. 계속기업가치는 기업의 미래 수익 흐름을 현재가치로 할인하는 현금흐름할인법에 의하여 산정한다.

방식이다. 영업양도에 있어서 이전의 목적이 되는 것은 단순한 물건 또는 권리의무뿐만 아니라 거래선, 영업상의 비밀, 노하우 같은 경영조직의 사실관계를 포함한 유기적 일체로서 양수인은 이를 이용하여 양도인과 같은 영업자의 지위를 취득하게 된다. 특별한 사정이 없는 한 근로관계는 양수인에게 포괄적으로 승계된다. 정리회사 내에 양도가 가능한 사업부(예컨대 이익을 내고 있는 사업부)와 양도가 불가능한 사업부(예컨대 만성적인 적자를 내고 있는 사업부)가 혼재하고 있어 제 3 자 배정 신주인수방식을 택할 경우 양도가 불가능한 사업부로 인하여 인수금액이 하락할 가능성이 있는 때⑨ⓗ 정리회사 내에 이월결손금이 남아있지 않은 상태에서 제 3 자 배정 신주인수방식 택할 경우 대규모 채무면제이익이 발생하거나 추가적인 조세부담의 가능성이 있어 인수자의 입장에서 인수에 따른 부담이 큰 때 등에 활용할 수 있는 방식이다. 회사정리절차에 의한 영업양도는 주주총회 특별결의를 거칠 필요가 없고(회사정리법 250조 2항, 상법 374조 2항) 반대주주의 주식매수청구권도 인정되지 않기 때문에(회사정리법 250조 2항, 상법 374조의2) 상법상의 영업양도에 비하여 여러모로 편리하다. 다만 영업양도방식은 양도 대상 자산 및 부채를 양수인에게 개별적으로 이전하는 특정승계절차를 취하므로 제 3 자 배정 신주인수방식에 비하여 절차가 복잡하고 양도되지 않은 잔존자산의 처분 등에 상당한 시일이 소요되어 회사정리절차를 곧바로 종결할 수 없다는 단점이 있다. 실무상으로도 영업양도방식은

⑨ 예컨대 해태제과 (주)의 경우 제과부문은 영업양도하고 건설부문은 영업을 폐지한 후 상호를 변경하여 사실상 청산절차를 밟고 있고, (주)한보의 경우 철강부문은 야마토공업 (주)에게 영업양도 하고 건설부문은 물적 분할을 하여 신설회사 (주식회사 한보토피아)를 설립한 후 신설회사의 주식 전부를 진흥기업 (주)에게 양도하였으며, 분할회사에 대하여는 그 직후 정리절차를 종결하였고, 분할존속회사는 영업을 폐지하여 사실상 청산절차를 밟고 있다.

ⓗ 제 3 자 신주 인수방식과 영업양도방식을 동시에 추진한 사례로는 (주)진도의 경우가 있다. (주)진도의 사업부분은 ① 컨테이너 사업부분, ② 모피를 중심으로 한 의류사업부분, ③ 철강가공사업부분 등이 있었는데, 위 사업부분에 관심을 갖고 있는 인수희망자들이 있고 그들의 인수희망가격이 상당 규모의 것으로 사전에 파악되었다. 그러나 어느 사업부분으로 포함시켜도 효율성을 낮출 것으로 예상되는 비업무용 부동산을 다수 보유하고 있던 관계로 제 3 자 신주배정방식으로 일괄매각을 하는 경우에는 사업부분을 분리 매각하는 경우보다 입찰대금이 낮아질 우려가 있었다. (주)진도의 M&A를 추진함에 있어서는 원칙적으로 제 3 자 신주배정방식으로 추진하되, 전 사업부분에 걸쳐 유효한 입찰이 있을 것을 전제로 각 사업부분별 인수희망자로부터도 동시에 사업부분별 입찰 제안서를 제출받아 마치 사업부분별 인수희망자들을 컨소시엄을 구성한 것처럼 가상하여 제 3 자 배정방식의 입찰 참가자 가운데 최고가를 제시한 컨소시엄과 위 사업부분별 입찰 참가자들의 최고 입찰가의 합산액을 비교하여 금액이 더 높은 방식으로 진행하기로 예정하였다. 그러나 실제 입찰에서는 유효한 입찰서가 모든 사업부분에 제출되지 못하였던 관계로 결과적으로 제 3 자 신주배정방식의 M&A로 진행되었다.

위와 같은 특수한 사정이 있는 경우에 한하여 이용되고 있는 실정이다.

(2) 회생계획 인가 전 영업양도

1) 인가 전 영업양도의 필요성

현재 주식회사는 주주총회의 특별결의를 거쳐 영업의 전부 또는 중요한 일부를 양도할 수 있으나(상법 374조 1호), 정리절차에서는 원칙적으로 정리회사의 기초에 영향을 줄 수 있는 행위는 정리절차에 의하여만 허용되며(회사정리법 52조) 정리절차 내에서 영업양도를 하고자 할 경우에는 정리계획에 정함이 있어야 하므로(회사정리법 217조, 통합도산법 200조)인가 전 영업양도가 허용되는지에 관하여 논란이 있었는데, 통합도산법은 회생계획인가 전 영업양도(62조)에 관한 규정을 신설하여 이를 해결하였다. 통합도산법이 인가 전 영업양도를 명문화한 것은 개시신청 전 부도 등의 여파로 인한 신용도의 급격한 하락, 기존의 거래관계의 단절, 회사조직의 와해 등으로 정상적인 회생절차의 진행에 큰 어려움을 겪게 되는 경우가 있고, 그 영향이 중대할 경우에는 채무자의 기업가치가 하락하여 청산가치를 밑도는 결과에 이를 수도 있는데, 이러한 경우 상당한 시일이 경과된 뒤에 회생계획에 따라 영업을 양도하는 것과 비교하여 보다 유리한 가격 및 조건으로 영업을 양도할 수 있는 경우라면 회생계획 인가 전 영업양도가 더 효율적일 수 있기 때문이다.

2) 인가 전 영업양도의 요건

① 회생절차 인가 전의 영업양도를 하기 위해서는 영업 또는 사업의 전부 또는 중요한 일부의 양도가 채무자의 회생을 위하여 필요한 경우에 해당하여야 한다. 회생계획 인가 전의 영업양도에서 채무자의 회생을 위하여 필요한 경우란, 채무자의 회생절차 개시신청에 의한 신용훼손으로 인하여 영업이 급격히 악화되고 회생계획의 인가를 기다려서는 영업의 환가가치가 크게 하락하기 때문에 이를 방지하기 위하여는 조기에 영업을 양도할 필요가 있는 경우를 말한다. 따라서 회생계획 인가 전의 영업양도에서는 통상 그 신청 전후에 양수인 후보자가 존재하거나 선정되어 있는 상태일 것이다.ⓘ

통합도산법이 영업의 전부 또는 중요한 일부의 양도가 행하여지는 경우에 인가 전 영업양도 절차를 이용할 수 있다고 규정(62조 1항)하고 있으므로, 영업의 중요

ⓘ 2006회합7 현대엘시디 사건은 워크아웃 진행중에 영업양도를 내용으로 하는 구조조정안이 도출되었으나 일부 채권자들의 반대로 말미암아 이를 실현하지 못하여 회생신청을 하였는데, 회생신청의 주된 내용은 개시신청 전 진행된 영업양도를 인가 전에 완료하고 이를 토대로 회생계획을 작성한다는 것이다.

하지 않은 일부를 양도하는 경우에는 위 규정에 의하지 않고 관리인의 재산처분권 행사로서 이를 할 수 있는지가 문제될 수 있다. 통합도산법은 관리인이 영업이나 재산의 전부 혹은 일부를 양도하는 경우에는 회생계획에 의하도록 정하고 있음(200조 1항 1호)에 비추어, 단순한 법원의 허가에만 의하여 영업을 양도하는 것은 원칙적으로 허용되지 않는다고 보아야 할 것이지만, 당해 영업이 채무자의 사업에 중요하지 아니하고 그 영업의 계속이 지속적으로 손실을 발생시켜 회생계획의 인가 전이라고 시급히 당해 영업을 정리하는 것이 이익이 되는 경우에는 회생계획의 인가에 의하지 아니하고 법원의 허가에 의하여 영업을 양도할 수 있다고 할 것이다.ⓘ

② 통합도산법 제62조에 의한 영업양도는 회생절차 개시 후 회생계획의 인가 전까지 할 수 있고, 회생계획 인가 후에는 회생계획 인가 후에는 회생계획에 의하여만 할 수 있다. 회생절차 개시신청 후 회생절차 개시 전의 보전관리명령의 단계에서 영업의 전부 또는 중요한 일부의 양도를 할 수 있는지가 문제될 수 있으나, 이는 보전관리의 목적을 넘어서는 것이므로 허용되지 않는다고 본다.

3. 절 차

① 회생계획 인가 전 영업등의 양도에 대한 허가를 하는 때에는 법원은 관리위원회, 채권자협의회, 채무자의 근로자의 과반수로 조직된 노동조합에 의견을 들어야 한다. 근로자의 과반수로 조직된 노동조합이 없는 때에는 채무자의 근로자의 과반수를 대표하는 자의 의견을 들어야 한다(통합도산법 62조2항). 영업의 양도는 채무자의 사업에 중대한 영향을 초래하고 회생채권자·회생담보권자의 이해에 직접 영향을 미치게 되므로, 법원이 이를 허가하기에 앞서 의견 청취 절차를 거치도록 한 것이다.

② 아직 회생계획이 인가되기 이전임에도 불구하고 부채가 자산을 초과하는 주식회사의 경우에는 주주총회결의(상법 374조 1항)를 거치지 아니하고 법원은 관리인의 신청에 의한 결정으로 주주총회 결의를 갈음할 수 있고(통합도산법 62조 4항), 이 경우에 주주보호절차(상법 374조 2항·374의 2, 증권거래법 191조)를 거칠 필요가 없다.

법원이 위 주주총회의 결의에 갈음하게 하는 결정을 한 때에는 그 결정서를 관

ⓘ 회사정리법 하에서 정리회사 코오롱티엔에스의 경우 주력 사업은 고속버스운송사업 및 관광사업 부문이었는데, 음식사업부문이 회사정리절차 개시 전부터 지속적인 손실을 초래하여 회생계획 인가 전에 이를 정리하는 것이 오히려 이익이 되었으므로, 서울중앙지법은 회사정리계획 인가 전에 제 3 자에게 음식사업부문을 양도하는 것을 허가한 바 있다.

리인에게 송달하고, 그 결정의 요지를 기재한 서면을 주주에게 송달하여야 하며, 그 결정은 결정서가 관리인에게 송달된 때에 효력이 발생한다(통합도산법 62조 1항, 2항, 3항). 위 주주총회 결의에 갈음하게 하는 결정에 대하여 주주는 즉시항고를 할 수 있으며(통합도산법 63조 3항), 위 즉시항고에는 집행정지의 효력이 있다(통합도산법 13조 3항).

4. 법원의 허가

① 법원이 위 허가를 함에 있어서는 (i) 양수인 후보자의 선정방법이 합리적인지, (ii) 입찰조건에 가액을 하락시키는 부당한 조건이 부가되어 있지는 않은지, (iii) 양수인 후보자의 선정절차가 공정하게 진행되었는지 여부 등을 주로 고려하여야 할 것이다.

② 법원이 영업양도를 허가할 때에는 그 양도대가의 사용방법을 정하여야 한다(62조 3항). 그런데 회생절차에는 공익채권자. 회생담보권자, 회생채권자, 주주·지분권자 등 여러 이해관계인이 존재하는바, 채무자의 주요 자산을 영업양도에 의하여 매각하는 경우에는 위와 같은 권리의 순위가 서로 다르고 복잡하게 얽혀 있는 여러 이해관계인의 이해를 합리적으로 조정하여 법원이 일방적으로 양도대가의 사용방법을 정하는 것은 쉬운 일이 아니다. 따라서 채무자는 회생계획 인가 전의 영업양도를 추진함에 있어서 미리 주요 회생담보권자 및 회생채권자 사이에 양도대가의 사용방법을 포함한 회생계획안의 주요 내용에 관하여 합의를 하는 것이 바람직하다[이러한 합의가 이루어진 경우에는 관리인을 선임하지 않고 회생절차를 진행할 수 있을 뿐만 아니라(통합도산법규칙 51조 5호), 회생계획의 인가 직후 회생담보권 및 회생채권을 변제한 후 회생절차를 조기에 종결할 수도 있을 것이다].

③ 법원의 인가 전 영업양도에 대한 허가 결정에 대하여는 따로 즉시항고를 할 수 있다는 조항이 없으므로 불복할 수 없다(통합도산법 13조 1항).

V. M&A와 관련된 정리절차상의 몇 가지 문제점

1. 정리회사의 M&A와 정리계획의 변경가부

(1) 정리회사 M&A와 정리계획의 변경가부의 관련성

정리회사가 자체 능력으로 잔존 정리채무를 완제할 수 있는 특수한 경우를 제외하고는 채권자 등의 이해관계의 재조정을 위하여 정리계획의 변경절차를 수반할 수밖에 없다. 따라서 M&A를 시행하고 난 뒤 원 정리계획을 M&A의 내용대로 변경할 수 없다면 그 M&A는 목적을 달성할 수 없기 때문에, M&A 시행 여부 결정 전에 원 정리계획의 내용, 잔존 정리채무의 규모와 구조, 정리회사의 지배구조 등에 대하여 면밀히 검토하여야 하고, 이를 토대로 정리계획의 변경이 가능한 것인지에 대하여 신중한 검토가 필요하다.

(2) 정리계획·회생계획 변경의 필요성

관계인 집회의 결의를 거쳐 법원으로부터 인가결정을 받은 정리계획·회생계획은 그에 기하여 담보권자·채권자·주주 등의 이해관계의 조정과정을 거쳐 권리변경과 실권의 효과가 발생하여 이미 수행이 이루어지고 있으므로, 함부로 그 변경을 허용할 수는 없을 것이다. 그러나 어떠한 경우에도 그 변경을 인정하지 아니한다면 경제상황 기타 사정으로 인해 인가된 정리계획·회생계획을 수행할 수 없게 된 경우에 항상 절차를 폐지하고 파산절차로 이행할 수밖에 없다면 사회경제적으로 바람직하지 않고 원 정리계획·회생계획에 반영된 이해관계인의 의사에도 반하는 결과가 되는바, 만일 그 변경을 허용하여 채무자가 회생할 수 있다면 이는 사회경제적인 효율성을 증진할 수 있고 이해관계인의 의사에도 부합하는 것이므로 부득이한 사정이 있는 경우에 이를 허용할 필요가 있는 것이다.[k]

(3) 정리계획·회생계획 변경의 요건

정리계획·회생계획의 변경은 원계획의 인가결정이 있은 후 부득이한 사유로 이를 변경할 필요가 있는 때에 허용된다(통합도산법 282조 1항).

여기서 '부득이한 사유'라고 함은 원계획 인가당시 그러한 사정이 예상되었다면 현재와 다른 계획이 수립되었을 것으로 보이는 사정이 발생한 경우를 말하는 것으로 해석되고[l] 따라서 그러한 사정이 인가 후 생긴 것이 아니라 인가 전부터 존재하고 있었던 경우라면 이에 해당하지 아니하고, 주로 인가 후 경제사정의 급변, 법령의 개폐, 사업 수행에 필요한 인허가의 취소, 예상에 미달하는 영업의 부진 등의 경우가 이에 해당하는바, 대부분의 정리회사의 경우 인가 후 경제사정의 변동, 사업 부진 등의 사유가 있으므로 실무상 이 요건이 크게 문제되지는 않는다.

'변경의 필요성'이라고 함은 원 정리계획을 그대로 두었을 경우에 정리회사가 정리계획의 전부 또는 일부가 수행 불가능하거나 현저히 곤란하게 될 상황에 있어

ⓚ 회생사건 실무 (하) 135면, 조해 회사갱생법 (중) 966면.
ⓛ 회생사건 실무 (하) 139면, 조해 회사갱생법 (중) 966면.

그 계획을 변경한다면 이를 회피하여 정리회사의 회생을 도모할 수 있는 경우를 말한다.ⓜ

(4) 정리회사 M&A 추진 여부와 정리계획의 변경

정리회사에 대한 정리계획의 변경 필요성은 원계획의 수행 가능성의 관점에서 살펴보아야 할 것이다. 만일 정리회사가 정리계획을 안정적으로 수행하고 있고 앞으로도 그 수행을 위한 자금을 보유하고 있거나 그 밖에 정리계획의 수행에 지장을 초래할만한 사정이 없음에도 불구하고 이와 같은 정리회사에 대하여 인수희망자를 물색하여 M&A를 추진한다면, 이는 채권자측의 채권의 만족이라는 이해관계, 정리회사의 회생이라는 이해관계와 아무런 관련이 없고, 단지 인수희망자에 대하여 신주를 발행함으로써 정리회사의 지배구조의 변동만을 초래하는 결과가 될 것이다. 즉 이런 정리회사의 경우에는 채권자의 이해관계인 정리채무의 변제와 정리회사의 이해관계인 정리채무 변제를 통한 정리절차의 종결 추진은 원 정리계획에서 정한대로 이행되고 있고, 정리회사의 지배구조는 가결·인가된 원 정리계획에 따라 이미 완료되어 있는 상태로서 원 정리계획의 수행 가능성의 문제는 생기지 아니하므로, 정리계획 변경을 변경할 필요가 없다고 할 것이다.

이에 대하여 도산 회사가 장차 정상적인 회사로 존속하여 효율적인 사업 수행을 하기 위하여는 무엇보다도 건전하고 책임 있는 경영 주체로서의 지배주주가 필요한 반면, 원 정리계획에 따라 새로운 지배구조가 형성된다고 하더라도 실제로는 금융기관을 중심으로 한 채권자들이 출자전환을 통하여 정리회사의 지배주주가 되는데, 이러한 주주들은 회사의 경영에 별 관심이 없고 능력도 부족한 형편이므로, M&A를 통하여 새로운 경영 주체를 확보할 현실적인 필요가 있다는 반론이 있을 수 있다. 그러나 최근 들어 정리회사 M&A 사례에서 금융기관 자신이 유상증자에 참여할 인수희망자로서 나서는 경우가 발견되고 있고, 통합도산법 시행 후에는 시중은행을 중심으로 「채권금융기관의 회생절차 진행기업 관리준칙」을 제정하여 조기종결한 회생 채무자에 대하여 회생계획의 이행상황의 점검과 경영정상화 평가를 하는 등 적극적으로 사후적인 관리할 예정인바, 금융기관 입장에서도 자신이 출자전환을 통하여 취득한 주식의 가치를 회사의 경영정상화를 통하여 제고하는 것이 채

ⓜ 과거 회사정리 실무에서 정리회사 극동건설의 주주들이 자신들에게 신주를 무상으로 배정하여 달라는 정리계획 변경계획안을 제출한 바 있으나, 법원은 '그 변경계획안의 내용이 계획 수행을 곤란하게 하는 사정을 회피하고 기업의 유지 갱생을 도모할 수 있는 내용이 아니다'라는 이유로 계획 변경을 허용하지 아니한 바 있다.

권 회수에 도움이 되므로 금융기관이 정리회사의 경영에 무관심하다고 할 수 없으며, 금융기관이 주주권의 행사를 통해 능력 있는 전문 경영인을 선임하여 실제 경영에 나설 수도 있는 것이므로, 정리회상의 경영에 전혀 무관심 하다거나 그 능력이 부족하다는 것을 일반화하는 것은 부적절하다고 생각된다. 따라서 정리절차 종결후 금융기관이 지배주주로 남아 있게 된다는 것이 반드시 회사를 운영할 책임 있는 경영 주체의 확보라는 측면과 상치하는 것은 아니라고 본다.

가사 그렇지 않다고 하더라도 정리절차의 여러 관계인의 의사에 따라 그들 사이의 이해를 조정하여 마련된 정리계획이 정상적으로 수행되고 있는 상황이라면, 정리절차 내에서 지배권의 변동만을 초래하는 M&A를 추구하는 것은 이미 내려진 정리계획의 범위를 벗어나는 것이어서 정리회사의 M&A가 추구하는 목적에 비추어 정당하지 못하고, 그러한 M&A를 내용으로 하는 정리계획 변경은 그 요건을 갖추지 못하고 있으므로, 이러한 유형의 M&A는 허용될 수 없다고 볼 것이다.

2. 투자계약과 기존 주식에 대한 감자약정

M&A 투자계약에 대한 협상을 진행하면서 대부분의 정리회사에서 난관에 봉착하는 것 중의 하나가 투자계약에서 기존 주식에 대한 감자 비율을 정하자는 인수인의 요구이다. 통상 투자계약이 체결된 뒤에 관리인이 M&A를 토대로 하는 정리계획 변경계획안을 작성, 정리법원에 제출하게 되는데, 이 과정에서 부딪히는 어려운 문제 중의 하나가 기존 주주의 권리 감축 여부 및 그 감축의 정도(감자비율)을 어느 수준에서 결정할 것인지이다. 정리계획 변경계획은 주로 M&A 인수대금으로 잔존 정리채무를 완제하기 위하여 채무재조정을 하면서 담보권자·채권자들에게 어떻게 인수대금을 배분할 것인가 하는 점이 주된 내용을 이룬다. M&A를 토대로 한 정리계획 변경계획에 대하여도 정리계획의 인가요건이 그대로 적용되고 이에 따라 정리담보권자·정리채권자·주주 사이에 공정·형평의 원칙에 부합하는 권리 변경이 있어야 한다. 판례는 정리채권자의 권리를 감축하면서 주주의 권리를 감축하지 않는 것은 공정·형평의 원칙상 허용되지 않는다고 하고 있으므로,[ⓝ] M&A 결과로 인한 정리계획 변경계획 에서도 정리채권자의 잔존 채권 전부가 만족되지 아니하는 경우에는 그보다 후순위에 있는 주주의 권리도 반드시 감축하여야 한다. 이와 반대로

ⓝ 대법 2004. 12. 10.자 2002그121 결정 두레에어메탈 사건은 '공정·형평의 원칙은 선순위 권리자에 대하여 수익과 청산시의 재산분배에 관하여 우선권을 보장하거나 후순위 권리자를 선순위 권리자보다 우대하지 않아야 됨을 의미한다고 할 것이어서, 예컨대 정리채권자의 권리를 감축하면서 주주의 권리를 감축하지 않는것은 허용하지 아니한다'라고 판시하였다.

정리담보권·정리채권의 권리감축이 없는 경우에 주주만의 권리를 감축할수 있는가에 대하여는 원칙적으로 부정적으로 보아야 할 것이고, 다만 정리절차 이후 경제사정의 호전이나 그 밖의 사유로 정리회사에 대규모 출자를 할 인수인이 나타나 주주의 권리변경을 통하여 그 자금을 유치함으로써 정리절차를 종결하여 정리회사를 재건할 수 있는 것이 명백한 경우에는 정리채권의 감축이 없는 주주의 권리변경도 가능하다고 할 것이다.[ⓞ] 그러나 이와 같은 경우에도 주주에 대하여 어느 정도의 권리변경을 하는 것이 공정·형평의 원칙에 부합하는지를 결정하는 것은 매우 어려운 문제이다. 주주와 채권자 사이의 권리변경의 차등은 단순히 정리채권의 감축비율과 주식수의 감소비율만을 비교하여 일률적으로 우열을 판단할 수는 없고, 그 외에도 자본의 감소와 그 비율, 신주발행에 의한 실질적인 지분의 저감 비율, 정리계획안 자체에서 장래 출자전환이나 인수·합병을 위한 신주발행을 예정하고 있는 경우 예상되는 지분비율, 그에 따라 정리계획에 의하여 정리회사가 보유하게 된 순자산 중 기존 주주의 지분에 따른 금액의 규모, 변제될 정리채권의 금액과 비율 등 여러 가지 사정을 두루 참작하여야 하고, 그 외에도 주주가 갖는 장래 수익에 대한 가치 등도 고려되어야 하므로, 주주의 권리변경 정도를 일률적으로 정하는 것은 매우 어려운 문제이다.[ⓟⓠⓡ]

이와 같이 정리회사의 M&A에서 종국적으로 정리계획 변경계획안에 반영할 주주의 권리변경의 가부와 변경의 정도를 사전에 투자계약 단계에서 인수희망자와 사이에 정하는 것이 곤란한 경우가 많을 것이고, 더구나 M&A 당시 자산이 부채를 초

ⓞ 임채홍/박창훈, 회사정리법 (하), 189-190면, 조해 회사갱생법 (하), 553-554면 참조.

ⓟ 대법 2004. 12. 10.자 2002그121 결정.

ⓠ 위 대법 결정의 원심인 서울고법 2002. 11. 4.자 2002라209 결정은, '정리채권과 주식의 쌍방에 관하여 권리를 감축함에 있어서는 후순위인 주식의 감축률이 선순위인 정리채권의 감축률보다 높아야만 공정·형평의 원칙에 반하지 않는다고 할 것이고, 이 둘은 채권과 주식이라는 근본적 차이 때문에 정리채권의 감축비율과 주식 수의 감소비율에 따른 단순 비교만에 의할 수는 없다 할 것이나, 정리채권의 경우는 일반적으로 현금 변제 및 출자전환에 따른 주식가치의 현재화를 포함한 예상변제액 비율 (보증채권의 경우에는 주 채권의 현실화를 감안하여야 하므로 주채무자로부터의 기 변제액 및 향후 변제가 확실한 금액을 감안한 예상 변제액 비율)을, 주주의 경우는 권리감축이 그 기업에 대한 주주의 비율적 지위의 저감을 의미하므로 단순한 감자비율이 아니라 감자 및 신주발행 후 변동된 구주주의 주식지분비율을 각 그 권리의 감축률이라고 볼 수 있다'라고 판시하였다.

ⓡ 위 서울고법 2001. 11. 4.자 2002라209 결정은 상대적 지분비율법에 의하여 기존 주주의 권리와 감축률을 산정한 것으로 보인다. 그 밖에 기존 주주의 권리감축의 정도를 파악하는 방법으로는 M&A 전에 기존 주주에게 배분될 순자산가액과 M&A를 통한 감자 후 기존 주주에게 배분될 순자산가액을 비교하여 감축률을 산정하는 순자산접근방법을 들 수 있다.

과하는 경우에는 현실적으로는 감자 여부 및 감자 비율에 대한 주주의 의사마저 고려하여야 한다. 따라서 투자계약 체결 단계에서 이해관계인에 대한 공정·형평한 처우의 차원이 아니라 M&A후 정리회사의 지분율 확보와 이를 위한 투자 효용성의 극대화를 추구하는 인수인과의 사이에 이를 협상의 문제로 해결할 수 있는 성질의 것은 아니라고 본다.

3. 원 정리계획에 따른 신주 발행과 주주의 권리변경

최근의 정리회사 M&A에서 인수대금이 잔존 정리채무를 완제할 수 있어 굳이 채무 재조정을 위한 정리계획 변경의 필요성이 없는 사례들이 종종 발생하고 있다. 그런데 비교적 최근에 작성된 정리계획에는 관리인에게 제 3 자 신주배정방식의 M&A를 추진할 책무를 부과하고 수권자본의 규모를 충분히 확충하면서 "관리인은 수권자본금 범위 내에서 법원의 허가를 받아 신주를 발행할 수 있다"라는 계획조항을 두고 있는 것이 보통이다. 관리인이 이와 같은 정리계획에 따라 M&A를 추진한 결과 인수인이 정리채무를 초과하는 인수대금을 제시하였고, 정리계획에서 정한 수권자본 범위 내에서 인수인에 대하여 신주를 발행하여 줄 수 있는 경우에 정리계획 변경의 절차가 필요한지 여부가 문제된다.

서울중앙지법 파산부의 실무는 인수인에 대한 신주발행으로 인하여 기존 주주의 지분율이 희석화(dilution)되는 것은 그 자체로 기존 주주에게 불리하므로 정리계획 변경의 절차가 필요할 것이지만, 그 지분율의 저감이 원 정리계획에서 정한 범위내의 것이라면 그로 인한 불이익은 원 정리계획에서 이미 예정하고 있는 것이어서 인수인에 대하여 신주를 발행하는 것만으로는 새로이 정리계획 변경을 절차를 밟을 필요는 없다고 보고 있다.ⓢ

따라서 본계약 체결 후 작성되는 정리계획 변경계획안에서 정리채권자의 권리가 감축되는 경우에는 예외 없이 주식병합에 의한 자본감소의 방법으로 주주의 권리를 감축하고 있다. 이때 주주에 대한 권리감축의 정도가 정리채권자에 대한 권리감축의 정도보다 작아서는 안 된다. 기존 주주의 권리감축의 정도를 파악하는 방법으로는 단순한 감자비율이 아니라 감자 및 신주발행 후 변동된 기존 주주의 주식지분비율을 주주의 권리감축율로 보는 상대적 지분비율법이 주로 이용된다. 실무상

ⓢ 이런 전제 하에 정리계획 변경 없이 신주를 발행하고 M&A를 완료한 회사로는 신성통상, 세계물산, 신한, 진로 등이 있다. 정리회사 국제상사와 관련한 대법 2005. 6. 15.자 2004그84 결정도 이러한 실무처리는 적법한 것으로 수긍하고 있는 것으로 보인다.

정리계획 변경계획안 제출 당시 자산이 부채를 초과하여 주주들에게도 의결권이 있는 경우, 일부 소액주주들이 관계인 집회 기일에 출석하여 자본감소에 대하여 불만을 표출하거나 정리계획 변경계획안 인가결정에 대하여 항고를 제기하는 등으로 회사정리절차의 종결을 지연시키는 수가 있고 채권의 일부를 주식으로 출자전환 받은 정리채권자 겸 주주들도 감자비율에 관하여 민감하게 반응하는 수가 있으므로 관리인과 주간사로 하여금 감자비율의 적정성에 관하여 면밀히 검토하도록 함과 아울러 이해관계인들에게 감자의 불가피성을 충분히 설명하도록 할 필요가 있다.

4. 신주의 제 3 자 배정에 대한 근거

오래전에 인가된 정리계획에는 관리인이 신주를 발행할 경우 그 배정방법 등에 대하여는 법원의 허가를 얻어 관리인이 정한다는 정도로 포괄적이고 추상적인 내용으로만 정하고 있는 경우가 있다. 정리절차와 회생절차에서는 기존 주주의 신주인수권에 관한 상법상의 조항 적용이 명시적으로 배제(회사정리법 255조, 통합도산법 266조)되고 있으므로, 절차 내에서 상법의 규정을 이유로 한 기존 주주들의 신주배정 요구는 적절히 배척할 수 있다. 그러나 담보권자와 채권자가 자신들에게 신주인수권을 배정해 달라는 요구는 다른 차원에서 검토되어야 한다. 정리회사가 어느 정도 수익력을 보존하고 있는 경우에 어느 기업이 막대한 인수대금을 지불하고 정리회사의 지배권을 획득하는 것은 추후 막대한 경제적 이익을 얻을수 있다는 것을 의미하고, 정리회사 M&A가 나름대로 성과를 올리고 있는 것도 인수기업이 이와 같은 경제적 이득을 올릴수 있기 때문일 것이다. 이처럼 정리회사의 지배권 또는 경영권의 획득이라는 것이 현실적으로 막대한 규모의 경제적 이익을 가져다 줄 수 있는 것이므로, 이와 같은 경제적 이익의 분배순위는 담보권자·채권자 등의 순으로 공정·형평에 맞게 배분되어야 한다는 요구가 있을 수도 있다.[t]

따라서 이해관계인인 담보권자·채권자의 신주배정 요구를 배제하고 공개경쟁 입찰방식으로 제 3 자 M&A를 추진하기로 하였다면, M&A시 제 3 자인 인수인에게 신주를 배정한다는 점을 정리계획·회생계획에서는 이와 같은 조항을 명시적으로 규정하고 있다.

ⓣ 정리회사 진로 사례에서는, 금융기관 채권자들이 출자전환을 통하여 대주주가 된 뒤 종결후 자신들이 M&A를 추진한다는 구도의 정리계획안을 제출하였고, 이와 별도로 정리담보권자(겸 정리채권자) 1인이 자신에게 정리회사의 신주인수권을 배정한다는 내용의 정리계획안을 제출하기도 하였다.

5. 정리회사 M&A와 정리절차의 종결 — 즉시항고·특별항고(재항고)의 문제

인수인은 정리회사 M&A를 위하여 막대한 규모의 자금을 투입하게 되므로 현실적으로 정리회사 M&A를 정리절차의 종결과 분리하여 생각할 수는 없는데, 이와 관련하여 실무상 종종 문제되던 것이 M&A를 내용으로 하는 정리계획 변경계획안에 대한 인가 결정에 대한 불복이 있는 경우 회사정리절차를 종결할 수 있는가 하는 문제이다. 구 회사정리법은 정리절차에 관한 재판에 대하여는 회사정리법에 불복을 허용하는 명문의 규정이 있는 경우에 한하여 즉시항고를 할수 있었고(11조), 정리계획 인가결정에 대하여는 즉시항고를 할 수 있고 그에 대하여는 민사소송법 제449조(특별항고)의 규정에 준용한다고 되어 있었는바(237조 1항, 7항), 대법은 정리계획 인부 결정에 대한 항고에 대하여는 특별항고만 허용된다고 보아 왔다.ⓤ 특별항고는 재판에 영향을 미친 헌법위반이 있거나 재판의 전제가 된 명령, 규칙, 처분의 헌법 또는 법률의 위반 여부에 대한 판단이 부당하다는 것을 이유로 하는 때에 한하여 제기(민사소송법 449조) 할 수 있고, 특별항고는 재판확정 후의 불복방법이므로 통상의 상소가 아니며 재심에 유사한 비상불복절차로서 특별항고가 제기되었다 하여 원심재판의 확정이 차단되는 것이 아니므로,ⓥ 정리계획 변경계획 인가결정은 항고심 결정이 고지됨으로써 확정되고, 따라서 정리회사가 다른 요건만 구비 하였다면 항고심 결정이 내려진 뒤에는 정리채권자 표에 확정된 정리계획 조항을 기재하는 등의 조치를 한 후 정리절차를 종결할 수 있게 된다. 다만 특별항고가 제기된 경우에도 이론적으로는 인가결정 자체가 취소될 가능성이 있으나, 인가의 대상이 된 정리계획은 법정 가결 요건에 해당하는 대다수의 이해관계인의 동의하에 이루어진 것으로서 이미 그 계획 수행이 이루어지고 있고, 정리계획의 인가결정이 사회적·경제적으로 미치는 영향이 작지 않은 점 등을 고려하여 볼 때 인가결정에 부분적인 위법이 있는 경우에는 인가결정의 취소보다는 다른 이해관계인들과의 관계, 정리계획의 수행 가능성 등을 고려하여 특별항고인에 대하여 권리보호조항을 두어 인가결정을 변경하는 방식으로 처리되어 왔으므로,ⓦ 정리회사는 이로 인하여 추가된 변제의무만 이행하면 큰 혼란이 발생하지 않았었다.

2000년 이후 정리계획 변경계획 인가결정에 대하여 즉시항고가 있었던 몇몇

ⓤ 대법 1987. 12. 29.자 87마277 결정이 이와 같은 내용의 최초의 결정이며 그 이후 같은 취지의 결정이 내려지고 있다.

ⓥ 김현중, 민사소송법, 제 5 판, 762면 법원실무제요, 민사 (하), 589면.

ⓦ 대법 2006. 5. 12.자 30002그62 결정: 2000. 1. 5.자 99그35 결정.

사건ⓧ을 추적해보면, 인가결정후 특별항고에 대한 결정이 있을 때까지 12~52개월이 소요되었으며, 최근 대법에서 결정된 정리회사 고려시멘트의 정리계획 변경계획 인가결정에 대한 특별항고 사건은 인가결정 후 50개월 만에 파기환송 결정이 내려졌는바, 이와 같이 정리계획 인가결정에 대하여 불복이 있을 경우 최종적인 판단절차까지 모두 마치기 위하여는 아주 오랜 시일이 소요되고 있는 것이 현실이다. 위 87마277 결정 이후 정리계획 인부 결정에 대하여는 특별항고만이 허용된다는 것은 확립된 판례 및 실무례였는데, 2002. 1. 26. 민사소송법의 전면개정으로 위에서 본 바와 같이 특별항고 사유가 종래의 헌법 또는 법률 위반에서 헌법 위반 등으로 축소되어 불복기회가 현저히 제한되어 권리구제에 문제가 있다는 관점에서 정리계획 인부 결정 등 특별항고 준용규정이 있는 경우에도 재항고가 가능하다는 견해가 제기되기 시작하였고, 통합도산법에서는 회생계획 인부 결정에 대한 항고심 결정에 대하여 재항고를 할 수 있도록 규정(247조 7항)하고 회생계획 변경 결정 및 변경계획 인가 결정에 대하여도 이를 준용하고 있다. 따라서 통합도산법상의 회생절차에서는 정리계획 변경계획 인가결정에 대한 재항고가 제기되는 경우에는 종전과 같은 논리로 회생계획 인가결정에 대한 재항고심의 결정 전에 회생절차를 종결하는 것이 어려워졌다.

6. 정리절차 종결과 부인권 관련 소송의 유지 여부

정리절차 M&A 진행과정에서 자칫 간과하기 쉬운 부분이 부인권 관련 소송의 운명이다. 회사정리 절차가 개시되면 채권자들은 그 권리의 행사가 중지되고 정리계획 인가 결정에 따라 권리의 감축을 받게 된다. 그런데 정리절차 개시 이전에 회사가 사해행위, 편파행위, 무상행위 등을 통하여 회사의 재산을 유출시키는 경우에는 채권자 사이의 공평을 해하게 됨은 물론 회사의 회생에도 부정적 영향을 끼치게 된다. 회사정리법은 이를 방지·시정하기 위하여 관리인에게 이러한 행위를 부인할 수 있는 권한을 부여하고 있다. 부인권은 관리인만이 행사할 수 있다고 해석되고 있고, 관리인이 부인권을 행사하고자 할 경우에는 반드시 소 부인의 청구 또는 항변의 방법에 의하여야 하며, 그 부인의 효과는 재판이 확정된 때에 발생하는 것으로 해석되고 있다.

이와 관련하여 문제가 되는 것이 관리인이 이미 부인권을 행사하고 있는 소송

ⓧ 대법 2001. 9. 21.자 2000그98, 2002그101, 2001그132, 133, 134, 135, 2002그121 결정 사건.

이 계속중에 M&A에 성공하여 정리절차를 종결하는 경우에 계속중인 소송의 운명이 어떻게 되는 것인가 하는 점이다. 이와 관련하여서는 대법원은 "회사정리법상의 부인권은 정리절차개시 결정 이전에 부당하게 처분된 회사재산을 회복함으로써 회사사업을 유지·갱생시키고자 인정된 회사정리법상의 특유한 제도로서 정리절차의 진행을 전제로 관리인만이 행사할 수 있는 권리이므로 정리절차의 종결에 의하여 소멸하고, 비록 정리철차 진행중에 부인권이 행사되었다고 하더라도, 이에 기하여 회사에게로 재산이 회확되기 이전에 정리절차가 종료한 때에는 부인권 행사의 효과로서 상대방에 대하여 재산의 반환을 구하거나 그 가액의 상환을 구히는 권리 또한 소멸한다고 보아야 할 것이므로, 부인의 소 또는 부인권의 행사에 기한 청구의 계속중에 정리절차폐지 결정이 확정된 경우에는 관려인의 자격이 소멸함과 동시에 당해 소송에 관계된 권리 또한 소멸한다"라고 판시한 바 있다. 위 대법 판결과 관련하여서는 부인권 제도의 목적, 그 성질, 정리절차 종결의 의미 등을 돌어 그 결론에 반대하는 의견이 있고, 그 이후의 하급심 판결도 위 대법 판결과 같이 관리인의 부인권은 정리절차의 종결로 말미암아 소멸한다고 보는 판결과 이와 달리 회사정리절차의 종결 결정에는 관리인의 부인권은 존속하고 부인권 관련 소송도 계속되어야 한다는 입장에 서 있는 판결로 서로 엇갈리고 있는 실정이다. 따라서 M&A를 추진하는 관리인이나 정리법원, 정리회사를 인수하려는 인수희망자들로서는 아직까지는 판례가 정리절차 종결시 부인권 관련 소송의 계속에 부정적이라는 점올 충분히 인식하여야 하고, 정리회사의 M&A가 회사정리절차의 종결을 전제로 하고 있다는 점에서 사전에 정리회사에 부인권 관련 소송이 계속중인지 여부와 M&A 후 정리절차 종결시 발생할 효과와 이에 대한 대책 등을 사전에 검토하여야 한다.

대전지법 2007. 4. 13.자 2007카합327 결정(××× v. 충남방적)

가. 당사자들 및 정리회사의 지위

(1) 정리회사 충남방적 주식회사(이하 '정리회사'라고 한다)는 주로 각종 사류 및 직물 등의 제조·판매업, 염색가공업, 피복류의 제조·판매업 등의 사업을 영위하다가, 2002. 12. 12. 대전지방법원(이하 '정리법원'이라고 한다)으로부터 회사정리절차 개시결정을 받고, 2003. 9. 19. 회사정리계획안 인가결정을 받은 정리회사이다.

(2) 신청인들은 2007. 3. 14. 현재 정리회사의 주식을 별지 1 기재 '보유주식수(주)'란 기재와 같이 소유하고 있는 정리회사의 주주로서, 이들이 보유하고 있는 정

리회사의 주식은 합계 1,872,395주(발행주식 총수의 40.77%)인데, 신청인들 중 일부는 별지 2 기재 '2. 위임장승낙투자자'로부터 그들이 보유하고 있는 정리회사 주식 합계 576,513주(발행주식 총수의 12.55%)에 대한 의결권 행사 및 처분에 관한 위임장을 받았다.

(3) 피신청인은 정리회사의 관리인이다.

나. 이 사건 회사정리절차의 진행 경위

(1) 정리회사는 1998. 11.과 2000. 8. 각 1, 2차에 걸쳐 기업개선작업을 진행하였으나 섬유시장의 경영환경 악화 등으로 회사의 경영정상화 가능성이 불투명해짐에 따라 2002. 11. 기업개선작업은 중단되었다. 그 후 정리회사는 유동성 부족, 대출금 상환 압박 등의 자금부담이 발생하자 2002. 11. 19. 정리법원에 회사정리절차개시신청을 하여, 2002. 12. 12. 회사정리절차개시결정을 받고, 2003. 9. 19. 회사정리계획안 인가결정을 받았다.

(2) 위 회사정리계획안의 주요 내용은 다음과 같다.

① 자구계획과 관련하여, 정리회사는 회사의 조기정상화와 채권자의 이익 보전 및 종업원의 고용안정을 위하여 채권자협의회와 충분한 협의를 통하여 정리회사의 제 3 자 인수를 적극 추진할 계획을 가지고 있다(계획 7장 1항).

② 정리회사를 인수할 자와 관련하여, 관리인은 정리회사의 조기 정상화를 위하여 제 3 자 인수를 적극 추진하여야 하며 그 추진상황을 정기적으로 보고하여야 한다(계획 9장).

③ 주주의 권리변경과 관련하여, 정리계획안에서 정한 정리절차가 종료될 때까지 주주에 대하여 이익배당을 하지 아니하고, 회사정리절차 진행 중에는 주주총회를 개최하지 아니하며, 주주의 의결권을 행사할 수 없도록 하는 한편(계획 10장 1절), 정리계획안 인가결정 전의 액면가 5,000원의 보통주 5주를 액면가 5,000원의 보통주 1주로 주식병합을 하는 방법으로 자본감소를 한다(계획 10장 2절 1항).

④ 신주발행과 관련하여, 정리회사는 정리계획안 인가일 이후부터 정리절차가 종료될 때까지 법원의 허가를 받아 수차에 걸쳐 신주를 분할하여 발행할 수 있고, 신주를 인수할 자, 배정방법, 발행가액 및 납입기일 등은 법원의 허가를 받아 관리인이 이를 정한다(계획 10장 3절).

(3) 정리회사는 2006. 6. 30. 현재 총 자산은 약 1,620억 원이고, 부채는 약 789억 원으로서 순자산이 약 831억 원에 이른다.

다. 신청인들의 주식 취득 경위

신청인들은 2006. 5. 15.과 2006. 6. 9. 정리법원을 방문한 후 2006. 6. 19. 매수가격을 주당 3,000원으로 하여 38.5%의 정리회사의 주식을 매수하기로 하는 공개매수를 개시하여 같은 달 26. 공개매수를 마무리한 결과 정리회사의 주식 7.8%를 매수하였다. 신청인들은 2006. 7. 27. 매수가격을 주당 5,250원으로 하여 30%의 정리회사의 주식을 매수하기로 하는 2차 공개매수를 개시하여 2006. 8. 15.까지 정리회사의 주식 30%를 추가로 취득하였다. 위 1, 2차에 걸친 공개매수 결과 등으로 인하여 신청인들은 정리회사의 발행주식 총수의 40.77%를 보유하게 되었지만, 발행주식 총수의 50% 이상에 대한 지배권을 획득하는 것이 필요하다고 생각하여 다른 주주들로부터 정리회사 발행주식 총수의 12.55%에 대한 의결권을 위임받았다.

라. 제 3 자 배정방식의 유상증자 추진

(1) 신청인들이 2차 공개매수를 진행하고 있던 도중, 피신청인은 2006. 7. 31.경 '현재 정리회사의 주식 공개매수와 관련 ××× 인베스트먼트와 ××× 기업구조조정조합이 경쟁하고 있으나 이른 시일 내에 지배주주가 형성될 수 있을지 예측이 어렵고 지배주주가 출현한다 하더라도 회사에 신규자금의 유입이 없는 이상 회사의 경영정상화를 이룰 수 있을지 확신하기도 어려워, 관리인은 빠른 시일 내에 제 3 자 배정방식의 유상증자를 추진하여 그 신주인수인으로 하여금 회사의 경영권을 승계하도록 할 방침'이라는 취지의 공정공시를 하였다.

(2) 피신청인은 제 3 자 유상증자 방침을 공표한 후 주간사 선정 절차에 착수하여 2006. 9. 21. M&A를 위한 매각 주간사를 선정 · 공표하는 등 제 3 자 유상증자를 위한 절차를 개시하였고, 신청인들은 정리법원에 피신청인의 제 3 자 유상증자 추진을 중지시켜 달라는 신청을 하는 한편, 피신청인에게 제 3 자 유상증자의 추진을 중지해 달라고 요구하였다.

2. 신청인들의 주장

가. 피보전권리 및 피신청인의 위법행위

(1) **주주의 신주인수권 침해**(피보전권리: 주주의 신주인수권)

자산이 부채를 초과하는 정리회사의 경우, 주주는 정리회사의 계속 및 자본구성의 변동에 대하여 중대한 이해관계를 가지는데, 제 3 자에게 신주가 발행되면 구

주식의 주주는 의결권의 비율 감소 외에 구 주식의 가치가 감소하는 경제적 손실을 입게 되고, 더욱이 정리계획에 기한 변제가 완료된 후의 주식의 가치라는 관점에서 종전의 주주에게 불리한 영향을 미친다. 따라서 자산이 부채를 초과하는 정리회사의 경우에는 제 3 자 배정 증자시 주주의 이익이 정당하게 보호되어야 하므로, 제 3 자 배정 증자의 경우 주주의 이익을 보호하기 위한 원칙 규정인 상법 제418조 제 2 항이 유추적용되어야 한다.

정리회사의 자산이 부채를 약 830억 원 이상 초과하고 있는데도, 피신청인이 제 3 자 배정 유상증자를 추진하는 것은 기존 주주의 신주인수권을 침해하는 것으로서 제 3 자 배정을 위한 내재적 한계를 일탈하였다.

(2) **경영권의 침해**(피보전권리: 정리회사에 대하여 가지는 신청인들의 경영권 내지 정리절차 종결시 취득하게 될 경영권에 대한 기대권)

(가) 신뢰의 원칙에 위반한 경영권 침해

신청인들이 2006. 5. 15. 정리법원을 방문하여 정리회사 인수에 대한 법원의 입장을 문의하였을 때, 정리법원은 지배주주가 속히 출현하기를 희망한다는 의향을 나타내는 등 신청인들의 경영권 인수에 대하여 우호적인 입장을 표시하였다. 이로 인해 신청인들은 공개매수를 통해 지배주주가 될 경우 정리회사의 경영권을 인수할 수 있다는 믿음을 가지게 되었고, 이후 신청인들의 이러한 믿음을 깨뜨릴 만한 사정변경이나 피신청인으로부터 특별한 고지를 받은 바가 없다. 신청인들은 이러한 신뢰를 기반으로 2차례의 공개매수에 나섰고, 2006. 7. 27.경 1차 공개매수시보다 2,250원이나 높은 가격으로 2차 공개매수에 나섰다.

신청인들은 적법하게 지배주주로서의 경영권을 취득하였고, 그 취득 경위에 비추어 법원과 관리인은 신청인들의 경영권을 인정하고 이를 보호할 의무가 있다. 따라서 제 3 자 배정 유상증자가 추진될 경우 신청인들은 지배주주로서 가지는 경영권을 부당하게 박탈당하게 된다.

(나) 자산이 부채를 초과하는 정리회사에 있어서의 대주주의 경영권의 침해

정리회사의 경영정상화 과정에서 무상감자 및 출자전환 등이 이루어졌는데, 그 과정에서 주주가 된 자들 및 그들로부터 주식을 양수한 자들은 정리회사 갱생에 역할을 하였다고 할 것이어서 정리회사의 경영정상화의 결실을 함께 할 자격이 있으므로, 이들의 권리는 당연히 보호되어야 하고, 부당히 침해되어서는 안 된다.

지배주주는 보유주식을 통해 정리회사에 대한 지배권을 가지고, 신주인수권을

통해 정리회사에 대한 지배권을 유지하는데, 이는 주주권의 본질적 부분에 해당한다. 정리회사의 경우 주주권이 일부 제한되기도 하지만 이는 회사갱생을 위해 불가피하게 인정되는 것이며, 주주권의 제한이 합리적인 범위를 넘어서 무제한 허용된다거나 기본권의 본질적 내용을 침해하여서는 아니된다는 내재적 한계가 적용되지 않는다고 볼 수는 없다. 따라서 자산이 부채를 초과하는 경우 주주로서의 권리는 최대한 보호되어야 하고, 보호되어야 하는 권리에는 주주의 신주인수권이 포함되며, 대주주의 경영권도 당연히 존중되어야 한다. 더욱이 법원의 양해하에 주식을 취득한 신청인들의 권리는 더욱 더 보호되어야 하는바, 피신청인의 제 3 자 배정 신주발행은 신청인들의 신주인수권 및 경영권을 부당하게 침해하는 것으로 위법하다.

(3) **신의성실의 원칙 위배**(피보전권리: 관리인에 대한 위법행위 유지청구권)

신청인들이 2006. 5. 15. 정리법원을 방문하였을 때 정리법원은 신청인들의 공개매수에 의한 지배주식 취득에 대하여 환영한다는 반응을 보인 후 2006. 7. 31. 피신청인의 제 3 자 배정 신주발행 방침 공표시까지 이와 다른 입장을 표명하지 않았다. 또한 신청인들이 1, 2차 공개매수 개시일에 피신청인에게 공개매수 사실을 통지하고, 금융감독원 및 증권시장에 관련 내용을 공시함으로써 피신청인은 신청인들이 정리회사의 경영권 취득을 위하여 노력하고 있다는 사실을 인지하고 있었다.

신청인들은 법원 및 관리인의 적극적 및 소극적 거동을 통하여 법원 및 관리인이 신청인들의 경영권 취득을 인정할 것으로 기대하고 있었다. 그럼에도 법원이나 피신청인은 제 3 자 배정 신주인수의 가능성에 대하여 신청인들에게 어떠한 고지도 하지 않았는데, 이는 신청인들에 대한 보호의무를 위배한 것이며, 신의성실의 원칙에도 위배된다. 이러한 경우 상대방은 신의칙에 위배되는 행위의 중지를 요구할 수 있다고 해석되므로, 피신청인의 제 3 자 배정 신주발행은 즉각 중단되어야 한다.

(4) **정리절차의 구도를 중대하게 변경하는 결과 초래**(피보전권리: 정리회사에 대한 경영권 내지 경영권에 대한 기대권)

정리계획안에 제 3 자 인수 방식의 M&A에 대한 조항이 있으나, 피신청인은 정리절차가 개시된 2002. 12. 12.부터 2006. 7. 31.에 이르기까지 제 3 자 인수 방식의 M&A를 추진하지 않았다. 한편 정리회사의 정리계획안은 제 3 자 인수형 보다는 자주 갱생형에 가까운 계획안으로 제 3 자 인수는 적극적으로 추진되지 않았다.

그런데 신청인들이 정리회사의 경영권을 인수하려 하자 제 3 자 인수 방침으로 급선회하였는데, 이는 정리회사에 대한 정리절차의 구도를 중대하게 변경하는 것으로서 신의칙에 위배될 여지가 있을 뿐 아니라, 법원의 신성한 권위에도 배치되며, 신청인들에게 불측의 손해를 입히게 되므로, 허용되어서는 안 된다.

(5) **정리회사 M&A의 내재적 한계 위반**(피보전권리: 주주로서의 신주인수권 및 경영권 내지 경영권에 대한 기대권)

자산이 부채를 초과하는 정리회사로서 채무를 완제하고도 상당한 잉여 자산이 있는 정리회사는 정리절차의 종결 요건을 갖추고 있는 경우가 대부분이므로, 통상의 정리회사와는 다른 취급을 하여야 하고, 관리인의 권한에 대하여서도 달리 보아야 하며, 중요 경영사항에 대하여 주주들의 의사를 반영하는 것이 헌법상 과잉금지원칙에 부합하고, 시장경제원리의 근간인 회사정리법의 올바른 해석이다.

따라서 위와 같은 정리회사의 경영부실에 대한 책임이 없는 대주주가 있는데, 법원이 제 3 자 배정 신주발행을 강행하는 것은 회사정리법상 법원의 권한을 넘어서는 것이다. 또한 관리인이 대주주의 의사에 반하여 제 3 자 배정 신주발행을 추진하는 것은 자신의 권한을 남용하여 적대적 M&A를 하려는 것으로서 위법하다. 또한 신규자금의 유입과 같은 경영상 목적은 침해되는 이해관계인의 권리에 비해 중요성이 떨어지고, 신규자금 유입이 반드시 제 3 자 유상증자라는 경영권 변동을 수반하는 형태로 이루어져야 할 이유가 없으며, 기업지배권에 변동을 가져오지 않는 주주배정 방식에 의한 자금조달을 선행하는 것이 옳다.

(6) **헌법 제37조 제 2 항 후단 위배**(피보전권리: 주주의 신주인수권, 경영권, 경영권에 대한 기대권)

정리절차가 개시된 정리회사라 하더라도 정리절차 개시 원인이 치유되었으면 기본권 제한의 필요성이 줄어든다. 따라서 자산이 부채를 안정적으로 초과하는 정리회사에 대하여서는 법원이나 관리인의 개입이 최소화됨이 당연하다. 따라서 자산이 부채를 초과하고 있는 경우에도 경영 부실에 아무런 책임이 없는 현 대주주의 경영권을 강제 박탈하는 것은 헌법 제37조 제 2 항 후단의 정신에 배치된다.

(7) **대법 2005. 6. 15.자 2004그84 결정 취지의 위배**(피보전권리: 주주의 신주인수권, 경영권, 경영권에 대한 기대권)

위 대법결정은 자산이 부채를 초과하는 정리회사에 대하여 제 3 자 신주배정을 관계인 집회 없이 추진한 것은 위법하다는 원심 결정을 인용하였다. 그 기본 취지는 자산이 부채를 초과하는 정리회사에 대하여 경영권 박탈이 수반되는 제 3 자 신주배정을 하는 것은 주주의 헌법상의 기본권을 부당하게 제한하는 것이므로, 해당 주주의 동의를 얻지 않는 한 하지 말라는 것이다. 따라서 대법이 명확하게 그 입장을 밝힌 상태에서 그에 저촉되는 제 3 자 인수를 추진해서는 안 된다.

(8) **M&A 절차 진행상의 하자**(피보전권리: 주주의 잔여재산분배청구권)

신청인들이 피신청인과 주간사에게 정리회사의 청산가치에 대하여 문의한 결과 주간사인 삼일회계법인이 청산가치를 별도로 산정한 바는 없고, 삼정회계법인이 2006. 6.경 작성한 청산가치 보고서(소갑 제15호증)에 기재된 수치를 기준으로 M&A를 진행하고 있다는 답변을 들었다.

그런데 위 보고서는 부동산에 대해 2005년도 공시지가를 기준으로 하고, 법원의 부동산입찰절차의 평균낙찰률이 아닌 한국자산관리공사의 평균낙찰률을 적용하여 청산가치를 산정하는 등의 잘못을 하였다. 위와 같이 관리인 및 주간사가 진행하고 있는 M&A는 부정확한 청산가치에 근거하여 진행되고 있는바, 제 3 자 배정 신주의 발행 가액이 저평가된 청산가치를 기준으로 하여 결정되면 기존 주주의 잔여재산분배청구권 중 일부가 새로운 주주에게 이전하는 결과가 되어, 기존 주주의 잔여재산분배청구권이 침해받게 된다.

나. 보전의 필요성

이 사건 M&A 절차는 그 매각공고 내용에 비추어 이 사건 가처분 신청이 받아들여지지 않을 경우 신속하게 종결된 것으로 예상된다. 그렇게 되면 신청인들은 정리회사에 대한 지배주주로서의 지위를 상실하게 되고, 주주로서 갖는 주주권에도 중대한 침해를 받게 되어 회복할 수 없는 손해가 생기므로, 이 사건 가처분은 보전의 필요성이 있다.

3. 판　　단

가. 정리회사의 주주의 지위

회사정리법상, 정리절차개시결정이 있으면 회사사업의 경영과 재산의 관리 및 처분을 하는 권리는 관리인에게 전속한다(제53조 제 1 항). 반면에 정리절차가 종료될 때까지는 정리절차에 의하지 아니하고는 주주에 대한 이익배당을 할 수 없고{회사정리법(이하 '법'이라 한다) 제52조 제 1 항}, 정리계획의 수행에 있어서는 법령 또는 정관의 규정에 불구하고 회사의 창립총회, 주주총회 또는 이사회의 결의를 요하지 아니하며(법 제249조), 중요자산의 매각 또는 영업의 양도 및 양수, 회사의 사업의 경영의 전부나 일부의 위임 등은 정리절차 내에서 정리계획을 통하여 이루어지도록 되어 있는(법 제217조) 등 정리절차가 개시되면 이사회 및 주주총회 권한의 중요한 대부분은 그 행사가 제한되고, 주주의 권리에도 심대한 제약이 가해지는 결과, 정리회사의 주주가 그 소유 주식을 통하여 정리회사에 대한 지배권 등 영향력을 행사할 가능성은 희박해진다.

다만, 정리회사의 주주에게도 일부 자익권과 공익권이 인정되고, 특히 정리회사의 자산이 부채를 초과하는 경우에는 관계인집회에서 의결권도 가지나, 위와 같은 권리가 인정된다 하여 그것에 정리회사에 대한 포괄적이고 전면적인 주주의 자익권이나 공익권이 인정된다는 취지는 아니다(대법 2005. 6. 15.자 2004그84 결정 참조). 따라서 정리절차 밖에서 일반적으로 신청인들에게 정리회사에 대한 주주로서의 포괄적이고 전면적인 권리가 있음을 인정할 수는 없고, 다만 회사정리절차의 목적과 절차의 진행에 부합하는 한도 내에서 각개의 구체적인 권리를 인정할 수 있을지가 검토될 수 있을 뿐이다.

나. 주주의 신주인수권 침해와 관련된 주장에 대하여

우선, 신청인들이 주장하는 신주인수권이 정리회사 주주의 주주권으로 인정되는지에 관하여 본다.

상법 제418조에서 주주에게 신주인수권을 인정하고 있지만, 주주의 신주인수권은 정관, 법률 등에 의하여 제한될 수 있고, 특히 회사정리법에서는 정리계획에 의한 신주발행의 경우에 주주의 신주인수권을 보장한 상법 제418조의 적용을 배제하고 있다(제255조 제 2 항).

신청인들은 위 회사정리법 규정에도 불구하고 정리회사와 같이 자산이 부채를 초과하는 경우에는 정리회사의 주주라 하더라도 주주로서의 권리가 최대한 보장되어야 하므로, 신청인들은 신주인수권을 가진다는 취지로 주장하고 있다. 그러나 정리회사의 주주의 권리는 정리계획의 규정에 따라 변경된 것이고, 권리변경조항에 관한 회사정리법 제228조 제 1 항의 해석상 상대우선설을 지지하는 우리나라의 회사정리 실무상 주주의 권리는 선순위 권리자인 채권자의 양보와 희생하에 인정되는 것인데, 이러한 선순위 권리자의 양보는 회사갱생이라는 공동목표를 달성하기 위한 것이므로, 정리계획 수행 과정에서 회사의 자산이 부채를 초과하는 등의 사정변경이 발생하였다 하더라도 정리회사 주주의 권리는 여전히 정리계획에 정한 사항의 제약을 받는다고 봄이 상당하다. 또한, 정리절차개시 후 주식을 취득한 주주의 경우 주식의 취득가격은 정리계획에 관한 모든 정보를 반영하고 있다고 볼 수 없는데, 이러한 과정을 통하여 새롭게 출현한 대주주에게 다른 특별한 사정 없이 단순히 주주의 기득권 보호라는 이유만으로 회사의 지배권을 확보할 수 있게 해 준다면 이는 일반적으로 대주주에게 주식 취득 당시 예상치 않았던 이익을 안겨 주는 결과가 되어 부당하다.

위와 같은 회사정리법의 규정, 회사정리절차의 목적, 정리회사 주주의 정리절차 안에서의 권리 등에 비추어 볼 때, 비록 정리회사의 자산이 부채를 초과하고 있다 할지라도 정리회사의 주주인 신청인들에게 신주인수권이 인정된다고는 할 수 없다. 신청인들이 그 주장과 같이 정리회사에 대한 지배권을 확보하려는 의사를 정리법원 등 외부에 표시하였고, 이후 지배권 확보 목적으로 주식을 취득하였다 할지라도, 그러한 사정을 내세워 원칙적으로 정리회사의 주주에게 인정되지 않는 신주인수권이 신청인들에게는 인정된다고 볼 근거도 없다. 결국, 정리회사의 주주인 신청인들에게는 신주인수권이 인정되지 않는다.

따라서 신청인들에게 신주인수권이 있음을 전제로 한 이 부분 주장은 더 나아가 살펴볼 것 없이 이유 없다.

다. 정리회사에 대한 경영권 내지 경영권에 대한 기대권 침해와 관련된 주장에 대하여

정리회사의 주주인 신청인들에게 정리회사에 대한 경영권 내지 정리절차 종결시 취득하게 될 경영권에 대한 기대권이 인정되는지 본다.

이 사건의 경우 2003. 9. 19.자 회사정리계획안에서 M&A에 의한 기업매각절차를 진행할 계획임을 이미 명시하고 있었던 점, 회사정리절차의 목적 및 절차, 회사정리법은 정리회사의 경영수행권 등을 관리인에게 부여하고 주주는 의결권 등 정리절차에 참여하여 자신의 이익을 보호받도록 규정하고 있는 점, 정리회사에 대한 정리절차가 개시된 이후에 정리회사의 최대주주가 된 신청인들이 정리회사에 대한 경영권을 지배·장악하고 있다거나 장래 경영권을 장악할 수 있는 법적 지위에 있다고 단정할 수 없는 점, 정리회사의 자산이 부채를 초과하고 있더라도 다시 부채초과 상태로 전환될 가능성도 있고 이러한 경우에는 경영권에 대한 기대권 등은 상정할 수 없는바, 자산이 부채를 초과하고 있다는 이유만으로 경영권에 대한 기대권을 일반적으로 인정하기는 어려운 점 등에 비추어 볼 때, 신청인들이 주장하는 바와 같은 지배주주로서의 경영권 행사에 대한 기대권 내지 신뢰이익이 실정법상의 구체적인 권리 내지 이익으로까지 관념되어야 한다고 단정지을 수 없다. 가사 이를 인정할 수 있다 하더라도 피신청인이 신청인들의 이러한 권리 내지 신뢰를 침해하는 불법행위를 하였음을 인정할 만한 소명자료가 없는바, 이를 피보전권리로 하여 민사상의 가처분으로 이 사건 기업매각절차의 속행중지를 구할 수는 없다.

라. 위법행위유지청구권 침해와 관련된 주장에 대하여

(1) 피신청인이 주주의 위법행위유지청구의 대상인지 여부

이 부분 신청인들의 주장과 관련하여 우선 정리회사의 관리인인 피신청인이 주주의 위법행위유지청구의 대상이 되는지 본다.

회사정리절차가 개시되면 당해 회사의 사업경영과 재산의 관리처분권은 모두 관리인에게 전속되고 관리인은 법원의 감독하에 선량한 관리자의 주의의무를 다하여 직무를 수행할 책임을 부담하고 이를 게을리한 경우에는 이해관계인에 대하여 손해배상책임을 진다. 이러한 정리회사의 관리인은 정리회사와 그 채권자 및 주주로 구성되는 소위 이해관계인 단체의 관리자로서 일종의 공적수탁자라 할 것인데, 관리인은 정리회사의 기관이거나 그 대표자는 아니고, 관리인의 권한은 정리회사의 사업경영과 재산의 관리 및 처분에 한정되며 그 외의 사항에는 미치지 않는다(대법 1974. 6. 25. 선고 73다692 판결, 1988. 8. 9. 선고 86다카1858 판결, 1992. 7. 14. 선고 92누3120 판결, 1994. 10. 28.자 94모25 결정 등 참조). 이러한 정리회사의 관리인의 지위 및 담당 업무의 범위, 정리법원의 감독을 받는 점 등에 비추어 볼 때, 정리회사의 관리인을 주식회사의 이사나 청산인과 동일하다거나 유사한 지위에 있다고 할 수 없다. 따라서 정리회사의 관리인이 주주의 위법행위유지청구의 대상이 된다거나 그에 대하여 위법행위유지청구에 관한 상법 제402조가 유추적용된다고 할 수는 없다.

(2) 피신청인의 위법행위 유무

가사, 피신청인이 주주의 위법행위유지청구의 대상이 된다고 할지라도, 신청인의 위법행위유지청구권이 이 사건 가처분의 피보전권리가 되기 위하여서는 피신청인이 법령이나 정관에 위반하는 위법행위를 하였어야 한다.

그런데 2003. 9. 19.자 정리계획안에서 정리회사의 제 3 자 인수 계획에 대하여 이미 명시하고 있으므로, 피신청인의 행위는 위 정리계획안에 따른 행위일 뿐 아니라, 피신청인이 제 3 자 배정 유상증자 방침을 공표하기 이전에 신청인들에게 대하여 제 3 자 배정 신주인수의 가능성을 미리 고지해줄 어떠한 의무가 있다고 보기도 어려우므로, 피신청인의 이 사건 기업매각절차 진행행위를 위법행위라고 보기 어렵다.

(3) 소 결 론

따라서 신청인들에게 위법행위유지청구권이 있음을 전제로 한 이 부분 주장은 이유 없다.

마. 잔여재산분배청구권 침해와 관련된 주장에 대하여

정리회사의 주주에게도 후순위의 잔여재산분배청구권이 인정되고, 특히 이 사건의 경우 정리회사의 자산이 부채를 초과하고 있으므로, 신청인들이 정리회사의 잔여재산에 대한 분배청구권이 있음은 분명하다.

그런데 이 사건 기업매각절차 진행행위로 인하여, 신청인들의 잔여재산분배청구권이 침해받았고, 이에 대한 현저한 손해를 피하거나 급박한 위험을 막기 위하여 또는 그 밖의 필요한 이유가 있어 이 사건 가처분신청을 받아들여야 할 필요가 있는지에 관하여 본다.

신청인들은, 피신청인이 삼정회계법인이 2006. 6.경 작성한 청산가치 보고서를 기준으로 청산가치를 산정하고 있어 신청인들의 잔여재산분배청구권이 침해될 우려가 있다고 주장하나, 실제로 피신청인이 위 보고서를 기준으로 청산가치를 산정하였음을 인정할 아무런 소명자료가 없다. 더욱이 정리회사의 청산가치 및 신주의 발행가액에 대한 구체적인 자료가 나와 있지 않은 지금, 피신청인측으로부터 위 보고서를 기준으로 청산가치를 산정하고 있다는 말을 들었고, 위 보고서에 심각한 잘못이 있다는 신청인들의 주장만으로는 피신청인의 M&A 절차 진행에 의하여 신청인들의 잔여재산분배청구권이 침해받고 있다고 인정하기 어렵다. 또한 정리회사와 인수희망자 사이에 체결되는 인수가계약이나 본계약에 대하여 법원의 허가를 받도록 되어 있어, 그 과정에서 청산가치를 하회하는 부당한 인수가격에 대하여 어느 정도 통제가 이루어질 수 있는 점 등을 고려하면, 이 사건 가처분 신청은 그 보전의 필요성을 인정하기도 어렵다.

4. 결 론

그렇다면 이 사건 가처분신청은 이유 없으므로 이를 기각하기로 하여 주문과 같이 결정한다.

노트와 질문

1) 회생절차하에서의 주주는 어떤 권리를 행사할 수 있는가? 주주총회에서의 의결권은 없지만 소송을 제기할 권리는 인정된다면 어떤 소송을 제기할 수 있는가?

Ⅱ. 기촉법 및 사적 기업구조조정

기업회생절차하에서의 기업인수합병과 유사하지만 법적인 측면에서는 커다란 차이가 나는 것으로 기촉법하의 채권금융기관공동관리하 기업의 인수합병이 있다. 기촉법은 과거 채권단이 회사정리절차까지 가지는 않고 그 이전 단계에서 공동관리하던 소위 워크아웃절차를 법적으로 정리한 것으로, 채권금융기관협의회는 소정의 의결방법을 통하여 대상기업을 처분할 수 있으며[7] 법원의 감독으로부터 전적으로 자유롭다는 면에서 재무구조가 악화된 기업의 인수합병이기는 하지만 회생절차하에서의 기업인수합병과 구별된다.

김규진 …, 구조조정개설, 594 (2010)[8]

1. 기 촉 법

가. 기본 성격과 특징

기촉법은 워크아웃을 입법화한 것으로서. 2001년 8월 14일 제정되어 2001년 9월부터 발효된 5년간의 한시법(2005년 12월 31일까지 효력 발생)이다. 기존 기업구조조정 협약의 내용은 대부분 기업구조조정촉진법에 흡수되어 사실상 사문화되었고, 하이닉스, 현대건설, SK네트웍스, 쌍용양회 등 굵직한 기업 들이 이 법을 통해 워크

7) 기업구조조정촉진법 제22조는 총신용공여액 중 4분의 3 이상의 신용공여액을 보유한 채권금융기관의 찬성으로 의결할 수 있도록 되어 있다. 상시화하고 적용대상기업, 최근 기록법을 개정, 워크아웃을 채권자를 확대하고 금감원에 조정권한을 부여하는 개정안이 국회정무위원회에서 문의중인바, 법무부와 대법원이 반대 우선 표명. 진정구, 기업구조조정촉진법 일부개정법률안 검토 선고(국회정무위원회 2015. 6).

8) 일부 내용은 비록 현행법에 대한 설명은 아니지만 그 연혁을 알 수 있다는 의미에서 김규진/김건수/박기진/이강산/송민재, 기업구조조정총설 (2006), 589-597를 전재 내지 편집한 것이다.

아웃을 진행해 회생의 길을 걸었다. 기촉법의 핵심은 금융기관의 기업 부실 여부에 대한 판단을 주로 금융감독위원회가 정한 개괄적인 기준에 따르도록 하는 동시에 이렇게 판정된 부실기업을 기촉법이 정한 절차에 따라 처리하도록 하자는 것이다.

채권은행은 신용위험 상시평가제를 위한 기본기준과 세부기준에 의해 의무적으로 대상기업을 1) 정상적인 영업이 가능한 기업; 2) 부실징후기업이 될 가능성이 큰 기업; 3) 부실징후 기업; 4) 경영정상화 가능성이 없는 기업 등 4가지 종류로 구분하도록 하고 있다.

주채권은행은 대상기업이 부실징후기업으로 분류되었으되 경영정상화 가능성이 있다고 판단하는 경우 1) 협의회에 의한 채권금융기관 공동관리; 2) 채권은행협의회에 의한 채권은행 공동관리; 3) 주채권은행에 의한 은행관리; 4) 회사정리법에 의한 회사정리 절차; 5) 화의법에 의한 화의절차들 중 하나를 의무적으로 선택해서 조치해야 한다. 또한 주채권은행은 대상기업이 경영정상화 가능성이 없다고 판단한 경우 1) 당해 기업에 대한 해산·청산의 요구; 2) 당해 기업에 대한 파산의 신청 중 하나를 의무적으로 선택해서 조치해야 한다. 또한 기촉법에서는 금융기관의 출자전환을 제한하는 현행법규에 대하여 특례규정을 둠으로서 금융기관이 채권자의 지위에서 주주의 지위로 전환할 수 있는 근거를 마련하였다는 점에 중요한 의의가 있다.

2. 주요 내용

가. 기업회계의 투명성 제고

기업회계의 투명성을 제고하기 위하여, 1) 내부회계관리제도를 법제화, 2) 외부회계 감사의 강화, 3) 감사보고서의 제출의무 부여 등의 법규정을 두고 있다. 기촉법의 적용대상은 금융기관 신용공여액이 500억 이상인 기업(법 제 2 조 4호)으로 정하였으나, 회계관련 규정은 금융기관 신용공여액이 500억 이상인 기업뿐만 아니라 특별히 주식회사의외부감사에관한법률의 적용을 받는 기업(자산 100억 이상)을 포함한다. 기업은 회계장부의 작성·보고 및 변경에 관한 내부관리규정을 마련하고 이를 관리할 조직을 갖추도록 한다(법 제 4 조 1항). 기업은 내부회계관리제도에 의하지 아니하고 회계정보를 작성하거나 내부회계관리제도에 의하여 작성된 회계정보 일체를 위조·변조 및 훼손하여서는 아니 된다(법 제 4 조 2항). 기업의 대표자는 내부회계관리제도의 운영을 책임지며, 당해 기업의 상근하는 이사중 1인을 내부회계관리자로 지정하여야 한다(법 제 4 조 3항). 내부회계관리자는 매반기마다 이사회 및 감사(감사위원회 포함)에게 당해 기업의 내부회계관리제도의 운영실태를 보고하여야 한다(법 제4조 4항). 그리고 감사는 내부회계관리제도의 운영실태를 평가하여 이사회에 보고하고 당해기업의 본사에 비치하여야 한다(법 제4조 5항). 이 경우 내부회계관리제도의 관리 및 운영에 대하여 시정의견이 있는 경우에는 이를 포함하여 보고하여야 한다. 그리고 추가로 내부회계관리제도의 운영 등에 관하여 필요한 사항은 대통령령으로 정한다(법 제4조 6항). 주식회사의외부감사에관한법률 제3조의 규정에 의한 감사인(공인회계사 포함)이 공인회계사법 제2조의 규정에 의한 감사업무를 수행하는 경우에는 내부회계관리제도의 적정성 및 준수여부와 제4조 제3항에 의한 내부회계관리 운영 실태에 대한 보고내용을 검토하여야 한다(법 제5조 1항). 또한, 채권금융기관이 신용평가에 활용할 수 있도록 기업에 대하여 감사보고서의 제출을 요구할 수 있도록 하였다. 즉, 채권금융기관은 신용공여를 받고자 하는 기업에 대하여 주식회사의외부감사에관한법률에 의한 직전 사업연도의 감사보고서를 제출하도록 요구할 수 있다(법 제7조).

나. 외부평가기관을 활용한 기업부실의 조기 발견

금융기관의 신용공여액이 500억 이상인 기업(법 제2조 4호)으로 하며, 채권은행은 거래기업의 신용위험을 정기적으로 평가하여야 하며 적절한 사후관리조치를 취하여야 한다(법 제9조 1항). 기업신용위험의 상시평가기준 및 사후관리기준에는 수익성·성장성·건전성 및 안정성 등의 경영지표가 포함되어야 하며, 기본적인 기준은 금융감독위원회가 정한다(법 제9조 2항). 부실징후기업이란 주채권은행 또는 채권금융기관협의회가 외부로부터의 자금지원 또는 정상적인 금융거래를 제외한 별도의 차입이 없이는 금융기관으로부터의 차입금의 상환이 어렵다고 인정한 기업을 말한다(법 제2조 5호). 이에 대하여 동기업과 협의하여 선임한 회계법인 등 외부전문기관으로부터 자산부채실사 및 계속기업으로서의 존속능력평가 등을 받도록 요구할 수 있다(법 제11조 1항). 이 경우 만약 부실징후기업이 이 요구를 정당한 사유 없이 이행하지 아니하는 경우에는 채권금융기관은 당해 기업에 대하여 신용공여를 하지 아니하거나 중단할 수 있도록 하고 있다(법 제11조 1항).

다. 채권금융기관중심 구조조정 추진

과거 워크아웃 협약가입금융기관은 은행, 보험, 투신, 종금 등이나, 기촉법에서는 이들 외에 증권회사, 위탁회사, 여신전문금융회사, 상호저축은행, 한국자산관리공사, 예금보험공사를 포함하고 있다(법 제2조 1호). 시행령에서는 신용보증기금, 기술신용보증기금, 증권투자회사, 자산운용회사, 기업구조조정투자회사, 유동화전문회사, 기업구조조정전문회사 기업구조조정조합, 한국수출보험공사 동으로 대폭 확대하고 있다.

또한 외국금융기관도 국내법의 적용을 받고 국내에 설립된 법인은 해석상 모두 적용된다. 나아가 기촉법은 금융기관이 아닌 일반채권자도 협의회에 이 법의 규정을 따른다는 확약서를 제출하면 이 법의 적용상 채권금융기관에 해당하게 되므로(법 제24조 5항) 이 법의 적용범위는 더욱 확대가능하다.

채권은행은 거래기업의 신용위험을 평가한 결과 부실징후기업에는 해당하지 않으나, 부실정후기업이 될 가능성이 큰 기업이라고 판단되는 경우, 당해 기업에 대해서 자구계획 등 경영개선을 취할 필요가 있다는 권고를 하여야 한다(법 제10조 3항).

주채권은행은 신용위험의 평가결과 기업이 부실정후기업에 해당한다고 판단되는 경우에는 이 기업이 경영정상화의 가능성이 있느냐 여부를 가려 구조조정의 방법을 선택하여야 한다. 먼저 경영정상화의 가능성이 있는 경우에는 은행관리(단독 혹은 공동) · 채권금융기관 공동관리 · 법정관리 · 화의 중 적정한 구조조정을 추진하여야 한다(법 제12조 1항).

주채권은행의 이러한 조치에 불구하고 이에 반대하는 채권금융기관은 회사정리법상 정리절차를 신청할 수 있으며 정리절차의 개시결정이 있는 경우에는 주채권은행이 취한 위의 절차는 중단된 것으로 본다(법 제12조 3항). 그러나 정리절차에서는 정리담보권자 및 정리채권자의 의결절차를 거쳐야 하므로 주채권은행의 조치에 반대하는 채권금융기관의 정리절차 신청이 사실상 실효성을 가지기는 어려울 수 있다. 또 이 경우 주채권은행은 위의 조치를 취하기 전에 출자전환 또는 담보 등으로 취득하거나 처분위임을 받은 주식을 제 3 자에게 매각하여 경영정상화를 추진할 수도 있다(법 제12조 4항).

그리고 경영정상화의 가능성이 없는 경우에는 당해 기업에 대한 해산 · 청산의 요구 또는 당해 기업에 파산법에 의한 파산의 원인이 있다고 판단되는 경우에는 파산의 신청 및 파산신청의 요구 중 어느 하나의 조치를 취하여야 한다(법 제12조 2항). 이 경우에도 주채권은행의 이러한 조치에 불구하고 이에 반대하는 채권금융기관은 경영정상화의 가능성이 있는 경우와 마찬가지로 회사정리법상 정리절차를 신청할 수 있다(법 제12조 3항).

채권금융기관은 협의회의 의결을 거쳐 채권금융기관의 공동관리절차를 개시할 수 있으며(법 제13조 1항), 채권금융기관 공동관리를 위해 채권단협의회 소집시 주채권은행은 이를 금융감독위원장 및 채권금융기관에 통보하여야 한다(법 제14조 1항).

금융감독위원장은 채권금융기관에 협의회가 소집통보된 날로부터 1차 협의회가 소집되는 날까지 해당 기업에 대한 채권행사(담보권 행사 포함)의 유예를 요청할 수 있다(법 제14조 제11항).

공동관리절차를 개시하기 위한 협의회의 소집을 요청하는 자는 동 협의회에서 당해 부실징후기업이 소정의 요건을 충족하는지 여부를 소명하여야 한다(법 제13조 2항). 이 경우 자산부채실사 등이 필요한 경우 등 부득이한 사유가 있는 경우에는 협의회의 의결을 거쳐 제14조의 규정에 의한 채권행사의 유예기간이 종료하는 날까지 소명할 수 있다.

채권단협의회는 주채권은행 또는 전체 금융기관 채권액의 1/4 이상의 발의로 소집 되어 채권금융기관 총신용공여액의 3/4 이상 동의로 설립되고 의결된다(제27조 1항). 협의회의 설립요건에 관하여는 특별한 규정이 없으나, 의결요건이 3/4 이상 동의로 되어 있으므로, 이 요건을 충족하지 못하면 협의회는 자동으로 설립되지 못한다. 설립된 채권단협의회에는 관련된 모든 채권금융기관이 참여대상이지만 각자가 참여 여부를 결정한다. 만약 제 1 차 협의회에서 의결에 반대하는 채권금융기관이 1/4을 초과하면 협의회는 무산된다.

자율합의가 어려운 채권금융기관간 이견을 조정하기 위하여 채권단이 추천하는 민간전문가(7인)로 구성된 조정기구를 설치하여야 한다.

기촉법의 기본절차 및 유의사항들

기본절차	유의사항
1) 신용위험 평가와 모니터링, 전문기관의 존속능력 평가 2) 부실징후기업의 판단 및 조치 의무 3) 협의회 소집 및 채권행사의 유예 4) 신용공여의 신고 5) 협의회의 경영정상화 계획의 결의(채권액의 3/4 이상 찬성이 원칙) 6) 경영정상화계획 이행을 위한 약정의 체결 7) 약정의 이행 점검(분기별) 및 공동관리절차의 중단 또는 완료	1) 최초 신고된 채권의 이탈 방지 장치 2) 무임승차 방지의 예외 3) 반대채권매수청구권의 성격과 처리 가준 4) 신규신용공여의 지위와 손실분담 5) 손해배상책임의 성질 6) 담보채권자와 무담보채권자간의 형평성 문제 7) 금융기관간 보증채권의 처리 8) 부채의 출자전환 및 채권재조정시 금융관련 법령에 따른 채권금융기관의 출자 및 재산운용 제한에 대한 특례 9) 채권금융기관 공동관리 완료(졸업) 및 중단과 관련된 문제들

3. 워크아웃

가. 워크아웃의 개념

(1) 정　　의

재무적 곤경에 처하였으나, 경제적 회생가능성이 있는 기업을 대상으로 법원에 의한 강제적 절차에 들어가기 전에 채권단의 주관으로 기업의 이해당사자들간에 협상과 조정과정을 통하여 채무조건 등을 완화·조정함으로써 대상기업의 회생과 금융기관의 건전성을 도모하는 사적 화의이다.

(2) 추진 배경

• 과거 금융기관들이 기업의 적정규모를 초과한 여신 취급
 – 경기불황의 장기화로 몇몇 대기업 부도
 – 금융기관의 무차별적인 대출금 회수
 – 시중자금 상황 악화
 – 기업 연쇄부도
 – 금융기관 부실화
 – 총체적인 신용경색 악순환
• 정상 여신으로 포장되어 있던 거대한 부실여신의 실체표면화
 – 외국 금융기관들이 한국 금융기관의 건전성과 상환 능력 의심
 – 외화대출금의 만기연장 거부 및 대출금 회수
 – 국가 전체적으로 외화 유동성 위기에 봉착, 결국 IMF 관리체제
• 정부는 금융기관의 여신 건전성과 不實企業의 改善의 必要성 절감, 기업을 정상, 회생가능, 회생불능으로 분류
 – 회생불능 기업은 여신중단 등을 통해 퇴출
 – 회생가능 기업은 기업개선작업(Workout)을 추진

나. 워크아웃추진 원칙

(1) 손실최소화의 원칙: 금융기관

(2) 손실분담의 원칙

• 채권단은 채권원리금의 상환유예, 이자감면, 단기대출의 중장기 전환 등 만기연장, 채무변제, 대출금의 출자전환 및 전환사채로의 전환, 원금탕감, 신규자금 지원, 보증채무 해소 등을 위하여 노력

• 대상기업은 자산매각, 한계계열사의 정리, 인력 감축 및 경비절감, 핵심 사업의 정비, 영업전략의 전환 등 자구노력을 이행
• 주주들은 감자 및 유상증자, 대주주의 사재출연 등의 노력

(3) 공평성의 원칙: 채권금융기관간, 담보채권/무담보채권간

(4) 신속성의 원칙: 기업개선작업 지연시 부실화 심화 방지

다. 추진 근거

2001년 6월 29일 제정된 채권은행협의회 운영협약(약칭: 채권은행협약)에 의하며 2004년 9월 21일까지 4차 개정이 이루어졌다. 동 협약의 목적은 거래기업의 신용위험평가 기준과 기업구조조정방안 등 채권은행 공동관리절차를 통한 거래기업의 경영정상화를 도모하고 채권은행이 보유한 자산의 건전성을 제고하는 것이다.

(1) 채권은행협의회의 유형

• 채권은행상설협의회("상설협의회")
  – 전국은행연합회 회장(의장) 및 협약 가입 채권은행의 대표자로 구성
• 채권은행자율협의회("自律協議會")
  – 당해기업의 채권은행으로 구성, 소집 및 운영은 주채권은행이 주관
  – 주요 의결 대상
    ▸ 당해기업의 신용위험평가 및 기업구조조정방안 등에 관한 사항
    ▸ 채권은행 공동관리절차의 개시 및 지속여부 결정
    ▸ 채권행사 유예기간의 결정 및 연장
    ▸ 경영정상화계획의 이행을 위한 특별약정
    ▸ 특별약정의 이행실적 등에 대한 점검·평가 및 조치
    ▸ 채권재조정 또는 신규자금 지원 계획의 수립
    ▸ 채권은행 공동관리절차의 중단 또는 종결에 관한 사항
    ▸ 기타 채권은행 공동관리와 관련한 중요한 사항
  – 의결정족수: 채권액 기준으로 3/4 이상의 채권은행
• 채권은행조정위원회("조정위원회")

(2) 적용대상 기업

협약의 적용대상 기업은 채권은행 총채권액이 50억원 이상 500억원 미만 법인 및 채권은행 총채권액이 50억원 이상인 개인사업자이다(채권액이 500억원 초과의 경

우에는 기업구조조정촉진법의 적용을 받는다). 적용대상 기업은 다음과 같이 분류된다.

워크아웃 적용 대상기업분류

부실징후기업	관리후보기업	관리대상기업
주채권은행이 기업구조조정촉진을위한금융기관감독규정에 의거, 신용위험 평가기준에 따라 동 규정 제13조 제11항 제8호로 분류한 기업 동 규정 제11조 제1항 각 호의 1에 해당하는 기업	주채권은행이 기업구조조정촉진을위한금융기관감독규정에 의거 신용위험 평가기준에 따라 동 규정 제13조 제11항 제8호로 분류한 기업 동 규정 제11조 제1항 각 호의 1에 해당하는 기업 1. 당해기업이 주채권은행에 채권은행 공동관리를 신청하는 경우 2. 기업신용위험상시평가 결과 부실징후기업으로 분류된 경우 3. 총채권액의 1/4을 초과하는 채권은행(들)이 채권은행 공동관리를 요청하는 경우 4 기타 주채권은행이 채권은행 공동관리가 필요하다고 판단하는 경우	관리후보기업 중 제12조 제1항에 의하여 채권은행 공동관리 절차가 개시된 기업

라. 기업개선작업의 절차

(1) 주채권은행의 대상기업의 선정

채권은행은 정기적(매반기) 또는 수시로 부실화 가능성이 있다고 판단되는 기업의 신용위험을 평가하고 동 평가결과에 따라 구조조정 등 사후관리를 추진한다. 채권금융기관 신용공여 500억원 이상 기업은 「기업구초초정촉진법」, 500억원 미만 기업은 「은행감독업무시행세칙」에 의거, 채권은행이 자율적으로 구축한 상시평가시스템에 따라 평가한다.

(2) 평가기준

- 평가대상기업 선정기준: 최근 3년 연속 이자보상배율 1배 미만, 자산건전성 "요주의" 이하, 외부감사의견 부적정 등
- 평가기준: 산업위험, 영업위험, 경영위험, 재무위험, 현금흐름 등

(3) 평가시기

- 정기평가
  - 상반기: 4월에 평가대상기업 선정, 5~7월에 평가 실시
  - 하반기: 9월에 평가대상기업 선정, 10~12월에 평가 실시

• 수시평가
 -신용도의 급격한 악화 등 긴급한 사유가 발생한 기업에 대하여는 정기평가 일정에 관계없이 즉시 평가 실시

(4) **평가결과 분류 및 사후관리**

• 정상적인 영업이 가능한 기업(A등급)
• 부실징후기업이 될 가능성이 큰 기업(B등급) → 경영개선권고 등을 통하여 부실화 사전 예방
• 부실징후기업(C등급) → 채권금융기관 공동관리, 채권은행 공동관리, 주채권은행 관리 등을 통해 경영정상화 추진
• 경영정상화 가능성이 없는 기업(D등급, 정리대상기업)

(5) **대상기업 선정시 고려사항**

• 부실화 정도와 경제적 회생가능성
• 자구노력의 여지와 실현 가능성
• 채권단이 부담해야 할 손실 규모
• 비협약채권자의 채권 및 공모형태 채권의 협약내 해결 가능성
• 채권자구조의 단순화 가능성
• 시채이자 등 이자지급 능력 등

(6) **사전준비작업**

• 채권자구조의 정비
• 자금대차관계의 정비
• 출자관계의 정비
• 보증채무의 정비
• 사업구조의 정비
• 이해관계자의 동의
• 기업실사를 위한 장부정리

(7) **선정절차**

• 선정 심사위원회의 구성
• 사전적 부적격 요인 검토
• 상위 채권금융기관과의 사전협의

(8) 채권금융기관협의회의 기업개선작업 개시 결의(제1차 협의회)

주채권은행은 협약에 가입한 채권금융기관들로부터 채권신고를 받아 채권금융기관 협의회 소집을 통보한 날로부터 10일 이내에 채권금융기관 협의회를 개최한다.

■ 제 1 차 협의회 부의사항

• 채권금융기관 협의회의 구성
• 기업개선작업 추진 여부 결정
• 채권행사유예 대상채권의 범위 및 유예기간의 결정
• 운영위원회의 구성 및 운영위원회에 위임할 사항
• 신규자금의 지원
• 주관은행에 위임할 사항(외부실사기관의 선정) 등 기타
• 협의회는 채권액 기준으로 3/4 이상의 채권을 보유한 채권금융기관의 찬성으로 의결

(9) 전문기관의 실사 및 기업개선계획 제안서의 작성

1차 협의회에서 기업개선작업 추진이 결정되면 주채권은행은 당해 기업을 실사하여 청산가치를 산정하고 사업성을 검토하며 기업개선계획을 제안해줄 회계법인 등 독립적이고 객관적이며 전문성을 확보한 외부전문기관과 용역계약 체결

■ 실사작업 주요 내용

• 경제적 회생가능성 판단: 계속기업가치와 청산가치의 비교
• 재무추정
• 할인율의 적용
• 자구계획 및 구조조정계획의 평가
• 채무조정방안
• 출자전환규모의 산정
• 실사결과 보고서

(10) 운영위원회를 통한 실사결과 논의

1차 협의회에서 구성한 운영위원회에서 실사결과 논의 및 수정 등의 절차를 거친 후 제 2 차 채권금융기판 협의회에 부의

■ 운영위원회

• 채권금융기관 협의회와 함께 기업개선작업 추진을 위한 임의적 회의체
• 역할

- 사전심의 기능
- 금융권 권역간 이견조정 기능
- 전문적 집행기능
- 분쟁조정 기능

(11) **주요금융기관 사전회의**

2차 협의회에 앞서 보통 주요기관 사전회의를 가지며 주로 사전에 이견사항 등에 대하여 조정

(12) **채권금융기관 협의회의 기업개선계획의 확정**(제 2 차 동 협의회)

주채권은행은 다음의 내용으로 기업개선계획을 요약하여 부의한다;

• 채권의 금융조건 완화
  - 금리 감면
  - 원리금 상환유예
  - 리스채권, 보증회사채, 해외차입금 및 유가증권의 처리
• 대출금의 출자전환
• 상호지급보증의 해소
• 신규자금 지원
• 경영관리단의 구성과 파견
• 기업개선약정 체결 등
• 비상계획

협의회 결의 결과 채권액 기준 3/4 이상의 동의를 얻어 가결되면 기업개선약정을 체결하는 등의 후속조치를 실행한다.

(13) **기업개선약정 체결**

기업개선계획이 확정되면 주채권은행은 즉시 회사와 기업개선약정(Memorandum of Understanding: MOU)을 체결하고 기업개선계획을 진행한다.

• 기업개선약정서의 주요내용
• 목적: 채권금융기관의 자산건전성 제고와 대상기업의 경영정상화 도모
• 기업개선작업 기본약정서는 크게 본문과 별지로 구성되며 약 100여 페이지에 해당되어 책자형태로 구성
• 약정서 본문에는 약정서 본문의 구성 내용은 목적, 기업개선작업을 위한 각

당사자의 의무, 기업개선작업의 효율적 추진을 위한 관리(이사회, 경영평가, 자금관리 등) 및 기타로 구성되었고, 동 약정의 당사자는 주관은행, 대상기업, 대상기업의 대주주

(14) **사후관리**

채권단은 경영관리단 파견 및 정기적인 재무정보 보고 등을 통하여 당해기업을 관리한다.

■ 사후관리의 주체

- 주채권은행
- 자금관리단
- 사외이사 및 사외감사
- 경영평가위원회 및 경영진추천위원회

(15) **기업개선작업의 종료**

대상 기업개선약정상의 자구계획과 영업실적의 충실한 이행으로 더 이상 채권단의 지원없이 자력으로 정상적인 재무활동을 수행해 나갈 수 있다고 판단되는 경우 또는 유예된 차입금을 모두 상환하여 더 이상 기업개선약정이 적용될 여지가 없게 되었을 때 운영위원회에서 졸업의 기본조건 충족여부를 협의하고, 채권단의 의결로써 기업개선작업을 종료한다. 기업개선작업 졸업의 기본적 조건들은 다음과 같다:

- 주요경영목표를 2년 연속 달성한 경우
- 기업개선계획 기간중의 총 자구계획목표의 50% 이상을 달성한 경우
- 출자전환, 외자유치 및 영업이익 실현 등으로 재무구조의 현저한 개선이 이루어진 경우
- 경상이익을 실현하고 있으며 향후 안정적인 순이익 실현의 기조가 예상되는 경우
- 주요사업의 제 3 자 매각을 통해 사실상 사업의 정리가 완료되었거나, 과거의 경영실패요소가 해소 또는 보완이 이루어진 경우
- 계열사로부터의 인적, 물적 독립을 통해 독자생존의 기반을 구축한 경우
- 기업개선작업 졸업후 잔여채무에 대한 구체적인 상환스케줄이 명료하게 제시되어 있는 경우
- 반면 당해기업이 심각한 영업상의 위기로 인해 기업개선작업을 통해서는 더 이상의 가치회생이 어려울 것으로 판단되는 경우에 채권단의 의결로써 기업

개선작업을 종료(중단)할 수 있음

■ 졸업의 후속조치

• 자금관리단의 완전 철수

• 채권금융기관협의회 해체

• 경영진의 완전 독립경영

• 출자전환 유가증권의 개별매각 금지조항 해제

• 채권금융기관과의 통상적인 채권자. 채무자 관계로의 제반여건 환원 등

마. 워크아웃제도의 성과

금융감독원은 워크아웃제도에 대하여 정상화비율 및 소요기간 면에서 법정제도인 법정관리 · 화의에 비해 훨씬 우량한 것으로 나타나 성공적인 부실기업처리제도로 평가하였다.

• 워크아웃기업의 정상화비율: 66.3%('02년말)

• 워크아웃기업의 정상화소요기간(평균): 2년 9개월

워크아웃 성공요인으로는 회사분할제도(상법), 기업구조조정촉진법, CRV법 등 신속한 구조조정을 위한 정부의 제도정비 조치에 힘입었으며, 워크아웃 하에서는 기존거래처 및 하청 · 협력업체와의 거래지속이 가능하여 생산 · 고용면에서 충격 완화 및 구조조정에 따른 생산성 향상이 이루어졌다. 워크아웃을 통하여 회사분할, 채무재조정 등 구조조정 방식과 절차에 대한 기준 또는 모범규준(best practice)을 확립하였고 지배구조 개선을 위한 절차 등올 제도화하였다. 정상화 가능성이 있는 기업(사업부문)이 회생하고 경쟁력이 없는 기업(사업부문)은 퇴출되는 과정에서 산업구조 재편에도 기여하였다. 또한, 채무원금의 탕감 대신 출자전환을 통하여 특혜시비를 없앴고 나아가 장래 회사 회생시의 추가이익(upside return)향유가 가능하며, 채권단은 출자전환주식의 주가상승에 의한 수익효과를 실제로 실현하고 있다.

4. 선제적인 Pre-워크아웃

채권은행은 「은행감독업무시행세칙」 제48조 제2항 4호에 근거하여 자율적으로 구축한 상시평가시스템에 따라 부실징후기업 판정기준인 '기업신용위험 상시평가제도'를 자체 운용하고 있다. 기업구조조정촉진법은 채권금융기관이 부실징후기업으로 판정한 이후부터의 채권관리를 규정하고 있으며 그 이전에는 채권은행 내규에 의한 기업신용위험평가절차에 맡기는 것이다. 은행업감독업무시행세칙 제48조에서

는 채권은행의 여신심사 및 사후관리기준을제시하고 있다.

은행업감독업무시행세칙 제48조(여신심사 및 사후관리기준) ① 금융기관은 여신 실행 이전 단계에서 신용리스크를 적절히 평가, 관리할 수 있도록 다음 각 호의 사항을 포함하는 건전한 여신심사 및 승인업무 시스템을 운영하여야 한다.

1. 여신심사조직과 영업조직간 역할 정립 및 상호 협조
2. 신용평가시스템 등에 의한 합리적이고 투명한 여신심사 및 승인
3. 적정한 규모의 여신이 취급될 수 있는 차주별 여신한도제도의 운영
4. 신용평가결과 우량등급기업에 대한 원칙적 신용여신의 운영

② 금융기관은 여신 실행 이후 신용리스크의 변동 상태를 적절히 평가, 관리할 수 있도록 다음 각 호의 사항을 포함하는 건전한 여신사후관리업무 시스템을 운영하여야 한다.

1. 차입자의 신용상태 변화에 대한 상시 모니터링
2. 신용평가시스템에 의한 차입자의 신용등급의 정기적인 조정 및 조정된 등급에 따른 적절한 조치
3. 조기경보제도 운영을 통한 이상 징후 차입자에 대한 관리
4. 기업신용위험 상시평가를 통한 부실징후기업(외부로부터의 자금지원 또는 별도의 차입이 없이는 금융기관으로부터의 차입금의 상환이 어렵다고 인정한 기업) 해당 여부 판정 및 사후조치〈신설 2007. 10. 12.〉
5. 여신심사 및 사후관리업무 운영의 적정성을 점검하고 시정하는 여신감리제도 운영
6. 신용등급이 정상등급에서 벗어난 문제기업에 대한 경영개선(워크아웃) 지도
7. 회생불가능한 부실기업의 정리

■ **기업신용위험 상시평가**

2009년에는 부채비율 위주로 평가했으나 2010년에는 유동성 지표, 산업 특수성과영업 전망 등 비재무적 요소도 반영할 예정이다. 재무안정성의 경우 총차입금과 자기자본비율을, 현금흐름은 EBITDA(현금창출능력)와 총차입금, 유동성은 현금성자산과 유동성부채가 판단요소로 적용될 것으로 예상된다(Pre-워크아웃 신규지원자금에 대한 대손충당금 적립요건 완화, 2010년 상반기로 Fast Track과 보증확대조치의 종료).

■ **전국은행연합회 전문여신위원회의 기업신용위험 상시평가 운영협약**

제 9 조(기본 평가)

① 채권은행은 평가대상기업에 대하여 매년 4월말까지 부실징후기업에 해당될 가능성이 있는지 여부를 평가("기본평가")하여야 한다. 이 경우 평가대상기업은 매년 2월말 신용공여액을 기준으로 정한다.

② 채권은행은 1항의 정기적인 기본평가 외에 수시로 기본평가를 실시해야 한다.

③ 채권은행은 기본평가 결과 대상기업이 다음 각호의 어느 하나에 해당될 경우 당해 기업이 부실징후기업에 해당되는지 여부를 평가("세부평가")해야 한다. 다만, 채권은행이 자체 기준에 의하여 세부평가의 실익이 없다고 인정할 경우에는 그러하지 아니하다.

1. 회계 연도를 기준으로 최근 3년간 연속하여 영업활동 현금흐름이 부(-)인 기업
2. 회계 연도를 기준으로 최근 3년간 연속하여 이자보상배율(영업이익/금융비용)이 1.0 미만 기업
3. 은행업감독규정 제27조의 자산건전성 분류기준에 따른 신용위험평가모형의 평가 결과 '요주의' 상당등급 이하 분류 기업
4. 급격한 신용도 악화 등으로 신속한 세부평가가 필요한 경우
5. 기타 채권은행 자체 기준에 의하여 세부평가가 필요하다고 인정한 기업

④ 채권은행은 제 1 항의 세부평가를 위하여 다음 각 호의 사항을 감안한 평가기준을 마련하여야 한다.

1. 산업위험: 업종별 향후 3년간 경기변동 민감도, 성장 전망 등
2. 영업위험: 시장지위, 시장점유율, 업계순위 등
3. 경영위험: 소유, 지배 구조, 경영진의 도덕적 해이 여부 등
4. 재무위험: 단기차입금 비중, 매출액 추세, 재무융통성 등
5. 현금흐름: 이자보상계수(ICR), 부채상환계수(DSCR) 등

제11조

① 채권은행은 세부평가를 실시한 후 평가결과에 따라 기업을 다음 각호와 같이 분류하고 사후관리조치를 하여야 한다.

1. 정상적인 영업이 가능한 기업
2. 부실징후기업이 될 가능성이 큰 기업
3. 부실징후기업에 해당하며 경영정상화 가능성이 있는 기업

4. 부실징후기업에 해당하며 경영정상화 가능성이 없는 기업

부실징후기업이 될 가능성이 큰 기업(B등급)에 대해서는 자구계획 등 경영개선을 할 필요가 있다는 경영개선권고를 하고 이를 여신심사에 반영하되, 필요한 경우 자구계획이행을 명시한 '여신거래특별약정'을 체결한다.

부실징후기업(C등급)의 경우는 유동성문제의 근본적인 해결을 위한 회생방안을 강구하고 필요한 경우 채권은행 또는 채권금융기관협의회를 통하여 회생방안을 근거로 채무재조정을 협의하는 등의 조치와 대상기업의 경영정상화를 위해 자구계획 등이 포함된 '여신거래특별약정'을 체결하고 분기별로 동 이행상황을 점검한다. 그러나 2009년 A,B등급을 받은 조선,해운업체들에서도 워크아웃과 회생절차 진입이 발생하는 한계가 노정되었다.

■ 기업 규모별 적용

금융감독원은 「은행업감독규정」 제79조에 따라 전체 금융권 신용공여액의 0.1%이상을 공여받고 있는 계열기업군을 '주채무계열'로 매년 선정하여 대기업을 별도 관리한다. 기업구조조정촉진법은 신용공여액 500억원 이상 기업에 적용된다(2009년에는 금호, 동부, 동양, 애경, GM대우, 대주, 한진, 대한전선, 하이닉스, 유진 계열에 적용).

신용공여액 500억원 미만의 기업에 대해서는 2001년 6월 29일 도입된 채권은행협의회운영협약(채권은행협약)에서 기업구조조정촉진법 상의 채권은행 공동관리의 절차에 상응하여 부실징후기업에 적용되는 채권은행공동관리의 절차를 지원하고 있다. 중소기업에 대해서는 2009년중 잠재부실 방지 및 금융지원의 효율성 제고 등을 위한 1~3차 중소기업 신용위험평가를 통해 총 4,164개사를 세부평가하여 512개사(C등급 291개사, D등급 221개사)를 구조조정대상으로 선정하였다.

1차 신용위험평가(7월 15일 만료)는 여신규모 50억원 이상 외감법인 10,738개사 중 공공특수법인 등을 제외한 기본평가 대상업체 5,214개사에 대하여 3년연속 영업현금흐름 적자, 3년 연속 이자보상배율 1미만, 요주의 이하 업체 등의 재무적 요인기준에 따라 861개 업체를 세부평가 대상으로 113개 업체(C등급 77, D등급 36개사)의 구조조정에 착수하였다.

여신 30~50억원 규모의 외감법인 5,300여개와 1차평가대상(여신 50~500억원 외감법인) 중 4,300여개사(1차 평가는 재무적 요인만 적용하였으므로 질적 요인을

적용하여 재평가)를 포함하여 총 1만여개 외감법인이 2차 평가대상에 포함된다. 질적요인은 ① 2009년중 연체발생 3회 이상, ② 2009년중 할인어음 연장 2회 이상, ③ 2009년중 압류 발생, ④ 최근 1개월 당좌소진율 80% 이상, ⑤ 조기경보업체로 신규 선정여부들이다. 채권은행은 여신규모 30~500억원의 외감법인 1,461개사에 대한 2차 평가에서 174개사(C 108, D 66)사를 선정하였다.

3차 평가는 여신 10~30억원의 외감법인 대상으로서 3년 연속 이자보상배율 1 미만 등 재무적·질적 기준에 해당되어 세부평가대상으로 선정된 업체수는 1,842개사였다.

Ⅲ. 기업인수 이외의 자발적 자본구조조정

기업의 재무구조가 악화된 경우 이의 개선을 위하여 기업의 사업부문을 매각하고 타 기업과의 인수합병을 고려하여야 하겠지만, 그 이전에 몇 가지 다른 방법으로 재무구조를 조정할 수 있다. 가장 대표적이며 최우선적인 절차로 감자가 있다. 기존의 채권자들이 채권을 현물출자하고 주식을 인수하는 소위 출자전환 역시 기업의 재무구조를 개선하기 위하여 통상 감자 후에 즉시 시행되는 구조조정방안이다. 감자는 통상 주식의 병합이나 주식의 소각을 통하여 이루어진다. 주식의 병합이나 소각을 위하여는 주주총회의 특별결의와 채권자보호절차가 필요하다.[9] 주식의 소각시 소수주주에게 매수청구권이 주어지지 않지만, 예외적으로 금산법에서만 이를 인정하고 있다.[10] 주식의 병합을 병합비율에 따라서 소수주주를 강제로 현금을 주고 퇴출시키는 방법으로 이용하는 경우에 이사회의 주식병합결정이 주주총회에서 특별결의를 통하였다고 하더라도 충실의무에 반할 수 있다.[11] 자본구조의 변경이 합병이나 영업양수도만큼 기업의 근본적 변화에 해당하는 경우 회사법이 반대주주의 주식매수청구권을 인정하지 않더라도 이러한 자본구조의 변경이 충실의무위반에 해당된다면 소수주주는 이에 해당하는 손해의 배상을 구할 수 있을 것이다.

주식의 교환을 통한 자본구조의 변경은 미국에서 1980년대 적대적 기업인수가

9) 상법 제438조.

10) 금산법 제12조 제7항.

11) *Clark v. Pattern Analysis and Recognition Corporation*, 87 Misc. 2d 385, 384 N.Y.S.2d 660 (1976) 4000:1의 주식병합은 충실의무위반이라고 판시. *Leader v. Hycor, Inc.*, 395 Mass. 215, 479 N.E.2d 173 (1985)은 액면가 1센트, 발행주식 이백만주를 액면가 40달러, 500주로 정관변경을 통하여 주식병합하는 것은 상장기업임에도 불구하고 시장이 활발하지 못한 상황의 개선을 위한 것으로 충실의무위반이 아니라고 판단.

성행하던 때 이에 대한 방어책으로 시행된 바 있다. 기업은 정관을 변경, Class A와 Class B 두 종류의 주식을 만들고 기존의 보통주주는 이들 중 하나와 교환할 수 있다. Class A는 주당 10개의 의결권을 가지는 대신에 배당이 통상 현금배당의 90%로 제한되어 있고 Class B는 주당 1개의 의결권을 가지는 대신에 배당에 아무런 제한이 없다. 일반투자자들은 배당을 선호하여 Class B와 교환하지만 경영진은 Class A와 교환하고 결과적으로 의결권이 경영진에 집중하게 된다. NYSE도 1주 1의결권원칙을 상장의 요건으로서 요구하지 않게 되었고 따라서 1988년 당시 NYSE 상장기업 중 55개 기업이 차별의결권주식을 보유하고 있었다. SEC는 1988년 Rule 19-4를 제안하여 차등의결권주식을 가진 기업의 상장을 금지하는 규칙을 제정하려 하였으나 1990년 이 규정의 합헌성에 의심을 제기하는 판결이 나오면서[12] NYSE도 1994년 차등의결권을 금지하는 규정으로 되돌아갔다.[13]

12) *The Business Roundtable v. SEC*, 90 F.2d 406 (D.C. Cir. 1990).
13) SEC Release No. 34-35121 (Dec. 19, 1994).

한국거래소, 2004년 코스닥등록법인 구조조정현황

보 도 참 고 자 료	KOSDAQ (주)코스닥증권시장
제목:	2004년 코스닥등록법인 구조조정 현황

1. 분석대상 및 기준

○ '04년도(1.1~12.21) 코스닥등록법인의 합병 · 분할 · 영업양수도(최대주주등과의거래 포함) 관련 공시내용을 분석(공시일자 기준)

2. 주요내용

□ 합병 증가 영향으로 구조조정 건수 전년대비 소폭(1건, 1.7%) 증가

〈'01년~'04년 구조조정 관련 공시건수 추이〉

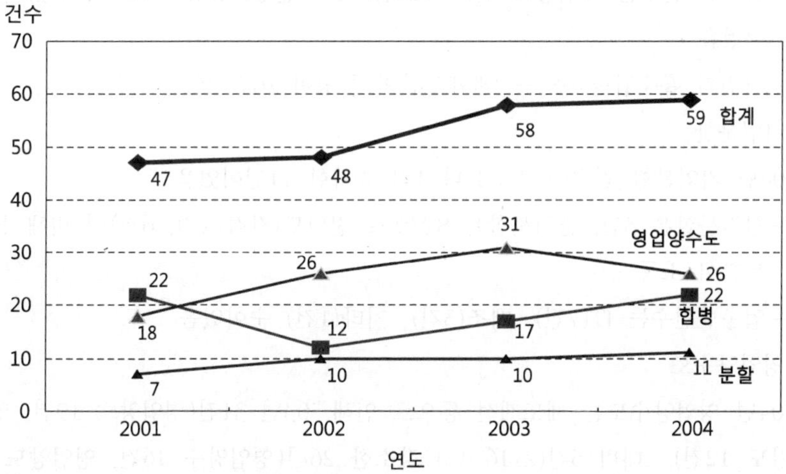

○ 합병은 전년대비 29.4%(17건 → 22건) 증가하며 '02년 이후 증가 추세를 이어갔으나, '01년 이후 증가세를 보였던 영업양수도는 개정된 관련 법규('04. 4/1시행)영향 등으로 전년대비△16.1%(31건 → 26건) 감소

○ 업종별 구조조정 건수는 IT업종(31건), 제조업(19건), 기타서비스(5건) 순으로 많았으며, 특히 IT업종 중 통신장비(6건), 인터넷(5건), 컴퓨터서비스(5건)업종이 많았음

○ 기업별로는 모티스(합병 2건), 케이컴스(분할1건, 영업양수1건), 아이필넷(합병1건, 분할1건), 명진아트(합병1건, 분할1건), 삼일인포마인, 아시아나항공(이상 합병1건, 영업양도1건)가 2회 이상의 관련공시를 했음

작성부서	공시서비스팀	담당자	이동림 팀장(☎ 2001-5770)
배포부서	홍보실(☎ 2001-5850~6)		이덕수 대리(☎ 2001-5768)

◈ 본 자료는 당사 홈페이지(www.kosdaq.com)에 게재되어 있습니다.

〈세부내용〉

□ 합병

○ '04년 합병 건수는 모두 22건(흡수합병 21건, 피흡수합병1건)으로 전년 17건 대비 5건(29.4%) 증가함에 따라 '02년(12건) 이후 증가 추세를 이어갔음

- 흡수합병의 주된 목적은 동종(유사)업종간 시너지효과 제고(10건) 및 사업다각화(11건)였음
- 업종별 건수는 IT업종(11건), 제조업(7건), 운송, 유통, 기타(각 1건)의 순이었음
- 21건의 흡수합병 중 특수관계인간의 합병이 16건이었음

□ 기업분할

○ '04년 기업분할 건수는 전년보다 1건 증가한 11건이었음

- 인적분할은 3건, 물적분할은 8건으로 전년도(각각 4건, 6건)에 비해 물적분할이 소폭 증가
- 업종별건수는 IT(7건), 제조(3건), 기타(1건) 순이었음

□ 영업양수도

○ '04년 영업양수도는 제도개선 등으로 인해 '03년 31건(영업양수 19건, 영업양도 12건) 대비 5건(△16.1%) 감소한 26건(영업양수 16건, 영업양도 10건)을 기록함

- 이는 관련 법규의 개정으로 인해 영업양수도의 적정성에 대한 외부평가기관의 평가가 의무화('04.4/1 시행) 됨에 기인한 것으로 보임

  〈참고〉: 증권거래법시행령(84조의8 제 3 항), 유가증권의발행및공시등에관한규정(88조의2)

- 영업양수도금액을 살펴보면, 평균 영업양수금액은 34.4억인 반면, 평균 영업양도금액은 81.0억원으로 수익성 낮은 사업매각을 통한 재무구조개선에 힘쓰는 것으로 나타남
- 업종별건수는 IT업종(13건), 제조업(9건), 기타서비스(3건) 순으로 많았음

※ 시사점

○ 수익성 있는 신규사업 진출 또는 기존사업과의 시너지효과를 극대화하기 위한 구조조정 수단으로써 합병이 선호되고 있음

－'01년~03년 전체 구조조정 관련 공시건수 중 합병 공시건수가 차지하는 비중 증가 추세('02년: 25% → '04년: 37.3%)

○ 경쟁력 강화, 수익구조 개선을 위한 합병 등 구조조정은 당해기업의 안정적 수익 확보에 기여할 것으로 봄

붙임: 2004년(1. 1~12. 21) 코스닥등록법인 합병, 기업분할, 영업양수도 현황 등

1. 조사대상 및 범위

○ 2004. 12. 15. 현재 합병, 분할, 영업양도 등 상장법인의 구조조정관련 공시를 조사

○ 금액이 확정되지 않은 경우 공시당시의 예정금액을 기준으로 함

2. 구조조정실적 개요

(단위: 건, 억 원)

구 분	2003년		2004년 현재		증감률(%)	
	건 수	금 액	건 수	금 액	건 수	금 액
합병	17	192,548	24	27,636	41.2	－85.6
분할	9	4,963	11	32,763	22.2	560.1
영업양도	7	15,947	3	9,576	－57.1	－40.0
고정자산처분	69	22,792	50	14,690	－27.5	－35.5
출자지분처분	293	51,211	118	26,098	－59.7	－49.0
계	395	287,461	206	110,763	－47.8	－61.5

* 합병금액의 경우 피흡수합병회사의 자산총액, 분할금액의 경우 분할로 이전할 자산총액임

* 합병의 경우 상장회사간의 합병은 1건으로 처리

○ 2004년 구조조정관련 공시건수 및 공시금액은 2003년 동기 대비 크게 감소

－2004년 현재 상장법인의 합병, 분할, 영업양도등 구조조정관련 공시건수는 206건으로 전년 동기 대비 47.8% 감소했으며 그 규모 또한 11조 763억원으로 61.5% 감소함

－분할건수 및 규모는 증가했으나 나머지 영업양도, 고정자산처분 및 출자

지분처분은 공사건수 및 공시규모(금액) 모두 감소함.

ㅇ합병: 2조 7,636억원으로 전년대비 85.6% 감소

ㅇ분할: 3조 2,763억원으로 전년대비 560.1% 증가

ㅇ영업양도: 9,576억원으로 전년대비 40% 감소

ㅇ고정자산처분: 1조 4,690억원으로 전년대비 49% 감소

ㅇ출자지분처분: 2조 6,098억원으로 전년대비 61.5% 감소

작성부서 홍 보 부 연락처 3774－9242

기타 문의사항은 증권거래소 홍보부로 문의 바랍니다.

(02) 3774－9238~44

3. 주요 구조조정 사례(2004년 대상)

〈합병의 경우〉 (단위: 억 원)

회사명	금 액	내 용	피흡수법인
우리금융지주(우리은행)	24,616	흡수합병	우리신용카드
두산산업개발	13,766	흡수합병	두산건설㈜
F&F	99	흡수합병	㈜에이엠하우스
우성넥스티어	85	흡수합병	㈜넥스티어
현대모비스	561	흡수합병	진영산업㈜
동부증권	488	흡수합병	겟모어증권중계
아이에이치큐	122	흡수합병	㈜싸이더스에이치큐
동원수산	13	흡수합병	동화식품㈜
녹십자	1,592	흡수합병	㈜녹십자피비엠
경남기업	4,188	흡수합병	대아건설㈜
조광피혁	188	흡수합병	극동제혁㈜
두산산업개발	1,032	흡수합병	두산기업㈜
금강고려화학	132	흡수합병	㈜이케이씨씨
현대자동차	1,713	흡수합병	현대상용엔진㈜
대성산업	429	흡수합병	㈜오산에너지
아남반도체	11,017	흡수합병	동부전자㈜
신한TS	183	흡수합병	참엔지니어링㈜
녹십자홀딩스	136	흡수합병	녹십자의료공업㈜
	42		(주)녹십자비씨

녹십자	79	흡수합병	㈜녹십자벤처투자
동양메이저	3,165	흡수합병	㈜세운레미콘
LG전자	765	흡수합병	엘지아이비엠 퍼스널컴퓨터 LG전자사업부분
세양산업	126	흡수합병	㈜티컴앤디티비로
이스텔시스템즈	1,111	흡수합병	㈜동원EnC
MK버팔로	108	흡수합병	㈜명필름
	262		㈜강제규필름

〈회사분할의 경우〉 (단위: 억 원)

회사명	금 액	내 용	분할로 신설될 회사
동아타이어공업	259	분할(물)	DTR㈜
한익스프레스	89	분할(물)	경일중공업㈜
LG	21,800	분할(인)	㈜지에스홀딩스
한국합섬	3,226	분할(물)	㈜한스론
신동방CP	1,882	분할(인)	㈜신동방
지투알	1,969	분할(물)	㈜LG애드
모토조이	222	분할(물)	㈜엠제이텔레메틱스
일진다이아	1,553	분할(인)	일진다이아몬드㈜
두산	1,499	분할(물)	씨앤에이치코리아㈜
청호컴넷	90	분할(물)	㈜청호네트웍
동아타이어공업	174	분할(물)	동아전지㈜

〈영업양도의 경우〉 (단위: 억 원)

회사명	금 액	내 용	거래상대방상대방(영업양수사)
하이닉스반도체	9,542.00	Solution Product 및 파운드리 사업부분	시스템세미컨덕터(유)
한솔CSN	20.00	한솔CSClub	㈜에이스홀딩스
일진전기	14	동복강선사업, 폼스킨설비 일부	삼아트론㈜, ㈜천일통신

〈고정자산처분 금액기준 상위 10개사〉 (단위: 억 원)

회사명	금 액	내 용	거래상대방
충남방적	2,047	토지및건물	㈜피에스타 등
세종증권	1,265	토지및건물	삼성생명
서울증권	948	토지및건물	Deka Immobilien Investment GmbH
우방	892	우방타워랜드	공개입찰
신동방CP	794	토지및건물 등	한국토지공사 등
유한양행	766	군포공장부지	㈜신일건업
브릿지증권	714	건물	GE Real Estate Corporation
KEC	700	본사사옥	㈲우리하늘등
보루네오가구	615	토지및건물	정복균외20인
통일중공업	580	토지및건물	㈜프리텍외58인

* 우방의 금액 892억원은 장부가액임.

〈출사지분처분 금액기준 상위 10개사〉 (단위: 억 원)

회사명	금 액	주요 대상회사
LG전자	5,652	LG Philips LCD㈜ 등
기업은행	3,165	케이티앤지
LG카드	2,976	LG투자증권
현대중공업	1,690	현대자동차㈜ 등
LG건설	1,686	천안논산고속도로㈜ 등
삼성물산	1,510	삼성테스코 등
SK네트웍스	883	SK텔레콤㈜
금호산업	798	천안논산간간고속도로 등
대우인터내셔널	779	대우유니텔컴퍼니
현대건설	563	천안논산고속도로㈜

〈2004년중 상장법인의 구조조정 추친 현황〉

	2001년	02년	03년	04년	증감률
분할	7	10	10	11	0.1%
합병	22	12	17	22	0.3%
영업양수도	18	26	31	26	−0.2%
합계	47	48	58	59	0.0%

제주지법 2008. 6. 12. 선고 2007가합1636 판결(대우조선해양 v. 제주컨벤션센터)

[주 문]

1. 피고가 2006. 12. 27. 개최한 임시주주총회에서 한 '주식 임의유상매입 및 자사주 소각 결의'는 무효임을 확인한다.

2. 소송비용은 피고가 부담한다.

[이 유]

1. 인정 사실과 판단

가. 다음 각 사실은 당사자 사이에 다툼이 없거나, 갑 1호증의 1, 2, 갑 2 내지 5호증의 각 기재에 변론 전체의 취지를 종합하여 인정할 수 있다.

(1) 피고 회사는 국제회의 용역업 및 국제회의시설 운영을 주된 목적으로 하여 1997. 8. 13. 설립된 비상장법인이고, 원고 회사는 피고 회사의 발행주식 33,320,244주 중 2.7%인 899,400주를 소유하고 있는 피고 회사의 법인주주이다.

(2) 피고 회사는 2006. 12.경 원고 회사를 포함한 주주들에게, 피고 회사가 2006. 11. 29.을 기준일로 하여 그 시점에 피고 회사의 주주명부상 개인주주로 등재되어 있는 주주들(이하, '개인주주들'이라고 한다) 소유의 주식들을 액면가(1주당 5,000원)에 자사주로 매입하여 이를 전량 소각하기로 하는 내용의 '주식 임의유상매입 및 자사주 소각'을 결의하기 위한 임시주주총회를 2006. 12. 27. 개최한다는 내용의 임시주주총회 소집통지서를 보냈다. 위 임시총회에 부의된 위 제 1 호 의안의 구체적 내용은 아래와 같다.

제 1 호 의안: '주식 임의유상매입 및 자사주 소각 결의'의 건

○ 주식 임의유상매입

– 범위: 2006. 11. 29.을 기준으로 한 주주명부상의 개인주

– 매입방법: 신청자 대상 임의유상매입

– 매입금액: 13,295,795천 원 범위 내

– 주당 매수단가: 5,000원

○ 자본감소의 방법 및 절차

– 감자주식의 종류와 수: 피고 회사의 기명식 보통주식 2,659,159주(단, 신청주식 미달시 해당 신청주식)

–자본감소사유: 회사설립시 계획안 수익사업 추진의 차질

–자본감소방법: 임의유상매입 자사주 전액 소각

–자본감소비율: 임의유상매입 결정된 자본감소 금액 비율에 의함

–자본감소 승인 방법: 임시주주총회 특별결의

–주권제출방법: 회사 증권계좌로 이체 또는 회사 제출

–주식금액 지급: 본인의 은행계좌 또는 증권회사계좌

○향후 일정

–채권자 보호절차(이의 제출 및 공고 · 통지): 2007. 1. 3.~2. 4.

–주식의 소각 공고 · 통지: 2007. 1. 3.~2. 28.

–주권제출 및 소각대금의 지급: 2007. 3. 2.~5. 31.

(3) 이와 같은 임시주주총회 소집통지를 받은 원고 회사는 임시총회 개최 전날인 2006. 12. 26. 피고 회사에 대하여, 위 '주식 임의유상매수 및 자사주 소각' 안건이 주주평등의 원칙을 심각하게 침해함을 이유로 위 안건에 반대한다는 의사를 표명함과 아울러 법인주주인 원고 회사에 대하여도 개인주주와 동등한 권리를 부여하여 줄 것을 요청하였다.

(4) 그러나 피고 회사는 2006. 12. 27. 피고 회사의 전체 주주 4,120인 중 87인(발행주식 32,320,244주 중 25,506,421주 출석)이 참석한 가운데 임시주주총회를 개최하여, 출석의결권수의 2/3 이상과 발행주식 총수의 1/3 이상의 찬성으로, 위 임시주주총회에 부의된 위 '주식 임의유상매입 및 자사주 소각 결의의 건'을 승인하는 결의(이하, '이 사건 주주총회 결의'라고 한다)를 하였다.

(5) 피고 회사는 2007. 1. 1. 이 사건 주주총회 결의를 토대로, 주식매각을 희망하는 개인주주들은 해당주권을 2007. 3. 2.부터 2007. 5. 31.까지 제출하라는 취지의 공고를 하였다.

(6) 이에 원고 회사는 피고 회사를 상대로 이 사건 주주총회 결의의 효력정지 가처분신청을 하였고(제주지방법원 2007카합57), 위 법원은 2007. 3. 15. 그 가처분 신청을 받아들여 이 사건 주주총회 결의의 효력을 정지하는 취지의 가처분결정을 하였다.

(7) 2006. 12. 31. 현재 피고 회사의 주주 현황은 다음과 같다.

구 분		인원 (인)	금액 (백만 원)	지분율 (%)	비 고
제주특별자치도		5	95,000	57.02	중앙정부 500억 원 및 종전 시, 군 포함
한국관광공사		1	29,026	17.42	토지출자 32,740평(컨벤션, 호텔부지)
민간주	재일교포	204	6,317	3.79	개인 도주민 4,043인, 14,295백만 원
	제주도내도민	2,992	3,543	2.13	
	제주도외도민	847	3,435	2.06	
	기업	80	29,280	17.57	원고 회사 등 종전 대우계열 3사 110억 원 포함
	소계	4,123	42,575	25.56	
총계		4,129	166,601	100.00	

(8) 피고 회사는 '제주국제컨벤션센터'를 개관한 2003년 이후 2007년까지, 한국관광공사가 현물출자한 호텔부지를 매각한 2006년을 제외하고, 매년 60억 원 정도의 당기순손실이 발생하였다.

나. 판　단

(1) 무릇 주주평등의 원칙은 주주의 법률상의 지위가 균등한 주식으로 단위화되어 있으므로 주주를 그 보유주식의 수에 따라 평등하게 취급하여야 한다는 것으로, 형식적으로는 회사와 주주 간 법률관계에 있어서 주주를 그 지위에 따라 평등하게 취급하여야 한다는 것이고, 실질적으로는 각 주주의 회사에 대한 권리의무가 그 보유주식의 수에 비례하여 정해져야 한다는 것이다. 비록 상법은 주주평등의 원칙에 관한 일반적·원칙적 규정을 두고 있지는 아니하나, 주주의 가장 중요한 권리인 의결권(상법 제369조 제 1 항)을 비롯하여 이익배당청구권(상법 제464조), 신주인수권(상법 제418조) 등에서 이와 같은 주주평등의 원칙을 구체적으로 구현하고 있다. 이러한 주주평등의 원칙은 주식회사의 기본원칙인 동시에 주주의 권리로서 재산권인 주주권의 내용을 이루는 것으로서 그에 대한 예외는 대한민국 헌법 제37조 제 2 항에 의하여 법률이 정한 경우에 한하여 인정될 뿐이므로, 이 원칙에 반하는 정관의 규정 또는 주주총회나 이사회의 결의는, 불평등한 취급을 당한 주주가 동의한 경우 등의 특별한 사정이 없는 한, 무효라고 할 것이다.

(2) 돌이켜 이 사건에 관하여 보건대, 이 사건 주주총회 결의는 주식회사가 자기주식을 취득하는 것을 그 내용으로 하는 것이기는 하나, 그와 같이 취득하는 주

식의 소각을 목적으로 하고 있으므로, 이는 상법상 허용되는 자기주식 취득이라고 할 것이되(상법 제341조 제 1 호), 이러한 경우에도 주주평등의 원칙이 적용되어 일부주주들이 소유하고 있는 주식에 대하여만 이를 차등 적용할 수는 없다고 할 것이다. 그런데 이 사건 주주총회 결의는, 피고 회사가 주된 사업인 '제주국제컨벤션센터'가 개관한 이후에도 매년 계속하여 약 60억 원 상당의 손실을 보고 있어 그 주식의 가치가 상당히 하락하여 주주들의 투자회수 방법이 매우 제한된 상황에서, 법인주주와 개인주주를 차별 대우하여 개인주주들의 주식만을 액면가로 매입, 소각하기로 한 것으로, 주주평등의 원칙에 반하는 위법한 결의로서 그 하자의 정도가 매우 중대하여 무효에 해당한다고 할 것이다.

나아가 피고 회사가 이 사건 주주총회 결의가 유효하게 이루어졌음을 전제로 개인주주들의 주식 매입을 위한 공고를 하는 한편, 이 사건 주주총회 결의가 유효라고 주장하며 원고 회사의 이 사건 청구를 다투고 있으므로, 피고 회사의 주주인 원고 회사로서는 이 사건 주주총회 결의의 무효 확인을 소구할 이익도 있다고 할 것이다.

2. 피고 회사의 주장에 대한 판단

가. 주주평등의 원칙이 적용되지 않는다는 주장

(1) 피고 회사의 주장 요지

피고 회사는 이 사건 주주총회 결의에 주주평등의 원칙이 적용되지 아니한다는 취지의 다음과 같은 주장을 한다.

(가) 주주평등의 원칙은 당해 주주의 주식이라는 재산권을 보호하려는 데에 주된 기능이 있는 것으로서 사익에 이바지하는 원칙이므로, 어느 경우에나 관철되어야 할 것이라고는 보기 어렵고, 당해 주주의 동의가 있거나 공익이라고 할 수 있는 회사 전체의 이익 또는 소액 주주의 보호 등을 현저히 해할 우려가 있는 경우에는 위 원칙은 후퇴된다.

(나) 피고 회사는 제주특별자치도와 한국관광공사가 피고 회사의 자본금의 75%에 이르는 총 1,240억 원을 출자한 회사로서, '제주도의 기업'이나 마찬가지라고 할 수 있고, 실제 지방공기업법상의 공기업에 해당하며, 2001년경부터 2003년경까지 총 500억 원의 국비를 지원받는 등, 공공적 성격이 강한 기업이다. 피고 회사의 주주들 중 특히 제주도민 주주들은 피고 회사에 대한 경솔한 투자로 생활고를

겪고 있는 경우가 많고 이들의 피고 회사에 대한 남소로 인하여 피고 회사의 정상적 경영이 어려운바, 이 사건 주주총회 결의는 도민주주들에게 그 출자금을 환급하여 주는 대신 그 주식을 소각함으로써 소액 투자자를 보호하면서, 공공적 성격이 강한 기업인 피고 회사의 경영을 정상화하여 장기적으로 제주도 전체의 발전을 뒷받침할 수 있도록 운영하기 위한 고도의 경영적 판단에 해당한다.

(다) 한편, 이 사건 주주총회 결의에 의하여 도민 주주들에게 지급할 주식매수대금은 한국관광공사가 현물출자한 호텔부지를 매각하여 그 매각대금을 자금원으로 한 것으로서 실질적으로는 한국관광공사가 도민주를 액면가에 양수한 것이라고 할 수 있다. 또한, 이와 같은 호텔부지의 매각자금을 자금원으로 한 피고 회사의 도민주 소각이라는 일련의 과정에서 피고 회사는 37억 원의 수익을 남겼고, 한국관광공사와 주식회사 대우와의 마찰로 좌절되었던 호텔건립사업을 재추진함으로써 향후 피고 회사의 기업가치가 높아지는 무형의 수익도 얻게 되었다. 따라서 이 사건 주주총회 결의에 의한 자본감소는 피고 회사의 자산을 오히려 증가시키고 있으므로, 원고 회사가 갖고 있는 피고 회사 주식의 실질적 가치를 떨어뜨리는 것이 아니다.

(라) 그리고 피고 회사의 설립과정에서 피고 회사의 설립을 주도한 제주도지사나 피고 회사의 발기인들은 도민들에게 피고 회사에 투자하는 투자금을 회수할 기회를 보장하면서, ① 비상장회사인 피고 회사를 상장할 것을 약속하고, ② 이것이 여의치 않을 경우에는 출자금액을 환급하여 주겠다고 하였으며, 나아가 ③ 피고 회사의 수익을 통한 이익배당을 약속하였고, 이중 적어도 투자금 회수 보장의 약속은 도민들의 주식인수에 있어 의사표시의 내용이 되었다고 할 것이다. 제주도와 함께 피고 회사의 설립을 공동으로 추진하였던 대우그룹 또한 도민들의 이러한 출자경위를 잘 알고 있었으며, 원고 회사의 전신인 대우중공업 주식회사 또한 그러한 사정을 잘 알고 있는 상태에서 출자를 하였다고 할 것이어서, 결국 도민주에 한해서는 투자금의 회수를 보장한다는 점에 대하여 피고 회사와 사이에 사전양해가 되어 있었다고 할 것이다.

(마) 또한, 피고 회사가 발주한 제주국제컨벤션센터 건설공사를 주식회사 대우가 수주하였고, 이로 인하여 원고 회사가 피고 회사에 출자한 액수만큼 공사대금을 현금으로 받음으로써 이미 주식 인수에 대한 반대급부를 누렸다.

(바) 주식회사 및 주식회사의 대주주는 국민경제 및 소액투자자들에 대하여 사회적 책임을 지며, 특히 피고 회사는 제주도민, 제주도, 한국관광공사의 출자에 의하여 설립되었고, 500억 원에 달하는 국비를 지원받은 바도 있는바, 이러한 출자

및 국비지원은 원고 회사가 보유하는 주식의 가치를 형성하고 있어, 피고 회사의 사회적 책임은 막중하다.

(사) 이와 같이 이 사건 주주총회 결의로 인하여 공공적 성격이 강한 피고 회사 전체의 이익 및 소액주주인 도민주주들의 보호라는 공익을 얻을 수 있는 한편, 피고 회사의 자산을 증가시킴으로써 실질적으로 사익을 침해하지 않으므로, 이 사건 주주총회 결의에 대하여는 주주평등의 원칙이 적용되지 않는다.

(2) 판 단

(가) 먼저, 이 사건 주주총회 결의에 의한 개인주주들 소유 주식의 매입, 소각이 소액 투자자들인 도민주주들의 보호 및 공공적 성격이 강한 기업인 피고 회사 경영의 정상화라는 공익을 위한 조치에 해당한다는 취지의 주장에 관하여 살핀다.

① 우선 개인주주들에 대한 투자금반환이 소액투자자들의 보호라는 공익을 위한 것이라는 주장에 관하여 보건대, 피고 회사가 계속하여 손실을 보고 있는 상황하에서 개인주주들에 대하여만 투자금을 반환하여 주는 것은, 그 자체로 해당 개인주주들의 투자금회수라는 사적인 이익을 위한 것일 뿐이지 그것이 공익을 위한 조치라고는 보기 어렵고, ② 이어서 개인주주들이 피고 회사를 상대로 자신들의 출자금과 관련한 소송을 계속하여 제기함으로써 피고 회사의 정상적인 경영이 어려웠고, 이에 개인주주들의 주식들을 매입, 소각함으로써 피고 회사의 경영을 정상화할 수 있다는 주장에 관하여 보건대, 이와 같은 피고 회사의 주장에 부합하는 을 20호증의 기재는 믿기 어렵고, 을 18호증의 기재만으로는 이러한 사정을 인정하기에 부족하며, 달리 피고 회사의 위 주장을 인정할 증거가 없다.

그렇다면 이 사건 주주총회 결의가, 피고 회사 주장과 같이, 공익을 위한 것이라고는 보기 어렵다고 할 것인데다가, 설령 이 사건 주주총회 결의에 따른 개인주주들의 주식의 유상매입, 소각이 결과적으로 피고 회사 및 피고 회사가 위치하고 있는 제주특별자치도의 발전을 위한 조치라고 하더라도, 앞서 판단한 바와 같이, 그러한 사정을 고려하여 특별히 법률로 주주평등의 원칙의 적용 예외를 정하고 있지 아니한 이상, 위와 같은 사정만으로 주주평등의 원칙이 적용되지 아니한다고는 할 수 없으므로, 결국 피고 회사의 위 주장은 어느 모로 보나 그 이유 없다.

(나) 이어서 이 사건 주주총회 결의에 의한 자본감소가 피고 회사의 주주인 원고 회사에 실질적으로 불이익한 조치가 아니라는 취지의 주장들에 관하여 살핀다.

먼저, 갑 2호증, 을 12, 13호증의 각 기재에 변론 전체의 취지를 종합하면, 한국관광공사가 2004. 1. 7. 그 소유의 토지를 피고 회사가 신축하려는 호텔의 부지로 피고 회사에 15,526,014,000원에 현물출자하였고, 이에 대하여 피고 회사는 단주가 된 4,000원을 현금으로 지급하면서 나머지 금액에 대하여는 피고 회사의 주식 3,105,202주를 발행한 사실, 그런데 피고 회사는 2006년경 주식회사 제이아이디에 위와 같이 현물출자받은 토지를 192억 원에 매각한 사실을 인정할 수 있다. 그러나 설령 피고 회사 주장과 같이, 위와 같은 과정을 거쳐 실질적으로는 한국관광공사가 개인주주들로부터 주식을 양수한 것과 같은 결과에 이르게 되었고, 이와 같은 토지의 현물출자 및 이를 자금원으로 한 도민주 소각이라는 일련의 과정에서 피고 회사가 37억 원의 수익을 남기게 되었으며, 나아가 피고 회사가 종전에 답보상태에 있던 호텔건립사업을 재추진하게 되었다고 하더라도, 이 사건 주주총회 결의에서 임의·유상소각의 대상을 개인주주들의 주식에 한정한 것이 주주평등의 원칙을 위반한 것이라는 평가를 뒤집을 수는 없다고 할 것이므로, 이 부분에 관한 피고 회사의 주장 역시 받아들이지 아니한다.

(다) 또한, 피고 회사의 설립과정에서 피고 회사의 설립을 추진한 제주도지사나 피고 회사의 발기인들이 도민들에 대하여 피고 회사에 대한 투자금의 회수를 보장하였고, 원고 회사 역시 그러한 사정을 알고 이 점에 관하여 미리 사전양해를 하였다는 주장에 관하여 보건대, 을 18호증의 기재만으로는 피고 회사의 주장과 같이, 피고 회사의 설립과정에서 피고 회사의 발기인 등, 피고 회사의 설립을 추진하는 사람들이 피고 회사의 주식을 인수하는 도민들에게 그 투자금의 회수를 보장하였다고 인정하기에 부족하고, 달리 이러한 사정을 인정할 증거가 없을 뿐만 아니라, 설령 피고 회사의 발기인 등이 피고 회사의 설립과정 중 도민주주를 모집하면서 도민들에게 피고 회사 주장과 같은 투자금 회수 보장 등을 하였다고 하더라도, 그와 같은 사정만으로 바로 피고 회사가 도민 등 개인주주들에 대하여 투자금 회수 보장 의무를 진다고도 보기 어렵고, 나아가 원고 회사가 피고 회사 주장과 같은 도민주주들의 모집경과를 알았다고 볼 만한 증거도 없으므로, 이 부분에 관한 피고 회사의 주장 역시 어느 모로 보나 이유 없다.

(라) 이어서 원고 회사가 이미 피고 회사에 대한 출자금에 대한 반대급부를 받았다는 취지의 주장에 관하여 보건대, 피고 회사가 주장하는 공사계약의 상대방은 원고 회사가 아닌 주식회사 대우임이 그 주장 자체로 명백하고, 비록 위 회사와 원고 회사가 같은 대우그룹 내의 기업들이었다고 하더라도, 그와 같은 사정만으로는 피고 회사 주장과 같이 원고 회사가 이미 자신의 투자금에 대한 반대급부를 받은

것이라고 보기는 어렵다고 할 것이어서 이 부분에 관한 피고 회사의 주장 또한 이유 없다.

(마) 끝으로 피고 회사가 주식회사이고, 원고 회사가 피고 회사의 대주주임을 이유로 그 사회적 책임이 막중하므로 주주평등의 원칙의 적용이 제한된다는 취지의 주장에 관하여 보건대, 우리 사회에서 주식회사나 주식회사의 대주주가 피고 회사 주장과 같은 국민경제나 소액 투자자들에 대한 사회적 책임을 지고, 특히 막대한 액수의 국비 등이 투여되고, 상당한 수의 제주도민들이 출자에 참가한 피고 회사의 경우는 더욱 막중한 사회적 책임을 진다는 지적은 분명 경청할 만한 가치가 있는 주장이기는 하나, 이 점과 관련하여 피고 회사가 내세우는 사정들만으로는, 이 사건 주주총회 결의가 주주평등의 원칙에 어긋나는 결의라는 앞서의 판단을 뒤집을 수는 없다고 할 것이므로, 이 부분에 관한 피고 회사의 주장 역시 받아들이지 아니한다.

나. 이 사건 청구가 신의성실의 원칙에 반한다는 주장

(1) 피고 회사의 주장 요지

피고 회사는, 이 사건 주주총회 결의에 의한 자본감소로 달성하고자 하는 소액 투자자의 보호 및 피고 회사의 경영정상화라는 공익은 피고 회사의 공공적 성격에 비추어 볼 때 그 보호가치가 매우 큰 반면, 그로 인하여 침해되는 원고 회사의 사익은 주주평등원칙을 형식적으로 관철함에 따라 얻어지는 재산적 이익인데, 실질적으로 한국관광공사가 도민주를 취득하도록 하는 것과 동일한 경제적 효과를 얻기 위한 것으로서 이 사건 자본감소에 의하여 피고 회사의 자산이 오히려 증가한다는 점, 원고 회사는 투자금에 상응하는 이익을 이미 누린 바 있다는 점, 도민주의 환급에 대하여 원고 회사가 사전 양해를 하였다고 볼 수 있다는 점, 원고 회사는 피고 회사의 대주주로서 제주도에 대하여 사회적 책임을 진다는 점 등에 비추어 볼 때, 그 보호가치가 현저히 낮으며, 피고 회사가 도민주주들로부터 주주의 지위를 회수할 수 없게 되는 경우 향후 남소의 위험이 상존하게 되어 자본감소의 의의가 없어지게 되는 사정 등을 종합하여 보면, 원고 회사가 주주평등의 원칙을 내세워 이 사건 주주총회 결의의 무효를 주장하는 것은 신의성실의 원칙에 위배된다고 주장한다.

(2) 판　단

그러므로 살피건대, 우선 이 사건 주주총회 결의가 공익을 위한 것이라고는 보기 어렵다는 점은 앞서 본 바와 같은데다가, 또한 피고 회사가 내세우는 사정들을 모두 고려하여 보더라도 주주평등의 원칙에 위반된다고 인정되는 이 사건 주주총회 결의에 의하여 침해되는 원고 회사 등 다른 주주들의 이익이 피고 회사 주장과 같이 현저히 낮다고는 보기 어렵고, 그 밖에 피고 회사가 주장하는 사정들 및 이 사건 변론과정에 나타난 모든 사정들을 고려하더라도, 주주평등의 원칙을 위반한 이 사건 주주총회 결의의 무효 확인을 구하는 원고 회사의 이 사건 청구가 신의성실의 원칙에 반한다고는 보기 어려우므로, 피고 회사의 위 주장 역시 받아들이지 아니한다.

3. 결 론

그렇다면 이 사건 주주총회 결의의 무효 확인을 구하는 원고 회사의 이 사건 청구는 이유 있으므로 이를 인용하기로 하여, 주문과 같이 판결한다.

* * * * *

Johns v. H.F. Ahmanson & Co.[14)]

Association저축은행은 총발행 6,568주 중 15%는 원고가 보유하고 있고 나머지 85%는 1958년 H.F.Ahmanson & Co.가 매입하여 보유하고 있다. 저축은행은 이익을 배당하지 않고 계속 사내에 유보하여 장부가로 주당 1,131불에서 4,143.70불로 올랐다. 주당 장부가가 높고 지배주주가 85%를 보유하고 있기 때문에 거의 거래가 없고 따라서 저축은행의 주가가 상승하던 시대에 제대로 상승세를 타지 못하였다. 그리하여 85% 주주인 H.F.Ahmanson사는 United Financial사를 설립하면서 Association의 1주를 United사의 250주와 교환, Association는 United사의 85% 자회사가 되었다. 1960년 H.F. Ahmanson는 United를 공개하여 Association 1주당 925불을 회수하였다. 법원은 지배주주가 주식을 매각하여 이익을 얻는 것은 절대적인 재산권의 행사이며 예외적으로 공급이 부족할 때 부당한 프리미엄을 얻거나 회사를 탈취할 목적이 있는 자에게 매각하는 경우에 충실의무위반이나 본건의 경우 지배주주가 주식을 매각한 것이 아니므로 직접 이들 판례가 적용될 수 없다고 한다. 그러나, 지배주주로서 시장을 형성하기 위하여 주식을 분할하거나 또는 주식의 포괄적 이전을 통하여 100% 모회사를 설립할 수 있었음에도 불구하고 H.F.Ahmanson

14) Cal. 3d 93, 81 Cal. Rptr. 592, 460 P.2d 464 (1969).

사는 정당한 사업상의 목적없이 지배주주로서의 지위를 이용하여 소수주주에게는 이용가능하지 않은 독자적인 모회사를 설립한 것은 소수주주에 대한 공평성의 원리에 어긋나는 것으로 충실의무위반이라고 판단하였다.

노트와 질문

1) 최근 기촉법에 따른 은행 중심의 구조조정 추진기반이 기업의 직접금융 비중 확대와 은행간 이해관계 조정의 어려움으로 인하여 약화되면서 기촉법을 폐지하고 통합도산법에 따른 기업회생절차를 기업구조조정의 원칙으로 하되 통합도산법의 문제점을 보완하자는 주장이 제기되고 있다. 통합도산법의 올바른 이해와 소위 국책은행의 기능의 축소라는 방향에서 바람직한 논의이다. 기업구조조정정책세미나(2015. 6. 국가미래연구원) http://www.ifs.or.kr/modules/board/bd_view.asp?no=347&ListBlock=&gotopage=1&Pagecount=24&sk=&sv=&id=research&ca_no=&mncode=&left=&top=3&author=&top=2에서 열람가능.
2) 대규모 기업집단의 경우 개별기업은 집단으로서의 프리미엄과 함께 집단으로서의 계열사 위험이 동시에 존재한다. 계열사가 재무적인 어려움에 처했을 때 기업집단 전체의 차원에서 특정사가 지원을 하는 경우 예를 들어 흡수합병을 하는 경우 지원기업의 임원들은 배임죄의 위험에 빠지게 된다. 대법 2013. 9. 26. 선고 2013도5214 판결상 대표적인 예가 한화의 부령판지인수를 둘러싼 배임죄 논란이다. 한편 채권은행이 특히 소위 국책은행이 신규자금지원을 할 경우 정치적인 비효율과 온갖 비리가 개입하게 된다. 그렇다고 국책은행이 모든 자금지원을 거부한다면 국가의 보증하에 자금을 조달한 국책은행의 역할을 다 하지 못하는 것이 된다. 국책은행은 특정 기업 내지 기업집단이 금융시스템 내지 경제시스템에 미치는 영향을 고려하여 신규자금지원의 필요성 여부를 판단하여야 하는 한편 시스템 붕괴위험을 초래한 책임, 공적 자금의 투입에 대한 댓가로서 특정 기업 내지 기업집단의 지배주주에게는 감자로서 경영권을 박탈시켜야 할 것이다.

문제 30

A주식회사는 재무구조가 악화되자 몇 가지 대응방안을 구상중이다. 우선 보유하고 있는 사옥을 재무적 투자자에게 sale and lease back형식으로 매각하려고 한다. 또한, 사업에 필요한 utility부문인 발전장비와 수처리장치를 매각하고 공장작동에 필요한 전기와 물을 매수자로부터 구입하려고 한다. 마지막으로 사업부분 하나를 영업양도나 분할 후 주식양도의 형식으로 매각하려고 한다. 이러한 모든 조치가 불충분한 경우 주식병합을 통한 감자와 동시에 출자전환을 통하여 이자지급부담을 줄이려고 한다. 각각의 경우에 고려하여야 할 법적인 논점은 어떤 것들이 있을까?

제31장
금융기관의 구조조정과 기업인수

금융기관의 인수·합병은 해당 규제법에서 정부의 인허가절차를 통하여 대주주의 요건, 주주의 최대한도 보유가능지분 등을 통제하고 있음은 전술한 바와 같다.[1] 1997년 환란 이후 금융기관이 부실하여 지거나 부실의 가능성이 보이는 경우 단순히 회사법상의 구조조정방법에 그치지 않고 보다 다양하고 신속한 정부의 규제가 필요하다고 판단, 금산법을 만들었다.

동법에 따르면 금융기관간 합병·전환, 자본감소, 주식병합은 상법상의 절차보다 간편한 절차를 규정하고 있으며 부실금융기관에의 출자 역시 부실금융기관의 통상적인 지배구조에 따른 결정이 아니라 정부가 일방적으로 명령 내지 요청할 수 있도록 되어 있다.[2] 또한, 정부는 계약이전 결정을 통하여 합병이나 영업양수도가 아닌 금융기관 특유의 인수방식으로 가능하도록 정하고 있다.[3]

노철우, *외환위기 이후 국제금융법이 국내 사회에 미친 영향: 금융기관 구조조정을 중심으로*, 14 : 2 서울국제법연구 53-68 (2007).

Ⅲ. 금융·외환위기와 관련한 금융법 제·개정 내용

1. 개　황

1997년 금융·외환위기의 극복을 위해 금융선진국의 금융법을 본받아 우리나라의 금융법을 제·개정한 것은 IMF 대기성차관 협정에 따라 주요 금융 및 기업의 구조조정을 지원하기 위한 것이었다.

한편 우리나라의 금융기관에 대한 구조조정 추진상황을 정부가 IMF 등과의 합

1) 제7장 참조.
2) 동법 제5조, 제5조의2, 제13조의2. 출자는 제12조.
3) 동법 제14조의2.

의를 반영하여 수립한 구조조정 추진계획에 따라 크게 응급조치 및 기반조성기(1997년 11월~1998년 3월), 제1단계 구조조정기(1998년 4월~2000년 8월), 제2단계 구조조정기(2000년 9월~현재) 등 3시기로 구분할 수 있는바, 금융법 제·개정도 이에 맞추어 살펴볼 수 있다.

2. 응급조치 및 기반조성기(1997년 11월~1998년 3월)

가. 개 요

정부는 금융·외환위기 발생 직후 극심한 유동성 부족 상황이 지속되던 청솔·대한 등 14개 종합금융회사, 고려·동서 등 2개 증권회사 및 1 개 투자신탁회사(신세계 투자신탁)을 우선적으로 퇴출하고, 채권발행(14조원), 재정자금 등으로 22.6조원의 공적자금을 조성하여 퇴출종합금융회사의 예금대지급. 부실채권매입을 통한 금융기관에 대한 유동성 지원 및 은행의 자본확충 지원에 사용하는 등 응급조치적 성격의 대책을 실시하였다.

이와 함께 금융구조조정을 위한 정부조직 정비, 예금보험공사와 한국자산관리공사(舊 성업공사) 등 부실금융기관 처리기구의 기능 확충, 기업의 경영투명성 제고 및 재무구조개선 등을 위한 관련 법제를 정비하여 구조조정 추진기반을 마련하였다.

나. IMF 대기성차관 협약의 주요내용

1997년 금융·외환위기 이후 추진된 우리나라의 금융구조조정은 IMF 자금지원에 부수된 일종의 정책준수사항이었기 때문에, 금융구조조정은 당연히 IMF에 의해서 주도되었다. 따라서 금융구조조정 추진을 위한 관련법제의 정비를 살펴보려면 우선 우리나라와 IMF사이에 체결한 IMF 대기성차관 협약의 내용을 알아보는 것이 바람직할 것이다. 이와 관련하여 동 협약에서 발췌한 주요내용은 다음과 같다.

- 1997. 12. 30.까지 다음의 금융부문개혁 법안을 제정 또는 개정한다.
  - 중앙은행으로서의 독립성이 부여되고 물가안정을 주요 업무로 하는 한국은행법 개정
  - 운영 및 재정의 자율성을 보유하고 부실금융기관을 효과적으로 처리하는데 필요한 모든 권한을 갖는 통합금융감독기구(은행, 특수은행, 종합금융회사, 증권회사 및 보험회사)의 설립 법안
  - 기업의 연결재무제표 작성과 외부감사에 의한 감사를 의무화 하는 법안
- 지급불능 금융기관의 폐쇄권한을 감독기관에 부여하는 법안을 국회에 제출한

다(1998. 2. 28.).

- 파산법을 검토하여 현행 파산절차를 간소화하는 개정안을 마련한다(1998. 3. 31.).
- 부실채권정리를 가속화하고 정부의 3년간 예금전액 지급보장을 제한적인 예금보험 제도로 대체한다.
  - 관련법령 개정에 의해 상업은행의 기존손실금을 減資에 의해 보전조치하는 권한을 감독기관에 부여(1998. 2. 25.)
  - 예금전액의 보장을 위해 필요한 규모의 채권발행 권한을 관계당국에 부여(1998. 2. 25.)

다. 금융관련 법규의 정비

위의 협약 등에 근거하여 우리나라는 한국은행의 중립성 및 자율성 보장·금융감독기능의 통합을 핵심내용으로하는 중앙은행제도 및 금융감독체재의 개편, 예금보험공사 및 한국자산관리공사(구 성업공사) 기능의 확충·적기시정조치의 강화 등을 통한 금융산업의 구조조정 촉진, 외국인의 은행주식소유한도 상향조정 등을 통한 은행경영의 효율성·자율성을 재고하기 위해 관련 법규들을 1997년말 정비하였다.

[표 31-1] 금융구조조정 관련 주요법규의 정비 내용

구 분	관련법규	주요내용	정비시기
중앙은행 및 감독제도의 개편	한국은행법	• 정책결정기구(금융통화위원회)의 개편 • 재경원장관의 금통위 참여 및 금통위원장 겸직 폐지 • 은행감독원 분리 및 제한된 은행감독관련 권한 보유 • 물가안정목표 설정·공표, 국회에 대한 보고서 제출 등 대국민 책임 강화	1997. 12.
	금융감독기구의 설치 등에 관한 법률	• 합의제 행정기관인 금융감독위원회 설치 • 종전의 감독기관을 통합하여 금융감독원 설립 • 금융감독위원회·금융감독원의 조직, 사(업)무 등 규정	1997. 12.
금융산업의 구조조정 촉진	예금자 보호법	• 금융권별 예금보험기구를 예금보험공사로 통합 • 부실금융기관의 정리관련 예금보험공사의 기능확충 • 예금보험공사의 자금지원대상에 동 공사가 부실금융기관의 합병 등을 위해 필요하다고 인정하는 경우를 추가하고 예금채권매입제도 및 정리금융기관제도를 도입	1997. 12.

	금융기관 부실자산 등의 효율적 처리 및 성업공사의 설립에 관한 법률	• 부실자산 등의 처리 전문기구로서 성업공사를 설립 • 부실채권정리기금의 설치 · 재원조달 및 운용방법 등 규정	1997. 11.
	금융산업의 구조개선에 관한 법률(금산법)	• 금융당국이 적기시정조치의 발동 여부를 재량적으로 결정하던 것을 일정요건에 해당하는 경우에는 적기시정조치를 의무적으로 발동하도록 변경 • 적기시정조치의 내용 강화 • 자본금 증액 · 감액, 보유자산 처분, 점포 · 조직 축소, 고위험자산 취득금지, 영업의 일부정지, 이행계획 제출명령 등 • 부실금융기관에 대한 정부출자 및 감독기구의 감자명령 제도 도입	1997. 12.
은행경영의 효율성 및 자율성 제고	은행법	• 외국인의 은행주식 소유한도 완화 • 4%까지는 제한없이 소유 가능, 4% 초과 10%까지는 금감위 신고만으로, 10%를 초과하여 소유하려는 경우 10%, 25%, 33% 초과시마다 단계별로 금감위의 승인 필요 • 영업소 신설, 폐쇄, 이전에 관한 인가제 폐지 • 은행의 타회사 발행주식 소유한도 확대조정(10% → 15%)	1997. 12. 1998. 2.

(1) 중앙은행 및 금융감독제도 개편

한국은행법을 전면개정(1997. 12. 31. 공포)하여 한국은행이 통화신용정책을 수립 · 집행함에 있어 독립성과 중립성이 보장될 수 있도록 정책결정기국인 금융통화위원회를 개편하고(재정경제장관의 금융통화위원회 참여 및 동 의장 겸직 폐지), 은행감독원을 분리하는 대신 한국은행에 대해 제한된 은행감독관련 권한을 부여하였으며, 물가안정목표의 설정 · 공표, 국회에 대한 보고서 제출 규정 등을 신설하여 대국민 책임을 강화하였다.

아울러 "금융감독기구의 설치 등에 관한 법률"을 제정(1997. 12. 31. 공포)하여 지금까지 한국은행, 은행감독원, 증권감독원, 보험감독원 및 재정경제원 등으로 분산되어 있는 금융감독기능을 금융감독위원회(국무총리 소속의 합의제 행정기관) 및 금융감독원(무자본특수법인)으로 통합하여 일원화하였다.

(2) **금융산업의 구조조정 촉진**

예금자보호법을 개정(1997. 12. 31. 공포)하여 지금까지 금융업종별로 설치 · 운영하고 있는 예금보험기구를 예금보험공사로 통합하여 일원화하고, 예금보험기금 재원을 확충하였으며, 예금채권매입제도 · 정리금융기관제도를 도입함으로써 부실금융기관의 정리와 관련한 예금보험공사의 기능을 확대하였다.

또한 "금융기관 부실자산 등의 효율적 처리 및 성업공사의 설립에 관한 법률"을 제정(1997. 11. 2.) 시행하여 금융기관 보유 부실자산을 조기에 정리하고 부실화 가능성이 높아진 여신거래 기업체의 자구노력을 지원하기 위한 제도적 장치로서 성업공사를 설립(한국산업은행법에 의해 설립된 성업공사의 재산, 권리, 의무를 포괄승계)하고 동 공사내에 부실채권정리기금을 설치, 운영 · 하였다. 이와 함께 "금융산업의 구조개선에 관한 법률"을 개정(1998. 1. 8. 공포)하여 감독기구의 금융기관에 대한 적기시정조치 및 경영개선명령 내용을 강화하고 부실금융기관에 대한 정부출자 및 감독기구의 감자명령 근거를 마련함으로써 금융산업의 구조조정이 원할하게 추진되도록 하였다.

(3) **은행경영의 효율성 · 자율성 제고**

은행법을 개정(1998. 1. 13 공포)하여, 앞에서 언급한 금융감독기구의 설치 등에 관한 법률의 제정에 따른 금융감독제도의 개편과 관련되는 규정을 정비하는 한편, 은행소유구조 및 비상임제도를 개선함으로써 은행의 책임경영체제를 강화하고, 영업소 신설 · 폐쇄 · 이전 등에 관한 인가제를 폐지함으로써 은행경영의 자율성을 높였다. 또한 1998년 2월 동법을 재개정하여 은행의 타회사 발행주식 소유한도를 10%에서 15%로 확대함으로써 기업의 재무구조를 개선하고 구조조정을 촉진하도록 하였다.

3. **제 1 단계 구조조정기**(1998년 4월~2000년 8월)

가. 개 요

정부는 1998년 4월 14일 IMF 등과의 합의를 거친 경제개혁프로그램을 구체화한 「금융 · 기업 구조개혁 촉진방안」을 발표하고 동 방안에 따라 금융기관 구조조정을 본격적으로 추진하였다.

[표 31-2] 금융구조개혁의 추진방향

구분	주요내용
금융구조개혁의 기본방향	• 금융구조와 기업구조조정의 병행 실시 • 시장원리를 바탕으로 한 금융기관과 기업의 구조조정 • 투명하고 객관적인 기준과 절차에 따라 금융구조조정을 신속하게 추진 • 손실부담원칙 확립을 통해 납세자 부담의 최소화 • 1차로 은행을 구조조정하고, 비은행금융기관의 구조조정은 완급조절
금융권별 주진방향	• BIS 8% 기준 미달은행의 경우, 경영정상화계획 검토후 퇴출여부 결정 • 제일은행, 서울은행의 조기 해외매각 모색 • 증권, 보험회사는 대주주책임하에 구조조정 • 리스사는 모은행 주도하에 은행구조조정과 연계하여 처리 • 종합금융회사는 BIS 비율 및 경영정상화계획을 참작하여 인가취소 등을 결정
구조조정 수단 및 재원마련	• 구조조정은 금융산업의 구조개선에 관한 법률의 적기시정 조치에 의해 추진 • 금융기관리스크관리 감독기준, 자산건전성 분류기준. 건전성 규제 강화

우선 금융기관의 부실채권 규모 등을 감안하여 금융구조조정 추진을 위한 추가 소요액을 50조원(1997년 11월~1998년 3월 중 채권발행자금 14조원 포함시 64조원)으로 추정하고, 이를 예금보험기금채권 및 부실채권정리기금채권의 발행으로 조성하여 금융구조조정에 사용하였다. 그리고 1998년 6월 회생이 불가능한 5개 부실은행(동화 · 동남 · 대동 · 충청 · 경기은행)을 퇴출하고 부실 비은행금융기관을 추가 퇴출하였다. 아울러 주채권은행을 중심으로 회생이 불가능한 기업의 정리와 회생가능한 기업에 대한 기업개선작업(work-out)을 추진하고, 기업의 경영투명성 제고 등을 위한 상법 등 관련 법규를 정비하였다.

그러나 1999년 들어 경기의 급속한 상승 등으로 구조조정 분위기가 느슨해지는 가운데 대우그룹의 워크아웃(1999년 8월), 일부 부실 금융기관의 매각 지연 등의 영향으로 금융기관의 부실이 커졌다. 특히 대우그룹의 워크아웃 추진에 따른 대손충당금의 추가적립, 대지급 등으로 금융기관의 대우그룹여신 57조원(1999. 8. 26. 기준)중 약 31.2조원의 금융기관 손실이 발생하였다. 그 결과 공적자금이 부족하게 되고 금융시장도 불안해짐에 따라 정부의 구조조정 추진계획에 차질이 생겼다. 이에 따라 정부는 재정자금, 이미 사용한 공적자금의 회수 등으로 32조원을 추가로 마련하여 1998년 4월~2000년 8월 중 전체로는 총 82조원의 공적자금을 금융구조조정에 사용하였다.

이와 더불어 금융기관 및 기업의 구조조정 촉진, 경영투명성 강화, 지배구조 개선, 건전성 규제강화 등을 위한 관련 법규를 꾸준히 정비하였다.

나. 금융관련 법규의 추가 정비

앞에서 설명한 금융기관의 구조조정을 효율적으로 추진하기 위해 금융산업의

[표 31-3] 금융구조조정 관련 주요법규의 정비 내용

구 분	관련 법규	주요 내용	정비시기
구조 조정 촉진	금융산업의 구조 개선에 관한 법률 예금자보호법	• 금융기관의 합병·감자 등의 절차 간소화 • 감독기관의 적기시정조치 내용 강화 • 예보의 임직원을 부실금융기관의 관리인 및 청산인·파산관계인으로 선임 가능 • 예금보험요율 인상 및 정리금융기관의 설립절차 간소화 • 예보가 부실금융기관의 부실관계자에 손해배상 청구 가능	1998. 9. 2000. 1. 1998. 9. 2000. 1.
자금 조달 수단 다양화	자산유동화에 관한 법률 주택저당채권유동화 회사법 증권투자회사법	• 유동화 전문회사·설립·업무·감독에 관한 사항 • 주택저당채권유동화회사의 설립·업무·감독에 관한 사항 • 증권투자회사(회사형 증권투자신탁)의 설립·업무감독에 관한 사항	1998. 9. 1999. 1. 1998. 9.
경영 투명성 강화	각 금융기관 관련법	• 은행·종금사·증권사·보험사·소수주주의 대표소송권, 이사해임청구권, 주주총회 소집권 등 소주주주 권한을 행사할 수 있는 지분율을 인하	2000. 1.~4.
지배 구조 개선	독점규제 및 공정 거래에 관한 법률 각 금융기관 관련법	• 금융지주회사 근거 신설 • 은행·종금사·증권사·보험사·투신사에 사외이사 및 감사위원회 제도 도입 의무화 • 은행·종금사·증권사·보험사·투신사에 내부통제기준 및 준법감시인제도 도입 의무화	1999. 2. 2000. 1. 2000. 4.
건전성 규제 강화	은행법 각 금융기관 관련법	• 은행의 여신관리제도 강화 • 종금사 및 보험사의 다른 계열소속 기업에 대한 신용의 교차공여 금지 • 산업·수출입·중소기업은행의 건전성감독기준을 일반은행 수준으로 강화	1999. 2. 2000. 4. 2000. 4.
회계 및 공시제도 강화	각 금융기관 감독규정 은행감독규정	• 신탁재산에 편입되는 채권에 대한 시가평가제 도입 • 은행, 종금사, 증권사, 보험사 등이 보유하는 시장성 유가증권에 대해 시가평가제 도입 • 은행의 분기실적 공시제도 도입	1998. 11 1991. 6.~ 2000. 3. 1999. 9.

구조개선에 관한 법률 · 예금자보호법을 개정하였고, 금융기관 및 기업의 자금조달 수단을 다양화하기 위해 자산유동화제도 · 주택저당채권유동화제도 · 뮤추얼펀드 등을 도입하고자 관련법을 개정하였다. 또한 금융기관 경영투명성 강화, 지배구조 개선. 건전성 규제 및 공시 · 회계제도 강화 등을 위해 은행법 등 각 금융기관 관련 법규를 개정하고 예금전액보험제를 부분보험제로 전환하고자 예금자보호법시행령을 개정하였다([표 31-3] 참조).

(1) 금융기관의 구조조정 촉진

금융산업의 구조조정을 제도적으로 뒷받침하기 위하여 금융기관의 합병 · 감자 등 절차를 대폭 간소화하며, 금융기관의 건전경영을 유도하고 금융기관의 부실을 사전에 방지하기 위하여 금융감독위원회 적기시정조치제도를 강화하는 한편 금융기관의 자본금을 법정자본금 미만으로 감자할 수 있도록 하기 위한 국제통화기금(IMF)과의 합의사항을 반영하도록 개정(1998. 9. 14. 공포)하였다. 또한 위의 법률을 재개정(2000. 1. 21. 공포)하여 부실금융기관 등에 대한 지원방식을 현실에 맞게 다양화하여 금융구조조정의 원활한 마무리를 제도적으로 뒷받침하고, 금융구조조정 과정에서 투입된 공적자금을 효율적으로 회수하기 위하여 예금보험공사의 임 · 직원이 부실금융기관의 관리인으로 참여할 수 있도록 하는 등 공적자금의 회수와 관련된 제도를 보강하였다.

(2) 금융기관 등의 자금조달 수단 다양화

자산유동화에 관한 법률을 제정(1998. 9. 16. 공포)하여, 금융기관 · 성업공사 등이 보유하고 있는 채권 · 토지 등의 자산을 조기에 현금화하여 자금조달을 원활하게 함으로써 금융기관 등으로 하여금 재무구조의 건전성을 높일 수 있게 하고, 주택저당채권을 증권화하여 장기주택자금을 안정적으로 공급함으로써 주택금융기반을 확충하기 위하여, 금융기관 등으로부터 자산을 양도받아 이를 기초로 증권을 발행 · 판매한 후 당해 자산의 관리 또는 처분에 의하여 발생하는 수익을 투자자에게 배분하는 자산유동화제도를 확립하도록 하였다. 또한 주택저당채권유동화회사법을 제정(1999. 1. 29. 공포)하여 금융기관이 주택의 구입 · 신축에 소요되는 자금을 대출하고 당해 주택에 저당권을 설정한 경우, 금융기관으로부터 이 채권을 양도받아 이를 기초로 하여 채권 및 증권을 발행하는 채권유동화회사제도를 도입하여 주택자금을 장기적 · 안정적으로 공급할 수 있도록 하였다. 그리고 증권투자회사법을 제정(1998. 9. 16. 공포)하여 투자자에게 다양한 증권투자수단을 제공하고 자본시장에서는 투자를 활성화하기 위해 자산을 유가증권에 투자하여 그 수익을 주주에게 배분하는 것을 목적으로 하는 증권투자회사의 설립 및 운영 등에 관해 규정함으로써 회사형 증권투자신탁제도를 도입하였다.

(3) **금융기관의 경영건전성 및 투명성 제고**

국제통화기금(IMF)과의 정책협의 결과를 반영하여 동일한 개인·법인 등에 대한 금융기관의 여신한도 관리제도를 국제적 기준에 맞추어 정비함으로써 금융기관의 건전성을 높이고, 은행의 경영 자율성을 제약하는 규제를 폐지 또는 완화하기 위해 은행법을 개정(1999. 2. 5. 공포)하였다. 이와 함께 독점규제및공정거래에관한법률을 개정(1999. 2. 5. 공포)하여, 금융기관의 소유구조를 개선하고 구조조정과정에서 그 필요성이 인정되는 금융지주회사의 설립 근거를 마련하였다. 또한 은행법(2000. 1. 21. 공포), 종합금융회사에관한법률(2000. 1. 28. 공포), 증권거래법(2000. 1. 21. 공포), 보험업법(2000. 1. 21. 공포)등을 개정하여 소액주주의 대표소송권 등 행사요건을 완화하고 사외이사·감사위원회제도 등의 도입을 의무화함으로써 금융기관의 경영투명성 강화와 지배구조를 개선하였다. 아울러 2000년 4월중 한국산업은행법, 한국수출입은행법, 중소기업은행법을 개정하여 건전성 감독기준을 일반은행 수준으로 강화하고, 각 금융기관 감독규정들을 개정하여 시장성 유가증권에 대한 시가평가제를 도입함으로써 금융기관의 건전성 규제 및 회계·공시제도를 강화하였다.

(4) **기 타**

예금자 및 금융기관의 도덕적 해이를 방지하기 위해 2001년 1월부터 예금전액보험제를 부분보험제로 전환하고자 1998년 7월 예금자보호법시행령을 개정하였다. 즉 1997년 12월 관련법의 개정을 통해 2000년말까지 예금의 규모에 관계없이 원리금 전액을 보장하였으나 그 후 유동성 부족에 직면한 일부 금융기관들이 높은 금리로 무리하게 예금을 유치하는 등 부작용이 발생하였는데, 이를 해결하기 위해 1998년 7월 예금자보호법시행령을 개정하여 2001년부터는 원리금 합계 2천만원까지만 보장하였다.

4. 제 2 단계 구조조정기(2000년 9월~2007)

가. 개 요

2000년 들어 현대그룹의 유동성 문제 지속, 일부 부실기업 및 금융기관의 정리 지연 등으로 금융시장의 불안이 이어지는 가운데 대우계열사 등 일부 부실기업의 해외매각 무산, 국제유가 상승 등 외부충격요인이 더해짐에 따라 경제위기감이 매우 높아졌다. 또한 1997년 11월부터 2000년 8월까지 104.6조원의 공적자금을 사용하였으나 금융기관의 자본확충, 부실채권정리 등이 미흡하였다. 이에 따라 정부는 2000년 9월 그동안 추진되어 온 금융 및 기업 구조조정의 기본틀은 유지하면서 공적자금의 추가 조성과 금융 및 기업 구조조정의 촉진을 주요 내용으로 하는 「제2단계 금융구조조정 계획」을 발표하였다. 이를 구체적으로 살펴보면 우선 채권발행 등으로 50조원의 공적자금을 추가로 마련하여 금융기관의 부실채권정리 및 자본확충 등에 사용하기로 하였다. 그리고 금융지주회사제도를 도입하여 부실은행은 감자 및 증자지원후 금융지주회사에 편입함과 아울러 부실 비은행금융기관은 꾸준히 정리하기로 하였다. 이와 함께 금융기관 구조조정의 실효성을 높이기 위해 '기업신용위험상시평가제도'를 도입하여 부실기업을 계속 정리하기로 하였으며, 회생 가능한 기업의 구조조정을 효율적으로 추진하기 위해 기업구조조정투자회사법 · 기업구조조정촉진법 등을 제정하고 회사정리법 등을 개정하여 법규를 정비하였다.

나. 금융관련 법규의 추가 정비

부실 금융기관의 정리와 금융기관의 대형화 및 겸업화를 촉진하기 위한 금융지주회사 도입과 관련하여 금융지주회사법을 제정하고, 건전한 금융자본의 출현을 유도하고 은행의 책임경영을 촉진하기 위해 은행법을 개정하여 은행소유제한을 완화하였으며, 공적자금 관리의 투명성을 제고하고 금융기관의 책임경영 풍토 조성, 지배구조 개선 등을 위해 공적자금관리특별법 · 예금자보호법 · 증권거래법 등을 제정 또는 개정하였다([표 31-4] 참조).

[표 31-4] 금융구조조정 관련 주요법규의 정비 내용

구 분	관련 법규	주요 내용	정비시기
금융지주회사의 설립 촉진	금융지주회사법	• 금융지주회사의 설립·업무 및 건전성 규제에 관한 사항	2000. 10.
공적자금관리의 투명성 재고	공적자금관리특별법	• 공적자금의 범위, 공적자금관리위원회의 설치, 국회보고, 감사보고서 제출 등을 규정	2000. 12.
	예금자보호법	• 예금보험공사에 부실(우려)금융기관에 대한 자료제출요구권 및 조사권 부여	2000. 12.
금융기관의 책임경영풍토 조성	금융기관의 책임경영과 금융행정의 투명성 보장에 관한 규정	• 감독기관의 금융기관 경영에 대한 간섭 금지, 문서나 회의에 의한 협조 요청 의무화	2000. 11.
소유 및 지배구조 개선	은행법	• 은행의 주식보유한도 확대	2002. 4.
	증권거래법	• 협회등록법인(코스닥법인)의 사외이사 선임 및 감사위원회 설치 의무화	2001. 3.
	상호저축은행법	• 일정규모 이상의 상호저축은행에 대해 사외이사가 이사 총수의 1/2 이상이 되도록 의무화 • 감사위원회설치 의무화	2001. 3.

(1) 금융지주회사의 설립 촉진

금융지주회사법을 제정(2000. 10. 23. 공포)하여, 금융기관의 대형화·겸업화를 통한 금융기관의 경쟁력을 제고할 목적으로 금융지주회사의 설립을 촉진하는 한편, 금융지주회사와 자회사의 건전한 경영을 도모함에 있어서 필요한 사항, 즉 금융지주회사의 업무 및 건전성 규제에 관한 사항 등을 규정하였다. 한편 위의 법률을 개정(2002. 4. 27. 공포)하여 은행지주회사 소유규제를 국제수준에 맞게 사전적인 소유제한은 완화하되 금융감독을 강화하는 방법으로 개선하고, 동일한 금융지주회사에 속하는 금융기관간에는 일정한 개인신용정보를 공유할 수 있도록 하여 금융지주회사 경영의 효율성을 높이도록 하였다.

(2) 공적자금의 관리 강화

공적자금관리특별법을 제정(2000. 12. 20. 공포)하여 공적자금의 범위, 공적자금관리위원회의 설치, 공적자금의 지원, 공적자금 운용보고서의 대국회 보고 등에 관한 사항을 규정함으로써 공적자금의 조성·운용·관리의 객관성·공정성 및 투명성을 높여 공적자금의 효율적 사용을 도모하고 국민부담을 최소화하도록 하였다.

또한 예금자보호법을 개정(2000. 12. 30. 공포)하여 예금보험공사가 부실금융기관에 지원한 자금을 원할히 회수하고 금융부실의 재발을 방지하기 위하여 예금보험공사의 공적자금 회수 및 부실예방기능을 강화하였다. 즉, 예금보험공사가 부실 또는 부실우려금융기관 결정을 위하여 부실금융기관 및 그 지주회사 등에 대하여 업무 및 재산상황에 관한 자료제출요구 및 조사를 할 수 있도록 하고, 조사결과 보험사고의 위험이 있다고 판단되는 경우 금융감독위원회에 적절한 조치를 취하여 줄 것을 요청할 수 있도록 하였으며, 예금보험공사가 부보금융기관에 대하여 동 기관의 임·직원의 채무불이행 등으로 인한 손해를 보전하기 위한 배상책임보험에 가입할 것을 요구할 수 있도록 하였다.

(3) 금융기관 책임경영풍토 조성

정부는 금융감독기관이 객관적이고 투명한 절차에 의해 금융정책 수립 및 감독업무를 수행하도록 하기 위해 「금융기관의 책임경영과 투명성 보장에 관한 규정」을 국무총리 훈령으로 제정(2000. 11. 13. 시행)하였다. 이에 따르면 금융감독기관은 법령에 의한 권한을 행사하는 경우 등을 제외하고는 금융기관의 경영에 부당한 간섭을 할 수 없고 금융감독기관이 금융시장의 안정을 위해 금융기관에 협조나 지원을 요청할 경우 문서나 회의에 의하여야 한다.

(4) 소유 및 지배구조 개선

은행법을 개정(2002. 4. 27. 공포)하여 은행소유규제를 국제기준에 맞게 사전적인 소유제한은 완화하되 금융감독을 강화하는 방향으로 개선함으로써 건전한 금융자본의 출현을 유도하고 은행의 자율경영책임을 촉진하는 한편, 은행이 다른 은행의 주식을 소유할 수 있도록 하였다.

또한 증권거래법을 개정(2001. 3. 28. 공포)하여 협회등록법인의 경우에도 사외이사제도를 도입하고 대형 협회등록법인에 대해서는 감사위원회 설치를 의무화하고, 상호저축은행법을 개정(2001. 3. 28. 공포), 일정규모 이상의 상호저축은행에 대하여 사외이사가 이사총수의 2분의 1 이상이 되도록 의무화하는 한편 감사위원회 설치를 의무화하였다.

(5) 기 타

정부는 1998년 7월에 개정된 예금자보호법시행령에 따라 2001년 1월부터 원리금 합계 기준으로 1인당 2천만원 이내에서만 예금을 보호하는 部分預金保護制度

가 시행될 경우 금융기관간 급격한 자금이동으로 금융시장이 불안해질 가능성에 대비하여 2000년 10월 예금자보호법시행령을 개정(2001. 1. 1 시행)하였다. 즉 2001년 1월부터 1인당 예금 원리금 보장한도가 5천만원으로 상향 조정되었으며 이자가 지급되지 않는 결제성 예금은 상거래의 안전성 확보를 위해 2003년 말까지 예금 전액이 보장되도록 하였다.

Michael H. Krimminger, *Bail-in, Not Bail-out: Developing SIFI Resolution Strategies Around the Globe*4)

The 2007-2009 financial crisis was a watershed event that shook the confidence of people around the globe in the stability of the international financial system. The crisis demonstrated a failure of market discipline and the government responses only exacerbated this problem by confirming the long-standing expectation that some firms—particularly globally active financial companies—were too big or interconnected to fail.

In response, international standard setters and national authorities have sought to create a more resilient financial system while fashioning statutory frameworks and strategies to make the resolution of so-called systemically important financial institutions ("SIFIs") possible.

The U.S. Response.

In the wake of the financial crisis, the U.S. created a special insolvency regime for a failing SIFI under the Orderly Liquidation Authority ("OLA") provisions of Title II of the Dodd-Frank Wall Street Reform and Consumer Protection Act (the "Dodd-Frank Act"). OLA is designed exclusively to address the failure of SIFIs in cases where such an insolvency would have serious adverse effects on the U.S. economy.ⓐ It is important to note that OLA supplements—rather than replaces—existing insolvency regimes. Unless a decision is made to place a SIFI into OLA resolution, the normal insolvency laws—such as the Bankruptcy Code—continue to apply. Of

4) http://clsbluesky.law.columbia.edu/2015/04/29/bail-in-not-bail-out-developing-sifi-resolution-strategies-around-the-globe/#.VbB-p5Xs2dY.gmail

ⓐ Dodd-Frank Wall Street Reform and Consumer Protection Act of 2010, Title II—Orderly Liquidation Authority, codified at 12 U.S.C. §§5381-5397.

course, FDIC-insured banks remain subject exclusively to resolution under the Federal Deposit Insurance Act.

The U.K. and European Response.

The United Kingdom's Response. In the Financial Services Act 2012, the U.K. restructured its financial services regulatory framework to give the Bank of England responsibility for macro-prudential oversight for the financial system, supervisory authority for systemically important financial services companies, and resolution authority for SIFIs. The UK adopted a further reform through the Banking Reform Act 2013 to provide for a bail-in tool, which is designed to recapitalize a failing or failed financial company and restore its ability to meet regulatory and market requirements.

In a paper entitled "The Bank of England's Approach to Resolution" ("BoE Resolution Paper"), released on October 23, 2014, the Bank of England described at a high level how it anticipates using its authority under U.K. law in a resolution of a systemically important financial company in the future.[ⓑ]

The European Response. At the time of the financial crisis there was no harmonization of the insolvency regimes for resolving banks or other financial institutions in the EU. The 2014 Bank Recovery and Resolution Directive ("BRRD"), lays out a harmonized toolbox of resolution powers that will be available to national authorities in each member state.[ⓒ] While the BRRD authorizes a set of resolution tools, for purposes of the present discussion the most important tool is the bail-in tool.

The Role of Bail-in under the Resolution Authorities.

Although it may not be suitable for some financial companies, the international debate about the best resolution strategies to apply to complex, global financial companies has been dominated since 2011 by the single point of entry strategy ("SPE"). While SPE was developed to implement OLA

ⓑ Bank of England, "The Bank of England's Approach to Resolution" (Oct. 2014), available at www.bankofengland.co.uk/financialstability/Documents/resolution/apr231014.pdf, which will be updated periodically.

ⓒ As a practical matter, national authorities will be replaced by the single resolution board under the single resolution mechanism in certain cases.

under the Dodd-Frank Act it has come to be viewed as the most promising approach for the resolution of SIFIs from other jurisdictions as well.

Under the SPE strategy, only the top-level holding or operating company of a financial group would be resolved, and recapitalized. The goal is to focus the resolution on the top-level owner of the operating subsidiaries so that those subsidiaries conducting the systemically important functions of the group would be able to remain open and operating.ⓓ Once the top-level holding company is placed into receivership, its operations and assets—principally its ownership of the subsidiaries—are transferred to a bridge financial company.

In Europe (including the U.K. and Switzerland), the SPE strategy is expected to rely more heavily on the use of bail-in authority to allow recapitalization either with or without the initiation of formal insolvency proceedings. In these approaches, the bail-in authority would be used to recapitalize the top-level company by writing down existing equity and converting certain debt obligations into new equity. This open institution approach has been favored by many in Europe because the top-level company for many of the European SIFIs are themselves operating companies and there is concern that putting these operating companies into insolvency proceedings, even if for a moment, could lead to greater disruptions to their operations. In contrast, the top-level companies for U.S. SIFIs are holding companies with virtually no operating businesses.

In the BoE Resolution Paper, the Bank of England describes bail-in as a preferred resolution strategy for global SIFIs compared to use of its transfer powers, which include the power to transfer operations of the failing SIFI to a bridge. The reason lies in the Bank of England's concern that it will be exceedingly difficult to separate the critical economic functions of the SIFI from those that are less critical in making the transfer.ⓔ This is viewed

ⓓ Resolution of Systemically Important Financial Institutions: The Single Point of Entry Strategy, 78 Fed. Reg. 76614 (Dec. 18, 2013); Swiss Financial Market Supervisory Authority, "Resolution of Global Systemically Important Banks," August 7, 2012, available at http://www.finma.ch/e/finma/publikationen/Documents/pos-sanierung-abwicklung-20130807-e.pdf; Bank of England & Federal Deposit Insurance Corporation, "Resolving Globally Active, Systemically Important, Financial Institutions," December 10, 2012, available at https://www.fdic.gov/about/srac/2012/gsifi.pdf.

ⓔ See BoE Resolution Paper at 18.

better facilitating continuity in critical operations. To the extent it is effective at recapitalizing the SIFI and achieving renewed market confidence, this could prove an advantage. However, as noted above, if the transfer to the bridge involves all key operations of the SIFI or if the 'point of entry' is at a holding company level where there are few, if any, operating facilities, this may not be a significant difference. Finally, bail-in is viewed as presenting an advantage because it can potentially operate before insolvency as well as after initiation of resolution actions.[f]

The BoE Resolution Paper does discuss an issue that continues to create challenges. If the bail-in occurs before resolution, the reliability of valuations of the assets becomes more difficult.[g] The Bank of England, and the FDIC, have noted that this issue may be addressed by issuing new equity based on an estimated valuation while providing "warrants" or "certificates of entitlement" to creditors so that a true-up of the value of their claims can be completed when more complete market valuations are available.

The principal distinction between the US OLA approach and bail-in in the UK and under BRRD is that the latter approach authorizes bail-in before the financial company has been placed into an insolvency proceeding. There, the purpose of the bail-in tool is to restore an institution's ability to comply with the conditions for authorization, to carry on its authorized activities, and to sustain sufficient market confidence in the institution.[h]

While the bail-in tool may also be used in an insolvency proceeding, the focus in the UK and in the EU is clearly on pre-failure bail-in.

Total Loss Absorbing Capacity and Bail-in

On November 10, 2014, the Financial Stability Board ("FSB") released a consultative document entitled "Adequacy of loss-absorbing capacity of global systemically important banks in resolution" (the "Proposal"). The stated objective of the Proposal is to ensure that the SIFIs maintain sufficient loss absorbing and recapitalization capacity so that, during and after a resolution, "critical functions can be continued without taxpayers' funds (public funds) or financial stability being put at risk."

ⓕ See BoE Resolution Paper at 9-10.

ⓖ See BoE Resolution Paper at 18-19.

ⓗ BRRD art. 43.

To achieve this objective, the Proposal recommends requiring all SIFIs to maintain levels of equity capital and debt as Total Loss Absorbing Capacity ("TLAC") to serve as a going concern and gone concern cushion so that, once the Basel III minimum required capital is eroded, there remains sufficient TLAC that can be written down or converted into equity to recapitalize the SIFI.

Now that comments have been received, the FSB will conduct additional analysis, including a quantitative impact study ("QIS") and a market survey. The FSB has stated that it plans to issue the final standards at the next G-20 Summit in November 2015. Although the FSB does not anticipate global implementation until January 2019, certain jurisdictions, including the United States, may seek to implement the requirements more rapidly.

Implications of TLAC and the Future of Finance.

A Focus on SPE Strategies and Non-operating Holding Company Structures

The Proposal has clear implications for which entities will be issuers of debt. While the Proposal accommodates MPE strategies by allowing for multiple "resolution entities" that must hold TLAC and can issue external TLAC, the Proposal was developed in the context of an SPE strategy designed to maintain systemically important operations in subsidiaries and favors holding companies with no or very limited operations. While this is the structure used by the U.S. SIFIs and some others, there are a considerable number of SIFIs, particularly in Europe and Asia, that have operating banks as the topmost parent. If the TLAC requirement is interpreted by regulators as implying a need for the reorientation of SIFI organizations towards a U.S.-style holding company model, it would have significant consequences on the diversity of available business models and the flexibility previously allowed in financing business operations.

Internal TLAC-Rigidity and Scaling

The requirement of internal TLAC for material subsidiaries located outside the home country raises significant questions. While such an approach "pre-positions" recapitalization resources in host countries, it also creates a risk of trapping those resources in multiple host country silos. This could limit the ability of SIFIs to redeploy resources to threatened subsidiaries by reducing the available and easily deployable resources to head off failure, which, on a global scale, raises concerns about systemic stability in future crises.

However, if properly structured, internal TLAC could provide an effective avenue for financial companies to recapitalize their foreign operations and avoid a potentially disorderly break-up along national lines. This could be a significant step towards more effective international resolution strategies.

New Relationship Between Equity Capital and Debt

If adopted as proposed, the Proposal would impose more specific requirements on the composition of SIFI balance sheets by mandating specific minimum proportions of instruments that are Tier 1 or Tier 2 capital instruments in the form of debt plus other eligible TLAC that is not regulatory capital. In essence, the Proposal represents an historic realignment of the traditional relationship between equity capital and debt. Traditionally, common equity capital (often referred to as Tier 1 common) has served as a shock absorber for unanticipated losses to prevent insolvency. In that role, it provides going-concern loss absorbency. Debt issued by a banking institution has been conceived as providing a more secure investment for a more limited return.

This change in the relationship between equity capital and debt is reflected in the Proposal's recommendation of a Pillar 1 minimum external TLAC requirement that is double the Basel III minimum capital standard as a percentage of RWAs, while requiring that at least 33% of the TLAC must be in Tier 1 or Tier 2 capital instruments in the form of debt plus other eligible TLAC that is not regulatory capital. This approach is designed to provide assurance that there will be a sufficient buffer of loss absorbing equity and debt to permit recapitalization after regulatory capital has absorbed losses prior to insolvency. This relationship assumes that resolution occurs while sufficient TLAC remains to recapitalize the SIFI. Under the Proposal, this action can occur either before or after initiation of insolvency proceedings. In either event, while the Proposal does not address this question, it is essential that action must be taken before the exhaustion of the Basel III minimum capital requirement so that the remaining TLAC can serve to recapitalize the SIFI. While the Proposal does not count the additional Basel III capital buffers as part of TLAC, this additional cushion would still serve to absorb losses before the TLAC cushion. In effect, the Proposal recommends a significant extension of the current regulatory capital framework.

Interplay with Resolution Regimes

As discussed above, although certain aspects of the Proposal, such as the concept of "resolution entities," appear designed to accommodate MPE resolution, the Proposal as a whole still generally presumes an SPE-resolution approach and contains provisions that may not be consistent with the corporate and debt structures of many SIFIs headquartered outside the United States. The FSB may need to reconsider how the proposal defines the types of instruments eligible for inclusion as TLAC to permit firms with different corporate and debt structures to compete with their foreign counterparts on a level playing field. Alternatively, some European jurisdictions may need to change their laws regarding priority so that senior unsecured debt is subordinated to liabilities, such as insured deposits or liabilities arising from derivatives, that are excluded from qualifying as TLAC.

Other elements of the Proposal may also frustrate fair competition between SIFIs. For instance, the blanket exemption for SIFIs from developing countries may make it very difficult for firms with headquarters in developed nations to compete in developing countries where local banking organizations would not have to bear the costs of meeting the TLAC requirements. Likewise, the provision allowing SIFIs with uncapped resolution funds to count those funds towards 2.5% of RWAs fails to account for the fact that firms in other countries also contribute to resolution funds. While this provision may have been a political compromise, it creates a potential mismatch in TLAC requirements that could impose differential costs on SIFIs competing in the same markets and for the same customers.

Calibration of the Total TLAC Requirement

The projected calibration of the Pillar 1 external TLAC requirement at

16%-20% of RWAs also raises some questions. Although this range represents approximately twice the Basel III regulatory capital requirements, it is not clear that this is the appropriate figure. It presumes that regulatory capital would be depleted in its entirety before resolution occurs. However, if regulators apply prompt corrective action strategies and seek resolution before capital insolvency, or if the company cannot access market-based funding and becomes illiquid before capital insolvency (as happened during the recent financial crisis), resolution should occur before capital insolvency. If so, TLAC calibrated around double the Basel III regulatory capital requirements (while excluding regulatory capital buffers) may impose higher total TLAC requirements than necessary.

Triggers

Greater clarity is likely necessary with respect to the triggers applicable to TLAC instruments. The Proposal provides that such instruments would need to "contain a contractual trigger or be subject to a statutory mechanism" that permits the resolution authority to expose the instrument to losses in resolution. Investors, however, will likely need greater certainty as to when this trigger event is likely to occur, i.e. what standards regulators will use to determine when a SIFI has reached the "point of non-viability."

Cost-Benefit Analysis

This is, in some ways, the ultimate question that is inherent within the preceding issues. What are the costs and benefits to economic development and financial resiliency of a defined level of TLAC for SIFIs? The FSB directly poses this question in the Proposal. The FSB notes that "the added funding costs associated with a TLAC requirement will lead to a reduction of the implicit public subsidy for SIFIs." However, in assessing this effect, it presumptively adopts a relatively simple binary understanding of the potential relationships by concluding that "SIFIs may pass on a share of their higher funding costs to their clients, prompting a shift of banking activities to other banks without necessarily reducing the amount of activity." While this may be true for many activities, it appears to assume the answer and, at least, presents some questions about whether it is inevitably true about certain financial functions performed by SIFIS, such as global capital formation, funding and certain more complex derivatives activities.

Final Thoughts

The answers to the foundational questions posed above are critical to answer the underlying and more technical questions for every level of the TLAC Proposal. We must assume that international and national regulators will be open to a transparent discussion about these issues. They are too important to resolve without bringing the best analytics together in an open dialogue.

대법 2009. 4. 23. 선고 2005다22701, 2005다22718 판결(윤×대 v. 국민은행)

2. 금융산업의 구조개선에 관한 법률 제 4 조, 제 5 조의 위헌 주장에 대하여

구 금융산업의 구조개선에 관한 법률(2002. 12. 26. 법률 제6807호로 개정되기 전의 것, 이하 '구 금산법'이라 한다) 제 4 조는 금융기관이 구 금산법에 의하여 합병 등을 할 경우 금융감독위원회의 인가를 받도록 하면서(같은 조 제 1 항) 인가 심사기준(같은 조 제 3 항) 및 조건부 인가(같은 조 제 5 항)에 관하여 규정하고 있는바, 위 규정들로 인하여 금융기관의 주주의 재산권이 본질적으로 침해된다거나 금융기관의 주주가 합리적 이유 없이 차별적 취급을 받게 된다고 볼 만한 근거를 찾기 어려우므로 위 규정들이 헌법에 위반된다고 볼 수 없다.

그리고 구 금산법 제 5 조 제 3 항 내지 제 8 항, 제10항, 제11항은 금융기관의 합병 등에 관한 절차의 간소화를 규정하고 있는 규정들로서, 상법 제232조 제 1 항이 1월 이상으로 정한 채권자 이의제출기간을 10일 이상으로(같은 조 제 3 항), 상법 제363조 제 1 항이 2주간 전으로 정한 주주총회 소집 통지기간을 7일 전으로(같은 조 제 4 항), 상법 제522조의2 제 1 항이 합병주주총회일 2주 전으로 정한 대차대조표의 공시기간을 7일 전으로(같은 조 제 5 항), 상법 제354조 제 4 항이 2주간 전으로 정한 주주명부 폐쇄 및 기준일 공고기간을 7일 전으로(같은 조 제 6 항), 상법 제530조 제 3 항, 제440조가 1월 이상으로 정한 주식병합을 위한 구 주권 제출 공고 기간을 5일 이상으로(같은 조 제 7 항), 상법 제522조의3 제 1 항이 20일 이내로 정한 주식매수청구권 행사기간을 10일 이내로(같은 조 제 8 항), 상법 제526조, 제527조가 2주간 전으로 예정한 흡수합병의 보고총회 또는 신설합병의 창립총회 소집 통지기간을 7일 전으로(같은 조 제11항) 규정하여 합병에 관련한 상법상의 각 기간을 단축하고 있고, 합병을 결의하는 주주총회에서 증권예탁원(이하 '예탁원'이라고 한다)의 의결권을 제한한 증권거래법 제174조의6 제5항 제3호에 대한 특례조항으로서 그와 같은 주주총회에서도 예탁원의 의결권 행사를 인정하고 있다(같은 조 제10항). 이러한 규정들은 금융기관의 합병을 신속하게 추진할 수 있도록 함으로써 금융산업의 구조개선을 지원하여 금융기관 간의 건전한 경쟁을 촉진하고 금융업무의 효율성을 높임으로써 금융산업의 균형 있는 발전에 이바지하려는 입법 목적(구 금산법 제1조)을 구체적이고도 제도적으로 보장하기 위한 것인바, 그 입법 목적 달성을 위하여 합병에 관련된 상법상의 각 기간을 단축함으로써 이에 따라 주주들의 권리행사가 어느 정도 제한될 수는 있지만 그 단축된 기간이 본래의 취지를 무의미하게 할 정도로 불합리하게 짧다거나 그로 인하여 주주들의 권리행사가 원천적으로 부정되거나 현저히 곤란하게 된다고 볼 수는 없고, 증권거래법과는 달리 합병을 결의하는 주주총회에서 예탁원에 의한 의결권 대리행사를 인정하고 있다 하더라도 주주총회에 참석하지 않은 주주들에 대한 예외적이고 보충적인 대리행사만을 인정하고 이른바 그림자 투표(shadow voting) 방식을 규정하여 의결권의 대리행사에 의하여 주주들의 의사결정이 왜곡되지 않도록 하고 있다. 따라서 위 규정들로 인하여 금융기관의 주주들의 권리가 어느 정도 제한을 받게 되는 불이익을 입게 된다 하더라도 이는 금융산업의 경쟁력 향상을 위한 산업구조의 개선이라는 시대적 요청에 따르고자 한 앞서 본 입법 목적에 비하여 중하다고는 볼 수 없고, 위 규정들의 공익적 목적이 그로 인하여 잃게 되는 사익과 비교할 때 우월하다고 볼 만한 합리적인 이유가 있으므로 위 규정들이 입법적 재량을 벗어나 주주의 재산권을 과도하게 제한한 것이라고 할 수 없다. 또한, 금융산업의 경쟁력 제고를 위하여 금융기관의 인수, 합병 등을 통한 금융기관의 대형화, 전문화를 실현하려는 공익적 목적 및 금융산업의 경쟁력 제고와 산업구조의 합리화를 달성하기 위해 구조조정에 있어 신속하게 대처할 필요성 등을 종합적으로 고려해 본다면, 구 금산법의 적용을 받는 합병회사의 주주와 그렇지 않은 합병회사의 주주 사이의 차별은 합리적인 이유가 있다고 할 수 있으므로 이로 인하여 평등권이 침해된다고 할 수 없고, 위 규정들로 인하여 헌법이 추구하고 있는 시장경제질서가 과도하게 위축될 가능성이라든가, 개인과 기업의 경제상의 자유와 창의가 존중되지 못할 우려를 발견하기 어려우므로, 위 규정들이 헌법 제119조 제1항에 위반된다고 볼 수도 없다(헌재 2008. 12. 26. 선고 2005헌바34 결정 참조).

따라서 구 금산법 제 4 조, 제 5 조가 헌법에 위반된 규정들이라고 할 수 없으므로, 원심이 합병 전 주식회사 국민은행(이하 '합병 전 국민은행'이라고 한다)과 합병 전 주식회사 한국주택은행(이하 '합병 전 한국주택은행'이라고 한다) 사이의 이 사건 합병에 대하여 구 금산법을 적용한 것은 정당하고, 거기에 상고이유에서 주장하는 바와 같이 위헌법률을 적용한 위법 등이 있다고 할 수 없다.

3. 구 금산법 제 5 조의 적용 범위에 대하여

구 금산법 제 2 조 제 1 호와 제 3 호는 각 '금융기관'과 '부실금융기관'을 구별하여 정의하고 있고, 구 금산법 제 3 조 내지 제 5 조는 '금융기관' 간의 합병에 관하여 규정하면서 그 적용 범위를 '부실금융기관' 사이의 합병으로 한정하고 있지 아니하므로, 구 금산법 제 5 조는 합병당사회사들이 모두 금융기관이라면 어느 일방 혹은 쌍방이 부실금융기관인지 여부에 관계없이 적용될 수 있다고 해석된다.

같은 취지에서 원심이 합병 전 국민은행과 합병 전 한국주택은행이 각 부실금융기관이 아니라 하더라도, 금융기관인 두 은행 사이의 합병절차에는 구 금산법 제 5 조가 적용될 수 있다는 취지로 판단한 것은 정당하고, 거기에 상고이유에서 주장하는 바와 같은 구 금산법 제 5 조의 적용 범위에 관한 법리오해 등의 위법이 없다.

18. 정부의 직권남용에 의한 강제합병 및 독점규제 및 공정거래에 관한 법률 위반 등을 이유로 한 합병무효 주장에 대하여

원심판결 이유에 의하면, 원심은 정부가 법령에 정한 요건과 절차를 무시하고 주주들의 의사에 반하여 이 사건 합병을 강제하였다거나, 이 사건 합병이 독점규제및공정거래에관한법률 제 7 조가 규정하는 기업결합의 제한에 위반되었다고 인정할 만한 증거가 없다고 보고 이를 이유로 한 원고의 합병무효 주장을 배척하였다.

기록에 비추어 살펴보면, 원심이 관련 증거를 취사선택하고 증거의 증명력을 비교 · 평가하면서 논리와 경험의 법칙에 위배하였다고 볼 수 없으므로 채증법칙 위반을 다투는 상고이유의 주장은 받아들일 수 없다. 원심이 위와 같은 원고의 합병무효 주장을 배척한 것은 정당하며 거기에 상고이유에서 주장하는 바와 같은 합병무효 사유에 관한 법리오해 등의 위법이 없다.

대법 2007. 4. 27. 선고 2004다41996 판결(대우증권사건)

금융기관들 사이에 채무자인 기업에 부실징후가 발생할 경우 법원이 관여하는 법정 회생절차에 들어가는 대신 주채권은행 주도하에 기업개선작업에 착수하여 당해 기업에 대한 채권금융기관들로 구성된 협의회를 소집하여 채권액 기준 3/4 이상의 채권을 보유한 채권금융기관의 찬성으로 채권재조정 등을 내용으로 하는 기업개선작업안을 의결하고 나아가 주채권은행이 협의회 소속 다른 채권금융기관들의 대리인 겸 본인으로서 당해 기업과 사이에 위와 같이 확정된 의결 내용을 이행하기 위한 기업개선작업약정을 체결하는 방식의 일종의 사적 정리에 관한 사전합의(이하 '기업구조조정협약'이라고만 한다)가 이루어진 상태에서, 채무자인 특정 기업에 대하여 부실징후가 발생하여 주채권은행이 사전합의된 바에 따라 관련된 채권금융기관들의 협의회를 소집하여 기업개선작업안을 의결하고 이어 주채권은행과 당해 기업과 사이에 그 의결 사항의 이행을 위한 기업개선작업약정이 체결되었다면, 이는 위와 같은 사전합의에 따른 것이어서 달리 무효로 볼 만한 특별한 사정이 없는 한 그 약정에 따른 채권재조정 등 권리변경의 효력은 채권금융기관협의회의 구성원으로서 결의에 참여하여 기업개선작업안에 반대한 채권금융기관에도 당연히 미친다고 할 것이다. 그리고 위와 같은 사적 정리절차에 따른 기업개선작업약정은 민법상 화해계약에 유사한 성질을 갖는 것이어서 채권금융기관들이 양보한 권리는 기업개선작업약정의 효력이 발생한 시점에 소멸하고 당해 기업 등은 그에 갈음하여 그 약정에 따른 새로운 권리를 취득하게 되는 것이므로, 보통 채권금융기관들이 기업개선작업의 성공을 기대하면서 양보를 하기 마련이라고 하더라도 채권금융기관들과 당해 기업 사이에 기업개선작업의 중단이 기존 양보한 권리에 미치는 효과에 관하여 달리 특별한 합의를 하였던 경우를 제외하고는 기업개선작업이 중단되었다는 사정만으로 채권금융기관들이 종전에 양보한 권리가 당연히 되살아난다고 할 수는 없고, 이처럼 양보한 권리가 되살아나지 아니하여 채권금융기관들이 그만큼 손해를 보게 되어 채권금융기관협의회의 구성원이 아닌 다른 채권자들과의 사이에 불균형이 발생한다고 하더라도 이는 법원이 관여하는 법정 정리절차 대신 사적 정리절차를 선택할 때에 이미 감수하기로 한 위험이 현실화된 것에 불과하여 결론을 달리할 만한 사정이 되지 못한다. 만약 거꾸로 채권금융기관들이 종전에 양보하였던 권리가 되살아난다고 한다면, 채권재조정의 결과 신용상태가 양호해진 것으로 알고 당해 기업과 거래한 제 3 자에게 예측하지 못한 손해를 입힐 염려가 있을 뿐만 아니라, 여기서 양보한 권리가 되살아난다는 원칙을 받아들이게 되면 향후 금융기관들이 채권재조정을 내용으로 하는 기업개선작업을 시행할 때에 중단으로 인한 영향을 우려한 제 3 자들이 당해 기업과의 거래를 회피할 가능성도 있어 오히려 기업개선작업을 저해하는 요인으로 작용할 수도 있을 것이다.

따라서 원심이 판시한 바와 같이, 위와 같은 기업구조조정협약에 가입하였던 피고가 대우자동차 주식회사(이하 '대우자동차'라고만 한다)의 주채권은행인 한국산업은행의 주도하에 구성된 대우자동차 채권금융기관협의회에서 피고의 대우자동차에 대한 판시 보증채권을 포함하여 대우자동차가 대우계열 11개사를 위하여 제공한 보증과 관련하여 기업구조조정협약 가입 채권금융기관들의 대우자동차에 대한 보증채무 이행청구권이 소멸된다는 내용의 의안이 95.08%의 찬성으로 가결되었고, 주채권은행인 한국산업은행이 채권금융기관협의회를 구성한 구성원이자 피고를 포함한 나머지 구성원 전원의 대리인 자격으로 대우자동차 및 그 대주주들과 사이에 위 의결 내용을 이행하기로 하는 내용의 기업개선작업약정을 체결함에 따라, 위 결의 당시의 반대의사 표시에 불구하고 피고의 대우자동차에 대한 보증채권이 소멸되었다고 보는 이상, 기업개선작업이 중단되었다는 사유만으로는 기존에 양보에 의하여 소멸된 그 보증채권이 되살아난다고 할 수 없고, 달리 채권금융기관들과 대우자동차 사이에 기업개선작업이 중단되면 기존에 양보한 권리가 되살아난다는 내용의 특별한 합의가 있었음을 알아볼 수 있는 증거도 나타나 있지 않다.

그럼에도 불구하고, 채권금융기관협의회는 대상기업의 기업개선작업이 성공할 것을 전제로 채무면제 등의 양보를 하였다고 볼 것이므로 기업개선작업약정은 기업개선작업의 중단을 해제조건으로 하여 그 약정의 이행 내지 작업이 이루어지는 것이라는 등의 이유에서 2000. 11. 13.경 이 사건 기업개선작업의 중단으로 말미암아 이 사건 기업개선작업약정은 실효되었고 그 결과 이 사건 기업개선작업약정의 체결로 일단 소멸되었던 피고의 판시 보증채권이 다시 회복되었음을 전제로 하여, 그 보증채권을 자동채권으로 하는 피고의 상계주장을 받아들임으로써 원고의 이 사건 청구를 기각한 원심판결에는, 기업구조조정협약에 근거하여 진행되는 기업개선작업의 본질 및 기업개선작업약정의 해석에 관한 법리를 오해한 나머지 판결 결과에 영향을 미친 위법이 있다고 할 것이다.

그러므로 나머지 상고이유들에 대하여 나아가 판단할 필요 없이 원심판결을 파기하고, 사건을 다시 심리·판단하게 하기 위하여 원심법원에 환송하기로 하여 관여 대법관의 일치된 의견으로 주문과 같이 판결한다.

대전지법 1999. 8. 12. 선고 99가합3147 판결(충청은행사건)

1. 기초사실

가. 피고 산하 금융감독위원회는 1998. 6. 29. 부실금융기관 결정에 대한 회의를 개최하여 1997년도 말 기준으로 국제결제은행(BIS) 기준 자기자본비율(이하 BIS 비율이라고 한다) 8%에 미달한 12개 은행 중 동화, 동남, 대동, 충청, 경기은행 등 5개 은행이 제출한 경영정상화계획을 불승인하고, 위 5개 은행에 대하여 자산부채인수(Purchase of assets & Assumption of liabilities, 이하 P&A)방식의 계약이전의 결정, 영업정지 등의 처분을 하고, 재정경제부장관에게 은행업등의 인가·허가의 취소를 요청함에 따라 위 5개은행을 정리대상(퇴출) 부실금융기관으로 확정하고, 이들 은행이 보유한 우량자산(대출)과 부채(예금)를 신한, 주택, 국민, 한미, 하나은행 등 우량은행이 인수하도록 하였으며, 위 5개은행 발행주식을 전부 무상으로 소각하기로 하였는바, 재정경제부장관은 1998. 9. 30. 충청은행에 대한 은행업등 인가·허가를 취소하였다.

나. 원고들은 충청은행의 주주 겸 직원들로서 충청은행이 금융감독위원회의 위 처분에 따라 부실금융기관으로 정리(퇴출)되는 과정에서 인수은행인 하나은행에 의해 고용승계되지 않아 해고되었고, 보유하던 충청은행 주식이 전부 무상으로 소각되었다.

2. 쟁점 및 판단

가. 행정처분의 근거되는 법률의 위헌여부와 공무원의 과실 유무

(1) 원고들의 주장

금융산업의구조개선에관한법률 제14조 제2항, 제11조 제1항, 제10조 제1항, 은행법 제46조가 금융감독위원회는 부실금융기관이 채무가 재산을 현저히 초과함으로써 경영개선명령의 이행이나 부실금융기관의 합병 등이 이루어지기 어렵다고 판단되거나 예금자보호 등을 위하여 긴급한 조치가 필요하다고 인정되는 경우에는 당해 부실금융기관에 대하여 계약이전의 결정, 6월의 범위 내에서의 영업정지 등의 처분을 할 수 있고 제정경제부장관에게 영업의 허가 등의 취소를 요청할 수 있도록 규정한 것은 헌법 제119조 제1항, 제126조 소정의 자본주의적 시장경제의 원리, 사영기업의 경영권에 대한 불간섭의 원칙, 제10조 행복추구권, 제11조 평등의 원칙,

제15조 직업선택의 자유, 제23조 재산권보장 등에 위배되는 위헌무효의 규정이고, 금융감독위원회가 충청은행에 대하여 위 조항 소정의 부실금융기관정리(퇴출)를 위한 행정처분을 한 것은 위헌법률에 근거한 당연무효의 행정행위이므로 피고는 그 소속 공무원의 위헌법률을 집행한 위법행위로 인하여 원고들이 입은 손해를 배상할 의무가 있다.

(2) 판　　단

법률에 근거하여 행정처분이 발하여진 후 헌법재판소가 그 행정처분의 근거가 된 법률을 위헌으로 결정하였다면 결과적으로 위 행정처분은 하자가 있는 것으로 되지만, 일반적으로 법률이 헌법에 위반된다는 사정은 헌법재판소의 위헌결정이 있기 전에는 객관적으로 명백한 것이라고 할 수 없고, 헌법재판소가 어떤 법률을 사후에 위헌으로 결정하였다고 하더라도 그것만으로 바로 국가가 그 법률을 제정·적용·시행할 당시 헌법에 위반된다는 사정을 알았다고 보기 어려우므로(대법 1999. 6. 25. 선고 97다57078 판결 참조), 헌법재판소의 위헌결정 전에 행정처분의 근거되는 당해 법률이 헌법에 위반된다는 사유는 특별한 사정이 없는 한 그 행정처분의 취소소송의 전제가 될 수 있는 것은 별론으로 하고 당연무효가 되는 것은 아닌바(더욱이 금융감독위원회의 충청은행에 대한 위 행정처분에 대하여 취소소송이 제기되지 않은 점은 당사자 사이에 다툼이 없는 이 사건과 같이 이미 취소소송의 제기기간을 경과하여 확정력이 발생한 행정처분에는 위헌결정의 소급효가 미치지 아니한다), 공무원에게는 법률의 위헌 여부를 심사할 권한은 없는 까닭에 금융감독위원회의 행정처분이 사후에 그 처분의 근거법률에 대한 헌법재판소의 위헌결정으로 결과적으로 위법하게 집행된 처분이 될지라도 그에 이르는 과정에 있어서 공무원의 과실은 없다고 보아야 할 것이므로 위법성이 인정되지 않아 원고들의 위 주장은 더 나아가 살펴볼 필요없이 이유 없다.

나. 퇴출은행 선정에 있어서 재량권의 남용 여부

(1) 원고들의 주장

금융감독위원회가 금융산업의구조개선에관한법률 소정의 부실금융기관정리를 위한 제반규정의 해당여부에 대한 평가에 있어서 불공정하고 차별적인 기준을 자의적으로 적용함으로써 충청은행을 포함한 5개 은행만이 퇴출되도록 처분한 것은 재량권을 남용하고 집행에 형평을 잃은 위법한 것이다.

(2) **은행 경영정상화계획 평가에 적용된 기준 및 처분**

(가) 금융감독원장은 1998. 2. 26. BIS 비율이 1997. 12.말 현재 8%에 미달하는 등 재무상태가 불건전하다고 인정되는 조흥, 상업, 한일, 외환, 강원, 충북, 동화, 동남, 대동, 평화, 충청, 경기은행 등 12개 은행에 대하여 자기자본확충, 배당 및 신규영업확장제한, 국내외 지점 및 자회사 정리, 인력·조직운영의 개선 및 경비절감, 부실여신 감축 및 재발방지, 경영진개편 및 감사기능개선, 리스크관리강화 등의 방안을 내용으로 하는 경영정상화계획을 제출할 것을 명하였다.

(나) 금융감독위원회는 1998. 4.경 위 12개 은행이 제출한 경영정상화계획의 타당성과 실현가능성을 검토하기 위해 국제통화기금(IMF) 및 국제개발은행(IBRD)과 합의한 평가기준에 따라 이루어진 회계법인의 실사를 토대로 회계법인, 법무법인, 대학교수, 연구기관, 컨설팅 회사, 국제적인 전문가 등으로 구성된 은행 경영정상화계획 평가위원회(이하 경영평가위원회라고 한다)로 하여금 각 은행이 제출한 경영정상화계획에 대한 평가를 실시케 하였다.

(다) 경영평가위원회는 위 12개 은행의 경영정상화계획에 대한 평가작업 당시 국제통화기금(IMF)와 합의한대로 자산건전성 분류기준 및 회계기준 등 은행건전성 규제기준이 국제수준으로 강화되어 은행의 장래 경영정상화 여부를 판단하는데는 강화된 기준에 의해 산정된 BIS 비율이 가장 중요하다고 판단하여 국제통화기금(IMF) 등의 요구 사항을 반영한 수정기준을 적용하되 국제기준에 의한 외국회계법인 전문가들이 작성한 자산실사 자료도 반영해 자산, 부채를 평가한 결과 1998. 3. 31. 기준 부채가 자산을 초과한 은행은 동화, 동남, 대동, 충청, 경기, 강원, 충북은행이었고, 각 은행의 경영정상화계획 중 객관적으로 실현가능성이 인정되는 부분이 이행될 경우 2000. 6.말 현재 BIS 비율 8%(국제업무포기시 6%)를 충족시킬 수 있는지 여부를 중요한 기준으로 삼아 위 자산, 부채 실사결과를 토대로 하여 향후 증자, 후순위채 발행 등 자기자본확충계획의 실현가능성, 장래 수익성 등을 검토하여 2000. 6.말 현재 예상 BIS 비율을 산정하여 8% 초과시 승인, 8%에 다소 미달하나 실현가능한 추가증자 등 보다 강도높은 경영혁신이 있으면 BIS 비율 8%(국제업무포기시 6%) 도달이 가능하다고 인정되는 경우 조건부승인, BIS 비율 8%(국제업무포기시 6%)에 크게 미달하고 필요한 추가증자 등이 합리적으로 기대가능한 범위를 초과하는 경우 불승인하기로 평가기준을 정하였으며, 그 밖에도 자본적정성, 자기자본 확충계획, 자산건전성 분류, 위험자산 감축계획, 비용절감계획, 내부경영관리 개선계획 등의 각 부문별 검토사항을 종합적으로 평가한 결과, 조흥, 상업, 한일, 외

환 등 4개 은행에 대해서는 특기사항부 승인, 강원, 충북 등 2개 은행에 대해서는 조건부 승인, 동화, 동남, 대동, 평화, 충청, 경기 등 6개 은행에 대해서는 불승인의 결론에 이르러 위 은행경영평가결과를 금융감독위원회에 보고하였다.

(라) 금융감독위원회는 1998. 6. 29. BIS 비율을 충족하기 위해 소요되는 증자규모가 실현가능한 범위라는 경영평가위원회의 평가결과를 토대로 강원은행에 대해서는 현대종합금융과의 합병 및 증자를, 충북은행에 대해서는 국제업무 등의 포기 및 유상증자 등 대폭적인 자본금 보강 및 획기적인 경영개선계획이 포함된 이행계획서 제출 등을 전제로 각 경영정상화계획을 조건부로 승인하였고, 경영평가위원회에서 불승인된 평화은행에 대해서는 1998. 3.말 현재 재산이 채무를 초과한 상태로서 부실금융기관으로의 결정이 금융산업의구조개선에관한법률상 위배되고 기업금융보다 주로 근로자를 대상으로 소비자금융 중심의 거래를 하여 부실규모가 그리 크지 않으며 향후 추가 부실가능성도 적어 자본금 과소부분의 개선의 경우 회생가능성이 있다고 판단하여 대폭적인 자본금 보강 및 국제업무의 포기 등 이행계획서 제출을 전제로 경영정상화계획을 조건부로 승인하였으며, 외환, 조흥, 한일, 상업은행에 대해서는 경영평가위원회의 승인의견에도 불구하고 대형은행간의 합병, 외자유치 등을 유도하여 초대형 선도은행을 육성하려는 정책의 일환으로 각 경영정상화계획을 조건부로 승인하였다.

(마) 한편 충청은행을 비롯한 5개 은행에 대해서는 BIS 비율에 크게 미달하거나 경영정상화계획의 실현가능성이 희박하다고 판단하여 경영평가위원회의 평가결과와 동일하게 경영정상화계획을 불승인하였는바, 충청은행의 경우 1998. 3. 31. 현재 자산금 3,770,100,000,000원, 부채 금 3,941,000,000,000원으로 금 170,900,000,000원의 채무초과 상태였고, 같은날 현재 BIS 비율은(−)5.97%로서 증자로 2000. 6.말에 달성가능한 BIS 비율은(−)2. 55%로 평가되었다(이에 비하여 충북은행의 경우 2000. 6.말 BIS 비율은 5.61%로 전망되었다).

(3) **판 단**

1998. 6. 29. 당시 법률 제5496호로 시행되던 금융산업의구조개선에관한법률 제10조 제 1 항, 제 2 항, 제11조 제 1 항, 제14조 제 1 항, 제 2 항이 금융감독원장은 금융감독위원회가 정하는 기준과 조치내용에 따라 금융기관의 자기자본비율이 일정수준에 미달하는 등 재무상태가 불건전하다고 인정하는 때에는 해당금융기관에 대하여 자본금의 감액, 보유자산의 처분, 점포·조직의 축소, 고위험 자산의 취득금지, 영업의 일부정지 등 필요한 경영개선조치를 명하거나 이의 이행계획을 제출할 것을

명할 수 있고, 금융감독위원회는 예금자보호 및 신용질서의 안정을 위하여 필요하다고 인정한 때에는 부실금융기관에 대하여 위와 같은 경영개선조치를 명하거나 주식의 일부소각(일부주주소유주식 전부의 소각 포함) 또는 병합, 임원의 직무집행정지 및 관리인의 선임, 합병, 영업의 전부 또는 일부의 양도, 제 3 자에 의한 당해 금융기관의 인수 등 필요한 경영개선명령을 할 수 있는바, 부실금융기관의 채무가 재산을 현저히 초과함으로써 위 경영개선명령의 이행 또는 부실금융기관의 합병 등이 이루어지기 어렵다고 판단되거나 예금자보호를 위하여 긴급한 조치가 필요하다고 인정되는 경우에는 당해 부실금융기관에 대하여 계약이전의 결정, 6월 범위내의 영업정지 등 필요한 처분을 할 수 있으며, 재정경제부장관에게 영업의 인가·허가 등의 취소를 요청할 수 있다고 규정하고 있는바, 위 인정사실에 의하면 금융감독위원회는 금융산업의구조개선에관한법률, 동법 시행령 및 은행법에 근거하여 BIS 비율 8%에 미달하는 각 은행으로부터 제출받은 각 경영정상화계획상 은행의 현재와 미래의 재무상태 및 경영전망에 대해 종합적으로 평가한 결과를 토대로 하여, 충청은행 등 5개 은행에 대하여는 재무상태가 당시 부채총액이 순자산총액을 현저히 초과하여 채무초과상태에 있음은 물론 미래에도 BIS 비율 8%에 크게 미달하는 등 건전한 신용질서나 예금자의 권익을 해할 우려가 현저하다고 평가하고 금융기관의 재무건전성을 높이기 위하여 긴급한 조치가 필요하다고 인정하여 정리(퇴출)대상 부실금융기관으로 결정하였고, 강원, 충북, 평화은행 등에 대하여는 재무상태가 위 기준에 일시적으로 미달하나 단기간내에 그 기준을 충족시킬 수 있다고 판단되거나 이에 준하는 사유가 있다고 인정하여 경영정상화계획을 조건부로 승인한 것이므로, 금융감독위원회가 경영정상화계획이 불승인된 충청은행에 대하여 취한 행정처분이 법령상의 근거가 없거나 형평을 잃어 재량권을 일탈·남용한 위법한 행정행위라고 볼 수 없으므로 원고들의 위 주장은 이유 없다.

다. 주주의 권리 침해 여부

(1) 원고들의 주장

금융감독위원회가 충청은행의 하나은행으로의 인수에 대한 충청은행의 주주총회의 특별결의를 거치지 않은 채 계약의 이전, 영업의 정지 및 주식의 소각에 관한 명령 및 이에 준하는 조치를 내린 것은 금융기관의 자율적인 합병, 해산절차를 보장하지 아니하고 강제적으로 충청은행을 퇴출시킴으로써 계약의 자유 및 충청은행의 소액주주인 원고들의 의결권을 침해하고 주식을 전부 무상으로 소각시키는 등의 재산상 손해를 입힌 것으로 이는 헌법, 민법 및 상법을 위반한 위법한 처분이다.

(2) 자산부채인수(P&A) 방식에 의한 부실금융기관정리(퇴출)

충청은행은 경영평가위원회로부터 경영정상화계획의 불승인 판정 당시 이미 채무가 재산을 현저히 초과하여 채무초과상태에 있었고, 부실금융기관정리방법으로 채택된 자산부채인수(P&A)방식에 따라 충청은행의 우량자산과 부채가 하나은행에 인수되었으며, 충청은행의 주식이 전부 무상으로 소각되었음은 위에서 살펴 본 바와 같고, 갑 제 4 호증 내지 갑 제 6 호증, 갑 제 9 호증, 갑 제11호증, 갑 제15호증, 갑 제16호증, 갑 제20호증, 갑 제21호증, 갑 제23호증, 을 제 3 호증의 1, 2, 을 제 7 호증의 1, 3의 각 기재와 변론의 전취지를 종합하면, 하나은행의 이사회는 1998. 6. 28. 충청은행의 자산·부채를 부분적으로 인수하는데 동의함을 결의하였고, 충청은행은 같은달 29. 금융감독위원회에 계약이전결정이 적법한 절차를 거쳤으며 금융감독위원회의 처분에 이의가 없다는 의견을 제출한 사실, 충청은행의 부실채권은 금융기관부실자산등의효율적처리및성업공사의설치에관한법률 제 4 조, 동법 시행령 제 4 조 제 1 항에 근거하여 성업공사에 매도하고, 하나은행은 충청은행의 자산·부채 중 퇴직금지급에 필요한 자산, 국세 등 우선변제채권 상당액에 해당하는 자산 등을 제외한 우량자산과 퇴직급여충당금 등을 제외한 부채를 인수한 사실, 금융감독위원회는 인수은행이 퇴출은행의 자산과 부채를 인수하는 과정에서 동반 부실화되지 않도록 하기 위해서, 부채가 우량자산을 초과하는 부분은 예금보험공사의 출자 등을 통해 보전하는 한편, 인수 후 일정기간내 인수자산이 부실화되는 경우 이를 성업공사가 재매입할 수 있는 선택권(Put Back Option)을 부여하였고 인수은행으로 하여금 부실은행의 부실 자회사나 불필요한 자산은 인수하지 않도록 한 사실을 인정할 수 있고 반증이 없다.

(3) 판 단

살피건대, 외부 회계법인의 금융기관의 재무상태에 대한 실사결과 충청은행 등 5개 은행은 채무총액이 순자산총액을 현저히 초과하여 완전 자본잠식 상태에 있었기 때문에 금융감독위원회의 경영개선조치 또는 경영개선명령의 이행이나 자발적인 인수·합병(M&A)은 기대하기 힘들었고, 시장원리에 따라 청산하는 경우 일방적인 은행폐쇄가 기업활동에 미칠 악영향이 너무나 크고 부실규모가 커서 국민의 부담으로 이루어지는 재정부담과 사회적 비용을 감당하기 어렵기 때문에 우리나라의 경제상황하에서는 채택하기 어려웠는바, 반면에 충청은행 등 퇴출은행의 정리에 사용된 자산부채인수(P&A) 방식은 합병과 달리 인수은행의 동반부실화를 방지하기 위해서 위에서 살펴 본 바와 같이 자산과 부채가 부분적으로 인수되고, 또 합병이나 청산보다 신속한 처리가 가능하여 인수과정 장기화에 따른 은행가치훼손, 예금자 피해, 거래기업의 부도 및 금융시장 불안 등 부작용을 최소화하기 위한 것이며, 한편 자본잠식이 심한 경우에는 제3자 인수나 신주발행에 의한 자본조달을 촉진하기 위하여 주식을 소각하는 등의 명목상의 자본감소가 필요한바, 주주는 주식회사의 해산 또는 청산시 투하자본회수에 있어서 채권자보다 후순위인 경제적인 의미의 잔여청구권자(residual claimant)에 불과할 뿐으로, 회사가 채무초과상태에 있는 경우에 그 주식은 잔여재산분배의 여지가 없어 실질적 가치가 전혀 없기 때문에 주식을 전부 무상으로 소각하여도 주주가 손해를 입는 것은 아니며 이는 주식회사의 특성상 투자에 대한 유한책임을 지는 주주들이 감수하여야 할 경제적 손실에 다름아니라 할 것이어서(참고로 회사정리법 제129조 제3항도 정리절차개시 당시 회사의 부채의 총액이 자산의 총액을 초과하는 채무초과상태에 있는 경우에는 주주에게 잔여재산분배청구권이 없는 것을 근거로 주주의 의결권을 배제하여 정리절차에의 참가를 인정하지 않고 있다), 주식의 '전부 소각'이나 자산부채의 '부분 인수'는 충청은행의 주주총회의 특별결의없이도 예금자보호 등을 위하여 취할 수 있는 긴급한 조치에 해당하는 것으로 금융위기를 초래한 부실금융기관의 정리를 위한 불가피한 대안으로 보여지며(1998. 9. 14. 법률 제5257호로 일부개정된 금융산업의구조개선에관한법률 제14조 제6항은 영업의 양도를 포함한 계약의 이전에 관하여 관계법률 및 정관의 규정에 불구하고 계약이전을 하는 부실금융기관의 이사회 및 주주총회의 결의를 요하지 않도록 명시적으로 규정하였다), 원고들이 소액주주라는 사정만으로는 금융감독위원회의 위 처분이 헌법, 민법 및 상법의 기본원리를 위반하여 강제적으로 원고들의 주주로서의 권리를 침해하는 위법한 것이라고 볼 수 없으므로 원고들의 위 주장은 더 나아가 살펴 볼 필요없이 이유 없다.

라. 인수은행의 고용승계의무 유무

(1) **원고들의 주장**

원고들은 위 충청은행과 근로계약을 체결하여 고용관계에 있는 근로자들인데, 위 금융감독위원회가 경영진의 부실경영에 부실화의 원인이 있는 위 충청은행을 부실금융기관으로 퇴출시킴에 있어 그 부실화에 직접적인 책임을 지지 않는 위 충청은행의 직원들인 원고들에 대하여 인수은행의 고용승계를 보장하지 않아 근로의 기회를 상실케 함으로써 결과적으로 헌법 및 근로기준법 소정의 근로자의 권리를 침해하는 위법한 처분을 하였고, 이로 인하여 원고들은 고용승계되었더라면 얻을 수 있었던 임금, 퇴직금 등을 얻지 못하는 손해를 입었으므로, 피고는 원고들에게 그들이 입은 위 각 손해를 배상할 책임이 있다.

(2) **인정사실**

충청은행이 금융감독위원회의 처분당시 이미 부채가 자산을 훨씬 초과하여 파산의 우려가 있는 상태에 있었고, 금융감독위원회가 충청은행의 자산·부채 중 일부만을 하나은행으로 하여금 인수하도록 하는 계약이전의 결정을 한 사실은 위에서 살펴 본 바와 같고, 갑 제 4 호증, 갑 제 5 호증, 갑 제14호증, 갑 제15호증, 을 제 5 호증의 2의 각 기재와 변론의 전취지를 종합하면, 충청은행의 임원은 전원 해임되고 금융감독위원회가 선임한 관리인이 충청은행을 관리한 사실, 충청은행 임직원에 대한 퇴직금의 지급을 보장하기 위하여 충청은행의 퇴직급여 충당금을 충청은행에 남겨둔 사실을 인정할 수 있고 반증이 없다.

(3) **판 단**

살피건대, 충청은행 등의 부실금융기관의 정리방법으로 채택된 자산부채인수(P&A) 방식은 인수·합병(M&A) 또는 영업의 양도와는 달리 부실은행의 자산 및 부채의 일정부분에 대한 권리와 의무만을 인수은행이 승계하는 것으로, 원칙적으로 종업원 고용승계 책임이 없고 퇴출은행의 직원 가운데 필요한만큼만 선별적으로 고용할 수 있는 재량권을 인수은행에 부여하고 있는 것인바, 조건부승인을 받은 은행들을 물론 우량은행들도 금융시스템의 불확실성을 제거하기 위한 금융개혁의 일환으로 인력 구조조정 중인 점에 비추어, 금융감독위원회가 자산부채인수방식에 의한 부실금융기관의 정리과정에서 파산의 우려가 있는 상태에 있던 퇴출은행 직원에 대하여 그 법적 고용승계의무를 부담하지 않는 하나은행으로 하여금 원고들의 고용을 보장하도록 조치를 취하지 않았다고 해서 위 자산부채인수방식에 의한 계약이전의 결정이 부당해고를 초래하는 등 근로자의 기본권을 침해하는 위법한 처분에 해당한다고 볼 수 없으므로, 원고들의 위 주장도 더 나아가 살펴 볼 필요없이 이유 없다.

3. **결 론**

그렇다면 원고들의 이 사건 청구는 모두 이유 없어 이를 기각하기로 하여 주문과 같이 판결한다.

대법 2005. 1. 27. 선고 2002두5320 판결(경기은행사건)

1. 관계 법률의 위헌 여부에 대하여

가. 구 금융산업의구조개선에관한법률(1998. 9. 14. 법률 제5549호로 개정되기 전의 것, 이하 '법'이라고 한다) **제10조 제1항, 은행법 제46조의 위헌 주장 부분**

이 사건은 재정경제부장관이 1998. 9. 30. 주식회사 경기은행(이하 '경기은행'이라고 한다)의 은행업 등 영업의 인가·허가를 취소한 처분(이하 '이 사건 처분'이라고 한다)의 효력을 다투는 소송이고, 위 처분은 재정경제부장관이 피고로부터 '경기은행은 법 제2조 제3호(가)목의 부실금융기관으로서 법 제11조 제1항의 규정에 의한 경영개선명령의 이행 또는 다른 금융기관과의 합병이나 영업의 양도 등이 이루어지기 어렵다'는 등의 이유로 법 제14조 제2항에 기한 영업의 인가·허가 등의 취소요청(이하 '이 사건 취소요청'이라고 한다)을 받고 같은 조 제3항에 기하여 한 처분이므로, 법 제10조 제1항 및 은행법 제46조는 위 처분의 근거가 되는 법률이라고 할 수 없고, 위 규정들이 헌법에 위반되는지 여부에 따라 이 사건 소송에서 다른 판단을 하게 되는 것도 아니므로, 위 규정들이 위헌이라는 이유로 위 처분이 위법하다는 상고이유의 주장은 받아들일 수 없다.

나. 포괄위임입법금지의 원칙 또는 법률의 명확성의 원칙 위반 여부 등

(1) 법 제2조 제3호(가)목의 규정

법 제2조 제3호(가)목은 채무가 재산을 초과하고 정상적인 경영이 어렵다고 판단되는 금융기관으로서 피고 등이 결정한 금융기관을 부실금융기관이라고 하고, 이 경우 '채무와 재산의 평가 및 산정'은 피고가 미리 정하는 기준에 의한다고 규정하고 있는바 , 위 규정에서 사용된 '채무'와 '재산'은 '부채'와 '자산'이라는 일반적인 개념으로 통용되는 회계학적 용어에 대응하여 사용된 개념으로서 해석상 그 본질적인 한계가 있고, 실제 이러한 개념을 실무상 적용함에 있어서는 해당분야의 기술적·전문적 경험이 필요할 뿐 아니라 국가경제정책도 함께 고려하여야 하는 사항으로 업무의 성질상 피고의 고시로 위임하는 것이 불가피하다고 볼 수 있으며, 피고가 고시로써 미리 정하도록 위임된 사항은 부실금융기관의 산정기준이 되는 세부적인 사항인 재산과 채무의 개념정립 및 그 적용, 재산과 채무에 대한 평가 및 산정에 관한 기준을 정하는 것이므로 누구라도 위 규정 자체로부터 피고의 고시에 규정될 내용의 대강을 예측할 수 있다고 할 것이고, 따라서 위 규정에서 말하는 미리 정하는 기준의 개념이 불분명하다거나, 피고에게 위임된 기준의 내용이 포괄적이라고 할 수 없다(헌재 2004. 10. 28. 선고 99헌바91 결정 참조).

또한, 위 규정은 재산과 채무를 평가하여 산정한 결과 채무가 재산을 초과하고, 정상적인 경영이 어려운 금융기관을 부실금융기관으로 결정할 수 있다는 것이므로, 채무가 재산을 초과하는 외에 추가로 피고에게 당해 금융기관의 경영부실의 정도 등을 고려하여 정상적인 경영이 어려운지 여부를 판단하여 부실금융기관 해당 여부를 결정할 수 있는 권한을 부여한 취지라고 할 것이고, 따라서 위 규정은 피고에 대한 권한의 위임이 그 위임의 범위 및 판단 기준에 있어서 충분히 규정되고 제한되어서 피고의 자의적인 법적용을 배제하는 객관적인 기준을 제공하고 있다고 할 것이다.

그러므로 위 규정이 포괄위임입법금지의 원칙 또는 법률의 명확성의 원칙에 반한다고 할 수는 없으므로, 이 점에 관한 상고이유의 주장은 모두 이유 없다.

(2) **법 제11조 제 1 항의 규정**

법 제11조 제 1 항은 피고는 '예금자보호 및 신용질서의 안정을 위하여 필요하다고 인정하는 때'에는 부실금융기관에 대하여 법 제10조 제 1 항의 경영개선조치 또는 임원의 직무집행정지 및 관리인의 선임 등 경영개선명령을 할 수 있다고 규정하고 있는바, 이는 부실금융기관을 그대로 방치하면 파산, 예금지급불능 등으로 채권자인 예금주 및 당해 금융기관과 거래관계에 있는 다수의 이해관계자들에게 손실을 입힐 것이 예상되므로, 부실금융기관의 파산, 예금지급불능 등의 사태가 발생할 염려가 있어 이를 방지할 필요가 있는 경우를 의미한다고 할 것이고, 따라서 ' 예금자보호 및 신용질서의 안정을 위하여 필요하다고 인정하는 때'라는 규정내용이 모호하여 국민의 재산권보장에 관한 헌법 제23조 제 1 항을 위반한 것이라고 할 수 없으므로, 이 점에 관한 상고이유의 주장 또한 이유 없다.

(3) **법 제14조 제 2 항의 규정**

법 제14조 제 2 항 제 3 호는 피고가 부실금융기관에 대하여 계약이전결정 등의 처분을 할 수 있는 경우의 하나로 '채무가 재산을 현저히 초과함으로써 제11조의 규정에 의한 경영개선명령의 이행 또는 부실금융기관의 합병 등이 이루어지기 어렵다고 판단되는 경우'를 들고 있는바, 여기서 '채무가 재산을 현저히 초과하는 경우'라 함은 법 제11조에 규정된 경영개선명령 또는 합병 등의 알선을 하더라도 그 명령의 이행 또는 합병 등이 이루어질 것으로 기대하기 어려울 정도로 채무가 재산을 초과하는 경우를 의미한다고 할 것이고, 어떠한 경우가 이에 해당하는지 여부는 획일적으로 정하기 곤란할 뿐 아니라 그 판단에 고도의 전문지식 및 경험이 필요하여 피고로 하여금 당해 금융기관의 경영부실의 정도, 금융산업의 환경 등을 고려하여 그 해당 여부를 판단할 권한을 부여한 것이므로, '채무가 재산을 현저히 초과하는 경우'에 관한 판단 기준을 제공하고 있다고 할 것이어서 그 규정내용이 너무 막연하여 헌법 제23조 제 1 항을 위반한 것이라고 할 수 없다.

또한, 법 제14조 제 2 항의 규정에 의한 계약이전결정은 그 이전의 대상이 된 당해 부실금융기관의 자산·부채 및 그 발생의 기초가 되는 계약상의 지위가 이전되는 사법상의 법률효과를 발생시키는 행정처분이므로 이전의 대상이 되는 계약의 범위, 계약이전의 조건 및 이전받는 금융기관을 정하여 처분을 하면 그에 따른 효력이 발생하고, 그 절차 및 방식에 관하여는 법에 특별한 규정이 있는 경우를 제외하고는 행정절차법이 규정하는 바에 의하도록 되어 있으므로, 법에 계약이전결정의 효력, 절차 및 방식에 관한 별도의 규정을 두고 있지 않다고 하여 법률의 규정이 미비하다고 할 수 없고, 따라서 위 규정이 헌법 제23조 제 1 항 또는 사영기업의 경영통제 및 관리에 관한 헌법 제126조의 취지에 반하는 규정이라고 할 수도 없다 .

그리고 법 제14조 제 2 항은 계약이전결정을 내리는 국가기관, 대상이 되는 금융기관, 결정을 내릴 수 있는 요건 등을 분명하게 규정하면서, 단지 행정청인 피고에게 예금자보호 및 신용질서의 안정을 위하여 필요한 범위 내에서 계약이전의 대상이 되는 자산의 종류 및 부실의 정도, 이전받는 금융기관의 사정 등을 고려하여 계약이전의 대상이 되는 계약의 범위를 결정할 수 있는 권한을 부여하였다고 할 것이므로, 위 규정은 피고의 위 권한행사에 관하여 자의적인 법적용을 배제하는 객관적인 기준을 제공하고 있다고 할 것이다.

그러므로 위 규정이 너무 모호하거나 불명확하여 헌법에 위반된다고 할 수 없고, 포괄위임입법금지의 원칙에 반한다고 할 수도 없으므로, 이 점에 관한 상고이유의 주장 또한 모두 이유 없다.

다. 과잉금지의 원칙 위반 및 사유재산권의 본질적 내용 침해 여부

금융기관의 부실은 다른 사기업의 경우와는 달리 국가경제 전체에 미치는 부정적인 효과가 매우 크므로 부실금융기관의 파산, 예금지급불능 등의 사태가 발생하는 것을 방지함으로써 국가경제를 안정시킬 조치를 취할 필요가 있다고 할 것이고,

이를 위하여 부실금융기관의 금융거래에서 발생한 계약상의 지위를 다른 건전한 금융기관 또는 성업공사 등 공적기관에게 이전하고, 그 이전되는 자산과 부채의 차액 상당을 정부 등의 출연을 통하여 보전해 주는 방식(이하 '계약이전방식'이라고 한다)에 의하여 부실금융기관을 정비함으로써 예금자의 보호와 금융거래의 안전을 도모하고자 하는 데 법 제14조의 입법목적이 있는 점, 채무가 재산을 현저히 초과하는 등 부실의 정도가 너무 커서 공적자금을 투입하더라도 경영을 정상화하기 어려운 금융기관의 경우에는 당해 금융기관의 소멸을 전제로 계약이전방식에 의하여 부실금융기관 정비절차를 취하는 것 또한 예금자보호 및 금융거래의 안전을 위한 효과적인 방법의 하나가 될 수 있는 점, 계약이전방식에 의한 부실금융기관의 정비는 부실의 정도가 심하여 당해 금융기관이 법 제11조의 규정에 의한 경영정상화가 이루어지지 않았거나 법 제11조에서 정하고 있는 방법으로는 경영정상화가 어렵다고 판단되는 경우에 취하는 예외적인 조치이므로 주주총회의 결의 없이도 위와 같은 조치를 취할 수 있도록 할 필요가 있는 점, 위와 같은 부실금융기관의 경우 기존 주주가 보유하고 있는 주식은 부실경영으로 말미암아 위와 같은 조치와 관계없이 이미 그 가치가 사실상 소멸한 상태에 있다고 할 것이고, 주주들은 주주총회 참석, 소수주주권의 행사 등을 통하여 기업경영에 참여할 수 있다는 점에서 부실경영의 결과로 나타난 손실에 대하여 법적 책임이 없다고 할 수 없는 점, 부실금융기관의 정비업무를 효율적으로 추진하기 위해서는 당해 금융기관이 부실화된 데에 책임이 있는 기존의 임원들의 직무를 정지시키고, 그들을 대신하여 정비업무를 수행할 관리인을 선임할 필요가 적지 아니한 점 등에 비추어 보면, 법 제 2 조 제 3 호(가)목, 제11조 제 1 항, 제14조 제 2 항, 제 3 항의 각 규정은 국가경제의 안정을 실현하기 위하여 적절하고 필요한 수단이고, 위 각 규정을 통하여 달성하고자 하는 공익의 비중과 부실금융기관의 주주들이 입는 재산권 침해의 정도를 비교하더라도 양자 사이에 적절한 균형관계가 인정되므로, 과잉금지의 원칙에 위배되어 사유재산권의 본질적 내용을 침해하는 규정이라거나 헌법 제23조, 제37조 제 1 항, 제126조 등의 규정에 위반되는 규정이라고 할 수 없다 .

같은 취지의 원심판결은 정당한 것으로 수긍이 가고, 거기에 상고이유에서 주장하는 바와 같은 과잉금지의 원칙 또는 사유재산권의 본질적 내용 침해금지의 원칙 등에 관한 법리오해의 위법이 없다.

2. 피고의 이 사건 인·허가 취소요청의 적법 여부에 대하여

가. 이 사건 인·허가 취소요청이 구체적인 평가계산과정 없이 가상의 평가 결과 수치만을 근거로 한 것인지 여부

원심이 인용한 제1심판결의 이유에 의하면, 원심은 그 채용 증거들을 종합하여, 회계사, 변호사, 대학교수 등 12인의 외부전문가로 구성된 은행경영정상화계획평가위원회(이하 '경평위'라고 한다)는 경기은행을 비롯한 12개 은행이 1998. 4. 30. 경 제출한 경영정상화계획서 및 회계법인이 위 경영정상화계획서의 주요 내용을 평가하고 그에 따라 예상되는 2000년도까지의 국제결제은행 기준 자기자본비율(이하 'BIS 비율'이라고 한다)을 산정한 경영정상화계획 평가보고서를 토대로 하여, 자기자본확충계획의 실현가능성 및 장래수익성 등을 재검토하여 실현가능성이 없는 자본확충계획을 제외하거나 추가로 발생가능한 대손예상액을 추정하여 반영하는 등의 방법으로 2000. 6. 말까지의 예상 BIS 비율을 다시 산정한 다음, 이를 기준으로 위 은행들의 경영정상화계획에 대한 승인 여부를 평가하여 피고에게 보고하였는데, 경기은행의 경우는 실현가능할 것으로 인정되는 자본확충계획 등에 근거한 2000. 6. 말 30일 예상 BIS 비율이(−)5.38%에 불과하고, 은행여신의 부실정도도 다른 은행에 비하여 높다는 등의 이유로 '불승인'이라는 평가를 하였던 사실, 은행감독원은 1998. 5.경 이와 별도로 위 12개 은행을 포함한 21개 은행에 대하여 은행직원들의 참여하에 1998. 3. 31. 현재 은행감독규정 제41조에서 정한 기준에 따른 재산과 채무를 평가하였는데 위 평가 결과에 의하면 경기은행은 채무가 재산을 1,231억원 초과한 상태에 있었던 사실, 피고는 1998. 6. 29. 경평위의 위 평가 결과 및 은행감독원의 위 재산·채무 평가 결과를 근거로 경기은행의 경영정상화계획을 불승인하고, 경기은행에 대하여 계약이전결정 등을 함과 동시에 재정경제부장관에게 이 사건 취소요청을 한 사실을 각 인정한 다음, 피고가 이 사건 취소요청을 함에 있어 그 근거로 삼은 경평위의 경기은행에 대한 평가 결과는 그에 앞서 회계법인이 경기은행의 경영정상화계획에 대하여 한 구체적인 평가작업을 바탕으로 한 것이고, 은행감독원의 경기은행에 대한 재산·채무 평가 결과 또한 경기은행의 직원이 함께 참여하여 평가된 것이므로, 이를 두고 피고가 구체적인 평가계산과정을 거치지 아니한 가상의 평가 결과 수치만을 근거로 이 사건 취소요청을 하였다고 볼 수 없다는 취지로 판단하였다.

기록에 비추어 살펴보면, 원심의 이러한 사실인정과 판단은 정당한 것으로 수긍이 가고, 거기에 상고이유에서 주장하는 바와 같은 입증책임의 오해 또는 채증법칙 위배로 인한 사실오인의 위법이 있다고 할 수 없으며, 경기은행에 대한 회계법인의 평가보고서와 경평위, 은행감독원의 평가 결과 등에 다소 차이가 있다거나, 경평위의 조정내역에 관한 문서(을 제28호증의 2 내지 5) 외에 더 구체적인 중간평가·계산과정에 관한 문서가 제출되지 않았다고 하여 달리 볼 것도 아니다.

나. 법 제2조 제3호(가)목 후문의 '미리 정하는 기준'의 의미 및 같은 목 전문의 정상적인 경영이 어려운지 여부에 관한 판단 기준에 대하여

원심이 인용한 제1심판결의 이유에 의하면, 원심은 그 채용 증거들을 종합하여 판시와 같은 사실들을 인정한 다음, 법 제2조 제3호(가)목 후문은 부실금융기관으로 결정할 경우 채무와 재산의 평가 및 산정은 피고가 미리 정한 기준에 의하여야 한다고 규정하고 있으므로 채무가 재산을 초과한 상태에 있었는지에 관하여는 미리 정한 기준을 적용하여 평가하여야 할 것이나, 이와 다른 요건인 정상적인 경영이 어려운지 여부에 관하여는 반드시 미리 정한 기준에 따를 필요가 없으므로, 국제통화기금(IMF)의 요구로 조만간 시행할 예정이던 보유자산의 건전성에 관한 기준을 적용하여 산정한 2000. 6. 말경의 예상 BIS 비율을 중요한 기준으로 삼았다고 하여 채무와 재산의 평가 및 산정기준을 소급하여 적용한 것이라고 할 수 없고, 모호한 기준을 자의적으로 적용한 것이라고도 할 수 없다는 취지로 판단하였다.

관계 규정을 기록에 비추어 보면, 원심의 위와 같은 판단은 정당한 것으로 수긍이 가고, 거기에 상고이유에서 주장하는 바와 같이 '미리 정한 기준'에 관한 법리오해의 위법이 있다거나 정상적인 경영이 어려운지 여부의 판단 기준이 잘못되었다고 할 수 없다.

다. 평등의 원칙 위반 여부에 대하여

원심이 인용한 제1심판결 이유에 의하면, 원심은 그 채용 증거들을 종합하여 그 판시와 같은 사실들을 인정한 다음, 피고가 경기은행을 비롯한 12개 은행에 대하여 부실금융기관 여부를 결정함에 있어 자의적이고 차별적인 기준을 적용하였다고 인정되지 아니하므로, 경기은행을 부실금융기관으로 결정한 것이 평등의 원칙에 위반된 것이 아니라는 취지로 판단하였다.

기록에 비추어 보면, 원심의 위와 같은 사실인정 및 판단은 정당한 것으로 수긍이 가고, 거기에 상고이유에서 주장하는 바와 같은 채증법칙 위배로 인한 사실오인 등의 위법이 있다고 할 수 없다.

또한, 기록에 의하면, 서울은행과 제일은행의 경우는 당시 국제통화기금과의 합의에 따라 외국 금융기관에의 매각추진이라는 다른 구조조정절차를 취하고 있음을 이유로 앞서 본 평가의 대상 자체로 삼지 아니한 것일 뿐, 경기은행과 다른 차별적인 기준을 적용한 것이라고 할 수는 없으므로, 이를 두고 평등의 원칙에 위반된다고 할 수도 없고, 따라서 이 점에 관한 상고이유의 주장 또한 이유 없다.

3. 결 론

그러므로 상고를 모두 기각하고, 상고비용은 패소자들이 부담하도록 하여 관여 법관의 일치된 의견으로 주문과 같이 판결한다.

문제 31

부실금융기관의 경우 신속하게 폐쇄하거나 계약이전 이외에 정부의 공적 자금을 지원하면서 제 3 자가 인수하도록 할 수 있다. 우리는 많은 경우 공적 자금을 지원하면서 제 3 자가 인수하도록 하고 있으나 이는 소위 모럴 해저드의 문제가 심각하다. 또한, 거대금융기관이 도산할 경우 금융시스템에 대한 위험을 우려하여 공적 자금으로 지원하는 정책은 거대금융기관의 금융비용을 낮추어 평상시에도 이들에게 중소금융기관에 비하여 경쟁우위에 서게 하는 부수적인 정책적 부작용을 초래한다. 어떤 정책을 통하여 이 문제를 해결할 것인가? 일정한 크기 이상으로 커질 수 없도록 법적인 제한을 가하는 것이 바람직한가? 일정한 크기 이상의 은행은 부실의 징후가 보일 경우 어떻게 대처할지 미리 청사진을 그려서 규제기관에 제출하도록 하는 것이 도움이 될까? 지금의 지주회사제도하에 아무런 제한없이 금융업무에 종사할 수 있도록 하는 체제를 폐기하고, 금융기관의 업무를 과거처럼 다시 세분화하고 지주회사를 금지하는 것이 현실적으로 가능한 방안인가? 현재의 공정가액평가를 유지하되 금융기관의 상황이 좋을 경우 더 많은 준비금을 유보하도록 하거나 전환사채를 인수하도록 하는 것은 어떤가?[5] 은행세를 부과하여 별도의 자금을 마련하여 두는 것은 어떤가?

5) Willem Buiter, *Too big to fail is too big*, The FIN. TIMES. Jun. 24, 2009. http://blogs.ft.com/maverecon/2009/06/too-big-to-fail-is-too-big/.

조문색인

한국판례

본문에서 비교적 자세하게 소개된 판례는 진하게 표시하였다.
판례 다음의 숫자는 이들 판례가 소개된 페이지수를 의미한다.
판례나 발췌된 논문에서 참조 내지 인용된 판례는 일부 생략되어 있다.

외국판례

본문에서 비교적 자세하게 소개된 판례는 진하게 표시하였다.
판례 다음의 숫자는 이들 판례가 소개된 페이지수를 의미한다.
판례나 발췌된 논문에서 참조 내지 인용된 판례는 일부 생략되어 있다.

저자 소개

정영철

서울대학교 법과대학, 대학원 졸업
행정고시 제24회 합격
사법시험 제23회 합격
사법연수원 제13기 수료
미국 콜럼비아 법학대학원 LL.M./J.D.
Baker & McKenzie, Chicago 변호사
법무법인 우방, 율촌 변호사
연세대학교 법학전문대학원 교수
서울대학교 대학원 겸임교수
현 법무법인 시공 대표변호사

주요 저서 및 논문

기업금융법과 정책 (박영사, 2013)
국제거래법 (박영사, 2012)
기업(준)법 (박영사, 2011)
Legal Compliance and Korea Financial Services Market, Pacific Rim Law and Policy Journal (Apr. 2011)
Charting Corporate and Financial Governance in Korea in the New Decade: World Bank and IMF Report, Jindal Global Law Review (Mar. 2011)
Hostile Takeovers in Korea: Turning Point or Sticking Point for Policy Directions, Asia Pacific Law Review (Jun. 2010)
Korean Legal Education for the Age of Professionalism: Suggestions for More Concerted Curricula, East Asia Law Review (May 2010)
Impending Amendments to Korean Corporate Laws in 2009: A Mystic Mix, Asian Journal of Comparative Law (May 2009)

4G 개정판
기업인수 5G

초판발행 2010년 8월 25일
개정판인쇄 2015년 8월 15일
개정판발행 2015년 8월 25일

지은이 정영철
펴낸이 안종만

편 집 김효선
기획/마케팅 조성호
표지디자인 홍실비아
제 작 우인도·고철민

펴낸곳 (주) 박영사
서울특별시 종로구 새문안로3길 36, 1601
등록 1959. 3. 11. 제300-1959-1호(倫)
전 화 02)733-6771
f a x 02)736-4818
e-mail pys@pybook.co.kr
homepage www.pybook.co.kr
ISBN 979-11-303-2742-6 93360

정 가 73,000원